# Lexikon Arbeitsrecht im öffentlichen Dienst 2024

von

Jan Ruge, Fachanwalt für Arbeitsrecht, Hamburg (Hrsg.)
Martin Krömer, Fachanwalt für Arbeitsrecht, Hamburg (Hrsg.)
Dr. Klaus Pawlak, Fachanwalt für Arbeitsrecht, Hamburg (Hrsg.)
Henning Rabe von Pappenheim, Rechtsanwalt, Regensburg (Hrsg.)
Ricarda Deets-Klock, Fachanwältin für Arbeitsrecht, Hamburg
Michael Geißler, Fachanwalt für Arbeitsrecht, Hamburg
Dr. Maria von Gyldenfeldt, Fachanwältin für Arbeitsrecht, Hamburg
Dr. Benjamin Heider, LL.M., Fachanwalt für Arbeitsrecht, Hamburg
Marie Jürgen, Rechtsanwältin, Hamburg
Georg Kalenbach, Fachanwalt für Arbeitsrecht, Hamburg
Dr. Stefan Koop, Fachanwalt für Arbeitsrecht, Hamburg
Justus Maerker, LL.M., Fachanwalt für Arbeitsrecht, Hamburg
Lillemor Stöhr, Rechtsanwältin, Hamburg
Dr. Christian von Tiling, Fachanwalt für Arbeitsrecht, Hamburg
Felix Uhr, Rechtsanwalt, Hamburg
Thomas Volkmann, Fachanwalt für Arbeitsrecht, Hamburg
Tim-Marvin Werner, Rechtsanwalt, Hamburg

rugekrömer
· Arbeitsrecht.

17. Auflage

Rechtsstand: Mai 2024

Bibliografische Informationen Der Deutschen Nationalbibliothek

Die Deutsche Nationalbibliothek verzeichnet diese Publikation in der
Deutschen Nationalbibliografie; detaillierte bibliografische Daten sind
im Internet über http://dnb.d-nb.de abrufbar.

Lexikon Arbeitsrecht
im öffentlichen Dienst
begründet von

Henning Rabe von Pappenheim, Rechtsanwalt, Regensburg (Hrsg.)

Dr. Gerrit Hempelmann, Fachanwalt für Arbeitsrecht, München

Michael H. Korinth, Richter am Arbeitsgericht, Berlin

Mechthild Pathe, Abteilungsdirektorin Deutsche Rentenversicherung Bund, Berlin

Dirk Pollert, Rechtsanwalt, Hauptgeschäftsführer Hessenmetall,
Verband der Metall- und Elektro-Unternehmen Hessen e.V., Frankfurt

Gundula Roßbach, Präsidentin der Rentenversicherung, Bund

Rolf Stein, Rechtsanwalt, Solicitor, London

Bei der Herstellung des Werkes haben wir uns zukunftsbewusst für umweltverträgliche
und wiederverwertbare Materialien entschieden.
Der Inhalt ist auf elementar chlorfreiem Papier gedruckt.

ISBN 978-3-8073-2875-1

E-Mail: kundenservice@hjr-verlag.de

Telefon: +49 89/2183-7928
Telefax: +49 89/2183-7620

2024 rehm, eine Marke der Verlagsgruppe Hüthig Jehle Rehm GmbH
Im Weiher 10, 69121 Heidelberg
www.rehm-verlag.de

Satz: Reemers Publishing Services GmbH, Krefeld
Druck: Westermann Druck Zwickau GmbH, Crimmitschauer Str. 43, 08058 Zwickau

# Vorwort

Nachdem der BAT weitestgehend durch den TVöD und den TV-L ersetzt wurde, war das Arbeitsrecht im öffentlichen Dienst teilweise gravierenden Veränderungen unterworfen. Wesentliche Neuerungen waren z. B. die Vereinheitlichung des Tarifrechts für Arbeiter und Angestellte, die Lösung vom Beamtenrecht sowie die Abkehr von der dienstalters- und familienbezogenen Vergütung hin zu einer erfahrungs- und leistungsorientierten Bezahlung.

Diese Umgestaltung des Tarifrechts war und ist jedoch nicht immer sofort verständlich und transparent. Dies liegt insbesondere daran, dass es neben dem TVöD und TV-L verschiedene Spartenregelungen gibt und dass aufgrund der „Verschlankung" des Tarifrechts vermehrt auf das allgemeine Arbeitsrecht zurückgegriffen werden muss.

Dieses Lexikon bietet hier die notwendige Unterstützung bei der täglichen Personalarbeit. Die alphabetisch geordneten Stichwörter, denen eine übersichtliche Gliederung vorangestellt ist, sind praxisbezogen durch Muster, Formulierungsbeispiele und Checklisten etc. aufbereitet. Der Wegweiser gibt Auskunft darüber, ob allgemeines Arbeitsrecht Anwendung findet oder spezielle tarifliche Bestimmungen gelten. Für eine weitere Recherche verweist der Navigator auf die Tarifrechts-Kommentare von Breier/Dassau und Sponer/Steinherr.

Die 17. Auflage berücksichtigt tarifliche und gesetzliche Änderungen genauso wie die aktuelle höchstrichterliche Rechtsprechung, in der insbesondere der EuGH immer wieder neue Akzente setzt. In der 17. Auflage finden sich daher sowohl die Ergebnisse der TVöD-Tarifeinigung 2023 für die Beschäftigten im öffentlichen Dienst beim Bund und den Kommunen, die sich teilweise erst jetzt auswirken, sowie die Ergebnisse der Tarifeinigung der Länder 2023 zur Anhebung der Entgelte.

Seit der 1. Auflage ist das Lexikon um die Stichwörter Allgemeines Gleichbehandlungsgesetz, Arbeit auf Abruf, Arbeitnehmerbegriff, Arbeitnehmerüberlassung, Arbeitskampf, Arbeitsvertrag, Arbeitszeiterfassung, Aufklärungspflichten, Auslandsentsendung, Beendigung ohne Kündigung, Berufsausbildungsverhältnis, Betriebliche Übung, Betriebliches Eingliederungsmanagement, Compliance, Corona-Pandemie, Dienstreise, Dienststelle, Einstellungsverfahren, Entgeltfortzahlung bei Arbeitsverhinderung, Entgeltsystem, Familienpflegezeit, Fehlzeiten, Freistellung, Geringfügige Beschäftigung, Geschäftsführer und Vorstände, Gleichstellung, Kirchliches Arbeitsrecht, Lohnpfändung, Mindestlohn, Mutterschutz, Nachweisgesetz, Nebentätigkeit, Pflegezeit, Praktikanten, Probezeit, Rationalisierungsschutz, Recruiting, Rückzahlung von Aus- und Fortbildungskosten, Schwerbehindertenvertretung, Social Media, Sparkasse, Tarifvertrag, Teilzeit, Urlaub, Versetzung/Abordnung/Zuweisung und Wissenschaftszeitvertragsgesetz angewachsen. Ausführliche Erläuterungen zum Whistleblowing und Hinweisgeberschutz finden sich im Stichwort Compliance. Zudem finden sich – teilweise vertiefte – Hinweise auf bestimmte Spartentarifverträge. Die vorstehenden Aktualisierungen, vertieferen Bearbeitungen und Ergänzungen tragen auch dem Umstand Rechnung, dass das Werk bisher ausgesprochen gut angenommen wird, sodass hiermit zugleich ein Dank an die Leser verbunden sein soll.

Die Autorinnen und Autoren sind insbesondere auf dem Gebiet des Arbeitsrechts des öffentlichen Dienstes tätig, sodass der Praxisbezug im Vordergrund steht. Hinweise auf aktuelle praxisrelevante Probleme erfolgen ohne lange theoretische Ausführungen. Dem Leser soll – ausgerichtet an den Bedürfnissen im öffentlichen Dienst – eine schnelle Orientierung zur Bildung eines eigenen Problembewusstseins gegeben werden.

Auch zukünftig wird das Arbeitsrecht im öffentlichen Dienst wieder einem stetigen Wandel unterzogen sein. Anregungen und Verbesserungsvorschläge, die wir gerne entgegennehmen, richten Sie bitte per E-Mail an den Verlag (Frau Rita Cornmark, E-Mail: rita.cornmark@hjr-verlag.de) oder per E-Mail an die Herausgeber (klauspawlak@rugekroemer.de).

Hamburg und Regensburg, im Mai 2024

Jan Ruge
Martin Krömer
Dr. Klaus Pawlak
Henning Rabe v. Pappenheim
– Herausgeber –

# Inhaltsverzeichnis

| | Seite |
|---|---|
| Abmahnung | 1 |
| Allgemeines Gleichbehandlungsgesetz (AGG) | 9 |
| Altersteilzeit | 24 |
| Änderungskündigung | 30 |
| Anfechtung | 39 |
| Arbeit auf Abruf | 45 |
| Arbeitnehmerbegriff | 47 |
| Arbeitnehmerüberlassung | 50 |
| Arbeitskampf | 57 |
| Arbeitsschutz | 68 |
| Arbeitsvertrag | 74 |
| Arbeitszeit | 89 |
| Arbeitszeiterfassung | 100 |
| Ärztliche Einstellungsuntersuchung | 101 |
| Aufhebungsvertrag | 106 |
| Aufklärungspflichten | 118 |
| Auslandsentsendung | 120 |
| Ausschlussfrist | 124 |
| Außerordentliche Kündigung | 132 |
| Beendigung des Arbeitsverhältnisses ohne Kündigung | 145 |
| Befristetes Arbeitsverhältnis | 153 |
| Berufsausbildungsverhältnis | 175 |
| Beschäftigungszeit | 183 |
| Besonderer Kündigungsschutz | 186 |
| Betriebliches Eingliederungsmanagement (BEM) | 198 |
| Betriebliche Übung | 204 |
| Betriebsbedingte Kündigung | 208 |
| Betriebsrat | 216 |
| Betriebsübergang | 224 |
| Betriebsvereinbarung | 234 |
| Beurteilung | 240 |
| Bewerberauswahl/Arbeitsrechtliche Konkurrentenklage | 243 |
| Compliance | 249 |
| Corona-Pandemie | 257 |
| Datenschutz | 264 |
| Dienstreise | 273 |
| Dienststelle | 277 |
| Dienstvereinbarung | 280 |
| Direktionsrecht | 284 |
| Eingruppierung | 293 |
| Einigungsstelle | 308 |
| Einstellungsverfahren | 316 |
| Elternzeit | 321 |
| Entgeltfortzahlung bei Arbeitsunfähigkeit | 335 |
| Entgeltfortzahlung bei persönlicher Arbeitsverhinderung | 346 |
| Entgeltsystem | 348 |
| Erwerbsminderung | 352 |
| Familienpflegezeit | 356 |
| Fehlzeiten/Abwesenheitszeiten | 362 |
| Freistellung | 364 |
| Fürsorgepflicht | 371 |
| Gerichtsverfahren | 375 |
| Geringfügige Beschäftigung | 380 |
| Geschäftsführer und Vorstände | 384 |
| Gleichstellung | 388 |
| Haftung des Arbeitgebers | 397 |
| Haftung des Arbeitnehmers | 402 |
| Home-Office | 408 |
| Internet und E-Mail am Arbeitsplatz | 412 |
| Jugend- und Auszubildendenvertretung | 420 |
| Kirchliches Arbeitsrecht | 427 |
| Kündigung | 443 |
| Leistungsorientierte Bezahlung | 462 |
| Lohnpfändung | 471 |
| Mindestlohn | 475 |
| Mitarbeitergespräche | 480 |
| Mobbing | 485 |
| Mutterschutz | 491 |
| Nachweisgesetz | 494 |
| Nebentätigkeit | 499 |
| Personalakte | 504 |
| Personalgestellung | 511 |
| Personalvertretung | 514 |
| Personalvertretungsrechtliche Beteiligung | 522 |
| Personenbedingte Kündigung | 536 |
| Pflegezeit | 543 |
| Praktikanten | 548 |
| Probezeit | 552 |

# Inhaltsverzeichnis

| | Seite |
|---|---|
| Rationalisierungsschutz | 556 |
| Recruiting | 559 |
| Rückzahlung von Aus- und Fortbildungskosten | 564 |
| Schwerbehinderte Menschen | 567 |
| Schwerbehindertenvertretung | 582 |
| Social Media | 587 |
| Sparkasse | 592 |
| Stellenausschreibung | 602 |
| Tarifliche Unkündbarkeit | 610 |
| Tarifvertrag | 613 |

| | Seite |
|---|---|
| Teilzeitarbeit | 625 |
| Treuepflicht | 640 |
| Urlaub | 645 |
| Verhaltensbedingte Kündigung | 666 |
| Versetzung/Abordnung/Zuweisung | 668 |
| Wehr- und Bundesfreiwilligendienst | 674 |
| Wissenschaftszeitvertragsgesetz (WissZeitVG) | 678 |
| Zeugnis | 683 |
| Zulagen und Zuschläge | 691 |
| Zusatzversorgung | 700 |

# Abkürzungsverzeichnis

| | |
|---|---|
| a. A. | anderer Ansicht |
| Abs. | Absatz |
| AEntG | Arbeitnehmerentsendegesetz |
| a. F. | alte Fassung |
| AFG | Arbeitsförderungsgesetz |
| AGG | Allgemeines Gleichbehandlungsgesetz |
| AP | Arbeitsrechtliche Praxis |
| ArbG | Arbeitsgericht |
| ArbGG | Arbeitsgerichtsgesetz |
| ArbPlSchG | Gesetz zum Schutz des Arbeitsplatzes bei Einberufung zum Wehrdienst |
| ArbRB | Der Arbeitsrechtsberater |
| ArbSchG | Arbeitsschutzgesetz |
| ArbZG | Arbeitszeitgesetz |
| ASiG | Gesetz über Betriebsärzte, Sicherheitsingenieure und andere Fachkräfte für Arbeitssicherheit |
| ATG | Altersteilzeitgesetz |
| ATV | Tarifvertrag Altersversorgung |
| ATV-K | Altersvorsorge-TV-Kommunal |
| AuR | Arbeit und Recht |
| BAG | Bundesarbeitsgericht |
| BAnz | Bundesanzeiger |
| BAT | Bundes-Angestelltentarifvertrag |
| BAT-O | Bundes-Angestelltentarifvertrag – Ost |
| BB | Betriebs-Berater |
| BBesG | Bundesbesoldungsgesetz |
| BBiG | Berufsbildungsgesetz |
| BDSG | Bundesdatenschutzgesetz |
| BEEG | Bundeselterngeld- und Elternzeitgesetz |
| BEM | Betriebliches Eingliederungsmanagement |
| BetrVG | Betriebsverfassungsgesetz |
| BGB | Bürgerliches Gesetzbuch |
| BGleiG | Bundesgleichstellungsgesetz |
| BMAS | Bundesministerium für Arbeit und Soziales |
| BMI | Bundesministerium des Innern |
| BPersVG | Bundespersonalvertretungsgesetz |
| BRRG | Beamtenrechtsrahmengesetz |
| BSG | Bundessozialgericht |
| BSHG | Bundessozialhilfegesetz |
| BTHG | Bundesteilhabegesetz |
| BUrlG | Bundesurlaubsgesetz |
| BVerfG | Bundesverfassungsgericht |
| BVerwG | Bundesverwaltungsgericht |
| BZRG | Bundeszentralregistergesetz |
| DA-ATG | Durchführungsanweisung Altersteilzeitgesetz |
| DB | Der Betrieb (Zeitschrift) |
| DÖV | Die öffentliche Verwaltung |
| DSGVO | Datenschutz-Grundverordnung der EU |
| EFZG | Entgeltfortzahlungsgesetz |
| EGGVG | Einführungsgesetz zum Gerichtsverfassungsgesetz |
| EKD | Evangelische Kirche Deutschland |
| EStG | Einkommensteuergesetz |
| EuGH | Europäischer Gerichtshof |
| FFG | Frauenfördergesetz |
| FPfZG | Familienpflegezeitgesetz |
| GenDG | Gendiagnostikgesetz |
| GewO | Gewerbeordnung |
| GG | Grundgesetz |
| GVG | Gerichtsverfassungsgesetz |
| HGB | Handelsgesetzbuch |
| HRG | Hochschulrahmengesetz |
| i.d.F. | in der Fassung |
| i.d.R. | in der Regel |
| i.d.S. | in diesem Sinne |
| IfSG | Gesetz zur Verhütung und Bekämpfung von Infektionskrankheiten beim Menschen |
| i.V.m. | in Verbindung mit |
| JArbSchG | Jugendarbeitsschutzgesetz |
| KSchG | Kündigungsschutzgesetz |
| LAG | Landesarbeitsgericht |
| LAG | Gesetz über den Lastenausgleich |
| LGG | Landesgleichstellungsgesetz |
| LohnFG | Lohnfortzahlungsgesetz |
| LPVG | Landespersonalvertretungsgesetz |
| LVA | Landesversicherungsanstalt |
| MiLoG | Gesetz zur Regelung eines allgemeinen Mindestlohns |
| MuSchG | Mutterschutzgesetz |
| NachwG | Nachweisgesetz |
| NJW | Neue Juristische Wochenschrift |

| | |
|---|---|
| NZA | Neue Zeitschrift für Arbeitsrecht |
| NZA-RR | Rechtsprechungsreport Arbeitsrecht |
| o. Ä. | oder Ähnliches |
| öAT | Zeitschrift für das öffentliche Arbeits- und Tarifrecht |
| OVG | Oberverwaltungsgericht |
| PersR | Personalrat |
| PersVG | Personalvertretungsgesetz |
| PflegeZG | Pflegezeitgesetz |
| Rn. | Randnummer |
| Rspr. | Rechtsprechung |
| S. | Satz |
| SGB | Sozialgesetzbuch |
| StGB | Strafgesetzbuch |
| TV ATZ | Tarifvertrag zur Regelung der Altersteilzeitarbeit |
| TVAöD | Tarifvertrag für Auszubildende des öff. Dienstes |
| TVG | Tarifvertragsgesetz |
| TV-L | Tarifvertrag für den öffentlichen Dienst der Länder |
| TVöD | Tarifvertrag für den öffentlichen Dienst |
| TVöD-AT | TVöD – Allgemeiner Teil |
| TVöD-BT-K | TVöD – Besonderer Teil Krankenhäuser |
| TVöD-BT-V | TVöD – Besonderer Teil Verwaltung |
| TVPöD | Tarifvertrag für Praktikantinnen/Praktikanten des öffentlichen Dienstes |
| TVPrakt-L | Tarifvertrag über die Regelung der Arbeitsbedingungen der Praktikantinnen/Praktikanten der Länder |
| TVPrakt | Tarifvertrag über die Regelung der Arbeitsbedingungen der Praktikantinnen/Praktikanten |
| TVÜ | Überleitungstarifvertrag |
| TVÜ-VKA | Tarifvertrag zur Überleitung der Beschäftigten der kommunalen Arbeitgeber in den TVöD und zur Regelung des Übergangsrechts |
| TzBfG | Teilzeit- und Befristungsgesetz |
| UmwG | Umwandlungsgesetz |
| Urt. | Urteil |
| VBL | Versorgungsanstalt des Bundes und der Länder |
| VG | Verwaltungsgericht |
| VKA | Vereinigung der kommunalen Arbeitgeberverbände |
| WissZeitVG | Wissenschaftszeitvertragsgesetz |
| WRV | Weimarer Reichsverfassung |
| ZAT | Zeitschrift für Arbeitsrecht und Tarifpolitik in Kirche und Caritas |
| ZDG | Gesetz über den Zivildienst der Kriegsdienstverweigerer |
| ZMV | Zeitschrift für die Mitarbeitervertretung |
| ZPO | Zivilprozessordnung |
| ZTR | Zeitschrift für Tarifrecht |
| ZVK | Zusatzversorgungskasse |

# Bearbeiterverzeichnis

**Ricarda Deets-Klock**
**Fachanwältin für Arbeitsrecht, Hamburg**

Abmahnung, AGG, Altersteilzeit, Arbeitnehmerbegriff, Auslandsentsendung, Mindestlohn, Mitarbeitergespräche

**Michael Geißler**
**Fachanwalt für Arbeitsrecht, Hamburg**

Arbeitskampf, Aufhebungsvertrag, Eingruppierung, Entgeltsystem, Personalgestellung, Versetzung/Abordnung/Zuweisung

**Dr. Maria von Gyldenfeldt**
**Fachanwältin für Arbeitsrecht, Hamburg**

Compliance, Datenschutz, Elternzeit, Fehlzeiten/Abwesenheitszeiten, Kündigung, Personenbedingte Kündigung

**Dr. Benjamin Heider, LL.M.**
**Fachanwalt für Arbeitsrecht, Hamburg**

Betriebliche Übung, Betriebsrat, Betriebsvereinbarung, Corona-Pandemie, Jugend- und Auszubildendenvertretung, Rückzahlung von Aus- und Fortbildungskosten, Wissenschaftszeitvertragsgesetz

**Marie Jürgen**
**Rechtsanwältin, Hamburg**

Arbeitsvertrag, Dienstreise, Familienpflegezeit, Nachweisgesetz, Nebentätigkeit, Pflegezeit, Probezeit

**Georg Kalenbach**
**Fachanwalt für Arbeitsrecht, Hamburg**

Beendigung des Arbeitsverhältnisses ohne Kündigung, Bewerberauswahl/Arbeitsrechtliche Konkurrentenklage, Dienstvereinbarung, Einstellungsverfahren, Erwerbsminderung, Geschäftsführer und Vorstände

**Dr. Stefan Koop**
**Fachanwalt für Arbeitsrecht, Hamburg**

Arbeitskampf, Arbeitszeit, Freistellung, Personalvertretung, Tarifvertrag, Versetzung/Abordnung/Zuweisung

**Martin Krömer**
**Fachanwalt für Arbeitsrecht, Hamburg (Hrsg.)**

Außerordentliche Kündigung, Beurteilung, Mutterschutz, Verhaltensbedingte Kündigung, Zeugnis, Zusatzversorgung

**Justus Maerker, LL.M.**
**Fachanwalt für Arbeitsrecht, Hamburg**

Direktionsrecht, Internet am Arbeitsplatz, Leistungsorientierte Bezahlung, Personalakte, Personalvertretungsrechtliche Beteiligung, Sparkasse

**Dr. Klaus Pawlak**
**Fachanwalt für Arbeitsrecht, Hamburg (Hrsg.)**

Aufklärungspflichten, Betriebsübergang, Dienststelle, Fürsorgepflicht, Gerichtsverfahren, Rationalisierungsschutz

**Jan Ruge**
**Fachanwalt für Arbeitsrecht, Hamburg (Hrsg.)**

Befristetes Arbeitsverhältnis, Entgeltfortzahlung bei Arbeitsunfähigkeit, Entgeltfortzahlung bei persönlicher Arbeitsverhinderung, Leistungsorientierte Bezahlung, Sparkasse, Teilzeitarbeit

**Lillemor Stöhr**
**Rechtsanwältin, Hamburg**

Arbeit auf Abruf, Arbeitszeiterfassung, Beschäftigungszeit, Home-Office, Treuepflicht, Urlaub, Wehr- und Bundesfreiwilligendienst

## Bearbeiterverzeichnis

**Dr. Christian von Tiling**
**Fachanwalt für Arbeitsrecht, Hamburg**

Arbeitnehmerüberlassung, Besonderer Kündigungsschutz, Gleichstellung, Kirchliches Arbeitsrecht, Tarifliche Unkündbarkeit, Teilzeitarbeit

**Felix Uhr**
**Rechtsanwalt, Hamburg**

Betriebliches Eingliederungsmanagement, Haftung des Arbeitgebers, Haftung des Arbeitnehmers, Lohnpfändung, Schwerbehinderte Menschen, Schwerbehindertenvertretung, Zulagen und Zuschläge

**Thomas Volkmann**
**Fachanwalt für Arbeitsrecht, Hamburg**

Arbeitsschutz, Ärztliche Einstellungsuntersuchung, Ausschlussfrist, Einigungsstelle, Mobbing, Recruiting, Social Media

**Tim-Marvin Werner**
**Rechtsanwalt, Hamburg**

Änderungskündigung, Anfechtung, Berufsausbildungsverhältnis (TVAöD), Betriebsbedingte Kündigung, Geringfügige Beschäftigung, Praktikanten, Stellenausschreibung

# Abmahnung

**Wegweiser:**

Aus der arbeitsrechtlichen Fürsorge- bzw. Treuepflicht sowie dem Grundsatz der Verhältnismäßigkeit resultiert eine grundsätzliche Pflicht des Arbeitgebers, vor Ausspruch einer Kündigung ein Fehlverhalten des Arbeitnehmers zunächst abzumahnen. Insoweit bestehen im öffentlichen Dienst keine Besonderheiten. Hervorzuheben ist, dass das Anhörungsrecht des Arbeitnehmers vor Aufnahme belastender Schriftstücke in die Personalakte gemäß § 13 Abs. 2 BAT nicht in den TVöD übernommen worden ist. Allerdings enthält § 3 Abs. 6 S. 4 TV-L die Regelung, dass der Beschäftigte vor Aufnahme von Beschwerden und Behauptungen tatsächlicher Art, die für ihn ungünstig sind oder ihm nachteilig werden können, gehört werden muss. Schließlich ist zu beachten, dass es auf Länderebene personalvertretungsrechtliche Bestimmungen gibt, die eine Beteiligung des Personalrates bei Abmahnungen vorschreiben (z. B. Mitwirkungsverfahren nach § 68 Abs. 1 Nr. 1 LPersVG Brandenburg, § 80 Abs. 3 S. 1 saarländisches PersVG, § 78 Abs. 2 Nr. 15 LPersVG Rheinland-Pfalz). Ergänzend wird auf die Kommentierung von Breier/Dassau TVöD Komm. Erl. 4.5.1.3 zu § 3 TVöD Rn. 80, Erl. 6.6.2.4 zu § 3 TVöD Rn. 240 ff., und Breier/Dassau TV-L Komm. Erl. 6.6.3 zu § 3 TV-L Rn. 116, Erl. 2.3.3 zu § 3 TV-L Rn. 11 f., Erl. 8.6.2.4 zu § 3 TV-L Rn. 271 ff., sowie die ausführlichen Erläuterungen zum Thema Beendigung des Arbeitsverhältnisses im Breier/Dassau TVöD Kommentar Teil K 2 Erl. 2.1.4.2, und Erl. 5.2 und TV-L Kommentar Teil K 2 Erl. 2.1.4.2 und Erl. 5.2 hingewiesen.

**I.  Begriff und Abgrenzung**

**II.  Notwendiger Inhalt der Abmahnung**
1.  Hinweisfunktion
2.  Warn- und Androhungsfunktion
3.  Ausdrückliche Bezeichnung als „Abmahnung"
4.  Dokumentationsfunktion

**III.  Formelle Voraussetzungen**
1.  Abmahnungsberechtigung
2.  Form der Abmahnung
3.  Frist
4.  Anhörungs- und Mitbestimmungsrechte
5.  Zugang und Kenntnisnahme durch den Arbeitnehmer

**IV.  Erforderlichkeit und Entbehrlichkeit der Abmahnung**
1.  Steuerbares Verhalten
2.  Außerdienstliches Verhalten
3.  Nebentätigkeiten
4.  Politische Aktivitäten

**V.  Mehrere Pflichtverstöße (Sammelabmahnung)**

**VI.  Verhältnis Abmahnung und Kündigung**
1.  Gleichartigkeit der Vertragsverstöße
2.  Anzahl der Abmahnungen
3.  Verzicht auf Kündigung durch Abmahnung

**VII.  Reaktionsmöglichkeiten des Arbeitnehmers**
1.  Entfernung der Abmahnung aus der Personalakte
2.  Beschwerde bei Betriebs- bzw. Personalrat
3.  Gegendarstellung
4.  Bestreiten im Kündigungsschutzprozess

**VIII.  Checkliste Abmahnung**
1.  Feststellung des Sachverhaltes
2.  Feststellung der Rechtslage
3.  Vorüberlegungen zur Formulierung der Abmahnung
4.  Sonstiges

**IX.  Muster: Abmahnung**

## I.  Begriff und Abgrenzung

Die Abmahnung stellt regelmäßig die Vorstufe zu einer verhaltensbedingten Kündigung dar. Sie ist weder gesetzlich noch tarifvertraglich geregelt, sondern vielmehr von der Rechtsprechung entwickelt und stellt somit typisches Richterrecht dar. Um einen Arbeitnehmer verhaltensbedingt kündigen zu können, müssen die Voraussetzungen in formeller und materieller Hinsicht eingehalten werden, wozu in der Regel auch eine vorangegangene Abmahnung wegen einer vergleichbaren Pflichtverletzung gehört (Näheres siehe unter → *Kündigungsschutz*).

Eine Abmahnung kommt immer dann in Betracht, wenn eine Kündigung unangemessen wäre, weil dem Arbeitnehmer zunächst Gelegenheit zur Besserung seines Verhaltens eingeräumt werden soll. Anders ausgedrückt, ist die Abmahnung eine vom Arbeitgeber ausgesprochene individualrechtliche Rüge eines bestimmten Fehlverhaltens des Arbeitnehmers verbunden mit der Androhung arbeitsrechtlicher Konsequenzen für den Wiederholungsfall.

Im Gegensatz dazu weist der Arbeitgeber bei einer bloßen Ermahnung auf eine Pflichtverletzung hin und mahnt die Einhaltung der vertraglichen Pflichten an. Anders als die Abmahnung enthält die Ermahnung keine Kündigungsandrohung und ist deshalb kündigungsrechtlich ohne entscheidende Bedeutung.

**TIPP!**

Alternativ zur Abmahnung kann mit dem Arbeitnehmer auch eine – in der Praxis bislang jedoch noch selten anzutreffende – Korrekturvereinbarung abgeschlossen werden. Sie enthält alle wesentlichen Bestandteile der Abmahnung. Im Unterschied zur Abmahnung wird sie jedoch sowohl vom Arbeitgeber als auch vom Arbeitnehmer unterzeichnet. Rechtlich ist die Korrekturvereinbarung eine Abmahnung, sie vermeidet jedoch die übliche Konfrontation. Der Arbeitnehmer erduldet nicht – mehr oder weniger – passiv eine arbeitgeberseitige Schelte, sondern wird vielmehr aktiv zum Mitautor einer Vereinbarung, dass sich der gerügte Vorgang nicht wieder ereignet. Der Arbeitgeber wird dem Einsicht zeigenden Arbeitnehmer in der Regel entgegenkommen und so das positive Zusammenwirken stärken, z. B. durch die erklärte Absicht, die Abmahnung nicht in der kompletten rechtlich zulässigen Gesamtzeit in der Personalakte zu belassen. Durch diese positive Wirkung der Korrekturvereinbarung wird sie in vielen Fällen einen höheren Durchsetzungs- und Befriedungserfolg haben.

## II.  Notwendiger Inhalt der Abmahnung

Die Funktionen der Abmahnung bestimmen ihren notwendigen Inhalt:

### 1.  Hinweisfunktion

Mit der Abmahnung soll der Arbeitnehmer auf eine Verletzung von Pflichten hingewiesen werden. Nach der Rechtsprechung des BAG muss der Arbeitgeber in einer für den Arbeitnehmer hinreichend deutlich erkennbaren Art und Weise Pflichtverletzungen rügen. Der Arbeitnehmer soll eindeutig und unmissverständlich erkennen können, was ihm zum Vorwurf gemacht wird, welches Verhalten der Arbeitgeber missbilligt und/oder in welcher Hinsicht seine Leistungen nicht dessen Anforderungen entsprechen. Dies erfordert eine detaillierte Angabe des konkreten Fehlverhaltens mit Datum und unter Umständen Uhrzeit.

 **Formulierungsbeispiel:**

„Sie sind am 2. Januar..., dem ersten Arbeitstag nach dem Ihnen bis zum 31. Dezember... gewährten Urlaub, nicht zur Arbeit erschienen und haben ... *(Arbeitgeber)* nicht unverzüglich über die Arbeitsunfähigkeit und deren voraussichtliche Dauer informiert. Auch an den Folgetagen haben Sie Ihre Arbeitsunfähigkeit gegenüber Ihrer Arbeitgeberin nicht angezeigt. Erst am 6. Januar... haben Sie ... *(Arbeitgeber)* über Ihre Arbeitsunfähigkeit informiert.

Mit dem oben dargestellten Verhalten haben Sie Ihre arbeitsvertraglichen Pflichten verletzt.

Nach den gesetzlichen Vorschriften (§ 5 Abs. 1 EFZG) sind Sie verpflichtet, Ihrer Arbeitgeberin die Arbeitsunfähigkeit und deren voraussichtliche Dauer unverzüglich mitzuteilen. Sie haben Ihre Arbeitgeberin so schnell zu informieren, wie es nach den Umständen des Einzelfalles möglich ist. Das erfordert im Regelfall eine telefonische Benachrichtigung Ihres Vorgesetzten zu Beginn des ersten Krankheitstages."

Es genügt also nicht, die Pflichtverletzungen lediglich allgemein zu umschreiben und hierbei nur schlagwortartige Bezeichnungen zu gebrauchen. Eine Abmahnung wegen mangelhafter Leistungen, wegen ungebührlichen Verhaltens, wegen häufigen Zuspätkommens, wegen Unzuverlässigkeit etc. ist zu unbestimmt und wird den Anforderungen der Rechtsprechung nicht gerecht. Dies gilt erst Recht für die – in der Praxis häufig anzutreffende – vage Formulierung: „Ihre Leistungen lassen zu wünschen übrig" oder pauschalen Hinweise wie „wegen der Ihnen bekannten Vorkommnisse" oder „aus gegebenem Anlass". Die Pflichtverletzung aus dem Arbeitsverhältnis muss nicht in aller Detailliertheit beschrieben werden. Es reicht aus, wenn dem Arbeitnehmer aufgezeigt wird, welcher Tatbestand als Vertragsverstoß gewertet wurde und welches Verhalten diesbezüglich von ihm erwartet wird, sodass dem Arbeitnehmer gegenüber klargestellt wird, welches Verhalten für den Arbeitgeber ausreichendes Gewicht hat, um es als Anlass für eine Beendigung des Arbeitsverhältnisses zu nehmen. So entschied das LAG Hessen, dass die Formulierung „bekannte Hygienevorgaben" und „notwendige Schutzkleidung" ausreichend ist. Der Arbeitgeber muss nicht die Einzelteile der Schutzausrüstung beschreiben (LAG Hessen v. 20.5.2022, 14 Sa 1216/21).

 **ACHTUNG!**

Von der Rechtsprechung noch nicht beantwortet, ist die Frage, ob ein Indiz i. S. d. § 22 AGG für eine Benachteiligung „wegen" einer Behinderung vorliegt, wenn der Arbeitgeber eine arbeitsvertragliche Pflichtverletzung, die im Zusammenhang mit einer Behinderung steht, zum Anlass für eine Abmahnung nimmt. Eine Benachteiligung würde jedenfalls voraussetzen, dass das gerügte Fehlverhalten auf die Behinderung zurückzuführen ist und dem Arbeitgeber dies auch bekannt ist (LAG Hamm v. 20.4.2017, 18 Sa 1194/16).

## 2. Warn- und Androhungsfunktion

Mit Blick auf die Warn- und Androhungsfunktion einer Abmahnung muss der Arbeitnehmer aufgefordert werden, das beanstandete Verhalten abzustellen bzw. nicht zu wiederholen. Zudem sind ihm für den Wiederholungsfall arbeitsrechtliche Konsequenzen anzudrohen.

Diese arbeitsrechtlichen Konsequenzen müssen konkret benannt werden. Es reicht die allgemeine Ankündigung, dass der Inhalt oder Bestand des Arbeitsverhältnisses gefährdet ist (BAG v. 19.4.2012, 2 AZR 258/11, ZTR 2012, 275).

 **Formulierungsbeispiel:**

„Wir weisen Sie darauf hin, dass im Wiederholungsfall der Bestand des Arbeitsverhältnisses gefährdet wird." oder „Sollten Sie dieser Forderung nicht Folge leisten, müssen Sie mit arbeitsrechtlichen Konsequenzen bis hin zu einer Kündigung rechnen."

Allgemeine Wendungen wie „Ihr Verhalten können wir auf Dauer nicht hinnehmen" sind nicht ausreichend.

Fehlt eine solche Androhung arbeitsrechtlicher Konsequenzen, handelt es sich lediglich um eine Ermahnung, die als Voraussetzung einer ordentlichen verhaltensbedingten Kündigung nicht ausreicht.

Eine sogenannte „vorweggenommene Abmahnung" durch Aushang im Betrieb, Verkündung per Rundschreiben oder als Klausel im Arbeitsvertrag, mit welcher der Arbeitgeber darauf hinweist, dass er ein bestimmtes Verhalten nicht hinnehmen wird und als (groben) Pflichtverstoß ansieht, der zur Kündigung führen kann, genügt in der Regel nicht den Anforderungen einer Abmahnung. Die Warn- und Hinweisfunktion, die von einer vorweggenommenen Abmahnung ausgeht, ist nicht vergleichbar mit derjenigen einer konkreten förmlichen Abmahnung. Nur ausnahmsweise dann, wenn eine vorweggenommene Abmahnung bereits in Erwartung einer möglicherweise bevorstehenden Pflichtverletzung ausgesprochen wird, kann eine weitere Abmahnung nach Tatbegehung entbehrlich sein, wenn tatsächlich eine Pflichtverletzung zeitnah folgt (LAG Schleswig-Holstein v. 29.6.2017, 5 Sa 5/17).

 **ACHTUNG!**

Nach einiger Zeit kann eine Abmahnung ihre Warnfunktion verlieren, sodass es vor einer Kündigung einer weiteren Abmahnung bedarf (LAG Köln v. 22.4.2021, 6 Sa 790/20; LAG Mecklenburg-Vorpommern v. 27.7.2021, 2 Sa 25/21).

 **ACHTUNG!**

Zahlreiche Abmahnungen wegen gleichartiger Pflichtverletzungen, denen keine weiteren Konsequenzen folgen, können die Warnfunktion der Abmahnungen abschwächen. Der Arbeitgeber muss dann die letzte Abmahnung vor Ausspruch einer Kündigung besonders eindringlich gestalten, um dem Arbeitnehmer klarzumachen, dass weitere derartige Pflichtverletzungen nunmehr zum Ausspruch einer Kündigung führen werden (BAG v. 27.9.2012, 2 AZR 955/11, ZTR 2013, 278; BAG v. 15.11.2001, 2 AZR 609/00).

**Beispiel**

„Wir weisen Sie darauf hin, dass wir Sie bezüglich dieses Pflichtverstoßes zum wiederholten Male abmahnen mussten. Eine erneute Wiederholung einer derartigen oder ähnlichen Pflichtverletzung wird eine sofortige Kündigung zur Folge haben. Es handelt sich vorliegend um eine letztmalige Abmahnung."

 **ACHTUNG!**

Verletzt ein Betriebsratsmitglied ausschließlich betriebsverfassungsrechtliche Amtspflichten, etwa das Gebot zur vertrauensvollen Zusammenarbeit, sind vertragsrechtliche Sanktionen wie der Ausspruch einer außerordentlichen Kündigung oder einer individualrechtlichen Abmahnung, mit welcher kündigungsrechtliche Konsequenzen in Aussicht gestellt werden, ausgeschlossen (BAG v. 9.9.2015, 7 ABR 69/13). Betriebsverfassungsrechtliche Abmahnungen dürfen unabhängig von ihrer Rechtmäßigkeit nicht in die Personalakte der Betriebsratsmitglieder aufgenommen werden (LAG Baden-Württemberg v. 3.7.2020, 8 TaBV 3/19).

### 3. Ausdrückliche Bezeichnung als „Abmahnung"

Eine Mitteilung an den Arbeitnehmer, die die vorgenannten Punkte enthält, stellt inhaltlich als solche eine Abmahnung dar. Es ist daher für die Wirksamkeit nicht erforderlich, dass zusätzlich das Wort Abmahnung ausdrücklich genannt wird. In der Praxis ist dieses jedoch empfehlenswert.

### 4. Dokumentationsfunktion

Schließlich soll die Abmahnung die vorgeworfene Pflichtwidrigkeit und die daraufhin ausgesprochene Rüge dokumentieren. Unabhängig von etwaigen Formvorschriften sollte die Abmahnung bereits aus Gründen der Beweisbarkeit stets schriftlich erteilt und zur Personalakte genommen werden.

## III. Formelle Voraussetzungen

Formal kommt es für die kündigungsrechtliche Wirksamkeit der Abmahnung auf folgende Punkte an:

### 1. Abmahnungsberechtigung

Für eine wirksame Abmahnung ist es nach der Rechtsprechung des BAG nicht erforderlich, dass der Abmahnende kündigungsberechtigt ist. Vielmehr kommen alle Mitarbeiter in Betracht, die befugt sind, verbindliche Anweisungen bezüglich des Ortes, der Zeit sowie der Art und Weise der geschuldeten Arbeitsleistung zu erteilen. So ist z. B. der Chefarzt gegenüber den nachgeordneten Ärzten und dem Pflegepersonal abmahnungsberechtigt, obwohl er in der Regel nicht kündigungsberechtigt ist.

Maßgebend ist, dass das Direktionsrecht an die abmahnende Person gegenüber der abzumahnenden – hierarchisch darunter liegenden – Person von der kündigungsberechtigten Person (Arbeitgeber bzw. Arbeitgeber-Vertreter, z. B. Behördenleiter) wirksam übertragen worden ist.

Allerdings ist diese Auffassung des BAG nicht unumstritten. So wird die Auffassung vertreten, dass die Warn- und Ankündigungsfunktion der Abmahnung nur durch eine kündigungsberechtigte Person herbeigeführt werden könne. Ferner kann fraglich sein, ob ein Personalsachbearbeiter, der also weder Dienst- noch Fachvorgesetzter ist, rechtswirksam Abmahnungen aussprechen kann.

 **TIPP!**

In der Praxis sollte die Abmahnung von einer kündigungsberechtigten Person unterzeichnet bzw. erklärt werden. So können nachträgliche Auseinandersetzungen hinsichtlich der Abmahnungsberechtigung vermieden werden.

Ist die Abmahnung nicht von einer zur Abmahnung berechtigten Person ausgesprochen worden, kann der Arbeitnehmer die Abmahnungserklärung ggf. gem. § 174 BGB mangels Vorlage einer Vollmachtsurkunde zurückweisen. Die Abmahnung ist dann unwirksam.

### 2. Form der Abmahnung

Die Einhaltung der Schriftform ist keine Wirksamkeitsvoraussetzung der Abmahnung. Allerdings sieht eine Vielzahl von Tarifverträgen vor, dass Abmahnungen schriftlich zu erklären sind. Ohnehin empfiehlt es sich, die Abmahnung schriftlich zu verfassen, da den Arbeitgeber im Kündigungsschutzprozess die Darlegungs- und Beweislast für das Vorliegen der Kündigungsgründe und damit auch bei verhaltensbedingten Kündigungen für die vorherige ergebnislos gebliebene und wirksam erteilte Abmahnung (vgl. § 1 Abs. 2 S. 4 KSchG) trifft. Dieser Beweis lässt sich

in der Praxis durch Zeugen häufig nur schwer führen, weil diese in der Verhandlung entweder das Fehlverhalten nicht genau genug schildern oder vergessen, dass und wie genau sie arbeitsrechtliche Konsequenzen angedroht haben. Bei einer mündlichen Abmahnung sollte in der Praxis zumindest darauf geachtet werden, diese in der Personalakte zu dokumentieren.

### 3. Frist

Es gibt keine Regelausschlussfrist, innerhalb derer eine Abmahnung erklärt werden muss. Insbesondere gilt hier nicht die Ausschlussfrist nach § 37 TVöD/TV-L, wonach der Arbeitgeber einen Anspruch aus dem Arbeitsverhältnis innerhalb von sechs Monaten in Textform geltend machen muss. Allerdings kann der Arbeitgeber das Recht zur Abmahnung im Einzelfall verwirken, wenn sich der Arbeitnehmer eine längere Zeit vertragstreu verhalten hat und darauf vertrauen darf, dass seine frühere Verfehlung nicht mehr geahndet wird.

 **ACHTUNG!**

In der Praxis ist entscheidend, ob es nach dem Pflichtenverstoß zu Gesprächen oder Schriftwechseln bzw. sonstigem Verhalten des Arbeitgebers (z. B. Übertragung neuer, eventuell sogar höherwertiger Aufgaben) gekommen ist und ob der Arbeitnehmer danach davon ausgehen durfte, die Angelegenheit sei erledigt bzw. der Arbeitgeber habe ihm verziehen, ohne dass er mit einer Abmahnung reagieren wolle.

Allein durch das längere Zuwarten kann ein entsprechendes Vertrauen aufseiten des Arbeitnehmers begründet werden, da der Arbeitgeber durch sein Zuwarten gezeigt hat, dass er den behaupteten Vertragsverstoß des Arbeitnehmers nicht als sanktionswürdig ansieht. Zeigt der Arbeitgeber den bereits bekannten Verstoß gegenüber dem Arbeitnehmer jedoch erstmals nach fast sechs Monaten an, kann er eine Abmahnung jedenfalls dann nicht mehr darauf stützen, wenn diese nicht auch auf gleichartige neuere Verstöße begründet ist (LAG Nürnberg v. 14.6.2005, 6 Sa 367/05).

 **TIPP!**

Damit Arbeitgeber durch ihr Zuwarten keinen Vertrauenstatbestand schaffen, sollten sie den betroffenen Arbeitnehmer beispielsweise (schriftlich) darauf hinweisen, dass die Angelegenheit hinsichtlich des behaupteten Vertragsverstoßes noch nicht erledigt ist.

### 4. Anhörungs- und Mitbestimmungsrechte

Aus gesetzlichen Gründen ist es nicht erforderlich, den Arbeitnehmer vor Ausspruch einer Abmahnung anzuhören.

 **TIPP!**

Zur Wahrung eigener Interessen kann es jedoch ratsam sein, den Arbeitnehmer vor Ausspruch der Abmahnung anzuhören. Häufig erfährt der Arbeitgeber nur auf diese Weise, ob er mit seinen Behauptungen ggf. falsch liegt bzw. wo Nachforschungsbedarf besteht.

In § 13 Abs. 2 BAT war ein besonderes Anhörungsrecht des Arbeitnehmers vor Aufnahme belastender Schriftstücke in die Personalakte vorgesehen. Danach musste der Arbeitnehmer vor Aufnahme der Abmahnung in die Personalakte angehört werden. Die Anhörung bezog sich allerdings nur auf die Aufnahme der (schriftlichen) Abmahnung in die Personalakte, nicht auf die Abmahnung selbst.

Der TVöD enthält keine entsprechende Regelung mehr. Eine Anhörung ist daher weder erforderlich noch in der Praxis empfehlenswert. Anders stellt sich die Regelung im TV-L dar. Dort ist in § 3 Abs. 6 S. 4 geregelt, dass Beschäftigte vor Aufnahme von

Beschwerden und Behauptungen tatsächlicher Art, die für sie ungünstig sind oder ihnen nachteilig werden können, gehört werden müssen (hierzu Breier/Dassau TV-L Komm. Erl 8.6.2.4 zu § 3 TVöD Rn. 286).

Aus der formellen Unwirksamkeit einer Abmahnung kann der Arbeitnehmer jedoch nicht entnehmen, der Arbeitgeber billige das abgemahnte Verhalten. Der Arbeitnehmer bleibt auch dann gewarnt, wenn die Abmahnung – etwa wegen einer pflichtwidrig unterbliebenen Anhörung – an einem Formfehler leidet (BAG v. 19.2.2009, 2 AZR 603/07).

Für den Ausspruch einer Abmahnung besteht grundsätzlich kein Mitbestimmungsrecht des Betriebsrats bzw. des → *Personalrates* (ArbG Schwerin v. 9.2.2021, 6 BV 11/20). Stellt jedoch die Abmahnung der Sache nach eine Betriebsbuße dar, wird also eine Sanktion nach der einschlägigen Bußordnung des Betriebs verhängt (Entzug bestimmter Vergünstigungen, Beförderungssperre), kann hieraus ein Mitbestimmungsrecht des Betriebsrates bzw. des Personalrates nach § 87 Abs. 1 Nr. 1 BetrVG bzw. § 80 Abs. 1 Nr. 18 BPersVG erwachsen (ArbG Schwerin v. 9.2.2021, 6 BV 11/20). Dies ist in der Praxis nur sehr selten der Fall.

Allerdings ist zu berücksichtigen, dass die Abmahnung eine Vorstufe zur verhaltensbedingten Kündigung darstellt. Im Falle einer späteren Kündigung besteht wegen eines erneuten Pflichtverstoßes nach § 102 BetrVG ein Beteiligungsrecht des → *Betriebsrats* bzw. nach § 85 BPersVG des Personalrates. In den entsprechenden Anhörungsverfahren sind dem Betriebsrat bzw. dem Personalrat auch die vorangegangene Abmahnung und die Reaktion des Arbeitnehmers hierauf mitzuteilen. Ansonsten liegt eine nicht ordnungsgemäße Anhörung zur Kündigung mit der Rechtsfolge vor, dass die Kündigung unwirksam ist.

 **ACHTUNG!**

> Der Arbeitgeber muss im Anhörungsverfahren gemäß § 102 BetrVG bzw. § 85 BPersVG den Betriebsrat bzw. den Personalrat über die kündigungsrelevante Abmahnung sowie über eine etwaige Gegendarstellung des Beschäftigten informieren.

In diesem Zusammenhang ist allerdings zu beachten, dass es auf Länderebene personalvertretungsrechtliche Bestimmungen gibt, die eine Beteiligung des Personalrates bei Abmahnungen vorschreiben (z. B. Mitwirkungsverfahren nach § 68 Abs. 1 Nr. 1 LPersVG Brandenburg, § 80 Abs. 3 S. 1 saarländisches PersVG, § 78 Abs. 2 Nr. 15 LPersVG Rheinland-Pfalz).

Die Abmahnung stellt jedoch keinen mitbestimmungspflichtigen „Ausspruch einer schriftlichen Missbilligung" etwa i. S. v. § 88 Abs. 1 Nr. 22 LPVG Hamburg dar.

Auch eine Beteiligung der Schwerbehindertenvertretung gemäß § 178 Abs. 2 S. 1 SGB IX oder § 167 Abs. 1 SGB IX ist vor Ausspruch einer Abmahnung eines schwerbehinderten oder gleichgestellten Menschen grundsätzlich nicht erforderlich, wenn sie mit der Behinderung nicht in Verbindung steht. Allerdings kann die Beteiligung der Schwerbehindertenvertretung dann erforderlich werden, wenn es um eine Pflichtverletzung eines bereits abgemahnten schwerbehinderten oder gleichgestellten Menschen geht. Denn dann kann das Arbeitsverhältnis im Sinne des § 167 Abs. 1 SGB IX gefährdet sein (LAG Baden-Württemberg v. 7.4.2017, 7 TaBV 1/17).

### 5. Zugang und Kenntnisnahme durch den Arbeitnehmer

Die Abmahnung entfaltet ihre Rechtsfolgen erst mit Kenntnisnahme durch den Arbeitnehmer. Hierfür ist grundsätzlich der Zugang (z. B. Übergabe oder Eingang im Postkasten) entschei-

dend. Kann der Arbeitnehmer von der Abmahnung etwa deshalb keine Kenntnis erlangen, weil er z. B. keine ausreichenden Deutschkenntnisse hat, können die Rechtsfolgen erst nach tatsächlicher Kenntnisnahme der Erklärung eintreten.

 **TIPP!**

> Der Arbeitgeber sollte sich aus Gründen der Rechtssicherheit den Zugang und die Kenntnisnahme der Abmahnung vom Arbeitnehmer schriftlich bestätigen lassen, um einen Nachweis für den tatsächlichen Zugang zu haben. Es ist eine Mitwirkungspflicht des Arbeitnehmers, die Abmahnung entgegenzunehmen. Sie ist Ausfluss der beiderseitigen Pflicht, den elementaren Kommunikationsverkehr im Betrieb aufrechtzuerhalten. Die Pflicht zur Bestätigung des Empfangs der Abmahnung ist Ausdruck der erforderlichen Rücksichtnahme gegenüber den legitimen Interessen des Arbeitgebers gemäß § 241 Abs. 2 BGB und eine Nebenpflicht aus dem Arbeitsverhältnis. Verweigert der Arbeitnehmer die Abzeichnung der Abmahnung trotz ausreichender Belehrung, kann er deshalb abgemahnt werden.

## IV. Erforderlichkeit und Entbehrlichkeit der Abmahnung

### 1. Steuerbares Verhalten

Nach der Rechtsprechung des BAG ist eine Abmahnung erforderlich, wenn wegen eines nicht vertragsgerechten, steuerbaren Verhaltens gekündigt werden soll (BAG v. 25.10.2012, 2 AZR 495/11, ZTR 2013, 277; BAG v. 17.6.2003, 2 AZR 62/02, ZTR 2004, 25). Dies gilt dann, wenn in Zukunft eine Wiederherstellung der Vertragstreue und des Vertrauens erwartet werden kann.

Die frühere Unterscheidung zwischen Störungen im Leistungsbereich einerseits und Störungen im Vertrauensbereich und betrieblichen Bereich andererseits hat das BAG mit der vorgenannten Rechtsprechung aufgegeben. Damit ist sowohl bei Störungen im Leistungsbereich als auch bei Störungen im Vertrauensbereich in der Regel eine Abmahnung erforderlich.

Bei einer Kündigung aus verhaltensbedingten Gründen ist eine Abmahnung jedenfalls dann entbehrlich, wenn es sich um schwere Pflichtverletzungen handelt, deren Rechtswidrigkeit für den Arbeitnehmer ohne weiteres erkennbar und bei denen eine Hinnahme des Verhaltens durch den Arbeitgeber offensichtlich ausgeschlossen ist (zuletzt wieder BAG v. 26.9.2013, 2 AZR 741/12, ZTR 2014, 300; BAG v. 25.10.2012, 2 AZR 495/11, ZTR 2013, 277).

 **TIPP!**

> Die Faustformel für die Bejahung oder Verneinung der Entbehrlichkeit einer Abmahnung ist, ob dem Arbeitnehmer bewusst ist, seinen Arbeitsplatz aufs Spiel zu setzen.
>
> Dies kann etwa bei einer fortgesetzten und vorsätzlichen Ausübung offensichtlich nicht genehmigungsfähiger Nebentätigkeiten der Fall sein (BAG v. 18.9.2008, 2 AZR 827/06, ZTR 2009, 327), bei dem Konsum der Droge „Crystal Meth" durch einen Berufskraftfahrer außerhalb seiner Arbeitszeit, der so seine Fahrtüchtigkeit gefährdet (BAG v. 20.10.2016, 6 AZR 471/15, ZTR 2017, 23), dem mehrfachen und vorsätzlichen Verstoß eines Schulleiters gegen die gesetzliche Verpflichtung bei der Abänderung einer Schulnote die Zeugniskonferenz einzubinden (LAG Köln v. 16.10.2019, 5 Sa 221/19), einem Verstoß gegen das Abstinenzgebot aus der Berufsordnung der Psychotherapeuten (LAG Köln v. 18.3.2021, 8 Sa 765/20), einer Trunkenheitsfahrt eines Berufskraftfahrers (LAG Schleswig-Holstein v. 24.3.2021, 6 Sa 284/20), „Blaumachen" (LAG Rheinland-Pfalz v. 4.5.2021, 6 Sa 359/20) bzw. einer Androhung des „Blaumachens" (LAG Mecklenburg-Vorpommern v. 4.5.2021, 5 Sa

319/20), einer Selbstbeurlaubung (LAG Mecklenburg-Vorpommern v. 23.11.2021, 5 Sa 88/21), einer Freiheitsberaubung eines Kollegen (ArbG Siegburg v. 11.2.2021, 5 Ca 1397/20), unzuständigen Abrufen von Steuerdaten durch einen Angestellten in der Finanzverwaltung (LAG Nürnberg v. 13.1.2021, 3 Sa 265/20), das Verbreiten personenbezogener Daten an die Betriebsöffentlichkeit, auch wenn diese gerichtsöffentlich sind (LAG Baden-Württemberg v. 25.3.2022, 7 Sa 63/21) oder der groben Beleidigung des Geschäftsführers (LAG Mecklenburg-Vorpommern v. 27.4.2021, 2 Sa 153/20). Die Beleidigung von Vorgesetzten in der Kommentarfunktion der Facebook-Chronik eines Arbeitskollegen hingegen kann im Einzelfall eine Abmahnung erfordern, bevor eine Kündigung ausgesprochen werden darf (LAG Baden-Württemberg v. 22.6.2016, 4 Sa 5/16). Zur Zeit der Covid-19-Pandemie ist eine Abmahnung beim vorsätzlichen Anhusten eines Arbeitskollegen mit den Worten „Ich hoffe, Du bekommst Corona" entbehrlich (LAG Düsseldorf v. 27.4.2021, 3 Sa 646/20). Ebenso ist keine Abmahnung erforderlich, wenn ein Impfnachweis gefälscht und gezielt zur Vorlage beim Arbeitgeber zu dessen Täuschung beschafft wurde (LAG Düsseldorf v. 4.10.2022, 3 Sa 374/22). Eine Kündigung des Arbeitnehmers aufgrund der Weigerung, der vom Arbeitgeber angeordneten Testpflicht nachzukommen, ist ohne vorherige Abmahnung unwirksam (ArbG Hamburg v. 24.11.2021, 27 Ca 208/21). Auch eine Kündigung wegen der Verletzung der Maskenpflicht bei einer spontanen und kurzzeitigen sowie nicht generell gegen COVID-Hygienevorschriften gerichteten Aktion unwirksam (LAG Düsseldorf v. 21.9.2022, 3 Sa 364/21). Wegen unerlaubter Privatnutzung eines Betriebsfahrzeuges ist eine Abmahnung nicht entbehrlich, wenn die Nutzung zuvor regelmäßig gestattet wurde und es bezüglich der Privatnutzung von Betriebsfahrzeugen keine entsprechenden Dienstvorschriften gibt (LAG Mecklenburg-Vorpommern v. 21.6.2022, 5 Sa 245/21).

Ferner kommt die Entbehrlichkeit der Abmahnung typischerweise bei Vermögensdelikten zu Lasten des Arbeitgebers in Betracht. Allerdings hat das BAG hinsichtlich sogenannter Bagatelldelikte (Entwendung geringwertiger Sachen) ausgeführt, dass auch in diesen Fällen unter Umständen eine Abmahnung als milderes Mittel zur Wiederherstellung des für die Fortsetzung des Vertrages notwendigen Vertrauens in die Redlichkeit des Arbeitnehmers ausreichend sein könne (BAG v. 10.6.2010, 2 AZR 541/09, ZTR 2011, 123). In dem Fall entschied das BAG, dass sich die Klägerin durch die über 30 Jahre störungsfrei verlaufene Tätigkeit ein Maß an Vertrauen erworben habe, das durch die vorliegende geringfügige wirtschaftliche Schädigung des Arbeitgebers (€ 1,30) nicht vollständig zerstört sein könne. Als entscheidender Umstand wird auch das tatsächliche Bewusstsein des Arbeitnehmers, eine Pflichtverletzung im Arbeitsverhältnis zu begehen, hinzugezogen. Das LAG Hessen entschied so bezüglich der Mitnahme von übriggebliebenem, aber noch eingeschweißtem, Grillgut nach einer Unternehmensfeier, dass vielmehr das Verhindern des Wegwerfens und nicht ein Treueverstoß gegenüber dem Arbeitgeber im Vordergrund der Überlegungen des Arbeitnehmers stand. Eine außerordentliche Kündigung war ohne Abmahnung in diesem Fall unwirksam (LAG Hessen v. 4.11.2022, 10 Sa 778/22).

**Beispiele**

> Regelmäßig wird bei den nachfolgenden Pflichtverletzungen eine Abmahnung vor einer verhaltensbedingten Kündigung erforderlich sein: unentschuldigtes Fehlen, Unpünktlichkeit, Verletzung der Anzeige- und Nachweispflicht bei Krankheit, fehlende Führungseigenschaften, alkoholbedingtes Fehlverhalten, Verletzung der Pflicht zur amtsärztlichen Untersuchung (auch bei bestehender Arbeitsunfähigkeit, sofern keine besonderen Umstände vorliegen), Verletzung arbeitsvertraglicher Pflichten in Zusammenhang mit der Wahrnehmung des Betriebs- oder Personalratsamtes, Ausübung einer

Nebentätigkeit während einer ärztlich attestierten Arbeitsunfähigkeit, Arbeitsbummelei und Arbeitsverweigerung, Verletzung der Pflicht eine Arbeitszeitkarte zu führen, erheblicher Verstoß gegen das ausdrückliche Verbot der privaten Nutzung des dienstlichen Internetanschlusses außerhalb der Arbeitszeit, private Telefonate während einer laufenden Operation soweit zumindest dienstlich veranlasste Gespräche gestattet wären und Anwendung kirchenrechtlich unzulässiger Behandlungsmethoden durch einen Arzt in einem kirchlichen Krankenhaus, insistierendes Nachfragen nach der Herkunft, das aus dem Zusammenhang der Äußerungen eine rassistische Einstellung erkennen lässt (LAG Berlin-Brandenburg v. 14.10.2022, 12 Sa 51/22), selbst bei schwerer Beleidigung durch den Arbeitnehmer, wenn die Arbeitsbedingungen für diesen schwer erniedrigend und schikanös sind. Entsprechend der Behandlung des Arbeitnehmers erhöht sich auch die Grenze des Zumutbaren für den Arbeitgeber (LAG Thüringen v. 29.6.2022, 4 Sa 212/21 bzgl. eines verschimmelten, dreckigen und bloß 11 Grad warmen Kellerbüros).

> Regelmäßig wird bei den nachfolgenden Pflichtverletzungen eine Abmahnung vor einer verhaltensbedingten Kündigung nicht erforderlich sein: vorsätzliche Manipulation an einer Zeiterfassungskarte, Fälschen einer Arbeitsunfähigkeitsbescheinigung, vorsätzliches Ausstellen unrichtiger Reisekostenabrechnungen, erheblicher Spesenbetrug bzw. sonstiger Betrug, Unterschlagung eines Geldbetrages, Diebstahl, unsittliches Verhalten und sexuelle Belästigung (ArbG Elmshorn v. 26.4.2023, 3 Ca 1501 e/22), Annahme von Schmiergeldern, Verstöße gegen ein Wettbewerbsverbot, erheblicher Loyalitätsverstoß durch einen Arbeitnehmer in einer Führungsposition, Vorteilsnahme, Krankheitsandrohung bei Nichtgewährung von Urlaub, Weitergabe von Kenntnissen und Informationen durch einen Arbeitnehmervertreter im Aufsichtsrat an Dritte, erhebliche unsachliche Angriffe eines Arbeitnehmers auf Kollegen und Vorgesetzte mit beleidigendem Charakter, „Götzzitat" gegenüber dem Arbeitgeber oder Vorgesetzten und sonstige schwere Beleidigung, Tätlichkeiten unter Arbeitskollegen, und Ausübung einer schichtweisen Vollzeitbeschäftigung während einer attestierten Arbeitsunfähigkeit, wenn der Heilerfolg gefährdet wird.

## 2. Außerdienstliches Verhalten

Mit einer Abmahnung kann grundsätzlich nur eine dienstliche Pflichtverletzung gerügt werden, sodass das außerdienstliche Verhalten des Arbeitnehmers nur in besonderen Ausnahmefällen Gegenstand einer Abmahnung sein kann. Voraussetzung hierfür ist, dass sich das außerdienstliche Verhalten unmittelbar auf das Arbeits- und/oder Vertrauensverhältnis auswirkt.

## 3. Nebentätigkeiten

Im öffentlichen Dienst spielen Nebentätigkeiten (Näheres unter → *Nebentätigkeiten*) häufig eine besondere Rolle. § 3 TVöD/ TV-L verweisen hinsichtlich der Nebentätigkeit nicht mehr auf beamtenrechtliche Bestimmungen. Vielmehr ist das Nebentätigkeitsrecht im TVöD/TV-L vollständig von der beamtenrechtlichen Anknüpfung gelöst worden. Die Regelungen im TVöD/TV-L entsprechen nunmehr den allgemeinen arbeitsrechtlichen Grundsätzen zur Nebentätigkeit. Das bedeutet, dass jeder Arbeitnehmer grundsätzlich berechtigt ist, eine Nebentätigkeit auszuüben. Ein generelles Verbot wäre unzulässig. Die Nebentätigkeit kann jedoch eingeschränkt oder untersagt werden, wenn die Hauptleistungspflicht beeinträchtigt wird, wie beispielsweise durch Verletzung der arbeitszeitrechtlichen Grenzen oder bei Aufnahme einer Konkurrenztätigkeit. Dementsprechend normieren § 3 Abs. 3 TVöD und § 3 Abs. 4 TV-L lediglich die Verpflichtung des Beschäftigten, dem Arbeitgeber Nebentätigkeiten rechtzeitig vorher anzuzeigen. Diese Verpflichtung besteht allerdings nur bei entgeltlichen Nebentätigkeiten.

Sofern ein Arbeitnehmer des öffentlichen Dienstes ohne die hierzu erforderliche Anzeige eine Nebentätigkeit ausübt, kann er deswegen abgemahnt und unter Umständen sogar gekündigt werden. Dies gilt erst recht, wenn der Beschäftigte eine Nebentätigkeit anzeigt, diese vom Arbeitgeber aber untersagt worden ist und der Arbeitnehmer gleichwohl der zuvor angezeigten Nebenbeschäftigung nachgeht.

### 4. Politische Aktivitäten

Politische Aktivitäten können insbesondere bei Arbeitnehmern des öffentlichen Dienstes zu einer Abmahnung führen. In § 8 Abs. 1 S. 2 BAT war die sogenannte politische Treuepflicht geregelt. Diese aus dem Beamtenrecht stammende Pflicht ist aufgrund der Lösung vom Beamtenrecht nicht in den TVöD aufgenommen worden. Dennoch gilt in der allgemeinen hoheitlichen Verwaltung weiterhin, dass Beschäftigte sich durch ihr gesamtes Verhalten zur freiheitlich demokratischen Grundordnung bekennen müssen. Diese politische Treuepflicht ist weiterhin in § 3 Abs. 1 S. 2 TV-L ausdrücklich geregelt.

Nach der Rechtsprechung des BAG stellt die politische Betätigung eines Angestellten im öffentlichen Dienst grundsätzlich nur dann einen personenbedingten Grund für eine ordentliche Kündigung dar, wenn der Angestellte unter Berücksichtigung der Aufgabenstellung der Behörde für die von ihm wahrzunehmenden Funktionen nicht als geeignet angesehen werden kann. Eine verhaltensbedingte Kündigung setzt hiernach voraus, dass das Arbeitsverhältnis durch die politische Betätigung konkret beeinträchtigt wird (BAG v. 12.5.2011, 2 AZR 479/09, ZTR 2011, 739).

Auch bei Verletzungen der Pflicht zur Verfassungstreue ist grundsätzlich eine vorherige Abmahnung erforderlich, durch die der Arbeitnehmer auf den pflichtwidrigen Charakter der außerdienstlichen politischen Tätigkeit hingewiesen wird.

### V. Mehrere Pflichtverstöße (Sammelabmahnung)

Möglich ist es auch, mehrere Pflichtverstöße in einer Abmahnung zu rügen (sog. Sammelabmahnung). Allerdings ist hiervon abzuraten, da eine derartige Sammelabmahnung insgesamt ungerechtfertigt ist, wenn nur ein Teil hiervon nicht zutrifft. Da eine solche Abmahnung nicht teilweise aufrechterhalten werden kann, könnte der Arbeitnehmer die Entfernung der gesamten Abmahnung aus der Personalakte verlangen. Der Arbeitgeber wird jedoch nicht dadurch davon abgehalten, eine auf die zutreffenden Pflichtverstöße beschränkte (neue) Abmahnung auszusprechen.

 **TIPP!**

Pro Pflichtverstoß sollte immer eine Abmahnung ausgesprochen werden.

### VI. Verhältnis Abmahnung und Kündigung

#### 1. Gleichartigkeit der Vertragsverstöße

Sofern eine Abmahnung vor einer nachfolgenden Kündigung erforderlich ist, ist die Kündigung nur dann sozial gerechtfertigt, wenn die Abmahnung auf einer Ebene mit der zum Anlass für die Kündigung genommenen Pflichtverletzung liegt. Der Arbeitgeber kann sich also nur dann auf eine Abmahnung berufen, wenn sie einen vergleichbaren Sachverhalt wie die anschließende Kündigung betrifft. Andernfalls würde es an der Wiederholung des gerügten Fehlverhaltens bzw. Leistungsmangels fehlen.

Das BAG spricht insofern von einem gleichartigen Fehlverhalten und davon, dass Abmahnung und Kündigung in einem inneren Zusammenhang stehen müssen.

**Beispiel**

> Einem Arbeitnehmer, der gegen das betriebliche Rauchverbot verstoßen hat, kann nicht deshalb gekündigt werden, weil er zuvor wegen wiederholter Unpünktlichkeit abgemahnt worden ist. Hier fehlt es an einer Gleichartigkeit des abgemahnten Verhaltens und des kündigungsrelevanten Pflichtverstoßes. Als gleichartige Pflichtverstöße gelten z. B. mehrmaliges unentschuldigtes Fehlen, Verlassen des Arbeitsplatzes ohne Abmeldung, unerlaubtes Fernbleiben von der Arbeit, unterlassene Mitteilung der Arbeitsverhinderung und verspätetes Einreichen der Arbeitsunfähigkeitsbescheinigung. Vgl. zu verschiedenen Formen der Arbeitsbummelei auch LAG Nürnberg v. 20.2.2019 – 4 Sa 349/18, ZTR 2020, 45.

#### 2. Anzahl der Abmahnungen

Grundsätzlich ist nur eine Abmahnung bei gleichartigen Sachverhalten erforderlich, bevor eine Kündigung wegen gleichartiger Vertragsverletzung ausgesprochen werden kann.

Etwas anderes kann sich nur ausnahmsweise bei hohem sozialen Bestandschutz des Arbeitnehmers, insb. bei sog. Unkündbarkeit nach tarifvertraglichen Vorschriften bzw. langjähriger Betriebszugehörigkeit und bei leichten Vertragsverstößen, sofern überhaupt wegen des Verhältnismäßigkeitsprinzips wirksam abgemahnt werden kann, ergeben.

#### 3. Verzicht auf Kündigung durch Abmahnung

Es ist nicht zulässig, wegen desselben Sachverhalts den Arbeitnehmer abzumahnen und kurz darauf zu kündigen. Nimmt der Arbeitgeber ein bestimmtes Verhalten des Arbeitnehmers zum Anlass für eine Abmahnung, so gibt er zu erkennen, dass er dieses Verhalten noch nicht als für eine Kündigung ausreichend ansieht. In der Abmahnung liegt damit ein Kündigungsverzicht. Grundsätzlich stehen Abmahnung und Kündigung somit in einem Exklusivitätsverhältnis. Dieses Exklusivitätsverhältnis kann im Einzelfall jedoch durchbrochen werden: Ist eine Kündigung unwirksam, so kann sie dennoch die Funktion einer Abmahnung erfüllen (BAG v. 19.2.2009, 2 AZR 603/07, ZTR 2009, 548; BAG v. 31.8.1989, 2 AZR 13/89). Auch im Falle einer unwirksamen Kündigung wird dem Arbeitnehmer die Pflichtwidrigkeit seines Verhaltens vor Augen geführt.

Wird eine Abmahnung gemeinsam mit einem Aufhebungsvertrag ausgehändigt, so kann dies ein Verstoß gegen das Gebot fairen Verhandelns darstellen und die Unwirksamkeit eines Aufhebungsvertrages zur Folge haben. Das ArbG Heilbronn v. 18.5.2022, 2 Ca 60/22 urteilte, dass der Arbeitgeber durch die Aushändigung der Abmahnung bereits signalisierte, dass er das pflichtwidrige Verhalten des Arbeitnehmers als nicht mehr kündigungsrechtlich relevant gehalten und die Abmahnung dementsprechend bewusst ausgenutzt hat, um hierdurch den Abschluss des Aufhebungsvertrages zu erreichen.

### VII. Reaktionsmöglichkeiten des Arbeitnehmers

#### 1. Entfernung der Abmahnung aus der Personalakte

Nach ständiger Rechtsprechung des BAG kann der Arbeitnehmer beanspruchen, dass eine zu Unrecht erteilte Abmahnung aus der Personalakte entfernt wird. Dieser Anspruch besteht vor allem dann, wenn die Abmahnung entweder inhaltlich unbestimmt ist, unrichtige Tatsachenbehauptungen enthält, auf einer unzutreffenden rechtlichen Bewertung des Verhaltens des Arbeitnehmers beruht, nicht verhältnismäßig ist oder kein schutzwürdiges Interesse am Verbleib der ursprünglich berechtigten Abmahnung in der Personalakte besteht, vor allem wegen Zeitablaufs (BAG v. 27.11.2008, 2 AZR 675/07; BAG v. 23.6.2009, 2 AZR 606/08, ZTR 2009, 600; BAG v. 20.8.2009, 2 AZR 499/08, ZTR 2010, 205 und ArbG Krefeld v. 7.12.2018, 2 Ca 1313/18). Denn auch die Abmahnung muss dem Verhältnismäßigkeitsgrundsatz genügen. So kann eine Abmahnung bei sehr geringem Verschulden des Arbeitnehmers unverhältnismäßig sein. Eine Abmahnung ist jedoch nie unverhältnismäßig, weil der Arbeitgeber als milderes Mittel zunächst eine Ermahnung hätte aussprechen müssen. Eine derartige Ausweitung des Verhältnismäßigkeitsgrundsatzes würde übersehen, dass die Abmahnung selbst bereits ihre Rechtfertigung gerade aus dem Verhältnismäßigkeitsgrundsatz erhält (LAG Köln v. 20.9.2016, 12 Sa 381/16). Nach einer Entscheidung des Bundesarbeitsgerichts stellt die Abmahnung eines Redakteurs wegen Verstoßes gegen seine Anzeigepflicht aus § 13 Ziff. 3 MTV keinen unverhältnismäßigen Eingriff in dessen Meinungs- und Pressefreiheit aus Art. 5 Abs. 1 GG dar (BAG v. 15.6.2021, 9 AZR 413/19).

 **WICHTIG!**

Grundsätzlich hat der Arbeitnehmer einen Anspruch auf Einsicht in seine Personalakte. Jedoch besteht ein Recht auf Hinzuziehung eines Rechtsanwalts bei der Einsichtnahme in die Personalakte jedenfalls dann nicht, wenn der Arbeitgeber dem Arbeitnehmer das Anfertigen von Kopien aus der Personalakte gestattet hat (BAG v. 12.7.2016, 9 AZR 791/14, ZTR 2016, 709).

Der Anspruch auf Entfernung aus der Personalakte kann sich aus §§ 242, 1004 Abs. 1 S. 1 BGB ergeben. Ein solcher besteht insbesondere dann, wenn die Abmahnung unrichtige Tatsachenbehauptungen enthält, die das allgemeine Persönlichkeitsrecht des Arbeitnehmers tangieren, z. B. seine soziale Geltung, das berufliche Fortkommen oder sein Ansehen (LAG Mecklenburg-Vorpommern v. 11.2.2020, 2 Sa 133/19).

 **ACHTUNG!**

Ein nur auf die Feststellung der Unwirksamkeit einer Abmahnung gerichteter Klageantrag, ist unzulässig. Die Unwirksamkeit der Abmahnung ist lediglich eine Vorfrage für einen Anspruch auf Entfernung der Abmahnung aus der Personalakte und stellt kein feststellungsfähiges Rechtsverhältnis im Sinne des § 256 ZPO dar (BAG v. 9.9.2015, 7 ABR 69/13, ZTR 2016, 56).

Ein Entfernungsanspruch des Arbeitnehmers kann ausnahmsweise auch bei einer berechtigten Aufnahme einer Abmahnung in die Personalakte in Betracht kommen. Es ist im Einzelfall zu entscheiden, ob der Verbleib der Abmahnung in der Personalakte weiterhin erforderlich ist. Eine vormals berechtigte Abmahnung wird jedoch nicht allein durch Zeitablauf zu einem unberechtigten Eingriff in das Persönlichkeitsrecht des Arbeitnehmers. Eine Regelfrist, nach welchem Zeitraum eine Abmahnung aus einer Personalakte zu entfernen ist, besteht vorbehaltlich anderweitiger tariflicher Regelungen nicht (vgl. etwa BAG v. 10.10.2002, 2 AZR 418/01, wonach ein Zeitablauf von dreieinhalb Jahren nicht zwingend zur Wirkungslosigkeit der Abmahnung führt; nach LAG Hessen v. 13.9.2010, 9 Ta 215/10 führt aber jedenfalls ein Zeitraum von zehn Jahren zur Wirkungslosigkeit der Abmahnung).

 **ACHTUNG!**

In der „Emmely"-Entscheidung des Bundesarbeitsgerichts (BAG v. 10.6.2010, 2 AZR 541/09, ZTR 2011, 123) wird das Vorhandensein eines gewissen „Vertrauensvorrates" bei langjähriger Betriebszugehörigkeit betont, das nicht sofort bei einem kleinen Verstoß aufgebraucht sei. Vor diesem Hintergrund wird man nunmehr prüfen müssen, ob Abmahnungen und ähnliche Vermerke über mögliches Fehlverhalten auch länger in Personalakten dokumentiert bleiben müssen, damit Arbeitgeber Verfehlungen der Arbeitnehmer gegebenenfalls auch nach Jahren im Streitfall noch anführen können. Dieses ist die einzige Möglichkeit für den Arbeitgeber, vor Gericht den Nachweis zu führen, dass das Arbeitsverhältnis gerade nicht beanstandungsfrei verlaufen ist.

Vielmehr ist anhand aller Umstände des Einzelfalls zu prüfen, inwiefern die Warn-, Rüge- und Dokumentationsfunktion durch die Abmahnung noch erfüllt werden und der Arbeitgeber weiterhin ein schutzwürdiges Interesse am Verbleib der Abmahnung in der Personalakte hat. Die berechtigte Abmahnung ist nur zu entfernen, wenn sie „in jeder Hinsicht bedeutungslos geworden ist". Dabei ist zu beachten, dass die reine Möglichkeit, eine berechtigte Abmahnung in eine spätere Interessenabwägung einzubeziehen, nicht automatisch ein dauerhaftes berechtigtes Interesse des Arbeitgebers begründet (vgl. BAG v. 19.7.2012, 2 AZR 782/11, ZTR 2013, 94). Das berechtigte Interesse des Arbeitgebers kann also zu verneinen sein, wenn der abgemahnte Pflichtverstoß für das Arbeitsverhältnis an Bedeutung verloren hat und der Verbleib der Abmahnung in der Personalakte für den Arbeitnehmer unmittelbar berufliche Nachteile zur Folge hat. Dies kann beispielsweise der Fall sein, wenn sich der Arbeitnehmer über einen längeren Zeitraum vertragstreu verhalten hat und infolge dessen durch den Verbleib der Abmahnung die Beurteilung des Arbeitsverhältnisses bei einer Neubewerbung oder Beförderung des Arbeitnehmers verfälscht würde. Über welchen Zeitraum sich der Arbeitnehmer vertragstreu verhalten haben muss, ist bisher in Rechtsprechung und Literatur nicht einheitlich beantwortet worden. In Betracht kommt aber je nach Schwere und Auswirkung des Pflichtenverstoßes auf das Arbeitsverhältnis ein Zeitraum von zwei bis vier Jahren.

Da die ausnahmsweise Pflicht zur Entfernung der Abmahnung aus der Personalakte nicht aus der Treuepflicht des Arbeitgebers resultiert, sondern Ausfluss des allgemeinen Persönlichkeitsrechts des Arbeitnehmers ist, musste der Arbeitgeber eine Abmahnung nicht selbstständig aus der Personalakte entfernen, sondern der Arbeitnehmer muss sich hierauf gegenüber dem Arbeitgeber berufen. Das wird unter der Geltung der DSGVO so nicht mehr aufrechterhalten bleiben können (a. A. LAG Niedersachsen v. 4.5.2021, 11 Sa 1180/20), denn eine Abmahnung enthält personenbezogene Daten und der Arbeitgeber ist Verantwortlicher nach Art. 4 Nr. 7 DSGVO. Insofern trifft ihn aus Art. 17 Abs. 1 lit. a) DSGVO die Pflicht, personenbezogene Daten unverzüglich zu löschen, sofern die personenbezogenen Daten für die Zwecke, für die sie erhoben oder auf sonstige Weise verarbeitet wurden, nicht mehr notwendig sind (siehe dazu auch LAG Sachsen-Anhalt v. 23.11.2018, 5 Sa 7/17).

 **TIPP!**

Vor diesem Hintergrund sollten Arbeitgeber regelmäßig und anlassbezogen, z. B. anlässlich von Beförderungen oder internen Stellenbewerbungen, eine routinemäßige Überprüfung der entsprechenden Personalakte hinsichtlich „offensichtlich erledigter" Abmahnungen durchführen. Zu bedenken ist bei einer solchen Prüfung aber, dass im Einzelfall auch eine erledigte Abmahnung in einem späteren Kündigungsschutzprozess noch indizielle Bedeutung zu Gunsten des Arbeitgebers haben kann. Dies betrifft insbesondere im Rahmen der Interessenabwägung den Nachweis, dass ein langjähriges Beschäftigungsverhältnis nicht beanstandungsfrei bestanden hat.

Der Entfernungsanspruch unterliegt nach der Rechtsprechung nicht der Ausschlussfrist des § 37 TVöD/TV-L. Der Anspruch entfällt daher – entgegen der früheren Rechtsprechung des BAG – nicht sechs Monate nach Kenntnis von der Abmahnung. Er kann allerdings nach den allgemeinen Regeln verwirken.

In der Vergangenheit wurde vertreten, dass der Arbeitnehmer nach Beendigung des Arbeitsverhältnisses regelmäßig keinen Anspruch mehr auf Entfernung einer zu Unrecht erteilten Abmahnung aus der Personalakte hat. Ein solcher Anspruch konnte aber dann gegeben sein, wenn objektive Anhaltspunkte dafür bestehen, dass die Abmahnung dem Arbeitnehmer auch noch nach Beendigung des Arbeitsverhältnisses schaden kann (LAG Sachsen v. 31.3.2023, 4 Sa 117/21). Dafür sollte der Arbeitnehmer darlegungs- und beweispflichtig sein. Unter der Geltung des Art. 17 Abs. 1 DSGVO besteht nun allerdings ausdrücklich ein Löschungsanspruch des Betroffenen gegen den datenschutzrechtlich verantwortlichen Arbeitgeber, wenn der Zweck der Erhebung der persönlichen Daten weggefallen ist (LAG Baden-Württemberg v. 28.7.2023, 9 Sa 73/21, derzeit anhängig beim BAG 8 AZR 215 /23). Das ist in der Regel nach der Beendigung des Arbeitsverhältnisses der Fall, denn nach Beendigung des Arbeitsverhältnisses ist die Warnfunktion entfallen. Hinsichtlich der Rüge- und Dokumentationsfunktion könnte sich im Einzelfall noch ein Interesse am Erhalt der Abmahnung für den Arbeitgeber ergeben, soweit dies zur Abwehr von etwaigen Ansprüchen des Arbeitnehmers oder zur Begründung eigener Ansprüche gegen den Arbeitnehmer erforderlich erscheint (LAG Sachsen-Anhalt v. 23.11.2018, 5 Sa 7/17).

Nach dem Urteil des LAG Niedersachsen v. 20.11.2014, 5 Sa 980/14 soll ein Arbeitnehmer keinen Anspruch auf Abgabe einer förmlichen Rücknahmeerklärung einer zu Unrecht ergangenen Abmahnung haben, wenn zuvor der Arbeitgeber erklärt hat, er werde diese Abmahnung nicht für etwaige personelle Konsequenzen gegenüber dem Arbeitnehmer verwenden. Dies gilt auch, wenn er erklärt, er halte an der sachlichen Richtigkeit der dort erhobenen Vorwürfe fest.

 **ACHTUNG!**

Im Fall der Abmahnung eines Betriebsratsmitglieds hat der Betriebsrat als Gremium keinen Anspruch aus § 78 S. 1 BetrVG auf Entfernung der Abmahnung aus der Personalakte eines seiner Mitglieder. Es handelt sich um ein höchstpersönliches Recht des betroffenen Betriebsratsmitglieds, das diesem und nicht einem dritten Gremium zusteht (BAG v. 9.9.2015, 7 ABR 69/13).

## 2. Beschwerde bei Betriebs- bzw. Personalrat

Zudem besteht stets die Beschwerdemöglichkeit nach § 84 Abs. 1 S. 1 BetrVG. Danach hat jeder Arbeitnehmer das Recht, sich beim Betriebsrat zu beschweren, wenn er sich vom Arbeitgeber oder von anderen Arbeitnehmern des Betriebes benachteiligt oder ungerecht behandelt fühlt. Diese Beschwerde ist grundsätzlich an den unmittelbaren Vorgesetzten zu richten. Allerdings kann der Arbeitnehmer ein Betriebsratsmitglied zur Unterstützung hinzuziehen. Schließlich kann sich der Arbeitnehmer auch unmittelbar beim Betriebsrat beschweren, der die Beschwerde dann aufgreifen und beim Arbeitgeber vorstellig werden muss. Dem Betriebsrat kann gemäß § 80 Abs. 2 BetrVG ein Anspruch auf Auskunft über erteilte Abmahnungen zustehen. Dies gilt unabhängig davon, ob der Betriebsrat bei der Beteiligung von Abmahnungen ein Mitbestimmungsrecht hat (LAG Hamm v. 17.2.2012, 10 TaBV 63/11).

Gemäß § 62 Nr. 3 BPersVG steht Arbeitnehmern das Recht zu, sich beim Personalrat zu beschweren. Voraussetzung für die Beschwerde ist ein gewisses persönliches Betroffensein des Beschwerde führenden Beschäftigten. Anregungen gegenüber dem Personalrat, die nach § 62 Nr. 3 BPersVG ebenfalls möglich sind, können nur beachtlich sein, wenn sie einen dienstlichen Bezug für die Beschäftigten haben. Bevor sich die Personalvertretung mit einer Beschwerde oder Anregung in der Sache befasst, muss sie prüfen, ob die Dienststelle für die Erledigung zuständig ist. Sofern das nicht der Fall ist, kann die Personalvertretung die Beschwerde nicht entgegennehmen (BVerwG v. 24.10.1969, PersV 1970, 107). Wird die Zuständigkeit der Dienststelle allerdings bejaht, entscheidet die Personalvertretung durch Beschluss, ob sie die Beschwerde für berechtigt hält. Bei einer positiven Entscheidung muss sie beim Dienststellenleiter auf die Erledigung hinwirken.

## 3. Gegendarstellung

Der Angestellte hat das Recht, eine Gegendarstellung zum Abmahnungssachverhalt in die Personalakte aufnehmen zu lassen. Ein solches Recht ist im TVöD nicht geregelt. Die Pflicht des Arbeitgebers, Gegendarstellungen zur Personalakte zu nehmen, folgt aber bereits aus dem allgemeinen Arbeitsrecht, sodass es einer tarifvertraglichen Regelung nicht bedarf. Im TV-L ist die Verpflichtung der Dienststelle, Äußerungen des Arbeitnehmers, etwa Gegendarstellungen, zur Personalakte zu nehmen, weiter ausdrücklich geregelt (§ 3 Abs. 6 S. 5 TV-L).

 **ACHTUNG!**

Üblicherweise wird die Gegendarstellung unverzüglich nach ihrer Erstellung zur Personalakte gereicht. In den letzten Jahren sind Mitarbeiter jedoch nicht selten dazu übergegangen, die Gegendarstellung beim Personal- bzw. Betriebsrat oder dem Rechtsanwalt zu hinterlegen. Sie möchten so verhindern, dass eine Aggressionsspirale ausgelöst wird, weil Vorgesetzte die Gegendarstellung möglicherweise als persönlichen Angriff empfinden. Vor diesem Hintergrund können Arbeitgeber aus dem Umstand, dass keine Gegendarstellung zur Akte gereicht und keine Klage erhoben wurde, nicht schließen, dass der Mitarbeiter die Abmahnung hingenommen habe.

Eine Rücknahme, also eine ausdrückliche Erklärung, dass die Abmahnung zurückgenommen werde, kann vom Arbeitnehmer nicht gerichtlich eingeklagt werden (LAG Nürnberg v. 14.6.2005, 6 Sa 582/04). In Ausnahmefällen, wenn dies zur Wiederherstellung des Rufs des Arbeitnehmers erforderlich ist, kann allerdings ein Widerruf der in der Abmahnung zu Unrecht aufgestellten Behauptungen durchgesetzt werden (LAG Nürnberg v. 14.6.2005, 6 Sa 582/04).

## 4. Bestreiten im Kündigungsschutzprozess

Schließlich ist anerkannt, dass Abmahnungen nicht nur isoliert, sondern auch erst im Kündigungsrechtsstreit gerichtlich überprüft werden können. Eine Klagefrist existiert hierfür nicht. Der Arbeitnehmer kann sich daher darauf beschränken, die Richtigkeit der abgemahnten Vertragsverstöße bzw. die hierauf resultierende rechtliche Würdigung des Arbeitgebers im Kündigungsschutzprozess zu bestreiten.

 **TIPP!**

Da Arbeitnehmer die Richtigkeit einer vorangegangenen Abmahnung noch in einem nachfolgenden Kündigungsschutzverfahren bestreiten können und Arbeitgeber dann die Hintergründe der Abmahnung beweisen müssen, empfiehlt sich eine genaue Dokumentation des abgemahnten Verhaltens und der entsprechenden Beweismittel in der Personalakte. So kann der erforderliche Nachweis auch noch zu einem späteren Zeitpunkt (nämlich im Kündigungsschutzverfahren) geführt werden.

## VIII. Checkliste Abmahnung

### 1. Feststellung des Sachverhaltes

❑ Welches konkrete Verhalten soll abgemahnt werden?

❑ Schilderung des Verhaltens unter Angabe von Ort, Datum, Uhrzeit und Namen der Beteiligten möglich?

❑ Welche Beweise (Fotos, Zeugen, Aufzeichnungen) stehen zur Verfügung?

### 2. Feststellung der Rechtslage

❑ Gegen welche Pflichten (z. B. aus Arbeitsanweisungen, Arbeitsverträgen, Tarifverträgen usw.) wurde verstoßen?

❑ Ist die Abmahnung erforderlich oder entbehrlich? Entbehrlich, wenn der Verstoß so schwerwiegend und/oder beharrlich ist, dass eine sofortige Kündigung ausgesprochen werden kann.

❑ Ist wegen gleichartigen Pflichtverstoßes bereits abgemahnt worden? Wenn ja: ggf. Ausspruch einer Kündigung!

❑ Ist (nach Tarif- oder Arbeitsvertrag) eine vorherige Anhörung des Arbeitnehmers erforderlich?

❑ Ist nach personalvertretungsrechtlichen Bestimmungen (des Landes) eine Beteiligung des Personalrates erforderlich?

### 3. Vorüberlegungen zur Formulierung der Abmahnung

❑ Ist (nach Tarif- oder Arbeitsvertrag) eine schriftliche Abmahnung erforderlich? Wenn nein: mit Blick auf die Dokumentationsfunktion in jedem Fall ratsam.

❑ Wird der Pflichtverstoß detailliert (Art, Ort und Zeit) dargelegt?

❑ Wird die Pflichtwidrigkeit des abgemahnten Verhaltens deutlich?

❑ Wird der Arbeitnehmer aufgefordert, sich künftig pflichtgemäß zu verhalten?

❑ Werden für den Wiederholungsfall konkrete arbeitsrechtliche Konsequenzen (Kündigung) angedroht?

❑ Sammelabmahnung bei mehreren Verstößen ist nicht ratsam. Besser: gesonderte Abmahnung für jeden einzelnen Verstoß.

### 4. Sonstiges

❑ Wurde die Abmahnung durch eine dazu berechtigte Person erklärt?

❑ Hat der Arbeitnehmer den Empfang bzw. die Kenntnisnahme der Abmahnung bestätigt?

## IX. Muster: Abmahnung

An ...

............................... (Ort),

............................... (Datum)

*Abmahnung*

Sehr geehrte/r Frau/Herr _____,

wir sehen uns gezwungen, Sie aus folgendem Grund abzumahnen:

Sie sind am ..................... nicht zur Arbeit erschienen. Sie haben sich weder im Voraus noch am ..................... bei Ihrer Arbeitgeberin gemeldet, um Ihr Fernbleiben anzukündigen bzw. bekanntzugeben. Gründe für Ihr Fernbleiben haben Sie uns bis heute nicht mitgeteilt. Aufgrund Ihres unentschuldigten Fehlens mussten die Mitarbeiter ................... und ................... Überstunden leisten, um den Auftrag ..................... fristgemäß erledigen zu können.

Mit dem oben dargestellten Verhalten haben Sie Ihre arbeitsvertraglichen Pflichten verletzt. Am ..................... waren Sie in der Zeit von ........... Uhr bis ........... Uhr arbeitsvertraglich zur Verrichtung einer ...........-Schicht verpflichtet. Dieser arbeitsvertraglichen Pflicht sind sie unentschuldigt nicht nachgekommen.

Ihr Verhalten wird missbilligt und ausdrücklich abgemahnt. Wir fordern Sie auf, künftig Ihre arbeitsvertragliche Pflicht zur Erbringung Ihrer Arbeitsleistung zu erfüllen und eventuelle Verhinderungen unverzüglich anzuzeigen.

Sollten Sie dieser Forderung nicht Folge leisten, müssen Sie mit arbeitsrechtlichen Konsequenzen bis hin zur Kündigung rechnen.

Diese Abmahnung wird zu Ihrer Personalakte genommen. Sie haben das Recht, zu dieser Abmahnung Stellung zu nehmen. Ihre Stellungnahme wird ebenfalls zur Personalakte genommen werden.

Mit freundlichen Grüßen

..............................................

Unterschrift der Arbeitgeberin

**Bestätigung des Arbeitnehmers:**

Ich habe die Abmahnung am ......... um ......... Uhr erhalten.

..............................................

Unterschrift des Arbeitnehmers

# Allgemeines Gleichbehandlungsgesetz (AGG)

 **Wegweiser:**

Das Allgemeine Gleichbehandlungsgesetz (AGG) gilt unter anderem im Arbeitsrecht des öffentlichen Dienstes. Es schützt vor nicht gerechtfertigten Benachteiligungen aus Gründen der Rasse oder wegen der ethnischen Herkunft, wegen des Geschlechts, wegen der Religion oder der Weltanschauung, wegen einer Behinderung, wegen des Alters und wegen der sexuellen Identität.

Der TVöD und der TV-L enthalten keine besonderen Regelungen hierzu (vgl. zum AGG den Gesetzestext nebst Begründung des Regierungsentwurfs bei Sponer/Steinherr, TVöD Komm. bzw. TV-L Komm. Teil 8240. Der Gesetzestext findet sich auch bei Breier/Dassau TVöD Komm. und TV-L Komm. sowie ausführliche Erläuterungen im Breier/Dassau TVöD Komm. Teil K 6 und TV-L Komm.

# Allgemeines Gleichbehandlungsgesetz (AGG)

Teil K 6. Vgl. ferner v. Roetteken, Allgemeines Gleichbehandlungsgesetz – AGG, Kommentar, Verlag R. v. Decker; v. Tiling, Kirchlicher Dienst: Neue Rahmenbedingungen für Einstellungen durch das AGG, ArbRB 2009, 80 ff.; Schmitz-Scholemann/Brune, Die Rechtsprechung des Bundesarbeitsgerichts zum AGG – Eine Zwischenbilanz, RdA 2011, 129; Hamdan, Das Allgemeine Gleichbehandlungsgesetz – ein darstellender Überblick unter besonderer Berücksichtigung der zum öffentlichen Dienst ergangenen Rechtsprechung, ZTR 2018, 683).

**I.**   **Anwendungsbereich**

**II.**  **Benachteiligungsverbote**
1. Weltanschauung
2. Alter
3. Behinderung
4. Geschlecht
5. Belästigung / Anweisung zur Benachteiligung

**III.** **Rechtfertigungsgründe**
1. Rechtfertigung der Ungleichbehandlung wegen beruflicher Anforderungen
2. Rechtfertigung der Ungleichbehandlung wegen der Religion oder Weltanschauung
3. Rechtfertigung der Ungleichbehandlung wegen des Alters

**IV.** **Organisationspflichten des Arbeitgebers**

**V.**  **Rechtsfolgen und Verfahren**
1. Rechtsfolgen
2. Verfahren

**VI.** **Überwachung durch Personal- bzw. Betriebsrat**

**VII.** **AGG-Verstöße bei Stellenausschreibung, Bewerbung und Einstellungsgespräch**
1. Stellenausschreibung
2. Bewerbung
3. Einstellungsgespräch

**VIII.** **AGG-Verstöße im Dienstverhältnis des öffentlichen Dienstes**
1. Beförderung und Versetzung
2. Eintrittsaltersgrenzen
3. Entgeltregelungen
4. Urlaub
5. Unkündbarkeit
6. Altersgrenzen
7. Kündigung
8. Hinterbliebenenversorgung

**IX.** **Beamtenrecht**

## I. Anwendungsbereich

Das AGG dient der Umsetzung europäischer Richtlinien zur Verwirklichung des Grundsatzes der Gleichbehandlung. Es ist am 18.8.2006 in Kraft getreten, das Beschäftigtenschutzgesetz sowie §§ 611a, 611b und 612 Abs. 3 BGB in der damaligen Fassung sind außer Kraft getreten. Wegen des Ursprungs aus europäischen Richtlinien und im Hinblick auf das europäische Antidiskriminierungsverbot des Art. 21 der europäischen Grundrechtscharta (GRC) i. V. m. Art. 6 Abs. 1 EU-Vertrag (EUV) sind die Vorschriften europarechtskonform auszulegen und anzuwenden.

 **WICHTIG!**

Es finden sich auch in anderen Gesetzen für das Arbeitsrecht des öffentlichen Dienstes zu beachtende Regelungen zum Schutz gegen diskriminierende Benachteiligungen: u. a. in § 2 Abs. 4 BPersVG bzw. in entsprechenden Regelungen der Landespersonalvertretungsgesetze, in § 75 Abs. 1 BetrVG, § 9 BBG und § 164 Abs. 2 SGB IX, im BGleichG sowie im SoldGG.

Nach § 2 Abs. 1 AGG gelten die Benachteiligungsverbote in allen Phasen und Bereichen der Beschäftigung, also bei der Stellenausschreibung, der Bewerbung und der Einstellung, bei der Beförderung, der Berufs- und Fortbildung (insbesondere bei den jeweiligen Auswahlkriterien zur Teilnahme), allgemein bezüglich der Beschäftigungs- und Arbeitsbedingungen einschließlich Entgelt sowie während des Arbeitsverhältnisses im Allgemeinen, bei Beendigung des Arbeitsverhältnisses und bezüglich der Mitgliedschaft in Vereinigungen (z. B. Gewerkschaften). Das AGG findet trotz § 2 Abs. 4 AGG auch für Kündigungen Beachtung (BAG v. 6.11.2008, 2 AZR 523/07, NZA 2009, 361; BAG v. 15.12.2011, 2 AZR 24/10, MDR 2012, 857), und zwar auch für solche außerhalb des KSchG (BAG v. 19.12.2013, 6 AZR 190/12, ZTR 2014, 242). Auch die Vereinbarung einer Befristung des Arbeitsverhältnisses fällt als Entlassungsbedingung unter § 2 Abs. 1 AGG (BAG v. 17.3.2016, 8 AZR 677/14).

Der Anwendungsbereich erfasst nach § 2 Abs. 1 Nr. 2 AGG auch kollektivrechtliche Vereinbarungen bei der Durchführung und Beendigung eines Beschäftigungsverhältnisses sowie beim beruflichen Aufstieg (vgl. BAG v. 24.10.2019, 2 AZR 168/18 m. w. N. für Tarifverträge).

 **WICHTIG!**

Das AGG findet damit für Tarifverträge des öffentlichen Dienstes Anwendung, insbesondere also für den TVöD/TV-L sowie für die Sparten- und Haustarifverträge. Vorschriften in Tarifverträgen, die nach dem AGG eine ungerechtfertigte Benachteiligung wegen eines verbotenen Merkmals enthalten, sind unwirksam und dürfen vom öffentlichen Arbeitgeber nicht angewendet werden.

Vom Anwendungsbereich dieses Schutzgesetzes umfasst sind nach § 6 AGG Arbeitnehmer, Auszubildende, arbeitnehmerähnliche Personen und Heimarbeiter. Ferner gilt das AGG für Bewerber und Personen, deren Beschäftigungsverhältnis beendet worden ist. Unter den Anwendungsbereich fallen auch die privatrechtlichen Arbeitsverhältnisse mit öffentlich-rechtlichen Arbeitgebern.

Nach § 24 AGG gelten die Vorschriften des AGG entsprechend für öffentlich-rechtliche Dienstverhältnisse der Beamten von Bund, Ländern und Gemeinden sowie der Richter. Dabei ist aber ihre „besondere Rechtsstellung zu beachten", z. B. die beamtenrechtliche Treuepflicht oder die religiöse und weltanschauliche Neutralität, Art. 33 Abs. 2 GG.

Untersagt ist nach dem AGG grundsätzlich jede unmittelbare Benachteiligung wegen eines der in § 1 AGG aufgeführten Merkmale. Eine solche liegt vor, wenn eine Person wegen eines solchen Grundes eine weniger günstige Behandlung erfährt, als eine andere Person in einer vergleichbaren Situation erfährt, erfahren hat oder erfahren würde, § 3 Abs. 1 AGG.

Ein Arbeitgeber benachteiligt eine Person auch dann, wenn er das Vorliegen eines in § 1 AGG genannten Grundes nur irrig annimmt und die Person aufgrund dieser Annahme ungünstiger behandelt (BAG v. 20.6.2013, 8 AZR 482/12, ZTR 2013, 693).

Generell verboten sind nach § 3 Abs. 2 AGG ferner mittelbare Benachteiligungen. Dies sind solche Ungleichbehandlungen, bei denen dem Anschein nach neutrale Vorschriften, Kriterien oder

Verfahren Personen wegen eines in § 1 AGG genannten Grundes gegenüber anderen Personen in besonderer Weise benachteiligen können.

Ausgenommen vom Verbot mittelbarer Benachteiligungen sind nach § 3 Abs. 2, 2. Hs. AGG die Fälle, in denen Benachteiligungen durch ein rechtmäßiges Ziel sachlich gerechtfertigt und die Mittel zur Erreichung dieses Ziels angemessen und erforderlich sind.

Zum allgemeinen Gleichbehandlungsgrundsatz hat das BAG entschieden: Möchte der Arbeitgeber Leistungen (vorliegend: Vergütung) gewähren, muss er bei der Festlegung der Anspruchsvoraussetzungen aufpassen. Untersagt ist eine Gruppenbildung, für die sich kein vernünftiger, aus dem Zweck der Leistung ergebender oder sonstiger sachlich einleuchtender Grund finden lässt (BAG v. 25.6.2015, 6 AZR 383/14, ZTR 2015, 582).

Zulässig sind nach § 5 AGG dagegen positive Maßnahmen, also Ungleichbehandlungen, durch die bestehende Nachteile wegen eines in § 1 AGG genannten Grundes vermindert oder ausgeglichen werden sollen. Das kann im konkreten Einzelfall der Hinweis in einer Stellenanzeige sein, „es besteht ein besonderes Interesse an Bewerbungen von Frauen und von Schwerbehinderten" (LAG Düsseldorf v. 12.11.2008, 12 Sa 1102/08, ZTR 2009, 271).

## II. Benachteiligungsverbote

Nach § 7 AGG sind grundsätzlich Benachteiligungen wegen eines oder nach § 4 AGG wegen mehrerer der in § 1 AGG genannten Merkmale verboten. Untersagt sind damit generell Benachteiligungen wegen

- der Rasse oder ethnischen Herkunft,

- des Geschlechts (sowie nach § 3 Abs. 1 S. 2 AGG der Schwanger- und Mutterschaft),

- der Religion oder Weltanschauung,

- der Behinderung (nicht nur Schwerbehinderung!),

- des Alters und

- der sexuellen Identität.

### 1. Weltanschauung

Unter das Merkmal Weltanschauung fällt auch eine politische Überzeugung wie „Marxismus-Leninismus", die bei einer früheren Tätigkeit für das Ministerium für Staatssicherheit (MfS) der ehemaligen Deutschen Demokratischen Republik allerdings nicht generell unterstellt werden kann (ArbG Berlin v. 30.7.2009, 33 Ca 5772/09, ZTR 2009, 652). Im öffentlichen Dienst kann sich ein Eignungsmangel für ein öffentliches Amt aus begründeten Zweifeln an der Verfassungstreue des Arbeitnehmers ergeben. Diese ist Bestandteil des Begriffs „Eignung" in Art. 33 Abs. 2 GG. Mitgliedschaft und aktives Eintreten des Arbeitnehmers für eine verfassungsfeindliche Organisation können entsprechende Zweifel erwecken. Sie führen aber nicht ohne Weiteres zur sozialen Rechtfertigung einer Kündigung des Arbeitsverhältnisses. Entscheidend ist, inwieweit die außerdienstlichen politischen Aktivitäten in die Dienststelle hineinwirken und entweder die allgemeine Aufgabenstellung des öffentlichen Arbeitgebers oder das konkrete Aufgabengebiet des Arbeitnehmers berühren (BAG v. 12.5.2011, 2 AZR 479/09, ZTR 2011, 739).

Aus der Sympathie für ein Land (hier: Volksrepublik China) oder einer zu freundlichen Einstellung gegenüber der Regierung dieses Landes lässt sich allerdings weder eine Unterstützung für die staatstragende Partei noch die Unterstellung einer Weltanschauung folgern (BAG v. 20.6.2013, 8 AZR 482/12, ZTR 2013, 693). Auch die Mitgliedschaft in einer Gewerkschaft und die Betätigung für den Abschluss von Tarifverträgen stellt keine Weltanschauung dar (LAG Berlin-Brandenburg v. 3.8.2021, 7 Sa 352/21).

### 2. Alter

Das Benachteiligungsverbot wegen des Alters gilt zugunsten junger Arbeitnehmer bei Benachteiligung gegenüber älteren Arbeitnehmern und zugunsten älterer Arbeitnehmer bei Benachteiligung gegenüber jüngeren Arbeitnehmern (vgl. zur Begriffserläuterung im Übrigen die Regierungsbegründung, aufgenommen bei Sponer/Steinherr, TVöD Komm. bzw. TV-L Komm. Teil 8240, § 1).

### 3. Behinderung

Eine Behinderung im Sinne des supranationalen Rechts liegt vor, wenn die körperliche Funktion, geistige Fähigkeit oder seelische Gesundheit eines Menschen langfristig eingeschränkt ist und dadurch – in Wechselwirkung mit verschiedenen sozialen Kontextfaktoren – seine Teilhabe an der Gesellschaft, wozu auch die Teilhabe am Berufsleben gehört, substanziell beeinträchtigt sein kann. Auf einen bestimmten Grad der Behinderung kommt es hier nicht an.

Nach dem EuGH schließt der Begriff „Behinderung" einen Zustand ein, der durch eine ärztlich diagnostizierte heilbare oder unheilbare Krankheit verursacht wird, wenn diese Krankheit eine Einschränkung mit sich bringt, die insbesondere auf physische, geistige oder psychische Beeinträchtigungen zurückzuführen ist, die in Wechselwirkung mit verschiedenen Barrieren den Betreffenden an der vollen und wirksamen Teilhabe am Berufsleben, gleichberechtigt mit anderen hindern können, und wenn diese Einschränkung von langer Dauer ist (Urt. v. 11.4.2013, C-335/11, C-337/11, C-337/11).

So hat der EuGH festgestellt, dass auch Adipositas (Fettleibigkeit) unter den Begriff der „Behinderung" fallen kann, wenn die vorbeschriebenen Voraussetzungen erfüllt sind EuGH v. 18.12.2014, C-354/13.

Das BAG hat entschieden, dass eine symptomlose HIV-Infektion als chronische Krankheit eine Behinderung im Sinne des AGG darstellt (BAG v. 19.12.2013, 6 AZR 190/12, ZTR 2014, 242).

 **ACHTUNG!**

Für das Merkmal der Behinderung schreibt § 164 Abs. 2 SGB IX vor, dass Arbeitgeber schwerbehinderte Beschäftigte nicht wegen ihrer Behinderung benachteiligen dürfen und im Einzelnen die Regelungen des AGG gelten. Schwerbehindert i. S. d. Vorschrift sind gem. § 2 Abs. 2 SGB IX Menschen mit einem GdB von mindestens 50. Die Vorschrift gilt aber gem. § 151 Abs. 3 i. V. m. § 2 Abs. 3 SGB IX auch für einfach behinderte Beschäftigte mit einem GdB von mindestens 30, wenn ihre Gleichstellung verbindlich festgestellt wurde (BAG v. 22.1.2020, 7 ABR 18/18, ZTR 2020, 436; BAG v. 18.11.2008, 9 AZR 643/07, ZTR 2009, 381).

Das AGG kennt zur Sicherung eines umfassenden Schutzes gegen Diskriminierungen verschiedene verbotene Benachteiligungen, bei denen es jeweils auf eine Benachteiligungsabsicht nicht ankommt.

**WICHTIG!**

Eine unmittelbare Benachteiligung, etwa wegen einer Behinderung, ist wohl auch gegenüber einer nicht behinderten Person möglich, die z. B. die Pflegeleistungen für ein behindertes Kind erbringt (zur dem AGG zugrunde liegenden Richtlinie: EuGH v. 17.7.2008 „Coleman", C-303/06, NJW 2008, 2763). Ob diese Rechtsprechung auf andere Diskriminierungsmerkmale des AGG übertragbar ist, ist offen.

## 4. Geschlecht

Die Diskriminierung wegen des Geschlechts ist schon aufgrund des Wortlauts des § 3 Abs. 1 S. 2 AGG nicht allein auf eine ungünstigere Behandlung wegen Schwangerschaft und Mutterschaft begrenzt. Auch eine arbeitgeberseitige Äußerung, die dem anderen Geschlecht gegenüber nicht gemacht worden wäre, kann beispielsweise eine unmittelbare Diskriminierung wegen des Geschlechts darstellen, wenn ausschließlich Arbeitnehmer eines der beiden Geschlechter davon betroffen sind (BAG v. 18.9.2014, 8 AZR 753/13, AP Nr. 10 zu § 3 AGG). Darunter können auch Äußerungen fallen, die von tradierten Rollenmustern ausgehen und diese als Grundlage der Personalauswahl verdeutlichen bzw. eine arbeitgeberseitige Bezugnahme auf die tradierte Rollenverteilung in Familien einschließlich der damit einhergehenden pauschalen Annahme, eines der beiden Geschlechter sei hauptsächlich für die Kinderbetreuung zuständig und als Arbeitskraft daher weniger flexibel oder nur mit Einschränkungen verfügbar. In dem der Entscheidung zugrundeliegenden Fall erhielt die Klägerin mit der Absage die zurückgesandten Bewerbungsunterlagen, auf denen neben ihrer Textzeile „verheiratet, ein Kind" der handschriftliche Vermerk „7 Jahre alt!" hinzugesetzt war und die Wortfolge „ein Kind 7 Jahre alt!" durchgängig unterstrichen war.

### Beispiele

Beispiele für mittelbare Benachteiligungen wegen des weiblichen Geschlechts sind: (finanzielle) Benachteiligung von Teilzeitbeschäftigten, Elternzeit wird für Berechnung bestimmter Leistungen nicht als Betriebszugehörigkeit anerkannt, Vergünstigung wird von ununterbrochener Beschäftigung statt von Dauer der Betriebszugehörigkeit abhängig gemacht.

## 5. Belästigung / Anweisung zur Benachteiligung

Das AGG definiert als verbotene Benachteiligungen weiterhin die Belästigung in § 3 Abs. 3 AGG und die sexuelle Belästigung nach § 3 Abs. 4 AGG. Eine Belästigung ist danach eine Benachteiligung, wenn unerwünschte Verhaltensweisen, die mit einem in § 1 AGG genannten Grund in Zusammenhang stehen, bezwecken oder bewirken, dass die Würde der betreffenden Person verletzt und ein von Einschüchterungen, Anfeindungen, Erniedrigungen, Entwürdigungen oder Beleidigungen gekennzeichnetes Umfeld geschaffen wird.

Schließlich ist auch die Anweisung zur Benachteiligung gemäß § 3 Abs. 5 AGG verboten.

## III. Rechtfertigungsgründe

Nach dem AGG gelten die Benachteiligungsverbote nicht uneingeschränkt. Vielmehr besteht bei allen Differenzierungsmerkmalen eine Rechtfertigungsmöglichkeit der Ungleichbehandlung aufgrund beruflicher Anforderungen, § 8 AGG. Zusätzlich können eine unterschiedliche Behandlung wegen der Religion oder Weltanschauung nach § 9 AGG und eine Ungleichbehandlung wegen des Alters nach § 10 AGG unter bestimmten Voraussetzungen gerechtfertigt sein.

## 1. Rechtfertigung der Ungleichbehandlung wegen beruflicher Anforderungen

Nach § 8 Abs. 1 AGG ist eine unterschiedliche Behandlung wegen eines in § 1 AGG genannten Grundes gerechtfertigt, wenn dieser Grund wegen der Art der auszuübenden Tätigkeit oder der Bedingungen ihrer Ausübung eine wesentliche und entscheidende berufliche Anforderung darstellt, sofern der Zweck rechtmäßig und die Anforderung angemessen ist.

### Beispiele

Weibliches Geschlecht als Voraussetzung für die Tätigkeit einer Gleichstellungsbeauftragten, wenn der Schwerpunkt im Bereich der Betreuung, Integration und Beratung von Frauen liegt (BAG v. 18.3.2010, 8 AZR 77/09, ZTR 2010, 237), einer Leiterin eines Frauenreferats, Sozialarbeiterin im Frauenhaus, ggf. Aufseherin im Justizvollzug, Amme. Beachte: Das Bundesarbeitsgericht überraschte mit einer Entscheidung, in der es das weibliche Geschlecht nicht als Voraussetzung für die Tätigkeit einer Lehrkraft im Sportunterricht gelten ließ (BAG v. 19.12.2019, 8 AZR 2/19, ZTR 2020, 423). Nach Auffassung des Bundesarbeitsgerichts habe die Beklagte die rechtfertigenden Gründe nach § 8 Abs. 1 AGG nicht ausreichend dargetan. Ferner: Höchstaltersgrenzen bei gefahrengeneigten Tätigkeiten, wie je nach Tätigkeit bei Polizei und Feuerwehr.

Ob eine Abmahnung oder Kündigung wegen des Tragens eines Kopftuches zulässig ist, hängt vom Bestehen eines landesrechtlichen Kopftuchtrageverbots und von der konkret in Rede stehenden Tätigkeit ab. Nach einer Entscheidung des Bundesverfassungsgerichts im Fall einer Lehrerin kann dies nur angenommen werden, wenn vom Tragen des Kopftuches eine nicht nur abstrakte, sondern hinreichend konkrete Gefahr der Beeinträchtigung des Schulfriedens oder der staatlichen Neutralität ausgeht (BVerfG v. 27.1.2015, 1 BvR 471/10, 1 BvR 1181/10, ZTR 2015, 275). Entsprechend hat das BAG mit Urteil vom 27.8.2020 (8 AZR 62/19) ein Kopftuchverbot gegenüber einer angestellten Lehrerin als nicht nach § 8 AGG gerechtfertigte Benachteiligung wegen der Religion eingestuft, weil eine konkrete Gefahr für den Schulfrieden im vorliegenden Fall nicht festgestellt werden konnte. § 2 des Berliner Neutralitätsgesetzes sei insofern verfassungskonform auszulegen.

 **ACHTUNG!**

Nach dem Urteil des Bundesverfassungsgerichts sind landesrechtliche Kopftuchtrageverbote im Lichte dieser Rechtsprechung verfassungskonform auszulegen (so auch § 57 Abs. 4 S. 1 Schulgesetz NRW a.F.; neu gefasst in: § 2 Abs. 8 S. 2 Schulgesetz NRW). Ein pauschales Verbot religiöser Bekundungen in öffentlichen bekenntnisoffenen Schulen durch das äußere Erscheinungsbild von Pädagoginnen und Pädagogen ist mit deren Glaubens- und Bekenntnisfreiheit nicht vereinbar. Zudem verstößt eine Privilegierung zugunsten christlich-abendländischer Bildungs- und Kulturwerte oder Traditionen gegen das Verbot der Benachteiligung aus religiösen Gründen (Art. 3 Abs. 3 S. 1 GG und Art. 33 Abs. 3 GG) und ist daher nichtig (vgl. § 57 Abs. 4 S. 3 Schulgesetz NRW a.F.; ersatzlos gestrichen).

## 2. Rechtfertigung der Ungleichbehandlung wegen der Religion oder Weltanschauung

Die Rechtfertigung einer Ungleichbehandlung wegen der Religion oder Weltanschauung ist nach § 9 AGG möglich bei der Beschäftigung durch eine Religionsgemeinschaft oder durch die ihr zugeordneten Einrichtungen oder Vereinigungen. Als zugeordnete Einrichtung kommen z. B. von der Kirche getragene Kindergärten, Schulen oder Krankenhäuser in Betracht. Dabei muss eine bestimmte Religion oder Weltanschauung unter Beachtung des Selbstverständnisses der Religionsgemeinschaft oder Vereinigung im Hinblick auf ihr Selbstbestimmungsrecht oder nach der Art der Tätigkeit eine gerechtfertigte berufliche Anforderung darstellen.

Bei einer Einstellung kann die Konfession nach einem Urteil des EuGH daher nur Voraussetzung, also berufliche Anforderung sein, wenn zwischen der Konfessionszugehörigkeit und der Tätigkeit ein direkter Zusammenhang besteht, der sich aus einem Verkündungsauftrag oder aus den Umständen der Ausübung ergeben könne, z.B. der Notwendigkeit, für eine glaubwürdige Vertretung nach außen zu sorgen (sog. Egenberger-Urteil vom 17.4.2018 (C-414/16, ZTR 2018, 340). § 9 Abs. 1 AGG sei soweit möglich dahingehend europarechtskonform auszulegen, dass die berufliche Anforderung angesichts des Ethos der Religionsgemeinschaft wesentlich, rechtmäßig, gerechtfertigt und verhältnismäßig sein muss. Dementsprechend hat das BAG die Konfession bei einer bloßen Referententätigkeit nicht als berufliche Anforderung anerkannt und einer deshalb abgelehnten Bewerberin eine Entschädigung wegen ungerechtfertigter Benachteiligung zugesprochen (Urteil vom 25.10.2018 (8 AZR 501/14).

Zu beachten ist, dass bereits die Aufforderung, Bewerbungsunterlagen „unter Angabe der Konfession" einzureichen, die Vermutung der Benachteiligung eines erfolglosen Bewerbers nach § 22 AGG begründen kann, ohne dass eine bestimmte Konfessionszugehörigkeit zur Einstellungsvoraussetzung erhoben wird (vgl. LAG Baden-Württemberg v. 13.4.2021, 19 Sa 76/20 bei Forderung nach einer „positiven Identifikation mit den Zielen und Aufgabe der evangelischen Landeskirchen" im Anforderungsprofil).

Arbeitsrechtliche Maßnahmen, wie insbesondere eine Kündigung, die wegen eines „konfessionswidrigen" Verhaltens (z. B. Wiederheirat oder Kirchenaustritt) erfolgen, können ebenfalls nur dann gerechtfertigt sein, wenn die Konfession im vorbeschriebenen Sinne eine berufliche Anforderung der Tätigkeit darstellt. So hat der EuGH mit Urteil vom 11.9.2018 (C-68/17) im sog. „Chefarztfall" entschieden, dass die für die Rechtfertigung einer konfessionsbezogenen Einstellungsentscheidung nach § 9 Abs. 1 AGG geltenden Grundsätze entsprechend für konfessionsdifferenzierende Loyalitätsobliegenheiten nach § 9 Abs. 2 AGG gelten. Dementsprechend ist die Kündigung eines katholischen Chefarztes wegen Wiederheirat unwirksam, insbesondere, wenn der Arbeitgeber dabei an ihn wegen seiner Religionszugehörigkeit strengere Loyalitätsanforderungen als an nicht katholische Beschäftigte bei gleich gelagerter (Leitungs-)Tätigkeit stellt (BAG v. 20.2.2019 (2 AZR 746/14, ZTR 2019, 452).

Ebenso unwirksam soll nach einer nachfolgenden Entscheidung des LAG Baden-Württemberg vom 10.2.2021 (4 Sa 27/20, ZTR 2021 291) die wegen seines Kirchenaustrittes ausgesprochene Kündigung des Kochs einer Kindertagesstätte sein. Vor dem Hintergrund eines fehlenden (unmittelbaren) Beitrages zur Verwirklichung des Erziehungsauftrags der religiösen Bildung der betreuten Kinder, sei der Verbleib in der Religionsgemeinschaft für die Bekundung des Ethos nicht wesentlich, zumindest jedoch nicht notwendig.

### 3. Rechtfertigung der Ungleichbehandlung wegen des Alters

Gerechtfertigt können schließlich Ungleichbehandlungen wegen des Alters nach § 10 AGG sein, wenn sie objektiv und angemessen und durch ein legitimes Ziel gerechtfertigt sind. Die Mittel zur Erreichung dieses Ziels müssen dabei angemessen und erforderlich sein. Das AGG nennt als nicht abschließende Bei-

spielsfälle in § 10 S. 3 AGG für gerechtfertigte Ungleichbehandlungen wegen des Alters u. a.:

▶ Die Festlegung besonderer Bedingungen für den Zugang zur Beschäftigung und zur beruflichen Bildung sowie besonderer Beschäftigungs- und Arbeitsbedingungen, einschließlich der Bedingungen für Entlohnung und Beendigung des Beschäftigungsverhältnisses, um die berufliche Eingliederung von Jugendlichen, älteren Beschäftigten und Personen mit Fürsorgepflichten zu fördern oder ihren Schutz sicherzustellen,

▶ Die Festlegung von Mindestanforderungen an das Alter, die Berufserfahrung oder das Dienstalter für den Zugang zur Beschäftigung oder für bestimmte mit der Beschäftigung verbundene Vorteile,

▶ Die Festsetzung eines Höchstalters für die Einstellung auf Grund der spezifischen Ausbildungsanforderungen eines bestimmten Arbeitsplatzes oder auf Grund der Notwendigkeit einer angemessenen Beschäftigungszeit vor dem Eintritt in den Ruhestand und

▶ Eine Vereinbarung, die die Beendigung des Beschäftigungsverhältnisses ohne Kündigung zu einem Zeitpunkt vorsieht, zu dem der oder die Beschäftigte eine Rente wegen Alters beantragen kann.

In der Praxis führt die Anwendung dieser Regelungen mit zahlreichen unbestimmten Rechtsbegriffen für öffentliche Arbeitgeber zu einer Rechtsunsicherheit, welche die höchstrichterliche Rechtsprechung hierzu langsam verringert (vgl. hierzu die Beispiele unter VII. und VIII.).

## IV. Organisationspflichten des Arbeitgebers

Das AGG gibt dem Arbeitgeber zahlreiche von ihm zu beachtende Organisationspflichten auf:

▶ Stellenausschreibungen dürfen nach § 11 AGG nicht gegen Benachteiligungsverbote verstoßen.

▶ Nach § 12 Abs. 1 AGG muss der Arbeitgeber erforderliche Maßnahmen zum Schutz der Beschäftigten vor Benachteiligungen treffen, und zwar auch vorbeugende Maßnahmen.

▶ Nach § 12 Abs. 2 AGG soll der Arbeitgeber Beschäftigte schulen, wobei diese Schulungsmaßnahme als Erfüllung der Pflicht nach § 12 Abs. 1 AGG gilt.

▶ Ferner hat der Arbeitgeber nach § 12 Abs. 4 AGG die Pflicht, bei Benachteiligungen durch Beschäftigte geeignete Abhilfemaßnahmen zu treffen, wozu eine Abmahnung, Umsetzung, Versetzung und sogar eine Kündigung zählen können. So kann z. B. eine sexuelle Belästigung durch einen Beschäftigten im Einzelfall auch eine außerordentliche Kündigung dieses Beschäftigten nach § 626 Abs. 1 BGB rechtfertigen (BAG v. 20.11.2014, 2 AZR 651/13).

▶ Nach § 12 Abs. 5 AGG muss der Gesetzestext des AGG, des § 61b ArbGG (Dreimonatsfrist für Klage auf Entschädigung) und die für Beschwerden zuständige Stelle in Betrieben bzw. Dienststellen bekannt gemacht werden, z. B. durch Aushang am Schwarzen Brett oder Veröffentlichung im Intranet.

 **WICHTIG!**

Das AGG verpflichtet den Arbeitgeber zwar nicht ausdrücklich zur Einrichtung einer Beschwerdestelle, setzt ihre Existenz aber voraus (vgl. § 12 Abs. 5 und § 13 Abs. 1 AGG). Der Arbeitgeber muss

demnach eine geeignete Stelle einrichten, in welcher Art und Weise er dies tut, steht ihm dabei allerdings frei. Die Einführung und Ausgestaltung der Beschwerdestelle, einschließlich des Verfahrens (nicht aber wo sie errichtet wird und wie sie personell besetzt ist), unterliegen der Mitbestimmung des Betriebsrats (BAG v. 21.7.2009, 1 ABR 42/08, ZTR 2009, 604); Gleiches dürfte im Rahmen des Personalvertretungsrechts gelten.

## V. Rechtsfolgen und Verfahren

Verstöße gegen das AGG verschaffen den Betroffenen ein Bündel von Rechtsfolgeansprüchen. Bei der Durchsetzung dieser Ansprüche sind jedoch in verfahrensrechtlicher Hinsicht (vgl. hierzu auch → *Gerichtsverfahren*) einige Besonderheiten zu beachten.

### 1. Rechtsfolgen

Ungerechtfertigt benachteiligende Vorschriften, Rechtsgeschäfte und -erklärungen sind unwirksam, § 7 Abs. 2 AGG, § 134 BGB. Der Arbeitnehmer kann die Beseitigung und Unterlassung der Benachteiligung verlangen, §§ 1004, 823 BGB i. V. m. § 15 Abs. 5 AGG. Dieser allgemeine Unterlassungsanspruch setzt eine Begehungs- oder Wiederholungsgefahr voraus. Daneben normiert das AGG einen Anspruch auf gleiches Entgelt für gleiche oder gleichwertige Arbeit in § 8 Abs. 2 AGG.

Wird ein Beschäftigter im Sinne des AGG ungerechtfertigt benachteiligt, hat er ein Beschwerderecht nach § 13 AGG. Hierfür genügt eine „gefühlte" Benachteiligung. Der öffentliche Arbeitgeber hat dann eine Prüfungs-, Behandlungs- und Mitteilungspflicht. Hierdurch soll festgestellt werden, ob überhaupt eine Benachteiligung vorliegt, und ggf. eine Grundlage für die Abhilfe durch den öffentlichen Arbeitgeber geschaffen werden. Das Beschwerderecht besteht unabhängig vom ordentlichen Rechtsweg, d. h. ein Betroffener muss nicht erst Beschwerde einlegen, um anschließend Klage einreichen zu können.

Ergreift der öffentliche Arbeitgeber keine oder offensichtlich ungeeignete Maßnahmen zur Unterbindung einer Belästigung oder sexuellen Belästigung, steht dem Betroffenen nach § 14 AGG ein Leistungsverweigerungsrecht zu, soweit dies zu seinem Schutz erforderlich ist. Der Anspruch auf das Arbeitsentgelt bleibt dabei erhalten. Der betroffene Beschäftigte trägt bei Geltendmachung des Leistungsverweigerungsrechts allerdings das Risiko, dass keine Benachteiligung vorlag oder die Einstellung der Tätigkeit nicht erforderlich war; die dann tatsächlich vorliegende Arbeitsverweigerung rechtfertigt arbeitsrechtliche Maßnahmen bis hin zur außerordentlichen Kündigung.

In der Praxis bedeutende Rechtsfolge bei Verstößen gegen das AGG ist der Schadensersatzanspruch für den materiellen Schaden nach § 15 Abs. 1 AGG und für den immateriellen Schaden nach § 15 Abs. 2 AGG. Der Ersatzanspruch des immateriellen Schadens nach § 15 Abs. 2 AGG besteht verschuldensunabhängig und setzt auch keine schwerwiegende Persönlichkeitsverletzung voraus (BAG v. 22.1.2009, 8 AZR 906/07, ZTR 2009, 538). Bei Nichteinstellung aufgrund einer ungerechtfertigten Benachteiligung ist der Schadensersatz nur dann auf drei Monatsgehälter begrenzt, wenn auch bei fehlender Benachteiligung keine Einstellung erfolgt wäre. Es besteht kein Anspruch auf Begründung eines Arbeitsverhältnisses oder auf einen beruflichen Aufstieg, § 15 Abs. 6 AGG.

Eine Besonderheit gilt für den Entschädigungsanspruch bei Anwendung ungerechtfertigt benachteiligender Betriebsvereinbarungen (vgl. hierzu → *Betriebsvereinbarung*) bzw. Dienstvereinbarungen (vgl. hierzu

→ *Dienstvereinbarung*) und Tarifverträge. Hierbei ist die Haftung des öffentlichen Arbeitgebers auf Vorsatz oder grobe Fahrlässigkeit nach § 15 Abs. 3 AGG begrenzt.

 **ACHTUNG!**

Es besteht also im Grundsatz eine Haftung des Arbeitgebers bei vorsätzlicher oder grob fahrlässiger Anwendung gegen das AGG verstoßender Vorschriften des TVöD/TV-L und anderer Tarifverträge des öffentlichen Dienstes!

Grobe Fahrlässigkeit dürfte bei Anwendung gegen das AGG verstoßender Tarifregelungen entgegen höchstrichterlicher Rechtsprechung vorliegen.

Schließlich besteht die Möglichkeit der Einschaltung von Antidiskriminierungsverbänden nach § 23 AGG sowie der Antidiskriminierungsstelle des Bundes nach § 25 AGG gegen den öffentlichen Arbeitgeber.

Ansprüche auf eine Entschädigung nach dem AGG lassen sich vertraglich nicht im Vorhinein ausschließen. Entgegenstehende Vereinbarungen sind durchweg nach § 31 AGG unwirksam. Demgegenüber können (mögliche) Ansprüche etwa durch sog. Erledigungsklauseln in einem Aufhebungsvertrag nach deren Entstehen als erledigt angesehen werden (BAG v. 28.10.2021, 8 AZR 371/20).

### 2. Verfahren

Bei der Durchsetzung von Ansprüchen wegen ungerechtfertigten Benachteiligungen im Sinne des AGG sind folgende Besonderheiten zu berücksichtigen:

Für Schadensersatzansprüche nach § 15 Abs. 1, 2 AGG besteht eine Ausschlussfrist. Die Frist beginnt mit der Kenntniserlangung von der Benachteiligung. In den Fällen, in denen das Schadensersatz- und/oder Entschädigungsverlangen auf eine verbotene Benachteiligung nach dem AGG in Form der Belästigung im Sinne von § 3 Abs. 3 AGG gestützt wird, beginnt die Frist wegen des typischerweise prozesshaften Charakters der Belästigung mit dem Abschluss des letzten von der klagenden Partei geschilderten Vorfalls zu laufen (BAG v. 18.5.2017, 8 AZR 74/16, ZTR 2017, 743).

 **WICHTIG!**

Nach der Entscheidung des Bundesarbeitsgerichts vom 21.6.2012, 8 AZR 188/11, ZTR 2012, 724, gilt das auch für Schadensersatzansprüche auf anderer Rechtsgrundlage, wenn eine Diskriminierung wegen der durch das AGG verbotenen Merkmale gerügt wird.

Solche Ansprüche müssen grundsätzlich zwar innerhalb von zwei Monaten schriftlich geltend gemacht werden, § 15 Abs. 4 AGG. Allerdings gilt eine längere Frist zur Geltendmachung, wenn eine generelle tarifvertragliche Ausschlussfrist einen solchen Anspruch erfasst und diese länger als zwei Monate ist. Die erforderliche Schriftform kann auch durch eine Klage gewahrt werden. Dabei genügt gemäß § 167 ZPO der rechtzeitige Eingang der Klage bei Gericht, wenn die Klage „demnächst" zugestellt wird (BAG v. 22.5.2014, 8 AZR 662/13, ZTR 2015, 94).

 **WICHTIG!**

Für Ansprüche aus dem Arbeitsverhältnis im öffentlichen Dienst gilt nach § 37 TVöD/TV-L eine längere Ausschlussfrist von sechs statt von zwei Monaten.

Auch für die Erhebung einer Klage auf Entschädigung nach § 15 AGG besteht eine besondere Frist von drei Monaten, § 61b Abs. 1 ArbGG.

Besonderheiten gelten ferner für die Beweislast im Gerichtsverfahren. Nach § 22 AGG muss der Beschäftigte nur „Indizien beweisen", die eine Benachteiligung wegen eines in § 1 AGG genannten Grundes vermuten lassen (BAG v. 21.2.2013, 8 AZR 180/12, ZTR 2013, 362). Das Bundesarbeitsgericht hat mit Urteil vom 26.1.2017 (8 AZR 736/15, ZTR 2017, 547) klargestellt, dass eine solche Vermutung einer Benachteiligung nur dann besteht, wenn Indizien vorliegen, die mit „überwiegender Wahrscheinlichkeit" darauf schließen lassen, dass ein in § 1 AGG genannter Grund ursächlich für die Benachteiligung war. Allein die Möglichkeit einer Ursächlichkeit reiche hierfür nicht aus.

Dies stellt eine Beweiserleichterung zugunsten des Betroffenen dar. Es genügt wohl, dass der Beschäftigte Indizien für eine Benachteiligung vorträgt und er für diese Indizien (nicht für die Benachteiligung) einen Beweis anbietet. Die Benachteiligung muss also zunächst nicht in vollem Umfang dargelegt und unter Beweis gestellt werden. Vielmehr muss bei unter Beweis gestellten Indizien erst der Arbeitgeber beweisen, dass kein Verstoß gegen das Benachteiligungsverbot vorliegt bzw. die erfolgte Ungleichbehandlung gerechtfertigt ist; hierfür gilt das Beweismaß des sog. Vollbeweises (BAG v. 22.10.2015, 8 AZR 384/14, ZTR 2016, 272; zuletzt BAG v. 21.1.2021, 8 AZR 488/19 bei Vergütung einer Arbeitnehmerin unter dem nach §§ 10 ff. EntgTranspG mitgeteilten Median-Entgelt der männlichen Vergleichspersonen). Dieser ist erst dann erbracht, wenn das Gericht von einer Tatsache voll überzeugt ist; die überwiegende Wahrscheinlichkeit des Vorliegens einer Tatsache reicht nicht aus.

Neben den aus dem AGG hervorgehenden Entschädigungsansprüchen können auch unionsrechtliche Haftungsansprüche bestehen. Auf diese findet die Ausschlussfrist des § 15 Abs. 4 AGG zwar keine Anwendung, der Grundsatz zeitnaher Geltendmachung besoldungsrechtlicher Ansprüche ist hingegen anwendbar (VGH Kassel v. 11.5.2016, 1 A 1926/15; BVerwG v. 6.4.2017, 2 C 11.16).

## VI. Überwachung durch Personal- bzw. Betriebsrat

Nach § 2 Abs. 4 BPersVG oder nach der entsprechenden Regelung des Landespersonalvertretungsgesetzes bzw. nach § 75 Abs. 1 BetrVG hat der Arbeitgeber zusammen mit der Arbeitnehmervertretung die Einhaltung des Benachteiligungsverbots zu überwachen.

Bei Arbeitgebern des öffentlichen Dienstes haben die Dienststelle und Personalvertretung bzw. der privatwirtschaftlich organisierte Arbeitgeber und der Betriebsrat darüber zu wachen, dass alle Angehörigen der Dienststelle nach Recht und Billigkeit behandelt werden, insbesondere, dass jede Benachteiligung von Personen aus Gründen ihrer Rasse oder wegen ihrer ethnischen Herkunft, ihrer Abstammung oder sonstigen Herkunft, ihrer Nationalität, ihrer Religion oder Weltanschauung, ihrer Behinderung, ihres Alters, ihrer politischen oder gewerkschaftlichen Betätigung oder Einstellung oder wegen ihres Geschlechts oder ihrer sexuellen Identität unterbleibt.

## VII. AGG-Verstöße bei Stellenausschreibung, Bewerbung und Einstellungsgespräch

Besondere Bedeutung hat das AGG in der Praxis im Rahmen der Einstellung. Hier muss vom öffentlichen Arbeitgeber bei der Stellenausschreibung (vgl. hierzu → *Stellenausschreibung*), beim Bewerbungsver-

fahren und beim Einstellungsgespräch besonders darauf geachtet werden, die Vorgaben des AGG nicht zu verletzen.

### 1. Stellenausschreibung

Bei der Ausschreibung einer Stelle im Bereich des öffentlichen Dienstes ist zunächst zu beachten, dass – unabhängig vom AGG – nach Art. 33 Abs. 2 GG jeder Deutsche nach seiner Eignung, Befähigung und fachlichen Leistung den gleichen Zugang zu jedem öffentlichen Amte hat. Bei Fehlen eines Anforderungsprofils und einer Dokumentation der Auswahlentscheidung kann es hier zur Umkehr der Darlegungs- und Beweislast dahingehend kommen, dass von der Besteignung des abgelehnten Bewerbers mit der Folge eines Einstellungsanspruchs auszugehen ist (LAG Hessen v. 23.4.2010, 19/3 Sa 47/09). Macht ein abgelehnter Bewerber einen Schadensersatzanspruch wegen Verstoßes des öffentlichen Arbeitgebers gegen Art. 33 Abs. 2 GG geltend, muss er aber darlegen, dass ihm richtigerweise anstelle des eingestellten Konkurrenten die Stelle hätte übertragen werden müssen (BAG v. 24.9.2009, 8 AZR 636/08, ZTR 2010, 146).

Zusätzlich darf nach § 11 AGG ein Arbeitsplatz nicht unter Verstoß gegen § 7 Abs. 1 AGG ausgeschrieben werden, wonach Beschäftigte nicht wegen eines in § 1 AGG genannten Grundes benachteiligt werden dürfen. Eine Verletzung der Pflicht zur benachteiligungsfreien Ausschreibung nach § 11 AGG ist dem öffentlichen Arbeitgeber auch dann zuzurechnen, wenn er die Stellenausschreibung durch die Bundesagentur für Arbeit vornehmen lässt (BAG v. 5.2.2004, 8 AZR 112/03, ZTR 2004, 435).

 **ACHTUNG!**

Folgende Stellenausschreibung verstößt gleich mehrfach gegen das AGG:

Bei der Stadt ... ist eine Erziehungsberaterstelle für einen Diplom-Psychologen zu vergeben. Voraussetzungen: fünf Jahre Berufserfahrung, Deutsch als Muttersprache, zwischen 30 und 40 Jahre, bibelfest. Bewerber mit Schwerbehinderung werden bevorzugt. Bewerbung bitte mit Foto an ...

Um eine Stellenanzeige diskriminierungsfrei zu formulieren, ist Arbeitgebern zu raten, Folgendes zu beachten:

▶ Die Stellenanzeige muss durchgängig geschlechtsneutral formuliert werden. Die Beschränkung der Bewerberauswahl auf Frauen kann ausnahmsweise nach § 8 AGG gerechtfertigt sein (Bsp. unter III.1). Beachte: Eine geschlechtsneutrale und damit AGG-konforme Stellenanzeige ist nach herrschender Auffassung nur eine solche, die auch gegenüber einer Bewerbung von Personen des dritten Geschlechtes Offenheit zeigt. Danach sollte die Stellenanzeige mit dem Zusatz (m/w/i/t) oder (m/w/d) versehen werden. Diese Auffassung stützt sich auch auf die Rechtsprechung des BVerfG (vgl. BVerfG v. 10.10.2017, 1 BvR 2019/16). Einer geschlechtsneutralen Formulierung steht auch die Verwendung des sogenannten „Gendersternchens" nicht entgegen, insbesondere stellt diese keine Diskriminierung von mehrgeschlechtlich geborenen Menschen dar (LAG Schleswig-Holstein v. 22.6.2021, 3 Sa 37 öD/21). Ist eine Stellenausschreibung demgegenüber versehentlich nur mit dem Zusatz (m/w) versehen, kann mit der Mindermeinung argumentiert werden, dass ein solcher Zusatz typischerweise gerade die Irrelevanz des Geschlechts für die ausgeschriebene Stelle zum Ausdruck bringen soll und daher eine Benachteiligung nicht indiziert.

▶ Das AGG schützt „Alte" ebenso wie „Junge". Eine Stellenanzeige darf daher grundsätzlich keine Altersvorgaben enthalten. Die Suche für ein „junges (hochmotiviertes/dynamisches) Team" kann gegen §§ 1, 7 AGG verstoßen (BAG v. 19.5.2016, 8 AZR 406/14; LAG Nürnberg v. 27.5.2020, 2 Sa 1/20; LAG Hamburg v. 23.6.2010, 5 Sa 14/10, NZA-RR 2010, 629). Das kann nur im konkreten Kontext (so auch LAG München v. 13.11.2012, 7 Sa 105/12, BB 2013, 570) und vor dem jeweiligen Ausschreibungshintergrund beurteilt werden (LAG Berlin-Brandenburg v. 8.8.2013, 26 Sa 1083/13, ArbR 2013, 635). Danach ist es möglich, dass ältere Personen von einer Bewerbung Abstand nehmen, wenn sie z. B. damit rechnen müssen, ausschließlich mit jungen Personen zu tun zu haben, insbesondere wenn sie zu ihnen in eine Konkurrenzsituation treten oder sich nach dem Text der Ausschreibung in das Team besonders einbringen sollen. In wieder anderem Zusammenhang kann es sich um eine allgemeine Selbstdarstellung handeln (vgl. LAG Nürnberg 16.5.2012, 2 Sa 574/11, ZTR 2012, 527). So ist die Bezeichnung „Digital Native" in einer Stellenanzeige ein Indiz für eine unmittelbare Benachteiligung wegen des Alters (vgl. ArbG Heilbronn v. 18.1.2024, 8 Ca 191/23). Arbeitgeber sollten grundsätzlich um eine „aussagekräftige Bewerbung mit den üblichen Bewerbungsunterlagen" bitten. Das Alter des Bewerbers ergibt sich regelmäßig aus diesen Unterlagen.

▶ Sofern auf Berufserfahrung hingewiesen wird, ist dies nicht grundsätzlich unzulässig, muss aber im Hinblick auf die konkrete Tätigkeit sachlich begründet werden können. Es empfiehlt sich, präzise anzugeben, in welchen konkreten Bereichen Erfahrungen notwendig sind, um die Tätigkeit auszuüben.

▶ Die inhaltlichen Anforderungen an den zu besetzenden Arbeitsplatz sollten versachlicht und rein tätigkeitsbezogen formuliert sein (z. B.: „abgeschlossene Ausbildung, abgeschlossenes Studium als …, Erfahrung im Umgang mit …"). Im Streitfalle muss die Notwendigkeit der Anforderungen dargelegt und bewiesen werden können.

▶ Von der Forderung in der Stellenanzeige nach einem Lichtbild des Bewerbers ist abzuraten. Hierin könnte ein Indiz für eine ungerechtfertigte Benachteiligung wegen des Alters oder der ethnischen Herkunft gesehen werden. Empfehlenswert ist die Bitte nach einer „Bewerbung mit den üblichen Unterlagen"; hier kann der Bewerber selbst entscheiden, ob er ein Lichtbild beifügt.

Unproblematisch ist in einer Stellenausschreibung der frauenfördernde Hinweis für Bereiche, in denen Frauen unterrepräsentiert sind, wie ihn z. B. § 8 Abs. 4 Landesgleichstellungsgesetz NRW vorsieht. Danach ist in der Ausschreibung darauf hinzuweisen, dass Bewerbungen von Frauen ausdrücklich erwünscht sind und Frauen bei gleicher Eignung, Befähigung und fachlicher Leistung bevorzugt berücksichtigt werden, sofern nicht in der Person eines Mitbewerbers liegende Gründe überwiegen. Hierin dürfte kein Verstoß gegen das AGG liegen, wenn Frauen im jeweiligen Bereich insgesamt weniger vertreten sind als Männer (LAG Düsseldorf v. 12.11.2008, 12 Sa 1102/08, ZTR 2009, 271; LAG Berlin-Brandenburg v. 14.1.2011, 9 Sa 1771/10).

Die Beschränkung einer internen Stellenausschreibung auf Bewerber im ersten oder zweiten Berufsjahr kann eine unzulässige Altersdiskriminierung sein, weil die mittelbare Ungleichbehandlung wegen des Alters nicht durch die (ja durch die Person aus dem internen Bewerberkreis bereits bestehende) Altersstruktur des Arbeitgebers gerechtfertigt werden kann (BAG v. 18.8.2009, 1 ABR 47/08, ZTR 2010, 208).

 **ACHTUNG!**

Ein Indiz für eine unzulässige Benachteiligung kann auch außerhalb der Stellenanzeige selbst liegen. So kann zum Beispiel aus Angaben auf der Homepage des Arbeitgebers auf eine Altersdiskriminierung zu schließen sein, wenn hiernach die für das Bewerbungsverfahren zuständige Mitarbeiterin für die „Rekrutierung von Juniorpositionen" zuständig ist und sich „schwerpunktmäßig um die Rekrutierung junger Talente für den direkten Einstieg ins Berufsleben" kümmert (LAG Hessen v. 16.4.2021, 3 Sa 129/20).

## 2. Bewerbung

Der öffentliche Arbeitgeber sollte im Rahmen des weiteren Bewerbungsverfahrens darauf achten, keine Indizien für eine mögliche Benachteiligung zu schaffen.

Schadensersatzansprüche drohen jedoch nicht, wenn bereits aus den Bewerbungsunterlagen ersichtlich ist, dass es sich nicht um eine ernsthafte Bewerbung handelt. Bisher wiesen Arbeitsgerichte Schadensersatzklagen bereits dann zurück, wenn dem Bewerber die „objektive Eignung" für die ausgeschriebene Stelle fehlte, der Arbeitnehmer mithin das veröffentliche Anforderungsprofil nicht erfüllte. Mit Urteil vom 19.5.2016 änderte das BAG (8 AZR 470/14) seine Rechtsprechung allerdings dahingehend, dass die „objektive Eignung" nicht mehr als Voraussetzung für einen Anspruch nach § 15 Abs. 1 und Abs. 2 AGG angesehen wird. Folge dieses Urteils ist mithin, dass es für einen Schadensersatzanspruch bereits ausreicht, dass sich der Anspruchsteller auf die Stelle beworben hat. Ob er objektiv geeignet für diese Stelle gewesen ist, bleibt in Zukunft unberücksichtigt (nunmehr ständige Rspr., vgl. zuletzt BAG v. 25.10.2018, 8 AZR 562/16, ZTR 2019, 292).

Allerdings kann der Arbeitgeber im Fall fehlender Eignung bei Vorliegen ausreichender Anhaltspunkte den Einwand des Rechtsmissbrauchs (§ 242 BGB) geltend machen. Denn wer sich nur deshalb auf eine Stellenausschreibung bewirbt, weil er den formalen Status als Bewerber erlangen und den Arbeitgeber im Fall einer Absage auf Schadensersatz wegen Diskriminierung verklagen will (sog. „AGG-Hopping"), bewirbt sich nicht „ernsthaft" und wird entsprechend auch nicht diskriminiert; er handelt vielmehr rechtsmissbräuchlich (BAG v. 11.8.2016, 8 AZR 4/15). Auf Rechtsmissbrauch kann nicht bereits daraus geschlossen werden, dass eine Vielzahl erfolgloser Bewerbungen versandt und mehrere Entschädigungsprozesse geführt worden sind oder geführt werden. Es müssen weitere Umstände hinzutreten, die dafür sprechen, dass sich der Kläger nicht ernsthaft beworben hat und mithin keine Diskriminierung vorlag (BAG v. 11.8.2016, 8 AZR 4/15; LAG Hamm v. 5.12.2023, 6 Sa 896/23). Rechtsmissbräuchliches Verhalten ist anzunehmen, wenn dem Bewerbungsschreiben oder weiteren Umständen zu entnehmen ist, dass der Bewerber seine Ablehnung provozieren wollte oder wenn sich aufgrund anderer erfolgloser Bewerbungen ein systematisches und zielgerichtetes Vorgehen des Bewerbers feststellen lässt, das auf der Erwägung beruht, insgesamt einen auskömmlichen Gewinn zu erzielen (BAG v. 26.1.2017, 8 AZR 848/13). Der Arbeitgeber trägt insoweit die Darlegungs- und Beweislast. Dass ein Bewerber eine Ablehnung provozieren wollte, kann – vorbehaltlich gegenteiliger Anhaltspunkte – etwa angenommen werden, wenn er sich im Bewerbungsschreiben in einer Art und Weise zur Nichterfüllung der AGG-relevanten Bewerbungsanforderungen äußert, die auffällig mit der Art und Weise kontrastiert, in der er auf andere, ebenfalls für die Erfolgsaussichten der Bewerbung entscheidende Kriterien eingeht (BAG v. 25.10.2018, 8 AZR 562/16, ZTR 2019, 292). Im Übrigen hat der Europäische Gerichtshof auf Vorlage des Bundesarbeitsgerichts entschieden, dass sog. Scheinbewerber oder „AGG-Hopper" auch nach Unionsrecht rechtsmissbräuchlich handeln (EuGH v. 28.7.2016, C-423/15, NJW 2016, 2796).

Eignungstests sind regelmäßig Bestandteil des Auswahlverfahrens (sofern das Bestehen eines Eingangstests ausweislich der Stellenausschreibung keine Stellenanforderung ist). Einstellungsbewerber, die dem Anforderungsprofil entsprechen, werden vom öffentlichen Arbeitgeber benachteiligt, wenn sie nicht zum Vorstellungsgespräch eingeladen werden, weil sie einen Eignungstest nicht bestanden haben (LAG Schleswig-Holstein v. 9.9.2015, 3 Sa 36/15).

Angesichts der Beweislastverteilung in § 22 AGG, wonach der vermeintlich benachteiligte Beschäftigte nur Indizien für seine Benachteiligung vorbringen und der Arbeitgeber dann den Gegenbeweis antreten muss, dass er nicht benachteiligt hat, sollten nach Möglichkeit Bewerbungsgespräche mit zwei Personen der Arbeitgeberseite geführt und dokumentiert werden. Unterlagen, die das Auswahlverfahren dokumentieren, sollten mindestens bis zum Ablauf der Ausschlussfrist des § 15 Abs. 4 S. 1 AGG von zwei Monaten bzw. sechs Monaten nach § 37 TVöD/ TV-L ab Zugang des Absageschreibens aufbewahrt werden.

 **WICHTIG!**

Bewerbungsgespräche sollten zu zweit geführt werden. Unterlagen des Bewerbungsverfahrens sollten bis zum Ablauf der Ausschlussfrist aufbewahrt werden.

Absageschreiben müssen zwar grundsätzlich keine Begründungen enthalten (zur Ausnahme in § 164 SGB IX sogleich), das ist aber zu empfehlen. Dabei dürfen sie aber keinen Hinweis auf eine Benachteiligung enthalten und auch keine falsche Begründung aufweisen. Die Begründung sollte möglichst tätigkeitsbezogen und kurz gefasst sein. Der Hinweis, dass trotz der Qualifikation des Bewerbers/der Bewerberin einer anderen Bewerbung der Vorzug gegeben wurde, ist ausreichend. Es genügt auch der Satz: „Leider müssen wir Ihnen mitteilen, dass unsere Wahl nicht auf Sie gefallen ist, weil andere Bewerber die geforderte Qualifikation für die Tätigkeit noch besser erfüllen." Es sollten generell keine (im Streitfall kaum widerlegbare) telefonischen oder sonst wie mündlichen Auskünfte über Gründe der Ablehnung erfolgen. Ein abgelehnter Stellenbewerber hat keinen Anspruch auf Einsicht in andere Bewerbungsunterlagen, um eine (vermutete) Diskriminierung beweisen zu können; eine Verweigerung jedweder Begründung für die Absage soll eine Diskriminierung indizieren können (mit Beweislastumkehr zu Lasten des öffentlichen Arbeitgebers) (EuGH v. 19.4.2012, C-415/10 „Meister", ZTR 2012, 350).

Beim Bewerbungsverfahren von (Schwer-)Behinderten gelten insofern weitere Besonderheiten. Nach § 164 Abs. 1 S. 9 SGB IX muss das Absageschreiben gesetzlich unter „Darlegung der Gründe" erfolgen. Nach § 165 S. 1 SGB IX besteht eine Pflicht zur frühzeitigen Meldung freier Arbeitsplätze bei der Agentur für Arbeit. Diese Pflicht ist nicht bereits durch die Veröffentlichung eines Stellenangebots über die Jobbörse der Agentur für Arbeit erfüllt. Das Unterlassen der Meldung begründet die Vermutung einer Benachteiligung wegen der (Schwer-)Behinderung i.S.v. § 22 AGG (BAG v. 25.11.2021,

8 AZR 313/20, ZTR 2022, 453). Nach § 165 SGB IX werden (schwer-)behinderte Menschen, wenn sie sich beworben haben oder von der Bundesagentur für Arbeit oder vom Integrationsfachdienst vorgeschlagen worden sind, zu einem Vorstellungsgespräch eingeladen. Wird ein schwerbehinderter Bewerber vom öffentlichen Arbeitgeber entgegen § 165 S. 3 SGB IX nicht zu einem Vorstellungsgespräch eingeladen, begründet dies regelmäßig die Vermutung einer Benachteiligung wegen der Behinderung im Rahmen des Auswahlverfahrens (vgl. zuletzt BAG 23.1.2020, 8 AZR 484/18; BAG 27.8.2020, 8 AZR 45/19). Zur Widerlegung dieser Vermutung muss der öffentliche Arbeitgeber den Nachweis führen, dass die Einladung zum Vorstellungsgespräch aus Umständen unterblieben ist, die weder einen Bezug zur Behinderung aufweisen noch die fachliche Eignung des Bewerbers berühren (LAG Hessen v. 7.8.2017, 7 Sa 1471/16). Dabei soll er sich nicht darauf berufen können, dass den sorgfältig ausgebildeten und geschulten Mitarbeitern wegen schlecht organisierter behördeninterner Abläufe wiederholt Bewerbungen abhandenkommen können (LAG Köln v. 23.8.2018, 6 Sa 147/18). Hingegen soll der alleinige Umstand, dass eine schriftliche Einladung zu einem Vorstellungsgespräch nicht i. S. v. § 130 BGB zugegangen ist, bereits keine Vermutung einer Benachteiligung wegen der (Schwer-)Behinderung i. S. v. § 22 AGG begründen. Anderes gilt nur dann, wenn der Arbeitgeber nicht alles ihm Mögliche und Zumutbare unternommen hat, um einen ordnungsgemäßen und fristgerechten Zugang zu bewirken. Die Darlegungs- und Beweislast trifft insoweit jedoch den Bewerber (BAG v. 1.7.2021, 8 AZR 297/20, ZTR 2022, 44).

Eine Einladung darf nach § 165 S. 4 SGB IX nur ausnahmsweise unterbleiben, wenn dem schwerbehinderten Bewerber offensichtlich die fachliche Eignung fehlt (BAG v. 11.8.2016, 8 AZR 375/15). Damit der Arbeitgeber von seiner Einladungspflicht befreit wird, muss er darüber hinaus jedoch darlegen und im Bestreitensfall beweisen, dass er andere Bewerber, die insoweit ebenso das Anforderungsprofil nicht erfüllten, weder zu einem Vorstellungsgespräch eingeladen noch letztlich eingestellt hat (BAG v. 29.4.2021, 8 AZR 279/20, ZTR 2021, 652). Nach Ansicht des BAG reichte es in dem vorgenannten Fall somit nicht aus, dass der schwerbehinderte Bewerber nach seinen Bewerbungsunterlagen zweifelsfrei eine im Anforderungsprofil ausdrücklich und eindeutig bezeichnete und auch im Übrigen zulässige bestimmte fachliche Eignungsanforderung nicht erfüllte. Dagegen muss ein schwerbehinderter Bewerber bei einem öffentlichen Arbeitgeber die Chance eines Vorstellungsgesprächs bekommen, wenn seine fachliche Eignung zweifelhaft, aber nicht offensichtlich ausgeschlossen ist. Die Festlegung des Anforderungsprofils muss dabei im Hinblick auf die Anforderungen der zu besetzenden Stelle sachlich nachvollziehbar sein, wobei allerdings der von der Verfassung dem öffentlichen Arbeitgeber gewährte Beurteilungsspielraum nur eine eingeschränkte gerichtliche Kontrolle zulässt. (BAG v. 13.10.2011, 8 AZR 608/10). Durch überzogene Anforderungen, die nach der im Arbeitsleben herrschenden Verkehrsanschauung unter keinem nachvollziehbaren Gesichtspunkt durch die Erfordernisse der wahrzunehmenden Aufgaben gedeckt sind, darf der öffentliche Arbeitgeber aber die Vergleichbarkeit der Situation nicht willkürlich gestalten und dadurch den Schutz des AGG bzw. des allgemeinen Diskriminierungsschutzes de facto beseitigen (BAG v. 14.11.2013, 8 AZR 997/12, ZTR 2014, 348). Der Schwerbehindertenschutz führt allerdings nicht dazu, dass Menschen mit Behinderung auch dann vom öffentlichen Arbeitgeber zu einem Vorstellungsgespräch eingeladen werden müssen, wenn sie zwar nach dem Anforderungsprofil fachlich geeignet sind, aber andere im Anforderungsprofil festgelegte formale Bewerbervoraussetzungen nicht erfüllen (LAG Schleswig-Holstein v. 18.3.2015, 3 Sa 371/14). Im vorliegenden Fall hatte der öffentliche Arbeitgeber den Bewerberkreis auf Arbeitslose und von Arbeitslosigkeit Bedrohte und damit nach § 3 Abs. 1 Ziff. 2a AltersteilzeitG Förderbare beschränkt, da die Stelle aufgrund eines Altersteilzeitarbeitsverhältnisses der Vorgängerin nachzubesetzen war. Der behinderte Bewerber war weder arbeitslos, noch von Arbeitslosigkeit bedroht. Selbst wenn sich der öffentliche Arbeitgeber aufgrund der Bewerbungsunterlagen schon die Meinung gebildet hat, ein oder mehrere andere Bewerber seien so gut geeignet, dass der schwerbehinderte Bewerber nicht mehr in die nähere Auswahl komme, muss er den schwerbehinderten Bewerber nach dem Gesetzesziel einladen. Der Arbeitgeber kann allerdings nicht nur bei Vorliegen objektivierter nachweisbarer persönlicher Ungeeignetheit des Bewerbers von einer Einladung zum Bewerbungsgespräch absehen, sondern auch, wenn sich seine subjektiven Vorstellungen so manifestiert haben, dass es ausgeschlossen ist, dass der Bewerber den Arbeitgeber noch von seiner persönlichen Geeignetheit überzeugen kann (LAG Nürnberg v. 20.5.2021, 5 Sa 417/20, 5 Sa 418/20, 5 Sa 419/20 bei einem nicht einmal ein Jahr zurückliegenden und noch während der sechsmonatigen Wartezeit nach § 1 KSchG gekündigten Arbeitsverhältnis).

Aus dem Umstand, dass der öffentliche Arbeitgeber alle übrigen behinderten Bewerber zu einem Vorstellungsgespräch eingeladen hat, kann nicht geschlossen werden, dass die unterbliebene Einladung eines Bewerbers nicht wegen seiner Behinderung erfolgte (BAG v. 24.1.2013, 8 AZR 188/12, ZTR 2013, 451). Die Indizwirkung wird auch nicht dadurch aufgehoben, dass ein schwerbehinderter Mensch eingestellt wurde, wenn bei der Erkrankung des nicht eingeladenen Bewerbers nicht auszuschließen ist, dass mit dem Verlauf der Erkrankung besondere Befürchtungen verbunden werden, die so bei anderen Erkrankungen nicht unbedingt vorhanden sind (LAG Berlin-Brandenburg v. 19.2.2015, 26 Sa 1990/14). Ein öffentlicher Arbeitgeber macht den gesetzlich intendierten Chancenvorteil des schwerbehinderten Bewerbers zunichte, wenn er diesem zwar die Einladung zum Vorstellungsgespräch in Aussicht stellt, gleichzeitig aber dem schwerbehinderten Bewerber mitteilt, dessen Bewerbung habe nach der „Papierform" nur eine geringe Erfolgsaussicht, weshalb der schwerbehinderte Bewerber mitteilen möge, ob er das Vorstellungsgespräch wahrnehmen wolle (LAG Baden-Württemberg v. 3.11.2014, 1 Sa 13/14, PersR 2015, 49). Solch eine „abschreckende" Einladung begründet gemäß § 22 AGG die Vermutung der Benachteiligung wegen der Behinderung. Die Durchführung eines Vorstellungsgesprächs per Video-Interview soll eine ordnungsgemäße Erfüllung der Pflicht des öffentlichen Arbeitsgebers aus § 165 S. 3 SGB IX darstellen, sofern alle Gespräche in dieser Form durchgeführt werden und der schwerbehinderte Mensch keine behinderungsbedingten Einschränkungen aufweist, die gerade die Teilnahme an einem Video-Interview erschweren (LAG Hamm v. 21.7.2022, 18 Sa 21/22).

Eine Pflichtverletzung nach § 165 S. 3 SGB IX ist als Indiz im Sinne von § 22 AGG nur dann geeignet, wenn dem Arbeitgeber die Schwerbehinderteneigenschaft oder Gleichstellung des Bewerbers bekannt gewesen ist oder sich der Arbeitgeber aufgrund der Bewerbungsunterlagen diese Kenntnis hätte verschaffen können (BAG v. 22.10.2015, 8 AZR 384/14, ZTR 2016, 272). Will der Bewerber seine Eigenschaft als schwerbehinderter Mensch bei der Behandlung seiner Bewerbung be-

rücksichtigt wissen, so hat er den Arbeitgeber über seine Schwerbehinderteneigenschaft oder ggf. eine Gleichstellung regelmäßig im Bewerbungsschreiben klar und eindeutig zu informieren (BAG v. 22.10.2015, 8 AZR 384/14, ZTR 2016, 272). Es ist nicht zusätzlich erforderlich, den Grad der Behinderung (GdB) mitzuteilen (BAG v. 22.10.2015, 8 AZR 384/14, ZTR 2016, 272; Rechtsprechungsänderung). „Eingestreute" oder unauffällige Informationen, indirekte Hinweise in beigefügten amtlichen Dokumenten, eine in den weiteren Bewerbungsunterlagen befindliche Kopie des Schwerbehindertenausweises etc. sind keine ordnungsgemäße Information (BAG v. 18.9.2014, 8 AZR 759/13, ZTR 2015, 216). Wird vorab keine bestimmte Qualifikation im Anforderungsprofil festgelegt (im Streitfall: Examensnote in Bayern und Baden-Württemberg für das Richteramt), kann sich der Arbeitgeber im Falle der Schadenersatzklage nicht darauf berufen, in der fehlenden Einladung zum Vorstellungsgespräch läge kein Indiz einer Benachteiligung wegen der Behinderung, weil der schwerbehinderte Bewerber diese Qualifikation ohnehin nicht vorweisen konnte (BVerwG v. 3.3.2011, 5 C 15/10 16/10; BAG v. 21.7.2009, 9 AZR 431/08, ZTR 2009, 589). Auch bei Abbruch eines Auswahlverfahrens muss der Dienstherr, wenn eine Integrationsvereinbarung vorliegt, den schwerbehinderten Bewerber in das weitere Auswahlverfahren einbeziehen und prüfen, ob die Stelle mit einem schwerbehinderten Menschen besetzt werden kann (LAG Bremen v. 3.9.2013, 1 Sa 167/11).

 **ACHTUNG!**

Beim Bewerbungsverfahren von (Schwer-)Behinderten sind §§ 164, 165 SGB IX zu beachten. Insbesondere besteht eine Prüfpflicht, ob die Stelle mit einem schwerbehinderten Menschen besetzt werden kann. Unterlässt der (öffentliche) Arbeitgeber eine entsprechende Anfrage bei der Agentur für Arbeit, ist eine Diskriminierung wegen der Behinderung indiziert (BAG v. 13.10.2011, 8 AZR 608/10, ZTR 2011, 719). Die Veröffentlichung des Stellenangebots über die Jobbörse der Bundesagentur für Arbeit ist für die Erfüllung der Pflicht nicht ausreichend (BAG v. 25.11.2021, 8 AZR 313/20).

Der Verstoß gegen diese Vorschriften kann zum Beweis der Indizien der Benachteiligung wegen der (Schwer-)Behinderung im Sinne des § 22 AGG genügen (BAG v. 22.10.2015, 8 AZR 384/14, ZTR 2016, 272). Der Bewerber muss für die von ihm nur vermuteten Tatsachen insoweit regelmäßig keine konkreten Anhaltspunkte darlegen. Es ist ausreichend, wenn er eine Verletzung des Arbeitgebers gegen Bestimmungen rügt, die Verfahrens- und/oder Förderpflichten zugunsten schwerbehinderter Menschen enthalten (BAG v. 14.6.2023, 8 AZR 136/22, ZTR 2023, 657). Allerdings soll der Verstoß gegen die Pflicht zur Darlegung der Gründe nach § 164 Abs. 1 S. 9 SGB IX allein nicht als Indiz für eine Benachteiligung gelten, wenn der Arbeitgeber der Pflicht zur Beschäftigung von schwerbehinderten Menschen nach § 154 SGB IX hinreichend nachgekommen ist (BAG v. 21.2.2013, 8 AZR 180/12, ZTR 2013, 632). Für den Fall, dass der schwerbehinderte Bewerber ausreichend Indizien für seine Benachteiligung darlegt, trägt der öffentliche Arbeitgeber die Beweislast dafür, dass die für diese Stelle konkret erforderliche Qualifikation nicht erfüllt ist. Daher gilt es, das Anforderungsprofil nach objektiven Kriterien festzulegen und die Absage sorgfältig zu begründen.

**Beispiel**

Ein öffentlicher Arbeitgeber lehnte die Bewerbung zur Parkraumüberwachung bei der Polizei einer mit einem Grad von 40 behinderten, jedoch nicht einer schwerbehinderten gleichgestellten Bewerberin unter Hinweis auf ihre Neurodermitis ab. Dies sei nach § 8 AGG wegen der Umwelt- und Witterungseinflüsse bei der Tätigkeit sowie wegen der Widerstands- und Widerspruchsbereitschaft von Verkehrsteilnehmern gerechtfertigt. Dem folgten die Arbeitsgerichte nicht. Die Bewerberin erhielt eine Entschädigung von sechs Monatsgehältern, da eine abstrakte Gefahr der Verschlechterung der Neurodermitis zur Rechtfertigung nicht genügt (LAG Berlin-Brandenburg v. 31.1.2008, 5 Sa 1755/07, EzA-SD 2008, Nr. 11, 10–11).

Für den öffentlichen Arbeitgeber kann sich schließlich die Frage stellen, ob wegen § 165 S. 3 SGB IX auch bei (nur) interner Ausschreibung ein schwerbehinderter Bewerber zu einem Vorstellungsgespräch eingeladen werden muss, sofern die fachliche Eignung nicht offensichtlich fehlt. Eine Einladungspflicht verneint haben das Bundesverwaltungsgericht sowie verschiedene Landesarbeitsgerichte (BVerwG v. 15.12.2011, 2 A 13.10, ZTR 2012, 227; neben anderen LAG Saarland v. 13.2.2008, 1 TaBV 15/07, AE 2008, 134 sowie LAG Schleswig-Holstein v. 18.12.2018, 1 Sa 26 öD/18, ZTR 2019, 293, auch bei „gestuften Ausschreibungsverfahren"). Das Bundesarbeitsgericht bejaht demgegenüber eine Einladungspflicht. Nach der Auffassung des Gerichts differenziert das Gesetz nicht danach, ob es um Stellen geht, die auch externen Bewerbern offenstehen oder ob diese berechtigterweise nur intern ausgeschrieben worden sind (BAG v. 25.6.2020, 8 AZR 75/19; LAG Berlin-Brandenburg v. 1.11.2018, 21 Sa 1643/17).

Es gilt ferner, dass ein nicht offensichtlich ungeeigneter schwerbehinderter Bewerber zu allen Teilen eines Auswahlverfahrens einzuladen ist, durch welche sich der öffentliche Arbeitgeber ein umfassendes Bild von der Person des Bewerbers macht (BAG v. 27.8.2020, 8 AZR 45/19).

Bei der Zurückweisung eines Stellenbewerbers bereits im Bewerbungsverfahren ist im Übrigen auch in anderen Fällen darauf zu achten, keine Indizien für eine mögliche Benachteiligung zu schaffen. So wird trotz zulässiger tariflicher Altersgrenzregelung (§ 33 Abs. 1 a) TVöD – näher dazu unter VIII.6.) eine Altersdiskriminierung angenommen, wenn die Bewerbung eines Altersrentners unter Hinweis auf seinen Rentnerstatus von vornherein zurückgewiesen wird und ihm damit die Chance, den Arbeitgeber von seiner Bewerbung zu überzeugen, versagt wird. Die Tarifnorm regele lediglich die nach § 10 S. 3 Nr. 5 AGG zulässige Beendigung des Arbeitsverhältnisses, sie hindere hingegen nicht die Einstellung von Altersrentnern. Soweit sich der öffentliche Arbeitgeber darüber hinaus auf rechtmäßige Ziele aus dem Bereich der „Sozialpolitik" beruft, muss er substantiiert vortragen, dass die gewählten Mittel zur Verwirklichung des Ziels angemessen und erforderlich sind (LAG Niedersachsen v. 1.8.2018, 17 Sa 1302/17, ZTR 2018, 642).

### 3. Einstellungsgespräch

Beim Einstellungsgespräch hat der öffentliche Arbeitgeber darauf zu achten, nicht durch unzulässige Fragen Indizien für eine ungerechtfertigte Benachteiligung im Sinne des AGG zu setzen.

Die generelle Frage nach einer vorhandenen Behinderung ist bei einer Einstellung nicht zulässig. Man wird die Frage allenfalls bei einem berechtigten, billigenswerten und schützenswerten Interesse des Arbeitgebers sowie bei einem Zusammenhang mit der konkreten Tätigkeit stellen dürfen. Auch ist die Frage nach einer der Ausübung der Tätigkeit entgegenstehenden Krankheit zulässig. Wird die Behinderung in den Bewerbungsunterlagen angegeben, ist es dann unbedenklich im Bewerbungsgespräch nachzufragen, welche Einschränkungen sich aus der Behinderung ergeben, wenn damit die Verpflichtung zu „angemessenen Vorkehrungen" (Art. 5 der Richtlinie 2000/78/EG i. V. m.

Art. 27 Abs. 1 S. 2 Buchst. I, Art. 2 Unterabs. 4 der UN-Behindertenrechtskonvention) zum Tragen kommen soll.

**Beispiel**

Ein öffentlicher Arbeitgeber, der eine Schreibkraft sucht, darf nach einer Sehbehinderung fragen, die nicht in jedem Fall sofort offensichtlich sein muss.

Die Frage nach dem Alter des Bewerbers wurde zwar bisher grundsätzlich als zulässig angesehen, sollte aber künftig nicht mehr ausdrücklich gestellt werden. Hierin könnte ein Indiz für eine Benachteiligung wegen des Alters liegen. Das Alter wird sich regelmäßig aus den Angaben in den der Bewerbung beigefügten Zeugnissen oder aus der absolvierten Ausbildung und der Dauer der bisherigen Tätigkeiten ergeben. Dagegen ist es weiter zulässig, nach Ausbildung und beruflichem Werdegang oder nach Dauer und Inhalt der Berufserfahrung zu fragen.

Die Frage nach einer bestehenden Schwangerschaft bleibt grundsätzlich unzulässig. Nach § 3 Abs. 1 S. 2 AGG liegt eine unmittelbare Benachteiligung wegen des Geschlechts bei einer Benachteiligung wegen Schwanger- oder Mutterschaft vor. Fragen nach der zeitlichen Flexibilität können ein Indiz für eine mittelbare Benachteiligung von Frauen sein. In der Frage nach dem Familienstand liegt möglicherweise ein Indiz für die Benachteiligung wegen der sexuellen Identität.

Die Frage nach der Religionszugehörigkeit ist wie bisher grundsätzlich unzulässig. Scientology gehört nach deutscher Rechtsprechung nicht zu den Religionen und ist auch keine Weltanschauung, da das primäre Ziel des Vereins sein wirtschaftlicher Erfolg ist. Da das AGG europarechtskonform (und womöglich anders) auszulegen ist, wird die Zulässigkeit dieser Frage in Zukunft womöglich anders zu bewerten sein.

Unzulässig ist schließlich die Frage nach der Mitgliedschaft in einer Gewerkschaft als Vorbedingung der Einstellung, da die Nichteinstellung aufgrund Gewerkschaftszugehörigkeit eine Maßnahme i. S. d. Art. 9 Abs. 3 S. 2 GG wäre.

## VIII. AGG-Verstöße im Dienstverhältnis des öffentlichen Dienstes

Im Arbeitsrecht des öffentlichen Dienstes sind vielfache AGG-Verstöße während und bei Beendigung des Dienstverhältnisses denkbar. Dies gilt auch bei Anwendung von Regelungen des TVöD bzw. TV-L.

### 1. Beförderung und Versetzung

Das Benachteiligungsverbot des § 1 i. V. m. § 7 AGG gilt auch beim beruflichen Aufstieg, § 2 Abs. 1 Nr. 1 AGG.

Die Nichtbeförderung einer Frau kann bei der Besetzung einer Position auf einer Hierarchieebene, auf der nur Männer beschäftigt sind, eine Benachteiligung wegen des Geschlechts indizieren, wenn ansonsten überwiegend Frauen beschäftigt werden. Wichtiges Indiz für eine geschlechtsspezifische Diskriminierung bei Beförderungen kann eine aussagekräftige Statistik der Betroffenen über die Geschlechterverteilung auf den einzelnen Hierarchieebenen sein (BAG v. 22.7.2010, 8 AZR 1012/08, AA 2011, 38).

Zu beachten ist das Benachteiligungsverbot auch im Rahmen einer Versetzung, § 2 Abs. 1 Nr. 1 AGG. So kann beispielsweise auch die Versetzung ausschließlich älterer Arbeitnehmer gegen das AGG verstoßen. Verfolgt eine Dienstvereinbarung über Umsetzungen das Ziel, Arbeitnehmer vor möglicherweise altersbedingt steigenden Belastungen zu schützen, stellt dies zwar ein legitimes sozialpolitisches Ziel i. S. d. § 10 S. 1 AGG dar;

gleichwohl ist zweifelhaft, ob ein Erfahrungssatz besteht, wonach es Arbeitnehmern mit zunehmendem Alter wegen sinkender Flexibilität regelmäßig schwerer fällt, nach Versetzung unter veränderten Umständen zu arbeiten (BAG v. 13.10.2009, 9 AZR 722/08, ZTR 2010, 208).

Werden bei der Auswahl von Arbeitnehmern, die etwa aufgrund eines Personalüberhangs in einen Stellenpool eines Landes versetzt werden sollen, nur Beschäftigte eines bestimmten Alters (z. B. ab dem 40. Lebensjahr) berücksichtigt, so kann hierin eine unzulässige Altersdiskriminierung im Sinne von § 10 AGG liegen. Der öffentliche Arbeitgeber kann diese Vorgehensweise auch nicht ohne Weiteres damit rechtfertigen, dass die Versetzung älterer Arbeitnehmer zur Herstellung einer ausgewogenen Personalstruktur erforderlich sei. Er macht sich schadenersatzpflichtig (BAG v. 22.1.2009, 8 AZR 906/07, ZTR 2009, 132).

## 2. Eintrittsaltersgrenzen

Gegenstand verschiedener Gerichtsverfahren war die Frage der Vereinbarkeit von Altersgrenzen für die Übernahme in das Beamtenverhältnis (hierzu unter IX.) oder für die Einstellung in ein Arbeitsverhältnis mit dem AGG.

Eine Höchstaltersgrenze von 25 Jahren für Einstellung in ein Arbeitsverhältnis, etwa für den allgemeinen Vollzugsdienst, kann nicht damit gerechtfertigt werden, dass eine spätere Übernahme in ein Beamtenverhältnis geplant sei, für das wiederum eine Altersgrenze gilt (LAG Hamm v. 7.8.2008, 11 Sa 284/08, LAGE § 15 AGG Nr. 6). Auch eine Altersgrenze von 40 Jahren für (nur) befristete Anstellungsverträge mit Nachwuchswissenschaftlern ist unwirksam (BAG v. 6.4.2011, 7 AZR 524/09, ZTR 2011, 624). Ebenso kann die wirtschaftliche Amortisierung von Ausbildungskosten nicht in jedem Fall eine Eintrittsaltersgrenze rechtfertigen (BAG v. 8.12.2010, 7 ABR 98/09, ZTR 2011, 409).

Nicht auszuschließen ist, dass die Ablehnung eines externen Bewerbers, der das gesetzlich festgelegte Alter zum Erreichen der Regelaltersrente bereits überschritten hat, nach § 10 S. 1 und 2 AGG, Art 6 Abs. 1 UAbs. 1 RL 2000/78/EG gerechtfertigt ist, insbesondere weil der Arbeitgeber an die tarifliche Altersgrenze des § 33 TVöD gebunden ist und es ein legitimes Ziel darstellt, über eine bessere Beschäftigungsverteilung zwischen den Generationen den Zugang jüngerer Personen zur Beschäftigung zu fördern (BAG v. 31.3.2022, 8 AZR 238/21, ZTR 2022, 586).

## 3. Entgeltregelungen

Das Benachteiligungsverbot des AGG untersagt auch ungerechtfertigte Ungleichbehandlungen im Bereich des Arbeitsentgelts, § 2 Abs. 1 Nr. 2 AGG.

Die Tarifparteien haben bei Schaffung des TVöD und TV-L das Entlohnungssystem grundlegend reformiert. Seitdem ist die Bemessung der Vergütung nicht mehr vom Erreichen von Lebensaltersstufen abhängig. Die Entlohnung nach Lebensaltersstufen gem. § 27 BAT war eine unmittelbare nicht gerechtfertigte Benachteiligung wegen des Alters (EuGH v. 8.9.2011, C-297/10, ZTR 2011, 664). Rechtsfolge dieses Verstoßes war nicht bloß die Geltung einer üblichen Vergütung gemäß § 612 Abs. 2 BGB, sondern ein Anspruch auf Vergütung nach der höchstmöglichen Vergütungsgruppe, sog. Anpassung „nach oben" (BAG v. 10.11.2011, 6 AZR 481/09, ZTR 2012, 38).

Nach erfolgter Überleitung aus dem TVöD bestehen aber keine Rechte mehr auf eine höhere Vergütung (BAG v. 8.12.2011, 6 AZR 319/09, ZTR 2012, 153); der Europäische Gerichtshof sieht im ersetzenden Vergütungssystem (des TVöD), mit dem

zugleich für einen befristeten Übergangszeitraum einige der diskriminierenden Auswirkungen des erstgenannten Systems bestehen bleiben, um den Übergang zum neuen System ohne Einkommensverluste zu gewährleisten, keine ungerechtfertigte Altersdiskriminierung (EuGH v. 8.9.2011, C-298/10, ZTR 2011, 664). Ähnliches gilt für die Besoldungsordnung der Beamten (OVG Berlin-Brandenburg v. 25.2.2016, OVG 7 B 21.15; EuGH v. 19.6.2014, C-501/12 bis C-506/12, C-540/12 und C-541/12, ZTR 2014, 501; BVerwG v. 30.10.2014, 2 C 3.13, 2 C 6.13).

Auch eine Tarifregelung, die bei der Anrechnung von Einkommenserhöhungen auf eine tariflich gewährte Einkommenssicherungszulage nach dem Lebensalter differenziert, ist altersdiskriminierend und daher unwirksam (BAG v. 18.2.2016, 6 AZR 700/14, ZTR 2016, 309). Eine Regelung, die eine Differenzierung nach der Dauer der Betriebszugehörigkeit vorsieht, ist zulässig.

Das AGG findet auch Anwendung, wenn eine Benachteiligung (Staffelung einer Vergütung nach Lebensaltersstufen) auf einer vor Inkrafttreten des AGG geschlossenen Vereinbarung (Rahmentarifvertrag 2001) beruht und der Sachverhalt bei Inkrafttreten des AGG noch nicht abgeschlossen war (unechte Rückwirkung). In einem entsprechenden Fall verlangte die Klägerin die Differenz der gezahlten Vergütung und der unter Zugrundelegung der höheren Stufe berechneten Vergütung für einen Zeitraum nach Inkrafttreten des AGG (BAG v. 25.3.2015, 5 AZR 458/13, ZTR 2015, 577). Der beklagte öffentliche Arbeitgeber konnte sich auch nicht erfolgreich auf einen etwaigen Vertrauensschutz berufen.

 **WICHTIG !**

Zur Besitzstandszulage für kinderbezogene Entgeltbestandteile war in § 11 TVÜ-VKA a. F. ein Ausschluss vorgesehen für Arbeitnehmer, die im September 2005 kein Entgelt bezogen haben. Das Bundesarbeitsgericht hat mit Urteil vom 18.12.2008, 6 AZR 287/07, ZTR 2009, 319, festgestellt, dass diese Regelung gegen Art. 6 GG verstößt. Der seit 1. Juni 2008 geltende § 11 TVÜ-VKA n. F. sieht eine solche Besitzstandszulage unter bestimmten Voraussetzungen vor.

§ 29 Abschn. B Abs. 3 BAT-O benachteiligte eingetragene Lebenspartner gleichheitswidrig und war deshalb gemäß Art. 3 Abs. 1 GG unwirksam, soweit Angestellte, die Kinder ihres eingetragenen Lebenspartners in ihren Haushalt aufgenommen hatten, keinen Anspruch auf den kinderbezogenen Entgeltbestandteil im Ortszuschlag hatten; das setzt sich in der Besitzstandszulage nach § 11 TVÜ-L fort (BAG v. 18.3.2010, 6 AZR 156/09, ZTR 2010, 237).

Die Nichtanrechnung von Elternzeit auf die Stufenlaufzeit im Entgeltsystem des TVöD ist keine verbotene Benachteiligung, weil während dieser Zeit keine Berufserfahrung gewonnen wird (BAG v. 27.1.2011, 6 AZR 526/09, ZTR 2011, 148 und 357).

## 4. Urlaub

Eine Urlaubsstaffel, bei der sich die Anzahl der Urlaubstage nach dem Alter der Beschäftigten richtet, wie es in § 26 TVöD/TV-L a. F. vorgesehen war, ist unzulässig. Ein dem TVöD/TV-L unterliegender Beschäftigter hatte nach dem Wortlaut des Tarifvertrages einen Urlaubsanspruch bis zum vollendeten 30. Lebensjahr von 26 Arbeitstagen, bis zum vollendeten 40. Lebensjahr von 29 Arbeitstagen und nach dem vollendeten 40. Lebensjahr von 30 Arbeitstagen.

Diese unmittelbare Benachteiligung wegen des Alters war nicht, insbesondere nicht wegen eines gesteigerten Urlaubsbedürfnisses gerechtfertigt, so dass die Regelung unwirksam war. Ein jüngerer Arbeitnehmer hat also Anspruch auf den vollen Jahresurlaub von 30 Kalendertagen, sogenannte Anpassung „nach oben" (BAG v. 20.3.2012, 9 AZR 529/10, ZTR 2012, 214 und 446). Die Norm wurde im Nachgang auch entsprechend angepasst; danach haben jetzt alle Beschäftigten 30 Urlaubstage.

Mit der Zulässigkeit der Staffelung des Urlaubsanspruchs nach dem Lebensalter hatte sich das Bundesarbeitsgericht erneut in seinem Urteil vom 12.4.2016 (9 AZR 659/14, ZTR 2016, 450) zu befassen. Auf das Arbeitsverhältnis der Beklagten und des am 12. Juli 1959 geborenen Klägers fand die Regelung Anwendung, dass der Urlaub bei einem Lebensalter von bis zu 30 Jahren 26 Arbeitstage, bei über 30 bis 40 Jahren 29 Arbeitstage, bei über 40 bis 50 Jahren 30 Arbeitstage und bei über 50 Jahren 33 Arbeitstage betrage. Unter dem 5. Dezember 2007 schloss die Beklagte mit der Vereinten Dienstleistungsgewerkschaft (ver.di) den „Manteltarifvertrag Universitätsklinikum Gießen und Marburg GmbH" (im Folgenden MTV UKGM), der am 1. Januar 2008 in Kraft trat. Dieser Tarifvertrag sieht in der Anlage 1b vor, dass sich der Urlaubsanspruch nach der Beschäftigungsdauer richtet und maximal 30 Urlaubstage beträgt. Außerdem wurde geregelt, dass Arbeitnehmern, die zum Zeitpunkt des Inkrafttretens dieses Tarifvertrages einen höheren Urlaubsanspruch haben, dieser weitergewährt wird.

Der Kläger hat die Rechtsauffassung vertreten, aus Gründen der Gleichbehandlung habe ihm in den Jahren 2009 bis 2012 ein Urlaubsanspruch im Umfang von jeweils 33 Arbeitstagen zugestanden.

Das Bundesarbeitsgericht gab dem Kläger teilweise Recht. Am 1. Januar 2012 habe der Kläger einen Anspruch auf 33 Arbeitstage Urlaub erworben. Die Urlaubsstaffelung, nach der der Kläger einen um drei Tage kürzeren Urlaub erhalte als Beschäftigte, die das 50. Lebensjahr bereits vollendet hätten, verstoße gegen das Benachteiligungsverbot des § 7 Abs. 1 i. V. m. § 1 AGG und sei deshalb nach § 7 Abs. 2 AGG unwirksam (ständige BAG-Rechtsprechung, vgl. auch BAG v. 15.11.2016, 9 AZR 534/15 und 9 AZR 695/15 sowie zuletzt BAG v. 11.12.2018, 9 AZR 161/18, ZTR 2019, 330). Dies habe zur Folge, dass dem Kläger bereits vor der Vollendung des 50. Lebensjahres in jedem Kalenderjahr ein Anspruch auf 33 Urlaubstage zugestanden habe. Die in Rede stehende tarifliche Regelung sei am Maßstab des AGG zu messen. Dem stehe nicht entgegen, dass der Tarifvertrag aus dem Jahre 1961 stamme, also zu einem Zeitpunkt vor dem Inkrafttreten des AGG im Jahre 2006 vereinbart worden sei. Die Vorschriften des AGG seien auf tarifliche Urlaubsbestimmungen anzuwenden, sofern diese – wie vorliegend – den Anspruch eines Arbeitnehmers für Kalenderjahre regelten, die zeitlich nach dem Inkrafttreten des AGG lägen. Hinsichtlich des von dem Kläger begehrten Ersatzurlaubs für den im Umfang von jeweils drei Arbeitstagen verfallenen Urlaub aus den Jahren 2009 bis 2011 habe das Landesarbeitsgericht die Berufung des Klägers zu Recht zurückgewiesen, da der Kläger die dreimonatige tarifliche Ausschlussfrist versäumt habe.

In einem sich anschließenden Prozess zwischen den Parteien entschied das Bundesarbeitsgericht mit Urteil vom 11.12.2018 (9 AZR 161/18, ZTR 2019, 330), dass der Kläger auch einen Anspruch auf jeweils drei Tage Ersatzurlaub für die Jahre 2013 bis 2016 habe. Die Gewährung des Urlaubs habe er mit verschiedenen Schreiben rechtzeitig geltend gemacht, eine Mahnung sei aufgrund des Bestreitens des Anspruchs durch die Beklagte im Prozess ferner entbehrlich. Unter Verweis auf seine insofern grundlegende Entscheidung vom 19.6.2018 (9 AZR 615/17) stellt das BAG dabei schließlich fest, dass der Ersatzurlaubsanspruch nicht aufgrund der einschlägigen Ausschlussfristenregelung verfallen sei, weil dieser Anspruch keinen Ausschlussfristen unterliege.

## 5. Unkündbarkeit

Nach § 34 Abs. 2 S. 1 TVöD/TV-L können Arbeitsverhältnisse von Beschäftigten, die das 40. Lebensjahr vollendet haben und für welche die Regelungen des Tarifgebiets West Anwendung finden, nach einer Beschäftigungszeit von mehr als 15 Jahren durch den Arbeitgeber nur noch aus einem wichtigen Grund gekündigt werden. Soweit Beschäftigte nach den bis zum 30.9.2005 bzw. 31.10.2006 geltenden Tarifregelungen unkündbar waren (also nach § 55 BAT), verbleibt es dabei bzw. bleiben sie unkündbar.

Diese wegen der Anknüpfung an das Alter unmittelbare und zugleich wegen der Anknüpfung an die Betriebszugehörigkeit mittelbare Ungleichbehandlung wegen des Alters nach § 10 AGG ist grundsätzlich gerechtfertigt. Die Regelung dient dem Schutz älterer Arbeitnehmer vor der Kündigung und dem Ausgleich geringer Chancen auf dem Arbeitsmarkt und belohnt zugleich die Betriebstreue. Dennoch ist im Extremfall ein 55-Jähriger mit 14 Jahren Betriebszugehörigkeit weniger schutzwürdig als ein 40-Jähriger mit 15 Jahren Betriebszugehörigkeit und Unterhaltspflichten. Das Bundesarbeitsgericht hat daher erwogen, bei einer Fehlgewichtung mit grob fehlerhafter Auswahl solche Regelungen einzuschränken bzw. für den Einzelfall durch einen ungeschriebenen Ausnahmetatbestand innerhalb der Tarifnorm anzupassen (BAG v. 5.6.2008, 2 AZR 907/06, NZA 2008, 1120).

 **WICHTIG!**

Im Falle der Kündigung besteht in einem solchen Fall zwar für den Arbeitgeber die Gefahr entweder gegen § 34 Abs. 2 S. 1 TVöD/TV-L oder gegen § 7 Abs. 1 AGG zu verstoßen. Der Schadenersatzanspruch bei Anwendung von Tarifregelungen ist aber auf Fälle des Vorsatzes und der groben Fahrlässigkeit beschränkt. Hieran wird es oftmals fehlen.

## 6. Altersgrenzen

Altersgrenzen für den Eintritt in den Ruhestand stellen eine Ungleichbehandlung wegen des Alters dar, jedoch enthält § 10 S. 3 Nr. 5 AGG eine Rechtfertigungsmöglichkeit. Danach kann eine Beendigung des Arbeitsverhältnisses zu einem Zeitpunkt vereinbart werden, zu dem der Beschäftigte eine Rente wegen Alters beantragen kann.

Während § 33 Abs. 1a TVöD a. F. vorsah, dass das Arbeitsverhältnis, ohne Kündigung mit Ablauf des Monats endet, in dem der Beschäftigte das 65. Lebensjahr vollendet hat, lautet § 33 Abs. 1a TVöD: Das Arbeitsverhältnis endet, ohne dass es einer Kündigung bedarf, mit Ablauf des Monats, in dem der Beschäftigte das gesetzlich festgelegte Alter zum Erreichen der Regelaltersrente vollendet hat. Die Tarifparteien haben auch § 33 Abs. 1a TV-L wortgleich gefasst. Eine solche tarifliche Altersgrenze ist, obwohl unabhängig von der jeweiligen wirtschaftlichen, sozialen und demographischen Situation sowie der konkreten Arbeitsmarktlage, wirksam (EuGH v. 12.10.2010, C-45/09, ZTR 2010, 633). Altersgrenzen, die mit früheren Jahren das Arbeitsverhältnis beenden sollen, bedürfen jeweils einer gesonderten Rechtfertigung, zum Beispiel zur Gewährleistung der öffentlichen Sicherheit oder dem Schutz der Gesundheit und müssen zudem verhältnismäßig sein (verneint z. B. in: EuGH v. 13.9.2011, C-447/09, ZTR 1011, 720 und LAG Düsseldorf v. 9.3.2011, 12 TaBV 81/10, ZTR 2011, 414).

Nach Ansicht des BAG ist auch eine wie in § 33 Abs. 2 TVöD vorgesehene auflösende Befristung bei Rentenbezug wegen Erwerbsminderung wirksam (BAG v. 14.1.2015, 7 AZR 880/13). Sie stellt einen Sachgrund im Sinne des § 14 Abs. 1 TzBfG dar. Wirksam ist allerdings nur eine solche tarifliche Regelung, die das Arbeitsverhältnis bei einem dauerhaften Rentenbezug beenden soll. Eine Rentenbewilligung, die zu keiner rentenrechtlichen Absicherung auf unbestimmte Dauer führt, ist als Auflösungstatbestand ungeeignet, da mit einer Genesung des Arbeitnehmers gerechnet werden muss. In diesen Fällen ruht das Arbeitsverhältnis für den Zeitraum der Rentengewährung. Die Regelung unter § 33 Abs. 2 TVöD ist auch nicht nach § 7 Abs. 2 AGG unwirksam. Eine unmittelbare Diskriminierung liegt nicht vor, da erwerbsgeminderte und nicht erwerbsgeminderte Arbeitnehmer nicht vergleichbar sind. Auch handelt es sich nicht um eine mittelbare Diskriminierung: An das Merkmal der Behinderung wird nicht angeknüpft, sondern an die Gewährung einer Rente wegen voller Erwerbsminderung auf unbestimmte Dauer nach § 43 Abs. 2 SGB VI. Ziel der Regelung ist es, ein sinnentleertes Arbeitsverhältnis aufzulösen, dessen Verpflichtung der behinderte Arbeitnehmer auf Dauer nicht mehr erfüllen kann. Das BAG folgt also seiner bisherigen Rechtsprechung, nach der bei einer dauerhaften vollen Erwerbsminderung das Interesse des Arbeitgebers an der Beendigung und damit an einer möglichen Nachbesetzung der Stelle überwiegt.

Auch eine tarifliche Regelung (§ 20 TVöD (Bund)/(VKA)), wonach der Anspruch auf eine Sonderzahlung vom Bestand des Arbeitsverhältnisses an einem Stichtag abhängt, benachteiligt Arbeitnehmer, die vor diesem Stichtag wegen Erreichens des gesetzlichen Rentenalters aus dem Arbeitsverhältnis ausscheiden, nicht unzulässig wegen ihres Alters (BAG v. 12.12.2012, 10 AZR 718/11, ZTR 2013, 249).

Im Zusammenhang mit der betrieblichen Altersvorsorge ist das BAG zuletzt davon ausgegangen, dass die Festlegung einer Höchstaltersgrenze von 55 Jahren als Zugangsvoraussetzung weder einen Verstoß gegen das Verbot der Altersdiskriminierung noch eine Diskriminierung wegen des Geschlechts darstellt (BAG v. 21.9.2021, 3 AZR 147/21).

Für zulässig erklärt wurden auch Altersgrenzen bei Soldaten für den einstweiligen Ruhestand nach dem Soldatengesetz (OVG Nordrhein-Westfalen v. 5.3.2009, 1 A 107/07, ZBR 2009, 319) oder nach Dienstgrad abgestufte Altersgrenzen (OLG Celle v. 23.6.2009, 17 UF 73/09, FamRZ 2010, 37).

In einem Sozialplan können Arbeitnehmer von Abfindungsleistungen ausgeschlossen werden (§ 10 S. 3 Nr. 6 AGG), die nach dem Bezug von Arbeitslosengeld I rentenberechtigt sind und zuvor die Fortsetzung des Arbeitsverhältnisses an einem anderen Unternehmensstandort abgelehnt haben (BAG v. 9.12.2014, 1 AZR 102/13, ZTR 2015, 233). Auch die mit einem sog. Systemwechsel bei der Berechnung von Sozialplanabfindungen einhergehende unterschiedliche Behandlung der Arbeitnehmer wegen Alters kann nach § 10 S. 1 und 2 AGG gerechtfertigt sein (BAG v. 16.7.2019, 1 AZR 842/16, ZTR 2019, 689). Demgegenüber kann eine unzulässige mittelbare Benachteiligung schwerbehinderter Menschen bei einer Sozialplanregelung angenommen werden, die zur Berechnung der Höhe einer Abfindung auf den „frühestmöglichen" Bezug einer gesetzlichen Rente abstellt (BAG v. 16.7.2019, 1 AZR 842/16, ZTR 2019, 689).

Tarifvertragliche Regelungen, die kürzere Übergangsleistungen für schwerbehinderte Arbeitnehmer bewirken, weil diese zum früheren Bezug einer Altersrente berechtigt sind, stellen eine mittelbare Diskriminierung dar (LAG Rheinland-Pfalz v. 6.11.2018, 8 Sa 26/18, ZTR 2019, 104; EuGH v. 19.9.2018, C-312/17).

## 7. Kündigung

Das AGG gilt trotz § 2 Abs. 4 AGG auch für Kündigungen, da es sich um Entlassungsbedingungen im Sinne des § 2 Abs. 1 Nr. 2 AGG handelt. Sofern für die Berechnung der Kündigungsfristen nicht die Vorgaben des TVöD/TV-L gelten, regelt § 622 Abs. 1, 2 S. 1 BGB die sich nach der Beschäftigungszeit richtenden gesetzlichen Kündigungsfristen. Der ehemalige § 622 Abs. 2 S. 2 BGB, wonach bei dieser Berechnung Beschäftigungsjahre vor dem 25. Lebensjahr nicht zu berücksichtigen waren, war altersdiskriminierend (EuGH v. 19.1.2010, C-555/07, ZTR 2010, 144; BAG v. 1.9.2010, 5 AZR 700/09, ZTR 2011, 51) und wurde deshalb gestrichen. Werden von der Dauer der Betriebszugehörigkeit abhängige tarifliche Kündigungsfristen einheitlich für den Fall, dass ein Sozialplan abgeschlossen worden ist, erheblich abgekürzt, so ist darin nach dem Bundesarbeitsgericht kein ungerechtfertigter Verstoß gegen §§ 7, 1 AGG zu sehen (BAG v. 24.10.2019, 2 AZR 103/18; 2 AZR 168/18; anders zuvor LAG Hamburg v. 11.1.2018, 7 Sa 101/17).

Die Bildung von Altersgruppen bei der Sozialauswahl im Rahmen betriebsbedingter Kündigung ist keine ungerechtfertigte Altersdiskriminierung (LAG Baden-Württemberg v. 25.3.2011, 18 Sa 77/10, NZA-RR 2011, 407; BAG v. 6.11.2008, 2 AZR 523/07). Dies setzt voraus, dass die im konkreten Fall vorgenommene Altersgruppenbildung und die daraus abgeleiteten Kündigungsentscheidungen zur Sicherung der bestehenden Personalstruktur tatsächlich geeignet sind. Die sich ergebende Verteilung der bislang Beschäftigten auf die gebildeten Altersgruppen muss ihre prozentuale Entsprechung in der Anzahl der in der jeweiligen Altersgruppe zu kündigenden Arbeitsverhältnisse finden. Es müssen innerhalb des zur Sozialauswahl anstehenden Personenkreises nach sachlichen Kriterien Altersgruppen gebildet, die prozentuale Verteilung der Belegschaft auf die Altersgruppen festgestellt und die Gesamtzahl der auszusprechenden Kündigungen diesem Proporz entsprechend auf die einzelnen Altersgruppen verteilt werden. Andernfalls ist die Altersgruppenbildung insgesamt unwirksam (BAG v. 26.3.2015, 2 AZR 478/13, ZTR 2015, 351).

Eine altersdiskriminierende Kündigung ist auch im Kleinbetrieb nach § 134 BGB i. V. m. § 7 Abs. 1, §§ 1, 3 AGG unwirksam. Wird in der Kündigungserklärung des Arbeitgebers auf die „Pensionsberechtigung" des betroffenen Arbeitnehmers abgestellt, lässt dies eine unmittelbare Benachteiligung wegen des Alters nach § 22 AGG vermuten (BAG v. 23.7.2015, 6 AZR 457/14, ZTR 2015, 714).

Oftmals weiß der öffentliche Arbeitgeber vor Ausspruch einer Kündigung nicht, ob der von der Kündigung bedrohte Arbeitnehmer schwerbehindert ist. Ehemals galt die Frage des Arbeitgebers vor Ausspruch einer Kündigung stets als unzulässig mit der Folge, dass der Arbeitnehmer sie unzutreffend mit „Nein" beantworten und sich gleichwohl im Nachhinein auf den besonderen Kündigungsschutz nach § 168 SGB IX berufen konnte. Die Kündigung war damit unwirksam, sodass der Arbeitgeber erneut kündigen musste, jedoch erst nachdem er zuvor die Zustimmung des Integrationsamts eingeholt hat.

Das Bundesarbeitsgericht hat jedoch entschieden, dass die Frage nach der Schwerbehinderung vor Ausspruch einer Kündigung zulässig ist, wenn die 6-monatige Wartezeit des KSchG abgelaufen ist (BAG v. 16.2.2012, 6 AZR 553/10, ZTR 2012,

295). Die Frage soll dem Arbeitgeber ermöglichen, sich rechtstreu zu verhalten, weil er die Schwerbehinderung bei der Sozialauswahl und auch beim Sonderkündigungsschutz nach § 168 SGB IX beachten muss. Die Frage diskriminiert nach dem BAG behinderte Arbeitnehmer nicht gegenüber solchen ohne Behinderung und ist auch nicht datenschutzrechtlich unzulässig.

Ferner ist zu beachten, dass die Kündigung eines schwerbehinderten Arbeitnehmers ohne die vorherige Einholung der Zustimmung des Integrationsamts die Vermutung der Benachteiligung wegen der Schwerbehinderung begründet, sodass dem betroffenen Arbeitnehmer im Einzelfall ein Entschädigungsanspruch nach § 15 Abs. 2 AGG zustehen kann (BAG v. 2.6.2022, 8 AZR 191/21, ZTR 2022, 747).

 **WICHTIG!**
Arbeitgeber sollten daher bei Ablauf der 6-monatigen Wartefrist des KSchG vorsorglich unmittelbar vor Ausspruch der Kündigung den Arbeitnehmer (nachweisbar) fragen, ob er schwerbehindert ist.

Die Kündigung eines behinderten Arbeitnehmers wegen fehlender Einsatzmöglichkeiten ist nur dann wirksam, wenn der Arbeitgeber nicht imstande ist, das infolge der Behinderung vorliegende Beschäftigungshindernis durch angemessene Vorkehrungen zu beseitigen (BAG v. 19.12.2013, 6 AZR 190/12; LAG Berlin-Brandenburg v. 5.6.2014, 26 Sa 427/14, BeckRS 2014, 73963). Dies hat der Arbeitgeber darzulegen. Beurteilungsgrundlage für die Rechtfertigungsprüfung ist dabei nicht der ursprüngliche Arbeitsplatz, sondern ein mit verhältnismäßigem Aufwand geänderter Arbeitsplatz.

Eine (in diesem Fall außerhalb des Geltungsbereichs des KSchG ausgesprochene) Kündigung ist gemäß § 134 BGB in Verbindung mit § 7 Abs. 1, §§ 1, 3 AGG nichtig, wenn sie wegen der – beabsichtigten – Durchführung einer In-vitro-Fertilisation und der damit einhergehenden Möglichkeit einer Schwangerschaft erklärt wird, da dies eine Diskriminierung wegen des Geschlechts darstellt (BAG v. 26.3.2015, 2 AZR 237/14, ZTR 2015, 456).

### 8. Hinterbliebenenversorgung

Vereinzelt finden sich im Bereich des Arbeitsrechts des öffentlichen Dienstes noch Regelungen in Versorgungsordnungen, die gegen das AGG verstoßen können.

Es kann insofern eine unzulässige Benachteiligung gegenüber eingetragenen Lebenspartnern wegen der sexuellen Identität darstellen, wenn die Satzung einer Versorgungsanstalt Anspruch auf Witwen- bzw. Witwergeld vorsieht, wenn die „Ehe" bis zum Tod des Versicherten bestanden hat (BAG v. 14.1.2009, 3 AZR 20/07, ZTR 2009, 365; BAG v. 22.1.2019, 3 AZR 560/17). Es bedarf vielmehr einer Gleichbehandlung eingetragener Lebenspartner bei betrieblicher Hinterbliebenenrente mit Eheleuten. Auch Mutterschutzzeiten müssen bei der betrieblichen Zusatzversorgung, etwa der VBL, berücksichtigt werden (BVerfG v. 28.4.2011, 1 BvR 1409/10, ZTR 2011, 352).

Zulässig sollen nach dem Bundesarbeitsgericht hingegen Altersabstandsklauseln sein, die einen Anspruch auf Hinterbliebenenversorgung ab einem erhöhten Altersunterschied der Ehegatten vollständig ausschließen (BAG v. 20.2.2018, 3 AZR 43/17, ZTR 2018, 354 – bei mehr als 15 Jahren) oder eine schrittweise Kürzung für jedes weitere volle Jahr Altersabstand bewirken (BAG v. 11.12.2018, 3 AZR 400/17, ZTR 2019, 300 – bei mehr als zehn Jahren). Die durch die Regelung bewirkte unmittelbare Benachteiligung wegen des Alters sei nach § 10 S. 1 und S. 2 AGG gerechtfertigt. Die Regelung sei durch das legitime Ziel der Risikobegrenzung gedeckt und ebenso angemessen wie erfor-

derlich. Aus § 20 Abs. 2 BeamtVG lasse sich im Übrigen keine allgemeine gesetzgeberische Wertung zur Zulässigkeit von Altersabstandsklauseln ableiten. Ebenfalls nicht altersdiskriminierend ist nach dem Bundesarbeitsgericht eine Regelung in einer Versorgungsordnung, die den Anspruch auf Hinterbliebenenversorgung ausschließt, sofern die Ehe erst nach Vollendung des 62. Lebensjahres des unmittelbar Versorgungsberechtigten geschlossen wurde (sog. Spätehenklausel), wenn damit an die feste Altersgrenze der Versorgungsordnung angeknüpft wird (BAG v. 22.1.2019, 3 AZR 560/17). Die durch eine solche Spätehenklausel bewirkte Ungleichbehandlung soll § 10 S. 3 Nr. 4 AGG unterfallen und gerechtfertigt sein, da sie dem legitimen Interesse des Arbeitgebers an einer überschaubaren und kalkulierbaren Versorgungslast dient, was wiederum dem gesetzlichen Ziel einer Verbreitung betrieblicher Altersversorgung Rechnung trägt. Gerechtfertigt soll ferner eine Regelung sein können, die eine Hinterbliebenenversorgung bei vorzeitigem Ruhestand für eine später geschlossene Ehe ausschließt, bei normalem Ruhestand hingegen nicht (BAG v. 3.6.2020, 3 AZR 226/19, ZTR 2020, 555). Ebenso zulässig soll die Anknüpfung an eine Mindestehedauer sein. Zumindest ist eine darin zu sehende mittelbare Diskriminierung wegen des Alters nach § 10 S. 1 AGG gerechtfertigt (so LAG München, v. 8.2.2021, 4 Sa 871/20; weiter: LAG Schleswig-Holstein v. 10.9.2019, 1 Sa 86/19 nach welchem bei einer Mindestehedauer von einem Jahr bereits eine mittelbare Benachteiligung ausscheidet).

### IX. Beamtenrecht

Nach § 24 Nr. 1 AGG findet das AGG für Beamte „unter Berücksichtigung ihrer besonderen Rechtsstellung" Anwendung. Auch insofern liegen einige Entscheidungen vor:

So darf etwa eine Gemeinde bei der Besetzung der Stelle des Ersten Gemeinderates keine Bewerber bereits wegen ihres (hohen) Alters aus dem Auswahlverfahren ausschließen (OVG Niedersachsen v. 10.1.2012, 5 LB 9/10); anderenfalls drohen Schadenersatz- (im vorliegenden Fall ein Bruttomonatsgehalt) und Entschädigungsansprüche für außergerichtliche Kosten.

Für die Höchstaltersgrenze für Polizeibeamte in Landesgesetzen wurde entschieden, dass der Antrag auf Übernahme in das Beamtenverhältnis wegen Überschreitung des 40. Lebensjahres abgelehnt werden darf. Die Ungleichbehandlung wegen des Alters sei gerechtfertigt, weil mit der Altersgrenze die Arbeitsleistung des Beamten und die mit der Verbeamtung verbundenen künftigen Pensionslasten in ein sachgerechtes Verhältnis gebracht werden; diese Rechtfertigungsmöglichkeit findet sich auch in § 10 S. 3 Nr. 3 AGG (OVG Rheinland-Pfalz v. 10.8.2007, 2 A 10294/07, ZBR 2008, 357). Bereits die Einstellungsgrenze für den Vorbereitungsdienst in den mittleren Polizeivollzugsdienst von 25 Jahren ist zulässig (BVerwG v. 24.9.2009, 2 C 31.08, ZTR 2010, 103). Der europäische Gerichtshof hat eine Höchstaltersgrenze von 35 für Beamte der Polizei, die sämtliche dieser Polizei obliegenden Einsatz- und Vollzugsaufgaben wahrnehmen, als unionsrechtskonform eingestuft (EuGH v. 21.7.2016, C-258/15).

Zur Höchstaltersgrenze für die Lehrerlaufbahn in Nordrhein-Westfalen von 35 Jahren hat das Bundesverwaltungsgericht entschieden, dass zwar kein Verstoß gegen das AGG vorliegt, wenn die Altersgrenze dem angemessenen Verhältnis zwischen Dienstzeit und späteren Versorgungsansprüchen, der ausgewogenen Altersstruktur und der Absicherung des Lebenszeitprinzips des Beamtentums dient; allerdings darf die Altersgrenze nicht in einem Verwaltungserlass enthalten sein, sondern muss vom Verordnungsgeber stammen; hieran fehlte es im Streitfall (BVerwG v. 19.2.2009, 2 C 18.07, ZTR 2009, 391). Die Einstellungshöchstaltersgrenze von 42 Jahren bei Ernennung zum Beamten auf Probe nach § 14 Abs. 3 LBG NRW hat das Bundesverwaltungsgericht ausdrücklich für zulässig erklärt (BVerwG v. 11.10.2016, 2 C 11/15).

Für die Einstellung von Bundesbeamten ist eine nach dem Bundesverwaltungsgericht rechtskonforme Höchstaltersgrenze von 50 Jahren in § 48 BHO 2017 vorgesehen (BVerwG v. 20.9.2018, 2 A 9/17).

Großzügig ist die Rechtsprechung bei Altersgrenzen für den Aufstieg vom gehobenen zum höheren Dienst von Beamten (OVG Nordrhein-Westfalen v. 26.11.2008, 6 B 1743/08, ZBR 2009, 275), bei der Zulassung in den höheren Polizeidienst (VG Gelsenkirchen v. 16.6.2009, 1 L 474/09; VG Berlin v. 31.3.2008, 28 A 188.08) oder in den kriminalpolizeilichen Vollzugsdienst (OVG Berlin-Brandenburg v. 18.9.2008, 6 S 28.08). In allen Fällen wird im Wesentlichen auf das Erfordernis einer angemessenen Beschäftigungszeit vor dem Eintritt des Beamten in den Ruhestand abgestellt und die Altersgrenze deshalb für gerechtfertigt gehalten. Der Europäische Gerichtshof hat entschieden, dass diese landesrechtliche Altersgrenze für den mittleren feuerwehrtechnischen Dienst zur Brandbekämpfung von 30 Jahren gerechtfertigt ist, weil sie der Einsatzbereitschaft dient und Daten vorliegen, wonach nur sehr wenige Feuerwehrmänner über 45 Jahren hierzu körperlich noch in der Lage sind (EuGH v. 12.1.2010, C-229/08, ZTR 2010, 165).

Eine Vorschrift in einer Laufbahnverordnung, die eine Mindestaltersgrenze für den Aufstieg in eine höhere Laufbahn vorschreibt, verstößt gegen das Verbot der Altersdiskriminierung (BVerwG v. 26.9.2012, 2 C 74.10, ZTR 2013, 112). In diesem Fall war den beiden Klägerinnen die Zulassung zum Aufstieg für besondere Verwendungen für Steuerbeamte verweigert worden, weil sie noch nicht 40 Jahre alt waren. Ein Bewerber kann bei einer solchen Auswahlentscheidung nur dann wegen seines zu geringen Alters abgelehnt werden, wenn deswegen eine Beurteilung seiner Bewährung (noch) nicht möglich ist. Vom Lebensalter sind aber grundsätzlich keine Rückschlüsse auf die Eignung für das angestrebte Amt möglich.

Schließlich verstößt die Heraufsetzung des Pensionsalters etwa für Polizeibeamte in Rheinland-Pfalz und die Staffelung nach Laufbahngruppen nicht gegen das Recht auf Gleichbehandlung (BVerfG v. 23.5.2008, 2 BvR 1071/07, ZTR 2008, 463). Nach § 33 Abs. 1 HBG (ehemals § 50 Abs. 1 HBG) tritt die Beendigung des Beamtenverhältnisses nach Vollendung des 67. Lebensjahres (zuvor des 65. Lebensjahres) ein. Auch diese Altersgrenze ist aufgrund des Wunsches nach einer durchmischten Altersstruktur innerhalb der Beamtenschaft gerechtfertigt (VGH Kassel v. 29.9.2009, 1 B 2487/09, ZTR 2010, 47). Sie dient einer ausgewogenen Altersstruktur in der öffentlichen Verwaltung und der Entlastung des Arbeitsmarktes durch die Schaffung zusätzlicher beziehungsweise früherer Einstellungsmöglichkeiten für junge Beamte (BVerwG v. 6.12.2011, 2 B 85.11, ZTR 2012, 253).

Eine frühere an das Alter anknüpfende Bemessung der Dienstbezüge begründet allein einen Anspruch des Beamten auf angemessene Entschädigung nach § 15 Abs. 2 AGG. Angemessen waren im vorliegenden Fall (BVerwG v. 30.10.2014, 2 C 3.13) € 100,00 pro Monat der ungerechtfertigten Benachteiligung. Die Einstufung der Beamten in eine höhere oder gar die höchste Stufe der jeweiligen Besoldungsgruppe ist hingegen ausgeschlossen, weil es aufgrund der unzulässigen Benachteiligung aller Gruppen von Beamten an einem gültigen Bezugssystem fehlt. Für die Kläger, Beamte und Soldaten im Anwendungsbereich der besoldungsrechtlichen Bestimmungen der Länder Sachsen und Sachsen-Anhalt bzw. des Bundes, waren zu einem früheren Zeitpunkt Besoldungsbestimmungen maßgeblich, die die erste Einstufung in die Tabelle der nach der Dienstzeit aufsteigenden Dienstbezüge allein an das Lebensalter des Betroffenen anknüpften.

**Checkliste Stellenausschreibung**

▶ Geschlechtsneutral (Ausnahme: Rechtfertigung nach § 8 AGG, Beschränkung auf Frauen in der Tätigkeit begründet) (Bei Unterrepräsentation unproblematisch: Hinweis, dass Frauen bei gleicher Eignung bevorzugt werden)

▶ Keine Altersvorgaben

▶ Hinweis auf Berufserfahrung sachlich begründbar

▶ Inhaltliche Anforderungen rein tätigkeitsbezogen

▶ Keine Forderung nach Lichtbild

▶ Keine Hinweise auf Benachteiligung wegen eines in § 1 AGG genannten Grundes: Rasse/Ethnie, Geschlecht, Religion/Weltanschauung, Behinderung, Alter, sexuelle Identität

# Altersteilzeit

 **Wegweiser:**

Ein gesetzlicher Anspruch auf Altersteilzeit besteht nicht. Es existierten allerdings zahlreiche Tarifverträge über Altersteilzeit, die häufig einen Anspruch auf Abschluss eines Altersteilzeitvertrages vorsehen. Im öffentlichen Dienst gilt für zwischen dem 1.1.2010 und 31.12.2022 beginnende Altersteilzeitarbeitsverträge im Bereich der VKA der „Tarifvertrag zu flexiblen Arbeitszeitregelungen für ältere Beschäftigte" (im Folgenden: TV FlexAZ) und für den Bereich des Bundes der „Tarifvertrag zur Regelung flexibler Arbeitszeiten für ältere Beschäftigte" (im Folgenden: TV FlexAZ Bund). Für bis zum 31.12.2009 abgeschlossene Altersteilzeitarbeitsverträge galt der Tarifvertrag zur Regelung der Altersteilzeitarbeit (TV ATZ) vom 5.5.1998, in der zuletzt geltenden Fassung vom 30.6.2000, durch den das Altersteilzeitgesetz (AltTZG) umgesetzt wurde. Der TV ATZ ergänzt den TVöD. Ergänzend wird auf die Kommentierung von Breier/Dassau TVöD Komm. Erl. zu §§ 1 ff. TV FlexAZ unter C 1.6 verwiesen.

**I. Begriff**

**II. Voraussetzungen**

**III. Reduzierung und Verteilung der Arbeitszeit**

**IV. Altersteilzeitentgelt**

**V. Zusatzbeitrag an die Rentenversicherung**

**VI. FALTER-Modell**

**VII. Der Altersteilzeitarbeitsvertrag**

**VIII. Altersteilzeit in Tarifverträgen und Betriebs- oder Dienstvereinbarungen**
  1. Verbesserungen für Arbeitnehmer
  2. Rechtsanspruch auf Altersteilzeit
  3. Auslegung von Bezugnahmeklauseln
  4. Besonderheiten beim verblockten Modell

**IX. Betriebs- und Personalvertretungsrecht**

## I. Begriff

Der Gesetzgeber schuf bereits 1996 mit dem Altersteilzeitgesetz (AltTZG) die Möglichkeit einvernehmlicher Vereinbarungen zwischen Arbeitgebern und älteren Arbeitnehmern über das vorzeitige Ausscheiden aus dem Erwerbsleben, um einen gleitenden Übergang vom Erwerbsleben in die Altersrente zu ermöglichen.

Altersteilzeitarbeitsverhältnisse wurden staatlich gefördert, allerdings nur unter der Voraussetzung, dass die auf diesem Wege frei gewordenen Arbeitsplätze mit einem Arbeitslosen wieder besetzt wurden. Sowohl nach der gesetzlichen als auch nach der tariflichen Regelung musste das Altersteilzeitarbeitsverhältnis vor dem 1.1.2010 – also spätestens am 31.12.2009 – tatsächlich begonnen worden sein, um die staatliche Förderung noch in Anspruch nehmen zu können. Trotz Auslaufens dieser Förderung kann Altersteilzeit im Sinne des Altersteilzeitgesetzes aber gem. § 1 Abs. 3 S. 1 AltTZG auch ohne staatliche Förderung vorliegen, wenn die Altersteilzeit ab Vollendung des 55. Lebensjahres nach dem Stichtag angetreten wird. Für zwischen dem 1.1.2010 und 31.12.2022 begonnene Altersteilzeitvereinbarungen gelten im Bereich der VKA die Regelungen des TV FlexAZ, im Bereich des Bundes jene des TV FlexAZ Bund.

Hintergrund des Auslaufens der Förderung war, dass sich aufgrund zu niedriger Geburtenraten und steigender Lebenserwartung das zahlenmäßige Verhältnis von Beitragszahlern zu Rentenempfängern drastisch verändert hatte. Nach dem am 1.1.2008 in Kraft getretenen Gesetz zur Anpassung der Regelaltersgrenze an den demographischen Wandel und zur Stärkung der Finanzierungsgrundlagen der gesetzlichen Rentenversicherung wurde deshalb die allgemeine Regelaltersgrenze zwischen 2012 und 2029 schrittweise auf 67 Jahre angehoben. Beginnend mit dem Geburtenjahrgang 1947 erfolgte die Anhebung ab 2012 zunächst in Ein-Monats-, von 2024 an in Zwei-Monats-Schritten, sodass ab diesem Zeitpunkt für Versicherte ab dem Geburtenjahrgang 1964 die Regelaltersgrenze von 67 Jahren gilt (§§ 35 S. 2, 235 SGB VI). Hiervon gibt es allerdings Ausnahmen für Versicherte mit besonders langjähriger und daher regelmäßig besonders belastender Berufstätigkeit. Der Korridor des Renteneintritts wird also zukünftig zwischen 63 und 67 Jahren liegen, anstatt zwischen 60 und 65 Jahren wie bislang. Für Altersteilzeitvereinbarungen soll eine Vertrauensschutzregelung gelten. Danach sind die bis einschließlich 1954 geborenen Versicherten, die vor dem Stichtag 1.1.2007 bereits eine Altersteilzeitvereinbarung verbindlich abgeschlossen haben, von der Anhebung der Altersgrenzen ausgenommen. Für sie ist weiterhin ein Rentenbezug ohne Abschlag ab Alter 65 möglich (§ 235 Abs. 2 S. 2 SGB VI).

Wird Altersteilzeit seit dem 1.1.2010 nach den Voraussetzungen des Altersteilzeitgesetzes abgeschlossen, ist sie jedoch weiterhin dadurch privilegiert, dass die Aufstockungsbeiträge steuer- und sozialversicherungsfrei sind, vgl. § 1 Abs. 3 S. 2 AltTZG.

In der Praxis wird der Altersteilzeitvertrag einzelvertraglich durch Abschluss eines Änderungsvertrags vereinbart. Das bisherige Arbeitsverhältnis wird gemäß den Vorgaben des Altersteilzeitgesetzes ggf. und des anwendbaren Tarifvertrages zur Altersteilzeitarbeit fortgesetzt. Im Rahmen eines solchen Altersteilzeitvertrages werden insbesondere Beginn und Ende der Altersteilzeit, der Umfang der wöchentlichen Arbeitszeit und ihre Leistung im Block- oder Teilzeitmodell vereinbart. Bezüglich der zu regelnden Einzelheiten wird auf den Musterarbeitsvertrag unter XIII. verwiesen.

## II. Voraussetzungen

**WICHTIG!**

Nach § 15 Abs. 2 TV FlexAZ bzw. Protokollerklärung zu § 1 TV FlexAZ Bund gelten beide Tarifverträge nur noch für Beschäftigte, die bis zum 31. Dezember 2022 die jeweiligen tariflichen Voraussetzungen erfüllen und deren Altersteilzeitarbeitsverhältnis oder deren flexible Altersarbeitszeit vor dem 1. Januar 2023 begonnen hat. Seit dem 1.1.2023 ist eine steuer- und sozialversicherungsrechtlich privilegierte Altersteilzeitvereinbarung daher nur noch auf gesetzlicher und nicht mehr auf tariflicher Basis möglich.

**Hinweis:**

Die Voraussetzungen für die Gewährung von Altersteilzeit nach der bis zum 31.12.2022 geltenden Fassung des TV FlexAZ waren:

▶ Der Arbeitnehmer muss zu Beginn der Altersteilzeit das 60. Lebensjahr vollendet,

▶ eine Beschäftigungszeit von mindestens fünf Jahren zurückgelegt und

▶ innerhalb der letzten fünf Jahre vor Beginn der Altersteilzeit mindestens 1080 Kalendertage in einem sozialversicherungspflichtigen Arbeitsverhältnis gestanden haben.

Zudem war der Anspruch nach § 4 Abs. 2 TV FlexAZ ausgeschlossen, wenn 2,5 v. H. der Beschäftigten der Verwaltung oder des Betriebes von der Altersteilzeitregelung Gebrauch machten, die tarifliche Quote also erreicht wurde.

Seit dem 1.1.2023 kann eine privilegierte Altersteilzeit nur noch auf einzelvertraglicher Basis in Zusammenhang mit den gesetzlichen Regelungen des Altersteilzeitgesetzes (AltTZG) vereinbart werden. Ein Anspruch auf Vereinbarung einer Regelung zur Altersteilzeit besteht nicht. Als persönliche Voraussetzung muss der Arbeitnehmer gemäß § 2 Abs. 1 Nr. 2 AltTZG dass 55. Lebensjahr vollendet haben. Er muss ferner gemäß § 2 Abs. 1 Nr. 3 AltTZG innerhalb der letzten fünf Jahre vor Beginn der Altersteilzeitarbeit mindestens 1080 Kalendertage in einer versicherungspflichtigen Beschäftigung nach dem Dritten Buch Sozialgesetzbuch oder vergleichbaren Regelung aus dem Europäischen Wirtschaftsraum oder der Schweiz gestanden haben.

## III. Reduzierung und Verteilung der Arbeitszeit

Zwingende weitere Voraussetzung für das Vorliegen von Altersteilzeit nach dem Altersteilzeitgesetz ist die Reduzierung der durchschnittlichen wöchentlichen Arbeitszeit während des Altersteilzeitarbeitsverhältnisses auf die Hälfte der bisherigen wöchentlichen Arbeitszeit (Grundsatz der Hälftigkeit), vgl § 2 Abs. 1 Nr. 2 AltTZG (§ 6 Abs. 2 S. 1 TV FlexAZ/§ 6 Abs. 2 S. 1 TV FlexAZ Bund; noch zur alten Rechtslage (BAG v. 18.8.2009, 9 AZR 482/08; BAG v. 15.12.2009, 9 AZR 46/09, ZTR 2010, 241). Zudem muss auch während der Altersteilzeit ein sozialversicherungspflichtiges Arbeitsverhältnis bestehen, also insbesondere Überschreiten der Geringfügigkeitsgrenze von € 520,00 nach § 8 SGB IV. Als bisherige wöchentliche Arbeitszeit ist grundsätzlich die Arbeitszeit anzusehen, die vor dem Übergang in die Altersteilzeit vereinbart war. Grundsätzlich gilt die zuletzt vereinbarte Arbeitszeit. Höchstens gilt jedoch die durchschnittliche Arbeitszeit der letzten 24 Monate (§ 6 Abs. 2 AltTZG). Der sich aus diesem Vergleich ergebende niedrigere Wert ist die „bisherige wöchentliche Arbeitszeit". Kurzfristige Arbeitszeit-Erhöhungen vor Vereinbarung der Altersteilzeit finden somit keine Berücksichtigung (BAG v. 11.6.2013, 9 AZR 758/11).

**Beispiel**

> Beginn der Altersteilzeitarbeit am 1.1.2023. In den letzten 24 Monaten waren die folgenden Arbeitszeiten vereinbart:
>
> ▶ vom 1.1.2021 bis 30.7.2021 35 Stunden/Woche (7 Monate × 35 Std. = 245 Stunden)
>
> ▶ vom 1.8.2021 bis 31.12.2021 37 Stunden/Woche (5 Monate × 37 Std. = 185 Stunden)
>
> ▶ seit 1.1.2022 20 Stunden/Woche (12 Monate × 20 Std. = 240 Stunden)
>
> Die Summe beträgt 670 Stunden. Geteilt durch 24 Monate ergibt dies durchschnittlich 27,9 Wochenstunden. Dies kann auf 27 Stunden ab oder auf 28 Stunden aufgerundet werden. Die Rundung erfolgt also nicht nach den kaufmännischen Regeln.

Das AltTZG eröffnet verschiedene Möglichkeiten, die reduzierte Arbeitszeit bzw. die entsprechend reduzierte Arbeitsleistung auf die Gesamtdauer der Altersteilzeit zu verteilen. Die Arbeitszeit kann während der gesamten Laufzeit des Altersteilzeitarbeitsvertrages kontinuierlich auf die Hälfte reduziert werden. Das ist das sog. Teilzeitmodell. In der Praxis durchgesetzt hat sich allerdings das sog. Blockmodell Nach diesem Modell muss der Arbeitnehmer in „Vorleistung" treten. Während der ersten Phase der Altersteilzeit (sog. Arbeitsphase) ist der Arbeitnehmer vollzeitbeschäftigt. In der sich daran anschließenden zweiten Phase der Altersteilzeit (sog. Freistellungsphase) ist der Arbeitnehmer komplett von seiner Arbeitspflicht befreit (§ 2 Abs. 2 AltTZG).

 **ACHTUNG!**

Die Letztentscheidung über das Altersteilzeitmodell trifft der Arbeitgeber nach billigem Ermessen (§ 315 BGB, § 106 S. 1 GewO). Es bestehen keine rechtlichen Bedenken, wenn ein öffentlichrechtlicher Arbeitgeber auf Weisung der Rechtsaufsichtsbehörde gesundheitliche Gründe bei der Entscheidung über die Begründung eines Altersteilzeitarbeitsverhältnisses im Blockmodell nur dann anerkennt, wenn eine Behinderung im Sinne des § 2 SGB IX vorliegt. Die von der Rechtsaufsichtsbehörde vorgegebene Weisung stellt einen berechtigten sachlichen Grund im Sinne der Rechtsprechung des Bundesarbeitsgerichts dar (Urt. v. 10.5.2005, 9 AZR 294/04, ZTR 2006, 86) dar (LAG Nürnberg v. 15.7.2007, 2 Sa 692/07, ZTR 2008, 680 – Revision nicht zugelassen, BAG v. 15.7.2008, 9 AZN 836/08, ZTR 2009, 225). Für den Arbeitnehmer besteht darüber hinaus die Möglichkeit, Art und Verteilung der verringerten Arbeitszeit im Rangverhältnis anzubieten – etwa vorrangig im Teilzeitmodell und hilfsweise im Blockmodell (BAG v. 4.5.2010, 9 AZR 155/09, ZTR 2010, 528).

 **ACHTUNG!**

Das Altersteilzeitverhältnis eines sich in der Freistellungsphase befindlichen Arbeitnehmers geht bei einem Betriebsübergang auf den neuen Betriebsinhaber gemäß § 613a Abs. 1 S. 1 BGB über (BAG v. 31.1.2008, 8 AZR 27/07, ZTR 2008, 450). Nach dieser Norm tritt der neue Inhaber „in die Rechte und Pflichten aus den im Zeitpunkt des Übergangs bestehenden Arbeitsverhältnissen ein" (Näheres unter → Betriebsübergang). Das Altersteilzeitarbeitsverhältnis besteht auch während der Freistellungsphase im Blockmodell weiter. Wegen der fortbestehenden Vergütungspflicht des Arbeitgebers liegt keine vollständige Freistellung von den beiderseitigen Hauptpflichten (Arbeits- und Vergütungspflicht) vor, sodass in diesem Zeitraum das Arbeitsverhältnis nicht ruht (BAG v. 15.3.2005, 9 AZR 143/04, ZTR 2005, 530). Dementsprechend wird auch ein Beamtenverhältnis nicht durch den Eintritt in die Freistellungsphase beendet (VGH Baden-Württemberg v. 24.6.2021, 1 S 1592/21).

## IV. Altersteilzeitentgelt

Gemäß § 7 Abs. 1 TV FlexAZ/§ 7 Abs. 1 TV FlexAZ Bund erhalten Beschäftigte im Anwendungsbereich des TV FlexAZ oder TV FlexAZ Bund während der Gesamtdauer der Altersteilzeitarbeit das Tabellenentgelt und alle sonstigen Entgeltbestandteile in Höhe der sich für entsprechende Teilzeitbeschäftige nach § 24 Abs. 2 TVöD/TV-L bzw. § 7 Abs. 3 TV-V ergebenden Beträge. Maßgeblich ist die durchschnittliche wöchentliche Arbeitszeit nach § 6 Abs. 2 TV FlexAZ/§ 6 Abs. 2 TV FlexAZ Bund.

Für Altersteilzeitvereinbarungen, die nach dem 1.1.2023 abgeschlossen wurde, findet § 6 Abs. 1 AltTZG Anwendung. Der Arbeitgeber hat dem Arbeitnehmer das regelmäßig zu zahlende Entgelt entsprechend der durchschnittlichen Wochenarbeitszeit zu leisten. Nicht laufend gezahlte Entgeltbestandteile finden bei der Berechnung des Arbeitsentgelts keine Berücksichtigung.

Beschäftigte erhalten (im Anwendungsbereich des TV FlexAZ gemäß § 7 Abs. 2 TV FlexAZ) während des Altersteilzeitarbeitsverhältnisses auch im Blockmodell das Tabellenentgelt und alle sonstigen Entgeltbestandteile in Höhe der Hälfte des Entgelts, das sie jeweils erhalten würden, wenn sie mit der bisherigen wöchentlichen Arbeitszeit weitergearbeitet hätten; die andere Hälfte des Entgelts fließt in das Wertguthaben (§ 7b SGB IV) und wird in der Freistellungsphase ratierlich ausgezahlt. Legt ein Tarifvertrag allerdings fest, dass Altersteilzeitarbeitnehmer im Blockmodell von Tariferhöhungen ausgeschlossen werden, die nach dem ersten Monat der Freistellungsphase wirksam werden, verstößt das weder gegen das Benachteiligungsverbot des § 4 Abs. 1 TzBfG noch gegen den allgemeinen Gleichheitssatz des Art. 3 Abs. 1 GG (BAG v. 19.1.2016, 9 AZR 564/14, ZTR 2016, 391) und der Ausschluss ist mithin wirksam. Die sog. „Spiegelbildtheorie", nach welcher die Teilzeitvergütung während des Zeitraums der Freistellungsphase der Altersteilzeit auszuzahlen ist, der in seiner Lage dem Zeitraum der Arbeitsphase entspricht, stellt keine unabhängige von tariflichen Regelungen geltende Grundlage für die Berechnung von Ansprüchen in der Altersteilzeit dar. Maßgeblich bleibt, wie die jeweiligen Ansprüche konkret tariflich ausgestaltet sind (BAG v. 18.9.2018, 9 AZR 199/18, ZTR 2019, 94). Haben die Parteien im Blockmodell vereinbart, dass dem Arbeitnehmer die Nutzung eines Dienstwagens nur während der Arbeitsphase eingeräumt wird, nicht aber in der Freistellungsphase, liegt eine 50-prozentige Entgeltreduzierung bezogen auf diesen Entgeltbestandteil vor. Gleichwohl hat sich der Arbeitnehmer während der Arbeitsphase kein Wertguthaben aufgebaut, denn er hat gerade den eigentlich erst auf die Freistellungsphase entfallenden (unteilbaren) Entgeltbestandteil bereits vorab in der Arbeitsphase erhalten (LAG Baden-Württemberg v. 5.12.2018, 4 Sa 32/18).

Außerhalb des Anwendungsbereichs des TV FlexAZ gilt § 6 Abs. 1 AltTZG in Verbindung mit § 2 Abs. 2 Nr. 2 AltTZG. Das Arbeitsentgelt für die Altersteilzeit muss fortlaufend – also auch während der Freistellungsphase – gezahlt werden.

Gemäß § 7 Abs. 3 TV FlexAZ/§ 7 Abs. 2 TV FlexAZ Bund wird das dem Beschäftigten zustehende Entgelt um 20 v. H. aufgestockt. Steuerfreie Entgeltbestandteile und Entgelte, die einmalig (z. B. Jahressonderzahlung nach § 20 TVöD (Bund)/(VKA)/ TV-L) oder die nicht für die vereinbarte Arbeitszeit (z. B. Überstunden- oder Mehrarbeitsentgelt) gezahlt werden, gehören nicht zum Regelarbeitsentgelt und bleiben bei der Aufstockung unberücksichtigt.

Für Altersteilzeitvereinbarungen seit dem 1.1.2023, die nur auf gesetzlicher Grundlage beruhen, besteht kein Anspruch auf eine

Aufstockung des Regelarbeitsentgelts. Der Arbeitgeber kann das Regelarbeitsentgelt allerdings auf freiwilliger Basis selbst aufstocken. Dabei muss er sich jedoch mindestens an die Regelung des § 3 Abs. 1 Nr. 1 a AltTZG halten, damit diese steuer- und sozialversicherungsfrei geleistet werden können.

Zuschläge für Sonntags-, Feiertags- oder Nachtarbeit bleiben auch bei zeitversetzter Auszahlung steuerfrei. Klärungsbedürftig ist weiterhin, ob dies auch gilt, soweit die steuerfreien Zuschläge auf dem Wertkonto gemäß § 7 Abs. 2 S. 2 TV FlexAZ erhöht werden.

**Beispiel**

Ein Beschäftigter der Entgeltgruppe 7 Stufe 6 des TVöD/Bund im Tarifgebiet West arbeitete in den letzten 24 Monaten vor der Altersteilzeit in Teilzeit (30 Stunden statt 40 Stunden [regelmäßige Arbeitszeit eines Vollzeitbeschäftigten]). Das Tabellenentgelt während der Altersteilzeit beträgt 1.432,66 € (berechnet wie folgt: 3.820,45 × 15/40). Im Monat November bekommt er folgendes ausgezahlt:

▶ Tabellenentgelt (Regelarbeitsentgelt): 1.432,66 €

▶ Aufstockungsbetrag in Höhe von 20 v.H.: 286,53 €

▶ Jahressonderzahlung (90 v.H.): 1.289,39 €

Altersteilzeitentgelt insgesamt im Monat November: 3.008,58 €

 **ACHTUNG!**

Die Corona-Sonderzahlung gemäß § 2 Abs. 1 TV Corona-Sonderzahlung steht auch Arbeitnehmern zu, die sich zu dem maßgeblichen Stichtag in der Freistellungsphase ihrer Altersteilzeit befanden (BAG v. 25.7.2023, 9 AZR 332/22). Damit wich das BAG von der bisher gehaltenen Praxis ab, dass sich die Ansprüche von Arbeitnehmern während der Freistellungsphase der Altersteilzeit nur aus dem während der Arbeitsphase angesparten zuzüglich des Aufstockungsbetrages zusammengesetzten Wertguthaben ergeben. Der Anspruch auf die Corona-Sonderzahlung entsteht mithin unabhängig von einer spezifischen Arbeitsleistung. Dabei bestimmt sich die Höhe der Corona-Sonderzahlung anhand des Verhältnisses der individuell vereinbarten Arbeitszeit zur durchschnittlichen regelmäßigen Arbeitszeit eines vollbeschäftigten Arbeitnehmers. Die individuell vereinbarte durchschnittliche Arbeitszeit beträgt auch während der Freistellungsphase die Hälfte der vor der Altersteilzeit vereinbarten Arbeitszeit.

Diese Entscheidungen sind dem Grunde nach auch auf andere tarifliche Sonderzahlungen übertragbar, die unabhängig von einer spezifischen Arbeitsleistung gezahlt werden.

## V. Zusatzbeitrag an die Rentenversicherung

Neben den vom Arbeitgeber zu tragenden Sozialversicherungsbeiträgen für die dem Beschäftigten zustehenden Entgelte entrichtet der Arbeitgeber im Anwendungsbereich des TV FlexAZ für die Beschäftigten zusätzliche Beiträge zur gesetzlichen Rentenversicherung in Höhe des Beitrags, der auf 80 v. H. des Regelarbeitsentgelts für die Altersteilzeit, begrenzt auf den Unterschiedsbetrag zwischen 90 v. H. der monatlichen Beitragsbemessungsgrenze und dem Regelarbeitsentgelt, entfällt, höchstens bis zur Beitragsbemessungsgrenze (§ 7 Abs. 4 TV FlexAZ/§ 7 Abs. 3 TV FlexAZ Bund). Bei Altersteilzeitverträgen mit Beginn nach dem 1.1.2023 ist der Arbeitgeber nach § 3 Abs. 1 Nr. 1b AltTZG verpflichtet, die dort genannten Beiträge zu leisten, wenn der Vertrag in den Anwendungsbereich des Altersteilzeitgesetzes fallen und die steuer- und sozialversicherungsrechtliche Privilegierung in Anspruch genommen werden soll. Erfüllt das Altersteilzeitarbeitsverhältnis nicht die Voraussetzungen für die Anwendbarkeit des AltTZG kann es auch dazu kommen, dass die zusätzlichen Beiträge nicht abgeführt werden können oder nicht als rentenerhöhend angesehen werden.

**Beispiel**

Beispiel 1: Jahr 2024 (West)

| | |
|---|---|
| Regelarbeitsentgelt: | 2.000 € |
| 90 v. H. der Beitragsbemessungsgrenze (7.550 €): | 6.795 € |
| Differenz zum Regelarbeitsentgelt: | 4.795 € |
| 80 v. H. des Regelarbeitsentgelts: | 1.600 € |
| Grundlage für Zusatzbeiträge: | 1.600 € |

Beispiel 2: Jahr 2024 (West)

| | |
|---|---|
| Regelarbeitsentgelt: | 5.000 € |
| 90 v. H. der Beitragsbemessungsgrenze (7.550 €): | 6.795 € |
| Differenz zum Regelarbeitsentgelt: | 1.795 € |
| 80 v. H. des Regelarbeitsentgelts: | 4.000 € |
| Grundlage für Zusatzbeiträge: | 1.795 € |

## VI. FALTER-Modell

Im sog. FALTER-Modell, mit dem tarifliches Neuland betreten wird, wird älteren Beschäftigten ohne Einräumung eines Rechtsanspruchs ein gleitender Übergang in den Ruhestand bei gleichzeitig längerer Teilhabe am Berufsleben ermöglicht. Zwei Jahre vor Erreichen des für sie maßgeblichen Rentenalters reduzieren Arbeitnehmer ihre bisherige Arbeitszeit auf die Hälfte. Zum Ausgleich des damit einhergehenden Einkommensverlustes beziehen sie zunächst eine Teilrente mit Abschlägen (reguläre Arbeitsphase). In der sich daran anschließenden zweiten Phase (sog. verlängerte Arbeitsphase) wird das Arbeitsverhältnis um zwei Jahre über den maßgeblichen Rentenbeginn hinaus verlängert. In diesem Zeitraum ist die Arbeitszeit der Arbeitnehmer weiterhin auf die Hälfte reduziert. Gleichzeitig beziehen die Arbeitnehmer nunmehr eine abschlagsfreie Teilrente von höchstens 50 % und sammeln weitere Rentenpunkte an. Nach Beendigung der verlängerten Arbeitsphase scheiden die Arbeitnehmer aus dem Arbeitsverhältnis aus und beziehen eine Vollrente, die wegen der verlängerten Arbeitsphase geringfügig höher ausfällt.

Ziel des Modells war es, die Lebensarbeitszeit zu verlängern und dabei gleichzeitig die besonderen Bedürfnisse älterer Menschen im ausreichenden Maße zu berücksichtigen. Für Arbeitgeber bestand die Möglichkeit, wichtiges Erfahrungswissen länger zu nutzen und an die folgende Generation weiterzugeben.

Das AltTZG sieht eine Altersteilzeit nach dem FALTER-Modell nicht vor. Für Altersteilzeitvereinbarungen nach dem Auslaufen des TV FlexAZ, also seit dem 1.1.2023, kann das FALTER-Modell nicht mehr vereinbart werden. Vielmehr muss die Altersteilzeit vollständig vor Altersrentenbeginn erfolgen und die Altersrente unmittelbar an die Altersteilzeit anknüpfen. Ein gleitender Übergang ist nicht mehr möglich.

Während das FALTER-Modells auf Ebene des TV FlexAZ Bund in dessen §§ 11 bis 14 eine ausführliche Modellbeschreibung beinhalten, ist die Regelung auf Ebene des VKA in § 13 TV FlexAZ etwas schlanker. Inhaltliche Unterschiede bestehen insbesondere bei der Reduzierung der Arbeitszeit: der TV FlexAZ Bund stellt auf die Hälfte der regelmäßigen Arbeitszeit ab, der TV FlexAZ auf die Hälfte der bisherigen Arbeitszeit.

Ein bedeutsamer Unterschied besteht bei der Verlängerung des Arbeitsverhältnisses: Nach dem Modell des TV FlexAZ endet das Arbeitsverhältnis zunächst gemäß § 33 Abs. 1 lit. a TVöD/TV-L bei Erreichen des gesetzlich festgelegten Rentenalters.

Entsprechend der Regelung in § 33 Abs. 5 TVöD/TV-L wird demnach ein neuer schriftlicher Arbeitsvertrag (sog. Anschlussarbeitsvertrag) befristet auf die Dauer von zwei Jahren vereinbart. Demgegenüber endet das Arbeitsverhältnis im Falle einer FALTER-Vereinbarung nach dem TV FlexAZ Bund nicht gemäß § 33 Abs. 1 lit. a TVöD/TV-L bei Erreichen des gesetzlich festgelegten Rentenalters. Vielmehr verschiebt sich der Beendigungszeitpunkt gemäß § 13 Abs. 1 S. 2 TV FlexAZ Bund um zwei Jahre nach hinten.

Beide Tarifverträge sehen vor, dass der Arbeitnehmer im FALTER-Modell eine Teilrente in Anspruch nehmen muss. Diese darf höchstens die Hälfte der Vollrente erreichen, da andernfalls das Arbeitsverhältnis endet.

Mit Beginn der Tätigkeit im FALTER-Modell tritt in der zusätzlichen Altersversorgung kein Versicherungsfall ein. Erst ab Beginn der vollen Regelaltersrente würde eine Zusatzrente gezahlt werden, allerdings mit einem 12 % Zuschlag. Während der vier Jahre FALTER-Tätigkeit entsteht in der Zusatzversorgung ein normaler Rentenanspruch aus dem dann allerdings gekürzten (halben) Entgelt.

Schließlich sind vor Erreichen der Regelaltersgrenze beim FALTER-Modell gesetzliche Hinzuverdienstgrenzen gemäß § 34 Abs. 2 SGB VI zu beachten.

Die Regelungen gelten gemäß § 15 Abs. 2 TV FlexAZ für Beschäftigte, die bis zum 31.12.2022 die jeweiligen tariflichen Voraussetzungen erfüllen und deren Altersteilzeitarbeitsverhältnis oder deren flexible Altersarbeitszeit vor dem 1.1.2023 begonnen hat.

## VII. Der Altersteilzeitarbeitsvertrag

Das Altersteilzeitarbeitsverhältnis ist ein reguläres Teilzeitarbeitsverhältnis, bei dem lediglich einige Besonderheiten berücksichtigt werden müssen. Die Altersteilzeit kann dabei wie oben dargestellt sowohl „unverblockt" (als klassisches Teilzeitarbeitsverhältnis) als auch „verblockt" (d. h. in zwei gleich großen Zeitblöcken, der Arbeits- und der Freistellungsphase), erbracht werden.

Das Angebot zum Abschluss eines Altersteilzeitarbeitsvertrags muss als essentialia negotii den Beginn, die Laufzeit und das Ende der Altersteilzeit sowie die Verteilung der Arbeitszeit beinhalten (LAG Köln v. 23.6.2021, 3 Sa 115/21). Kommt es durch die Annahme eines solchen Angebots zum Abschluss eines Altersteilzeitarbeitsvertrags, muss von den Vertragsparteien unbedingt beachtet werden, dass im konkreten Fall die Voraussetzungen der §§ 2, 3 AltTZG beachtet werden. Andernfalls kann es unter Umständen dazu kommen, dass die Möglichkeit eines vorzeitigen Rentenbezuges nach Ablauf des vermeintlich wirksamen Altersteilzeitarbeitsverhältnisses mit Vollendung des 60. Lebensjahres (§ 237 Abs. 1 SGB VI) von der Deutschen Rentenversicherung bzw. LVA verneint wird und die einkommensteuerrechtliche Privilegierung gemäß § 3 Nr. 28 EStG entfällt. TV FlexAZ und TV FlexAZ Bund bildeten diese Voraussetzungen ab. Vorsicht ist allerdings geboten bei Altersteilzeitarbeitsverträgen auf anderer, insbesondere rein individualarbeitsvertraglicher Basis, wie sie nunmehr zukünftig nur noch möglich sind.

Der Arbeitnehmer hat nach dem Altersteilzeitgesetz keinen Anspruch auf Altersteilzeit. Ein derartiger Anspruch kann sich aber wie oben gezeigt aus Tarifvertrag ergeben, im Einzelfall auch aus Betriebsvereinbarung oder aus dem Arbeitsvertrag. Nach dem bis zum 31.12.2022 geltenden Recht stand ein Rechtsanspruch nur noch 2,5 % der Tarifbeschäftigten zu.

 **ACHTUNG!**

Eine Altersteilzeitvereinbarung im Blockmodell ist ohne eine Ausnahmeregelung in einem Tarifvertrag gemäß § 2 Abs. 2 S. 1 Nr. 1 AltTZG nur für einen Zeitraum von bis zu drei Jahren möglich, wenn die steuer- und sozialversicherungsrechtliche Privilegierung in Anspruch genommen werden soll. Das Blockmodell kann somit nicht schon ab Vollendung des 55. Lebensjahres vereinbart werden, da unmittelbar an die Altersteilzeit die Altersrente des Arbeitnehmers anknüpfen muss, vgl. § 2 Abs. 1 Nr. 2.

 **ACHTUNG!**

Vereinbart ein Arbeitnehmer mit seinem Arbeitgeber Altersteilzeit im Blockmodell unter Umwandlung eines unbefristeten Arbeitsverhältnisses in ein befristetes, liegt darin die Lösung eines Beschäftigungsverhältnisses, die eine Sperrfrist für das Arbeitslosengeld in Gang setzen kann (BSG v. 21.7.2009, B 7 AL 6/08 R). Die Sperrzeit beginnt regelmäßig erst mit dem Ende, nicht bereits mit dem Beginn der Freistellungsphase. Jedoch liegt ein den Eintritt der Sperrzeit verhindernder wichtiger Grund für die Lösung des Beschäftigungsverhältnisses vor, wenn der Arbeitnehmer bei Abschluss der Vereinbarung beabsichtigt, aus dem Arbeitsleben auszuscheiden und eine entsprechende Annahme prognostisch gerechtfertigt ist (BSG v. 21.7.2009, B 7 AL 6/08 R).

## VIII. Altersteilzeit in Tarifverträgen und Betriebs- oder Dienstvereinbarungen

Mittlerweile existieren für eine Vielzahl von Branchen spezielle Tarifverträge über die Regelung von Altersteilzeit. Für den öffentlichen Dienst gilt der TV FlexAZ jedoch nur noch für vor dem 1.1.2023 begonnene Altersteilzeitverträge. Steht dagegen eine Betriebs- oder Dienstvereinbarung zum Thema Altersteilzeit in Rede, ist zu unterscheiden, ob es sich dabei um eine Vereinbarung handelt, die aufgrund eines Tarifvertrages abgeschlossen wurde, oder um eine Vereinbarung, die bloß an die gesetzlichen Regelungen zur Altersteilzeit anknüpft.

In jedem Fall sind die Bestimmungen in Tarifverträgen oder Betriebs- und Dienstvereinbarungen zwingend vom Arbeitgeber zu beachten, wenn sie auf ein Altersteilzeitarbeitsverhältnis Anwendung finden. Zu beachten ist in diesem Zusammenhang auch, dass von einer Ausgestaltung der Altersteilzeit aufgrund eines Tarifvertrags durch den Abschluss einer Dienst- oder Betriebsvereinbarung nur abgewichen werden kann, soweit der Tarifvertrag ausdrücklich eine Öffnungsklausel enthält, vgl. § 63 Abs. 1 S. 2 und 3 BPersVG bzw. § 77 Abs. 3 S. 2 BetrVG.

 **ACHTUNG!**

Will ein Arbeitnehmer den in einer Betriebs- oder Dienstvereinbarung geregelten Anspruch auf Abschluss eines Altersteilzeitvertrages geltend machen, setzt dies voraus, dass das Altersteilzeitverhältnis innerhalb der Geltungsdauer der Vereinbarung beginnt. Dabei ist zu beachten, dass Betriebsvereinbarungen, deren alleiniger Gegenstand eine finanzielle Leistung des nicht tarifgebundenen Arbeitgebers ist, nicht gemäß § 77 Abs. 6 BetrVG nachwirken, wenn der Arbeitgeber nach Ablauf der Kündigungsfrist die Mittel für die von ihm vorgegebenen Leistungszweck vollständig und ersatzlos einstellen will und dies dem Betriebsrat oder Arbeitnehmern erklärt (BAG v. 29.4.2015, 9 AZR 999/13, ZTR 2015, 716).

### 1. Verbesserungen für Arbeitnehmer

Meist enthalten Tarifverträge oder Betriebsvereinbarungen zum Thema Altersteilzeit Regelungen, die für die Arbeitnehmer günstiger sind als die gesetzlich festgelegten Bestimmungen. Typischerweise wird z. B. von den Tarifvertrags- bzw. Betriebsparteien vereinbart, dass

▶ der Arbeitnehmer mehr als das gesetzlich vorgesehene Entgelt erhält, welches er vor Inanspruchnahme der Altersteilzeit bezogen hat;

▶ die Beträge zur gesetzlichen Rentenversicherung, die während der Altersteilzeit insgesamt zu erbringen sind, mehr als 90 % betragen;

▶ ein Arbeitnehmer, der früher aus dem Arbeitsverhältnis ausscheidet, eine Abfindung erhält, welche den andernfalls hinzunehmenden Rentenabschlag aufgrund des früheren Renteneintritts zumindest etwas abmildert. Tarifliche Regelungen, die eine Abfindung nach dem Renteneintrittsalter für Beschäftigte vorsehen, die nach Inanspruchnahme der Altersteilzeit eine Rentenkürzung zu erwarten haben, sind allerdings so auszulegen, dass die Rentenkürzung tatsächlich eingetreten sein muss (LAG Baden-Württemberg v. 19.12.2016, 1 Sa 19/16).

Spezielle Bestimmungen über den Bezug von Urlaubs- und Weihnachtsgeld bzw. zur Krankheit während der Altersteilzeit sind ebenfalls häufiger Bestandteil entsprechender kollektiver Vereinbarungen.

 **ACHTUNG!**

Eine Urlaubsabgeltungsklausel für die Freistellungsphase im Blockmodell, wie z. B. „In der Freistellungsphase gelten die Urlaubsansprüche als erfüllt", verstößt nicht gegen § 307 BGB, § 1 BUrlG oder § 4 Abs. 1 TzBfG. Vielmehr würde ein Arbeitnehmer ohne eine entsprechende Klausel bessergestellt als ein vollzeitbeschäftigter Arbeitnehmer oder als ein Arbeitnehmer in Teilzeit mit durchgehend gleichmäßig verteilter hälftiger Arbeitszeit, denn er würde zusätzlich zu der auf die Zeitgutschrift für die gewährte Freistellung wegen Urlaubs in der Arbeitsphase zurückzuführenden bezahlten Freistellung noch Urlaubsabgeltung erhalten (LAG Hessen v. 22.3.2017, 6 Sa 29/17, ZTR 2017, 534).

§ 7 S. 2 TV ATZ ist nach der Rechtsprechung des LAG Niedersachsen v. 18.1.2017, 13 Sa 126/16, ZTR 2017, 301, gemäß §§ 13 Abs. 1 S. 1 BUrlG, 134 BGB nichtig, soweit er eine umfangreichere Zwölftelung des Urlaubsanspruchs zulässt als § 5 Abs. 1 lit. c BUrlG (Zwölftelung nur bei Ausscheiden in der ersten Jahreshälfte).

Eine vertragliche Regelung, die die Gewährung von Mehrurlaubsansprüchen im Altersteilzeitmodell nur auf die Arbeitsphase beschränkt und für die Freistellungsphase der Altersteilzeit ausschließt, ist rechtlich nicht zu beanstanden (BAG v. 3.12.2019, 9 AZR 33/19, ZTR 2020, 301).

Bei der Berechnung des Urlaubsanspruchs ist zu beachten, dass einem Arbeitnehmer, der sich in der Freistellungsphase der Altersteilzeit befindet, kein gesetzlicher Anspruch auf Erholungsurlaub zusteht. Vollzieht sich der Wechsel von der Arbeits- zur Freistellungsphase im Verlauf des Kalenderjahres, ist der gesetzliche Urlaubsanspruch nach Zeitabschnitten entsprechend der vertraglich vorgesehenen Anzahl der Tage mit Arbeitspflicht zu berechnen. Die Freistellungsphase ist bei der Berechnung des Urlaubsanspruchs nach den im Urlaubsrecht geltenden allgemeinen Berechnungsgrundsätzen (24 Werktage × Anzahl der Tage mit Arbeitspflicht geteilt durch 312 Werktage) mit „null" Arbeitstagen in Ansatz zu bringen (BAG v. 3.12.2019, 9 AZR 33/19, ZTR 2020, 301).

Bei vorzeitiger Beendigung der Altersteilzeit im Blockmodell (z. B. durch Tod) steht dem Arbeitnehmer bzw. dessen Erben ein Anspruch auf Ausgleichsleistungen zu. Danach erhalten diese den Unterschiedsbetrag zwischen dem Altersteilzeitentgelt und dem Entgelt, das der Arbeitnehmer aus seiner bisherigen Beschäftigung erhalten hätte. Diese Besonderheit gilt allerdings nicht für das Teilzeitmodell, da der Arbeitnehmer hier nicht in „Vorleistung" getreten ist.

## 2. Rechtsanspruch auf Altersteilzeit

Nach der alten Regelung des TV ATZ stand Arbeitnehmern des öffentlichen Dienstes ein tariflicher Anspruch auf Altersteilzeit ab Vollendung des 55. Lebensjahres zu (BAG v. 23.6.2015, 9 AZR 125/14). Wie oben bereits erwähnt, stand nach TV FlexAZ und TV FlexAZ Bund ein solcher Rechtsanspruch nur 2,5 % der Tarifbeschäftigten zu. Nach dem AltTZG steht dem Arbeitnehmer kein Anspruch auf Altersteilzeit zu.

 **ACHTUNG!**

Wird ein solcher Anspruch gerichtlich verfolgt und ist der Klageantrag auf eine Verurteilung zur Annahme eines Angebots des Arbeitnehmers auf Wechsel in ein Altersteilzeitarbeitsverhältnis zu einem bestimmten Zeitpunkt gerichtet, ist die Begründung eines Altersteilzeitarbeitsverhältnisses mit dem nach den tariflichen Vorschriften frühestmöglichen Beginn dann nicht (automatisch) als „Minus" umfasst. Es handelt sich vielmehr um ein „Aliud" (etwas anderes), das bei Unsicherheiten über den maßgeblichen Zeitpunkt ggf. im Wege eines Hilfsantrags geltend gemacht werden müsste (BAG v. 19.9.2017, 9 AZR 36/17).

## 3. Auslegung von Bezugnahmeklauseln

Bezugnahmeklauseln in formularmäßigen Arbeitsverträgen sind im Streitfall auslegungsbedürftig. Weicht die konkrete Bezugnahmeklausel von der im öffentlichen Dienst typischerweise verwendeten Klausel ab, können Rechtsunsicherheiten entstehen. Die Formulierung (noch bezogen auf die alte Rechtslage, aber vergleichbar auch heute denkbar) „Der BAT und der Vergütungstarifvertrag in der für den Bund und die Tarifgemeinschaft deutscher Länder geltenden Fassung sowie die jeweiligen Änderungen hierzu sind Bestandteil des Vertrags […]." sollte beispielsweise vermieden werden, wenn hiervon auch der TV ATZ erfasst sein soll. Das Ergebnis der gerichtlichen Auslegung war, entgegen der übereinstimmenden Auffassung der streitenden Parteien, dass der TV ATZ nicht von dieser arbeitsvertraglichen Bezugnahmeklausel erfasst ist (BAG v. 11.12.2012, 9 AZR 136/11, ZTR 2013, 267). Das BAG führte dazu aus, dass diese von der typischen Verweisungsklausel abweichende Regelung sich auf ändernde Tarifverträge beschränke und nicht auf ergänzende Tarifverträge erstrecke. Eine erweiternde Auslegung scheitere schon daran, dass der Arbeitgeber beim Abschluss eines solchen Arbeitsvertrages die möglichen finanziellen Konsequenzen nicht übersehen könne, die ergänzende Tarifverträge wie der TV ATZ haben können.

An der angeführten Entscheidung ist weiter bemerkenswert, dass die Parteien gar nicht über die Anwendung des TV ATZ stritten, sondern jeweils von der Anwendbarkeit ausgingen. Das BAG hat in seinem Urteil insofern verdeutlicht, dass für das Gericht kein bindender Sachvortrag in Bezug auf die Auslegung von Bezugnahmeklauseln besteht.

## 4. Besonderheiten beim verblockten Modell

In Unternehmen, die im Mehrschichtbetrieb arbeiten (insbesondere also im produzierenden Bereich), ist die Gewährung von Teilzeit außerhalb der vereinbarten Schichten unmöglich. Aus diesem Grund machen viele Tarifverträge die Gewährung der verbesserten Altersteilzeitbedingungen davon abhängig, dass der Arbeitnehmer die Altersteilzeit im verblockten Modell absolviert. Hierbei ist jedoch stets wegen der einkommensteuer- und sozialversicherungsrechtlichen Privilegierung, die weiterhin an die Voraussetzungen nach dem AltTZG anknüpfen, zu beachten, dass gemäß § 2 Abs. 2 Nr. 1 AltTZG verblockte Altersteilzeit nur mit einer maximalen Laufzeit von drei Jahren zulässig ist. Eine Ausnahme hiervon ist nur dann möglich, wenn ein Tarifvertrag zur Altersteilzeit bzw. eine aufgrund eines Tarifvertrags vereinbarte Betriebsvereinbarung ausdrücklich einen längeren Zeitraum gestattet.

Folgendes Beispiel soll als Erläuterung dienen: Vereinbart werden kann, dass der Arbeitnehmer bei einer vereinbarten Dauer der Altersteilzeit von drei Jahren zunächst eineinhalb Jahre im bisherigen Umfang arbeitet (Arbeitsphase) und dass im unmittelbaren Anschluss daran die eineinhalbjährige Freistellungsphase beginnt. In dieser Phase ist der Arbeitnehmer nicht mehr zur Erbringung seiner Arbeitsleistung verpflichtet, erhält dabei aber weiterhin sein bisheriges Gehalt im regulären Umfang.

Auch im Blockmodell ist eine vorzeitige Beendigung des Arbeitsverhältnisses zwar nicht grundsätzlich ausgeschlossen. Eine betriebsbedingte Kündigung kommt jedoch grundsätzlich nur in der Arbeitsphase in Betracht, da lediglich tatsächlich vorhandener Beschäftigungsbedarf wegfallen kann (LAG Düsseldorf v. 27.5.2003, NZA-RR 2003, 635). Eine verhaltensbedingte Kündigung wird in der Freistellungsphase nur in Ausnahmefällen in Betracht kommen. Voraussetzung hierfür ist, dass trotz nicht zu erbringender Arbeitsleistung ein Vertrauensverlust die Fortsetzung des Arbeitsverhältnisses unzumutbar macht (z. B. Geheimnisverrat).

 **ACHTUNG!**
In Standard-Altersteilzeitverträgen kann vereinbart werden, dass sich die Aktivphase um die Hälfte derjenigen Tage verlängert, die ein Arbeitnehmer ohne Entgeltfortzahlungsanspruch arbeitsunfähig erkrankt ist, ohne dass sich dadurch die Gesamtlaufzeit des Vertrags verlängert (LAG Düsseldorf v. 2.11.2009, 14 Sa 811/09).

## IX. Betriebs- und Personalvertretungsrecht

Bei der Vereinbarung eines Altersteilzeitarbeitsverhältnisses besteht nach Bundesrecht kein ausdrückliches Mitbestimmungsrecht des → Betriebs- oder → Personalrates, da kein Fall einer Einstellung vorliegt (BVerwG v. 12.6.2001, 6 P 11/00, ZTR 2001, 531). Auch die Ablehnung eines Antrags auf Altersteilzeit ist nach den Vorschriften der Bundesvorschriften nicht mitbestimmungspflichtig. Allerdings sehen einige Landespersonalvertretungsgesetze eine Mitbestimmung auch im Rahmen von Altersteilzeitverträgen vor. So ist der Personalrat bei der Vereinbarung oder Ablehnung von Altersteilzeitverträgen beispielsweise nach § 72 Abs. 1 Nr. 1 LPVG NRW (Befristung von Arbeitsverträgen) und § 72 Abs. 1 Nr. 4 LPVG NRW (wesentliche Änderung von Arbeitsverträgen) oder nach § 72 Abs. 1 Nr. 13 LPVG NRW (Ablehnung von Teilzeitanträgen inkl. Altersteilzeit) zu beteiligen. Auch nach § 65 Abs. 2 Nr. 4 NPersVG ist eine Mitbestimmung vorgesehen, für den Fall dass das (befristete) Altersteilzeitarbeitsverhältnis im Anschluss an ein zur befristetes Arbeitsverhältnis geschlossen wird.

Außerdem können dem Personalrat nach Wegfall des TV-FlexAZ nunmehr Mitbestimmungsrechte zustehen, sofern es um grundsätzliche Entscheidungen mit kollektivem Bezug des Arbeitgebers Altersteilzeit betreffend geht. Der noch wirksame TV FlexAZ sperrt nur die Mitbestimmung bei Altersteilzeit, die bis zum 31.12.2022 begonnen worden ist. Ein Mitbestimmungsrecht kann sich daher nunmehr aus § 80 Abs. 1 Nr. 3 BPersVG (Aufstellung von Grundsätzen zu Arbeitszeitmodellen) oder aus § 80 Abs. 1 Nr. 8 BPersVG (Aufstellung von Grundsätzen bzgl. der Verteilung des Entgelts) ergeben. In den Landespersonalvertretungsgesetzen finden sich regelmäßig entsprechende Regelungen. Im BetrVG kann § 87 Abs. 1 Nr. 10 einschlägig sein (Fragen der betrieblichen Lohngestaltung, insbesondere die Aufstellung von Entlohnungsgrundsätzen und die Einführung und Anwendung von neuen Entlohnungsmethoden sowie deren Änderung), wenn der Arbeitgeber ein bestimmtes Budget für Altersteilzeitverträge zu Verfügung stellt.

Während der Freistellungsphase im Blockmodell ist der Arbeitnehmer aus dem Betrieb bzw. aus der Dienststelle ausgegliedert, sodass er nicht mehr als Beschäftigter gilt. Vor diesem Hintergrund erlischt die Mitgliedschaft eines Angestellten im → *Personalrat* mit Beginn der Freistellungsphase (BVerwG v. 15.5.2002, 6 P 8/01, ZTR 2002, 551). Auch nach der Rechtsprechung des BAG ist ein Arbeitnehmer während der Freistellungsphase im Blockmodell nicht mehr in den Betrieb eingegliedert (BAG v. 16.4.2003, 7 ABR 53/02).

Aufgrund der dauernden und endgültigen Ausgliederung des Arbeitnehmers besteht in der Freistellungsphase auch kein aktives und passives Wahlrecht.

# Änderungskündigung

 **Wegweiser:**
Für Änderungskündigungen gelten die allgemeinen arbeitsrechtlichen Grundsätze. Im Gegensatz zum früheren Bundes-Angestelltentarifvertrag (BAT) regeln weder der Tarifvertrag für den öffentlichen Dienst (TVöD) noch der Tarifvertrag für den öffentlichen Dienst der Länder (TV-L) die Änderungskündigung besonders. Auf die Kommentierung im Breier/Dassau TVöD Komm Teil K 2 Erl. 2.1.3.3 sowie TV-L Komm Teil K 2 Erl. 2.1.3.3 wird hingewiesen.

**I.** **Begriff**
**II.** **Kündigungserklärung**
   1. Kündigungsvoraussetzungen
   2. Form
   3. Frist
   4. Inhalt

**III.** **Arten von Änderungskündigungen**
   1. Betriebsbedingte Änderungskündigung
     1.1 Entgeltreduzierung
     1.2 Veränderung der Arbeitszeit
     1.3 Veränderung des Arbeitsortes
     1.4 Sonderfall: „Überflüssige Änderungskündigung"
   2. Personenbedingte Änderungskündigung
   3. Verhaltensbedingte Änderungskündigung

**IV.** **Reaktionsmöglichkeiten des Arbeitnehmers**
   1. Vorbehaltslose Annahme
   2. Annahme unter Vorbehalt
     2.1 Form und Frist
     2.2 Folge
   3. Ablehnung

4. Bindung des Arbeitgebers an das Angebot
5. Klage
    5.1   Klage bei Ablehnung des Änderungsangebots
    5.2   Klage bei Annahme unter Vorbehalt
    5.3   Klage als erste Reaktion
6. Anspruch auf Abfindung statt Klage

**V.    Muster: Änderungskündigung**

## I. Begriff

Die Änderungskündigung ist in § 2 des Kündigungsschutzgesetzes (KSchG) geregelt. Sie ist eine Erklärung des Arbeitgebers, mit der das ursprüngliche Arbeitsverhältnis gekündigt und gleichzeitig eine Fortsetzung des Arbeitsverhältnisses zu geänderten Bedingungen angeboten wird. Rechtlich handelt es sich um eine echte Kündigung, die mit dem Vertragsangebot, das Arbeitsverhältnis zu veränderten Bedingungen fortzusetzen, verbunden ist. Abzugrenzen ist die Änderungskündigung von einer grds. unzulässigen Teilkündigung, mit der der Arbeitgeber nicht das Arbeitsverhältnis insgesamt beenden, sondern einzelne Vertragsbedingungen gegen den Willen des Arbeitnehmers einseitig ändern will.

Auf die Änderungskündigung sind alle für Kündigungen relevanten Regelungen – auch einzelvertragliche und tarifvertragliche – anzuwenden. Die ordentliche Änderungskündigung kann als betriebs-, personen- oder verhaltensbedingte Kündigung erklärt werden. Im TVöD/TV-L ist die ordentliche Kündigung in § 34 Abs. 1 und die außerordentliche Kündigung in § 34 Abs. 2 geregelt. Gleichzeitig regelt § 34 Abs. 2 TVöD/TV-L die ordentliche Unkündbarkeit bestimmter Arbeitnehmergruppen (vgl. → *Kündigung*).

 **WICHTIG!**

Wird in einem Tarifvertrag die ordentliche Kündigung eines Arbeitsverhältnisses aufgrund langjähriger Betriebszugehörigkeit ausgeschlossen, erstreckt sich dies nach allgemeinen Grundsätzen der Auslegung auch auf ordentliche Änderungskündigungen (BAG v. 22.4.2010, 2 AZR 80/09, ZTR 2010, 602 zu den Arbeitsvertragsrichtlinien (AVR) der Caritas im Bereich des kirchlichen Arbeitsrechts). Für den öffentlichen Dienst ist in diesem Zusammenhang insbesondere § 34 Abs. 2 TVöD/TV-L relevant, der eine ordentliche Kündigung für Arbeitnehmer ausschließt, die das 40. Lebensjahr vollendet haben, den Regelungen des Tarifgebiets West unterfallen und bei ihrem Arbeitgeber seit mindestens 15 Jahren beschäftigt werden. Auch im Hinblick auf solche Arbeitnehmer erstreckt sich die tarifliche Unkündbarkeit auf Änderungskündigungen (BAG v. 28.10.2010, 2 AZR 688/09, ZTR 2011, 222).

Die Änderungskündigung dient in erster Linie dazu, eine Neugestaltung der Arbeitsbedingungen vorzunehmen, die nicht mehr vom Direktionsrecht umfasst ist (vgl. → *Direktionsrecht*). Liegt die vom Arbeitgeber gewünschte Änderung nicht mehr innerhalb des Direktionsrechts, muss er zur Änderungskündigung greifen, um die Neugestaltung notfalls auch gegen den Willen des Arbeitnehmers durchsetzen zu können. Das Direktionsrecht des Arbeitgebers gemäß § 106 S. 1 GewO berechtigt diesen beispielsweise nicht, einen Arbeitnehmer ins Ausland zu versetzen. Geht der Betrieb gemäß § 613a BGB auf einen ausländischen Erwerber über, bedarf es insoweit einer vertraglichen Vereinbarung bzw. einer Änderungskündigung, denn das Arbeitsverhältnis geht mit seinem bisherigen Inhalt auf den neuen Inhaber über (ArbG Heilbronn v. 11.7.2013, 8 Ca 7/13).

Mit der Änderungskündigung strebt der Arbeitgeber eine Vertragsänderung an und nimmt die Beendigung des gesamten Vertragsverhältnisses billigend in Kauf, während er sich bei Ausübung des Direktionsrechts innerhalb der ihm vertraglich zustehenden Befugnisse bewegt (BAG v. 26.9.2012, 10 AZR 412/11, ZTR 2013, 102). Statt des Ausspruchs einer Änderungskündigung kann der Arbeitgeber aber auch zunächst versuchen, eine einvernehmliche Vertragsänderung mit dem Arbeitnehmer herbeizuführen (BAG v. 13.3.2007, 9 AZR 588/06, ZTR 2007, 572).

Kann der Arbeitgeber dagegen die gewünschte Änderung bereits durch Ausnutzung des vertraglichen Direktionsrechts erreichen, wie es in § 106 GewO seinen Niederschlag gefunden hat, wäre die Änderungskündigung „überflüssig". Eine dagegen gerichtete Änderungsschutzklage wäre dann unbegründet (BAG v. 19.7.2012, 2 AZR 25/11). Allerdings kann sich ein Arbeitnehmer, der das Angebot auf Änderung seiner Arbeitsbedingungen gemäß § 2 S. 1 KSchG unter dem Vorbehalt der sozialen Rechtfertigung angenommen hat, im Prozess regelmäßig darauf berufen, die Änderung der Vertragsbedingungen scheide schon aus einem anderen Grund aus, der zur Unwirksamkeit der Kündigungserklärung führe. Das gilt auch dann, wenn die Kündigung „überflüssig" war (BAG v. 22.10.2015, 2 AZR 124/14).

Nimmt der Arbeitnehmer das Änderungsangebot nicht, auch nicht unter Vorbehalt, an, so ist die Änderungskündigung unverhältnismäßig, solange die gewünschte Änderung auch mittels Direktionsrecht hätte durchgesetzt werden können. Eine gegen die Beendigung des Arbeitsverhältnisses gerichtete Klage hat dann Erfolg (BAG v. 22.9.2016, 2 AZR 509/15); s. dazu im Detail unten unter III. 1.4.

 **TIPP!**

In Zweifelsfällen sollte die Änderung unter Hinweis auf das Direktionsrecht verfügt und die Änderungskündigung vorsorglich für den Fall erklärt werden, dass das Direktionsrecht überschritten ist.

 **Formulierungsbeispiel:**

*[Im Anschluss an beabsichtigte Änderung/Weisung:]* „Sollte die vorbezeichnete Maßnahme (Weisung) unser Direktionsrecht überschreiten, erklären wir vorsorglich die nachfolgende Änderungskündigung." [Muster, s. u. V.].

Der Arbeitgeber hat vor jedem Ausspruch einer Beendigungskündigung zu prüfen, ob eine Weiterbeschäftigung des Arbeitnehmers auf einem anderen geeigneten Arbeitsplatz in Betracht kommt. Sollte er den Arbeitnehmer auf einen solchen Arbeitsplatz nicht im Wege des Direktionsrechts versetzen können, ist er gegebenenfalls zum Ausspruch einer Änderungskündigung gehalten. Denn eine Beendigungskündigung kommt ausschließlich als letztes Mittel (ultima ratio) in Betracht. Eine Änderungskündigung kann danach nur in den Fällen unterbleiben, in denen der Arbeitgeber bei vernünftiger Betrachtung nicht mit einer Annahme des neuen Vertragsangebots durch den Arbeitnehmer rechnen konnte, das Angebot vielmehr beleidigenden Charakter gehabt hätte (BAG v. 23.2.2010, 2 AZR 656/08; BAG v. 21.9.2006, 2 AZR 607/05: z. B. wenn einem in der Personalhierarchie weit aufgestiegenen Arbeitnehmer auf der geänderten Position seine bisherigen Untergebenen künftig Weisungen erteilen könnten und deshalb erhebliche Konflikte zu erwarten wären). Der Arbeitnehmer soll grundsätzlich selbst entscheiden dürfen, ob er eine Weiterbeschäftigung auch unter schlechteren Arbeitsbedingungen in Kauf nehmen möchte. Im Zweifel sollte daher eine Änderungskündigung erklärt werden. Siehe auch → *Kündigung*.

## II. Kündigungserklärung

### 1. Kündigungsvoraussetzungen

Sämtliche Kündigungsbeschränkungen und Kündigungsverbote (→ *Kündigungsschutz*) sowie die allgemeinen Kündigungsvoraussetzungen (→ *Kündigung*) finden grundsätzlich auch auf die Änderungskündigung Anwendung.

 **WICHTIG!**

Änderungskündigungen sind bei der Ermittlung des für die Anzeigepflicht maßgeblichen Tatbestands der „Entlassung" i. S. v. § 17 KSchG unabhängig davon mitzuzählen, ob die Änderungskündigung später tatsächlich zur Beendigung führt (EuGH v. 21.9.2017, C-429/16). Eine durch massenhafte Änderungskündigungen ausgelöste Anzeigepflicht entfällt nicht nachträglich, wenn infolge einer ausreichenden Zahl von Annahmeerklärungen die massenhafte Beendigung von Arbeitsverhältnissen ausbleibt. Unter Verstoß gegen diese Anzeigepflicht ausgesprochene (reine) Beendigungskündigungen sind gemäß § 134 BGB unwirksam; auch daran ändert das nachherige Ausbleiben massenhafter Beendigungskündigungen nichts (BAG v. 20.2.2014, 2 AZR 346/12). Ob die Unwirksamkeitsfolge auch für die anzeigepflichtigen Änderungskündigungen selbst gilt, musste das Bundesarbeitsgericht nicht entscheiden.

Nach ständiger Rechtsprechung des Bundesarbeitsgerichts besteht ein zweistufiges Prüfungsverfahren, wonach in einem ersten Schritt zu prüfen ist, ob für die Vertragsänderung ein Grund in der Person oder dem Verhalten des Arbeitnehmers liegt oder ob dringende betriebliche Erfordernisse das Änderungsangebot nach § 1 Abs. 2 KSchG bedingen. Liegt ein Kündigungsgrund vor, ist zu prüfen, ob sich der Arbeitgeber darauf beschränkt hat, nur solche Änderungen vorzuschlagen, die der Arbeitnehmer billigerweise hinnehmen muss. Der Arbeitnehmer muss im Rahmen einer Änderungskündigung nur solche Änderungen der Arbeitsbedingungen billigerweise hinnehmen, die dem Grundsatz der Verhältnismäßigkeit entsprechen. Die Änderungen müssen geeignet und erforderlich sein, um den Inhalt des Arbeitsvertrages den geänderten Beschäftigungsmöglichkeiten anzupassen. Ein Änderungsangebot, dessen Inhalt den arbeitsrechtlichen Gleichbehandlungsgrundsatz verletzt, widerspricht dem Grundsatz der Verhältnismäßigkeit. Es muss vom Arbeitnehmer nicht billigend hingenommen werden und führt zur Unwirksamkeit der Änderungskündigung.

 **ACHTUNG!**

Ablehnungsgründe, die der Arbeitgeber einem Teilzeitverlangen des Arbeitnehmers vor Ablauf der einmonatigen Frist des § 8 Abs. 5 S. 2 TzBfG hätte entgegenhalten können, kann er nicht zur Rechtfertigung einer späteren Änderungskündigung zur Heraufsetzung der Arbeitszeit heranziehen. Gilt eine von einem Arbeitnehmer gewünschte Arbeitszeitreduzierung kraft gesetzlicher Fiktion gemäß § 8 Abs. 5 S. 2 TzBfG als vollzogen, kann er keine Änderungskündigung aussprechen, um das Teilzeitbegehren abzuwenden. Es wäre ein nicht hinnehmbarer Wertungswiderspruch, wenn der Arbeitgeber die Möglichkeit hätte, die Wirkungen der gesetzlichen Fiktion mittels einer Änderungskündigung wieder rückgängig zu machen. Damit würde die gesetzliche Entscheidung entwertet, dem Arbeitnehmer in bestimmten Fällen, in denen das detailliert gesetzlich ausgestaltete Verfahren zur Klärung des Teilzeitanspruchs durch den Arbeitgeber missachtet wird, eine (dauerhafte) Teilzeittätigkeit zu ermöglichen (BAG v. 20.1.2015, 9 AZR 860/13, ZTR 2015, 453).

Neben einer ordentlichen Änderungskündigung ist auch eine außerordentliche Änderungskündigung denkbar. Diese setzt einen wichtigen Grund voraus, durch den die Fortsetzung des Arbeitsverhältnisses zu den bisherigen Bedingungen unzumut-

bar ist und die sofortige Änderung der Arbeitsbedingungen dringend erforderlich ist. Dem anderen Vertragsteil müssen die beabsichtigten Änderungen außerdem zumutbar sein (vgl. BAG v. 28.5.2009, 2 AZR 844/07, ZTR 2009, 548 zu einer außerordentlichen betriebsbedingten Änderungskündigung zur Veränderung des Arbeitsorts im Falle einer Verlegung des Dienstsitzes des Arbeitgebers).

 **WICHTIG!**

Auch bei einer Änderungskündigung ist der → *Personalrat* (§ 85 Abs. 1) bzw. → *Betriebsrat* anzuhören (§ 102 Abs. 1 BetrVG). Die Unterrichtung hat sich sowohl auf die Gründe für die Änderung der Arbeitsbedingungen als auch auf das Änderungsangebot zu beziehen (BAG v. 16.12.2010, 2 AZR 576/09). Auch bei betriebsbedingten Änderungskündigungen und nicht nur bei Beendigungskündigungen wird, wenn ein Interessenausgleich mit Namensliste vorliegt, zugunsten des Arbeitgebers vermutet, dass die Änderung der Arbeitsbedingungen durch betriebliche Erfordernisse veranlasst war (§ 1 Abs. 5 KSchG). Die Sozialauswahl ist in diesen Fällen nur auf grobe Fehlerhaftigkeit hin zu überprüfen (BAG v. 19.6.2007, 2 AZR 304/06, ZTR 2008, 226).

### 2. Form

Eine Kündigung muss in jedem Fall schriftlich erfolgen (§ 623 BGB). Dies gilt auch für eine Änderungskündigung, mit der die Beendigung des Arbeitsverhältnisses für den Fall der Ablehnung des Änderungsangebots erklärt wird. Die gesetzlich angeordnete Schriftform bedeutet, dass die Kündigungserklärung von dem Kündigenden (oder seinem Vertreter) eigenhändig unterschrieben sein muss. Stempel, Kopien, Faksimile oder digitale Unterschriften reichen hierzu nicht.

 **ACHTUNG!**

Fehlt die eigenhändige Unterschrift, ist die Kündigung unwirksam.

Zusätzliche Formerfordernisse können sich aus Tarifvertrag, Betriebs- oder Dienstvereinbarung oder Arbeitsvertrag ergeben. Die gesetzlichen Formerfordernisse können nicht durch Vereinbarung ausgeschlossen werden. Eine Kündigung muss daher immer (also auch wenn dies anders vereinbart wurde) schriftlich erklärt werden.

### 3. Frist

Eine Änderungskündigung muss grundsätzlich als ordentliche Kündigung unter Einhaltung der Kündigungsfrist erfolgen. Ergeht eine ordentliche Änderungskündigung in der Absicht, bereits vor Ablauf der Kündigungsfrist eine Verschlechterung der Arbeitsbedingungen des Arbeitnehmers zu erreichen, stellt dies einen Verstoß gegen §§ 1 Abs. 2, 2 KSchG dar (BAG v. 21.9.2006, 2 AZR 120/06). Die Kündigungsfristen sind in § 34 Abs. 1 S. 2 TVöD/TV-L geregelt. Will der Arbeitgeber bereits vor Ablauf der Kündigungsfrist eine Vertragsänderung erreichen, ist er auf den Abschluss eines einvernehmlichen Änderungsvertrags angewiesen. Liegt jedoch ein wichtiger Grund i. S. d. § 626 BGB vor, kann die Änderungskündigung auch als außerordentliche Kündigung ohne Einhaltung einer Frist erklärt werden. Zu den Kündigungsfristen vgl. → *Kündigung*.

 **ACHTUNG!**

Erklärt der Arbeitgeber in einem Schreiben, er kündige das Arbeitsverhältnis zu einem ersten, hilfsweise zu einem späteren Termin und bietet er dem Arbeitnehmer an, das Arbeitsverhältnis ab dem Tag nach dem ersten, hilfsweise ab dem Tag nach dem späteren Termin zu geänderten Vertragsbedingungen fortzusetzen, handelt es sich um zwei Änderungskündigungen, nämlich um eine unbedingte Änderungskündigung zu dem ersten und eine in zulässiger Weise auflösend bedingte Änderungskündigung zu dem späteren Termin. Der Arbeitnehmer kann in Bezug auf jede mögliche Kündigung entscheiden, ob er das mit ihr verbundene Vertragsangebot ablehnen oder mit bzw. ohne Vorbehalt annehmen möchte. Nimmt er beide Angebote unter Vorbehalt an, wird er sich mit einem Hauptantrag nach § 4 S. 2 KSchG gegen die unbedingte und mit einem unechten Hilfsantrag nach § 4 S. 2 KSchG gegen die bedingte Kündigung wenden (BAG v. 18.10.2018, 2 AZR 374/18, ZTR 2019, 672).

## 4. Inhalt

Die Änderungskündigung zielt auf die inhaltliche Änderung des bestehenden Arbeitsvertrags ab. Da der Arbeitgeber eine Vertragsänderung nicht einseitig vornehmen kann, muss er mit der Änderungskündigung das bestehende Arbeitsverhältnis – unter Einhaltung der einschlägigen Kündigungsfrist – kündigen und gleichzeitig ein neues – zu geänderten Bedingungen – anbieten. Es liegt daher eine unzulässige Teilkündigung vor, wenn ein Schreiben zwar als Änderungskündigung bezeichnet wird, aber weder eine Kündigung noch ein neues Vertragsangebot enthält, sondern lediglich eine Kürzung des Stundenlohns vornimmt (LAG Mecklenburg-Vorpommern v. 29.10.2019, 5 Sa 72/19). Das mit der Änderungskündigung unterbreitete Angebot muss eindeutig bestimmt bzw. bestimmbar sein. Für den gekündigten Arbeitnehmer muss erkennbar sein, welche Arbeitsbedingungen zukünftig gelten sollen und welchen Inhalt das Arbeitsverhältnis künftig haben soll. Das Änderungsangebot muss also so genau beschrieben werden, dass der Arbeitnehmer nur noch „Ja" zu sagen braucht. Dies gilt insbesondere für die neuen (geänderten) Arbeitsbedingungen. Ist das Änderungsangebot nicht hinreichend bestimmt, ist die Änderungskündigung unwirksam (z. B. LAG Köln v. 10.11.2021, 11 Sa 106/21; LAG Köln v. 23.6.2021, 11 Sa 876/20).

### Beispiele für zu unbestimmte Änderungsangebote

1. Der Arbeitgeber aus der Leiharbeitsbranche bietet dem Arbeitnehmer einen neuen Arbeitsvertrag an, auf den unterschiedliche Tarifverträge Anwendung finden sollen, abhängig von dem jeweiligen Entleiher (vgl. BAG v. 15.1.2009, 2 AZR 641/07, ZTR 2009, 445). Der Arbeitnehmer kann in diesem Fall nicht erkennen, nach welchen Bedingungen sich sein Arbeitsverhältnis künftig richten soll.

2. Der Arbeitgeber will mehrere Vertragsbedingungen ändern und spricht für jede Änderung eine eigene Änderungskündigung aus. Darin erklärt er jeweils, dass die übrigen Arbeitsbedingungen unverändert weitergelten sollen. Der Arbeitnehmer kann nicht erkennen, in welchem Verhältnis die Änderungen zueinander stehen sollen (BAG v. 10.9.2009, 2 AZR 822/07, ZTR 2010, 269).

3. Der Arbeitgeber bietet dem Arbeitnehmer einen Arbeitsvertrag an, der Bezug auf einen genau bezeichneten Tarifvertrag nimmt. Der Tarifvertrag ist jedoch noch nicht formgerecht im Sinne von § 1 Abs. 2 TVG zustande gekommen. (BAG v. 17.2.2016, 2 AZR 613/14, ZTR 2016, 418; BAG v. 22.9.2016, 2 AZR 325/15).

4. Der Arbeitgeber bietet dem Arbeitnehmer an, zukünftig unter der Tätigkeitsbezeichnung „Servicemitarbeiter" beschäftigt zu werden. Bei dem Arbeitgeber gibt es jedoch zwei verschiedene Arten von „Servicemitarbeitern". Aus dem übrigen Änderungsangebot ergibt sich nicht, welche der beiden Tätigkeiten vom Arbeitnehmer geschuldet sein soll (BAG v. 21.5.2019, 2 AZR 26/19, ZTR 2019, 686).

 **WICHTIG!**

Das Schriftformerfordernis des § 623 BGB erstreckt sich nicht nur auf die Kündigung, sondern auch auf das Änderungsange-

bot (BAG v. 16.9.2004, 2 AZR 628/03). Daher ist ein lediglich mündlich erklärtes Änderungsangebot nicht ausreichend.

Hinsichtlich der unveränderten Regelungen sollte der Arbeitgeber klarstellen: „Im Übrigen bleibt es bei den vertraglichen Regelungen aus dem Arbeitsvertrag vom ......................."

 **WICHTIG!**

Der Arbeitgeber ist gem. § 2 Abs. 2 Satz 2 Nr. 3 SGB III gesetzlich dazu verpflichtet, Arbeitnehmer frühzeitig vor der Beendigung des Arbeitsverhältnisses über die Notwendigkeit eigener Aktivitäten bei der Suche nach einer anderen Beschäftigung sowie über die Verpflichtung zur unverzüglichen Meldung der Beendigung nach § 38 Abs. 1 SGB III bei der zuständigen Arbeitsagentur zu informieren. Diese Belehrung sollte bereits mit der Kündigungserklärung schriftlich erfolgen.

 **Formulierungsbeispiel:**

„Für den Fall, dass Sie mit einer Fortsetzung des Arbeitsverhältnisses zu den geänderten Bedingungen (ggf. auch unter dem Vorbehalt einer arbeitsgerichtlichen Überprüfung der Änderungen) nicht einverstanden sind, weisen wir Sie darauf hin, dass das Arbeitsverhältnis mit Ablauf des ... (Datum) endet. In diesem Fall sind Sie nach § 38 Abs. 1 SGB III verpflichtet, sich spätestens drei Monate vor der Beendigung des Arbeitsverhältnisses persönlich bei der Agentur für Arbeit arbeitsuchend zu melden. Liegen zwischen der Kenntnis von der Vertragsbeendigung und dem Beendigungszeitpunkt weniger als drei Monate, hat die Meldung innerhalb von drei Tagen nach Kenntnisnahme von dem Beendigungszeitpunkt zu erfolgen. Andernfalls kann Ihr Anspruch auf Arbeitslosengeld gemindert werden. Sie sind in diesem Zusammenhang ferner dazu verpflichtet, sich selbst an der Suche nach einem anderen Arbeitsplatz aktiv zu beteiligen."

## III. Arten von Änderungskündigungen

Die ordentliche Änderungskündigung kann als betriebs-, personen- oder verhaltensbedingte Kündigung erklärt werden.

### 1. Betriebsbedingte Änderungskündigung

Eine betriebsbedingte Änderungskündigung ist wirksam, wenn sich der Arbeitgeber bei einem an sich anerkennenswerten Anlass darauf beschränkt hat, lediglich solche Änderungen vorzuschlagen, die der Arbeitnehmer billigerweise hinnehmen muss (BAG v. 24.5.2012, 2 AZR 163/11, ZTR 2013, 101). Ein „an sich anerkennenswerter Anlass" setzt voraus, dass das Bedürfnis für die Weiterbeschäftigung des Arbeitnehmers im Betrieb zu den bisherigen Bedingungen entfallen ist. Dieser Maßstab gilt unabhängig davon, ob der Arbeitnehmer das Änderungsangebot abgelehnt oder unter Vorbehalt angenommen hat (grundlegend BAG v. 23.6.2005, 2 AZR 642/04).

Das entfallende Bedürfnis zur Weiterbeschäftigung eines Arbeitnehmers zu den bisherigen Bedingungen kann auf einer unternehmerischen Entscheidung zur Umstrukturierung des gesamten oder von Teilen eines Betriebes oder einzelner Arbeitsplätze beruhen, von der auch das Anforderungsprofil der im Betrieb nach der Umstrukturierung verbleibenden Arbeitsplätze erfasst werden kann. Eine solche Organisationsentscheidung unterliegt im Kündigungsschutzprozess nur einer Missbrauchskontrolle. Sie ist lediglich dahingehend zu überprüfen, ob sie offenbar unvernünftig oder willkürlich ist und ob sie ursächlich für den vom Arbeitgeber geltend gemachten Änderungsbedarf ist (BAG v. 27.9.2001, 2 AZR 246/00). Sofern die betreffende Organisationsentscheidung und der Kündigungsentschluss jedoch praktisch deckungsgleich sind, weil der gekündigte Arbeitnehmer dem neuen Stellenprofil nicht entspricht, kann sich der Arbeitgeber zur Rechtfertigung der Kündigung nicht bloß auf seine Entscheidungsfreiheit berufen. Insbesondere muss der Arbeitgeber dann den betrieblichen Anlass, der der Neubestimmung des Anforderungsprofils zugrunde liegt, darlegen. Die Entscheidung zur Neuprofilierung der Stelle muss im Zusammenhang mit einer organisatorischen Maßnahme stehen, nach deren Durchführung sich die bisherigen Anforderungen an den Stelleninhaber ändern. Bei den neuen Stellenanforderungen darf es sich nicht nur um „wünschenswerte Voraussetzungen" handeln, sondern vielmehr um nachvollziehbare, arbeitsplatzbezogene Kriterien (BAG v. 2.3.2017, 2 AZR 546/16).

Zu beachten ist, dass auch in Corona-Zeiten das Angebot eines Homeoffice-Arbeitsplatzes zumindest dann keine mildere Maßnahme im Rahmen einer Änderungskündigung darstellte, wenn es Teil der unternehmerischen Entscheidung war, bestimmte Arbeitsplätze z. B. in der Zentrale des Arbeitsgebers zu konzentrieren und für diese Arbeitsplätze keinen Homeoffice-Arbeitsplatz anzubieten. Die Unternehmerentscheidung, einem Arbeitnehmer einen festen Arbeitsplatz zuweisen zu wollen, kann nicht als unsachlich oder unvernünftig bezeichnet werden, solange kein gesetzlicher oder betrieblicher Anspruch auf Homeoffice besteht. Auch wenn es im Rahmen der Corona-Krise sinnvoll sein kann, auch zukünftig Homeoffice oder mobile Arbeit anzubieten, darf nicht verkannt werden, dass bislang keine gesetzliche Verpflichtung dazu besteht (LAG Berlin-Brandenburg, v. 24.3.2021, 4 Sa 1243/20; so auch ArbG Köln v. 20.5.2021, 8 Ca 7667/20 für den Fall einer Betriebsverlagerung).

Nicht ausreichend für den Ausspruch einer Änderungskündigung ist es in der Regel, wenn eine Angestellten- in eine Beamtenstelle umgewandelt wird. Der Beschäftigungsbedarf entfällt nicht, da der Angestellte entweder in das Beamtenverhältnis berufen oder mit den schon vorher ausgeübten Tätigkeiten als Angestellter weiterbeschäftigt werden kann (LAG Berlin-Brandenburg v. 25.6.2010, 10 Sa 829/10).

Ob der Arbeitnehmer die vorgeschlagenen Änderungen billigenderweise hinnehmen muss, richtet sich nach dem Verhältnismäßigkeitsgrundsatz: Die Änderungen müssen geeignet und erforderlich sein, um den Inhalt des Arbeitsvertrages den geänderten Beschäftigungsmöglichkeiten anzupassen. Diese Voraussetzungen müssen für alle Vertragsänderungen vorliegen. Ausgangspunkt ist die bisherige vertragliche Regelung, d. h., die angebotenen Änderungen dürfen sich nicht weiter vom Inhalt des bisherigen Arbeitsverhältnisses entfernen, als dies zur Erreichung des angestrebten Zieles erforderlich ist (BAG v. 16.12.2010, 2 AZR 576/09).

**Beispiele aus der Rechtsprechung**

> Die Entscheidung, ob ein bestimmter Dienstleistungsbedarf nur mit Volltags- oder teilweise auch mit Halbtagsbeschäftigten abgedeckt werden soll, gehört zum Bereich der „freien Unternehmerentscheidung", die von den Arbeitsgerichten nur auf eine Missbrauchskontrolle hin überprüft werden kann (BAG v. 22.4.2004, 2 AZR 385/03). Eine Änderungskündigung zur Entgeltsenkung ist nicht allein deshalb sozial gerechtfertigt, weil eine neue gesetzliche Regelung die Möglichkeit bietet, durch Parteivereinbarung einen geringeren (tariflichen) Lohn festzulegen, als er dem Arbeitnehmer bisher gesetzlich oder vertraglich zustand (BAG v. 12.1.2006, 2 AZR 126/05).

Weitere Anforderungen ergeben sich aus dem allgemeinen und besonderen Kündigungsschutz. Dieser gilt für die Änderungskündigung ebenso wie für die Beendigungskündigung (BAG v.

12.3.2009, 1 AZR 47/08, ZTR 2009, 509). Insbesondere sind bei einer betriebsbedingten Änderungskündigung die Grundsätze der Sozialauswahl zu beachten (vgl. → *Kündigungsschutz*). Dies gilt etwa, wenn nach einer Betriebsverlegung künftig weniger Arbeitsplätze an einem anderen Ort vorhanden sind als für diese Positionen geeignete Arbeitnehmer. Es ist – unabhängig davon, ob der Arbeitnehmer die Änderungskündigung unter Vorbehalt angenommen hat oder nicht – zu prüfen, ob der Arbeitgeber, statt die Arbeitsbedingungen des gekündigten Arbeitnehmers zu ändern, diese Änderung einem anderen vergleichbaren Arbeitnehmer hätte anbieten können, dem sie eher zumutbar gewesen wäre. Auch hierfür sind grundsätzlich allein die gesetzlichen Auswahlkriterien maßgebend (BAG v. 29.1.2015, 2 AZR 164/14). Anders als bei einer betriebsbedingten Beendigungskündigung steht im Rahmen einer betriebsbedingten Änderungskündigung nicht die Prüfung im Vordergrund, welcher von den vergleichbaren Arbeitnehmern durch den Verlust des Arbeitsplatzes am wenigsten betroffen ist. Vielmehr steht bei der Änderungskündigung die soziale Rechtfertigung des Änderungsangebotes im Vordergrund. Zu prüfen ist daher, ob der Arbeitgeber das Änderungsangebot einem vergleichbaren Arbeitnehmer hätte anbieten müssen, der in sozialer Hinsicht weniger schutzbedürftig gewesen wäre (LAG Rheinland-Pfalz v. 8.3.2016, 8 Sa 73/15; so auch ArbG Hagen v. 23.11.2021, 5 Ca 460/21).

Ferner kann ein betriebsbedingter Grund für die Änderung von Arbeitsbedingungen fehlen, wenn in absehbarer Zeit eine weniger weit vom bisherigen Vertragsinhalt entfernende Tätigkeit zur Verfügung steht. Der Arbeitgeber muss dafür aber nicht von vornherein jede auch nur theoretisch denkbare andere Beschäftigungsmöglichkeit ausschließen (BAG v. 27.4.2021, 2 AZR 357/20, ZTR 2021, 480).

Einzelfälle:

### 1.1 Entgeltreduzierung

Hat sich die bisherige Tätigkeit des Arbeitnehmers nicht verändert, so ist eine – isolierte – Reduzierung der vereinbarten Vergütung durch eine betriebsbedingte Änderungskündigung nach der Rechtsprechung des Bundesarbeitsgerichts (BAG v. 16.5.2002, 2 AZR 292/01) nur unter besonderen (engen) Voraussetzungen zulässig. Grundsätzlich sind einmal geschlossene Verträge einzuhalten. Die Dringlichkeit eines schwerwiegenden Eingriffs in das „Leistungs- bzw. Gehaltsgefüge", wie es die Änderungskündigung zur Durchsetzung einer erheblichen Gehaltssenkung darstellt, ist nur begründet, wenn bei Aufrechterhaltung der bisherigen Personalkostenstruktur weitere, betrieblich nicht mehr auffangbare Verluste entstehen, die absehbar zu einer Reduzierung der Belegschaft oder sogar zu einer Schließung des Betriebes führen. Regelmäßig setzt deshalb eine solche Situation einen umfassenden Sanierungsplan voraus, der alle gegenüber der beabsichtigten Änderungskündigung milderen Mittel ausschöpft (BAG v. 20.6.2013, 2 AZR 396/12, ZTR 2014, 115). Diese Grundsätze gelten auch dann, wenn der Arbeitgeber durch das Änderungsangebot nicht nur die Vergütung, sondern auch die Tätigkeit ändert. Ändert sich die Vergütung bei Änderung tatsächlicher Umstände, z. B. der Anzahl der unterstellten Arbeitnehmer, infolge Tarifautomatik, bedarf es keiner Änderungskündigung.

▽ **ACHTUNG!**

**Ein langes Andauern des Fehlens von Arbeitsaufgaben und eine jahrelange bedingungslose Zahlung der vollen Vergütung durch den Arbeitgeber kann dazu führen, dass der zurückliegende**

Wegfall von Arbeitsaufgaben nicht mehr als ein wichtiger Grund für eine Änderungskündigung anzusehen ist (LAG Hessen v. 17.11.2009, 12 Sa 308/09).

Die irrtümliche Eingruppierung eines Arbeitnehmers in eine zu hohe Vergütungsgruppe kann die betriebsbedingte Änderungskündigung mit dem Ziel der Rückgruppierung in die tariflich richtige Vergütungsgruppe rechtfertigen. Das dringende betriebliche Erfordernis im Sinne des § 1 Abs. 2 Satz 1 KSchG beruht dabei auf der Verpflichtung des öffentlichen Arbeitgebers zu sparsamer Haushaltsführung und dem Umstand, dass die Eingruppierung des Arbeitnehmers lediglich Normvollzug darstellt (BAG v. 8.10.2009, 2 AZR 235/08, ZTR 2010, 269).

Wurde im Arbeitsvertrag keine Vergütung vereinbart, sondern lediglich ein Verweis auf die – vermeintlich – einschlägige Vergütungsgruppe des Tarifvertrags aufgenommen, kann sich der Arbeitgeber durch eine sogenannte korrigierende Rückgruppierung auch ohne Änderungskündigung davon lösen (BAG v. 22.7.2004, 8 AZR 360/03). Voraussetzung ist, dass der Arbeitgeber irrtümlich eine zu hohe Vergütungsgruppe für maßgeblich erachtet hat, obwohl er lediglich die Regelungen des Tarifvertrags anwenden wollte.

## 1.2 Veränderung der Arbeitszeit

Betriebliche Erfordernisse können die Einführung von Kurzarbeit bedingen, wenn der Arbeitskräftebedarf vorübergehend sinkt. Insbesondere im Zusammenhang mit der pandemiebedingten Kurzarbeit hatten sich zahlreiche Betriebe mit der Änderungskündigung und ihren Voraussetzungen zu befassen. Die wirksame Einführung von Kurzarbeit benötigt nämlich stets eine Rechtsgrundlage. In Betrieben ohne Tarifbindung und Betriebsrat kommt nur eine Individualvereinbarung mit den Arbeitnehmern in Betracht. Da die meisten Arbeitsverträge keine Regelung zur Einführung von Kurzarbeit enthalten, müssen die Arbeitnehmer um Zustimmung zur Einführung von Kurzarbeit und Unterzeichnung einer entsprechenden Vereinbarung gebeten werden. Sollten die Arbeitnehmer ihre Zustimmung zur Einführung der Kurzarbeit verweigern, muss eine Änderungskündigung ausgesprochen werden. Das Arbeitsgericht Stuttgart entschied unter dem Hinweis, dass die Voraussetzungen einer Änderungskündigung zur Einführung von Kurzarbeit noch nicht höchstrichterlich geklärt seien, dass eine fristlose Änderungskündigung mit dem Ziel, eine Einführung von Kurzarbeit zu ermöglichen, im Einzelfall als betriebsbedingte Änderungskündigung nach § 626 BGB gerechtfertigt sein könne. Die Rechtsprechungsgrundsätze des BAG zur reinen Entgeltreduzierung durch Änderungskündigung seien auf eine Änderungskündigung zur Einführung von Kurzarbeit jedenfalls nicht übertragbar. Für die Frage der Verhältnismäßigkeit der Kündigung sind insbesondere eine entsprechende Ankündigungsfrist und eine Begrenzung der Dauer der (möglichen) Kurzarbeit von Bedeutung sowie der Umstand, dass Kurzarbeit nur dann eingeführt werden kann, wenn die entsprechenden Voraussetzungen zur Gewährung von Kurzarbeitergeld auch in der Person des Arbeitnehmers/der Arbeitnehmerin vorliegen (ArbG Stuttgart v. 22.10.2020, 11 Ca 2950/20, siehe auch LAG Berlin-Brandenburg v. 6.5.2021, 10 Sa 1337/20).

Auf der Grundlage eines plausiblen unternehmerischen Konzeptes kann auch eine Reduzierung der Arbeitszeit in Betracht kommen, wenn dies mit einer Leistungsverdichtung verbunden ist. Auch eine Erhöhung der täglichen Arbeitszeit kommt im Einzelfall in Betracht, wenn sonst zur Leistung der Mehrarbeit eine weitere Arbeitskraft eingestellt werden müsste. Der Entschluss,

einem verringerten Arbeitskräftebedarf statt durch Beendigungskündigungen durch Änderungskündigung mit dem Ziel von Teilzeitbeschäftigungen Rechnung zu tragen, kann die Kündigung sozial rechtfertigen. Ob der Arbeitgeber diesen Weg wählt oder eine Beendigungskündigung ausspricht, unterliegt seiner unternehmerischen Entscheidung. Umgekehrt ist der Arbeitgeber aufgrund unternehmerischer Entscheidungsfreiheit berechtigt, das Beschäftigungsvolumen auszuweiten und von Teilzeit- auf Vollzeitarbeit umzusteigen. Er ist jedoch darauf angewiesen, den Teilzeitkräften zunächst eine Vertragsänderung zur Ausdehnung der Arbeitszeit anzubieten.

 **ACHTUNG!**

Vor Ausspruch einer Änderungskündigung zur Reduzierung der Arbeitszeit hat der Arbeitgeber zu prüfen, ob er dem Arbeitnehmer andere Aufgaben zuweisen kann. Geringerwertige Aufgaben können einem Arbeitnehmer im Rahmen des Direktionsrechts zugewiesen werden, wenn sich dadurch die Eingruppierung nicht ändert und es ansonsten zumutbar ist (LAG Berlin-Brandenburg 15.11.2018, 10 Sa 630/18).

## 1.3 Veränderung des Arbeitsortes

Ein betriebliches Erfordernis zur Änderung der bisherigen Vertragsbedingungen kann auch die Notwendigkeit zur Änderung des Arbeitsortes darstellen. Bei der Verlegung einer Dienststelle an einen anderen Ort wird der Arbeitgeber am bisherigen Arbeitsort mutmaßlich keinen Beschäftigungsbedarf für den Arbeitnehmer mehr besitzen und die Änderung damit gerechtfertigt sein (BAG v. 12.8.2010, 2 AZR 558/09, ZTR 2011, 112).

## 1.4 Sonderfall: „Überflüssige Änderungskündigung"

Wird eine Änderungskündigung i. S. d. § 2 KSchG z. B. wegen dringender betrieblicher Erfordernisse ausgesprochen, weil eine Rückgruppierung für erforderlich gehalten wird, so ist eine Klage gegen diese Änderungskündigung bereits deshalb unbegründet, weil sich die Eingruppierung aufgrund der bestehenden Tarifautomatik als bloßer Akt der Rechtsanwendung ohne eine Änderung der Arbeitsvertragsbedingungen vollzieht und deshalb mit der Änderungskündigung keine geänderten Vertragsbedingungen angeboten werden, sondern lediglich der Rechtsakt der Eingruppierung benannt wird. Gegenstand einer Änderungsschutzklage ist mit Blick auf den Wortlaut des § 4 KSchG aber nicht die Rechtmäßigkeit der Änderung der tatsächlichen Arbeitsbedingungen und auch nicht die Sozialwidrigkeit der Kündigungserklärung, sondern allein die soziale Rechtfertigung der Änderung der vertraglichen Arbeitsbedingungen, die bei Zugang der Kündigung bis einschließlich zum Änderungstermin in dem Arbeitsverhältnis galten. Dieses Problem ergibt sich aufgrund des Verständnisses des Streitgegenstandes aus § 4 KSchG immer dann, wenn das mit der Kündigung verbundene Vertragsangebot inhaltlich nicht zu einer Änderung der bisherigen Arbeitsvertragsbedingungen führt. Dieses kann auch der Fall sein, weil z. B. die neue Tätigkeit bereits im Wege des Weisungsrechts zugewiesen werden kann (so z. B. bei LAG Rheinland-Pfalz v. 18.1.2022, 8 Sa 91/21) oder weil die eingetragene Eingruppierung sich bereits aus einer Tarifautomatik ergibt (LAG Rheinland-Pfalz v. 16.3.2021, 8 Sa 125/20). Die ausgesprochene Änderungskündigung ist dann überflüssig.

Problematisch ist die Reaktion des Arbeitnehmers auf eine solche „überflüssige" Änderungskündigung: Bei Ablehnung des (überflüssigen) Änderungsangebotes wird das Gericht entscheiden, dass das Arbeitsverhältnis durch eine überflüssige und damit unverhältnismäßige Kündigung nicht aufgelöst wurde. Bei Vorbehaltsannahme ist die Änderungsschutzklage von vornherein als unbegründet abzuweisen, weil die Vertragsbedingungen bei einer überflüssigen Änderungskündigung unverändert bleiben. Im Ergebnis gewinnt der Arbeitnehmer seinen Änderungsschutzprozess, der das überflüssige Änderungsangebot ablehnt, derjenige der es unter Vorbehalt annimmt, verliert hingegen seinen Prozess. Dies ist mit der Kostenlast des § 91 ZPO verbunden.

**TIPP!**

Wenn das Risiko einer überflüssigen Änderungskündigung besteht, sollte das Änderungsangebot unter Vorbehalt des § 2 KSchG angenommen werden. Um dem Risiko der möglicherweise nachteiligen Kostentragungspflicht entgegen zu wirken, ist hilfsweise ein Antrag dahingehend zu stellen, dass für den Fall der überflüssigen Änderungskündigung entweder eine Billigkeitskontrolle der in dem Änderungsangebot liegenden Weisung vorgenommen wird oder aber eine Eingruppierungsüberprüfung erfolgen solle.

## 2. Personenbedingte Änderungskündigung

In der Praxis kommt eine personenbedingte Änderungskündigung insbesondere dann in Betracht, wenn wegen zunehmenden Alters oder gesundheitlicher Probleme die Leistungsfähigkeit abnimmt, aber andere angemessene Arbeitsplätze vorhanden sind. Eine Änderungskündigung kann sozial gerechtfertigt sein, wenn die objektiv nicht ausräumbare Befürchtung besteht, dass der Arbeitnehmer den Sicherheitsanforderungen nicht (mehr) entspricht. Der Arbeitgeber hat im Einzelnen die Tatsachen darzulegen und gegebenenfalls zu beweisen, aus denen die fehlende Eignung beziehungsweise Fähigkeit des Arbeitnehmers zur Erbringung seiner ordnungsgemäßen Arbeitsleistung folgt.

**Beispiele aus der Rechtsprechung**

Eine ordentliche Änderungskündigung kann sozial gerechtfertigt sein, wenn die Leistungsfähigkeit des Arbeitnehmers krankheitsbedingt gemindert ist und seine verbliebene Arbeitsleistung die berechtigten Erwartungen des Arbeitgebers von der Gleichwertigkeit der beiderseitigen Leistungen in einem Maße unterschreitet, dass diesem ein Festhalten an dem (unveränderten) Arbeitsvertrag unzumutbar ist. Dafür bedarf es einer gravierenden Störung des Äquivalenzgefüges. Eine lediglich geringfügige – qualitative oder quantitative – Minderleistung reicht nicht aus. Das gilt auch im Anwendungsbereich einer tarifvertraglichen Regelung, die für die Zuweisung einer „Position", nach der sich die Höhe der Vergütung bemisst, voraussetzt, dass der Arbeitnehmer im Rahmen der Position bzw. der ihr entsprechenden Tätigkeit in bestimmtem Umfang „einsetzbar" ist. Eine solche Regelung kann grundsätzlich nicht dahin verstanden werden, dass die „Ersetzbarkeit" und damit die Berechtigung zum Innehaben der fraglichen Position unmittelbar vom gesundheitlichen Leistungsvermögen des Arbeitnehmers abhängen soll (BAG v. 22.10.2015, 2 AZR 550/14, ZTR 2016, 341).

## 3. Verhaltensbedingte Änderungskündigung

Eine verhaltensbedingte Änderungskündigung ist insbesondere zu erwägen, wenn durch eine Änderung der Arbeitsbedingungen mit dem Ende eines vertragswidrigen Verhaltens gerechnet werden kann, z. B. bei einer Versetzung wegen dauernder Streitigkeiten mit einem Kollegen oder Leistungsmängeln, die sich nur bei einer bestimmten Tätigkeit zeigen. Wie bei einer Beendigungskündigung ist aber auch bei einer verhaltensbedingten Änderungskündigung der vorherige Ausspruch einer Abmahnung grundsätzlich erforderlich (LAG Rheinland-Pfalz v. 21.10.2009, 8 Sa 393/09).

## IV. Reaktionsmöglichkeiten des Arbeitnehmers

Auf das mit der Änderungskündigung ausgesprochene Änderungsangebot des Arbeitgebers kann der Arbeitnehmer auf unterschiedliche Weise reagieren. Er kann es unter oder ohne Vorbehalt annehmen oder gänzlich ablehnen.

### 1. Vorbehaltslose Annahme

Wird das Änderungsangebot ohne Erklärung eines Vorbehalts angenommen, kommt es zu einer inhaltlichen Änderung des Arbeitsvertrags. Die Kündigung wird gegenstandslos.

Die Annahme ist eine empfangsbedürftige Willenserklärung. Sie kann sowohl ausdrücklich als auch konkludent erklärt werden. Eine konkludente Annahme kann jedoch nur in Ausnahmefällen bejaht werden. Wenn sich die geänderten Arbeitsbedingungen unmittelbar und zudem nachhaltig auf das Arbeitsverhältnis auswirken und der Arbeitnehmer – ohne einen Widerspruch zu erklären – die neue Tätigkeit verrichtet, kann von einer konkludenten vorbehaltlosen Annahme ausgegangen werden.

**WICHTIG!**

Setzt der Arbeitnehmer die Arbeit zu den geänderten Arbeitsbedingungen nach Ablauf der Kündigungsfrist fort, stellt dies eine vorbehaltslose Annahme des Änderungsangebots dar.

Die vorbehaltlose Annahme des Angebots unterliegt nicht der Frist des § 2 S. 2 KSchG (drei Wochen nach Zugang der Kündigungserklärung). Für die Bestimmung der Frist ist vielmehr § 147 Abs. 2 BGB maßgeblich (BAG v. 6.2.2003, 2 AZR 674/01). Es steht dem Arbeitgeber jedoch frei, sein Angebot zur Annahme ausdrücklich mit einer Frist zu versehen. Für diese vom Arbeitgeber zu setzende Frist gilt § 2 S. 2 KSchG entsprechend, weshalb die dort genannte Mindestfrist als Untergrenze anzusehen ist (BAG v. 18.5.2006, 2 AZR 230/05; BAG v. 1.2.2007, 2 AZR 44/06). Bemisst der Arbeitgeber die Frist zu kurz, ist die Änderungskündigung nicht unwirksam. Vielmehr tritt an die Stelle der zu kurz bemessenen Frist die gesetzliche Mindestfrist des § 2 KSchG (BAG v. 1.2.2007, 2 AZR 44/06; BAG v. 18.10.2018, 2 AZR 374/18).

Hat der Arbeitnehmer erst einmal die Annahme erklärt und ist diese Erklärung dem Arbeitgeber zugegangen, so ist der Arbeitnehmer hieran gebunden. Ein einseitiger Widerruf durch den Arbeitnehmer kann dann nicht mehr erfolgen.

### 2. Annahme unter Vorbehalt

Der Arbeitnehmer kann gemäß § 2 KSchG das Änderungsangebot bzw. die neuen Arbeitsbedingungen unter dem Vorbehalt annehmen, dass die Änderung dieser Bedingungen nicht sozial ungerechtfertigt ist.

Wird in einem Dienstverhältnis mit einem arbeitnehmerähnlichen freien Mitarbeiter die Änderungskündigung ausgesprochen, ist die Annahme unter Vorbehalt nicht möglich. § 2 KSchG ist eine Sonderregelung nur für Arbeitnehmer. Erklärt eine arbeitnehmerähnliche Person die Annahme unter Vorbehalt, so stellt dies die Ablehnung des Angebots des Dienstberechtigten dar, § 150 Abs. 2 BGB (BAG v. 20.9.2016, 9 AZR 525/15).

**WICHTIG!**

Die Annahme unter Vorbehalt gemäß § 2 KSchG steht nur solchen Arbeitnehmern zu, die in einem Betrieb mit in der Regel mehr als zehn Arbeitnehmern (Ausnahme: Altfälle mit Einstellung vor dem 1.1.2004) und schon länger als sechs Monate beschäftigt sind. Der Geltungsbereich des Kündigungsschutzgesetzes muss eröffnet sein (vgl. → *Kündigung*).

## 2.1 Form und Frist

Der Vorbehalt muss gegenüber dem Arbeitgeber erklärt werden. Die Erklärung ist an keine bestimmte Form gebunden. Die Annahme unter Vorbehalt kann durch schlüssiges Verhalten erfolgen, sofern dies eindeutig ist. Nicht eindeutig ist die bloße Fortsetzung des Arbeitsverhältnisses zu den geänderten Bedingungen, da durch sie der Vorbehalt nicht deutlich wird. Sie gilt als vorbehaltslose Annahme des Änderungsangebots (s. o. 1.).

Bei der ordentlichen Änderungskündigung muss der Arbeitnehmer den Vorbehalt innerhalb von drei Wochen nach Zugang der Kündigung erklären. Dies ergibt sich aus § 2 S. 2 KSchG. Sollte die Kündigungsfrist ausnahmsweise weniger als drei Wochen betragen, so hat der Arbeitnehmer den Vorbehalt bis zum Ablauf der Kündigungsfrist auszusprechen. Bei der außerordentlichen Kündigung muss er den Vorbehalt unverzüglich erklären, es sei denn, die Kündigung wurde mit einer sozialen Auslauffrist ausgesprochen. Dann gelten die Regeln für die ordentliche Änderungskündigung entsprechend.

Der Vorbehalt muss dem Arbeitgeber innerhalb der Frist zugehen. Für den Zugang gelten die allgemeinen Regelungen über den Zugang von Willenserklärungen, §§ 130 f. BGB. Der Lauf der Frist bestimmt sich gemäß §§ 187 f. BGB. Der Tag des Zugangs der Änderungskündigung zählt bei der Berechnung der Frist gemäß § 187 Abs. 1 BGB nicht mit. Es genügt nicht, wenn der Arbeitnehmer am letzten Tage des Fristablaufs die Erklärung abgibt und diese dem Arbeitgeber erst am darauf folgenden Tag, z. B. per Post, zugeht. Ebenso wenig genügt die Verbindung der Vorbehaltserklärung mit der Kündigungsschutzklage, die dem Arbeitgeber womöglich erst einige Tage später zugestellt wird (BAG v. 17.6.1998, 2 AZR 336/97).

 **ACHTUNG!**

Dies könnte sich ändern, da nach Rechtsprechung des BGH Fristen gemäß § 167 ZPO als gewahrt gelten, wenn mit der Zustellung eines Schriftsatzes alsbald zu rechnen ist, der eine bestimmte Erklärung enthält, vgl. BGH v. 17.7.2008, I ZR 109/05. Ob das BAG dieser Rechtsprechung folgen wird, ist noch offen. Zur Geltendmachungsfrist nach § 15 Abs. 4 AGG wurde vom 8. Senat des BAG eine Anwendung von § 167 ZPO angenommen (BAG v. 22.5.2014, 8 AZR 662/13, ZTR 2015, 94); grundsätzlich ablehnend gegenüber der Rechtsprechung des BGH äußerte sich jedoch der 6. Senat (BAG v. 16.3.2016, 4 AZR 421/15, ZTR 2016, 564). Der für Kündigungen zuständige 2. Senat hatte bisher noch keine Gelegenheit zur Stellungnahme. Sofern diese Rechtsprechung des BGH auch auf die Vorbehaltserklärung nach § 2 KSchG übertragen würde, könnte der Vorbehalt auch noch in der am Tag des Fristablaufs beim Arbeitsgericht eingehenden Änderungsschutzklage wirksam erklärt werden, selbst wenn diese erst nach Ablauf der Dreiwochenfrist beim Arbeitgeber zugestellt würde.

Um möglichst schnell Planungssicherheit zu erhalten, kann der Arbeitgeber den Arbeitnehmer auffordern, sich innerhalb einer angemessenen Überlegungsfrist zu dem Änderungsangebot zu erklären (s. Muster u. V.). Unproblematisch ist es jedenfalls, wenn der Arbeitgeber hier die gesetzlich geregelte Drei-Wochen-Frist in Ansatz bringt, auch wenn sich diese nur auf die Geltendmachung des Vorbehalts bezieht. Die gesetzliche Mindestfrist des § 2 S. 2 KSchG bildet im Falle der ordentlichen Änderungskündigung in jedem Fall die Untergrenze für das vom Arbeitgeber gemachte befristete Änderungsangebot. Der Arbeitnehmer kann sowohl die Annahme des Änderungsangebots unter Vorbehalt als auch die vorbehaltlose Annahme nach Ablauf einer zu kurz bemessenen Annahmefrist grundsätzlich noch bis zum Ablauf der gesetzlichen Frist des § 2 S. 2 KSchG erklären.

 **TIPP!**

Um den Entscheidungsdruck auf den Arbeitnehmer zu erhöhen, kann die Vorgabe einer kürzeren Überlegungsfrist aus taktischen Gründen gleichwohl sinnvoll sein. Die Änderungskündigung wird durch die Einräumung einer zu kurzen Überlegungsfrist nicht insgesamt unwirksam (BAG v. 1.2.2007, 2 AZR 44/06).

Versäumt der Arbeitnehmer die Frist, hat er nicht mehr das Recht, das Angebot unter Vorbehalt anzunehmen. Das Angebot gilt damit als abgelehnt und die Kündigung ist als Beendigungskündigung zu behandeln (s. u. 3.). Eine nachträgliche Zulassung des Vorbehalts entsprechend § 5 KSchG oder eine Wiedereinsetzung in den vorigen Stand entsprechend den Regelungen der §§ 233 ff. ZPO ist nicht möglich.

 **WICHTIG!**

Hat der Arbeitnehmer eine Änderungskündigung unter Vorbehalt angenommen und Änderungsschutzklage erhoben, so kann er den Vorbehalt nicht mehr einseitig zurücknehmen und eine auf Feststellung der Unwirksamkeit der Kündigung gerichtete Kündigungsschutzklage führen (LAG Köln v. 6.12.2001, 874/01).

Gibt der Arbeitnehmer keine ausdrückliche Erklärung zum Vorbehalt ab, sondern erhebt (nur) Kündigungsschutzklage mit dem Antrag, die Sozialwidrigkeit der Änderung festzustellen, kann darin die Erklärung des Vorbehalts gesehen werden. Auch bei dieser „Umdeutung" gilt jedoch die dreiwöchige Erklärungsfrist.

## 2.2 Folge

Hat der Arbeitnehmer die Änderungskündigung unter Vorbehalt angenommen, kann er nach Ablauf der Kündigungsfrist vorläufig zu den geänderten Arbeitsbedingungen weiterbeschäftigt werden (z. B. auf einem anderen Arbeitsplatz oder zu einer geringeren Vergütung). Er hat dann nicht mehr das Recht, die Weiterbeschäftigung zu den geänderten Arbeitsbedingungen unter Hinweis auf die Unwirksamkeit der Änderungskündigung abzulehnen (BAG v. 28.5.2009, 2 AZR 844/07, ZTR 2009, 548).

Erst wenn die gerichtliche Überprüfung der Änderungsbedingungen zur rechtskräftigen Feststellung führt, dass die Änderungskündigung unwirksam ist, muss der Arbeitnehmer wieder zu den ursprünglichen Arbeitsbedingungen weiterbeschäftigt werden. Die Änderungskündigung ist in diesen Fällen als von Anfang an unwirksam anzusehen (§ 8 KSchG), sodass dem Arbeitnehmer die in der Vergangenheit entstandenen Nachteile (z. B. Vergütungseinbußen) auszugleichen sind.

Hält das Arbeitsgericht die geänderten Bedingungen jedoch für sozial gerechtfertigt, so steht mit Rechtskraft des Urteils fest, dass die Änderung von Anfang an verbindlich und die Beschäftigung zu den geänderten Bedingungen rechtens war.

Die Änderungskündigung kann – als einseitig empfangsbedürftige Willenserklärung – nicht ohne Zustimmung des Arbeitnehmers zurückgenommen werden. Nimmt er diese jedoch unter Vorbehalt an, dann bietet er dem Arbeitgeber gleichzeitig an, zu unveränderten Bedingungen weiterzuarbeiten. In der „Rücknahme" der Kündigung ist dann die Annahme des Angebots des Arbeitnehmers durch den Arbeitgeber zu sehen.

## 3. Ablehnung

Die Ablehnung durch den Arbeitnehmer hat zur Folge, dass sich die Änderungskündigung in eine Beendigungskündigung umwandelt. Hat der Arbeitnehmer erst einmal die Ablehnung erklärt und ist diese Erklärung dem Arbeitgeber zugegangen, so ist der Arbeitnehmer hieran gebunden. Ein einseitiger Widerruf durch den Arbeitnehmer kann nicht mehr erfolgen. Gleiches gilt, wenn das Änderungsangebot nicht fristgerecht angenommen wird.

**TIPP!**

Insbesondere bei außerordentlichen Änderungskündigungen kann es ratsam sein, dem Arbeitnehmer auch nach Ablehnung des Änderungsangebots die geänderte (angemessene) Beschäftigung nochmals ausdrücklich als „Ersatzbeschäftigung" während des Rechtsstreits über die Beendigung des Arbeitsverhältnisses anzubieten. Lehnt der Arbeitnehmer die Weiterbeschäftigung zu den geänderten Bedingungen auch insoweit ab, kann dies zum Verlust des Verzugslohnanspruchs führen (LAG Köln v. 21.6.2005, 13 Sa 179/05).

Bei fristgerechtem und ordnungsgemäßem Widerspruch des Personalrats gemäß § 85 Abs. 1 BPersVG bzw. des Betriebsrats gemäß § 102 Abs. 3 BetrVG kann der Arbeitnehmer im Kündigungsschutzprozess die einstweilige Weiterbeschäftigung (also bis zur Rechtskraft des Urteils) zu den ursprünglichen Arbeitsbedingungen verlangen. Hat der Personalrat bzw. der Betriebsrat nicht ordnungsgemäß widersprochen, kann der Arbeitnehmer nur dann eine vorläufige Weiterbeschäftigung durchsetzen, wenn die Änderungskündigung offensichtlich unwirksam oder rechtsmissbräuchlich ist.

Wird durch ein (noch nicht rechtskräftiges) Urteil die Unwirksamkeit der Änderungskündigung festgestellt, hat das Arbeitsgericht auch einem (bis zur Rechtskraft) einstweiligen Weiterbeschäftigungsbegehren des Arbeitnehmers stattzugeben, es sei denn, es liegen ausnahmsweise Umstände vor, aus denen sich im Einzelfall ein überwiegendes Interesse des Arbeitgebers ergibt, den Arbeitnehmer nicht weiterzubeschäftigen.

### 4. Bindung des Arbeitgebers an das Angebot

In Fällen, in denen der Arbeitnehmer überhaupt keine Erklärung abgibt (auch nicht durch schlüssiges Verhalten), stellt sich die Frage, ob und ggf. wie lange der Arbeitgeber an sein Angebot gebunden ist. Die vorbehaltlose Annahme ist nicht an die Höchstfrist von drei Wochen gebunden. Die Frist des § 2 S. 2 KSchG betrifft nur die Erklärung einer Annahme unter Vorbehalt, nicht die vorbehaltlose Annahme. Wie lange der Arbeitgeber gemäß § 147 BGB mit einer Annahme rechnen muss, bestimmt sich nach den Umständen des Einzelfalls. Der Antragende kann aber eine Frist zur Annahme des Angebots bestimmen. In diesem Fall kann grundsätzlich die Annahme des Angebots nur innerhalb der bestimmten Frist erfolgen (§ 148 BGB).

Eine Fristbestimmung i. S. v. § 148 BGB kann nicht nur durch die Festlegung eines konkreten Termins oder die Festsetzung eines Zeitraums erfolgen. Sie kann sich auch aus den Umständen ergeben. Ausreichend ist jede zeitliche Konkretisierung, durch die der Antragende zu erkennen gibt, er wolle von der gesetzlichen Regelung des § 147 BGB abweichen, beispielsweise in dem er eine „umgehende Antwort" verlangt. Im Hinblick auf § 2 S. 2 KSchG darf allerdings die Mindestannahmefrist von drei Wochen nicht unterschritten werden. Eine zu kurz bemessene Annahmefrist führt nicht dazu, dass es an einer Fristsetzung für eine vorbehaltlose Annahme überhaupt fehlt und die Frist nach § 147 BGB zu bestimmen ist. An die Stelle der zu kurzen Frist tritt vielmehr die gesetzliche Drei-Wochen-Frist des § 2 S. 2 KSchG (BAG v. 1.2.2007, 2 AZR 44/06).

### 5. Klage

Will der Arbeitnehmer gegen die Änderungskündigung gerichtlich vorgehen, muss er innerhalb einer Frist von drei Wochen nach Zugang der Kündigung Klage erheben (§ 4 KSchG). Andernfalls gilt die Kündigung als sozial gerechtfertigt.

Die Art und die Rechtsfolgen der Klage sind davon abhängig, wie der Arbeitnehmer auf die Änderungskündigung reagiert hat.

### 5.1 Klage bei Ablehnung des Änderungsangebots

Hat der Arbeitnehmer das Änderungsangebot vorbehaltlos abgelehnt, ist die Kündigung als (normale) Beendigungskündigung zu behandeln. Der Arbeitnehmer kann in diesem Fall keine Klage wegen der Änderung der Arbeitsbedingungen erheben. Da ausschließlich die Rechtswirksamkeit der Beendigung des Arbeitsverhältnisses im Streit steht, muss der Arbeitnehmer die erklärte Änderungskündigung mit der Kündigungsschutzklage gemäß § 4 KSchG angreifen (BAG v. 10.4.2014, 2 AZR 812/12). Im Rahmen dieses Rechtsstreits kann der Arbeitnehmer gemäß § 9 KSchG die Auflösung des Arbeitsverhältnisses gegen Zahlung einer Abfindung beantragen (BAG v. 24.10.2013, 2 AZR 320/13).

Die Prüfung der Sozialwidrigkeit der Kündigung beschränkt sich aber auf die Frage, ob die vom Arbeitgeber beabsichtigte Änderung der Vertragsbedingungen gerechtfertigt gewesen wäre. Es muss damit das Bedürfnis entfallen sein, den betreffenden Arbeitnehmer zu den bisherigen Arbeitsbedingungen weiterzubeschäftigen (BAG v. 18.1.2007, 2 AZR 796/05). Stellt sich die Kündigung als rechtswirksam heraus, gilt das Arbeitsverhältnis (rückwirkend) zum genannten Kündigungszeitpunkt als beendet. Wird durch das Arbeitsgericht rechtskräftig die Unwirksamkeit der Kündigung festgestellt, ist das Arbeitsverhältnis zu den ursprünglichen Arbeitsbedingungen fortzusetzen. Für die Zeiten der Nichtbeschäftigung des Arbeitnehmers muss der Arbeitgeber dann ggf. das gesamte Gehalt unter dem Gesichtspunkt des Annahmeverzugs nachzahlen.

### 5.2 Klage bei Annahme unter Vorbehalt

Hat der Arbeitnehmer die Änderung der Arbeitsbedingungen unter Vorbehalt (der sozialen Rechtfertigung dieser geänderten Bedingungen) angenommen, kann er eine Änderungsschutzklage erheben. Hierzu muss er sinngemäß den Antrag auf Feststellung stellen, dass die Änderung der Arbeitsbedingungen sozial ungerechtfertigt ist. Das Arbeitsgericht überprüft dann nur, ob die angebotene Änderung der Arbeitsbedingungen hinreichend begründet bzw. sozial gerechtfertigt ist (BAG v. 20.6.2013, 2 AZR 396/12, ZTR 2014, 115). Wenn dies der Fall ist, muss der Arbeitnehmer auch nach Abschluss des gerichtlichen Verfahrens auf dem neuen Arbeitsplatz weiterarbeiten. Stellt das Arbeitsgericht jedoch rechtskräftig die Unwirksamkeit der Änderungskündigung fest, muss eine Weiterbeschäftigung zu den ursprünglichen Bedingungen erfolgen. Sollten dem Arbeitnehmer durch die zwischenzeitliche (nachträglich als unzulässig festgestellte) Beschäftigung auf einem anderen Arbeitsplatz Nachteile (z. B. Vergütungseinbußen) entstanden sein, muss der Arbeitgeber diese ausgleichen (z. B. Gehalt nachzahlen).

**ACHTUNG!**

Erhebt der Arbeitnehmer bei einer unter Vorbehalt angenommenen Änderungskündigung innerhalb von drei Wochen nach Zugang der Änderungskündigung nur einen Beendigungsschutzantrag, kann er bis zum Schluss der mündlichen Verhandlung erster Instanz noch zu einem Änderungsschutzantrag übergehen. Dies ergibt sich aus einer entsprechenden Anwendung von § 7 Hs. 1 KSchG (BAG v. 21.5.2019, 2 AZR 26/19, ZTR 2019, 686).

### 5.3 Klage als erste Reaktion

Reagiert der Arbeitnehmer auf die Änderungskündigung unmittelbar mit einer Klage, hängt das weitere Verfahren von dem Klageantrag ab: Will der Arbeitnehmer festgestellt wissen, dass das Arbeitsverhältnis nicht durch die Änderungskündigung beendet worden ist, liegt darin die Ablehnung des Änderungsangebots. Es wird dann nur über die Beendigung des Arbeitsverhältnisses verhandelt.

Stellt er jedoch den Antrag, festzustellen, dass die Änderung der Arbeitsbedingungen sozial ungerechtfertigt ist, liegt darin eine Annahme unter Vorbehalt. Der Arbeitnehmer muss dann zunächst zu den neuen Arbeitsbedingungen seine Arbeit leisten.

### 6. Anspruch auf Abfindung statt Klage

Im Falle der Ablehnung einer betriebsbedingten Änderungskündigung kann der Arbeitnehmer wählen, ob er gegen eine Kündigung Klage erhebt (s. o. 5.1) oder sich eine Abfindung gem. § 1a KSchG auszahlen lässt. Voraussetzung hierfür ist eine betriebsbedingte Kündigung, die den Hinweis des Arbeitgebers auf die Möglichkeit des gesetzlichen Abfindungsanspruchs enthält. Liegen die gesetzlichen Voraussetzungen vor (Einzelheiten hierzu s. u. → *Kündigungsschutz*), entsteht der Abfindungsanspruch in Höhe eines halben Monatsverdienstes für jedes Beschäftigungsjahr mit Verstreichenlassen der Klagefrist gem. § 4 KSchG. Die Abfindung wird dann nach Ablauf der Kündigungsfrist zur Zahlung fällig.

 **WICHTIG!**

Der Arbeitgeber muss sich bereits bei Ausspruch der Kündigung überlegen, ob er dem Arbeitnehmer durch den Hinweis auf die Möglichkeit der gesetzlichen Abfindung ein entsprechendes Wahlrecht einräumt. Dies ist immer nur dann zu empfehlen, wenn die Wirksamkeit der Kündigung zumindest zweifelhaft ist und dem Arbeitnehmer durch die Abfindungsmöglichkeit die Unterlassung einer Kündigungsschutzklage schmackhaft gemacht werden soll.

Nichtsdestotrotz kommt § 1a KSchG nur eine geringe praktische Bedeutung zu. Denn wenn Zweifel an der Wirksamkeit der Kündigung bestehen, werden anwaltlich gut beratene Arbeitnehmer i. d. R. Kündigungsschutzklage erheben. Meist wird nämlich im Kündigungsschutzprozess eine höhere Abfindung als die nach § 1a KSchG im Wege einer vergleichsweisen Beendigung des Arbeitsverhältnisses zu erzielen sein.

---

### V. Muster: Änderungskündigung

*Sehr geehrter Herr .......... /Sehr geehrte Frau ..........,*

*hiermit kündigen wir das mit Ihnen bestehende Arbeitsverhältnis unter Einhaltung der ordentlichen Kündigungsfrist zum nächstmöglichen Zeitpunkt. Nach unserer Berechnung würde das Arbeitsverhältnis daher am ........ [Beendigungsdatum] enden.*

*Gleichzeitig bieten wir die Fortsetzung des Arbeitsverhältnisses unter Maßgabe folgender Änderungen an: [Beabsichtigte Vertragsänderungen möglichst konkret beschreiben]*

*Im Übrigen verbleibt es bei den ursprünglichen Bedingungen des Arbeitsverhältnisses. Die geänderten Arbeitsbedingungen treten mit Ablauf der vorbezeichneten Kündigungsfrist in Kraft, sofern Sie die angebotene Fortsetzung des Arbeitsverhältnisses nicht ausdrücklich ablehnen.*

*Der Personalrat/Betriebsrat wurde zu dieser Kündigung angehört. Er hat der Kündigung zugestimmt/sich nicht geäußert/ihr widersprochen; seine Stellungnahme ist beigefügt.*

*Bitte teilen Sie uns bis zum .......... [Dreiwochenfrist] mit, ob Sie die Änderungen Ihrer Arbeitsbedingungen akzeptieren, ablehnen oder unter Vorbehalt annehmen (§ 2 KSchG)*

*Für den Fall, dass Sie mit einer Fortsetzung des Arbeitsverhältnisses zu den geänderten Bedingungen nicht einverstanden sind, weisen wir Sie darauf hin, dass das Arbeitsverhältnis mit Ablauf*

*des .......... [Beendigungsdatum] endet. In diesem Fall sind Sie nach § 38 Abs. 1 SGB III verpflichtet, sich spätestens drei Monate vor der Beendigung des Arbeitsverhältnisses persönlich bei der Agentur für Arbeit arbeitsuchend zu melden. Liegen zwischen der Kenntnis des Beendigungszeitpunktes und der Beendigung des Arbeitsverhältnisses weniger als drei Monate, sind Sie verpflichtet, sich innerhalb von drei Tagen nach Kenntnis des Beendigungszeitpunktes persönlich bei der Agentur für Arbeit arbeitsuchend zu melden. Andernfalls kann Ihr Anspruch auf Arbeitslosengeld gemindert werden. Sie sind in diesem Zusammenhang ferner dazu verpflichtet, sich selbst an der Suche nach einem anderen Arbeitsplatz aktiv zu beteiligen.*

***Optional bei betriebsbedingter Änderungskündigung:*** *Wir weisen ferner darauf hin, dass die Kündigung aus dringenden betrieblichen Gründen erfolgt und Ihnen wegen der betriebsbedingten Beendigung ein gesetzlicher Anspruch auf Zahlung einer Abfindung gem. § 1a KSchG zusteht, sofern Sie das Änderungsangebot ablehnen und gegen die Kündigung innerhalb der gesetzlichen Klagefrist keine Klage erheben. Die Höhe der Abfindung beträgt gem. § 1a Abs. 2 KSchG 0,5 Monatsverdienste für jedes Jahr des Bestehens des Arbeitsverhältnisses. Als Monatsverdienst gilt gem. § 10 Abs. 3 KSchG, was Ihnen bei der für Sie maßgebenden regelmäßigen Arbeitszeit in dem Monat, in dem das Arbeitsverhältnis endet, an Geld und Sachbezügen zusteht. Bei der Ermittlung der Dauer des Arbeitsverhältnisses ist ein Zeitraum von mehr als sechs Monaten auf ein volles Jahr aufzurunden. Sollten Sie also gegen die Kündigung bis zum Ablauf der gesetzlichen Klagefrist keine Klage erheben, steht Ihnen nach Ablauf der Kündigungsfrist eine Abfindung in Höhe von € .............. [Abfindungsbetrag] zu.*

*Mit freundlichen Grüßen*

---

# Anfechtung

 **Wegweiser:**

Für die Anfechtung von Willenserklärungen gelten die Regelungen des allgemeinen Teils des BGB. Die Möglichkeit der Anfechtung besteht für beide Arbeitsvertragsparteien. Dabei wird sich die durch den Arbeitgeber im Regelfalle auf den Arbeitsvertrag beziehen. Der Arbeitnehmer hingegen wird seine Anfechtung mit dem Ziel ausüben, einen Aufhebungsvertrag oder sonst für ihn ungünstige Vereinbarungen zu beseitigen.

Im Bereich der Bundesverwaltung ist zudem § 7 Abs. 2 BGleiG zu beachten, der bestimmte Fragen in Vorstellungsgesprächen für unzulässig erklärt, sodass deren Falschbeantwortung den Arbeitgeber nicht zur Anfechtung des Arbeitsvertrages wegen arglistiger Täuschung berechtigt. Im Übrigen bestehen im öffentlichen Dienst keine Besonderheiten. Zur Anfechtung des Aufhebungsvertrages vgl. → *Aufhebungsvertrag*.

Darüber hinaus ist die Anfechtung von Arbeitnehmervertretungswahlen von arbeitsrechtlicher Relevanz. Das BPersVG bzw. das BetrVG bieten hierfür die Grundlage.

I. **Allgemeines**

II. **Anfechtungsgrund**
   1. Anfechtung wegen Irrtums
     1.1 Erklärungsirrtum
     1.2 Inhaltsirrtum
     1.3 Eigenschaftsirrtum
   2. Anfechtung wegen arglistiger Täuschung
     2.1 Fragerecht des Arbeitgebers
     2.2 Offenbarungspflicht des Arbeitnehmers
   3. Anfechtung wegen widerrechtlicher Drohung

**III. Form und Inhalt der Anfechtungserklärung**

**IV. Anfechtungsfrist**

**V. Rechtsfolgen der Anfechtung**

**VI. Verhältnis von Anfechtung und Kündigung**

**VII. Anfechtung von Personal- und Betriebsratswahlen**

**VIII. Muster: Anfechtung**

## I. Allgemeines

Die Möglichkeit zur Anfechtung wird nicht durch die Regelungen über die Kündigung des Arbeitsvertrages verdrängt. Die anfechtende Partei hat vielmehr ein Wahlrecht, von welcher Möglichkeit zur Beseitigung eines Vertrages sie Gebrauch macht, wenn die Anfechtung und die Kündigung auf demselben Grund beruhen.

Der Arbeitsvertrag kann vom Arbeitnehmer oder vom Arbeitgeber wegen Irrtums, widerrechtlicher Drohung oder arglistiger Täuschung angefochten werden. Die Anfechtung führt grundsätzlich zur Nichtigkeit des Vertrages von Anfang an. Ausnahme: Bei bereits in Vollzug gesetzten Arbeitsverhältnissen wirkt die Anfechtung nur für die Zukunft.

## II. Anfechtungsgrund

### 1. Anfechtung wegen Irrtums

Eine Anfechtung des Arbeitsvertrages wegen Irrtums kommt in Betracht, wenn der Erklärende eine Erklärung dieses Inhalts gar nicht abgeben wollte (Erklärungsirrtum), wenn sich der Erklärende über die Bedeutung seiner Erklärung im Irrtum befand (Inhaltsirrtum) oder wenn sich der Erklärende über verkehrswesentliche Eigenschaften der anderen Vertragspartei irrte (Eigenschaftsirrtum).

Die Anfechtung setzt weiterhin eine Kausalität zwischen dem Irrtum und dem Abschluss des Arbeitsvertrages dergestalt voraus, dass der Anfechtende den Arbeitsvertrag bei Kenntnis der tatsächlichen Sachlage und bei verständiger Würdigung nicht abgeschlossen hätte.

Dagegen berechtigt ein Irrtum im Beweggrund (Motivirrtum) nicht zur Anfechtung des Arbeitsvertrages.

### 1.1 Erklärungsirrtum

Ein Erklärungsirrtum liegt vor, wenn der Erklärende eine Erklärung dieses Inhalts gar nicht abgeben wollte. Typische Fälle des Erklärungsirrtums sind das Versprechen oder das Verschreiben.

**Beispiel**

Im Vorstellungsgespräch sagt der Arbeitgeber dem Arbeitnehmer versehentlich ein Bruttomonatsgehalt von € 8.400,00 zu, obwohl er tatsächlich nur € 4.800,00 anbieten wollte. Der Arbeitgeber kann den Arbeitsvertrag wegen Erklärungsirrtums anfechten.

### 1.2 Inhaltsirrtum

Bei einem Inhaltsirrtum entspricht die Erklärung zwar dem Willen des Erklärenden, er irrt aber über die rechtliche Bedeutung seiner Erklärung. Der Erklärende misst dem Inhalt seiner Erklärung subjektiv eine andere Bedeutung bei, als dieser tatsächlich objektiv zukommt. Ein solcher Inhaltsirrtum kann beispielsweise bei einer fehlerhaften Verwendung von Fachausdrücken oder Fremdwörtern vorliegen.

Irrt der Erklärende über eine Rechtsfolge seiner Erklärung, besteht ein Anfechtungsrecht jedoch nur dann, wenn die Rechtsfolge selbst Inhalt der rechtsgeschäftlichen Erklärung ist. Das ist der Fall, wenn das Rechtsgeschäft infolge der Verkennung seiner rechtlichen Bedeutung eine Rechtswirkung herbeiführt, die vom dem Gewollten wesentlich abweicht, nicht aber, wenn ein irrtumsfrei erklärtes und gewolltes Rechtsgeschäft außer der erstrebten Wirkung noch andere nicht erkannte oder gewollte Nebenfolgen hervorbringt. In letzterem Fall liegt lediglich ein unbeachtlicher Motivirrtum über die Rechtsfolgen der Erklärung vor. Die Abgrenzung zwischen beachtlichem Inhaltsirrtum und unbeachtlichem Motivirrtum ist häufig schwierig.

**Beispiel**

Ein Arbeitnehmer wird zum Geschäftsführer einer GmbH bestellt und schließt in diesem Zusammenhang einen schriftlichen Geschäftsführerdienstvertrag. Der Arbeitnehmer verkennt dabei, dass er hiermit konkludent sein bestehendes Arbeitsverhältnis aufhebt und dadurch seinen Kündigungsschutz als Arbeitnehmer verliert. Er kann den Geschäftsführerdienstvertrag nicht wegen Inhaltsirrtums anfechten, weil sich sein Irrtum nicht auf die rechtliche Bedeutung seiner Erklärung selbst (Begründung eines Geschäftsführerdienstverhältnisses) bezieht, sondern lediglich auf nicht erkannte und nicht gewollte Nebenwirkungen.

### 1.3 Eigenschaftsirrtum

Der Arbeitgeber kann den Arbeitsvertrag anfechten, wenn er sich bei Abschluss des Arbeitsvertrages in einem Irrtum über eine verkehrswesentliche Eigenschaft des Arbeitnehmers befunden hat. Zu den verkehrswesentlichen Eigenschaften zählen sowohl die körperlichen Merkmale einer Person als auch deren tatsächlichen und rechtlichen Verhältnissen zu ihrer Umwelt, sofern diese nach der Verkehrsanschauung für die Wertschätzung der Person und seine Verwendbarkeit für die zu verrichtende Tätigkeit von Bedeutung sind.

**Beispiel**

Die Mitarbeit eines Arbeitnehmers im ehemaligen Ministerium für Staatssicherheit kann bei Einstellungen im öffentlichen Dienst, insbesondere bei Führungs- und Vertrauenspositionen, eine verkehrswesentliche Eigenschaft des Arbeitnehmers darstellen, die den öffentlichen Arbeitgeber zur Anfechtung des Arbeitsvertrages wegen Eigenschaftsirrtums berechtigt.

Die verkehrswesentliche Eigenschaft muss von gewisser Dauer sein. Ist die Eigenschaft nur von vorübergehender Natur, wie beispielsweise die Schwangerschaft einer Arbeitnehmerin, scheidet ein Anfechtungsrecht von vornherein aus.

**Beispiel**

Ein Unternehmen des öffentlichen Personennahverkehrs stellt einen U-Bahnfahrer ein. Nach Abschluss des Arbeitsvertrages stellt sich heraus, dass der Arbeitnehmer alkoholabhängig ist. Der Arbeitgeber ist zur Anfechtung des Arbeitsvertrages berechtigt, weil die Eignung des Arbeitnehmers für die vertraglich vereinbarte Tätigkeit aufgrund der Alkoholsucht dauerhaft eingeschränkt ist.

### 2. Anfechtung wegen arglistiger Täuschung

Der wichtigste praktische Anwendungsbereich der Anfechtung wegen arglistiger Täuschung besteht im Zusammenhang mit dem Fragerecht des Arbeitgebers bei Einstellungen. Wird der Arbeitgeber bei der Einstellung durch falsche Angaben des Arbeitnehmers, insb. in Personalfragebögen oder bei Fragen im Vorstellungsgespräch getäuscht, kann er, nachdem er von der Täuschung erfahren hat, den Vertrag wegen arglistiger Täuschung anfechten. Eine Anfechtung wegen arglistiger Täuschung kommt daneben auch ohne Falschbeantwortung einer Frage durch bloßes Verschweigen einer Tatsache in Betracht, wenn der Arbeitnehmer verpflichtet war, dem Arbeitgeber diese Tatsache von sich aus mitzuteilen.

Die Täuschung muss jedoch arglistig erfolgt sein. Arglistig ist die Täuschung, wenn der Täuschende weiß oder billigend in Kauf nimmt, dass seine Behauptungen nicht der Wahrheit entsprechen oder mangels Offenbarung bestimmter Tatsachen irrige Vorstellungen beim Arbeitgeber hervorgerufen werden. Fahrlässigkeit – auch grobe Fahrlässigkeit – genügt insoweit nicht. Die Beweislast für das Vorliegen von Arglist trägt der Arbeitgeber. Dass es sich hierbei um eine innere Tatsache handelt, steht dem nicht entgegen.

**Beispiel**

Der Kläger ist Mitglied der NPD und als Arbeitnehmer in der Finanzverwaltung des Landes Baden-Württemberg tätig. Vor seiner Einstellung hatte sich der Kläger durch Unterzeichnung einer Erklärung zu der freiheitlichen demokratischen Grundordnung im Sinne des Grundgesetzes bekannt und gleichzeitig angegeben, dass er nicht Mitglied einer Organisation sei, die diese Grundordnung bekämpfe. Nachdem das beklagte Land von der NPD-Mitgliedschaft und diesbezüglicher Aktivitäten des Klägers erfuhr, hat es den Arbeitsvertrag wegen arglistiger Täuschung angefochten. Die Anfechtung hatte vor dem BAG (BAG v. 12.5.2011, 2 AZR 479/09, ZTR 2011, 408) keinen Erfolg, da der Kläger sich im Prozess darauf berufen hat, dass er sich stets und jederzeit zur freiheitlichen demokratischen Grundordnung bekannt habe und bekenne und auch nicht Mitglied oder sonst wie Anhänger einer Partei sei, deren Ziele sich gegen die freiheitliche demokratische Grundordnung richteten. Das BAG ist daher davon ausgegangen, dass der Kläger aus seiner subjektiven Sicht in seinen Aktivitäten für die NPD keinen Widerspruch zu dem Inhalt seiner Erklärung gesehen habe und daher nicht arglistig getäuscht habe.

Die Anfechtung wegen arglistiger Täuschung setzt eine Kausalität zwischen der Täuschung und dem Abschluss des Arbeitsvertrages voraus. Das bedeutet, dass der Anfechtende ohne die Täuschung, also bei Kenntnis der wahren Sachlage, den Arbeitsvertrag nicht abgeschlossen hätte.

**Beispiel**

Die Arbeitnehmerin verneint bei ihrer Einstellung die Frage nach dem Bestehen einer Schwerbehinderung wahrheitswidrig. Als der Arbeitgeber von der Täuschung erfährt, erklärt er die Anfechtung des Arbeitsvertrages. Im Prozess erklärt der Arbeitgeber, er hätte die Arbeitnehmerin auch dann eingestellt, wenn diese die Frage wahrheitsgemäß beantwortet hätte. Die Anfechtung des Arbeitsvertrages war unwirksam, da die Täuschung über die Schwerbehinderung nicht ursächlich für den Abschluss des Arbeitsvertrages war. Der Arbeitgeber vermochte die Anfechtung des Arbeitsvertrages auch nicht darauf zu stützen, dass die Arbeitnehmerin ihn zugleich über ihre Ehrlichkeit getäuscht habe, da die Annahme des Arbeitgebers, die Arbeitnehmerin sei ehrlich, nicht auf der falschen Antwort beruhte (BAG v. 7.7.2011, 2 AZR 396/10).

## 2.1 Fragerecht des Arbeitgebers

Das Anfechtungsrecht des Arbeitgebers besteht jedoch nur, wenn die vom Arbeitgeber gestellte und vom Bewerber wahrheitswidrig beantwortete Frage zulässig war. Eine unzulässige Frage braucht der Bewerber nicht zu beantworten. Da der Bewerber bei Nichtbeantwortung einer unzulässigen Frage damit rechnen muss, aus diesem Grund nicht eingestellt zu werden, hat er nicht nur das Recht zu schweigen, sondern darf sogar die Unwahrheit sagen, ohne dass dies den Arbeitgeber zur Anfechtung berechtigen würde

(„Recht zur Lüge"). Bei der Falschbeantwortung einer unzulässigen Frage fehlt das Merkmal der Arglist.

Grundsätzlich gilt: Die Frage muss mit dem angestrebten Arbeitsplatz in Zusammenhang stehen und für die Ausübung der Tätigkeit von Bedeutung sein. Der Arbeitgeber darf dem Arbeitnehmer nur solche Fragen stellen, an deren wahrheitsgemäßer Beantwortung er ein berechtigtes, billigenswertes und schutzwürdiges Interesse hat. Das Interesse des Arbeitgebers an der wahrheitsgemäßen Beantwortung der Frage muss das durch Art. 2 Abs. 1 i. V. m. Art. 1 Abs. 1 GG geschützte informationelle Selbstbestimmungsrecht des Bewerbers überwiegen.

Die im BDSG, der DSGVO und den Datenschutzgesetzen der Länder geregelten gesetzlichen Anforderungen an eine zulässige Datenerhebung konkretisieren und aktualisieren den Schutz des informationellen Selbstbestimmungsrechtes (vgl. BAG v. 15.11.2012, 6 AZR 339/11, ZTR 2013, 204 für das Datenschutzgesetz Nordrhein-Westfalen). Nach § 26 Abs. 1 BDSG dürfen personenbezogene Daten eines Beschäftigten für Zwecke des Beschäftigungsverhältnisses nur erhoben werden, wenn dies für die Entscheidung über die Begründung eines Beschäftigungsverhältnisses oder nach Begründung des Beschäftigungsverhältnisses für dessen Durchführung oder Beendigung erforderlich ist. Auch die vom Arbeitgeber schriftlich oder mündlich gestellte Frage stellt eine Datenerhebung i. S. d. § 26 BDSG dar.

Das Fragerecht des Arbeitgebers wird nicht nur durch das informationelle Selbstbestimmungsrecht und die Datenschutzgesetze, sondern auch durch das AGG eingeschränkt, da in der Frage des Arbeitgebers (z. B. nach einer Schwangerschaft oder einer Erkrankung) eine Benachteiligung wegen eines in § 1 AGG genannten Merkmals liegen kann.

Für Beschäftigte in der Bundesverwaltung ist zudem § 7 Abs. 2 BGleiG zu beachten. Danach sind in Vorstellungs- oder Auswahlgesprächen Fragen nach dem Familienstand, einer bestehenden oder geplanten Schwangerschaft sowie der Sicherstellung der Betreuung von Kindern, behinderten oder pflegebedürftigen Angehörigen neben der Berufstätigkeit unzulässig.

Unzulässig ist die **Frage nach der Schwangerschaft**. Dies gilt jedenfalls dann, wenn die Arbeitnehmerin unbefristet eingestellt werden soll, und zwar auch dann, wenn sich die Bewerberin um eine Stelle bemüht, die sie zunächst wegen des Eingreifens gesetzlicher Beschäftigungsverbote nicht antreten kann (BAG v. 6.2.2003, 2 AZR 621/01, ZTR 2003, 465). Ein Anfechtungsrecht besteht nach der Rechtsprechung des EuGH (Urt. v. 4.10.2001, C-109/00) auch dann nicht, wenn eine Arbeitnehmerin befristet eingestellt wird und die Arbeitnehmerin die ihr bei Vertragsschluss bekannte Schwangerschaft verheimlicht, obwohl zu diesem Zeitpunkt bereits feststeht, dass sie wegen ihrer Schwangerschaft während eines wesentlichen Teils der Vertragslaufzeit ihre Arbeitsleistung nicht erbringen kann. Das Bundesarbeitsgericht hat vor dem Hintergrund der Rechtsprechung des EuGH in einem obiter dictum festgestellt, dass die Kündigung dann eine unmittelbare Benachteiligung im Sinne des § 3 Abs. 1 AGG darstellt, wenn Sie gegenüber einer Frau erfolgt, die wegen ihrer Schwangerschaft während der gesamten Dauer des befristeten Arbeitsverhältnisses einem gesetzlichen Beschäftigungsverbot unterliegt (BAG v. 19.12.2013, 6 AZR 190/12, ZTR 2014, 242). Daher ist davon auszugehen, dass in dieser Konstellation bereits die Frage nach der Schwangerschaft vor Begründung des Arbeitsverhältnisses eine Diskriminierung darstellt und damit unzulässig ist.

**Beispiel**

> Bei der Einstellung antwortet eine Arbeitnehmerin auf Frage des Arbeitgebers, dass sie nicht schwanger sei. Zwei Monate nach Beginn der unbefristeten Tätigkeit stellt sich heraus, dass sie bereits im fünften Monat schwanger ist. Der Arbeitgeber kann nicht wegen arglistiger Täuschung anfechten, da die Frage nach der Schwangerschaft unzulässig war.

Die grundsätzliche **Frage nach der Schwerbehinderteneigenschaft** im Bewerbungsverfahren ist unzulässig (BAG v. 18.9.2014, 8 AZR 759/13, ZTR 2015, 216). Auch hat der Bewerber keine Pflicht, seine Behinderung oder Schwerbehinderung von sich aus zu offenbaren. Zulässig ist aber die Frage, welche Einschränkungen sich aus einer Schwerbehinderung ergeben, die der Bewerber in seinen Bewerbungsunterlagen angegeben hat. Das gilt aber nur dann, wenn die Frage auf die Beseitigung der verschiedenen Barrieren gerichtet ist, die die volle und wirksame Teilhabe der Menschen mit Behinderung am Berufsleben behindern (BAG v. 26.6.2014, 8 AZR 547/13, ZTR 2014, 731). Wenn die Behinderung die Eignung für die angestrebte Tätigkeit beeinträchtigt, besteht eine Offenbarungspflicht für den Bewerber und ein Fragerecht für den Arbeitgeber.

Die Frage nach dem **Familienstand** sowie die Frage nach der **Familienplanung** kann eine mittelbare Diskriminierung wegen der sexuellen Identität darstellen (§§ 1, 3 Abs. 2 AGG) und ist daher grundsätzlich unzulässig.

Die **Frage nach Krankheiten** ist wegen des nicht unerheblichen Eingriffs in die Intimsphäre des Bewerbers nur eingeschränkt zulässig. Zulässig ist die Frage, wenn die Krankheit die Eignung des Bewerbers für die angestrebte Tätigkeit auf Dauer oder in periodisch wiederkehrenden Abständen erheblich beeinträchtigt oder aufhebt. Ebenfalls zulässig ist die Frage nach ansteckenden Krankheiten, die die zukünftigen Kollegen oder Kunden gefährden können. Fragen darf der Arbeitgeber auch, ob zum Zeitpunkt des Dienstantritts oder in absehbarer Zeit mit einer Arbeitsunfähigkeit zu rechnen ist, z. B. durch eine geplante Operation, eine bewilligte Kur oder eine zurzeit bestehende Erkrankung (BAG v. 7.6.1984, 2 AZR 270/83).

Die **Frage nach Vorstrafen** ist nur dann zulässig, wenn und soweit die zu besetzende Arbeitsstelle oder die zu leistende Arbeit dies erfordert. Die Straftaten müssen einschlägig sein, d. h. sie müssen zu der Tätigkeit einen Bezug haben.

**Beispiel**

> Die Frage nach Vermögensdelikten ist bei einer Einstellung als Sparkassenangestellter ebenso zulässig wie die Frage nach Straßenverkehrsdelikten bei der Einstellung eines Kraftfahrers.

Im öffentlichen Dienst wird bei Bewerbern, die unbefristet eingestellt werden, regelmäßig die Vorlage eines amtlichen Führungszeugnisses gefordert.

Bei der Befragung einzustellender Beschäftigter über Vorstrafen und bei der Einholung von Führungszeugnissen sind die Vorschriften des BZRG zu beachten. Nach § 53 Abs. 1 BZRG darf sich ein Verurteilter als unbestraft bezeichnen und braucht den der Verurteilung zugrunde liegenden Sachverhalt nicht zu offenbaren, wenn die Verurteilung im Register zu tilgen ist oder nicht in das Führungszeugnis aufzunehmen ist.

Das BAG hat ein berechtigtes Interesse des öffentlichen Arbeitgebers anerkannt, sich bei einem Bewerber um ein öffentliches Amt nach anhängigen Straf- und Ermittlungsverfahren zu erkundigen, wenn bereits ein solches Verfahren Zweifel an der persönlichen Eignung des Bewerbers für die in Aussicht genommene Tätigkeit begründen kann. An der Informationsbeschaffung durch die unspezifizierte Frage nach eingestellten Ermittlungsverfahren an den Stellenbewerber besteht dagegen grundsätzlich kein berechtigtes Interesse des potenziellen Arbeitgebers. Dies ergibt sich nach der Rechtsprechung (BAG v. 15.11.2012, 6 AZR 339/11, ZTR 2013, 204) aus den Wertentscheidungen des § 53 BZRG, wonach eingestellte Ermittlungsverfahren weder in ein Führungszeugnis aufzunehmen noch gegenüber Gerichten und Behörden anzugeben sind.

Verurteilungen, die im Bundeszentralregister getilgt sind, braucht ein Stellenbewerber auf die pauschale Frage nach dem Vorliegen von Vorstrafen selbst dann nicht angeben, wenn er sich um eine Stelle im Justizvollzugsdienst bewirbt (BAG v. 20.3.2014, 2 AZR 1071/12, ZTR 2014, 664). Ebenso wenig hat der öffentliche Arbeitgeber ein berechtigtes Interesse daran, Bewerber für eine solche Tätigkeit nach bereits eingestellten strafrechtlichen Ermittlungsverfahren zu fragen.

Einen Anspruch auf die Vorlage eines erweiterten Führungszeugnisses nach § 30a BRZG hat der Arbeitgeber nur dann, wenn der Arbeitnehmer die Voraussetzungen für ein erweitertes Führungszeugnis nach § 30a BRZG erfüllt, also insbesondere weil dem Arbeitnehmer eine konkrete berufliche oder ehrenamtliche Beaufsichtigung, Betreuung, Erziehung oder Ausbildung Minderjähriger oder aber eine Tätigkeit, die in vergleichbarer Weise geeignet ist, Kontakt zu Minderjährigen aufzunehmen und ein Vertrauensverhältnis aufzubauen übertragen werden soll (LAG Hamm v. 26.1.2018, 10 Sa 1122/17; LAG Hamm v. 25.4.2014, 10 Sa 1718/13).

Die Frage nach der **Gewerkschaftszugehörigkeit** ist wegen der grundgesetzlich geschützten Koalitionsfreiheit (Art. 9 Abs. 3 GG) unzulässig.

Ebenso unzulässig ist die Frage nach der **Mitgliedschaft in einer Partei**, sofern es sich nicht um eine verfassungsfeindliche Partei handelt. Etwas anderes gilt, wenn die Information für die zu besetzende Stelle eine besondere Relevanz aufweist, so beispielsweise bei der Einstellung von Arbeitnehmern in einer Partei, einer Gewerkschaft oder einem Arbeitgeberverband.

An der Frage nach der **Religionszugehörigkeit** besteht in der Regel kein legitimes Interesse des Arbeitgebers, sodass eine diesbezügliche Frage unzulässig ist. Etwas anderes gilt bei der Besetzung von Stellen in kirchlichen Einrichtungen, die einen unmittelbaren Bezug zum Kernbereich der Religionsgemeinschaft aufweisen. § 9 Abs. 1 AGG lässt sogar noch weitergehend eine unterschiedliche Behandlung zu, wenn eine bestimmte Religion oder Weltanschauung unter Beachtung des Selbstverständnisses der jeweiligen Religionsgemeinschaft im Hinblick auf ihr Selbstbestimmungsrecht oder nach der Art der Tätigkeit eine gerechtfertigte berufliche Anforderung darstellt.

Zulässig ist die **Frage** des öffentlichen Arbeitgebers **nach der Zugehörigkeit zu Organisationen mit verfassungsfeindlichen Zielen**. Dies gilt unabhängig davon, ob die Verfassungswidrigkeit der Organisation bereits festgestellt ist oder nicht, da zu der Eignung eines Bewerbers im öffentlichen Dienst i. S. v. Art. 33 Abs. 2 GG auch seine Verfassungstreue gehört.

Ob die **Frage nach** einer **Scientology-Mitgliedschaft** zulässig ist, ist zweifelhaft. Scientology stellt zwar nach der Auffassung des Bundesarbeitsgerichts weder eine Religion noch eine Weltanschauung dar (BAG v. 22.3.1995, 5 AZB 21/94). Demnach können sich deren Mitglieder weder auf die grundgesetzlich geschützte Religions- und Weltanschauungsfreiheit, noch auf das diesbezügliche Benachteiligungsverbot aus §§ 1, 7 AGG berufen. Das Bundesverwaltungsgericht hat allerdings Scientology die Eigenschaft einer Weltanschauungsgemeinschaft zuerkannt (BVerwG v. 15.12.2005, 7 C 20/04). Da es sich bei der Weltanschauung um ein verpöntes Merkmal im Sinne des § 1 AGG handelt, kann die Frage nach der Zugehörigkeit zu Scientology eine Benachteiligung des Bewerbers darstellen. Sie dürfte daher nur dann zulässig sein, wenn es um die Besetzung von besonderen Vertrauensstellungen geht.

## 2.2 Offenbarungspflicht des Arbeitnehmers

Eine Täuschung kann auch durch das Verschweigen von Tatsachen erfolgen, wenn der Arbeitnehmer von sich aus zur Offenbarung bestimmter Umstände verpflichtet war.

Eine Pflicht des Bewerbers, bestimmte Umstände ohne Frage von sich aus zu offenbaren, besteht jedoch nur ausnahmsweise, wenn er erkennt, dass er aufgrund fehlender Qualifikation oder Fähigkeiten für die Tätigkeit völlig ungeeignet ist, die Umstände ihm die Erfüllung der arbeitsvertraglichen Leistungspflicht unmöglich machen oder sonst ausschlaggebende Bedeutung für den Arbeitsplatz haben. In diesen Fällen kann der Arbeitgeber nach Treu und Glauben eine freiwillige Auskunft erwarten.

### Beispiel

Ein Arbeitnehmer wird als Chemiker eingestellt. Kurz nach Aufnahme der Tätigkeit stellt sich heraus, dass er nicht über das notwendige Chemiediplom verfügt und deshalb die Arbeit nicht verrichten kann. Dies hätte er dem Arbeitgeber mitteilen müssen. Der Arbeitgeber kann wegen arglistiger Täuschung anfechten.

## 3. Anfechtung wegen widerrechtlicher Drohung

Auch die Anfechtung wegen einer widerrechtlichen Drohung kann im Einzelfall in Betracht kommen. Die Rechtsprechung stellt insoweit jedoch strenge Anforderungen. Eine Drohung setzt zunächst die Ankündigung eines zukünftigen Übels voraus, dessen Zufügung in irgendeiner Weise als von der Macht des Ankündigenden abhängig dargestellt wird. Der Bedrohte muss einer Zwangslage ausgesetzt sein, die ihm subjektiv das Gefühl gibt, sich nur noch zwischen zwei Übeln entscheiden zu können.

### Beispiel

Eine Arbeitgeberin bestellt einen Arbeitnehmer zu einem Personalgespräch und wirft ihm darin vor, in der Vergangenheit unberechtigt Einkaufspreise für Waren in der EDV reduziert zu haben, um so einen höheren Verkaufsgewinn vorzuspiegeln. Anschließend legt die Arbeitgeberin dem Arbeitnehmer einen vorbereiteten Aufhebungsvertrag vor, der ein einvernehmliches Ausscheiden aus betrieblichen Gründen vorsieht. Für den Fall der Nichtunterzeichnung des Aufhebungsvertrags kündigt die Arbeitgeberin an, das Arbeitsverhältnis außerordentlich zu kündigen sowie eine Strafanzeige zu erstatten. Der Arbeitnehmer unterzeichnet daraufhin den Aufhebungsvertrag.

Allein eine Drohung berechtigt noch nicht zu einer Anfechtung. Die Drohung muss auch widerrechtlich sein. Die Widerrechtlichkeit der Drohung kann sich aus der Widerrechtlichkeit des eingesetzten Mittels oder des verfolgten Zwecks ergeben. Bedient sich der Drohende zwar an sich erlaubter Mittel zur Verfolgung eines an sich nicht verbotenen Zwecks, kann sich die Widerrechtlichkeit aus der Unangemessenheit des gewählten Mittels im Verhältnis zum verfolgten Zweck ergeben.

Der praktische relevante Fall der Drohung mit einer (außerordentlichen) Kündigung ist dann widerrechtlich, wenn ein verständiger Arbeitgeber eine solche Kündigung nicht ernsthaft in Erwägung ziehen durfte. Nicht erforderlich ist allerdings, dass die angedrohte Kündigung, wenn sie erklärt worden wäre, sich in einem Kündi-

gungsschutzprozess als rechtsbeständig erwiesen hätte. Nur wenn der Arbeitgeber unter Abwägung aller Umstände des Einzelfalls davon ausgehen muss, die angedrohte Kündigung werde im Falle ihrer Erklärung einer arbeitsgerichtlichen Überprüfung mit hoher Wahrscheinlichkeit nicht standhalten, darf er sie nicht in Aussicht stellen, um damit den Arbeitnehmer zum Abschluss eines Aufhebungsvertrags zu veranlassen (BAG v. 21.4.2016, 8 AZR 474/14). Die Drohung mit einer Strafanzeige ist rechtmäßig, wenn sie nur dazu dient, den Täter zur Wiedergutmachung des Schadens zu veranlassen. Auch hier ist darauf abzustellen, ob ein verständiger Arbeitgeber die Erstattung einer Strafanzeige ernsthaft in Erwägung gezogen hätte.

Das gilt auch im Falle der Beteiligung eines Rechtsanwalts auf Seiten des Arbeitgebers. Dessen Beauftragung ermöglicht nur eine fachkundige Beurteilung der Rechtslage durch den Arbeitgeber, sie verändert aber nicht den Prüfungsmaßstab (BAG v. 22.4.2022, 6 AZR 333/21).

### Beispiel

Im vorgenannten Beispiel hätte eine verständige Arbeitgeberin angesichts der Schwere der Pflichtverletzung nicht zunächst eine Abmahnung in Betracht gezogen. Sie hätte zudem von im unmittelbaren inneren Zusammenhang mit dem Arbeitsverhältnis begangenen Straftaten ausgehen dürfen. Folglich musste die Arbeitgeberin nicht davon ausgehen, dass die angedrohte Kündigung einer arbeitsgerichtlichen Überprüfung nicht standhalten würde. Auch eine Strafanzeige durfte ernsthaft in Erwägung gezogen werden. Daher liegt keine widerrechtliche Drohung vor, die zur Anfechtung des Aufhebungsvertrags berechtigt (BAG v. 22.4.2022, 6 AZR 333/21).

## III. Form und Inhalt der Anfechtungserklärung

Die Anfechtung erfolgt durch Erklärung gegenüber der anderen Vertragspartei als Anfechtungsgegner (§ 143 Abs. 1 BGB). Sofern im Arbeitsvertrag keine Schriftform vereinbart wurde, kann die Anfechtung auch mündlich erklärt werden. Hiervon ist jedoch dringend abzuraten, da der Arbeitgeber für den Zugang der Anfechtungserklärung beweisbelastet ist. Die Anfechtung des Arbeitsvertrages sollte daher in jedem Fall schriftlich erfolgen.

 **TIPP!**

Bei persönlicher Übergabe sollte sich der Arbeitgeber den Empfang vom Arbeitnehmer schriftlich bestätigen lassen. Für den Fall, dass der Arbeitnehmer die Empfangsbestätigung verweigert, sollte die Übergabe vor Zeugen erfolgen. Wird die Erklärung zugestellt, sollte dies durch einen Boten erfolgen, der als Zeuge in Betracht kommt. Der Bote sollte zuvor von dem Anfechtungsschreiben Kenntnis genommen haben, da er ansonsten nicht bezeugen kann, welche Erklärung er zugestellt hat.

Erforderlich ist, dass der Anfechtungsgegner der Erklärung entnehmen kann, auf welche tatsächlichen Gründe die Anfechtung gestützt wird. Der Anfechtungsgrund sollte daher in der Erklärung angegeben werden. Das Nachschieben von Anfechtungsgründen zu einer bereits aus anderen Gründen erklärten Anfechtung ist unzulässig (BAG v. 7.11.2007, 5 AZR 1007/06, ZTR 2008, 225). Daher sollte eine Anfechtung unter allen in Betracht kommenden Gesichtspunkten erklärt werden.

Die Teilanfechtung von einzelnen Bedingungen eines Arbeitsvertrages ist nur möglich, wenn der nach Wegfall des angefochtenen Teils verbleibende Rest bei objektiver Betrachtung als selbstständiges, unabhängig von den anderen Teilen bestehendes Rechtsgeschäft denkbar ist. Ob eine Teilanfechtung möglich ist, hängt nicht vom Willen der am Rechtsgeschäft Beteiligten ab, sondern allein von der objektiven (gedanklichen) Zerlegbarkeit des Rechtsgeschäfts (BAG v. 24.2.2011, 6 AZR 626/09). Die ungewollt konstitutive Nennung einer Entgeltgruppe des TV-L in einem Arbeitsvertrag ist als Vergütungsregelung, die im Gegenleistungsverhältnis zur Hauptleistungspflicht des Arbeitnehmers steht, daher nicht isoliert anfechtbar (BAG v. 18.10.2018, 6 AZR 246/17, ZTR 2019, 164).

## IV. Anfechtungsfrist

Die Anfechtungsfristen sind je nach Anfechtungsgrund unterschiedlich geregelt.

Die Anfechtung wegen Irrtums muss unverzüglich, also ohne schuldhaftes Zögern, erfolgen, nachdem der Anfechtungsberechtigte von seinem Irrtum Kenntnis erlangt hat (§ 121 Abs. 1 S. 1 BGB). Sie ist ausgeschlossen, wenn seit der Abgabe der Willenserklärung und damit seit Abschluss des Arbeitsvertrages zehn Jahre verstrichen sind (§ 121 Abs. 2 BGB).

Die Anfechtung wegen arglistiger Täuschung oder wegen widerrechtlicher Drohung muss innerhalb eines Jahres erklärt werden (§ 124 Abs. 1 BGB). Die Frist beginnt im Fall der arglistigen Täuschung mit dem Zeitpunkt, in welchem der Anfechtungsberechtigte die Täuschung entdeckt (§ 124 Abs. 2 S. 1 BGB). Im Fall der widerrechtlichen Drohung beginnt die Frist mit dem Zeitpunkt, in welchem die Zwangslage aufhört (§ 124 Abs. 2 S. 1 BGB). Auch im Fall der Anfechtung wegen arglistiger Täuschung oder wegen widerrechtlicher Drohung ist die Anfechtung ausgeschlossen, wenn seit Abgabe der Willenserklärung und damit seit Abschluss des Arbeitsvertrages zehn Jahre verstrichen sind (§ 124 Abs. 3 BGB).

## V. Rechtsfolgen der Anfechtung

Nach § 142 Abs. 1 BGB ist ein wirksam angefochtenes Rechtsgeschäft als von Anfang an nichtig anzusehen. Bereits erbrachte Leistungen sind ohne Rechtsgrund erfolgt und nach den Regeln des Bereicherungsrechts (§§ 812 ff. BGB) rückabzuwickeln.

Da erbrachte Arbeitsleistung nicht rückabgewickelt werden kann, nimmt die arbeitsgerichtliche Rechtsprechung für bereits in Vollzug gesetzte Arbeitsverhältnisse an, dass die Anfechtung das Arbeitsverhältnis zwar mit sofortiger Wirkung, aber grundsätzlich nur für die Zukunft beendet. Für die Vergangenheit wird das Arbeitsverhältnis wie ein voll wirksames Arbeitsverhältnis behandelt. Der Arbeitnehmer hat Anspruch auf alle vertraglich vereinbarten Leistungen. Eine Rückabwicklung bereits erbrachter Leistungen findet nicht statt. Man spricht in diesem Zusammenhang von einem faktischen Arbeitsverhältnis.

Eine Anfechtung kann aber auch in Bezug auf Arbeitsverhältnisse eine Rückwirkung entfalten, nämlich dann, wenn das Arbeitsverhältnis bereits vor der Anfechtung außer Funktion gesetzt wurde. In diesem Fall wirkt die Anfechtung auf den Zeitpunkt der Außerfunktionssetzung zurück und zwar auch dann, wenn diese ihrerseits auf einer unwirksamen Arbeitgeberkündigung beruhen sollte (BAG v. 12.5.2011, 2 AZR 479/09; LAG Berlin-Brandenburg v. 18.6.2015, 26 Sa 356/15).

Bei einer Anfechtung wegen Irrtums hat der Anfechtende dem Anfechtungsgegner den Schaden zu ersetzen, den dieser dadurch erleidet, dass er auf die Gültigkeit des Arbeitsvertrages vertraut hat.

## VI. Verhältnis von Anfechtung und Kündigung

Es besteht ein Wahlrecht zwischen Anfechtung und Kündigung, sofern beides auf demselben Grund beruht. Anfechtung und Kündigung können grundsätzlich auch nebeneinander ausgesprochen werden (BAG v. 20.3.2014, 2 AZR 1071/12).

### Beispiel

Ein Erzieher verneint bei seinem Vorstellungsgespräch wahrheitswidrig die Frage nach Vorstrafen wegen Sexualstraftaten. Später erfährt der Arbeitgeber hiervon. Er kann den Arbeitsvertrag wegen arglistiger Täuschung anfechten und gleichzeitig das Arbeitsverhältnis vorsorglich kündigen.

Entschließt sich der Arbeitgeber im vorgenannten Beispiel nur zur Kündigung, bindet ihn diese Ausübung des Wahlrechtes. In der alleinigen Kündigung kann eine Bestätigung des anfechtbaren Arbeitsvertrages liegen, mit der Folge, dass die spätere Anfechtung ausgeschlossen ist.

Da Anfechtung und Kündigung unterschiedliche Rechtsinstitute sind, gelten die Voraussetzungen einer Kündigung für die Anfechtung nicht. Dies bedeutet, dass bei einer Anfechtung keine Kündigungsfristen zu beachten sind und die gesetzlichen Kündigungsverbote und Kündigungsvorschriften auf die Anfechtung keine Anwendung finden. Auch § 623 BGB, der ein Schriftformerfordernis für Kündigungen regelt, ist auf die Anfechtung nicht anwendbar. Der Arbeitgeber bedarf für die Anfechtung eines Arbeitsverhältnisses auch nicht der behördlichen Zustimmung nach §§ 17 MuSchG, 18 BEEG oder §§ 168, 174 SGB IX. Auch die Beteiligung des Betriebsrats (§ 102 BetrVG) bzw. des Personalrats (§ 85 BPersVG) ist nicht erforderlich. Die Anfechtung bietet insoweit Vorteile gegenüber der Kündigung.

 **TIPP!**

Kommen Anfechtung und Kündigung in Betracht, sollte der Arbeitgeber von beiden Rechten Gebrauch machen. Es empfiehlt sich, den Arbeitsvertrag anzufechten und vorsorglich – für den Fall der Unwirksamkeit der Anfechtung – zu kündigen.

## VII. Anfechtung von Personal- und Betriebsratswahlen

Das Institut der Anfechtung spielt darüber hinaus im Bereich der Arbeitnehmervertretung eine Rolle, insbesondere bezogen auf die dazugehörigen Wahlen. Diese können, soweit die für den privatwirtschaftlich organisierten Betrieb (BetrVG) oder den öffentlichen Dienst (BPersVG und den jeweiligen Landesausführungen) jeweils normierten Voraussetzungen vorliegen, angefochten werden. Auf Bundesebene ist die Anfechtung der Personalratswahl in § 26 BPersVG bzw. § 19 BetrVG geregelt. Demnach können mindestens drei Wahlberechtigte, jede in der Dienststelle vertretene Gewerkschaft oder der Leiter der Dienststelle innerhalb einer Frist von zwölf Arbeitstagen, vom Tag der Bekanntgabe des Wahlergebnisses an gerechnet, die Wahl beim Verwaltungsgericht anfechten, wenn gegen wesentliche Vorschriften über das Wahlrecht, die Wählbarkeit oder das Wahlverfahren verstoßen worden und eine Berichtigung nicht erfolgt ist (→ *Personalvertretung*).

### Beispiel

Ein leitender Angestellter im Sinne des § 5 Abs. 3 BetrVG ist bei der Betriebsratswahl nach § 7 S. 1 BetrVG nicht wahlberechtigt und nach § 8 Abs. 1 S. 1 BetrVG nicht wählbar. Mangels Wahlberechtigung kann ein leitender Angestellter nach § 16 Abs. 1 S. 1 BetrVG auch nicht zum Mitglied des Wahlvorstands bestellt werden. Ein Verstoß gegen diese Vorgaben kann – unter den weiteren Voraussetzungen des § 19 Abs. 1 BetrVG – zur Unwirksamkeit der Betriebsratswahl führen (BAG v. 4.5.2022, 7 ABR 14/21).

**I. Überblick**
  1. Erscheinungsformen
  2. Keine Anwendbarkeit
  3. Abgrenzung

**II. Voraussetzungen der Abrufarbeit**

**III. Entgeltfortzahlung im Krankheitsfall und an Feiertagen**

**IV. Besonderheiten im öffentlichen Dienst**

**V. Novellierung des § 12 TzBfG und deren Folgen**
  1. Folgen für geringfügige Beschäftigungsverhältnisse
  2. Altverträge

**VI. Praxishinweise**

## VIII. Muster: Anfechtung

*Sehr geehrter Herr ............. /*
*Sehr geehrte Frau ..............,*

*hiermit fechten wir den am ..................... zwischen uns abgeschlossenen Arbeitsvertrag aus den nachfolgenden Gründen an.*

*Sie wurden als [z. B.: Kassierer] eingestellt. Wie wir heute erfahren haben, wurden Sie im Jahr … wegen [z. B.: Diebstahls und Unterschlagung] rechtskräftig verurteilt. Damit besitzen Sie entgegen unserer ursprünglichen Vorstellung nicht die für die Ausübung der Tätigkeit erforderliche Zuverlässigkeit.*

*[oder:]*

*Sie wurden als [z. B.: Kassierer] eingestellt. Im [Vorstellungsgespräch/Personalfragebogen] haben Sie wahrheitswidrig angegeben, dass Sie [z. B.: nicht wegen Vermögensdelikten einschlägig vorbestraft sind]. Wie wir heute erfahren haben, wurden Sie im Jahr … wegen [z. B.: Diebstahls und Unterschlagung] rechtskräftig verurteilt. Damit besitzen Sie entgegen unserer ursprünglichen Vorstellung nicht die für die Ausübung der Tätigkeit erforderliche Zuverlässigkeit.*

*Wegen [dieses Irrtums/dieser arglistigen Täuschung] wird der Arbeitsvertrag jetzt von uns angefochten. Das Arbeitsverhältnis ist damit sofort beendet.*

**TIPP!**
Zugleich sollte der Arbeitgeber das Arbeitsverhältnis vorsorglich (außerordentlich) kündigen. Die Kündigung sollte jedoch in einem separaten Schreiben erklärt werden.

*Mit freundlichen Grüßen,*

......................................................

*Erhalten am ................*      ...........................
                                     *Arbeitnehmer*

# Arbeit auf Abruf

 **Wegweiser:**
Im Gesetz ist die Arbeit auf Abruf in § 12 Abs. 1 S. 1 des Teilzeit- und Befristungsgesetzes (TzBfG) regelt und definiert (sog. Legaldefinition). Danach ist eine Vereinbarung zwischen den Arbeitsvertragsparteien zulässig, wonach der Arbeitnehmer seine Arbeitsleistung nach dem Arbeitsanfall zu erbringen. Die Arbeit auf Abruf stellt – in begrenztem Umfang – also eine arbeitsvertraglich zu gestaltende Möglichkeit dar, sowohl die Dauer als auch die Verteilung der Arbeitszeit zu flexibilisieren. Die Arbeit auf Abruf muss vertraglich vereinbart werden. Dies kann auch in Form einer Betriebsvereinbarung erfolgen. Regelmäßig findet dieses Arbeitszeitmodell auf Teilzeitkräfte Anwendung. Ob das Vertragsmodell auf auch Vollzeitkräfte angewendet werden kann, ist bislang nicht gesetzlich festgelegt.

## I. Überblick

### 1. Erscheinungsformen

Bei der sogenannten Abrufarbeit sind zwei Erscheinungsformen denkbar. Zum einen gibt es die Möglichkeit, dass Arbeitnehmer und Arbeitgeber vorab ein Zeitfenster vereinbaren, in welchem der Arbeitgeber nach seinem Bedarf abrufen kann. Zum anderen ist es auch denkbar, dass dem Arbeitgeber eingeräumt wird, nicht nur die Lage, sondern auch die Dauer der Arbeitszeit zu bestimmen (BAG v. 24.9.2014, 5 AZR 1024/12). Hierbei gewinnt der Arbeitgeber also ein Bestimmungsrecht über die Höhe der Arbeitszeit und damit auch über das Arbeitsentgelt, weil er die Arbeitsleistung nur noch bedarfsabhängig in Anspruch nimmt. Ob die Arbeitsleistung letztlich auch tatsächlich in Anspruch genommen wird, ist allein dem Arbeitgeber überlassen. Der Anspruch auf Vergütung des Arbeitnehmers besteht in diesem Fall dennoch.

### 2. Keine Anwendbarkeit

Auf sogenannte Gleitzeitmodelle mit oder ohne feste Kernzeiten sowie Vertrauensarbeitszeit finden die Regelungen des § 12 TzBfG keine Anwendung. In diesen Fällen obliegt die Lage der Arbeitszeit innerhalb der vorgegebenen Grenzen der Sphäre der Arbeitnehmer, weshalb für die durch § 12 TzBfG gewährte Flexibilität gar kein Bedürfnis besteht. Auch die Rufbereitschaft fällt nicht in den Geltungsbereich der Abrufarbeit nach § 12 TzBfG. Für die Abgrenzung der Arbeitszeitmodelle ist nicht entscheidend, welche Bezeichnung die Parteien im Arbeitsvertrag gewählt haben, sondern welche tatsächliche Ausgestaltung dem Arbeitsverhältnis zugrunde liegt.

Mangels gesetzgeberischer Anhaltspunkte, ist davon auszugehen, dass § 12 TzBfG keine Anwendung auf die Anordnung von Überstunden findet. Hintergrund ist, dass durch eine Überstundenanordnung die regelmäßige Dauer der Arbeitszeit nicht verändert wird. Zudem erfolgt das Leisten von Überstunden aufgrund des Vorliegens bestimmter Umstände (vorübergehender zusätzlicher Arbeitsbedarf). Bei der Arbeit auf Abruf besteht für den Arbeitnehmer im Gegensatz dazu eine selbständige, nicht auf Unregelmäßigkeit oder Dringlichkeit beschränkte Verpflichtung, auf Anforderung des Arbeitgebers zu arbeiten (BAG v. 7.12.2005, 5 AZR 535/04). Die gleichen Grundsätze gelten für die Anordnung von Kurzarbeit.

### 3. Abgrenzung

Arbeitgeber und Arbeitnehmer haben allerdings auch die Möglichkeit ein bedarfsorientiertes Arbeitszeitmodell in Form einer Rahmenvereinbarung festzulegen. Dabei werden zunächst nur die Bedingungen der (befristeten) Arbeitsverträge geregelt, die von Parteien zukünftig abgeschlossen werden (wie beispielsweise die Entgelthöhe). Diese Vereinbarung verpflichtet beide Seiten allerdings noch nicht zum Abschluss eines Arbeitsvertrags. Dieser kommt erst in dem Zeitpunkt zustande, in welchem der Arbeitgeber dem Arbeitnehmer einen konkreten Einsatz anbietet und der Arbeitnehmer dieses Angebot annimmt. In diesem Fall unterliegt erst der befristete Arbeitsvertrag der Befristungskontrolle nach dem TzBfG (BAG v. 31.7.2002, 7 AZR 181/01). Das BAG hat hierzu bereits im Jahr 2012 entschieden, dass die Arbeitsvertragsparteien nicht gezwungen sind, statt der Kombination von Rahmenvereinbarungen und Einzelarbeitsverträgen ein Abrufarbeitsverhältnis nach § 12 TzBfG zu begründen (BAG v. 15.2.2012, 10 AZR 111/11, ZTR 2012, 402).

## II. Voraussetzungen der Abrufarbeit

Nach § 12 Abs. 1 S. 2 TzBfG muss die Vereinbarung der Abrufarbeit eine bestimmte Dauer der wöchentlichen und täglichen Arbeitszeit festlegen. Satz 3 regelt, dass eine Arbeitszeit von 20 Stunden pro Woche als vereinbart gilt, sofern es an einer entsprechenden Regelung hierzu fehlt. Eine Festlegung der Dauer der wöchentlichen Arbeitszeit im Wege der ergänzenden Vertragsauslegung kommt dagegen nur in Betracht, wenn die gesetzliche Fiktion im betreffenden Arbeitsverhältnis keine sachgerechte Regelung ist und objektive Anhaltspunkte dafür vorliegen, Arbeitgeber und Arbeitnehmer hätten bei Vertragsschluss bei Kenntnis der Regelungslücke eine andere Bestimmung getroffen und eine höhere oder niedrigere Dauer der wöchentlichen Arbeitszeit vereinbart (BAG v. 18.10.2023, 5 AZR 22/23). Ist wiederum die Dauer der täglichen Arbeitszeit nicht festgelegt, hat der Arbeitgeber die Arbeitsleistung des Arbeitnehmers jeweils für mindestens drei aufeinander folgende Stunden in Anspruch zu nehmen, § 12 Abs. 1 S. 4 TzBfG.

§ 12 Abs. 2 TzBfG regelt die Frage, inwiefern der Arbeitgeber von dem vereinbarten Arbeitsumfang beispielsweise der kurzfristigen Anordnung weiterer Arbeitsstunden oder aber auch in Zeiten, in denen weniger Personal genötigt wird, ausnahmsweise wieder abweichen darf. Der Gesetzgeber unterscheidet hierbei danach, ob die Parteien eine Mindest- und/oder Höchstarbeitszeit vereinbart haben. In diesen Fällen gilt folgendes:

Für den Fall von Überstunden oder Mehrarbeit regelt § 12 Abs. 2 S. 1 TzBfG, dass Arbeitgeber nur bis zu 25 Prozent der wöchentlichen Arbeitszeit mehr abrufen dürfen. Zu beachten ist in diesem Zusammenhang, dass Vereinbarungen in Arbeitsverträgen über den Umfang der Arbeitszeit den Grenzen der §§ 305 ff. BGB unterliegen (BAG v. 7.12.2005, 5 AZR 535/04).

**Beispiel**

> Bei einer wöchentlich vereinbarten Mindestarbeitszeit von 20 Stunden dürfte der Arbeitgeber den Arbeitnehmer innerhalb der gesetzlichen Grenzen nur insgesamt 25 Stunden in der Woche abrufen.

 **ACHTUNG!**

Der Grund für den Abruf der Arbeit oberhalb der wöchentlichen Mindestarbeitszeit muss im Vertragstext wenigstens beispielhaft angegeben werden.

Ist eine Höchstarbeitszeit vereinbart, so regelt § 12 Abs. 2 Satz 2 TzBfG, dass der Arbeitgeber hiervon nur in einem Umfang von bis zu 20 Prozent abweichen darf.

**Beispiel**

> Bei einer Höchstarbeitszeit von 20 Wochenstunden muss der Arbeitgeber wenigstens 16 Stunden der Arbeitsleistung des Arbeitnehmers in dieser Woche abrufen.

 **ACHTUNG!**

Weiterhin ist aus Sicht des Arbeitgebers unter Verweis auf § 12 Abs. 3 S. 2 TzBfG zu beachten, dass der Arbeitnehmer nur dann zur Arbeitsleistung verpflichtet ist, wenn der Arbeitgeber ihm die Tage seiner Arbeitszeit jeweils mindestens vier Tage im Voraus mitteilt. Allerdings drohen dem Arbeitgeber auch aus rechtlicher Sicht keine Konsequenzen bei Verstößen gegen die Ankündigungsfrist. Auch sieht das Gesetz hierfür keine Androhung von Bußgeldern oder ähnlichen Sanktionen vor. Allerdings ist der Arbeitnehmer in diesem Fall nicht zur Arbeitserbringung verpflichtet. Dem Arbeitnehmer steht es in diesem Fall frei, seine Leistungserbringung zu verweigern. Der Arbeitnehmer kann aber genauso der kurzfristigen Arbeitsanordnung aus eigenem Entschluss nachkommen (sog. Wahlrecht). In jedem Fall ist ihm die geleistete Arbeit zu vergüten (vgl. LAG Rheinland-Pfalz v. 3.12.2020, 5 Sa 177/204). Die Regelung des § 12 Abs. 3 TzBfG erleichtert Arbeitnehmern die Planung der jeweiligen Arbeitseinsätze erheblich.

## III. Entgeltfortzahlung im Krankheitsfall und an Feiertagen

Wird ein Arbeitnehmer, der in einem Abrufverhältnis steht, arbeitsunfähig krank, so stellt sich regelmäßig die Frage, ob in diesem Fall ein Anspruch auf Entgeltfortzahlung nach § 3 EFZG besteht. In § 12 Abs. 4 TzBfG ist die Entgeltfortzahlung im Krankheitsfall gesetzlich gesondert geregelt. Die Entgeltfortzahlung wird in diesem Fall auf Grundlage der durchschnittlichen Arbeitszeit der letzten drei Monate vor Beginn der Arbeitsunfähigkeit berechnet. Für den Fall, dass das Arbeitsverhältnis zu diesem Zeitpunkt noch keine drei Monate bestanden habt, gilt nach Satz 2 die durchschnittliche Arbeitszeit. Nach Satz 3 sind Zeiten wie Kurzarbeit, unverschuldete Arbeitsversäumnis und Urlaub nicht mit zu berücksichtigen.

Nach § 12 Abs. 5 TzBfG gilt für die Berechnung der Entgeltzahlung an Feiertagen nach § 2 Abs. 1 des Entgeltfortzahlungsgesetzes Absatz 4 entsprechend.

## IV. Besonderheiten im öffentlichen Dienst

Nach § 12 Abs. 6 TzBfG kann mittels Tarifvertrags sowohl von Absatz 1 als auch von der in Absatz 3 Satz 2 normierten Ankündigungsfrist auch zuungunsten der Arbeitnehmer abgewichen werden. Voraussetzung hierfür ist nach dem Wortlaut des § 12 Abs. 6 TzBfG allerdings, dass der Tarifvertrag überhaupt Regelungen über die wöchentliche und tägliche Arbeitszeit sowie die Vorankündigungsfrist vorsieht. Erforderlich ist aber nicht, dass tarifvertraglich eine bestimmte wöchentliche und tägliche Arbeitszeit geregelt ist.

## V. Novellierung des § 12 TzBfG und deren Folgen

Mit dem „Gesetz zur Weiterentwicklung des Teilzeitrechts – Einführung einer Brückenteilzeit" (BGBl I 2018, S. 2384) wurde zum 1. Januar 2019 nicht nur die sog. Brückenteilzeit eingeführt, sondern auch die Arbeit auf Abruf in § 12 TzBfG novelliert. Der Grundgedanke war es, mit § 12 die zuvor in § 4 BeschFG getroffenen Regelungen über Arbeit auf Abruf übernehmen. Ziel des Gesetzgebers war es, den Tarifvertragsparteien die Möglichkeit einzuräumen, auch zuungunsten der Arbeitnehmer von den Vorschriften über die Anpassung der Arbeitszeit an den Arbeitsanfall abweichen können, wenn sie Vorschriften über die tägliche und wöchentliche Arbeitszeit und die Vorankündigungsfrist treffen (BT-Drs. 14/4374, 18). Es sollte für Arbeitnehmer in einem Abrufverhältnis insgesamt mehr Planungs- und auch Einkommenssicherheit erreicht werden.

## 1. Folgen für geringfügige Beschäftigungsverhältnisse

Die Regelung des § 12 Abs. 1 TzBfG wurde dergestalt geändert, dass seither 20 Stunden wöchentlich abgerufen werden müssen, sofern nichts anderes zwischen den Parteien festgelegt wurde. Daraus folgt, dass oftmals geringfügige Beschäftigungsverhältnisse (Aushilfen, Minijobber), die Grenzen der sozialversicherungspflichtigen Beschäftigung überschreiten. Wurde vor Novellierung des § 12 TzBfG keine Regelung zur Höhe der Arbeitszeit getroffen, stellte sich dies aus sozialversicherungsrechtlicher Sicht unproblematisch dar, solange sich die abgerufenen Stunden im Rahmen der Einkommensgrenze des § 8 I Nr. 1 SGB IV bewegt haben.

**ACHTUNG!**
Wird nunmehr der gesetzliche Mindestlohn von EUR 13,60 (seit dem 1.12.2023; ab dem 1.10.2024, EUR 13,95) bei einer wöchentlichen Arbeitszeit von 20 Stunden zugrunde gelegt, führt dies zu einer deutlichen Überschreitung der monatlichen Entgeltgrenze von derzeit EUR 538,00.

## 2. Altverträge

In diesem Zusammenhang stellt sich die Frage, wie nunmehr mit sogenannten Altfällen, also Altverträgen, die vor der Novellierung abgeschlossen worden sind, umzugehen ist. Eine gesetzliche Übergangsregelung gibt es für diese Fälle nicht. In der Literatur wird daher angenommen, dass für diese Verträge weiterhin die „ursprünglichen Regelungen", und damit eine Arbeitszeitvereinbarung von insgesamt zehn Wochenstunden gilt.

## VI. Praxishinweise

Aus Arbeitgebersicht gilt die Empfehlung, in den Arbeitsverträgen insbesondere auch mit geringfügig Beschäftigten eine konkrete wöchentliche Arbeitszeit zu vereinbaren, um die gesetzliche Fiktion der Vereinbarung von 20 Wochenstunden auszuschließen und innerhalb der Grenzen der sozialversicherungsrechtlichen Privilegien zu bleiben. Eine ausdrückliche Dokumentation der Arbeitszeit ist daher empfehlenswert.

Will der Arbeitgeber ein relativ hohes Maß an Flexibilität erreichen, sollte er – aufgrund der Regelungen des § 12 Abs. 2 TzBfG – mit dem Arbeitnehmer keine allzu niedrige Mindestarbeitszeit vereinbaren.

Hinsichtlich der Anforderungen an das Nachweisgesetz gilt Folgendes: Die speziellen Nachweispflichten für Abrufarbeitsverträge können nicht durch eine Bezugnahme auf kollektivrechtliche Vereinbarungen (Tarifvertrag, Betriebs- oder Dienstvereinbarung) erfüllt werden. Daher sollten die wesentlichen Vertragsbedingungen nach § 2 Abs. 1 Nr. 9 NachwG in den Arbeitsvertrag aufgenommen werden (→ *Nachweisgesetz*).

# Arbeitnehmerbegriff

**Wegweiser:**
Die Qualifikation einer Person als Arbeitnehmer ist der Schlüssel zur Eröffnung des persönlichen Anwendungsbereichs des Arbeitsrechts und des damit einhergehenden Schutzes. Das macht den Arbeitnehmerbegriff zu einem der wichtigsten Begriffe des deutschen Arbeitsrechts. Neben nationalen Entwicklungen, die zuletzt in § 611a Abs. 1 BGB normiert wurden, sind immer da, wo deutsches Arbeitsrecht auf europäische Vorgaben zurückzuführen ist, auch die Entwicklungen des europäischen Arbeitnehmerbegriffs zu berücksichtigen.

**I.** **Der Arbeitnehmerbegriff des § 611a BGB**
    1. Definition
    2. Abgrenzung zur Scheinselbstständigkeit
    3. New Work und Arbeitnehmereigenschaft

**II.** **Der europäische Arbeitnehmerbegriff**
    1. Grundsätzliches
    2. Auswirkungen auf das „deutsche" Arbeitsrecht
        2.1 (Fremd-)Geschäftsführer
        2.2 Leiharbeitnehmer
        2.3 Beamte
        2.4 Vereinsmitglieder

## I. Der Arbeitnehmerbegriff des § 611a BGB

### 1. Definition

Mit Wirkung zum 1.4.2017 wurde mit § 611a BGB erstmals ein Paragraf mit der Überschrift „Arbeitsvertrag" ins BGB eingeführt. Zuvor existierte lediglich § 611 BGB als allgemeine Regelung für Dienstverträge, wovon der Arbeitsvertrag letztendlich eine spezielle Ausprägung ist. Mit der Einführung des § 611a BGB hat sich allerdings inhaltlich kaum etwas zur vorherigen Rechtslage geändert, denn die Norm hält im Wesentlichen fest, was bereits zuvor ständige Rechtsprechung des BAG war. Demnach wurde als Arbeitnehmer angesehen, wer aufgrund eines privatrechtlichen Vertrags im Dienste eines anderen zur Leistung weisungsgebundener, fremdbestimmter Arbeit in persönlicher Abhängigkeit verpflichtet ist. Das Weisungsrecht kann Inhalt, Durchführung, Zeit, Dauer und Ort der Tätigkeit betreffen. Arbeitnehmer ist in Anlehnung an § 84 Abs. 1 S. 2 HGB im Umkehrschluss derjenige Mitarbeiter, der nicht im Wesentlichen frei seine Tätigkeit gestalten und seine Arbeitszeit bestimmen kann. Der Grad der persönlichen Abhängigkeit hängt auch von der Eigenart der jeweiligen Tätigkeit ab. Letztlich kommt es für die Beantwortung der Frage, welcher Vertragstyp im konkreten Fall vorliegt, auf die Gesamtwürdigung aller maßgeblichen Umstände des Einzelfalls an. Der jeweilige Vertragstyp ergibt sich dabei aus dem wirklichen Geschäftsinhalt bzw. der praktischen Durchführung, nicht aus der Bezeichnung ihres Vertragsverhältnisses durch die Parteien (BAG v. 31.7.2014, 2 AZR 422/13; BAG v. 15.2.2012, 10 AZR 301/10). Der Arbeitnehmerbegriff ist weitgehend identisch mit dem Begriff des abhängig Beschäftigten im Sozialrecht (vgl. dort BSG v. 18.12.2001, B 12 KR 8/01 R).

### 2. Abgrenzung zur Scheinselbstständigkeit

Für die Qualifizierung der Rechtsbeziehung kommt es primär auf die tatsächlichen Verhältnisse an. Der formal als selbstständiger Dienstleister Auftretende, der tatsächlich weisungsgebundene Arbeit in persönlicher Abhängigkeit erbringt und in den Betrieb des Auftraggebers eingegliedert ist, ist rechtlich Arbeitnehmer. In derartigen Konstellationen spricht man von einer „Scheinselbst-ständigkeit". Scheinselbstständigkeiten können weitreichende Folgen nach sich ziehen. Für den Scheinselbstständigen ist grundsätzlich der persönliche Anwendungsbereich des Arbeitsrechts und seiner Schutzbestimmungen eröffnet. Beispielsweise finden grds. das Kündigungsschutzgesetz (§ 1 Abs. 1 KSchG), das Arbeitszeitgesetz (§ 2 Abs. 2 ArbZG), das Bundesurlaubsgesetz (§ 2 S. 1 BUrlG) oder das Mindestlohngesetz (§ 1 Abs. 1 MiLoG) Anwendung. Viele arbeitsrechtliche Vorschriften sehen für die Ahndung von Verstößen die Verhängung von Bußgeldern vor (z. B. § 22 ArbZG).

 **WICHTIG!**

Die gravierendsten Folgen resultieren allerdings meist aus der gleichzeitigen Qualifizierung als abhängig Beschäftigter im sozialversicherungsrechtlichen Sinne, denn der tatsächliche Arbeitgeber haftet dann sowohl für den Arbeitgeber- als auch den Arbeitnehmeranteil der Sozialversicherungsbeiträge. Ein Regress beim Arbeitnehmer bzw. abhängig Beschäftigten in Höhe des Arbeitnehmeranteils ist gemäß § 28g SGB IV nur im Rahmen der nächsten drei Gehaltszahlungen und unter Beachtung der Pfändungsfreigrenze möglich. Nach Beendigung des Arbeitsverhältnisses bzw. der abhängigen Beschäftigung ist ein Regress grds. ganz ausgeschlossen. Zudem besteht die Gefahr einer Strafbarkeit wegen Vorenthalten und Veruntreuen von Arbeitsentgelt gemäß § 266a StGB, welche mit einer Freiheitsstrafe von bis zu fünf Jahren oder einer Geldstrafe bestraft werden kann. Allerdings hat das BAG zuletzt entschieden, dass eine für freie Mitarbeit individuell getroffene Vergütungsvereinbarung in der Regel nicht zugleich für eine Beschäftigung im Arbeitsverhältnis als maßgeblich angesehen werden könne. Daher könne ein Arbeitgeber grundsätzlich über das Bereicherungsrecht die Rückzahlung überzahlter Honorare verlangen, wenn der Arbeitnehmerstatus eines vermeintlich freien Mitarbeiters rückwirkend festgestellt wird (BAG v. 26.6.2019, 5 AZR 178/18).

Die Abgrenzung bereitet im Einzelfall Schwierigkeiten, weil viele Kriterien für sich allein weder eindeutig für oder gegen ein Arbeitsverhältnis einerseits oder einen Dienst- oder Werkvertrag andererseits sprechen. Dies gilt vor allem mit Blick auf die Erteilung von Weisungen. So kann nicht nur der Arbeitgeber im Rahmen seines Direktionsrechts Weisungen zu Zeit, Ort und Inhalt der Arbeitsleistung geben. Vielmehr kann beispielsweise auch der werkrechtliche Besteller dem Werkunternehmer bestimmte Weisungen zur Erstellung des Werkes machen oder die Dienst- oder Werkleistung kann aufgrund ihrer Natur an einen bestimmten Ort gebunden sein (z. B. bei Arbeiten an einem bestimmten Gebäude oder bei Arbeiten, die aufgrund datenschutzrechtlicher Gegebenheiten nur beim Auftraggeber vor Ort erbracht werden können etc.). Zu beachten ist auch die aktuelle arbeitspolitische Entwicklung. Den Arbeitnehmern werden zunehmend Freiheiten zur zeitlichen, örtlichen und teilweise auch inhaltlichen Gestaltung ihrer Arbeit eingeräumt. Das BSG v. 28.6.2022, B 12 R 3/20 R hat daher festgestellt, dass auch bei einer Weisungsfreiheit ein Arbeitsverhältnis vorliegen kann. „Eine selbstständige Tätigkeit ist erst dann anzunehmen, wenn bei ihrer Verrichtung eine Weisungsfreiheit vorhanden ist, die sie insgesamt als unternehmerische kennzeichnet". Daher kommt es immer auf eine Gesamtbetrachtung aller Einzelfallumstände an. Relevante Kriterien, die für ein Arbeitsverhältnis sprechen, können insbesondere sein:

- Erbringung der Leistung an einem nicht selbst bestimmbaren Ort;

- Erbringung der Leistung zu einer nicht selbst bestimmbaren Zeit, in einem nicht selbst bestimmbaren Zeitraum;

- Erbringung der Leistung nach inhaltlichen Weisungen des Auftraggebers;

- Eingliederung in die Prozesse und Strukturen beim Auftraggeber;

- (Enge) Zusammenarbeit mit anderen Arbeitnehmern des Auftraggebers;

- Stellung der Arbeitsmittel durch den Auftraggeber;

- Keine Möglichkeit zur Unterbeauftragung Dritter (Pflicht zur persönlichen Leistungserbringung);

- Einräumung arbeitnehmertypischer Rechte (Erholungsurlaub, Entgeltfortzahlung bei Krankheit etc.);

- Vergütung nach Zeitintervallen (insbesondere bei monatlicher Abrechnung);

- Kein unternehmerisches Risiko, welchem unternehmerische Chancen gegenüberstehen.

Betriebsmittelarmen Unternehmern, wie beispielsweise einem IT-Spezialisten oder einem Berater fehlt es oftmals an einem besonderen, für die Selbstständigkeit typischen, Kapitaleinsatz. Bei diesen Betrieben verschiebt sich der Maßstab zur Abgrenzung zwischen Arbeitsverhältnis und Selbstständigkeit, sodass die Weisungs(un)gebundenheit ausschlaggebenderes Gewicht hat (Anlage 5 zum Rundschreiben „Statusfeststellung von Erwerbstätigen" von GKV-Spitzenverbände, Deutsche Rentenversicherung Bund und der Bundesagentur für Arbeit vom 1. April 2022, S. 13 ff.).

### 3. New Work und Arbeitnehmereigenschaft

Ob bei neuen Arten der Beschäftigung, insbesondere agilen Arbeitsformen wie „Scrum" oder „Crowdworking", die Beschäftigten als Arbeitnehmer zu qualifizieren sind oder nicht, kann nicht pauschal beantwortet werden und hängt von den konkreten Umständen des Einzelfalls ab. Maßgeblich bleiben also auch hier die bekannten Abgrenzungskriterien.

 **ACHTUNG!**

In dem Fall eines Crowdworkers, der regelmäßig über eine App an die „Crowd" (~Gruppe potentieller Auftragnehmer) ausgegebene Auftrags-„Angebote" annahm und abarbeitete, hat das BAG die Arbeitnehmereigenschaft festgestellt (BAG v. 1.12.2020, 9 AZR 102/20, ZTR 2021, 519). Das BAG erkannte eine Pflicht zur höchstpersönlichen Leistungserbringung darin, dass die Aufträge ausschließlich über das individuelle Benutzerkonto abzuwickeln sind und daher de facto nicht durch Dritte ausgeführt werden können. Zudem stellte das BAG fest, dass die geringen Qualifikationsanforderungen eine Nähe zum Arbeitsvertrag begründen. Schließlich setzte das BAG sich ausführlich mit der Fremdbestimmtheit der Tätigkeit des Crowdworkers auseinander. In diesem Zusammenhang wies das BAG nicht nur auf die genauen Vorgaben in der Auftragsbeschreibung hin, sondern arbeitete auch heraus, inwieweit der Crowdworker über die App wie durch klassische Ausübung des Direktionsrechts gesteuert wird.

Hinsichtlich der Arbeitnehmereigenschaft bei neuen Arten der Beschäftigung sind allerdings alsbald neue Entwicklungen zu erwarten. Die Europäische Kommission hat am 9. Dezember 2021 einen Richtlinienvorschlag vorgelegt, der bei Plattformarbeit eine widerlegliche Vermutung der Arbeitnehmereigenschaft vorsieht, sofern aus einem Katalog von fünf Kriterien zwei erfüllt sind.

## II. Der europäische Arbeitnehmerbegriff

### 1. Grundsätzliches

Im Europarecht gibt es nicht „den" einen Arbeitnehmerbegriff. Der Begriff des Arbeitnehmers ist vielmehr für jeden europäischen Rechtsakt (Richtlinie oder Verordnung) mit Blick auf den Gesetzeszweck auszulegen. Steht dieser nicht entgegen, tendiert der EuGH dazu, auf den weiten Arbeitnehmerbegriff des Art. 45 AEUV (Arbeitnehmerfreizügigkeit) zurückzugreifen. Demnach besteht das wesentliche Merkmal des Arbeitsverhältnisses darin, dass eine Person während einer bestimmten Zeit für eine andere Person nach deren Weisung Leistungen erbringt, für die sie als Gegenleistung eine Vergütung erhält (u. a. EuGH v. 10.9.2015, C-47/14 – Holterman; EuGH v. 11.11.2010, C-232/09 – Danosa).

 **ACHTUNG!**

Diese Definition ist weiter gefasst als diejenige des deutschen Arbeitsrechts. Insbesondere kommt es nicht auf das Vorliegen eines privatrechtlichen Vertrages an, sodass unter gewissen Umständen auch Beamte erfasst sein können. Der EuGH unterscheidet zwischen schlicht hoheitlich tätigenden und im Kernbereich tätigen hoheitlichen Beamten. Die Bereichsausnahme aus Art. 45 Abs. 4 AEUV gilt nur für Zweitere, sodass die Arbeitnehmerfreizügigkeit auch für schlicht hoheitlich tätigende Beamte gelten muss.

Zudem ist das europarechtliche Verständnis einer Schutzbedürftigkeit infolge der Erbringung von Diensten in persönlicher Abhängigkeit teilweise weiter, als im deutschen Recht, was unter anderem zur schnelleren Einordnung von Fremdgeschäftsführern als Arbeitnehmer führt. Insgesamt ist eine Tendenz des EuGH dahingehend zu erkennen, dass er den Fokus bei der Eröffnung des persönlichen Anwendungsbereichs europäischer arbeitsrechtlicher Rechtsakte weniger auf die formale Einkleidung der Rechtsbeziehung legt und sich mehr auf die Frage konzentriert, ob die bei typisierter Betrachtung schwächere Vertragspartei im Rahmen eines Abhängigkeitsverhältnisses tätig wird, die einen Schutz gleich einem Arbeitnehmer rechtfertigt. Dabei können (formale) nationale Besonderheiten schon deshalb nicht berücksichtigt werden, weil die vom jeweiligen europäischen Rechtsakt verwendeten Begrifflichkeiten, wenn es an einer ausdrücklichen Bezugnahme auf nationale Konzepte mangelt, europaweit einheitlich ausgelegt werden müssen. Alles andere wäre einer europäischen Harmonisierung des Rechts nicht zuträglich.

### 2. Auswirkungen auf das „deutsche" Arbeitsrecht

Basieren nationale, arbeitsrechtliche Gesetze auf einer europäischen Richtlinie, schlägt das europäische Verständnis durch. Die auf dem europäischen Recht basierende nationale Vorschrift ist „europarechtskonform" auszulegen. Dies hat im deutschen Arbeitsrecht bereits zum Bruch mit zuvor seit Langem etablierten Ansichten geführt und wird dieses auch zukünftig prägen. Im Folgenden sollen einige der betroffenen Personengruppen aufgegriffen werden, die hiervon in der Vergangenheit bereits betroffen waren.

### 2.1 (Fremd-)Geschäftsführer

Im deutschen Arbeitsrecht ohne europarechtliche Grundlage wird der (Fremd-)Geschäftsführer einer GmbH in der Regel nicht als Arbeitnehmer, sondern als Dienstnehmer angesehen (BAG v. 26.5.1999, 5 AZR 664/98).

In der Rechtssache Danosa hat der EuGH hingegen entschieden, dass für die Zwecke der Richtlinie 92/85/EWG des Rates vom 19.10.1992 über die Durchführung von Maßnahmen zur Verbesserung der Sicherheit und des Gesundheitsschutzes von schwangeren Arbeitnehmerinnen, Wöchnerinnen und stillenden Arbeitnehmerinnen am Arbeitsplatz die Arbeitnehmereigenschaft eines Mitglieds der Unternehmensleitung einer Kapitalgesellschaft, das dieser gegenüber Leistungen erbringt und in sie eingegliedert ist, zu bejahen ist, wenn es seine Tätigkeit für eine bestimmte Zeit nach der Weisung oder unter der Aufsicht eines anderen Organs dieser Gesellschaft ausübt und als Gegenleistung für die Tätigkeit ein Entgelt erhält (EuGH v. 11.11.2010, C-232/09 – Danosa). § 1 Abs. 2 MuSchG (Näheres unter → *Mutterschutz*) erfasst nunmehr auch Fremd- und Minderheitengeschäftsführerinnen einer GmbH.

Auch in der Rechtssache Balkaya hat der EuGH entschieden, dass Art. 1 Abs. I Buchst. a der Massenentlassungs-Richtlinie 98/59/EG dahin auszulegen ist, dass er einer nationalen Regelung oder Praxis entgegensteht, die bei der Berechnung der in dieser Vorschrift genannten Zahl von Arbeitnehmern ein Mitglied der Unternehmensleitung einer Kapitalgesellschaft wie das im Ausgangsverfahren in Rede stehende unberücksichtigt lässt, das seine Tätigkeit nach Weisung und Aufsicht eines anderen Organs dieser Gesellschaft ausübt, als Gegenleistung für seine Tätigkeit eine Vergütung erhält und selbst keine Anteile an dieser Gesellschaft besitzt (EuGH v. 9.7.2015, C-229/14 – Balkaya). Demnach dürften Fremd- und Minderheitengeschäftsführer einer GmbH insbesondere beim Schwellenwert des § 17 Abs. 1 KSchG für das Erfordernis einer Massenentlassungsanzeige (Näheres unter → *Betriebsbedingte Kündigung*) zu berücksichtigen sein. Fraglich ist darüber hinaus, ob der Fremd- und Minderheitengeschäftsführer auch im Rahmen des Konsultationsverfahrens nach § 17 Abs. 2 KSchG und im Rahmen der Massenentlassungsanzeige selbst (§ 17 Abs. 3 KSchG) Berücksichtigung findet.

Von einer Erstreckung auf die persönlichen Anwendungsbereiche weiterer europarechtlich geprägter Gesetze des Arbeitsrechts wird zukünftig auszugehen sein.

Hingegen ist eine generelle Ausdehnung des Arbeitnehmerbegriffs in § 23 Abs. 1 S. 3 KSchG auf (Fremd-)Geschäftsführer einer GmbH nach Ansicht des Bundesarbeitsgerichts derzeit verfassungsrechtlich nicht geboten. Die Regelungen in § 17 Abs. 1 KSchG beinhalteten keine „sehr wesensähnliche Materien" zu § 23 Abs. 1 KSchG, da das allgemeine Kündigungsschutzrecht unionsrechtlich nicht determiniert ist. Insoweit verbleibt es beim nationalen Arbeitnehmerbegriff gemäß § 611a BGB, da dieser einschränkungslos gilt, sofern das Unionsrecht nicht betroffen ist und (BAG v. 27.4.2021, 2 AZR 540/20).

### 2.2 Leiharbeitnehmer

Leiharbeitnehmer verbindet ein Arbeitsvertrag mit dem verleihenden Unternehmen. Zwischen dem Leiharbeitnehmer und dem entleihenden Unternehmen besteht regelmäßig keine vertragliche Verbindung und damit auch kein Arbeitsverhältnis (Näheres unter → *Arbeitnehmerüberlassung*). Vor diesem Hintergrund ordnen diverse gesetzliche Bestimmungen die entsprechende Anwendung von eigentlich nur für Arbeitnehmer des entleihenden Unternehmens geltende arbeitsrechtliche Vorschriften an.

Über eine erweiterte Auslegung des Arbeitsverhältnisses im Sinne des Europarechts, namentlich durch eine Erstreckung auf die Beziehung zwischen Leiharbeitnehmer und Entleiher, gelangt der EuGH teilweise zu vergleichbaren Ergebnissen, beispielsweise im Bereich eines Betriebsübergangs (Näheres unter → *Betriebsübergang*). So hat der EuGH in der Rechtssache

Albron Catering jedenfalls für den besonderen Fall einer konzerninternen Personalführungsgesellschaft auch im Verhältnis zwischen dem Veräußerer und dem bei diesem nicht vertraglich gebundenen, aber tatsächlich eingesetzten Leiharbeitnehmern die Einschlägigkeit der Richtlinie 2001/23/EG (Betriebsübergangs-Richtlinie) bejaht, sodass ein „Arbeitsverhältnis" im Sinne des § 613a Abs. 1 S. 1 BGB nicht zwangsläufig ein Arbeitsverhältnis nach deutschem Verständnis sein muss, denn die nach nationalem Recht erforderliche arbeitsvertragliche Bindung sei zur Eröffnung des persönlichen Anwendungsbereichs dieser Richtlinie nicht zwingend erforderlich (EuGH v. 21.10.2010, C-242/09 – Albron Catering).

Noch nicht beantwortet ist, ob Leiharbeitnehmer bei dem über das Erfordernis einer Massenentlassungsanzeige entscheidenden Schwellenwert gemäß § 17 Abs. 1 KSchG mitzählen. Das BAG hat dem EuGH vor diesem Hintergrund die Frage vorgelegt, ob Art. 1 Abs. 1 Unterabs. 1 lit. a Richtlinie 98/59/EG (Massenentlassungs-Richtlinie) dahin auszulegen ist, dass bei der Bestimmung der Zahl der in der Regel in einem Betrieb eines entleihenden Unternehmens tätigen Arbeitnehmer dort eingesetzte Leiharbeitnehmer mitzählen können (BAG v. 16.11.2017, 2 AZR 90/17 (A)).

### 2.3 Beamte

Nach deutschem Arbeitsrecht können Beamte grundsätzlich nicht als Arbeitnehmer angesehen werden, weil es bei diesen an einer Arbeitserbringung auf Grundlage eines privatrechtlichen Vertrages fehlt. Sie stehen in einem öffentlich-rechtlichen Rechtsverhältnis zum Dienstherrn.

In der Rechtssache Neidel hat der EuGH hingegen mit Auswirkung für das deutsche Urlaubsrecht (Näheres unter → *Urlaub*) Art. 7 der Richtlinie 2003/88/EG des Europäischen Parlaments und des Rates vom 4.11.2003 über bestimmte Aspekte der Arbeitszeitgestaltung (Arbeitszeit-Richtlinie) dahin ausgelegt, dass er auch für einen Beamten gilt, der unter gewöhnlichen Umständen als Feuerwehrmann tätig ist. Demnach stand die Richtlinie einer Bestimmung des deutschen Rechts entgegen, die durch einen Übertragungszeitraum von neun Monaten, nach dessen Ablauf der Anspruch auf bezahlten Jahresurlaub erlischt, den Anspruch eines in den Ruhestand tretenden Beamten auf Ansammlung der finanziellen Vergütungen für wegen Dienstunfähigkeit nicht genommenen bezahlten Jahresurlaub beschränkt (EuGH v. 3.5.2012, C-337/10 – Neidel).

Auch mit Blick auf das Arbeitnehmerüberlassungsgesetz (AÜG) ist es vor dem Hintergrund der Entscheidung des EuGH in der Rechtssache Ruhrlandklinik (siehe näher unten 2.4 „Vereinsmitglieder") fraglich, ob die Abordnung eines Beamten zukünftig nicht doch als Arbeitnehmerüberlassung eingeordnet werden kann. Zuvor wurde dies mit dem Argument verneint, dass zwischen dem (potenziellen) Verleiher und dem (potenziellen) Leiharbeitnehmer ein Arbeitsverhältnis bestehen musste, was im Fall eines Beamten abgelehnt wurde.

### 2.4 Vereinsmitglieder

Nach deutschem Recht sind auch Vereinsmitglieder grundsätzlich nicht als Arbeitnehmer zu qualifizieren. Da nach dem allgemeinen deutschen Verständnis eine Arbeitnehmerüberlassung im Sinne des AÜG voraussetzt, dass zwischen dem Verleiher und dem Leiharbeitnehmer ein Arbeitsverhältnis besteht. Demnach wäre die Personalgestellung einer in Form eines eingetragenen Vereins (e. V.), organisiert durch die DRK-Schwesternschaft von Krankenschwestern (Vereinsmitglieder)

an ein Klinikum, keine Arbeitnehmerüberlassung. Dem trat allerdings der EuGH in der Rechtssache Ruhrlandklinik entgegen und entschied zu Art. 1 Abs. 1 und 2 der Richtlinie 2008/104/EG des Europäischen Parlaments und des Rates vom 19.11.2008 über Leiharbeit (Leiharbeits-Richtlinie), welche dem AÜG zugrunde liegt, dass diese dahin auszulegen ist, dass die durch einen Verein, der keinen Erwerbszweck verfolgt, gegen ein Gestellungsentgelt erfolgende Überlassung eines Vereinsmitglieds an ein entleihendes Unternehmen, damit das Mitglied bei diesem hauptberuflich und unter dessen Leitung gegen eine Vergütung Arbeitsleistungen erbringt, in den Anwendungsbereich der Richtlinie fällt, sofern das Mitglied aufgrund dieser Arbeitsleistung in dem betreffenden Mitgliedstaat geschützt ist, was zu prüfen Sache des vorlegenden Gerichts ist. Dies gilt auch, wenn das Mitglied nach nationalem Recht kein Arbeitnehmer ist, weil es mit dem Verein keinen Arbeitsvertrag geschlossen hat (EuGH v. 17.11.2016, C-216/15 – Ruhrlandklinik). Hierauf hat der deutsche Gesetzgeber mit § 2 Abs. 4 DRK-Gesetz reagiert, demzufolge auf DRK-Schwestern zumindest die Höchstüberlassungsfristen des AÜG keine Anwendung finden sollen und die Gestellung nicht als Arbeitnehmerüberlassung im Sinne des § 40 Abs. 1 Nr. 1 AufenthG gilt.

# Arbeitnehmerüberlassung

 **Wegweiser:**

Das AÜG enthält Regelungen für den Einsatz von Leiharbeitnehmern. Es wurde mit Wirkung zum 1.4.2017 novelliert.

Vertiefende Hinweise zum AÜG finden sich in Breier/Dassau TVöD Komm. § 4 Erl. 1.1 und 2.4 Rn. 17 ff. und Breier/Dassau TV-L Komm. § 4 Erl. 1.1 und 2.4 Rn. 17 ff.

**I.    Einleitung**

**II.   Arbeitnehmerüberlassung**
   1.  Legaldefinition
   2.  Arbeitsvertragsbegriff
   3.  Personalgestellung
   4.  Konzernprivileg

**III.  Bezeichnungs- und Kennzeichnungspflicht**

**IV.   Überlassungshöchstdauer**

**V.    Rechtsfolgen bei Verstößen**
   1.  Unwirksamkeit des Leiharbeitsvertrags und fingiertes Arbeitsverhältnis
   2.  Unzulässiger Kettenverleih
   3.  Weitere Unwirksamkeitsgründe
   4.  Weitere Sanktionen

**VI.   Gleichstellungsgrundsatz**

**VII.  Weitere wesentliche Änderungen der AÜG-Reform**

## I. Einleitung

Der Einsatz von Fremdpersonal spielt in der Praxis sowohl in der Privatwirtschaft als auch im öffentlichen Dienst eine erhebliche Rolle. Als Gestaltungsmittel kommen je nach Bedarf Dienst- oder Werkverträge oder eine Arbeitnehmerüberlassung (= Leiharbeit) in Betracht. Im Anwendungsbereich der Tarifverträge des öffentlichen Dienstes enthält § 4 Abs. 3 TVöD/TV-L zudem die Möglichkeit der Personalgestellung.

Angesichts der unterschiedlichen Vorgaben für die verschiedenen Durchführungswege sowie der teils erheblichen Konsequenzen bei fehlerhafter Anwendung beziehungsweise unzutreffender rechtlicher Bewertung des gewählten Weges ist es notwendig, sehr genau zu (über)prüfen, welcher Bedarf mit dem Einsatz von Fremdpersonal gedeckt werden soll und welcher Weg (= Vertragsart) hierfür geeignet ist. Dies gilt umso mehr, als der Bundesgesetzgeber mit Wirkung zum 1.4.2017 das Arbeitnehmerüberlassungsgesetz umfangreich reformiert und den Fremdpersonaleinsatz strengeren Regeln unterworfen hat, insbesondere auch auf der Rechtsfolgenseite bei Verstößen gegen gesetzliche Pflichten. Ziel des Gesetzes ist es, *„die Leiharbeit auf ihre Kernfunktion hin zu orientieren und den Missbrauch von Werkvertragsgestaltungen zu verhindern"* (BT-Drs. 18/9232, S. 1). Der Koalitionsvertrag zwischen SPD, Grünen und FDP von 2021 enthält die Absicht, das Arbeitnehmerüberlassungsgesetz im Fall einer europäischen Rechtsprechung auf dessen Vereinbarkeit mit dieser zu prüfen. Konkrete inhaltliche Änderungsvorhaben sind nicht formuliert.

## II. Arbeitnehmerüberlassung

### 1. Legaldefinition

§ 1 Abs. 1 S. 2 AÜG definiert die Arbeitnehmerüberlassung seit dem 1.4.2017 wie folgt:

*„Arbeitnehmer werden zur Arbeitsleistung überlassen, wenn sie in die Arbeitsorganisation des Entleihers eingegliedert sind und seinen Weisungen unterliegen."*

Hiermit ist weder eine Änderung des bisherigen Anwendungsbereichs noch der Reichweite der Erlaubnispflicht beabsichtigt (BT-Drs. 18/9232, S. 19). Die Legaldefinition soll dem oben genannten Gesetzeszweck dienen und eine Abgrenzung der Arbeitnehmerüberlassung zum Einsatz von Fremdpersonal auf dienst- oder werkvertraglicher Basis erleichtern. Eine Änderung der bisher geltenden Abgrenzungskriterien, die die Rechtsprechung heranzieht, ist hiermit nicht verbunden. Nach der Rechtsprechung des BAG liegt eine Arbeitnehmerüberlassung *vor, wenn einem Entleiher Arbeitskräfte zur Verfügung gestellt werden, die in dessen Betrieb eingegliedert sind und ihre Arbeit allein nach Weisungen des Entleihers und in dessen Interesse ausführen"* (BAG v. 18.1.2012, 7 AZR 723/10, ZTR 2012, 404). Die unternehmerische Tätigkeit – z. B. von Beratungsunternehmen – soll nicht beschränkt werden. Auch weiter soll eine Tätigkeit auf der Grundlage sachgerecht eingesetzter Dienst- und Werkverträge, die neben der Arbeitnehmerüberlassung etablierte und wichtige Instrumente in einer arbeitsteiligen Wirtschaft sind, möglich sein. Dies gilt beispielsweise für kreative und komplexe Projekttätigkeiten, die es z. B. in der Unternehmens- oder IT-Beratungsbranche bei Optimierungs-, Entwicklungs- und IT-Einführungsprojekten gibt (BT-Drs. 18/10064, S. 14). Hierauf ist der Einsatz von Dienst- und Werkverträgen freilich aber nicht beschränkt.

Maßgeblich ist – wie bisher – eine umfassende wertende Gesamtbetrachtung dahingehend, ob unter Würdigung aller maßgebenden Umstände eine Eingliederung in den Betrieb beziehungsweise die Dienststelle des Auftraggebers vorliegt und damit eine Arbeitnehmerüberlassung (BT-Drs. 18/10064, S. 14). Der Gesetzgeber weist insofern darauf hin, dass die beispielsweise bei einem Berater typische Bindung hinsichtlich des Arbeitsorts an eine Tätigkeit beim beratenen Unternehmen für sich genommen nicht ausreicht, um eine persönliche Abhängigkeit (= Weisungsgebundenheit) anzunehmen, die gegen eine dienstvertragliche Tätigkeit sprechen und eine Arbeitnehmerüberlassung begründen würde.

Kürzlich hatte sich das BAG mit der Frage auseinanderzusetzen, ob es sich um eine Arbeitnehmerüberlassung an einen Dritten handelt, wenn der Vertragsarbeitgeber gemeinsam mit einem anderen Arbeitgeber einen gemeinsamen Betrieb unterhält. Das Gericht hat klargestellt, Arbeitnehmerüberlassung und Gemeinschaftsbetrieb schließen sich gegenseitig aus. Verfolgen mehrere Unternehmen als Gemeinschaftsbetrieb arbeitsteilig in einer gemeinsamen Betriebsstätte bestimmte arbeitstechnische Zwecke, ohne dass die Betriebe in ihrer Verbundenheit am Rechtsverkehr teilnehmen, kann es schon begrifflich nicht zur Arbeitnehmerüberlassung kommen (BAG v. 24.5.2022, 9 AZR 337/21).

Bei der Gesamtbetrachtung kommt es letztlich auf die tatsächliche Durchführung des Fremdpersonaleinsatzes an. Die Vertragsbezeichnung ist nicht entscheidend (§ 12 Abs. 1 S. 2 AÜG, § 611a Abs. 1 S. 6 BGB). Zu beachten ist, dass ein Widerspruch zwischen tatsächlicher Durchführung und Vertragsbezeichnung nur zugunsten der Arbeitnehmerüberlassung aufgelöst wird. Insoweit ist die Vertragsbezeichnung nur dann unbeachtlich, sofern die Vertragsparteien tatsächlich Arbeitnehmerüberlassung praktizieren (BAG v. 25.7.2023, 9 AZR 278/22). Auch insoweit verbleibt es hinsichtlich der Abgrenzung bei der bisherigen Praxis.

Nach der Entscheidung des EuGH vom 17.11.2016 (C-216/15, „Ruhrlandklinik", ZTR 2017, 99) und dem folgenden Beschluss des BAG vom 21.2.2017 (1 ABR 62/12, ZTR 2017, 367) ist der Begriff der Arbeitnehmerüberlassung richtlinienkonform dahingehend auszulegen, dass eine Arbeitnehmerüberlassung auch dann gegeben ist, wenn ein Verein seine Vereinsmitglieder, die aufgrund ihrer Arbeitsleistung ähnlich einem Arbeitnehmer sozial geschützt sind, an ein entleihendes Unternehmen überlässt, damit sie bei diesem hauptberuflich eine weisungsabhängige Tätigkeit gegen Entgelt verrichten. Die Überlassung arbeitnehmergleicher Vereinsmitglieder (z. B. DRK-Schwesternschaft) fällt damit trotz der der nicht vorliegenden Arbeitnehmereigenschaft unter das AÜG. Mit Wirkung ab dem 25.7.2017 hat der Gesetzgeber in § 2 Abs. 4 des Gesetzes über das Deutsche Rote Kreuz und andere freiwillige Hilfsgesellschaften im Sinne der Genfer Rotkreuz-Abkommen allerdings ausdrücklich geregelt, dass für die Gestellung von Mitgliedern einer Schwesternschaft vom Deutschen Roten Kreuz § 1 Abs. 1 S. 4 und Abs. 1b AÜG nicht anwendbar ist.

### 2. Arbeitsvertragsbegriff

Deutlich mehr als 100 Jahre nach Inkrafttreten des BGB hat der Gesetzgeber im Zuge der AÜG-Reform den Begriff des Arbeitsvertrags normiert (→ *Arbeitsvertrag*). § 611a Abs. 1 BGB lautet:

*„Durch den Arbeitsvertrag wird der Arbeitnehmer im Dienste eines anderen zur Leistung weisungsgebundener, fremdbestimmter Arbeit in persönlicher Abhängigkeit verpflichtet. Das Weisungsrecht kann Inhalt, Durchführung, Zeit und Ort der Tätigkeit betreffen. Weisungsgebunden ist, wer nicht im Wesentlichen frei seine Tätigkeit gestalten und seine Arbeitszeit bestimmen kann. Der Grad der persönlichen Abhängigkeit hängt dabei auch von der Eigenart der jeweiligen Tätigkeit ab. Für die Feststellung, ob ein Arbeitsvertrag vorliegt, ist eine Gesamtbetrachtung aller Umstände vorzunehmen. Zeigt die tatsächliche Durch-*

*führung des Vertragsverhältnisses, dass es sich um ein Arbeitsverhältnis handelt, kommt es auf die Bezeichnung im Vertrag nicht an."*

Die Definition des Arbeitsvertrags durch die Regelung, wer Arbeitnehmer ist, flankiert die Begriffsbestimmung des § 1 Abs. 1 S. 2 AÜG und soll ebenfalls der Verhinderung missbräuchlicher Vertragsgestaltungen durch Scheindienst- und -werkverträge dienen (BT-Drs. 18/9232, S. 31). Der Gesetzgeber hat sich bei der Regelung des Arbeitsvertrags der ständigen höchstrichterlichen Rechtsprechung bedient und die wesentlichen Leitsätze in Gesetzform gegossen. Eine inhaltliche Änderung bei der Beurteilung eines Verhältnisses als Arbeitsverhältnis ist insofern nicht zu erwarten (BAG v. 21.11.2017, 9 AZR 117/17). Wie bereits oben erwähnt, kommt es gemäß § 611a Abs. 1 S. 6 BGB darauf an, wie das Vertragsverhältnis „gelebt" wird; die tatsächliche Durchführung ist entscheidend. Im Einzelfall kann das AÜG daher auch auf Geschäftsführer Anwendung finden, wenn aufgrund der Vertragsgestaltung von einer arbeitsbezogenen Weisungsabhängigkeit auszugehen ist (LSG Berlin-Brandenburg v. 27.4.2017, L 1 KR 405/15). Grundsätzlich ist eine Anwendbarkeit des AÜG auf Geschäftsführer aber abzulehnen (BAG v. 17.1.2017, 9 AZR 76/16).

## 3. Personalgestellung

Die Personalgestellung ist eine Besonderheit für Arbeitgeber des öffentlichen Dienstes, die Tarifverträge des öffentlichen Dienstes anwenden (insbes. TVöD, TV-L). Werden Aufgaben der Beschäftigten zu einem Dritten verlagert, so ist gemäß § 4 Abs. 3 S. 1 TVöD/TV-L auf Verlangen des Arbeitgebers bei weiter bestehendem Arbeitsverhältnis die arbeitsvertraglich geschuldete Arbeitsleistung bei einem Dritten zu erbringen (= Personalgestellung).

Es war bislang umstritten, ob die Personalgestellung als erlaubnispflichtige Arbeitnehmerüberlassung zu werten ist (so z. B. LAG Baden-Württemberg v. 13.4.2013, 4 TaBV 7/12, ZTR 2013, 618; a. A. OVG Münster v. 19.9.2014, 20 A 281/13, ZTR 2015, 107).

**Hinweis:**

Die Erlaubnispflicht im Hinblick auf die Arbeitnehmerüberlassung folgt aus §§ 1, 1a und 1b AÜG. Die Regelungen zum entsprechenden Verwaltungsverfahren finden sich in den §§ 2 bis 7 AÜG.

Im Rahmen der AÜG-Reform hat der Gesetzgeber mit § 1 Abs. 3 Nr. 2b und 2c AÜG geregelt, dass das AÜG mit Ausnahme des § 1b S. 1, des § 16 Abs. 1 Nr. 1f und Abs. 2 bis 5 sowie der §§ 17 und 18 auf folgende Konstellationen keine Anwendung findet:

*„(...) zwischen Arbeitgebern, wenn Aufgaben eines Arbeitnehmers von dem bisherigen zu dem anderen Arbeitgeber verlagert werden und auf Grund eines Tarifvertrages des öffentlichen Dienstes*

a)   *das Arbeitsverhältnis mit dem bisherigen Arbeitgeber weiter besteht und*

b)   *die Arbeitsleistung zukünftig bei dem anderen Arbeitgeber erbracht wird,*

*(...) zwischen Arbeitgebern, wenn diese juristische Personen des öffentlichen Rechts sind und Tarifverträge des öffentlichen Dienstes oder Regelungen der öffentlich-rechtlichen Religionsgesellschaften anwenden."*

Der Gesetzgeber wollte hiermit klarstellen, dass die Personalgestellung gemäß § 4 Abs. 3 TVöD/TV-L nicht dem Anwendungsbereich der erlaubnispflichtigen Arbeitnehmerüberlassung unterfällt. Unabhängig von § 1 Abs. 3 Nr. 2b und 2c AÜG findet

das AÜG bei Personalgestellungen ebenfalls keine Anwendung, wenn die Personalgestellungen gesetzlich vorgesehen sind und Arbeitnehmer auf Grund dieser spezialgesetzlichen Regelung von einer juristischen Person des öffentlichen Rechts einer anderen juristischen Person des öffentlichen Rechts zur Verfügung gestellt werden (BT-Drs. 18/9232, S. 22).

**Hinweis:**

Es war fraglich, ob diese Bereichsausnahme im Hinblick auf die Personalgestellung mit Art. 3 Abs. 1 GG und mit europarechtlichen Vorgaben vereinbar ist. Mit Beschluss vom 16.6.2021 hat das Bundesarbeitsgericht den EuGH um Vorabentscheidung nach Art. 267 AEUV ersucht, ob die Personalgestellung nach § 4 Abs. 3 TVöD in den Anwendungsbereich der Richtlinie 2008/104/EG fällt und ob bejahendenfalls die Leiharbeitsrichtlinie eine Bereichsausnahme wie die in § 1 Abs. 3 Nr. 2b AÜG geregelte zulässt (BAG v. 16.6.2021, 6 AZR 390/20 (A), ZTR 2021, 443).

Mit Urteil vom 22.6.2023 hat der EuGH nun entschieden, dass Personalgestellung nach § 4 Abs. 3 TVöD nicht in den Anwendungsbereich der Richtlinie fällt. Maßgeblich für den Anwendungsbereich der Richtlinie sei es, dass ein Arbeitgeber sowohl bei Abschluss des betreffenden Arbeitsvertrages als auch bei jeder der tatsächlich vorgenommenen Überlassungen die Absicht hat, den Arbeitnehmer dem Entleiher vorübergehend zur Verfügung zu stellen. Das ist bei der Personalgestellung nicht der Fall. Demnach sollen die Aufgaben der Beschäftigten dauerhaft auf einen Dritten übergehen. Der EuGH stellt dazu fest, dass es dem Arbeitgeber sowohl bei Abschluss des betreffenden Vertrages, als auch bei der Überlassung an das Drittunternehmen an der entsprechenden Absicht fehlt (EuGH v. 22.6.2023, C-427/21, ZTR 2023, 454; kritisch sehend: Klengel/Seeland/Höller, NZA 2023, 1294). Gleiches muss für die wortgleiche Regelung in § 4 Abs. 3 TV-L gelten.

Offen ist weiterhin, ob die Personalgestellung nach § 4 Abs. 3 TVöD auch mit Art. 3 Abs. 1 GG vereinbar ist (verneinend: Seel, öAT 2016, 27; bejahend: ErfK/Roloff, § 1 AÜG Rn. 79). Aufgabenverlagerungen im Sinne des § 1 Abs. 3 Nr. 2b AÜG kann es auch in der Privatwirtschaft geben. Ob es als sachlicher Grund für eine Ungleichbehandlung im Sinne des Art. 3 Abs. 1 GG ausreichend ist, darauf abzustellen, dass bei der Personalgestellung auf beiden Seiten juristische Personen des öffentlichen Rechts als Arbeitgeber stehen, die verfassungsrechtlich in besonderem Maße an Recht und Gesetz gebunden sind und denen eine besondere verfassungsrechtliche Stellung zukommt (vgl. BT-Drs. 18/9232, S. 22 zu Nr. 2c), ist nicht entschieden. Die Rechtsunsicherheit, die der Gesetzgeber beseitigen wollte (BT-Drs. 18/9232, S. 22) verlagert sich insoweit auf die verfassungsrechtliche Ebene.

**Hinweis:**

Die Wahlberechtigung zum Personalrat erlischt für die gestellten Arbeitnehmer bei der alten Dienststelle mit dem Ausscheiden aus der Dienststelle. Die Wahlberechtigung in der neuen Dienststelle entsteht zeitgleich zum Verlust in der gestellenden Dienststelle, unabhängig von einer etwaigen Wartezeit. Das BVerwG v. 22.9.2015, 5 P 12/14, ZTR 2016, 599 hat klargestellt, dass dem Gestellten weder ein Doppelwahlrecht (so noch VG Frankfurt a. M. v. 3.6.2013, 23 K 1700/13.F.PV) zusteht, noch dass das Wahlrecht in der alten Dienststelle gemäß § 14 Abs. 2 BPersVG analog erst drei Monate nach der Gestellung verloren geht (so noch OVG Münster v. 23.3.2010, 16 A 2423/08; vertiefend: von Tiling, öAT 2013, 117).

## 4. Konzernprivileg

Das AÜG findet gemäß § 1 Abs. 3 AÜG mit Ausnahme des § 1b S. 1, des § 16 Abs. 1 Nr. 1f und Abs. 2 bis 5 sowie der §§ 17 und 18 auch keine Anwendung auf die Arbeitnehmerüberlassung zwischen Konzernunternehmen im Sinne des § 18 AktG, wenn der Arbeitnehmer nicht zum Zweck der Überlassung eingestellt und beschäftigt wird (Nr. 2) sowie zwischen Arbeitgebern, wenn die Überlassung nur gelegentlich erfolgt und der Arbeitnehmer nicht zum Zweck der Überlassung eingestellt und beschäftigt wird (Nr. 2a). An das Erfordernis der nur „gelegentlichen Überlassung" sind dabei vor dem Hintergrund des Ausnahmecharakters und im Hinblick auf den Schutzzweck der Norm strenge Anforderungen zu stellen (BAG v. 20.1.2016, 7 AZR 535/13, ZTR 2016, 459). Mit der Ausnahmevorschrift sollen in Bezug sowohl auf den Arbeitnehmer als auch auf das überlassende Unternehmen gelegentlich auftretende Überlassungsfälle ausgeklammert werden, wie zum Beispiel die Abdeckung eines kurzfristigen Spitzenbedarfs eines anderen Unternehmens (BT-Drs. 17/4804, S. 8).

Wegen der weiteren Ausnahmen (Vermeidung von Kurzarbeit und Entlassungen sowie Arbeitnehmerüberlassung in das Ausland) wird auf § 1 Abs. 3 Nr. 1 und 3 sowie § 1a AÜG verwiesen.

## III. Bezeichnungs- und Kennzeichnungspflicht

Zur Vermeidung missbräuchlicher Vertragsgestaltungen haben Verleiher und Entleiher die Überlassung von Arbeitnehmern im Überlassungsvertrag ausdrücklich als Arbeitnehmerüberlassung zu bezeichnen (= Bezeichnungs- bzw. Offenlegungspflicht), bevor die Leiharbeitnehmer überlassen oder tätig werden, § 1 Abs. 1 S. 5 AÜG. Angesichts des Schriftformerfordernisses des Arbeitnehmerüberlassungsvertrages, in dem die Bezeichnung erfolgen muss, erstreckt sich die Schriftform auch auf die Bezeichnungspflicht.

Weiter haben Verleiher und Entleiher den Leiharbeitnehmer, der eingesetzt werden soll, vor der Überlassung unter Bezugnahme auf den Arbeitnehmerüberlassungsvertrag (ggf. einen Rahmenvertrag zur Arbeitnehmerüberlassung) zu konkretisieren, § 1 Abs. 1 S. 6 AÜG (Kennzeichnungs- bzw. Konkretisierungspflicht). Konkretisierung bedeutet, dass der zu überlassende Arbeitnehmer so individualisiert wird, dass er eindeutig identifiziert werden kann.

Dies kann und sollte in der Regel durch Angabe des Vor- und Zunamens erfolgen, es sei denn – was regelmäßig aber nicht der Fall sein dürfte –, es besteht auch insoweit eine Namensgleichheit zwischen mehreren Leiharbeitnehmern des Verleihers. Bei alleiniger Angabe des Nachnamens ist eine Verwechselungsgefahr für den Fall einer Gleichheit des Nachnamens bei mehreren Leiharbeitnehmern nicht ausgeschlossen und insofern risikobehaftet. Ist der einzusetzende bzw. eingesetzte Arbeitnehmer im Nachhinein anhand der vorgenommenen Konkretisierung nicht sicher identifizierbar, besteht die Gefahr eines Verstoßes gegen die Konkretisierungspflicht. Gleichwohl ist zu sehen, dass die Konkretisierungspflicht nicht der Schriftform gemäß § 12 AÜG unterliegt und daher mündlich oder konkludent erfolgen kann (so Ulrici, AÜG (2017), § 1 Rn. 134, str., vgl. Bissels, NZA 2017, 214, 215 m. w. N.). Angesichts des Gesetzeszwecks sowie der möglichen Rechtsfolgen bei einem Verstoß gegen die Konkretisierungspflicht sollte aus Gründen der Rechtsklarheit und -sicherheit die Konkretisierung des Leiharbeitnehmers aber nachvollziehbar und nachweisbar dokumentiert werden.

Die Konkretisierung kann bereits im Arbeitnehmerüberlassungsvertrag vorgenommen werden. Häufig gibt es allerdings zwischen Verleiher und Entleiher Rahmen-Arbeitnehmerüberlassungsverträge. Der Abschluss des Rahmenvertrags und die Konkretisierung der einzelnen Leiharbeitnehmer, die im Laufe der Vertragslaufzeit überlassen werden, fallen dann auseinander. In diesem Fall ist darauf zu achten, dass vor dem Einsatz des jeweiligen Leiharbeitnehmers eine Konkretisierung unter Bezugnahme auf den einschlägigen (Rahmen-)Arbeitnehmerüberlassungsvertrag erfolgt.

Seit dem 1.8.2022 regelt § 13a Abs. 2 AÜG nunmehr, dass der Entleiher einem Leiharbeitnehmer, der ihm seit mindestens sechs Monaten überlassen ist und der ihm in Textform den Wunsch nach dem Abschluss eines Arbeitsvertrages angezeigt hat, innerhalb eines Monats nach Zugang der Anzeige eine begründete Antwort in Textform mitzuteilen hat. Dies gilt nicht, sofern der Leiharbeitnehmer dem Entleiher diesen Wunsch in den letzten zwölf Monaten bereits einmal angezeigt hat.

## IV. Überlassungshöchstdauer

In der bis 31.3.2017 geltenden Fassung des AÜG war eine Arbeitnehmerüberlassung lediglich „vorübergehend" zulässig (§ 1 Abs. 1 S. 2 AÜG a. F.). Streitig war, was unter „vorübergehend" zu verstehen ist und welche arbeitsrechtliche Rechtsfolge ein Verstoß gegen die vorgeschriebene vorübergehende Überlassung auslöst, d. h. ob bei einer nicht lediglich vorübergehenden Überlassung ein Arbeitsverhältnis zwischen dem Leiharbeitnehmer und dem Entleiher fingiert wird. Dies hat das BAG verneint (BAG v. 10.12.2013, 9 AZR 51/13, ZTR 2014, 240). Auch Art. 1 der Leiharbeitsrichtlinie (RL 2008/104/EG) sieht vor, dass die Überlassung eines Leiharbeitnehmers nur dann zulässig ist, wenn sie vorübergehend erfolgt. Eine nähere Definition zu diesem Merkmal sieht die Richtlinie nicht vor.

2017 hat der Gesetzgeber dieses Thema aufgegriffen und erstens eine Überlassungshöchstdauer gesetzlich verankert und zweitens geregelt, dass eine Überschreitung dieser Höchstdauer zur Unwirksamkeit des Leiharbeitsvertrags führt bei gleichzeitiger Fiktion eines Arbeitsverhältnisses zwischen dem überlassenen Arbeitnehmer und dem Entleiher, es sei denn, der Arbeitnehmer widerspricht dem (= Festhaltenserklärung) (§§ 9 Abs. 1 Nr. 1b, 10 Abs. 1 S. 1 AÜG).

Gemäß § 1 Abs. 1b Hs. 1 AÜG darf der Verleiher denselben Leiharbeitnehmer nicht länger als 18 aufeinanderfolgende Monate überlassen. Nach Halbsatz 2 darf der Entleiher denselben Arbeitnehmer nicht länger als 18 aufeinanderfolgende Monate tätig werden lassen. Die Überlassungshöchstdauer ist damit nicht arbeitsplatz-, sondern arbeitnehmerbezogen. Ungeachtet dessen, ob der Leiharbeitnehmer wechselnd bei zwei oder mehreren Verleihern tätig ist, darf er bei demselben Entleiher maximal 18 Monate eingesetzt werden. Unklar ist, ob mit demselben Verleiher der Betrieb (= Dienststelle) oder das Unternehmen gemeint ist. Richtigerweise dürfte – wie bei § 14 Abs. 2 S. 2 TzBfG – auf den Rechtsträger des Vertragsarbeitgebers, d. h. die jeweilige juristische oder – wohl weniger praxisrelevant – die natürliche Person abzustellen sein.

Vorherige Überlassungen durch denselben oder einen anderen Verleiher an denselben Entleiher sind auf die Überlassungshöchstdauer anzurechnen, wenn zwischen den Einsätzen jeweils nicht mehr als drei Monate liegen, § 1 Abs. 1b S. 2 AÜG. Um eine Anrechnung zu vermeiden, muss zwischen den Einsätzen daher eine Pause von drei Monaten und einem Tag liegen. Gemäß § 19 Abs. 2 werden Überlassungszeiten vor dem

1.4.2017 bei der Berechnung der Überlassungshöchstdauer nicht berücksichtigt.

Für die Fristberechnung wird auf die Erwägungen zur Berechnung der Wartezeit nach § 1 KSchG zurückgegriffen, bei der es – wie bei der Überlassung – nicht um die Abgabe von Erklärungen, sondern um einen bestimmten Zeitraum geht, nach dessen Ablauf eine Rechtsfolge eintritt (Lembke, NZA 2017, 1, 4). Der Tag, an dem der Leiharbeitnehmer beim Entleiher seine Arbeit aufnehmen soll, zählt mit (§ 187 Abs. 2 BGB) (so auch Ulrici, a.a.O., § 1 Rn. 94). Die Frist endet folglich nach § 188 Abs. 2 Alt. 2 BGB.

Die Überlassungsdauer verlängert sich nicht, wenn das Ende der Überlassungsdauer auf einen Sonn- oder Feiertag oder einen Sonnabend fällt. § 193 BGB findet keine Anwendung (Ulrici, a.a.O, § 1 Rn. 95).

Da die Überlassung angesichts der Anrechnungsregelung gemäß § 1 Abs. 1b S. 2 AÜG sowie der Unterlagen des Gesetzgebungsverfahrens (BT-Drs. 18/9232, S. 20) nicht zusammenhängend zu erfolgen braucht, sondern Unterbrechungen möglich sind, ist § 191 BGB jedenfalls bei nicht zusammenhängenden Überlassungen anwendbar (so auch Ulrici, a.a.O., § 1 Rn. 95).

 **ACHTUNG!**

Nach *Ulrici* findet § 191 BGB auch auf die ununterbrochene Überlassung Anwendung, sodass 18 Monate in 540 Tage umzurechnen seien (Ulrici, a.a.O., § 1 Rn. 95). Eine zusammenhängende Überlassung von 18 Monaten, die nicht nach Tagen, sondern nach Monaten ohne Anwendung des § 191 BGB erfolgt, überschreitet die 540 Tage.

Diese Problematik zeigt sich ebenfalls bei der zeitlich befristeten Abweichung vom Gleichstellungsgrundsatz nach § 8 Abs. 4 AÜG.

Solange dies für § 1 Abs. 1b und § 8 Abs. 4 AÜG nicht höchstrichterlich geklärt ist, empfiehlt es sich, die Überlassungsdauer sowie die Dauer einer zulässigen Abweichung vom Gleichstellungsgrundsatz auch bei zusammenhängender Überlassung nicht nach Monaten, sondern unter Anwendung des § 191 BGB nach Tagen zu ermitteln.

Unter den Voraussetzungen gemäß § 1 Abs. 1b S. 3 bis 7 AÜG kann in einem Tarifvertrag eine von S. 1 abweichende (längere) Überlassungshöchstdauer gelten.

Es wird mit Blick auf obige Ausführungen jedoch darauf hingewiesen, dass der EuGH mit Urteil vom 17.3.2022, C-232/20, auf Vorlage des LAG Berlin-Brandenburg mit Beschluss vom 13.5.2020, 15 Sa 1991/19, Folgendes entschieden hat (NZA 2022, 549):

1. Art. 1 Abs. 1 der Leiharbeitsrichtlinie ist dahin auszulegen, dass der in dieser Bestimmung verwendete Begriff „vorübergehend" der Überlassung eines Arbeitnehmers, der einen Arbeitsvertrag oder ein Arbeitsverhältnis mit einem Leiharbeitsunternehmen hat, an ein entleihendes Unternehmen, die zur Beschäftigung auf einem Arbeitsplatz erfolgt, der dauerhaft vorhanden ist und der nicht vertretungsweise besetzt wird, nicht entgegensteht.

2. Art. 1 Abs. 1 und 5 der Leiharbeitsrichtlinie ist dahin auszulegen, dass es einen missbräuchlichen Einsatz aufeinanderfolgender Überlassungen eines Leiharbeitnehmers darstellt, wenn diese Überlassungen auf demselben Arbeitsplatz bei einem entleihenden Unternehmen für eine Dauer von 55 Monaten verlängert werden, falls die aufeinanderfolgenden Überlassungen desselben Leiharbeitnehmers bei demselben entleihenden Unternehmen zu einer Beschäftigungsdauer bei diesem Unternehmen führen, die länger ist als das, was unter Berücksichtigung sämtlicher relevan-

ter Umstände, zu denen insbesondere die Branchenbesonderheiten zählen, und im Kontext des nationalen Regelungsrahmens vernünftigerweise als „vorübergehend" betrachtet werden kann, ohne dass eine objektive Erklärung dafür gegeben wird, dass das betreffende entleihende Unternehmen auf eine Reihe aufeinanderfolgender Leiharbeitsverträge zurückgreift. Diese Feststellungen zu treffen, ist Sache des vorlegenden Gerichts.

3. Die Leiharbeitsrichtlinie ist dahin auszulegen, dass sie einer nationalen Regelung entgegensteht, die eine Höchstdauer der Überlassung desselben Leiharbeitnehmers an dasselbe entleihende Unternehmen festlegt, wenn sie durch eine Übergangsvorschrift die Berücksichtigung von vor dem Inkrafttreten dieser Regelung liegenden Zeiträumen bei der Berechnung dieser Dauer ausschließt und dem nationalen Gericht die Möglichkeit nimmt, die tatsächliche Dauer der Überlassung eines Leiharbeitnehmers zu berücksichtigen, um festzustellen, ob diese Überlassung im Sinne der Richtlinie „vorübergehend" war; dies festzustellen, ist Sache dieses Gerichts. Ein nationales Gericht, bei dem ein Rechtsstreit ausschließlich zwischen Privatpersonen anhängig ist, ist nicht allein aufgrund des Unionsrechts verpflichtet, eine solche unionsrechtswidrige Übergangsvorschrift unangewendet zu lassen.

4. Art. 10 Abs. 1 der Leiharbeitsrichtlinie ist dahin auszulegen, dass in Ermangelung einer nationalen Rechtsvorschrift, die eine Sanktion für die Nichteinhaltung dieser Richtlinie durch Leiharbeitsunternehmen oder entleihende Unternehmen vorsieht, der Leiharbeitnehmer aus dem Unionsrecht kein subjektives Recht auf Begründung eines Arbeitsverhältnisses mit dem entleihenden Unternehmen ableiten kann.

5. Die Leiharbeitsrichtlinie ist dahin auszulegen, dass sie einer nationalen Regelung nicht entgegensteht, die die Tarifvertragsparteien ermächtigt, auf der Ebene der Branche der entleihenden Unternehmen von der durch eine solche Regelung festgelegten Höchstdauer der Überlassung eines Leiharbeitnehmers abzuweichen.

Nunmehr hat sich auch das BAG mit einer Grundsatzentscheidung zur Thematik des Abweichens von der gesetzlichen Höchstdauer der Arbeitnehmerüberlassung positioniert (BAG v. 14.9.2022, 4 AZR 83/21). Darin heißt es, bei § 1 Abs. 1b S. 3 AÜG handelt es sich um eine vom Gesetzgeber außerhalb des Tarifvertragsgesetzes vorgesehene Regelungsermächtigung, die den Tarifvertragsparteien der Einsatzbranche nicht nur gestattet, die Überlassungshöchstdauer abweichend von § 1 Abs. 1b S. 1 AÜG verbindlich für tarifgebundene Entleihunternehmen, sondern auch für Verleiher und Leiharbeitnehmer mittels Tarifvertrag zu regeln, ohne dass es auf deren Tarifgebundenheit ankommt. Die gesetzliche Regelung ist unionsrechts- und verfassungskonform. Das BAG hat in dieser Entscheidung klargestellt, dass sich die vereinbarte Höchstüberlassungsdauer von 48 Monaten im Rahmen der gesetzlichen Regelungsbefugnis hält.

## V. Rechtsfolgen bei Verstößen

### 1. Unwirksamkeit des Leiharbeitsvertrags und fingiertes Arbeitsverhältnis

Ein Verstoß gegen die Bezeichnungs- und Konkretisierungspflicht sowie gegen die Überlassungshöchstdauer führt zur Unwirksamkeit des Arbeitsvertrags zwischen dem Leiharbeitnehmer und dem Verleiher (§ 9 Abs. 1 Nr. 1a und 1b AÜG) sowie zur Fiktion eines Arbeitsverhältnisses zwischen dem Entleiher und dem Leiharbeitnehmer, es sei denn, der Leiharbeitnehmer erklärt schriftlich fristgerecht und unter Einhaltung der besonderen Wirksamkeitsvoraussetzungen für die Erklärung nach § 9 Abs. 2 AÜG gegenüber dem Verleiher oder dem Entleiher, dass er an dem Arbeitsvertrag mit dem Verleiher festhält (= Festhaltenserklärung).

 **Hinweis:**

Vor der AÜG-Reform war es umstritten, ob im Fall eines als Dienst- oder Werkvertrag deklarierten Verhältnisses zwischen Auftraggeber und Auftragnehmer, das rechtlich als Arbeitnehmerüberlassung zu bewerten war (= verdeckte Arbeitnehmerüberlassung bei sog. Scheindienst-/Scheinwerkverträgen), zwischen dem Auftraggeber und der bei ihm eingesetzten Person in entsprechender Anwendung des § 10 Abs. 1 S. 1 AÜG a. F. oder aus § 242 BGB ein Arbeitsverhältnis fingiert wird. Dies hat das BAG zu der bis zum 31.3.2017 geltenden Rechtslage abgelehnt (BAG v. 12.7.2016, 9 AZR 352/15, ZTR 2016, 437, m. w. N.). Um die Fiktion eines Arbeitsverhältnisses zwischen Auftraggeber und der eingesetzten Person zu vermeiden, war es bis zum 31.3.2017 ausreichend, dass der Auftragnehmer im Besitz einer gültigen Arbeitnehmerüberlassungserlaubnis war, die ihm bei der verdeckten Arbeitnehmerüberlassung insoweit als rechtlicher „Fallschirm" (= sog. „Fallschirmlösung") diente (vgl. BAG v. 12.7.2016, 9 AZR 352/15, ZTR 2016, 437, m. w. N.; Bissels, NZA 2017, 214).

Hinsichtlich der Bezeichnungs- und Konkretisierungspflicht besteht aktuell Uneinigkeit, ob ein alternativer Verstoß gegen eine der Pflichten aus § 1 Abs. 1 S. 5 und 6 AÜG ausreicht.

Nach *Schüren/Pütz* führt bereits der alleinige Verstoß gegen die Bezeichnungspflicht nach § 1 Abs. 1 S. 5 AÜG zur Unwirksamkeit des Arbeitnehmerüberlassungsvertrags wegen Verstoßes gegen das Schriftformerfordernis gemäß § 12 Abs. 1 S. 1 AÜG in Verbindung mit § 125 S. 1 BGB sowie zur Unwirksamkeit des Leiharbeitsvertrags und der damit verbundenen Fiktion eines Arbeitsverhältnisses zwischen dem Entleiher und dem Leiharbeitnehmer, §§ 9 Abs. 1 Nr. 1b, 10 Abs. 1 S. 1 AÜG; bei einem alleinigen Verstoß gegen die Konkretisierungspflicht sollen diese Folgen nach *Schüren/Pütz* nicht eintreten (Schüren/Pütz, NZA 2017, 483, 484).

Strenger ist die Ansicht von *Ulrici.* Seiner Meinung nach treten die Unwirksamkeit des Leiharbeitsvertrags und das fingierte Arbeitsverhältnis bereits dann ein, wenn gegen eine der beiden Pflichten verstoßen wird (Ulrici, a.a.O., § 9 Rn. 67).

*Bissels* ist hingegen der Ansicht, dass die vorgenannten arbeitsrechtlichen Folgen gemäß §§ 9 Abs. 1 Nr. 1b, 10 Abs. 1 S. 1 AÜG nur bei einem kumulativen Verstoß gegen die Bezeichnungs- und Konkretisierungspflicht gemäß § 1 Abs. 1 S. 5 und 6 AÜG eintreten. Ein singulärer Verstoß könne „lediglich" zu Bußgeldern bis zu € 30.000,00 für Verleiher und Entleiher sowie erlaubnisrechtlichen Schritten gegenüber dem Verleiher führen. Die oben dargestellte *„Fallschirmlösung"* habe daher auch nach der AÜG-Reform einen – wenngleich beschränkten – Anwendungsbereich (Bissels, NZA 2017, 214, 220; für einen kumulativen Verstoß ebenso Lembke, NZA 2017, 1, 8; ErfK/Roloff, § 9 AÜG Rn. 12).

Die Frist für die Festhaltenserklärung beträgt bei einem Verstoß gegen die Bezeichnungs- und Konkretisierungspflicht einen Monat nach dem zwischen dem Verleiher und Entleiher für den Beginn der Überlassung vorgesehenen Zeitpunkt. Bei einem Überschreiten der Überlassungshöchstdauer ist die Erklärung bis zum Ablauf eines Monats nach Überschreiten der zulässigen Höchstdauer abzugeben.

Die Festhaltenserklärung ist gemäß § 9 Abs. 2 AÜG zudem

*„nur wirksam, wenn*

1. der Leiharbeitnehmer diese persönlich in einer Agentur für Arbeit vorlegt,

2. die Agentur für Arbeit die abzugebende Erklärung mit dem Datum des Tages der Vorlage und dem Hinweis versieht, dass sie die Identität des Leiharbeitnehmers festgestellt hat, und

3. die Erklärung spätestens am dritten Tag nach Vorlage in der Agentur für Arbeit dem Ver- oder Entleiher zugeht."

Darüber hinaus kann sich die Frage stellen, ob das Recht des Arbeitnehmers, sich auf den Fortbestand eines gemäß § 10 Abs. 1 S. 1 AÜG i. V. m. § 9 Abs. 1 Nr. 1 AÜG begründeten Arbeitsverhältnisses zu berufen, auch verwirken kann. Das BAG hat sich zu dieser Frage noch nicht abschließend geäußert. Es hat jedoch klargestellt, dass die widerspruchslose Wiederaufnahme der Tätigkeit im Betrieb des Entleihers regelmäßig noch nicht das für eine Verwirkung erforderliche Umstandsmoment erfüllt. Beim Entleiher wird nicht allein dadurch ein schützenswertes Vertrauen begründet, dass der Arbeitnehmer der Abberufung aus dem Betrieb des Entleihers nicht widerspricht (vgl. BAG v. 20.3.2018, 9 AZR 508/17).

In seiner Entscheidung vom 26.4.2022 (9 AZR 139/21) hat das BAG außerdem klargestellt, dass ein Arbeitnehmer aus dem Ausland, der von seiner im Ausland ansässigen Arbeitgeberin zeitweise einem Unternehmen in Deutschland zur Arbeitsleistung überlassen worden war, sich nicht auf die Schutznormen der §§ 9, 10 AÜG berufen kann, obwohl die ausländische Arbeitgeberin keine deutsche Erlaubnis zur Arbeitnehmerüberlassung besaß. In diesem Fall wurde ein französischer Arbeitnehmer von der französischen Arbeitgeberin einem Unternehmen in Karlsruhe überlassen. Der klagende Arbeitnehmer verlangte von dem deutschen Unternehmen Weiterbeschäftigung und berief sich darauf, dass wegen der fehlenden Überlassungserlaubnis ein Arbeitsverhältnis mit dem deutschen Unternehmen begründet worden sei. Das BAG dagegen lehnt einen solchen Anspruch ab. Ein fingiertes Arbeitsverhältnis wurde hier trotz des Vorliegens einer illegalen Leiharbeit nicht angenommen.

Die Frist ist rein objektiv ausgestaltet. Im Schrifttum wird daher gefordert, dass die Frist in verfassungskonformer Auslegung um ein subjektives Element beim Leiharbeitnehmer ergänzt werden muss. Anderenfalls könnte der Leiharbeitnehmer aufgrund von Nichtwissen die Frist verstreichen lassen und ihm hierdurch ein Arbeitsverhältnis mit dem Entleiher aufgezwungen werden. Der Arbeitnehmer wird so zum Sanktionsobjekt von schuldhaften oder sogar schuldlosen Verstößen seines Arbeitgebers, sodass hierin das Übermaßverbot hinsichtlich der Berufsfreiheit des Leiharbeitnehmers als verletzt angesehen wird (so: Kainer/Schweipert, NZA 2017, 13, ErfK/Roloff § 9 AÜG Rn. 8; Lembke, NZA 2018, 393; Thüsing/Mengel, § 9 Rn. 22; a.A. Ulrici § 9 Rn. 11; Deinert, RdA 2017, 65).

## 2. Unzulässiger Kettenverleih

Im Zuge der AÜG-Reform wurde gemäß § 1 Abs. 1 S. 3 AÜG klargestellt, dass ein Kettenverleih unzulässig ist. Die Überlassung eines Leiharbeitnehmers durch einen Verleiher an einen weiteren Personaldienstleister (= Entleiher 1), der dann seinerseits als Verleiher auftritt und denselben Leiharbeitnehmer seinem Vertragspartner (= Entleiher 2) überlässt, ist seit dem 1.4.2017 nicht mehr zulässig. Die Frage der Zulässigkeit der Kettenleihe sowie einzelne Rechtsfolgen wurden bereits unter der bis zum 31.3.2017 geltenden Fassung des AÜG diskutiert.

Diese Diskussion ist mit der Regelung in § 1 Abs. 1 S. 3 AÜG beendet. Ein Verstoß gegen das Verbot der Kettenleihe führt zu den vorgenannten Sanktionen (Unwirksamkeit des Leiharbeitsvertrags und grds. Fiktion des Arbeitsverhältnisses mit dem Entleiher), wenn hierbei zugleich gegen die Erlaubnispflicht (§ 1 Abs. 1 S. 1 AÜG) oder die Bezeichnungs- und Konkretisierungspflicht (§ 1 Abs. 1 S. 5 und 6 AÜG) verstoßen oder die Überlassungshöchstdauer (§ 1 Abs. 1b AÜG) überschritten wird, § 10a i. V. m. § 9 Abs. 1 Nr. 1 bis 1b und § 10 AÜG.

### 3. Weitere Unwirksamkeitsgründe

Wegen weiterer Unwirksamkeitsgründe wird auf § 9 Abs. 1 Nr. 1, 2a, 3, 4 und 5 AÜG verwiesen.

### 4. Weitere Sanktionen

Bei Verstößen gegen die obigen Vorgaben gemäß § 1 AÜG, die Unwirksamkeitsgründe im Sinne des § 9 Abs. 1 AÜG darstellen, kommen weitere Rechtsfolgen in Betracht:

▸ gesamtschuldnerische Haftung des Verleihers und des Entleihers auf das gesamte Bruttoarbeitsentgelt einschließlich des Arbeitnehmeranteils am Gesamtsozialversicherungsbeitrag gemäß § 10 Abs. 3 AÜG, § 28e Abs. 2 S. 3 SGB IV;

▸ strafrechtliche Relevanz gemäß § 266a StGB und §§ 370, 380 AO bei vorsätzlichem Vorenthalten von Arbeitsentgelt bzw. bei vorsätzlichem oder leichtfertigem Nichtabführen von Steuerabzugsbeträgen;

▸ gesamtschuldnerische Haftung für Lohnsteuer gemäß § 10 Abs. 3 AÜG, § 42d Abs. 1, 6 und 7 EStG, § 41 Abs. 1 AO;

▸ Bußgelder bis zu € 30.000,00 für den Verleiher und/oder Entleiher (je nach Unwirksamkeitsgrund);

▸ Eintrag in das Gewerbezentralregister;

▸ erlaubnisrechtliche Folgen bis hin zum Entzug der Erlaubnis.

Bei der Unwirksamkeit des Leiharbeitsvertrages nach § 9 AÜG muss im Einzelfall geprüft werden, ob die jeweiligen weiteren Voraussetzungen der vorgenannten Tatbestände erfüllt sind.

 **Hinweis:**
Wegen weiterer Verstöße gegen andere Pflichten aus dem AÜG wird auf den Katalog der Ordnungswidrigkeiten in § 16 AÜG und die dort konkret genannten Pflichten nach dem AÜG verwiesen.

## VI. Gleichstellungsgrundsatz

Gemäß § 8 Abs. 1 S. 1 AÜG ist der Verleiher verpflichtet, dem Leiharbeitnehmer für die Dauer der Überlassung die im Betrieb des Entleihers für einen vergleichbaren Stammarbeitnehmer geltenden wesentlichen Arbeitsbedingungen einschließlich des Arbeitsentgelts zu gewähren (Gleichstellungsgrundsatz – equal pay, equal treatment). Zahlungen des Arbeitgebers an die Stammbelegschaft, die einen Ersatz für tatsächlich getätigte Aufwendungen darstellen, sind kein Arbeitsentgelt im Sinne von § 14 Abs. 1 S. 1 SGB IV. Sie begründen daher auch keine Ansprüche der Leiharbeitnehmer nach dem Gleichstellungsgrundsatz (BSG v. 18.1.2018, B 12 R 3/16 R).

Eine Abweichung ist nach § 8 Abs. 2 AÜG durch Tarifvertrag möglich, soweit keine Mindeststundenentgelte einer Rechtsverordnung nach § 3a Abs. 2 AÜG unterschritten werden. Die Abweichung setzt voraus, dass das arbeitsvertraglich in Bezug genommene Tarifwerk vollständig und nicht nur teilweise anwendbar ist (BAG v. 16.10.2019, 4 AZR 66/18, ZTR 2020, 174). Für Leiharbeitnehmer, die in den letzten sechs Monaten vor der Überlassung in einem Arbeitsverhältnis mit dem Entleiher oder

einem mit ihm im Sinne von § 18 AktG verbundenen Unternehmen gestanden haben, gilt die tarifvertragliche Abweichung vom Gleichstellungsgrundsatz nicht, § 8 Abs. 3 AÜG (sog. „Drehtürklausel"). Durch diese Einschränkung soll verhindert werden, dass Stammpersonal aus dem Arbeitsverhältnis entlassen und sodann – quasi durch eine Drehtür – wieder auf denselben Stammarbeitsplatz zurückgeholt und letztlich weiterbeschäftigt wird, allerdings zu schlechteren Arbeitsbedingungen angesichts der tarifvertraglichen Abweichungsmöglichkeit. Anwendbar ist die sogenannte Drehtürklausel jedoch nicht nur auf Missbrauchsfälle, sondern auf alle Sachverhalte, bei denen die tatbestandlichen Voraussetzungen vorliegen.

Auch bei tariflich zugelassener Unterschreitung ist der Verleiher allerdings nach neun Monaten verpflichtet, den „Equal pay & equal treatment"-Grundsatz einzuhalten. Eine Ausnahme hiervon ist zulässig, wenn eine Tarifvertragsregelung vorsieht, dass spätestens nach 15 Monaten mindestens ein Gehalt erreicht wird, das laut Tarifvertrag mit dem tarifvertraglichen Arbeitsentgelt vergleichbarer Arbeitnehmer in der Einsatzbranche gleichwertig ist, und vorgesehen ist, dass nach längstens sechs Wochen Einarbeitungszeit eine stufenweise Heranführung an dieses Gehalt erfolgt. Zur Fristenberechnung wird auf die obigen Ausführungen zur Berechnung der Überlassungshöchstdauer nach § 1 Abs. 1b AÜG verwiesen.

Vereinbarungen zwischen Verleiher und Leiharbeitnehmer, die schlechtere Arbeitsbedingungen einschließlich des Arbeitsentgelts vorsehen, sind gemäß § 9 Abs. 1 Nr. 2 AÜG unwirksam. Die Unwirksamkeit bezieht sich allerdings nicht auf den gesamten Leiharbeitsvertrag, der als solcher – sofern nicht ein anderer Unwirksamkeitsgrund vorliegt, der sich auf den gesamten Vertrag bezieht – wirksam bleibt. Auch wird kein Arbeitsverhältnis zwischen dem Leiharbeitnehmer und dem Entleiher fingiert; § 10 Abs. 1 AÜG ist mangels Unwirksamkeit des Leiharbeitsvertrags nicht einschlägig. Weiter bezieht die Unwirksamkeit sich auch nur auf einen bestimmten Einsatz bei einem Entleiher, bei dem gegen den Gleichstellungsgrundsatz verstoßen wird. Im Übrigen verbleibt es bei der (teilweise) unwirksamen Klausel. Der Leiharbeitnehmer kann im Fall der Unwirksamkeit für den betreffenden Zeitraum die Entgeltdifferenz sowie die Gewährung der weiteren wesentlichen Arbeitsbedingungen gemäß § 8 Abs. 1 S. 1 AÜG vom Verleiher verlangen. Zudem droht dem Verleiher bei einem Verstoß gegen den Gleichstellungsgrundsatz gemäß § 16 Abs. 1 Nr. 7a und 7b, 2 AÜG ein Bußgeld bis zu € 500.000,00.

## VII. Weitere wesentliche Änderungen der AÜG-Reform

Für den Verleiher gilt seit dem 1.8.2022 nach § 11 Abs. 2 S. 4 AÜG die bußgeldbewerte zusätzliche Informationspflicht, dem Leiharbeiter die Firma und Anschrift des Entleihers in Textform mitzuteilen.

Im Zuge der AÜG-Reform wurde in § 11 Abs. 5 AÜG geregelt, dass Leiharbeitnehmer in einem von einem Arbeitskampf unmittelbar betroffenen Betrieb grundsätzlich nicht eingesetzt werden dürfen. Ein Einsatz ist nur zulässig, wenn der Entleiher sicherstellt, dass Leiharbeitnehmer keine Tätigkeiten übernehmen, die bisher von Arbeitnehmern ausgeübt wurden, die sich im Arbeitskampf befinden oder ihrerseits Tätigkeiten von Arbeitnehmern übernommen haben, die sich im Arbeitskampf befinden. Das Verbot ergänzt das bisherige Leistungsverweigerungsrecht eines Arbeitnehmers im Arbeitskampf und hindert Entleiher, streikende Stammarbeitnehmer durch Leiharbeitnehmer zu ersetzen. § 11 Abs. 5 AÜG ist im Hinblick auf die negative Koalitionsfreiheit nicht gänzlich unproblematisch, weil das Tätigkeitsverbot den Leiharbeitnehmer faktisch zu einem Arbeitskampf zwingt. Ein Verstoß gegen das Tätigkeitsverbot, dessen Grenzen noch nicht klar konturiert sind, kann einen Bußgeldbescheid in Höhe von bis zu € 500.000,00 und einen Eintrag in das Gewerbezentralregister zur Folge haben.

Weiter stellt § 14 Abs. 2 S. 4 AÜG klar, dass Leiharbeitnehmer bei betriebsverfassungsrechtlichen Schwellenwerten mitgezählt werden mit Ausnahme der Schwellenwerte des § 112a BetrVG. Ebenso finden Leiharbeitnehmer bei der Unternehmensmitbestimmung Berücksichtigung, § 14 Abs. 2 S. 5 und 6 AÜG. Dies gilt entsprechend für das Bundespersonalvertretungsgesetz, § 14 Abs. 4 AÜG. Dies bedeutet aber lediglich, dass Leiharbeitnehmer bei den Schwellenwerten grundsätzlich zu berücksichtigen sind, nicht aber, dass etwaige weitere Voraussetzungen der jeweiligen Norm des Betriebsverfassungs- oder Bundespersonalvertretungsgesetzes fingiert werden.

Ferner wurde die bereits bestehende Unterrichtungspflicht nach § 80 Abs. 2 BetrVG im Hinblick auf den Fremdpersonaleinsatz klarstellend ergänzt. Dem Betriebsrat müssen unter Berücksichtigung der zu § 80 Abs. 2 BetrVG ergangenen Rechtsprechung des BAG sowie der einzelnen Voraussetzungen der Unterrichtungspflicht nähere Informationen insbesondere über Einsatztage, Einsatzzeiten, Einsatzort und die Arbeitsaufgaben des Fremdpersonals gegeben und die dem Einsatz zugrunde liegenden Verträge vorgelegt werden.

§ 92 Abs. 1 S. 1 BetrVG wurde dahingehend ergänzt, dass die Personalplanung sich auch auf die geplante Beschäftigung von Personen bezieht, die nicht in einem Arbeitsverhältnis zum Arbeitgeber stehen (= Fremdpersonaleinsatz).

# Arbeitskampf

**Wegweiser:**

Durch den Arbeitskampf erhalten die Tarifvertragsparteien die Möglichkeit, die von Ihnen aufgestellten Tarifforderungen durchzusetzen. Während sich der Staat in diesem Bereich einer Unterstützung der Tarifvertragsparteien prinzipiell zu enthalten hat, wird den Vereinigungen der Arbeitnehmer und Arbeitgeber ein Freiraum zur Druckentfaltung auf die jeweils andere Seite ermöglicht. Das Arbeitskampfrecht für den öffentlichen Dienst entspricht im Wesentlichen den auch für die Privatwirtschaft geltenden Regelungen.

Zu den Arbeitskampfrichtlinien der VKA siehe Breier/Dassau, TVöD Komm. Teil G 2 sowie zu den Arbeitskampfrichtlinien der TdL Breier/Dasau TV-L Komm Teil G 2.

**I. Funktion des Arbeitskampfs**
1. Funktion des Arbeitskampfs
2. Bedeutung des Arbeitskampfs im öffentlichen Dienst

**II. Voraussetzungen eines rechtmäßigen Arbeitskampfs**
1. Urheberschaft des Arbeitskampfs
2. Tarifbezogenheit
3. Teilnahmerecht
4. Wahrung der Friedenspflicht
5. Einleitung durch Arbeitskampfbeschluss
6. Bestimmtheit der Tarifforderung
7. Verhältnismäßigkeit

**III. Arbeitskampfmittel**
1. Streik
2. Boykott
3. Betriebsbehinderung (Flash-Mob)
4. Arbeitsverweigerung
5. Aussperrung
6. Betriebsstilllegung

**IV. Staatliche Neutralität**

**V. Besonderheiten im öffentlichen Dienst**
1. Angestellte und Arbeiter
2. Beamte
3. Betriebsfortführung während des Arbeitskampfs
4. Kirchliches Arbeitsrecht

**VI. Rechte des Personalrats während des Arbeitskampfs**

**VII. Folgen des Arbeitskampfs**
1. Rechtmäßiger Arbeitskampf
2. Rechtswidriger Arbeitskampf

**VIII. Schlichtung**

**IX. Arbeitskampfmaßnahmen von Spartengewerkschaften**

## I. Funktion des Arbeitskampfs

### 1. Funktion des Arbeitskampfs

Durch die Koalitionsfreiheit nach Art. 9 Abs. 3 GG wird gewährleistet, dass sich Arbeitnehmer und Arbeitgeber zu Vereinigungen (Koalitionen) zusammenschließen können, in denen sie sich gemeinschaftlich für die Wahrung und Förderung ihrer Arbeits- und Wirtschaftsbedingungen einsetzen können. Neben der Bildung derartiger Vereinigungen bezieht die Rechtsprechung auch die gemeinschaftliche Betätigung der Mitglieder in den Schutzbereich der Koalitionsfreiheit ein (BVerfG v. 14.11.1995, 1 BvR 601/92). Das wichtigste Betätigungsfeld der Koalitionen stellt die Tarifautonomie dar, also der geschützte Freiraum, in dem Arbeitnehmer- und Arbeitgebervereinigungen Regelungen zugunsten und zulasten ihrer Mitglieder in Tarifverträgen abschließen dürfen.

Unmittelbar mit der Tarifautonomie verbunden ist das ebenfalls durch die Koalitionsfreiheit des Art. 9 Abs. 3 GG gewährleistete Arbeitskampfrecht. Der Arbeitskampf ermöglicht es einer Koalition, den Verhandlungspartner durch die Entfaltung zusätzlichen Drucks zur Annahme der eigenen Verhandlungsforderungen zu bewegen. Im Unterschied zu weiten Teilen des Rechts, in denen die Durchsetzung eigener Forderungen im Wege der Selbsthilfe grundsätzlich unerlaubt ist und stattdessen die Inanspruchnahme des staatlicherseits bereitgestellten Justizsystems erforderlich wird, ermöglicht der Arbeitskampf die eigenständige Durchsetzung der Tarifforderungen. Damit einhergehend enthält sich der Staat im Grundsatz einer Unterstützung der Tarifvertragsparteien. Dieses Verständnis ist von der Vorstellung geprägt, dass sich die miteinander verhandelnden und kämpfenden Tarifvertragsparteien prinzipiell gleich mächtig gegenüberstehen (sog. Parität) und die Entwicklung und Durchsetzung ihrer Tarifziele am besten selbst erreichen können.

Das Arbeitskampfrecht zieht den Rahmen, innerhalb dessen die eigenständige Durchsetzung der Tarifforderungen zulässig ist. Ohne ein existierendes Arbeitskampfrecht bestünde die Gefahr, dass ein strukturell unterlegener Verhandlungspartner oder die Allgemeinheit durch unkontrollierte Arbeitskämpfe in Mitleidenschaft gezogen werden könnten.

### 2. Bedeutung des Arbeitskampfs im öffentlichen Dienst

Deutschland gehört traditionell zu den Ländern mit den wenigsten durch Arbeitskämpfe ausfallenden Arbeitstagen der westlichen Welt. Im Jahresdurchschnitt der Jahre 2008–2017 sind in Deutschland pro 1000 Beschäftigte lediglich 16,0 Arbeitstage aufgrund von Arbeitskämpfen ausgefallen (Quelle: WSI-Tarifarchiv der Hans-Böckler-Stiftung). Im öffentlichen Dienst kam es in den vergangenen Jahren zwar teilweise zu längeren und von einer erheblichen Anzahl von Beschäftigten getragenen Arbeitskämpfen. Im Jahr 2018 haben die größten Arbeitskampfmaßnahmen jedoch in der Metallindustrie sowie in der Nahrungsmittel- und Getränkeindustrie stattgefunden (vgl. https://www.boeckler.de/pdf/pm_wsi_2019_03_28.pdf).

## II. Voraussetzungen eines rechtmäßigen Arbeitskampfs

### 1. Urheberschaft des Arbeitskampfs

Ein rechtmäßiger Arbeitskampf setzt zunächst voraus, dass er von einem arbeitskampffähigen Subjekt eingeleitet wird. Da es sich beim Arbeitskampf um die Fortsetzung der tarifrechtlichen Auseinandersetzung handelt, können Arbeitskämpfe nur von potenziellen Parteien eines Tarifvertrags geführt werden. Nach § 2 Abs. 1 TVG steht die Einleitung eines Arbeitskampfs damit Gewerkschaften, einzelnen Arbeitgebern sowie Vereinigungen von Arbeitgebern zu.

Der nicht von einer tariffähigen Partei eingeleitete Arbeitskampf ist als sogenannter „wilder Arbeitskampf" rechtswidrig. Die Teilnahme an einer solchen Streikmaßnahme kann einen außerordentlichen Kündigungsgrund darstellen (LAG Berlin-Brandenburg v. 25.4.2023, 16 Sa 868/22).

**Beispiel**

> Die Hausmeister an den Schulen in der Gemeinde S legen ihre Arbeit nieder, um sich für längere Pausenzeiten einzusetzen. Die Arbeitsniederlegung ist auch dann noch rechtswidrig, wenn sich die gesamten Angestellten der Gemeinde in einer Personalversammlung für die Arbeitsniederlegung entscheiden, solange keine tariffähige Vereinigung hinter dem Arbeitskampf steht.

Die Wirksamkeit eines Arbeitskampfs ist somit von der Autorisierung durch eine tariffähige Gewerkschaft abhängig.

 **ACHTUNG!**

> Die Rechtsprechung betrachtet es aber als ausreichend, wenn eine tariffähige Partei den Arbeitskampf nachträglich übernimmt und damit als Gegenstand ihrer eigenen Tarifpolitik autorisiert. Der Arbeitskampf gilt in diesem Fall als von Anfang an rechtmäßig.

Steht keine Gewerkschaft hinter einer kollektiven Arbeitsniederlegung und macht sich auch keine Gewerkschaft diesen Arbeitskampf zu eigen, verstoßen die beteiligten Arbeitnehmer gegen ihre Vertragspflichten (vgl. unten bei VII.2.). Zu einem derartigen Fall LAG Bremen v. 9.3.2017, 2 Sa 67/16 (Abmahnung von 761 Arbeitnehmern, die spontan während einer Nachtschicht gegen die Auslagerung von Arbeitsplätzen protestierten und ihre Arbeit niederlegten).

Die Arbeitsniederlegung muss von abhängig beschäftigten Arbeitnehmern ausgehen. Angehörigen freier Berufe fehlt die entsprechende Eigenschaft, jedenfalls nach dem Verständnis des deutschen Verfassungsrechts (vgl. BVerfG v. 24.10.2019, 1 BvR 887/17 zur abgestimmten Arbeitsniederlegung mehrerer Vertragsärzte gegen die Kassenärztliche Vereinigung).

### 2. Tarifbezogenheit

Als Mittel zur Durchsetzung oder Abwehr tariflicher Forderungen hat ein Arbeitskampf strikt tarifbezogen zu sein. Ziel eines Arbeitskampfs kann daher nur eine Regelung sein, die im Wege eines Tarifvertrags mit der Gegenseite vereinbart werden könnte (BAG v. 26.7.2016, 1 AZR 160/14, ZTR 2017, 16). Davon abweichend soll allerdings auch die Einbeziehung Dritter zulässig sein, wenn diese auf die Gegenseite Einfluss nehmen können oder mit dieser verbunden sind.

**Beispiel**

> Streikaufruf einer Gewerkschaft gegen ein städtisches Busverkehrsunternehmen, um eine zeitlich befristete Fortführung des Betriebs und eine entsprechende Weiterbeschäftigung der Arbeitnehmer über den beschlossenen Betriebsstilllegungszeitpunkt hinaus zu erzwingen. Auch die Einbeziehung der Stadt als Alleingesellschafterin (durch die Forderung, Ersatzarbeitsplätze bereitzustellen) soll den Streik nicht rechtswidrig machen (vgl. LAG Baden-Württemberg v. 20.2.2019, 4 Sa 40/18).

Unzulässig ist nach dem deutschen Arbeitskampfrecht dagegen der sogenannte politische Arbeitskampf, bei dem eine Koalition – im Regelfall die beteiligte Gewerkschaft – die Durchsetzung eines politischen Ziels oder die Veränderung der Gesellschaftsverfassung erreichen will.

Die angestrebte Regelung muss darüber hinaus rechtmäßig sein. Die Feststellung der Rechtmäßigkeit einer angestrebten Regelung wird in vielen Fällen dadurch erschwert, dass das Interesse der Arbeitnehmervereinigung im Widerstreit mit den Interessen des Arbeitgebers oder des Arbeitgeberverbands steht. Zur Ermittlung der Rechtmäßigkeit einer Regelung ist in diesem Fall eine Abwägung der beiderseitigen Interessen vorzunehmen, wobei keine Seite unverhältnismäßig beschränkt werden darf.

Forderungen, die von der Gegenseite nicht im Rahmen eines Tarifvertrags erfüllt werden können, scheiden als Ziel des Arbeitskampfs aus. In diesem Zusammenhang sind vor allem Forderungen zu nennen, die der Durchsetzung rechtlicher Ansprüche oder der Klärung von Rechtsfragen dienen.

**Beispiel**

> Die Gewerkschaft leitet einen Streik ein, um den Arbeitgeber zur Rücknahme einer Mehrzahl von Kündigungen gegenüber Arbeitnehmern des Betriebs zu zwingen. Dieses Ziel müssen die Arbeitnehmer durch Erhebung von Kündigungsschutzklagen auf dem Rechtsweg anstreben.

Weitere Voraussetzung ist im Grundsatz auch, dass die Parteien des Arbeitskampfs für den Abschluss des Tarifvertrags zuständig sind. Die Tarifzuständigkeit des Arbeitgebers erstreckt sich auf das von ihm geführte Unternehmen, während eine Arbeitnehmer- oder Arbeitgebervereinigung ihre Tarifzuständigkeit in der Satzung selbst festlegen kann. Der angestrebte Tarifvertrag muss sich im Rahmen dieser Tarifzuständigkeit bewegen (vgl. → Tarifvertrag).

Eine Ausnahme hiervon akzeptiert die Rechtsprechung bei einem sogenannten Unterstützungsarbeitskampf. Darunter versteht man einen Arbeitskampf, den eine kampffähige Partei zur Unterstützung der Partei eines Hauptarbeitskampfs führt.

**Beispiel**

Die Gewerkschaft A hat zum Streik gegen das städtische Klinikum in Braunschweig aufgerufen. Zur Unterstützung dieses Arbeitskampfs ruft die Gewerkschaft auch zum Streik gegen das städtische Klinikum in Oldenburg auf, da beide Arbeitgeber Mitglied eines kommunalen Arbeitgeberverbands sind, der nach dem Verständnis der kampfführenden Gewerkschaft auf das Klinikum Braunschweig einwirken soll (ähnlich der Fall des BAG v. 19.6.2012, 1 AZR 775/10, in dem eine Gewerkschaft ein Mitglied des Arbeitgeberverbands ohne Tarifbindung [sog. OT-Mitglied] (in diesem Fall rechtswidrig) bestreikt hat, damit dieses auf den Arbeitgeberverband Einfluss ausübt).

Das Bundesarbeitsgericht hat in seiner jüngeren Rechtsprechung Unterstützungsarbeitskämpfe weitgehend gebilligt und gestattet solche Arbeitskämpfe immer dann, wenn sie zur Unterstützung des Hauptarbeitskampfs nicht völlig ungeeignet, unnötig oder unangemessen erscheinen (BAG v. 19.6.2007, 1 AZR 396/06; vgl. in diesem Zusammenhang auch ArbG Frankfurt am Main v. 28.2.2012, 9 Ga 25/12: Streik der Fluglotsen zur Unterstützung des Arbeitskampfs der Vorfeldmitarbeiter ist unverhältnismäßig). Nunmehr wird sogar völlig unbeteiligten Vereinigungen gestattet, einen Unterstützungsarbeitskampf zugunsten der Parteien des Hauptarbeitskampfs auszutragen. Die Bedeutung der Tarifzuständigkeit der kämpfenden Parteien und der Tarifbezogenheit des mit dem Unterstützungsarbeitskampf angestrebten Ziels werden durch diese Rechtsprechung weitgehend außer Kraft gesetzt.

## 3. Teilnahmerecht

Auch wenn der Arbeitskampf nur von einer tariffähigen Partei eingeleitet werden darf und dies auch nur zur Durchsetzung tarifvertraglicher Regelungen, wird das Recht zur Teilnahme prinzipiell nicht begrenzt. Es dürfen also nicht nur die Mitglieder der zum Streik aufrufenden Gewerkschaft die Arbeit niederlegen, sondern sämtliche Arbeitnehmer im Bereich des Streikaufrufs und damit auch die sogenannten Außenseiter (nach BAG v. 18.11.2014, 1 AZR 257/13, ZTR 2015, 197, soll sogar die Frage des Arbeitgebers nach der Gewerkschaftszugehörigkeit seiner Mitarbeiter während laufender Tarifverhandlungen nicht gestattet sein, weil dadurch die Koalitionsfreiheit der Gewerkschaft erheblich beeinträchtigt werde). Zur Begründung führt die Rechtsprechung an, dass ein späteres Ergebnis des Arbeitskampfs faktisch auch Nichtmitgliedern zugute kommen kann, etwa durch Inbezugnahme im Arbeitsvertrag (BAG v. 22.3.1994, 1 AZR 622/93).

**Beispiel**

Die Gewerkschaft A hat die Arbeitnehmer der Dienststelle X zum Streik aufgerufen. Obwohl lediglich 10 % der 500 Beschäftigten Gewerkschaftsmitglieder sind, dürfen sämtliche Arbeitnehmer die Arbeit niederlegen und an dem Streik teilnehmen.

## 4. Wahrung der Friedenspflicht

Da der Arbeitskampf strikt tarifbezogen ist und keinen darüber hinausgehenden Selbstzweck verfolgt, findet er seine Grenzen dort, wo ein Tarifvertrag abgeschlossen und noch in Kraft ist. Einem Tarifvertrag ist damit eine Friedenspflicht immanent, die verhindert, dass während seiner Geltung weitere Arbeitskämpfe um die bereits geregelten Arbeitsbedingungen geführt werden (sog. relative Friedenspflicht). Anderenfalls würde die durch den Abschluss des Tarifvertrags angestrebte Gewissheit über die geltenden Arbeitsbedingungen entfallen (vgl. → *Tarifvertrag*).

 **ACHTUNG!**

Die Friedenspflicht bindet lediglich die Mitglieder der Parteien, die den Tarifvertrag miteinander abgeschlossen haben. Eine Gewerkschaft kann damit richtigerweise einen Arbeitskampf um dieselben Bedingungen einleiten, die bereits Gegenstand des Tarifvertrags mit einer Konkurrenzgewerkschaft sind.

Die Friedenspflicht hindert die Gewerkschaft auch nicht, einen Arbeitskampf um andere als die bisher vertraglich geregelten Themen aufzunehmen. Entscheidend ist die Frage, ob ein Themenkomplex unmittelbar mit bereits vertraglich erfassten Gegenständen zusammenhängt oder ob es sich um spezielle und bisher nicht erfasste Regelungsgegenstände handelt. Allerdings können die Tarifvertragsparteien die Friedenspflicht auch gesondert vereinbaren und ausgestalten. Sie kann etwa auf Regelungsgegenstände erweitert werden, über die noch keine eigenständigen tariflichen Regelungen getroffen wurden oder die mit der Regelungsmaterie in keinem engen sachlichen Zusammenhang stehen (BAG v. 26.7.2016, 1 AZR 160/14, ZTR 2017, 16).

 **WICHTIG!**

Die bloße Mitgliedschaft des Arbeitgebers in einem Arbeitgeberverband hindert eine Gewerkschaft nicht daran, einen Arbeitskampf zur Erzwingung eines Firmentarifvertrags zu beginnen (BAG v. 4.4.2001, 4 AZR 237/00). Etwas anderes gilt aber, wenn der Arbeitgeberverband mit der Gewerkschaft einen einschlägigen Verbandstarifvertrag abgeschlossen hat (BAG v. 10.12.2002, 1 AZR 96/02). In diesem Fall ist die Gewerkschaft wegen der Friedenspflicht des Verbandstarifvertrags an der Einleitung eines Arbeitskampfs gehindert (vgl. → *Tarifvertrag*). Ein mit der Tarifforderung einer Gewerkschaft konfrontierter Arbeitgeber sollte daher prüfen, ob der Beitritt zu einem Arbeitgeberverband ein geeigneter Weg zur Verhinderung eines Streiks um einen Firmentarifvertrag ist.

## 5. Einleitung durch Arbeitskampfbeschluss

Der Arbeitskampf muss durch einen Beschluss der kampfführenden Partei eingeleitet oder jedenfalls nachträglich übernommen werden. Wird der Arbeitskampf durch einen Verband getragen, müssen die Mitglieder nicht zwingend im Wege der Urabstimmung zuvor ihre Zustimmung erteilt haben. Wie die interne Willensbildung erfolgt, ist Gegenstand autonomer Entscheidungen des Verbands und kann nicht auf dem Rechtsweg durch den Arbeitskampfgegner überprüft werden (LAG Hessen v. 6.11.2019, 16 SaGa 1304/19).

Der Kampfbeschluss muss der jeweils anderen Seite vor Einleitung der Kampfmaßnahmen bekannt gemacht werden. An Form und Inhalt der Unterrichtung werden keine hohen Anforderungen gestellt. Regelmäßig wird dazu die schriftliche oder telefonische Mitteilung über Beginn und voraussichtliche Dauer des Arbeitskampfs erfolgen. Es besteht jedoch keine Beschränkung auf bestimmte Kommunikationswege. So kann die zum Streik aufrufende Gewerkschaft den Streikbeschluss auch über die Medien oder ihre Internetseite verbreiten. Sie trägt dann aber das Risiko, dass der bestreikte Arbeitgeber(-verband) die Nachricht nicht zur Kenntnis nimmt.

 **WICHTIG!**

Stellt der Arbeitgeber seinen Mitarbeitern einen E-Mail-Account ausschließlich zur dienstlichen Nutzung zur Verfügung, ist er nicht verpflichtet, die Verbreitung eines Streikaufrufs über diesen E-Mail-Account zu dulden (vgl. BAG v. 15.10.2013, 1 ABR 31/12).

Für einen wirksamen Streikaufruf, dem ein entsprechender Streikbeschluss der zuständigen Gewerkschaft zu Grunde liegt, genügt insbesondere auch ein von der Gewerkschaft im zu bestreikenden Betrieb verteiltes Flugblatt, aus dem sich die Arbeitskampfmaßnahme und der Zeitraum des Streiks ergeben (BAG v. 19.6.2012, 1 AZR 775/10, ZTR 2012, 694). Ebenso ist der Gegenseite das Ende des Arbeitskampfs und damit das Wiederentstehen der arbeitsvertraglichen Hauptleistungspflichten anzuzeigen.

 **ACHTUNG!**

Ob ein nicht bekannt gemachter Arbeitskampfbeschluss nachträglich mitgeteilt und dadurch der ursprüngliche Rechtsverstoß geheilt werden kann, wird uneinheitlich beurteilt (vgl. ErfK/*Dieterich/Linsenmaier*, Art. 9 GG, Rn. 140). Überzeugen kann eine rückwirkende Heilung der unterlassenen Bekanntmachung gleichwohl nicht, da der Arbeitgeber erkennen können muss, ob seine Arbeitnehmer an einem Streik teilnehmen oder unentschuldigt der Arbeit fernbleiben.

Unstreitig ist jedoch, dass es keine zeitlich fest umrissene Pflicht zur Vorankündigung geplanter Arbeitskämpfe gibt. Der Beschluss zur Einleitung eines Arbeitskampfs kann auch kurzfristig gefasst werden, solange er der Gegenseite nur vor dem Beginn mitgeteilt wird.

Der Beschluss muss der Gegenseite hinreichende Klarheit darüber verschaffen, in welchem zeitlichen und räumlichen Rahmen der Arbeitskampf stattfinden wird.

**Beispiel**

Die Gewerkschaft befindet sich in Tarifverhandlungen mit einem Arbeitgeberverband. Sie teilt dem Arbeitgeberverband am 18.8. mit, dass sie am 19.8. die Mitgliedsunternehmen A, B und C des Arbeitgeberverbands im Zeitraum von 10 bis 16 Uhr bestreiken wird. Der Arbeitgeberverband kann in diesem Fall eindeutig erkennen, welche Mitglieder in welcher zeitlichen Spanne mit der Arbeitsniederlegung durch ihre Arbeitnehmer rechnen müssen. Durch den Kampfbeschluss werden sämtliche Arbeitnehmer der Unternehmen A, B und C berechtigt, im genannten Zeitraum der Arbeit fernzubleiben und an dem Arbeitskampf teilzunehmen.

## 6. Bestimmtheit der Tarifforderung

Weitere Voraussetzung für die Rechtmäßigkeit einer Arbeitskampfmaßnahme ist, dass die Tarifforderungen hinreichend bestimmt sind. Mehrheitlich vertreten wird, dass die Kampfziele so klar formuliert sein müssen, dass der Tarifgegner hierauf sinnvoll reagieren und sich mit diesen auseinandersetzen kann (vgl. ErfK/Linsenmaier, Art. 9 GG Rn. 117; MHdB ArbR/Ricken, § 272 Rn. 35). Eine bloß beispielhafte oder nicht abschließende Angabe der Kampfziele im Aufforderungsschreiben stehen der Bestimmtheit aber nicht entgegen. Diese sind typischer Ausdruck der Öffnung eines Verhandlungsspielraumes (LAG Köln v. 1.7.2022, 10 SaGa 8/22).

## 7. Verhältnismäßigkeit

Voraussetzung für die Rechtmäßigkeit eines Arbeitskampfs ist daneben die Beachtung der Verhältnismäßigkeit. Ein Arbeitskampf muss geeignet und erforderlich sein, wobei den Tarifvertragsparteien ein Einschätzungsspielraum zusteht. Der Arbeitskampf in seiner konkreten Art und Weise darf daher nicht offensichtlich ungeeignet oder überflüssig sein (BAG v. 19.6.2007, 1 AZR 396/06, ZTR 2007, 606). Außerdem muss der Arbeitskampf angemessen sein, das heißt, durch den Arbeitskampf dürfen Rechte Dritter nicht beliebig beeinträchtigt werden. Die Bewertung der Angemessenheit des Arbeitskampfs kann allerdings nur eingeschränkt durch die Arbeitsgerichte überprüft werden, da anderenfalls die mit dem Arbeitskampf

verfolgten Ziele in den Kontrollbereich der Gerichtsbarkeit gelangten (bedenklich daher BAG v. 6.6.2000, 1 ABR 10/99, soweit darin der Inhalt tariflicher Regelungen als Grundlage für die Bewertung der Tariffähigkeit einer Gewerkschaft untersucht wird). Eine solche Bewertung unterliegt jedoch allein den Tarifvertragsparteien und nicht den Gerichten (BVerfG v. 26.6.1991, 1 BvR 779/85). Damit beschränkt sich die Prüfung der Angemessenheit eines Arbeitskampfs auf Extremfälle, die etwa auf wirtschaftliche Vernichtung des Gegners gerichtet sind.

Der Arbeitskampf muss grundsätzlich das letzte Mittel für die Tarifvertragsparteien darstellen (sogenanntes Ultima-Ratio-Prinzip). Ausreichend soll aber bereits die Zurückweisung einer Tarifforderung der Gegenseite sein, sodass nur durch das völlige Fehlen vorheriger Tarifverhandlungen eine Unverhältnismäßigkeit des Arbeitskampfs angenommen werden kann (ArbG Kiel v. 18.5.2009, 4 Ga 23 b/09).

 **WICHTIG!**

Die Rechtmäßigkeit des in der aktuellen Arbeitskampfpraxis der Gewerkschaften sehr relevanten Warnstreiks wird nach denselben Kriterien wie jedes andere Arbeitskampfmittel bewertet. Auch vor der Durchführung eines Warnstreiks muss es daher zum Scheitern von Tarifverhandlungen gekommen sein (BAG v. 31.10.1995, 1 AZR 217/95).

## III. Arbeitskampfmittel

Als Bestandteil der Tarifautonomie obliegt es auch der freien Entscheidung der Tarifvertragsparteien, welches Kampfmittel sie zur Durchführung eines Arbeitskampfs für zweckdienlich erachten. Die seit jeher relevantesten Arbeitskampfmittel sind auf Arbeitnehmerseite der Streik und auf Arbeitgeberseite die Aussperrung, ohne dass damit eine Begrenzung der zu wählenden Arbeitskampfmittel einhergehen würde.

### 1. Streik

Das wichtigste Arbeitskampfmittel aufseiten der Arbeitnehmer stellt der Streik dar. Die Arbeitnehmer legen dabei in abgestimmter Weise ihre Arbeit nieder, um den Arbeitgeber durch die verweigerte Arbeitsleistung unter Druck zu setzen. Der Arbeitgeber kann während des Streiks die Arbeitskraft seiner Beschäftigten nicht wirtschaftlich verwerten, wodurch ihm finanzielle Nachteile entstehen.

In Abgrenzung zu dem eigentlichen Streik, bei dem eine Gewerkschaft zur Durchsetzung ihrer Tarifforderungen für einen in ihrem Ermessen liegenden Zeitraum bei einem oder mehreren Arbeitgebern zur Arbeitsniederlegung aufruft, wird jedenfalls in der öffentlichen Wahrnehmung der Warnstreik behandelt. Darunter versteht man die zeitlich begrenzte Arbeitsniederlegung, die während Tarifverhandlungen zur Bekräftigung der Arbeitnehmerposition durchgeführt wird. Die konkrete Zeitdauer eines Warnstreiks ist rechtlich aber nicht begrenzt. Wegen der Freiheit der Kampfmittelwahl ist den Gewerkschaften hinsichtlich der Geeignetheit und Erforderlichkeit grundsätzlich eine Einschätzungsprärogative zuzubilligen (LAG Nürnberg v. 20.7.2023, 3 SaGa 8/23). Nach neuerer Rechtsprechung ist der Warnstreik aber ebenfalls nur unter Wahrung der Voraussetzungen des Verhältnismäßigkeitsgrundsatzes zulässig, was jedenfalls das vorherige Scheitern von Tarifverhandlungen voraussetzt (BAG v. 31.10.1995, 1 AZR 217/95).

Regelmäßiger Bestandteil eines Streiks ist der Versuch der hinter dem Arbeitskampf stehenden Gewerkschaft, die arbeitswilligen Arbeitnehmer durch einen Appell an die Solidarität zur Streikteilnahme überreden zu wollen. Ein solches Verhalten ist zulässig, sofern die arbeitswilligen Arbeitnehmer nicht am Betreten ihres Arbeitsplatzes gehindert werden (BAG v. 21.6.1988, 1 AZR 651/86). Abhängig von den örtlichen Verhältnissen kann zur Kontaktaufnahme mit den Arbeitnehmern auch die Aufstellung von Streikposten auf dem im Eigentum des Arbeitgebers stehenden Parkplatz geboten sein (BAG v. 20.11.2018, 1 AZR 12/17; vom Bundesverfassungsgericht gebilligt, wenn dieser Schritt wegen der örtlichen Begebenheiten für die Gewerkschaft erforderlich ist, um Beschäftigte ansprechen zu können, vgl. BVerfG v. 9.7.2020, 1 BvR 719/19, ZTR 2020, 515).

Die Durchführung des Streiks wird dadurch begrenzt, dass nach dem Streikende die Fortführung der Arbeit sichergestellt sein muss. Notwendige Erhaltungsarbeiten, etwa der Schutz betriebener Maschinen oder die Bewahrung der Räumlichkeiten und des darin enthaltenen Bestandes vor dem Zugriff Dritter, sind während des Streiks zu gewährleisten (ErfK/*Dieterich/Linsenmaier*, Art. 9 GG, Rn. 180 ff.).

 **WICHTIG!**

Die Sicherstellung dieser Erhaltungs- und Notstandsarbeiten findet im Rahmen sogenannter Notdienstvereinbarungen statt. Unter Erhaltungsarbeiten sind die Arbeiten zu verstehen, die erforderlich sind, um das Unbrauchbarwerden der sächlichen Betriebsmittel zu verhindern. Notstandsarbeiten sind die Arbeiten, die die Versorgung der Bevölkerung mit lebensnotwendigen Diensten und Gütern während eines Arbeitskampfs sicherstellen sollen (LAG Hamburg v. 26.3.2023, 1 Ta 1/23). Kann sich der Arbeitgeber mit der Gewerkschaft nicht auf den Abschluss einer Notdienstvereinbarung verständigen, ist die Beantragung einer einstweiligen Verfügung bei dem zuständigen Arbeitsgericht erforderlich. Das Ausbleiben des Abschlusses einer schriftlichen Notdienstvereinbarung führt nicht dazu, dass der Arbeitgeber die gerichtliche Untersagung des Arbeitskampfes beanspruchen kann. Damit ein Streik ohne unverhältnismäßige Beeinträchtigung von Rechten Dritter durchgeführt werden kann, ist nicht der Abschluss einer Notdienstvereinbarung erforderlich, sondern die tatsächliche Einrichtung eines Notdienstes. Der Abschluss einer Notdienstvereinbarung ist daher keine konstitutive Rechtmäßigkeitsvoraussetzung für die Durchführung von Streiks (LAG Berlin-Brandenburg v. 20.10.2021, 12 Ta 1310/21). Für die Durchsetzung des gebotenen Notdienstes kann im Zweifelsfall staatlicher Rechtsschutz in Form etwa des einstweiligen Verfügungsverfahrens in Anspruch genommen werden. Aus dem Grundsatz der Verhältnismäßigkeit folgt, dass das Gericht anstelle einer Unterlassungsverfügung die Verpflichtung zur Einrichtung eines bestimmten Notdienstes aufzugeben hat (LAG Berlin-Brandenburg v. 20.10.2021, 12 Ta 1310/21). Zieht der Arbeitgeber einseitig einzelne Arbeitnehmer zu einem Notdienst heran, muss er mit einer einstweiligen Verfügung der davon betroffenen Gewerkschaft rechnen (vgl. LAG Berlin-Brandenburg v. 24.10.2007, 7 SaGa 2044/07).

Auch in Zeiten des Arbeitskampfs ist für die Einhaltung bestimmter Sicherheitsvorgaben aufgrund öffentlich-rechtlicher Vorschriften zu sorgen (z. B. Verhinderung von Immissionen). Eine weitere Einschränkung findet in Bereichen statt, die mit der Versorgung der Bevölkerung mit lebensnotwendigen Gütern und Dienstleistungen befasst sind, sog. Daseinsvorsorge (BAG v. 31.1.1995, 1 AZR 142/94). Der Kreis der einzubeziehenden Branchen ist jedoch eng zu fassen (zum Bahnverkehr vgl. LAG Sachsen v. 2.11.2007, 7 SaGa 19/07). Auch in der Daseinsvorsorge sind Notdienstvereinbarungen aber keine Rechtmäßigkeitsvoraussetzung für Arbeitskämpfe, können aber zu deren Unverhältnismäßigkeit führen. Die zeitliche und personelle Besetzung eines Notdienstes während eines Streiks bei einem Ar-

beitgeber der Daseinsvorsorge muss jedoch auf das unerlässliche Maß reduziert bleiben (LAG Baden-Württemberg v. 18.7.2023, 4 SaGa 3/23).

 **ACHTUNG!**

Um für spätere gerichtliche Auseinandersetzungen mit der Gewerkschaft vorbereitet zu sein, empfiehlt es sich häufig, der Gewerkschaft eine Notdienstvereinbarung zu unterbreiten. Verweigert die Gewerkschaft den Abschluss, kann die Erforderlichkeit des Notdienstes leicht gerichtlich überprüft werden.

Nicht erforderlich sind Erhaltungsarbeiten dagegen zur Abwendung wirtschaftlicher Schäden des Arbeitgebers, die bereits unmittelbare Folgen eines jeden Arbeitskampfs sind. Hierzu gehören finanzielle Einbußen durch nicht rechtzeitige Herstellung oder Lieferung von Produkten ebenso wie ein Verlust von Kunden oder eine Schädigung des Rufs des Arbeitgebers.

## 2. Boykott

Als Boykott bezeichnet man eine Arbeitskampfstrategie der Arbeitnehmerseite, bei der auf die Abnahme der vom Gegner hergestellten und vertriebenen Produkte verzichtet wird. Darüber hinaus kann es auch zu der Aufforderung Dritter oder der Allgemeinheit kommen, auf den Erwerb derartiger Produkte zu verzichten oder die Geschäftsbeziehungen zum tariflichen Gegenspieler abzubrechen. Unter Beachtung der allgemeinen Grenzen des Arbeitskampfrechts (siehe oben unter II.) ist der Boykott ein zulässiges Arbeitskampfmittel (BAG v. 19.10.1976, 1 AZR 611/75). Dabei muss aber sorgfältig beachtet werden, dass der Boykott als Arbeitskampfmittel lediglich auf die effektive Durchsetzung von Tarifforderungen gerichtet sein darf. Soll mit ihm ein jenseits von Tarifverhandlungen liegender Nachteil für den Arbeitgeber erreicht werden, kann der Boykott keinen besonderen Schutz durch die Arbeitskampffreiheit des Art. 9 Abs. 3 GG erfahren und ist anhand der allgemeinen zivilrechtlichen und strafrechtlichen Vorgaben zu messen.

## 3. Betriebsbehinderung (Flash-Mob)

Als relativ neues Arbeitskampfmittel haben die Gewerkschaften die ehemalige Kunstform des sogenannten Flash-Mobs für sich entdeckt. Dabei handelt es sich um den Aufruf einer Gewerkschaft, durch massenhafte Inanspruchnahme der von dem Arbeitgeber angebotenen Waren oder Dienstleistungen eine Behinderung des ordnungsgemäßen Betriebsablaufs zu erreichen. Klassische Beispiele hierfür aus dem Bereich des Einzelhandels sind der Erwerb zahlreicher geringwertiger Waren, der zu langen Wartezeiten an den Kassen führt, oder das Befüllen von Einkaufswagen mit Produkten, die später überhaupt nicht erworben werden sollen (vgl. LAG Berlin-Brandenburg v. 29.9.2008, 5 Sa 967/08). Das Kampfmittel beschränkt sich aber nicht auf diese Beispielsfälle und ist überall dort denkbar, wo die massenhafte Durchführung erlaubter Vorgänge zu Behinderungen des Betriebsablaufs führen kann.

Das Bundesarbeitsgericht betrachtet den Flash-Mob als zulässiges Arbeitskampfmittel, solange er nicht zu einer unverhältnismäßigen Beschränkung des arbeitgeberseitigen Rechts am eingerichteten und ausgeübten Gewerbebetrieb führt (BAG v. 22.9.2009, 1 AZR 972/08). Durch die Ausübung seines Hausrechts und der Möglichkeit einer Betriebsstilllegung bestehe ein angemessenes Reaktionsmittel für den Arbeitgeber, sodass die Koalitionsfreiheit nicht übermäßig beeinträchtigt sei (bestätigt vom BVerfG v. 26.3.2014, 1 BvR 3185/09).

Unzulässig sind Betriebsbehinderungen aber dann, wenn sie auf eine Blockade des Unternehmens hinauslaufen. Können arbeitswillige Arbeitnehmer, Kunden oder Geschäftspartner den Betrieb infolge körperlicher Gewalt nicht mehr betreten, handelt es sich um eine unverhältnismäßige Verletzung des arbeitgeberseitigen Eigentumsrechts (BAG v. 21.6.1988, 1 AZR 653/86; a. A. LAG Hamburg v. 6.2.2013, 5 SaGa 1/12: Zugangsbehinderung im zeitlichen Umfang von 15 Minuten durch Bildung einer Menschenkette ist verhältnismäßig).

## 4. Arbeitsverweigerung

Bei der Arbeitsverweigerung leisten die Arbeitnehmer aus kampftaktischen Gründen weniger Arbeit als zuvor. Erforderlich ist dazu ein abgestimmtes Verhalten nach Vorgaben der hinter dem Arbeitskampf stehenden Gewerkschaft, das von der Leistungsverweigerung einzelner Arbeitnehmer abzugrenzen ist. Sofern dabei etwa die Arbeit an Wochenenden oder die Leistung von Überstunden verweigert wird, handelt es sich um einen nach den allgemeinen Kriterien zu bewertenden Teilstreik.

Der gerade im öffentlichen Dienst relevante Bummelstreik (auch Dienst nach Vorschrift genannt) ist davon gekennzeichnet, dass die Arbeitnehmer nur noch das Mindestmaß der geschuldeten Tätigkeiten erbringen. Haben die Arbeitnehmer in der Vergangenheit über das geschuldete Mindestmaß hinaus Arbeitsleistungen erbracht, werden diese zusätzlichen Leistungen bei dieser Arbeitskampfform eingestellt und nur noch das absolute Minimum erbracht. Die Bewertung einer solchen Maßnahme als rechtmäßiges Arbeitskampfmittel sieht sich in der Literatur erheblichen Bedenken ausgesetzt, weil dem Arbeitgeber wegen fehlender Offenkundigkeit der Arbeitsverweigerung eine Reaktion nur schwer möglich ist (vgl. *Otto*, Arbeitskampf- und Schlichtungsrecht, § 10, Rn. 48). Die beteiligten Arbeitnehmer setzten sich damit der Gefahr von arbeitsrechtlichen Sanktionen wie Abmahnung und Kündigung aus.

## 5. Aussperrung

Die klassische Maßnahme der Arbeitgeberseite ist die Aussperrung. Dabei weist der Arbeitgeber die Arbeitsleistung der Arbeitnehmer zurück und stellt gleichzeitig für diesen Zeitraum die Lohnfortzahlung ein.

Schärfste Form dieses Arbeitskampfmittels ist die sogenannte Angriffsaussperrung, bei der ein Arbeitgeber zur Eröffnung des Arbeitskampfs die Arbeitnehmer seines Betriebs verweist und die Annahme deren Arbeitsleistung verweigert. Die Angriffsaussperrung ist nach zutreffender wenn auch sehr umstrittener Rechtsauffassung zulässig (ErfK/*Dieterich/Linsenmaier*, Art. 9 GG, Rn. 246 ff.; so auch BAG v. 28.1.1955, GS 1/54). Freilich wird von ihr aufgrund der derzeitigen tarifpolitischen Erfordernisse kaum Gebrauch gemacht.

Von der Angriffsaussperrung zu unterscheiden ist die praktisch bedeutsamere Abwehraussperrung, mit der ein Arbeitgeber auf den Streik einer Gewerkschaft reagiert. Mit der Aussperrung versucht der Arbeitgeber, ein entstandenes Verhandlungsungleichgewicht zulasten der Arbeitnehmerseite auszugleichen, indem er auch bisher an dem Arbeitskampf nicht beteiligte Arbeitnehmer von der Leistungserbringung und damit von ihrem Entgeltanspruch ausschließt. Das Bundesarbeitsgericht betrachtet eine Abwehraussperrung allerdings nur dann als mit dem Verhältnismäßigkeitsgrundsatz vereinbar, wenn sich die Aussperrung auf die Wiederherstellung des Verhandlungsgleichgewichts beschränkt (BAG v. 11.8.1992, 1 AZR 103/92). Zur Konkretisierung dieser Prüfung hat das Gericht ein Schema entwickelt, an dem man sich für die Bestimmung der Verhältnismäßigkeit einer Aussperrungssituation orientieren kann. Das

Verhandlungsgleichgewicht ist danach umso eher gestört, je weniger Arbeitnehmer des maßgeblichen Tarifgebiets zum Streik aufgerufen wurden. Die Abwehraussperrung ist jedenfalls dann unverhältnismäßig, wenn von der Aussperrung deutlich mehr Arbeitnehmer als von dem Streik erfasst werden oder der durch die Aussperrung entstehende Schaden gegenüber dem aus dem Streik resultierenden Schaden wesentlich überwiegt (BAG v. 12.3.1985, 1 AZR 636/82).

### Beispiel 1 (Rechtswidrige Aussperrung)

> Die Gewerkschaft ruft die Arbeitnehmer der städtischen Verkehrsbetriebe in A zur Durchsetzung eines Entgelttarifvertrags zum Streik auf. Von den 300 Beschäftigten der Dienststelle nehmen 80 an der Arbeitsniederlegung teil. Der Arbeitgeber entschließt sich nun dazu, auch die 220 bisher nicht streikenden Arbeitnehmer auszusperren. Die Aussperrung dürfte in diesem Fall rechtswidrig sein, da durch diese Intensivierung eine erhebliche Mehrzahl von Arbeitnehmern in den Arbeitskampf einbezogen wird. Warum ein solcher Schritt zur Wiederherstellung des Verhandlungsgleichgewichts erforderlich sein sollte, bedürfte einer besonderen Begründung des Arbeitgebers.

### Beispiel 2 (Rechtmäßige Aussperrung)

> Die Gewerkschaft hat von den insgesamt 300 Beschäftigten der städtischen Abfallbetriebe nur die 100 Mitarbeiter des Fahrdienstes zum Streik aufgerufen. An dem Streik beteiligen sich 80 Mitarbeiter. Der Arbeitgeber entschließt sich nun, die anderen 20 Arbeitnehmer des Fahrdienstes sowie die 50 in den Deponien beschäftigten Mitarbeiter auszusperren. In diesem Fall übersteigt die Zahl der ausgesperrten Arbeitnehmer die Zahl der zum Streik aufgerufen Arbeitnehmer nicht wesentlich. Zudem besteht ein konkretes Konzept, durch das der Arbeitgeber die Beschäftigten in einem ganz bestimmten Bereich von der Leistungserbringung ausschließt.

Im Erfolgsfall führt die Abwehraussperrung zu einer Einwirkung der bisher nicht an dem Arbeitskampf beteiligten Arbeitnehmer auf ihre streikenden Kollegen, sodass diese auf ihren Arbeitskampf und die damit einhergehenden Tarifforderungen verzichten. Auf der anderen Seite besteht aber die Gefahr, dass sich die bisher nicht streikenden Arbeitnehmer erst infolge der Aussperrung mit den Zielen ihre streikenden Kollegen solidarisieren oder gar der hinter dem Arbeitskampf stehenden Gewerkschaft beitreten. Der Arbeitgeber könnte durch seine Arbeitskampfmaßnahmen somit der Gewerkschaft neue Mitglieder zuführen. Diese Befürchtung darf allerdings nicht überbewertet werden, da Arbeitskämpfe in der Regel ohnehin zu einem Mitgliederzuwachs der Gewerkschaften führen, solange dabei nicht die Interessen der vertretenen Arbeitnehmer aus den Augen verloren werden.

Weiter wird im Rahmen der Terminologie der Aussperrung zwischen der suspendierenden und der lösenden Aussperrung unterschieden. Während durch die lösende Aussperrung das Arbeitsverhältnis des ausgesperrten Arbeitnehmers insgesamt beendet wird, führt die suspendierende Aussperrung lediglich zu einem vorübergehenden Außerkrafttreten der arbeitsvertraglichen Hauptpflichten. Infolge der Bindung der Aussperrung an den Verhältnismäßigkeitsgrundsatz dürfte die Rechtfertigung einer lösenden Aussperrung kaum zu begründen sein (*Otto*, Arbeitskampf- und Schlichtungsrecht, § 8, Rn. 16).

Im Rahmen eines Arbeitskampfs um den Abschluss eines Verbandstarifvertrags ist allein der Arbeitgeberverband autorisiert, zur Aussperrung von Arbeitnehmern aufzurufen (BAG v. 31.10.1995, 1 AZR 217/95). Findet der Arbeitskampf dagegen um den Abschluss eines Firmentarifvertrags statt, obliegt diese

Entscheidung dem jeweiligen Arbeitgeber. Wendet ein Arbeitgeber durch arbeitsvertragliche Inbezugnahme einen Verbandstarifvertrag an, ohne Mitglied des abschließenden Arbeitgeberverbands zu sein, kann er sich einem Aussperrungsbeschluss des Arbeitgeberverbands dennoch anschließen. Da das Tarifergebnis aufgrund der arbeitsvertraglich vereinbarten Anwendung auch bei diesem außerhalb des Arbeitgeberverbands stehenden Unternehmen zur Anwendung gelangt, besteht ein hinreichendes Interesse an der Beteiligung am Arbeitskampf (BVerfG v. 26.6.1991, 1 BvR 779/85).

 **WICHTIG!**

Von der Aussperrung dürfen auch erkrankte und schwerbehinderte Arbeitnehmer sowie werdende Mütter erfasst werden. Ebenfalls kann der Aussperrungsbeschluss Personalrats- oder Betriebsratsmitglieder erfassen (BAG v. 25.10.1988, 1 AZR 368/87). Trotz ihres besonderen Schutzes durch andere Gesetze verlieren diese Arbeitnehmer im Falle der Aussperrung ihren Vergütungsanspruch gegen den Arbeitgeber. Etwas anderes gilt dagegen während des Urlaubs eines Arbeitnehmers. Durch den Urlaubsantritt ruht bereits die Pflicht zur Arbeitsleistung unter Fortzahlung der Vergütung, sodass die Aussperrung hier keine Auswirkung auf die Leistungspflichten mehr besitzen kann.

## 6. Betriebsstilllegung

Anstatt den Betrieb mit den nicht streikenden Arbeitnehmern fortzusetzen, kann der Arbeitgeber als Arbeitskampfreaktion seinen Betrieb für die Dauer des Streiks teilweise oder komplett stilllegen. Auf diese Weise werden auch die nicht streikwilligen Arbeitnehmer von der Leistungspflicht befreit, verlieren im Gegenzug aber ihren Vergütungsanspruch für die Dauer des Arbeitskampfs (vgl. BAG v. 13.12.2011, 1 AZR 495/10). Die taktischen Vor- oder Nachteile entsprechen denen der Abwehraussperrung.

Die Betriebsstilllegung ermöglicht die vorübergehende Suspendierung der arbeitsvertraglichen Hauptleistungspflichten, ohne dass der Arbeitgeber zur Einhaltung einer konkreten Quote verpflichtet wäre, wie dies der Rechtsprechung zu der Abwehraussperrung entspricht. Allerdings ist die Betriebsstilllegung ein reines Abwehrmittel und hängt von einem vorherigen Streikaufruf einer Gewerkschaft ab. Sie darf den Zeitrahmen des jeweiligen Streiks außerdem nicht überschreiten (BAG v. 27.6.1995, 1 AZR 1016/94). Erforderlich ist eine hinreichend deutliche Mitteilung des Arbeitgebers über die Betriebsstilllegung, die zeitlich aber auch erst im Laufe des Streiks ausgesprochen zu werden braucht.

### Beispiel

Die Gewerkschaft ruft die Beschäftigten der städtischen Müllabfuhr zum Streik um geringere Arbeitszeiten für den Zeitraum von Montag bis Mittwoch auf. Von den 220 Beschäftigten beteiligen sich 150 Arbeitnehmer an dem Arbeitskampf. Am Montag versucht die Stadt die Müllabfuhr aufrechtzuerhalten, erkennt aber das Fehlen einer zu großen Anzahl von Arbeitnehmern für eine ordnungsgemäße Durchführung der Abfallentfernung und Beseitigung. Daher entscheidet sie, den Betrieb am Dienstag und Mittwoch komplett einzustellen.

## IV. Staatliche Neutralität

Um das freie Spiel der Kräfte zwischen den Tarifvertragsparteien während des Arbeitskampfs nicht zu gefährden, hat sich der Staat einer Einflussnahme auf den Arbeitskampf grundsätzlich zu enthalten. Zulässig ist ein staatlicher Einsatz dort, wo die elementaren Bedürfnisse der Allgemeinheit gefährdet sind (z. B. Polizeieinsatz bei Begehung von Straftaten durch Streikteilnehmer).

Die Neutralitätspflicht verhindert auch eine Unterstützung streikender Arbeitnehmer durch staatliche Lohnersatzleistungen. Am Arbeitskampf beteiligte Arbeitnehmer haben daher nach § 160 SGB III keinen Anspruch auf Arbeitslosengeld (BVerfG v. 4.7.1995, 1 BvF 2/86). Die Versicherungspflicht in der Rentenversicherung ruht nach den §§ 1, 122 SGB VI während der Dauer eines Arbeitskampfs, wenn innerhalb eines kompletten Kalendermonats keine sozialversicherungspflichtige Tätigkeit ausgeübt wird. Auch Unfälle im Rahmen eines Arbeitskampfs werden nicht als Arbeitsunfälle von der gesetzlichen Unfallversicherung aufgefangen (LAG Hamm v. 17.2.1999, 14 [1] Sa 2383/98). Die Krankenversicherungspflicht und damit auch der Anspruch auf Versicherungsleistungen im Falle einer Krankheit bleibt dagegen nach § 192 Abs. 1 Nr. 1 SGB V von der Teilnahme an einem Arbeitskampf unberührt.

## V. Besonderheiten im öffentlichen Dienst

### 1. Angestellte und Arbeiter

Die Arbeitsverhältnisse der Angestellten und Arbeiter des öffentlichen Dienstes werden üblicherweise durch Tarifverträge geregelt. Die Arbeitnehmer können sich daher in Gewerkschaften vereinigen und zur Durchsetzung von Tarifforderungen auch Arbeitskämpfe anstrengen. Im Verhältnis zu den Beschäftigten der Privatwirtschaft findet eine Einschränkung nur insoweit statt, als im Bereich des öffentlichen Dienstes die Heranziehung einzelner Arbeitnehmer zu Notstandsarbeiten eher begründbar ist (z. B. Ärztlicher Dienst und Pflegedienst, Müllabfuhr, Versorgung mit Elektrizität und Wasser, Nahverkehr). Dies kann insbesondere dann gelten, wenn mehrere Gewerkschaften parallele Arbeitskampfmaßnahmen beabsichtigen, die erhebliche Auswirkungen für die Allgemeinheit mit sich bringen können (vgl. zu einem Streik im Verkehrsbereich LAG Hamburg v. 26.3.2023, 1 Ta 1/23).

### 2. Beamte

Die Teilnahme von Beamten am Arbeitskampf oder gar die Führung eines Arbeitskampfs für Interessen der Beamten ist unzulässig. Aus tarifrechtlicher Sicht steht dem die Beschränkung entgegen, dass ein Arbeitskampf nur zur Durchsetzung tariflicher Forderungen geführt werden darf. Die Arbeitsbedingungen von Beamten werden jedoch abschließend in Gesetzen und Verordnungen geregelt, sodass für den Abschluss weiterführender Tarifverträge kein Anwendungsraum bleibt.

Außerdem wird aus der besonderen verfassungsrechtlichen Stellung der Beamten auch die Pflicht gegenüber dem Dienstherrn und der Allgemeinheit herausgebildet, zur Förderung beruflicher Interessen keine kollektiven Maßnahmen des Arbeitskampfrechts zu ergreifen (BVerfG v. 19.9.2007, 2 BvF 3/02). Soweit aus Art. 11 der Europäischen Menschenrechtskonvention vereinzelt (vgl. VG Kassel v. 27.7.2011, 28 K 574; VG Osnabrück v. 19.8.2011, 9 A 1/11) auch ein Streikrecht für nicht unmittelbar hoheitlich tätige Beamte (z. B. Lehrer) herausgelesen wird, tritt diese Regelung hinter die höherrangigen Grundsätze des Berufsbeamtentums nach Art. 33 Abs. 5 GG zurück (OVG Nordrhein-Westfalen v. 7.3.2012, 3d A 317/11.O; VG Bremen v. 3.7.2012, D K 20/11; OVG Lüneburg v. 12.6.2012, 20 BD 7/11: Auch unter Berücksichtigung des Art. 11 EMRK ist das Streikverbot für deutsche Beamte jedenfalls ein tragender Bestandteil des ausbalancierten Systems des Berufsbeamtentums mit den gegenseitigen Rechten und Pflichten der Beamten und ihrer Dienstherrn. Dieser tragende Grundsatz könne nur vom Verfassungsgesetzgeber geändert werden.). Das Bundesverwaltungsgericht hat mit Urteil vom 27.2.2014 (2 C 1.13) die Rechtmäßigkeit des Streikverbots zwar bestätigt, zugleich aber den Gesetzgeber aufgefordert, die offensichtliche Kollision zwischen deutschem Verfassungsrecht und der EMRK aufzulösen, etwa durch Beschränkung des Streikverbots auf die hoheitliche Staatsverwaltung.

Eine gesetzliche Lösung des Konflikts ist jedoch bisher nicht erfolgt. Stattdessen hatte sich erneut das Bundesverfassungsgericht mit den Verfassungsbeschwerden mehrerer Lehrer zu befassen, die für ihre Teilnahme an Streiks und Protestveranstaltungen bestraft worden waren und nun abermals die Verfassungsmäßigkeit des uneingeschränkt für alle Beamte geltenden Streikverbots angegriffen haben. Mit Urteil vom 12.6.2018 wurde das Streikverbot verbeamteter Lehrer als Grundsatz des Berufsbeamtentums vom Verfassungsgericht erneut bestätigt (BVerfG v. 12.6.2018, 2 BvR 1738/12, ZTR 2018, 428 u. a.).

### 3. Betriebsfortführung während des Arbeitskampfs

Als Reaktion auf den Streik einer Gewerkschaft wird sich der Arbeitgeber oftmals dazu entschließen, den bestreikten Betrieb fortzuführen. In Betracht kommt dazu zunächst eine Fortsetzung mit den verbliebenen Arbeitnehmern. Der Arbeitgeber kann im Grundsatz die vorrangig zu erledigende Arbeit unter den verbliebenen Beschäftigten anders verteilen, sofern sich die Beschäftigten damit einverstanden erklären. Die Zuweisung anderer Tätigkeiten im Wege des Direktionsrechts muss sich dagegen an dessen Grenzen messen lassen (vgl. → *Direktionsrecht*). Nach h.M. können die arbeitswilligen Arbeitnehmer auch innerhalb der Reichweite des Direktionsrechts die Übertragung von Aufgaben ihrer streikenden Kollegen wegen Unzumutbarkeit verweigern (*Otto*, Arbeitskampf- und Schlichtungsrecht, § 12, Rn. 32).

Der Einsatz von Beamten zur Vertretung streikender Arbeitnehmer im Wege einer Anordnung des Dienstherrn ist wegen fehlender gesetzlicher Grundlage ebenfalls unzulässig (BVerfG v. 2.3.1993, 1 BvR 1213/85). Etwas anderes gilt aber auch hier, wenn sich die Beamten freiwillig und ohne Zwang zur Übernahme der Tätigkeiten bereit erklären (ArbG Bonn v. 26.5.2015, 3 Ga 18/15).

Neben den bereits in der Dienststelle/dem Betrieb vorhandenen Kapazitäten ist der Arbeitgeber auch berechtigt, betriebsfremde Ersatzkräfte für die Dauer des Arbeitskampfs anzuwerben. Dies ist gerade bei weniger qualifizierten Tätigkeiten durch die Einstellung von Leiharbeitnehmern oftmals ein praktikabler Weg. Die zum 1.4.2017 in Kraft getretene Neufassung des § 11 Abs. 5 AÜG untersagt den Einsatz von Leiharbeitnehmern in unmittelbar bestreikten Betrieben nun jedoch, sofern der Arbeitgeber nicht sicherstellt, dass die Leiharbeitnehmer die Aufgaben von Streikteilnehmern nicht unmittelbar oder mittelbar übernehmen (vom BVerfG [Beschl. v. 25.2.2019, 1 BvR 842/17] im Rahmen des Eilrechtsschutzes als jedenfalls nicht offensichtlich verfassungswidrig bewertet; auch die, gegen die Vorschrift gerichtete Verfassungsbeschwerde, war nicht erfolgreich, BVerfG v. 19.6.2020, 1 BvR 842/17, ZTR 2020, 518). Theoretisch denkbar ist jedenfalls bei längeren Arbeitskämpfen auch die mit Sachgrund befristete Einstellung anderer Arbeitnehmer nach § 14 Abs. 1 Nr. 3 TzBfG.

Mit gewissen Einschränkungen gestattet die Rechtsprechung auch das Setzen finanzieller Anreize durch den Arbeitgeber für

eine Weiterarbeit während des Streiks (zuletzt BAG v. 14.8.2018, 1 AZR 287/17, ZTR 2019, 81). Durch sogenannte Streikbruchprämien können prinzipiell streikwillige Arbeitnehmer womöglich von einer Beteiligung am Arbeitskampf abgehalten werden.

 **ACHTUNG!**

Entscheidend ist in diesem Zusammenhang, zu welchem Zeitpunkt die finanziellen Leistungen zugesagt und erbracht werden. Die nachträgliche Belohnung der nicht streikenden Arbeitnehmer ist eine unzulässige Benachteiligung der von ihrem Grundrecht aus Art. 9 Abs. 3 GG Gebrauch machenden Arbeitskampfteilnehmer (BAG v. 13.7.1993, 1 AZR 676/92). Etwas anderes gilt aber dann, wenn die nicht streikenden Arbeitnehmer wegen der Vertretung ihrer Kollegen besonderen Belastungen ausgesetzt waren, die über das übliche Maß hinausgehen (BAG v. 28.7.1992, 1 AZR 87/92).

Nach einer neueren Entscheidung soll eine vor oder während eines Streiks ausgelobte oder gezahlte Streikbruchprämie zulässig sein, wenn sie sich in einem verhältnismäßigen Rahmen bewegt. Da mittels der Prämie Arbeitnehmer zur Nichtbeteiligung am Streik bewegt werden sollen, bestehe eine koalitionsgemäße Zwecksetzung durch den Arbeitgeber. Für ihn gehe es um die Abwehr einer gegen ihn gerichteten Kampfmaßnahme (vgl. LAG Berlin-Brandenburg v. 29.7.2016, 2 Sa 787/16, ZTR 2016, 706).

**Beispiel**

Zahlung einer Prämie in Höhe von € 200 bzw. € 100 (BAG v. 14.8.2018, 1 AZR 287/17), € 80,00 (LAG Hamm v. 6.8.2009, 8 Sa 292/09) oder von € 30,00 pro Tag (LAG Berlin-Brandenburg v. 29.7.2016, 2 Sa 787/16, ZTR 2016, 706) an die arbeitswilligen Arbeitnehmer.

### 4. Kirchliches Arbeitsrecht

Im Bereich des kirchlichen Arbeitsrechts steht die aus Art. 9 Abs. 3 GG abgeleitete Arbeitskampffreiheit in besonderer Wechselwirkung zu dem kirchlichen Selbstbestimmungsrecht aus Art. 140 GG i. V. m. Art. 137 Abs. 3 WRV (vgl. → *Kirchliches Arbeitsrecht*). Sofern die Kirche einer Aufnahme von Tarifverhandlungen nur dann zustimmt, wenn sich die Gewerkschaft zuvor einer absoluten Friedenspflicht unterworfen und einem Schlichtungsabkommen zugestimmt hat (sogenannter „Zweiter Weg") oder eine Mitbestimmung von Arbeitsbedingungen ausschließlich in paritätisch besetzten Kommissionen unter Vorsitz eines neutralen Schlichters gewährt (sogenannter „Dritter Weg"), ist die Einleitung eines Streiks unzulässig. Den Gewerkschaften stehen in diesen Fällen Möglichkeiten zur Wahrnehmung der Interessen ihrer Mitglieder zur Verfügung, die zwar vom üblichen Arbeitskampfsystem abweichen, aber immer noch der Koalitionsbetätigungsfreiheit des Art. 9 Abs. 3 GG entsprechen (BAG v. 20.11.2012, 1 AZR 611/11 und 1 AZR 179/11).

### VI. Rechte des Personalrats während des Arbeitskampfs

Durch § 2 Abs. 2 S. 2 BPersVG und die entsprechenden Regelungen in den Landespersonalvertretungsgesetzen wird verdeutlicht, dass ein Arbeitskampf zwischen dem Personalrat und der Dienststelle unzulässig ist (ebenso die Regelung für die Privatwirtschaft in § 74 Abs. 2 BetrVG). Allerdings ist der Dienststellenleiter bei Verstößen gegen diese Neutralitätspflicht durch den Personalrat auf den Rechtsweg beschränkt und darf nicht durch Androhung von Abmahnungen oder Verdienstkürzungen unliebsame Maßnahmen verhindern (zum Betriebsrat LAG Düsseldorf v. 30.8.2023, 12 TaBV 18/23). Die Arbeitskämpfe zwischen tariffähigen Parteien werden hiervon indessen nicht berührt (§ 2 Abs. 2 S. 3 BPersVG). Arbeitskampfrecht und Personalvertretungsrecht stehen somit prinzipiell nebeneinander. Dies bedeutet, dass der Personalrat auch während eines Arbeitskampfs im Amt bleibt, sich jedoch weder aufseiten der Streikteilnehmer noch aufseiten des Arbeitgebers in den Arbeitskampf einmischen darf (so auch LAG Düsseldorf v. 14.12.2010, 17 TaBV 12/10, wonach dem Arbeitgeber allerdings kein Unterlassungsanspruch gegen den Betriebsrat zustehen soll, der eine Gewerkschaft bei der Vorbereitung von Arbeitskampfmaßnahmen unterstützt). Dementsprechend unterliegt die koalitionsmäßige Betätigung von Gewerkschaftsmitgliedern (z. B. das Verteilen von gewerkschaftlichem Werbe- und Informationsmaterial) auch nicht der Mitbestimmung des Betriebsrats nach § 87 Abs. 1 Nr. 1 BetrVG (vgl. BAG v. 28.7.2020, 1 ABR 41/18, ZTR 2020, 637).

**Beispiel**

Die Ansetzung einer Betriebsversammlung auf einen Zeitpunkt mit hohem Arbeitsaufkommen ohne nachvollziehbaren Grund nach einer entsprechenden Aufforderung einer Gewerkschaft kann eine rechtswidrige Arbeitskampfmaßnahme des Betriebsrats darstellen (vgl. ArbG Kiel v. 27.5.2015, 1 BV 1b/15). Im entschiedenen Fall wurde dem Arbeitgeber die Heranziehung von Ersatzkräften auch ohne Zustimmung des Betriebsrats zugestanden.

Zur Organisation der personalvertretungsrechtlichen Notwendigkeiten, etwa der Regelung von Notstands- und Erhaltungsarbeiten während eines Arbeitskampfs, steht der Personalrat dem Arbeitgeber aber zur Verfügung (BAG v. 10.12.2002, 1 ABR 7/02). Verstößt ein Personalrats- oder Betriebsratsmitglied gegen die institutionelle Neutralitätspflicht während des Arbeitskampfs, verstößt es damit gegen seine Amtspflichten; bei hinreichender Erheblichkeit kann ein Ausschluss aus dem Gremium nach § 30 BPersVG bzw. § 23 Abs. 1 BetrVG erfolgen. Daneben ist auch die Verwirklichung einer Vertragspflichtverletzung denkbar, die den Arbeitgeber zum Ausspruch einer außerordentlichen Kündigung berechtigt (vgl. LAG Mecklenburg-Vorpommern v. 27.11.2013, 3 Sa 101/13, das grundsätzlich vom Bedürfnis einer vorherigen Abmahnung ausgeht).

Die Mitbestimmungsrechte der Personalvertretung sind während des Arbeitskampfs jedoch nur in eingeschränkter Form zu beachten (BAG v. 13.12.2011, 1 ABR 2/10). Es soll verhindert werden, dass der Personalrat in eine Konfliktsituation gerät, die ihm eine ordnungsgemäße Wahrnehmung seiner Mitbestimmungsaufgaben verwehrt. Konkret bedeutet dies eine Einschränkung von Mitbestimmungsrechten während der Dauer eines Arbeitskampfs. Der Personalrat ist weder bei der Anordnung von Überstunden für die nicht streikenden Arbeitnehmer zu beteiligen noch bei der Einstellung oder Versetzung anderer Arbeitnehmer auf die streikbedingt unbesetzten Arbeitsplätze. Auch der Personal- oder Betriebsrat eines abgebenden Betriebes hat bei einer arbeitskampfbedingten Versetzung von arbeitswilligen Beschäftigten in einen bestreikten Betrieb des Arbeitgebers nicht nach § 99 Abs. 1 BetrVG mitzubestimmen (nach Auffassung des LAG Schleswig-Holstein v. 28.5.2013, 1 TaBV 31/12 soll dies indessen nicht gelten, wenn eine Versetzung von einem Konzernunternehmen zu einem bestreikten anderen Konzernunternehmen erfolgt). Dies gilt nach der Rechtsprechung des Bundesarbeitsgerichts unabhängig davon, ob der abgebende Betrieb selbst in den Arbeitskampf einbezogen ist oder nicht (BAG v. 13.12.2011, 1 ABR 2/10). Allerdings soll der Arbeitgeber auch weiterhin verpflichtet sein, die Personal-

vertretung von derartigen Maßnahmen zu unterrichten (BAG v. 10.12.2002, 1 ABR 7/02). Darüber hinaus ist der Personalrat an der Entscheidung über die konkreten Modalitäten einer grundsätzlich mitbestimmungspflichtigen Maßnahme weiterhin zu beteiligen, solange dies der besonderen Situation während des Arbeitskampfs gerecht wird (BAG v. 22.12.1980, 1 ABR 2/79).

**Beispiel**

Die in der Dienststelle verbliebenen Arbeitnehmer sollen den Ausfall ihrer streikenden Kollegen durch zusätzliche Arbeit kompensieren. Die Entscheidung über die Anordnung der Mehrarbeit bedarf entgegen der üblichen Regelung keiner Mitbestimmung des Personalrats (vgl. LAG Hessen v. 8.9.2016, 5 TaBV 242/15, ZTR 2017, 112). Besteht dagegen ein Entscheidungsspielraum, welche der verbleibenden Beschäftigten die zusätzliche Arbeit zu erledigen haben, ist die Personalvertretung insoweit zu beteiligen.

Die von der Mitbestimmung ausgenommenen Entscheidungen müssen zudem einen sachlichen Bezug zu dem Arbeitskampf besitzen, was nicht der Fall ist, wenn der Arbeitgeber zuvor vom Personalrat blockierte Entscheidungen gezielt während des Arbeitskampfs umsetzt. Gleiches gilt, wenn mit der Anordnung vorübergehender Mehrarbeit in einer von Warnstreiks begleiteten Verhandlungsphase der Tarifvertragsparteien dem Streikdruck vorgebeugt werden soll und der Arbeitgeber nicht deutlich macht, dass er die Maßnahme auf arbeitswillige, einem gewerkschaftlichen Streikaufruf nicht Folge leistende Arbeitnehmer beschränkt (BAG v. 20.3.2018, 1 ABR 70/16, ZTR 2018, 543).

 **ACHTUNG!**

Die Anordnung von Mehrarbeit nach dem Ende des Arbeitskampfs zur Beseitigung der aufgelaufenen Arbeitsrückstände stellt eine Streikfolgenkompensation dar, die der vollen Mitbestimmung des Personal- oder Betriebsrats unterliegt. Die Mitbestimmung bei der vorübergehenden Verlängerung der betriebsüblichen Arbeitszeit ist nicht suspendiert, wenn der Arbeitgeber Mehrarbeit gegenüber allen dienstplanmäßig eingeteilten Arbeitnehmern zur Aufarbeitung streikbedingter Arbeitsrückstände nach Beendigung der Arbeitsniederlegung anordnet (BAG v. 20.3.2018, 1 ABR 70/16, ZTR 2018, 543).

## VII. Folgen des Arbeitskampfs

### 1. Rechtmäßiger Arbeitskampf

Durch den wirksamen Kampfbeschluss einer Gewerkschaft, eines Arbeitgeberverbands oder eines Arbeitgebers werden in dessen Reichweite die Hauptpflichten der Arbeitsverhältnisse zwischen Arbeitnehmern und Arbeitgebern für die Dauer des Arbeitskampfs suspendiert. Das bedeutet, dass während der Dauer eines rechtmäßigen Arbeitskampfs betroffene Arbeitnehmer die geschuldete Arbeitsleistung nicht zu erbringen haben, dafür aber auch den Anspruch auf ihre vertragliche Vergütung verlieren (BAG v. 22.3.1994, 1 AZR 622/93).

 **ACHTUNG!**

Die Zeit einer Teilnahme an einem Arbeitskampf wird der geleisteten Arbeitszeit nicht fiktiv hinzugerechnet. Auch wird die zu leistende Sollarbeitszeit nicht um die Zeit einer Streikteilnahme reduziert. Durch die Teilnahme an einem langwierigen und zeitintensiven Arbeitskampf können sich Arbeitnehmer also nicht selbst die Voraussetzungen für das Entstehen von Überstundenzuschlägen nach § 8 TVöD/TV-L schaffen (vgl. BAG v. 14.5.2013, 1 AZR 178/12, ZTR 2013, 486: Arbeitnehmerin macht Überstundenzuschläge geltend, nachdem sie unter Geltung einer 38,5 Stundenwoche 34 Stunden gearbeitet und 8,5 Stunden gestreikt hat).

Nach der Beendigung des Arbeitskampfs leben die vertraglichen Hauptleistungspflichten wieder auf. Die streikwilligen Arbeitnehmer müssen die Streikteilnahme gegenüber dem Arbeitgeber anzeigen, damit die Wirkungen eines rechtmäßigen Arbeitskampfs eintreten. Vorausgesetzt wird allerdings keine ausdrückliche mündliche Teilnahmeerklärung. Der Arbeitgeber kann in der Regel aus dem Fernbleiben des Arbeitnehmers vom Arbeitsplatz erkennen, dass der Arbeitnehmer an dem Arbeitskampf teilnimmt (BAG v. 15.1.1991, 1 AZR 178/90).

Der rechtmäßige Arbeitskampf führt zunächst dazu, dass ein betroffener Arbeitnehmer keinen Vergütungsanspruch gegen den Arbeitgeber besitzt. Der Vergütungsausfall richtet sich strikt nach der Dauer des Arbeitskampfs.

### Beispiel

Die Gewerkschaft ruft zum Streik im Bürgeramt der Stadt A im Zeitraum von 8 Uhr bis 13 Uhr auf. Nimmt ein Arbeitnehmer an der Arbeitsniederlegung teil, ist sein monatliches Entgelt um diesen Zeitraum von fünf Stunden anteilig zu kürzen.

Bei Gewerkschaftsmitgliedern wird das Entfallen des Vergütungsanspruchs durch die verbandliche Streikunterstützungszahlung aufgefangen. Beteiligen sich Nichtmitglieder an dem Arbeitskampf einer Gewerkschaft oder werden sie von Arbeitskampfmaßnahmen des Arbeitgebers einbezogen, müssen sie sich während der Dauer des Arbeitskampfs auf die eigenen finanziellen Reserven stützen, da die staatliche Neutralitätspflicht eine Unterstützung durch staatliche Fördermittel verhindert.

Für einen arbeitsunfähig erkrankten Arbeitnehmer hat der Arbeitgeber trotz des Arbeitskampfs das Entgelt grundsätzlich fortzuzahlen (nach LAG Nürnberg v. 20.7.2010, 5 Sa 666/09, gilt dies nicht, wenn dem Arbeitgeber eine Beschäftigung des erkrankten Arbeitnehmers unmöglich oder unzumutbar gewesen wäre, etwa aufgrund einer Betriebsstilllegung in Reaktion auf den Streik; so auch LAG Rheinland-Pfalz v. 26.7.2012, 10 Sa 137/12). Voraussetzung ist aber, dass die Arbeitsunfähigkeit die alleinige Ursache für den Ausfall der Arbeitsleistung ist (BAG v. 1.10.1991, 1 AZR 147/91). Dies ist nicht der Fall, wenn sich der Arbeitnehmer trotz Arbeitsunfähigkeit am Arbeitskampf beteiligt. Werden die arbeitsvertraglichen Leistungspflichten dagegen bereits durch die Streikteilnahme suspendiert, ist im Falle des späteren Eintritts der Arbeitsunfähigkeit kein Raum für einen Entgeltfortzahlungsanspruch mehr gegeben.

Sind den Arbeitnehmern Sonderzahlungen zugesagt worden, hängt deren Kürzung um die Dauer des arbeitskampfbedingten Ausfalls davon ab, ob sich der Arbeitgeber eine Kürzung während der Dauer eines ruhenden Arbeitsverhältnisses vorbehalten hat. Anderenfalls kommt es auf die tatsächliche Arbeitsleistung der Arbeitnehmer nicht an und der Arbeitgeber hat die volle Sonderzahlung zu erbringen (BAG v. 5.8.1992, 10 AZR 171/91).

### Beispiel

Hat der Arbeitgeber mit einer Gewerkschaft die tarifvertragliche Regelung getroffen, dass der Anspruch auf die Jahressonderzahlung um die Zeiten des Ruhens des Arbeitsverhältnisses gekürzt werden soll, erfasst dies auch einen Arbeitsausfall wegen des Arbeitskampfs (vgl. zum Streik BAG v. 3.8.1999, 1 AZR 735/98). Sind dagegen in einer Kürzungsregelung nur bestimmte Fälle aufgezählt, gelten diese als abschließend mit der Folge, dass ein nicht berücksichtigter Arbeitsausfall wegen eines Arbeitskampfs nicht zur Kürzung der Sonderzahlung berechtigt (BAG v. 20.12.1995, 10 AZR 742/94).

Durch den Urlaubsantritt wird die Pflicht des Arbeitnehmers zur Arbeitsleistung unter Fortzahlung des Entgelts suspendiert. Aufgrund der Teilnahme an einem während des Urlaubs stattfindenden Arbeitskampf würde der Arbeitnehmer seinen Vergütungsanspruch verlieren. Fraglich ist aber, ob der Arbeitnehmer einseitig seinen Urlaub beenden kann und welche rechtlichen Folgen dies hätte (vgl. BAG v. 26.7.2005, 1 AZR 133/04).

Das Recht zur Kündigung des Arbeitsverhältnisses wird durch einen Arbeitskampf grundsätzlich nicht berührt. Voraussetzung ist allerdings, dass die Kündigung in keinem Zusammenhang mit dem Arbeitskampf steht. Als Arbeitskampfmaßnahme kommt die Kündigung des Arbeitsverhältnisses dagegen nicht in Betracht, da die Teilnahme an einem rechtmäßigen Arbeitskampf keine Verletzung arbeitsvertraglicher Pflichten darstellt (BAG v. 28.1.1955, GS 1/54).

 **ACHTUNG!**

Beteiligt sich ein Arbeitnehmer nach einer – wie sich später in einem Kündigungsschutzprozess herausstellt – unwirksamen außerordentlichen Kündigung an einem im Betrieb des Arbeitgebers geführten Streik, steht ihm für die Dauer der Teilnahme an dem Arbeitskampf keine Vergütung aus Annahmeverzug zu. Die Streikbeteiligung manifestiert fehlenden Leistungswillen, der nach § 297 BGB den Annahmeverzug ausschließt (BAG v. 17.7.2012, 1 AZR 563/11).

Von der Suspendierung unberührt bleiben dagegen die vertraglichen Nebenpflichten des Arbeitsverhältnisses (BAG v. 5.11.1992, 6 AZR 311/91). Die Arbeitnehmer sind somit auch während des Streiks zur Sorgfalt gegenüber dem Eigentum des Arbeitgebers und zur Rücksichtnahme auf dessen Interessen verpflichtet (während eines Streiks begangene Sachbeschädigungen können sogar die persönliche Eignung des Verursachers im Rahmen zukünftiger Personalauswahlverfahren ausschließen, vgl. LAG Berlin-Brandenburg v. 12.8.2022, 6 Sa 103/22). Der Arbeitgeber wiederum hat auch unter Beachtung der Voraussetzungen einer zulässigen Aussperrung seine Fürsorgepflicht gegenüber den Beschäftigten zu berücksichtigen.

## 2. Rechtswidriger Arbeitskampf

Werden die an einen rechtmäßigen Arbeitskampf geknüpften Voraussetzungen nicht eingehalten, ist bei den Reaktionsmöglichkeiten des Arbeitgebers zwischen dem Verhalten gegenüber der verantwortlichen Gewerkschaft und dem Verhalten gegenüber seinen Arbeitnehmern zu unterscheiden.

Gegenüber der handelnden Gewerkschaft besitzt der Arbeitgeber zunächst einen Anspruch auf Unterlassung des rechtswidrigen Arbeitskampfs. Dieser Unterlassungsanspruch kann auf den Schutz des eingerichteten und ausgeübten Gewerbebetriebs oder auf den Schutz einer bestehenden tarifvertraglichen Friedenspflicht begründet werden (BAG v. 24.4.2007, 1 AZR 252/06). Daneben kommt auch ein Schadensersatzanspruch des Arbeitgebers gegen die Gewerkschaft in Betracht, der allerdings ein schuldhaftes Handeln der Gewerkschaft erfordert. Um die Gewerkschaften nicht durch mögliche Schadensersatzforderungen der Arbeitgeberseite von Arbeitskämpfen abzuhalten, gesteht das Bundesarbeitsgericht den Gewerkschaften einen Entscheidungsspielraum bei der Frage zu, ob die Einleitung des Arbeitskampfs im konkreten Fall rechtmäßig ist. Bei Zweifeln über die Rechtmäßigkeit darf eine Gewerkschaft von ihrem Streikrecht nur in maßvollem Rahmen und dann Gebrauch machen, wenn für die Zulässigkeit des Streiks sehr beachtliche Gründe sprechen und eine endgültige Klärung der Rechtslage nicht anders zu erreichen ist (BAG v. 19.6.2012, 1 AZR 775/10, ZTR 2012, 694).

**Beispiel**

> Eine Gewerkschaft ruft zu einem Streik über geringere Arbeitszeiten auf, obwohl die Laufzeit des einschlägigen Manteltarifvertrags noch nicht beendet ist. Aufgrund der Verletzung der tariflichen Friedenspflicht ist ein Schadensersatzanspruch des unmittelbar betroffenen Arbeitgebers denkbar. Sofern ein Unternehmen jedoch nur mittelbar von einem Streik betroffen ist, scheitert es an einem zielgerichteten Eingriff der Gewerkschaft in den eingerichteten und ausgeübten Gewerbebetrieb (vgl. BAG v. 25.8.2015, 1 AZR 875/13: Kein Schadensersatzanspruch von Fluggesellschaften gegen eine Gewerkschaft, die einen Arbeitskampf gegen den Flughafenbetreiber führt).

 **ACHTUNG!**

Das Bundesarbeitsgericht hat in einer aktuellen Entscheidung seine Rechtsprechung nunmehr dahingehend weiterentwickelt, dass eine einzige rechtswidrige Streikforderung den ganzen Arbeitskampf rechtswidrig werden lässt. Ein Schadensersatzanspruch des bestreikten Arbeitgebers ist in diesem Fall denkbar. Ob die rechtswidrige Forderung womöglich nur eine geringe Bedeutung in einem Bündel verschiedener Streikziele besitzt, ist damit unbeachtlich (vgl. BAG v. 26.7.2016, 1 AZR 160/14, ZTR 2017, 16).

Zur Durchsetzung der Ansprüche gegenüber der Gewerkschaft kommt neben einer Hauptsacheklage auf Unterlassung oder Schadensersatz vor dem Arbeitsgericht auch die Einleitung eines Verfahrens auf Erlass einer einstweiligen Verfügung in Betracht. Im Wege des einstweiligen Rechtsschutzes wird oftmals versucht, den Beginn eines Arbeitskampfs durch Inanspruchnahme gerichtlicher Hilfe zu verhindern. Angesichts des prinzipiell unabhängig von staatlicher Hilfe zu nutzenden Regelungsspielraums der Tarifautonomie ist bei der Durchführung einstweiliger Verfügungsverfahren Zurückhaltung geboten. Andererseits ist der Eilrechtsschutz aufgrund der regelmäßig geringen Zeiträume bis zum Beginn eines Arbeitskampfs meist der einzige Weg, die Rechtmäßigkeit eines Arbeitskampfs zu überprüfen und im Falle der Rechtswidrigkeit untersagen zu lassen (Bsp: Untersagung eines auf Einflussnahme auf die künftige Unternehmensentwicklung gerichteten Pilotenstreiks, vgl. LAG Hessen v. 9.9.2015, 9 SaGa 1082/15; Untersagung eines Streiks der Flugbegleiter wegen nicht ausreichend bestimmter Formulierung der Streikziele, vgl. ArbG Düsseldorf v. 10.11.2015, 1 Ga 80/15). Die Bereitschaft zum Erlass einstweiliger Verfügungen zur Verhinderung bevorstehender Arbeitskämpfe ist an verschiedenen Arbeitsgerichten sehr unterschiedlich ausgeprägt (vgl. etwa ArbG Berlin v. 24.8.2021, 36 Ga 8475/21: Untersagung des Streiks per einstweiliger Verfügung nur, wenn Streik offensichtlich rechtswidrig ist; aA LAG Hessen v. 9.1.2024, 10 GLa 15/24) und kann nicht allgemeingültig als leicht oder schwer erreichbar bezeichnet werden.

Das Verhältnis gegenüber dem an einem rechtswidrigen Arbeitskampf teilnehmenden Arbeitnehmer ist von der ausbleibenden Suspendierung der vertraglichen Hauptpflichten geprägt. Der Arbeitnehmer ist aufgrund des rechtswidrigen Streiks zu seiner Arbeitsleistung weiterhin verpflichtet. Erbringt der Arbeitnehmer seine Leistung nicht, verliert er auch den Anspruch auf die Vergütung. Die Durchsetzung der arbeitsvertraglichen Leistungspflichten scheitert aber daran, dass eine persönlich zu erfüllende Leistungspflicht nicht im Wege der Zwangsvollstreckung erzwungen werden kann (vgl. § 888 Abs. 3 ZPO). Der an einem rechtswidrigen Arbeitskampf teilnehmende Arbeitnehmer macht sich gegenüber seinem Arbeitgeber im Falle schuldhaften Handelns prinzipiell auch schadensersatzpflichtig. Ein von einer Gewerkschaft getragener Streik soll aber die Vermutung der Rich-

tigkeit in sich bergen, weshalb die Teilnahme an einem solchen Streik grundsätzlich keine schuldhafte Pflichtverletzung darstellt (BAG v. 29.11.1983, 1 AZR 469/82).

Da der rechtswidrige Arbeitskampf nicht zu einer Suspendierung der arbeitsvertraglichen Leistungspflichten führt, verstoßen die an einem rechtswidrigen Streik teilnehmenden Arbeitnehmer gegen ihre Arbeitsverträge. Der Arbeitgeber ist daher zur Abmahnung dieser Pflichtverletzungen und gegebenenfalls auch zur ordentlichen oder außerordentlichen Kündigung des Arbeitsverhältnisses berechtigt. Voraussetzung ist aber auch hier, dass die Kündigung eine verhältnismäßige Reaktion des Arbeitgebers darstellt (BAG v. 29.11.1983, 1 AZR 469/82). Kommt es nach dem Arbeitskampf allerdings zu dem Abschluss eines Tarifvertrags, vereinbaren die Tarifvertragsparteien üblicherweise auch die Wiedereinstellung während des Arbeitskampfs gekündigter Arbeitnehmer.

Ob der Arbeitgeber die an einem rechtswidrigen Arbeitskampf teilnehmenden Arbeitnehmer auch aussperren darf, wird uneinheitlich beurteilt. Systematisch zutreffend ist es wohl, dem Arbeitgeber in diesem Fall nicht die Meistbegünstigung und damit das Recht zur Durchführung einer Aussperrung zuzugestehen, sondern ihn auf die Inanspruchnahme gerichtlicher Hilfe zu verweisen (ebenso ErfK/*Dieterich/Linsenmaier*, Art. 9 GG, Rn. 245; a. A. BAG v. 14.2.1978, 1 AZR 76/76; *Otto*, Arbeitskampf- und Schlichtungsrecht, § 10, Rn. 87: jedenfalls bei nicht offensichtlich rechtswidrigen Streiks, um den Arbeitgeber vor Prognosefehlern zu schützen). Mangels eines rechtmäßigen Streiks fehlt es an den Voraussetzungen einer wirksamen Aussperrung; der rechtswidrige Arbeitskampf steht vielmehr außerhalb des von Art. 9 Abs. 3 GG privilegierten Freiraums kollektiver Interessendurchsetzung.

## VIII. Schlichtung

Unter Schlichtung ist im Grundsatz ein Verfahren zu verstehen, bei dem durch Einschaltung Dritter im Wege von Verhandlungen die Durchführung eines Arbeitskampfs vermieden wird. Die staatliche Schlichtung wird jedenfalls als verbindliche Instanz in Deutschland nicht mehr praktiziert, da anderenfalls der durch die Tarifautonomie gewährleistete freie Regelungs- und Durchsetzungsspielraum der Tarifparteien durch die Einflussnahme Außenstehender gefährdet würde.

Etwas anderes gilt dagegen für ein autonom von den Tarifvertragsparteien vereinbartes Schlichtungsverfahren (hierzu vergleiche die Erl. zu *Breier/Dassau* TVöD Komm. Teil G 1, Rn. 1 ff.). Vielfach vereinbaren Tarifparteien Schlichtungsabkommen in Gestalt von Tarifverträgen, nach denen im Falle des Scheiterns oder der verweigerten Aufnahme von Tarifverhandlungen vor dem Beginn eines Arbeitskampfs ein Schlichtungsverfahren durchgeführt werden muss. Die Tarifparteien entsenden dazu jeweils eine gleiche Anzahl von Beisitzern in die Schlichtungsstelle, die von einem neutralen Vorsitzenden, meist einem Richter oder ehemaligen Politiker, geleitet wird. Kommt in den Verhandlungen vor der Schlichtungsstelle keine vergleichsweise Lösung zustande, fällt die Schlichtungsstelle einen Schlichtungsspruch, dem sich die Parteien je nach Vereinbarung bereits zuvor unterworfen haben oder den sie nachträglich annehmen können. Erst nach Abschluss des Schlichtungsverfahrens endet die in diesem Fall selbst gewählte Friedenspflicht und ermöglicht gegebenenfalls die Einleitung von Arbeitskampfmaßnahmen (BAG v. 26.7.2016, 1 AZR 160/14, ZTR 2017, 16).

## IX. Arbeitskampfmaßnahmen von Spartengewerkschaften

Im Zuge tarifpolitisch selbstständigen Auftretens von Berufsgruppengewerkschaften (z. B. Piloten, Lokführer, Ärzte) stellt sich vermehrt die Frage, ob diese Gewerkschaften zur Durchsetzung ihrer Tarifforderungen auf den Arbeitskampf zurückgreifen dürfen. Die Bedeutung dieser Frage dürfte auch für den Bereich des öffentlichen Dienstes in den kommenden Jahren zunehmen.

In Rechtsprechung und Literatur wird hierzu teilweise die Ansicht vertreten, eine Gewerkschaft, deren Tarifvertrag ohnehin nur einen kleinen Teil der Belegschaft erfassen würde, dürfe sich zur Erzwingung ihrer Forderungen des gemeinwohlschädlichen Arbeitskampfs nicht bedienen. Anderenfalls müssten der Arbeitgeber und die Allgemeinheit durch das Auftreten mehrerer konkurrierender Gewerkschaften mit regelmäßigen Arbeitskämpfen rechnen. Auch könne es nicht rechtmäßig sein, wenn ein wegen des Grundsatzes der Tarifeinheit im Betrieb ohnehin zurücktretender Tarifvertrag im Wege des Arbeitskampfs erzwungen werden könnte (LAG Rheinland-Pfalz v. 23.2.2006, 11 Sa 841/05; *Buchner*, BB 2003, 2121, 2125; *Rieble*, BB 2003, 1227, 1228).

Als Ausdruck ihres Rechts auf koalitionsmäßige Betätigung ist es allerdings auch Spartengewerkschaften unbenommen, ihren Tarifforderungen mit den Mitteln des Arbeitskampfs zur besseren Durchsetzung zu verhelfen. Konkurrenzregeln (wie der Grundsatz der Tarifeinheit bei Tarifpluralität nach dem Tarifeinheitsgesetz, vgl. hierzu → *„Tarifvertrag"*) können allenfalls zwischen in Kraft getretenen Tarifverträgen Anwendung finden, nicht jedoch bereits im Vorfeld ihrer Entstehung (BAG v. 14.12.2004, 1 ABR 51/03). Auch das Tarifeinheitsgesetz steht dem Streik einer Gewerkschaft um das Zustandekommen eines Tarifvertrags nicht entgegen, selbst wenn er mutmaßlich nicht die Mehrheit der Arbeitnehmer des Betriebs betreffen wird. Die Kollisionsregel des § 4a Abs. 2 S. 2 TVG setzt das Vorhandensein mehrerer Tarifverträge – die auch alle im Wege des Arbeitskampfs erzwungen worden sein können – gerade voraus (BVerfG v. 11.7.2017, 1 BvR 1571/15, ZTR 2017, 467 u. a.).

Anstatt Berufsgruppengewerkschaften prinzipiell die Einleitung von Arbeitskampfmaßnahmen zu verwehren, ist vielmehr im Einzelfall zu untersuchen, ob sich die geplanten und durchgeführten Arbeitskämpfe innerhalb der allgemeinen Grenzen des Arbeitskampfrechts bewegen. Insbesondere der Verhältnismäßigkeitsprüfung von Arbeitskampfmaßnahmen kommt in diesem Zusammenhang erhebliche Bedeutung zu, da das Streikrecht insoweit in Wechselwirkung mit dem Recht des Arbeitgebers auf Fortführung seines Unternehmens gesehen werden muss (*Otto*, Arbeitskampf- und Schlichtungsrecht, § 6, Rn. 6). Prinzipiell kommt daneben auch eine Begrenzung durch übermäßige Belastungen der Allgemeinheit in Betracht, die aber nicht voreilig bejaht werden dürfen (vgl. zu den Lokführerstreiks LAG Sachsen v. 2.11.2007, 7 SaGa 19/07).

## Arbeitsrechtliche Konkurrentenklage

Siehe → *Bewerberauswahl*.

# Arbeitsschutz

 **Wegweiser:**

Der Arbeitsschutz ist grundsätzlich öffentlich-rechtlich ausgestaltet, umfasst daneben jedoch auch privatrechtliche Normen, die insbesondere privatrechtliche Verpflichtungen des Arbeitgebers bewirken.

Der TVöD/TV-L enthält keine Sonderregelungen bezüglich des Arbeitsschutzes, sodass im Falle von Fehlverhalten in diesem Bereich die allgemeinen zivilrechtlichen Regelungen gelten.

**I.    Zweck und Begriff des Arbeitsschutzes**

**II.   Durchführung und Einhaltung des Arbeitsschutzes**
1. Arbeitgeber
2. Führungskräfte und Vorgesetzte
3. Beschäftigte

**III.  Unterstützung des Arbeitgebers durch Sachverständige**
1. Fachkräfte für Arbeitssicherheit
2. Sicherheitsbeauftragte
3. Betriebsarzt
4. Arbeitsschutzausschuss
5. Sonstige Beauftragte

**IV.   Beteiligung des Personalrats beim Arbeitsschutz**
1. Mitbestimmungsrechte
2. Allgemeine Beteiligung bei der Ausgestaltung des Arbeitsschutzes

## I. Zweck und Begriff des Arbeitsschutzes

Der Arbeitsschutz umfasst die Gesamtheit der Rechtsvorschriften, die darauf gerichtet sind, die Sicherheit und den Gesundheitsschutz der Beschäftigten bei der Arbeit zu gewährleisten. Angestrebtes Ziel ist die Verhütung von Arbeitsunfällen und der Schutz der Gesundheit der Beschäftigten.

Der staatliche Arbeitsschutz unterteilt sich in den sozialen Arbeitsschutz und den technischen Arbeitsschutz. Der soziale Arbeitsschutz bezweckt die Sicherung der Angestellten als abhängige Beschäftigte z. B. durch das KSchG, MuSchG, ArbZG und SGB IX. Hingegen betrifft der technische Arbeitsschutz die Sicherheit am Arbeitsplatz, d. h. den Schutz vor Gesundheitsgefährdungen durch die Arbeit und bei der Arbeit. Es sollen Berufskrankheiten und arbeitsbedingte Erkrankungen vermieden werden.

Gesetzlich geregelt ist der technische Arbeitsschutz insbesondere im Arbeitsschutzgesetz (ArbSchG). Das ArbSchG findet mit Ausnahme der Hausangestellten in privaten Haushalten auf alle Beschäftigten in privaten und öffentlich-rechtlichen Tätigkeitsbereichen Anwendung, d. h. auf Arbeitnehmer, Beamte, Richter und Soldaten (§ 1 i. V. m. § 2 Abs. 2 ArbSchG). Weitere gesetzliche Regelungen umfassen das Arbeitssicherheitsgesetz, das Geräte- und Produktsicherheitsgesetz sowie zahlreiche Gesetze, die fachübergreifend auch andere Materien regeln (z. B. das ChemG, GenTG). Ferner spielen die aufgrund von §§ 18, 19 ArbSchG erlassenen Verordnungen (z. B. Arbeitsstättenverordnung, Betriebssicherheitsverordnung, Gefahrstoffverordnung, Lastenhandhabungsverordnung, Biostoffverordnung) eine entscheidende Rolle, da sie die konkreten Arbeitsschutzpflichten näher ausgestalten.

**ACHTUNG!**

Die „alte" Arbeitsstättenverordnung von 2004 ist durch die überarbeitete Verordnung aus dem Jahr 2016 abgelöst worden. Diese ist seit dem 3. Dezember 2016 in Kraft. Sie dient der Sicherheit und dem Schutz der Gesundheit der Beschäftigten beim Einrichten und Betreiben von Arbeitsstätten (§ 1 Abs. 1 ArbStättV) und gilt für alle Betriebe. Bestandsschutz genießen regelmäßig nur vor 1976 (teilweise auch vor 1996) eingerichtete Arbeitsstätten, für die gem. § 8 ArbStättV Übergangsregelungen gelten. Im Zuge der Rechtsbereinigung sind die Regelungen der Bildschirmarbeitsverordnung zeitgemäß modernisiert und in die ArbStättV integriert worden.

Wesentliche (Neu-)Regelungen sind insbesondere:

▶ Pflicht zur umfassenden Gefährdungsbeurteilung aller Arbeitsstätten,

▶ Definition des Tele-Arbeitsplatzes (Home-Office) und diesbezügliche Regelungen sowie Anforderungen und Maßstäbe für dessen Einrichtung und Betrieb,

▶ Konkretisierung der Pflicht zur Arbeitsschutz-Unterweisung,

▶ Gefährdungsbeurteilung auch für psychische Belastungen.

Das Arbeitsschutzrecht ist grundsätzlich als duales System ausgestaltet, d. h. die Normsetzung und Überwachung erfolgt nicht nur durch die staatlichen Organe (sog. staatlicher Arbeitsschutz), sondern auch autonom durch die Berufsgenossenschaften (sog. autonomer Arbeitsschutz). Für den öffentlichen Dienst ist zu beachten, dass nicht die Berufsgenossenschaften, sondern die jeweiligen Unfallkassen bzw. -versicherungen zuständig sind (§§ 125–129a SGB VII). Dabei wird der Arbeitsschutz durch Unfallverhütungsvorschriften realisiert. Unfallverhütungsvorschriften sind konkret auf die Gefahrenquelle einer bestimmten Branche abgestimmt und werden von den Berufsgenossenschaften bzw. Unfallkassen und -versicherungen erlassen. Ergänzt und konkretisiert werden sie durch Durchführungsanweisungen, Richtlinien, Merkblätter und Einzelanordnungen. Die Unfallverhütungsvorschriften müssen ebenso wie die gesetzlichen Vorschriften sowohl vom Arbeitgeber als auch von den Beschäftigten beachtet werden.

Zusätzlich zu den öffentlich-rechtlichen Verpflichtungen des Arbeitgebers ergibt sich aus der privatrechtlichen Fürsorgepflicht des Arbeitgebers (§ 618 Abs. 1 BGB) ein Anspruch des einzelnen Arbeitnehmers auf Durchführung eines hinreichenden Arbeitsschutzes. Dieser umfasst die Einhaltung aller Vorschriften, die neben einer bloß öffentlich-rechtlichen Zwecksetzung auch den Schutz des einzelnen Arbeitnehmers gewährleisten, siehe die Ausführungen unter Fürsorgepflicht.

## II. Durchführung und Einhaltung des Arbeitsschutzes

Primär verantwortlich für die Durchführung und Einhaltung arbeitsschutzrechtlicher Vorschriften ist der Arbeitgeber. Der Begriff des Arbeitgebers umfasst hierbei jede natürliche und juristische Person des öffentlichen Rechts sowie des Privatrechts. Neben dem Arbeitgeber sind auch seine gesetzlichen Vertreter, vertretungsberechtigte Organe und Gesellschafter, vor allem aber auch Unternehmens- und Betriebsleiter im Rahmen der ihnen übertragenen Aufgaben und Befugnisse (also auch Führungskräfte) zuständig. Ebenso in die Verantwortlichkeit einbezogen sind Personen, die schriftlich oder gemäß einer gesonderten Verordnung oder nach einer Unfallverhütungsvorschrift beauftragt worden sind (§ 13 ArbSchG). Nicht zuletzt besteht die Verantwortlichkeit auch bei den Beschäftigten selbst.

## 1. Arbeitgeber

Die Pflichten des Arbeitgebers im Bereich des Arbeitsschutzes ergeben sich primär aus dem Arbeitsschutzgesetz (§§ 3–14 ArbSchG). Das Arbeitsschutzgesetz bestimmt, dass der Arbeitgeber grundsätzlich Adressat sämtlicher öffentlich-rechtlichen Arbeitsschutzvorschriften ist. Der Arbeitgeber ist verwaltungsrechtlich verantwortlich für die Erfüllung der Arbeitsschutzpflichten, d. h. ihm obliegt die Planung, Gestaltung und Organisation der Sicherheit und des Gesundheitsschutzes. Der Arbeitgeber ist nach §§ 3, 4 ArbSchG und der ArbStättV insbesondere verpflichtet,

▶ die erforderlichen Maßnahmen des Arbeitsschutzes unter Berücksichtigung der Umstände zu treffen, welche die Sicherheit und Gesundheit der Arbeitnehmer beeinflussen sowie getroffene Maßnahmen auf ihre Wirksamkeit hin zu überprüfen und ggf. anzupassen,

▶ für eine geeignete Organisation zur Durchführung des Arbeitsschutzes zu sorgen und die erforderlichen Mittel bereitzustellen,

▶ dafür zu sorgen, dass die Maßnahmen von Führungskräften und anderen Arbeitnehmern beachtet werden,

▶ die Arbeit so zu gestalten, dass eine Gefährdung für Leben und Gesundheit möglichst vermieden wird, vgl. auch §§ 3a, 4 ArbStättV,

▶ dafür zu sorgen, dass den Arbeitnehmern geeignete Anweisungen erteilt werden und dass sie über Sicherheit und Gesundheitsschutz bei der Arbeit ausreichend informiert werden, vgl. nunmehr auch § 6 ArbStättV, und

▶ die Gefahrenbeurteilung im Sinne des § 5 ArbSchG durchzuführen (vgl. BAG v. 13.8.2019, 1 ABR 6/18, ZTR 2020, 59) und gem. § 3 Abs. 3 ArbStättV obendrein zu dokumentieren (Einschränkung für das Home-Office: einmalige Gefährdungsbeurteilung vor Errichtung).

Im Bereich des öffentlichen Dienstes ist der Arbeitgeber darüber hinaus verpflichtet, die Beschäftigten vor Beginn ihrer Tätigkeit und bei Veränderungen in ihren Arbeitsbereichen über Gefahren für Sicherheit und Gesundheit zu unterrichten und – soweit es keine Vertretung der Beschäftigten gibt – sie zu allen Maßnahmen anzuhören (§ 14 ArbSchG).

Im Zuge der Änderung der ArbStättV wurde die Pflicht zur Arbeitsschutz-Unterweisung im Hinblick auf die Themen der Unterweisung konkretisiert (so. z. B. Brandschutzmaßnahmen, erste Hilfe, Fluchtwege und Notausgänge), vgl. § 6 ArbStättV. Durch die Unterweisungen sollen die Beschäftigten in die Lage versetzt und aktiv dazu angehalten werden, sich bei der Arbeit und in Notsituationen sicherheitsgerecht zu verhalten. Die Unterweisungspflicht gebietet, die Beschäftigten vor Aufnahme der Tätigkeit und danach einmal im Jahr aufzuklären.

Weitere Pflichten des Arbeitgebers ergeben sich aus den Rechten der Beschäftigten in Bezug auf den Arbeitsschutz. So haben Beschäftigte beispielsweise das Recht, Vorschläge zu allen Fragen der Sicherheit und des Gesundheitsschutzes zu machen (§ 17 Abs. 1 S. 1 ArbSchG). Sie können sich im Falle nicht ausreichender Maßnahmen an die zuständigen Behörden wenden. Hierdurch dürfen den Beschäftigten keine Nachteile entstehen (§ 17 Abs. 2 S. 2 ArbSchG).

Verstöße gegen die dem Arbeitgeber obliegenden Pflichten können als Ordnungswidrigkeiten mit Bußgeldern belegt werden (§ 25 ArbSchG, § 9 Abs. 1 ArbStättV). In schweren Fällen drohen darüber hinaus Geld- oder sogar Freiheitsstrafen (§ 26 ArbSchG, § 9 Abs. 2 ArbStättV). Nach § 22 Abs. 3 S. 3 ArbSchG kann die zuständige Behörde darüber hinaus sogar ein arbeitsschutzrechtliches Beschäftigungsverbot verhängen, sofern von ihr zuvor angeordnete Maßnahmen nicht rechtzeitig ausgeführt werden.

**Beispiel**

Trotz mehrfacher Anordnung durch die zuständige Behörde, unter Berücksichtigung des Brandschutzes für eine ausreichende Raumtemperatur zu sorgen sowie eine fachkundige Gefährdungsbeurteilung vorzunehmen, belässt es die adressierte Arbeitgeberin bei unzureichenden und bloß provisorischen Maßnahmen (VG Freiburg (Breisgau) v. 17.12.2019, 4 K 4800/19).

Daneben macht sich der Arbeitgeber durch einen Verstoß gegen die ihm auferlegten Pflichten für Personen- sowie Sachschäden gegebenenfalls schadensersatzpflichtig. Ein derartiger Pflichtenverstoß führt regelmäßig zu einer Beweislastumkehr im Rahmen der deliktischen Haftung, d. h. es wird vermutet, dass der den Schaden verursachende Unfall unter Beachtung der Vorschriften des Arbeitsschutzes vermieden worden wäre (§ 823 Abs. 1 BGB). Es obliegt dann dem Arbeitgeber zu beweisen, dass es auch bei Einhaltung der Vorschriften zu dem Unfall gekommen wäre. Zu beachten ist, dass der Arbeitgeber für Personenschäden, die Beschäftigte durch Unfälle erleiden, grundsätzlich nur bei vorsätzlicher Verursachung, nicht jedoch bei fahrlässigem Handeln haftet (§ 104 Abs. 1 S. 1 SGB VII). Die Vorsätzlichkeit bezieht sich auf die Verursachung des konkreten Unfalls. Gefordert wird hierbei ein sog. „doppelter Vorsatz" des Arbeitgebers: Der Vorsatz muss sich damit sowohl auf die Verletzungshandlung, als auch auf den Verletzungserfolg beziehen (vgl. BAG v. 28.11.2019, 8 AZR 35/19, ZTR 2020, 22). Eine vorsätzliche Missachtung von Arbeitsschutzvorschriften allein ist für eine vorsätzliche Verursachung i. S. d. § 104 Abs. 1 S. 1 SGB VII nicht ausreichend (BAG v. 28.4.2011, 8 AZR 769/09; vgl. auch BAG v. 20.6.2013, 8 AZR 471/12, ZTR 2013, 614).

Um die erforderlichen Arbeitsschutzmaßnahmen zu ermitteln, ist der Arbeitgeber gem. § 5 ArbSchG zunächst verpflichtet, eine Gefährdungsbeurteilung für den jeweiligen Betrieb vorzunehmen (vgl. auch § 3 ArbStättV). Hierbei hat er alle relevanten Gefährdungsquellen für die Mitarbeiter des Betriebs ausfindig zu machen. Die vorzunehmende Gefährdungsbeurteilung hat differenziert nach der konkreten Tätigkeit der Arbeitnehmer zu erfolgen. Eine tätigkeitsübergreifende Gefährdungsbeurteilung genügt hierfür nicht (LAG Berlin-Brandenburg v. 4.6.2020, 10 Sa 2130/19). Diese Beurteilung dient als Grundlage für weitere Maßnahmen des Arbeitsschutzes. Die Gefährdungsbeurteilung gem. § 5 ArbSchG ist zudem von dem Arbeitgeber in regelmäßigen Abständen zu wiederholen (vgl. BAG v. 13.8.2019, 1 ABR 6/18, ZTR 2020, 59). Zu ihrer Durchsetzung hat jeder Arbeitnehmer nach § 5 Abs. 1 ArbSchG i. V. m. § 618 Abs. 1 BGB einen privatrechtlichen Anspruch (BAG v. 12.8.2008, 9 AZR 1117/06, ZTR 2008, 623). Dem Arbeitgeber kommt bei der Gefährdungsbeurteilung allerdings ein weiter Beurteilungs- und Handlungsspielraum zu. Beschäftigte haben daher keinen Anspruch auf die Anwendung bestimmter Kriterien oder Methoden der Beurteilung (BAG v. 12.8.2008, 9 AZR 1117/06, ZTR 2008, 623).

**WICHTIG!**

Seit Geltung der neuen ArbStättV umfasst die durchzuführende Gefährdungsbeurteilung auch etwaige psychische Belastungen im Zusammenhang mit Arbeitsstätten, § 3 Abs. 1 S. 3 ArbStättV, vgl. auch § 5 Abs. 3 Nr. 6 ArbSchG.

Nach § 5 Abs. 1 ArbStättV hat der Arbeitgeber beispielsweise die erforderlichen Maßnahmen zu treffen, damit die nicht rauchenden Beschäftigten in Arbeitsstätten wirksam vor den Gesundheitsgefahren durch Tabakrauch geschützt sind. Soweit erforderlich, hat der Arbeitgeber ein allgemeines oder auf einzelne Bereiche der Arbeitsstätte beschränktes Rauchverbot zu erlassen. Unter Umständen können diese Pflichten des Arbeitgebers sogar so weit gehen, dass sie zu einem Anspruch auf einen tabakrauchfreien Arbeitsplatz führen (BAG v. 19.5.2009, 9 AZR 241/08, ZTR 2009, 504). Bei nicht rauchenden Beschäftigten in Arbeitsstätten mit Publikumsverkehr hat der Arbeitgeber diese nach § 5 Abs. 2 ArbStättV nur insoweit vor den Gesundheitsgefahren durch Passivrauchen zu schützen, als die Natur des Betriebs und die Art der Beschäftigung es zulassen. Dies kann dazu führen, dass er nur verpflichtet ist, die Belastung durch Passivrauchen zu minimieren, nicht aber sie gänzlich auszuschließen (BAG v. 10.5.2016, 9 AZR 347/15, ZTR 2016, 578).

**ACHTUNG!**

In der Corona-Pandemie (siehe hierzu auch Corona-Pandemie) war der Arbeitsschutz von zentraler Bedeutung. Es waren erweiterte Maßnahmen des Arbeitgebers erforderlich, um den Arbeitsschutz im Sinne des § 3 Abs. 1 ArbSchG zu gewährleisten.

Eine Gefährdungsbeurteilung hatte durch den Arbeitgeber in der Corona-Pandemie nach § 5 Abs. 1 ArbSchG in Verbindung mit § 4 Abs. 1 BioStoffV, § 3 Abs. 1 ArbStättV zu erfolgen. Für die Ermittlung der Infektionsgefahr waren hinsichtlich einzelner Arbeitsabläufe Beurteilungen vorzunehmen. Aufgrund der schwankenden Fallzahlen der mit Corona Infizierten war diese Beurteilung nicht statisch, sondern stets auf den Prüfstand zu stellen und zu aktualisieren. Für die Festlegung der erforderlichen Maßnahmen waren die in § 4 ArbSchG genannten allgemeinen Grundsätze zu berücksichtigen. Besonders bedeutsam bei den Gefahren der Corona-Pandemie war aber vor allem § 4 Nr. 3 Var. 3 ArbSchG. Gemäß § 4 Nr. 3 Var. 3 ArbSchG sind arbeitswissenschaftliche Erkenntnisse hinsichtlich Hygienemaßnahmen bei der Maßnahmenergreifung zu berücksichtigen. In diesem Rahmen waren insbesondere die vom Bundesministerium für Arbeit und Soziales veröffentlichte SARS-CoV-2-Arbeitsschutzverordnung sowie die SARS-CoV-2-Arbeitsschutzregel zu beachten. Der Arbeitgeber hatte die Gefährdungsbeurteilung hinsichtlich zusätzlich erforderlicher Maßnahmen des betrieblichen Infektionsschutzes zu überprüfen und zu aktualisieren. In der „SARS-CoV-2-Arbeitsschutzregel" des BMAS wurden explizite Maßnahmen zur Gewährleistung des Arbeitsschutzes formuliert. Zu den empfohlenen Maßnahmen gehörten unter anderem: Einhaltung der Abstandsregeln, Arbeiten in festen Teams, Trennung der Atembereiche durch technische Maßnahmen, Einführung von Homeoffice unter Beachtung des Arbeitsschutz- und Arbeitszeitgesetzes, Vorgaben zur verstärkten Lüftung der Arbeits- und Pausenräume, Isolation Kranker, intensivierte Oberflächenreinigung sowie Bereitstellung von Handdesinfektionsmittel, konkrete Anweisungen zum Tragen einer Mund-Nasen-Bedeckung, gestaffelte Organisation von Arbeits- und Pausenzeiten, Begrenzung von Dienst- und Geschäftsreisen auf das notwendige Maß.

Mit dem Ende der epidemischen Lage von nationaler Tragweite zum 25. Mai 2022 ist die SARS-CoV-2-Arbeitsschutzverordnung außer Kraft getreten. Auch die SARS-CoV-2-Arbeitsschutzregel ist aufgehoben worden. Die bis zum 7. April 2023 befristete

Neufassung der SARS-CoV-2-Arbeitsschutzverordnung ist zum 2. Februar 2023 außer Kraft gesetzt worden. Es bleibt bei der Geltung der allgemeinen Regeln aus §§ 5 und 6 ArbSchG. Maßnahmen zur Verhinderung bzw. Eingrenzung betrieblicher Infektionsausbrüche sind auf Grundlage einer Aktualisierung der Gefährdungsbeurteilung auszuwählen. Unverbindliche Hilfestellung können dabei die Handlungsempfehlungen der Bundesanstalt für Arbeitsschutz und Arbeitsmedizin bieten.

## 2. Führungskräfte und Vorgesetzte

Verantwortlich für die Erfüllung der Arbeitsschutzpflichten sind neben dem Arbeitgeber auch Führungskräfte und Vorgesetzte. Eine originäre Verantwortung nach dem ArbSchG kommt insbesondere Personen zu, die mit der Leitung eines Unternehmens oder einer Dienststelle in der öffentlichen Verwaltung beauftragt worden sind (§ 13 Abs. 1 Nr. 4 ArbSchG). Diese originäre Verantwortlichkeit trifft nur Leitungspersonen im Rahmen der ihnen übertragenen Aufgaben und Befugnisse, nicht aber Führungskräfte der mittleren und unteren Ebene.

Führungskräfte der mittleren und unteren Ebene sind jedoch dann verantwortlich, wenn ihnen Pflichten durch Vorschriften auferlegt werden (§ 13 Abs. 1 Nr. 5 ArbSchG), oder der Arbeitgeber ihnen die ihm obliegenden Pflichten überträgt (§ 13 Abs. 2 ArbSchG). Grundsätzlich kann der Arbeitgeber sämtliche ihm obliegenden Unternehmerpflichten, die sich aus den Vorschriften des Arbeitsschutzes ergeben, an zuverlässige und fachkundige Personen übertragen. Die Beauftragung muss schriftlich gegenüber zuverlässig und fachkundigen Personen erfolgen und hinreichend bestimmt sein (§ 13 Abs. 2 ArbSchG). Zuverlässig ist, wer aufgrund seiner persönlichen Eigenschaften, seines Verhaltens und seiner Fähigkeiten zur ordnungsgemäßen Erfüllung der ihm zugewiesenen Arbeitsschutzaufgaben geeignet ist. Fachkundig ist, wer zur Ausübung der ihm obliegenden Aufgabe befähigt ist, wobei die Anforderungen an die Fachkunde abhängig sind von der jeweiligen Art der Aufgabe (BVerwG v. 23.6.2016, 2 C 18.15, ZTR 2016, 667; VGH München v. 24.4.2015, 3 BV 13.834). Die Führungskraft bzw. der Vorgesetzte ist dann in dem ihm übertragenen Umfang unmittelbar für die Einhaltung der jeweils einschlägigen Arbeitsschutzvorschriften verantwortlich, sodass im Falle eines Verstoßes hiergegen ihn sowohl ein Bußgeld als auch gegebenenfalls eine strafrechtliche Verantwortung treffen kann. Eine Haftung der Führungskraft wegen Personenschäden der Beschäftigten ist begrenzt auf vorsätzliches Handeln (§ 105 Abs. 1 SGB VII). Zu beachten ist aber, dass den Arbeitgeber auch im Falle einer Übertragung von Arbeitsschutzpflichten weiterhin Organisations-, Aufsichts- und Kontrollpflichten treffen.

## 3. Beschäftigte

Soweit Arbeitsschutzvorschriften dies vorsehen, sind auch Beschäftigte verantwortlich für die Erfüllung und Einhaltung von Arbeitsschutzpflichten. Insbesondere haben die Beschäftigten die einschlägigen Vorschriften des Arbeitsschutzes an ihrem Arbeitsplatz zu beachten und so für ihre Sicherheit und Gesundheit bei der Arbeit Sorge zu tragen (§ 15 ArbSchG). Aus dieser Pflicht hat das LAG Hamburg abgeleitet, dass auch das An- und Ablegen der Schutzkleidung sowie dadurch veranlasste Wegzeiten „Maßnahmen des Arbeitsschutzes" im Sinne des § 3 Abs. 1 ArbSchG sind und daher die Verpflichtung des Arbeitgebers, fremdnützige Umkleidezeiten als Arbeitszeit zu vergüten, durch Tarifvertrag nicht abbedungen werden kann, wenn das Umkleiden aus Gründen des Arbeitsschutzes geboten ist (LAG Hamburg v. 6.7.2015, 8 Sa 53/14). Auf die Revision ent-

schied das BAG jedoch – unterstellt, dass es sich bei dem An- und Ablegen der Schutzkleidung um eine Maßnahme des Arbeitsschutzes handele –, dass die Tatbestandsvoraussetzungen des § 3 Abs. 3 ArbSchG nicht vorlägen, da dem Arbeitnehmer hierdurch keine Kosten auferlegt würden (BAG v. 13.12.2016, 9 AZR 574/15, ZTR 2017, 242).

Jeder Arbeitnehmer hat dem Arbeitgeber oder dem zuständigen Vorgesetzten jede von ihm festgestellte unmittelbar erhebliche Gefahr für die Sicherheit und Gesundheit sowie jeden an den Schutzsystemen festgestellten Defekt unverzüglich zu melden.

Entsprechenden Weisungen des Arbeitgebers bzw. des beauftragten Vorgesetzten ist Folge zu leisten. Bei vorsätzlicher Verletzung dieser Pflichten ist eine Haftung gegenüber Arbeitskollegen möglich (§ 105 Abs. 1 S. 1 SGB VII).

 **ACHTUNG!**

Ein nicht mit den geltenden Arbeitsschutzvorschriften korrespondierendes Verhalten ist zudem – nach vorhergehender Abmahnung – grundsätzlich geeignet, eine ordentliche verhaltensbedingte Kündigung des Arbeitsverhältnisses zu rechtfertigen (LAG Schleswig-Holstein v. 8.10.2008, 6 Sa 158/08).

Zu beachten ist, dass die Beschäftigten zwar eine eigene Verantwortung trifft, sie jedoch dann nicht zur Arbeitsleistung verpflichtet sind, wenn der ihnen bereitgestellte Arbeitsplatz nicht den Vorschriften des Arbeitsschutzes entspricht und die Dienstleistung wegen der damit verbundenen Gefährdung unzumutbar ist (VGH Kassel v. 14.5.2020, 1 B 1308/20). Dies gilt besonders dann, wenn der Arbeitgeber oder ein Vorgesetzter von dem Beschäftigten die Verrichtung einer gefährlichen und gegen Arbeitsschutzvorschriften verstoßenden Tätigkeit fordert.

 **ACHTUNG!**

In diesen Fällen kann der Arbeitnehmer die Arbeitsleistung verweigern, ohne seinen Anspruch auf Vergütung zu verlieren. Dies folgt aus §§ 273 Abs. 1, 618 Abs. 1 BGB i. V. m. den jeweiligen Arbeitsschutzvorschriften. Allerdings soll nach aktueller Rechtsprechung des BAG die Zuweisung eines Arbeitsplatzes, der den Vorgaben von § 618 Abs. 1 BGB in Verbindung mit den öffentlich-rechtlichen Arbeitsschutznormen nicht vollumfänglich genügt, gleichwohl billigem Ermessen entsprechen können, wenn es sich um bloß geringfügige oder kurzzeitige Verstöße handelt, die keinen nachhaltigen Schaden bewirken können (BAG v. 28.6.2018, 2 AZR 436/17, ZTR 2018, 671). Ein Zurückbehaltungsrecht des Arbeitnehmers soll dann wohl nicht bestehen.

## III. Unterstützung des Arbeitgebers durch Sachverständige

Bei der Erfüllung der ihm obliegenden Aufgabe, den Arbeitsschutz sicherzustellen, soll der Arbeitgeber durch ein in der Dienststelle bzw. dem Unternehmen einzurichtendes Sicherheitssystem unterstützt werden, das insbesondere auf der Einbindung von sachverständigen Personen basiert. Das Arbeitssicherheitsgesetz (ASiG) verpflichtet den privatrechtlichen Arbeitgeber zur Hinzuziehung von Fachkräften für Arbeitssicherheit, Sicherheitsbeauftragten sowie Betriebsärzten und des Arbeitsschutzausschusses. In Verwaltungen und Betrieben des Bundes, der Länder, der Gemeinden sowie der sonstigen Körperschaften, Anstalten und Stiftungen des öffentlichen Rechts ist das ASiG nicht unmittelbar anwendbar. Es ist jedoch ein gleichwertiger arbeitsmedizinischer und sicherheitstechnischer Arbeitsschutz zu gewährleisten (z. B. auf Bundesebene durch die „RL für den betriebsärztlichen und sicherheitstechnischen Dienst in den Verwaltungen und Betrieben des Bundes" des BMI). Unmittelbar gilt das ASiG jedoch in Betrieben, die zwar der öffentlichen Hand gehören, aber privatrechtlich organisiert sind.

## 1. Fachkräfte für Arbeitssicherheit

Der Arbeitgeber muss nach Maßgabe des § 5 ASiG Fachkräfte für Arbeitssicherheit bestellen. Wie viele Fachkräfte für Arbeitssicherheit zu bestellen sind und in welchem zeitlichen Umfang dies geschehen soll, ist grundsätzlich abhängig von der Größe des Betriebes und dem vorhandenen Gefahrenpotential und richtet sich nach den für die jeweilige Branche einschlägigen Unfallverhütungsvorschriften.

Für die Bestellung der Fachkräfte stehen dem Arbeitgeber grundsätzlich drei Möglichkeiten zur Wahl:

▸ die Einstellung einer Fachkraft für Arbeitssicherheit als eigenen Arbeitnehmer,

▸ die Verpflichtung einer freiberuflich tätigen Fachkraft für Arbeitssicherheit oder

▸ die Verpflichtung eines überbetrieblichen Dienstes von Fachkräften für Arbeitssicherheit.

Der Arbeitgeber hat Sorge dafür zu tragen, dass die von ihm bestellten Fachkräfte für Arbeitssicherheit ihre Aufgabe erfüllen, d. h. er hat sie zur Erfüllung ihrer Aufgaben anzuhalten und diese zu überwachen. Die Fachkräfte für Arbeitssicherheit sind unmittelbar dem Leiter des Betriebs/der Dienststelle unterstellt (§ 8 ASiG).

Dem Personalrat kommt bezüglich der Bestellung von Fachkräften für Arbeitssicherheit ein Initiativrecht zu (VGH Baden-Württemberg v. 11.3.2010, 15 S 1773/08, PersR 2010, 455).

 **Hinweis!**

Aus dem ASiG erwächst kein besonderer Kündigungsschutz. Folglich ist eine Kündigung einer Fachkraft für Arbeitssicherheit nicht schon dann rechtsunwirksam, wenn der Betriebsrat zwar der Kündigung an sich, jedoch nicht der Abberufung gem. § 9 ASiG ausdrücklich zugestimmt hat (LAG Niedersachsen v. 29.10.2015, 4 Sa 951/14).

Ob dem Betriebsrat im Falle der Abberufung einer Fachkraft für Arbeitssicherheit ein aus § 9 Abs. 3 ASiG folgendes und als Initiativrecht ausgestaltetes Mitbestimmungsrecht zusteht, ist umstritten. Das LAG Berlin-Brandenburg (LAG Berlin-Brandenburg v. 5.11.2019, 30 BV 10381/19) hat diese Frage jedoch in einer aktuellen Entscheidung verneint.

## 2. Sicherheitsbeauftragte

Beschäftigt der Arbeitgeber in der Regel mehr als 20 Beschäftigte, muss er neben den Fachkräften für Arbeitssicherheit sog. Sicherheitsbeauftragte bestellen (§ 22 Abs. 1 S. 1 SGB VII). Die Anzahl der zu bestellenden Sicherheitsbeauftragten ergibt sich aus den jeweils einschlägigen Unfallverhütungsvorschriften. Regelmäßig sind Sicherheitsbeauftragte Beschäftigte des Unternehmens, die sich zusätzlich zu ihrer Tätigkeit während der Arbeitszeit um den Arbeitsschutz kümmern. Die Sicherheitsbeauftragten haben die Aufgabe, den Arbeitgeber bei der Durchführung des Unfallschutzes zu unterstützen.

## 3. Betriebsarzt

Als Betriebsarzt darf der Arbeitgeber nur Personen bestellen, die über die erforderliche arbeitsmedizinische Fachkunde verfügen und berechtigt sind, den ärztlichen Beruf auszuüben. Die Einzelheiten in Bezug auf die konkreten Anforderungen an die arbeitsmedizinische Fachkunde sowie beispielsweise die durch den

Arbeitgeber zu gewährleistenden Einsatzzeiten, ergeben sich aus den jeweils einschlägigen Unfallverhütungsvorschriften.

## 4. Arbeitsschutzausschuss

Ein Arbeitsschutzausschuss ist in allen Betrieben einzurichten, in denen mehr als 20 Beschäftigte tätig sind (§ 11 ASiG). Der Arbeitsschutzausschuss setzt sich zusammen aus dem Arbeitgeber oder einem von ihm Beauftragten, zwei vom Personalrat zu bestimmenden Personalratsmitgliedern, den Betriebsärzten, den Fachkräften für Arbeitssicherheit sowie den Sicherheitsbeauftragten. Gemäß § 178 Abs. 4 S. 1 SGB IX hat die Schwerbehindertenvertretung das Recht, an allen Sitzungen des Arbeitsrechtsausschusses beratend teilzunehmen.

Aufgabe des Arbeitsschutzausschusses ist es, Angelegenheiten des Arbeitsschutzes und der Unfallverhütung zu beraten und Erfahrungen auszutauschen. Der Arbeitsschutzausschuss tritt mindestens vierteljährlich zusammen und ist ein reines Beratungsgremium, das dem Arbeitgeber Vorschläge unterbreiten kann bzw. soll. Die konkrete Entscheidung über die Notwendigkeit von Maßnahmen auf dem Gebiet des Arbeitsschutzes liegt aber beim Arbeitgeber.

Der Betriebsrat hat aus § 11 ASiG jedoch keinen Anspruch auf Einrichtung eines Arbeitsschutzausschusses gegen den Arbeitgeber (BAG v. 15.4.2014, 1 ABR 82/12, ZTR 2014, 628). Ein solcher Anspruch kann auch nicht über § 87 Abs. 1 Nr. 7 BetrVG begründet werden, weil § 11 ASiG die Einrichtung des Arbeitsschutzausschusses abschließend regelt. Gleiches gilt in Bezug auf ein letztlich nicht bestehendes Mitbestimmungsrecht hinsichtlich der Teilnahmepflicht des Betriebsarztes und der Fachkraft für Arbeitssicherheit an den vorgesehenen Mindestsitzungen des Arbeitsschutzausschusses: § 11 ASiG regelt auch diesbezüglich abschließend, wer an einer Sitzung des Arbeitsschutzausschusses teilnehmen muss, um die gesetzliche Vorgabe des § 11 S. 4 ASiG zu erfüllen, sodass § 87 Abs. 1 Eingangssatz BetrVG ein Mitbestimmungsrecht ausschließt (BAG v. 8.12.2015, 1 ABR 83/13, ZTR 2016, 291). Dies dürfte auch für den Personalrat und den öffentlichen Arbeitgeber gelten.

Weigert sich der Arbeitgeber seiner Einrichtungspflicht nachzukommen, obwohl mehr als 20 Beschäftigte im Betrieb arbeiten, obliegt es der Arbeitsschutzbehörde, erforderliche Maßnahmen anzuordnen (BAG v. 15.4.2014, 1 ABR 82/12, ZTR 2014, 628).

## 5. Sonstige Beauftragte

Daneben hat der Arbeitgeber – abhängig von der Art seines Betriebs – zahlreiche weitere Betriebsbeauftragte zu bestellen, denen ggf. ein Sonderkündigungsschutz zukommt (z. B. bei Abfallbeauftragten, BAG v. 26.3.2009, 2 AZR 633/07, ZTR 2009, 507). Dies sind z. B.:

▸ Betriebsbeauftragter für Abfall (§§ 59–60 KrWG),

▸ Strahlenschutzbeauftragter (§§ 69 ff. StrlSchG, §§ 43 ff. StrlSchV),

▸ Betriebsbeauftragter für Gewässerschutz (§§ 64–66 WHG),

▸ Betriebsbeauftragter für Immissionsschutz (§§ 53–58 BImSchG),

▸ Beauftragter für den Datenschutz (§ 5 BDSG),

▸ Gefahrgutbeauftragter (§§ 1 ff. GbV).

 **ACHTUNG!**

Betriebsbeauftragte, wie z. B. der Beauftragte für Immissionsschutz, unterstehen zum Teil einem besonderen Kündigungsschutz, sodass während der Amtszeit die ordentliche Kündigung ausgeschlossen ist.

## IV. Beteiligung des Personalrats beim Arbeitsschutz

Die Beteiligung bei der Durchführung und Sicherstellung des Arbeitsschutzes stellt eine wesentliche Aufgabe des Personalrates dar. So hat der Personalrat allgemein darüber zu wachen, dass die zugunsten der Beschäftigten geltenden Gesetze, Verordnungen, Tarifverträge, Dienstvereinbarungen und Verwaltungsanordnungen durchgeführt werden (§ 62 Nr. 2 BPersVG). Eine entsprechende Pflicht kennt das Betriebsverfassungsgesetz für den Betriebsrat (§ 80 Abs. 1 Nr. 1 BetrVG). Zu beachten ist jedoch, dass auch auf dem Gebiet des Arbeitsschutzes das Gebot der vertrauensvollen Zusammenarbeit gilt, sodass der Personalrat nicht als ein dem Arbeitgeber übergeordnetes Kontrollorgan fungiert, sondern vielmehr gemeinsam mit dem Arbeitgeber die ordnungsgemäße Anwendung der Unfallverhütungsvorschriften zum Wohle der Beschäftigten erreicht werden soll.

Im Bereich des Arbeitsschutzes stehen dem Personalrat sowohl Mitbestimmungsrechte als auch allgemeine Mitwirkungsrechte zu.

### 1. Mitbestimmungsrechte

Der Personalrat hat ein erzwingbares Mitbestimmungsrecht bei allen Maßnahmen zur Verhütung von Dienst- und Arbeitsunfällen und Berufskrankheiten sowie zum Gesundheitsschutz im Rahmen der gesetzlichen Vorschriften oder der Unfallverhütungsvorschriften, § 80 Abs. 1 Nr. 16 BPersVG; vgl. OVG Berlin-Brandenburg v. 9.10.2019, OVG 62 PV 16.18, § 75 Abs. 3 Nr. 11 BPersVG a. F.).

 **ACHTUNG!**

Ob das Mitbestimmungsrecht im Einzelfall eröffnet ist, richtet sich nach dem objektiven Inhalt der vom Arbeitgeber vorgesehenen Maßnahme sowie den in diesem Zusammenhang relevanten Umständen. Die eigentliche Intention des Arbeitgebers bleibt dagegen unbeachtlich. Sofern also eine Maßnahme objektiv geeignet ist, das Risiko eines Dienst- oder Arbeitsunfalls oder sonstiger Gesundheitsschädigungen zu mindern, unterliegt sie der Mitbestimmung nach § 75 Abs. 3 Nr. 11 BPersVG a. F. Dies gilt auch dann, wenn der Arbeitgeber selbst zunächst einen anderen Zweck verfolgt (OVG Berlin-Brandenburg v. 9.10.2019, OVG 62 PV 16.18).

Das entsprechende Mitbestimmungsrecht des Betriebsrats ist beschränkt auf die Mitbestimmung über betriebliche Regelungen zu ausfüllungsbedürftigen Arbeitsschutz- und Unfallverhütungsvorschriften (§ 87 Abs. 1 Nr. 7 BetrVG).

Zu den Arbeitsschutzvorschriften zählt auch § 3 Abs. 2 ArbSchG sowie konkretisierend § 22 SGB VII und § 20 DGUV-V1, wonach eine geeignete Organisation aufzubauen ist und Arbeitnehmern näher bezeichnete Aufgaben übertragen werden (BAG v. 18.3.2014, 1 ABR 73/12, ZTR 2014, 566 f.). Der Betriebsrat hat ein Mitbestimmungsrecht für die Ausgestaltung eines Verfahrens zur Zuweisung von Aufgaben und Festlegung klarer Verantwortlichkeiten. Er hat dagegen kein Mitbestimmungsrecht, wenn konkrete Einzelaufgaben an einzelne Beschäftigte zugewiesen werden. Die Mitbestimmung des Betriebsrats nach § 87 Abs. 1 Nr. 7 BetrVG umfasst auch § 3 Abs. 1 ArbSchG, wonach der Arbeitgeber eine präventive und umfassende Handlungspflicht und daher Maßnahmen des Arbeitsschutzes zu ergreifen hat,

die die Sicherheit und Gesundheit der Beschäftigten beeinflussen; allerdings nur insoweit, wie Gefährdungen feststehen oder im Rahmen einer Gefährdungsbeurteilung festzustellen sind (BAG v. 28.3.2017, 1 ABR 25/15).

Kann einer festgestellten Gefährdung durch unterschiedliche Maßnahmen begegnet werden, so besteht ein Mitbestimmungsrecht des Betriebsrats gem. § 87 Abs. 1 Nr. 7 BetrVG im Hinblick auf die Entscheidung, welche der denkbaren Schutzmaßnahmen umgesetzt werden soll (BAG v. 13.8.2019, 1 ABR 6/18, ZTR 2020, 59).

**Beispiel**

Dienststelle und Personalrat vereinbaren für alle Beschäftigten ein Alkoholverbot oder es wird ein Rauchverbot zum Schutz der Passivraucher eingeführt.

Ferner hat der Personalrat – anders als der Betriebsrat – bei der arbeitstechnischen Gestaltung der Arbeitsplätze mitzubestimmen (§ 80 Abs. 1 Nr. 4 BPersVG).

Der Mitbestimmung des Personalrats unterliegt auch die Bestellung und Abberufung von Betriebsärzten und Fachkräften für Arbeitssicherheit im öffentlichen Dienst. Das Mitbestimmungsrecht greift sowohl ein, wenn Betriebsärzte und Fachkräfte neu eingestellt werden, als auch dann, wenn freiberuflich tätige Betriebsärzte und Fachkräfte für Arbeitssicherheit oder der öffentliche Dienst verpflichtet werden. Nach ständiger Rechtsprechung besteht darüber hinaus auch ein Mitbestimmungsrecht des Personalrats bei der Bestellung von Sicherheitsbeauftragten (BVerwG v. 18.5.1994, 6 P 27/92, PersR 1994, 466). Dem Betriebsrat steht bei der Bestellung und Abberufung von Betriebsärzten und Fachkräften für Arbeitssicherheit allein ein Zustimmungsrecht nach § 9 Abs. 3 ASiG zu, das kein Initiativrecht beinhaltet (vgl. LAG Berlin-Brandenburg v. 5.11.2019, 30 BV 10381/19).

Ein Mitbestimmungsrecht des Personalrats besteht bei der reinen Gefährdungsbeurteilung nicht, da es sich hierbei nicht um konkrete Maßnahmen zur Verhütung von Dienst- und Arbeitsunfällen handelt, bei denen die Mitbestimmung gem. § 75 Abs. 3 Nr. 11 BPersVG a. F. (§ 80 Abs. 1 Nr. 16 BPersVG n. F.) vorgesehen ist, sondern diesen vorgelagert ist (BVerwG v. 14.10.2002, 6 P 7/01, ZTR 2003, 362; BVerwG v. 5.3.2012, 6 PB 25/11). Aus den Regelungen der Landespersonalvertretungsgesetze kann sich jedoch auch für die Erstellung einer Gefährdungsbeurteilung ein Mitbestimmungsrecht ergeben. So erweitert § 72 Abs. 4 S. 1 Nr. 7 LPVG NRW die Bundesregelung um den Passus „einschließlich Maßnahmen vorbereitender und präventiver Art". Dies führt zu einem Mitbestimmungsrecht der Personalräte in NRW (VG Düsseldorf v. 22.1.2016, 34 K 1918/14 PVL). Anders ist dies auch bei Betriebsräten, denen diesbezüglich ein echtes Mitbestimmungsrecht gem. § 87 Abs. 1 Nr. 7 BetrVG zusteht (BAG v. 11.2.2014, 1 ABR 72/12, ZTR 2014, 497; BAG v. 30.9.2014, 1 ABR 106/12, ZTR 2015, 162).

### 2. Allgemeine Beteiligung bei der Ausgestaltung des Arbeitsschutzes

Der Personalrat hat gemäß § 68 Abs. 1 BPersVG die für den Arbeitsschutz zuständigen Behörden und Träger der gesetzlichen Unfallversicherung durch Anregung, Beratung und Auskunft zu unterstützen und sich für die Durchführung der Vorschriften über den Arbeitsschutz und die Unfallverhütung in der Dienststelle einzusetzen. Entsprechendes gilt für den Betriebsrat gemäß § 89 Abs. 1 BetrVG.

Auch an Besprechungen des Dienststellenleiters mit dem Sicherheitsbeauftragten nehmen von Personalrat beauftragte Personalratsmitglieder gemäß § 68 Abs. 3 BPersVG teil (für Betriebsräte gilt § 89 Abs. 4 BetrVG). Ferner hat die Dienststelle den Personalrat bei allen im Zusammenhang mit dem Arbeitsschutz oder der Unfallverhütung bestehenden Besichtigungen und Fragen und bei Unfalluntersuchungen hinzuzuziehen, § 68 Abs. 2 BPersVG (für Betriebsräte gilt § 89 Abs. 2 BetrVG).

Um dem Personalrat die ordnungsgemäße Erfüllung seiner Aufgaben bezüglich des Arbeitsschutzes zu ermöglichen, ist er stets rechtzeitig und umfassend zu unterrichten (§ 66 Abs. 1 BPersVG). Mit den Anregungen und Anträgen des Personalrats/Betriebsrats zu Maßnahmen auf dem Gebiet des Arbeitsschutzes muss sich der Dienststellenleiter bzw. Arbeitgeber auseinandersetzen.

Schließlich sind Schulungsveranstaltungen des Personalrats (Betriebsrats) über Arbeitsschutz und Unfallverhütung grundsätzlich als erforderlich i. S. d. § 54 BPersVG (§ 37 Abs. 6 BetrVG) anzusehen.

# Arbeitsvertrag

**Wegweiser:**

Während der Arbeitsvertrag in der Privatwirtschaft die vielfältigsten Ausgestaltungen erfährt und insbesondere Arbeitgeber die Vertragsfreiheit nutzen, um Verträge optimal an ihr Unternehmen und ihren Bedarf anzupassen, werden im öffentlichen Dienst nahezu ausschließlich einheitliche Vertragsmuster verwendet. Dies liegt in erster Linie daran, dass die überwiegende Anzahl der Arbeitsverhältnisse im öffentlichen Dienst in den Anwendungsbereich von TVöD und TV-L fällt. Aber auch der von den Tarifverträgen offen gelassene Spielraum wird kaum ausgeschöpft. Dabei bestehen hierfür sowohl Anlass als auch Möglichkeiten.

Weitergehende Kommentierungen finden sich in Breier/Dassau TVöD Komm. Erl. 1 ff. zu § 2 bzw. TV-L Komm. Erl. 1 ff. zu § 2.

**I.**   **Begriff und Abgrenzung**

**II.**   **Abschluss**
1.   Zustandekommen und Form des Arbeitsvertrages
2.   Vertretung

**III.**   **Unwirksamkeit des Arbeitsvertrages**
1.   Gründe der Unwirksamkeit
2.   Rechtsfolgen der Nichtigkeit, faktisches Arbeitsverhältnis

**IV.**   **Pflichten der Arbeitsvertragsparteien**

**V.**   **Inhalt des Arbeitsvertrages**
1.   Mindestinhalt, Gestaltungsfreiheit
2.   Inhalts- und Transparenzkontrolle bei Standardarbeitsverträgen
   2.1   Anwendungsbereich
   2.2   Rechtsfolgen
   2.3   Gesetzliche Klauselverbote
3.   Wichtige Regelungspunkte
   3.1   Beginn des Arbeitsverhältnisses
   3.2   Dauer des Arbeitsverhältnisses
   3.3   Probezeit
   3.4   Tätigkeit
   3.5   Arbeitsort
   3.6   Arbeitszeit
   3.7   Vergütung
   3.8   Gratifikationen
      3.8.1   Klauselinhalt
      3.8.2   Widerrufsvorbehalt
      3.8.3   Freiwilligkeitsvorbehalt
   3.9   Dienstwagen
   3.10  Gehaltspfändung und -abtretung
   3.11  Arbeitsfähigkeit
   3.12  Arbeitsverhinderung und Entgeltfortzahlung bei Krankheit
   3.13  Urlaub
   3.14  Nebenbeschäftigung
   3.15  Verschwiegenheitspflicht
   3.16  Wettbewerbsverbot
   3.17  Beendigung des Arbeitsverhältnisses
   3.18  Vertragsstrafe
   3.19  Personalfragebogen
   3.20  Ausschlussfristen
   3.21  Schriftform bei Vertragsänderungen
   3.22  Salvatorische Klausel
   3.23  Vertragsaushändigung

**VI.**   **Checkliste Arbeitsvertrag**

**VII.**   **Muster: Arbeitsvertrag**

## I. Begriff und Abgrenzung

Der Arbeitsvertrag ist seit dem 1.4.2017 in § 611a BGB definiert. Danach wird durch den Arbeitsvertrag der Arbeitnehmer im Dienste eines anderen zur Leistung weisungsgebundener, fremdbestimmter Arbeit in persönlicher Abhängigkeit verpflichtet. Das Weisungsrecht kann Inhalt, Durchführung, Zeit und Ort der Tätigkeit betreffen. Weisungsgebunden ist, wer nicht im Wesentlichen frei seine Tätigkeit gestalten und seine Arbeitszeit bestimmen kann. Der Grad der persönlichen Abhängigkeit ist dabei auch an die Eigenart der jeweiligen Tätigkeit geknüpft. Für die Feststellung, ob ein Arbeitsvertrag vorliegt, ist eine Gesamtbetrachtung aller Umstände vorzunehmen. Zeigt die tatsächliche Durchführung des Vertragsverhältnisses, dass es sich um ein Arbeitsverhältnis handelt, kommt es auf die Bezeichnung im Vertrag nicht an.

Der Arbeitsvertrag stellt eine Sonderform des Dienstvertrags dar. Die Abgrenzung zu anderen Dienstverträgen liegt im Wesentlichen in der Weisungsgebundenheit des Arbeitnehmers, der in Bezug auf Art der Tätigkeit, Arbeitsort und Arbeitszeit an die Weisungen des Arbeitgebers gebunden ist. Ein selbstständiger Dienstleistender dagegen bestimmt den Arbeitsort, die Arbeitszeit und die Art der Durchführung der Tätigkeit in der Regel weitgehend selbst.

Die Abgrenzung zum Beamtenverhältnis ergibt sich aus der Art und Weise der Begründung des Rechtsverhältnisses. Während der Beamte in einem öffentlich-rechtlichen Hoheitsakt ernannt wird, erfolgt die Begründung des Arbeitsverhältnisses durch einen privatrechtlichen Vertrag.

Durch die im Einzelfall vereinbarten Vertragsbedingungen und die Art und Weise der Begründung lässt sich also feststellen, ob ein Arbeitsvertrag, ein Beamtenverhältnis oder z. B. freie Mitarbeit beabsichtigt wurde.

## II. Abschluss

### 1. Zustandekommen und Form des Arbeitsvertrages

Vor dem Abschluss des Arbeitsvertrages stehen das Bewerbungsverfahren und die richtige Bewerberauswahl. Insbesondere für die Bewerberauswahl gelten dabei im öffentlichen Dienst besondere Regeln. Vgl. hierzu die Kommentierung unter → *Bewerberauswahl*.

Der Arbeitsvertrag kann grundsätzlich sowohl schriftlich als auch mündlich abgeschlossen werden, aber auch „stillschweigend" zustande kommen, indem der Arbeitnehmer die Arbeit aufnimmt und der Arbeitgeber nicht widerspricht. Für den öffentlichen Dienst schreibt § 2 Abs. 1 TVöD/TV-L die Schriftform vor. Dieses Schriftformerfordernis ist allerdings nicht konstitutiv, sodass sich der Verstoß gegen diese Vorschrift nicht auf die Wirksamkeit des Arbeitsvertrages auswirkt.

Unterschreibt ein Bewerber, der der deutschen Sprache nicht oder nicht ausreichend mächtig ist, gleichwohl einen in deutscher Sprache abgefassten Arbeitsvertrag, so steht dies der Wirksamkeit des Vertrages ebenfalls nicht entgegen. Dieser Bewerber wird letztlich behandelt wie derjenige, der einen Vertrag ungelesen unterschreibt.

Dagegen bedarf die Befristung eines Arbeitsvertrages zu ihrer Wirksamkeit immer der Schriftform (§ 14 Abs. 4 TzBfG). Vgl. hierzu ausführlich unter → *Befristetes Arbeitsverhältnis*.

Darüber hinaus verpflichtet das Nachweisgesetz den Arbeitgeber, bestimmte arbeitsvertragliche Bedingungen schriftlich festzuhalten und das Papier dem Arbeitnehmer auszuhändigen. Schriftlich mindestens festzuhalten sind gemäß § 2 Abs 1 S. 2 Nr. 1 bis 15 NachwG beispielsweise Name und Anschrift der Vertragsparteien, Beginn und, bei befristeten Arbeitsverträgen, voraussichtliche Dauer des Arbeitsverhältnisses. Zudem der Arbeitsort und eine kurze Charakterisierung oder Beschreibung der zu leistenden Tätigkeiten. Zusammensetzung und Höhe des Entgelts, Dauer der Arbeitszeit und des Urlaubsanspruchs sowie die einzuhaltenden Kündigungsfristen sind aufzunehmen, sofern sie nicht tarifvertraglich oder in Betriebs- oder Dienstvereinbarungen geregelt sind und auf diese hingewiesen wird. Im Bereich des öffentlichen Dienstes wird zumeist von dieser Verweisungsmöglichkeit Gebrauch gemacht. Aber auch unabhängig hiervon verlangt das Nachweisgesetz einen allgemeinen Hinweis auf die Tarifverträge, Dienst- oder Betriebsvereinbarungen, die auf das Arbeitsverhältnis anwendbar sind.

Das NachwG wurde mit Wirkung zum 1. August 2022 um weitere Nachweispflichten ergänzt. So muss nun z. B. auch die Dauer der Probezeit schriftlich niedergelegt werden. Zudem stellen Verstöße seither eine Ordnungswidrigkeit dar und können mit einem Bußgeld von bis zu € 2.000,00 je Verstoß geahndet werden. Musterarbeitsverträge sollten daher anhand der Neuerungen des Nachweisgesetzes überprüft und gegebenenfalls angepasst werden. Anstelle einer umfassenden Anpassung der Arbeitsverträge kommt auch die ergänzende Aushändigung eines handschriftlich unterzeichneten Nachweisschreibens in Betracht. Dabei handelt es sich um eine einseitige Erklärung des Arbeitgebers, die keiner Zustimmung des Arbeitnehmers bedarf. So wird der Arbeitsvertrag nicht überfrachtet und es entsteht keine vertragliche Bindung an Regelungen, die der Arbeitgeber sonst kraft seines Direktionsrechts einseitig anpassen könnte (z. B. Lage von Pausenzeiten). Näheres hierzu unter dem Stichwort „→ *Nachweisgesetz*".

Schließlich begründet § 2 Abs. 3 TVöD/TV-L ein konstitutives Schriftformerfordernis für Nebenabreden. Diese müssen schriftlich vereinbart werden, um Wirksamkeit zu erlangen. Die Unterscheidung zwischen formbedürftigen Nebenabreden und dem formlos möglichen Abschluss oder der Änderung der Hauptabreden erfolgt danach, ob der Kern des Arbeitsverhältnisses (Umfang der geschuldeten Arbeit, Gehalt o. Ä.) betroffen ist oder eine zusätzliche, nicht den Kern betreffende Vereinbarung (z. B. Rückzahlung von Fortbildungskosten) geschlossen wird.

### 2. Vertretung

Der Arbeitgeber im öffentlichen Dienst wird in der Regel durch seinen gesetzlichen oder den zum Abschluss von Arbeitsverträgen intern bevollmächtigten Vertreter repräsentiert. Nach Ansicht des BAG kann dem Arbeitnehmer im öffentlichen Dienst allerdings nicht zugemutet werden, jeweils im Einzelnen zu prüfen, ob sein Dienstvorgesetzter sich bei vertraglichen Vereinbarungen mit ihm im Rahmen seiner Zuständigkeit hält. Er könne vielmehr darauf vertrauen, dass sein Vorgesetzter zum Abschluss von Verträgen mit ihm ermächtigt ist. Etwas anderes kann dann gelten, wenn die Unzuständigkeit des Handelnden offensichtlich ist.

Der Arbeitnehmer wird sich in den seltensten Fällen bei Abschluss eines Arbeitsvertrages vertreten lassen; die Vertretung ist aber zulässig. Jugendliche können Arbeitsverträge selbst abschließen, wenn ihre gesetzlichen Vertreter (in der Regel die Eltern) diese genehmigen.

## III. Unwirksamkeit des Arbeitsvertrages

### 1. Gründe der Unwirksamkeit

Arbeitsverträge oder Teile davon können aus verschiedenen Gründen unwirksam sein. So ist ein Arbeitsvertrag, der gegen ein Abschlussverbot verstößt, von Anfang an nichtig. Bei Abschluss können auch mangelnde Vertretungsmacht oder Geschäftsunfähigkeit die Nichtigkeit zur Folge haben. Wird ein Arbeitsvertrag wirksam angefochten, dann ist er ebenfalls nach § 142 Abs. 1 BGB von Anfang an nichtig (vgl. hierzu unter → *Anfechtung*).

Auch ein Arbeitsvertrag, der gegen die guten Sitten verstößt, ist nichtig, § 138 Abs. 1 BGB. Dies ist dann der Fall, wenn die arbeitsvertraglichen Vereinbarungen gegen das Anstandsgefühl eines billig und gerecht denkenden Menschen verstoßen. Die Rechtsprechung erklärt aber nur in seltenen Fällen Arbeitsverträge wegen Sittenwidrigkeit für nichtig.

Alle vom Arbeitgeber verwendeten Standardarbeitsverträge unterliegen einer Inhaltskontrolle nach den gesetzlichen Regelungen zur Kontrolle von **Allgemeinen Geschäftsbedingungen** (s. u. V.2.). Hieraus kann sich in solchen Verträgen die Unwirksamkeit einzelner Klauseln ergeben.

**Beispiel**

> Eine Ausschlussklausel, nach welcher arbeitsvertragliche Ansprüche verfallen, wenn sie nicht innerhalb von vier Wochen nach Fälligkeit schriftlich geltend gemacht werden, benachteiligt den Arbeitnehmer wegen der zu kurzen Frist unangemessen und ist daher insgesamt unwirksam.

Auch in Verträgen, die im Einzelnen mit dem Arbeitnehmer ausgehandelt werden, also solchen Verträgen, die nicht standard- oder formularmäßig verwendet werden, können einzelne Klauseln wegen eines Verstoßes gegen Treu und Glauben unwirksam sein.

## 2. Rechtsfolgen der Nichtigkeit, faktisches Arbeitsverhältnis

Ist der Arbeitsvertrag im Ganzen von Anfang an auf Grund einer Anfechtung oder eines Abschlussverbots nichtig, ist aber das Arbeitsverhältnis durch Aufnahme der Arbeit in Vollzug gesetzt worden, liegt ein sog. faktisches Arbeitsverhältnis vor, d. h. der Arbeitsvertrag gilt für die Vergangenheit (ab dem Zeitpunkt des vertraglich vereinbarten Arbeitsbeginns) als voll wirksam. Für die Vergangenheit hat also der Arbeitnehmer Anspruch auf alle ihm nach dem Arbeitsvertrag zustehenden Leistungen (Gehalt, Urlaub, Entgeltfortzahlung im Krankheitsfall etc.). Im Fall der Arbeitnehmerüberlassung wird ein Arbeitsverhältnis zwischen Entleiher und Leiharbeitnehmer fingiert, wenn der Vertrag zwischen Verleiher und Leiharbeitnehmer unwirksam ist (BAG v. 26.4.2022, 9 AZR 139/21).

Für die Zukunft können sich allerdings sowohl der Arbeitgeber als auch der Arbeitnehmer jederzeit durch einfache Erklärung gegenüber der anderen Vertragspartei lösen. Eine Kündigungsfrist muss nicht eingehalten werden. Die Wirkung einer Anfechtung kommt daher einer außerordentlichen Kündigung gleich. Für die Anfechtung gelten aber nicht die Vorschriften des Kündigungsschutzgesetzes.

## IV. Pflichten der Arbeitsvertragsparteien

Die Hauptleistungspflicht des Arbeitnehmers ist die Erbringung von Arbeitsleistungen. Ihr gegenüber steht die Hauptleistungspflicht des Arbeitgebers, nämlich die Entgeltzahlungspflicht. Diese Pflichten gelten in jedem Arbeitsverhältnis und werden durch die gesetzlichen Vorschriften, den Arbeitsvertrag und die kollektivrechtlichen Regelungen (Tarifverträge und Dienst- oder Betriebsvereinbarungen) konkretisiert.

Neben den Hauptpflichten obliegen sowohl Arbeitgeber wie auch Arbeitnehmer nebenvertragliche Sorgfaltspflichten im Sinne von § 241 Abs. 2 BGB:

Dem Arbeitgeber obliegt die sogenannte Fürsorgepflicht (ausführlich hierzu unter → *Fürsorgepflicht*), d. h. er hat seine Rechte aus dem Arbeitsvertrag so auszuüben und die Interessen des Arbeitnehmers so zu wahren, wie dies unter Berücksichtigung der betrieblichen Belange und der Interessen anderer Arbeitnehmer nach Treu und Glauben (§ 242 BGB) billigerweise verlangt werden kann. Hieraus folgen Nebenpflichten zum Tun oder Unterlassen in Form von Schutz-, Sorgfalts- und Auskunftspflichten. Dem Arbeitnehmer obliegt als Pendant hierzu die sogenannte Treuepflicht (vgl. hierzu unter → *Treuepflicht*). Er muss die Interessen des Arbeitgebers und des Betriebs in dem ihm zumutbaren Umfang wahren. Darüber hinaus ist er während der Dauer des Arbeitsverhältnisses zur Verschwiegenheit über Geschäftsgeheimnisse des Arbeitgebers verpflichtet und darf mit dem Arbeitgeber nicht in Konkurrenz treten.

## V. Inhalt des Arbeitsvertrages

Grundsätzlich unterliegt der Arbeitsvertrag wie jeder andere Vertrag auch der Vertragsfreiheit und damit der inhaltlichen Gestaltungsfreiheit der Vertragsparteien, die ihn im Rahmen des gesetzlich Zulässigen an ihre Wünsche und Bedürfnisse anpassen können. Im öffentlichen Dienst wird diese Gestaltungsfreiheit allerdings zum einen durch die Regelungen der Tarifverträge, insbesondere des TVöD und des TV-L sowie der dazugehörigen Verträge, eingeschränkt. Grundsätzlich entfalten diese Tarifverträ-

ge zwar nur dann normative Wirkung, wenn beide Arbeitsvertragsparteien tarifgebunden sind. Der Arbeitgeber muss also der Bund, ein Bundesland als Mitglied in der Tarifgemeinschaft deutscher Länder (TdL) oder ein kommunaler Arbeitgeber als Mitglied in einem kommunalen Arbeitgeberverband der Vereinigung der kommunalen Arbeitgeberverbände (VKA) sein. Der Arbeitnehmer muss einer der vertragsschließenden Gewerkschaften angehören. Jedenfalls die tarifgebundenen Arbeitgeber vereinbaren aber in der Regel die Anwendung des Tarifvertrages im Arbeitsvertrag und bringen den Tarifvertrag somit unabhängig von der Gewerkschaftszugehörigkeit des Arbeitnehmers zur Geltung. Die damit geschaffene Vereinheitlichung der Arbeitsbedingungen dient nicht nur einer Vereinfachung der arbeitsrechtlichen Abläufe, sondern verhindert auch Wettbewerbsverzerrungen innerhalb des öffentlichen Dienstes. Zum anderen verwenden die Arbeitgeber im öffentlichen Dienst, ebenfalls aus Vereinheitlichungs- und Vereinfachungsbestrebungen heraus, regelmäßig einheitliche Vertragsmuster (vgl. z. B. die Muster bei Breier/Dassau TVöD Komm., E 1.1 ff.), die den trotz Anwendbarkeit des Tarifvertrages verbleibenden Gestaltungsspielraum ungenutzt lassen.

## 1. Mindestinhalt, Gestaltungsfreiheit

Beim Abschluss des Arbeitsvertrages müssen sich Arbeitgeber und Arbeitnehmer über folgende Punkte einig sein:

▶ Wer sind die Vertragsparteien?

▶ Für welche Arbeitsleistung wird der Arbeitnehmer eingestellt?

▶ Wann soll die Arbeitsleistung beginnen?

▶ Wie hoch ist das Gehalt? Wird dazu nichts geregelt, gilt die übliche Vergütung als vereinbart (§ 612 Abs. 1 BGB). Dies kann jedoch bei Auseinandersetzungen zum Streitpunkt werden. Eine Vereinbarung sollte deshalb unbedingt getroffen werden. Im öffentlichen Dienst bestimmt sich die Vergütung regelmäßig nach der Entgeltgruppe, welche die Tätigkeitsmerkmale der vom Arbeitnehmer ausgeübten Arbeiten beschreibt. Maßgeblich ist danach zwar nicht die im Arbeitsvertrag vereinbarte Entgeltgruppe, sondern die tatsächliche Tätigkeit des Arbeitnehmers. Trotzdem empfiehlt es sich aus Klarstellungsgesichtspunkten, diese Entgeltgruppe in den Vertrag aufzunehmen. Bei der Eingruppierung haben Betriebs- bzw. Personalrat ein Mitbestimmungsrecht nach § 99 Abs. 1 BetrVG bzw. § 75 Abs. 1 Nr. 2 BPersVG oder entsprechender landesrechtlicher Vorschrift.

Die Vereinbarung weiterer Einzelheiten ist zwar nicht zwingend erforderlich, zumal im öffentlichen Dienst eine ausreichende Regelung durch die Tarifverträge gewährleistet ist. Es kann aber durchaus empfehlenswert sein, den bestehenden Gestaltungsspielraum zu nutzen und Verträge individuell zu gestalten oder zumindest für bestimmte Gruppen von Arbeitnehmern anzupassen.

## 2. Inhalts- und Transparenzkontrolle bei Standardarbeitsverträgen

Vorformulierte, standardmäßig verwendete Arbeitsverträge unterliegen der Inhalts- und Transparenzkontrolle nach dem Recht der Allgemeinen Geschäftsbedingungen. Allerdings sind die „im Arbeitsrecht geltenden Besonderheiten" zu berücksichtigen.

### 2.1 Anwendungsbereich

Dem Recht der Allgemeinen Geschäftsbedingungen unterliegen „alle für eine Vielzahl von Verträgen vorformulierten Vertragsbedingungen", die der Arbeitgeber dem Arbeitnehmer bei Abschluss eines Vertrags stellt (§ 305 Abs. 1 BGB). Unerheblich ist in diesem Zusammenhang, ob der Arbeitgeber die für eine Vielzahl von Verträgen vorformulierten Vertragsbedingungen selbst erstellt oder anderweitig (z. B. bei einem Arbeitgeberverband, einem Rechtsanwalt oder im Buchhandel) besorgt hat. Immer dann, wenn er dem Arbeitnehmer einen mehrfach verwendeten Formularvertrag anbietet und die darin enthaltenen Regelungen zum Gegenstand des Arbeitsvertrages gemacht (also in das Vertragsverhältnis einbezogen) werden, findet das Recht der Allgemeinen Geschäftsbedingungen Anwendung.

Weiter noch finden wesentliche Teile des Rechts der Allgemeinen Geschäftsbedingungen, insbesondere die inhaltliche Kontrolle der Arbeitsverträge, auch dann Anwendung, wenn die Vertragsklauseln nur zur einmaligen Verwendung bestimmt sind, soweit der Arbeitnehmer auf Grund der Formulierung durch den Arbeitgeber auf ihren Inhalt keinen Einfluss nehmen konnte. Dies folgt aus § 310 Abs. 3 Nr. 2 BGB, der dies für Verträge zwischen Unternehmern und Verbrauchern vorschreibt. Da der Arbeitnehmer nach Ansicht des BAG Verbraucher in diesem Sinne ist und der Arbeitgeber regelmäßig auch Unternehmer sein wird, findet diese Vorschrift auf Arbeitsverträge Anwendung.

## 2.2 Rechtsfolgen

Wenn das Recht der Allgemeinen Geschäftsbedingungen anzuwenden ist, wird die Vertragsfreiheit zum Schutze des Arbeitnehmers eingeschränkt. So werden Klauseln, mit denen ein Arbeitnehmer den Umständen nach nicht zu rechnen braucht (sog. überraschende Klauseln), gar nicht erst Vertragsbestandteil. Klauseln, die ihn „entgegen den Geboten von Treu und Glauben unangemessen benachteiligen", sind unwirksam.

 **WICHTIG!**

Die Unwirksamkeit oder die Nichteinbeziehung einzelner Klauseln führt nicht zur Unwirksamkeit des gesamten Vertrags, es sei denn, ein Festhalten an den übrigen vertraglichen Regelungen führt zu einer unzumutbaren Härte für eine Vertragspartei, also i. d. R. für den Arbeitgeber. Im Regelfall kann sich der Arbeitgeber nur nicht auf die unwirksame Klausel berufen; der Vertrag bleibt aber im Übrigen, also mit Ausnahme der unwirksamen Klausel(n), für beide Seiten verbindlich und wirksam.

Die unwirksame Klausel allerdings ist vollständig unwirksam und wird nicht auf ein noch zulässiges Maß reduziert (also keine so genannte „geltungserhaltende Reduktion").

Eine überraschende Klausel liegt vor, wenn es einen inhaltlichen Widerspruch zwischen den Erwartungen des Vertragspartners und dem tatsächlichen Inhalt der Klausel gibt. Allein der Umstand, dass die Klausel in einer Sprache abgefasst ist, welcher der Vertragspartner nicht oder nicht ausreichend mächtig ist, begründet keinen Überraschungseffekt.

Zweifel über den Inhalt von Klauseln gehen gemäß § 305c Abs. 2 BGB zulasten des Verwenders, also zulasten des Arbeitgebers.

**Beispiele**

▶ Eine Klausel, mit der sich ein Arbeitnehmer zur Rückzahlung von Gratifikationen in bestimmten Fällen verpflichtet, muss überschaubar und in allen Einzelheiten klar geregelt werden; andernfalls kann sich der Arbeitgeber hierauf nicht berufen und somit auch keine Rückzahlung verlangen (dazu unten unter 3.8).

▶ Eine Klausel, wonach Ansprüche aus dem Arbeitsverhältnis innerhalb einer bestimmten Frist schriftlich geltend gemacht und im Falle der Ablehnung binnen einer weiteren

Frist gerichtlich eingeklagt werden müssen, damit sie nicht verfallen, sind nur wirksam, wenn die Fristen nicht unangemessen kurz bemessen sind (dazu unten unter 3.20).

Tarifvertragliche Regelungen unterliegen ebenso wie Betriebs- und Dienstvereinbarungen nach § 310 Abs. 4 S. 1 BGB nicht der AGB-Kontrolle. Auch arbeitsvertragliche Regelungen, die inhaltsgleich mit denen eines Tarifvertrags oder einer Betriebs- bzw. Dienstvereinbarung sind, werden gemäß § 307 Abs. 3 BGB i. V. m. § 310 Abs. 4 S. 3 BGB von der Inhaltskontrolle ausgenommen.

## 2.3 Gesetzliche Klauselverbote

Bestimmte Klauseln sind nach dem Recht der Allgemeinen Geschäftsbedingungen verboten. Das Gesetz unterscheidet zwischen sog. „Klauselverboten mit Wertungsmöglichkeit" (§ 308 BGB) und „Klauselverboten ohne Wertungsmöglichkeit" (§ 309 BGB). Während bei Ersteren noch ein gewisser Bewertungsspielraum für die Gerichte bleibt, gelten die Letzteren unbedingt.

Besondere Bedeutung kommt bei den Klauselverboten mit Wertungsmöglichkeit der eingeschränkten Wirksamkeit einseitiger Änderungsvorbehalte gem. § 308 Nr. 4 BGB zu. Hiernach ist die Vereinbarung eines Rechts des Verwenders (also des Arbeitgebers), eine versprochene Leistung (z. B. die Zahlung einer Gratifikation) zu ändern oder von ihr abzuweichen, unwirksam, wenn nicht die Änderung oder Abweichung unter Berücksichtigung der Interessen des Verwenders für den anderen Teil (also den Arbeitnehmer) zumutbar ist. Dies ist nur dann der Fall, wenn für die Änderung ein triftiger Grund vorliegt und dieser bereits in der Änderungsklausel beschrieben ist (BAG v. 11.2.2009, 10 AZR 222/08, NZA 2009, 428; BAG v. 12.1.2005, 5 AZR 364/04, NZA 2005, 465). Hiervon betroffen sind insbesondere Klauseln, bei denen sich der Arbeitgeber einen Widerruf vertraglich vorbehält bzw. vorbehalten hat. Beispiele hierfür sind Widerrufsvorbehalte im Zusammenhang mit Gratifikationszahlungen, der Zahlung übertariflicher Zulagen, der Gestellung eines Dienstwagens oder der Gestattung der privaten Nutzung von Telefon oder Internet.

 **ACHTUNG!**

Vom Widerrufsvorbehalt ist der Freiwilligkeitsvorbehalt zu unterscheiden. Während der Widerrufsvorbehalt den Widerruf einer Leistung ermöglichen soll, zu welcher sich der Arbeitgeber zunächst verpflichtet hat, dient der Freiwilligkeitsvorbehalt der Klarstellung, dass eine Leistung gerade nicht geschuldet ist, sondern freiwillig, ohne dazu verpflichtet zu sein, erfolgt. Nach Ansicht des BAG ist eine Kombination beider Formen wie die folgende unwirksam:

„Es wird ausdrücklich darauf hingewiesen, dass die Gratifikation freiwillig gezahlt wird und hierauf auch nach wiederholter Zahlung kein Rechtsanspruch erwächst. Der jederzeitige Widerruf bleibt vorbehalten."

Ebenfalls unwirksam ist die Klausel:

„Sonstige, in diesem Vertrag nicht vereinbarte Leistungen des Arbeitgebers an den Arbeitnehmer sind freiwillig und jederzeit widerruflich. Auch wenn der Arbeitgeber sie mehrmals und regelmäßig erbringen sollte, erwirbt der Arbeitnehmer dadurch keinen Rechtsanspruch für die Zukunft."

Nach Rechtsprechung des BAG sind hier beide Vorbehalte (Freiwilligkeits- wie Widerrufsvorbehalt) wegen Verstoßes gegen das Transparenzgebot des § 307 Abs. 1 S. 2 BGB unwirksam (BAG v. 14.9.2011, 10 AZR 526/10, ZTR 2012, 103; BAG v. 30.7.2008, 10 AZR 606/07, ZTR 2009, 33), mit der Folge, dass der Arbeitgeber sich nur durch Änderungskündigungen von der Gratifikationszusage lösen kann. Eine solche Klausel kann auch nicht teilweise – nur als Widerrufsvorbehalt – aufrechterhalten werden. Das Verbot der geltungserhaltenden Reduktion steht dem entgegen (BAG v. 14.9.2011, 10 AZR 526/10, ZTR 2012, 103; BAG v. 30.7.2008, 10 AZR 606/07, ZTR 2009, 33).

Ebenso unwirksam sind Freiwilligkeitsvorbehalte, die so ausgelegt werden können, dass auch Rechtsansprüche aus späteren Individualabreden ausgeschlossen sind. Das BAG v. 25.1.2023, 10 AZR 109/22 erklärte somit folgende Klausel für unwirksam:

„Die Zahlung von Sonderzuwendungen insbesondere von Weihnachts- und/oder Urlaubsgeld liegt im freien Ermessen des Arbeitgebers und begründet keinen Rechtsanspruch für die Zukunft, auch wenn die Zahlung mehrfach und ohne ausdrücklichen Vorbehalt der Freiwilligkeit erfolgt."

Bei den Klauseln ohne Wertungsmöglichkeit ist das Verbot von Vertragsstrafen für den Fall der Nichtabnahme oder verspäteten Abnahme der Leistung, des Zahlungsverzuges oder für den Fall, dass sich der andere Vertragsteil (also der Arbeitnehmer) vom Vertrag löst (also z. B. die Arbeit nicht aufnimmt oder die vereinbarte Kündigungsfrist nicht einhält), hervorzuheben. Dieses Verbot gilt im Arbeitsrecht nicht ohne Weiteres. Vergleiche hierzu unter 3.18.

Nach § 309 Nr. 12 BGB sind Klauseln verboten, durch die der Arbeitgeber seine Beweislast zum Nachteil des Arbeitnehmers verändert, insbesondere wenn er ihm die Beweislast für Umstände auferlegt, die im Verantwortungsbereich des Arbeitgebers liegen oder wenn er den Arbeitnehmer Tatsachen, die im Streitfall zu beweisen sind, schon in der Klausel selbst bestätigen lässt.

Ferner sind Klauseln gem. § 309 Nr. 13 BGB unwirksam, durch die dem Arbeitnehmer auferlegt wird, Anzeigen oder Erklärungen in einer strengeren als der Textform abzugeben oder die für Anzeigen oder Erklärungen des Arbeitnehmers besondere Zugangserfordernisse (z. B. Kündigung nur durch eingeschriebenen Brief, Geltendmachung von Ansprüchen nur schriftlich) vorschreiben.

### 3. Wichtige Regelungspunkte

Nachfolgend werden verschiedene Punkte eines Arbeitsvertrags mit Formulierungsbeispielen vorgestellt, zu denen grundsätzlich eine Regelung getroffen werden kann. Sofern diese im öffentlichen Dienst tarifvertraglich geregelt sind, wird darauf ebenso wie auf einen gleichwohl eröffneten Gestaltungsspielraum hingewiesen.

### 3.1 Beginn des Arbeitsverhältnisses

Der Zeitpunkt des Beginns bestimmt, wann der Arbeitnehmer die Arbeit aufzunehmen hat und ist daher wichtig für eventuelle Schadensersatzansprüche des Arbeitgebers bei unentschuldigter Nichtaufnahme der Arbeit (z. B. aufgrund zusätzlicher Inseratskosten, Produktionsausfälle usw.). Da die verschiedenen Schadenspositionen nur schwer nachweisbar sind, empfiehlt es sich, eine Vertragsstrafe (s. u. 3.18) wegen Nichtaufnahme der Arbeit in den Arbeitsvertrag aufzunehmen.

Der Zeitpunkt der Arbeitsaufnahme ist außerdem wichtig für die Dauer der Betriebszugehörigkeit, insbesondere bei Fragen des Kündigungsschutzes und der Kündigungsfristen.

Da die ordentliche Kündigung eines Arbeitsvertrags grundsätzlich schon vor Dienstantritt zulässig ist, kann es empfehlenswert sein, die Kündigung vor Arbeitsantritt vertraglich auszuschließen.

 **Formulierungsbeispiel:**

„Der Arbeitnehmer nimmt am ........................... die Arbeit auf. Eine Kündigung vor Arbeitsantritt ist ausgeschlossen."

### 3.2 Dauer des Arbeitsverhältnisses

**Arbeitsverhältnis mit unbestimmter Dauer:**

Auch, wenn mittlerweile etwa 10 % aller abhängig Beschäftigten in einem befristeten Arbeitsverhältnis tätig sind, und insbesondere bei Neueinstellungen die Befristungsquote in einigen Bereichen über 50 % liegt, stellt das unbefristete Arbeitsverhältnis nach wie vor den Regelfall dar.

 **Formulierungsbeispiel:**

„Herr/Frau .................. wird ab ............... auf unbestimmte Zeit als .................. eingestellt."

Das Arbeitsverhältnis ist sowohl ordentlich als auch außerordentlich kündbar. Die Mindestkündigungsfristen bei der ordentlichen Kündigung richten sich nach § 622 BGB bzw. den tarifvertraglichen Regelungen. Für den öffentlichen Dienst begründen hier § 34 TVöD/TV-L Sonderregelungen, die den gesetzlichen Kündigungsfristen vorgehen und für Kündigungen sowohl durch den Arbeitgeber als auch durch den Arbeitnehmer einheitliche Fristen von bis zu sechs Monaten, abhängig von der jeweiligen Beschäftigungszeit, festlegen. Abs. 2 der Vorschrift begründet außerdem einen Sonderkündigungsschutz für Arbeitnehmer, die das 40. Lebensjahr vollendet haben und eine Beschäftigungszeit von mehr als 15 Jahren aufweisen. Diese können nur noch aus wichtigem Grund (außerordentlich) gekündigt werden.

**Arbeitsverhältnis mit bestimmter Dauer:**

Alternativ können Arbeitsverhältnisse grundsätzlich auch befristet geschlossen werden.

Befristungen sind allerdings nur unter bestimmten Voraussetzungen zulässig (s. unter → *Befristetes Arbeitsverhältnis*).

 **ACHTUNG!**

Befristungen sind nur wirksam, wenn sie vor Beginn des Arbeitsverhältnisses schriftlich vereinbart wurden.

Vereinbart werden können Zeitbefristungen (hier endet das Arbeitsverhältnis mit Ablauf der vereinbarten Zeit, § 14 Abs. 2 TzBfG) oder Zweckbefristungen (hier endet das Arbeitsverhältnis mit Erreichen des vereinbarten Zwecks, z. B. mit Abschluss eines Projekts oder Rückkehr des Arbeitnehmers, zu dessen Vertretung die befristete Einstellung erfolgte), aber auch Kombinationen aus Zweck- und Zeitbefristungen in Form einer Zweckbefristung mit gleichzeitiger Vereinbarung einer Höchstdauer.

 **Formulierungsbeispiel:**

Zeitbefristung:

„Das Arbeitsverhältnis ist befristet bis zum .................. Es endet nach Ablauf der Frist, ohne dass es einer Kündigung bedarf."

Zweckbefristung:

„Das Arbeitsverhältnis ist befristet bis zum Erreichen folgenden Zwecks: .................. ".

Kombinierte Befristung:

„Das Arbeitsverhältnis ist befristet für die Dauer der krankheitsbedingten Arbeitsunfähigkeit von Herrn ..............., längstens bis zum .........."

Das Arbeitsverhältnis geht in diesen Fällen automatisch mit Ablauf der bestimmten Zeit oder Erreichen des bestimmten

Zwecks zu Ende. Eine Kündigung ist nicht erforderlich. Zu Details s. unter → *Befristetes Arbeitsverhältnis*.

**WICHTIG!**

Im Falle der Zweckbefristung muss der Arbeitgeber den Arbeitnehmer spätestens zwei Wochen vor Ende des Arbeitsverhältnisses über den Zeitpunkt der Zweckerreichung schriftlich informieren.

Besondere tarifvertragliche Regelungen im öffentlichen Dienst finden sich für die Altersbefristung in § 33 Abs. 1 lit. a) TVöD/TV-L (siehe dazu unter 3.17) und für die Erwerbsminderungsbefristung in § 33 Abs. 2 TVöD/TV-L.

Die Befristung kann als Mindestdauer gedacht sein, bei der das Recht zur ordentlichen Kündigung ausgeschlossen sein soll. Unberührt bleibt das Recht zur außerordentlichen Kündigung aus wichtigem Grund. Die Befristung kann aber auch als Höchstdauer gedacht sein und der Arbeitgeber kann sich gleichzeitig das Recht zur ordentlichen Kündigung ausdrücklich vorbehalten.

**WICHTIG!**

Für „ehemalige Angestellte" im Tarifgebiet West, also solche Arbeitnehmer, deren Tätigkeit vor dem 1. Januar 2005 der Rentenversicherung der Angestellten unterlegen hätte, wird ein Recht zur ordentlichen Kündigung in § 30 Abs. 1 S. 2 i. V. m. Abs. 5 TVöD/TV-L begründet, ohne dass es einer weiteren Vereinbarung bedarf. Bei sachgrundlos befristeten Verträgen besteht diese Kündigungsmöglichkeit gemäß § 30 Abs. 5 S. 1 TVöD/TV-L allerdings nach Ablauf der sechswöchigen Probezeit nur, wenn die Vertragsdauer mindestens zwölf Monate beträgt. § 30 Abs. 5 TVöD/TV-L enthält zudem besondere Kündigungsfristen für die Kündigung befristeter Arbeitsverhältnisse. Für „ehemalige Arbeiter" im Tarifgebiet West und alle Arbeitnehmer im Tarifgebiet Ost muss die Kündigungsmöglichkeit dagegen im Arbeitsvertrag vereinbart werden.

## 3.3 Probezeit

In der Regel wird eine Probezeit vereinbart, damit der Arbeitgeber feststellen kann, ob der Arbeitnehmer tatsächlich den Anforderungen genügt. Vergleiche hierzu ausführlich unter → *Probezeit*.

Unter Umständen kann es für einen Arbeitgeber auch interessant sein, zu Erprobungszwecken zunächst ein befristetes Arbeitsverhältnis abzuschließen. Dies wird insbesondere dann der Fall sein, wenn eine Beurteilung des Arbeitnehmers innerhalb der ersten sechs Monate nur schwer möglich ist. Bei solchen Probearbeitsverhältnissen sind die normalen Regeln eines befristeten Arbeitsverhältnisses anzuwenden (s. unter → *Befristetes Arbeitsverhältnis*).

## 3.4 Tätigkeit

Im Arbeitsvertrag wird außerhalb des öffentlichen Dienstes zumeist auch die Funktion oder der Tätigkeitsbereich des Arbeitnehmers angegeben. Im öffentlichen Dienst erfolgt dagegen eine Funktions- oder Tätigkeitsbeschreibung meistens nur sehr allgemein. Diese ist dann allerdings maßgeblich für die Bestimmung von Arbeitsvorgängen und darauf beruhende Eingruppierung nach dem TV EntgO. Wird der Tätigkeitsbereich eng gefasst, so führt dies zu einer Einschränkung des Direktionsrechts.

Um diese negative Auswirkung auf das Direktionsrecht zu verhindern, kann sich der Arbeitgeber im Arbeitsvertrag das Recht vorbehalten, dem Arbeitnehmer andere Tätigkeiten zuzuweisen. Solche Zuweisungen sind vom Arbeitsgericht auf ihre Angemessenheit hin überprüfbar. Die neue Tätigkeit muss daher den

Fähigkeiten und Vorkenntnissen des Arbeitnehmers entsprechen. Unangemessen bzw. unzumutbar sind Umsetzungen, die mit einer Kürzung der vertraglichen Vergütung oder einer Zuweisung einer geringerwertigen Tätigkeit verbunden sind.

Eine formularmäßige Versetzungsklausel verstößt nicht schon deshalb gegen das Transparenzgebot des § 307 Abs. 1 S. 2 BGB, weil keine konkreten Versetzungsgründe genannt sind (BAG v. 11.4.2006, 9 AZR 557/05, ZTR 2007, 91). Ein Versetzungsvorbehalt, der inhaltlich der gesetzlichen Regelung des § 106 S. 1 GewO entspricht und insbesondere nicht darüber hinausgeht, unterliegt gar keiner Angemessenheitskontrolle nach § 307 Abs. 1 BGB (BAG v. 25.8.2010, 10 AZR 275/09, NZA 2010, 1355).

**Formulierungsbeispiel:**

„Der Arbeitnehmer wird angestellt als ........................... Zum Aufgabenbereich des Arbeitnehmers gehören folgende Tätigkeiten ........................... Die vorgenannten Tätigkeiten sind nicht abschließend.

Der Arbeitgeber behält sich das Recht vor, dem Arbeitnehmer andere gleichwertige, zumutbare Tätigkeiten zuzuweisen, die den Fähigkeiten und Vorkenntnissen des Arbeitnehmers entsprechen."

**ACHTUNG!**

Eine Versetzung über die Grenzen des billigen Ermessens hinaus begründet einen Anspruch des Arbeitnehmers auf vertragsgemäße Beschäftigung. Der Arbeitnehmer hat aufgrund seines verfassungsrechtlich geschützten Persönlichkeitsrechts Anspruch auf die Beschäftigung, die seinem sozialen und hierarchischen Profil innerhalb des Unternehmens entspricht und von der vertraglichen Beschreibung des Arbeitsbereichs umfasst ist. Es gibt also keinen Anspruch auf irgendeine Beschäftigung, sondern nur auf eine vertragsgemäße Beschäftigung (vgl. BAG v. 15.5.1991, 5 AZR 271/90). Zu dem sozialen und hierarchischen Profil gehört auch, wie die Tätigkeit mit der Vorgesetztenfunktion gegenüber anderen Mitarbeitern verbunden ist (vgl. LAG Köln v. 31.1.2020, 4 Sa 322/19). Ein Anspruch auf vertragsgemäße Beschäftigung besteht auch dann, wenn die tatsächliche Tätigkeit des Arbeitnehmers nach der Versetzung von anderen Mitarbeitern als hierarchisch niedriger wahrgenommen wird (LAG Hamburg v. 23.10.2013, 6 Sa 29/13; LAG Köln v. 11.12.2009, 10 Sa 328/09). Im Bereich des TVöD/TV-L ergibt sich das Profil aus der Stellenbeschreibung und der tariflichen Eingruppierung nach dem TV EntgO.

## 3.5 Arbeitsort

Der Arbeitnehmer hat in der Regel einen festen Arbeitsort. Will sich der Arbeitgeber die Möglichkeit offenhalten, dem Arbeitnehmer einen anderen Arbeitsort zuzuweisen, kann er dies in den Arbeitsvertrag aufnehmen. Die Ausübung dieses Rechts ist vom Arbeitsgericht auf ihre Angemessenheit hin überprüfbar.

Hinsichtlich der Inhaltskontrolle gilt das Gleiche wie unter 3.4 dargestellt. § 308 Nr. 4 BGB ist nicht auf arbeitsvertragliche Versetzungsvorbehalte anzuwenden, denn die Vorschrift erfasst nur einseitige Bestimmungsrechte hinsichtlich der Leistung des Verwenders, also der Vergütungsleistung des Arbeitgebers. Versetzungsklauseln in Arbeitsverträgen betreffen demgegenüber die Arbeitsleistung als die dem Verwender geschuldete Gegenleistung (BAG v. 11.4.2006, 9 AZR 557/05, ZTR 2007, 91).

**Formulierungsbeispiel:**

„Der Arbeitsort ist ..................... Der Arbeitgeber behält sich das Recht vor, den Arbeitnehmer an andere Standorte zu versetzen, sofern dies unter Berücksichtigung der Interessen des Arbeitgebers für den Arbeitnehmer zumutbar ist."

Besteht kein fester Arbeitsort, genügen ein entsprechender Hinweis und die Anschrift des Betriebsorts.

 **Formulierungsbeispiel:**

„Der Arbeitnehmer hat keinen festen Arbeitsort. Der Betriebsort des Arbeitgebers ist ...................... "

TVöD und TV-L enthalten Regelungen über die Versetzung, Abordnung, Zuweisung (vgl. unter → *Versetzung/Abordnung/Zuweisung*) und Personalgestellung (vgl. unter → *Personalgestellung*) in § 4 TVöD/TV-L. Dabei bedeutet Versetzung die vom Arbeitgeber veranlasste, auf Dauer bestimmte Beschäftigung bei einer anderen Dienststelle oder einem anderen Betrieb desselben Arbeitgebers, während Abordnung eine nur vorübergehende Beschäftigung bei einer anderen Dienststelle oder einem anderen Betrieb desselben oder eines anderen Arbeitgebers meint (vgl. Protokollerklärung zu § 4 Abs. 1 TVöD/TV-L). Die Zuweisung schließlich ist nach der Protokollerklärung zu § 4 Abs. 2 TVöD/TV-L die vorübergehende Beschäftigung unter Fortsetzung des bestehenden Arbeitsverhältnisses bei einem Dritten im In- und Ausland, bei dem der Allgemeine Teil des TVöD/TV-L nicht zur Anwendung kommt. Wesentliches Merkmal sowohl der Versetzung als auch der Abordnung ist also der Wechsel der Dienststelle bzw. des Betriebes. Werden einem Beschäftigten andere Aufgaben innerhalb derselben Dienststelle bzw. desselben Betriebes zugewiesen, liegt weder eine Versetzung noch eine Abordnung vor. Eine entsprechende Maßnahme wird regelmäßig als Umsetzung bezeichnet. Vergleiche auch hierzu ausführlich unter → *Versetzung/Abordnung/Zuweisung*.

 **TIPP!**

Die Aufnahme einer „Umsetzungsklausel" (s. o.) in den Arbeitsvertrag ist daher durchaus empfehlenswert, um das Direktionsrecht des Arbeitgebers auch für die nicht vom Tarifvertrag erfassten Fälle zu regeln.

### 3.6 Arbeitszeit

Eine konkrete Vereinbarung über die Arbeitszeit ist für das Arbeitsverhältnis ebenfalls wichtig. Hier sind die Grenzen des Arbeitszeitgesetzes und tarifvertragliche Vorschriften zu beachten. Für den öffentlichen Dienst legen § 6 TVöD/TV-L die regelmäßige wöchentliche Arbeitszeit, teilweise abhängig von Tarifgebiet, Bundesland und Art der Tätigkeit, fest.

Der Betriebsrat hat ein erzwingbares Mitbestimmungsrecht nach § 87 Abs. 1 Nr. 2 BetrVG hinsichtlich Beginn und Ende der täglichen Arbeitszeit einschließlich der Pausen sowie der Verteilung der Arbeitszeit auf die einzelnen Wochentage. Ein entsprechendes Mitbestimmungsrecht des Personalrats ergibt sich z. B. aus § 75 Abs. 3 Nr. 1 BPersVG oder den entsprechenden Vorschriften der Landespersonalvertretungsgesetze. Diese Mitbestimmungsrechte erstrecken sich allerdings nicht auf den Umfang der wöchentlichen Arbeitszeit, sondern nur auf deren Verteilung.

§ 6 TVöD/TV-L eröffnen darüber hinaus die Möglichkeit, durch Betriebs- oder Dienstvereinbarungen einen wöchentlichen Arbeitszeitkorridor von bis zu 45 Stunden einzurichten (Abs. 6) oder eine tägliche Rahmenarbeitszeit von bis zu zwölf Stunden festzulegen (Abs. 7), wobei diese Möglichkeiten nur alternativ und nicht bei Wechselschicht- und Schichtarbeit bestehen (Abs. 8). In der Praxis wird von diesen Möglichkeiten allerdings nur vereinzelt Gebrauch gemacht. Viel mehr setzt sich die Vereinbarung von Gleitzeitarbeit durch, die in TVöD/TV-L zwar nicht geregelt, von diesen aber auch nicht untersagt ist. In der Protokollerklärung zu § 6 TVöD/TV-L heißt es lediglich, dass Gleit-

zeitregelungen unter Wahrung der jeweils geltenden Mitbestimmungsrechte möglich sind.

Nach § 6 Abs. 5 TVöD/TV-L sind die Beschäftigten im Rahmen begründeter betrieblicher bzw. dienstlicher Notwendigkeiten zur Leistung von Sonntags-, Feiertags-, Nacht-, Wechselschicht- und Schichtarbeit sowie zu Bereitschaftsdiensten, Rufbereitschaft, Überstunden und Mehrarbeit verpflichtet. Teilzeitbeschäftigte sind zu Bereitschaftsdiensten, Rufbereitschaft, Überstunden und Mehrarbeit allerdings nur dann verpflichtet, wenn dies arbeitsvertraglich vereinbart ist oder sie sich sonst einverstanden erklären. Die überwiegend verwendeten Musterverträge für Teilzeitarbeitsverhältnisse im öffentlichen Dienst enthalten eine entsprechende Klausel. Der Arbeitgeber darf diese Sonderformen der Arbeit nur anordnen, wenn sie zur Erledigung der Arbeitsaufgaben des Betriebes oder der Verwaltung erforderlich sind.

Der Arbeitgeber ist zur Anordnung dieser Sonderform der Arbeit nicht verpflichtet. Arbeitnehmer haben also keinen Anspruch darauf, zu dieser Arbeit eingeteilt zu werden (und damit die entsprechenden Vergütungszuschläge zu erhalten).

Vgl. weitergehend die Kommentierung zu → *Arbeitszeit*.

### 3.7 Vergütung

Zur Vergütung sollte eine klare Regelung getroffen werden. Im öffentlichen Dienst richtet sich die Vergütung regelmäßig nach dem jeweiligen Tarifvertrag, auf den der Arbeitsvertrag Bezug nimmt.

 **Formulierungsbeispiel:**

„Für das Arbeitsverhältnis gelten der Tarifvertrag für den öffentlichen Dienst der Länder (TV-L), der Tarifvertrag zur Überleitung der Beschäftigten der Länder in den TV-L und zur Regelung des Übergangsrechts (TVÜ-Länder) sowie die Tarifverträge, die den TV-L und den TVÜ-Länder ergänzen, ändern oder ersetzen, in der Fassung, die für den Bereich der Tarifgemeinschaft deutscher Länder (TdL) und für das Land ............... jeweils gilt. Der Beschäftigte ist in der Entgeltgruppe ......... TV-L eingruppiert."

Ist dies nicht der Fall oder werden übertarifliche Vergütungen gezahlt, muss die Regelung genau und unmissverständlich formuliert sein. Zu einem schriftlichen Nachweis der vereinbarten Vergütung verpflichtet auch § 2 NachwG. Hat ein Arbeitgeber entgegen dieser Vorschrift keinen schriftlichen Nachweis mit der Angabe des vereinbarten Entgeltes erteilt, kann dies bei Streit um die zutreffende Entgelthöhe zu Beweiserleichterungen für den Arbeitnehmer führen.

Zeit, Ort und Art der Auszahlung sollten auch geregelt werden. Im Anwendungsbereich des TVöD/TV-L gelten hier die Regelungen in § 24 Abs. 1 TVöD/TV-L. Bestehen keine tariflichen Bestimmungen, sollten entsprechende Regelungen in den Arbeitsvertrag aufgenommen werden. Der Betriebsrat hat diesbezüglich und auch in Bezug auf die Lohngestaltung ein erzwingbares Mitbestimmungsrecht nach § 87 Abs. 1 Nr. 4, 10 BetrVG. Für Personalräte folgt ein entsprechendes Mitbestimmungsrecht beispielsweise aus § 80 Abs. 1 Nr. 7, 8 BPersVG oder den entsprechenden landesrechtlichen Regelungen.

 **Formulierungsbeispiel (für außertarifliche Vergütungen):**

„Der Arbeitnehmer erhält ein monatliches Bruttogehalt in Höhe von € ..................... [*oder:* ein jährliches Bruttogehalt von € ..................... in zwölf gleichen Teilbeträgen von € ..................... ], fällig am Ende eines jeden Kalendermonats. Die Vergütung wird bargeldlos gezahlt. Der Arbeitnehmer wird innerhalb von sieben Tagen nach Beginn des Arbeitsverhältnisses dem Arbeitgeber die entsprechende Kontoverbindung mitteilen.

Es werden folgende Zuschläge zum Gehalt gezahlt:

Nachtarbeit ......................

Wechselschicht ....................

Sonn- und Feiertagsarbeit .....................

Arbeit an Samstagen .....................

Sonstiges ....................

Vermögenswirksame Leistungen .....................

*[oder:]*

Etwa anfallende Über-, Mehr-, Sonn- und Feiertagsarbeit von bis zu zehn Stunden im Monat ist mit der Zahlung des vereinbarten Bruttogehalts abgegolten. Mit dem Bruttogehalt sind ebenso alle mit den Aufgaben verbundenen Sonderleistungen (u. a. Reisezeiten, Repräsentationspflichten) abgegolten.

Arbeitgeber und Arbeitnehmer werden jährlich ein Zielgespräch führen, in dessen Rahmen die persönlichen Aufgaben und Ziele des Arbeitnehmers für die Zukunft und die Leistungen in der Vergangenheit besprochen werden. Auf der Grundlage der dabei gewonnenen Einschätzung kann die Vergütung für die Zukunft einvernehmlich zwischen Arbeitnehmer und Arbeitgeber festgelegt werden."

Die Abgeltung von Mehrarbeit und Überstunden durch das normale Entgelt ist grundsätzlich zulässig. Allerdings muss sich der Umfang der maximal ohne zusätzliche Vergütung zu leistenden Überstunden hinreichend deutlich aus dem Arbeitsvertrag selbst ergeben (BAG v. 1.9.2010, 5 AZR 517/09, DB 2011, 61).

Mit der Reform des öffentlichen Tarifrechts ist auch die Möglichkeit der leistungsorientierten Vergütung aufgenommen worden (vgl. § 18 TVöD (Bund)/(VKA)). Diese ist in den verschiedenen Tarifverträgen sehr unterschiedlich ausgestaltet worden, in der Tarifeinigung 2009 allerdings aus dem TV-L wieder gestrichen worden. Vgl. hierzu ausführlich unter → *Leistungsorientierte Bezahlung.*

## 3.8 Gratifikationen

Eine Gratifikation oder Sonderzuwendung (z. B. Urlaubs- und Weihnachtsgeld, Jubiläumszuwendung) wird vom Arbeitgeber aus bestimmten Anlässen gezahlt. Für die Mitarbeiter des öffentlichen Dienstes regelt § 20 TVöD (Bund)/(VKA)/TV-L den Anspruch der Beschäftigten auf eine Jahressonderzahlung, die nach Abs. 5 mit dem Novemberentgelt ausgezahlt wird, von der ein Teil aber auch zu einem früheren Zeitpunkt gezahlt werden kann. Voraussetzung dieses Anspruchs ist, dass der Beschäftigte am 1. Dezember in einem in den Geltungsbereich des Tarifvertrags fallenden Arbeitsverhältnis steht. Für entsprechende Stichtagsregelungen in formularmäßig verwendeten Arbeitsverträgen hat das Bundesarbeitsgericht zwischenzeitlich strenge Anforderungen formuliert (vgl. BAG v. 13.11.2013, 10 AZR 848/12, ZTR 2013, 662), aber auch klargestellt, dass diese Anforderungen für tarifvertragliche Stichtagsregelungen nicht gelten (BAG v. 27.6.2018, 10 AZR 290/17, ZTR 2018, 653).

Ob das Arbeitsverhältnis bereits gekündigt ist, der Arbeitnehmer freigestellt oder arbeitsunfähig erkrankt ist oder sich im Sonderurlaub befindet, spielt für den Anspruch auf die Sonderleistung nach § 20 TVöD (Bund)/(VKA)/TV-L keine Rolle. Die Höhe der Jahressonderzahlung variiert je nach Tarifvertrag, Entgeltgruppe und Tarifgebiet. Der Anspruch vermindert sich um $1/12$ für jeden Monat, in dem der Beschäftigte keinen Entgeltanspruch hat. Allerdings sind hierbei alle Arbeitsverhältnisse zu berücksichti-

gen, die in dem Kalenderjahr mit demselben Arbeitgeber bestanden haben (BAG v. 12.12.2012, 10 AZR 922/11, ZTR 2013, 192). Andererseits sind Zeiten bei einem anderen Arbeitgeber, selbst wenn dieser ebenfalls unter den gleichen Tarifvertrag des öffentlichen Dienstes fällt, nicht zu berücksichtigen (BAG v. 11.7.2012, 10 AZR 488/11, ZTR 2012, 582).

### 3.8.1 Klauselinhalt

Außerhalb des tarifvertraglichen Anwendungsbereichs können Sonderzahlungen und Gratifikationen arbeitsvertraglich vereinbart werden. Bei einer entsprechenden Vereinbarung sollten folgende Punkte berücksichtigt werden:

▶ Soll der Arbeitnehmer einen fortwährenden Rechtsanspruch auf die Gratifikation haben oder zahlt der Arbeitgeber aus Freiwilligkeit? Im letzteren Fall muss der Arbeitgeber ausdrücklich erklären, dass die Leistung freiwillig erfolgt und keinen Rechtsanspruch für die Zukunft begründet (s. u.).

▶ Höhe, Fälligkeit und Zahlungsmodus sollten exakt bestimmt werden.

▶ Soll die Gratifikation den Bestand des Arbeitsverhältnisses am Stichtag und-/oder eine bestimmte Dauer der Betriebszugehörigkeit am Stichtag voraussetzen? Dies ist jedenfalls dann nicht mehr möglich, wenn die Sonderzahlung zumindest auch eine Gegenleistung für im gesamten Kalenderjahr laufend erbrachte Arbeit darstellt (vgl. BAG v. 13.11.2013, 10 AZR 848/12, ZTR 2013, 662).

▶ Die Folgen des vorzeitigen Ausscheidens des Arbeitnehmers oder des Ruhens des Arbeitsverhältnisses (z. B. bei langfristiger Erkrankung) sollten festgelegt werden.

▶ Die Folgen von Kurzarbeit sollten festgelegt werden.

▶ Rückzahlungsverpflichtung: Rückzahlungsklauseln sind nur unter begrenzten Voraussetzungen zulässig. Für die Wirksamkeit von Rückzahlungsklauseln hat die Rechtsprechung Grenzwerte entwickelt, bei deren Überschreitung anzunehmen ist, dass der Arbeitnehmer durch die vereinbarte Rückzahlung in unzulässiger Weise in seiner durch Art. 12 Abs. 1 GG garantierten Berufsausübung behindert wird (st. Rechtsprechung vgl. BAG 9.6.1993, 10 AZR 529/92, ZTR 1993, 517). Beträgt eine am 30.11. gewährte Leistung beispielsweise weniger als ein Monatsgehalt, so kann der Arbeitnehmer nicht über den 31.3. des Folgejahres hinaus gebunden werden (BAG v. 21.5.2003, 10 AZR 390/02, NZA 2003, 1032; vgl. auch LAG München v. 26.5.2009, 6 Sa 1135/08; LAG Rheinland-Pfalz v. 10.2.2009, 3 Sa 537/08). Auch diese Rechtsprechung wird aber voraussichtlich vor dem Hintergrund der jüngeren Entscheidung zu Stichtagsklauseln (vgl. BAG v. 13.11.2013, 10 AZR 848/12, ZTR 2013, 662) einer Weiterentwicklung unterworfen sein.

### 3.8.2 Widerrufsvorbehalt

Der Arbeitgeber kann sich grundsätzlich vorbehalten, eine zugesagte Gratifikation für die Zukunft zu widerrufen. Eine solche Klausel unterliegt aber ebenfalls der Inhaltskontrolle. Nach § 308 Nr. 4 BGB ist eine Klausel, die dem Verwender das Recht einräumt, die versprochene Leistung zu ändern oder von ihr abzuweichen, nur wirksam, wenn sie unter Berücksichtigung der Interessen des Verwenders für den anderen Vertragsteil zumutbar ist.

So ist eine formularmäßig im Arbeitsvertrag verwendete Klausel, mit der sich der Arbeitgeber den jederzeitigen unbeschränkten Widerruf jeglicher übertariflicher Lohnbestandteile vorbehält, nach § 308 Nr. 4 BGB unwirksam (BAG v. 12.1.2005, 5 AZR 364/04, NZA 2005, 465). Das BAG akzeptiert zwar grundsätzlich eine Vereinbarung, nach der Bestandteile der Vergütung einseitig widerrufen werden können. Es verlangt aber, dass eine solche Vereinbarung nicht nur angemessen und zumutbar sein muss, sondern dass sich die Angemessenheit und Zumutbarkeit auch aus der Bestimmung erkennen lassen. Voraussetzung und Umfang der vorbehaltenen Änderung müssen daher konkretisiert werden. Die widerrufliche Leistung muss nach Art und Höhe eindeutig sein, damit der Arbeitnehmer erkennen kann, was auf ihn zukommt. Auch die Voraussetzungen eines Widerrufs, also die Widerrufsgründe, müssen zumindest ihrer Richtung nach angegeben werden. Das BAG nennt hier als Beispiele „wirtschaftliche Gründe, Leistung oder Verhalten des Arbeitnehmers". Zusammenfassend verlangt das BAG, dass für den Widerruf oder die vorbehaltene Änderung ein „triftiger Grund vorliegt und dieser bereits in der Änderungsklausel beschrieben ist" (BAG v. 11.2.2009, 10 AZR 222/08, NZA 2009, 428). Die möglichen Widerrufsgründe müssen daher so präzise und ausführlich wie möglich benannt werden, nach Möglichkeit sollten auch Beispiele genannt werden. Denn neuere Tendenzen in der Rechtsprechung des BAG begründen Zweifel daran, dass die Bezugnahme schlicht auf „wirtschaftliche Gründe" hinreichend präzise und damit transparent ist (vgl. BAG v. 13.4.2010, 9 AZR 113/09, NZA-RR 2010, 457).

Darüber hinaus muss sich eine Klausel, mit welcher der Arbeitgeber einseitig Einfluss auf die Vergütung des Arbeitnehmers nehmen kann, auch an § 307 BGB messen lassen, also insgesamt angemessen sein. Dies betrifft insbesondere das Verhältnis des vom Widerrufsvorbehalt erfassten Vergütungsteils zur Gesamtvergütung. Zur Beurteilung der Angemessenheit greift das BAG hier auf seine frühere Rechtsprechung zur Umgehung des Schutzes vor Änderungskündigungen zurück und bestimmt, dass der widerrufbare Vergütungsbestandteil nicht mehr als 20 % bzw. 25–30 % des Gesamtverdienstes betragen darf. Aus der nicht ganz deckungsgleichen Rechtsprechung lässt sich eine Grenze von 20–25 % ableiten, die der Anteil der widerruflichen Leistung an der Gesamtvergütung nicht überschreiten darf. Nicht eindeutig beantwortet ist bisher die Frage, welche Vergütungsbestandteile unter die Gesamtvergütung fallen (z. B. Dienstwagennutzung, Jahresleistungen, Urlaubsgeld, Tantiemen, Gratifikationen und der Geldwert der betrieblichen Altersversorgung). Im Zweifel wird aber eine Orientierung an der Summe aller geldwerten Vergütungsbestandteile vorzunehmen sein.

### 3.8.3 Freiwilligkeitsvorbehalt

Der Arbeitgeber kann eine Gratifikation im Arbeitsvertrag auch ausdrücklich mit einem sog. Freiwilligkeitsvorbehalt verbinden. Nur dann ist es ihm möglich, jedes Jahr neu frei über die Zahlung zu entscheiden und eine früher gewährte Zahlung nicht zu wiederholen, ohne dass er eine Änderungskündigung aussprechen oder mit jedem einzelnen Arbeitnehmer eine Änderungsvereinbarung abschließen müsste.

Der Freiwilligkeitsvorbehalt muss dem Transparenzgebot des § 307 Abs. 1 S. 2 BGB genügen und daher eindeutig gefasst sein. Die Formulierung „Außerdem erhält der Arbeitnehmer folgende freiwillige Leistungen" genügt nicht. Es bedarf allerdings auch nicht – wie bei einem Widerrufsvorbehalt – der Präzisierung in der Klausel selbst, aus welchen Gründen der Freiwilligkeitsvorbehalt eingeräumt wird (BAG v. 18.3.2009, 10 AZR 289/08, NZA 2009, 535; BAG v. 30.7.2008, 10 AZR 606/07, ZTR 2009, 33).

Allerdings hat das BAG inzwischen Zweifel angezeigt, ob ein im Arbeitsvertrag enthaltener Freiwilligkeitsvorbehalt dauerhaft den Erklärungswert erschüttern kann, der einer ohne jeden Vorbehalt und ohne Hinweis auf die vertragliche Regelung, möglicherweise über Jahre wiederholt erfolgenden Zahlung zukommt (BAG v. 14.9.2011, 10 AZR 526/10, ZTR 2012, 103).

 **WICHTIG!**

Es ist daher dringend empfehlenswert, neben einem arbeitsvertraglichen Freiwilligkeitsvorbehalt auch sicherzustellen, dass bei jeder freiwillig erfolgenden Zahlung noch einmal ausdrücklich auf deren Freiwilligkeit hingewiesen und klargestellt wird, dass mit dieser einmaligen Zahlung keine Rechtsansprüche für die Zukunft begründet werden sollen. Der arbeitsvertragliche Freiwilligkeitsvorbehalt muss darüber hinaus auf bestimmte Leistungen oder zumindest eine bestimmte Art der Leistung konkretisiert sein und berücksichtigen, dass individuelle Vereinbarungen im Sinne des § 305b BGB stets vorgehen und im Formularvertrag nicht ausgeschlossen werden können. Entsprechend ist eine Klausel, wonach „sonstige, in diesem Vertrag nicht vereinbarte Leistungen des Arbeitgebers an den Arbeitnehmer freiwillig" sind, nach § 307 Abs. 1 S. 1 BGB unwirksam (BAG v. 14.9.2011, 10 AZR 526/10, ZTR 2012, 103).

Die Ausübung des Freiwilligkeitsvorbehalts unterliegt zusätzlich der Ausübungskontrolle, d. h. der Arbeitgeber darf nicht gegen den Gleichbehandlungsgrundsatz verstoßen oder willkürlich handeln.

Besteht kein sachlicher Grund für eine Ungleichbehandlung, muss der Arbeitgeber entweder allen Arbeitnehmern die Gratifikation gewähren oder sie im Hinblick auf den Freiwilligkeitsvorbehalt generell nicht zahlen.

 **Formulierungsbeispiel:**

„Neben der in § ........ festgelegten Vergütung können noch folgende Gratifikationen gezahlt werden: .............

Soweit dem Arbeitnehmer eine Gratifikation gezahlt wird, erfolgt dies freiwillig und ohne Anerkenntnis einer Rechtspflicht. Auch bei wiederholter Zahlung kann hieraus ein Rechtsanspruch des Arbeitnehmers auf die Gratifikation nicht hergeleitet werden. Der Vorrang individueller Abreden im Sinne des § 305b BGB bleibt unberührt."

### 3.9 Dienstwagen

Leitenden Angestellten, Führungskräften oder auch Außendienstmitarbeitern wird häufig ein Dienstwagen überlassen. Zu den besonderen steuerlichen Konsequenzen siehe das im selben Verlag erschienene Lexikon für das Lohnbüro, „Firmenwagen zur privaten Nutzung". Die Überlassung kann entweder im Arbeitsvertrag oder in einem separaten Dienstwagenüberlassungsvertrag geregelt werden.

 **ACHTUNG!**

Eine Dienstwagenvereinbarung kann vom Arbeitgeber nur widerrufen werden, wenn er sich dies ausdrücklich und unter Benennung der möglichen Widerrufsgründe vorbehalten hat und der Widerruf im konkreten Einzelfall billigem Ermessen (§ 315 Abs. 3 BGB) entspricht. Der Widerruf entspricht nicht billigem Ermessen, wenn der widerrufene geldwerte Vorteil unter 25–30 % des Gesamtverdienstes liegt (BAG v. 12.1.2005, 5 AZR 364/04).

Besonders in dem Fall einer Freistellung des Arbeitnehmers während der Kündigungsfrist und bei einer Reduzierung der Arbeitszeit wird das Verhältnis zwischen dienstlicher und privater Nutzung zugunsten des Arbeitnehmers verschoben. Gerade für diese Fälle ist der Vorbehalt des einseitigen Widerrufsrechts durch den Arbeitgeber dringend zu empfehlen.

Zusammenfassend sollten zumindest folgende Punkte geregelt werden:

▶ Bezeichnung der Art bzw. Klasse des Dienstwagens;

▶ zeitlicher Rahmen der Überlassung;

▶ Erlaubnis zur privaten Nutzung und deren Grenzen (Nutzung durch weitere Personen, Fahrten ins Ausland etc.);

▶ Zeitpunkt der Herausgabe des Dienstwagens im Falle der Kündigung, Suspendierung oder bei Ruhen des Arbeitsverhältnisses;

▶ Wartungsverpflichtungen des Arbeitnehmers;

▶ sonstige Verpflichtungen des Arbeitnehmers zur Pflege, Einhaltung der Versicherungsbedingungen usw.;

▶ Voraussetzungen und Folgen eines Widerrufs der Dienstwagenüberlassung durch den Arbeitgeber (vgl. dazu BAG v. 21.3.2012, 5 AZR 651/10, ZTR 2012, 659; BAG v. 13.4.2010, 9 AZR 113/09, DB 2010, 1943).

### 3.10 Gehaltspfändung und -abtretung

Jeder Arbeitnehmer hat das Recht, seine Vergütungsansprüche zu verpfänden oder abzutreten. Da dies beim Arbeitgeber zu erhöhtem Verwaltungsaufwand führen kann, ist es sinnvoll, Verpfändung und Abtretung im Arbeitsvertrag auszuschließen. Die Tarifverträge im öffentlichen Dienst stehen einer entsprechenden Vereinbarung nicht entgegen. Gleichwohl sehen die überwiegend verwendeten Musterverträge eine solche Klausel nicht vor. Ein Ausschluss gilt zwar nicht für Pfändungen durch Dritte, z. B. bei Zwangsvollstreckung gegenüber dem Arbeitnehmer (Lohnpfändung). Für solche Fälle kann sich aber der Arbeitgeber das Recht vorbehalten, die bei ihm anfallenden Mehrkosten vom Arbeitnehmer ersetzt zu verlangen. Eine Pauschalierung dieser Kosten ist gem. § 309 Nr. 5b BGB nicht mehr zulässig, wenn dem Arbeitnehmer hierdurch der Nachweis eines geringeren Aufwandes verwehrt wird.

 **Formulierungsbeispiel:**

„Die Abtretung sowie die Verpfändung von Vergütungsansprüchen durch den Arbeitnehmer ist ausgeschlossen.

Bei Pfändung oder vom Arbeitgeber erlaubter Abtretung oder Verpfändung der Vergütungsansprüche ist der Arbeitgeber berechtigt, für jede zu berechnende Pfändung, Abtretung oder Verpfändung € [z. B.: 10] pauschal als Ersatz der entstandenen Kosten einzubehalten bzw. geltend zu machen. Der Arbeitgeber ist berechtigt, gegen Nachweis die höheren tatsächlichen Kosten vom Arbeitnehmer zu verlangen. Der Arbeitnehmer ist berechtigt, den Nachweis zu erbringen, dass dem Arbeitgeber keine Kosten entstanden sind oder dass diese Kosten unter der Kostenpauschale liegen."

### 3.11 Arbeitsfähigkeit

Ist diese Frage nicht schon durch den Personalfragebogen geklärt und wurde der Arbeitnehmer vor Abschluss des Arbeitsvertrags auch nicht ärztlich untersucht, kann der Arbeitsvertrag eine Bestätigung der Arbeitsfähigkeit enthalten. Darüber hinaus räumen im öffentlichen Dienst § 3 Abs. 4 TVöD und § 3 Abs. 5 TV-L dem Arbeitgeber das Recht ein, bei begründeter Veranlassung den Arbeitnehmer zu verpflichten, seine Arbeitsfähigkeit durch ärztliche Bescheinigung nachzuweisen.

 **Formulierungsbeispiel:**

„Der Arbeitnehmer erklärt, dass er an keiner ansteckenden Krankheit leidet und keine körperlichen oder gesundheitlichen

Mängel verschwiegen hat, die der Verrichtung der geschuldeten Arbeitsleistung entgegenstehen."

### 3.12 Arbeitsverhinderung und Entgeltfortzahlung bei Krankheit

Bei krankheitsbedingter Arbeitsunfähigkeit ist der Arbeitnehmer gesetzlich verpflichtet, die Arbeitsverhinderung und die voraussichtliche Dauer unverzüglich dem Arbeitgeber mitzuteilen und ihm eine ärztliche Bescheinigung nach spätestens drei Tagen vorzulegen (§ 5 Abs. 1 EFZG). Für den Arbeitgeber kann es von Interesse sein, diese Nachweisfrist einzelvertraglich zu verkürzen. TVöD und TV-L enthalten hierzu keine Sonderregeln. Die Vereinbarung im Arbeitsvertrag, dass eine AU-Bescheinigung bereits für den ersten Tag der krankheitsbedingten Arbeitsunfähigkeit vorgelegt werden muss, ist zulässig (BAG v. 1.10.1997, 5 AZR 726/96, ZTR 1998, 227).

Zum 1.1.2023 wurde die elektronische Arbeitsunfähigkeitsbescheinigung (eAU) eingeführt. Dabei handelt es sich um eine digitalisierte Form des bisherigen Nachweises zur krankheitsbedingten Arbeitsunfähigkeit. Für gesetzlich versicherte Arbeitnehmer ändert sich dadurch das Mitteilungsvorgehen gegenüber dem Arbeitgeber. Dem Arbeitgeber muss der Beginn und die Dauer der Erkrankung nicht mehr auf Verlangen des Arbeitgebers vorgelegt werden. Die eAU wird stattdessen nach der Erstellung durch die ärztliche Praxis automatisch an die Krankenkasse weitergeleitet. Die Betriebe können die eAU sodann eigenständig abrufen.

 **Formulierungsbeispiel:**

„Dauert eine krankheitsbedingte Arbeitsverhinderung länger als drei Kalendertage, hat sich der Arbeitnehmer spätestens am darauffolgenden Arbeitstag einem Arzt vorzustellen, das Bestehen einer Arbeitsunfähigkeit und deren voraussichtliche Dauer feststellen und sich eine Arbeitsunfähigkeitsbescheinigung aushändigen zu lassen. Dauert die Arbeitsunfähigkeit länger als zunächst festgestellt wurde, ist der Arbeitnehmer verpflichtet, sich innerhalb weiterer drei Tage seit Ablauf der zuvor festgestellten Dauer der Arbeitsunfähigkeit erneut bei einem Arzt vorzustellen, das Bestehen einer Arbeitsunfähigkeit und deren voraussichtliche Dauer feststellen und sich eine Arbeitsunfähigkeitsbescheinigung aushändigen zu lassen.

In einer privaten Versicherung krankenversicherte Arbeitnehmer sowie Arbeitnehmer, deren Ärzte nicht an der vertragsärztlichen Versorgung teilnehmen, sind abweichend von Absatz 2 bei einer länger als drei Kalendertage andauernden Arbeitsunfähigkeit verpflichtet, spätestens am darauffolgenden Arbeitstag eine ärztliche Bescheinigung über die Arbeitsunfähigkeit sowie deren voraussichtliche Dauer vorzulegen bzw. zu übersenden. Dauert die Arbeitsunfähigkeit länger als zunächst bescheinigt wurde, ist der Arbeitnehmer verpflichtet, innerhalb weiterer drei Tage seit Ablauf der vorherigen Bescheinigung eine neue Arbeitsunfähigkeitsbescheinigung vorzulegen bzw. zu übersenden. Dasselbe gilt im Falle von Erkrankungen im Ausland."

Die Pflicht des Arbeitgebers zur Entgeltfortzahlung ist grundsätzlich im Entgeltfortzahlungsgesetz geregelt. Für die Angestellten des öffentlichen Dienstes werden diese gesetzlichen Regelungen allerdings durch § 22 TVöD/TV-L ergänzt. Es wird auf die Ausführungen unter → *Entgeltfortzahlung* verwiesen.

### 3.13 Urlaub

Der Urlaubsanspruch des Arbeitnehmers im öffentlichen Dienst ist in Ergänzung der Regelungen des Bundesurlaubsgesetzes (BUrlG) in §§ 26 ff. TVöD/TV-L geregelt. Nachdem die vormals bestehende Urlaubsstaffelung nach Lebensalter vom BAG für unzulässig, da altersdiskriminierend erklärt wurde (BAG v.

20.3.2012, 9 AZR 529/10, ZTR 2012, 446), haben die Tarifvertragsparteien Neuregelungen getroffen. Danach beträgt der tarifliche Urlaubsanspruch im Geltungsbereich des TVöD mittlerweile einheitlich 30 Tage (bei Verteilung der Arbeitszeit auf fünf Tage). Auch im Anwendungsbereich des TV-L hat man sich auf einen einheitlichen Urlaubsanspruch von 30 Tagen bei 5-Tage-Woche verständigt. Besondere Urlaubsregeln gelten teilweise in den Spartentarifverträgen (z. B. 33 Urlaubtage nach § 17 Abs. 1 S. 2 TV-Fleischuntersuchung).

Über den Grundurlaub hinaus besteht für Beschäftigte, die ständig Wechselschichtarbeit leisten, ein Anspruch auf Zusatzurlaub nach § 27 TVöD/TV-L, der in einigen Spartentarifverträgen noch erweitert wurde (vgl. etwa § 27 TVöD-K). Bei Vorliegen eines wichtigen Grundes können Arbeitnehmer außerdem unbezahlten Sonderurlaub nach § 28 TVöD/TV-L erhalten, dessen Dauer grundsätzlich frei verhandelbar ist. Vergleiche hierzu insgesamt die Kommentierung unter → *Urlaub*.

§ 29 TVöD/TV-L regelt unter der Überschrift „Arbeitsbefreiung" die Fälle der vorübergehenden Verhinderung im Sinne des § 616 BGB, also die Fälle, in denen der Arbeitnehmer sein Arbeitsentgelt erhält, obwohl er durch einen in seiner Person liegenden Grund an der Dienstleistung verhindert war. Siehe hierzu die Kommentierung unter → *Entgeltfortzahlung*.

Erhebliche Verunsicherung hat es hinsichtlich der Frage gegeben, inwieweit es sich auf den Verfall von Urlaubsansprüchen auswirkt, wenn der Arbeitnehmer aufgrund lang andauernder Krankheit nicht in der Lage war, den Urlaub zu nehmen. Das BAG v. 20.12.2022, 9 AZR 266/20 hat entschieden, dass der Urlaub grundsätzlich nicht verfällt, wenn der Arbeitgeber seine Mitwirkungsobliegenheit (Aufforderung und Hinweis zum bestehenden Urlaubsanspruch) verletzt. Er verfällt dennoch, wenn der Arbeitnehmer auch bei Erfüllung der Mitwirkungsobliegenheit nicht in der Lage gewesen wäre, seinen Urlaub zu beanspruchen. Damit verfällt der Urlaubsanspruch bei fortdauernder Arbeitsunfähigkeit 15 Monate nach dem Ende des Urlaubsjahres auch bei Verletzung der Mitwirkungsobliegenheit durch den Arbeitgeber. Ferner wird auf die Ausführung unter dem Stichwort → *Urlaub* verwiesen.

Eine vertragliche Klausel, welche den aktuellen Stand der Rechtsprechung berücksichtigt, könnte wie folgt aussehen:

**Formulierungsbeispiel:**
„(1) Der Anspruch des Arbeitnehmers auf Erholungsurlaub richtet sich nach den Regelungen des TVöD und den gesetzlichen Bestimmungen, soweit nachstehend nichts anderes vereinbart ist.

(2) Danach hat der Arbeitnehmer zunächst Anspruch auf den gesetzlichen Mindesturlaub von 20 Werktagen jährlich bei einer 5-Tage-Woche. Dieser richtet sich nach den gesetzlichen Bestimmungen des BUrlG. Kann der Urlaub aufgrund krankheitsbedingter Arbeitsunfähigkeit des Arbeitnehmers nicht im laufenden Kalenderjahr und bis zum Ablauf des Übertragungszeitraumes genommen werden, so erlischt der Urlaubsanspruch mit dem Ende des Folgejahres, sofern er wegen Wiedererlangung der Arbeitsfähigkeit bis dahin hätte genommen werden können, andernfalls spätestens 15 Monate nach dem Ende des jeweiligen Urlaubsjahres.

(3) Darüber hinaus gewährt der Arbeitgeber dem Arbeitnehmer entsprechend § 26 TVöD einen zusätzlichen vertraglichen Anspruch auf bezahlten Erholungsurlaub von weiteren zehn Tagen bei einer 5-Tage-Woche. Für diesen Mehrurlaub gelten die tariflichen Regelungen insbesondere hinsichtlich des Verfalls von Urlaubsansprüchen.

(4) Bei Urlaubserteilung wird zunächst der gesetzliche Mindesturlaubsanspruch nach Abs. 2 erfüllt, bis er vollständig verbraucht ist, erst anschließend der vertragliche Mehrurlaubsanspruch."

### 3.14 Nebenbeschäftigung

Grundsätzlich darf jeder Arbeitnehmer einer Nebentätigkeit nachgehen, ohne dies dem Arbeitgeber mitteilen zu müssen. Eine solche Nebenbeschäftigung darf aber nicht gegen das vertragliche Wettbewerbsverbot aus dem Hauptarbeitsverhältnis verstoßen.

Im öffentlichen Dienst sind eine Anzeigepflicht und die Voraussetzungen, unter denen der Arbeitgeber die Nebentätigkeit untersagen kann, tarifvertraglich geregelt (§ 3 Abs. 3 TVöD/§ 3 Abs. 4 TV-L). Siehe hierzu die Kommentierung unter → *Nebentätigkeit*.

Eine schriftliche Bestätigung über Nebentätigkeitsbeschränkungen ist nach dem Nachweisgesetz erforderlich.

### 3.15 Verschwiegenheitspflicht

Während des Arbeitsverhältnisses darf der Arbeitnehmer aufgrund der Rücksichtnahmepflicht aus § 241 Abs. 2 BGB grundsätzlich keine Betriebs- und Geschäftsgeheimnisse des Arbeitgebers an Dritte weitergeben (BAG v. 8.5.2014, 2 AZR 249/13, ZTR 2015, 102). Diese Pflicht ist auch in § 3 Abs. 1 TVöD/§ 3 Abs. 2 TV-L aufgenommen und insoweit erweitert worden, als die Schweigepflicht über die Beendigung des Arbeitsverhältnisses hinaus erstreckt wird. Die tarifvertragliche Verschwiegenheitspflicht erstreckt sich auf alle Angelegenheiten, deren Geheimhaltung durch gesetzliche Vorschriften vorgesehen oder durch Weisungen des Arbeitgebers angeordnet ist. Gesetzliche Schweigepflichten sind beispielsweise in § 35 SGB I, §§ 206, 353b, 355 StGB, § 79 BetrVG oder § 10 BPersVG normiert.

Die Verschwiegenheitspflicht kann darüber hinaus aber auch arbeitsvertraglich erweitert werden. Dies bietet sich insbesondere für Mitarbeiter an, die regelmäßig mit vertraulichen Angelegenheiten zu tun haben.

**Formulierungsbeispiel:**
„Der Arbeitnehmer verpflichtet sich, über alle Angelegenheiten und Vorgänge, die ihm im Rahmen der Tätigkeit zur Kenntnis gelangen, Stillschweigen zu bewahren.

Für jeden Fall der Zuwiderhandlung verpflichtet sich der Arbeitnehmer zur Zahlung einer Vertragsstrafe in Höhe von € ..................... an den Arbeitgeber. Unberührt hiervon bleibt das Recht des Arbeitgebers, einen eventuellen weiter entstandenen Schaden geltend zu machen.

Diese Geheimhaltungsverpflichtung gilt auch über das Ende des Arbeitsvertrags hinaus, jedoch nur so weit, wie der Arbeitnehmer dadurch nicht in seinem weiteren beruflichen Fortkommen in unzulässiger Weise eingeschränkt wird."

### 3.16 Wettbewerbsverbot

Während der Dauer des Arbeitsverhältnisses hat der Arbeitnehmer den Wettbewerb gegen seinen Arbeitgeber zu unterlassen. Diese Pflicht kann vertraglich konkretisiert werden. Sie kann auch durch schriftliche Vereinbarung über das Ende des Arbeitsverhältnisses hinaus erstreckt werden, allerdings muss der Arbeitgeber sich dann zur Zahlung einer Karenzentschädigung verpflichten. Wohl auch deshalb sind Wettbewerbsverbote im öffentlichen Dienst eher unüblich und eine Ausnahme. Darüber hinaus gilt:

**ACHTUNG!**

Die Vereinbarung eines nachvertraglichen Wettbewerbsverbots ist eine komplizierte Angelegenheit und kann erhebliche Kosten für den Arbeitgeber verursachen. Die Gestaltung eines nachvertraglichen Wettbewerbsverbots sollte in jedem Fall unter Berücksichtigung der konkreten Gegebenheiten des Einzelfalls erfolgen.

### 3.17 Beendigung des Arbeitsverhältnisses

Das Arbeitsverhältnis im öffentlichen Dienst endet nach § 33 Abs. 1 lit. a) TVöD/TV-L mit Ablauf des Monats, in dem der Beschäftigte das gesetzlich festgelegte Alter zum Erreichen einer abschlagsfreien Regelaltersrente vollendet hat. Die Beendigung durch Kündigung ist ebenfalls tarifvertraglich geregelt. Dies betrifft insbesondere die Vorschriften über Kündigungsfristen, § 34 Abs. 1 TVöD/TV-L. Hiervon abweichende Regelungen können im Arbeitsvertrag getroffen werden, aber nur zugunsten des Arbeitnehmers.

Der Arbeitgeber kann sich außerdem beispielsweise das Recht vorbehalten, den Arbeitnehmer bis zum Ablauf der Kündigungsfrist freizustellen. Dies ist aber nur zulässig, wenn hierfür ein wichtiger Grund vorliegt, der das Interesse des Arbeitnehmers an der Beschäftigung überwiegt. Dies ist insbesondere der Fall bei Verdacht strafbarer Handlungen, Wegfall der Vertrauensgrundlage, Gefahr des Geheimnisverrats, fehlenden Einsatzmöglichkeiten, bei einer ansteckenden Krankheit des Arbeitnehmers sowie in allen Fällen, die eine fristlose Kündigung rechtfertigen. Mit entsprechender Zusatzregelung können mit der Freistellung auch die noch offenen Urlaubsansprüche abgegolten werden.

Außerdem sollte der Arbeitnehmer verpflichtet werden, sämtliche Geschäftsunterlagen unverzüglich herauszugeben. Der BAT enthielt eine entsprechende Vorschrift in § 9 Abs. 3, durch die der Angestellte zur Herausgabe dienstlicher Unterlagen verpflichtet wurde. Eine entsprechende Vorschrift fehlt im TVöD/TV-L. Sie kann aber problemlos in den Arbeitsvertrag aufgenommen werden.

 **Formulierungsbeispiel:**

„Das Arbeitsverhältnis kann [*ggf.:* nach Ablauf der Probezeit] unter Einhaltung der tarifvertraglichen Frist gekündigt werden. Die Kündigung bedarf auf beiden Seiten der Schriftform.

Die Kündigung aus wichtigem Grunde gemäß § 626 BGB bleibt unberührt. Ein wichtiger Grund liegt insbesondere vor, wenn der Arbeitnehmer in grober Weise gegen die Bestimmungen dieses Vertrags verstößt.

Im Falle der Kündigung behält sich der Arbeitgeber das Recht vor, den Arbeitnehmer bis zum Ablauf der Kündigungsfrist von den Verpflichtungen zur Dienstleistung unwiderruflich freizustellen, sofern hierfür ein wichtiger Grund vorliegt, der das Interesse des Arbeitnehmers an der Beschäftigung überwiegt. Dies ist insbesondere der Fall bei Verdacht strafbarer Handlungen, Wegfall der Vertrauensgrundlage, Gefahr des Geheimnisverrats, fehlenden Einsatzmöglichkeiten oder bei einer ansteckenden Krankheit des Arbeitnehmers.

Bei Beendigung des Arbeitsverhältnisses hat der Arbeitnehmer unverzüglich alle in seinem Besitz befindlichen Geschäftspapiere und -unterlagen und sonstiges Eigentum des Arbeitgebers herauszugeben; es ist dem Arbeitnehmer untersagt, Kopien anzufertigen. Arbeitnehmer, die geltend machen wollen, dass eine Kündigung sozial ungerechtfertigt oder aus anderen Gründen rechtsunwirksam ist, müssen innerhalb von drei Wochen nach Zugang der schriftlichen Kündigung Klage beim Arbeitsgericht

auf Feststellung erheben, dass das Arbeitsverhältnis durch die Kündigung nicht aufgelöst ist (§ 4 KSchG)."

### 3.18 Vertragsstrafe

Durch die Vereinbarung einer Vertragsstrafe kann der Arbeitgeber die Einhaltung der arbeitsvertraglichen Pflichten (z. B. des Wettbewerbsverbots oder der Verschwiegenheitspflichten) des Arbeitnehmers weiter sichern oder sich für den Fall des vertragswidrigen Nichtantritts der Arbeit oder des vertragswidrigen Lösens vom Vertrag absichern. Eine tarifvertragliche Regelung über Vertragsstrafen besteht lediglich in § 45 Nr. 12 Abs. 1 TVöD-BT-V (Bund), also den Sonderregeln des TVöD für Beschäftigte, die zu Auslandsdienststellen des Bundes entsandt sind. Dort ist als Sonderregelung zu § 33 TVöD bestimmt, dass im Wirtschaftsdienst Beschäftigte der Entgeltgruppen 9 bis 15 in den ersten zwei Jahren nach Beendigung des Arbeitsverhältnisses zur Aufnahme einer entgeltlichen Beschäftigung in einem der ausländischen Staaten, in dem sie während ihres Arbeitsverhältnisses tätig waren, der Genehmigung des Arbeitgebers bedürfen. Weitere Vorschriften über Vertragsstrafen enthalten die Tarifverträge im öffentlichen Dienst nicht.

Vertragsstrafenvereinbarungen erfüllen den Tatbestand des § 309 Nr. 6 BGB. Vereinbarungen über Vertragsstrafen sind im Arbeitsleben so weit verbreitet, dass unter angemessener Berücksichtigung der Besonderheiten des Arbeitsrechts gemäß § 310 Abs. 4 S. 2 BGB führt aber dazu, dass § 309 Nr. 6 BGB der Wirksamkeit formularmäßiger Vertragsstrafen in Arbeitsverträgen nicht entgegensteht. Als Besonderheit des Arbeitsrechts im Sinne des § 310 Abs. 4 S. 2 BGB ist der Umstand anzusehen, dass ein Arbeitnehmer zur Erbringung der Arbeitsleistung gemäß § 888 Abs. 3 ZPO nicht durch Zwangsgeld oder Zwangshaft gezwungen werden kann. Hierdurch fehlt dem Arbeitgeber im Gegensatz zu anderen Gläubigern die Möglichkeit, den vertraglichen Primäranspruch durchzusetzen.

Die Vertragsstrafe muss sich aber an § 307 BGB messen lassen. Das bedeutet, dass sie der Höhe nach angemessen sein muss. Eine Unangemessenheit kann nach Auffassung des BAG insbesondere in einem Missverhältnis zwischen der Pflichtverletzung und der Höhe der Vertragsstrafe begründet sein. Eine Vertragsstrafe für die vertragswidrige Lösung des Arbeitsverhältnisses beispielsweise ist regelmäßig ins Verhältnis zur Kündigungsfrist zu setzen (vgl. BAG v. 24.8.2017, 8 AZR 378/16). Dabei kommt es allerdings auch immer auf die Besonderheiten des konkreten Einzelfalls an. So kann bei einer Lehrerin, deren Arbeitsverhältnis nur mit einer dreimonatigen Frist zum 31.1. oder 31.7. gekündigt werden kann, eine Vertragsstrafe in Höhe von sechs Monatsgehältern angemessen sein (LAG Berlin-Brandenburg v. 19.12.2019, 10 Sa 1319/19).

Bei der Vereinbarung von Vertragsstrafen ist außerdem darauf zu achten, dass das Transparenzgebot beachtet wird. Vertragsstrafenabreden sind daher möglichst auf den Einzelfall zu konkretisieren, um Unklarheiten zu vermeiden. Das BAG hat in diesem Zusammenhang eine Vertragsstrafenabrede bei „schuldhaft vertragswidrigem Verhalten" ohne nähere Konkretisierung der Vertragswidrigkeit für unwirksam gehalten (vgl. BAG v. 21.4.2005, 8 AZR 425/04, NZA 2005, 1053). Ausreichend dürfte aber sein, dass das strafbewehrte Verhalten durch eine beispielhafte Aufzählung konkretisiert wird (vgl. BAG v. 18.8.2005, 8 AZR 65/05, NZA 2006, 34).

In jedem Fall muss die Vertragsstrafenabrede die Höhe der für einen Verstoß geschuldeten Strafe genau benennen. Klauseln, die eine Strafe von „ein bis drei Monatsgehältern", abhängig von der Schwere des jeweiligen Verstoßes vorsehen, sind intransparent und damit unzulässig (BAG v. 18.8.2005, 8 AZR 65/05, NZA 2006, 34). Auch kann in der Höhe der Vertragsstrafe eine unangemessene Benachteiligung liegen. Das BAG v. 20.10.2022, 8 AZR 332/21 urteilte, dass es zwar keinen Rechtssatz gebe, dass die Vertragsstrafe einen Bruttomonatslohn nicht übersteigen dürfe, eine Vertragsstrafe in Höhe von drei Bruttomonatsgehältern könne allerdings unangemessen hoch sein. Dies gelte jedenfalls für die Fälle, in denen das Bruttomonatsgehalt nicht dazu geeignet ist „Ersparnisse aufzubauen, die die Höhe der Vertragsstrafe [...] auch nur ansatzweise erreichen".

Bei der Vereinbarung einer Vertragsstrafe ist zusammenfassend Folgendes zu beachten:

▶ Eine klare und eindeutige Vereinbarung muss getroffen werden.

▶ Es muss ersichtlich sein, welche Pflichtverletzungen des Arbeitnehmers von der Vertragsstrafe betroffen sind.

▶ Die Vertragsstrafe kann nur in angemessener Höhe vereinbart werden.

▶ Der Arbeitgeber sollte sich das Recht vorbehalten, einen tatsächlichen höheren Schaden geltend zu machen.

 **Formulierungsbeispiel:**

„Für jeden Fall der Zuwiderhandlung gegen die Verschwiegenheitspflicht verpflichtet sich der Arbeitnehmer zur Zahlung einer Vertragsstrafe in Höhe von € ............................... an den Arbeitgeber. Unberührt hiervon bleibt das Recht des Arbeitgebers, einen eventuellen weiter entstandenen Schaden geltend zu machen."

 **ACHTUNG!**

Die in Formulararbeitsverträgen übliche Vereinbarung einer Vertragsstrafe für den Fall des vertragswidrigen Nichtantritts der Arbeit oder Lösen des Vertrages verstößt nach Auffassung des Bundesarbeitsgerichts (BAG v. 4.3.2004, 8 AZR 196/03, ZTR 2004, 479) nicht gegen das Klauselverbot gem. § 309 Nr. 6 BGB (s. o. 2.3) und ist somit auch nach der Schuldrechtsreform weiter zulässig. Eine entsprechende Klausel kann aber wegen einer unangemessenen Benachteiligung des Arbeitnehmers (gem. § 307 BGB; s. o. 2.3) unwirksam sein, wenn ein Missverhältnis zwischen Pflichtverletzung und Höhe der Vertragsstrafe besteht. Hiervon ist immer dann auszugehen, wenn die Vertragsstrafe über die Vergütung während der Kündigungsfrist hinausgeht. Dies gilt auch und insbesondere mit Blick auf die verkürzte Kündigungsfrist während der Probezeit. Ein Klausel, die bei vertragswidriger Lösung vom Vertrag auch während der Probezeit eine Vertragsstrafe von einem Bruttomonatsgehalt vorsieht, ist daher unwirksam (BAG v. 23.9.2010, 8 AZR 897/08, ZTR 2011, 118). Eine geltungserhaltende Reduktion findet nicht statt.

### 3.19 Personalfragebogen

Der Personalfragebogen ist ein Erhebungsbogen der Dienststelle, der Fragen nach der Person, den persönlichen Verhältnissen (Familienverhältnissen), der Ausbildung, dem beruflichen Werdegang, den fachlichen Kenntnissen und sonstigen Fähigkeiten eines Bewerbers enthält. Es empfiehlt sich, diesen Personalfragebogen als Vertragsbestandteil in den Arbeitsvertrag einzubeziehen und auf die Rechtsfolgen unwahrer Angaben hinzuweisen.

 **Formulierungsbeispiel:**

„Die Angaben im Personalfragebogen/Einstellungsfragebogen sind wesentlicher Bestandteil des Arbeitsvertrags. Die unwahre

Beantwortung der Fragen durch den Arbeitnehmer kann den Arbeitgeber zur Anfechtung oder außerordentlichen Kündigung des Arbeitsvertrags berechtigen."

 **ACHTUNG!**

Es ist sorgfältig zu prüfen, ob die Angaben im Personalfragebogen nicht den Bedingungen im Arbeitsvertrag widersprechen. Gibt der Arbeitnehmer z. B. auf die Frage im Einstellungsbogen „Wann können Sie arbeiten?" bestimmte Uhrzeiten und/oder Tage an, und wird dieser Bogen Bestandteil des Arbeitsvertrags, der eine hiervon abweichende Regelung zur Lage der täglichen Arbeitszeit enthält, so gilt der Arbeitszeitwunsch im Einstellungsbogen als vereinbart (LAG Köln v. 21.10.2003, 13 Sa 514/03, NZA-RR 2004, 523). Sollten sich also Widersprüche zwischen Personalfragebogen und Arbeitsvertrag ergeben, so sollte im Vertrag deutlich darauf hingewiesen werden, welcher Inhalt vorrangig zur Anwendung kommt

Der Personalfragebogen unterliegt der Mitbestimmung des Betriebsrats bzw. des Personalrats nach § 94 Abs. 1 S. 1 BetrVG bzw. § 75 Abs. 3 Nr. 8 BPersVG bzw. den entsprechenden landesrechtlichen Regelungen.

### 3.20 Ausschlussfristen

Ausschlussfristen (auch Verfalls-, Verwirkungs- oder Präklusionsfristen genannt) sind vereinbarte Fristen für die Geltendmachung bestimmter Rechte des Arbeitgebers oder des Arbeitnehmers. Wird die festgelegte Frist nicht eingehalten, erlöschen die entsprechenden Rechte ohne Rücksicht auf die Kenntnis der Parteien.

Die Tarifverträge im öffentlichen Dienst enthalten in § 37 TVöD/TV-L solche Ausschlussfristen. Vergleiche hierzu im Einzelnen die Kommentierung unter → *Ausschlussfristen*.

### 3.21 Schriftform bei Vertragsänderungen

§ 2 TVöD/TV-L enthält in Abs. 1 ein lediglich deklaratorisches Formerfordernis. Das heißt, dass auch mündlich abgeschlossene Arbeitsverträge voll wirksam sind. Abs. 3 enthält ein (konstitutives) Schriftformerfordernis für Nebenabreden zum Arbeitsvertrag. Darüber hinaus will der Arbeitgeber im eigenen Interesse oftmals sicherstellen, dass jede Vertragsänderung nur schriftlich vorgenommen werden kann. Hiermit soll insbesondere das Entstehen einer betrieblichen Übung vermieden werden (s. u. → *Betriebliche Übung*). Hierzu wurde früher regelmäßig eine sogenannte doppelte Schriftformklausel in den Vertragstext aufgenommen, wonach Änderungen und Ergänzungen des Vertrages zu ihrer Wirksamkeit der Schriftform bedürfen, und dies auch für die Aufhebung des Schriftformerfordernisses selbst gelte. Diese schlichte doppelte Schriftformklausel hat das BAG inzwischen allerdings für unvereinbar mit dem Recht der Allgemeinen Geschäftsbedingungen gehalten (BAG v. 20.5.2008, 9 AZR 382/07, ZTR 2008, 683), da dem Arbeitnehmer damit der Eindruck vermittelt würde, jede spätere, mündliche Änderung des Arbeitsvertrages sei unwirksam. Dies ist allerdings auf Grund des Vorranges der Individualabrede nach § 305b BGB tatsächlich nicht der Fall. Eine doppelte Schriftformklausel, durch die nach wie vor das Entstehen einer betrieblichen Übung verhindert werden kann, muss diese Rechtsprechung daher berücksichtigen und dem Vorrang der Individualabrede Rechnung tragen.

 **Formulierungsbeispiel:**

„Änderungen oder Ergänzungen dieses Vertrages bedürfen unabdingbar der Schriftform, sofern sie nicht auf einer individuell ausgehandelten Abrede beruhen. Dies gilt auch für die Abänderung der Schriftformklausel."

## 3.22 Salvatorische Klausel

Obwohl die Unwirksamkeit einzelner Regelungen nicht unbedingt zur Nichtigkeit des gesamten Vertrags führt, empfiehlt sich die Aufnahme einer sog. „Salvatorischen Klausel", die diesen Grundsatz nochmals bestätigt. Darüber hinaus enthält sie eine Regelung dazu, was anstelle der nichtigen Vereinbarung gelten soll. Diese Klausel dürfte zwar unter dem Gesichtspunkt einer Inhaltskontrolle nach den §§ 307 ff. BGB als sogenannte Ersetzungsklausel voraussichtlich unwirksam sein. Gleichwohl kann die Aufnahme einer solchen Klausel befriedenden Charakter haben, wird darin doch der Wille der Parteien nach einer einvernehmlichen Regelung deutlich. Die Nichtigkeit der einzelnen Klausel hat auf den Bestand des restlichen Vertrages nach § 306 Abs. 1 BGB keinen Einfluss.

 **Formulierungsbeispiel:**

„Sind einzelne Bestimmungen dieses Vertrags unwirksam, berührt dieses nicht die Wirksamkeit der übrigen Regelungen. Anstelle der unwirksamen Bestimmung gilt eine wirksame Bestimmung als vereinbart, die dem von den Parteien Gewollten wirtschaftlich am nächsten kommt; das Gleiche gilt im Falle einer Regelungslücke."

## 3.23 Vertragsaushändigung

Die Wirksamkeit von Wettbewerbsverboten und die Erfüllung der Pflichten aus dem Nachweisgesetz hängen von der Aushändigung des Vertrages an den Arbeitnehmer ab. Daher empfiehlt es sich, die Aushändigung im Arbeitsvertrag schriftlich zu bestätigen.

 **Formulierungsbeispiel:**

„Beide Parteien bestätigen, eine Ausfertigung dieses Vertrages erhalten zu haben."

---

## VI. Checkliste Arbeitsvertrag

Beim Abschluss eines Arbeitsvertrages sollten folgende Punkte beachtet werden:

- ❏ Ein Arbeitsverhältnis und nicht freie Mitarbeit ist gewollt
- ❏ Der Arbeitsvertrag sollte schriftlich geschlossen werden
- ❏ Die Anforderungen des Nachweisgesetzes sind zu beachten
- ❏ Der Betriebsrat/Personalrat muss beteiligt werden
- ❏ Welcher Tarifvertrag findet Anwendung?
- ❏ Klare Regelungen sind zu treffen:
  - ▶ zur Frage, ob/welcher Tarifvertrag Anwendung findet
  - ▶ zur Frage, ob ein befristeter oder unbefristeter Vertrag gewünscht ist (ggf. zur Dauer der Befristung bzw. zu Kündigungsfristen)
  - ▶ zum Arbeitsbeginn
  - ▶ zu Tätigkeit, Arbeitsort, Arbeitszeit (mit entsprechenden Änderungsvorbehalten)
- ❏ Zum Schutz des Arbeitgebers können aufgenommen werden (soweit zulässig):
  - ▶ Nebentätigkeitsverbot
  - ▶ Verschwiegenheitsverpflichtung

- ▶ Freistellungsvorbehalt während der Kündigungsfrist
- ▶ Wettbewerbsverbot
- ▶ Vertragsstrafenvereinbarung
- ❏ Arbeitgeber und Arbeitnehmer unterschreiben beide und erhalten je eine Ausfertigung

---

## VII. Muster: Arbeitsvertrag

*Die Mehrheit der Arbeitgeber des öffentlichen Dienstes verwenden die einheitlichen, kurzen Musterarbeitsverträge, wie sie etwa bei Breier/Dassau, Kommentar zum TVöD, Teil E, aufgenommen sind. Diese beschränken sich im Wesentlichen darauf, die Art des Arbeitsverhältnisses (Teilzeit oder Vollzeit, befristete oder unbefristet), die Dauer der Probezeit und die Entgeltgruppe, in welche der Arbeitnehmer eingruppiert werden soll, festzulegen, und im Übrigen auf den jeweiligen Tarifvertrag zu verweisen. Seit der Gesetzesänderung im Nachweisgesetz vom 1.8.2022 bestehen gemäß § 2 Abs. 1 S. 2 Nr. 1 bis 15 umfangreichere Nachweispflichten. Es sollte daher geprüft werden, ob die derzeit bestehenden Arbeitsverträge und Muster-Arbeitsverträge die Anforderungen des NachwG erfüllen. Ferner wird auf die Ausführung unter dem Stichwort „Nachweisgesetz" verwiesen. Je nach Bedarf kann es zusätzlich empfehlenswert sein, weitergehende Regelungen aufzunehmen. Beispielhaft wird im Folgenden ein Vertrag im Geltungsbereich des TVöD Bund dargestellt.*

*Zwischen ....................*
*vertreten durch ....................*
*(nachstehend – Arbeitgeber – genannt)*

*und*

*Herrn/Frau ....................*
*(nachstehend – Arbeitnehmer – genannt)*

*wird nachfolgender Arbeitsvertrag geschlossen:*

*§ 1*

*(1) Frau/Herr ....................  wird ab ....................*

- ❏ *als Vollbeschäftigter eingestellt.*
- ❏ *als Teilzeitbeschäftigter mit ..................... v. H. der durchschnittlichen regelmäßigen wöchentlichen Arbeitszeit eines entsprechenden Vollbeschäftigten eingestellt. Der Teilzeitbeschäftigte ist im Rahmen begründeter dienstlicher Notwendigkeiten zur Leistung von Bereitschaftsdienst, Rufbereitschaft, Überstunden und Mehrarbeit verpflichtet.*
- ❏ *Das Arbeitsverhältnis ist befristet*
  - ❏ *bis zum....................*
  - ❏ *bis zum Erreichen folgenden Zweckes, ....................  längstens bis zum .....................*
  - ❏ *für die Dauer eines Beschäftigungsverbots nach dem Mutterschutzgesetz/der Elternzeit/der Arbeitsfreistellung zur Betreuung eines Kindes von Frau/ Herrn ...................., längstens bis zum .....................*

*Das Arbeitsverhältnis kann – auch während seiner zeitlich befristeten Dauer – von beiden Seiten unter Einhaltung der tarifvertraglichen Kündigungsfrist unter Beachtung* der unter § 3 Abs. 2 in Bezug genommenen Regelungen gekündigt werden. Das Arbeitsverhältnis endet mit dem vertraglich vorgesehenen Zeitpunkt, ohne dass es einer Kündigung bedarf.

Der Arbeitnehmer wird bereits jetzt darauf hingewiesen, dass er nach § 38 Abs. 1 SGB III verpflichtet ist, sich möglichst frühzeitig, spätestens jedoch drei Monate vor Beendigung des Arbeitsverhältnisses bei der Agentur für Arbeit persönlich arbeitsuchend zu melden.

(2) Das Arbeitsverhältnis endet, ohne dass es einer Kündigung bedarf, mit Ablauf des Monats,

a) in dem der Arbeitnehmer das gesetzlich festgelegte Alter zum Erreichen einer abschlagsfreien Regelaltersrente vollendet hat, oder

b) unter den Voraussetzungen des § 33 Abs. 2 und 3 TVöD mit dem Ablauf des Monats, in dem der Bescheid eines Rentenversicherungsträgers (Rentenbescheid) zugestellt wird. Beginnt die Rente erst nach der Zustellung des Bescheids, endet das Arbeitsverhältnis mit Ablauf des Rentenbeginn vorangehenden Tages. Liegt im Zeitpunkt der Beendigung des Arbeitsverhältnisses eine nach § 92 SGB IX erforderliche Zustimmung des Integrationsamtes noch nicht vor, endet das Arbeitsverhältnis mit Ablauf des Tages der Zustellung des Zustimmungsbescheids des Integrationsamtes.

(3) Der Arbeitnehmer nimmt am ..................... die Arbeit auf. Eine Kündigung vor Arbeitsantritt ist ausgeschlossen.

(4) Der Arbeitsort ist ..................... Der Arbeitgeber behält sich das Recht vor, den Arbeitnehmer an andere Dienstorte zu versetzen, sofern dies unter Berücksichtigung der Interessen des Arbeitgebers für den Arbeitnehmer zumutbar ist.

oder

Der Arbeitnehmer hat keinen festen Arbeitsort. Der Betriebsort des Arbeitgebers ist .....................

## § 2

(1) Das Arbeitsverhältnis bestimmt sich vorbehaltlich der Regelungen in Abs. 2 bis 5 nach dem Tarifvertrag des öffentlichen Dienstes (TVöD), den besonderen Regelungen für ....................., dem Tarifvertrag zur Überleitung der Beschäftigten des Bundes in den TVöD und zur Regelung des Übergangsrechts TVÜ-Bund und die diese ergänzenden, ändernden oder ersetzenden Tarifverträge in der im Bereich des Bundes jeweils geltenden Fassung.

Auf das Arbeitsverhältnis finden die Regelungen für das Tarifgebiet

❑ Ost

❑ West

Anwendung.

(2) Der Anspruch des Arbeitnehmers auf Erholungsurlaub richtet sich nach den Regelungen des TVöD und den gesetzlichen Bestimmungen, soweit nachstehend nichts anderes vereinbart ist.

(3) Danach hat der Arbeitnehmer zunächst Anspruch auf den gesetzlichen Mindesturlaub von 20 Werktagen jährlich bei einer 5-Tage-Woche. Dieser richtet sich nach den gesetzlichen Bestimmungen des BUrlG. Kann der Urlaub aufgrund krankheitsbedingter Arbeitsunfähigkeit des Arbeitnehmers nicht im laufenden Kalenderjahr und bis zum Ablauf des Übertragungszeitraumes genommen werden, so erlischt der Urlaubsanspruch mit dem Ende des Folgejahres, sofern er wegen Wiedererlangung der Arbeitsfähigkeit bis dahin hätte genommen werden können, andernfalls spätestens 15 Monate nach dem Ende des jeweiligen Urlaubsjahres.

(4) Darüber hinaus gewährt der Arbeitgeber dem Arbeitnehmer entsprechend § 26 TVöD einen zusätzlichen vertraglichen Anspruch auf bezahlten Erholungsurlaub von weiteren zehn

Tagen bei einer 5-Tage-Woche. Für diesen Mehrurlaub gelten die tariflichen Regelungen insbesondere hinsichtlich des Verfalls von Urlaubsansprüchen.

(5) Bei Urlaubserteilung wird zunächst der gesetzliche Mindesturlaubsanspruch nach Abs. 3 erfüllt, bis er vollständig verbraucht ist, erst anschließend der vertragliche Mehrurlaubsanspruch.

## § 3

(1)

❑ Die Probezeit nach § 2 Abs. 4 TVöD beträgt sechs Monate.

❑ Die Probezeit beträgt nach § 30 Abs. 4 S. 1, 1. HS TVöD sechs Wochen.

(2)

❑ Für die Kündigung des nach § 30 Abs. 1 S. 1 TVöD befristeten Arbeitsverhältnisses gilt § 34 Abs. 1 TVöD.

❑ Für die Kündigung des nach § 30 Abs. 1 S. 2 TVöD befristeten Arbeitsverhältnisses gilt § 30 Abs. 4 und 5 TVöD.

## § 4

Das Arbeitsverhältnis kann nach Ablauf der Probezeit unter Einhaltung der tarifvertraglichen Frist gekündigt werden. Die Kündigung bedarf auf beiden Seiten der Schriftform.

Die Kündigung aus wichtigem Grund gemäß § 626 BGB bleibt unberührt. Ein wichtiger Grund liegt insbesondere vor, wenn der Arbeitnehmer in grober Weise gegen die Bestimmungen dieses Vertrags verstößt.

Im Falle der Kündigung behält sich der Arbeitgeber das Recht vor, den Arbeitnehmer bis zum Ablauf der Kündigungsfrist von den Verpflichtungen zur Dienstleistung unwiderruflich freizustellen, sofern hierfür ein wichtiger Grund vorliegt, der das Interesse des Arbeitnehmers an der Beschäftigung überwiegt. Dies ist insbesondere der Fall bei Verdacht strafbarer Handlungen, Wegfall der Vertrauensgrundlage, Gefahr des Geheimnisverrats, fehlenden Einsatzmöglichkeiten oder bei einer ansteckenden Krankheit des Arbeitnehmers.

Bei Beendigung des Arbeitsverhältnisses hat der Arbeitnehmer unverzüglich alle in seinem Besitz befindlichen Geschäftspapiere und -unterlagen und sonstiges Eigentum des Arbeitgebers herauszugeben; es ist dem Arbeitnehmer untersagt, Kopien anzufertigen. Arbeitnehmer, die geltend machen wollen, dass eine Kündigung sozial ungerechtfertigt oder aus anderen Gründen rechtsunwirksam ist, müssen innerhalb von drei Wochen nach Zugang der schriftlichen Kündigung Klage beim Arbeitsgericht auf Feststellung erheben, dass das Arbeitsverhältnis durch die Kündigung nicht aufgelöst ist (§ 4 KSchG).

## § 5

(1) Der Arbeitnehmer ist in die Entgeltgruppe ............ Stufe ............ TVöD eingruppiert.

(2) Der Arbeitgeber ist berechtigt, dem Arbeitnehmer aus dienstlichen Gründen eine andere, zumutbare Tätigkeit im Rahmen der Entgeltgruppe zuweisen, die seinen Kenntnissen und Fähigkeiten entspricht.

(3) Die Abtretung sowie die Verpfändung von Vergütungsansprüchen durch den Arbeitnehmer ist ausgeschlossen. Bei Pfändung oder vom Arbeitgeber erlaubter Abtretung oder Verpfändung der Vergütungsansprüche ist der Arbeitgeber berechtigt, für jede zu berechnende Pfändung, Abtretung oder Verpfändung € 10,– pauschal als Ersatz der entstandenen Kosten einzubehalten bzw. geltend zu machen. Der Arbeitgeber ist berechtigt, gegen Nachweis die höheren tatsächlichen Kosten vom Arbeitnehmer zu verlangen. Der Arbeitnehmer ist berechtigt, den Nachweis zu erbringen, dass dem

*Arbeitgeber keine Kosten entstanden sind oder dass diese Kosten unter der Kostenpauschale liegen.*

*§ 6*

*(1) Es wird folgende Nebenabrede vereinbart:*

*.....................*

*(2) Diese Nebenabrede kann mit einer Frist von ..................... zum ..................... schriftlich gekündigt werden.*

*(3) Änderungen oder Ergänzungen dieses Vertrages bedürfen unabdingbar der Schriftform, sofern sie nicht auf einer individuell ausgehandelten Abrede beruhen. Dies gilt auch für die Abänderung der Schriftformklausel.*

*§ 7*

*Die Angaben im Personalfragebogen sind wesentlicher Bestandteil des Arbeitsvertrags. Die unwahre Beantwortung der Fragen durch den Arbeitnehmer kann den Arbeitgeber zur Anfechtung oder außerordentlichen Kündigung des Arbeitsvertrags berechtigen.*

*§ 8*

*(1) Der Arbeitnehmer ist verpflichtet, sämtliche Änderungen seiner Anschrift umgehend dem Arbeitgeber mitzuteilen.*

*(2) Beide Parteien bestätigen, eine Ausfertigung dieses Vertrages erhalten zu haben.*

*§ 9*

*Sind einzelne Bestimmungen dieses Vertrags unwirksam, berührt dieses nicht die Wirksamkeit der übrigen Regelungen. Anstelle der unwirksamen Bestimmung gilt eine wirksame Bestimmung als vereinbart, die dem von den Parteien Gewollten wirtschaftlich am nächsten kommt; das Gleiche gilt im Falle einer Regelungslücke.*

.....................    .....................

*für den Arbeitgeber    Arbeitnehmer/in*

# Arbeitszeit

**Wegweiser:**

Die Arbeitszeit im öffentlichen Dienst wird vorrangig durch Tarifverträge und erst an zweiter Stelle durch Arbeitsverträge bestimmt. § 6 des Allgemeinen Teils des Tarifvertrages für den öffentlichen Dienst (TVöD)/§ 6 des Tarifvertrages für den öffentlichen Dienst der Länder (TV-L) enthalten die Grundlagen des Arbeitszeitrechts für die nicht nach § 1 TVöD/TV-L ausgenommenen Beschäftigten, die in einem Arbeitsverhältnis zum Bund oder zu einem Arbeitgeber stehen, der Mitglied eines Mitgliedsverbandes der Vereinigung der kommunalen Arbeitgeberverbände (VKA) oder Mitglied der Tarifgemeinschaft deutscher Länder (TdL) oder eines Mitgliedsverbandes der TdL ist. Für alle Beschäftigten (außer für leitende Angestellte) ist daneben das Arbeitszeitgesetz (ArbZG) zu beachten, welches aus Schutzgesichtspunkten beschränkende Regelungen der Arbeitszeitgestaltung enthält und ergänzend zur Anwendung gelangt.

Ergänzende Hinweise zum Begriff der Arbeitszeit finden sich in Sponer/Steinherr TVöD Komm. § 6; Breier/Dassau TVöD Komm. § 6; Sponer/Steinherr TV-L Komm. § 6; Breier/Dassau TV-L Komm. § 6.

Der Koalitionsvertrag der neuen Ampelkoalition aus SPD, Grünen und FDP vom 24.11.2021 kündigt die Einführung einer Tariföffnungsklausel zur Arbeitszeitgestaltung an, um Experimen-

tierräume für tarifgebundene Unternehmen zu schaffen. So soll zwar grundsätzlich am 8-Stunden-Tag festgehalten werden, den Tarifparteien künftig jedoch unter bestimmten Voraussetzungen ermöglicht werden, die tägliche Höchstarbeitszeit – gem. § 3 ArbZG zehn Stunden täglich – flexibler auszugestalten und von den Regelungen des Arbeitszeitgesetzes durch Tarifvertrag abzuweichen. Zur Umsetzung der flexibleren Arbeitszeitgestaltung ist die probeweise Einführung einer befristeten Regelung im Laufe des Jahres 2022 vorgesehen Auf diese Weise soll auf die Veränderungen in der Arbeitswelt und die Wünsche nach einer flexibleren Arbeitszeitgestaltung reagiert werden. Auf Grundlage diese Regelung nutzender Tarifverträge sollen dann auch die Betriebsparteien in Betriebsvereinbarungen von derzeitigen Regelungen des Arbeitszeitgesetzes abweichen können. Inwieweit eine solche Regelung, so sie denn realisiert wird, von den Tarifvertragsparteien des TVöD/TV-L umgesetzt und ihr Anwendungsraum auch auf Dienststellen im Bereich der Personalvertretungsgesetze erstreckt wird, bleibt abzuwarten. Die Koalitionsparteien beabsichtigen zudem, flexible Arbeitszeitmodelle (z. B. Vertrauensarbeitszeit) unabhängig von einem Anpassungsbedarf an die Rechtsprechung des EuGH (vgl. EuGH v. 14.5.2019, Rs. C-55/18, ZTR 2019, 381) weiterhin zuzulassen.

**I.   Begriff**
1. Regelmäßige Arbeitszeit
2. Beginn und Ende
3. Wege- und Reisezeiten, Umkleiden, Waschen
4. Gesetzliche Arbeitsschutzvorschriften

**II.  Dauer, Ausgleichszeitraum und Pausen**
1. Dauer und Verteilung
2. Ausgleichszeitraum
3. Ruhepausen
4. Ruhetage

**III. Gesetzliche Ruhezeiten**
1. Sonderregelungen
2. Sonderregelungen für Jugendliche

**IV. Sonderformen der Arbeit**
1. Schichtarbeit
2. Wechselschichtarbeit
3. Bereitschaftsdienst
4. Rufbereitschaft
5. Nachtarbeit
6. Mehrarbeit
7. Überstunden

**V.  Arbeitszeitkonto**

**VI. Abweichungsmöglichkeiten von den arbeitszeitrechtlichen Vorgaben**

**VII. Lage der Arbeitszeit**

**VIII. Besondere Regelungen für einzelne Sparten**
1. Verwaltung
2. Krankenhäuser
3. Pkw-Fahrer

## I. Begriff

### 1. Regelmäßige Arbeitszeit

Der TVöD/TV-L bestimmt in § 6 den Begriff der „regelmäßigen Arbeitszeit". Hiernach handelt es sich um die Zeit, in der der Arbeitnehmer zur Arbeitsleistung verpflichtet ist und für die ihm das – volle – tarifvertraglich geregelte Tabellenentgelt nach § 15

Abs. 1 TVöD/TV-L zu zahlen ist (vgl. Breier/Dassau TVöD Komm. Erl. 1.2.1 zu § 6 TVöD Rn. 3; Breier/Dassau TV-L Komm. Erl. 3.2.1 zu § 6 TV-L Rn. 72). Dieser tarifrechtliche Arbeitszeitbegriff ist nicht identisch mit dem arbeitsschutzrechtlichen Arbeitszeitbegriff in § 2 Abs. 1 ArbZG (Breier/Dassau TVöD Komm. Erl. 1.2.1 zu § 6 TVöD Rn. 4; Breier/Dassau TV-L Komm. Erl. 3.2.1 zu § 6 TV-L Rn. 72). Hiernach ist Arbeitszeit die Zeit vom Beginn bis zum Ende der Arbeit ohne Ruhepausen.

Bei der Arbeitszeit im Sinne des § 6 Abs. 1 S. 1 TVöD/TV-L handelt es sich grundsätzlich um Vollarbeitszeit. Diese liegt vor, wenn der Arbeitnehmer eine volle, angespannte Tätigkeit erbringt (Breier/Dassau TVöD Komm. Erl. 1.2.1 zu § 6 TVöD Rn. 4; Breier/Dassau TV-L Komm. Erl. 3.2.1 zu § 6 TV-L Rn. 72).

 **ACHTUNG!**

Wird in einem Arbeitsvertrag keine Arbeitszeit vereinbart und auch kein Hinweis auf einen anwendbaren Tarifvertrag aufgenommen, richtet sich die geschuldete Arbeitszeit nach der betriebsüblichen Arbeitszeit. Die betriebsübliche Arbeitszeit kann sich aus einer beliebigen Rechtsquelle ergeben (BAG v. 15.5.2013, 10 AZR 325/12, ZTR 2013, 559). Ist nichts ausdrücklich geregelt, kann aus der gelebten Praxis auf den wirklichen Willen der Parteien geschlossen werden (BAG v. 2.11.2016, 10 AZR 419/15).

## 2. Beginn und Ende

Beginn und Ende der Arbeitszeit legte § 15 Abs. 7 des früheren Bundes-Angestelltentarifvertrages (BAT) an der Arbeitsstelle fest. Die Arbeitsstelle ist nicht mit dem Arbeitsplatz identisch, sondern beschreibt einen weiteren räumlichen Bereich, nämlich den Verwaltungs- oder Betriebsbereich in dem jeweiligen Gebäude oder Gebäudeteil in dem der Arbeitnehmer arbeitet, also etwa das Dezernat, die Abteilung der Werkstatt oder die Krankenhausstation.

Anders als der BAT enthält der TVöD/TV-L keine Bestimmung darüber, wann die Arbeit beginnt und endet (vgl. auch OVG Berlin-Brandenburg v. 20.2.2014, OVG 60 PV 3.13). Beginn und Ende der Arbeit richten sich vielmehr nach allgemeinen arbeitsrechtlichen Grundsätzen. Danach gilt, dass die Arbeitszeit zu dem Zeitpunkt beginnt, zu dem der Beschäftigte die vertraglich geschuldete Tätigkeit an seinem vom Arbeitgeber bestimmten Arbeitsplatz aufnimmt (Breier/Dassau TVöD Komm. Erl. 1.2.2 zu § 6 TVöD Rn. 5; Breier/Dassau TV-L Komm. Erl. 3.2.2 zu § 6 TV-L Rn. 73).

## 3. Wege- und Reisezeiten, Umkleiden, Waschen

Der Zeitaufwand für den Weg zwischen Wohnung und Arbeitsstelle gehört ebenso wenig zur Arbeitszeit wie die Zeit des Umkleidens und Waschens vor bzw. nach der Arbeit (ständige Rechtsprechung des Bundesarbeitsgerichts seit dem Urteil vom 8.12.1960, 5 AZR 304/58; Breier/Dassau TVöD Komm. Erl. 1.2.5 zu § 6 TVöD Rn. 10, 14). Anders verhält es sich, wenn die Dienstkleidung im Betrieb angelegt werden muss, dort nach Beendigung der Tätigkeit zu verbleiben hat und der Arbeitnehmer arbeitsschutzrechtlich ohne sie die Arbeit gar nicht aufnehmen darf. Hier dienen das Umkleiden und das Anlegen der vorgeschriebenen Schutzkleidung nicht gleichermaßen einem eigenen Bedürfnis des Arbeitnehmers. Es dient vorwiegend dem Interesse des Arbeitgebers, der den Arbeitnehmer ohne die entsprechende Ausrüstung nicht einsetzen dürfte. An einer derartigen ausschließlichen Fremdnützigkeit des Umkleidens fehlt es jedoch, wenn sich der Arbeitnehmer mit Erlaubnis durch den Arbeitgeber dazu entscheidet, die Dienstkleidung zu Hause an-

zulegen. Dann erspart der Arbeitnehmer durch das Umkleiden außerhalb der Arbeitszeit und das Tragen der Dienstkleidung auf dem Arbeitsweg die Nutzung eigener Kleidungsstücke (BAG v. 12.11.2013, 1 ABR 59/12, ZTR 2014, 302).

Die Pflicht zum Tragen einer besonders auffälligen Arbeitskleidung, mit der im Regelfall ein besonderer Werbezweck durch den Arbeitgeber verfolgt wird, stellt dagegen vergütungspflichtige Arbeitszeit dar. Eine Dienstkleidung ist besonders auffällig, wenn der Arbeitnehmer aufgrund ihrer Gestaltung in der Öffentlichkeit einem bestimmten Arbeitgeber oder einem bestimmten Berufszweig bzw. einer bestimmten Branche zugeordnet werden kann. An einer solchen Offenlegung der von ihm ausgeübten beruflichen Tätigkeit gegenüber Dritten hat der Arbeitnehmer kein objektiv feststellbares eigenes Interesse (BAG v. 6.9.2017, 5 AZR 382/16, ZTR 2018, 89).

Beginnt und endet die Arbeit mit dem Umkleiden, zählen die innerbetrieblichen Wege zur Arbeitszeit, die dadurch veranlasst sind, dass der Arbeitgeber das Umkleiden nicht am Arbeitsplatz ermöglicht, sondern dafür eine getrennte Umkleidestelle bereithält, die der Arbeitnehmer zwingend benutzen muss. Da der Arbeitgeber regelmäßig die Vergütung für alle Dienste verspricht, die er dem Arbeitnehmer auf Grund des Direktionsrechts abverlangt, ist auch die Umkleidezeit vergütungspflichtig, wenn diese vom Arbeitgeber angeordnet wurde (BAG v. 19.9.2012, 5 AZR 678/11, ZTR 2013, 79). Gleiches gilt, wenn ein angestellter Wachpolizist seinen Dienst auf Weisung des Arbeitgebers mit einer streifenfertigen Dienstwaffe anzutreten hat, deren Verwahrung dem Arbeitgeber obliegt. Auch bei denen zum Aufsuchen des Waffenschließfaches erforderlichen Umwegezeiten – nicht hingegen bei dem anschließenden Weg zum Einsatzort – handelt es sich um eine vergütungspflichtige Zusammenhangstätigkeit (BAG v. 31.3.2021, 5 AZR 148/20; anders nach BAG v. 31.3.2021, 5 AZR 292/20, wenn der Beschäftigte einen Spind am Einsatzort hätte beantragen können, da hiervon auf eine eigene Entscheidung geschlossen werden kann). Dessen ungeachtet umfasst die Regelungsbefugnis der Tarifvertragsparteien auch die Entscheidungsfreiheit, Umkleidezeiten oder bestimmte Teile davon geringer zu vergüten oder eine Vergütungspflicht sogar gänzlich auszuschließen (BAG v. 13.12.2016, 9 AZR 574/15, ZTR 2017, 242). Haben die Tarifvertragsparteien einen Vergütungsanspruch nur für eine konkret benannte Zusammenhangstätigkeit normiert, kommt darin zum Ausdruck, dass keine Entgeltansprüche für andere Zusammenhangstätigkeiten – etwa für Umkleidezeiten – bestehen sollen (BAG v. 21.7.2021, 5 AZR 572/20, ZTR 2021, 694 bei alleiniger Vergütungsregelung für Waschzeiten).

Die Grenze stellt allerdings auch hier der gesetzliche Anspruch auf den Mindestlohn nach dem MiLoG dar, der für die in einem Kalendermonat insgesamt geleistete vergütungspflichtige Arbeit nicht unterschritten werden darf (BAG v. 25.4.2018, 5 AZR 424/17).

 **ACHTUNG!**

Davon abzugrenzen ist die Frage der mitbestimmungspflichtigen Arbeitszeit nach § 87 Abs. 1 Nr. 2 BetrVG. Bei dem Zeitaufwand für das selbstbestimmte Zurücklegen von Wegen zwischen der Wohnung (oder einem anderen selbst gewählten Aufenthaltsort) des Arbeitnehmers zur Arbeitsstelle und zurück handelt es sich nicht um Arbeitszeit im betriebsverfassungsrechtlichen Sinn. Diese Zeiten gehören zum außerdienstlichen Bereich privater Lebensführung. Dies gilt auch, wenn ein Arbeitnehmer während dieser Wege betriebliche Arbeitsmittel bei sich führt oder Dienstkleidung trägt (vgl. BAG v. 22.10.2019, 1 ABR 11/18, ZTR 2020, 240).

Hat der Arbeitnehmer zur Erbringung seiner Arbeitsleistung zwingend Fahrzeiten zurückzulegen (z. B. Tätigkeit im Außendienst), sind auch die Zeiten zwischen Wohnort und dem Standort des ersten und letzten Kunden als Arbeitszeit zu werten (vgl. EuGH v. 10.9.2015, Rs. C-266/14, ZTR 2015, 658; BAG v. 18.3.2020, 5 AZR 36/19, ZTR 2020, 431). Die Tarifvertragsparteien können auch insoweit eine anderweitige Lösung vorsehen (z. B. pauschale Nahauslösung im Montagebereich, BAG v. 25.4.2018, 5 AZR 424/17). Die bislang für den kommunalen Verwaltungsbereich in § 6 Abs. 9.1 TVöD-V bestehende Sonderregelung zur Anrechnung des Dienstreisezeit auf die Arbeitszeit ist nunmehr auf den gesamten kommunalen Bereich übernommen worden. Daher gilt im kommunalen Bereich nun insgesamt nur die Zeit der dienstlichen Inanspruchnahme am auswärtigen Geschäftsort als Arbeitszeit. Es wird jedoch mindestens die auf den Reisetag entfallende regelmäßige, durchschnittliche oder dienstplanmäßige Arbeitszeit berücksichtigt, so dass durch die Dienstreise kein Minus im Hinblick auf die an dem jeweiligen Tag vorgesehene Arbeitszeit entstehen kann. Zur weitergehenden Anrechnung von Dienstreisezeiten auf die Arbeitszeit vgl. → *Dienstreise*.

### 4. Gesetzliche Arbeitsschutzvorschriften

Gesetzliche Arbeitsschutzvorschriften finden sich im ArbZG und im Jugendarbeitsschutzgesetz (JArbSchG). Das Arbeitsschutzgesetz regelt den Arbeitszeitschutz für alle Arbeitnehmer, außer für leitende Angestellte (§ 18 ArbZG). Es bezweckt die Gewährleistung der Sicherheit und des Gesundheitsschutzes der Arbeitnehmer bei der Arbeitszeitgestaltung. In dieser Hinsicht stellt das Arbeitszeitgesetz die Umsetzung der Arbeitszeitrichtlinie 2003/88/EG durch den deutschen Gesetzgeber dar, obgleich das Gesetz selbst bereits älter ist und durch die Richtlinie lediglich modifiziert wurde. Ferner soll das Arbeitszeitgesetz die Rahmenbedingungen für flexible Arbeitszeiten verbessern und den Sonntag und die staatlich anerkannten Feiertage als Tage der Arbeitsruhe schützen (§ 1 ArbZG). Nach §§ 7 und 12 ArbZG können in einem Tarifvertrag oder auf Grund eines Tarifvertrages in einer Betriebs- oder Dienstvereinbarung bestimmte abweichende Regelungen vom Arbeitszeitgesetz zugelassen werden. Von dieser Möglichkeit wurde in § 6 Abs. 4 TVöD/TV-L Gebrauch gemacht. Danach kann aus dringenden betrieblichen bzw. dienstlichen Gründen auf der Grundlage einer Betriebs- oder Dienstvereinbarung im Rahmen des § 7 Abs. 1 und 2 und des § 12 ArbZG von den Vorschriften des Arbeitszeitgesetzes abgewichen werden.

Die Regelungen des Jugendarbeitsschutzgesetzes für Jugendliche unter 18 Jahren sind auch im Geltungsbereich des TVöD/TV-L in vollem Umfang zu beachten. Jugendliche dürfen grundsätzlich nicht mehr als acht Stunden täglich und nicht mehr als 40 Stunden wöchentlich beschäftigt werden, § 8 JArbSchG.

## II. Dauer, Ausgleichszeitraum und Pausen

### 1. Dauer und Verteilung

Nach § 6 Abs. 1a) TVöD beträgt die Arbeitszeit für Beschäftigte des Bundes 39 Wochenstunden. Für Beschäftigte des kommunalen Bereiches wurde die langjährige abweichende Arbeitszeitgestaltung in den Tarifgebieten West und Ost (dort früher 40 Wochenstunden) schrittweise angeglichen. Seit dem 1. Januar 2023 gilt einheitlich eine Arbeitszeit von 39 Wochenstunden für beide Tarifgebiete. Vor dem 1. Juli 2008 betrug die regelmäßige Arbeitszeit ausschließlich der Pausen für Beschäftigte,

die in einem Arbeitsverhältnis zu einem Arbeitgeber stehen, der Mitglied eines Mitgliedsverbandes der VKA im Tarifgebiet West ist, durchschnittlich 38,5 Stunden wöchentlich. Die Öffnungsklausel in § 6 Abs. 1 S. 1 Buchst. b a. E. TVöD ist entfallen. Die auf der Grundlage dieser Öffnungsklausel vereinbarten Tarifverträge wurden an die in Absatz 1 getroffenen Regelungen angepasst.

§ 6 Abs. 1 TV-L i. V. m. dem Anhang zu § 6 TV-L bestimmt im Gegensatz zu § 6 Abs. 1a) TVöD kein einheitliches Arbeitszeitvolumen, sondern legt im Tarifgebiet Ost einheitlich 40 Stunden pro Woche und im Tarifgebiet West ein individuelles Arbeitszeitvolumen für jedes Land zugrunde. Für Beschäftigte der ostdeutschen Bundesländer, die nicht im Tarifgebiet Ost tätig sind (z. B. Vertretung bei der Europäischen Union), weist der TV-L eine Regelungslücke auf. Für diese Arbeitnehmer gilt damit die bisherige Regelung des § 15 Abs. 1 BAT fort (BAG v. 21.4.2010, 4 AZR 750/08, ZTR 2010, 571).

Im Bereich der kommunalen Krankenhäuser bleibt es mit Ausnahme von Baden-Württemberg bei 38,5 Wochenstunden. In Baden-Württemberg verbleibt es für die Krankenhäuser bei der dort bereits geltenden 39-Stunden-Woche. Für das Tarifgebiet Ost gilt bislang auch im Geltungsbereich der Krankenhäuser eine wöchentliche Arbeitszeit von 40 Wochenstunden. Auch hier haben die Tarifvertragsparteien eine stufenweise Rechtsangleichung beschlossen, von 39,5 Wochenstunden ab dem 1. Januar 2023 über 39,0 Wochenstunden ab dem 1. Januar 2024 bis zu 38,5 Wochenstunden ab dem 1. Januar 2025.

TVöD und TV-L gehen von einer 5-Tage-Woche aus. Die regelmäßige Arbeitszeit kann auf fünf Tage und aus notwendigen betrieblichen Gründen auch auf sechs Tage verteilt werden, § 6 Abs. 1 S. 3 TVöD. Die Verteilung erfolgt dabei auf „Tage". Dies müssen nicht zwingend Werktage sein. § 6 Abs. 1 S. 3 TV-L verlangt dagegen, dass es sich um dringende betriebliche Gründe handeln muss. Um die Funktionsfähigkeit der Dienststelle zu erhalten, sollten gleichwohl keine überhöhten Anforderungen an den Begriff der Dringlichkeit gestellt werden (Breier/Dassau TV-L Komm. Erl. 2.9.1 zu § 6 TV-L Rn. 48).

### 2. Ausgleichszeitraum

Für die Berechnung des Durchschnitts der regelmäßigen wöchentlichen Arbeitszeit ist ein Zeitraum von bis zu einem Jahr zugrunde zu legen. Die Möglichkeit der Zugrundelegung eines längeren Zeitraums bei Beschäftigten, die ständig Wechselschicht- oder Schichtarbeit leisten, besteht nach § 6 Abs. 2 S. 2 TVöD/TV-L.

Durchschnittlich heißt, dass die Wochenarbeitszeit nicht in jeder Woche 38,5/39/40 Wochenstunden betragen muss, sondern im Falle ungleichmäßiger Verteilung auf den Berechnungszeitraum im Durchschnitt 38,5/39/40 Wochenstunden ausmachen muss. Der Arbeitgeber kann die wöchentliche Arbeitszeit in Ausübung seines Weisungsrechts innerhalb des Berechnungszeitraumes so verteilen, dass sich im Durchschnitt jeweils die regelmäßige Wochenarbeitszeit ergibt. Jeder Verlängerung der wöchentlichen Arbeitszeit über die vereinbarten Wochenstunden hinaus muss eine Verkürzung der wöchentlichen Arbeitszeit in einer anderen Woche gegenüberstehen. Dabei müssen immer die Grenzen des Arbeitszeitrechts eingehalten werden, wonach grundsätzlich nur maximal zehn Stunden am Tag (§ 3 ArbZG) und 48 Stunden wöchentlich (§ 3 i. V. m. § 9 ArbZG) bei Einhaltung einer Mindestruhezeit von elf Stunden zwischen Arbeitsende und dem nächsten Arbeitsbeginn (§ 5 Abs. 1 ArbZG) gearbeitet werden darf.

### 3. Ruhepausen

Weder das Arbeitszeitgesetz noch der TVöD definieren den Begriff der Ruhepause ausdrücklich. Das Bundesarbeitsgericht versteht unter Ruhepausen im Voraus festgelegte Unterbrechungen der Arbeitszeit, in denen der Arbeitnehmer weder Arbeit zu leisten noch sich dafür bereitzuhalten hat, sondern frei darüber entscheiden kann, wo und wie er diese Zeit verbringen will (vgl. BAG v. 29.10.2002, 1 AZR 603/01). Der Arbeitnehmer soll sich bereits im Vorfeld auf die Pause einstellen und sie zur Erholung nutzen können. Eine ausschließlich spontan gewährte Unterbrechung genügt diesem Erfordernis nicht (BAG v. 25.2.2015, 5 AZR 886/12).

Ein Arbeitnehmer kann bis zu sechs Stunden hintereinander ohne Ruhepause beschäftigt werden (§ 4 ArbZG). Bei einer Arbeitszeit von mehr als sechs bis zu neun Stunden muss eine Pausenzeit von 30 Minuten eingehalten werden. Bei einer Arbeitszeit von mehr als neun Stunden besteht eine Pausenzeit von 45 Minuten. Eine Aufteilung der Ruhepausen in Zeitabschnitte von jeweils mindestens 15 Minuten ist möglich, wobei jedoch mindestens nach sechs Stunden eine erneute Pause gewährt werden muss.

#### Beispiel

Der Arbeitnehmer hat an einem Arbeitstag zehn Stunden zu arbeiten. Nach sechs Stunden muss ihm spätestens die erste Pause eingeräumt werden. Sie muss mindestens 15 Minuten lang sein. Wird ihm diese erste Pause von 15 Minuten bereits nach zwei Stunden gewährt, muss spätestens nach weiteren sechs Stunden eine weitere eingeräumt werden.

Wird die Arbeitszeit unvorhergesehen über die vorstehenden Grenzen hinaus verlängert, muss die Pause rechtzeitig gewährt werden. Die Ruhepausen müssen im Voraus feststehen. Dies bedeutet, dass zu Beginn der täglichen Arbeitszeit zumindest ein bestimmter Zeitrahmen feststehen muss, innerhalb dessen der Arbeitnehmer seine Ruhepause in Anspruch nehmen kann. Der Arbeitgeber muss auch sicherstellen und kontrollieren, dass die getroffene Regelung eingehalten wird. Spätestens bei Beginn der Pause muss ihre Dauer feststehen. Eine Arbeitsunterbrechung, bei deren Beginn der Beschäftigte nicht weiß, wie lange sie dauern wird, ist keine Pause (BAG v. 29.10.2002, 1 AZR 603/01). Ruhepausen können nicht an den Anfang oder das Ende der Arbeitszeit gelegt werden.

Keine Ruhepausen stellen sogenannte „Betriebspausen" dar, die z. B. durch Stromausfall oder aus sonstigen betriebsablauforganisatorischen Gründen entstehen. Dies gilt auch für arbeitsablaufbedingte Wartezeiten, z. B. Warten auf Arbeitseinteilung, Wendezeiten im Nahverkehr. Solche Unterbrechungen können nur dann als Ruhepause bezeichnet werden, wenn der Beschäftigte während dieser Unterbrechung von der Arbeitsverpflichtung freigestellt ist und die Unterbrechung von vornherein, insbesondere hinsichtlich ihrer Dauer, feststeht (BAG v. 23.6.1988, 6 AZR 137/86).

Die gewährte Ruhepause kann im Einzelfall auch als Arbeitszeit gelten, wenn der Arbeitnehmer während der Ruhepause einsatzbereit sein muss und die hierdurch auferlegten Einschränkungen von solcher Art sind, dass der Arbeitnehmer ganz erheblich in seiner Möglichkeit beschränkt ist, sich in der Pause zu entspannen und Tätigkeiten seiner Wahl nachzugehen. Dies bestimmt sich in einer Gesamtwürdigung der Umstände anhand der vorgegebenen Reaktionsfrist, der Häufigkeit und auch der Unvorhersehbarkeit möglicher Unterbrechungen (BVerwG v. 13.10.2022, 2 C 7.21).

### 4. Ruhetage

Nach § 9 Abs. 1 ArbZG dürfen Arbeitnehmer an Sonn- und Feiertagen grundsätzlich nicht zwischen 0 und 24 Uhr beschäftigt werden. Davon abweichend sieht § 10 ArbZG einen Katalog von Ausnahmebereichen vor, in denen an Sonn- und Feiertagen gleichwohl gearbeitet werden darf. Diese Ausnahmebereiche können aufgrund von § 13 ArbZG durch Gesetz oder Rechtsverordnung (Feiertagsgesetze und -verordnungen) weiter ausgestaltet oder es können weitere Ausnahmebereiche eingerichtet werden. § 11 ArbZG sieht vor, dass mindestens 15 Sonntage im Jahr beschäftigungsfrei zu bleiben haben. Werden Arbeitnehmer an einem Sonntag beschäftigt, steht ihnen nach § 11 Abs. 3 ArbZG ein Ersatzruhetag zu, der innerhalb von zwei Wochen zu gewähren ist (innerhalb von acht Wochen bei der Arbeit an einem Feiertag). Die Sonn- oder Feiertagsruhe soll unmittelbar in Verbindung mit einer Ruhezeit (vgl. unter III.) gewährt werden, soweit dem keine technischen oder arbeitsorganisatorischen Gründe entgegenstehen (§ 11 Abs. 4 ArbZG). In Tarifverträgen können abweichende Regelungen zum Schutz der Ruhetage und zur Gewährung von Ersatzruhetagen getroffen werden (§ 12 ArbZG).

 **ACHTUNG!**

Der Ersatzruhetag i. S. d. § 11 Abs. 3 Satz 2 ArbZG ist nicht notwendigerweise ein zusätzlicher bezahlter freier Tag. Der Arbeitnehmer muss lediglich im Ausgleichszeitraum für den gearbeiteten Wochenfeiertag einen Ersatzruhetag, also einen Tag ohne Arbeit, erhalten. Das kann auch ein ohnehin arbeitsfreier Werktag sein; eine bezahlte Freistellung an einem Beschäftigungstag verlangt das Gesetz nicht (BAG v. 19.9.2012, 5 AZR 727/11).

## III. Gesetzliche Ruhezeiten

Von den Pausen, die während der Arbeitszeit zu gewähren sind, muss man die Ruhezeiten im Anschluss an die tägliche Arbeit unterscheiden. Diese liegen zwischen den einzelnen Arbeitstagen, der Arbeitnehmer geht in dieser Zeit typischerweise nach Hause. § 5 ArbZG ordnet eine Mindestruhezeit von elf Stunden im Anschluss an die erbrachte Arbeitsleistung und vor dem Erbringen der nächsten Arbeitsleistung an, die nicht unterbrochen werden darf.

 **ACHTUNG!**

Arbeitgeber sollten sich vergegenwärtigen, dass auch die Bearbeitung dienstlicher E-Mails am heimischen Computer oder am Smartphone eine Arbeitsleistung des Arbeitnehmers darstellt. Sehr str. ist die Frage, ob auch kurze Arbeitsleistungen während der Freizeit den Lauf der Ruhezeit unterbrechen. Wenn man das bejaht, müsste im Anschluss eine neue Ruhezeit von elf Stunden eingehalten werden, bevor der Arbeitnehmer seine reguläre Arbeit wieder aufnehmen darf (etwa Jacobs, NZA 2016, 733).

#### Beispiel

Eine Arbeitnehmerin arbeitet regelmäßig von 8 Uhr bis 16:30 Uhr. Um 22 Uhr ruft sie mit ihrem Smartphone die dienstlichen E-Mails ab und beantwortet eine Nachricht. Da sie diese Tätigkeit um 22:15 Uhr beendet, dürfte sie die Arbeit am nächsten Tag erst um 9:15 Uhr aufnehmen, wenn es sich bei der selbst entschiedenen Durchsicht und Beantwortung der E-Mail um eine ruhezeitschädliche Unterbrechung handelt.

Aktuelle Rechtsprechung zu dieser Frage ist bislang nicht ersichtlich (vgl. aber BAG v. 26.1.1989, 6 AZR 566/86, ZTR 1989, 318: Keine Unterbrechung der Ruhezeit bei kurzen Arbeitsleistungen [hier Öffnen und Schließen von Türen eines Veranstaltungsraums durch einen Schulhausmeister]. Ergangen allerdings zur Vorgängerregelung des § 12 AZO).

Die Ruhezeit von elf Stunden ist nicht an den Kalendertag gebunden. Sie muss lediglich zwischen zwei Zeiten der Beschäftigung eines Arbeitnehmers liegen. Aus den unionsrechtlichen Vorgaben folgt allerdings, dass sie innerhalb von 24 Stunden nach Arbeitsbeginn gewährt werden muss (BAG v. 16.9.2020, 7 AZR 491/19, ZTR 2021, 101). Die Ruhezeit dient der Erholung des Beschäftigten. In dieser Zeit soll eine Regeneration seiner Arbeitskraft erfolgen. Dies beinhaltet, dass der Arbeitnehmer auf Grund seiner arbeitsvertraglichen Treuepflicht gehalten ist, die Ruhezeit ihrem Zweck entsprechend zu nutzen. So darf er während der Ruhezeit kein neues Arbeitsverhältnis eingehen. Nachbarschaftshilfe, Vereins- oder Verbandsaktivitäten stehen dem Regenerationszweck nicht entgegen.

Nach dem Urteil des Europäischen Gerichtshofs vom 3. Oktober 2000 (C 303/98 – [SIMAP] – ZTR 2000, 564) ist der Bereitschaftsdienst insgesamt als Arbeitszeit im Sinne der Richtlinie 93/104 (jetzt 2003/88/EG) anzusehen (Breier/Dassau TVöD Komm. Erl. 5.2.2 zu § 7 TVöD Rn. 35; Breier/Dassau TV-L Komm. Erl. 5.2.2 zu § 7 TV-L Rn. 35). Dementsprechend darf die vorgesehene Ruhezeit nicht durch Zeiten des Bereitschaftsdienstes unterbrochen werden.

Dagegen gilt die Rufbereitschaft arbeitszeitrechtlich dann als Ruhezeit, wenn keine tatsächliche Arbeitsleistung erbracht wird. Wird der Arbeitnehmer allerdings während eines angeordneten Rufbereitschaftsdienstes tatsächlich zur Arbeitsleistung herangezogen, liegt keine ununterbrochene Ruhezeit im gesetzlichen Sinne vor. Da sich aber die tatsächliche Inanspruchnahme während der Rufbereitschaft typischerweise nicht voraussehen lässt, würde eine Dienstplangestaltung, die nur dann den gesetzlichen vorgesehenen Ruhezeitraum erfüllt, wenn eine tatsächliche Arbeitsleistung während des Rufbereitschaftsdienstes nicht erfolgt, das Risiko eines arbeitszeitrechtlichen Verstoßes in sich bergen. Der Arbeitgeber würde dann jeweils eine Ordnungswidrigkeit begehen. Jedenfalls dann, wenn die elfstündige Ruhezeit unterbrochen wird, etwa weil der Arbeitnehmer bei Rufbereitschaft zur Arbeitsleistung herangezogen wird, muss sich an diese Tätigkeit eine neue Ruhezeit von 11 Stunden anschließen. Nur dann wird eine ununterbrochene Ruhezeit in der erforderlichen, vom Gesetz vorgeschriebenen Länge gewährt.

## 1. Sonderregelungen

In bestimmten Betrieben ist eine Verkürzung der Ruhezeit möglich (§ 5 Abs. 2 ArbZG). Dazu gehören:

▶ Krankenhäuser und andere Einrichtungen zur Behandlung, Pflege und Betreuung, wie z. B. Altenheime, Pflegeheime, Kinder- und Jugendheime,

▶ Beherbergungsbetriebe,

▶ Verkehrsbetriebe,

▶ Rundfunk und Fernsehen.

Hier kann die Ruhezeit um eine Stunde verkürzt werden. Allerdings muss dann innerhalb eines Kalendermonats oder von vier Wochen ein Ausgleich durch Verlängerung einer anderen Ruhezeit auf mindestens zwölf Stunden erfolgen.

**Beispiel**

Eine Krankenschwester eines kommunalen Krankenhauses musste am 15.2. bis 1 Uhr nachts arbeiten. Am nächsten Morgen hatte sie ab 11 Uhr wieder Dienst. Die Verkürzung der Ruhezeit um eine Stunde ist zulässig, aber der Arbeitgeber muss ihr entweder im Februar oder in den vier Wochen, die auf den 15.2. folgen, eine mindestens zwölfstündige Ruhezeit gewähren.

Verkürzt der Arbeitgeber die Ruhezeit um weniger als eine Stunde, muss er trotzdem eine mindestens zwölfstündige Ruhezeit gewähren. Er kann aber mehrere kleinere Verkürzungen der Ruhezeit zusammenziehen.

**Beispiel**

Im obigen Fall wird die Ruhezeit der Krankenschwester am 15., 16. und 17.2. jeweils um 20 Minuten verkürzt. Hier muss der Arbeitgeber innerhalb des genannten Zeitraums nur insgesamt eine verlängerte Ruhezeit gewähren. Der Ausgleichszeitraum beginnt hier mit dem 15.2. Hat der Arbeitgeber aber nur einmal die Ruhezeit um 20 Minuten verkürzt, muss er sie trotzdem innerhalb dieses Zeitraums um eine Stunde verlängern.

In Krankenhäusern und anderen Einrichtungen zur Behandlung, Pflege und Betreuung von Personen kann die Ruhezeit bei Inanspruchnahmen während der Rufbereitschaft nach § 5 Abs. 3 ArbZG sogar noch weiter verkürzt werden, wenn nach dem Einsatz mindestens die Hälfte der gesetzlich vorgesehenen Ruhezeit verbleibt und die Kürzung vom Arbeitgeber zu anderen Zeiten ausgeglichen wird.

**Beispiel**

Ein angestellter Assistenzarzt wird zu einem nächtlichen Rufbereitschaftsdienst von 22 Uhr bis 6 Uhr eingeteilt. Um 23 Uhr erhält der Arzt einen Anruf mit der Aufforderung, zu einem Einsatz in das Krankenhaus zu kommen. Der Bereitschaftseinsatz dauert nun zwei Stunden bis 1 Uhr. Im Anschluss hat der Arzt noch fünf Stunden Ruhezeit, bevor er um 6 Uhr zum nächsten regulären Arbeitsantritt erscheinen muss. Die Kürzung der Ruhezeit um die zwei gearbeiteten Stunden kann dann vom Arbeitgeber ausgeglichen werden, indem er dem Arzt eine entsprechend längere Ruhezeit zu einem anderen Zeitpunkt gewährt.

## 2. Sonderregelungen für Jugendliche

Jugendliche (ab dem 15. Lebensjahr) dürfen nicht mehr als acht Stunden täglich und 40 Stunden pro Woche beschäftigt werden. Anders als bei Erwachsenen gehört die Rufbereitschaft zur Arbeitszeit. Nach dem Ende der täglichen Arbeitszeit dürfen sie nicht vor Ablauf von zwölf Stunden wieder arbeiten (§ 13 JArbSchG). Eine Verkürzung ist nur in Notfällen möglich. Zwischen 20 und 6 Uhr ist eine absolute Nachtruhe zu gewährleisten. Ausnahmen gibt es nur für Jugendliche über 16 Jahren, die in mehrschichtigen Betrieben bis 23 Uhr, z. B. in Krankenhäusern, beschäftigt werden dürfen.

Auch die Pausenregelung ist für Jugendliche abweichend vom Arbeitszeitgesetz geregelt. Bei einer Arbeitszeit bis zu sechs Stunden müssen mindestens 30 Minuten, ansonsten 60 Minuten gewährt werden. Nach spätestens 4,5-stündiger Beschäftigung muss eine Pause von mindestens 15 Minuten Länge eingeräumt werden. Ausnahmen vom Arbeitszeitschutz sind durch Tarifverträge möglich (§ 21a JArbSchG).

## IV. Sonderformen der Arbeit

### 1. Schichtarbeit

Der Begriff der Schichtarbeit ist im Arbeitszeitgesetz, anders als im TVöD/TV-L, nicht definiert. Von Schichtarbeit spricht man dann, wenn die tägliche Arbeitsaufgabe nicht in der üblichen Arbeitszeit eines Arbeitnehmers des Betriebs erbracht werden kann und es deshalb notwendig ist, dass ein anderer Arbeitnehmer im unmittelbaren Anschluss an die Arbeit seines Kollegen weiterarbeitet. Es arbeiten also nicht alle Arbeitnehmer eines Betriebs zur gleichen Zeit.

In der Praxis gibt es verschiedene Schichtsysteme: Zwei- und Dreischichtsysteme, Schichtsysteme mit Nachtarbeit, aber ohne Wochenendarbeit und solche, bei denen auch am Wochenende gearbeitet wird.

Die Einteilung der Schichten unterliegt dem Direktionsrecht des Arbeitgebers nach § 106 GewO. Der Arbeitnehmer hat keinen Anspruch auf generelle Herausnahme aus der Einteilung zu bestimmten Schichten. Dies gilt grundsätzlich auch für den schwerbehinderten Arbeitnehmer. Der schwerbehinderte Arbeitnehmer muss darlegen und beweisen, inwieweit sein Leistungsvermögen durch die Auswirkungen der Art und Schwere seiner Behinderung so eingeschränkt ist, dass er die ihm übertragene Sonderform der Arbeit nicht mehr leisten kann (LAG Mecklenburg-Vorpommern v. 29.3.2022, 2 Sa 2/21).

Die Schichtarbeit, die vielfach mit der Nachtarbeit verbunden ist, führt zu vielfältigen Belastungen der Arbeitnehmer. Das Arbeitszeitgesetz sieht daher vor, dass die Arbeitszeit der Schichtarbeiter nach den Erkenntnissen über die menschengerechte Gestaltung der Arbeit festzulegen ist (§ 6 Abs. 1 ArbZG). Daher sieht der TVöD in § 8 Abs. 6 (vgl. § 8 Abs. 8 TV-L) eine Schichtzulage vor, die solche Belastungen ausgleichen soll (Näheres siehe unter → *Zulagen*). Außerdem sieht § 27 TVöD/TV-L die Gewährung eines Zusatzurlaubs für die Leistung von Schichtarbeit vor (vgl. → *Urlaub*).

Schichtarbeit im Sinne des § 7 Abs. 2 TVöD/TV-L ist die Arbeit nach einem Schichtplan, der einen regelmäßigen Wechsel des Beginns der täglichen Arbeitszeit um mindestens zwei Stunden in Zeitabschnitten von längstens einem Monat vorsieht, und die innerhalb einer Zeitspanne von mindestens 13 Stunden geleistet wird. Schichtarbeit liegt also dann noch vor, wenn der Arbeitnehmer innerhalb eines Monats nur einmal von einer Schicht in die andere wechselt (vgl. Breier/Dassau TVöD Komm. Erl. 3 zu § 7 TVöD Rn. 10; Breier/Dassau TV-L Komm. Erl. 3 zu § 7 TV-L Rn. 32). Schichtarbeit setzt aber nicht voraus, dass der Arbeitgeber den Schichtplan selbst vorgegeben hat (BAG v. 8.7.2009, 10 AZR 589/08, ZTR 2009, 576).

**Beispiel**

Ein Arbeitnehmer ist nach einem Schichtplan eingesetzt, der zwei Stunden Abstand vorsieht. Die erste Schicht beginnt um 8 Uhr und endet um 16 Uhr, die zweite Schicht beginnt um 10 Uhr und endet um 18 Uhr. Da zwischen dem Beginn der ersten Schicht und dem Ende der zweiten Schicht nur zehn Stunden liegen, liegt keine Schichtarbeit im Sinne des § 7 Abs. 2 TVöD/TV-L vor.

Schichtarbeit im Sinne des § 7 Abs. 2 TVöD/TV-L liegt jedoch vor, wenn die erste Schicht um 8 Uhr beginnt und um 16 Uhr endet, die zweite Schicht um 14 Uhr beginnt und um 22 Uhr endet. In diesem Fall liegen zwischen den beiden Schichten vierzehn Stunden.

Dies ist vor dem Hintergrund sehr gut nachvollziehbar, dass durch die Schichtarbeit eine bestimmte Arbeitsaufgabe über einen erheblich längeren Zeitraum als die wirkliche Arbeitszeit eines einzelnen Arbeitnehmers hinaus anfällt und dementsprechend von mehreren Arbeitnehmern in einer bestimmten zeitlichen Reihenfolge erbracht wird (vgl. Breier/Dassau TVöD Komm. Erl. 3 zu § 7 TVöD Rn. 12).

Das Bundesarbeitsgericht hat entschieden, dass Schichtarbeit auch dann vorliegt, wenn sich die verschiedenen Schichten überlappen oder wenn die Schichten durch längere Arbeitsunterbrechungen gekennzeichnet sind (vgl. BAG v. 2.10.1996, 10 AZR 232/96). Die Arbeit in geteilten Diensten (etwa durch Unterbrechung aus betrieblichen Gründen) bei täglichem Arbeitsbeginn zur gleichen Uhrzeit ist dagegen keine Schichtarbeit i. S. v. § 7 Abs. 2 TVöD/TV-L (BAG v. 12.12.2012, 10 AZR 354/11).

§ 7 Abs. 8 Buchst. c Alt. 1 TVöD sieht zusätzlich zu den sogenannten eingeplanten Überstunden nach § 7 Abs. 8 Buchst. c Alt. 2 TVöD die Form der sogenannten ungeplanten Überstunden vor. Diese werden über die tägliche Arbeitszeit hinaus abweichend vom Schichtplan angeordnet. In diesem Fall sieht der TVöD keine Möglichkeit des Freizeitausgleichs vor, weshalb der betroffene Arbeitnehmer Anspruch auf einen Überstundenzuschlag besitzt. Das gilt auch dann, wenn er in Teilzeit arbeitet und über seine Teilzeitquote hinaus Überstunden leistet, die regelmäßige Arbeitszeit eines Vollzeitbeschäftigten jedoch nicht überschreitet (BAG v. 23.3.2017, 6 AZR 161/16, ZTR 2017, 470; BAG v. 25.4.2013, 6 AZR 800/11). Bei den eingeplanten Überstunden kann Anspruch auf einen Überstundenzuschlag dagegen nur entstehen, wenn im Schichtplanturnus, der ein Jahr erfassen kann, kein Freizeitausgleich der Überstunden berücksichtigt ist (BAG v. 11.4.2019, 6 AZR 249/18, ZTR 2019, 423).

## 2. Wechselschichtarbeit

Von der Schichtarbeit ist die Wechselschichtarbeit zu unterscheiden. Wechselschichten sind nach § 7 Abs. 1 S. 2 TVöD/TV-L wechselnde Arbeitsschichten, in denen ununterbrochen bei Tag und Nacht, werktags, sonntags und feiertags gearbeitet wird. In dem jeweiligen Betrieb oder der jeweiligen Einrichtung muss also an sieben Tagen in der Woche 24 Stunden lang gearbeitet werden (BAG v. 16.10.2013, 10 AZR 1053/12, ZTR 2014, 220; BAG v. 13.1.2016, 10 AZR 792/14, ZTR 2016, 306). Ein Arbeitnehmer leistet nach § 7 Abs. 1 S. 1 TVöD/TV-L Wechselschichtarbeit, wenn er nach einem Schichtplan tätig wird, der einen regelmäßigen Wechsel der täglichen Arbeitszeit vorsieht und der Arbeitnehmer durchschnittlich längstens nach Ablauf eines Monats erneut zur Nachtschicht herangezogen wird. Wird zu bestimmten Zeiten in der Dienststelle/im Betrieb ausschließlich Arbeitsbereitschaft oder Bereitschaftsdienst geleistet oder mit der Arbeit gänzlich ausgesetzt, liegen keine Wechselschichten vor (vgl. Breier/Dassau TVöD Komm. Erl. 2.2 zu § 7 TVöD Rn. 7). Damit steht jede Unterbrechung der täglichen Arbeit der Annahme von Wechselschichtarbeit entgegen (BAG v. 24.9.2008, 10 AZR 669/07, ZTR 2009, 74). Zudem muss der Arbeitnehmer kraft arbeitsvertraglicher Vereinbarung oder kraft Direktionsrechts dazu verpflichtet sein, ständig und damit nicht nur gelegentlich oder vertretungsweise Wechselschicht zu leisten (BAG v. 24.3.2010, 10 AZR 58/09, ZTR 2010, 405). Als Ausgleich für die mit der Wechselschichtarbeit verbundenen Belastungen sieht § 8 Abs. 5 TVöD/§ 8 Abs. 7 TV-L die Zahlung einer Wechselschichtzulage vor (Näheres siehe unter → *Zulagen*).

Außerdem sieht § 27 TVöD/TV-L die Gewährung eines Zusatzurlaubs (vgl. Stichwort → *Urlaub*) für die Leistung von Wechselschichtarbeit vor. Die Anzahl der Zusatzurlaubstage bezieht sich auf eine Fünftagewoche und verändert sich bei einer Verteilung der zu leistenden Arbeitszeit auf eine andere Anzahl von Wochenarbeitstagen entsprechend (BAG v. 19.2.2014, 10 AZR 539/13, ZTR 2014, 422).

## 3. Bereitschaftsdienst

Nach § 6 Abs. 5 TVöD/TV-L sind die Beschäftigten verpflichtet, außerhalb der regelmäßigen Arbeitszeit Bereitschaftsdienst zu leisten, sofern begründete betriebliche oder dienstliche Notwendigkeiten dies erfordern. Der Arbeitgeber darf nicht aus unsachlichen, willkürlichen Gründen eine derartige Sonderform anordnen, vielmehr muss die Anordnung zur Erledigung der Aufgaben des Betriebs oder der Verwaltung erforderlich sein (vgl. Breier/Dassau TVöD Komm. Erl. 5.2 zu § 6 TVöD Rn. 139). Nach § 15 Abs. 6a BAT durfte der Arbeitgeber Bereitschaftsdienst nur anordnen, wenn während des Bereitschaftsdienstes zwar in der Regel Arbeit anfiel, die Arbeitsleistung aber erfahrungsgemäß zeitlich nicht überwog, wenn also die Arbeitsleistung erfahrungsgemäß durchschnittlich unter 51 % blieb. Eine solche Regelung wurde nicht im Bereich des allgemeinen Teils des TVöDs übernommen.

§ 7 Abs. 3 TVöD/TV-L enthält eine Definition des Begriffs „Bereitschaftsdienst". Hiernach leisten Beschäftigte Bereitschaftsdienst, wenn sie sich auf Anordnung des Arbeitgebers außerhalb der regelmäßigen Arbeitszeit an einer vom Arbeitgeber bestimmten Stelle aufhalten, um im Bedarfsfall die Arbeit aufzunehmen. Bereitschaftsdienst stellt eine zusätzlich dazu zu erbringende Leistung dar und kann nicht zur Erfüllung der regelmäßigen Arbeitszeit im Sinne des § 7 Abs. 3 TVöD/TV-L herangezogen werden (BAG v. 17.1.2019, 6 AZR 17/18, ZTR 2019, 272). Hinsichtlich der zeitlichen Lage des Bereitschaftsdienstes machen der TVöD/TV-L keine Vorgaben. Der Bereitschaftsdienst kann die regelmäßige Arbeitszeit daher auch unterbrechen.

Bereitschaftsdienst verpflichtet demnach den Arbeitnehmer, sich an einem vom Arbeitgeber bestimmten Ort innerhalb oder außerhalb des Betriebs aufzuhalten, damit er bei Bedarf seine Arbeit unverzüglich aufnehmen kann. Die ihm zur Verfügung stehende Zeit kann der Arbeitnehmer beliebig nutzen, ohne dass er in Bezug auf seine Arbeit stets wachsam sein müsste. Der Arbeitnehmer kann während der Bereitschaftszeit somit auch schlafen oder seinen Hobbys nachgehen. Er muss jedoch sein Verhalten auf einen möglichen Arbeitseinsatz ausrichten.

Die Frage, ob Bereitschaftsdienst als Arbeitszeit zu werten ist, wurde bis 2003 unterschiedlich beurteilt.

Nach früherem deutschem Verständnis galt Bereitschaftsdienst nicht als Arbeitszeit. Nach ständiger Rechtsprechung des BAG galt der Bereitschaftsdienst viel mehr als Ruhezeit. Der aufgrund der gemeinschaftsweit geltenden Richtlinie 93/104/EG (jetzt 2003/88/EG) zuständige EuGH hat jedoch festgestellt, dass Bereitschaftsdienst, den ein Arbeitnehmer in Form persönlicher Anwesenheit in der Dienststelle leistet, in vollem Umfang Arbeitszeit im Sinne der Richtlinie darstellt und zwar auch dann, wenn es dem Betroffenen in Zeiten, in denen er nicht in Anspruch genommen wird, gestattet ist, sich an seiner Arbeitsstelle auszuruhen. Demnach steht die Richtlinie einer Regelung entgegen, die solche Zeiten als Ruhezeit einstuft (EuGH v. 9.9.2003, Rs. C-151/02 [Jaeger], ZTR 2003, 501). Da die Arbeitszeitrichtlinie in gleicher Weise auch für Beamte gilt, ist diese Wertung auf Beamte übertragbar (EuGH v. 3.5.2012, Rs. C-337/10, ZTR 2012, 365).

Dieser Rechtsprechung folgend hat der Gesetzgeber das Arbeitszeitgesetz durch die Änderung mit dem Gesetz zu Reformen am Arbeitsmarkt zum 1. Januar 2004 angepasst. Nunmehr steht fest, dass Bereitschaftsdienst Arbeitszeit ist. Es gilt folgende Definition: Bereitschaftsdienst ist gegeben, wenn der Arbeitnehmer sich auf Anordnung des Arbeitgebers außerhalb der regelmäßigen Arbeitszeit an einer vom Arbeitgeber bestimmten Stelle aufhalten muss, um im Bedarfsfalle die Arbeit aufzunehmen.

Die Tarifvertragsparteien haben in § 9 TVöD/TV-L nunmehr geregelt, dass die Summe aus Vollarbeitszeit und Bereitschaftszeit keinesfalls durchschnittlich 48 Stunden pro Woche übersteigen darf, wenn ein Arbeitnehmer zu Bereitschaftsdiensten herangezogen wird. Diese Höchstarbeitszeit von durchschnittlich 48 Stunden ergibt sich aus Art. 6 Buchst. b der Richtlinie 2003/88/EG. Soweit unter der Geltung des BAT für Hausmeister und andere Beschäftigte, in deren regelmäßiger Arbeitszeit Bereitschaftszeiten enthalten sind, eine durchschnittliche wöchentliche Arbeitszeit von 48,5 oder sogar 50,5 Stunden vorgesehen war, konnte diese Regelung keinen Bestand behalten. Eine in Tarifverträgen enthaltene längere wöchentliche Arbeitszeit als 48 Stunden stellt einen Verstoß gegen § 3 ArbZG dar und ist damit nicht anzuwenden (BAG v. 17.12.2009, 6 AZR 729/08, ZTR 2010, 192).

Nach § 9 Abs. 1 TVöD/TV-L werden Bereitschaftszeiten zur Hälfte als tarifliche Arbeitszeit gewertet, sofern diese regelmäßig und in nicht unerheblichem Umfang anfallen. Von einem nicht unerheblichen Anteil der Bereitschaftszeiten ist auszugehen, wenn der Anteil der Bereitschaftszeiten an der regelmäßigen Arbeitszeit etwa 25 % beträgt (BAG v. 6.9.2018, 6 AZR 204/17, ZTR 2019, 146). Dies stellt eine Modifizierung der tariflichen Arbeitszeit nach § 6 Abs. 1 TVöD/TV-L dar. Mit dem Grundgehalt sind die Bereitschaftszeiten vollständig abgegolten. Dies ist auch mit dem MiLoG vereinbar, sofern der sich daraus ergebende Stundenlohn den Mindestlohn nach § 1 Abs. 2 S. 1 MiLoG übersteigt. Ein Verstoß gegen das MiLoG aufgrund der Faktorisierung der Bereitschaftszeiten nach § 9 Abs. 1 TVöD/TV-L liegt nicht vor (BAG v. 29.6.2016, 5 AZR 716/15, ZTR 2016, 134).

Die Zeiten des Bereitschaftsdienstes sind Zeiten der Erwerbstätigkeit im Sinne der Teilzeitbeschäftigung nach dem BEEG (LSG Sachsen-Anhalt v. 15.12.2022, L 2 EG 3/21).

## 4. Rufbereitschaft

Nach § 6 Abs. 5 TVöD/TV-L sind die Beschäftigten verpflichtet, außerhalb der regelmäßigen Arbeitszeit Rufbereitschaftsdienst zu leisten, sofern dringende betriebliche oder dienstliche Gründe dies erfordern. Die Gründe, die eine derartige Verpflichtung rechtfertigen können, müssen so beschaffen sein, dass auf andere Weise das Arbeitsergebnis nicht entsprechend der unternehmerischen Konzeption und der Zahl der zur Verfügung stehenden Arbeitskräfte zu erzielen ist (vgl. Breier/Dassau TVöD Komm. Erl. 5.2 zu § 6 TVöD Rn. 121). Rufbereitschaft bedeutet gemäß § 7 Abs. 4 S. 1 TVöD/TV-L, dass sich der Arbeitnehmer auf Anordnung des Arbeitgebers bereithalten muss, um auf Aufforderung die Arbeit aufzunehmen. Eine Rufbereitschaft dauert ununterbrochen im tariflichen Sinne vom Zeitpunkt der Verpflichtung des Arbeitnehmers, auf Abruf die Arbeit aufzunehmen, bis zu dem Zeitpunkt, in dem diese Verpflichtung endet (BAG v. 5.2.2009, 6 AZR 114/08, ZTR 2009, 311). Rufbereitschaft unterscheidet sich vom Bereitschaftsdienst im Wesentlichen dadurch, dass nicht der Arbeitgeber den Aufenthaltsort bestimmt, sondern dass der Arbeitnehmer seinen Aufenthaltsort wählen kann und ihn lediglich dem Arbeitgeber anzuzeigen hat und dort erreichbar sein muss. Eventuelle Abrufmöglichkeiten muss der Arbeitnehmer auf seine Kosten bereithalten. Der Rufbereitschaftsdienst als solcher wird unstreitig außerhalb der regelmäßigen Arbeitszeit geleistet.

Der EuGH hat in seiner Entscheidung vom 3. Oktober 2000 (Rs. C-303/98 [SIMAP], ZTR 2000, 564) ausdrücklich festgestellt, dass es für den Arbeitnehmer einen wesentlichen Unterschied darstelle, ob er seinem Arbeitgeber zwar auf Abruf zur Verfügung stehen müsse, dabei aber nicht an den Betriebsort gebunden sei, denn so könne er über seine Zeit tatsächlich freier verfügen (Breier/Dassau TVöD Komm. Erl. 6.1 zu § 7 TVöD Rn. 46 ff.). Nach dem Urteil des Europäischen Gerichtshofs ist bei angeordneter Rufbereitschaft nur die Zeit, die für die tatsächliche Erbringung von Leistungen aufgewandt wird, als Arbeitszeit anzusehen. Daher gilt die Zeit der Rufbereitschaft auch nur insoweit als Ruhezeit, als tatsächlich während der Rufbereitschaft keine tatsächliche Arbeitsleistung anfällt.

Der Arbeitnehmer darf sich jedoch nur soweit von seinem möglichen Arbeitseinsatzort entfernen, dass er in angemessen kurzer Zeit die Arbeit aufnehmen kann. Er darf sich also nicht in einer Entfernung zum evtl. Einsatzort aufhalten, die im Bedarfsfalle die Arbeitsaufnahme nicht gewährleistet, also dem Sinn und Zweck des Rufbereitschaftsdienstes zuwiderlaufen würde. Seine körperliche, geistige und psychische Leistungsfähigkeit darf nicht beeinträchtigt sein (z. B. durch Einnahme von Alkohol).

Da sich Arbeitszeit und Ruhezeit gegenseitig ausschließen und nur diese beiden Stadien existieren, muss jede vom Arbeitnehmer verbrachte Zeit zugeordnet werden. Maßgeblich ist zwar nicht die Intensität der vom Arbeitnehmer während einer Rufbereitschaft geleisteten Tätigkeit und die Häufigkeit seiner Inanspruchnahme. Ordnet der Arbeitgeber mit der Rufbereitschaft allerdings eine verbindliche Entfernungsgrenze (z. B. Höchstentfernung um den Einsatzort zwölf Kilometer) oder eine die Entfernung regelnde Zeitgrenze (z. B. jederzeitige Vorgabe, innerhalb von längstens acht Minuten die Arbeit aufzunehmen) an, so sieht die Rechtsprechung darin regelmäßig die Anordnung von Arbeitszeit (EuGH v. 21.2.2018, Rs. C-518/15, ZTR 2018, 279, ähnlich bereits (BAG v. 19.12.1991, 6 AZR 592/89, ZTR 1992, 247).

Unter Berücksichtigung der Umstände des Einzelfalles kann jedoch auch dann, wenn der Arbeitnehmer verpflichtet ist, den Dienstort innerhalb einer bestimmten Frist zu erreichen, die Annahme von Arbeitszeit ausgeschlossen sein. Maßgeblich ist nach der Rechtsprechung des Europäischen Gerichtshofs, ob dem Arbeitnehmer Einschränkungen von solcher Art auferlegt werden, dass sie seine Möglichkeit, während der Bereitschaftszeiten die Zeit, in der seine beruflichen Leistungen nicht in Anspruch genommen werden, frei zu gestalten und sie seinen eigenen Interessen zu widmen, objektiv gesehen ganz erheblich beeinträchtigen. Berücksichtigt werden können neben der Zeit, die dem Arbeitnehmer zur Aufnahme seiner beruflichen Tätigkeit zur Verfügung steht, insbesondere der Umfang und die Modalitäten der Möglichkeit, eine andere berufliche Tätigkeit auszuüben, sowie gegebenenfalls die durchschnittliche Häufigkeit der Inanspruchnahme. Organisatorische Schwierigkeiten, die sich z. B. aus der freien Entscheidung des Arbeitnehmers ergeben oder Folge natürlicher Gegebenheiten sind, können dagegen nicht berücksichtigt werden (EuGH v. 11.11.2021, Rs. C-214/20, ZTR 2022, 36; EuGH v. 9.3.2021, Rs. C-580/19, ZTR 2021, 209; vgl. auch EuGH v. 9.9.2021, Rs. C-107/19, ZTR 2022, 31). Das VG Hamburg v. 10.6.2022, 8 K 4681/17 sieht eine durchschnittliche Alarmierungsquote von 27,35 % nicht als häufig an.

## 5. Nachtarbeit

Nachtarbeit im Sinne des TVöD/TV-L ist die Arbeit zwischen 21 Uhr und 6 Uhr (§ 7 Abs. 5 TVöD/TV-L). Nachtarbeit leistet der Arbeitnehmer, wenn er mehr als zwei Stunden der Nachtzeit arbeitet. Der Beschäftigte ist im Rahmen betrieblicher bzw. dienstlicher Notwendigkeiten zur Leistung von Nachtarbeit auch ohne Zustimmung verpflichtet (§ 6 Abs. 5 TVöD/TV-L).

**Beispiel**

> Eine Schicht dauert von 18 Uhr bis 24 Uhr eines Tages. Da drei Stunden in der Zeit zwischen 21 Uhr und 6 Uhr liegen, handelt es sich um eine Nachtschicht im Sinne des § 7 Abs. 1 Satz 3 TVöD/TV-L.

Zum Ausgleich der durch Nachtarbeit entstehenden Belastungen sieht § 8 Abs. 1 TVöD/TV-L einen Zuschlag in Höhe von 20 % des auf eine Stunde entfallenden Anteils des Tabellenentgelts der Stufe 3 der jeweiligen Entgeltgruppe vor. Sofern keine tarifvertraglichen Ausgleichsregelungen bestehen, entsteht unmittelbar aus § 6 Abs. 5 ArbZG ein Ausgleichsanspruch. Dieser kann nach freier Entscheidung des Arbeitgebers durch Zahlung eines angemessenen Nachtzuschlags, durch bezahlte Freistellung oder eine Kombination von beidem erfüllt werden (BAG v. 13.1.2016, 10 AZR 792/14, ZTR 2016, 306). Angemessen ist grundsätzlich ein Zuschlag von 25 % des Bruttostundenlohns, bei ständiger Nachtarbeit ein Zuschlag von 30 %. Hat der Arbeitnehmer während der Nacht lediglich Arbeitsbereitschaft oder Bereitschaftsdienst zu leisten, kann auch ein Zuschlag von weniger als 25 % eines Bruttostundenlohns angemessen sein (BAG v. 9.12.2015, 10 AZR 423/14).

Eine Regelung, die für unregelmäßige Nachtarbeit eine höhere Vergütung vorsieht als für regelmäßige Nachtarbeit, ist mit der EU-Arbeitszeitrichtlinie und Art. 51 Abs. 1 GRCh nicht vereinbar. Regelmäßige und unregelmäßige Nachtarbeit sind gleich zu behandeln (EuGH v. 7.7.2022, C-257/21).

## 6. Mehrarbeit

Der Begriff der Mehrarbeit wurde im TVöD/TV-L neu definiert (Breier/Dassau TVöD Komm. Erl. 8 zu § 7 TVöD Rn. 59; Breier/Dassau TV-L Komm. Erl. 8 zu § 7 TV-L Rn. 106). Hiernach sind dies Arbeitsstunden, die der teilzeitbeschäftigte Arbeitnehmer über die vertraglich vereinbarte, bis zur Höhe der regelmäßigen wöchentlichen Arbeitszeit eines Vollbeschäftigten leistet, § 6 Abs. 1 S. 1 TVöD/TV-L. Die Verpflichtung für den teilzeitbeschäftigten Arbeitnehmer, Mehrarbeit zu leisten, ergibt sich aus § 6 Abs. 5 TVöD/TV-L. Die Definition des Begriffs der Mehrarbeit soll insbesondere diese Arbeitsleistung eines Teilzeitbeschäftigten außerhalb seiner individuellen regelmäßigen Arbeitszeit bis zur Grenze der regelmäßigen Arbeitszeit eines Vollzeitbeschäftigten von den Überstunden gemäß § 7 Abs. 7 TVöD/TV-L abgrenzen. Damit sollte klargestellt werden, dass erst bei Überschreitung der regelmäßigen Arbeitszeit eines Vollbeschäftigten Überstundenzuschläge anfallen.

Diese langjährige Anwendungspraxis verstößt allerdings gegen das Verbot zur Diskriminierung teilzeitbeschäftigter Arbeitnehmer nach § 4 Abs. 1 TzBfG. Daher sind Mehrarbeitszuschläge schon dann zu zahlen, wenn die vom Arbeitgeber eingeforderte Arbeitszeit über die einzelvertraglich vereinbarte Arbeitszeit am Ende des Berechnungszeitraums hinausgeht (BAG v. 19.12.2018, 10 AZR 231/18, ZTR 2019, 268). Darüber, ob die tarifvertragliche Begrenzung von Überstundenzuschlägen auf eine Überschreitung der regelmäßigen Arbeitszeit eines Vollzeitbeschäftigten eine Diskriminierung von Teilzeitbeschäftigten darstellt, hat mit dem Vorlagebeschluss des BAG vom 28.10.2021 (8 AZR 370/20 (A)) nun der EuGH zu entscheiden.

## 7. Überstunden

Der Begriff der Überstunde ist in §§ 7 Abs. 7 und 8 TVöD/TV-L definiert. § 7 Abs. 7 TVöD/TV-L bestimmt den Regelfall der Überstunde. Danach sind Überstunden die auf Anordnung des Arbeitgebers geleisteten Arbeitsstunden, die über die im Rahmen der regelmäßigen Arbeitszeit (§ 6 Abs. 1 S. 1 TVöD/TV-L) eines Vollbeschäftigten für die Woche dienstplanmäßig bzw. betriebsüblich festgesetzten Arbeitsstunden hinausgehen und nicht bis zum Ende der folgenden Kalenderwoche ausgeglichen werden. Die Verpflichtung, Überstunden zu leisten, ergibt sich aus § 6 Abs. 5 TVöD/TV-L. Den Ausgleich für geleistete Überstunden regelt § 8 Abs. 1 TVöD/TV-L (→ *Zuschläge*). Soweit das BAG in der Vergangenheit im Wege der Auslegung davon ausgegangen war, auch von Anfang an im Schichtplan eingestellte Arbeitszeiten oberhalb der regelmäßigen Durchschnittswochenarbeitszeit könnten entgegen des Wortlauts von § 7 Abs. 8 Buchst. c TVöD/TV-L Überstunden sein, wenn mit ihnen bezogen auf die gesamte Dauer des Schichtplanturnus die regelmäßig zu leistende Arbeitszeit überschritten wird (so noch BAG v. 25.4.2013, 6 AZR 800/11, ZTR 2013, 437; BAG v. 23.3.2017, 6 AZR 161/16, ZTR 2017, 470), hält es daran nicht mehr fest. Stattdessen erachtet das BAG nunmehr die Überstundenregelung für Wechselschicht- und Schichtarbeit in § 7 Abs. 8 Buchst. c TVöD-K wegen eines Verstoßes gegen das Gebot der Normenklarheit für unwirksam, sodass sich das Vorliegen von Überstunden auch bei dieser Beschäftigtengruppe allein nach § 7 Abs. 7 TVöD-K richtet (BAG v. 15.10.2021, 6 AZR 253/19, ZTR 2022, 82).

Davon unabhängig geht das BAG nunmehr davon aus, dass die Regelung eines Entstehens zuschlagspflichtiger Überstunden im TVöD-K nicht wegen eines Verstoßes gegen das Diskriminierungsverbot für Teilzeitbeschäftigte aus § 4 Abs. 1 TzBfG unangewendet bleiben muss (vgl. noch BAG v. 23.3.2017, 6 AZR 161/16, ZTR 2017, 470). Die Tarifvertragsparteien des TVöD-K haben vielmehr in zulässiger Weise die Teilzeit- und Vollbeschäftigten als nicht vergleichbar angesehen und dem durch unterschiedliche Regelungssysteme für Mehrarbeit und Überstunden Rechnung getragen haben (BAG v. 15.10.2021, 6 AZR 253/19, ZTR 2022, 82). Abzuwarten bleibt indessen, ob das Urteil des EuGH betreffend die Ungleichbehandlung von Überstunden bei Voll- und Teilzeitbeschäftigten in einem Tarifvertrag für Piloten der Lufthansa mittelfristig auch für den TVöD/TV-L Auswirkungen besitzen werden (vgl. EuGH v. 19.10.2023, C-660/20, ZTR 2023, 680 (MK/Lufthansa CityLine GmbH); gegen das Urteil des BAG v. 15.10.2021, 6 AZR 253/19, ZTR 2022, 82 ist im Übrigen weiterhin eine Verfassungsbeschwerde (1 BvR 1198/22) vor dem BVerfG anhängig).

Da der Arbeitgeber Überstunden gesondert anordnen muss, stellen freiwillig geleistete Arbeitsstunden keine Überstunden dar. Kenntnis und Duldung der nicht im Rahmen der regelmäßigen Arbeitszeit erfüllbaren Tätigkeiten durch den Arbeitgeber kann einer ausdrücklichen Anordnung aber gleichstehen (vgl. BAG v. 26.6.2019, 5 AZR 452/18, ZTR 2019, 614 zur Abzeichnung der elektronischen Arbeitszeitnachweise des Arbeitnehmers durch den Arbeitgeber). Allerdings gehört es zu der vom Arbeitnehmer im Rahmen eines auf Überstundenvergütung gerichteten Rechtsstreits zu tragenden Darlegungs- und Beweislast, vorzutragen und gegebenenfalls zu beweisen, an welchen Tagen er von wann bis wann Arbeit geleistet oder sich auf Weisung des Arbeitgebers zur Arbeit bereitgehalten hat (BAG v. 21.12.2016, 5 AZR 362/16).

 **ACHTUNG!**

Nach der Rechtsprechung des Europäischen Gerichtshofs gehören die Vorgaben betreffend die Höchstarbeitszeit und die Ruhezeiten aber zu den besonders bedeutsamen Regelungen der Arbeitszeitrichtlinie, weshalb die Mitgliedsstaaten verpflichtet sein sollen, ein wirksames System zur Aufzeichnung der von jedem Arbeitnehmer geleisteten täglichen Arbeitszeit zu schaffen (EuGH v. 14.5.2019, Rs. C-55/18 [CCOO], ZTR 2019, 381). Es bleibt abzuwarten, inwieweit diese zum spanischen Recht ergangene Rechtsprechung eine Änderung des deutschen ArbZG durch den deutschen Gesetzgeber verursachen wird. Dort findet sich in § 16 Abs. 2 S. 1 ArbZG derzeit nur die (vom EuGH für unzureichend befundene) Vorgabe, die über die werktägliche Arbeitszeit des § 3 S. 1 ArbZG hinausgehende Arbeitszeit der Arbeitnehmer aufzuzeichnen.

Keine Auswirkung hat die Entscheidung des Europäischen Gerichtshofs zudem auf die Darlegungs- und Beweislast in einem Überstundenprozess. Aufgrund der fehlenden Kompetenz des EuGH, die nationale Rechtsordnung zu ändern, verbleibt es bei den vom Bundesarbeitsgericht (vgl. BAG v. 21.12.2016, 5 AZR 362/16) aufgestellten Grundsätzen.

Da die Entstehung von Überstunden gemäß § 7 Abs. 7 TVöD/TV-L eine Überschreitung der dienstplanmäßig bzw. betriebsüblich festgesetzten Arbeitsstunden voraussetzt, ist die Verteilung der Arbeitszeit in der Dienststelle/im Betrieb zu berücksichtigen.

**Beispiel**

Der Dienstplan eines Arbeitnehmers des Bundes sieht in einer Woche eine Tätigkeit von 43 Stunden und in der nächsten Woche eine Tätigkeit von 35 Stunden vor, im Schnitt also 39 Stunden. In der ersten Woche kann aufgrund der Dienstplanung erst die 44. Stunde eine Überstunde darstellen, in der zweiten Woche bereits die 36. (vgl. dazu BAG v. 27.3.2014, 6 AZR 621/12, wo sich die monatlich üblicherweise zu leistende Arbeitszeit von 168 Stunden aufgrund eines Feiertags nach § 6 Abs. 3 S. 3 TVöD auf 152 Stunden reduzierte und danach bereits die 153. Stunde Überstundenzuschläge entstehen ließ).

Allerdings kann der Arbeitgeber trotz Anordnung zusätzlicher Arbeit oberhalb der planmäßig oder üblich festgesetzten Arbeitszeit die Entstehung von zuschlagspflichtigen Überstunden verhindern, indem er einen Ausgleich bis zum Ende der folgenden Kalenderwoche vornimmt. Die Festlegung auf das Ende der folgenden Kalenderwoche bedeutet, dass der Ausgleich sich nach dem Kalender bestimmt.

**Beispiel**

Die zusätzliche Arbeitszeit von einer Stunde wird an einem Donnerstag geleistet. Bis zum Sonntag der darauf folgenden Woche muss eine entsprechende Arbeitszeitverkürzung an einem anderen Tag erfolgen, um die Entstehung einer Überstunde zu vermeiden. Wird die zusätzliche Arbeitszeit an einem Sonntag geleistet, steht ebenfalls ein Zeitraum bis zum Sonntag der darauf folgenden Kalenderwoche zur Verfügung, um die Zuschlagspflichtigkeit dieser Stunde nach § 8 Abs. 1 TVöD/TV-L zu vermeiden. Im Ergebnis umfasst der Ausgleichszeitraum dann also lediglich sieben Kalendertage, da die Kalenderwoche von 00.00 Uhr am Montag bis 24.00 Uhr am Sonntag dauert.

Weitere Einschränkungen der Entstehung von Überstunden können die Betriebsparteien durch die Festlegung eines Arbeitszeitkorridors von bis zu 45 Stunden (§ 6 Abs. 6 TVöD/TV-L) oder durch die Einführung einer täglichen Rahmenzeit von bis zu 12 Stunden (§ 6 Abs. 7 TVöD/TV-L) durch Betriebs-/Dienstvereinbarung vorsehen. Nach § 7 Abs. 8 lit. a) und b) TVöD/TV-L können in diesem Fall nur die oberhalb des Arbeitszeitkorridors oder der Rahmenzeit zu leistenden Arbeitsstunden zuschlagspflichtige Überstunden darstellen.

Bei Geltung von Vertrauensarbeitszeit können Überstunden dennoch anfallen, wenn es dem Arbeitnehmer aufgrund des Umfangs der ihm zugewiesenen Arbeit gar nicht mehr möglich ist, durch Selbstbestimmung für einen Freizeitausgleich zu sorgen (vgl. BAG v. 26.6.2019, 5 AZR 452/18, ZTR 2019, 614).

Hat der Arbeitnehmer Wechselschicht- oder Schichtarbeit zu leisten, ist ein Ausgleich zusätzlicher Arbeitsstunden nach § 7 Abs. 8 lit. c) TVöD/TV-L auch bei Einhaltung der regelmäßigen wöchentlichen Arbeitszeit durch den Schichtplanturnus denkbar (BAG v. 18.5.2011, 5 AZR 181/10; vgl. auch *Steinigen*, ZTR 2010, 509). Die Entscheidung darüber, ob und in welchem Umfang und zu welchen Zeiten Überstunden zu leisten sind, unterliegt der Mitbestimmung nach § 80 Abs. 1 Nr. 2 BPersVG (OVG Berlin-Brandenburg v. 23.4.2009, 62 PV 4.07).

 **TIPP!**

Ist im Anschluss an die Regelarbeitszeit wirksam ein Bereitschaftsdienst angeordnet worden und fällt zusätzliche Arbeit an, die in der Regelarbeitszeit nicht erledigt werden kann, braucht der Arbeitgeber keine Überstunden anzuordnen. Er kann stattdessen den bereits festgelegten Bereitschaftsdienst in Anspruch nehmen, um die zusätzlichen Arbeiten von dem Arbeitnehmer erledigen zu lassen (vgl. BAG v. 25.4.2007, 6 AZR 799/06).

## V. Arbeitszeitkonto

Der wesentliche Grund für die Schaffung der Regelung in § 10 TVöD/TV-L ist die Erforderlichkeit von Arbeitszeitkonten für die Nutzung der Arbeitszeitmodelle Rahmenzeit und Arbeitszeitkorridor nach § 6 Abs. 6 und Abs. 7 TVöD/TV-L. Arbeitszeitkonten können aber auch außerhalb dieser Arbeitszeitmodelle eingerichtet werden. Voraussetzung ist allerdings in jedem Fall die Vereinbarung durch Betriebs- oder Dienstvereinbarung, § 10 Abs. 1 S. 1 TVöD/TV-L.

§ 10 Abs. 4 TVöD/TV-L regelt, dass eine Minderung des Zeitguthabens nicht eintritt, wenn der Arbeitnehmer während eines Zeitausgleichs vom Arbeitszeitkonto arbeitsunfähig erkrankt. Voraussetzung ist hierfür die unverzügliche Anzeige sowie der Nachweis der Arbeitsunfähigkeit durch ein ärztliches Attest. Insoweit besteht ein wesentlicher Unterschied zur Gleitzeit. Nach der Rechtsprechung des Bundesarbeitsgerichts wird nämlich ein Anspruch auf Arbeitszeitausgleich bereits durch die Freistellung von der Arbeitspflicht erfüllt, sodass bei nachträglich eintretender Arbeitsunfähigkeit während der Freistellung eine Nachgewährung nicht erfolgen muss, da keine Arbeitspflicht bestand (BAG v. 31.5.1989, 5 AZR 344/88, ZTR 1990, 77).

§ 10 Abs. 6 TVöD/TV-L sieht auch die Möglichkeit der Schaffung eines Langzeitkontos vor. Dieses kann der Arbeitgeber im Wege einer individualvertraglichen Abrede mit dem einzelnen Arbeitnehmer vereinbaren. Das Langzeitkonto muss also nicht auf einer Dienst- oder Betriebsvereinbarung beruhen. Allerdings ist der Betriebs- oder Personalrat bei der Einrichtung eines Langzeitkontos zu beteiligen, § 10 Abs. 6 S. 2 TVöD/TV-L.

Ein Langzeitkonto liegt dann vor, wenn die Ansammlung von Zeitguthaben über einen längeren als den in § 6 Abs. 2 TVöD/TV-L vorgesehenen Zeitraum möglich sein soll. Sinn und Zweck eines solchen Arbeitszeitkontos kann sein, Arbeitnehmern eine längere zusammenhängende Freizeit zu ermöglichen (z. B. Sabbatjahr, Freistellung vor Ruhestand).

 **TIPP!**

Im Falle der Beendigung des Arbeitsverhältnisses hat der Arbeitgeber das Arbeitszeitkonto spätestens zum Zeitpunkt des

Ausscheidens des Arbeitnehmers auszugleichen und Freizeitausgleich oder eine finanzielle Abgeltung zu leisten. Soll bei einer Freistellung des Arbeitnehmers während der Kündigungsfrist eine Verrechnung mit dem Guthabensaldo aus dem Arbeitszeitkonto erfolgen, muss der Arbeitgeber dies ausdrücklich erklären. Die bloße Anrechnung ausstehender Urlaubsansprüche genügt für eine Erfüllung auch des Guthabens auf dem Arbeitszeitkonto nicht (vgl. BAG v. 20.11.2019, 5 AZR 578/18).

## VI. Abweichungsmöglichkeiten von den arbeitszeitrechtlichen Vorgaben

Das ArbZG sieht in § 7 weitreichende Möglichkeiten der Abweichung von den Grenzen des Gesetzes durch Tarifverträge oder Betriebs- oder Dienstvereinbarungen aufgrund eines Tarifvertrages vor. In § 7 Abs. 2a ArbZG ist etwa geregelt, dass eine Verlängerung der werktäglichen Arbeitszeit auch ohne Ausgleich über acht Stunden hinaus möglich ist, wenn in die Arbeitszeit regelmäßig und in erheblichem Umfang Arbeitsbereitschaft oder Bereitschaftsdienst fällt und durch besondere Regelungen sichergestellt wird, dass die Gesundheit der Arbeitnehmer nicht gefährdet wird. Diese Flexibilisierungsmöglichkeit wird sogleich durch § 7 Abs. 7 ArbZG abgeschwächt, wonach eine Einwilligung der betroffenen Arbeitnehmer erforderlich ist.

Erforderlich ist zunächst die Einwilligung des betroffenen Arbeitnehmers. Der Arbeitnehmer muss gem. § 7 Abs. 7 S. 1 ArbZG die Einwilligung selbst erklären. Die Zustimmung kann also weder durch eine Gewerkschaft im Tarifvertrag noch stellvertretend durch den Betriebs- oder Personalrat im Rahmen einer Betriebs- oder Dienstvereinbarung vorgenommen werden. Die Einwilligung muss schriftlich erklärt werden, eine mündliche Erklärung ist unwirksam. Die Zustimmung des Arbeitnehmers muss vor Beginn der verlängerten Arbeitszeit vorliegen. § 7 Abs. 7 S. 2 ArbZG sieht ferner vor, dass der Arbeitnehmer die Einwilligung jederzeit mit einer Frist von sechs Monaten schriftlich widerrufen kann.

Diese sogenannte Opt-Out-Regelung gilt im allgemeinen Teil des TVöD jedoch nicht. Die Tarifvertragsparteien des öffentlichen Dienstes haben im TVöD lediglich von anderen gesetzlichen Öffnungsklauseln Gebrauch gemacht (§ 6 Abs. 4 TVöD/TV-L). Danach kann aus dringenden betrieblichen bzw. dienstlichen Gründen auf der Grundlage einer Betriebs- oder Dienstvereinbarung im Rahmen des § 7 Abs. 1 und 2 und des § 12 ArbZG von den Vorschriften des Arbeitszeitgesetzes abgewichen werden, d. h. es können Arbeitszeiten über die Grenzen des Arbeitszeitgesetzes hinaus zugelassen werden.

§ 7 Abs. 1 und 2 sowie § 12 ArbZG sehen folgende, für die Praxis relevante Abweichungsmöglichkeiten vor:

▸ Die Arbeitszeit kann über zehn Stunden werktäglich hinaus verlängert werden, wenn in die Arbeitszeit regelmäßig und in erheblichem Umfang Arbeitsbereitschaft oder Bereitschaftsdienst fällt, oder es kann ein anderer Ausgleichszeitraum festgelegt werden, § 7 Abs. 1 Nr. 1 und 4 ArbZG.

▸ Die Gesamtdauer der Ruhepausen kann in Schichtbetrieben (z. B. Krankenhäuser, Feuerwehrwachen) und in Verkehrsbetrieben auf kurze Pausen von angemessener Dauer aufgeteilt werden, § 7 Abs. 1 Nr. 2 ArbZG.

▸ Die Ruhezeit kann um bis zu zwei Stunden verkürzt werden, wenn die Art der Arbeit dies erfordert und die Kürzung der Ruhezeit innerhalb eines festzulegenden Ausgleichszeitraums ausgeglichen wird, § 7 Abs. 1 Nr. 3 ArbZG.

▶ Sofern der Gesundheitsschutz der Beschäftigten durch einen entsprechenden Zeitausgleich gewährleistet ist, finden sich weitere Abweichungsmöglichkeiten in § 7 Abs. 2 und § 12 ArbZG (Einzelheiten bei Breier/Dassau TVöD Komm. Erl. 5.1 zu § 6 TVöD Rn. 117).

Um die Öffnungsklausel in § 6 Abs. 4 TVöD/TV-L zu nutzen, müssen zwei Voraussetzungen erfüllt werden: In materieller Hinsicht sind „dringende betriebliche/dienstliche Gründe" notwendig. Es bleibt den Betriebsparteien überlassen zu entscheiden, ob und wann betriebliche bzw. dienstliche Gründe gegeben und dringend sind im Sinne dieser Vorschrift. In formeller Hinsicht ist eine Betriebs- bzw. Dienstvereinbarung erforderlich. Individualarbeitsvertragliche Vereinbarungen genügen nicht.

 **WICHTIG!**

Da § 6 Abs. 4 TVöD/TV-L jedoch lediglich auf die Absätze 1 und 2 des § 7 ArbZG Bezug nimmt, kann nicht von § 7 Abs. 2a ArbZG Gebrauch gemacht werden (sogenannte Opt-out-Regelung).

## VII. Lage der Arbeitszeit

Die Lage der Arbeitszeit ist selten in den Einzelarbeitsverträgen festgelegt. Typischerweise ist sie Gegenstand von Dienstvereinbarungen, seltener auch von Tarifverträgen. Der Personalrat hat im Bereich des Bundes ein Mitbestimmungsrecht bei der Festsetzung des Beginns und des Endes der täglichen Arbeitszeit sowie der Pausen und der Verteilung der Arbeitszeit auf die einzelnen Wochentage, § 80 Abs. 1 Nr. 1 BPersVG. Die Vorschriften der Personalvertretungsgesetze der Länder weichen hiervon zum Teil ab. Das Betriebsverfassungsgesetz sieht in § 87 Abs. 1 Nr. 2 eine dem BPersVG identische Regelung vor.

**Beispiel**

In einem Betrieb war die Lage der Arbeitszeit von 8 bis 16 Uhr festgelegt. Zwischenzeitlich wird ein Personalrat gewählt. Der Arbeitgeber möchte die Arbeitszeit um eine halbe Stunde nach hinten verlegen. Er muss hierfür eine Dienstvereinbarung abschließen und kann dies nicht einseitig tun.

## VIII. Besondere Regelungen für einzelne Sparten

### 1. Verwaltung

Für die Angestellten in der kommunalen Verwaltung gilt nach § 6 Abs. 1 TVöD-V eine besondere Regelung für die Anrechnung von Dienstreisen auf die regelmäßige Arbeitszeit. Hiernach gilt nur die Zeit der dienstlichen Inanspruchnahme am auswärtigen Geschäftsort als Arbeitszeit. Es wird jedoch mindestens die auf den Reisetag entfallende regelmäßige, durchschnittliche oder dienstplanmäßige Arbeitszeit berücksichtigt, so dass durch die Dienstreise kein Minus im Hinblick auf die an dem jeweiligen Tag vorgesehene Arbeitszeit entstehen kann (BAG v. 14.12.2010, 9 AZR 686/09, ZTR 2011, 375). Damit entspricht diese Ausnahmeregelung im Anwendungsbereich des TVöD der Rechtslage, die für Landesangestellte nach § 6 Abs. 11 TV-L gilt (vgl. → *Dienstreise*). Weitergehende Spezialregelungen über die regelmäßige Arbeitszeit finden sich in den §§ 45–48 TVöD-BT-V (Bund), etwa für die Beschäftigten im Bereich des Bundesministeriums der Verteidigung, und in den §§ 45–55 TVöD-BT-V (VKA), etwa für kommunale Beschäftigte an Theatern und Bühnen.

### 2. Krankenhäuser

Der Samstag ist ein Werktag im Sinne des TVöD-K, sodass sich die regelmäßige Arbeitszeit eines Arbeitnehmers nach § 6.1 Abs. 2 S. 1 Buchst. b TVöD-K bzw. § 6 Abs. 3 S. 3 TVöD-K vermindert, wenn er im Rahmen von Wechselschichtarbeit an einem auf einen Samstag fallenden Feiertag dienstplanmäßig nicht zur Arbeit eingeteilt war (BAG v. 20.9.2017, 6 AZR 143/16).

In Abweichung von § 6 Abs. 5 TVöD/TV-L ordnet § 45 Abs. 1 S. 2 TVöD BT-K für Beschäftigte im Krankenhaus- und Pflegebereich, die in einem Arbeitsverhältnis zu einem Mitglied des VKA stehen, an, dass Bereitschaftsdienst nur unter eingeschränkten Voraussetzungen angeordnet werden darf. Der Arbeitgeber muss bei der Anordnung erwarten, dass die Zeit ohne Arbeit gegenüber der anfallenden Arbeitszeit überwiegt.

Für den Bereich der Krankenhäuser und Pflegeeinrichtungen eröffnet § 45 Abs. 4 TVöD BT-K auch die Möglichkeit, von der sogenannten Opt-out-Regelung des § 7 Abs. 2a ArbZG Gebrauch zu machen. Hiernach kann unter den Voraussetzungen des § 45 Abs. 3 S. 1 und 2 TVöD BT-K die tägliche Arbeitszeit gemäß § 7 Abs. 2a ArbZG ohne Ausgleich verlängert werden, wobei bei Bereitschaftsdiensten der Stufe I eine wöchentliche Arbeitszeit von durchschnittlich bis zu 58 Stunden und bei Bereitschaftsdiensten der Stufen II und III eine wöchentliche Arbeitszeit von durchschnittlich bis zu 54 Stunden zulässig ist. Der Umfang der möglichen Verlängerung richtet sich also nach den in § 46 Abs. 1 TVöD BT-K bzw. § 8.1 TVöD-K geregelten Belastungsstufen des Bereitschaftsdienstes, das heißt dem durchschnittlichen Grad der Inanspruchnahme mit Arbeitsleistung innerhalb des Bereitschaftsdienstes. Als Ausgleich für die geleisteten Bereitschaftsdienste ist nach § 8.1 Abs. 7 S. 1 Alt. 3 TVöD-K Bereitschaftsdienstentgelt zu gewähren, es sei denn, der Arbeitnehmer hat einer Regelung zur Abgeltung durch Freizeitausgleich ausdrücklich oder konkludent zugestimmt (BAG v. 17.12.2009, 6 AZR 716/08, ZTR 2010, 197).

Der Anspruch auf Zusatzurlaub für Wechselschichtarbeit nach § 27 Abs. 1 TVöD-K entsteht sukzessive im laufenden Kalenderjahr, sobald neue Anspruchsvoraussetzungen erfüllt sind (BAG v. 23.11.2017, 6 AZR 43/16, ZTR 2018, 197). Wechselschichtarbeit im Sinne von § 7 Abs. 1 S. 1 TVöD-K liegt vor, wenn der im Wechselschichtdienst eingesetzte Arbeitnehmer nach dem Ende einer Nachtschicht erneut zu mindestens zwei weiteren Nachtschichten herangezogen wird. Die zweite Nachtschicht muss dabei spätestens nach Ablauf eines Zeitmonats begonnen haben (BAG v. 24.5.2018, 6 AZR 191/17, ZTR 2018, 533).

Der Zusatzurlaub bei Leistung von Wechselschichtarbeit im Bereich der kommunalen Krankenhäuser wird jeweils zum 1. Januar 2019, 1. Januar 2020 und 1. Januar 2021 um einen Tag erhöht. Zum 1. Januar 2022 werden zudem die Höchstgrenzen um einen weiteren Urlaubstag erhöht.

### 3. Pkw-Fahrer

Für die unter den Anwendungsbereich des TV-L fallenden Pkw-Fahrer bestimmt § 2 Abs. 2 des Pkw-Fahrer-TV-L ebenfalls die Anwendung der Opt-out-Regelung aus § 7 Abs. 2a ArbZG. Hat der Arbeitnehmer zuvor schriftlich eingewilligt und hat der Arbeitgeber geeignete Maßnahmen zur Gewährleistung des Gesundheitsschutzes getroffen, darf die tägliche Arbeitszeit eines Pkw-Fahrers auf bis zu 15 Stunden täglich ohne Freizeitausgleich verlängert werden. Die höchstzulässige Arbeitszeit darf jedoch im Tarifgebiet West 268 Stunden und im Tarifgebiet Ost 272,5 Stunden im Kalendermonat nicht übersteigen. Falls eine solche Überschreitung aus zwingenden dienstlichen oder betrieblichen Gründen doch ausnahmsweise erforderlich sein sollte, sind die über 268 bzw. 272,5 Stunden hinausgehenden zusätzlichen Arbeitsstunden im Laufe des nächsten oder des übernächsten Monats durch Erteilung entsprechenden Freizeitausgleichs abzugelten (§ 2 Abs. 3 S. 1 Pkw-Fahrer-TV-L). Ein ganztägiger Freizeitausgleich bedeutet insoweit, dass der Arbeitnehmer für so viele Arbeitsstunden freizustellen ist, wie dies der durchschnittlich zu leistenden täglichen Arbeitszeit entspricht (BAG v. 10.9.2014, 10 AZR 844/13, ZTR 2015, 137). Sofern die ordnungsgemäße Durchführung des Fahrdienstes dies erfordert, kann auch die Ruhezeit auf bis zu 9 Stunden verkürzt werden. Die Kürzung der Ruhezeit ist bis zum Ende der folgenden Woche auszugleichen (§ 2 Abs. 2 S. 3, 4 Pkw-Fahrer-TV-L).

# Arbeitszeiterfassung

 **Wegweiser:**

Die Erfassung der täglichen Arbeitszeit (→ *Arbeitszeit*) der Beschäftigten wurde erstmals größer thematisiert, als im Jahr 2019 der EuGH in seinem Urteil vom 14.5.2019 (C-55/18) (sog. Stechuhr-Urteil) eine solche Pflicht des Arbeitgebers zur Erfassung der Arbeitszeit annahm. Der EuGH war damals der Auffassung, dass die Mitgliedstaaten Arbeitgeber verpflichten müssen, ein System zur Erfassung der täglichen Arbeitszeit eines jeden Beschäftigten einzurichten.

In seinem Beschluss vom 13.9.2022 (1 ABR 22/21, ZTR 2023, 54) hat auch das BAG nunmehr eine solche Pflicht zur Arbeitszeiterfassung seitens des Arbeitgebers angenommen.

Die BAG-Präsidentin Inken Gallner begründete die Pflicht von Arbeitgebern zur systematischen Erfassung der Arbeitszeiten ihrer Beschäftigten mit der Auslegung des deutschen Arbeitsschutzgesetzes nach dem Urteil des EuGH von 2019. Der Beschluss lege die Pflicht zur Arbeitszeiterfassung in den EU-Mitgliedsstaaten fest und müsse in nationales Recht umgesetzt werden. Im Koalitionsvertrag von SPD, Grünen und FDP heißt es dazu: „Im Dialog mit den Sozialpartnern prüfen wir, welchen Anpassungsbedarf wir angesichts der Rechtsprechung des Europäischen Gerichtshofs zum Arbeitszeitrecht sehen. Dabei müssen flexible Arbeitszeitmodelle (Vertrauensarbeitszeit) weiterhin möglich sein".

Der bereits am 18.4.2023 veröffentlichte Referentenentwurf sieht eine Änderung des Arbeitszeitgesetzes, insbesondere § 16 ArbZG sowie eine Änderung des Jugendarbeitsschutzgesetzes vor. Im Bundestag wurde zuletzt im Mai 2023 bemängelt, dass der Entwurf zu wenig Flexibilität biete und kein modernes Arbeiten ermögliche. Die Union kritisierte insbesondere, dass der Entwurf unausgewogen sei, das Ende für die selbstbestimmte Vertrauensarbeitszeit bedeute und sowohl die Beschäftigten als auch die Arbeitgeber mit überflüssiger Bürokratie gängele. Neuere Entwicklungen diesbezüglich hat es bisher aber nicht gegeben.

I.    Überblick
II.   Gesetzliche Grundlage
III.  Ausgestaltung
IV.   Rechtsfolgen
V.    Mitbestimmungsrechte

## I. Überblick

Eine Pflicht zur Arbeitszeiterfassung, also die Dokumentation von Beginn, Ende und Dauer der täglichen Arbeitszeit, ergab sich bisher aus dem Gesetz lediglich aus den Vorschriften § 16 Abs. 2 ArbZG (Erfassung von Überstunden) sowie § 17 MiLoG (für Personengruppen bestimmter Branchen) oder § 19 AEntG.

Im Bereich des TV-ÖD und TV-L regelt § 10 Abs. 1 jedenfalls die Pflicht Arbeitszeitkonten durch Dienst- oder Betriebsvereinbarung einzurichten, soweit ein Arbeitszeitkorridor (§ 6 Abs. 6) oder eine Rahmenzeit (§ 6 Abs. 7) vereinbart wurde. Auch über diese Arbeitszeitkonten wird die tatsächliche Arbeitszeit der Beschäftigten erfasst. Darüber hinaus sieht der TV-ÖD oder der TV-L eine Pflicht zur Arbeitszeiterfassung jedoch nicht vor.

Im TV-Ä Hessen findet sich in § 5 Abs. 7 S. 1 eine Bestimmung, nach der die Arbeitszeiten der Ärztinnen und Ärzte objektiv erfasst und dokumentiert werden sollen. Eine unbedingte Pflicht der tarifgebundenen Arbeitgeber geht damit nicht einher, schließlich kann von einer Soll-Bestimmung unter Umständen auch abgewichen werden.

Unabhängig davon war die Erfassung der Arbeitszeit in der Vergangenheit dennoch sinnvoll, um die Einhaltung der vertraglich vorgegebenen Arbeitszeit und die tarifvertraglich und gesetzlich vorgeschriebenen Regelungen zur Arbeitszeit zu sichern.

## II. Gesetzliche Grundlage

§ 3 ArbSchG regelt die Grundpflichten des Arbeitgebers, wenn es um den → *Arbeits- und Gesundheitsschutz* geht. Nach Abs. 1 der Norm ist der Arbeitgeber verpflichtet, die erforderlichen Maßnahmen des Arbeitsschutzes unter Berücksichtigung der Umstände zu treffen, die Sicherheit und Gesundheit der Beschäftigten bei der Arbeit beeinflussen. Er hat die Maßnahmen auf ihre Wirksamkeit zu überprüfen und erforderlichenfalls sich ändernden Gegebenheiten anzupassen. Dabei hat er eine Verbesserung von Sicherheit und Gesundheitsschutz der Beschäftigten anzustreben.

Wer Beschäftigter im Sinne der Vorschrift ist, ergibt sich aus § 2 ArbSchG. Hierzu gehören Arbeitnehmerinnen und Arbeitnehmer, die zu ihrer Berufsbildung Beschäftigten, arbeitnehmerähnliche Personen im Sinne des § 5 Abs. 1 des Arbeitsgerichtsgesetzes, ausgenommen die in Heimarbeit Beschäftigten und die ihnen Gleichgestellten, Beamtinnen und Beamte, Richterinnen und Richter, Soldatinnen und Soldaten sowie die in Werkstätten für behinderte Beschäftigten.

Arbeitgeber im Sinne des ArbSchG sind natürliche und juristische Personen und rechtsfähige Personengesellschaften, die Personen nach Absatz 2 beschäftigen.

Nach der Vorschrift des § 3 Abs. 2 Nr. 1 ArbSchG hat der Arbeitgeber zur Planung und Durchführung der Maßnahmen nach § 3 Abs. 1 ArbSchG unter Berücksichtigung der Art der Tätigkeit und der Zahl der Beschäftigten für eine „geeignete Organisation" zu sorgen und „erforderliche Mittel" bereitzustellen.

Laut BAG (v. 13.9.2022, 1 ABR 22/21) beinhaltet diese gesetzliche Regelung bei unionsrechtskonformem Verständnis auch die grundsätzliche Verpflichtung der Arbeitgeber, ein System zur Erfassung der von den Beschäftigten geleisteten Arbeitszeiten einzuführen. Ein solches System soll Beginn und Ende, also die Dauer der täglichen Arbeitszeit einschließlich Überstunden, erfassen. Damit soll insbesondere sichergestellt werden, dass die den Gesundheitsschutz der Arbeitnehmer bezweckenden Regelungen über die Höchstarbeitszeiten und die Ruhezeiten eingehalten werden.

## III. Ausgestaltung

Nach dem BAG muss die Arbeitszeiterfassung aber nicht ausnahmslos und zwingend elektronisch erfolgen. Dabei sei jedoch zu beachten, dass die Verbesserung von Sicherheit und Gesundheitsschutz der Arbeitnehmer bei der Arbeit Zielsetzungen darstellen, die keinen rein wirtschaftlichen Überlegungen untergeordnet werden dürfen. Daher sei auch eine handschriftliche Erfassung möglich.

Eine Pflicht zur elektronischen Zeiterfassung sieht nun jedoch der Referentenentwurf aus April 2023 vor. Ausnahmen sollen hier für Arbeitgeber mit bis zu zehn Arbeitnehmern oder Arbeitgeber ohne Betriebsstätte im Inland, wenn diese bis zu zehn Arbeitnehmer nach Deutschland entsenden sowie für Hausangestellte in Privathaushalten gelten. Darüber hinaus soll durch Tarifvertrag, Betriebs- oder Dienstvereinbarung festgelegt werden können, dass die Aufzeichnung in nichtelektronischer Form erfolgen kann. Ob dieser erste Entwurf aus April 2023 jedoch tatsächlich noch so umgesetzt wird, ist fraglich.

Zur Durchführung der Arbeitszeiterfassung kommt derzeit neben der altbekannten Stechuhr, etwa Excel-Tabellen, festinstallierte Hardware-Terminals, Zeiterfassung per Fingerabdruck oder mobile Zeiterfassungssysteme in Betracht. Bei der Auswahl müssen vor allem die jeweils betroffenen Tätigkeitsbereiche und die Eigenheiten der öffentlichen Einrichtung (bspw. deren Größe) berücksichtigt werden. Wie das BAG sieht auch der Gesetzesentwurf vor, dass die Aufzeichnung der Arbeitszeit auch durch den Arbeitnehmer oder einen Dritten erfolgen kann. Verantwortlicher für die ordnungsgemäße Arbeitszeiterfassung bleibt jedoch der Arbeitgeber.

Sollte bereits nach § 10 Abs. 1 TV-ÖD und TV-L eine Arbeitszeitkonto eingerichtet worden sein, welches Auskunft über Beginn, Dauer und Ende der täglichen Arbeitszeit gibt, dürfte dieses jedenfalls den Anforderungen des BAG-Urteils für die Arbeitszeiterfassung genügen.

## IV. Rechtsfolgen

Die Folgen einer nicht durchgeführten Erfassung von Arbeitszeiten sind aktuell noch überschaubar. Das Arbeitsschutzgesetz sieht für einen Verstoß gegen § 3 Abs. 2 Nr. 1 ArbSchG keine Bußgelder vor. Es kennt Bußgeld- und Strafvorschriften nur bei (beharrlicher) Zuwiderhandlung gegen Rechtsverordnungen nach § 18 ArbSchG. Solche Rechtsverordnungen nach § 18 ArbSchG über die Erfassung von Arbeitszeiten gibt es derzeit nicht. Nach § 17 Abs. 4 ArbZG kann die Aufsichtsbehörde vom Arbeitgeber aber die für die Durchführung des ArbZG und der auf Grund dieses Gesetzes erlassenen Rechtsverordnungen erforderlichen Auskünfte verlangen und ferner verlangen, die Arbeitszeitnachweise vorzulegen oder zur Einsicht einzusenden. Schon seinem Wortlaut nach verlangt § 17 Abs. 4 ArbZG für ein Tätigwerden der zuständigen Behörde nicht, dass konkrete Verstöße gegen Bestimmungen des ArbZG bereits feststehen oder zumindest ein konkreter Verdacht eines Gesetzesverstoßes gegeben ist.

Eine nicht ordnungsgemäße Arbeitszeiterfassung nach § 3 Abs. 2 Nr. 1 ArbSchG löst daher derzeit noch keine Rechtsfolgen aus. Nach dem Referentenentwurf sollte die nicht oder

nicht richtige, nicht vollständige, nicht in der vorgeschriebenen Weise oder nicht rechtzeitig erstellte Aufzeichnung oder nicht, nicht vollständig oder nicht mindestens zwei Jahre aufbewahrte Aufzeichnung oder die nicht, nicht vollständig oder nicht für die vorgeschriebene Dauer bereit gehaltene Aufzeichnung eine Ordnungswidrigkeit darstellen, die mit einem Bußgeld von bis zu € 30.000,00 geahndet werden kann, vgl. § 22 Abs. 2 ArbZG.

Zwar ist eher unwahrscheinlich, dass der Referentenentwurf noch so wie veröffentlich umgesetzt wird, wahrscheinlich ist aber, dass der Gesetzgeber wohl eine irgendwie geartete Sanktion für eine nicht ordnungsgemäße Arbeitszeiterfassung in eine entsprechende Gesetzesänderung aufnehmen wird.

## V. Mitbestimmungsrechte

In dem Beschluss des BAG vom 13.9.2022 wurde ein Initiativrecht des Betriebsrats nach § 87 Abs. 1 Nr. 6 BetrVG (Einführung und Anwendung von technischen Einrichtungen, die dazu bestimmt sind, das Verhalten oder die Leistung der Arbeitnehmer zu überwachen, entspricht § 80 Abs. 1 Nr. 21 BPersVG) zur Einführung eines elektronischen Zeiterfassungssystems abgelehnt. Dies aber lediglich aus dem Grund, dass der Betriebsrat sein Initiativrecht gerade nicht auf ein Zeiterfassungssystem in elektronischer Form beschränken kann. Stattdessen stehe dem Betriebsrat aber laut BAG ein Initiativrecht bei der Ausgestaltung eines entsprechenden Arbeitszeiterfassungssystem nach § 87 Abs. 1 Nr. 7 BetrVG (Regelungen über die Verhütung von Arbeitsunfällen und Berufskrankheiten sowie über den Gesundheitsschutz im Rahmen der gesetzlichen Vorschriften oder der Unfallverhütungsvorschriften) zu.

Der entsprechende Mitbestimmungstatbestand findet sich so auch in § 80 Abs. 1 Nr. 16 BPersVG. Betriebs- und Personalräte haben mithin bei der Ausgestaltung eines entsprechenden Zeiterfassungssystems mitzubestimmen. Jedenfalls so lange wie vom Gesetzgeber (noch) keine konkretisierenden Regelungen zur Umsetzung der Pflicht zur Arbeitszeiterfassung getroffen wurden, bestehe nach Auffassung des Gerichtes ein entsprechender Spielraum bei der Umsetzung bzw. der Erfüllung der gesetzlichen Handlungspflicht des Arbeitgebers, bei dem der Betriebsrat mitzuentscheiden hat. Insoweit steht dem Betriebsrat und dem Personalrat auch ein entsprechendes Initiativrecht zu, was im Falle einer fehlenden Einigung auch über die Einigungsstelle erzwungen werden kann.

Sollte der Gesetzgeber jedoch ein Gesetz erlassen, welches die inhaltliche Ausgestaltung eines Arbeitszeiterfassungssystems umfassend und abschließend regelt, besteht das Mitbestimmungsrecht hingegen wegen § 87 Abs. 1 1. HS. BetrVG und BPersVG § 80 Abs. 1 1. HS nicht mehr.

# Ärztliche Einstellungsuntersuchung

 **Wegweiser:**

Das Recht des Arbeitgebers, von Stellenbewerbern vor deren Einstellung eine ärztliche Untersuchung zu fordern, ist nur in einzelnen Fällen gesetzlich geregelt. Für den öffentlichen Dienst besteht mit § 3 Abs. 4 TVöD eine besondere Anspruchsgrundlage. In § 3 Abs. 5 TV-L findet sich eine inhaltsgleiche Regelung. Ergänzend wird auf die Kommentierung von Steinherr in: Sponer/Steinherr, TV-L Komm. zu § 3 Rn. 208 ff., bzw. auf Breier/Dassau, TVöD Komm. zu § 3 Erl. 5.2 Rn. 86 ff. sowie auf den Aufsatz von Pawlak/Groh, öAT 2014, 203 ff. verwiesen.

**I. Einstellungsuntersuchung**

**II. Die Regelung im TVöD/TV-L**
1. Voraussetzungen
2. Ergebnis der Untersuchung
3. Rechtsfolgen
4. Mitbestimmungsrechte des Betriebs- und Personalrats

**III. Vertragliche Gestaltung**
1. Ärztliche Einstellungsuntersuchung als auflösende Bedingung
2. Untersuchung im bestehenden Arbeitsverhältnis

**IV. Besondere gesetzliche Regelungen**

## I. Einstellungsuntersuchung

Das Recht zur Einstellungsuntersuchung besagt, dass sich der Beschäftigte vor der Einstellung, d. h. vor der tatsächlichen Arbeitsaufnahme, einer ärztlichen Untersuchung unterziehen muss, z. B. durch Bluttest, psychologische Tests, Alkohol-/Drogentests. Damit kann sich der Arbeitgeber vergewissern, ob der Stellenbewerber physisch sowie psychisch den Anforderungen der zu besetzenden Stelle entspricht. In der Rechtsprechung des Bundesarbeitsgerichts ist anerkannt, dass der Arbeitgeber ein billigenswertes Interesse hat, bei Zweifeln an der Arbeitsfähigkeit des Beschäftigten eine gesundheitliche Begutachtung zu fordern (BAG v. 12.8.1999, 2 AZR 55/99, ZTR 2000, 39). Insofern darf der Arbeitgeber den Abschluss des Arbeitsvertrages davon abhängig machen, dass der Beschäftigte eine Bescheinigung über seine Arbeitsfähigkeit vorlegt. Hierzu bedarf es weder einer gesetzlichen noch einer tarifvertraglichen oder vertraglichen Grundlage.

Der Bewerber kann die Einstellungsuntersuchung ablehnen. Der Arbeitgeber hat dagegen die Möglichkeit, den Arbeitsvertrag unter der aufschiebenden Bedingung abzuschließen, dass sich aufgrund der ärztlichen Einstellungsuntersuchung keine medizinischen Bedenken gegen die Arbeitsaufnahme ergeben (hierzu unter III.).

Durch die ärztliche Einstellungsuntersuchung kann der Beschäftigte in vielfacher Weise in grundrechtlich geschützten Bereichen betroffen sein. Hierzu gehören die körperliche Unversehrtheit (Art. 2 Abs. 2 S. 1 GG), der Schutz personenbezogener Daten sowie generell das allgemeine Persönlichkeitsrecht (Art. 2 Abs. 1 i. V. m. Art. 1 Abs. 1 GG). Andererseits hat der Arbeitgeber durchaus ein berechtigtes Interesse daran, zu erfahren, ob der Stellenbewerber die körperlichen und psychischen Voraussetzungen mitbringt, um die Stelle wahrzunehmen. In diesem Spannungsfeld bewegt sich die ärztliche Untersuchung des Arbeitnehmers.

## II. Die Regelung im TVöD/TV-L

### 1. Voraussetzungen

Nach § 3 Abs. 4 TVöD/§ 3 Abs. 5 TV-L ist der Arbeitgeber berechtigt, bei begründeter Veranlassung den Beschäftigten zu verpflichten, durch Vorlage einer ärztlichen Bescheinigung

nachzuweisen, dass er zur Leistung der arbeitsvertraglich geschuldeten Tätigkeit in der Lage ist. Bei dem beauftragten Arzt kann es sich um einen Betriebsarzt handeln, soweit sich die Betriebsparteien nicht auf einen anderen Arzt geeinigt haben. Der neu gefasste § 3 Abs. 5 S. 2 TV-L sieht daneben ausdrücklich vor, dass es sich unter den gleichen Voraussetzungen bei dem beauftragten Arzt auch um einen Amtsarzt handeln kann. Dem Beschäftigten steht die Wahl des Arztes somit nicht frei.

 **ACHTUNG!**

In § 3 Abs. 4 TV-N (TV Nahverkehr Berlin) kann der Arbeitgeber auch einen sog. Vertrauensarzt, d. h. einen Arzt seines Vertrauens, hinzuziehen. Dies gilt jedenfalls dann, wenn es sich nicht um einen nach seinem Belieben von Fall zu Fall bestellten Arzt handelt, sondern – zumindest in größeren Unternehmen und Behörden – um einen solchen Arzt oder einen ärztlichen Dienst, der vom Arbeitgeber allgemein für derartige Begutachtungsaufgaben bestellt ist. Auch der eigene Betriebsarzt kann vom Arbeitgeber als Vertrauensarzt beauftragt werden (BAG v. 27.9.2012, 2 AZR 811/11, ZTR 2013, 265). Unter Umständen kann der Arbeitnehmer aber begründete Einwände gegen den vom Arbeitgeber ausgesuchten Vertrauensarzt erheben (etwa aufgrund mangelnder Fachkunde oder mangelnder Unvoreingenommenheit), sodass der Arbeitgeber verpflichtet ist, für die konkrete Untersuchung nicht an dem von ihm bestimmten Arzt festzuhalten. Solche Einwände sind allerdings dann unbegründet und mithin unbeachtlich, wenn sie sich als „aus der Luft gegriffene oder in der Sache unbeachtliche Bedenken gegen den vom Arbeitgeber bestimmten Arzt" ergeben (dazu BAG v. 27.9.2012, 2 AZR 811/11, ZTR 2013, 265). Nicht ausreichend ist z. B. der Einwand des Arbeitnehmers, der Arzt stehe „im Lager" des Arbeitgebers.

Der Arbeitgeber kann auch dann den Nachweis verlangen und eine ärztliche Untersuchung anordnen, wenn der Beschäftigte eine privatärztliche Bescheinigung zu seiner Arbeitsfähigkeit vorlegt. Der Arbeitgeber muss sich mit dieser Bescheinigung nicht zufriedengeben. Damit hat der Arbeitgeber grundsätzlich die Möglichkeit, im bestehenden Arbeitsverhältnis den Beschäftigten zu einer ärztlichen Untersuchung zu verpflichten. Er kann aber auch bereits die Einstellung von den Ergebnissen einer ärztlichen Untersuchung abhängig machen, obwohl die Einstellungsuntersuchung – anders als beispielsweise noch in § 7 Abs. 1 BAT – nicht mehr ausdrücklich im TVöD und TV-L genannt wird. Verweigert der Bewerber die Untersuchung, wird der Arbeitsvertrag nicht abgeschlossen (vgl. dazu bereits unter I.). Soll die Untersuchung erst später erfolgen, so kann der Vertrag unter die auflösende Bedingung der mangelnden gesundheitlichen Eignung gestellt werden (vgl. dazu näher unter III.1.).

Voraussetzung der ärztlichen Untersuchung im Sinne des § 3 Abs. 4 TVöD/§ 3 Abs. 5 TV-L ist, dass der Arbeitgeber eine begründete Veranlassung hat. Es genügen berechtigte Zweifel an der Arbeitsfähigkeit für die vertraglich geschuldete Arbeitsleistung auf dem gegenwärtigen Arbeitsplatz (vgl. BAG v. 25.1.2018, 2 AZR 382/17, ZTR 2018, 467 zu § 5 BAT/AOK-Neu).

 **ACHTUNG!**

Die Anordnung einer ärztlichen Untersuchung setzt nicht voraus, dass der Arbeitgeber vor Anordnung einer amtsärztlichen Untersuchung zur Feststellung der Arbeitsfähigkeit eines schwerbehinderten Beschäftigten ein Präventionsverfahren nach § 167 Abs. 1 SGB IX durchgeführt hat. Die Arbeitsfähigkeit des Arbeitnehmers kann regelmäßig durch die Einschaltung der in § 167 Abs. 1 SGB IX genannten Stellen nicht geklärt werden (BAG v. 25.1.2018, 2 AZR 382/17, ZTR 2018, 467).

Die amtsärztliche Untersuchung dient nicht dazu, die Berechtigung von Arbeitsunfähigkeitsbescheinigungen zu überprüfen, eine allgemeine Prognose über künftige Arbeitsunfähigkeitszeiten einzuholen oder eine Grundlage für eine eventuell beabsichtigte personenbedingte Kündigung zu schaffen (LAG Mecklenburg-Vorpommern v. 11.8.2020, 5 SaGa 3/20). Sachgründe für eine ärztliche Untersuchung können sich jedoch auch aus der Fürsorgepflicht des Arbeitgebers für den Beschäftigten und dessen Arbeitskollegen sowie aus dem sonstigen Pflichtkreis der Verwaltung oder des Betriebes ergeben (BAG v. 23.2.1967, 2 AZR 124/66, AP BAT § 7 Nr. 1). Gerade während bestehender langanhaltender Arbeitsunfähigkeit kann die amtsärztliche Untersuchung aus verschiedenen Gründen geboten sein um festzustellen, ob der Arbeitnehmer noch generell in der Lage ist, die geschuldete Arbeitsleistung zu erbringen und mit welchen Maßnahmen der Arbeitgeber im Rahmen seiner Fürsorgepflicht die Arbeitsbedingungen für den Arbeitnehmer so verändern und anpassen kann, dass dessen Arbeitsfähigkeit kurz- und langfristig gesichert ist (LAG Nürnberg v. 19.5.2020, 7 Sa 304/19).

Erforderlich ist, dass hinreichend tatsächliche Anhaltspunkte die Vermutung zulassen, dass der Beschäftigte seinen arbeitsvertraglichen Pflichten gesundheitsbedingt dauerhaft nicht mehr nachkommen kann. Auch die Einstellung des Beschäftigten ist als „begründete Veranlassung" zu sehen, sodass eine Einstellungsuntersuchung grundsätzlich zulässig ist (Breier/Dassau, TVöD Komm. zu § 3 Erl. 5.2.1 Rn. 87). Die Einstellungsuntersuchung darf sich allerdings nur auf solche medizinischen Feststellungen beziehen, an denen der Arbeitgeber ein – die schutzwürdigen Interessen des Beschäftigten überwiegendes – berechtigtes Interesse hat. Die Einstellungsuntersuchung muss als Eingriff in die grundrechtlich geschützte Position des Beschäftigten mit Blick auf das Anforderungsprofil der zu besetzenden Stelle des Bewerbers verhältnismäßig sein. Dies ist immer dann der Fall, wenn Feststellungen zu den Voraussetzungen für die angestrebte Tätigkeit getroffen werden sollen (z. B. Bluttests, wenn der Bewerber in besonders sicherheitssensiblen Bereichen tätig sein soll, bei denen z. B. der Zugang zu Waffen, Sprengstoffen oder sonstigen explosiven Chemikalien besteht). Eine von den tätigkeitsbezogenen Anforderungen losgelöste Einstellungsuntersuchung ist dagegen unzulässig.

**TIPP!**

Es ist daher empfehlenswert, bereits in der Stellenbeschreibung das besondere Anforderungsprofil der zu besetzenden Tätigkeit darzulegen, aus dem sich das berechtigte Interesse des Arbeitgebers an einer ärztlichen Einstellungsuntersuchung ergibt.

Auch wenn der Arbeitnehmer verpflichtet ist, der Anordnung des Arbeitgebers Folge zu leisten, kann er die Teilnahme an der ärztlichen Untersuchung verweigern, wenn der Arbeitgeber in seinem Schreiben an den untersuchenden Arzt überschießende Angaben zu Problemen des Arbeitnehmers bei der Arbeit gemacht und Fragen gestellt hat, die über die bloße Beurteilung der Leistungsfähigkeit hinausgehen (LAG Berlin-Brandenburg v. 24.8.2012, 6 Sa 568/12, ZTR 2013, 144).

Ist die Untersuchung mit einem Eingriff in die körperliche Unversehrtheit des Beschäftigten verbunden, wie beispielsweise bei einer Blutentnahme, bedarf es einer ausdrücklichen Einwilligung des Beschäftigten.

Aufgrund der schwerwiegenden Eingriffe in das Persönlichkeitsrecht des Bewerbers sind auch genetische Untersuchungen grundsätzlich unzulässig. Dies ergibt sich nunmehr auch ausdrücklich aus den §§ 19 ff. GenDG. Ein darauf gerichtetes Verlangen des Arbeitgebers ist stets unzulässig. Dies gilt selbst dann, wenn eine Einwilligung des Bewerbers vorliegt.

Psychologische Tests sind zulässig, wenn sie verhältnismäßig sind. Dies dürfte dann der Fall sein, wenn es um Tätigkeiten geht, in der die Stressanfälligkeit von besonderer Bedeutung ist, vor allem wenn Rechtsgüter Dritter wie der Schutz von Leib und Leben betroffen sind, z. B. bei Piloten und Fluglotsen.

**WICHTIG!**

Ein HIV-Test darf durch den Arbeitgeber nur dann gefordert werden, wenn ein positiv getesteter Beschäftigter zur Erbringung der arbeitsvertraglich geschuldeten Leistung nicht in der Lage wäre. Eine freiwillige Mitteilung durch den Arbeitnehmer ist stets möglich und kann den allgemeinen Kündigungsschutz durch die Anwendbarkeit des AGG verstärken (BAG v. 19.12.2013, 6 AZR 190/12). Denn eine ordentliche Kündigung kann nach § 134 BGB i. V. m. § 7 Abs. 1, §§ 1, 3 AGG unwirksam sein, wenn ein Arbeitnehmer aus einem der in § 1 AGG genannten Gründe diskriminiert wird; selbst dann, wenn das Kündigungsschutzgesetz aufgrund der Nichterfüllung der Wartezeit des § 1 Abs. 1 KSchG oder der Nichtüberschreitung des Schwellenwertes aus § 23 Abs. 1 KSchG noch keine Anwendung findet.

Nicht verlangen kann der Beschäftigte nach einer Entscheidung des OVG Nordrhein-Westfalen die Aufzeichnung der amtsärztlichen Untersuchung auf einen Tonträger. Vor dem Hintergrund der Verpflichtung der Amtsärzte, ihre Feststellungen nur unter ärztlichen Gesichtspunkten, wahrheitsgemäß und unparteiisch zu treffen, sei der betroffene Beamte der amtsärztlichen Untersuchung auch ohne eine solche Aufzeichnung nicht „quasi wehrlos" ausgesetzt gewesen (OVG Nordrhein-Westfalen v. 20.8.2021, 6 B 1155/21).

## 2. Ergebnis der Untersuchung

Der Beschäftigte ist verpflichtet, dem Arbeitgeber das Ergebnis der ärztlichen Untersuchung durch eine Bescheinigung mitzuteilen. Aus dieser Bescheinigung muss sich ergeben, ob der Beschäftigte geeignet ist, die angestrebte Tätigkeit auszuüben, oder ob gesundheitliche Gründe dem entgegenstehen. Der Arzt muss also Feststellungen dazu treffen,

▶ ob die vorgeschriebene Tätigkeit verrichtet werden kann,

▶ ob ein Risiko für die Gesundheit anderer Mitarbeiter besteht und

▶ ob durch die Tätigkeit mit einer Verschlechterung des Gesundheitszustandes des Mitarbeiters zu rechnen ist (vgl. Steinherr in: Sponer/Steinherr, TV-L Komm. zu § 3 Rn. 243 ff.).

Demgegenüber ist der Beschäftigte nicht verpflichtet, seinen Arzt umfassend von der Schweigepflicht zu entbinden, um den Arbeitgeber detailliert über seinen Gesundheitszustand zu informieren (vgl. Steinherr in: Sponer/Steinherr, TV-L Komm. zu § 3 Rn. 252, 270). Wird der Arzt jedoch nicht im erforderlichen Umfang von der Schweigepflicht entbunden, liegt ein Verstoß gegen eine Mitwirkungspflicht vor, gegen den der Arbeitgeber nach vergeblicher Abmahnung sogar mit einer außerordentlichen Kündigung reagieren kann (vgl. LAG Rheinland-Pfalz v. 18.1.2016, 3 Sa 429/15).

## 3. Rechtsfolgen

Der Arbeitgeber kann die Einstellung verweigern, wenn der Beschäftigte die ärztliche Einstellungsuntersuchung ablehnt. Dies gilt auch dann, wenn der Beschäftigte zwar ein privatärztliches Zeugnis vorlegt, eine vom Arbeitgeber verlangte betriebsärztliche bzw. amtsärztliche Untersuchung hingegen verweigert. Wurde der Arbeitsvertrag unter der auflösenden Bedingung der gesundheitlichen Eignung geschlossen (hierzu unten III.), endet das Arbeitsverhältnis.

Gemäß § 3 Abs. 4 S. 3 TVöD/§ 3 Abs. 5 TV-L trägt der Arbeitgeber in jedem Fall die Kosten einer ärztlichen Untersuchung. Dies gilt unabhängig davon, ob anschließend ein Arbeitsverhältnis begründet wird oder ob der Arbeitgeber hiervon absieht.

Lehnt der Beschäftigte im Rahmen eines bestehenden Arbeitsverhältnisses die ärztliche Untersuchung ab, obwohl der Arbeitgeber ein berechtigtes Interesse an der Vorlage einer Bescheinigung zum Gesundheitszustand im Sinne des § 3 Abs. 4 TVöD/§ 3 Abs. 5 S. 3 TV-L hat, ist hierin eine Pflichtverletzung zu sehen. In diesem Fall kann der Arbeitgeber eine Abmahnung aussprechen und gegebenenfalls verhaltensbedingt kündigen (vgl. hierzu BAG v. 27.9.2012, 2 AZR 811/11, ZTR 2013, 265). Ist der Beschäftigte tariflich nicht mehr ordentlich kündbar, kann die Weigerung zur Mitwirkung auch eine außerordentliche Kündigung rechtfertigen (BAG v. 25.1.2018, 2 AZR 382/17, ZTR 2018, 467).

Als ein Pflichtverstoß wird auch die Verweigerung des Arbeitnehmers angesehen, fachärztliche Vorbefunde durch den Amtsarzt hinzuziehen zu lassen (BAG v. 6.11.1997, 2 AZR 801/96, ZTR 1998, 184). Bei der Bewertung des Pflichtverstoßes als Kündigungsgrund kann aber von Bedeutung sein, ob sich der Arbeitnehmer in einem entschuldbaren Rechtsirrtum über seine Mitwirkungspflichten befand (vgl. beispielsweise BAG v. 7.11.2002, 2 AZR 475/01, ZTR 2003, 341).

> **TIPP!**
>
> Vor einer Kündigung sollte stets abgemahnt werden (vgl. dazu z. B. LAG Rheinland-Pfalz v. 12.2.2010, 6 Sa 640/09; LAG Köln v. 11.6.2008, 3 Sa 1505/07).

Nach einer Entscheidung des OVG Bremen vom 18.10.2021 (2 B 306/21) kann sich ein Beamter, der sich selbst für einen bestimmten Zeitraum krankmeldet, zudem später nicht darauf berufen, dass seine – tatsächlich vorliegende – Dienstfähigkeit durch eine amtsärztliche Untersuchung innerhalb des Zeitraumes der Krankmeldung hätte festgestellt werden können.

Auf Bewerberseite kann sich ein Schadensersatzanspruch ergeben. So kann nach einer Entscheidung des OVG Saarlouis dem Bewerber ein Anspruch auf Ersatz des ihm durch die Nichteinstellung entstandenen Schadens zustehen und zwar dann, wenn der Dienstherr die Anforderungen an die Feststellung der gesundheitlichen Eignung eines im Zeitpunkt der amtsärztlichen Einstellungsuntersuchung dienstfähigen Bewerbers verkenne (vgl. OVG Saarlouis v. 14.5.2019, 1 A 102/16). In dem vorgenannten Fall wurde der klagenden Bewerberin zu Unrecht die Übernahme in das Beamtenverhältnis auf Probe auf Grundlage der amtsärztlichen Untersuchung versagt und von der Reduzierung ihres Übergewichts abhängig gemacht.

### 4. Mitbestimmungsrechte des Betriebs- und Personalrats

Bei der Anordnung von Einstellungsuntersuchungen besteht kein Mitbestimmungsrecht des → *Betriebsrat*s nach § 87 Abs. 1 Nr. 1 oder Nr. 7 BetrVG. Voraussetzung des Mitbestimmungsrechts ist, dass ein kollektiver Tatbestand vorliegt, d. h. dass der Arbeitgeber eine Regelung trifft, die einen Bezug zu anderen Arbeitnehmern aufweist. Die Anweisung, eine ärztliche Untersuchung durchführen zu lassen, betrifft jedoch in der Regel allein den jeweiligen Arbeitnehmer. Es soll die individuelle Arbeitsfähigkeit festgestellt werden. Insoweit dient die Einstellungsuntersuchung nicht dem abstrakten Gesundheitsschutz im Betrieb, was jedoch Voraussetzung der Mitbestimmung nach § 87 Abs. 1 Nr. 7 BetrVG wäre. Besteht eine gesetzliche oder tarifvertragliche Verpflichtung, eine ärztliche Einstellungsunter-

suchung durchzuführen (hierzu unten IV.), scheidet gem. § 87 Abs. 1 Einleitungssatz BetrVG ein Mitbestimmungsrecht des Betriebsrats ohnehin aus.

Auch ein Mitbestimmungsrecht des Personalrats kommt grundsätzlich bei der ärztlichen Einstellungsuntersuchung nicht in Betracht. Die Anordnung, eine ärztliche Bescheinigung vorzulegen bzw. sich ärztlich untersuchen zu lassen, stellt in der Regel eine individuelle Maßnahme dar, die keinen kollektiven Bezug aufweist, sodass § 80 Abs. 1 Nr. 18 BPersVG nicht eingreift, der die Ordnung in der Dienststelle und das Verhalten der Beschäftigten betrifft. Auch ist in der ärztlichen Untersuchung des einzelnen Beschäftigten keine Maßnahme zur Verhütung von Dienst- oder Arbeitsunfällen und Berufskrankheiten sowie zum Gesundheitsschutz im Rahmen der gesetzlichen Vorschriften oder der Unfallverhütungsvorschriften im Sinne des § 80 Abs. 1 Nr. 16 BPersVG zu sehen (vgl. Breier/Dassau, TVöD Komm. zu § 3 Erl. 5.6 Rn. 122).

Ein Mitbestimmungsrecht des Personalrats ergibt sich auch nicht aus § 78 Abs. 1 Nr. 1 BPersVG. Zwar sind das Verlangen des Arbeitgebers, dass sich der Arbeitnehmer einer Einstellungsuntersuchung unterzieht, und die Berücksichtigung des Ergebnisses bei der Einstellungsentscheidung die entscheidenden Einflussgrößen des gesamten Auswahl- und Einstellungsverfahrens, allerdings ist unter „Einstellung" nur die tatsächliche Eingliederung eines Beschäftigten in die Dienststelle zu verstehen (BVerwG v. 27.11.1991, 6 P 15/90, ZTR 1992, 261). Umfasst ist deshalb weder der Vertragsabschluss noch die vorangegangene Entscheidung des Arbeitgebers selbst. Dies gilt insoweit auch grundsätzlich für das Personalvertretungsrecht der Länder.

Anders ist dies z. B. in Nordrhein-Westfalen. Denn § 75 Abs. 1 Nr. 4 NRWPersVG schreibt ausdrücklich vor, dass der Personalrat vor der Anordnung von amts- und vertrauensärztlichen Untersuchungen zur Feststellung der Arbeits- oder Dienstfähigkeit angehört werden muss. Zweck dieses Anhörungsrechts ist es, dem Personalrat die Möglichkeit zur Stellungnahme zu geben, um unnötigen amts- oder vertrauensärztlichen Untersuchungen vorzubeugen (OVG Münster v. 2.10.1998, 1 A 4114/96.PVL). Das an die Krankenkasse gerichtete Verlangen der Dienststelle nach § 275 Abs. 1a S. 3 SGB V, eine gutachterliche Stellungnahme des medizinischen Dienstes der Krankenversicherung zur Überprüfung der Arbeitsunfähigkeit eines Beschäftigten einzuholen, unterliegt jedoch nicht dem Anhörungsrecht des Personalrats nach § 75 Abs. 1 Nr. 4 NRWPersVG, da es sich hierbei schon nicht um eine amts- oder vertrauensärztliche Untersuchung handelt (OVG Münster v. 10.1.2018, 20 A 2492/16.PVL).

Unter Berücksichtigung des Beschlusses des VG Darmstadt vom 30.7.2019, 23 K 2160/18.DA.PV, kann sich jedoch ein Informationsrecht des Personalrats im Hinblick auf die Untersuchungsanordnungen im Sinne des § 3 Abs. 4 S. 1 TVöD aus § 62 Abs. 1 Nr. 2 HPVG ergeben. Danach könne der Personalrat im Rahmen des § 62 Abs. 1 Nr. 2 HPVG verlangen, über die nach § 3 Abs. 4 S. 1 TVöD ergehenden Untersuchungsanordnungen und die ihnen zugrunde liegenden Umstände informiert zu werden. Für die insoweit mit den §§ 62 Abs. 1 Nr. 2, 61 Abs. 1 HPVG wortgleichen Entsprechungen in den jeweiligen Landespersonalvertretungsgesetzen sowie den §§ 62 Nr. 2, § 2 Abs. 4 BPersVG dürfte dies gleichermaßen gelten.

> **WICHTIG!**
>
> In seiner Entscheidung vom 24.6.2014 (6 P 1.14, ZTR 2014, 560) hat das BVerwG entschieden, dass selbst aus der Allzuständigkeit

des Personalrats nach § 73 Abs. 1 i. V. m. § 78 Abs. 1 RhPPersVG für die Anordnung einer amtsärztlichen Untersuchung (im bestehenden Arbeitsverhältnis) kein Mitbestimmungsrecht folgt. Die Allzuständigkeit des Personalrats gemäß § 73 Abs. 1 RhPPersVG sei nur eröffnet, wenn die Maßnahme nach Art und Bedeutung einem der in den Beispielskatalogen der §§ 78 ff. RhPPersVG aufgeführten Tatbeständen gleichkomme.

Anders hat dies das BVerwG aber für den Fall entschieden, dass das Personalvertretungsgesetz eines Bundeslandes die einzelnen Mitbestimmungstatbestände nicht ausdrücklich ausformuliert hat. In diesem Fall stehe dem Personalrat ein Mitbestimmungsrecht wegen der Allzuständigkeit des Personalrats zu. Dies ist beispielsweise nach § 2 Abs. 1 S. 1 MBG S-H der Fall. Hier bestimmt das Gesetz, dass der Personalrat bei allen Maßnahmen der Dienststelle für die dort tätigen Beschäftigten mitbestimmt, wobei sich dieses Mitbestimmungsrecht nach § 51 Abs. 1 Nr. 1 MBG S-H auf alle personellen, sozialen, organisatorischen und sonstigen innerdienstlichen Maßnahmen bezieht. Beispiele für solche Maßnahmen werden dann aber nicht genannt.

Ein Mitbestimmungsrecht besteht jedenfalls aber dann, wenn die Zuständigkeit einer bestimmten Stelle zur Durchführung der Einstellungsuntersuchungen festgelegt werden soll. So hat der Personalrat bei der Bestellung von Vertrauens- oder Betriebsärzten als Beschäftigte gemäß § 78 Abs. 1 Nr. 14 BPersVG mitzubestimmen. Das entsprechende Mitbestimmungsrecht des Betriebsrats ist in § 9 Abs. 3 des Gesetzes über Betriebsärzte, Sicherheitsingenieure und andere Fachkräfte für Arbeitssicherheit (ASiG) festgelegt.

Ein Mitbestimmungsrecht des Personalrats ergibt sich auch aus § 80 Abs. 1 Nr. 12 BPersVG, der sowohl für Beamte als auch alle anderen Beschäftigten gilt (Richardi/Dörner/Weber, § 76 BPersVG Rn. 1), wenn der Arbeitgeber generell – also nicht nur im Einzelfall – vorgibt, vor einer Einstellung ärztliche Untersuchungen durchzuführen. Nach § 80 Abs. 1 Nr. 12 BPersVG hat der Personalrat bei dem Erlass von Richtlinien über die personelle Auswahl bei Einstellungen, Versetzungen, Umgruppierungen und Kündigungen mitzubestimmen. Eine solche Auswahlrichtlinie stellt auch das Verlangen nach einer positiven ärztlichen Einstellungsuntersuchung dar, soweit diese zur Voraussetzung für die Einstellungsentscheidung gemacht wird (so auch das LAG Baden-Württemberg v. 13.12.2002, 16 TaBV 4/02 im Hinblick auf § 95 BetrVG). Erforderlich für ein Mitbestimmungsrecht nach § 80 Abs. 1 Nr. 12 BPersVG ist allerdings, dass der Arbeitgeber systematisch Regelungen für die Behandlung mehrerer Einstellungen getroffen hat. Die Anordnung der Untersuchung im Einzelfall stellt dagegen keine mitbestimmungspflichtige Auswahlrichtlinie dar.

Dem Personal- oder Betriebsrat ist bei der Einstellung das Gesundheitszeugnis des Beschäftigten vorzulegen. Dies folgt daraus, dass der Personal- oder Betriebsrat gem. § 99 Abs. 1 S. 1 BetrVG Einsicht in die Unterlagen der Stellenbewerber nehmen kann. Zu den Unterlagen gehört auch das ärztliche Gesundheitszeugnis. Insoweit besteht also ein Einsichtsrecht des Personal- oder Betriebsrats, welches nur im Fall eines ausdrücklichen Widerspruchs des Beschäftigten entfällt.

## III.  Vertragliche Gestaltung

Es ist grundsätzlich zulässig, die ärztliche (Einstellungs-)Untersuchung im Arbeitsvertrag zu regeln. Eine solche Regelung ist jedenfalls dann geboten, wenn die ärztliche Untersuchung nicht

bereits aufgrund von Tarifverträgen oder gesetzlichen Regelungen gestattet ist.

### 1.  Ärztliche Einstellungsuntersuchung als auflösende Bedingung

Geht es um eine Einstellung, kann der Arbeitgeber den Arbeitsvertrag unter der auflösenden Bedingung einer ärztlichen Untersuchung schließen, durch welche die Arbeitsfähigkeit des Arbeitnehmers festgestellt wird. Verweigert der Arbeitnehmer die ärztliche Untersuchung oder ergibt sich aufgrund der ärztlichen Untersuchung, dass gesundheitliche Gründe der Arbeitsleistung entgegenstehen, tritt die auflösende Bedingung ein und das Arbeitsverhältnis endet. Einer Kündigung bedarf es in diesem Fall nicht.

 **ACHTUNG!**

Erhält der Arbeitgeber Kenntnis davon, dass der Arbeitnehmer die Untersuchung verweigert hat oder dass eine wesentliche gesundheitliche Beeinträchtigung vorliegt, muss er dem Arbeitnehmer die Beendigung des Arbeitsverhältnisses unverzüglich mitteilen. In diesem Fall endet das Arbeitsverhältnis zwei Wochen nach Zugang der schriftlichen Unterrichtung, §§ 21, 15 Abs. 2 TzBfG.

Der Arbeitgeber kann eine Pflicht zur ärztlichen Untersuchung in den Grenzen seines Fragerechts vertraglich vereinbaren. Das bedeutet, dass sich der Arbeitgeber solche Umstände, die der Arbeitnehmer in einem Einstellungsgespräch darlegen muss, auch durch eine ärztliche Bescheinigung bestätigen lassen kann. Hierzu zählt jedenfalls die Frage, ob der Arbeitnehmer zur Erbringung der arbeitsvertraglich geschuldeten Leistung (gesundheitlich) in der Lage ist.

 **TIPP!**

Eine Vertragsklausel könnte wie folgt aussehen: „Die Einstellung erfolgt unter der Voraussetzung der gesundheitlichen Eignung. Der Arbeitnehmer verpflichtet sich, bis zur Aufnahme der Tätigkeit am …/bis zum Ablauf der Probezeit am … seine Arbeitsfähigkeit durch einen Vertrauensarzt, der vom Arbeitgeber benannt wird, nachzuweisen. Der Arbeitnehmer entbindet den untersuchenden Arzt von der Schweigepflicht, soweit dies zur Beurteilung der Arbeitsfähigkeit notwendig ist. Die Kosten der ärztlichen Untersuchung trägt der Arbeitgeber."

Erfolgt die Einstellung unter der aufschiebenden oder auflösenden Bedingung einer ärztlichen Untersuchung besteht ein Haftungsrisiko des Arbeitgebers nach dem Allgemeinen Gleichbehandlungsgesetz (AGG). Wird das Arbeitsverhältnis aufgrund des ärztlichen Gutachtens nicht eingegangen oder aufgelöst und beruht die ärztliche Einschätzung auf der Behinderung des Beschäftigten, besteht ein Indiz für eine Diskriminierung. Entsprechendes gilt für die Frage des Arbeitgebers nach bestimmten Erkrankungen oder Leiden, da hieraus, je nach den Einzelfallumständen, auch auf eine Erkundigung nach einer Behinderung geschlossen werden kann (BAG v. 17.12.2009, 8 AZR 670/08, ZTR 2010, 253). In diesem Fall muss der Arbeitgeber gemäß § 8 Abs. 1 AGG nachweisen, dass eine Rechtfertigung der Benachteiligung wegen einer wesentlichen und entscheidenden beruflichen Anforderung vorliegt. Nach der Rechtsprechung des Landesarbeitsgerichts Niedersachsen ist eine schwere Adipositas keine Behinderung und damit auch kein verbotenes Merkmal gem. § 7 Abs. 1 AGG (LAG Niedersachsen v. 19.11.2016, 10 Sa 216/16).

 **TIPP!**

Da wegen der Ablehnung eines Bewerbers nach einer ärztlichen Untersuchung grundsätzlich ein Haftungsrisiko nach dem AGG besteht, ist es zur Verringerung dieses Risikos sinnvoll, die ärztliche

Untersuchung bereits im Rahmen des Bewerbungsverfahrens durchzuführen, ohne dass die Stelle bereits zugesagt worden ist.

## 2. Untersuchung im bestehenden Arbeitsverhältnis

Soll im bestehenden Arbeitsverhältnis die Durchführung ärztlicher Untersuchungen unabhängig von einer tariflichen Regelung wie beispielsweise § 3 Abs. 4 TVöD ermöglicht werden, könnte eine entsprechende Klausel in den Arbeitsvertrag aufgenommen werden, durch welche die allgemeine Treuepflicht des Arbeitnehmers spezifiziert wird.

 **TIPP!**

Eine Vertragsklausel könnte lauten: „Der Arbeitgeber kann bei gegebener Veranlassung durch Zeugnis eines von ihm bestimmten Arztes feststellen lassen, ob der Arbeitnehmer zur Erbringung der von ihm arbeitsvertraglich zu leistenden Tätigkeiten in der Lage ist. Von dieser Befugnis darf nur bei begründeter Veranlassung Gebrauch gemacht werden. Die Kosten der Untersuchung trägt der Arbeitgeber. Der Arbeitnehmer entbindet den Arzt von der ärztlichen Schweigepflicht, allerdings nur, soweit es zur Beurteilung der Arbeitsfähigkeit notwendig ist."

## IV. Besondere gesetzliche Regelungen

In zahlreichen Gesetzen ist die Pflicht des Arbeitnehmers geregelt, vor Beginn des Arbeitsverhältnisses eine ärztliche Einstellungsuntersuchung vornehmen zu lassen. Exemplarisch sind hier der Jugendarbeitsschutz und der Infektionsschutz zu nennen (weitere Beispiele bei Steinherr in: Sponer/Steinherr, TV-L Komm. zu § 3 Rn. 212 ff.).

Im Jugendarbeitsschutzgesetz (JArbSchG) finden sich in den §§ 32 ff. detaillierte Regelungen zur gesundheitlichen Betreuung Jugendlicher. Personen zwischen 15 und 18 Jahren dürfen nur beschäftigt werden, wenn sie eine Bescheinigung über eine Erstuntersuchung vorlegen können. Eine Ausnahme gilt bei geringfügiger oder bis zu zwei Monate dauernder Beschäftigung, wenn die entsprechende Tätigkeit als „leicht" zu qualifizieren ist. Die Pflicht zur Vorlage der Bescheinigung über die Erstuntersuchung gilt sowohl für die erste Beschäftigung als auch für folgende Arbeitgeber. Ein Jahr nach der Erstuntersuchung muss der Jugendliche dem Arbeitgeber die Bescheinigung über die erste Nachuntersuchung vorlegen. Die weiteren Nachuntersuchungen des Jugendlichen sind hingegen freiwillig. Unabhängig vom JArbSchG gilt im Übrigen für alle Auszubildenden, dass sie auf Verlangen des Arbeitgebers vor der Einstellung ihre gesundheitliche Eignung durch das Zeugnis eines Amts- oder Betriebsarztes nachweisen müssen (§ 4 Abs. 1 TVAöD-AT).

Nach § 43 Abs. 1 Infektionsschutzgesetz (IfSG) bedürfen Personen, die mit der Zubereitung oder Verarbeitung bestimmter Lebensmittel beschäftigt sind, einer Bescheinigung des Gesundheitsamtes oder eines beauftragten Arztes.

 **TIPP!**

Im Rahmen eines Arbeitsverhältnisses kann der Arbeitgeber gemäß § 275 Abs. 1 Nr. 3b SGB V die Krankenkassen zur Einholung einer gutachterlichen Stellungnahme des Medizinischen Dienstes veranlassen, wenn Zweifel an der Arbeitsunfähigkeit des Beschäftigten bestehen. Zweifel ergeben sich beispielsweise bei auffällig häufigen Kurzerkrankungen (§ 275 Abs. 1a a)) oder wenn die Arbeitsunfähigkeit von einem Arzt festgestellt worden ist, der durch die Häufigkeit der von ihm ausgestellten Bescheinigungen über Arbeitsunfähigkeit auffällig geworden ist (§ 275 Abs. 1a b)).

# Aufhebungsvertrag

 **Wegweiser:**

Unter einem Aufhebungsvertrag versteht man eine Vereinbarung, durch die das Arbeitsverhältnis beendet wird. Im Gegensatz zu einer Kündigung, die einseitig erfolgt, setzt der Abschluss eines Aufhebungsvertrags übereinstimmende Erklärungen von Arbeitgeber und Arbeitnehmer voraus.

Vom Aufhebungsvertrag ist der Abwicklungsvertrag zu unterscheiden. Im Gegensatz zum Aufhebungsvertrag beendet nicht der Abwicklungsvertrag selbst das Arbeitsverhältnis, sondern wird zur Abwicklung des Vertragsverhältnisses nach Ausspruch einer Kündigung von den Parteien geschlossen.

Unterschiede bestehen beispielsweise hinsichtlich des Schriftformerfordernisses. Ferner können sich insbesondere bei den sozialversicherungsrechtlichen Folgen für den Arbeitnehmer Unterschiede ergeben. Aus diesem Grund gelten die nachfolgenden Ausführungen zunächst für den Aufhebungsvertrag. Auf Abweichungen beim Abwicklungsvertrag wird gesondert hingewiesen.

Der Aufhebungsvertrag ist in § 33 Abs. 1b) TVöD/TV-L ausdrücklich geregelt (vgl. hierzu auch die Kommentierungen bei Steinherr in: Sponer/Steinherr, TVöD Komm. Rz. 1 zu § 33 sowie Breier/Dassau TVöD Komm. Erl. 4 zu § 33 TVöD bzw. Breier/Dassau TV-L Komm. Erl. 4 zu § 33 TV-L). Er ist dort als Auflösungsvertrag bezeichnet, woraus sich aber keine inhaltliche Abweichung ergibt. Inhaltsgleiche Regelungen finden sich zudem in § 33 Abs. 1b) TV-Ärzte (Länder) bzw. § 34 Abs. 1b) TV-Ärzte (VKA).

**I. Zustandekommen**
1. Angebot/Annahme
2. Form
3. Beteiligung des Betriebs- oder Personalrates
4. Fürsorge- und Belehrungspflichten
5. Widerrufsrecht des Arbeitnehmers?

**II. Inhalt**
1. Beendigungszeitpunkt und -art, Beendigungsgrund
2. Abfindung
   2.1 Formulierung
   2.2 Sozialversicherungsrecht
   2.3 Outplacement
3. Freistellung
4. Vergütung
5. Urlaubsabgeltung
6. Dienstwohnung
7. Dienstwagen
8. Nachvertragliches Wettbewerbsverbot
9. Verschwiegenheitspflicht
10. Arbeitgebereigentum
11. Zeugnis und Arbeitspapiere
12. Erledigungsklausel
13. Kosten
14. Salvatorische Klausel

**III. Rechtsfolgen des Aufhebungsvertrags**
1. Beendigung des Arbeitsverhältnisses
2. Prozessbeendigung
3. Sperrzeit und Ruhen des Anspruchs auf Arbeitslosengeld

# I. Zustandekommen

## 1. Angebot/Annahme

Wie jede andere vertragliche Vereinbarung setzt auch der Aufhebungsvertrag die Annahme eines konkreten Vertragsangebots voraus. Eine Kündigung stellt grundsätzlich kein Angebot zum Abschluss eines Aufhebungsvertrags dar, sodass deren einfache Hinnahme auch nicht als Vertragsannahme gewertet werden kann. Wird aus einer schriftlichen Kündigung jedoch der Wille des Kündigenden deutlich, dass er das Arbeitsverhältnis unter allen Umständen beenden will, so ist nach der Rechtsprechung eine Umdeutung in ein Aufhebungsangebot möglich. Der Kündigungsempfänger muss dieses dann aber ausdrücklich und auf dem Kündigungsschreiben schriftlich annehmen, damit ein Aufhebungsvertrag zustande kommt.

Die sog. Ausgleichsquittung, auf der ein Arbeitnehmer – meist im Zusammenhang mit dem Erhalt seiner Arbeitspapiere – bestätigt, dass er „keine Rechte aus dem Arbeitsverhältnis und seiner Beendigung" mehr hat, reicht zur Beendigung des Arbeitsverhältnisses oder zum Verzicht auf Kündigungsschutz nicht aus. Selbst wenn ein Arbeitnehmer im unmittelbaren Anschluss an eine Kündigung des Arbeitgebers in einem ihm vom Arbeitgeber vorgelegten Formular ohne Gegenleistung auf die Erhebung einer Kündigungsschutzklage verzichtet, ist dieser Verzicht regelmäßig gem. § 307 Abs. 1 S. 1 BGB wegen unangemessener Benachteiligung des Arbeitnehmers unwirksam (BAG v. 6.9.2007, 2 AZR 722/06). Als Gegenleistung des Arbeitgebers genügt bei einer Ausgleichsquittung auch nicht der arbeitgeberseitige Verzicht auf Ansprüche „gleich aus welchem Rechtsgrund". Dies stellt typischerweise eine unangemessene Benachteiligung des Arbeitnehmers dar, da der Arbeitgeber im Regelfall keine Ansprüche mehr haben wird (LAG Schleswig-Holstein v. 24.9.2013, 1 Sa 61/13). Auch die in einem Abwicklungsvertrag vereinbarte Erteilung eines überdurchschnittlichen Zeugnisses stellt keinen Vorteil dar, der geeignet wäre, die mit einem Klageverzicht verbundene Benachteiligung auszugleichen (BAG v. 24.9.2015, 2 AZR 347/14, ZTR 2016, 203). Diese Rechtsprechung bezieht sich aber lediglich auf die isolierte Ausgleichsquittung, nicht etwa auf den Aufhebungsvertrag (vgl. BAG v. 23.10.2013, 5 AZR 135/12).

 **ACHTUNG!**

Im ungekündigten Arbeitsverhältnis hat ein Beschäftigter grundsätzlich Anspruch auf vertragsgemäße Beschäftigung. Daher darf ein Arbeitgeber eine einseitige Freistellung nicht dazu verwenden, um Verhandlungen über einen Aufhebungsvertrag zu erzwingen (vgl. LAG Schleswig-Holstein v. 6.2.2020, 3 SaGa 7 öD/19).

## 2. Form

Aufhebungsverträge sind gem. § 623 BGB nur wirksam, wenn sie schriftlich geschlossen wurden. Dies bedeutet, dass ein Aufhebungsvertrag auf einer Urkunde vom Arbeitgeber (bzw. einer kündigungsberechtigten Person) und Arbeitnehmer eigenhändig unterzeichnet sein muss. Kopien, E-Mails oder Telefaxschreiben reichen hierzu ebenso wenig aus, wie ein originalschriftlicher Schriftwechsel, auf dem jeweils nur eine Unterschrift der Parteien vorhanden ist. Bilden mehrere Blätter den Aufhebungsvertrag, müssen sie zusammengefasst sein. Eine Klammerung o. Ä. ist nicht erforderlich, solange sich nur die Einheit der Urkunde ergibt (z. B. durch laufende Nummerierung der einzelnen Klauseln).

Auch ein Vorvertrag über die Aufhebung eines Arbeitsverhältnisses bedarf der Schriftform, da die Schriftform auch den Schutz der Vertragsparteien vor Übereilung bezweckt und damit eine Warnfunktion entfaltet (BAG v. 17.12.2009, 6 AZR 242/09, ZTR 2010, 212). Ein gerichtlich protokollierter Vergleich, der die vertraglichen Erklärungen beider Parteien beinhaltet, ersetzt die gesetzliche Schriftform (§§ 126 Abs. 3, 127a BGB). Dies gilt nach der Rechtsprechung des Bundesarbeitsgerichts auch für Vergleiche, die im schriftlichen Verfahren durch richterlichen Beschluss nach § 278 Abs. 6 ZPO zu Stande gekommen sind (BAG v. 23.11.2006, 6 AZR 394/06).

Die Schriftform gilt auch für spätere Ergänzungen oder Änderungen des Aufhebungsvertrages (ErfK/*Müller-Glöge,* § 623 BGB, Rn. 20).

 **ACHTUNG!**

Wird gegen das gesetzliche Schriftformerfordernis verstoßen, ist der Aufhebungsvertrag unwirksam.

Der Abwicklungsvertrag unterfällt im Unterschied zum Aufhebungsvertrag nicht dem gesetzlichen Schriftformgebot. Allerdings ist auch hier ein schriftlicher Abschluss dringend zu empfehlen. In der Praxis kommen daher auch ausschließlich schriftlich geschlossene Abwicklungsverträge vor.

## 3. Beteiligung des Betriebs- oder Personalrates

Im Gegensatz zu einer Kündigung muss bei Abschluss eines Aufhebungsvertrags der → *Betriebsrat* nicht beteiligt bzw. angehört werden. Der Aufhebungsvertrag kann also grundsätzlich ohne Mitwirkung des Betriebsrats abgeschlossen werden. Nur für den Fall, dass die Entlassung im Rahmen einer Betriebsänderung im Sinne des Betriebsverfassungsgesetzes erfolgt, ist der Betriebsrat zu beteiligen. Beim Abwicklungsvertrag ist der Betriebsrat vor Ausspruch der Kündigung anzuhören gemäß § 102 Abs. 1 BetrVG.

Keinen Anspruch auf Unterlassung des Abschlusses hat auch der Schwerbehindertenvertreter bei Abschluss von Aufhebungsverträgen mit schwerbehinderten Menschen. Dies gilt auch dann, wenn keine vorherige Unterrichtung nach § 178 Abs. 2 S. 1 SGB IX erfolgt ist (BAG v. 14.3.2012, 7 ABR 67/10, ZTR 2012, 475; LAG Rheinland-Pfalz v. 7.3.2019, 5 Sa 301/18). Eine Unwirksamkeitsfolge regelt das SGB IX nur für die Kündigung, die ohne vorherige ordnungsgemäße Beteiligung der Schwerbehindertenvertretung ausgesprochen wird (§ 178 Abs. 2 S. 3 SGB IX).

Im öffentlichen Dienst ergeben sich bezüglich der Beteiligung des Personalrates Besonderheiten. Einige Landespersonalvertretungsgesetze sehen eine Beteiligung des Personalrates auch bei Abschluss eines Aufhebungsvertrages vor. So bestimmt etwa § 74 Abs. 2 LPVG NRW n. F., dass der Personalrat vor dem Abschluss von Aufhebungsverträgen anzuhören ist. Ohne die danach erforderliche Beteiligung des Personalrates wäre der Aufhebungsvertrag unwirksam (so ausdrücklich § 74 Abs. 3 LPVG NRW n. F.; vgl. dazu LAG Hamm v. 15.2.2022, 6 Sa 903/21).

 **ACHTUNG!**

Auch im Falle eines sog. unechten Abwicklungsvertrages, bei dem die Parteien von vornherein eine Kündigung mit anschließendem Abwicklungsvertrag vereinbaren, muss der Betriebsrat gem. § 102 BetrVG zur Kündigung angehört werden (BAG v. 28.6.2005, 1 ABR 25/04).

Beabsichtigt ein Arbeitgeber eine Massenentlassung, muss er bei der Ermittlung der maßgeblichen Anzahl der zu entlassenden

Arbeitnehmer auch solche mitzählen, mit denen ein Aufhebungsvertrag geschlossen wird oder werden soll. Andernfalls läuft der Arbeitgeber Gefahr, die Anzahl der zu entlassenden Arbeitnehmer nicht richtig zu ermitteln und damit u. U. die Unwirksamkeit der beabsichtigten Kündigungen herbeizuführen.

### 4. Fürsorge- und Belehrungspflichten

Grundsätzlich kann der Aufhebungsvertrag mit dem Arbeitnehmer frei verhandelt werden. Den Arbeitgeber treffen hierbei keine besonderen Fürsorgepflichten.

 **ACHTUNG!**

Der Arbeitgeber darf den Arbeitnehmer jedoch nicht unter Androhung einer Kündigung, die ein vernünftig denkender Arbeitgeber (z. B. wegen offensichtlicher Unwirksamkeit) nicht aussprechen würde, zum Abschluss eines Aufhebungsvertrags zwingen oder ihn über wesentliche Umstände täuschen, da der Aufhebungsvertrag sonst wegen Drohung oder arglistiger Täuschung gemäß § 123 BGB angefochten werden kann (BAG v. 6.12.2001, 2 AZR 396/00; LAG Hessen v. 22.3.2010, 17 Sa 1303/09; zur Anfechtung wegen Täuschung: LAG Rheinland-Pfalz v. 24.1.2017, 8 Sa 353/16, ZTR 2017, 380). Dies gilt selbst dann, wenn die Drohung von einem Vorgesetzten ausgeht, der selbst nicht kündigungsberechtigt ist (BAG v. 15.12.2005, 6 AZR 197/05). Kommt jedoch tatsächlich eine Kündigung in Betracht, darf der Arbeitgeber dies selbstverständlich zum Ausdruck bringen. Nur wenn der Arbeitgeber unter Abwägung aller Umstände des Einzelfalls davon ausgehen muss, die angedrohte Kündigung werde im Falle ihres Ausspruchs einer arbeitsgerichtlichen Überprüfung mit hoher Wahrscheinlichkeit nicht standhalten, darf er die außerordentliche Kündigungserklärung nicht in Aussicht stellen, um damit den Arbeitnehmer zum Abschluss eines Aufhebungsvertrages zu veranlassen (BAG v. 28.11.2007, 6 AZR 1108/06; LAG Köln v. 19.10.2016, 11 Sa 114/16; LAG Berlin-Brandenburg v. 25.1.2022, 7 Sa 1394/21). Auch die Drohung mit einer Strafanzeige, um den Arbeitnehmer zum Abschluss eines Aufhebungsvertrages zu veranlassen, kann rechtmäßig und damit kein Grund für eine Anfechtung sein, wenn ein verständiger Arbeitgeber eine Strafanzeige ernsthaft in Betracht ziehen würde. Dabei kommt es einerseits auf das Gewicht des im Raum stehenden Vorwurfs an. Andererseits muss die Straftat in einem inneren Zusammenhang zum Arbeitsverhältnis stehen (LAG Hamm v. 25.10.2013, 10 Sa 99/13).

Hat der Arbeitgeber bereits gekündigt und kommt später ein gerichtlicher Vergleich über die Beendigung des Arbeitsverhältnisses zustande, kann der Arbeitnehmer eine Anfechtung wegen widerrechtlicher Drohung jedenfalls nicht mit der vorausgegangenen Kündigung begründen. Insoweit lag im Zeitpunkt des Zustandekommens des Vergleichs keine Drohung mehr vor (BAG v. 23.11.2006, 6 AZR 394/06). Die Widerrechtlichkeit einer Drohung mit einer Kündigung, die ein verständiger Arbeitgeber nicht in Betracht gezogen hätte, wird nicht durch eine dem Arbeitnehmer vom Arbeitgeber vor Abschluss des Aufhebungsvertrages eingeräumte Bedenkzeit beseitigt (BAG v. 28.11.2007, 6 AZR 1108/06). Eine Bedenkzeit ändert, treten keine weiteren Umstände hinzu, auch nichts an der Ursächlichkeit der Drohung für den späteren Abschluss des Aufhebungsvertrags. Etwas anderes könnte sich ergeben, wenn der Arbeitnehmer die Bedenkzeit dazu genutzt hat, die zwischen den Parteien getroffene Vereinbarung durch aktives Verhandeln erheblich zu seinen Gunsten zu beeinflussen, insbesondere wenn er selbst rechtskundig ist oder zuvor Rechtsrat eingeholt hat bzw. auf Grund der Dauer der eingeräumten Bedenkzeit hätte einholen können (BAG v. 28.11.2007, 6 AZR 1108/06). Da eine solche Konstellation aber der Ausnahmefall sein dürfte, ist festzuhalten, dass die Einräumung einer Bedenkzeit grundsätzlich nicht geeignet ist, das Risiko einer Anfechtbarkeit zu beseitigen, wenn deren

Voraussetzungen vorliegen. Andererseits ist ein Aufhebungsvertrag auch nicht deshalb unwirksam, weil der Arbeitgeber dem Arbeitnehmer weder eine Bedenkzeit noch ein Rücktrittsrecht einräumt und ihm auch das Thema eines beabsichtigten Gespräches nicht vorher mitteilt (BAG v. 7.2.2019, 6 AZR 75/18, ZTR 2019, 350; LAG Mecklenburg-Vorpommern v. 30.6.2010, 2 Sa 12/10). Der Arbeitnehmer kann sich insoweit also nicht darauf berufen, dass der Arbeitgeber eine Überraschungssituation ausgenutzt hat (LAG Mecklenburg-Vorpommern v. 30.6.2010, 2 Sa 12/10). Das BAG hat zudem klargestellt, dass alleine der Umstand, dass der Arbeitgeber den Abschluss eines Aufhebungsvertrags von der sofortigen Annahme seines Angebots abhängig macht, für sich genommen keine Pflichtverletzung darstellt. Dies gilt auch dann, wenn dies dazu führt, dass dem Arbeitnehmer weder eine Bedenkzeit verbleibt noch er den von ihm erbetenen Rechtsrat einholen kann (BAG v. 24.2.2022, 6 AZR 333/21).

Bei der Beurteilung der Frage, ob ein verständiger Arbeitgeber eine Kündigung ernsthaft in Betracht ziehen konnte, ist nicht erforderlich, dass die angedrohte Kündigung – wenn sie ausgesprochen worden wäre – sich in einem Rechtsstreit letztendlich als wirksam erweisen würde. Vom Arbeitgeber wird nicht verlangt, dass er bei seiner Abwägung die Bewertung durch ein Arbeitsgericht vorwegnimmt (LAG Rheinland-Pfalz v. 28.6.2012, 2 Sa 93/12).

 **ACHTUNG!**

Durfte ein verständiger Arbeitgeber die von ihm angedrohte Kündigung nicht ernsthaft in Erwägung ziehen, hat dies auch Auswirkungen auf einen im Aufhebungsvertrag vereinbarten Klageverzicht. Dieser Verzicht benachteiligt den Arbeitnehmer unangemessen im Sinne von § 307 Abs. 1, Abs. 2 Nr. 1 BGB, wenn der Arbeitgeber die angedrohte Kündigung nicht ernsthaft in Erwägung ziehen durfte (BAG v. 12.3.2015, 6 AZR 82/14).

Da der Abschluss eines Aufhebungsvertrags (wie auch der eines Abwicklungsvertrages) auf Seiten des Arbeitnehmers zu Problemen beim anschließenden Bezug von Arbeitslosengeld führen kann (Sperrzeit oder Ruhen des Anspruchs auf Arbeitslosengeld, s. u. III.3.), stellt sich die Frage, ob der Arbeitgeber ihn hierauf hinweisen muss. Eine Aufklärung ist jedenfalls dann erforderlich, wenn

▸ der Arbeitgeber den Abschluss des Aufhebungsvertrags veranlasst hat und er beim Arbeitnehmer den Eindruck erweckt, er werde bei der Beendigung des Arbeitsvertrags auch dessen Interessen wahren, oder

▸ der Arbeitgeber erkennt, dass der Arbeitnehmer sich über die möglichen Folgen des Abschlusses eines Aufhebungsvertrags nicht im Klaren ist, oder

▸ der Arbeitnehmer zu möglichen Folgen eines Aufhebungsvertrags Fragen stellt, die der Arbeitgeber zutreffend beantworten muss.

Nach der Rechtsprechung des BAG hat der Arbeitgeber seine Hinweispflicht jedoch schon erfüllt, wenn er dem Arbeitnehmer mitteilt, dass er u. U. mit der Verhängung einer Sperrzeit zu rechnen habe und ihn auffordert, sich hierüber selbst bei der Agentur für Arbeit zu erkundigen. Unterlässt der Arbeitgeber diesen Hinweis, bleibt der Aufhebungsvertrag zwar wirksam (er ist auch nicht anfechtbar), der Arbeitnehmer kann aber ggf. Schadensersatz in Höhe des entgangenen Arbeitslosengelds beanspruchen. Keine Aufklärungspflicht des Arbeitgebers besteht dahingehend, dass es schwieriger ist, sich von einem Aufhebungsvertrag zu lösen, als gegen eine Kündigung vorzugehen (LAG Berlin-Brandenburg v. 5.11.2010, 6 Sa 1442/10).

**TIPP!**

Der Arbeitgeber sollte den Arbeitnehmer vor Abschluss eines Aufhebungsvertrags dazu auffordern, sich wegen möglicher Ansprüche auf Arbeitslosengeld sowie wegen möglicher Sperr- oder Ruhenszeiten vorab bei der Agentur für Arbeit zu erkundigen.

Aus Beweisgründen sollte der Arbeitgeber sich die Belehrung durch den Arbeitnehmer auf einem gesonderten Schreiben oder im Aufhebungsvertrag selbst bestätigen lassen.

**Formulierungsbeispiel:**

„Der Arbeitnehmer ist darüber informiert, dass durch diesen Vertrag nachteilige Folgen in der Sozialversicherung, insbesondere beim Arbeitslosengeld, eintreten können und verbindliche Auskünfte nur die Agentur für Arbeit erteilt."

**ACHTUNG!**

Gemäß § 2 Abs. 2 S. 2 Nr. 3 SGB III ist der Arbeitgeber dazu verpflichtet, Arbeitnehmer frühzeitig vor der Beendigung des Arbeitsverhältnisses über die Notwendigkeit eigener Aktivitäten bei der Suche nach einer anderen Beschäftigung sowie über die Verpflichtung zur Meldung der Beendigung bei der zuständigen Agentur für Arbeit innerhalb der Fristen des § 38 SGB III zu informieren.

Diese Belehrung sollte bereits mit der Kündigungserklärung schriftlich erfolgen. Soll das Arbeitsverhältnis durch Aufhebungsvertrag oder Abwicklungsvertrag beendet werden, sollte die Belehrung in den Vertragstext aufgenommen werden.

**Formulierungsbeispiel:**

„Die Arbeitgeberin hat den Arbeitnehmer auf die Verpflichtung hingewiesen, sich innerhalb von drei Tagen arbeitssuchend zu melden. Der Arbeitnehmer wurde darauf hingewiesen, dass die verspätete Meldung bei der Agentur für Arbeit zu Kürzungen beim Bezug von Arbeitslosengeld führen kann. Dem Arbeitnehmer wurde vor Unterzeichnung dieses Vertrages eine angemessene Bedenkzeit eingeräumt."

Nach § 38 Abs. 1 SGB III haben Beschäftigte, deren Arbeitsverhältnis endet, sich spätestens drei Monate vor dessen Beendigung persönlich bei der Agentur für Arbeit arbeitsuchend zu melden. Liegen zwischen der Kenntnis des Beendigungszeitpunktes und der Beendigung des Arbeitsverhältnisses weniger als drei Monate, hat die Meldung innerhalb von drei Tagen nach Kenntnis des Beendigungszeitpunktes zu erfolgen. Nach § 2 Abs. 2 S. 2 Nr. 3 SGB III ist der Arbeitgeber zwar verpflichtet, Arbeitnehmer vor der Beendigung des Arbeitsverhältnisses frühzeitig über die Notwendigkeit eigener Aktivitäten zu informieren, das BAG hat jedoch entschieden, dass sich Arbeitgeber nicht schadensersatzpflichtig machen, wenn sie einen entsprechenden Hinweis unterlassen (BAG v. 29.6.2005, 8 AZR 571/04).

Fraglich ist, ob der Arbeitgeber den Arbeitnehmer darauf hinweisen muss, dass gerade Verhandlungen mit dem Betriebsrat über den Abschluss eines Sozialplans geführt werden. Das Bundesarbeitsgericht hat in seiner Entscheidung vom 22.4.2004 (2 AZR 281/03) klargestellt, dass eine Hinweispflicht nur dann in Betracht kommt, wenn der Arbeitnehmer dem Sozialplan unterfallen und durch diesen bessergestellt wäre als durch den Aufhebungsvertrag. In dem der Entscheidung zu Grunde liegenden Fall, hat das Bundesarbeitsgericht dies verneint, da der Arbeitnehmer gar nicht (betriebsbedingt) kündbar gewesen wäre.

**ACHTUNG!**

Spiegelt der Arbeitgeber dem Arbeitnehmer wahrheitswidrig vor, dass der Betrieb stillgelegt werden solle, obwohl tatsächlich ein Betriebsübergang geplant ist, so kann dies – wegen Umgehung des § 613a BGB (s. → *Betriebsübergang*) – zur

Unwirksamkeit eines Aufhebungsvertrages führen (BAG v. 23.11.2006, 8 AZR 349/06).

Im Übrigen ist es grundsätzlich Sache des Arbeitnehmers, sich selbst über die rechtlichen Folgen eines Aufhebungsvertrags Klarheit zu verschaffen (z. B über den möglichen Verlust einer Versorgungsanwartschaft).

Das BAG hat darüber hinaus klargestellt, dass ein Arbeitnehmer in aller Regel keinen Anspruch nach dem arbeitsrechtlichen Gleichbehandlungsgrundsatz auf Abschluss eines Aufhebungsvertrages mit Zahlung einer Abfindung hat, wenn der Arbeitgeber mit anderen Arbeitnehmern die Aufhebung des Arbeitsverhältnisses individuell vereinbart und ihnen eine Abfindung zahlt, deren Höhe er in einem von ihm aufgestellten Regelungsplan festgelegt hat (BAG v. 25.2.2010, 6 AZR 911/08). Etwas anderes ergibt sich auch nicht unter dem Gesichtspunkt der Altersdiskriminierung, wenn ein Arbeitgeber generell ältere Arbeitnehmer von einem Personalabbau ausnimmt (BAG v. 25.2.2010, 6 AZR 911/08, ZTR 2010, 322).

## 5. Widerrufsrecht des Arbeitnehmers?

Bestimmte Neuregelungen der am 1.1.2002 in Kraft getretenen und ab 1.1.2003 für alle Verträge geltenden Schuldrechtsmodernisierung schützen in besonderer Weise den „Verbraucher". Das Bundesarbeitsgericht hat festgestellt, dass auch der Arbeitnehmer bei Abschluss eines Arbeitsvertrages als Verbraucher im Sinne dieser Vorschriften zu behandeln ist (BAG v. 25.5.2005, 5 AZR 572/04).

Vor diesem Hintergrund stellte sich die Frage, ob dem Arbeitnehmer nach den §§ 312 Abs. 1, 355 BGB ein Widerrufsrecht zusteht, wenn er von seinem Arbeitgeber an seinem Arbeitsplatz zum Abschluss eines Abwicklungs- oder Aufhebungsvertrages bestimmt wird und der Vertrag eine entgeltliche Leistung, wie z. B. die Zahlung einer Abfindung zum Gegenstand hat. Das Bundesarbeitsgericht hat dies verneint. Nach der Rechtsprechung des BAG findet § 312 BGB auf im Betrieb geschlossene arbeitsvertragliche Aufhebungsverträge keine Anwendung (BAG v. 27.11.2003, 2 AZR 177/03).

In einer Entscheidung vom 22.4.2004 (2 AZR 281/03) hat das BAG darüber hinaus klargestellt, dass selbst dann kein Widerrufsrecht gemäß § 312 BGB besteht, wenn der Arbeitnehmer vorwiegend zu Hause arbeitet.

Mit Wirkung zum 13.6.2014 sind die §§ 312 ff. BGB neu gefasst worden. Hinsichtlich des am Arbeitsplatz geschlossenen Aufhebungsvertrages stellt § 312b Abs. 1 BGB nunmehr klar, dass das Widerrufsrecht lediglich auf „außerhalb der Geschäftsräume", also nicht am Arbeitsplatz geschlossene Verträge, Anwendung findet. Am Arbeitsplatz geschlossene Aufhebungsverträge sind also nicht widerruflich (vgl. hierzu auch Bauer/Arnold/Zeh, NZA 2016, 449). Wie es sich nach der Neuregelung mit Aufhebungsverträgen verhält, die außerhalb der Geschäftsräume geschlossen werden, war zunächst umstritten (vgl. dazu auch Fischinger/Werthmüller, NZA 2016, 193).

Mittlerweile hat das BAG klargestellt, dass auch für Aufhebungsverträge, die beim Beschäftigten zu Hause geschlossen werden, kein Widerrufsrecht besteht (BAG v. 7.2.2019, 6 AZR 75/18, ZTR 2019, 350).

**ACHTUNG!**

Beim Abschluss von Aufhebungsverträgen ist nach Ansicht des BAG das Gebot fairen Verhandelns zu berücksichtigen (BAG v. 7.2.2019, 6 AZR 75/18, ZTR 2019, 350). Dieses Gebot ist eine arbeitsvertragliche Nebenpflicht. Sie wird verletzt, wenn eine

Seite eine psychische Drucksituation schafft, die eine freie und überlegte Entscheidung des Vertragspartners über den Abschluss eines Aufhebungsvertrags erheblich erschwert (LAG Rheinland-Pfalz v. 27.3.2019, 7 Sa 421/18; LAG Mecklenburg-Vorpommern v. 19.5.2020, 5 Sa 173/19). Dies könnte nach Auffassung des BAG im entschiedenen Fall insbesondere dann der Fall sein, wenn eine krankheitsbedingte Schwäche der Klägerin bewusst ausgenutzt worden wäre (BAG v. 7.2.2019, 6 AZR 75/18, ZTR 2019, 350). Dass eine solche Situation gegeben ist, dürfte in der Praxis jedoch der absolute Ausnahmefall sein. So hat das LAG Hessen entschieden, dass gegen das Gebot des fairen Verhandelns nicht dadurch verstoßen wird, dass Verhandlungen über einen Aufhebungsvertrag während einer Arbeitsunfähigkeit des Arbeitnehmers geführt werden. Gegen eine unfaire Verhandlungsführung sprach im entschiedenen Fall, dass sich die Verhandlungen über mehrere Wochen hinzogen, dem Arbeitnehmer eine Überlegungsfrist von mehreren Tagen eingeräumt worden war, dass er diese Zeit auch nutzte, um den Entwurf des Arbeitgebers einem Rechtsanwalt zur Prüfung vorzulegen und er auf den Inhalt des Aufhebungsvertrags Einfluss nehmen konnte und auch ausgeübt hat (LAG Hessen v. 11.6.2021, 10 Sa 1221/20).

Ob ein Aufhebungsvertrag unter Verstoß gegen das Gebot fairen Verhandelns zustande gekommen ist, ist letztlich immer anhand der Gesamtumstände der konkreten Verhandlungssituation im jeweiligen Einzelfall zu entscheiden (BAG v. 24.2.2022, 6 AZR 333/21).

Anwendung finden soll nach der Rechtsprechung das Rücktrittsrecht nach § 323 BGB wegen nicht oder nicht vertragsgemäß erbrachter Leistung. Dieses gelte auch für den arbeitsrechtlichen Aufhebungsvertrag, der ein gegenseitiger Vertrag sei (BAG v. 10.11.2011, 6 AZR 357/10). Die Zustimmung des Arbeitnehmers zur Beendigung des Arbeitsverhältnisses steht grundsätzlich im Gegenseitigkeitsverhältnis zu der Verpflichtung des Arbeitgebers zur Zahlung der zugesagten Abfindung (BAG v. 10.11.2011, 6 AZR 357/10). Entgegen der Entscheidung der Vorinstanz, des Landesarbeitsgerichts Düsseldorf (vgl. LAG Düsseldorf v. 20.1.2010, 12 Sa 962/09), geht das BAG davon aus, dass dies nicht im Falle der Insolvenz der Arbeitgeberin gilt. Der Rücktritt des Arbeitnehmers von einem Aufhebungsvertrag nach § 323 BGB ist ausgeschlossen, wenn sein Anspruch auf Zahlung der Abfindung nicht durchsetzbar ist, was beispielsweise dann der Fall ist, wenn der Arbeitgeber nach Eröffnung des Insolvenzverfahrens die Abfindung nicht zahlen darf (BAG v. 10.11.2011, 6 AZR 357/10).

## II. Inhalt

Der Aufhebungsvertrag sollte über die Auflösung des Arbeitsverhältnisses hinaus sämtliche Aspekte regeln, die sich aus der Beendigung ergeben.

 **ACHTUNG!**

Seit 1.1.2002 findet grundsätzlich auch auf Aufhebungsverträge das Recht der Allgemeinen Geschäftsbedingungen Anwendung. Zu den Anwendungsvoraussetzungen und den sich hieraus möglicherweise ergebenden Rechtsfolgen s. Arbeitsvertrag III.4. Insbesondere ist darauf zu achten, dass die Klauseln des Aufhebungsvertrags nicht überraschend sind und keine Zweifel an deren Regelungsinhalt bleiben. Die nachfolgenden Formulierungsvorschläge sollten unbedingt daraufhin überprüft werden, ob sie im Einzelfall auch tatsächlich passen. Allgemeingültige Muster kann es für einen Aufhebungsvertrag nicht geben. Im Zweifelsfall sollte fachkundiger Rat bei einem Fachanwalt für Arbeitsrecht eingeholt werden.

## 1. Beendigungszeitpunkt und -art, Beendigungsgrund

Die Überlegungen, wann das Arbeitsverhältnis aufgehoben bzw. beendet werden soll, sind vielschichtig. So hat der Arbeitgeber in der Regel Interesse an einer möglichst schnellen Aufhebung, da er angesichts der bevorstehenden Beendigung des Arbeitsverhältnisses Loyalitätseinbußen auf Seiten des Arbeitnehmers befürchtet. Andererseits kann es für den Arbeitgeber aber auch interessant sein, die Arbeitsleistung eines hoch qualifizierten Mitarbeiters noch möglichst lange in Anspruch nehmen zu können oder den Beschäftigten möglichst lange an das bis zur Beendigung des Arbeitsverhältnisses bestehende vertragliche Wettbewerbsverbot zu binden, um ihn so von der Konkurrenz fernzuhalten.

Für den Arbeitnehmer hängt die Frage des Beendigungszeitpunkts in erster Linie davon ab, ob und zu welchem Zeitpunkt er mit dem Beginn eines neuen Arbeitsverhältnisses rechnet. Hat er bereits eine neue Stelle, wird er an einer schnellen Aufhebung interessiert sein; muss er sich erst noch bewerben, wird er den Zeitpunkt der Beendigung hinauszögern wollen. In jedem Fall sollte die einschlägige Kündigungsfrist eingehalten werden, da der Arbeitnehmer andernfalls mit erheblichen Nachteilen im Zusammenhang mit dem Bezug von Arbeitslosengeld rechnen muss (s. u. III.3.). Wurde die maßgebliche Kündigungsfrist eingehalten, droht kein Ruhen des Arbeitslosengeldanspruchs nach § 158 SGB III. Eine Sperrzeit nach § 159 SGB III kann aber dennoch eintreten.

Neben dem Zeitpunkt der Beendigung des Arbeitsverhältnisses kann auch der Anlass im Aufhebungsvertrag Erwähnung finden. Hatte der Arbeitnehmer objektiv einen wichtigen Grund für den Abschluss des Aufhebungsvertrages, droht ihm keine Sperrzeit nach § 159 SGB III. Dagegen muss er mit sozialversicherungsrechtlichen Nachteilen (s. u. III.3.) rechnen, wenn das Arbeitsverhältnis auf seine Veranlassung (verhaltensbedingte Gründe oder Aufhebungswunsch des Arbeitnehmers) endet. Vielfach wird der Arbeitnehmer ein Interesse daran haben, dass im Aufhebungsvertrag angegeben wird, dass „betriebsbedingte Gründe" vorliegen, also der Arbeitsplatz tatsächlich wegfällt. Mit der Angabe betriebsbedingter Gründe wird man auf Arbeitgeberseite jedoch zurückhaltend sein müssen, da eine „betriebsbedingte" Beendigung einen Abfindungsanspruch auslösen könnte, wenn eine entsprechende Regelung besteht, z. B. RatSchTV (vgl. hierzu auch unter Rationalisierung). Denkbar kann aber gegebenenfalls die Angabe „betrieblicher Gründe" sein. Der Anlass für die Beendigung des Arbeitsverhältnisses kann beispielsweise in einer Präambel festgehalten werden. In der Beendigungsklausel wird dann lediglich der Zeitpunkt der Beendigung geregelt sein.

 **Formulierungsbeispiel:**

„Das zwischen den Parteien bestehende Arbeitsverhältnis endet am ............ "

 **ACHTUNG!**

Wird die Kündigungsfrist durch die Vereinbarung des Beendigungszeitpunktes um ein Vielfaches überschritten, kann u. U. eine nachträgliche Befristung des Arbeitsverhältnisses vorliegen, für deren Wirksamkeit ein Befristungsgrund erforderlich wäre. Nach der Rechtsprechung des Bundesarbeitsgerichts handelt es sich jedoch in der Regel nicht um eine solche nachträgliche Befristung, wenn die Vereinbarung nach Ausspruch einer ordentlichen Arbeitgeberkündigung erfolgt, keine Arbeitsleistung erfolgen soll und typische Abwicklungsmodalitäten wie

Abfindung, Zeugnis und Rückgabe von Firmeneigentum geregelt sind (vgl. BAG v. 15.2.2007, 6 AZR 286/06).

 **ACHTUNG!**

Der Abschluss eines Aufhebungsvertrages empfiehlt sich aus Arbeitgebersicht auch dann, wenn der Arbeitnehmer auf Vermittlung des Arbeitgebers mit einem neuen Arbeitgeber einen Arbeitsvertrag schließt und künftig für diesen tätig ist. Fehlt es am Abschluss eines Aufhebungsvertrages mit dem bisherigen Arbeitgeber, besteht das Arbeitsverhältnis aufgrund konkludenter Vereinbarung ruhend fort (LAG Schleswig-Holstein v. 19.12.2013, 5 Sa 149/13). Es ist nach der Rechtsprechung in einer solchen Konstellation in der Regel auch nicht rechtsmissbräuchlich, wenn der Arbeitnehmer das ruhende Arbeitsverhältnis „reaktiviert", etwa weil das neue Arbeitsverhältnis aus dringenden betrieblichen Gründen endet (LAG Schleswig-Holstein v. 19.12.2013, 5 Sa 149/13). Der Abschluss eines Aufhebungsvertrages kann hier Rechtssicherheit bringen.

## 2. Abfindung

In der Regel findet eine einvernehmliche Aufhebung des Arbeitsverhältnisses nur gegen Zahlung einer Abfindung (= Entschädigung wegen des Arbeitsplatzverlusts) statt.

Hinsichtlich der Höhe der Abfindung wird vielfach von einer „Regelabfindung" in Höhe von einem halben Bruttomonatsgehalt pro Beschäftigungsjahr gesprochen. Einige Arbeitsgerichte agieren auch mit geringeren Faktoren. Eine rechtlich verankerte „Regelabfindung" gibt es aber nicht. Daher sollte an derartigen Faustformeln nicht starr festgehalten werden. Letztlich ist die Höhe einer vereinbarten Abfindung immer das Ergebnis einer Abwägung der jeweiligen Risiken beider Vertragspartner. Je größer das Risiko für den Arbeitgeber ist, dass eine Beendigung des Arbeitsverhältnisses durch Kündigung nicht möglich ist, umso höher wird in der Regel die Abfindungszahlung ausfallen müssen. Besteht dagegen für den Arbeitnehmer ein erhebliches Risiko, dass der Arbeitgeber das Arbeitsverhältnis auch durch Kündigung und damit ohne Abfindung beenden könnte, wird eine Abfindung in der Regel geringer ausfallen.

 **ACHTUNG!**

Da die rechtliche Ausgangssituation die Höhe der Abfindung maßgeblich beeinflusst, kann diese aufgrund des bestehenden Sonderkündigungsschutzes bei einem Betriebs- oder Personalratsmitglied (vgl. § 15 KSchG) höher ausfallen. Darin liegt dann keine unzulässige Begünstigung eines Betriebsratsmitgliedes wegen der Betriebsratstätigkeit (vgl. etwa § 78 S. 2 BetrVG). Ein Aufhebungsvertrag ist also nicht etwa aus diesem Grunde nichtig (BAG v. 21.3.2018, 7 AZR 590/16, ZTR 2018, 549).

Wird ein Aufhebungsvertrag im Zusammenhang mit einer Rationalisierungsmaßnahme geschlossen, ist die Regelung über die Abfindungshöhe in § 7 RatSchTV zu beachten.

Enthält die Abfindungsklausel keine eindeutige Regelung, handelt es sich bei der Abfindung im Allgemeinen um einen Bruttobetrag, welcher unter den Voraussetzungen der §§ 34, 24 EStG steuerbegünstigt ist. Die früher in § 3 Nr. 9 EStG vorgesehenen Steuerfreibeträge sind zum 1.1.2006 durch das Gesetz zum Einstieg in ein steuerliches Sofortprogramm abgeschafft worden. Die Abfindung ist also zu versteuern, unterliegt aber nicht der Beitragspflicht zur Sozialversicherung, soweit sie keine versteckten Arbeitsentgeltbestandteile enthält (BSG v. 25.10.1990, EzA § 9 KSchG n. F. Nr. 38).

In der Abfindungsklausel eines Aufhebungsvertrages sollte die Fälligkeit des Abfindungsanspruchs ausdrücklich geregelt werden. Ist diese nicht festgelegt, wird der Abfindungsanspruch im Zweifel erst mit der Beendigung des Arbeitsverhältnisses fällig.

 **ACHTUNG!**

Der Anspruch auf Zahlung einer Abfindung ist grundsätzlich vererblich. Allerdings kann die Auslegung einer Abfindungsklausel nach der Rechtsprechung des BAG ergeben, dass der Abfindungsanspruch nicht bereits mit Vertragsschluss entsteht, sondern erst zum Zeitpunkt der Beendigung des Arbeitsverhältnisses. Verstirbt der Arbeitnehmer dann vorher, kommt der Abfindungsanspruch nicht zur Entstehung. Diese Unsicherheit kann man vermeiden, indem man die sofortige Vererblichkeit des Abfindungsanspruchs vereinbart.

Eine Vereinbarung über die Fälligkeit des Abfindungsanspruches empfiehlt sich auch unter steuerlichen Gesichtspunkten. Nach dem Zuflussprinzip des § 11 Abs. 1 EStG ist die Abfindung in dem Jahr zu versteuern, in welchem sie dem Arbeitnehmer ausgezahlt wird.

### 2.1 Formulierung

Um Unklarheiten über die Zahlung der Abfindung zu vermeiden, sollte die vertragliche Regelung eindeutig sein.

 **Formulierungsbeispiel:**

„Als Entschädigung für den Verlust des Arbeitsplatzes erhält der Arbeitnehmer einmalig eine Abfindung entsprechend §§ 9, 10 KSchG, §§ 34 und 24 EStG in Höhe von € … brutto, in Worten: … Euro brutto. Die Auszahlung ist in Höhe von € … bis zum … und in Höhe weiterer € … mit dem Gehalt für … zu bewirken und kann mit befreiender Wirkung nur auf das Konto des Arbeitnehmers unter der folgenden Bankverbindung erfolgen. Die Parteien vereinbaren, dass der Abfindungsanspruch mit Abschluss dieses Vertrages vererbbar und bereits entstanden ist."

### 2.2 Sozialversicherungsrecht

Soll mit der Abfindung der durch die Vertragsbeendigung entstehende Nachteil des Arbeitsplatzverlustes ausgeglichen werden, ist sie in der Kranken-, Renten- und Arbeitslosenversicherung beitragsfrei. Werden mit der Abfindung hingegen noch offene Ansprüche aus dem Arbeitsverhältnis ausgeglichen, ist dieser Anteil insoweit auch beitragspflichtig.

**Beispiel**

Der Arbeitgeber beendet das Arbeitsverhältnis mit dem Arbeitnehmer B durch Aufhebungsvertrag. Er zahlt an B insgesamt € 25.000 brutto. B hat noch Anspruch auf Gehalt aus dem Arbeitsverhältnis in Höhe von € 7.500 brutto. Von den € 25.000 besteht für € 7.500 Beitragspflicht.

Näheres hierzu s. das im selben Verlag erschienene Lexikon für das Lohnbüro, „Abfindung wegen Entlassung aus einem Dienstverhältnis".

Daher ist zu empfehlen, offene Vergütungsansprüche und sonstige finanzielle Ansprüche des Arbeitnehmers (z. B. Urlaubsabgeltung, Karenzentschädigung etc.) von der Abfindung getrennt aufzuführen.

### 2.3 Outplacement

Als Alternative zur Zahlung einer Abfindung oder zusätzlichen Leistung kommt in einigen Fällen, gerade bei Führungskräften, die Vereinbarung von Outplacement-Leistungen in Betracht. Die Kosten hierfür kann der Arbeitgeber übernehmen.

 **Formulierungsbeispiel:**

Die Parteien sind sich darüber einig, dass der Arbeitnehmer an einer Outplacement-Beratung bei der … teilnimmt. Hierbei handelt es sich um eine Beratung mit einer Dauer von ... Monaten. Die Kosten der Outplacement-Maßnahme werden in Höhe von ... von der Arbeitgeberin übernommen. Aus dieser Regelung resultierende Steuern werden vom Arbeitgeber getragen, soweit die Leistung steuerpflichtig ist.

### 3. Freistellung

Wegen der mit der bevorstehenden Beendigung möglicherweise zu befürchtenden Motivations- oder Loyalitätseinbuße auf Seiten des Arbeitnehmers hat der Arbeitgeber häufig ein Interesse daran, dass der Arbeitnehmer bis zum vereinbarten Beendigungstermin nicht mehr am Arbeitsplatz erscheint. Ein Recht auf (einseitige) Suspendierung hat der Arbeitgeber jedoch nur in solchen Fällen, in denen die Weiterbeschäftigung des Arbeitnehmers (z. B. wegen Verdachts strafbarer Handlungen oder Wegfall des Arbeitsplatzes) unzumutbar bzw. unmöglich ist.

Meistens kommt der Freistellungswunsch des Arbeitgebers dem Arbeitnehmer jedoch gelegen, damit er sich voll und ganz der Suche nach einem neuen Arbeitsplatz widmen kann. Daher liegen die tatsächlichen Voraussetzungen für eine Freistellungsvereinbarung in der Regel vor.

**ACHTUNG!**
Problematisch war in der Vergangenheit die Vereinbarung einer unwiderruflichen Freistellung. Hierdurch konnten dem Arbeitnehmer erhebliche sozialversicherungsrechtliche Nachteile entstehen. Die Spitzenorganisationen der Sozialversicherungsträger hatten sich im Juli 2005 darauf verständigt, ihre Praxis zur Versicherungspflicht im Zusammenhang mit einvernehmlichen unwiderruflichen Freistellungen zu ändern. Die Versicherungspflicht in der Sozialversicherung sollte mit dem letzten Tag der tatsächlichen Beschäftigung enden, wenn Arbeitnehmer und Arbeitgeber eine unwiderrufliche Freistellung von der Arbeitspflicht bis zum Ende des Arbeitsverhältnisses vereinbart hatten. Diese Praxis ist durch die Rechtsprechung des BSG nunmehr wieder geändert worden, sodass auch unwiderrufliche Freistellungen wieder ohne sozialversicherungsrechtliche Risiken für den Arbeitnehmer vereinbart werden können.

Nach der Rechtsprechung des BSG endet das sozialversicherungsrechtliche Beschäftigungsverhältnis nicht bei Vereinbarung einer unwiderruflichen Freistellung in einem gerichtlichen Vergleich (BSG v. 24.9.2008, B 12 KR 22/07 R, NZA-RR 2009, 272). Nach Auffassung des BSG ist entscheidend, dass der Arbeitnehmer gegen Entgelt abhängig beschäftigt ist, also ein Arbeitsverhältnis vorliegt und dies vollzogen wird. Ein „Vollzug" sei auch ohne Erbringung der vertraglich geschuldeten Arbeitsleistung denkbar, also auch während einer einvernehmlich vereinbarten Freistellung.

Daraufhin haben die Spitzenverbände der Deutschen Rentenversicherung am 30./31. März 2009 geäußert, dass spätestens ab 1. Juli 2009 vom Fortbestand des sozialversicherungsrechtlichen Beschäftigungsverhältnisses während vereinbarter bezahlter unwiderruflicher Freistellung auszugehen sei.

Im Falle einer (widerruflichen) Freistellung ist zu beachten, dass während einer Freistellung die Rechte und Pflichten der Arbeitsvertragsparteien (mit Ausnahme der Beschäftigungs- und Arbeitspflicht) fortbestehen. Der Arbeitnehmer ist insbesondere an vertragliche Verschwiegenheitspflichten und Wettbewerbsverbote gebunden. Der Arbeitgeber muss die vertraglich vereinbarte Vergütung weiter zahlen, wozu u. a. auch die weitere Überlassung eines privat genutzten Dienstwagens zählt.

Zu regeln ist auch die Frage, ob der Arbeitnehmer während des Freistellungszeitraumes anderweitig arbeiten darf und ob er sich

die hieraus erzielten Einkünfte auf das vom Arbeitgeber fort zu zahlende Gehalt (entsprechend § 615 S. 2 BGB) anrechnen lassen muss. In der Regel dürfte der Arbeitgeber nur dann ein berechtigtes Interesse an der Versagung einer „Nebentätigkeit" haben, wenn diese in einem Konkurrenzunternehmen erfolgt.

Durch die Anrechnung anderweitiger Einkünfte wird die Bereitschaft des Arbeitnehmers gemindert, schon frühzeitig bei einem anderen Arbeitgeber zu arbeiten. Außerdem wird durch Förderung einer anderweitigen Beschäftigung (außer bei einem Konkurrenzunternehmen) u. U. verhindert, dass der Arbeitnehmer nach Beendigung des Arbeitsverhältnisses (erneut) zu einem Wettbewerber wechselt. Wenn ein nachvertragliches Wettbewerbsverbot vereinbart wurde, kann der Arbeitgeber (in der Hoffnung, dass der Arbeitnehmer eine während des Freistellungszeitraums aufgenommene konkurrenzfreie Tätigkeit nach Beendigung fortsetzt) ggf. auf die Einhaltung verzichten. Er ist jedoch auch dann noch für ein Jahr zur Zahlung der Karenzentschädigung verpflichtet (Wettbewerbsverbot).

**ACHTUNG!**
Soll mit einer Freistellung zugleich der verbleibende Resturlaub des Arbeitnehmers gewährt werden, muss dies ausdrücklich geregelt werden, da der Urlaubsanspruch durch die Freistellungsvereinbarung nicht erlischt (BAG v. 9.6.1998, AZR 43/97, ZTR 1999, 80).

Die Behandlung etwaiger Resturlaubsansprüche sollte daher mit der Freistellung ausdrücklich vereinbart werden.

**Formulierungsbeispiel:**
„Die Parteien sind sich darüber einig, dass der Arbeitnehmer seinen gesamten Resturlaub von ... Tagen in der Zeit von ... bis ... nimmt. Nach Beendigung des Urlaubs wird er ab ... bis auf Weiteres von der Erbringung seiner Arbeitsleistung unter Fortzahlung seiner vertragsgemäßen Vergütung freigestellt. Der Arbeitgeber behält sich das Recht vor, den Arbeitnehmer bis zur rechtlichen Beendigung des Arbeitsverhältnisses jederzeit wieder zur vertraglich geschuldeten Tätigkeit heranzuziehen. Einen Widerruf der Freistellung wird der Arbeitgeber dem Arbeitnehmer mit einer Ankündigungsfrist von einer Woche mitteilen."

Denkbar erscheint nun aber aufgrund der geänderten sozialversicherungsrechtlichen Rahmenbedingungen auch die Vereinbarung einer unwiderruflichen Freistellung.

**Formulierungsbeispiel:**
„Die Parteien sind sich darüber einig, dass der Arbeitnehmer bis zum .... unter Anrechnung seiner Urlaubsansprüche sowie etwaiger sonstiger Freistellungsansprüche unwiderruflich von der Arbeitspflicht freigestellt ist. Die Parteien sind sich weiter darüber einig, dass der Erholungsurlaub des Arbeitnehmers damit vollständig in Natur gewährt worden ist.

Der Arbeitnehmer ist bis zur Beendigung des Arbeitsverhältnisses in der Verwertung seiner Arbeitskraft frei. Etwaigen anderweitig erzielten Verdienst muss er sich gemäß § 615 S. 2 BGB anrechnen lassen. Eine Konkurrenztätigkeit ist ihm nicht gestattet."

Im Rahmen der Freistellung wird nicht selten auch eine vorzeitige Lösungsmöglichkeit vereinbart.

**Formulierungsbeispiel:**
„Die Parteien sind sich darüber einig, dass der Arbeitnehmer bis zum . . . . . unter Anrechnung seiner Urlaubsansprüche sowie etwaiger sonstiger Freistellungsansprüche unwiderruflich von der Arbeitspflicht freigestellt ist. [...]

Der Arbeitnehmer kann das Arbeitsverhältnis durch schriftliche Anzeige gegenüber der Arbeitgeberin bereits vor Ablauf des in § 1 genannten Beendigungszeitpunkts beenden. Die vereinbarte

Abfindungssumme wird in diesem Fall um die aufgrund der vorzeitigen Beendigung nicht mehr geschuldete monatliche Bruttovergütung erhöht. Im Falle einer vorzeitigen Beendigung des Arbeitsverhältnisses wird die Abfindung zu dem in § ...... genanntem Zeitpunkt ausgezahlt. Die vorzeitige Beendigung entspricht dem Willen der Arbeitgeberin."

Dabei ist allerdings zu beachten, dass auch die in einem Aufhebungs- oder Abwicklungsvertrag für den Beschäftigten vorgesehene Möglichkeit, sein vorzeitiges Ausscheiden aus dem Arbeitsverhältnis zu erklären, gemäß § 623 BGB zwingend der Schriftform bedarf (BAG v. 17.12.2015, 6 AZR 709/14, ZTR 2016, 220).

 **ACHTUNG!**

Eine Freistellung, die ein Arbeitgeber einseitig anordnet, um Verhandlungen zu erzwingen und durchzuführen über die Aufhebung eines Arbeitsverhältnisses, das ungekündigt und aufgrund langjähriger Betriebszugehörigkeit nicht ordentlich kündbar ist, kann rechtsmissbräuchlich sein (LAG Schleswig-Holstein v. 6.2.2020, 3 SaGa 7 öD/19).

## 4. Vergütung

In dem Aufhebungsvertrag sollte die Zahlung offener Gehaltsansprüche oder der bis zum Beendigungszeitpunkt noch entstehenden Bezüge geregelt werden, damit eine klare Trennung zwischen Abfindung und Vergütungsansprüchen erfolgt.

 **Formulierungsbeispiel:**

„Bis zu dem unter § ... genannten Beendigungszeitpunkt werden die vertragsgemäßen Bezüge vom Arbeitgeber fortbezahlt. Die Lohn-/Gehaltsabrechnung erfolgt wie bisher zum ... eines Kalendermonats."

Auch etwaige Gratifikationen sollten Berücksichtigung finden.

 **Formulierungsbeispiel:**

„Die arbeitsvertraglich zugesagte Gratifikation für das Jahr ... erhält der Arbeitnehmer ungekürzt [oder: nicht oder wahlweise: in Höhe von € ... oder: zu ... Zwölfteln]."

Entsprechendes gilt für Gewinnbeteiligungen oder Erfolgsprovisionen.

 **Formulierungsbeispiel:**

„Der Arbeitnehmer hat für das laufende Geschäftsjahr ... Anspruch auf Gewinnbeteiligung in Höhe von ... % des Jahresgewinns. Wegen der vorzeitigen Beendigung des Arbeitsverhältnisses zu dem in § ... genannten Beendigungszeitpunkt wird die Gewinnbeteiligung zu ... Zwölfteln gezahlt."

Wahlweise kann hierzu auch vereinbart werden:

 **Formulierungsbeispiel:**

„Die vertraglich vorgesehene Gewinnbeteiligung für das Geschäftsjahr ... wird pauschal mit € ... abgegolten. Die Parteien sind sich darüber einig, dass weitere Ansprüche auf eine Gewinnbeteiligung nicht bestehen."

## 5. Urlaubsabgeltung

Grundsätzlich hat ein Arbeitnehmer seinen Erholungsurlaub während des bestehenden Arbeitsverhältnisses zu nehmen. Nur wenn ihm dies wegen der Beendigung des Arbeitsverhältnisses nicht möglich ist, muss der Urlaub durch den Arbeitgeber finanziell abgegolten werden. Im Aufhebungsvertrag könnte zunächst festgestellt werden, in welcher Höhe noch Resturlaubsansprüche bestehen.

 **Formulierungsbeispiel:**

„Die Parteien sind sich darüber einig, dass dem Arbeitnehmer für das Jahr ... noch ... Urlaubstage zustehen."

Wenn der Resturlaub nicht bereits im Zusammenhang mit einer unwiderruflichen Freistellung abgegolten wird, sollte versucht werden, eine Inanspruchnahme bis zum Beendigungszeitpunkt zu vereinbaren.

 **Formulierungsbeispiel:**

„Der Arbeitnehmer wird den Urlaub – nach Absprache mit dem Arbeitgeber – bis zu dem in § ... genannten Beendigungszeitpunkt nehmen."

Wenn dies nicht möglich ist, kann auch die finanzielle Abgeltung vereinbart werden.

 **Formulierungsbeispiel:**

„Der Arbeitgeber bezahlt dem Arbeitnehmer zur Abgeltung des Urlaubs eine Urlaubsabgeltung in Höhe von € ..., welche am ... zur Zahlung fällig ist."

## 6. Dienstwohnung

Bei der Beendigung eines Arbeitsverhältnisses stellt sich auch die Frage, was mit einer dem Arbeitnehmer überlassenen Dienstwohnung passiert. Der Arbeitgeber wird in der Regel Interesse an einer baldigen Räumung haben. Grundsätzlich kann er dies nach Beendigung des Arbeitsverhältnisses durch eine ordentliche Kündigung (vgl. § 576 BGB) erreichen. Hierzu muss er jedoch nachweisen, dass die Dienstwohnung (dringend) für einen anderen Mitarbeiter benötigt wird. Außerdem kann der Arbeitnehmer die Räumung durch die Geltendmachung sozialer Härten verzögern oder der Kündigung sogar insgesamt widersprechen. Aus diesem Grund sollte der Aufhebungsvertrag auch eine Regelung über die Räumung und Herausgabe der Wohnung beinhalten.

 **Formulierungsbeispiel:**

„Der Arbeitnehmer verpflichtet sich, die ihm vom Arbeitgeber überlassene Wohnung in ...... [Anschrift] bis spätestens zum ...... zu räumen und in vertragsgemäßem Zustand an den Arbeitgeber zu übergeben."

Wenn ein gesonderter Mietvertrag vorliegt und lediglich der Räumungstermin im Aufhebungsvertrag festgelegt werden soll, empfiehlt sich der Hinweis, dass die übrigen Regelungen des Mietvertrags weiter gelten sollen, da andernfalls Streit darüber entstehen könnte, ob sämtliche weiteren Pflichten des Arbeitnehmers aus dem Mietverhältnis (z. B. zur Renovierung etc.) durch die allgemeine Aufhebungsklausel verdrängt werden.

 **Formulierungsbeispiel:**

„Im Übrigen bleiben die Regelungen aus dem Mietvertrag vom ...... unberührt."

Selbstverständlich besteht auch die Möglichkeit, dem Arbeitnehmer die Wohnung zu ortsüblichen Konditionen auch nach Beendigung des Arbeitsverhältnisses weiter zu vermieten. Wenn dies beabsichtigt ist, empfiehlt sich eine klarstellende Klausel unter Bezugnahme auf einen gesondert abzuschließenden Mietvertrag.

 **Formulierungsbeispiel:**

„Die vom Arbeitgeber überlassene Wohnung wird vom Arbeitnehmer nach der unter § ... vereinbarten rechtlichen Beendigung des Arbeitsverhältnisses entgeltlich weiter genutzt. Die Nutzungsbedingungen ergeben sich aus einem gesondert abzuschließenden Mietvertrag."

## 7. Dienstwagen

Wenn dem Arbeitnehmer ein Dienstwagen zur Verfügung gestellt wurde, sollte anlässlich der Aufhebung des Arbeitsverhältnisses die Rückgabe beziehungsweise die Weiternutzung bis zum Ende des Arbeitsverhältnisses geregelt werden.

 **Formulierungsbeispiel:**

„Der Arbeitnehmer verpflichtet sich, den ihm zur Verfügung gestellten Dienstwagen ...... [Hersteller, Typ, amtliches Kennzeichen] bis zum ...... in vertragsgemäßem Zustand an den Arbeitgeber zurückzugeben."

oder

„Dem Arbeitnehmer wird bis zum ... der ihm überlassene Dienstwagen *(Typ)* mit dem amtlichen Kennzeichen ... weiter in angemessenen Umfang zur Verfügung gestellt. Etwaige Zusatzkosten durch Mehrkilometer trägt die Arbeitgeberin."

Existiert ein gesonderter Dienstwagen-Überlassungsvertrag, empfiehlt sich auch hier der Hinweis, dass die sonstigen Regelungen (z. B. zur Wartung und Pflege etc.) von dem vereinbarten Rückgabetermin unberührt bleiben.

 **Formulierungsbeispiel:**

„Im Übrigen bleiben die Regelungen aus dem Dienstwagen-Überlassungsvertrag vom ...... unberührt."

## 8. Nachvertragliches Wettbewerbsverbot

Wurde mit dem Arbeitnehmer ein nachvertragliches Wettbewerbsverbot vereinbart, muss sich der Arbeitgeber vor Beendigung des Arbeitsverhältnisses Gedanken darüber machen, ob er nach wie vor Interesse an einer solchen Beschränkung hat. Immerhin muss der Arbeitgeber während der Dauer des nachvertraglichen Wettbewerbsverbots mindestens 50 % der Gehaltsbezüge an den Arbeitnehmer weiterzahlen (Karenzentschädigung).

Besteht kein Interesse an der Aufrechterhaltung des nachvertraglichen Wettbewerbsverbotes, sollte im Aufhebungsvertrag die einvernehmliche Aufhebung des Wettbewerbsverbots geregelt werden. Der Arbeitgeber kann zwar vor Beendigung des Arbeitsverhältnisses auch einseitig (durch schriftliche Erklärung) auf das Wettbewerbsverbot verzichten. Dieser Verzicht wirkt jedoch erst nach Ablauf eines Jahres (nach Zugang der Verzichtserklärung); bis dahin gilt das Wettbewerbsverbot und der Arbeitgeber muss die vereinbarte (mindestens die gesetzlich vorgesehene) Karenzentschädigung bezahlen.

 **Formulierungsbeispiel:**

Die Parteien sind sich darüber einig, dass das am ...... zwischen ihnen vereinbarte Wettbewerbsverbot mit sofortiger Wirkung aufgehoben wird. Der Arbeitnehmer ist somit in der Ausübung seiner nachvertraglichen Erwerbstätigkeit frei. Eine Karenzentschädigung ist durch den Arbeitgeber nicht zu zahlen.

Stellt der Arbeitgeber vor Beendigung des Arbeitsverhältnisses fest, dass die ursprünglich vereinbarte Karenzentschädigung zu niedrig ist, ist dringend eine Anpassung zu empfehlen; andernfalls wird das Wettbewerbsverbot unverbindlich, sodass der Arbeitnehmer die Wahl hat, ob er sich an das Wettbewerbsverbot hält (und mindestens 50 % seiner letzten Bezüge als Karenzentschädigung beanspruchen kann) oder ob er das Wettbewerbsverbot folgenlos missachtet.

 **Formulierungsbeispiel:**

„Das zwischen den Parteien am ...... vereinbarte nachvertragliche Wettbewerbsverbot wird einvernehmlich dahingehend abgeändert, dass statt einer monatlichen Karenzentschädigung in Höhe von € ...... monatlich € ...... an den Arbeitnehmer zu zahlen sind. Die Laufzeit des Wettbewerbsverbots wird einvernehmlich auf die Zeit vom ...... bis ...... festgelegt."

Soll ein bereits vereinbartes nachvertragliches Wettbewerbsverbot von der Aufhebung des Arbeitsverhältnisses nicht betroffen sein, sollte auch dies im Aufhebungsvertrag klargestellt werden.

 **Formulierungsbeispiel:**

„Das zwischen den Parteien am ...... vereinbarte nachvertragliche Wettbewerbsverbot wird von dem vorliegenden Aufhebungsvertrag nicht berührt."

## 9. Verschwiegenheitspflicht

Unabhängig von dem Vorliegen eines nachvertraglichen Wettbewerbsverbots ist ein Arbeitnehmer während und nach der Beendigung des Arbeitsverhältnisses verpflichtet, Verschwiegenheit über Geschäfts- und Betriebsgeheimnisse des bisherigen Arbeitgebers zu bewahren (vgl. hierzu auch § 3 Abs. 1 TVöD/§ 3 Abs. 2 TV-L). Eine ausdrückliche Regelung über den Umfang der Verschwiegenheitspflicht und ggf. die Vereinbarung einer Vertragsstrafe bei Zuwiderhandlungen ist zu empfehlen.

 **Formulierungsbeispiel:**

„Der Arbeitnehmer ist verpflichtet, über alle ihm während seiner Tätigkeit bekannt gewordenen betriebsinternen Angelegenheiten – insbesondere Geschäfts- und Betriebsgeheimnisse – gegenüber Dritten strengstes Stillschweigen zu bewahren. Dies gilt auch für den Inhalt dieser Vereinbarung. Die Verschwiegenheitsverpflichtung bezieht sich nicht auf solche Umstände und Mitteilungen, die der Arbeitnehmer gegenüber Behörden oder Gerichten zur Wahrung seiner rechtlichen Interessen abzugeben hat."

Die Auferlegung einer Verschwiegenheitspflicht soll lediglich davor schützen, dass der Arbeitnehmer im Rahmen des Arbeitsverhältnisses erlangte Informationen an Dritte weitergibt. Die bloße Verwertung seiner Kenntnisse und Erfahrungen im Rahmen seiner Berufstätigkeit stellt jedoch keine Verletzung der Verschwiegenheitspflicht dar. Will der Arbeitgeber den Arbeitnehmer in der Ausnutzung seiner bei ihm erlangten beruflichen Erfahrungen hindern, muss er ein Wettbewerbsverbot mit ihm vereinbaren.

 **ACHTUNG!**

Wird dem Arbeitnehmer die Verwertung betrieblich erlangter Kenntnisse und Erfahrungen untersagt und kann ihn das an seinem beruflichen Fortkommen hindern, kann auch in einer solchen Verschwiegenheitsklausel ein Wettbewerbsverbot gesehen werden. Der Arbeitnehmer kann dann u. U. eine Karenzentschädigung verlangen.

## 10. Arbeitgebereigentum

Auch die Herausgabe von Arbeitgebereigentum oder -unterlagen sollte im Aufhebungsvertrag klar geregelt werden, wenn dies nicht bereits im Arbeitsvertrag erfolgt ist. Dabei empfiehlt es sich, die zurückzugebenden Gegenstände möglichst genau zu bezeichnen.

 **Formulierungsbeispiel:**

„Der Arbeitnehmer verpflichtet sich, alle ihm von der Arbeitgeberin überlassenen Gegenstände, Waren, Geräte, Apparaturen und alle Unterlagen, die im Zusammenhang mit seiner Tätigkeit bei der Arbeitgeberin entstanden sind, vollständig an die Arbeitgeberin zurückzugeben. Zu diesen Unterlagen zählen insbesondere ......"

## 11. Zeugnis und Arbeitspapiere

Der Arbeitgeber ist gesetzlich und tarifvertraglich (vgl. § 35 TVöD/TV-L) dazu verpflichtet, dem Arbeitnehmer ein schriftliches Zeugnis über das Arbeitsverhältnis und dessen Dauer auszustellen. Auf Verlangen muss sich das Zeugnis auch auf die Leistungen und die dienstliche Führung erstrecken.

Um unnötige Streitigkeiten über den Zeugnisinhalt zu vermeiden, empfiehlt es sich, im Rahmen der Aufhebungsverhandlungen den Zeugniswortlaut vorzuformulieren und das Zeugnis dann als Anlage dem Aufhebungsvertrag beizufügen. Der Aufhebungsvertrag selbst muss dann nur noch auf das in der Anlage beigefügte Zeugnis verweisen. In diesem Zusammenhang sollte auch die Vorlage der Arbeitsbescheinigung und die Herausgabe der Arbeitspapiere geregelt werden.

 **Formulierungsbeispiel:**

„Dem Arbeitnehmer wird das als Anlage zu dieser Vereinbarung beigefügte Endzeugnis unter dem Ausstellungsdatum ...... erteilt. Dem Arbeitnehmer wird darüber hinaus unverzüglich ein Zwischenzeugnis erteilt, das dem Wortlaut des Endzeugnisses entspricht, soweit nicht der Charakter eines Endzeugnisses dem entgegensteht. Es wird auf den ...... datiert. Der Arbeitgeber verpflichtet sich, dem Arbeitnehmer eine Arbeitsbescheinigung bis spätestens ...... auszustellen. Als Grund für die Beendigung des Arbeitsverhältnisses wird dort angegeben: ...... Die übrigen Arbeitspapiere werden dem Arbeitnehmer bis spätestens ...... an seine Wohnanschrift übermittelt."

Jedenfalls sollten der Wortlaut der Führungs- und Leistungsbeurteilung im Aufhebungsvertrag festgelegt werden. Ein entsprechendes Formulierungsbeispiel findet sich in dem unter IV. aufgenommene Muster.

## 12. Erledigungsklausel

Im Zusammenhang mit der einvernehmlichen Aufhebung des Arbeitsverhältnisses haben Arbeitgeber und Arbeitnehmer ein Interesse daran, durch eine allgemeine Erledigungsklausel die sich aus dem Bestand und der Beendigung des Arbeitsverhältnisses ergebenden Rechtsbeziehungen abschließend zu regeln. Häufig wird sinngemäß vereinbart: „Mit der Erfüllung dieser Vereinbarung sind alle gegenseitigen Ansprüche aus dem Arbeitsverhältnis erledigt."

 **ACHTUNG!**

Durch eine solche Erledigungsklausel werden sämtliche Rechte des Arbeitgebers beseitigt! Auf Seiten des Arbeitnehmers hingegen sind einige Ansprüche unverzichtbar, sodass die Erledigungsklausel nicht zur Beseitigung dieser Ansprüche führt. Daher sollte sich der Arbeitgeber Klarheit darüber verschaffen, welche Ansprüche verzichtbar sind und welche nicht.

 **Formulierungsbeispiel:**

„Mit der Erfüllung dieser Vereinbarung, insbesondere den sich aus § ...... ergebenden Verpflichtungen *[Abfindungsklausel]* sind sämtliche Ansprüche aus und im Zusammenhang mit dem Arbeitsverhältnis, seiner Durchführung sowie anlässlich dessen Beendigung abschließend geregelt und abgegolten."

Wenn der Arbeitnehmer auf bestimmte Ansprüche verzichten soll/will, so ist zunächst zu prüfen, ob dies überhaupt zulässig ist. Handelt es sich um Ansprüche aus Betriebsvereinbarungen (z. B. aus einem Sozialplan), so ist der Verzicht nur mit vorheriger Zustimmung des Betriebsrats wirksam. Auf zwingende gesetzliche und tarifvertragliche Ansprüche kann nicht verzichtet werden. Hier hilft nur ein sog. Tatsachenvergleich.

 **Formulierungsbeispiel:**

„Die Parteien sind sich darüber einig, dass der Arbeitnehmer seinen gesamten Jahresurlaub genommen hat."

In jedem Fall sollten die Ansprüche, auf die verzichtet werden soll, in dem Aufhebungsvertrag konkret genannt werden.

Nicht erfasst werden von einer solchen Erledigungsklausel grundsätzlich Ansprüche aus einem gesonderten, selbstständig neben dem Arbeitsvertrag abgeschlossenen Vertragsverhältnis. So werden etwa Rückzahlungsansprüche eines Arbeitgebers aus einem gewährten Arbeitgeberdarlehen grundsätzlich nicht erfasst (BAG v. 19.1.2011, 10 AZR 873/08). Ähnliches könnte auch für Mietverträge von Dienstwohnungen gelten. Eine Beachtung und dementsprechend klarstellende Herausnahme aus dem Anwendungsbereich der Erledigungsklausel empfiehlt sich aber in jedem Fall (vgl. bereits oben zur Dienstwohnung).

 **Formulierungsbeispiel:**

„Mit der Erfüllung dieser Vereinbarung sind sämtliche Ansprüche aus und im Zusammenhang mit dem Arbeitsverhältnis, seiner Durchführung sowie anlässlich dessen Beendigung abschließend geregelt und abgegolten. Nicht erfasst hiervon sind Ansprüche aus ......"

Aber auch bei der Formulierung von Ausgleichsklauseln sind weitere rechtliche Anforderungen zu beachten.

 **ACHTUNG!**

Ausgleichsklauseln, in denen Arbeitnehmer im Zusammenhang mit der Beendigung des Arbeitsverhältnisses erklären sollen, dass Ansprüche gleich aus welchem Rechtsgrund nicht mehr bestehen, unterliegen – anders als die Aufhebungs- sowie die Abfindungsklausel als Hauptleistungspflichten des Aufhebungsvertrages – einer Inhaltskontrolle nach §§ 307 ff. BGB. Nach der Rechtsprechung des BAG sind Ausgleichsklauseln, die einseitig nur Ansprüche des Arbeitnehmers erfassen und dafür keine entsprechende Gegenleistung gewähren, unangemessen benachteiligend im Sinne von § 307 Abs. 1 S. 1 BGB (BAG v. 21.6.2011, 9 AZR 203/10, ZTR 2012, 50).

Ein beiderseitiger Forderungsverzicht in einem auf Wunsch des Arbeitnehmers geschlossenen, vom Arbeitgeber formulierten Aufhebungsvertrag benachteiligt den Arbeitnehmer nach § 307 Abs. 1 S. 1 BGB nur dann unangemessen, wenn der Arbeitgeber die Situation des Arbeitnehmers entgegen den Geboten von Treu und Glauben zur Durchsetzung eigener Interessen ausgenutzt hat (BAG v. 24.2.2016, 5 AZR 258/14).

 **ACHTUNG!**

Seit Inkrafttreten des Mindestlohngesetzes ist bei der Formulierung von Ausgleichsklauseln ein weiterer Aspekt zu beachten. Nach § 3 S. 1 MiLoG sind Vereinbarungen unwirksam, die den Mindestlohn unterschreiten oder seine Geltendmachung beschränken oder ausschließen. Dementsprechend kann auch durch Ausgleichsklauseln der gesetzliche Mindestlohn nicht ausgeschlossen werden. Da Ausgleichsklauseln zudem der Transparenzkontrolle des § 307 Abs. 1 S. 2 BGB standhalten und daher die Rechtslage zutreffend wiedergeben müssen, darf in Ausgleichsklauseln nicht vom Mindestlohn abgewichen werden. Werden Ansprüche auf Mindestlohn in der Ausgleichsklausel nicht ausgenommen, ist die Ausgleichsklausel daher insgesamt unwirksam (BAG v. 24.8.2016, 5 AZR 703/15, ZTR 2017, 44).

Vor dem Hintergrund der Rechtsprechung des Bundesarbeitsgerichts zur Unabdingbarkeit des Mindestlohns in Ausgleichsklauseln empfiehlt sich eine entsprechende Berücksichtigung bei der Abfassung der Klausel. Eine Ausgleichsklausel könnte nunmehr wie folgt lauten:

 **Formulierungsbeispiel:**

„Mit der Erfüllung dieser Vereinbarung sind sämtliche Ansprüche aus und im Zusammenhang mit dem Arbeitsverhältnis, seiner Durchführung sowie anlässlich dessen Beendigung abschließend geregelt und abgegolten. Nicht erfasst hiervon sind Ansprüche auf den gesetzlichen Mindestlohn nach dem Mindestlohngesetz."

### 13. Kosten

Wenn durch die Verhandlungen und den Abschluss des Aufhebungsvertrags Kosten entstanden sind oder entstehen, sollte eine klare Kostenregelung getroffen werden. Im Regelfall wird der Arbeitgeber seine Kosten selber tragen. Das sollte auch der Arbeitnehmer tun. Insbesondere wenn er sich anwaltlichen Rat eingeholt hat, sollte im Aufhebungsvertrag klargestellt werden, dass er die Kosten hierfür selber zu tragen hat.

 **Formulierungsbeispiel:**

„Die Kosten dieser Vereinbarung tragen die Parteien jeweils selbst."

Wird im Rahmen eines Kündigungsschutzprozesses ein Aufhebungsvergleich geschlossen, ist auf die Verfahrenskosten abzustellen.

 **Formulierungsbeispiel:**

„Die außergerichtlichen Kosten des Verfahrens tragen die Parteien jeweils selbst."

### 14. Salvatorische Klausel

Wie bei jedem Vertrag empfiehlt sich auch bei einem Aufhebungsvertrag die Klarstellung, dass im Falle der Unwirksamkeit einzelner Bestimmungen der Rest des Aufhebungsvertrags nicht betroffen sein soll und die unwirksamen Regelungen entsprechend zu ersetzen sind. Andernfalls droht die Unwirksamkeit des gesamten Aufhebungsvertrags.

 **Formulierungsbeispiel:**

„Wenn eine Bestimmung dieses Vertrags unwirksam sein sollte, wird dadurch die Geltung des Vertrags im Übrigen nicht berührt. In diesem Fall sind die Parteien verpflichtet, die ungültige Bestimmung durch eine neue Bestimmung zu ersetzen, die in rechtlich zulässiger Weise der ungültigen Vertragsbestimmung unter wirtschaftlichen Gesichtspunkten entspricht oder ihr möglichst nahe kommt."

 **ACHTUNG!**

Soweit ein Aufhebungsvertrag einer Inhaltskontrolle gemäß §§ 305 ff. BGB unterliegt, ist eine salvatorische Klausel unwirksam, da insoweit das Verbot der geltungserhaltenden Reduktion gemäß § 306 Abs. 2 BGB gilt. In Formularverträgen ist eine solche Klausel daher nichtig. Bei individuell ausgehandelten Aufhebungsverträgen kann dagegen die Aufnahme einer salvatorischen Klausel sinnvoll sein.

## III. Rechtsfolgen des Aufhebungsvertrags

### 1. Beendigung des Arbeitsverhältnisses

Durch den Aufhebungsvertrag wird das Arbeitsverhältnis zu dem vereinbarten Zeitpunkt beendet. Sämtliche Rechte und Pflichten aus dem Arbeitsvertrag – auch wenn sie im Zusammenhang mit der Beendigung stehen – erlöschen, wenn sie nicht auf Grund gesetzlicher Arbeitnehmerschutzrechte unverzichtbar sind. Für die Abwicklung des beendeten Arbeitsverhältnisses gelten dann nur noch die Regelungen im Aufhebungsvertrag.

Auch bei Abschluss eines Aufhebungsvertrages kann es einen Wiedereinstellungsanspruch geben. Kommt es etwa auf Veranlassung des Arbeitgebers und zur Vermeidung einer betriebsbedingten Kündigung zum Abschluss eines Aufhebungsvertrages, so ist dieser Vertrag nach den Regeln über den Wegfall der Geschäftsgrundlage gemäß § 313 BGB anzupassen, wenn sich in der Zeit zwischen Vertragsschluss und Ende des Arbeitsverhältnisses unvorhergesehen eine Weiterbeschäftigungsmöglich-

keit für den Arbeitnehmer ergibt. Eine Vertragsanpassung kann auch zu einer Wiedereinstellung führen (BAG v. 8.5.2008, 6 AZR 517/07). Diese kommt aber nur in Betracht, wenn das Festhalten am Aufhebungsvertrag für den Arbeitnehmer unzumutbar ist. Dafür ist maßgeblich, ob die Abfindung einen gerechten Ausgleich für den Nachteil der Beendigung des Arbeitsverhältnisses darstellt (LAG Mecklenburg-Vorpommern v. 10.1.2012, 5 Sa 144/01).

 **ACHTUNG!**

Wird in einem Aufhebungsvertrag geregelt, dass nach Beendigung des Arbeitsverhältnisses ein monatliches Vorruhestandsgeld bis zum frühestmöglichen Renteneintritt gezahlt wird, kann das wegen des in der Übergangszeit noch unterschiedlichen Renteneintrittsalters für Frauen und Männer eine Diskriminierung gemäß § 1 AGG darstellen. Werden die Aufhebungsverträge hingegen so geschlossen, dass für Männer und Frauen dieselbe Anzahl von Monaten gezahlt wird, kann sich eine Diskriminierung nur aus rentenrechtlichen Nachteilen ergeben (LAG Mecklenburg-Vorpommern v. 25.9.2012, 5 Sa 297/12). Ob eine Diskriminierung vorliegt, hängt dann von Sinn und Zweck des gezahlten Vorruhestandsgeldes ab. Dabei ist maßgeblich, ob es den Parteien darum geht, Versorgungslücken vollständig zu überbrücken oder ob das Vorruhestandsgeld ohnehin nur eine „Überbrückungsbeihilfe" darstellen soll (LAG Mecklenburg-Vorpommern v. 25.9.2012, 5 Sa 297/12).

### 2. Prozessbeendigung

Wird im Rahmen eines gerichtlichen Verfahrens ein Vergleich über die Beendigung des Arbeitsverhältnisses geschlossen, so wird der Prozess hierdurch automatisch beendet.

 **WICHTIG!**

In diesem Fall ist das Vergleichsprotokoll auch gleichzeitig Vollstreckungstitel. Zur Durchsetzung der im Aufhebungsvergleich geregelten Ansprüche kann daher erforderlichenfalls direkt die Zwangsvollstreckung eingeleitet werden.

Ist zwar ein Kündigungsschutzverfahren rechtshängig, wird ein Abwicklungsvertrag aber außerhalb dieses Prozesses (also außergerichtlich) geschlossen, muss noch eine Klagerücknahme oder eine einvernehmliche Erledigungserklärung gegenüber dem Gericht erfolgen, um das Verfahren zu beenden. Der Arbeitnehmer (Kläger) sollte hierzu im Rahmen des Abwicklungsvertrages verpflichtet werden.

 **Formulierungsbeispiel:**

„Der Arbeitnehmer verpflichtet sich, die unter dem Az. ...... beim Arbeitsgericht ...... rechtshängige Klage binnen einer Woche nach Unterzeichnung des vorliegenden Abwicklungsvertrags zurückzunehmen."

### 3. Sperrzeit und Ruhen des Anspruchs auf Arbeitslosengeld

Die Agentur für Arbeit kann bei der Beendigung eines Arbeitsverhältnisses durch einen Aufhebungsvertrag gemäß § 159 SGB III eine Sperrfrist von regelmäßig zwölf Wochen verhängen. Dies setzt voraus, dass das Arbeitsverhältnis durch Aufhebungsvertrag auf Veranlassung des Arbeitnehmers (ohne wichtigen Grund) beendet wurde.

**Beispiel**

Ein wichtiger Grund für den Arbeitnehmer liegt vor, wenn ein gelernter Facharbeiter künftig nur noch mit ungelernten Arbeiten beschäftigt werden soll.

**WICHTIG!**

Ein wichtiger Grund für den Abschluss eines Aufhebungsvertrages kann auch bereits dann gegeben sein, wenn dem Arbeitnehmer alternativ eine rechtmäßige Arbeitgeberkündigung droht (BSG v. 12.7.2006, 11a AL 47/05 R).

Die Regelsperrzeit wegen des Lösens des Beschäftigungsverhältnisses beträgt nach § 159 Abs. 3 S. 1 SGB III zwölf Wochen. Sie verkürzt sich gem. § 159 Abs. 3 S. 2 Nr. 1 u. 2a) SGB III auf drei Wochen, wenn das Arbeitsverhältnis ohne den Sperrzeittatbestand ohnehin nach sechs Wochen geendet hätte und auf sechs Wochen, wenn das Arbeitsverhältnis ohne den Sperrzeittatbestand nach zwölf Wochen geendet hätte. Ferner verkürzt sich die Sperrzeit gem. § 159 Abs. 3 S. 2 Nr. 2b) SGB III auf sechs Wochen, wenn eine Sperrzeit von zwölf Wochen eine besondere Härte bedeuten würde.

Daneben kann die Zahlung einer Abfindung zu einem Ruhen des Arbeitslosengeldanspruchs führen, wenn die Beendigung des Arbeitsverhältnisses für einen Zeitpunkt vor Ablauf der ordentlichen Kündigungsfrist des Arbeitgebers vereinbart wurde.

Der Anspruch auf Arbeitslosengeld ruht gemäß § 158 SGB III bis zum Ende der ordentlichen Kündigungsfrist, wenn

▶ der Arbeitslose wegen der Beendigung des Arbeitsverhältnisses eine Abfindung erhalten hat oder beanspruchen kann und

▶ das Arbeitsverhältnis ohne Einhaltung einer der ordentlichen Kündigungsfrist des Arbeitgebers entsprechenden Frist beendet worden ist.

Besonderheiten für die sozialversicherungsrechtliche Beurteilung der Kündigungsfristen ergeben sich aus § 158 Abs. 1 S. 3 und 4 SGB III. Der Anspruch auf Arbeitslosengeld ruht längstens ein Jahr. Zu den Abfindungen gehören alle Zahlungen, die über das Ende des Arbeitsverhältnisses hinaus erbracht werden mit Ausnahme der Zahlung von Karenzentschädigungen oder Schadensersatzansprüchen nach der Insolvenzordnung.

Kein Ruhen tritt ein bei einer wirksamen ordentlichen → *Kündigung*, beim Auslaufen des Arbeitsverhältnisses durch Befristung oder bei unwirksamer fristloser Kündigung.

Nur Abfindungen, die wegen der Beendigung gezahlt werden, führen zum Ruhen des Anspruchs auf Arbeitslosengeld. Das ist dann der Fall, wenn zwischen der vorzeitigen Beendigung des Arbeitsverhältnisses und der Abfindung ein ursächlicher Zusammenhang besteht. Daher stehen alle Leistungen, auf die auch bei einer ordentlichen Kündigung ein Rechtsanspruch bestand (z. B. Prämien, vermögenswirksame Leistungen), der Zahlung des Arbeitslosengeldes nicht entgegen.

War das Arbeitsverhältnis befristet, ruht der Anspruch auf Arbeitslosengeld gemäß § 158 Abs. 2 S. 2 Nr. 2 SGB III nur bis zum vereinbarten Ende der Befristung. Hätte der Arbeitgeber das Arbeitsverhältnis aus wichtigem Grund ohne Einhaltung einer Kündigungsfrist kündigen können, ruht das Arbeitslosengeld nur bis zur Beendigung des Arbeitsverhältnisses auf Grund der außerordentlichen Kündigung, § 158 Abs. 2 S. 2 Nr. 3 SGB III.

**ACHTUNG!**

Mit Urteil vom 18.12.2003 (B 11 AL 35/03 R) hat das BSG entschieden, dass auch bei Abschluss eines Abwicklungsvertrages nach Ausspruch einer arbeitgeberseitigen Kündigung eine Sperrfrist verhängt werden kann, da auch der Abschluss eines Abwicklungsvertrages als Lösung des Beschäftigungsverhältnisses zu behandeln sei. Nach Auffassung des BSG leistet der Arbeitnehmer durch den Abschluss eines Abwicklungsvertrages

einen rechtserheblichen Beitrag zur Beendigung seines Arbeitsverhältnisses, wenn er hierin konkludent oder ausdrücklich auf die Geltendmachung seines Kündigungsschutzes verzichtet. Die Hinnahme der Kündigung sei gleichzeitig eine aktive Mitwirkung an der Beendigung des Beschäftigungsverhältnisses, insbesondere dann, wenn der Arbeitnehmer die Kündigung beispielsweise wegen einer Abfindung akzeptiere. Aufgrund dieser Rechtsprechung ist der Abwicklungsvertrag kein uneingeschränkt geeignetes Instrument zur Vermeidung der sozialversicherungsrechtlichen Nachteile für den Arbeitnehmer mehr. Die praktische Bedeutung des Abwicklungsvertrages ist durch diese Entscheidung dementsprechend wesentlich zurückgegangen. Auch in den Durchführungsanweisungen der Bundesagentur für Arbeit ist klargestellt, dass Abwicklungsverträge, die in eine Gesamtabsprache eingebunden sind (verdeckte Aufhebungsverträge) wie Aufhebungsverträge zu bewerten sind.

Mittlerweile hat das BSG diese Rechtsprechung dahingehend verändert, dass mit Urteil vom 12.7.2006 (B 11a AL 47/05 R) klargestellt worden ist, dass ein Arbeitnehmer sich auf einen – die Sperrzeit wegen Arbeitsaufgabe ausschließenden – wichtigen Grund für die Lösung des Beschäftigungsverhältnisses durch Aufhebungsvertrag mit einer Abfindungsregelung berufen kann, wenn ihm ansonsten eine rechtmäßige Arbeitgeberkündigung aus nicht verhaltensbedingten Gründen zum gleichen Zeitpunkt gedroht hätte. Wenn diese Voraussetzungen vorliegen, tritt also keine Sperrzeit gem. § 159 Abs. 1 S. 1 SGB III ein. Darüber hinaus hat das BSG mit derselben Entscheidung angekündigt, zu erwägen, ob auf eine Prüfung der Rechtmäßigkeit der Arbeitgeberkündigung verzichtet werden kann, wenn die Abfindungshöhe bei Streitfällen ab 1.1.2004 die in § 1a Abs. 2 KSchG vorgesehene Höhe nicht überschreitet (vgl. BSG v. 12.7.2006, B 11a AL 47/05 R). Diese Rechtsprechung ist mittlerweile auch Inhalt der maßgeblichen Durchführungsanweisung der Bundesagentur für Arbeit geworden. Danach tritt nicht zwangsläufig eine Sperrzeit bei Vereinbarung eines Aufhebungsvertrages ein, wenn

▶ eine arbeitgeberseitige Kündigung aus betrieblichen oder personenbezogenen (nicht verhaltensbedingten) Gründen zum selben oder einem früheren Zeitpunkt mit Bestimmtheit in Aussicht gestellt wird,

▶ die Kündigungsfrist im Falle einer arbeitgeberseitigen Kündigung eingehalten wurde,

▶ eine Abfindung in Höhe von bis zu 0,5 Monatsgehältern pro Beschäftigungsjahr gezahlt wird und

▶ keine ordentliche Unkündbarkeit vorliegt.

**ACHTUNG!**

Ein wichtiger Grund für den Abschluss des Aufhebungsvertrages liegt nur vor, wenn eine ordentliche Kündigung noch möglich ist. Dies gilt also nicht bei gesetzlicher, tarifvertraglicher oder einzelvertraglicher Unkündbarkeit.

Wenn die genannten Voraussetzungen vorliegen, kommt es auf die Rechtmäßigkeit der drohenden Arbeitgeber-Kündigung im Übrigen nicht mehr an.

**ACHTUNG!**

Nachdem das BSG die Möglichkeiten für Aufhebungsverträge zunächst erheblich eingeschränkt hatte, war der Abschluss eines gerichtlich protokollierten Vergleiches der bevorzugte Weg der Praxis, um eine Sperrzeit zu vermeiden. Mit Urteil vom 17.10.2007 (B 11 a AL 51/06) hat das BSG auch insoweit die Grenzen definiert. Nach der Entscheidung des BSG löst der Arbeitnehmer das Beschäftigungsverhältnis durch eine Vereinbarung über die Hinnahme der Kündigung auch dann, wenn diese Vereinbarung im Rahmen eines arbeitsgerichtlichen Vergleiches erfolgt. Nach Auffassung des BSG ist das Vorliegen eines arbeitsgerichtlichen Vergleiches jedoch bedeutsam bei der Frage, ob ein wichtiger Grund für den Arbeitnehmer vorliegt. Insbesondere stellt das BSG auch ausdrücklich fest, dass der Arbeitnehmer – ebenso wie er nicht zur Erhebung einer Kündigungsschutzklage nach Erhalt einer rechtswidrigen Kündigung gezwungen ist – nicht gezwungen sein kann, einen Rechtsstreit unter allen Umständen weiter zu führen. Eine Verfahrensbeendigung durch Vergleich spricht daher für das Vorliegen eines wichtigen Grundes, wenn und soweit keine Gesetzesumgehung zulasten der Versichertengemeinschaft gegeben ist. Ein solcher Fall der Gesetzesumgehung liegt nach Auffassung des BSG vor, wenn die Parteien beispielsweise den Weg über eine offenkundig rechtswidrige Kündigung (z. B. unterlassene Betriebsratsanhörung) wählen oder über eine vom Arbeitnehmer veranlasste Kündigung durch den Arbeitgeber jeweils mit einer Klage vor dem Arbeitsgericht einvernehmlich mit dem Ziel beschritten hätten, den Eintritt der Sperrzeit zu vermeiden. Insoweit erhöht das BSG also die Anforderungen an einen sperrzeitunschädlichen Vergleich.

# Aufklärungspflichten

 **Wegweiser:**

Als Unterpunkt der Fürsorgepflicht wird die Aufklärungspflicht den Rücksichtnahme- und Schutzpflichten eines Schuldverhältnisses in § 241 Abs. 1 BGB beziehungsweise § 242 BGB zugeordnet. Teilweise bestehen weitere, untergeordnete Kodifizierungen, z. B. in § 2 Abs. 2 S. 2 Nr. 3 SGB III. Tarifvertraglich bestehen im TVöD/TV-L keine speziellen Regelungen. Einzelne Aufklärungspflichten können einzelvertraglich vereinbart werden.

I.   **Begriff**
II.  **Inhalt**
III. **Grenzen**
IV.  **Rechtsfolge**

## I. Begriff

Das Arbeitsverhältnis wird von Rücksichtnahme- und Schutzpflichten aus § 241 Abs. 2 BGB sowie Nebenpflichten aus § 242 BGB begleitet. Als besondere Ausprägung der Fürsorgepflicht aus § 241 Abs. 2 BGB kann eine Auskunfts-, Aufklärungs- und Unterrichtungspflicht des Arbeitgebers bezüglich solcher Tatsachen bestehen, die der Arbeitnehmer zu einer ordnungsgemäßen Wahrnehmung seiner Aufgaben benötigt oder die für seinen Rechtskreis relevant sind. Diese Pflichten können bereits im Stadium der ersten Vertragsverhandlung – insbesondere allerdings bei durch den Arbeitgeber motivierten Aufhebungsverträgen – vorliegen. Eine Verletzung der Aufklärungspflichten führt unter Umständen zu Schadensersatzansprüchen des Arbeitnehmers.

## II. Inhalt

Für die Frage, ob eine Hinweis- oder Aufklärungspflicht vorliegt, müssen im Einzelfall regelmäßig die individuellen Umstände er-

mittelt und die Interessen der Arbeitsvertragsparteien gegeneinander abgewogen werden. Dem Informationsbedürfnis des Arbeitnehmers steht die Beratungsmöglichkeit des Arbeitgebers gegenüber. Je gravierender etwaig drohende Nachteile für den Arbeitnehmer sind, je weniger Einblick er in betriebliche Vereinbarungen und Abläufe hat, je schwieriger die Rechtsfragen sind, zu denen er Auskunft begehrt, desto größer ist das Informationsbedürfnis. Andererseits fungiert der Arbeitgeber nicht als „Vollkaskoversicherung" für den Arbeitnehmer. Der Arbeitgeber ist daher nicht verpflichtet, auf alle denkbaren Risiken im Zusammenhang mit dem Arbeitsverhältnis hinzuweisen. Dies würde eine unzumutbare Belastung darstellen und wäre organisatorisch auch nicht leistbar. Je offener das Informationsbedürfnis aber zu Tage tritt und je einfacher dem Arbeitgeber eine Auskunft möglich ist, desto eher wird eine Aufklärungspflicht anzunehmen sein. Vor allem auf nicht vorhersehbare, atypische Risiken muss der Arbeitgeber hinweisen, insbesondere dann, wenn der Arbeitnehmer um Aufklärung bittet und dem Arbeitgeber dies unproblematisch möglich ist.

Bereits im Stadium der Vertragsverhandlung kann der Arbeitgeber zur Auskunft und Aufklärung verpflichtet sein. Dementsprechend hat das BAG anerkannt, dass ein Arbeitgeber, der Vertragsverhandlungen eingeht, bestehende Umstände, gleich welcher Art, die die vollständige Durchführung des Rechtsverhältnisses infrage stellen können, nicht verschweigen dürfe, soweit sie ihm bekannt sind oder bekannt sein müssen (BAG v. 14.7.2005, 8 AZR 300/04, ZTR 2006, 146). Hat die Arbeitnehmervertretung im Vorfeld bereits angekündigt, einer Einstellung zu widersprechen, muss der Arbeitgeber den Bewerber auch diesbezüglich informieren. Speichert der Arbeitgeber im Rahmen eines Bewerbungsprozesses personenbezogene Daten, bestehen Aufklärungspflichten nach der DSGVO.

Darüber hinaus kommen Aufklärungs- und Belehrungspflichten bei der Beendigung des Arbeitsverhältnisses aufgrund eines vom Arbeitgeber veranlassten Aufhebungsvertrags in Betracht, soweit ein besonderer, dem Arbeitgeber erkennbarer Aufklärungsbedarf des Arbeitnehmers besteht (BAG v. 25.1.2000, 9 AZR 144/99, BB 2000, 1358). Gesteigerte Informationspflichten können vorliegen, wenn die – für den Arbeitnehmer unter Umständen nachteilige – Vereinbarung auf seine Initiative hin und in seinem Interesse zustande kommt (BAG v. 17.10.2000, 3 AZR 605/99, ZTR 2001, 184).

Vor diesem Hintergrund nimmt das BAG im Falle eines auf Initiative des Arbeitgebers vorgeschlagenen Aufhebungsvertrages eine Aufklärungspflicht etwa dann an, wenn aufgrund der Beendigung des Dienstverhältnisses hohe Versorgungseinbußen durch Nichterreichen des kurzfristig anstehenden Versorgungsfalls zu erwarten sind und somit eine Selbstschädigung des Arbeitnehmers vorläge. Insbesondere gilt dies, wenn der Arbeitnehmer offensichtlich nicht mit den Besonderheiten der zugesagten Zusatzversorgung des öffentlichen Dienstes vertraut ist. In diesem Fall ist der bloß allgemeine Hinweis auf etwaige Versorgungsnachteile und die Verweisung auf die Zusatzversorgungskasse unter Bedenkzeit nicht ausreichend. Vielmehr muss der Arbeitgeber über die beträchtlichen Auswirkungen auf die Zusatzversorgung und dessen Ursache – in diesem Fall das Ausscheiden vor Eintritt des Versorgungsfalls – unterrichten (BAG v. 17.10.2000, 3 AZR 605/99). Generell müssen Auskünfte über die Zusatzversorgung sowohl bei der Einstellung als auch bei der Beendigung des Arbeitsverhältnisses zutreffend und vollständig sein. Angesichts der Komplexität des Zusatzversorgungssystems im öffentlichen Dienst ist der Arbeitgeber aber berechtigt, den Arbeitnehmer für rechtssichere Auskünfte an die zuständige Versorgungsanstalt, z. B. die Versorgungsanstalt des Bundes und der Länder (VBL), zu verweisen. Auch kann das Aushändigen einer Versorgungsordnung ausreichend sein, der die Stichtags- und Fristenregelung eindeutig zu entnehmen sind, wenn überdies hinaus der Arbeitnehmer nicht aufgrund besonderer Umstände darauf vertrauen darf, der Arbeitgeber würde ihn redlicherweise vor unbedacht nachteiligen Folgen des vorzeitigen Ausscheidens bewahren (BAG v. 3.7.1990, 3 AZR 382/89).

Ein Aufhebungsvertrag darf nicht unter Missachtung des Gebots des fairen Verhandelns zustande gekommen sein. Der Arbeitgeber darf keine psychische Drucksituation schaffen oder ausnutzen, die eine freie und überlegte Entscheidung des Arbeitnehmers erschwert oder unmöglich macht. In diesem Fall wäre der Aufhebungsvertrag unwirksam (BAG v. 7.2.2019, 6 AZR 75/18, ZTR 2019, 350). Da für die Darlegung der Drucksituation der Arbeitnehmer die Darlegungs- und Beweislast trägt, sollte der Arbeitgeber im Zweifel die Rahmenbedingungen, unter denen der Aufhebungsvertrag geschlossen wurde, dokumentieren (siehe dazu → *Aufhebungsvertrag*).

Ebenso können den Arbeitgeber bei einer bloßen inhaltlichen Änderung des Arbeitsvertrags Aufklärungs- und Belehrungspflichten treffen (BAG v. 13.11.2001, 9 AZR 442/00, ZTR 2002, 378; BAG v. 21.11.2000, 3 AZR 13/00, ZTR 2001, 526; LAG Köln v. 21.6.2010, 5 Sa 302/10) sowie bei Rechtsgeschäften, die zwar nicht in einem unmittelbaren Zusammenhang mit dem Arbeitsverhältnis stehen, aber vom Arbeitgeber gefördert werden. Allerdings ist immer auch zu beachten, dass eine zu umfassende, unnötigerweise ausufernde Unterrichtung zu einer Verfehlung der Aufklärungspflicht führt. Der Arbeitgeber ist daher gehalten, den für ihn erkennbaren Aufklärungsbedarf des Arbeitnehmers zu ermitteln. Verlangt der Arbeitnehmer von sich aus die Aufhebung eines Altersteilzeitarbeitsverhältnisses wegen des vorzeitigen Rentenbezugs, so muss ihn der Arbeitgeber nicht über den Abfindungsanspruch nach dem TV ATZ aufklären (LAG Hamm v. 28.6.2007, 17 Sa 20/07).

 **ACHTUNG!**
Im öffentlichen Dienst gilt – abweichend vom Privatrecht – Folgendes: Nach der Rechtsprechung des BAG ist der Arbeitgeber aufgrund der vertraglichen Rücksichtnahmepflicht verpflichtet, den Arbeitnehmer auf eine beabsichtigte personelle Maßnahme hinzuweisen, wenn der Arbeitnehmer nach dem PersVG die Möglichkeit hat, eine Beteiligung des Personalrats zu beantragen (BAG v. 6.3.2003, 2 AZR 50/02, ZTR 2004, 107).

In § 2 Abs. 2 S. 2 Nr. 3 SGB III findet sich die Pflicht des Arbeitgebers, den Arbeitnehmer vor Beendigung des Arbeitsverhältnisses auf die in § 38 SGB III verzeichnete Meldepflicht bei der Agentur für Arbeit hinzuweisen. Diese ist obligatorisch und stellt eine explizite Normierung der Auskunftspflicht dar.

Auch im Zusammenhang mit der Urlaubsgewährung treffen den Arbeitgeber Aufklärungspflichten. Der Grundsatz, dass der Arbeitnehmer einen Urlaubsantrag stellen musste, um einen Verfall des Urlaubs zu vermeiden, ist durch die Rechtsprechung des EuGH und des BAG aufgehoben worden (EuGH v. 6.11.2018, C-684/16, ZTR 2018, 718, „Max-Planck"; BAG v. 19.2.2019 – 9 AZR 541/15, ZTR 2019, 426). Während in der Vergangenheit also der Arbeitnehmer initiativ tätig werden musste, wird dies nunmehr vom Arbeitgeber verlangt. Der Arbeitgeber muss den Arbeitnehmer konkret und transparent in die Lage versetzen, den bezahlten Jahresurlaub zu nehmen, indem er ihn – erforderlichenfalls förmlich – auffordert, dies zu tun. Unterbleibt der

Hinweis des Arbeitgebers, verfällt der Urlaubsanspruch – anders als bislang – nicht. Weder zum Ende des Urlaubsjahres, noch zum 31.3. oder 31.5. (vgl. § 26 Abs. 2 a) TVöD/TV-L) des Folgejahres (so auch BAG v. 20.12.2022, 9 AZR 245/19). Die regelmäßige Verjährungsfrist von drei Jahren für den Urlaubsanspruch beginnt frühestens mit Schluss des Jahres zu laufen, in dem der Arbeitnehmer über seinen konkreten Urlaubsanspruch und die Verfallfristen durch den Arbeitgeber aufgeklärt wurde und der Arbeitnehmer seinen Urlaub trotzdem nicht genommen hat (BAG v. 20.12.2022, 9 AZR 266/20 nach richtlinienkonformer Auslegung des § 199 BGB, Art. 31 Abs. 2 EU-GRCharta).

 **TIPP!**
Ein allgemeines Rundschreiben oder ein Aushang am Jahresbeginn entspricht nicht den Vorgaben der Rechtsprechung. Alle Arbeitnehmer sollten daher im dritten Quartal auf den Stand ihres Urlaubskontos hingewiesen und aufgefordert werden, den noch verbleibenden Urlaub rechtzeitig zu beantragen und zu nehmen.

Beantragt der Arbeitnehmer trotz dieses Hinweises keinen Urlaub, verfällt der Urlaub zum Verfallszeitpunkt wie bisher.

 **WICHTIG!**
Kommt der Arbeitgeber seinen Aufklärungspflichten nicht nach, verfällt nicht nur der gesetzliche Mindesturlaub nicht. Auch im Hinblick auf den tariflichen Mehrurlaub kann ein Verfall nicht eintreten (BAG v. 19.2.2019 – 9 AZR 541/15, ZTR 2019, 426; a. A. Breier/Dassau u. a. TVöD § 26, Erl. 5.1.2.1.2). Siehe auch unter → *Urlaub*.

## III. Grenzen

Der Arbeitnehmer hat keinen Anspruch auf uneingeschränkte Aufklärung in jeder Situation. Den Arbeitgeber trifft nicht die Pflicht, die Abwendung und Verhinderung eines selbstschädigenden Verhaltens des Arbeitnehmers durch Aufklärung zu versuchen. Das LAG Berlin führt aus, dass dem geltenden Recht nicht zu entnehmen sei, dass dem Arbeitgeber umfassende Aufgaben eines Sachverwalters der wirtschaftlichen Interessen des Arbeitnehmers auferlegt sind (LAG Berlin 18.1.1999, 9 Sa 107/98). Auch komplizierte steuerliche oder Rechtsfragen muss der Arbeitgeber nicht in jedem Falle beantworten. Abhängig vom Einzelfall kann der Arbeitgeber auch andere Auskunftsstellen empfehlen oder den Arbeitnehmer dazu veranlassen, sich selbst kundig zu machen. Es gilt aber zu beachten, dass Auskünfte, soweit sie freiwillig getätigt werden, ebenfalls richtig, eindeutig und vollständig sein müssen. Für Schäden, die dem Arbeitnehmer aufgrund einer zwar freiwillig erteilten, aber falschen Auskunft entstehen, haftet der Arbeitgeber (BAG v. 18.2.2020, 3 AZR 206/18). Dies gilt auch für Angaben zu den steuerlichen Folgen eines Aufhebungsvertrags (LAG Baden-Württemberg v. 5.11.2020, 17 Sa 12/20).

Über die Verjährung etwaiger Ansprüche muss der Arbeitgeber nicht initiativ aufklären. Auch im öffentlichen Arbeitssektor gilt die grundsätzlich eigenständige Wahrnehmung von Vermögensinteressen. Dies gilt insbesondere, wenn der Arbeitgeber eine diesbezügliche Fehleinschätzung nicht veranlasst hat (LAG Hessen v. 9.4.2013, 8 SA 1389/12). Gleiches gilt in Bezug auf das Bestehen tariflicher Ansprüche (LAG Rheinland-Pfalz v. 17.4.2014, 2 Sa 537/13).

## IV. Rechtsfolge

Bei Nichteinhalten der Aufklärungspflicht oder dem Erteilen fehlerhaften Auskünfte steht dem Arbeitnehmer regelmäßig ein Schadensersatzanspruch zu. Liegt keine Pflicht zur Aufklärung vor, besteht ein Schadensersatzanspruch nur dann, wenn der Arbeitnehmer fehlerhaft oder irreführend unterrichtet wurde (BAG v. 10.2.2004, 9 AZR 401/02). Der Anspruch besteht nach § 280 Abs. 1 BGB i. V. m. § 241 Abs. 2 BGB und nicht etwa wegen vorvertraglicher Aufklärungspflichtverletzung aus § 311 Abs. 2 BGB.

In den seltensten Fällen scheinen die Voraussetzungen einer Anfechtung – üblicherweise wegen arglistiger Täuschung – eines Aufhebungsvertrags aufgrund von Verletzung der Aufklärungspflichten vorzuliegen, da es regelmäßig an einer Kausalität zwischen Täuschung und Vertragsschluss mangelt. Dafür bedürfte es bewusst falscher Angaben über den Fortbestand des Arbeitsverhältnisses, die den Arbeitnehmer zum Abschluss eines Aufhebungsvertrags bestimmen, dieser dadurch getäuscht wird und ihn somit zur Anfechtung wegen arglistiger Täuschung nach § 123 Abs. 1 S. 1 1. Alt. BGB berechtigen (BAG v. 11.7.2012, 2 AZR 42/11).

**Hinweis:**

Der Ausschluss von Schadensersatzansprüchen aufgrund von Verletzungen der Aufklärungspflichten ist durch Klauseln im Aufhebungsvertrag möglich. Dafür müsste eine Verzichtserklärung des Arbeitnehmers über die Aufklärung und Unterrichtung der rechtlichen Konsequenzen trotz dahingehenden Angebots des Arbeitgebers festgehalten sein.

Das Unterlassen der in § 2 Abs. 2 S. 2 Nr. 3 SGB III normierten Aufklärungspflicht verhilft dem Arbeitnehmer nach überwiegender Ansicht in Rechtsprechung und Schrifttum nicht zum Schadensersatzanspruch. Vielmehr handelt es sich hierbei um eine öffentlich-rechtliche Sollvorschrift, welche der Gesetzgeber zweifelsohne als Mussvorschrift hätte ausformulieren können, dies aber nicht tat, weshalb sie keine Anspruchslage darstellt (LAG Düsseldorf 29.9.2004, 12 Sa 1323/04).

**Hinweis:**

Da der Arbeitgeber in den allermeisten Fällen den scheidenden Arbeitnehmer dennoch über dessen Pflicht zur Meldung bei der Agentur für Arbeit hinweist, gilt es, den Wortlaut des Hinweises genau zu überprüfen. Schließlich kann ein falscher Hinweis anders als ein unterbliebener unter Umständen eben doch zu einem Schadensersatzanspruch führen.

# Auslandsentsendung

**Wegweiser:**

Hat ein Arbeitsverhältnis Berührungspunkte zu mehreren Staaten, stellt sich die Frage, vor den Gerichten welchen Staates Streitigkeiten aus einem solchen Arbeitsverhältnis ausgetragen werden können und auf der Grundlage welchen materiellen Rechts diese zu beurteilen sind. Kann beispielsweise ein Arbeitnehmer eines deutschen Arbeitgebers, der für die Dauer von zwei Jahren nach Frankreich entsendet wird, die Abgeltung dort angefallener Überstunden in Frankreich oder Deutschland gerichtlich geltend machen und richtet sich sein Anspruch materiell nach französischem oder deutschem Recht? Welches Gericht für eine solche Streitigkeit international zuständig ist, ist eine Frage des Internationalen Zivilprozessrechts und bestimmt

sich innerhalb der Europäischen Union nach der Verordnung (EU) Nr. 1215/2012 des Europäischen Parlaments und des Rates vom 12. Dezember 2012 über die gerichtliche Zuständigkeit und die Anerkennung und Vollstreckung von Entscheidungen in Zivil- und Handelssachen (im Folgenden: „Brüssel Ia-VO"). Die Ermittlung des auf den Arbeitsvertrag anwendbaren Vertragsrechts ist eine Frage des Internationalen Privatrechts, die die Gerichte der EU-Mitgliedstaaten anhand der Verordnung (EG) Nr. 593/2008 des Europäischen Parlaments und des Rates vom 17. Juni 2008 über das auf vertragliche Schuldverhältnisse anzuwendende Recht (im Folgenden: „Rom I-VO") lösen. Anders als die Geltung des Vertragsrechts, ist die Geltung von arbeitsrechtlichen Bestimmungen mit öffentlich-rechtlichem Charakter grundsätzlich auf das Territorium des jeweiligen Staates begrenzt. Das deutsche Arbeitszeitgesetz zum Beispiel findet nach herrschender Meinung nur in Deutschland Anwendung. Die hier für das Arbeitsrecht aufgeworfenen Fragen stellen sich ähnlich auch im steuer- und sozialversicherungsrechtlichen Kontext, können im Rahmen dieses Beitrags aber nur kurz angesprochen werden.

| | |
|---|---|
| **I.** | **Internationales Zivilprozessrecht** |
| **II.** | **Internationales Privatrecht** |
| | 1. Rechtswahl |
| | 2. Mangels Rechtswahl anwendbares Recht |
| | 3. Eingriffsnormen |
| | 4. Ordre Public |
| **III.** | **Internationales Sozialrecht** |
| **IV.** | **Internationales Einkommensteuerrecht** |

## I. Internationales Zivilprozessrecht

Bilden ein individueller Arbeitsvertrag oder Ansprüche aus einem individuellen Arbeitsvertrag mit Berührung zu mehreren Staaten den Gegenstand des Verfahrens, so bestimmt sich die internationale Zuständigkeit der in einem Mitgliedstaat der EU ansässigen Gerichte (auch „Forum" genannt) nach Art. 20 bis 23 Brüssel Ia-VO. Zum Nachteil des Arbeitnehmers kann von diesen Vorschriften in einer Gerichtsstandsvereinbarung nur abgewichen werden, wenn diese nach Entstehen der Streitigkeit abgeschlossen wird (Art. 23 Nr. 1 Brüssel Ia-VO). Im Übrigen ist eine Gerichtsstandsvereinbarung nur zulässig, wenn sie dem Arbeitnehmer neben den gesetzlichen Gerichtsständen zusätzliche Gerichtsstände eröffnet (Art. 23 Nr. 2 Brüssel Ia-VO).

Gemäß Art. 22 Abs. 1 Brüssel Ia-VO kann eine Klage des Arbeitgebers gegen den Arbeitnehmer nur vor den Gerichten des Mitgliedstaats erhoben werden, in dessen Hoheitsgebiet der Arbeitnehmer seinen Wohnsitz hat. Daneben kann der Arbeitgeber eine Widerklage vor dem Gericht erheben, bei dem der Arbeitnehmer selbst gemäß Art. 21 Brüssel Ia-VO Klage gegen den Arbeitgeber erhoben hat (Art. 22 Abs. 2 Brüssel Ia-VO).

Der Arbeitnehmer kann seinen Arbeitgeber gemäß Art. 21 Brüssel Ia-VO zum einen vor den Gerichten des Mitgliedstaats verklagen, in dem der Arbeitgeber seinen Wohnsitz hat (Abs. 1 lit. a)). Gesellschaften und juristische Personen haben ihren Wohnsitz für die Zwecke der Verordnung gemäß Art. 63 Brüssel Ia-VO an dem Ort, an dem sich ihr satzungsmäßiger Sitz, ihre Hauptverwaltung oder ihre Hauptniederlassung befindet. Zum anderen kann der Arbeitnehmer wahlweise seinen Arbeitgeber vor dem Gericht des Ortes verklagen, an dem oder von dem aus der Arbeitnehmer seine Arbeit gewöhnlich verrichtet oder zuletzt gewöhnlich verrichtet hat (Abs. 1 lit. b i)) oder wenn der Arbeitnehmer seine Arbeit gewöhnlich nicht in ein und demselben Staat verrichtet oder verrichtet hat, vor dem Gericht des Ortes, an dem sich die Niederlassung, die den Arbeitnehmer eingestellt hat, befindet oder befand (Abs. 1 lit. a ii)). Durch diese Zuständigkeitsvorschriften soll der Arbeitnehmer als typischerweise schwächere der beiden Vertragsparteien geschützt werden (Erwägungsgrund Nr. 18 Brüssel Ia-VO). Vor diesem Hintergrund ist der Gerichtsstand der einstellenden Niederlassung gegenüber dem Gerichtsstand des gewöhnlichen Arbeitsortes subsidiär. Denn der Schutz des Arbeitnehmers ist besser gewährleistet, wenn für Streitigkeiten im Zusammenhang mit einem Arbeitsvertrag das Gericht des Ortes zuständig ist, an dem der Arbeitnehmer seine Verpflichtungen gegenüber seinem Arbeitgeber erfüllt, da sich der Arbeitnehmer an diesem Ort mit dem geringsten Kostenaufwand an die Gerichte wenden oder sich vor ihnen zur Wehr setzen kann. Der gewöhnliche Arbeitsort ist dabei der Ort, an dem oder von dem aus der Arbeitnehmer unter Berücksichtigung aller Umstände des Einzelfalls den wesentlichen Teil seiner Verpflichtungen gegenüber seinem Arbeitgeber tatsächlich erfüllt (EuGH v. 27.2.2002, Rs. C 37/00 Weber). Dies ist der Ort, den der Arbeitnehmer zum tatsächlichen Mittelpunkt seiner Berufstätigkeit gemacht hat und kann insbesondere der Ort sein, an dem der Arbeitnehmer ein Büro hat, in welchem er den größten Teil seiner Arbeitszeit verbringt, von dem aus er seine Tätigkeit für seinen Arbeitgeber organisiert und wohin er nach jeder im Zusammenhang mit seiner Arbeit stehenden Auslandsreise zurückkehrt (EuGH v. 9.1.1997, Rs. C-383/95 Mulox). Bei einem Arbeitsvertrag, zu dessen Erfüllung der Arbeitnehmer für seinen Arbeitgeber dieselben Tätigkeiten in mehr als einem Vertragsstaat ausübt, ist grundsätzlich die gesamte Dauer des Arbeitsverhältnisses für die Bestimmung des Ortes, an dem der Betroffene gewöhnlich seine Arbeit verrichtet hat, zu berücksichtigen (EuGH v. 27.2.2002, Rs. C 37/00 Weber).

Nach dem völkerrechtlichen Prinzip der Staatenimmunität (vgl. § 20 Abs. 2 GVG) können diese Vorschriften die internationale Zuständigkeit eines inländischen Gerichts jedoch nicht begründen, wenn der Arbeitnehmer hoheitliche Tätigkeiten verrichtet (EuGH v. 19.7.2012, C-154/11 Mahamdia). Das Bundesarbeitsgericht hat dies zum Beispiel in dem Fall eines bei einer Botschaft beschäftigten Fahrers abgelehnt, der nicht regelmäßig den Botschafter fährt und keine Diplomatenpost befördert (BAG v. 10.4.2014, 2 AZR 741/13; näher dazu Bauschke, öAT 2014, 112); ebenso im Fall eines griechischen Lehrers an einer vom griechischen Staat betriebenen als Ersatzschule genehmigte private Grund- und Teilhauptschule (BAG v. 26.4.2017, 5 AZR 749/16).

## II. Internationales Privatrecht

Welches (Arbeitsvertrags-)Recht auf ein Arbeitsverhältnis mit Auslandsberührung Anwendung findet (insofern spricht man vom „Arbeitsvertragsstatut"), wird bei EU-Sachverhalten durch die Rom I-VO bestimmt. Eine Ausnahme gilt wiederum für Arbeitnehmer, die mit der Wahrnehmung hoheitlicher Tätigkeiten betraut sind (BAG v. 10.4.2014, 2 AZR 741/13). Auf Arbeitsverträge, die vor dem 17. Dezember 2009 abgeschlossen wurden, ist die Rom I-VO allerdings zeitlich nicht anwendbar (Art. 28 Rom I-VO). Für sie gelten weiterhin die Art. 27, 30 EGBGB a. F., mit denen der deutsche Gesetzgeber das europäische Schuldrechtsübereinkommen umgesetzt hat (EVÜ). Auf eine Vorlage des BAG im Rahmen eines Vorabentscheidungsverfahrens (BAG v. 25.2.2015, 5 AZR 962/13) hin hat der EuGH

zudem bestimmt, dass ausnahmsweise auch ein vor dem 17.12.2009 begründetes vertragliches Arbeitsverhältnis in den Anwendungsbereich der Rom I-VO fallen kann, wenn sich das Arbeitsverhältnis durch gegenseitiges Einvernehmen der Vertragsparteien ab diesem Zeitpunkt in einem solchen Umfang geändert hat, dass davon auszugehen ist, dass ein neuer Arbeitsvertrag geschlossen wurde (EuGH v. 18.10.2016, C-135/15).

### 1. Rechtswahl

Die Rom I-VO bemisst der Privatautonomie der Vertragsparteien eine besondere Bedeutung zu (Erwägungsgrund Nr. 11 Rom I-VO). Daraus folgt auch für Arbeitsverhältnisse grundsätzlich die Möglichkeit der Parteien, dass auf ihr Vertragsverhältnis anwendbare staatliche Recht frei zu wählen (Art. 8 Abs. 1 S. 1 Rom I-VO). Der Vertrag unterliegt dem von den Parteien gewählten Recht. Eine Rechtswahl kann ausdrücklich oder konkludent erfolgen, sofern sich der Wille zur Rechtswahl eindeutig aus den Bestimmungen des Vertrags oder aus den Umständen des Falles ergibt (Art. 3 Abs. 1 Rom I-VO). Eine konkludente Rechtswahl kommt insbesondere bei einer Gerichtsstandsvereinbarung, der Bezugnahme auf Tarifverträge oder auf materielles nationales Recht in Betracht (BAG v. 10.4.2013, 5 AZR 78/12; BAG v. 28.5.2014, 5 AZR 422/12). Da auch eine Teilrechtswahl möglich ist, also zum Beispiel nur die Wahl deutschen Kündigungsschutzrechts, Urlaubsrechts etc., ist es im Ergebnis eine Auslegungsfrage, ob mit der Bezugnahme auf solche Bestimmungen eine Rechtswahl für den gesamten Vertrag oder nur für einen Teil gewollt ist. Wenn nur eine Teilrechtswahl gewollt ist, sollte dies ausdrücklich herausgestellt werden. Sind beide Seiten tarifgebunden, so wirkt der Tarifvertrag im Fall einer nur vorübergehenden Entsendung (Art. 8 Abs. 2 ROM I-VO) normativ, also unmittelbar und zwingend fort (LAG Hamburg v. 30.3.2022, 2 Sa 25/21). Die Entscheidung der anhängigen Revision bei Bundesarbeitsgericht stand zum Zeitpunkt der Veröffentlichung noch aus (BAG, 5 AZR 203/22).

Die Rechtswahlfreiheit wird allerdings gleich mehrfach eingeschränkt. Zwar kann man grundsätzlich auch bei einem reinen Inlandssachverhalt ein fremdes Recht wählen. Allerdings bleibt die Geltung der zwingenden inländischen Bestimmungen (Bestimmungen von denen nicht durch Vereinbarung abgewichen werden kann) unberührt (Art. 3 Abs. 3 Rom I-VO). Gleiches gilt bei Binnenmarktsachverhalten, also rein europäischen Sachverhalten, im Hinblick auf Bestimmungen des Gemeinschaftsrechts (Art. 3 Abs. 4 Rom I-VO). Diese Einschränkungen bewirken allerdings nicht, dass die Rechtswahl insgesamt unwirksam ist. Es kommt vielmehr zu einem „Rechtsmix" (sog. dépeçage). Auf den Vertrag sind dann zum einen die dispositiven Bestimmungen des gewählten Rechts und zum anderen die zwingenden Inlandsbestimmungen nebeneinander anwendbar. Bei Arbeitsverhältnissen geht die Bestimmung des Art. 8 Abs. 1 S. 1 Rom I-VO als speziellere Norm den Bestimmungen des Art. 3 Abs. 3 und 4 Rom I-VO vor, sodass hier durch Rechtswahl auch eine Abweichung von zwingenden Bestimmungen erfolgen kann, sofern diese dem Arbeitnehmer günstiger sind, als die zwingenden Inlandsbestimmungen bzw. gemeinschaftsrechtlichen Bestimmungen. Die wichtigste Einschränkung erhält die Rechtswahlfreiheit bei Arbeitsverträgen durch Art. 8 Abs. 1 S. 2 Rom I-VO. Demnach darf die Rechtswahl der Parteien nicht dazu führen, dass dem Arbeitnehmer der Schutz entzogen wird, der ihm durch Bestimmungen gewährt wird, von denen nach dem Recht, das gemäß Art. 8 Abs. 2 bis 4 Rom I-VO mangels einer Rechtswahl anzuwenden wäre, nicht durch Vereinbarung abgewichen werden darf (zwingende Bestimmungen). Das gewählte Recht setzt sich also gegenüber den zwingenden Bestimmungen des objektiv zu bestimmenden Rechts (insofern spricht man vom „Referenzstatut") nur dann durch, wenn es für den Arbeitnehmer günstiger ist. Dies wird mittels eines sog. Günstigkeitsvergleichs ermittelt. Dazu ist ein Sachgruppenvergleich vorzunehmen. Zu vergleichen sind die in einem inneren, sachlichen Zusammenhang stehenden Teilkomplexe der fraglichen Rechtsordnungen (BAG v. 10.4.2014, 2 AZR 741/13). Das kann im Einzelfall schwierig sein, zum Beispiel wenn der Arbeitnehmer in einer Rechtsordnung vor rechtswidrigen Kündigungen dadurch geschützt wird, dass der Kündigung die Wirksamkeit versagt wird und in einer anderen Rechtsordnung die Kündigung zwar wirksam bleibt, der Arbeitnehmer aber eine Entschädigung verlangen kann. Die gerichtliche Praxis stellt auf den fraglichen Streitgegenstand ab (BAG v. 10.4.2014, 2 AZR 741/13) und beurteilt die Günstigkeit letztendlich im Hinblick auf die konkreten Klageanträge des Arbeitnehmers. Damit hat der Arbeitnehmer gewissermaßen die Wahl. Ist sein Klagebegehren auf Bestandsschutz gerichtet, ist ihm das eine, ist sein Klagebegehren auf Zahlung der Entschädigung gerichtet, das andere Recht günstiger.

 **ACHTUNG!**

Sind die zwingenden Bestimmungen des Referenzstatuts für den Arbeitnehmer günstiger, als diejenigen des gewählten Rechts, ist die Rechtswahl nicht unwirksam. Es kommt lediglich zu einer Aufspaltung des auf den Arbeitsvertrag anwendbaren Rechts. Neben den zwingenden Bestimmungen des Referenzstatuts finden die dispositiven Bestimmungen des gewählten Rechts weiterhin Anwendung. Dies macht den Ausgangsfall rechtlich komplexer und belastet etwaige Streitigkeiten aus Sicht des Arbeitgebers mit Unwägbarkeiten im Zusammenhang mit dem Günstigkeitsvergleich. Insofern sollte auch stets das Referenzstatut ermittelt und im Einzelfall abgewogen werden, ob eine hiervon abweichende Rechtswahl zweckmäßig ist.

## 2. Mangels Rechtswahl anwendbares Recht

Soweit das auf den Arbeitsvertrag anzuwendende Recht nicht durch Rechtswahl bestimmt ist, unterliegt der Arbeitsvertrag gemäß Art. 8 Abs. 2 S. 1 Rom I-VO dem Recht des Staates, in dem oder andernfalls von dem aus der Arbeitnehmer in Erfüllung des Vertrages gewöhnlich seine Arbeit verrichtet. Wegen des angestrebten Auslegungseinklangs zwischen Brüssel Ia-VO und Rom I-VO kann hierfür auf die obigen Ausführungen zum gewöhnlichen Arbeitsort im Sinne des Art. 21 Abs. 1 lit. a. i. Brüssel Ia-VO verwiesen werden. Wegen des Ziels der Verordnung, dem Arbeitnehmer einen angemessenen Schutz zu sichern, ist der Begriff des gewöhnlichen Arbeitsortes weit auszulegen. Dies gewährleistet die Anwendung des Rechts des Staates, in dem der Arbeitnehmer seine berufliche Tätigkeit ausübt, und nicht des Rechts des Staates, in dem der Arbeitgeber seinen Sitz hat. Denn der Arbeitnehmer übt seine wirtschaftliche und soziale Tätigkeit im erstgenannten Staat aus und dort beeinflusst das geschäftliche und politische Umfeld die Arbeitstätigkeit. Daher muss die Einhaltung der im Recht dieses Staates vorgesehenen Arbeitnehmerschutzvorschriften so weit wie möglich gewährleistet werden (EuGH v. 15.3.2011, C-29/10 Koelzsch). Bei fahrendem Personal kann der gewöhnliche Arbeitsort auch die Einsatzbasis sein (für LKW-Fahrer: EuGH v. 15.3.2011, C-29/10 Koelzsch; für Seeleute: EuGH v. 15.12.2011, C-384/10 Voogsgeerd, so auch BAG v. 27.1.2011, 2 AZR 646/09 für Binnenschiffe; für Flugpersonal EuGH v. 14.9.2017, C-169/16).

Der Staat, in dem die Arbeit gewöhnlich verrichtet wird und damit das Arbeitsvertragsstatut, wechselt gemäß Art. 8 Abs. 2 S. 2 Rom I-VO nicht, wenn der Arbeitnehmer seine Arbeit vorübergehend in einem anderen Staat verrichtet. Die Erbringung der Arbeitsleistung in einem anderen Staat gilt als vorübergehend, wenn von dem Arbeitnehmer erwartet wird, dass er nach seinem Arbeitseinsatz im Ausland seine Arbeit im Herkunftsstaat wieder aufnimmt. Der Abschluss eines neuen Arbeitsvertrags mit dem ursprünglichen Arbeitgeber oder einem Arbeitgeber, der zur selben Unternehmensgruppe gehört wie der ursprüngliche Arbeitgeber, soll nicht ausschließen, dass der Arbeitnehmer als seine Arbeit vorübergehend in einem anderen Staat verrichtend gilt (Erwägungsgrund Nr. 36 Rom I-VO). Auch wenn es für das Merkmal „vorübergehend" keine fixen Höchstfristen gibt, rückt die Dauer der Entsendung in der gerichtlichen Praxis dennoch, insbesondere bei langjährigen Entsendungen, in den Fokus. Insofern sind vertraglich vereinbarte Projektarbeiten oder zeitliche Befristungen relevant.

 **TIPP!**

Wie eine vorübergehende Entsendung vertraglich abgebildet werden sollte, hängt von dem jeweiligen Einzelfall ab. In Betracht kommen grundsätzlich insbesondere eine Ergänzung des ursprünglichen Arbeitsvertrages um eine Entsendevereinbarung oder der Abschluss eines neuen Arbeitsvertrages mit dem aufnehmenden Unternehmen (Lokalarbeitsvertrag), während der ursprüngliche Arbeitsvertrag (Rumpfarbeitsvertrag) für die Dauer des Lokalarbeitsverhältnisses ruhend gestellt wird. Auch dreiseitige Vereinbarungen sind möglich. Der Abschluss eines lokalen Arbeitsvertrages kann für die Entsendung in manche Staaten erforderlich sein, damit der Arbeitnehmer eine Arbeitserlaubnis erhält, was es vor der Entsendung zu prüfen gilt. Für Entsendungen von Beschäftigen des Bundes zu Auslandsdienststellen sieht § 45 TVöD-BT-V Bund diverse Detailregeln vor. Für Entsendungen nach Deutschland ist aufenthalts-/arbeitserlaubnisrechtlich das Fachkräfteeinwanderungsgesetz von Bedeutung, welches den Zugang von Fachkräften aus Staaten außerhalb der EU zum deutschen Arbeitsmarkt erleichtern und als Basis der dauerhaften Integration dienen soll. Dieses ist mit Wirkung zum 1. März 2020 nunmehr in Kraft getreten.

 **ACHTUNG!**

Bei der Vertragsergänzung um eine Entsendeabrede ist darauf zu achten, diese zu befristen. Andernfalls kann sich der Arbeitgeber der Entsendeabrede einseitig nicht entledigen, insbesondere eine Teilkündigung nur der Entsendeabrede ist nicht möglich. Eine solche Befristung lediglich einzelner Vertragsbestandteile unterfällt nicht dem TzBfG sondern ist einer Billigkeitskontrolle nach § 307 BGB zu unterziehen, bei der dann aber wiederum die Wertungen des TzBfG, insbesondere auch § 14 TzBfG, zum Tragen kommen (BAG v. 18.6.2008, 7 AZR 245/07).

Im Fall des Abschlusses eines neuen Vertrages, sei es eines dreiseitigen Vertrages oder eines Lokalarbeitsvertrages, ist vor allem festzuhalten, wie die Beziehung zwischen dem ursprünglichen und dem Lokalarbeitgeber ausgestaltet ist, also wie die Arbeitgeberfunktionen genau aufgeteilt werden, wann und warum der ursprüngliche Arbeitgeber den Arbeitnehmer wieder zurückrufen kann etc.

Nur dann, wenn ein gewöhnlicher Arbeitsort nicht festgestellt werden kann, unterliegt der Vertrag dem Recht des Staates, in dem sich die Niederlassung befindet, die den Arbeitnehmer eingestellt hat (Art. 8 Abs. 3 Rom I-VO). Unter dem Begriff „Niederlassung …, die den Arbeitnehmer eingestellt hat" ist ausschließlich die Niederlassung, die die Einstellung des Arbeitnehmers vorgenommen hat zu verstehen und nicht die Niederlassung, bei der er tatsächlich beschäftigt ist (EuGH v. 15.12.2011, C-384/10 Voogsgeerd). Eine Niederlassung in diesem Sinne kann jede dauerhafte Struktur eines Unternehmens sein. Daher können nicht nur Tochtergesellschaften und Zweigstellen, sondern auch andere Einheiten wie etwa die Büros eines Unternehmens eine Niederlassung darstellen, auch wenn sie keine Rechtspersönlichkeit haben (EuGH v. 15.12.2011, C-384/10 Voogsgeerd).

Ergibt sich aus der Gesamtheit der Umstände, dass der Vertrag eine engere Verbindung zu einem anderen als dem in Absätzen 2 oder 3 des Art. 8 Rom I-VO bezeichneten Staat aufweist, ist das Recht dieses anderen Staates anzuwenden (Art. 8 Abs. 4 Rom I-VO: sog. „Ausweichklausel"). Die Ausweichklausel kann selbst dann zur Anwendung gelangen, wenn ein Arbeitnehmer die Arbeit in Erfüllung des Arbeitsvertrags gewöhnlich, dauerhaft und ununterbrochen in ein- und demselben Staat verrichtet (EuGH v. 12.9.2013, C-64/12 Schlecker). Das angerufene Gericht muss dabei sämtliche Gesichtspunkte berücksichtigen, die das Arbeitsverhältnis kennzeichnen, und den oder diejenigen würdigen, die seiner Ansicht nach am maßgeblichsten sind. Zu den maßgeblichen Anknüpfungspunkten zählen insbesondere das Land, in dem der Arbeitnehmer Steuern und Abgaben auf die Einkünfte aus seiner Tätigkeit entrichtet, und das Land, in dem er der Sozialversicherung und den diversen Renten-, Gesundheits- und Erwerbsunfähigkeitsregelungen angeschlossen ist. Außerdem muss das angerufene Gericht auch die gesamten Umstände des Falles wie unter anderem die Parameter, die mit der Bestimmung des Gehalts und der Arbeitsbedingungen zusammenhängen, berücksichtigen (EuGH v. 12.9.2013, C-64/12 Schlecker). Die Vertragssprache, die Währung, in der die Vergütung gezahlt wird, die Bezugnahme auf Rechtsvorschriften eines bestimmten Staates oder andere vertragsimmanente Umstände haben nachrangige Bedeutung, da anderenfalls der Arbeitgeber durch entsprechende Gestaltung des Arbeitsvertrages entsprechende national anzuwendende Schutzvorschriften unterlaufen könnte (BAG v. 26.4.2022, 9 AZR 228/21).

### 3. Eingriffsnormen

Gemäß Art. 9 Abs. 2 Rom I-VO kann das angerufene Gericht unabhängig von dem nach Art. 3 und 8 Rom I-VO bestimmten Recht inländische Eingriffsnormen zur Anwendung bringen, also auch dann, wenn das Arbeitsvertragsstatut ein ausländisches ist. Eine Eingriffsnorm ist eine zwingende Vorschrift, deren Einhaltung von einem Staat als so entscheidend für die Wahrung seines öffentlichen Interesses, insbesondere seiner politischen, sozialen oder wirtschaftlichen Organisation, angesehen wird, dass sie ungeachtet des nach Maßgabe der Verordnung auf den Vertrag anzuwendenden Rechts auf alle Sachverhalte anzuwenden ist, die in ihren Anwendungsbereich fallen (dazu zuletzt EuGH v. 17.10.2013, C-184/12 Unamar). Zudem kann das angerufene Gericht gemäß Art. 9 Abs. 3 Rom I-VO den Eingriffsnormen des Staates Wirkung verleihen, in dem die durch den Vertrag begründeten Verpflichtungen erfüllt werden sollen oder erfüllt worden sind, soweit diese Eingriffsnormen die Erfüllung des Vertrags unrechtmäßig werden lassen. Art. 9 Abs. 3 Rom I-VO ist so zu verstehen, dass er es dem angerufenen Gericht nicht erlaubt, andere Eingriffsnormen als die des Staates des angerufenen Gerichts oder des Staates, in dem die durch den Vertrag begründeten Verpflichtungen erfüllt werden sollen oder erfüllt worden sind, anzuwenden. Gleichzeitig verbietet Art. 9 Abs. 3 Rom I-VO es dem Gericht jedoch nicht, solche anderen Eingriffsnormen als tatsächliche Umstände zu berücksichtigen,

soweit das nach den Bestimmungen von Rom I-VO auf den Vertrag anwendbare nationale Recht dies vorsieht (EuGH v. 18.10.2016, C-135/15).

Die Voraussetzungen einer Eingriffsnorm erfüllen zum Beispiel die Bestimmungen des Arbeitnehmerentsendegesetzes (AEntG), das auf die Richtlinie 96/71/EG des Europäischen Parlaments und des Rates vom 16. Dezember 1996 über die Entsendung von Arbeitnehmern im Rahmen der Erbringung von Dienstleistungen (Arbeitnehmerentsende-Richtlinie) zurückgeht und dessen Ziele im Wesentlichen die Schaffung und Durchsetzung angemessener Mindestarbeitsbedingungen für regelmäßig zur Beschäftigung im Inland entsandte Arbeitnehmer sowie die Gewährleistung fairer und funktionierender Wettbewerbsbedingungen, die Erhaltung sozialversicherungspflichtiger Beschäftigung und der Ordnungs- und Befriedungsfunktion der Tarifautonomie sind (§ 1 AEntG). Das betrifft zum Beispiel die Entlohnung (§ 2 Nr. 1 AEntG), den bezahlten Mindestjahresurlaub (§ 2 Nr. 2 AEntG) oder die Höchstarbeitszeiten und Mindestruhezeiten (§ 2 Nr. 3 AEntG). Nicht als Eingriffsnormen angesehen wurden hingegen zum Beispiel die §§ 1 bis 14 KSchG (BAG v. 24.8.1989, 2 AZR 3/89) oder die Regeln zum Betriebsübergang nach § 613a BGB (BAG v. 29.10.1992, 2 AZR 267/92). Die Richtlinie 96/71/EG ist durch die Richtlinie 2018/957/EU des Europäischen Parlaments und des Rates vom 28. Juni 2018 zur Änderung der Richtlinie 96/71/EG über die Entsendung von Arbeitnehmern im Rahmen der Erbringung von Dienstleistungen (Richtlinie 2018/957/EU) erheblich geändert worden. So sollen zukünftig (branchenunabhängig) entsandten Arbeitnehmern sämtliche im Einsatzstaat auf gesetzlichen Bestimmungen oder allgemeinverbindlichen Tarifverträgen beruhende Arbeits- und Beschäftigungsbedingungen zuteilwerden, wenn die Entsendung die Dauer von 12 Monaten (im Ausnahmefall 18 Monate) überschreitet (Art. 3 Abs. 1a Richtlinie 96/71/EG n. F.). Der deutsche Gesetzgeber war verpflichtet, die Vorgaben der Richtlinie bis zum 30. Juli 2020 umzusetzen, was durch eine Anpassung des AEntG erfolgte.

### 4. Ordre Public

Nach Art. 21 Rom I-VO kann die Anwendung einer Vorschrift des nach der Rom I-VO bezeichneten Rechts auch dann versagt werden, wenn ihre Anwendung mit der öffentlichen Ordnung („ordre public"), insbesondere den Grundrechten des Staates des angerufenen Gerichts offensichtlich unvereinbar ist. Erforderlich wäre, dass die Anwendung der ausländischen Rechtsnorm im Einzelfall zu einem Ergebnis führt, das mit der in der entsprechenden deutschen Regelung liegenden Gerechtigkeitsvorstellung in unerträglichem Widerspruch steht (BAG v. 3.5.1995, 5 AZR 15/94). Neben Art. 3, 8 und 9 Rom I-VO kommt dieser Vorschrift im Internationalen Arbeitsrecht aber letztendlich nur noch geringe Bedeutung zu.

### III. Internationales Sozialrecht

Das anwendbare Recht der Sozialversicherungen ist je nach Lage des Einzelfalls anhand multilateraler oder bilateraler Abkommen subsidiär nach den Vorschriften des SGB IV zu bestimmen. Innerhalb der Mitgliedstaaten der Europäischen Union gelten bei grenzüberschreitenden sozialversicherungsrechtlichen Sachverhalten die Verordnungen (EG) Nr. 883/2004 des Europäischen Parlaments und des Rates vom 29. April 2004 zur Koordinierung der Systeme der sozialen Sicherheit (im Folgenden: „VO (EG) Nr. 883/04") und (EG) Nr. 987/09 des Europäischen Parlaments und des Rates vom 16. September 2009 zur Festlegung der Modalitäten für die Durchführung der Verordnung (EG) Nr. 883/2004 über die Koordinierung der Systeme der sozialen Sicherheit (im Folgenden: „VO (EG) Nr. 987/09"). Art. 11 Abs. 3 lit. a VO (EG) Nr. 883/04 bestimmt, dass grundsätzlich die sozialversicherungsrechtlichen Vorschriften des Mitgliedstaats Anwendung finden, in dem die unselbstständige oder selbstständige Beschäftigung ausgeübt wird. Für Entsendungen im Sinne von Art. 12 Abs. 1 VO (EG) Nr. 883/04 unterliegt der Arbeitnehmer weiterhin dem Sozialversicherungsregime des Entsendestaates, wenn ein Arbeitsverhältnis mit einem Unternehmen in einem Mitgliedstaat besteht, die Entsendung in einen anderen Mitgliedstaat erfolgt, die voraussichtliche Dauer des Auslandseinsatzes einen Zeitraum von vierundzwanzig Monaten nicht überschreiten und der Arbeitnehmer keine andere Person ablöst.

Zur Frage der Ablösung hat der EuGH in seiner sog. Alpenrind II-Entscheidung geurteilt, dass eine arbeitsplatzbezogene Betrachtung zu erfolgen hat. Das heißt, dass selbst dann eine Anrechnung auf die vierundzwanzigmonatige Höchstfrist erfolgt, wenn einem anderen Arbeitnehmer eines anderen Arbeitgebers der Arbeitsplatz übertragen wird. Eine personelle oder organisatorische Verflechtung der beiden entsendenden Arbeitgeber soll dabei ebenfalls nicht erforderlich sein (EuGH v. 6.9.2018, C-527/16). Vor diesem Hintergrund besteht das reale Risiko, dass ein Arbeitgeber, der von der fortbestehenden Sozialversicherungspflicht seiner entsendeten Arbeitnehmer im Entsendestaat ausgeht, im Nachhinein Nachforderungen des Sozialversicherungsträgers im Tätigkeitsstaat ausgesetzt ist, wenn sich herausstellt, dass die Arbeitnehmer des Arbeitgebers tatsächlich (unbekannterweise) andere Arbeitnehmer eines anderen Arbeitgebers, möglicherweise aus einem anderen Mitgliedstaat, „abgelöst" haben. Dieses Risiko wird dadurch minimiert, dass die sog. A1-Bescheinigung, mit welcher der zuständige Sozialversicherungsträger des Entsendestaates den Fortbestand der Zugehörigkeit zum „heimischen" Sozialversicherungssystem aufgrund eines angenommenen Entsendesachverhalts bestätigt, gegenüber den Gerichten und Behörden anderer Mitgliedstaaten so lange verbindlich ist, bis sie vom Mitgliedstaat, in dem sie ausgestellt wurde, mit Wirkung für die Zukunft widerrufen oder für ungültig erklärt wird. Ausnahmen bilden nur Fälle von Betrug oder rechtsmissbräuchlicher Erlangung einer solchen Bescheinigung (EuGH v. 6.9.2018, C-527/16).

Bilaterale Abkommen gibt es zum Beispiel mit den USA, der Türkei, Tunesien und Australien. Gemäß § 4 Abs. 1 SGB IV bleibt deutsches Sozialversicherungsrecht maßgebend (sog. „Ausstrahlung"), wenn der Arbeitnehmer im Rahmen eines im Geltungsbereich des SGB IV bestehenden Beschäftigungsverhältnisses in ein Gebiet außerhalb Deutschlands entsandt wird, die Entsendung aufgrund der Eigenart der Beschäftigung oder vertraglich im Voraus zeitlich begrenzt ist, der entsandte Arbeitnehmer organisatorisch weiterhin in den Betrieb des inländischen Arbeitgebers eingegliedert ist und das Stammhaus die wesentlichen Arbeitgeberfunktionen behält.

> **ACHTUNG!**
> Für den Fall eines harten Brexits hatte Deutschland mit dem Gesetz zu Übergangsregelungen im Bereich Arbeit, Bildung, Gesundheit, Soziales und Staatsangehörigkeit nach dem Austritt des Vereinigten Königreichs Großbritannien und Nordirland aus der Europäischen Union vom 8. April 2019 vorsorglich diverse Übergangsregelungen vor allem für den Bereich der sozialen Sicherheit geschaffen, die in Sachverhalten mit Bezug zu

Großbritannien den Verlust der Geltung der vorgenannten Verordnungen abfedern sollen. Nach der Ratifizierung des Austrittsabkommens ist diesem Gesetz aber zunächst die Anwendungsgrundlage entzogen worden.

## IV. Internationales Einkommensteuerrecht

Gemäß § 1 EStG wird in Deutschland das gesamte Welteinkommen besteuert, also auch das gesamte Einkommen im Ausland tätiger Arbeitnehmer, wenn sie dort ihren Wohnsitz oder gewöhnlichen Aufenthalt haben. Im Tätigkeitsstaat können ähnliche Bestimmungen gelten. Somit besteht die Gefahr einer Doppelbesteuerung. Um dem vorzubeugen, haben viele Staaten sog. Doppelbesteuerungsabkommen geschlossen, die meist weitgehend dem OECD-Musterabkommen entsprechen. Dieses sieht in seinem Art. 15 Abs. 1 vor, dass die Vergütung einer in einem Vertragsstaat ansässigen Person nur in dem Staat besteuert wird, in dem die Tätigkeit ausgeübt wird. Eingeschränkt wird dies durch Art. 15 Abs. 2 des OECD-Musterabkommens, wenn der Arbeitnehmer nicht länger als 183 Tage innerhalb eines Zeitraums von zwölf Monaten in einem anderen Staat als dem Wohnsitzstaat tätig ist, die Vergütung von einem inländischen Arbeitgeber oder für einen inländischen Arbeitgeber gezahlt wird und nicht von einer ausländischen Betriebstätte getragen wird. Sind all diese Voraussetzungen erfüllt, bleibt das Besteuerungsrecht beim Wohnsitzstaat, andernfalls beim jeweiligen Tätigkeitsstaat.

Zu beachten ist jedoch der vom Finanzministerium veröffentlichte Auslandtätigkeitserlass, nach welchem bei Ausübung einer begünstigten Auslandtätigkeit von einer Besteuerung des Arbeitslohns abgesehen wird (BMF v. 10.6.2022, IV C 5 – S 2293/19/10012 :001).

Sieht während einer vorübergehenden Auslandsentsendung ein kraft beiderseitiger Tarifgebundenheit normativ geltender Tarifvertrag eine Bruttovergütung vor, kann der Arbeitgeber jedoch den darauf gerichteten Anspruch des Arbeitnehmers nicht (teilweise) durch den Einbehalt, der lediglich hypothetisch in Deutschland zu entrichtenden Lohnsteuer, erfüllen, die er nicht an die deutschen Finanzbehörden abführt. Bei Anspruch auf eine Bruttovergütung beinhaltet die Vergütungspflicht nicht nur die Nettoauszahlung, sondern umfasst auch die Leistungen, die nicht in einer unmittelbaren Auszahlung an den Arbeitnehmer bestehen (BAG v. 13.12.2023, 5 AZR 307/22).

# Ausschlussfrist

 **Wegweiser:**
Für den öffentlichen Dienst enthalten der TVöD und der TV-L jeweils in § 37 eine identische tarifliche Ausschlussfrist. Nach § 37 Abs. 1 TVöD/TV-L müssen Ansprüche aus dem Arbeitsverhältnis innerhalb einer Frist von sechs Monaten nach Fälligkeit schriftlich geltend gemacht werden. Die einmalige Geltendmachung sichert dabei auch später fällige Leistungen für denselben Sachverhalt. Es werden nicht nur Ansprüche aus TVöD/TV-L und den sie ergänzenden Tarifverträgen erfasst, sondern alle Ansprüche, die auf dem Arbeitsverhältnis beruhen, d. h. auch übertarifliche, außertarifliche und gesetzliche Ansprüche. Von der tariflichen Ausschlussfrist nicht erfasst sind allerdings Ansprüche aus einem Sozialplan (§ 37 Abs. 2 TVöD/TV-L).

(Vgl. zur Ausschlussfrist im Bereich des TVöD Breier/Dassau TVöD Komm. § 37 TVöD sowie zum TV-L Sponer/Steinherr, TV-L Erl. zu § 37 TV-L.)

**I.  Begriff und Zweck**

**II.  Vereinbarung von Ausschlussfristen**
    1.  Form
    2.  Ausgestaltung
    3.  Erfasste Ansprüche
    4.  Beginn der Ausschlussfrist

**III.  Geltendmachung erfasster Ansprüche**
    1.  Form, Frist und Inhalt
    2.  Geltendmachung nach Fristablauf
    3.  Verjährung und Verwirkung

## I. Begriff und Zweck

Der Begriff „Ausschlussfrist" (auch „Verfallfrist") bezeichnet Fristen, mit denen festgelegt wird, wann bestimmte Rechte und Ansprüche geltend gemacht werden müssen. Nach Ablauf der Frist zur Geltendmachung erlöschen die Rechte und Ansprüche unabhängig von der Kenntnis der Parteien.

**ACHTUNG!**
Vor Gericht sind Ausschlussfristen von Amts wegen zu beachten. Es ist also nicht erforderlich, dass eine der Parteien sich darauf beruft (BAG v. 27.3.1963, 4 AZR 72/62, BB 1963, 687).

Sinn und Zweck von Ausschlussfristen allgemein ist, Arbeitgeber und Beschäftigte zur möglichst zügigen Geltendmachung und Klärung ihrer Ansprüche zu veranlassen. Ausschlussfristen dienen somit der Rechtssicherheit und Rechtsklarheit (BAG v. 14.1.2009, 5 AZR 246/08, DB 2009, 685).

Ausschlussfristen können grundsätzlich in Tarifverträgen, Dienst- bzw. Betriebsvereinbarungen oder auch in Einzelarbeitsverträgen vereinbart werden. Zu beachten ist jedoch, dass Ausschlussfristen für tarifliche Rechte und Ansprüche nur in Tarifverträgen vereinbart werden können (§ 4 Abs. 4 S. 3 TVG). Auf diese Weise genießen tarifliche Rechte und Ansprüche einen besonderen Schutz, denn es soll verhindert werden, dass tarifliche Ansprüche einer einzelvertraglichen Ausschlussklausel oder einer Verfallklausel in Arbeitsordnungen und Betriebsvereinbarungen unterworfen werden. Tarifliche Ausschlussfristen gelten auch für nicht tarifgebundene Arbeitnehmer, deren Arbeitsvertrag auf einen Tarifvertrag verweist, allerdings nur insoweit, wie die Ausschlussklausel vorsätzliche Pflicht- und Rechtsgutverletzungen durch den Arbeitgeber und ggf. durch dessen handelnden Organen nicht erfasst (vgl. dazu BAG v. 26.9.2013, 8 AZR 1013/12, ZTR 2014, 161; zuletzt LAG Mecklenburg-Vorpommern v. 21.7.2015, 2 Sa 36/15; LAG Mecklenburg-Vorpommern v. 4.4.2017, 2 Sa 11/17). Ansprüche aufgrund vorsätzlichen Handelns von Erfüllungsgehilfen i. S. d. § 278 S. 1 BGB können hingegen einer individualvertraglichen allumfassenden Ausschlussfrist unterfallen (vgl. BAG v. 26.9.2013, 8 AZR 1013/12, ZTR 2014, 161; LAG Mecklenburg-Vorpommern v. 4.4.2017, 2 Sa 11/17; LAG Schleswig-Holstein v. 11.5.2017, 5 Sa 27/16).

**ACHTUNG!**
Der Arbeitgeber kann sich auch dann auf Ausschlussfristen in einem Tarifvertrag berufen, wenn er es versäumt hat, die Anwendbarkeit des entsprechenden Tarifvertrages in einem schriftlichen Nachweis nach dem Nachweisgesetz (bzw. im Ar-

beitsvertrag selbst) zu bestätigen. Der Verstoß gegen die Nachweispflicht begründet für sich gesehen (noch) nicht den Einwand eines rechtsmissbräuchlichen Verhaltens (vgl. BAG v. 22.1.2019, 9 AZR 149/17, ZTR 2019, 514). In diesem Fall ist jedoch zu vermuten, dass der Beschäftigte die tarifliche Ausschlussfrist beachtet hätte, wenn er rechtzeitig auf die Geltung des Tarifvertrags hingewiesen worden wäre. Aus diesem Grund kann der Beschäftigte vom Arbeitgeber im Wege eines Schadensersatzanspruchs nach §§ 286 Abs. 1, 249 BGB verlangen, so gestellt zu werden, als sei der an sich verfristete Anspruch nicht untergegangen (BAG v. 17.4.2002, 5 AZR 644/00, ZTR 2002, 495).

## II. Vereinbarung von Ausschlussfristen

Ausschlussfristen können in unterschiedlicher Ausgestaltung grundsätzlich formlos vereinbart werden. Welche Ansprüche von ihnen erfasst werden, hängt vor allem von ihrem Inhalt und davon ab, wo sie vereinbart sind, z. B. im Arbeitsvertrag, Tarifvertrag, Dienst- oder Betriebsvereinbarung.

### 1. Form

Die **Vereinbarung** einer Ausschlussfrist bedarf grundsätzlich keiner bestimmten Form. Eine schriftliche Vereinbarung ist aber in jedem Fall empfehlenswert.

Dies gilt sowohl für arbeitsvertraglich vereinbarte Ausschlussfristen als auch für tarifliche Ausschlussfristen: So ist bei Arbeitsverträgen, die seit dem 1.10.2016 geschlossen oder geändert worden sind, darauf zu achten, dass nach § 309 Nr. 13b) BGB für Erklärungen und Anzeigen keine strengere Form als die Textform in AGB vorgeschrieben sein darf. Eine „schriftliche" Geltendmachung von Ansprüchen kann in arbeitsvertraglichen Ausschlussfristen daher nicht mehr verlangt werden. Solche Ausschlussfristen sind unwirksam. Mittlerweile hat sich das Bundesarbeitsgericht auch im Hinblick auf tarifliche Ausschlussfristen positioniert. So hat es entschieden, dass die Geltendmachung in Textform im Sinne des § 126b BGB zur Wahrung der Schriftform des § 37 TVöD (in der für den streitigen Zeitraum geltenden Fassung (a. F.)) ausreicht; eine mündliche Geltendmachung hingegen nicht (BAG v. 22.1.2019, 9 AZR 149/17, ZTR 2019, 514). Die Rechtsprechung des BAG spiegelt sich in der seit dem 1.1.2020 geltenden Fassung des § 37 Abs. 1 S. 1 TVöD wider, der nunmehr ausdrücklich die Geltendmachung der Ansprüche aus dem Arbeitsverhältnis in Textform vorschreibt.

Im Zusammenhang mit der Frage nach der Form von Ausschlussfristen ist überdies zu beachten, dass arbeitsvertragliche Ausschlussfristen, die vom Arbeitgeber einseitig gestellt werden, dann nicht Bestandteil des schriftlichen Arbeitsvertrages werden, wenn sie ohne besonderen Hinweis und ohne drucktechnische Hervorhebung und an ungewöhnlicher, überraschender Stelle im Vertrag (z. B. unter „Schlussvorschriften" oder „Sonstiges") untergebracht sind. Dies ist dem Umstand geschuldet, dass Ausschlussklauseln in einem Arbeitsvertrag der sog. AGB-Kontrolle nach den §§ 305c Abs. 2, 306, 307 bis 309 BGB unterliegen (BAG v. 19.8.2015, 5 AZR 500/14).

### 2. Ausgestaltung

Ausschlussfristen können unterschiedlich ausgestaltet werden. In Betracht kommen sog. einstufige und zweistufige Ausschlussfristen.

Eine einstufige Ausschlussfrist sieht vor, dass die von ihr erfassten Ansprüche innerhalb einer bestimmten Frist gegenüber ihrem Vertragspartner geltend gemacht werden müssen, damit sie nicht erlöschen. § 37 TVöD/TV-L enthält eine derartige einstufige Ausschlussfrist.

 **Formulierungsbeispiel:**

„Ansprüche aus dem Arbeitsverhältnis müssen innerhalb von sechs Monaten nach Fälligkeit in Textform geltend gemacht werden. Andernfalls verfallen diese Ansprüche, soweit sich aus Gesetz, Tarifvertrag oder Dienst- bzw. Betriebsvereinbarung nichts Gegenteiliges ergibt."

 **WICHTIG!**

Formularmäßig in Arbeitsverträgen vereinbarte sog. einseitige Ausschlussfristen, die nur Ansprüche des Arbeitnehmers gegen den Arbeitgeber verfallen lassen, sind stets unwirksam (BAG v. 31.8.2005, 5 AZR 545/04, ZTR 2006, 279). Anders als bei vertraglichen Ausschlussfristen hält die Rechtsprechung tarifvertragliche einseitige Ausschlussfristen aber für wirksam, die nur den Arbeitgeber oder den Arbeitnehmer binden, nicht aber beide (BAG v. 6.5.2009, 10 AZR 390/08, AP Nr. 44 zu § 307 BGB).

Hingegen verpflichten sog. zweistufige Ausschlussfristen Arbeitgeber bzw. Beschäftigte nicht nur zur gegenseitigen Geltendmachung ihrer Ansprüche innerhalb einer bestimmten Frist. Darüber hinaus sehen zweistufige Ausschlussfristen auf der zweiten Stufe vor, dass die Ansprüche auch innerhalb einer weiteren Frist rechtshängig gemacht, d. h. gerichtlich eingeklagt werden müssen, um ihr Erlöschen zu verhindern. Für den öffentlichen Dienst ist im TVöD/TV-L keine zweistufige Ausschlussfrist vorgesehen. Dennoch können zweistufige Ausschlussfristen im Arbeitsvertrag vereinbart werden. Ausdrücklich hat das Bundesarbeitsgericht zweistufige Ausschlussfristen auch nach Inkrafttreten des Schuldrechtsmodernisierungsgesetzes zum 1.1.2002 weiterhin für zulässig erklärt, da sie den im Arbeitsrecht geltenden Besonderheiten entsprechen und folglich nicht gegen § 309 Nr. 13 BGB verstoßen (BAG v. 25.5.2005, 5 AZR 572/04, ZTR 2005, 596).

 **WICHTIG!**

Hält die erste Stufe einer vertraglichen Ausschlussfrist, wonach mit dem Arbeitsverhältnis in Verbindung stehende Ansprüche binnen drei Monaten nach Fälligkeit geltend gemacht werden müssen, der AGB-Kontrolle stand, beeinträchtigt eine etwaige Unwirksamkeit der zweiten Stufe, die z. B. eine zu kurze Frist für die gerichtliche Geltendmachung vorsieht, die Wirksamkeit der ersten Stufe grundsätzlich nicht, wenn diese auch ohne die unwirksame Regelung weiterhin verständlich und sinnvoll bleibt, sog. Blue-Pencil-Test (BAG v. 12.3.2008, 10 AZR 152/07, BB 2008, 1627).

 **Formulierungsbeispiel:**

„Alle beiderseitigen Ansprüche aus dem Arbeitsverhältnis und solche, die mit dem Arbeitsverhältnis in Verbindung stehen, verfallen, wenn sie nicht innerhalb von drei Monaten nach der Fälligkeit gegenüber der anderen Vertragspartei in Textform geltend gemacht werden.

Lehnt die Gegenpartei den Anspruch ab oder erklärt sie sich nicht innerhalb von zwei Wochen nach der Geltendmachung des Anspruches, so verfällt dieser, wenn er nicht innerhalb von weiteren drei Monaten nach der Ablehnung oder nach Fristablauf gerichtlich geltend gemacht wird."

Darüber hinaus ist bei der Ausgestaltung von vertraglichen Ausschlussklauseln, die der AGB-Kontrolle nach den §§ 307–309 BGB unterliegen, Folgendes zu beachten: Seit Geltung des Mindestlohngesetzes ist darauf zu achten, dass die Ausschlussklau-

sel erkennen lässt, dass sie sich nicht auf den gesetzlichen Mindestlohn erstreckt. Denn § 3 MiLoG bestimmt, dass „Vereinbarungen, die den Anspruch auf Mindestlohn unterschreiten oder seine Geltendmachung beschränken oder ausschließen, insoweit unwirksam [sind]". Das BAG hat ausdrücklich entschieden, dass eine Ausschlussfrist, die auch den gesetzlichen Mindestlohn umfasst, gegen das Transparenzgebot des § 307 Abs. 1 S. 2 BGB verstößt, weil eine solche Klausel die Rechtslage insgesamt unzutreffend und damit irreführend darstelle (BAG v. 18.9.2018, 9 AZR 162/18, ZTR 2019, 31).

In der benannten Entscheidung vom 18.9.2018 hat sich das BAG auch zu Ausschlussfristen in Altverträgen geäußert: Wurde der Arbeitsvertrag vor Inkrafttreten des MiLoG geschlossen, kann nach Ansicht des BAG – allein – die Änderung der Gesetzeslage durch das MiLoG nicht nachträglich nach § 307 Abs. 1 S. 2 i. V. m. S. 1 BGB zur (Gesamt-)Unwirksamkeit der Ausschlussfristenregelung wegen Intransparenz führen, wenn sich ihr Anwendungsbereich entgegen § 3 S. 1 MiLoG ab dem 1.1.2015 auch auf den Anspruch auf den gesetzlichen Mindestlohn erstreckt. Die fehlende Ausnahme des gesetzlichen Mindestlohns hat für den Zeitraum ab dem 1.1.2015 die Teilunwirksamkeit der Ausschlussfristenregelung zur Folge; für den Zeitraum bis zum 31.12.2014 steht § 3 S. 1 MiLoG der Wirksamkeit der Ausschlussfrist hingegen nicht entgegen, denn die Norm setzt das Bestehen eines Mindestlohnanspruchs voraus.

Die ein- oder zweistufige Ausschlussklausel sollte daher nach dem folgenden Absatz ergänzt werden:

 **Formulierungsbeispiel:**

„Diese Ausschlussfristen und diese Verfallklausel gelten nicht für Ansprüche aus einer Haftung für vorsätzliches Verhalten, für Ansprüche auf Zahlung des Mindestlohns nach dem MiLoG und für andere gesetzliche oder tarifliche Ansprüche, auf die nicht verzichtet werden kann".

Das Bundesarbeitsgericht hat sich mittlerweile auch im Hinblick auf tarifliche Verfallklauseln positioniert. Für den Fall, dass tarifliche Verfallklauseln nicht den Ausschluss von Ansprüchen auf den gesetzlichen Mindestlohn vorsehen, sind diese insoweit unwirksam, als der Anspruch auf den gesetzlichen Mindestlohn betroffen ist (BAG v. 23.1.2019, 4 AZR 541/17; LAG Hamm v. 13.2.2019, 5 Sa 524/18, ZTR 2019, 562).

Pauschale Ausschlussklauseln, die alle wechselseitigen gesetzlichen und vertraglichen Ansprüche, die die Arbeitsvertragsparteien aufgrund ihrer durch den Arbeitsvertrag begründeten Rechtsstellung gegeneinander haben und damit auch Schadensersatzansprüche aus vorsätzlicher Vertragsverletzung und aus vorsätzlicher unerlaubter Handlung erfassen, sind nach der Rechtsprechung des BAG wegen Verstoßes gegen § 202 Abs. 1 BGB nach § 134 BGB nichtig (BAG v. 26.11.2020, 8 AZR 58/20, ZTR 2021, 414; BAG v. 5.7.2022, 9 AZR 341/21). Vor diesem Hintergrund ist darauf zu achten, dass die Ausschlussklausel erkennen lässt, dass sie sich nicht auf solche Ansprüche erstreckt.

 **WICHTIG!**

Nach der BAG-Rechtsprechung ist eine vertragliche Ausschlussfrist für die (schriftliche) Geltendmachung von weniger als drei Monaten unangemessen kurz (BAG v. 28.9.2005, 5 AZR 52/05, ZTR 2006, 12). Auch für die gerichtliche Geltendmachung der Ansprüche beträgt die Mindestfrist drei Monate (BAG v. 12.3.2008, 10 AZR 152/07, DB 2008, 1272).

Für den Fall der Unwirksamkeit der Ausschlussfrist bleibt der Arbeitsvertrag im Übrigen wirksam und richtet sich insoweit nach den gesetzlichen Vorschriften (§ 306 BGB). Es gelten allein das gesetzliche Verjährungsrecht (§§ 194 ff. BGB) und die Grundsätze über die Verwirkung von Ansprüchen (§ 242 BGB) (BAG v. 28.11.2007, 5 AZR 992/06, ZTR 2008, 281).

 **WICHTIG!**

Eine vertragliche Ausschlussklausel sollte ausdrücklich bestimmen, wann die Drei-Monats-Frist zu laufen beginnen soll. So wird häufig geregelt, dass eine Verfallfrist mit dem Eintritt der Fälligkeit des Anspruchs beginnt. Denkbar ist auch, dass die beteiligten Kreise an das Entstehen des Anspruchs, die Erteilung einer Abrechnung oder die Ablehnung durch den Gegner anknüpfen. Auch kann es sachgerecht sein, den Beginn der Ausschlussfrist an die (tatsächliche oder rechtliche) Beendigung des Arbeitsverhältnisses zu koppeln.

In diesem Zusammenhang hat das LAG Hamm in seinem Urteil entschieden, dass angesichts dieser aufgezeigten Gestaltungsbreite eine lückenhafte Regelung der Ausschlussfrist im Arbeitsvertrag nicht eindeutig dahingehend ausgelegt werden könne, dass die Drei-Monats-Frist mit der Fälligkeit zu laufen beginne; verblieben Zweifel, so gehe dies im Rahmen des §§ 305c Abs. 2 BGB zu Lasten des Arbeitgebers als verantwortlicher Klauselverwender, und die Klausel sei unwirksam (LAG Hamm v. 1.6.2012, 13 Sa 1850/11). Im Übrigen ist die Regelung, nach der die Ausschlussfrist sowohl an die „Entstehung" als auch an die „Fälligkeit" des Anspruchs knüpft, ohne hinreichend deutlich zu machen, ab wann die Frist frühestens zu laufen beginnt, nach Auffassung des Bundesarbeitsgerichts intransparent gemäß § 307 Abs. 1 S. 2 BGB und damit unwirksam (BAG v. 19.2.2014, 5 AZR 700/12).

Anders als arbeitsvertragliche Ausschlussfristen unterliegen tarifliche Ausschlussfristen hingegen keiner Inhaltskontrolle durch die Arbeitsgerichte (vgl. BAG v. 7.7.2020, 9 AZR 323/19, ZTR 2020, 692). Die bei einem tarifgebundenen Arbeitgeber einschlägigen Tarifverträge sind jeglicher Inhaltskontrolle nach § 305 ff. BGB entzogen, und zwar unabhängig davon, ob der Tarifvertrag kraft beiderseitiger Tarifbindung, kraft arbeitsvertraglicher Bezugnahme oder kraft betrieblicher Übung gilt. Andernfalls bestünde die Gefahr einer mittelbaren Tarifzensur (BAG v. 28.6.2007, 6 AZR 750/06, ZTR 2007, 560). Tarifliche Ausschlussfristen können demnach auch eine kürzere Verfallfrist regeln als drei Monate, so z. B. § 15 BRTV-Bau, der eine Zwei-Monats-Frist vorsieht.

 **ACHTUNG!**

Bei nichttarifgebundenen Arbeitgebern muss davon ausgegangen werden, dass die durch einen Arbeitsvertrag einbezogenen Tarifklauseln als Allgemeine Geschäftsbedingungen gewertet werden, sodass auch hier die vorgenannten Grundsätze für die inhaltlichen Grenzen einer Ausschlussfrist gelten. So hat das BAG festgestellt, dass die einzelvertragliche Einbeziehung einer tariflichen Ausschlussfrist in Bezug auf vorsätzliche Pflichtverletzungen wegen §§ 134, 202 Abs. 1 BGB nichtig ist (BAG v. 26.9.2013, 8 AZR 1013/12, ZTR 2014, 161; vgl. auch BAG v. 23.1.2019, 4 AZR 541/17). Jedenfalls ist einem nicht tarifgebundenen Arbeitgeber zum Zwecke der Rechtssicherheit zu raten, eine Ausschlussfrist ausdrücklich im Arbeitsvertrag zu regeln.

 **WICHTIG!**

Wird in einem Änderungsvertrag, also in einem den ursprünglichen Arbeitsvertrag ändernden Vertrag, auf einen Tarifvertrag Bezug genommen, der eine Ausschlussfrist enthält, erfasst diese Ausschlussfrist lediglich Ansprüche, die nach Änderung der Bezugnahmeklausel fällig geworden sind (BAG v. 24.9.2014, 5 AZR 265/13). Gleiches gilt für vertragliche Ausschlussfristen. Auch sie erfassen nur Ansprüche, die nach Abschluss des Ar-

beitsvertrags fällig geworden sind (BAG v. 19.2.2014, 5 AZR 1046/12).

### 3. Erfasste Ansprüche

Ausschlussfristen gelten regelmäßig sowohl für Arbeitgeberansprüche als auch für Arbeitnehmeransprüche. Die Anwendung tariflicher Ausschlussfristen kann jedoch ausgeschlossen werden, wenn deren Einhaltung zugunsten des Arbeitnehmers einvernehmlich abbedungen wird (BAG v. 13.5.2020, 4 AZR 489/19, ZTR 2020, 580). Die Ausschlussfrist des § 37 TVöD/TV-L erfasst im Grundsatz alle Ansprüche, die die Arbeitsvertragsparteien infolge der arbeitsvertraglichen Beziehungen gegeneinander haben.

#### Beispiele

Für Ansprüche des Arbeitnehmers: Entgeltfortzahlungsansprüche, Jubiläumszuwendung (§ 23 Abs. 2 TVöD/ TV-L); Rufbereitschaftsdienstentschädigung (§ 8 Abs. 3 TVöD/§ 8 Abs. 5 TV-L); Ansprüche aus unerlaubter Handlung, Lohnsteuererstattungsansprüche, Zeugnisansprüche; Ansprüche auf Schadensersatz und Schmerzensgeld wegen der Verletzung des allgemeinen Persönlichkeitsrechts durch Mobbing (BAG v. 16.5.2007, 8 AZR 709/06, ZTR 2008, 100; BAG v. 26.9.2013, 8 AZR 1013/12, ZTR 2014, 161, anders aber, wenn im Arbeitsverhältnis der Parteien die tarifliche Ausschlussfrist aus § 37 TV-L nur aufgrund arbeitsvertraglicher Inbezugnahme gilt, vgl. dazu LAG Mecklenburg-Vorpommern v. 21.7.2015, 2 Sa 36/15); Ansprüche auf Abgeltung nicht genommenen Urlaubs können nach der ständigen Rechtsprechung des BAG als reiner Geldanspruch tariflichen Ausschlussfristen unterfallen (BAG v. 31.1.2023, 9 AZR 244/20: Die rechtliche Beendigung des Arbeitsverhältnisses bildet eine Zäsur. Die strukturell schwächere Stellung des Arbeitnehmers, aus der der EuGH die Schutzbedürftigkeit des Arbeitnehmers bei der Inanspruchnahme von Urlaub ableitet, endet mit der Beendigung des Arbeitsverhältnisses), Urlaubsabgeltungsanspruch für den gesetzlichen Mindesturlaub (BAG v. 8.4.2014, 9 AZR 550/12, ZTR 2014, 536; BAG v. 9.8.2011, 9 AZR 365/10, ZTR 2012, 168); Urlaubsabgeltungsansprüche für tariflichen Mehr- und Zusatzurlaub (BAG v. 22.1.2019, 9 AZR 149/17, ZTR 2019, 514; BAG v. 22.1.2019, 9 AZR 45/16, ZTR 2019, 377) und für Zusatzurlaub für schwerbehinderte Menschen (LAG Rheinland-Pfalz v. 11.9.2019, 7 Sa 414/18; BAG v. 22.1.2019, 9 AZR 45/16, ZTR 2019, 377); unionsrechtliche Staatshaftungsansprüche wegen Zuvielarbeit (BAG v. 11.4.2019, 6 AZR 104/18, ZTR 2019, 440; BAG v. 11.4.2019, 6 AZR 110/18); Ansprüche auf finanziellen Ausgleich geleisteter Überstunden (BAG v. 11.4.2019, 6 AZR 104/18, ZTR 2019, 440).

Für Ansprüche des Arbeitgebers: Erstattung von Ausbildungskosten, Erstattung zu viel gezahlter Vergütungen, Dienstwohnungsvergütung, Anrechnung von Sachbezügen, Rückzahlung von Gehaltsvorschüssen und Darlehen (vgl. dazu BAG v. 21.1.2010, 6 AZR 556/07, ZTR 2010, 252), Schadensersatzansprüche im Falle der Haftung des Arbeitnehmers.

Der Ausschlussfrist unterliegt aber nur der konkrete Anspruch – also nicht jene Grundlagen, auf die der Anspruch zurückzuführen ist. Ein Beispiel für eine solche Grundlage, die nicht der Ausschlussfrist unterliegt, ist die Eingruppierung in eine bestimmte Entgeltgruppe im Sinne des Grundsatzes der Tarifautomatik: Die Eingruppierung als solche ist kein Anspruch im Sinne des § 37 TVöD/TV-L. Nur die sich daraus ergebenden monatlichen Entgeltansprüche unterliegen der Ausschlussfrist (vgl. LAG Hamm v. 7.7.2016, 8 Sa 306/16).

Für unabdingbare gesetzliche Ansprüche, also Ansprüche, auf die der Beschäftigte nicht verzichten kann (z. B. Mindesturlaubsansprüche, Mindestlohnanspruch), kann eine Ausschlussfrist nicht einzelvertraglich vereinbart werden. Dies ist nur tarifvertraglich möglich (vgl. dazu bereits unter II. 2.).

Selbst von tariflichen Ausschlussfristen werden einige Ansprüche nicht erfasst. Unter anderem:

▶ Anspruch auf Leistungen aus einem Sozialplan (§ 37 Abs. 2 TVöD);

▶ Anspruch auf vertragsgemäße Beschäftigung (BAG v. 15.5.1991, 5 AZR 271/90, ZTR 1991, 518);

▶ Stammrechte (z. B. Recht auf eine tarifgemäße Eingruppierung);

▶ aus Personalrats-/Betriebsratstätigkeit;

 **ACHTUNG!**

Aus § 37 Abs. 4 BetrVG resultierende Ansprüche beruhen auf § 611 BGB und dem Arbeitsvertrag. Es handelt sich um Vergütungsansprüche aus dem Arbeitsverhältnis und nicht um Aufwendungen aus der Tätigkeit als Betriebsratsmitglied. Daher werden sie nach der Rechtsprechung des Bundesarbeitsgerichts von tarifvertraglichen Ausschlussfristen erfasst, die für „Ansprüche aus dem Arbeitsverhältnis" gelten (BAG v. 19.1.2005, 7 AZR 208/04, AuA 2005, 436).

▶ auf Karenzentschädigung aus einem Wettbewerbsverbot;

▶ auf Betriebsrente (Zusatzversorgung; Ruhegeld, es sei denn, die Tarifvertragparteien haben deutlich zum Ausdruck gebracht, dass sich die Ausschlussfrist hierauf beziehen soll, BAG v. 26.5.2009, 3 AZR 797/07, ZTR 2009, 649);

▶ auf Abfindung nach §§ 9, 10 KSchG;

▶ auf Personalakteneinsicht (vgl. BAG v. 16.11.2010, 9 AZR 573/06);

▶ auf Abmahnung/Entfernung einer Abmahnung aus der Personalakte;

▶ auf Herausgabe von Eigentum;

▶ auf insolvenzrechtliche Rückforderungsansprüche (BAG v. 24.10.2013, 6 AZR 466/12, ZTR 2013, 662);

▶ Kindergeldansprüche;

▶ Zuschuss zum Krankenversicherungsbeitrag nach § 257 SGB V;

▶ aus schöpferischen Sonderleistungen (z. B. patentfähige Erfindungen);

▶ auf Mindestlohn nach dem MiLoG (BAG v. 20.6.2018, 5 AZR 377/17; vgl. Breier/Dassau, TVöD Komm., § 37 Rn. 116.2).

 **WICHTIG!**

Tarifvertraglich sind für eine Reihe von Leistungen abweichende Sondervorschriften über die Verfallbarkeit von Ansprüchen geregelt, so z. B. Beihilfen (Frist ein Jahr nach Rechnungsstellung); Reisekostenvergütung (Frist sechs Monate nach Beendigung der Dienstreise); Umzugskostenvergütung (Frist sechs Monate nach Beendigung des Umzugs); vermögenswirksame Leistungen (antragsabhängig).

Das BAG hat sich in zwei Parallelentscheidungen mit der Reichweite tariflicher Ausschlussklauseln befasst: Regelt eine tarifliche Ausschlussklausel, dass Ansprüche aus dem Arbeitsverhältnis binnen einer Ausschlussfrist von sechs Monaten nach Fälligkeit schriftlich geltend zu machen sind, erfasst sie nicht nur tarifliche, sondern auch vertragliche und gesetzliche Ansprüche der Arbeitsvertragsparteien (BAG v. 21.1.2010, 6 AZR 556/07, ZTR 2010, 252). Müssen hingegen nach einer Verfallklausel in einem Tarifvertrag nur tarifvertragliche Ansprüche innerhalb einer bestimmten Ausschlussfrist geltend gemacht werden, werden tarifvertraglich nicht geregelte vertragliche oder gesetzliche An-

sprüche der Arbeitsvertragsparteien nicht erfasst (BAG v. 21.1.2010, 6 AZR 593/07, DB 2010, 678).

Eine weitere Entscheidung des BAG betrifft die Anwendung der Ausschlussfrist auf das bei der Überleitung von dem BAT in den TVöD zu bildende Vergleichsentgelt. Danach kann ein fehlerhaft gebildetes Vergleichsentgelt für künftige Entgeltzahlungen jederzeit korrigiert werden. Die Ausschlussfrist des § 37 TVöD steht lediglich einer unbegrenzten Rückforderung in der Vergangenheit zu viel gezahlten Entgelts entgegen (BAG v. 25.6.2009, 6 AZR 384/08, ZTR 2009, 578).

In einer anderen Entscheidung hat sich das BAG mit der Frage auseinandergesetzt, ob Leiharbeitnehmer bei der Geltendmachung von Ansprüchen gegen ihren Verleiher die beim Entleiher geltenden Ausschlussfristen zu beachten haben. Dabei ging es um Ansprüche aus § 10 Abs. 4 AÜG (seit dem 1.4.2017: § 8 AÜG), wonach der Verleiher verpflichtet ist, dem Leiharbeitnehmer für die Zeit der Überlassung an den Entleiher die im Betrieb des Entleihers für einen vergleichbaren Arbeitnehmer des Entleihers geltenden wesentlichen Arbeitsbedingungen einschließlich des Arbeitsentgelts zu gewähren (sog. „Equal-Pay-Gebot"). Das BAG hat entschieden, dass der Leiharbeitnehmer die beim Entleiher geltenden Ausschlussfristen nicht einhalten muss, wenn er die Erfüllung der „wesentlichen Arbeitsbedingungen", die der Entleiher vergleichbaren Arbeitnehmern gewährt, verlangt. Ausschlussfristen seien kein Bestandteil der wesentlichen Arbeitsbedingungen. Sie beträfen ausschließlich die Art und Weise der Geltendmachung eines entstandenen Entgeltanspruchs (BAG v. 23.3.2011, 5 AZR 7/10, ZTR 2011, 738).

Das BAG hat inzwischen auch entschieden, dass eine Tarifnorm nach § 3 S. 1 MiLoG insoweit unwirksam ist, als sie die Geltendmachung des Anspruchs auf den Mindestlohn nach dem MiLoG beschränkt (BAG v. 20.6.2018, 5 AZR 377/17). Auch ein Anspruch auf Entgeltfortzahlung kann damit in der Höhe des Mindestlohns nicht verfallen. Die Unwirksamkeit der Tarifnorm bezieht sich jedoch – anders als bei intransparenten arbeitsvertraglichen Klauseln, die nach den §§ 305 ff. BGB zu beurteilen sind – ausdrücklich nur auf den Ausschluss des Mindestlohns. Im Übrigen bleiben tarifliche Verfallsklauseln wirksam.

**4. Beginn der Ausschlussfrist**

Wann eine Ausschlussfrist anläuft, hängt in erster Linie vom Inhalt der Vereinbarung ab. Ist keine andere Vereinbarung getroffen, beginnt sie regelmäßig mit der Fälligkeit des Anspruchs zu laufen (vgl. BAG v. 24.8.2016, 5 AZR 853/15; BAG v. 22.1.2019, 9 AZR 149/17, ZTR 2019, 514; explizit für § 37 Abs. 1 TVöD: BAG v. 18.9.2019, 4 AZR 42/19, ZTR 2020, 153). Entscheidend für die Fälligkeit eines Anspruchs ist, wann der Gläubiger die Leistung fordern kann (vgl. aber LAG Hamm v. 1.6.2012, 13 Sa 1850/11, wonach bei Zweifeln darüber, wann eine Ausschlussfrist zu laufen beginnt, § 305c Abs. 2 BGB Anwendung finde, und die Zweifel zu Lasten des Arbeitgebers als verantwortlicher Klauselverwender gingen (vgl. dazu bereits unter II. 2.). Die Fälligkeit im Sinne tariflicher Ausschlussfristen tritt damit nach der Rechtsprechung des Bundesarbeitsgerichts „nicht stets ohne Weiteres schon mit der Entstehung des Anspruchs ein". Entscheidend sei vielmehr die tatsächliche Möglichkeit des Gläubigers zur Geltendmachung seines Anspruchs (BAG v. 27.3.2019, 5 AZR 71/18; vgl. auch BAG v. 28.8.2019, 5 AZR 425/18, ZTR 2020, 42).

Beispiele für wesentliche Fälligkeitszeitpunkte:

▶ Die monatliche Vergütung ist regelmäßig am Monatsletzten fällig.

▶ Ansprüche aus Annahmeverzug werden zu demselben Zeitpunkt fällig, an dem sie bei Leistung der Arbeit fällig geworden wären (s. o.).

▶ Ein etwaiger Anspruch auf Rückzahlung überbezahlten Entgelts wird sofort mit Überbezahlung fällig.

▶ Der Urlaubsabgeltungsanspruch entsteht mit der rechtlichen Beendigung des Arbeitsverhältnisses sowie dem Wegfall des Abgeltungsverbots; er wird grundsätzlich gleichzeitig fällig (BAG v. 22.1.2019, 9 AZR 149/17, ZTR 2019, 514; BAG v. 22.1.2019, 9 AZR 45/16, ZTR 2019, 377; LAG Rheinland-Pfalz v. 11.9.2019, 7 Sa 414/18).

▶ Schadensersatzansprüche werden nicht schon bei Verletzung des Rechtsguts, sondern erst dann fällig, wenn der Schaden eingetreten ist (BAG v. 14.12.2006, 8 AZR 628/05, ZTR 2007, 197), wenn sie in ihrem Bestand feststellbar sind und geltend gemacht werden können (BAG v. 20.6.2002, 8 AZR 488/01, ZTR 2003, 96), der Gläubiger den Schaden kennt oder kennen muss und ihn wenigstens annähernd beziffern kann (BAG v. 17.7.2003, 8 AZR 486/02).

▶ In Mobbing-Fällen beginnt die Ausschlussfrist wegen der systematischen, sich aus mehreren einzelnen Handlungen zusammensetzenden Verletzungshandlung mit der zeitlich letzten Mobbing-Handlung (BAG 16.5.2007, 8 AZR 709/06, ZTR 2008, 100).

**Hinweis:**
Das LAG Hamm hat in seiner Entscheidung vom 11.10.2012, 16 Sa 637/12, ArbuR 2013, 99 Folgendes entschieden: Beginnt eine tarifliche Ausschlussfrist mit der Fälligkeit eines Anspruchs, so ist für ihren Lauf im Falle eines Urlaubsabgeltungsanspruchs auch dann auf die Beendigung des Arbeitsverhältnisses abzustellen, wenn die zur Beendigung führende Kündigung mit der Kündigungsschutzklage angegriffen worden ist. Dies gilt auch dann, wenn im Kündigungsschutzverfahren nach Ablauf der tariflichen Ausschlussfrist ein gerichtlicher Vergleich abgeschlossen wird, in dem die Beendigung zum vorgesehenen Kündigungstermin abschießend festgeschrieben wird.

Endete das Arbeitsverhältnis vor der Entscheidung des EuGH vom 6. November 2018 (C-684/16) und oblag es dem Arbeitnehmer aufgrund der gegenläufigen Senatsrechtsprechung nicht, den Anspruch innerhalb der tarifvertraglichen Ausschlussfrist geltend zu machen, begann die Ausschlussfrist erst mit der Bekanntgabe des Urteils (BAG v. 31.1.2023, 9 AZR 244/20).

**TIPP!**
Werden mögliche Ansprüche gegenüber einem Beschäftigten bekannt, sollten die einschlägigen einzelvertraglichen und kollektivrechtlichen Vereinbarungen umgehend auf Ausschlussfristen überprüft werden.

## III. Geltendmachung erfasster Ansprüche

Um die Ausschlussfrist zu wahren, muss der Anspruch unter Einhaltung inhaltlicher Voraussetzungen, fristgemäß und in der vorgeschriebenen Form geltend gemacht werden.

### 1. Form, Frist und Inhalt

Die der Ausschlussfrist unterfallenden Ansprüche müssen form- und fristgerecht geltend gemacht werden. Der Arbeitgeber hat seine Ansprüche gegenüber dem Beschäftigten, der Beschäf-

tigte gegenüber dem Arbeitgeber, geltend zu machen. Für die Geltendmachung reicht es aus, wenn der Anspruch entstanden ist. Auf die Fälligkeit des schon entstandenen Anspruchs kommt es nicht an. Künftige Ansprüche können jedoch grundsätzlich nicht wirksam geltend gemacht werden (BAG v. 11.12.2003, 6 AZR 539/02, ZTR 2004, 264). Eine Ausnahme von diesem Grundsatz kann nach der Rechtsprechung des Bundesarbeitsgerichts jedoch im Einzelfall nach dem Sinn und Zweck der jeweiligen Ausschlussfrist etwa dann angenommen werden, wenn „bei unveränderter rechtlicher und tatsächlicher Lage ein Anspruch aus einem bestimmten Sachverhalt hergeleitet" wird. In diesem Fall könne die einmalige ordnungsgemäße Geltendmachung ausreichend sein (BAG v. 19.2.2014, 10 AZR 620/13, ZTR 2014, 537).

Der seit dem 1.10.2016 geltende § 309 Nr. 13 BGB sieht nunmehr vor, dass Ausschlussfristen, die der AGB-Kontrolle unterliegen, keine strengere Form mehr vorsehen dürfen als die Textform (vgl. bereits unter II. 2.). Insofern sollten Ausschlussfristen nicht mit einer schriftlichen Geltendmachung versehen werden. Tarifvertragliche Klauseln unterliegen – anders als arbeitsvertragliche Ausschlussklauseln – nicht der AGB-Kontrolle und sind deswegen nicht von der Neuregelung betroffen. Sieht die tarifvertragliche Ausschlussfrist danach die schriftliche Geltendmachung des Anspruchs vor, muss die Schriftform zur Wirksamkeit der Geltendmachung zwingend eingehalten werden. Nach der aktuellen Rechtsprechung des Bundesarbeitsgerichts ist jedoch auch hier nunmehr die Geltendmachung in Textform gemäß § 126b BGB zur Wahrung des Formerfordernisses des § 37 Abs. 1 S. 1 TVöD und zur Einhaltung der Ausschlussfrist ausreichend (BAG v. 22.1.2019, 9 AZR 149/17, ZTR 2019, 514). § 37 Abs. 1 S. 1 TVöD sieht mittlerweile in der seit dem 1.1.2020 geltenden Fassung ausdrücklich die Geltendmachung von Ansprüchen aus dem Arbeitsverhältnis in Textform vor.

**ACHTUNG!**
Zur Wahrung der Schriftform nach § 70 S. 1 BAT genügt nach einer Entscheidung des BAG die Geltendmachung des Anspruchs per E-Mail (BAG v. 7.7.2010, 4 AZR 549/08, ZTR 2010, 519). Es genüge auch hier die Einhaltung der Textform des § 126b BGB, da die Geltendmachung eines Anspruchs eine rechtsgeschäftsähnliche Handlung darstelle. Eine E-Mail, die den Namen und die Adresse des Ausstellers enthalte und den Abschluss der Erklärung durch eine Grußformel und die Wiederholung des Namens eindeutig kenntlich mache, genügt den Erfordernissen des § 126b BGB und wahrt damit die Frist des § 70 S. 1 BAT. Dies gilt auch für die Folgeregelungen im TV-L bzw. TVöD.

Mit Urteil vom 11.10.2000, 5 AZR 313/99, ZTR 2001, 273 hat das BAG überdies festgestellt, dass die Schriftform auch dann erfüllt ist, wenn die Geltendmachung mittels eines Telefaxes erfolgt (vgl. auch BAG v. 14.8.2002, 5 AZR 169/01, ZTR 2003, 87).

Für die fristgerechte Geltendmachung ist der Zeitpunkt des Zugangs beim Empfänger entscheidend. Die Ausschlussfristen werden nach §§ 187 Abs. 1, 188 Abs. 1 bzw. § 188 Abs. 2 1. Halbsatz BGB berechnet. Fällt der letzte Tag der Frist auf einen Samstag, Sonntag oder gesetzlichen Wochenfeiertag, so tritt an die Stelle dieses Tages der nächstfolgende Werktag, § 193 BGB.

Inhaltlich muss der jeweils andere zur Erfüllung des Anspruchs aufgefordert werden. Hierfür ist deutlich zu machen, auf welchen Anspruch konkret abgestellt wird (vgl. BAG v. 16.7.2019, 1 AZR 537/17).

Zur ordnungsgemäßen Geltendmachung im Sinne einer tariflichen Ausschlussfrist muss der Anspruch seinem Grunde nach hinreichend deutlich bezeichnet und die Höhe des Anspruchs sowie der Zeitraum, für den er verfolgt wird, mit der für den Anspruchsgegner notwendigen Deutlichkeit ersichtlich gemacht werden – es ist besondere Sorgfalt erforderlich (BAG v. 18.9.2019, 5 AZR 240/18, ZTR 2020, 84). Eine ausführliche Begründung ist in der Regel nicht notwendig (vgl. BAG v. 11.4.2019, 6 AZR 104/18, ZTR 2019, 440). Es muss lediglich für den Arbeitgeber/Beschäftigten erkennbar sein, welche Forderungen in welcher Höhe erhoben werden (vgl. BAG v. 11.4.2019, 6 AZR 104/18, ZTR 2019, 440). Der jeweilige Anspruch muss folglich zumindest annähernd auch der Höhe nach beziffert werden. Allerdings ist nicht in jedem Fall eine Betragsangabe erforderlich. Es muss jedoch der Zeitraum, für den der Anspruch verfolgt wird, deutlich ersichtlich sein (BAG v. 10.9.1975, 4 AZR 485/74, AuR 1976, 89). Wenn der Betrag annähernd bekannt ist, empfiehlt sich aber z. B. folgende Formulierung:

**Formulierungsbeispiel:**

„Wir fordern Sie hiermit zur Zahlung von Schadensersatz in Höhe von mindestens € 10.000 auf, wegen der Verletzung Ihrer vertraglichen Verschwiegenheitspflicht durch Weitergabe unserer Kundenliste an die Firma ......"

Von der Bezeichnung der Höhe des geforderten Betrages kann insbesondere dann abgesehen werden, wenn dem Vertragspartner die Höhe eindeutig bekannt oder für ihn ohne weiteres errechenbar ist und die schriftliche Geltendmachung erkennbar davon ausgeht (BAG v. 16.4.2013, 9 AZR 731/11, ZTR 2013, 552).

Eine tarifliche Ausschlussklausel, die zur Vermeidung des Verfalls die Geltendmachung von Ansprüchen verlangt, meint die Klarstellung gegenüber dem Anspruchsschuldner, dass an ihn ein näher bestimmter Anspruch gestellt wird. Dabei muss unmissverständlich hervortreten, dass auf Anspruchserfüllung bestanden wird. Ein unmissverständliches Erfüllungsverlangen fehlt z. B. bei der Aufforderung, die bisherige Nichterfüllung „zu überdenken" oder „zu überprüfen" oder bei dem Hinweis, sich „die Geltendmachung der Ansprüche vorzubehalten". Mangels unmissverständlichen Erfüllungsverlangens liegt in den genannten Fällen keine Geltendmachung im Tarifsinn vor (BAG v. 23.9.2009, 4 AZR 308/08, ZTR 2010, 243; BAG v. 18.9.2019, 5 AZR 240/18, ZTR 2020, 84; BAG v. 11.4.2019, 6 AZR 104/18, ZTR 2019, 440).

**TIPP!**

Zu etwaigen späteren Beweiszwecken sollte der Zugang der Geltendmachung nachweisbar sein. Empfehlenswert ist die persönliche Übergabe des Schreibens vor Zeugen bzw. die Zustellung per Boten.

**ACHTUNG!**

Die Erhebung einer Klage wahrt die Schriftform der Geltendmachung. Bisher hat das BAG die Auffassung vertreten, dass die Ausschlussfrist erst mit Zustellung der Klage gewahrt wird, also § 167 ZPO keine Anwendung findet (BAG v. 24.6.1960, 1 AZR 29/58).

Für den Fall der gesetzlichen Ausschlussfrist nach § 15 Abs. 4 S. 1 AGG hat das BAG aber offenbar eine Ausnahme gemacht und ausdrücklich entschieden, dass es für die Geltendmachung der Schadensersatz- und Entschädigungsansprüche im Sinne des § 15 Abs. 1 und 2 AGG genügt, wenn die Klage rechtzeitig beim Gericht eingegangen ist, wenn also die Klage im Sinne des § 167 ZPO „demnächst" zugestellt wird (BAG v. 22.5.2014, 8 AZR 662/13).

Für die Wahrung der tarifvertraglichen Ausschlussfrist des § 37 TV-L hat das BAG in seinem Urteil vom 16.3.2016, 4 AZR 421/15, ZTR 2016, 564 entschieden, dass für die schriftliche Geltendmachung nicht ausreichend sei, wenn das Anspruchsschreiben zwar vor Auslauf der Frist bei Gericht eingegangen ist, dem Anspruchsgegner aber gegebenenfalls später zugestellt wird. Eine Hemmung nach § 167 ZPO erfolge demnach nicht. Denn eine Zahlungsklage zur Wahrung der Ausschlussfrist sei nicht zwingend, wenn gleichzeitig eine schriftliche Geltendmachung unmittelbar gegenüber dem Schuldner möglich sei. Um die Folgen einer Zustellungsverzögerung durch die Gerichte zu umgehen, sollten fristsensible Ansprüche daher direkt gegenüber dem Schuldner schriftlich geltend gemacht werden.

**TIPP!**

Sollte die tarifvertraglich vereinbarte Ausschlussklausel eine schriftliche Geltendmachung vorsehen, sollte die Klageerhebung also so rechtzeitig geschehen, dass diese der Gegenseite auch innerhalb der Ausschlussfrist zugestellt werden kann.

Mit der Kündigungsschutzklage werden solche Ansprüche fristwahrend gerichtlich geltend gemacht, die mit dem Fortbestand des Arbeitsverhältnisses verbunden sind (BVerfG v. 1.12.2010, 1 BvR 1682/07; BAG v. 19.3.2008, 5 AZR 429/07, ZTR 2008, 514). Dies gilt sowohl für arbeitsvertragliche (BAG v. 19.3.2008, 5 AZR 429/07, ZTR 2008, 514) als auch für tarifvertragliche Ausschlussfristen (BAG v. 19.9.2012, 5 AZR 627/11, ZTR 2013, 153; BAG v. 6.5.2014, 9 AZR 758/12). Alle anderen Ansprüche, die nicht vom Erfolg einer Klage in der Bestandsstreitigkeit abhängig sind, müssen gesondert eingeklagt werden. Dies gilt insbesondere für Ansprüche auf Urlaub oder Urlaubsabgeltung. In Abgrenzung dazu hat das BAG im Zusammenhang mit der in § 15 Ziff. 2 S. 1 BRTV-Bau geregelten Ausschlussfrist entschieden, dass – anders als bei Erhebung einer Kündigungsschutzklage – durch die Erhebung einer Beschäftigungsklage die Zahlungsansprüche wegen Annahmeverzugs nicht „gerichtlich geltend gemacht" werden. Dazu sei eine gesonderte Leistungsklage erforderlich (BAG v. 19.11.2014, 5 AZR 121/13).

**ACHTUNG!**

Im Rahmen einer zweistufigen Ausschlussfrist muss der Arbeitnehmer das Erfordernis der Ablehnung für eine gerichtliche Geltendmachung nicht einhalten, wenn der Arbeitgeber gegen die streitige Forderung aufgerechnet hat. Denn: mit der Aufrechnung als Erfüllungssurrogat bekräftigt der Arbeitgeber das Entstehen der Forderung (BAG v. 3.5.2023, 5 AZR 268/22).

## 2. Geltendmachung nach Fristablauf

Die Ausschlussfrist des § 37 TVöD/TV-L bewirkt, dass nicht rechtzeitig oder nicht formgerecht geltend gemachte Ansprüche verfallen, und zwar auch dann, wenn der Beschäftigte die Ausschlussfrist gar nicht kannte. Für das Erlöschen des Anspruchs durch Ablauf der Ausschlussfrist kommt es also auf das Kennen oder Kennenmüssen der Ausschlussfrist durch den Anspruchsberechtigten nicht an.

Ist die Ausschlussfrist abgelaufen, kann sich der Arbeitgeber jedoch nicht in jedem Fall darauf verlassen, dem jeweiligen Anspruch nicht mehr ausgesetzt zu sein. Denn Beschäftigte können ihre Ansprüche auch nach Fristablauf noch geltend machen, wenn ihnen die rechtzeitige Geltendmachung wegen eines Hinderungsgrunds nicht zugemutet werden konnte. Hinderungsgründe können z. B. in einem berufsbedingten Auslandsaufenthalt, einer Krankheit oder Urlaub des Beschäftigten liegen. Die Hinderungsgründe müssen jedoch durchgängig vorliegen. Sie greifen nicht, wenn der Beschäftigte nur einen Teil des betreffenden Zeitraums an der Wahrnehmung seiner Rechte gehindert war. Der Beschäftigte darf nicht schuld an dem Hinderungsgrund sein und muss unverzüglich nach Wegfall des Hinderungsgrundes seine Ansprüche erheben.

In Ausnahmefällen kann der Berufung auf den Ablauf der Ausschlussfrist auch der Einwand der unzulässigen Rechtsausübung entgegenstehen (§ 242 BGB). Eine unzulässige Rechtsausübung liegt etwa dann vor, wenn der Arbeitgeber dem Arbeitnehmer zusichert, dass er dessen Ansprüche anerkennen werde oder wenn er ihn absichtlich von der schriftlichen Geltendmachung abhält (BAG v. 9.3.1966, 4 AZR 87/65, DB 1966, 867).

Ebenfalls wird Rechtsmissbrauch angenommen, wenn ein Arbeitgeber gegenüber seinem Arbeitnehmer Vertragstreue signalisiert und damit ein Vertrauen in die Erfüllung des geltend gemachten Anspruchs schafft, sich letztlich dennoch auf die Ausschlussfrist beruft (LAG Mecklenburg-Vorpommern v. 14.7.2015, 2 Sa 6/15, ZTR 2016, 150; LAG Rheinland-Pfalz v. 9.5.2017, 8 Sa 297/16, ZTR 2017, 729). Unterlässt der Arbeitgeber es pflichtwidrig, dem Arbeitnehmer Umstände mitzuteilen, die die Geltendmachung eines Rückzahlungsanspruchs innerhalb der Ausschlussfrist ermöglicht hätten, führt der Ablauf der Frist gem. § 242 BGB ebenfalls nicht zum Verfall des Anspruchs (BAG v. 15.12.2016, 6 AZR 578/15, ZTR 2017, 295; LAG Düsseldorf v. 29.4.2016, 10 Sa 1033/15; LAG Rheinland-Pfalz v. 9.5.2017, 8 Sa 297/16, ZTR 2017, 729).

Gibt ein Arbeitgeber gegenüber einem Arbeitnehmer aber eine unzutreffende Auskunft über die Rechtslage eines Anspruchs des Arbeitnehmers und verweigert die Leistung unter Hinweis auf die Ausschlussfrist, ist hierin noch kein Rechtsmissbrauch zu sehen (LAG Köln v. 18.12.2015, 4 Sa 615/15). Erteilt ein Arbeitgeber Informationen über die Auswirkungen einer Tarifänderung auf das Arbeitsverhältnis und sind diese Informationen unvollständig, darf sich der Arbeitgeber auf den Verfall des Anspruchs berufen, wenn der Arbeitnehmer die tarifliche Ausschlussfrist versäumt (vgl. BAG v. 15.12.2016, 6 AZR 578/15, ZTR 2017, 295). Das BAG entschied weiterhin, dass ein Schadensersatzanspruch wegen unzutreffender Auskunftserteilung gemäß §§ 280 Abs. 1, 241 Abs. 2 BGB nur in Betracht komme, wenn der Arbeitgeber den Arbeitnehmer entweder auf ausdrückliches Verlangen nach Informationen falsch informiert oder wenn er ihn im Rahmen von Verhandlungen über Vertragsänderungen, die der Arbeitgeber initiiert, falsch berät (BAG v. 15.12.2016, 6 AZR 578/15, ZTR 2017, 295; LAG Rheinland-Pfalz v. 9.5.2017, 8 Sa 455/16). Eine fehlerhaft erteilte Auskunft des Arbeitgebers hat somit unterschiedliche Folgen für den Verfall des Anspruchs und eine schadensersatzrechtliche Haftung des Arbeitgebers, weil sich die Risikoverteilung insoweit unterscheidet (BAG v. 15.12.2016, 6 AZR 578/15, ZTR 2017, 295).

 **WICHTIG!**

Auch umgekehrt kann die Berufung des Arbeitnehmers auf den Ablauf der Ausschlussfrist als unzulässige Rechtsausübung angesehen werden. Dem Verfall der Ansprüche steht der Grundsatz von Treu und Glauben entgegen, wenn der Arbeitnehmer den Arbeitgeber durch aktives Handeln von der Einhaltung der Ausschlussfrist abgehalten oder es pflichtwidrig unterlassen hat, ihm Umstände mitzuteilen, die ihn zur Einhaltung der Ausschlussfrist veranlasst hätten. Eine solche pflichtwidrige Unterlassung hat das LAG Rheinland-Pfalz im Zusammenhang mit der Ausschlussfrist aus § 37 Abs. 1 TV-L in dem Fall angenommen, in dem der Arbeitnehmer erkannt hat, dass seinem Arbeitgeber bei der Berechnung der Vergütung ein Irrtum unterlaufen ist, der zu einer erheblichen Überzahlung geführt hat und er diesen nicht angezeigt hatte. Zwar ist der Arbeitnehmer grundsätzlich nicht verpflichtet, eine vom Arbeitgeber erstellte Ver-

gütungsabrechnung zu überprüfen. Erhält er jedoch eine erhebliche Mehrzahlung, die er sich nicht erklären kann, so hat er diese dem Arbeitgeber mitzuteilen und ihm Gelegenheit zur Prüfung und eventuellen Berichtigung zu geben (LAG Rheinland-Pfalz v. 2.8.2011, 3 Sa 53/11).

 **ACHTUNG!**

Vom Arbeitgeber oder Arbeitnehmer anerkannte Ansprüche können nicht mehr verfallen (BAG v. 10.10.2002, 8 AZR 8/02). Ähnlich verhält es sich mit einer Forderung des Arbeitnehmers, die der Arbeitgeber durch Abrechnung oder als Arbeitszeitguthaben auf einem Arbeitszeitkonto vorbehaltlos ausgewiesen hat. Diese Ansprüche braucht der Arbeitnehmer nicht mehr geltend zu machen, um eine Ausschlussfrist zu wahren, selbst dann nicht, wenn der Arbeitgeber die Forderung später bestreitet (BAG v. 28.7.2010, 5 AZR 521/09, ZTR 2010, 645).

Erwähnenswert ist in diesem Zusammenhang auch die Entscheidung des BAG vom 10.3.2005, 6 AZR 217/04, ZTR 2005, 365: In diesem entschiedenen Fall wechselte eine Angestellte der Landesbehörde NRW von einer Vollzeit- in eine Teilzeittätigkeit. Trotz dieses Wechsels erhielt die Angestellte das „Vollzeitgehalt" weiter, bis die Beschäftigungsdienststelle die irrtümliche Überzahlung – deutlich nach Ablauf der Ausschlussfrist – erkannte und die Rückzahlung verlangte. Die Angestellte berief sich auf die Ausschlussfrist. Das BAG entschied, dass die Einwendung des Arbeitgebers aus § 242 BGB („rechtsmissbräuchliche Berufung auf die Ausschlussfrist") bereits dann wegfällt, wenn der Arbeitgeber trotz Kenntnis des Überzahlungstatbestands längere Zeit von der Geltendmachung des Rückzahlungsanspruchs absieht. Das BAG unterscheidet sehr genau, ob das pflichtwidrige Unterlassen des Arbeitnehmers für das Untätigbleiben des Arbeitgebers kausal geworden ist oder nicht. Der Einwand des Rechtsmissbrauchs fällt dann weg, wenn der Arbeitgeber anderweitig, d. h. nicht durch den Arbeitnehmer, von der Überzahlung Kenntnis (so im benannten Fall) erhält. Dann muss der Arbeitgeber seinen Rückzahlungsanspruch innerhalb einer kurzen, nach den Umständen des Falles sowie nach Treu und Glauben zu bestimmenden Frist, in der nach dem Tarifvertrag gebotenen Form geltend machen (so auch BAG v. 13.10.2010, 5 AZR 648/09, ZTR 2011, 169, allerdings mit dem Hinweis, dass bei Nichtbeachtung jener Frist durch den Arbeitgeber der offensichtlich überzahlte Arbeitnehmer zumindest teilweise aus dem Rechtsgrund des Schadensersatzes zur Zahlung verpflichtet sein könnte).

### 3. Verjährung und Verwirkung

Neben dem Erlöschen durch Ablauf der Ausschlussfrist können Ansprüche auch verjähren oder verwirken.

Die allgemeinen Vorschriften über die Verjährung (§§ 194 ff. BGB) und Verwirkung (§ 242 BGB) werden insoweit durch § 37 TVöD/TV-L nicht berührt. Es gilt die regelmäßige dreijährige Verjährungsfrist nach § 199 Abs. 1 BGB, die mit dem Ende des Kalenderjahres beginnt, in dem der Anspruch entstanden ist und der Gläubiger Kenntnis hiervon erlangt hat oder hätte erlangen müssen. Die Beweislast für den Eintritt der Kenntnis oder der grob fahrlässigen Unkenntnis liegt bei demjenigen, der sich auf die Einrede der Verjährung beruft. Die Verjährung kann gehemmt werden. Für die arbeitsrechtlichen Ansprüche kann insbesondere eine Hemmung durch Verhandlungen (§ 203 BGB) einschlägig sein. Im Falle eines Rechtsstreits der Parteien um das Vorliegen von Anspruchsvoraussetzungen wird die Verjährung nach § 204 BGB ebenfalls gehemmt.

**ACHTUNG!**

Das BAG hat entschieden, dass auch der Ablauf einer Ausschlussfrist durch außergerichtliche Verhandlungen nach § 203 S. 1 BGB gehemmt werden kann (BAG v. 19.6.2018, 9 AZR 615/17, ZTR 2019, 36). Dies solle in entsprechender Anwendung des § 203 S. 1 BGB jedoch nur dann gelten, wenn die Ausschlussfrist die gerichtliche Geltendmachung des Anspruchs zur Vermeidung seines Verfalls voraussetze. Verlange die Ausschlussfrist lediglich eine schriftliche Geltendmachung des Anspruchs, scheide eine Hemmung des Laufs der Ausschlussfrist für die Dauer der Verhandlungen analog § 203 S. 1 BGB aus. Denn eine solche Ausschlussfrist nehme nicht auf einen zur Hemmung der Verjährung bestehenden Tatbestand – insbesondere nicht auf § 204 Abs. 1 Nr. 1 BGB – Bezug. Das BAG führt insoweit aus, dass „mangels Ähnlichkeit von Funktion und faktischer Wirkung der Regelungsgehalt von § 203 S. 1 BGB auf eine solche Verfallklausel nicht übertragbar" sei (BAG v. 17.4.2019, 5 AZR 331/18, ZTR 2019, 521). Bedeutung erlangt dies insbesondere bei zweistufigen Ausschlussfristen, wenn die Parteien nach der Geltendmachung eines Anspruchs durch eine Partei zunächst außergerichtlich zu dem Anspruch verhandeln und sodann – erst verspätet – Klage erhoben wird. Dagegen soll § 203 S. 2 BGB, der bestimmt, dass die Verjährung frühestens drei Monate nach dem Ende der Hemmung eintritt, auf Ausschlussfristen keine entsprechende Anwendung finden (BAG v. 19.6.2018, 9 AZR 615/17, ZTR 2019, 36).

**ACHTUNG!**

Allein durch die Erhebung einer Kündigungsschutzklage werden keine Ansprüche auf Zahlung von Annahmeverzugslohn in der Verjährung gehemmt, § 204 Abs. 1 Nr. 1 BGB, weil die Kündigungsschutzklage nur über das zugrunde liegende Rechtsverhältnis Feststellungen trifft (BAG v. 24.6.2015, 5 AZR 509/13, ZTR 2015, 669). Ansprüche auf Annahmeverzugslohn nach gewonnenem Kündigungsschutzverfahren müssen insofern gesondert geltend gemacht werden, um die Verjährung zu verhindern.

Nach Eintritt der Verjährung kann der Schuldner die Leistung verweigern (§ 214 BGB). Der Schuldner kann jedoch das zur Befriedigung eines verjährten Anspruchs Geleistete nicht zurückfordern (§ 214 Abs. 2 BGB).

Schließlich können Rechte auch verwirken, wenn der Berechtigte sie längere Zeit hindurch nicht geltend gemacht hat und der Verpflichtete darauf vertrauen durfte, das Recht werde nicht mehr geltend gemacht. Die Verwirkung tariflicher Rechte ist jedoch gemäß § 4 Abs. 4 S. 1 TVG ausgeschlossen. Der Verwirkung unterliegen daher nur gesetzliche und einzelvertragliche Ansprüche.

# Außerordentliche Kündigung

**Wegweiser:**

Die Bewertung der Möglichkeiten zur außerordentlichen Kündigung eines Arbeitsverhältnisses bestimmt sich nach den allgemeinen Regeln. Für den Einstieg vergleiche auch Breier/Dassau TVöD Komm Teil K 2 Erl. 2.1.3.2, TV-L Komm Teil K 2 Erl. 2 ff.

**I. Allgemeines**

**II. Voraussetzungen**
1. Wichtiger Grund
2. Angabe des Kündigungsgrundes
3. Ausschlussfrist
4. Umdeutung der unwirksamen außerordentlichen Kündigung
5. Kündigungs- und Auflösungsgründe

**III. Einzelne Kündigungsgründe**
1. Abkehrwille/Abwerbung
2. Alkoholmissbrauch/Alkoholismus
3. Anzeige gegen den Arbeitgeber
4. Arbeitserlaubnis
5. Arbeitskampf
6. Arbeitspapiere
7. Arbeitsschutz
8. Arbeitsverweigerung
9. Arbeitszeitbetrug
10. Ausländerfeindlichkeit
11. Außerdienstliches Verhalten/Straftat
12. Beleidigung des Arbeitgebers
13. Bestechung/Schmiergeld
14. Dienstwagen und Privatfahrten
15. Druckkündigung
16. Krankheit
17. Krankmeldung
18. Lohnpfändung
19. Manko
20. Nebentätigkeit
21. Politische Betätigung
22. Rauchverbot
23. Rufschädigungen
24. Selbstbeurlaubung
25. Sittliche Verfehlungen/Sexuelle Belästigungen
26. Spesenbetrug
27. Straftaten (Tatkündigung)
28. Surfen im Internet
29. Tätliche Auseinandersetzung
30. Telefongespräche
31. Unpünktlichkeit
32. Verdachtskündigung
33. Verschwiegenheitspflicht
34. Vollmachtsmissbrauch
35. Wettbewerb
36. Zeugenaussage gegen den Arbeitgeber

**IV. Kündigung durch den Arbeitnehmer**
1. Wichtiger Grund
2. Ausschlussfrist

## I. Allgemeines

Soll das Arbeitsverhältnis ohne die Einhaltung von Kündigungsfristen gekündigt werden, muss ein wichtiger Grund für die Kündigung vorliegen. Eine solche außerordentliche Kündigung aus wichtigem Grund kommt in Betracht, wenn Tatsachen vorliegen, wegen derer es dem Kündigenden nicht zugemutet werden kann, das Arbeitsverhältnis bis zum Ablauf der Kündigungsfrist oder bis zur vereinbarten Beendigung fortzusetzen.

Die außerordentliche Kündigung aus wichtigem Grund gemäß § 626 BGB ist für jede Vertragspartei bei allen Dienst- und Arbeitsverhältnissen möglich. Im Gegensatz zur ordentlichen Kündigung ist dabei keine Kündigungsfrist einzuhalten. Da § 34 Abs. 2 TVöD/TV-L für Beschäftigte des Tarifgebiets West, die das 40. Lebensjahr vollendet haben und eine Beschäftigungszeit von mehr als 15 Jahren aufweisen, die ordentliche Kündigung ausschließt, kann diesen nur aus wichtigem Grund (also fristlos) gekündigt werden. Für diesen Fall gibt es die außerordentliche Kündigung mit sozialer Auslauffrist.

**WICHTIG!**
Die soziale Auslauffrist muss vom Arbeitnehmer nicht angenommen werden; er kann somit auf die sofortige Beendigung des Arbeitsverhältnisses mit dem Zugang der Kündigung bestehen.

Die außerordentliche Kündigung muss unbedingt als solche bezeichnet werden. Für den Arbeitnehmer muss klar erkennbar sein, dass es sich nicht um eine ordentliche, sondern um eine außerordentliche Kündigung handelt.

**WICHTIG!**
Eine außerordentliche, fristlose Kündigung geht immer mit erheblichen wirtschaftlichen Risiken einher. Der Arbeitnehmer kann nach der Logik der fristlosen Kündigung („unzumutbare Weiterbeschäftigung") bis zur Klärung des Falles nicht mehr beschäftigt werden. Daher greift das Risiko der Nachzahlung des Entgelts für die Dauer der Kündigungsschutzauseinandersetzung (Annahmeverzugsrisiko) sofort und wächst mit Zeitablauf immer weiter an. Arbeitgeber können dieses Risiko in Anwendung des § 615 S. 2 BGB eindämmen, indem sie den Arbeitnehmer vom Ausspruch der Kündigung an regelmäßige Hinweise auf im Arbeitsmarkt auffindbare freie Stellen zuleiten und zur Bewerbung auf diese freien Arbeitsplätze auffordern.

## II. Voraussetzungen

### 1. Wichtiger Grund

Für die außerordentliche Kündigung muss ein wichtiger Grund gegeben sein. Ein wichtiger Grund im Sinne des § 626 BGB liegt vor, wenn dem Kündigenden unter Berücksichtigung aller Umstände des Einzelfalls und unter Abwägung der Interessen beider Vertragteile die Fortsetzung des Arbeitsverhältnisses bis zum Ablauf der Kündigungsfrist oder bis zur vereinbarten Beendigung des Arbeitsverhältnisses nicht zugemutet werden kann.

Es ist in zwei Stufen zu überprüfen, ob ein wichtiger Grund vorliegt. Im ersten Schritt ist zu untersuchen, ob die Tatsachen selbst objektiv geeignet sind, einen wichtigen Grund für die Kündigung darzustellen.

Wenn dies der Fall ist, ist in einem zweiten Schritt zu prüfen, ob dem Arbeitgeber unter Berücksichtigung aller Umstände des Falles und der Abwägung der Interessen beider Vertragsparteien die Fortsetzung des Arbeitsverhältnisses bis zum Ablauf der Kündigungsfrist oder zur vertraglich vereinbarten Beendigung des Arbeitsverhältnisses zuzumuten ist.

Bei Abwägung der Interessen beider Vertragsparteien ist darauf abzustellen, ob die Interessen des Arbeitgebers an der Beendigung des Arbeitsverhältnisses die Interessen des Arbeitnehmers an einer Fortsetzung überwiegen.

Bei dieser Abwägung sind Aspekte wie die Betriebszugehörigkeit, die ordentliche Kündigungsfrist, die Art und Schwere der Verfehlung, der Verschuldensgrad, die Wiederholungsgefahr, das Lebensalter des Arbeitnehmers, die Betriebsgröße und die Folgen der Auflösung des Arbeitsverhältnisses zu berücksichtigen. Bei der Interessenabwägung sind auch mildere Mittel wie Abmahnung, Änderungskündigung, Versetzung und ordentliche Kündigung in Betracht zu ziehen. Allerdings schließen die Möglichkeiten des Arbeitgebers, den betroffenen Mitarbeiter unwiderruflich freizustellen oder, im Falle eines leitenden Angestellten, sich von diesem durch einseitigen Auflösungsantrag gegen Zahlung einer Abfindung zu trennen, eine fristlose Kündigung nicht von vornherein aus (LAG Köln v. 2.3.2018, 6 Sa 952/17). Nach der Rechtsprechung des BAG muss der Arbeitgeber dem Arbeitnehmer von sich aus sogar eine beiden Parteien zumut-

bare Weiterbeschäftigung auf einem freien Arbeitsplatz zu geänderten Bedingungen anbieten, wenn dies zumutbar ist (BAG v. 27.9.1984, 2 AZR 62/83). Wenn die Vertragspflichtverletzung auf steuerbarem Verhalten des Arbeitnehmers beruht und deshalb davon auszugehen ist, dass sein künftiges Verhalten schon durch die Androhung von Folgen für den Bestand des Arbeitsverhältnisses positiv beeinflusst werden kann, muss der Arbeitgeber außerdem regelmäßig zunächst auf das mildere Mittel der Abmahnung zurückgreifen. Einer solchen Abmahnung bedarf es nicht, wenn erkennbar ist, dass eine Verhaltensänderung auch nach einer Abmahnung nicht zu erwarten ist oder es sich um eine so schwere Pflichtverletzung handelt, dass eine Hinnahme durch den Arbeitgeber von vornherein – und für den Arbeitnehmer erkennbar – offensichtlich ausgeschlossen war (BAG v. 25.10.2012, 2 AZR 495/11, ZTR 2013, 277).

In einer viel beachteten Entscheidung vom 10.6.2010 hat das BAG im Fall „Emmely" (BAG v. 10.6.2010, 2 AZR 541/09, ZTR 2011, 123) zwar bei einer Kassiererin, die unberechtigt Pfandbons im Wert von EUR 1,30 eingelöst hatte, einen schwerwiegenden Vertragsverstoß angenommen. Diese Vertragspflichtverletzung berühre dem BAG nach auch den Kernbereich der Arbeitsaufgaben einer Kassiererin. Im Rahmen der Abwägung überwogen nach Meinung des BAG aber die zu Gunsten der Kassiererin zu berücksichtigende Gesichtspunkte. Durch eine über 30-jährige unbeanstandete Betriebszugehörigkeit habe sie sich ein hohes Maß an Vertrauen erworben, das im Verhältnis zum nur geringfügigen wirtschaftlichen Schaden in der Abwägung überwiege.

**ACHTUNG!**
Entgegen der öffentlichen Wahrnehmung ist infolge der erwähnten „Emmely-Entscheidung" (BAG v. 10.6.2010, 2 AZR 541/09, ZTR 2011, 123) nicht von einem Bruch mit der bisherigen Rechtsprechung des BAG zum Thema Bagatellkündigungen auszugehen. Auch weiterhin stellen Pflichtverletzungen mit Bezug zu geringen Vermögenswerten einen wichtigen Kündigungsgrund dar (Stufe 1). Im Rahmen der durchzuführenden Interessenabwägung (Stufe 2) zieht das BAG allerdings – insoweit neu – den Gedanken vom erarbeiteten „Vertrauenskapital" heran: Eine seit langer Zeit bestehende Arbeitsvertragsbeziehung ohne Störung der Vertrauensbeziehung werde nicht in jedem Fall bereits durch eine einmalige Verfehlung vollständig und unwiederbringlich zerstört. Im Gegenteil könne die Prognose, dass das im Laufe der Zeit angesparte Vertrauenskapital durch einen einmaligen Vorfall nicht vollständig aufgezehrt wird, umso eher berechtigt sein, je länger eine Vertragsbeziehung zuvor beanstandungsfrei bestanden habe.

Für Arbeitgeber besteht damit kein Automatismus, dass der Diebstahl einer geringwertigen Sache eine außerordentliche Kündigung stets rechtfertigt bzw. nicht rechtfertigt. Stattdessen muss im Einzelfall eine Interessenabwägung durchgeführt werden, welche alle konkreten Umstände des Einzelfalls berücksichtigt. Je länger dabei die beanstandungsfreie Betriebszugehörigkeit des auffälligen Angestellten ist, desto begründeter muss die Unzumutbarkeit der Weiterbeschäftigung im Sinne von § 626 BGB sein. In jedem Fall sollte die zukünftige Umsetzung der „Emmely-Entscheidung" durch die Instanzgerichte aufmerksam verfolgt werden. Bisher wurden z. B. folgende Fälle entschieden:

Die Mitnahme einer Zigarettenschachtel durch den Arbeitnehmer kann auch bei 20- bzw. 30-jähriger Betriebszugehörigkeit eine außerordentliche Kündigung ohne vorherige Abmahnung rechtfertigen (LAG Rheinland-Pfalz v. 3.5.2012, 2 Sa 621/11; LAG Rheinland-Pfalz v. 3.5.2012, 2 Sa 620/11).

Die außerordentliche Kündigung einer seit acht Jahren beschäftigten und schwerbehinderten Arbeitnehmerin kann gerechtfertigt sein, wenn diese sich in dem Zeiterfassungssystem der Arbeitgeberin einloggt und dann zunächst zehn Minuten einen Café Besuch unternimmt. Ausschlaggebend für das LAG Hamm war, dass die Arbeitnehmerin, nachdem die Arbeitgeberin diese mit dem Arbeitszeitbetrug konfrontierte, diesen zunächst leugnete. Derartiges Verhalten stelle laut LAG einen schweren Vertrauensbruch dar (LAG Hamm v. 27.1.2023, 13 Sa 1007/22).

Bucht ein schwerbehinderter Betriebsratsvorsitzender mit mehr als 20 Jahren Betriebszugehörigkeit eine Kostenposition in Höhe von € 20,00 mit Bereicherungsabsicht um, soll ebenfalls eine außerordentliche Kündigung ohne Abmahnung gerechtfertigt sein (LAG München v. 3.3.2011, 3 Sa 641/10).

Andererseits soll das Aufladen eines elektrischen Rasierapparats bzw. eines Segway-Rollers am Arbeitsplatz trotz einer früheren Abmahnung in ähnlicher Angelegenheit keine außerordentliche Kündigung rechtfertigen (LAG Köln v. 20.1.2012, 3 Sa 408/11; LAG Hamm v. 2.9.2010, 16 Sa 260/10).

Lässt sich ein Arbeitnehmer mit 13-jähriger, unbeanstandeter Betriebszugehörigkeit zubereiteten Rotkohl, der vom Mittagessen übrig geblieben war, von einem Kollegen in mehrere Schalen einfüllen, um den Kohl später mit nach Hause zu nehmen, rechtfertigt dies keine außerordentliche Kündigung (LAG Schleswig-Holstein v. 18.12.2013, 6 Sa 203/13).

Nutzt ein Arbeitnehmer mit 9-jähriger, unbeanstandeter Betriebszugehörigkeit eine Fehlfunktion an im Betrieb aufgestellten Warenautomaten, um das Guthaben seiner Chipkarte in Höhe von € 120,45 unrechtmäßig aufzuwerten, rechtfertigt dies ebenfalls eine außerordentliche Kündigung (LAG Sachsen v. 29.1.2015, 1 Sa 407/14).

## 2. Angabe des Kündigungsgrundes

Bei der außerordentlichen Kündigung hat der Arbeitnehmer gemäß § 626 Abs. 2 S. 3 BGB das Recht, dass der Arbeitgeber ihm auf Verlangen die Kündigungsgründe unverzüglich schriftlich mitteilt. Der Gekündigte soll Gelegenheit haben, diese Gründe zu beurteilen, bevor er sich für oder gegen eine Kündigungsschutzklage entscheidet. Die Wirksamkeit der Kündigung wird nicht berührt, wenn der Arbeitgeber die Mitteilung der Gründe unterlässt. Der Arbeitnehmer kann jedoch Schadensersatz (z. B. wegen vermeidbarer Prozesskosten) geltend machen, sollte er einen Kündigungsschutzprozess verlieren.

 **ACHTUNG!**

Jeder Arbeitgeber ist gut beraten, die Gründe einer außerordentlichen Kündigung und alle Beweismittel sofort zu dokumentieren. Ein solches Vorgehen ist für die Einschätzung der Kündigungsgründe und der Beweislage äußerst hilfreich. Die Darstellung der Gründe ist für die Anhörung der Arbeitnehmervertretung ohnehin erforderlich. In Fällen von besonders schwerwiegenden Verstößen kann sich sogar empfehlen, die Kündigungsgründe in die Kündigung hineinzuschreiben und sämtliche Beweismittel beizufügen.

 **TIPP!**

Nur äußerst selten nutzen Arbeitgeber die Möglichkeit, die bei außerordentlichen Kündigungen typischerweise nicht unerheblichen Kosten der vorprozessualen Rechtsverfolgung gegen den Arbeitnehmer in Ansatz zu bringen. Das Bundesarbeitsgericht hat seine ständige Rechtsprechung zu diesem Thema zuletzt bestätigt und spezifiziert (BAG v. 28.11.2019, 8 AZR 293/19). Der Schädiger muss diejenigen Kosten erstatten, die aus Sicht des Geschädigten für erforderlich und zweckmäßig gehalten werden durften. Arbeitgeber tun bei Interesse an einer Geltendmachung außergerichtlicher Rechtsverfolgungskosten also gut

daran, ihre Motive der Ermittlung gewissenhaft zu erwägen und die Ergebnisse der Überlegungen zu dokumentieren.

## 3. Ausschlussfrist

Eine außerordentliche Kündigung muss gemäß § 626 Abs. 2 S. 1 BGB innerhalb von zwei Wochen nach Kenntnis der zur Kündigung berechtigenden Gründe erklärt werden, um wirksam zu sein. Maßgeblich ist die Kenntnis des Kündigungsberechtigten. Dieser muss sich jedoch auch die Kenntnisse solcher Mitarbeiter oder Personen zurechnen lassen, die nach ihrer betrieblichen Stellung zur Information des Kündigungsberechtigten verpflichtet sind.

Der Lauf der zweiwöchigen Ausschlussfrist beginnt nach § 626 Abs. 2 S. 2 BGB mit dem Zeitpunkt, in dem der Kündigungsberechtigte von den für die Kündigung maßgebenden Tatsachen Kenntnis erlangt. Ziel der Kündigungserklärungsfrist ist es, dem Arbeitnehmer rasch Klarheit darüber zu verschaffen, ob der Kündigungsberechtigte einen bestimmten Sachverhalt zum Anlass für eine außerordentliche Kündigung nimmt. Die Frist beginnt, wenn der Kündigungsberechtigte eine zuverlässige und möglichst vollständige Kenntnis von den maßgebenden Tatsachen hat und ihm deshalb eine fundierte Entscheidung über die Fortsetzung des Arbeitsverhältnisses möglich ist. Hat der Kündigungsberechtigte nur Anhaltspunkte für einen Sachverhalt, der zur außerordentlichen Kündigung berechtigen könnte, kann er nach pflichtgemäßem Ermessen weitere Ermittlungen anstellen und die Betroffenen anhören, ohne dass die Frist des § 626 Abs. 2 S. 2 BGB zu laufen beginnt (BAG v. 25.11.2010, 2 AZR 171/09). Die zeitliche Begrenzung des § 626 Abs. 2 BGB soll den Arbeitgeber aber nicht zu „hektischer Eile" bei der Kündigung antreiben (LAG Baden-Württemberg v. 28.1.2015, 13 TaBV 6/14). Unbeachtlich ist, ob die Ermittlungsmaßnahmen tatsächlich zur Aufklärung des Sachverhalts beigetragen haben oder überflüssig waren (BAG v. 25.11.2010, 2 AZR 171/09). Der Kündigungsberechtigte muss die zur Aufklärung des Kündigungssachverhalts nach pflichtgemäßem Ermessen notwendig erscheinenden Maßnahmen mit der gebotenen Eile (tatsächlich) durchführen (BAG v. 27.1.2011, 2 AZR 825/09, ZTR 2011, 510).

 **ACHTUNG!**

Bis der Arbeitgeber in einem bei verhaltensbedingten Kündigungen eher wahrscheinlichen Rechtsstreit die Einhaltung der Zwei-Wochen-Frist darlegen und beweisen muss, können Monate vergehen. Daher empfiehlt sich dringend, die Ermittlungsschritte bis zum Kündigungsausspruch mit allen Nachweisen in einer Art Ermittlungstagebuch festzuhalten.

Nach Ablauf der Zwei-Wochen-Frist des § 626 Abs. 2 BGB vom Zeitpunkt der Kenntnis des Kündigungsberechtigten an kann eine außerordentliche Kündigung nicht mehr erklärt werden. Dem Arbeitgeber bleibt dann allenfalls noch das Recht zum Ausspruch einer ordentlichen Kündigung mit der einschlägigen Kündigungsfrist.

Gemäß § 102 BetrVG (vgl. §§ 55, 86 BPersVG) müssen Betriebsrat oder Personalrat bei seiner Anhörung ausdrücklich darauf hingewiesen werden, dass es sich bei der beabsichtigten Kündigung um eine außerordentliche Kündigung handelt. Auf einen tariflichen Sonderkündigungsschutz, der die Möglichkeit einer fristlosen Kündigung ausdrücklich „unberührt" lässt, muss nicht hingewiesen werden (BAG v. 7.5.2020, 2 AZR 678/19, ZTR 2020, 547).

 **ACHTUNG!**

Die Ausschlussfrist des § 626 Abs. 2 BGB wird durch die Beteiligung des Betriebsrats nicht gehemmt oder verlängert. Allerdings hat der Betriebsrat bei Bedenken gegen eine außerordentliche Kündigung diese gemäß § 102 Abs. 2 S. 3 BetrVG innerhalb von drei Tagen mitzuteilen. Auch der Personalrat muss sich gem. §§ 55, 86 BPersVG innerhalb von drei Tagen nach Stellung des Antrages auf Zustimmung hierzu erklären.

Gemäß § 174 Abs. 5 SGB IX kann die Kündigung hingegen ausnahmsweise auch nach Ablauf der Ausschlussfrist des § 626 Abs. 2 BGB erfolgen, wenn eine für die Kündigung erforderliche Zustimmung des Integrationsamts erst nach Fristablauf erteilt wurde und die Kündigung unverzüglich nach Erteilung der Zustimmung durch das Integrationsamt erklärt wird (vgl. zur Voraussetzung der „Unverzüglichkeit" BAG v. 19.4.2012, 2 AZR 118/11, ZTR 2012, 662). Bei der außerordentlichen Kündigung eines schwerbehinderten Personalratsmitglieds muss nach der Erteilung der Zustimmung des Integrationsamtes unverzüglich das personalvertretungsrechtliche Zustimmungsverfahren eingeleitet werden. Wird die Zustimmung durch den Personalrat verweigert, ist sodann ebenfalls unverzüglich das Zustimmungsersetzungsverfahren einzuleiten (VGH München v. 3.12.2018, 17 P 18.111).

### 4. Umdeutung der unwirksamen außerordentlichen Kündigung

Letztendlich bleibt es im Streitfall einer gerichtlichen Entscheidung überlassen, ob im Zeitpunkt der Kündigungserklärung tatsächlich ein wichtiger Grund i. S. d. § 626 Abs. 1 BGB vorgelegen hat. Stellt sich heraus, dass zwar kein wichtiger Grund im Sinne der vorgenannten Vorschrift vorliegt, jedoch eine ordentliche Kündigung berechtigt wäre, kann die nach § 626 Abs. 1 BGB unwirksame außerordentliche Kündigung in eine ordentliche Kündigung nach § 140 BGB umgedeutet werden, wenn dies dem mutmaßlichen Willen des Kündigenden entspricht und dieser Wille dem Kündigungsempfänger im Zeitpunkt des Kündigungszugangs erkennbar ist (BAG v. 12.5.2010, 2 AZR 845/08, ZTR 2011, 123). Hiervon wird in der Regel ausgegangen.

Diese Umdeutung führt jedoch dann zu Problemen, wenn der Personalrat gemäß § 86 BPersVG nur zur beabsichtigten außerordentlichen Kündigung gehört wurde. Die ansonsten rechtmäßige ordentliche Kündigung wäre im Falle der Umdeutung wegen der fehlenden Durchführung eines gemäß § 85 Abs. 1 BPersVG erforderlichen Mitwirkungsverfahrens unwirksam.

 **TIPP!**

Es ist dringend zu empfehlen, im Falle einer beabsichtigten außerordentlichen Kündigung vor Ausspruch der Kündigung auch ein Mitwirkungsverfahren mit dem Personalrat zur ordentlichen Kündigung durchzuführen.

Außerdem ist die Umdeutung einer außerordentlichen verhaltensbedingten Kündigung in eine ordentliche Kündigung dann ausnahmsweise ausgeschlossen, wenn der Arbeitnehmer Sonderkündigungsschutz nach § 15 Abs. 1 KSchG genießt (BAG v. 21.6.2012, 2 AZR 343/11, ZTR 2013, 101). Der Zweck des § 15 Abs. 1 KSchG ist, Betriebsratsmitglieder von der Bedrohung durch eine ordentliche Kündigung auszunehmen. Dieser Schutzzweck würde durch die Möglichkeit einer Umdeutung der außerordentlichen Kündigung umgangen.

### 5. Kündigungs- und Auflösungsgründe

Kann der Arbeitgeber sich mit außerordentlichen Kündigungsgründen nicht durchsetzen, hat aber sicherheitshalber hilfsweise auch eine ordentliche Kündigung erklärt, kommt aus verschiedenen Gründen der Antrag auf Auflösung des Arbeitsverhältnisses gegen Zahlung einer Abfindung in Betracht (§§ 9, 10 KSchG), wenn sich die Unwirksamkeit der Kündigung ausschließlich aus Gründen des Kündigungsschutzgesetzes ergibt. Auflösungsgründe können dabei nur solche Umstände sein, die noch nicht

zur Begründung der eigentlichen Kündigung herangezogen wurden. Spricht der Arbeitgeber aus mehreren Kündigungsgründen mehr als nur eine Kündigung aus, können allerdings die Kündigungsgründe der zweiten und folgenden Kündigungen als Auflösungsgründe zur ersten Kündigung herangezogen werden.

### III. Einzelne Kündigungsgründe

Im Rahmen der außerordentlichen Kündigung muss in jedem Einzelfall abgewogen werden, ob ein wichtiger Grund, der zur außerordentlichen Kündigung berechtigt, vorliegt.

Nachfolgend werden zur Veranschaulichung einige exemplarische Beispiele aus der höchstrichterlichen Rechtsprechung aufgeführt. Diese sollen lediglich zur Orientierung dienen und können keine Prüfung im Einzelfall ersetzen.

### 1. Abkehrwille/Abwerbung

Die Vorbereitungen eines Arbeitnehmers, das Arbeitsverhältnis von sich aus zu lösen und ein neues Arbeitsverhältnis zu begründen oder sich selbständig zu machen (Abkehrwille), stellen für sich allein keinen Grund zur Kündigung dar. Ein Arbeitnehmer darf bereits während des Arbeitsverhältnisses Vorbereitungen für den künftigen eigenen Geschäftsbetrieb treffen (BAG v. 22.2.1980, 7 AZR 236/78; BAG v. 26.6.2008, 2 AZR 190/07). Wirkt er hierbei jedoch nachhaltig auf Arbeitskollegen ein, um sie zum Wechsel des Arbeitsplatzes unter Vertragsbruch, d. h. ohne Einhaltung von Kündigungsfristen zu bewegen, kann ein wichtiger Grund für eine außerordentliche Kündigung vorliegen (vgl. BAG v. 22.11.1965, 3 AZR 130/65; LAG Rheinland-Pfalz v. 7.2.1992, 6 Sa 528/91; LAG Rheinland-Pfalz v. 15.5.2003, 11 Sa 1219/02). Allein im Abschluss eines Arbeitsvertrages mit einem weiteren Arbeitgeber liegt hingegen wiederum keine kündigungsrelevante Verletzung der vertraglichen Pflicht zur Rücksichtnahme durch den Arbeitnehmer (BAG v. 5.11.2009, 2 AZR 609/08).

### 2. Alkoholmissbrauch/Alkoholismus

Schon der einmalige Verstoß gegen ein betriebliches oder gesetzliches Alkoholverbot kann eine außerordentliche Kündigung bei solchen Arbeitnehmern rechtfertigen, deren Tätigkeit im Zustand der Alkoholisierung Gefahren für andere Arbeitnehmer oder Dritte mit sich bringt, z. B. Kraftfahrer, Kranführer, Gerüstbauer, Chirurgen etc. (vgl. BAG v. 14.11.1984, 7 AZR 474/83). In anderen Fällen des Alkoholmissbrauchs ist in der Regel eine vorherige Abmahnung erforderlich. Im Einzelfall kann, wenn diese nicht selbst den Kündigungsgrund darstellt, eine Alkoholerkrankung auch bei schweren Pflichtverletzungen eine Interessenabwägung zugunsten des Arbeitnehmers ausfallen lassen, wie der Fall des LAG Hamm v. 12.1.2016, 7 Sa 1039/15, zeigt, in dem ein Arbeitnehmer u. a. durch Sachbeschädigungen mit einem Hammer im Betrieb die Belegschaft derart einschüchterte, dass die Produktion gestoppt und der Arbeitnehmer von der Polizei abgeführt werden musste.

Vom Alkoholmissbrauch zu unterscheiden ist die krankhafte Trunksucht, der Alkoholismus. Hierbei handelt es sich um eine Krankheit, sodass eine krankheitsbedingte Kündigung in Betracht kommt (LAG Berlin-Brandenburg v. 17.8.2009, 10 Sa 506/09, LAGE § 1 KSchG Personenbedingte Kündigung Nr. 24; LAG Rheinland-Pfalz v. 15.5.2009, 9 Sa 668/08). Nur wenn ein Arbeitnehmer ordentlich nicht mehr kündbar ist, kann ausnahmsweise eine außerordentliche Kündigung aus krankheitsbedingten Gründen gerechtfertigt sein (vgl. BAG v.

20.12.2012, 2 AZR 32/11, ZTR 2013, 342; BAG v. 9.9.1992, 2 AZR 190/92, ZTR 1993, 116).

Auch die Einnahme anderer Drogen kann eine außerordentliche Kündigung ohne vorherige Abmahnung rechtfertigen. Ein Kraftfahrer darf seine Fahrtüchtigkeit beispielsweise nicht durch die Einnahme von „Crystal Meth" gefährden. Ein Verstoß gegen diese Verpflichtung kann die außerordentliche Kündigung rechtfertigen, wenn der Kraftfahrer trotz des Drogenkonsums seine Fahrtätigkeit verrichtet hat. Dabei macht es keinen Unterschied, ob der Drogenkonsum im privaten Bereich oder während der Arbeitszeit erfolgte. Zudem ist unerheblich, ob die Fahrtüchtigkeit bei den durchgeführten Fahrten konkret beeinträchtigt war. Bestehen aufgrund eines positiven Drogentests begründete Zweifel an der Fahrtüchtigkeit, hat ein Kraftfahrer dies dem Arbeitgeber unverzüglich mitzuteilen, wenn nicht auszuschließen ist, dass die Zweifel bei Antritt der nächsten Fahrt noch bestehen. Auch die Verletzung dieser Verpflichtung kann einen wichtigen Grund für die außerordentliche Kündigung des Arbeitsverhältnisses darstellen (BAG v. 20.10.2016, 6 AZR 471/15, ZTR 2017, 47).

 **ACHTUNG!**

Mit dem Gesetz zum Umgang mit Konsumcannabis (KCanG) ist der Cannabiskonsum am Arbeitsplatz nicht ohne weiteres erlaubt. Auch vom Arbeitgeber eingerichtete Raucherbereiche eröffnen nicht automatisch die Möglichkeit dort nun auch Cannabis zu konsumieren. Dennoch sollten Arbeitgeber den Umgang regeln und die vorhandenen Dienstvereinbarungen entsprechend anpassen.

### 3. Anzeige gegen den Arbeitgeber

Anzeigen des Arbeitnehmers gegen den Arbeitgeber stellen immer dann einen wichtigen Grund zur außerordentlichen Kündigung dar, wenn sie ausschließlich zum Zwecke der Schädigung und nicht aus eigenen oder übergeordneten berechtigten Interessen heraus erstattet werden. Dies gilt z. B. für Anzeigen bei den Steuerbehörden (LAG Berlin v. 25.11.1960, 3 Sa 88/60; LAG Düsseldorf v. 18.1.1961, 2 Sa 393/60). Auch eine Anzeige von Verstößen gegen die güterfernverkehrsrechtlichen Bestimmungen stellt nach Auffassung des BAG einen wichtigen Grund zur fristlosen Kündigung dar (BAG v. 5.2.1959, 2 AZR 60/56). Ein wichtiger Grund liegt grundsätzlich nicht vor, wenn die Anzeige objektiv gerechtfertigt ist und der Arbeitnehmer berechtigte Interessen verfolgt. Nach EGMR v. 21.7.2011, 28274/08 ist ein angemessener Ausgleich herbeizuführen zwischen der Notwendigkeit, den Ruf des Arbeitgebers zu schützen einerseits, und derjenigen, das Recht der Arbeitnehmerin auf Freiheit der Meinungsäußerung zu schützen andererseits. Nach LAG Köln v. 5.7.2012, 6 Sa 71/12, stellt die vorschnelle Anzeige angeblichen Fehlverhaltens des Arbeitgebers beim Jugendamt durch eine Arbeitnehmerin, die mit der Betreuung von Kleinkindern beschäftigt ist, einen wichtigen Kündigungsgrund dar.

### 4. Arbeitserlaubnis

Die Nichtverlängerung der Arbeitserlaubnis eines Ausländers kann auch dann einen wichtigen Grund zur außerordentlichen Kündigung darstellen, wenn der Arbeitnehmer gegen den Bescheid der Arbeitsagentur Rechtsmittel eingelegt hat (vgl. BAG v. 16.12.1976, 3 AZR 716/75; BAG v. 13.1.1977, 2 AZR 423/75). Regelmäßig wird dem Arbeitgeber jedoch der Ausspruch einer ordentlichen Kündigung zuzumuten sein, da der Arbeitgeber keine Leistungspflichten erfüllen muss, wenn der Arbeitnehmer seiner Arbeitspflicht ohne Arbeitserlaubnis nicht

nachkommen kann. Auch eine in so einer Situation plötzlich auftretende Erkrankung des Arbeitnehmers führt zu keinem Schaden beim Arbeitgeber, da Entgeltfortzahlung nach § 3 EntgFG nur geleistet werden muss, wenn die Erkrankung die einzige Ursache der Arbeitsverhinderung ist.

### 5. Arbeitskampf

Ein von der Gewerkschaft beschlossener rechtmäßiger Streik berechtigt nicht zur außerordentlichen Kündigung einzelner Arbeitnehmer. Die Teilnahme an einem rechtswidrigen Streik stellt zwar grundsätzlich einen Arbeitsvertragsbruch dar, der zur außerordentlichen Kündigung berechtigt. Handelt der Arbeitnehmer jedoch ausschließlich aus Loyalität gegenüber seinen Kollegen und enthält er sich sonstiger Rechtsverletzung (wie z. B. Nötigungen oder Beleidigungen), so wird nicht von einem ausreichenden Grund für eine außerordentliche Kündigung auszugehen sein. Entsprechendes gilt, wenn er sich im Irrtum über die Rechtmäßigkeit des Streiks befindet (BAG v. 29.11.1983, 1 AZR 469/82). Ein Arbeitnehmer, der einen Arbeitskampf organisiert, obwohl Gewerkschaft und Betriebsrat noch über die erstrebte Lohnerhöhung verhandeln, kann jedoch fristlos entlassen werden (BAG v. 28.4.1966, 2 AZR 176/65).

### 6. Arbeitspapiere

Weigert sich der Arbeitnehmer trotz mehrfacher Aufforderungen, dem Arbeitgeber seine Arbeitspapiere vorzulegen, so kann eine außerordentliche Kündigung gerechtfertigt sein (LAG Düsseldorf v. 23.2.1961, 2 Sa 3/61). Alternativ kann allerdings eine Abmahnung mit angedrohter ordentlicher Kündigung in Verbindung mit einer Zurückweisung der Arbeitsleistung als nicht vertragsgemäß in Betracht kommen.

### 7. Arbeitsschutz

Die wiederholte Verletzung von Arbeitsschutzbestimmungen kann eine außerordentliche Kündigung rechtfertigen, wenn hierdurch eine erhebliche Gefahr heraufbeschworen wird. Grundsätzlich ist jedoch eine vorherige Abmahnung erforderlich (LAG Köln v. 17.3.1993, 7 Sa 13/93 LAGE § 626 BGB Nr. 71).

### 8. Arbeitsverweigerung

Weigert sich ein Arbeitnehmer beharrlich, die von ihm vertraglich geschuldete Arbeit zu leisten, so kann dies eine außerordentliche Kündigung rechtfertigen (BAG v. 5.4.2001, 2 AZR 580/99; BAG v. 31.1.1985, 2 AZR 486/83). Voraussetzung für eine Kündigung ist jedoch, dass der Arbeitnehmer arbeitsvertraglich verpflichtet war, die ihm zugewiesene (und verweigerte) Arbeit zu verrichten. Dies ist dann nicht der Fall, wenn der Arbeitgeber sein Direktionsrecht überschreitet. So überschreitet beispielsweise die einseitige Anordnung von Telearbeit gegen den Willen des Arbeitnehmers das Direktionsrecht des Arbeitgebers. Die auf die beharrliche Arbeitsverweigerung gestützte Kündigung war deshalb unwirksam (LAG Berlin-Brandenburg v. 14.11.2018, 17 Sa 562/18). Die Zuweisung eines Arbeitsplatzes, der den Vorgaben von § 618 Abs. 1 BGB i. V. m. den öffentlich-rechtlichen Arbeitsschutznormen nicht vollumfänglich genügt, kann billigem Ermessen entsprechen, wenn es sich um bloß geringfügige oder kurzzeitige Verstöße handelt, die keinen nachhaltigen Schaden bewirken können. Dem Arbeitnehmer steht ein Zurückbehaltungsrecht nach §§ 273 Abs. 1, 618 BGB dann nicht zu (BAG v. 28.6.2018, 2 AZR 436/17, ZTR 2018, 671). Eine beharrliche Arbeitsverweigerung liegt vor, wenn ein Arbeitnehmer längere Zeit nach Beendigung seiner ärztlichen Krankschreibung die Arbeit nicht aufnimmt. Eine außerordentliche Kündigung ist auch gerechtfertigt, wenn der Arbeitnehmer sich eine Arbeitsbefreiung erschleicht, um einer beruflichen Nebentätigkeit nachzugehen (BAG v. 26.8.1993, 2 AZR 154/93, ZTR 1994. 122). Verweigert ein Arbeitnehmer mehrfach die ihm angetragenen Überstunden, kann ebenfalls eine außerordentliche Kündigung gerechtfertigt sein. Dies gilt nicht, wenn die Überstunden ohne dringenden betrieblichen Grund nur kurzfristig (= wenige Stunden zuvor) angeordnet wurden (ArbG Frankfurt v. 26.11.1998, 2 Ca 4267/98). Auch im folgenden Fall griffen die betrieblichen Interessen des Arbeitgebers nicht durch: Wenn der Arbeitgeber im Rettungsdienst typischerweise mit Folgeaufträgen auch kurz vor Dienstende von Rettungssanitätern rechnen muss, dann ist dies der bekannte betriebliche Normalfall, auf den der Arbeitgeber mit entsprechender Organisation des Arbeitskräfteeinsatzes zu reagieren hat. Der Umstand, dass ständig ohne jedwede Planbarkeit Rettungseinsätze eingehen können, ist dem vom Arbeitgeber zu tragenden unternehmerischen Risiko zuzurechnen. Dieser bekannte fortlaufende Umstand ist nicht dadurch aufzulösen, dass die Arbeitnehmer sich eine gewisse Zeit nach ihrem Arbeitszeitende weiterhin für den Arbeitgeber einplanen müssen. Anderenfalls wäre diese Zeit nicht mehr als Freizeit zu werten (LAG Mecklenburg-Vorpommern v. 18.12.2014, 5 TaBV 7/14). Das beharrliche Überschreiten der zulässigen Zahl von Minusstunden kann ein wichtiger Grund an sich für eine außerordentliche Kündigung sein. Die Beendigung des Arbeitsverhältnisses wird auch im Rahmen der Interessenabwägung nicht mehr verhindert, wenn sich dieser Vertragsverstoß als Glied in einer Reihe weiterer Vertragsverstöße darstellt und Abmahnungen vorliegen, die Verstöße gegen Arbeitszeitbestimmungen rügen (LAG Hamburg v. 2.11.2016, 5 Sa 19/16). Steht die Rechtsunwirksamkeit einer Kündigung fest, weil ein rechtskräftiges Teilurteil vorliegt, so muss ein Arbeitnehmer arbeiten, auch wenn über seinen Auflösungsantrag noch nicht entschieden ist. Die Verletzung dieser Pflicht ist als Arbeitsverweigerung zu werten und kann daher ebenfalls eine außerordentliche Kündigung rechtfertigen (LAG Niedersachsen v. 15.12.2016, 5 Sa 909/16). Kein Kündigungsgrund liegt dagegen vor, wenn der Arbeitnehmer wegen einer behördlichen Anordnung in Quarantäne ist und er deswegen trotz Aufforderung seines Arbeitgebers nicht zur Arbeit erscheint. Der Arbeitnehmer darf nicht gezwungen werden, gegen die Quarantäneanordnung zu verstoßen (ArbG Köln v. 14.4.2021, 8 Ca 7334/20).

 **ACHTUNG!**

Verweigert der Arbeitnehmer unter Berufung auf persönliche Unmöglichkeit (§ 275 Abs. 3 BGB) oder ein Zurückbehaltungsrecht (§ 273 Abs. 1 BGB) die Arbeitsverrichtung, trägt er das Risiko, dass er irrt, mit der Folge, dass dies eine außerordentliche Kündigung zu rechtfertigen geeignet ist. Ein unverschuldeter Rechtsirrtum liegt nur vor, wenn er seinen Irrtum auch unter Anwendung der zu beachtenden Sorgfalt nicht erkennen konnte. Dabei sind strenge Maßstäbe anzulegen. Es reicht nicht aus, dass der Arbeitnehmer sich für seine eigene Rechtsauffassung auf eine eigene Prüfung und fachkundige Beratung stützen kann (BAG v. 22.10.2015, 2 AZR 569/14).

## 9. Arbeitszeitbetrug

Der vorsätzliche Verstoß eines Arbeitnehmers gegen seine Verpflichtung, die geleistete Arbeitszeit korrekt zu dokumentieren, ist an sich geeignet, einen wichtigen Grund im Sinne von § 626 BGB darzustellen, da der Arbeitnehmer damit in erheblicher Weise seine ihm gegenüber dem Arbeitgeber bestehenden Pflichten zur Rücksichtnahme (§ 241 Abs. 2 BGB) verletzt (BAG v. 9.6.2011, 2 AZR 381/10, ZTR 2011, 628). Ein wichtiger Grund liegt auch

dann vor, wenn ein Arbeitnehmer in Folge einer arbeitsvertragswidrigen Absprache mit der Personalreferentin und dem Vorgesetzten über Jahre die geleisteten Überstunden falsch dokumentiert und so eine Vergütung erhält, auf die er keinen Anspruch hat (BAG v. 13.12.2018, 2 AZR 370/18, ZTR 2019, 294).

Eine Stempeluhr ist vom Arbeitnehmer persönlich zu bedienen. Wenn er dies durch einen Kollegen vornehmen lässt, kann eine außerordentliche Kündigung gerechtfertigt sein (BAG v. 23.1.1963, 2 AZR 278/62). Dies gilt nicht, wenn der Arbeitnehmer die volle Arbeitszeit an seinem Arbeitsplatz war (LAG Düsseldorf v. 18.4.1967, 8 Sa 59/67).

Ein wichtiger Grund für eine außerordentliche Kündigung liegt vor, wenn der Arbeitnehmer die Stempeluhr verstellt oder nach der Betätigung den Betrieb wieder verlässt (BAG v. 27.1.1977, 2 ABR 77/76). Sucht ein im Außendienst beschäftigter Arbeitnehmer während seiner Arbeitszeit die Privatwohnung auf, ohne eine entsprechende Korrektur in der Arbeitszeiterfassung vorzunehmen, ist im Regelfall eine verhaltensbedingte Kündigung ohne vorherige Abmahnung gerechtfertigt (LAG Hamm v. 30.5.2005, 8 [17] Sa 1773/04).

## 10. Ausländerfeindlichkeit

Ausländerfeindliche Äußerungen im Betrieb sind generell geeignet, eine außerordentliche Kündigung zu rechtfertigen (BAG v. 14.2.1996, 2 AZR 274/95, ZTR 1996, 418; insbesondere über einen Eintrag in einem Facebook-Account, in dem der Arbeitnehmer seinen Arbeitgeber angibt und in Dienstkleidung auftritt: LAG Sachsen v. 27.2.2018, 1 Sa 515/17, ZTR 2018, 293).

## 11. Außerdienstliches Verhalten/Straftat

Während in § 8 Abs. 1 S. 1 BAT geregelt war, dass ein Angestellter des öffentlichen Dienstes sich so zu verhalten habe, wie es von einem Angehörigen des öffentlichen Dienstes erwartet werde, ist eine solche Regelung in den TVöD/TV-L nicht aufgenommen worden. Hatten die Beschäftigten gemäß § 8 Abs. 1 S. 1 BAT ihr außerdienstliches Verhalten so einzurichten, dass das Ansehen des öffentlichen Arbeitgebers nicht beeinträchtigt wurde, gilt diese Einschränkung heute nicht mehr. Konnte damals eine außerdienstlich begangene Straftat von einigem Gewicht auf dieser tariflichen Grundlage die verhaltensbedingte Kündigung eines Angehörigen des öffentlichen Dienstes rechtfertigen (BAG v. 21.6.2001, 2 AZR 325/00), gilt dies unter der Wirkung des TVöD/TV-L nicht mehr. Dies hat das BAG in neuerer Rechtsprechung bestätigt, indem es festgehalten hat, dass „der TVöD keine über die in § 41 TVöD-BT-V genannten Pflichten hinausgehende Anforderungen an die private Lebensführung [des Beschäftigten] stelle" (BAG v. 10.9.2009, 2 AZR 257/08; BAG v. 28.10.2010, 2 AZR 293/09, ZTR 2011, 110). Insoweit gelten demnach die allgemeinen arbeitsvertraglichen Nebenpflichten, insbesondere die allgemeine Pflicht zur Rücksichtnahme gemäß § 241 Abs. 2 BGB. Diese kann auch durch außerdienstliches Verhalten verletzt werden. Dies ist der Fall, wenn durch das – rechtswidrige – außerdienstliche Verhalten des Arbeitnehmers berechtigte Interessen des Arbeitgebers beeinträchtigt werden, wenn das Verhalten also negative Auswirkungen auf den Betrieb oder einen Bezug zum Arbeitsverhältnis hat (BAG v. 27.11.2008, 2 AZR 98/07; BAG v. 23.10.2008, 2 AZR 483/07). Ein solcher Fall kann auch vorliegen, wenn ein Arbeitnehmer eine Straftat unter Nutzung von Betriebsmitteln begeht, wenn sich der öffentliche Arbeitgeber staatlichen Ermittlungen ausgesetzt sieht oder er mit der Straftat selbst in Verbindung gebracht wird (BAG v. 28.10.2010, 2 AZR 293/09, ZTR 2011, 110).

Darüber hinaus liegt ein wichtiger Grund im Sinne des § 626 Abs. 1 BGB nicht automatisch vor, nur weil der Arbeitnehmer Vorstrafen und laufende Ermittlungsverfahren im Bewerbungsgespräch leugnet bzw. nach Aufnahme seiner Tätigkeit nicht von sich aus offenlegt. Eine außerordentliche Kündigung kommt nur in Betracht, wenn den Arbeitnehmer eine entsprechende Offenlegungspflicht traf, z. B. weil die fraglichen Straftaten Zweifel an der Eignung des Arbeitnehmers für den in Betracht kommenden Arbeitsplatz begründen (BAG v. 6.9.2012, 2 AZR 270/11, ZTR 2013, 270).

## 12. Beleidigung des Arbeitgebers

Eine grobe Beleidigung des Arbeitgebers – also eine bewusste und gewollte Ehrenkränkung – stellt grundsätzlich einen wichtigen Grund zur außerordentlichen Kündigung dar. Entscheidend ist, ob dem Arbeitgeber nach dem gesamten Sachverhalt die Fortsetzung des Arbeitsverhältnisses noch zuzumuten ist. Die strafrechtliche Wertung bleibt hierbei außer Acht. Allein die mehrfache Verweigerung des Grußes gegenüber dem Vorgesetzten (auf dessen vorherigen Gruß) stellt keine grobe Beleidigung dar (LAG Köln v. 29.11.2005, 9 [7] Sa 657/05). Der Vergleich der betrieblichen Verhältnisse mit einem KZ stellt jedoch einen Grund für eine fristlose Kündigung dar (BAG v. 24.11.2005, 2 AZR 584/04). Auch die betriebsöffentliche Diffamierung eines Vorgesetzten per E-Mail an ca. 100 Mitarbeiter des Arbeitgebers kann einen wichtigen Grund darstellen (LAG Rheinland-Pfalz v. 8.2.2018, 5 Sa 324/17). Beleidigende Äußerungen in einer privaten Chatgruppe wiederum genießen als Ausdruck der Persönlichkeit und Bedingung ihrer Entfaltung verfassungsrechtlichen Schutz, der dem Schutz der Ehre des durch die Äußerung Betroffenen vorgeht, wenn der Äußernde auf die Wahrung der Vertraulichkeit vertrauen durfte. Letzteres kann dann der Fall sein, wenn die Gruppe aus lediglich sieben miteinander befreundeten Personen besteht, da diese dann in der Regel darauf vertrauen können, dass Dritten der Chatverlauf nicht offen gelegt wird (LAG Niedersachsen v. 19.12.2022, 15 Sa 286/22, nicht rechtskräftig).

## 13. Bestechung/Schmiergeld

Die Annahme von Schmiergeld stellt einen Verstoß gegen die Treuepflichten dar, selbst wenn der Arbeitnehmer sich nicht zu einem pflichtwidrigen Verhalten verleiten lässt. Insoweit enthalten die Tarifverträge des öffentlichen Dienstes ausdrückliche Regelungen. Nach § 3 Abs. 2 S. 1 TVöD dürfen Beschäftigte von Dritten beispielsweise keine Belohnungen, Geschenke, Provisionen oder sonstige Vergünstigungen mit Bezug auf ihre Tätigkeit annehmen. Wer sich als Arbeitnehmer bei der Ausführung seiner vertraglichen Aufgaben Vorteile versprechen lässt oder entgegennimmt, die dazu bestimmt oder geeignet sind, ihn in seinem geschäftlichen Verhalten zugunsten Dritter oder zum Nachteil seines Arbeitgebers zu beeinflussen, verletzt die Treuepflicht zu seinem Arbeitgeber. Es reicht aus, dass der gewährte Vorteil allgemein die Gefahr begründet, der Arbeitnehmer werde nicht mehr allein die Interessen seines Arbeitgebers vertreten. Zudem ist bei Beschäftigten im öffentlichen Dienst zu beachten, dass diese sich so zu verhalten haben, dass das Vertrauen der Öffentlichkeit in die Redlichkeit des öffentlichen Dienstes nicht erschüttert und das Ansehen des öffentlichen Arbeitgebers nicht beeinträchtigt wird (LAG Hamm v. 12.2.2009, 17 Sa 1567/08).

Die Entgegennahme von Geldgeschenken oder besonderen Zuwendungen kann einen wichtigen Grund zur außerordentlichen Kündigung darstellen, wenn die zu kündigende Person hierdurch in den Verdacht der Vorteilsnahme oder Bestechung gerät. Dies

ist regelmäßig dann der Fall, wenn die betroffene Person mit der Vergabe von Aufträgen beschäftigt ist (so für einen Zentraleinkäufer [LAG Köln v. 4.1.1984, 5 Sa 1217/83]). Unerheblich ist in solchen Fällen, ob der Arbeitgeber durch die Handlungsweise des Arbeitnehmers Schaden erlitten hat oder ob eine Wiederholungsgefahr besteht (BAG v. 17.8.1972, 2 AZR 415/71). Soweit lediglich ein begründeter Verdacht des Arbeitgebers besteht, finden die Grundsätze der Verdachtskündigung Anwendung. In diesem Rahmen gilt: Vereinnahmt ein Arbeitnehmer Geld des Arbeitgebers unerlaubt für sich oder wendet er Kundenmitarbeitern unerlaubt Vorteile zu – oder besteht insoweit zumindest ein dringender Verdacht – ist dies „an sich" geeignet, eine (fristlose) Kündigung des Arbeitsverhältnisses zu rechtfertigen (BAG v. 21.6.2012, 2 AZR 694/11, ZTR 2013, 159).

## 14. Dienstwagen und Privatfahrten

Benutzt ein Arbeitnehmer ein Dienstfahrzeug trotz eines ausdrücklichen, streng überwachten Verbots für eine Privatfahrt, kann ein wichtiger Grund für die außerordentliche Kündigung vorliegen. Dies gilt insbesondere dann, wenn das Dienstfahrzeug deshalb für längere Zeit zu betrieblichen Zwecken nicht zur Verfügung steht. Auch eine verbotene Wochenendheimfahrt mit dem Dienstwagen kann für eine außerordentliche Kündigung ausreichen. Hat ein Arbeitgeber in der Vergangenheit die kurzzeitige Nutzung von Firmenfahrzeugen zu privaten Zwecken nach Rücksprache mit dem Vorgesetzten jedoch gestattet und nutzt sodann ein Arbeitnehmer das Fahrzeug ohne Erlaubnis mangels Möglichkeit einer Kontaktaufnahme zum Vorgesetzten, kann es vor Ausspruch einer Kündigung erforderlich sein, diese Pflichtverletzung abzumahnen (LAG Mecklenburg-Vorpommern v. 21.6.2022, 5 Sa 245/21).

## 15. Druckkündigung

Wird von einem Dritten (Arbeitskollegen, Betriebsrat, Gewerkschaft, Kunden etc.) unter Androhung von Nachteilen für den Arbeitgeber die Entlassung eines bestimmten Arbeitnehmers verlangt, so kann eine außerordentliche Druckkündigung berechtigt sein. Vor Ausspruch der Kündigung muss der Arbeitgeber sich aber schützend vor den Arbeitnehmer stellen und versuchen, den Dritten von der Realisierung seiner Drohungen abzubringen (BAG v. 18.9.1975, 2 AZR 311/74). Dieser Vorgabe genügt der Arbeitgeber nicht allein dadurch, dass er Gespräche zwischen dem Arbeitnehmer und dem Druck ausübenden Dritten vermittelt. Liegen die Ursachen für das Kündigungsverlangen in Konflikten, die sich auf die Zusammenarbeit im Betrieb beziehen, kann der Arbeitgeber überdies gehalten sein, durch Ausübung seines Weisungsrechts auf die involvierten Arbeitnehmer einzuwirken. Das Unterlassen eines Angebots auf Durchführung einer Mediation hat jedenfalls dann keinen Einfluss auf die Wirksamkeit einer Druckkündigung, wenn der Arbeitgeber aufgrund ihm im Kündigungszeitpunkt bekannter Umstände annehmen durfte, eine der Konfliktparteien werde sich der freiwilligen Teilnahme an einem Mediationsverfahren ohnehin verschließen (BAG v. 19.7.2016, 2 AZR 637/15, ZTR 2017, 51). Bleibt dem Arbeitgeber nur noch die Wahl, den Arbeitnehmer zu entlassen oder die angedrohten schweren wirtschaftlichen Nachteile hinzunehmen, ist die außerordentliche Kündigung gerechtfertigt.

## 16. Krankheit

Die Krankheit eines Arbeitnehmers stellt grundsätzlich keinen Grund für eine außerordentliche Kündigung dar. Etwas anderes kann nur gelten, wenn eine ordentliche Kündigung arbeitsvertraglich oder tarifvertraglich ausgeschlossen ist. Ein wichtiger Grund i. S. v. § 34 Abs. 2 S. 1 TVöD/TV-L, § 626 Abs. 1 BGB für die außerordentliche Kündigung eines ordentlich unkündbaren Arbeitsverhältnisses mit notwendiger Auslauffrist kann beispielsweise – vorbehaltlich einer umfassenden Interessenabwägung – vorliegen, wenn der Arbeitgeber voraussichtlich für mehr als ein Drittel der jährlichen Arbeitstage Entgeltfortzahlung im Krankheitsfall wird leisten müssen (BAG v. 25.4.2018, 2 AZR 6/18, ZTR 2018, 594). Das Vortäuschen einer Krankheit jedoch stellt einen wichtigen Grund dar. Ein Arbeitnehmer kann auch fristlos entlassen werden, wenn er seinen fehlenden Arbeitswillen eindeutig kundgibt, sich aber dann krankmeldet, um einer Kündigung zuvorzukommen. Entsprechendes gilt, wenn sich der Arbeitnehmer krankmeldet, um einer unangenehmen Arbeit (ArbG Düsseldorf v. 25.9.1980, 11 Co 679/80) oder einer Versetzung zu entgehen oder Urlaub erzwingen will (LAG Köln v. 17.4.2002, 7 Sa 462/01, ZTR 2002, 446). Erklärt der Arbeitnehmer, er werde krank, wenn der Arbeitgeber ihm den im bisherigen Umfang bewilligten Urlaub nicht verlängere, obwohl er im Zeitpunkt dieser Ankündigung nicht krank war und sich auf Grund bestimmter Beschwerden auch nicht krank fühlen konnte, so ist ein solches Verhalten ohne Rücksicht darauf, ob der Arbeitnehmer später tatsächlich erkrankt, an sich geeignet, einen wichtigen Grund zur Kündigung abzugeben (BAG v. 5.11.1992, 2 AZR 147/92). Das gilt allerdings nicht zwingend, wenn der Arbeitnehmer im Zeitpunkt der Ankündigung bereits tatsächlich krank ist, ohne dies dem Arbeitgeber zu offenbaren. In diesem Fall scheidet eine Pflichtverletzung des Arbeitnehmers zwar nicht von vornherein aus, sie wiegt dann aber regelmäßig weniger schwer (BAG v. 12.3.2009, 2 AZR 251/07, ZTR 2009, 445). Auch ein schwerer Verstoß gegen das erforderliche Genesungsverhalten kann eine fristlose Kündigung rechtfertigen. Im Falle eines ärztlichen Gutachters für Arbeitsunfähigkeitsbescheinigungen bei einem Medizinischen Dienst hat das BAG eine fristlose Kündigung für wirksam erachtet, weil der Gutachter während seiner eigenen längeren Arbeitsunfähigkeit trotz erkannter Krankheitssymptome im Hochgebirge Ski gelaufen ist (BAG v. 2.3.2006, 2 AZR 53/05, ZTR 2007, 105). Entsprechendes kann gelten, wenn ein Arbeitnehmer während seiner Krankschreibung einer anderweitigen Arbeit nachgeht. Dies kann sowohl ein Hinweis darauf sein, dass der Arbeitnehmer die Krankheit nur vorspiegelt, als auch eine pflichtwidrige Verzögerung der Heilung darstellen (BAG v. 3.4.2008, 2 AZR 965/06).

## 17. Krankmeldung

Legt ein Arbeitnehmer eine Arbeitsunfähigkeitsbescheinigung auch nach wiederholten Aufforderungen nicht vor, kann eine außerordentliche Kündigung in Betracht kommen. Das Gleiche gilt, wenn die Krankmeldungen trotz wiederholter Abmahnungen nicht rechtzeitig erfolgen (Arbeitsunfähigkeit). Die Manipulation eines Krankendokuments durch den Arbeitnehmer rechtfertigt grundsätzlich eine außerordentliche Kündigung (Hessisches LAG v. 28.3.2003, 9 Sa 658/02). Das Vortäuschen einer Erkrankung und die dadurch bewirkte ungerechtfertigte Entgeltfortzahlung bilden einen Grund für eine außerordentliche Kündigung auch ohne vorherige Abmahnung (BAG v. 23.6.2009, 2 AZR 532/08, ZTR 2010, 98). Schwierigkeiten bereitet es hier in der Regel jedoch, den hohen Beweiswert einer Arbeitsunfähigkeitsbescheinigung zu erschüttern.

## 18. Lohnpfändung

Eine Vielzahl von Lohnpfändungen reicht grundsätzlich als wichtiger Grund für eine außerordentliche Kündigung nicht aus (BAG v. 4.11.1981, 7 AZR 264/79). Dies gilt selbst dann, wenn durch die zahlreichen Lohnpfändungen erhebliche Kosten und Verwaltungsarbeiten im Betrieb des Arbeitgebers entstehen. Der Arbeitgeber ist grundsätzlich berechtigt, solche Kosten gegen den Arbeitnehmer geltend zu machen.

## 19. Manko

Als Manko wird der Schaden bezeichnet, den ein Arbeitgeber dadurch erleidet, dass ein seinem Arbeitnehmer anvertrauter Warenbestand oder eine von ihm geführte Kasse einen Fehlbetrag aufweist. Werden wiederholt hohe Mankobeträge festgestellt, so ist zunächst zu klären, worauf diese zurückzuführen sind. Steht fest oder besteht zumindest der dringende Verdacht (Verdachtskündigung), dass der Arbeitnehmer die Mankobeträge (mit-)verursacht hat, ist nach vorausgegangener Abmahnung eine außerordentliche Kündigung gerechtfertigt (BAG v. 17.4.1956, 2 AZR 340/55).

## 20. Nebentätigkeit

Grundsätzlich darf ein Arbeitnehmer eine Nebenbeschäftigung ausüben. Insbesondere bei Teilzeitbeschäftigung ist von vornherein immanent, dass der Arbeitnehmer seine Restarbeitskraft anderweitig einsetzen darf. Er ist gemäß § 3 Abs. 3 TVöD lediglich verpflichtet, diese rechtzeitig vor Ausübung dem Arbeitgeber anzuzeigen. Der Arbeitgeber kann die Nebentätigkeit nur dann untersagen, wenn diese geeignet ist, die Erfüllung der arbeitsvertraglichen Pflichten des Arbeitnehmers oder berechtigte Interessen des Arbeitgebers zu beeinträchtigen. Wenn allerdings durch die Nebenbeschäftigung die vertraglich geschuldete Leistung konkret beeinträchtigt wird, so kann eine außerordentliche Kündigung gerechtfertigt sein (BAG v. 3.12.1970, 2 AZR 110/70). Übt ein im öffentlichen Dienst beschäftigter Arbeitnehmer über mehrere Jahre hinweg fortgesetzt in Unkenntnis des Arbeitgebers offensichtlich nicht genehmigungsfähige Nebentätigkeiten aus und unterlässt er die Einholung der erforderlichen Genehmigung deshalb, weil ihm die mangelnde Genehmigungsfähigkeit bewusst war, liegt ein schwerwiegender Verstoß vor. Dieser ist auch ohne vorherige Abmahnung geeignet, eine Kündigung aus wichtigem Grund zu rechtfertigen (BAG v. 18.9.2008, 2 AZR 827/06, ZTR 2009, 327).

Eine außerordentliche Kündigung ist gerechtfertigt, wenn der Arbeitnehmer mit der Nebenbeschäftigung zu seinem Arbeitgeber in Wettbewerb tritt oder wenn die Nebenbeschäftigung berechtigterweise vertraglich ausgeschlossen wurde. Während einer Erkrankung ist eine Nebentätigkeit unzulässig und kann einen wichtigen Grund zur außerordentlichen Kündigung darstellen (BAG v. 26.8.1993, 2 AZR 154/93, ZTR 1994, 122).

## 21. Politische Betätigung

Der Arbeitnehmer ist grundsätzlich frei, seine politischen Ansichten zu vertreten und Mitglied in politischen Parteien oder in Gewerkschaften zu sein. Eine außerordentliche Kündigung kann dann in Betracht kommen, wenn durch provozierende parteipolitische Äußerungen der Betriebsfrieden oder der Betriebsablauf konkret gestört werden (vgl. zur „Anti-Strauß-Plakette" BAG v. 9.12.1982, 2 AZR 620/80). Die Betätigung in einer verbotenen oder radikalen Partei kann nur dann eine außerordentliche Kündigung begründen, wenn dadurch das Arbeitsverhältnis konkret beeinträchtigt wird (BAG v. 6.2.1969, 2 AZR 241/68). Wiederholte parteipolitische Agitation im Betrieb (z. B. Verteilen von Flugblättern), insbesondere mit verfassungsfeindlicher Zielsetzung, die den Betriebsfrieden ernstlich und schwer gefährdet, kann die außerordentliche Kündigung eines Betriebsratsmitglieds rechtfertigen (BAG v. 3.12.1954, 1 AZR 150/54). Im Bereich des öffentlichen Dienstes sind die Regelungen über die politische Treuepflicht zu beachten. Nach § 3 Abs. 1 S. 2 TV-L müssen sich die Beschäftigten zur freiheitlich demokratischen Grundordnung im Sinne des Grundgesetzes bekennen. Eine ähnliche Regelung findet sich in § 41 S. 2 TVöD BT-V. Nach LAG Baden-Württemberg v. 2.6.2009, 14 Sa 101/08, kann die politische Betätigung für eine verfassungsfeindliche Partei als Grund für eine Kündigung in Betracht kommen, wenn der Beschäftigte im öffentlichen Dienst unter Berücksichtigung seiner konkreten Funktion und der staatlichen Aufgabenstellung des Arbeitgebers nicht mehr als geeignet für seine Tätigkeit angesehen werden kann. Die außerordentliche Kündigung eines angestellten Lehrers, der auf seinem Youtube-Kanal „Der Volkslehrer" die verfassungsmäßige Ordnung der Bundesrepublik Deutschland in den von ihm verbreiteten Videos in Frage gestellt und verächtlich gemacht hat, wurde vom Arbeitsgericht Berlin als rechtmäßig angesehen (ArbG Berlin v. 16.1.2019, 60 Ca 7170/18). Dem Arbeitnehmer fehle die persönliche Eignung für eine Tätigkeit als Lehrer im öffentlichen Dienst. Es könne nicht angenommen werden, dass der Kläger zukünftig in dem tarifvertraglich oder gesetzlich geforderten Maße bereit sei, sich zur freiheitlich demokratischen Grundordnung im Sinne des Grundgesetzes zu bekennen. Die Einstellung des Arbeitnehmers sei mit der Tätigkeit als Lehrer des beklagten Landes unvereinbar und berechtige zur sofortigen Auflösung des Arbeitsverhältnisses.

## 22. Rauchverbot

Die Missachtung eines betrieblichen Rauchverbots stellt einen wichtigen Grund zur außerordentlichen Kündigung dar, wenn hieraus besondere Gefahren für Leib oder Leben von Arbeitskollegen oder Dritten resultieren (z. B. erhöhte Brandgefahr im Umgang mit explosiven Stoffen, Lebensmittelschutz; ausführlich zu einem Rauchverbot aus Sicherheitsgründen z. B. BAG v. 27.9.2012, 2 AZR 955/11, ZTR 2013, 278). Soll durch das betriebliche Rauchverbot lediglich der Schutz gegen Passivrauchen realisiert werden, wird einer außerordentlichen Kündigung im Regelfall eine erfolglose Abmahnung vorauszugehen haben. Auch ein Verstoß gegen ein arbeitsvertragliches Rauchverbot am Arbeitsplatz ist, insbesondere nach mehreren einschlägigen Abmahnungen, grundsätzlich geeignet, eine außerordentliche Kündigung zu rechtfertigen (LAG Rheinland-Pfalz v. 27.8.2009, 11 Sa 207/09). Auch wenn es zum KCanG (Gesetz zum Umgang mit Cannabiskonsum) noch keine Rechtsprechung gibt, wird der Arbeitgeber auf Verstöße gegen ein ausgesprochene Konsumverbote im Betrieb schneller und schärfer reagieren können als beispielsweise bei Verstößen gegen ein einfaches Rauchverbot.

## 23. Rufschädigungen

Unwahre Behauptungen des Arbeitnehmers über den Arbeitgeber, die geeignet sind, eine Rufschädigung herbeizuführen, berechtigten nach vorangegangener Abmahnung zur außerordentlichen Kündigung (vgl. LAG Köln v. 2.7.2009, 13 Sa 367/09; LAG Rheinland-Pfalz v. 30.5.2007, 7 Sa 71/07). Werden durch die Rufschädigungen Geschäftsbeziehungen mit Auftraggebern oder Kunden konkret beeinträchtigt, kann auch ohne vorangegangene Abmahnung außerordentlich gekündigt werden (LAG Baden-Württemberg v. 16.11.1967, 4 Sa 111/67). Dies ist beispielsweise auch der Fall, wenn ein ranghoher Mitarbeiter gegenüber Kunden des Arbeitgebers Äußerungen tätigt, welche die nationalsozialistischen Verbrechen gegenüber Juden verharmlosen. Derartiges Verhalten stellt nicht nur einen Verstoß gegen Rücksichtnahmepflichten dar, sondern schädigt auch den Ruf des Arbeitgebers und kann eine außerordentliche Kündigung ohne vorherige Abmahnung rechtfertigen (LAG Berlin-Brandenburg v. 17.1.2020, 9 Sa 434/19).

## 24. Selbstbeurlaubung

Der eigenmächtige Urlaubsantritt ohne Einverständnis des Arbeitgebers rechtfertigt grundsätzlich die außerordentliche Kündigung (BAG v. 20.1.1994, 2 AZR 521/93, ZTR 1994, 300; BAG v. 20.5.2021, 2 AZR 457/20, ZTR 2021, 520). Auch eine unbefugte Überschreitung des Urlaubs kann eine außerordentliche Kündigung begründen. Hierbei kommt es jedoch darauf an, ob die Überschreitung erheblich ist oder ob aus anderen Gründen auf Beharrlichkeit geschlossen werden kann (LAG Düsseldorf v. 29.4.1981, 22 Sa 82/81). Eine Urlaubsüberschreitung von einem Tag (LAG Düsseldorf v. 17.3.1959, 3 Sa 7/59) oder bei einem bereits seit zehn Jahren bestehenden Arbeitsverhältnisses von sechs Tagen wurde in der Rechtsprechung als Grund für eine außerordentliche Kündigung abgelehnt.

 **WICHTIG!**

Die Zwei-Wochen-Frist des § 626 Abs. 2 BGB beginnt mit der Rückkehr des Arbeitnehmers aus dem eigenmächtig genommenen/verlängerten Urlaub zu laufen (BAG v. 25.2.1983, 2 AZR 298/81). Bei positiver Kenntnis des Kündigungsberechtigten vom eigenmächtigen Urlaubsantritt kann die Frist auch früher zu laufen beginnen.

 **ACHTUNG!**

Nach dem LAG Rheinland-Pfalz (Urt. v. 28.1.2016, 2 Sa 216/15) trifft den Arbeitgeber die Darlegungs- und Beweislast auch für diejenigen Tatsachen, die einen vom gekündigten Arbeitnehmer behaupteten Rechtfertigungs- oder Entschuldigungsgrund ausschließen. Behauptet der Arbeitnehmer z. B., seinem Fernbleiben von der Arbeit läge zugrunde, dass er seinen Arbeitgeber um Urlaub für ein Bewerbungsgespräch bei einem anderen Unternehmen gebeten habe und der Arbeitgeber darauf antworte, dass der Arbeitnehmer gar nicht mehr wieder kommen brauche, obliegt es dem Arbeitgeber dies zu widerlegen.

## 25. Sittliche Verfehlungen/Sexuelle Belästigungen

Sittliche Verfehlungen und sexuelle Belästigungen stellen grundsätzlich einen wichtigen Grund für eine außerordentliche Kündigung dar. Eine sexuelle Belästigung am Arbeitsplatz liegt nach § 3 Abs. 4 des AGG vor, wenn ein unerwünschtes, sexuell bestimmtes Verhalten, wozu auch unerwünschte sexuelle Handlungen und Aufforderungen zu diesen, sexuell bestimmte körperliche Berührungen, Bemerkungen sexuellen Inhalts sowie unerwünschtes Zeigen und sichtbares Anbringen von pornografischen Darstellungen gehören, bezweckt oder bewirkt, dass die Würde der betreffenden Person verletzt wird, insbesondere wenn ein von Einschüchterungen, Anfeindungen, Erniedrigungen, Entwürdigungen oder Beleidigungen gekennzeichnetes Umfeld geschaffen wird. Der Arbeitgeber ist gehalten, solchen Belästigungen mit angemessenen arbeitsrechtlichen Maßnahmen entgegenzutreten. Soweit dies mit einer Umsetzung des Arbeitnehmers oder durch den Ausspruch einer Abmahnung möglich ist, muss einer Kündigung eine entsprechende Maßnahme vorausgehen. Eine außerordentliche Kündigung setzt ferner voraus, dass die belästigte Person die sexuellen Handlungen „erkennbar ablehnt" (vgl. BAG v. 25.3.2004, 2 AZR 341/03). In Einzelfällen kann eine fristlose Kündigung auch ohne vorherige Abmahnung gerechtfertigt sein, wenn ein langjährig (hier: über 30 Jahre!) beschäftigter Arbeitnehmer unter Ausnutzung seiner Vorgesetztenstellung ihm unterstellte Mitarbeiter(innen) gezielt und wiederholt unerwünscht berührt und ihnen pornografisches Bildmaterial mit der Bemerkung vorlegt, dass er solches auch von ihnen anfertigen könne (LAG Schleswig-Holstein v. 27.9.2006, 3 Sa 163/06). Wiegt das Fehlverhalten so schwer, dass eine Hinnahme offensichtlich ausgeschlossen sei, wie bei einem mehraktigen sexuellen Übergriff auf eine Arbeitskollegin, der die Vertrauensgrundlage endgültig zerstört hat, ist eine Abmahnung entbehrlich. Auch wird eine fristlose Kündigung in solch einem Fall nicht dadurch ausgeschlossen, dass der Arbeitnehmer bereits ordentlich gekündigt und bis zum Ende der Kündigungsfrist unwiderruflich freigestellt worden ist (LAG Köln v. 2.3.2018, 6 Sa 952/17).

Stellt ein Arbeitnehmer einer Kollegin unter bewusster Missachtung ihres entgegenstehenden Willens im Betrieb oder im Zusammenhang mit der geschuldeten Tätigkeit beharrlich nach (sog. Stalking), ist dies ebenfalls als an sich wichtiger Grund im Sinne des § 626 Abs. 1 BGB geeignet (BAG v. 19.4.2012, 2 AZR 258/11). Dabei ist nicht die strafrechtliche Einordnung als „Stalking" im Sinne des § 238 StGB entscheidend, sondern vielmehr die mit dem Verhalten des Arbeitnehmers verbundene Störung des Betriebsfriedens.

### 26. Spesenbetrug

Vorsätzliche Unkorrektheiten bei der Spesenabrechnung berechtigen den Arbeitgeber zur außerordentlichen Kündigung, es sei denn, dass er entsprechende Verfehlungen in der Vergangenheit bereits hingenommen hat (vgl. BAG v. 2.6.1960, 2 AZR 91/58 und BAG v. 22.11.1962, 2 AZR 42/62). Bei einem Arbeitnehmer in besonderer Vertrauensstellung kann schon ein einmaliger und geringfügiger Fall von Spesenbetrug für eine außerordentliche Kündigung ausreichen (BAG v. 6.9.2007, 2 AZR 264/06).

### 27. Straftaten (Tatkündigung)

Straftaten während des Arbeitsverhältnisses berechtigen – abhängig von der Art und der Schwere des begangenen Delikts – zur außerordentlichen Kündigung. Dies gilt insbesondere bei Straftaten gegenüber dem Arbeitgeber (z. B. Diebstahl, Spesenbetrug, Körperverletzung). Wer z. B. private Briefe auf Firmenkosten verschickt, riskiert die fristlose Kündigung. Dies gilt auch, wenn es sich nur um einzelne Briefe handelt und der entsprechende Schaden für das Unternehmen gering ist. Das Verhalten des Arbeitnehmers wird als ein strafrechtlich relevantes „Erschleichen von Leistungen" gewertet, das ohne vorherige Abmahnung Grund zur fristlosen Kündigung gibt. Ein Beschäftigter muss auch ohne ausdrücklichen Hinweis der Vorgesetzten wissen, dass er das Unternehmen nicht mit den Kosten seiner privaten Briefkorrespondenz belasten darf (Hessisches LAG v. 14.5.2007, 16 Sa 1885/06). Die rechtswidrige Verwendung von Betriebsmitteln zur Herstellung von Raubkopien stellt grds. ohne Weiteres einen wichtigen Grund dar (LAG Sachsen-Anhalt v. 19.12.2014, 4 Sa 10/14). Das gilt im besonderen Maße, wenn es sich bei dem Arbeitgeber um eine Justizbehörde handelt (BAG v. 16.7.2015, 2 AZR 85/15). Ebenso kann eine außerordentliche Kündigung ohne Abmahnung selbst bei langer Betriebszugehörigkeit gerechtfertigt sein, wenn ein Arbeitnehmer während einer Pandemie eine Ein-Liter-Flasche Desinfektionsmittel aus dem Betrieb entwendet (LAG Düsseldorf v. 14.1.2021, 5 Sa 483/20, ZTR 2021, 413). Die ernsthafte Bedrohung des Vorgesetzten, Arbeitgebers oder der Kollegen und deren Familie mit körperlicher Gewalt rechtfertigt eine fristlose Kündigung (LAG Düsseldorf v. 19.1.2022, 12 Sa 705/21).

 **WICHTIG!**

„Die Verletzung des Eigentums oder Vermögens des Arbeitgebers ist nicht nur ,unter Umständen', sondern stets als wichtiger Grund zur außerordentlichen Kündigung an sich geeignet" (BAG v. 11.12.2003, 2 AZR 36/03).

Diebstahlsfälle können deshalb selbst bei geringem Warenwert und auch bei langjähriger Beschäftigungsdauer eine fristlose Kündigung rechtfertigen, selbst wenn die rechtswidrige Handlung zu einem nur geringfügigen oder möglicherweise zu gar keinem Schaden geführt hat (so das BAG für den Fall, dass eine Verkäuferin eines Einzelhandelsunternehmens eine Schachtel Zigaretten entwendet, vgl. BAG v. 21.6.2012, 2 AZR 153/11, ZTR 2012, 596). Dies gilt grds. auch, wenn das Vermögensdelikt zulasten eines Vertragspartners des Arbeitgebers begangen wurde (LAG Sachsen v. 29.1.2015, 1 Sa 407/14).

Eine vorherige Abmahnung ist in solchen Fällen nicht erforderlich, da die Straftaten des Arbeitnehmers die Vertrauensgrundlage des Arbeitsverhältnisses zerstören. Straftaten im Privatbereich hingegen können nur dann eine außerordentliche Kündigung rechtfertigen, wenn hierdurch das Arbeitsverhältnis konkret beeinträchtigt wird, z. B. Vermögensdelikte eines Angestellten in besonderer Vertrauensstellung (LAG Berlin v. 15.12.1989, 2 Sa 29/89, ZTR 1990, 166), Diebstahl während der Freizeit bei einem mit dem Arbeitgeber in enger vertrauensvoller Zusammenarbeit stehenden Vertragspartner (LAG Nürnberg v. 29.8.1985, 1 Sa 4/85). Vor dem Ausspruch einer außerordentlichen Kündigung sollte in solchen Fällen immer geprüft werden, ob der schädigende Einfluss der außerdienstlichen Straftat nicht dadurch gemildert oder aufgehoben werden kann, dass der Arbeitnehmer auf einen anderen Arbeitsplatz versetzt wird.

Von der Kündigung wegen einer Straftat (sog. Tatkündigung) ist die Kündigung wegen des begründeten Verdachts einer Straftat (sog. Verdachtskündigung) zu unterscheiden. Bei der Tatkündigung muss durch den Arbeitgeber ggf. nachgewiesen werden, dass die Straftat tatsächlich begangen worden ist. Wird ein Arbeitnehmer diesbezüglich von einem Strafgericht freigesprochen oder wird das Verfahren eingestellt, so stellt sich die entsprechende Kündigung im Regelfall als unwirksam heraus. Bei der Verdachtskündigung kommt es hingegen nur darauf an, dass ein begründeter dringender Verdacht zum Zeitpunkt der Kündigungserklärung vorlag.

Steht im Raum, dass sich der Arbeitnehmer strafbar gemacht hat, darf der Arbeitgeber mit Blick auf die Ausschlussfrist nach § 626 Abs. 2 BGB den Fort- und Ausgang des Ermittlungs- und Strafverfahrens abwarten und abhängig davon in dessen Verlauf zu einem nicht willkürlich gewählten Zeitpunkt kündigen (BAG v. 2.3.2017, 2 AZR 698/15, ZTR 2017, 613). Für die Wahl des Zeitpunkts bedarf es eines sachlichen Grundes. Wenn der Kündigungsberechtigte neue Tatsachen erfährt oder neue Beweismittel erlangt hat und nunmehr ausreichend Erkenntnisse für eine Kündigung zu haben glaubt, kann er dies zum Anlass für den Ausspruch einer Kündigung nehmen (BAG v. 25.4.2018, 2 AZR 611/17).

Bei der Verurteilung des Arbeitnehmers zu einer Freiheitsstrafe wird die Arbeitsleistung durch die Ladung zum Strafantritt unmöglich, sodass der Arbeitgeber das Arbeitsverhältnis außerordentlich kündigen kann, wenn sich die Arbeitsverhinderung konkret nachteilig auf das Arbeitsverhältnis auswirkt und für den Arbeitgeber zumutbare Überbrückungsmöglichkeiten nicht bestehen (BAG v. 9.3.1995, 2 AZR 497/94). Da der Arbeitnehmer die Arbeitsverhinderung in einem solchen Fall in aller Regel zu vertreten hat, sind dem Arbeitgeber allerdings zur Überbrückung regelmäßig nicht die gleichen Anstrengungen und Belastungen zuzumuten wie etwa bei einer Krankheit (BAG v. 25.11.2010, 2 AZR 984/08, ZTR 2011, 448).

### 28. Surfen im Internet

Bei der privaten Nutzung des Internets am Arbeitsplatz können sich folgende Pflichtverletzungen ergeben:

- ▶ Verstoß gegen ausdrückliches Verbot des Arbeitgebers,

- ▶ Nichterbringung der geschuldeten Arbeitsleistung während des Surfens,

- ▶ Verletzung von Nebenpflichten durch das Herunterladen erheblicher Datenmengen auf das betriebliche Datensystem (unbefugter Download),

- ▶ Verursachung von zusätzlichen Kosten zu Lasten des Arbeitgebers,

- ▶ Rufschädigung des Arbeitgebers, wenn strafbare oder pornografische Darstellungen heruntergeladen werden.

Grundsätzlich kann die private Nutzung des Internets am Arbeitsplatz nur zu einer außerordentlichen Kündigung führen, wenn diese vom Arbeitgeber zuvor ausdrücklich verboten wurde. Nutzt der Arbeitnehmer während der Arbeitszeit das Internet in erheblichem zeitlichem Umfang („ausschweifend") zu privaten Zwecken, so kann er auch bei Fehlen eines ausdrücklichen Verbots grundsätzlich nicht darauf vertrauen, der Arbeitgeber werde dies tolerieren. In diesen Fällen kann eine fristlose Kündigung ohne vorherige Abmahnung gerechtfertigt sein (BAG v. 7.7.2005, 2 AZR 581/04, ZTR 2006, 213).

Lädt ein Arbeitnehmer während der Arbeitszeit pornografisches Bildmaterial aus dem Internet, das er auf Datenträgern des Arbeitgebers speichert und nutzt er den Internetzugang zum Einrichten einer Web-Page sexuellen Inhalts, rechtfertigt dies eine außerordentliche Kündigung (LAG Niedersachsen v. 26.4.2002, 3 Sa 726/01 B). Allein das Aufrufen von Pornoseiten im Internet reicht nicht ohne Weiteres für eine fristlose Kündigung (LAG Rheinland-Pfalz v. 13.5.2004, 4 Sa 1288/03).

Selbst der Verstoß gegen ein ausdrückliches Verbot jeglicher privater Internetnutzung in Kombination mit dem Herunterladen von pornografischem Bildmaterial schaffen allerdings keinen absoluten Kündigungsgrund. Auch in einem solchen Fall ist die Verhältnismäßigkeit einer außerordentlichen Kündigung anhand aller Umstände des Einzelfalles und unter Abwägung der Interessen beider Vertragsteile zu prüfen. Bei langer Betriebszugehörigkeit und fehlender Wiederholungsgefahr kann insbesondere eine vorherige Abmahnung des Arbeitnehmers geboten sein (BAG v. 19.4.2012, 2 AZR 186/11, ZTR 2013, 103).

Installiert ein Arbeitnehmer verbotswidrig sog. Anonymisierungssoftware, die eine Kontrolle der technischen Betriebsmittel des Arbeitgebers erheblich erschwert oder vereitelt, kann eine außerordentliche Kündigung ohne vorherige Abmahnung gerechtfertigt sein (BAG v. 12.1.2006, 2 AZR 179/05, ZTR 2006, 559).

Der Einsatz eines Software-Keyloggers ist nach der Rechtsprechung des BAG verboten, wenn kein auf den Arbeitnehmer bezogener, durch konkrete Tatsachen begründeter Verdacht einer Straftat oder anderen schwerwiegenden Pflichtverletzung besteht (BAG v. 27.7.2017, 2 AZR 681/16, ZTR 2017, 682). Erhebt der Arbeitgeber dennoch Daten unter Verstoß gegen datenschutzrechtliche Bestimmungen, so können diese in einem Kündigungsschutzprozess einem Sachvortragsverwertungsverbot unterfallen. Der Arbeitgeber kann die Kündigung auf den entsprechenden Vortrag dann nicht stützen. Gleiches gilt auch bei der datenschutzwidrigen Auswertung privater E-Mails durch den Arbeitgeber (LAG Hessen v. 21.9.2018, 10 Sa 601/18).

### 29. Tätliche Auseinandersetzung

Tätliche Auseinandersetzungen im Betrieb rechtfertigen grundsätzlich eine außerordentliche Kündigung gegen den angreifenden Arbeitnehmers (BAG v. 30.9.1993, 2 AZR 188/93). Während der Corona-Pandemie konnte ein vorsätzliches Anhusten eines Arbeitskollegen mit den Worten „Ich hoffe, du bekommst Corona" eine fristlose Kündigung des Arbeitnehmers ohne Abmahnung rechtfertigen (LAG Düsseldorf v. 27.6.2021, 3 Sa 646/20).

### 30. Telefongespräche

Private, unerlaubte Telefongespräche können grundsätzlich erst nach erfolgloser Abmahnung eine außerordentliche Kündigung rechtfertigen (LAG Düsseldorf v. 14.2.1963, 7 Sa 507/62). Voraussetzung hierfür ist regelmäßig ein ausdrückliches betriebliches Verbot, Diensttelefone für private Telefonate zu benutzen. Entsprechendes gilt für die unerlaubte Anfertigung von privaten Fotokopien.

 **ACHTUNG!**

In Ausnahmefällen kann die übermäßige Privatnutzung eines Diensthandys auch ohne vorhergehende Abmahnung die Kündigung des Arbeitnehmers rechtfertigen. Dies gilt nach Auffassung des Hessischen Landesarbeitsgerichts auch dann, wenn dem Mitarbeiter die Privatnutzung des Telefons vorher nicht ausdrücklich untersagt wurde (Hessisches LAG v. 25.1.2005, 5 Sa 1299/04). Ein exzessives Ausmaß der Privatnutzung ist nach Ansicht des LAG Mecklenburg-Vorpommern regelmäßig bei einem Zeitanteil der Telefonate von 15 % bis 20 % der Arbeitszeit anzunehmen (LAG Mecklenburg-Vorpommern v. 17.1.2017, 5 TaBV 8/16).

Auch bei kostenträchtigen Auslandsgesprächen und der Anwahl von 0190er-Nummern kann eine Abmahnung entbehrlich sein (LAG Hamm v. 30.5.2005, 8 [17] Sa 1773/04; ebenso Hessisches LAG v. 25.7.2011, 17 Sa 153/11).

Grundsätzlich ist es dem Arbeitgeber untersagt, ohne Einwilligung des Arbeitnehmers Telefongespräche abzuhören bzw. von Dritten mithören zu lassen. Durch das zielgerichtete heimliche Abhören bzw. Mithörenlassen von Telefongesprächen wird das allgemeine Persönlichkeitsrecht des Betroffenen verletzt. Hieraus resultiert grundsätzlich ein sog. Beweisverwertungsverbot; d. h. ein Gericht darf die so erlangten Beweise nicht verwerten. Konnte jedoch ein Dritter zufällig, ohne dass der beweispflichtige Arbeitgeber dazu etwas beigetragen hat, ein Telefonat mithören, gilt dieses Beweisverwertungsverbot nicht. Der Dritte darf in diesen Fällen als Zeuge vernommen werden (BAG v. 23.4.2009, 6 AZR 189/08, ZTR 2009, 661).

Darüber hinaus können auch Telefonate von einem privaten Handy aus eine an sich zur außerordentlichen Kündigung berechtigende Vertragsverletzung darstellen; so z. B. wenn ein Chefarzt bei Operationen sein privates Handy dabei hat und dieses während der Operationen auch für private Telefongespräche benutzt (BAG v. 25.10.2012, 2 AZR 495/11, ZTR 2013, 277). Der Chefarzt hatte sich das Handy vom Operationspersonal ans Ohr halten lassen und so unter anderem Telefonate mit seiner Ehefrau geführt. Trotz diesem schwerwiegenden Vertragsverstoß, der zu Gesundheitsgefährdungen Dritter führen kann, hielt das BAG die außerordentliche Kündigung des Arztes aber aufgrund seiner sozialen Schutzbedürftigkeit und der fehlenden vorherigen Abmahnung letztendlich für unwirksam.

## 31. Unpünktlichkeit

Häufige Unpünktlichkeit trotz mehrfacher Abmahnung kann Grund zur außerordentlichen Kündigung sein (BAG v. 17.8.1988, 2 AZR 576/87, ZTR 1989, 289). In einer herausragenden Entscheidung hat das BAG die außerordentliche Kündigung eines Arbeitnehmers, der in 1½ Jahren einhundertviermal verspätet zur Arbeit kam und sechsmal abgemahnt worden ist, nicht ohne Weiteres als außerordentlichen Kündigungsgrund anerkannt, sondern eine durch die Verspätungen verursachte betriebliche Störung verlangt (BAG v. 17.1.1991, 2 AZR 375/90, ZTR 1991, 302).

## 32. Verdachtskündigung

Besteht der begründete Verdacht, dass ein Arbeitnehmer eine Straftat oder einen sonstigen schwerwiegenden Pflichtverstoß begangen hat, kann der dringende Verdacht einen wichtigen Grund zur außerordentlichen Kündigung darstellen, wenn hierdurch das zur Fortsetzung des Arbeitsverhältnisses notwendige Vertrauen in die Rechtschaffenheit des Arbeitnehmers zerstört ist oder in anderer Hinsicht eine unerträgliche Belastung des Arbeitsverhältnisses entsteht (vgl. BAG v. 3.4.1986, 2 AZR 324/85). Der Hintergrund einer Verdachtskündigung ist nicht die eigentliche Tat des Arbeitnehmers, sondern die durch den begründeten Verdacht herbeigeführte Zerstörung des Vertrauensverhältnisses. Der Arbeitgeber hat deshalb im Verfahren bestimmte Tatsachen darzulegen, die unmittelbar den Schluss zulassen, der Arbeitnehmer sei eines bestimmten, die Kündigung rechtfertigenden Verhaltens dringend verdächtig. Zu diesem Zweck kann sich der Arbeitgeber zwar etwaige Ermittlungsergebnisse der Strafverfolgungsbehörden zu eigen machen und sie im Verfahren als eigene Behauptungen vortragen. Es genügt nicht, wenn er anstelle von unmittelbar verdachtsbegründenden Tatsachen lediglich den Umstand vorträgt, dass auch die Strafverfolgungsbehörden von einem Tatverdacht ausgingen (BAG v. 25.10.2012, 2 AZR 700/11, ZTR 2013, 275). Erstreckt sich der Verdacht bei einer außerordentlichen Verdachtskündigung auf zwei sich gegenseitig ausschließende Sachverhaltskonstellationen, ohne dass eine der denkbaren Konstellationen wahrscheinlicher ist als die andere, ist die Verdachtskündigung im Sinne einer Wahlfeststellung nur dann gerechtfertigt, wenn jede der beiden denkbaren Konstellationen die Voraussetzungen einer außerordentlichen Verdachtskündigung erfüllt (LAG Rheinland-Pfalz v. 2.3.2018, 1 Sa 197/17).

### Beispiele

Lässt sich ein Kundendienstmonteur dahin ein, er habe die von ihm über ein Internetauktionshaus verkauften Telekommunikationsartikel der gleichen Art, wie er sie bei seiner dienstlichen Tätigkeit zu verwenden hat, von unbekannten Personen auf Flohmärkten erworben und in öffentlichen Müllbehältern gefunden, so handelt es sich nach Auffassung des LAG Köln um eine in solchen Fällen typische Schutzbehauptung. Das Anpreisen der angebotenen Telekommunikationsartikel als „neu" und „originalverpackt", das Einstellen der Artikel mit sehr niedrigen Startpreisen, die fehlende Vorlage von Verkaufsbelegen sowie das Erzielen einer sehr hohen Anzahl von positiven Urteilen in der Bewertungsplattform eines Internetauktionshauses sind als Indizien für einen dringenden Diebstahlsverdacht zu werten (LAG Köln v. 16.1.2007, 9 Sa 1033/06). Dennoch sollte der Arbeitgeber in diesen Fällen nicht wegen der Tat als solcher, sondern wegen des dringenden Tatverdachts kündigen, da er so nicht den Nachweis der Straftat, sondern nur den des zum Kündigungszeitpunkt objektiv begründeten Verdachts führen muss.

Der auf Tatsachen beruhende Verdacht, ein Arbeitnehmer habe mit Fahrzeugen des Arbeitgebers zu Lasten von dessen Haftpflichtversicherung Schäden in Absprache mit den Unfallgegnern verursacht, kann eine außerordentliche Kündigung aus wichtigem Grund rechtfertigen. Voraussetzung hierfür ist jedoch, dass starke Verdachtsmomente vorliegen, die auf objektiven Tatsachen beruhen (BAG v. 29.11.2007, 2 AZR 724/06, 2 AZR 725/06, 2 AZR 1067/06, 2 AZR 1068/06).

Ein Krankenpfleger in einer psychiatrischen Klinik begeht eine besonders schwere Pflichtverletzung, wenn er seine Stellung als Pfleger zur Befriedigung seiner geschlechtlichen Triebe ausnutzt. Schon der dringende Verdacht des Missbrauchs psychisch kranker Personen kann einen wichtigen Grund zur außerordentlichen Kündigung darstellen (BAG v. 12.3.2009, 2 ABR 24/08, ZTR 2009, 658).

Besteht ein dringender Verdacht, dass ein für die Pflege der Kundenkontakte zuständiger Arbeitnehmer Geld des Arbeitgebers unerlaubt für sich vereinnahmt oder Kundenmitarbeitern unerlaubt Vorteile zuwendet, so ist dies „an sich" geeignet, einen wichtigen Grund im Sinne des § 626 Abs. 1 BGB darzustellen (BAG v. 21.6.2012, 2 AZR 694/11, ZTR 2013, 159). Voraussetzung ist, dass der Arbeitgeber hinreichende Umstände vorträgt, die einen solchen dringenden Verdacht auch rechtfertigen.

Eine Verdachtskündigung kommt nur in Betracht, wenn die dem Arbeitnehmer vorgeworfene Handlung auch im Falle ihrer tatsächlichen Begehung eine außerordentliche Kündigung rechtfertigen würde. Deshalb genügt nicht jeder Verdacht eines strafbaren Verhaltens, sondern nur ein solcher, der sich auf eine arbeitsvertraglich relevante Straftat des Arbeitnehmers richtet. Zudem ist nicht die strafrechtliche Bewertung der vorgeworfenen Handlung für die kündigungsrechtliche Beurteilung maßgebend, sondern vielmehr der Verstoß gegen vertragliche Haupt- oder Nebenpflichten und der hiermit verbundene Vertrauensbruch (BAG v. 24.5.2012, 2 AZR 206/11; BAG v. 25.10.2012, 2 AZR 700/11, ZTR 2013, 275). Das Verhalten muss deshalb keinen Straftatbestand erfüllen, um als an sich wichtiger Grund in Betracht zu kommen (BAG v. 21.6.2012, 2 AZR 694/11, ZTR 2013, 159).

 **TIPP!**

Hat der Arbeitgeber bereits eine Verdachtskündigung erklärt und tritt hiernach eine den Verdacht der Pflichtverletzung verstärkende Tatsache ein, berechtigt ihn diese neue Tatsache zum Ausspruch einer erneuten Verdachtskündigung, auch wenn der zu Grunde liegende Sachverhalt nicht auf neuen Erkenntnissen beruht (BAG v. 27.1.2011, 2 AZR 825/09, ZTR 2011, 510). Die Frist des § 626 Abs. 2 BGB beginnt in diesem Fall mit ausreichender Kenntnis von der verdachtsverstärkenden Tatsache erneut zu laufen. Eine den Verdacht der Pflichtverletzung verstärkende Tatsache kann beispielsweise die Erhebung einer öffentlichen Klage haben, da hierdurch die Annahme einer Pflichtverletzung verstärkt würde (BAG v. 27.1.2011, 2 AZR 825/09, ZTR 2011, 510).

Zur Aufklärung des Sachverhalts muss der Arbeitgeber vor Ausspruch der Verdachtskündigung alle ihm zumutbaren Maßnahmen ergriffen haben; hierzu gehört zwingend die Anhörung des Arbeitnehmers. Im Rahmen der Anhörung muss der Arbeitgeber den Arbeitnehmer mit den Verdachtsumständen konfrontieren und ihm Gelegenheit zur Entlastung geben. Eine ordnungsgemäße Anhörung kann auch vorliegen, wenn der Arbeitgeber, ohne dass dies für den Arbeitnehmer erkennbar ist, entschlossen ist, das Arbeitsverhältnis in jedem Fall zu kündigen. An einer ordnungsgemäßen Anhörung fehlt es, wenn dem Arbeitnehmer der Eindruck vermittelt wird, er könne die Kündigung durch etwaige Erklärungen ohnehin nicht mehr abwenden (BAG v. 23.8.2018, 2 AZR 133/18, ZTR 2018, 661).

**ACHTUNG!**

Fordert der Arbeitnehmer nach Eröffnung des Besprechungsgrundes „Anhörung zur Vorbereitung einer gegebenenfalls zu erklärenden außerordentlichen Kündigung wegen des Verdachts" die Hinzuziehung seines Rechtsanwalts, muss dem nachgegeben werden. Die Durchführung der Anhörung ohne den Rechtsanwalt macht die Anhörung unwirksam.

Die Anhörung muss sich auf einen greifbaren Sachverhalt beziehen. Der Arbeitnehmer muss die Möglichkeit haben, bestimmte, zeitlich und räumlich eingegrenzte Tatsachen zu bestreiten oder den Verdacht entkräftende Tatsachen zu bezeichnen und so zur Aufhellung der für den Arbeitgeber im Dunkeln liegenden Geschehnisse beizutragen. Dies ist dem Arbeitnehmer regelmäßig nur möglich, wenn er selbst Kenntnis von den gegen ihn erhobenen Vorwürfen hat. Die Kenntnisse oder das Wissen eines von ihm Bevollmächtigten können dem Arbeitnehmer selbst nicht zugerechnet werden. Daher sollte in jedem Fall die Anhörung des Arbeitnehmers persönlich erfolgen. Weiß ein Arbeitnehmer, hinsichtlich welcher Straftaten der Verdacht beim Arbeitgeber besteht, so ist der Arbeitgeber nicht verpflichtet, so lange abzuwarten, bis der Arbeitnehmer Ermittlungsakten der Staatsanwaltschaft eingesehen hat (BAG v. 13.3.2008, 2 AZR 961/06).

Die Anhörung kann ausnahmsweise entfallen, wenn der Arbeitnehmer von vornherein erklärt, er wolle sich zu den gegen ihn erhobenen Verdachtsgründen nicht äußern (BAG v. 26.9.2002, 2 AZR 424/01, ZTR 2003, 410).

**ACHTUNG!**

Die Verdachtskündigung ist strikt von der Tatkündigung zu unterscheiden. Aus diesem Grund muss der Arbeitgeber den Personal- bzw. Betriebsrat zu der jeweiligen Kündigungsart (oder zu beiden) anhören (BAG v. 16.7.2015, 2 AZR 85/15).

**ACHTUNG!**

Ist eine Verdachtskündigung als solche mangels Anhörung des Arbeitnehmers unwirksam, schließt das nicht aus, die in der (Verdachts-)Kündigung erhobenen Vorwürfe als Kündigungsgrund zu berücksichtigen. Das setzt voraus, dass diese geeignet sind, den Tatsachenrichter vom Vorliegen einer entsprechenden Tat zu überzeugen und damit die Kündigung unter dem Gesichtspunkt einer Tatkündigung zu rechtfertigen. Selbst wenn der Arbeitgeber die Arbeitnehmervertretung lediglich zu einer beabsichtigten Verdachtskündigung angehört hat, schließt dies die Anerkennung einer nachgewiesenen Pflichtwidrigkeit als Kündigungsgrund jedenfalls dann nicht aus, wenn der Arbeitnehmervertretung alle Tatsachen mitgeteilt worden sind, die – ggf. auch im Rahmen des Nachschiebens von Kündigungsgründen – nicht nur den Verdacht, sondern den Tatvorwurf selbst begründen (BAG v. 23.6.2009, 2 AZR 474/07, ZTR 2009, 660).

**WICHTIG!**

Eine Überwachung des Personals durch technische Einrichtungen (z. B. Videokamera) ist nur unter besonderen Voraussetzungen zulässig. Eine Überwachung kommt in Betracht, wenn beispielsweise ein konkreter Diebstahlsverdacht gegenüber dem Angestellten besteht und sonst kein (milderes und geeignetes) Mittel zur Aufklärung eines konkreten Verdachts strafbarer Handlungen oder sonstiger schwerwiegender Verfehlungen zu Lasten des Arbeitgebers in Betracht kommt (BAG v. 27.3.2003, 2 AZR 51/02, ZTR 2004, 98; BAG v. 20.10.2016, 2 AZR 395/15; BAG v. 22.9.2016, 2 AZR 848/15). Zu beachten ist insoweit auch die betriebliche Mitbestimmung! Der Betriebsrat kann seine Zu-

stimmung zu Überwachungsmaßnahmen mit der Begründung verweigern, dass durch die Videoüberwachung in unangemessener Weise in die Persönlichkeitsrechte der Arbeitnehmer eingegriffen werde (vgl. BAG v. 29.6.2004, 1 ABR 21/03, ZTR 2005, 99).

Der Arbeitgeber hat seine Mitarbeiter bei der Ausübung ihrer Tätigkeit auch im Hinblick auf die Vertraulichkeit des Wortes zu schützen. Das nicht öffentlich gesprochene Wort eines anderen darf – auch im Betrieb – nicht heimlich mitgeschnitten werden. Der heimliche Mitschnitt eines Personalgesprächs durch einen Arbeitnehmer ist deshalb an sich geeignet, eine außerordentliche Kündigung dieses Arbeitnehmers zu rechtfertigen, da er seine aus § 241 Abs. 2 BGB folgende Pflicht zur Rücksichtnahme auf die Interessen des Arbeitgebers verletzt hat (BAG v. 19.7.2012, 2 AZR 989/11).

Das Interesse von Beschäftigten, nicht von einer verdeckten Videoüberwachung erfasst zu werden, ist bei Arbeitnehmern, die sich unter Verletzung eines Zutrittsverbots in einem überwachten Bereich aufhalten, erheblich gemindert. Zudem gebietet es der Schutzzweck von § 32 BDSG nicht, datenschutzrechtswidrig erlangte Beweismittel oder hierauf beruhenden unstreitigen Sachvortrag des Arbeitgebers im Kündigungsschutzprozess mit einem Arbeitnehmer unverwertet zu lassen, wenn sich die Maßnahme nur wegen der Betroffenheit anderer (dritter) Arbeitnehmer als unzulässig darstellt (BAG v. 20.10.2016, 2 AZR 395/15). Sind Videosequenzen, die vorsätzliches Verhalten zulasten der anderen Partei zeigen, nur aufgrund der Gefahr eines Missbrauchs zu löschen, führt der Verstoß gegen die Löschpflicht nicht zu einem Verwertungsverbot im Zivilprozess (BAG v. 23.8.2018, 2 AZR 133/18, ZTR 2018, 661).

### 33. Verschwiegenheitspflicht

Die grobe Verletzung der arbeitsrechtlichen Verschwiegenheitspflicht kann – abhängig von den Umständen des Einzelfalls – eine außerordentliche Kündigung begründen (BAG v. 4.4.1974, 2 AZR 452/73). Nicht gerechtfertigt ist eine Kündigung unter Umständen, wenn der Arbeitnehmer in Wahrnehmung eigener Interessen oder in verständiger Sorge um den Betrieb gehandelt hat, etwa wenn der Arbeitgeber Aufwendungen tätigt, die seine finanziellen Kräfte übersteigen (BAG v. 22.7.1965, 2 AZR 384/64). Berechtigt ist die außerordentliche Kündigung jedenfalls, wenn ein Angestellter unrichtige Behauptungen über die wirtschaftliche und finanzielle Lage seines Arbeitgebers verbreitet und diesem dadurch Nachteile erwachsen.

### 34. Vollmachtsmissbrauch

Wurde dem Arbeitnehmer von seinem Arbeitgeber Vertretungsmacht eingeräumt, darf er diese nicht überschreiten. Eine geringfügige und einmalige Vollmachtsüberschreitung kann eine Kündigung grundsätzlich nicht rechtfertigen. Bei wiederholten Verstößen ist jedoch eine außerordentliche Kündigung aus wichtigem Grund zulässig (BAG v. 26.11.1964, 2 AZR 211/63). Dies gilt nicht, wenn der Arbeitgeber die Vollmachtüberschreitung zuvor – womöglich mehrfach – unbeanstandet gelassen hat.

### 35. Wettbewerb

Der Arbeitnehmer unterliegt während des bestehenden Arbeitsverhältnisses einem Wettbewerbsverbot. Arbeitet der Arbeitnehmer trotz dieses Wettbewerbsverbots für ein Konkurrenzunternehmen, kann eine fristlose Kündigung berechtigt sein (BAG v. 6.8.1987, 2 AZR 226/87; BAG v. 25.4.1991, 2 AZR 624/90). Das vertragliche Wettbewerbsverbot gilt während der gesamten rechtlichen Dauer des Arbeitsverhältnisses. Deshalb darf ein Arbeitnehmer grundsätzlich auch nach Ausspruch einer von ihm gerichtlich angegriffenen außerordentlichen Kündigung des Arbeitgebers keine Konkurrenztätigkeit ausgeübt haben, wenn die Kündigung sich später als unwirksam herausstellt (BAG v. 28.1.2010, 2 AZR 1008/08, ZTR 2010, 487). Die fehlerhafte Angabe im XING-Profil eines Arbeitnehmers, wonach dieser als „Freiberufler" tätig sei, stellt ohne Hinzutreten weiterer Umstände keine aktive Werbung für eine Konkurrenztätigkeit und damit keinen Verstoß gegen das Verbot der Wettbewerbstätigkeit im bestehenden Arbeitsverhältnis dar (LAG Köln v. 7.2.2017, 12 Sa 745/16).

### 36. Zeugenaussage gegen den Arbeitgeber

Sagt ein Arbeitnehmer im Rahmen eines staatsanwaltlichen Ermittlungsverfahrens gegen seinen Arbeitgeber (wahrheitsgemäß) aus und übergibt er auf Aufforderung der Staatsanwaltschaft Unterlagen, so kann ihm deshalb nicht außerordentlich gekündigt werden (BVerfG v. 2.7.2001, 1 BvR 2049/00).

## IV. Kündigung durch den Arbeitnehmer

### 1. Wichtiger Grund

Die außerordentliche Kündigung des Arbeitnehmers setzt ebenfalls das Vorliegen eines wichtigen Grundes voraus. Ein solcher wichtiger Grund kann sich z. B. durch wiederholte Vertragsverletzung seitens des Arbeitgebers ergeben.

Beispiele einer außerordentlichen arbeitnehmerseitigen Kündigung sind:

- Nichterfüllung der Beschäftigungspflicht (BAG v. 19.8.1976, 3 AZR 173/75);
- Unberechtigte Suspendierung eines leitenden Angestellten von der Arbeit (BAG v. 8.3.1956, 2 AZR 622/54);
- die Weigerung, eine zugesagte Prokura zu erteilen (BAG v. 17.9.1970, 2 AZR 439/69).

In diesem Zusammenhang stellt sich die Frage, ob ein Verzug des Arbeitgebers mit seiner Hauptleistungspflicht einen wichtigen Grund für eine außerordentliche Kündigung darstellt. Einen wichtigen Grund stellt ein Verzug mit Lohn- und Gehaltszahlungen dann dar, wenn es über einen längeren Zeitraum wiederholt oder aber in einer erheblichen Höhe zu Lohn- bzw. Gehaltsrückständen kommt. Die Wirksamkeit der außerordentlichen Kündigung setzt voraus, dass der Arbeitnehmer den Arbeitgeber zuvor erfolglos zur Zahlung aufgefordert und ggf. abgemahnt hat (vgl. ArbG Frankfurt a. M. v. 23.8.2004, 9 Ca 2241/03). Indes kann die Abmahnung entbehrlich sein, wenn keine Aussicht auf Rückkehr des Arbeitgebers zu vertragskonformen Verhalten besteht, der Arbeitgeber also z. B. erklärt, dass er zur Zahlung des Lohns weder in der Lage noch bereit sei (BAG v. 26.7.2007, 8 AZR 796/06). Falls der Arbeitgeber den geforderten Lohn dem Grunde oder der Höhe nach bestreitet, wird dem Arbeitnehmer in der Regel vor Ausspruch der außerordentlichen Kündigung eine arbeitsgerichtliche Klärung zuzumuten sein.

Eine außerordentliche Kündigung des Arbeitnehmers kann gerechtfertigt sein, wenn der Arbeitgeber zwingende Normen des Arbeitsschutzrechts (z. B. dauerhafte Überschreitung der zulässigen Arbeitszeit) ständig missachtet. Ebenso kann eine außerordentliche Kündigung gerechtfertigt sein, wenn der Arbeitgeber sich weigert, den Arbeitnehmer vertragsgemäß zu beschäftigen (LAG Köln v. 21.1.2023, 4 SaGa 16/22).

Ein einmaliges oder besonders attraktives Jobangebot eines anderen Arbeitgebers stellt hingegen keinen wichtigen Grund für eine außerordentliche Kündigung dar. Hierauf kann sich der Arbeitnehmer auch dann nicht berufen, wenn es sich um eine außergewöhnliche Chance für sein berufliches Fortkommen handelt. Er ist in der Regel darauf zu verweisen, das Arbeitsverhältnis mit der ordentlichen Kündigungsfrist zu kündigen. Nur in ganz besonderen Ausnahmefällen (insbesondere bei außergewöhnlich langer Vertragsbindung) kann eine außerordentliche Kündigung in Betracht kommen.

### 2. Ausschlussfrist

Die in § 626 Abs. 2 BGB geregelte Ausschlussfrist gilt auch für die außerordentliche Kündigungserklärung des Arbeitnehmers. Er muss eine außerordentliche Kündigung innerhalb von zwei Wochen nach Kenntniserlangung des Kündigungsgrunds erklären.

> **WICHTIG!**
>
> Ebenso wie der Arbeitgeber hat der Arbeitnehmer auf Verlangen des Arbeitgebers die Kündigungsgründe gemäß § 626 Abs. 2 S. 3 BGB mitzuteilen.

# Beendigung des Arbeitsverhältnisses ohne Kündigung

**Wegweiser:**

§ 33 TVöD/TV-L regelt die Beendigung des Arbeitsverhältnisses wegen Erreichens einer Altersgrenze, die Beendigung des Arbeitsverhältnisses durch Auflösungsvertrag und die Beendigung des Arbeitsverhältnisses wegen festgestellter voller oder teilweiser Erwerbsminderung. Bei teilweiser Erwerbsminderung ist in § 33 Abs. 3 TVöD/TV-L vorgesehen, dass das Arbeitsverhältnis unter bestimmten Voraussetzungen nicht endet. Soll der Beschäftigte, dessen Arbeitsverhältnis infolge des Erreichens der Altersgrenze geendet hat, weiter beschäftigt werden, ist ein neuer schriftlicher Arbeitsvertrag abzuschließen, wobei das Arbeitsverhältnis nach § 33 Abs. 5 S. 2 jederzeit mit einer Frist von vier Wochen zum Monatsende gekündigt werden kann, wenn im Arbeitsvertrag nichts anderes vereinbart ist.

Damit regelt § 33 TVöD/TV-L verschiedene Fälle der Beendigung des Arbeitsverhältnisses, die mit Ausnahme des Auflösungsvertrages nachfolgend dargestellt werden.

Ausführlich hierzu Breier/Dassau, TVöD/TV-L Komm. § 33, Rn. 11 ff.

Der Auflösungsvertrag wird auch als → *Aufhebungsvertrag* bezeichnet und ist unter diesem Stichwort kommentiert.

**I.  Beendigung wegen Erreichens der tarifvertraglichen Altersgrenze**
    1.  Wirksamkeit der Regelung
    2.  Arbeitsrechtliche Besonderheiten
    3.  Bestimmung der Regelaltersgrenze
    4.  Berechnung des Beendigungszeitpunkts

**II.  Beendigung wegen verminderter Erwerbsfähigkeit**
    1.  Wirksamkeit der Regelung
    2.  Teilweise und volle Erwerbsminderung
    3.  Zustellung des Rentenbescheids
    4.  Zeitpunkt der Beendigung des Arbeitsverhältnisses
    5.  Beginn der Rente nach Zustellung des Rentenbescheids

6. Zustimmung des Integrationsamtes bei schwerbehinderten Arbeitnehmern

7. Keine Beendigung des Arbeitsverhältnisses bei Gewährung einer Rente auf Zeit

    7.1 Grundsatz: Gewährung einer Rente auf Zeit

    7.2 Ruhen statt Beendigung des Arbeitsverhältnisses

    7.3 Rechtsfolgen des Ruhens des Arbeitsverhältnisses

8. Unterrichtungspflicht

9. Klagefrist

**III. Weiterbeschäftigungsmöglichkeit bei teilweiser oder voller Erwerbsminderung**

1. Weiterbeschäftigungsmöglichkeit bei teilweiser Erwerbsminderung

    1.1 Geeigneter und freier Arbeitsplatz

    1.2 Form und Frist des Weiterbeschäftigungsverlangens

2. Weiterbeschäftigungsmöglichkeit bei voller Erwerbsminderung

**IV. Beendigung des Arbeitsverhältnisses durch ärztliches Gutachten**

1. Schuldhafte Verzögerung des Rentenantrags

2. Weitere Fälle

**V. Weiterbeschäftigung über die Regelaltersgrenze**

1. Neuer Arbeitsvertrag

2. Hinausschieben des Beendigungszeitpunktes

## I. Beendigung wegen Erreichens der tarifvertraglichen Altersgrenze

Nach § 33 Abs. 1a) TVöD/TV-L endet das Arbeitsverhältnis mit dem Ablauf des Monats, in dem der Beschäftigte das gesetzlich festgelegte Alter zum Erreichen der Regelaltersrente erreicht (= Regelaltersgrenze) hat.

### 1. Wirksamkeit der Regelung

Eine tarifvertragliche Regelung, die wie § 33 Abs. 1a) TVöD/TV-L die Beendigung des Arbeitsverhältnisses mit Erreichen der Regelaltersgrenze vorsieht, ist wirksam.

Das BAG (Urt. v. 18.6.2008, 7 AZR 116/07, ZTR 2008, 661) hat die Vereinbarkeit mit dem europarechtlichen Verbot der Altersdiskriminierung bejaht und zudem entschieden, dass eine tarifvertragliche Altersbefristung im Sinne des § 14 Abs. 1 TzBfG sachlich gerechtfertigt ist, wenn der Arbeitnehmer nach dem Vertragsinhalt und der Vertragsdauer eine Altersversorgung in der gesetzlichen Rentenversicherung erwerben kann oder bei Vertragsschluss bereits die für den Bezug einer Altersrente erforderliche rentenrechtliche Wartezeit erfüllt hat. Diese Voraussetzungen werden von § 33 Abs. 1a) TVöD/TV-L erfüllt.

Ein Verstoß gegen das in § 7 AGG normierte Verbot der Altersdiskriminierung liegt ebenfalls nicht vor. Zwar führt § 33 Abs. 1a) TVöD/TV-L zu einer Ungleichbehandlung älterer Arbeitnehmer, diese ist jedoch nach § 10 S. 3 Nr. 5 AGG gerechtfertigt. Danach sind Vereinbarungen zulässig, die die Beendigung eines Beschäftigungsverhältnisses ohne Kündigung zu einem Zeitpunkt vorsehen, zu dem der Beschäftigte eine Rente wegen Alters beantragen kann.

Auch der EuGH (v. 12.10.2010, Rs. C-45/09 – Rosenblatt, ZTR 2010, 633) hat die Vereinbarkeit entsprechender tariflicher Altersgrenzen mit dem Unionsrecht bestätigt.

Ein öffentlicher Arbeitgeber darf die Bewerbung seines früheren Arbeitnehmers, dessen Arbeitsverhältnis aufgrund der zulässigen tariflichen Altersgrenzenregelung des § 33 Abs. 1a) TVöD/TV-L mit ihm selbst endete, auch ohne dessen Einbeziehung in das Bewerberauswahlverfahren wegen dessen Ausscheidens aufgrund Erreichens der Regelaltersgrenze ablehnen, weil andernfalls der Sinn der zulässigen tariflichen Altersgrenze konterkariert würde (LAG Baden-Württemberg v. 3.3.2020, 11 Sa 58/19).

### 2. Arbeitsrechtliche Besonderheiten

Das Arbeitsverhältnis endet demnach mit Erreichen der Altersgrenze durch Zeitablauf, ohne dass es einer Kündigung bedarf. Es sind weder die Vorschriften über die Kündigungsfristen noch über den Kündigungsschutz anwendbar. Dies gilt auch für die Vorschriften über den besonderen Kündigungsschutz, sodass beispielsweise bei schwerbehinderten Beschäftigten weder eine Anhörung der Schwerbehindertenvertretung noch eine Zustimmung des Integrationsamtes erforderlich ist. Auch eine Beteiligung des Betriebs- oder Personalrats ist nicht erforderlich.

 **TIPP!**

§ 15 Abs. 2 TzBfG bestimmt, dass ein zweckbefristeter Arbeitsvertrag mit Erreichen des Zwecks, frühestens jedoch zwei Wochen nach Zugang der schriftlichen Unterrichtung des Arbeitnehmers durch den Arbeitgeber über den Zeitpunkt der Zweckerreichung, endet. Nach der bisherigen Rechtsprechung des BAG (Urt. v. 27.7.2005, 7 AZR 443/04, ZTR 2006, 386) handelt es sich bei einer Altersgrenze, die auf das Erreichen des Renteneintrittsalters abstellt, nicht um eine Zweckbefristung, sondern um eine kalendermäßige Befristung, für die § 15 Abs. 2 TzBfG nicht gilt. Ob das BAG hieran auch in Zukunft festhält ist zweifelhaft, da sich der Beendigungszeitpunkt durch eine gesetzgeberische Anhebung des Renteneintrittsalters jederzeit ändern kann und daher zumindest zum Zeitpunkt des Vertragsschlusses nicht hinreichend bestimmbar ist. Der Arbeitgeber sollte deshalb § 15 Abs. 2 TzBfG beachten und den Beschäftigten mindestens zwei Wochen vor der Beendigung des Arbeitsverhältnisses schriftlich über die Beendigung sowie den Grund der Beendigung informieren und ihm den Zeitpunkt der Beendigung des Arbeitsverhältnisses mitteilen.

Umstritten ist, ob ein über die Altersgrenze hinaus befristetes Arbeitsverhältnis ebenfalls mit Ablauf des Monats endet, in dem der Arbeitnehmer die Regelaltersgrenze vollendet. Nach zutreffender Auffassung besteht das Arbeitsverhältnis über den Zeitpunkt des Erreichens der Altersgrenze hinaus als befristetes Arbeitsverhältnis fort, da die Befristungsvereinbarung in diesem Fall eine Vereinbarung zugunsten des Arbeitnehmers darstellt. Vom Tarifvertrag zugunsten des Arbeitnehmers abweichende Abmachungen sind nach § 4 Abs. 3 TVG zulässig (ebenso Breier/Dassau TVöD Komm. Rn. 31 zu § 33 bzw. Breier/Dassau TV-L Komm. Rn. 33 zu § 33; a. A. Clemens/Scheuring TVöD Komm. Rn. 4 zu § 33).

### 3. Bestimmung der Regelaltersgrenze

Der Gesetzgeber hat das Rentenalter durch das am 1.1.2008 in Kraft getretene RV-Altersgrenzenanpassungsgesetz v. 20.4.2007 (BGBl. I S. 554) stufenweise vom 65. auf das 67. Lebensjahr angehoben. Daher wird die Regelaltersrente nunmehr gemäß § 35 S. 2 SGB VI mit Vollendung des 67. Lebensjahres und nicht mehr bereits mit Vollendung des 65. Lebensjahres erreicht.

Übergangsweise staffelt sich die Regelaltersgrenze nach § 235 Abs. 2 SGB VI. Versicherte, die vor dem 1.1.1947 geboren sind, erreichen die Regelaltersgrenze weiterhin mit Vollendung des 65. Lebensjahres. Für Versicherte, die nach dem 31.12.1946 geboren sind, wurde die Regelaltersgrenze wie folgt angehoben:

| Versicherte Geburtsjahr | Anhebung um Monate | auf Alter | |
|---|---|---|---|
| | | Jahr | Monat |
| 1947 | 1 | 65 | 1 |
| 1948 | 2 | 65 | 2 |
| 1949 | 3 | 65 | 3 |
| 1950 | 4 | 65 | 4 |
| 1951 | 5 | 65 | 5 |
| 1952 | 6 | 65 | 6 |
| 1953 | 7 | 65 | 7 |
| 1954 | 8 | 65 | 8 |
| 1955 | 9 | 65 | 9 |
| 1956 | 10 | 65 | 10 |
| 1957 | 11 | 65 | 11 |
| 1958 | 12 | 66 | 0 |
| 1959 | 14 | 66 | 2 |
| 1960 | 16 | 66 | 4 |
| 1961 | 18 | 66 | 6 |
| 1962 | 20 | 66 | 8 |
| 1963 | 22 | 66 | 10 |

Für Beschäftigte, die vor dem 1.1.1955 geboren sind und vor dem 1.1.2007 Altersteilzeitarbeit vereinbart haben, wird die Altersgrenze nicht angehoben.

Das Arbeitsverhältnis endet nach § 33 Abs. 1a) TVöD/TV-L nur bei Erreichen der Regelaltersgrenze nach §§ 35, 235 SGB VI. Es endet dagegen nicht, wenn der Beschäftigte vor diesem Zeitpunkt eine andere Art der Altersrente bezieht (z. B. Altersrente für langjährig Versicherte gemäß § 36 SGB VI, Altersrente für schwerbehinderte Menschen gemäß § 37 SGB VI, Altersrente für besonders langjährig Versicherte gemäß § 38 SGB VI, Altersrente für Frauen gemäß § 237a SGB VI). Es endet ebenfalls nicht, wenn der Beschäftigte eine vorgezogene Altersrente bezieht. Will der Beschäftigte in diesen Fällen vor der für ihn maßgeblichen Regelaltersgrenze ausscheiden, muss er das Arbeitsverhältnis fristgerecht kündigen oder einen Aufhebungsvertrag schließen.

### 4. Berechnung des Beendigungszeitpunkts

Bei der Berechnung des Lebensalters und damit auch bei der Frage, mit Ablauf welchen Monats das Arbeitsverhältnis endet, ist § 187 Abs. 2 S. 2 BGB zu beachten. Danach wird der Tag der Geburt bei der Berechnung des Lebensalters mitgerechnet.

#### Beispiel

Ein am 1.7.1946 geborener Beschäftigter vollendet somit sein 65. Lebensjahr mit Ablauf des 30.6.2011 und scheidet demnach bereits zu diesem Zeitpunkt aus dem Arbeitsverhältnis aus.

### II. Beendigung wegen verminderter Erwerbsfähigkeit

Nach § 33 Abs. 2 TVöD/TV-L endet das Arbeitsverhältnis mit Ablauf des Monats, in dem der Bescheid eines Rentenversicherungsträgers (Rentenbescheid) zugestellt wird, wonach der Beschäftigte auf Dauer voll oder teilweise erwerbsgemindert ist.

### 1. Wirksamkeit der Regelung

Das BAG (Urt. v. 10.12.2014, 7 AZR 1002/12, ZTR 2015, 329; Urt. v. 14.1.2015, 7 AZR 880/13) sieht die für den Fall der Gewährung einer Rente wegen voller Erwerbsminderung auf unbestimmte Dauer normierte Beendigung des Arbeitsverhältnisses als eine nach §§ 21, 14 Abs. 1 TzBfG gerechtfertigte auflösende Bedingung an. Sie beruhe auf der Annahme der Tarifvertragsparteien, der Arbeitnehmer werde im Falle der Erwerbsminderung künftig die arbeitsvertraglich geschuldeten Leistungen nicht mehr erbringen können. Entsprechende Regelungen dienen danach einerseits dem Schutz des Arbeitnehmers vor der Gefahr einer weiteren Verschlimmerung seines Gesundheitszustandes bei einer Fortsetzung der Tätigkeit. Andererseits wollen entsprechende Tarifvorschriften dem berechtigten Interesse des Arbeitgebers Rechnung tragen, sich von einem Arbeitnehmer trennen zu können, der gesundheitsbedingt nicht mehr in der Lage ist, seine nach dem Arbeitsvertrag geschuldete Leistung zu erbringen.

Die auflösende Bedingung in § 33 Abs. 2 TVöD/TV-L bewirkt nach Auffassung des BAG (Urt. v. 10.12.2014, 7 AZR 1002/12, ZTR 2015, 329; Urt. v. 14.1.2015, 7 AZR 880/13) auch keine Benachteiligung wegen einer Behinderung des Arbeitnehmers im Sinne von § 7 Abs. 2 AGG. Das BAG stellt hierbei darauf ab, dass voll erwerbsgeminderte Arbeitnehmer ihre vertragsgemäße Leistung nicht mehr erbringen können und es unwahrscheinlich ist, dass sich daran zukünftig etwas ändert. Außerdem betont das BAG, dass die Tarifvertragsparteien mit der Beendigungsvorschrift des § 33 Abs. 2 TVöD/TV-L das von der Rechtsordnung anerkannte Ziel verfolgen, ein „sinnentleertes" Arbeitsverhältnis aufzulösen, dessen Verpflichtungen der behinderte Arbeitnehmer nicht mehr erfüllen kann.

Nach dem Urt. des BAG v. 23.7.2014, 7 AZR 771/12, ZTR 2014, 706 müssen tarifliche Bestimmungen, die zu einer Beendigung des Arbeitsverhältnisses führen, den Anforderungen der arbeitsrechtlichen Befristungskontrolle genügen. Nach der bisherigen Rechtsprechung des Senats rechtfertige der dauerhafte Bezug einer Erwerbsunfähigkeitsrente aus der gesetzlichen Rentenversicherung die automatische Beendigung des Arbeitsverhältnisses nur, wenn der Arbeitnehmer durch eine dauerhafte Rentenleistung abgesichert werde. Außerdem dürfe der Eintritt der Bedingung nicht vom Belieben des Arbeitgebers abhängen. Erst die sozialrechtliche Dispositionsbefugnis des Arbeitnehmers erlaube den Auflösungstatbestand ohne Kündigung. Schließlich müsse eine auflösende Bedingung ebenso wie die Zweckbefristung hinreichend bestimmt sein. Das BAG hat in der Entscheidung ausdrücklich offen gelassen, ob und inwieweit die Regelung in § 33 Abs. 2 bis 4 TV-L diesen Anforderungen entspricht.

Nach §§ 14 Abs. 4, 21 TzBfG bedarf die Vereinbarung einer auflösenden Bedingung in einem Arbeitsvertrag der Schriftform. Das BAG (Urt. v. 23.7.2014, 7 AZR 771/12, ZTR 2017, 706) hat jedoch entschieden, dass das Schriftformerfordernis keine Anwendung findet, wenn ein auf das Arbeitsverhältnis insgesamt anwendbarer einschlägiger Tarifvertrag die auflösende Bedingung vorsieht. Dies gilt nach der Entscheidung des BAG unabhängig davon, ob der Tarifvertrag aufgrund Tarifgebundenheit, Allgemeinverbindlicherklärung oder arbeitsvertraglicher Bezugnahme Anwendung findet. Damit scheitert die Wirksamkeit der in § 33 Abs. 2 TVöD/TV-L enthaltenen auflösenden Bedingung des Arbeitsverhältnisses nicht am Schriftformerfordernis, sofern der TVöD bzw. TV-L insgesamt in Bezug genommen wird.

In derselben Entscheidung hat das BAG festgestellt, dass in der dynamischen Bezugnahme auf den einschlägigen Tarifvertrag auch keine Verletzung des Transparenzgebotes (§ 307 Abs. 1 Satz 2 BGB) zu sehen ist und die in § 33 TVöD/TV-L geregelte auflösende Bedingung des Arbeitsverhältnisses wegen Erwerbsminderung auch nicht überraschend im Sinne des § 305c Abs. 1 BGB ist. Bereits § 59 BAT habe eine solche – in einem Tarifvertrag mit einem öffentlichen Arbeitgeber nicht ungewöhnliche – Regelung über die Beendigung des Arbeitsverhältnisses ohne Kündigung wegen Bewilligung einer Erwerbsunfähigkeitsrente enthalten (BAG v. 23.7.2014, 7 AZR 771/12, ZTR 2014, 706).

## 2. Teilweise und volle Erwerbsminderung

Der Anspruch auf Rente wegen → *Erwerbsminderung* ist in § 43 SGB VI geregelt. Das Gesetz unterscheidet zwischen der teilweisen und der vollen Erwerbsminderung.

Voll erwerbsgemindert sind Versicherte, die wegen Krankheit oder Behinderung auf nicht absehbare Zeit außerstande sind, unter den üblichen Bedingungen des allgemeinen Arbeitsmarktes mindestens drei Stunden täglich erwerbstätig zu sein.

Teilweise erwerbsgemindert sind Versicherte, die wegen Krankheit oder Behinderung auf nicht absehbare Zeit außerstande sind, unter den üblichen Bedingungen des allgemeinen Arbeitsmarktes mindestens sechs Stunden täglich erwerbstätig zu sein.

Wer unter den üblichen Bedingungen des allgemeinen Arbeitsmarktes mindestens sechs Stunden täglich erwerbstätig sein kann, ist nicht erwerbsgemindert. Dabei ist die jeweilige Arbeitsmarktlage nicht zu berücksichtigen.

Im Rahmen einer Übergangsregelung (§ 240 SGB VI) haben auch Versicherte Anspruch auf Rente wegen teilweiser Erwerbsminderung, die vor dem 2.1.1961 geboren und berufsunfähig sind. Berufsunfähig sind Versicherte, deren Erwerbsfähigkeit wegen Krankheit oder Behinderung im Vergleich zur Erwerbsfähigkeit von körperlich, geistig und seelisch gesunden Versicherten mit ähnlicher Ausbildung und gleichwertigen Kenntnissen und Fähigkeiten auf weniger als sechs Stunden gesunken ist. Der Kreis der Tätigkeiten, nach denen die Erwerbsfähigkeit von Versicherten zu beurteilen ist, umfasst alle Tätigkeiten, die ihren Kräften und Fähigkeiten entsprechen und ihnen unter Berücksichtigung der Dauer und des Umfangs ihrer Ausbildung sowie ihres bisherigen Berufs und der besonderen Anforderungen ihrer bisherigen Berufstätigkeit zugemutet werden können. Zumutbar ist stets eine Tätigkeit, für die die Versicherten durch Leistungen zur Teilhabe am Arbeitsleben mit Erfolg ausgebildet oder umgeschult worden sind. Berufsunfähig ist nicht, wer eine zumutbare Tätigkeit mindestens sechs Stunden täglich ausüben kann; dabei ist die jeweilige Arbeitsmarktlage nicht zu berücksichtigen.

## 3. Zustellung des Rentenbescheids

§ 33 Abs. 2 TVöD/TV-L setzt für die Beendigung des Arbeitsverhältnisses die Zustellung des Rentenbescheides voraus. Auf die Rechtskraft des Rentenbescheides kommt es nach dem Wortlaut der Vorschrift nicht an.

Probleme ergeben sich jedoch, wenn dem Beschäftigten der Rentenbescheid zugestellt wird und er anschließend den Rentenantrag noch innerhalb der einmonatigen Widerspruchsfrist zurücknimmt und den Arbeitgeber hierüber alsbald unterrichtet.

Für diesen Fall hat das BAG (Urt. v. 11.3.1998, 7 AZR 101/97, ZTR 1998, 465; Urt v. 23.7.2014, 7 AZR 771/12, ZTR 2014, 706) entschieden, dass eine Beendigung des Arbeitsverhältnisses nicht eintritt.

Das Gleiche gilt, wenn dem Arbeitnehmer eine Rente auf Dauer gewährt wird, er aber den Rentenantrag bis zum Ablauf der Widerspruchsfrist ändert und nur noch eine Zeitrente beantragt, die nach § 33 Abs. 2 S. 5 TVöD/TV-L nur zum Ruhen und nicht zur Beendigung des Arbeitsverhältnisses führt (BAG v. 23.2.2000, 7 AZR 906/98; BAG v. 23.7.2014, 7 AZR 771/12, ZTR 2014, 706).

Legt der Arbeitnehmer innerhalb der einmonatigen Widerspruchsfrist Widerspruch gegen den Rentenbescheid ein und unterrichtet er den Arbeitgeber hierüber alsbald, tritt die Beendigung des Arbeitsverhältnisses auch dann nicht ein, wenn der Arbeitnehmer den Rentenantrag nach Ablauf der Widerspruchsfrist zurücknimmt, sofern die Rücknahme des Rentenantrages vor der Beendigung des Arbeitsverhältnisses (s. u. II. 4.) erfolgt und der Arbeitnehmer den Arbeitgeber über die Rücknahme des Rentenantrages innerhalb der Klagefrist der §§ 21, 17 S. 1 TzBfG (s. u. II. 9.) in Kenntnis setzt (BAG v. 23.3.2016, 7 AZR 827/13, ZTR 2016, 520). Dagegen kann der Arbeitnehmer die Beendigung des Arbeitsverhältnisses nicht durch eine fristgerechte Bedingungskontrollklage und die Rücknahme des Rentenantrages bis zum Schluss der mündlichen Verhandlung erster Instanz verhindern (so noch die Vorinstanz LAG Berlin-Brandenburg v. 24.7.2013, 4 Sa 1783/12, ZTR 2014, 38).

In einem anderen Fall, in dem der Rentenbescheid erst nach dessen formeller Bestandskraft aufgehoben wurde, hat das BAG (Urt. v. 23.6.2004, 7 AZR 440/03, ZTR 2005, 44) das Arbeitsverhältnis als beendet angesehen. Wenn der Arbeitnehmer die Widerspruchsfrist ungenutzt verstreichen lasse, bleibe es bei der in der Tarifnorm angeordneten Rechtsfolge. Die Tarifnorm ermögliche keine Auslegung des Inhalts, dass das Arbeitsverhältnis trotz Vorliegens der Tatbestandsmerkmale fortbesteht oder wieder auflebt, wenn der Anspruch auf unbefristete Rente wegen Erwerbsminderung nach Eintritt der formellen Bestandskraft des Rentenbescheids entfällt. Sowohl die Berücksichtigung der Interessen des Arbeitgebers als auch die Rechtssicherheit erforderten vielmehr, dass der Eintritt der Rechtsfolgen der Tarifnorm nur bis zum Eintritt der formellen Rechtskraft des Rentenbescheides und ggf. bis zum Ablauf einer kurzen Mitteilungsfrist ungeklärt bleiben kann.

 **TIPP!**

Vor dem Hintergrund der vorgenannten Rechtsprechung des BAG sollte der Arbeitgeber den Ablauf der dreiwöchigen Klagefrist der §§ 21, 17 S. 1 TzBfG (s. u. II. 9.) abwarten, bevor er über den freigewordenen Arbeitsplatz disponiert. Erst nach Ablauf der Klagefrist kann er davon ausgehen, dass das Arbeitsverhältnis tatsächlich beendet ist.

## 4. Zeitpunkt der Beendigung des Arbeitsverhältnisses

Nach dem Wortlaut des § 33 Abs. 2 S. 1 TVöD/TV-L endet das Arbeitsverhältnis mit Ablauf des Monats, in dem der Rentenbescheid dem Beschäftigten zugestellt worden ist.

Allerdings geht das BAG (Urt. v. 1.12.2004, 7 AZR 135/04, ZTR 2005, 372) davon aus, dass es sich bei der Regelung des § 33 Abs. 2 S. 1 TVöD/TV-L um eine auflösende Bedingung handelt, für die § 15 Abs. 2 TzBfG entsprechend gilt (§ 21 TzBfG). Dementsprechend endet das Arbeitsverhältnis frühestens zwei Wochen nach Zugang der schriftlichen Unterrichtung des Beschäftigten durch den Arbeitgeber über den Zeitpunkt des Eintritts der auflösenden Bedingung. Die schriftliche Unterrichtung des Beschäftigten ist daher zwingende Voraussetzung für die Beendigung des Arbeitsverhältnisses.

**Formulierungsbeispiel:**

„Sehr geehrte(r) Frau/Herr ....,

durch Bescheid des Rentenversicherungsträgers vom ... wurde Ihnen eine unbefristete Rente wegen voller Erwerbsunfähigkeit bewilligt. Wir möchten Sie hiermit darüber unterrichten, dass Ihr Arbeitsverhältnis nach § 33 TVöD mit Ablauf des Monats endet, in dem Ihnen der Rentenbescheid zugestellt wurde, frühestens jedoch zwei Wochen nach Erhalt dieses Schreibens."

Für den Zugang der schriftlichen Unterrichtung ist der Arbeitgeber beweispflichtig. Der Arbeitgeber sollte das Unterrichtungsschreiben daher so zustellen, dass er den Zugang sowie den Zugangszeitpunkt nachweisen kann (z. B. Übergabe gegen Empfangsquittung oder Zustellung per Boten).

## 5. Beginn der Rente nach Zustellung des Rentenbescheids

Beginnt die Rente nach Zustellung des Rentenbescheids, endet das Arbeitsverhältnis mit Ablauf des dem Rentenbeginn vorangehenden Tages (§ 33 Abs. 2 S. 3 TVöD/TV-L).

## 6. Zustimmung des Integrationsamtes bei schwerbehinderten Arbeitnehmern

Nach § 175 S. 1 SGB IX bedarf die Beendigung des Arbeitsverhältnisses eines schwerbehinderten Menschen auch dann der vorherigen Zustimmung des Integrationsamtes, wenn sie im Fall des Eintritts

- einer teilweisen Erwerbsminderung,
- der Erwerbsminderung auf Zeit,
- der Berufsunfähigkeit oder
- der Erwerbsunfähigkeit auf Zeit

ohne Kündigung erfolgt. Maßgeblich für das Zustimmungserfordernis bei der Beendigung wegen teilweiser Erwerbsminderung ist, dass bei Zugang der Unterrichtung über den Eintritt der auflösenden Bedingung nach §§ 21, 15 Abs. 2 TzBfG die Anerkennung der Schwerbehinderung erfolgt oder ein entsprechender Antrag mindestens drei Wochen zuvor gestellt worden ist (BAG v. 16.1.2018, 7 AZR 622/15).

Die Erteilung der Zustimmung durch das Integrationsamt ist dagegen nicht erforderlich bei Beendigung des Arbeitsverhältnisses aufgrund einer wegen voller Erwerbsminderung auf Dauer bewilligten Rente (vgl. BAG v. 20.6.2018, 7 AZR 737/16, ZTR 2019, 100 sowie zuletzt LAG Rheinland-Pfalz v. 6.10.2023, 2 Sa 27/23).

Für die Erteilung der Zustimmung gelten gemäß § 175 S. 2 SGB IX die Vorschriften der §§ 168–173 SGB IX über die Zustimmung zur ordentlichen Kündigung entsprechend (vgl. → *Schwerbehinderte Menschen*).

Liegt im Zeitpunkt der Beendigung des Arbeitsverhältnisses eine nach § 175 SGB IX erforderliche Zustimmung des Integrationsamtes nicht vor, endet das Arbeitsverhältnis mit Ablauf des Tages der Zustellung des Zustimmungsbescheides des Integrationsamtes (§ 33 Abs. 2 S. 4 TVöD).

**ACHTUNG!**

§ 175 SGB IX findet auch auf Personen Anwendung, die einem schwerbehinderten Arbeitnehmer gleichgestellt sind (§ 151 Abs. 3 SGB IX). Die Gleichstellung erfolgt auf Antrag des Ar-

beitnehmers durch Bescheid der Bundesagentur für Arbeit. Voraussetzung ist ein Grad der Behinderung von weniger als 50, jedoch mindestens 30, und die Feststellung, dass der Antragsteller infolge seiner Behinderung ohne die Gleichstellung einen geeigneten Arbeitsplatz nicht erlangen oder behalten kann.

## 7. Keine Beendigung des Arbeitsverhältnisses bei Gewährung einer Rente auf Zeit

### 7.1 Grundsatz: Gewährung einer Rente auf Zeit

§ 102 Abs. 2 S. 1 SGB VI bestimmt, dass Renten wegen verminderter Erwerbsfähigkeit grundsätzlich nur auf Zeit geleistet werden, also zu befristen sind. Dies gilt sowohl für die Rente wegen teilweiser Erwerbsminderung als auch für die Rente wegen voller Erwerbsminderung. Die Befristung erfolgt für längstens drei Jahre nach Rentenbeginn und kann verlängert werden. Verlängerungen erfolgen für längstens drei Jahre nach dem Ablauf der vorherigen Frist.

Abweichend von diesem Grundsatz werden Renten, auf die unabhängig von der jeweiligen Arbeitsmarktlage ein Anspruch besteht, unbefristet geleistet, wenn unwahrscheinlich ist, dass die Minderung der Erwerbsfähigkeit behoben werden kann. Hiervon ist nach einer Gesamtdauer der Befristung von neun Jahren auszugehen (§ 102 Abs. 2 S. 5 SGB VI).

Werden Leistungen zur medizinischen Rehabilitation oder zur Teilhabe am Arbeitsleben erbracht, ohne dass zum Zeitpunkt der Bewilligung feststeht, wann die Leistung enden wird, kann bestimmt werden, dass Renten wegen verminderter Erwerbsfähigkeit mit Ablauf des Kalendermonats enden, in dem die Leistung zur medizinischen Rehabilitation oder zur Teilnahme am Arbeitsleben beendet wird (§ 102 Abs. 2a SGB VI).

### 7.2 Ruhen statt Beendigung des Arbeitsverhältnisses

Für diese Fälle bestimmt § 33 Abs. 2 S. 5 TVöD/TV-L, dass das Arbeitsverhältnis nicht endet, wenn nach dem Bescheid des Rentenversicherungsträgers eine Rente auf Zeit gewährt wird. Stattdessen ruht das Arbeitsverhältnis für den Zeitraum, für den eine Rente auf Zeit gewährt wird (§ 33 Abs. 2 S. 6 TVöD/TV-L). Beginnt die Rente rückwirkend, ruht das Arbeitsverhältnis ab dem ersten Tag des Monats, der auf den Monat der Zustellung des Rentenbescheids folgt.

Eine Ausnahme macht das BAG (Urt. v. 14.10.2003, 9 AZR 100/03, ZTR 2004, 319) für den Fall, dass ein schwerbehinderter Arbeitnehmer behinderungsbedingt eine Verringerung seiner Arbeitszeit verlangt. Nach § 164 Abs. 5 S. 3 SGB IX haben schwerbehinderte Menschen einen Anspruch auf Teilzeitbeschäftigung, wenn die kürzere Arbeitszeit wegen Art oder Schwere der Behinderung notwendig ist. Der Anspruch besteht nicht, soweit seine Erfüllung für den Arbeitgeber nicht zumutbar oder mit unverhältnismäßigen Aufwendungen verbunden wäre oder soweit die staatlichen oder berufsgenossenschaftlichen Arbeitsschutzvorschriften oder beamtenrechtliche Vorschriften entgegenstehen (§ 164 Abs. 5 S. 3 i. V. m. Abs. 4 S. 3 SGB IX). Der schwerbehindertenrechtliche Anspruch auf Teilzeitbeschäftigung entsteht unmittelbar bei Vorliegen der gesetzlichen Voraussetzungen. Eine Zustimmung des Arbeitgebers zur Arbeitszeitverkürzung ist nicht erforderlich. Der schwerbehinderte Mensch kann demnach, ohne an Fristen und Formen gebunden zu sein, jederzeit verlangen, nur noch in einem seiner Behinderung Rechnung tragenden zeitlichen Umfang beschäftigt zu werden. Er muss dabei den Umfang der behinderungsbedingten Kürzung der Arbeitszeit angeben. Bei dem schwerbehindertenrechtlichen Anspruch auf Teilzeitbeschäftigung nach § 164 Abs. 5 S. 3 SGB IX handelt es sich um zwingendes Recht, in das eine tarifvertragliche Regelung nicht wirksam eingreifen und das Ruhen des Arbeitsverhältnisses anordnen kann. § 33 Abs. 2 S. 5 ist daher in diesem Fall dahingehend einschränkend auszulegen und anzuwenden, dass kein Ruhen des Arbeitsverhältnisses eintritt.

### 7.3 Rechtsfolgen des Ruhens des Arbeitsverhältnisses

Das Ruhen des Arbeitsverhältnisses hat zur Folge, dass die sich aus dem Arbeitsverhältnis ergebenden wechselseitigen Hauptpflichten für die Dauer des Ruhens des Arbeitsverhältnisses entfallen. Der Arbeitnehmer schuldet keine Arbeitsleistung, der Arbeitgeber keine hierauf bezogene Vergütung. Aufrechterhalten bleiben lediglich die sich aus dem Fortbestehen des Arbeitsverhältnisses ergebenden Nebenpflichten (BAG v. 14.10.2003, 9 AZR 100/03, ZTR 2004, 319).

Außerdem erwirbt der Arbeitnehmer auch während des nach § 33 Abs. 2 S. 6 TVöD/TV-L ruhenden Arbeitsverhältnisses den gesetzlichen Urlaubsanspruch (§§ 1, 3 BUrlG) und den Zusatzurlaub für schwerbehinderte Menschen (§ 208 Abs. 1 SGB IX). Für das Entstehen des gesetzlichen Urlaubsanspruchs und des Zusatzurlaubs für schwerbehinderte Menschen ist nicht die Erbringung von Arbeitsleistung, sondern allein das rechtliche Bestehen des Arbeitsverhältnisses Voraussetzung. Diese Voraussetzung ist auch beim ruhenden Arbeitsverhältnis erfüllt. Zwar bestimmt § 26 Abs. 2c) TVöD/TV-L, dass sich beim Ruhen des Arbeitsverhältnisses die Dauer des Erholungsurlaubs einschließlich eines etwaigen Zusatzurlaubs für jeden vollen Monat um ein Zwölftel vermindert. Diese Vorschrift ist jedoch insoweit unwirksam, als sie die Verminderung gesetzlicher Urlaubsansprüche von Arbeitnehmern und schwerbehinderten Menschen erfasst, die aus gesundheitlichen Gründen nicht die ihnen nach dem Arbeitsvertrag obliegende Leistung erbracht haben. Die tarifliche Kürzungsregelung erfasst damit nur den über den gesetzlichen Urlaubsanspruch hinausgehenden tariflichen Mehrurlaub. Der gesetzliche Urlaubsanspruch von Arbeitnehmern und schwerbehinderten Menschen erlischt im Übrigen nicht, wenn der Arbeitnehmer bis zum Ende des Urlaubsjahres oder eines Übertragungszeitraums aus gesundheitlichen Gründen an seiner Arbeitsleistung gehindert ist. Der Anspruch geht vielmehr erst nach Ablauf eines Übertragungszeitraums von 15 Monaten nach dem Ende des Urlaubsjahres unter (BAG v. 7.8.2012, 9 AZR 353/10, ZTR 2012, 642; BAG v. 18.9.2012, 9 AZR 623/10). Dies gilt auch bei einem Ruhen des Arbeitsverhältnisses aufgrund einer befristeten Erwerbsunfähigkeitsrente (LAG Hessen v. 7.3.2019, 9 Sa 145/17).

Die Gewährung einer Rente auf Zeit und das hierdurch bewirkte Ruhen des Arbeitsverhältnisses schließen eine krankheitsbedingte Kündigung nicht aus. Eine solche kommt aber nur in Betracht, wenn ungeachtet der Bewilligung der Zeitrente feststeht, dass der Arbeitnehmer auch nach Ablauf des Bewilligungszeitraumes nicht mehr arbeitsfähig wird (BAG v. 3.12.1998, 2 AZR 773/97, ZTR 1999, 179).

Auch eine betriebsbedingte Kündigung ist während einer Rente auf Zeit und des hierdurch bewirkten Ruhens des Arbeitsverhältnisses zulässig, sofern eine unternehmerische Organisationsentscheidung vorliegt, die zum Wegfall der Beschäftigungsmöglichkeit führt. Maßgeblicher Zeitpunkt für die Beurteilung der Frage, ob die Beschäftigungsmöglichkeit dauerhaft entfallen ist, ist grundsätzlich derjenige des Kündigungszugangs. Der Arbeit-

geber ist nicht verpflichtet, die Kündigung zurückzustellen und abzuwarten, ob bis zum Ablauf der Frist, für die eine Rente wegen Erwerbsminderung bewilligt worden ist, eine Beschäftigungsmöglichkeit entsteht, sofern hierfür nicht bereits bei Zugang der Kündigung greifbare Anhaltspunkte bestehen. Vom Arbeitgeber kann nicht verlangt werden, seinen Kündigungsentschluss, weil das Arbeitsverhältnis ruht und ihn kaum belastet, so lange zu verschieben, bis das Arbeitsverhältnis nicht mehr ruht, der Kündigungsgrund aber möglicherweise wieder entfallen ist (BAG v. 9.9.2010, 2 AZR 493/09, ZTR 2011, 45).

## 8. Unterrichtungspflicht

Der Beschäftigte hat den Arbeitgeber von der Zustellung des Rentenbescheides unverzüglich zu unterrichten (§ 33 Abs. 2 S. 2 TVöD/TV-L). Die Unterrichtung muss ohne schuldhaftes Zögern erfolgen (§ 121 BGB).

Wenn der Arbeitnehmer seine Unterrichtungspflicht verletzt und der Arbeitgeber den Arbeitnehmer deshalb fortbeschäftigt, obwohl das Arbeitsverhältnis aufgrund der Zustellung des Rentenbescheids bereits beendet ist, erfolgen die Leistungen von Arbeitgeber und Arbeitnehmer ohne Rechtsgrund und sind daher nach Bereicherungsrecht (§ 812 BGB) rückabzuwickeln. Die Grundsätze des faktischen Arbeitsverhältnisses, nach denen das Arbeitsverhältnis für die Vergangenheit wie ein wirksames Arbeitsverhältnis behandelt wird (siehe → *Arbeitsvertrag III.2.*) gelten nach der Rechtsprechung des BAG (Urt. v. 30.4.1997, 7 AZR 122/96, ZTR 1997, 415) nicht. Dies hat zur Folge, dass der Arbeitnehmer für die Zeit der Arbeitsleistung zwar seine monatliche Vergütung behalten darf, weil der Arbeitgeber hierfür Wertersatz schuldet (§ 818 Abs. 2 BGB). Alle anderen Leistungen, denen keine Arbeitsleistung unmittelbar gegenübersteht, sind aber von dem Arbeitnehmer zurückzugewähren.

**Beispiel**

> Dem Beschäftigten wurde am 15.7.2008 ein Rentenbescheid zugestellt, wonach er eine unbefristete Rente wegen voller Erwerbsminderung erhält. Hierüber unterrichtet der Beschäftigte den Arbeitgeber nicht. Dieser beschäftigt ihn bis zum 31.3.2010 weiter. Erst dann erfährt der Arbeitgeber von dem Rentenbescheid. Das Arbeitsverhältnis endete mit Ablauf des Monats, in dem der Rentenbescheid zugestellt wurde, d. h. am 31.7.2008. Für die Zeit vom 1.8.2008 bis 31.3.2010 bestand kein Arbeitsverhältnis (auch kein faktisches Arbeitsverhältnis). Die Leistungen sind daher rechtsgrundlos erbracht worden und rückabzuwickeln. Soweit der Beschäftigte tatsächlich gearbeitet hat, darf er seine Vergütung behalten, weil der Arbeitgeber hierfür Wertersatz schuldet. Der Beschäftigte hat jedoch das empfangene Urlaubsentgelt und Urlaubsgeld zurückzuzahlen. Gleiches gilt für die Entgeltfortzahlung im Krankheitsfall und den Krankengeldzuschuss, falls der Beschäftigte krankheitsbedingt nicht gearbeitet und der Arbeitgeber daher entsprechende Leistungen erbracht hat.

## 9. Klagefrist

Streiten Arbeitgeber und Arbeitnehmer über die Beendigung des Arbeitsverhältnisses nach § 33 Abs. 2 S. 1 TVöD/TV-L, muss der Arbeitnehmer gemäß § 17 S. 1 TzBfG seinen Anspruch auf Fortbestehen des Arbeitsverhältnisses innerhalb von drei Wochen nach dem Zugang der schriftlichen Unterrichtung des Arbeitgebers über das Ende des Arbeitsverhältnisses klageweise geltend machen. Die Klagefrist des § 17 S. 1 TzBfG findet gemäß § 21 TzBfG Anwendung, da es sich nach der Rechtsprechung des BAG bei § 33 Abs. 2 S. 1 TVöD/TV-L um eine auflösende Bedingung handelt. Versäumt der Arbeitnehmer diese Frist, so gilt die Beendigung gemäß § 17 S. 2 TzBfG i. V. m. § 7 KSchG als wirksam (BAG v. 15.3.2006, 7 AZR 332/05, ZTR 2006, 548).

## III. Weiterbeschäftigungsmöglichkeit bei teilweiser oder voller Erwerbsminderung

### 1. Weiterbeschäftigungsmöglichkeit bei teilweiser Erwerbsminderung

Im Falle einer teilweisen Erwerbsminderung endet bzw. ruht das Arbeitsverhältnis nicht, wenn der Beschäftigte nach seinem vom Rentenversicherungsträger festgestellten Leistungsvermögen auf seinem bisherigen oder einem anderen geeigneten und freien Arbeitsplatz weiterbeschäftigt werden könnte, soweit dringende dienstliche bzw. betriebliche Gründe nicht entgegenstehen, und der Beschäftigte innerhalb von zwei Wochen nach Zugang des Rentenbescheids seine Weiterbeschäftigung schriftlich beantragt (§ 33 Abs. 3 TVöD/TV-L).

### 1.1 Geeigneter und freier Arbeitsplatz

Dabei muss die Weiterbeschäftigung auf dem anderen geeigneten und freien Arbeitsplatz nicht zu unveränderten Bedingungen erfolgen. Ist eine Weiterbeschäftigung nur noch auf einem Arbeitsplatz möglich, der einer niedrigeren Entgeltgruppe zugeordnet ist, hat der Beschäftigte die damit verbundenen Einkommenseinbußen hinzunehmen. Sie werden durch den Bezug der Rente wegen teilweiser Erwerbsminderung ausgeglichen (BAG v. 28.6.1995, 7 AZR 555/94, ZTR 1996, 29).

Die Möglichkeit anderweitiger Beschäftigung setzt das Vorhandensein eines freien Arbeitsplatzes voraus. Das sind zunächst solche Arbeitsplätze, die zum Zeitpunkt des Eintritts der auflösenden Bedingung (Zustellung des Rentenbescheides) unbesetzt sind. Sofern der Arbeitgeber bei Eintritt der auflösenden Bedingung mit hinreichender Sicherheit vorhersehen kann, dass ein Arbeitsplatz bis zum Ablauf der tarifvertraglichen Auslauffrist oder unmittelbar danach zur Verfügung stehen wird, ist ein derartiger Arbeitsplatz ebenfalls als frei anzusehen. Zu berücksichtigen sind auch solche Arbeitsplätze, bei denen im Zeitpunkt des Eintritts der auflösenden Bedingung feststeht, dass sie in absehbarer Zeit nach Ablauf der tarifvertraglichen Auslauffrist frei werden, sofern die Überbrückung dieses Zeitraums dem Arbeitgeber zumutbar ist (BAG v. 28.6.1995, 7 AZR 555/94, ZTR 1996, 29).

Dagegen ist der Arbeitgeber nicht verpflichtet, eine freie Stelle zu schaffen, um die tarifvertraglich vorgesehene Beendigung des Arbeitsverhältnisses zu verhindern (BAG v. 9.8.2000, 7 AZR 749/98, ZTR 2001, 270). Er ist aber gehalten, durch zumutbare Umsetzungen einen Arbeitsplatz frei zu machen (BAG v. 17.3.2016, 6 AZR 221/15, ZTR 2016, 394; BAG v. 30.8.2017, 7 AZR 204/16, ZTR 2018, 136).

### 1.2 Form und Frist des Weiterbeschäftigungsverlangens

Nach § 33 Abs. 3 TVöD/TV-L muss die Weiterbeschäftigung innerhalb von zwei Wochen nach Zugang des Rentenbescheids schriftlich beantragt werden.

Geht der Antrag des Beschäftigten auf Weiterbeschäftigung nicht innerhalb der Frist von zwei Wochen beim Arbeitgeber ein oder wahrt der Beschäftigte die erforderliche Form nicht, ist der Antrag unwirksam. Der Arbeitgeber ist nicht verpflichtet, den Beschäftigten auf die Einhaltung der Frist- und Formerfordernisse hinzuweisen (BAG v. 1.12.2004, 7 AZR 135/04, ZTR 2005, 372).

Bezüglich der Form hat das BAG (Urt. v. 27.7.2016, 7 AZR 276/14, ZTR 2017, 32) jedoch entschieden, dass die Einhaltung der Textform nach § 126b BGB ausreichend ist. Damit genügt z. B. eine E-Mail des Beschäftigten.

Außerdem hat die Rechtsprechung das durch § 33 Abs. 3 TVöD/TV-L konstituierte Frist- und Formerfordernis des Weiterbeschäftigungsverlangens im Lichte der grundgesetzlich geschützten Berufsausübungsfreiheit (Art. 12 GG) wie folgt verfassungskonform einschränkend ausgelegt:

Das LAG Baden-Württemberg (Urt. v. 16.7.2012, 10 Sa 8/12) hielt die in § 33 Abs. 3 TVöD/TV-L enthaltene Regelung über die Beendigung des Arbeitsverhältnisses im Falle einer teilweisen Erwerbsminderung für unwirksam, soweit nach den Feststellungen des Rentenversicherungsträgers eine Teilzeitkraft ihre bisherige Tätigkeit am bisherigen Arbeitsplatz im bisherigen Umfang ausüben kann. In diesem Fall bedürfe es keines Antrages des Beschäftigten auf Weiterbeschäftigung innerhalb der vorgenannten Frist von zwei Wochen. Das BAG hat diese Entscheidung mit Urt. v. 23.7.2014, 7 AZR 771/12, ZTR 2014, 706 korrigiert und festgestellt, dass der Arbeitnehmer die Weiterbeschäftigung innerhalb von zwei Wochen beantragen muss. Allerdings, so das BAG, beginne die Zwei-Wochen-Frist nicht mit Zugang des Rentenbescheides zu laufen, wie in § 33 Abs. 3 TVöD/TV-L geregelt, sondern erst mit Zugang der Mitteilung des Arbeitgebers, dass das Arbeitsverhältnis enden werde. Diese Auslegung des § 33 Abs. 3 TVöD/TV-L sei durch die nach Art. 12 Abs. 1 GG geschützten Interessen des Arbeitnehmers an einem effektiven Bestandsschutz verfassungsrechtlich geboten.

Darüber hinaus hat das BAG entschieden, dass § 33 TVöD/TV-L die gesetzlich garantierten Rechte schwerbehinderter Arbeitnehmer nicht verkürzen kann (BAG v. 17.3.2016, 6 AZR 221/15, ZTR 2016, 394). Dieser Personenkreis könne daher unabhängig von der in § 33 TVöD/TV-L angeordneten Form und Frist gemäß § 164 Abs. 4, Abs. 5 S. 3 SGB IX eine behinderungsgerechte Beschäftigung verlangen. Darüber hinaus könne jeder Beschäftigte auch während des Ruhens des Arbeitsverhältnisses nach § 241 Abs. 2 BGB vom Arbeitgeber die Prüfung der Möglichkeit der Beschäftigung unter Berücksichtigung seines verbliebenen Leistungsvermögens verlangen. Damit schränke § 33 TVöD/TV-L die Möglichkeit des Beschäftigten, der eine Rente wegen teilweiser Erwerbsminderung beziehe, durch die Fortsetzung des aktiven Arbeitsverhältnisses sein Einkommen zu sichern, nicht so stark ein, dass die durch Art. 12 GG gewährleistete Berufsfreiheit verletzt sei. Damit entkräftet das BAG zwar verfassungsrechtliche Bedenken. Gleichzeitig erfährt das in § 33 Abs. 3 TVöD/TV-L statuierte Form- und Fristerfordernis aber eine deutliche Entwertung.

### 2. Weiterbeschäftigungsmöglichkeit bei voller Erwerbsminderung

Nach § 33 Abs. 2 TVöD/TV-L endet das Arbeitsverhältnis bei einer durch Rentenbescheid festgestellten vollen Erwerbsminderung. Die Möglichkeit des Arbeitnehmers, die Beendigung des Arbeitsverhältnisses durch ein Weiterbeschäftigungsverlangen zu verhindern, sieht § 33 Abs. 3 TVöD/TV-L nur für den Fall der teilweisen Erwerbsminderung, nicht jedoch für den Fall der vollen Erwerbsminderung vor. Allerdings hat das BAG (Urt. v. 27.7.2016, 7 AZR 276/14, ZTR 2017, 32) – wiederum aufgrund verfassungskonformer Auslegung (Art. 12 Abs. 1 GG) – festgestellt, dass die Beendigung des Arbeitsverhältnisses nicht eintritt, wenn der Arbeitnehmer, dessen vertraglich vereinbarte Arbeitspflicht weniger als drei Stunden täglich beträgt, seine geschuldete Arbeitsleistung noch erbringen kann und er seine Weiterbeschäftigung – entsprechend den Frist- und Formerfordernissen des § 33 Abs. 3 TVöD/TV-L – vom Arbeitgeber verlangt hat. Hintergrund dieser Rechtsprechung ist, dass voll erwerbsgemindert ist, wer außerstande ist, unter den üblichen Bedingungen des Arbeitsmarktes mindestens drei Stunden täglich erwerbstätig zu sein (§ 43 Abs. 2 S. 2 SGB VI). Besteht die arbeitsvertraglich vereinbarte Leistungspflicht weniger als drei Stunden täglich, kann aus der Bewilligung einer Rente wegen voller Erwerbsminderung allein nicht geschlossen werden, dass der Arbeitnehmer voraussichtlich nicht mehr in der Lage ist, seine arbeitsvertraglich geschuldete Leistung zu erbringen.

## IV. Beendigung des Arbeitsverhältnisses durch ärztliches Gutachten

### 1. Schuldhafte Verzögerung des Rentenantrags

Bestehen begründete Zweifel, ob der Beschäftigte weiter voll erwerbsfähig ist, kann der Arbeitgeber den Beschäftigten auffordern, einen Rentenantrag zu stellen. Verzögert der Beschäftigte schuldhaft den Rentenantrag, ist der Arbeitgeber berechtigt, ihn auf seine Dienstfähigkeit untersuchen zu lassen. Von einer schuldhaften Verzögerung des Rentenantrages ist auszugehen, wenn der Beschäftigte sich weigert, einen Antrag zu stellen, obwohl für ihn erkennbar Anhaltspunkte vorliegen, die für eine erhebliche Einschränkung der Leistungsfähigkeit sprechen (LAG Rheinland-Pfalz v. 18.1.2016, 3 Sa 429/15).

Bei dem mit der Untersuchung beauftragten Arzt kann es sich um einen Amtsarzt handeln, sofern sich die Betriebsparteien (d. h. Arbeitgeber und Betriebs- bzw. Personalrat) nicht auf einen anderen Arzt geeinigt haben (§ 3 Abs. 4 S. 2 TVöD/§ 3 Abs. 5 S. 2 TV-L). Das Gutachten dieses Arztes tritt dann an die Stelle des Rentenbescheides. Das Arbeitsverhältnis endet nach dem Wortlaut des § 33 Abs. 4 S. 2 TVöD/TV-L mit Ablauf des Monats, in dem dem Beschäftigten das Gutachten bekannt gegeben worden ist. Auch hier ist jedoch § 15 Abs. 2 TzBfG zu berücksichtigen, sodass das Arbeitsverhältnis frühestens zwei Wochen nach Zugang der schriftlichen Unterrichtung des Beschäftigten durch den Arbeitgeber über den Zeitpunkt der Beendigung des Arbeitsverhältnisses endet (vgl. oben II.3.).

Der Beschäftigte ist verpflichtet, sich der ärztlichen Untersuchung zu unterziehen und an ihr aktiv mitzuwirken. Die Pflicht des Beschäftigten, bei der ärztlichen Untersuchung mitzuwirken, umfasst auch die Verpflichtung, dem Arzt die fachärztlichen Vorbefunde entweder selbst zur Verfügung zu stellen oder durch eine entsprechende Entbindung von der Schweigepflicht dem Arzt zu ermöglichen, diese Unterlagen beizuziehen oder in sie Einsicht zu nehmen. Gefährdet der Beschäftigte den Erfolg dieser Untersuchung dadurch, dass er trotz Abmahnung beharrlich sein Einverständnis zu der Beiziehung der Vorbefunde der behandelnden Ärzte verweigert, so kann dies je nach den Umständen einen wichtigen Grund zur außerordentlichen Kündigung darstellen (BAG v. 6.11.1997, 2 AZR 801/96, ZTR 1998, 184).

> ⚠ **ACHTUNG!**
>
> Das BAG hat in neueren Entscheidungen (Urt v. 23.7.2014, 7 AZR 771/12, ZTR 2014, 706; Urt. v. 10.12.2014, 7 AZR 1002/12, ZTR 2015, 329; Urt. v. 14.1.2015, 7 AZR 880/13) deutliche Zweifel daran geäußert, ob die Regelung des § 33 Abs. 4 TVöD/TV-L, die den Arbeitnehmer faktisch dazu zwingt, einen Rentenantrag zu stellen, mit der grundgesetzlich geschützten Berufsfreiheit (Art. 12 GG) zu vereinbaren ist. Dem Arbeitnehmer werde hierdurch die rentenrechtliche Dispositionsbefugnis ge-

nommen. Insbesondere bei nur teilweiser Erwerbsminderung muss der Arbeitgeber daher damit rechnen, dass eine wirksame Beendigung des Arbeitsverhältnisses aufgrund eines ärztlichen Gutachtens an der verfassungsrechtlichen Wirksamkeit der Regelung des § 33 Abs. 4 TVöD/TV-L scheitert.

Das LAG Berlin-Brandenburg hat in einem neuen Urteil entschieden, dass die Vorschrift des § 33 Abs. 4 TVöD in Verbindung mit § 33 Abs. 2 TVöD mit dem Grundgesetz der Bundesrepublik Deutschland nicht vereinbar ist (LAG Berlin-Brandenburg v. 24.10.2019, 10 Sa 633/19, ZTR 2020, 150). Das LAG Berlin-Brandenburg führt insoweit aus, dass trotz der durch Art. 9 Abs. 3 GG geschützten Tarifautonomie und dem damit verbundenen weiten Gestaltungsspielraum der Tarifvertragsparteien die Vorschrift des § 33 Abs. 2 und 4 TVöD das grundrechtliche Freiheitsrecht des Klägers aus Art. 12 GG unangemessen beschränkt. Denn faktisch werde dem Kläger seine freie Arbeitsplatzwahl entzogen, indem er entweder den Antrag auf eine Rente wegen Erwerbsminderung stellen muss oder der Fortbestand seines Arbeitsverhältnisses einem amtsärztlichen Gutachten unterworfen wird. Für diesen Entzug sehe der TVöD keine Kompensation für den Arbeitnehmer vor.

 **TIPP!**

Bis zu einer Klärung der Rechtsfrage durch das BAG sollten Arbeitgeber spätestens bei Klageerhebung durch den Arbeitnehmer gemäß § 17 TzBfG erwägen, eine personenbedingte Kündigung auszusprechen, beziehungsweise im Fall der ordentlichen Unkündbarkeit eine außerordentliche Kündigung mit sozialer Auslauffrist.

### 2. Weitere Fälle

Den Beschäftigten, die bereits Altersrente für langjährig Versicherte nach § 236 SGB VI oder Altersrente für schwerbehinderte Menschen nach § 236a SGB VI beziehen und den Beschäftigten, die nicht in der gesetzlichen Rentenversicherung versichert sind, kann eine gesetzliche Rente wegen verminderter Erwerbsfähigkeit nicht bewilligt werden. Für diese Personen ist in § 33 Abs. 4 TVöD/TV-L ebenfalls geregelt, dass an die Stelle des Rentenbescheides das Gutachten des Amtsarztes bzw. eines nach § 3 Abs. 4 S. 2 TVöD/§ 3 Abs. 5 S. 2 TV-L bestimmten Arztes tritt.

## V. Weiterbeschäftigung über die Regelaltersgrenze

### 1. Neuer Arbeitsvertrag

Soll der Beschäftigte, dessen Arbeitsverhältnis nach § 33 Abs. 1a) TVöD/TV-L wegen Erreichens der Regelaltersgrenze in der gesetzlichen Rentenversicherung geendet hat, weiterbeschäftigt werden, kommt der Abschluss eines neuen schriftlichen Arbeitsvertrages in Betracht (§ 33 Abs. 5 S. 1 TVöD/TV-L).

Ein Anspruch des Beschäftigten auf Abschluss eines neuen Arbeitsvertrages besteht nicht. Der Arbeitgeber kann hierüber ohne Kontrahierungszwang frei entscheiden.

Entschließt sich der Arbeitgeber zum Abschluss eines neuen Arbeitsvertrages, muss der Beschäftigte nicht auf seinem bisherigen Arbeitsplatz beschäftigt werden. Dem Arbeitgeber steht es frei, den Beschäftigten anderweitig einzusetzen und ihm den Abschluss eines Arbeitsvertrages mit einer anderen – auch niedrigeren – Entgeltgruppe anzubieten.

Beschäftigte, die die Regelaltersgrenze erreicht haben, sind vom Anwendungsbereich des Tarifvertrages nicht nach § 1 Abs. 2 TVöD/TV-L ausgenommen. Daher gelten bei beiderseitiger Tarifgebundenheit für das neue Arbeitsverhältnis ebenfalls die Vorschriften des TVöD/TV-L. Eine Ausnahme besteht lediglich für die Kündigungsfrist. Nach § 33 Abs. 5 S. 2 TVöD/TV-L kann das Arbeitsverhältnis jederzeit mit einer Frist von vier Wochen zum Monatsende gekündigt werden, wenn im Arbeitsvertrag nichts anderes vereinbart ist.

Das neue Arbeitsverhältnis kann als befristetes Arbeitsverhältnis abgeschlossen werden, sofern ein Sachgrund im Sinne des § 14 Abs. 1 TzBfG vorliegt (z. B. die Einarbeitung des Nachfolgers oder die Beendigung eines bestimmten Projektes). Hierbei ist insbesondere das Schriftformerfordernis des § 14 Abs. 4 TzBfG zu beachten. Eine kalendermäßige Befristung nach § 14 Abs. 2 TzBfG scheidet dagegen wegen der Vorbeschäftigung bei demselben Arbeitgeber aus. Gleiches gilt für die kalendermäßige Befristung älterer Arbeitnehmer nach § 14 Abs. 3 TzBfG.

Kommt eine wirksame Befristung des Arbeitsverhältnisses nicht in Betracht, kommt zwar der Abschluss eines neuen unbefristeten Arbeitsverhältnisses in Betracht. Der Arbeitgeber muss sich hierbei jedoch darüber im Klaren sein, dass er das Arbeitsverhältnis dann nur bei Vorliegen eines Kündigungsgrundes im Sinne von § 1 KSchG einseitig beenden kann.

Bei Abschluss des neuen Arbeitsvertrages ist der Personalrat nach § 78 Abs. 1 Nr. 8 BPersVG („Weiterbeschäftigung über die Altersgrenze hinaus") bzw. der Betriebsrat nach § 99 Abs. 1 BetrVG („Einstellung") zu beteiligen.

## 2. Hinausschieben des Beendigungszeitpunktes

Als Alternative zum Abschluss eines neuen Arbeitsvertrages kommt ein Hinausschieben des Beendigungszeitpunktes nach § 41 Satz 3 SGB VI in Betracht. Diese Vorschrift ist mit Wirkung zum 1.7.2014 in Kraft getreten. Nach ihr können die Arbeitsvertragsparteien durch Vereinbarung während des laufenden Arbeitsverhältnisses den Beendigungszeitpunkt, gegebenenfalls mehrfach, hinausschieben, wenn der Arbeitsvertrag – wie durch § 33 Abs. 1a) TVöD/TV-L der Fall – eine Beendigung des Arbeitsverhältnisses mit dem Erreichen der Regelaltersrente vorsieht. Für eine solche Befristungsabrede bedarf es keines sachlichen Grundes nach § 14 Abs. 1 TzBfG (BAG v. 19.12.2018, 7 AZR 70/17, ZTR 2019, 290).

Die Vereinbarkeit von § 41 S. 3 SGB VI mit dem Europarecht wurde vom EuGH mit der Maßgabe bestätigt, dass es den nationalen Gerichten obliegt festzustellen, ab wann die Regelung rechtsmissbräuchlich eingesetzt wird (EuGH v. 28.2.2018, C-46/17, ZTR 2018, 282). Ein Verstoß gegen Art. 12 Abs. 1 GG oder Art. 3 Abs. 1 GG wurde vom BAG verneint (BAG v. 19.12.2018, 7 AZR 70/17, ZTR 2019, 290).

Die Vereinbarung über das Hinausschieben der Beendigung des Arbeitsverhältnisses muss, da es sich um eine Befristung handelt, spätestens am letzten Tag des Arbeitsverhältnisses schriftlich abgeschlossen werden (§ 14 Abs. 4 TzBfG).

Auch hierbei sind der Personalrat (§ 78 Abs. 1 Nr. 8 BPersVG) bzw. der Betriebsrat (§ 99 Abs. 1 BetrVG) zu beteiligen (zur Mitbestimmung des Betriebsrats gem. § 99 Abs. 1 BetrVG unter dem Gesichtspunkt der Einstellung: BAG v. 22.9.2021, 7 ABR 22/20).

Sonstige Änderungen des Arbeitsvertrages (z. B. der Arbeitszeit oder der Tätigkeit), die weder gleichzeitig noch im zeitlichen Zusammenhang mit der Vereinbarung über das Hinausschieben des Beendigungszeitpunktes erfolgen, sind zulässig, wobei das BAG einen zeitlichen Zusammenhang verneint hat, wenn eine Vereinbarung über die Erhöhung der Arbeitszeit sechs Wochen nach der Vereinbarung über das Hinausschieben des Beendigungszeitpunktes geschlossen wurde (BAG v. 19.12.2018, 7 AZR 70/17, ZTR 2019, 290).

Umstritten ist dagegen, ob Änderungen, die gleichzeitig mit der Vereinbarung über das Hinausschieben des Beendigungszeitpunktes erfolgen – wie bei einer Verlängerung des befristeten Arbeitsverhältnisses nach § 14 Abs. 2 TzBfG – unzulässig sind. Das BAG hat diese Frage in der vorgenannten Entscheidung ausdrücklich offengelassen. Das LAG Baden-Württemberg hält die gleichzeitige Änderung sonstiger Arbeitsbedingungen in einer neueren Entscheidung für zulässig (LAG Baden-Württemberg v. 30.4.2020, 3 Sa 98/19, ZTR 2020, 596).

# Befristetes Arbeitsverhältnis

 **Wegweiser:**

Während der Anteil der Beschäftigten mit einem befristeten Arbeitsvertrag 1991 noch 5,9 % betrug, wurden im Jahr 2021 7,4 % aller Arbeitnehmer ab 25 Jahren befristet beschäftigt (Quelle: Statistisches Bundesamt, Arbeitskräfteerhebung). Dabei ist ein leichter Rückgang der Befristungen seit 2017 (8,3 %) zu verzeichnen. Damit liegt Deutschland im europäischen Vergleich unter dem EU-Durchschnitt von 11 % und bewegt sich im europaweiten Mittelfeld (zum Vergleich: Spanien 22,2 %, Niederlande 18,4 %). 57 % der Beschäftigten besaßen dabei einen Arbeitsvertrag mit einer Laufzeit von weniger als einem Jahr.

Insbesondere im öffentlichen Dienst ist die Befristung von Arbeitsverträgen ein wichtiges personalwirtschaftliches Instrument. Es sind neben dem TzBfG sowie spezialgesetzlichen Regelungen wie beispielsweise dem Wissenschaftszeitvertragsgesetz die sich aus den anwendbaren Tarifverträgen ergebenden Besonderheiten zu beachten (vgl. hierzu auch die Kommentierungen bei Breier/Dassau TVöD Komm. § 30 und Steinherr in: Sponer/Steinherr, TVöD Komm. § 30 bzw. Breier/Dassau, TV-L Komm. § 30).

### I. Allgemeine Grundsätze
1. Rechtsgrundlagen des Befristungsrechts
2. Schriftform
3. Fortsetzung des Arbeitsverhältnisses
4. Kündigung
5. Entfristungsklage
6. Kettenbefristungen
7. Maßgeblicher Überprüfungszeitpunkt
8. Keine Angabe des Befristungsgrundes und/oder der Rechtsgrundlage
9. Befristung einzelner Arbeitsbedingungen
10. Doppelbefristung
11. Anwendbarkeit auf Leiharbeitsverhältnisse

### II. Sachgrundlose Befristungen nach dem TzBfG
1. Maximal vier Befristungen in zwei Jahren
2. Neueinstellung
3. Altersbefristung
4. Unternehmensgründung

### III. Sachgrundlose Befristungen nach dem TzBfG im Geltungsbereich des TVöD/TV-L
1. Keine Angabe des Befristungsgrundes
2. Befristungsdauer
3. Probezeit
4. Kündigungsfrist
5. Weiterbeschäftigung

**IV. Sachgrundbefristungen nach dem TzBfG**
1. Allgemeines
2. Die Fallgruppen des § 14 Abs. 1 S. 2 TzBfG
   2.1 Nr. 1 – Vorübergehender Arbeitskräftebedarf
   2.2 Nr. 2 – Erstanstellung im Anschluss an Ausbildung oder Studium
   2.3 Nr. 3 – Vertretung
   2.4 Nr. 4 – Eigenart der Arbeitsleistung
   2.5 Nr. 5 – Erprobung
   2.6 Nr. 6 – Gründe in der Person des Arbeitnehmers
   2.7 Nr. 7 – Haushaltsrechtliche Gründe
   2.8 Nr. 8 – Gerichtlicher Vergleich
   2.9 Sonstige sachliche Gründe

**V. Sachgrundbefristungen im Geltungsbereich des TVöD**
1. Allgemeines
2. Fünfjahreshöchstgrenze
3. Angabe des Befristungsgrundes
4. Kündigungsmöglichkeiten
5. Weiterbeschäftigung

**VI. Führung auf Probe und Führung auf Zeit**
1. Führung auf Probe (§ 31 TVöD)
   1.1 Externer Bewerber
   1.2 Interner Bewerber
   1.3 Kündigung
2. Führung auf Zeit (§ 32 TVöD)
   2.1 Externer Bewerber
   2.2 Interner Bewerber

**VII. Beteiligung des Personalrats bei Abschluss befristeter Arbeitsverträge**
1. Mitbestimmungsrecht bei Einstellung
2. Mitbestimmungsrecht bei Befristung

**VIII. Spartentarifverträge**

## I. Allgemeine Grundsätze

### 1. Rechtsgrundlagen des Befristungsrechts

Kern des Befristungsrechts bildet das Teilzeit- und Befristungsgesetz (TzBfG).

Gemäß § 14 Abs. 1 TzBfG bedarf es für eine Befristung grundsätzlich eines Sachgrundes. Sachgrundlos ist eine Befristung gemäß § 14 Abs. 2 TzBfG nur bei erstmaliger Einstellung, gemäß § 14 Abs. 2a TzBfG bei einer Unternehmensneugründung oder gemäß § 14 Abs. 3 TzBfG bei beschäftigungslosen älteren Arbeitnehmern möglich. Im Geltungsbereich des TVöD sowie des TV-L ergeben sich Besonderheiten bei der Anwendung des TzBfG aus § 30 TVöD/TV-L. Zudem gibt es zwei Sonderbefristungsformen in §§ 31, 32 TVöD/TV-L.

Daneben sind auch folgende Rechtsgrundlagen zu beachten:

▶ § 1 ÄArbVtrG ermöglicht die Befristung von Ärzten in der Weiterbildung.

▶ Nach § 8 Abs. 3 ATG ist eine befristete Altersteilzeitarbeit zulässig.

▶ Das BBiG sieht im Ausbildungsverhältnis gemäß §§ 21, 24 BBiG ein befristetes Vertragsverhältnis zwingend vor.

▶ § 21 Abs. 1 BEEG ermöglicht eine Vertretungsbefristung während der Abwesenheit eines Arbeitnehmers zur Betreuung eines Kindes.

▶ § 6 PflegeZG sieht Befristungsmöglichkeiten zur Vertretung eines zur Pflege von Angehörigen abwesenden Arbeitnehmers vor.

▶ Nach den SGB II und III sind Befristungen staatlich geförderter Arbeitsverhältnisse möglich.

▶ Nach dem WissZeitVG sind Befristungen mit wissenschaftlichen und künstlerischen Mitarbeitern an Hochschulen, Fachhochschulen und Forschungseinrichtungen möglich.

▶ Gemäß § 41 S. 3 SGB VI kann der Beendigungszeitpunkt bei einer Befristung auf die Regelaltersgrenze befristet hinausgeschoben werden.

Es bleibt grundsätzlich dem Arbeitgeber überlassen, auf welche Rechtsgrundlage er eine Befristung stützen will, wobei einige Normen gegenüber dem TzBfG Vorrang genießen.

Im Folgenden werden die in der Praxis bedeutsamen Regelungen des TzBfG und des TVöD erläutert. Die besonderen Befristungsmöglichkeiten im BEEG (→ *Elternzeit*), BBiG (→ *Berufsausbildungsverhältnis*), PflegeZG (→ *Pflegezeit*) und WissZeitVG (→ *Wissenschaftszeitvertragsgesetz*) werden unter den entsprechenden Stichworten behandelt.

### 2. Schriftform

Die Befristung eines Arbeitsvertrages bedarf der Schriftform, § 14 Abs. 4 TzBfG. Das Schriftformerfordernis gilt für jede Befristungsabrede einschließlich der Vereinbarung über eine Verlängerung. Nicht dem Schriftformerfordernis unterliegt die Befristung einzelner Arbeitsbedingungen im Rahmen eines unbefristeten Arbeitsverhältnisses (z. B. befristete Erhöhung der Arbeitszeit, BAG v. 3.9.2003, 7 AZR 106/03; BAG v. 18.6.2008, 7 AZR 245/07). Dem Schriftformerfordernis unterliegt die Tatsache der Befristung. Daneben bedarf bei der kalendermäßigen Befristung das Enddatum oder die Dauer der schriftlichen Vereinbarung der Erwähnung. Nicht erforderlich ist, dass der der Befristung zugrunde liegende sachliche Grund schriftlich vereinbart worden ist (vgl. dazu I.6.; BAG v. 23.6.2004, 7 AZR 636/03, ZTR 2005, 211; BAG v. 26.7.2006, 7 AZR 515/05; BAG v. 2.9.2009, 7 AZR 233/08, ZTR 2010, 160). Ebenso nicht erforderlich ist es, dass das Datum des Beginns des Arbeitsverhältnisses schriftlich festgehalten ist (BAG v. 16.8.2023, 7 AZR 300/22, ZTR 2024, 44).

 **Formulierungsbeispiel:**

„§ ... Befristung des Arbeitsverhältnisses

Der Arbeitnehmer wird von ... bis ... befristet für ... Monate eingestellt. Das Arbeitsverhältnis endet nach Ablauf der Frist, ohne dass es einer Kündigung bedarf."

oder

„§ ... Verlängerung der Befristung des Arbeitsverhältnisses

Der Arbeitnehmer wird von ... bis ... befristet für ... Monate weiter beschäftigt. Im Übrigen verbleibt es bei den Regelungen des Arbeitsvertrages vom ..."

Die Schriftform ist nicht gewahrt, wenn die Parteien zunächst nur mündlich einen befristeten Arbeitsvertrag vereinbaren und sie diesen Vertrag einschließlich der Befristungsabrede nach Antritt der Arbeit schriftlich niederlegen. Die nur mündlich vereinbarte Befristung ist mangels Schriftform nach § 125 BGB nichtig mit der Folge, dass ein unbefristetes Arbeitsverhältnis entsteht. Die spätere schriftliche Niederlegung des Vertrags führt nicht zur Wirksamkeit der Befristung (BAG v. 16.3.2005, 7 AZR 289/04). Die Schriftform ist gewahrt, wenn das Schriftformerfordernis erst nach formellem Vertragsbeginn erfüllt wird, der Arbeitnehmer seine Tätigkeit aber erst nach dem Erhalt der schriftlichen Abrede aufnimmt (LAG Hessen v. 18.10.2023, 6 SaGa 882/23).

Haben die Vertragsparteien hingegen vor der Unterzeichnung des schriftlichen Arbeitsvertrages mündlich keine Befristung vereinbart, enthält der schriftliche Arbeitsvertrag eine eigenständige, dem Schriftformgebot genügende Befristung (BAG v. 13.6.2007, 7 AZR 700/06). Das Gleiche gilt nach Auffassung des BAG, wenn die Parteien mündlich eine Befristungsabrede getroffen hatten, die inhaltlich nicht mit der in dem schriftlichen Arbeitsvertrag enthaltenen Befristung übereinstimmt (z. B. eine andere Laufzeit vorsieht). Ist die vereinbarte Befristung dann auch sachlich gerechtfertigt, ist sie wirksam (BAG v 13.6.2007, 7 AZR 700/06). Ebenfalls kein Verstoß gegen das Schriftformerfordernis liegt nach Auffassung des BAG vor, wenn der Arbeitgeber dem Arbeitnehmer vor Vertragsbeginn einen von ihm bereits unterzeichneten schriftlichen Arbeitsvertrag übersendet mit der Bitte um Rücksendung eines unterzeichneten Exemplars und der Arbeitnehmer dieses erst nach Arbeitsaufnahme übergibt oder gar erst danach unterschreibt. In einem solchen Fall kann der Arbeitnehmer das Vertragsangebot des Arbeitgebers grundsätzlich nur durch die Unterzeichnung der Urkunde annehmen. Durch die Arbeitsaufnahme wird also ein Arbeitsverhältnis nicht begründet, da der Arbeitgeber sein Angebot auf Abschluss eines befristeten Arbeitsvertrags von der Rückgabe des unterzeichneten Arbeitsvertrags abhängig macht (BAG v. 16.4.2008, 7 AZR 1048/06; BAG v. 14.12.2016, 7 AZR 142/15). Nimmt der Arbeitnehmer in diesem Fall vor der Vertragsunterzeichnung die Arbeit auf, entsteht ein faktisches Arbeitsverhältnis. Wenn der Arbeitgeber, der dem Arbeitnehmer noch kein schriftliches Vertragsangebot unterbreitet hat, ausdrücklich erklärt, der Arbeitsvertrag solle erst mit Unterzeichnung der Vertragsurkunde zustande kommen, er dem Arbeitnehmer jedoch bereits zuvor im Widerspruch zu seiner Erklärung einen Arbeitsplatz zur Verfügung stellt und die Arbeitsleistung entgegennimmt, kommt hingegen durch die Arbeitsaufnahme ein konkludentes Arbeitsverhältnis zustande (BAG v. 15.2.2017, 7 AZR 223/15, ZTR 2017, 549).

**TIPP!**

Dem Arbeitgeber ist weiterhin dringend zu raten, einen befristeten Arbeitsvertrag vor Aufnahme der Arbeit durch den Arbeitnehmer von beiden Vertragsparteien unterzeichnen zu lassen. Das Risiko einer Unwirksamkeit der Befristung des Arbeitsvertrages sollte in jedem Fall vermieden werden.

**WICHTIG!**

In einem Formulararbeitsvertrag ist eine Befristung nur dann wirksam, wenn sie für den Arbeitnehmer auch hinreichend transparent gestaltet wird. Macht der Arbeitgeber beispielsweise neben einer drucktechnisch hervorgehobenen allgemeinen Befristung des Arbeitsvertrages eine weitere Befristung bis zum Ende der Probezeit nicht hinreichend deutlich, verstößt eine solche Regelung gegen § 305c BGB und ist damit unwirksam (BAG v. 16.4.2008, 7 AZR 132/07).

**Hinweis:**

Wird für ein befristetes Arbeitsverhältnis eine Probezeit vereinbart, so muss diese im Verhältnis zu der erwarteten Dauer der Befristung und der Art der Tätigkeit stehen (§ 15 Abs. 3 TzBfG).

Wird die Schriftform nicht eingehalten, so gilt der Vertrag als auf unbestimmte Zeit geschlossen, § 16 S. 1 TzBfG. Eine formnich-

tige Befristungsabrede lässt sich auch nicht dadurch nachträglich heilen, dass die Parteien das nicht schriftlich Vereinbarte nach der Arbeitsaufnahme durch den Arbeitnehmer schriftlich niederlegen (BAG v. 15.2.2017, 7 AZR 223/15, ZTR 2017, 549). Der Arbeitnehmer kann in diesem Fall ordentlich gekündigt werden, auch wenn die Parteien keine Kündigungsmöglichkeit vereinbart haben, § 16 S. 2 TzBfG. Sofern das Kündigungsschutzgesetz anwendbar ist, sind jedoch dessen Voraussetzungen zu beachten, insbesondere ist dann ein Kündigungsgrund i. S. v. § 1 Abs. 2 KSchG erforderlich. Besteht Streit über die Wirksamkeit der Befristung, ist im Prozess diejenige Partei für die Wahrung der Schriftform beweisbelastet, die sich auf die Wirksamkeit der Befristung beruft (BAG v. 20.8.2014, 7 AZR 924/12, ZTR 2015, 44).

### 3. Fortsetzung des Arbeitsverhältnisses

§ 15 Abs. 6 TzBfG bestimmt, dass ein befristetes Arbeitsverhältnis als auf unbestimmte Zeit verlängert gilt, wenn es nach Ablauf der Zeit, für die es eingegangen ist, mit Wissen des Arbeitgebers fortgesetzt wird und der Arbeitgeber nicht unverzüglich widerspricht. Voraussetzung ist eine tatsächliche Fortführung des Arbeitsverhältnisses im unmittelbaren Anschluss an das Ende der Befristung. Der Arbeitnehmer muss seine Arbeitsleistung bewusst und in der Bereitschaft fortsetzen, seine Pflichten aus dem Arbeitsvertrag weiterhin zu erfüllen (BAG v. 18.10.2006, 7 AZR 749/05). Ein lediglich konkludent zum Ausdruck gebrachter Wille reicht zur Fortsetzung des Arbeitsverhältnisses nicht aus (BAG v. 2.12.1998, 7 AZR 508/97). Die Arbeitsleistung muss tatsächlich erbracht werden, muss aber nicht an demselben Arbeitsplatz fortgesetzt werden. Es muss eine für den Arbeitgeber erkennbare Tätigkeit des Arbeitnehmers vorliegen (BAG v. 30.11.1984, 7 AZR 539/83; BAG v. 30.4.1987, 6 AZR 305/85). Dabei ist notwendig, dass der Arbeitgeber selbst oder solche Personen informiert sind, die über den Abschluss von Arbeitsverträgen entscheiden können. Dabei reicht es allerdings aus, wenn eine Person Kenntnis hat, die zwar nach der internen Geschäftsverteilung nicht zur Einstellung befugt ist, die jedoch mit Duldung des Arbeitgebers Einstellungen vornimmt (sog. Duldungsvollmacht). Gleiches gilt für den Fall einer Anscheinsvollmacht, also wenn der Arbeitgeber zwar nichts von der Vornahme von Einstellungen wusste, er dies aber hätte erkennen und verhindern können.

Der Arbeitgeber kann bei Vorliegen der Voraussetzungen des § 15 Abs. 6 TzBfG dessen Rechtsfolgen ausschließen, wenn er der Weiterbeschäftigung unverzüglich widerspricht. Ein solcher Widerspruch kann bereits vor Ablauf des Arbeitsverhältnisses ausdrücklich oder konkludent erfolgen (BAG v. 26.7.2000, 7 AZR 256/99), z. B. durch ein Schreiben, mit dem der Arbeitgeber kurz vor Ablauf der Befristung auf die Beendigung des Arbeitsverhältnisses zu einem bestimmten Datum hinweist. Der Arbeitgeber kann auch bereits widersprechen, wenn der Arbeitnehmer an ihn wegen einer Vertragsfortsetzung nach Ablauf der vereinbarten Befristung herantritt. Die Ablehnung des Wunsches des Arbeitnehmers auf einvernehmliche Fortsetzung des Arbeitsverhältnisses stellt regelmäßig einen Widerspruch im Sinne des § 15 Abs. 6 TzBfG dar (BAG v. 11.7.2007, 7 AZR 501/06).

### 4. Kündigung

Ein befristetes Arbeitsverhältnis kann aus wichtigem Grund außerordentlich gekündigt werden, § 626 BGB. Eine ordentliche Kündigung ist dagegen nach § 15 Abs. 4 TzBfG nur zulässig, wenn dies einzelvertraglich oder in einem anwendbaren Tarifvertrag geregelt ist.

Dementsprechend sollte in jedem befristeten Arbeitsvertrag außerhalb des Anwendungsbereichs des TVöD/TV-L (z. B. bei leitenden Angestellten) ein ordentliches Kündigungsrecht vereinbart werden.

 **Formulierungsbeispiel:**

„§ ... Vertragsdauer und Kündigung

(1) Das zwischen den Parteien bestehende Arbeitsverhältnis ist nach § ... dieses Vertrages befristet.

(2) Das Arbeitsverhältnis kann während der ersten sechs Monate seines Bestandes (Probezeit) von beiden Parteien mit einer Frist von zwei Wochen gekündigt werden. Danach ist die Kündigung für beide Parteien unter Einhaltung der in § 622 Abs. 2 BGB genannten Fristen möglich. Das Recht zur fristlosen Kündigung aus wichtigem Grund bleibt unberührt. Eine fristlose Kündigung gilt im Falle ihrer Unwirksamkeit zugleich als fristgemäße Kündigung zum nächstzulässigen Termin. Kündigungen bedürfen zu ihrer Wirksamkeit der Schriftform (§ 623 BGB)."

## 5. Entfristungsklage

Gemäß § 17 S. 1 TzBfG hat der Arbeitnehmer die Möglichkeit, die Rechtswidrigkeit der Befristung seines Arbeitsvertrages geltend zu machen. Hierfür muss er innerhalb von drei Wochen nach dem vereinbarten Ende des befristeten Arbeitsvertrags Klage beim Arbeitsgericht auf Feststellung erheben, dass das Arbeitsverhältnis aufgrund der Befristung nicht beendet ist. Die Entfristungsklage kann auch schon vor dem Ablauf der vereinbarten Befristung erhoben werden (vgl. BAG v. 24.2.2021, 7 AZR 99/19; BAG v. 17.4.2019, 7 AZR 410/17, ZTR 2019, 519). § 17 TzBfG ist grundsätzlich auf alle Unwirksamkeitsgründe anzuwenden, unabhängig davon, auf welcher Rechtsgrundlage die Befristung beruht und welche Gründe der Arbeitnehmer gegen die Wirksamkeit der Befristung anführt. § 17 TzBfG gilt infolge der Verweisung in § 21 TzBfG auch für auflösend bedingte Arbeitsverträge. Sofern der Arbeitnehmer fristgerecht Klage erhoben hat, kann er gem. § 17 S. 2 TzBfG i. V. m. § 6 KSchG bis zum Ende der mündlichen Verhandlung erster Instanz weitere Gründe nachschieben, aus denen sich seiner Auffassung nach die Unwirksamkeit der Befristung ergibt.

Durch die Erhebung einer Kündigungsschutzklage wird die dreiwöchige Klagefrist für eine Bedingungskontrollklage in entsprechender Anwendung des § 6 KSchG jedenfalls dann gewahrt, wenn die auflösende Bedingung bis zum Kündigungstermin wirksam werden soll, der Arbeitnehmer noch vor Schluss der mündlichen Verhandlung erster Instanz ihre Unwirksamkeit ausdrücklich geltend macht und einen Bedingungskontrollantrag nach §§ 21, 17 S. 1 TzBfG stellt (BAG v. 20.6.2018, 7 AZR 689/16).

Mit der Versäumung der Klagefrist werden alle Voraussetzungen einer rechtswirksamen Befristung fingiert. Die Befristung gilt nach § 17 S. 2 TzBfG i. V. m. § 7 KSchG als von Anfang an rechtswirksam.

## 6. Kettenbefristungen

Nach ständiger Rechtsprechung des BAG (vgl. BAG v. 24.8.2011, 7 AZR 228/10, ZTR 2012, 106) war bei mehreren aufeinander folgenden befristeten Arbeitsverträgen regelmäßig nur die Befristung des letzten Arbeitsvertrages auf ihre Rechtfertigung zu prüfen. Durch den Abschluss eines weiteren befristeten Arbeitsvertrages sollten die Parteien ihr Arbeitsverhältnis typischerweise auf eine neue Rechtsgrundlage stellen, die künftig für ihre Rechtsbeziehung allein maßgebend sein sollte. Damit sollte zugleich ein etwaiges unbefristetes Arbeitsverhältnis auf-

gehoben werden. Anders verhält es sich – so das BAG –, wenn die Parteien dem Arbeitnehmer in einem nachfolgenden befristeten Arbeitsvertrag – ausdrücklich oder konkludent – das Recht vorbehalten, die Wirksamkeit der vorangegangenen Befristung prüfen zu lassen. In diesem Fall ist die arbeitsgerichtliche Befristungskontrolle auch für den davor liegenden Vertrag eröffnet. Wenn der Arbeitgeber es ablehnt, mit einem befristet beschäftigten Arbeitnehmer bei Abschluss eines befristeten Anschlussvertrags einen vom Arbeitnehmer gewünschten Vorbehalt zu vereinbaren, der es diesem ermöglicht, die Wirksamkeit der in dem vorangegangenen Vertrag vereinbarten Befristung gerichtlich überprüfen zu lassen, liegt darin keine Maßregelung im Sinne des § 612a BGB. Nimmt der Arbeitnehmer das Angebot des Arbeitgebers, den Folgevertrag vorbehaltlos abzuschließen, an, verliert er das Recht, die Unwirksamkeit der Befristung des vorangegangenen Vertrages gerichtlich geltend zu machen. Auch hierin liegt keine unzulässige Maßregelung im Sinne des § 612a BGB (BAG v. 14.2.2007, 7 AZR 95/06).

Von dem Grundsatz, dass stets nur die letzte Befristung zu überprüfen ist, macht das BAG jedoch eine Ausnahme: Soweit es sich bei dem letzten Vertrag nur um einen unselbstständigen Annex handelt, ist der Sachgrund anhand des Vorgängervertrages zu überprüfen (BAG v. 25.8.2004, 7 AZR 7/04, ZTR 2005, 266). Dies ist etwa dann der Fall, wenn es sich bei dem Anschlussvertrag um eine verhältnismäßig geringfügige Korrektur des in dem früheren Vertrag vereinbarten Endzeitpunktes handelt, diese Korrektur sich am Sachgrund der Befristung des früheren Vertrages orientiert und allein in der Anpassung der ursprünglich vereinbarten Vertragszeit an später eingetretene, nicht vorhergesehene Umstände besteht (vgl. hierzu auch Ruge im Handbuch Kündigungsrecht, § 17 Rn. 29 ff.).

Allerdings hat der EuGH in der Entscheidung „Kücük" bezüglich der mehrfachen Befristung zur Vertretung klargestellt, dass zur Feststellung, ob ein wiederholter oder langfristiger Vertretungsbedarf mehrere aufeinanderfolgende Vertretungsbefristungen rechtfertigt, nicht nur die letzte Befristung geprüft werden dürfe, sondern vielmehr das gesamte Arbeitsverhältnis einschließlich der vorangegangenen Befristungen berücksichtigt werden müsse (EuGH v. 26.1.2012, C-586/10 [Kücük], ZTR 2012, 180). Im Anschluss an die Entscheidung des EuGH hat auch das BAG in zwei Urteilen vom 18.7.2012 entschieden, dass für die Feststellung eines nach § 242 BGB unzulässigen Missbrauchs des Rechtsinstituts der Vertretungsbefristung alle Umstände des Einzelfalls, also gerade auch die Zahl der vorangegangenen Befristungen und ihre Länge zu berücksichtigen sind (BAG v. 18.7.2012, 7 AZR 443/09, ZTR 2013, 41 und BAG v. 18.7.2012, 7 AZR 783/10, ZTR 2012, 435; vgl. dazu eingehend unter IV.2.3).

 **TIPP!**

Ist die rechtswirksame Befristung eines Arbeitsvertrages zweifelhaft und muss der Arbeitgeber von der Erhebung einer Entfristungsklage ausgehen, kann es sich anbieten, dem Arbeitnehmer (evtl. auch vorzeitig) einen weiteren (nunmehr wirksamen) befristeten Arbeitsvertrag für relativ kurze Dauer (z. B. sechs Monate bis ein Jahr) anzubieten. Unterzeichnet er die Vertragsverlängerung und verstreicht die Drei-Wochen-Frist, wird – wenn man von der vorerwähnten Frage des Rechtsmissbrauchs absieht – der letzte befristete Vertrag auf seine Wirksamkeit hin überprüft.

 **WICHTIG!**

Im Koalitionsvertrag der aktuellen Bundesregierung vom 7.12.2021 wurde vereinbart, die Befristung mit Sachgrund beim selben Arbeitgeber auf sechs Jahre zu begrenzen, um Kettenbefristungen zu vermeiden. Nur in eng begrenzten Ausnahmen soll ein Überschreiten dieser Höchstdauer möglich sein.

Die im öffentlichen Dienst bestehende Möglichkeit der Haushaltsbefristung soll abgeschafft werden. Ferner will die Ampel-Koalition beim Bund als Arbeitgeber die sachgrundlose Befristung Schritt für Schritt reduzieren.

### 7. Maßgeblicher Überprüfungszeitpunkt

Ob ein ausreichender sachlicher Grund vorliegt, der geeignet ist, die Befristung zu rechtfertigen, beurteilt sich nach den Verhältnissen im Zeitpunkt des Abschlusses des Arbeitsvertrages. Der Wegfall des sachlichen Grundes zu einem späteren Zeitpunkt steht der Wirksamkeit der Befristung nicht entgegen (BAG v. 15.8.2001, 7 AZR 144/00).

### 8. Keine Angabe des Befristungsgrundes und/oder der Rechtsgrundlage

Sofern keine abweichenden spezialgesetzlichen oder tarifvertraglichen Regelungen eingreifen (wie z. B. früher SR 2y BAT für den öffentlichen Dienst; in TVöD und TV-L nicht mehr vorgesehen), setzt eine Sachgrundbefristung nach § 14 Abs. 1 TzBfG grundsätzlich nicht voraus, dass der Befristungsgrund Vertragsinhalt geworden oder dem Arbeitnehmer bei Vertragsschluss mitgeteilt worden ist (BAG v. 4.12.2002, 7 AZR 545/01). In der Praxis sollte daher von der Nennung des Sachgrundes im Arbeitsvertrag abgesehen werden. Auch bei der Erprobung als Sachgrund nach § 14 Abs. 1 S. 2 Nr. 5 TzBfG ist die Angabe im Arbeitsvertrag nicht erforderlich. Lediglich bei der Zweckbefristung muss der Vertragszweck schriftlich vereinbart sein, weil die Vertragsdauer bei der Zweckbefristung von dem Vertragszweck abhängt (BAG v. 21.12.2005, 7 AZR 541/04, ZTR 2006, 384).

### 9. Befristung einzelner Arbeitsbedingungen

Praktisch relevant wird die Befristung einzelner Arbeitsbedingungen insbesondere bei einer befristeten Arbeitszeiterhöhung oder der befristeten Übertragung einer bestimmten (Führungs-) Funktion. Nach der Rechtsprechung des BAG (BAG v. 27.7.2005, 7 AZR 486/04, ZTR 2006, 94; BAG v. 18.6.2008, 7 AZR 245/07) ist für ab dem 1.1.2002 getroffene Vereinbarungen über die Befristung einzelner Arbeitsvertragsbedingungen ein sachlicher Grund nicht mehr erforderlich. Die Angemessenheit und somit Wirksamkeit der Befristung einzelner Vertragsbedingungen richtet sich ausschließlich nach den §§ 305 ff. BGB (BAG v. 15.12.2011, 7 AZR 394/10, ZTR 2012, 522). Unwirksam ist eine Befristung daher, wenn der Arbeitnehmer durch die Befristung entgegen Treu und Glauben unangemessen benachteiligt wird. Dabei ist eine umfassende Interessenabwägung vorzunehmen. Ein Arbeitnehmer wird nach der Rechtsprechung des BAG (BAG v. 15.12.2011, 7 AZR 394/10, ZTR 2012, 522; BAG v. 8.8.2007, 7 AZR 855/06) bei der Befristung einer Arbeitsvertragsbedingung in der Regel nicht unangemessen nach § 307 Abs. 1 BGB benachteiligt, wenn die Befristung der Erhöhung der Arbeitszeit eines unbefristet teilzeitbeschäftigten Arbeitnehmers aufgrund von Umständen erfolgt, welche die Befristung eines Arbeitsvertrages insgesamt nach § 14 Abs. 1 TzBfG rechtfertigen würden (BAG v. 15.12.2011, 7 AZR 394/10, ZTR 2012, 522; BAG v. 8.8.2007, 7 AZR 855/06; BAG v. 23.3.2016, 7 AZR 828/13, NZA 2016, 881). In einem solchen Fall überwiegt das Interesse des Arbeitgebers an einer nur befristeten Erhöhung der Arbeitszeit das Interesse des Arbeitnehmers an der unbefristeten Vereinbarung des Umfangs

der Arbeitszeit (siehe hierzu und zu möglichen Ausnahmen BAG v. 2.9.2009, 7 AZR 233/08, ZTR 2010, 160).

Ein allgemeines Recht auf befristete Teilzeit (sog. Brückenteilzeit) ist in dem am 1.1.2019 in Kraft getretenen § 9a TzBfG geregelt (vgl. Stichwort → *Teilzeitarbeit*, Wegweiser).

Das Schriftformerfordernis des § 14 Abs. 4 TzBfG (vgl. dazu I.1.) erfasst nicht die Befristung einzelner Arbeitsvertragsbedingungen im Rahmen eines unbefristeten Arbeitsverhältnisses. Daher kann eine befristete Erhöhung der Arbeitszeit auch mündlich wirksam vereinbart werden, wenn das Arbeitsverhältnis als solches unbefristet fortbesteht. Zu einer schriftlichen Vereinbarung ist dem Arbeitgeber aber dennoch dringend zu raten.

### 10. Doppelbefristung

Eine Doppelbefristung, also eine Kombination von Zweck- und Zeitbefristung, ist grundsätzlich zulässig (BAG v. 14.12.2016, 7 AZR 797/14, ZTR 2017, 314). Die Doppelbefristung hat den Vorteil, dass das Arbeitsverhältnis spätestens zu einem bestimmten Zeitpunkt endet. Damit die Doppelbefristung einer AGB-Kontrolle standhält, ist die vorzeitige Beendigungsmöglichkeit im Vertragstext deutlich erkennbar hervorzuheben. Sofern eine etwaige Unwirksamkeit der Zweckbefristung vorliegt, hat das auf eine zugleich vereinbarte Zeitbefristung keinen Einfluss (BAG v. 14.6.2017, 7 AZR 608/15, ZTR 2017, 746).

### 11. Anwendbarkeit auf Leiharbeitsverhältnisse

Das TzBfG, insbesondere die Regelung des § 14 Abs. 2 TzBfG, findet auch auf Leiharbeitsverhältnisse Anwendung. Dieser Umstand war durch eine Entscheidung des EuGH zunächst in Frage gestellt worden (vgl. EuGH v. 11.4.2013, C-290/12 [Oreste Della Rocca]). Der EuGH hatte ausgeführt, dass die Richtlinie 1999/70/EG des Rates vom 28.6.1999 zu der EGB-UNICE-CEEP-Rahmenvereinbarung über befristete Arbeitsverträge und die dazu geschlossene Rahmenvereinbarung nicht auf die Arbeitsverhältnisse von Leiharbeitnehmern und Verleihern Anwendung finden. Hiernach war erwogen worden, das in Umsetzung der Richtlinie geschaffene TzBfG einschränkend auszulegen. Diesen Überlegungen ist das BAG (Urt. v. 15.5.2013, 7 AZR 525/11, ZTR 2013, 639) nicht gefolgt, sondern hat schlicht festgestellt, dass das TzBfG in seinem Anwendungsbereich nicht eingeschränkt sei. Somit verbleibt es bei der Anwendbarkeit des TzBfG auf Leiharbeitsverhältnisse; etwaig darüberhinausgehenden unionsrechtlichen Schutz genießen Leiharbeitsverhältnisse in Bezug auf ihre Befristung jedoch nicht.

### II. Sachgrundlose Befristungen nach dem TzBfG

Gemäß § 14 Abs. 1 TzBfG ist die Befristung eines Arbeitsvertrages zulässig, wenn sie durch einen sachlichen Grund gerechtfertigt ist. Als Ausnahme zu § 14 Abs. 1 TzBfG regelt § 14 Abs. 2 TzBfG die Voraussetzungen, unter denen ein befristeter Arbeitsvertrag ausnahmsweise ohne sachlichen Grund abgeschlossen werden darf. Diese (formalen) Voraussetzungen werden nachfolgend im Einzelnen dargestellt.

Die Zulässigkeit der sachgrundlosen Befristung nach § 14 Abs. 2 TzBfG erfordert keine Vereinbarung der Parteien, die Befristung auf diese Rechtsgrundlage zu stützen. Ausreichend ist, dass die Voraussetzungen für die Zulässigkeit der Befristung nach § 14 Abs. 2 TzBfG bei Vertragsschluss objektiv vorlagen (BAG v. 29.6.2011, 7 AZR 774/09; vgl. auch oben unter I.7.). Ausnahmen hierzu gelten, wenn im anwendbaren Tarifvertrag ein sog. Zitiergebot geregelt ist, das die Angabe des einschlägigen Befristungsgrundes erforderlich macht. Die Zulässigkeit einer sachgrundlosen Befristung kann arbeitsvertraglich ausgeschlossen werden.

Die nach § 14 Abs. 2 TzBfG sachgrundlos befristeten Arbeitsverhältnisse von Betriebsratsmitgliedern enden ebenso wie diejenigen anderer Arbeitnehmer mit Ablauf der vereinbarten Befristung. § 14 Abs. 2 TzBfG ist auf amtierende Betriebsratsmitglieder nicht teleologisch zu reduzieren. Gleichwohl hat das Betriebsratsmitglied gemäß § 78 S. 2 BetrVG Anspruch auf Abschluss eines unbefristeten Folgevertrages, wenn die Entfristung wegen der Betriebsratstätigkeit versagt wurde (LAG Niedersachsen v. 9.1.2024, 11 Sa 476/23).

### 1. Maximal vier Befristungen in zwei Jahren

Gemäß § 14 Abs. 2 TzBfG ist die kalendermäßige Befristung eines Arbeitsvertrages ohne Vorliegen eines sachlichen Grundes bis zur Dauer von zwei Jahren zulässig. Innerhalb dieser Gesamtdauer kann ein befristeter Vertrag bis zu dreimal verlängert werden, sodass äußerstenfalls vier Befristungen innerhalb von zwei Jahren aneinandergereiht werden können.

 **TIPP!**

Nach § 14 Abs. 2 TzBfG kann einem beabsichtigten längerfristigen Arbeitsvertrag eine sachgrundlos bis zu zwei Jahre dauernde „Probezeit" in Form eines befristeten Arbeitsvertrages vorgeschaltet werden. Davon sollte in der Praxis der Arbeitsvertragsgestaltung Gebrauch gemacht werden.

Die Höchstdauer bemisst sich vom vereinbarten Beginn bis zur vereinbarten Beendigung des Arbeitsverhältnisses. Dass der Vertragsschluss möglicherweise früher erfolgt ist, ist ohne Belang. In der Praxis muss genauestens darauf geachtet werden, dass für die Befristungen die Zweijahresgrenze nicht überschritten wird (z. B. vom 1.1.2021 längstens bis zum 31.12.2022, nicht 1.1.2023). Dies erfordert vor allem eine saubere Führung der Personalakten.

Eine Verlängerung des befristeten Arbeitsvertrages ist nur möglich, wenn sie vor Ablauf der vorhergehenden Befristung in schriftlicher Form vereinbart wurde und der Verlängerungszeitraum sich nahtlos anschließt. Eine auch nur kurzfristige Unterbrechung des Arbeitsverhältnisses hindert eine Verlängerung. Das bedeutet, dass bei einer bis zum 31.12. laufenden Befristung nicht wirksam am 2.1. des Folgejahres ein Verlängerungsvertrag abgeschlossen werden kann.

Gemäß § 78 Abs. 1 Nr. 1 BPersVG steht dem Personalrat bei der Verlängerung von befristeten Arbeitsverhältnissen ein Mitbestimmungsrecht zu. Der Arbeitgeber muss dem Personalrat die konkrete Bezeichnung des Verlängerungsgrundes mitteilen. Dies führt dazu, dass der Arbeitgeber auf diesen Verlängerungsgrund festgelegt ist. In einer Auseinandersetzung mit dem Arbeitnehmer kann der Grund nicht gegen einen Verlängerungsgrund ausgetauscht werden, zu dem der Personalrat seine Zustimmung nicht erteilt hat (BAG v. 21.6.2023, 7 AZR 88/22).

Keine Verlängerung liegt vor, wenn die bisherigen Vertragsbedingungen verändert werden. Eine Vertragsverlängerung liegt vor, wenn nur die Vertragsdauer geändert wird, die übrigen Vertragsbestandteile aber unberührt bleiben (BAG v. 26.7.2000, 7 AZR 546/99; BAG v. 23.8.2006, 7 AZR 12/06, ZTR 2007, 209). Macht der Arbeitgeber im Zusammenhang mit der Vereinbarung über das Hinausschieben des Beendigungszeitpunkts von seinem Direktionsrecht Gebrauch und weist dem Arbeitnehmer eine andere Arbeitsaufgabe zu, stellt dies keine Änderung

des Vertragsinhalts dar. Die Zuweisung einer anderweitigen Tätigkeit im Rahmen der Ausübung des Direktionsrechts steht daher der Verlängerung eines sachgrundlos befristeten Arbeitsvertrages nach § 14 Abs. 2 S. 1 TzBfG nicht entgegen (BAG v. 28.4.2021, 7 AZR 212/20).

 **WICHTIG!**

Bei einer Verlängerung des befristeten Arbeitsvertrages ohne Sachgrund bis zur Höchstdauer von zwei Jahren muss der Arbeitsvertrag – mit Ausnahme der Vertragslaufzeit – unverändert bleiben. Insbesondere dürfen sich Funktion, Arbeitsaufgaben und Entgelt des Arbeitnehmers nicht ändern.

Eine einvernehmliche Änderung der Arbeitsbedingungen kann aber während der Laufzeit des Vertrages erfolgen. Vereinbaren die Arbeitsvertragsparteien während der Dauer eines sachgrundlos befristeten Arbeitsvertrags unter Beibehaltung der Vertragslaufzeit eine Änderung der Arbeitsbedingungen, z. B. ein höheres Gehalt, unterliegt diese Vereinbarung nicht der Befristungskontrolle, weil die Vereinbarung keine neue Befristungsabrede enthält (BAG v. 19.10.2005, 7 AZR 31/05, ZTR 2006, 388). Einer Verlängerung eines sachgrundlos befristeten Arbeitsverhältnisses steht auch die Erhöhung der Arbeitszeit nicht entgegen, wenn der Arbeitgeber damit dem Begehren des Arbeitnehmers nach einer Verlängerung der Arbeitszeit entsprechend § 9 TzBfG Rechnung trägt (BAG v. 16.1.2008, 7 AZR 603/06, ZTR 2008, 504). Indes steht auch eine auf Anregung oder auf Wunsch des Arbeitnehmers vorgenommene Vertragsänderung bei Hinausschieben des Beendigungszeitpunkts einer Verlängerung i. S. v. § 14 Abs. 2 S. 1 Hs. 2 TzBfG entgegen, sofern der Arbeitnehmer auf die Vertragsänderung keinen Anspruch hat (vgl. BAG v. 24.2.2021, 7 AZR 108/20). Der Arbeitnehmer soll bei der Entscheidung über die Verlängerung eines nach § 14 Abs. 2 S. 1 Hs. 1 TzBfG befristeten Arbeitsverhältnisses nicht lediglich davor geschützt werden, dass der Arbeitgeber dessen Fortsetzung davon abhängig macht, dass der Arbeitnehmer geänderte Arbeitsbedingungen akzeptiert, sondern auch davor, dass er durch das Angebot anderer Arbeitsbedingungen zum Abschluss eines weiteren sachgrundlos befristeten Arbeitsvertrags veranlasst wird.

Nach der Rechtsprechung des BAG kann zudem unter bestimmten, engen Voraussetzungen die inhaltliche Änderung im Zusammenhang mit einer Verlängerung zulässig sein. So steht einer Verlängerung im Sinne des § 14 Abs. 2 S. 1 TzBfG nicht entgegen, dass die Parteien in der Verlängerungsvereinbarung die Vertragsbedingungen des befristeten Arbeitsvertrages an die zum Zeitpunkt der Verlängerung geltende Rechtslage anpassen. Dies ist beispielsweise dann der Fall, wenn die Parteien zum Zeitpunkt der Vertragsunterzeichnung eine Vereinbarung über die Vergütung zuvor bereits getroffen haben oder wenn nachgewiesen werden kann, dass der Arbeitgeber mit dem Arbeitnehmer, hätte dieser in einem unbefristeten Vertragsverhältnis gestanden, eine Lohnerhöhung vereinbart hätte (vgl. BAG v. 23.8.2006, 7 AZR 12/06, ZTR 2007, 209). Um eine Anpassung an die aktuelle Rechtslage handelt es sich nach Ansicht des LAG Rheinland-Pfalz auch dann, wenn der tarifgebundene Arbeitgeber den Arbeitsvertrag lediglich vom BAT/MTArb auf den TVöD umstellt, da im öffentlichen Dienst der Normvollzug gelte (LAG Rheinland-Pfalz v. 25.8.2008, 5 Sa 424/07). Ob dies angesichts der inhaltlichen Unterschiede der Tarifwerke auch bei nicht tarifgebundenen Beschäftigten gelten kann, erscheint zumindest fraglich.

Eine Befristungsabrede, mit der die Verkürzung der Laufzeit eines nach § 14 Abs. 2 TzBfG sachgrundlos befristeten Arbeitsvertrags vereinbart wird, unterliegt der Befristungskontrolle. Die Befristung ist ohne Sachgrund nicht zulässig (BAG v. 14.12.2016, 7 AZR 49/15, ZTR 2017, 429).

**WICHTIG!**

Im Koalitionsvertrag der aktuellen Bundesregierung vom 7.12.2021 ist eine kürzere zeitliche Begrenzung der sachgrundlosen Befristung nach § 14 Abs. 2 TzBfG, anders als im Koalitionsvertrag der Großen Koalition, nicht mehr vorgesehen.

## 2. Neueinstellung

Nach § 14 Abs. 2 S. 2 TzBfG ist die erleichterte, sachgrundlose Befristung unzulässig, wenn mit demselben Arbeitgeber zuvor ein befristetes, auch sachlich gerechtfertigtes oder ein unbefristetes Arbeitsverhältnis bestanden hat. Der umgekehrte Fall, also der Anschluss eines mit Sachgrund befristeten Arbeitsvertrages an einen nach § 14 Abs. 2 S. 1 TzBfG sachgrundlos befristeten Vertrag, ist dagegen zulässig.

**ACHTUNG!**

Bis 2011 wurde das Verbot der „Zuvor-Beschäftigung" nach § 14 Abs. 2 S. 2 TzBfG von der herrschenden Auffassung sehr weit ausgelegt: Jedes zeitlich noch so entfernt liegende vorangegangene Arbeitsverhältnis mit demselben Arbeitgeber, gleich ob befristet oder unbefristet, gleich ob ein Sachgrund vorgelegen habe oder nicht, sollte „lebenslänglich" eine sachgrundlose Befristung nach § 14 Abs. 2 S. 1 TzBfG ausschließen. Die sachgrundlose Befristung sei unzulässig, wenn irgendwann mit demselben Arbeitgeber ein Arbeitsverhältnis bestanden habe (vgl. BAG v. 6.11.2003, 2 AZR 690/02, ZTR 2004, 488).

In seinem Urteil vom 6.4.2011 hat das BAG entschieden, dass eine „Zuvor-Beschäftigung" im Sinne von § 14 Abs. 2 S. 2 TzBfG nicht vorliege, wenn ein früheres Arbeitsverhältnis länger als drei Jahre zurückliege (BAG v. 6.4.2011, 7 AZR 716/09, ZTR 2011, 615; BAG v. 21.9.2011, 7 AZR 375/10). Dies ergebe sich aus einer am Sinn und Zweck orientierten, verfassungskonformen Auslegung, da die Gefahr missbräuchlicher Befristungsketten regelmäßig nicht mehr bestehe, wenn zwischen dem Ende des früheren Arbeitsverhältnisses und dem sachgrundlos befristeten neuen Arbeitsvertrag mehr als drei Jahre lägen. Dieser Zeitraum entspreche auch der gesetzgeberischen Wertung, die in der regelmäßigen zivilrechtlichen Verjährungsfrist gem. § 195 BGB zum Ausdruck komme. Zum Teil haben sich die Landesarbeitsgerichte dieser BAG-Rechtsprechung angeschlossen, zum Teil wurde das Urteil von Gerichten und der Literatur aber auch heftig kritisiert.

Das BVerfG erklärte die Rechtsprechung des BAG zum „Zuvor-Beschäftigungs-Verbot" jedoch mit Beschluss vom 6.6.2018 für unwirksam (1 BvL 7/14, ZTR 2018, 404; 1 BvL 1375/14). § 14 Abs. 2 S. 2 TzBfG sei demnach grundsätzlich verfassungskonform und müsse nicht einschränkend ausgelegt werden (vgl. dazu Kroll, ZTR 2018, 559 ff.). Das BAG hat daher seine bisherige Rechtsprechung mit Urteil vom 23.1.2019 ausdrücklich aufgegeben (7 AZR 733/16, ZTR 2019, 341). Einen Vertrauensschutz hat das BAG nicht gewährt, da die Änderung der Rechtsprechung hinreichend begründet sei und sich – schon wegen ihrer verfassungsrechtlichen Begründung – im Rahmen einer vorhersehbaren Entwicklung halte.

Das hat erhebliche Auswirkungen auf die Praxis: Eine sachgrundlose Befristung ist nunmehr nicht mehr zulässig, wenn ein früheres Arbeitsverhältnis mehr als drei Jahre zurückliegt. Vielmehr ist eine sachgrundlose Befristung grundsätzlich unwirksam, wenn der Arbeitnehmer jemals zuvor in einem Arbeitsverhältnis mit demselben Arbeitgeber gestanden hat. Etwas anderes gilt nur, wenn eine Vorbeschäftigung sehr lang zurückliegt, ganz anders geartet war oder von sehr kurzer Dauer gewesen ist. In solchen Fällen wäre ein Verbot der sachgrund-

losen Befristung bei nochmaliger Einstellung bei demselben Arbeitgeber unzumutbar, soweit eine Gefahr der Kettenbefristung in Ausnutzung der strukturellen Unterlegenheit der Beschäftigten nicht besteht und das Verbot der sachgrundlosen Befristung nicht erforderlich ist, um das unbefristete Arbeitsverhältnis als Regelbeschäftigungsform zu erhalten. Das kann etwa bei einer geringfügigen Nebenbeschäftigung während der Schul- und Studien- oder Ausbildungszeit sein (BAG v. 12.6.2019, 7 AZR 429/17). Liegt zwischen den Befristungen ein Zeitraum von acht Jahren (BAG v. 23.1.2019, 7 AZR 733/16, ZTR 2019, 341) oder 15 Jahren (BAG v. 17.4.2019, 7 AZR 323/17, ZTR 2019, 626), soll jedenfalls noch keine „sehr lange" zurückliegende Vorbeschäftigung im Sinne der Rechtsprechung des BVerfG gegeben sein. Nach Ablauf von 22 Jahren seit der Beendigung eines Arbeitsverhältnisses kann bei der erneuten Einstellung des Arbeitnehmers bei demselben Arbeitgeber in der Regel eine Befristung ohne Sachgrund vereinbart werden, soweit nicht besondere Umstände vorliegen, die die Anwendung des „Zuvorbeschäftigungsverbots" dennoch gebieten könnten (BAG v. 21.8.2019, 7 AZR 452/17, ZTR 2020, 105). Nach dem LAG Berlin-Brandenburg ist eine fast 17 Jahre und 3 Monate zurückliegenden Vorbeschäftigung als jedenfalls dann „sehr lange" zurückliegend anzusehen, wenn das Vorbeschäftigungsverhältnis auf Betreiben der Arbeitnehmerin vorzeitig aufgelöst wurde. In einem solchen Fall sei ein Ausnutzen einer strukturellen Unterlegenheit der Arbeitnehmerin durch die Arbeitgeberin nicht ersichtlich (LAG Berlin-Brandenburg v. 11.9.2020, 2 Sa 747/20).

Die Unzumutbarkeit der Anwendung von § 14 Abs. 2 S. 2 TzBfG kann ferner dann gegeben sein, wenn die Vorbeschäftigung von sehr kurzer Dauer war. Bei der Bewertung, ob es sich im Einzelfall um ein Arbeitsverhältnis von sehr kurzer Dauer im Sinne der Rechtsprechung des BVerfG gehandelt hat, kommt den Tatsacheninstanzen ein Beurteilungsspielraum zu (BAG v. 15.12.2021, 7 AZR 530/20). Mit Hinweis darauf, dass ein Arbeitnehmer gemäß § 1 Abs. 1 KSchG nach Ablauf von sechs Monaten Kündigungsschutz erwirbt und mit einer vorübergehenden Aushilfe gemäß § 622 Abs. 5 S. 1 Nr. 1 BGB einzelvertraglich keine kürzere als die in Absatz 1 genannte Kündigungsfrist vereinbart werden kann, wenn das Arbeitsverhältnis über die Zeit von drei Monaten hinaus fortgesetzt wird, wurden Arbeitsverhältnisse von etwa neun Monaten (BAG v. 23.1.2019, 7 AZR 13/17) oder 18 Monaten Laufzeit (BAG v. 23.1.2019, 7 AZR 733/16) nicht als solche von „sehr kurzer Dauer" angesehen. Bei einem vor ca. 13 Jahren bestehenden Arbeitsverhältnis für die Dauer von acht Wochen soll es sich dagegen um eine Vorbeschäftigung von sehr kurzer Dauer handeln (BAG v. 15.12.2021, 7 AZR 530/20). Bezugnehmend auf § 622 Abs. 5 S. 1 Nr. 1 BGB, stellt das BAG darauf ab, dass der Gesetzgeber ein Arbeitsverhältnis von höchstens drei Monaten Dauer als so kurz ansehe, dass ein schwächerer Bestandsschutz gerechtfertigt erscheine (BAG v. 15.12.2021, 7 AZR 530/20). Die Tendenz in der Rechtsprechung geht dahin, die zeitliche Obergrenze für eine Vorbeschäftigung von sehr kurzer Dauer bei drei Monaten zu ziehen.

Für die Annahme einer „ganz anders gearteten Tätigkeit" ist regelmäßig erforderlich, dass die in dem neuen Arbeitsverhältnis geschuldete Tätigkeit Kenntnisse oder Fähigkeiten erfordert, die sich wesentlich von denjenigen unterscheiden, die für die Vorbeschäftigung erforderlich waren (BAG v. 12.6.2019, 7 AZR 477/17; BAG v. 16.9.2020, 7 AZR 552/19). Das BVerfG (1 BvL 7/14, ZTR 2018, 404) hat die Unzumutbarkeit der Anwendung des Verbots der sachgrundlosen Befristung beispielsweise bei einer erzwungenen oder freiwilligen Unterbrechung der Erwerbsbiographie, die mit einer beruflichen Neuorientierung oder einer Aus- und Weiterbildung einhergeht, für möglich gehalten. Indes kann nicht jede Aus- und Weiterbildung zur Unzumutbarkeit der Anwendung des § 14 Abs. 2 S. 2 TzBfG führen. Erforderlich ist nicht allein eine zeitliche Unterbrechung der Erwerbsbiographie, sondern vor allem ein inhaltlicher Bruch in der Erwerbsbiographie. Die Aus- und Weiterbildung muss zu einer anderen Tätigkeit befähigen, die der Erwerbsbiographie des Arbeitnehmers eine völlig andere Richtung gibt (BAG v. 16.9.2020, 7 AZR 552/19).

Wird entgegen dem „Zuvorbeschäftigungsverbot" dennoch ein sachgrundlos befristetes Arbeitsverhältnis geschlossen, gilt dieses gemäß § 16 S. 1 TzBfG als unbefristet, sofern kein Sachgrund in Betracht kommt.

§ 14 Abs. 2 S. 2 TzBfG schließt die Zulässigkeit einer sachgrundlosen Befristung aber nur bei einem vorausgegangenen „Arbeitsverhältnis" aus. Damit ist ein vorausgegangenes Vertragsverhältnis anderer Art unschädlich (z. B. freier Mitarbeitervertrag, Werkvertrag, Auftragsverhältnis). Auch das Berufsausbildungsverhältnis ist kein vorangegangenes Arbeitsverhältnis im Sinne von § 14 Abs. 2 S. 2 TzBfG (BAG v. 21.9.2011, 7 AZR 375/10, ZTR 2012, 238). Ein vorangegangenes Arbeitsverhältnis liegt ebenfalls nicht vor, wenn der Arbeitnehmer zuvor als Leiharbeitnehmer bei dem Arbeitgeber tätig war (LAG Niedersachsen v. 29.1.2003, 10 SHa 18/02).

Es muss sich zudem um ein bereits entstandenes Arbeitsverhältnis handeln. Das Arbeitsverhältnis entsteht zu dem Zeitpunkt, zu dem die wechselseitigen arbeitsvertraglichen Rechte und Pflichten begründet werden sollen, also im Regelfall erst mit dem arbeitsvertraglich vereinbarten Arbeitsbeginn. Daher steht § 14 Abs. 2 S. 2 TzBfG der Vereinbarung einer sachgrundlosen Befristung nicht entgegen, wenn die Laufzeit eines von den Vertragsparteien zuvor geschlossenen Arbeitsvertrags noch nicht begonnen hat (BAG v. 12.6.2019, 7 AZR 548/17, ZTR 2019, 627).

Maßgeblich ist das Bestehen eines vorangegangenen Arbeitsverhältnisses mit „demselben Arbeitgeber". Arbeitgeber ist der Vertragsarbeitgeber, also diejenige natürliche oder juristische Person, die mit dem Arbeitnehmer den Arbeitsvertrag geschlossen hat (BAG v. 4.12.2013, 7 AZR 290/12; v. 10.11.2004, 7 AZR 101/04, ZTR 2005, 537). Allerdings hat das BAG deutlich gemacht, dass bei mehreren tatsächlich oder rechtlich miteinander verbundenen Vertragsarbeitgebern eine rechtsmissbräuchliche Befristung vorliegen kann, wenn die Wechsel des jeweiligen Arbeitgebers der Umgehung von § 14 Abs. 2 TzBfG dienen sollten (BAG v. 22.1.2014, 7 AZR 243/12, ZTR 2014, 292; BAG v. 24.6.2015, 7 AZR 452/13, ZTR 2016, 46; Hauck-Scholz, öAT 2016, 13).

Indizien für einen Missbrauch sind im Rahmen einer abgestuften Darlegungs- und Beweislast zunächst vom Arbeitnehmer vorzutragen. Entsprechende Indizien sind insbesondere der nahtlose Anschluss des mit dem neuen Vertragsarbeitgeber geschlossenen befristeten Arbeitsvertrags an den vorherigen Vertrag, eine ununterbrochene Beschäftigung auf demselben Arbeitsplatz zu auch im Übrigen – im Wesentlichen – unveränderten oder gleichen Arbeitsbedingungen, die weitere Ausübung des Weisungsrechts durch den bisherigen Vertragsarbeitgeber oder eine ohnehin gemeinsame Ausübung des Weisungsrechts, die „Vermittlung" des Arbeitnehmers an den letzten Vertragsarbeitgeber durch den vormaligen Vertragsarbeitgeber und ein erkennbar systematisches Zusammenwirken von bisherigem und neuem Arbeitgeber (BAG v. 19.3.2014, 7 AZR 527/12, ZTR 2014, 491).

Die Schwierigkeit für den (größeren) Arbeitgeber besteht darin, bei der Einstellung eines Arbeitnehmers zu prüfen und zu erkennen, ob dieser jemals zuvor bei ihm beschäftigt war. Dem Arbeitgeber wird daher ausweislich der Gesetzesbegründung bereits im Ein-

stellungsgespräch ein entsprechendes Fragerecht zugestanden. Dem Arbeitgeber ist nicht zuzumuten, die Personalakten aller jemals beschäftigten Arbeitnehmer zeitlich unbegrenzt aufzubewahren und bei jeder neuen Einstellung komplett durchzusehen. Das Fragerecht soll es dem Arbeitgeber ermöglichen, den Arbeitsvertrag gegebenenfalls wegen arglistiger Täuschung nach § 123 BGB oder, wenn der Arbeitnehmer sich selbst über eine mögliche Vorbeschäftigung getäuscht hat, wegen eines Irrtums nach § 119 Abs. 2 BGB anzufechten.

Der öffentliche Arbeitgeber kann dazu berechtigt sein, Bewerber vom Bewerbungsverfahren um eine sachgrundlos befristete Stelle wegen einer Zuvorbeschäftigung auszuschließen. Hierzu muss er sich bereits im Vorfeld des Auswahlverfahrens im Rahmen einer vorgelagerten Organisationsentscheidung festgelegt haben, eine Stelle sachgrundlos zu befristen und vor diesem Hintergrund keine Bewerber zu berücksichtigen, die bereits zuvor in einem Arbeitsverhältnis mit dem öffentlichen Arbeitgeber standen. Hat es der öffentliche Arbeitgeber dagegen versäumt, eine Organisationsentscheidung im Vorfeld zu treffen oder diese hinreichend nach außen kenntlich zu machen, sind Bewerber trotz ihrer Vorbeschäftigung in die Auswahlentscheidung miteinzubeziehen (LAG Niedersachsen v. 20.12.2023, 4 Sa 913/22).

 **Formulierungsbeispiel:**

„§ ... Erklärungen des Arbeitnehmers

Der Arbeitnehmer versichert ausdrücklich und wahrheitsgemäß, dass

▶ ...

▶ **er niemals zuvor in einem befristeten oder unbefristeten Arbeitsverhältnis zur Arbeitgeberin oder einem Rechtsvorgänger gestanden hat. Dies gilt auch für ein Aushilfsarbeitsverhältnis, eine geringfügige Beschäftigung, eine Urlaubsvertretung, ein Probearbeitsverhältnis, ein Praktikum oder Ähnliches.**

Ferner versichert der Arbeitnehmer ausdrücklich, alle vorgenannten Angaben sowie diejenigen in dem Fragebogen für Beschäftigte, der als Anlage diesem Arbeitsvertrag beigefügt und Bestandteil dieses Vertrages ist, wahrheitsgemäß und vollständig gemacht zu haben.

Es wird ausdrücklich darauf hingewiesen, dass unterlassene bzw. wahrheitswidrige Angaben zur Anfechtung des Arbeitsvertrages bzw. zur fristlosen oder hilfsweise ordentlichen Kündigung führen können."

### 3. Altersbefristung

Die Regelung des § 14 Abs. 3 TzBfG sah in ihrer alten Fassung eine von § 14 Abs. 2 TzBfG abweichende, erleichterte Befristung für Arbeitnehmer vor, die das 52. Lebensjahr vollendet haben. Mit diesen Arbeitnehmern sollten Zeit- und Zweckbefristungen ohne Sachgrund in unbegrenzter Länge abgeschlossen und/oder in unbegrenzter Zahl verlängert werden können. Der EuGH hat mit Urteil vom 22.11.2005 (C-144/04 [Mangold], ZTR 2006, 92) entschieden, dass das Gemeinschaftsrecht und insbesondere Art. 6 Abs. 1 der Richtlinie 2000/78/EG der Regelung in § 14 Abs. 3 S. 3 TzBfG entgegenstehen.

§ 14 Abs. 3 TzBfG ist durch das Gesetz zur Verbesserung der Beschäftigungschancen älterer Menschen v. 19.4.2007 mit Wirkung zum 1.5.2007 neu gefasst worden. Danach ist für eine auf Absatz 3 gestützte sachgrundlose Befristung nicht mehr ausschließlich die Vollendung des 52. Lebensjahres maßgeblich. Die Voraussetzungen einer wirksamen sachgrundlosen Befristung mit älteren Beschäftigten sind nunmehr folgende:

▸ Der Arbeitnehmer muss bei Beginn des befristeten Arbeitsverhältnisses das 52. Lebensjahr vollendet haben,

▸ die Befristungsdauer darf fünf Jahre nicht überschreiten und

▸ der Arbeitnehmer muss unmittelbar vor Beginn des befristeten Arbeitsverhältnisses mindestens vier Monate beschäftigungslos im Sinne des § 138 Abs. 1 Nr. 1 SGB III gewesen sein, Transferkurzarbeitergeld bezogen oder an einer öffentlich geförderten Beschäftigungsmaßnahme nach SGB II oder SGB III teilgenommen haben.

Hinsichtlich der letztgenannten Voraussetzung wird man dem Arbeitgeber (wie bei der Frage der Neueinstellung gemäß § 14 Abs. 2 TzBfG) ein Fragerecht zugestehen müssen. Die Beantwortung entsprechender Fragen durch den Arbeitnehmer sollte dokumentiert werden, damit gegebenenfalls Anfechtungsmöglichkeiten bestehen (vgl. unter II.2.).

Bis zur Höchstdauer von fünf Jahren ist nach § 14 Abs. 3 S. 2 TzBfG auch die mehrfache Verlängerung des Arbeitsvertrages zulässig. Ist ein nach § 14 Abs. 3 TzBfG befristetes Arbeitsverhältnis ausgelaufen, kann auch danach eine weitere Befristung auf Grundlage derselben Norm erfolgen. Voraussetzung ist dann allerdings erneut ein vorheriger, mindestens vier Monate währender, beschäftigungspolitischer Anlass, wie etwa die Beschäftigungslosigkeit im Sinne des § 138 Abs. 1 Nr. 1 SGB III. Da das Gesetz in § 14 Abs. 3 TzBfG keine § 14 Abs. 2 S. 2 TzBfG entsprechende Sperrwirkung vorsieht, kann eine weitere Befristung desselben Arbeitnehmers auch dann noch erfolgen, wenn der komplette Fünfjahreszeitraum abgelaufen ist und eine neue, mindestens vier Monate währende, Beschäftigungslosigkeit oder eine der genannten Fördermaßnahmen vorgelegen hat. Zu beachten ist aber auch hier die Grenze des Rechtsmissbrauchs.

Der EuGH hat sich mit Urteil vom 10.3.2011 (C-109/09 [Kumpan]) zur Auslegung des Tatbestandsmerkmals „enger sachlicher Zusammenhang zu einem vorhergehenden unbefristeten Arbeitsvertrag mit demselben Arbeitgeber" (vgl. § 14 Abs. 3 TzBfG a. F.) geäußert. Dieses Merkmal sei zwar nicht erfüllt, wenn einem befristeten Vertrag nicht unmittelbar ein unbefristeter Vertrag mit demselben Arbeitgeber vorausgegangen ist und zwischen diesen Verträgen ein Zeitraum von mehreren Jahren liegt. Eine gem. § 14 Abs. 3 TzBfG a. F. vereinbarte Befristung sei aber jedenfalls dann unwirksam, wenn während eines solchen Zeitraumes das ursprüngliche Arbeitsverhältnis für dieselbe Tätigkeit und mit demselben Arbeitgeber durch eine ununterbrochene Folge befristeter Verträge fortgeführt worden sei. Die Befristung im Ausgangsverfahren basierte allerdings auf Anwendung des (mittlerweile geänderten) § 14 Abs. 3 TzBfG a. F., welcher eine sachgrundlose Befristung dann erlaubte, wenn der Arbeitnehmer das 58. Lebensjahr vollendet hatte und nicht ausnahmsweise zu einem vorhergehenden Arbeitsvertrag mit demselben Arbeitgeber ein enger sachlicher Zusammenhang bestand. Aufgrund der mittlerweile erfolgten Gesetzesänderung ist das Urteil des EuGH jedenfalls für den Abschluss neuer (befristeter) Verträge von eher geringer Relevanz.

Mit Wirkung zum 1.7.2014 ist mit § 41 S. 3 SGB VI überdies eine neue gesetzliche Regelung zur Altersbefristung in Kraft getreten. Diese ermöglicht Vereinbarungen über eine sachgrundlos befristet fortgesetzte Tätigkeit nach Erreichen der Regelaltersgrenze. Im Gegensatz zu § 14 Abs. 3 TzBfG sieht § 41 S. 3 SGB VI keine Begrenzung der Dauer der Befristungen vor. Auch eine zahlenmäßige Beschränkung ist nicht gegeben.

§ 41 S. 3 SGB VI setzt zunächst voraus, dass in dem Arbeitsverhältnis eine wirksame Befristung auf das Erreichen der Regelaltersgrenze gilt. Falls eine derartige Regelung nicht vorliegt, ist eine Anschlussbefristung nach § 41 S. 3 SGB VI ausgeschlossen. Für den Fall einer vereinbarten Beendigung bei Erreichen der Regelaltersgrenze kann vereinbart werden, dass der Beendigungszeitpunkt „hinausgeschoben" wird und das Arbeitsverhältnis befristet über das Erreichen der Regelaltersgrenze hinaus verlängert wird. Vor Eintritt des ursprünglich vereinbarten Beendigungszeitpunkts müssen die Arbeitsvertragsparteien eine sogenannte Hinausschiebensvereinbarung treffen, welche der Schriftform nach § 14 IV TzBfG bedarf. Für eine wirksame Befristung nach § 41 S. 3 SGB VI ist eine nahtlose Weiterbeschäftigung erforderlich.

Vom EuGH wurde mit Urteil vom 28.2.2018 (C-46/17, ZTR 2018, 282) bestätigt, dass die durch § 41 S. 3 SGB VI ermöglichte Verlängerung eines Arbeitsverhältnisses über die Regelaltersgrenze hinaus zulässig ist und insbesondere nicht gegen das Altersdiskriminierungsverbot verstößt.

## 4. Unternehmensgründung

Nach § 14 Abs. 2a S. 1 TzBfG, ist „in den ersten vier Jahren nach der Gründung eines Unternehmens (…) die kalendermäßige Befristung eines Arbeitsvertrages ohne Vorliegen eines sachlichen Grundes bis zur Dauer von vier Jahren zulässig; bis zu dieser Gesamtdauer von vier Jahren ist auch die mehrfache Verlängerung eines kalendermäßig befristeten Arbeitsvertrages zulässig". Sinn der Regelung ist es, Existenzgründern die Entscheidung für Einstellungen zu erleichtern.

Die erleichterte Möglichkeit der Befristung findet nur Anwendung auf neu gegründete Unternehmen in den ersten vier Jahren nach Aufnahme ihrer Tätigkeit. Nach § 14 Abs. 2a S. 3 TzBfG ist für den Zeitpunkt der Gründung die Aufnahme der Erwerbstätigkeit i. S. v. § 138 AO maßgebend. Gemäß § 14 Abs. 2a S. 2 TzBfG (Regelung ist § 112a Abs. 2 BetrVG nachgebildet) sollen nur erstmalige Neugründungen privilegiert werden, nicht Neugründungen im Zusammenhang mit der rechtlichen Umstrukturierung von Unternehmen und Konzernen. Wird allerdings innerhalb eines Konzerns eine Tochtergesellschaft ohne Änderung der rechtlichen Struktur schon bestehender Unternehmen neu gegründet, um bislang im Konzern nicht wahrgenommene wirtschaftliche Aktivitäten zu verfolgen, kann die neu gegründete Tochtergesellschaft von der erleichterten Befristungsmöglichkeit Gebrauch machen. Die Tochtergesellschaft ist dann keine nach § 14 Abs. 2a S. 2 TzBfG von der erleichterten Befristungsmöglichkeit ausgenommene Neugründung (BAG v. 12.6.2019, 7 AZR 317/17, ZTR 2019, 688).

Besonders zu beachten ist, dass nach § 14 Abs. 2a S. 4 TzBfG auf die Befristung bei Existenzneugründungen § 14 Abs. 2 S. 2–4 TzBfG entsprechende Anwendung finden. Danach ist die sachgrundlose Befristung unzulässig, wenn mit demselben Arbeitgeber zuvor ein befristetes oder unbefristetes Arbeitsverhältnis bestanden hat. Entsprechend den oben unter 2. dargestellten Grundsätzen, ist eine Befristung oder deren Verlängerung daher auch bei Existenzgründungen nur zulässig, wenn es sich um eine Neueinstellung handelt (vgl. hierzu auch Ruge im Handbuch Kündigungsrecht, § 17 Rn. 81 ff.).

## III. Sachgrundlose Befristungen nach dem TzBfG im Geltungsbereich des TVöD/TV-L

Im Geltungsbereich des TVöD sowie des TV-L ergeben sich Besonderheiten bei der Anwendung des TzBfG. Diese sind in § 30 TVöD/TV-L geregelt. Daneben gibt es im Tarifrecht des öffentlichen Dienstes zwei Sonderbefristungsformen, die in §§ 31, 32 TVöD/TV-L (Führung auf Probe und Führung auf Zeit) geregelt sind.

 **WICHTIG!**

Da die Befristungsregeln im TVöD und TV-L weitgehend identisch sind, kann zur Vereinfachung im Folgenden auf die Regelungen des TVöD Bezug genommen werden.

Grundsätzlich richtet sich die Frage der Zulässigkeit der Befristung eines Arbeitsvertrages im Geltungsbereich des TVöD nach dem TzBfG, § 30 Abs. 1 S. 1 TVöD. Zusätzlich ergeben sich Besonderheiten für die Beschäftigten, auf welche die Regelungen des Tarifgebietes West Anwendung finden und deren Tätigkeit vor dem 1.1.2005 der Rentenversicherung der Angestellten unterlegen hätte. Für diese Beschäftigten gelten gemäß § 30 Abs. 1 S. 2 TVöD die Sonderregelungen der §§ 30 Abs. 2 bis 5 TVöD, die zum Teil den alten BAT-Sonderregelungen in SR 2y BAT entsprechen.

Da § 30 Abs. 1 S. 1 TVöD die Regelungen über die sachgrundlose Befristung in § 14 Abs. 2 TzBfG grundsätzlich für anwendbar erklärt, ergeben sich lediglich dann Besonderheiten im öffentlichen Dienst, wenn die Voraussetzungen des § 30 Abs. 1 S. 2 TVöD erfüllt sind:

▸ Anwendbarkeit der Regelungen des Tarifgebietes West und

▸ Tätigkeit hätte vor dem 1.1.2005 der Rentenversicherung der Angestellten unterlegen.

Ob die sich daraus ergebende Folge, dass die für die Beschäftigten günstigen Sonderregelungen der Absätze 2 bis 5 des § 30 TVöD nicht für Angestellte im Tarifgebiet Ost und insbesondere auch nicht für Arbeiter gelten sollen, verfassungskonform ist, ist aus der Sicht des Verfassers nicht unzweifelhaft (vgl. für die ähnliche Ausnahme im Bereich der ordentlichen Unkündbarkeit gemäß § 34 Abs. 2 TVöD: Bröhl, ZTR 2006, 174, 179). Gerade wenn man berücksichtigt, dass zu den Zielen des neuen TVöD auch gehörte, ein einheitliches Tarifrecht für West und Ost sowie für Arbeiter und Angestellte zu schaffen, stellt sich die Frage, ob das Gleichheitsgebot des Art. 3 GG hier ausreichend gewahrt worden ist.

### 1. Keine Angabe des Befristungsgrundes

§ 30 TVöD enthält – anders als die früher geltende Regelung in der Protokollnotiz 6a) zu Nr. 1 SR 2y BAT – keine eigenständige Regelung zur Schriftform, die über § 14 Abs. 4 TzBfG hinausgeht. Es gilt also allein das Schriftformgebot des § 14 Abs. 4 TzBfG. § 14 Abs. 4 TzBfG verlangt nicht die Angabe, dass es sich um eine sachgrundlose Befristung handelt (vgl. I.1. und 7.).

### 2. Befristungsdauer

Nach § 30 Abs. 3 S. 1 TVöD soll die Dauer des sachgrundlos befristeten Arbeitsverhältnisses in der Regel zwölf Monate nicht unterschreiten. Sie muss mindestens sechs Monate betragen. Daher kann eine kürzere Befristung als sechs Monate nur auf einen sachlichen Grund i. S. der allgemeinen Befristungsregeln gestützt werden. Diese Mindestdauer von sechs Monaten gilt jedoch nur für den jeweils ersten sachgrundlos befristeten Vertrag, nicht jedoch bei Vertragsverlängerungen (BAG v. 4.12.2013, 7 AZR 468/12). Bei einer sachgrundlosen Befristung zwischen sechs und zwölf Monaten

muss der Arbeitgeber darlegen und beweisen, dass besondere Umstände vorliegen, welche die Befristung unterhalb der Regelfrist von zwölf Monaten zulassen. Für die Praxis bedeutet das, dass in der Regel – im alten Anwendungsbereich des BAT West – sachgrundlose Befristungen nur für zwei Perioden von jeweils 12 Monaten abgeschlossen werden sollten.

### 3. Probezeit

Nach § 30 Abs. 4 S. 1 TVöD gelten abweichend von § 2 Abs. 4 TVöD bei befristeten Arbeitsverhältnissen ohne sachlichen Grund die ersten sechs Wochen als Probezeit. Innerhalb der Probezeit kann der befristete Arbeitsvertrag mit einer Frist von zwei Wochen zum Monatsschluss gekündigt werden, § 30 Abs. 4 S. 2 TVöD.

### 4. Kündigungsfrist

Nach Ablauf der Probezeit ist eine ordentliche Kündigung nur möglich bei Arbeitsverhältnissen von mindestens zwölf Monaten Dauer (§ 30 Abs. 5 S. 1 TVöD). Die Länge der Kündigungsfrist richtet sich dann nach § 30 Abs. 5 S. 2 TVöD. Arbeitsverhältnisse von weniger als zwölf Monaten Dauer können dagegen nur innerhalb der Probezeit mit einer Frist von zwei Wochen zum Monatsschluss gemäß § 30 Abs. 4 S. 2 TVöD gekündigt werden.

Nach Ablauf der Probezeit kann bei Arbeitsverhältnissen von weniger als 12 Monaten Dauer nur noch aus wichtigem Grund gekündigt werden. Damit wahrt § 30 TVöD die neueren Vorgaben des EuGH (EuGH v. 13.3.2014, C-38/13 [Nierodzik]), der klarstellt, dass Kündigungsfristen in befristeten Arbeitsverhältnissen nicht kürzer sein dürfen als die Fristen bei vergleichbaren unbefristeten Arbeitsverträgen.

### 5. Weiterbeschäftigung

Vor der Beendigung des Arbeitsverhältnisses kraft Fristablaufs hat der Arbeitgeber nach § 30 Abs. 3 S. 2 TVöD zu prüfen, ob der Arbeitnehmer auf Dauer oder befristet weiterbeschäftigt werden kann. Für eine befristete Weiterbeschäftigung ist dann ein sachlicher Grund im Sinne von § 14 Abs. 1 TzBfG erforderlich. Es handelt sich bei § 30 Abs. 3 S. 2 TVöD um eine Prüfobliegenheit, die nicht zu einem Anspruch des Beschäftigten auf Weiterbeschäftigung führen kann (vgl. Breier/Dassau/Kiefer/Lang/Langenbrink, TVöD, § 30, Rn. 189). Umstritten ist dabei, ob bei Verletzung der Prüfobliegenheit ein Schadensersatzanspruch in Betracht kommt, soweit die Verletzung der vertraglichen Nebenpflicht ursächlich für die unterbliebene Begründung eines anderen befristeten oder unbefristeten Arbeitsverhältnisses gewesen ist.

## IV. Sachgrundbefristungen nach dem TzBfG

Gemäß § 14 Abs. 1 S. 1 TzBfG ist die Befristung eines Arbeitsvertrages zulässig, wenn sie durch einen sachlichen Grund gerechtfertigt ist.

### 1. Allgemeines

§ 14 Abs. 1 S. 2 TzBfG benennt acht Fälle eines sachlichen Grundes. Die Aufzählung ist nicht abschließend.

### 2. Die Fallgruppen des § 14 Abs. 1 S. 2 TzBfG

### 2.1 Nr. 1 – Vorübergehender Arbeitskräftebedarf

§ 14 Abs. 1 S. 2 Nr. 1 TzBfG erlaubt die Befristung eines Arbeitsverhältnisses, wenn der betriebliche Bedarf an der Arbeitsleistung nur vorübergehend besteht. Hierbei handelt es sich um einen sehr allgemeinen Oberbegriff möglicher Sachgründe. Der vorübergehende betriebliche Bedarf kann in Form eines vorübergehend erhöhten Arbeitskräftebedarfs (z. B. Schlussverkauf, zeitlich begrenztes Projekt) oder eines vorhersehbar künftig wegfallenden Arbeitskräftebedarfs (z. B. Abwicklungsarbeiten bis zur Schließung der Dienststelle oder des Betriebes) bestehen. Der Wegfall muss nicht auf Dauer eintreten, sondern kann, wie in Saison- oder Kampagnebetrieben, mit großer Regelmäßigkeit wieder auftreten (sog. periodisch wiederkehrender Arbeitsanfall).

Der Arbeitgeber muss zum Zeitpunkt des Vertragsschlusses aufgrund greifbarer Tatsachen mit hinreichender Sicherheit annehmen können, dass der Arbeitskräftebedarf in Zukunft wegfallen wird. Ob der betriebliche Mehrbedarf zeitlich beschränkt ist, bestimmt sich in erster Linie nach objektiven Maßstäben und nicht nach der subjektiven Einschätzung des Arbeitgebers (BAG v. 28.3.2001, 7 AZR 701/99, ZTR 2001, 520). Es kommt dabei auf die konkreten Tatsachen an, die der Arbeitgeber seiner Prognose zugrunde gelegt hat und die den Wegfall des Bedarfs als „hinreichend sicher" erscheinen lassen (BAG v. 4.12.2013, 7 AZR 277/12, ZTR 2014, 356; BAG v. 22.3.2000, 7 AZR 758/98, ZTR 2000, 476). Bei einer projektbedingten Erhöhung des Personalbedarfs muss sich diese Prognose nur auf das konkrete Projekt beziehen. Daher ist die Prognose des Arbeitgebers nicht deshalb unzutreffend, weil der Arbeitnehmer aufgrund seiner Qualifikation nach Fristablauf auf einem freien Arbeitsplatz in einem anderen Projekt hätte beschäftigt werden können und der Arbeitgeber dies bei Vertragsschluss erkennen konnte (BAG v. 25.8.2004, 7 AZR 7/04, ZTR 2005, 266). Der Sachgrund des vorübergehenden Bedarfs an der Arbeitsleistung erfordert nicht, dass der befristete Vertrag für die gesamte Laufzeit des Projekts geschlossen wird. Der Arbeitgeber kann frei darüber entscheiden, ob er den Zeitraum des von ihm prognostizierten zusätzlichen Arbeitskräftebedarfs ganz oder nur teilweise durch den Abschluss von befristeten projektbezogenen Arbeitsverträgen abdeckt (BAG v. 27.7.2016, 7 AZR 545/14, ZTR 2017, 710). Wird ein Arbeitnehmer befristet projektbezogen angestellt, aber überwiegend mit projektfremden Tätigkeiten beschäftigt, spricht dies gegen einen sachlichen Befristungsgrund. Nur wenn die Änderung der für die Befristung ursächlichen Umstände bei Vertragsbeginn nicht absehbar war, ist die Befristung gerechtfertigt (BAG v. 7.5.2008, 7 AZR 146/07). Gegen einen bloß vorübergehenden Arbeitskräftebedarf und somit gegen eine Befristung nach § 14 Abs. 1 S. 2 Nr. 1 TzBfG kann es auch sprechen, wenn der Arbeitnehmer zum Abbau unerledigt gebliebener Arbeiten im Bereich der Daueraufgaben des Arbeitgebers eingestellt wird, die wegen einer von vornherein zu geringen Personalausstattung der Dienststelle entstanden sind und wenn gleichzeitig zu erwarten ist, dass nach Vertragsende das künftig regelmäßig anfallende Arbeitspensum wiederum nicht von dem vorhandenen Stammpersonal zu bewältigen ist (BAG v. 17.3.2010, 7 AZR 640/08). Da § 14 Abs. 1 S. 2 Nr. 1 TzBfG weder arbeitgeber- noch betriebsorganisationsbezogen, sondern betriebstätigkeitsbezogen auszulegen ist, steht eine bei Vertragsabschluss bestehende Weiterbeschäftigungsmöglichkeit in einem anderen Betrieb des Unternehmens der Wirksamkeit der Befristung nicht entgegen (BAG v. 21.3.2017, 7 AZR 222/15, ZTR 2015, 434).

Von dem Fall des § 14 Abs. 1 S. 2 Nr. 1 TzBfG, dass von vorneherein feststeht, dass nur ein vorübergehender Bedarf an zusätzlichen Arbeitskräften besteht, ist die jeder wirtschaftlichen Tätigkeit innewohnende Unsicherheit über die künftige Entwicklung und den damit verbundenen Arbeitskräftebedarf zu unterscheiden. Letzterer Fall stellt nach der Rspr. des BAG keinen Befristungsgrund dar (BAG v. 4.12.2002, 7 AZR 437/01, ZTR 2003, 466). Die bloße Unsicherheit über die zukünftige Entwicklung des Personalbedarfs gehört vielmehr zum unternehmerischen Risiko, das der Arbeitgeber nicht durch den Abschluss befristeter Arbeitsverträge gem. Nr. 1 auf seine Arbeitnehmer abwälzen darf. Dies gilt auch dann, wenn die Befristung der Erfüllung nur befristet übertragener Aufgaben dienen soll, wie etwa die Trägerschaft der Leistungen im Rahmen der Grundsicherung für Arbeitssuchende (sog. Optionskommune gem. § 6a SGB II). Die Unsicherheit über die künftige Trägerschaft dieser optionalen Daueraufgaben vermag nach Ansicht des BAG die Befristung des Arbeitsvertrages nicht zu rechtfertigen (BAG v. 11.9.2013, 7 AZR 107/12, ZTR 2014, 166; BAG v. 4.12.2013, 7 AZR 227/12).

Der projektbedingte vorübergehende Bedarf muss für den Abschluss des Arbeitsvertrags ausschlaggebend sein. Auf eine Projektbefristung darf sich der Arbeitgeber nur berufen, wenn es sich bei der Aufgabe um eine auf vorübergehende Dauer angelegte und gegenüber den Daueraufgaben des Arbeitgebers abgrenzbare Zusatzaufgabe handelt (LAG Mecklenburg-Vorpommern, v. 19.5.2020, 2 Sa 16/19). Zu den Daueraufgaben eines Arbeitgebers gehören die Tätigkeiten, die er im Rahmen seines Betriebszwecks ständig und im Wesentlichen unverändert wahrnimmt. Zusatzaufgaben sind dagegen Tätigkeiten, die entweder nur unregelmäßig – etwa aus besonderem Anlass – anfallen oder mit unvorhersehbaren besonderen Anforderungen auch in Bezug auf die Qualifikation des benötigten Personals verbunden sind und deshalb keinen vorhersehbaren Personalbedarf verursachen (BAG v. 21.8.2019, 7 AZR 572/17). Für das Vorliegen eines zeitlich befristeten Projektes spricht es regelmäßig, wenn dem Arbeitgeber für die Durchführung der in dem Projekt verfolgten Tätigkeiten von einem Dritten finanzielle Mittel oder sonstige Sachleistungen zur Verfügung gestellt werden (BAG v. 7.11.2007, 7 AZR 484/06). Die Verwaltung eines zeitlich begrenzten Förderprogramms kann aber dann zu den Daueraufgaben gehören, wenn derartige Verwaltungsaufgaben im Rahmen von Förderprogrammen ständig und im Wesentlichen unverändert anfallen und auf längere Zeit planbaren Personalbedarf begründen (BAG v. 21.8.2019, 7 AZR 572/17).

### 2.2 Nr. 2 – Erstanstellung im Anschluss an Ausbildung oder Studium

Nach § 14 Abs. 1 S. 2 Nr. 2 TzBfG liegt ein sachlicher Grund vor, wenn die Befristung im Anschluss an eine Ausbildung oder ein Studium erfolgt, um den Übergang des Arbeitnehmers in eine Anschlussbeschäftigung zu erleichtern. Die Erstanstellung muss im Anschluss an die Ausbildung oder das Studium begründet werden. Daraus folgt, dass ein zwischenzeitlich von dem Arbeitnehmer aufgenommenes Arbeits- oder Beschäftigungsverhältnis einen Anschluss i. S. v. Nr. 2 regelmäßig ausschließt. Ob von diesem Grundsatz eine Ausnahme geboten ist, wenn der Arbeitnehmer nach der Ausbildung oder dem Studium einem „kurzfristigen Gelegenheitsjob" nachgegangen ist, hat das BAG bislang offen gelassen (BAG v. 24.8.2011, 7 AZR 368/10). § 14 Abs. 1 S. 2 Nr. 2 TzBfG ermöglicht lediglich den einmaligen Abschluss eines befristeten Arbeitsvertrages nach dem Ende der Ausbildung. Weitere befristete Arbeitsverträge können nicht auf § 14 Abs. 1 S. 2 Nr. 2 TzBfG gestützt werden (BAG v. 10.10.2007, 7 AZR 795/06).

Eine Ausbildung im Sinne von § 14 Abs. 1 Nr. 2 TzBfG ist auch das Referendariat zum Erwerb der Befähigung zum Lehramt (LAG Sachsen v. 15.9.2009, 7 Sa 13/09).

Nach richtiger Auffassung besteht keine Frist, innerhalb derer die Erstanstellung zustande kommen muss. Es ist also kein unmittelbarer Anschluss gefordert (Steinherr in: Sponer/Steinherr, TVöD Komm. Rz 62 Anhang Nr. 1 zu § 30 TVöD). Eine Erleichterung des Übergangs in eine Anschlussbeschäftigung kann allein in der Verbesserung der Vermittlungschancen auf dem Arbeitsmarkt durch den Erwerb praktischer Berufserfahrung liegen. Aus diesem Grund und weil dem Gesetzeswortlaut keine Einschränkungen zu entnehmen sind, besteht nach richtiger Auffassung im Rahmen des § 14 Abs. 1 S. 2 Nr. 2 TzBfG keine Höchstgrenze für die Befristungsdauer. Bis zu einer abschließenden Klärung der Rechtslage wird teilweise eine Orientierung an der für eine Übernahme von Auszubildenden vorgesehenen Dauer von zwölf Monaten aus § 16a TVAöD angeraten (so Breier/Dassau TVöD Komm. Erl. 2.2.1.2 zu § 30 TVöD Rn. 78). Der Autor geht davon aus, dass jedenfalls bei höherwertigen Tätigkeiten auch eine deutlich längere Dauer, z. B. 24 Monate, rechtlich unproblematisch ist.

### 2.3 Nr. 3 – Vertretung

Nach § 14 Abs. 1 S. 2 Nr. 3 TzBfG liegt ein sachlicher Grund vor, wenn der Arbeitnehmer zur Vertretung eines anderen Arbeitnehmers beschäftigt wird. In der Praxis ist der wichtigste Vertretungsfall die Inanspruchnahme von Elternzeit bzw. der Mutterschutzfristen nach dem MuSchG.

Der Befristungsgrund des § 14 Abs. 1 S. 2 Nr. 3 TzBfG liegt darin, dass der Arbeitgeber seinen Arbeitskräftebedarf an sich bereits durch den Arbeitsvertrag mit dem Vertretenen abgedeckt hat und deshalb an der Arbeitskraft des Vertreters von vornherein nur ein vorübergehender, zeitlich durch die Rückkehr des Vertretenen begrenzter Bedarf besteht (BAG v. 4.6.2003, 7 AZR 523/02, ZTR 2004, 209; Steinherr in: Sponer/Steinherr, TVöD Komm. Rn. 63 Anhang Nr. 1 zu § 30 TVöD). Teil des Sachgrundes ist daher eine Prognose des Arbeitgebers über den voraussichtlichen Wegfall des Vertretungsbedarfs durch die Rückkehr des zu vertretenden Mitarbeiters. Von der Rückkehr kann grundsätzlich ausgegangen werden (BAG v. 13.10.2004, 7 AZR 654/03, ZTR 2005, 268; vgl. auch Breier/Dassau TVöD Komm. Erl. 2.2.1.3 zu § 30 TVöD, Rn. 85). Anders als beim Sachgrund des nur vorübergehenden betrieblichen Bedarfs nach § 14 Abs. 1 S. 2 Nr. 1 TzBfG muss im Zeitpunkt des Vertragsschlusses nicht mit hinreichender Sicherheit zu erwarten sein, dass nach dem vorgesehenen Vertragsende für die Beschäftigung des befristet eingestellten Arbeitnehmers kein dauerhafter betrieblicher Bedarf mehr besteht (BAG v. 24.8.2016, 7 AZR 41/15, ZTR 2017, 112). Der Sachgrund der Vertretung liegt allerdings nicht vor, wenn ein Arbeitnehmer als Ersatz für einen aus dem Arbeitsverhältnis ausgeschiedenen Mitarbeiter befristet eingestellt wird. Dies gilt auch dann, wenn dem ausgeschiedenen Mitarbeiter vom Arbeitgeber eine Wiedereinstellungszusage erteilt wurde und die Ersatzkraft bis zur möglichen Wiedereinstellung beschäftigt werden soll (BAG v. 2.6.2010, 7 AZR 136/09; zur Möglichkeit, die Wiedereinstellungszusage als Fallgruppe des sonstigen Sachgrundes einzustufen, siehe unter IV.2.i).

Eine zulässige Vertretungsbefristung kommt darüber hinaus nur dann in Betracht, wenn dem zur Vertretung eingestellten Arbeitnehmer Aufgaben übertragen werden, die auch dem zu vertretenen Arbeitnehmer per Direktionsrecht hätten zugeteilt werden

können, da nur dann ein für eine Vertretung erforderlicher Kausalzusammenhang zwischen Abwesenheit der Stammkraft und der Vertretung besteht (BAG v. 12.1.2011, 7 AZR 194/09, ZTR 2011, 381; BAG v. 17.8.2011, 10 AZR 322/10, ZTR 2012, 28). Da Arbeitnehmern im öffentlichen Dienst nur solche Tätigkeiten zugewiesen werden können, die die Merkmale der einschlägigen Entgeltgruppe erfüllen, ist eine entsprechende Auswahl der Vertretungsperson vonnöten. Zudem empfiehlt es sich, bereits im Arbeitsvertrag konkrete Tätigkeiten des Vertreters im Hinblick auf die zu vertretene Stammkraft festzulegen und dabei die Reichweite seines Direktionsrechts gegenüber der Stammkraft zu beachten.

Auch eine wiederholte Befristung wegen der mehrfachen Verhinderung bzw. Verlängerung der Beurlaubung der zu vertretenden Stammkraft steht der Prognose des künftigen Wegfalls des Vertretungsbedarfs nach bisheriger Rechtsprechung des BAG nicht entgegen (BAG v. 4.6.2003, 7 AZR 523/02, ZTR 2004, 209). Die Prognose muss sich nicht auf den Zeitpunkt der Rückkehr und damit auf die Dauer des Vertretungsbedarfs erstrecken (BAG v. 5.6.2002, 7 AZR 201/01, ZTR 2003, 152).

 **ACHTUNG!**

Das BAG hatte dem EuGH gem. Art. 267 AEUV die Frage zur Vorabentscheidung vorgelegt, ob es mit § 5 Nr. 1 der EGB-UNICE-CEEP-Rahmenvereinbarung über befristete Arbeitsverträge im Anhang der Richtlinie 1999/70/EG vereinbar ist, mit einem Arbeitnehmer wiederholt aufeinanderfolgende befristete Arbeitsverträge abzuschließen, obwohl bei dem Arbeitgeber ein „ständiger" Vertretungsbedarf vorhanden ist, der Arbeitgeber sich aber vorbehält, jeweils konkret zu entscheiden, wie er auf den erneuten Ausfall einer Stammkraft reagiert oder ob der Arbeitgeber in einem solchen Fall den „ständigen" Vertretungsbedarf statt durch den Abschluss aufeinanderfolgender befristeter Arbeitsverträge durch Bildung einer Personalreserve decken muss.

Im daraufhin ergangenen Urteil (EuGH v. 26.1.2012, C-586/10 [Kücük], ZTR 2012, 180) stellte der EuGH fest, dass auch aus dauerhaftem oder wiederholtem Vertretungsbedarf grundsätzlich kein Missbrauch der Vertretungsbefristung folgt und ein sachlicher Grund für die Befristung vorliegen kann. Dies gelte auch, wenn diese Vertretungen durch die Einstellung von Arbeitnehmern mit unbefristeten Arbeitsverträgen gedeckt werden könnten. Auch ein ständiger und dauerhafter Vertretungsbedarf vermag danach wiederholte Einzelbefristungen bis zur Grenze des Rechtsmissbrauchs zu rechtfertigen. Bei der Prüfung der Zulässigkeit der Befristung seien alle Umstände des Einzelfalles einschließlich der Zahl und der Gesamtdauer der in der Vergangenheit mit demselben Arbeitgeber geschlossenen befristeten Arbeitsverträge zu berücksichtigen.

Anknüpfend an die Rechtsprechung des EuGH hat das BAG in seinen Entscheidungen vom 18.7.2012 (7 AZR 443/09, ZTR 2013, 41 und 7 AZR 783/10, ZTR 2012, 435) und 26.10.2016 (7 AZR 135/15) einen unzulässigen institutionellen Rechtsmissbrauch als Grenze der Vertretungsbefristung angenommen. Bei einer Gesamtdauer von sieben Jahren und neun Monaten sowie vier Befristungen lagen nach Auffassung des BAG (7 AZR 783/10) keine Anhaltspunkte für einen solchen Rechtsmissbrauch vor, während in dem am selben Tag entschiedenen Verfahren 7 AZR 443/09 bei einer Gesamtdauer von mehr als elf Jahren und 13 Befristungen eine missbräuchliche Gestaltung indiziert und der Arbeitgeber gehalten sei, entlastende Umstände vorzutragen, die die Befristung im Einzelfall ausnahmsweise rechtfertigten. Das BAG löst das Rechtsinstitut des institutionellen Rechtsmissbrauchs schaubildlich anhand einer Verkehrsampel (BAG v. 26.10.2016, 7 AZR 135/15, BAG v. 17.5.2017,

7 AZR 420/15, ZTR 2017, 669). Die sogenannte „Befristungs-ampel" unterscheidet in drei Phasen:

- Die „Grünphase" liegt bei einem maximalen Befristungs-zeitraum von 8 Jahren oder 12 Verlängerungen von Befris-tungen oder 6 Jahren und bis zu 9 Verlängerungen. In der Grünphase bestehen keine rechtlichen Probleme mit Blick auf einen möglichen Rechtsmissbrauch, eine Missbrauchs-kontrolle wird nicht durchgeführt.

- Die „Orangephase" liegt bei über 8 Jahren oder über 12 Verlängerungen oder über 6 Jahren und über 9 Verlän-gerungen. In der Orangephase ist eine Missbrauchskon-trolle geboten und die Darlegungslast, dass ein Miss-brauch vorliegt, liegt beim Arbeitnehmer.

- Die „Rotphase" liegt bei über 10 Jahren oder über 15 Ver-längerungen oder über 8 Jahren und über 12 Verlängerun-gen. In der „Rotphase" ist ein Rechtsmissbrauch indiziert und die Darlegungslast liegt beim Arbeitgeber.

Der EuGH hat in seiner Entscheidung vom 14.9.2016 (C-16/15) wiederum entschieden, dass bei dauerhaftem Arbeitskräftebe-darf von einer rechtsmissbräuchlichen Gestaltung auszugehen ist. Dauerhafter Arbeitskräftebedarf läge bereits bei acht befris-teten Verträgen in vier Jahren vor.

Ob ein etwaiger Rechtsmissbrauch im Einzelfall vorliegt, bleibt nach den Entscheidungen des EuGH und des BAG unsicher. In der Praxis ist jedenfalls bei entsprechendem Dauerbedarf aktu-ell Vorsicht geboten. Zudem ist fraglich, ob die Rechtsprechung die Maßstäbe der Befristungsampel nach der Umsetzung des Koalitionsvertrages weiterhin zugrunde legen kann.

 **TIPP!**

Um gerade bei längerfristigem oder wiederholtem Vertretungs-bedarf die mit der unsicheren Rechtslage verbundenen Risiken möglichst gering zu halten, empfiehlt es sich, die zu vertretene Arbeitskraft im Arbeitsvertrag zu nennen und das Tätigkeitspro-fil der Vertretung auf solche Felder zu beschränken, die dem Vertretungsbedarf entsprechen.

Sofern nicht besondere Umstände vorliegen, kann der Arbeit-geber in Fällen der Krankheitsvertretung davon ausgehen, dass die zu vertretende Stammkraft zurückkehren wird (BAG v. 2.7.2003, 7 AZR 529/02, ZTR 2004, 87; BAG v. 25.3.2009, 7 AZR 34/08, ZTR 2009, 545). Die Prognose, der erkrankte Mitarbeiter werde an seinen Arbeitsplatz zurückkehren, ist Teil des Sachgrundes der Befristung (BAG v. 23.1.2002, 7 AZR 440/00, ZTR 2002, 392). Besondere Umstände, die Zweifel an der Rückkehr der Stammkraft begründen können, liegen nicht in dem Umstand, dass die Stammkraft bereits längere Zeit er-krankt ist. Es gibt keinen allgemeinen Erfahrungssatz, dass län-gere Zeit erkrankte Arbeitnehmer ihre Arbeit überhaupt nicht wieder aufnehmen werden. Der Arbeitgeber ist nicht verpflichtet, von sich aus Erkundigungen über die gesundheitliche Entwick-lung des erkrankten Arbeitnehmers einzuholen (BAG v. 21.2.2001, 7 AZR 200/00, ZTR 2001, 425). Nur wenn der Ar-beitgeber weiß, dass der Vertretene nicht auf seinen Arbeitsplatz zurückkehren wird oder auf Grund besonderer Umstände er-hebliche Zweifel daran hat, kann die Befristung des Arbeitsver-trages sachlich nicht gerechtfertigt sein. Dies setzt voraus, dass der zu vertretende Arbeitnehmer dem Arbeitgeber bereits vor dem Abschluss des befristeten Arbeitsvertrags mit der Vertre-tungskraft verbindlich erklärt hat, dass er die Arbeit nicht wieder aufnehmen werde. Eine unverbindliche Ankündigung reicht nicht aus. Solange die Stammkraft einen Anspruch darauf hat, die Tätigkeit wieder aufzunehmen, muss und darf der Arbeitgeber mit deren Rückkehr rechnen (BAG v. 2.7.2003, 7 AZR 529/02, ZTR 2004, 87).

 **ACHTUNG!**

Ist der vertretene Arbeitnehmer teilzeitbeschäftigt, rechtfertigt der Sachgrund der Vertretung nicht die Befristung des Arbeits-vertrages einer vollzeitbeschäftigten Vertretungskraft (BAG v. 4.6.2003, 7 AZR 523/02, ZTR 2004, 209).

Der zur Vertretung eines zeitweilig ausfallenden Mitarbeiters be-fristet eingestellte Arbeitnehmer braucht nicht zur Verrichtung derselben Aufgaben eingestellt zu werden, die der ausgefallene Mitarbeiter ausgeführt hat. Erforderlich ist nur, dass durch den zeitweiligen Ausfall des Mitarbeiters ein vorübergehender Be-schäftigungsbedarf entstanden ist und die befristete Einstellung gerade wegen dieses Bedarfes erfolgt. Ob und wie der Arbeit-geber anlässlich dieser Einstellung die Arbeitsaufgaben umver-teilt, ist unerheblich. Notwendig, aber auch ausreichend ist, dass zwischen dem zeitweiligen Ausfall eines Mitarbeiters und dem dadurch hervorgerufenen Vertretungsbedarf einerseits und der befristeten Einstellung der Vertretungskraft andererseits ein Kausalzusammenhang besteht (sog. mittelbare Vertretung). Bei der unmittelbaren Vertretung bedarf dieser Kausalzusammen-hang regelmäßig keiner weiteren Darlegung. Bei einer solchen hat der Arbeitgeber lediglich darzulegen, dass der Vertreter arbeitsvertraglich mit Aufgaben betraut worden ist, die zuvor dem zu vertretenden Arbeitnehmer übertragen waren (BAG v. 10.10.2012, 7 AZR 462/11, ZTR 2013, 138; BAG v. 6.10.2010, 7 AZR 397/09, ZTR 2011, 243). Sollen die Aufgaben des vorü-bergehend ausfallenden Mitarbeiters nicht unmittelbar von der Vertretungskraft übernommen werden, muss der Arbeitgeber zur Darlegung des vom Arbeitnehmer bestrittenen Kausal-zusammenhangs deutlich machen, in welcher Weise die befris-tete Einstellung der Befriedigung des Vertretungsbedarfs dienen sollte (BAG v. 13.10.2004, 10 AZR 654/03, ZTR 2005, 268). Dies kann geschehen, indem er das bei Abschluss des befris-teten Arbeitsvertrages vorhandene Vertretungskonzept schil-dert. Die Voraussetzung des Kausalzusammenhanges kann auch gegeben sein, wenn der Arbeitgeber rechtlich und tatsäch-lich die Möglichkeit hatte, den zu vertretenden Arbeitnehmer in den Arbeitsbereich des Vertreters umzusetzen. Der Arbeitgeber müsste rechtlich und tatsächlich in der Lage sein, dem vorüber-gehend abwesenden Mitarbeiter im Falle seiner Anwesenheit die Aufgaben zu übertragen, die er nunmehr dem Vertreter zuge-wiesen hat (BAG v. 10.10.2012, 7 AZR 462/11, ZTR 2013, 138). Dies ist der Fall, wenn der Arbeitgeber die von der Vertretungs-kraft ausgeübten Tätigkeiten dem Vertretenen im Wege des Di-rektionsrechts zuweisen könnte (BAG v. 10.3.2004, 7 AZR 402/03, ZTR 2004, 474). Der für die Vertretungsbefristung er-forderliche Kausalzusammenhang bleibt dabei dann gewahrt, wenn der Arbeitgeber bei Vertragsschluss mit dem Vertreter dessen Aufgaben einem vorübergehend abwesenden Beschäf-tigten nach außen erkennbar gedanklich zuordnet (BAG v. 10.10.2012, 7 AZR 462/11, ZTR 2013, 138). Dies kann ins-besondere durch Nennung der zu vertretenden Person im Ar-beitsvertrag des Vertreters geschehen. Allerdings entfällt der er-forderliche Kausalzusammenhang der Befristung, wenn von vornherein feststeht, dass der Arbeitnehmer, der den abwesen-den Arbeitnehmer unmittelbar ersetzt und der seinerseits von dem befristet eingestellten Arbeitnehmer ersetzt wird, nicht auf seinen Arbeitsplatz zurückkehren wird (BAG v. 6.11.2013, 7 AZR 96/12).

Eine für die Stammkraft gegebenenfalls erforderliche Einarbei-tungszeit steht der mittelbaren Vertretung nicht entgegen, wenn die Stammkraft in diesem Fall (bei hypothetischer Betrachtung) nicht die gesamte Zeit des befristeten Arbeitsverhältnisses benötigen würde, um durch Fortbildung und Einarbeitung die Kenntnisse für die zu übertragende Tätigkeit erst zu erwerben (BAG v. 14.4.2010, 7 AZR 121/09, ZTR 2010, 477). An dieser Voraussetzung fehlt es dagegen, wenn der Vertreter mit Aufgaben betraut wird, die mit einer höheren Entgeltgruppe bewertet sind als die arbeitsvertraglich geschuldeten Tätigkeiten des zu Vertretenden.

Auch die vorübergehende Abordnung einer Stammkraft kann eine Vertretungsbefristung rechtfertigen (BAG v. 16.1.2013, 7 AZR 661/11, ZTR 2013, 397). Ein sachlicher Grund für eine Befristung kann dabei auch dann vorliegen, wenn die Stammkraft vorübergehend höherwertige Aufgaben wahrzunehmen hat und der Arbeitgeber ihre eigentliche Tätigkeit dem Vertreter zuweist. Der Sachgrund der Vertretung setzt nicht voraus, dass der zu vertretende Arbeitnehmer keinerlei Arbeitsleistung erbringen kann, vielmehr muss der Arbeitnehmer lediglich verhindert sein, die vertraglich eigentlich geschuldete Arbeitsleistung zu erbringen. Bei der erforderlichen Rückkehrprognose sind für den Fall der Abordnung allerdings strengere Maßstäbe anzulegen als bei einer vollständigen, für den Arbeitgeber fremdbestimmten Abwesenheit der Stammkraft, etwa auf Grund von Krankheit, Urlaub oder Freistellung. Der Arbeitgeber muss bei seiner Prognose sämtliche Umstände des Einzelfalls würdigen. Hierzu gehören etwaige Erklärungen der abgeordneten Stammkraft über ihre Rückkehrabsichten wie auch Planungs- und Organisationsentscheidungen des Arbeitgebers. Diese Anforderungen sind auch dann zu stellen, wenn der Vertretungsbedarf auf einer zeitlich begrenzten Reduzierung der Arbeitszeit der Stammkraft und zusätzlich darauf beruht, dass diese mit dem verbleibenden Arbeitszeitvolumen in einen anderen Arbeitsbereich abgeordnet wurde (BAG v. 12.4.2017, 7 AZR 436/15, ZTR 2017, 610). Für die Beurteilung, ob der Arbeitgeber im Einzelfall mit einer Rückkehr der Stammkraft rechnen darf, kann auch die Dauer der Abordnung sowie die Frage ausschlaggebend sein, ob die Rückkehr der Stammkraft auf ihren Arbeitsplatz nach Ablauf der Abordnung automatisch erfolgt oder noch von ihrem Willen oder dem des Arbeitgebers abhängt.

 **TIPP!**

Der Arbeitgeber sollte alle Umstände der Abordnung, die für die Rückkehr des Abgeordneten sprechen, dokumentieren, damit er im Prozess die Rückkehrprognose entsprechend darlegen kann.

Eine unzulässige Dauervertretung liegt bspw. vor, wenn bei Abschluss des Arbeitsvertrages eine über den Endtermin der Befristung hinausgehende Beschäftigung beabsichtigt ist. Eine unzulässige Dauervertretung liegt allerdings noch nicht deshalb vor, weil bei Ablauf eines mit der Vertretung begründeten befristeten Vertrages weiterer Vertretungsbedarf besteht. Es genügt auch nicht, dass zur Zeit des Abschlusses einer dieser Arbeitsverträge vorhersehbar war, dass nach Ablauf der Befristung weiterer Vertretungsbedarf besteht (BAG v. 3.10.1984, 7 AZR 192/83). Dem Arbeitgeber steht es frei, ob er bei einem neuen, nach Ablauf der Befristung eintretenden Vertretungsfall wiederum für eine Vertretung sorgt, ob er einen anderen Arbeitnehmer mit der Vertretung betraut oder ob er sich in anderer Weise behilft. Der Arbeitgeber ist nicht zur Bildung einer Personalreserve verpflichtet.

§ 21 Abs. 1 BEEG stellt eine eigenständige Rechtsgrundlage für die Befristung eines Arbeitsverhältnisses dar. Liegen die in § 21 Abs. 1 BEEG normierten Tatbestandsvoraussetzungen vor, ist ein sachlicher Grund, der die Befristung eines Arbeitsverhältnisses rechtfertigt, gegeben, ohne dass noch weitere Voraussetzungen hinzukommen müssen. Nach § 21 Abs. 1 BEEG liegt ein

sachlicher Grund für die Befristung vor, wenn ein Arbeitnehmer zur Vertretung eines anderen Arbeitnehmers für die Dauer der Beschäftigungsverbote nach dem MuSchG oder für die Dauer der Elternzeit oder Teile hiervon eingestellt wird. Eine Zweckbefristung zur Elternzeitvertretung setzt nicht voraus, dass die Stammkraft zum Zeitpunkt des Vertragsschlusses mit der Vertretungskraft bereits ein den Anforderungen des § 16 Abs. 1 S. 1 BEEG genügendes Elternzeitverlangen geäußert hat. Die Ankündigung zur Inanspruchnahme von Elternzeit reicht aus (BAG v. 9.9.2015, 7 AZR 148/14; Bredemeier, öAT 2016, 55). Entsprechendes gilt für Zeiten des Sonderurlaubs zur Kindesbetreuung z. B. nach § 28 TVöD. Gem. § 21 Abs. 2 BEEG kann die Befristung über die vorgenannten Zeiten hinaus auf notwendige Zeiten einer Einarbeitung ausgedehnt werden.

### 2.4 Nr. 4 – Eigenart der Arbeitsleistung

Nach § 14 Abs. 1 S. 2 Nr. 4 TzBfG liegt ein sachlicher Grund vor, wenn die Eigenart der Arbeitsleistung die Befristung rechtfertigt. Dieser Sachgrund soll sich z. B. auf das von der Rechtsprechung entwickelte Recht der Rundfunk- und Fernsehanstalten bzw. der Medien beziehen, programmgestaltende Arbeitnehmer nur für eine bestimmte Zeit zu beschäftigen und das Befristungsrecht der Theater abdecken (vgl. BAG v. 24.10.2018, 7 AZR 689/16). So müssen Serien-Schauspieler befristete Arbeitsverträge auch nach vielen Jahren akzeptieren, im Fall des Schauspielers Sanoussi-Bliss, der in der Krimiserie „Der Alte" über rund 18 Jahre den Oberkommissar Richter verkörperte, sah das BAG eine Befristung wegen der Eigenart der Leistung als gerechtfertigt an (BAG v. 30.8.2017, 7 AZR 864/15). Entsprechendes gilt für befristete Arbeitsverträge mit Journalisten, Künstlern, Wissenschaftlern bzw. wissenschaftlichen Mitarbeitern in bestimmten Bereichen, wie z. B. den Parlamentsfraktionen (Breier/Dassau TVöD Komm. Erl. 2.2.1.4 zu § 30 TVöD, Rn. 93). So ist beispielsweise auch die überwiegende künstlerische Tätigkeit im Arbeitsvertrag einer Maskenbildnerin an einer Bühne geeignet, eine Befristung wegen der Eigenart der Arbeitsleistung zu rechtfertigen (BAG v. 13.12.2017, 7 AZR 369/16, ZTR 2018, 323). Eine Befristung nach § 14 Abs. 1 S. 2 Nr. 4 TzBfG ist nur bei Arbeitnehmern zulässig, die den Tendenzzweck verkörpern (sog. Tendenzträger) und bei Arbeitnehmern, die diesen unmittelbar beeinflussen.

Mit seiner Entscheidung vom 16.1.2018 (7 AZR 312/16, ZTR 2018, 418) hat das BAG nunmehr festgestellt, dass eine Befristung von Arbeitsverträgen von Fußball-Profis mit Blick auf die besondere Eigenart der Arbeitsleistung der Spieler gerechtfertigt ist. Im kommerzialisierten Spitzenfußball würden von Lizenzspielern sportliche Höchstleistungen erwartet und geschuldet, die diese nur für eine begrenzte Zeit erbringen können.

Die Vereinbarung, dass ein Arbeitsverhältnis mit dem Ende des Auftrags zwischen Arbeitgeber und Kunde enden solle, ergibt keine sachliche Rechtfertigung aus der Eigenart der Arbeitsleistung. Insbesondere ist eine hierauf gestützte auflösende Bedingung unwirksam, wenn das zur Beendigung des Arbeitsverhältnisses führende Ereignis der Dispositionsmöglichkeit des Arbeitgebers unterliegt (LAG Köln v. 27.4.2023, 8 Sa 463/23).

Der Sachgrund der Eigenart der Arbeitsleistung im Sinne von § 14 Abs. 1 S. 2 Nr. 4 TzBfG kann die Befristung eines Arbeitsvertrags jenseits besonderer verfassungsrechtlicher Gewährleistungen nur rechtfertigen, wenn die Arbeitsleistung Besonderheiten aufweist, aus denen sich ein berechtigtes Interesse der Parteien, insbesondere des Arbeitgebers, ergibt, statt eines unbefristeten nur einen befristeten Arbeitsvertrag abzuschließen. Diese besonderen Umstände müssen das Interesse des Arbeitnehmers an der Begründung eines Dauerarbeitsverhältnisses überwiegen. Tätigkeiten als Führungskraft oder in leitenden Positionen rechtfertigen die Befristung des Arbeitsvertrags nicht aufgrund der Eigenart der Arbeitsleistung. Ein berechtigtes – und das Bestandsinteresse des Arbeitnehmers überwiegendes – Befristungsinteresse des Arbeitgebers folgt grundsätzlich weder aus einer herausgehobenen Position des Arbeitnehmers im Rahmen der Organisation des Unternehmens noch aus daraus folgenden Befugnissen. Auch eine weitgehende Weisungsfreiheit des Arbeitnehmers rechtfertigt kein spezifisches Befristungsinteresse (BAG v. 1.6.2022, 7 AZR 151/21).

**Beispiel**

Eine Befristung ist daher sachlich über § 14 Abs. 1 S. 2 Nr. 4 TzBfG gerechtfertigt, wenn es sich um den wissenschaftlichen Mitarbeiter eines Abgeordneten oder einer Fraktion handelt, nicht aber, wenn die Fraktion eine Reinigungskraft beschäftigt.

## 2.5 Nr. 5 – Erprobung

Nach § 14 Abs. 1 S. 2 Nr. 5 TzBfG liegt ein sachlicher Grund vor, wenn die Befristung zur Erprobung erfolgt. Das gilt auch, wenn tarifvertraglich eine bestimmte Frist für die Erprobung vorgegeben, aber im Einzelfall eine längere Erprobungszeit erforderlich ist (BAG v. 15.3.1978, 5 AZR 831/76).

Nach der Rspr. des BAG sind nur ausnahmsweise mehr als sechs Monate Probezeit erforderlich. Branchenüblichkeit, Schwierigkeit der Arbeitsaufgabe und Person des Arbeitnehmers können im Einzelfall eine längere Probezeit rechtfertigen. Das ist beispielsweise der Fall, wenn ein Arbeitnehmer seit vielen Jahren nicht mehr in dem von ihm erlernten Beruf tätig gewesen ist und sich erst wieder einarbeiten und bewähren muss. Dementsprechend werden Befristungen nach § 14 Abs. 1 S. 2 Nr. 5 TzBfG regelmäßig drei bis sechs Monate betragen können und es wird nur ausnahmsweise eine Befristung bis zu zwölf Monaten oder sogar länger gerechtfertigt sein.

Eine Befristung nach § 14 Abs. 1 S. 2 Nr. 5 TzBfG ist unzulässig, wenn dem Arbeitgeber die Eignung des Arbeitnehmers für die betreffende Stelle schon aus einer vorangegangenen Beschäftigung bekannt ist. Dagegen ist es zulässig, eine erneute Befristung zur Erprobung zu vereinbaren, wenn der Arbeitnehmer in einer höherwertigen Tätigkeit eingesetzt wird (BAG v. 23.6.2004, 7 AZR 636/03, ZTR 2005, 211). Zur befristeten Übertragung von Führungspositionen vgl. auch unter VI.

Die Befristung eines neuen Arbeitsvertrages mit einem bei Beendigung des früheren Arbeitsverhältnisses alkoholkranken Arbeitnehmer ist sachlich als Anwendungsfall von § 14 Abs. 1 S. 2 Nr. 5 TzBfG gerechtfertigt, wenn nach einer inzwischen abgeschlossenen Entziehungskur die Rückfallgefahr erprobt werden soll (LAG Köln v. 5.3.1998, 10 Sa 1229/97; vgl. auch LAG Köln v. 24.8.2007, 11 Sa 250/07).

## 2.6 Nr. 6 – Gründe in der Person des Arbeitnehmers

Nach § 14 Abs. 1 S. 2 Nr. 6 TzBfG liegt ein sachlicher Grund vor, wenn in der Person des Arbeitnehmers liegende Gründe die Befristung rechtfertigen. In der Person des Arbeitnehmers liegende Gründe sind z. B. die befristete Beschäftigung bis zum Beginn einer bereits feststehenden anderen Beschäftigung oder des Wehr- oder Zivildienstes. Als weiterer Grund ist die Befristung für die Dauer einer befristeten Aufenthalts- oder Arbeitserlaubnis denkbar, soweit zum Zeitpunkt des Vertragsschlusses hinreichend gewiss ist, dass die eine Beschäftigung tragenden

Erlaubnisse nicht verlängert werden. Das wird in der Praxis häufig nicht der Fall sein. Die Befristung eines Arbeitsvertrages mit einem ausländischen Arbeitnehmer ist in diesem Zusammenhang sachlich gerechtfertigt, wenn dem Arbeitnehmer eine befristete Arbeitserlaubnis erteilt worden ist und im Zeitpunkt des Vertragsschlusses die hinreichend zuverlässige Prognose gestellt werden kann, dass es zu keiner Verlängerung der Arbeitserlaubnis kommen wird (BAG v. 12.1.2000, 7 AZR 863/98, ZTR 2000, 329). Der Wunsch eines ausländischen Arbeitnehmers, nach einer bestimmten Zeit in seine Heimat zurückzukehren, rechtfertigt ebenfalls eine Befristung des Arbeitsverhältnisses. Er kann sich nach Ablauf der Befristung auch nicht darauf berufen, dass er in Wirklichkeit eine Rückkehr in seine Heimat nicht geplant hatte (LAG Köln v. 4.4.2001, 7 Sa 1335/00). Diesen Grund sollte man dann im Arbeitsvertrag genau festhalten und beschreiben.

Als personenbedingte Sachgründe sind in der Vergangenheit Übergangsregelungen gewertet worden, bei denen der Arbeitgeber dem Arbeitnehmer mit Rücksicht auf dessen persönliche Verhältnisse aus sozialen Erwägungen eine vorübergehende Beschäftigung ermöglicht hat. Ein solcher Fall ist angenommen worden nach Beendigung des Ausbildungsverhältnisses bei einer befristeten Fortsetzung des Arbeitsverhältnisses zur Stellensuche als „soziale Auslauffrist", bei einer befristeten Fortsetzung des Arbeitsverhältnisses zum Erwerb einer fehlenden Qualifikation und einem beruflichen Übergang nach bestandener Facharztprüfung.

Das BAG hat in der Vergangenheit das Vorliegen derartiger sozialer Gründe nach sehr strengen Maßstäben überprüft. Voraussetzung für die Gültigkeit einer solchen Befristung sei, dass gerade die sozialen Belange des Arbeitnehmers und nicht die Interessen des Betriebs im Vordergrund der Überlegungen des Arbeitgebers standen und für den Abschluss des befristeten Arbeitsverhältnisses ausschlaggebend waren. Es darf ohne den sozialen Überbrückungszweck nicht zum Abschluss eines Arbeitsvertrages, auch nicht eines befristeten Arbeitsvertrages kommen (BAG v. 23.1.2002, 7 AZR 552/00, EzA § 620 BGB Nr. 186). Diese Voraussetzungen liegen nicht vor, wenn der Arbeitnehmer auf einer vorübergehend freien Beamtenstelle eingesetzt und er quasi als Vertretungskraft vorrangig im arbeitgeberseitigen Interesse beschäftigt wird (BAG v. 7.7.1999, 7 AZR 232/98, ZTR 2000, 86).

Weiter kann der Wunsch des Arbeitnehmers auf eine befristete Beschäftigung die Befristung eines Arbeitsverhältnisses rechtfertigen. Das BAG fordert hierfür objektive Anhaltspunkte zum Zeitpunkt des Vertragsschlusses, aus denen gefolgert werden kann, dass der Arbeitnehmer ein Interesse an einer befristeten Beschäftigung hat (BAG v. 26.4.1985, 7 AZR 316/84, AP Nr. 91 zu § 620 BGB Befristeter Arbeitsvertrag). Entscheidend ist dabei, ob der Arbeitnehmer auch bei einem Angebot des Arbeitgebers auf Abschluss eines unbefristeten Arbeitsvertrags nur ein befristetes Arbeitsverhältnis vereinbart hätte (BAG v. 19.1.2005, 7 AZR 115/04).

Darüber hinaus ist es zulässig, das Arbeitsverhältnis befristet oder auflösend bedingt an bestimmte Einstellungs- oder Beschäftigungsvoraussetzungen zu knüpfen. Z. B. ist es zulässig, ein Arbeitsverhältnis unter dem Vorbehalt einer vom (Amts-)Arzt noch festzustellenden gesundheitlichen Eignung vorläufig zu befristen oder – besser – daran eine auflösende Bedingung zu knüpfen (LAG Köln v. 12.3.1991, 4 Sa 1057/90, LAGE § 620 BGB Bedingung Nr. 3).

**Formulierungsvorschlag:**

„§ ... Befristung des Arbeitsverhältnisses / Einstellungsuntersuchung

(1) Der Arbeitnehmer wird von ... bis ... befristet für ... Monate eingestellt. Das Arbeitsverhältnis endet nach Ablauf der Frist, ohne dass es einer Kündigung bedarf.

(2) Die ersten sechs Monate gelten als Probezeit.

(3) Die Einstellung des Arbeitnehmers erfolgt unabhängig von der Regelung in Absatz 1 unter der auflösenden Bedingung gesundheitlicher Eignung für die vorgesehene Aufgabe. Der Arbeitnehmer erklärt sich mit einer für ihn unentgeltlichen Untersuchung durch einen Vertrauensarzt, der von der Arbeitgeberin benannt wird, einverstanden. Der Arbeitnehmer entbindet den Arzt von der ärztlichen Schweigepflicht, allerdings nur, soweit es zur Beurteilung der gesundheitlichen Eignung notwendig ist. Das Arbeitsverhältnis endet zwei Wochen nach Zugang der schriftlichen Unterrichtung des Arbeitnehmers durch die Arbeitgeberin über die gesundheitliche Nichteignung, die bindend von dem von der Arbeitgeberin beauftragten Vertrauensarzt festgestellt wird."

Die Vereinbarung einer auflösenden Bedingung der gesundheitlichen Eignung erscheint gerade für den öffentlichen Dienst sinnvoll, da im TVöD und im TV-L – anders als noch in § 7 Abs. 1 BAT – tarifvertraglich keine Einstellungsuntersuchung mehr vorgesehen ist und zumindest umstritten ist, ob § 3 Abs. 4 TVöD bzw. § 3 Abs. 5 TV-L eine Einstellungsuntersuchung in jedem Fall erlaubt. Das ist nur der Fall, wenn man die Einstellung als solche für eine begründete Veranlassung im Sinne des § 3 Abs. 4 TVöD hält. Diese Problematik kann mit der Vereinbarung einer auflösenden Bedingung umgangen werden.

Auch zu Zwecken der Aus-, Fort- oder Weiterbildung kann ein befristetes Ausbildungsverhältnis zulässig begründet werden, wenn und soweit dem Arbeitnehmer keine Daueraufgaben übertragen werden. Tätigkeiten als wissenschaftliche Mitarbeiter zum Zweck spezieller Fort- und Weiterbildung (z. B. Promotion) können die Befristung des Arbeitsvertrages sachlich rechtfertigen, gleichgültig, ob nach dem Arbeitsvertrag im prozentualen oder zeitlichen Umfang eine Freistellung von Dienstaufgaben erfolgt. Hierbei braucht die Befristung des Arbeitsvertrages nicht den gesamten, zum Abschluss des Qualifizierungsvorhabens erforderlichen Zeitraum erfassen. Es soll ein Zeitraum genügen, in dem das Vorhaben nachhaltig gefördert werden kann.

Dagegen rechtfertigt der Umstand allein, dass der Arbeitnehmer mit einer sogenannten Nebentätigkeit nicht seinen vollen Lebensunterhalt verdient, noch nicht die Befristung des Arbeitsvertrages. Die Befristung von Arbeitsverträgen mit Studenten, die neben ihrem Studium bezahlte Beschäftigungsmöglichkeiten suchen, ist sachlich gerechtfertigt, wenn die Befristung erforderlich ist, um die Erwerbstätigkeit den immer wieder wechselnden Erfordernissen ihres Studiums anzupassen (BAG v. 16.4.2003, 7 AZR 187/02). Wird dem Interesse des Studenten, die von ihm zu erbringende Arbeitsleistung mit den wechselnden Erfordernissen des Studiums in Einklang zu bringen, bereits durch eine entsprechend flexible Ausgestaltung des Arbeitsverhältnisses Rechnung getragen, ist eine Befristung unter dem Gesichtspunkt der Anpassung der Erwerbstätigkeit an die Erfordernisse des Studiums sachlich nicht gerechtfertigt (BAG v. 16.4.2003, 7 AZR 187/02).

**TIPP!**

Dementsprechend sollten mit Studenten kurze sachgrundlose Befristungen nach § 14 Abs. 2 TzBfG und ggf. zusätzlich eine Zweckbefristung oder eine auflösende Bedingung, insbesonde-

re bezogen auf die Exmatrikulation vereinbart werden. Zusammen mit dem ebenfalls zu vereinbarenden ordentlichen Kündigungsrecht besteht dann eine höchstmögliche Flexibilität.

Ist ein Angestellter des öffentlichen Dienstes voll oder teilweise erwerbsgemindert, endet das Arbeitsverhältnis aufgrund der in § 33 Abs. 2 TVöD/TV-L geregelten auflösenden Bedingung nach bestimmten Auslauffristen (BAG v. 26.9.2001, 4 AZR 497/00; vgl. hierzu auch → *Beendigung des Arbeitsverhältnisses ohne Kündigung*).

## 2.7 Nr. 7 – Haushaltsrechtliche Gründe

Nach § 14 Abs. 1 S. 2 Nr. 7 TzBfG liegt ein sachlicher Grund vor, wenn der Arbeitnehmer aus Haushaltsmitteln vergütet wird, die haushaltsrechtlich für eine befristete Beschäftigung bestimmt sind, und er entsprechend beschäftigt wird. Voraussetzung für die Wirksamkeit der Befristung ist, dass die Mittel haushaltsrechtlich für die befristete Beschäftigung bestimmt sind und der Arbeitnehmer zu Lasten dieser Mittel eingestellt und beschäftigt wird. Hierzu müssen im Haushaltsplan Mittel mit einer nachvollziehbaren Zwecksetzung für eine Aufgabe von vorübergehender Dauer ausgewiesen sein (BAG v. 17.3.2010, 7 AZR 843/08, ZTR 2012, 426). Als Beispiel wird in der Gesetzesbegründung die Gewährung begrenzter Haushaltsmittel für bestimmte Forschungsprojekte genannt. Es ist dabei nicht genügend, wenn der befristet eingestellte Arbeitnehmer aus Mitteln vergütet wird, die der Haushaltsgesetzgeber für die befristete Beschäftigung von Aushilfsangestellten bereitgestellt hat. Erforderlich ist darüber hinaus, dass der Arbeitnehmer auch entsprechend beschäftigt wird. Es ist dagegen nicht erforderlich, nachzuweisen, dass der Haushaltsgesetzgeber sich gerade mit den Verhältnissen der Stelle befasst hat, auf der ein Arbeitnehmer befristet beschäftigt werden soll. Die Zweckbindung von Haushaltsmitteln für befristete Arbeitsverhältnisse genügt. Die Ausweisung von Haushaltsmitteln für die befristete Beschäftigung von Arbeitnehmern ohne eine besondere Zweckbestimmung erfüllt den Tatbestand des § 14 Abs. 1 S. 2 Nr. 7 TzBfG dagegen nicht und stellt dementsprechend auch keinen sachlichen Grund für den Abschluss eines befristeten Arbeitsvertrages dar (BAG v. 18.10.2006, 7 AZR 419/05, ZTR 2007, 278). Die Mittel müssen erkennbar für eine zeitlich begrenzte Aufgabe gewidmet sein (BAG v. 16.10.2008, 7 AZR 360/07, NZA 2009, 676).

Von der gesetzlichen Privilegierung in insbesondere Nr. 7 sind alle nach dem öffentlichen Haushaltsrecht aufgestellten Haushaltspläne umfasst. Hierzu gehören die Haushalte der Gebietskörperschaften. Privatisierte Unternehmen der öffentlichen Hand können sich dagegen nicht auf Nr. 7 berufen.

**ACHTUNG!**

Mit Urteil vom 9.3.2011 hat das BAG entschieden, dass die Befristung eines Arbeitsverhältnisses nach § 14 Abs. 1 S. 2 Nr. 7 TzBfG mit dem Gleichheitssatz des Art. 3 Abs. 1 GG unvereinbar ist, wenn das den Haushaltsplan aufstellende Organ und der Arbeitgeber identisch sind (7 AZR 728/09, ZTR 2011, 619). Dies sei bei der Bundesagentur für Arbeit der Fall. Ihr Vorstand stelle den Haushaltsplan auf und vertrete zugleich die Bundesagentur als Arbeitgeber. Somit könne der Vorstand durch die Ausgestaltung des Haushaltsplans den Sachgrund für die Befristung der von ihm geschlossenen Arbeitsverträge selbst schaffen. Für eine solche Privilegierung der Bundesagentur für Arbeit in ihrer Doppelrolle als Haushaltsplangeber und Arbeitgeber gebe es keine hinreichende sachliche Rechtfertigung. Eine verfassungskonforme Auslegung der Vorschrift gebiete, dass sich die Bundesagentur nicht auf den Befristungstatbestand des § 14 Abs. 1 S. 2 Nr. 7 TzBfG berufen könne.

Bei der Konkretisierung des Befristungsgrundes ist von dem Grundsatz auszugehen, dass haushaltsrechtliche Erwägungen als solche keinen sachlichen Grund für die Befristung von Arbeitsverträgen darstellen können, weil das Haushaltsrecht des öffentlichen Dienstes keinen unmittelbaren Einfluss auf die Gestaltung von Arbeitsverhältnissen hat. Die bloße Unsicherheit, ob der nächste Haushaltsplan Mittel für eine bestimmte Stelle vorsieht, kann daher kein sachlicher Grund für die Befristung eines Arbeitsverhältnisses sein (Breier/Dassau TVöD Komm. Erl. 2.2.1.6 zu § 30 TVöD Rn. 106). Die Begrenzung des Haushalts auf ein Jahr kann ebenso wenig die Befristung begründen, wie allgemeine Einsparungen. Wie bei privaten Arbeitgebern auch, rechtfertigt die bloße Unsicherheit über die künftige Entwicklung des Arbeitskräftebedarfs die Befristung des Arbeitsverhältnisses nicht (BAG v. 22.3.2000, 7 AZR 758/98, ZTR 2000, 476).

Entsprechendes gilt auch im Bereich der sogenannten Drittmittelfinanzierung (z. B. im Forschungs- und Hochschulbereich). Die bloße Unsicherheit zukünftiger Finanzierungen stellt grundsätzlich keinen sachlichen Grund für die Befristung dar (vgl. hierzu auch Breier/Dassau TVöD Komm. Erl. 2.2.2 zu § 30 TVöD Rn. 118), es darf vielmehr mit der Weitergewährung der Drittmittel über den Projektzeitraum hinaus nicht zu rechnen sein. Unzulässig ist eine entsprechende Befristung daher dann, wenn Förder- oder Finanzierungsverträge eine automatische Verlängerung für den Fall ihrer Nichtkündigung vorsehen, da das Ende der Mittelgewährung nicht eindeutig feststeht (BAG v. 13.2.2013, 7 AZR 284/11, ZTR 2013, 565). Die Befristung ist aber wirksam, wenn im Zeitpunkt des Abschlusses des befristeten Arbeitsvertrags konkrete Anhaltspunkte dafür bestehen, dass nach dem Ende der Vertragslaufzeit keine weiteren Projekte mehr durchzuführen sind, bei denen der Arbeitnehmer eingesetzt werden könnte (BAG v. 7.4.2004, 7 AZR 441/03, ZTR 2005, 100).

Sieht ein Haushaltsgesetz vor, dass die in Folge der vorübergehenden Beurlaubung von ständigem Lehrpersonal freiwerdenden Haushaltsmittel für die Einstellung von Hilfs- oder Aushilfskräften verwendet werden können, vermag dies die Befristung der Arbeitsverträge mit Hilfs- und Aushilfslehrern sachlich zu rechtfertigen (BAG v. 27.2.1987, 7 AZR 376/85, ZTR 1988, 102). Eine Befristung ist sachlich gerechtfertigt, wenn die befristete Einstellung nur aufgrund von Haushaltsmitteln ermöglicht wird, die durch die zeitweise Beurlaubung von anderen Arbeitskräften vorübergehend frei geworden sind (BAG v. 15.8.2001, 7 AZR 263/00, NZA 2002, 85). Die Befristung eines Arbeitsvertrages ist dagegen nicht allein deshalb nach § 14 Abs. 1 S. 2 Nr. 7 TzBfG gerechtfertigt, weil der Arbeitnehmer auf einer Stelle beschäftigt wird, die im Haushaltsplan des öffentlichen Arbeitgebers mit einem kw-Vermerk versehen ist (BAG v. 2.9.2009, 7 AZR 162/08, ZTR 2009, 655).

Bei einem Haushaltstitel mit der Bezeichnung „nicht aufteilbare Personalausgaben im Rahmen des Hochschulpaktes 2020" liegt weder der Sachgrund der Drittmittelbefristung gem. § 14 Abs. 1 S. 2 Nr. 1 TzBfG noch der Sachgrund der Haushaltsbefristung nach § 14 Abs. 1 S. 2 Nr. 7 TzBfG vor (LAG Mecklenburg-Vorpommern v. 19.5.2020, 2 Sa 16/19). Die Länder sollten beachten, dass eine zu weit gefasste pauschale Festlegung von Haushaltsmitteln dazu führt, dass diese mangels konkreten Sachbezuges gerade keinen Sachgrund für eine Befristung darstellen können.

> **◁ ACHTUNG!**
>
> Das BAG hat mit Beschluss v. 27.10.2010 (7 AZR 485/09) dem EuGH gem. Art. 267 AEUV die Frage zur Vorabentscheidung

vorgelegt, ob die im deutschen Recht vorgesehene Haushaltsbefristung mit Unionsrecht vereinbar ist. Das BAG hielt es für klärungsbedürftig, ob es unter Berücksichtigung des allgemeinen Gleichheitssatzes mit § 5 Nr. 1 der EGB-UNICE-CEEP-Rahmenvereinbarung über befristete Arbeitsverträge, die als Anhang zur Richtlinie 1999/70/EG sekundäres Unionsrecht darstellt, vereinbar ist, für den öffentlichen Dienst einen zusätzlichen, der Privatwirtschaft nicht zur Verfügung stehenden Befristungsgrund vorzusehen. Hierin könnte eine Begünstigung des öffentlichen Arbeitgebers liegen (vgl. Thies, öAT 2010, 231).

Bereits das LAG Köln hatte zuvor Zweifel an der Vereinbarkeit der Haushaltsbefristung mit der europäischen Rahmenvereinbarung geäußert. Insbesondere sei fraglich, ob die Rechtsprechung des BAG, wonach bei der Prüfung der Sachgrundbefristung die Anzahl und Dauer vorheriger Befristungen unbeachtlich sei, mit Unionsrecht vereinbar sei. Nach Ansicht des Gerichts „gebiet es [möglicherweise] der Sinn und Zweck von § 5 Nr. 1a) der Rahmenvereinbarung, der darin besteht, missbräuchliche Kettenarbeitsverträge zu verhindern, um so strengere Anforderungen an den ‚sachlichen Grund' zu stellen, je mehr aufeinanderfolgende befristete Arbeitsverträge dem jetzt zu überprüfenden bereits vorangegangen waren bzw. je länger der Zeitraum war, während dessen der betroffene Arbeitnehmer bereits zuvor aufgrund aufeinanderfolgender befristeter Verträge beschäftigt wurde". Daher hat das LAG Köln mit Beschluss vom 13.4.2010 (7 Sa 1224/09) dem EuGH diese und andere die Haushaltsbefristung im Einzelfall betreffende Fragen zur Vorabentscheidung vorgelegt (vgl. Thies, öAT 2010, 142).

Das an den EuGH gerichtete Vorabentscheidungsersuchen des Siebten Senats des BAG (s. o.) hat sich mittlerweile erledigt, da die Klägerin und das beklagte Land den Rechtsstreit in der Hauptsache für erledigt erklärt haben (Pressemitteilung des BAG Nr. 19/11). Auch das Vorabentscheidungsersuchen des LAG Köln ist zwischenzeitlich für erledigt erklärt worden. Mit einer Überprüfung der Frage in näherer Zeit ist jedoch weiterhin zu rechnen. Öffentliche Arbeitgeber sind daher gut beraten, bis zur Klärung der genannten Fragen durch den EuGH Haushaltsbefristungen gem. § 14 Abs. 1 S. 2 Nr. 7 TzBfG eher restriktiv zu nutzen und gegebenenfalls auf andere Befristungsgründe auszuweichen (vgl. Thies, öAT 2010, 231).

## 2.8 Nr. 8 – Gerichtlicher Vergleich

Nach § 14 Abs. 1 S. 2 Nr. 8 TzBfG liegt ein sachlicher Grund vor, wenn die Befristung auf einem gerichtlichen Vergleich beruht. Dessen Zustandekommen muss auf einer inhaltlichen Mitwirkung des Gerichts beruhen (BAG v. 15.2.2012, 7 AZR 734/10, ZTR 2012, 465; BAG v. 14.1.2015, 7 AZR 2/14, NZA 2016, 39). Es genügt hierfür nicht, dass der Vergleich aufgrund übereinstimmender Entwürfe der Parteien (§ 278 Abs. 6 S. 1 Alt. 1 ZPO) zustande gekommen ist, da das Gericht in diesem Fall lediglich das Zustandekommen des Vergleiches protokolliert (BAG v. 8.6.2016, 7 AZR 467/14, ZTR 2016, 710; a. A. LAG Sachsen-Anhalt v. 26.2.2015, 3 Sa 318/13; das BAG hat das Urteil des LAG Sachsen-Anhalt mit Urteil vom 21.3.2017 [7 AZR 369/15, ZTR 2017, 432] aufgehoben und die Rechtsprechung vom 8.6.2016 bestätigt). Der Sachgrund des § 14 Abs. 1 S. 2 Nr. 8 TzBfG ist dagegen einschlägig, wenn die Parteien eines Rechtsstreits einen schriftlichen Vergleichsvorschlag des Gerichts annehmen, der eine Befristungsabrede beinhaltet und das Gericht durch Beschluss das Zustandekommen des Vergleichs feststellt (§ 278 Abs. 6 S. 1 Alt. 2, S. 2 ZPO).

In diesem Zusammenhang hat das BAG klargestellt, dass der Sachgrund des gerichtlichen Vergleiches neben der Mitwirkung des Gerichts beim Zustandekommen eines befristeten Arbeitsverhältnisses auch die Beilegung einer Streitigkeit über den Fortbestand oder die Fortsetzung des Arbeitsverhältnisses voraussetzt. Hierzu gehört auch ein Rechtsstreit, mit dem ein Arbeitnehmer die Fortführung seines Arbeitsverhältnisses durch den Abschluss eines Folgevertrags erreichen will. Diese Voraussetzung ist nicht erfüllt, wenn ein Vergleich in einer Streitigkeit über eine Abmahnung geschlossen wird (BAG v. 12.11.2014, 7 AZR 891/12). Der außergerichtliche Vergleich fällt nicht unter § 14 Abs. 1 S. 2 Nr. 8 TzBfG.

### 2.9 Sonstige sachliche Gründe

Da § 14 Abs. 1 S. 2 TzBfG keine abschließende Aufzählung von sachlichen Gründen enthält, ist auch die Befristung aufgrund neu entwickelter Befristungsgründe möglich sowie aufgrund von sonstigen Befristungsgründen, die in der Rspr. des BAG anerkannt sind. So kann beispielsweise die Anhängigkeit einer Konkurrentenklage um eine dauerhaft zu besetzende Stelle die Befristung eines Arbeitsvertrages mit einem auf dieser Stelle beschäftigten Arbeitnehmer bis zum Abschluss des Rechtsstreits mit dem Konkurrenten sachlich rechtfertigen (BAG v. 16.3.2005, 7 AZR 289/04).

Die Befristung eines Arbeitsverhältnisses kann auch gemäß § 14 Abs. 1 S. 1 TzBfG gerechtfertigt sein, wenn mit dem zuvor wegen Vertragspflichtverletzungen arbeitgeberseitig gekündigten Arbeitnehmer eine Befristung vereinbart wird, um diesem damit eine Bewährungschance hinsichtlich eines künftigen vertragsgerechten Verhaltens einzuräumen (LAG Köln v. 24.8.2007, 11 Sa 250/07, ZTR 2008, 110).

Auch die für einen späteren Zeitpunkt geplante anderweitige Besetzung eines Arbeitsplatzes kann die befristete Einstellung eines Arbeitnehmers bis zu diesem Zeitpunkt als sonstiger Sachgrund nach § 14 Abs. 1 TzBfG rechtfertigen. Dies ist aber nur dann der Fall, wenn der Arbeitgeber bei Abschluss des befristeten Arbeitsvertrages mit dem anderen, als Dauerbesetzung vorgesehenen Arbeitnehmer bereits vertraglich gebunden ist (BAG v. 9.12.2009, 7 AZR 399/08, ZTR 2010, 329). Ferner kann die beabsichtigte Besetzung eines Arbeitsplatzes mit einem Auszubildenden nach Abschluss der Ausbildung ein sonstiger Sachgrund sein, der geeignet ist, die Befristung des Arbeitsvertrags mit einem anderen Arbeitnehmer bis zu diesem Zeitpunkt zu rechtfertigen (BAG v. 18.3.2015, 7 AZR 115/13, ZTR 2015, 592). Ein sonstiger Sachgrund kann auch vorliegen, wenn der Arbeitgeber mit einem an sich ausgeschiedenen Arbeitnehmer eine Wiedereinstellungszusage getroffen hat, sofern nach dem Inhalt dieser Zusage mit der Geltendmachung des Wiedereinstellungsanspruchs in absehbarer Zeit ernsthaft zu rechnen ist und sofern der Abschluss eines befristeten Arbeitsvertrages mit der Ersatzkraft geeignet ist, eine Einsatzmöglichkeit für den ausgeschiedenen Arbeitnehmer im Falle der Wiedereinstellung freizuhalten (BAG v. 2.6.2010, 7 AZR 136/09). Ferner kann die personelle Kontinuität der Betriebsratstätigkeit als sonstiger Sachgrund für die befristete Verlängerung eines auslaufenden Arbeitsverhältnisses eines Betriebsratsmitglieds in Betracht kommen (BAG v. 20.1.2016, 7 AZR 340/14, ZTR 2016, 469). Zudem ist die in § 33 Abs. 2 TVöD geregelte auflösende Bedingung, wonach das Arbeitsverhältnis bei Gewährung einer Rente wegen voller oder teilweiser Erwerbsminderung auf unbestimmte Dauer durch den Rentenversicherungsträger endet, durch einen sonstigen Sachgrund gerechtfertigt. Dies beruht darauf, dass der Arbeitnehmer voraussichtlich dauerhaft seine vertraglich geschuldete Arbeitsleistung nicht mehr erbringen kann, er durch die Stellung eines Rentenantrags den Eintritt der auflösenden Bedingung herbeigeführt hat, er durch einen vo-

raussichtlich dauerhaften Rentenbezug abgesichert ist und dem Arbeitgeber die Möglichkeit eröffnet werden soll, den Arbeitsplatz neu zu besetzen (BAG v. 23.3.2016, 7 AZR 827/13, ZTR 2016, 520).

## V. Sachgrundbefristungen im Geltungsbereich des TVöD

Der öffentliche Arbeitgeber hat beim Abschluss von befristeten Arbeitsverträgen mit Sachgrund neben den bereits behandelten Regelungen des TzBfG die besonderen Regelungen des § 30 TVöD zu beachten.

 **ACHTUNG!**

**Da die Befristungsregeln im TVöD und TV-L weitgehend identisch sind, kann zur Vereinfachung im Folgenden auf den TVöD Bezug genommen werden.**

Gemäß § 30 Abs. 1 S. 1 TVöD richtet sich die Zulässigkeit befristeter Arbeitsverträge nach dem TzBfG. Auf die obigen Ausführungen kann also verwiesen werden. Daneben gelten einige Besonderheiten für diejenigen Beschäftigten, für die die Regelungen des Tarifgebietes West Anwendung finden und deren Tätigkeit vor dem 1.1.2005 der Rentenversicherung der Angestellten unterlegen hätte. Für diese Beschäftigten gelten gemäß § 30 Abs. 1 S. 2 TVöD die Sonderregelungen der §§ 30 Abs. 2 bis 5 TVöD, die zum Teil den früheren BAT-Sonderregelungen in SR 2y BAT entsprechen. Die Besonderheiten gelten nicht für den Tarifbereich des früheren BAT-O sowie für Arbeiter. Auf die grundsätzliche Frage der Zulässigkeit dieser Unterscheidung wurde bereits oben unter III. hingewiesen.

### 1. Allgemeines

Nach § 30 Abs. 1 S. 1 i. V. m. § 14 Abs. 1 TzBfG bedarf es zur Befristung eines Arbeitsvertrages mit einem Beschäftigten grundsätzlich eines sachlichen Grundes.

Voraussetzung für die Geltung des § 30 TVöD ist die Tarifgebundenheit der Vertragsparteien zum Zeitpunkt des Abschlusses des befristeten Arbeitsvertrages, § 4 Abs. 1 TVG, oder eine arbeitsvertragliche Vereinbarung, nach der das Tarifrecht bzw. § 30 TVöD Anwendung findet.

 **TIPP!**

**Es ist rechtlich nicht erforderlich, etwa aus Gründen der Gleichbehandlung mit Nichtgewerkschaftsmitgliedern, die Geltung des TVöD im Arbeitsvertrag zu vereinbaren. Es ist rechtlich zulässig, die Anwendung des TVöD oder von Teilen des TVöD im Arbeitsvertrag mit einem nicht tarifgebundenen Beschäftigten auszuschließen. Es wäre also möglich, die Anwendung der Regeln des § 30 Abs. 2–5 TVöD im Arbeitsvertrag auszuschließen.**

Dennoch ist es gängige Praxis im öffentlichen Dienst, die (vollständige) Anwendbarkeit des TVöD arbeitsvertraglich zu vereinbaren.

### 2. Fünfjahreshöchstgrenze

Nach § 30 Abs. 2 S. 1 TVöD sind kalendermäßig befristete Arbeitsverträge mit sachlichem Grund nur zulässig, wenn die Dauer des einzelnen Vertrages fünf Jahre nicht übersteigt. Durch die Aneinanderreihung mehrerer befristeter Arbeitsverträge, die insgesamt die Höchstdauer von fünf Jahren überschreitet, wird diese tarifliche Bestimmung allerdings objektiv nicht umgangen, sodass diese Regelung immer nur auf den jeweils (neu) abgeschlossenen Vertrag anzuwenden ist (Breier/Dassau TVöD Komm. Erl. 2.1.3 zu § 30 TVöD Rn. 53). § 30 Abs. 2 S. 1 TVöD gilt zudem nicht für zweckbefristete Arbeitsverträge (Steinherr in: Sponer/Steinherr, TVöD Komm. Rn. 7 zu § 30 TVöD).

### 3. Angabe des Befristungsgrundes

Es besteht kein Erfordernis für die Angabe des Befristungsgrundes oder der Rechtsgrundlage im Arbeitsvertrag.

 **TIPP!**

Die Angabe eines Befristungsgrundes oder der Rechtsgrundlage im Arbeitsvertrag ist weder geboten noch zu empfehlen.

### 4. Kündigungsmöglichkeiten

Ein befristeter Arbeitsvertrag ist ordentlich nur kündbar, wenn dies vereinbart ist, § 15 Abs. 4 TzBfG. Die Regelung kann einzelvertraglich oder im anwendbaren Tarifvertrag erfolgen und grundsätzlich auch in Form allgemeiner Geschäftsbedingungen getroffen werden (vgl. BAG v. 4.8.2011, 6 AZR 436/10).

Für die Beschäftigten gemäß § 30 Abs. 1 S. 2 TVöD gelten bei einem befristeten Arbeitsverhältnis mit sachlichem Grund die ersten sechs Monate als Probezeit (bei sachgrundloser Befristung nur sechs Wochen), § 30 Abs. 4 TVöD. Innerhalb der Probezeit kann der Arbeitsvertrag mit einer Frist von zwei Wochen zum Monatsschluss gekündigt werden. Dies entspricht der Frist im unbefristeten Arbeitsverhältnis gemäß § 34 Abs. 1 S. 1 TVöD.

Die Regelungen über die ordentliche Kündigung in § 30 Abs. 5 gelten ebenfalls nur für die von § 30 Abs. 1 S. 2 TVöD erfassten Angestellten. Für alle übrigen Beschäftigten sieht der Tarifvertrag keine Regelungen über Kündigungsfristen vor. Für Arbeiter und Beschäftigte im Tarifgebiet Ost müssen deshalb Kündigungsmöglichkeit sowie Kündigungsfristen im Arbeitsvertrag vereinbart werden, wenn eine Möglichkeit zur ordentlichen Kündigung bestehen soll (Steinherr in: Sponer/Steinherr, TVöD Komm. Rz 27 zu § 30 TVöD). Für die Angestellten im Tarifgebiet West hingegen ergeben sich die Möglichkeit der Kündigung sowie die Kündigungsfristen aus § 30 Abs. 1 S. 2 TVöD in Verbindung mit § 30 Abs. 5 TVöD.

 **TIPP!**

Es ist zu empfehlen, in allen befristeten Arbeitsverträgen die Möglichkeit der Kündigung ausdrücklich zu regeln, um möglichen Abgrenzungsschwierigkeiten aus dem Weg zu gehen.

Nach Ablauf der Probezeit ist eine Kündigung gemäß § 30 Abs. 5 TVöD nur zulässig, wenn die Gesamtdauer des Vertrages zwölf Monate überschreitet. Das Recht zur außerordentlichen Kündigung aus wichtigem Grund gemäß § 626 BGB bleibt hiervon unberührt (vgl. Breier/Dassau TVöD Komm. Erl. 3 zu § 30 TVöD Rn. 122).

### 5. Weiterbeschäftigung

Nach § 30 Abs. 2 S. 2 TVöD sind Beschäftigte, die unter § 30 Abs. 2 S. 1 TVöD fallen, bei der Besetzung von Dauerarbeitsplätzen bevorzugt zu berücksichtigen, wenn die sachlichen und persönlichen Voraussetzungen erfüllt sind. Diese Bestimmung begründet für den Arbeitgeber kein allgemeines Anstellungsgebot, sondern schränkt sein Ermessen bei der Auswahl der Bewerber für Dauerarbeitsplätze ein. Die nach der Protokollnotiz bestehende Verpflichtung des Arbeitgebers zur bevorzugten Berücksichtigung eines befristet beschäftigten Arbeitnehmers bei der Besetzung von Dauerarbeitsplätzen führt zu einem Einstellungsanspruch, wenn dieser Arbeitnehmer in jeder Hinsicht zumindest gleich geeignet ist wie die Mitbewerber und jede andere Entscheidung des Arbeitgebers als dessen Einstellung ermessensfehlerhaft wäre. § 30 Abs. 2 S. 2 TVöD hindert den Arbeit-

geber jedoch nicht daran, die Stelle mit einem Bewerber zu besetzen, der besser geeignet ist als der befristete Beschäftigte. Andernfalls würde der Arbeitgeber seine Verpflichtungen aus Art. 33 Abs. 2 GG gegenüber jenem Bewerber verletzen (BAG v. 2.7.2003, 7 AZR 529/02, ZTR 2004, 87), denn auch im Anwendungsbereich des § 30 Abs. 2 S. 2 TVöD ist ausschließlich Art. 33 Abs. 2 GG Anspruchsgrundlage für die Einstellung in den öffentlichen Dienst. Für die einzelnen Bewerber ergeben sich hieraus unmittelbare Rechte. Jeder Bewerber kann verlangen, bei einer Bewerbung nach den in Art. 33 Abs. 2 GG aufgestellten Merkmalen beurteilt zu werden.

Verletzt der öffentliche Arbeitgeber bei der Übernahme einer Gruppe befristet beschäftigter Arbeitnehmer in unbefristete Arbeitsverhältnisse seine eigenen, an Art. 33 Abs. 2 GG ausgerichteten Vorgaben für die Einstellung in den öffentlichen Dienst, so ergibt sich daraus für andere befristet beschäftigte Arbeitnehmer kein Anspruch darauf, ebenfalls unter Verletzung von Art. 33 Abs. 2 GG unbefristet eingestellt zu werden. Der arbeitsrechtliche Gleichbehandlungsgrundsatz gewährt keinen Anspruch auf Wiederholung eines unrechtmäßigen Verwaltungshandelns (BAG v. 19.2.2003, 7 AZR 67/02, ZTR 2003, 570).

Bei der Feststellung der Qualifikation nach diesen Maßstäben steht dem Arbeitgeber ein weiter Beurteilungsspielraum zu. Die Entscheidung über die Einstellung eines Bewerbers und die Auswahl unter mehreren Bewerbern liegt im pflichtgemäßen Ermessen des öffentlichen Arbeitgebers. Seinem pflichtgemäßen Ermessen ist es auch überlassen, welchen sachlichen Umständen er bei seiner Auswahlentscheidung das größere Gewicht beimisst und in welcher Weise er das grundrechtsgleiche Zugangsrecht verwirklicht, sofern nur das Prinzip selbst nicht in Frage gestellt wird. Führt dieser Leistungsvergleich zu einer im Wesentlichen gleichen Eignung der Bewerber für das zu besetzende Amt, kann der Arbeitgeber die Auswahl nach weiteren sachgerechten Merkmalen treffen (BAG, 2.7.2003, 7 AZR 529/02, ZTR 2004, 87).

Eine in diesem Zusammenhang ermessensfehlerhafte Auswahl gewährt allenfalls einen Schadensersatzanspruch, sie bewirkt nicht, dass die vereinbarte Befristung unwirksam ist.

## VI. Führung auf Probe und Führung auf Zeit

Seit 2005 gibt es im TVöD und TV-L die Befristungsregelungen der §§ 31, 32 TVöD/TV-L, die den allgemeinen Befristungsregelungen in § 30 TVöD/TV-L vorgehen (vgl. ausführlich zu den Instrumenten Führung auf Probe und Führung auf Zeit auch Pawlak/Lüderitz, ZTR 2008, 642).

 **ACHTUNG!**

Auch insoweit sind die Regelungen im TVöD und TV-L inhaltlich sehr ähnlich, sodass im Folgenden ausschließlich auf den TVöD Bezug genommen werden kann. Auf die Abweichungen wird hingewiesen.

Die Instrumente sollen dazu dienen, durch erprobte Führungskräfte einen flexibleren und besseren Personaleinsatz der Beschäftigten zu erreichen. Bei Führungsfunktionen soll der Arbeitgeber in die Lage versetzt werden, die Eignung eines Bewerbers zu prüfen, um gegebenenfalls eine andere Personalentscheidung treffen zu können (Breier/Dassau TVöD Komm. Erl. 1 zu § 31 Rn. 1).

§§ 31, 32 TVöD regeln die befristete Übertragung von Führungspositionen. Führungspositionen in diesem Sinne sind Tätigkeiten ab Entgeltgruppe 10, die mit Weisungsbefugnis verbunden sind und die vor der Übertragung vom Arbeitgeber ausdrücklich als

Führungsposition auf Probe bzw. auf Zeit bezeichnet worden sind (vgl. § 31 Abs. 2, § 32 Abs. 2 TVöD).

 **ACHTUNG!**

Die Voraussetzung der ausdrücklichen Bezeichnung als Führungsposition gibt es derzeit nur im TVöD (eingefügt durch den Änderungstarifvertrag Nr. 2 vom 31. März 2008). Ob auch die Tarifvertragsparteien des TV-L eine entsprechende Änderung vornehmen werden, muss abgewartet werden. Der den TVöD anwendende Arbeitgeber wird daher in der Ausschreibung einer Führungsposition auf Probe/Zeit diese jeweils ausdrücklich als solche benennen müssen. Zudem ist eine ausdrückliche schriftliche Fixierung, wonach es sich um Führung auf Probe/Zeit handelt, vor Aufnahme der Tätigkeit geboten (so auch Pawlak/Lüderitz, ZTR 2008, 642, 644).

## 1. Führung auf Probe (§ 31 TVöD)

§ 31 TVöD regelt die befristete Übertragung einer Führungsposition zur Probe. Hierbei unterscheidet § 31 zwischen externen und internen Bewerbern, also zwischen Arbeitnehmern, mit denen zuvor kein Arbeitsverhältnis bestand und solchen, die bereits in einem Arbeitsverhältnis zu dem Arbeitgeber stehen. § 31 TVöD regelt eine verlängerte Probezeit für Führungskräfte, wobei das Ziel die Übertragung der Position auf Dauer ist (vgl. § 31 Abs. 3 S. 4).

§ 31 TVöD ist wohl auch mit dem TzBfG vereinbar. § 22 TzBfG erlaubt zwar Abweichungen vom Gesetz nur zugunsten der Arbeitnehmer. Da die Befristung zur Erprobung aber ein anerkannter Sachgrund gemäß § 14 Abs. 1 S. 2 Nr. 5 TzBfG ist, ist die Befristung zur Probe grundsätzlich auch bei internen Bewerbern zulässig. Zweifelhaft könnte hingegen die Befristungsdauer sein. Ob es bei einem internen Bewerber tatsächlich zulässig ist, eine andere Tätigkeit für die Dauer von zwei Jahren befristet zu übertragen, kann zweifelhaft sein. Bei externen Bewerbern dagegen wäre über § 14 Abs. 2 TzBfG – sogar ohne Sachgrund – ebenfalls eine Befristung bis zur Dauer von zwei Jahren zulässig. Da nach § 14 Abs. 2 TzBfG eine dreimalige Verlängerung zulässig ist, ist die Regelung des § 31 Abs. 1 TVöD für den Arbeitnehmer günstiger, sodass insoweit keine Bedenken an der Zulässigkeit der Regelung bestehen.

### 1.1 Externer Bewerber

Mit externen Bewerbern kann der Arbeitgeber ein befristetes Arbeitsverhältnis zur Probe bis zur Gesamtdauer von zwei Jahren vereinbaren, § 31 Abs. 1 TVöD. Innerhalb dieser Höchstdauer ist eine zweimalige Verlängerung möglich. Selbstverständlich ist es auch zulässig, eine kürzere Befristungsdauer zu vereinbaren.

Ein befristeter Arbeitsvertrag nach § 31 TVöD bedarf der Schriftform, da insoweit § 14 Abs. 4 TzBfG Anwendung findet. Hierbei sollte aufgrund der Änderung des § 31 Abs. 2 TVöD durch den Änderungstarifvertrag Nr. 2 (gilt nicht für den TV-L) auch ein ausdrücklicher Hinweis aufgenommen werden, dass es sich um Führung auf Probe handelt.

Der externe Bewerber erhält im Rahmen des befristeten Arbeitsvertrages das der Eingruppierung entsprechende Tabellenentgelt. Eine Zulage ist nicht vorgesehen.

Nach Ablauf der Befristung endet das Arbeitsverhältnis. Selbst wenn der externe Bewerber sich bewährt haben sollte, hat er keinen Anspruch auf Weiterbeschäftigung, denn § 31 Abs. 3 S. 4 TVöD gilt nur für interne Bewerber (Steinherr in: Sponer/Steinherr, TVöD Komm. Rz 18 zu § 31 TVöD; zur Frage, ob § 31 Abs. 3 S. 4 TVöD internen Bewerbern einen Anspruch verleiht, siehe unter 1.2).

### 1.2 Interner Bewerber

Besteht mit dem Arbeitnehmer bereits ein Arbeitsverhältnis, so kann mit ihm ebenfalls befristet die Übertragung einer Führungsposition bis zur Dauer von zwei Jahren vereinbart werden. Auch hier ist gemäß § 31 Abs. 1 TVöD die zweimalige Verlängerung innerhalb dieses Zeitraums zulässig. Ferner ist es auch bei internen Bewerbern zulässig, eine kürzere Befristungsdauer zu vereinbaren.

Da es sich bei der befristeten Übertragung einer Führungsposition an einen internen Bewerber um eine Vertragsänderung handelt, findet das gesetzliche Schriftformgebot des § 14 Abs. 4 TzBfG keine Anwendung. Nach der Rechtsprechung des BAG findet § 14 Abs. 4 TzBfG keine Anwendung auf die Befristung einer Arbeitsvertragsbedingung (BAG v. 14.1.2004, 7 AZR 213/03, ZTR 2004, 485). Allerdings ist – sofern es sich um eine allgemeine Geschäftsbedingung im Sinne der §§ 305 ff. BGB handelt – das Transparenzgebot gemäß § 307 Abs. 1 S. 2 BGB zu beachten. Danach könnte es erforderlich sein, den tragenden Grund für die Befristung der Einzelabrede in der gestellten Klausel zu benennen. Dies ist auch bei der Befristung auf Probe, die mit einem internen Bewerber vereinbart wird, zu berücksichtigen. Ferner könnte ein vertragliches Schriftformgebot bestehen, welches dann beachtet werden muss.

 **TIPP!**

Vor diesem Hintergrund ist zu raten, die befristete Übertragung einer Führungsposition in jedem Fall schriftlich zu vereinbaren. Aufgrund der Regelung in § 31 TVöD, dass Führungspositionen nur solche sind, die vor Übertragung vom Arbeitgeber ausdrücklich als Führungspositionen bezeichnet worden sind, empfiehlt sich im Anwendungsbereich des TVöD zudem eine schriftliche Vereinbarung der Übertragung einer Führungsposition auf Probe.

Der interne Bewerber, dem eine Führungsposition befristet übertragen wird, erhält gemäß § 31 Abs. 3 S. 2 TVöD neben seinem bisherigen Entgelt eine Zulage in Höhe des Unterschiedsbetrages zwischen dem Tabellenentgelt nach der bisherigen Entgeltgruppe und dem sich bei Höhergruppierung nach § 17 Abs. 4 S. 1 bis 3 TVöD im Bereich VKA und nach § 17 Abs. 5 S. 1 im Bereich des Bundes ergebenden Tarifentgelt.

Nach Ablauf der vereinbarten Befristung endet die Tätigkeit auf der Führungsposition (§ 31 Abs. 3 S. 3 TVöD). Gemäß § 31 Abs. 3 S. 4 TVöD wird die Führungsposition bei Bewährung jedoch auf Dauer übertragen. Fraglich ist, ob § 31 Abs. 3 S. 4 TVöD dem Beschäftigten insofern einen individuellen Rechtsanspruch verleiht. Der Wortlaut des Tarifvertrages lässt dies vermuten, da § 31 Abs. 3 S. 4 TVöD regelt, dass dem Beschäftigten die Führungsposition bei Bewährung auf Dauer übertragen „wird". Andererseits handelt es sich um eine Erprobung und ein Beschäftigter hat nach Ablauf einer Probezeit grundsätzlich keinen Weiterbeschäftigungsanspruch. Es ist Sache des Arbeitgebers zu entscheiden, ob die Bewährung gegeben ist oder nicht. Einen individuellen Rechtsanspruch auf Übertragung der Führungsposition auf Dauer dürfte es aber dann geben, wenn eine Feststellung des Arbeitgebers vorliegt, dass der Beschäftigte sich bewährt hat. Eine automatische Übertragung der Führungsposition findet aber nicht statt (Pawlak/Lüderitz, ZTR 2008, 642, 647 m. w. N.).

Für die Beantwortung der Frage, ob eine „Bewährung" im Sinne von § 31 Abs. 3 S. 4 TVöD gegeben ist, kann auf die Definition des § 23a BAT zurückgegriffen werden. Danach ist eine Bewährung gegeben, wenn sich der Arbeitnehmer während der vorgeschriebenen Bewährungszeit den in der ihm übertragenen Tätigkeit auftretenden Anforderungen gewachsen zeigt.

Hat sich der Beschäftigte (interner Bewerber) nach Ablauf der Probezeit nicht bewährt, fällt er in seine bisherige Eingruppierung zurück. Er hat keinen Anspruch auf Übertragung seiner alten Tätigkeiten. Der Arbeitgeber kann ihm im Rahmen seines Direktionsrechtes auch andere Tätigkeiten zuweisen. Die Grenze bildet hierbei die Eingruppierung des Beschäftigten.

### 1.3 Kündigung

Nach § 31 Abs. 1 S. 3 TVöD bleiben die beiderseitigen Kündigungsrechte unberührt. Das befristete Arbeitsverhältnis zur Führung auf Probe ist also grundsätzlich auch vor Ablauf der Befristung kündbar. Da nach § 15 Abs. 4 TzBfG ein befristetes Arbeitsverhältnis nur dann der ordentlichen Kündigung unterliegt, wenn dies einzelvertraglich oder im anwendbaren Tarifvertrag vereinbart ist, erscheint es sinnvoll, die ordentliche Kündbarkeit des Arbeitsverhältnisses ausdrücklich im Arbeitsvertrag zu vereinbaren (so auch Steinherr in: Sponer/Steinherr, TVöD Komm. Rz 10 zu § 31 TVöD). Eine außerordentliche Kündigung gemäß § 626 BGB ist dagegen bei Vorliegen eines wichtigen Grundes stets möglich.

Zu beachten ist, dass die Regelungen des § 30 Abs. 3 bis 5 TVöD nach § 30 Abs. 6 TVöD im Rahmen des § 31 TVöD keine Anwendung finden. Daraus folgt, dass innerhalb des befristeten Arbeitsverhältnisses zur Führung auf Probe keine weitere Probezeit gemäß § 30 Abs. 4 TVöD gilt. Eine Probezeit während der Führung zur Probe nach § 31 TVöD wäre auch nicht sinnvoll (so auch Kuner, Arbeitsrecht und TVöD/TV-L, Rz. 517). Dies bestätigt der Umkehrschluss aus § 32 Abs. 1 S. 4 TVöD. Danach bleiben bei der Führung auf Zeit die allgemeinen Vorschriften über die Probezeit unberührt.

### 2. Führung auf Zeit (§ 32 TVöD)

Im Gegensatz zur Führung auf Probe ist die Führung auf Zeit nicht auf eine dauerhafte Übertragung der Führungsfunktion gerichtet. Der Begriff der Führungsposition in § 32 Abs. 2 TVöD ist identisch mit dem Begriff in § 31 Abs. 2 TVöD.

Auch bei der Führung auf Zeit muss zwischen internen und externen Bewerbern unterschieden werden.

### 2.1 Externer Bewerber

Führungspositionen können als befristetes Arbeitsverhältnis bis zu einer Dauer von vier Jahren übertragen werden. In den Entgeltgruppen 10 und 13 bestehen Verlängerungsmöglichkeiten bis zu einer Gesamtdauer von acht Jahren (zweimalige Verlängerung zulässig). In den Entgeltgruppen 13 und 15 ist dagegen eine dreimalige Verlängerung bis zu einer Höchstdauer von 12 Jahren zulässig, § 32 Abs. 1 S. 2 TVöD.

An der Zulässigkeit dieser Regelung bestehen zumindest bei externen Bewerbern keine Bedenken. Da § 14 Abs. 2 S. 3 und 4 TzBfG die Möglichkeit vorsieht, dass die Tarifvertragsparteien die Zahl der Verlängerungen und die Höchstdauer der Befristung abweichend von § 14 Abs. 2 S. 1 TzBfG festlegen und die Tarifvertragsparteien des TVöD hiervon Gebrauch gemacht haben, dürfte diese Regelung zulässig sein (so auch Steinherr in: Sponer/Steinherr, TVöD Komm. Rn. 3 zu § 32 TVöD). Allerdings ist zu beachten, dass dies nur bei einer Neueinstellung im Sinne des § 14 Abs. 2 TzBfG gilt. Diese Einschränkung gilt also auch im Rahmen des § 32 Abs. 1 TVöD (so auch Steinherr in: Sponer/Steinherr, TVöD Komm. Rn. 4 zu § 32 TVöD).

Für die Befristung gilt auch hier das Schriftformerfordernis des § 14 Abs. 4 TzBfG. Das bedeutet, dass der Arbeitsvertrag schriftlich geschlossen und von beiden Seiten vor Aufnahme der Tätigkeit unterzeichnet sein muss.

Die Vergütung entspricht bei externen Bewerbern der jeweiligen Eingruppierung. Zulagen werden nicht gezahlt.

Bei der Führung auf Zeit kann gemäß § 32 Abs. 1 S. 4 TVöD eine Probezeit vereinbart werden. Da die Tätigkeit hier auf Zeit und – anders als im Rahmen des § 31 – gerade nicht zur Probe übertragen wird, wird der Arbeitgeber in der Regel auch ein Interesse an der Vereinbarung einer Probezeit haben. Mithin sollte eine entsprechende Probezeit auch vereinbart werden. Soll das Arbeitsverhältnis darüber hinaus ordentlich kündbar sein, muss dies gemäß § 15 Abs. 4 TzBfG im Arbeitsvertrag vereinbart werden. Eine Bezugnahme auf den Tarifvertrag genügt an dieser Stelle nicht, da die Abs. 3 bis 5 des § 30 TVöD im Rahmen des § 32 TVöD keine Anwendung finden.

### 2.2 Interner Bewerber

Bei internen Bewerbern gemäß § 32 Abs. 3 TVöD sind Bedenken an der Zulässigkeit der Regelung des § 32 TVöD geäußert worden. Zwar findet § 14 TzBfG keine Anwendung, da es sich um die Befristung einer Arbeitsbedingung handelt, sodass die Wirksamkeit ausschließlich an den §§ 305 ff. BGB zu messen ist. Es soll fraglich sein, ob die in § 32 TVöD mögliche Befristungsdauer bei internen Bewerbern einer Inhaltskontrolle standhält. Die Regelung könnte eine unangemessene Benachteiligung des Beschäftigten darstellen. Nach zutreffender Ansicht sprechen insbesondere die Regelungen über die besondere Vergütung für interne Bewerber gegen eine unangemessene Benachteiligung (vgl. hierzu ausführlich Pawlak/Lüderitz, ZTR 2008, 642, 648).

Bei internen Bewerbern richtet sich die Bezahlung nach § 32 Abs. 3 TVöD. Hiernach wird für die Dauer der befristeten Übertragung der Führungsposition neben dem bisherigen Entgelt eine Zulage gewährt in Höhe des Unterschiedsbetrages zwischen dem Tabellenentgelt nach der bisherigen Entgeltgruppe und demjenigen Tarifentgelt, das sich bei einer Höhergruppierung nach § 17 Abs. 4 S. 1 bis 3 TVöD im Bereich der VKA und nach § 17 Abs. 5 S. 1 TVöD im Bereich des Bundes ergeben würde. Hinzu kommt ein weiterer Zuschlag in Höhe von 75 % des Unterschiedsbetrages zwischen den Entgelten der Entgeltgruppe, die der übertragenen Funktion entspricht, und der nächsthöheren Entgeltgruppe nach § 17 Abs. 4 S. 1 bis 3 TVöD im Bereich der VKA und nach § 17 Abs. 5 S. 1 TVöD im Bereich des Bundes.

Nach Ablauf der vereinbarten Befristung fällt der interne Bewerber in seine bisherige Entgeltgruppe zurück; der Zuschlag entfällt gemäß § 32 Abs. 3 S. 3 TVöD.

## VII. Beteiligung des Personalrats bei Abschluss befristeter Arbeitsverträge

Die Mitbestimmung des Personalrats hängt von der Ausgestaltung des anwendbaren Landes- bzw. des Bundespersonalvertretungsgesetzes ab. Grundsätzlich hat der Personalrat – wie der Betriebsrat nach § 99 BetrVG – ein Mitbestimmungsrecht bei Einstellungen. Dazu gehört auch die Begründung befristeter Arbeitsverhältnisse (1). Einige Personalvertretungsgesetze sehen aber nicht nur bei der Einstellung, sondern auch bei der Befristung ausdrücklich ein Mitbestimmungsrecht vor. In diesem Fall ergibt sich eine abweichende Rechtsfolge, wenn der Personalrat nicht ordnungsgemäß beteiligt wird (2).

### 1. Mitbestimmungsrecht bei Einstellung

Dem Personalrat steht bei der Einstellung eines befristet beschäftigten Arbeitnehmers ein Mitbestimmungsrecht zu (vgl. § 78 Abs. 1 Nr. 1 BPersVG, § 88 Abs. 1 Nr. 2 HmbPersVG). Dies gilt auch dann, wenn mit einem Arbeitnehmer nach Antritt der Elternzeit eine aushilfsweise befristete Teilzeitbeschäftigung auf dem bisherigen Arbeitsplatz vereinbart wird (BAG v. 28.4.1998, 1 ABR 63/97, ZTR 1998, 568). Die Verlängerung eines befristeten Arbeitsverhältnisses über den Befristungszeitpunkt hinaus, sowie die Umwandlung eines befristeten in ein unbefristetes Arbeitsverhältnis stellen personalvertretungsrechtlich – und betriebsverfassungsrechtlich – eine Einstellung dar (BVerwG v. 1.2.1989, 6 P 2/86, ZTR 1989, 323). Wird ein Arbeitnehmer über eine auf das Arbeitsverhältnis anwendbare tarifliche Altersgrenze hinaus weiterbeschäftigt, liegt eine Einstellung im Sinne von § 99 Abs. 1 S. 1 BetrVG vor. Das gilt auch dann, wenn die Weiterbeschäftigung aufgrund einer Hinausschiebensvereinbarung im Sinne von § 41 SGB VI erfolgt (BAG Beschl. v. 22.9.2021, 7 ABR 22/20).

Die Zustimmung des Personalrates betrifft die ihm mitgeteilten Angaben zur Befristungsdauer und zum Befristungsgrund. Will der Arbeitgeber bei der Vertragsgestaltung mit dem einzelnen Arbeitnehmer davon abweichen, bedarf es der erneuten Zustimmung des Personalrats nach vorheriger Einleitung des Mitbestimmungsverfahrens (BAG v. 27.9.2000, 7 AZR 412/99).

Beteiligt die Dienststelle den Personalrat bei Abschluss eines befristeten Arbeitsvertrages nicht und liegt eine Einstellung vor, so darf die Dienststelle die Maßnahme nicht durchführen. Gemäß § 70 Abs. 1 BPersVG kann eine Maßnahme, die der Mitbestimmung des Personalrates unterliegt, nur mit seiner Zustimmung getroffen werden. Allerdings ist ein Arbeitsvertrag nach der Rspr. des BAG nicht unwirksam, weil der Personalrat der Einstellung nicht zugestimmt hat (BAG v. 2.7.1980, 5 AZR 1241/79). Die Dienststelle darf den Arbeitnehmer lediglich nicht beschäftigen, bis die Personalvertretung ihre Zustimmung erteilt hat und bleibt arbeitsvertraglich zur Zahlung der Vergütung verpflichtet.

Nach der Rspr. des BAG ist eine zum Zwecke der Verlängerung des Arbeitsverhältnisses getroffene Befristungsabrede keine Änderung des Arbeitsvertrages i. S. v. § 87 Abs. 1 Nr. 7 HmbPersVG a. F. (BAG v. 4.12.2002, 7 AZR 545/01). Entsprechendes soll für § 80 Abs. 1 Nr. 9 SächsPersVG gelten (BAG v. 26.6.2002, 7 AZR 92/01, ZTR 2003, 200).

Will der Personalrat seine Zustimmung verweigern, so muss er sich im Geltungsbereich des BPersVG hierbei auf die Zustimmungsverweigerungsgründe des § 78 Abs. 5 BPersVG berufen. Der Personalrat ist etwa berechtigt, darauf zu achten, dass bei einer Neueinstellung gemäß § 30 Abs. 2 S. 2 TVöD bisher befristet Beschäftigten die zu besetzende Stelle übertragen wird. Die Zustimmungsverweigerung kann damit begründet werden, dass die Dienststelle diese Beschäftigten überhaupt nicht in die Auswahl mit einbezogen hat (OVG Berlin v. 20.11.1989, PV Bln 18.87).

Teilweise ergibt sich aus den Landespersonalvertretungsgesetzen ein umfassendes Mitbestimmungsrecht des Personalrats bei Befristungen. Sofern dieses Mitbestimmungsrecht verletzt wird, führt das zur Unwirksamkeit der Befristungsabrede (BAG v. 14.6.2017, 7 AZR 608/15, ZTR 2017, 746).

### 2. Mitbestimmungsrecht bei Befristung

Einige Landespersonalvertretungsgesetze (z. B. Brandenburg, Reinland-Pfalz, Berlin, Nordrhein-Westfalen, Baden-Württemberg) sehen neben der Mitbestimmung bei der Einstellung ausdrücklich eine Mitbestimmung bei Befristungen vor. Nach der Rspr. des BAG ist eine ohne Zustimmung des Personalrats vereinbarte Befristung unwirksam, wenn nach dem entsprechenden Landespersonalvertretungsgesetz eine der Mitbestimmung des Personalrats unterliegende Maßnahme nur mit dessen Zustimmung getroffen werden kann und der Landesgesetzgeber das Mitbestimmungsrecht des Personalrats nicht nur auf die Einstellung eines Arbeitnehmers, sondern auch auf die Befristung des Arbeitsverhältnisses erstreckt hat (BAG v. 20.2.2002, 7 AZR 707/00, ZTR 2002, 449; v. 9.6.1999, 7 AZR 170/98, ZTR 2000, 45). Die Zustimmung kann auch nicht nachträglich erteilt werden (BAG v. 20.2.2002, 7 AZR 707/00, ZTR 2002, 449). Auch kann der Arbeitnehmer bei Abschluss des befristeten Vertrages nicht wirksam auf die Mitbestimmung des Personalrats oder auf die Geltendmachung der Unwirksamkeit der Befristung verzichten (BAG v. 18.6.2008, 7 AZR 214/07).

Der Arbeitgeber genügt seiner Unterrichtungspflicht, wenn er dem → *Personalrat* den Sachgrund für die Befristung und ihre Dauer mitteilt (BAG v. 20.2.2002, 7 AZR 662/00, ZTR 2002, 439). Er ist nur auf Aufforderung des Personalrats verpflichtet, diesem die näheren Umstände, welche die Befristung im Einzelnen rechtfertigen sollen, darzulegen (vgl. § 61 Abs. 3 S. 2 PersVG Brandenburg), nicht jedoch unaufgefordert von sich aus (BAG v. 10.3.2004, 7 AZR 397/03, ZTR 2004, 472). Hat der Arbeitgeber dem Personalrat einmal den Sachgrund der Befristung mitgeteilt, kann er diesen nach Auffassung des LAG Berlin-Brandenburg nachträglich nicht mehr gegen einen anderen Sachgrund austauschen. Als anderer Sachgrund gilt auch die sachgrundlose Befristung nach § 14 Abs. 2 TzBfG (LAG Berlin-Brandenburg v. 19.9.2008, 13 Sa 931/08). In Anbetracht der nicht erforderlichen Angabe eines Befristungsgrundes im Arbeitsvertrag erscheint diese Auffassung aus Sicht des Verfassers jedoch zweifelhaft.

 **ACHTUNG!**

> Besteht ein Mitbestimmungsrecht bei Befristungen, ist unbedingt zu beachten, dass die Befristungsdauer, für die die Zustimmung des Personalrats beantragt wird und die tatsächlich mit dem Arbeitnehmer vereinbarte Befristungsdauer übereinstimmen. Jedenfalls für den Fall, dass die Parteien eine kürzere Vertragsdauer vereinbaren, als der Arbeitgeber in der Beantragung der Zustimmung angegeben hatte, ist wegen der Verletzung des Mitbestimmungsrechts des Personalrats die Befristung unwirksam, mit der Folge, dass zwischen den Parteien ein unbefristetes Arbeitsverhältnis besteht.

Die Befristung ist mangels ordnungsgemäßer Zustimmung des Personalrats unwirksam, wenn es sich um eine pauschale, im Vorhinein für einen bestimmten Zeitraum erfolgte Zustimmung des Personalrats zu jeglichen, im Zeitpunkt der Beschlussfassung nicht näher bezeichneten Befristungen handelt (LAG Köln v. 26.11.2003, 3 Sa 782/03).

Die fehlende Mitbestimmung des Personalrates führt dagegen nicht zur Unwirksamkeit der Befristung, wenn das Landespersonalvertretungsgesetz lediglich ein Mitbestimmungsrecht bei der Verlängerung der Befristung vorsieht, nicht aber hinsichtlich der Befristung selbst. In einem solchen Fall betrifft das Mitbestimmungsrecht die aufgrund der Verlängerung eines befristeten Vertrages erfolgende Einstellung des Arbeitnehmers (BAG v. 5.5.2004, 7 AZR 629/03, ZTR 2005, 213).

### VIII. Spartentarifverträge

Die Regelungen über befristete Arbeitsverhältnisse in § 30 TV-L und § 30 TVöD sind inhaltsgleich. Auch in den Spartentarifverträgen TVöD-V, TVöD-K, TVöD-B, TVöD-F und TVöD-S finden sich wortgleiche Regelungen. Diese Spartentarifverträge regeln also keine Abweichungen.

Eine abweichende Regelung findet sich hingegen in § 42 TVöD-BT-E (entspricht § 30.1 TVöD-E). Dieser enthält eine Öffnungsklausel zu § 14 TzBfG und erweitert die Möglichkeiten einer sachgrundlosen Befristung. Nach § 42 TVöD-BT-E ist die Befristung ohne Sachgrund gemäß § 14 Abs. 2 bis 4 TzBfG bis zur Dauer von vier Jahren möglich. Allerdings ist auch innerhalb dieses Zeitraumes lediglich eine dreimalige Verlängerung möglich. § 42 Abs. 2 TVöD-BT-E regelt zudem, dass eine Befristung nach Absatz 1 nur mit vorheriger Zustimmung des Personal- oder Betriebsrates möglich ist. Dies stellt also eine Erweiterung der Beteiligungsrechte dar, sofern nicht die Landespersonalvertretungsgesetze ohnehin eine Mitbestimmung bei der Befristung vorsehen. § 42 Abs. 3 TVöD-BT-E regelt eine weitere Schranke. Der Abschluss eines befristeten Arbeitsvertrages nach § 42 Abs. 1 über die Dauer von zwei Jahren hinaus darf nur erfolgen, wenn zum Zeitpunkt des Vertragsschlusses bei dem Arbeitgeber nicht mehr als 40 % aller Arbeitsverhältnisse als befristete Arbeitsverhältnisse ohne sachlichen Grund bestehen. § 42 Abs. 4 schränkt darüber hinaus die Möglichkeit der Beschäftigung von Leiharbeitnehmern ein. Ferner sind die Regelungen in Absatz 5 und 6 zu beachten.

§ 31 TV-Ärzte (VKA) entspricht im Wesentlichen § 30 TVöD. § 30 TV-Ärzte (Länder) hingegen weist einige Besonderheiten auf. Insbesondere bestimmt § 30 Abs. 1 S. 2 TV-Ärzte (Länder), dass bei Abschluss eines befristeten Arbeitsvertrages eine ausgewogene Abwägung zwischen den dienstlichen Notwendigkeiten einerseits und den berechtigten Interessen der betroffenen Ärzte andererseits erfolgen soll.

# Berufsausbildungsverhältnis

 **Wegweiser:**

Die Rechtsgrundlagen für die betriebliche und außerbetriebliche Berufsausbildung finden sich vor allem im Berufsbildungsgesetz (BBiG) und in spezialgesetzlichen Regelungen wie dem Pflegeberufegesetz (PflBG) oder dem Hebammengesetz (HebG). Für jugendliche Auszubildende im Alter zwischen 15 und 18 Jahren gilt zudem das Jugendarbeitsschutzgesetz (JArbSchG). Im Bereich des öffentlichen Dienstes besteht zudem der Tarifvertrag für Auszubildende im öffentlichen Dienst (TVAöD). Dieser besteht aus einem Allgemeinen Teil (AT) und den Besonderen Teilen BT-BBiG und BT-Pflege. Auf Länderebene gelten insoweit die im Wesentlichen inhaltsgleichen Tarifverträge für Auszubildende der Länder in Ausbildungsberufen nach dem Berufsbildungsgesetz (TVA-L BBiG) und für Auszubildende in Pflegeberufen (TVA-L Pflege). Da für den Bereich der Länder keine wesentlichen Besonderheiten bestehen, beschränken sich die nachfolgenden Ausführungen auf den TVAöD.

Ergänzende Hinweise zum Berufsausbildungsverhältnis finden sich in Breier/Dassau TVöD Komm. Teil D 1.2, 2.2, 3.2.

**I. Begriff**

**II. Begründung des Ausbildungsverhältnisses**
1. Allgemeines
2. Berufsausbildung in Teilzeit

**III. Rechte und Pflichten aus dem Ausbildungsverhältnis**
1. Pflichten des Auszubildenden
2. Pflichten des Ausbildenden

**IV. Urlaub**

**V. Beendigung des Ausbildungsverhältnisses**
1. Ablauf der Ausbildungszeit
2. Kündigung
   2.1 Kündigung durch den Ausbildenden
   2.2 Kündigung durch den Auszubildenden
3. Aufhebungsvertrag

**VI. Übernahme und Weiterbeschäftigung**

**VII. Streitigkeiten**

**VIII. Duale Studiengänge**
1. Begriff
2. Vergütung
3. Bleibeverpflichtung und Rückzahlungsklausel

## I. Begriff

Unter Berufsausbildung ist die Vermittlung beruflicher Fertigkeiten, Kenntnisse und Fähigkeiten sowie der erforderlichen Berufserfahrungen durch den Ausbildenden, die Berufsschule und/oder außerbetriebliche Bildungseinrichtungen zu verstehen (§ 1 Abs. 3 BBiG). Anders als beim Arbeitsverhältnis steht bei der Berufsausbildung nicht die Arbeitsleistung, sondern der Ausbildungszweck im Vordergrund.

Die Berufsausbildung ist gekennzeichnet durch ein „duales System", die Kombination von betrieblicher Berufsbildung in einem Ausbildungsbetrieb und der schulischen Berufsbildung in Berufsschulen. Es wird folglich differenziert nach dem „Lernort Betrieb" und dem „Lernort Schule", die bei der Berufsausbildung zusammenwirken sollen („Lernortkooperation", § 2 Abs. 2 BBiG).

Von einem Berufsausbildungsverhältnis abzugrenzen sind folgende Ausbildungsverhältnisse im weiteren Sinn, für welche die Regelungen des TVAöD keine Anwendung finden:

▶ Praktikum,

▶ Volontariat,

▶ Anlernverhältnisse,

▶ berufliche Fortbildung,

▶ berufliche Umschulung.

Soweit es sich bei diesen anderen Vertragsverhältnissen in ihrer jeweiligen tatsächlichen Ausgestaltung nicht um Arbeitsverhältnisse handelt, finden die Vorschriften des BBiG mit den Modifikationen des § 26 BBiG Anwendung.

Die Ausbildung in einem anerkannten Ausbildungsberuf hat nach § 4 Abs. 2 BBiG grundsätzlich in einem Berufsausbildungsverhältnis zu erfolgen. Der Abschluss eines „anderen Vertragsverhältnisses" nach § 26 BBiG zu diesem Zweck ist unzulässig (BAG v. 27.7.2010, 3 AZR 317/08).

## II. Begründung des Ausbildungsverhältnisses

### 1. Allgemeines

Das Berufsausbildungsverhältnis wird durch den Abschluss eines Berufsausbildungsvertrages begründet. Erforderlich sind hierfür Vertragsangebot und Vertragsannahme nach Maßgabe der §§ 145 ff. BGB. Vertragspartner sind das einstellende Unternehmen bzw. die einstellende öffentlich-rechtliche Körperschaft als Ausbildender sowie der Auszubildende als diejenige Person, die ausgebildet werden soll.

 **WICHTIG!**

Ist der Auszubildende minderjährig (noch nicht 18 Jahre alt), so muss er durch seinen gesetzlichen Vertreter vertreten werden. Das sind im Regelfall beide Elternteile gemeinschaftlich (§§ 1626, 1629 BGB). Der Vertretung durch beide Eltern wird aber auch Genüge getan, wenn ein Elternteil allein handelt und dabei zugleich den anderen Elternteil vertritt.

 **ACHTUNG!**

Die in § 113 Abs. 1 BGB vorgesehene Möglichkeit zur Ermächtigung des Minderjährigen zum selbstständigen Eingehen und Lösen von Arbeits- und Dienstverhältnissen ist auf das Berufsausbildungsverhältnis nach der Rechtsprechung des Bundesarbeitsgerichts anwendbar (BAG v. 22.1.2008, 9 AZR 999/06, ZTR 2008, 453).

§ 2 Abs. 1 TVAöD-AT schreibt für den Vertragsschluss vor Beginn des Ausbildungsverhältnisses zwingend die Schriftform vor. Zudem muss der Vertrag bestimmte Mindestangaben beinhalten. Folgende Punkte müssen geregelt und in den Vertrag mit aufgenommen werden:

- ▶ die maßgebliche Ausbildungs- und Prüfungsordnung in der jeweils geltenden Fassung sowie Art, sachliche und zeitliche Gliederung der Ausbildung,

- ▶ Beginn und Dauer der Ausbildung,

- ▶ Dauer der regelmäßigen täglichen und wöchentlichen Ausbildungszeit,

- ▶ Dauer der Probezeit,

- ▶ Zahlung und Höhe des Ausbildungsentgelts,

- ▶ Dauer des Urlaubs,

- ▶ Voraussetzungen, unter denen der Ausbildungsvertrag gekündigt werden kann,

- ▶ die Geltung des TVAöD sowie einen in allgemeiner Form gehaltenen Hinweis auf die auf das Ausbildungsverhältnis anzuwendenden Betriebs-/Dienstvereinbarungen.

Allerdings führt die Nichteinhaltung dieser Formvorschrift nicht zur Unwirksamkeit des Ausbildungsvertrages, sondern nur dazu, dass der Auszubildende einen Anspruch auf Nachholung der schriftlichen Festlegung der Vertragsbedingungen hat. Mit dem Abschluss eines schriftlichen Ausbildungsvertrages nach § 2 TVAöD erfüllen die Vertragspartner auch die von § 11 BBiG an die Vertragsniederschrift gestellten inhaltlichen Voraussetzungen.

 **ACHTUNG!**

Ein Verstoß gegen die Verpflichtung nach § 11 BBiG stellt eine Ordnungswidrigkeit nach § 101 Abs. 1 Nr. 1 und 2 BBiG dar, die mit einer Geldbuße von bis zu tausend Euro geahndet werden kann.

 **TIPP!**

Muster für Ausbildungsverträge, die den gesetzlichen und tarifvertraglichen Anforderungen entsprechen, finden sich in Breier/Dassau, TVöD Komm., Teil E 1.2.

Der Vertrag ist vom Ausbildenden, vom Auszubildenden und bei Minderjährigen auch von dessen gesetzlichen Vertretern (im Regelfall beide Elternteile) zu unterzeichnen. Neben dem Auszubildenden muss der Ausbildende auch den gesetzlichen Vertretern unverzüglich eine Ausfertigung des Vertrages aushändigen.

Unmittelbar nach Abschluss des Berufsausbildungsvertrages hat der Ausbildende unter Beifügung der Vertragsniederschrift die Eintragung des Berufsausbildungsverhältnisses in das bei der zuständigen Stelle geführte Berufsausbildungsverzeichnis zu beantragen (§ 36 BBiG). Im Regelfall sind die zuständigen Stellen die Kammern der jeweiligen Wirtschafts- und Berufszweige, z. B. die Industrie- und Handelskammern oder die Handwerkskammern, vgl. § 71 BBiG.

 **ACHTUNG!**

Auch ein Verstoß gegen die Verpflichtung des § 36 BBiG stellt eine Ordnungswidrigkeit nach § 101 Nr. 8 BBiG dar, die mit einer Geldbuße bis zu tausend Euro geahndet werden kann.

 **WICHTIG!**

Bei der Einstellung eines Auszubildenden muss der Personalrat nach § 78 BPersVG bzw. der Betriebsrat nach § 99 BetrVG beteiligt werden.

### 2. Berufsausbildung in Teilzeit

Eine Berufsausbildung ist auch in Teilzeit möglich. Die Teilzeitregelung ist nach § 7a Abs. 1 S. 2 BBiG im Berufsausbildungsvertrag zu vereinbaren.

Die Teilzeitberufsausbildung führt gemäß § 7a Abs. 2 BBiG automatisch zu einer Verlängerung der Ausbildungsdauer, die jedoch grundsätzlich auf das Eineinhalbfache der Dauer, die in der Ausbildungsordnung für die betreffende Berufsausbildung in Vollzeit festgelegt ist, begrenzt ist. Die Kürzung der täglichen oder der wöchentlichen Ausbildungszeit darf nicht mehr als 50 Prozent der regulären Ausbildungszeit betragen.

Hinsichtlich der Vergütung ist wie bei Auszubildenden in Vollzeit der Grundsatz der Angemessenheit nach § 17 Abs. 1 BBiG einzuhalten. Das BAG hat zu der Angemessenheitsregelung in § 17 Abs. 1 S. 1 BBiG a. F. entschieden, dass eine tarifliche Regelung, nach der sich die Ausbildungsvergütung von Auszubildenden in Teilzeit entsprechend der Anzahl wöchentlicher Ausbildungsstunden vergleichbarer Auszubildender in Vollzeit berechnet, nicht gegen höherrangiges Recht verstößt (BAG v. 1.12.2020, 9 AZR 104/20). Dies steht im Einklang mit der zum 1.1.2020 neu aufgenommenen Regelung in § 17 Abs. 5 BBiG, dass bei Auszubildenden in Teilzeit eine nach § 17 Abs. 2 bis 4 BBiG zu gewährende Vergütung unterschritten werden kann, allerdings mit der Einschränkung, dass die Vergütung dann nicht mehr angemessen ist, wenn die prozentuale Kürzung der Vergütung höher als die prozentuale Kürzung der täglichen oder der wöchentlichen Arbeitszeit ist.

## III. Rechte und Pflichten aus dem Ausbildungsverhältnis

Die Pflichten der Parteien ergeben sich aus §§ 13 bis 16 BBiG.

## 1. Pflichten des Auszubildenden

Nach § 13 BBiG und den tarifvertraglichen Regelungen haben Auszubildende sich zu bemühen, die berufliche Handlungsfähigkeit zu erwerben, die zum Erreichen des Ausbildungsziels erforderlich ist. Sie sind daher insbesondere verpflichtet zur

- sorgfältigen Ausführung der übertragenen Aufgaben,

- Befolgung der Weisungen des Ausbildenden, des Ausbilders bzw. anderer weisungsberechtigter Personen,

- Beachtung der für die Ausbildungsstätte geltenden Ordnung,

- pfleglichen Behandlung der Werkzeuge, Maschinen und sonstigen Einrichtungen,

- Verschwiegenheit über sämtliche Betriebs- und Geschäftsgeheimnisse (im gleichen Umfang wie die Beschäftigten des Ausbildenden, § 5 TVAöD-AT),

- regelmäßigen Teilnahme am Berufsschulunterricht, an Prüfungen und außerbetrieblichen Ausbildungsmaßnahmen.

 **ACHTUNG!**

Darüber hinaus unterliegt ein Auszubildender während des gesamten Bestandes des Ausbildungsverhältnisses einem Wettbewerbsverbot entsprechend § 60 HGB. Verletzt er diese schuldhaft, macht er sich schadensersatzpflichtig. Zudem kommt je nach Schwere des Verstoßes der Ausspruch einer außerordentlichen Kündigung des Ausbildungsverhältnisses in Betracht.

Die regelmäßige durchschnittliche wöchentliche und tägliche Ausbildungszeit richtet sich nach den für die Beschäftigten des Ausbildenden geltenden Vorschriften (§ 7 Abs. 1 TVAöD-BT-BBiG/BT-Pflege). Dabei gelten auch Unterrichtszeiten als Ausbildungszeit. In jedem Fall müssen sich die Ausbildungszeiten innerhalb der gesetzlichen Vorgaben des Arbeitszeitgesetzes (ArbZG) halten. Bei jugendlichen Auszubildenden ist zudem das JArbSchG (§§ 8 ff.) zu beachten. Danach dürfen Jugendliche beispielsweise nicht mehr als acht Stunden täglich und 40 Stunden wöchentlich beschäftigt werden, § 8 Abs. 1 JArbSchG.

Der Ausbildungsbewerber ist nach § 4 Abs. 1 TVAöD-AT verpflichtet, sich vor der Einstellung ärztlich untersuchen zu lassen, wenn

- der Ausbildende die Untersuchung ausdrücklich verlangt,

- die Untersuchung durch einen Amts- oder Betriebsarzt erfolgt, den der Bewerber von seiner Schweigepflicht, soweit es für eine Untersuchung auf „gesundheitliche Eignung" erforderlich ist, entbinden muss und

- die Untersuchung nur hinsichtlich seiner gesundheitlichen Eignung erfolgt und der Ausbildende den Arzt entsprechend beauftragt.

Auch während des bestehenden Ausbildungsverhältnisses kann der Auszubildende bei begründeter Veranlassung zu einer ärztlichen Untersuchung verpflichtet werden (§ 4 Abs. 2 TVAöD-AT). Der Ausbildende seinerseits ist verpflichtet, Auszubildende in regelmäßigen Zeitabständen oder auf ihren Antrag hin untersuchen zu lassen, soweit die Auszubildenden besonderen Ansteckungsgefahren ausgesetzt, mit gesundheitsgefährdenden Tätigkeiten oder der Zubereitung von Speisen beschäftigt sind (§ 4 Abs. 3 TVAöD-AT).

 **WICHTIG!**

Bei einem noch jugendlichen Auszubildenden ist eine ärztliche Untersuchung vor Antritt des Ausbildungsverhältnisses zwingend erforderlich (§ 32 JArbSchG). Ohne den Nachweis der Untersuchung gegenüber dem Ausbildenden ist eine Beschäftigung unzulässig.

Verstößt der Auszubildende schuldhaft gegen seine Pflichten aus dem Ausbildungsverhältnis, kommt eine Haftung des Auszubildenden nur nach den allgemeinen Haftungsgrundsätzen im Arbeitsrecht in Betracht (siehe auch → *Haftung des Arbeitnehmers*). Beim Sorgfaltsmaßstab sind dabei jedoch das jugendliche Alter und die aufgrund des Standes der Ausbildung etwaig fehlende Erfahrung des Auszubildenden zu berücksichtigen.

 **ACHTUNG!**

Auszubildende, die durch ihr Verhalten bei einem Beschäftigten desselben Betriebs einen Schaden verursachen haften, ohne Rücksicht auf ihr Alter, nach den gleichen Regeln wie andere Arbeitnehmer (BAG v. 19.3.2015, 8 AZR 67/14).

## 2. Pflichten des Ausbildenden

Der Ausbildende hat dafür zu sorgen, dass dem Auszubildenden die berufliche Handlungsfähigkeit vermittelt wird. Im Rahmen dessen treffen ihn folgende Pflichten:

- planmäßige Durchführung der Ausbildung mit einer zeitlichen und sachlichen Gliederung, die dem Auszubildenden das Erreichen des Ausbildungsziels ermöglicht,

- Anhalten des Auszubildenden zum Besuch der Berufsschule und zum Führen von Berichtsheften (schriftliche Ausbildungsnachweise); Durchsicht der Berichtshefte,

- kostenlose Bereitstellung der Ausbildungsmittel, insbesondere Werkzeuge, Werkstoffe und Fachliteratur (Kostenbeteiligung des Auszubildenden oder seiner Eltern ist unzulässig),

- charakterliche Förderung des Auszubildenden sowie Abwehr von Gefährdungen,

- Übertragung nur solcher Aufgaben, die dem Ausbildungszweck dienen und den körperlichen Kräften des Auszubildenden angemessen sind,

- Vergütungspflicht.

 **ACHTUNG!**

Eine schuldhafte Verletzung von Ausbildungspflichten verpflichtet den Ausbildenden zum Schadensersatz nach § 280 Abs. 1 BGB oder § 823 Abs. 2 BGB.

Die Ausbildung hat der Ausbildende entweder selbst vorzunehmen oder einen persönlich und fachlich geeigneten Ausbilder damit zu beauftragen (§ 14 Abs. 1 Nr. 2 BBiG).

Hinsichtlich des Ausbildungsentgelts sehen § 8 TVAöD-BT-BBiG und § 8 TVAöD-BT-Pflege unterschiedliche Entgelthöhen vor. Alle Vorschriften staffeln die Höhe des Entgelts nach Ausbildungsjahren. Die Unterscheidung nach den Tarifgebieten Ost und West wurde aufgegeben. Daneben können den Auszubildenden auch anteilige Zulagen entsprechend der beim Ausbildenden beschäftigten Arbeitnehmer zustehen. Für Auszubildende der Mitgliederverbände der VKA und im Geltungsbereich des TVöD-BT-S (Besonderer Teil Sparkassen) gelten zum Teil abweichende und ergänzende Vorschriften. Nach § 48 TVöD-BT-S erhalten die Auszubildenden der Sparkassen etwa im ersten, zweiten und dritten Ausbildungsjahr das nach dem TVAöD maßgebende Ausbildungsentgelt für das zweite, dritte bzw. vierte Ausbildungsjahr.

Zudem haben Auszubildende nach § 49 Abs. 2 TVöD-BT-S Anspruch auf vermögenswirksame Leistungen.

 **ACHTUNG!**

Bei fehlender Tarifbindung ist es Aufgabe der Vertragsparteien, die Höhe der Ausbildungsvergütung zu vereinbaren. Eine Ausbildungsvergütung ist i. d. R. nicht angemessen im Sinne von § 17 BBiG, wenn sie die in einem einschlägigen Tarifvertrag enthaltenen Vergütungen um mehr als 20 von Hundert unterschreitet (BAG v. 16.5.2017, 9 AZR 377/16, ZTR 2017, 547). Ausbilder haben nach § 17 Abs. 1 S. 1 BBiG auch dann eine angemessene Vergütung zu gewähren, wenn die Ausbildungsplätze mit öffentlichen Geldern gefördert werden (BAG v. 17.3.2015, 9 AZR 732/13, ZTR 2015, 460). Allerdings kann eine Vergütung dann auch noch angemessen sein, wenn sie die „20-vom-Hundert"-Grenze deutlich unterschreitet (bestätigt durch BAG v. 16.5.2017, 9 AZR 377/16, ZTR 2017, 547). Es bedarf einer Prüfung im Einzelfall.

Seit dem 1.1.2020 ist in § 17 Abs. 2 BBiG zudem eine Mindestausbildungsvergütung festgelegt, die sich nach dem Beginn der Berufsausbildung sowie dem Ausbildungsjahr richtet.

Beendet ein Auszubildender sein Ausbildungsverhältnis mit einer erfolgreich abgeschlossenen Prüfung, erwirbt er einen Anspruch auf Zahlung einer einmaligen Abschlussprämie in Höhe von € 400,00 (§ 17 Abs. 1 TVAöD-AT).

Die Ausbildungsvergütung ist nach § 850a Nr. 6 ZPO unpfändbar. Sie kann vom Auszubildenden gemäß §§ 1274 Abs. 2, 400 BGB auch nicht verpfändet oder abgetreten werden.

Die Ansprüche des Auszubildenden auf Entgeltfortzahlung im Krankheitsfall nach § 12 Abs. 1 TVAöD-AT entsprechen weitgehend den Regelungen, die auf die Beschäftigten des Ausbildenden Anwendung finden. Es gilt somit § 22 TVöD-AT entsprechend (siehe hierzu → *Entgeltfortzahlung bei Arbeitsunfähigkeit*). Darüber hinaus hat der Auszubildende nach § 12a Abs. 1, 2 TVAöD-AT Anspruch darauf, dass der Ausbildende ihm Gelegenheit gibt, sich im Rahmen einer bezahlten Freistellung auf die in der Ausbildungsordnung vorgeschriebene Abschlussprüfung vorzubereiten (mindestens 2, maximal 5 Tage; bei der Sechstagewoche maximal 6 Tage). Der Auszubildende hat zudem Anspruch auf einen jährlichen Lernmittelzuschuss von brutto € 50,00, § 11 Abs. 3 S. 1 TVAöD-BT-BBiG.

Der Ausbildende hat bestimmte Reisekosten zu übernehmen. So sind bei Reisen des Auszubildenden zur Teilnahme an überbetrieblichen Ausbildungsmaßnahmen im Sinne des § 5 Abs. 2 S. 1 Nr. 6 BBiG dessen Fahrt- und – falls notwendig – Übernachtungskosten zu tragen, vgl. § 10 Abs. 2 S. 1 und 3 TVAöD-BT-BBiG. Weiterhin kann der Auszubildende monatlich einmal einen Anspruch auf Erstattung der Fahrkosten der Hin- und Rückfahrt für eine Heimreise gemäß § 10a TVAöD-BT-BBiG haben.

## IV. Urlaub

Hinsichtlich des Erholungsurlaubs finden für Auszubildende grundsätzlich die für die Beschäftigten des Ausbildenden geltenden Regelungen entsprechende Anwendung (§ 9 TVAöD-BT-BBiG und § 9 TVAöD-BT-Pflege). Der jährliche Urlaubsanspruch bei Verteilung der wöchentlichen Ausbildungszeit auf fünf Tage in der Woche beträgt grundsätzlich 30 Ausbildungstage im Kalenderjahr (siehe → *Urlaub*). Im Anwendungsbereich des TVAöD-BT-Pflege bzw. des TVA-L Pflege erhalten Auszubildende im zweiten und dritten Ausbildungsjahr, die im Schichtdienst eingesetzt werden, zudem pauschal einen Tag Zusatzurlaub (§ 9

Abs. 1 S. 2 TVAöD-BT-Pflege bzw. TVA-L Pflege). Bei jugendlichen Auszubildenden ist ferner grundsätzlich § 19 JArbSchG zu beachten, der jedoch i. d. R. nicht zu einem höheren Urlaubsanspruch führt, als sich ohnehin nach dem Tarifvertrag ergibt. Als Besonderheit ist nach § 9 Abs. 3 TVAöD-BT-BBiG bzw. § 9 Abs. 2 TVAöD-BT-Pflege der Erholungsurlaub nach Möglichkeit zusammenhängend während der unterrichtsfreien Zeit zu erteilen und in Anspruch zu nehmen.

## V. Beendigung des Ausbildungsverhältnisses

### 1. Ablauf der Ausbildungszeit

Das Berufsausbildungsverhältnis ist ein befristetes Vertragsverhältnis. Es endet mit Ablauf der Ausbildungszeit (§ 16 TVAöD-AT). Die Länge der Ausbildungszeit richtet sich entweder nach der einschlägigen Ausbildungsordnung oder nach einer abweichenden Vereinbarung zwischen Ausbildenden und Auszubildenden.

Besteht der Auszubildende vor Ablauf der Ausbildung seine Ausbildungsprüfung, endet das Ausbildungsverhältnis mit Bestehen dieser Prüfung, also dem Abschluss des Prüfungsverfahrens und der Bekanntgabe der Ergebnisse durch den Prüfungsausschuss. Für Auszubildende in Pflegeberufen gilt eine Sonderregelung in § 21 PflBG.

 **WICHTIG!**

Erst mit der Bekanntgabe des Prüfungsergebnisses ist das Prüfungsverfahren tatsächlich abgeschlossen und die Prüfung damit abgelegt. Auf die Frage, wann die Prüfungsleistungen erbracht werden, kommt es dagegen nicht an (BAG v. 14.1.2009, 3 AZR 427/07, ZTR 2010, 35).

Besteht der Auszubildende die Abschlussprüfung dagegen nicht, kann er vom Ausbildenden die Verlängerung seiner Ausbildungszeit bis zur nächstmöglichen Wiederholungsprüfung (höchstens aber um ein Jahr) verlangen. Gleiches gilt, wenn die erstmalige Teilnahme an der Abschlussprüfung ohne eigenes Verschulden (z. B. wegen Krankheit) erst nach Ablauf der Ausbildungszeit möglich ist (§ 16 Abs. 2 TVAöD-AT). Das Ausbildungsverhältnis verlängert sich dann bis zum Abschluss des Prüfungsverfahrens (BAG v. 14.1.2009, 3 AZR 427/07, ZTR 2010, 35). Für das Fortsetzungsverlangen des Auszubildenden bestehen keine Formvorschriften.

### 2. Kündigung

Bei der Kündigung von Berufsausbildungsverhältnissen sind bestimmte Besonderheiten nach den tarifvertraglichen Vorschriften und § 22 BBiG zu beachten. Der Auszubildende unterliegt insoweit einem besonderen Schutz, der vertraglich nicht zum Nachteil des Auszubildenden abgeändert werden kann (§ 25 BBiG).

### 2.1 Kündigung durch den Ausbildenden

Vor Beginn des Ausbildungsverhältnisses und während der Probezeit kann der Ausbildende jederzeit schriftlich ohne Frist und ohne Vorliegen eines besonderen Grundes kündigen. Es handelt sich insoweit um eine ordentliche entfristete Kündigung, die wie eine fristlose Kündigung wirkt. Sie muss dem Auszubildenden bis spätestens zum letzten Tag der Probezeit zugehen und bedarf der Schriftform. Die Kündigung muss sich lediglich an den §§ 138, 242, 612a BGB messen lassen und darf daher weder sittlich verwerflich sein noch eine unzulässige Rechtsausübung, etwa in Form einer Maßregelung oder Benachteiligung, darstellen.

**WICHTIG!**

Ist der Auszubildende minderjährig, wird die Kündigung nach § 131 Abs. 2 BGB erst dann wirksam, wenn sie seinen gesetzlichen Vertretern zugeht. Die gesetzlichen Vertreter sind i. d. R. die Eltern. Für den Zugang reicht es dabei aus, wenn die Kündigungserklärung mit dem erkennbaren Willen abgegeben wird, dass sie die Eltern erreicht, und wenn sie tatsächlich in den Herrschaftsbereich der Eltern gelangt. Davon ist mit dem Einwurf der Kündigung in den gemeinsamen Briefkasten der Familie auszugehen. Hieran ändert auch eine vorübergehende Ortsabwesenheit der Eltern nichts (BAG v. 8.12.2011, 6 AZR 354/10, ZTR 2012, 239).

Statt einer Übersendung der Kündigung per Post ist es empfehlenswert, das Kündigungsschreiben (aber auch vorhergehende Abmahnschreiben) dem Auszubildenden im Beisein der gesetzlichen Vertreter persönlich und in Anwesenheit von Zeugen zu übergeben.

Es ist nicht erforderlich vor Ausspruch der Probezeitkündigung eines Minderjährigen zunächst ein klärendes Gespräch mit den Eltern zu suchen, selbst wenn ein solches Gespräch sinnvoll sein könnte. Die Kündigung gemäß § 22 Abs. 1 BBiG sieht ein solches Erfordernis nicht vor. Eine Probezeitkündigung ohne vorheriges Gespräch ist insbesondere nicht treuwidrig gemäß § 242 BGB (BAG v. 8.12.2011, 6 AZR 354/10, ZTR 2012, 239).

**ACHTUNG!**

§ 3 Abs. 2 TVAöD-BT-BBiG und § 3 Abs. 2 TVAöD-BT-Pflege sehen unterschiedlich lange Probezeiten von drei bzw. sechs Monaten vor.

Wird die Ausbildung während der Probezeit um mehr als ein Drittel unterbrochen, können die Parteien vereinbaren, dass sich die Probezeit um den Zeitraum der Unterbrechung verlängert. Eine solche Regelung ist weder gemäß § 25 BBiG nichtig noch handelt es sich um eine unangemessene Benachteiligung im Sinne von § 307 Abs. 1 S. 1, Abs. 2 BGB. Die Verlängerung dient der Erfüllung des Zwecks der Probezeit und liegt letztlich im Interesse beider Vertragsparteien (BAG v. 9.6.2016, 6 AZR 396/15, ZTR 2016, 588).

Zeiten aus einem vorangegangen Praktikum sind bei der Berechnung der Probezeit nicht zu berücksichtigen (BAG v. 19.11.2015, 6 AZR 844/14, ZTR 2016, 161).

Nach Ablauf der Probezeit ist eine Kündigung für den Ausbildenden nur noch aus wichtigem Grund ohne Einhalten einer Kündigungsfrist möglich, § 22 Abs. 2 Nr. 1 BBiG. Darunter ist in Anlehnung an § 626 Abs. 1 BGB jeder Umstand zu verstehen, der unter Berücksichtigung aller Umstände des Einzelfalls, insbesondere der Rechte und Pflichten aus dem Berufsausbildungsvertrag, und unter Abwägung der Interessen beider Vertragsteile dazu führt, dass dem Ausbildenden die Fortsetzung des Berufsausbildungsverhältnisses nicht mehr zugemutet werden kann und das Ausbildungsziel erheblich gefährdet ist.

Die Kündigung muss

▶ schriftlich,

▶ unter Angabe des Kündigungsgrundes und

▶ innerhalb von zwei Wochen, nachdem der Ausbilder von dem wichtigen Grund Kenntnis erlangt hat,

erfolgen.

**ACHTUNG!**

Der dringende Verdacht einer schwerwiegenden Pflichtverletzung des Auszubildenden kann einen wichtigen Grund zur Kündigung des Berufsausbildungsverhältnisses nach § 22 Abs. 2 Nr. 1 BBiG darstellen, wenn der Verdacht auch bei Berücksichtigung der Besonderheiten des Ausbildungsverhältnisses dem Auszubildenden die Fortsetzung der Ausbildung objektiv unzumutbar macht (BAG v. 12.2.2015, 6 AZR 845/13, ZTR 2015, 351).

Für die fristlose Kündigung eines Berufsausbildungsverhältnisses gemäß § 22 Abs. 2 Nr. 1 BBiG gelten an sich die gleichen Grundsätze wie bei einem Arbeitsverhältnis nach § 626 BGB. Allerdings muss bei der Prüfung, ob ein wichtiger Grund vorliegt, der Erziehungsgedanke des Berufsbildungsgesetzes berücksichtigt und somit ein strengerer Maßstab als bei einem Arbeitsverhältnis angelegt werden. Auch sind das gegebenenfalls jugendliche Alter des Auszubildenden und der Grad seiner geistigen, körperlichen und charakterlichen Reife zu berücksichtigen. Daher ist bei Pflichtverletzungen i. d. R. erst einmal von dem weniger schwerwiegenden Sanktionsmittel der Abmahnung Gebrauch zu machen.

**WICHTIG!**

Einer Abmahnung bedarf es ausnahmsweise nicht bei besonders schwerwiegenden Pflichtverletzungen, deren Rechtswidrigkeit dem Auszubildenden ohne Weiteres erkennbar und bei denen eine Hinnahme durch den Ausbildenden offensichtlich ausgeschlossen ist.

**Beispiele**

Grobe Beleidigung des Vorgesetzten, Diebstahl, Straftat gegen das Betäubungsmittelgesetz im Betrieb, Bedrohung eines Vorgesetzten mit Gewaltanwendung, Verbreiten nationalistischen oder rassistischen Gedankenguts während der Arbeitszeit und mithilfe der dem Ausbildenden zur Verfügung gestellten betrieblichen Mittel.

Straftaten, die ein Auszubildender außerhalb des Ausbildungsverhältnisses in seiner Freizeit begeht, können die Kündigung des Ausbildungsverhältnisses allerdings nur dann rechtfertigen, wenn sich die Straftat oder die darauf folgende Sanktion konkret auf das Ausbildungsverhältnis auswirkt (LAG Mecklenburg-Vorpommern v. 30.8.2011, 5 Sa 3/11).

Zu beachten ist auch, dass die Anforderungen an den wichtigen Grund steigen, je länger das Ausbildungsverhältnis andauert. Dem Kündigenden darf die Fortsetzung des Berufsausbildungsverhältnisses bis zum Ende der Ausbildungszeit nicht mehr zumutbar sein. Eine fristlose Kündigung kurz vor Abschluss der Ausbildung ist daher kaum noch möglich.

**WICHTIG!**

In der schriftlichen (!) Kündigungserklärung muss bei einer Kündigung außerhalb der Probezeit auch der Kündigungsgrund genannt werden, § 22 Abs. 3 BBiG. Ein Verstoß führt zwingend zur Nichtigkeit der Kündigung. Die zur Beendigung des Ausbildungsverhältnisses führenden Tatsachen sollten daher hinsichtlich Datum, Uhrzeit, Ort und sonstigen Einzelheiten zumindest in groben Zügen bezeichnet werden. Die Kündigung kann in einem Kündigungsschutzprozess nicht mit Gründen verteidigt werden, die im Kündigungsschreiben nicht genannt wurden (LAG Rheinland-Pfalz v. 9.3.2017, 2 SaGa 2/17). Ein Nachschieben von Gründen ist unzulässig.

Der Personal- bzw. Betriebsrat muss vor jeder Kündigung beteiligt werden. Ist der Auszubildende selbst Amtsträger, muss vor Ausspruch der Kündigung die Zustimmung des Gremiums eingeholt werden. Wird das jeweilige Beteiligungsverfahren nicht ordnungsgemäß durchgeführt, ist die Kündigung unwirksam.

Sehen die jeweils anwendbaren gesetzlichen Bestimmungen vor (z. B. § 87 Nr. 8 PersVG Berlin), dass der Personalrat einer Kündigung zustimmen muss, ist die trotz Verweigerung der Zustimmung ausgesprochene Kündigung des Arbeitgebers gleichwohl nicht unwirksam, wenn die Zustimmungsverweigerung unbeachtlich ist, weil die von der Personalvertretung abgegebene Begründung außerhalb ihres Kompetenzbereichs liegt (LAG Berlin-Brandenburg v. 12.5.2010, 23 Sa 127/10). Eine verweigerte Zustimmung ist beispielsweise unbeachtlich, wenn die angeführten Gründe sich dem gesetzlichen Mitbestimmungstatbestand nicht mehr zuordnen lassen.

 **ACHTUNG!**

Auch auf Berufsausbildungsverhältnisse finden die Vorschriften über den Sonderkündigungsschutz nach § 17 MuSchG, § 18 BEEG, § 168 SGB IX oder § 15 KSchG Anwendung und sind daher zu beachten.

### 2.2 Kündigung durch den Auszubildenden

Während der Probezeit kann der Auszubildende jederzeit schriftlich ohne Frist und Angabe von Gründen kündigen.

Nach Ablauf der Probezeit ist eine Kündigung des Ausbildungsverhältnisses für den Auszubildenden sowohl fristlos aus wichtigem Grund als auch ordentlich mit einer Frist von vier Wochen möglich (§ 16 Abs. 4 lit. b) TVAöD-AT). Nach der Rechtsprechung des Bundesarbeitsgerichts handelt es sich bei der in § 22 Abs. 2 Nr. 2 BBiG bestimmten vierwöchigen Kündigungsfrist um eine Mindestkündigungsfrist, die vom Auszubildenden überschritten werden darf (BAG v. 22.2.2018, 6 AZR 50/17, ZTR 2018, 347). Da die Regelungen wortgleich sind, dürfte auch bei der Frist nach dem TVAöD-AT davon auszugehen sein. Die Kündigung hat schriftlich und im Fall einer außerordentlich fristlosen Kündigung auch unter Angabe der Gründe zu erfolgen.

### 3. Aufhebungsvertrag

Ausbildender und Auszubildender können das Ausbildungsverhältnis jederzeit auch einvernehmlich durch einen Aufhebungsvertrag beenden. Eine solche Vereinbarung bedarf zu ihrer Wirksamkeit der Schriftform (§ 623 BGB). Bei minderjährigen Auszubildenden ist zudem die Zustimmung der gesetzlichen Vertreter erforderlich.

## VI. Übernahme und Weiterbeschäftigung

Der Ausbilder ist in seiner Entscheidung grundsätzlich frei, ob er einen Auszubildenden im Anschluss an die Ausbildung weiter beschäftigt. Es gelten die verfassungsrechtlichen Auswahlgrundsätze.

 **ACHTUNG!**

Gemäß der Regelung in § 16a TVAöD-AT haben Auszubildende im Anwendungsbereich der jeweiligen Vorschriften unter bestimmten Voraussetzungen nach erfolgreich bestandener Abschlussprüfung einen Anspruch auf Übernahme in ein für die Dauer von zwölf Monaten befristetes Arbeitsverhältnis. § 16a TVAöD-AT soll – beschlossen in der Tarifeinigung 2023 – bis zum 31.12.2024 Bestand haben.

Ein solcher Anspruch auf Übernahme besteht, wenn

▸ ein dienstlicher bzw. betrieblicher Bedarf an der Einstellung von Auszubildenden zum Zeitpunkt der Beendigung der Ausbildung besteht,

▸ der Einstellung im Einzelfall nicht personenbedingte, verhaltensbedingte, betriebsbedingte oder gesetzliche Gründe entgegenstehen.

Ein dienstlicher bzw. betrieblicher Bedarf setzt dabei eine freie und besetzbare Stelle bzw. einen freien und zu besetzenden Arbeitsplatz voraus, der eine ausbildungsadäquate Beschäfti-

gung auf Dauer ermöglicht (§ 16a S. 3 TVAöD-AT). Haben mehr Auszubildende die Anspruchsvoraussetzungen für eine Übernahme erfüllt als freie Stellen zur Verfügung stehen, hat der Arbeitgeber eine Auswahlentscheidung vorzunehmen. Hierbei sind die Ergebnisse der Abschlussprüfung und die persönliche Eignung zu berücksichtigen (§ 16a S. 4 TVAöD-AT). Bewährt sich ein nach diesen Voraussetzungen übernommener Auszubildender, ist er in ein unbefristetes Arbeitsverhältnis zu übernehmen.

 **ACHTUNG!**

Die beabsichtigte Besetzung eines Arbeitsplatzes mit einem Auszubildenden nach Abschluss der Ausbildung kann als sonstiger, in § 14 Abs. 1 S. 2 TzBfG nicht ausdrücklich genannter Sachgrund geeignet sein, die Befristung des Arbeitsvertrages mit einem anderen Arbeitnehmer bis zu diesem Zeitpunkt nach § 14 Abs. 1 S. 1 TzBfG zu rechtfertigen (BAG v. 18.3.2015, 7 AZR 115/13, ZTR 2015, 592).

Ist eine Übernahme des Auszubildenden nach dem Abschluss der Ausbildung nicht beabsichtigt, hat der Ausbildende dies dem Auszubildenden spätestens drei Monate vor dem voraussichtlichen Ende der Ausbildung schriftlich mitzuteilen (§ 16 Abs. 3 TVAöD-AT). Eine Angabe von Gründen ist nicht erforderlich.

 **ACHTUNG!**

Eine Verletzung der Mitteilungspflicht führt zwar nicht zu der Begründung eines Arbeitsverhältnisses, kann aber Schadensersatzansprüche des Auszubildenden auslösen. Eine solche Mitteilung ist auch notwendig, wenn die Übernahme in ein lediglich befristetes Arbeitsverhältnis vorgesehen ist.

Wird der Auszubildende nach Ablauf der Ausbildungszeit oder bestandener Prüfung weiterbeschäftigt, ohne dass hierüber ausdrücklich etwas vereinbart ist, so gilt ein Arbeitsverhältnis auf unbestimmte Zeit als begründet (§ 24 BBiG). Hierfür reicht schon aus, dass der „Auszubildende" an dem der Beendigung seiner Ausbildung folgenden Arbeitstag erscheint und auf Weisung oder mit Wissen und Willen des Ausbildenden tätig wird (dazu auch LAG Hamm v. 16.2.2018, 1 Sa 1476/17). Auf den tatsächlichen Willen der Parteien zur Eingehung eines Arbeitsverhältnisses kommt es insoweit nicht an. Allerdings muss der Ausbildende im Zeitpunkt der Weiterbeschäftigung Kenntnis von der Beendigung des Ausbildungsverhältnisses haben (LAG Rheinland-Pfalz v. 18.1.2006, 6 Ta 12/06, umstritten). Die gesetzliche Fiktion des § 24 BBiG findet dagegen bei auch nur einem Arbeitstag Unterbrechung keine Anwendung, außer die Unterbrechung beruht einzig auf einer Arbeitsunfähigkeit des Auszubildenden und die Weiterbeschäftigung wird unmittelbar nach seiner Wiedergenesung aufgenommen (umstritten).

 **ACHTUNG!**

Sofern der Auszubildende Mitglied einer Personalvertretung, des Betriebsrates oder einer Jugend- und Auszubildendenvertretung ist, kann er vom Arbeitgeber innerhalb der letzten drei Monate vor dem Abschluss der Ausbildung schriftlich seine anschließende Weiterbeschäftigung verlangen (§ 56 Abs. 2 BPersVG bzw. § 78a Abs. 2 BetrVG). Durch ein form- und fristgerechtes Übernahmeverlangen des Auszubildenden entsteht zwischen dem Arbeitgeber und dem ehemaligen Auszubildenden ein unbefristetes Vollzeitarbeitsverhältnis im Ausbildungsberuf (BAG v. 15.12.2012, 7 ABR 38/11). Auch hier gilt, dass bei mehreren Auszubildenen, die eine Weiterbeschäftigung verlangen, eine Auswahl anhand der Prüfungsergebnisse erfolgen kann (OVG Lüneburg v. 28.11.2017, 17 LP 4/17). Ein Weiterbeschäftigungsverlangen, das früher als drei Monate vor Beendigung des Berufsausbildungsverhältnisses gestellt wird, ist ebenso grundsätzlich unwirksam wie ein Weiterbeschäftigungsverlangen nach Abschluss des Ausbildungsverhältnisses oder per E-Mail wegen der fehlender Schriftform (BAG v. 15.12.2011, 7 ABR 40/10, ZTR 2012, 358). Jugendvertreter, die im Beamtenverhältnis auf Widerruf einen Vorbereitungsdienst für den gehobenen Dienst absolviert haben, fallen nicht unter den Weiterbeschäftigungsschutz nach § 56 BPersVG (BVerwG v. 30.5.2012, 6 PB 7.12, ZTR 2012, 533). Eine im Zusammenhang mit dem Erwerb des Hochschulabschlusses „Bachelor of Arts" stehende betriebliche Praxisphase ist ebenso keine Berufsausbildung im Sinne des § 78a BetrVG (BAG v. 17.6.2020, 7 ABR 46/18).

Der Arbeitgeber kann ein auf diesem Weg zustande gekommenes Arbeitsverhältnis durch eine Entscheidung des Verwaltungsgerichts (im Fall von § 56 BPersVG) oder Arbeitsgerichts (im Fall des § 78a BetrVG) auflösen lassen, wenn ihm eine Weiterbeschäftigung nicht zumutbar ist. Zur Begründung der Unzumutbarkeit kann sich der Arbeitgeber auf Vorkommnisse berufen, die während des Ausbildungsverhältnisses Gegenstand einer ausgesprochenen Abmahnung waren (BAG v. 18.9.2019, 7 ABR 44/17, ZTR 2020, 175). Neben personen- und verhaltensbedingten Gründen können auch betriebliche Gründe die Auflösung des Arbeitsverhältnisses rechtfertigen.

Nach der Rechtsprechung des BAG und des BVerwG ist dem Arbeitgeber die Fortsetzung des Arbeitsverhältnisses aus betrieblichen Gründen unzumutbar, wenn zum Zeitpunkt der Beendigung des Berufsausbildungsverhältnisses im Ausbildungsbetrieb kein freier Arbeitsplatz vorhanden ist, auf dem der Auszubildende mit seiner durch die Ausbildung erworbenen Qualifikation dauerhaft beschäftigt werden kann.

 **WICHTIG!**

Ob ein Beschäftigungsbedarf für den Auszubildenden zur Verfügung steht, bestimmt sich dabei nach den arbeitstechnischen Vorgaben und der Personalplanung des Arbeitgebers. Dieser entscheidet darüber, welche Arbeiten im Betrieb verrichtet werden sollen und wie viele Arbeitnehmer damit beschäftigt werden. Ohne Bedeutung ist daher, ob Arbeitsaufgaben vorhanden sind, mit deren Verrichtung ein Arbeitnehmer betraut werden könnte. Der Arbeitgeber ist nicht verpflichtet, durch organisatorische Maßnahmen Arbeitsplätze neu zu schaffen, um die Weiterbeschäftigung zu gewährleisten. Von Missbrauchsfällen abgesehen ist der Arbeitgeber grundsätzlich auch nicht gehindert, durch eine Veränderung der Arbeitsorganisation Arbeitsplätze wegfallen zu lassen (BAG v. 8.9.2010, 7 ABR 33/09, ZTR 2011, 192).

Für die Frage, ob ein ausbildungsadäquater Dauerarbeitsplatz zur Verfügung steht, kommt es allein auf den Bereich der Ausbildungsdienststelle bzw. des Ausbildungsbetriebes an. Eine Verpflichtung zur Weiterbeschäftigung besteht daher auch dann nicht, wenn eine ausbildungsgerechte Beschäftigung in einem unbefristeten Arbeitsverhältnis nur in anderen Betrieben des Unternehmens möglich ist (BAG v. 16.7.2008, 7 ABR 11/07).

◁ **ACHTUNG!**

Dies gilt nicht bei einem Mitglied der Jugend- und Ausbildungsstufenvertretung. Insoweit sind Arbeitsplätze in allen Dienststellen des Geschäftsbereichs der übergeordneten Dienststelle zu berücksichtigen, bei welcher die Jugend- und Ausbildungsstufenvertretung gebildet ist (BVerwG v. 19.1.2009, 6 P 1.08, ZTR 2009, 226). Konkurrieren Auszubildende der örtlichen Vertretung und der Stufenvertretung um einen Arbeitsplatz, findet eine Auswahl nach den allgemeinen Grundsätzen statt, wie sie für Bewerber ohne Personalvertretungsfunktionen gültig sind (BVerwG v. 12.10.2009, 6 PB 28.09). Der Jugend- und Auszubildendenvertreter kann jedoch nicht verlangen, dass ihm die zur Besetzung des Arbeitsplatzes fehlenden Zusatzqualifikationen,

die nicht Gegenstand der Ausbildung sind, vermittelt werden (LAG Hamm v. 11.1.2013, 10 TaBV 5/12).

Ebenfalls nicht ausreichend für eine zumutbare Weiterbeschäftigung ist, wenn dem Auszubildenden im Zeitpunkt der Beendigung der Ausbildung lediglich ein befristeter Arbeitsplatz bereitgestellt werden kann, selbst wenn zu einem späteren Zeitpunkt der Wechsel auf einen Dauerarbeitsplatz in Betracht kommt (BVerwG v. 11.3.2008, 6 PB 16.07). Dagegen kann der Arbeitgeber nicht ohne Weiteres die Übernahme von Jugend- und Auszubildendenvertretern ablehnen, wenn er auf einem dauerhaft eingerichteten, ausbildungsadäquaten Arbeitsplatz Leiharbeitnehmer beschäftigt. Im Einzelfall kann es dem Arbeitgeber zumutbar sein, einen solchen Arbeitsplatz freizumachen (BAG v. 17.2.2010, 7 ABR 89/08).

Der Auflösungsantrag nach § 56 Abs. 4 BPersVG bzw. § 78a Abs. 4 BetrVG ist binnen zwei Wochen nach dem Ausbildungsende beim Verwaltungs- bzw. Arbeitsgericht zu stellen.

 **WICHTIG!**

Die Antragsschrift muss vom gesetzlichen Vertreter des Arbeitgebers unterzeichnet sein. Für eine rechtswirksame und fristwahrende Antragsstellung durch einen nachgeordneten Bediensteten des öffentlichen Arbeitgebers ist die Vorlage einer Originalvollmacht bis zum Ablauf der Ausschlussfrist erforderlich (BVerwG v. 19.8.2009, 6 PB 19.09).

## VII. Streitigkeiten

Besteht bei der für die Ausbildung zuständigen Stelle (z. B. Industrie- und Handelskammer) ein Schlichtungsausschuss für die Streitigkeiten zwischen Auszubildenden und Ausbildenden nach § 111 Abs. 2 ArbGG, muss vor Erhebung einer Klage beim Arbeitsgericht zunächst der Ausschuss angerufen werden. Eine dennoch eingereichte Klage ist bis zum Abschluss des Schlichtungsverfahrens unzulässig. Dies gilt auch für Streitigkeiten über den Bestand des Ausbildungsverhältnisses.

 **WICHTIG!**

Soweit ein zur Beilegung von Streitigkeiten aus einem Berufsausbildungsverhältnis gebildeter Ausschuss besteht, finden die Vorschriften des Kündigungsschutzgesetzes über die fristgebundene Klageerhebung (§ 4 KSchG) grundsätzlich keine Anwendung (LAG Mecklenburg-Vorpommern v. 30.8.2011, 5 Sa 3/11). Auch der Schlichtungsausschuss muss grundsätzlich nicht innerhalb einer bestimmten Frist angerufen werden. Ist jedoch ein solcher Ausschuss nicht gebildet, muss der Auszubildende die Drei-Wochen-Frist nach § 4 KSchG zwingend beachten.

Örtlich und sachlich zuständig für die Streitigkeit ist der Schlichtungsausschuss der Stelle, bei welcher der Berufsausbildungsvertrag im Berufsausbildungsverzeichnis eingetragen ist.

Kommt es im Rahmen des Schlichtungsverfahrens nicht zu einer Streitbeilegung durch einen Vergleich, entscheidet der Ausschuss die Angelegenheit durch einen Spruch. Dieser ist schriftlich abzufassen, bedarf einer Begründung und muss mit einer Rechtsmittelbelehrung versehen sein. Er ist von allen Mitgliedern des Schlichtungsausschusses zu unterzeichnen.

Der Spruch kann binnen einer Woche von den Parteien anerkannt werden. Anderenfalls ist innerhalb einer Frist von zwei Wochen, Klage beim zuständigen Arbeitsgericht zu erheben. In diesem Fall entfaltet der Spruch keine Wirkung mehr.

Haben beide Parteien den Spruch des Schlichtungsausschusses rechtzeitig anerkannt, kann aus ihm vollstreckt werden, sobald er vom Vorsitzenden des Arbeitsgerichts, das für die Geltendmachung des Anspruchs zuständig wäre, für vollstreckbar erklärt worden ist (§ 109 ArbGG).

## VIII. Duale Studiengänge

### 1. Begriff

Zunehmender Beliebtheit erfreuen sich „Duale Studiengänge". Im Gegensatz zu einem Berufsausbildungsverhältnis, welches zwischen zwei Parteien besteht, sind bei einem dualen Studium drei Parteien beteiligt, nämlich der Studierende, die Hochschule bzw. Berufsakademie sowie das ausbildende Unternehmen bzw. die ausbildende öffentlich-rechtliche Körperschaft. Diese drei Parteien sind sowohl organisatorisch als auch vertraglich untereinander verbunden. So ist etwa der Abschluss eines Ausbildungsvertrages Voraussetzung für die Immatrikulation des Studierenden. Zwischen Hochschule und Ausbildungsunternehmen wird zudem ein Kooperationsvertrag geschlossen.

Man unterscheidet insoweit ausbildungsintegrierte und praxisintegrierte duale Studiengänge. Bei einem ausbildungsintegrierten dualen Studium absolviert der Studierende neben dem Studium zugleich eine Berufsausbildung im Sinne von § 1 Abs. 3 BBiG. Der Studierende ist also Auszubildender im Sinne des BBiG. Die Vorschriften des BBiG finden auf das insoweit bestehende Ausbildungsverhältnis Anwendung. Bei einem praxisintegrierten dualen Studium erwirbt der Studierende hingegen lediglich den angestrebten Studienabschluss, auch wenn die Studienanteile sowie die Praxisanteile gleichwertig nebeneinanderstehen. Studierende eines praxisintegrierten dualen Studiums sind mithin keine Auszubildenden im Sinne des BBiG, wie auch § 3 Abs. 2 Nr. 1 BBiG bestimmt. Das BBiG findet demnach auf sie keine Anwendung.

Im Bereich des öffentlichen Dienstes besteht zudem der Tarifvertrag für Studierende in ausbildungsintegrierten dualen Studiengängen (TVSöD). Der TVSöD gilt für Personen, die mit Verwaltungen und Betrieben einen Vertrag für die Teilnahme an einem ausbildungsintegrierten dualen Studiengang schließen. Der TVSöD knüpft inhaltlich vielfach an den TVAöD an.

**WICHTIG!**

Auch wenn das BBiG auf praxisintegrierte duale Studiengänge keine Anwendung findet, sind für den Abschluss des Ausbildungsvertrages ggf. Vorgaben der jeweiligen Hochschule bzw. Berufsakademie zu beachten. Diese können in Musterverträgen Grundsätze für die Ausbildungsverträge festlegen. Auch in den Kooperationsverträgen können entsprechende Vorgaben enthalten sein. Auf diese Weise soll auch außerhalb des Anwendungsbereichs des BBiG ein Schutz der üblicherweise beruflich unerfahrenen Studierenden gewährleistet werden.

### 2. Vergütung

Da auf ausbildungsintegrierte duale Studiengänge das BBiG Anwendung findet, greift auch die Regelung zur Mindestausbildungsvergütung aus § 17 BBiG. Für praxisintegrierte duale Studiengänge besteht hingegen kein Anspruch auf eine gesetzlich festgeschriebene Mindestvergütung. Die Mindestausbildungsvergütung greift nicht, weil der Studierende nicht unter den Anwendungsbereich des BBiG fällt. Der Studierende hat auch keinen Anspruch auf eine Ausbildungsvergütung in Höhe des Mindestlohns nach § 1 Abs. 1 MiLoG. Denn der Studierende fällt unter den Ausnahmetatbestand des § 22 Abs. 3 MiLoG. Daher wird bei praxisintegrierten dualen Studiengängen häufig

im Kooperationsvertrag zwischen Hochschule und Ausbildungsunternehmen eine „angemessene Ausbildungsvergütung" festgelegt, welche sich an der Regelung in § 17 BBiG orientiert.

Bei ausbildungsintegrierten dualen Studiengängen im öffentlichen Dienst regelt § 8 TVSöD ein Studienentgelt das sich aus einem monatlichen Entgelt (Höhe abhängig von der Art des Ausbildungsbetriebs) und einer monatlichen Zulage in Höhe von € 150,00. § 8 Abs. 4 TVSöD bestimmt, dass der Ausbildende die notwendigen Studiengebühren übernimmt.

§ 17 Abs. 1 S. 1 TVSöD sieht bei Beendigung des Ausbildungsteils aufgrund erfolgreich abgeschlossener Abschlussprüfung bzw. staatlicher Prüfung eine Abschlussprämie als Einmalzahlung in Höhe von € 400,00 vor.

### 3. Bleibeverpflichtung und Rückzahlungsklausel

Vielfach trägt das Ausbildungsunternehmen anfallende Studienkosten, insbesondere wenn das duale Studium an einer privaten Hochschule oder Berufsakademie absolviert wird (zu Bleibeverpflichtung und Rückzahlungsgrundsätzen im Anwendungsbereich des TVSöD siehe unten). Ausbildungsunternehmen haben in diesem Fall ein Interesse daran, ihre finanzielle Investition in den Studierenden abzusichern. Im Idealfall soll sichergestellt werden, dass der Studierende nach Abschluss des dualen Studiums dem Unternehmen als Arbeitnehmer erhalten bleibt (Bleibeverpflichtung). Wenn ein Wechsel zu einem anderen Arbeitgeber erfolgt oder das duale Studium abgebrochen oder nicht bestanden wird, soll zumindest ein Teil der Studienkosten durch den Studierenden an das Ausbildungsunternehmen zurückgezahlt werden (Rückzahlungsklausel).

Bei einem ausbildungsintegrierten dualen Studiengang ist die Vereinbarung einer Bleibeverpflichtung sowie Rückzahlungsklausel im Voraus nicht möglich. Eine solche Vereinbarung ist bei Abschluss des Berufsausbildungsvertrages gemäß § 12 Abs. 1 BBiG nichtig, es sei denn der Studierende (und zugleich Auszubildende) verpflichtet sich innerhalb der letzten sechs Monate des Berufsausbildungsverhältnisses, nach dessen Beendigung mit dem Ausbildungsunternehmen (und zugleich Ausbildenden) ein Arbeitsverhältnis einzugehen.

Bei praxisintegrierten dualen Studiengängen greift das gesetzliche Verbot aus § 12 Abs. 1 BBiG hingegen nicht, sodass grundsätzlich eine Bleibeverpflichtung sowie Rückzahlungsklausel in den Ausbildungsvertrag aufgenommen werden kann. Dies darf jedoch nicht zu einer unverhältnismäßigen Einschränkung der Berufsfreiheit des Studierenden führen.

**ACHTUNG!**

Bleibeverpflichtung und Rückzahlungsklausel unterliegen einer AGB-Kontrolle nach §§ 305 ff. BGB. Daraus ergeben sich eine Reihe von Anforderungen an die Klarheit und Verständlichkeit sowie die Angemessenheit solcher Klauseln. Insbesondere muss zumindest rahmenmäßig bestimmt sein, zu welchen Bedingungen die an das duale Studium anschließende Berufstätigkeit erfolgen soll. Dazu gehören Angaben zum Beginn des Vertragsverhältnisses, zu Art und Umfang der Beschäftigung und zur Gehaltfindung der Anfangsvergütung (BAG v. 18.3.2008, 9 AZR 186/07). Zudem müssen zumindest Art und Berechnungsgrundlagen der ggf. zu erstattenden Kosten angegeben sein. Erforderlich ist die genaue und abschließende Bezeichnung der einzelnen Positionen, aus denen sich die Gesamtforderung zusammensetzten soll, und die Angabe, nach welchen Parametern die einzelnen Positionen berechnet werden (BAG v. 6.8.2013, 9 AZR 442/12, ZTR 2013, 685). Zudem darf höchstens der Betrag zurückverlangt werden, den das Ausbildungsunternehmen tatsächlich aufgewandt hat. Die Rückzahlungspflicht muss sich für jedes Jahr der Betriebszugehörigkeit mindern, etwa durch eine ratierliche Rückzahlung, eine ratierliche Abgeltung durch künftige Betriebstreue oder eine teilweise reduzierte Vergütung (BAG v. 10.5.2016, 9 AZR 434/15).

**WICHTIG!**

Im Anwendungsbereich des TVSöD bestimmt § 8 Abs. 4 TVSöD, dass der Ausbildende die notwendigen Studiengebühren übernimmt. § 18 TVSöD regelt eine Bleibeverpflichtung und Rückzahlungsgrundsätze.

So sind nach § 18 Abs. 1 TVSöD Studierende, die nach Beendigung ihres ausbildungsintegrierten dualen Studiums in ein Beschäftigungsverhältnis übernommen werden, verpflichtet, dort für die Dauer von fünf Jahren beruflich tätig zu sein.

§ 18 Abs. 2 bis 6 TVSöD bestimmt die Rückzahlungsgrundsätze. Danach kann eine Rückzahlungspflicht entstehen insbesondere bei endgültigem Nichtbestehen einer notwendigen Ausbildungs- oder Studienprüfung, bei Ablehnung des Angebots, beim Ausbildenden nach Abschluss des Studiums entsprechend der erworbenen Qualifikation ein Beschäftigungsverhältnis zu begründen oder im Fall einer Beendigung des begründeten Beschäftigungsverhältnisses innerhalb der ersten fünf Jahre seines Bestehens aus einem von den ehemals Studierenden zu vertretenden Grund. Von der Rückzahlungspflicht sind grundsätzlich die gezahlte monatliche Zulage, das Studienentgelt und die Studiengebühren erfasst.

# Beschäftigungszeit

**Wegweiser:**

Im Rahmen der Neukonzeption des Tarifrechts des öffentlichen Dienstes wurde die Beschäftigungszeit für alle Beschäftigten einheitlich neu geregelt. Der TVöD/TV-L differenziert nicht mehr zwischen Beschäftigungszeit (§ 19 BAT) und Dienstzeit (§ 20 BAT), sondern enthält in § 34 TVöD (§ 34 TV-L) ausschließlich eine Regelung der Beschäftigungszeit. § 34 TVöD/TV-L beinhaltet im Vergleich zum alten Tarifrecht (§§ 19 bis 21 BAT) deutlich vereinfachte Bestimmungen. Im Rahmen der Überleitung des alten in das neue Tarifrecht ist darüber hinaus § 14 TVÜ zu beachten.

**ACHTUNG!**

Im TVöD ist die Dienstzeit zukünftig ohne Bedeutung. In der Vergangenheit erworbene Dienstzeiten werden aber auch zukünftig berücksichtigt (s. u.).

Ergänzende und vertiefende Hinweise finden sich in Breier/Dassau TVöD Komm. Erl. 4 zu § 34 Rn. 36 ff. bzw. Breier/Dassau TV-L Komm. Erl. 4 zu § 34 Rn. 36 ff.

**I. Überblick**

**II. Festsetzung der Beschäftigungszeit**
   1. Voraussetzungen
   2. Sonderurlaub
   3. Arbeitgeberwechsel
     3.1 Kündigungsfristen und Unkündbarkeit
     3.2 Krankengeldzuschuss und Jubiläumsgeld
   4. Berechnung der Beschäftigungszeit

**III. Überleitungsrecht**

## I. Überblick

Eine allgemeingültige, einheitliche Definition der Beschäftigungszeit für alle Tarifverträge des öffentlichen Dienstes fehlt (BAG v. 27.1.2011, 6 AZR 590/09, ZTR 2011, 369). Die Tarifvertragsparteien des TVöD/TV-L haben von einer Definition der Beschäftigungszeit im Abschnitt I des TVöD/TV-L unter der Überschrift „Allgemeine Vorschriften" abgesehen. Die nach § 34 Abs. 3 TVöD/TV-L festgesetzte Beschäftigungszeit erstreckt sich ausschließlich auf

▸ die in § 34 Abs. 1 TVöD/TV-L geregelten Kündigungsfristen,

▸ die Unkündbarkeit des Arbeitnehmers (§ 34 Abs. 2 TVöD/TV-L),

▸ die Bezugsdauer des Krankengeldzuschusses (§ 22 TVöD/TV-L),

▸ das Jubiläumsgeld (§ 23 Abs. 2 TVöD/TV-L).

**WICHTIG!**

Die konkrete Bedeutung des Begriffs der Beschäftigungszeit ist daher nach dem jeweiligen Regelungszusammenhang sowie dem Zweck der Norm zu ermitteln (vgl. BAG v. 27.1.2011, 6 AZR 590/09, ZTR 2011, 369). § 7 Abschn. A Abs. 2 S. 2 und 4 Tarifvertrag über sozialverträgliche Begleitmaßnahmen im Zusammenhang mit der Umgestaltung der Bundeswehr (TV UmBw) über die Minderung der Einkommenssicherungszulage ist beispielsweise dahingehend auszulegen, dass er an eine ununterbrochene Beschäftigungszeit im öffentlichen Dienst des Bundes anknüpft. Vorbeschäftigungszeiten bei privaten Unternehmen werden nicht erfasst (BAG v. 19.12.2013, 6 AZR 94/12, ZTR 2014, 232).

Neben diesen tarifrechtlichen Regelungen ist die Beschäftigungszeit nach der Rechtsprechung des BAG für Ermessensentscheidungen des Arbeitgebers von Bedeutung. Eine ermessensfehlerfreie Entscheidung liegt beispielsweise bei der Entscheidung über die dienstliche Verwendung, die Heranziehung zu Vertretungen, die Zuteilung des Arbeitsplatzes, die Festlegung eines Urlaubsplans oder die Anordnung von Überstunden nur dann vor, wenn die Beschäftigungszeit des Beschäftigten ausreichend berücksichtigt wurde (BAG v. 25.10.2001, 6 AZR 718/00, ZTR 2002, 325).

Für die Berechnung der Wartezeit nach § 1 Abs. 1 KSchG oder die Dauer der Betriebszugehörigkeit im Sinne des § 1 Abs. 3 S. 1 KSchG ist die Beschäftigungszeit nach § 34 Abs. 3 TVöD/TV-L allerdings ohne Belang (BAG v. 6.2.2003, 2 AZR 623/01, ZTR 2003, 507; BAG v. 16.3.2000, 2 AZR 828/98, ZTR 2000, 517).

Die Neuregelung in § 34 Abs. 3 TVöD/TV-L verzichtet anders als die Vorgängerregelung zum einen auf die Unterscheidung zwischen Beschäftigungs- und Dienstzeiten. Zum anderen vereinfacht sie die Berechnung der Beschäftigungszeiten erheblich.

Wie bei den tariflichen Vorgängerregelungen ist für die Berechnung der Beschäftigungszeit weiterhin auf das aktuelle Arbeitsverhältnis abzustellen. Allerdings sieht § 34 TVöD/TV-L weder eine Einschränkung aufgrund des Alters noch aufgrund des Umfangs der Beschäftigung vor. Darüber hinaus werden nach § 34 Abs. 3 TVöD/TV-L grundsätzlich alle Beschäftigungszeiten erfasst, unabhängig von etwaig anrechnungsschädlichen Tatsachen wie z. B. der Beendigung des Arbeitsverhältnisses auf Wunsch des Angestellten (§ 20 Abs. 3 BAT). Eine Ausnahme gilt für die Zeit eines Sonderurlaubs gem. § 28 TVöD/TV-L. Diese Zeit bleibt unberücksichtigt, es sei denn, der Arbeitgeber hat vor Antritt des Sonderurlaubs schriftlich ein dienstliches oder betriebliches Interesse anerkannt.

Neu ist die Anrechnung von Beschäftigungszeiten bei anderen Arbeitgebern. Solche Zeiten werden unter den Voraussetzungen der Sätze 3 und 4 von § 34 Abs. 3 TVöD/TV-L angerechnet. Dabei ist für vor dem 30.9.2005 angefallene Beschäftigungszeiten die Übergangsvorschrift des § 14 TVÜ-Bund bzw. § 14 TVÜ-VKA zu beachten.

## II. Festsetzung der Beschäftigungszeit

### 1. Voraussetzungen

Gemäß § 34 Abs. 3 S. 1 TVöD/TV-L ist Beschäftigungszeit die bei demselben Arbeitgeber im Arbeitsverhältnis zurückgelegte Zeit. In der Regel ist damit die Zeit der Beschäftigung bei demselben Arbeitgeber ab dem Einstellungstag erfasst. Dienstzeiten sieht § 34 Abs. 3 TVöD/TV-L nicht mehr vor.

 **WICHTIG!**

Entgegen der Regelung in § 19 Abs. 1 BAT wird gemäß § 34 TVöD/TV-L auch die Beschäftigungszeit vor Eintritt des 18. Lebensjahres anerkannt.

Der Arbeitgeber-Begriff gemäß § 34 Abs. 3 S. 1 TVöD/TV-L ist im Rechtssinne zu verstehen. Arbeitgeber ist die juristische Person, die auf Arbeitgeberseite den Arbeitsvertrag abgeschlossen hat.

**Beispiele**

Als „derselbe" Arbeitgeber kommen vor allem der Bund, die Gemeinden beziehungsweise Gebietskörperschaften sowie rechtlich selbstständige Körperschaften, Anstalten und Stiftungen in Betracht. Arbeitgeber ist hingegen nicht die Behörde, die Dienststelle oder die Verwaltung, bei der der Beschäftigte eingesetzt und tätig wird. Entscheidend ist ausschließlich die „juristische Person" und deren rechtliche Identität (BAG v. 8.5.2003, 6 AZR 183/02, ZTR 2003, 506).

Ein Arbeitsverhältnis liegt vor, wenn der Beschäftigte aufgrund eines privatrechtlichen Rechtsverhältnisses (Arbeitsvertrag) gegenüber dem Arbeitgeber verpflichtet ist, in persönlicher Abhängigkeit Dienste zu leisten. Im Zuge der AÜG-Reform hat der Gesetzgeber den Arbeitsvertragsbegriff mit Wirkung zum 1.4.2017 unter Heranziehung der höchstrichterlichen Rechtsprechung in § 611a Abs. 1 BGB definiert (siehe → *Arbeitnehmerüberlassung*). Abzugrenzen ist das Arbeitsverhältnis vor allem vom Ausbildungsverhältnis. Da ein Ausbildungsverhältnis dazu dient, dem Auszubildenden die berufliche Handlungsfähigkeit zu vermitteln, stellt es kein Arbeitsverhältnis dar (Breier/Dassau/Kiefer/Lang/Langenbrinck TVöD § 34 Rn. 46).

 **ACHTUNG!**

Es ist umstritten, ob Zeiten im Rahmen eines Berufsausbildungsverhältnisses Beschäftigungszeiten sind. Solange das BAG dies nicht geklärt hat, sollten Ausbildungszeiten als Beschäftigungszeiten im Sinne des § 34 Abs. 3 TVöD/TV-L behandelt werden. Anderenfalls besteht das Risiko, dass eine Kündigungsfrist falsch berechnet oder gar eine Unkündbarkeit übersehen wird.

Unter „zurückgelegte" Zeit ist grundsätzlich die Zeit zu verstehen, während der das Arbeitsverhältnis rechtlich bestanden hat. Alle Zeiten des rechtlichen Bestands des Arbeitsverhältnisses sind als Beschäftigungszeiten anzurechnen. Ohne Einfluss auf die Beschäftigungszeit ist der zeitliche Umfang des Arbeitsverhältnisses. Es ist somit irrelevant, ob es sich um eine Voll- oder eine Teilzeitbeschäftigung handelt. Auch Zeiten einer geringfügigen Beschäftigung im Sinne des § 8 Abs. 1 SGB IV sind zu berücksichtigen (BAG v. 25.4.2007, 6 AZR 746/06, ZTR 2007, 492).

Unerheblich ist zudem, ob der Arbeitnehmer Angestellter oder Arbeiter war und ist (BAG v. 9.7.1992, 6 AZR 507/90, ZTR 1993, 33). Zeiten eines früheren Beamtenverhältnisses sind nicht zu berücksichtigen, weil Beamte nicht auf privatrechtlicher (arbeitsvertraglicher) Grundlage tätig sind und § 34 Abs. 3 TVöD/TV-L eine dem § 19 Abs. 3 BAT vergleichbare Sonderregelung nicht enthält (vgl. BAG v. 29.6.2017, 6 AZR 364/16, ZTR 2017, 542).

Das Arbeitsverhältnis mit demselben Arbeitgeber besteht auch dann fort, wenn der Arbeitnehmer lediglich die Dienststelle wechselt. Ein relevanter Arbeitgeberwechsel liegt hingegen vor, wenn das Arbeitsverhältnis zukünftig zu einem anderen rechtlich selbstständigen Arbeitgeber besteht.

Da es für die Berechnung der Beschäftigungszeit nur auf den rechtlichen Bestand des Arbeitsverhältnisses ankommt, sind auch Zeiten, in denen bei fortbestehendem Arbeitsverhältnis keine Arbeitsleistungen vom Arbeitnehmer erbracht wurden, als Beschäftigungszeiten im Sinne des § 34 Abs. 3 TVöD/TV-L zu berücksichtigen. Fehlzeiten aufgrund von Arbeitsunfähigkeit, Erholungsurlaub und Arbeitsbefreiung sind ebenso anzurechnen wie Zeiten, in denen das Arbeitsverhältnis ruht.

**Beispiele**

Zeiten der Mitgliedschaft in einem Parlament, Zeiten einer befristeten Rente wegen verminderter Erwerbsfähigkeit (§ 33 Abs. 2 S. 5 und 6 TVöD/TV-L) (BAG v. 25.10.2001, 6 AZR 718/00, ZTR 2002, 325), Zeiten des Grundwehrdienstes und von Wehrübungen (§§ 1, 6 Abs. 2 ArbPlSchG), Zeiten des Zivildienstes (§ 78 ZDG), Zeiten während Beschäftigungsverboten (z. B. §§ 3, 4, 6 MuSchG), → *Elternzeit* (§ 15 BEEG), Pflegezeit (§§ 3, 4 PflegeZG).

Unterbrechungen liegen vor, wenn zu demselben Arbeitgeber mehrere getrennte Arbeitsverhältnisse bestanden haben und diese nicht kontinuierlich aneinander angeknüpft haben. Eine Unterbrechung ist für die Berechnung der Beschäftigungszeit, d. h. für die Anerkennung der Zeiten vor und nach der Unterbrechung unschädlich; die Beschäftigungszeit vor der Unterbrechung wird angerechnet (§ 34 Abs. 3 S. 1 TVöD/TV-L). Die Unterbrechungen selbst werden nicht als zurückgelegte Zeit berücksichtigt.

### 2. Sonderurlaub

Eine Ausnahme von dem soeben geschilderten Grundsatz, dass es auf den rechtlichen Bestand des Arbeitsverhältnisses ankommt, bildet der unbezahlte Sonderurlaub nach § 28 TVöD/TV-L. § 34 Abs. 3 S. 2 TVöD/TV-L bestimmt, dass Zeiten eines Sonderurlaubes im Sinne des § 28 TVöD/TV-L nicht berücksichtigt werden, es sei denn, der Arbeitgeber hat vor Antritt des Sonderurlaubes schriftlich ein dienstliches oder betriebliches Interesse anerkannt (BAG v. 25.10.2001, 6 AZR 718/00, ZTR 2002, 325). Eine nachträgliche Anerkennung ist nicht ausreichend. Fälle des unerlaubten Fernbleibens des Arbeitnehmers von der Arbeit sind entsprechend zu behandeln (Breier/Dassau/Kiefer/Lang/Langenbrinck TVöD § 34 Rn. 51). Ausnahmen von diesen Voraussetzungen sind unzulässig. Anrechenbare Beschäftigungszeit liegt daher auch dann nicht vor, wenn der Arbeitgeber erst nach Antritt des Sonderurlaubes ein dienstliches oder betriebliches Interesse anerkannt hat oder ein solches lediglich mündlich erklärt wurde.

**Beispiele**

Ein dienstliches oder betriebliches Interesse liegt beispielsweise bei einer Beurlaubung wegen der Übernahme von Aufgaben in der Entwicklungshilfe vor. Denkbar ist auch eine Fortbildung oder vorübergehende Tätigkeit des Arbeitnehmers bei einem anderen Arbeitgeber, weil sein eigentlicher Arbeitgeber momentan keine Verwendung für ihn hat. Die Ableistung eines freiwilligen sozialen Jahres ist hingegen nicht ausreichend.

## 3. Arbeitgeberwechsel

Wechseln Arbeitnehmer zwischen Arbeitgebern des öffentlichen Dienstes, ist dies im Rahmen der Festsetzung der Beschäftigungszeit gemäß § 34 Abs. 3 S. 3 und 4 TVöD/TV-L in unterschiedlicher Weise zu berücksichtigen.

**WICHTIG!**

Höchstrichterlich noch nicht abschließend geklärt ist die Frage, ob ein Wechsel nur dann vorliegt, wenn sich das neue Arbeitsverhältnis zeitlich unmittelbar an das vorangegangene Arbeitsverhältnis anschließt (für einen zeitlich unmittelbaren Anschluss: LAG Rheinland-Pfalz v. 4.3.2010, 11 Sa 571/09, ZTR 2010, 410; nachgehend BAG v. 4.8.2011, 6 AZR 274/10, Erledigung durch Vergleich; ebenso LAG Hamm v. 7.4.2016, 11 Sa 1468/15). Das BAG hat in der Revision zur Entscheidung des soeben benannten Urteils des LAG Hamm vom 7.4.2016 ausdrücklich offen gelassen, ob eine kurze zeitliche Unterbrechung zwischen dem Arbeitgeberwechsel unschädlich ist (BAG v. 29.6.2017, 6 AZR 364/16, ZTR 2017, 542). Es soll allerdings viel dafür sprechen, dass bei angestellten Lehrern die Zwischenzeit von der Dauer der Sommerferien nicht schade. Beamtenverhältnisse werden jedenfalls nicht in die Beschäftigungszeit einbezogen, so dass kein Wechsel im Sinne des § 34 TVöD/TV-L vorliegt, wenn zwischen zwei Arbeitsverhältnissen mit öffentlich-rechtlichen Arbeitgebern ein langjähriges Beamtenverhältnis liegt.

Im Falle des unmittelbaren Anschlusses des neuen Arbeitsverhältnisses an das vorangegangene Arbeitsverhältnis bei einem Arbeitgeber, für welchen der TVöD/TV-L kraft Tarifbindung gilt, oder bei einem anderen öffentlich-rechtlichen Arbeitgeber, erfolgt eine Zusammenrechnung der Beschäftigungszeiten (Bund, Länder, Gemeinden, Gemeindeverbände, Körperschaften, Anstalten und Stiftungen des öffentlichen Rechts). Nicht erfasst wird hingegen der Wechsel von einem privatrechtlich organisierten Arbeitgeber, welcher den Tarifvertrag lediglich kraft einzelvertraglicher Bezugnahme angewendet hat. In diesem Fall oder wenn kein unmittelbarer Anschluss der Arbeitsverhältnisse aneinander gegeben ist, liegt eine Unterbrechung vor, bei der eine Anrechnung der Beschäftigungszeit nicht in Betracht kommt. Zuletzt entschied das LAG München (Urt. v. 30.8.2017, 8 Sa 150/17), dass eine Lücke von nicht mehr als einem Monat für einen Wechsel unschädlich sei, wenn das alte Arbeitsverhältnis erst nach der Zusage des neuen Arbeitsvertrages gekündigt wurde und dazwischen kein anderes Arbeitsverhältnis in der Privatwirtschaft eingegangen wurde.

### 3.1 Kündigungsfristen und Unkündbarkeit

Im Rahmen der Berechnung der Kündigungsfristen (§ 34 Abs. 1 TVöD/TV-L) sowie der Unkündbarkeit (§ 34 Abs. 2 TVöD/TV-L) werden Beschäftigungszeiten unterschiedlicher Arbeitgeber des öffentlichen Dienstes nicht aufeinander angerechnet. Voraussetzung ist vielmehr, dass die Beschäftigungszeit ausschließlich bei demselben Arbeitgeber absolviert wurde (BAG v. 22.2.2018, 6 AZR 137/17, ZTR 2018, 321).

**WICHTIG!**

Die ursprüngliche Textfassung des § 34 Abs. 1 und 2 TVöD enthielt ein Redaktionsversehen, da ausschließlich auf § 34 Abs. 3 TVöD Bezug genommen wurde. Diese Regelung wurde rückwirkend geändert und enthält nunmehr einen Bezug auf § 34 Abs. 3 S. 1 und 2 TVöD. Der TV-L enthält ebenfalls eine entsprechende Einschränkung.

### 3.2 Krankengeldzuschuss und Jubiläumsgeld

Bei der Berechnung des Krankengeldzuschusses (§ 22 Abs. 3 TVöD/TV-L) und der Festsetzung des Jubiläumsgeldes (§ 23 Abs. 2 TVöD/TV-L) können Beschäftigungszeiten bei anderen Arbeitgebern Berücksichtigung finden.

**ACHTUNG!**

§ 23 Abs. 2 TVöD/TV-L setzt nicht voraus, dass das Arbeitsverhältnis bei Vollendung der maßgeblichen Beschäftigungszeit über diesen Zeitpunkt hinaus noch fortbesteht (BAG v. 9.4.2014, 10 AZR 635/13, ZTR 2014, 484).

Gemäß § 34 Abs. 3 S. 3 TVöD/TV-L werden Vorzeiten bei Arbeitgebern, die vom Geltungsbereich des TVöD/TV-L erfasst werden, als Beschäftigungszeit anerkannt. Eine zeitliche Unterbrechung von einem Monat ist jedenfalls unschädlich, wenn das alte Arbeitsverhältnis beendet wurde, um das neue begründen zu können (so das LAG München v. 7.2.2017, 8 Sa 150/17 ausdrücklich für den Krankengeldzuschuss). Eine Anrechnung findet statt, wenn ein Arbeitnehmer aus einem Beschäftigungsverhältnis mit der Bundesrepublik Deutschland in ein Beschäftigungsverhältnis zu einem Arbeitgeber wechselt, der Mitglied eines Arbeitgeberverbandes der Vereinigung der kommunalen Arbeitgeber ist. Dies gilt auch umgekehrt sowie gemäß § 34 Abs. 3 S. 4 TVöD/TV-L entsprechend bei einem Wechsel von einem anderen öffentlich-rechtlichen Arbeitgeber.

**ACHTUNG!**

Durch den Änderungstarifvertrag Nr. 2 vom 31.3.2008 zum TVöD wurde für die Beschäftigten des Bundes sowie der kommunalen Arbeitgeber mit Wirkung zum 1.1.2008 vereinbart, dass bei der Einstellung von Beschäftigten in unmittelbarem Anschluss an ein Arbeitsverhältnis im öffentlichen Dienst oder bei einem Arbeitgeber, der einen dem TVöD vergleichbaren Tarifvertrag anwendet, die in dem vorhergehenden Arbeitsverhältnis erworbene Stufe bei der Stufenzuordnung ganz oder teilweise berücksichtigt werden kann (vgl. § 16 Abs. 3 TVöD [Bund]). Ein Rechtsanspruch auf Berücksichtigung existiert insoweit aber nicht. Durch diese ergänzende Neuregelung können über die genannten Regelungen hinaus frühere Beschäftigungszeiten bei einem anderen Arbeitgeber Berücksichtigung finden.

## 4. Berechnung der Beschäftigungszeit

Die Berechnung der Beschäftigungszeit erfolgt nach Jahren und Tagen, auch wenn tarifliche Ansprüche, die von der Beschäftigungszeit abhängen, stets auf volle Jahre abstellen. Grund dafür ist, dass andernfalls nicht anrechenbare Unterbrechungen im Rahmen des § 34 Abs. 3 TVöD/TV-L letztlich doch berücksichtigt werden würden. Die Berechnung hat lediglich deklaratorischen Charakter und kann jederzeit mit Wirkung für die Zukunft berichtigt werden (BAG v. 14.10.2004, 6 AZR 501/03, ZTR 2005, 146; BAG v. 25.10.2001, 6 AZR 551/00, ZTR 2002, 322).

**WICHTIG!**

Der Arbeitgeber äußert mit Mitteilung der Beschäftigungszeit lediglich eine Rechtsansicht und will generell keine arbeitsvertragliche Vereinbarung zur Anrechnung von Vorzeiten erreichen. Die Festsetzung der Beschäftigungszeit wird nicht Inhalt des Arbeitsvertrages und kann daher jederzeit berichtigt werden (BAG v. 25.10.2001, 6 AZR 551/00, ZTR 2002, 322).

Gegen eine unrichtige Festsetzung der Beschäftigungszeit ist der Klageweg zu den Arbeitsgerichten eröffnet. Der Arbeitnehmer kann die Festsetzung mit der Feststellungsklage jederzeit angreifen (st. Rspr. BAG v. 16.12.2004, 6 AZR 663/03, ZTR 2005, 364; BAG v. 14.10.2004, 6 AZR 501/03, ZTR 2005, 146;

BAG v. 25.10.2001, 6 AZR 551/00, ZTR 2002, 322; BAG v. 15.5.1997, 6 AZR 40/96, ZTR 1997, 509).

### III. Überleitungsrecht

Zu beachten ist, dass die Regelung des § 34 Abs. 3 TVöD/TV-L uneingeschränkt nur Geltung für die Zeit ab dem 1.10.2005 beansprucht. Hinsichtlich der Beschäftigungs- und Dienstzeiten, die von den Beschäftigten bis zum 1.10.2005 nach altem Recht erworben wurden, bestimmt § 14 TVÜ abschließend, inwieweit diese im neuen Recht anerkannt werden.

Für die nach altem Recht gemäß § 19 BAT erworbene Beschäftigungszeit regelt § 14 Abs. 1 TVÜ-Bund/TVÜ-VKA, dass diese als Beschäftigungszeit im Sinne des § 34 Abs. 3 TVöD/TV-L anerkannt wird. Demnach werden die vor dem 1.10.2005 bei demselben Arbeitgeber erworbenen Zeiten vollständig berücksichtigt. Die Anrechnung von Beschäftigungszeiten bei anderen Arbeitgebern wurde von § 19 BAT grundsätzlich nicht geregelt (BAG v. 22.2.2018, 6 AZR 137/17, ZTR 2018, 321).

Beschäftigungszeiten, die vor dem 1.10.2005 bei einem anderen Arbeitgeber des öffentlichen Dienstes erworben wurden, werden im Rahmen des § 20 BAT gemäß § 14 Abs. 2 TVÜ-Bund/TVÜ-VKA nur bei der Festsetzung des Jubiläumsgeldes anerkannt. Bei der Berechnung der Höhe des Krankengeldzuschusses sowie der Bestimmung der Kündigungsfristen und der Unkündbarkeit werden Dienstzeiten (§ 20 BAT), die keine Beschäftigungszeiten im Sinne des § 19 BAT sind, nicht berücksichtigt.

Zu beachten ist allerdings, dass das BAG in einem Urteil vom 25.4.2007 (6 AZR 746/06, ZTR 2007, 492) festgestellt hat, dass die Übergangsvorschrift in § 4 Abs. 1 des 77. TV zur Änderung des BAT vom 29.10.2001 wegen Verstoßes gegen das Benachteiligungsverbot gemäß § 4 Abs. 1 TzBfG unwirksam ist. Die Regelung sah vor, dass Zeiten geringfügiger Beschäftigung, die vor einem bestimmten Stichtag zurückgelegt wurden (hier: 1.1.2002), nicht als Beschäftigungszeit im Sinne des Tarifvertrages gelten. Die Beschränkung in § 14 Abs. 1 TVÜ-Bund bzw. § 14 Abs. 1 TVÜ-VKA auf anerkannte Beschäftigungszeiten dürfte daher zumindest insoweit unwirksam sein, als die Überleitungsvorschrift Zeiten der Teilzeitbeschäftigung betrifft.

# Besonderer Kündigungsschutz

**Wegweiser:**

Im Gegensatz zum allgemeinen Kündigungsschutz, der für alle Arbeitsverhältnisse gilt, gewährt der Sonderkündigungsschutz bestimmten Personengruppen einen weitergehenden Schutz vor Kündigungen. Allgemeiner Kündigungsschutz und Sonderkündigungsschutz schließen sich nicht aus, sondern stehen nebeneinander. Eine Form des Sonderkündigungsschutzes ist die tarifliche Unkündbarkeit, der ein eigenes Stichwort gewidmet ist.

**I. Schwerbehinderte Menschen**
1. Allgemeine Grundsätze
2. Zustimmungsfreie Beendigungsmöglichkeiten
3. Beginn des Kündigungsschutzes
4. Verfahren vor dem Integrationsamt
    4.1 Antrag
    4.2 Entscheidungsgrundlagen

    4.3 Entscheidung
    4.4 Besonderheiten bei der fristlosen Kündigung
5. Anhörung von Betriebs-/Personalrat und Schwerbehindertenvertretung
6. Kündigungsfrist
7. Kündigungsschutzverfahren

**II. Mütter**
1. Anwendungsbereich
2. Mitteilungspflicht der Schwangeren
3. Beweislast
4. Behördliche Zustimmung zur Kündigung

**III. Eltern**
1. Anwendungsbereich
2. Ausnahmegenehmigungen

**IV. Pflegezeit**

**V. Familienpflegezeit**

**VI. Auszubildende**
1. Ordentliche Kündigung durch den Auszubildenden
2. Außerordentliche Kündigung
3. Form und Frist

**VII. Betriebsratsmitglieder/Mitglieder der Personalvertretung**
1. Ordentliche Kündigung
2. Außerordentliche Kündigung

**VIII. Betriebsübergang**

**IX. Freiwilliger Wehrdienst**
1. Ordentliche Kündigung
2. Außerordentliche Kündigung
3. Vor- und Nachwirkungen des Kündigungsschutzes

**X. Arbeitnehmer mit besonderen Funktionen im Betrieb**

## I. Schwerbehinderte Menschen

### 1. Allgemeine Grundsätze

Der Arbeitgeber ist gem. § 167 Abs. 1 SGB IX verpflichtet, bei Eintreten von personen-, verhaltens- oder betriebsbedingten Schwierigkeiten im Arbeits- oder sonstigen Beschäftigungsverhältnis mit einem Schwerbehinderten, die zur Gefährdung dieses Verhältnisses führen können, möglichst frühzeitig die Schwerbehindertenvertretung und die in § 176 SGB IX genannten Vertretungen sowie das Integrationsamt einzuschalten, um mit ihnen alle Möglichkeiten und alle zur Verfügung stehenden Hilfen zur Beratung und mögliche finanzielle Leistungen zu erörtern, mit denen die Schwierigkeiten beseitigt werden können und das Arbeits- oder sonstige Beschäftigungsverhältnis möglichst dauerhaft fortgesetzt werden kann.

Kündigt der Arbeitgeber einem Schwerbehinderten, ohne zuvor dieses Verfahren durchgeführt zu haben, ist diese Kündigung jedoch nicht zwangsläufig rechtsunwirksam. Hat der Schwerbehinderte eine schwere Pflichtverletzung begangen, die nicht im Zusammenhang mit seiner Behinderung steht, muss ein derartiges Verfahren nicht durchgeführt werden. Präventionsverfahren sind nach einer aktuellen Entscheidung des BAG nur dann durchzuführen, wenn damit Schwierigkeiten im Arbeitsverhältnis des Schwerbehinderten beseitigt werden können. Die Nichtdurchführung des betrieblichen Eingliederungsmanagements gemäß § 167 Abs. 2 SGB IX soll also nicht zu einer absoluten Unwirksamkeit einer Kündigung führen, sondern lediglich einen bei der Interessenabwägung zu berücksichtigenden Grund darstellen (BAG v. 7.12.2006, 2 AZR 182/06; ZTR 2007, 510).

Von dem Präventionsverfahren zu unterscheiden ist das Zustimmungsverfahren beim Integrationsamt gem. § 168 SGB IX. Hiernach ist zu jeder Kündigung eines Schwerbehinderten die vorherige Zustimmung des Integrationsamts einzuholen. Dies gilt sowohl für die ordentliche Kündigung als auch für die außerordentliche Kündigung. Eine ohne Zustimmung des Integrationsamtes ausgesprochene Kündigung ist unwirksam.

## 2. Zustimmungsfreie Beendigungsmöglichkeiten

Keine Zustimmung ist erforderlich, wenn das Arbeitsverhältnis in den nachfolgend genannten Fällen enden soll:

▶ Ablauf der Befristung des Arbeitsvertrags,

▶ Anfechtung des Arbeitsvertrags wegen arglistiger Täuschung oder Irrtums,

▶ Berufung auf die Nichtigkeit des Arbeitsvertrags,

▶ Aufhebungsvertrag, wobei der schwerbehinderte Mensch kein Recht zur Anfechtung hat, wenn er bei Abschluss noch nichts von seiner Schwerbehinderung wusste; die Zustimmung des Integrationsamtes ist aber dann erforderlich, wenn die Beendigung im Fall der Berufsunfähigkeit oder der Erwerbsunfähigkeit auf Zeit erfolgt,

▶ Eigenkündigung des schwerbehinderten Menschen,

▶ Kündigung durch den Arbeitgeber innerhalb der ersten sechs Monate des Arbeitsverhältnisses, die dem Integrationsamt innerhalb von vier Tagen angezeigt werden muss § 173 Abs. 1 Nr. 1, Abs. 3 SGB IX,

▶ Kündigung durch den Arbeitgeber, wenn der Mitarbeiter im Rahmen einer Arbeitsbeschaffungsmaßnahme beschäftigt wird, § 173 Abs. 1 Nr. 2 SGB IX,

▶ Kündigung durch den Arbeitgeber, wenn der Arbeitnehmer bereits das 58. Lebensjahr vollendet hat und Anspruch auf eine Abfindung o. Ä. aufgrund eines Sozialplans hat, wenn der Arbeitgeber ihm die Kündigungsabsicht rechtzeitig mitgeteilt hat und er nicht bis zum Ausspruch der Kündigung widersprochen hat § 173 Abs. 1 Nr. 3 SGB IX,

▶ Kündigung durch den Arbeitgeber aus witterungsbedingten Gründen, wenn die Wiedereinstellung des schwerbehinderten Menschen bei der Wiederaufnahme der Arbeit gewährleistet ist § 173 Abs. 2 SGB IX.

Für die Beendigung bzw. das Ruhen des Arbeitsverhältnisses gemäß § 33 Abs. 2 TVöD ist die Sonderregelung in § 175 SGB IX zu beachten. Danach bedarf die Beendigung des Arbeitsverhältnisses infolge einer dauerhaften Rente wegen voller Erwerbsminderung grundsätzlich keiner Zustimmung des Integrationsamtes. In diesem Bereich sind jedoch verschiedene Fallgestaltungen denkbar, so dass die Zustimmungspflicht im Einzelfall sorgfältig zu prüfen ist.

## 3. Beginn des Kündigungsschutzes

Gemäß der ersten Variante des § 173 Abs. 3 SGB IX bedarf es keiner Zustimmung des Integrationsamts, wenn zum Zeitpunkt der Kündigung die Eigenschaft als schwerbehinderter Mensch nicht nachgewiesen ist. Dies betrifft den Fall, dass der Arbeitnehmer nicht als schwerbehindert oder gleichgestellt anerkannt ist. Nach der Rechtsprechung des BAG erfasst die gesetzliche

Regelung hingegen nicht den Fall, dass ein als schwerbehindert anerkannter Arbeitnehmer seine Schwerbehinderung gegenüber dem Arbeitgeber nicht offengelegt hat. In diesem Fall besteht allerdings die Obliegenheit des Arbeitnehmers, dem Arbeitgeber den Bescheid über die Schwerbehinderung bzw. den Schwerbehindertenausweis in Anlehnung an die Frist des § 4 KSchG innerhalb von drei Wochen nach Zugang der Kündigung vorzulegen (BAG v. 1.3.2007, 2 AZR 217/06, ZTR 2007, 184). Tut er das nicht, hat er keinen besonderen Kündigungsschutz, sofern die Schwerbehinderung nicht offenkundig ist. Bei einem Betriebsübergang muss sich der Betriebsübernehmer die Kenntnis des Betriebsveräußerers von der Schwerbehinderteneigenschaft eines Arbeitnehmers zurechnen lassen (BAG v. 11.12.2008, 2 AZR 395/07, DB 2009, 966).

 **WICHTIG!**

Sollte dem Arbeitgeber die Schwerbehinderteneigenschaft vor Ausspruch der Kündigung nicht bekannt gewesen sein, und hat er deshalb keine Zustimmung des Integrationsamts eingeholt, sollte er unverzüglich das Verfahren zu einer neuen Kündigung beim Integrationsamt einleiten. Die neue Kündigung sollte vorsorglich für den Fall ausgesprochen werden, dass die erste Kündigung wegen der fehlenden Zustimmung des Integrationsamts unwirksam sein sollte. Sofern es sich um eine außerordentliche Kündigung handelt, dürfte die Zwei-Wochen-Frist des § 626 Abs. 2 BGB gehemmt werden, sofern der Arbeitgeber alle erforderlichen Maßnahmen nach Kenntniserlangung der Schwerbehinderteneigenschaft (Verfahren beim Integrationsamt, Anhörung des Betriebsrats, Ausspruch der Kündigung) unter Beachtung der gesetzlichen Fristen unverzüglich einleitet.

Die zweite Variante der gesetzlichen Neuregelung des § 173 Abs. 3 SGB IX betrifft den Fall, dass der Arbeitnehmer die Schwerbehinderteneigenschaft oder die Gleichstellung nicht nachweisen kann, weil das Verfahren noch nicht abgeschlossen ist. Hier kann sich der Arbeitnehmer nur auf den besonderen Kündigungsschutz berufen, wenn er den Antrag drei Wochen vor Zugang der Kündigung gestellt und an den Feststellungen des Versorgungsamtes fristgemäß mitgewirkt hat. Er kann also nicht mehr den aussichtslosen Antrag auf Anerkennung stellen und das Anerkennungsverfahren durch fehlende Mitwirkung in die Länge ziehen, um hieraus Vorteile im Kündigungsschutzprozess zu erlangen. Ist er aber seinen Verpflichtungen nachgekommen, wirkt der Kündigungsschutz auf den Zeitpunkt der Antragstellung zurück. Der Arbeitnehmer muss aber den Arbeitgeber nach der Kündigung binnen drei Wochen über die Antragstellung unterrichten.

 **WICHTIG!**

Vom Zustimmungserfordernis erfasst werden nur Kündigungen gegenüber solchen Arbeitnehmern, die bei Zugang der Kündigung bereits als Schwerbehinderte anerkannt sind oder den Antrag auf Anerkennung mindestens drei Wochen vor dem Zugang der Kündigung § 173 Abs. 3 SGB IX gestellt haben. Gleiches gilt für Arbeitnehmer, die einem schwerbehinderten Menschen gleichgestellt sind. Auch sie sind vom Sonderkündigungsschutz ausgeschlossen, wenn sie den Gleichstellungsantrag nicht mindestens drei Wochen vor der Kündigung gestellt haben (BAG v. 1.3.2007, 2 AZR 217/06, ZTR 2007, 184).

Selbst bei Vorliegen dieser Voraussetzungen kann es dem Arbeitnehmer verwehrt sein, sich auf den Sonderkündigungsschutz zu berufen: Wenn nämlich der Arbeitnehmer im Vorfeld einer Kündigung ausdrücklich nach einer Schwerbehinderung gefragt wird und er die Frage wahrheitswidrig verneint, kann er sich unter dem Gesichtspunkt widersprüchlichen Verhaltens im Kündigungsschutzprozess nicht auf die Schwerbehinderteneigenschaft berufen (BAG v. 16.2.2012, 6 AZR 553/10, ZTR

2012, 295)! Diese Rechtsfolge gilt zumindest dann, wenn der Arbeitgeber die Frage nach der Schwerbehinderung nach Ablauf der Frist des § 173 Abs. 1 Nr. 1 SGB IX (sechs Monate nach Beginn des Arbeitsverhältnisses) gestellt hat. Verschweigt ein schwerbehinderter Arbeitnehmer auf berechtigte Nachfrage seinen Status und muss der AG deshalb eine (überhöhte) Ausgleichsabgabe (§ 160 SGB IX) abführen, kann diese Pflichtverletzung nach einer Literaturmeinung sogar einen Kündigungsgrund darstellen.

Eine ordentliche Kündigung, die den Arbeitnehmer wegen seiner Behinderung diskriminiert, ist bereits vor Geltung des Kündigungsschutzgesetzes unwirksam, § 134 BGB i. V. m. §§ 7 Abs. 1 und 1 AGG (BAG v. 19.12.2013, 6 AZR 190/12, ZTR 2014, 242).

## 4. Verfahren vor dem Integrationsamt

### 4.1 Antrag

Der Arbeitgeber muss die Zustimmung des Integrationsamtes schriftlich in doppelter Ausfertigung beantragen. Das Integrationsamt stellt entsprechende Formulare zur Verfügung, deren Verwendung sinnvoll, aber nicht vorgeschrieben ist. Zuständig ist die Behörde, in deren Zuständigkeitsbereich der Betrieb liegt, in dem der schwerbehinderte Mensch beschäftigt wird. Der Antrag sollte ausführlich begründet werden und mindestens folgende Angaben enthalten:

- ▶ Name des zu Kündigenden, Geburtsdatum, Familienstand, Unterhaltspflichten,

- ▶ genaue Schilderung der Kündigungsgründe,

- ▶ Beweismittel,

- ▶ Darlegungen, dass die Kündigung entweder nicht im Zusammenhang mit der Schwerbehinderung steht oder warum sie trotzdem unvermeidlich ist.

### 4.2 Entscheidungsgrundlagen

Die Behörde holt sodann die Stellungnahme des zuständigen Arbeitsamts, des Personalrats oder → *Betriebsrats* und der Schwerbehindertenvertretung ein und hört den schwerbehinderten Arbeitnehmer zu der beabsichtigten Kündigung an. Danach trifft sie die Entscheidung nach pflichtgemäßem Ermessen, d. h. sie nimmt eine Abwägung zwischen den Interessen des Arbeitgebers und denen des schwerbehinderten Mitarbeiters vor, wobei die Zielsetzungen des SGB IX zu berücksichtigen sind. Das Gesetz nennt in § 172 Abs. 1 S. 1 SGB XI einige Fälle, in denen die Zustimmung erteilt werden muss, nämlich bei Kündigungen in Betrieben, die

- ▶ nicht nur vorübergehend eingestellt oder aufgelöst werden,

- ▶ nicht nur vorübergehend wesentlich eingeschränkt werden, wenn die Gesamtzahl der verbleibenden schwerbehinderten Arbeitnehmer ausreicht, um die gesetzliche Mindestbeschäftigtenzahl zu erfüllen,

wenn zwischen dem Tag der Kündigung und dem Tag, bis zu dem Arbeitsentgelt gezahlt wird, mindestens drei Monate liegen und keine Weiterbeschäftigung auf einem anderen Arbeitsplatz desselben Betriebs oder einem freien Arbeitsplatz im Unternehmen möglich und für den Arbeitgeber zumutbar ist.

Das Integrationsamt „soll" die Zustimmung erteilen, wenn dem schwerbehinderten Arbeitnehmer ein anderer angemessener und zumutbarer Arbeitsplatz gesichert ist (§ 172 SGB IX). Hier ist die Behörde i. d. R. gehalten, die Zustimmung zu erteilen, wenn nicht im Ausnahmefall entgegenstehende Gesichtspunkte überwiegen.

### 4.3 Entscheidung

Das Integrationsamt hat binnen eines Monats eine Entscheidung zu treffen, wenn ein Betrieb oder eine Dienststelle nicht nur vorübergehend vollständig eingestellt oder aufgelöst und das Arbeitsentgelt mindestens drei Monate fortgezahlt wird, § 172 Abs. 1 S. 1 SGB IX. Wenn hier die Entscheidung nicht fristgemäß ergeht, wird die Zustimmung fingiert. Der Arbeitgeber kann dann also ohne eine ausdrückliche Zustimmung kündigen. Dies gilt auch, wenn das Insolvenzverfahren über das Vermögen des Arbeitgebers eröffnet worden ist. In den übrigen Fällen (Ausnahme: fristlose Kündigung, s. u.) bleibt die Nichteinhaltung der Monatsfrist durch das Integrationsamt ohne rechtliche Folgen. Die Entscheidung kann folgenden Inhalt haben:

- ▶ **Zustimmung:** Erteilt das Integrationsamt seine Zustimmung zur ordentlichen Kündigung, muss der Arbeitgeber eine ordentliche Kündigung innerhalb eines Monats nach Zustellung des Bescheids erklären, § 171 Abs. 3 SGB IX. Versäumt der Arbeitgeber diese Ausschlussfrist, kann er nicht mehr rechtswirksam kündigen. Die Kündigung kann innerhalb der gesetzlichen Frist bei unverändertem Kündigungsgrund auch mehrfach geschehen. Ein „Verbrauch" der Zustimmung des Integrationsamtes durch eine Kündigung, an deren formeller Wirksamkeit der Arbeitgeber Zweifel hat, tritt insofern nicht ein (BAG v. 8.11.2007, 2 AZR 425/06, ZTR 2008, 400). Bei außerordentlichen Kündigungen muss die Kündigung unverzüglich nach Erteilung der Zustimmung erklärt werden. Gegen die Zustimmung kann der Arbeitnehmer Widerspruch einlegen. Hierüber befindet der Widerspruchsausschuss. Der Widerspruch hat keine aufschiebende Wirkung, d. h. die Zustimmung bleibt zunächst wirksam (§ 171 SGB IX). Weist der Widerspruchsausschuss den Widerspruch zurück, kann der Arbeitnehmer hiergegen Anfechtungsklage vor dem Verwaltungsgericht erheben. Wenn dieses die Klage abweist, ist die Kündigung jedenfalls nicht nach den Bestimmungen des SGB IX unwirksam. Hebt der Widerspruchsausschuss die Zustimmung zur Kündigung auf, wird diese rückwirkend unwirksam. Der Arbeitgeber kann seinerseits gegen diesen Bescheid vor dem Verwaltungsgericht klagen. Hat er damit Erfolg, steht das SGB IX der Wirksamkeit der Kündigung nicht entgegen. Wird die Klage abgewiesen, bleibt die Kündigung unwirksam.

- ▶ **Zurückweisung:** Weist das Integrationsamt den Antrag zurück, kann die Kündigung zunächst nicht ausgesprochen werden. Der Arbeitgeber kann gegen diesen Bescheid innerhalb eines Monats ab Zustellung der Entscheidung schriftlich bei dem Integrationsamt Widerspruch einlegen, über den der Widerspruchsausschuss befindet. Erteilt dieser die Zustimmung, muss der Arbeitgeber innerhalb eines Monats die ordentliche Kündigung aussprechen, die außerordentliche muss unverzüglich ausgesprochen werden. Der Arbeitnehmer kann die Zustimmung vor dem Verwaltungsgericht angreifen. Wird der Widerspruch zurückgewiesen, kann der Arbeitgeber Verpflichtungsklage vor dem Verwaltungsgericht erheben.

- ▶ **Negativattest:** Erteilt das Integrationsamt ein Negativattest (d. h. stellt es fest, dass der Arbeitnehmer gar nicht unter das SGB IX fällt), kann der Arbeitgeber die Kündigung aussprechen. Der Arbeitnehmer kann gegen die Entscheidung Widerspruch einlegen, über den der Widerspruchsausschuss entscheidet. Gegen dessen Entscheidung kann die unterlegene Partei vor dem Verwaltungsgericht vorgehen.

### 4.4 Besonderheiten bei der fristlosen Kündigung

Der Antrag auf Zustimmung zu einer außerordentlichen Kündigung kann nur innerhalb von zwei Wochen ab dem Zeitpunkt gestellt werden, an dem der Arbeitgeber Kenntnis von den Kündigungsgründen erlangt.

**Beispiel**

> Ein schwerbehinderter Arbeitnehmer begeht am 28.3. einen Diebstahl, den ein Kollege beobachtet, der dies am 1.4. dem Personalleiter mitteilt. Der Antrag auf Zustimmung muss bis zum 15.4. bei dem Integrationsamt eingehen.

Dies gilt auch für außerordentliche Kündigungen mit einer Auslauffrist bei Arbeitnehmern, die durch Tarifvertrag ordentlich nicht mehr kündbar sind. Ein verspäteter Antrag wird als unzulässig zurückgewiesen, sodass keine wirksame Kündigung ausgesprochen werden kann. Das Integrationsamt muss innerhalb von zwei Wochen (nach Zugang) über den Antrag entscheiden.

 **WICHTIG!**

Trifft das Integrationsamt seine Entscheidung nicht innerhalb der gesetzlichen Frist von zwei Wochen, gilt die Zustimmung als erteilt (§ 174 SGB IX). Wird aber bereits im Laufe des Tages, an dem zu Mitternacht die Frist des § 174 Abs. 3 S. 2 SGB IX verstreicht, die betreffende Kündigung ausgesprochen, ist diese unwirksam (BAG v. 19.6.2007, 2 AZR 226/06, DB 2007, 2268).

Das Schweigen der Behörde wird dann genauso behandelt, als hätte sie dem Antrag ausdrücklich stattgegeben. Es kommt aber nicht auf den Zugang des Bescheids beim Arbeitgeber an, sondern nur darauf, ob eine Entscheidung innerhalb der Frist überhaupt ergangen ist. Der Arbeitgeber sollte sich daher unbedingt am letzten Tag der Frist telefonisch bei dem Integrationsamt erkundigen, ob dieses eine Entscheidung getroffen hat. Ist dies nicht der Fall oder wurde dem Antrag zugestimmt, muss der Arbeitgeber dann unverzüglich die Kündigung aussprechen. Liegt die Zustimmung des Integrationsamtes im Einzelfall schon vor Ablauf der Zweiwochenfrist vor, so kann der Arbeitgeber diese voll ausschöpfen, muss also nicht unverzüglich kündigen (BAG v. 15.11.2001, 2 AZR 380/00, DB 2002, 1509). Er darf aber die Kündigung bereits dann erklären, wenn das Integrationsamt die zustimmende Entscheidung getroffen und den Arbeitgeber mündlich oder fernmündlich davon in Kenntnis gesetzt hat. Der schriftliche Bescheid braucht in diesen Fällen nicht abgewartet werden (BAG v. 12.5.2005, 2 AZR 159/04, ZTR 2006, 215). Wird die Zustimmung erst durch den Widerspruchsausschuss erteilt, muss die außerordentliche Kündigung unverzüglich ausgesprochen werden, nachdem der Arbeitgeber sichere Kenntnis von der Zustimmungsentscheidung bekommen hat. Auch hierfür reicht die mündliche Bekanntgabe aus, dass dem Widerspruch stattgegeben wird (BAG v. 21.4.2005, 2 AZR 255/04, ZTR 2005, 537).

Das Integrationsamt „soll" seine Zustimmung zur außerordentlichen Kündigung erteilen, wenn die Kündigungsgründe nicht im Zusammenhang mit der Schwerbehinderung stehen. Es prüft also nicht, ob die Kündigungsgründe ausreichend sind, sondern nur, ob das Verhalten des Arbeitnehmers sich aus seiner Schwerbehinderung heraus ergeben hat. Wenn die Kündigungsgründe jedoch offenkundig unzureichend sind, kann die Behörde den Antrag zurückweisen.

### 5. Anhörung von Betriebs-/Personalrat und Schwerbehindertenvertretung

Auch vor der Kündigung von schwerbehinderten Arbeitnehmern muss der Betriebsrat bzw. der → *Personalrat* angehört werden. Seit dem 1.1.2017 ist auch die Schwerbehindertenvertretung

zwingend vor Ausspruch einer Kündigung zu unterrichten und anzuhören. Eine ohne Anhörung der Schwerbehindertenvertretung ausgesprochene Kündigung ist gemäß § 178 Abs. 2 S. 3 SGB IX unwirksam. Es ist nicht von einem echten Mitbestimmungsrecht bzw. Zustimmungsvorbehalt auszugehen, sondern von einem Informations- und Stellungnahmerecht. Äußert sich die Schwerbehindertenvertretung zu der angezeigten Kündigungsabsicht nicht oder widerspricht sie der Kündigung, darf der Arbeitgeber gleichwohl die Kündigung aussprechen.

Hinsichtlich der Beteiligung von Betriebs-/Personalrat und Schwerbehindertenvertretung und Antragstellung beim Integrationsamt ist keine bestimmte Reihenfolge geboten. Die Schwerbehindertenvertretung kann auch noch nach Beteiligung des Betriebs-/Personalrats und Antragstellung beim Integrationsamt beteiligt werden. Die Kündigungsentscheidung wird erst durch den Kündigungsausspruch „vollzogen". Mit der Beteiligung des Betriebs-/Personalrats oder der Antragstellung beim Integrationsamt nimmt der Arbeitgeber die beabsichtigte Beendigung des Arbeitsverhältnisses weder vorweg noch legt er sie fest. Hinsichtlich der Unterrichtungspflichten des Arbeitgebers gelten die gleichen Grundsätze wie für die Unterrichtung des Betriebsrats nach § 102 Abs. 1 BetrVG. Der notwendige Unterrichtungsinhalt ist nicht auf „schwerbehindertenspezifische Kündigungsbezüge" reduziert. Bezüglich der Stellungnahmefristen ist stets (auch im Geltungsbereich der Personalvertretungsgesetze!) § 102 Abs. 2 BetrVG analog heranzuziehen. Eine entsprechende Anwendung der Fristenregelungen in dem ggf. einschlägigen Personalvertretungsgesetz scheidet aus. Einer ausdrücklichen Fristsetzung durch den Arbeitgeber bedarf es nicht (BAG v. 13.12.2018, 2 AZR 378/18, ZTR 2019, 233).

 **WICHTIG!**

Es empfiehlt sich trotz dieser Rechtsprechung die Schwerbehindertenvertretung auf die analoge Anwendbarkeit von § 102 Abs. 2 BetrVG hinzuweisen und ihr eine entsprechende Frist zur Stellungnahme zu setzen. Für die Äußerung zu einer ordentlichen Kündigung beträgt die Frist eine Woche, für die Äußerung zu einer außerordentlichen Kündigung beträgt die Frist drei Tage.

Wurde der Betriebs-/Personalrat vor Stellung des Antrags bei dem Integrationsamt angehört, ist auch dann keine erneute Anhörung erforderlich, wenn die Zustimmung erst nach einem jahrelangen verwaltungsgerichtlichen Verfahren erteilt wurde. Eine Ausnahme gilt nur dann, wenn sich der Sachverhalt in der Zwischenzeit verändert hat.

 **ACHTUNG!**

Daneben ist immer auch an die Beteiligung der Gleichstellungsbeauftragten zu denken! Nach § 27 Abs. 3 BGleiG hat diese Beteiligung einem Beteiligungsverfahren nach dem BPersVG und dem SGB IX vorauszugehen; erfolgt eine parallele Beteiligung von Personal- oder Schwerbehindertenvertretung, ist die Gleichstellungsbeauftragte über die Gründe zu informieren. Ggf. sind die jeweiligen Gleichstellungsgesetze der Länder zu beachten.

### 6. Kündigungsfrist

Die Kündigungsfrist beträgt bei der Kündigung eines schwerbehinderten Menschen, dessen Arbeitsverhältnis wenigstens sechs Monate bestanden hat, mindestens vier Wochen (§ 169 SGB IX), und zwar auch dann, wenn die Frist z. B. nach dem Tarifvertrag kürzer wäre. Innerhalb der ersten sechs Monate des Arbeitsverhältnisses gilt die gesetzliche bzw. tarifliche Kündigungsfrist. Da die Frist des § 34 Abs. 1 TVöD/§ 34 Abs. 1 TV-L mit einem Monat bis zum Monatsschluss günstiger ist als die gesetzliche Regelung, ist der Tarifvertrag insoweit vorrangig.

## 7. Kündigungsschutzverfahren

In dem Verfahren vor dem Integrationsamt wird nur geklärt, ob der Kündigung die besonderen Schutzvorschriften des SGB IX entgegenstehen. Die Frage, ob die Kündigung auch nach dem Kündigungsschutzgesetz Bestand hat, ist hiervon strikt zu trennen. Hierüber entscheidet das Arbeitsgericht in einem Kündigungsschutzverfahren. Dieses ist innerhalb einer Frist von drei Wochen ab Zugang der Kündigung einzuleiten.

### Beispiel

> Das Integrationsamt erteilt die Zustimmung zur ordentlichen betriebsbedingten Kündigung. Der Arbeitnehmer greift diese Entscheidung nicht an, sondern wehrt sich gegen die ausgesprochene Kündigung vor dem Arbeitsgericht. Dieses muss nur davon ausgehen, dass die Kündigung nicht nach den Bestimmungen des SGB IX unwirksam ist. Ob tatsächlich betriebsbedingte Kündigungsgründe bestanden oder der Betriebsrat ordnungsgemäß angehört worden ist, prüft das Arbeitsgericht aber genau wie in anderen Kündigungsschutzverfahren.

Wenn das Widerspruchsverfahren oder das Verfahren vor dem Verwaltungsgericht noch läuft, während das Kündigungsschutzverfahren schon begonnen hat, kann das Arbeitsgericht den Rechtsstreit aussetzen, bis über die Wirksamkeit der Zustimmung entschieden worden ist. Das geschieht jedoch nur dann, wenn es hierauf ankommt, weil die Kündigung ansonsten als wirksam angesehen wird.

### Beispiel

> Das Integrationsamt erteilt die Zustimmung zur Kündigung. Hiergegen legt der Arbeitnehmer Widerspruch ein und erhebt Kündigungsschutzklage. Wenn das Arbeitsgericht zu dem Ergebnis kommt, dass die vom Arbeitgeber vorgetragenen Kündigungsgründe nicht ausreichend sind oder der Betriebsrat nicht ordnungsgemäß angehört worden ist, gibt es der Kündigungsschutzklage statt. Die Zustimmung des Integrationsamtes spielt keine Rolle, denn dieses prüft nur, ob der Kündigung spezielle mit der Schwerbehinderung im Zusammenhang stehende Aspekte entgegenstehen.

 **ACHTUNG!**

Kündigt der Arbeitgeber einem schwerbehinderten Arbeitnehmer in Kenntnis von dessen Schwerbehinderteneigenschaft, ohne zuvor die erforderliche Zustimmung des Integrationsamts zur Kündigung einzuholen, so kann der Arbeitnehmer die Unwirksamkeit der Kündigung auch noch nach Ablauf von drei Wochen gerichtlich geltend machen. Nach § 4 S. 4 KSchG beginnt in derartigen Fällen die dreiwöchige Klagefrist erst ab der Bekanntgabe der Entscheidung der Behörde (hier des Integrationsamts) an den Arbeitnehmer. Es gilt allein die zeitliche Grenze der Verwirkung (BAG v. 13.2.2008, 2 AZR 864/06, ZTR 2008, 629).

## II. Mütter

### 1. Anwendungsbereich

Vom Beginn der Schwangerschaft an (280 Tage vor dem vom Arzt prognostizierten Entbindungstermin) besteht ein Kündigungsverbot für die Arbeitnehmerin (Mutterschutz). Im Falle einer Schwangerschaft nach einer Befruchtung außerhalb des Körpers greift das mutterschutzrechtliche Kündigungsverbot bereits ab dem Zeitpunkt der Einsetzung der befruchteten Eizelle,

nicht erst mit ihrer erfolgreichen Einnistung (BAG v. 26.3.2015, 2 AZR 237/14, ZTR 2015, 456).

Maßgeblich ist das Datum des Zugangs der Kündigung; liegt dies nach Eintritt der Schwangerschaft, besteht der besondere Kündigungsschutz. Es gibt hier auch keine Wartefrist, sondern der Schutz beginnt am ersten Tag des Arbeitsverhältnisses. Hierbei gilt zu beachten, dass das Arbeitsverhältnis bereits mit Abschluss des Arbeitsvertrages entsteht. Aufgrund des Zwecks des MuSchG, den Bestandsschutz des Arbeitsverhältnisses während der Schwangerschaft und nach der Entbindung zur Vermeidung wirtschaftlicher Existenzängste sowie seelischer Zusatzbelastungen zu gewährleisten, ist eine tatsächliche Tätigkeitsaufnahme jedenfalls dann nicht erforderlich, wenn diese innerhalb der Schutzzeiten liegt (BAG v. 27.2.2020, 2 AZR 498/19, ZTR 2020, 426). Der Kündigungsschutz gilt auch bei einer Bauchhöhlenschwangerschaft, nicht hingegen bei der irrtümlichen Annahme des Arztes, die Arbeitnehmerin sei schwanger. Unzulässig ist gemäß § 9 MuSchG jede Kündigung, also insbesondere

▶ Beendigungskündigungen, egal ob fristlos oder fristgemäß,

▶ Änderungskündigungen,

▶ vorsorgliche Kündigungen, auch zum Ablauf der Schutzfrist,

▶ Kündigungen im Insolvenzverfahren.

Nicht vom Kündigungsverbot umfasst ist die Beendigung des Arbeitsverhältnisses aus anderen Gründen. Das Arbeitsverhältnis einer Schwangeren kann also beendet werden durch

▶ Ablauf der Befristung des Arbeitsvertrags (es sei denn, die Nichtverlängerung erfolgt nur auf Grund der Schwangerschaft),

▶ Anfechtung des Arbeitsvertrags wegen arglistiger Täuschung oder Irrtums,

▶ Berufung auf die Nichtigkeit des Arbeitsvertrags,

▶ Aufhebungsvertrag, wobei die Schwangere kein Recht zur Anfechtung hat, wenn sie ihre Schwangerschaft bei Abschluss noch nicht kannte,

▶ Eigenkündigung der Schwangeren, von der die Aufsichtsbehörde unverzüglich zu informieren ist,

▶ Kündigung, die der Arbeitnehmerin vor dem Eintritt der Schwangerschaft zugeht, auch wenn der Ablauf der Kündigungsfrist danach liegt.

Das Kündigungsverbot endet vier Monate nach der Entbindung. Bei der Berechnung geht man vom Entbindungsdatum aus und addiert vier Monate hinzu.

### Beispiel

> Die Entbindung war am 17.5., also endet das Kündigungsverbot mit dem Ablauf des 17.9. Eine Kündigung darf frühestens am 18.9. zugehen.

Eine Entbindung in diesem Sinne liegt bei jeder Lebendgeburt vor, auch wenn es sich um eine Frühgeburt handelt.

 **WICHTIG!**

Im Zuge der Mutterschutzreform, die den Mutterschutz zum 1.1.2018 auch auf Schülerinnen, Studentinnen und Praktikantinnen erstreckt, ist zum 30.5.2017 auch folgende Neuerung in Kraft getreten: Das viermonatige Kündigungsverbot gilt auch bei Fehlgeburten nach der 12. Schwangerschaftswoche.

Stirbt das Kind nach der Entbindung, so bleibt der Kündigungsschutz vier Monate lang erhalten. Tritt innerhalb der vier Monate eine erneute Schwangerschaft ein, wird das Ende der Schutzfrist nahtlos hinausgeschoben.

Im Zuge der Reform des Mutterschutzes zum 1.1.2018 ist in § 17 Abs. 1 S. 3 MuSchG aufgenommen worden, dass das mutterschutzrechtliche Kündigungsverbot „entsprechend für Vorbereitungsmaßnahmen des Arbeitgebers, die er im Hinblick auf eine Kündigung der Frau trifft" gilt. Damit ist offenbar gemeint, dass die Beteiligung von Personalrat und ggf. Schwerbehindertenvertretung erst nach Ablauf der Schutzfristen eingeleitet werden darf. Gleiches gilt wohl auch für eine Anhörung vor Verdachtskündigung, wobei große Probleme und Rechtsunsicherheiten im Hinblick auf die Einhaltung der zweiwöchigen Kündigungserklärungsfrist des § 626 Abs. 2 BGB entstehen können. Unter Berufung auf die Gesetzesbegründung wird vertreten, dass schon die Suche und Planung eines endgültigen Ersatzes für die Arbeitnehmerin unzulässig sein soll. Dies dürfte aber nur für individuelle Personalabbaumaßnahmen gelten, nicht jedoch für Betriebsänderungen, bei der letztlich auch der Arbeitsplatz der Schwangeren wegfällt.

## 2. Mitteilungspflicht der Schwangeren

Der Kündigungsschutz greift nur dann ein, wenn der Arbeitgeber von der Schwangerschaft Kenntnis hat. Hierbei reicht es nicht aus, wenn er das Vorliegen der Schwangerschaft lediglich vermutet. Er muss sich auch nicht bei Vorliegen von Anhaltspunkten danach erkundigen. Die Arbeitnehmerin muss den Arbeitgeber jedoch nicht unbedingt vor der Kündigung über ihren Zustand informieren. Es reicht aus, wenn er innerhalb einer Frist von zwei Wochen nach Zugang der Kündigung hiervon in Kenntnis gesetzt wird, auch wenn dies nur mit den Worten erfolgt, dass sie „wahrscheinlich" schwanger sei. Es genügt, wenn die Arbeitnehmerin eine bloß vermutete oder mögliche Schwangerschaft mitteilt (LAG Berlin-Brandenburg v. 15.3.2018, 10 Sa 1509/17).

Zur Mitteilung der Schwangerschaft genügt auch ein ärztliches Attest, das medizinische Fachausdrücke enthält. Der Arbeitgeber muss sich über deren Bedeutung informieren. Die Zweiwochenfrist beginnt mit dem Zugang der Kündigung zu laufen. Sie endet an dem Wochentag zwei Wochen später, der dieselbe Bezeichnung trägt wie der des Zugangs der Kündigung.

**Beispiel**

Die Kündigung geht am Dienstag, den 13.11., zu. Die Arbeitnehmerin hat somit bis Dienstag, den 27.11., Zeit, ihren Arbeitgeber zu informieren.

Auf Verlangen des Arbeitgebers muss ein ärztliches Attest über die Schwangerschaft vorgelegt werden. Der Kündigungsschutz ist jedoch nicht davon abhängig.

**Beispiel**

Die Arbeitnehmerin erklärt, schwanger zu sein, weigert sich aber, ein Attest beizubringen. In der Annahme, dass die Behauptung unrichtig sei, kündigt der Arbeitgeber. Nunmehr bringt die Arbeitnehmerin das gewünschte Attest. Die Kündigung ist unwirksam.

Hat die Arbeitnehmerin die Zweiwochenfrist zur Mitteilung der Schwangerschaft bzw. der Fehlgeburt versäumt, ist die Kündigung trotzdem unwirksam, wenn sie dieses Versäumnis nicht verschuldet hat und die Mitteilung unverzüglich nachholt (BAG v. 26.9.2002, 2 AZR 392/01, DB 2003, 1448). Sie handelt schuldhaft, wenn sie trotz zwingender Hinweise auf eine Schwangerschaft eine Abklärung durch einen Arzt unterlässt. Dessen Fehldiagnose muss sie sich jedoch nicht zurechnen lassen. Sie darf auch die Bestätigung durch einen Arzt abwar-

ten, bevor sie die Mitteilung macht. Ein Verschulden liegt auch nicht vor, wenn die Arbeitnehmerin zwar frühzeitig von ihrer Schwangerschaft erfährt, nicht aber von der Kündigung, weil sie z. B. im Urlaub ist. Sie muss die Mitteilung dann unverzüglich nachholen. Unverzüglich bedeutet „ohne schuldhaftes Zögern", also so schnell wie möglich. Die Schwangere darf sich jedoch vorher noch den rechtlichen Rat eines Anwalts einholen, sofern dies und die nachfolgende Mitteilung schnellstmöglich passieren. Im Normalfall kann man davon ausgehen, dass ihr hierzu eine Woche zur Verfügung steht.

**Beispiel**

Die Arbeitnehmerin weiß seit dem 15.5. von ihrer Schwangerschaft. Am 3.6. fliegt sie für einen Monat in den Urlaub. Während ihrer Abwesenheit wird ihr am 6.6. das Kündigungsschreiben in den Hausbriefkasten geworfen. An ihrem ersten Arbeitstag, dem 4.7. informiert sie ihren Arbeitgeber von der Schwangerschaft. Hier ist die Zweiwochenfrist zwar versäumt, aber ohne Verschulden der Arbeitnehmerin. Die Kündigung ist unwirksam.

Die Arbeitnehmerin muss die Information nicht selbst übermitteln. Es reicht aus, wenn sie eine andere Person, z. B. ihren Ehemann damit beauftragt. Ein Verschulden des Bevollmächtigten braucht sich die Schwangere nicht zurechnen zu lassen.

Die Mitteilung muss entweder gegenüber dem Arbeitgeber persönlich – bei juristischen Personen gegenüber dem gesetzlichen Vertreter – erfolgen oder gegenüber einer Person, die für die Entgegennahme derartiger Erklärungen zuständig ist. In Betracht kommen hier Personalleiter, Personalsachbearbeiter, kündigungsberechtigte Vorgesetzte oder Prokuristen. Die Kenntnis von Kollegen oder des Werksarztes ist aber nicht ausreichend; sie ist dem Arbeitgeber nicht zuzurechnen.

**Beispiel**

Die Arbeitnehmerin erhält eine Kündigung. Zehn Tage später führt der Werksarzt bei ihr eine Routineuntersuchung durch. Dabei berichtet sie ihm von ihrer Schwangerschaft. Nach weiteren zehn Tagen erhebt sie Klage gegen die Kündigung, die dem Arbeitgeber eine Woche später zugestellt wird. Hier besteht kein Sonderkündigungsschutz, denn der Werksarzt ist nicht der Arbeitgeber oder sein Repräsentant.

## 3. Beweislast

Die Arbeitnehmerin muss im Kündigungsschutzprozess beweisen, dass

▶ sie schwanger ist,

▶ der Arbeitgeber hiervon bei Ausspruch der Kündigung Kenntnis gehabt hat oder

▶ sie ihn innerhalb von zwei Wochen nach Zugang der Kündigung informiert hat oder

▶ sie ohne ihr Verschulden daran gehindert war, die Frist einzuhalten, und die Mitteilung unverzüglich nachgeholt hat.

## 4. Behördliche Zustimmung zur Kündigung

Die zuständige Aufsichtsbehörde kann auf Antrag des Arbeitgebers ausnahmsweise ihre Zustimmung zur Kündigung erteilen. Die Anforderungen an den Grund hierfür sind sehr hoch. Es reicht nicht aus, dass der Arbeitgeber einen wichtigen Grund vorträgt, der nach § 626 BGB geeignet wäre, eine fristlose Kündigung zu rechtfertigen. Vielmehr müssen noch weitere besondere Umstände hinzutreten. In Betracht kommen z. B.

▶ schwerwiegende Vertragsverstöße,

▶ schwere Vermögensdelikte,

- Tätlichkeiten gegenüber dem Arbeitgeber,

- Betriebsstilllegung,

- Existenzgefährdung des Betriebs bei Fortdauer des Arbeitsverhältnisses.

In manchen Bundesländern gibt es Verwaltungsvorschriften, die Einzelheiten regeln. Wenn eine Kündigung beabsichtigt ist, sollte man sich bei der zuständigen Behörde danach erkundigen.

 **WICHTIG!**

Wenn der Arbeitgeber eine außerordentliche Kündigung aussprechen will, muss der Antrag innerhalb von zwei Wochen nach Kenntnis vom Kündigungsgrund bei der Behörde eingegangen sein.

Wenn sich die Arbeitnehmerin gleichzeitig in der → *Elternzeit* befindet, muss neben dieser Zustimmung auch noch die Zulässigkeitserklärung nach § 18 Abs. 1 S. 2 BEEG eingeholt werden; zuständig ist in der Regel die Behörde, die auch die Ausnahmegenehmigung nach § 9 MuSchG erteilt.

Wenn der Arbeitgeber die Zustimmung der Behörde erhält, muss er im Falle einer außerordentlichen Kündigung diese unverzüglich aussprechen und der Arbeitnehmerin zustellen. Bei einer ordentlichen Kündigung läuft hingegen keine Frist.

 **ACHTUNG!**

Eine vorher ausgesprochene und damit unwirksame Kündigung wird auch durch die nachträgliche Zustimmung nicht mehr wirksam.

Die Arbeitnehmerin kann gegen die behördliche Zustimmung Widerspruch einlegen. Wenn diesem stattgegeben wird, ist die Kündigung unwirksam. Dies ändert aber nichts daran, dass der Arbeitgeber erst einmal nach der Erteilung der Zustimmung kündigen kann und im Falle einer außerordentlichen Kündigung auch unverzüglich kündigen muss.

**Beispiel**

> Die Zustimmung zur Kündigung geht dem Arbeitgeber am 16.8. zu. Gleichzeitig erhält auch die Arbeitnehmerin diesen Bescheid und legt am selben Tag Widerspruch ein. Der Arbeitgeber stellt am nächsten Tag die außerordentliche Kündigung zu. Wird der Widerspruch zurückgewiesen, ist die Kündigung wirksam. Würde der Arbeitgeber erst die Entscheidung über den Widerspruch abwarten, käme die Kündigung auf jeden Fall zu spät.

Gegen die Zurückweisung des Widerspruchs kann die Arbeitnehmerin Klage beim Verwaltungsgericht erheben. Da sie nach Ausspruch der Kündigung auch eine Kündigungsschutzklage beim Arbeitsgericht erheben muss, kann es zu einer Zweigleisigkeit des Rechtsschutzes kommen. Wird die Zustimmung zur Kündigung vom Verwaltungsgericht aufgehoben, ist die Kündigung auf jeden Fall unwirksam. Wenn die Zustimmung jedoch bestätigt wird, prüft das Arbeitsgericht nunmehr, ob die Kündigung auch unter anderen Aspekten wirksam ist.

**Beispiel**

> Die Zustimmung zur Kündigung wurde erteilt, Widerspruch und Klage der Arbeitnehmerin vor dem Verwaltungsgericht blieben erfolglos. Im Kündigungsschutzprozess vor dem Arbeitsgericht ist nun z. B. zu prüfen, ob die Kündigung auch unter arbeitsrechtlichen Gesichtspunkten Bestand hat, ob z. B. der Betriebsrat ordnungsgemäß angehört worden ist.

Wird der Antrag des Arbeitgebers auf Zustimmung zur Kündigung zurückgewiesen, kann er seinerseits dagegen Widerspruch einlegen. Wenn dieser Erfolg hat, kann er die Kündigung aussprechen. Bei einer außerordentlichen Kündigung ist die Kündigung unverzüglich auszusprechen. Wird sein Widerspruch zurückgewiesen, kann er zwar dagegen vor dem Verwaltungsgericht klagen. Angesichts der extrem langen Verfahrensdauer vor den Verwaltungsgerichten ist jedoch kaum damit zu rechnen, dass dieser Prozess vor dem Ende der Schutzfrist abgeschlossen sein wird. Die positive Entscheidung des Verwaltungsgerichts kann aber Bedeutung haben, wenn die Arbeitnehmerin innerhalb der Frist von vier Monaten nach der Entbindung erneut schwanger wird.

## III. Eltern

### 1. Anwendungsbereich

Im Zusammenhang mit der Inanspruchnahme von Elternzeit hat der Arbeitnehmer einen besonderen Kündigungsschutz. Es besteht ein Kündigungsverbot ab dem Zeitpunkt, von dem an Elternzeit verlangt worden ist. Dieses Kündigungsverbot setzt jedoch frühestens acht Wochen vor dem Beginn der Elternzeit ein (sog. „Vorfrist", § 18 Abs. 1 S. 1 BEEG). Nach der am 1.1.2015 in Kraft getretenen Neuregelung des BEEG, die auf ab dem 1.7.2015 geborene Kinder Anwendung findet, gilt eine unterschiedliche Vorfrist, je nachdem für welchen Zeitraum Elternzeit in Anspruch genommen wird. Der Kündigungsschutz beginnt

- frühestens acht Wochen vor Beginn einer Elternzeit bis zum vollendeten dritten Lebensjahres des Kindes und

- frühestens 14 Wochen vor Beginn einer Elternzeit zwischen dem dritten Geburtstag und dem vollendeten achten Lebensjahr des Kindes.

Durch eine frühere Geltendmachung der Elternzeit kann der Arbeitnehmer also den Beginn des besonderen Kündigungsschutzes nicht nach vorne verlagern. Allerdings darf der Arbeitgeber auch in diesen Fällen nicht deswegen kündigen, weil der Arbeitnehmer Elternzeit beantragt hat (§ 612a BGB).

Macht der Arbeitnehmer Elternzeit ab der Geburt seines Kindes geltend, ist der Tag der prognostizierten Geburt der Endtermin der achtwöchigen Vorfrist, auch wenn das Kind tatsächlich erst später geboren wird (vgl. BAG v. 12.5.2011, 2 AZR 384/10).

Teilweise wird vertreten, dass bei aufgeteilter Elternzeit die „Vorfrist" vor jedem Teilabschnitt der Elternzeit (also nicht nur vor Beginn des ersten Abschnitts) zu berücksichtigen ist (vgl. LAG Mecklenburg-Vorpommern v. 13.4.2021, 2 Sa 300/20).

**Beispiel**

> Der Arbeitnehmer verlangt am 14.3.2022 Elternzeit ab dem 10.5.2022, nachdem dieses Datum als voraussichtlicher Geburtstermin errechnet worden war. Tatsächlich kam das Kind jedoch erst am 24.5.2022 zur Welt. Mit Schreiben vom 16.3.2022 kündigte die Arbeitgeberin das Arbeitsverhältnis. Die achtwöchige Vorfrist endet am 10.5.2022 (Tag der prognostizierten Geburt), sodass seit dem 15.3.2022 und damit zum Zeitpunkt der Kündigung Sonderkündigungsschutz bestand. Würde man dagegen für das Ende der achtwöchigen Vorfrist auf den tatsächlichen Geburtstermin abstellen, hätte zum Zeitpunkt der Kündigung noch kein Sonderkündigungsschutz bestanden.

§ 18 BEEG beinhaltet keinen nachwirkenden Sonderkündigungsschutz. Bereits an dem auf das Ende der Elternzeit folgenden Tag kann daher eine Kündigung erklärt werden (vgl. VGH München v. 5.11.2019, 12 ZB 19.1222). Der Sonderkündigungsschutz endet daher mit dem Ende der Elternzeit und zwar unabhängig davon, ob das Ende regulär erfolgt oder vorzeitig, z. B. beim Tod des Kindes. Auch wenn eine der materiellen Voraussetzungen der Elternzeit nachträglich wegfällt (z. B. wegen Wechsels der Betreuungsperson), endet der besondere Kündigungsschutz (LAG Baden-Württemberg v. 17.9.2021, 12 Sa 23/21).

 **WICHTIG!**

Das Kündigungsverbot besteht nur, wenn der Anspruch auf Elternzeit besteht und der Arbeitnehmer ihn geltend gemacht hat. Entscheidend hierfür ist die objektive Rechtslage. Wenn die Voraussetzungen für die Elternzeit gar nicht vorliegen, weil der Arbeitnehmer z. B. nicht in einem Haushalt mit dem zu betreuenden Kind lebt, greift der besondere Kündigungsschutz nicht ein.

Hat der Arbeitnehmer jedoch nur die Ankündigungsfrist nicht eingehalten oder keine Angaben zur Gesamtdauer der Elternzeit gemacht, steht er unter dem besonderen Kündigungsschutz. Auch kann es im Einzelfall rechtsmissbräuchlich sein, wenn der Arbeitgeber sich im Kündigungsschutzprozess auf die fehlende Schriftform des Elternzeitverlangens beruft, obwohl er es zuvor hingenommen hat, dass der Arbeitnehmer seine Elternzeit nimmt (BAG v. 26.6.2008, 2 AZR 23/07, ZTR 2009, 98).

Das Kündigungsverbot gilt auch für die Arbeitnehmer, die während der Elternzeit von der Möglichkeit der Teilzeitbeschäftigung bei ihrem bisherigen oder einem anderen Arbeitgeber Gebrauch machen (§ 18 Abs. 2 Nr. 1 BEEG).

In diesem Zusammenhang kann sich jedoch eine Schutzlücke beim Sonderkündigungsschutz ergeben, wenn der Arbeitnehmer die Elternzeit nur unter der Bedingung beansprucht, dass der Arbeitgeber dem Teilzeitverlangen des Arbeitnehmers stattgibt. Lehnt der Arbeitgeber das Teilzeitverlangen wirksam ab, so sind die Voraussetzungen des Sonderkündigungsschutzes nicht gegeben. § 18 Abs. 1 BEEG setzt voraus, dass Elternzeit verlangt wird. Auch für den Schwebezeitraum zwischen Stellung und Ablehnung des bedingten Antrages besteht nach BAG v. 12.5.2011, 2 AZR 384/10, kein Sonderkündigungsschutz.

**Beispiel**

Der Arbeitnehmer verlangt am 14.3.2022 Elternzeit ab dem 10.5.2022, macht sein Verlangen aber von der Gewährung von Elternteilzeit abhängig. Mit Schreiben vom 16.3.2022 kündigt die Arbeitgeberin das Arbeitsverhältnis. Mit Schreiben vom 30.3.2022 kündigt die Arbeitgeberin das Arbeitsverhältnis erneut und lehnt zugleich den Antrag auf Elternteilzeit wegen entgegenstehender dringender betrieblicher Gründe ab. Der Arbeitnehmer genießt weder im Hinblick auf die Kündigung vom 16.3.2022 noch bezüglich der Kündigung vom 30.3.2022 Sonderkündigungsschutz, weil die Bedingung für das Elternzeitverlangen nicht eingetreten ist und deshalb kein Elternzeitverlangen des Arbeitnehmers vorliegt.

Das Kündigungsverbot gilt auch für Teilzeitbeschäftigte mit nicht mehr als 30 Wochenstunden (für ab dem 1.9.2021 geborene Kinder von bis zu 32 Wochenstunden), die Anspruch auf Elternzeit hätten, sie aber nicht nehmen, weil sie ohnehin im bisherigen Umfang weiterarbeiten wollen. Der Kündigungsschutz gilt in diesem Fall aber nur für die Höchstbezugsdauer des Elterngeldes von 14 Monaten (§ 18 Abs. 2 Nr. 2 i. V. m. § 4 Abs. 1 S. 1 BEEG).

 **WICHTIG!**

Der besondere Kündigungsschutz gilt nur für das bisherige Arbeitsverhältnis. Nimmt der Arbeitnehmer während der Elternzeit eine Teilzeitbeschäftigung bei einem anderen Arbeitgeber auf, ist er dort nicht vor einer Kündigung geschützt (BAG v. 2.2.2006, 2 AZR 596/04, ZTR 2006, 435).

Vom Sonderkündigungsschutz erfasst und damit unwirksam sind sämtliche Kündigungen, also

▶ Beendigungskündigungen, egal ob fristlos oder fristgemäß,

▶ Änderungskündigungen,

▶ vorsorgliche Kündigungen, auch zum Ablauf der Schutzfrist.

Maßgeblich ist der Zeitpunkt, zu dem die Kündigung zugeht. Somit ist auch eine Kündigung unwirksam, die zum Ende der Elternzeit erklärt wird.

Vom Sonderkündigungsschutz nicht erfasst sind folgende Beendigungen:

▶ Ablauf der Befristung des Arbeitsvertrags bei einem befristeten Arbeitsverhältnis,

▶ Anfechtung des Arbeitsvertrags wegen arglistiger Täuschung oder Irrtums,

▶ Berufung auf die Nichtigkeit des Arbeitsvertrags,

▶ Aufhebungsvertrag,

▶ Eigenkündigung des Arbeitnehmers, die mit einer Frist von drei Monaten zum Ende der Elternzeit möglich ist, wenn nicht ohnehin eine kürzere Frist gilt (§ 19 BEEG),

▶ Kündigung, die dem Arbeitnehmer vor seinem Verlangen nach Elternzeit oder mehr als acht bzw. 14 Wochen vor deren Beginn zugeht, selbst wenn der Beendigungszeitpunkt während der Elternzeit liegt. Allerdings kann in diesem Fall eine nach § 612a BGB unzulässige Maßregelung des Arbeitnehmers vorliegen, die ebenfalls zur Unwirksamkeit der Kündigung führt, wenn die Kündigung vor dem Hintergrund der beabsichtigten Elternzeit ausgesprochen wird.

## 2. Ausnahmegenehmigungen

Die für den Arbeitsschutz zuständige oberste Arbeitsbehörde oder eine von ihr bestimmte Stelle kann in besonderen Fällen die Kündigung ausnahmsweise für zulässig erklären (§ 18 Abs. 1 BEEG). Die Zuständigkeit ist in den einzelnen Bundesländern unterschiedlich geregelt.

 **TIPP!**

Eine Liste mit den aktuellen Zuständigkeiten in den jeweiligen Bundesländern sowie die Adressen und Kontaktdaten befindet sich auf der Homepage des Bundesministeriums für Familie, Senioren, Frauen und Jugend unter www.bmfsfj.de (Suchbegriff: Aufsichtsbehörden).

Nach § 18 Abs. 1 S. 4 BEEG kann die Bundesregierung mit Zustimmung des Bundesrates allgemeine Verwaltungsvorschriften zur Durchführung der Zulässigkeitserklärung erlassen. Auf dieser Grundlage wurde die allgemeine Verwaltungsvorschrift zum Kündigungsschutz bei Elternzeit vom 3.1.2007 (BAnz. Nr. 5 S. 247) erlassen, an der sich die zuständigen Behörden orientieren. Danach ist die Zulässigkeitserklärung zu erteilen, wenn das nach § 18 BEEG als vorrangig angesehene Interesse des Arbeitnehmers am Fortbestand des Arbeitsverhältnisses wegen außergewöhnlicher Umstände hinter das Interesse des Arbeitgebers zurücktreten muss (Ziffer 1 der Verwaltungsvorschrift). Ein solcher Fall ist insbesondere gegeben bei der Schließung eines Betriebes oder einer Betriebsabteilung, in der der Arbeitnehmer beschäftigt ist, wenn der Arbeitnehmer nicht in einem anderen Betrieb oder einer anderen Betriebsabteilung des Unternehmens weiterbeschäftigt werden kann oder eine ihm vom Arbeitgeber angebotene zumutbare Weiterbeschäftigung auf einem anderen Arbeitsplatz ablehnt (Ziffer 2.1.1 bis 2.1.4 der Verwaltungsvorschrift). Ein solcher Fall ist auch gegeben, wenn besonders schwere Verstöße des Arbeitnehmers gegen arbeitsvertragliche Pflichten oder vorsätzliche strafbare

Handlungen des Arbeitnehmers dem Arbeitgeber die Aufrechterhaltung des Arbeitsverhältnisses unzumutbar machen (Ziffer 2.1.6 der Verwaltungsvorschrift). Insoweit kommen beispielsweise eine unerlaubte Konkurrenztätigkeit während der Elternzeit oder den Ruf des Arbeitgebers schädigende Äußerungen des Arbeitnehmers in Betracht.

Die Zulässigkeitserklärung der Behörde muss zum Zeitpunkt der Kündigung vorliegen, aber noch nicht bestandskräftig sein (LAG Hamm v. 4.3.2005, 10 Sa 1832/04). Die Kündigung kann daher ausgesprochen werden, sobald die Zulässigkeitserklärung der Behörde vorliegt.

Im Fall einer fristlosen Kündigung muss der Antrag innerhalb der Zwei-Wochen-Frist des § 626 Abs. 2 BGB gestellt und die Kündigung analog § 174 SGB IX unverzüglich nach Vorliegen der Zulässigkeitserklärung ausgesprochen werden. Dagegen gilt für den Ausspruch einer ordentlichen Kündigung keine Frist. Insbesondere ist die Monatsfrist des § 171 Abs. 3 SGB IX für die Kündigung schwerbehinderter Arbeitnehmer nicht entsprechend anzuwenden (BAG v. 22.6.2011, 8 AZR 107/10).

 **ACHTUNG!**

Wird die Kündigung ausgesprochen, bevor die behördliche Zulässigkeitserklärung vorliegt, ist die Kündigung unwirksam. Eine spätere Zulässigkeitserklärung heilt nicht rückwirkend die Unwirksamkeit der Kündigung.

In den Fällen, in denen eine Arbeitnehmerin, die sich in Elternzeit befindet, erneut schwanger wird, muss der Arbeitgeber sowohl die Zustimmung nach § 9 Abs. 3 MuSchG als auch die nach § 18 Abs. 1 BEEG einholen.

Das Arbeitsgericht ist an einen bestandskräftigen Bescheid der Behörde gebunden. Dies führt zu einer Zweigleisigkeit des Verfahrens vor den Arbeits- und den Verwaltungsgerichten, da der Arbeitnehmer in der Praxis gegen den Bescheid der Behörde Widerspruch einlegen und anschließend gegebenenfalls Anfechtungsklage beim Verwaltungsgericht erheben wird, um dessen Bestandskraft zu verhindern, und parallel vor dem Arbeitsgericht mit einer Kündigungsschutzklage gegen die Kündigung vorgehen muss.

Die Zulässigkeitserklärung der Behörde führt lediglich zu einer Befreiung von dem gesetzlichen Kündigungsverbot. Ob die Kündigung gegebenenfalls aus anderen Gründen unwirksam ist, ist damit noch nicht entschieden und wird vom Arbeitsgericht im Rahmen der Kündigungsschutzklage geprüft.

## IV. Pflegezeit

Gemäß § 5 Abs. 1 PflegeZG darf der Arbeitgeber das Beschäftigungsverhältnis von der Ankündigung bis zur Beendigung der kurzzeitigen Arbeitsverhinderung nach § 2 PflegeZG oder der Pflegezeit nach § 3 PflegeZG nicht kündigen. Der Sonderkündigungsschutz beginnt allerdings frühestens zwölf Wochen vor den beabsichtigten Beginn der Arbeitsverhinderung bzw. der Pflegezeit.

Maßgeblicher Zeitpunkt ist der Zugang der Kündigungserklärung, nicht der Tag des Ablaufs der Kündigungsfrist. Eine Kündigung verstößt demnach nicht gegen § 5 PflegeZG, wenn sie dem Beschäftigten zugeht, bevor dieser die kurzzeitige Arbeitsbefreiung bzw. die Pflegezeit angekündigt hat. Endet das Arbeitsverhältnis in diesem Fall innerhalb des geschützten Zeitraums des § 5 PflegeZG, so ist dies unbedenklich.

Der Sonderkündigungsschutz nach § 5 PflegeZG wirkt nicht nach und endet daher mit dem Ende der kurzzeitigen Arbeitsverhinderung oder der Pflege(teil)zeit. Eine Kündigung gerade aus Anlass der genommenen Pflegezeit wird aber regelmäßig wegen Verstoßes gegen das Maßregelungsverbot nach § 612a BGB unwirksam sein. Der Sonderkündigungsschutz gilt für alle in § 7 Abs. 1 PflegeZG genannten Beschäftigten, also auch für solche Personen, die wegen ihrer wirtschaftlichen Unselbstständigkeit als arbeitnehmerähnliche Personen anzusehen sind, wie beispielsweise die in Heimarbeit Beschäftigten.

Nach § 5 Abs. 2 PflegeZG kann eine Kündigung von der für Arbeitsschutz zuständigen obersten Landesbehörde oder der von ihr bestimmten Stelle in besonderen Fällen ausnahmsweise für zulässig erklärt werden (§ 5 Abs. 2 PflegeZG). Von der nach § 5 Abs. 2 S. 2 PflegeZG bestehenden Möglichkeit, hierzu allgemeine Verwaltungsvorschriften zu erlassen, hat die Bundesregierung bisher noch keinen Gebrauch gemacht. Ein besonderer Fall im Sinne des Gesetzes liegt vor, wenn außergewöhnliche Umstände es verlangen, dass die grundsätzlich vom Gesetz für vorrangig erachteten Interessen des Arbeitnehmers in der Pflegesituation ausnahmsweise hinter die Belange des Arbeitgebers zurücktreten. Praktisch relevante Fälle sind hier schwere Vertragsverstöße des Arbeitnehmers oder eine beabsichtigte Betriebsstilllegung.

Mehr hierzu unter → *Pflegezeit*.

## V. Familienpflegezeit

Zum 1.1.2012 ist zudem das Familienpflegezeitgesetz mit ähnlicher Zielrichtung in Kraft getreten. Auch nach diesem Gesetz kann sich ein Sonderkündigungsschutz ergeben.

Beschäftigte genießen ab dem Zeitpunkt der (ordnungsgemäßen) Ankündigung der teilweisen Freistellung nach § 2 Abs. 1 oder 5 FPfZG, frühestens allerdings zwölf Wochen vor dem angekündigten Beginn, bis zur Beendigung der Freistellung Sonderkündigungsschutz. § 2 Abs. 3 FPfZG verweist insoweit auf § 5 Abs. 1 PflegeZG.

Das bedeutet, dass dem Beschäftigten während dieser Zeit grundsätzlich nicht gekündigt werden kann. Maßgeblicher Zeitpunkt ist dabei der Zugang der Kündigungserklärung. Da eine Nachwirkung des Kündigungsschutzes nicht geregelt ist, endet dieser unmittelbar mit dem Ende der Freistellung, sodass eine bereits am ersten Tag nach Ende der Freistellung zugegangene Kündigung wirksam sein kann. Eine gerade wegen der Inanspruchnahme der Familienpflegezeit ausgesprochene Kündigung dürfte allerdings eine Maßregelung im Sinne des § 612a BGB darstellen und daher unwirksam sein.

Nur in besonderen Ausnahmefällen kann nach Zustimmung durch die für den Arbeitsschutz jeweils zuständige oberste Landesbehörde das Arbeits- oder Berufsausbildungsverhältnis gekündigt werden. Eine ohne die erforderliche Zustimmung ausgesprochene Kündigung ist unwirksam. Besondere Umstände, die eine Kündigung während der Dauer der Freistellung rechtfertigen könnten, sind etwa die Stilllegung des Betriebs oder schwerwiegende Pflichtverletzungen des Beschäftigten gegenüber dem Arbeitgeber.

Mehr hierzu unter → *Familienpflegezeit*.

## VI. Auszubildende

Während der Probezeit kann das Ausbildungsverhältnis von beiden Seiten jederzeit ohne Einhaltung einer Frist gekündigt werden (§ 22 Abs. 1 BBiG). Nach Ablauf der Probezeit kann der Arbeitgeber nur noch aus wichtigem Grund außerordentlich kündigen. Eine ordentliche Kündigung durch den Arbeitgeber ist bis zur Beendigung des Berufsausbildungsverhältnisses nicht möglich. Dasselbe gilt nach § 16 TVAöD für Ausbildungen, die dem öffentlichen Tarifrecht unterliegen.

### 1. Ordentliche Kündigung durch den Auszubildenden

Der Auszubildende kann das Ausbildungsverhältnis mit einer Frist von vier Wochen ordentlich kündigen, wenn er die Berufsausbildung aufgeben oder sich für einen anderen Beruf ausbilden lassen will (§ 22 Abs. 2 Nr. 2 BBiG).

Diese Kündigung ist nur dann wirksam, wenn der Auszubildende im Kündigungsschreiben die Kündigungsgründe ausdrücklich mitteilt.

 **WICHTIG!**
Täuscht der Auszubildende eine Berufsaufgabe oder einen Berufswechsel vor, um sich in Wahrheit von einem Konkurrenzbetrieb weiter ausbilden zu lassen, macht er sich schadensersatzpflichtig!

### 2. Außerordentliche Kündigung

Der wichtige Grund für die außerordentliche Kündigung gemäß § 22 Abs. 2 Nr. 1 BBiG entspricht dem der außerordentlichen Kündigung gemäß § 626 Abs. 1 BGB. Im Rahmen der anzustellenden Interessenabwägung ist jedoch besonders zu berücksichtigen, dass der meist noch jugendliche Auszubildende eine weniger gefestigte Persönlichkeitsstruktur hat, als ein „normaler" Arbeitnehmer.

Bei einem bereits weit fortgeschrittenen Ausbildungsverhältnis werden besonders strenge Maßstäbe an eine außerordentliche Kündigung des Ausbildenden angelegt (BAG v. 10.5.1973, 2 AZR 328/72, DB 1973, 1512). Sie wird daher nur in besonderen Ausnahmefällen, wenn eine Fortsetzung bis zum Ausbildungsende gänzlich unzumutbar ist, zulässig sein. Ebenso stellt ein formaler Eignungsmangel einen solchen geeigneten Grund für eine außerordentliche Kündigung dar, wenn es dem Arbeitgeber dadurch unmöglich ist, den Auszubildenden tatsächlich auszubilden und das Ausbildungsziel zu erreichen (LAG Schleswig-Holstein v. 12.7.2023, 3 Sa 8/23).

### 3. Form und Frist

Die außerordentliche Kündigung des Berufsausbildungsverhältnisses muss schriftlich erfolgen. In dem Kündigungsschreiben müssen die Kündigungsgründe angegeben werden (§ 22 Abs. 3 BBiG).

 **ACHTUNG!**
Nur die im Kündigungsschreiben angegebenen Kündigungsgründe können in einem nachfolgenden Rechtsstreit vorgebracht werden. Ein Nachschieben von Kündigungsgründen ist nicht möglich.

Die Kündigung muss innerhalb einer Frist von zwei Wochen nach Kenntniserlangung des Kündigungsgrunds erklärt werden. Das Kündigungsschreiben muss dem Empfänger innerhalb dieser Frist zugehen. Die zweiwöchige Ausschlussfrist ist zwingend, d. h. sie kann weder tarifrechtlich noch durch entsprechende Regelungen im Ausbildungsvertrag verlängert oder verkürzt werden.

 **ACHTUNG!**
Wird die Kündigung verspätet erklärt, ist sie unwirksam.

## VII. Betriebsratsmitglieder/Mitglieder der Personalvertretung

### 1. Ordentliche Kündigung

Die ordentliche Kündigung eines Mitglieds des Betriebsrats, der Personalratsvertretung, der Jugendvertretung oder anderer Arbeitnehmervertretungen ist während der Amtszeit unzulässig, es sei denn, der Betrieb wird stillgelegt (§ 15 KSchG).

Der vom Kündigungsverbot geschützte Personenkreis umfasst die Mitglieder

▶ des Betriebsrats,

▶ der Personalvertretung,

▶ der Jugendvertretung (§ 60 BetrVG),

▶ der Bordvertretung (§ 115 BetrVG),

▶ des Seebetriebsrats (§ 116 BetrVG),

▶ einer durch Tarifvertrag bestimmten anderen Arbeitnehmervertretung (§ 3 Abs. 1 Nr. 2 BetrVG),

▶ des Wahlvorstands und der Wahlbewerber für eine Wahl, deren gewählte Kandidaten dann vom betriebsverfassungsrechtlichen Kündigungsschutz erfasst werden.

Das Kündigungsverbot gilt auch für den Vertrauensmann oder die Vertrauensfrau der Schwerbehinderten sowie die in Heimarbeit beschäftigten Mitglieder eines Betriebsrats, einer Jugendvertretung, eines Wahlvorstands oder Wahlbewerber.

Der besondere Kündigungsschutz für Mitglieder der Arbeitnehmervertretung endet erst ein Jahr nach Beendigung der Amtszeit. Dieser nachwirkende Kündigungsschutz gilt auch für Ersatzmitglieder, und zwar unabhängig davon, ob sie endgültig in den Betriebsrat nachgerückt oder nur vorübergehend als Stellvertreter für ein zeitweilig verhindertes Betriebsratsmitglied tätig geworden sind.

 **WICHTIG!**
Wird ein Betriebsratsmitglied in einer Betriebsabteilung beschäftigt, die stillgelegt werden soll, so ist der Arbeitgeber sogar verpflichtet, die Übernahme in eine andere Betriebsabteilung notfalls durch Freikündigung eines geeigneten Arbeitsplatzes sicherzustellen (BAG v. 18.10.2000, 2 AZR 494/99, DB 2001, 1729).

Das Kündigungsverbot gilt auch für ordentliche Änderungskündigungen. Selbst wenn der Arbeitgeber aus betriebsbedingten Gründen allen oder der Mehrzahl der Arbeitnehmer des Betriebs kündigt und ihnen eine Weiterarbeit zu schlechteren Arbeitsbedingungen anbietet, rechtfertigt ein solcher Massentatbestand auch nicht ausnahmsweise eine ordentliche Änderungskündigung gegenüber Betriebsratsmitgliedern und den anderen durch § 15 KSchG geschützten Amtsträgern (BAG v. 7.10.2004, 2 AZR 81/04, DB 2005, 894). Ebenfalls ausgeschlossen ist eine verhaltensbedingte außerordentliche Kündigung mit Auslauffrist (BAG v. 21.6.2012, 2 AZR 343/11, ZTR 2013, 101).

### 2. Außerordentliche Kündigung

Eine außerordentliche Kündigung nach § 626 BGB bleibt zulässig. Dabei ist zwischen der Amtspflichtverletzung und der Verletzung der Pflichten aus dem Arbeitsverhältnis zu unterscheiden. Selbst ein grober Verstoß gegen die Amtspflichten rechtfertigt nicht ohne weiteres eine außerordentliche Kündigung. Solche Verstöße können nach § 28 Abs. 1 BPersVG durch Ausschluss aus dem Personalrat geahndet werden. Erst wenn in der Amtspflichtverletzung zugleich eine die außerordentliche Kündigung rechtfertigende grobe Verletzung arbeitsvertraglicher Pflichten liegt, ist die fristlose Kündigung zulässig.

Liegt ein wichtiger Grund vor, muss vor Ausspruch der Kündigung die vorherige Zustimmung des Personalrats eingeholt werden (§§ 47 Abs. 1, 108 Abs. 1 BPersVG). Dieser muss spätestens innerhalb von drei Tagen über die Zustimmung entscheiden. Entsprechendes gilt für die Mitglieder des Betriebsrats gemäß § 103 BetrVG.

**ACHTUNG!**
Gibt der Betriebsrat oder die Personalvertretung binnen drei Tagen keine Erklärung ab, gilt die Zustimmung als verweigert.

Der Arbeitgeber kann dann beim Arbeitsgericht die gerichtliche Ersetzung der Zustimmung beantragen (§ 103 Abs. 2 BetrVG). Das Arbeitsgericht muss die Zustimmung ersetzen, wenn die außerordentliche Kündigung unter Berücksichtigung aller Umstände gerechtfertigt ist. Im Personalvertretungsrecht ist die fehlende Zustimmung durch das Verwaltungsgericht zu ersetzen (§ 47 Abs. 1 BPersVG).

**ACHTUNG!**
Wird erstmalig ein Betriebsrat oder Personalrat gewählt, muss vor der außerordentlichen Kündigung eines Wahlbewerbers gleichwohl die Ersetzung der Zustimmung beim Arbeitsgericht bzw. dem Verwaltungsgericht beantragt werden.

Da die Kündigung dem Arbeitnehmer innerhalb von zwei Wochen, nachdem der Arbeitgeber vom Kündigungsgrund Kenntnis erlangt hat, zugehen muss, kann der Arbeitgeber hier in erhebliche Zeitnot geraten. Er muss deshalb den Betriebsrat so rechtzeitig um Zustimmung ersuchen, dass bei einer Verweigerung noch innerhalb der Zwei-Wochen-Frist die Ersetzung beim Arbeitsgericht bzw. beim Verwaltungsgericht beantragt werden kann.

Durch den Antrag des Arbeitgebers auf Ersetzung wird die Zwei-Wochen-Frist gehemmt, also vorläufig „stillgelegt". Der Arbeitgeber muss aber nach der Ersetzung durch das Gericht unverzüglich die Kündigung aussprechen.

**WICHTIG!**
Die fristlose Kündigung ist auch dann wirksam, wenn dem Kündigungsschreiben nicht die nach § 103 Abs. 1 BetrVG erforderliche Zustimmung des Betriebsrats beigefügt ist (BAG v. 4.3.2004, 2 AZR 147/03, ZTR 2004, 491).

## VIII. Betriebsübergang

Für den Fall, dass ein bestehender Betrieb oder Betriebsteil auf einen anderen Inhaber infolge rechtsgeschäftlicher Veräußerung übergeht, enthält § 613a Abs. 4 BGB ein eigenständiges Kündigungsverbot: Die Kündigung eines Arbeitsverhältnisses, die **wegen** des Betriebsübergangs erfolgt, durch den bisherigen oder den neuen Arbeitgeber ist unwirksam. Dies gilt sowohl bei privatrechtlichen als auch bei öffentlich-rechtlichen Betriebsübergängen. Bei einer Privatisierung im öffentlichen Dienst findet § 613a BGB zumindest analog Anwendung. Das Kündigungsverbot des § 613a Abs. 4 BGB gilt auch für solche Arbeitsverhältnisse, für die nach dem Kündigungsschutzgesetz kein allgemeiner Kündigungs-

schutz besteht (also z. B. für Arbeitnehmer, die noch keine sechs Monate im Betrieb sind, oder für leitende Angestellte).

**ACHTUNG!**
Bereits die Ausgliederung einer bestimmten Funktion aus einem bestehenden Betrieb, ohne dass zugleich irgendwelche Betriebsmittel übertragen werden (sog. „Outsourcing") kann einen → *Betriebsübergang* darstellen.

Von dem Kündigungsverbot sind sowohl ordentliche als auch außerordentliche Beendigungs- sowie Änderungskündigungen umfasst.

**WICHTIG!**
Die Arbeitsvertragsparteien können das Arbeitsverhältnis im Zusammenhang mit einem Betriebsübergang wirksam durch Aufhebungsvertrag auflösen, wenn die Vereinbarung auf das endgültige Ausscheiden eines Arbeitnehmers aus dem Betrieb gerichtet ist. Ein Aufhebungsvertrag ist jedoch wegen gesetzwidriger Umgehung der Rechtsfolgen des § 613a BGB unwirksam, wenn zugleich ein neues Arbeitsverhältnis zum Betriebsübernehmer vereinbart oder zumindest verbindlich in Aussicht gestellt wird. Dies gilt auch dann, wenn es beim Abschluss eines Aufhebungsvertrages nur darum geht, die Kontinuität des Arbeitsverhältnisses zu unterbrechen, wodurch der Arbeitnehmer die bisher erdienten Besitzstände verlieren soll. Unwirksam sind auch Eigenkündigungen oder Aufhebungsverträge, zu denen die Arbeitnehmer unter Hinweis auf eine Einstellungsgarantie beim potentiellen Erwerber – regelmäßig zu schlechteren Arbeitsbedingungen – veranlasst wurden (BAG v. 18.8.2005, 8 AZR 523/04, DB 2006, 107).

Eine Kündigung ist nur insoweit verboten, als sie wegen des Betriebsübergangs erfolgt. Dies bedeutet nicht, dass alle Kündigungen, die in zeitlichem oder funktionellem Zusammenhang mit einem Betriebsübergang stehen, grundsätzlich rechtsunwirksam sind. Dies ist vielmehr nur dann der Fall, wenn der Betriebsübergang das entscheidende Motiv für die Kündigung darstellt, also für die Kündigung kein sonstiger hinreichender Grund vorliegt.

Unabhängig davon ist, ob der Betriebsübergang bereits stattgefunden hat oder lediglich beabsichtigt ist. Auch wenn der Arbeitgeber kündigt, um einen geplanten Betriebsübergang vorzubereiten, findet das Kündigungsverbot Anwendung. Ein späteres Scheitern des geplanten Betriebsübergangs, wie eine unerwartete spätere Betriebsfortführung oder Betriebsstilllegung sind für die Unwirksamkeit unerheblich.

Die Grenze zu einer betriebsbedingten Kündigung ist hierbei fließend. Will ein Betriebsveräußerer Rationalisierungsmaßnahmen zur Optimierung des Betriebs durchführen, um hierdurch die Verkaufschancen zu erhöhen, so kann eine betriebsbedingte Kündigung gerechtfertigt sein. Hintergrund einer solchen Kündigung ist nach Auffassung des BAG nicht der Betriebsübergang, sondern die Rationalisierungsabsicht (BAG v. 26.5.1983, 2 AZR 477/81, DB 1983, 2690; BAG v. 18.7.1996, 8 AZR 127/94, DB 1996, 2288).

Für die Behauptung, dass die Kündigung aus Anlass des Betriebsübergangs erfolgt ist, ist der Arbeitnehmer im Streitfall darlegungs- und beweispflichtig. Wird ein Betrieb jedoch von einem Erwerber fortgesetzt, obliegt es dem Arbeitgeber darzulegen und zu beweisen, dass andere Gründe für die Kündigung maßgebend waren.

## IX. Freiwilliger Wehrdienst

### 1. Ordentliche Kündigung

Seit 2011 ist die Pflicht zur Ableistung des Grundwehrdienstes ausgesetzt. Es besteht aber weiterhin die Möglichkeit, einen freiwilligen Wehrdienst zu leisten. § 2 ArbPlSchG schützt den Arbeitnehmer während des Wehrdienstes vor der ordentlichen Kündigung: Vom Zeitpunkt der Zustellung der Dienstantrittsaufforderung (früher Einberufungsbescheid) bis zur Beendigung des Wehrdienstes ist die ordentliche Kündigung durch den Arbeitgeber verboten. Bei der Wehrübung besteht dieses Verbot nur während der Wehrübung selbst. Dieser besondere Kündigungsschutz gilt unabhängig von der Vorbeschäftigungszeit und der Betriebsgröße.

Kündigt der Arbeitgeber trotz des Verbots, ist die Kündigung unwirksam. Der Arbeitnehmer muss die Unwirksamkeit der Kündigung allerdings innerhalb der dreiwöchigen Frist des § 4 KSchG geltend machen.

Eine Einschränkung dieses Kündigungsverbots gilt für Kleinbetriebe mit in der Regel fünf oder weniger Arbeitnehmern (Auszubildende zählen hierbei nicht mit; Teilzeitbeschäftigte werden anteilig nach ihrer wöchentlichen Arbeitszeit berücksichtigt: Beträgt die wöchentliche Arbeitszeit 20 Stunden oder weniger, zählt ein Teilzeitbeschäftigter als 0,5 Arbeitnehmer, beträgt sie mehr als 21 und höchstens 30 Stunden, zählt er als 0,75 Arbeitnehmer. Bei mehr als 30 Stunden gilt er als vollzeitbeschäftigter Arbeitnehmer).

In diesen Kleinbetrieben kann der Arbeitgeber unverheirateten Arbeitnehmern, die zum Grundwehr- oder Zivildienst für mehr als sechs Monate einberufen worden sind, zum Ende des Wehrdienstes kündigen, wenn er eine Ersatzkraft eingestellt hat und ihm die Weiterbeschäftigung des Arbeitnehmers nicht zugemutet werden kann (§ 2 Abs. 3 ArbPlSchG).

 **ACHTUNG!**
Die Kündigung ist spätestens zwei Monate vor Beendigung des Grundwehr- bzw. Zivildienstes auszusprechen, sonst geht das Kündigungsrecht verloren.

### 2. Außerordentliche Kündigung

Eine außerordentliche Kündigung aus wichtigem Grund bleibt auch während des Wehrdienstes möglich, so z. B. wenn der Arbeitgeber erst während des bereits begonnenen Wehrdienstes von einem wichtigen Grund Kenntnis erlangt.

 **ACHTUNG!**
In einem solchen Fall ist die außerordentliche Kündigung während des Wehrdienstes nicht nur zulässig, sondern wegen der zweiwöchigen Frist (§ 626 Abs. 2 BGB) sogar erforderlich.

Die Einberufung selbst ist aber kein wichtiger Grund zur außerordentlichen Kündigung.

Bei Arbeitnehmern, die unter das Kündigungsschutzgesetz fallen, beginnt die Klagefrist erst zwei Wochen nach der Beendigung des Wehrdienstes, wenn die Kündigung nach der Zustellung des Einberufungsbescheides oder nach Beginn des Wehrdienstes erfolgte.

### 3. Vor- und Nachwirkungen des Kündigungsschutzes

Auch außerhalb der direkten Wehrdienstzeit sind Kündigungen aus Anlass des Wehrdienstes nicht zulässig. „Aus Anlass" erfolgt eine Kündigung, wenn der Wehrdienst direkt oder indirekt Motivation für die Kündigung ist. Dabei ist der Begriff Wehrdienst weit auszulegen, er umfasst z. B. auch die Musterung.

Auch bei der ordentlichen betriebsbedingten Kündigung, die vor oder nach dem Wehrdienstzeitraum ausgesprochen wird, besteht ein weiterer Schutz: Fällt der Arbeitnehmer unter das Kündigungsschutzgesetz, darf der Wehrdienst bei der Sozialauswahl nicht zum Nachteil des Arbeitnehmers berücksichtigt werden, § 2 Abs. 2 S. 2 ArbPlSchG. Grundsätzlich sind bei der Sozialauswahl nach § 1 Abs. 3 S. 1 KSchG ausschließlich die Dauer der Betriebszugehörigkeit, das Lebensalter, die Unterhaltspflichten und die Schwerbehinderung des Arbeitnehmers zu berücksichtigen. Ist streitig, ob der Arbeitnehmer wegen seines Wehrdienstes nachteilig behandelt wurde, muss der Arbeitgeber darlegen, dass der Wehrdienst nicht zur Kündigungsentscheidung beigetragen hat, § 2 Abs. 2 S. 3 ArbPlSchG.

Anders als beim neuen freiwilligen Wehrdienst und dem früheren Zivildienst sind die Vorschriften des Arbeitsplatzschutzgesetzes auf den Bundesfreiwilligendienst nicht anwendbar! Nach überwiegender Meinung gibt es für die Zeit des Bundesfreiwilligendienstes keinen Sonderkündigungsschutz.

## X. Arbeitnehmer mit besonderen Funktionen im Betrieb

Werden Arbeitnehmern besondere Aufgaben nach dem jeweiligen Gesetz zugewiesen, korrespondiert dem in der Regel ein besonderer Kündigungsschutz. Dies gilt beispielsweise für den Datenschutzbeauftragten gemäß § 6 Abs. 4 BDSG und den Immissionsschutzbeauftragten gemäß § 58 Abs. 2 BImSchG. Entsprechendes gilt für den Abfallbeauftragten gemäß § 60 Abs. 3 Kreislaufwirtschaftgesetz (KrWG). Diese können nur aus wichtigem Grund und unter Ausschluss der ordentlichen Kündigung gekündigt werden. Voraussetzung für das Eingreifen eines Sonderkündigungsschutzes ist jedoch, dass der Arbeitnehmer in sein Amt wirksam berufen wurde (BAG v. 26.3.2009, 2 AZR 633/07, ZTR 2009, 507). Der Sonderkündigungsschutz des Datenschutzbeauftragten endet allerdings mit Absinken der Beschäftigtenzahl unter den Schwellenwert des § 4f Abs. 1 Satz 4 BDSG aF. Gleichzeitig beginnt der einjährige nachwirkende Sonderkündigungsschutz des § 4f Abs. 3 Satz 6 BDSG aF. (BAG v. 5.12.2019, 2 AZR 223/19, ZTR 2020, 165). Ein einmal wirksam bestellter Datenschutzbeauftragter kann also seinen Status und seinen Sonderkündigungsschutz im Laufe der Zeit – unbemerkt – verlieren. Für die Beurteilung eines Sonderkündigungsschutzes kommt es allein auf die Verhältnisse im Zeitpunkt des Zugangs der Kündigung an.

Beruft eine Stelle, die der Bestellpflicht nach § 4f Abs. 1 BDSG a. F. unterliegt, mehrere („stellvertretende") Datenschutzbeauftragte, erwerben diese alle den in § 4f Abs. 3 S. 5 BDSG a. F. normierten Sonderkündigungsschutz (BAG v. 27.7.2017, 2 AZR 812/16, ZTR 2018, 166).

Für angestellte Betriebsärzte hat das BAG einen besonderen Kündigungsschutz angenommen, wenn die Kündigung auf Vorfälle gestützt wird, die bei ganzheitlicher Betrachtung des Lebenssachverhalts in engem sachlichen Zusammenhang zur Tätigkeit des Gekündigten als Betriebsarzt stehen. In diesem Fall bedarf die Kündigung neben der Mitwirkung des Betriebsrats nach § 102 BetrVG zugleich der Zustimmung des Betriebsrats zur Abberufung gemäß § 9 ASiG (BAG v. 24.3.1988, 2 AZR 369/87, DB 1989, 227).

Bei Arbeitnehmern mit besonderer Funktion im Betrieb können sowohl vertragliche, als auch amtsbezogene Pflichtverletzungen eine Kündigung rechtfertigen (vgl. LAG Mecklenburg-Vorpommern v. 25.2.2020, 5 Sa 108/19; Fuhlrott, ArbRAktuell 2022, 598; ErfK/Franzen, § 38 BDSG Rn. 11; a. A. ArbG Heilbronn v. 29.9.2022, 8 Ca 135/22, ZD 2023, 119 sieht bei reiner Amtspflichtverletzung nur die Abberufung vom Amt als gerechtfertigt an).

# Betriebliches Eingliederungsmanagement (BEM)

**Wegweiser:**

Die gesetzliche Verpflichtung des Arbeitgebers zur Durchführung eines betrieblichen Eingliederungsmanagements (BEM) folgt aus § 167 Abs. 2 Sozialgesetzbuch IX (SGB IX). Für den Bereich des öffentlichen Dienstes bestehen insoweit keine speziellen Regelungen. Es gelten die allgemeinen arbeitsrechtlichen Vorschriften und Rechtsprechungsgrundsätze. Besonderheiten können sich im Einzelfall aus Dienst- bzw. Betriebsvereinbarungen zum BEM ergeben. Zu den Voraussetzungen eines BEM im Vorfeld einer Kündigung siehe auch Breier/Dassau TVöD Komm Teil K 2, Erl. 2.1.4.9 sowie TV-L Komm Teil K 2 Erl. 2.1.4.9.

**I. Begriff**

**II. Voraussetzungen**

**III. Durchführung**

    1. Einholung der Zustimmung

    2. Verfahrensablauf

    3. Mögliche Eingliederungsmaßnahmen

    4. Datenschutz

**IV. Beteiligungsrechte des Personal- bzw. Betriebsrates**

**V. Folgen eines nicht ordnungsgemäß durchgeführten BEM**

**VI. Prämien und Boni**

## I. Begriff

Der Begriff des betrieblichen Eingliederungsmanagements ist in § 167 Abs. 2 S. 1 SGB IX legaldefiniert. Er beschreibt ein verpflichtendes Verfahren zur Vorbeugung vor gesundheits- bzw. krankheitsbedingten Kündigungen. Mit Hilfe des BEM sollen unter aktiver Mitwirkung des Arbeitnehmers frühzeitig geeignete Präventionsmaßnahmen ermittelt werden, um Erkrankungen, die letztlich zum Verlust des Arbeitsplatzes führen können, entgegenzuwirken und damit den Bestand des Arbeitsverhältnisses möglichst dauerhaft zu sichern. Bei Vorliegen der gesetzlichen Voraussetzungen muss der Arbeitgeber daher zusammen mit

▶ dem betroffenen Arbeitnehmer,

▶ dem Personal- bzw. Betriebsrat,

▶ der Schwerbehindertenvertretung (bei schwerbehinderten Menschen)

soweit erforderlich

▶ dem Werks- oder Betriebsarzt,

und soweit erwünscht

▶ einer Vertrauensperson des Arbeitnehmers,

klären, wie die Arbeitsunfähigkeit überwunden und mit welchen Leistungen oder Hilfen erneuter Arbeitsunfähigkeit vorgebeugt und der Arbeitsplatz erhalten werden kann. Der Betriebsarzt besitzt den nötigen Sachverstand, um zu klären, ob vom Arbeitsplatz Gefahren für die Gesundheit des Arbeitnehmers ausgehen und künftig durch geeignete Maßnahmen vermieden werden können (§ 3 Abs. 1 S. 2 ASiG). Die betriebsärztliche Begutachtung steht aber für sich genommen der Durchführung eines BEM nicht gleich (BAG v. 20.11.2014, 2 AZR 755/13, ZTR 2015, 343). Kommen Leistungen zur Teilhabe oder begleitende Hilfen im Arbeitsleben in Betracht, sind zudem die örtlichen gemeinsamen Servicestellen der Rehabilitationsträger oder bei schwerbehinderten Menschen das Integrationsamt hinzuziehen.

**WICHTIG !**

Der Arbeitnehmer darf verlangen, dass ein BEM ohne Beteiligung des Personal- bzw. Betriebsrates oder der Schwerbehindertenvertretung durchgeführt wird (BVerwG v. 23.6.2010, 6 P 8.09, ZTR 2011, 183). Seit dem 10. Juni 2021 hat der Arbeitnehmer gem. § 167 Abs. 2 S. 2 SGB IX zudem ein Recht auf Hinzuziehung einer Vertrauensperson nach seiner Wahl. Dabei kann es sich um eine betriebsinterne oder betriebsexterne Person (z. B. Familienangehörige, Lebenspartner, Therapeuten, Gewerkschaftssekretäre) handeln. Auch die Teilnahme eines Rechtsanwalts am BEM ist auf Wunsch des Arbeitnehmers als Vertrauensperson nunmehr – abweichend von der bisherigen Rechtsprechung – möglich. Aus dem Gesetz ergibt sich nicht, ob der Arbeitnehmer die Vertrauensstellung nachweisen muss. Eine Vollmachtserklärung oder auch das bloße Mitbringen der Vertrauensperson zum BEM wird für den Nachweis in der Regel genügen. Den Arbeitgeber soll zudem eine Hinweispflicht für die Teilnahme der Vertrauensperson am BEM treffen. Ein entsprechender Hinweis ist in das Einladungsschreiben zum BEM aufzunehmen. Die Kosten für die Teilnahme der Vertrauensperson am BEM hat der Arbeitnehmer zu tragen.

Sofern das Integrationsamt am BEM zu beteiligen ist, bestimmt das Integrationsamt selbst, welcher Mitarbeiter des Integrationsamtes an einem BEM-Gespräch nach § 167 Abs. 2 Satz 5 SGB IX teilnimmt, nicht aber der schwerbehinderte Arbeitnehmer, um den es bei dem BEM geht (LAG Köln v. 23.1.2020, 7 Sa 471/19).

## II. Voraussetzungen

Ein BEM ist durchzuführen, wenn

▶ ein Arbeitnehmer innerhalb maximal eines Jahres (der letzten zwölf Monate)

▶ länger als sechs Wochen

▶ ununterbrochen oder wiederholt arbeitsunfähig ist und

▶ der Arbeitnehmer der Durchführung des BEM ausdrücklich zustimmt.

Um zu bestimmen, wann ein BEM durchzuführen ist, sollte auf die Anzahl der Tage abgestellt werden, die in den Arbeitsunfähigkeitsbescheinigungen angegeben sind. Wenn der Arbeitnehmer für mehr als 42 Kalendertage jeweils Arbeitsunfähigkeitsbescheinigungen eingereicht hat, sollte er zu einem BEM eingeladen werden. Hierfür ist unerheblich, ob er in Voll- oder Teilzeit arbeitet. Es kommt zudem nicht darauf an, ob Fehlzeiten auf dieselbe oder verwandte Ursachen zurückzuführen oder durch ärztliches Attest belegt sind. Auch kommt es nicht darauf an, ob die Fehlzeiten im Zusammenhang mit dem Arbeitsplatz stehen oder gesundheitliche Bedenken gegen die Beschäftigung bestehen (LAG Hessen v. 3.6.2013, 21 Sa 1456/12).

Die gesetzlichen Regelungen zum BEM finden trotz ihrer Einordnung im SGB IX nicht nur auf schwerbehinderte Menschen oder Gleichgestellte, sondern auf alle Arbeitnehmer im Betrieb bzw. der Dienststelle Anwendung, unabhängig von dem Bestehen einer Behinderung (BAG v. 12.7.2007, 2 AZR 716/06, ZTR 2008, 273).

Für die Durchführung des BEM ist es nicht erforderlich, dass der betroffene Arbeitnehmer wieder genesen ist und seine Tätigkeit wieder aufgenommen hat. Das BEM ist kein Krankenrückkehrgespräch. Es ist bei Vorliegen der Voraussetzungen vielmehr auch während der andauernden Arbeitsunfähigkeit des Arbeitnehmers einzuleiten und umzusetzen, sofern es der Gesundheitszustand des Arbeitnehmers zulässt. Daher sollte der Arbeitgeber bereits während der Phase der Arbeitsunfähigkeit den Kontakt zu dem betroffenen Arbeitnehmer suchen und mit ihm die Möglichkeit eines BEM erörtern. Hat der Arbeitnehmer das BEM abgelehnt, muss der Arbeitgeber erst dann wieder ein BEM anbieten, wenn sich in einem Zeitraum von maximal 365 Tagen abermals Fehlzeiten im Umfang des § 167 Abs. 2 SGB IX angesammelt haben (LAG Schleswig-Holstein v. 3.6.2015, 6 Sa 396/14). Dabei ist es nach der Rechtsprechung des Bundesarbeitsgerichts nicht erforderlich, dass seit dem zuletzt abgeschlossenem BEM bereits ein Jahr vergangen ist. Erkrankt der Arbeitnehmer nach Abschluss eines BEM erneut innerhalb eines Jahres für mehr als sechs Wochen, ist grundsätzlich erneut ein BEM durchzuführen, auch wenn nach dem zuvor durchgeführten BEM noch nicht wieder ein Jahr vergangen ist. Das BEM habe kein „Mindesthaltbarkeitsdatum" (BAG v. 18.11.2021, 2 AZR 138/21).

Das Gesetz trifft auch keine Differenzierungen nach der Größe des Unternehmens oder der Beschäftigungspflicht nach dem SGB IX. Deshalb sind grundsätzlich alle Arbeitgeber verpflichtet, ein BEM mit ihren Beschäftigten durchzuführen. Insofern gilt § 167 Abs. 2 SGB IX auch im Kleinbetrieb. Die Anwendbarkeit ist also nicht abhängig von einer bestimmten Anzahl von Arbeitnehmern. Das BEM ist bei Vorliegen der übrigen Voraussetzungen selbst dann durchzuführen, wenn keine betriebliche Interessenvertretung im Sinne von § 176 SGB IX gebildet ist, also insbesondere kein Personal- oder Betriebsrat besteht (BAG v. 30.9.2010, 2 AZR 88/09).

## III. Durchführung

### 1. Einholung der Zustimmung

Bei Vorliegen der gesetzlichen Voraussetzungen trifft den Arbeitgeber die Initiativlast zur Durchführung des BEM (BAG v. 24.3.2011, 2 AZR 170/10). Ob der Arbeitnehmer einen Anspruch gegen seinen Arbeitgeber auf Durchführung eines BEM aus § 241 Abs. 2 BGB i. V. m. § 167 Abs. 2 SGB IX als Konkretisierung der allgemeinen Fürsorgepflicht hat, war bislang umstritten (dafür LAG Hamm v. 13.11.2014, 15 Sa 979/14, ZTR 2015, 287, dagegen LAG Nürnberg v. 8.10.2020, 5 Sa 117/20). Das BAG hat in der Revisionsentscheidung zum vorgenannten Urteil des Landesarbeitsgerichts Nürnberg einen Individualanspruch der betroffenen Arbeitnehmer auf Einleitung und Durchführung eines betrieblichen Eingliederungsmanagements aus § 167 Abs. 2 S. 1 SGB IX abgelehnt (BAG v. 7.9.2021, 9 AZR 571/20; ZTR 2022, 181).

Der Arbeitgeber hat den Arbeitnehmer von sich aus um Zustimmung zum BEM zu bitten. Dabei ist der Arbeitnehmer über die

Ziele des BEM aufzuklären sowie auf Art und Umfang der zu erhebenden und zu verwendenden Daten hinzuweisen (§ 167 Abs. 2 S. 4 SGB IX). Der Hinweis auf eine Dienstvereinbarung zum BEM, die ihrerseits Regelungen zu den Zielen des BEM und dem Datenschutz enthält, ersetzt die konkrete Information des Arbeitnehmers dabei nicht und ist für die ordnungsgemäße Einleitung eines BEM allein nicht ausreichend (LAG Hamburg v. 8.6.2017, 7 Sa 20/17).

Ein vor Ausspruch einer krankheitsbedingten Kündigung unterbreitetes Angebot auf Durchführung eines BEM ist dann nicht ordnungsgemäß, wenn der Arbeitgeber nicht mitteilt, welche Daten erhoben und gespeichert werden und für welche Zwecke sie dem Arbeitgeber zugänglich gemacht werden (LAG Schleswig-Holstein v. 22.9.2015, 1 Sa 48a/15, ZTR 2016, 273). Der Arbeitgeber muss darauf hinweisen, dass von ihm die Rehabilitationsträger hinzugezogen werden, sofern Leistungen zur Teilhabe oder begleitende Hilfen im Arbeitsleben in Betracht kommen (LAG Hessen v. 13.8.2018, 16 Sa 1466/17). Wird in dem Hinweis über die Datenerhebung und Datenverwendung der fälschliche Eindruck erweckt, dass Gesundheitsdaten an Vertreter des Arbeitgebers weitergegeben werden können, die nicht am BEM-Verfahren beteiligt sind, geht dies zu Lasten des Arbeitgebers. Die vom Arbeitgeber verursachte Fehlvorstellung steht einer ordnungsgemäßen Einleitung des BEM entgegen (LAG Baden-Württemberg v. 20.10.2021, 4 Sa 70/20).

Die Einwilligung des Arbeitnehmers in die Datenverarbeitung nach der Rechtsprechung des BAG keine Voraussetzung für die Einleitung des BEM (BAG v. 15.12.2022, 2 AZR 162/22, ZTR 2023, 306).

**TIPP!**
Im BEM-Anschreiben an den Beschäftigten sollte daher zwischen der Einwilligung in die Durchführung des BEM und der Einwilligung in die Datenverarbeitung deutlich differenziert werden.

Erteilt der Arbeitnehmer auf die Anforderung hin seine Zustimmung zur Durchführung eines BEM nicht, endet die Verpflichtung des Arbeitgebers aus § 167 Abs. 2 SGB IX. Weder der Arbeitgeber noch der Personal- bzw. Betriebsrat oder die Schwerbehindertenvertretung können die Durchführung eines BEM gegen den Willen des Arbeitnehmers erzwingen. Eine erteilte Zustimmung zum BEM kann der Arbeitnehmer auch jederzeit wieder zurückziehen.

Stimmt der Arbeitnehmer der Durchführung eines BEM nicht zu, kann er sich in einem späteren Kündigungsschutzverfahren im Rahmen der Verhältnismäßigkeit der Kündigung für die Darlegungs- und Beweislast nicht darauf berufen, es sei kein BEM durchgeführt worden (LAG Rheinland-Pfalz v. 26.10.2017, 4 Sa 18/17).

Der Arbeitgeber lädt den Arbeitnehmer nicht ordnungsgemäß zum BEM ein, wenn er in der Einladung vor dem BEM ein „positives Leistungsprofil" durch den Werksarzt fordert und nicht darüber aufklärt, dass der Arbeitnehmer hierauf verzichten kann (LAG Nürnberg v. 18.2.2020, 7 Sa 124/19).

**WICHTIG!**
Aus Beweisgründen für etwaig nachfolgende Kündigungsschutzverfahren sollten sowohl das Anschreiben an den Arbeitnehmer zur Unterrichtung und Einholung der Zustimmung als auch dessen Antwort sorgfältig aufbewahrt und zur Personalakte genommen werden. In jedem Fall ist darauf zu achten, dass die Entscheidung des Arbeitnehmers über die Durchführung des BEM schriftlich dokumentiert wird. In einem etwaig folgenden Kündigungsschutzprozess ist der Arbeit-

geber darlegungs- und beweispflichtig für den Zugang des Einladungsschreibens zum BEM. Die Vorlage eines Online-Sendungsstatus eines Einschreibens beweist den Zugang dabei nicht (LAG Baden-Württemberg v. 28.7.2021, 4 Sa 68/20). Es empfiehlt sich daher insbesondere in Fällen, in denen ein BEM zur Vorbereitung einer krankheitsbedingten Kündigung durchgeführt wird, die Zustellung der Einladung zum BEM mit der gleichen Sorgfalt durchzuführen wie die Zustellung einer Kündigungserklärung.

## 2. Verfahrensablauf

Die konkrete Ausgestaltung des Verfahrens eines BEM ist gesetzlich nicht geregelt. Der Gesetzgeber hat dem Arbeitgeber keine konkreten inhaltlichen Anforderungen oder bestimmte Verfahrensschritte für das BEM vorgegeben. Das BEM wurde vielmehr als ein unverstellter, verlaufs- und ergebnisoffener Suchprozess normiert, der individuell angepasste Lösungen zur Vermeidung zukünftiger Arbeitsunfähigkeit ermitteln soll (BAG v. 7.9.2021, 9 AZR 571/20, ZTR 2022, 181). Der Arbeitgeber ist daher grundsätzlich nicht verpflichtet, ein formalisiertes Verfahren einzuhalten oder eine eigene Verfahrensordnung aufzustellen. Die Beteiligten haben vielmehr jeden denkbaren Spielraum (BAG v. 10.12.2009, 2 AZR 198/09).

**WICHTIG!**
Allerdings sind bei der Ausführung des BEM nach Auffassung des BAG zumindest gewisse Mindeststandards einzuhalten. Ein BEM entspricht danach den gesetzlichen Erfordernissen nur, wenn die gesetzlich dafür vorgesehenen Stellen, Ämter und Personen beteiligt werden und zusammen mit ihnen an den gesetzlichen Zielen des BEM orientierte Klärung ernsthaft versucht wird (BAG v. 10.12.2009, 2 AZR 400/08, ZTR 2010, 265; BAG v. 20.5.2020, 7 AZR 100/19, ZTR 2020, 591). Hierzu sind die von den einzelnen Personen und Stellen eingebrachten Vorschläge zu erörtern. Zudem darf kein vernünftigerweise in Betracht zu ziehendes Ergebnis ausgeschlossen werden (BAG v. 10.12.2009, 2 AZR 198/09; BAG v. 20.5.2020, 7 AZR 100/19, ZTR 2020, 591).

Der Verfahrensablauf eines BEM, das den gesetzlichen Mindestanforderungen entspricht, könnte wie folgt aussehen:

- Prüfung der BEM-Voraussetzungen im Einzelfall durch routinemäßige Analyse der Arbeitsunfähigkeitszeiten.

- Einholung der Zustimmung des Arbeitnehmers zur Durchführung des BEM mit Gesprächsangebot und Unterrichtung der am Verfahren zu beteiligenden Personen und Stellen.

- Einladung aller Beteiligten zu einem Eingliederungsgespräch.

- Durchführung und Dokumentation des Eingliederungsgespräches mit den Beteiligten. Dabei zunächst Feststellung, aufgrund welcher gesundheitlichen Einschränkungen es zu den bisherigen Ausfallzeiten gekommen und welchen besonderen Anforderungen/Belastungen der Arbeitnehmer an seinem Arbeitsplatz ausgesetzt ist. Anschließend Entwicklung und Erörterung von Lösungsmöglichkeiten und präventiven Maßnahmen.

- Schriftliche Vereinbarung eines individuellen Eingliederungsplans bzw. konkreter einzelner Maßnahmen zur Prävention.

- Umsetzung des Eingliederungsplans bzw. der Maßnahmen und Überprüfung der jeweiligen Wirkung.

**TIPP!**
Sämtliche Verfahrensschritte, die erörterten Maßnahmen sowie die getroffenen Vereinbarungen im Rahmen des BEM sind aus Beweiszwecken schriftlich zu dokumentieren. Insbesondere

sollten die Gesprächsprotokolle – wenn möglich – vom Arbeitnehmer gegengezeichnet werden.

Das Bundesarbeitsgericht (v. 18.11.2021, 2 AZR 138/21) hat mit Blick auf die Frage, wann ein BEM abgeschlossen ist, folgende, keine Vollständigkeit beanspruchenden Hinweise gegeben:

- Ein BEM ist jedenfalls dann abgeschlossen, wenn sich Arbeitgeber und Arbeitnehmer einig sind, dass der Suchprozess durchgeführt ist oder nicht weiter durchgeführt werden soll. Dies gilt entsprechend, wenn allein der Arbeitnehmer seine Zustimmung für die weitere Durchführung nicht erteilt. Deren Vorliegen ist nach § 167 Abs. 2 Satz 1 SGB IX Voraussetzung für den Klärungsprozess.

- Dagegen kann der Arbeitgeber den Suchprozess grundsätzlich nicht einseitig beenden. Gibt es aus seiner Sicht keine Ansätze mehr für zielführende Präventionsmaßnahmen, ist der Klärungsprozess erst dann als abgeschlossen zu betrachten, wenn auch vom Arbeitnehmer und den übrigen beteiligten Stellen keine ernsthaft weiterzuverfolgenden Ansätze für zielführende Präventionsmaßnahmen aufgezeigt wurden, ggf. ist ihnen hierzu Gelegenheit binnen bestimmter Frist zu geben.

- Ob ein BEM bereits abgeschlossen ist, obwohl die Arbeitsunfähigkeit des Arbeitnehmers weiter andauert, hängt davon ab, ob die Beteiligten noch ernsthafte Ansätze zur Identifikation zielführender Präventionsmaßnahmen sehen oder nicht. War der Suchprozess in einem vorherigen BEM aber zunächst abgeschlossen, entsteht eine erneute Verpflichtung des Arbeitgebers, ein BEM zu initiieren, grundsätzlich auch dann, wenn die Arbeitsunfähigkeit über den Abschluss des vorherigen BEM hinaus ununterbrochen weitere mehr als sechs Wochen angedauert hat.

## 3. Mögliche Eingliederungsmaßnahmen

Das Gesetz schreibt dem Arbeitgeber und den anderen Beteiligten am BEM weder bestimmte Mittel vor, die sie auf jeden – oder auf gar keinen – Fall in Erwägung zu ziehen haben, noch beschreibt es bestimmte Ergebnisse, die das Eingliederungsmanagement haben muss oder nicht haben darf. Die möglichen Maßnahmen haben sich vielmehr stets an den Erfordernissen des jeweiligen Einzelfalls zu orientieren.

**WICHTIG!**
Der Arbeitgeber ist nicht verpflichtet, von sich aus bestimmte Vorschläge zu unterbreiten. Vielmehr hat es jeder am BEM Beteiligte selbst in der Hand, alle ihm sinnvoll erscheinenden Gesichtspunkte, Vorschläge und Lösungsmöglichkeiten in das Gespräch einzubringen und zur Diskussion zu stellen (BAG v. 10.12.2009, 2 AZR 198/09). Auch der Arbeitnehmer soll an der Lösung mitarbeiten. Er hat konkret darzulegen, wie er sich eine Änderung des bisherigen Arbeitsplatzes oder seine weitere Beschäftigung unter Berücksichtigung seiner gesundheitlichen Beeinträchtigungen vorstellt. Dem Verlangen des Arbeitnehmers muss der Arbeitgeber regelmäßig entsprechen, wenn ihm die in der Zuweisung einer anderen Tätigkeit liegende Neubestimmung der zu bewirkenden Arbeitsleistung zumutbar und rechtlich möglich ist (LAG Berlin-Brandenburg v. 13.11.2015, 9 Sa 1297,15).

Als mögliche Eingliederungsmaßnahmen bzw. Ergebnisse des BEM kommen in Betracht:

- Umgestaltung des vorhandenen Arbeitsplatzes (z. B. Einsatz technischer Hilfsmittel, Verbesserung der Ausstattung),

- Einholung eines arbeitsmedizinischen Gutachtens,

- Erstellung einer Arbeitsplatz- und Arbeitsablaufanalyse bzw. einer Gefährdungsbeurteilung,

- Arbeitsversuche,

- Veränderung der Arbeitsorganisation bzw. des Arbeitsablaufs und der Arbeitsumgebung (z. B. Reduzierung der Arbeitszeit oder der Arbeitsbelastung),

- Wechsel auf einen anderen, leidensgerechten oder den Fähigkeiten und Kenntnissen des Arbeitnehmers besser entsprechenden Arbeitsplatz innerhalb des Unternehmens,

- stufenweise Wiedereingliederung (§ 44 SGB IX, § 74 SGB V),

- Sportangebote oder das Angebot einer besonderen medizinischen oder psychologischen Betreuung,

- Weiterbildungs- und Qualifizierungsmaßnahmen,

- Maßnahmen der medizinischen Rehabilitation unter Beteiligung der jeweiligen Leistungsträger.

Alle Maßnahmen können nur mit Zustimmung des Arbeitnehmers auch tatsächlich umgesetzt werden und sollten daher im Rahmen einer schriftlichen Vereinbarung zwischen den Beteiligten des BEM festgelegt werden.

Bei schwerbehinderten oder gleichgestellten Arbeitnehmern hat der Arbeitgeber eine ggf. auch vertragsfremde behinderungsgerechte Tätigkeit auf einem freien Arbeitsplatz anzubieten, wenn der Arbeitnehmer die arbeitsvertraglich vereinbarte Tätigkeit aufgrund der Behinderung nicht mehr ausüben kann. „Frei" sind alle tatsächlich unbesetzten Arbeitsplätze sowie auch solche, die der Arbeitgeber vor Ausspruch der Kündigung des schwerbehinderten/gleichgestellten Arbeitnehmers treuwidrig im Sinne von § 162 BGB anderweitig besetzt hat (LAG Rheinland-Pfalz v. 4.7.2023, 8 Sa 60/23).

Hat das BEM zu einem negativen Ergebnis geführt, also der Erkenntnis, dass es keine Möglichkeiten gibt, die Arbeitsunfähigkeit des Arbeitnehmers zu überwinden oder künftig zu vermeiden, genügt der Arbeitgeber bei Ausspruch einer krankheitsbedingten Kündigung im Rahmen seiner Darlegungslast im arbeitsgerichtlichen Kündigungsschutzverfahren, wenn er auf diesen Umstand hinweist und behauptet, es bestünden keine anderen Beschäftigungsmöglichkeiten (BAG v. 10.12.2009, 2 AZR 400/08, ZTR 2010, 265).

 **WICHTIG!**

**Der Arbeitnehmer kann in diesem Fall nicht auf alternative Beschäftigungsmöglichkeiten verweisen, die während des BEM behandelt und verworfen worden sind. Auch der Verweis auf nicht behandelte Alternativen ist grundsätzlich ausgeschlossen. Der Arbeitnehmer muss diese vielmehr bereits in das BEM einbringen. Er kann daher allenfalls auf Möglichkeiten verweisen, die sich erst nach Abschluss des BEM bis zum Zeitpunkt der Kündigung ergeben haben (BAG v. 10.12.2009, 2 AZR 400/08, ZTR 2010, 265).**

Hat ein betriebliches Eingliederungsmanagement mit positivem Ergebnis stattgefunden, ist der Arbeitgeber hingegen grundsätzlich verpflichtet, die betreffende Empfehlung als milderes Mittel gegenüber einer Kündigung umzusetzen. Kündigt er, ohne dies versucht zu haben, muss er darlegen, warum die Maßnahme entweder undurchführbar war oder selbst bei einer Umsetzung nicht zu einer Reduzierung der Ausfallzeiten geführt hätte (LAG Schleswig-Holstein v. 11.4.2018, 6 Sa 361/17).

## 4. Datenschutz

Bei den im BEM gewonnenen Informationen über den Gesundheitszustand des Arbeitnehmers, den Krankheitsverlauf oder mögliche Krankheitsursachen handelt es sich um Gesundheitsdaten i. S. v. Art. 4 Nr. 15 DSGVO und damit um eine besondere Kategorie personenbezogener Daten nach Art. 9 Abs. 1 DSGVO, die einem besonderen Schutz nach der DSGVO und dem BDSG unterliegen. Eine Erhebung, Verarbeitung und Nutzung dieser Daten ist ohne ausdrückliche und freiwillige Einwilligung des Arbeitnehmers nur im Rahmen der Grenzen des § 26 Abs. 3 S. 1 BDSG möglich. Ob die Daten danach auch zur Begründung einer Kündigung gegenüber dem Personal- bzw. Betriebsrat oder in einem arbeitsgerichtlichen Verfahren herangezogen werden können, ist weiter streitig. Die Rechtslage ist insoweit nicht eindeutig. Für Einzelheiten – insbesondere zu den Neuregelungen durch die DSGVO und das BDSG 2018 – siehe hierzu → *Datenschutz*. Aus Gründen der Rechtssicherheit sollte versucht werden, im Vorfeld eine separate schriftliche Einwilligung des Arbeitnehmers zur Datenerhebung und -nutzung einzuholen (§ 26 Abs. 2 BDSG). Eine separate schriftliche Einwilligung stellte eine eigene Rechtsgrundlage für die Datenverarbeitung dar. Bei der Einwilligungserklärung ist insbesondere darauf zu achten, dass der Arbeitnehmer weiß, dass auch gesundheitsbezogene Daten im Sinne von Art. 9 Abs. 1 DSGVO erfasst werden, wann diese gelöscht werden und, dass es ihm frei steht, seine Einwilligung jederzeit zu widerrufen. Um keine unausgewogene Regelung vorzulegen – die den Arbeitnehmer unnötig verschreckt – kann darauf hingewiesen werden, dass im BEM keine Diagnosedaten zwingend zu nennen sind oder zwingend zur Verfügung gestellt werden. Die Einwilligung des Beschäftigten in die Verarbeitung der Daten ist nach der Rechtsprechung des BAG indes nicht tatbestandliche Voraussetzung für die Durchführung eines BEM. Vielmehr soll es dem Arbeitgeber zumutbar sein auch bei verweigerter Einwilligung in die Datenverarbeitung zunächst mit dem BEM zu beginnen und ein Erstgespräch mit dem Arbeitnehmer über den möglichen Verlauf des BEM zu führen (BAG v. 15.12.2022, 2 AZR 162/22, ZTR 2023, 306).

Wurden im Rahmen des BEM sensible Gesundheitsdaten erhoben, sind sie vom Arbeitgeber besonders zu schützen. Sie dürfen nur in die Personalakte aufgenommen werden, wenn sie vor einer unbefugten zufälligen Kenntnisnahme geschützt sind und der Kreis der zugriffberechtigten Personen auf das erforderliche Maß beschränkt ist (z. B. Personalakte wird nur durch den zuständigen Sachbearbeiter geführt und in einem abschließbaren Schrank an seinem Arbeitsplatz aufbewahrt). Die sensiblen Informationen dürfen daher auch nicht offen in der Personalakte einsehbar sein. Sie sind entweder in einem verschlossen Umschlag zur Personalakte zu nehmen oder müssen in einer separaten „BEM-Akte" mit eingeschränkten Zugangsrechten aufbewahrt werden (BAG v. 12.9.2006, 9 AZR 271/06, ZTR 2007, 271).

Auch die übrigen Beteiligten des BEM unterliegen einer strengen Pflicht zur Geheimhaltung und zum Datenschutz. Für den Personalrat folgt diese aus § 11 BPersVG, für den Betriebsrat aus § 79 BetrVG sowie für die Schwerbehindertenvertretung aus §§ 179 Abs. 7, 180 Abs. 7 SGB IX.

## IV. Beteiligungsrechte des Personal- bzw. Betriebsrates

Der Personal- bzw. Betriebsrat kann ebenso wie die Schwerbehindertenvertretung (bei Beteiligung schwerbehinderter Menschen) gemäß § 167 Abs. 2 S. 7 SGB IX vom Arbeitgeber für konkrete Einzelfälle verlangen, dass ein BEM im Sinne des § 167 Abs. 2 S. 1 SGB IX in Gang gesetzt wird. Das BEM kann von den Interessenvertretungen gegebenenfalls auch im arbeitsgerichtlichen Beschlussverfahren gegen den Willen des Arbeitgebers durchgesetzt werden. Voraussetzung hierfür ist jedoch, dass der jeweilige Arbeitnehmer der Durchführung eines BEM zuvor ausdrücklich zugestimmt hat.

Die genannten Kollektivvertretungen haben zudem nach § 167 Abs. 2 S. 8 SGB IX darüber zu wachen, dass der Arbeitgeber im Rahmen des BEM die ihm nach § 167 Abs. 2 SGB IX obliegenden Verpflichtungen erfüllt. Soweit es für die Überwachung erforderlich ist, hat der Personal- bzw. Betriebsrat einen Unterrichtungsanspruch nach § 66 Abs. 1 BPersVG bzw. § 80 Abs. 2 BetrVG.

**WICHTIG!**

Der Arbeitgeber hat den Personal- bzw. Betriebsrat regelmäßig darüber zu unterrichten, welche konkreten Arbeitnehmer der Dienststelle bzw. des Betriebes für die Durchführung eines BEM in Betracht kommen. Einer namentlichen Benennung stehen dabei weder datenschutzrechtliche Gründe noch das Unionsrecht entgegen (BAG v. 7.2.2012, 1 ABR 46/10, ZTR 2012, 473). Dem Personal- bzw. Betriebsrat ist zudem eine Kopie der jeweiligen Unterrichtungs- und Einladungsschreiben des Arbeitgebers auszuhändigen. Dagegen kann der Personal- bzw. Betriebsrat nicht verlangen, dass ihm auch die auf das Unterrichtungsschreiben eingehenden Antwortschreiben der Arbeitnehmer ohne deren ausdrückliche Zustimmung zur Kenntnis gebracht werden (BVerwG v. 4.9.2012, 6 P 5.11, ZTR 2013, 103).

Hinsichtlich der Art und Weise der Durchführung eines BEM im konkreten Einzelfall steht dem Personal- bzw. Betriebsrat kein Mitbestimmungsrecht nach § 80 Abs. 1 Nr. 16 und Nr. 15 BPersVG bzw. § 87 Abs. 1 Nr. 1 und Nr. 7 BetrVG zu. Es fehlt insoweit bereits am kollektiven Bezug der Maßnahme (LAG Hamburg v. 21.5.2008, H 3 TaBV 1/08). Der Betriebsrat kann auch nicht gegen den Willen des Arbeitnehmers hinzugezogen werden (BAG v. 11.12.2018, 1 ABR 12/17, ZTR 2019, 301).

**ACHTUNG!**

Es ist höchstrichterlich entschieden, dass die Betriebsparteien bei der generellen Ausgestaltung des BEM bzgl. jeder einzelnen Regelung zu prüfen haben, ob ein Beteiligungsrecht des Personalrates bzw. des Betriebsrates besteht. Ein Mitbestimmungsrecht kann sich bei allgemeinen Verfahrensfragen aus § 80 Abs. 1 Nr. 11 BPersVG bzw. § 87 Abs. 1 Nr. 1 BetrVG, in Bezug auf die Nutzung und Verarbeitung von Gesundheitsdaten aus § 80 Abs. 1 Nr. 21 BPersVG bzw. § 87 Abs. 1 Nr. 6 BetrVG und hinsichtlich der Ausgestaltung des Gesundheitsschutzes aus § 80 Abs. 1 Nr. 16 BPersVG bzw. § 87 Abs. 1 Nr. 7 BetrVG ergeben (BAG v. 13.3.2012, 1 ABR 78/10, ZTR 2012, 603). Der Gesetzgeber hat nunmehr mit der Novellierung des BPersVG einen weiteren Mitbestimmungstatbestand für den Personalrat in § 80 Abs. 1 Nr. 17 BPersVG geschaffen. Demnach hat der Personalrat mitzubestimmen über „Grundsätze des behördlichen oder betrieblichen Gesundheits- und Eingliederungsmanagements". Dem Personalrat wird damit im BPersVG nunmehr ein weitergehendes Mitbestimmungsrecht bezüglich der generellen Ausgestaltung des BEM eingeräumt. Es sind nicht mehr nur einzelne Regelungsgegenstände, sondern der gesamte Bereich des BEM mitbestimmungspflichtig. Die Mitbestimmungsrechte des Per-

sonalrats gehen bezüglich der generellen Ausgestaltung des BEM damit nunmehr über die des Betriebsrats hinaus.

Mit dem Mitbestimmungsrecht des Betriebsrats kann aber nicht die Verpflichtung der Arbeitgeberin erzwungen werden, alle gegenwärtigen und zukünftigen Beschäftigten über das BEM-Verfahren zu unterrichten. Auch besteht kein Mitbestimmungsrecht des Betriebsrats, mit dem er verlangen könnte, die Wirksamkeit und Qualität von BEM-Maßnahmen in einem gemeinsamen (Dauer-)Gremium zu übertragen (LAG Hamburg v. 20.2.2014, 1 TaBV 4/13).

**TIPP!**

Insbesondere in größeren Dienststellen bzw. Betrieben bietet sich der Abschluss einer Dienst- bzw. Betriebsvereinbarung zum BEM an. Teilweise wird in der Rechtsprechung auch ein Initiativrecht des Personal- bzw. Betriebsrates zur Einführung genereller Regelungen zum Ablauf eines BEM angenommen (LAG Nürnberg v. 16.1.2013, 2 TaBV 6/12). Nach § 166 Abs. 3 Nr. 5 SGB IX kann das BEM dabei auch Gegenstand einer Inklusionsvereinbarung zwischen Arbeitgeber, Personal- bzw. Betriebsrat und Schwerbehindertenvertretung sein.

Ist im Betrieb ein Integrationsteam unter Mitwirkung des Betriebsrates gebildet, so hat das für den Betriebsrat entsandte Mitglied des Integrationsteams einen Anspruch auf bezahlte Freistellung für die Teilnahme an einer erforderlichen Schulungsveranstaltung zum BEM. Die Erforderlichkeit der Schulungsteilnahme setzt dabei nicht voraus, dass die Durchführung eines BEM im Zeitpunkt des Entsendebeschlusses des Betriebsrats aktuell bevorstand (BAG v. 28.9.2016, 7 AZR 699/14, ZTR 2017, 52)

## V. Folgen eines nicht ordnungsgemäß durchgeführten BEM

Die fehlerhafte oder gänzlich unterbliebene Durchführung eines BEM hat keine unmittelbaren Sanktionen für den Arbeitgeber zur Folge. Ein Verstoß gegen § 167 Abs. 2 SGB IX stellt insbesondere keine Ordnungswidrigkeit im Sinne des § 238 SGB IX dar. Der Arbeitnehmer selbst hat keinen einklagbaren individuellen Anspruch auf Durchführung des BEM.

**WICHTIG!**

Das BEM ist keine formelle Wirksamkeitsvoraussetzung für den Ausspruch einer Kündigung (BAG v. 12.7.2007, 2 AZR 716/06). Ein fehlendes BEM nach § 167 Abs. 2 SGB IX führt daher nicht per se zur Unwirksamkeit einer krankheitsbedingten Kündigung.

Ein nicht ordnungsgemäßes BEM wirkt sich für den Arbeitgeber allerdings auf die Darlegungs- und Beweislast im Kündigungsschutzverfahren aus. Das BEM konkretisiert den Verhältnismäßigkeitsgrundsatz und ist somit Teil der durchzuführenden „ultima-ratio"-Prüfung. Danach ist eine Kündigung unverhältnismäßig und nicht gerechtfertigt, wenn es andere geeignete mildere Mittel gibt, um die Vertragsstörung künftig zu beseitigen. Das BEM an sich ist kein solches milderes Mittel. Durch das BEM können aber mildere Mittel, z. B. die Umgestaltung des Arbeitsplatzes oder eine Weiterbeschäftigung zu geänderten Arbeitsbedingungen auf einem anderen Arbeitsplatz, erkannt und entwickelt werden.

Im Umkehrschluss folgt daraus, dass ein fehlerhaftes oder unterlassenes BEM einer Kündigung dann nicht entgegensteht, wenn sie auch durch das BEM nicht hätte verhindert werden können, weil im konkreten Einzelfall keine Möglichkeiten einer alternativen (Weiter-)Beschäftigung bestanden haben (BAG v. 12.7.2007, 2 AZR 716/06) oder sich der Arbeitnehmer ohnehin nicht am BEM beteiligt hätte (LAG Berlin-Brandenburg v. 27.2.2019, 17 Sa 1605/18).

Der Arbeitgeber muss von sich aus denkbare oder vom Arbeitnehmer bereits genannte Weiterbeschäftigungsalternativen darlegen und würdigen und dann sagen, aus welchen Gründen die Beschäftigung auf einem anderen Arbeitsplatz ausscheidet (BAG v. 20.5.2020, 7 AZR 100/19, ZTR 2020, 591). Insofern muss der Arbeitgeber darlegen, warum sowohl das unterbliebene BEM als auch Hilfen oder Leistungen eines Rehabilitationsträgers objektiv nutzlos gewesen wären (BAG v. 20.11.2014, 2 AZR 755/13, ZTR 2015, 343). Das BAG lässt es zudem auch nicht ausreichen, dass sich der Arbeitgeber auf die Gewährung einer vollen Erwerbsminderungsrente beruft, um seiner primären Darlegungslast zu genügen, weil selbst hier noch eine Teilzeitbeschäftigung denkbar sei (BAG v. 13.5.2015, 2 AZR 565/14, ZTR 2016, 39).

 **WICHTIG!**

Ohne ordnungsgemäßes BEM kann sich der Arbeitgeber nicht mehr pauschal auf das Fehlen alternativer Einsatzmöglichkeiten für den erkrankten Arbeitnehmer berufen. Er muss vielmehr darlegen und beweisen, dass selbst bei Erfüllung seiner Pflichten aus § 167 Abs. 2 SGB IX die Kündigung nicht hätte verhindert werden können. Der Arbeitgeber muss die „Nutzlosigkeit" des BEM darlegen (BAG v. 15.12.2022, 2 AZR 62/22; BAG v. 21.11.2018, 7 AZR 394/17). In der Praxis wird der Arbeitgeber diesen Negativbeweis aber nur in seltenen Ausnahmefällen führen können. Das LAG Baden-Württemberg (v. 27.1.2015, 15 Sa 52/14) hat im Fall eines scheinbar austherapierten, dann aber doch rückfällig gewordenen Alkoholikers die Darlegungslast des Arbeitgebers als erfüllt angesehen. Ebenfalls kann der Arbeitgeber seiner Darlegungslast genügen, wenn er nachvollziehbar darlegt, dass anderweitige Beschäftigungsmöglichkeiten mit der Aussicht auf eine Reduzierung der Ausfallzeiten nicht bestehen und er sich für diese Einschätzung auf ein in der Vergangenheit erfolglos durchgeführtes BEM berufen kann (LAG Rheinland-Pfalz v. 10.7.2017, 3 Sa 153/17).

Es bedarf hierzu insbesondere eines umfassenden konkreten Sachvortrags und Beweisantritten dazu, dass

▸ keine Einsatzmöglichkeit mehr für den Arbeitnehmer auf dem bisherigen Arbeitsplatz besteht,

▸ keine leidensgerechte Anpassung und Veränderung des bisherigen Arbeitsplatzes möglich ist und

▸ keine Einsatzmöglichkeiten auf anderen leidensgerechten Arbeitsplätzen mit geänderter Tätigkeit existieren und auch nicht geschaffen werden können.

Ist das Integrationsamt im Fall der beabsichtigten Kündigung eines schwerbehinderten oder diesem gleichgestellten behinderten Menschen nach eingehender Prüfung zu dem Ergebnis gelangt, dass die Zustimmung zur Kündigung gemäß § 168 SGB IX zu erteilen ist, begründet dies nach der aktuellen Rechtsprechung des BAG keine Vermutung dahingehend, dass ein (unterbliebenes) BEM die Kündigung nicht hätte verhindern können (BAG v. 15.12.2022, 2 AZR 162/22). Dies gilt auch bei der Zustimmung des Integrationsamts zu einer außerordentlichen Kündigung nach § 174 Abs. 4 SGB IX (BAG v. 25.1.2018, 2 AZR 382/17, ZTR 2018, 467). Die frühere Rechtsprechung des BAG, wonach bei Zustimmung des Integrationsamtes zu einer Kündigung nur bei Vorliegen besonderer Anhaltspunkte davon ausgegangen werden könne, ein Präventionsverfahren nach § 167 Abs. 1 SGB IX hätte die Kündigung verhindern können (BAG v. 7.12.2006, 2 AZR 182/06, ZTR 2007, 510), gilt nicht für ein unterbliebenes BEM (BAG v. 15.12.2022, 2 AZR 162/22).

Die zuvor dargestellten Grundsätze gelten nicht, wenn das Kündigungsschutzgesetz (KSchG) auf das Arbeitsverhältnis des jeweils betroffenen Arbeitnehmers keine Anwendung findet, also insbesondere in den ersten sechs Monaten der Beschäftigung. Außerhalb des KSchG sind Kündigungen nicht am Verhältnismäßigkeitsgrundsatz zu messen (BAG v. 24.1.2008, 6 AZR 96/07, ZTR 2008, 397).

Wird das BEM nur wegen der fehlenden Zustimmung des betroffenen Arbeitnehmers nicht durchgeführt, ist das Fehlen „kündigungsneutral". Der Arbeitgeber ist seinen gesetzlichen Pflichten ordnungsgemäß nachgekommen (BAG v. 24.3.2011, 2 AZR 170/10). Voraussetzung hierfür ist jedoch, dass der Arbeitnehmer ordnungsgemäß über die Ziele des BEM sowie über Art, Umfang und Verwendung der erhobenen Daten informiert worden ist (LAG Schleswig-Holstein v. 18.9.2013, 3 Sa 133/13). Nach Ansicht des LAG Berlin-Brandenburg (Urt. v. 27.2.2019, 17 Sa 1605/18) soll eine Einladung des Arbeitnehmers zum BEM hingegen als „bloße Förmelei" nicht erforderlich sein, wenn von vornherein feststehe, dass der Arbeitnehmer dieser Einladung mit Sicherheit nicht folgen werde. Im zu entscheidenden Fall hatte der betreffende Arbeitnehmer vor Ausspruch der Kündigung für eine lange Zeit jeden Kontakt mit seinem Arbeitgeber aktiv vermieden und auch die Einladung zu einem Gespräch durch das Integrationsamt abgelehnt.

Nach der Rechtsprechung des Bundesarbeitsgerichts ist darauf zu achten, dass ein BEM im Zeitablauf wiederholt durchzuführen oder jedenfalls anzubieten ist, sofern die gesetzlichen Voraussetzungen erneut erfüllt werden. Mit der Beendigung des Berechnungszeitraumes, d. h. dem Zeitpunkt, in dem eine sechswöchige Arbeitsunfähigkeit eingetreten ist, setzte zugleich ein neuer Berechnungszeitraum ein (vgl. BAG v. 18.11.2021, 2 AZR 138/21).

Die nicht ordnungsgemäße Durchführung des BEM kann auch bei der Beendigung des Arbeitsverhältnisses infolge des Bezugs von Erwerbsminderungsrente nach § 33 Abs. 2 S. 1 TVöD/TV-L relevant werden. Hat der Arbeitgeber in diesem Fall ein nach § 167 Abs. 2 SGB IX notwendiges BEM unterlassen, trifft ihn eine erweiterte Darlegungslast zum Nichtbestehen von Weiterbeschäftigungsmöglichkeiten nach § 33 Abs. 3 TVöD/TV-L. Er hat von sich aus denkbare oder vom Arbeitnehmer bereits genannte Beschäftigungsalternativen zu prüfen und im Einzelnen darzulegen, aus welchen Gründen sowohl eine Anpassung des bisherigen Arbeitsplatzes an für den Arbeitnehmer zuträgliche Arbeitsbedingungen als auch die Beschäftigung auf einem anderen – leidensgerechten – Arbeitsplatz ausscheiden. Kann der Arbeitgeber nicht darlegen, dass keine Weiterbeschäftigungsmöglichkeiten bestehen, wird das Arbeitsverhältnis nicht nach § 33 Abs. 2 S. 1 TVöD/TV-L beendet (vgl. BAG v. 30.8.2017, 7 AZR 204/16, ZTR 2018, 136).

Die ordnungsgemäße Durchführung des BEM ist jedoch keine formelle oder unmittelbare materielle Voraussetzung für die Wirksamkeit einer Versetzung oder einer anderen Ausübung des Weisungsrechts durch den Arbeitgeber. Es ist auch dann keine materielle Voraussetzung, wenn die Anordnung des Arbeitgebers (auch) auf Gründe gestützt ist, die im Zusammenhang mit dem Gesundheitszustand des Arbeitnehmers stehen. Allerdings trägt der Arbeitgeber bei der unterlassenen Durchführung des BEM das Risiko der Unwirksamkeit der Maßnahme, wenn er wesentliche Aspekte unberücksichtigt lässt, die im Rahmen eines an sich gebotenen BEM hätten bekannt werden können (BAG v. 18.10.2017, 10 AZR 47/17, ZTR 2018, 159).

Kündigt ein Arbeitgeber einem Arbeitnehmer wegen häufiger krankheitsbedingter Fehlzeiten, ohne zuvor ein ordnungsgemäßes, nach § 167 Abs. 2 SGB IX erforderliches BEM durchgeführt zu haben, kann nicht alleine deshalb vermutet werden, dass eine Benachteiligung des Arbeitnehmers wegen einer Behinderung nach § 22 AGG erfolgte, da § 167 Abs. 2 SGB IX keine Förderpflichten zugunsten (Schwer-)Behinderter Menschen bestimmt, sondern vielmehr auf alle Beschäftigten unabhängig von dem Vorliegen einer (Schwer-)Behinderung Anwendung findet (BAG v. 2.6.2022, 8 AZR 191/21).

 **ACHTUNG!**

Unterlässt der Arbeitgeber die Durchführung eines BEM oder der in diesem Zuge als geeignet in Betracht kommenden Maßnahmen, kann im Einzelfall auch eine Verpflichtung zum Schadensersatz gegenüber dem betroffenen Arbeitnehmer gemäß § 280 BGB bzw. § 823 Abs. 2 BGB in Betracht kommen, wenn der Arbeitnehmer hierdurch seine Arbeitsfähigkeit wiedererlangt und somit Anspruch auf Vergütung erworben hätte (LAG Hamm v. 4.7.2011, 8 Sa 726/11; LAG Hessen v. 7.8.2017, 7 Sa 232/17).

## VI. Prämien und Boni

Nach § 167 Abs. 3 SGB IX können Rehabilitationsträger und Integrationsämter die Arbeitgeber durch Gewährung von Prämien und Boni fördern, wenn sie ein BEM einführen. Unter dem Begriff „Prämie" ist dabei die einmalige oder wiederholte Zahlung eines Geldbetrages an den Arbeitgeber zu verstehen, währenddessen „Bonus" die Ermäßigung von Sozialversicherungsbeiträgen umschreibt. Der Arbeitgeber hat keinen Anspruch auf entsprechende Leistungen. Die Vergabe steht vielmehr im Ermessen der jeweiligen Institution und setzt regelmäßig ein schriftliches Konzept zum BEM voraus, das deutlich über die gesetzlichen Mindestanforderungen hinausgeht, etwa die Belange schwerbehinderter Menschen in besonderer Weise berücksichtigt.

# Betriebliche Übung

 **Wegweiser:**

Bei einer betrieblichen Übung erlangt der Arbeitnehmer einen Anspruch darauf, dass der Arbeitgeber Leistungen, die er in der Vergangenheit ohne Rechtsgrund erbracht hat, auch in Zukunft erbringen wird. Da das Vertrauen der Arbeitnehmer in den Bindungswillen des Arbeitgebers der wesentliche Grund für die vertragliche Bindung ist, ist die betriebliche Übung im öffentlichen Dienst stark eingeschränkt. Aufgrund der haushaltsrechtlichen Vorgaben des öffentlichen Arbeitgebers, der sich im Zweifel nur normgemäß verhalten und keine über- oder außertariflichen Leistungen erbringen will, kann ein Arbeitnehmer im Regelfall nicht damit rechnen, dass der Arbeitgeber Leistungen gewähren möchte, die über das vertraglich vereinbarte Maß hinausgehen. Deswegen kommt im öffentlichen Dienst das Entstehen einer betrieblichen Übung nur in Ausnahmefällen in Betracht. Soweit aus Sicht des Arbeitgebers lediglich ein Normvollzug erfolgt ist, ist für die Annahme einer betrieblichen Übung häufig kein Spielraum mehr.

Vertiefende Hinweise zur betrieblichen Übung im öffentlichen Dienst finden sich in Breier/Dassau TVöD Komm. § 2 Erl. 2.9.2.2 Rn. 174 ff. und Breier/Dassau TV-L Komm. § 2 Erl. 2.9.2.2 Rn. 174 ff.

**I. Begriff und Voraussetzungen der betrieblichen Übung**
1. Grundsätze
2. Voraussetzungen
   2.1 Gleichförmiges und wiederholtes Verhalten
   2.2 Keine anderweitige Anspruchsgrundlage
   2.3 Kein Vorbehalt des Arbeitgebers
      2.3.1 Freiwilligkeits- und Widerrufsvorbehalte
      2.3.2 Keine Schriftformklausel

**II. Anwendungsbereich**
1. Geltungsbereich
   1.1 Grundsatz
   1.2 Neue Arbeitnehmer
   1.3 Neuer Arbeitgeber
2. Besonderheiten im öffentlichen Dienst
   2.1 Eingeschränkte Geltung der betrieblichen Übung
   2.2 Eigengesellschaften, private Arbeitgeber und Kirchen

**III. Beendigung der betrieblichen Übung**
1. Beendigung im Privatrecht
   1.1 Grundsatz
   1.2 Einigung oder Änderungskündigung
   1.3 Ablösende Betriebsvereinbarung
2. Besonderheiten im öffentlichen Dienst

## I. Begriff und Voraussetzungen der betrieblichen Übung

### 1. Grundsätze

Unter einer betrieblichen Übung versteht man die regelmäßige und gleichförmige Wiederholung bestimmter Verhaltensweisen des Arbeitgebers, der Arbeitnehmern Leistungen oder Vergünstigungen gewährt, ohne dass er hierzu verpflichtet ist (BAG v. 17.8.2021, 1 AZR 50/20; BAG v. 20.8.2019, 3 AZR 222/18). Nach der maßgeblichen Vertragstheorie des BAG entsteht eine vertragliche Übereinkunft für den auch zukünftigen Erhalt der Leistung, da die Arbeitnehmer aus dem Verhalten schließen können, dass ihnen die Leistung auch in Zukunft gewährt werden soll und der Arbeitgeber ein entsprechendes Vertragsangebot abgibt. Dabei müssen jeweils im Einzelfall die Gesamtumstände bewertet werden, insbesondere Art, Intensität und Häufigkeit des Verhaltens. Jedenfalls soweit eine betriebliche Übung für die Arbeitnehmer günstig ist, kann von der stillschweigenden Annahme des Angebots durch die Arbeitnehmer ausgegangen werden. Dabei ist nicht entscheidend, ob der Arbeitgeber sich tatsächlich für die Zukunft binden wollte. Zuungunsten der Arbeitnehmer kann keine betriebliche Übung entstehen (BAG v. 14.6.2016, 9 AZR 181/15, ZTR 2016, 373). Auch durch Leistungen an Versorgungsempfänger kann eine betriebliche Übung begründet werden. Der Gesetzgeber hat die betriebliche Übung im Bereich der betrieblichen Altersversorgung in § 1b Abs. 1 S. 4 BetrAVG ausdrücklich als Rechtsquelle anerkannt (BAG v. 12.12.2006, 3 AZR 57/06).

### 2. Voraussetzungen

### 2.1 Gleichförmiges und wiederholtes Verhalten

Ein gleichförmiges und wiederholtes Verhalten des Arbeitgebers kann vertragliche Ansprüche auf eine Leistung begründen, wenn die Arbeitnehmer aus dem Verhalten des Arbeitgebers schließen durften, dass er die Leistung auch in Zukunft erbringen möchte.

Ob ein Anspruch aufgrund einer betrieblichen Übung begründet wird, muss immer im konkreten Einzelfall beurteilt werden. Wichtig ist, ob aus Sicht der Arbeitnehmer überhaupt ein berechtigtes Vertrauen in den vertraglichen Bindungswillen des Arbeitgebers entstehen konnte (BAG v. 8.12.2010, 10 AZR 671/09). Es kommt dabei auf die Art, die Dauer, die Intensität und die Häufigkeit der Leistung sowie auf die Gesamtumstände an. Ein Anspruch auf Einteilung zur Arbeit an allen Samstagen des Monats aufgrund von betrieblicher Übung entsteht bspw. nicht schon dadurch, dass der Arbeitgeber den Arbeitnehmer in der Vergangenheit über Jahre hinweg zur Samstagsarbeit eingeteilt hat (LAG Thüringen v. 21.2.2018, 6 Sa 110/17). Bei der wiederholten Gewährung von Sachleistungen mit niedrigem Wert und Zahlungen kleiner Beträge kann aber eine betriebliche Übung entstehen (LAG Hamm v. 17.1.2017, 9 Sa 955/16). Bei jährlichen Sonderzuwendungen geht die Rechtsprechung in der Regel davon aus, dass ein individualrechtlicher Anspruch jedenfalls dann erworben wird, wenn an die gesamte Belegschaft geleistete Gratifikationen in drei aufeinanderfolgenden Jahren vorbehaltlos und in gleichbleibender Höhe gewährt worden sind.

**Beispiel**

> Ein Arbeitgeber hat seinen Arbeitnehmern über drei Jahre hinweg jedes Mal zu Weihnachten freiwillig ein Weihnachtsgeld in Höhe von € 200,00 gezahlt. Eine Vereinbarung schriftlicher oder mündlicher Art gab es nicht. Hier ist durch das gleichförmige Verhalten des Arbeitgebers eine betriebliche Übung entstanden. Der Arbeitgeber ist daher vertraglich dazu verpflichtet, auch in Zukunft die Weihnachtsgratifikation von € 200,00 zu bezahlen. Ein weiteres klassisches Beispiel für eine betriebliche Übung wäre die regelmäßige Freistellung der Arbeitnehmer am Rosenmontag.

Aus dem Erfordernis der Gleichförmigkeit des Verhaltens folgt, dass der Arbeitgeber im Einzelfall das Entstehen einer betrieblichen Übung verhindern kann, wenn er sein wiederholtes Verhalten variiert. Dies ist jedoch abhängig von den Umständen des Einzelfalles. Nach Auffassung des BAG kann auch dann eine betriebliche Übung entstehen, wenn die Höhe einer jährlich geleisteten Bonuszahlung variiert. In diesem Fall ist davon auszugehen, dass jedenfalls „dem Grunde nach" eine Leistung u. U. dauerhaft zugesagt wird, auch wenn die konkrete Höhe z. B. vom jeweiligen Betriebsergebnis oder von der persönlichen Leistung des Arbeitnehmers abhängt (BAG v. 13.5.2015, 10 AZR 266/14). Bei Sonderzahlungen ist es damit für die Begründung einer betrieblichen Übung nicht zwingend, dass die Höhe der Zahlung gleich bleibt. Für das erforderliche regelbasierte Verhalten ist es vielmehr ausreichend, dass die Vergünstigung konstant auf der Anwendung derselben Regeln beruht, auch wenn sie über die Jahre hinweg unterschiedlich hoch ausfällt (LAG Mecklenburg-Vorpommern v. 19.7.2019, 2 Sa 207/18).

Unerheblich ist im Grundsatz, ob der Arbeitgeber gewusst und gewollt hat, dass eine betriebliche Übung entsteht. Er kann ein Entstehen einer betrieblichen Übung auch nicht mit dem Argument anfechten, dass ihm die Rechtsfolge seines Verhaltens nicht bekannt gewesen sei.

 **ACHTUNG!**

Bei betrieblichen Übungen kommt es immer auf den Einzelfall an. Insbesondere treffen die in der Praxis weit verbreiteten Annahmen nicht zu, dass eine „dreimalige" Wiederholung einer Verhaltensweise immer eine betriebliche Übung entstehen lasse, aber vorher auch keine betriebliche Übung entstehen könne.

## 2.2 Keine anderweitige Anspruchsgrundlage

Ein Anspruch aufgrund einer betrieblichen Übung kann nicht entstehen, wenn der Arbeitgeber ohnehin vertraglich oder gesetzlich zur Leistungsgewährung verpflichtet war. Denn in diesem Fall kann aus dem Verhalten nicht auf einen Bindungswillen für die Zukunft geschlossen werden, wenn die Verpflichtung später aufgrund einer Gesetzesänderung oder nach Ablauf der Wirkung einer Betriebsvereinbarung wegfallen sollte. Vielmehr mussten die Arbeitnehmer davon ausgehen, dass der Arbeitgeber bisher nur seinen Verpflichtungen nachkommen wollte. Eine betriebliche Übung entsteht auch nicht bei irrtümlicher Leistungsverpflichtung des Arbeitgebers. Wollte der Arbeitgeber Leistungen für den Arbeitnehmer erkennbar aufgrund einer von ihm angenommenen, tatsächlich aber nicht bestehenden Rechtspflicht erbringen, kann der Arbeitnehmer nicht davon ausgehen, ihm solle eine Leistung auf Dauer unabhängig von dieser Rechtspflicht gewährt werden (BAG v. 17.8.2021, 1 AZR 50/20; BAG v. 20.8.2019, 3 AZR 222/18; BAG, v. 11.7.2018, 4 AZR 443/17; BAG v. 10.12.2013, 3 AZR 832/11; LAG Düsseldorf v. 27.6.2023, 8 Sa 1049/21). In diesen Fällen kann eine betriebliche Übung allerdings dann angenommen werden, wenn der Arbeitgeber trotz der fehlenden Rechtspflicht weiterhin zur Leistung bereit ist und dies für den Arbeitnehmer erkennbar war. Der Arbeitnehmer trägt dafür die Darlegungs- und Beweislast (BAG v. 19.2.2020, 5 AZR 189/18).

Es sind zwar auch in diesen Fällen Sonderkonstellationen denkbar, in denen aufgrund der besonderen Umstände ein schützenswertes Vertrauen auf den vertraglichen Bindungswillen entstehen konnte. Dies dürften aber sehr seltene Ausnahmefälle sein.

## 2.3 Kein Vorbehalt des Arbeitgebers

### 2.3.1 Freiwilligkeits- und Widerrufsvorbehalte

Ein vom Arbeitgeber bei der Leistungsgewährung erklärter Vorbehalt kann dazu führen, dass kein Anspruch aufgrund einer betrieblichen Übung entsteht. Denn dann wissen die Arbeitnehmer, dass es keinen Bindungswillen des Arbeitgebers gibt. Bestenfalls sollte dieser Vorbehalt bei oder im Zusammenhang mit der Gewährung einer Leistung gegenüber dem Arbeitnehmer erfolgen. In diesem Vorbehalt muss der Arbeitgeber klar und verständlich deutlich machen, dass er sich nicht für die Zukunft binden will (BAG v. 27.2.2019, 5 AZR 354/18, ZTR 2020, 32). Diese Art von Vorbehalt unterliegt zwar der AGB-Kontrolle nach §§ 305 ff. BGB. Im Regelfall besteht aber keine Unangemessenheit nach § 307 Abs. 2 Nr. 1 BGB (vgl. BAG v. 18.3.2009, 10 AZR 281/08; vgl. zur AGB-Kontrolle auch → *Arbeitsvertrag*). Ein wirksamer Freiwilligkeitsvorbehalt im Arbeitsvertrag kann das Entstehen eines Rechtsanspruchs auf eine zukünftige Sonderzahlung verhindern (BAG v. 8.12.2010, 10 AZR 671/09). Allerdings muss ein solcher Freiwilligkeitsvorbehalt ebenfalls klar und verständlich i. S. des § 307 Abs. 1 S. 2 BGB formuliert worden sein, um den Rechtsanspruch des Arbeitnehmers auf eine Sonderzahlung eindeutig auszuschließen. Er darf insbesondere nicht im Widerspruch zu anderen Vereinbarungen der Arbeitsvertragsparteien stehen (BAG v. 20.2.2013, 10 AZR 177/12, ZTR 2013, 403) oder die Auslegung zulassen, dass von dem Vorbehalt auch spätere individuelle Vertragsabreden umfasst sind (BAG v. 25.1.2023, 10 AZR 109/22).

**Beispiel**

> Klassisch wäre etwa die konkrete Benennung der Leistung mit dem Zusatz: „Die Leistung erfolgt freiwillig und ohne Anerkennung einer Rechtspflicht. Für die Zukunft besteht daher kein Rechtsanspruch."

Es ist empfehlenswert, den Vorbehalt bei jeder Zahlung zu erklären, um damit den rechtsgeschäftlichen Bindungswillen eindeutig auszuschließen.

Häufig reicht dagegen die Erklärung des Arbeitgebers, sich einen Widerruf vorzubehalten, nicht aus. Ein Widerruf setzt denklogisch voraus, dass ein Anspruch zuvor bereits entstanden ist. Nur sofern der Widerrufsvorbehalt im Kontext mit der jeweils betroffenen arbeitsvertraglichen Regelung den strengen Anforderungen des Gesetzes und der Rechtsprechung genügt, kann der Arbeitgeber den vertraglichen Anspruch widerrufen. Durch einen Widerrufsvorbehalt, der gegen das Transparenzgebot gemäß § 307 Abs. 1 S. 2 BGB verstößt oder den Anforderungen gemäß § 308 Nr. 4 BGB nicht genügt, kann eine betriebliche Übung nicht beendet werden (LAG Brandenburg v. 16.9.2005, 8 Sa 258/05, nachgehend BAG v. 28.3.2007, 10 AZR 720/05, das über die Wirksamkeit der Widerrufsklausel jedoch nicht zu entscheiden brauchte).

 **ACHTUNG!**

In der Praxis wird häufig „aus Sicherheitsgründen" der Vorbehalt des Widerrufs mit der Freiwilligkeit der Leistung verbunden (etwa: „Die Leistung erfolgt freiwillig ohne Anerkennung einer Rechtspflicht und ist jederzeit widerruflich."). Diese mehrdeutige Kombination ist nicht rechtssicher und sollte unbedingt vermieden werden, da der Widerruf voraussetzt, dass ein Anspruch entstanden ist, die Freiwilligkeit aber gerade das Entstehen dieses Anspruchs verhindert. In der Kombination eines Freiwilligkeitsvorbehalts mit einem Widerrufsvorbehalt liegt regelmäßig ein zur Unwirksamkeit der Klausel führender Verstoß gegen das Transparenzgebot (§ 307 Abs. 1 S. 2 BGB). Folgt die Intransparenz einer vertraglichen Regelung und damit ihre Unwirksamkeit gerade aus der Kombination zweier Klauselteile, kommen die Annahme einer Teilbarkeit der Klausel und ihre teilweise Aufrechterhaltung nicht in Betracht. Das ist unabhängig davon, ob die einzelnen Klauselteile isoliert betrachtet wirksam wären (BAG v. 14.9.2011, 10 AZR 526/10, ZTR 2012, 103).

### 2.3.2 Keine Schriftformklausel

Eine Schriftformklausel, die für das Entstehen eines vertraglichen Anspruches Schriftform voraussetzt, kann das Entstehen einer betrieblichen Übung verhindern.

In der Praxis sind vertragliche Schriftformklauseln allerdings oft unwirksam, da diese häufig nicht ausreichend berücksichtigen, dass nach § 305b BGB (formlose) Individualabsprachen Allgemeinen Geschäftsbedingungen vorgehen (vgl. zu AGB → *Arbeitsvertrag*). Dies gilt auch für sogenannte „doppelte Schriftformklauseln", die regeln, dass Arbeitsvertragsbedingungen nur schriftlich abgeändert werden können und dass auch die Abbedingung dieser Vereinbarung nur schriftlich erfolgen kann (BAG v. 20.5.2008, 9 AZR 382/07, ZTR 2008, 683). Da eine betriebliche Übung allerdings keine Individualvereinbarung im Sinne des § 305b BGB ist, ist es möglich, auch in vorformulierten Arbeitsverträgen den Ausschluss einer (mündlichen) betrieblichen Übung zu verhindern, sofern die Klausel nur eng und klar genug gefasst ist.

 **Formulierungsbeispiel:**

„Änderungen oder Ergänzungen des Arbeitsvertrags durch individuelle Vertragsabreden sind formlos wirksam. Im Übrigen bedürfen Vertragsänderungen zu ihrer Wirksamkeit der Schriftform, was auch für die Änderung dieser Regelung gilt. Vom Erfordernis der Schriftform für die Wirksamkeit einer Änderung des Arbeitsvertrags werden auch etwaige Ansprüche aus betrieblicher Übung erfasst."

 **ACHTUNG!**

Das BAG hat bislang ausdrücklich offen gelassen, ob und wie ein individualvertraglicher Ausschluss möglich ist, sodass bei Schriftformklauseln ein gewisses rechtliches Risiko besteht. Die Urteile des BAG vom 29.9.2011, 2 AZR 613/10 und vom 20.5.2008, 9 AZR 382/07, ZTR 2008, 683, sprechen zwar für die Möglichkeit einer solchen Vereinbarung. Dennoch sollte immer darauf geachtet werden, durch einen Freiwilligkeitsvorbehalt das Entstehen einer betrieblichen Übung von vornherein zu verhindern, weil eine gesicherte höchstrichterliche Rechtsprechung hierzu noch nicht vorliegt.

Für tarifvertragliche Schriftformklauseln hat das BAG entschieden, dass eine betriebliche Übung wegen Verstoßes gegen das tarifvertragliche Schriftformerfordernis und der damit verbundenen Nichtigkeit nach § 125 BGB nicht entstehen kann (BAG v. 25.6.2019, 3 AZR 426/19).

Im öffentlichen Dienst ist besonders § 2 Abs. 3 TVöD/TV-L zu beachten, welcher – anders als bei arbeitsvertraglichen Hauptleistungspflichten – bei arbeitsvertraglichen Nebenabreden Schriftform vorschreibt. Bei Nebenabreden ist die Schriftform nach § 2 Abs. 3 TVöD/TV-L zwingend erforderlich zum Entstehen eines Anspruchs. Wird diese nicht eingehalten, hindert die Nichtigkeit nach § 125 BGB das Entstehen einer betrieblichen Übung (vgl. BAG v. 25.6.2019, 3 AZR 426/19).

## II. Anwendungsbereich

### 1. Geltungsbereich

#### 1.1 Grundsatz

Im Grundsatz können alle Arbeitsbedingungen, die arbeitsvertraglich geregelt werden können, durch eine betriebliche Übung begründet werden. In Betracht kommt etwa auch ein Anspruch aus betrieblicher Übung auf Abschluss eines Versorgungsvertrages (BAG v. 20.8.2013, 3 AZR 374/11). Beim Entstehen einer betrieblichen Übung müssen häufig auch die Grundsätze des arbeitsrechtlichen Gleichbehandlungsgrundsatzes beachtet werden. Der Arbeitgeber darf nicht sachfremd bestimmten Arbeitnehmern Leistungen vorenthalten, die er anderen vergleichbaren Arbeitnehmern einer Gruppe gewährt. Die bindende Wirkung einer betrieblichen Übung tritt auch bereits gegenüber Arbeitnehmern ein, die unter der Geltung der Übung im Betrieb gearbeitet haben, selbst aber die Vergünstigung noch nicht erhalten haben, weil sie die nach der Übung vorausgesetzten Bedingungen noch nicht erfüllten. Das BAG hat folglich entschieden, dass der Arbeitgeber, der seinen Betriebsrentnern im Rahmen einer betrieblichen Übung Beihilfen im Krankheitsfall gewährt, entsprechend auch gegenüber seinen Arbeitnehmern gebunden ist, die sich noch im laufenden Arbeitsverhältnis befinden, sobald diese eine Betriebsrente beziehen (BAG v. 19.9.2023, 1 AZR 281/22).

#### 1.2 Neue Arbeitnehmer

Besteht eine betriebliche Übung, so kommt sie allen Arbeitnehmern zugute, mit denen unter ihrer Geltung ein Arbeitsverhältnis besteht (BAG v. 17.8.2021, 1 AZR 56/20). Auch neu eingestellte Arbeitnehmer haben die Ansprüche aus betrieblicher Übung, die im Betrieb gelten. Der Arbeitgeber kann aber arbeitsvertraglich regeln, dass sie von der betrieblichen Übung nicht erfasst werden. Dies ist grundsätzlich zulässig und verstößt im Regelfall nicht gegen den arbeitsrechtlichen Gleichbehandlungsgrundsatz.

### 1.3 Neuer Arbeitgeber

Eine durch betriebliche Übung begründete Verpflichtung des Arbeitgebers geht im Fall eines Betriebsübergangs nach § 613a Abs. 1 S. 1 BGB auf den Betriebserwerber über (BAG v. 19.9.2023, 1 AZR 281/22).

## 2. Besonderheiten im öffentlichen Dienst

### 2.1 Eingeschränkte Geltung der betrieblichen Übung

Im öffentlichen Dienst ist der Geltungsbereich der betrieblichen Übung weitgehend eingeschränkt. Die Arbeitnehmer müssen hier grundsätzlich davon ausgehen, dass Arbeitgeber im öffentlichen Dienst aufgrund haushaltsrechtlicher Vorgaben, Verwaltungsrichtlinien und Verordnungen im Regelfall keine überobligatorische Bindung eingehen wollen. Insbesondere wegen der Haushaltsvorgaben möchten und dürfen die Arbeitgeber sich nur gesetzmäßig verhalten und keine über- oder außertariflichen Leistungen erbringen. Für den Arbeitgeber im öffentlichen Dienst gilt der Grundsatz des Normenvollzugs. Arbeitnehmer im öffentlichen Dienst müssen deshalb grundsätzlich damit rechnen, dass der Arbeitgeber nur die Leistungen gewähren will, zu denen er rechtlich verpflichtet ist (BAG v. 15.5.2012, 3 AZR 610/11, ZTR 2012, 663). Etwas anderes kann gelten, wenn der Arbeitnehmer den vermeintlichen Normvollzug nicht erkennen konnte, z. B. weil in einer Versorgungszusage geregelt ist, dass andere als die dort zugesagten laufenden Versorgungsleistungen nicht gewährt werden (BAG v. 17.9.2013, 3 AZR 300/11).

Selbst bei einem langjährigen Erhalt von Vergünstigungen dürfen Arbeitnehmer im öffentlichen Dienst regelmäßig nicht annehmen, dass sich der Arbeitgeber auch für die Zukunft vertraglich binden wollte. Der Arbeitgeber kann damit wenigstens grundsätzlich selbst langjährig zugestandene – rechtsgrundlose – Leistungen für die Zukunft einstellen.

 **Hinweis:**

Dies gilt insbesondere für den in der Praxis häufig vorkommenden Fall, dass Leistungen für Beamte auch Angestellten gleichermaßen gewährt wurden, ohne dass dafür eine Rechtsgrundlage bestand. Die Arbeitnehmer müssen bei einer Absenkung von Leistungen der Beamten jederzeit damit rechnen, dass auch ihnen die Leistungen gekürzt werden.

Allerdings kommt es auch im öffentlichen Dienst immer auf die Bewertung des jeweiligen Einzelfalles an. Bei Vorliegen besonderer Umstände dürfen im öffentlichen Dienst beschäftigte Arbeitnehmer annehmen, dass sich ihr Arbeitsvertrag geändert hat. Dafür reicht aber im Regelfall weder die langjährige Gewährung der Leistung aus noch deren vorbehaltlose Zahlung. So kann etwa die mehrjährige Anpassung der Vergütung entsprechend der Tarifentwicklung nur bei deutlichen zusätzlichen Anhaltspunkten zum Entstehen einer betrieblichen Übung dergestalt führen, dass auch in Zukunft Tariflohnerhöhungen weitergegeben werden sollen, auf die ansonsten kein Anspruch bestünde. Fehlen deutliche Anhaltspunkte, aus denen sich für die Arbeitnehmer der erkennbare Wille zur Weitergabe von Tariflohnerhöhungen ergibt, wird keine betriebliche Übung begründet (BAG v. 27.4.2016, 5 AZR 311/15; BAG v. 24.2.2016, 4 AZR 990/13, ZTR 2016, 267). Ein Rechtsanspruch auf auch künftige kostenlose Nutzung eines Betriebsparkplatzes (hier: Großparkplatz eines Klinikums) besteht kraft betrieblicher Übung jedenfalls dann nicht, wenn der Arbeitgeber im Zuge von Neubaumaßnahmen den Parkplatz beseitigt und unter erheblichen Aufwendungen neuen Parkraum schafft. In diesem Fall dürfen die Arbeitnehmer auch bei einer jahrelangen kostenlosen Nut-

zung des Betriebsparkplatzes nicht berechtigterweise davon ausgehen, der Arbeitgeber werde auch künftig kostenlose Parkplätze bereitstellen (LAG Baden-Württemberg v. 13.1.2014, 1 Sa 17/13).

Anders ist die Situation, wenn der Normgeber selbst handelt. Hier können Arbeitnehmer wieder regelmäßig darauf vertrauen, dass der Arbeitgeber sich bei entsprechendem Verhalten binden möchte.

Im öffentlichen Dienst sind darüber hinaus betriebliche Übungen häufig wegen § 2 Abs. 3 TVöD/TV-L eingeschränkt. Bei arbeitsvertraglichen Nebenabreden, die also anders als Hauptleistungspflichten nicht als unmittelbare Gegenleistung für die Erbringung der Arbeitsleistung zu werten sind, ist die Schriftform nach § 2 Abs. 3 TVöD/TV-L zwingend erforderlich zum Entstehen eines Anspruchs; die Nichteinhaltung führt zur Nichtigkeit und verhindert die Entstehung einer betrieblichen Übung (vgl. BAG v. 25.6.2019, 3 AZR 526/19). Beispielsweise unterfällt eine vertragliche Abrede über die Zahlung einer Pauschale für die Reinigung der Dienstkleidung als Nebenabrede dem Anwendungsbereich des § 2 Abs. 3 TVöD (BAG v. 13.7.2010, 9 AZR 264/09). So wird auch beispielsweise dann durch die wiederholte Leistung keine betriebliche Übung begründet, wenn der Arbeitgeber annimmt, zur Gewährung von Leistungen an die Arbeitnehmer aus einem Tarifvertrag verpflichtet zu sein (BAG v. 19.2.2020, 5 AZR 189/18, ZTR 2020, 249).

Zahlreiche anschauliche Beispielsfälle zur betrieblichen Übung im öffentlichen Dienst finden sich bei Breier/Dassau TVöD Komm. § 2 Erl. 2.9.2.2 Rn. 174 ff. und Breier/Dassau TV-L Komm. § 2 Erl. 2.9.2.2 Rn. 174 ff.

### 2.2 Eigengesellschaften, private Arbeitgeber und Kirchen

Auch Eigengesellschaften juristischer Personen des öffentlichen Rechts wie etwa Gemeinden sind wenigstens grundsätzlich von den dargestellten Besonderheiten des öffentlichen Dienstes erfasst (für eine Sparkasse: BAG v. 15.7.1992, 5 AZR 459/91, ZTR 1992, 522). Als Arbeitgeber des öffentlichen Dienstes sind sie durch Anweisungen vorgesetzter Dienststellen, Verwaltungsrichtlinien, Verordnungen und gesetzliche Regelungen, vor allem aber durch die Festlegungen des Haushaltsplans gebunden. Sie sind anders als private Arbeitgeber gehalten, die Mindestbedingungen des Dienst- und Tarifrechts sowie die Haushaltsvorgaben bei der Gestaltung von Arbeitsverhältnissen zu beachten, und können daher bei der Schaffung materieller Dienst- und Arbeitsbedingungen nicht autonom wie ein Unternehmer der Privatwirtschaft handeln (BAG v. 29.9.2004, 5 AZR 528/03, ZTR 2005, 97).

Noch höchstrichterlich ungeklärt ist die Frage der Anwendbarkeit des Grundsatzes der eingeschränkten betrieblichen Übung im öffentlichen Dienst für private Arbeitgeber, die mittels arbeitsvertraglicher Bezugnahme die Tarifverträge des öffentlichen Dienstes anwenden (offen gelassen BAG v. 18.9.2002, 1 AZR 477/01, ZTR 2003, 194). Im Zweifel wird der Grundsatz keine Anwendung finden können (vgl. LAG Sachsen v. 6.3.2002, 2 Sa 248/01, ZTR 2002, 598). Allerdings soll nach dem Urteil des LAG Schleswig-Holstein vom 3.4.2001, 1 Sa 646 b/00, ZTR 2001, 479, der bloße Wechsel in eine privatrechtliche Rechtsform für sich genommen nicht dazu führen, dass die Grundsätze der betrieblichen Übung wie in der Privatwirtschaft Anwendung finden, etwa wenn eine GmbH ohne Gewinnerzielungsabsicht bezüglich ihrer Gesellschafterstruktur und ihrer öffentlichen Aufgabe dem öffentlichen Dienst zuzurechnen ist. Maßgeblich muss letztlich sein, ob sich der öffentliche Arbeitgeber an haushaltsrechtliche Vorgaben zu halten hat oder nicht. Das LAG Hamm geht hingegen wohl davon aus, dass nach dem Rechtsformwechsel eine betriebliche Übung auch ohne die im öffentlichen Dienst geltenden Besonderheiten entstehen kann. Für die Zeit vor einer Privatisierung gelten aber die besonderen Voraussetzungen des öffentlichen Dienstes für das Entstehen der betrieblichen Übung (LAG Hamm v. 14.6.2017, 2 Sa 307/17).

Die Diakonischen Werke der Kirchen oder die Träger der freien Wohlfahrtspflege sollen nach der Rechtsprechung wie private Arbeitgeber zu behandeln sein (BAG v. 26.5.1993, 4 AZR 130/93, ZTR 1993, 471; LAG Sachsen v. 6.3.2002, 2 Sa 248/01, ZTR 2002, 598). Der kirchliche Dienst wird insoweit anders behandelt als der öffentliche Dienst. Dies wird in der Fachliteratur durchaus kritisch gesehen, da auch die Kirchen Haushaltsvorgaben haben.

### III. Beendigung der betrieblichen Übung

#### 1. Beendigung im Privatrecht

#### 1.1 Grundsatz

Sind Ansprüche aus einer betrieblichen Übung entstanden, kann der Arbeitgeber sie nicht mehr ohne Weiteres verändern, da sie nun Teil des Arbeitsvertrages sind. War es früher noch zulässig, durch eine sogenannte negative oder gegenläufige betriebliche Übung – das mehrmalige von den Arbeitnehmern widerspruchslos hingenommene Nichtgewähren der Leistung – eine Beendigung der Verpflichtung herbeizuführen, so hat das BAG diese Rechtsprechung aufgegeben (BAG v. 18.3.2009, 10 AZR 281/08; bestätigt durch BAG v. 25.11.2009, 10 AZR 779/08).

#### 1.2 Einigung oder Änderungskündigung

Der Arbeitgeber ist damit entweder auf eine einvernehmliche Änderung der Vertragsbedingungen oder auf den Ausspruch einer Änderungskündigung angewiesen. Allerdings stellt das Schweigen eines Arbeitnehmers gegenüber einem Angebot auf Verschlechterung eines Vertrags grundsätzlich keine Annahme eines solchen Angebots dar. Vielmehr ist eine – zumindest konkludente – Zustimmung zur Geltung der verschlechterten Vertragsbedingungen erforderlich (BAG v. 25.11.2009, 10 AZR 779/08). Da eine Änderungskündigung in der Praxis sehr schwierig durchzusetzen ist, bedeutet die neue Rechtsprechung des BAG eine erhebliche Verschlechterung für die Position der Arbeitgeber. Umso mehr sollte darauf geachtet werden, keine betriebliche Übung entstehen zu lassen.

#### 1.3 Ablösende Betriebsvereinbarung

Früher wurde es mit Blick auf das Günstigkeitsprinzip abgelehnt, dass Betriebsvereinbarungen Ansprüche aus betrieblicher Übung beenden können. Nur in Sonderfällen konnte eine ablösende Betriebsvereinbarung eine betriebliche Übung in engen Grenzen beschränken, wenn die in der Betriebsvereinbarung getroffene Regelung für die Arbeitnehmer insgesamt bei kollektiver Betrachtung nicht ungünstiger ist (BAG v. 16.11.2011, 10 AZR 60/11).

In der jüngeren Rechtsprechung gehen verschiedene Senate des BAG davon aus, dass Regelungen mit einem kollektiven Bezug eine konkludente „Betriebsvereinbarungsoffenheit" enthalten. Hierdurch kann es möglich sein, Regelungen durch eine Betriebsvereinbarung abzuändern, auch wenn diese „Betriebs-

vereinbarungsoffenheit" nicht ausdrücklich geregelt bzw. vorbehalten ist. Diese Erwägungen wurden zwischenzeitlich auch auf betriebliche Übungen angewandt (BAG v. 17.8.2021, 1 AZR 50/20; BAG v. 23.2.2016, 3 AZR 44/14; Hoffmann/Köllmann, NJW 2019, 3545 ff.). Die Ablösung bzw. Abänderung einer betrieblichen Übung durch eine Betriebsvereinbarung ist insofern nunmehr grundsätzlich möglich. Da bei einer „Betriebsvereinbarungsoffenheit" anerkannt ist, dass die Betriebsvereinbarungen auch zu Lasten der Arbeitnehmer schlechtere Bedingungen regeln können, dürfte dieser Weg folglich auch für die verschlechternde Ablösung einer betrieblichen Übung durch eine Betriebsvereinbarung gelten. Offen ist bislang jedoch, wie eine nachfolgende (verschlechternde) Betriebsvereinbarung im Hinblick auf arbeitsvertragliche Regelungen wirkt, d. h. ob es nur einen temporären Anwendungsvorrang der Betriebsvereinbarung gibt und die ursprünglichen Regelungen nach Geltungsdauer der Betriebsvereinbarung wieder aufleben, oder ob die ursprünglichen Bedingungen dauerhaft abgelöst und aufgehoben werden (vgl. zu der gesamten Thematik Hoffmann/Köllmann, NJW 2019, 3545 ff. m. w. N.).

#### 2. Besonderheiten im öffentlichen Dienst

Da regelmäßig im öffentlichen Dienst keine betriebliche Übung entsteht, kann der Arbeitgeber selbst langjährig gewährte Vergünstigungen für die Zukunft wieder einstellen. Sofern im Sonderfall doch eine betriebliche Übung und damit eine Arbeitsvertragsänderung entstanden sein sollte, bestehen keine Besonderheiten.

# Betriebsbedingte Kündigung

A.  **Allgemeines**

B.  **Voraussetzungen der betriebsbedingten Kündigung**
    I.   Dringende betriebliche Erfordernisse
        1.   Die freie unternehmerische Entscheidung
           1.1   Außerbetriebliche Ursachen
           1.2   Innerbetriebliche Ursachen
        2.   Keine anderweitige Beschäftigungsmöglichkeit
    II.  Sozialauswahl
        1.   Personenkreis
        2.   Auswahlkriterien
        3.   Auswahlverfahren
C.  **Massenentlassung**
    I.   Anwendung im öffentlichen Arbeitsrecht
    II.  Grundsätze
D.  **Abfindungsanspruch**

E.  **Checkliste Betriebsbedingte Kündigung**

## A. Allgemeines

Die Kündigung eines Arbeitsverhältnisses, welches unter den Anwendungsbereich des allgemeinen Kündigungsschutzes nach dem KSchG fällt, bedarf zu ihrer Wirksamkeit der sozialen Rechtfertigung. Eine Kündigung kann nach § 1 Abs. 2 S. 1 KSchG sozial gerechtfertigt sein, wenn sie durch dringende betriebliche Erfordernisse bedingt ist, die einer Weiterbeschäftigung des Arbeitnehmers im Betrieb entgegenstehen. Anders als bei einer verhaltens- oder personenbedingten Kündigung führt die betriebsbedingte Kündigung zu einem Verlust des Arbeitsplatzes wegen eines Grundes, der aus der Sphäre des Arbeitgebers und nicht des Arbeitnehmers stammt.

## B. Voraussetzungen der betriebsbedingten Kündigung

 **ACHTUNG!**

Eine ordentliche betriebsbedingte Kündigung ist sozial gerechtfertigt, wenn

- ▶ sie durch dringende betriebliche Erfordernisse bedingt ist und
- ▶ keine anderweitige Beschäftigungsmöglichkeit im Betrieb bzw. der Verwaltung des Arbeitgebers besteht und
- ▶ der Arbeitgeber bei der Auswahl des Arbeitnehmers soziale Gesichtspunkte ausreichend berücksichtigt hat.

### I. Dringende betriebliche Erfordernisse

Ein dringendes betriebliches Erfordernis zum Ausspruch der ordentlichen Kündigung liegt nur vor, wenn es zum Wegfall des Arbeitsplatzes führt. Der Wegfall des Arbeitsplatzes kann seine Ursache sowohl außerhalb als auch innerhalb der Verwaltung bzw. des Betriebes haben.

Dem Wegfall von Arbeitsplätzen muss stets eine unternehmerische oder behördliche Entscheidung zugrunde liegen.

 **ACHTUNG!**

Eine betriebsbedingte Kündigung ist immer unzulässig, wenn der Arbeitsplatz des gekündigten Arbeitnehmers einfach nur mit einem anderen Arbeitnehmer neu besetzt werden soll. Dann handelt es sich um eine sogenannte „Austauschkündigung". Dies gilt auch für den Fall, dass ein Leiharbeitnehmer die bisherige Tätigkeit des Arbeitnehmers übernehmen soll.

Der Arbeitgeber hat im Kündigungsschutzverfahren die Tatsachen zu beweisen, die die Kündigung bedingen. Dazu gehören insbesondere die dringenden betrieblichen Erfordernisse, die zum Wegfall des Arbeitsplatzes geführt haben.

 **WICHTIG!**

Werden betriebsbedingte Kündigungen im Rahmen einer Betriebsänderung ausgesprochen, so gilt gemäß § 1 Abs. 5 S. 1 KSchG eine Beweislastumkehr, wenn die gekündigten Arbeitnehmer in einem Interessenausgleich namentlich bezeichnet werden. In diesen Fällen hat der gekündigte Arbeitnehmer darzulegen und zu beweisen, dass die (gesetzlich vermuteten) dringenden betrieblichen Erfordernisse nicht vorliegen oder dass sich die Sachlage nach Zustandekommen des Interessenausgleichs wesentlich geändert hat. Von einer wesentlichen Änderung der Sachlage ist auszugehen, wenn die Betriebsänderung, auf die sich der Interessenausgleich bezieht, nicht mehr durchgeführt wird oder die Zahl der dort vorgesehenen Kündigungen erheblich verringert wird. Die Beweislastumkehr gilt nicht bei außerordentlichen Kündigungen und zwar auch dann nicht, wenn diese betriebsbedingt sind und z. B. deshalb erfolgen, weil die im Interessenausgleich genannten Arbeitnehmer ordentlich unkündbar sind (BAG v. 28.5.2009, 2 AZR 844/07).

### 1. Die freie unternehmerische Entscheidung

Durch die sogenannte freie unternehmerische Entscheidung, die durch inner- oder außerbetriebliche Geschehnisse motiviert sein kann, können die Voraussetzungen für eine betriebsbedingte Kündigung geschaffen werden. Die Kündigung selbst muss nach dem KSchG eine Folge der gestaltenden behördlichen

bzw. unternehmerischen Entscheidung sein. Die Entscheidungsfreiheit umfasst deshalb sowohl wirtschaftliche, technische und organisatorische als auch personalpolitische Entscheidungen, nicht jedoch die Kündigung selbst.

Um eine betriebsbedingte Kündigung begründen zu können, muss geprüft werden, ob

- ▶ die unternehmerische Entscheidung in ihrer Umsetzung den Abbau von Arbeitsplätzen bedingt und
- ▶ diese unternehmerische Entscheidung tatsächlich umgesetzt worden ist.

 **WICHTIG!**

Zeitlich fixierte „kw-Vermerke" (Stelle „künftig wegfallend") in einem Haushaltsgesetz können nur dann dringende betriebliche Erfordernisse für die Kündigung eines Arbeitsverhältnisses begründen, wenn die innerbetriebliche Entscheidung für den Wegfall der konkreten Stelle damit abschließend getroffen wurde. Es muss sich also um eine genau bestimmte Stelle handeln, weil andernfalls nicht festgestellt werden kann, ob im konkreten Fall der ausgesprochenen Kündigung ein dringendes betriebliches Erfordernis zugrunde liegt (BAG v. 17.2.2000, 2 AZR 109/99). Dies ist nicht der Fall, wenn die Verwaltung erst noch zwischen verschiedenen Möglichkeiten einer Umsetzung der „kw-Vermerke" mit unterschiedlichen Auswirkungen auf die Dienststellen entscheiden muss (BAG v. 19.3.1998, 8 AZR 626/96).

Erst die tatsächliche Umsetzung der unternehmerischen Entscheidung in der Verwaltung oder im Betrieb kann zum Wegfall von Arbeitsplätzen führen, was wiederum zwingende Voraussetzung für die soziale Rechtfertigung einer betriebsbedingten Kündigung ist.

Die freie unternehmerische Entscheidung kann von den Arbeitsgerichten nur darauf hin überprüft werden, ob

- ▶ sie ernsthaft getroffen wurde und bereits konkrete Formen angenommen hat,
- ▶ ihrer Durchführung gesetzliche oder vertragliche Pflichten oder Verbote entgegenstehen,
- ▶ sie einer Missbrauchskontrolle standhält,
- ▶ der Wegfall von Arbeitsplätzen durch sie bedingt wird und
- ▶ die ihr zugrunde liegenden außerbetrieblichen Umstände tatsächlich vorliegen.

Eine weitergehende Prüfung ist den Arbeitsgerichten untersagt. Das bedeutet, dass eine unternehmerische Entscheidung, die den oben genannten Kriterien entspricht, von den Arbeitsgerichten als dringendes betriebliches Erfordernis akzeptiert werden muss, auch wenn sich hieraus für den Arbeitnehmer besondere Härten ergeben.

 **WICHTIG!**

Wird im Haushaltsplan eine bestimmbare Stelle nach sachlichen, konkreten Merkmalen gestrichen, so liegt hierin eine von den Arbeitsgerichten nicht nachprüfbare unternehmerische Entscheidung, dass die bezeichnete Stelle für die Dienststelle zukünftig entbehrlich sei (BAG v. 23.11.2004, 2 AZR 38/04).

### 1.1 Außerbetriebliche Ursachen

Von außerbetrieblichen Ursachen wird immer dann gesprochen, wenn sich bei unveränderter Betriebsorganisation äußere Umstände auf den Arbeitsanfall und den Arbeitskräftebedarf auswirken. Nur in seltenen Fällen führen die außerbetrieblichen Umstände aber unmittelbar zum Wegfall des Arbeitsplatzes. Man spricht dann von einer selbstbindenden Unternehmerentscheidung. Oftmals bedürfen außerbetriebliche Umstände vorher noch einer gestaltenden unternehmerischen Entscheidung, die dann zu innerbetrieblichen Maßnahmen führt. In diesem Fall ist der Wegfall von Arbeitsplätzen nur mittelbar auf die außerbetrieblichen Umstände zurückzuführen.

Als außerbetriebliche Ursachen kommen z. B. in Betracht:

▶ **Absatzrückgang:**

Verringert sich die Menge der vom Betrieb veräußerten Produkte aufgrund einer zurückgegangenen Nachfrage am Markt, kann es geboten sein, die Produktionsmenge zu reduzieren. Auf der Grundlage einer entsprechenden Unternehmerentscheidung können Arbeitskräfte freigesetzt werden und somit Arbeitsplätze wegfallen. Die Absatzschwierigkeiten können somit mittelbare Ursache für eine betriebsbedingte Kündigung sein.

▶ **Auftragsrückgang:**

Reichen die vorhandenen Aufträge nicht aus, um die gegebene personelle Kapazität des Betriebes auszulasten und entsteht hierdurch im Tätigkeitsbereich des zu kündigenden Arbeitnehmers ein Arbeitskräfteüberhang, so kann der Arbeitgeber dem Auftragsrückgang durch eine Personalreduzierung entgegentreten. Auch in diesem Fall kann ein Auftragsrückgang nur mittelbar – also nach einer entsprechenden Unternehmerentscheidung – zu einer betriebsbedingten Kündigung führen. Nicht ausreichend ist ein nur vorübergehender Auftragsmangel, vielmehr muss es sich um einen dauerhaften Rückgang handeln.

▶ **Fremdfinanzierung:**

Werden Arbeitsplätze mit Mitteln Dritter finanziert, etwa im Rahmen einer öffentlich-privaten Partnerschaft (ÖPP), führt die Einschränkung oder die Streichung dieser Mittel nicht unmittelbar zum Wegfall von Arbeitsplätzen. Entschließt sich der Arbeitgeber jedoch, den fremdfinanzierten Unternehmenszweig wegen der Streichung einzustellen oder einzuschränken und fallen hierdurch Arbeitsplätze weg, so stellt dies einen betriebsbedingten Kündigungsgrund dar.

▶ **Haushaltsplan:**

Stelleneinsparungen in einem Haushaltsplan können eine betriebsbedingte Kündigung unmittelbar rechtfertigen, wenn sie nach sachlichen Merkmalen bezeichnet sind. Werden lediglich allgemeine Einsparungen für bestimmte Dienststellen oder Betriebe angeordnet, können diese eine betriebsbedingte Kündigung nicht unmittelbar begründen. Nur wenn hierauf vom Arbeitgeber mit einer konkreten innerbetrieblichen Maßnahme reagiert wird, die ihrerseits zum Arbeitsplatzwegfall führt, kann eine betriebsbedingte Kündigung gerechtfertigt sein.

▶ **Lohneinsparungen:**

Die Absicht des Arbeitgebers, betriebsbedingt notwendige Lohneinsparungen zu erzielen, kann für sich allein noch keine betriebsbedingte Kündigung rechtfertigen. Auch hier gilt, dass der Unternehmer erst über konkrete Maßnahmen entscheiden muss, die wiederum zum Wegfall von Arbeitsplätzen führen. Nur die konkret veranlassten Maßnahmen können dann zur Rechtfertigung einer betriebsbedingten Kündigung dienen.

▶ **Umsatzrückgang:**

Eine Verringerung des Umsatzes, die nicht nur kurzfristig und unerheblich ist, kann dazu führen, dass der Arbeitgeber die betrieblichen Strukturen an den verringerten Umsatz anpasst und hierdurch Arbeitsplätze wegfallen. Die konkreten betrieblichen

Maßnahmen, mit denen auf den Umsatzrückgang reagiert wird, stellen dann einen Grund zur betriebsbedingten Kündigung dar.

▶ **Witterungsgründe:**

Sofern die Witterung einen unmittelbaren Einfluss auf den Betriebsablauf hat (z. B. bei Baubetrieben), können Witterungsumstände eine betriebsbedingte Kündigung mittelbar rechtfertigen. Auch hier ist es erforderlich, dass der Arbeitgeber auf die Witterungsumstände durch eine unternehmerische Entscheidung reagiert, die wiederum den Wegfall von Arbeitsplätzen zur Folge hat. Dies kann z. B. eine Einstellung konkreter Projekte während der Schlechtwetterphase sein. Eine betriebsbedingte Kündigung kommt in diesem Zusammenhang immer nur dann in Betracht, wenn die witterungsbedingte Stilllegung längerfristiger Natur ist.

## 1.2 Innerbetriebliche Ursachen

Innerbetriebliche Ursachen sind technische, organisatorische oder wirtschaftliche Maßnahmen des Arbeitgebers, die vor allem Art und Form von Produkten oder Dienstleistungen, Betriebsumfang, Arbeits- und Fertigungsmethoden, Arbeitsmittel und Fähigkeiten der einzusetzenden Arbeitskräfte betreffen. Die innerbetrieblichen Veränderungen beruhen immer auf einer sogenannten gestaltenden Unternehmerentscheidung.

Als innerbetriebliche Ursachen kommen z. B. in Betracht:

▶ **Betriebseinschränkungen:**

Die Verringerung der Betriebskapazitäten (z. B. Reduzierung der Schichten, Stilllegung von Anlagen oder Auflösung von Organisationseinheiten) kann zum Wegfall von Arbeitsplätzen führen. Werden etwa einzelne Maschinen nicht mehr betrieben oder entfallen ganze Schichten, so steht fest, dass die dort ursprünglich vorhandenen Arbeitsplätze nicht mehr zur Verfügung stehen. In diesen Fällen ist eine betriebsbedingte Kündigung gerechtfertigt. Soll jedoch der gesamte Betrieb mit verminderter Leistung fortgeführt werden, ist der Wegfall einzelner Arbeitsplätze weniger offensichtlich. In solchen Fällen muss der Arbeitgeber den Nachweis erbringen, dass die betrieblichen Ziele nach der Betriebseinschränkung von der Belegschaft auch ohne die von einer Kündigung betroffenen Arbeitnehmer erbracht werden können.

▶ **Betriebsstilllegung:**

Die Stilllegung eines Betriebs setzt voraus, dass der Arbeitgeber ernstlich und endgültig entschlossen ist, die Betriebs- und Produktionsgemeinschaft für eine unbestimmte, wirtschaftlich nicht unerhebliche Zeitspanne aufzugeben. Hat der Arbeitgeber zum Zeitpunkt der Kündigung die Betriebsstilllegung definitiv beschlossen, so ist die Kündigung aus betriebsbedingten Gründen wirksam. Wird zum Zeitpunkt der Kündigung jedoch noch ernsthaft über eine Veräußerung des Betriebs oder der Gesellschaftsanteile verhandelt, kann eine betriebsbedingte Kündigung wegen Betriebsstilllegung (noch) nicht ausgesprochen werden. Kommt es innerhalb der Kündigungsfrist zu einer Betriebsveräußerung, so spricht nach Auffassung der Rechtsprechung (BAG v. 27.9.1984, 2 AZR 309/83) eine tatsächliche Vermutung gegen eine endgültige Stilllegungsabsicht des Unternehmers im Zeitpunkt der Kündigung. Der Arbeitgeber braucht mit der Kündigung nicht zu warten, bis der Betrieb bereits stillgelegt ist oder ein entsprechender gesellschaftsrechtlicher Auflösungsbeschluss vorliegt. Es genügt, wenn im Zeitpunkt des Ausspruchs der Kündigung aufgrund einer vernünftigen betriebswirtschaftlichen Betrachtung davon auszugehen ist, dass zum Zeitpunkt der Entlassung der Betrieb stillgelegt sein wird. Dies setzt voraus, dass die Stilllegungsabsicht bereits greifbare Formen angenommen hat.

▸ **Haushalts- und Stellenplan:**

Hat der Haushaltsgesetzgeber einen Stellenplan beschlossen, nach dem eine Personalstelle entfällt, kann die Dienststellenleitung hierauf die Kündigungsentscheidung stützen. Einer gestaltenden Unternehmerentscheidung bedarf es insoweit nicht mehr. Entsprechendes gilt für den Stellenplan nichtstaatlicher Körperschaften und Anstalten des öffentlichen Rechts.

▸ **Stellenprofilierung:**

Die Gestaltung des Anforderungsprofils für einen Arbeitsplatz unterliegt laut höchstrichterlicher Rechtsprechung grundsätzlich der freien unternehmerischen Disposition und ist von den Arbeitsgerichten daher nur auf Willkür und offenbare Unrichtigkeit überprüfbar. Für den Fall, dass die Organisationsentscheidung und der Kündigungsentschluss praktisch deckungsgleich sind, muss es sich bei der geänderten Anforderung an die Qualifikation des Stelleninhabers hingegen um ein nachvollziehbares, arbeitsplatzbezogenes Kriterium für die Stellenprofilierung handeln, welches im Zusammenhang mit einer organisatorischen Maßnahme steht (vgl. BAG v. 2.3.2017, 2 AZR 546/16).

▸ **Rationalisierungsmaßnahmen:**

Die Einführung neuer, arbeitssparender Maschinen oder effektiverer Fertigungstechniken oder die Durchführung von organisatorischen Veränderungen sind Rationalisierungsmaßnahmen, die entweder dazu dienen können, bei gleichem Aufwand ein höheres Ergebnis oder mit geringerem Aufwand ein gleiches Ergebnis zu erzielen. Eine betriebsbedingte Kündigung kann nur dann in Betracht kommen, wenn durch die Rationalisierungsmaßnahme Arbeitsplätze wegfallen. Soll der betriebliche Aufwand unverändert bleiben, so kann sich dies auf den Bestand der Arbeitsplätze nicht auswirken. Nur eine Rationalisierung, die zu einem verringerten Bedarf an Arbeitsplätzen führt, kann eine betriebsbedingte Kündigung begründen. Offensichtlich unsachliche oder willkürliche Rationalisierungsmaßnahmen stellen hingegen eine unzulässige Rechtsausübung des betrieblichen Gestaltungsrechts durch den Arbeitgeber dar und können mithin keine betriebsbedingte Kündigung rechtfertigen (LAG Rheinland-Pfalz v. 18.7.2016, 3 Sa 43/16). (Zu den Auswirkungen des Rationalisierungsschutztarifvertrags s. u. → *Rationalisierungsschutz*.)

▸ **Umwandlung einer Angestellten- in eine Beamtenstelle:**

Wird eine Angestelltenstelle des öffentlichen Arbeitgebers in eine Beamtenstelle umgewandelt, so kann dies ein dringendes betriebliches Erfordernis zur Kündigung des Angestellten darstellen, wenn dieser nicht die Voraussetzungen für eine Übernahme in das Beamtenverhältnis erfüllt (BAG v. 21.9.2000, 2 AZR 440/99).

▸ **Umwandlung einer Angestellten- in eine ehrenamtliche Stelle:**

Wird eine Angestelltenstelle gestrichen und zukünftig durch eine ehrenamtliche Tätigkeit ersetzt, kann dies ein dringendes betriebliches Erfordernis zur Kündigung darstellen (BAG v. 18.9.2008, 2 AZR 460/07).

▸ **Vergabe von Arbeiten an Fremdunternehmen:**

Sollen eigene Arbeitnehmer durch Leiharbeitnehmer einer Fremdfirma schlicht ausgetauscht werden, sind betriebsbedingte Kündigungen nicht gerechtfertigt (BAG v. 26.9.1996, 2 AZR 200/96). Entschließt sich jedoch ein Arbeitgeber, bisher von Arbeitnehmern ausgeübte Tätigkeiten in Zukunft nicht mehr durch Arbeitnehmer, sondern durch selbstständige Unternehmer aus-

führen zu lassen, entfällt in diesem Umfang das bisherige Beschäftigungsbedürfnis, sodass ein Grund für eine betriebsbedingte Kündigung vorliegt (BAG v. 16.12.2004, 2 AZR 66/04). Das gilt selbst dann, wenn es sich bei dem Drittunternehmen um ein Konzernunternehmen handelt. Denn § 1 Abs. 2 KSchG stellt auf Weiterbeschäftigungsmöglichkeiten im Betrieb bzw. im Unternehmen, nicht jedoch im Konzern ab. Der verfassungsrechtlich gebotene Bestandsschutz ist in derartigen Fällen grundsätzlich durch § 613a BGB (Betriebsübergang), § 322 ff. UmwG (grenzüberschreitende Spaltung) bzw. die Rechtsprechung zum Gemeinschaftsbetrieb mehrerer Unternehmen gewährleistet (BAG v. 28.2.2023, 2 AZR 227/22).

▸ **Verselbstständigung:**

Ein Arbeitgeber ist grundsätzlich berechtigt, betriebliche Funktionen künftig nicht mehr durch angestellte Arbeitnehmer, sondern durch selbstständige Mitarbeiter (z. B. Handelsvertreter, Franchisenehmer, Dienst- oder Auftragnehmer) ausführen zu lassen. Dies kann eine Kündigung der bislang angestellten Arbeitnehmer aus betriebsbedingten Gründen rechtfertigen (BAG v. 13.3.2008, 2 AZR 1037/06). Unzulässig ist es jedoch, die Arbeitnehmer durch Scheinselbstständige zu ersetzen.

 **WICHTIG!**

Die unternehmerische Entscheidung des Arbeitgebers, den Betrieb oder die Dienststelle umzuorganisieren, kann von den Gerichten nur in Fällen offensichtlicher Unvernunft oder Willkür beanstandet werden. Auf die Zweckmäßigkeit der Maßnahmen kommt es nicht an.

**Beispiel**

Entschließt sich ein Arbeitgeber zu einer betrieblichen Umorganisation, die zu einer anderen zeitlichen Lage und Herabsetzung der Dauer der Arbeitszeit führt, so handelt es sich dabei um eine im Ermessen des Arbeitgebers stehende unternehmerische Entscheidung, die von den Arbeitsgerichten nicht auf ihre Zweckmäßigkeit, sondern lediglich auf offenbare Unvernunft oder Willkür zu überprüfen ist. Ein Missbrauch der unternehmerischen Organisationsfreiheit liegt nicht schon dann vor, wenn der Arbeitgeber die Möglichkeit hat, auf die Reorganisation zu verzichten (BAG v. 22.4.2004, 2 AZR 385/03) oder die Aufgaben (nur) eines Arbeitnehmers an ein Drittunternehmen vergibt (BAG v. 18.6.2015, 2 AZR 480/14).

## 2. Keine anderweitige Beschäftigungsmöglichkeit

Ein dringendes betriebliches Erfordernis für eine betriebsbedingte Kündigung ist dann nicht gegeben, wenn der Arbeitnehmer auf einem anderen freien, gleichwertigen Arbeitsplatz im Unternehmen bzw. der Verwaltung weiterbeschäftigt werden kann und dies dem Arbeitgeber zumutbar ist.

 **WICHTIG!**

Hierbei erstreckt sich die Prüfung freier Arbeitsplätze nicht nur auf den Beschäftigungsbetrieb oder die Dienststelle, sondern auch auf andere Betriebe desselben Unternehmens bzw. andere Dienststellen desselben Verwaltungszweigs. In der öffentlichen Verwaltung kann sich die Prüfung freier Stellen nicht nur auf den Dienstort einschließlich seines Einzugsbereichs beschränken (§ 1 Abs. 2 Nr. 2 lit. b KSchG), sondern auch auf sämtliche Geschäftsfelder im territorialen Einflussbereich (BAG v. 26.3.2015, 2 AZR 783/13, ZTR 2015, 468).

Eine konzernbezogene Weiterbeschäftigungspflicht kann in besonderen Ausnahmefällen bestehen, wenn sich dies aus vertraglichen Absprachen oder Zusagen des Arbeitgebers ergibt (vgl. BAG v. 26.6.2008, 2 AZR 1109/06; BAG v. 23.11.2004, 2 AZR 24/04).

Bei der Prüfung der Weiterbeschäftigungsmöglichkeiten sind alle zumutbaren freien Arbeitsplätze im Unternehmen zu untersuchen. Der Arbeitgeber muss aber keinen höherwertigen Arbeitsplatz anbieten. Es gibt insoweit keinen Anspruch auf „Beförderung". Er ist auch nicht verpflichtet, einen neuen Arbeitsplatz zu schaffen, um die Kündigung zu vermeiden. Entscheidend ist, ob und ggf. welche Arbeitsplätze, auf denen der zu kündigende Mitarbeiter eingesetzt werden kann, zum Ablauf der Kündigungsfrist oder in absehbarer Zeit nach ihrem Ablauf tatsächlich frei sind. Mithin ist eine Kündigung aufgrund dringender betrieblicher Erfordernisse möglich, wenn zum Zeitpunkt der Kündigung die Prognose gerechtfertigt ist, dass es zum Ablauf der Kündigungsfrist keine Beschäftigungsmöglichkeit mehr geben wird.

Im Einzelfall kann der Einsatz von Leiharbeitnehmern die Annahme rechtfertigen, dass Möglichkeiten zur Weiterbeschäftigung bestünden (BAG v. 15.12.2011, 2 AZR 42/10; BAG v. 18.10.2012, 6 AZR 289/11; LAG Köln v. 2.9.2020, 5 Sa 14/20). Entscheidend ist, ob Leiharbeitnehmer lediglich zeitweise „Auftragsspitzen" abdecken sollen oder für ein konkretes, dauerhaftes, nicht schwankendes Arbeitsvolumen eingesetzt werden. In letzteren Fall kann von einer alternativen Beschäftigungsmöglichkeit ausgegangen werden.

Wurde ein freier geeigneter Arbeitsplatz vor dem Zugang der Kündigung besetzt, ist es dem Arbeitgeber verwehrt, sich auf den Wegfall von anderweitigen Beschäftigungsmöglichkeiten im Kündigungszeitpunkt zu berufen, wenn dieser Wegfall von ihm treuwidrig herbeigeführt wurde (BAG v. 5.6.2008, 2 AZR 107/07).

 **ACHTUNG!**

**Über die Zumutbarkeit des angebotenen freien Arbeitsplatzes hat grundsätzlich der Arbeitnehmer selbst zu entscheiden. Nur er kann beurteilen, ob er etwaige Einbußen und Nachteile akzeptiert. Ein neues Vertragsangebot kann daher nur in Extremfällen unterbleiben. So muss z. B. dem bisherigen Personalchef nicht der freie Arbeitsplatz eines Pförtners angeboten werden (BAG v. 21.4.2005, 2 AZR 244/04). Zumutbar kann jedoch das Angebot eines freien Arbeitsplatzes sein, bei dem sich das Jahresgehalt des zu kündigenden Mitarbeiters um 50 % (in dem vom BAG entschiedenen Fall von € 140.000 auf € 70.000) reduziert. Nach Auffassung des BAG müsse der Mitarbeiter selbst beurteilen, ob er die freie Stelle trotz der finanziellen Einbußen annehmen will (BAG v. 21.4.2005, 2 AZR 132/04; vgl. auch LAG Berlin-Brandenburg v. 13.10.2015, 11 Sa 578/15).**

Sofern ein freier Arbeitsplatz besteht, haben die Versetzung auf diesen Arbeitsplatz bzw. die Änderungskündigung als mildere Mittel Vorrang vor der Beendigungskündigung. Eine Änderungskündigung ist dann erforderlich, wenn eine Versetzung nicht mehr vom Direktionsrecht des Arbeitgebers gedeckt ist (siehe auch Änderungskündigung).

 **WICHTIG!**

**Eine Änderungskündigung ist nur dann überflüssig, wenn der Arbeitnehmer den angebotenen Arbeitsplatz eindeutig und vorbehaltlos abgelehnt hat. Die Beweislast hierfür trifft den Arbeitgeber. Gelingt ihm ein Beweis nicht, fehlt es an der sozialen Rechtfertigung der Kündigung (vgl. LAG Nürnberg v. 16.11.2004, 6 Sa 869/03). Daher sollte dem Arbeitnehmer im Zweifel immer ein anderweitiger freier Arbeitsplatz im Wege einer Änderungskündigung angeboten werden.**

Daraus folgt, dass der Arbeitgeber vor Ausspruch einer Beendigungskündigung prüfen muss, ob er den Arbeitnehmer auf einem anderen, ggf. auch schlechteren Arbeitsplatz einsetzen kann. Kann der Arbeitnehmer auf dem bisherigen Arbeitsplatz nur in Teilzeit weiterbeschäftigt werden, muss ihm dies ebenfalls angeboten werden.

 **ACHTUNG!**

**Der Arbeitgeber kann den Arbeitnehmer nur im Wege einer Änderungskündigung auf einen schlechteren Arbeitsplatz umsetzen. Sind mehrere schlechtere Arbeitsplätze frei, muss der Arbeitgeber denjenigen anbieten, der im Vergleich zur bisherigen Position mit den geringsten Nachteilen verbunden ist.**

Wenn der Arbeitnehmer umschulungsfähig und umschulungswillig ist, muss der Arbeitgeber ihm auch einen neuen Arbeitsplatz anbieten, der nur nach einer Einarbeitung oder Umschulung ausgeübt werden kann.

## II. Sozialauswahl

Trotz des Vorliegens dringender betrieblicher Erfordernisse kann eine betriebsbedingte Kündigung sozial ungerechtfertigt sein, wenn der Arbeitgeber bei der Auswahl des Arbeitnehmers die in § 1 Abs. 3 S. 1 KSchG festgelegten sozialen Gesichtspunkte nicht oder nicht ausreichend berücksichtigt hat.

### 1. Personenkreis

Bei der Beurteilung des auswahlrelevanten Personenkreises sind alle Arbeitnehmer zu berücksichtigen, die innerhalb des Betriebs oder der Dienststelle miteinander vergleichbar sind. Nicht zu berücksichtigen sind Arbeitnehmer, die zwar grundsätzlich vergleichbar wären, deren Arbeitsverhältnis aber nicht ordentlich betriebsbedingt gekündigt werden kann (vgl. BAG v. 21.4.2005, 2 AZR 241/04). Dies gilt nicht nur für Arbeitnehmer, die von Gesetzes wegen Sonderkündigungsschutz genießen, sondern beispielsweise auch befristet Beschäftigte, bei denen die ordentliche Kündbarkeit nicht vertraglich geregelt ist. Bei der Bestimmung des Personenkreises der vergleichbaren Arbeitnehmer sind darüber hinaus auch solche nicht zu berücksichtigen, die noch keine sechs Monate in dem Betrieb beschäftigt sind (Wartezeit nach § 1 Abs. 1 KSchG).

 **ACHTUNG!**

**Anders als bei der Bestimmung des Geltungsbereichs nach § 23 Abs. 1 KSchG kommt es bei dem für die Sozialauswahl zu berücksichtigenden Personenkreis nicht auf die Verwaltungseinheit, sondern auf die jeweilige Dienststelle an. Somit sind grundsätzlich alle Mitarbeiter in die Sozialauswahl einzubeziehen, auf die sich die Kündigungsbefugnis des Dienststellenleiters erstreckt.**

Die Vergleichbarkeit richtet sich in erster Linie nach arbeitsplatzbezogenen Merkmalen, also zunächst nach der ausgeübten Tätigkeit. Ferner ist darauf abzustellen, welche sonstigen Tätigkeiten der Arbeitnehmer aufgrund seiner Qualifikation und Erfahrung übernehmen könnte. Die Notwendigkeit einer kurzen Einarbeitungszeit steht einer Vergleichbarkeit nicht entgegen. An einer Vergleichbarkeit fehlt es aber, wenn der Arbeitgeber den Arbeitnehmer, dessen Arbeitsplatz weggefallen ist, nicht einseitig auf den anderen Arbeitsplatz um- oder versetzen kann (BAG v. 5.6.2008, 2 AZR 907/06). Die Vergleichbarkeit kann in diesen Fällen auch nicht dadurch herbeigeführt werden, dass der Arbeitsvertrag eines von dem betrieblichen Ereignis betroffenen Arbeitnehmers erst anlässlich dieses Ereignisses einvernehmlich oder im Wege der Änderungskündigung entsprechend abgeändert wird (BAG v. 18.10.2006, 2 AZR 676/05). Zudem sind bei einer betriebsbedingten Kündigung eines im öffentlichen Dienst beschäftigten Angestellten in die Sozialauswahl grundsätzlich nur Angestellte derselben Vergütungsgruppe einzubeziehen (BAG v. 23.11.2004, 2 AZR 38/04).

 **ACHTUNG!**

Enthält ein Arbeitsvertrag eine weit gefasste Versetzungsklausel, nach der der Arbeitgeber dem Arbeitnehmer auch andere Tätigkeiten zuweisen kann, führt dies gleichzeitig dazu, dass der Kreis der vergleichbaren Arbeitnehmer im Rahmen der Sozialauswahl vergrößert wird.

Arbeitnehmer, deren Weiterbeschäftigung im berechtigten betrieblichen Interesse liegt, sind in die soziale Auswahl nicht mit einzubeziehen (§ 1 Abs. 3 S. 2 KSchG). Dies gilt insbesondere, wenn die Weiterbeschäftigung bestimmter Arbeitnehmer wegen ihrer Kenntnisse, Fähigkeiten und Leistungen im berechtigten betrieblichen Interesse liegt oder zur Sicherung einer ausgewogenen Personalstruktur im Betrieb dient. Der Arbeitgeber kann solche Personen also bei der Entscheidung über etwaige betriebsbedingte Kündigungen bevorzugen, und zwar selbst dann, wenn diese weniger sozial schutzwürdig sind als andere Arbeitnehmer mit vergleichbarer Arbeit.

**Beispiel**

So kann die Mitgliedschaft eines Arbeitnehmers in der freiwilligen Feuerwehr für eine Gemeinde, die gesetzlich zum Brandschutz verpflichtet ist, ein ausschlaggebendes Kriterium dafür sein, diesen Mitarbeiter wegen eines berechtigten betrieblichen Interesses von der (sozialen) Auswahl der zu kündigenden Mitarbeiter auszuschließen (BAG v. 7.12.2006, 2 AZR 748/05).

### 2. Auswahlkriterien

Im Rahmen der sozialen Auswahl ist unter mehreren vergleichbaren Arbeitnehmern derjenige zu entlassen, der nach seinen Sozialdaten am wenigsten schutzwürdig ist. Die Auswahlgesichtspunkte sind:

▶ Dauer der Betriebszugehörigkeit,

▶ Lebensalter des Arbeitnehmers,

▶ Unterhaltspflichten des Arbeitnehmers und

▶ Schwerbehinderung des Arbeitnehmers.

Bei der Berechnung der Dauer der Betriebszugehörigkeit ist neben der aktuellen Beschäftigungszeit auch eine frühere Beschäftigung beim gleichen Arbeitgeber zu berücksichtigen, wenn diese zu einer Anrechnung auf die Wartezeit nach § 1 Abs. 1 KSchG führen würde. Unterhaltszahlungen finden insoweit Berücksichtigung, wie eine gesetzliche Unterhaltsverpflichtung besteht. Dabei kommt es nicht nur auf die Anzahl der Unterhaltsberechtigten an, sondern auch darauf, in welcher Höhe der Arbeitnehmer diesen Unterhaltsberechtigten tatsächlich zum Unterhalt verpflichtet ist.

Bei der Gewichtung des Lebensalters im Rahmen der Sozialauswahl ist beachten, dass es sich um ein ambivalentes Kriterium handelt. Zwar nimmt die soziale Schutzbedürftigkeit zunächst mit steigendem Lebensalter zu, weil ältere Arbeitnehmer nach wie vor typischerweise im Vergleich zu jüngeren Arbeitnehmern schlechtere Vermittlungschancen auf dem Arbeitsmarkt haben. Die soziale Schutzbedürftigkeit nimmt aber wieder ab, wenn der Arbeitnehmer entweder bereits regelaltersrentenberechtigt ist oder spätestens innerhalb von zwei Jahren nach dem Ende des Arbeitsverhältnisses über ein Ersatzeinkommen in Form einer abschlagsfreien Altersrente verfügen kann. Dies

darf zum Nachteil des Arbeitnehmers berücksichtigt werden (BAG v. 8.12.2022, 6 AZR 31/22).

 **ACHTUNG!**

Andere als die vorgenannten (und in § 1 Abs. 3 KSchG festgelegten) Auswahlkriterien sind nicht zu berücksichtigen. Mittlerweile ist auch höchstrichterlich geklärt, dass die Diskriminierungsverbote des AGG (s. → *Gleichstellung*) bei der Auslegung der Kündigungsschutzvorschriften zu beachten sind. Andererseits ist es auch nach Inkrafttreten des AGG grundsätzlich zulässig, Punktetabellen zur Sozialauswahl aufzustellen und eine Altersgruppenbildung zur Erhaltung einer ausgewogenen Altersstruktur vorzunehmen. Um eine Diskriminierung von Arbeitnehmern z. B. wegen des Alters oder wegen der Behinderung zu vermeiden, müssen hierbei jedoch sachlich begründete Anforderungen eingehalten werden (vgl. BAG v. 6.11.2008, 2 AZR 523/07).

Nach § 1 Abs. 4 KSchG kann in einem Tarifvertrag, einer Betriebsvereinbarung oder einer Auswahlrichtlinie nach den Personalvertretungsgesetzen (z. B. für den Bund nach § 80 Abs. 1 Nr. 12 BPersVG) festgelegt werden, wie die sozialen Gesichtspunkte im Verhältnis zueinander zu bewerten sind. Wenn sich der Arbeitgeber an die Auswahlrichtlinie hält, kann die soziale Auswahl vor den Arbeitsgerichten nur auf grobe Fehlerhaftigkeit überprüft werden. Außerdem wird die Beweislast zugunsten des Arbeitgebers umgekehrt, sodass der Arbeitnehmer darlegen und beweisen muss, dass die Sozialauswahl grob fehlerhaft ist.

Entsprechendes gilt, wenn bei einer Betriebsänderung die zu kündigenden Arbeitnehmer in einem Interessenausgleich namentlich benannt werden. Auch hier kann die soziale Auswahl nur beanstandet werden, wenn sie jede Ausgewogenheit vermissen lässt. Die beim Vorliegen einer Namensliste eingreifende Vermutung der Betriebsbedingtheit der Kündigung umfasst schließlich auch das Fehlen einer anderweitigen Beschäftigungsmöglichkeit in einem anderen Betrieb des Unternehmens (BAG v. 6.9.2007, 2 AZR 715/06). Allerdings tritt die Vermutung des § 1 Abs. 5 KSchG nur ein, sofern die Betriebsänderung vollumfänglich Gegenstand eines Interessenausgleichs wird. Ein Interessenausgleich nur über Teile der Betriebsänderung reicht nicht aus (BAG v. 17.3.2016, 2 AZR 182/15, ZTR 2016, 595).

### 3. Auswahlverfahren

Die Sozialauswahl muss anhand folgender Fragen getroffen werden:

▶ Welcher Arbeitsplatz mit welchem Anforderungsprofil ist weggefallen?

▶ Welche Arbeitnehmer sind auf Arbeitsplätzen mit gleichem Anforderungsprofil beschäftigt?

▶ Welche Arbeitnehmer sind wegen eines berechtigten betrieblichen Interesses weiterzubeschäftigen, also aus der Sozialauswahl herauszunehmen?

▶ Welcher der verbleibenden Arbeitnehmer ist am wenigsten sozial schutzbedürftig?

▶ Wie sieht der arbeitsvertragliche Funktionsbereich dieses Arbeitnehmers aus?

Deckt sich der arbeitsvertragliche Funktionsbereich des Arbeitnehmers mit dem vom Wegfall der Arbeitsplätze betroffenen betrieblichen Funktionsbereich, so ist die soziale Auswahl beendet. Der ermittelte Arbeitnehmer ist derjenige, dem betriebsbedingt gekündigt werden kann.

Deckt sich der arbeitsvertragliche Funktionsbereich nicht mit dem betrieblichen Funktionsbereich, muss eine weitere Sozialauswahl zwischen dem ermittelten Arbeitnehmer und allen nach Maßgabe seines Arbeitsvertrags vergleichbaren Arbeitnehmern stattfinden. Dem hierbei ermittelten Arbeitnehmer ist die betriebsbedingte Kündigung auszusprechen.

 **WICHTIG!**

Vor Ausspruch einer betriebsbedingten Kündigung ist eine auf den gesamten Betrieb bezogene Sozialauswahl durchzuführen, die Sozialauswahl findet also betriebsbezogen statt. Bei der Kündigung von Arbeitsverhältnissen des öffentlichen Dienstes tritt die Dienststelle an die Stelle des Betriebs (BAG v. 25.10.2012, 2 AZR 561/11). Maßgeblich für den Dienststellenbegriff ist hierbei das Personalvertretungsrecht (BAG v. 22.10.2015, 2 AZR 582/14). Dies gilt auch dann, wenn ein Betriebsteil stillgelegt und der andere Betriebsteil auf einen Erwerber übertragen werden soll (BAG v. 28.12.2004, 8 AZR 391/03). Die räumliche Entfernung zwischen Hauptbetrieb und Niederlassung steht einer betriebsbezogenen Sozialauswahl ebenso wenig entgegen wie eine mögliche betriebsverfassungsrechtliche Eigenständigkeit einzelner Betriebsteile. Entscheidend ist, ob ein Betrieb i. S. d. § 23 KSchG gegeben ist (BAG v. 3.6.2004, 2 AZR 577/03). Die Betriebsbezogenheit der Sozialauswahl gilt selbst dann, wenn sich der Arbeitgeber ein betriebsübergreifendes (unternehmens- oder konzernweites) Versetzungsrecht vorbehalten hat (BAG v. 15.12.2005, 6 AZR 199/05). Hierdurch kann sich allenfalls ein konzernweiter Weiterbeschäftigungsanspruch auf einem freien Arbeitsplatz ergeben.

Oftmals wird vom Arbeitgeber zur Bewertung der Auswahlkriterien eine Punktetabelle erstellt. Hierbei wird anhand der von den einzelnen Arbeitnehmern mit Punkten bewerteten sozialen Kriterien eine Rangfolge der zur Kündigung anstehenden Mitarbeiter erstellt. Dies dient der Objektivierung und Nachvollziehbarkeit der Auswahlentscheidung.

 **WICHTIG!**

Unterläuft bei der Ermittlung der Punktzahlen ein Fehler mit der Folge, dass nur einem Arbeitnehmer nicht gekündigt wird, der bei richtiger Ermittlung der Punktzahlen zur Kündigung angestanden hätte, so wurden nach früherer Rechtsprechung die Kündigungen aller gekündigten Arbeitnehmer als unwirksam angesehen (sog. Domino-Prinzip). Nach neuerer Rechtsprechung des BAG gilt nun jedenfalls in den Fällen, in denen ein mitbestimmtes Punkteschema existiert, dass nur die Kündigungen unwirksam sind, die bei richtiger Ermittlung der Punktzahlen unterblieben wären. Kann der Arbeitgeber aufzeigen, dass die Kündigung auch bei richtiger Anwendung der Punktetabelle ausgesprochen worden wäre, kann sich der betroffene Arbeitnehmer nicht auf eine fehlerhafte Sozialauswahl berufen (BAG v. 9.11.2006, 2 AZR 812/05; BAG v. 20.6.2013, 2 AZR 271/12).

Sobald wegen Wegfalls der Beschäftigungsmöglichkeiten mehreren Arbeitnehmern gekündigt werden soll und die Anzahl von Weiterbeschäftigungsmöglichkeiten geringer ist, hat der Arbeitgeber analog § 1 Abs. 3 KSchG ebenfalls eine Sozialauswahl zu treffen (BAG v. 27.7.2017, 2 AZR 476/16, ZTR 2018, 98; LAG Berlin-Brandenburg v. 13.12.2018, 5 Sa 1257/18). Eine derartige Konkurrenzsituation hat der Arbeitgeber mit den hier dargestellten Maßgaben zu lösen.

## C. Massenentlassung

Sobald ein Arbeitgeber innerhalb von 30 Kalendertagen einen relevanten Anteil seiner Belegschaft entlassen möchte, muss er dies vorher bei der Agentur für Arbeit anzeigen, § 17 KSchG. Die Anzeigepflicht besteht im öffentlichen Arbeitsrecht nur für be-

stimmte Arbeitgeber und richtet sich generell nach der Anzahl der insgesamt beschäftigten Arbeitnehmer sowie der Anzahl der zu entlassenden Arbeitnehmer.

### I. Anwendung im öffentlichen Arbeitsrecht

Im öffentlichen Arbeitsrecht beschränkt sich die Anwendbarkeit der Anzeigepflicht auf privatrechtliche Betriebe und Verwaltungen und solche Betriebe (nicht Verwaltungen), die von einer öffentlichen Verwaltung geführt werden, soweit sie wirtschaftliche Zwecke verfolgen. Das ist dann der Fall, wenn sie sich wie ein privatwirtschaftlich geführter Betrieb am Wirtschaftsleben beteiligen, wobei die Tätigkeit nicht auf Gewinnerzielung ausgerichtet sein muss. Somit fallen etwa Versorgungsbetriebe, Sparkassen und Verkehrsbetriebe unter die Anzeigepflicht. Öffentliche Betriebe ohne wirtschaftlichen Zweck sind dagegen von der Anzeigepflicht befreit. Hierzu zählen beispielsweise Institutionen mit kultureller oder karitativer Zielrichtung wie Theater oder Wohlfahrtseinrichtungen.

### II. Grundsätze

Fällt ein Betrieb unter die Anzeigepflicht, so beginnt nach § 18 Abs. 1 KSchG mit Eingang der Anzeige bei der Agentur für Arbeit automatisch eine Sperrfrist. Erst nach einem Monat (auf Antrag kann die Frist verkürzt werden) werden die jeweiligen Kündigungen wirksam. Nach Ablauf dieser Frist hat der Arbeitgeber einen weiteren Monat Zeit, die Entlassungen auszusprechen. Andernfalls muss er eine erneute Entlassungsanzeige einreichen. Unterlässt der Arbeitgeber dagegen die Anzeige oder ist diese nicht vollständig, sind die Kündigungen nach der bisherigen Rechtsprechung des Zweiten und Sechsten Senats des Bundesarbeitsgerichts gemäß § 134 BGB nichtig (BAG v. 22.11.2012, 2 AZR 371/11; BAG v. 22.9.2016, 2 AZR 276/16). Der Sechste Senat des Bundesarbeitsgerichts beabsichtigt jedoch, seine bisherige Rechtsprechung aufzugeben mit der Folge, dass ein Verstoß gegen die Anzeigepflicht nicht mehr zwingend zur Nichtigkeit der Kündigung führt. Mit Beschluss v. 14.12.2023, 6 AZR 157/22 (B) hat der Sechste Senat daher angefragt, ob der Zweite Senat an seiner Rechtsauffassung festhält. Der Zweite Senat hat daraufhin das Anfrageverfahren ausgesetzt und dem EuGH zur Vorabentscheidung über die Auslegung der den §§ 17 ff. KSchG zugrundeliegenden Massenentlassungs-Richtlinie ersucht (BAG v. 1.2.2024, 2 AS 22/23 (A)). Eine abschließende Entscheidung steht aus. Ungeachtet dessen sollte aus Gründen der Rechtssicherheit unverändert auf eine ordnungsgemäße Einhaltung der Vorgaben aus §§ 17 ff. KSchG geachtet werden.

 **ACHTUNG!**

Die Vorschriften zur Massenentlassungsanzeige finden ihren Ursprung in der Massenentlassungs-Richtlinie und sind daher unionsrechtlich geprägt. Das bedeutet, dass bei der Auslegung dieser Vorschriften insbesondere der unionsrechtliche Betriebsbegriff und nicht etwa der des § 23 KSchG oder des BetrVG zugrunde gelegt werden muss. Zudem unterliegt insbesondere das Recht der Massenentlassungsanzeige einer fortlaufenden Entwicklung durch die Rechtsprechung des EuGH.

## D. Abfindungsanspruch

Das Kündigungsschutzrecht dient dem Bestandsschutz des Arbeitsverhältnisses. Grundsätzlich haben Arbeitnehmer bei einer (rechtswirksamen) Kündigung ihres Arbeitsverhältnisses daher keinen Anspruch auf Zahlung einer Abfindung. Im Falle einer betriebsbedingten Kündigung kann der Arbeitnehmer jedoch im Fall des § 1a KSchG wählen, ob er gegen die Kündigung Klage erhebt oder sich eine Abfindung entsprechend der gesetzlichen Vorgaben auszahlen lässt. Voraussetzung hierfür ist eine betriebsbedingte Kündigung, die den Hinweis des Arbeitgebers auf die Möglichkeit des gesetzlichen Abfindungsanspruchs aus § 1a Abs. 1 S. 1 KSchG enthält.

 **Formulierungsbeispiel:**

„Wir weisen darauf hin, dass die Kündigung auf dringende betriebliche Erfordernisse gestützt ist und Ihnen ein gesetzlicher Anspruch auf Zahlung einer Abfindung gemäß § 1a Abs. 1 S. 1 Kündigungsschutzgesetz (KSchG) zusteht, sofern Sie gegen die Kündigung innerhalb der gesetzlichen Klagefrist keine Klage erheben. Die Höhe der Abfindung beträgt gemäß § 1a Abs. 2 S. 1 KSchG 0,5 Monatsverdienste für jedes Jahr des Bestehens des Arbeitsverhältnisses. Als Monatsverdienst gilt gemäß § 10 Abs. 3 KSchG, was Ihnen bei der für Sie maßgebenden regelmäßigen Arbeitszeit in dem Monat, in dem das Arbeitsverhältnis endet, an Geld und Sachbezügen zusteht. Bei der Ermittlung der Dauer des Arbeitsverhältnisses ist ein Zeitraum von mehr als sechs Monaten auf ein volles Jahr aufzurunden. Sollten Sie also gegen die Kündigung bis zum Ablauf der gesetzlichen Klagefrist keine Klage erheben, steht Ihnen nach Ablauf der Kündigungsfrist eine Abfindung in Höhe von € .............................. zu.“

Liegen die gesetzlichen Voraussetzungen vor, entsteht der Abfindungsanspruch in Höhe eines halben Monatsverdienstes für jedes Beschäftigungsjahr mit Verstreichenlassen der in § 4 KSchG geregelten Klagefrist von drei Wochen nach Zugang der schriftlichen Kündigung. Die Abfindung wird dann nach Ablauf der Kündigungsfrist zur Zahlung fällig.

Als Monatsverdienst gilt gemäß § 10 Abs. 3 KSchG, was dem Arbeitnehmer bei der für ihn maßgebenden regelmäßigen Arbeitszeit in dem Monat, in dem das Arbeitsverhältnis endet, an Geld und Sachbezügen zusteht. Bei der Ermittlung der Dauer des Arbeitsverhältnisses ist ein Zeitraum von mehr als sechs Monaten auf ein volles Jahr aufzurunden.

Der Abfindungsanspruch nach § 1a Abs. 1 S. 1 KSchG entsteht in der gesetzlichen Höhe auch dann, wenn der Arbeitgeber dem Arbeitnehmer informatorisch einen niedrigeren Abfindungsbetrag mitgeteilt hat. Durch die gesetzliche Abfindungsregelung sind die Arbeitsvertragsparteien zwar nicht daran gehindert, eine geringere Abfindung zu vereinbaren. Will der Arbeitgeber dem Arbeitnehmer allerdings eine geringere Abfindung anbieten, so muss er hierbei unmissverständlich erklären, dass sein Angebot kein solches nach § 1a KSchG sein soll.

 **WICHTIG!**

Der Arbeitgeber muss sich bereits bei Ausspruch der Kündigung überlegen, ob er dem Arbeitnehmer durch den Hinweis auf die Möglichkeit der gesetzlichen Abfindung ein entsprechendes Wahlrecht einräumt. Hier sind insbesondere auch finanzielle Abwägungen zu treffen. Ferner sollte der mögliche Ausgang des Kündigungsschutzverfahrens beachtet werden. Dies ist immer nur dann zu empfehlen, wenn die Wirksamkeit der Kündigung zumindest zweifelhaft ist und dem Arbeitnehmer durch die Abfindungsmöglichkeit die Unterlassung einer Kündigungsschutzklage schmackhaft gemacht werden soll.

Nichtsdestotrotz kommt § 1a KSchG nur eine geringe praktische Bedeutung zu. Denn wenn Zweifel an der Wirksamkeit der Kündigung bestehen, werden anwaltlich gut beratene Arbeitnehmer i. d. R. Kündigungsschutzklage erheben. Meist wird nämlich im Kündigungsschutzprozess eine höhere Abfindung

als die nach § 1a KSchG im Wege einer vergleichsweisen Beendigung des Arbeitsverhältnisses zu erzielen sein.

---

## E. Checkliste Betriebsbedingte Kündigung

❑ Fallen Arbeitsplätze weg?

▶ Wenn nein, kann nicht betriebsbedingt gekündigt werden.

❑ Besteht ein sachlicher Grund für den Arbeitsplatzwegfall?

▶ Wenn nein, kann nicht betriebsbedingt gekündigt werden.

❑ Weiterbeschäftigungsmöglichkeit: Kann dem Arbeitnehmer eine andere vertraglich vorgesehene, gleichwertige Tätigkeit im Unternehmen bzw. der Verwaltung angeboten werden?

▶ Wenn ja: Versetzung statt Kündigung

❑ Besteht im Unternehmen bzw. der Verwaltung eine andere, vertraglich nicht vorgesehene Weiterbeschäftigungsmöglichkeit?

▶ Wenn ja: Änderungskündigung statt Beendigungskündigung

❑ Sozialauswahl: Welche Arbeitnehmer können vertraglich auf dem entfallenen Arbeitsplatz beschäftigt werden?

▶ Auswahl der vergleichbaren Arbeitnehmer

❑ Besteht für einzelne Arbeitnehmer Sonderkündigungsschutz?

▶ Wenn ja, kann diesen Personen nur unter engen Voraussetzungen gekündigt werden

❑ Besteht ein berechtigtes betriebliches Interesse an der Weiterbeschäftigung bestimmter Arbeitnehmer, insbesondere wegen ihrer Fähigkeiten, Kenntnisse oder Leistungen oder zur Sicherung einer ausgewogenen Personalstruktur?

▶ Wenn ja: Herausnahme dieser Arbeitnehmer aus der sozialen Auswahl

❑ Sind alle (übrigen) vergleichbaren Arbeitnehmer betroffen?

▶ Wenn nein, Auswahl nach den in § 1 Abs. 3 S. 1 KSchG festgelegten sozialen Gesichtspunkten, es sei denn, die zu kündigenden Arbeitnehmer sind in einem Interessenausgleich namentlich benannt.

❑ Soll dem zu kündigenden Arbeitnehmer ein Wahlrecht zur Beanspruchung der gesetzlichen Abfindung gem. § 1a KSchG für den Fall des Klageverzichts eingeräumt werden?

▶ Wenn ja: *In der Kündigung* Hinweis auf betriebsbedingte Gründe und die Möglichkeit zur Inanspruchnahme einer Abfindung gem. § 1a KSchG bei Verzicht auf Erhebung einer Kündigungsschutzklage.

Weiter mit → *Checkliste Kündigung*!

# Betriebsrat

**Wegweiser:**

Betriebsräte nehmen die Interessen der in Betrieben der Privatwirtschaft tätigen Arbeitnehmer in Deutschland wahr. Auch die öffentliche Hand kann sich im Einzelfall einer privatwirtschaftlichen Organisationsform bedienen und daher zur Zusammenarbeit mit Betriebsräten angehalten sein. Dabei ist der Betriebsrat keine zweite Unternehmensleitung. Die unternehmerische Führung des Betriebs obliegt allein dem Arbeitgeber. Der Betriebsrat hat für seine Aufgabe eine Vielzahl von abgestuften Unterrichtungs- und Mitbestimmungsrechten, die überwiegend im Betriebsverfassungsgesetz geregelt sind. Insbesondere in personellen und sozialen Angelegenheiten benötigt der Arbeitgeber häufig die Zustimmung des Betriebsrats, welche er notfalls durch die Einigungsstelle oder das Arbeitsgericht ersetzen lassen muss. Durch das Gebot der vertrauensvollen Zusammenarbeit mit dem Arbeitgeber soll erreicht werden, dass diese Befugnisse nicht willkürlich und zum Schaden des Unternehmens eingesetzt werden. Dieses Stichwort soll einen Überblick über Funktion und Arbeitsweise des Betriebsrats verschaffen.

**I. Begriff des Betriebsrats**
1. Organisationseinheit Betrieb
2. Weitere Organisationseinheiten
3. Andere Organe der Mitbestimmung

**II. Wahl und Mitgliederstruktur des Betriebsrats**
1. Anzahl der Mitglieder
2. Wahlberechtigung
3. Wählbarkeit der Mitglieder
4. Wahlverfahren
5. Schutz der Mitglieder
6. Der Vorsitzende

**III. Geschäftsführung des Betriebsrats**
1. Sitzungen
2. Beschlüsse
3. Ausschüsse
4. Geschäftsordnung
5. Betriebsversammlungen
6. Vereinbarungen mit dem Arbeitgeber

**IV. Aufgaben des Betriebsrats**
1. Allgemeine Aufgaben
2. Besondere Aufgaben in sozialen, personellen und wirtschaftlichen Angelegenheiten

**V. Kosten des Betriebsrats**
1. Sachliche Mittel und Büropersonal
2. Sprechstunden
3. Schulungen
4. Freistellung
5. Sachverständige
6. Rechtsstreitigkeiten

## I. Begriff des Betriebsrats

Betriebsräte vertreten die Interessen der Arbeitnehmer in Betrieben der Privatwirtschaft in der Bundesrepublik Deutschland. Sie werden im öffentlichen Dienst nur gebildet, wenn der Träger des Betriebes privatrechtlich organisiert ist (siehe näher zur Abgrenzung vom Personalrat → *Betriebsvereinbarung* sowie → *Dienstvereinbarung*). Im Betriebsverfassungsgesetz sind detaillierte

Regeln zu Rechten und Pflichten des Betriebsrats enthalten. Obwohl das Betriebsverfassungsgesetz die Errichtung von Betriebsräten fördert, besteht keine Verpflichtung zur Wahl eines Betriebsrats. In der Praxis sind kleine, inhabergeführte Unternehmen häufig betriebsratslos, während größere Unternehmen in der Regel eine Mitarbeitervertretung haben.

### 1. Organisationseinheit Betrieb

Zentraler Begriff des Betriebsverfassungsgesetzes ist der Betrieb. Ein Unternehmen kann viele Betriebe haben, welche wiederum jeweils einen eigenen Betriebsrat wählen können. Ein Betrieb ist die organisatorische Einheit, mit deren Hilfe der Arbeitgeber mit sachlichen und immateriellen Mitteln einen arbeitstechnischen Zweck fortgesetzt verfolgt. Die vorhandenen materiellen Betriebsmittel müssen für den verfolgten arbeitstechnischen Zweck zusammengefasst, geordnet und gezielt eingesetzt werden, wobei der Einsatz der Arbeitnehmer von einem einheitlichen Leitungsapparat in personellen und sozialen Angelegenheiten gesteuert wird. Dabei können auch nach § 4 BetrVG Betriebsteile selbstständige Betriebe im Sinne des Betriebsverfassungsgesetzes sein, wenn sie entweder räumlich weiter vom Hauptbetrieb entfernt sind oder aufgrund ihres Aufgabenbereiches und der Organisation eigenständig sind. Von einer räumlich weiten Entfernung zwischen Betrieb und Betriebsteil nach § 4 Abs. 1 S. 1 Nr. 1 BetrVG ist auszugehen, wenn wegen dieser Entfernung die persönliche Kontaktaufnahme zwischen dem Betriebsrat im Hauptbetrieb und den Arbeitnehmern im Betriebsteil so erschwert ist, dass eine ordnungsgemäße Betreuung der Belegschaft des Betriebsteils durch einen beim Hauptbetrieb ansässigen Betriebsrat nicht mehr gewährleistet ist. Ob eine räumlich weite Entfernung vorliegt, ist eine Frage des Einzelfalls und kann etwa angenommen werden, wenn lange Fahrzeiten mit den öffentlichen Verkehrsmitteln das Aufsuchen des Betriebsrats während der Arbeitszeit verhindern (BAG v. 17.5.2017, 7 ABR 21/15). Kleinere Betriebseinheiten mit weniger als fünf Arbeitnehmern können in besonderen Fällen dem Hauptbetrieb zugeordnet werden (Kleinstbetriebe). Es können sogar mehrere Betriebe verschiedener Unternehmen einen Gemeinschaftsbetrieb bilden, sofern neben der wirtschaftlichen Zusammenarbeit insbesondere eine gemeinsame personelle Leitungseinheit die wesentlichen personellen und sozialen Angelegenheiten des Gesamtbetriebes regelt. Für die Kosten des Betriebsrats im Gemeinschaftsbetrieb haften die Unternehmen als Gesamtschuldner.

Das Betriebsverfassungsgesetz gilt nicht für Betriebe deutscher Unternehmen, welche im Ausland liegen. Im Gegenzug kommt es bei Betrieben in Deutschland nicht darauf an, welche Staatsangehörigkeit die Unternehmer oder die Arbeitnehmer haben.

Nur eingeschränkte Anwendung findet das Betriebsverfassungsgesetz auf sogenannte Tendenzbetriebe. Dies sind Unternehmen und Betriebe, die unmittelbar und überwiegend politischen, koalitionspolitischen, konfessionellen, karitativen, erzieherischen, wissenschaftlichen oder künstlerischen Bestimmungen oder Zwecken der Berichterstattung oder Meinungsäußerung dienen (§ 118 BetrVG). Religionsgemeinschaften und ihre karitativen und erzieherischen Einrichtungen sind unabhängig von ihrer Rechtsform aus dem Geltungsbereich des Gesetzes ausgenommen.

### 2. Weitere Organisationseinheiten

Neben den Betriebsräten der Betriebe kann es Gesamtbetriebsräte (§§ 47 bis 53 BetrVG) und Konzernbetriebsräte (§§ 54 bis 59a BetrVG) geben. Gesamt- und Konzernbetriebsräte sind anderen Betriebsräten nicht übergeordnet oder weisungsbefugt, sondern erfüllen andere Aufgaben als diese.

Ein Gesamtbetriebsrat ist dann zu errichten, wenn in einem Unternehmen mehrere Betriebsräte bestehen (§ 47 BetrVG). In den Gesamtbetriebsrat entsendet jeder Betriebsrat des Unternehmens zwei seiner Mitglieder, wobei Betriebsräte mit bis zu drei Mitgliedern nur ein Mitglied entsenden. Zuletzt hatte sich das BAG mit der Frage zu beschäftigen, ob unternehmensfremde Mitglieder des Betriebsrats eines Gemeinschaftsbetriebs in den Gesamtbetriebsrat eines Trägerunternehmens entsandt werden dürfen. Dies bejahte das BAG und stellte fest, dass der Betriebsrat eines Gemeinschaftsbetriebes nicht verpflichtet ist, jeweils nur unternehmensangehörige Betriebsratsmitglieder in den Gesamtbetriebsrat der beteiligten Trägerunternehmen zu entsenden. Die Interessen der in dem Gemeinschaftsbetrieb beschäftigten Arbeitnehmer würden von allen Mitgliedern des dort gewählten Betriebsrats vertreten – unabhängig von deren Unternehmenszugehörigkeit (BAG v. 1.6.2022, 7 ABR 41/20). Für die Stimmzahl der im Gesamtbetriebsrat vertretenen Betriebsräte kommt es darauf an, wie viele Arbeitnehmer bei der Wahl des Betriebsrats auf der Wählerliste standen. Bei zwei entsandten Mitgliedern werden die Stimmen für den jeweiligen Betriebsrat zwischen den zwei Personen geteilt. Eine Aufteilung der Stimmen des einzelnen Gesamtbetriebsratsmitglieds ist nicht mehr möglich, sodass das Mitglied bei Abstimmungen jeweils seine komplette Stimmzahl abgibt. Die entsandten Mitglieder sind nicht an Weisungen des sie entsendenden Betriebsrats gebunden und können frei entscheiden. Sie können aber jederzeit vom Entsenderbetriebsrat abberufen und ausgetauscht werden.

Der Gesamtbetriebsrat ist zuständig für die Behandlung von Angelegenheiten, die das Gesamtunternehmen oder mehrere Betriebe betreffen und nicht durch die einzelnen Betriebsräte innerhalb ihrer Betriebe geregelt werden können. In solchen Fällen erstreckt sich seine Zuständigkeit auch auf Betriebe ohne Betriebsrat. Darüber hinaus können lokale Betriebsräte mit der Mehrheit der Stimmen ihrer Mitglieder den Gesamtbetriebsrat beauftragen, eine Angelegenheit für sie zu behandeln. Dabei können sie sich die Entscheidungsbefugnis vorbehalten.

**Hinweis:**

Die Zuständigkeitsverteilung zwischen Gesamtbetriebsrat und einzelnen Betriebsräten wirft häufig Schwierigkeiten auf. Bloße Nützlichkeitserwägungen, also die Zweckmäßigkeit der Behandlung einer Angelegenheit durch den Gesamtbetriebsrat, reichen nicht aus, den lokalen Betriebsräten ihre Zuständigkeit zu entziehen. Die überbetriebliche Angelegenheit darf nicht durch die einzelnen Betriebsräte innerhalb ihrer Betriebe geregelt werden können. Gemeint ist ein zwingendes Erfordernis für eine betriebsübergreifende Regelung aus technischen oder rechtlichen Gründen, wobei es immer auf den Einzelfall ankommt. Insbesondere bei freiwilligen Leistungen wird der Arbeitgeber durch eine betriebsübergreifende Regelung häufig die Zuständigkeit des Gesamtbetriebsrats begründen können, wenn er dies wünscht.

**Beispiel**

Für einen Konzern im Sinne des § 18 Abs. 1 AktG kann durch Beschlüsse der einzelnen Gesamtbetriebsräte ein Konzernbetriebsrat errichtet werden. Ein Konzern ist die Zusammenfassung mehrerer Unternehmen unter der einheitlichen Leitung eines anderen Unternehmens, wobei ein Konzernbetriebsrat nur in einem Unterordnungskonzern gebildet werden kann. Ein Unterordnungskonzern liegt vor, wenn ein herrschendes und ein oder mehrere abhängige Unternehmen unter der einheitlichen Leitung des herrschenden Unternehmens zusammengefasst

sind. Wird ein Konzernbetriebsrat unter Verkennung des Konzernbegriffs errichtet, so ist er von Anfang an nicht existent und erwirbt keine betriebsverfassungsrechtlichen Befugnisse. Das Amt des Konzernbetriebsrats endet entsprechend, wenn die Voraussetzungen für seine Errichtung dauerhaft entfallen (BAG v. 23.8.2016, 1 ABR 43/14, ZTR 2017, 55).

Die Errichtung eines Konzernbetriebsrats erfordert die Zustimmung der Gesamtbetriebsräte, in denen insgesamt mehr als 50 % der Arbeitnehmer der Konzernunternehmen beschäftigt sind. Es ist damit Voraussetzung, dass mindestens 50 % der Konzernarbeitnehmer durch Betriebsräte vertreten werden. Der Konzernbetriebsrat ist weder den Gesamtbetriebsräten noch den lokalen Betriebsräten übergeordnet oder weisungsbefugt. Er soll bezwecken, dass nicht durch die Verlagerung der Entscheidungsebene auf eine Konzernspitze die wesentlichen Entscheidungen in sozialen, personellen und wirtschaftlichen Angelegenheiten ohne Mitwirkung von Betriebsräten geschehen. Die Konzernarbeitnehmer sollen an den Entscheidungen der Konzernleitung teilnehmen. Anders als bei Gesamtbetriebsräten, deren Errichtung bei mehreren Betriebsräten im Unternehmen zwingend ist, ist die Errichtung eines Konzernbetriebsrats gesetzlich nicht vorgeschrieben.

Jeder Gesamtbetriebsrat entsendet zwei seiner Mitglieder, wobei jedem Mitglied die Stimmen des entsendenden Gesamtbetriebsrats je zur Hälfte zustehen. Für jedes entsandte Mitglied ist mindestens ein Ersatzmitglied zu stellen und die Reihenfolge des Nachrückens festzulegen.

Der Konzernbetriebsrat ist zuständig für die Behandlung von Angelegenheiten, die den Konzern oder mehrere Konzernunternehmen betreffen und nicht durch die einzelnen Gesamtbetriebsräte innerhalb ihrer Unternehmen geregelt werden können. Seine Zuständigkeit erstreckt sich in diesen Fällen auch auf Unternehmen, die einen Gesamtbetriebsrat nicht gebildet haben sowie auf Betriebe der Konzernunternehmen ohne Betriebsrat. Darüber hinaus können Gesamtbetriebsräte mit der Mehrheit der Stimmen ihrer Mitglieder den Konzernbetriebsrat beauftragen, eine Angelegenheit für sie zu behandeln. Sie können sich dabei die Entscheidungsbefugnis vorbehalten.

**Beispiel**

Der Abschluss einer Betriebsvereinbarung über die Nutzung einer Personalverwaltungssoftware unterliegt der Mitbestimmung des Konzernbetriebsrats, wenn das mit der Personalverwaltung betraute Konzernunternehmen individualisierte oder individualisierbare Verhaltens- oder Leistungsdaten von Arbeitnehmern erhebt und verarbeitet, die in anderen Konzernunternehmen beschäftigt werden (BAG v. 25.9.2012, 1 ABR 45/11).

Dagegen fällt der Abschluss einer Betriebsvereinbarung zur Anwendung von Überwachungskameras in einem einzelnen Konzernunternehmen auch dann nicht in den originären Zuständigkeitsbereich des Konzernbetriebsrats, wenn Beschäftigte mehrerer Konzernunternehmen bei dem vorgesehenen Betriebsablauf von den Einrichtungen erfasst werden können (BAG v. 26.1.2016, 1 ABR 68/13).

Neben den Betriebsräten nach dem Betriebsverfassungsgesetz gibt es auch im EBRG (Gesetz über Europäische Betriebsräte) geregelte Europäische Betriebsräte.

### 3. Andere Organe der Mitbestimmung

Andere Organe der Mitbestimmung sind die Einigungsstelle (siehe → *Einigungsstelle*), die Jugend- und Auszubildendenvertretung (siehe → *Jugend- und Auszubildendenvertretung*), der Wirtschaftsausschuss sowie die Betriebsversammlung. Leitende Angestellte im Sinne des Betriebsverfassungsgesetzes werden durch Sprecherausschüsse repräsentiert, welche im Sprecherausschussgesetz geregelt sind.

## II. Wahl und Mitgliederstruktur des Betriebsrats

### 1. Anzahl der Mitglieder

Die in § 9 BetrVG geregelte Anzahl der Betriebsratsmitglieder ist von der regelmäßig beschäftigten Zahl der Arbeitnehmer im Betrieb abhängig. Für die ersten zwei Stufen von Betriebsräten mit bis zu 3 Mitgliedern kommt es allein auf die Wahlberechtigung der Arbeitnehmer nach § 7 BetrVG an. Auch in der dritten Stufe eines Betriebsrates mit 5 Mitgliedern müssen mindestens 51 wahlberechtigte Arbeitnehmer im Betrieb beschäftigt werden. Erst ab der vierten Stufe zählen alle regelmäßig beschäftigten Arbeitnehmer des Betriebes mit, unabhängig von ihrer Wahlberechtigung. Wahlberechtigt sind Arbeitnehmer des Betriebs grundsätzlich dann, wenn sie das 18. Lebensjahr vollendet haben.

 **Hinweis:**

Auch Leiharbeitnehmer sind bei der Berechnung der Schwellenwerte des § 9 BetrVG zu berücksichtigen (§ 14 Abs. 2 S. 4 AÜG). In der Regel beschäftigte Leiharbeitnehmer erhöhen bei Überschreiten der jeweiligen Schwellenwerte daher die Zahl der zu wählenden Betriebsratsmitglieder. Ab einer Betriebsgröße von mehr als 100 Arbeitnehmern kommt es dafür auch nicht auf ihre Wahlberechtigung an. Gleiches gilt bei der Personengruppe des § 5 Abs. 1 S. 3 BetrVG. Beamte, Soldaten und Arbeitnehmer des öffentlichen Dienstes gelten danach als Arbeitnehmer im Sinne des BetrVG, wenn sie in Betrieben privatrechtlich organisierter Unternehmen tätig sind. Nach der Rechtsprechung des BAG werden in einem Privatbetrieb auf Grundlage eines Personalgestellungsvertrages eingesetzte Arbeitnehmer des öffentlichen Dienstes für die Berechnung der Belegschaftsstärke des § 9 BetrVG und für die Freistellungsgrenzen des § 38 BetrVG mitgezählt (BAG v. 15.12.2011, 7 ABR 65/10, ZTR 2012, 360).

Leiharbeitnehmer sind zunächst nach § 7 BetrVG grundsätzlich wahlberechtigt, wenn sie länger als drei Monate im Betrieb eingesetzt werden. Damit ist die voraussichtliche Einsatzdauer gemeint, wobei es bei der Bewertung auf die Verhältnisse des Wahltags ankommt. Soll der Leiharbeitnehmer länger als drei Monate eingesetzt werden, hat er schon vom ersten Tag an die Wahlberechtigung. Soweit Einsätze unterbrochen worden sind, kommt es darauf an, ob ein sachlicher Zusammenhang zwischen den unterbrochenen Einsätzen des Leiharbeitnehmers besteht. Dafür darf die Unterbrechung insbesondere nicht zu lange angedauert haben. Je länger der Zeitraum ist, desto mehr Gründe müssen für einen sachlichen Zusammenhang sprechen. Bei häufigen Kurzeinsätzen wird er im Regelfall selbst dann nicht die Wahlberechtigung haben, wenn sich im Rückblick herausstellt, dass er insgesamt länger als drei Monate eingesetzt worden ist.

Für die Feststellung der regelmäßig betriebszugehörigen und wahlberechtigten Arbeitnehmerzahl ist der Tag des Erlasses des Wahlausschreibens entscheidend. Dabei ist nicht nur ein Rückblick auf den bisherigen personellen Umfang vorzunehmen, sondern auch die absehbare zukünftige Entwicklung zu berücksichtigen.

Gibt es weniger Wahlbewerber, als § 9 BetrVG für die Anzahl der Mitglieder im Betriebsrat vorsieht, ist entsprechend § 11 BetrVG die nächstniedrigere Betriebsgröße zugrunde zu legen (LAG Düsseldorf v. 4.7.2014, 6 TaBV 24/14).

### 2. Wahlberechtigung

Betriebsräte können in Betrieben mit mindestens fünf wahlberechtigten Arbeitnehmern, von denen drei wählbar i. S. d. § 8 BetrVG sind, gewählt werden.

Arbeitnehmer im Sinne des Gesetzes sind Arbeiter und Angestellte einschließlich der zu ihrer Berufsausbildung Beschäftigten. Als Arbeitnehmer gelten auch die in Heimarbeit Beschäftigten, die in der Hauptsache für den Betrieb arbeiten. Nicht erfasst werden in einem Ausnahmekatalog in § 5 Abs. 2 BetrVG geregelte Fälle, wobei hier insbesondere die Mitglieder des Organs, welches bei einer juristischen Person zur gesetzlichen Vertretung berufen ist, zu nennen sind (z. B. Geschäftsführer einer GmbH). Nicht unter das Betriebsverfassungsgesetz fallen auch leitende Angestellte im Sinne des § 5 BetrVG. Die Voraussetzungen für die Herausnahme aus dem Schutzbereich des Gesetzes sind hierbei sehr hoch. Es handelt sich durchweg um Personen mit tatsächlicher Entscheidungsmacht und Einfluss auf die Geschicke des Betriebs.

 **Hinweis:**

In der Praxis kommt es häufig vor, dass Führungskräfte sich als leitende Angestellte fühlen, es aber nicht im Sinne des § 5 BetrVG sind.

Die Wahlberechtigung haben diejenigen Arbeitnehmer, die das sechszehnte Lebensjahr vollendet haben und dem Betrieb angehören (§ 7 S. 1 BetrVG). Die Betriebszugehörigkeit ist nicht stets identisch mit dem Bestehen eines Arbeitsverhältnisses zum Betriebsinhaber.

### 3. Wählbarkeit der Mitglieder

Die Wählbarkeit der Mitglieder richtet sich nach § 8 BetrVG. Danach ist grundsätzlich wählbar, wer volljähriger Arbeitnehmer des Betriebes ist und diesem mindestens sechs Monate angehört. Längere Unterbrechungen von regelmäßig etwa zwei Monaten Dauer, etwa bei einer Krankheit, können nicht mitgezählt werden. Besteht der Betrieb noch nicht so lange, muss der Arbeitnehmer beim Zeitpunkt der Einleitung der Wahl dem Betrieb angehören. Leiharbeitnehmer sind nicht wählbar. Auf die sechs Monate Betriebszugehörigkeit werden Zeiten angerechnet, in denen der Arbeitnehmer unmittelbar zuvor einem anderen Betrieb desselben Unternehmens oder Konzerns angehört hat. Bei einer kurzfristigen Unterbrechung muss ein enger zeitlicher und innerer Zusammenhang zwischen den Beschäftigungszeiten bestehen. Zur Wählbarkeit ist darüber hinaus erforderlich, dass die Person geschäftsfähig ist und ihr nicht das Recht aberkannt wurde, an öffentlichen Wahlen teilzunehmen. Unerheblich ist dagegen die Staatsangehörigkeit.

Auch Beschäftigte des öffentlichen Dienstes, die in Betrieben privatrechtlich organisierter Unternehmen tätig sind, sind dort bei Erfüllung der allgemeinen Voraussetzungen zum Betriebsrat wählbar (BAG v. 15.8.2012, 7 ABR 34/11, ZTR 2013, 52).

### 4. Wahlverfahren

Die Betriebsratswahlen finden alle vier Jahre in der Zeit vom 1.3. bis 31.5. statt. Die letzten regelmäßigen Wahlen haben im Jahr 2022 stattgefunden. Die nächsten regelmäßigen Wahlen werden somit im Jahr 2026 durchgeführt werden. Außerhalb dieses Zeitraums kann eine Wahl nur dann stattfinden, wenn in einem Betrieb bisher kein Betriebsrat besteht oder die Wahlperiode aus besonderen Gründen vorzeitig endet.

Gemäß § 14 Abs. 1, Abs. 2 S. 1 BetrVG wird der Betriebsrat in einer geheimen und unmittelbaren Verhältniswahl gewählt. Sie erfolgt gemäß § 14 Abs. 2 S. 2 BetrVG nach der Mehrheitswahl, wenn nur ein Wahlvorschlag eingereicht wird oder wenn der Betriebsrat im vereinfachten Wahlverfahren zu wählen ist.

Vorbereitung und Ablauf der Wahl sind nach der Größe des Betriebes gesetzlich unterschiedlich ausgestaltet. Für kleinere Betriebe mit bis zu 100 wahlberechtigten Arbeitnehmern sieht § 14a i. V. m. § 17a BetrVG verpflichtend ein besonderes, vereinfachtes Wahlverfahren vor, welches über Wahlversammlungen abzuwickeln ist. Für größere Betriebe mit mehr als 100 wahlberechtigten Arbeitnehmern gilt grundsätzlich das normale Wahlverfahren. Das vereinfachte Verfahren kann in Betrieben, in denen in der Regel zwischen 101 und 200 wahlberechtigte Arbeitnehmer beschäftigt sind, gemäß § 14a Abs. 5 BetrVG zwischen Wahlvorstand und Arbeitgeber vereinbart werden.

In beiden Wahlverfahren wird die Wahl von einem Wahlvorstand eingeleitet und durchgeführt. Der Wahlvorstand wird vom Betriebsrat bestellt (vgl. § 16 BetrVG) oder, sofern bislang kein Betriebsrat besteht, vom Gesamt- oder Konzernbetriebsrat oder bei Nichtbestehen dieser Organe in einer Betriebsversammlung (vgl. § 17 BetrVG) gewählt. Die Durchführung der Wahl ist im Einzelnen in § 18 BetrVG sowie der Wahlordnung zum BetrVG geregelt. Mit der Neuregelung durch das Betriebsrätemodernisierungsgesetz kann der Wohlvorstand gemäß § 1 Abs. 4 WO beschließen, dass die Teilnahme an einer nicht öffentlichen Sitzung des Wahlvorstandes mittels einer Video- und Telefonkonferenz erfolgen kann. Arbeitnehmer, welche die erstmalige Einleitung der Wahl eines Betriebsrats durch die Einladung zu einer Betriebsversammlung initiieren, genießen in bestimmten Umfang Sonderkündigungsschutz. Dieser ist zuletzt durch das Betriebsrätemodernisierungsgesetz auf die ersten sechs in der Einladung stehenden Arbeitnehmer ausgeweitet worden (§ 15 Abs. 3a KSchG). Durch den neu eingefügten § 15 Abs. 3b KSchG wird der Sonderkündigungsschutz zudem zeitlich ausgedehnt auf Vorbereitungshandlungen zur Gründung eines Betriebsrats.

### 5. Schutz der Mitglieder

In der Praxis bedeutsam ist insbesondere das Sonderkündigungsschutzrecht der Betriebsratsmitglieder. Die Kündigung eines Betriebsratsmitglieds darf nur außerordentlich aus wichtigem Grund nach § 626 BGB mit Zustimmung des Betriebsrats nach § 103 BetrVG, § 15 KSchG erfolgen. Sofern der Betriebsrat nur aus einer Person besteht und es an einem gewählten Ersatzmitglied fehlt, hat der Arbeitgeber analog § 103 Abs. 2 BetrVG unmittelbar im Beschlussverfahren die Zustimmungsersetzung einzuholen, weil ein beteiligungsfähiger Betriebsrat nicht existiert (BAG v. 25.4.2018, 2 AZR 401/17, ZTR 2018, 549). Zudem sind vertragsrechtliche Sanktionen wie der Ausspruch einer Abmahnung oder einer außerordentlichen Kündigung ausgeschlossen, wenn das Betriebsratsmitglied ausschließlich betriebsverfassungsrechtliche Amtspflichten verletzt (BAG v. 9.9.2015, 7 ABR 69/13, ZTR 2016, 56). Verletzt eine Handlung eines Betriebsratsmitglieds hingegen gleichzeitig Amtspflichten als auch arbeitsrechtliche Pflichten oder ist die Vertragsverletzung nur deshalb eingetreten, weil der Arbeitnehmer als Betriebsratsmitglied tätig geworden ist, kann ein wichtiger Grund zur Kündigung im Sinne von § 626 Abs. 1 BGB vorliegen. In diesem Fall muss unter Anlegung eines besonders strengen Maßstabs das pflichtwidrige Verhalten auch als schwerer Verstoß gegen die Pflichten aus dem Arbeitsverhältnis zu werten sein, damit eine Kündigung gerechtfertigt ist (LAG Mecklenburg-Vorpommern v. 24.5.2016, 2 TaBV 22/15). Wenn der Betriebsrat die Zustimmung zur außerordentlichen Kündigung

verweigert, muss die Zustimmung vor dem Arbeitsgericht ersetzt werden. Bei Versetzungen ohne Zustimmung des Betriebsratsmitglieds, welche zu einem Verlust des Amtes oder der Wählbarkeit führen würden, gelten dieselben Grundsätze.

Auch nach Beendigung des Betriebsratsmandats genießen ehemalige Betriebsratsmitglieder ein Jahr lang nachwirkenden Sonderkündigungsschutz gegen ordentliche Kündigungen. Kündigungen dürfen nur aus wichtigem Grund außerordentlich erfolgen. Anders als bei amtierenden Betriebsratsmitgliedern muss allerdings die Zustimmung des Betriebsrats zur Kündigung nicht ersetzt werden, da sie keine Wirksamkeitsvoraussetzung ist. In diesen Fällen genügt betriebsverfassungsrechtlich gesehen die Anhörung nach § 102 Abs. 1 BetrVG.

 **Hinweis:**

Dies gilt auch für Ersatzmitglieder, soweit diese bei einer zeitweiligen Verhinderung eines Betriebsratsmitglieds ordnungsgemäß Betriebsratsaufgaben übernommen hatten. Während der Vertretung des verhinderten Mitglieds gilt das Ersatzmitglied als Betriebsratsmitglied und genießt insofern den Schutz des § 103 BetrVG. Nach Beendigung der Vertretungsaufgabe, wie etwa einer Sitzungsteilnahme für ein an diesem Tag verhindertes Mitglied, gilt der nachwirkende einjährige Sonderkündigungsschutz.

Über den Kündigungsschutz hinaus dürfen Betriebsratsmitglieder nach § 78 BetrVG wegen ihrer Betriebsratsarbeit grundsätzlich nicht benachteiligt oder begünstigt werden. Nach § 37 Abs. 4 BetrVG gilt dies insbesondere auch für das Arbeitsentgelt, wozu auch Leistungen der betrieblichen Altersvorsorge zählen (BAG v. 10.11.2015, 3 AZR 574/14, ZTR 2016, 225). Die Behinderung der Betriebsratstätigkeit ist unter gewissen Umständen strafbar (§ 119 BetrVG), wobei die Tat nur auf Antrag einer der in § 119 Abs. 1 BetrVG genannten Organisationen verfolgt wird. Zu diesen gehören insbesondere der Betriebsrat, der Wahlvorstand, der Arbeitgeber oder eine im Betrieb vertretene Gewerkschaft.

Aufgrund der ehrenamtlichen Struktur des Betriebsratsmandats dürfen die Mitglieder in ihrer beruflichen Entwicklung weder bevorzugt noch benachteiligt werden. In der Praxis wird häufig gegen das Gebot der Nichtbevorzugung verstoßen, etwa durch die Gewährung von gehobenen Dienstwagen oder die Gestattung von teuren Reisen.

### 6. Der Vorsitzende

Eine besondere Stellung im Betriebsrat hat der Vorsitzende. Er wird in der konstituierenden Sitzung aus der Mitte des Betriebsrats gewählt und vertritt den Betriebsrat innerhalb der Grenzen der von diesem gefassten Beschlüsse.

 **WICHTIG!**

Gegen diesen Grundsatz wird in der Praxis häufig verstoßen. Der Betriebsratsvorsitzende hat nicht die Befugnis, generell für den Betriebsrat zu handeln. Maßgebliches Entscheidungsorgan bleibt der Betriebsrat. Der Vorsitzende vertritt den Betriebsrat nur innerhalb der von diesem gefassten Beschlüsse. Insofern ist Vorsicht geboten, wenn ein Betriebsratsvorsitzender etwa eine Betriebsvereinbarung unterschreibt. In diesen Fällen kann dem Betriebsrat das Handeln seines Vorgesetzten auch ohne ordnungsgemäße Beschlussfassung zugerechnet sein, wenn der Betriebsrat das Auftreten des Vorgesetzten kannte und der Arbeitgeber auf den durch die Unterschrift gesetzten Rechtsschein vertraut hat sowie nach Treu und Glauben vertrauen durfte (LAG Düsseldorf v. 15.4.2021, 11 Sa 490/20). Um Streitigkeiten zu vermeiden sollte sich der Arbeitgeber immer auch den Beschluss des Betriebsrats zum Abschluss der Betriebsvereinbarung vorlegen lassen.

Der Vorsitzende – und nur bei Verhinderung sein Stellvertreter – ist für den Betriebsrat allein empfangszuständig (§ 26 Abs. 2 S. 2 BetrVG). Er führt bei einer Mitgliederzahl von weniger als 9 Betriebsratsmitgliedern die laufenden Geschäfte, soweit sie ihm durch Beschluss übertragen worden sind. Zu Sitzungen des Betriebsrats lädt er ein, legt die Tagesordnung fest und leitet diese. Er unterschreibt die Sitzungsniederschriften, sitzt im Betriebsausschuss, leitet die Betriebsversammlung und hat besondere Teilnahmerechte gegenüber der Jugend- und Auszubildendenvertretung (siehe → *Jugend- und Auszubildendenvertretung*). Er kann jederzeit wieder abgewählt werden und durch einen anderen Vorsitzenden ersetzt werden.

## III. Geschäftsführung des Betriebsrats

### 1. Sitzungen

Der Vorsitzende des Betriebsrats beruft Sitzungen ein, in dem er die Tagesordnung festsetzt, die Mitglieder unter Mitteilung der Tagesordnung rechtzeitig einlädt und die Verhandlungen leitet (§ 29 BetrVG). Die Schwerbehindertenvertretung oder die Jugend- und Auszubildendenvertretung zieht er hinzu, soweit sie ein Recht auf Teilnahme an der Betriebsratssitzung haben. Neben den im Regelfall alle ein oder zwei Wochen stattfindenden normalen Sitzungen hat der Vorsitzende auf Antrag eines Viertels der Mitglieder des Betriebsrats oder des Arbeitgebers eine Sitzung einzuberufen und den Gegenstand, dessen Beratung beantragt wird, auf die Tagesordnung zu setzen. In Betracht kommt auch die Einberufung einer außerordentlichen Sitzung. Nach der Konzeption des BetrVG haben die Sitzungen grundsätzlich in Präsenz stattzufinden. Mit der Neuregelung durch das Betriebsrätemodernisierungsgesetz können die Sitzungen mittlerweile jedoch auch mittels Video- und Telefonkonferenz oder als Hybrid aus Präsenz und zugeschalteten Mitgliedern erfolgen, wenn der Betriebsrat dies in seiner Geschäftsordnung vorgesehen hat, nicht mindestens ein Viertel der Mitglieder der Durchführung als Video- oder Telefonkonferenz widerspricht und sichergestellt ist, dass Dritte vom Inhalt der Sitzung keine Kenntnis nehmen können (§ 30 Abs. 2 BetrVG).

Der Arbeitgeber darf an den nichtöffentlichen Sitzungen teilnehmen, wenn er entweder selber zu einer solchen eingeladen hat oder ausdrücklich eingeladen worden ist. Darüber hinaus sollen Arbeitgeber und Betriebsrat mindestens einmal im Monat zu einer Besprechung zusammentreten (§ 74 BetrVG). Nach § 31 BetrVG darf auf Antrag eines Viertels der Mitglieder des Betriebsrats ein Beauftragter einer im Betriebsrat vertretenen Gewerkschaft beratend an den Sitzungen teilnehmen.

Die Sitzungen des Betriebsrats finden in der Regel während der Arbeitszeit statt, wobei der Betriebsrat auf die betrieblichen Notwendigkeiten Rücksicht zu nehmen hat und den Arbeitgeber vorher über den Zeitpunkt der Sitzung unterrichten muss (§ 30 BetrVG).

### 2. Beschlüsse

Der Betriebsrat fasst in den ordnungsgemäß einberufenen Sitzungen Beschlüsse. Er ist beschlussfähig, wenn mindestens die Hälfte aller Betriebsratsmitglieder an der Beschlussfassung teilnimmt. Die Beschlussfähigkeit muss bei jeder Abstimmung vorliegen. Die Stellvertretung durch Ersatzmitglieder ist bei Verhinderung der eigentlichen Mitglieder zulässig. Nach der Beratung über den Entscheidungspunkt gibt es eine Abstimmung. Sofern gesetzlich nichts besonders geregelt ist, reicht die Mehrheit der

Stimmen der anwesenden Mitglieder aus. Bei Stimmengleichheit ist der Antrag abgelehnt.

**Hinweis:**
Wer sich enthält, nimmt an der Abstimmung teil und gilt als anwesend, stimmt aber im Ergebnis mit Nein. Wer erklärt, sich nicht an der Abstimmung zu beteiligen, zählt als nicht anwesendes Mitglied. Dies kann insbesondere Auswirkungen auf die Beschlussfähigkeit haben.

Von dem Beschluss ist eine Sitzungsniederschrift anzufertigen (§ 34 BetrVG). Die Niederschrift ist keine Voraussetzung für die Wirksamkeit des Beschlusses. Sie kann aber Bedeutung haben für die Frage der Beweisbarkeit eines getroffenen Beschlusses.

Beschlüsse können unwirksam sein, wenn die Ladung der Mitglieder nicht rechtzeitig unter Angabe des Tagespunkts erfolgte oder die falschen Mitglieder geladen wurden. Ist der Betriebsrat beschlussfähig, können die Anwesenden einstimmig beschließen, auch über einen nicht in der Tagesordnung aufgeführten Regelungsgegenstand zu beschließen und abzustimmen. Bei zeitweiliger Verhinderung eines Betriebsratsmitglieds ist das Ersatzmitglied zu laden. Verzichtet werden kann auf die Ladung der Betriebsratsmitglieder allerdings dann, wenn alle Betriebsratsmitglieder anwesend und mit der Änderung der Tagesordnung einverstanden sind. Eine unterbliebene Erstellung der Tagesordnung oder einzelner Tagesordnungspunkte kann nach neuerer Rechtsprechung des Bundesarbeitsgerichts dadurch geheilt werden, dass eine solche bei ordnungsgemäßer Ladung einstimmig von den anwesenden (nicht: „allen") Betriebsratsmitgliedern beschlossen wird (BAG v. 22.1.2014, 7 AS 6/13). Beschlüsse dürfen nur in ordnungsgemäßen Sitzungen des Betriebsrats gefasst werden. Insbesondere dürfen sie nicht bei den monatlichen Besprechungen zwischen Arbeitgeber und Betriebsrat oder sonstigen Gelegenheiten gefasst werden.

Einzelheiten des Abstimmungsverfahrens können entweder durch eine besondere Geschäftsordnung des Betriebsrats geregelt werden (§ 36 BetrVG) oder nach allgemeinen Grundsätzen durchgeführt werden. Danach würde gemeinsam und offen abgestimmt.

**Hinweis:**
Das Betriebsverfassungsgesetz unterscheidet zwischen Beschlüssen des Betriebsrats und betriebsratsinternen Wahlen. Die §§ 30, 33, 34 BetrVG beziehen sich weder dem Wortlaut noch der Gesetzesbegründung nach auf solche Wahlen. Daher ist davon auszugehen, dass betriebsratsinterne Wahlen auch nach neuer Rechtslage nur in Präsenzsitzungen durchgeführt werden können.

### 3. Ausschüsse

Sofern der Betriebsrat neun oder mehr Mitglieder hat, also mindestens 201 Arbeitnehmer regelmäßig im Betrieb beschäftigt sind, führt ein Betriebsausschuss die laufenden Geschäfte. Der Betriebsrat kann dem Betriebsausschuss mit der Mehrheit der Stimmen seiner Mitglieder Aufgaben zur selbstständigen Erledigung übertragen, allerdings mit Ausnahme des Abschlusses von Betriebsvereinbarungen (§ 27 Abs. 2 BetrVG). Betriebsräte mit weniger als neun Mitgliedern können die laufenden Geschäfte auf den Vorsitzenden oder andere Betriebsratsmitglieder übertragen.

Neben diesem Betriebsausschuss können Betriebsräte in Betrieben mit mehr als 100 Arbeitnehmern Ausschüsse bilden und ihnen bestimmte Aufgaben übertragen (§ 28 BetrVG). Ebenfalls möglich ist der Abschluss einer Rahmenvereinbarung mit dem

Arbeitgeber mit einer Übertragung von Aufgaben auf Arbeitsgruppen (§ 28a BetrVG). In diesen Arbeitsgruppen können im Rahmen der übertragenen Aufgaben mit dem Arbeitgeber Vereinbarungen geschlossen werden.

Ein besonderes Organ der Betriebsverfassung ist der Wirtschaftsausschuss (§§ 106 bis 110 BetrVG). Dieser wird in Unternehmen mit in der Regel mehr als 100 ständig beschäftigten Arbeitnehmern gebildet. Er hat die Aufgabe, wirtschaftliche Angelegenheiten mit dem Unternehmer zu beraten und den Betriebsrat beziehungsweise den Gesamtbetriebsrat zu unterrichten. Der Wirtschaftsausschuss besteht aus drei bis sieben Mitgliedern, von denen lediglich mindestens eins dem Betriebsrat angehören muss.

 **WICHTIG!**

Beim Wirtschaftsausschuss kommt es beim Schwellenwert der regelmäßig mehr als 100 ständig beschäftigten Arbeitnehmer nicht auf den Betrieb, sondern das Unternehmen an. Sind diese Voraussetzungen erfüllt, ist der Wirtschaftsausschuss zwingend einzurichten. In der Praxis kommt es allerdings häufig vor, dass dies unterlassen wird.

### 4. Geschäftsordnung

Der Betriebsrat hat die Möglichkeit sich eine Geschäftsordnung zu geben (§ 36 BetrVG). Der Betriebsrat kann mit der Mehrheit der Stimmen seiner Mitglieder seine Organisation in einer schriftlichen Geschäftsordnung beschließen. Dabei darf er allerdings nicht von zwingenden Vorschriften des Betriebsverfassungsgesetzes abweichen, sodass die Geschäftsordnung eher eine ergänzende und konkretisierende Funktion hat. Häufig enthält sie Regelungen über den zeitlichen und inhaltlichen Ablauf von Betriebsratssitzungen, Meldepflichten bei Verhinderungen von Betriebsratsmitgliedern, der Art und Weise der Ladung zu den Sitzungen sowie der Leitung und Durchführung der Abstimmungen. Um die mit dem Betriebsrätemodernisierungsgesetz eröffnete Möglichkeit, Sitzungen und Abstimmungen in Video- oder Telefonkonferenz durchzuführen, nutzen zu können, ist zwingend eine entsprechende Regelung in der Geschäftsordnung vorzusehen. Es ist also die Entscheidung des Betriebsrats, ob er auch Videoteilnahme ermöglichen möchte. Es ist aber jedenfalls stets der Vorrang der Präsenzsitzung zu sichern.

### 5. Betriebsversammlungen

Einmal alle drei Monate soll eine Betriebsversammlung stattfinden. Dort soll der Betriebsrat einen Tätigkeitsbericht erstatten (§ 43 BetrVG). Neben diesen regelmäßigen Versammlungen kommen weitere außerordentliche bzw. zusätzliche Betriebsversammlungen nach den Regeln des § 43 BetrVG in Betracht. Auf Wunsch des Arbeitgebers oder von mindestens einem Viertel der wahlberechtigten Arbeitnehmer (§ 7 BetrVG) ist der Betriebsrat verpflichtet, eine Betriebsversammlung einzuberufen und den beantragten Beratungsgegenstand auf die Tagesordnung zu setzen. Die durch den Gesetzgeber aus Anlass der Covid-Pandemie vorübergehend geschaffene Möglichkeit von Betriebsversammlungen mittels audiovisueller Einrichtungen (§ 129 Abs. 1 BetrVG) besteht nicht fort.

Der Arbeitgeber ist unter Mitteilung der Tagesordnung einzuladen und berechtigt in der Versammlung zu sprechen. Einmal in jedem Kalenderjahr hat er in einer Betriebsversammlung über das Personal- und Sozialwesen einschließlich des Stands der Gleichstellung für Frauen und Männer im Betrieb sowie der Integration der im Betrieb beschäftigten ausländischen Arbeitnehmer, über die wirtschaftliche Lage und Entwicklung des Betriebs

sowie über den betrieblichen Umweltschutz zu berichten, soweit dadurch nicht Betriebs- oder Geschäftsgeheimnisse gefährdet werden (§ 43 Abs. 2 BetrVG).

Der Arbeitgeber ist rechtzeitig über den Zeitpunkt der Versammlung zu informieren. Regelmäßige und auf Wunsch des Arbeitgebers einberufene Versammlungen finden während der Arbeitszeit statt, soweit nicht die Eigenart des Betriebs eine andere Regelung zwingend erfordert. Grundsätzlich trägt der Arbeitgeber die Kosten von ordnungsgemäß einberufenen Versammlungen. Sonstige Betriebs- und Abteilungsversammlungen finden grundsätzlich außerhalb der Arbeitszeit statt (§ 44 Abs. 2 BetrVG).

### 6. Vereinbarungen mit dem Arbeitgeber

Vereinbarungen zwischen Arbeitgeber und Betriebsrat können durch formlose Regelungsabrede oder förmliche Betriebsvereinbarung getroffen werden. Zu den Einzelheiten siehe → *Betriebsvereinbarung*.

## IV. Aufgaben des Betriebsrats

Der Betriebsrat hat die Aufgabe, die Interessen der Belegschaft wahrzunehmen. Zur Erfüllung seiner Aufgabe stehen dem Betriebsrat vielfältige Unterrichtungs-, Informations-, Beratungs-, Zustimmungs- sowie Initiativrechte in personellen, sozialen und wirtschaftlichen Angelegenheiten zu.

Im Rahmen dieses Stichworts kann nur ein kurzer, vereinfachender und allgemeiner Überblick über die diversen Mitbestimmungsrechte des Betriebsrats gegeben werden. Die Darstellung dient allein der Orientierung.

### 1. Allgemeine Aufgaben

§ 80 BetrVG enthält eine Auflistung der allgemeinen Aufgaben des Betriebsrats. Dabei handelt es sich z. B. um die Überwachung der Einhaltung der zugunsten der Arbeitnehmer geltenden Gesetze, Tarifverträge und Betriebsvereinbarungen oder die Förderung der Integration bestimmter Gruppen von Arbeitnehmern. Zur Erfüllung dieser Aufgaben stehen dem Betriebsrat Unterrichtungsrechte zu. Der Betriebsrat hat nach § 80 Abs. 2 S. 2 BetrVG ein Einsichtsrecht in die Bruttolohn- und Gehaltslisten.

### 2. Besondere Aufgaben in sozialen, personellen und wirtschaftlichen Angelegenheiten

Der Betriebsrat hat nach § 80 Abs. 2 S. 2 BetrVG ein Einsichtsrecht in die Bruttolohn- und Gehaltslisten. Daneben besteht eine Vielzahl von weiteren Befugnissen wie etwa der Mitbestimmung bei Auswahlrichtlinien (§ 95 BetrVG) und Personalfragebögen (§ 94 BetrVG), der Informationsnotwendigkeit bei der Veränderung von Arbeitsplatzbedingungen (§ 90 BetrVG), der Mitbestimmung bei Schulungen (§§ 97, 98 BetrVG) sowie auf Wunsch eines Arbeitnehmers Hilfs- und Beratungsfunktionen in gesetzlich besonders geregelten Fällen (§§ 81 bis 85 BetrVG).

Die wichtigsten Rechte sind:

▶ Anhörungsrecht vor Kündigungen nach § 102 BetrVG (Einzelheiten dazu im Stichwort Kündigung),

▶ Zustimmungserfordernis bei personellen Einzelmaßnahmen (§§ 99 ff. BetrVG),

▶ Interessenausgleichs- und Sozialplanverhandlungen bei Betriebsänderungen (§§ 111 ff. BetrVG),

▸ Zustimmungserfordernis bei sozialen Angelegenheiten des § 87 BetrVG, wie etwa

  ▸ Ordnungsverhalten,

  ▸ Arbeitszeit, Überstunden und Pausen,

  ▸ Einführung technischer Einrichtungen,

  ▸ Urlaubsgrundsätzen,

  ▸ Lohngefüge.

Das Mitbestimmungsrecht hinsichtlich der in § 87 BetrVG genannten Gegenstände ist erzwingbar, d. h. der Betriebsrat kann eine Maßnahme des Arbeitgebers gerichtlich blockieren, bis eine Einigung über die Regelung des jeweiligen Gegenstandes, gegebenenfalls durch die Einigungsstelle, zustande gekommen ist. Im Bereich des § 87 BetrVG werden häufig Betriebsvereinbarungen zwischen Arbeitgeber und Betriebsrat getroffen (siehe → *Betriebsvereinbarung*). Auch ein Sozialplan im Falle einer Betriebsänderung ist erzwingbar, wohingegen dies für den ihn meist flankierenden Interessenausgleich nicht gilt.

**WICHTIG!**

Nach aktueller Rechtsprechung des BAG (BAG v. 13.9.2022, 1 ABR 22/21, ZTR 2022, 582) besteht kein Initiativrecht des Betriebsrats bei der Einführung eines Systems zur (elektronischen) Zeiterfassung im Betrieb nach § 87 Abs. 1 Nr. 6 BetrVG. Dieses folgt daher, dass Arbeitgeber bereits aufgrund gesetzlicher Verpflichtung gem. § 3 Abs. 2 Nr. 1 ArbSchG verpflichtet sind, ein System einzuführen, mit dem die von den Arbeitnehmern geleistete Arbeitszeit erfasst werden kann. Diese gesetzliche Regelung stehe einem Initiativrecht entgegen. Aufgrund dieser gesetzlichen Pflicht kann der Betriebsrat die Einführung eines Systems der (elektronischen) Arbeitszeiterfassung auch nicht mithilfe der Einigungsstelle erzwingen.

Auch mittels der Zustimmungserfordernisse der §§ 99 ff. BetrVG, z. B. zu Einstellung, Eingruppierung und Versetzung, kann der Betriebsrat die entsprechende Maßnahme des Arbeitgebers zunächst blockieren. Verweigert der Betriebsrat nach entsprechender Anhörung seine Zustimmung, kann der Arbeitgeber diese nur durch das Arbeitsgericht ersetzen lassen. Bei dringendem Handlungsbedarf kann er die Maßnahme nach § 100 BetrVG auch ohne Zustimmung des Betriebsrats vorsorglich durchführen. Hierzu muss er den Betriebsrat gesondert anhören und nach Widerspruch des Betriebsrats innerhalb von drei Tagen das Arbeitsgericht anrufen.

## V. Kosten des Betriebsrats

**WICHTIG!**

Es gilt nach § 40 Abs. 1 BetrVG folgender Grundsatz: Der Arbeitgeber trägt die Kosten des Betriebsrats. Dies können etwa Reisekosten, Rechtsanwaltskosten, Aufwendungsersatzansprüche und Geschäftsführungskosten sowohl des einzelnen Betriebsratsmitglieds als auch des Gremiums sein. Dieser Grundsatz der Kostentragungspflicht gilt aber immer nur dann, wenn diese Kosten auch erforderlich und verhältnismäßig sind. Erforderlichkeit und Verhältnismäßigkeit sind vom Betriebsrat in jedem einzelnen Fall zu prüfen und zu beachten. Nicht erforderlich ist beispielsweise das Verlangen nach einem vom übrigen Betrieb getrennten Telefon- und Internetanschluss zur Vermeidung der abstrakten Möglichkeit der Überwachung und Kontrolle der Kommunikationswege (BAG v. 20.4.2016, 7 ABR 50/14). Die Einrichtung eines eigenen E-Mail Postfachs, von dem aus der Betriebsrat (regelmäßig) Mitteilungen an alle Mitarbeiter versendet, kann hingegen in den Unternehmen, die mit ihrer Belegschaft per E-Mail kommunizieren, erforderlich im Sinne von § 40

Abs. 2 BetrVG sein (LAG Schleswig-Holstein v. 8.10.2015, 5 TaBV 23/15). Der Betriebsrat ist dabei verpflichtet, seine Kosten daran zu messen, ob sie tatsächlich für die konkrete Betriebsratsarbeit notwendig und in der Höhe gerechtfertigt sind. Er hat bei der Prüfung die betrieblichen Begebenheiten zu berücksichtigen. Eine bloße Zweckmäßigkeit oder Nützlichkeit für die Aufgabenerfüllung reicht nicht aus. Hat der Betriebsrat diese Prüfung ordnungsgemäß wahrgenommen, muss er grundsätzlich nicht mehr vorher die Zustimmung des Arbeitgebers einholen. Von diesem Grundsatz gibt es allerdings vielfältige Ausnahmen. So darf der Betriebsrat beispielsweise im Regelfall nicht eigenmächtig Sachmittel anschaffen oder Büropersonal einstellen. Bei ungewöhnlichen Ausgaben kann er aufgrund des Grundsatzes der vertrauensvollen Zusammenarbeit verpflichtet sein, sich vorher an den Arbeitgeber zu wenden.

Bei der Prüfung der Erforderlichkeit und Verhältnismäßigkeit ist der Aspekt der Ehrenamtlichkeit des Betriebsratsmandats zu beachten. Betriebsräte sollen weder schlechter noch besser gestellt werden als andere vergleichbare Arbeitnehmer. Gibt es etwa im Betrieb für Dienstreisen und Dienstwagen Regeln, müssen auch Betriebsräte entsprechend dieser Grundsätze behandelt werden.

**Hinweis:**

Für den Arbeitgeber empfiehlt es sich, vor jeder Kostenübernahme einer Betriebsratstätigkeit kritisch zu prüfen, ob die vom Betriebsrat oder eines einzelnen Betriebsratsmitglieds geltend gemachten Kosten erforderlich waren. Erfüllt der Arbeitgeber eine ihm gegenüber als Kosten betriebsrätlicher Tätigkeit erhobene (Dritt-)Forderung, die nicht erforderlich war, kann er das betroffene Betriebsratsmitglied nicht in Regress nehmen (BAG v. 25.10.2023, 7 AZR 338/22, ZTR 2024, 234).

Die folgenden Ausführungen können und sollen nur einen allgemeinen Überblick über einige Kostenfaktoren geben. Die in der Praxis häufig zu Konflikten führende Problematik ist vielschichtig und nicht selten einzelfallbezogen.

### 1. Sachliche Mittel und Büropersonal

Der Arbeitgeber muss für Sitzungen, Sprechstunden und die laufende Geschäftsführung die für die Betriebsratsarbeit erforderlichen Sachmittel zur Verfügung stellen, wie etwa angemessene Räumlichkeiten, Schreibmaterial sowie Informations- und Kommunikationstechnik. Bei größeren Betriebsräten kommt auch in Betracht, eine Bürokraft zur Verfügung zu stellen. Grundsätzlich richtet sich der Anspruch des Betriebsrats nach den betrieblichen Gegebenheiten und Möglichkeiten. Die Ausstattung muss notwendig zur Erfüllung der Betriebsratsaufgaben sein und der Kostenhöhe nach verhältnismäßig.

**Hinweis:**

Bei den Sachmitteln entscheidet der Arbeitgeber, was er dem Betriebsrat zur erforderlichen Erfüllung seiner Aufgaben zur Verfügung stellt. Der Betriebsrat muss bei vermeintlich unzulänglicher Ausstattung notfalls eine einstweilige Verfügung erwirken, um seinen Anspruch auf erforderliche Sachmittelausstattung durchzusetzen (§ 40 Abs. 2 BetrVG). Vorbehaltlich besonderer Ausnahmesituationen wie etwa dem bewussten Ignorieren einer rechtskräftigen gerichtlichen Entscheidung, darf der Betriebsrat sich die Sachmittel nicht von sich aus beschaffen.

### 2. Sprechstunden

Der Betriebsrat kann nach § 39 BetrVG Sprechstunden einrichten, wobei er dazu nicht verpflichtet ist. Der Betriebsrat entscheidet durch Beschluss über die Art und Weise der Durchführung der Sprechstunden sowie über die von ihm beauftragten Mitglieder. Herrscht Uneinigkeit zwischen Arbeitgeber und Betriebsrat über Zeit und Art der Sprechstunden, entscheidet die Einigungsstelle (§ 76 BetrVG). Der Arbeitgeber trägt die Kosten für die sachliche Ausstattung sowie die Freistellungszeiten des Betriebsratsmitglieds und des die Sprechstunde aufsuchenden Arbeitnehmers.

Die Jugend- und Auszubildendenvertretung kann einen Vertreter zu den Sprechstunden entsenden, welcher Jugendlichen unter 18 Jahren und Berufsausbildungsbeschäftigten unter 25 Jahren für Sprechstunden zur Verfügung steht. Der Jugendliche oder Auszubildende darf sich allerdings auch an ein Betriebsratsmitglied wenden. Kein Teilnahmerecht besteht dann, wenn die Jugend- und Auszubildendenvertretung in Betrieben mit mehr als 50 Jugendlichen und Berufsausbildungsbeschäftigen unter 25 Jahren eigene Sprechstunden nach § 69 BetrVG durchführt (siehe → *Jugend- und Auszubildendenvertretung*).

**Hinweis:**
Das Aufsuchen der Sprechstunde durch einen Arbeitnehmer ist grundsätzlich zulässig. Es entbindet ihn aber nicht von der Verpflichtung, sich bei seinem Vorgesetzten ab- und wieder zurückzumelden.

Grundsätzlich ist das Vorhandensein von Sprechstunden für den Betrieb nicht zwingend ein Ausschlussgrund für eine sonstige Inanspruchnahme des Betriebsrats durch Arbeitnehmer. Allerdings muss diese immer erforderlich sein.

### 3. Schulungen

Betriebsräte haben nach § 37 Abs. 6 BetrVG einen Anspruch auf Teilnahme an Schulungs- und Bildungsveranstaltungen, soweit diese Kenntnisse vermitteln, die für die Arbeit des Betriebsrats erforderlich sind. Die Schulung muss betriebsbezogen sein und konkret zur Aufgabenerfüllung notwendig. Der Betriebsrat muss einen ordnungsgemäßen Beschluss über die Schulungsteilnahme, das zu entsendende Mitglied des Betriebsrats, den Inhalt, den Veranstalter und die zeitliche Lage der Schulung treffen. Er muss die Kosten für die Schulung aufschlüsseln. Diesen Beschluss muss er dem Arbeitgeber rechtzeitig, üblicherweise mindestens zwei bis drei Wochen vor Beginn der Schulung, mitteilen.

**Hinweis:**
Häufig gibt es über die Erforderlichkeit von Schulungen Streit. Der Arbeitgeber sollte anhand der verschiedenen Anbieter von Schulungen für Betriebsräte prüfen, ob die vom Betriebsrat gewünschte Schulung von den Kosten und der Dauer her verhältnismäßig ist. Insbesondere muss die Schulung einen konkreten Bezug zu einem konkreten Thema des Betriebs haben und notwendig sein. Abgesehen von Grundlagenschulungen ist eine Schulung nicht erforderlich, wenn das vorhandene Wissen bereits im Betriebsratsgremium vorhanden ist. Die Anzahl der teilnehmenden Betriebsratsmitglieder muss verhältnismäßig sein, wobei für über Grundlagen hinausgehende Schulungen im Regelfall eine Person genügt. Wenn mehrere Betriebsratsmitglieder zu einer Schulung fahren, ist es ihnen grundsätzlich zumutbar, Fahrgemeinschaften für die An- und Abreise zu bilden, um die Reisekosten niedrig zu halten (BAG v. 24.10.2018, 7 ABR 23/17, ZTR 2019, 239).

Der Betriebsrat hat bei der Festlegung der zeitlichen Lage der Teilnahme an Schulungs- und Bildungsveranstaltungen die betrieblichen Notwendigkeiten zu berücksichtigen. Bei Uneinigkeit zwischen Arbeitgeber und Betriebsrat über diese betrieblichen Notwendigkeiten kann die Einigungsstelle einberufen werden. Hält der Arbeitgeber dagegen die Schulungsmaßnahme für nicht erforderlich, kann das Mitglied prinzipiell bis zu einer späteren gerichtlichen Klärung auf eigenes Risiko an der Schulung teilnehmen.

Neben dem allgemeinen Schulungsanspruch nach § 37 Abs. 6 BetrVG haben Betriebsratsmitglieder auch einen Anspruch auf bezahlte Freistellung für drei Wochen (bzw. vier Wochen für die erstmalige Amtsübernahme) zur Teilnahme an Schulungs- und Bildungsveranstaltungen, die von der zuständigen obersten Arbeitsbehörde des Landes als geeignet anerkannt sind. Grundsätzlich muss das Betriebsratsmitglied die Schulungskosten in diesen Fällen selber tragen. Dies gilt wiederum nicht, wenn es sich zugleich um einen Anspruch nach § 37 Abs. 6 BetrVG handelt, die Schulung also erforderliche Kenntnisse für die konkrete Betriebsratstätigkeit vermittelt. Bei auswärtigen Seminaren hat der Arbeitgeber auch die Übernachtungs- und Verpflegungskosten zu tragen. Das gilt auch dann, wenn das von dem Betriebsrat gebuchte Präsenzseminar von demselben Anbieter zeit- und inhaltsgleich als Webinar angeboten wurde (BAG v. 7.2.2024, 7 ABR 8/23).

### 4. Freistellung

Sofern Betriebsratsmitglieder Tätigkeiten für den Betriebsrat wahrnehmen und diese erforderlich sind, sind sie unter Fortzahlung des Arbeitsentgelts von der Arbeitsleistung freizustellen.

**Hinweis:**
Dabei haben sie sich beim Vorgesetzten für die Wahrnehmung von Betriebsratsarbeit grundsätzlich ab- und wieder anzumelden und die voraussichtliche Dauer der Betriebsratstätigkeit mitzuteilen. Der Arbeitgeber soll die Möglichkeit haben, den vorübergehenden Arbeitsausfall zu überbrücken. Keine Meldepflicht besteht deswegen nach einer Entscheidung des BAG (v. 29.6.2011, 7 ABR 135/09, ZTR 2011, 484) dann, wenn eine vorübergehende Umorganisation der Arbeitseinteilung nicht ernsthaft in Betracht kommt. Ob diese Voraussetzungen erfüllt sind, ist Einzelfallfrage und muss jeweils nach den Gesamtumständen beurteilt werden. Jedenfalls aber muss das Betriebsratsmitglied auf Verlangen des Arbeitgebers nachträglich die Gesamtdauer der in einem bestimmten Zeitraum geleisteten Betriebsratsarbeit nachweisen. Auch freigestellte Betriebsratsmitglieder müssen sich beim Arbeitgeber unter Angabe der voraussichtlichen Abwesenheitszeit abmelden und nach der Rückkehr zurückmelden (BAG v. 24.2.2016, 7 ABR 20/14, ZTR 2016, 477).

Falls ausnahmsweise Betriebsratstätigkeit außerhalb der Arbeitszeit anfallen sollte, ist dem Betriebsratsmitglied grundsätzlich Freizeitausgleich in dem Umfang zu gewähren, in dem es die Betriebsratstätigkeit außerhalb der Arbeitszeit wahrgenommen hat (BAG v. 26.9.2018, 7 AZR 829/16, ZTR 2019, 186).

In § 38 BetrVG ist eine Freistellungsstaffel enthalten, wonach Betriebsratsmitglieder ab Erreichen einer gewissen Anzahl von regelmäßig beschäftigten Arbeitnehmern im Betrieb dauerhaft für die Betriebsratsarbeit freizustellen sind. Beispielhaft ist bei 200 bis 500 Arbeitnehmern ein Betriebsratsmitglied freizustellen.

Für eine Freistellung in anderen als den in § 38 Abs. 1 BetrVG genannten Betrieben bedarf es hingegen einer substantiierten Darlegung, dass die konkrete Arbeitsbelastung des Betriebsrats gegenüber dem in § 38 Abs. 1 BetrVG gesetzlich unterstellten Normalfall derart erhöht ist, dass die generelle und völlige Freistellung eines Mitglieds erforderlich ist (LAG Rheinland-Pfalz v. 16.7.2015, 5 TaBV 5/15). Durch Tarifvertrag oder Betriebsvereinbarung können anderweitige Regelungen über die Freistellung vereinbart werden. Es ist auch möglich, Freistellungen in Form von Teilfreistellungen wahrzunehmen. So wäre es etwa bei einer Zahl von 200 bis 500 Arbeitnehmern möglich, anstelle eines dauerhaft freigestellten Betriebsratsmitglieds zwei teilzeitfreigestellte Betriebsratsmitglieder auszuwählen.

Die Freistellung entbindet das freigestellte Betriebsratsmitglied lediglich von der Verpflichtung zur vertraglich vereinbarten Arbeitsleistung, alle anderen Pflichten bleiben wie zuvor bestehen. Insbesondere ist das freigestellte Betriebsratsmitglied auch verpflichtet, die vertraglich vereinbarten Arbeits- und Anwesenheitszeiten einzuhalten. Entsprechend ist dem freigestellten Betriebsrat auch das Arbeitsentgelt orientiert an der Arbeitszeit seiner hypothetischen Arbeitstätigkeit fortzuzahlen (BAG v. 25.10.2017, 7 AZR 731/15).

Neben der reinen Arbeitsfreistellung kann es auch geboten sein, die vertragliche Arbeitsleistung des Betriebsrats anzupassen, um die ordnungsgemäße Wahrnehmung der Betriebsratsarbeit zu ermöglichen, beispielsweise durch eine Versetzung von der Wechsel- in die Tagesschicht oder der Versetzung vom Außen- in den Innendienst (LAG Schleswig-Holstein v. 30.8.2005, 5 Sa 161/05).

## 5. Sachverständige

Der Betriebsrat kann nach § 80 Abs. 3 BetrVG zur Durchführung seiner Aufgaben nach näherer Vereinbarung mit dem Arbeitgeber Sachverständige hinzuziehen, soweit dies zur ordnungsgemäßen Erfüllung seiner Aufgaben erforderlich ist.

 **WICHTIG!**

Um eine Kostentragungspflicht des Arbeitgebers auszulösen, ist vor Aufnahme der Tätigkeit des Sachverständigen zwingend eine Vereinbarung zwischen Arbeitgeber und Betriebsrat zu treffen. Falls der Arbeitgeber aus Sicht des Betriebsrats zu Unrecht keine solche Vereinbarung treffen möchte, muss die streitige Frage der Erforderlichkeit notfalls in einem arbeitsgerichtlichen Beschlussverfahren geklärt werden. Die Hinzuziehung von Sachverständigen zu Fragen der Einführung oder Anwendung von „Künstlicher Intelligenz" (KI) gilt gemäß dem neu eingeführten § 80 Abs. 3 S. 2 BetrVG stets als erforderlich.

Bei Betriebsänderungen in Unternehmen mit über 300 Arbeitnehmern besteht ein besonderer Anspruch des Betriebsrats auf die Beiziehung eines Sachverständigen nach § 111 S. 2 BetrVG zu seiner Unterstützung. Durch die Beauftragung entstehende erforderliche Kosten hat der Arbeitgeber grundsätzlich zu ersetzen. Um die Funktions- und Handlungsfähigkeit des Betriebsrats zu gewährleisten, sind die Anforderungen an die Erforderlichkeit einer Beratung nicht zu eng zu ziehen.

 **ACHTUNG!**

Überschreitet die Beauftragung eines Beratungsunternehmens im konkreten Fall allerdings die Grenzen der Erforderlichkeit, insbesondere da sie nicht zu marktüblichen Konditionen erfolgt, kommt eine persönliche Haftung des bei der Beauftragung des Beratungsunternehmens tätigen Betriebsratsmitglieds in Betracht (BGH v. 25.10.2012, III ZR 266/11).

## 6. Rechtsstreitigkeiten

Rechtsstreitigkeiten kann der Betriebsrat dann führen, wenn er in seiner kollektivrechtlichen Rechtsposition betroffen ist (BAG v. 17.2.2015, 1 ABR 41/13). Bei Rechtsstreitigkeiten trägt dem Grundsatz nach der Arbeitgeber die Kosten, soweit diese erforderlich und verhältnismäßig sind. Dies beinhaltet bei Erforderlichkeit die Rechtsanwaltskosten des Betriebsratsanwalts, allerdings regelmäßig nur in der Höhe der gesetzlichen Tabellenwerte des Rechtsanwaltsvergütungsgesetzes. Keine Kostenübernahmepflicht besteht dann, wenn das Verfahren mutwillig eingeleitet oder geführt worden ist oder der Beauftragung des Rechtsanwaltes kein ordnungsgemäßer Betriebsratsbeschluss vorausgegangen ist (BAG v. 18.3.2015, 7 ABR 4/13, ZTR 2015, 676; BAG v. 4.11.2015, 7 ABR 61/13). Auch besteht die Kostentragungs-

pflicht des Arbeitgebers nicht, wenn die Rechtsverfolgung des Betriebsrats im Beschlussverfahren oder die Durchführung eines Rechtsmittelverfahrens offensichtlich aussichtslos ist. Das ist der Fall, wenn die Rechtslage unzweifelhaft ist und zu einem Unterliegen des Betriebsrats führen muss (BAG v. 22.11.2017, 7 ABR 34/16, ZTR 2018, 295).

# Betriebsübergang

 **Wegweiser:**

Entschließt sich der öffentliche Arbeitgeber, Einrichtungen zu privatisieren, sind die europäischen Richtlinien zum Betriebsübergang sowie die Bestimmungen des Bürgerlichen Gesetzbuches, insbesondere § 613a BGB zu beachten. Sofern es sich bei den Privatisierungsvorgängen um Umwandlungen handelt, sind sie im Umwandlungsgesetz (UmwG) geregelt. Tarifvertragliche Bezüge können bei einer Personalgestellung gemäß § 4 Abs. 3 TVöD/TV-L sowie bei der Altersversorgung zu beachten sein. § 25 TVöD/TV-L normiert einen Anspruch auf betriebliche Altersversorgung und verweist auf den Tarifvertrag über die betriebliche Altersversorgung der Beschäftigten des öffentlichen Dienstes (Tarifvertrag Altersversorgung – ATV) sowie den Tarifvertrag über die zusätzliche Altersvorsorge der Beschäftigten des öffentlichen Dienstes (Altersvorsorge TV-Kommunal – ATV-K). Im Übrigen findet allgemeines Arbeitsrecht Anwendung.

Für den Bereich der Länder gibt es keine Besonderheiten. § 4 Abs. 3 TVöD und TV-L sind wortgleich. § 25 TVöD und TV-L sind ebenfalls entsprechende Regelungen, lediglich mit dem Unterschied, dass in § 25 TV-L auf die Altersversorgungsvorschriften der Länder verwiesen wird. Ergänzende Hinweise in Breier/Dassau/Kiefer/Lang/Langenbrinck, TVöD Komm. Erl. 9 zu § 4 Rn. 41 ff.; Breier/Dassau/Kiefer/Thivessen, TV-L Komm. Erl. 9 zu § 4 Rn. 41 ff.; Sponer/Steinherr, TVöD Komm. § 4 Rn. 127 ff.; Sponer/Steinherr, TV-L Komm. § 4 Rn. 127 ff.

I.     **Einzelne Privatisierungsvorgänge**

II.    **Betriebsübergang nach § 613a BGB**
    1. Voraussetzungen
    2. Widerspruchsrecht
    3. Rechtsfolgen

III.   **Auswirkungen auf bestehende kollektivrechtliche Regelungen**
    1. Tarifverträge
    2. Dienstvereinbarungen

IV.    **Mitbestimmungsrechte der Arbeitnehmervertretung**
    1. Personalrat
    2. Betriebsrat

V.     **Übergangs- und Restmandat des Personalrats?**

VI.    **Gewährleistung der betrieblichen Altersversorgung**
    1. Zusatzversorgung im öffentlichen Dienst
    2. Folgen des Betriebsübergangs
        2.1 Eintritt in Versorgungszusage
        2.2 Auswirkungen auf die Mitgliedschaft in der VBL bzw. ZVK
        2.3 Änderungen der Versorgungszusage

## I. Einzelne Privatisierungsvorgänge

Outsourcingmaßnahmen im öffentlichen Dienst können auf unterschiedliche Weise erfolgen. Es ist daher vor Durchführung einer Outsourcingmaßnahme stets zu prüfen, ob ein Betriebsübergang und damit die Rechtsfolgen des § 613a BGB vermieden werden sollen bzw. können.

In der Regel erfolgt Outsourcing im öffentlichen Dienst durch eine Ausgliederung nach § 123 Abs. 3 UmwG. Bei der Ausgliederung können der Eigenbetrieb oder das Unternehmen in einem Gesamtakt auf ein bereits bestehendes oder neugegründetes Unternehmen in einer der Rechtsformen des Privatrechts übertragen werden. Das aufnehmende Unternehmen kann auch ein privatrechtlich organisiertes Unternehmen einer anderen öffentlich-rechtlichen Körperschaft sein. Das Vermögen des übertragenden Rechtsträgers geht im Wege der Gesamtrechtsnachfolge auf den neuen Rechtsträger über. § 324 UmwG stellt klar, dass § 613a Abs. 1 sowie Abs. 4 bis 6 BGB unberührt bleiben, also zu beachten sind. Das Outsourcing eines Betriebes oder Betriebsteils kann auch durch eine sogenannte Ausgründung vollzogen werden. Dafür wird zunächst eine weitere Gesellschaft (z. B. eine GmbH) gegründet und auf diese rechtsgeschäftlich ein Betrieb oder Betriebsteil im Wege der Einzelrechtsnachfolge übertragen. Arbeitsrechtlich handelt es sich hier um einen Betriebsübergang nach § 613a BGB.

Privatisierungen können auch dadurch erfolgen, dass eine Körperschaft oder Anstalt des öffentlichen Rechts durch Formwechsel eine andere Rechtsform erhalten (§§ 190 ff. UmwG). Rechtsträger der neuen Rechtsform können im öffentlichen Dienst allerdings nach § 301 Abs. 1 UmwG nur Kapitalgesellschaften, also AG, GmbH oder KGaA sein. Die allgemeinen Vorschriften über die formwechselnde Umwandlung sind nur anwendbar, wenn die Körperschaft oder Anstalt nicht unter anders lautendes Bundes- oder Landesrecht fällt, § 301 Abs. 2 UmwG. Ändert sich durch den Formwechsel lediglich die Rechtsform, nicht jedoch die Identität des Rechtsträgers, so liegen die Voraussetzungen für einen Betriebsübergang nach § 613a BGB nicht vor.

Zur Privatisierung durch eine gesetzliche Regelung vgl. die Ausführungen unten unter II.1.

## II. Betriebsübergang nach § 613a BGB

### 1. Voraussetzungen

§ 613a BGB beruht auf den europäischen Richtlinien 2001/23/EG und 2002/14/EG und ist daher generell europarechtskonform auszulegen.

Ausgehend vom personalvertretungsrechtlichen Dienststellenbegriff bestehen nach Auffassung des Bundesarbeitsgerichts keine wesentlichen Unterschiede zum allgemeinen arbeitsrechtlichen Betriebsbegriff (BAG v. 18.1.1990, 6 AZR 386/89, ZTR 1990, 425). Für das Vorliegen eines Betriebsübergangs ist erforderlich, dass es zu einer im Wesentlichen unveränderten Fortführung einer wirtschaftlichen Einheit unter Wahrung ihrer Identität kommt.

Um zu überprüfen, ob im Einzelfall eine „wirtschaftliche Einheit" gewahrt wird und damit ein Betriebsübergang nach § 613a BGB vorliegt, verwenden die Gerichte in der Regel sieben Kriterien („Sieben-Punkte-Prüfung"):

- Um welche Art des Betriebs handelt es sich, d. h. ist der Betrieb oder Betriebsteil betriebsmittelintensiv (produzierend) oder betriebsmittelarm (Dienstleistung)?
- Werden sachliche oder immaterielle Betriebsmittel übertragen?
- Welchen Wert haben die übertragenen immateriellen Betriebsmittel?
- Werden durch Übernahme des nach Zahl und Sachkunde wesentlichen Personals die Arbeitsorganisation und Betriebsmethoden übernommen?
- Wird die Kundschaft übernommen?
- Werden vor und nach der Übernahme ähnliche Tätigkeiten ausgeübt?
- Wurde die Geschäftstätigkeit für eine erhebliche Dauer unterbrochen?

Um die „wirtschaftliche Einheit" zu wahren, müssen nicht alle Indizien gegeben sein, vielmehr stehen die relative Gewichtung und die Bedeutung der Indizien in Abhängigkeit von der Betriebstätigkeit. Es ist eine Gesamtbewertung vorzunehmen, eine isolierte Betrachtung der einzelnen Teilaspekte ist gerade nicht ausreichend (BAG v. 25.8.2016, 8 AZR 53/15, ZTR 2017, 250).

Auch öffentlich-rechtlich organisierte Einheiten zur Erfüllung öffentlicher Aufgaben, wie z. B. Krankenhäuser und Schulen sowie Einrichtungen der Kirchen können wirtschaftliche Einheiten sein, die nach § 613a BGB übergehen. Dies gilt auch für einen von der öffentlichen Hand getragenen Rettungsdienst. Allerdings liegt kein Betriebsübergang auf den Träger des öffentlichen Rettungsdienstes vor, wenn dieser der mit der Notfallrettung beauftragten privaten Hilfsorganisation den Auftrag kündigt und an eine andere private Hilfsorganisation vergibt. Der Betrieb „Rettungsdienst" geht in diesem Fall nicht identitätswahrend auf den Träger des öffentlichen Rettungsdienstes über, zumal dieser auch keinen Fortführungswillen hatte (BAG v. 10.5.2012, 8 AZR 434/11, ZTR 2012, 585). Wird allerdings eine für die Auftragserbringung unabdingbare Ausrüstung übernommen, geht der EuGH von einem Betriebsübergang aus (EuGH v. 19.10.2017, C-200/16). Entscheidend ist, welche Betriebsmittel für das Unternehmen und die Branche identitätsprägend sind. Identitätsprägendes Betriebsmittel kann bei Dienstleistungsunternehmen auch die Belegschaft sein (EuGH v. 11.7.2018, C-60/17). Für den Fall, dass identitätsprägende Betriebsmittel übergegangen sind, schließt selbst eine mehrmonatige Betriebsunterbrechung einen Betriebsübergang nicht aus (EuGH v. 7.8.2018, C-472/16). Erforderlich ist in jedem Fall, dass der betreffende Betriebsteil bereits beim Veräußerer als solcher vorhanden gewesen ist, denn nur die Übertragung einer selbstständig abtrennbaren organisatorischen Einheit stellt einen Betriebsübergang nach § 613a BGB dar (BAG v. 13.10.2011, 8 AZR 455/10; BAG v. 7.4.2011, 8 AZR 730/09; EuGH v. 6.3.2014, Rs. C-458/12 „Amatori"). Bei der Neuvergabe von Rettungsdiensten durch einen Landkreis kann daher eine Gesamtbetrachtung ergeben, dass die wirtschaftliche Einheit „Rettungsdienst" nicht gewahrt wird, wenn die Rettungsfahrzeuge nicht übernommen werden und zudem ein neues Schichtmodell eingeführt wird (BAG v. 25.8.2016, 8 AZR 53/15, ZTR 2017, 250).

Der EuGH hat entschieden, dass die oben genannte Betriebsübergangsrichtlinie nicht auf die Situation anwendbar ist, wenn eine öffentliche Einrichtung beschließt, den zwischen ihr und einem privaten Unternehmen abgeschlossenen Dienstleistungsvertrag zu kündigen, um anschließend die Tätigkeit mit neuem

Personal selbst durchzuführen (bzgl. Raumreinigung vgl. EuGH v. 20.1.2011, C-463/09). Dies ist anders zu bewerten, wenn das öffentliche Unternehmen die erforderliche Infrastruktur und Ausrüstung zur Verfügung stellt (zu intermodalem Verkehr vgl. EuGH v. 26.11.2015, C-509/14). Nach Auffassung des EuGH stellt auch die Übernahme des bei einer Behörde beschäftigten Personals durch eine andere Behörde einen Betriebsübergang dar. In diesem Zusammenhang hält der EuGH jedenfalls eine erhebliche Absenkung des Arbeitsentgelts durch einen Überleitungstarifvertrag für europarechtswidrig (EuGH v. 6.9.2011, Rs. C-108/10).

Die nach einer Ausschreibung erfolgende Neuvergabe des Betriebs von Flüchtlingsunterkünften kann auch dann ein Betriebsübergang im Sinne des § 613a Abs. 1 BGB sein, wenn eine Übernahme des Personals nicht beabsichtigt ist. In der Regel stellen die vom jeweiligen Land zur Verfügung gestellten Räumlichkeiten nebst Wasser, Heizung, Elektrik etc. wesentliche Betriebsmittel dar.

 **TIPP!**

**Soll ein Betriebsübergang mit den Rechtsfolgen des § 613a BGB vermieden werden, kann überlegt werden, den Betriebszweck zu ändern oder jedenfalls eine Konzeptions- und Organisationsänderung vorzunehmen. In diesen Fällen verneint die Rechtsprechung regelmäßig die Wahrung der Identität. Dies gilt auch dann, wenn sächliche Betriebsmittel weitgehend übernommen, diese aber aufgrund eines veränderten Betriebskonzepts nur noch teilweise benötigt werden (BAG v. 17.12.2009, 8 AZR 1019/08, ZTR 2010, 499). Allerdings darf es keine funktionelle Verknüpfung der Betriebsmittel geben, die es dem Erwerber erlaubt, diese in gleicher Weise wirtschaftlich zu nutzen (EuGH v. 12.2.2009 – Rs. C-466/07, NZA 2009, 251; vgl. auch BAG v. 22.1.2009, 8 AZR 158/07, ZTR 2009, 538). Auch eine bloße Erweiterung des Anforderungsprofils der Mitarbeiter führt noch nicht zwangsläufig zu einer Änderung der betrieblichen Identität (BAG v. 25.6.2009, 8 AZR 258/08, NZA 2009, 1412). Eine weitere Gestaltungsmöglichkeit bietet die bloße Funktionsnachfolge (= Aufgabenübernahme), bei welcher weder ein Großteil der Belegschaft übernommen wird, noch die erforderlichen Betriebsmittel vom Auftragnehmer übernommen werden, sondern letztere vielmehr Eigentum der vergebenden Stelle bleiben (EuGH v. 15.12.2005 – Rs. C-232, 233/04, NZA 2006, 29; BAG v. 6.4.2006, 8 AZR 222/04, ZTR 2007, 283; BAG v. 13.6.2006, 8 AZR 271/05, ZTR 2007, 50). Da ein Busunternehmen grundsätzlich betriebsmittelgeprägt ist, erfüllt die Neuvergabe bzw. die Übernahme bloßer Buslinien im öffentlichen Linienbusverkehr grundsätzlich nicht die Tatbestandsvoraussetzungen des § 613a BGB (LAG Rheinland-Pfalz v. 1.2.2016, 3 Sa 257/15). Anders kann die rechtliche Bewertung allerdings sein, wenn die Übernahme der Busse aufgrund strenger Ausschreibungsanforderungen faktisch ausgeschlossen ist, der Erwerber aber einen Großteil der Busfahrerinnen und Busfahrer weiterbeschäftigt. In diesem Fall kann der fehlende Übergang der Busse auch in einem grundsätzlich betriebsmittelgeprägten Betrieb nicht das ausschlaggebende Kriterium sein (EuGH v. 27.2.2020, C-298/18). Ungeachtet dessen setzt der Betriebsübergang nach § 613a BGB einen wirklichen Inhaberwechsel voraus. Der bloße Erwerb von Anteilen an einem Unternehmen stellt keinen Betriebsübergang dar (BAG v. 23.3.2017, 8 AZR 89/15). Ebenso fehlt es an einem Inhaberwechsel bei einem sog. echten Betriebsführungsvertrag. Bleibt der bisherige Inhaber weiterhin weisungsbefugt und tritt der vermeintliche Übernehmer nach außen nicht als Betriebsinhaber auf, liegt kein Betriebsübergang vor (BAG v. 25.1.2018, 8 AZR 338/16).**

§ 613a BGB fordert den rechtsgeschäftlichen Übergang von Betrieben oder Betriebsteilen. Erfolgt die Privatisierung durch Hoheitsakt, etwa Gesetz oder Verwaltungsakt, stellt sich die Frage, ob gesetzliche Regelungen zu den Rechtsfolgen des § 613a BGB führen können.

Für den Fall einer Umwandlung nach dem UmwG stellt § 324 UmwG klar, dass § 613a BGB auch in Fällen einer gesetzlich angeordneten Gesamtrechtsnachfolge anwendbar ist. Allerdings ist auch hier zu beachten, dass die formwechselnde Umwandlung wegen der fortbestehenden Identität des Rechtsträgers keinen „Übergang" von Rechtsverhältnissen bewirkt, sodass § 613a BGB nicht anwendbar ist. Im Falle einer Abspaltung darf der Arbeitnehmer den zukünftigen Arbeitgeber auswählen (BAG v. 19.10.2017, 8 AZR 63/16).

Ebenfalls keine Anwendung findet § 613a BGB bei einem Zusammenschluss im Zuge einer Verwaltungsreform oder wenn hoheitliche Verwaltungsaufgaben (und keine Unternehmenstätigkeiten) von einer öffentlichen Verwaltung auf eine andere übertragen werden (BAG v. 22.5.2014, 8 AZR 1069/12, ZTR 2014, 619; LAG Düsseldorf v. 23.9.2009, 12 Sa 357/09, ZTR 2010, 134 ff.; EuGH v. 11.3.1997 – Rs. C-13/95, BB 1997, 735). Etwas anderes gilt aber dann, wenn der Übergang durch einen öffentlich-rechtlichen Vertrag geregelt wird.

Hinsichtlich der Privatisierung durch Gesetz oder Hoheitsakt werden unterschiedliche Auffassungen vertreten: Während der Europäische Gerichtshof der Auffassung ist, dass auch einseitige Entscheidungen eines Hoheitsträgers einen Betriebsübergang auslösen können (EuGH v. 14.9.2000 – Rs. C-343/98, NZA 2000, 1279; EuGH v. 19.5.1992 – Rs. C-29/91, NZA 1994, 207), ging das Bundesarbeitsgericht in den vergangenen Jahren davon aus, dass bei einem Betriebsübergang kraft Gesetzes oder Hoheitsakt § 613a BGB keine Anwendung findet (BAG v. 2.3.2006, 8 AZR 124/05, ZTR 2006, 309). Folgerichtig hat das BAG entschieden, dass bei einer Umstrukturierung durch Landesgesetze solche Gesetze grundsätzlich auch vorsehen können, dass die Arbeitsverhältnisse auf einen neuen Arbeitgeber übergeleitet werden, ohne dass den betroffenen Beschäftigten ein Widerspruchsrecht gegen den Übergang ihres Arbeitsverhältnisses eingeräumt wird (BAG v. 19.3.2009, 8 AZR 689/07, Pressemitteilung Nr. 29/09; BAG v. 18.12.2008, 8 AZR 660/07, ZTR 2009, 534). Das Bundesverfassungsgericht hat allerdings die Rechtsprechung des BAG für verfassungswidrig erklärt. Jedenfalls dann, wenn der Arbeitgeberwechsel kraft Gesetzes nur ein Zwischenschritt zur Privatisierung ist, also der Arbeitnehmer nicht nur aus dem Landesdienst, sondern insgesamt aus dem öffentlichen Dienst ausscheidet, ist der gesetzlich angeordnete Arbeitgeberwechsel ohne Widerspruchsmöglichkeit oder Rückkehrrecht verfassungswidrig (BVerfG v. 25.1.2011, 1 BvR 1741/09, ZTR 2011, 233). Das Bundesverfassungsgericht führt in den Entscheidungsgründen aus, dass ein gesetzlicher Übergang des Arbeitsverhältnisses vom Land auf eine Anstalt oder Stiftung des öffentlichen Rechts – ohne Einräumung eines Widerspruchsrechts – nicht stets unzulässig sein muss. In diesem Falle bleibe der Arbeitnehmer immerhin weiter im öffentlichen Dienst beschäftigt. Allerdings müsse auch berücksichtigt werden, dass das Land in einem Privatisierungsprozess in einer Doppelrolle, nämlich als Arbeitgeber und als Gesetzgeber, auftrete und damit rechtliche Möglichkeiten habe, die anderen Arbeitgebern nicht zur Verfügung stünden. Führt daher der kraft Gesetzes angeordnete Wechsel des Arbeitgebers vom öffentlichen Dienst zu einem privaten Arbeitgeber, dürfe der durch Art. 12 Abs. 1 verbürgte Grundrechtsschutz nicht völlig entfallen.

Einige Zeit ungeklärt blieb die Frage, ob der ohne Widerspruchsrecht gesetzlich angeordnete Wechsel des Arbeitgebers im Bereich des öffentlichen Dienstes auch dann gegen Art. 12 Abs. 1

GG verstößt, wenn der betroffene Arbeitnehmer im öffentlichen Dienst verbleibt. Das BAG war der Auffassung, dass § 6c Abs. 1 S. 1 SGB II wegen eines unzulässigen Eingriffs in die durch Art. 12 Abs. 1 GG garantierte Berufsfreiheit des Arbeitnehmers verfassungswidrig ist und hat deshalb das Bundesverfassungsgericht angerufen (BAG v. 26.9.2013, 8 AZR 775/12, ZTR 2014, 163). In dem der Entscheidung zugrundeliegenden Fall war eine Beschäftigte der Bundesagentur für Arbeit in einer Arbeitsagentur tätig, die „Hartz IV-Bezieher" vermittelte. Ab Anfang Januar 2011 übernahm der Landkreis als kommunaler Träger aufgrund einer entsprechenden Option nach dem SGB II die Organisation des Jobcenters. Der Beschäftigten wurde mitgeteilt, dass ihr Arbeitsverhältnis gemäß § 6c Abs. 1 S. 1 SGB II ab diesem Zeitpunkt auf den Landkreis übergeht. Ein Recht zum Widerspruch enthält § 6c Abs. 1 S. 1 SGB II nicht. Obwohl die Überleitung gemäß § 6c Abs. 1 S. 1 SGB II innerhalb des öffentlichen Dienstes stattfindet, hielt das BAG die Vorschrift für verfassungswidrig. Da über die Verfassungskonformität von Gesetzen nur das Bundesverfassungsgericht entscheiden darf, setzte das BAG das Verfahren aus und rief das Bundesverfassungsgericht an. Ebenso hat das Bundesverwaltungsgericht ein Verfahren wegen dieser Problematik ausgesetzt, jedoch klargestellt, dass es die Regelung für verfassungskonform hält (BVerwG v. 26.2.2015, 2 C 1.14, NVwZ-RR 2015, 619). Das Bundesverfassungsgericht hat den Aussetzungs- und Vorlagebeschluss des BAG für unzulässig erklärt. Das BAG habe nicht ausreichend dargelegt, dass die vorgelegte Norm für das Ausgangsverfahren tatsächlich entscheidungserheblich sei (BVerfG v. 21.3.2018, 1 BvL 1/14, ZTR 2018, 287). Damit blieb diese praxisrelevante Frage vom Bundesverfassungsgericht unbeantwortet.

Jedoch lässt sich bereits dem Beschluss des BVerfG vom 25.1.2011 (1 BvR 1741/09, ZTR 2011, 233) die Auffassung entnehmen, dass bei Verbleib des Arbeitnehmers im öffentlichen Dienst ein Widerspruchsrecht entbehrlich ist. Denn das BVerfG hatte den Eingriff in die freie Arbeitsplatzwahl vor allem mit dem unfreiwilligen Verlust des öffentlichen Arbeitgebers begründet. Eine solche Sichtweise ist auch angezeigt, denn die Belastung, die nun noch mit dem Arbeitgeberwechsel einhergeht, ist im Verhältnis deutlich geringer. Insbesondere bleiben dem betroffenen Arbeitnehmer die Vorteile, die er sich durch die Wahl eines öffentlichen Arbeitgebers erhofft hatte, regelmäßig erhalten. Dazu gehört auch, dass die kollektivrechtlichen Regelungen, die sein Arbeitsverhältnis bis zum Übergang prägten, überwiegend ihre Geltung behalten dürften. In diesem Sinne wurde die Frage nunmehr vom Bundesarbeitsgericht höchstrichterlich entschieden (BAG v. 31.1.2019, 8 AZR 410/13, ZTR 2019, 455). Der achte Senat des Bundesarbeitsgerichts hält damit ausdrücklich an seiner mit dem Vorlagebeschluss an das Bundesverfassungsgericht geäußerten Rechtsauffassung nicht mehr fest. Der durch § 6c Abs. 1 S. 1 SGB II bewirkte Eingriff in die Freiheit der Arbeitsplatzwahl sei durch vernünftige Gründe des Gemeinwohls gerechtfertigt. Zudem sei der Anwendungsbereich der Richtlinie 2001/23/EG nicht eröffnet, da es hier lediglich um die Übertragung von hoheitlichen Befugnissen von einer Behörde auf eine andere gehe, nicht aber um die Übertragung einer wirtschaftlichen Einheit.

Geht das Arbeitsverhältnis gesetzlich nach § 6c Abs. 1 SGB II über, handelt es sich nicht um eine Einstellung im Sinne des § 16 II TVöD-V. Für die Stufenzuordnung und den Stufenaufstieg wird damit fingiert, dass das Arbeitsverhältnis von Beginn an mit dem Erwerber bestanden hat (BAG v. 16.4.2015, 6 AZR 142/14, ZTR 2015, 506).

Räumt ein öffentlicher Arbeitgeber (Land) anlässlich der Ausgliederung eines Geschäftsbereichs den Arbeitnehmern unter bestimmten Voraussetzungen ein Rückkehrrecht ein, haben diese Anspruch auf die Neubegründung eines Arbeitsverhältnisses mit dem bisherigen Arbeitgeber, wenn die in der Rückkehrzusage genannten Bedingungen erfüllt sind (BAG v. 15.10.2013, 9 AZR 564/12, ZTR 2013, 608). Dies gilt auch dann, wenn die Betriebskrankenkasse, auf die die Arbeitnehmer übergegangen waren, zwischenzeitlich mit einer anderen Betriebskrankenkasse fusioniert hat.

Gemäß § 613a Abs. 5 BGB ist der Beschäftigte über die Umstände und Folgen des Betriebsübergangs zu unterrichten. Hierzu gehört auch die Unterrichtung über die Identität des Betriebserwerbers. Die Bezeichnung „neue GmbH" genügt diesem Erfordernis nicht (BAG v. 21.8.2008, 8 AZR 407/07, NZA-RR 2009, 62). Bei einer Neugründung muss darüber unterrichtet werden, dass diese nach § 112a Abs. 2 BetrVG nicht sozialplanpflichtig ist (BAG v. 14.11.2013, 8 AZR 824/12). Über die Identität des Betriebserwerbers muss so informiert werden, dass die unterrichteten Arbeitnehmer in die Lage versetzt werden, über ihren möglichen neuen Arbeitgeber Erkundigungen einzuholen (BAG v. 23.7.2009, 8 AZR 538/08, ZTR 2010, 98). Die Unterrichtung umfasst neben der Benennung der direkten Folgen des Betriebsübergangs auch die unmittelbaren Auswirkungen, die etwa im Falle eines Widerspruchs eintreten. Zudem muss darüber unterrichtet werden, dass der Übergang kraft Gesetzes stattfindet (BAG v. 22.1.2009, 8 AZR 808/07, NZA 2009, 547). Die Unterrichtung muss in Textform im Sinne des § 126b BGB erfolgen. Der Inhalt des Unterrichtungsschreiben bemisst sich nach dem Kenntnisstand der Unterrichtungsverpflichteten zum Zeitpunkt der Unterrichtung (BAG v. 13.7.2006, 8 AZR 305/05, ZTR 2006, 483). Zu spekulativen Mitteilungen sind die Unterrichtenden nicht verpflichtet (BAG v. 29.6.2023, 2 AZR 326/22). Zwar ist grundsätzlich über die Anwendbarkeit tariflicher Normen zu unterrichten. Eine Unterrichtung eines außertariflichen Beschäftigten über einen Tarifvertrag, der für ihn weder beim Betriebsveräußerer noch beim Betriebserwerber normativ gilt oder aufgrund einer arbeitsvertraglichen Bezugnahme Anwendung findet, ist aber nicht erforderlich (BAG v. 29.6.2023, 2 AZR 326/22). Für einzelne Arbeitnehmergruppen (tarifgebundene/ nichttarifgebundene) müssen nicht verschiedene Unterrichtungsschreiben erstellt werden, vielmehr können mit einem einzigen Unterrichtungsschreiben alle Gruppen unterrichtet werden. Es obliegt dann dem jeweiligen Adressaten, die Angaben durch Subsumtion und gegebenenfalls weitere Erkundigungen für sein Arbeitsverhältnis umzusetzen (BAG v. 10.11.2011, 8 AZR 430/10).

 **TIPP!**
Auch wenn eine Unterrichtung durch Telefax oder E-Mail grundsätzlich möglich ist, sollte der Arbeitgeber die Unterrichtung schriftlich vornehmen und den Zugang des Unterrichtungsschreibens dokumentieren.

Wird der Beschäftigte nicht oder nicht ordnungsgemäß unterrichtet, führt dies zwar nicht zur Unwirksamkeit der Kündigung. Allerdings wird die Monatsfrist des § 613a Abs. 6 BGB nicht in Lauf gesetzt, sodass der Beschäftigte dem Betriebsübergang auch noch nach Ablauf der Monatsfrist widersprechen kann.

## 2. Widerspruchsrecht

Der Beschäftigte kann dem Betriebsübergang gemäß § 613a Abs. 6 BGB widersprechen. Der Widerspruch muss schriftlich im Sinne des § 126 Abs. 1 BGB erklärt werden. Er muss weder begründet sein, noch bedarf er eines sachlichen Grundes und kann sowohl gegenüber dem bisherigen Arbeitgeber als auch gegenüber dem Betriebserwerber erklärt werden (BAG v. 19.2.2009, 8 AZR 176/08, ZIP 2009, 1779). Allerdings ist bei mehreren aufeinanderfolgenden Betriebsübergängen immer darauf zu achten, dass der Widerspruch nach § 613a Abs. 6 BGB nur gegenüber dem „bisherigen" (oder dem neuen) Arbeitgeber erklärt werden kann. Bisheriger Arbeitgeber im Sinne von § 613a Abs. 6 BGB ist (nur) derjenige, der bis zum letzten Betriebsübergang den Betrieb innehatte (BAG v. 19.11.2015, 8 AZR 773/14; BAG v. 24.4.2014, 8 AZR 369/13). Bei „Kettenübergängen" kann also der Arbeitnehmer auch bei einem fehlerhaften Unterrichtungsschreiben nicht einem früheren Übergang seines Arbeitsverhältnisses widersprechen, wenn es danach weitere Betriebsübergänge gegeben hat, denen er nicht widersprochen hat (BAG v. 15.12.2022, 2 AZR 99/22; LAG Thüringen v. 27.7.2016, 6 Sa 380/15). Dies hat ebenfalls zur Folge, dass der Beschäftigte, der mit dem zweiten Erwerber einen Aufhebungsvertrag geschlossen hat, anschließend dem ersten Betriebsübergang nicht mehr widersprechen kann.

Die gemeinschaftliche Ausübung des Widerspruchsrechts etwa zur Verhinderung einer beabsichtigten Privatisierung oder zur Verbesserung der Ausgestaltung der Personalüberleitungsbedingungen liegt jedoch nicht im berechtigten Interesse der betroffenen Arbeitnehmer und kann daher gegebenenfalls als rechtsmissbräuchlich angesehen werden (BAG v. 30.9.2004, 8 AZR 462/03, PersV 2005, 228). Die Widerspruchsfrist beträgt einen Monat und beginnt mit Zugang der ordnungsgemäßen Unterrichtung. Bei nicht ordnungsgemäßer Unterrichtung über den Betriebsübergang wird die Widerspruchsfrist nicht in Gang gesetzt. Bei fehlender Unterrichtung beginnt auch keine Frist zu laufen, innerhalb derer der Anspruch auf Fortsetzung des Arbeitsverhältnisses gegen den Betriebserwerber gerichtet werden muss (BAG v. 27.1.2011, 8 AZR 326/09, Pressemitteilung Nr. 9/11).

Der Arbeitnehmer kann auf sein Widerspruchsrecht verzichten. Zum Schutze des Arbeitnehmers ist ein rechtswirksamer Verzicht allerdings nur unter Einhaltung des Schriftformerfordernisses des § 613a Abs. 6 BGB möglich und im Hinblick auf einen konkreten Übertragungsvorgang zulässig. Angesichts der hohen Bedeutung des Widerspruchsrechts muss der Verzicht eindeutig, zweifelsfrei und unmissverständlich zum Ausdruck gebracht werden (BAG v. 28.2.2019, 8 AZR 201/18).

Wird auf das Widerspruchsrecht nicht ausdrücklich verzichtet, kann dieses dennoch verwirken. Eine Verwirkung des Widerspruchsrechts kann insbesondere dann vorliegen, wenn sich der Beschäftigte nicht gegen eine vom Erwerber ausgesprochene Kündigung wehrt (BAG v. 24.7.2008, 8 AZR 175/07, NZA-RR 2010, 74) oder in Kenntnis des (noch) bestehenden Widerspruchsrechts mit dem Betriebserwerber einen Aufhebungsvertrag schließt (BAG v. 2.4.2009, 8 AZR 318/07, ZTR 2009, 662). Bei der Prüfung der Verwirkung ist stets eine Gesamtbetrachtung von Zeit- und Umstandsmoment vorzunehmen und deren Wechselwirkung zu beachten (BAG v. 15.3.2012, 8 AZR 700/10). Je mehr Zeit seit dem Zeitpunkt des Betriebsübergangs verstrichen ist und je länger der Arbeitnehmer bereits für den Erwerber gearbeitet hat, desto geringer sind die Anforderungen an das Umstandsmoment (BAG v. 15.3.2012, 8 AZR 700/10). Eine siebenjährige widerspruchslose Weiterarbeit beim Erwerber führt daher regelmäßig zur Verwirkung des Widerspruchsrechts (BAG v. 28.6.2018, 8 AZR 100/17; BAG v. 24.8.2017, 8 AZR 265/16, ZTR 2018, 223). Eine Höchst- oder

Mindestfrist für die Verwirkung besteht aber nicht (BAG v. 22.7.2021, 2 AZR 6/21, ZTR 2022, 48).

 **ACHTUNG!**
Ein tarifvertraglich befristet eingeräumtes Rückkehrrecht zum bisherigen Arbeitgeber hat keinen Einfluss auf die Verwirkung des Widerspruchsrechts.

Hat der Arbeitnehmer über sein Arbeitsverhältnis disponiert, indem er sich z. B. mit dem Erwerber im Kündigungsschutzverfahren dahingehend vergleicht, dass kein Betriebsübergang vorliegt und kein Arbeitsverhältnis besteht, ist das Umstandsmoment auch dann erfüllt, wenn er sich einen Widerspruch gegen den Übergang seines Arbeitsverhältnisses auf den Erwerber vorbehält. Ein solcher Vorbehalt ist als Verstoß gegen das Verbot widersprüchlichen Verhaltens unbeachtlich (BAG v. 17.10.2013, 8 AZR 974/12, ZTR 2014, 244). Bei zwei aufeinanderfolgenden Betriebsübergängen ist das Widerspruchsrecht gegen den ersten Betriebsübergang nicht deswegen verwirkt, weil der Widerspruch zunächst gegen den zweiten Betriebsübergang gerichtet war (BAG v. 26.5.2011, 8 AZR 18/10).

 **WICHTIG!**
Der Widerspruch kann als Gestaltungsrecht nicht an bestimmte Bedingungen, z. B. an die Schaffung bestimmter Arbeitsbedingungen, geknüpft werden.

Ein einmal erklärter Widerspruch kann nicht einseitig zurückgenommen werden. Dies ist nur durch eine Vereinbarung zwischen dem Beschäftigten, dem Veräußerer und dem Erwerber möglich. Dem Beschäftigten steht dann aber das Schutzrecht aus § 613a BGB nicht mehr zu. Ob auch widersprechende Arbeitnehmer vom Geltungsbereich eines Sozialplans erfasst sind, wenn sich dieser auf „alle Mitarbeiter der Gesellschaft im Sinne des § 5 Abs. 1 BetrVG" erstreckt, ist durch Auslegung zu ermitteln (vgl. hierzu BAG v. 9.11.2021, 1 AZR 278/20). Es sollte daher im Sozialplan ausdrücklich geregelt werden, ob der Personalabbau betriebs- oder unternehmensbezogen zu verstehen ist.

Zu beachten ist, dass für den Fall, dass der bisherige Arbeitgeber, z. B. infolge einer Verschmelzung, erlischt und der neue Arbeitgeber durch gesellschaftsrechtliche Gesamtrechtsnachfolge in die Arbeitsverhältnisse eintritt, den Beschäftigten kein Widerspruchsrecht nach § 613a Abs. 6 BGB zusteht (BAG v. 21.2.2008, 8 AZR 157/07, ZTR 2008, 688). Will der Beschäftigte das Arbeitsverhältnis mit dem neuen Rechtsträger nicht fortsetzen, so steht ihm ein außerordentliches Kündigungsrecht zu.

 **WICHTIG!**
Widerspricht der Arbeitnehmer bei einem Betriebsübergang dem Übergang seines Arbeitsverhältnisses, so läuft eine tarifliche Ausschlussfrist zur gerichtlichen Geltendmachung von Ansprüchen gegenüber dem bisherigen Arbeitgeber, die von dem Widerspruch abhängen (z. B. auf Urlaubsabgeltung), grundsätzlich erst ab dem Zugang des Widerspruchs (BAG v. 16.4.2013, 9 AZR 731/11, ZTR 2013, 552).

Widerspricht der Beschäftigte und besteht für ihn bei dem alten Arbeitgeber keine Beschäftigungsmöglichkeit mehr, setzt er sich der Gefahr des Ausspruchs einer betriebsbedingten Kündigung aus. Eine solche Kündigung verstößt nicht gegen das Kündigungsverbot aus § 613a Abs. 4 BGB. Der Beschäftigte hat zudem keinen Anspruch darauf, dass der Arbeitgeber von der Möglichkeit der Personalgestellung nach § 4 Abs. 3 TVöD/TV-L Gebrauch macht (vgl. Breier/Dassau, TVöD Komm. Erl. 9 zu § 4 Rn. 44; Steinherr in: Sponer/Steinherr, TV-L Komm. Rn. 139 ff. zu § 4). Etwas anderes kann allerdings für schwerbehinderte

Menschen mit Sonderkündigungsschutz oder tariflich unkündbare Arbeitnehmer gelten. Eine Personalgestellung kommt von vornherein nicht in Betracht, wenn der Beschäftigte nicht mit der Erledigung der bisherigen Aufgabe betraut werden kann.

 **ACHTUNG!**

Teilweise wurde vertreten, dass ein öffentlicher Arbeitgeber, der gem. § 4 Abs. 3 TVöD seine bei ihm beschäftigten Arbeitnehmer an einen Dritten zur dortigen dauerhaften Leistungserbringung gestellt, eine unzulässige dauerhafte Arbeitnehmerüberlassung betreibt (LAG Baden-Württemberg v. 11.2.2016, 3 TaBV 2/14; LAG Baden-Württemberg v. 17.4.2013, 4 TaBV 7/12, ZTR 2013, 618). § 1 Abs. 3 Nr. 2b und 2c AÜG regelt nunmehr zwei Ausnahmetatbestände, die zu einer Privilegierung für den öffentlichen Dienst führen. Danach handelt es sich bei der Personalgestellung nicht um gewerbliche Arbeitnehmerüberlassung im Sinne des AÜG. Da allerdings Art. 1 Abs. 2 der Leiharbeitnehmerrichtlinie 2008/104/EG auch öffentliche Unternehmen in ihren Geltungsbereich mit einbezieht, und zwar unabhängig davon, ob sie Erwerbszwecke verfolgen oder nicht, war fraglich, ob § 1 Abs. 3 Nr. 2b und 2c AÜG mit dem Unionsrecht vereinbar ist (vgl. hierzu auch Ruge/von Tiling, ZTR 2012, 263 ff.). Der EuGH hat klargestellt, dass die Personalgestellung nicht unter die Leiharbeitsrichtlinie fällt (EuGH v. 22.6.2023, C-427/21, ZTR 2023, 454). Dieser Auffassung hat sich das BAG angeschlossen (BAG v. 25.1.2024, 6 AZR 390/20).

## 3. Rechtsfolgen

§ 613a BGB ordnet einen Vertragspartnerwechsel auf Arbeitgeberseite an. Die Rechtspersönlichkeit des Betriebsinhabers ändert sich daher (LAG Rheinland-Pfalz v. 22.2.2023, 6 Sa 131/22). Nach Auffassung des EuGH kommt auch ein nur anteiliger Übergang des Arbeitsverhältnisses auf mehrere Erwerber grundsätzlich in Betracht (EuGH v. 25.3.2020, C-344/18). Der neue Inhaber tritt in die Rechte und Pflichten aus den im Zeitpunkt des Übergangs bestehenden Arbeitsverhältnissen – nicht Beamtenverhältnissen – ein. Ein widersprechender Beschäftigter, der deshalb beim Arbeitgeber des öffentlichen Dienstes bleibt, kann sich im Falle einer Kündigung auf eine etwaig fehlerhafte Sozialauswahl berufen (BAG v. 31.5.2007, 2 AZR 276/06, NZA 2008, 33).

 **TIPP!**

Der Übergang des Arbeitsverhältnisses erfolgt unabhängig davon, welche anderslautenden Absprachen zwischen Veräußerer und Erwerber – beispielsweise in einem Personalgestellungsvertrag – getroffen wurden. Auch wenn Veräußerer und Erwerber vereinbaren, dass das Personal bei der veräußernden Gemeinde verbleibt und lediglich im Rahmen einer Personalgestellung nach § 4 Abs. 3 TVöD für den Erwerber tätig wird, ändert dies nichts daran, dass die Arbeitsverhältnisse aufgrund des zwingenden Charakters von § 613a BGB von Rechts wegen übergegangen sind (BAG v. 20.3.2014, 8 AZR 1/13, ZTR 2014, 472). Eine Organstellung geht nicht auf den Erwerber über (BAG v. 20.7.2023, 6 AZR 228/22).

 **ACHTUNG!**

Der Übergang einzelner Arbeitsverhältnisse kann nicht ausgeschlossen werden. Eine solche Vereinbarung wäre unwirksam, da § 613a BGB unabdingbar ist. Aus diesem Grund ist ebenso ein Erlassvertrag zwischen Arbeitnehmer und Veräußerer, in dem der Verzicht auf rückständige Vergütung für den Fall vereinbart wird, dass es zu einem Übergang des Betriebs auf einen Dritten kommt, unwirksam (BAG v. 19.3.2009, 8 AZR 722/07, BB 2009, 717).

Gemäß § 613a Abs. 2 S. 1 BGB haften Erwerber und Veräußerer als Gesamtschuldner. Die Haftung des Veräußerers ist auf ein Jahr begrenzt, soweit es um Ansprüche geht, die vor dem Übergang entstanden sind, aber erst danach fällig werden. Für vor dem Übergang bereits fällige Forderungen haftet er zeitlich unbeschränkt. Eine Gesamtschuldnerschaft entsteht aber nicht für vor dem Betriebsübergang entstandenen und fällig gewordene Ansprüche, die bereits vor dem Betriebsübergang durch den Veräußerer erfüllt wurden (OLG Düsseldorf v. 12.1.2024, 24 U 16/23).

 **WICHTIG!**

Erfolgt die Privatisierung im Wege der Ausgliederung nach dem UmwG, so ist § 172 UmwG zu beachten: Dadurch, dass die Verbindlichkeiten auf den übernehmenden oder neu gebildeten Rechtsträger übergehen, wird die Haftung der Körperschaft oder der Anstalt des öffentlichen Rechts nicht beseitigt. Die Haftung ist jedoch nach § 175 UmwG zeitlich begrenzt. § 324 UmwG verweist nicht auf die Haftungsnorm des § 613a Abs. 2 BGB, sodass dieser nicht neben § 172 UmwG anwendbar ist.

Kollektivnormen gelten nach der Privatisierung in aller Regel nicht kollektiv-, sondern individualrechtlich fort, d. h. sie werden Inhalt der Arbeitsverhältnisse. Gemäß § 613a Abs. 1 S. 2 BGB können während einer einjährigen Veränderungssperre die Arbeitsbedingungen nicht zum Nachteil des Beschäftigten geändert werden. Der neue Arbeitgeber kann aber in dem Umfang die Arbeitsbedingungen ändern, in dem auch der Veräußerer die Möglichkeit zu einer Änderung hatte.

Gemäß § 613a Abs. 4 S. 1 BGB sind Kündigungen wegen des Betriebsübergangs unwirksam. Nach § 613a Abs. 4 S. 2 BGB bleibt aber das Recht zur Kündigung aus anderen Gründen bestehen. Dies können personen-, verhaltens- oder betriebsbedingte Gründe sein. Auch Eigenkündigungen oder Aufhebungsverträge können wegen der darin liegenden Umgehung nach § 613a Abs. 4 S. 2 BGB unwirksam sein, wenn mit dem Erwerber sogleich neue Arbeitsverträge abgeschlossen werden und offenbar nur die Arbeitsbedingungen geändert werden sollten (BAG v. 25.10.2012, 8 AZR 575/11).

## III. Auswirkungen auf bestehende kollektivrechtliche Regelungen

Für die Beschäftigten des öffentlichen Dienstes ist bei Privatisierungen von entscheidender Bedeutung, welche kollektivrechtlichen Regelungen in welcher Weise weitergelten.

### 1. Tarifverträge

Ob und in welchem Umfang die Tarifverträge nach einer Privatisierung weitergelten, richtet sich nach §§ 3, 4 TVG und § 613a BGB. Der alte Tarifvertrag gilt demnach normativ fort, wenn auch der neue Arbeitgeber Mitglied des öffentlichen Arbeitgeberverbandes ist, der den bisherigen Tarifvertrag geschlossen hat. Dem neuen privaten Arbeitgeber wird es in zahlreichen Fällen jedoch satzungsmäßig verwehrt sein, ein tarifgebundenes Mitglied des Arbeitgeberverbandes zu sein, in dem der öffentlich-rechtliche Arbeitgeber organisiert gewesen ist. Ist hingegen der neue Arbeitgeber Mitglied in einem anderen Arbeitgeberverband, der mit der Gewerkschaft, der der jeweilige Beschäftigte angehört, einen Tarifvertrag geschlossen hat, gilt dieser normativ.

Fehlt es hingegen an einem Tarifvertrag, an den sowohl Arbeitgeber als auch Beschäftigter gebunden sind, gilt der alte Tarifvertrag gemäß § 613a Abs. 1 S. 2 BGB einzelvertraglich mit kollektivrechtlichem Charakter fort (BAG v. 22.4.2009, 4 AZR 100/08). Der gesamte Bestand der Tarifnormen, die die Rechte und Pflichten der Arbeitsvertragsparteien regeln, wird in das Arbeitsverhältnis „transformiert". Dabei behalten die nach § 613a Abs. 1 S. 2 BGB in das Arbeitsverhältnis transformierten Normen ihren kollektivrechtlichen Charakter und wandeln sich nicht so um, dass aus Kollektivrecht Vertragsinhalt wird („normative Fortgeltungsanordnung"). Vielmehr ist der Erwerber an die in das Arbeitsverhältnis transformierten Regelungen in einer Weise gebunden, die der Nachbindung des § 3 Abs. 3 TVG nach Austritt eines Arbeitgebers aus einem tarifschließenden Arbeitgeberverband entspricht, allerdings zeitlich begrenzt auf eine Höchstdauer von einem Jahr.

 **ACHTUNG!**

Der Tarifvertrag findet bei einzelvertraglicher Fortgeltung mit kollektivrechtlichem Charakter jedoch grundsätzlich nur statisch Anwendung, also mit dem Inhalt, den er bei Vollendung der Privatisierungs- bzw. Outsourcingmaßnahme gehabt hat. An späteren Veränderungen des Tarifvertrags wie beispielsweise Gehaltserhöhungen nehmen die Beschäftigten hingegen nicht mehr teil. Eine bereits festgelegte dynamische Veränderung, die allein vom Zeitablauf abhängig ist und erst nach dem Betriebsübergang eintreten soll, bleibt aber erhalten (BAG v. 24.8.2011, 4 AZR 566/09).

Bei einem noch vom Veräußerer abgeschlossenen Firmentarifvertrag kann die kollektivrechtliche Fortgeltung nicht durch den bloßen Betriebsübergang begründet werden (BAG v. 10.6.2009, 4 ABR 21/08, NZA 2010, 51). Ein lediglich vom Veräußerer vereinbarter Firmentarifvertrag wird durch einen allgemeinverbindlichen Tarifvertrag, an den nach einem Betriebsübergang Arbeitnehmer und Erwerber gebunden sind, nach 613a Abs. 1 S. 3 BGB abgelöst (BAG v. 7.7.2010, 4 AZR 1023/08). Die Rechtsnormen des Firmentarifvertrags werden nicht nach § 613a Abs. 1 S. 2 BGB Inhalt des Arbeitsverhältnisses zwischen Erwerber und Arbeitnehmer. Dies wäre zwar grundsätzlich der Fall, gilt jedoch nicht, wenn die Rechte und Pflichten durch Rechtsnormen eines anderen Tarifvertrags geregelt werden.

Problematisch ist, mit welchem Inhalt der alte Tarifvertrag gilt, wenn im Arbeitsvertrag auf einen Tarifvertrag verwiesen wird. Nach der Rechtsprechung des BAG sind solche Verweisungsklauseln entsprechend ihrem Wortlaut auszulegen, nämlich in der Regel als konstitutive Verweisungsklauseln. Das bedeutet, dass dann, wenn auf die Tarifverträge eines bestimmten Arbeitgeberverbandes verwiesen wird, diese unabhängig von der Verbandszugehörigkeit des Arbeitgebers Anwendung finden (BAG v. 18.4.2007, 4 AZR 652/05, ZTR 2007, 307).

 **WICHTIG!**

Damit hat sich das BAG für Verträge, die nach dem 1. Januar 2002 geschlossen wurden, von seiner bisherigen Rechtsprechung gelöst. Nach dieser Rechtsprechung waren entsprechende Vertragsklauseln in der Regel als Gleichstellungsklauseln auszulegen. Das BAG ging davon aus, dass der Arbeitgeber grundsätzlich alle Beschäftigten – unabhängig von ihrer Gewerkschaftszugehörigkeit – an den Tarifvertrag binden wollte, an den er kraft Verbandsmitgliedschaft gebunden war (vgl. BAG v. 14.12.2005, 4 AZR 536/04, ZTR 2006, 500). Trat der Arbeitgeber aus seinem Verband aus oder wechselte er den Arbeitgeberverband, sollte entweder der alte Tarifvertrag statisch weitergelten oder eine Bindung an den Tarifvertrag des neuen Arbeitgeberverbandes herbeigeführt werden.

Auch ein nicht tarifgebundener Arbeitgeber ist also infolge eines Betriebsübergangs an den Tarifvertrag mit all seinen zukünftigen Änderungen gebunden, da er gemäß § 613a Abs. 1 S. 1 BGB in den mit diesem Inhalt bestehenden Arbeitsvertrag eingetreten ist (BAG v. 24.2.2010, 4 AZR 691/08, n. v., Pressemitteilung

Nr. 16/10), obwohl er auf die künftigen Tarifverhandlungen keinen Einfluss nehmen kann. Die Frage, ob diese Auslegung von § 613a Abs. 1 BGB mit Art. 3 RL 2001/23/EG und Art. 16 GRC vereinbar ist, hat das BAG dem EuGH zur Vorabentscheidung vorgelegt. Der EuGH hat entschieden, dass das Unionsrecht dahin auszulegen ist, dass eine dynamische Verweisungsklausel auch nach einem Betriebsübergang fortgilt, sofern das nationale Recht für den Erwerber eines Betriebs sowohl einvernehmliche als auch einseitige Anpassungsmöglichkeiten vorsieht (EuGH v. 27.4.2017, C-680/15). Dynamische Bezugnahmeklauseln sind in Formulararbeitsverträgen auch als AGB wirksam (BAG v. 26.9.2018, 7 AZR 797/16). Dementsprechend geht das BAG (weiterhin) davon aus, dass eine dynamische Bezugnahmeklausel ihre Dynamik im Arbeitsverhältnis mit dem Erwerber nicht allein aufgrund des Betriebsübergangs verliert (BAG v. 16.5.2018, 4 AZR 209/15, ZTR 2018, 729; BAG v. 30.8.2017, 4 AZR 95/14, ZTR 2018, 147). Dies gilt auch dann, wenn der Erwerber nicht Mitglied des den Tarifvertrag abschließenden Arbeitgeberverbands ist. Diese „Ewigkeitsbindung" kann nach Auffassung des BAG und EuGH durch die Änderungsmöglichkeit des Erwerbers durchbrochen werden. Eine Durchbrechung ist in Deutschland allerdings nur mit dem Einverständnis des Arbeitnehmers durch eine Vertragsanpassung oder durch die engen Anforderungen unterliegende Änderungskündigung möglich und daher faktisch nur sehr schwer durchsetzbar.

Auch im kirchlichen Arbeitsrecht gilt diese BAG-Rechtsprechung: Wird ein Betrieb eines kirchlichen Arbeitgebers durch einen Betriebsübergang von einem weltlichen Erwerber übernommen, tritt der Erwerber in die Rechte und Pflichten aus dem bestehenden Arbeitsverhältnis ein und die AVR gelten, sofern auf diese im Arbeitsvertrag dynamisch Bezug genommen worden ist, auch im neuen Arbeitsverhältnis weiter (BAG v. 23.11.2017, 6 AZR 683/16).

Der Vertrauensschutz für „Altverträge" gilt unabhängig davon, ob die Tarifgebundenheit an die im Arbeitsvertrag in Bezug genommenen Tarifregelungen im Zeitpunkt des Vertragsschlusses auf einer Mitgliedschaft des Arbeitgebers im Verband oder auf einem von ihm selbst geschlossenen Anerkennungstarifvertrag beruht (BAG v. 11.12.2013, 4 AZR 473/12, ZTR 2014, 21). Bei späteren Vertragsänderungen stellt sich die Frage, ob ein ursprünglich als „Altvertrag" zustande gekommenes Arbeitsverhältnis durch Vertragsänderung zu einem „Neuvertrag" wird. So kann z. B. ein Schreiben des Arbeitgebers mit Informationen zur Anwendung von Tarifverträgen als vertragliche Neuregelung der Arbeitsbedingungen interpretiert werden, wenn es vom Arbeitnehmer gegengezeichnet wird (BAG v. 3.7.2019, 4 AZR 312/18).

 **ACHTUNG!**

Die dynamische Bezugnahme auf die Tarifverträge einer bestimmten Branche (sog. kleine dynamische Klausel) begründet die individualvertragliche Geltung der in Bezug genommenen Tarifnormen. Diese gelten gemäß § 613a Abs. 1 S. 1 BGB bei einem Teilbetriebsübergang mit Branchenwechsel auch im übergegangenen Arbeitsverhältnis vertraglich – zumindest statisch – weiter. Ist also z. B. eine in einem Krankenhaus tätige Reinigungskraft an einen Tarifvertrag des öffentlichen Dienstes gebunden und geht dann ihr Arbeitsverhältnis im Wege eines Teilbetriebsübergangs auf ein Gebäudereinigungsunternehmen über, für das ein allgemeinverbindlicher Tarifvertrag gilt, so gilt für sie weiter der günstigere Tarifvertrag des öffentlichen Dienstes (vgl. BAG v. 29.8.2007, 4 AZR 765/06, ZTR 2007, 672). Auch kann eine individualvertraglich vereinbarte Vergütung nach tariflichen Grundsätzen nicht durch eine Betriebsvereinbarung zu Lasten des Arbeitnehmers abgeändert werden (BAG v. 11.4.2018, 4 AZR 119/17).

Findet auf ein Arbeitsverhältnis, für das ein Tarifvertrag kraft Allgemeinverbindlichkeit gilt, ein anderer Tarifvertrag kraft arbeitsvertraglicher Bezugnahme Anwendung, handelt es sich nicht um Tarifkonkurrenz. Es „konkurriert" vielmehr ein Arbeitsvertrag mit einem Tarifvertrag. Dieses Verhältnis ist nach Maßgabe des Günstigkeitsprinzips des § 4 Abs. 3 TVG zu lösen (BAG v. 17.11.2010, 4 AZR 391/09, ZTR 2011, 356; vgl. auch BAG v. 22.2.2012, 4 AZR 24/10, ZTR 2012, 438). Ist nicht zweifelsfrei feststellbar, dass die einzelvertragliche Regelung für den Arbeitnehmer günstiger ist, bleibt es bei der zwingenden, normativen Geltung des Tarifvertrags (BAG v. 15.4.2015, 4 AZR 587/13, ZTR 2015, 640).

Schließen ein Insolvenzverwalter und die Gewerkschaft einen Sanierungstarifvertrag, kann dieser nach einem Betriebsübergang auf einen nicht tarifgebundenen Erwerber nicht durch Kündigungserklärung ihm gegenüber beendet werden. Eine Teilkündigung des Arbeitnehmers bezogen auf die nach § 613a Abs. 1 S. 2 BGB transformierten Rechte und Pflichten des Tarifvertrages ist nach dem BAG nicht möglich (BAG v. 26.8.2009, 4 AZR 280/08, ZTR 2011, 239).

 **ACHTUNG!**

Tritt ein Tarifvertrag nicht mit seinem Abschluss, sondern erst später in Kraft, ist für den Beginn der Tarifgeltung der Zeitpunkt des Inkrafttretens maßgebend (BAG v. 16.5.2012, 4 AZR 321/10, ZTR 2012, 528). Das bedeutet, dass bei einem Betriebsübergang ausschließlich diejenigen Kollektivrechte statisch „eingefroren" werden, die im Zeitpunkt des Übergangs tarifrechtlich unmittelbar und zwingend gegolten haben. Dies ist richtig, denn selbst wenn das künftige Inkrafttreten bereits bei Betriebsübergang im Arbeitsverhältnis „angelegt" war, ist mangels „Geltung" auch keine „Fortgeltung" möglich. Es handelt sich eben nicht nur um eine Fälligkeitsregelung – also den Fall der Dynamisierung –, sondern um ein zeitliches Verschieben des Eintritts der zwingenden und unmittelbaren Wirkung nach § 4 Abs. 1 TVG („Tarifvertrag auf Vorrat").

## 2. Dienstvereinbarungen

Von Ausnahmevorschriften abgesehen, besteht keine gesetzliche Regelung, die sich mit dem Schicksal der Dienstvereinbarungen im Falle der Privatisierung der Dienststelle befasst. Zu unterscheiden ist zunächst zwischen der kollektiven und individualrechtlichen Fortgeltung der Dienstvereinbarungen.

Im Hinblick auf eine kollektive Fortgeltung hat das BAG entschieden, dass der Grundsatz der Fortgeltung von Betriebs- sowie Gesamtbetriebsvereinbarungen im Falle des Betriebsübergangs auf Dienstvereinbarungen keine Anwendung findet (BAG v. 24.1.2017, 1 ABR 24/15). Es ist danach zwischen Personalvertretungs- und Betriebsverfassungsgesetz zu unterscheiden. Mit der Privatisierung einer Dienststelle endet konsequenterweise der Inhalt sämtlicher abgeschlossener Dienstvereinbarungen. Hierfür spricht, dass der in § 613a BGB geregelte Grundsatz der Fortgeltung kollektiver Regelungen auf einer Wahrung der Betriebsidentität beruht, bei der Privatisierung jedoch eine Dienststelle und kein Betrieb übergeht. Eine kollektivrechtliche Fortgeltung (als Betriebsvereinbarung) kommt danach in keinem Fall in Betracht. Für Dienstvereinbarungen besteht die Besonderheit, dass sie mit der Überführung der Dienststelle auf einen privatrechtlich organisierten Träger enden. Durch Privatisierung erleiden sie quasi ihren rechtlichen Tod, sie gelten nicht als Betriebsvereinbarungen weiter (BAG v. 9.2.1982, 1 ABR 36/80, BB

1982, 924). Allerdings hat das BAG auch entschieden, dass es dem Landesgesetzgeber offen steht, die Weitergeltung von Dienstvereinbarungen als Betriebsvereinbarungen vorzusehen. Art. 72 GG stehe dem nicht entgegen (BAG v. 23.11.2004, 9 AZR 639/03, ZTR 2005, 666). Insofern ist der Landesgesetzgeber nicht gehindert, entsprechend dem Übergangsmandat des Personalrats auch eine Weitergeltung von Dienstvereinbarungen gesetzlich zu regeln.

Bei der Privatisierung gelten die Dienstvereinbarungen nach § 613a Abs. 1 S. 2 BGB grundsätzlich individualvertraglich weiter. Zwar spricht § 613a BGB nur von Betriebsvereinbarungen und nicht von Dienstvereinbarungen. § 613a Abs. 1 S. 2 bis 4 BGB ist jedoch analog auch auf → *Dienstvereinbarung*en anzuwenden. Dies entspricht dem Zweck des § 613a BGB, die Beschäftigten in den Fällen zu schützen, in denen ihr Betrieb den Inhaber wechselt. Unterschiedlich beurteilt wird die Frage, ob im Rahmen eines Personalüberleitungsvertrags vereinbart werden kann, dass die Dienstvereinbarungen als Betriebsvereinbarungen mit normativer Wirkung Anwendung finden. Dies ist abzulehnen, da die normative Wirkung gesetzlich geregelt sein muss und nicht zur Disposition der Vertragsparteien steht.

 **WICHTIG!**

Ungeachtet der Weitergeltung von Tarifverträgen und Dienstvereinbarungen geht auch eine durch betriebliche Übung begründete Verpflichtung des Arbeitgebers im Falle eines Betriebsübergangs nach § 613a Abs. 1 S. 1 BGB auf den Betriebserwerber über (BAG v. 19.9.2023, 1 AZR 281/22).

## IV. Mitbestimmungsrechte der Arbeitnehmervertretung

### 1. Personalrat

Das Bundespersonalvertretungsgesetz und auch zahlreiche Landespersonalvertretungsgesetze enthalten keinen speziellen Beteiligungstatbestand bei der Privatisierung öffentlicher Aufgaben und Einrichtungen. Die Beteiligungsrechte des Personalrats bei Privatisierungen sind deshalb in den Bundesländern ganz unterschiedlich ausgestaltet.

Echte Mitbestimmungsrechte mit der Möglichkeit, die Einigungsstelle anzurufen, sehen lediglich die Personalvertretungsgesetze in Nordrhein-Westfalen und im Saarland vor. Mitwirkungsrechte sind im brandenburgischen, hessischen, thüringischen und sächsischen Personalvertretungsgesetz geregelt. Im Fall der Nichteinigung kann der Personalrat hier die übergeordnete Dienststelle bzw. oberste Dienstbehörde um eine Entscheidung bitten. Lediglich vereinzelt sehen Landespersonalvertretungsgesetze weitere Beteiligungsrechte vor, wie z. B. ein Anhörungsrecht in Baden-Württemberg.

In den Landespersonalvertretungsgesetzen von Mecklenburg-Vorpommern, Sachsen-Anhalt, Hamburg, Bremen, Schleswig-Holstein, Berlin und Bayern sind dagegen keine Beteiligungsrechte normiert. In diesen Bundesländern ist der Personalrat bei Vorliegen der Voraussetzungen darauf angewiesen, die allgemeinen Beteiligungsrechte, wie z. B. das Informationsrecht im Sinne des § 68 BPersVG oder bei einzelnen Personalmaßnahmen, geltend zu machen.

 **WICHTIG!**

Bei Privatisierungen liegt die Letztentscheidungskompetenz immer bei der Dienststelle. Der Personalrat kann eine Privatisierungsmaßnahme daher nicht verhindern, sondern nur verzögern. Auch die Einigungsstelle kann nur eine Empfehlung

aussprechen, an die die Dienststelle nicht gebunden ist. Privatisierungsmaßnahmen betreffen schwerpunktmäßig Amtsaufgaben und sind daher der Letztentscheidungskompetenz der Einigungsstelle entzogen (BVerfG v. 24.5.1995, 2 BvF 1/92, ZTR 1995, 566).

 **ACHTUNG!**

Sofern eine Sozialeinrichtung privatisiert oder aufgelöst wird, ist das Mitbestimmungsrecht nach § 75 Abs. 3 Nr. 5 BPersVG, das auch in den einzelnen Landespersonalvertretungsgesetzen geregelt ist, zu prüfen. Nach der Rechtsprechung des Bundesverwaltungsgerichts liegt ein Mitbestimmungsrecht dann vor, wenn der Verwaltung ein rechtlich gesicherter Einfluss auf die Einrichtung erhalten bleibt und die Einrichtung den Beschäftigten weiterhin Vorteile zukommen lässt (BVerwG v. 28.6.2000, 6 P 1/00, ZTR 2001, 45).

## 2. Betriebsrat

Die Beteiligungsrechte des Betriebsrats beschränken sich auf die Privatisierung von Eigen- und Beteiligungsgesellschaften. Neben Unterrichtungs- und Informationsrechten können Mitwirkungs- und Mitbestimmungsrechte nach §§ 111 ff. BetrVG bestehen. Dies setzt voraus, dass eine Betriebsänderung im Sinne des § 111 BetrVG vorliegt.

 **ACHTUNG!**

Weitere Unterrichtungspflichten können sich aus dem Umwandlungsgesetz ergeben. Werden diese Unterrichtungspflichten nicht hinreichend beachtet, kann hieran die Eintragung in das Handelsregister scheitern.

Unabhängig von den vorstehenden Beteiligungsrechten können z. B. bei einem Betriebszusammenschluss gemäß § 111 S. 3 Nr. 3 BetrVG Beteiligungsrechte des Betriebsrats des aufnehmenden Betriebs zu beachten sein.

 **TIPP!**

Bleibt bei einem Betriebsübergang die Betriebsidentität erhalten, ist der beim Veräußerer gewählte Betriebsrat nunmehr beim Erwerber im Amt. Widerspricht in einem solchen Fall der Arbeitnehmer wirksam dem Übergang seines Arbeitsverhältnisses, bedarf die vom Veräußerer daraufhin erklärte Kündigung nicht der Anhörung des übergegangenen und jetzt beim Erwerber fortbestehenden Betriebsrats (BAG v. 8.5.2014, 2 AZR 1005/12).

## V. Übergangs- und Restmandat des Personalrats?

Gehen durch Rechtsgeschäft oder gesetzliche Nachfolge öffentliche Dienststellen oder Teile von ihnen in private Hand über, ist die Existenz des Personalrats betroffen. Die Dienststelle, für die der Personalrat zuständig war, geht mit der Privatisierung unter. Die dabei entstehenden Probleme unterscheiden sich damit vom Betriebsübergang von einem privaten Rechtsträger auf einen anderen privaten, für die beide gleichermaßen das Betriebsverfassungsrecht gilt, grundlegend. Anders als bei dem Übergang, der sich ausschließlich im Geltungsbereich des BetrVG vollzieht, droht bei der Privatisierung eine mitbestimmungsfreie Zeit, da in diesem Falle eine Betriebsidentität – wie sie vom BetrVG für die fortgesetzte Zuständigkeit eines Betriebsrates verlangt wird – aufgrund der unterschiedlichen Begrifflichkeiten – Dienststelle und Betrieb – zunächst zweifelhaft erscheint.

Der Bundesgesetzgeber hat das Übergangsmandat des Personalrats lediglich in einzelnen Spezialgesetzen geregelt, z. B. im Gesetz zum Personalrecht der Beschäftigten der früheren

Deutschen Bundespost. In einzelnen Landespersonalvertretungsgesetzen finden sich nur Bestimmungen zum Übergangsmandat bei der Umorganisation von Dienststellen wie beispielsweise in Art. 27a BayPVG, § 32 SächsPersVG oder § 94a PersVG Schleswig-Holstein. In den geregelten Fällen ist allerdings Voraussetzung, dass das PersVG weiterhin Anwendung findet, eine Privatisierung also nicht stattfindet.

In der Rechtsprechung ist nicht abschließend geklärt, ob dem Personalrat im Falle der Privatisierung ein allgemeines Übergangs- bzw. Restmandat zusteht. Die erstinstanzlichen Entscheidungen hierzu fallen unterschiedlich aus. Eine höchstrichterliche Entscheidung steht noch aus. In seinem Urteil vom 25. Mai 2000 hat das BAG zwar das Bestehen eines gesetzlichen Übergangsmandats des Personalrats bzw. die Möglichkeit einer vertraglichen Regelung angedeutet (BAG v. 25.5.2000, 8 AZR 416/99, ZTR 2001, 41). Da jedoch zum Zeitpunkt dieser Entscheidung das betriebsverfassungsrechtliche Übergangsmandat gemäß § 21a BetrVG gesetzlich noch nicht geregelt war, ist weiterhin unklar, ob das BAG heute immer noch dieser Auffassung ist.

Dementsprechend wird auch in der Literatur die Problematik kontrovers diskutiert, wobei eine überwiegende Ansicht für oder gegen den Fortbestand des Personalrats für einen gewissen Zeitraum nicht festgestellt werden kann (vgl. zu diesem Thema insgesamt Pawlak/Leydecker, Die Privatisierung öffentlicher Unternehmen: Übergangsmandat des Personalrats und Fortbestand kollektiver Regelungen, ZTR 2008, 74 ff.). Die besseren Argumente sprechen dafür, ein Übergangsmandat des Personalrats nur in den Bereichen anzunehmen, in denen eine ausdrückliche gesetzliche Regelung besteht. Gegen eine analoge Anwendung des § 21a BetrVG spricht, dass der Gesetzgeber sowohl für das Betriebsverfassungsrecht als auch für das Personalvertretungsrecht eindeutige Regelungen geschaffen hat. Insoweit fehlt es bereits an einer planwidrigen Regelungslücke, die die Voraussetzung für eine Analogie darstellt (LAG Düsseldorf v. 16.1.2012, 14 TaBV 83/11).

 **ACHTUNG!**

Sofern in der Literatur teilweise dazu geraten wird, das Übergangsmandat im Rahmen eines Personalüberleitungsvertrages zu regeln, führt dies zu einer Umgehung des § 3 BetrVG. Der Übergangspersonalrat erfüllt weder die formellen noch die materiellen Voraussetzungen des § 3 BetrVG. Dies gilt in gleicher Weise auch dann, wenn sich die Parteien verpflichten, den Personalrat nach der Privatisierung als Betriebsrat anzusehen und die Legitimation des Übergangspersonalrats nicht vor Gericht anzuzweifeln. In diesen Fällen besteht daher immer das Risiko, dass eine Betriebsratswahl, an deren Vorbereitung der Übergangspersonalrat beteiligt war, gemäß § 19 BetrVG anfechtbar ist.

Ein Restmandat zur Wahrnehmung der mit der Organisationsänderung verbundenen zusammenhängenden gesetzlichen Aufgaben, z. B. zur rechtswirksamen Herbeiführung eines Sozialplanes, ist grundsätzlich anerkannt. Entsprechend hat das BVerwG in seiner Rechtsprechung kraft Restmandates die rechtliche Existenz des Personalrats fingiert, wenn ein Feststellungsinteresse auch über den Zeitpunkt der Auflösung/Umwandlung der Dienststelle fortbesteht (BVerwG v. 11.7.1996, 6 P 4/95, PersR 1997, 22 f.). Allerdings folgt die Instanzrechtsprechung dieser Auffassung nicht uneingeschränkt.

Im Unterschied zu dem Übergangsmandat, bei dem der Übergangspersonalrat mit dem neuen Arbeitgeber verhandelt, bleibt beim Restmandant der alte (öffentlich-rechtliche) Arbeitgeber

Ansprechpartner. Die das Restmandat ausübenden Personalratsmitglieder sind dabei nicht gehindert, ihr Personalratsamt niederzulegen. Solange noch mindestens ein Personalratsmitglied bereit ist, diese Aufgaben wahrzunehmen, besteht das Restmandat.

## VI. Gewährleistung der betrieblichen Altersversorgung

### 1. Zusatzversorgung im öffentlichen Dienst

Beschäftigte des öffentlichen Dienstes sind Mitglied der gesetzlichen Rentenversicherung. § 25 TVöD/TV-L normiert zudem für Beschäftigte des Bundes und der Kommunen einen Anspruch auf betriebliche Altersversorgung und verweist auf den Tarifvertrag über die betriebliche Altersversorgung der Beschäftigten des öffentlichen Dienstes, den Tarifvertrag Altersversorgung (ATV), und den Tarifvertrag über die zusätzliche Altersvorsorge der Beschäftigten des öffentlichen Dienstes, Altersvorsorge-TV-Kommunal (ATV-K) bzw. auf die Altersversorgungsvorschriften der Länder.

Die → Zusatzversorgung im öffentlichen Dienst wird über Zusatzversorgungseinrichtungen, vor allem von der Versorgungsanstalt des Bundes und der Länder (VBL) gewährleistet. Sie ist zuständig für die Beschäftigten des Bundes, der Verwaltungen und Betriebe der Länder sowie der Stadt Bremen und für bestimmte kommunale Arbeitgeber. Daneben bestehen kommunale Zusatzversorgungskassen (ZVK), die in der Vereinigung der kommunalen Arbeitgeberverbände zusammengeschlossen sind.

### 2. Folgen des Betriebsübergangs

### 2.1 Eintritt in Versorgungszusage

Der Übernehmer tritt in sämtliche bestehenden individualrechtlichen Zusagen und Vereinbarungen ein. Der neue Inhaber tritt daher nicht nur in die Versorgungszusage ein, sondern auch in die hierauf bezogenen Absprachen (BAG v. 9.5.2023, 3 AZR 174/22). Der private Erwerber haftet nach § 613a Abs. 2 BGB sowohl für die bis zur Privatisierung erdienten als auch für die künftig zu erdienenden Anwartschaftsteile. Auch der weltliche Arbeitgeber ist nach einem Betriebs(teil)übergang grundsätzlich verpflichtet, dem Arbeitnehmer die ihm bislang zugesagte Versorgung zu „verschaffen", auch wenn er in der Wahl des Durchführungswegs frei ist (LAG Düsseldorf v. 22.1.2020, 12 Sa 580/19).

Vereinbarungen, wonach der Veräußerer eines Betriebes gegenüber der Belegschaft alleiniger Schuldner aller Versorgungsverpflichtungen bleibt, hat das BAG eine Absage erteilt und festgestellt, dass sie gegen § 613a BGB in Verbindung mit § 4 BetrAVG verstoßen und deshalb selbst dann nichtig sind, wenn die versorgungsberechtigten Beschäftigten zustimmen (BAG v. 12.5.1992, 3 AZR 247/91, BB 1993, 145). Hat der Veräußerer Versorgungsanwartschaften begründet, haftet er nach einem Betriebsübergang nur für die innerhalb eines Jahres fällig werdenden Betriebsrentenansprüche (BGH v. 19.3.2009, III ZR 106/08, NZA 2009, 848).

> **WICHTIG!**
> Das Abfindungsverbot aus § 3 BetrAVG, das die Abfindung einer Versorgungsanwartschaft oder einer laufenden Leistung verbietet, gilt nun auch für den öffentlichen Dienst; die Ausnahme der Geltung des § 3 BetrAVG in § 18 Abs. 1 BetrAVG wurde gestrichen. Das Abfindungsverbot setzt seinem Wortlaut nach

aber die Beendigung des Arbeitsverhältnisses voraus. Beim Übergang des Arbeitsverhältnisses nach § 613a BGB gilt es also nicht.

Für den Regelfall der Versorgungszusagen in Tarifverträgen gilt nach § 613a Abs. 1 S. 2 bis 4 BGB, dass die bisherige Versorgungsordnung uneingeschränkt fortgilt, wenn beim Übernehmer keine kollektivrechtliche Regelung zur betrieblichen Altersversorgung besteht. Da bei Privatisierungen im öffentlichen Dienst beim übernehmenden Rechtsträger regelmäßig keine tarifliche Regelung zur betrieblichen Altersversorgung bestehen wird, gilt die Versorgungsordnung daher nach § 613a Abs. 1 S. 2 BGB individualvertraglich fort, wobei Änderungen zum Nachteil des Beschäftigten binnen Jahresfrist (Veränderungssperre) ausgeschlossen sind. Nach Ablauf der Jahresfrist kann sich der Erwerber von der individualvertraglich fortgeltenden Betriebsvereinbarung durch Abschluss eines Änderungsvertrages oder durch eine Änderungskündigung lösen. Allerdings muss hier dem Vertrauensschutzprinzip und dem allgemeinen Verhältnismäßigkeitsgrundsatz entsprechend jedenfalls der erdiente Besitzstand beibehalten werden. Eine (Massen-)Änderungskündigung zur Vereinheitlichung der Arbeitsbedingungen wird regelmäßig nicht verhältnismäßig sein.

>  **ACHTUNG!**
> Eine Umgehung des zwingend geltenden § 613a BGB durch Veranlassung der Beschäftigten, ihre Arbeitsverhältnisse mit dem Veräußerer selbst fristlos zu kündigen oder Auflösungsverträgen zuzustimmen, um dem Erwerber dann zu ermöglichen, Ansprüche der Beschäftigten auf eine Zusatzversorgung zu umgehen, ist unzulässig.

### 2.2 Auswirkungen auf die Mitgliedschaft in der VBL bzw. ZVK

Wird die betriebliche Altersversorgung über die VBL oder eine Zusatzversorgungskasse abgewickelt, handelt es sich um eine sog. mittelbare Versorgungszusage. Da der Übernehmer in jedem Fall – auch unabhängig von einer Mitgliedschaft in der entsprechenden Versorgungseinrichtung – an die Versorgungszusage gebunden ist, diese also ggf. aus eigenen Mitteln finanzieren muss, stellt sich die Frage nach den Beteiligungsmöglichkeiten an der öffentlichen Versorgungseinrichtung.

Eine Mitgliedschaft des Übernehmers z. B. in der VBL ist nur möglich, wenn an dem Betrieb des Übernehmers juristische Personen des öffentlichen Dienstes überwiegend beteiligt sind oder maßgeblichen Einfluss ausüben. Da diese Voraussetzungen in den meisten Fällen der Privatisierung jedoch nicht vorliegen, kann nach § 20 Abs. 3 der Satzung VBL mit Zustimmung des Vorstandes durch besondere Vereinbarung die Fortsetzung der Beteiligung an der VBL vereinbart werden. Ein Anspruch auf Abschluss einer solchen Vereinbarung besteht allerdings nicht.

Die besondere Beteiligungsvereinbarung ist im Wesentlichen in zwei Varianten denkbar, die sich aus der Ausführungsbestimmung zu § 20 Abs. 3 der Satzung VBL ergeben: Nach dem sog. Verbleibemodell kann die Beteiligung an der VBL fortgesetzt werden, indem entweder eine unwiderrufliche Verpflichtungserklärung einer juristischen Person des öffentlichen Rechts beigebracht wird, im Falle einer Beendigung der Beteiligung für die Erfüllung aller finanzieller Verpflichtungen gegenüber der Versorgungsanstalt einzustehen oder zur jeweiligen Umlage ein Zuschlag in Höhe von 15 % gezahlt wird. Hiervon werden sowohl die bisherigen als auch die künftig eingestellten Beschäftigten erfasst. Obwohl das Fortführungsmodell den Vorteil hat, dass zunächst keine Gegenwertzahlung zu leisten ist, ist zu bedenken, dass es auch die dauerhafte Ankopplung an die Altersversorgung des öffentlichen Dienstes zur Folge hat. Vor der Einstellung neuer Mitarbeiter ist es daher ratsam, festzulegen, zu welchen Arbeitsbedingungen die Einstellung erfolgen soll.

Nach dem sog. Zäsurmodell kann die besondere Beteiligungsvereinbarung auch vorsehen, dass entweder nur die in dem in der Vereinbarung festgelegten Zeitpunkt (Stichtag) vorhandenen Beschäftigten weiterhin zu versichern sind und der Beteiligte einen Ausgleichsbetrag zahlt, der nach versicherungsmathematischen Grundsätzen gewährleistet, dass zusammen mit den laufenden Umlagen die Verpflichtung aufgrund der Ansprüche und Anwartschaften und der am Stichtag bestehenden Pflichtversicherungen auf Dauer erfüllt und die Verwaltungskosten abgedeckt werden können.

Nach Auffassung des BGH hat die Regelung in § 23 Abs. 2 VBL-Satzung über die Zahlungen eines Gegenwerts nach Ausscheiden eines Beteiligten die Beteiligten entgegen den Geboten von Treu und Glauben unangemessen benachteiligt, da sie nicht zwischen verfallbaren und unverfallbaren Anwartschaften differenziert und ist unwirksam nach § 307 Abs. 1 S. 1 BGB (BGH v. 10.10.2012, IV ZR 10/11, ZTR 2013, 200). Mit der 18. Änderung der Satzung der VBL wurden daher in den §§ 23 bis 23c die Voraussetzungen für das Ausscheiden aus der VBL weiter konkretisiert; verfallbare Anwartschaften werden nun nicht mehr berücksichtigt. Mit Urteil vom 7.9.2016 hat der BGH jedoch auch die angepasste Version über die Gegenwertregelungen in den §§ 23 bis 23c der 18. Fassung der VBL aufgrund der unangemessenen Benachteiligung ausgeschiedener Mitglieder gemäß § 307 Abs. 1 S. 1 BGB für unwirksam erklärt (BGH v. 7.9.2016, IV ZR 172/15). Die unangemessene Benachteiligung ergebe sich aus mehreren Bestimmungen, insbesondere führe das Erstattungsmodell zu weitreichenden finanziellen Belastungen der ausgeschiedenen Beteiligten, weil sie während des Erstattungszeitraums finanziell so behandelt würden, als seien sie Beteiligte der VBL geblieben und da die Schlusszahlungen noch immer beträchtlich sein könnten. Außerdem birge es ein sehr hohes Prognoserisiko für die ausgeschiedenen Mitglieder. Dadurch, dass der BGH die Regelungen über das Erstattungsmodell erneut für unwirksam erklärt hat, fehlt es aktuell an einer Rechtsgrundlage für Gegenwertforderungen der VBL. Der BGH stellt in seinem Urteil allerdings auch klar, dass eine rechtskonforme Neuregelung im Satzungsänderungsverfahren bereits beendete Beteiligungen erfassen werde.

Im Einzelnen vgl. hierzu → *Zusatzversorgung*.

### 2.3 Änderungen der Versorgungszusage

Wird auf eine Beteiligung in der VBL oder eine Mitgliedschaft in der ZVK verzichtet, muss die bestehende Versorgungsanwartschaft unter Geltung der einjährigen Veränderungssperre des § 613a Abs. 1 S. 2 BGB fortgeführt werden. Einzelvertragliche Versorgungszusagen können lediglich im Wege der Änderungskündigung oder durch eine Änderungsvereinbarung modifiziert werden. Für eine Änderungskündigung wird es jedoch regelmäßig am Vorliegen eines dringenden betrieblichen Grundes im Sinne des § 1 KSchG fehlen. Zur Änderungsvereinbarung hat das BAG entschieden, dass es gegen § 613a BGB verstößt, wenn der neue Arbeitgeber mit der übernommenen Belegschaft aus Anlass des Betriebsinhaberwechsels Arbeitsverträge schließt, die die Übernahme von Versorgungsanwartschaften ausschließen, wenn sachliche Gründe fehlen, die einen Widerruf der Unterstützungskasse gerechtfertigt hätten (BAG v.

29.10.1985, 3 AZR 485/83, DB 1986, 1779). Allerdings kann der Übernehmer neu eintretenden Mitarbeitern die Zusage einer entsprechenden Altersversorgung verwehren und so zumindest mittelfristig eine Entlastung der Personalkosten erreichen.

 **ACHTUNG!**

Tariflich begründete Ansprüche auf Leistungen der betrieblichen Altersversorgung können nicht durch eine beim Erwerber geltende Betriebsvereinbarung abgelöst werden. Dies gilt insbesondere deshalb, weil Betriebsvereinbarungen zur betrieblichen Altersversorgung nur teilmitbestimmt sind; der Arbeitgeber bestimmt allein über die Dotierung (BAG v. 13.11.2007, 3 AZR 191/06, PersR 2007, 495).

# Betriebsvereinbarung

 **Wegweiser:**

Betriebsvereinbarungen können in privatrechtlich organisierten Unternehmen des öffentlichen Dienstes, welche einen Betriebsrat haben, geschlossen werden. Sie ergänzen arbeitsvertragliche und tarifliche Regelungen. Der TVöD sowie der TV-L ordnen in einer Vielzahl von Bereichen ausdrücklich an, dass eine Konkretisierung der tariflichen Vorgaben durch eine Betriebs- oder Dienstvereinbarung erfolgen kann beziehungsweise muss (z. B. § 5 Abs. 2 TVöD, § 6 Abs. 6 und 7 TVöD, § 10 Abs. 1 TVöD, § 18 Abs. 6 TVöD [VKA]).

Der Koalitionsvertrag von 2021 sieht die Schaffung einer Tariföffnungsklausel im Arbeitszeitgesetz vor, um selbstbestimmtere Arbeitszeiten zu ermöglichen. So sollen insbesondere Abweichungen von der Tageshöchstarbeitszeit künftig mittels Betriebsvereinbarung flexibler geregelt werden können. Außerdem sollen Betriebsvereinbarungen Voraussetzung für ein an das Kurzarbeitergeld angelehntes „Qualifizierungsgeld" sein, mit dem die Bundesagentur für Arbeit Unternehmen im Strukturwandel unterstützen soll.

**I.    Begriff und Abgrenzung**

**II.   Zustandekommen einer Betriebsvereinbarung**
    1.   Einigung der Betriebspartner
    2.   Spruch der Einigungsstelle
    3.   Schriftformerfordernis
    4.   Bekanntgabe

**III.  Geltungsbereich**
    1.   Räumlicher Geltungsbereich
    2.   Persönlicher Geltungsbereich
    3.   Zeitlicher Geltungsbereich
        3.1   Zeitablauf
        3.2   Kündigung
        3.3   Ablösung durch nachfolgende Betriebsvereinbarung

**IV.   Gegenstand von Betriebsvereinbarungen**
    1.   Betriebliche und betriebsverfassungsrechtliche Regelungen
    2.   Regelungen über Inhalt, Abschluss und Beendigung von Arbeitsverhältnissen

**V.    Arten von Betriebsvereinbarungen**
    1.   Erzwingbare Betriebsvereinbarungen
    2.   Freiwillige Betriebsvereinbarungen
    3.   Teilmitbestimmungspflichtige Betriebsvereinbarungen

**VI.  Verhältnis zu Gesetz und Tarifvertrag**
1. Vorrang des Gesetzes
2. Vorbehalt des Tarifvertrages

**VII.  Verhältnis zum Arbeitsvertrag**
1. Einzelvertragliche Regelung
2. Arbeitsvertragliche Einheitsregelung/Gesamtzusage
   2.1 Kollektiver Günstigkeitsvergleich bei sog. freiwilligen Sozialleistungen
   2.2 Individueller Günstigkeitsvergleich bei anderen Zusagen/Regelungen

**VIII.  Nachwirkung von Betriebsvereinbarungen**
1. Erzwingbare Betriebsvereinbarungen
2. Freiwillige Betriebsvereinbarungen
3. Teilmitbestimmungspflichtige Betriebsvereinbarungen

## I.  Begriff und Abgrenzung

Die Betriebsvereinbarung ist ein privatrechtlicher Normenvertrag, mit dem Arbeitgeber und Betriebsrat im Rahmen ihrer Zuständigkeit Regelungen über den Inhalt, den Abschluss und die Beendigung von Arbeitsverhältnissen sowie über betriebliche und betriebsverfassungsrechtliche Fragen treffen können. Ebenso wie Tarifverträge wirken Betriebsvereinbarungen unmittelbar und zwingend im einzelnen Arbeitsverhältnis (§ 77 Abs. 4 S. 1 BetrVG). Dies bedeutet, dass die Regelungen der Betriebsvereinbarung Rechte und Pflichten zwischen Arbeitgeber und Arbeitnehmer begründen, ohne dass es einer weiteren Umsetzung der Betriebsvereinbarung in die Arbeitsverträge bedarf. Auf die Rechte, die Arbeitnehmern durch eine Betriebsvereinbarung eingeräumt werden, können diese nur mit Zustimmung des Betriebsrats rechtlich wirksam verzichten (§ 77 Abs. 4 S. 2 BetrVG).

Die Betriebsparteien können durch eine Betriebsvereinbarung zwar Verpflichtungen des Arbeitgebers gegenüber den im Betrieb beschäftigten Arbeitnehmern begründen, nicht aber normative Ansprüche gegenüber und zulasten Dritter. Eine solche Regelungsbefugnis sieht das Betriebsverfassungsgesetz nicht vor (BAG v. 11.1.2011, 1 AZR 375/09).

Betriebsvereinbarungen eignen sich insbesondere dazu, die betriebliche Organisation und Leitungsmacht des Arbeitgebers durch verbindliche Regeln umzusetzen und Arbeitsbedingungen der Arbeitnehmer zu verändern.

Abzugrenzen ist die Betriebsvereinbarung von der sogenannten Regelungsabrede. Anders als die Betriebsvereinbarung begründet die Regelungsabrede nur Rechte und Pflichten zwischen den Betriebspartnern, namentlich dem Betriebsrat und dem Arbeitgeber. Die Regelungsabrede wirkt jedoch nicht unmittelbar und zwingend auf die Arbeitsverhältnisse der Arbeitnehmer ein. Sollen Rechte und Pflichten für Arbeitnehmer begründet werden, bedarf die Regelungsabrede der individuellen Umsetzung. Dies kann mittels Gesamtzusage, Änderungskündigung oder durch einvernehmliche Vertragsänderung zwischen Arbeitgeber und Arbeitnehmer geschehen. Regelungsabreden sind formlos wirksam und bedürfen nicht der Schriftform.

Im öffentlichen Dienst von besonderer Bedeutung ist die Abgrenzung des Betriebsverfassungsrechts vom Personalvertretungsrecht des Bundes beziehungsweise der Länder. Betriebsräte werden dann gebildet, wenn der Träger des Betriebes eine natürliche oder juristische Person des Privatrechts (z. B. eine AG oder GmbH) oder eine Personengesellschaft (z. B. eine OHG

oder GbR) ist. Dies gilt auch dann, wenn der öffentlichen Hand durch Organisationsmaßnahmen oder Eigentumsverhältnisse der entscheidende oder sogar der alleinige Einfluss zusteht (z. B. Deutsche Bahn AG).

**Beispiel**

Ein städtisches Theater wird in der Form einer Gesellschaft bürgerlichen Rechts (GbR) betrieben. Hier findet Betriebsverfassungsrecht Anwendung, auch wenn auf die Beschäftigten die Tarifverträge für den öffentlichen Dienst Anwendung finden (BAG v. 7.11.1975, 1 AZR 74/74).

Hingegen werden Personalräte gebildet, wenn der Träger der Verwaltung oder des Betriebs eine juristische Person des öffentlichen Rechts ist (vgl. im Einzelnen → *Dienstvereinbarung*). Daher gilt für sogenannte Eigen- und Regiebetriebe Personalvertretungsrecht mit der Folge, dass dort Dienstvereinbarungen und nicht Betriebsvereinbarungen im Sinne des § 77 BetrVG geschlossen werden.

## II.  Zustandekommen einer Betriebsvereinbarung

Die Betriebsvereinbarung kommt entweder durch Vereinbarung zwischen Arbeitgeber und → *Betriebsrat* (bzw. einer Arbeitsgruppe nach § 28a BetrVG oder einem Gesamt- oder Konzernbetriebsrat) oder durch den Spruch einer Einigungsstelle zustande (§ 77 Abs. 2 BetrVG). Gewerkschaften, Schwerbehindertenvertretungen, Sprecherausschüssen oder aber einzelnen Arbeitnehmern fehlt von vornherein die Kompetenz, Betriebsvereinbarungen abzuschließen.

### 1.  Einigung der Betriebspartner

Betriebsvereinbarungen sind privatrechtliche Verträge, sodass für Abschluss, Durchführung und Beendigung Vertragsrecht gilt (§§ 145 ff. BGB). Die Betriebspartner müssen sich über den Abschluss und den Inhalt einer bestimmten Betriebsvereinbarung einig sein. Wichtig ist, dass der Betriebsrat vor dem Abschluss der Betriebsvereinbarung einen förmlichen Beschluss fassen muss, in dem er den Abschluss der Betriebsvereinbarung belegt (§ 33 BetrVG). Der Inhalt der Betriebsvereinbarung sollte so gewählt werden, dass der Wille der Betriebsparteien im Text seinen Niederschlag findet, denn der Rechtsnormcharakter einer Betriebsvereinbarung hat Auswirkungen auf die Art der Auslegung. Ist die Betriebsvereinbarung nach Wortlaut, Systematik sowie Sinn und Zweck eindeutig, kommt es auf einen anderweitigen Willen der Betriebsparteien nicht an (BAG v. 25.1.2022, 3 AZR 345/21; BAG v. 23.3.2021, 3 AZR 24/20; BAG v. 10.11.2015, 3 AZR 576/14, ZTR 2016, 226). Ferner sind für die Auslegung von Betriebsvereinbarungen die Verhältnisse bei ihrem Abschluss und in ihrem Regelungsbereich entscheidend und nicht die im Zeitpunkt eines späteren Streits über das Verständnis bestimmter Regelungen (so BAG v. 25.1.2022, 3 AZR 406/21). Schließt ein herrschendes Unternehmen zugleich handelnd für die Konzernunternehmen mit dem Konzernbetriebsrat, dem oder den jeweiligen Gesamtbetriebsräten oder den Einzelbetriebsräten eine Betriebsvereinbarung, muss sich aus dem Inhalt zweifelsfrei ergeben, welche Regelung von welchem Betriebsverfassungsorgan im Rahmen der gesetzlichen Zuständigkeit vereinbart wurde (Gebot der Rechtsquellenklarheit). Ist dies nicht der Fall, kann die mehrseitige Vereinbarung ganz oder teilweise unwirksam sein (BAG v. 26.9.2017, 1 AZR 717/15, ZTR 2018, 206).

### 2. Spruch der Einigungsstelle

Erzwingbare Betriebsvereinbarungen können notfalls auch gegen den Willen des Arbeitgebers oder des Betriebsrats durchgesetzt werden. Die erzwingbaren Mitbestimmungstatbestände sind in § 87 Abs. 1 BetrVG geregelt. Kommt keine Einigung zu Stande, kann der Arbeitgeber beziehungsweise der Betriebsrat durch Antrag beim Arbeitsgericht die Einigungsstelle anrufen. Der Spruch der Einigungsstelle ersetzt dann die fehlende Einigung der Betriebsparteien.

Freiwillige Betriebsvereinbarungen können grundsätzlich nicht gegen den Willen einer der beiden Betriebspartner durchgesetzt werden. Die Betriebspartner können aber vereinbaren, dass ein Spruch der Einigungsstelle die fehlende Einigung zwingend ersetzen soll. Die Einigungsstelle wird nur tätig, wenn beide Seiten dies beantragen oder mit ihrem Tätigwerden einverstanden sind (§ 76 Abs. 6 BetrVG).

### 3. Schriftformerfordernis

Betriebsvereinbarungen müssen schriftlich abgeschlossen werden und sind von beiden Seiten zu unterzeichnen (§ 77 Abs. 2 S. 1 und 2 BetrVG). Werden Betriebsvereinbarungen in elektronischer Form geschlossen, haben Arbeitgeber und Betriebsrat abweichend von § 126a Abs. 2 BGB dasselbe Dokument elektronisch zu signieren (§ 77 Abs. 2 S. 3 BetrVG). Ersetzt der Spruch der Einigungsstelle die fehlende Einigung der Betriebspartner, genügt es, wenn der Vorsitzende der Einigungsstelle unterschreibt (§§ 76 Abs. 3 S. 4, 77 Abs. 2 S. 2 BetrVG). Sofern der Beschluss der Einigungsstelle in elektronischer Form niedergelegt wird, ist dieser vom Vorsitzenden mit seiner qualifizierten elektronischen Signatur zu versehen (§ 76 Abs. 3 S. 4 BetrVG). Enthält die Betriebsvereinbarung mehrere Seiten, sind Unterschriften auf der letzten Seite ausreichend, wenn die einzelnen Seiten fest zusammengefügt sind oder durch entsprechende fortlaufende Seitenzahlen, nummerierte Paragraphen oder durch das Äußere zweifelsfrei als fortlaufende, zusammenhängende Einheit erkennbar sind. Die Schriftform ist grundsätzlich auch dann gewahrt, wenn in der Betriebsvereinbarung auf andere schriftliche Regelungen, wie etwa eine andere Betriebsvereinbarung, einen Tarifvertrag oder eine schriftlich abgefasste Gesamtzusage verwiesen wird.

Bei Verstoß gegen das Schriftformerfordernis ist die Betriebsvereinbarung gemäß § 125 BGB nichtig und damit unwirksam. Im Einzelfall kann eine solche nichtige Betriebsvereinbarung in eine Regelungsabrede umgedeutet werden.

### 4. Bekanntgabe

Der Arbeitgeber hat die Betriebsvereinbarung an geeigneter Stelle im Betrieb auszulegen oder in sonstiger Weise bekannt zu geben (§ 77 Abs. 2 S. 4 BetrVG). Alle Arbeitnehmer müssen die Möglichkeit haben, den Inhalt der Betriebsvereinbarung zur Kenntnis zu nehmen. Hierzu kann auch das Intranet oder eine Werkzeitung genutzt werden, sofern jeder Arbeitnehmer darauf Zugriff hat.

 **ACHTUNG!**

**Die in § 77 Abs. 2 S. 4 BetrVG vorgeschriebene Auslage der Betriebsvereinbarung im Betrieb ist keine Wirksamkeitsvoraussetzung. Unter bestimmten Voraussetzungen kann der Verstoß gegen die Bekanntmachung aber Schadensersatzansprüche gegen den Arbeitgeber auslösen. Dies ist z. B. der Fall, wenn ein Arbeitnehmer eine ihm nicht bekannte Ausschlussfrist versäumt, die für die Geltendmachung eines durch die Betriebsvereinbarung geregelten Anspruchs besteht.**

## III. Geltungsbereich

Man unterscheidet zwischen dem räumlichen, persönlichen und zeitlichen Geltungsbereich einer Betriebsvereinbarung.

### 1. Räumlicher Geltungsbereich

In räumlicher Hinsicht erstreckt sich der Geltungsbereich der Betriebsvereinbarung auf den Betrieb oder Betriebsteil, für den sie abgeschlossen wurde. Gesamt- und Konzernbetriebsvereinbarungen gelten unternehmens- beziehungsweise konzernweit.

### 2. Persönlicher Geltungsbereich

In persönlicher Hinsicht erstreckt sich der Geltungsbereich der Betriebsvereinbarung grundsätzlich auf alle Arbeitnehmer des Betriebs (§ 5 Abs. 1 und 2 BetrVG) mit Ausnahme der leitenden Angestellten (§ 5 Abs. 3 und 4 BetrVG). In der Betriebsvereinbarung können einzelne Arbeitnehmer vom persönlichen Geltungsbereich ausgenommen werden. Da ausgeschiedene Arbeitnehmer nicht mehr der Rechtsetzungsgewalt der Betriebspartner unterliegen, können durch Betriebsvereinbarung keine bindenden Regelungen für diese getroffen werden.

### 3. Zeitlicher Geltungsbereich

Ist nichts anderes vereinbart, tritt die Betriebsvereinbarung mit ihrer Unterzeichnung in Kraft. Die Beendigung der Betriebsvereinbarung kann durch Zeitablauf, Kündigung, Aufhebungsvertrag, Anfechtung oder mittels Ablösung durch eine neue Betriebsvereinbarung erfolgen. Das Ende der Amtszeit des Betriebsrats oder ein Wechsel des Betriebsinhabers beenden eine Betriebsvereinbarung dagegen nicht.

### 3.1 Zeitablauf

Eine Betriebsvereinbarung endet mit Zeitablauf, wenn sie befristet für eine bestimmte Dauer abgeschlossen oder der mit ihr verfolgte Zweck erreicht wurde.

**Beispiele**

> Verlängerung der Arbeitszeit im Zusammenhang mit einem bestimmten Wochenfeiertag; Regelung der Einzelheiten einer einmaligen Gratifikation; jährlicher Urlaubsplan/Betriebsferien nach Ablauf des Urlaubsjahres; Überstundenregelung für den Monat August.

### 3.2 Kündigung

Ist eine Betriebsvereinbarung auf unbestimmte Zeit geschlossen, kann sie gemäß § 77 Abs. 5 BetrVG von den Betriebspartnern mit einer Frist von drei Monaten gekündigt werden, sofern die Parteien keine andere Kündigungsfrist vereinbart haben.

In besonderen Ausnahmefällen ist auch eine außerordentliche, fristlose Kündigung der Betriebsvereinbarung möglich. Dabei stellt die Rechtsprechung sehr hohe Anforderungen an das Vorliegen eines wichtigen Grundes. Der Kündigungsgrund muss besonders schwerwiegend sein und eine sofortige Beendigung der Betriebsvereinbarung unabdingbar erscheinen lassen.

Die Teilkündigung einer Betriebsvereinbarung, also die Kündigung einzelner Regelungsbereiche der Betriebsvereinbarung, ist zulässig, wenn diese Möglichkeit ausdrücklich vereinbart wurde oder die Teilkündigung einen selbstständigen Bereich der Betriebsvereinbarung betrifft, der für sich genommen ebenso gut in einer eigenständigen Betriebsvereinbarung geregelt werden könnte.

Besonderheiten gelten insoweit bei Betriebsvereinbarungen über die betriebliche Altersversorgung, sofern die Kündigung nicht allein dazu dienen soll, neu eintretende Mitarbeiter von der Versorgung auszuschließen. Derartige Betriebsvereinbarungen können zwar – sofern eine abweichende Vereinbarung nicht ausdrücklich getroffen worden ist – jederzeit mit einer Frist von drei Monaten gekündigt werden, doch begrenzen die Grundsätze des Vertrauensschutzes und der Verhältnismäßigkeit die Wirkung der Kündigung. Je stärker in den Besitzstand der bereits beschäftigten Arbeitnehmer eingegriffen wird, desto gewichtiger müssen die Gründe des Arbeitgebers für den Eingriff sein; die Rechtsprechung hat hierzu ein dreifach abgestuftes System entwickelt (vgl. dazu z. B. BAG v. 3.5.2022, 3 AZR 472/21 m. w. N.).

### 3.3 Ablösung durch nachfolgende Betriebsvereinbarung

Eine Betriebsvereinbarung endet auch dann, wenn die Betriebspartner eine neue Betriebsvereinbarung über denselben Regelungsgegenstand getroffen haben.

 **ACHTUNG!**
Durch eine Regelungsabrede kann eine Betriebsvereinbarung nicht abgelöst werden.

Die Ablösung kann grundsätzlich zu einer Verschlechterung der Arbeitsbedingungen für die Arbeitnehmer führen. Zum Schutz der Arbeitnehmer sind vor dem Hintergrund des Grundsatzes der Verhältnismäßigkeit und des Vertrauensschutzes jedoch bestimmte Grenzen zu beachten, um eine übermäßige Belastung der Arbeitnehmer zu vermeiden. Das Vertrauen der Arbeitnehmer auf den Bestand der Betriebsvereinbarung und die mit ihr zugesagten Besitzstände ist nur dann schützenswert, wenn bereits hinreichend Besitzstände erworben wurden. Andernfalls kann eine neue Betriebsvereinbarung auch eine Verschlechterung der Bedingungen vorsehen.

**Beispiel**

> Gemäß einer Betriebsvereinbarung erhält jeder Arbeitnehmer eine Sonderzahlung in Höhe eines Bruttomonatsentgelts, wenn das Arbeitsverhältnis am 31.12. des jeweiligen Jahres noch besteht. Eine anteilige Zahlung für Arbeitnehmer, die unterjährig ausscheiden, ist nicht vorgesehen. Schließen die Betriebspartner Mitte des Jahres eine neue Betriebsvereinbarung, nach der die Sonderzahlung nur noch ein halbes Bruttomonatsentgelt beträgt, löst diese neue Betriebsvereinbarung die vorhergehende Betriebsvereinbarung, die ein ganzes Bruttomonatsentgelt verspricht, ab. Nach der Rechtsprechung des Bundesarbeitsgerichts wird durch die neue Betriebsvereinbarung weder in Bezug auf das laufende Kalenderjahr noch in Bezug auf die Folgejahre in unzulässiger Weise in bereits bestehende Besitzstände der Arbeitnehmer eingegriffen. Denn die Arbeitnehmer haben für das laufende Jahr noch keine rechtlich geschützte Anwartschaft erworben, in welche durch die neue ablösende Betriebsvereinbarung hätte eingegriffen werden können (BAG v. 29.10.2002, 1 AZR 573/01).

Im Bereich der betrieblichen Altersversorgung gilt, wie im Falle der Kündigung, auch für die Ablösung durch Betriebsvereinbarung eine dreifache Abstufung.

## IV. Gegenstand von Betriebsvereinbarungen

Das Betriebsverfassungsgesetz führt nicht ausdrücklich auf, welchen Inhalt Betriebsvereinbarungen haben können. Aus der Funktion des Betriebsrates als Repräsentant der Belegschaft ergibt sich jedoch, dass durch Betriebsvereinbarung nur solche Gegenstände geregelt werden können, die von der funktionellen Zuständigkeit des Betriebsrates erfasst werden. Hierzu gehören

betriebliche und betriebsverfassungsrechtliche Themen sowie Angelegenheiten betreffend den Abschluss, den Inhalt und die Beendigung von Arbeitsverhältnissen. Nicht zulässig sind Betriebsvereinbarungen, die nur einzelne konkrete Arbeitsverhältnisse als solche betreffen.

Zu beachten ist, dass das Betriebsverfassungsgesetz keinen abschließenden Katalog von Regelungsgegenständen aufstellt, die durch Betriebsvereinbarung geregelt werden können. Lediglich Arbeitsentgelte und sonstige Arbeitsbedingungen, die durch Tarifvertrag geregelt sind bzw. üblicherweise geregelt werden und deren Regelung durch Betriebsvereinbarung in einem Tarifvertrag nicht ausdrücklich zugelassen ist, können gemäß § 77 Abs. 3 BetrVG nicht Bestandteil einer Betriebsvereinbarung sein (s. u.). Außerhalb dieses Bereichs können Arbeitgeber und Betriebsrat einvernehmlich grundsätzlich in jeder Form regelnd tätig werden (§ 88 BetrVG).

Zuständig für die Durchführung einer Betriebsvereinbarung ist im Grundsatz der Arbeitgeber (§ 77 Abs. 1 S. 1 BetrVG). Der Betriebsrat hat gegen ihn einen klagbaren Anspruch auf die ordnungsgemäße Durchführung einer abgeschlossenen Betriebsvereinbarung (BAG v. 18.3.2014, 1 ABR 75/12, ZTR 2014, 563; siehe auch entsprechend → *Dienstvereinbarung*).

### 1. Betriebliche und betriebsverfassungsrechtliche Regelungen

Durch Betriebsvereinbarung können betriebliche und betriebsverfassungsrechtliche Gegenstände geregelt werden. Regelungen zu betrieblichen Fragen betreffen eine bestimmte Gruppe von Arbeitnehmern oder die gesamte Belegschaft. Hierzu zählen insbesondere die in § 87 Abs. 1 Nr. 1, 6, 7, 8 und 12 BetrVG genannten Bereiche sowie die in § 88 Nr. 1 und 2 BetrVG genannten Gegenstände.

Betriebsverfassungsrechtliche Regelungen betreffen die Rechtsstellung der Organe des Betriebes zueinander. Zu beachten ist, dass abändernde Vereinbarungen nur zulässig sind, wenn dies gesetzlich ausdrücklich zugelassen ist. Zu den zwingenden gesetzlichen Vorschriften gehören beispielsweise die Regelungen über die Wahl des Betriebsrates.

**Beispiele**

> Eine Regelung durch Betriebsvereinbarung sieht das Gesetz ausdrücklich beispielsweise für die Errichtung anderer Arbeitnehmervertretungen (§ 3 BetrVG), die Übertragung von Aufgaben auf Arbeitsgruppen (§ 28a BetrVG), anderweitige Regelungen der Freistellung (§ 38 Abs. 1 S. 5 BetrVG), die Errichtung einer ständigen Einigungsstelle sowie das Einigungsstellenverfahren (§ 76 Abs. 1 und 4 BetrVG) und die volle Mitbestimmung des Betriebsrats bei Kündigungen (§ 102 Abs. 6 BetrVG) vor.

### 2. Regelungen über Inhalt, Abschluss und Beendigung von Arbeitsverhältnissen

Regelungsgegenstand einer Betriebsvereinbarung können Inhalt, Abschluss und Beendigung von Arbeitsverhältnissen sein, also sowohl formelle als auch materielle Arbeitsbedingungen. Zu beachten ist gemäß § 77 Abs. 3 BetrVG jedoch der Vorbehalt des Tarifvertrages (siehe hierzu ausführlich unten).

Der Betriebsrat hat gegen den Arbeitgeber einen Unterrichtungsanspruch nach § 80 Abs. 2 S. 1 BetrVG, wenn der Betriebsrat überprüfen möchte, ob der Arbeitgeber eine zugunsten der Arbeitnehmer geltende Betriebsvereinbarung richtig durchführt und ihm diese Prüfung nur mithilfe von Auskünften durch den Arbeitgeber möglich ist. Dieser Anspruch setzt nicht voraus, dass der Betriebsrat konkrete Anhaltspunkte für einen Regelverstoß darlegt (BAG v. 19.2.2008, 1 ABR 84/06). Zu beachten ist hierbei, dass es sich lediglich um einen Unterrichtungsanspruch des Betriebsrates handelt. Die individuelle Geltendmachung von Ansprüchen aus einer Betriebsvereinbarung obliegt jedem Arbeitnehmer einzeln.

## V. Arten von Betriebsvereinbarungen

Unabhängig von ihrem Inhalt ist zwischen erzwingbaren und freiwilligen sowie teilweise mitbestimmungspflichtigen Betriebsvereinbarungen zu unterscheiden. Ob eine Betriebsvereinbarung erzwingbar oder freiwillig ist, wird durch das Gesetz festgelegt.

### 1. Erzwingbare Betriebsvereinbarungen

Können sich die Betriebsparteien über den Abschluss einer erzwingbaren Betriebsvereinbarung nicht einigen, kann deren Zustandekommen durch Einschaltung der Einigungsstelle durchgesetzt werden. Sowohl der Arbeitgeber als auch der Betriebsrat können den Abschluss einer erzwingbaren Betriebsvereinbarung also gegen den Willen des jeweils anderen durch Spruch der Einigungsstelle erreichen. Die Gegenstände der erzwingbaren Betriebsvereinbarung regelt das Betriebsverfassungsgesetz abschließend:

▶ Vereinbarungen über Sprechstunden des Betriebsrats und der Jugend- und Auszubildendenvertretung (§ 39 BetrVG);

▶ Vereinbarungen über die Mitgliederzahl des Gesamt- und des Konzernbetriebsrats sowie der Gesamt-Jugend- und Auszubildendenvertretung (§ 47 Abs. 4, § 55 Abs. 4, § 72 Abs. 4 BetrVG);

▶ Vereinbarungen über soziale Angelegenheiten (§ 87 BetrVG);

▶ Vereinbarungen über die menschengerechte Gestaltung des Arbeitsplatzes (§ 91 BetrVG);

▶ Vereinbarungen über Personalfragebögen, persönliche Angaben in schriftlichen Arbeitsverträgen sowie allgemeiner Beurteilungsgrundsätze (§ 94 BetrVG);

▶ Vereinbarung über die Einführung von Maßnahmen der betrieblichen Berufsbildung (§ 97 Abs. 2 BetrVG);

▶ Vereinbarungen über personelle Auswahlrichtlinien (§ 95 BetrVG);

▶ Vereinbarungen über die Durchführung von betrieblichen Bildungsmaßnahmen und die Auswahl von Teilnehmern (§ 98 BetrVG);

▶ Vereinbarung über die Aufstellung eines Sozialplans (§ 112 BetrVG).

### 2. Freiwillige Betriebsvereinbarungen

Freiwillige Betriebsvereinbarungen können grundsätzlich nicht gegen den Willen eines Betriebspartners zustande kommen. Der Betriebsrat kann den Arbeitgeber nicht durch Einschaltung der Einigungsstelle zu einer betrieblichen Einigung zwingen. Die Betriebspartner können aber vereinbaren, dass ein Spruch der Einigungsstelle die fehlende Einigung zwingend ersetzen soll. In diesem Fall wird die Einigungsstelle nur tätig, wenn beide Parteien dies beantragen oder mit ihrem Tätigwerden einverstanden sind (§ 76 Abs. 6 BetrVG). Das Betriebsverfassungsgesetz legt den Regelungsbereich der freiwilligen Betriebsvereinbarung nicht abschließend fest. Vielmehr haben die Betriebspartner im Rahmen der funktionellen Zuständigkeit des

Betriebsrates einen weitreichenden Regelungsspielraum. Exemplarisch seien die folgenden Regelungsgegenstände genannt:

▶ Vereinbarung über zusätzliche Maßnahmen zur Verhütung von Arbeitsunfällen und Gesundheitsschädigungen (§ 88 Nr. 1 BetrVG);

▶ Vereinbarung über Maßnahmen des betrieblichen Umweltschutzes (§ 88 Nr. 1 a BetrVG);

▶ Vereinbarung über die Errichtung von Sozialeinrichtungen (§ 88 Nr. 2 BetrVG);

▶ Vereinbarung über Maßnahmen zur Förderung der Vermögensbildung (§ 88 Nr. 3 BetrVG);

▶ Vereinbarung über Maßnahmen zur Integration ausländischer Arbeitnehmer sowie zur Bekämpfung von Rassismus und Fremdenfeindlichkeit im Betrieb (§ 88 Nr. 4 BetrVG) sowie zur Eingliederung schwerbehinderter Menschen (§ 88 Nr. 5 BetrVG);

▶ Vereinbarungen über eine Veränderung der Vertretungsstruktur (§ 3 Abs. 1, 2 BetrVG);

▶ Vereinbarung über die Übertragung von Aufgaben des Betriebsrats auf Arbeitsgruppen (§ 28a BetrVG);

▶ Vereinbarung über eine vom Betriebsverfassungsgesetz abweichende Freistellungsregelung von Betriebsratsmitgliedern (§ 38 Abs. 1 S. 5 BetrVG);

▶ Vereinbarung über die Einrichtung einer ständigen → *Einigungsstelle* (§ 76 Abs. 1 BetrVG);

▶ Vereinbarung einer Vergütungsordnung für die Einigungsstelle (§ 76a Abs. 5 BetrVG);

▶ Vereinbarung über das Verfahren vor der Einigungsstelle (§ 76 Abs. 4 BetrVG);

▶ Vereinbarung über die Errichtung einer betrieblichen Beschwerdestelle und über die Einzelheiten des betrieblichen Beschwerdeverfahrens (§ 85 BetrVG);

▶ Vereinbarung über die Ausschreibung von Arbeitsplätzen (§ 93 BetrVG);

▶ Vereinbarung über eine Verlängerung der einwöchigen Äußerungsfrist des Betriebsrats bei arbeitgeberseitigen Kündigungen;

▶ Vereinbarung über die Regelung der Einzelheiten des Beschwerdeverfahrens (§ 86 BetrVG);

▶ Vereinbarung über ein Zustimmungserfordernis des Betriebsrats im Falle von Kündigungen seitens des Arbeitgebers (§ 102 Abs. 6 BetrVG);

▶ Vereinbarungen, die Verhaltenspflichten der Betriebsparteien zum Zwecke der zeitnahen Einigung über einen der zwingenden Mitbestimmung unterliegenden Gegenstand regeln (BAG v. 23.10.2018, 1 ABR 10/17).

Freiwillige Betriebsvereinbarungen können allerdings nicht grenzenlos vereinbart werden, insbesondere dürfen die Parteien nicht in das arbeitsgerichtliche Verfahren eingreifen. Beispielsweise sind die Betriebsparteien nicht dazu befugt, den Betriebsrat von seiner gesetzlichen Verpflichtung zur Nennung konkreter Zustimmungsverweigerungsgründe bei einer personellen Einzelmaßnahme im Sinne des § 99 Abs. 1 BetrVG freizustellen (BAG v. 23.8.2016, 1 ABR 22/14). Andernfalls würde das gerichtliche Verfahren im Rahmen der Zustimmung zur betreffenden personellen Einzelmaßnahme in unzulässiger Weise verändert werden (BAG v. 18.8.2009, 1 ABR 49/08, ZTR 2019, 120).

### 3. Teilmitbestimmungspflichtige Betriebsvereinbarungen

Teilmitbestimmungspflichtige Betriebsvereinbarungen beinhalten sowohl Gegenstände der erzwingbaren als auch der freiwilligen Mitbestimmung. Insbesondere Betriebsvereinbarungen, die betriebliche Sozialleistungen regeln, weisen diese Mischform auf.

**Beispiel**

Arbeitgeber und Betriebsrat regeln in einer Betriebsvereinbarung eine jährliche Bonuszahlung für die Arbeitnehmer. Hinsichtlich der Einführung sowie der Höhe des Betrages der Bonuszahlung hat der Arbeitgeber das alleinige Entscheidungsrecht. Betreffend die Verteilungsgrundsätze (Leistungsplan) der Bonuszahlung hat der Betriebsrat ein erzwingbares Mitbestimmungsrecht.

## VI. Verhältnis zu Gesetz und Tarifvertrag

Betriebsvereinbarungen müssen im Einklang mit höherrangigem Recht (Grundrechte, Gesetze, Tarifverträge) stehen.

### 1. Vorrang des Gesetzes

Zwingende gesetzliche Vorschriften können nur dann durch Betriebsvereinbarung abgeändert werden, wenn das Gesetz ausdrücklich eine Änderung durch Betriebsvereinbarung zulässt (so etwa in § 38 Abs. 1 S. 5 BetrVG).

### 2. Vorbehalt des Tarifvertrages

Gemäß § 77 Abs. 3 BetrVG können Arbeitsentgelte und sonstige Arbeitsbedingungen, die üblicherweise durch Tarifvertrag geregelt werden, nicht Gegenstand einer Betriebsvereinbarung sein. Diese als Tarifvorbehalt bezeichnete Regelungssperre dient dem Schutz der Tarifautonomie.

Unter „Arbeitsentgelt" sind alle vermögenswerten Arbeitgeberleistungen zu verstehen. Hierzu gehören neben dem Lohn bzw. Gehalt auch alle zusätzlichen Leistungen, wie Gratifikationen, Prämien, Gewinnbeteiligungen oder Deputate.

Mit „sonstigen Arbeitsbedingungen" sind alle formellen (Ausschlussfristen) und materiellen (z. B. Urlaubsdauer, Länge der Arbeitszeit) Arbeitsbedingungen gemeint.

„Durch Tarifvertrag geregelt" bedeutet nicht, dass der Arbeitgeber an den Tarifvertrag gebunden sein muss. Ausreichend ist, dass der Betrieb in den Geltungsbereich des betroffenen Tarifvertrages fällt (vgl. z. B. LAG Schleswig-Holstein v. 9.2.2022, 6 Sa 150/21). Die Formulierung „oder üblicherweise geregelt werden" in § 77 Abs. 3 S. 1 BetrVG ist im zeitlichen Sinne zu verstehen. Mit Hilfe dieser Formulierung soll verhindert werden, dass bereits eine kurze tariflose Zeit den Tarifvorbehalt außer Kraft setzt.

Ist der Regelungsbereich zwar tariflich, betrifft er jedoch eine mitbestimmungspflichtige soziale Angelegenheit im Sinne von § 87 Abs. 1 BetrVG, ist eine Regelung der in § 87 Abs. 1 BetrVG genannten Bereiche durch Betriebsvereinbarung nur dann unzulässig, wenn diese tatsächlich durch einen für den Betrieb einschlägigen Tarifvertrag geregelt sind und der Arbeitgeber tarifgebunden ist. Die bloße Tarifüblichkeit oder ein lediglich nachwirkender Tarifvertrag (§ 4 Abs. 5 TVG) stehen dem Abschluss einer Betriebsvereinbarung in den Fällen des § 87 Abs. 1 BetrVG nicht entgegen.

Eine Ausnahme vom Tarifvorbehalt besteht gemäß § 77 Abs. 3 S. 2 BetrVG dann, wenn der Tarifvertrag eine Öffnungsklausel enthält, die den Abschluss einer Betriebsvereinbarung ausdrücklich zulässt.

Verstößt eine Betriebsvereinbarung gegen den Tarifvorbehalt, ist sie unwirksam. Das Günstigkeitsprinzip findet keine Anwendung. Insoweit ist jede Regelung durch Betriebsvereinbarung unzulässig, auch wenn sie inhaltsgleich ist oder günstiger ist (LAG Baden-Württemberg v. 27.7.2022, 19 Sa 6/22). Eine Umdeutung einer unwirksamen Betriebsvereinbarung in eine vertragliche Einheitsregelung (Gesamtzusage oder gebündelte Vertragsangebote) entsprechend § 140 BGB kommt in der Regel nicht in Betracht. Sie ist nur ausnahmsweise möglich, wenn besondere Umstände die Annahme rechtfertigen, der Arbeitgeber habe sich unabhängig von der Wirksamkeit der Betriebsvereinbarung auf jeden Fall verpflichten wollen, seinen Arbeitnehmern die in dieser vorgesehenen Leistungen zu gewähren (BAG v. 23.1.2018, 1 AZR 65/17, ZTR 2018, 422).

## VII. Verhältnis zum Arbeitsvertrag

Im Verhältnis der Betriebsvereinbarung zum Arbeitsvertrag gilt die Kollisionsregel des Günstigkeitsprinzips. Dies bedeutet, dass günstigere vertragliche Vereinbarungen zwischen Arbeitnehmer und Arbeitgeber die Regelung in der Betriebsvereinbarung verdrängen.

Unerheblich für die Anwendung des Günstigkeitsprinzips ist, ob das Arbeitsverhältnis vor oder nach Inkrafttreten der Betriebsvereinbarung begründet worden ist.

Zur Beantwortung der Frage, wann eine Regelung günstiger ist, muss zwischen einzelvertraglichen Regelungen einerseits und arbeitsvertraglichen Einheitsregelungen und Gesamtzusagen andererseits unterschieden werden:

### 1. Einzelvertragliche Regelung

Bei einzelvertraglich zwischen Arbeitgeber und Arbeitnehmer getroffenen Regelungen ist ein auf den konkreten Einzelfall abstellender objektiver Vergleich durchzuführen, in dem die Regelung der Betriebsvereinbarung neben die des Einzelvertrags zu stellen ist. Je nach Ausgang dieses individuellen Günstigkeitsvergleichs gilt für den Arbeitnehmer die arbeitsvertragliche Regelung oder die der Betriebsvereinbarung.

### 2. Arbeitsvertragliche Einheitsregelung/Gesamtzusage

Beruht eine Arbeitgeberleistung auf einer arbeitsvertraglichen Einheitsregelung/Gesamtzusage, ist für die Durchführung des Günstigkeitsvergleichs danach zu differenzieren, ob es sich bei der zugesagten arbeitgeberseitigen Leistung um eine sog. freiwillige Sozialleistung, wie etwa Weihnachtsgeld, Essensgeld etc. handelt oder um eine Zusage bzw. Regelung anderer Art, wie etwa hinsichtlich des eigentlichen Arbeitsentgelts als Gegenleistung für die geschuldete Arbeitsleistung.

### 2.1 Kollektiver Günstigkeitsvergleich bei sog. freiwilligen Sozialleistungen

Bei durch arbeitsvertragliche Einheitsregelung/Gesamtzusage gewährten Sozialleistungen ist im Verhältnis zu einer nachfolgenden Betriebsvereinbarung ein besonderer Vergleichsmaßstab anzusetzen (sog. kollektiver Günstigkeitsvergleich). Bei der Anwendung des Günstigkeitsprinzips dürfen nicht die individuellen Besitzstände als Maßstab zugrunde gelegt werden, sondern es ist allein auf die Vor- und Nachteile abzustellen, welche die Belegschaft insgesamt betreffen. Arbeitsvertraglich durch

Einheitsregelung oder Gesamtzusage vom Arbeitgeber gewährte soziale Leistungen können daher dann durch eine Betriebsvereinbarung auf individueller Ebene eingeschränkt werden, wenn dies für die Belegschaft insgesamt günstiger ist.

**Beispiel**

> Die Arbeitnehmer eines Betriebs erhalten auf der Grundlage einer Gesamtzusage eine jährliche Sonderzahlung. Ein Teil der Arbeitnehmer bekommt € 500, der andere Teil € 1.000. Nach dem kollektiven Günstigkeitsvergleich kann durch Betriebsvereinbarung vereinbart werden, dass zukünftig alle Arbeitnehmer € 750 erhalten, auch wenn diejenigen, die bisher € 1.000 erhalten haben, damit individuell schlechter gestellt sind.

### 2.2 Individueller Günstigkeitsvergleich bei anderen Zusagen/Regelungen

Werden durch arbeitsvertragliche Einheitsregelungen/Gesamtzusage andere Zusagen/Regelungen als Sozialleistungen gewährt, findet der kollektive Günstigkeitsvergleich keine Anwendung. Bei diesen Regelungen ist wie bei der einzelvertraglichen Regelung ein individueller Günstigkeitsvergleich anzustellen.

Grund für die Nichtanwendung des kollektiven Günstigkeitsvergleiches ist, dass nur freiwillige Sozialleistungen in einem Bezug zu gleichartigen Ansprüchen anderer Arbeitnehmer stehen. Nur freiwillige Sozialleistungen werden aus einer vorgegebenen Finanzierungsmasse befriedigt, die nach bestimmten Grundsätzen verteilt wird.

## VIII. Nachwirkung von Betriebsvereinbarungen

### 1. Erzwingbare Betriebsvereinbarungen

Erzwingbare Betriebsvereinbarungen wirken grundsätzlich so lange weiter, bis sie durch eine neue Abmachung ersetzt werden (§ 77 Abs. 6 BetrVG). Dies gilt unabhängig davon, ob die Betriebsvereinbarung durch Einigung der Betriebspartner oder durch Spruch der Einigungsstelle begründet worden ist.

Diese Nachwirkung dient dazu, in Angelegenheiten der erzwingbaren Mitbestimmung den Zeitraum von der Beendigung bis zum Abschluss einer neuen Betriebsvereinbarung durch Weitergeltung der alten Regelung zu überbrücken. Diese gesetzlich vorgesehene Nachwirkung kann durch Vereinbarung der Betriebspartner zeitlich befristet oder gänzlich abbedungen werden. Die Befristung der Betriebsvereinbarung als solche schließt die Nachwirkung hingegen nicht aus.

Von der Nachwirkung erfasst werden auch die Arbeitsverhältnisse, die erst im Zeitraum der Nachwirkung begründet werden.

Zu beachten ist, dass erzwingbare Betriebsvereinbarungen im Zeitraum der Nachwirkung zwar noch eine unmittelbare, aber keine zwingende Wirkung mehr besitzen.

Die Nachwirkung endet mit einer neuen Abmachung, gleichgültig, ob es sich um eine Betriebsvereinbarung oder um eine einzelvertragliche Vereinbarung handelt.

### 2. Freiwillige Betriebsvereinbarungen

Freiwillige Betriebsvereinbarungen entfalten nur dann eine Nachwirkung, wenn die Betriebsparteien dies ausdrücklich vereinbart haben (LAG Düsseldorf v. 27.6.2023, 8 Sa 1049/21). Aus einer beendeten freiwilligen Betriebsvereinbarung können die Arbeitnehmer daher keine Ansprüche mehr herleiten. Betriebsvereinbarungen, die Verhaltenspflichten der Betriebsparteien zum

Zwecke der zeitnahen Einigung über einen der zwingenden Mitbestimmung unterliegenden Gegenstand regeln, entfalten keine Nachwirkung für die Betriebsparteien (BAG v. 23.10.2018, 1 ABR 10/17, ZTR 2019, 120). Ansprüche, die vor Beendigung der Betriebsvereinbarung entstanden sind, bleiben hingegen bestehen. Die Bestimmungen einer Betriebsvereinbarung können sich dennoch auf bereits entstandene Ansprüche auswirken. Diese Bestimmungen sind indes nur wirksam, wenn sie mit den Grundsätzen des Vertrauensschutzes und der Verhältnismäßigkeit vereinbar sind (BAG v. 15.11.2023, 10 AZR 288/22).

### 3. Teilmitbestimmungspflichtige Betriebsvereinbarungen

Beinhaltet eine Betriebsvereinbarung sowohl Gegenstände der erzwingbaren als auch der freiwilligen Mitbestimmung (sog. teilmitbestimmungspflichtige Betriebsvereinbarung), erstreckt sich die Nachwirkung allein auf die Regelungen der erzwingbaren Mitbestimmung, sofern sie aus sich heraus verständlich und umsetzbar sind.

Kündigt der Arbeitgeber eine Betriebsvereinbarung über freiwillige Leistungen, um diese vollständig zum Erlöschen zu bringen, entfällt die Nachwirkung insgesamt, da die Entscheidung über das „Ob" der Gewährung freiwilliger Leistungen kein Gegenstand der erzwingbaren Mitbestimmung ist.

Möchte der Arbeitgeber mit der Kündigung hingegen die Verteilungsgrundsätze ändern, wirkt die Betriebsvereinbarung insgesamt nach, da dieser Regelungsgegenstand der erzwingbaren Mitbestimmung unterliegt. In diesem Fall muss der Arbeitgeber die Leistung in der bisherigen Form bis zu einer neuen Abmachung weiter gewähren.

# Beurteilung

**Wegweiser:**

Die dienstliche Beurteilung ist für Arbeitnehmerinnen und Arbeitnehmer des öffentlichen Dienstes weder gesetzlich noch tarifvertraglich geregelt. Gleichwohl kommt ihr insbesondere bei Beförderungsentscheidungen eine ganz erhebliche Bedeutung zu. Ergänzend wird auf die Kommentierung zu § 3 TVöD in Sponer/Steinherr, TVöD Komm., Rn. 252 ff. sowie in Breier/Dassau, TVöD Komm., Rn. 199 ff. verwiesen.

Für Ausführungen zum Zeugnisrecht siehe auch das Stichwort → *Zeugnis*.

**I.     Begriff und Abgrenzung**

**II.    Rechtsgrundlage**

**III.   Inhalt der Beurteilung**

   1.  Allgemeines

   2.  Art der Beurteilung

   3.  Inhaltliche Kriterien

      3.1  Eignung

      3.2  Befähigung

      3.3  Fachliche Leistung

**IV.    Mitbestimmung des Personalrats**

**V.     Rechtsschutz**

**VI.    Beurteilung**

# I. Begriff und Abgrenzung

Dienstliche Beurteilungen haben im öffentlichen Dienst einen hohen Stellenwert. Aus ihnen ergibt sich der Nachweis der Qualifikation der Beschäftigten. Eine dienstliche Beurteilung dient im Unterschied zu einem Zeugnis nicht der Außendarstellung oder der beruflichen Förderung. Die Beurteilung ist im internen Verwaltungsgebrauch dazu bestimmt, die Verwendungsmöglichkeiten des Angestellten festzustellen und eine sachliche wie rechtlich richtige Auslese bei Beförderungsentscheidungen vorzubereiten (BAG v. 18.8.2009, 9 AZR 617/08, ZTR 2010, 149; BAG v. 24.1.2007, 4 AZR 629/06, ZTR 2007, 566).

Die Erstellung von Beurteilungen dient vordergründig dazu, Vergleiche zwischen Beschäftigten zu ermöglichen und den Beschäftigten mitzuteilen, wie ihre Leistungen eingeschätzt werden. Dies kann insbesondere dann eine Rolle spielen, wenn sich ein Beschäftigter im Wege der Konkurrentenklage in ein Amt einklagen will (siehe hierzu unter → *Bewerberauswahl/Arbeitsrechtliche Konkurrentenklage*). Anders als das Endzeugnis wird die dienstliche Beurteilung nicht bei Beendigung des Arbeitsverhältnisses, sondern während des Bestehens erteilt.

Des Weiteren sollen dienstliche Beurteilungen sicherstellen, dass bei Beendigung eines Arbeitsverhältnisses ein qualifiziertes Zeugnis erteilt werden kann. In größeren Dienststellen, in denen Vorgesetzte wechseln, könnte ein sachlich richtiges Zeugnis nicht erteilt werden, wenn nicht zwischenzeitlich der Leistungsstand in dienstlichen Beurteilungen festgehalten würde.

Eine Beurteilung kann ferner dazu herangezogen werden, Leistungsentgelte zu bemessen (BAG v. 18.8.2009, 9 AZR 617/08, ZTR 2010, 149; BAG v. 24.1.2007, 4 AZR 629/06, ZTR 2007, 566). Relevant ist dies insbesondere hinsichtlich der Bemessung der variablen Vergütung im öffentlichen Dienst nach § 18 TVöD (Bund)/(VKA), wo sie – anders als im TV-L, aus dem das Leistungsentgelt mit der Tarifeinigung 2009 gestrichen wurde – nach wie vor vorgesehen ist (siehe hierzu unter → *Leistungsorientierte Bezahlung*).

# II. Rechtsgrundlage

Anders als im Beamtenrecht bestehen bei der Beurteilung von Arbeitnehmern im öffentlichen Dienst keine ausdrücklichen gesetzlichen Regelungen. Auch der TVöD/TV-L trifft hierzu keine Aussage. Rechtlicher Ausgangspunkt des Beurteilungswesens ist daher Art. 33 Abs. 2 GG, nach dessen Maßgabe jeder Deutsche nach Eignung, Befähigung und fachlicher Leistung Zugang zu öffentlichen Ämtern haben muss. Das Bundesarbeitsgericht hat die Rechtsprechung des Bundesverwaltungsgerichts zu Beamtenbeurteilungen auf Beurteilungen von Arbeitnehmern im öffentlichen Dienst übertragen. Demzufolge sind die für die dienstliche Beurteilung eines Beamten entwickelten Grundsätze hinsichtlich ihres Inhalts und des bei ihrer Erstellung zu beachtenden Verfahrens sinngemäß auch für die dienstliche Beurteilung eines Angestellten anwendbar (BAG v. 18.8.2009, 9 AZR 617/08, ZTR 2010, 149; BAG v. 24.1.2007, 4 AZR 629/06, ZTR 2007, 566).

Allgemeine Beurteilungsrichtlinien sind mitbestimmungspflichtig nach § 80 Abs. 1 Nr. 11 BPersVG. Sie sollen die Beurteilungen möglichst objektiv, gerecht und unter Beachtung des Gleichheitssatzes erfolgen lassen. In Betrieben mit Betriebsrat besteht diese Möglichkeit ebenfalls; hier folgt das Mitbestimmungsrecht des Betriebsrats aus § 94 Abs. 2, 2. Alt. BetrVG.

# III. Inhalt der Beurteilung

## 1. Allgemeines

Dienstliche Beurteilungen sind grundsätzlich zulässig. Der Arbeitgeber darf Eignung, Befähigung und fachliche Leistung der bei ihm beschäftigten Arbeitnehmer beurteilen und die Beurteilungen in die Personalakten aufnehmen. Auch formalisierte Regelbeurteilungen können erstellt werden (BAG v. 18.8.2009, 9 AZR 617/08, ZTR 2010, 149; BAG v. 18.11.2008, 9 AZR 865/07). Auf Verlangen des Arbeitnehmers muss der Arbeitgeber seine Beurteilung begründen. Dazu gehört auch die Angabe von Tatsachen, die eine ungünstige Beurteilung rechtfertigen sollen. Beurteilungen sollen ein möglichst objektives und vollständiges Bild der Person, der Tätigkeit und der Leistung des Beurteilten geben (BAG v. 18.8.2009, 9 AZR 617/08, ZTR 2010, 149; BAG v. 18.11.2008, 9 AZR 865/07; BAG v. 19.8.1992, 7 AZR 262/91, ZTR 1993, 81). Bei der Beurteilung steht dem Arbeitgeber ein Beurteilungsspielraum zu (BAG v. 18.8.2009, 9 AZR 617/08, ZTR 2010, 149; BAG v. 25.2.1959, 4 AZR 549/57, BAGE 7, 267).

## 2. Art der Beurteilung

Beurteilungen werden aus verschiedenen Anlässen erstellt. Dies kann ein bestimmter Beurteilungsanlass (Anlassbeurteilung), aber auch ein gewisser Zeitablauf sein (Regelbeurteilung).

Eine **Anlassbeurteilung** wird regelmäßig losgelöst von einer periodischen Wiederkehr dann erteilt, wenn eine personalwirtschaftliche Notwendigkeit hierfür besteht oder eine rechtliche Zäsur Anlass dazu gibt, den vergangenen Tätigkeitszeitraum eines Beschäftigten zu betrachten und seine Leistung in dieser Zeit zu bewerten. In Betracht kommen beispielsweise Ablauf der Probezeit, Wechsel der Tätigkeit, Versetzung oder Abordnung. Darüber hinaus kommt eine Anlassbeurteilung in Betracht, wenn Maßnahmen anstehen, die der Entwicklung eines Beschäftigten dienen. Dies können insbesondere die Beförderung, die Übertragung eines höherwertigen Dienstpostens, die anstehende Gewährung von Funktionszulagen oder die Bewerbung um eine Beförderungsstelle sein.

**Regelbeurteilungen** werden in periodischen Zeitabständen erstellt und dienen dazu, ein Bild über die Leistung und Entwicklung des Beschäftigten zu vermitteln. Eine gesetzliche oder tarifliche Normierung der Regelbeurteilung für die Angestellten des öffentlichen Dienstes existiert nicht. Zeitintervall, Beurteilungsverfahren und Beurteilungsmaßstäbe sind aber vielfach durch den öffentlichen Arbeitgeber in Richtlinien festgehalten. Da das Bundesarbeitsgericht auch für Personalentscheidungen betreffend privatrechtlich Beschäftigter im öffentlichen Dienst darauf abstellt, dass diese an den Auswahlkriterien von Eignung, Befähigung und fachlicher Leistung orientiert werden, besteht faktisch die Pflicht zur regelmäßigen Erstellung von Beurteilungen als Grundlage solcher Personalentscheidungen (BAG v. 10.3.1982, 5 AZR 927/79; BAG v. 18.8.2009, 9 AZR 617/08, ZTR 2010, 149).

## 3. Inhaltliche Kriterien

Nach Art. 33 Abs. 2 GG richtet sich der Zugang zu einem öffentlichen Amt nach Eignung, Befähigung und fachlicher Leistung. Entsprechend sind dies auch die Kriterien, die in einer dienstlichen Beurteilung aufgeführt und bewertet werden müssen.

Hat der öffentliche Arbeitgeber Richtlinien über dienstliche Beurteilungen erlassen, sind die Beurteiler bei der Anwendung der Richtlinien nach dem Gleichheitssatz (Art. 3 Abs. 1 GG) hinsichtlich des anzuwendenden Verfahrens und der anzulegenden Maßstäbe an die Richtlinien gebunden. Die Einhaltung der Anforderungen der Richtlinien sind gerichtlich ebenso überprüfbar wie die Frage, ob sie mit den gesetzlichen Vorschriften in Einklang stehen (BVerwG v. 11.12.2008, 2 A 7/08, ZTR 2009, 393; BAG v. 18.8.2009, 9 AZR 617/08, ZTR 2010, 149).

Die Beurteilung wird durch ein Gesamturteil abgeschlossen. Diese muss die jeweils bewerteten Einzelmerkmale des Art. 33 Abs. 2 GG Eignung, Befähigung und fachliche Leistung umfassen (BVerwG v. 7.7.2021, 2 C 2/21).

### 3.1 Eignung

Die Eignung betrifft die gesamte Persönlichkeit des Beschäftigten, insbesondere hinsichtlich der in Aussicht genommenen Laufbahn. Zu berücksichtigen sind hierbei vor allem die

▶ persönlichkeitsbildende,

▶ körperliche,

▶ seelische und

▶ intellektuelle Eignung.

### 3.2 Befähigung

Die Befähigung betrifft in erster Linie das Fachwissen des Beschäftigten. Umfasst werden auch sonstige Fähigkeiten, Kenntnisse und Interessen. Fachliche Kenntnisse werden insbesondere nachgewiesen durch abgelegte Prüfungen und durchlaufene Lehrgänge.

### 3.3 Fachliche Leistung

Die fachliche Leistung eines Beschäftigten ist anhand der von ihm bisher ausgeübten Tätigkeit zu bestimmen. Es gilt hierbei zu beurteilen, inwiefern der Beschäftigte den ihm gestellten Anforderungen entsprochen hat. Zu beachten sind insbesondere die folgenden Komponenten:

▶ Selbständigkeit,

▶ Einsatzbereitschaft,

▶ Arbeitsqualität,

▶ Arbeitsquantität,

▶ Arbeitstempo und

▶ Entscheidungsbereitschaft.

## IV. Mitbestimmung des Personalrats

Eine Mitbestimmungsmöglichkeit des Personalrats besteht bezüglich der Beurteilungsrichtlinien, vgl. z. B. § 80 Abs. 1 Nr. 11 BPersV oder § 65 Abs. 1 Nr. 24, Abs. 2 Nr. 18 NPersVG. Sowohl die erstmalige Aufstellung, als auch spätere Abänderung solcher Richtlinien sind umfasst. Explizit kann der Personalrat somit beim gesamten Beurteilungsverfahren mitwirken. Dies beinhaltet beispielsweise die Zuständigkeit für die Beurteilung, aus welchem Anlass Beurteilungen erfolgen sollen und die etwaige Möglichkeit einer Anhörung des jeweilig zu beurteilenden Beschäftigten. Das Mitbestimmungsrecht soll der Chancengleichheit der Zugangsmöglichkeiten bei Einstellungen und Beförderungen von Bewerbern und Arbeitnehmern i. S. d. Art. 33 Abs. 2 GG ermöglichen.

 **WICHTIG!**

Das Mitbestimmungsrecht des Personalrats umfasst Richtlinien, die das Verhalten und die Leistung der Arbeitnehmer kategorisieren sollen. Diese Befugnis bezüglich allgemeiner Regelungen

umfasst nicht den konkreten Einzelfall. Die Beurteilung einzelner Arbeitnehmer ist kein Gegenstand der Mitbestimmung – auch wenn sie nach einer Richtlinie erfolgt – sondern ist dem Dienstherrn überlassen.

## V. Rechtsschutz

Nach der Rechtsprechung des Bundesarbeitsgerichts sind dienstliche Beurteilungen nur beschränkt nachprüfbar. Dem Arbeitgeber steht insofern ein Beurteilungsspielraum zu. Beurteilungen können grundsätzlich nur daraufhin kontrolliert werden, ob der Beurteiler allgemeine Beurteilungsmaßstäbe beachtet, alle wesentlichen Umstände berücksichtigt und ein fehlerfreies Verfahren eingehalten hat (BAG v. 18.8.2009, 9 AZR 617/08, ZTR 2010, 149; BAG v. 18.11.2008, 9 AZR 865/07; BAG v. 29.10.1998, 7 AZR 676/96, ZTR 1999, 284). Die gerichtliche Kontrolle richtet sich danach, wie die Beurteilung begründet wird. Werden Einzelvorkommnisse konkret benannt, ist der Sachverhalt voll zu überprüfen. Wird die Beurteilung auf allgemein gehaltene Tatsachenbehauptungen gestützt, hat der Arbeitgeber sie auf Verlangen des Arbeitnehmers zu konkretisieren. Das Gericht hat aber uneingeschränkt zu überprüfen, ob der Arbeitgeber von einem zutreffenden Sachverhalt ausgegangen ist. Wird eine dienstliche Beurteilung auf reine Werturteile gestützt, muss der Arbeitgeber im Prozess keine einzelnen Tatsachen vortragen und beweisen, die den Werturteilen zu Grunde liegen (BAG v. 18.8.2009, 9 AZR 617/08, ZTR 2010, 149). Die Beurteilung darf sich nicht an sachwidrigen Bewertungsmaßstäben orientieren. So ist eine Tätigkeit im Hinblick auf die Kriterien Eignung, Befähigung und fachliche Leistung beispielsweise nicht automatisch deshalb weniger aussagekräftig, weil sie in einem befristeten Arbeitsverhältnis ausgeführt wurde (BAG v. 12.10.2010, 9 AZR 518/09, ZTR 2011, 237).

Unter Umständen kann der Arbeitnehmer einen Anspruch auf Entfernung einer Beurteilung aus der Personalakte haben, wenn diese Beurteilung unrichtige Tatsachenbehauptungen enthält, die den Arbeitnehmer in seiner Rechtsstellung und seinem beruflichen Fortkommen beeinträchtigen könnten (BAG v. 27.11.1985, 5 AZR 101/84). Der Anspruch des Arbeitnehmers hierauf stellt eine der arbeitsvertraglichen Nebenpflichten des Arbeitgebers im Sinne des § 241 Abs. 2 BGB dar, die unter dem Begriff der Fürsorgepflicht zusammengefasst werden (BAG v. 9.2.1977, 5 AZR 2/76). Dieser hat bei allen seinen Maßnahmen, auch insoweit er Rechte ausübt, auf das Wohl und die berechtigten Interessen seines Arbeitnehmers Rücksicht zu nehmen. Deshalb muss er unter Umständen besondere Maßnahmen treffen, die die Entstehung eines Schadens, insbesondere eine Beeinträchtigung des Fortkommens seines Arbeitnehmers, verhindern können. Der Umfang dieser Fürsorgepflicht lässt sich im Einzelfall nur aufgrund einer eingehenden Abwägung der beiderseitigen Interessen bestimmen. Ein unter Missachtung von Verfahrensvorschriften (z. B. Missachtung einer Frist zwischen einer Besprechung des zuständigen Gremiums und der Bekanntgabe der Regelbeurteilung) zustande gekommenes Beurteilungsergebnis darf nicht gegen den Willen des Arbeitnehmers in den Personalakten verbleiben, wenn der Verfahrensverstoß Auswirkungen auf das Beurteilungsergebnis haben kann (BAG v. 18.11.2008, 9 AZR 865/07).

Mittelbar findet eine gerichtliche Überprüfung der Beurteilung außerdem im Rahmen der arbeitsrechtlichen Konkurrentenklage statt. Für Beschäftigte des öffentlichen Dienstes gilt ebenso wie für Beamte die verfassungsrechtliche Zugangsregelung des

Art. 33 Abs. 2 GG. Im Wege der arbeitsrechtlichen Konkurrentenklage kann der Beschäftigte gerichtlich überprüfen lassen, ob der Arbeitgeber bei seiner Personalauswahlentscheidung alle wesentlichen Umstände berücksichtigt, allgemeingültige Bewertungsmaßstäbe beachtet und ein fehlerfreies Verfahren eingehalten hat. In diesem Zusammenhang können die dargelegten Anforderungen an die dienstliche Beurteilung eine Rolle spielen (vgl. BVerwG v. 1.3.2018, 2 A 10.17). Nach der Rechtsprechung des Bundesverfassungsgerichts ist es nötig, dass jede Auswahlentscheidung, die im Geltungsbereich des Art. 33 Abs. 2 GG getroffen wird, in ihren wesentlichen Grundlagen und Aspekten schriftlich dokumentiert wird (BVerfG v. 9.7.2007, 2 BVR 206/07). Dieses Erfordernis gilt für öffentlich-rechtliche Dienstverhältnisse und privatrechtliche Arbeitsverhältnisse im öffentlichen Dienst gleichermaßen. Das Bundesverfassungsgericht sieht in der Dokumentationspflicht eine verfahrensbegleitende Absicherung der Einhaltung der Maßstäbe des Art. 33 Abs. 2 GG. Hat ein Arbeitgeber des öffentlichen Dienstes keinerlei schriftliche Beurteilungen oder Dokumentationen über die Gründe für die Besetzung einer ausgeschriebenen Stelle mit einem bestimmten Bewerber erstellt, so kehrt sich die Beweislast um: Der Arbeitgeber hat darzulegen und zu beweisen, dass der abgelehnte Bewerber weniger geeignet war als der Eingestellte (LAG Baden-Württemberg v. 3.7.2009, 9 Sa 56/08; vgl. auch BVerwG v. 21.8.2003, 2 C 14/02, ZTR 2004, 272). Diesbezüglich kann auf die Ausführungen zu → *Bewerberauswahl/Arbeitsrechtliche Konkurrentenklage* verwiesen werden.

## VI. Beurteilung

**WICHTIG!**

In vielen Dienststellen und Betrieben ist das Beurteilungswesen einseitig von Arbeitgeberseite oder in Dienst- oder Betriebsvereinbarungen geregelt. Teilweise enthalten diese Regelungen auch konkrete Muster und Bewertungsschemata, die zu verwenden sind. Aus Gründen der Vergleichbarkeit empfiehlt es sich, einheitliche Muster zu verwenden.

**1. Angaben zur Person:**

Name/Geburtsname, Vorname:...............................

Geburtsdatum:....................................

Berufsbezeichnung:.................................

Schwerbehindert: nein / ja (Grad der Behinderung) .............

Dienststelle und Stellenbezeichnung: ...........................

seit: ........................................

Fort- und Weiterbildungen, zusätzliche Qualifikationen etc. im Beurteilungszeitraum:.................................

**2. Anlass der Beurteilung:**

Beurteilungszeitraum:..............................

Anlass der Beurteilung: ...........................

**3. Bewertung**:

*3.1 Eignung*

....................................................

*(Bewertung)*

*3.2 Befähigung*

....................................................

*(Bewertung)*

*3.3 Fachliche Leistung*

....................................................

*(Bewertung – regelmäßig Schwerpunkt der Beurteilung mit detaillierter Beschreibung und Bewertung der konkreten Tätigkeiten des Arbeitnehmers)*

*3.4 Wahrnehmung besonderer Aufgaben / Führungsaufgaben: .*

**4. Gesamturteil**

*Bewertung:*

....................................................

*(Bewertung – entsprechend der vorgegebenen oder üblichen Notenschemata)*

*Begründung:...................................*

**5. Vorschlag für weitere Verwendung**

....................................................

*(ggf., sofern Anlass hierfür besteht)*

....................................................

*Ort, Datum*      *Unterschrift des Bewertenden*

*Von der vorstehenden Beurteilung habe ich Kenntnis genommen.*

....................................................

*Ort, Datum*      *Unterschrift des Arbeitnehmers*

# Bewerberauswahl/ Arbeitsrechtliche Konkurrentenklage

**Wegweiser:**

Bei der Besetzung öffentlicher Ämter, zu denen nicht nur Beamtenstellen, sondern auch Stellen für Arbeitnehmer zählen, ist Art. 33 Abs. 2 GG zu beachten. Ergänzend zu den nachfolgenden Ausführungen ist auf die Kommentierung in Breier/Dassau, TVöD Komm. Erl. 1.3 zu § 2 Rn. 95 ff. sowie Erl. 1.4.3 zu § 2 Rn. 252 ff. zu verweisen.

Bei einem Rechtsstreit um den Zugang zu einer Beamtenstelle spricht man von einer beamtenrechtlichen Konkurrentenklage. Für diese ist der Verwaltungsrechtsweg eröffnet (§ 126 Abs. 1 BRRG; § 40 VwGO) und damit in letzter fachgerichtlicher Instanz das BVerwG zuständig. Für arbeitsrechtliche Konkurrentenklagen, auf die sich die nachfolgenden Ausführungen beziehen, ist dagegen die Zuständigkeit der Arbeitsgerichte und damit letztinstanzlich des BAG gegeben. Obwohl die Rechtsprechung in weiten Teilen vereinheitlicht ist, bestehen einige Divergenzen, insbesondere zum Anforderungsprofil (s. u. I.6.1), sodass die verwaltungsgerichtliche Rechtsprechung für die arbeitsrechtliche Konkurrentenklage nicht ungeprüft herangezogen werden sollte.

**I. Bewerberauswahl**

   1. Grundsätze

   2. Einstellungsanspruch

   3. Abgrenzung zur Organisationsfreiheit

   4. Beurteilungsspielraum

5. Umsetzungs-/Versetzungsbewerber
6. Richtlinien
7. Verfahrensvorschriften
   7.1 Anforderungsprofil
   7.2 Auswahlentscheidung
   7.3 Rechtzeitige Information
   7.4 Hinreichendes Abwarten
   7.5 Keine Schaffung vollendeter Tatsachen

**II. Arbeitsrechtliche Konkurrentenklage**
1. Begriff
2. Vorläufiger Rechtsschutz
3. Antrag
4. Rechtsweg
5. Reaktionsmöglichkeiten des öffentlichen Arbeitgebers
   5.1 Abbruch des Auswahlverfahrens
   5.2 Kommissarische Besetzung der Stelle
6. Schadensersatzansprüche des Bewerbers

## I. Bewerberauswahl

### 1. Grundsätze

Der Arbeitgeber ist grundsätzlich frei in seiner Entscheidung, ob und mit wem er einen Arbeitsvertrag abschließt. Dieser Grundsatz der Privatautonomie erfährt bei Einstellungen im öffentlichen Dienst durch Art. 33 Abs. 2 GG eine erhebliche Einschränkung. Danach hat jeder Deutsche nach seiner Eignung, Befähigung und fachlichen Leistung gleichen Zugang zu jedem öffentlichen Amt. Beamte und Angestellte haben bei der Besetzung von Ämtern des öffentlichen Dienstes einen Anspruch darauf, dass die Auswahlentscheidung nach den in Art. 33 Abs. 2 GG genannten Kriterien erfolgt. Der am besten geeignete Bewerber für die ausgeschriebene Stelle hat einen Anspruch auf Besetzung (BAG v. 11.6.2013, 9 AZR 668/11, ZTR 2013, 556).

Bei Art. 33 Abs. 2 GG handelt es sich um ein grundrechtsgleiches Recht. Ebenso wie an die Grundrechte selbst ist an Art. 33 Abs. 2 GG als grundrechtsgleiches Recht die Gesetzgebung, die vollziehende Gewalt und die Rechtsprechung gebunden (Art. 1 Abs. 3 GG). Adressat ist die öffentliche Gewalt. Daraus folgt, dass ein Arbeitgeber, der nicht Teil der öffentlichen Gewalt ist, auch nicht der Bindung des Art. 33 Abs. 2 GG unterliegt. Hierbei kommt es jedoch nicht auf die Organisationsform an, in der der Staat tätig wird. Im Alleineigentum des Staates stehende öffentliche Unternehmen, die in den Formen des Privatrechts organisiert sind (GmbH, AG, GbR etc.), unterliegen ebenfalls der Bindung durch Art. 33 Abs. 2 GG (BAG v. 12.4.2016, 9 AZR 673/14, ZTR 2016, 528).

Auch wenn Art. 33 Abs. 2 GG nach seinem Wortlaut nur auf Deutsche Anwendung findet, so gebietet Art. 45 AEUV die Erstreckung der Vorschrift auch auf EU-Bürger, sodass auch diese sich auf Art. 33 Abs. 2 GG berufen können (LAG Sachsen-Anhalt v. 21.11.2022, 8 SaGa 5/22).

Öffentliche Ämter im Sinne des Art. 33 Abs. 2 GG sind nicht nur Beamtenstellen, sondern auch solche Stellen, die von Arbeitnehmern besetzt werden können. Damit gilt Art. 33 Abs. 2 GG nicht nur für Beamte, sondern auch für Angestellte des öffentlichen Dienstes.

Der Begriff der Befähigung stellt auf die Vorbildung nach Maßgabe der Laufbahnverordnungen ab, aber auch auf fachrelevantes Allgemeinwissen, Lebenserfahrung und Begabung. Der Begriff der fachlichen Leistung stellt auf die berufliche Erfahrung, die Bewährung in der jeweiligen Berufssparte, auf das Fachwissen und das fachliche Können ab. Der Begriff der Eignung bezieht sich auf die Person selbst mit ihren körperlichen, geistigen, seelischen und charakterlichen Eigenschaften.

Art. 33 Abs. 3 GG bestimmt weiter, dass das Abstellen auf religiöse, politische oder weltanschauliche Bekenntnisse unzulässig ist.

Jeder Bewerber hat einen Anspruch darauf, bei seiner Bewerbung nach den in Art. 33 Abs. 2 GG genannten Kriterien beurteilt zu werden. Dies gilt nicht nur für den erstmaligen Zugang zu öffentlichen Ämtern, sondern ebenso für Bewerbungen aus einem bestehenden Arbeitsverhältnis heraus um eine höher eingruppierte Stelle bei demselben öffentlichen Arbeitgeber (Beförderungsstellen).

Die Regelung in Art. 33 Abs. 2 GG dient nicht nur dem Interesse des einzelnen Bewerbers, sondern als Prinzip der sog. „Bestenauslese" auch dem öffentlichen Interesse an einer funktionierenden Verwaltung.

 **ACHTUNG!**

Der Bewerber um ein öffentliches Amt hat einen Anspruch auf ermessens- und beurteilungsfehlerfreie Entscheidung über seine Bewerbung. Verstößt der öffentliche Arbeitgeber bei seiner Entscheidung über die Bewerbung gegen die Vorgaben aus Art. 33 Abs. 2 GG, kann der zu Unrecht übergangene Bewerber verlangen, dass seine Bewerbung neu beurteilt wird (= Bewerbungsverfahrensanspruch, vgl. BAG v. 11.8.1998, 9 AZR 155/97, ZTR 1999, 225).

### 2. Einstellungsanspruch

Mitunter kann sich aus Art. 33 Abs. 2 GG sogar ein Einstellungsanspruch ergeben. Dies ist aber nur dann der Fall, wenn sämtliche Einstellungsvoraussetzungen in der Person des Bewerbers erfüllt sind und dessen Einstellung die einzig rechtmäßige Entscheidung der Behörde ist, weil sich jede andere Entscheidung als rechtswidrig oder ermessensfehlerhaft darstellt (BAG v. 24.3.2009, 9 AZR 277/08, ZTR 2009, 502; BAG v. 29.2.2024, 8 AZR 187/23).

Ein solcher Anspruch setzt voraus, dass es ein öffentliches Amt gibt, das noch nicht besetzt ist. Ist die mit dem Amt verbundene Stelle anderweitig vergeben, kann das Amt nicht mehr besetzt werden. In diesem Fall ist der Anspruch des Bewerbers aus Art. 33 Abs. 2 GG erschöpft (BAG v. 19.2.2008, 9 AZR 70/07, ZTR 2008, 562). Ebenso wenig enthält Art. 33 Abs. 2 GG einen Anspruch auf Schaffung einer neuen Planstelle.

Dies gilt jedoch nicht, wenn der öffentliche Arbeitgeber das Ergebnis eines vom Bewerber angestrengten einstweiligen Verfügungsverfahrens nicht abwartet, sondern die Stelle vor Ergehen einer Sachentscheidung besetzt und hierdurch den Rechtsschutz des Bewerbers vereitelt (vgl. Art. 19 Abs. 4 GG). In diesem Fall kann der Bewerber verlangen, so gestellt zu werden, als wäre der Rechtsschutz nicht vereitelt worden. Der Einstellungsanspruch besteht dann bei Vorliegen der übrigen Voraussetzungen trotz zwischenzeitlich erfolgter Besetzung der Stelle weiter (BAG v. 24.3.2009, 9 AZR 277/08, ZTR 2009, 502).

### 3. Abgrenzung zur Organisationsfreiheit

Der Anspruch des Bewerbers aus Art. 33 Abs. 2 GG bedarf einer Abgrenzung zur Organisationsfreiheit des öffentlichen Arbeitgebers. Die Vorentscheidungen, die zur Existenz eines verfügbaren öffentlichen Amtes führen, unterfallen der Organisationsgewalt des öffentlichen Arbeitgebers. Ein subjektives Recht auf die Schaffung einer bestimmten Planstelle besteht nicht. Über die Einrichtung und nähere Ausgestaltung von Dienstposten entscheidet der Dienstherr nach organisatorischen Bedürfnissen und Möglichkeiten. Die Bereitstellung und Ausgestaltung von Stellen und deren Bewirtschaftung dienen grundsätzlich allein dem öffentlichen Interesse an einer bestmöglichen Erfüllung der öffentlichen Aufgaben (BAG v. 29.2.2024, 8 AZR 187/23).

Es obliegt daher auch dem organisatorischen Ermessen, wie der Dienstherr einen Dienstposten zuschneiden will und welche Anforderungen demgemäß der Bewerberauswahl zugrunde zu legen sind. Dem Arbeitgeber des öffentlichen Dienstes steht es im Rahmen seiner Organisationsgewalt frei, für die zu besetzende Stelle ein Anforderungsprofil aufzustellen, dessen Erfüllung Voraussetzung für die Teilnahme am Bewerbungsverfahren ist (BAG v. 29.2.2024, 8 AZR 187/23). Das Anforderungsprofil muss jedoch im Hinblick auf die Anforderungen der zu besetzenden Stelle sachlich nachvollziehbar sein. Dem Anforderungsprofil dürfen keine sachfremden Erwägungen zugrunde liegen (BAG v. 10.2.2015, 9 AZR 554/13, ZTR 2015, 448). Ob die gestellten Anforderungen sachfremd sind, unterliegt trotz eines dem Arbeitgeber des öffentlichen Dienstes nach Art. 33 Abs. 2 GG gewährten Beurteilungsspielraums einer gerichtlichen Kontrolle (BAG v. 6.5.2014, 9 AZR 724/12, ZTR 2014, 610).

Der öffentliche Arbeitgeber kann im Rahmen seiner Organisationsfreiheit wählen, ob er eine Stelle im Wege der Beförderung oder der Versetzung vergeben will (vgl. unten I.5.). Der Dienstherr ist in Ausübung seines Organisationsermessens auch frei, ob er eine Stelle im Rahmen eines Beamten- oder Arbeitsverhältnisses ausschreibt (BAG v. 29.2.2024, 8 AZR 187/23).

Die Entscheidung, eine ausgeschriebene Stelle nur befristet zu besetzen, ist ebenfalls Teil der dem Auswahlverfahren nach Art. 33 Abs. 2 GG vorgelagerten Organisationsentscheidung. Das gilt auch für die Entscheidung, Bewerber vom Auswahlverfahren auszuschließen, bei denen eine weitere Sachgrundbefristung wegen der Gesamtdauer der befristeten Arbeitsverträge und/oder der Anzahl der Verlängerungen nach der Rechtsprechung des Siebten Senats des Bundesarbeitsgerichts die Gefahr eines institutionellen Rechtsmissbrauchs begründet (BAG v. 29.2.2024, 8 AZR 187/23).

### 4. Beurteilungsspielraum

Bei der Anwendung des Art. 33 Abs. 2 GG steht dem öffentlichen Arbeitgeber zudem ein von der Verfassung gewährleisteter Beurteilungsspielraum zu, der nur beschränkt gerichtlicher Kontrolle unterliegt. Personalentscheidungen gehören zum Kernbereich der Exekutive. Es ist grundsätzlich nicht Aufgabe des Gerichts, den besser geeigneten Bewerber zu bestimmen. Die gerichtliche Überprüfung beschränkt sich darauf, ob der Arbeitgeber bei seiner Entscheidung alle wesentlichen Umstände berücksichtigt, allgemein gültige Bewertungsmaßstäbe beachtet und ein fehlerfreies Verfahren eingehalten hat. Maßgeblich ist der Zeitpunkt der Auswahlentscheidung. Auch die Gewichtung der einzelnen Kriterien aus Art. 33 Abs. 2 GG ist wesentlicher Bestandteil des Beurteilungsspielraums des Arbeitgebers (BAG v. 7.9.2004, 9 AZR 537/03, ZTR 2005, 205).

 **ACHTUNG!**

In einem Gerichtsverfahren trägt der Bewerber die Beweislast für seine Eignung, Befähigung und fachliche Leistung. Für die Tatsache, dass das Anforderungsprofil den Anforderungen der zu besetzenden Stelle entspricht und den gestellten Anforderungen keine sachfremden Erwägungen zugrunde liegen, trägt

dagegen der Arbeitgeber die Darlegungs- und Beweislast (BAG v. 6.5.2014, 9 AZR 724/12, ZTR 2014, 610).

Das OVG Saarlouis hat festgestellt, dass dienstliche Beurteilungen über das Gesamturteil hinaus unter weiterer Berücksichtigung einzeln bewerteter Leistungsmerkmale voll auszuschöpfen sind, bevor von gleichwertigen Beurteilungen ausgehend maßgeblich auf das Ergebnis mit den Bewerbern geführter Auswahlgespräche abgestellt werden kann. Dabei liegt es im Ermessen des Dienstherrn, wie er die einzelnen Leistungsmerkmale gewichtet. Allerdings ist die Gewichtung transparent darzulegen, weil nur so nachvollzogen werden kann, wie die Gesamtbeurteilung aus den Einzelbewertungen hergeleitet worden ist und welcher Bewerber bei gleichen Gesamtbeurteilungen besser qualifiziert ist (OVG Saarlouis v. 28.2.2020, 1 B 277/19).

### 5. Umsetzungs-/Versetzungsbewerber

Nach der Rechtsprechung des Bundesarbeitsgerichts ist der öffentliche Arbeitgeber nicht gezwungen, offene Stellen ausschließlich aufgrund von Ausschreibungen und Auswahlverfahren zu besetzen. Er hat insofern im Rahmen seiner Organisationsfreiheit das Recht, zwischen Umsetzungen, Versetzungen oder Beförderungen zu wählen. Entschließt sich der öffentliche Arbeitgeber jedoch für ein Auswahlverfahren, an dem sowohl Beförderungsbewerber als auch Umsetzungs- oder Versetzungsbewerber unterschiedslos teilnehmen, muss er die sich aus Art. 33 Abs. 2 GG ergebenden Kriterien nicht nur auf die Beförderungsbewerber, sondern auch auf Umsetzungs- und Versetzungsbewerber anwenden (BAG v. 23.1.2007, 9 AZR 492/06, ZTR 2007, 462).

### 6. Richtlinien

Um eine sachgemäße und einheitliche Behandlung von Bewerbern sicherzustellen, kann der öffentliche Arbeitgeber Beurteilungsrichtlinien in Form von Verwaltungsvorschriften erlassen. Diese Richtlinien sind dann nach dem sog. Grundsatz der Selbstbindung der Verwaltung bei der Auswahlentscheidung zu berücksichtigen. Der Personalrat hat nach § 80 Abs. 1 Nr. 11 BPersVG über den Erlass solcher Richtlinien mitzubestimmen.

 **WICHTIG!**

Auch durch den Abschluss einer Dienstvereinbarung über das Bewerberauswahlverfahren kann das sich aus Art. 33 Abs. 2 GG ergebende Recht auf eine rechtsfehlerfreie Bewerberauswahl nicht eingeschränkt werden. Das grundrechtsgleiche Recht unterliegt als höherrangiges Recht nicht der Beschränkung durch eine Dienstvereinbarung (BAG v. 23.1.2007, 9 AZR 492/06, ZTR 2007, 462).

### 7. Verfahrensvorschriften

Da effektiver Rechtsschutz insbesondere auch durch die Gestaltung von Verfahren bewirkt wird, muss der öffentliche Arbeitgeber das Auswahlverfahren so ausgestalten, dass es eine materiell-rechtlich korrekte Entscheidung über die Bewerbung nach dem Grundsatz der „Bestenauslese" gewährleistet und der unterlegene Bewerber zudem die Möglichkeit hat, die Auswahlentscheidung auf ihre Rechtmäßigkeit gerichtlich überprüfen zu lassen.

### 7.1 Anforderungsprofil

Dies erfordert, dass der öffentliche Arbeitgeber vor der Besetzung jeder Stelle ein Anforderungsprofil festlegt.

Bei der Erstellung des Anforderungsprofils stehen dem Personal- bzw. Betriebsrat keine Beteiligungsrechte zu. Die in den Anforderungsprofilen festgelegten und gewichteten Leistungsmerkmale sind weder als Beurteilungsrichtlinien mitbestimmungspflichtig noch unterliegen sie als Auswahlrichtlinien seiner Mitwirkung (BVerwG v. 28.2.2023, 5 P 2.21, ZTR 2023, 538).

Das vom Arbeitgeber des öffentlichen Dienstes erstellte Anforderungsprofil muss so dokumentiert sein, dass die anhand des Anforderungsprofils vorzunehmende Auswahlentscheidung nach den Kriterien des Art. 33 Abs. 2 GG (Eignung, Befähigung und fachliche Leistung) überprüft werden kann.

Der öffentliche Arbeitgeber kann in dem Anforderungsprofil zwingende Kriterien für die Stelle festlegen.

Im Zusammenhang mit der Festlegung des Anforderungsprofils ist auf eine Divergenz zwischen der Rechtsprechung des für arbeitsrechtliche Konkurrentenklagen zuständigen BAG und der neueren Rechtsprechung des für beamtenrechtliche Konkurrentenklagen zuständigen BVerwG hinzuweisen.

Nach der neueren Rechtsprechung des BVerwG (Urt. v. 20.6.2013, 2 VR 1/13; BVerwG v. 19.12.2014, 2 VR 1/14) müssen sich die durch das Anforderungsprofil festgelegten Auswahlkriterien auf das Amt im statusrechtlichen Sinne beziehen. Die Festlegung von Auswahlkriterien, die sich auf den konkret zu besetzenden Dienstposten beziehen, sei nur ausnahmsweise zulässig, wenn die Wahrnehmung der Dienstaufgaben des ausgeschriebenen Dienstpostens zwingend besondere Kenntnisse und Fähigkeiten voraussetzt, die ein Laufbahnbewerber regelmäßig nicht mitbringt und sich in angemessener Zeit und ohne unzumutbare Beeinträchtigung der Aufgabenwahrnehmung auch nicht verschaffen kann. Diese Rechtsprechung wurde in dem Beschluss des OVG Saarlouis vom 28.2.2020 (1 B 277/19) bestätigt.

Nach der hiervon abweichenden Rechtsprechung des BAG (Urt. v. 7.4.2011, 8 AZR 679/09) muss sich das Anforderungsprofil auf die Aufgaben des konkret zu besetzenden Arbeitsplatzes beziehen und in einem engen inhaltlichen Zusammenhang mit diesem stehen. Die Festlegung des Anforderungsprofils muss im Hinblick auf die Anforderungen der zu besetzenden Stelle sachlich nachvollziehbar sein. Dies hat der Arbeitgeber des öffentlichen Dienstes darzulegen. Den gestellten Anforderungen dürfen keine sachfremden Erwägungen zugrunde liegen. Ob dies der Fall ist, unterliegt trotz eines dem Arbeitgeber des öffentlichen Dienstes nach Art. 33 Abs. 2 GG gewährten Beurteilungsspielraums einer gerichtlichen Kontrolle.

In Anwendung dieser Grundsätze hat das LAG Sachsen-Anhalt dem Antrag einer unterlegenen Bewerberin mit der Begründung stattgegeben, die Auswahlentscheidung beruhe auf einem unzulässigen Anforderungsprofil, weil dieses als zwingendes Kriterium für die Stelle die Wohnsitznahme am Ort der beklagten Stiftung oder in der Region vorgesehen habe. Es seien keine Gründe ersichtlich, warum die Aufgaben bestmöglich nur dann wahrgenommen werden könnten, wenn eine Wohnsitznahme vor Ort erfolge (LAG Sachsen-Anhalt v. 21.11.2022, 8 SaGa 5/22).

Art. 33 Abs. 2 GG gewährt dem öffentlichen Arbeitgeber nicht das Recht, eine Stelle ohne nachvollziehbare Gründe mit überqualifizierten Bewerbern zu besetzen. Dementsprechend hat das BAG (Urt. v. 10.2.2015, 9 AZR 554/13, ZTR 2015, 448) einen Verstoß gegen Art. 33 Abs. 2 GG darin gesehen, dass der öffentliche Arbeitgeber als zwingende Voraussetzung einen einschlägigen Fachhochschulabschluss bzw. die erfolgreiche Teilnahme am Angestelltenlehrgang II gefordert hat, ohne nachvollziehbar darzulegen, weshalb diese Qualifikation für den zu besetzenden Dienstposten erforderlich ist.

Der Arbeitgeber genügt seiner Darlegungslast zum gestellten Anforderungsprofil insbesondere nicht dadurch, dass er auf die in der Ausschreibung genannte Entgeltgruppe verweist. Allein aus der angestrebten Eingruppierung kann nicht der Schluss gezogen werden, die zu besetzende Stelle erfordere tatsächlich sämtliche für die angestrebte Eingruppierung notwendigen Merkmale (BAG v. 6.5.2014, 9 AZR 724/12, ZTR 2014, 610). Die Eingruppierung richtet sich grundsätzlich nach der zu verrichtenden Tätigkeit, nicht die zu verrichtende Tätigkeit nach der Eingruppierung (BAG v. 10.2.2015, 9 AZR 554/13, ZTR 2015, 448). Ein bloßer Hinweis auf die vorgesehene Vergütungsgruppe ist unzureichend, wenn sich die konkreten Anforderungen der zu besetzenden Stelle aus ihr nicht feststellen lassen (BAG v. 21.1.2003, 9 AZR 72/02, ZTR 2003, 463).

Es ist zwar sinnvoll, aber nicht unbedingt erforderlich, das Anforderungsprofil bereits mit der Stellenausschreibung zu verbinden. Es reicht aus, wenn das Anforderungsprofil vor der getroffenen Auswahlentscheidung festgelegt und ausreichend dokumentiert wird (BAG v. 21.1.2003, 9 AZR 72/02, ZTR 2003, 463).

Da die Dokumentation den Zweck hat, dem abgelehnten Bewerber die für ein eventuelles Klageverfahren notwendigen Informationen zu geben, muss sie dem abgelehnten Bewerber zugänglich gemacht werden (LAG Nürnberg v. 6.12.2005, 7 Sa 192/05, ZTR 2006, 208).

## 7.2 Auswahlentscheidung

Der öffentliche Arbeitgeber muss die Leistungen der einzelnen Bewerber bewerten und miteinander vergleichen. Der Vergleich der Bewerber ist Grundlage der Auswahlentscheidung.

Bei der Auswahlentscheidung hat sich der Arbeitgeber an dem zuvor festgelegten Anforderungsprofil zu orientieren. Dieses entfaltet Bindungswirkung für die Festlegung und Gewichtung der Leistungsmerkmale im Auswahlverfahren. Der Arbeitgeber verletzt den verfassungsrechtlich verbürgten Bewerbungsverfahrensanspruch des Stellenbewerbers, wenn er seine Auswahlentscheidung nicht an den im Anforderungsprofil genannten Voraussetzungen orientiert, sondern ihr abweichende Kriterien zugrunde legt (BAG v. 28.1.2020, 9 AZR 91/19, ZTR 2020, 360).

Die Bewertungen der Bewerber und die wesentlichen Auswahlentscheidungen sind schriftlich zu dokumentieren und dem unterlegenen Bewerber zugänglich zu machen, da ansonsten sein gerichtlicher Rechtsschutz vereitelt oder unzumutbar erschwert würde (BAG v. 17.8.2010, 9 AZR 347/09, ZTR 2011, 46; BAG v. 21.1.2003, 9 AZR 72/02, ZTR 2003, 463; LAG Nürnberg v. 6.12.2005, 7 Sa 192/05, ZTR 2006, 208).

Bei der Besetzung von Beamtenstellen muss die Auswahlentscheidung anhand dienstlicher Beurteilungen erfolgen. Abweichend hiervon kann die Bewertung der Bewerber um eine Angestelltenstelle nicht nur anhand dienstlicher Beurteilungen, sondern auch durch Zeugnisse oder aktuelle Leistungsberichte vorgenommen werden. Hierbei muss jedoch ein einheitlicher Bewertungsmaßstab angelegt werden. Außerdem sollten die Bewertungen der Bewerber möglichst zu einem gemeinsamen Stichtag erfolgen. Der Leistungsvergleich zwischen den Bewerbern muss außerdem zeitnah zur Auswahlentscheidung erfolgen (BAG v. 21.1.2003, 9 AZR 72/02, ZTR 2003, 463).

Bei dienstlichen Beurteilungen steht dem Arbeitgeber ein Beurteilungsspielraum zu. Sie sind gerichtlich nur beschränkt überprüfbar. Dienstliche Beurteilungen können darauf kontrolliert werden, ob der Beurteiler allgemeine Beurteilungsmaßstäbe beachtet, alle wesentlichen Umstände berücksichtigt und ein fehlerfreies Verfahren eingehalten hat. Die Kontrolldichte der Gerichte richtet sich danach, wie die Beurteilung begründet wird. Werden Einzelvorkommnisse konkret benannt, ist der Sachverhalt voll zu überprüfen. Wird die Beurteilung auf allgemein gehaltene Tatsachenbehauptungen gestützt, hat der Arbeitgeber sie auf Verlangen des Arbeitnehmers zu konkretisieren. Das Gericht hat uneingeschränkt zu überprüfen, ob der Arbeitgeber von einem zutreffenden Sachverhalt ausgegangen ist. Wird eine dienstliche Beurteilung auf reine Werturteile gestützt, muss der Arbeitgeber im Prozess keine einzelnen Tatsachen vortragen und beweisen, die den Werturteilen zu Grunde liegen (BAG v. 18.8.2009, 9 AZR 617/08, ZTR 2010, 149).

Nach LAG Niedersachsen v. 9.4.2014, 5 Sa 980/13, ZTR 2014, 544 sind im öffentlichen Dienst bei der Bewertung der Eignung für ein Beförderungsamt vor allem dienstliche Beurteilungen heranzuziehen. Auf andere Erkenntnisquellen wie beispielsweise strukturierte Interviews mit Fragen dürfe nur ergänzend zurückgegriffen werden, wenn nach der dienstlichen Beurteilung noch Zweifel verblieben. Nur ausnahmsweise, wenn die Erstellung einer dienstlichen Beurteilung nicht möglich sei, dürfe der Arbeitgeber des öffentlichen Dienstes auf andere Erkenntnisquellen als alleiniges Kriterium zurückgreifen.

Nach BAG (Urt. v. 7.9.2004, 9 AZR 537/03, ZTR 2005, 205) kommt dem Ergebnis von Vorstellungsgesprächen mehr als ein begrenzter Erkenntniswert zu. Jedenfalls bei gleichwertigen dienstlichen Beurteilungen dürfe der öffentliche Arbeitgeber entscheidend auf Erkenntnisse abstellen, die er im Rahmen eines Vorstellungsgesprächs gewonnen hat. In diesem Urteil hat das BAG es zudem für zulässig angesehen, dass der öffentliche Arbeitgeber die dienstliche Beurteilung des in einem höheren Amt tätigen Bewerbers mit der Beurteilung eines in einem niedrigeren Amt tätigen Bewerbers für gleichwertig hält, obwohl sie eine Notenstufe niedriger ist.

Zu den Anforderungen an die Auswahlentscheidung führt das OVG Saarlouis in seinem Beschluss vom 28.2.2020 aus, dass nur wenn dienstliche Beurteilungen nicht oder nicht hinreichend Aufschluss über die Eignung der Bewerber um einen Beförderungsdienstposten zulassen, kann und darf ausnahmsweise auf andere bzw. zusätzliche Leistungs- beziehungsweise Eignungserkenntnismittel – wie etwa Auswahlgespräche – zurückgegriffen werden. Etwas anderes mag dann gelten, wenn spezielle Stellenbesetzungsverfahren statt dienstlicher Beurteilungen oder zusätzlich zu diesen Auswahlgespräche als für die Auswahl maßgeblich vorsehen (OVG Saarlouis v. 28.2.2020, 1 B 277/19).

Bei Verstoß des öffentlichen Arbeitgebers gegen diese Verfahrensvorschriften besteht ein Anspruch des unterlegenen Bewerbers auf eine erneute Auswahlentscheidung unter Beachtung des vorgeschriebenen Verfahrens, sofern die Stelle noch nicht besetzt ist.

### 7.3 Rechtzeitige Information

Vor der endgültigen Besetzung mit einem Bewerber hat der öffentliche Arbeitgeber die unterlegenen Konkurrenten hierüber rechtzeitig zu informieren und ihnen Kenntnis vom Ausgang des Auswahlverfahrens zu geben. Das dem gerichtlichen Rechtsschutzverfahren vorgelagerte Verfahren darf nicht so ausgestaltet sein, dass es den gerichtlichen Rechtsschutz vereitelt oder unzumutbar erschwert. Dies wäre aber der Fall, wenn die unterlegenen Mitbewerber erst nach der Ernennung des Konkurrenten vom Ausgang des Stellenbesetzungsverfahrens erführen (BAG v. 24.3.2009, 9 AZR 277/08, ZTR 2009, 502).

### 7.4 Hinreichendes Abwarten

Aus dem Gebot effektiven Rechtsschutzes folgt zudem die Verpflichtung des öffentlichen Arbeitgebers, vor rechtsverbindlicher Einstellung einen ausreichenden Zeitraum abzuwarten, um dem unterlegenen Mitbewerber die Möglichkeit zu geben, Eilantrag, Beschwerde oder Verfassungsbeschwerde zu erheben. Durch die umgehende Einstellung/Ernennung des Konkurrenten wird dem unterlegenen Bewerber faktisch die Möglichkeit genommen, die Besetzung der ausgeschriebenen Stelle durch eine Eilentscheidung zu verhindern. Eine Frist von zwei Tagen genügt den Anforderungen nicht (BAG v. 24.3.2009, 9 AZR 277/08, ZTR 2009, 502). Die in der Praxis üblichen zwei Wochen dürften dagegen ausreichend sein.

### 7.5 Keine Schaffung vollendeter Tatsachen

Wendet sich der unterlegene Bewerber im Wege des einstweiligen Rechtsschutzes gegen die Besetzung eines Amtes mit einem Konkurrenten, hat er auch ohne ausdrückliche gerichtliche Entscheidung Anspruch darauf, dass der öffentliche Arbeitgeber bis zum Abschluss des Verfahrens vorläufigen Rechtsschutzes jede Maßnahme unterlässt, die geeignet ist, vollendete Tatsachen zu schaffen. Insbesondere darf die Stelle während des laufenden einstweiligen Rechtsschutzverfahrens nicht anderweitig besetzt werden (BAG v. 24.3.2009, 9 AZR 277/08, ZTR 2009, 502).

## II. Arbeitsrechtliche Konkurrentenklage

### 1. Begriff

Ist ein Bewerber der Ansicht, dass er zu Unrecht abgelehnt worden ist, kann er hiergegen im Wege der arbeitsrechtlichen Konkurrentenklage vorgehen. Ziel der Klage ist es, die Wiederholung der Auswahlentscheidung unter Beachtung der Kriterien des Art. 33 Abs. 2 GG zu erreichen. Dies ist jedoch nur möglich, wenn die Stelle in der Zwischenzeit nicht bereits besetzt worden ist. Für eine Neubescheidung ist kein Raum, wenn die begehrte Stelle dem erfolgreichen Konkurrenten rechtswirksam auf Dauer übertragen worden ist. Da Art. 33 Abs. 2 GG den öffentlichen Arbeitgeber nicht verpflichtet, ein Amt mehrfach zu vergeben, lässt sich der Eingriff in das Recht des unterlegenen Bewerbers auf gleichen Zugang zu jedem öffentlichen Amt nicht mehr korrigieren. Art. 33 Abs. 2 GG liegt eine Abgrenzung zwischen den Zugangsrechten von Bewerbern um öffentliche Ämter einerseits und der Organisationsgewalt der öffentlichen Hand andererseits zugrunde. Es obliegt allein dem Haushaltsgesetzgeber, darüber zu bestimmen, wie viele Planstellen im öffentlichen Dienst geschaffen werden. Mit einer Doppelbesetzung der Stelle würde in die Organisationsgewalt der öffentlichen Hand unzulässig eingegriffen (BAG v. 12.10.2010, 9 AZR 554/09, ZTR 2010, 568).

 **WICHTIG!**

Eine Klage, wonach der Bewerber begehrt, den bevorzugten Bewerber von der angestrebten Stelle zu entfernen, wird keinen Erfolg haben. Mit endgültiger Besetzung der Stelle ist nämlich der Anspruch des Bewerbers aus Art. 33 Abs. 2 GG erloschen (BAG v. 19.2.2008, 9 AZR 70/07, ZTR 2008, 562). Etwas anderes gilt, wenn der Bewerber rechtzeitig vorläufigen Rechtsschutz in Anspruch genommen hat und der öffentliche Arbeitgeber entweder die Besetzung der Stelle vornimmt, bevor eine Sachentscheidung ergangen ist, oder die Besetzung der Stelle unter Verstoß gegen die Sachentscheidung erfolgt. Das Gebot effektiven Rechtsschutzes garantiert nicht nur das Recht, die Gerichte anzurufen, sondern auch eine tatsächliche und wirksame gerichtliche Kontrolle. Mit diesen Vorgaben ist die Annahme unvereinbar, der Bewerbungsverfahrensanspruch gehe auch dann unter, wenn der öffentlich-rechtliche Arbeitgeber unter Verstoß gegen eine den Anspruch sichernde einstweilige Verfügung einen Konkurrenten einstellt (BAG v. 12.10.2010, 9 AZR 554/09, ZTR 2010, 568). Der öffentliche Arbeitgeber kann dem Anspruch des unterlegenen Mitbewerbers auf Besetzung der Stelle nicht entgegenhalten, er habe die Stelle endgültig einem Konkurrenten übertragen, wenn er hierdurch dessen einstweiligen Rechtsschutz vereitelt (BAG v. 24.3.2009, 9 AZR 277/08, ZTR 2009, 502).

## 2. Vorläufiger Rechtsschutz

Um eine endgültige Stellenbesetzung zu vermeiden, ist es daher unbedingt erforderlich, dass der Bewerber seine Konkurrentenklage mit einem Antrag auf Erlass einer einstweiligen Verfügung verbindet. Der öffentliche Arbeitgeber ist dann verpflichtet, die Besetzung der Stelle bis zum Abschluss des Verfahrens zu unterlassen. Voraussetzung für den Erlass einer einstweiligen Verfügung ist das Vorliegen eines Verfügungsanspruchs sowie eines Verfügungsgrundes. Der Verfügungsanspruch des Bewerbers folgt aus Art. 33 Abs. 2 GG, wonach jeder Bewerber einen Anspruch auf ermessensfehlerfreie Auswahlentscheidung hat. Der Verfügungsgrund besteht in der Gefahr der endgültigen Stellenbesetzung.

## 3. Antrag

Der Bewerber wird regelmäßig im Rahmen der Konkurrentenklage (d. h. dem Hauptsacheverfahren) die erneute Durchführung des Auswahlverfahrens beantragen und gleichzeitig im einstweiligen Verfügungsverfahren beantragen, dass die endgültige Stellenbesetzung bis zur rechtskräftigen Entscheidung in der Hauptsache unterbleibt. Der Antrag ist begründet, wenn

▸ die bisherige Auswahlentscheidung des Arbeitgebers fehlerhaft war,

▸ der Kläger in seinem Bewerbungsverfahrensanspruch verletzt und

▸ die Stelle noch nicht endgültig besetzt ist.

Wäre jede andere Entscheidung des Arbeitgebers als die für den abgelehnten Bewerber fehlerhaft (siehe oben unter Ziffer I.3.), kann sogar direkt auf Übertragung der begehrten Stelle geklagt werden (vgl. LAG Mecklenburg-Vorpommern v. 17.4.2018, 2 Sa 205/17).

## 4. Rechtsweg

Hinsichtlich des Rechtswegs geht das BAG (Beschluss v. 21.7.2021, 9 AZB 19/21) davon aus, dass der Rechtsweg zu den Arbeitsgerichten nach § 2 Abs. 1 Nr. 3 ArbGG eröffnet ist, wenn die Stellenausschreibung auf die Begründung eines Arbeitsverhältnisses und nicht auf die eines Beamtenverhältnisses gerichtet ist. Dies gilt unabhängig davon, ob der Bewerber Beamter oder Arbeitnehmer ist.

Die Arbeitsgerichte sind nach der vorgenannten BAG-Rechtsprechung auch dann zuständig, wenn die Stelle offen ausgeschrieben ist, sich ausschließlich Arbeitnehmer beworben haben und die Stelle nach der Auswahlentscheidung mit einem Mitbewerber des Antragstellers durch Abschluss eines Arbeitsvertrages besetzt werden soll.

Hingegen geht das BAG von einer öffentlich-rechtlichen Streitigkeit i. S. d. § 40 VwGO und damit von der Zuständigkeit der Verwaltungsgerichte aus, wenn noch nicht klar ist, in welcher Organisationsform (Beamten- oder Arbeitnehmerstelle) die Stelle vergeben wird und eine gemischte Bewerberkonkurrenz vorliegt, sofern ein Beamter um Rechtsschutz nachsucht oder ein – auch nichtbeamteter – Dritter sich gegen die Auswahlentscheidung zugunsten eines Beamten wendet.

## 5. Reaktionsmöglichkeiten des öffentlichen Arbeitgebers

Macht der Bewerber im Wege des einstweiligen Rechtsschutzes die Fehlerhaftigkeit des Auswahlverfahrens geltend, muss der öffentliche Arbeitgeber entscheiden, ob er das Auswahlverfahren fortsetzt oder abbricht. Außerdem wird er sich mit dem Problem auseinanderzusetzen haben, dass die endgültige Besetzung der Stelle durch das einstweilige Rechtsschutzverfahren zunächst blockiert ist.

### 5.1 Abbruch des Auswahlverfahrens

Stellt sich im Rahmen des einstweiligen Verfügungsverfahrens heraus, dass das Auswahlverfahren fehlerhaft durchgeführt wurde, kann der öffentliche Arbeitgeber den Mangel heilen und das Verfahren fortsetzen. Er kann stattdessen jedoch auch bei Vorliegen eines sachlich nachvollziehbaren Grundes das Auswahlverfahren abbrechen und die Stelle ggf. neu ausschreiben. Es liegt im Ermessen des öffentlichen Arbeitgebers, ein an wesentlichen Fehlern leidendes Auswahlverfahren nicht unter Heilung dieser Fehler weiterzubetreiben und mit einem neuen Verfahren ganz von vorn zu beginnen.

Der öffentliche Arbeitgeber kann das Auswahlverfahren auch dann abbrechen, wenn er die Stelle nicht mehr besetzen will oder wenn er sich dazu entschlossen hat, die Stelle neu zuzuschneiden (BAG v. 12.12.2017, 9 AZR 152/17, ZTR 2018, 289).

Bricht der öffentliche Arbeitgeber das Stellenbesetzungsverfahren aus sachlichen Gründen ab, gehen die Ansprüche, die ein Bewerber aus Art. 33 Abs. 2 GG geltend gemacht hat, unter (BAG v. 17.8.2010, 9 AZR 347/09, ZTR 2011, 46).

Zur Rechtmäßigkeit des Abbruchs des Auswahlverfahrens gehört, dass die Bewerber hierüber rechtzeitig informiert werden und der Grund für den Abbruch schriftlich dokumentiert wird (BAG v. 20.3.2018, 9 AZR 249/17; BAG v. 12.12.2017, 9 AZR 152/17, ZTR 2018, 289; BVerwG v. 10.5.2016, 2 VR 2.15, ZTR 2016, 602).

Ein Bewerber, der unzweifelhaft das Anforderungsprofil der Stellenausschreibung nicht erfüllt, kann regelmäßig nicht im Wege einer einstweiligen Verfügung die vorläufige Fortführung eines vom Arbeitgeber abgebrochenen Stellenbesetzungsverfahrens beanspruchen (LAG Mecklenburg-Vorpommern v. 3.9.2019, 5 SaGa 2/19).

Soll die Stelle weiterhin besetzt werden, steht es dem Bewerber offen, sich nach der notwendigen erneuten Stellenausschreibung wieder zu bewerben (BAG v. 17.8.2010, 9 AZR 347/09, ZTR 2011, 46).

### 5.2 Kommissarische Besetzung der Stelle

Ist es dem öffentlichen Arbeitgeber beispielsweise aus organisatorischen Gründen nicht möglich, die Stelle auch nur vorübergehend unbesetzt zu lassen, sieht er sich jedoch aufgrund einer laufenden Konkurrentenklage daran gehindert, die Stelle bereits dauerhaft zu besetzten, besteht für ihn die Möglichkeit, die Stelle bis zum Abschluss des Konkurrentenrechtsstreits vorübergehend zu besetzen. Hierfür kommt der Abschluss eines befristeten Arbeitsvertrages in Betracht. Nach der Rechtsprechung des BAG (Urt. v. 16.3.2005, 7 AZR 289/04, ZTR 2006, 216) stellt die Konkurrentenklage einen ungeschriebenen Sachgrund im Sinne von § 14 Abs. 1 TzBfG dar, der die Befristung eines Arbeitsverhältnisses rechtfertigen kann.

Ein besonders Problem entsteht dann, wenn die kommissarische Stellenbesetzung mit einem Mitbewerber erfolgt, da dieser hierdurch einen Bewerbungsvorsprung erhält. Dies ist insbesondere dann relevant, wenn das Stellebesetzungsverfahren abgebrochen und die Stelle neu ausgeschrieben wird. Das BVerwG (Urt. v. 10.5.2016, 2 VR 2.15, ZTR 2016, 602) hat entschieden, dass ein solcher Bewährungsvorsprung bei der dienstlichen Beurteilung ausgeblendet werden müsse.

### 6. Schadensersatzansprüche des Bewerbers

Auch wenn der Anspruch des Bewerbers auf Übertragung der Stelle oder Wiederholung der Auswahlentscheidung bei einer endgültigen Stellenbesetzung entfällt, so muss dies für den Arbeitgeber nicht folgenlos bleiben. Der Bewerber kann Schadensersatz verlangen, wenn der Arbeitgeber durch die anderweitige Besetzung schuldhaft eine Pflicht verletzt hat. Als Anspruchsgrundlagen kommen § 280 Abs. 1 BGB sowie § 823 Abs. 2 BGB i. V. m. Art. 33 Abs. 2 GG für nicht beamtete Bewerber und § 839 BGB i. V. m. Art. 33 Abs. 2 GG für Beamte in Betracht.

Voraussetzung des Schadensersatzanspruchs ist, dass der Bewerber die Stelle bei ordnungsgemäßem Auswahlverfahren übertragen bekommen hätte, weil er der bestqualifizierte Bewerber gewesen war. Erforderlich ist also eine Reduktion des dem Arbeitgeber zustehenden Auswahlermessens auf null, weil sich jede andere Besetzungsentscheidung als rechtsfehlerhaft erwiesen hätte. Andernfalls fehlt es an der Kausalität zwischen dem Verhalten des Arbeitgebers und dem geltend gemachten Schaden (BAG v. 12.12.2017, 9 AZR 152/17; BAG v. 12.10.2010, 9 AZR 554/09, ZTR 2010, 568; BAG v. 19.2.2008, 9 AZR 70/07, ZTR 2008, 562).

Für den kausalen Zusammenhang zwischen dem Auswahlfehler und dem eingetretenen Schaden trägt der zurückgewiesene Bewerber die Darlegungs- und Beweislast. Dazu hat er Tatsachen vorzutragen, die es dem Gericht ermöglichen, den hypothetischen Kausalverlauf, der bei rechtmäßigem Vorgehen des Arbeitgebers an die Stelle des tatsächlichen Verlaufs getreten wäre, zu ermitteln. Benennt der Arbeitgeber neben dem erfolgreichen Bewerber andere Bewerber, trifft den zurückgewiesenen Bewerber die Obliegenheit, darzulegen und im Bestreitensfalle zu beweisen, dass er nicht nur im Vergleich mit dem erfolgreichen Bewerber, sondern auch im Vergleich mit den übrigen Bewerbern der bestgeeignete Bewerber gewesen ist (BAG v. 28.1.2020, 9 AZR 91/19, ZTR 2020, 360).

 **WICHTIG!**

Erleichterungen hinsichtlich der erforderlichen Darlegungen sind nur in den Fällen zu erwägen, in denen der Arbeitgeber zur Ermittlung des hypothetischen Kausalverlaufs nicht beiträgt, insbesondere wenn er keine oder nicht aussagekräftige Unterlagen vorlegt (BAG v. 28.1.2020, 9 AZR 91/19, ZTR 2020, 360).

Weitere Voraussetzung des Schadensersatzanspruchs ist, dass der übergangene Bewerber – so weit als möglich – vorläufigen Rechtsschutz beantragt und hierdurch versucht hat, dem Schaden durch den Gebrauch eines Rechtsmittels abzuwehren. Hat der Bewerber von der Möglichkeit, um einstweiligen Rechtsschutz nachzusuchen und dem Arbeitgeber die Besetzung der Stelle gerichtlich untersagen zu lassen, keinen Gebrauch gemacht, ist er von anschließenden Schadensersatzansprüchen in Anwendung des Rechtsgedankens aus § 839 Abs. 3 BGB ausgeschlossen. Ein Wahlrecht des Bewerbers zwischen Primärrechtsschutz gegen eine Auswahlentscheidung des Arbeit-

gebers und Sekundärrechtsschutz, der einen Schadensersatzanspruch zum Gegenstand hat, besteht nicht (BAG v. 27.7.2021, 9 AZR 326/20; BAG v. 12.12.2017, 9 AZR 152/17, ZTR 2018, 289; BAG v. 12.10.2010, 9 AZR 554/09, ZTR 2010, 568; BAG v. 19.2.2008, 9 AZR 70/07, ZTR 2008, 562).

Entsprechendes gilt, wenn der nicht berücksichtigte Bewerber Schadensersatz wegen des rechtswidrigen Abbruchs des Auswahlverfahrens geltend macht. Auch in diesem Fall setzt der Schadensersatzanspruch voraus, dass der Arbeitgeber bei Fortsetzung des Bewerbungsverfahrens verpflichtet gewesen wäre, den Bewerber einzustellen, weil er der bestqualifizierte Bewerber war, und er es nicht unterlassen hat, die Fortführung des Bewerbungsverfahrens, soweit ihm dies zumutbar und möglich war, im Wege des einstweiligen Rechtsschutzes geltend zu machen (BAG v. 12.12.2017, 9 AZR 152/17, ZTR 2018, 289).

Mitunter kommt sogar ein Anspruch des übergangenen Bewerbers auf Schmerzensgeld wegen Verletzung des allgemeinen Persönlichkeitsrechts in Betracht.

## Compliance

 **Wegweiser:**

Unter Compliance versteht man die Summe aller unternehmerischen oder behördlichen Maßnahmen, die rechtskonformes Handeln sicherstellen sollen. Im öffentlichen Dienst hat Compliance nicht die Bedeutung wie etwa bei größeren, börsennotierten Unternehmen der Privatwirtschaft. Dennoch kommt es vor, dass auch öffentliche Unternehmen und Behörden ihre eigene Compliance-Struktur aufbauen. Die Pflicht zur Rechtstreue von öffentlichen Stellen ist im Rechtsstaat eine Selbstverständlichkeit. Auf welchem Wege die Rechtstreue erreicht wird, ist demgegenüber nicht ausdrücklich festgelegt. Es liegt im Ermessen der jeweiligen Verwaltungsstelle zu entscheiden, welches die geeigneten Maßnahmen zur Verhinderung von Rechtsbrüchen durch Mitarbeiter öffentlicher Stellen sind.

Zur Verhinderung von Korruption legen § 3 Abs. 2 TVöD und § 3 Abs. 3 TV-L ein Verbot der Annahme von Geschenken zur Verhinderung von Korruption fest. Ergänzende Hinweise hierzu finden sich in der Kommentierung von Breier/Dassau TVöD § 3 Rn. 21 ff. sowie in Breier/Dassau TV-L § 3 Rn. 53 ff. Diese Sonderbestimmungen ergänzen das allgemeine Arbeitsrecht, welches auch bei Compliance-Maßnahmen immer zu beachten ist.

**I.  Begriff**

**II.  Relevante Vorschriften**

**III.  Umsetzung einer Compliance-Organisation**

    1.  Richtlinien

    2.  Compliance-Beauftragter

    3.  Schulungen

    4.  Whistleblowing

        4.1  Richtlinie (EU) 2019/1937

        4.2  Hinweisgeberschutzgesetz

    5.  Mitbestimmung

    6.  Dokumentation

**IV.  Compliance und Mitarbeitervertretung**

**V.  Annahme von Geschenken**

## I. Begriff

Der englische Begriff Compliance kann mit „Gesetzestreue, Einhaltung und Regelkonformität" übersetzt werden. Im Kern ist damit gemeint, dass sich Unternehmen und Behörden insgesamt rechtmäßig verhalten. Ziel der Compliance ist die Abwendung von Schäden für Unternehmen und Behörden durch regelkonformes Handeln. Neben der Einhaltung von Gesetzesrecht steht Compliance häufig auch für den ordnungsgemäßen Vollzug unternehmens- und behördeninterner Grundsätze und Richtlinien.

Daneben bezeichnet Compliance das System, welches die Einhaltung dieser Regeln sicherstellen soll. Zwar ist die Pflicht zur Gesetzestreue gerade öffentlicher Stellen selbstverständlich. Es besteht jedoch weder eine ausdrückliche Pflicht zur Errichtung einer Compliance-Struktur noch gibt es gesetzliche Vorgaben über deren Ausgestaltung. Insofern können Unternehmen und Behörden eigene Mechanismen und Richtlinien zur Verhinderung von Rechtsverstößen schaffen, die an die konkreten Bedürfnisse und dienstlichen bzw. betrieblichen Notwendigkeiten angepasst werden können.

## II. Relevante Vorschriften

Von der Gesamtheit an Vorschriften, deren Einhaltung ein Unternehmen sicherstellen muss, sind im Arbeitsrecht vor allem zwei Gruppen bedeutsam. Zum einen muss die Einhaltung derjenigen Regeln sichergestellt werden, die zugunsten von Arbeitnehmern bestehen. Dies sind vor allem:

- Das allgemeine Persönlichkeitsrecht
- Das Allgemeine Gleichbehandlungsgesetz (AGG)
- Arbeitsschutzbestimmungen
- Personalvertretungsgesetze/BetrVG
- Bundesdatenschutzgesetz/EU-DSGVO
- Arbeitszeitgesetz.

Zum anderen geht es darum, Regelverstöße durch die eigenen Mitarbeiter zu verhindern. Je nach der Struktur und dem Aufgabenfeld des Arbeitgebers können dies sein:

- Betrug (§ 263 StGB)
- Untreue (§ 266 StGB)
- Bestechlichkeit und Bestechung im geschäftlichen Verkehr (§ 299 StGB) und im öffentlichen Dienst (§§ 332, 334 StGB)
- Vorteilsannahme und -gewährung (§§ 331, 333 StGB)
- Verletzung von Betriebs- und Geschäftsgeheimnissen (§ 23 GeschGehG, § 203 StGB sowie § 120 BetrVG)
- Energie- und umweltrechtliche Vorgaben
- Kartell-, Vergabe- und Beihilfenrecht
- Beihilfe zur Steuerhinterziehung.

Bei der Einrichtung einer Compliance-Organisation sind datenschutzrechtliche Grenzen zu beachten, die sich insbesondere aus dem BDSG und den Datenschutzgesetzen der Länder ergeben. Für die Durchführung von Compliance-Maßnahmen ist vor allem § 26 Abs. 1 S. 2 BDSG von Bedeutung. Danach dürfen zur Aufdeckung von Straftaten „personenbezogene Daten von Beschäftigten nur dann verarbeitet werden, wenn zu dokumentierende tatsächliche Anhaltspunkte den Verdacht begründen, dass die betroffene Person im Beschäftigungsverhältnis eine

Straftat begangen hat, die Verarbeitung zur Aufdeckung erforderlich ist und das schutzwürdige Interesse der oder des Beschäftigten an dem Ausschluss der Verarbeitung nicht überwiegt, insbesondere Art und Ausmaß im Hinblick auf den Anlass nicht unverhältnismäßig sind."

Dies gilt nicht nur für die Aufdeckung von Straftaten, sondern in gleichem Umfang auch für die Aufdeckung schwerwiegender Verstöße gegen Pflichten aus dem Arbeitsverhältnis (BAG v. 31.1.2019, 2 AZR 426/18, ZTR 2019, 390; BAG v. 29.6.2017, 2 AZR 597/16, ZTR 2017, 677). Voraussetzung ist das Vorliegen konkreter Verdachtsmomente, die die Annahme der Straftat oder Pflichtverletzung begründen. Kein Verdacht einer schwerwiegenden Pflichtverletzung liegt beispielsweise bei einem Umsatzrückgang bzw. einem prognostizierten Umsatzrückgang ohne überzeugende Erklärung des „unterwegs" oder im Home-Office arbeitenden Mitarbeiters für den Zurückgang seiner Arbeitsleistung vor. Bloße Zweifel, ob jemand weiterhin so gut wie möglich arbeitet, reichen nicht aus, um eine Überwachung durch eine Detektei zu rechtfertigen (LAG Berlin-Brandenburg v. 11.9.2020, 9 Sa 584/20). Zur unbedingten Wahrung der Verhältnismäßigkeit zwischen den Aufklärungsinteressen des Arbeitgebers und dem Schutz des Persönlichkeitsrechts des betroffenen Arbeitnehmers muss die gewählte Aufklärungsmaßnahme zudem das relativ mildeste Mittel darstellen.

Beispielhaft müssen bei der Installation einer verdeckten Überwachungskamera zur Aufklärung von Diebstählen zuvor alle zumutbaren Möglichkeiten ausgeschöpft werden, um den Kreis der Tatverdächtigen weiter einzugrenzen. Ein milderes Mittel kann dabei der Abgleich von Anwesenheitszeiten der in Betracht kommenden Mitarbeiter sein (LAG Nürnberg v. 8.12.2020, 7 Sa 226/20).

Nach der EU-Datenschutz-Grundverordnung, die seit dem 25. Mai 2018 gilt, drohen durch die zuständige Aufsichtsbehörde bei Verstößen zum Teil Bußgelder bis zu einer Höhe von € 20.000.000,00 oder 4 % des weltweiten Jahresumsatzes (Art. 83 EU-DSGVO). Wegen der Einzelheiten zum Schutz persönlicher Daten wird auf das Stichwort → Datenschutz verwiesen.

Obgleich die Öffnungsklausel des Art. 83 Abs. 7 EU-DSGVO die Verhängung von Geldbußen gegenüber Behörden und öffentlichen Stellen ermöglicht, hat der deutsche Gesetzgeber von dieser Möglichkeit keinen Gebrauch gemacht. § 43 Abs. 3 BDSG schließt Behörden und sonstige öffentliche Stellen explizit von diesem Anwendungsbereich aus.

## III. Umsetzung einer Compliance-Organisation

Der Arbeitgeber kann verschiedene Maßnahmen ergreifen, um Regelverstöße in seiner Behörde oder seinem Unternehmen zu verhindern. Im Regelfall beinhaltet eine Compliance-Struktur die Erstellung einer Compliance-Richtlinie und die Ernennung eines Verantwortlichen bzw. die Einrichtung einer Beschwerdestelle. Mit diesen Grundfunktionen können weitere Maßnahmen verknüpft werden wie etwa Mitarbeiterschulungen, Kontrollen, Hinweisgeber- bzw. Whistleblowing-Systeme, Stellenrotationen und Amnestieprogramme.

### 1. Richtlinien

Mit einer Compliance- bzw. Ethik-Richtlinie schafft der Arbeitgeber unternehmensinterne Regelungen.

Staatliches Recht wird damit nicht verdrängt, sondern ergänzt und ggf. konkretisiert. Das Spektrum möglicher Inhalte reicht von Hinweisen auf gesetzliche Pflichten über Anweisungen zum Umgang mit betrieblichen Mitteln bis hin zur Androhung arbeitsrechtlicher Sanktionen bei Verstößen. Beispielsweise kann eine Compliance-Richtlinie folgende Punkte regeln:

- Verhaltensregeln für den Umgang mit Mitarbeitern und Kunden
- Nutzung von Telefon, Internet und E-Mail
- Einsatz von künstlicher Intelligenz
- Kontakte zur Presse
- Annahme von Geschenken
- Hinweise bei Regelverstößen.

Damit eine Compliance-Richtlinie für den Arbeitnehmer verbindlich ist, muss sie wirksam umgesetzt werden. Compliance-Regelungen können direkt im Arbeitsvertrag oder in einem Tarifvertrag vereinbart oder einseitig im Rahmen des Direktionsrechts eingeführt werden, z. B. durch einen Aushang am schwarzen Brett oder per E-Mail. Dabei sollte aus Beweiszwecken stets auf eine ausreichende Dokumentation geachtet werden. Häufig wird eine Compliance-Richtlinie jedoch als Dienst- oder Betriebsvereinbarung abgeschlossen. Eine solche Vereinbarung wirkt unmittelbar und zwingend auf die Arbeitsverhältnisse ein und kann aufgrund der Mitwirkung von Personal- oder Betriebsrat für eine höhere Akzeptanz sorgen.

 **Hinweis:**

Eine Ethik-Richtlinie ist nicht insgesamt oder pauschal mitbestimmungspflichtig. Vielmehr sind die in der Ethik-Richtlinie enthaltenen Themenbereiche den für sie geltenden Grundsätzen der Mitbestimmung unterworfen oder mitbestimmungsfrei. Viele Themenbereiche können damit per Direktionsrecht oder vertragliche Vereinbarung umgesetzt werden, ohne dass der Personalrat oder Betriebsrat beteiligt werden muss, BAG v. 22.7.2008, 1 ABR 40/07, ZTR 2009, 105.

Ethik-Richtlinien dürfen nur gültiges Recht umsetzen. So verstößt das Verbot von Liebesbeziehungen unter Mitarbeitern in einer Ethik-Richtlinie gegen das allgemeine Persönlichkeitsrecht nach Art. 2 Abs. 1 i. V. m. Art. 1 Abs. 1 GG und ist daher nichtig; (LAG Düsseldorf v. 14.11.2005, 10 TaBV 46/05, BB 2006, 335).

Verstößt ein Arbeitnehmer gegen eine Regelung der wirksam implementierten Compliance-Richtlinie, berechtigt dies den Arbeitgeber zum Ausspruch von Er- und Abmahnungen sowie (ggf. auch außerordentlichen) Kündigungen. Zuvor ist jedoch stets eine umfassende Interessenabwägung vorzunehmen, bei der auch das Verhalten des Arbeitnehmers nach dem Verstoß einzubeziehen ist und der Wirksamkeit einer Kündigung entgegenstehen kann (LAG Berlin-Brandenburg v. 17.5.2017, 4 Sa 30/17, ZTR 2017, 619). Liegen greifbare Tatsachen vor, die die Annahme rechtfertigen, der Arbeitnehmer werde zukünftig erhebliche Pflichtverletzungen begehen oder Sicherheitsinteressen des Arbeitgebers beeinträchtigen, kann dies an sich eine personenbedingte Kündigung rechtfertigen. Hierbei ist allerdings dann, wenn es sich nicht eindeutig um nicht behebbare Eignungsmängel handelt, die Abgrenzung zu einer im Verhalten des Arbeitnehmers liegenden Vertragsstörung schwierig, so dass dann regelmäßig eine vorherige Abmahnung erforderlich ist (LAG Rheinland-Pfalz v. 26.2.2016, 1 Sa 358/15). An Vorgesetzte sind aufgrund ihrer Vorbildfunktion hinsichtlich der Beachtung von Compliance-Vorschriften höhere Anforderungen zu stellen als an andere Mitarbeiter, sodass eine Pflichtverletzung eines Vorgesetzten durch Ver-

stoß gegen die Compliance-Regeln grundsätzlich schwer wiegt (OLG Hamm v. 29.5.2019, 8 U 146/18).

## 2. Compliance-Beauftragter

Es besteht keine generelle Pflicht zur Bestellung eines Compliance-Beauftragten. Einige Unternehmen und Dienststellen benennen jedoch einen zentralen Verantwortlichen. Zu seinen Aufgaben gehören regelmäßig die Ausführung und Weiterentwicklung der Compliance-Richtlinie, Schulungen der Mitarbeiter sowie Berichte an die jeweiligen Unternehmens- oder Dienststellenleitungen. Hierzu können weitere Aufgaben treten. Beim Verdacht auf Korruption oder ähnliche Tatbestände können sich Mitarbeiter anonym an den Compliance-Beauftragten wenden. Der Compliance-Beauftragte braucht umfangreiche Befugnisse und klare Berichtslinien, um seine Tätigkeit frei von Einflüssen ordnungsgemäß ausüben zu können. Die am 16. Dezember 2019 in Kraft getretene EU-Hinweisgeberrichtlinie verpflichtet die Mitgliedstaaten, Mechanismen zur Gewährung eines wirksamen Hinweisgeberschutzes zu etablieren. Unter anderem sollen die Mitgliedstaaten sicherstellen, dass interne und externe Kanäle geschaffen werden, um Verstöße gegen EU-Vorschriften melden zu können. Wegen der Einzelheiten zur Umsetzung der Hinweisgeberrichtlinie in nationales Recht wird auf den Unterpunkt Whistleblowing verwiesen.

Aus seiner herausgehobenen Stellung ergibt sich für den Compliance-Beauftragten auch ein erhöhtes Haftungsrisiko. Nach einem BGH-Urteil vom 17.7.2009 (5 StR 394/08, BB 2009, 2263) trifft ihn eine strafrechtliche Garantenpflicht zur Abwendung von Rechtsverstößen. Im konkreten Fall ging es um den Leiter der Rechtsabteilung einer Anstalt des öffentlichen Rechts. Obwohl er um die falsche Berechnung von Gebühren wusste, verhinderte er diese nicht. Im Ergebnis wurde er wegen Beihilfe zum Betrug durch Unterlassen zu einer Geldstrafe von 120 Tagessätzen verurteilt.

Da Compliance-Maßnahmen regelmäßig sensible Eingriffe in die Rechtsstellung überwachter Mitarbeiter erfordern, kann erhebliches Fehlverhalten des Compliance-Beauftragten im Einzelfall zudem dessen Kündigung rechtfertigen. Für den Compliance-Beauftragten besteht, im Gegensatz etwa zum Datenschutz-Beauftragten, kein Sonderkündigungsschutz. Nach Auffassung des Arbeitsgerichts Berlin kommt die Kündigung eines leitenden Mitarbeiters im Bereich Compliance jedoch nur dann in Betracht, wenn der betreffende Arbeitnehmer objektiv rechtswidrig gehandelt und subjektiv um die Rechtswidrigkeit der Maßnahmen gewusst hat (ArbG Berlin v. 18.2.2010, 38 Ca 12879/09, BB 2010, 2309).

## 3. Schulungen

Um das Problembewusstsein der Beschäftigten zu schärfen, bieten sich Compliance-Schulungen an. Nur wenn die Beschäftigten auch ein Gefühl dafür haben, wann die rechtlichen Regelungen überschritten sind, können sie auch ordnungsgemäß handeln. Besonders in Risikobereichen sind entsprechende Schulungen der Beschäftigten insofern unerlässlich. Ist eine Compliance-Schulung mit Testelementen oder Prüffragen verbunden und besteht ein Arbeitnehmer die Schulung nicht, ist der Arbeitgeber grundsätzlich dazu verpflichtet, den Arbeitnehmer erneut und ggf. mithilfe eines anderen Mediums, etwa einer Präsenzschulung zu schulen, um den erforderlichen Kenntnisstand herzustellen. Andernfalls kann ein angemessenes Verhalten der Mitarbeiter im Umgang mit Compliance-Problematiken nicht erwartet werden.

Eine darüberhinausgehende gesetzliche Schulungspflicht besteht nur bei Mitarbeitern, die mit der Betreuung der internen Meldestelle nach dem HinSchG beauftragt sind. Diese müssen über die notwendige Fachkunde verfügen, welche über geeignete Schulungen zu vermitteln sind (BT-Drs 20/3442, 80).

## 4. Whistleblowing

Beim sog. Whistleblowing, was im Deutschen etwa mit „Verpfeifen" übersetzt werden kann, handelt es sich um die Offenlegung von Missständen in Unternehmen oder Institutionen durch einen Arbeitnehmer. Insbesondere zur Aufdeckung von Straftaten wie Bestechung, Bestechlichkeit, Vorteilsannahme und Vorteilsgewährung kann ein Arbeitnehmer zur Offenlegung entsprechender Vorkommnisse veranlasst sein. Zu beachten hat jeder Hinweisgeber, der Informationen über Mängel einer Dienststelle oder eines Unternehmens nach außen preisgibt, allerdings seine arbeitsrechtlichen Loyalitäts- und Verschwiegenheitspflichten. Whistleblower bewegen sich damit im Spannungsfeld zwischen dem öffentlichen Interesse an der Aufdeckung von Rechtsverstößen und Missständen in Betrieben und Behörden und ihren zivil-, arbeits- und dienstrechtlichen Pflichten. Das Risiko von Benachteiligungen im Arbeitsverhältnis infolge der Meldung oder Offenlegung von Missständen kann potenzielle Hinweisgeber davor zurückhalten, ihre Bedenken oder ihren Verdacht kundzutun. Der Ausbau des lückenhaften Schutzes hinweisgebender Personen ist mit der am 16. Dezember 2019 in Kraft getretenen Richtlinie (EU) 2019/1937 des Europäischen Parlaments und des Rates zum Schutz von Personen, die Verstöße gegen das Unionsrecht melden (EU-Hinweisgeberrichtlinie; HinSch-RL), in den Fokus der Gesetzgebung gerückt.

### 4.1 Richtlinie (EU) 2019/1937

Erklärtes Ziel der EU-Hinweisgeberrichtlinie ist eine bessere Durchsetzung des Unionsrechts und der Unionspolitik in bestimmten Bereichen durch die Festlegung gemeinsamer Mindeststandards. Diese Standards sollen ein hohes Schutzniveau für Personen sicherstellen, die Verstöße gegen das Unionsrecht melden.

Vom weit gefassten persönlichen Anwendungsbereich eingeschlossen sind neben Arbeitnehmerinnen und Arbeitnehmern im Sinne von Artikel 45 Abs. 1 AEUV einschließlich der Beamtinnen und Beamten (vgl. Art. 4 Abs. 1 lit a HinSch-RL), auch Praktikantinnen und Praktikanten, Freiwillige und Anteilseignerinnen und Anteilseigner, aber auch externe Auftragnehmerinnen und Auftragnehmer und Lieferantinnen und Lieferanten sowie Personen, deren Arbeitsverhältnis bereits beendet ist oder noch nicht begonnen hat und sich in einem vorvertraglichen Stadium befindet. Der sachliche Anwendungsbereich beschränkt sich, angesichts der beschränkten Gesetzgebungskompetenzen der Europäischen Union, primär auf Verstöße gegen die in Art. 2 Abs. 1 HinSch-RL abschließend aufgeführten sektorspezifischen Rechtsakte der Union. Indes lässt die Richtlinie, die Befugnis der Mitgliedstaaten, den Schutz nach nationalem Recht in Bezug auf Bereiche oder Rechtsakte auszudehnen, die nicht explizit in der Richtlinie benannt sind, unberührt (Art. 2 Abs. 2 HinSch-RL). Die Richtlinie ist mindestharmonisierend. Mitgliedstaaten ist es mithin gestattet den Schutz nicht nur auf Meldungen von Verstößen gegen EU-Recht zu beschränken, sondern den Katalog auf andere Rechtsbereiche auszuweiten. Gemäß Art. 6 HinSch-RL haben Hinweisgeber nur Anspruch auf Schutz nach der Richtlinie, sofern sie hinreichenden Grund zu der Annahme hatten, dass die gemeldeten Informationen über Verstöße zum Zeitpunkt der Meldung der Wahrheit entsprachen und dass diese Informationen in

den Anwendungsbereich der Richtlinie fielen. Zudem müssen sie intern (Art. 7 HinSch-RL) oder extern (Art. 10 HinSch-RL) Meldung erstattet haben oder eine Offenlegung (Art. 15 HinSch-RL) vorgenommen haben. Aus welchen Gründen der Hinweisgeber Informationen meldet, sollte – nach Ansicht des Unionsgesetzgebers – bei der Entscheidung, ob die Person Schutz erhalten sollte, keine Rolle spielen (Erwägungsgrund 32).

Das nach der Richtlinie zu etablierende System zum Schutz von Hinweisgebern setzt sich aus mehreren Elementen – u. a. einem gestuften Meldesystem sowie Schutzmaßnahmen gegen Repressalien – zusammen. So haben Mitgliedstaaten sicherzustellen, dass Kanäle und Verfahren für interne und externe Meldungen und für Folgemaßnahmen eingerichtet werden. Hinweisgeber sollen wählen können, ob sie sich an eine interne Meldestelle oder eine externe Meldestelle wenden. Gleichzeitig heißt es in der Richtlinie, die Mitgliedstaaten würden sich dafür einsetzen, dass die Meldung über interne Meldekanäle gegenüber der Meldung über externe Meldekanäle in den Fällen bevorzugt wird, in denen intern wirksam gegen den Verstoß vorgegangen werden kann und der Hinweisgeber keine Repressalien befürchtet, Art. 7 Abs. 2 HinSch-RL. Dahinter steht die Erwägung, dass einschlägige Informationen rasch zu denjenigen gelangen müssen, die der Ursache des Problems am nächsten sind, der Meldung am ehesten nachgehen können und über entsprechende Befugnisse verfügen, um dem Problem, soweit möglich abzuhelfen (Erwägungsgrund 47). Der Gang an die Öffentlichkeit und damit die Offenlegung von Informationen wird nur unter den in Art. 15 HinSch-RL benannten Bedingungen geschützt. Zum Schutz von Hinweisgebern sind die Mitgliedstaaten des Weiteren aufgefordert, erforderliche Maßnahmen zu ergreifen, um jede Form von Repressalien gegen hinweisgebende Personen, einschließlich der Androhung von Repressalien und des Versuchs von Repressalien, zu unterlassen (Art. 19 HinSch-RL). Vorgesehen ist zudem eine Umkehr der Beweislast. Das bedeutet, dass wenn ein Hinweisgeber, der Verstöße im Einklang mit der Richtlinie gemeldet oder offengelegt und eine Benachteiligung erfahren hat, so muss die Person, die die Benachteiligung vorgenommen hat, nachweisen, dass ihr Vorgehen in keiner Weise mit der erfolgten Meldung oder Offenlegung in Verbindung stand. Damit wird dem Umstand Rechnung getragen, dass es für Hinweisgeber sehr schwierig sein kann, den kausalen Zusammenhang zwischen der Meldung und den Repressalien nachzuweisen. Den Personen, die die Repressalien ergreifen, stehen hingegen unter Umständen größere Möglichkeiten und Ressourcen zur Verfügung, um ihr eigenes Vorgehen und die dahinter stehenden Gründe zu dokumentieren (Erwägungsgrund 93). Schließlich sind die Mitgliedstaaten gehalten, wirksame, angemessene und abschreckende Sanktionen für natürliche oder juristische Personen festzulegen, die Meldungen behindern oder zu behindern versuchen, Repressalien gegen Hinweisgeber ergreifen, mutwillige Gerichtsverfahren gegen Hinweisgeber anstrengen oder Vorgaben zur Vertraulichkeit der Identität der meldenden Person verletzen (Art. 23 HinSch-RL).

### 4.2 Hinweisgeberschutzgesetz

Durch die Umsetzung der EU-Hinweisgeberrichtlinie und die Kodifizierung der durch die Rechtsprechung aufgestellten Grundsätze soll Rechtsklarheit für Hinweisgeber darüber geschaffen werden, wann und durch welche Vorgaben sie bei der Meldung oder Offenlegung von Verstößen geschützt sind (BT-Drs. 20/3442, S. 2). Geprägt ist der Hinweisgeberschutz bislang in erster Linie durch die Rechtsprechung, die bei der Frage, ob die Anzeige des Hinweisgebers sich als verhältnismäßige Reaktion auf ein Verhalten des Arbeitgebers oder seines Repräsentanten darstellt unter anderem Kriterien wie die Berechtigung der Anzeige, die Motivation des Anzeigenden sowie das Fehlen innerbetrieblicher Hinweise auf die angezeigten Missstände berücksichtigt.

**Beispiel**

> Zu beachten hat jeder Hinweisgeber, der Informationen über Mängel einer Dienststelle oder eines Unternehmens nach außen preisgibt, seine arbeitsrechtlichen Loyalitäts- und Verschwiegenheitspflichten. Ein unbegründetes „Anschwärzen" seines Arbeitgebers gegenüber der Staatsanwaltschaft oder der Öffentlichkeit kann eine Pflichtverletzung des Hinweisgebers darstellen, die seine Kündigung rechtfertigt (LAG Rheinland-Pfalz v. 11.5.2022, 2 Sa 349/21; BAG v. 15.12.2016, 2 AZR 42/16, ZTR 2017, 434; LAG Köln, 5.7.2012, 6 Sa 71/12, CCZ 2013, 224).

> Durch eine voreilige unberechtigte Veröffentlichung mutmaßlicher Gesetzesverstöße kann das öffentliche Bild der Dienststelle oder des Unternehmens nachhaltig beeinträchtigt werden. Bevor der Hinweisgeber Missstände öffentlich macht, muss er daher sämtliche ihm zumutbaren diskreteren Mittel ausgereizt haben, gegen den angeprangerten Missstand vorzugehen. Der Arbeitnehmer soll dabei grundsätzlich zunächst versuchen, innerbetrieblich eine Klärung herbeizuführen. Diese kann ihm allerdings unzumutbar sein, wenn etwa der Arbeitgeber selbst eine Straftat begangen hat oder Abhilfe berechtigterweise nicht zu erwarten ist. Wenn aber nicht der Arbeitgeber oder sein gesetzlicher Vertreter, sondern ein Mitarbeiter seine Pflichten verletzt, soll es eher zumutbar sein, vor Erstattung einer Anzeige zunächst einen Hinweis an den Arbeitgeber zu verlangen (BAG v. 3.7.2003, 2 AZR 235/02; BAG v. 7.12.2006, 2 AZR 400/05).

> Arbeitnehmer, die Fehlverhalten ihrer Kollegen beobachten, sind im Regelfall nicht verpflichtet, dem Arbeitgeber von diesem Fehlverhalten zu berichten. Eine Verpflichtung besteht nur dann, wenn dem Arbeitnehmer entweder allgemein die Überwachung des anderen Dienstverpflichteten übertragen war oder wenn ihn wenigstens eine sogenannte aktualisierte Überwachungs- und Kontrollpflicht trifft (LAG Mecklenburg-Vorpommern v. 8.7.2016, 2 Sa 190/15). Außerdem kann in einer Compliance-Richtlinie die Pflicht zur Anzeige von Fehlverhalten durch andere Arbeitnehmer begründet werden. Dann kann auch das Unterlassen von Whistleblowing arbeitsrechtliche Konsequenzen haben.

**Hinweis:**

Bei der Handhabung von Whistleblower-Fällen haben sich die deutschen Gerichte der Zivil- und Arbeitsgerichtsbarkeit bisher immer wieder an den Vorgaben der EGMR orientiert.

Vor dem Hintergrund des Urteils des EGMR vom 21.7.2011, Heinisch/Deutschland, 28274/08, ArbuR 2011, 355, zur im konkreten Fall unzulässigen Kündigung einer Altenpflegerin nach einer öffentlichkeitswirksamen Strafanzeige gegen die Arbeitgeberin wegen Pflegemängeln im Altenheim hat die Möglichkeit einer internen Prüfung und Abhilfe des behaupteten Missstands für die Bewertung der Whistleblower-Fälle durch die Gerichte der Zivil- und Arbeitsgerichtsbarkeit an Bedeutung gewonnen. Nach Auffassung des EGMR ist der öffentliche Arbeitgeber in besonderem Maße verpflichtet, mutmaßliche Mängel zu ermitteln und aufzuklären. Da andererseits die Geheimhaltungspflicht des Arbeitnehmers im öffentlichen Dienst wegen § 3 Abs. 1 TVöD/§ 3 Abs. 2 TV-L sowie der möglichen Strafbarkeit wegen Verletzung des Dienstgeheimnisses nach § 353b StGB erhöht sein kann, ist das Spannungsfeld zwischen der freien Meinungsäußerung und den Interessen des Arbeitgebers an der Verhinderung einer unwahren oder irreführenden Aussage gegenüber staatlichen Institutionen und der Öffentlichkeit hier be-

sonders ausgeprägt. Das Ausmaß, in welchem die Interessen des Arbeitgebers zu berücksichtigen sind, hat der EGMR in seiner Entscheidung vom 16.2.2021, (Gawlik gegen Liechtenstein, 23922/19, NJW 2021, 2343) verdeutlicht. Die Zulässigkeit der außerordentlichen Kündigung eines Arztes, der seinen Vorgesetzten wegen eines sich später als falsch herausgestellten Verdachts aktiver Sterbehilfe angezeigt hatte, hat der EGMR damit begründet, der Anzeigende hätte vor seiner Strafanzeige die ihm vorliegenden Informationen soweit möglich sorgfältig darauf überprüfen müssen, ob sie zutreffend und zuverlässig sind. Dass der Arzt zuvor in den elektronischen Akten nachgeforscht und auch dabei Auffälligkeiten bemerkt hatte, ließ der Gerichtshof nicht ausreichen.

Mit seinem Urteil vom 14. Februar 2023, Halet/Luxemburg, 21884/18, hat der EGMR die Bedeutung des öffentlichen Interesses an der Aufdeckung von Rechtsverstößen und Missständen im Rahmen der vorzunehmenden Interessenabwägung präzisiert. Die große Kammer hat entschieden, dass die Verurteilung eines früheren Mitarbeiters zu einer Geldstrafe wegen verletzter Arbeitgeberinteressen die Meinungsfreiheit verletzte und zu Unrecht erfolgt sei. Dieser hatte interne Dokumente an die Presse weitergegeben und zu der Offenlegung des „Luxleaks"-Skandals beigetragen. Die von dem früheren Mitarbeiter beförderte Aufdeckung der Vorgänge überwiege die Interessen seines früheren Arbeitgebers deutlich. Seine Verurteilung sei geeignet, andere potenzielle Tippgeber einzuschüchtern.

Die Notwendigkeit einer klaren gesetzlichen Regelung wird damit begründet, dass einzelfallbezogene Entscheidungen keine Rechtssicherheit für die Betroffenen bedeuten würden. Selbst mit guter juristischer Beratung würden potenzielle Whistleblower im Vorfeld, also zum Zeitpunkt, zu dem sie sich entscheiden müssen, ob sie auf einen beobachteten Missstand aufmerksam machen sollen oder nicht, regelmäßig nicht verlässlich einschätzen können, ob sie sich durch das Informieren zuständiger Behörden rechtskonform verhalten oder nicht. Für Hinweisgeberinnen und Hinweisgeber bleibe damit ein erhebliches Risiko, wenn sie einen Missstand aufdecken wollen (BT-Drs. 20/3442, S. 31).

Die HinSch-RL hätte bis zum 17. Dezember 2021 in deutsches Recht umgesetzt werden müssen. Auf der Grundlage des Regierungsentwurfs hatte der Deutsche Bundestag am 16. Dezember 2022 das Hinweisgeberschutzgesetz (HinSchG) beschlossen. Der zustimmungsbedürftige Gesetzentwurf fand indes in der Sitzung des Bundesrates am 10. Februar 2023 nicht die erforderliche Zustimmung. Kritisiert wurde insbesondere, dass das Gesetz in der zur Abstimmung vorgelegten Fassung weit über die Vorgaben der EU hinausgehe und kleine und mittlere Unternehmen besonders belaste. Um dennoch eine zügige Umsetzung der HinSch-RL in Deutschland zu ermöglichen, unternahmen die Koalitionsfraktionen von SPD, BÜNDNIS 90/DIE GRÜNEN und FDP im März 2023 einen zweiten Anlauf. Das Vorhaben wurde dabei in zwei Gesetzentwürfe aufgeteilt, wobei der neue Entwurf eines Gesetzes „für einen besseren Schutz hinweisgebender Personen sowie zur Umsetzung der Richtlinie zum Schutz von Personen, die Verstöße gegen das Unionsrecht melden" mit der ursprünglichen, am 16. Dezember 2022 vom Bundestag beschlossenen Fassung nahezu identisch war. Verzichtet wurde nach der Vorstellung der Bundesregierung jedoch auf die Regelungen, die die Zustimmungsbedürftigkeit begründet hatten (BT-Drs. 20/5992, S. 3). Ausdrücklich vom Anwendungsbereich ausgenommen wurden Beamtinnen und Beamte der Länder, Gemeinden und Gemeindeverbände sowie der sonstigen der Aufsicht eines Landes unterstehenden Körperschaften, Anstalten und Stiftungen des öffentlichen Rechts sowie Richterinnen und Richter im Landesdienst. Die entsprechenden Regelungen für diese Personengruppen sollten durch ein gesondertes – zustimmungspflichtiges – Gesetz erfolgen.

Die von den Koalitionsfraktionen intendierte Aufspaltung des Vorhabens in ein Einspruchs- und in ein Zustimmungsgesetz wurde teilweise kritisch gesehen. So äußerten bereits einige Sachverständige im Rahmen der Anhörung des Rechtsausschusses des Bundestages am 27. März 2023 – mit Blick auf die Rechtsprechung des BVerfG, nach der die Aufteilung eines Gesetzes ihre Grenzen im Verbot der Willkür und des Missbrauchs hat – verfassungsrechtliche Bedenken an dem Gesetzgebungsverfahren.

Die für Ende März 2023 vorgesehene Entscheidung über die Gesetzentwürfe von SPD, BÜNDNIS 90/DIE GRÜNEN und FDP wurde von der Tagesordnung des Bundestages abgesetzt. Am 5. April 2023 hat die Bundesregierung schließlich beschlossen, zu dem vom Deutschen Bundestag am 16. Dezember 2022 verabschiedeten Gesetz zu verlangen, dass der Vermittlungsausschuss einberufen wird. Der Vermittlungsausschuss von Bundestag und Bundesrat hat am 9. Mai 2023 einen Kompromiss zum Schutz von Whistleblowern gefunden. Der Kompromiss enthält Änderungen zu den Meldewegen für anonyme Hinweise, zu Bußgeldern und zum Anwendungsbereich des Gesetzes. Der Einigungsvorschlag wurde vom Bundestag am 11. Mai 2023 angenommen. Das am 16. Dezember 2022 beschlossene Hinweisgeberschutzgesetz wurde nach Maßgabe der im Vermittlungsausschuss gefassten Beschlüsse geändert. Gemäß den Vorschriften zum Inkrafttreten soll das Hinweisgeberschutzgesetz zum weit überwiegenden Teil einen Monat nach der Verkündung in Kraft treten – also etwa Mitte Juni 2023.

 **Hinweis:**

Die Erfüllung der mit dem Hinweisgeberschutzgesetz begründeten Pflichten für Beschäftigungsgeber setzt einige Vorbereitung voraus. Beschäftigungsgeber sind angesichts der vorgenommenen Verkürzung der Zeit zwischen Verkündung und Inkrafttreten des Hinweisgeberschutzgesetzes auf einen Monat gut beraten, sich eingehend mit den Einzelheiten des Hinweisgeberschutzgesetzes, insbesondere der Einrichtung einer internen Meldestelle, auseinanderzusetzen. Informations- und Mitbestimmungsrechte von Personal- oder Betriebsrat sollten in der Erstellung eines Zeitplanes Berücksichtigung finden.

Der persönliche Anwendungsbereich ist entsprechend den Vorgaben der HinSch-RL weit gefasst. Das HinSchG regelt den Schutz von natürlichen Personen, die im Zusammenhang mit ihrer beruflichen Tätigkeit oder im Vorfeld einer beruflichen Tätigkeit Informationen über Verstöße erlangt haben und diese an die nach dem Hinweisgeberschutzgesetz vorgesehenen Meldestellen melden oder offenlegen (§ 1 Abs. 1 HinSchG). Darüber hinaus werden Personen geschützt, die Gegenstand einer Meldung oder Offenlegung sind, sowie sonstige Personen, die von einer Meldung oder Offenlegung betroffen sind, § 1 Abs. 2 HinSchG.

Der sachliche Anwendungsbereich des HinSchG ist nicht nur auf Meldungen von Verstößen gegen EU-Recht beschränkt. Um Wertungswidersprüche zu vermeiden und praktikable Regelungen zu schaffen, wurden die in der EU-Hinweisgeberrichtlinie angelegten Rechtsbereiche in begrenztem Umfang auf nationales Recht, insbesondere auf das Strafrecht und bestimmte Ordnungswidrigkeiten, ausgeweitet. Die nationale Umsetzung schafft ein einheitliches Regelungswerk für europäische und auch nationale Rechtsverstöße. So gilt das HinSchG für die Meldung und Offenlegung von Informationen über Verstöße, die strafbewehrt sind (§ 2 Abs. 1 Nr. 1 HinSchG), Verstöße, die

bußgeldbewehrt sind, soweit die verletzte Vorschrift dem Schutz von Leben, Leib oder Gesundheit oder dem Schutz der Rechte von Beschäftigten oder ihrer Vertretungsorgane dient (§ 2 Abs. 1 Nr. 2 HinSchG), sowie über Verstöße gegen nationale oder europäische Vorschriften in den in § 2 Abs. 1 Nrn. 3–10 HinSchG näher bezeichneten Sachbereichen. Die Schutzmechanismen des HinSchG gelten auch für Meldungen von Hinweisgebern, die sich auf „Äußerungen von Beamtinnen und Beamten, die einen Verstoß gegen die Pflicht zur Verfassungstreue darstellen" (§ 2 Abs. 1 Nr. 10 HinSchG), beziehen.

 **Hinweis:**

Eine Vorschrift dient dem Schutz von Leben, Leib oder Gesundheit oder dem Schutz der Rechte von Beschäftigten oder ihrer Vertretungsorgane (§ 2 Abs. 1 Nr. 2 HinSchG), wenn sie diesen Schutz bezweckt oder dazu beiträgt, den Schutz der genannten Rechtsgüter und Rechte zu gewährleisten. So werden etwa im Bereich des Arbeitsschutzes die dem Gesundheitsschutz und der Sicherheit der Beschäftigten dienenden Vorschriften als auch arbeitsschutzrechtliche Mitteilungs-, Erlaubnis-, Prüfungs-, Bestellungs-, Belehrungs-, Dokumentations- und Anzeigepflichten als Beispiele aufgeführt (BT-Drs. 20/3442, S. 57, 58). Erfasst werden von Nr. 2 unter anderem auch Verstöße gegen das Mindestlohngesetz (§ 20 MiLoG, § 17 MiLoG, § 15 MiLoG, § 16 MiLoG), bußgeldbewehrte Verstöße gegen Vorgaben des Arbeitnehmerüberlassungsgesetzes, sowie Bußgeldvorschriften, die Verstöße gegen Aufklärungs- und Auskunftspflichten gegenüber Organen der Betriebsverfassung wie Betriebsräten, Gesamtbetriebsräten, Konzernbetriebsräten, Wirtschaftsausschüssen, Bordvertretungen oder Seebetriebsräten sanktionieren (§ 121 BetrVG).

Zu beachten ist, dass Informationen über Verstöße nach dem im Vermittlungsausschuss erzielten Kompromiss nur noch auf den beruflichen Kontext beschränkt sind, d. h. nur in den Anwendungsbereich des HinSchG fallen, wenn sie sich auf den Beschäftigungsgeber oder eine andere Stelle, mit der die hinweisgebende Person beruflich im Kontakt stand, beziehen (vgl. § 3 Abs. 3 HinSchG).

Das Ziel eines verbesserten Hinweisgeberschutzes soll mit den Interessen von Unternehmen und öffentlicher Verwaltung, die zum Ergreifen von Hinweisgeberschutzmaßnahmen verpflichtet werden, so in Einklang gebracht werden, dass bürokratische Belastungen handhabbar bleiben (BT-Drs. 20/3442, S. 1). Entsprechend den Vorgaben der HinSch-RL zeichnen mehrere Elemente das im Hinweisgeberschutzgesetz vorgesehene Schutzsystem für die Meldung und Offenlegung von Verstößen aus.

Beschäftigungsgeber, worunter natürliche Personen sowie juristische Personen des öffentlichen und des privaten Rechts sowie rechtsfähige Personengesellschaften und -vereinigungen fallen können (§ 3 Abs. 9 HinSchG), mit jeweils in der Regel mindestens 50 Beschäftigten haben dafür zu sorgen, dass bei ihnen mindestens eine Stelle für interne Meldungen eingerichtet ist und betrieben wird, an die sich Beschäftigte wenden können, § 12 Abs. 1 S. 1, Abs. 2 HinSchG. Für private Beschäftigungsgeber mit in der Regel 50 bis 249 Beschäftigten sieht das HinSchG eine Übergangsregelung vor. Diese müssen ihre internen Meldestellen erst ab dem 17. Dezember 2023 einrichten, § 42 Abs. 1 S. 1 HinSchG. Unternehmen mit mehr als 249 Mitarbeitern trifft die Verpflichtung zur Einrichtung einer internen Meldestelle unmittelbar mit dem Inkrafttreten des Hinweisgeberschutzgesetzes. Ist der Bund oder ein Land Beschäftigungsgeber, bestimmen die obersten Bundes- oder Landesbehörden Organisationseinheiten in Form von einzelnen oder mehreren Behörden, Verwaltungsstellen, Betrieben oder Gerichten. Die Pflicht nach § 12 Abs. 1

S. 1 HinSchG gilt sodann für die Einrichtung und den Betrieb der internen Meldestelle bei den jeweiligen Organisationseinheiten. Für Gemeinden und Gemeindeverbände und solche Beschäftigungsgeber, die im Eigentum oder unter der Kontrolle von Gemeinden und Gemeindeverbänden stehen, gilt die Pflicht zur Einrichtung und zum Betrieb interner Meldestellen nach Maßgabe des jeweiligen Landesrechts. Unabhängig von der Zahl der Beschäftigten sind die in § 12 Abs. 3 HinSchG aufgeführten Beschäftigungsgeber spezieller Bereiche zur Einrichtung und zum Betrieb interner Meldestellen gehalten. Die Übergangsregelung findet auf diese keine Anwendung (§ 42 Abs. 1 S. 2 HinSchG). Die internen Meldestellen betreiben Meldekanäle nach § 16 HinSchG, führen das Verfahren nach § 17 HinSchG und ergreifen Folgemaßnahmen nach § 18 HinSchG.

Zugelassen werden verschiedene Organisationsformen interner Meldestellen. So können mit den Aufgaben einer internen Meldestelle eine bei dem jeweiligen Beschäftigungsgeber oder bei der jeweiligen Organisationseinheit beschäftigte Person, eine aus mehreren beschäftigten Personen bestehende Arbeitseinheit oder ein Dritter betraut werden (vgl. § 14 Abs. 1 S. 1 HinSchG). In der Gesetzesbegründung heißt es, es würden bewusst keine Vorgaben dazu gemacht, welche Personen oder Organisationseinheiten am besten geeignet sind, um diese Aufgabe auszuführen. Dies hänge von der jeweiligen Organisationsstruktur, der Größe und der Art der ausgeübten Tätigkeiten ab. Daher soll den betroffenen Stellen im Einzelfall die größtmögliche Freiheit bei der Erfüllung dieser Anforderungen eingeräumt werden (BT-Drs. 20/3442, S. 78). Aufgeführt sind im Erwägungsgrund 56 der HinSch-RL als mögliche interne Meldestellen in kleineren Unternehmen Mitarbeiterinnen oder Mitarbeiter mit einer Doppelfunktion, Leiterinnen oder Leiter der Complianceabteilung, Integritätsbeauftragte, Rechts- oder Datenschutzbeauftragte oder Auditverantwortliche. Dies zeige die Bandbreite der möglichen Umsetzung der Verpflichtung, die nicht eingeschränkt werden soll, solange die gesetzlichen Vorgaben insbesondere in Bezug auf die Unabhängigkeit und Vertraulichkeit eingehalten werden (BT-Drs. 20/3442, S. 79) sowie die beauftragten Personen über die notwendige Fachkunde verfügen (§ 15 Abs. 2 HinSchG). Für letztere ist es ausreichend, wenn die beauftragten Personen die gemeldeten Verstöße einwandfrei unter den Anwendungsbereich des § 2 HinSchG subsumieren können. Juristische Kenntnisse sind hierfür nicht vonnöten, für eine rechtssichere und zuverlässige Einordnung allerdings wünschenswert (vgl *Baade/Hößl*, DStR 2023, 1265). Grundsätzlich ist damit die Möglichkeit gegeben, die Meldestelle unter Beachtung der gesetzlichen Vorgaben durch Externe betreiben zu lassen. Die Betrauung eines Dritten mit den Aufgaben einer internen Meldestelle entbindet den betrauenden Beschäftigungsgeber nicht von der Pflicht, selbst geeignete Maßnahmen zu ergreifen, um einen etwaigen Verstoß abzustellen, § 14 Abs. 1 S. 2 HinSchG. Ist der Beschäftigungsgeber der Bund oder ein Land, gilt § 14 Abs. 1 S. 2 für die jeweiligen Organisationseinheiten entsprechend, § 14 Abs. 1 S. 3 HinSchG.

**Hinweis:**
Insbesondere bei der Betrauung unternehmensinterner Personen mit den Aufgaben der internen Meldestelle ist darauf zu achten, dass Interessenkonflikte von vornherein ausgeschlossen werden und die Meldestelle ihre Unabhängigkeit wahrt.

**Hinweis:**
Gemäß dem konzernrechtlichen Trennungsprinzip kann auch bei einer anderen Konzerngesellschaft (zum Beispiel Mutter-, Schwester-, oder Tochtergesellschaft) eine unabhängige und

vertrauliche Stelle als „Dritter" eingerichtet werden, die auch für mehrere selbständige Unternehmen in dem Konzern tätig sein kann. Dabei ist es notwendig, dass die originäre Verantwortung dafür, einen festgestellten Verstoß zu beheben und weiterzuverfolgen, immer bei dem jeweiligen beauftragenden Tochterunternehmen verbleibt (BT-Drs. 20/3442, S. 79).

Die in § 14 Abs. 2 HinSchG enthaltene Erleichterung für private Beschäftigungsgeber sieht vor, dass es mehreren privaten Beschäftigungsgebern mit in der Regel 50 bis 249 Beschäftigten gestattet sein soll, für die Entgegennahme von Meldungen und für die weiteren nach dem HinSchG vorgesehenen Maßnahmen eine gemeinsame Stelle einzurichten und zu betreiben. Die Pflicht, Maßnahmen zu ergreifen, um den Verstoß abzustellen, und die Pflicht zur Rückmeldung an die hinweisgebende Person verbleiben bei dem einzelnen Beschäftigungsgeber.

Eine externe Meldestelle auf Ebene des Bundes wird beim Bundesamt für Justiz errichtet (vgl. § 19 Abs. 1 S. 1 HinSchG). Die zentrale Anlaufstelle im Sinne eines „one-stop-shop" soll hinweisgebende Personen davon befreien, sich mit Zuständigkeitsfragen auseinandersetzen zu müssen, und davor bewahren, schon im Vorfeld einer Meldung den Mut zu verlieren, einen entsprechenden Sachverhalt oder Verstoß zu melden. Die externe Meldestelle des Bundes ist mit umfassenden Zuständigkeiten ausgestattet, soweit nicht die Länder (vgl. § 20 HinSchG) eigene Meldestellen einrichten. Daneben sollen im speziellen Zuständigkeitsbereich der Bundesanstalt für Finanzdienstleistungsaufsicht sowie des Bundeskartellamtes dort externe Meldestellen eingerichtet werden (BT-Drs. 20/3442, S. 35). Die externen Meldestellen errichten und betreiben Meldekanäle nach § 27 HinSchG, prüfen die Stichhaltigkeit einer Meldung und führen das Verfahren nach § 28 HinSchG. Die externen Meldestellen bieten natürlichen Personen, die in Erwägung ziehen, eine Meldung zu erstatten, umfassende und unabhängige Informationen und Beratung über bestehende Abhilfemöglichkeiten und Verfahren für den Schutz vor Repressalien. Dabei informieren die externen Meldestellen insbesondere auch über die Möglichkeit einer internen Meldung. Interne und externe Meldekanälen haben das Gebot der Vertraulichkeit der Identität nach den §§ 8 ff. HinSchG zu beachten. Personen, die beabsichtigen, Informationen über einen Verstoß zu melden, können wählen, ob sie sich an eine interne Meldestelle oder eine externe Meldestelle wenden. Sie sollten in den Fällen, in denen intern wirksam gegen den Verstoß vorgegangen werden kann und sie keine Repressalien befürchten, die Meldung an eine interne Meldestelle bevorzugen, vgl. § 7 Abs. 1 S. 1, 2 HinSchG. Beschäftigungsgeber, die zur Einrichtung interner Meldestellen verpflichtet sind, sollen Anreize dafür schaffen, dass sich hinweisgebende Personen vor einer Meldung an eine externe Meldestelle zunächst an die jeweilige interne Meldestelle wenden. Diese Beschäftigungsgeber stellen für Beschäftigte klare und leicht zugängliche Informationen über die Nutzung des internen Meldeverfahrens bereit. Die Möglichkeit einer externen Meldung darf hierdurch nicht beschränkt oder erschwert werden, § 7 Abs. 3 HinSchG.

Nach der Einigung im Vermittlungsausschuss wurde sowohl für interne als auch für externe Meldestellen auf eine Pflicht, die Abgabe anonymer Meldungen zu ermöglichen, verzichtet. So heißt es in der am 11. Mai 2023 vom Bundestag beschlossenen Fassung des Hinweisgeberschutzgesetzes nur noch, dass die interne Meldestelle (§ 16 Abs. 1 S. 4 HinSchG) bzw. die externe Meldestelle (§ 27 Abs. 1 S. 3 HinSchG) auch anonym eingehende Meldungen bearbeiten sollte.

§ 32 Abs. 1 HinSchG normiert die Voraussetzungen, unter denen hinweisgebende Personen unter dem Schutz des HinSchG stehen, wenn sie sich mit Informationen über Verstöße nicht an eine interne oder externe Meldestelle wenden, sondern diese der Öffentlichkeit bekanntmachen. Das Offenlegen unrichtiger Informationen über Verstöße ist verboten (§ 32 Abs. 2 HinSchG). In diesen Regelungen spiegelt sich die Rechtsprechung des EGMR wider. Die Grundsätze wurden nun in Umsetzung der Anforderungen der HinSch-RL und im Sinne der Gewährleistung von Rechtssicherheit kodifiziert. So ist der Gang an die Öffentlichkeit nur unter engen Voraussetzungen möglich und als Ausnahme konzipiert.

Zentrales Element des HinSchG sind die Schutzmaßnahmen in den §§ 33–39 HinSchG. Gegen hinweisgebende Personen und bestimmte andere Personen (vgl. 34 HinSchG) gerichtete Repressalien sind verboten. Das gilt auch für die Androhung und den Versuch, Repressalien auszuüben, § 36 Abs. 1 S. 2 HinSchG. Das Eingreifen des Verbots von Repressalien gegen hinweisgebende Personen steht unter der Prämisse, dass die Voraussetzungen des § 33 HinSchG vorliegen. Unter anderem muss die hinweisgebende Person, die intern gemäß § 17 HinSchG oder extern gemäß § 28 HinSchG Meldung erstattet hat oder eine Offenlegung gemäß § 32 HinSchG vorgenommen hat, zum Zeitpunkt der Meldung oder Offenlegung hinreichenden Grund zu der Annahme gehabt haben, dass die von ihr gemeldeten oder offengelegten Informationen der Wahrheit entsprechen und Verstöße betreffen, die in den Anwendungsbereich des HinSchG fallen. Umfasst werden alle ungerechtfertigten Nachteile wie beispielsweise Kündigung, Versagung einer Beförderung, geänderte Aufgabenübertragung, Disziplinarmaßnahmen, Diskriminierung oder Mobbing, die eine hinweisgebende Person infolge einer Meldung oder Offenlegung erleidet. Ein nicht abschließender Katalog von Repressalien ist in Art. 19 HinSch-RL aufgeführt.

Erleidet eine hinweisgebende Person eine Benachteiligung im Zusammenhang mit ihrer beruflichen Tätigkeit und macht sie geltend, diese Benachteiligung infolge einer Meldung oder Offenlegung nach diesem Gesetz erlitten zu haben, so wird vermutet, dass diese Benachteiligung eine Repressalie für diese Meldung oder Offenlegung ist. In diesem Fall hat die Person, die die hinweisgebende Person benachteiligt hat, zu beweisen, dass die Benachteiligung auf hinreichend gerechtfertigten Gründen basierte oder dass sie nicht auf der Meldung oder Offenlegung beruhte. (§ 36 Abs. 2 HinSchG). Das Gesetz sieht eine Beweislastumkehr vor. Die Vermutung, dass die Benachteiligung eine Repressalie für den Hinweis ist, soll aber nur dann bestehen, wenn die hinweisgebende Person dies auch selbst geltend macht.

 **Hinweis:**
Die Beweislastumkehr ist für Arbeitgeber mit einem „erhöhten Dokumentationsaufwand" verbunden, denn es gilt darzulegen und zu beweisen, dass die Benachteiligung auf hinreichend gerechtfertigten Gründen basierte oder dass sie nicht auf der Meldung oder Offenlegung beruhte.

Bei einem Verstoß gegen das Verbot von Repressalien ist der Verursacher verpflichtet, der hinweisgebenden Person den daraus entstehenden Schaden zu ersetzen, § 37 Abs. 1 HinSchG. Ein Anspruch auf Begründung eines Beschäftigungsverhältnisses, eines Berufsausbildungsverhältnisses oder eines anderen Vertragsverhältnisses oder auf einen beruflichen Aufstieg wird hingegen nicht begründet, § 37 Abs. 2 HinSchG.

Die hinweisgebende Person ist zum Ersatz des Schadens verpflichtet, der aus einer vorsätzlichen oder grob fahrlässigen Meldung oder Offenlegung unrichtiger Informationen entstanden ist, § 38 HinSchG.

Verstöße gegen die wesentlichen Vorgaben des HinSchG werden als Ordnungswidrigkeiten geahndet (vgl. § 40 Abs. 2–5 HinSchG). Dabei sieht eine Übergangsvorschrift (§ 42 Abs. 2 HinSchG) vor, dass die Bußgeldvorschrift für die Nichteinhaltung und den Nichtbetrieb interner Meldestellten (§ 40 Abs. 2 Nr. 2 HinSchG) erst sechs Monate nach Verkündung Anwendung finden soll. Die Offenlegung wissentlich falscher Informationen durch hinweisgebende Personen wird ebenfalls mit einer Geldbuße belegt (§ 40 Abs. 1 HinSchG). Damit soll Nachteilen wie insbesondere Reputationsschäden, die den betroffenen Unternehmen und Behörden durch eine solche Offenlegung drohen, angemessen entgegengewirkt werden.

Fraglich war bislang, inwiefern das erst im April 2019 in Kraft getretene Geschäftsgeheimnisgesetz, mit der die Richtlinie (EU) 2016/943 des Europäischen Parlaments und des Rates über den Schutz vertraulichen Know-hows und vertraulicher Geschäftsinformationen (Geschäftsgeheimnisse) vor rechtswidrigem Erwerb sowie rechtswidriger Nutzung und Offenlegung (EU-Geheimnisschutzrichtlinie) umgesetzt wurde, den Schutz von Hinweisgebern beeinflusst. Grundsätzlich sollte eine umfassende Regelung zum Schutz von Hinweisgebern erst mit der EU-Hinweisgeberrichtlinie erfolgen. Dennoch findet das Whistleblowing auch in der EU-Geheimnisschutzrichtlinie und umgesetzt in § 5 Nr. 2 GeschGeG Anklang. Eine Aussage über das Verhältnis des HinSchG zum GeschGehG ist § 6 Abs. 1 HinSchG zu entnehmen (vgl. dazu BT-Drs. 20/3442, 71). Ausgeführt wird in der Gesetzesbegründung, dass die Anforderungen an die Offenlegung nach dem GeschGehG durch diese Bestimmung nicht abgesenkt werden sollen. Vielmehr bleibt § 5 Nr. 2 GeschGeG neben der Neuregelung bestehen. Sein Anwendungsbereich ist einerseits weiter, weil er auch die Offenlegung an alle und unabhängig von den in diesem Gesetz vorgesehenen Meldekanälen umfasst, aber anderseits insofern enger, als er nur eine Erlangung, Nutzung oder Offenlegung vom Verbot der Weitergabe ausnimmt, die geeignet ist das allgemeine öffentliche Interesse zu schützen (BT-Drs. 20/3442, 71).

## 5. Mitbestimmung

Eine Beteiligung der Mitarbeitervertretungen kann schon aufgrund der hierdurch gesteigerten Akzeptanz von Compliance-Regelungen bei den Beschäftigten empfehlenswert sein. Im Übrigen begründet die Ein- und Durchführung von Compliance-Maßnahmen oft ein Mitbestimmungsrecht von Personal- oder Betriebsrat. So stellt ein zur Überwachung der Mitarbeiter durchgeführtes Mitarbeiter-Screening im Wege eines automatisierten Datenabgleichs beispielsweise regelmäßig ein technisches Überwachungssystem im Sinne der §§ 80 Abs. 1 Nr. 21 BPersVG, 87 Abs. 1 Nr. 6 BetrVG dar und begründet somit ein Mitbestimmungsrecht von Personal- oder Betriebsrat. Auch die Ausgestaltung eines Whistleblowing Systems stellt, jedenfalls in Verbindung mit der Einrichtung hierfür vorgesehener Telefon-Hotlines, eine gemäß § 80 Abs. 1 Nr. 18 BPersVG bzw. § 87 Abs. 1 Nr. 1 BetrVG der Mitbestimmung unterliegende Frage der Ordnung der Dienststelle bzw. des Betriebs dar (vgl. BAG v. 22.7.2008, 1 ABR 40/07, ZTR 2009, 105). Gleiches gilt für die Verpflichtung der Mitarbeiter, Missstände im Rahmen eines solchen Systems mitzuteilen.

Nicht mitbestimmungspflichtig sind dagegen Vorgaben des Arbeitgebers, die das individuelle Arbeitsverhalten der Mitarbeiter regeln, ohne einen kollektiven Bezug aufzuweisen.

### 6. Dokumentation

Essenziell für eine gute Compliance ist die Dokumentation. Nur durch eine lückenlose Dokumentation kann im Nachhinein bewiesen werden, dass der Arbeitgeber alles unternommen hat, um die Einhaltung aller Regelungen zu gewährleisten.

## IV. Compliance und Mitarbeitervertretung

Ein besonders sensibler Bereich der Compliance sind die Mitarbeitervertretungen. Personalvertretungen und Betriebsräte sollen im Rahmen der vertrauensvollen Zusammenarbeit mit dem Arbeitgeber die Interessen der Beschäftigten wahren. Sie üben ihre Tätigkeit ehrenamtlich aus (§ 50 BPersVG, § 37 Abs. 1 BetrVG) und dürfen aus ihrem Amt weder einen Nachteil noch einen Vorteil ziehen. Bei der Gehaltsentwicklung muss der Arbeitgeber sich an vergleichbaren Mitarbeitern mit einer betriebsüblichen beruflichen Entwicklung orientieren (BAG v. 22.1.2020, 7 AZR 222/19; BAG v. 18.1.2017, 7 AZR 205/15, ZTR 2017, 438). Unterschreitungen sind ebenso wie Überschreitungen unzulässig. Dies gilt ebenso für die Höhe der vom Arbeitgeber zugesagten Leistungen der betrieblichen Altersversorgung (BAG v. 10.11.2015, 3 AZR 574/14, ZTR 2016, 225). Insbesondere bei freigestellten Mitgliedern muss der Arbeitgeber aufpassen, nicht in den Verdacht der Bestechung zu kommen. Tatbestände wie Sonderzahlungen für die Mitarbeit in der Personalvertretung sind ebenso unzulässig wie unangemessene Spesenpauschalierungen oder Seminarveranstaltungen in Südamerika.

Darüber hinaus treffen Personalvertretungs- und Betriebsratsmitglieder gesonderte Geheimhaltungspflichten, deren Verletzung zu arbeitsrechtlichen Konsequenzen wie Ausschluss, Abmahnung und sogar Kündigung führen können.

Bei der Schaffung neuer Stellen, beispielsweise der eines Compliance-Beauftragten, ist der Personalrat gemäß § 87 Abs. 1 BPersVG anzuhören. Wird der Compliance-Beauftragte neu eingestellt, besteht ein Mitbestimmungsrecht gemäß § 78 Abs. 1 Nr. 1 BPersVG. Wird einem Beschäftigten die Stelle des Compliance-Beauftragten übertragen, kann hierin eine Versetzung und/oder Umgruppierung liegen, die dann ein Mitbestimmungsrecht nach § 78 Abs. 1 Nr. 3 bis Nr. 6 BPersVG auslösen kann. Werden allgemeingültige Verhaltensrichtlinien aufgestellt, liegt hierin grundsätzlich eine Regelung des Ordnungsverhaltens, die einem Mitbestimmungsrecht nach § 80 Abs. 1 Nr. 18 BPersVG unterliegt. Dies gilt ebenso für die Einführung von Richtlinien zur Internetnutzung. Bei der Einrichtung einer Whistleblowing-Hotline/E-Mail-Adresse kann ein Mitbestimmungsrecht nach § 80 Abs. 1 Nr. 21 BPersVG bestehen, wenn ein Rückschluss auf den Whistleblower möglich ist.

## V. Annahme von Geschenken

Zum Zwecke der Gewährleistung einer unbestechlichen öffentlichen Verwaltung sowie des Vertrauens der Bürger in den Rechtsstaat untersagen § 3 Abs. 2 TVöD und § 3 Abs. 3 TV-L die Annahme von Belohnungen, Geschenken, Provisionen und sonstigen Vergünstigungen. Eine wertmäßige Ober- oder Untergrenze der „Belohnung" gibt es dabei nicht. Zugleich ist der betroffene Beschäftigte zur unverzüglichen Anzeige derartiger Angebote an seinen Arbeitgeber verpflichtet.

Eine Ausnahme von diesem Verbot ist möglich, wenn der Arbeitgeber der Annahme vorher zustimmt, § 3 Abs. 2 S. 2 TVöD und § 3 Abs. 3 S. 2 TV-L. Die Zustimmung kann auch mit der Auflage versehen werden, das Geschenk dem Arbeitgeber oder einer sozialen Einrichtung weiterzuleiten. Bei Geschenken und Vorteilen von geringem Wert kann die Zustimmung auch stillschweigend erteilt werden. Dies gilt aber nur solange, wie die Unvoreingenommenheit des Beschenkten bei einer objektiven Betrachtungsweise nicht angezweifelt werden kann. Es soll nicht einmal der Anschein entstehen, dass Mitarbeiter des öffentlichen Dienstes käuflich sind.

Verstößt ein Arbeitnehmer gegen das Verbot der Annahme von Vergünstigungen, verletzt er damit eine arbeitsvertragliche Pflicht. Je nach Schwere des Einzelfalls können die arbeitsrechtlichen Konsequenzen von einer einfachen Ermahnung, einer förmlichen Abmahnung über eine ordentliche bis zu einer außerordentlichen Kündigung reichen. Wenn sich ein Arbeitnehmer im öffentlichen Dienst bei der Erfüllung dienstlicher Aufgaben mehrfach Vorteile versprechen lässt oder Vorteile entgegennimmt, die dazu bestimmt oder auch nur geeignet sind, ihn in seinem geschäftlichen Verhalten zu Gunsten Dritter oder zum Nachteil seines Arbeitgebers zu beeinflussen, liegt nach Ansicht des BAG ein wichtiger Grund an sich nach § 626 Abs. 1 BGB vor. Auch die Interessenabwägung kann dann nur noch in besonderen Ausnahmefällen zur Unwirksamkeit der außerordentlichen Kündigung führen (BAG v. 17.3.2005, 2 AZR 245/04).

Daneben steht zudem die Strafdrohung wegen Vorteilsannahme und Bestechlichkeit eines Amtsträgers oder für den öffentlichen Dienst besonders Verpflichteten nach den §§ 331, 332 StGB.

# Corona-Pandemie

 **Wegweiser:**

Die Corona-Pandemie stellt auch Arbeitgeber des öffentlichen Dienstes vor Herausforderungen. Zum arbeitsrechtlichen Umgang mit und der Bewältigung der Corona-Pandemie durch Arbeitgeber des öffentlichen Dienstes steht ein breit gefächertes Instrumentarium bereit, welches – durch den Gesetzgeber, die Tarifvertragsparteien und die Betriebsparteien nach wie vor dynamisch ergänzt wird. Weitere Einzelheiten zum TV COVID siehe auch Breier/Dassau TVöD Kommentar Teil C 1.9, zum TV Corona-Sonderzahlung 2020 im Teil C 3.5. Erläuterungen zu Änderungen des Arbeitsrechts im Zusammenhang mit der Corona-Pandemie finden Sie im Breier/Dassau TVöD Kommentar Teil K 10 sowie Breier/Dassau TV-L Kommentare Teil K 10.

**I. Individualvertragliche Auswirkungen**

1. Schutzpflicht des Arbeitgebers
2. Anwesenheit im Unternehmen/in der Dienststelle
   2.1 Staatliche Anordnungen
   2.2 Home-Office bzw. Telearbeit?
   2.3 Umgang mit Warnmeldungen der „Corona WarnApp"
   2.4 Umgang mit Schul- und KiTa-Schließungen
3. Freistellung und Urlaub
   3.1 Einseitige Freistellung
   3.2 Urlaub
   3.3 Urlaubsübertragung
   3.4 Rückkehr aus dem Urlaub in einem Risikogebiet

4. Fragerecht des Arbeitgebers und Information durch Arbeitnehmer
  4.1 Fragerecht nach Diagnose, Urlaub und Kontakten?
  4.2 Fragerecht nach Eigenschaften einer Risikogruppe?
  4.3 Meldepflicht des Arbeitnehmers
  4.4 Impfstatus
  4.5 Datenschutzfragen
5. Ausübung des Direktionsrechts
  5.1 Anordnung von Sicherheitsmaßnahmen
  5.2 Impfpflicht
  5.3 Anordnung von Dienstreisen
  5.4 Anordnung von Überstunden, Aufgabenzuweisung
6. Arbeitnehmerüberlassung

**II. Kollektivrechtliche Auswirkungen**
1. Allgemeine Regelungen für Krisenfälle
2. Handlungsfähigkeit von Personal- und Betriebsräten
  2.1 Sitzungen und Beschlüsse
  2.2 Kontakt zu den Arbeitnehmern
  2.3 Kommunikation und Verhandlungen mit dem Arbeitgeber
3. Zustimmungserfordernisse und Dienstvereinbarungen

**III. Checkliste: Praktische Empfehlungen/Maßnahmenplan**
1. Ergreifen von präventiven Maßnahmen
2. Ergreifen von organisatorischen Maßnahmen
3. Ergreifen von Maßnahmen bei Verdacht einer Infektion
4. Ergreifen von Maßnahmen bei bestätigter Infektion

# I. Individualvertragliche Auswirkungen

## 1. Schutzpflicht des Arbeitgebers

Der Arbeitgeber hat als Ausprägung seiner Fürsorgepflicht, welche unter anderem in § 618 BGB und dem ArbSchG normiert ist, die Pflicht, den Arbeitnehmer vor gesundheitlichen Beeinträchtigungen zu bewahren. Diese Schutzpflicht gilt nicht absolut, sondern ist abhängig von den Umständen und Begebenheiten im jeweiligen Betrieb bzw. der jeweiligen Dienststelle und somit individuell zu bestimmen (siehe hierzu auch → *Arbeitsschutz* und → *Fürsorgepflicht*). Gemäß § 3 Abs. 1 ArbSchG hat der Arbeitgeber die erforderlichen Maßnahmen unter Berücksichtigung der Umstände zu treffen, die Sicherheit und Gesundheit der Beschäftigten bei der Arbeit beeinflussen. Die weitreichende Gefahr, welche dem Coronavirus SARS-CoV-2 beiwohnt, führt dabei zu einem recht umfangreichen Anforderungsprofil an den zu gewährleistenden Schutz. Orientierung bietet etwa der „SARS-CoV-2-Arbeitsschutzstandard" des BMAS. Der Arbeitgeber ist ferner zur Überprüfung, Anpassung und ggf. Verbesserung der Maßnahmen verpflichtet.

## 2. Anwesenheit im Unternehmen/in der Dienststelle

Arbeitnehmer haben grundsätzlich auch während einer Pandemie-Situation ihre Arbeitspflicht im vereinbarten Umfang zu erfüllen. Ein generelles Zurückbehaltungsrecht, etwa weil sich das Risiko einer Ansteckung erhöht, besteht nicht. Sollte für einzelne oder alle Arbeitnehmer eine unmittelbare Gefahr für Leben oder Gesundheit bestehen, obliegt es dem Arbeitgeber diese von ihrer Pflicht zur Arbeitsleistung zu entbinden.

## 2.1 Staatliche Anordnungen

Soweit eine entsprechende staatliche Anordnung erfolgt, wird dem Arbeitnehmer die Arbeitsleistung unmöglich und er von seiner Arbeitspflicht befreit (§ 275 Abs. 1 BGB). Die zuständige Behörde kann zum Beispiel eine Quarantäne und ein berufliches Tätigkeitsverbot gemäß §§ 30, 31 IfSG anordnen. Sie kann daneben allgemeine Maßnahmen gemäß § 16 IfSG treffen.

Dabei ist nicht ganz geklärt, in welchem Umfang der Lohnanspruch gem. § 616 BGB aufrechterhalten bleibt. Jedenfalls, wenn der allgemeine Geschäftsbetrieb oder ein größerer Anteil dessen durch die Behörden untersagt wird, besteht wohl kein Lohnanspruch für diese Zeit, da es sich nicht um einen in der einzelnen Person des Arbeitnehmers liegenden Grund für eine Arbeitsverhinderung handelt. Das BAG hat insoweit entschieden, dass staatliche Betriebsschließungen nicht dem Betriebsrisiko des Arbeitgebers i. S. d. § 615 S. 3 BGB zuzurechnen sind (BAG v. 13.10.2021, 5 AZR 211/21, ZTR 2022, 112; BAG v. 4.5.2022, 5 AZR 366/21, ZTR 2022, 548). In diesem Fall wäre der Arbeitgeber also nicht zur Lohnzahlung verpflichtet. Die von der Anordnung betroffenen Personen haben einen Anspruch auf Entschädigung gegen die anordnende Behörde gem. § 56 IfSG, welche in den ersten sechs Wochen den kompletten Verdienstausfall (Netto-Arbeitsentgelt) abdeckt.

Den Anspruch hat allerdings nicht, wer eine Infektion – und damit eine individuelle Quarantäne – durch die Inanspruchnahme einer öffentlich empfohlenen Schutzimpfung oder durch Nichtantritt einer Reise in ein zum Zeitpunkt der Abreise eingestuftes Risikogebiet hätte vermeiden können (§ 56 Abs. 1 S. 4 IfSG). Um eine solche Schutzimpfung handelt es sich bei den zugelassenen Covid-Impfstoffen, soweit sie für einzelne Personengruppen empfohlen worden sind. Diesbezüglich haben die Gesundheitsminister von Bund und Ländern beschlossen, dass die Länder spätestens ab November 2021 diese Regelung des § 56 IfSG für ungeimpfte Arbeitnehmer bei Anträgen auf Entschädigungsleistungen konsequent berücksichtigen sollen.

## 2.2 Home-Office bzw. Telearbeit?

Auch im öffentlichen Dienst sicherte die von der Bundesregierung geschaffene Gesetzesänderung vom 22. April 2021 (sog. „Bundesnotbremse") Arbeitnehmern einen Anspruch auf Arbeit im Home-Office. Demnach hatte der Arbeitgeber unter anderem Bürokräften anzubieten, dass diese ihre Tätigkeiten in ihren Wohnungen ausführen können. Diese Verordnung war bis zum 30. Juni 2021 befristet. Einen Anspruch auf Home-Office vermag nunmehr lediglich eine Individual- oder kollektiv- bzw. tarifrechtliche Regelung bieten (LAG München v. 26.8.2021, 3 SaGa 13/21) Es stellt sich die Frage, wie mit jenen Arbeitnehmern umzugehen ist, die die Arbeitsleistung im Betrieb aus Furcht vor einer Infektion scheuen. Soweit der Arbeitgeber Schutzmaßnahmen (Abstand, Hygienekonzept, etc.) trifft, die die Sicherheit der Arbeitnehmer gewährleisten (→ *Fürsorgepflicht*), kann auch ein ärztliches Attest im Regelfall keinen Anspruch auf Home-Office begründen (ArbG Augsburg v. 7.5.2020, 3 Ga 9/20; ArbG Mainz v. 8.6.2020, 4 Ga 10/20). Nur in Einzelfällen kann der behandelnde Arzt unter Berücksichtigung der Begebenheiten vor Ort und in Betracht etwaiger Vorerkrankungen die Arbeitsleistung im Büro für unzumutbar bewerten. Eine konkrete Gefährdung wäre etwa dann denkbar, wenn andere Arbeitnehmer nachweislich erkrankt sind und der Arbeitgeber keinerlei Schutzmaßnahmen zur Reduzierung des Ansteckungsrisikos umgesetzt hat. Weigert sich ein Arbeitnehmer dennoch, seine Arbeitsleistung vor Ort zu verrichten, rechtfertigt dies grundsätzlich eine Abmahnung und – bei fortgesetzter Arbeitsverweigerung – auch eine Kündigung (ArbG Kiel v. 11.3.2021, 6 Ca 1912 c/20).

Unabhängig davon erscheint es nach derzeitigem Kenntnisstand weiterhin sinnvoll, persönliche Kontakte zu minimieren und dazu Arbeitnehmer auch im Home-Office arbeiten zu lassen. Häufig ist es zweckmäßig, dafür entweder eine vertragliche (Ergänzung des Arbeitsvertrags) oder kollektivrechtliche (Dienst-/Betriebsverein-barung) Grundlage zu schaffen, in welcher die Essentialia einer Home-Office-Tätigkeit geregelt sind, z. B.

- zeitlicher Umfang der Tätigkeit im Home-Office,
- Arbeitsschutz,
- Datenschutz,
- Besondere Pflichten des Arbeitnehmers (z. B. morgendliche Anmeldung per E-Mail/Telefon),
- Kostenübernahme,
- zeitliche Dauer der Vereinbarung (z. B. vorerst befristet).

Umgekehrt haben Arbeitnehmer jedenfalls keinen voraussetzungslosen Anspruch auf eine Beschäftigung in der Dienststelle, wenn ihr Arbeitgeber Home-Office anordnet. Der Arbeitgeber kann die Tätigkeit im Home-Office anordnen, wenn ihm arbeitsvertraglich ohnehin das Recht eingeräumt ist, den Arbeitnehmer örtlich zu versetzen. Ohne ein solches Recht ist die (längerfristige) Anordnung von Home-Office bzw. Telearbeit regelmäßig nicht vom allgemeinen Direktionsrecht gedeckt (s. LAG Berlin-Brandenburg v. 14.11.2018, 17 Sa 562/18). Eine vorübergehende, kurzfristige Anordnung von Home-Office, um Risiken zu minimieren, dürfte hingegen billigem Ermessen (§ 106 GewO) entsprechen. Für eine Beamtin hat das VG Berlin im Wege einstweiligen Rechtsschutzes entschieden, dass die Anordnung von Home-Office für die Dauer von drei Wochen nicht gegen die Pflicht zur amtsangemessenen Beschäftigung verstößt (VG Berlin v. 14.4.2020, 28 L 119/20). Dies gilt erst recht, wenn der Arbeitgeber mit der Anordnung seinen Fürsorge- und Schutzpflichten Genüge tut, etwa bei konkreten Verdachts- oder Ansteckungsfällen in der Dienststelle oder gegenüber Angehörigen von Risikogruppen bei unklarer Gefährdungslage.

Einen Sonderfall stellt die Situation dar, dass die Gesundheitsbehörde eine vorübergehende Schließung der Dienststelle bzw. des Betriebs nach IfSG anordnet. Eine solche Anordnung suspendiert nicht die gegenseitigen Hauptleistungspflichten, solange sie die Arbeitsleistung nicht unmöglich macht. Es entspräche dann billigem Ermessen, dass der Arbeitgeber für die Dauer der angeordneten Schließung die Tätigkeit im Home-Office anordnet, soweit diese auch im Home-Office erbracht werden kann.

### 2.3 Umgang mit Warnmeldungen der „Corona WarnApp"

 **Hinweis:**

Der Arbeitgeber kann seine Arbeitnehmer nicht verpflichten, die Corona-Warn-App zwingend auf ihrem Mobiltelefon zu installieren und zu nutzen.

Bei der Entscheidung, wie auf die App-Meldung, einem erhöhten Infektionsrisiko ausgesetzt gewesen zu sein, zu reagieren ist, sind verschiedene Aspekte zu berücksichtigen: Zwar ist dem Arbeitnehmer keineswegs zu raten, die Warnfunktion der App gleich einer Krankschreibung oder einer behördlich angeordneten Quarantäne zu verstehen. Allerdings verbietet die Fürsorgepflicht des Arbeitgebers (siehe dazu unter: → *Fürsorgepflicht*) einen leichtfertigen Umgang mit einer möglichen Infektionskette innerhalb der Dienststelle. Zudem kann eine wirtschaftliche Ge-

fährdung durch krankheitsbedingte Personalausfälle erheblich sein. Daher ist es für den Arbeitgeber erforderlich, Vorkehrungen zu treffen und eine Handhabung anzustreben, die sowohl die Interessen des betroffenen Arbeitnehmers, als auch die der anderen Mitarbeiter ausreichend berücksichtigt und Maßnahmen wie Einzelbüros, Home Office oder die Freistellung unter Entgeltfortzahlung umfasst. Je nachdem, welche Informationen der Arbeitnehmer dem Arbeitgeber im Zusammenhang mit der Warnmeldung mitteilt, kann die Fürsorgepflicht unterschiedliche Anforderungen an den Arbeitgeber stellen. Weiß der Arbeitnehmer, dass er an dem von der App angegebenen Tag intensiven face-to-face-Kontakt hatte oder hat er sonstige Anhaltspunkte, dass eine Ansteckung wahrscheinlich ist und teilt diese mit, ist der Arbeitgeber eher gehalten, die anderen Arbeitnehmer prophylaktisch zu schützen. Teilt der betroffene Arbeitnehmer hingegen mit, an dem von der App benannten Tag nur Kontakte an der frischen Luft gehabt zu haben, erscheint eine völlige Selbst-Isolation nicht zwingend. Zusätzlich kann auch darüber nachgedacht werden, den Mitarbeiter zunächst zu bitten, nur für einige Tage zuhause zu bleiben um abzuwarten, ob sich Symptome einstellen. Gegebenenfalls kann der Mitarbeiter auch gebeten werden, sich einem Test zu unterziehen.

### 2.4 Umgang mit Schul- und KiTa-Schließungen

Müssen Arbeitnehmer wegen Schul- und KiTa-Schließungen vorübergehend ihre Kinder betreuen und ist ihnen dadurch die Arbeitsleistung nicht möglich bzw. unzumutbar (§ 275 Abs. 3 BGB), sind sie nicht zur Anwesenheit in der Dienststelle bzw. im Betrieb verpflichtet. Ob ihnen die Arbeitsleistung komplett unmöglich ist, wird wesentlich vom Alter und der entsprechenden Reife ihrer Kinder abhängen.

Für Zeiten einer unverschuldeten Verhinderung aus persönlichen Gründen können Arbeitnehmer gem. § 616 BGB einen Anspruch auf Entgeltfortzahlung haben. Dies setzt allerdings voraus, dass es sich um einen nicht erheblichen Zeitraum handelt (dessen zeitlicher Umfang umstritten ist). Dauert die Verhinderung längerfristig an, entfällt nach herrschender Auffassung der Anspruch auf Entgeltfortzahlung komplett. Dies wäre nach herrschender Auffassung z. B. bei einer Quarantäne-Anordnung für die Dauer von 14 Tagen regelmäßig der Fall. Für die Beschäftigten des öffentlichen Dienstes ist die Anwendung von § 616 BGB allerdings durch die Tarifverträge ohnehin derart konkretisiert, dass für unvorhergesehene Kinderbetreuungszeiten – auch in „nicht erheblichem" Umfang – grundsätzlich kein Anspruch auf Entgeltfortzahlung besteht (siehe im Einzelnen → *Entgeltfortzahlung bei persönlicher Arbeitsverhinderung*).

Seit 30. März 2020 ist ferner ein Anspruch auf eine (anteilige) Entschädigung für einen auf der Schließung von Schulen oder KiTas beruhenden Verdienstausfall während einer vom Bundestag festgestellten epidemischen Lage von nationaler Tragweite in § 56 Abs. 1a IfSG geregelt. Voraussetzung ist, dass das Kind das zwölfte Lebensjahr noch nicht vollendet hat oder behindert und auf Hilfe angewiesen ist. Für die ersten sechs Wochen hat der Arbeitgeber die Entschädigung zunächst an den Arbeitnehmer auszuzahlen und sich diese im Anschluss von der zuständigen Behörde erstatten zu lassen.

### 3. Freistellung und Urlaub

### 3.1 Einseitige Freistellung

Bei konkreten Anhaltspunkten, z. B. für eine Erkrankung oder bei einer Rückkehr aus einem aktuellen Risikogebiet, stellt sich die Frage, ob der Arbeitgeber auch einseitig eine vorübergehende Freistellung des betreffenden Arbeitnehmers anordnen kann. Das Suspensivinteresse des Arbeitgebers ist gegen das Beschäftigungsinteresse des Arbeitnehmers abzuwägen. Bei konkreten Anhaltspunkten dafür, dass ein Arbeitnehmer eine Gefahr für andere darstellen könnte, sprechen die Arbeitsschutz- und Fürsorgepflichten für ein Überwiegen des Suspensivinteresses des Arbeitgebers. Eine Freistellung im zeitlich erforderlichen Umfang ist dann möglich. Der Arbeitnehmer hat während dieser Zeit Anspruch auf die reguläre Vergütung.

### 3.2 Urlaub

Urlaub kann nicht einseitig angeordnet werden, um Kontakte in der Dienststelle zu reduzieren oder eine mangelnde Auslastung zu reduzieren, da Urlaub der Erholung der Arbeitnehmer dienen soll. Ist der Urlaub für das laufende Jahr von den Arbeitnehmern allerdings bereits beantragt und bewilligt worden, muss der Arbeitgeber geplanten Urlaub nicht zurückgeben, auch wenn Arbeitnehmer wegen Reisebeschränkungen ihren Urlaub nicht für eine Reise nutzen können.

### 3.3 Urlaubsübertragung

Grundsätzlich ist Urlaub innerhalb der regulären Fristen zu nehmen, also regelmäßig im laufenden Kalenderjahr oder spätestens bis zum 31. März des Folgejahres. Dies gilt auch, wenn aktuell die Verwendung des Urlaubs für Reisen nicht möglich ist. Arbeitgeber sind hier zum Teil aber kulant und ermöglichen eine längere Übertragungszeit. Hinsichtlich der Beantragung von Kurzarbeitergeld ist allerdings zu beachten, dass Urlaub aus Vorjahren grundsätzlich vorab einzubringen ist.

### 3.4 Rückkehr aus dem Urlaub in einem Risikogebiet

Kehren Beschäftigte aus dem Urlaub in einem Risikogebiet zurück und ergeht Ihnen gegenüber eine Quarantäne-Anordnung, aufgrund derer sie ihre Arbeitsleistung nicht erbringen können (z. B. weil eine Home Office-Tätigkeit nicht möglich ist), hängt der Anspruch auf Lohnfortzahlung von den Umständen des Einzelfalles ab. Zunächst ist entscheidend, ob das Urlaubsgebiet bereits vor Urlaubsantritt als Risikogebiet eingestuft war. Denn eine Urlaubsreise in dem Bewusstsein, danach in Quarantäne geschickt zu werden, ist eine selbst verschuldete Abwesenheit (vgl. zu der Problematik des Urlaubs bei Quarantäne LAG Bremen v. 31.5.2022, 1 Sa 169/21). Der Entgeltfortzahlungstatbestand des § 616 BGB greift dann nicht. Im Übrigen besteht in derartigen Fällen auch kein Anspruch der Beschäftigten auf Entschädigung nach § 56 IfSG, da die Quarantäne durch Nichtantritt einer vermeidbaren Reise hätte vermieden werden können.

 **Hinweis:**

Der nach § 3 EFZG bestehende Anspruch auf Entgeltfortzahlung bleibt bei Reisen in anerkannte Risikogebiete bestehen, wenn der Arbeitnehmer infiziert nach Hause kommt. Dieses gilt jedenfalls dann, wenn in dem Risikogebiet zum Zeitpunkt der Reise deutlich niedrigere Inzidenzwerte gegeben sind als an dem Wohn- und Arbeitsort des Arbeitnehmers. In diesem Fall ist die Arbeitsunfähigkeit nicht selbstverschuldet. Dieses gilt selbst dann, wenn der Arbeitnehmer zwar positiv getestet aber symptomfrei ist und seine Arbeitsleistung zumindest nicht aus dem Home Office heraus erbringen kann (vgl. ArbG Kiel v. 27.6.2022, 5 Ca 229 f/22).

Wird ein Urlaubsgebiet nach Antritt der Reise zu einem Risikogebiet erklärt, wird der Anspruch auf Entgeltfortzahlung davon abhängen, wie lang die Quarantäneanordnung andauert. Handelt es sich um eine Quarantäne, die nach Ablauf von fünf Tagen

durch eine negatives Testergebnis beendet werden kann, kann es sich um eine verhältnismäßig nicht erhebliche Zeit im Sinne des § 616 BGB handeln. Die Einzelheiten sind aber umstritten.

## 4. Fragerecht des Arbeitgebers und Information durch Arbeitnehmer

Der Arbeitgeber hat ein Fragerecht nur hinsichtlich solcher Themen, die für die Durchführung des Arbeitsverhältnisses erforderlich und zugleich vor dem Hintergrund des Schutzes des Persönlichkeitsrechts als berechtigt, billigens- und schützenswert anzuerkennen sind.

### 4.1 Fragerecht nach Diagnose, Urlaub und Kontakten?

Ein Arbeitnehmer ist grundsätzlich nicht verpflichtet, seinem Arbeitgeber bei Krankheit eine Diagnose mitzuteilen. Spiegelbildlich hat der Arbeitgeber im Grundsatz auch kein diesbezügliches Fragerecht. Anerkannt ist aber die Fragemöglichkeit nach Erkrankungen, die wegen einer Ansteckungsgefahr Kolleginnen und Kollegen gefährden könnten. Da Viruserkrankungen hoch ansteckend sein und schwere Verläufe nehmen können, wie dies auch beim Coronavirus SARS-CoV-2 erwiesenermaßen der Fall ist, darf der Arbeitgeber nach einer entsprechenden Diagnose im Falle einer Erkrankung fragen. Nur so kann er seiner Schutzpflicht gegenüber allen anderen Arbeitnehmern nachkommen. Die Frage steht auch nicht – wie sonst häufig bei Erkrankungen – im Verdacht, eine verdeckte Frage nach einer Behinderung zu sein. Unabhängig davon hat jedenfalls der behandelnde Arzt des Arbeitnehmers die Pflicht, eine entsprechende Erkrankung bzw. den begründeten Verdacht hierauf dem zuständigen Gesundheitsamt zu melden, welches sich wiederum auch an den Arbeitgeber wenden wird. Wird gegenüber dem Arbeitnehmer eine Quarantäne angeordnet, hat er dies seinem Arbeitgeber ebenfalls mitzuteilen.

Der Arbeitgeber darf seine Arbeitnehmer mit derselben Begründung auch auffordern, ihm mitzuteilen, wenn sie in einem Risikogebiet im Urlaub waren oder erfahren, dass sie Kontakt zu nachweislich infizierten Personen hatten.

### 4.2 Fragerecht nach Eigenschaften einer Risikogruppe?

Um seinen Fürsorgepflichten nachkommen zu können, hat der Arbeitgeber gegenüber seinen Arbeitnehmern auch ein Fragerecht nach den Eigenschaften einer Risikogruppe, die bei einer Infektion mit dem Coronavirus SARS-CoV-2 besonders gefährdet wäre. Bereits bekannte Informationen, wie etwa das Alter der Arbeitnehmer, dürfen zu diesem Zweck in erforderlichem Umfang beim Arbeitgeber – in Übereinstimmung mit geltendem Datenschutzrecht – auch verarbeitet werden. Antwortet der betreffende Arbeitnehmer nicht wahrheitsgemäß, weil er insoweit sein Persönlichkeitsrecht wahren möchte, kann dem Arbeitgeber mangelnder Arbeitsschutz insoweit nicht vorgeworfen werden.

### 4.3 Meldepflicht des Arbeitnehmers

Unabhängig von einem Fragerecht des Arbeitgebers sind die Arbeitnehmer nach §§ 15, 16 ArbSchG öffentlich-rechtlich verpflichtet, jede erhebliche Gefahr für die Sicherheit und Gesundheit unverzüglich dem Arbeitgeber zu melden und dessen arbeitsschutzrechtlichen Weisungen nachzukommen. Privatrechtlich folgt eine entsprechende Pflicht aus § 241 Abs. 2 BGB als arbeitsvertragliche Nebenpflicht. Diese Meldepflicht erfasst auch die eigene Infektion mit einem hochansteckenden und für die Allgemeinheit gefährlichen Virus wie dem Coronavirus SARS-CoV-2, da dieses eine erhebliche Gefahr für die Gesundheit der Arbeitnehmer der Dienststelle bzw. des Betriebs darstellt. Durch diese Meldepflicht der Arbeitnehmer wird die Fürsorgepflicht des Arbeitgebers flankiert.

### 4.4 Impfstatus

In § 36 Abs. 3 IfSG ist nunmehr ein Fragerecht in den in § 36 Abs. 1 und 2 IfSG genannten Branchen – nämlich solchen, in denen besonders vulnerable Personengruppen betreut werden oder untergebracht sind bzw. aufgrund der räumlichen Nähe zahlreiche Menschen einem Infektionsrisiko ausgesetzt sind (BT-Drs 19/32275, 29) – gesetzlich geregelt. Diese Regelung galt nur während des Zeitraums, in dem der Bundestag eine nationale epidemische Lage festgestellt hat und unabhängig davon bis zum 30. Juni 2022. Die Verarbeitung der erfolgten Abfrage erfolgte in Bezug auf die vom Arbeitgeber zu treffenden Maßnahmen zur Sicherung des Arbeitsschutzes. Personelle Maßnahmen – insbesondere Kündigungen – können weiterhin nur in absoluten Ausnahmefällen durch den Impfstatus begründet werden (s. unter 5.b.).

### 4.5 Datenschutzfragen

Bei den Auskünften über Diagnose, Impfstatus, Urlaubsaufenthalte und Privatkontakte wie auch Eigenschaften einer Risikogruppe handelt es sich um personenbezogene Daten i. S. d. DS-GVO wie auch des BDSG. Derartige Daten dürfen als Gesundheitsdaten nur unter besonderen Voraussetzungen durch den Arbeitgeber verarbeitet werden. Gemäß § 26 Abs. 3 BDSG ist die Verarbeitung von Gesundheitsdaten durch den Arbeitgeber abweichend von Art. 9 Abs. 1 DSGVO zulässig, wenn sie zur Ausübung von Rechten oder zur Erfüllung rechtlicher Pflichten aus dem Arbeitsrecht, dem Recht der sozialen Sicherheit und des Sozialschutzes erforderlich ist und kein Grund zu der Annahme besteht, dass das schutzwürdige Interesse der betroffenen Person an dem Ausschluss der Verarbeitung überwiegt. Es ist gut vertretbar, diese Voraussetzungen z. B. für eine Bekanntgabe der Infektion unter Nennung des Namens des Betroffenen im Betrieb bzw. der Dienststelle, als gegeben anzusehen. Damit der Arbeitgeber seiner Fürsorgepflicht gegenüber allen Arbeitnehmern nachkommen kann, ist es in der Regel erforderlich, dass er den Namen eines erkrankten Kollegen bekannt gibt. Denn nur so können die anderen Arbeitnehmer einschätzen, wie wahrscheinlich eine eigene Ansteckung ist. Auch müssen sie gegebenenfalls gegenüber Behörden oder um einen medizinischen Test bekommen zu können, angeben können, dass sie direkten Kontakt mit einer infizierten Person hatten. Das schutzwürdige Interesse des betroffenen Arbeitnehmers ist demgegenüber gering, da es sich bei Covid-19 weder um eine stigmatisierende noch um eine – nach derzeitigem Stand der Wissenschaft – längerfristige Erkrankung handelt.

### 5. Ausübung des Direktionsrechts

Das Direktionsrecht aus § 106 GewO ermöglicht es dem Arbeitgeber Inhalt, Ort und Zeit der Arbeitsleistung nach billigem Ermessen näher zu bestimmen. Außerdem erstreckt es sich auf Ordnung und Verhalten der Arbeitnehmer im Betrieb bzw. der Dienststelle (siehe hierzu auch → *Direktionsrecht*). Die gegenwärtige Notsituation hat zur Folge, dass das Direktionsrecht zwar nicht erweitert wird, es jedoch neue, ungewohnte Ausprägungen erlebt.

### 5.1 Anordnung von Sicherheitsmaßnahmen

Die Durchführung und Einhaltung von Hygienemaßnahmen ist für die Verhinderung einer Virusausbreitung nach dem derzeitigen Stand der Wissenschaft von elementarer Bedeutung. In der Praxis allgegenwärtig sind mittlerweile Weisungen, die das Tragen eines Mund-Nasen-Schutzes sowie das regelmäßige Händewaschen bzw. -desinfizieren vorsehen. Derartige Weisungen sind regelmäßig vom Direktionsrecht des Arbeitgebers gedeckt (vgl. BAG v. 1.6.2022, 5 AZR 28/22 zur Anweisung der Durchführung eines PCR-Tests einer Flötistin). Im Einzelfall kann das Nichtbefolgen einer Weisung auch eine verhaltensbedingte Kündigung rechtfertigen (so ArbG Darmstadt v. 9.11.2021, 9 Ca 163/21 zur Pflicht des Tragens eines Mund-Nasen-Schutzes). Auch die Anweisung, einen von den Gesundheitsbehörden empfohlenen Sicherheitsabstand an der Arbeitsstätte einzuhalten, ist vom Direktionsrecht gedeckt. Zu beachten ist allerdings, dass üblicherweise eine mitbestimmungsrechtliche Beteiligung zu erfolgen hat, da es sich zugleich um Maßnahmen des Arbeitsschutzes handelt (s. § 75 Abs. 3 Nr. 11 BPersVG; § 87 Abs. 1 Nr. 7 BetrVG). Das Mitbestimmungsrecht besteht nicht, wenn der Arbeitgeber verbindliche gesetzliche Vorgaben ohne Ermessensspielraum umzusetzen hat, da dann keinerlei Spielraum für eine mitbestimmte Regelung besteht.

### 5.2 Impfpflicht

Eine allgemeine betriebsinterne Impfpflicht ist grundsätzlich nicht vom Direktionsrecht gedeckt. Das arbeitnehmerseitige Grundrecht auf körperliche Unversehrtheit (Art. 2 Abs. 1 GG) sowie das Recht auf informationelle Selbstbestimmung (Art. 2 Abs. 1 i. V. m. Art. 1 Abs. 1 GG) wiegen das Interesse des Arbeitgebers an einer durchweg geimpften Belegschaft auf.

Die sich aufdrängende Frage, wie es sich mit Betrieben des Gesundheitssektors, insbesondere der Pflege u.ä. verhält – in denen dem Interesse des Arbeitgebers an geimpften Arbeitnehmern freilich mehr Gewicht beizumessen ist – wurde bislang nicht höchstrichterlich geklärt. Vor dem Hintergrund, dass nach derzeitigem Kenntnisstand eine Impfung immerhin einen eingeschränkten Schutz gegen die Weitergabe des Corona-Virus bietet, ist zumindest in bestimmten Bereichen des Gesundheitssektors – insbesondere bei Kontakt mit besonders gefährdeten Personen – eine Impfpflicht denkbar. Mit Neufassung des Infektionsschutzgesetzes wurde in diesem Zusammenhang eine sog. einrichtungsbezogene Impfpflicht in § 20a IfSG eingeführt (zur Verfassungsmäßigkeit der einrichtungsbezogenen Impfpflicht s. BVerfG v. 27.4.2022, 1 BvR 2649/21). § 20a IfSG ordnete vom 15. März 2022 bis zum 31. Dezember 2022 für die Arbeitnehmer, die in den in § 20a Abs. 1 IfSG aufgeführten Einrichtungen/Unternehmen tätig sind, die Vorlage eines Impf- oder Genesenennachweises mit Aufnahme der Tätigkeit an. Im Hinblick auf die einrichtungsbezogene Impfpflicht des § 20a IfSG ist es nach der aktuellen Rechtsprechung zulässig, ungeimpfte Arbeitnehmer nicht zu beschäftigen, sondern freizustellen, bis ein Nachweis über eine Impfung oder einen Genesenenstatus vorgelegt wird. Ein behördliches Einschreiten ist nicht notwendig. Dieses gilt jedenfalls dann, wenn sich der Arbeitnehmer nicht auf eine medizinische Kontraindiktion berufen kann (so ArbG Köln v. 21.7.2022, 8 Ca 1779/22, Berufung beim LAG Köln unter dem Aktenzeichen 4 Sa 637/22 eingelegt). Für Bestandsarbeitnehmer, die bereits vor dem 16. März 2022 bei dem Arbeitgeber beschäftigt waren, besteht kein gesetzliches Tätigkeitsverbot. Der Arbeitgeber ist dann nicht berechtigt, solche Arbeitnehmer unbezahlt freizustellen (LAG Baden-Württemberg v. 3.2.2023, 7 Sa 67/22; ArbG Dresden v. 11.1.2023, 4 Ca 688/22).

Soweit davon ausgegangen werden kann, dass der jeweilige Arbeitnehmer die erforderliche Eignung für die Ausübung seiner Arbeitsleistung gerade aufgrund der Ablehnung der Impfung verlieren würde und eine Versetzung auf einen anderen Arbeitsplatz nicht möglich ist, kann auch eine darauf gestützte Kündigung rechtswirksam sein. Das BAG hat zudem eine Kündigung einer nicht geimpften medizinischen Fachangestellten mit dem Motiv, einen möglichst umfassenden Gesundheitsschutz für die Patienten und die Belegschaftsangehörigen zu erreichen, als wirksam erachtet (BAG v. 30.3.2023, 2 AZR 309/22, ZTR 2023, 481).

> **Hinweis:**
>
> Eine arbeitgeberseitig statuierte Pflicht zum Nachweis des Impfstatus durch die Arbeitnehmer ist jedoch nur wirksam, wenn für die Arbeitnehmer tatsächlich auch eine Pflicht zur Impfung – wie z. B. nach § 20a IfSG – besteht (siehe näher zur einrichtungsbezogenen Impfpflicht: *Steinigen,* ZTR 2022, 131–138). Ein Nachweis über freiwillig vorgenommene Impfungen kann bereits deshalb nicht verlangt werden, weil eine datenschutzrechtliche Grundlage fehlt.

### 5.3 Anordnung von Dienstreisen

Da kein generelles Verbot für die Durchführung von Dienstreisen besteht, können diese weiterhin vom Weisungsrecht des Arbeitgebers gedeckt sein. Diesen Weisungen hat der Arbeitnehmer nachzukommen, insbesondere, wenn die Vornahme von Dienstreisen arbeitsvertraglich geregelt ist (siehe näher → *Dienstreise*). Allerdings gilt es bei der Abwägung nach billigem Ermessen die Angaben des Auswärtigen Amtes wie auch die Regelungen der Bundesländer zur Einschränkung des Bewegungsradius zu beachten. Eine Dienstreise, die auf ein Gebiet abzielt, für das das Auswärtige Amt eine offizielle Reisewarnung wegen einer Infektionsgefahr ausgesprochen hat, kann der Arbeitnehmer nach § 275 Abs. 3 BGB verweigern. Auch können Dienstreisen in Gebiete, für die keine Reisewarnung ausgesprochen wurde, unbillig sein, wenn die Weisung dennoch mit der Fürsorgepflicht des Arbeitgebers kollidiert. Sollte ein Arbeitnehmer eine Dienstreise verweigern, die vom Weisungsrecht des Arbeitgebers gedeckt ist, können ihm arbeitsrechtliche Konsequenzen drohen.

### 5.4 Anordnung von Überstunden, Aufgabenzuweisung

Ein übermäßiger Arbeitsausfall, z. B. durch Erkrankungen, kann Arbeitgeber des öffentlichen Dienstes ebenso vor personalplanungsrechtliche Herausforderungen stellen wie die Privatwirtschaft. Um dennoch vorhandenen Arbeitsanfall zu bewältigen, besteht die Möglichkeit, Überstunden und Mehrarbeit anzuordnen. Insbesondere in Dienststellen und Betrieben, die stark von einem temporären Personalausfall betroffen sind, bietet die Anordnung von Mehrarbeit eine Ausgleichsmöglichkeit. Dabei sind stets die gesetzlichen Vorgaben und die tarif- oder individualvertragsrechtlichen Regelungen sowie etwaige Dienst- und Betriebsvereinbarungen zu beachten. Personal- und Betriebsrat haben bei der Anordnung von Überstunden ein erzwingbares Mitbestimmungsrecht, wenn die Schwelle zu einem kollektiven Tatbestand überschritten ist (OVG Berlin-Brandenburg v. 6.3.2018, 62 PV 4.17; BAG v. 16.3.2004, 9 AZR 323/03). Die Anordnung von Überstunden gegenüber einzelnen Arbeitnehmern, ohne dass es dadurch zu kollektiven Auswirkungen kommt, bedarf hingegen nicht der Mitbestimmung. Ausnahmen vom ArbZG sind grundsätzlich auch durch Allgemeinverfügung zulässig. Zu beachten ist

aber, dass die Allgemeinverfügung hinreichend bestimmt sein muss (vgl. VG Bayreuth v. 15.2.2022, B 10 S 22.93).

Darüber hinaus besteht auch die Möglichkeit, dem Arbeitnehmer (vorübergehend) ein anderes Aufgabenfeld zuzuweisen. Grundsätzlich kann dem Arbeitnehmer des öffentlichen Dienstes jede Tätigkeit zugewiesen werden, die den Merkmalen seiner Vergütungsgruppe und seinen Kräften und Fähigkeiten entspricht, sofern ihm die Tätigkeit auch im Übrigen billigerweise zugemutet werden kann (siehe näher → *Direktionsrecht*). Sofern ein erheblicher Arbeitskräfteausfall in bestimmten Bereichen z. B. dazu führen würde, dass der Arbeitgeber seine öffentlichen Aufgaben nicht mehr erfüllen könnte, erscheint es vertretbar, dass vorübergehend auch die Verrichtung von nicht gleichwertigen Tätigkeiten angeordnet werden kann. Eine solche zeitlich eng begrenzte Anordnung wäre dem Arbeitnehmer unter Beachtung des Grundsatzes der Billigkeit wohl zuzumuten.

### 6. Arbeitnehmerüberlassung

Weiter kann die Arbeitnehmerüberlassung zwischen Arbeitgebern des öffentlichen Dienstes ein Instrument zur Abfederung von Arbeitsspitzen bei gleichzeitigem weitgehendem Arbeitsstillstand in anderen Bereichen sein (siehe auch → *Arbeitnehmerüberlassung*). Sind sowohl Ent- als auch Verleiher juristische Personen des öffentlichen Rechts und wenden Tarifverträge des öffentlichen Dienstes an, sind sie von der Erlaubnispflichtigkeit befreit (§ 1 Abs. 3 Nr. 2c. AÜG). Daher ist eine sogenannte Zuweisung, deren nähere Voraussetzungen in TVöD und TV-L geregelt sind, zwischen einzelnen Dienststellen auch in größerem Umfang möglich (siehe ergänzend auch → *Personalgestellung*).

Ist der Arbeitgeber des öffentlichen Dienstes privatrechtlich, z. B. als GmbH, organisiert, kann der Tatbestand der „gelegentlichen Überlassung" greifen, sodass auch hier keine Erlaubnis für die Arbeitnehmerüberlassung erforderlich ist (§ 1 Abs. 3 Nr. 2a. AÜG). Die Überlassung erfolgt gelegentlich, wenn sie nicht geplant, sondern angesichts eines plötzlichen besonderen Bedarfs erfolgt. Das wäre regelmäßig der Fall, wenn die Überlassung von Arbeitnehmern aufgrund der Anpassungsbedürfnisse an die aktuelle Pandemie-Situation erfolgt.

> **WICHTIG!**
>
> Eine Arbeitnehmerüberlassung dürfte zeitlich nur begrenzt auf die Pandemie-Situation erfolgen und unterläge zusätzlich der Höchstüberlassungsdauer von 18 Monaten. Voraussetzung der Überlassung ist ferner, dass die Arbeitnehmer der Überlassung an einen anderen Arbeitgeber zustimmen und der Arbeitgeber nicht beabsichtigt, dauerhaft als Verleiher tätig zu werden.

## II. Kollektivrechtliche Auswirkungen

### 1. Allgemeine Regelungen für Krisenfälle

Die Tarifverträge des öffentlichen Dienstes (TVöD und TV-L) sehen keinerlei Vorkehrungen dazu vor, wie einer Krisensituation wie etwa einer Pandemie zu begegnen ist. Grundsätzlich sind solche Regelungen jedoch denkbar. In der Praxis erfüllen Dienst- oder Betriebsvereinbarungen teilweise dieses Regelungsbedürfnis, indem sie für bestimmte Bereiche allgemeine Vorkehrungen für „Krisenfälle", „Notsituationen" o. Ä. vorsehen. Insoweit sind bestehende Betriebs- und Dienstvereinbarungen bei Bedarf auf ihren Regelungsgehalt und etwaige Möglichkeit zur Auslegung zu überprüfen.

## 2. Handlungsfähigkeit von Personal- und Betriebsräten

### 2.1 Sitzungen und Beschlüsse

Personal- und Betriebsratsbeschlüsse werden nach der gesetzlichen Grundvorstellung regelmäßig in Sitzungen gefällt, in denen die Gremienmitglieder persönlich anwesend sind. Der Gesetzgeber hat aber – nach entsprechenden temporären Regelungen – mit dem Betriebsrätemodernisierungsgesetz und entsprechenden Regelungen im BPersVG (§ 38 Abs. 3) dauerhaft die Möglichkeit geschaffen, an Sitzungen mittels Video- oder Telefonkonferenz teilzunehmen und dort auch wirksame Beschlüsse zu fassen (siehe näher → *Betriebsrat*).

Bei der Abhaltung virtueller Sitzungen ist insbesondere darauf zu achten, dass der Grundsatz der Nichtöffentlichkeit gewahrt bleibt. Es ist eine Konferenztechnik zu wählen, bei der sichergestellt werden kann, dass Dritte keine Kenntnis vom Inhalt der Sitzung nehmen können. Außerdem ist die Aufzeichnung virtuell durchgeführter Sitzungen unzulässig.

Unabhängig davon sahen einige Landespersonalvertretungsgesetze für bestimmte Fälle – meist einfache Angelegenheiten – bereits die Beschlussfassung unter Abwesenheit der Personalratsmitglieder, z. B. im schriftlichen oder elektronischen Umlaufverfahren, vor (siehe z. B. Art. 37 Abs. 3 BayPVG; § 34 Abs. 3 LPVG Baden-Württemberg).

### 2.2 Kontakt zu den Arbeitnehmern

Personal- und Betriebsräte können, um als Ansprechpartner für Arbeitnehmer weiterhin präsent zu sein, während der Arbeitszeit z. B. eine digitale Sprechstunde einrichten. Die Gremien entscheiden gem. § 43 BPersVG, § 39 BetrVG grundsätzlich in eigener Verantwortung, wo und wie sie Sprechstunden abhalten. Daher können sie diese z. B. auch mittels Videotelefonie anbieten, um örtliche Abwesenheiten von Arbeitnehmern einerseits und Betriebsratsmitgliedern andererseits zu kompensieren.

### 2.3 Kommunikation und Verhandlungen mit dem Arbeitgeber

Verhandlungen zu bestimmten Themen mit dem Arbeitgeber erfordern zumindest aus formalen rechtlichen Gesichtspunkten regelmäßig nicht die örtliche Anwesenheit von Arbeitgebervertreter und Personal- oder Betriebsrat im selben Raum. Für die allgemeine Personalvertretungsarbeit und das Verfahren der Mitbestimmung in sozialen und wirtschaftlichen Angelegenheiten ist keine besondere Form vorgesehen und die digitale Kommunikation mittlerweile überwiegend üblich.

 **Hinweis:**

Sofern der Personal- oder Betriebsrat digitale Möglichkeiten für seine Sitzungen, Sprechstunden und Weiteres nutzen möchte, sollte darauf geachtet werden, jedenfalls nur geprüfte Programme, die den allgemeinen und anerkannten Sicherheitsstandards (geschützter Zugang, Verschlüsselung, etc.) entsprechen, zu nutzen. Auch ist auf eine Durchführung in vertraulicher Umgebung zu achten und auf Nachfrage der anderen Mitglieder zur Anwesenheit betriebsratsfremder Personen wahrheitsgemäß zu antworten.

## 3. Zustimmungserfordernisse und Dienstvereinbarungen

Die Sondersituation der Pandemie führt nicht dazu, dass Beteiligungsrechte von Personal- und Betriebsräten etwa eingeschränkt würden. Vor allem bei der Einführung bestimmter Schutzmaßnahmen oder pandemiebedingten Änderungen der

Arbeitszeit u. Ä. können Mitbestimmungsrechte greifen, die zu wahren sind (vgl. OVG Lüneburg, v. 23.6.2022, 18 LP 3/21 für die Veränderung von Arbeitszeitregelungen, der Einführung von Schichtplänen sowie Einführung und Anordnung von Rufbereitschaft und Bereitschaftsdienst als Anordnung von vorhersehbarer Mehrarbeit und Überstunden (§ 67 Abs. 1 Nr. 7 NPersVG) und OVG Bremen v. 22.2.2023, 6 LP 128/22 für die Anordnung von Distanzunterricht als Einführung neuer Arbeitsmethode (§ 66 Abs. 1 lit. b) BremPersVG)). Anderenfalls sind ergriffene Maßnahmen des Arbeitgebers rechtswidrig und können durch den Personal- bzw. Betriebsrat im Wege einstweiliger Verfügung unterbunden werden (siehe auch → *Dienstvereinbarung* und → *Betriebsvereinbarung*).

### III. Checkliste: Praktische Empfehlungen/ Maßnahmenplan

**1. Ergreifen von präventiven Maßnahmen**

a) Ermöglichung von Home-Office, um Kontakte zu verringern

b) Überprüfung von Hygienestandards und Unterweisung der Arbeitnehmer

c) Anpassung der Arbeitsabläufe zur Kontaktvermeidung; entsprechende Unterweisung der Arbeitnehmer

d) Corona-Tests anbieten

**2. Ergreifen von organisatorischen Maßnahmen**

a) Identifikation von essenziellen Arbeitnehmern

b) Abfrage von Risikopersonen

c) Organisatorische Vorbereitung der Aufrechterhaltung des Betriebs für den Fall einer Quarantäne-Anordnung

d) Überprüfung bestehender Dienst- und Betriebsvereinbarungen hinsichtlich relevanter Regelungsbereiche

e) Ggf. Abschluss neuer Dienst- und Betriebsvereinbarungen

f) Ggf. Absprache mit Personal-/Betriebsrat zu Formerfordernissen

**3. Ergreifen von Maßnahmen bei Verdacht einer Infektion**

a) Fernmündliche Abklärung des weiteren Vorgehens mit dem Arbeitnehmer

b) Ggf. Aufnahme des Kontakts zur Gesundheitsbehörde

c) Ggf. Ansprache von Risikopersonen in Dienststelle/ Betrieb

**4. Ergreifen von Maßnahmen bei bestätigter Infektion**

a) Aufnahme des Kontakts zur Gesundheitsbehörde

b) Information von Risikopersonen und Anweisung des Fernbleibens

c) Ggf. Anweisung von Home-Office-Tätigkeit

# Datenschutz

**V.** Rechte des Arbeitnehmers im Überblick

**VI.** Sanktionen bei Verstößen

**VII.** Arbeitsvertragliche Fürsorgepflichten

**Wegweiser:**

Der nicht tarifvertraglich geregelte Datenschutz wird insbesondere durch das Bundesdatenschutzgesetz und die Länderdatenschutzgesetze, aber auch durch die arbeitsvertragliche Fürsorgepflicht und höchstrichterliche Entscheidungen geprägt und konkretisiert. Außerdem sind in verschiedensten Gesetzen, wie etwa dem Betriebsverfassungsgesetz, Spezialregelungen zum Datenschutz zu finden.

Der Datenschutz gewinnt im Arbeitsrecht immer mehr an Bedeutung. Die Unternehmen befinden sich dabei im häufig ungeklärten Spannungsfeld zwischen der notwendigen Korruptionsbekämpfung und möglichen Eingriffen in die Persönlichkeitsrechte der Arbeitnehmer.

Am 25.1.2012 hat die Europäische Kommission ein Paket zur Reform der europäischen Datenschutzregeln vorgestellt. Nach langen Verhandlungen haben sich der Rat der Europäischen Union, die Kommission und das Parlament auf eine Datenschutz-Grundverordnung (Verordnung (EU) 2016/679, kurz EU-DSGVO) geeinigt, die am 25.5.2016 in Kraft getreten ist und seit dem 25.5.2018 die Europäische Datenschutzrichtlinie 95/46/EG ersetzt. Die EU-DSGVO genießt gegenüber nationalen Regelungen Anwendungsvorrang. Da sie als Verordnung keiner separaten Umsetzung bedarf, gilt sie in den einzelnen Mitgliedstaaten unmittelbar. Art. 88 EU-DSGVO sieht eine Öffnungsklausel vor, wonach es den Mitgliedstaaten erlaubt ist, den Beschäftigtendatenschutz mittels nationaler Vorschriften zu konkretisieren, solange diese Regelungen nicht hinter dem Schutzniveau der Verordnung zurückbleiben.

Von dieser Möglichkeit hat der deutsche Gesetzgeber Gebrauch gemacht und am 27.4.2017 ein neues BDSG verabschiedet, welches zeitgleich zum Geltungsbeginn der EU-DSGVO in Kraft getreten ist. Maßgeblich für den Beschäftigtendatenschutz ist der neue § 26 BDSG, der den § 32 BDSG a. F. ablöst. Durch die Neufassung des BDSG und die unmittelbare Geltung der EU-DSGVO ergeben sich teilweise erhebliche Änderungen im Beschäftigtendatenschutz.

**I.** Begriff

**II.** Anwendbarkeit des Bundesdatenschutzgesetzes

**III.** Zulässigkeit der Verarbeitung von Beschäftigtendaten

    1. Erlaubnis durch Einwilligung

    2. Erlaubnis durch das BDSG

        2.1 Datenverarbeitung zum Zwecke des Beschäftigungsverhältnisses

        2.2 Maßnahmen zur Aufdeckung von Straftaten

        2.3 Maßnahmen zur Verhinderung künftiger Straftaten

        2.4 Besondere Arten personenbezogener Daten

        2.5 Kontrolle dienstlicher Kommunikation und Internetnutzung

        2.6 Kontrolle bei privater Kommunikation und Internetnutzung

        2.7 Gestaltungsmöglichkeiten für Erlaubnis oder Verbot privater ITK-Nutzung

    3. Erlaubnis nach anderen Rechtsvorschriften

        3.1 Tarifverträge

        3.2 Dienstvereinbarungen und Betriebsvereinbarungen

        3.3 Bundeszentralregistergesetz (BZRG)

**IV.** Der Beauftragte für den Datenschutz

## I. Begriff

Der Begriff Datenschutz bezeichnet den umfassenden Schutz des Persönlichkeitsrechts einer Person im Umgang mit ihren Daten. Dieser Schutz besteht sowohl gegenüber staatlichen Stellen als auch im privaten Rechtsverkehr. Der Datenschutz ist vor allem im Bundesdatenschutzgesetz (BDSG) geregelt. Daneben wird das Datenschutzrecht durch höchstrichterliche Entscheidungen geprägt und konkretisiert. Pflichten zum Datenschutz ergeben sich auch aus den Landesdatenschutzgesetzen, aus der arbeitsvertraglichen Fürsorgepflicht sowie aus der nunmehr geltenden EU-DSGVO.

## II. Anwendbarkeit des Bundesdatenschutzgesetzes

Als zentrale Vorschrift für den Datenschutz ist das Bundesdatenschutzgesetz anwendbar, wenn öffentliche oder nichtöffentliche Stellen personenbezogene Daten verarbeiten. Es ist damit nicht auf den Arbeitnehmerdatenschutz beschränkt, deckt diesen jedoch fast vollständig ab. Damit kommt dem Bundesdatenschutzgesetz grundlegende Bedeutung für den Schutz von Arbeitnehmerdaten zu. Nur in wenigen Fällen lassen sich spezielle Rechtsvorschriften zum Datenschutz von Arbeitnehmern außerhalb des BDSG finden (z. B. § 80 Abs. 1 Nr. 21 BPersVG). Diese Spezialvorschriften gehen dann dem Bundesdatenschutzgesetz vor (vgl. § 1 Abs. 2 BDSG). Für Arbeitnehmer von öffentlichen Stellen der Bundesländer gilt dagegen im Regelfall das jeweilige Landesdatenschutzgesetz (vgl. § 1 Abs. 1 S. 1 Nr. 2 BDSG).

Innerhalb des Bundesdatenschutzgesetzes unterscheidet man vier Regelungsbereiche:

Der erste Teil enthält allgemeine Regelungen zur Verarbeitung personenbezogener Daten. Der zweite Teil umfasst Durchführungsbestimmungen zur Verarbeitung personenbezogener Daten durch öffentliche und nichtöffentliche Stellen. Der dritte Teil regelt die Verarbeitung personenbezogener Daten zum Zwecke der Gefahrenabwehr und der Strafverfolgung durch öffentliche Stellen. Im vierten Teil ist schließlich die Datenverarbeitung in nicht durch den zweiten oder dritten Teil geregelten Bereichen zusammengefasst.

Zum zweiten Teil gehört die für den Beschäftigtendatenschutz maßgebliche Norm des § 26 BDSG. Sie gilt einheitlich für alle Beschäftigten und zwar unabhängig davon, ob ihr Arbeitgeber eine öffentliche oder eine nichtöffentliche Stelle ist. Der Begriff des Beschäftigten umfasst gemäß § 26 Abs. 8 BDSG

- ▸ Arbeitnehmer einschließlich Leiharbeitnehmer im Verhältnis zum Entleiher,
- ▸ Auszubildende,
- ▸ Rehabilitanden,
- ▸ Beschäftigte in Behindertenwerkstätten,
- ▸ Teilnehmer am Jugend-/Bundesfreiwilligendienst,
- ▸ Arbeitnehmerähnliche Personen,
- ▸ Beamte,
- ▸ Richter,

- Soldaten und Zivildienstleistende,
- Bewerber und
- Ehemalige Beschäftigte.

 **ACHTUNG!**

Beim Umgang mit Daten von Bewerbern oder ausgeschiedenen Mitarbeitern gelten damit dieselben Regeln wie für aktuell beschäftigte Arbeitnehmer!

Inhaltlich schützt § 26 BDSG personenbezogene Daten. Dies sind Einzelangaben über persönliche oder sachliche Verhältnisse eines Beschäftigten. Darunter fallen z. B. Adresse, Familienstand, Alter und Ausbildung aber auch spezielle Daten aus dem Arbeitsverhältnis wie Fehlzeiten, Abmahnungen, Lohnabrechnungen oder Verhaltensbeurteilungen. Auch Gesprächsmitschnitte oder Videoaufzeichnungen sind personenbezogene Daten. Der Begriff der Verarbeitung des § 26 BDSG umfasst dabei alle Stadien im Datenzyklus vom Beschaffensvorgang über das Speichern, Verändern, Übermitteln und Verwenden bis hin zur Sperrung und Löschung der Daten (vgl. die Begriffsbestimmung zur „Verarbeitung" in Art. 4 Nr. 2 EU-DSGVO).

Bei nichtöffentlichen Stellen unterfielen diese Tätigkeiten früher nur dann dem Bundesdatenschutzgesetz, wenn sie mithilfe einer Datenverarbeitungsanlage oder unter Benutzung einer sog. nicht automatisierten Datei (z. B. Personalakten oder Gehaltlisten) durchgeführt wurden. Durch die Novellierung des BDSG im Jahr 2009 wurde der Anwendungsbereich des Beschäftigtendatenschutzes erweitert. Er umfasst nunmehr auch die manuelle Verarbeitung personenbezogener Daten bei nichtöffentlichen Stellen. Hierdurch ist eine Anpassung an den Anwendungsbereich bei öffentlichen Stellen erfolgt. Somit besteht nun ein einheitlicher Datenschutz für alle Beschäftigte unabhängig von der Rechtsform des Arbeitgebers.

**Beispiel**

Die Anfertigung und Verwendung von personenbezogenen Notizen bei Bewerbungsgesprächen oder die Einholung telefonischer Auskünfte beim Partner eines kranken Arbeitnehmers unterfallen nun ebenso den Voraussetzungen von § 26 BDSG wie das Führen einer Personalakte oder eines elektronischen Gehaltsabrechnungssystems.

 **ACHTUNG!**

Soweit die EU-DSGVO inhaltsgleiche oder abweichende Regelungen enthält, gehen diese dem nationalen Recht vor. Der Grundsatz, dass spezialgesetzliche Regelungen (wie etwa im BPersVG oder im BetrVG) den datenschutzrechtlichen Regelungen vorgehen, ist nur noch auf das BDSG beschränkt (vgl. § 1 Abs. 2 BDSG). Gleiches gilt für Beteiligungsrechte der Interessenvertretungen. Zwar stellt § 26 Abs. 6 BDSG klar, dass Beteiligungsrechte unberührt bleiben. Dennoch müssen sich diese nun an der EU-DSGVO messen lassen.

## III. Zulässigkeit der Verarbeitung von Beschäftigtendaten

Das Verarbeiten von personenbezogenen Daten ist grundsätzlich verboten. Ausnahmen bestehen nur, soweit

- der Beschäftigte vorher schriftlich seine Einwilligung erklärt oder
- die europäische Datenschutzgrundverordnung oder
- das Bundesdatenschutzgesetz oder
- eine andere Rechtsvorschrift die Verarbeitung erlaubt oder anordnet.

### 1. Erlaubnis durch Einwilligung

Die Einwilligung muss grundsätzlich schriftlich (d. h. auf einem vom Beschäftigten unterschriebenen Dokument) erteilt werden, § 26 Abs. 2 S. 3 BDSG. Wichtig ist, dass die Einwilligung auf einer freien Entscheidung des Beschäftigten beruht.

Nach § 26 Abs. 2 BDSG sind für die Beurteilung der Freiwilligkeit der Einwilligung insbesondere die im Beschäftigungsverhältnis bestehende Abhängigkeit der beschäftigten Person sowie die Umstände, unter denen die Einwilligung erteilt worden ist, zu berücksichtigen. Freiwilligkeit kann insbesondere dann vorliegen, wenn der Beschäftigte durch die Datenverarbeitung einen rechtlichen oder wirtschaftlichen Vorteil erlangt oder Arbeitgeber und Beschäftigter gleichgelagerte Interessen verfolgen.

Erfolgt die Einwilligung freiwillig, muss der Arbeitgeber den Beschäftigten auf den Zweck der Verarbeitung seiner Daten hinweisen und ihn über das ihm nach Art. 7 Abs. 3 S. 1 EU-DSGVO zustehende Widerrufsrecht in Textform aufklären. Danach ist die Einwilligung des Beschäftigten jederzeit mit Wirkung für die Zukunft frei widerrufbar. Ein rückwirkender Widerruf ist nicht möglich.

Will der Arbeitgeber besondere personenbezogene Daten erheben oder verarbeiten, muss die Einwilligung sich hierauf ausdrücklich beziehen. Der Begriff der besonderen personenbezogenen Daten richtet sich nach Art. 9 Abs. 1 EU-DSGVO und umfasst Angaben über

- rassische und ethnische Herkunft,
- politische Meinungen,
- religiöse oder weltanschauliche Überzeugungen,
- Gewerkschaftszugehörigkeit,
- Gesundheit,
- Sexualleben oder sexuelle Orientierung sowie
- genetische und biometrische Daten.

 **WICHTIG!**

Sollte die Einwilligung im Zusammenhang mit anderen Erklärungen erteilt werden, musste sie nach § 4 Abs. 1 S. 4 BDSG a. F. optisch besonders hervorgehoben werden. Diese Regelung wurde nicht in die neue Fassung des BDSG übernommen. Stattdessen ist gemäß Art. 7 Abs. 2 S. 1 EU-DSGVO in derartigen Gestaltungen nun erforderlich, dass das Ersuchen um Einwilligung in verständlicher und leicht zugänglicher Form in einer klaren und einfachen Sprache so erfolgen muss, dass es von den anderen Sachverhalten klar zu unterscheiden ist.

### 2. Erlaubnis durch das BDSG

Der Umgang mit personenbezogenen Daten kann auch ohne Einwilligung des Betroffenen zulässig sein. Die EU-DSGVO und das BDSG sehen hierfür verschiedene Erlaubnisnormen vor.

Gemeinsame Voraussetzung ist in allen Fällen die Einhaltung des Verhältnismäßigkeitsgrundsatzes. Dieser hat drei Voraussetzungen: Die Datenverarbeitung muss zunächst einem legitimen Zweck dienen, darf also nicht beispielsweise aus reiner Neugierde des Arbeitgebers erfolgen. Außerdem muss die Datenverarbeitung erforderlich sein, d. h. der verfolgte Zweck darf nicht mit geringerer Datenverwendung ebenso gut zu erreichen sein. Schließlich sind die jeweiligen Interessen von Arbeitgeber und Beschäftigtem gegeneinander abzuwägen. Hier müssen dann alle Umstände des Einzelfalls berücksichtigt werden.

Des Weiteren gilt in allen Fällen der Grundsatz der Direkterhebung. Die Beschaffung der Daten soll grundsätzlich mit der

Kenntnis oder Mitwirkung des betroffenen Mitarbeiters erfolgen. Ausnahmen gelten nur, soweit sie gesetzlich ausdrücklich vorgesehen sind und sofern die Verwaltungsaufgabe oder der Geschäftszweck es erfordern bzw. die Direkterhebung einen unverhältnismäßig hohen Aufwand bedeuten würde.

## 2.1 Datenverarbeitung zum Zwecke des Beschäftigungsverhältnisses

Die zentrale Zulässigkeitsvorschrift für den Umgang mit Daten im Beschäftigungsverhältnis findet sich in § 26 Abs. 1 S. 1 BDSG. Ausschlaggebend ist, ob die entsprechenden Daten für die Entscheidung über die Begründung eines Beschäftigungsverhältnisses, dessen Durchführung oder Beendigung sowie für die Ausübung oder Erfüllung der – sich aus Gesetz oder Kollektivvereinbarung ergebenden – Beteiligungsrechte der Arbeitnehmervertretung erforderlich sind.

Die datenrechtliche Kontrolle des Arbeitgebers reicht somit vom Bewerbungsgespräch bis zur Abwicklung eines Arbeitsverhältnisses. Die äußerste Grenze der Zulässigkeit bilden dabei die arbeitsvertraglich geregelten Befugnisse des Arbeitgebers.

Werden diese überschritten, ist die damit verbundene Datenverarbeitung unzulässig. Fragt z. B. der Arbeitgeber eine Bewerberin unzulässigerweise nach einer Schwangerschaft oder einer Gewerkschaftszugehörigkeit, darf er deren Antwort weder speichern oder nutzen noch in sonstiger Weise verarbeiten. Die Frage nach Vorstrafen des Bewerbers ist nur zulässig, soweit die Vorstrafen für die Eignung und den geplanten Aufgabenbereich relevant sind (BAG v. 6.9.2012, 2 AZR 270/11, ZTR 2013, 270). Selbst im öffentlichen Dienst, also im Rahmen der Bestenauslese gemäß Art. 33 Abs. 2 GG, darf nicht unspezifisch nach Vorstrafen gefragt werden. Bereits im Bundeszentralregister getilgte Verurteilungen müssen nicht angegeben werden (BAG v. 20.3.2014, 2 AZR 1071/12, TRE 2014, 664). Wenn der Arbeitgeber sich innerhalb seiner arbeitsrechtlichen Befugnisse bewegt, ist des Weiteren die oben beschriebene Verhältnismäßigkeitsprüfung durchzuführen.

### Beispiel

Das LAG Berlin-Brandenburg hat in diesem Zusammenhang entschieden. dass ein Arbeitgeber berechtigt ist, zur Feststellung eines Kündigungssachverhalts den Browserverlauf des Dienstcomputers eines Arbeitnehmers auszuwerten, ohne dass hierfür eine Zustimmung des Arbeitnehmers vorliegen muss (LAG Berlin-Brandenburg, v. 14.1.2016, 5 Sa 657/15). Gegen dieses Urteil wurde zwar Revision zum BAG eingelegt (Az. 2 AZR 198/16); eine Entscheidung des BAG erging jedoch nicht, weil sich die Parteien zuvor verglichen hatten.

### Beispiel

Das BAG hat zu § 32 Abs. 1 S. 1 BDSG a. F. (heute § 26 Abs. 1 S. 1 BDSG) entschieden. dass die Norm eine eigenständige Erlaubnisnorm für die Verarbeitung von Daten im Beschäftigungsverhältnis darstellt. In dem zu entscheidenden Fall hatte der Arbeitgeber im Kündigungsschutzprozess zum Beweis der Begehung mehrerer Vermögensdelikte Videosequenzen angeboten, welche im Rahmen einer offenen Videoüberwachung gespeichert worden waren. Das BAG führte im Gegensatz zu den Vorinstanzen aus, dass die Speicherung von Bildsequenzen aus einer rechtmäßigen offenen Videoüberwachung, die vorsätzliche Handlungen eines Arbeitnehmers zu Lasten des Arbeitgebers zeigen, nicht durch bloßen Zeitablauf unverhältnismäßig wird, solange die Ahndung der Pflichtverletzung durch den Arbeitgeber noch möglich ist. Der rechtmäßig gefilmte Vorsatztäter sei nicht schutzwürdig, was die Aufdeckung und Verfolgung seiner – materiell-rechtlich

noch verfolgbaren – Tat anbelangt („Datenschutz ist kein Tatenschutz"). Sind Videosequenzen nur aufgrund der Gefahr eines Missbrauchs zu löschen, führe der Verstoß gegen die Löschpflicht nicht zu einem Verwertungsverbot im Zivilprozess (BAG v. 23.8.2018, 2 AZR 133/18, ZTR 2018, 661).

### Beispiel

Der Betriebsrat hat zur effektiven Wahrnehmung seiner Überwachungsrechte aus § 80 Abs. 1 Nr. 1 BetrVG gemäß § 80 Abs. 2 S. 2 Hs. 2 BetrVG Anspruch auf Einsichtnahme in nichtanonymisierte Listen über die Bruttolöhne und -gehälter. § 26 Abs. 1 S. 1 BDSG erlaubt die dazu erforderliche Datenverarbeitung (LAG Niedersachsen v. 22.10.2018, 12 TaBV 23/18; LAG Sachsen-Anhalt v. 18.12.2018, 4 TaBV 19/17).

 **ACHTUNG !**

Bei nicht-öffentlichen Stellen musste der Arbeitgeber alle Personen, die Umgang mit personenbezogenen Daten hatten, gemäß § 5 BDSG a. F. auf das Datengeheimnis verpflichten. Die Vorschrift wurde nur in begrenztem Umfang in die Neufassung des BDSG übernommen. Gemäß §§ 45, 53 BDSG sind nur noch solche Personen auf das Datengeheimnis zu verpflichten, die für die zuständigen öffentlichen Stellen mit der Datenverarbeitung zum Zwecke der Verhütung, Ermittlung, Aufdeckung, Verfolgung oder Ahndung von Straftaten oder Ordnungswidrigkeiten befasst sind.

 **ACHTUNG !**

In der Neufassung des BDSG wird in § 26 Abs. 1 S. 1 als zulässiger Zweck auch die Durchführung oder Ausübung von Kollektivvereinbarungen oder Beteiligungsrechten der Arbeitnehmervertretungen aufgenommen. Die Norm erlaubt damit auch weiterhin die Verarbeitung personenbezogener Daten zur Durchführung von Betriebsvereinbarungen. Allerdings sind auch diese einer datenschutzrechtlichen Erforderlichkeitsprüfung zu unterziehen.

## 2.2 Maßnahmen zur Aufdeckung von Straftaten

Strengere Vorschriften gelten hingegen gemäß (§ 26 Abs. 1 S. 2 BDSG), wenn der Arbeitgeber Daten zur Aufdeckung von Straftaten verarbeitet. Hierzu sind zunächst tatsächliche Anhaltspunkte notwendig, die den Verdacht einer im Zusammenhang mit dem Arbeitsverhältnis begangenen Straftat begründen und die der Arbeitgeber auch zu dokumentieren hat. Des Weiteren muss die Datenverarbeitung zur Aufdeckung erforderlich sein. Bei der dafür vorzunehmenden Interessensabwägung müssen zum einen die Art und Schwere der (vermeintlichen) Straftat und zum anderen die Intensität des Verdachts gegeneinander abgewogen werden. Die dabei gespeicherten Daten sind zu löschen, sobald sich der Verdacht nicht erhärten lässt. Ein Massenabgleich von sämtlichen Mitarbeiterdaten zur Korruptionsbekämpfung ist – mangels konkreten Verdachts in jedem Einzelfall – mit dieser Neuregelung unzulässig.

 **ACHTUNG !**

Der Gesetzesentwurf zur Reform des Beschäftigtendatenschutzes sah ein Komplettverbot heimlicher Videoüberwachung vor. Dieser Änderungsvorschlag wurde nicht weiter verfolgt. Nach derzeitiger Lage ist die heimliche Videoüberwachung bei konkretem Verdacht einer strafbaren Handlung dagegen sowohl in öffentlichen wie auch in nichtöffentlichen Räumlichkeiten zulässig, sofern die strengen Anforderungen an Verhältnismäßigkeit und Erforderlichkeit im konkreten Einzelfall gewahrt werden (BAG v. 21.6.2012, 2 AZR 153/11, ZTR 2012, 596). Werden im Rahmen einer zulässigen verdeckten Videoüberwachung zufällig auch Erkenntnisse über andere Arbeitnehmer gewonnen („Zufallsfund"), können diese selbst im Rahmen eines Kündigungsschutzprozesses in Bezug auf einen klagenden Arbeitnehmer verwertet werden, für den die Videoüberwachung anlasslos erfolgt ist (BAG v. 22.9.2016, 2 AZR 848/15). Umstritten ist jedoch, inwieweit Informationspflichten des Arbeitgebers nach der EU-DSGVO bezüglich der Videoüberwachung bestehen (näher unten unter V.).

Auch bei offener Videoüberwachung ist jedoch Vorsicht geboten: so kann diese unverhältnismäßig und damit datenschutzrechtlich unzulässig sein, wenn sie für den Arbeitnehmer einen solchen psychischen Anpassungs- und Leistungsdruck erzeugt, dass sie als eine der verdeckten Videoüberwachung vergleichbar eingriffsintensive Maßnahme anzusehen ist und kein durch konkrete Tatsachen begründeter Verdacht einer schwerwiegenden Pflichtverletzung des Arbeitnehmers bestand (BAG v. 28.3.2019, 8 AZR 421/17).

Der Beachtung datenschutzrechtlicher Bestimmungen kommt bei der Darlegung von Pflichtverletzungen eine wichtige Bedeutung zu. Das LAG Niedersachsen hatte über die Frage zu befinden, ob eine seitens des Arbeitgebers durchgeführte Videoüberwachung und nachfolgende Datenspeicherung sowie ihre mehr als ein Jahr später erfolgende Verwertung mit dem Ziel, dem Arbeitnehmer einen Arbeitszeitbetrug nachzuweisen, gemäß § 26 Abs. 1 S. 1 oder S. 2 BDSG gerechtfertigt ist (LAG Niedersachsen v. 6.7.2022, 8 Sa 1149/20). Eine Besonderheit der zu beurteilenden Sachlage bildete dabei der Umstand, dass der Arbeitgeber auf einer Beschilderung der Videoüberwachungsanlage erklärt hatte, die hieraus gewonnenen Daten nur 96 Stunden lang aufzubewahren. Das LAG Niedersachsen hat entschieden, dass ein Arbeitnehmer auf diese Erklärung des Arbeitgebers die berechtigte Privatheitserwartung stützen kann, dass er nur auf Videodateien Zugriff nehmen wird, die bei erstmaliger Sichtung nicht älter als 96 Stunden sind. Nach Ansicht der Kammer war die fragliche Maßnahme auch nach den Vorschriften des BDSG nicht erlaubt. Zur Kontrolle geleisteter Arbeitszeiten sei eine Videoüberwachungsanlage an den Eingangstoren eines Betriebsgeländes in der Regel weder geeignet noch erforderlich. In diesem Zusammenhang verweist das Gericht auf andere zur Verfügung stehende mildere Mittel, die die Ableistung von Arbeitszeiten verlässlicher dokumentieren würden. Zudem sei der – erstmalige – Zugriff auf Videoaufzeichnungen, die mehr als ein Jahr zurückliegen, zum Zwecke der Aufdeckung eines behaupteten Arbeitszeitbetruges regelmäßig nicht angemessen. Insbesondere in der zum Zwecke des Nachweises des Arbeitszeitbetruges erfolgten Sichtung von Videoaufzeichnungen, die bereits ein Jahr zurücklagen, sieht die Kammer einen eklatanten Widerspruch zu den Grundsätzen der Datenminimierung und Speicherbegrenzung. Die Sachlage ändere sich auch nicht dadurch, dass der Arbeitgeber mit der Einrichtung der Videoüberwachung primär die Verhinderung des Zutritts Unbefugter auf das Betriebsgelände sowie die Unterbindung bzw. den Nachweis von Eigentumsdelikten verfolge. Auch wenn man davon ausgehe, dass diese Zwecke eine präventive, offene Videoaufzeichnung und ggf. auch die Speicherung der Aufzeichnungen für längere Zeiträume rechtfertigen könnten, sei es dem Arbeitgeber verwehrt, diese Aufzeichnungen zum Zweck der Aufklärung des Verdachts eines Arbeitszeitbetruges heranzuziehen. Dies gelte jedenfalls im vorliegenden Fall, in dem der Arbeitgeber die bei ihm vorgehaltenen Aufzeichnungen gezielt im Hinblick auf den Verdacht eines Arbeitszeitbetruges gesichtet habe. Es handele sich damit nicht um einen ggf. verwertbaren „Zufallsfund". Die seitens des Arbeitgebers durchgeführte Maßnahme sei unzulässig, weil sie sachlich und zeitlich in erheblicher Weise in das Persönlichkeitsrecht des Arbeitnehmers eingreife. Eine gerichtliche Verwertung würde einen

erneuten ungerechtfertigten Grundrechtseingriff darstellen, sodass die Kammer im Ergebnis ein Beweisverwertungsverbot zugunsten des Arbeitnehmers angenommen hat.

Gegen dieses Urteil wurde Revision zum BAG eingelegt (Az. 2 AZR 299/22). Zur Begründung der Revisionszulassung hat das LAG Niedersachsen unter anderem angeführt, dass das BAG, soweit ersichtlich, bislang nur Fälle zu behandeln gehabt habe, in denen die Videoaufzeichnungen zum Nachweis eines Eigentumsdelikts dienten. So heißt es in der bereits oben aufgeführten „verwertungsfreundlichen" Entscheidung des BAG (v. 23.8.2018, 2 AZR 133/18, ZTR 2018, 661), dass die Speicherung von Bildsequenzen aus einer zulässigen offenen Videoüberwachung, die vorsätzliche Handlungen eines Arbeitnehmers zu Lasten des Eigentums des Arbeitgebers zeigen, nicht durch bloßen Zeitablauf unverhältnismäßig wird, solange die Rechtsverfolgung durch den Arbeitgeber materiellrechtlich möglich ist. Hinsichtlich des Arbeitszeitbetruges könnten, laut LAG Niedersachsen, andere Maßstäbe anzulegen sein. Die höchstrichterliche Klärung dieser Rechtsfrage steht noch aus.

Interessant ist die Entscheidung des LAG Niedersachsen auch deshalb, weil es Stellung zu der Frage bezieht, ob in Betriebsvereinbarungen enthaltene Beweisverwertungsverbote die Gerichte binden. Verpflichte sich der Arbeitgeber in einer Betriebsvereinbarung, eine personenbezogene Auswertung von Daten, die er durch den Einsatz von Kartenlesegeräten gewonnen hat, nicht vorzunehmen, so könne sich auch der einzelne Arbeitnehmer darauf berufen (LAG Niedersachsen v. 6.7.2022, a.a.O.).

Das BAG (v. 29.6.2023, 2 AZR 296/22, ZTR 2023, 580) hielt die Revision für überwiegend begründet. Zwar wurden die Daten nicht vollständig im Einklang mit den Vorgaben des BDSG erhoben. Hieraus ergebe sich aber kein gerichtliches Beweisverwertungsverbot. Dieses komme nur in Betracht, wenn die Überwachungsmaßnahme zu einem physischen Anpassungsdruck oder zu einer Verdinglichung des Verhaltens samt der darin liegenden Gefahr der Verbreitung der Aufzeichnung führt. Das wäre dann der Fall, wenn die Überwachung die heimliche Ausspähung des Arbeitnehmers zum Zweck hätte. In dem vorliegenden Fall handelte es sich allerdings um eine dem Arbeitnehmer bekannte und offene Videoüberwachung. Diese dient einzig dem Zweck, arbeitsvertragliche Verstöße zu überwachen und zu dokumentieren. Dem Arbeitnehmer sei angesichts der Offenheit der Überwachung klar, dass entsprechendes Bildmaterial dazu verwendet werden soll, den Tatbeweis in einem möglichen Kündigungsschutzprozess zu führen. „Datenschutz ist kein Tatenschutz".

### 2.3 Maßnahmen zur Verhinderung künftiger Straftaten

Geht es dem Arbeitgeber hingegen nicht um die Aufdeckung einer Straftat, sondern um deren zukünftige Verhinderung, richtet sich die Zulässigkeit solcher Maßnahmen nach den oben unter 2.1 dargestellten Grundsätzen des § 26 Abs. 1 S. 1 BDSG. Diese Norm gilt auch bei der Aufklärung von Ordnungswidrigkeiten und sonstiger Pflichtverletzungen aus dem Beschäftigtenverhältnis. Die gespeicherten Daten müssen gelöscht werden, sobald sie für ihren ursprünglichen Zweck nicht mehr benötigt werden.

 **Hinweis:**

Das Anbringen von Videokameras oder entsprechender Attrappen allein zur Abschreckung von Straftaten ist nach der Rechtsprechung des Bundesarbeitsgerichts unzulässig.

## 2.4 Besondere Arten personenbezogener Daten

Besondere Regeln gelten für den Umgang mit besonderen personenbezogenen Daten wie über die Gesundheit oder eine Gewerkschaftsmitgliedschaft. Soweit ein Beschäftigter solche Daten nicht selbst bekannt gibt (z. B. durch Tragen eines Gewerkschaftsbuttons), darf der Arbeitgeber sie grundsätzlich nur zur Verfolgung seiner rechtlichen Ansprüche verarbeiten und dies auch nur dann, wenn nicht schutzwürdige Interessen des Betroffenen überwiegen.

Gemäß § 26 Abs. 3 BDSG ist die Verarbeitung besonderer personenbezogener Daten im Sinne des Art. 9 Abs. 1 EU-DSGVO nur zulässig, wenn die Verarbeitung zur Ausübung von Rechten oder zur Erfüllung rechtlicher Pflichten aus dem Arbeitsrecht, dem Recht der sozialen Sicherheit und des Sozialschutzes erforderlich ist und kein Grund zu der Annahme besteht, dass das schutzwürdige Interesse der betroffenen Person an dem Ausschluss der Verarbeitung überwiegt.

Gem. § 26 Abs. 3 S. 3 BDSG gilt § 22 Abs. 2 BDSG entsprechend. Demnach sind bei der Verarbeitung von besonderen personenbezogenen Daten angemessene und spezifische Maßnahmen zur Wahrung der Interessen der betroffenen Person vorzusehen. Solche Maßnahmen können etwa in der Sensibilisierung der am Verarbeitungsvorgang beteiligten Personen, der Beschränkung des Personenkreises, der auf die Daten zugreifen kann, oder in Pseudonymisierung oder Verschlüsselung der besonderen personenbezogenen Daten bestehen (vgl. § 22 Abs. 2 S. 2 BDSG).

### Beispiel

> Laut BAG ist die Mitteilung der Namen der für die Durchführung eines betrieblichen Eingliederungsmanagements (BEM) in Betracht kommenden Arbeitnehmer an den Betriebsrat zur Durchführung der Überwachungsaufgabe des Betriebsrats aus § 80 Abs. 1 Nr. 1 BetrVG, § 167 Abs. 2 S. 7 SGB IX erforderlich. Der Arbeitgeber muss dem Betriebsrat die Namen der betroffenen Arbeitnehmer auch dann mitteilen, wenn diese keine entsprechende Einwilligung erteilt haben (BAG v. 7.2.2012, 1 ABR 46/10, ZTR 20112, 473).
>
> Dasselbe gilt für die Unterrichtung des Betriebsrats bezüglich der Namen schwangerer Arbeitnehmerinnen zur Ausübung seiner Überwachungsaufgabe. Auch hier kann ein Widerspruch der betroffenen Arbeitnehmerin der Auskunftspflicht des Arbeitgebers nicht entgegenstehen. Allerdings muss der Betriebsrat bei Geltendmachung eines entsprechenden Auskunftsanspruchs genau darlegen, welche Maßnahmen nach §§ 26 Abs. 3 S. 3, 22 Abs. 2 BDSG er zum Schutz der betroffenen Arbeitnehmerin vorhält (BAG v. 9.4.2019, 1 ABR 51/17, ZTR 2019, 535).

Der im Rahmen des Betriebsrätemodernisierungsgesetzes vom 14. Juni 2021 neu eingefügte § 79a S. 1 BetrVG enthält die Klarstellung, dass auch der Betriebsrat bei der Verarbeitung personenbezogener Daten die Vorschriften über den Datenschutz einzuhalten hat. Im Übrigen klärt der Gesetzgeber mit § 79a S. 2 BetrVG die bislang umstrittene Frage nach der datenschutzrechtlichen Verantwortlichkeit für die Verarbeitung personenbezogener Daten durch den Betriebsrat. So bleibt der Arbeitgeber auch dann der für die Verarbeitung Verantwortliche im Sinne der datenschutzrechtlichen Vorschriften, soweit der Betriebsrat zur Erfüllung der in seiner Zuständigkeit liegenden Aufgaben personenbezogene Daten verarbeitet.

### ✎ Hinweis:

Mit Blick auf die datenschutzrechtliche Verantwortlichkeit des Arbeitgebers und die innerorganisatorische Selbstständigkeit

und Weisungsfreiheit des Betriebsrats hat der Gesetzgeber in § 79a S. 3 BetrVG eine beiderseitige Unterstützungspflicht von Arbeitgeber und Betriebsrat bei der Einhaltung der datenschutzrechtlichen Vorschriften normiert. Eine Konkretisierung des Inhalts dieser Pflicht seitens der Gerichte steht bislang aus. Erste Anhaltspunkte sind der Gesetzesbegründung zu entnehmen. Unter anderem muss das nach Art. 30 EU-DSGVO vom Verantwortlichen – d. h. vom Arbeitgeber – zu führende Verzeichnis von Verarbeitungstätigkeiten auch die Verarbeitungstätigkeiten des Betriebsrats enthalten (BT-Drs.19/28899, 22).

## 2.5 Kontrolle dienstlicher Kommunikation und Internetnutzung

Besonderer Beachtung bedarf die Zulässigkeit der Mitarbeiterkontrolle bei Benutzung von Informations- und Telekommunikationstechnologien (ITK) wie Telefon, Internet und E-Mail. Benutzt der Beschäftigte die ihm zur Verfügung gestellten Kommunikationsmittel zu betrieblichen Zwecken, unterliegen die Kontrollmöglichkeiten des Arbeitgebers weit weniger strengen Eingriffsvoraussetzungen als im Falle einer privaten Nutzungsmöglichkeit.

Ein heimliches Mithören oder Aufzeichnen ist bei betrieblichen Telefonaten nur zur Aufklärung von Straftaten und unter den Voraussetzungen von § 26 Abs. 1 S. 2 BDSG zulässig (siehe oben). Sind dessen Voraussetzungen nicht erfüllt, kann sich der Arbeitgeber gegebenenfalls nach § 201 StGB strafbar machen. Ein offenes Mithören kann dagegen durch Einwilligung des Beschäftigten zulässig werden, soweit die Verhältnismäßigkeit gewahrt wird. Der Grundsatz der Datensparsamkeit ist zu beachten, sodass im Einzelfall zwar das Mithören, nicht aber die Aufzeichnung des Gesprächs zulässig sein kann.

Weitaus großzügiger sind die Kontrollmöglichkeiten bei der betrieblichen E-Mail-Nutzung. Der Arbeitgeber hat – wie bei dienstlicher Briefpost – ein weitgehendes Einsichtsrecht, das sich an den betrieblichen Notwendigkeiten orientiert und stichprobenartige Kontrollen zulässt. Eine Besonderheit ergibt sich, wenn der Arbeitgeber die Nutzung der betrieblichen E-Mail-Adresse auch für private Zwecke zulässt. Bei dieser Mischnutzung dürfen sodann wie unter Gliederungspunkt 2.6 dargestellt grundsätzlich weder private noch betriebliche E-Mails gelesen werden.

## 2.6 Kontrolle bei privater Kommunikation und Internetnutzung

Soweit dem Beschäftigten die private ITK-Nutzung verboten ist, kann der Arbeitgeber die Einhaltung dieses Verbots durch stichprobenartige Kontrollen überprüfen. Ferner kann der Arbeitgeber – auch ohne Zustimmung des Arbeitnehmers – im Rahmen der Feststellung eines kündigungsrelevanten Fehlverhaltens den Browserverlauf vollumfänglich prüfen, sofern Anhaltspunkte zur privaten Internetnutzung vorliegen und der Arbeitgeber keine andere Möglichkeit hat, den Umfang der privaten Internetnutzung festzustellen (LAG Berlin-Brandenburg v. 14.1.2016, 5 Sa 657/15). Aber auch bei erlaubter Privatnutzung ergeben sich für den Arbeitgeber im Rahmen des Verhältnismäßigkeitsgrundsatzes Möglichkeiten, die Einhaltung des Erlaubnisrahmens zu kontrollieren. Zwar gehen viele Autoren in der Fachliteratur von einem Kontrollverbot bei erlaubter Privatnutzung aus, da insoweit das Fernmeldegeheimnis einschlägig sein soll. Das LAG Berlin-Brandenburg hat allerdings entgegen der ansonsten herrschenden Meinung bei erlaubter Privatnutzung den Arbeitgeber nicht als Dienste-Anbieter im Sinne des Telekommunikationsgesetzes (seit dem 1. Dezember 2021: Telekommunikation-Telemedien-Datenschutz-Gesetz (TTDSG)) angesehen und ihm wenigstens im konkreten Fall ein Zugriffsrecht zugestanden (LAG Berlin-Brandenburg v. 16.2.2011, 4 Sa 2132/10, ZTR 2011, 631). Der Hessische Verwaltungsgerichtshof hat festgestellt, dass ein Zugriff des Arbeitgebers auf gespeicherte E-Mails nach Beendigung des Übertragungsvorgangs nicht gegen das Fernmeldegeheimnis verstößt (HessVGH v. 19.5.2009, 6 A 2672/08.Z, DÖV 2009, 684), wobei das Bundesverfassungsgericht den Schutz des Fernmeldegeheimnisses aber solange nicht enden lassen will, wie der Arbeitgeber ungehindert auf E-Mails zugreifen könne. Dies kann je nach den technischen Begebenheiten – insbesondere der Speicherung der E-Mails auf dem Mailserver – bedeuten, dass der Übertragungsvorgang praktisch nie endet. Eine höchstrichterliche Klärung, ob Arbeitgeber unter § 3 Abs. 2 TTDSG fallen und damit zur Wahrung des Fernmeldegeheimnisses verpflichtet sind, steht noch aus.

**TIPP!**

Angesichts der unübersichtlichen Rechtslage und der unter Strafe stehenden Verletzung des Fernmeldegeheimnisses bleibt es dabei, dass der derzeit sicherste Weg für Arbeitgeber die komplette Untersagung der Privatnutzung ist.

## 2.7 Gestaltungsmöglichkeiten für Erlaubnis oder Verbot privater ITK-Nutzung

In der Praxis bestehen häufig Unklarheiten, ob und in welchem Maße eine private Nutzung der betrieblichen ITK-Infrastruktur zulässig ist. Grundsätzlich darf der Beschäftigte nicht davon ausgehen, dass er die ihm für Betriebszwecke zur Verfügung gestellte Infrastruktur auch privat nutzen darf. Ein ausdrückliches Verbot des Arbeitgebers ist daher an sich nicht notwendig. Eine Erlaubnis kann sich jedoch aus dem Arbeitsvertrag oder einer Dienstvereinbarung ergeben. Besondere Schwierigkeiten treten auf, wenn der Arbeitgeber eine tatsächlich stattfindende Privatnutzung duldet. Dies kann nach gewichtigen Stimmen in der Literatur zu einer Vertragspflicht im Wege einer betrieblichen Übung führen (→ *Betriebliche Übung*).

Eine ausdrückliche Regelung zur privaten ITK-Nutzung in Arbeitsverträgen oder durch Betriebs- oder Dienstvereinbarungen ist anzuraten. Bei letzterem besteht auch nicht die Gefahr, etwaige Mitbestimmungsrechte nach § 87 Abs. 1 Nr. 6 BetrVG bzw. § 80 Abs. 1 Nr. 21 BPersVG zu verletzen. Ein mögliches Mittel zur Verhinderung von Unklarheiten kann auch ein Komplettverbot am Arbeitsplatz bei gleichzeitiger Bereitstellung eines der privaten Nutzung vorbehaltenen Computerpools sein.

**TIPP!**

Wenn der Arbeitgeber das Schreiben und den Empfang von privaten E-Mails während der Arbeitszeit gestatten möchte, sollte er die betriebliche E-Mail-Adresse hiervon ausdrücklich ausnehmen. Formulierungsbeispiel: „Dem Beschäftigten ist während der Arbeitszeit im Umfang von höchstens x/Minuten pro Tag/Woche die Nutzung seiner privaten E-Mail-Adresse über einen Webbrowser gestattet. Die betriebliche E-Mail-Adresse darf nicht für private Zwecke genutzt werden."

## 3. Erlaubnis nach anderen Rechtsvorschriften

### 3.1 Tarifverträge

Bislang sind nur in sehr wenigen Fällen tarifvertragliche Regelungen zum Datenschutz getroffen worden. Zu beachten ist, dass tarifvertragliche Regelungen das Bundesdatenschutzgesetz lediglich ergänzen, nicht aber verdrängen oder gar aushöhlen können.

## 3.2 Dienstvereinbarungen und Betriebsvereinbarungen

Wie § 26 Abs. 4 BDSG klarstellt, können auch Dienst- und Betriebsvereinbarungen die Datenverarbeitung zulassen. Es ist jedoch darauf zu achten, dass die von den Parteien normierten Voraussetzungen vorliegen. Bestimmt eine Betriebsvereinbarung die Kategorien der nutzbaren Daten, ist die Verarbeitung anderer personenbezogener Daten rechtswidrig (LAG Baden-Württemberg, v. 25.2.2021, 17 Sa 37/20). Soweit über die in der Betriebsvereinbarung genannten Datensätze hinaus weitere personenbezogene Daten des Arbeitnehmers übermittelt werden, vertritt auch das BAG (v. 22.9.2022, 8 AZR 209/21 (A)) im Rahmen des anhängigen Revisionsverfahrens in der vorzitierten Sache den Standpunkt, dass dies schon nicht von der Betriebsvereinbarung gedeckt sei und deshalb nicht nach § 26 Abs. 4 BDSG, sondern nach § 26 Abs. 1 BDSG zu beurteilen sei. Eine überschießende Datenverarbeitung dürfe im Ergebnis schon deshalb nicht erforderlich i. S. v. § 26 Abs. 1 BDSG bzw. Art. 5, Art. 6 Abs. 1 DSGVO gewesen sein, weil davon auszugehen sei, dass in der von dem Arbeitgeber (mit) abgeschlossenen Betriebsvereinbarung sämtliche aus seiner Sicht für die behaupteten Testzwecke erforderlichen Datensätze abschließend aufgeführt sind. Allerdings reicht es aus Sicht des Senats für seine Entscheidung des Ausgangsverfahrens nicht aus, dass damit ein Teil der beanstandeten Datenverarbeitung bereits ohne Vorabentscheidungsersuchen als nicht rechtmäßig zu beurteilen ist. Vielmehr ist es nach Ansicht des BAG für eine Entscheidung im Ausgangsverfahren erforderlich, die beanstandete Datenverarbeitung insgesamt beurteilen zu können, da damit Folgen im Hinblick auf den Umfang der Verletzung der Schutzvorschriften und die Höhe eines etwaigen Schadenersatzes verbunden sind bzw. sein können. Das BAG hat mit Vorlagebeschluss vom 22.9.2022, 8 AZR 209/21 (A) den EuGH im Rahmen eines Vorabentscheidungsverfahrens unter anderem um Klärung gebeten, ob § 26 Abs. 4 BDSG dahin auszulegen ist, dass stets auch die sonstigen Vorgaben der EU-DSGVO, wie etwa Art. 5, Art. 6 Abs. 1 und Art. 9 Abs. 1 und Abs. 2 EU-DSGVO, einzuhalten sind. Darüber hinaus will es wissen, ob § 26 Abs. 4 BDSG dahin ausgelegt werden darf, dass den Parteien einer Kollektivvereinbarung bei der Beurteilung der Erforderlichkeit der Datenverarbeitung im Sinne der Art. 5, Art. 6 Abs. 1, Art. 9 Abs. 1 und Abs. 2 EU-DSGVO ein Spielraum zusteht, der gerichtlich nur eingeschränkt überprüfbar ist und worauf in einem solchen Fall die gerichtliche Kontrolle beschränkt werden darf.

Zulässig ist die Datenverarbeitung nur unter Berücksichtigung datenschutzrechtlicher Erforderlichkeit. Die Parteien der Betriebs- oder Dienstvereinbarung haben dabei Art. 88 Abs. 2 EU-DSGVO zu berücksichtigen, demnach angemessene und besondere Maßnahmen zur Wahrung der menschlichen Würde und der berechtigten Interessen sowie der Grundrechte der betroffenen Person zu treffen sind.

**ACHTUNG!**

*Hat der Arbeitgeber in Personalfragebögen Arbeitnehmerdaten erhoben und gespeichert, ohne den Personal- bzw. Betriebsrat hieran zu beteiligen, kann neben dem einzelnen Arbeitnehmer auch die Mitarbeitervertretung eine Löschung der Daten verlangen.*

### 3.3 Bundeszentralregistergesetz (BZRG)

Ein Anspruch auf die Vorlage eines erweiterten Führungszeugnisses kann für Arbeitgeber unter den Voraussetzungen des § 30a

Abs. 1 BZRG bestehen. Danach wird auf Antrag ein erweitertes Führungszeugnis erteilt, wenn es entweder benötigt wird für

▸ eine berufliche oder ehrenamtliche Beaufsichtigung, Betreuung, Erziehung oder Ausbildung Minderjähriger,

▸ eine Tätigkeit, die in einer vergleichbaren Weise geeignet ist, Kontrakt zu Minderjährigen aufzunehmen oder

▸ wenn die Erteilung in gesetzlichen Bestimmungen unter Bezugnahme auf die Vorschrift des § 30a BZRG vorgesehen ist.

Während des Arbeitsverhältnisses kann im Einzelfall auch eine Pflicht zur Vorlage eines erweiterten Führungszeugnisses als vertragliche Nebenpflicht gemäß § 241 Abs. 2 BGB bestehen (LAG Hamm v. 26.1.2018, 10 Sa 1122/17; LAG Hamm v. 4.7.2014, 10 Sa 171/14).

Die Daten aus einem erweiterten Führungszeugnis dürfen von der entgegennehmenden Stelle nur verarbeitet werden, soweit dies zur Prüfung der Eignung der Person für eine Tätigkeit, die Anlass zu der Vorlage des Führungszeugnisses gewesen ist, erforderlich ist. Die Daten sind vor dem Zugriff Unbefugter zu schützen. Sie sind unverzüglich zu löschen, wenn die Person die Tätigkeit, die Anlass zu der Vorlage des Führungszeugnisses gewesen ist, nicht ausübt. Die Daten sind spätestens sechs Monate nach der letztmaligen Ausübung der Tätigkeit zu löschen, § 30a Abs. 3 BZRG.

## IV. Der Beauftragte für den Datenschutz

Gemäß § 5 Abs. 1 BDSG und Art. 37 Abs. 1 lit. a EU-DSGVO haben öffentliche Stellen zwingend einen Datenschutzbeauftragten zu benennen. Nichtöffentliche Stellen trifft diese Pflicht nur, wenn die umfangreiche, regelmäßige und systematische Erhebung von Daten von Betroffenen oder die umfangreiche Verarbeitung sensibler Daten zu den Kernaktivitäten des Unternehmens zählt. Darüber hinaus auch dann, wenn das nicht-öffentliche Unternehmen mindestens 20 Personen ständig mit der automatisierten Verarbeitung von personenbezogenen Daten beschäftigt (§ 38 Abs. 1 BDSG).

Als Datenschutzbeauftragte können sowohl eigene Mitarbeiter (intern) als auch Beschäftigte anderer Behörden bzw. Unternehmen (extern) bestellt werden (§ 5 Abs. 4 BDSG). Der Datenschutzbeauftragte muss eine natürliche Person sein, die die zur Erfüllung ihrer Aufgaben erforderliche Fachkunde und Zuverlässigkeit besitzt (§ 5 Abs. 3 BDSG). Eine bestimmte Ausbildung für die Tätigkeit des Datenschutzbeauftragten wird vom Gesetz nicht verlangt. Nach Ansicht des LAG Mecklenburg-Vorpommern richtet sich die erforderliche Sachkunde insbesondere nach der Größe der zu betreuenden Organisationseinheit, dem Umfang der anfallenden Datenverarbeitungsvorgänge, den eingesetzten IT-Verfahren und dem Typus der anfallenden Daten. Daher seien regelmäßig Kenntnisse des Datenschutzrechtes, zur Technik der Datenverarbeitung und zu den betrieblichen Abläufen erforderlich (LAG Mecklenburg-Vorpommern v. 25.2.2020, 5 Sa 108/19).

Jedenfalls Grundkenntnisse im Datenschutzrecht sollten in jedem Fall vorhanden sein. Bei größeren Unternehmen mit hohem Datenaufkommen kann sich aus betriebswirtschaftlicher Sicht im Einzelfall die Beauftragung von spezialisierten externen Datenschutzbeauftragten wie z. B. vom TÜV lohnen. Die Bestellung bedarf der Schriftform und vorsichtshalber auch der Unterschrift des Beauftragten. Zwar gibt es keine besonderen Mitbestimmungsrechte des Betriebs- bzw. Personalrates. Wird aber ein

externer Beschäftigter als Datenschutzbeauftragter eingestellt, liegt hierin eine Neueinstellung, bei der Ernennung eines intern Beschäftigten eine Versetzung, die jeweils der Mitbestimmung nach § 99 BetrVG bzw. §§ 78 Abs. 1 Nr. 1 oder Nr. 2, oder Nr. 3 BPersVG unterliegen. Befristungen sind grundsätzlich nicht zulässig, wenn der Datenschutzbeauftragte durch die Unsicherheit einer Vertragsverlängerung in seiner Entscheidungsfreiheit eingeschränkt ist.

Der Datenschutzbeauftragte soll in jeglicher Hinsicht auf die Einhaltung des Bundesdatenschutzgesetzes hinwirken. Gesetzlich angeordnet sind hierzu in § 7 BDSG die Unterrichtung, Beratung und Schulung der öffentlichen beziehungsweise nichtöffentlichen Stelle und der mit Datenverarbeitung betrauten Beschäftigten hinsichtlich ihrer gesetzlichen Pflichten, die Überwachung der Einhaltung der gesetzlichen Vorgaben insbesondere aus § 67 BDSG zur Datenschutz-Folgenabschätzung sowie die Zusammenarbeit mit der zuständigen Aufsichtsbehörde.

Der Arbeitgeber ist verpflichtet, den Datenschutzbeauftragten bei seinen Aufgaben zu unterstützen. Er muss ihm nach § 6 Abs. 2 BDSG die für die Erfüllung seiner Aufgaben erforderlichen Ressourcen und den Zugang zu personenbezogenen Daten und Verarbeitungsvorgängen sowie die zur Erhaltung seines Fachwissens erforderlichen Ressourcen zur Verfügung stellen.

Um eine ordnungsgemäße Aufgabenerfüllung zu gewährleisten, genießt der behördliche bzw. betriebliche Datenschutzbeauftragte außerdem eine besondere Stellung: Er ist dem Leiter der öffentlichen oder nichtöffentlichen Stelle unmittelbar unterstellt und im Bereich der Ausübung seiner Fachkunde weisungsfrei. Er hat einen Anspruch auf Teilnahme an Fortbildungsveranstaltungen auf Kosten des Arbeitgebers, um stets die erforderliche Fachkunde zur Erfüllung seiner Aufgaben zu erhalten. Möchte der Arbeitgeber den Datenschutzbeauftragten abberufen, muss hierfür ein „wichtiger Grund" im Sinne des § 626 BGB vorliegen. Ein wichtiger Grund liegt vor, wenn der Datenschutzbeauftragte die für die Aufgabenerfüllung erforderliche Fachkunde oder Zuverlässigkeit nicht (mehr) besitzt oder wenn Interessenkonflikte drohen. Zweiteres hat das BAG (v. 6.6.2023, 9 AZR 621/19, ZTR 2023, 647) in einem Fall angenommen, in dem der Datenschutzbeauftragte innerhalb der Einrichtung gleichzeitig eine Tätigkeit ausübte, die die Zwecke und Mittel der Verarbeitung personenbezogener Daten zum Gegenstand hatte. Der Datenschutzbeauftragte hätte sich folglich selbst überwachen und kontrollieren müssen. Ebenso sind die Pflichten eines Datenschutzbeauftragten mit denen eines Betriebsratsvorsitzenden inkompatibel (BAG v. 6.6.2023, 9 AZR 383/19, ZTR 2023, 651). Möchte der Arbeitgeber zukünftig die Aufgaben des internen Datenschutzbeauftragten durch einen externen Datenschutzbeauftragten wahrnehmen lassen, begründet dies keinen wichtigen Grund (BAG v. 23.3.2011, 10 AZR 562/09, ZTR 2011, 561). Auch die Mitgliedschaft im Betriebsrat stellt keinen wichtigen Grund dar. Selbst die Ausübung des Amts als Betriebsratsvorsitzender kann mit dem Amt als betrieblicher Datenschutzbeauftragter vereinbar sein (LAG Sachsen v. 19.8.2019, 9 Sa 268/18). Aus Arbeitgebersicht sollte eine solche Konstellation insbesondere auch in Anbetracht des unter Umständen doppelt bestehenden besonderen Kündigungsschutzes allerdings bestenfalls vermieden werden. In Ausnahmefällen kann die Aufsichtsbehörde gemäß § 40 Abs. 6 BDSG die Abberufung des Datenschutzbeauftragten verlangen.

Die Abberufung betrifft alleine die Stellung als Datenschutzbeauftragter. Soweit eine interne Beauftragung eines Beschäftigten erfolgt ist, wird dessen Arbeitsverhältnis durch die Abberufung nicht beendet. Hierzu ist eine gesonderte Kündigung notwendig. Seit der Novellierung des Bundesdatenschutzgesetzes genießt der interne Beauftragte Sonderkündigungsschutz. Wie bei Personalrats- oder Betriebsratsmitgliedern ist eine Kündigung nur noch aus wichtigem Grund möglich (§ 6 Abs. 4 S. 2 BDSG). Insbesondere an eine Kündigung aus betriebsbedingten Gründen (mit sozialer Auslauffrist) werden sehr hohe Anforderungen gestellt (BAG v. 23.1.2014, 2 AZR 372/13). Der Sonderkündigungsschutz erstreckt sich dabei auf einen Zeitraum von einem Jahr nach erfolgtem Widerruf der Bestellung. Das BAG hat mit Vorlagebeschluss vom 30.7.2020, 2 AZR 225/20 (A) den EuGH im Rahmen eines Vorabentscheidungsverfahrens unter anderem um Klärung gebeten, ob § 6 Abs. 4 S. 2 BDSG mit Art. 38 Abs. 3 S. 2 EU-DSGVO vereinbar sei. Letzterer sieht keinen Sonderkündigungsschutz vor. Die Regelungen des nationalen Rechts gehen damit über die Vorgaben der EU-DSGVO hinaus. Der EuGH hat am 22.6.2022 entschieden, dass Art. 38 Abs. 3 S. 2 EU-DSGVO einer nationalen Regelung nicht entgegensteht, nach der einem bei einem Verantwortlichen oder einem Auftragsverarbeiter beschäftigten Datenschutzbeauftragten nur aus wichtigem Grund gekündigt werden kann, auch wenn die Kündigung nicht mit der Erfüllung seiner Aufgaben zusammenhängt, sofern diese Regelung die Verwirklichung der Ziele der EU-DSGVO nicht beeinträchtigt (EuGH v. 22.6.2022, C-534/20). Eine unzulässige Beeinträchtigung der mit der EU-DSGVO verfolgten Ziele – konkret der durch Art. 38 Abs. 3 S. 2 EU-DSGVO bezweckten Wahrung der funktionellen Unabhängigkeit des Datenschutzbeauftragen und der Gewährleistung der Wirksamkeit der Bestimmungen der EU-DSGVO – liegt dem EuGH zufolge dann vor, wenn ein strengerer nationaler Schutz jede durch einen Verantwortlichen oder einen Auftragsverarbeiter ausgesprochene Kündigung eines Datenschutzbeauftragten verböte, der nicht mehr die für die Erfüllung seiner Aufgaben erforderlichen beruflichen Eigenschaften besitzt oder seine Aufgaben nicht im Einklang mit der EU-DSGVO erfüllt. Ausgehend von dieser Auslegung hat das BAG (v. 25.8.2022, 2 AZR 225/20) ausgeführt, dass die Kündigung, wie auch die Abberufung, des Datenschutzbeauftragten nach nationalem Recht zwar an besondere Anforderungen geknüpft sei, da jeweils die Schwelle des „wichtigen Grundes" erreicht werden müsse. Damit würden die Voraussetzungen, unter denen der Verantwortliche das Arbeitsverhältnis mit einem verpflichtend benannten Datenschutzbeauftragten beenden kann, erhöht werden, jedoch sei ihm dies weder unmöglich noch unzumutbar erschwert. Die personen- oder verhaltensbedingten Gründe müssen nur die Erheblichkeitsschwelle des „wichtigen Grundes" erreichen.

 **Hinweis:**
Der im BDSG normierte Sonderkündigungsschutz des betrieblichen Datenschutzbeauftragten ist mit Unionsrecht sowie nationalem Verfassungsrecht vereinbar.

## V. Rechte des Arbeitnehmers im Überblick

Wenn der Arbeitgeber personenbezogene Daten des Beschäftigten erhebt, muss er ihm die in Art. 13 bzw. Art. 14 EU-DSGVO aufgezählten Informationen übermitteln, wenn nicht die Ausnahmen des Art. 13 Abs. 4 bzw. Art. 14 Abs. 5 EU-DSGVO greifen. Die Informationspflicht muss insbesondere bei der Begründung des Arbeitsverhältnisses beachtet werden. Dem Arbeitnehmer sollten neben dem Arbeitsvertrag die entsprechenden Informationen als separate Datenschutzhinweise übergeben werden. Relevanz erhält die Regelung im Arbeitsverhältnis auch bei verdeckten Datenspeicherungen wie der heimlichen Videoüberwachung. Es ist umstritten, ob mit Inkrafttreten der EU-DSGVO vor jeder Videoüberwachung eine Information des Arbeitnehmers über die Überwachung erforderlich geworden ist. Eine verdeckte Videoüberwachung ohne Information an den Arbeitnehmer wäre dann unter Umständen generell nicht mehr zulässig. Nach der bisherigen Rechtsprechung des BAG kann man jedoch davon ausgehen, dass die verdeckte Videoüberwachung weiterhin zulässig bleibt, wenn auch nur unter sehr strengen Voraussetzungen. Eine Mitteilungspflicht entsteht dann mit dem Ende der Maßnahme bzw. sofort, wenn sie rechtswidrig erfolgt.

Der Beschäftigte hat nach Art. 15 Abs. 1 EU-DSGVO ein Auskunftsrecht u. a. bezüglich der zu seiner Person gespeicherten Daten sowie hinsichtlich der Verarbeitungszwecke. Soweit die über den Beschäftigten gespeicherten Daten falsch sind, besteht ein Anspruch auf Berichtigung, Art. 16 EU-DSGVO. Der Auskunftsanspruch ist regelmäßig vor den Arbeitsgerichten geltend zu machen, § 2 Abs. 1 Nr. 4a ArbGG, solange der geltend gemachte Anspruch im Zusammenhang mit dem Arbeitsverhältnis besteht (BAG v. 3.2.2014, 10 AZB 77/13 zum BDSG a. F.). Gemäß Art. 17 Abs. 1 EU-DSGVO kann aus den dort aufgezählten Gründen ein Recht auf Löschung der Daten bestehen.

 **ACHTUNG!**

In arbeitsrechtlichen Verfahren wird teilweise von Arbeitnehmern versucht, anhand des Auskunftsanspruchs nach Art. 15 EU-DSGVO an Informationen ihres Arbeitgebers zu gelangen, die ihnen im Rahmen ihrer Klage helfen könnten. Gemäß Art. 15 Abs. 3 S. 1 EU-DSGVO muss der Arbeitgeber eine Kopie der personenbezogenen Daten des betroffenen Arbeitnehmers, die Gegenstand der Verarbeitung sind, zur Verfügung stellen. Was genau von dieser Kopie erfasst ist, ist bisher noch unklar. Teilweise wird vertreten, dass Kopien von sämtlichen E-Mails, Vermerken, Dokumenten etc. herausgegeben werden müssen, in denen der Arbeitnehmer benannt ist. Dies bedeutet einen enormen zeitlichen und wirtschaftlichen Aufwand für Arbeitgeber. Das LAG Baden-Württemberg verurteilte einen Arbeitgeber dazu, dem Arbeitnehmer eine Kopie seiner personenbezogenen Leistungs- und Verhaltensdaten, die Gegenstand der vom Arbeitgeber vorgenommenen Verarbeitung sind, zur Verfügung zu stellen (LAG Baden-Württemberg v. 20.12.2018, 17 Sa 11/18). Das Gericht ließ jedoch offen, was genau von der Kopie umfasst werden soll. Gegen das Urteil wurde Revision beim BAG eingelegt. Die erhoffte höchstrichterliche Klärung im ursprünglich zur Verhandlung auf den 2. September 2020 terminierten Verfahren mit dem Az. 5 AZR 66/19 blieb jedoch aufgrund der Beendigung des Verfahrens durch Vergleich aus. Auch das für 2021 erwartete Urteil des BAG in dem Verfahren mit dem Az. 2 AZR 342/20 hat nicht zur Klärung der inhaltlichen Reichweite des Art. 15 Abs. 3 EU-DSGVO beitragen können. Das LAG Niedersachsen hatte mit Urteil vom 9.6.2020, 9 Sa 608/19 entschieden, dass der Anspruch auf die Erteilung einer Kopie über die personenbezogenen Daten nicht weiter geht als die in Art. 15 Abs. 1 EU-DSGVO geregelten Pflichtangaben. Ein Anspruch auf Überlassung gesamter Inhalte bestehe nach Auffassung des LAG nicht, da es sich insoweit nicht um personenbezogene Daten im Sinne des Art. 15 EU-DSGVO handele. Das BAG hat den Klageantrag auf Überlassung einer Kopie von E-Mails mangels Erfüllung der Anforderungen an einen bestimmten Antrag i. S. v. § 253 Abs. 2 Nr. 2 ZPO als unzulässig abgewiesen. Die E-Mails, von denen eine Kopie zur Verfügung gestellt werden sollte, seien nicht in einer Weise bezeichnet, dass im Vollstreckungsverfahren unzweifelhaft wäre, auf welche elektronischen Nachrichten sich die Verurteilung konkret beziehe (BAG v. 27.4.2021, 2 AZR 342/20, ZTR 2021, 486). Auch in einer nachfolgenden Entscheidung hat das BAG einen auf Zurverfügungstellung einer „Kopie" gerichteten Antrag als unzulässig erachtet, da ihm die hinreichende Bestimmtheit i. S. v. § 253

Abs. 2 Nr. 2 ZPO fehle (BAG v. 16.12.2021, 2 AZR 235/21). Anders als möglicherweise beim Auskunftsanspruch nach Art. 15 Abs. 1 Hs. 2 EU-DSGVO, wo auch eine bloße Wiederholung des Normwortlauts als zulässiger Antrag zu erwägen sein könnte, da es für den Anspruchsteller zunächst darum geht, Informationen zu einer weiteren Konkretisierung zu erhalten, genügt dies bei dem außerhalb einer Stufenklage geltend gemachten Anspruch aus Art. 15 Abs. 3 S. 1 EU-DSGVO grundsätzlich nicht (BAG v. 16.12.2021, 2 AZR 235/21). Ob es angesichts der Besonderheit des unionsrechtlich determinierten Auskunftsanspruchs zulässig ist, dass der Arbeitnehmer – soweit er vom Arbeitgeber noch keinerlei Auskünfte erhalten hat – einen am reinen Wortlaut von Art. 15 Abs. 1 Hs. 2 EU-DSGVO orientierten Antrag ohne nähere Konkretisierung stellt, hat das BAG indes offengelassen (BAG v. 16.12.2021, 2 AZR 235/21).

Erleidet der Beschäftigte durch eine unzulässige Verarbeitung seiner Daten einen materiellen oder immateriellen Schaden, ist ihm der Arbeitgeber zum Schadensersatz verpflichtet. Liegt dem Schaden eine Verletzung der Pflichten des Arbeitgebers aus der EU-DSGVO zugrunde, haftet dieser verschuldensabhängig gemäß Art. 82 Abs. 1 EU-DSGVO, wobei ein Verschulden des Arbeitgebers gemäß Art. 82 Abs. 3 EU-DSGVO vermutet wird.

 **Hinweis:**
Die Voraussetzungen und die Bemessung der Höhe eines Anspruchs auf Ersatz eines immateriellen Schadens nach Art. 82 EU-DSGVO sind nicht abschließend höchstrichterlich geklärt. Eine Haftung des Arbeitgebers setzt stets voraus, dass der Schaden kausal auf einem Verstoß gegen die EU-DSGVO beruht. Das LAG Baden-Württemberg hat sich in seiner Entscheidung vom 25.2.2021, 17 Sa 37/20, unter anderem mit dem Kriterium der Kausalität sowie den daran anzulegenden Maßstäben auseinandergesetzt: Hat ein Unternehmen personenbezogene Daten der Arbeitnehmer an die vormalige Konzernmutter in den USA übermittelt, kann die damit verbundene Gefahr eines Missbrauchs der Daten zwar grundsätzlich einen immateriellen Schaden begründen. Soweit die Übermittlung der Daten vor der Geltung der EU-DSGVO (dem 25.05.2018) erfolgt ist, kann ein darauf gestützter Schaden nicht „gerade durch den Rechtsverstoß" entstanden sein. Es genügt nicht, dass der Schaden durch eine Verarbeitung entstanden ist, in deren Rahmen es (irgendwann) zu einem Rechtsverstoß gekommen ist. Auch kann nicht davon ausgegangen werden, dass ein Rechtsverstoß vor dem Geltungszeitpunkt die fortgesetzte Datenverarbeitung „infiziert". Auf einer Zuordnung des Schadens zu einem konkreten Verordnungsverstoß soll allenfalls dann verzichtet werden können, wenn durch den Verstoß die gesamte Datenverarbeitung rechtswidrig wird (LAG Baden-Württemberg v. 25.2.2021, 17 Sa 37/20). Das BAG (v. 22.9.2022, 8 AZR 209/21 (A)) hat das in dieser Sache anhängige Revisionsverfahren ausgesetzt und ein Vorabentscheidungsersuchen an den EuGH zur Klärung von Fragen zur Auslegung von Art. 82 EU-DSGVO und Art. 88 EU-DSGVO gerichtet. Unter anderem fragt das BAG, ob Art. 82 Abs. 1 EU-DSGVO dahin auszulegen ist, dass Personen ein Recht auf Ersatz des immateriellen Schadens bereits dann haben, wenn ihre personenbezogenen Daten entgegen den Vorgaben der EU-DSGVO verarbeitet wurden oder ob der Anspruch auf Ersatz des immateriellen Schadens darüber hinaus voraussetzt, dass die betroffene Person einen von ihr erlittenen immateriellen Schaden – von einigem Gewicht – darlegt. Ebenso erbittet es den EuGH um die Klärung der Fragen, ob Art. 82 Abs. 1 EU-DSGVO spezial- bzw. generalpräventiven Charakter hat und ob dies bei der Bemessung der Höhe des zu ersetzenden immateriellen Schadens auf der Grundlage von Art. 82 Abs. 1 EU-DSGVO zulasten des Verantwortlichen bzw. Auftragsverarbeiters berücksichtigt werden muss sowie, ob es bei der Bemessung der Höhe des zu ersetzenden immateriellen Schadens auf der Grundlage von Art. 82

Abs. 1 EU-DSGVO auf den Grad des Verschuldens des Verantwortlichen bzw. Auftragsverarbeiters ankommt.

Bei Verletzungen der Pflichten aus dem BDSG folgt die ebenfalls verschuldensabhängige Haftung des Arbeitgebers für materielle und immaterielle Schäden aus § 83 Abs. 1 und 2 BDSG, wobei das Verschulden auch insoweit gemäß § 83 Abs. 1 S. 2 BDSG vermutet wird.

**Beispiel**
Eine Gewerkschaft sendet an die betrieblichen E-Mail-Adressen aller Arbeitnehmer eines Unternehmens Werbemails. Der vom Unternehmen geltend gemachte Unterlassungsanspruch hat hiergegen keinen Erfolg. Betroffene im Sinne des Bundesdatenschutzgesetzes können nur natürliche Personen sein (BAG v. 20.1.2009, 1 AZR 515/08, ZTR 2009, 413).

## VI. Sanktionen bei Verstößen

Bei Verstößen gegen das Bundesdatenschutzgesetz können nach § 43 BDSG Bußgelder verhängt werden. In besonders schweren Fällen sind bei vorsätzlichem Handeln sogar Verurteilungen zu Geld- und Freiheitsstrafen nach § 42 BDSG denkbar.

Sofern nicht nur ein Verstoß gegen deutsches Recht, sondern auch gegen europäisches Recht vorliegt, kann der Verstoß ferner gemäß Art. 83 EU-DSGVO sanktioniert werden. Im Einzelfall kann dabei eine Geldbuße von bis zu € 20.000.000,00 oder 4 Prozent des weltweiten Jahresumsatzes verhängt werden, je nachdem welcher Betrag höher ist.

 **WICHTIG!**
Gegen Behörden und sonstige öffentliche Stellen können gemäß § 43 Abs. 3 BDSG keine Geldbußen verhängt werden.

## VII. Arbeitsvertragliche Fürsorgepflichten

Schließlich treffen den Arbeitgeber direkt aus dem Arbeitsvertrag datenschutzrechtliche Verpflichtungen. Die Fürsorgepflicht verbietet dem Arbeitgeber jede Verletzung des Allgemeinen Persönlichkeitsrechts des Beschäftigten. Die Bedeutung der Fürsorgepflicht nimmt jedoch umso mehr ab, wie das kodifizierte Datenschutzrecht an Vielgestaltigkeit und Regelungsgenauigkeit zunimmt. Eine hohe Bedeutung hat die Fürsorgepflicht nach wie vor im Bereich der Personalakten. Nach Auffassung des Bundesarbeitsgerichts ist der Kreis der zugangsberechtigten Personen möglichst klein zu halten und auf für Personalentscheidungen zuständige Mitarbeiter zu beschränken (BAG v. 12.9.2006, 9 AZR 271/06, ZTR 2007, 271). Insbesondere müssen besonders sensible Daten (z. B. Angaben zum körperlichen, geistigen oder seelischen Zustand) gesondert außerhalb der formellen Personalakte oder im verschlossenen Umschlag aufbewahrt werden, damit sie nicht bei der regelmäßigen Sachbearbeitung der Personalakte ohne konkreten Anlass ins Auge fallen. Bei Verletzung der Fürsorgepflicht können dem Beschäftigten Schadens- und Schmerzensgeldansprüche zustehen. Auch hier gilt zulasten des Arbeitgebers eine Beweislastumkehr.

 **ACHTUNG!**
Mit der Safe-Harbor-Entscheidung des EuGH (v. 6.10.2015, C-362/14) hat sich die geltende Rechtslage im Hinblick auf den Transfer von Personaldaten an Stellen außerhalb der EU maßgeblich geändert. So ist eine Datenübermittlung von personenbezogenen Daten unter anderem in die USA auf der Grundlage des Safe-Harbor-Abkommens nunmehr unzulässig. Betroffen sind davon grundsätzlich alle Vertragsbeziehungen,

bei denen personenbezogene Daten direkt oder indirekt in die USA übermittelt werden, so z. B. die Speicherung bei US-Cloud-Anbietern oder die Übermittlung von Angestelltendaten in die USA, wie dies zur Personalverwaltung in globalen Unternehmen üblich ist, die von Konzernmüttern in den USA geführt werden.

Datenschutzbehörden haben nach dem Gesetz nun theoretisch die Möglichkeit, Untersagungsverfügungen oder Bußgelder bis zu € 20.000.000,00 bzw. 4 Prozent des Jahresumsatzes auszusprechen. Es besteht demnach eine erhöhte Rechtsunsicherheit.

Auch der Nachfolger des Safe-Harbor-Abkommens, das am 2.2.2016 von den Verhandlungsführern der Europäischen Union und der USA vorgestellte EU-US Privacy Shield-Abkommen, wurde inzwischen vom EuGH mit Urteil vom 16.7.2020, C-311/18 für ungültig erklärt. Ob der Verantwortliche sich gleichwohl auf Art. 45 EU-DSGVO und den Angemessenheitsbeschluss stützen kann, wenn die betroffene Datenübertragung vor Verkündung der Entscheidung des EuGH stattgefunden hat, hat die Rechtsprechung zuletzt offen gelassen (LAG Baden-Württemberg v. 25.2.2021, 17 Sa 37/20).

Der rechtlich derzeit wohl sicherste Weg für Unternehmen ist die Verwendung der EU-Standardvertragsklauseln oder von Binding Corporate Rules. Da aber nach der EuGH-Entscheidung die nationalen Aufsichtsbehörden nunmehr selbst prüfen können, ob nach ihrer Auffassung ein Datentransfer in ein Drittland den gesetzlichen Vorgaben entspricht oder nicht, ist auch dieser Weg risikobehaftet.

Nach Safe Harbor und Privacy Shield soll nun im dritten Anlauf eine allgemeine rechtliche Grundlage für den transatlantischen Datentransfer geschaffen werden, die die vom EuGH im „Schrems II"-Urteil (v. 16.7.2020, C-311/18) angeführten Kritikpunkte aufgreifen soll. Am 25. März 2022 haben sich die Europäische Kommission und die USA auf das Trans-Atlantic Data Privacy Framework geeinigt. Der US-Präsident hat im Oktober 2022 ein entsprechendes Dekret („Executive Order on Enhancing Safeguards for United States Signals Intelligence Activities") erlassen. Den damit begründeten neuen US-Rechtsrahmen berücksichtigend, hat die EU-Kommission im Dezember 2022 einen Entwurf für einen Angemessenheitsbeschlusses gem. Art. 45 EU-DSGVO vorgelegt. Dieser muss noch das Annahmeverfahren passieren. Inwiefern das Trans-Atlantic Data Privacy Framework – bei erfolgreichem Abschluss des Annahmeverfahrens – für Rechtssicherheit sorgen wird, ist fraglich, zumal nicht mit abschießender Sicherheit beurteilt werden kann, ob der Angemessenheitsbeschluss dieses Mal der Prüfung durch den EuGH standhalten wird.

# Dienstreise

 **Wegweiser:**

Dem Begriff der Dienstreise sowie seiner Reichweite kommt vor allem im Zusammenhang mit arbeitszeit(schutz)rechtlichen Fragen sowie der Vergütungspflicht Bedeutung zu.

Weder TVöD noch TV-L enthalten ausführliche Regelungen über Dienstreisen. An unterschiedlicher Stelle sind lediglich hinsichtlich des Reisekostenrechts Verweise auf das Beamtenrecht sowie Regeln zu Arbeitszeitfragen enthalten. Im Übrigen gelten allgemeine arbeitsrechtliche Grundsätze.

Ergänzend wird auf die Kommentierung zu § 44 TVöD-BT-V Rz. 1 ff. in Sponer/Steinherr, TVöD Komm. und zu § 6 TVöD Rn. 11 ff. sowie § 6 TVöD-V in Breier/Dassau, TVöD Komm. verwiesen.

**I. Begriff und Abgrenzung**

**II. Pflicht zur Dienstreise**

**III. Dienstreise und Arbeitszeit**
1. Vergütung der Reisezeit
   1.1 Allgemeine Grundsätze
   1.2 Tarifvertragliche Regelungen
2. Anwendung des ArbZG

**IV. Ersatz von Reisekosten**
1. Tarifvertragliche Regelungen
2. Allgemeine arbeitsrechtliche Regelungen

**V. Mitbestimmungsrechte**

## I. Begriff und Abgrenzung

Eine allgemeingültige Definition des Begriffs der Dienstreise im öffentlichen Dienst existiert nicht. Das Beamtenrecht, auf welches § 23 Abs. 3.1 TVöD-V (entspricht § 44 Abs. 1 TVöD-BT-V) und § 23 Abs. 4 TV-L hinsichtlich der Kostenerstattung verweisen, definiert die Dienstreise aber etwa in § 2 Abs. 1 BRKG:

**Zitat:**

*„Dienstreisen sind Reisen zur Erledigung von Dienstgeschäften außerhalb der Dienststätte. Sie müssen, mit Ausnahme von Dienstreisen am Dienst- oder Wohnort, schriftlich oder elektronisch angeordnet oder genehmigt worden sein, es sei denn, dass eine Anordnung oder Genehmigung nach dem Amt der Dienstreisenden oder dem Wesen des Dienstgeschäftes nicht in Betracht kommt. Dienstreisen sollen nur durchgeführt werden, wenn sie aus dienstlichen Gründen notwendig sind. Dienstreisen sind auch Reisen aus Anlass der Versetzung, Abordnung oder Kommandierung."*

Anders als das BRKG unterscheiden einige Landesreisekostengesetze zwischen Dienstreise und dem so genannten Dienstgang. Dienstgänge in diesem Sinne sind Gänge oder Fahrten am Dienst- oder Wohnort zur Erledigung von Dienstgeschäften außerhalb der Dienststätte. Das BRKG fasst auch solche Dienstgänge unter den Begriff der Dienstreise. Keine Dienstreisen in diesem Sinne liegen vor, wenn Arbeitnehmer keine regelmäßige Arbeitsstätte haben und eine sogenannte Einsatzwechseltätigkeit ausüben, also typischerweise ihre Arbeitsleistung an wechselnden Orten erbringen. Als Beispiele hierfür werden regelmäßig Bau- oder Montagearbeiter oder Angehörige einer Personalreserve für Filialbetriebe genannt.

Auch für die Frage, welche Zeiten als Reisezeiten zu verstehen sind, kann auf das BRKG zurückgegriffen werden. Nach § 2 Abs. 2 BRKG bestimmt sich die Dauer der Dienstreise nach der Abreise und Ankunft an der Wohnung des Arbeitnehmers, es sei denn, die Dienstreise beginnt oder endet an der Dienststätte.

## II. Pflicht zur Dienstreise

Ob der Arbeitnehmer zu Dienstreisen verpflichtet ist, richtet sich zunächst nach seinem Arbeitsvertrag. Dabei muss sich die Verpflichtung zur Durchführung von Dienstreisen aber nicht ausdrücklich aus diesem ergeben. Sie kann auch aus dem Berufsbild oder dem vereinbarten Tätigkeitsfeld folgen. So soll sich etwa aus dem Berufsbild des Lehrers die Pflicht ergeben, Klassenfahrten durchzuführen (BAG v. 20.11.2018, 6 AZN 569/18, ZTR 2019, 45).

Sofern der Arbeitsvertrag dem nicht entgegensteht, kann der Arbeitgeber eine Dienstreise kraft seines Direktionsrechtes anordnen (vgl. BAG v. 29.8.1991, 6 AZR 593/88, ZTR 1992, 25; siehe ausführlich unter → *Direktionsrecht*). Das auf dem Arbeitsvertrag beruhende Direktionsrecht gehört zum wesentlichen Inhalt eines jeden Arbeitsverhältnisses. Bei seiner Ausübung steht dem Arbeitgeber regelmäßig ein weiter Raum zur einseitigen Gestaltung der Arbeitsbedingungen zu. Insbesondere hat der Arbeitgeber das Recht, die Leistungspflicht des Arbeitnehmers im Einzelnen festzulegen und dabei Zeit, Art und Ort der Arbeitsleistung zu bestimmen, soweit hierzu keine vorrangigen Regelungen des Arbeitsvertrages, einer Betriebs- oder Dienstvereinbarung, eines Tarifvertrages oder des Gesetzes bestehen. Der Arbeitgeber hat das Direktionsrecht dabei allerdings gemäß § 106 GewO nach billigem Ermessen auszuüben. Das bedeutet, er muss die Interessen des Arbeitnehmers einerseits und die betrieblichen oder dienstlichen Interessen andererseits gegeneinander abwägen. Für die Anordnung jeder Dienstreise muss der Arbeitgeber demnach berechtigte dienstliche oder betriebliche Interessen ins Feld führen können. Bei der Ausübung des Direktionsrechts hat der Arbeitgeber auch familiäre und private Belange des Arbeitnehmers zu berücksichtigen.

Ob Auslandsdienstreisen kraft Direktionsrecht angeordnet werden dürfen, hängt davon ab, ob die möglichen Arbeitsorte durch Arbeitsvertrag oder kollektivrechtliche Regelung auf das Inland begrenzt sind. Dem Arbeitsvertrag als solchem ist eine Begrenzung des Weisungsrechts auf Arbeitsorte in der Bundesrepublik Deutschland nicht immanent (BAG v. 30.11.2022, 5 AZR 369/21).

 **WICHTIG!**

Kommen für eine Dienstreise grundsätzlich mehrere Arbeitnehmer in Frage, so kann die Berücksichtigung schutzwürdiger Belange eines Arbeitnehmers daher auch eine personelle Auswahlentscheidung gegen den Willen eines anderen Arbeitnehmers erfordern, dessen Interessen weniger schutzwürdig sind. Für eine solche Auswahl gelten allerdings nicht die Grundsätze zur sozialen Auswahl, wie sie im Rahmen einer betriebsbedingten Kündigung anzuwenden sind (BAG v. 23.9.2004, 6 AZR 567/03, ZTR 2005, 208). Es sind nicht unmittelbar die Interessen verschiedener Arbeitnehmer gegeneinander abzuwägen, sondern jeweils die Interessen eines einzelnen Arbeitnehmers mit den Interessen des Arbeitgebers.

Entsprechend muss der Arbeitgeber insbesondere bei der Anordnung mehrtägiger Dienstreisen die familiäre Situation des Arbeitnehmers berücksichtigen und beispielsweise auf die Betreuung minderjähriger Kinder oder pflegebedürftiger Angehöriger Rücksicht nehmen. Der besonderen Situation von Teilzeitbeschäftigten ist Rechnung zu tragen. Dies ist in § 6 Abs. 11 S. 4 TV-L und § 44 Abs. 2 S. 4 TVöD-BT-V ausdrücklich normiert, ergibt sich aber auch darüber hinaus aus dem Grundsatz billigen Ermessens. Die Anordnung der Dienstreise muss, soweit möglich, mit einer angemessenen Ankündigungsfrist erfolgen. Im Rahmen seines Direktionsrechts kann der Arbeitgeber auch die nähere Ausgestaltung der Dienstreise vornehmen und zum Beispiel festlegen, welches Verkehrsmittel der Arbeitnehmer nutzen oder in welchem Hotel er übernachten soll. Nach Ansicht des Bundesarbeitsgerichts kann der Arbeitgeber den Arbeitnehmer dabei auch anweisen, ein zur Verfügung gestelltes Dienstfahrzeug zu benutzen (BAG v. 29.8.1991, 6 AZR 593/88, ZTR 1992, 25). Auch hierbei hat der Arbeitgeber aber die Grenzen billigen Ermessens zu wahren, so dass er sowohl das Verkehrsmittel als auch die Übernachtungsmöglichkeit unter Berücksichtigung auch der Interessen des Arbeitnehmers auszuwählen hat.

Verstößt die Anordnung einer Dienstreise gegen den Grundsatz des billigen Ermessens, darf der Arbeitnehmer die Durchführung der Dienstreise verweigern. Verweigert er allerdings zu Unrecht eine angeordnete Dienstreise, stellt dies die Verletzung einer arbeitsvertraglichen Leistungspflicht dar und kann eine Abmahnung und im Wiederholungsfall eine verhaltensbedingte Kündigung rechtfertigen.

### III. Dienstreise und Arbeitszeit

Hinsichtlich der Beurteilung von Dienstreisezeiten ist zu unterscheiden zwischen der Arbeitszeit im vergütungsrechtlichen Sinne und der Arbeitszeit im Sinne des ArbZG.

#### 1. Vergütung der Reisezeit

Für die Vergütung von Reisezeiten existieren neben den allgemeinen arbeitsrechtlichen Grundsätzen teilweise spezielle tarifliche Regelungen.

#### 1.1 Allgemeine Grundsätze

In Abgrenzung zu regelmäßig nicht vergütungspflichtigen Wegezeiten des Arbeitnehmers von dessen Wohnort zur Dienststelle ist der Arbeitgeber grundsätzlich verpflichtet, Reisezeiten, die der Arbeitnehmer im Interesse des Arbeitgebers zur Erbringung seiner Arbeit außerhalb der Dienststelle leistet, als Arbeitszeit zu vergüten. Der Vergütungsanspruch ergibt sich unmittelbar aus § 611 BGB (BAG v. 17.10.2018, 5 AZR 553/17, ZTR 2019, 170). Der Arbeitgeber macht durch die Anordnung einer Dienstreise von seinem Direktionsrecht Gebrauch, so dass sich die Leistungspflicht des Arbeitnehmers entsprechend konkretisiert. Folglich schuldet der Arbeitgeber dann auch die vereinbarte Gegenleistung – das Gehalt – für diese Tätigkeit. Dies gilt auch für Reisezeit, die außerhalb der regelmäßigen Arbeitszeit erfolgt (BAG v. 17.10.2018, 5 AZR 553/17, ZTR 2019, 170). Auch die Reisezeit zu einer vom Arbeitgeber angeordneten Fortbildung kann im dienstlichen Interesse liegen und damit vergütungspflichtige Arbeitszeit darstellen (BAG v. 15.11.2018, 6 AZR 294/17, ZTR 2019, 289).

Es ist allerdings nur die erforderliche Reisezeit zu bezahlen. Gibt der Arbeitgeber Reisemittel und -verlauf vor, ist diejenige Reisezeit erforderlich, die der Arbeitnehmer benötigt, um entsprechend dieser Vorgaben des Arbeitgebers das Reiseziel zu erreichen. Überlässt der Arbeitgeber dem Arbeitnehmer die Wahl von Reisemittel und/oder Reiseverlauf, ist der Arbeitnehmer aufgrund seiner Pflicht zur Rücksichtnahme auf die Interessen des anderen Vertragsteils (§ 241 Abs. 2 BGB) im Rahmen des ihm Zumutbaren verpflichtet, das kostengünstigste Verkehrsmittel bzw. den kostengünstigsten Reiseverlauf (z. B. ein Direktflug in der Economy-Class statt einer Umsteigeverbindung in der Business-Class) zu wählen (BAG v. 17.10.2018, 5 AZR 553/17, ZTR 2019, 170).

Bei lang dauernden, mehrtägigen Dienstreisen sind Pausen, Ruhens- und Schlafenszeiten in Abzug zu bringen.

 **WICHTIG!**

Eine in Formulararbeitsverträgen enthaltene Klausel, nach der Reisezeiten mit der Bruttomonatsvergütung abgegolten sein sollen, ist wegen Intransparenz unwirksam, wenn sich aus dem Arbeitsvertrag im Übrigen nicht ergibt und auch nicht bestimmen lässt, welche „Reisetätigkeit" und in welchem Umfang erfasst sein soll. Der Arbeitnehmer muss bereits bei Vertragsschluss erkennen können, welche Leistung er für die vereinbarte Vergütung erbringen muss (BAG v. 20.4.2011, 5 AZR 200/10, BAGE 137, 366).

## 1.2 Tarifvertragliche Regelungen

Durch Arbeits- oder Tarifvertrag kann eine gesonderte Vergütungsregelung für Reisezeiten getroffen werden. Dabei kann eine Vergütung für Reisezeiten auch ganz ausgeschlossen werden, sofern mit der getroffenen Vereinbarung nicht der jedem Arbeitnehmer für tatsächlich geleistete vergütungspflichtige Arbeit nach § 1 Abs. 1 MiLoG zustehende Anspruch auf den Mindestlohn unterschritten wird (vgl. BAG v. 25.4.2018, 5 AZR 424/17). Entsprechend begründen TV-L und TVöD-BT-V Regelungen, welche das Entstehen von Überstunden vermeiden sollen, ohne dass zugleich sogenannte „Minusstunden" allein durch die Reisetätigkeit anfallen.

Nach TV-L und TVöD-V stellt Reisezeit grundsätzlich keine vergütungspflichtige Arbeit und damit auch keine Arbeitszeit dar (Breier/Dassau TVöD Komm. § 6 TVöD Rn. 11). In § 6 Abs. 11 TV-L sowie in § 6 Abs. 9.1 TVöD-V (entspricht § 44 Abs. 2 TVöD-BT-V) findet sich die ausdrückliche Bestimmung, wonach bei Dienstreisen nur die Zeit der dienstlichen Inanspruchnahme am auswärtigen Geschäftsort zur Arbeitszeit gehört. Diese Regelungen sind in der Tarifrunde 2020 auf den kommunalen Bereich erstreckt worden. Damit gilt für den TV-L und den TVöD (VKA) das Folgende:

Als Arbeitszeit wird mindestens die auf den einzelnen Tag entfallende regelmäßige durchschnittliche Arbeitszeit berücksichtigt, wenn diese ohne Anrechnung der Reisezeit nicht erreicht würde (vgl. auch Sponer/Steinherr TV-L Komm. § 6 TV-L Rn. 208; Breier/Dassau TVöD Komm. § 6 TVöD Rn. 13.9). Die tariflichen Regelungen können daher keine Minusstunden zur Folge haben.

 **WICHTIG!**
Diese Vorschriften gelten nur im Anwendungsbereich des TV-L sowie des TVöD-BT-V.

**Beispiel**

Die geltende Arbeitszeitregelung sieht eine Normalarbeitszeit von 7,7 Stunden für jeden Wochentag von Montag bis Freitag vor. Ein Beschäftigter fährt zu einer Besprechung im Rahmen einer Projektarbeit an einem 100 km entfernten Ort. Er startet um 7.00 Uhr mit der Bahn, erreicht den Besprechungsort um 9.00 Uhr. Die Besprechung wird für eine halbe Stunde Pause unterbrochen und endet um 16.00 Uhr. Der Beschäftigte reist wiederum zwei Stunden nach Hause und kommt dort entsprechend um 18.00 Uhr an. Ihm wird die Zeit von 9.00 Uhr bis 16.00 Uhr abzüglich 0,5 Stunden Pause, also insgesamt 6,5 Stunden als Arbeitszeit angerechnet. Hinzu kommen 1,2 Stunden, um die Normalarbeitszeit von 7,7 Stunden zu erreichen. Die restliche Zeit von 2,8 Stunden zählt nicht als vergütungspflichtige Arbeitszeit.

Durch diese Regelung soll erreicht werden, dass der Arbeitnehmer durch die Dienstreise keine Einbußen bei seiner Arbeitszeit erleidet. Arbeitet der Arbeitnehmer am auswärtigen Geschäftsort länger als die regelmäßige durchschnittliche Arbeitszeit, so ist diese längere Arbeitszeit zu berücksichtigen. Die tarifliche Regelung soll lediglich verhindern, dass bloße Reisezeiten zu Überstunden führen.

Um eine Benachteiligung solcher Arbeitnehmer zu vermeiden, die regelmäßig oder zeitweise Reisezeiten in überdurchschnittlichem Umfang leisten, gelten im Anwendungsbereich von TV-L und TVöD (VKA) Regelungen zu Gunsten dieser Arbeitnehmer. Überschreitet danach die nicht anrechenbare Reisezeit insgesamt 15 Stunden im Monat, werden auf Antrag 25 % dieser überschreitenden Zeit bei fester Arbeitszeit als Freizeitausgleich

gewährt und bei gleitender Arbeitszeit im Rahmen der jeweils geltenden Vorschriften auf die Arbeitszeit angerechnet.

**Beispiel**

Bei einem Beschäftigten sind 22 nichtanrechenbare Reisestunden im Monat angefallen. Davon werden die die 15 Stunden überschreitenden Zeiten zu 25 % anerkannt. Insgesamt werden daher (22 – 15) : 4 = 1,75 Stunden als Ausgleich gewährt.

 **WICHTIG!**
Dieser Ausgleich erfolgt ausdrücklich nur auf Antrag. Ohne einen entsprechenden Antrag ist ein Ausgleich nicht zu gewähren.

## 2. Anwendung des ArbZG

Die dargestellten tariflichen Regelungen finden neben den Vorschriften des ArbZG Anwendung. Unabhängig von einer tariflichen Regelung gilt jedoch auch hier bereits nach allgemeinen arbeitsrechtlichen Grundsätzen, dass die Wegezeiten (Dauer der Hin- und Rückfahrt) einer Dienstreise nicht als Arbeitszeit im Sinne von § 2 Abs. 1 ArbZG einzuordnen sind. Dies gilt jedenfalls dann, wenn der Arbeitgeber nur die Benutzung eines öffentlichen Verkehrsmittels vorgibt, dem Arbeitnehmer aber überlassen bleibt, wie er die Reisezeit nutzt (BAG v. 11.7.2006, 9 AZR 519/05, ZTR 2007, 137). Nutzt jedoch der Arbeitnehmer aufgrund konkreter Weisung des Arbeitgebers oder wegen des ihm übertragenen Aufgabenvolumens die Fahrzeiten zur Erledigung dienstlicher Arbeiten, handelt es sich auch bei Reisezeit um Arbeitszeit (vgl. BAG v. 11.7.2006, 9 AZR 519/05, ZTR 2007, 137).

Bei Arbeitnehmern, die keinen festen oder gewöhnlichen Arbeitsort haben, ist nach einer Entscheidung des EuGH (EuGH v. 10.9.2015, C-266/14, ZTR 2015, 658) auch die tägliche Fahrt zwischen Wohnort und dem Standort des ersten und des letzten vom Arbeitgeber bestimmten Kunden als Arbeitszeit anzurechnen.

## IV. Ersatz von Reisekosten

### 1. Tarifvertragliche Regelungen

Hinsichtlich des Ersatzes für Reisekosten verweisen § 23 Abs. 3.1 TVöD-V (entspricht § 44 Abs. 1 TVöD-BT-V) und § 23 Abs. 4 TV-L wiederum auf die für die Beamtinnen und Beamten jeweils geltenden Bestimmungen. Der Begriff „Bestimmungen" erfasst dabei nicht nur Gesetze und Verordnungen, sondern darüber hinaus auch sämtliche Verwaltungsvorschriften mit generell-abstraktem Inhalt. Es gelten daher insbesondere das BRKG für die Arbeitnehmerinnen und Arbeitnehmer des Bundes bzw. die jeweiligen Landesreisekostengesetze für die Arbeitnehmerinnen und Arbeitnehmer der Länder einschließlich der jeweiligen Verordnungen und Verwaltungsvorschriften. Teilweise verweisen die Beamtengesetze der Länder auch nur auf das BRKG. Eine Übersicht über die einzelnen Gesetze findet sich bei Sponer/Steinherr TV-L Komm. § 23 TV-L Rn. 143.

Vereinzelt differenzieren die beamtenrechtlichen Regelungen nach der Besoldungsgruppe des Beamten (vgl. z. B. Art. 5 des BayRKG). Der Verweis aus TVöD und TV-L auf die beamtenrechtlichen Bestimmungen erfordert in diesem Fall einen wertenden Vergleich zwischen Besoldungs- und Entgeltgruppen.

Inhaltlich steht dem Arbeitnehmer nach den beamtenrechtlichen Regelungen bei Nutzung öffentlicher, regelmäßig verkehrender Verkehrsmittel eine Erstattung der tatsächlich entstandenen Fahrt- und Reisekosten der niedrigsten Beförderungsklasse, bei Bahnfahrten von mindestens zwei Stunden auch der nächst höheren Klasse zu (vgl. z. B. § 4 BRKG). Für Fahrten mit anderen Beförderungsmitteln wird eine Wegstreckenentschädigung je Kilometer gewährt. Darüber hinaus erhält der Arbeitnehmer regelmäßig Tage- und Übernachtungsgeld zur Abdeckung von Mehraufwendungen für Verpflegung und notwendiger Übernachtungskosten. Die Reisekostengesetze oder auf ihrer Grundlage erlassene Rechtsverordnungen enthalten darüber hinaus auch Regelungen zu der Bemessung der Reisekostenvergütung in besonderen Fällen, etwa bei Verbindung der Dienstreise mit einer privaten Urlaubsreise, bei Erkrankung des Beamten während der Dienstreise oder Unterbrechung der Dienstreise. Ebenso existieren Bestimmungen für den besonderen Fall der Reise anlässlich der Einstellung oder des Ausscheidens aus dem Dienst sowie aus Anlass einer Versetzung, Abordnung oder Aufhebung einer Abordnung.

Das Reisekostenrecht wird neben dem Grundsatz der Sparsamkeit von dem Grundsatz bestimmt, dass nur die dienstlich veranlassten notwendigen Mehraufwendungen zu erstatten sind. Die Erstattung von Reisekosten kommt daher nur in Betracht, wenn Aufwendungen entstehen, die nicht durch die allgemeine Lebensführung verursacht sind. Keine Wegstreckenentschädigung erhält daher etwa ein Arbeitnehmer, der seine Arbeitsleistung teilweise auch außerhalb der Arbeitsstätte verrichtet, für jene Strecken, bei denen er sich auf dem Hinweg oder Rückweg zu oder von der Arbeitsstätte entweder von seinem Wohnort zu einem Einsatzort oder von seiner Arbeitsstätte an einen Einsatzort begeben musste, sofern der Einsatzort an seinem Wohnort oder am Ort der Arbeitsstätte liegt. Ebenso kann die Reisekostenvergütung bei einer Dienstreise, die von der Wohnung des Arbeitnehmers aus beginnt, um die Aufwendungen für Fahrten zwischen Wohnung und Dienststelle gekürzt werden, wenn andernfalls die Dienststelle hätte aufgesucht werden müssen (LAG Mecklenburg-Vorpommern v. 3.9.2019, 5 Sa 162/18, ZTR 2020, 80).

 **WICHTIG!**

Der Verweis auf die beamtenrechtlichen Bestimmungen erfasst auch die besonderen Ausschlussfristen für Reisekosten, z. B. in § 3 Abs. 1 S. 2 BRKG. Es gelten daher nicht die tariflichen Ausschlussfristen in § 37 TVöD/TV-L, sondern die in den Reisekostengesetzen normierten Fristen.

Nach Ansicht des BAG ist ein Verzicht auf die Kostenerstattung nicht zulässig, wenn diese aus einer tarifvertraglichen Verweisung auf die beamtenrechtlichen Bestimmungen folgt und ein solcher Verzicht nach diesen beamtenrechtlichen Bestimmungen nicht vorgesehen ist (BAG v. 11.9.2003, 6 AZR 323/02, ZTR 2004, 200). Selbst wenn die beamtenrechtlichen Bestimmungen es zulassen, dass Dienstreisende vor Antritt ihrer Dienstreise schriftlich erklären können, keinen Antrag auf Reisekostenvergütung zu stellen, kann es dem Arbeitgeber nach § 242 BGB wegen unredlichen Erwerbs der eigenen Rechtsstellung verwehrt sein, dem Arbeitnehmer diesen „Verzicht" entgegenzuhalten. Ein solcher unredlicher Erwerb der eigenen Rechtsstellung ist beispielsweise gegeben, wenn ein Arbeitgeber bestimmte Reisen grundsätzlich nur unter der Voraussetzung genehmigt, dass die teilnehmenden Arbeitnehmer formularmäßig auf die Erstattung ihrer Reisekosten verzichten. Damit verstößt der Arbeitgeber grob gegen seine Fürsorgepflicht (BAG v. 16.10.2012, 9 AZR 183/11, ZTR 2013, 91).

Sonderregelungen zu § 44 TVöD-BT-V sind in § 47 TVöD-BT-V (Bund) Nr. 10 und Nr. 13 für die Beschäftigten des Bundesministeriums für Verkehr, Bau- und Stadtentwicklung, dort der Wasser- und Schifffahrtsverwaltung des Bundes bzw. der Be-

satzungen der Schiffe des Bundesamtes für Seeschifffahrt und Hydrographie, und in § 54 TVöD-BT-V (VKA) Nr. 2 für die Beschäftigten bei Bau und Unterhaltung von Straßen sowie in § 55 TVöD-BT-V (VKA) Nr. 5 für die Beschäftigten an Theatern und Bühnen normiert. In den übrigen Besonderen Teilen sind nur in § 57 TVöD-BT-K reisekostenrechtliche Vorschriften enthalten.

### 2. Allgemeine arbeitsrechtliche Regelungen

Außerhalb der von § 23 Abs. 3.1 TVöD-V und § 23 Abs. 4 TV-L erfassten Arbeitsverhältnisse richtet sich die Erstattung von Reisekosten nach den allgemeinen arbeitsrechtlichen Regelungen. Eine entsprechende Anwendung der Regelungen im Anwendungsbereich der anderen Spartentarifverträge ist aufgrund der eindeutigen Beschränkung auf den Besonderen Teil Verwaltung nicht angezeigt. Die Pflicht zum Aufwendungsersatz im Arbeitsverhältnis folgt in diesen Bereichen daher grundsätzlich aus §§ 675, 670 BGB. Der Arbeitnehmer hat danach Anspruch auf Ersatz derjenigen durch den Arbeitseinsatz angefallenen Aufwendungen, die er den Umständen nach für erforderlich halten durfte. Erstattungsfähig sind auch hier grundsätzlich die tatsächlich angefallenen Fahrtkosten, Übernachtungskosten sowie Bewirtungs- und Verpflegungsmehraufwendungen.

Für die Frage, welche Aufwendungen der Arbeitnehmer für erforderlich halten durfte, wird ein Rückgriff auf die Wertungen in den Reisekostengesetzen zulässig sein, so dass auch hier etwa eine Bahnfahrkarte der 2. Klasse, bei längeren Fahrten auch der 1. Klasse für erstattungsfähig zu halten sein wird. Nicht ohne Weiteres zu übernehmen sind allerdings die Regelungen zur Wegstreckenentschädigung bei Nutzung eines PKW. Mangels entsprechenden Verweises wird hier – sofern eine anderweitige Regelung beim Arbeitgeber fehlt – nur der tatsächliche Aufwand für Treibstoff erstattungsfähig sein.

### V. Mitbestimmungsrechte

Hinsichtlich der Anordnung einer Dienstreise und der eigentlichen Reisetätigkeit stehen Betriebsrat bzw. Personalrat grundsätzlich keine Mitbestimmungsrechte zu. Insbesondere besteht kein Mitbestimmungsrecht nach § 87 Abs. 1 Nr. 2 oder Nr. 3 BetrVG. Bei der eigentlichen Reise erbringt der Arbeitnehmer durch das bloße Reisen keine Arbeitsleistung, da das Reisen selbst keine Hauptleistungspflicht darstellt. Es handelt sich bei den zeitlichen Aufwänden für das selbstbestimmte Zurücklegen von Wegen zwischen der Wohnung des Arbeitnehmers und der Dienststelle vielmehr um Zeiten, die zum außerdienstlichen Bereich privater Lebensführung gehören. Sie sind in ihrem zwangsläufig variierenden Volumen von den individuellen Entscheidungen des Arbeitnehmers bestimmt und auch keiner Pauschalierung zugänglich (BAG v. 22.10.2019, 1 ABR 11/18). Durch die Reise wird daher auch nicht die Arbeitszeit im Sinne des § 87 Abs. 1 Nr. 2 oder Nr. 3 BetrVG beeinflusst.

Allerdings vertreten einige Instanzgerichte die Auffassung, eine mehrtägige Dienstreise könne unter Umständen nach § 99 Abs. 1 BetrVG mitbestimmungspflichtig sein, da es sich dabei um eine Versetzung handele. Die auch vorübergehende Zuweisung eines anderen Arbeitsortes stelle regelmäßig die Zuweisung eines anderen Arbeitsbereiches im Sinne der §§ 99, 95 Abs. 3 BetrVG dar. Sofern sich die Umstände, unter denen die Arbeit an diesem anderen Ort zu erbringen sei, erheblich gegenüber der Tätigkeit am eigentlichen Arbeitsort veränderten, lägen die Voraussetzungen einer mitbestimmungspflichtigen Versetzung vor. Einigen Gerichten reicht dabei für die Annahme einer erheblichen

Änderung der Arbeitsumstände bereits, dass die Dienstreise aufgrund der Entfernung zwischen regelmäßigem Arbeitsort und vorübergehendem Einsatzort zwingend mit einer Übernachtung verbunden ist. Richtigerweise wird es hier auf eine Einzelfallbetrachtung und die Bewertung der geänderten äußeren Arbeitsumstände in jedem konkreten Fall ankommen.

# Dienststelle

**Wegweiser:**

Der Begriff der Dienststelle wird in verschiedenen Gesetzen und Tarifverträgen mit teils unterschiedlichem Inhalt verwendet. Er entspricht in der Regel dem in der Privatwirtschaft verwendeten Begriff des „Betriebes". Eine Dienststelle im organisatorischen Sinne ist von einer Dienststelle im personalvertretungsrechtlichen Sinne zu unterscheiden.

Vertiefende Hinweise zum Dienststellenbegriff finden sich in Breier/Dassau TVöD Komm. § 4 Erl. 2.2 und Breier/Dassau TV-L Komm. § 4 Erl. 2.2

**I. Begriff der Dienststelle**

1. Dienststelle im organisatorischen Sinne
2. Dienststelle im personalvertretungsrechtlichen Sinne
   2.1 Arten der Dienststelle
       2.1.1 Behörden
       2.1.2 Verwaltungsstellen
       2.1.3 Betriebe
       2.1.4 Gerichte
   2.2 Selbstständige Entscheidungsbefugnisse
   2.3 Aufbau der Behörden
   2.4 Verselbstständigung von Nebenstellen und Teilen von Dienststellen
   2.5 Landespersonalvertretungsrecht
   2.6 Beteiligung des Personalrats bei der Änderung von Dienststellen
   2.7 Verfahrensrecht

**II. Begriff der Dienststelle im Anwendungsbereich des TVöD/TV-L**

## I. Begriff der Dienststelle

### 1. Dienststelle im organisatorischen Sinne

Eine Dienststelle ist in der organisationsrechtlichen Betrachtungsweise eine tatsächliche, organisatorisch verselbstständigte Verwaltungseinheit, der ein örtlich und sachlich bestimmtes Aufgabengebiet zur Wahrnehmung zugewiesen ist und die ihren Betriebsablauf eigenverantwortlich wahrnimmt (BVerwG v. 6.4.1984, 6 P 39.83; LAG Rheinland-Pfalz v. 12.10.2012, 6 TaBV 2/12, ZTR 2013, 109). Nach der Rechtsprechung wird der Dienststellenbegriff organisationsrechtlich und im Sinne des Versetzungsbegriffs gleichbedeutend mit dem Behördenbegriff verstanden (vgl. BAG v. 22.1.2004, 1 AZR 495/01, ZTR 2004, 268; BVerwG v. 16.6.2000, 6 P 6/99, ZTR 2000, 575; BayVGH v. 23.4.1997, 17 P 96.1943; OVG NRW v. 29.1.1999, 1 A 2617/97.PVL, ZTR 1999, 383; LAG Rheinland-Pfalz v. 12.10.2012, 6 TaBV 2/12, ZTR 2013, 109). Eine Behörde ist eine organisatorische Einheit von Personen und sächlichen Mitteln eines Trägers der öffentlichen Verwaltung, die, mit einer gewissen Selbstständigkeit ausgestattet, dazu berufen ist, unter öffentlicher Autorität für die Erreichung der Zwecke des Staates

oder von ihm geförderter Zwecke tätig zu sein (BAG v. 22.1.2004, 1 AZR 495/01, ZTR 2004, 268; BVerwG v. 24.1.1991, 2 C 16/88, ZTR 1991, 395). Mit Blick auf die Gestaltung der Beziehungen zwischen dem Dienstherrn/Arbeitgeber und dem Beamten/Arbeitnehmer wird der Dienststellenbegriff durch den besonderen Zweck geprägt, einerseits die Freiheit des Dienstherrn/Arbeitgebers zu gewährleisten, die innerbehördlichen Maßnahmen zu treffen, die für das Funktionieren der öffentlichen Verwaltung unerlässlich sind. Andererseits soll die Abgrenzung der Rechtsstellung des Beamten/Arbeitnehmers gegenüber den über die konkrete Arbeitszuteilung wesentlich hinausgehenden Eingriffen ermöglicht werden (BAG v. 22.1.2004, 1 AZR 495/01, ZTR 2004, 268; BVerwG v. 24.1.1991, 2 C 16/88, ZTR 1991, 395).

### 2. Dienststelle im personalvertretungsrechtlichen Sinne

Dienststellen im personalvertretungsrechtlichen Sinne sind dagegen organisatorische Einheiten, die einen selbstständigen Aufgabenbereich haben und durch eine organisatorische Selbstständigkeit geprägt sind (BVerwG v. 13.8.1986, 6 P 7/85). Die Dienststelle ist – vergleichbar dem Begriff des Betriebs im Betriebsverfassungsgesetz – die maßgebende verwaltungsorganisatorische Einheit für die Bildung der Personalvertretung. Sie ist auch im Fall einer Sozialauswahl an Stelle des Betriebs maßgeblich und dann nach den Grundsätzen des Personalvertretungsrechts zu bestimmen (BAG v. 22.10.2015, 2 AZR 582/14). Die Dienststelle gemäß § 4 BPersVG ist der Oberbegriff für die einzelnen Verwaltungsbehörden, Verwaltungsstellen, Gerichte und Betriebe. Die Dienststelleneigenschaft verlangt dabei, dass der Dienststellenleiter – in den Grenzen der für die öffentliche Verwaltung allgemein bestehenden Weisungsgebundenheit – bei den für eine Beteiligung der Personalvertretung in Betracht kommenden personellen, sozialen, organisatorischen und sonstigen innerdienstlichen Angelegenheiten einen eigenen Entscheidungs- und Handlungsspielraum hat. Nur dann kann er dem Personalrat als verantwortlicher Partner gegenübertreten und eigenständig Gespräche und Verhandlungen mit ihm führen. Die Dienststelleneigenschaft ist zu verneinen, wenn der Leiter der Einrichtung hinsichtlich der Mehrzahl der bedeutsamen Maßnahmen als verantwortlicher Partner einer Personalvertretung ausscheidet, weil er insoweit nicht selbstständig handeln darf (BVerwG v. 4.2.2010, 6 PB 38/09). Zum Gesamt- bzw. Hauptdienststellenbegriff beim Bundesministerium der Verteidigung im Zusammenhang mit einem personalvertretungsrechtlichen Antragsverfahren des bei der Bundeswehr gebildeten Personalrats vgl. BVerwG v. 14.6.2019, 1 WB 10.18.

Unterschiede im Vergleich zum Betriebsverfassungsrecht ergeben sich daraus, dass die Exekutive kraft ihrer Organisationsgewalt festlegt, in welcher Verwaltungsorganisation sie ihre Aufgaben am zweckmäßigsten erfüllt. Damit bestimmt sie auch die verwaltungsorganisatorische Einheit, an die das Personalvertretungsrecht bei seiner Regelung anknüpft. Eine gemeinsame Verwaltung mehrerer Verwaltungsträger erfordert – wie ein gemeinsamer Betrieb – einen einheitlichen Leitungsapparat (LAG Mecklenburg-Vorpommern v. 24.10.2023, 2 Sa 38/23).

Für die Stationierungsstreitkräfte der alliierten Streitkräfte in Deutschland gilt die Regelung des § 4 BPersVG nicht. Vielmehr sind nach Art. 56 Abs. 9 des NATO-Truppenstatut-Zusatzabkommens (ZA-NTS) i. V. m. Abs. 1 des Unterzeichnungsprotokolls zu Art. 56 Abs. 9 des ZA-NTS bei den Stationierungsstreitkräften Dienststellen im Sinne des Bundespersonalvertretungsgesetzes die einzelnen Verwaltungsstellen und Betriebe einer Truppe und eines zivilen Gefolges nach näherer Bestimmung durch die betreffende Truppe selbst. Das Unterzeichnungsprotokoll zum ZA-NTS hat Gesetzesqualität. Für seinen Geltungsbereich handelt es sich um eine vorrangige Spezialregelung (BAG v. 27.7.2017, 2 AZR 476/16, ZTR 2018, 98). Die hinsichtlich ihrer Dienststellen autonom getroffenen Festlegungen der Stationierungsstreitkräfte sind grundsätzlich bindend (BAG v. 26.1.2017, 2 AZR 61/16, ZTR 2017, 417).

Ein Berufsverband, wie etwa der Bund Deutscher Rechtspfleger Berlin e. V., ist in einer Dienststelle vertreten, wenn ihm mindestens ein Beschäftigter der Dienststelle als Mitglied angehört. Weitere Voraussetzungen sind für ein Vertretensein des Berufsverbandes in der Dienststelle grundsätzlich nicht erforderlich (OVG Berlin-Brandenburg v. 14.6.2022, OVG 60 PV 5/21).

### 2.1 Arten der Dienststelle

Als Arten der Dienststelle kommen Behörden, Verwaltungsstellen, Betriebe der in § 1 BPersVG genannten Verwaltungen sowie Gerichte in Betracht. In den einzelnen Personalvertretungsgesetzen der Länder kann eine weitere Konkretisierung erfolgen, beispielsweise sind nach Art. 6 Bayerisches Personalvertretungsgesetz auch Schulen vom Dienststellenbegriff erfasst.

#### 2.1.1 Behörden

Behörden sind organisatorische Einheiten von Personen und sächlichen Mitteln eines Trägers öffentlicher Verwaltung, die, mit einer gewissen Selbstständigkeit ausgestattet, dazu berufen sind, unter öffentlicher Autorität für die Erreichung der Zwecke des Staates oder von ihm geförderter Zwecke tätig zu sein (BAG v. 22.1.2004, 1 AZR 495/01; BVerwG v. 24.1.1991, 2 C 16/88, ZTR 1991, 385).

**Beispiele**

> Behörden sind demnach z. B. die Bundesministerien, Bundestag und Bundesrat, das Bundeskanzleramt, das Eisenbahn-Bundesamt und seine Außenstellen, die Oberfinanzdirektionen, die Hauptzollämter, die Bundesagentur für Arbeit und der Bundesbeauftragte für die Unterlagen des Staatssicherheitsdienstes und dessen Außenstellen.
>
> Dagegen sind das Amt des Wehrbeauftragten oder der Bundesbeauftragte für den Datenschutz keine selbstständigen Behörden.

#### 2.1.2 Verwaltungsstellen

Verwaltungsstellen sind verwaltungsorganisatorische Einheiten ohne die Rechtsqualität einer Behörde. Ihnen fehlt die Organqualität. Sie können also keine Rechtshandlungen vornehmen, die eine unmittelbare hoheitliche Rechtswirkung nach außen haben.

#### 2.1.3 Betriebe

Betriebe sind Dienststellen, die weder materielle Verwaltungstätigkeit ausüben noch zu dem die Rechtsprechung unterstützenden Verwaltungsapparat gehören. Sie erfüllen Aufgaben, die auch von der Privatwirtschaft wahrgenommen werden könnten. Betriebe und Unternehmungen, die privatrechtlich eingerichtet sind (z. B. GmbH, AG) fallen nicht unter diesen personalvertretungsrechtlichen Betriebsbegriff.

#### 2.1.4 Gerichte

Gerichte sind die nach dem Gerichtsverfassungsgesetz gebildeten organisatorischen Einheiten zur Ausübung der rechtsprechenden Gewalt. Zu den Beschäftigten der Dienststelle gehört das nichtrichterliche Personal. Richter fallen nur hierunter, wenn sie eine nichtrichterliche Tätigkeit wahrnehmen.

### 2.2 Selbstständige Entscheidungsbefugnisse

Der Begriff der Dienststelle erfasst die kleinste organisatorisch abgrenzbare Verwaltungseinheit, die einen selbstständigen Aufgabenbereich hat und die innerhalb der Verwaltungsorganisation verselbstständigt ist. Es ist dabei unerheblich, welche Aufgaben die Dienststelle erfüllen muss. Der Begriff der Dienststelle wird nicht von der räumlichen Einheit bestimmt. Behörden, Verwaltungsstellen und Betriebe können auch mehrere Arbeitsstätten haben, z. B. Außenstellen. Im Einzelfall kann es auch mehrere Dienststellen desselben Arbeitgebers im gleichen Gebäude geben. Maßgeblich ist die Verwaltungsorganisation. Entscheidend für die Dienststelle im Sinne des Personalvertretungsrechts ist, dass der Dienststellenleiter eine eigenständige Kompetenz zur Regelung personeller und sachlicher Fragen besitzt. Er muss in den wichtigen beteiligungspflichtigen Angelegenheiten über selbstständige Entscheidungsbefugnisse verfügen (BVerwG v. 18.1.1990, 6 P 8.88). Es kommt nicht auf ein Abzählen der Anzahl der dort zu entscheidenden beteiligungspflichtigen Angelegenheiten an, sondern auf eine gewichtende Betrachtung, in die die Bedeutung der Beteiligungsrechte für den Personalrat einfließt. Der Dienststellenleiter verfügt in diesem Sinne also über selbstständige Entscheidungsbefugnisse, wenn er die Entscheidungszuständigkeit für die überwiegende Mehrzahl der gemäß §§ 78, 79 BPersVG mitbestimmungspflichtigen Angelegenheiten innehat (BVerwG v. 7.7.1993, 6 P 4/91). Ist dies der Fall, liegt eine Dienststelle vor.

Die Stilllegung oder das Ende der organisatorischen Selbstständigkeit bedeutet – im Gegensatz zu einer bloßen Änderung des Aufgabenbereichs – das Ende der Eigenständigkeit der Dienststelle. Die Auflösung der Dienststelle bedeutet grundsätzlich auch das Ende der Personalvertretung. Ausnahmsweise kann dem Personalrat ein Restmandat zukommen. Wenn die Dienststelle ihre Dienststelleneigenschaft verliert, endet damit ebenfalls die Amtszeit der dort gewählten Schwerbehindertenvertretung vor dem Ablauf der regulären Amtszeit (BAG v. 14.9.2022, 7 ABR 17/21). Gegebenenfalls ist in diesem Fall die Hauptdienststelle für die schwerbehinderten Beschäftigten zuständig.

### 2.3 Aufbau der Behörden

Das Bundespersonalvertretungsgesetz richtet sich nach dem hierarchischen dreistufigen Behördenaufbau. Es unterteilt dabei in oberste Dienstbehörde, Behörden der Mittelstufe und Dienststellen der unteren Stufe. Diese Unterteilung ist für die Errichtung der Stufenvertretung gemäß § 88 BPersVG und die Zuständigkeit bei der Ausübung der Beteiligungsrechte von Bedeutung.

### 2.4 Verselbstständigung von Nebenstellen und Teilen von Dienststellen

Gemäß § 7 BPersVG müssen drei Voraussetzungen vorliegen, damit Nebenstellen oder Teile von Dienststellen, die weder die verwaltungsorganisatorischen Voraussetzungen einer selbstständigen Behörde noch einer selbstständigen Verwaltungsstelle erfüllen, als selbstständige Dienststellen i. S. des Bundespersonalvertretungsgesetzes gelten:

▶ Die fragliche Stelle muss eine Nebenstelle oder ein Teil einer Dienststelle sein.

▶ Sie muss räumlich weit entfernt liegen von der Dienststelle.

▶ Die Mehrheit der wahlberechtigten Beschäftigten muss in geheimer Abstimmung beschließen, dass die fragliche Stelle als Dienststelle gelten soll.

**WICHTIG!**

Bei der Beurteilung, ob die Nebenstelle oder ein Teil einer Dienststelle räumlich weit entfernt von dieser liegt, kommt es maßgeblich darauf an, ob der Personalrat der Dienststelle sich in sachgerechter Art und Weise um die Belange der Beschäftigten der Nebenstelle bzw. des Teils der Dienststelle kümmern und deren Interessen wahrnehmen kann (BVerwG v. 14.7.1987, 6 P 9/86, ZTR 1988, 30). Auf die rein geographische Betrachtung kommt es nicht an. Als Anhaltspunkte können z. B. die Verkehrslage, die Verkehrsanbindung und die übliche Wegezeit zwischen den betreffenden Standorten dienen. Befinden sich die Dienststellen in zwei verschiedenen Orten, ist die allgemeine Vermutung anzunehmen, dass oberhalb der Grenze von 20 km die Dienststellen räumlich weit entfernt voneinander sind (BVerwG v. 29.5.1991, 6 P 12/89). Innerhalb eines Ortes und auch innerhalb einer Großstadt dürfte von einer räumlich weiten Entfernung i. S. des § 6 Abs. 3 BPersVG regelmäßig nicht auszugehen sein, wenn die Wegezeiten für die Beschäftigten bei normaler Verkehrslage üblicherweise eine Stunde nicht überschreiten (vgl. BVerwG v. 14.7.1987, 6 P 9/86).

## 2.5 Landespersonalvertretungsrecht

Auch für die Landespersonalvertretungsgesetze ist die Dienststelle die maßgebliche verwaltungsorganisatorische Einheit für die Bildung der Personalvertretung. Allerdings ist dem Landesgesetzgeber die Abgrenzung der einzelnen Dienststelle überlassen.

**ACHTUNG!**

Die Landespersonalvertretungsgesetze weichen in der Abgrenzung des Dienststellenbegriffs teilweise deutlich von der des Bundespersonalvertretungsgesetzes ab. Dies gilt insbesondere für Hamburg und Berlin. Teilweise werden aber auch bestimmte Verwaltungsstellen in den Dienststellenbegriff einbezogen: Eigenbetriebe (§ 6 Abs. 1 S. 2 PersVG Bbg, § 7 Abs. 1 HPVG, § 8 Abs. 1 PersVG MV, § 8 Abs. 1 S. 2 MBG SchlH), Schulen und Hochschulen (§ 5 Abs. 1 LPVG BW, Art. 6 Abs. 1, Abs. 4 BayPVG, § 1 Abs. 2 LPVG NW, § 6 Abs. 1 SächsPersVG), Körperschaften, Anstalten und Stiftungen des öffentlichen Rechts (§ 7 Abs. 1 BremPersVG, § 1 Abs. 1 LPVG NW) sowie Krankenhäuser und Universitätskliniken (§ 7 Abs. 1 HPVG, § 8 Abs. 1 PersVG MV, § 8 Abs. 1 S. 2 MBG SchlH).

## 2.6 Beteiligung des Personalrats bei der Änderung von Dienststellen

Im Fall der Änderung, namentlich gemäß § 84 Abs. 1 Nr. 2 BPersVG der Auflösung, Einschränkung, Verlegung und Zusammenlegung, Aufspaltung oder Ausgliederung von Dienststellen oder wesentlichen Teilen von ihnen, wirkt der Personalrat insofern mit, als dass er von der Dienststellenleitung mit dem Ziele einer Verständigung rechtzeitig und eingehend zur Erörterung konsultiert werden muss, § 81 Abs. 1 BPersVG.

Damit das Beteiligungsrecht des Personalrats ausgelöst wird, muss eine „Dienststelle" oder ein „wesentlicher Teil" davon betroffen sein, weshalb hier auf den personalvertretungsrechtlichen Dienststellenbegriff zurückgegriffen wird (vgl. dazu die Ausführungen unter I. 2.). Ein wesentlicher Dienststellenteil definiert sich als „abgrenzbare Organisationseinheit, die entweder einen erheblichen Teil der Beschäftigten umfasst oder bei geringer Zahl von Beschäftigten für die ganze Dienststelle von wesentlicher Bedeutung" ist (BVerwG v. 30.9.1987, 6 P 19.85). Insofern zeigen sich Parallelen zu vergleichbaren betriebsverfassungsrechtlichen Regelungen im privaten Arbeitssektor.

Eine „Auflösung" ist die ersatzlose Beseitigung einer Dienststelle. Wird die Gesamtheit der Beschäftigten durch personelle Maß-

nahmen einer inhaltlichen Veränderung des Aufgabenbereichs ausgesetzt, welchen diesen beschneidet, liegt eine „Einschränkung" vor. Für eine „Verlegung" bedarf es wesentlicher Ortsveränderungen, die auf Grund von der geografischen Differenz zu einschneidend negativen Veränderungen bei den Bediensteten führt, während die „Zusammenlegung" die Eingliederung einer Dienststelle in eine andere – bereits bestehende oder neu zu errichtende – Dienststelle beschreibt. Die Eingliederung einer Dienststelle in eine andere kann unter bestimmten Voraussetzungen zur Nachwirkung von Dienstvereinbarungen führen. Diese Rechtsfolge ist allerdings umstritten. Das ArbG Kaiserslautern hält dies trotz Verlusts der Selbstständigkeit der eingegliederten Dienststelle dann für möglich, wenn die Organisation der Arbeitsabläufe und der bisherige Dienststellenzweck unverändert bestehen bleiben und es in der aufnehmenden Dienststelle zum selben Regelungsgegenstand keine Dienstvereinbarungen gibt. Dies soll einen „regellosen Zustand" verhindern (ArbG Kaiserslautern v. 9.5.2019, 1 BV 26,18) (siehe → *Dienstvereinbarungen*). Damit das Mitbestimmungsrecht des Personalrats ausgelöst wird, müssen auf Grund der kollektivrechtlichen Funktion entweder die Beschäftigten in ihrer Gesamtheit oder aber ein unbestimmter Teil der Beschäftigten betroffen sein.

## 2.7 Verfahrensrecht

Hinsichtlich Streitigkeiten über die Frage, ob eine selbstständige Dienststelle besteht, entscheidet das Verwaltungsgericht nach § 108 BPersVG im Beschlussverfahren. Eine Personalratswahl kann bei Vorliegen eines rechtswidrigen Verselbstständigungsbeschlusses mit einer einstweiligen Verfügung untersagt werden. Der handschriftliche Zusatz auf einem Stimmzettel mit der Angabe der Dienststelle der Wählerin, stellt in der Regel ein besonderes Merkmal dar, das zur Ungültigkeit des Stimmzettels führt (VG Karlsruhe v. 15.2.2022, 8 K 8397/19).

## II. Begriff der Dienststelle im Anwendungsbereich des TVöD/TV-L

Gemäß § 4 TVöD/TV-L sind Versetzung und Abordnung durch einen Wechsel der Dienststelle bzw. des Betriebes gekennzeichnet. TVöD/TV-L lassen dabei nicht erkennen, wie der Begriff der Dienststelle abzugrenzen ist. Der in verschiedenen Gesetzen und Tarifverträgen verwendete Begriff der Dienststelle hat nicht stets denselben Inhalt (BAG v. 18.1.1990, 6 AZR 386/89).

Entscheidend ist insoweit, ob die Dienststelle im Sinne des § 4 TVöD/TV-L im organisatorischen oder im personalvertretungsrechtlichen Sinne zu verstehen ist (zu den Begriffen vgl. jeweils oben I.1, I.2). An einer höchstrichterlichen Entscheidung zur Definition des Begriffs der Dienststelle im Sinne des § 4 TVöD/TV-L fehlt es bisher.

Ein Anhaltspunkt könnte die aktuelle Rechtsprechung zum Mitbestimmungsrecht des Personalrats bei der Versetzung und Abordnung sein. Danach sei der für eine Abordnung notwendige Wechsel der Dienststelle nicht anhand des personalvertretungsrechtlichen Dienststellenbegriffs, sondern anhand des dienstrechtlichen Behördenbegriffs zu klären, der sich inhaltlich mit dem organisationsrechtlichen Dienststellenbegriff deckt (BVerwG v. 19.3.2012, 6 P 6/11; BAG v. 22.1.2004, 1 AZR 495/01). Bei der Versetzung sei der personalvertretungsrechtliche Dienststellenbegriff ebenfalls nicht maßgeblich (BVerwG v. 11.11.2009, 6 PB 25/09). Vielmehr beurteile sich auch hier der Dienststellenwechsel nach Dienst- und Organisationsrecht. Personalvertretungsrechtliche Festlegungen des Dienststellenbegriffs, die spezifischen

Zweckmäßigkeitsüberlegungen im Zusammenhang mit der Bildung von Personalvertretungen dienen, schlügen insoweit grundsätzlich nicht auf die Abgrenzung der Versetzungen, Abordnungen und Umsetzungen betreffenden Mitbestimmungstatbestände durch (BVerwG v. 11.11.2009, 6 PB 25/09; ebenso LAG Rheinland-Pfalz v. 12.10.2012, 6 TaBV 2/12). Gleiches gelte, wenn einem Beschäftigten der „Universität" ein neuer Arbeitsplatz bei einer medizinischen Einrichtung der Universität zugewiesen wird und es sich bei beiden Einrichtungen lediglich um personalvertretungsrechtliche und nicht um organisationsrechtlich selbstständige Dienststellen handelt (vgl. BVerwG v. 16.6.2000, 6 P 6/99). Es handele sich hierbei lediglich um eine Umsetzung.

Ob diese Rechtsprechung entsprechend auf § 4 TVöD/TV-L übertragen werden kann, ist fraglich. Das BAG hat in seiner Entscheidung zur Abordnung im Sinne des § 12 BAT entschieden, dass unter Dienststelle die regelmäßig eingerichtete, kleinste organisatorisch abgrenzbare Verwaltungseinheit zu verstehen ist, der ein örtlich und sachlich bestimmtes Aufgabengebiet zugewiesen ist und die ihren inneren Betriebsablauf eigenverantwortlich bestimmt (BAG v. 19.10.2000, 6 AZR 206/99). Insoweit ist auch im Tarifrecht auf den organisationsrechtlichen Dienstbegriff abzustellen. Ob die Dienststelle im Sinne des § 4 TVöD/TV-L auch eine Behördeneigenschaft erfordert, geht hieraus allerdings nicht hervor. Zum Teil wird daher die Erforderlichkeit einer Behördeneigenschaft der Dienststelle im Tarifrecht abgelehnt (vgl. Sponer/Steinherr TV-L Komm. § 4 Rn. 16). Dies erscheint allerdings im Hinblick auf die Rechtsprechung, nach der der Dienststellenbegriff organisationsrechtlich gleichbedeutend mit dem Behördenbegriff zu verstehen ist (BAG v. 22.1.2004, 1 AZR 495/01; BVerwG v. 16.6.2000, 6 P 6/99), nicht tragfähig.

# Dienstvereinbarung

**Wegweiser:**

Mit Dienstvereinbarungen können die Dienststelle und die jeweilige → *Personalvertretung* (Personalrat, Stufenvertretung [Bezirks- und Hauptpersonalrat] und Gesamtpersonalrat) die dienstliche Ordnung sowie die individuellen Rechtsbeziehungen zwischen öffentlichem Arbeitgeber und den Beschäftigten und Beamten regeln. Die Dienstvereinbarung entspricht zwar der Betriebsvereinbarung des Betriebsverfassungsgesetzes, hat aber im Arbeitsrecht des öffentlichen Dienstes keine annähernd vergleichbar große Bedeutung, da der TVöD bzw. der TV-L die bedeutendsten Regelungsbereiche abschließend regelt.

Die Dienstvereinbarung zwischen Dienststelle und Personalvertretung ist durch ihre generellen Normen mit Drittwirkung, d. h. mit Wirkung für die Beschäftigten, gekennzeichnet. Eine gesetzliche Regelung dieser für Betriebsvereinbarungen vorgesehenen normativen Wirkung (§ 77 Abs. 4 BetrVG) ist im BPersVG nicht enthalten. Es ist aber anerkannt, dass auch Dienstvereinbarungen unmittelbare und zwingende Wirkung für die Beschäftigten haben.

Im Gegensatz dazu entfaltet die formlose Dienstabsprache (auch Regelungsabrede) keine normative Wirkung auf Dienstverträge. Es handelt sich um eine schuldrechtliche Vereinbarung zwischen öffentlichem Arbeitgeber und Personalrat, die darin getroffenen Regelungen umzusetzen. Im Gesetz ist diese Form der Beteiligung der Personalvertretung nicht geregelt, sie ist jedoch allgemein anerkannt.

Gesetzliche Regelungen zu Dienstvereinbarungen finden sich in § 62 Nr. 2, § 63 und § 108 Abs. 1 Nr. 5 BPersVG (vgl. Lorenzen/Gerhold/Schlatmann/Rehak/Hebeler/Ramm/Sachadae, BPersVG, Kommentar, Verlag R. v. Decker) bzw. den entsprechenden Landespersonalvertretungsgesetzen. Der TVöD und der TV-L enthalten sog. Öffnungsklauseln. Diese Klauseln eröffnen die Möglichkeit, z. B. im Bereich der Arbeitszeit nach § 6 TVöD/TV-L, Sachbereiche durch Dienstvereinbarungen näher zu regeln oder sogar vom TVöD bzw. TV-L abzuweichen (vgl. zu Öffnungsklauseln die jeweilige Kommentierung bei Sponer/Steinherr, TV-L Komm. bzw. TVöD Komm. und bei Breier/Dassau TVöD Komm. und TV-L Komm.; Muster bei Breier/Dassau TVöD Komm., Teil E 3).

**I. Abschluss einer Dienstvereinbarung**
   1. Vereinbarung oder Einigungsstellenspruch
   2. Schriftform
   3. Bekanntgabe

**II. Geltungsbereich**

**III. Inhalt**
   1. Dienstvereinbarungen in personellen und sozialen Angelegenheiten
   2. Dienstvereinbarungen in personellen Angelegenheiten der Beamten und sonstigen Angelegenheiten

**IV. Dienstvereinbarungen im Streitverfahren**
   1. Stufenverfahren
   2. Einigungsstelle

**V. Verhältnis zu Gesetz und zu TVöD/TV-L**
   1. Vorrang des Gesetzes
   2. Vorrang der Tarifverträge des öffentlichen Dienstes

**VI. Verhältnis zum Arbeitsvertrag**

**VII. Beendigung der Dienstvereinbarung**

**VIII. Nachwirkung**

## I. Abschluss einer Dienstvereinbarung

### 1. Vereinbarung oder Einigungsstellenspruch

Eine Dienstvereinbarung kommt in aller Regel durch eine Einigung zwischen der Dienststelle, vertreten durch den Dienststellenleiter, und der Personalvertretung (Personalrat, Stufenvertretung, Gesamtpersonalrat) zustande. Nur in Ausnahmefällen ist die Vereinbarung Folge des Spruchs einer Einigungsstelle (§ 63 Abs. 2 BPersVG). Aufseiten des Personalrats muss im Falle einer Einigung zuvor ein ordnungsgemäßer Beschluss (§§ 39, 40, 42 BPersVG) über den Abschluss der Dienstvereinbarung gefasst worden sein.

### 2. Schriftform

Die Dienstvereinbarung ist nach § 63 Abs. 2 BPersVG in schriftlicher oder elektronischer Form abzuschließen. Beruht die Dienstvereinbarung auf dem Spruch einer Einigungsstelle (vgl. hierzu → *Einigungsstelle*), ist die Schriftform dadurch gewahrt, dass die Beschlüsse der Einigungsstelle schriftlich niederzulegen und vom Vorsitzenden der Einigungsstelle zu unterschreiben sind, § 77 Abs. 2 S. 2, 2. Hs. BetrVG analog. Das BAG hat zum Schriftformerfordernis im BayPVG entschieden, dass es ausreichend ist, wenn Dienststelle und Personalrat in einer Dienstvereinbarung auf eine bereits abgeschlossene Vereinbarung verweisen und diese bei Abschluss der Dienstvereinbarung in schriftlicher Form vorliegt und eindeutig bezeichnet wird (BAG v. 18.3.2014, 1 AZR 807/12, PersR 2014, 56).

Bei der Abfassung der Dienstvereinbarung ist sorgfältig auf die Formulierungen zu achten. Ist später unklar, wie eine Regelung der Dienstvereinbarung zu verstehen ist, wird in erster Linie auf den Wortlaut abgestellt. Der wirkliche Wille des Dienststellenleiters und der Personalvertretung ist nur insoweit zu berücksichtigen, als er in den Regelungen Niederschlag gefunden hat.

### 3. Bekanntgabe

Die Dienstvereinbarung ist in geeigneter Weise bekannt zu machen (§ 63 Abs. 2 BPersVG), und zwar durch den Dienststellenleiter, beispielsweise durch Aushang am Schwarzen Brett und/oder Veröffentlichung im Intranet. Die bloße Herausgabe auf Anforderung eines Beschäftigten genügt nicht. Empfehlenswert ist die Aushändigung an die Beschäftigten gegen Empfangsquittung. Die Wirksamkeit der Dienstvereinbarung ist allerdings nicht von der Bekanntgabe abhängig (BAG v. 18.3.2014, 1 AZR 807/12). Mithin kann sich die Dienststelle nicht darauf berufen, dass die Dienstvereinbarung noch nicht bekannt gegeben wurde; die Beschäftigten hingegen können sich, sofern ihnen die Dienstvereinbarung Pflichten auferlegt, auf Rechtsunkenntnis berufen.

## II. Geltungsbereich

Die Dienstvereinbarung gilt begrenzt für die Dienststelle, für die sie abgeschlossen worden ist. Da Dienstvereinbarungen vom Personalrat, von der Stufenvertretung oder vom Gesamtpersonalrat geschlossen werden können, kann eine Dienstvereinbarungskonkurrenz entstehen. Dienstvereinbarungen, die für einen größeren Bereich gelten, gehen dabei solchen für einen kleineren Bereich vor (§ 63 Abs. 3 BPersVG). Das gilt auch, wenn und soweit eine bereits bestehende Dienstvereinbarung für den kleineren Bereich günstigere Auswirkungen für die Beschäftigten hat. Dieser Vorrang nach § 63 Abs. 3 BPersVG greift, wenn die Dienstvereinbarung für eine Mehrzahl von Dienststellen gilt, zu denen diejenige Dienststelle gehört, deren Dienstvereinbarung gerade durch die vorrangige Dienstvereinbarung geändert oder verdrängt werden soll.

 **ACHTUNG!**

Es ist genau zu prüfen, ob die von einer vorgesetzten Dienststelle mit der bei ihr gebildeten Stufenvertretung geschlossene Dienstvereinbarung einer bei der nachgeordneten Dienststelle bestehenden Dienstvereinbarung vorgeht.

In persönlicher Hinsicht gilt die Dienstvereinbarung für die aktiven, auch nachträglich eingetretenen Beschäftigten der Dienststelle. Vom Anwendungsbereich ausgenommen sind damit die Hinterbliebenen und die Beschäftigten, die im Zeitpunkt des Inkrafttretens der Dienstvereinbarung bereits ausgeschieden waren. Für diese Personen fehlt es an der Legitimation der Personalvertretung zur Vertretung ihrer Interessen.

Das öffentlich-rechtliche Dienstverhältnis der Beamten ist weitergehend gesetzlich normiert als das der übrigen Beschäftigten im öffentlichen Dienst. Deshalb sind Dienstvereinbarungen für Arbeitnehmer in weiterem Umfang möglich als für Beamte.

Beamte und Arbeitnehmer des öffentlichen Dienstes, die in Betrieben privatrechtlich organisierter Unternehmen (z. B. aufgrund Beurlaubung) tätig sind, unterliegen dem Betriebsverfassungsgesetz, § 5 Abs. 1 S. 3 BetrVG; für sie gelten daher die bestehenden Betriebsvereinbarungen.

## III. Inhalt

Dienstvereinbarungen sind nur zulässig, soweit das BPersVG (bzw. das entsprechende Landespersonalvertretungsgesetz) dies ausdrücklich bestimmt. Hierin liegt der wesentliche Unterschied zum Betriebsverfassungsrecht, das eine Beschränkung nur auf diejenigen Bereiche vorsieht, die nach dem BetrVG der Zuständigkeit des Betriebsrates unterliegen. Nach § 63 Abs. 1 BPersVG sind Dienstvereinbarungen in Angelegenheiten des § 78 Abs. 1 Nummer 12 bis 15, des § 79 Abs. 1 Nummer 4 und 5 sowie des § 80 Abs. 1 BPersVG zulässig, soweit eine gesetzliche oder tarifliche Regelung nicht besteht und es sich nicht um Einzelangelegenheiten handelt. Arbeitsentgelte und sonstige Arbeitsbedingungen, die durch Tarifvertrag geregelt sind oder üblicherweise geregelt werden, können nicht Gegenstand einer Dienstvereinbarung sein. Dies gilt nicht, wenn ein Tarifvertrag den Abschluss ergänzender Dienstvereinbarungen ausdrücklich zulässt.

Das Mitbestimmungsrecht und damit die Möglichkeit einer Dienstvereinbarung bestehen nur, soweit eine gesetzliche oder tarifliche (also im TVöD oder TV-L enthaltene) Regelung tatsächlich nicht vorhanden ist. Dienstvereinbarungen, die von dieser gesetzlichen Regelungsbefugnis nicht erfasst sind, sind unwirksam. Fehlt demnach die Kompetenz eine Dienstvereinbarung abzuschließen, dann kann im Übrigen auch keine wirksame sonstige – auch schuldrechtliche – Vereinbarung abgeschlossen werden (BAG v. 13.12.2017, 4 AZR 202/15, ZTR 2018, 418).

 **ACHTUNG!**

Dienstvereinbarungen sind also nur in den im jeweiligen Personalvertretungsgesetz normierten Fällen zulässig. Außerdem können darin nur Regelungen getroffen werden, soweit keine gesetzliche Regelung oder keine Vorschrift im TVöD bzw. TV-L hierzu existiert. Ausnahme: der TVöD bzw. TV-L enthält für einen bestimmten Regelungsgegenstand eine „Öffnungsklausel".

Je nach dem Inhalt des Landespersonalvertretungsgesetzes (z. B. § 74 Abs. 1 S. 1 BlnPersVG) sind aber Dienstvereinbarungen zulässig, soweit (nur) Rechtsvorschriften nicht entgegenstehen. Dann sind – anders als nach dem BPersVG – Dienstvereinbarungen auch in innerdienstlichen Angelegenheiten zulässig, die nicht durch Mitbestimmungsrechte erfasst sind (BVerwG v. 6.10.2010, 6 PB 11.10, ZTR 2011, 128). Derartige „freiwillige" Dienstvereinbarungen, die dem entsprechenden Institut des Betriebsverfassungsrechts nachgebildet sind, stellen keine unzulässige Erweiterung der Mitbestimmung dar; denn ihr Abschluss kann durch die Personalräte nicht erzwungen werden.

Aus einer Dienstvereinbarung kann sich nach dem Grundsatz von Treu und Glauben die Nebenpflicht der Vertragspartner ergeben, alles zu unterlassen, was den Vertragszweck oder den Leistungserfolg beeinträchtigen oder gefährden könnte. Diese Nebenpflicht verwehrt es einem Beteiligten einer Dienstvereinbarung nicht, einen anderen aus der Vereinbarung Berechtigten auf rechtliche Bedenken bei einer bestimmten Art der Anwendung hinzuweisen (OVG Berlin-Brandenburg v. 18.3.2010, 62 PV 5.08).

Dienstvereinbarungen sind – ebenso wie Betriebsvereinbarungen – wegen ihres normativen Charakters wie Tarifverträge und Gesetze auszulegen (BVerwG v. 8.6.2023, 5 P 3.22; BVerwG v. 3.12.2001, 6 P 12.00). Auszugehen ist danach vom Wortlaut der Bestimmung und dem durch ihn vermittelten Wortsinn. Insbesondere bei unbestimmtem Wortsinn sind der wirkliche Wille der Parteien und der von ihnen beabsichtigte Zweck zu berücksichtigen, sofern und soweit sie im Text ihren Niederschlag gefunden haben. Abzustellen ist ferner auf den Gesamtzusammenhang und die Systematik der Regelungen. Im Zweifel gebührt derjenigen Auslegung der Vorzug, die zu einem sachgerechten, zweckorientierten, praktisch brauchbaren und gesetzeskonformen Verständnis der Bestimmung führt (vgl. zu Betriebsvereinbarungen BAG v. 24.4.2013, 7 AZR 523/11; BAG v. 14.3.2012, 7 AZR 147/11).

Betroffene Beschäftigte haben einen Anspruch auf die korrekte Anwendung einer Dienstvereinbarung. Insoweit steht ihnen der Rechtsweg zum Verwaltungs- bzw. Arbeitsgericht offen. Nach der Rechtsprechung des Bundesverwaltungsgerichts hat auch der Personalrat ein gerichtlich durchsetzbares Recht auf abredegemäße Durchführung einer Dienstvereinbarung (BVerwG v. 8.6.2023, 5 P 3.22; BVerwG v. 27.6.2019, 5 P 2.18, ZTR 2020, 51). Die Dienstvereinbarung sei wie ihr Vorbild die Betriebsvereinbarung ein Normenvertrag. Aus dem Vertragscharakter folge, dass die Vertragsparteien mit dem Abschluss der Dienstvereinbarung auch die verbindliche Erklärung abgegeben haben, die geschaffenen Regeln einzuhalten. Demnach korrespondiere ein Recht des Personalrats auf abredegemäße Durchführung der Dienstvereinbarung mit der Verpflichtung der Dienststellenleitung, diese durchzuführen. Dies ließe sich, wie entsprechend für die Betriebsvereinbarung aus § 77 Abs. 1 BetrVG, aus den §§ 63, 64 Abs. 1 BPersVG (bzw. der jeweiligen personalvertretungsrechtlichen Regelung der Länder: §§ 84 Abs. 1, 86 Abs. 1 SächsPersVG; §§ 84 Abs. 2, 86 Abs. 1 HmbPersVG) – in Abwesenheit entsprechender Regelungen aber auch aus anderen Grundsätzen der Dienststellenverfassung – herleiten (siehe entsprechend → *Betriebsvereinbarung*).

Nach § 310 Abs. 4 S. 1 BGB finden die Vorschriften über Allgemeine Geschäftsbedingungen (§§ 305 ff. BGB) keine Anwendung auf Dienstvereinbarungen.

### 1. Dienstvereinbarungen in personellen und sozialen Angelegenheiten

Dienstvereinbarungen sind nach § 63 Abs. 1 BPersVG nur im begrenzten Umfang zur unmittelbaren Gestaltung des Inhalts des Dienstverhältnisses oder zur Ordnung in der Dienststelle zulässig.

#### Beispiele

Dienstvereinbarungen können zur Einführung gleitender Arbeitszeit, zur Regelung von Fortbildungen oder zur Aufstellung von Grundsätzen zur Urlaubsplanung getroffen werden.

In der Praxis sind durch den Vorrang des Tarifvertrages nach § 63 Abs. 1 S. 2 BPersVG die Möglichkeiten einer Dienstvereinbarung im Bereich des § 80 Abs. 1 Nr. 1, 7 und 8 BPersVG erheblich eingeschränkt. Für folgende Bereiche haben Dienstvereinbarungen in organisatorischen Angelegenheiten praktische Bedeutung:

▶ Beginn und Ende der täglichen Arbeitszeit und der Pausen sowie die Verteilung der Arbeitszeit auf die einzelnen Wochentage (§ 80 Abs. 1 Nr. 1 BPersVG). Muss aber für Gruppen von Beschäftigten die tägliche Arbeitszeit nach Erfordernissen, welche die Dienststelle nicht voraussehen kann, unregelmäßig und kurzfristig festgesetzt werden, so beschränkt sich die Regelungsbefugnis auf die Grundsätze für die Aufstellung der Dienstpläne, insbesondere für die Anordnung von Dienstbereitschaft, Mehrarbeit und Überstunden (§ 80 Abs. 2 BPersVG),

▶ Aufstellung allgemeiner Urlaubsgrundsätze und des Urlaubsplanes, Festsetzung der zeitlichen Lage des Erholungsurlaubs für einzelne Beschäftigte, wenn zwischen dem

Dienststellenleiter und den beteiligten Beschäftigten kein Einverständnis erzielt wird (§ 80 Abs. 1 Nr. 6 BPersVG),

▶ Inhalt von Personalfragebögen (§ 80 Abs. 1 Nr. 15 BPersVG),

▶ Beurteilungsrichtlinien (§ 80 Abs. 1 Nr. 11 BPersVG),

▶ Maßnahmen zur Verhütung von Dienst- und Arbeitsunfällen und Berufskrankheiten sowie zum Gesundheitsschutz im Rahmen der gesetzlichen Vorschriften oder der Unfallverhütungsvorschriften (§ 80 Abs. 1 Nr. 16 BPersVG),

▶ Grundsätze über die Bewertung von anerkannten Vorschlägen im Rahmen des betrieblichen Vorschlagswesens (§ 80 Abs. 1 Nr. 14 BPersVG),

▶ Regelung der Ordnung in der Dienststelle und des Verhaltens der Beschäftigten (§ 80 Abs. 1 Nr. 18 BPersVG),

▶ Gestaltung der Arbeitsplätze (§ 80 Abs. 1 Nr. 4 BPersVG) sowie

▶ Einführung und Anwendung technischer Einrichtungen, die dazu bestimmt sind, das Verhalten oder die Leistung der Beschäftigten zu überwachen (§ 80 Abs. 1 Nr. 21 BPersVG).

### 2. Dienstvereinbarungen in personellen Angelegenheiten der Beamten und sonstigen Angelegenheiten

In personellen Angelegenheiten der Beamten kommen Regelungen in Dienstvereinbarungen vor allem zu folgenden Bereichen in Betracht:

▶ Auswahl der Teilnehmer an Fortbildungsveranstaltungen mit Ausnahme der Nachbesetzung freier Plätze von Fortbildungsveranstaltungen, die in weniger als drei Arbeitstagen beginnen (§ 78 Abs. 1 Nr. 13 BPersVG),

▶ Inhalt von Personalfragebögen (§ 80 Abs. 1 Nr. 15 BPersVG) und

▶ Beurteilungsrichtlinien (§ 80 Abs. 1 Nr. 11 BPersVG).

Für alle Beschäftigten können Dienstvereinbarungen in sonstigen Angelegenheiten getroffen werden für:

▶ Maßnahmen zur Hebung der Arbeitsleistung und Erleichterung des Arbeitsablaufs (§ 80 Abs. 1 Nr. 19 BPersVG),

▶ Allgemeine Fragen der Fortbildung der Beschäftigten (§ 80 Abs. 1 Nr. 10 BPersVG),

▶ Einführung grundlegend neuer Arbeitsmethoden (§ 80 Abs. 1 Nr. 20 BPersVG) sowie

▶ Erlass von Richtlinien über die personelle Auswahl bei Einstellungen, Versetzungen, Umgruppierungen und Kündigungen (§ 80 Abs. 1 Nr. 12 BPersVG).

 **ACHTUNG!**

Hinsichtlich des Katalogs der Bereiche, in denen die Mitbestimmung gegebenenfalls durch Abschluss von Dienstvereinbarungen erfolgen kann, weichen die Personalvertretungsgesetze der Länder zum Teil erheblich von den Regelungen des BPersVG ab. So sind z. B. nach dem LPVG NW Dienstvereinbarungen in weiterem Umfang möglich.

## IV. Dienstvereinbarungen im Streitverfahren

Kommt es zu keiner Einigung des Dienststellenleiters mit der Personalvertretung über den Abschluss einer Dienstvereinbarung, kann ein Streitverfahren nach den §§ 71 ff. BPersVG bis hin zur Einigungsstelle durchgeführt werden.

**ACHTUNG!**

§ 63 BPersVG eröffnet nur die Möglichkeit zum Abschluss einer Dienstvereinbarung („Dienstvereinbarungen sind [...] zulässig, [...]"). Nicht in jedem Fall ist der Abschluss also erforderlich und damit erzwingbar.

## 1. Stufenverfahren

Der erste Abschnitt des Streitverfahrens ist das Stufenverfahren gemäß § 71 BPersVG, das in mehrstufigen Verwaltungen durchgeführt wird. Kommt eine Einigung zwischen dem Leiter der Dienststelle und dem Personalrat nicht zustande, so kann die Leiterin oder der Leiter der Dienststelle oder der Personalrat die Angelegenheit binnen fünf Arbeitstagen auf dem Dienstweg den übergeordneten Dienststellen, bei denen Stufenvertretungen bestehen, schriftlich oder elektronisch vorlegen. Gegebenenfalls kann dies auch die nächstübergeordnete Dienststelle sein. Daraus ergibt sich für eine dreistufige Verwaltung, bei der unterhalb der mittleren Ebene keine Einigung über eine Dienstvereinbarung erzielt werden konnte, dass die Vorlage an die Mittelbehörde erfolgen muss, wenn bei dieser ein Bezirkspersonalrat besteht. Besteht kein Bezirkspersonalrat, erfolgt die Vorlage an die oberste Dienstbehörde, wenn bei dieser ein Hauptpersonalrat besteht. Wurde auf der mittleren Ebene keine Einigung erzielt oder spielt sich das Verfahren in einer zweistufigen Verwaltung auf der unteren Ebene ab, so muss die Angelegenheit der obersten Dienstbehörde vorgelegt werden. Falls die vorgenannten Voraussetzungen nicht gegeben sind, kann direkt die Einigungsstelle angerufen werden. Gemäß § 71 Abs. 1 S. 2 BPersVG können der Personalrat und die Leiterin oder der Leiter der Dienststelle im Einzelfall schriftlich oder elektronisch eine von § 71 Abs. 1 S. 1 BPersVG abweichende Frist vereinbaren.

Legt der Dienststellenleiter die Sache vor, so hat er dies dem Personalrat gemäß § 71 Abs. 1 S. 5 BPersVG unter Angabe der Gründe mitzuteilen. Wenn der Personalrat die Angelegenheit vorlegt, sollte er aus Gründen der vertrauensvollen Zusammenarbeit den Dienststellenleiter darüber schriftlich unterrichten.

Die angerufene höhere Dienststelle entscheidet dann darüber, ob das Verfahren fortgesetzt wird. Sie kann den Leiter der nachgeordneten Dienststelle beispielsweise anweisen, die Zustimmungsverweigerung des Personalrates hinzunehmen und somit das Verfahren zu beenden. Andernfalls legt sie die Angelegenheit der jeweiligen Stufenvertretung (Bezirks- oder Hauptpersonalrat) vor und das Verfahren verläuft in ähnlicher Weise wie das Ausgangsverfahren bei der nachgeordneten Dienststelle. Das bedeutet, dass der Leiter der höheren Dienststelle und die Stufenvertretung sich zunächst bemühen werden, zu einer Einigung zu gelangen. Bei einem Stufenverfahren, das bei einer Mittelbehörde durchgeführt wird und bei dem keine Einigung zwischen Mittelbehörden und Bezirkspersonalrat erzielt werden kann, kommt die Durchführung eines zweiten Stufenverfahrens in Betracht. Dann kann der obersten Dienstbehörde die Angelegenheit innerhalb von sechs Arbeitstagen vorgelegt werden. Im Übrigen gilt das bereits Gesagte. Wird im Stufenverfahren keine Einigung erzielt, kann daraufhin die Einigungsstelle angerufen werden. Gemäß § 71 Abs. 2 BPersVG soll die übergeordnete Dienststelle die Angelegenheit, sofern sie dem Anliegen des Personalrats nicht oder nicht in vollem Umfang entspricht, innerhalb von sechs Wochen der bei ihr gebildeten Stufenvertretung vorlegen.

## 2. Einigungsstelle

Die Einigungsstelle (vgl. hierzu → *Einigungsstelle*) kann die fehlende Zustimmung der Personalvertretung zu einer vom Dienst-

stellenleiter vorgeschlagenen Dienstvereinbarung ersetzen oder eigene Vorschläge für eine Dienstvereinbarung entwickeln. Im Hinblick auf die Angelegenheiten der uneingeschränkten Mitbestimmung nach § 63 BPersVG entscheidet sie abschließend. Auch wenn umgekehrt der Dienststellenleiter die Zustimmung zu einer von der Personalvertretung gewünschten Dienstvereinbarung verweigert, ist die Entscheidung nach § 77 Abs. 2 S. 2 Nr. 1, § 75 BPersVG nur insofern bindend, als dass es sich um eine Angelegenheit des uneingeschränkten Initiativrechts handelt. In den Fällen der eingeschränkten Mitbestimmungs- und Initiativrechte entscheidet die Einigungsstelle nur dann endgültig, wenn sie sich der Auffassung der obersten Dienstbehörde anschließt (BVerwG v. 17.12.2003, 6 P 7/03, PersV 2004, 223). Im anderen Fall kann der Spruch der Einigungsstelle lediglich eine Empfehlung zum Abschluss sein; die Letztentscheidung muss dagegen der obersten Dienststelle vorbehalten bleiben (Lorenzen/Gerhold BPersVG § 75 Rn. 29 f.), die die Empfehlung zwar zu würdigen hat, aber daran nicht gebunden ist.

## V. Verhältnis zu Gesetz und zu TVöD/TV-L

Dienstvereinbarungen dürfen nicht gegen höherrangiges Recht (Grundrechte, Gesetze, Tarifverträge des öffentlichen Dienstes) verstoßen. Im Verhältnis zu Gesetzen und Tarifverträgen sind sie also nachrangig. Es ist nicht entscheidend, ob die Regelung in der Dienstvereinbarung gegenüber der gesetzlichen oder tariflichen Regelung für den Beschäftigten günstiger ist. Es gilt insofern das Rang- und nicht das Günstigkeitsprinzip.

## 1. Vorrang des Gesetzes

Dienstvereinbarungen können nur in den in § 63 Abs. 1 BPersVG genannten Fällen geschlossen werden. Ausweislich des Einleitungssatzes können sie nur getroffen werden, soweit eine gesetzliche Regelung nicht besteht. Hierzu gehören auch Rechtsverordnungen oder eine Dienstordnung als autonomes Satzungsrecht einer öffentlich-rechtlichen Körperschaft. Ist ein Sachverhalt gesetzlich vollständig, umfassend und abschließend unmittelbar geregelt, ist der Abschluss einer Dienstvereinbarung ausgeschlossen.

Bei der Regelung einer Angelegenheit in einer Dienstvereinbarung müssen zudem die gesetzlichen Grenzen beachtet werden. Dazu gehört etwa für eine Dienstvereinbarung zum betrieblichen Eingliederungsmanagement (BEM) die Vorschrift des § 167 SGB IX. So soll eine Dienstvereinbarung, die eine für das BEM zuständige „selbstständig und unabhängig" arbeitende Organisationseinheit schafft, der auch ein Mitglied der Personalvertretung angehört, den durch die Regelung der Vorschrift berücksichtigten Interessen der Beschäftigten nicht Rechnung tragen und die gesetzlichen Grenzen überschreiten, weil die Personalvertretung dadurch unabhängig von der Zustimmung der betroffenen Beschäftigten einen weitergehenden Informationszugang erhält und am BEM beteiligt wird (VGH München v. 8.1.2018, 17 PC 17.2202).

## 2. Vorrang der Tarifverträge des öffentlichen Dienstes

Ebenso wie gesetzliche Regelungen haben auch die Regelungen der Tarifverträge des öffentlichen Dienstes, insbesondere des TVöD bzw. des TV-L, Vorrang vor Regelungen in einer Dienstvereinbarung. Nach § 63 Abs. 1 BPersVG können Dienstvereinbarungen nur geschlossen werden, soweit eine tarifvertragliche Regelung nicht existiert. Das ist aber beispielsweise gerade für den Zeitpunkt der Auszahlung des Arbeitsentgelts durch § 24 TVöD/TV-L der Fall.

Dienstvereinbarungen können nach § 63 Abs. 1 S. 2 BPersVG nicht abgeschlossen werden, wenn Arbeitsentgelte oder sonstige Arbeitsbedingungen durch Tarifvertrag geregelt sind oder üblicherweise geregelt werden. Unter „Arbeitsentgelt" sind alle vermögenswerten Arbeitgeberleistungen zu verstehen. Hierzu gehören neben Lohn bzw. Gehalt auch alle Sonderzahlungen. Dieser Bereich ist im TVöD und TV-L umfassend geregelt, eine Dienstvereinbarung also jedenfalls insofern nahezu ausgeschlossen.

Wenn nach dem Tarifvertrag des öffentlichen Dienstes aber durch eine Öffnungsklausel, wie etwa in § 6 Abs. 4, 6, 7 und Abs. 9 TVöD/TV-L, der Abschluss ergänzender Dienstvereinbarungen zulässig ist und dieser keine eigene in sich geschlossene Regelung enthält, ist eine entsprechende Dienstvereinbarung nach § 63 Abs. 1 S. 3 BPersVG möglich. Hierbei sind für den Bereich der Arbeitszeit die Sonderregelungen in den jeweiligen Spartentarifverträgen zu beachten (Übersicht bei Breier/Dassau TVöD Komm. Erl. 1 zu § 6 TVöD Rn. 1). Besondere Bedeutung hat die Arbeitszeitregelung durch Betriebs- bzw. Dienstvereinbarung im Krankenhaus (vgl. Sponer/Steinherr TV-L Komm. Rn. 159 ff. zu § 6 TV-L; Muster bei Breier/Dassau TVöD Komm. Erl. 8.9.2 zu § 6 TVöD Rn. 186 ff.).

### Beispiele

Nach § 6 Abs. 4 TVöD/TV-L kann auf Grundlage einer Dienstvereinbarung von den Vorschriften des Arbeitszeitgesetzes (vgl. hierzu → *Arbeitszeit*) abgewichen werden. Nach § 6 Abs. 6 TVöD/TV-L ist eine Dienstvereinbarung zur Errichtung eines Arbeitszeitkorridors und nach § 6 Abs. 7 TVöD/TV-L zur Einführung einer täglichen Rahmenzeit zulässig. Nach § 10 Abs. 1 TVöD/TV-L kann eine Dienstvereinbarung zur Einrichtung von Arbeitszeitkonten abgeschlossen werden (vgl. Breier/Dassau TVöD Komm. Erl. 7.5.4 zu § 6 TVöD Rn. 174 und Breier/Dassau TVöD Komm. Erl. 1 ff. zu § 10 TVöD; Sponer/Steinherr TV-L Komm. Rn. 1 ff. zu § 10 TV-L).

## VI. Verhältnis zum Arbeitsvertrag

Dienstvereinbarungen, die den Inhalt von Dienstverhältnissen betreffen, verdrängen anderslautende arbeitsvertragliche Einzelregelungen für die Dauer ihrer Laufzeit.

Das gilt jedoch nur, wenn die Regelung in der Dienstvereinbarung für die Beschäftigten günstiger ist als die dienstvertragliche Einzelregelung (sog. Günstigkeitsprinzip). Eine ungünstigere Regelung in einer Dienstvereinbarung kann dagegen eine günstigere dienstvertragliche Regelung nicht verdrängen. Für die Anwendung des Günstigkeitsprinzips ist Voraussetzung, dass zwei miteinander konkurrierende Regelungen zu dem betreffenden Gegenstand auch tatsächlich bestehen.

Werden dienstvertragliche Regelungen erst nach Inkrafttreten einer Dienstvereinbarung getroffen (das ist z. B. bei allen Neueinstellungen der Fall), gilt auch hier das Günstigkeitsprinzip. Es können also im Dienstvertrag jederzeit günstigere Regelungen vereinbart werden.

## VII. Beendigung der Dienstvereinbarung

Eine Dienstvereinbarung endet je nach dem Inhalt der dazu getroffenen Regelung durch Zeitablauf oder Kündigung und alternativ durch Inkrafttreten einer inhaltlich abweichenden Dienstvereinbarung. Daneben führt auch der Fortfall der Dienststelle, dem die Zusammenlegung von Dienststellen entspricht (OVG Berlin v. 23.9.1998, 60 PV 3.97, PersR 1999, 357), zum Ende der Dienst-

vereinbarung. Schließlich kann auch durch übereinstimmenden Beschluss der Dienststelle und des Personalrates eine Dienstvereinbarung jederzeit geändert oder beendet werden. Das Ende der Amtszeit des Personalrates oder der Wechsel des Dienststellenleiters beenden eine Dienstvereinbarung dagegen nicht.

Hauptfall der Beendigung einer Dienstvereinbarung ist ihre Kündigung. Haben die Personalvertretungsorgane und die Dienststelle in der Dienstvereinbarung keine Kündigungsfrist vereinbart, kann jede Seite die Dienstvereinbarung einseitig aufheben (BAG v. 5.5.1988, 6 AZR 521/85, ZTR 1989, 84).

Auch das Inkrafttreten von höherrangigen Normen in Gesetzen und Verordnungen, die zwingendes Recht enthalten und der Dienstvereinbarung entgegenstehen, kann wegen § 63 Abs. 1 S. 1 BPersVG („soweit eine gesetzliche oder tarifliche Regelung nicht besteht") zur Beendigung der Dienstvereinbarung führen.

## VIII. Nachwirkung

Die Nachwirkung von Dienstvereinbarungen ist umstritten, da das BPersVG eine dem § 77 Abs. 6 BetrVG entsprechende Regelung nicht kennt. Allerdings kommt dieser Frage – im Vergleich zum Betriebsverfassungsrecht – im Personalvertretungsrecht eine wesentlich geringere Bedeutung zu. Endet eine Dienstvereinbarung, tritt die unmittelbare Mitbestimmung des Personalrates nach § 70 BPersVG wieder ein. Eine nicht nur vorübergehende Maßnahme im Sinne des § 76 BPersVG ist ohne Zustimmung der Personalvertretung dann nicht möglich.

Bedeutung hat allerdings die Frage, ob eine Dienstvereinbarung dann Nachwirkung entfalten kann, wenn die Dienststelle in eine andere Dienststelle eingegliedert wird. Damit hatte sich zuletzt das Arbeitsgericht Kaiserslautern in einer Entscheidung vom 9.5.2019 (1 BV 26/18) befasst. Darin schließt sich das Arbeitsgericht zum einen der Rechtsprechung des Bundesverwaltungsgerichts an, wonach eine Dienstvereinbarung dann ihre Geltung verliert, wenn die Dienststelle etwa durch Eingliederung in eine andere ihre eigene Identität im organisatorischen Sinne (vgl. § 6 Abs. 1 S. 1 BPersVG) einbüßt (BVerwG v. 25.6.2003, 6 P 1/03). Auf der anderen Seite nimmt das Arbeitsgericht jedoch eine Nachwirkung der Dienstvereinbarung für den vorliegenden Fall an, dass in der aufnehmenden Dienststelle keine Dienstvereinbarung zu demselben Regelungsgegenstand besteht. Dies ist nach dem Arbeitsgericht Kaiserslautern erforderlich, um einen „regellosen Zustand" zu verhindern.

# Direktionsrecht

 **Wegweiser:**

Das Direktionsrecht umschreibt die Befugnisse des Arbeitgebers, den Inhalt der vom Beschäftigten aufgrund des Arbeitsvertrags zu erbringenden Arbeitsleistungen näher zu bestimmen. Weder der TVöD noch der TV-L enthält eine generelle Regelung zum Direktionsrecht. Es gelten vielmehr die allgemeinen arbeitsrechtlichen Grundsätze (vgl. jedoch die direktionsrechtserweiternden Vorschriften in § 4 TVöD bzw. § 4 TV-L). Die gesetzliche Grundlage für das Direktionsrecht ist seit dem 1.1.2003 § 106 GewO. Diese Bestimmung findet nach § 6 Abs. 2 GewO auf alle Arbeitsverhältnisse, also auch auf diejenigen des öffentlichen Dienstes, Anwendung.

Dem Direktionsrecht kommt auch im öffentlichen Dienst große Bedeutung zu, da die Aufgabenstellungen der täglichen Arbeit im Einzelnen nicht im Arbeitsvertrag geregelt sind. Dort findet sich regelmäßig nur ein Hinweis auf die Entgeltgruppe, nach welcher der Beschäftigte vergütet wird.

Ausführlich zum Direktionsrecht vgl. Breier/Dassau, TVöD/TV-L Komm. § 2 Erl. 1.7.2 bzw. Sponer/Steinherr, TV-L Komm. § 2 Rn. 460 bis 536.5.

**I.** **Inhalt und Grenzen des Direktionsrechts**
  1. Rechtlicher Rahmen (Allgemeine Grenzen)
    1.1 Arbeitsvertrag
    1.2 Kollektivrechtliche Vereinbarungen
    1.3 Billiges Ermessen
    1.4 Gesetzliche Verbote
    1.5 Personalvertretungsrechtliche Mitbestimmung
  2. Weisungen zur Tätigkeit
    2.1 Zulässige Weisungen
    2.2 Unzulässige Weisungen
  3. Weisungen zum Verhalten
  4. Weisungen zur Arbeitszeit
    4.1 Zulässige Weisungen
    4.2 Unzulässige Weisungen
  5. Weisungen zum Arbeitsort
    5.1 Zulässige Weisungen
    5.2 Unzulässige Weisungen

**II.** **Rechte des Beschäftigten**
  1. Arbeitsverweigerung
  2. Arbeitsgerichtliche Klärung

**III.** **Reaktionsmöglichkeiten des Arbeitgebers**
  1. Rechtmäßige Weisungen
    1.1 Abmahnung
    1.2 Kündigung
    1.3 Schadensersatz
  2. Zweifelhafte Fälle
    2.1 Rücknahme der Weisung
    2.2 Vertragsergänzung
    2.3 Änderungskündigung

**IV.** **Checkliste Direktionsrecht**
  1. Weisungen zur Tätigkeit
  2. Weisungen zum Verhalten
  3. Weisungen zur Arbeitszeit
  4. Weisungen zum Arbeitsort

## I. Inhalt und Grenzen des Direktionsrechts

Das Direktionsrecht beinhaltet das Recht des Arbeitgebers, die in dem Arbeitsvertrag rahmenmäßig umschriebene Leistungspflicht des Beschäftigten nach Zeit, Ort, und Art der Arbeitsleistung näher zu bestimmen. Auch die Übertragung oder Zurücknahme bestimmter Funktionen und Aufgaben kann im Rahmen des Direktionsrechts erfolgen. Das Direktionsrecht des Arbeitgebers ist nicht unbeschränkt. Es stellt vielmehr den äußeren Rahmen dar, innerhalb dessen der Arbeitgeber dem Beschäftigten verbindliche Weisungen erteilen kann.

### 1. Rechtlicher Rahmen (Allgemeine Grenzen)

Umfang und Grenzen des Direktionsrechts bestimmen sich durch Gesetz, Kollektivrecht (Dienstvereinbarung oder Tarifvertrag) oder Einzelarbeitsvertrag, soweit hierin Näheres über die Leistungspflicht festgelegt wird. Das Direktionsrecht kann einzelvertraglich oder durch kollektivrechtliche Regelungen (Dienstvereinbarung oder Tarifvertrag) erweitert oder beschränkt wer-

den, soweit nicht zwingendes Recht entgegensteht. Im Übrigen darf das Direktionsrecht nur nach billigem Ermessen ausgeübt werden (vgl. Breier/Dassau, TVöD/TV-L Komm., § 2 Rn. 105 bzw. Sponer/Steinherr TV-L Komm. § 2 Rn. 476).

### 1.1 Arbeitsvertrag

Inhalt und Grenzen des Direktionsrechts bestimmen sich – im öffentlichen Dienst jedoch regelmäßig nur in einem geringen Umfang – aus dem Arbeitsvertrag. Der Beschäftigte schuldet eine bestimmte Tätigkeit nur, wenn dies ausdrücklich vereinbart wurde. Im öffentlichen Dienst wird regelmäßig im Arbeitsvertrag nur auf eine bestimmte Entgeltgruppe und einen allgemein umschriebenen Aufgabenbereich Bezug genommen, ohne dass die geschuldete Tätigkeit näher konkretisiert wird. In diesem Fall kann der Arbeitgeber dem Beschäftigten alle Tätigkeiten zuweisen, welche die Merkmale der Entgeltgruppe erfüllen, in die der Arbeitnehmer eingruppiert ist.

#### Beispiel

> Ein Lehrer mit der Befähigung für das Lehramt an Gymnasien kann, wenn vertraglich (nur) der Aufgabenbereich eines Lehrers vereinbart ist, an eine Regionale Schule abgeordnet werden. Die Lehrtätigkeit an einer Regionalen Schule ist der an einem Gymnasium grundsätzlich gleichwertig. Ob eine Abordnung im Einzelfall rechtmäßig ist, hängt nach § 106 GewO, § 315 BGB von den Umständen des Einzelfalls und der Ausübung billigen Ermessens ab (vgl. BAG v. 17.8.2011, 10 AZR 322/10, öAT 2012, 15).

Der Arbeitgeber ist nicht dazu berechtigt, dem Beschäftigten Aufgaben zuzuweisen, zu dessen Erfüllung er arbeitsvertraglich nicht verpflichtet ist. Möchte der Arbeitgeber dem Beschäftigten eine arbeitsvertraglich nicht geschuldete Aufgabe übertragen, kann dies nur im Wege einer einvernehmlichen Änderung des Arbeitsvertrages geschehen, oder der Arbeitgeber spricht gegenüber dem Beschäftigten eine (in der Praxis regelmäßig nur schwer durchzusetzende) Änderungskündigung aus.

Was den Inhalt und die Grenzen des Direktionsrechts betrifft, kommt es also regelmäßig darauf an, was im Arbeitsvertrag zwischen den Parteien vereinbart worden ist. In diesem Zusammenhang ist Folgendes zu beachten:

Je genauer die vom Beschäftigten zu erbringenden Leistungen im Arbeitsvertrag geregelt sind, umso geringer ist der Spielraum, innerhalb dessen der Arbeitgeber dem Beschäftigten Weisungen erteilen kann.

#### Beispiel

> Verfügt ein Arbeitgeber über mehrere Dienststellen, und haben die Parteien im Arbeitsvertrag keinen konkreten Dienstsitz vereinbart, kann der Arbeitgeber den Ort, an dem die Arbeitsleistung zu erbringen ist, unter Beachtung der Grenzen des billigen Ermessens (bzw. unter Berücksichtigung hierzu etwaig bestehender Dienstvereinbarungen) selbst bestimmen. Wurde jedoch auch der Dienstsitz im Arbeitsvertrag festgelegt, können gegenüber dem Beschäftigten grundsätzlich keine hiervon abweichenden Anweisungen erlassen werden. Im öffentlichen Dienst wird deshalb in den Arbeitsverträgen meistens nur auf den „derzeitigen Arbeitsort" hingewiesen.

Hat sich seit Beginn des Arbeitsverhältnisses – wenn auch nur im Wege einer konkludenten Übereinkunft – eine Veränderung in Bezug auf den Inhalt der vom Beschäftigten geschuldeten Tätigkeit ergeben, ist dies bei der Frage der Ausgestaltung des Direktionsrechts zu berücksichtigen. Es kommt somit immer auf den genauen Inhalt der vom Beschäftigten geschuldeten Tätigkeit (nicht der tatsächlich ausgeübten Tätigkeit) zum Zeitpunkt der Erteilung einer arbeitgeberseitigen Weisung an.

 **ACHTUNG !**

Die langfristige Beschäftigung eines Beschäftigten auf einem bestimmten Arbeitsplatz kann grundsätzlich das Direktionsrecht einschränken (= Konkretisierung). Jedoch führt allein der Zeitablauf – auch bei langjähriger Tätigkeit – nicht zu einer Konkretisierung. Vielmehr bedarf es zusätzlicher Umstände, die erkennen lassen, dass der Beschäftigte nur noch verpflichtet sein soll, seine Arbeit ohne Änderungen so wie bisher zu erbringen (vgl. Breier/Dassau, TVöD/TV-L Komm., § 2 Rn. 121 m. w. N.).

**Beispiel**

Der Beschäftigte im öffentlichen Dienst kann regelmäßig nicht damit rechnen, dass der Arbeitgeber hinsichtlich eines nicht unerheblichen Teils der Arbeitszeit dauerhaft auf sein Weisungsrecht verzichtet, und zwar auch dann nicht, wenn er es viele Jahre nicht ausgeübt hat (vgl. BAG v. 11.10.1995, ZTR 1996, 224 mit Anm. Conze). In dem vom BAG entschiedenen Fall gestattete der Arbeitgeber den Beschäftigten über mehrere Jahre hinweg, einen Teil der Arbeitszeit außerhalb des Dienstgebäudes abzuleisten. Dieses Recht war jedoch weder im Arbeitsvertrag noch im Tarifvertrag geregelt. Nach Auffassung des Bundesarbeitsgerichts hindert die langjährige Übung den Arbeitgeber des öffentlichen Dienstes nicht daran, die Beschäftigten anzuweisen, in Zukunft die gesamte Arbeitszeit im Dienstgebäude abzuleisten. Ein Beschäftigter des öffentlichen Dienstes müsse grundsätzlich davon ausgehen, dass ihm sein Arbeitgeber nur die Leistungen gewähren will, zu denen er rechtlich verpflichtet ist. Ohne besondere Anhaltspunkte darf der Beschäftigte im öffentlichen Dienst deshalb auch bei langjähriger Gewährung von Vergünstigungen, die den Rahmen rechtlicher Verpflichtungen überschreiten, nicht darauf vertrauen, die Übung sei Vertragsinhalt geworden und werde unbefristet weitergewährt. Der Beschäftigte müsse damit rechnen, dass eine fehlerhafte Rechtsanwendung korrigiert wird.

## 1.2 Kollektivrechtliche Vereinbarungen

Im öffentlichen Dienst wird das Direktionsrecht des Arbeitgebers vor allem durch kollektivrechtliche Vereinbarungen – also Tarifvertrag oder Dienstvereinbarungen – beeinflusst. Dies gilt insbesondere für die in § 4 TVöD bzw. § 4 TV-L geregelte Abordnung, Versetzung, Zuweisung und Personalgestellung (vgl. → *Versetzung/Abordnung/Zuweisung* sowie → *Personalgestellung*). Besonderheiten ergeben sich darüber hinaus aus tariflichen Eingruppierungsregelungen. Bei Anwendung tariflicher Vergütungssysteme wird üblicherweise – insbesondere im öffentlichen Dienst – arbeitsvertraglich vereinbart, in welche Entgeltgruppe der Beschäftigte einzureihen ist. Dadurch erstreckt sich die arbeitsvertraglich geschuldete Arbeitsleistung auf alle Tätigkeiten, die den Tätigkeitsmerkmalen der vereinbarten Entgeltgruppe entsprechen (vgl. oben). Dem Beschäftigten kann grundsätzlich jede zumutbare Tätigkeit im Rahmen der Entgeltgruppe zugewiesen werden. Unzumutbar wäre eine Tätigkeit, welche nicht mehr dem Berufsbild der geschuldeten Tätigkeit entspricht (z. B. Einsatz eines Beschäftigten aus der BaföG-Abteilung eines Studentenwerks als Koch in einer Mensa). Der Arbeitgeber ist dagegen nicht dazu berechtigt, dem Beschäftigten Tätigkeiten einer niedrigeren Entgeltgruppe in einem Umfang zu übertragen, der zur Änderung der Entgeltgruppe führt (mehr als 50 % der Tätigkeiten aus der niedrigeren Entgeltgruppe). Zeitlich müssen mindestens zur Hälfte Arbeitsvorgänge anfallen, die für sich genommen die Anforderungen eines Tätigkeitsmerkmals oder mehrerer Tätigkeitsmerkmale dieser Entgeltgruppe erfüllen, vgl. § 12 Abs. 2 S. 2 TVöD (Bund)/(VKA) bzw. § 12

Abs. 1 S. 4 TV-L. Ist in einem Tätigkeitsmerkmal ein abweichendes zeitliches Maß bestimmt, gilt dieses (vgl. § 12 Abs. 2 S. 5 TVöD (Bund)/(VKA) bzw. § 12 Abs. 1 S. 7 TV-L). Will der Arbeitgeber dem Beschäftigten über diesen Umfang hinaus eine höherwertige oder niedere Tätigkeit übertragen, ist eine entsprechende einvernehmliche Vertragsänderung oder der Ausspruch einer Änderungskündigung (vgl. § 2 KSchG) erforderlich.

 **WICHTIG !**

Bei der Prüfung, wie weit das Direktionsrecht des Arbeitgebers reicht, müssen immer einschlägige Tarifverträge und Dienstvereinbarungen berücksichtigt werden.

 **WICHTIG !**

Bei einer – im öffentlichen Sektor üblichen – Vertragsgestaltung, die den vertraglichen Aufgabenbereich allein durch eine allgemeine Tätigkeitsbezeichnung und die Nennung der Vergütungsgruppe beschreibt, erstreckt sich das Direktionsrecht des Arbeitgebers auf solche Tätigkeiten des allgemein umschriebenen Aufgabenbereichs, welche die Merkmale der Vergütungsgruppe erfüllen, in die der Arbeitnehmer eingestuft ist. Dem Arbeitnehmer können andere, dem allgemein umschriebenen Aufgabenbereich zuzuordnende Tätigkeiten nur zugewiesen werden, soweit sie den Merkmalen dieser Vergütungsgruppe entsprechen und soweit ihm dies billigerweise zugemutet werden kann (vgl. LAG Rheinland-Pfalz v. 17.11.2021, 7 Sa 169/21; BAG v. 17.8.2011, 10 AZR 322/10).

## 1.3 Billiges Ermessen

Das Direktionsrecht endet dort, wo die Ausführung der erteilten Weisung dem Beschäftigten nach „dem Grundsatz der Billigkeit" nicht mehr zugemutet werden kann (§ 315 Abs. 2 BGB). Der Grundsatz der Billigkeit wird inhaltlich durch die Grundrechte mitbestimmt. Kollidiert das Recht des Arbeitgebers, im Rahmen seiner gleichfalls grundrechtlich geschützten unternehmerischen Betätigungsfreiheit (Art. 12 Abs. 1 GG), den Inhalt der Arbeitsverpflichtung des Beschäftigten zu konkretisieren, mit grundrechtlich geschützten Positionen des Beschäftigten, so ist das Spannungsverhältnis im Rahmen der Konkretisierung und Anwendung der Generalklausel des § 315 BGB einem verfassungskonformen Ausgleich der Rechtspositionen zuzuführen. Dabei sind die kollidierenden Grundrechte in ihrer Wechselwirkung zu sehen und so zu begrenzen, dass die geschützten Rechtspositionen für alle Beteiligten möglichst weitgehend wirksam werden (vgl. BVerfG v. 30.7.2003, 1 BvR 792/03).

Daraus ergibt sich, dass der Arbeitgeber, selbst wenn er sich mit seiner Weisung an die direktionsrechtlichen Grenzen des Arbeitsvertrages, des Tarifvertrages und der Dienstvereinbarungen hält, dennoch gegen den Grundsatz des „billigen Ermessens" verstoßen kann, sodass eine erteilte Weisung unzulässig ist. Dies ist z. B. der Fall, wenn

▶ der Beschäftigte in einen vermeidbaren Gewissenskonflikt gerät (z. B. die in einer Universitätstierklinik als Laborantin arbeitende Mitarbeiterin ist überzeugte Tierschützerin und wird gegen ihren Willen in das Tierversuchslabor versetzt);

▶ der Gleichbehandlungsgrundsatz verletzt wird, ohne dass ein sachlicher Grund vorliegt (z. B. Mitglied mit der geringsten Betriebszugehörigkeitsdauer muss in einer Arbeitsgruppe immer die unbeliebten Aufgaben verrichten);

▶ die Weisung willkürlicher, demütigender oder schikanöser Natur ist (z. B. dunkelhäutige Pflegekraft wird auf der Intensivstation einer Pflegeeinrichtung angewiesen, sich um einen stadtbekannten Rassisten zu kümmern);

▶ Beruft sich der Arbeitnehmer gegenüber einer Arbeitsanweisung des Arbeitgebers auf einen ihr entgegenstehenden, ernsthaften inneren Glaubenskonflikt, kann das Beharren des Arbeitgebers auf Vertragserfüllung ermessensfehlerhaft i. S. v. § 106 S. 1 GewO i. V. m. Art. 4 Abs. 1 GG sein (moslemischer Supermarktmitarbeiter weigert sich, die Regale mit alkoholischen Getränken zu befüllen). In diesem Fall stellt zwar die Weigerung des Arbeitnehmers, der Weisung nachzukommen, keine vorwerfbare Pflichtverletzung dar, kann aber geeignet sein, eine Kündigung des Arbeitsverhältnisses aus Gründen in der Person des Arbeitnehmers zu rechtfertigen, wenn es dem Arbeitgeber nicht ohne größere Schwierigkeiten möglich ist, den Arbeitnehmer anderweit sinnvoll einzusetzen (BAG v. 24.2.2011, 2 AZR 636/09, AuA 2011, 237).

Nach der bislang vertretenen Auffassung des Bundesarbeitsgerichts sei der Beschäftigte an eine unbillige Weisung des Arbeitgebers, welche nicht aus sonstigen Gründen unwirksam ist, vorläufig gebunden, bis durch ein rechtskräftiges Urteil die Unverbindlichkeit der Weisung festgestellt worden ist. Die unbillige Weisung sei nicht nichtig, sondern gemäß § 315 Abs. 3 S. 1 BGB lediglich „unverbindlich". Aus diesem Grund dürfe sich der Beschäftigte über eine unbillige Ausübung des Direktionsrechts, solange diese nicht aus anderen Gründen rechtsunwirksam ist, nicht hinwegsetzen. Stattdessen müsse der Beschäftigte gemäß § 315 Abs. 3 S. 2 BGB zunächst das Arbeitsgericht anrufen und die unbillige Ausübung des Direktionsrechts feststellen lassen (vgl. BAG v. 22.2.2012, 5 AZR 249/11, ZTR 2012, 658). An dieser Auffassung hält das Bundesarbeitsgericht nicht länger fest (vgl. BAG v. 18.10.2017, 10 AZR 330/16, ZTR 2017, 731). Danach sei eine unbillige Weisung lediglich für den Arbeitgeber, nicht jedoch für den Beschäftigten verbindlich. Der Beschäftigte könne zwar der unverbindlichen Weisung Folge leisten. Wolle er dies nicht, habe er das dem Arbeitgeber binnen einer angemessenen Frist mitzuteilen. Eine Verpflichtung, entsprechend § 315 Abs. 3 S. 2 BGB vor dem Arbeitsgericht die Unverbindlichkeit der Weisung im Klagewege geltend zu machen, bestehe jedoch nicht. Entscheide sich der Beschäftigte, einer Weisung nicht nachzukommen, weil er sie für unverbindlich hält, handele er grundsätzlich auf eigenes Risiko. Überschreitet der Arbeitgeber die Grenzen des Direktionsrechts, habe der Beschäftigte das Recht, seine Arbeit insoweit zu verweigern (Geltendmachung eines Zurückbehaltungsrechts), ohne dass der Arbeitgeber deshalb berechtigt ist, Sanktionsmaßnahmen (zum Beispiel Ausspruch einer Abmahnung bzw. einer Kündigung) zu ergreifen. Konsequenterweise Weise hat das BAG in einer nachgehenden Entscheidung die Auffassung vertreten, dass der Umstand, dass keine – auch keine vorläufige – Bindung des Arbeitnehmers nach § 106 Satz 1 GewO; § 315 BGB an unbillige Weisungen des Arbeitgebers besteht, nicht dazu führt, dass ein Schadensersatzanspruch des Beschäftigten, der die unwirksame Versetzung befolgt, wegen eines Mitverschuldens gemäß § 254 Abs. 1 BGB ausgeschlossen oder gemindert ist (vgl. BAG v. 28.11.2019 , 8 AZR 125/18, ZTR 2020, 370).

 **ACHTUNG!**
Die Ausübung des tarifvertraglich begründeten Rechts zur Absenkung der regelmäßigen Arbeitszeit ist nicht am Maßstab von § 315 Abs. 3 BGB, § 106 GewO zu messen. Der Arbeitgeber ist lediglich gehalten, die allgemeinen Schranken der Rechtsausübung, insbesondere den arbeitsrechtlichen Gleichbehandlungsgrundsatz, die Willkür- und Maßregelungsverbote sowie den Grundsatz von Treu und Glauben zu beachten (vgl. BAG v. 14.1.2009, 5 AZR 75/08, ArbRB 2009, 164).

## 1.4 Gesetzliche Verbote

Mit seiner Weisung darf der Arbeitgeber nicht gegen gesetzliche Verbote oder die guten Sitten verstoßen. So wäre z. B. eine Weisung, sich strafrechtswidrig zu verhalten, unzulässig.

**Beispiel**

Der Vorgesetzte darf den ihm unterstellten Busfahrer in einem öffentlichen Busunternehmen nicht anweisen, gegenüber der KFZ-Versicherung des Unfallgegners falsche Angaben über einen Unfallhergang zu machen. Hierin könnte ein (versuchter) Versicherungsbetrug liegen. Eine solche Weisung ist rechtswidrig.

Ebenso ergeben sich Einschränkungen aus verschiedenen Arbeitnehmerschutzgesetzen (z. B. Mutterschutzgesetz, Jugendarbeitsschutzgesetz und Arbeitszeitgesetz), die im Rahmen der Ausübung des Direktionsrechts zu beachten sind. Beschäftigt der Arbeitgeber den Beschäftigten entgegen einem bestehenden Beschäftigungsverbot, überschreitet er hiermit sein Direktionsrecht. Eine hierauf gerichtete Weisung ist rechtswidrig.

## 1.5 Personalvertretungsrechtliche Mitbestimmung

Der Arbeitgeber muss im Zusammenhang mit der Erteilung von Weisungen auch die personalvertretungsrechtlichen Beteiligungsrechte beachten. Soll der Beschäftigte z. B. in eine andere Dienststelle versetzt werden, muss der Personalrat gemäß § 78 Abs. 1 Nrn. 5 und 6 BPersVG beteiligt werden. Auch die in den §§ 85, 86 BPersVG genannten Mitbestimmungsrechte schließen Bereiche mit ein, in denen der Arbeitgeber üblicherweise sein Direktionsrecht ausüben kann.

 **WICHTIG!**
Es ist immer zu prüfen, ob im Zusammenhang mit der Ausübung des Weisungsrechts ein personalvertretungsrechtliches Mitbestimmungsrecht tangiert wird! Dies kann insbesondere der Fall sein, wenn ein Weisungsrecht kollektiv gegenüber mehreren Beschäftigten ausgeübt wird.

## 2. Weisungen zur Tätigkeit

## 2.1 Zulässige Weisungen

Innerhalb der Grenzen der vertraglich geschuldeten Arbeitsleistung kann der Arbeitgeber kraft seines Direktionsrechts die Art der von dem Beschäftigten zu leistenden Tätigkeit konkret bestimmen. Je unpräziser die vertragliche Leistungsbestimmung im Arbeitsvertragstext vorgenommen wird, desto weiter reicht das Direktionsrecht des Arbeitgebers. Wird der Beschäftigte etwa für einen fachlich umschriebenen Bereich eingestellt (z. B. Lohnsachbearbeiterin, Pförtner, Mitarbeiter der Poststelle, Fahrer), darf der Arbeitgeber im Wege der Ausübung seines Direktionsrechts dem Beschäftigten sämtliche Aufgaben innerhalb dieses spezifizierten Berufsbilds zuweisen. Erfolgt die Einstellung lediglich unter der Nennung der Entgeltgruppe, in die der Beschäftigte eingruppiert werden soll, kann ihm grundsätzlich jede zumutbare Beschäftigung im Rahmen dieser Entgeltgruppe zugewiesen werden. Dagegen berechtigt das Direktionsrecht den Arbeitgeber nicht, dem Beschäftigten Tätigkeiten einer niedrigeren Entgeltgruppe in einem Umfang zu übertragen, der zu der Eingruppierung in die niedrigere Entgeltgruppe führt. Die zugewiesene Tätigkeit muss sich mindestens zur Hälfte der vertraglich vereinbarten Entgeltgruppe zuordnen lassen (s. o.).

**Beispiel**

Eine als „Sachbearbeiterin Bereich Leistung" eingestellte Beschäftigte einer Krankenkasse kann aufgrund einseitiger Weisung des Arbeitgebers von der Abteilung „Krankengeld" in die Abteilung „Pflegegeld" umgesetzt werden, wenn beide Tätigkeiten von ihrer Wertigkeit her derselben Entgeltgruppe zuzuordnen sind.

**Beispiel**

Auch in einem Wissenschaftsbetrieb kann der Arbeitgeber Inhalt, Ort und Zeit der Arbeitsleistung nach billigem Ermessen im Rahmen des Arbeitsvertrages näher bestimmen, insbesondere die Teilnahme an Arbeitsberatungen oder die Erstellung wissenschaftlicher Berichte anordnen. Kommt der Arbeitnehmer diesen Weisungen trotz Abmahnung nicht nach, kann eine ordentliche, verhaltensbedingte Kündigung gerechtfertigt sein (LAG Mecklenburg-Vorpommern v. 18.10.2022, 5 Sa 28/22).

**ACHTUNG!**

Je größer der Einsatzbereich eines Beschäftigten gemäß Arbeitsvertrag ausgestaltet ist, umso größer ist im Falle einer Kündigung die Anzahl der Beschäftigten, die in die soziale Auswahl mit einbezogen werden müssen, wodurch die Durchsetzung einer betriebsbedingten Kündigung erheblich erschwert werden kann.

Ebenso kommt die Erweiterung der Anzahl der Beschäftigten, die in die soziale Auswahl mit einbezogen werden müssen, in Betracht, wenn die Parteien eine allgemeine Versetzungsklausel in den Vertragstext aufnehmen, die den Arbeitgeber berechtigt, dem Beschäftigten unter angemessener Berücksichtigung seiner Interessen auch mit anderen Aufgaben zu beschäftigen, sofern diese gleichwertig sind und seinen beruflichen Qualifikationen entsprechen.

Beides dürfte im Anwendungsbereich des TVöD bzw. des TV-L kaum eine Rolle spielen, weil sich dort der Rahmen des Direktionsrechts in der Regel danach bemisst, ob die übertragenen Aufgaben von ihren Merkmalen her der Entgeltgruppe entsprechen, in die der Beschäftigte eingruppiert ist.

Beruft sich der Beschäftigte gegenüber einer Arbeitsanweisung des Arbeitgebers auf einen ihm entgegenstehenden, ernsthaften inneren Glaubenskonflikt, kann das Beharren des Arbeitgebers auf Vertragserfüllung ermessensfehlerhaft i. S. v. § 106 S. 1 GewO i. V. m. Art. 4 Abs. 1 GG sein (s. o.). In diesem Fall stellt zwar die Weigerung des Arbeitnehmers, der Weisung nachzukommen, keine vorwerfbare Pflichtverletzung dar. Sie kann aber geeignet sein, eine Kündigung des Arbeitsverhältnisses aus Gründen in der Person des Arbeitnehmers zu rechtfertigen, wenn es dem Arbeitgeber nicht ohne größere Schwierigkeiten möglich ist, den Arbeitnehmer anderweitig sinnvoll einzusetzen (vgl. BAG v. 24.2.2011, 2 AZR 636/09, AuA 2011, 237).

Hat der Arbeitgeber dem Beschäftigten im Laufe des Arbeitsverhältnisses eine bestimmte Funktion zugewiesen, ist er berechtigt, ihm diese Funktion unter Beachtung des Grundsatzes des billigen Ermessens nachträglich wieder zu entziehen, wenn dieser Teil der Tätigkeit nicht Inhalt des Arbeitsvertrages zwischen den Parteien geworden ist.

**Beispiel**

Überträgt der Arbeitgeber einer Beschäftigten als Lehrkraft an einem Gymnasium unter (rechtmäßiger) Berufung auf sein Weisungsrecht zusätzlich die Tätigkeit als Fachleiterin für den sprachlichen Fachbereich, kann er ihr diese Funktion zu einem späteren Zeitpunkt unter Berücksichtigung des Grundsatzes des billigen Ermessens wieder entziehen. Der Ausspruch einer Änderungskündigung ist nicht notwendig, weil die Fachleiteraufgabe nicht Inhalt des Arbeitsvertrages geworden ist (vgl. BAG 24.10.2018, 10 AZR 19/18, ZTR 2019, 107).

## 2.2 Unzulässige Weisungen

Hat der Arbeitgeber den Beschäftigten für eine im Arbeitsvertrag genau bezeichnete Tätigkeit eingestellt oder ist der Tätigkeits-

bereich in einer zusätzlichen Stellenbeschreibung, die Bestandteil des Arbeitsvertrages ist, detailliert beschrieben worden, muss sich der Arbeitgeber hieran festhalten lassen. Er darf dem Beschäftigten kraft seines Direktionsrechts keine andere Tätigkeit zuweisen.

**Beispiel**

Eine als „Sachbearbeiterin Bereich Leistung" eingestellte Beschäftigte kann aufgrund einseitiger Arbeitgeberweisung nicht in die Poststelle versetzt werden.

 **ACHTUNG!**

Eine Einschränkung des Direktionsrechts kann sich auch aus geänderten Umständen (z. B. Höhergruppierung) ergeben.

Wie oben bereits erläutert, ist die Zuweisung von Tätigkeiten, welche einer niedrigeren Entgeltgruppe zuzuordnen sind, nur dann zulässig, wenn diese weniger als 50 % der gesamten Arbeitsleistung ausmachen. Dies gilt selbst dann, wenn das Entgelt der höheren Entgeltgruppe weitergezahlt wird. Die Zuweisung von Tätigkeiten, welche einer niedrigeren Entgeltgruppe zuzuordnen sind, könnte – obwohl diese weniger als 50 % der gesamten Arbeitsleitung ausmachen – jedoch unwirksam sein, wenn diese nicht der Art (also dem Berufsbild) der zwischen den Parteien vereinbarten Tätigkeit entsprechen (s. o.).

**Beispiel**

Von Beginn ihrer Tätigkeit an als „Röntgenfachkraft", später sogar als „leitende Röntgenfachkraft" beschäftigte Mitarbeiterin soll während ihrer Sonntagsschicht endoskopische Geräte aus einer anderen Abteilung reinigen (vgl. LAG Baden-Württemberg v. 25.3.2010, 11 Sa 70/09, NZA-RR 2010, 499).

Nur in Ausnahmefällen ist der Arbeitgeber berechtigt, seinen Beschäftigten auch solche Tätigkeiten zuzuweisen, die außerhalb des arbeitsvertraglich geschuldeten Aufgabenspektrums liegen. Derartige „Notfälle" können jedoch nur angenommen werden, wenn der Arbeitgeber den „Engpass" nicht mehr rechtzeitig durch Personal- oder sonstige Bedarfsplanung kompensieren kann und die Dauer der Überschreitung des Direktionsrechts auf das unbedingt erforderliche Maß begrenzt wird.

Generell ist zu beachten, dass ein Arbeitgeber nicht einseitig eine Reduzierung des mit dem Beschäftigten vereinbarten Entgeltes vornehmen darf. Hierzu gehört z. B.:

▶ Herabstufungen in eine andere Entgeltgruppe;

▶ Entzug von Bereitschaftsdiensten;

▶ Wechsel vom Leistungs- zum Zeitlohn oder umgekehrt.

Der Beschäftigte ist nicht verpflichtet, dem Arbeitgeber für Gespräche zur Verfügung zu stehen, in denen es ausschließlich um Verhandlungen mit dem Ziel einer Vertragsänderung oder Vertragsaufhebung geht. Vielmehr begrenzt die Vorschrift des § 106 GewO das Weisungsrecht des Arbeitgebers auf „Inhalt, Ort und Zeit der Arbeitsleistung" sowie auf „Ordnung und Verhalten im Betrieb". Gespräche zwischen dem Beschäftigten und dem Arbeitgeber, die mit diesen Zielen in keinem Zusammenhang stehen, können danach nicht durch einseitige Anordnung zu den nach § 106 GewO verbindlichen Dienstpflichten erhoben werden. Jedenfalls verstößt der Arbeitgeber gegen den Grundsatz des billigen Ermessens, wenn er den Beschäftigten dazu auffordert, Verhandlungen mit dem Ziel einer Vertragsänderung oder einer Vertragsaufhebung zu führen, obwohl dieser zuvor ausdrücklich erklärt hat, er werde einer Vertragsänderung nicht zustimmen (vgl. BAG v. 23.6.2009, 2 AZR 606/08, ZTR 2009, 600). Gleiches gilt für den Fall, wenn der Arbeitgeber während der Dauer einer krankheitsbedingten Arbeitsunfähigkeit den Beschäftigten anweist, zu einem Personalgespräch in den Betrieb zu kommen, um seine weitere Beschäftigungsmöglichkeit für den Zeitraum nach der Wiederherstellung seiner Arbeitsfähigkeit zu erörtern. Während der Dauer einer krankheitsbedingten Arbeitsunfähigkeit kann der Arbeitgeber den Beschäftigten nur dann anweisen, zu einem Personalgespräch in den Betrieb zu kommen, wenn hierfür ein dringender betrieblicher Anlass besteht, der einen Aufschub der Weisung auf einen Zeitpunkt nach Beendigung der Arbeitsunfähigkeit nicht gestattet und die persönliche Anwesenheit des Beschäftigten im Betrieb dringend erforderlich ist und ihm zugemutet werden kann (vgl. BAG v. 2.11.2016, 10 AZR 596/15, ZTR 2017, 178).

Der Arbeitgeber ist grundsätzlich dazu berechtigt, den Aufgabenbereich des Beschäftigten zu reduzieren, ihm also eine geringere Anzahl unterschiedlicher Tätigkeiten zuzuweisen, solange sich in Anbetracht der verbleibenden Aufgaben keine Änderung der Entgeltgruppe ergibt und die Grundsätze des billigen Ermessens beachtet werden (vgl. LAG Rheinland-Pfalz v. 20.8.2014, 4 Sa 573/13).

 **ACHTUNG!**

Die Durchführung eines betrieblichen Eingliederungsmanagements (§ 167 Abs. 2 SGB IX) ist zwar keine formelle oder unmittelbare materielle Voraussetzung für die Wirksamkeit einer Versetzung oder einer anderen Ausübung des Weisungsrechts durch den Arbeitgeber. Dies gilt auch in den Fällen, in denen die Anordnung des Arbeitgebers (auch) auf Gründe gestützt wird, die im Zusammenhang mit dem Gesundheitszustand des Arbeitnehmers stehen. Der Arbeitgeber trägt jedoch das Risiko der Unwirksamkeit seiner Maßnahme, wenn er wesentliche Aspekte unberücksichtigt lässt, die ihm im Rahmen eines an sich gebotenen betrieblichen Eingliederungsmanagements hätten bekannt werden können (vgl. BAG 18.10.2017, 10 AZR 47/17, ZTR 2018, 159).

### 3. Weisungen zum Verhalten

Neben der Zuweisung einer konkreten Tätigkeit kann der Arbeitgeber auch Weisungen zum Verhalten seiner Beschäftigten erteilen, soweit diese den Umfang seines Direktionsrechts nicht überschreiten. Das Einverständnis des Beschäftigten braucht nicht gesondert eingeholt zu werden. Die einseitigen Weisungen sind für den Beschäftigten verbindlich.

Insbesondere in Fragen der Betriebsordnung ist das Direktionsrecht des Arbeitgebers jedoch aufgrund der Mitbestimmungsrechte nach §§ 78 ff. BPersVG eingeschränkt. Nach § 80 Abs. 1 BPersVG hat der Personalrat u. a. mitzubestimmen über

► Regelung der Ordnung in der Dienststelle und das Verhalten der Beschäftigten;

► Gestaltung der Arbeitsplätze;

► Einführung und Anwendung technischer Einrichtungen, die dazu bestimmt sind, das Verhalten oder die Leistung der Beschäftigten zu überwachen.

Vom Direktionsrecht des Arbeitgebers gedeckt ist die Anordnung einer Maskenpflicht im Betrieb (ArbG Siegburg v. 16.12.2020, 4 Ga 18/20; LAG Köln v. 12.4.2021, 2 SaGa 20/21). Die aus § 618 BGB sowie den öffentlich-rechtlichen Arbeitsschutzvorschriften (§ 3 Abs. 1 ArbSchG) folgende Fürsorgepflicht des Arbeitgebers, als Ausprägung der allgemeinen Pflicht der Vertragspartner zur gegenseitigen Rücksichtnahme aus § 241 Abs. 2 BGB, begründet die Verpflichtung, erforderliche Maßnahmen des Arbeitsschutzes zu treffen, um die Sicherheit und Gesundheit der Beschäftigten bei der Arbeit zu gewährleisten.

Soweit die Weisung des Arbeitgebers mit der arbeitsvertraglich geschuldeten Tätigkeit bzw. der Dienststellenzugehörigkeit in keinem unmittelbaren Zusammenhang steht, ist sie rechtswidrig. So darf der Arbeitgeber den Beschäftigten keine Weisungen erteilen, welche das außerdienstliche Verhalten betreffen. Entsprechende Anordnungen würden die Grenze des „billigen Ermessens" überschreiten. Nur ausnahmsweise können die Pflichten des Beschäftigten in den außerdienstlichen Bereich hineinreichen und auf diese Weise schutzwürdige Interessen des Arbeitgebers tangieren.

**Beispiel: Urteil des EGMR vom 23.9.2010, 1620/03**

Kläger S., selbst Katholik, war als Organist in einer katholischen Gemeinde tätig. Nachdem die katholische Gemeinde davon erfahren hatte, dass er erneut geheiratet hatte und seine neue Frau ein Kind erwartete, kündigte sie ihm fristlos. Der Europäische Gerichtshof für Menschenrechte hat in seinem Urteil vom 23.9.2010 die Auffassung vertreten, die deutschen Gerichte hätten das schutzwürdige Interesse des S. an seinem Familienleben (außerdienstlicher Bereich) mit in die Interessenabwägung einbeziehen müssen. Es sei zwar zutreffend festgestellt worden, dass S. als Organist und Chorleiter nicht zwingend in die Gruppe derjenigen Mitarbeiter fiel, deren Kündigung im Falle eines schweren Fehlverhaltens zwangsläufig war. Der Vortrag der Beklagten, dass die Tätigkeit des S. so eng mit der Mission der katholischen Kirche verbunden sei, dass sie ihn nicht weiterbeschäftigen könne, ohne jegliche Glaubwürdigkeit zu verlieren, hätten die Gerichte jedoch zu Unrecht angenommen, ohne eine umfassende Interessenabwägung durchgeführt zu haben. Die Beklagte hätte vielmehr darlegen müssen, dass sie gegenüber dem eigenen Interesse an der Loyalität ihrer Mitarbeiter auch deren schutzwürdige Interessen hinreichend beachtet hat.

### 4. Weisungen zur Arbeitszeit

In der Regel wird die Dauer der regelmäßigen Arbeitszeit arbeitsvertraglich, tarifvertraglich oder in einer → *Dienstvereinbarung* geregelt. Innerhalb dieses Rahmens kann der Arbeitgeber Weisungen zur konkreten Ausgestaltung der Arbeitszeit erteilen.

### 4.1 Zulässige Weisungen

Grundsätzlich kann der Arbeitgeber einseitig die wöchentliche Arbeitszeit auf die einzelnen Wochentage verteilen, Beginn und Ende der täglichen Arbeitszeit sowie die Pausen festlegen. Die Grenzen billigen Ermessens sind gewahrt, wenn der Arbeitgeber bei der Bestimmung der Zeit der Arbeitsleistung nicht nur eigene, sondern auch berechtigte Interessen des Beschäftigten angemessen berücksichtigt hat. Auf schutzwürdige familiäre Belange des Arbeitnehmers hat er Rücksicht zu nehmen, soweit einer vom Arbeitnehmer gewünschten Verteilung der Arbeitszeit nicht betriebliche Gründe oder berechtigte Belange anderer Arbeitnehmer entgegenstehen. Erfordert die Verteilung der Arbeitszeit eine personelle Auswahlentscheidung des Arbeitgebers zwischen mehreren Arbeitnehmern, finden die Grundsätze zur sozialen Auswahl im Rahmen einer betriebsbedingten Kündigung keine Anwendung (vgl. BAG v. 23.9.2004, 6 AZR 567/03, ZTR 2005, 208).

 **ACHTUNG!**

Wenn ein Personalrat existiert, besteht ein erzwingbares Mitbestimmungsrecht (§ 80 Abs. 1 Nr. 1 BPersVG).

Der Personalrat hat gemäß § 80 Abs. 1 Nr. 1 BPersVG mitzubestimmen über Beginn und Ende der täglichen Arbeitszeit und der Pausen sowie der Verteilung der Arbeitszeit auf einzelne Wochentage.

**ACHTUNG!**

Der Arbeitgeber hat außerdem darauf zu achten, dass die zwingenden Vorschriften des ArbZG eingehalten werden.

Der Arbeitgeber darf Überstunden über den vertraglich geschuldeten Umfang der Arbeit (also die betriebsübliche Anzahl der Wochenstunden) hinaus nur dann anordnen, wenn er sich dieses Recht im Arbeitsvertrag ausdrücklich vorbehalten hat.

Regelmäßig wird in Form eines Tarifvertrags oder einer Dienstvereinbarung vereinbart, dass dem Arbeitgeber unter bestimmten Bedingungen das Recht zusteht, die regelmäßige betriebliche Arbeitszeit einseitig zu verlängern oder wieder auf die tarifliche Arbeitszeit zu verkürzen (§ 7 ArbZG). Die Festlegung dieses Arbeitszeitrahmens hat der Arbeitgeber nach dem Grundsatz des billigen Ermessens (also unter Berücksichtigung der Arbeitnehmerinteressen) vorzunehmen.

Auch wenn dies vertraglich nicht vorgesehen ist, darf der Arbeitgeber ausnahmsweise in Notfällen Überstunden anordnen, soweit dies zur Abwehr von Schäden dringend notwendig ist. Von einem Notfall ist auszugehen, wenn plötzlich aufkommender akuter Arbeitskräftebedarf nicht mehr durch rechtzeitige Personal- oder sonstige Bedarfsplanung gedeckt werden kann (z. B. Umwelt- oder Naturkatastrophen, epidemieähnlicher Ausfall von Arbeitskräften).

Ebenso darf der Arbeitgeber (auch kurzfristig) Dienstplankonkretisierungen vornehmen. Das BAG hatte in einem Fall zu entscheiden, in welchem aufgrund einer Betriebsvereinbarung konkret zugeteilte Springerdienste erst kurzfristig konkretisiert werden sollen. Die Springerdienste sollten zwischen 6 Uhr und 9 Uhr morgens beginnen. Die Konkretisierung sollte jeweils bis 20 Uhr des Vorabends erfolgen. Das BAG hat entschieden, dass der Arbeitnehmer eine Nebenpflicht aus seinem Arbeitsvertrag hat, die Dienstplankonkretisierungen auch kurzfristig zur Kenntnis zu nehmen. Dieser Pflicht hat er auch während seiner Freizeit nachzukommen. Die Kenntnisnahme der Dienstplanänderung stellt darüber hinaus keine Arbeitszeit im Sinne des ArbZG und der EU-Richtlinien dar, da sie die Freizeitgestaltung des Arbeitnehmers nicht erheblich beeinträchtigen (BAG v. 23.8.2023, 5 AZR 349/22, ZTR 2024, 85).

### 4.2 Unzulässige Weisungen

Der Arbeitgeber darf keine Überstunden anordnen, es sei denn, die Parteien haben dies einzelvertraglich oder kollektivvertraglich vorgesehen. Etwas anderes gilt nur in dringenden Notfällen (s. o. 4.1).

Ebenfalls darf der Arbeitgeber nicht nach seinem Belieben die Arbeitszeit (und damit auch die Vergütung) verringern. Ebenfalls unzulässig ist die Vereinbarung eines entsprechenden Widerrufsvorbehalts im Arbeitsvertrag, es sei denn, der Arbeitgeber hält die gesetzlich normierten Voraussetzungen der sog. KAPOVAZ-Abrede (Arbeit auf Abruf) gemäß § 12 TzBfG ein.

In einem Fall vor dem LAG Sachsen hat der Arbeitnehmer dem Arbeitgeber vor Erstellung eines Schichtplans mitgeteilt, dass dieser aufgrund einer anstehenden notwendigen Operation für einen bestimmten Zeitraum krankheitsbedingt arbeitsunfähig sein würde. Der Arbeitgeber hat den Arbeitnehmer daraufhin für diesen Zeitraum nicht mit Schichten eingeteilt. Dieses Vorgehen sah das LAG Sachsen als unbillig an. Die unterbliebene Einsatzplanung führe im Ergebnis zur Umgehung der Vorschriften des Entgeltfortzahlungsgesetzes. Durch die Mitteilung der Ausfallzeit habe der Arbeitnehmer Rücksichtnahmepflichten gegenüber dem Arbeitgeber wahrgenommen, die ihn schließlich zum Verlust der sonst gegebenen Entgeltfortzahlungsanspruchs führten.

Der Arbeitgeber hingegen habe lediglich aus eigenen betrieblichen und wirtschaftlichen Interessen gehandelt. Das Interesse des Arbeitnehmers, durch sein vertragstreues Verhalten nicht schlechter gestellt zu werden, habe bei der Dienstplanung dagegen keinerlei Berücksichtigung gefunden. Entscheidend ist, inwieweit ohne die Mitteilung eine Einplanung zu erwarten war (LAG Sachsen v. 8.9.2023, 2 Sa 197/22).

## 5. Weisungen zum Arbeitsort

### 5.1 Zulässige Weisungen

Der Ort der Arbeitsleistung ist in der Regel aus den arbeitsvertraglichen Regelungen zu entnehmen. Üblicherweise wird ein Beschäftigter für eine bestimmte Dienststelle eingestellt. Soweit dies arbeitsvertraglich nicht anders vereinbart worden ist, kann der Arbeitgeber den Beschäftigten jederzeit auf einen anderen Arbeitsplatz innerhalb der Dienststelle umsetzen.

Gemäß § 4 Abs. 1 TVöD bzw. § 4 Abs. 1 TV-L können Beschäftigte aus dienstlichen oder betrieblichen Gründen versetzt oder abgeordnet werden. Sollen Beschäftigte an eine Dienststelle oder einen Betrieb außerhalb des bisherigen Arbeitsortes versetzt oder voraussichtlich länger als drei Monate abgeordnet werden, so sind sie vorher zu hören. Gemäß § 4 Abs. 2 TVöD bzw. § 4 Abs. 2 TV-L kann Beschäftigten aus dienstlichem/betrieblichem oder öffentlichem Interesse mit ihrer Zustimmung vorübergehend eine mindestens gleichvergütete Tätigkeit bei einem Dritten zugewiesen werden. Die Zuweisung kann nur aus wichtigem Grund verweigert werden (vgl. → *Versetzung/Abordnung/Zuweisung*).

Wird die Dienststelle innerhalb desselben Orts verlegt, ist der Beschäftigte grundsätzlich verpflichtet, seine Arbeit auch in der neuen Dienststelle zu verrichten.

Wenn kein fester Arbeitsort vereinbart wurde (wie z. B. bei Fahrern, Boten), kann der Arbeitgeber grundsätzlich jeden Arbeitsort innerhalb des räumlichen Einzugsbereichs der Dienststelle zuweisen. Der für eine Gebietskörperschaft tätige Beschäftigte kann grundsätzlich innerhalb des gesamten Gebietes der Körperschaft versetzt werden.

Soweit in der Dienststelle ein Personalrat besteht, hat er nach § 78 Abs. 1 Nrn. 5 und 6 BPersVG mitzubestimmen bei der Versetzung zu einer anderen Dienststelle und bei der Umsetzung innerhalb der Dienststelle für mehr als drei Monate, wenn sie mit einem Wechsel des Dienstortes verbunden ist und der neue Dienstort sich außerhalb des Einzugsgebietes im Sinne des Umzugskostenrechts befindet.

Nicht vom arbeitsvertraglichen Weisungsrecht des Arbeitgebers umfasst, ist die Versetzung in das Home-Office (vgl. LAG Berlin-Brandenburg v. 14.11.2018, 6 Ca 10310/17). Die Umstände einer ausschließlich in der eigenen Wohnung zu verrichtenden Arbeit seien – so das LAG Berlin-Brandenburg – mit einer Tätigkeit, die in einer Betriebsstätte zusammen mit weiteren Mitarbeitern des Arbeitgebers auszuüben sei, nicht zu vergleichen. Der Arbeitnehmer verliere den unmittelbaren Kontakt zu seinen Kollegen und die Möglichkeit, sich mit ihnen auszutauschen, werde deutlich verringert. Auch würden die Grenzen von Arbeit und Freizeit fließend (LAG Berlin-Brandenburg v. 14.11.2018, 6 Ca 10310/17). Die Einführung von Home-Office ist daher nur durch privatautonome Einigung möglich. Gestattet ein Arbeitgeber einem Arbeitnehmer, seine Tätigkeit von zuhause aus zu erbringen, ist er gemäß § 106 S. 1 GewO berechtigt, seine Weisung zu ändern, wenn sich später betriebliche Gründe herausstellen, die gegen eine Erledigung von Arbeiten im Home-Office sprechen (LAG München v. 26.8.2021, 3 SaGa 13/21). Ein Arbeitnehmer hat grundsätzlich keinen Anspruch darauf, an seinem Wohnsitz seine arbeitsvertraglich geschuldete Tätigkeit zu erbringen (LAG München v. 26.8.2021, s. o.).

 **ACHTUNG!**

Ein Arbeitsvertrag konkretisiert sich nicht dadurch, dass ein Beschäftigter vor seiner Versetzung rund 14 Jahre an einem bestimmten Arbeitsort tätig gewesen ist. Zwar ist es nicht grundsätzlich ausgeschlossen, dass Arbeitspflichten sich, ohne dass darüber ausdrückliche Erklärungen ausgetauscht werden, nach längerer Zeit auf bestimmte Arbeitsbedingungen konkretisieren. Die Nichtausübung des Direktionsrechts über einen längeren Zeitraum schafft aber regelmäßig keinen Vertrauenstatbestand dahingehend, dass der Arbeitgeber von diesem vertraglich und/oder gesetzlich eingeräumten Recht in Zukunft keinen Gebrauch mehr machen will. Die Nichtausübung des Direktionsrechts hat keinen Erklärungswert. Nur beim Hinzutreten besonderer Umstände, aufgrund derer der Beschäftigte darauf vertrauen darf, dass er nicht in anderer Weise eingesetzt werden soll, kann es durch konkludentes Verhalten zu einer vertraglichen Beschränkung der Ausübung des Direktionsrechts hinsichtlich des Arbeitsortes kommen (vgl. BAG v. 13.6.2012, 10 AZR 296/11, ZTR 2012, 597).

### 5.2 Unzulässige Weisungen

Selbst wenn eine Versetzungsbefugnis arbeitsvertraglich vereinbart oder tarifvertraglich vorbehalten ist, hat der Arbeitgeber bei deren Ausübung die beiderseitigen Interessen (im Rahmen des billigen Ermessens) zu berücksichtigen. Dies gilt insbesondere für folgende Umstände:

▸ soziale Bindungen des Beschäftigten an dem bisherigen Einsatzort;

▸ familiäre Gebundenheit des Beschäftigten;

▸ Alter des Beschäftigten;

▸ eine eventuelle Schwerbehinderung bzw. Gleichstellung des Beschäftigten;

▸ Vorhandensein – weniger schutzwürdiger oder freiwilliger – Beschäftigter an dem anderen Einsatzort, die für die von dem Beschäftigten ausgeübte Tätigkeit infrage kommen.

Der Arbeitgeber darf den Beschäftigten nicht dazu zwingen, im Ausland tätig zu werden, wenn dies nicht expliziert vereinbart worden ist. Auch hier hat der Arbeitgeber bei der Auswahlentscheidung den Grundsatz des billigen Ermessens zu beachten.

## II. Rechte des Beschäftigten

### 1. Arbeitsverweigerung

Soweit der Arbeitgeber sein Direktionsrecht überschreitet, braucht der Beschäftigte dieser Weisung nicht Folge zu leisten. Hiermit verstößt der Beschäftigte auch nicht gegen seine arbeitsvertraglichen Pflichten, weil eine unrechtmäßige Weisung für ihn nicht verbindlich ist. Für den Fall, dass die betreffende Weisung des Arbeitgebers doch vom arbeitgeberseitigen Direktionsrecht gedeckt ist, trägt jedoch letztlich der Beschäftigte das Risiko rechtmäßiger Sanktionsmaßnahmen, sollte er sich dennoch verweigern.

 **ACHTUNG!**

Dies gilt nach neuerer Ansicht des Bundesarbeitsgerichts ebenso für unbillige Weisungen des Arbeitgebers (vgl. oben unter I.1.3).

### 2. Arbeitsgerichtliche Klärung

In vielen Fällen dürfte es aus der Sicht des Beschäftigten schwer zu beurteilen sein, ob die in Rede stehende Weisung des Arbeitgebers rechtmäßig gewesen ist. Um sich nicht der Gefahr des Vorwurfes einer unberechtigten Arbeitsverweigerung auszusetzen, empfiehlt es sich für den Beschäftigten, die Weisung unter dem Vorbehalt der gerichtlichen Überprüfung ihrer Rechtmäßigkeit zunächst umzusetzen.

Ergibt sich im Rahmen einer sich etwaig anschließenden arbeitsgerichtlichen Klärung, dass die arbeitgeberseitige Weisung nicht vom Direktionsrecht gedeckt war, kann der Beschäftigte diese als gegenstandslos betrachten und von dem Arbeitgeber verlangen, zu den ursprünglichen Arbeitsbedingungen weiterbeschäftigt zu werden.

Alternativ könnte der Beschäftigte sich weigern, die Weisung des Arbeitgebers zu befolgen und diese gleichzeitig im Wege einer Feststellungsklage vor dem Arbeitsgericht überprüfen lassen. Eine derartige Vorgehensweise ist jedoch in der Regel nicht zu empfehlen, weil der Beschäftigte stets Gefahr liefe, mit seiner Rechtsauffassung vor dem Arbeitsgericht zu unterliegen (s. o.).

 **ACHTUNG!**

Sofern der Beschäftigte einem fahrlässigen Rechtsirrtum über die Frage der Verpflichtung zur Befolgung der Weisung des Arbeitgebers unterfällt, trifft ihn gleichwohl ein erhebliches Verschulden, sofern ihm zuzumuten ist, den Weisungen des Arbeitgebers jedenfalls vorläufig Folge zu leisten (vgl. BAG v. 28.6.2018, 2 AZR 436/17, ZTR 2018, 671).

Eine inzidente arbeitsgerichtliche Überprüfung einer Weisung käme für die Fälle in Betracht, in denen aufgrund der Weisung des Arbeitgebers Leistungen gekürzt werden und der Beschäftigte vor dem Arbeitsgericht eine Leistungsklage auf Zahlung erhebt.

## III. Reaktionsmöglichkeiten des Arbeitgebers

Die Reaktionsmöglichkeiten des Arbeitgebers hängen davon ab, ob die in Rede stehende Weisung rechtmäßig ist.

### 1. Rechtmäßige Weisungen

Soweit von der Rechtmäßigkeit der Weisung ausgegangen werden kann, kommen folgende Reaktionsmöglichkeiten im Falle der Arbeitsverweigerung in Betracht:

### 1.1 Abmahnung

Die unberechtigte Arbeitsverweigerung stellt besonders schweren Verstoß gegen die arbeitsvertraglichen Pflichten dar. Der Arbeitgeber kann den Beschäftigten wegen der unberechtigten Arbeitsverweigerung abmahnen.

### 1.2 Kündigung

Bei wiederholter Weigerung des Beschäftigten ist der Arbeitgeber – die Berechtigung seiner Weisung vorausgesetzt – berechtigt, das Arbeitsverhältnis außerordentlich zu kündigen (→ *Kündigung*).

 **TIPP!**

Vor dem Ausspruch einer außerordentlichen Kündigung, die stets auch als hilfsweise ordentliche Kündigung ausgesprochen werden sollte, ist die Erteilung einer Abmahnung, verbunden mit einer Fristsetzung, dringend zu empfehlen (siehe hierzu → *Abmahnung*).

## 1.3 Schadensersatz

Soweit dem Arbeitgeber durch die rechtswidrige Arbeitsverweigerung ein Schaden entsteht (z. B. Stillstand von Maschinen), kann er gegenüber dem Beschäftigten Schadensersatz geltend machen. Führt die Arbeitsverweigerung zur außerordentlichen Kündigung, könnte ein zusätzlicher Schadensersatzanspruch gemäß § 628 Abs. 2 BGB bestehen. Hiernach hat der Beschäftigte auch den Schaden zu ersetzen, der durch die außerordentliche Beendigung des Arbeitsverhältnisses entsteht. Hierzu können z. B. Kosten einer Ersatzkraft unter Abzug der ersparten Vergütung des Gekündigten sowie Kosten der Stellenausschreibung etc. gehören.

## 2. Zweifelhafte Fälle

Zweifelt der Arbeitgeber selbst an der Rechtmäßigkeit seiner Weisung, sollte er die weitere Vorgehensweise davon abhängig machen, ob eine Trennung beabsichtigt ist oder das Arbeitsverhältnis nach Möglichkeit fortgesetzt werden soll. Soweit der Arbeitgeber das Arbeitsverhältnis in jedem Fall beenden will, empfiehlt es sich, es im Zweifel auf eine gerichtliche Konfrontation mit dem Beschäftigten ankommen zu lassen. Im Zuge einer derartigen Auseinandersetzung bieten sich häufig gute Gelegenheiten, mit dem Beschäftigten in Aufhebungsverhandlungen einzutreten. Möchte der Arbeitgeber das Arbeitsverhältnis dagegen fortsetzen, bieten sich nachstehende Maßnahmen an.

### 2.1 Rücknahme der Weisung

Will es der Arbeitgeber nicht auf einen Rechtsstreit über die Wirksamkeit seiner Weisung ankommen lassen, kann er diese – anders als eine Kündigung – jederzeit zurücknehmen.

 **TIPP!**

Die Rücknahme bzw. Gegenstandslosigkeit der Weisung sollte aus Beweisgründen gegenüber dem Beschäftigten schriftlich erklärt werden.

### 2.2 Vertragsergänzung

Ist sich der Arbeitgeber bereits im Vorfeld seiner Weisung unschlüssig, ob diese vom Direktionsrecht umfasst ist, sollte er dem Beschäftigten ggf. eine Vereinbarung über eine entsprechende Vertragsergänzung anbieten, aus der hervorgeht, dass die vom Arbeitgeber beabsichtigte Weisung von seinem Direktionsrecht umfasst ist. Die einvernehmliche Vertragsergänzung ist jederzeit möglich, selbst wenn die einseitige Weisung im Wege des Direktionsrechts unzulässig wäre. Allerdings wird diese Vorgehensweise im Anwendungsbereich des TVöD bzw. des TV-L kaum eine Rolle spielen, weil dort die Grenzen des arbeitgeberseitigen Direktionsrechts fest umrissen sind (vgl. oben).

 **Formulierungsbeispiel:**

„Zur Vermeidung von etwaigen Missverständnissen vereinbaren die Parteien, dass zu den Aufgaben des Beschäftigten auch die Erledigung von (...) gehört."

### 2.3 Änderungskündigung

Schließlich hat der Arbeitgeber grundsätzlich noch die Möglichkeit, die Änderung der Arbeitsbedingungen bzw. die Zuweisung einer neuen Tätigkeit, eines neuen Arbeitsorts oder einer neuen Arbeitszeit im Wege einer betriebs- bzw. personenbedingten Änderungskündigung durchzusetzen. Voraussetzung hierfür ist, dass die Änderung der Arbeitsbedingungen sozial gerechtfertigt ist (siehe hierzu → *Änderungskündigung*).

## IV. Checkliste Direktionsrecht

### 1. Weisungen zur Tätigkeit

1. Welche Tätigkeit wurde im Arbeitsvertrag vereinbart? Welche Tätigkeit ergibt sich aus der Entgeltgruppe, in die der Beschäftigte eingruppiert ist?

2. Haben sich zwischenzeitlich Veränderungen im Tätigkeitsbereich ergeben (z. B. durch Höhergruppierung)?

3. Welche Tätigkeit wird vom Beschäftigten derzeit geschuldet?

4. Liegt die neue Tätigkeit außerhalb des geschuldeten Tätigkeitsbereichs?

   ❏ Ja → die neue Tätigkeit ist vom Direktionsrecht nicht gedeckt

   ❏ Ja, aber der Arbeitgeber hat sich die Zuweisung einer anderen Tätigkeit im Arbeitsvertrag ausdrücklich vorbehalten → weiter mit Frage 5

   ❏ Nein → weiter mit Frage 5

5. Ist die neue Tätigkeit, die mehr als 50 % der gesamten Tätigkeit ausmacht, hinsichtlich der Vergütungsgruppe/Stellung in der Dienststellenhierarchie als geringwertiger anzusehen?

   ❏ Ja → Direktionsrecht überschritten, Änderungskündigung erforderlich!

   ❏ Nein → weiter mit Frage 6

6. Ist der Einsatz des Beschäftigten auf dem neuen Arbeitsplatz gesetzlich verboten?

   ❏ Ja → Direktionsrecht überschritten, keine Zuweisung möglich!

   ❏ Nein → weiter mit Frage 7

7. Stehen den betrieblichen Interessen überwiegende Nachteile auf Seiten des Beschäftigten gegenüber?

   ❏ Ja → Direktionsrecht überschritten, keine Zuweisung möglich!

   ❏ Nein → Zuweisung der neuen Tätigkeit wirksam und verbindlich

8. Wenn ein Personalrat existiert: Beteiligungsrechte prüfen!

### 2. Weisungen zum Verhalten

1. Werden mit der Anordnung betriebliche Zwecke verfolgt?

   ❏ Nein → Direktionsrecht überschritten, keine Anordnung möglich!

   ❏ Ja → weiter mit Frage 2

2. Verstößt die Anordnung gegen gesetzliche Verbote?

   ❏ Ja → Direktionsrecht überschritten, keine Anordnung möglich!

   ❏ Nein → weiter mit Frage 3

3. Stehen den betrieblichen Interessen überwiegende Nachteile auf Seiten des Beschäftigten gegenüber?

   ❏ Ja → Direktionsrecht überschritten, keine Zuweisung möglich!

   ❏ Nein → Zuweisung der neuen Tätigkeit wirksam und verbindlich

4. Wenn ein Personalrat existiert: Beteiligungsrechte prüfen!

## 3. Weisungen zur Arbeitszeit

1. Was wurde zur Arbeitszeit in Arbeits- und/oder Tarifvertrag bzw. Dienstvereinbarung geregelt?

2. Liegt die Anordnung in dem Rahmen dieser Regelungen?

   ❑ Nein → Direktionsrecht überschritten, keine Anordnung möglich, soweit Abweichung vom Tarifvertrag bzw. Dienstvereinbarung, soweit Abweichung vom Arbeitsvertrag Änderungskündigung erforderlich!

   ❑ Ja, aber der Arbeitgeber hat sich die Anordnung anderer oder neuer Arbeitszeit im Arbeits- oder Tarifvertrag ausdrücklich vorbehalten → weiter mit Frage 3

   ❑ Ja → weiter mit Frage 3

3. Verstößt die Anordnung gegen gesetzliche Verbote (insbes. ArbZG, JArbSchG, MuSchG, SGB IX)?

   ❑ Ja → Direktionsrecht überschritten, keine Anordnung möglich!

   ❑ Nein → weiter mit Frage 4

4. Stehen den betrieblichen Interessen überwiegende Nachteile auf Seiten des Beschäftigten gegenüber?

   ❑ Ja → Direktionsrecht überschritten, keine Anordnung möglich!

   ❑ Nein → Anordnung wirksam und verbindlich

5. Wenn ein Personalrat existiert: Beteiligungsrechte prüfen!

## 4. Weisungen zum Arbeitsort

1. Welcher Arbeitsort wurde im Arbeitsvertrag vereinbart?

2. Wo ist die Arbeitsleistung vom Beschäftigten derzeit zu erbringen?

3. Befindet sich der neue Arbeitsort in dem vertraglich vereinbarten Bereich?

   ❑ Nein → der neue Arbeitsort ist vom Direktionsrecht nicht gedeckt

   ❑ Nein, aber der Arbeitgeber hat sich die Zuweisung eines anderen Arbeitsorts im Arbeits- oder Tarifvertrag ausdrücklich vorbehalten → weiter mit Frage 4

   ❑ Ja → weiter mit Frage 4

4. Stehen den betrieblichen Interessen überwiegende Nachteile auf Seiten des Beschäftigten gegenüber (familiäre Situation, Lebensalter, soziale und wirtschaftliche Bindungen)?

   ❑ Ja → Direktionsrecht überschritten, Anordnung nicht möglich!

   ❑ Nein → Zuweisung der neuen Tätigkeit wirksam und verbindlich

5. Steht ein anderer versetzungswilliger oder weniger schutzwürdiger Beschäftigter zur Verfügung?

   ❑ Ja → Direktionsrecht überschritten, Anordnung nicht möglich!

   ❑ Nein → Anordnung wirksam und verbindlich

6. Wenn ein Personalrat existiert: Beteiligungsrechte prüfen!

# Eingruppierung

 **Wegweiser:**

Die Tarifverträge des öffentlichen Dienstes sehen gegenüber dem alten Tarifrecht (z. B. BAT, MTArb) ein neues Entgeltsystem vor. Sowohl im TV-L als auch im TVöD gibt es hierfür eine eigene Entgelttabelle, welche die Entgeltgruppen und Entgeltstufen abbildet. Auch ein neues Eingruppierungssystem gibt es mittlerweile in den „großen" Tarifverträgen des öffentlichen Dienstes (TVÖD/TV-L/TV-H).

Im TV-L haben sich die Tarifpartner mit der Tarifeinigung vom 10.3.2011 auf neue Eingruppierungsvorschriften sowie über eine neue Entgeltordnung geeinigt (vgl. zum Eingruppierungsrecht des TV-L auch Breier/Dassau u. a., TV-L Komm. §§ 12, 13 TV-L).

Mit der Tarifeinigung vom 5.9.2013 haben sich die Tarifvertragsparteien für den Bund auf eine Entgeltordnung (EntgO Bund) einigen können. Diese ist mit Wirkung zum 1.1.2014 in Kraft getreten. Besonderheit hier ist u. a., dass die neue Entgeltordnung in einem gesonderten Tarifvertrag, dem Tarifvertrag über die Entgeltordnung des Bundes (TV EntgO Bund), enthalten ist.

Im Anwendungsbereich des TVöD (VKA) haben sich die Tarifvertragsparteien im Rahmen der Tarifeinigung vom 29.4.2016 darauf verständigt, dass eine neue Entgeltordnung zum 1.1.2017 in Kraft treten wird und eine Mindestlaufzeit von vier Jahren hat (vgl. zum Eingruppierungsrecht des TVöD auch die Kommentierung bei Breier/Dassau, TVöD Komm. §§ 12, 13 TVöD). Mit Inkrafttreten der neuen Entgeltordnung des TVöD-VKA am 1.1.2017 sind nunmehr sowohl im TV-L als auch im TVöD eigene Entgeltordnungen und eigene Eingruppierungsregelungen in Kraft. Auch die §§ 12, 13 TV-L, §§ 12, 13 TVöD (Bund), §§ 12, 13 TVöD (VKA) sind nun mit Inhalt gefüllt.

Bis zum Inkrafttreten der neuen Entgeltordnungen fand über die Überleitungstarifverträge noch das alte Eingruppierungsrecht Anwendung. Gemäß § 17 TVÜ waren die Eingruppierungsvorschriften des BAT/BAT-O sowie der entsprechenden Arbeitertarifverträge anzuwenden. Für den Bereich der Angestellten waren daher insbesondere die §§ 22, 23 BAT zunächst weiter zu beachten.

Mit Inkrafttreten der neuen Entgeltordnung des TVöD-VKA ist dieser Rückgriff nun auch im Geltungsbereich des TVöD-VKA (genauso wie zuvor bereits im TV-L und TVöD-Bund) nicht mehr erforderlich. Allerdings sind die Regelungen des § 12 TV-L sowie des § 12 TVöD (Bund)/TVöD (VKA) nahezu wortgleich mit der Vorgängerregelung des § 22 BAT, sodass auch insoweit auf bestehende Grundsätze des Eingruppierungsrechts und vorhandene Rechtsprechung zurückgegriffen werden kann.

Diese Grundsätze sollen daher zunächst dargestellt werden.

Ausführliche Erläuterungen zur Eingruppierung finden Sie bei Breier/Dassau/Faber/Hoffmann, TVöD Entgeltordnung VKA – Eingruppierung in der Praxis; Breier/Krämer/Reinecke, TVöD Entgeltordnung Bund – Eingruppierung in der Praxis; Breier/Thivessen/Faber, TV-L Entgeltordnung – Eingruppierung in der Praxis.

**I. Allgemeine Grundsätze des Eingruppierungsrechts**
1. Struktur des Eingruppierungsrechts
   1.1 Leistungsmerkmale
   1.2 Struktur der Entgelttabelle
2. Tarifautomatik
3. Unbeachtliche Kriterien für die Eingruppierung
4. Eingruppierung in die Entgeltgruppen und -stufen
5. Stufenlaufzeit/Verweildauer

6. Höhergruppierung
  6.1 Ausdrückliche Übertragung einer höherwertigen Tätigkeit durch den Arbeitgeber auf Dauer (§ 12 TVöD (Bund)/(VKA), § 12 TV-L)
  6.2 Hineinwachsen in höherwertige Tätigkeiten ohne Zutun des Arbeitgebers (§ 13 TVöD (Bund)/(VKA), § 13 TV-L)
  6.3 Folge der Höhergruppierung
  6.4 Eingruppierungsfeststellungsklage
7. Herabgruppierung
8. Vorübergehende Übertragung höherwertiger Tätigkeiten, § 14 TVöD
9. Beteiligungsrechte von Betriebs- und Personalrat
  9.1 Betriebsrat
  9.2 Personalrat

**II. Eingruppierung in der Übergangsphase bis zum Inkrafttreten der neuen Entgeltordnungen am Beispiel des TVöD-VKA**
1. Keine Anwendung des alten Tarifrechts
  1.1 Entgeltgruppe 1
  1.2 Vergütungsgruppe I
2. Vorläufigkeit der Eingruppierung

**III. Besonderheiten der Eingruppierung nach neuem Tarifrecht im Anwendungsbereich des TVöD-Bund**
1. Eingruppierungsgrundsätze
2. Überleitungsregelungen

**IV. Besonderheiten der Eingruppierung nach neuem Tarifrecht im Anwendungsbereich des TVöD-VKA**

**V. Besonderheiten der Eingruppierung nach neuem Tarifrecht im TV-L**
1. Eingruppierungsgrundsätze
2. Überleitungsregelungen

**VI. Spartentarifverträge**

## I. Allgemeine Grundsätze des Eingruppierungsrechts

### 1. Struktur des Eingruppierungsrechts

Zentrale Regelung des Eingruppierungsrechts des BAT war § 22 Abs. 1 S. 1 BAT. Danach richtete sich die Eingruppierung der Angestellten nach den Tätigkeitsmerkmalen der Vergütungsordnung, die sich aus Anlage 1a und 1b zusammensetzte. Die Vergütungsordnung des BAT regelte dabei die Vergütungsgruppen, die in einzelne Fallgruppen (Tätigkeitsmerkmale) aufgeteilt waren. Die Fallgruppen (Tätigkeitsmerkmale) selbst bestanden aus einzelnen Anforderungen (z. B. selbstständige Leistungen). Erfüllt der Angestellte die Tätigkeitsmerkmale, wird er entsprechend eingruppiert. Entscheidend ist dabei die auszuübende Tätigkeit, nicht die tatsächlich ausgeübte Tätigkeit, vgl. § 22 Abs. 2 BAT. Unbeachtlich sind daher insbesondere Tätigkeiten, die der Arbeitnehmer sich selbst übertragen hat. Diese Grundsätze sind nunmehr in § 12 TVöD (Bund)/(VKA)/TV-L übernommen worden.

 **ACHTUNG!**

Mittlerweile durch die Rechtsprechung geklärt ist, dass die im BAT vorgesehene Bemessung der Grundvergütung in den Vergütungsgruppen des BAT nach Lebensaltersstufen gegen des

Verbot der Altersdiskriminierung verstoßen hat (BAG v. 10.11.2011, 6 AZR 148/09, ZTR 2012, 91; EuGH v. 8.9.2011, C-298/10). Dies hatte die Unwirksamkeit der Stufenzuordnung und einen Anspruch auf Vergütung nach der höchsten Lebensaltersstufe zur Folge (BAG v. 10.11.2011, 6 AZR 148/09, ZTR 2012, 91; LAG Berlin-Brandenburg v. 29.11.2012, 25 Sa 1146/12).

Dieser Verstoß gegen das Verbot der Altersdiskriminierung durch das alte Tarifrecht wirkt aber bei übergeleiteten Beschäftigten nicht fort. Insoweit hat das BAG klargestellt, dass die Regelungen der Überleitungstarifverträge nicht altersdiskriminierend sind. Auch wenn der TVÜ-Bund bei der Zuordnung der in den TVöD übergeleiteten Beschäftigten zu den regulären Stufen des TVöD noch an die altersbezogene Grundvergütung im BAT (durch Bildung des Vergleichsentgelts) anknüpft, verletzt diese Überleitungsregelung das Verbot der Altersdiskriminierung nicht. Die Diskriminierung und damit die Pflicht des Arbeitgebers, durch das lebensaltersstufenbezogene Grundvergütungssystem des BAT diskriminierten jüngeren Arbeitnehmern eine Vergütung aus der höchsten Lebensaltersstufe ihrer Vergütungsgruppe zu zahlen, endet mit der Ablösung durch ein diskriminierungsfreies Entgeltsystem (BAG v. 8.12.2011, 6 AZR 319/09, ZTR 2012, 153). Dementsprechend ist bei der Überleitung auch die sich aus § 27 BAT ergebende Grundvergütung der jeweiligen Vergütungsgruppe und Altersstufe zugrunde zu legen und nicht etwa die gegebenenfalls vor der Überleitung durch Anpassung „nach oben" tatsächlich gezahlte Vergütung in Höhe der Endgrundvergütung (LAG Schleswig-Holstein v. 31.1.2013, 5 Sa 248/12, ZTR 2013, 245).

Da sich im Bereich des neuen Eingruppierungs- und auch Entgeltrechts teilweise Unterschiede zwischen den Tarifverträgen des öffentlichen Dienstes, auch zwischen TVöD (Bund) und TVöD (VKA), nicht zuletzt durch das Inkrafttreten des TV EntgO Bund sowie der neuen Entgeltordnung im Bereich VKA, ergeben und deren Darstellung den Rahmen dieses Werkes sprengen würde, wird im Folgenden vor allem auf die Regelungen des TVöD (VKA) bzw. TVÜ (VKA) abgestellt und es werden nicht alle Abweichungen im Detail dargestellt. Es sei aber an dieser Stelle ausdrücklich darauf hingewiesen, dass es diese Abweichungen gibt, sodass stets zu überprüfen ist, ob besondere Regelungen gelten und zu beachten sind.

### 1.1 Leistungsmerkmale

Leistungsmerkmale enthielt die Vergütungsordnung des BAT nicht. Ziel der Tarifvertragsparteien des TVöD und denen des TV-L war es daher, diesen Merkmalen ein größeres Gewicht einzuräumen. Dieses Gewicht spiegelt sich beispielsweise in dem leistungsbezogenen Stufenaufstieg wider (vgl. § 17 Abs. 2 TVöD). Anders als im BAT vorgesehen, ist also der Aufstieg in die nächste Entgeltstufe nicht mehr allein altersabhängig.

Weiteres Beispiel für den Leistungsbezug des Entgeltsystems der Tarifverträge des öffentlichen Dienstes ist das in § 18 TVöD (Bund)/(VKA) vorgesehene leistungsorientierte Entgelt (vgl. hierzu auch → *Leistungsorientierte Bezahlung*). Insoweit ist allerdings darauf hinzuweisen, dass die Tarifvertragsparteien des TV-L sich bereits mit der Tarifeinigung vom 1.3.2009 wieder auf eine Streichung des § 18 TV-L geeinigt haben. Im Bereich des TV-L gibt es also nur noch den leistungsbezogenen Stufenaufstieg.

### 1.2 Struktur der Entgelttabelle

Die Entgelttabelle des TVöD/TV-L bildet die Entgeltgruppen unterteilt in jeweils mehrere Entgeltstufen ab. Die Entgeltstufen sind mit den früheren Lebensaltersstufen nicht vergleichbar. Die neuen

Entgeltstufen beinhalten insbesondere und im Gegensatz zu den Lebensaltersstufen des BAT auch leistungsbezogene Elemente.

Die Entgelttabelle besteht aus insgesamt mindestens 15 Entgeltgruppen. Jede Entgeltgruppe hat fünf oder sechs Stufen.

 **ACHTUNG!**

Im Bereich des Sozial- und Erziehungsdienstes gibt es abweichend hiervon die sog. S-Tabelle, die Entgeltgruppen von S 2 bis S 18 beinhaltet (vgl. etwa Anlage C TVöD [VKA]).

Auch im TV-L ist mit Wirkung zum 1.1.2020 eine gesonderte Tabelle für den Sozial- und Erziehungsdienst in Kraft getreten (Anlage G zum TV-L).

Weitere Besonderheiten bestehen beispielsweise für Beschäftigte im Pflegebereich (Anlage C zum TV-L). Für diese Beschäftigten gelten die sogenannten KR-Entgeltgruppen. Im Bereich des TVöD-VKA enthält die Entgeltordnung in Teil B.XI. Regelungen für Beschäftigte in Gesundheitsberufen mit den sogenannten P-Gruppen.

 **ACHTUNG!**

Im Bereich des TV-L enthalten die EntgGr. 2 bis 15 mit Wirkung ab 1.1.2018 jetzt jeweils sechs Entgeltstufen.

 **ACHTUNG!**

Mit Inkrafttreten der neuen Entgeltordnung zum 1.1.2017 ist die EntgGr. 9 des TVöD-VKA in die EntgGr. 9a, 9b, und 9c aufgespalten worden. Im Bereich des TVöD-Bund gibt es bereits die EntgGr. 9a und 9b. Als Ergebnis der Tarifrunde 2018 ist mit Wirkung zum 1.3.2018 auch im Bereich des Bundes für Beschäftigte, deren Tätigkeit sich aus der EntgGr. 9b heraushebt, eine neue EntgGr. 9c eingeführt worden.

Mit der Tarifeinigung vom 2.3.2019 haben sich auch die Tarifvertragsparteien des TV-L auf eine Aufspaltung der EntgGr. 9 in die EntgGr. 9a und 9b verständigt. Die bisherige EntgGr. 9 mit besonderen Stufenlaufzeiten wird EntgGr. 9a. Die Stufenlaufzeit richtet sich dann auch nach § 16 Abs. 3 S. 1 TV-L. Die bisherige EntgGr. 9 mit regulären Stufenlaufzeiten wird EntgGr. 9b.

## 2. Tarifautomatik

Gemäß § 12 Abs. 2 S. 1 TVöD (VKA)/TVöD (Bund) (§ 12 Abs. 1 S. 3 TV-L; früher § 22 Abs. 2 Unterabs. 1 BAT) ist der Beschäftigte – automatisch – in die Entgeltgruppe eingruppiert, deren Tätigkeitsmerkmalen die gesamte von ihm nicht nur vorübergehend auszuübende Tätigkeit entspricht. Allein aus der nicht nur vorübergehenden Übertragung einer Tätigkeit folgt unmittelbar ein Anspruch auf Vergütung nach dieser Entgeltgruppe. Einer darüber hinausgehenden Handlung des Arbeitgebers bedarf es nicht.

 **ACHTUNG!**

Der im Arbeitsvertrag benannten Entgeltgruppe kommt in der Regel nur eine deklaratorische Bedeutung zu (vgl. BAG v. 21.8.2013, 4 AZR 656/11, ZTR 2014, 282; BAG v. 18.10.2018, 6 AZR 246/17, ZTR 2019, 164).

Auch der Umstand, dass in einem Arbeitsvertrag des öffentlichen Dienstes nicht die (übliche) Formulierung „Der Beschäftigte ist in Entgeltgruppe ... eingruppiert" verwendet wird, sondern es unter der Überschrift „Eingruppierung" heißt „Die Einstellung erfolgt für Tätigkeiten der Entgeltgruppe ...", schließt die Annahme einer deklaratorischen Regelung über die Eingruppierung nicht aus (BAG v. 2.6.2021, 4 AZR 387/20). Vielmehr ist eine Auslegung der Vertragsklausel vorzunehmen. Hierbei ist zu berücksichtigen, dass bei einem Arbeitgeber des öffentlichen Dienstes grundsätzlich einheitlich für alle dem tariflichen Geltungsbereich unterfallenden Beschäftigten die tarifliche Vergütung gewährt werden soll, soweit die Be-

schäftigten von den tariflichen Tätigkeitsmerkmalen erfasst werden (BAG v. 2.6.2021, 4 AZR 387/20).

Neben dem Grundsatz der Tarifautomatik hat auch in den neuen Entgeltordnungen der neuen Tarifverträge des öffentlichen Dienstes der Begriff „Arbeitsvorgang" zentrale Bedeutung. Nach § 12 Abs. 2 S. 1 TVöD (VKA)/(Bund) (§ 12 Abs. 1 S. 3 TV-L) ist der Beschäftigte in der Entgeltgruppe eingruppiert, deren Tätigkeitsmerkmalen die gesamte nicht nur vorübergehend auszuübende Tätigkeit entspricht. Die gesamte nicht nur vorübergehend auszuübende Tätigkeit entspricht dann den Tätigkeitsmerkmalen einer Entgeltgruppe, wenn zeitlich mindestens zur Hälfte Arbeitsvorgänge anfallen, die für sich betrachtet die Anforderungen eines Tätigkeitsmerkmals oder auch mehrerer Tätigkeitsmerkmale der betreffenden Entgeltgruppe erfüllen, § 12 Abs. 2 S. 2 TVöD (VKA)/(Bund) (§ 12 Abs. 1 S. 4 TV-L). Für die Feststellung der tarifgerechten Eingruppierung kommt es also wie im „alten" Eingruppierungsrecht des BAT (dort § 22 Abs. 2 Unterabs. 2) weiterhin auf die Bewertung anhand von Arbeitsvorgängen an. Insoweit haben sich keine Änderungen zum bisherigen Eingruppierungsrecht ergeben.

Nach der Rechtsprechung des Bundesarbeitsgerichts, die es auch nach Inkrafttreten der neuen Tarifverträge des öffentlichen Dienstes wiederholt hat, ist unter einem Arbeitsvorgang eine unter Hinzurechnung der Zusammenhangstätigkeiten bei Berücksichtigung einer sinnvollen, vernünftigen Verwaltungsübung nach tatsächlichen Gesichtspunkten abgrenzbare und rechtlich selbstständig zu bewertende Arbeitseinheit der zu einem bestimmten Arbeitsergebnis führenden Tätigkeit eines Beschäftigten zu verstehen (BAG v. 19.5.2010, 4 AZR 912/08, ZTR 2010, 577). Bei der Bestimmung des Arbeitsvorgangs bleibt die tarifliche Wertigkeit der verschiedenen Einzeltätigkeiten oder Arbeitsschritte außer Betracht (BAG v. 28.2.2018, 4 AZR 816/16, ZTR 2018, 386). Maßgebend hierfür ist allein das Arbeitsergebnis. Erst nachdem der Arbeitsvorgang bestimmt worden ist, ist dieser anhand des in Anspruch genommenen Tätigkeitsmerkmals zu bewerten (BAG v. 9.9.2020, 4 AZR 195/20; BAG v. 17.6.2015, 4 AZR 371/13, ZTR 2016, 82; BAG v. 13.5.2015, 4 AZR 355/13, ZTR 2015, 697; LAG Köln v. 20.2.2019, 5 Sa 396/18). Dabei kann auch die gesamte Tätigkeit eines Beschäftigten sich als ein einziger Arbeitsvorgang darstellen (so etwa für Sozialarbeiter: BAG v. 13.5.2015, 4 AZR 355/13, ZTR 2015, 697 und BAG v. 10.12.2014, 4 AZR 49/13, ZTR 2015, 500; BAG v. 19.10.2016, 4 AZR 727/14, ZTR 2017, 356 sowie BAG v. 17.5.2017, 4 AZR 798/14, ZTR 2017, 593; für Beschäftigte in der Serviceeinheit eines Amtsgerichts: BAG v. 24.4.2023, 4 AZR 275/20; vgl. aber auch BAG v. 10.12.2014, 4 AZR 773/12, ZTR 2015, 646, wobei das Gericht hier von zwei Arbeitsvorgängen, der Unterstützung des Vormundschaftsgerichts einerseits und der Betreuung des zugewiesenen Personenkreises andererseits, ausgegangen ist; vgl. auch BAG v. 27.9.2017, 4 AZR 666/14, ZTR 2018, 82; vgl. für Hausmeister LAG Baden-Württemberg v. 22.12.2021, 10 Sa 18/21). Wird die Tätigkeit durch ein Funktionsmerkmal (so vom BAG angenommen für einen Schulhausmeister) erfasst, ist regelmäßig von einem einheitlichen Arbeitsergebnis und damit einem einheitlichen Arbeitsvorgang auszugehen, solange nicht die verschiedenen Arbeitsschritte von vornherein auseinandergehalten und organisatorisch voneinander getrennt sind und zu einem unterschiedlichen Arbeitsergebnis führen (BAG v. 23.2.2022, 4 AZR 354/21; BAG v. 9.9.2020, 4 AZR 161/20).

**ACHTUNG!**

Maßgeblich für die Eingruppierung sind nach § 12 TVöD (Bund)/ (VKA) nur die auf Dauer übertragenen Tätigkeiten. Bei einer Gleichstellungsbeauftragten, die nach dem BGleiG vollständig von ihrer arbeitsvertraglich geschuldeten Arbeitsleistung freigestellt ist, stellt die Tätigkeit in Ausübung ihres Amtes dennoch nicht die übertragene Tätigkeit im Sinne des § 12 TVöD (Bund)/(VKA) dar (LAG Niedersachsen v. 26.9.2017, 11 Sa 437/17 E, ZTR 2018, 84). Gleiches gilt auch für freigestellte Personalratsmitglieder.

Nach § 12 Abs. 2 S. 3 TVöD (Bund)/(VKA) sind Arbeitsvorgänge zusammen zu beurteilen, wenn die Erfüllung eines Tätigkeitsmerkmals erst bei der Betrachtung mehrerer Arbeitsvorgänge festgestellt werden kann (z. B. vielseitige Fachkenntnisse). Diese Ausnahmeregelung ist allerdings nicht auf alle Tätigkeitsmerkmale anwendbar. Die Frage, ob selbstständige Leistungen vorliegen, kann nach Auffassung des BAG beispielsweise nicht im Wege einer Gesamtbetrachtung, sondern nur bezogen auf den jeweiligen Arbeitsvorgang ermittelt werden (BAG v. 22.2.2017, 4 AZR 514/16, ZTR 2017, 352).

### 3. Unbeachtliche Kriterien für die Eingruppierung

Unbeachtliche Kriterien bei der Eingruppierung sind beispielsweise die Eingruppierung anderer Beschäftigter, die mit vergleichbaren Tätigkeiten beschäftigt werden (LAG Köln v. 30.11.2016, 11 Sa 507/15; LAG Thüringen v. 6.5.2021, 2 Sa 381/18) oder die Besoldung von Beamten mit vergleichbaren Funktionen. Auch die Eingruppierung des vorherigen Stelleninhabers ist unerheblich für die Eingruppierung des jetzigen Stelleninhabers. Auch auf die Verleihung eines bestimmten Titels oder Status (im entschiedenen Fall der Status eines Oberarztes) kommt es für die tarifliche Bewertung der Tätigkeit nicht an (BAG v. 9.12.2009, 4 AZR 495/08, ZTR 2010, 519). Ebenso ist die Angabe der Eingruppierung im Arbeitsvertrag oder in der Stellenbeschreibung ohne Belang für die tatsächliche Eingruppierung und begründet insbesondere keinen individuellen Anspruch auf eine bestimmte Tätigkeit. Maßgeblich ist daher allein die Bewertung der auszuübenden Tätigkeiten. Ist im Arbeitsvertrag eine Entgeltgruppe genannt, kann dies unter Berücksichtigung der vorgesehenen Angabe im Arbeitsvertrag in der Regel dann nicht als sog. konstitutive Entgeltvereinbarung ausgelegt werden, wenn sich nach dem Arbeitsvertragsinhalt mit hinreichender Deutlichkeit ergibt, dass allein die tariflichen Eingruppierungsbestimmungen für die Ermittlung der zutreffenden Entgelthöhe maßgebend sein sollen (BAG v. 21.8.2013, 4 AZR 656/11, ZTR 2014, 282). Von einer lediglich deklaratorischen Angabe einer Entgeltgruppe im Arbeitsvertrag als Wissenserklärung des Arbeitgebers kann allerdings grundsätzlich dann nicht mehr ausgegangen werden, wenn zum Zeitpunkt der vertraglichen Vereinbarung die in Bezug genommenen tariflichen Regelungswerke keine Eingruppierungsbestimmung für die arbeitsvertraglich vereinbarte Tätigkeit enthalten, aus denen sich die zutreffende Eingruppierung ermitteln lässt. Dann fehlt es für den Arbeitnehmer als Erklärungsempfänger regelmäßig an den erforderlichen Anhaltspunkten, der Arbeitgeber wolle ihn allein nach Maßgabe der betreffenden Eingruppierungsregelungen vergüten (BAG v. 21.8.2013, 4 AZR 656/11, ZTR 2014, 282: Im entschiedenen Fall sah der Arbeitsvertrag der als Lehrerin beschäftigten Arbeitnehmerin eine Vergütung nach EntgGr. 12 vor, aber eine zutreffende Eingruppierung nach dem anwendbaren TVöD ließ sich zum Zeitpunkt des Vertragsschlusses nicht ermitteln; vgl. auch BAG v. 18.10.2018, 6 AZR 246/17, ZTR 2019, 164).

### 4. Eingruppierung in die Entgeltgruppen und -stufen

Da sich die Höhe des Tabellenentgelts der Beschäftigten gemäß § 15 Abs. 1 S. 2 TVöD/TV-L nach der Entgeltgruppe, in die die Beschäftigten eingruppiert sind, sowie nach der jeweils geltenden Stufe richtet, ist sowohl die Zuordnung zu den Entgeltgruppen als auch zu den Stufen von Bedeutung für das Entgelt. Eine Orientierung am Alter, wie es die Lebensaltersstufen im BAT vorgesehen haben, kennen die neuen Tarifverträge des öffentlichen Dienstes nicht mehr.

 **ACHTUNG!**

Bis zum Inkrafttreten der neuen Entgeltordnungen (zuletzt mit Wirkung zum 1.1.2017 im Geltungsbereich des TVöD-VKA) konnte es keine unmittelbare Eingruppierung in die Entgeltgruppen geben (auch die §§ 12, 13 waren bis zum Inkrafttreten der neuen Entgeltordnung noch nicht besetzt). Daher erfolgte die Eingruppierung zunächst noch nach dem alten Eingruppierungsrecht in die Vergütungs- oder Lohngruppen des alten Tarifrechts. Sodann erfolgte automatisch eine Überleitung in die neue Entgeltordnung. Diese Zuordnung zu den neuen Entgeltgruppen erfolgte nach Zuordnungstabellen (z. B. nach Anlage 3 TVÜ-VKA). Ausnahmen waren in § 17 TVÜ geregelt. Insbesondere für die neue EntgGr. 1 für einfachste Tätigkeiten nach Anlage 3 TVÜ-VKA war eine Eingruppierung schon vor Inkrafttreten der neuen Eingruppierungsordnung direkt in die Entgeltordnung des TVöD möglich, vgl. § 17 Abs. 2 TVÜ.

Die Zuordnung zu den Entgeltstufen ist geregelt in § 16 Abs. 2 und Abs. 3 TVöD. Maßgeblich ist gemäß § 16 Abs. 2 TVöD (VKA) die einschlägige Berufserfahrung. Bei fehlender Berufserfahrung erfolgt eine Zuordnung zu Stufe 1. Bei einschlägiger Berufserfahrung von mindestens einem Jahr erfolgt eine Zuordnung zu Entgeltstufe 2, bei mindestens dreijähriger Berufserfahrung erfolgt eine Zuordnung zu Stufe 3.

Bei der Bemessung der Berufserfahrung bleibt die Ausbildungszeit allerdings unberücksichtigt. Das Bundesarbeitsgericht hat zu § 16 Abs. 2 S. 2 TV-Ärzte entschieden, dass die Tätigkeit als Arzt im Praktikum nicht als Zeit der Berufserfahrung angerechnet wird, da Ausbildungszeit nicht als Zeit der Berufserfahrung gewertet werden kann (BAG v. 23.9.2009, 4 AZR 382/09; mit identischem Ergebnis für die Zeit als Arzt im Praktikum [AiP]: BAG v. 22.4.2010, 6 AZR 484/08, ZTR 2010, 414). Dieser Grundsatz dürfte auch außerhalb des TV-Ärzte generelle Bedeutung haben.

Voraussetzung für das Vorliegen einschlägiger Berufserfahrung ist nicht eine identische, aber eine zumindest gleichartige Vorbeschäftigung (BAG v. 8.5.2014, 6 AZR 578/12). So eine Gleichartigkeit kommt nach der Rechtsprechung des BAG in Betracht, wenn ein Beschäftigter aus früheren Arbeitsverhältnissen einen Kenntnis- und Fähigkeitszuwachs habe, der für die nun konkret auszuübende Tätigkeit erforderlich und prägend ist. Dieser Fall liege aber nur dann vor, wenn der Beschäftigte die von ihm auszuübende Tätigkeit ohne Einarbeitungszeit ausfüllen könne (BAG v. 18.2.2021, 6 AZR 205/20, ZTR 2021, 277; BAG v. 8.5.2014, 6 AZR 578/12; BAG v. 15.10.2021, 6 AZR 268/20, ZTR 2022, 24; LAG Rheinland-Pfalz v. 12.10.2023, 5 Sa 154/22). Dies setzt voraus, dass der neu einzustellende Beschäftigte bezogen auf die gesamte Bandbreite der nunmehr geschuldeten Arbeitsleistung einsatzfähig ist. Die Beurteilung, ob eine einschlägige Berufserfahrung vorliegt, bezieht sich stets auf die in Aussicht genommene Tätigkeit beim neuen Arbeitgeber. Bei dieser Prüfung ist ein tätigkeitsbezogener Vergleich zwischen den in der Vergangenheit erlangten Kenntnissen und

Fähigkeiten mit den nach der Einstellung künftig zu bewältigenden Aufgaben erforderlich (LAG Rheinland-Pfalz v. 18.1.2022, 8 Sa 150/21).

**Beispiel**

> War beispielsweise ein Bewährungshelfer vor seiner Einstellung bei einem Betreuungsverein als gesetzlicher Betreuer von Erwachsenen nach § 1896 BGB tätig, hat er keine einschlägige Berufserfahrung im Sinne des § 16 Abs. 2 TV-L für seine Tätigkeit als Bewährungshelfer. Die Vortätigkeit als Betreuer deckt nicht im Wesentlichen die gesamte inhaltliche Breite der Tätigkeit eines Bewährungshelfers ab (LAG Rheinland-Pfalz v. 12.10.2023, 5 Sa 154/22).

Eine einschlägige Berufserfahrung setzt dabei grundsätzlich voraus, dass der Beschäftigte Berufserfahrung in einer Tätigkeit erlangt hat, die in ihrer eingruppierungsrechtlichen Wertigkeit der Tätigkeit entspricht, auf die die Bewerbung erfolgt. Bei diesem Wertigkeitsvergleich müssen der Aufgabenzuschnitt und das Niveau zumindest gleichartig sein (LAG Köln v. 14.5.2014, 11 Sa 215/14). Eine identische Eingruppierung ist jedoch nicht in jedem Fall erforderlich. So kann die bei Ausübung einer Tätigkeit, welche wegen einem untergeordneten Zeitanteil in einer niedrigeren Entgeltgruppe verrichtet wurde, erworbene Berufserfahrung einschlägig im Sinne des § 16 Abs. 2 S. 2 TV-L für die Einstellung in einer höheren Entgeltgruppe („Aufbaufallgruppe") sein, wenn die neue Eingruppierung auf einen erhöhten Zeitanteil der bisherigen Tätigkeit zurückzuführen ist (BAG v. 29.6.2022, 6 AZR 475/21).

 **ACHTUNG!**

Das BAG hat im Hinblick auf die Erwartung, dass eine Einarbeitungszeit aufgrund einschlägiger Berufserfahrung entfallen würde, klargestellt, dass es nicht darauf ankommt, ob nach der Einstellung eine Einarbeitung tatsächlich entfallen konnte (BAG v. 29.6.2022, 6 AZR 475/21).

Für das Vorliegen einschlägiger Berufserfahrung im Sinne von § 16 Abs. 2 S. 2 TVöD (Bund)/(VKA) ist dagegen kein bestimmter Mindestbeschäftigungsumfang in Höhe einer bestimmten Teilzeitquote erforderlich (BAG v. 27.3.2014, 6 AZR 571/12, ZTR 2014, 475). Daher ist bei einer Einstellung und der damit einhergehenden erstmaligen Stufenzuordnung auch die in Teilzeit erworbene, einschlägige Berufserfahrung in vollem Umfang zu berücksichtigen. Für das Vorliegen einschlägiger Berufserfahrung spielt es ebenfalls keine Rolle, ob die Berufserfahrung in einem oder auch in mehreren, gegebenenfalls auch befristeten, Arbeitsverhältnissen erworben worden ist (LAG Hamm v. 14.7.2021, 3 Sa 1506/20).

 **ACHTUNG!**

In Bezug auf die Regelung der Stufenzuordnung sind die Besonderheiten in § 16 Abs. 2 (VKA) TVöD, § 16 (Bund) TVöD und § 16 Abs. 2 TV-L zu beachten. Soweit die Tarifvertragsparteien des TV-L dabei in § 16 Abs. 2 S. 2 und S. 3 zwischen Vorbeschäftigungszeiten bei demselben Arbeitgeber und Vorbeschäftigungszeiten bei anderen Arbeitgebern unterschieden haben, ist diese Unterscheidung zulässig und verstößt nicht gegen Art. 3 GG (BAG v. 23.9.2010, 6 AZR 180/09, ZTR 2011, 21; LAG Berlin-Brandenburg v. 4.1.2019, 6 Sa 705/18). Die Tarifvertragsparteien durften nach Auffassung des BAG davon ausgehen, dass regelmäßig eine nicht länger zurückliegende Tätigkeit beim selben Arbeitgeber, die eine einschlägige Berufserfahrung vermittelt hat, den Beschäftigten befähigt, nach seiner Wiedereinstellung die im vorherigen Arbeitsverhältnis erworbene Berufserfahrung schneller in vollem Umfang im neuen Arbeitsverhältnis einzusetzen, als dies einem Beschäftigten möglich ist, der seine Berufserfahrung in den oftmals gänzlich

andersartigen Strukturen bei anderen Arbeitgebern, namentlich bei solchen der Privatwirtschaft, erworben hat (BAG v. 23.9.2010, 6 AZR 180/09, ZTR 2011, 21). Dies gilt auch für den Fall, dass der andere Arbeitgeber nur aufgrund eines Betriebsüberganges ein anderer Arbeitgeber wurde und der Arbeitsplatz fortwährend derselbe war (LAG Berlin-Brandenburg v. 4.1.2019, 6 Sa 705/18).

Die Unterscheidung in § 16 Abs. 2 TV-L zwischen Vorbeschäftigungszeiten bei demselben Arbeitgeber und Vorbeschäftigungszeiten bei anderen Arbeitgebern stellt auch keinen Verstoß gegen den europarechtlichen Grundsatz der Freizügigkeit dar; a. A. ArbG Berlin, das einen Verstoß angenommen hatte (ArbG Berlin v. 18.3.2015, 60 Ca 4638/14, ZTR 2015, 322), in zweiter Instanz aber abgeändert worden ist vom LAG Berlin-Brandenburg (6.10.2015, 7 Sa 773/15), das aufgrund des rein innerstaatlichen Sachverhaltes einen Verstoß gegen die Freizügigkeit zutreffend verneint hat. Letztere Entscheidung ist bestätigt worden vom BAG (BAG v. 23.2.2017, 6 AZR 843/15, ZTR 2017, 404). Zudem liegt auch keine „Inländerdiskriminierung" darin, dass bei einem Beschäftigten mit Berufserfahrung, die in einem anderen Mitgliedstaat erworben worden ist, diese berücksichtigt werden muss, während dies bei einem Beschäftigten ohne auslandsbezogene Berufserfahrung nicht der Fall ist. Diese Sachverhalte sind nicht vergleichbar im Sinne des Art. 3 Abs. 1 GG und müssen daher bei der tariflichen Stufenzuordnung auch nicht gleich behandelt werden (BAG v. 25.1.2018, 6 AZR 791/16, ZTR 2018, 270).

Fraglich war, ob § 16 Abs. 2 S. 3 TV-L gegen den Freizügigkeitsgrundsatz verstößt, wenn die bei einem anderen Arbeitgeber erworbene Berufserfahrung in einem anderen Mitgliedstaat erworben worden ist. Hierzu hatte das BAG dem EuGH eine entsprechende Frage vorgelegt (BAG v. 18.10.2018, 6 AZR 232/17: Im konkreten Fall war die Arbeitnehmerin etwa 17 Jahre in Frankreich als Lehrerin tätig. Das beklagte Land nahm eine Einstufung in Entgeltstufe 3 vor. Das BAG hielt eine Rechtfertigung der Privilegierung der bei demselben Arbeitgeber erworbenen Berufserfahrung für denkbar, da sie auch dem Schutz befristet beschäftigter Arbeitnehmer diene. Dieser Argumentation hat sich der EuGH nicht angeschlossen (EuGH v. 23.4.2020, C-710/18, ZTR 2020, 274). Nach Ansicht des EuGH steht Art. 45 Abs. 1 AEUV einer nationalen Regelung entgegen, nach der gleichwertige Vordienstzeiten bei einem anderen Arbeitgeber in einem anderen EU-Mitgliedsstaat nicht voll angerechnet werden. Es kommt also darauf an, ob ein Sachverhalt Auslandsbezug hat oder nicht. Das BAG hat sich dem angeschlossen und nach Beantwortung der Vorlagefragen durch den EuGH entschieden, dass die in Frankreich erworbene einschlägige Berufserfahrung bei der Stufenzuordnung in vollem Umfang zu berücksichtigen ist (BAG v. 29.4.2021 – 6 AZR 232/17). Die in § 16 Abs. 2 S. 3 TV-L vorgesehene Begrenzung ist demnach unanwendbar, soweit es sich um in einem anderen Mitgliedstaat erworbene, gleichwertige Berufserfahrung handelt. Die in anderen Mitgliedstaaten zurückgelegten einschlägigen Zeiten sind zu berücksichtigen. Aber: § 16 Abs. 2 S. 3 TV-L bleibt bei einem Arbeitgeber-Wechsel im Inland weiter anwendbar.

 **ACHTUNG!**

Klargestellt hat das BAG, dass es sich um Berufserfahrung in einem Arbeitsverhältnis handeln muss. § 16 Abs. 2 S. 2 und 3 TV-L erfordern einschlägige Berufserfahrung aus einem vorherigen Arbeitsverhältnis. Sind die vorangegangenen Rechtsverhältnisse auch nach ihrer tatsächlichen Durchführung, also nicht lediglich hinsichtlich ihrer Benennung, Werkvertragsverhältnisse oder freie Dienstverhältnisse, können sie nach § 16 TV-L nicht auf die Stufenlaufzeit angerechnet werden. Die Bestimmung des § 16 TV-L ist insoweit nicht lückenhaft und verstößt auch nicht gegen Art. 3 Abs. 1 GG (BAG v. 21.11.2013, 6 AZR 23/12, ZTR 2014, 148).

**ACHTUNG!**

Für die Frage, was als einschlägige Berufserfahrung anzurechnen ist, bestehen teilweise Sonderregeln, so etwa im TV-L für den Hochschulbereich. Einschlägige Berufserfahrung aus einer Beschäftigung bei einer anderen Hochschule oder außeruniversitären Forschungseinrichtung wird bei der Stufenzuordnung nach § 16 Abs. 2 S. 4 TV-L i.d.F. von § 40 Nr. 5 TV-L so behandelt, als ob sie beim selben Arbeitgeber i. S. d. § 16 Abs. 2 S. 2 TV-L erworben worden wäre (BAG v. 23.11.2017, 6 AZR 33/17, ZTR 2018, 201).

Im Anwendungsbereich des TV-L kann bei der Einstellung eines Lehrers in ein Arbeitsverhältnis die Berufserfahrung, die der Lehrer in einem anderen Bundesland erworben hat, mit der für das Referendariat nach § 44 Nr. 2 a TV-L (vgl. jetzt § 6 TV EntgO-Lehrer) anzurechnenden Zeit zusammengerechnet und dann auf die Stufenlaufzeit der Stufe 1 angerechnet werden (LAG Baden-Württemberg v. 4.12.2017, 1 Sa 4/17).

**ACHTUNG!**

Umstritten war, ob bei Abschluss eines neuen befristeten Vertrages im Anschluss an einen vorherigen befristeten Vertrag die Stufenlaufzeit jeweils neu zu laufen beginnt oder ob neben der Berücksichtigung der Berufserfahrung bei Einstellung auch eine Anrechnung auf die Stufenlaufzeit stattfindet. Berücksichtigt man die Berufserfahrung nur bei der Stufenzuordnung, bleiben „überschüssige" Zeiten unbeachtet (z. B. bei Berufserfahrung von zwei Jahren wird beim Anschlussvertrag nur ein Jahr berücksichtigt für die Zuordnung zur Stufe 2, das weitere Jahr bleibt unberücksichtigt, die Stufenlaufzeit in Stufe 2 fängt bei null an zu laufen). Hierzu hat das BAG nunmehr entschieden, dass § 16 Abs. 3 S. 1 TV-L dahingehend auszulegen ist, dass die Stufenlaufzeit nicht neu zu laufen beginnt, wenn keine schädliche Unterbrechung im Sinne der Protokollerklärung Nr. 3 zu § 16 Abs. 2 TV-L vorliegt (BAG v. 21.2.2013, 6 AZR 524/11, ZTR 2013, 308). Andernfalls sei eine Diskriminierung von befristet Beschäftigten gegeben (§ 4 Abs. 2 S. 3 TzBfG). Diese Rechtsprechung hat das BAG mittlerweile auch ausdrücklich auf den TVöD übertragen (BAG v. 27.4.2017, 6 AZR 459/16, ZTR 2017, 478). Dabei hat es auch klargestellt, dass die Regelung der unschädlichen Unterbrechung in Protokollerklärung Nr. 3 zu § 16 Abs. 2 TV-L auf den TVöD wegen der dortigen Regelungslücke übertragbar ist (BAG v. 27.4.2017, 6 AZR 459/16, ZTR 2017, 478; BAG v. 6.9.2018, 6 AZR 836/16, ZTR 2019, 90).

Etwas anderes ergibt sich jedoch bei einer Einstellung auf einer höherwertigen Stelle nach einer vorherigen befristeten Tätigkeit beim selben Arbeitgeber (sog. vertikale Wiedereinstellung). In diesem Fall gebietet § 4 Abs. 2 S. 3 TzBfG keine Berücksichtigung der Restzeiten. Die Regelungen zur Stufenzuordnung bei Höhergruppierung und der Stufenzuordnung bei Neu- oder Wiedereinstellungen unterscheiden sich grundlegend (BAG v. 24.10.2013, 6 AZR 964/11, ZTR 2014, 80). Dies gilt auch bei der Wiedereinstellung auf einem niedriger bewerteten Arbeitsplatz. § 17 Abs. 4 S. 4 TV-L regelt nur die Stufenzuordnung bei einer Herabgruppierung in einem bestehenden Arbeitsverhältnis, während sich die Stufenzuordnung bei einer Einstellung ausschließlich nach § 16 Abs. 2 TV-L richtet (BAG v. 17.12.2015, 6 AZR 432/14, ZTR 2016, 193).

**ACHTUNG!**

Die Vorschriften über die Stufenzuordnung bei Einstellung waren im TVöD teilnichtig (vgl. BAG v. 24.10.2013, 6 AZR 964/11, ZTR 2014, 80). Da der TVöD – anders als der TV-L – eine Berücksichtigung einschlägiger Berufserfahrung nur begrenzt (bis Stufe 3) zuließ, waren hierdurch alle zuvor befristet Beschäftigten diskriminiert, die eine berücksichtigungsfähige, einschlägige Berufserfahrung von mindestens 6 Jahren aufwiesen. § 16 Abs. 2 S. 2 TVöD (VKA) bzw. § 16 Abs. 3 S. 2 TVöD (Bund)

waren daher wegen Verstößen gegen § 4 Abs. 2 S. 3 TzBfG teilnichtig (BAG v. 24.10.2013, 6 AZR 964/11, ZTR 2014, 80). Für den Bereich des Bundes ist mit der Tarifeinigung 2016 der § 16 Abs. 2 und Abs. 3 vollständig neu gefasst worden. Insbesondere sind die bisher unterschiedlichen Einstufungsregelungen für unterschiedliche Entgeltgruppen vereinheitlicht worden.

Unabhängig von den Zuordnungsregelungen des § 16 Abs. 2 S. 1 und S. 2 TVöD (VKA) kann der öffentliche Arbeitgeber nach § 16 Abs. 2 S. 3 TVöD (VKA) bei Neueinstellungen zur Deckung des Personalbedarfes Zeiten einer vorherigen beruflichen Tätigkeit ganz oder teilweise bei der Stufenzuordnung berücksichtigen, wenn diese Tätigkeiten für die vorgesehene Tätigkeit förderlich sind. Eine ähnliche Regelung findet sich in § 16 Abs. 2 S. 4 TV-L sowie in § 16 Abs. 2 S. 3 TVöD (Bund). Eine Stufenzuordnung nach § 16 Abs. 2 S. 4 TV-L setzt Schwierigkeiten bei der Deckung des Personalbedarfs, nicht aber deren Unmöglichkeit voraus (LAG Rheinland-Pfalz v. 15.11.2019, 1 Sa 18/19, ZTR 2020, 93). Die Entscheidung über die Berücksichtigung von förderlichen Zeiten zur Deckung des Personalbedarfs steht grundsätzlich im Ermessen des Arbeitgebers (BAG v. 15.10.2021, 6 AZR 268/20). Zudem hat das BAG festgestellt, dass die Anerkennung von Zeiten förderlicher Tätigkeit nach § 16 Abs. 2 S. 4 TV-L nicht als ungeschriebenes Tatbestandsmerkmal voraussetzt, dass der Bewerber bei seiner Einstellung eine Berücksichtigung solcher Zeiten auch verlangt (BAG 15.10.2021, 6 AZR 254/20).

**ACHTUNG!**

Bedient sich der öffentliche Arbeitgeber des Instruments der Berücksichtigung förderlicher Zeiten zur Deckung des Personalbedarfs und veranlasst einen Beschäftigten unter Zusage einer bestimmten Gehaltsspanne zur Kündigung seines bisherigen Arbeitsverhältnisses, um so einen Personalbedarf durch Einstellung des Beschäftigten zu decken und unterschreitet die nach § 16 Abs. 2 S. 1 bis S. 3 TV-L mögliche Vergütung die zugesagte Gehaltsspanne, kann sich der öffentliche Arbeitgeber anschließend – wenn die Voraussetzungen des § 16 Abs. 2 S. 4 TV-L im Übrigen vorliegen – nicht mehr auf die Einstufungsregeln der Sätze 1 bis 3 des § 16 Abs. 2 TV-L berufen. Der Beschäftigte kann dann vielmehr einen Anspruch auf dahingehende Ausübung des Ermessens nach § 16 Abs. 2 S. 4 TV-L haben, dass er einer Stufe seiner Entgeltgruppe zugeordnet wird, aus der ein Entgelt erzielt wird, das die ihm zugesagte Gehaltsspanne nicht unterschreitet (BAG v. 23.9.2010, 6 AZR 174/09, ZTR 2011, 23). Dem Anspruch der Beschäftigten stand nach Ansicht des BAG im entschiedenen Fall auch nicht entgegen, dass nach den Durchführungshinweisen des Landes nur mit Zustimmung des Finanzministeriums von der Regelung des § 16 Abs. 2 S. 4 TV-L Gebrauch gemacht werden durfte. Hierbei handelt es sich nach Auffassung des BAG um einen verwaltungsinternen Zustimmungsvorbehalt, der im Arbeitsverhältnis keine unmittelbare Wirkung entfaltet (BAG v. 23.9.2010, 6 AZR 174/09, ZTR 2011, 23).

Zudem ist die Regelung in § 16 Abs. 2a TVöD (VKA) zu beachten. Danach kann bei Einstellung von Beschäftigten im unmittelbaren Anschluss an ein Arbeitsverhältnis im öffentlichen Dienst (§ 34 Abs. 3 S. 3 und 4 TVöD) oder zu einem Arbeitgeber, der einen dem TVöD vergleichbaren Tarifvertrag anwendet, die in dem vorhergehenden Arbeitsverhältnis erworbene Stufe bei der Stufenzuordnung ganz oder teilweise berücksichtigt werden. Eine ähnliche Regelung findet sich in § 16 Abs. 2a TV-L sowie in § 16 Abs. 2 S. 4 TVöD (Bund).

## 5. Stufenlaufzeit/Verweildauer

Die Stufenlaufzeit, das heißt die Verweildauer eines Beschäftigten in der jeweiligen Entgeltstufe, richtet sich nach § 16 Abs. 3 TVöD

(Bund)/(VKA). Daraus ergibt sich, dass die Verweildauer in den einzelnen Entgeltstufen unterschiedlich ist. Bei ununterbrochener Tätigkeit innerhalb derselben Entgeltgruppe steigt der Beschäftigte nach folgender Verweildauer in die jeweils nächsthöhere Entgeltstufe auf: Nach einem Jahr in Stufe 1 steigt der Beschäftigte in Stufe 2 auf, nach zwei Jahren in Stufe 2 steigt er in Stufe 3 auf, nach drei Jahren in Stufe 3 steigt er in Stufe 4 auf, usw. Eine entsprechende Regelung findet sich in § 16 Abs. 3 TV-L.

Ausnahme von diesem System ist wiederum die EntgGr. 1. Dort erfolgt der Stufenaufstieg nach einer Verweildauer von jeweils vier Jahren, § 16 Abs. 4 S. 3 TVöD (VKA), § 16 Abs. 5 S. 3 TVöD (Bund). Eine entsprechende Regelung enthält auch § 16 Abs. 4 S. 3 TV-L.

Dieser nach einem festgelegten System erfolgende Aufstieg kann verändert werden durch die Möglichkeit eines leistungsbezogenen Stufenaufstieges gemäß § 17 Abs. 2 TVöD/TV-L. Die Tarifvertragsparteien des TVöD sowie des TV-L haben als wesentliches Ziel der Tarifvertragsreform den Aspekt der Leistungsorientierung betrachtet. Dementsprechend können die Leistungen des Beschäftigten den Stufenaufstieg positiv oder negativ beeinflussen. Dies gilt allerdings nur für das Erreichen der Stufen 4 bis 6. Nach § 17 Abs. 2 TVöD kann die Laufzeit einer Stufe, also die Zeit bis zum Erreichen der nächsten Stufe, verkürzt werden, wenn die Leistungen des Beschäftigten erheblich über dem Durchschnitt liegen. Im Gegensatz dazu kann die Stufenlaufzeit aber bei Leistungen, die erheblich unter dem Durchschnitt liegen, auch verlängert werden. In diesem Fall ist eine jährliche Überprüfung der Voraussetzungen für die Verlängerung gemäß § 17 Abs. 2 S. 3 TVöD vorzunehmen.

In der Praxis ist zu beobachten, dass von dem Instrument des leistungsbezogenen Stufenaufstiegs sehr wenig Gebrauch gemacht wird.

Die Protokollerklärung zu § 17 Abs. 2 TVöD stellt klar, dass das Leistungsentgelt gemäß § 18 TVöD (Bund)/(VKA) und der leistungsbezogene Stufenaufstieg unabhängig nebeneinander stehen und unterschiedlichen Zielen dienen. Der leistungsbezogene Stufenaufstieg soll insbesondere der Personalentwicklung dienen.

Ist der Beschäftigte mit einer Entscheidung des Arbeitgebers bezüglich des leistungsbezogenen Stufenaufstieges nicht einverstanden, kann er eine schriftliche Beschwerde an eine betriebliche Kommission richten, die sich paritätisch aus vom Arbeitgeber und Personalrat benannten Mitgliedern zusammensetzt, die dem Betrieb angehören müssen, § 17 Abs. 2 S. 4 und S. 5 TVöD. Dem Arbeitgeber verbleibt aber dennoch das Letztentscheidungsrecht.

Der leistungsbezogene Stufenaufstieg erfordert grundsätzlich eine durchschnittliche Leistung bei ununterbrochener Tätigkeit. Damit stellt sich die Frage, welche Umstände zu einer Unterbrechung in diesem Sinne führen können. Diese Frage beantwortet § 17 Abs. 3 TVöD. Dabei unterscheidet der TVöD zwischen Zeiten, welche die „Uhr" der Stufenlaufzeit nicht beeinflussen, solchen die zu einer Unterbrechung führen, an deren Ende die Stufenlaufzeit aber weiterläuft, und solchen, die zu einer Unterbrechung führen, an deren Ende eine Rückstufung in den Entgeltstufen erfolgt. Während eines bezahlten Urlaubs, einer Arbeitsunfähigkeit bis zu 39 Wochen oder etwa den Schutzfristen nach dem Mutterschutzgesetz läuft die Stufenlaufzeit weiter. Bei sonstigen Unterbrechungen bis zu drei Jahren und bei Elternzeit bis zu einer Dauer von fünf Jahren wird die „Uhr" der Stufenlaufzeit angehalten. Es findet zwar keine An-

rechnung der Zeiten auf die Stufenlaufzeit statt. Die „Uhr" der Stufenlaufzeit läuft aber nach Beendigung der Unterbrechung weiter und wird nicht „zurückgedreht", vgl. § 17 Abs. 3 S. 2 TVöD. Bei Unterbrechung von mehr als drei Jahren und Elternzeit von mehr als fünf Jahren (Beachte: Der TV-L kennt keine zeitliche Grenze im Falle der Elternzeit, sodass diese keine Rückstufung, sondern lediglich eine Unterbrechung der Stufenlaufzeit zur Folge hat.) erfolgt nach dem Ende der Unterbrechung eine Zuordnung zu der Stufe, die der vor der Unterbrechung erreichten Stufe vorangeht.

In diesem Fall wird also die „Uhr" der Stufenlaufzeit „zurückgedreht". Jedoch erfolgt eine Zuordnung mindestens in die Stufe, welche der Beschäftigte im Fall einer Neueinstellung bei unterstellter vorheriger Beendigung des Arbeitsverhältnisses zuzuordnen wäre (vgl. Breier/Dassau TVöD Komm. Erl. 4.4 zu § 17 TVöD).

**Beispiel**

Der Beschäftigte hat bereits vier Jahre in der EntgGr. 5 der EntgGr. 8 zugebracht, benötigt also noch ein weiteres Jahr für den Aufstieg in Entgeltstufe 6. Nun nimmt er einen vierjährigen unbezahlten Sonderurlaub nach § 28 TVöD aus persönlichen Gründen. Nach seiner Rückkehr wird er EntgGr. 8, Entgeltstufe 4 zugeordnet.

Zeiten der Teilzeitbeschäftigung werden bei den Stufenlaufzeiten wie Zeiten einer Vollzeitbeschäftigung angerechnet, § 17 Abs. 3 S. 4 TVöD. Auch bei der erstmaligen Stufenzuordnung im Rahmen einer Neueinstellung und der dabei zu berücksichtigenden einschlägigen Berufserfahrung im Sinne von § 16 Abs. 2 S. 2 TVöD (Bund)/(VKA), § 16 Abs. 2 S. 2 TV-L ist kein bestimmter Mindestbeschäftigungsumfang in Höhe einer bestimmten Teilzeitquote erforderlich (BAG v. 27.3.2014, 6 AZR 571/12).

Zeiten der Nichtbeschäftigung während eines Rechtsstreits um den Fortbestand des Arbeitsverhältnisses, etwa im Rahmen einer Entfristungsklage, sind keine Zeiten einer ununterbrochenen Tätigkeit im Sinne des § 16 Abs. 4 TVöD und werden diesen auch nicht gemäß § 17 Abs. 3 S. 1 TVöD gleichgestellt (BAG v. 12.9.2022, 6 AZR 261/21).

## 6. Höhergruppierung

Während eine Höhergruppierung nach „altem" Tarifrecht – das im Bereich des TVöD-VKA über § 17 TVÜ (VKA) bis zum Inkrafttreten der neuen Entgeltordnung am 1.1.2017 teilweise weiter Anwendung gefunden hat – in folgenden Fällen ausgelöst wurde:

▶ ausdrückliche Übertragung einer höherwertigen Tätigkeit durch den Arbeitgeber auf Dauer (§ 22 BAT),

▶ das Hineinwachsen in höherwertige Tätigkeiten ohne Zutun des Arbeitgebers (§ 23 BAT),

▶ die Erfüllung der Voraussetzungen für einen Bewährungs- oder Fallgruppenaufstieg (§§ 23a, 23b BAT),

gibt es Bewährungs- und Fallgruppenaufstiege in den neuen Tarifverträgen für den öffentlichen Dienst im Grundsatz nicht mehr. Die ersten beiden Fälle finden sich jedoch weiterhin in §§ 12, 13 TVöD (Bund), §§ 12, 13 TVöD (VKA), §§ 12, 13 TV-L.

Bewährungs-, Fallgruppen- und Tätigkeitsaufstiege gibt es mit Inkrafttreten des TVöD/TV-L nicht mehr. Einzige Ausnahme sind die Bestandsschutzregeln der §§ 8, 9 TVÜ. Ein Aufsteigen in höhere Entgeltgruppen kommt nur noch bei einer Änderung der Tätigkeit in Betracht, sodass eine höhere Eingruppierung die Folge ist (Tarifautomatik). Eine Höhergruppierung ist also nur noch möglich durch die Zuweisung einer höherwertigen Tätigkeit (§ 22 BAT) oder durch das Hineinwachsen in eine höherwertige Tätigkeit (§ 23 BAT). Im Bereich des TV-L sowie des TVöD-Bund und des TVöD-VKA regeln dies ausdrücklich die §§ 12, 13 TV-L, §§ 12, 13 TVöD (Bund), §§ 12, 13 TVöD (VKA) (vgl. dazu unten unter III., IV. und V.).

### 6.1 Ausdrückliche Übertragung einer höherwertigen Tätigkeit durch den Arbeitgeber auf Dauer (§ 12 TVöD (Bund)/(VKA), § 12 TV-L)

Der in der Praxis wichtigste Fall einer Höhergruppierung ist der der ausdrücklichen Übertragung einer höherwertigen Tätigkeit durch den Arbeitgeber auf Dauer (§ 12 TVöD (Bund)/(VKA), § 12 TV-L; früher § 22 BAT).

 **ACHTUNG!**

Wegen der unter I.2 erläuterten Tarifautomatik ist die Übertragung einer solchen Tätigkeit, aus der sich ein höherer Entgeltanspruch ableitet, der maßgebliche Grundakt einer Höhergruppierung.

Da es sich bei der Übertragung einer höherwertigen Tätigkeit um einen Akt handelt, der eine Änderung des Arbeitsvertrages zum Inhalt hat (Zahlung einer höheren Vergütung, Verpflichtung zu einer anderen Tätigkeit), bedarf eine solche Übertragung der Willensbildung und Entscheidung des für eine solche Änderung des Arbeitsvertrags zuständigen Gremiums des öffentlichen Arbeitgebers. Liegt eine entsprechende Willensbildung des Gremiums nicht vor, ist eine lediglich vom jeweiligen Vorgesetzten übertragene höherwertige Tätigkeit als Willenserklärung eines Vertreters ohne Vertretungsmacht zu bewerten. Diese ist schwebend unwirksam. Sofern das zuständige Gremium eine nachträgliche Zustimmung verweigert, wird die Übertragung der höherwertigen Tätigkeit rückwirkend rechtlich unwirksam (§§ 177, 179 BGB). In diesem Fall bliebe der Arbeitsvertrag unverändert und wäre entsprechend den Regelungen des faktischen Arbeitsverhältnisses abzuwickeln. Das bedeutet, das höhere Entgelt für die Leistung der höherwertigen Tätigkeit bleibt für die Vergangenheit erhalten, dem Beschäftigten sind jedoch wieder Tätigkeiten der bisherigen Vergütungs- beziehungsweise Entgeltgruppe zu übertragen.

Liegt eine wirksame Willensbildung und -erklärung des öffentlichen Arbeitgebers vor, kommt die Vertragsänderung dadurch zustande, dass der Beschäftigte die neue Tätigkeit stillschweigend übernimmt und damit konkludent seine Zustimmung erklärt.

 **ACHTUNG!**

Mit dem Tag der Übertragung ist der Beschäftigte in die höhere Vergütungsgruppe eingruppiert.

Eine nur vorübergehende Übertragung höherwertiger Tätigkeiten hat keine Höhergruppierung zur Folge. Der Arbeitgeber muss bei seiner Entscheidung, ob er kraft seines Direktionsrechts die Übertragung der höherwertigen Tätigkeit nur vorübergehend vornimmt, entsprechend § 106 GewO billiges Ermessen ausüben. Hierzu muss er vor allem das Interesse des Arbeitnehmers, die höherwertige Tätigkeit auf Dauer übertragen zu bekommen, und das Interesse des Arbeitgebers, die Tätigkeit nicht auf Dauer zu übertragen, gegeneinander abwägen (BAG v. 17.4.2002, 4 AZR 174/01).

Erfüllt der Beschäftigte bestimmte Voraussetzungen für eine höhere Eingruppierung im Zeitpunkt der Übertragung der geänderten Tätigkeiten noch nicht, erwirbt diese aber später, so erfolgt die Eingruppierung in die höhere Entgeltgruppe im Sinne des § 17 Abs. 4 TVöD/VKA, sobald die Voraussetzungen vorliegen (LAG Berlin-Brandenburg v. 20.10.2023, 2 Sa 576/23).

Im TVöD/TV-L stehen dem öffentlichen Arbeitgeber zur zeitlich begrenzten Übertragung höherwertiger Tätigkeiten neben der vorübergehenden Übertragung gemäß § 14 TVöD/TV-L auch die Instrumente Führung auf Zeit und Führung auf Probe gemäß §§ 31 und 32 TVöD/TV-L zur Verfügung, sofern es sich um Führungspositionen im Sinne der Absätze 2 der §§ 31, 32 TVöD/TV-L handelt (vgl. hierzu auch unter → *Befristung*).

### 6.2 Hineinwachsen in höherwertige Tätigkeiten ohne Zutun des Arbeitgebers (§ 13 TVöD (Bund)/(VKA), § 13 TV-L)

Im Gegensatz zu § 12 TVöD (Bund)/(VKA), § 12 TV-L regelt § 13 TVöD (Bund)/(VKA), § 13 TV-L (früher § 23 BAT) die Eingruppierung in den Fällen, in denen sich die Tätigkeit des Beschäftigten ohne Zutun des Arbeitgebers aus sich heraus (z. B. durch Zuwachs an schwierigeren Aufgaben aufgrund einer Umstrukturierung der Behörde) so geändert hat, dass die Tätigkeit nunmehr den Tätigkeitsmerkmalen einer höheren Vergütungsgruppe entspricht. In diesen Fällen ist der Beschäftigte gemäß § 13 Abs. 1 S. 1 TVöD (Bund)/(VKA) bzw. § 13 S. 1 TV-L erst nach Ablauf einer sechsmonatigen ununterbrochenen höherwertigen Tätigkeit, also mit Beginn des siebten Monats, höhergruppiert.

Für die Zeit der Ausübung der höherwertigen Tätigkeit vor Ablauf der sechs Kalendermonate erhält der Beschäftigte – gleichgültig, ob er die höherwertig gewordene Tätigkeit behält und höhergruppiert wird oder nicht – eine persönliche Zulage nach Maßgabe des § 14 TVöD/TV-L (früher § 24 Abs. 1 BAT).

 **ACHTUNG!**

Die Frist von sechs Monaten soll es dem Arbeitgeber ermöglichen, zu prüfen, ob er mit der sich dann ergebenden Eingruppierung des Beschäftigten einverstanden ist. Ist er dies, z. B. aus personalpolitischen Gründen nicht, kann dem Beschäftigten wieder eine Tätigkeit zugewiesen werden, die den Tätigkeitsmerkmalen seiner bisherigen Entgeltgruppe entspricht. Eine Höhergruppierung erfolgt dann nicht. Für die Zeit, in welcher der Beschäftigte höherwertige Tätigkeiten verrichtet hat, steht ihm eine persönliche Zulage nach § 14 TVöD/TV-L zu.

Eine Zuweisung anderer Tätigkeiten kann durch Umsetzung erfolgen. Statt der Umsetzung ist es auch möglich, durch lediglich organisatorische Maßnahmen des Arbeitgebers die Tätigkeit des Beschäftigten wieder so zuzuschneiden, dass sie der bisherigen Eingruppierung entspricht, also beispielsweise durch „Wegnahme" höherwertiger Tätigkeiten im Wege des Direktionsrechts. Die Notwendigkeit solcher Maßnahmen kann sich aus Gründen der Personalstruktur oder einer sachgerechten Personalpolitik ergeben.

Ist die Zeit der Ausübung der höherwertigen Tätigkeit durch Urlaub, Arbeitsbefreiung, Arbeitsunfähigkeit, Kur- oder Heilverfahren oder Vorbereitung auf eine Fachprüfung für die Dauer von insgesamt nicht mehr als sechs Wochen unterbrochen worden, wird die Unterbrechungszeit in die Frist von sechs Monaten eingerechnet. Bei einer längeren Unterbrechung oder bei einer Unterbrechung aus anderen Gründen beginnt die Frist nach der Beendigung der Unterbrechung neu zu laufen (§ 13 Abs. 2 TVöD (Bund)/(VKA) bzw. § 13 S. 3 und 4 TV-L).

### 6.3 Folge der Höhergruppierung

Die Folgen der Höhergruppierung sind beispielsweise in § 17 Abs. 4 TV-L geregelt. Anders als früher im BAT verbleibt ein Beschäftigter im Anwendungsbereich des TV-L bei einer Höhergruppierung, also einem Wechsel der Entgeltgruppe, nicht zwangsläufig in der bereits erreichten Entgeltstufe. Die Höhergruppierung im TV-L erfolgt nicht stufengleich, sondern orientiert sich an dem jeweiligen Tabellenentgelt. Bei Höhergruppierungen ist die Stufe in der höheren Entgeltgruppe maßgeblich, die mindestens dem Tabellenentgelt in der bisherigen Stufe entspricht, mindestens jedoch der Stufe 2, § 17 Abs. 4 S. 1 TV-L.

**Beispiel**

> Einem Arbeitnehmer aus EntgGr. 7, Stufe 4 TV-L werden Tätigkeiten der EntgGr. 8 übertragen. Er wird dann in Stufe 3 eingruppiert, da diese Stufe bereits ein Entgelt vorsieht (€ 3.299,66 ab 1.12.2022 bis 31.10.2024), das mindestens dem vorherigen Entgelt (€ 3.287,05) entspricht.

 **ACHTUNG!**

Von diesem ursprünglichen Grundprinzip haben sich die Tarifparteien des TVöD-Bund nun entfernt und eine stufengleiche Höhergruppierung geregelt. Nach § 17 Abs. 5 TVöD-Bund gilt, dass bei Eingruppierung in eine höhere Entgeltgruppe die Beschäftigten des Bundes der gleichen Stufe zugeordnet werden, die sie in der niedrigeren Entgeltgruppe erreicht haben, mindestens jedoch der Stufe 2.

Auch im Bereich der VKA haben sich die Tarifvertragsparteien in der Tarifrunde 2016 darauf verständigt, dass ab 1.1.2017 mit Inkrafttreten der neuen Entgeltordnung im Falle einer Höhergruppierung aus den EntgGr. 2 bis 14 in die nächsthöhere Entgeltgruppe diese Höhergruppierung stufengleich erfolgen soll. § 17 Abs. 4 TVöD ist daher zum 1.1.2017 neu gefasst worden. Das „alte" Prinzip der Orientierung an der Entgelthöhe wird aber weiterhin für einen Aufstieg aus der EntgGr. 1 gelten. Zu diesem Zwecke wurde ein neuer § 17 Abs. 4a in den TVöD-VKA eingefügt.

Im Anwendungsbereich des TV-L haben es die Tarifvertragsparteien dagegen bei dem bisherigen Prinzip belassen.

 **ACHTUNG!**

Der Wechsel zum Prinzip des stufengleichen Aufstiegs hat zu der Diskussion geführt, ob dadurch Beschäftigte, deren Höhergruppierung vor dem Zeitpunkt der Änderung erfolgt ist, gegenüber denen, die später höhergruppiert worden sind oder noch werden, benachteiligt sind. Nach zutreffender Auffassung des LAG Niedersachsen ist das aber nicht der Fall. Die stufengleiche Höhergruppierung gemäß § 17 Abs. 4 TVöD-VKA führt weder zu einem gleichheitswidrigen Begünstigungsausschluss von Beschäftigten, die vor dem Stichtag höhergruppiert wurden und deren Stufenzuweisung betragsmäßig erfolgte, noch verstößt die stichtagsbezogene Neuregelung gegen das Verbot der Altersdiskriminierung (LAG Niedersachsen v. 9.1.2019, 17 Sa 625/18 E, ZTR 2019, 328). Die gegen diese Entscheidung eingelegte Revision war nicht erfolgreich (BAG v. 19.12.2019, 6 AZR 59/19, ZTR 2020, 348). Auch das BAG bestätigt die Wirksamkeit der von den Tarifvertragsparteien gefundenen Stichtagsregelung.

Dort, wo die dargestellten Regelungen des stufengleichen Aufstiegs keine Anwendung finden (im Bereich des TV-L), soll aber jeder Beschäftigte zumindest die Garantie haben, dass er ein höheres Bruttoentgelt erhält als vor der Höhergruppierung. Gibt es zwischen dem Entgelt der vorherigen Eingruppierung und der neuen Eingruppierung keine Differenz oder eine Differenz von weniger als € 100,00 (EG 1 bis 8; ab 1.1.2019) beziehungsweise weniger als € 180,00 (EG 9 bis 15; ab 1.1.2019), erhält der Beschäftigte gemäß § 17 Abs. 4 S. 2 TV-L einen Garantiebetrag von € 100,00 beziehungsweise € 180,00.

**Beispiel**

> Einem Beschäftigten der EntgGr. 7, Stufe 4 TV-L (= € 3.287,05 ab 1.12.2022 bis 31.10.2024) wird eine Tätigkeit der EntgGr. 8 übertragen. Zuordnung zu EntgGr. 8, Stufe 3 TV-L, da mindestens € 3.287,05. Stufe 3 beträgt aber nur € 3.299,66. Die Dif-

ferenz beträgt also € 12,61. Daher erhält der Beschäftigte eine zusätzliche Zahlung in Höhe von € 87,39, damit die Garantiesumme von € 100,00 erreicht wird.

Die Garantiebeträge waren dynamisch ausgestaltet und erhöhten sich daher mit möglichen Tariferhöhungen. Die entsprechende Protokollerklärung zu § 17 Abs. 4 S. 2 TV-L ist mit der Tarifeinigung vom 2.3.2019 und der damit einhergehenden Erhöhung der Garantiebeträge gestrichen worden.

 **ACHTUNG!**

Ist der Garantiebetrag höher als der Unterschiedsbetrag bei stufengleicher Zuordnung, wird als Garantiebetrag der Unterschiedsbetrag gezahlt, § 17 Abs. 4 S. 3 TV-L.

Im Bereich des TVöD-VKA ist mit Inkrafttreten der Neufassung des § 17 Abs. 4 TVöD-VKA zum 1.1.2017 und dem damit einhergehenden Wechsel zum Prinzip des stufengleichen Aufstiegs die entsprechende Protokollerklärung im TVöD-VKA ebenfalls gestrichen worden.

Das neue Tabellenentgelt erhält der Beschäftigte vom Beginn des Monats, in dem die Höhergruppierung wirksam wird. Die Stufenlaufzeit in der höheren Entgeltgruppe beginnt allerdings mit dem Tag der Höhergruppierung, § 17 Abs. 4 S. 5 TVöD.

 **ACHTUNG!**

Von der Höhergruppierung zu unterscheiden ist die Korrektur einer seit Beginn der Tätigkeit zu niedrigen Eingruppierung. Hierbei handelt es sich nicht um eine Höhergruppierung nach § 17 Abs. 4 TVöD (BAG v. 8.12.2022, 6 AZR 459/21).

 **ACHTUNG!**

Kritisiert wurde in der Vergangenheit, dass auch Zeiten einer vorübergehenden Übertragung derselben höherwertigen Tätigkeit nicht angerechnet wurden. Diesbezüglich haben sich die Tarifvertragsparteien des TVöD im Rahmen der Tarifpflege auf eine Änderung verständigt. In der Protokollerklärung zu § 17 Abs. 4 TVöD ist nunmehr geregelt, dass wenn Beschäftigten nach § 14 Abs. 1 vorübergehend eine höherwertige Tätigkeit übertragen worden ist und ihnen im unmittelbaren Anschluss daran eine Tätigkeit derselben höheren Entgeltgruppe dauerhaft übertragen wird, sie hinsichtlich der Stufenzuordnung so gestellt werden, als sei die Höhergruppierung ab dem ersten Tag der vorübergehenden Übertragung der höherwertigen Tätigkeit erfolgt (zu Einzelheiten vgl. Spree, ZTR 2020, 184).

Im TV-L gilt aber weiterhin, dass eine Anrechnung in dieser Fallkonstellation nicht stattfindet. Die Zulage findet ebenfalls keine Berücksichtigung bei der Stufenzuordnung nach § 17 Abs. 4 S. 1 TV-L.

Die Stufenzuordnung knüpft ausdrücklich nur an das bisherige Tabellenentgelt im Sinne des § 15 TVöD und nicht an die bisherige Gesamtvergütung an (BAG v. 3.7.2014, 6 AZR 1067/12, ZTR 2014, 594; zu § 17 TV-L vgl. auch LAG Sachsen-Anhalt v. 20.10.2014, 6 Sa 280/13 E mit demselben Ergebnis).

Die Stufenzuordnung bei Höhergruppierung nach den Regeln des § 17 Abs. 4 TVöD führt nicht zu einem Verstoß gegen den Gleichheitsgrundsatz, weil die Eingruppierung bei externen Bewerbern hinsichtlich der Stufenzuordnung anderen Regeln folgt. Insoweit hat das BAG festgestellt, dass diesbezüglich gerade keine vergleichbaren Sachverhalte vorliegen (BAG v. 20.9.2012, 6 AZR 211/11, ZTR 2013, 35).

 **ACHTUNG!**

Von der Höhergruppierung zu unterscheiden ist der Fall des Tabellenwechsels. Verändert sich aufgrund einer neuen Tätigkeit die Eingruppierung dergestalt, dass ein Wechsel der Entgelttabelle stattfindet, bestimmt sich die Stufenzuordnung nicht nach § 17 Abs. 4 TV-L. Es handelt sich nicht um eine Höher- oder Herabgruppierung im Tarifsinn (BAG v. 18.2.2021, 6 AZR 702/19). Nach dem Tabellenwechsel erfolgt eine Zuordnung zur Stufe 1 der neuen Entgeltgruppe, weil keine Einstellung nach § 16 Abs. 2 TV-L vorliegt und in der neuen Entgeltgruppe auch noch keine Stufenlaufzeit nach § 16 Abs. 3 TV-L zurückgelegt wurde (BAG v. 18.2.2021, 6 AZR 702/19). Eine entgeltgruppenübergreifende Berücksichtigung von Berufserfahrung ist im TV-L (aber auch im TVöD) nicht geregelt.

## 6.4 Eingruppierungsfeststellungsklage

Hat ein Beschäftigter eine nach seiner Auffassung ihm zustehende höhere Eingruppierung bei seinem Arbeitgeber erfolglos geltend gemacht, kann er im Wege einer Eingruppierungsfeststellungsklage seine Ansprüche vor dem Arbeitsgericht geltend machen. Ein Klageantrag, der auf entsprechende Eingruppierung durch den Arbeitgeber gerichtet ist, wird dabei in die Verpflichtung des Arbeitgebers auf Zahlung einer Vergütung aus einer bestimmten Vergütungsgruppe umzudeuten sein. Aufgrund der Tarifautomatik bedarf es eines besonderen Eingruppierungsaktes durch den Arbeitgeber nicht (vgl. hierzu auch I.2.). Im Allgemeinen wird die Eingruppierungsklage auch als Feststellungsklage erhoben. Dies ist nach ständiger Rechtsprechung des Bundesarbeitsgerichts zulässig, da davon auszugehen ist, dass der öffentliche Arbeitgeber einer gerichtlichen Feststellung Folge leisten wird.

Für die Feststellung einer bestimmten Fallgruppe innerhalb einer Vergütungsgruppe des BAT bestand dagegen nach der Rechtsprechung kein Rechtsschutzbedürfnis. Diese Problematik besteht mit Inkrafttreten der neuen Entgeltordnung des TVöD fort.

Anders als beispielsweise im Kündigungsschutzprozess hat nach allgemeinen prozessrechtlichen Grundsätzen im Eingruppierungsrechtsstreit der Beschäftigte die Tatsachen für seinen Anspruch im Einzelnen darzulegen, so dass das Arbeitsgericht daraus Arbeitsvorgänge, deren zeitlichen Umfang sowie die Bewertung ableiten kann. Pauschale Zusammenfassungen oder die Vorlage von Geschäftsordnungsplänen genügen diesen hohen Anforderungen in aller Regel nicht (vgl. zu den Anforderungen an die Darlegung auch LAG Rheinland-Pfalz v. 6.6.2018, 7 Sa 503/17; LAG Mecklenburg-Vorpommern v. 19.3.2019, 2 Sa 213/18). Bei der Bildung von Arbeitsvorgängen ist entscheidend, welche Tätigkeiten dem Beschäftigten übertragen sind (LAG Mecklenburg-Vorpommern v. 21.11.2023, 2 Sa 40/23). Die hohen Anforderungen an die Darlegungslast des Arbeitnehmers führen in der Praxis dazu, dass die Erfolgsaussichten einer Eingruppierungsfeststellungsklage häufig als gering zu bewerten sind.

**Beispiel**

So genügt beispielsweise die Aufzählung einer großen Zahl von Normen, die der Beschäftigte bei seiner Tätigkeit zu berücksichtigen habe, nicht, um das Vorliegen vielseitiger und umfassender Fachkenntnisse (EntgGr. 9b EntgO TVöD-(VKA)) darzulegen (LAG Mecklenburg-Vorpommern v. 27.6.2018, 3 Sa 206/17).

 **ACHTUNG!**

Soweit die Tätigkeitsmerkmale der Fallgruppen der Entgeltordnung aufeinander aufbauen, ist zunächst zu prüfen, ob die Anforderungen der Ausgangsfallgruppe erfüllt werden. Anschließend ist zu klären, ob auch die qualifizierenden Merkmale der höheren Entgeltgruppe vorliegen (vgl. BAG v. 19.5.2010, 4 AZR 912/08, ZTR 2010, 577). Für den schlüssigen Vortrag einer Eingruppierungsklage genügt daher eine Darstellung der eigenen Tätigkeit nicht, wenn ein Heraushebungsmerkmal in Anspruch genommen wird. Allein aus der Betrachtung der Tätigkeit sind

noch keine Rückschlüsse darauf möglich, ob sie sich gegenüber denjenigen der Ausgangsentgeltgruppe heraushebt und eine Eingruppierung in die höheren Entgeltgruppen begründet. Diese Wertung erfordert vielmehr einen Vergleich mit den nicht herausgehobenen Tätigkeiten, also den „Normaltätigkeiten" der Ausgangsfallgruppe, und setzt einen entsprechenden Tatsachenvortrag voraus. Die vorgetragenen Tatsachen müssen erkennen lassen, warum sich eine bestimmte Tätigkeit aus der in der Ausgangsfallgruppe erfassten Grundtätigkeit hervorhebt und einen wertenden Vergleich mit dieser nicht unter das Heraushebungsmerkmal fallenden Tätigkeit erlauben (vgl. BAG v. 22.6.2022, 4 AZR 495/21, ZTR 2022, 719; BAG v. 9.12.2015, 4 AZR 11/13; LAG Mecklenburg-Vorpommern v. 18.4.2023, 2 Sa 177/22). Bei der Prüfung der Voraussetzungen von Aufbaufallgruppen können Umstände, die für die Erfüllung der Anforderungen einer Aufbaufallgruppe berücksichtigt worden sind, grundsätzlich nicht noch einmal für die Erfüllung eines Heraushebungsmerkmals herangezogen werden (BAG v. 22.6.2022, 4 AZR 495/21, ZTR 2022, 719: Diese Umstände sind „verbraucht").

## 7. Herabgruppierung

Will der Arbeitgeber dem Beschäftigten eine niedriger bewertete Tätigkeit auf Dauer zuweisen, bedarf es einer Änderung des Arbeitsvertrages. Diese Änderung kann einvernehmlich durch den Abschluss eines Änderungsvertrages zum Arbeitsvertrag geschehen. Ohne Einwilligung des Beschäftigten ist dagegen eine Herabgruppierung nur durch eine wirksame Änderungskündigung zu erreichen. Im umgekehrten Fall stellt die aus Anlass einer Höhergruppierung erfolgte schriftliche Mitteilung über die Zusammensetzung der Vergütung kein selbstständiges Angebot des Arbeitgebers auf Änderung des Arbeitsvertrages zugunsten des Arbeitnehmers dar (BAG v. 7.6.1990, 6 AZR 423/88; BAG v. 25.9.2002, 4 AZR 339/01).

 **ACHTUNG!**

Der Fall der Herabgruppierung ist von dem Fall der irrtümlichen Eingruppierung zu unterscheiden. Stellt ein Arbeitgeber bei einer Überprüfung eine irrtümliche Eingruppierung fest und besteht ein tarifunabhängiger einzelvertraglicher Anspruch nicht, kann eine sogenannte korrigierende Rückgruppierung vorgenommen werden. Die bisherige Eingruppierung begründet weder einen Beweis noch eine Vermutung, dass die auszuübende Tätigkeit tatsächlich den Merkmalen einer bestimmten Vergütungsgruppe entspricht. Die Korrektur einer solchen Eingruppierung verstößt dann nicht gegen den Grundsatz von Treu und Glauben (BAG v. 11.5.2005, 4 AZR 332/04; BAG v. 20.3.2013, 4 AZR 521/11, ZTR 2013, 615). Vertrauensschutz des Beschäftigten ist nur im Einzelfall anzunehmen (vgl. dazu etwa BAG v. 15.6.2011, 4 AZR 737/09, ZTR 2012, 26). Allerdings darf der Arbeitgeber nur einmal korrigierend tätig werden. Nach der Rechtsprechung des Bundesarbeitsgerichts ist die wiederholte korrigierende Rückgruppierung eines Beschäftigten bei unveränderter Tätigkeit und Tarifrechtslage regelmäßig treuwidrig und deshalb ausgeschlossen (zuletzt BAG v. 23.9.2009, 4 AZR 220/08). Zudem kann eine korrigierende Rückgruppierung wegen eines Verstoßes gegen das Verbot widersprüchlichen Verhaltens auch dann i. S. v. § 242 BGB treuwidrig sein, wenn eine vorangegangene Überprüfung der Eingruppierung – bei unveränderter Tätigkeit – zu einer Höhergruppierung geführt hatte (BAG v. 13.12.2017, 4 AZR 576/16, ZTR 2018, 254). Im entschiedenen Fall hatte der Arbeitgeber die Beschäftigte zunächst auf ihren Antrag hin höhergruppiert und dann einige Jahre später nach entsprechender Begutachtung eine korrigierende Rückgruppierung vorgenommen.

Die Grundsätze der korrigierenden Rückgruppierung lassen sich in bestimmtem Umfang auf die korrigierende Rückstufung bei der Stufenzuordnung nach § 16 Abs. 2 TV-L, § 16 Abs. 2 TVöD

(Bund)/(VKA) übertragen (vgl. hierzu BAG v. 5.6.2014, 6 AZR 1008/12, ZTR 2014, 530 sowie im Hinblick auf § 16 Abs. 2 S. 4 TV-L: LAG Rheinland-Pfalz v. 15.11.2019, 1 Sa 18/19, ZTR 2020, 93).

 **ACHTUNG!**

Nimmt der Arbeitgeber eine ihm mögliche Rückgruppierung zugunsten des Beschäftigten zunächst nicht vor, hindert ihn das nicht – bei Vorliegen der entsprechenden Voraussetzungen – später eine Änderungskündigung auszusprechen. Das einstweilige Absehen von einer Rückgruppierung durch den Arbeitgeber stellt keinen Verzicht auf eine Änderung der Arbeitsbedingungen für die Zukunft dar, sodass eine Änderungskündigung nicht etwa gegen § 242 BGB verstößt (vgl. BAG v. 24.9.2015, 2 AZR 680/14, ZTR 2016, 275).

 **ACHTUNG!**

Während in einem Höhergruppierungsprozess die Darlegungs- und Beweislast beim Beschäftigten liegt, kann sich der Beschäftigte im Fall einer korrigierenden Rückgruppierung auf die ihm zuvor als maßgebend mitgeteilte Entgeltgruppe berufen. Dann hat die Arbeitgeberin die objektive Fehlerhaftigkeit der bisherigen Eingruppierung darzulegen und zu beweisen (vgl. BAG v. 27.4.2022, 4 AZR 463/21).

Im Falle einer Herabgruppierung erfolgt die Zuordnung in dieselbe Stufe, welcher der Arbeitnehmer in der höheren Entgeltgruppe zugeordnet war, § 17 Abs. 4 S. 5 TVöD. In dieser Konstellation erfolgt die neue Eingruppierung also anders als teilweise bei der Höhergruppierung (z. B. im TV-L) stufengleich.

**Beispiel**

Einem Arbeitnehmer der EntgGr. 7, Stufe 4 TV-L (€ 3.287,05 ab 1.12.2022 bis 31.10.2024), werden Tätigkeiten der EntgGr. 6 übertragen. Dann erfolgt eine Eingruppierung in Stufe 4 (€ 3.192,41).

 **ACHTUNG!**

Dieses Prinzip gilt auch, wenn der Beschäftigte zuvor – als Ergebnis der Überleitung aus dem alten Tarifsystem – in eine individuelle Endstufe eingestuft war. Mit Urteil vom 3.7.2014 (6 AZR 753/12, ZTR 2014, 597) hat das BAG klargestellt, dass der Beschäftigte auch im Fall der Herabgruppierung aus einer individuellen Endstufe höchstens der Endstufe der niedrigeren Entgeltgruppe zuzuordnen ist. Der Begriff der „Stufe" in § 17 Abs. 4 S. 4 TV-L erfasst die individuelle Endstufe nicht. § 17 Abs. 4 S. 4 TV-L sichert dem Beschäftigten nur die Beibehaltung der „erreichten" Stufe und regelt die Stufenzuordnung innerhalb des Systems des TV-L. Die individuelle Endstufe wiederum ist ein Instrument des Überleitungsrechts zur Besitzstandswahrung und hat damit im Rahmen der Herabgruppierung keine Bedeutung mehr. Diese Entscheidung ist auf TVöD/TV-H übertragbar.

Auch wenn der Beschäftigte früher schon einmal in einer höheren Stufe der niedrigeren Entgeltgruppe war, kommt es bei der stufengleichen Herabgruppierung nur darauf an, in welcher Stufe der Beschäftigte zuletzt war (vgl. BAG v. 5.10.2023, 6 AZR 333/22).

 **ACHTUNG!**

An der Systematik bei Herabgruppierungen hat sich auch durch die neue Entgeltordnung im TVöD-Bund nichts geändert. Hier erfolgt die Herabgruppierung ebenfalls nach dem dargestellten Prinzip. Auch im Bereich der VKA hat sich durch das Inkrafttreten der neuen Entgeltordnung zum 1.1.2017 hieran nichts geändert.

Nach einer Herabgruppierung im Tarifbereich des TV-L beginnt die Stufenlaufzeit in der zugeordneten Stufe der niedrigeren Entgeltgruppe neu (vgl. BAG v. 1.6.2017, 6 AZR 741/15, ZTR 2017, 529 zu § 17 Abs. 4 TVöD-VKA a. F.). Bereits zurückgelegte

Stufenlaufzeiten finden also keine Anrechnung (anders jetzt etwa im TVöD-VKA, vgl. § 17 Abs. 4 S. 3, sowie im TVöD-Bund, vgl. § 17 Abs. 5 S. 3 TVöD).

 **ACHTUNG!**

Von der Herabgruppierung ist die bloße Zuweisung geringerwertiger Tätigkeiten zu unterscheiden. Diese ist zulässig, soweit dadurch die Eingruppierung nicht geändert wird und billiges Ermessen gewahrt ist (vgl. LAG Berlin-Brandenburg v. 27.4.2017, 10 Sa 53/17).

## 8. Vorübergehende Übertragung höherwertiger Tätigkeiten, § 14 TVöD

Neben der dauerhaften Übertragung einer höherwertigen Tätigkeit kommt auch die vorübergehende Übertragung einer höherwertigen Tätigkeit in Betracht. Diesen Fall regelt § 14 TVöD. Gemäß § 14 Abs. 1 TVöD erhält der Beschäftigte bei einer mindestens einmonatigen Tätigkeit eine persönliche Zulage. Die Höhe dieser Zulage richtet sich nach § 14 Abs. 3 TVöD.

Anders als die Vorgängerregelung des § 24 BAT wird in § 14 TVöD nicht mehr zwischen „vertretungsweiser" und „vorübergehender" Übertragung unterschieden. Maßgeblich ist allein, dass der Beschäftigte eine höherwertigere Tätigkeit ausübt. Übt der Beschäftigte eine solche Tätigkeit mindestens einen Monat aus, erhält er für die Dauer der Ausübung und rückwirkend ab dem ersten Tag der Ausübung eine persönliche Zulage. Die Höhe dieser persönlichen Zulage entspricht dem Unterschiedsbetrag zwischen dem bisherigen Entgelt und dem Entgelt, das sich bei einer nach den Regeln des § 17 Abs. 4 S. 1 bis 3 TVöD durchgeführten Höhergruppierung ergeben würde.

 **ACHTUNG!**

Mit Wirkung zum 1.3.2018 ist im Bereich des TVöD-Bund die frühere Unterscheidung bei der Höhe der Zulage zwischen den EntgGr. 1 bis 8 und den höheren Entgeltgruppen weggefallen. Nunmehr wird auch im Bereich des TVöD-Bund auf den Unterschiedsbetrag zwischen dem bisherigen Entgelt und dem Entgelt, das sich nach einer Höhergruppierung ergeben würde, abgestellt, § 14 Abs. 3 TVöD-Bund.

Für die Frage der Zulässigkeit der vorübergehenden Übertragung einer höherwertigen Tätigkeit ist zu prüfen, ob der Arbeitgeber bei der Ausübung seines arbeitsvertraglichen Direktionsrechts die Grenzen billigen Ermessens beachtet hat. Dabei muss es billigem Ermessen entsprechen, dem Beschäftigten die höher bewertete Tätigkeit überhaupt zu übertragen. Zudem muss es billigem Ermessen entsprechen, diese Tätigkeit nur vorübergehend zu übertragen (BAG v. 4.7.2012, 4 AZR 759/10, ZTR 2013, 24: „doppelte Billigkeitsprüfung"). Maßgeblicher Zeitpunkt für die Prüfung, ob der Arbeitgeber sein Ermessen ordnungsgemäß ausgeübt hat, ist der Zeitpunkt, zu dem der Arbeitgeber seine Ermessensentscheidung trifft (vgl. LAG Köln v. 8.9.2015, 12 Sa 681/15, ZTR 2016, 138). Wie bei der Prüfung der Wirksamkeit einer Befristung kommt es also nicht auf spätere Entwicklungen an.

Geht es um die vorübergehende Übertragung von Führungspositionen, kann auch das Instrument der Führung auf Zeit gemäß § 32 TVöD eine Alternative darstellen (vgl. hierzu → *befristetes Arbeitsverhältnis*).

## 9. Beteiligungsrechte von Betriebs- und Personalrat

### 9.1 Betriebsrat

In Unternehmen mit in der Regel mehr als zwanzig Arbeitnehmern hat der Arbeitgeber den Betriebsrat gemäß § 99 Abs. 1

BetrVG vor jeder Einstellung, Eingruppierung, Umgruppierung und Versetzung zu unterrichten und die Zustimmung des Betriebsrates zu der geplanten Maßnahme einzuholen. Daher benötigt der Arbeitgeber die Zustimmung des Betriebsrates bei der erstmaligen Festlegung der maßgeblichen Entgeltgruppe, also bei der Zuordnung der übertragenen Tätigkeiten zu einer Entgeltgruppe. Ferner besteht ein Mitbestimmungsrecht des Betriebsrates bei der Stufenzuordnung (BAG v. 6.4.2011, 7 ABR 136/09, ZTR 2011, 632). Damit folgt das BAG der Rechtsprechung des Bundesverwaltungsgerichts, das entschieden hat, dass sich das Mitbestimmungsrecht des Personalrates auch auf die Zuordnung zu den Entgeltstufen erstreckt (BVerwG v. 13.10.2008, 6 P 15/08). Das Mitbestimmungsrecht des Betriebsrates erfasst dabei sowohl die Höherstufung aufgrund des Ablaufs der regulären Stufenlaufzeit gemäß § 16 Abs. 3 TVöD (Bund)/(VKA) als auch die Fälle einer verkürzten Stufenlaufzeit gemäß § 17 Abs. 2 TVöD (BAG v. 6.4.2011, 7 ABR 136/09, ZTR 2011, 632). Nicht mitbestimmungspflichtig ist dagegen die Gewährung einer Zulage, wenn sie Beschäftigten ohne Rücksicht auf die Zuordnung zu einer bestimmten Vergütungsgruppe generell für bestimmte Erschwernisse gezahlt wird, unter denen die Arbeit zu leisten ist (so BAG v. 19.10.2010, 4 ABR 119/09, ZTR 2012, 306 für die Zahlung eines tariflichen Familienzuschlages). Nicht mitbestimmungspflichtig soll auch die Stufenvorweggewährung oder die Zahlung einer erhöhten Endstufe zur „regionalen Differenzierung, Deckung des Personalbedarfs oder zur Bindung von qualifizierten Fachkräften" nach § 20 Abs. 5 S. 1 und S. 2 TV-Ärzte/VKA (ähnlich beispielsweise § 16 Abs. 6 TVöD-Bund oder § 16 Abs. 5 TV-L) sein (BAG v. 12.6.2019, 1 ABR 30/18, ZTR 2019, 574).

Nicht mitbestimmungspflichtig ist auch die vorübergehende Übertragung einer höherwertigen Tätigkeit gemäß § 14 TVöD/TV-L. Diese löst nur einen Anspruch auf Zahlung einer Zulage aus und ändert gerade nicht die Eingruppierung. Ein Mitbestimmungsrecht kann sich aber ergeben, wenn die Maßnahme nach § 14 TVöD mit einer Versetzung im Sinne des § 95 Abs. 3 BetrVG einhergeht.

### 9.2 Personalrat

Die Mitbestimmungsrechte des Personalrates bestimmen sich nach dem jeweiligen Landes- oder dem Bundespersonalvertretungsgesetz. Gemäß § 78 Abs. 1 Nr. 4 BPersVG hat der Personalrat bei der Ein-, Höher- sowie der Rückgruppierung mitzubestimmen. Das bedeutet, dass die Maßnahme nur mit seiner Zustimmung durchgeführt werden darf (vgl. § 70 Abs. 1 BPersVG). Auch die vorübergehende Übertragung einer höherwertigen Tätigkeit ist nach § 78 Abs. 1 Nr. 4 BPersVG – und damit im Unterschied zum BetrVG (s. o.) – mitbestimmungspflichtig. Auch wenn der Arbeitgeber bei Zuweisung eines neuen Arbeitsplatzes an den Arbeitnehmer davon ausgeht, dass die bisherige Eingruppierung sich dadurch nicht ändert, unterliegt die Zuweisung des neuen Arbeitsplatzes nach Auffassung des Bundesverwaltungsgerichts der Mitbestimmung des Personalrates bei Eingruppierung (BVerwG v. 8.11.2011, 6 P 23.10, ZTR 2012, 123). Dies soll nach Auffassung des Bundesverwaltungsgerichts sogar dann gelten, wenn der neue Arbeitsplatz schon einmal unter Beteiligung des Personalrates bewertet worden ist (BVerwG v. 8.11.2011, 6 P 23.10, ZTR 2012, 123; vgl. hierzu auch BVerwG v. 20.3.2017, 5 PB 1.16, ZTR 2017, 494). Werden dem Arbeitnehmer kein neuer Arbeitsplatz, sondern lediglich neue Aufgaben zugewiesen, setzt das Mitbestimmungsrecht des Personalrates erst dann ein, wenn die Aufgaben sich in einer Weise ändern,

dass eine Umsetzung im personalvertretungsrechtlichen Sinne vorliegt (vgl. dazu auch Lochner, ZTR 2012, 125).

Ferner erstreckt sich das Mitbestimmungsrecht des Personalrats bei der Eingruppierung neu einzustellender Arbeitnehmer auch auf die Stufenzuordnung nach § 16 Abs. 2 S. 1 bis 3 TV-L. Dies hat das Bundesverwaltungsgericht in mehreren Beschlüssen vom 27.8.2008 (vgl. BVerwG v. 27.8.2008, 6 P 11.07, ZTR 2008, 689) für den Fall des § 65 Abs. 2 Nr. 2 Alt. 1 NdsPersVG sowie des § 78 Abs. 2 Satz 1 Nr. 1 Alt. 2 RhPPersVG entschieden. Nach diesen Vorschriften bestimmt der Personalrat bei der Eingruppierung mit. Ähnliche Regelungen finden sich in allen Landespersonalvertretungsgesetzen sowie in § 78 Abs. 1 Nr. 4 BPersVG (hier ist jetzt sogar ausdrücklich geregelt, dass sich die Mitbestimmung auch auf die „hiermit jeweils verbundene Stufenzuordnung" bezieht). Das Bundesverwaltungsgericht hat diese Rechtsprechung mit Beschluss vom 13.10.2009 (6 P 15.08) nochmals bestätigt und auch für § 76 Abs. 1 Nr. 1 BaWüPersVG a. F. ein Mitbestimmungsrecht bei der Stufenzuordnung angenommen (vgl. zur Mitbestimmung des Personalrats bei Eingruppierung nach TV-BA auch BVerwG v. 27.5.2009, 6 P 9.08). Zugleich hat das Bundesverwaltungsgericht aber klargestellt, dass das Mitbestimmungsrecht des Personalrates bei der Eingruppierung sich nicht auf das Erreichen der nächsten Stufe nach Ablauf der regelmäßigen Stufenlaufzeit gemäß § 16 Abs. 3 und Abs. 4 TV-L erstreckt (BVerwG v. 13.10.2009, 6 P 15.08). Ferner hat das Bundesverwaltungsgericht ausgeführt, dass eine Mitbestimmung bei der Eingruppierung in den Fällen des § 16 Abs. 2 S. 4 TV-L (Berücksichtigung vorheriger beruflicher Tätigkeiten zur Deckung des Personalbedarfs) nur in Betracht kommt, wenn die Dienststelle Grundsätze der Anrechnung förderlicher Berufstätigkeiten beschlossen hat (BVerwG v. 13.10.2009, 6 P 15.08).

Kein Mitbestimmungsrecht des Personalrats besteht bei der Überprüfung der Eingruppierung von einzelnen Beschäftigten ohne eine daraufhin erfolgende Änderung ihrer jeweiligen Eingruppierung. Dies gilt zumindest dann, wenn nicht zuvor auch eine Änderung im Aufgabenkreis des Betreffenden erfolgt ist (OVG Koblenz v. 25.11.2015, 5 A 10556/15).

Im Rahmen der Mitbestimmung des Personalrates bei einer Höhergruppierung ist der Dienststellenleiter nicht verpflichtet, dem Personalrat zur Begründung der beabsichtigten Höhergruppierung ergänzend zur konkreten Arbeitsplatzbeschreibung und -bewertung die Gesichtspunkte der früheren Eingruppierung des Beschäftigten oder die Stellenbewertungen bzw. Stellenbeschreibungen aller Arbeitsplätze vorzulegen (VGH Mannheim v. 5.12.2016, 15 S 2156/15).

### II. Eingruppierung in der Übergangsphase bis zum Inkrafttreten der neuen Entgeltordnungen am Beispiel des TVöD-VKA

Bis zum Inkrafttreten der neuen Entgeltordnung am 1.1.2017 regelte § 17 TVÜ-VKA a. F. die Fragen der Eingruppierung. Über die Vorschrift des § 17 TVÜ-VKA a. F. fanden einige „alte" Eingruppierungsregelungen weiter Anwendung. Daneben galt es die Besonderheiten des Übergangsrechts zu beachten.

Gemäß § 17 TVÜ-VKA a. F. waren die Eingruppierungsvorschriften des BAT/BAT-O sowie der entsprechenden Arbeitertarifverträge anzuwenden. Für den Bereich der Angestellten waren daher insbesondere die §§ 22, 23 BAT einstweilen weiter zu beachten.

## 1. Keine Anwendung des alten Tarifrechts

Für einige Beschäftigte fand das alte Tarifrecht bzw. das Überleitungsrecht bereits unabhängig vom Inkrafttreten einer neuen Entgeltordnung keine Anwendung mehr.

### 1.1 Entgeltgruppe 1

Abweichend von § 17 Abs. 1 TVÜ galten gemäß § 17 Abs. 2 TVÜ-VKA a. F. die Vergütungsordnung des BAT beziehungsweise die Lohngruppenverzeichnisse nicht für die Beschäftigten, die ab 1.10.2005 in die EntgGr. 1 neu eingestellt werden. Dabei geht es um Beschäftigte, die einfachste Tätigkeiten ausüben, wie sie in Anlage 3 zum TVÜ-VKA aufgeführt sind (z. B. Boten, Garderobenpersonal, Reinigungskräfte in Außenbereichen). Für diese Beschäftigten findet unmittelbar der TVöD Anwendung. Zu der Eingruppierung in EntgGr. 1 liegen bereits mehrere höchstrichterliche Entscheidungen vor. Nach dem Bundesarbeitsgericht verrichtet eine Arbeitnehmerin, die Reinigungsarbeiten in einem Pflegeheim ausführt, keine einfachsten Tätigkeiten nach der EntgGr. 1 des TVöD, wenn sie bei der von ihr vorgenommenen Sicht- und Unterhaltsreinigung Hygienevorschriften, für die sie mehrstündig geschult wurde, sowie einen umfangreichen Desinfektionsplan zu beachten hat, der die selbstständige Kontrolle der von ihr zu reinigenden Räumlichkeiten erfordert (BAG v. 28.1.2009, 4 ABR 92/07, ZTR 2009, 474). Maßgeblich für die Frage der Eingruppierung in EG 1 ist der tarifliche Oberbegriff der „einfachsten Tätigkeiten". Ob solche vorliegen, bestimmt sich nach der Rechtsprechung des Bundesarbeitsgerichts anhand einer Gesamtbetrachtung, wobei „einfachste Tätigkeiten" regelmäßig vor allem durch folgende Kriterien gekennzeichnet sind: die Tätigkeit selbst bedarf nur einer sehr kurzen Einweisung, sie erfordert keine Vor- oder Ausbildung, es besteht eine klare Aufgabenzuweisung, es handelt sich um im Wesentlichen gleichförmige und gleichartige („mechanische") Arbeiten, die nur geringster Überlegungen bedürfen, die Tätigkeit ist nicht mit einem im Rahmen der Aufgaben eigenständigen Verantwortungsbereich verbunden. Im Einzelfall kann zudem von Bedeutung sein, ob es zur Durchführung der übertragenen Tätigkeit einer Abstimmung mit anderen Personen bedarf. Hinsichtlich des Kriteriums der „kurzen Einweisung" hat das Bundesarbeitsgericht in einer weiteren Entscheidung (BAG v. 1.7.2009, 4 ABR 16/08, vgl. auch Breier/Dassau/Faber/Hoffmann, TVöD Entgeltordnung VKA – Eingruppierung in der Praxis Teil C 2.5.9) klargestellt, dass eine zweiwöchige Einweisung keine kurze Einweisung darstellt. Insbesondere sei diese im entschiedenen Fall nicht nur deshalb erforderlich, um ein gewisses Maß an Arbeitsgeschwindigkeit zu erlangen, sondern um die Arbeitsabläufe an den Maschinen zu beherrschen und den Ablauf zu verinnerlichen. Ein solcher Umstand steht nach der Entscheidung des Bundesarbeitsgerichts einer Einordnung als einfachste Tätigkeit im Sinne der EntgGr. 1 entgegen. Obwohl es sich in dem entschiedenen Fall um eine Wäschereimitarbeiterin handelte, sah das Bundesarbeitsgericht das Tätigkeitsbeispiel der Hauswirtschafterin nicht als erfüllt an (BAG v. 1.7.2009, 4 ABR 16/08, vgl. auch Breier/Dassau/Faber/Hoffmann, TVöD Entgeltordnung VKA – Eingruppierung in der Praxis Teil C 2.5.9). Mit einer weiteren Entscheidung hat das Bundesarbeitsgericht Bezug genommen auf die bisherigen Eingruppierungsregeln und klargestellt, dass auch bei der Eingruppierung eines Beschäftigten in die EntgGr. 1 maßgebend sei, welcher Entgeltgruppe die Summe der zeitlich mindestens zur Hälfte auszuübenden Teiltätigkeiten zuzuordnen ist. Daher stehe es der Eingruppierung eines Beschäftigten in die EntgGr. 1 TVöD nicht entgegen, dass sich dessen Gesamttätigkeit aus mehreren Teiltätigkeiten zu-sammensetze, von denen nicht alle nach EntgGr. 1 zu bewerten seien (BAG v. 20.5.2009, 4 ABR 99/08, vgl. auch Breier/Dassau/Faber/Hoffmann, TVöD Entgeltordnung VKA – Eingruppierung in der Praxis Teil C 2.5.9).

Auch steht einer Eingruppierung in EntgGr. 1 nicht entgegen, dass die Tätigkeit einer Reinigungskraft im Klinikbereich in den Tätigkeitsbeispielen der EntgGr. 1 TVöD nicht ausdrücklich aufgeführt ist (BAG v. 20.5.2009, 4 AZR 315/08, vgl. auch Breier/Dassau/Faber/Hoffmann, TVöD Entgeltordnung VKA – Eingruppierung in der Praxis Teil C 2.5.9). Maßgeblich ist, dass es sich um eine einfachste Tätigkeit handelt. Eine einfachste Tätigkeit kann letztlich nur als besonders einfache Tätigkeit verstanden werden. Einfachste Tätigkeiten sollen noch einfacher sein als einfache Tätigkeiten. Es muss sich demnach um Tätigkeiten handeln, die an Einfachheit nicht zu überbieten sind (BAG v. 20.5.2009, 4 AZR 315/08, vgl. auch Breier/Dassau/Faber/Hoffmann, TVöD Entgeltordnung VKA – Eingruppierung in der Praxis Teil C 2.5.9).

### 1.2 Vergütungsgruppe I

Das bisherige Eingruppierungsrecht findet ferner keine Anwendung auf diejenigen Beschäftigten, die nach dem Inkrafttreten des TVöD/TV-L eingestellt worden sind und eingestellt werden und die nach bisherigem Recht in Vergütungsgruppe I eingruppiert worden wären. Diese Vergütungsgruppe wird vom TVöD/TV-L nicht abgebildet. Die Ausgestaltung solcher Arbeitsverhältnisse erfolgt zukünftig außertariflich.

Übergeleitete Beschäftigte der Vergütungsgruppe I unterfallen dagegen dem TVöD gemäß § 19 Abs. 2 S. 1 TVÜ. Sie werden in EntgGr. 15Ü übergeleitet. Eine entsprechende Regelung findet sich in § 19 Abs. 3 S. 1 TVÜ-Länder.

Besondere Regelungen für Ärzte finden sich in § 17 TVÜ-VKA.

## 2. Vorläufigkeit der Eingruppierung

Gemäß § 17 Abs. 3 S. 1 TVÜ-VKA a. F. sind alle Eingruppierungsvorgänge, die zwischen dem Inkrafttreten des TVöD und dem Inkrafttreten der neuen Eingruppierungsordnung stattfinden, vorläufig und begründen keinen Vertrauensschutz und keinen Besitzstand. Ausgenommen ist auch insoweit die Eingruppierung in die neue EntgGr. 1 des TVöD. Die Vorläufigkeit der Eingruppierung betrifft nur neu eingestellte Beschäftigte. Übergeleitete Beschäftigte sind von der Anwendung des § 17 Abs. 3 TVÜ-VKA a. F. ausgenommen. Die Überleitung aus den Vergütungsgruppen des BAT in die Entgeltgruppen des TVöD ist bestandsgeschützt.

Die Überleitung in die neue Entgeltordnung des TVöD-VKA wird unter Beibehaltung der bisherigen Entgeltgruppe für die Dauer der unverändert auszuübenden Tätigkeit erfolgen. Eine Überprüfung und Neufeststellung der Eingruppierungen findet aufgrund der Überleitung in die Entgeltordnung nicht statt. Die bisherige Zuordnung zu der Entgeltgruppe des TVöD-VKA nach Anlage 1 und Anlage 3 TVÜ-VKA gilt dann als Eingruppierung. Wie auch schon bei Inkrafttreten der neuen Entgeltordnung des Bereiches Bund wird eine Höhergruppierung der Beschäftigten nur auf Antrag erfolgen. Hierfür gilt eine Frist bis zum 31.12.2017.

## III. Besonderheiten der Eingruppierung nach neuem Tarifrecht im Anwendungsbereich des TVöD-Bund

### 1. Eingruppierungsgrundsätze

Im Bereich des TVöD-Bund haben sich die Tarifparteien mit der Tarifeinigung vom 5.9.2013 auf eine neue Entgeltordnung verständigt, die am 1.1.2014 in Kraft getreten ist. Die §§ 12 und 13 des TVöD (Bund), §§ 12 und 13 des TVöD (VKA), die bisher noch unbesetzt waren, werden dadurch ausgefüllt. Die darin enthaltenen Eingruppierungsgrundsätze entsprechen im Wesentlichen den bisherigen, oben bereits dargestellten, Eingruppierungsregelungen in §§ 22, 23 BAT. So sind insbesondere der Grundsatz der Tarifautomatik, die Maßgeblichkeit der übertragenen Tätigkeit, nicht der ausgeübten, das Abstellen auf die Ausübung der Tätigkeit mit mindestens der Hälfte der Arbeitszeit sowie die Definition des Arbeitsvorganges im Wesentlichen mit dem alten Tarifrecht deckungsgleich. Daneben ergeben sich aber einige Besonderheiten, auf die hinzuweisen ist. Zunächst ist auf eine abweichende Regelung bei der Höhergruppierung in § 17 Abs. 4 TVöD (Bund) hinzuweisen. Diese sieht bei der Höhergruppierung eine stufengleiche Zuordnung zu der neuen, höheren Entgeltgruppe vor und weicht damit von der bisherigen Systematik und beispielsweise auch von den Regelungen des TV-L erheblich ab.

Zudem wird die bisherige EntgGr. 9 in eine EntgGr. 9a und eine EntgGr. 9b aufgeteilt. Diese entsprechen der bereits bestehenden Unterscheidung zwischen „kleiner" und „großer" EntgGr. 9. Die unterschiedlichen Stufenlaufzeiten sind dabei gleichzeitig abgeschafft worden.

Ferner sind mit Inkrafttreten der neuen Entgeltordnung auch viele Tätigkeitsmerkmale aktuellen Anforderungen angepasst worden (so etwa die Tätigkeitsmerkmale für die Beschäftigten in der Informationstechnik (IT) in Teil III Abschn. 24 EntgO Bund).

## 2. Überleitungsregelungen

Wo bisher über § 17 TVÜ-Bund eine Eingruppierung in die Vergütungsordnung des BAT sowie des Lohngruppenverzeichnisses des MTArb bei anschließender Zuordnung zu den Entgeltgruppen des TVöD stattfinden musste, ist nun eine unmittelbare Zuordnung möglich. Zentrale Vorschriften des Überleitungsrechts sind die neu eingefügten §§ 24 ff. TVÜ-Bund.

Die Überleitung ist zum 1.1.2014 tarifautomatisch erfolgt. Nach § 24 S. 2 TVÜ-Bund sind die von den Überleitungsbestimmungen des § 24 S. 1 TVÜ-Bund erfassten Beschäftigten in den TV EntgO Bund übergeleitet. § 25 Abs. 1 TVÜ-Bund sichert den in die Entgeltordnung Übergeleiteten ihre bisherige Entgeltgruppe, die Vorläufigkeit der Eingruppierungsvorgänge entfällt. Arbeitgeber müssen diesbezüglich keine Änderung der Arbeitsverträge veranlassen, auch wenn diese einen Vorläufigkeitsvorbehalt enthalten sollten. Die Tarifautomatik des § 12 TVöD-Bund ist mithin für die Dauer der Ausübung der bisherigen Tätigkeit außer Kraft gesetzt. Nach § 25 Abs. 2 TVÜ-Bund gehen vor Inkrafttreten der Entgeltordnung zurückgelegte Zeiten einer Tätigkeit oder Berufsausübung, die eingruppierungsrelevant sind, ebenfalls nicht verloren.

Die Tarifautomatik setzt aber auf Antrag der Beschäftigten wieder ein, wenn diese einen Antrag auf eine höhere Entgeltgruppe stellen, § 26 Abs. 1 S. 1 TVÜ-Bund. Nach § 26 Abs. 1 S. 2 TVÜ-Bund gilt hierfür eine Antragsfrist von einem Jahr, die bereits mit Inkrafttreten der Entgeltordnung zu laufen begonnen hat, also grundsätzlich am 31.12.2014 abläuft (vgl. zur Ausschlussfrist LAG Rheinland-Pfalz v. 11.1.2018, 2 Sa 322/17; zum Verhältnis zu § 37 TVöD: BAG v. 18.9.2019, 4 AZR 42/19, ZTR 2020, 153). Beim Ruhen des Arbeitsverhältnisses ergeben sich Besonderheiten, § 26 Abs. 1 S. 3 TVÜ-Bund. Antragsabhängig ist auch die neu eingeführte Entgeltgruppenzulage nach § 28 TVÜ-Bund.

## IV. Besonderheiten der Eingruppierung nach neuem Tarifrecht im Anwendungsbereich des TVöD-VKA

Im Bereich des TVöD-VKA haben sich die Tarifvertragsparteien ebenfalls auf eine neue Entgeltordnung einigen können. Diese ist zum 1. Januar 2017 in Kraft getreten. Die neue Entgeltordnung beinhaltet sowohl neue Entgeltgruppen (z. B. EntgGr. 9c) als auch neue Tätigkeitsmerkmale. Das Überleitungsrecht ist in den §§ 29 ff. TVÜ-VKA geregelt.

Zum 1. Januar 2017 sind alle Beschäftigten im Anwendungsbereich des TVöD-VKA automatisch in die neue Entgeltordnung gewechselt. Automatisch bedeutet, dass der Arbeitgeber insoweit keine Handlungsverpflichtung hatte. Auf der anderen Seite besteht aber ein Antragsrecht der Beschäftigten.

Einen Sonderfall regelt § 29c TVÜ-VKA. Dort ist geregelt, dass die Beschäftigten der EntgGr. 9 den EntgGr. 9a und 9b zugeordnet werden. Die Beschäftigten, die vor dem 1.1.2017 in die große EntgGr. 9 eingruppiert waren (EG 9 ohne besondere Stufenregelung), werden gemäß § 29c Abs. 2 TVÜ-VKA in die EntgGr. 9b eingruppiert. Dabei bleiben Entgeltstufe sowie bereits erbrachte Stufenlaufzeiten unverändert. Diese Zeiten werden also mit anderen Worten „mitgenommen". Die Beschäftigten der bisherigen kleinen EntgGr. 9 (ohne Stufe 6 sowie mit längeren Stufenlaufzeiten) werden der EntgGr. 9a zugeordnet, § 29c Abs. 3 TVÜ-VKA.

Für Beschäftigte in einer anderen Entgeltgruppe als der EntgGr. 9 ändert sich durch den Wechsel in die neue Entgeltordnung zunächst nichts. Nach der Protokollerklärung zu § 29a Abs. 1 TVÜ-VKA gilt die bisherige, nur vorläufige Zuordnung zu den Entgeltgruppen nunmehr als Eingruppierung. Wenn ein Beschäftigter hiermit nicht einverstanden ist und eine höhere Eingruppierung erreichen will, muss er bis 31. Dezember 2017 einen entsprechenden Antrag stellen, § 29b Abs. 1. S. 1 TVÜ-VKA.

 **ACHTUNG!**

Stellt ein Beschäftigter einen entsprechenden Antrag, kommt es im Falle der Höhergruppierung zu einem Wegfall der Besitzstände aus § 9 TVÜ-VKA (Vergütungsgruppenzulage) sowie der über § 17 Abs. 6 TVÜ-VKA gesicherten Besitzstände (wie etwa einer Meisterzulage).

Zwar gilt auch im neuen Eingruppierungsrecht des TVöD-VKA der Grundsatz der Tarifautomatik. Dieser wird aber bei der Überleitung der Beschäftigten aus dem alten Eingruppierungssystem in die neue Entgeltordnung durchbrochen. Würde man die §§ 12, 13 TVöD-VKA auf den Überleitungsvorgang anwenden, müsste jede Tätigkeit jedes Beschäftigten den Tätigkeitsmerkmalen der Entgeltordnung zugeordnet werden. Alle Eingruppierungen müssten mithin überprüft werden. Um die Überleitung an dieser Stelle praktikabel zu halten, da für Dienststellen mit vielen Beschäftigten eine eingruppierungsrechtliche Überprüfung aller Beschäftigten zu einem Stichtag nicht leistbar wäre, haben die Tarifvertragsparteien hiervon abgesehen und eine Abweichung von §§ 12, 13 TVöD-VKA geregelt. Gemäß § 29a Abs. 1 S. 2 findet eine Überprüfung und Neufeststellung der Eingruppierung nicht statt. Die Beschäftigten werden schlicht mit ihrer bisherigen Entgeltgruppe in die neue Entgeltordnung überführt. Die Tarifautomatik greift hierbei gerade nicht. Sie wird „ausgesetzt".

Etwas anderes gilt nur, wenn der Beschäftigte nach § 29b TVÜ-VKA einen Antrag auf Überprüfung stellt. Auch wenn der Arbeitgeber zu einem späteren Zeitpunkt höherwertige Tätigkeiten übertragen sollte, greift die Tarifautomatik wieder. Sie wird nur ausgesetzt, solange die Tätigkeiten unverändert sind (vgl. § 29a

Abs. 1 S. 1 TVÜ-VKA: „...für die Dauer der unverändert aus-zuübenden Tätigkeit."; vgl. LAG Sachsen v. 6.11.2023, 2 Sa 457/21).

Eine Änderung der Tätigkeit stellt die Tarifautomatik auch dann wieder her, wenn die danach vorzunehmende Eingruppierung im Ergebnis „nur" wieder zu der (höheren) Entgeltgruppe führt, die bei unveränderter Tätigkeit wegen fehlender Geltendmachung nach § 29b Abs. 1 TVöD-VKA ausgeschlossen wäre. Darlegungs- und beweispflichtig für die Änderung der Tätigkeit ist jedoch der Beschäftigte (LAG Sachsen v. 6.11.2023, 2 Sa 457/21).

 **ACHTUNG!**

Aus der in § 29b TVÜ-VKA geregelten Ausschlussfrist ergibt sich, dass nach deren Ablauf eine Überprüfung der Eingruppie-rung durch einen Antrag auf Wechsel in die neue Entgeltord-nung nicht mehr möglich ist. Möglich dürfte aber weiterhin eine Überprüfung der Eingruppierung vor dem 1.1.2017 sein, da für diese Zeit die Tarifautomatik nicht ausgesetzt war. Würde sich hieraus eine höhere Eingruppierung ergeben, würde daraus im nächsten Schritt eine Korrektur der Überleitung folgen können.

 **ACHTUNG!**

Die §§ 29 ff. TVÜ-VKA dienen dem Schutz des Besitzstandes der Beschäftigten anlässlich ihrer Überleitung in die Entgeltord-nung. Darum erfolgte die Überleitung unter Beibehaltung der bisherigen Eingruppierung. Maßgeblich ist insoweit die Entgelt-gruppe, die sich nach dem Grundsatz der Tarifautomatik ergibt. Wurde ein Beschäftigter dagegen am Stichtag aus einer ande-ren Entgeltgruppe oder wegen der Missachtung einer Stufen-begrenzung aus einer zu hohen Stufe übergeleitet, kann der Arbeitgeber dies korrigieren. § 29a Abs. 1 S. 2 TVÜ-VKA steht der Korrektur der damit fehlerhaften Überleitung nicht entgegen (BAG v. 22.10.2020, 6 AZR 74/19).

 **ACHTUNG!**

Nach Auffassung des BAG (BAG v. 19.10.2016, 4 ABR 27/15, ZTR 2017, 292) handelt es sich bei der Überleitung in den TVöD (VKA) nach §§ 3 bis 7 TVÜ-VKA um eine mitbestimmungspflich-tige personelle Maßnahme nach § 99 Abs. 1 S. 1 BetrVG (Um-gruppierung). Die Frage, ob es sich auch bei der Überleitung in die neue Entgeltordnung um eine mitbestimmungspflichtige Umgruppierung handelt, ist bislang nicht entschieden. Aus Sicht des Verfassers spricht jedoch viel dafür, dass das BAG auch hier ein Mitbestimmungsrecht bejahen würde.

## V. Besonderheiten der Eingruppierung nach neuem Tarifrecht im TV-L

### 1. Eingruppierungsgrundsätze

Im TV-L haben sich die Tarifvertragsparteien, wie bereits aus-geführt, mit der Tarifeinigung vom 10.3.2011 auf neue Eingrup-pierungsvorschriften sowie eine neue Entgeltordnung geeinigt, die am 1.1.2012 in Kraft getreten sind. Zentrale Vorschrift der Eingruppierungsregelungen ist nunmehr § 12 TV-L. In § 12 Abs. 1 TV-L ist geregelt, dass sich die Eingruppierung der Be-schäftigten nach den Tätigkeitsmerkmalen der Entgeltordnung richtet. Der Beschäftigte erhält dabei sein Entgelt nach der Ent-geltgruppe, in der er eingruppiert ist. Eingruppiert ist er wieder-um gem. § 12 Abs. 1 S. 3 TV-L in die Entgeltgruppe, deren Tätigkeitsmerkmalen die gesamte von dem Beschäftigten nicht nur vorübergehend auszuübende Tätigkeit entspricht. Insoweit gilt also weiter der oben bereits dargestellte Grundsatz der Tarif-automatik, wonach die Eingruppierung kein Gestaltungsakt des Arbeitgebers ist, sondern sich unmittelbar (automatisch) aus der Anwendung der tariflichen Norm ergibt.

Weiterhin ist auf die gesamte Tätigkeit des Beschäftigten abzu-stellen. Ferner muss es sich um eine Tätigkeit handeln, die nicht nur vorübergehend zugewiesen ist. Nach § 12 Abs. 1 S. 3 TV-L kommt es – wie im alten Tarifrecht auch schon – nicht auf die tatsächlich ausgeübte, sondern die auszuübende, die vom Be-schäftigten arbeitsvertraglich geschuldete Tätigkeit an. Daher kann die Ausübung einer höherwertigen Tätigkeit durch den Beschäftigten in Abstimmung mit den Kollegen oder dem Fach-vorgesetzten keinen Anspruch auf Höhergruppierung begrün-den, wenn dies ohne (ggf. stillschweigende) Zustimmung der für Personalangelegenheiten zuständigen Stelle des öffentlichen Ar-beitgebers geschieht (BAG v. 26.3.1997, 4 AZR 489/95).

Auch die Grundsätze zur Bestimmung der zutreffenden Eingrup-pierung sind im Vergleich zum alten Tarifrecht unverändert ge-blieben. Nach § 12 Abs. 1 S. 4 TV-L entspricht die gesamte auszuübende Tätigkeit den Tätigkeitsmerkmalen einer Entgelt-gruppe, wenn zeitlich mindestens zur Hälfte Arbeitsvorgänge anfallen, die für sich genommen die Anforderungen eines Tätig-keitsmerkmals oder mehrerer Tätigkeitsmerkmale dieser Ent-geltgruppe erfüllen. Der Begriff des Arbeitsvorganges ist in der Protokollerklärung Nr. 1 zu § 12 Abs. 1 TV-L erläutert. Danach sind Arbeitsvorgänge Arbeitsleistungen, die – bezogen auf den Aufgabenkreis des Beschäftigten – zu einem bei natürlicher Be-trachtung abgrenzbaren Arbeitsergebnis führen (z. B. unter-schriftsreife Bearbeitung eines Aktenvorgangs, eines Wider-spruchs oder eines Antrags). Ein Arbeitsvorgang ist also die Summe von aneinandergereihten Arbeitsschritten, die am Ende zu einem Arbeitsergebnis führen. Jeder einzelne Arbeitsvorgang ist dabei als solcher zu bewerten und darf hinsichtlich der An-forderungen zeitlich nicht aufgespalten werden.

 **ACHTUNG!**

Allerdings haben die Tarifvertragsparteien sich im Rahmen der Tarifeinigung vom 2.3.2019 darauf verständigt, Gespräche zur Frage der Definition des Begriffs des Arbeitsvorgangs auf-zunehmen. Ob sich dadurch im Ergebnis Änderungen ergeben werden, wird man abwarten müssen.

Auch § 13 TV-L unterscheidet sich nicht wesentlich von den Vorgängerregelungen des BAT. So ist § 13 TV-L nahezu wort-gleich mit der Regelung des § 23 BAT. Nach § 13 TV-L tritt eine Höhergruppierung ein, wenn die einem Beschäftigten übertra-gene Tätigkeit sich nicht nur vorübergehend derart geändert hat, dass sie den Tätigkeitsmerkmalen einer höheren als der bishe-rigen Entgeltgruppe entspricht und der Beschäftigte die höher-wertige Tätigkeit ununterbrochen sechs Monate lang ausgeübt hat. Für die ersten sechs Kalendermonate gilt gem. § 13 S. 2 TV-L § 14 sinngemäß. Die Frage der Auswirkungen von Unter-brechungszeiten regeln die Sätze 3 und 4 des § 13 TV-L.

Auch an dieser Stelle ist noch einmal darauf hinzuweisen, dass das neue Tarifrecht keine Bewährungs-, Fallgruppen- und Tätig-keitsaufstiege mehr kennt. Ausnahme sind die Bestandsschutz-regelungen in §§ 8 und 9 TVÜ-Länder. Eine Höhergruppierung kann sich also nur durch Zuweisung einer höherwertigen Tätigkeit (§ 12 TV-L) oder durch Hineinwachsen in eine solche (§ 13 TV-L) ergeben.

Hinsichtlich der Struktur der Entgelttabelle des TV-L, der Regelung von Höher- und Herabgruppierung im TV-L, der vorübergehenden Übertragung höherwertiger Tätigkeiten (§ 14 TV-L), der Eingrup-pierung in die Entgeltgruppen und Entgeltstufen des TV-L, der Stufenlaufzeiten sowie der Beteiligungsrechte von Personal- und Betriebsräten kann zur Vermeidung unnötiger Wiederholungen im

Grundsatz auf die obigen Ausführungen zum TVöD verwiesen werden. Allerdings ergeben sich im Detail einige Unterschiede.

**ACHTUNG!**

Für den Bereich der Lehrkräfte der Länder ist zum 1.8.2015 ebenfalls eine neue Entgeltordnung in Kraft getreten (TV EntgO-L), welche die alten Eingruppierungsregelungen, insbesondere die Lehrer-Richtlinien, abgelöst hat. Damit kommt es auf eine etwaige Intransparenz der Eingruppierungserlasse der Länder beziehungsweise der in Bezug genommenen Eingruppierungsrichtlinien nicht mehr an (zur Frage der Intransparenz des Merkmals „für die auszuübende Unterrichtstätigkeit geeignetes Hochschulstudium": BAG v. 26.1.2017, 6 AZR 671/15, ZTR 2017, 312).

## 2. Überleitungsregelungen

Wesentliche Überleitungsvorschrift zur neuen Entgeltordnung ist der § 29a TVÜ-Länder. Dort ist geregelt, dass für die in den TV-L im Jahre 2006 übergeleiteten sowie für die zwischen dem 1.11.2006 und dem 31.12.2011 neu eingestellten Beschäftigten ab dem 1.1.2012 für Eingruppierungsfragen die §§ 12, 13 TV-L sowie die Entgeltordnung zum TV-L gelten. Hängt die Eingruppierung nach den §§ 12, 13 TV-L von der Zeit einer Tätigkeit oder Berufsausübung ab, wird gemäß § 29a Abs. 1 S. 2 TVÜ-Länder die vor dem 1.1.2012 zurückgelegte Zeit so berücksichtigt, wie sie zu berücksichtigen wäre, wenn die Entgeltordnung zum TV-L bereits seit dem Beginn des Arbeitsverhältnisses gegolten hätte. Entsprechendes regelt § 29a Abs. 2 TVÜ-Länder nochmals ausdrücklich für die fortbestehenden Arbeitsverhältnisse.

In der Protokollerklärung zu § 29a TVÜ-Länder haben die Tarifvertragsparteien geregelt, dass die vorläufige Zuordnung zu der Entgeltgruppe des TV-L nach der Anlage 2 oder 4 des TVÜ nunmehr als Eingruppierung gilt. Eine Überprüfung und Neufeststellung der Eingruppierungen findet aufgrund der Überleitung in die Entgeltordnung nicht statt. Dies bedeutet, dass sowohl die übergeleiteten Beschäftigten als auch die neu eingestellten Beschäftigten grundsätzlich für die Dauer ihrer unverändert auszuübenden Tätigkeit in der bisherigen Entgeltgruppe verbleiben. Es wird also keine Herabgruppierungen aufgrund des Inkrafttretens der Entgeltordnung geben.

Auch höhere Entgeltgruppen werden sich infolge des Inkrafttretens der Entgeltordnung nur auf Antrag eines Beschäftigten ergeben (vgl. § 29a Abs. 3 TVÜ-Länder). Gemäß § 29a Abs. 4 TVÜ-Länder kann dieser Antrag nur bis zum 31.12.2012 gestellt werden (Ausschlussfrist). Er wirkt dann auf den 1.1.2012 zurück. Bei dem Antrag nach § 29a Abs. 3 S. 1 TVÜ-Länder handelt es sich nicht um einen Antrag i. S. d. §§ 145 ff. BGB, sondern um eine einseitige rechtsgestaltende Willenserklärung. Ergibt sich eine höhere Eingruppierung, folgt dies unmittelbar aus dem Antrag und bedarf daher nicht etwa noch einer Annahmeerklärung des Arbeitgebers (BAG v. 19.10.2016, 4 AZR 457/15, ZTR 2017, 288; zum Verhältnis der Anträge nach § 29a Abs. 3 und § 8 Abs. 3 TVÜ-Länder vgl. BAG v. 18.10.2018, 6 AZR 300/17, ZTR 2019, 214). Gleiches gilt auch für das Antragserfordernis bei der Überleitung auf die neue Entgeltordnung im Bereich des TVöD-VKA.

**ACHTUNG!**

Stellt eine Beschäftigte keinen fristgerechten Höhergruppierungsantrag nach § 29a Abs. 3 TVÜ-Länder i. V. m. § 29a Abs. 4 S. 1 TVÜ-Länder, verbleibt sie ohne Änderung ihrer Tätigkeit dauerhaft in der Entgeltgruppe, die sich bei Anwendung des § 17 Abs. 1 S. 1 TVÜ-Länder i. V. m. §§ 22, 23 BAT ergibt. Die im Rahmen der Einführung der neuen Entgeltordnung

geregelte Ausschlussfrist ist wirksam (LAG Düsseldorf v. 20.5.2020, 12 Sa 721/19, ZTR 2020, 470).

## VI. Spartentarifverträge

Eingruppierungsregelungen gibt es zudem in einigen Spartentarifverträgen. In § 12.1 TVöD-K (entspricht § 51 TVöD-BT-K) und § 12.1 TVöD-B (entspricht § 51 TVöD BT-B) finden sich entsprechende Regelungen. Auch in § 12 TV-Ärzte (Länder) und §§ 15, 16 TV-Ärzte (VKA) sind Eingruppierungsregelungen enthalten.

Bezüglich der Regelungen in §§ 16 und 17 TVöD war bereits oben auf die Unterschiede zwischen Bund und VKA hingewiesen worden. Darüber hinaus sind Sonderregelungen im TVöD-K (vgl. § 53 TVöD-BT-K) zu beachten.

Die hier erwähnten Sonderregelungen sind ausgewählte Beispiele und nicht abschließend.

# Einigungsstelle

**Wegweiser:**

Ist der Arbeitgeber eine juristische Person des öffentlichen Rechts, gilt das Bundespersonalvertretungsgesetz (BPersVG) bzw. das jeweilige Landespersonalvertretungsgesetz. Ist hingegen der Träger des Betriebes eine natürliche oder juristische Person des Privatrechts (z. B. AG, GmbH) oder eine Personengesellschaft (z. B. OHG, GbR), gilt das Betriebsverfassungsgesetz (BetrVG). Das BetrVG findet auch dann Anwendung, wenn der öffentlichen Hand durch Organisationsmaßnahmen oder Eigentumsverhältnisse der entscheidende oder sogar der alleinige Einfluss auf ein Unternehmen zusteht (z. B. Deutsche Bahn AG). In dem BPersVG, den LPersVGs sowie dem BetrVG ist jeweils das Recht der Bildung von Vertretungsorganen geregelt, über welche die Mitsprache der Beschäftigten gewährleistet wird.

Ein wichtiger Unterschied zwischen dem BPersVG/LPersVG und dem BetrVG liegt in der Zuständigkeit der Gerichte für Rechtsstreitigkeiten. Bei Streitigkeiten aus den Personalvertretungsgesetzen entscheiden die Verwaltungsgerichte, bei solchen aus dem Betriebsverfassungsgesetz entscheiden die Arbeitsgerichte. Dies gilt z. B. auch für den Streit über die Wirksamkeit des Beschlusses einer Einigungsstelle.

Vgl. zur Einigungsstelle im Bereich des BPersVG Loseblatt-Kommentar zum BPersVG von Lorenzen/Etzel/Gerhold/Schlatmann/Rehak/Faber, § 71.

Sonderregelungen über eine Einigungsstelle sind in TVöD/TV-L nicht enthalten.

**I.**     **Begriff und Aufgabenbereich**

**II.**    **Voraussetzung der Errichtung einer Einigungsstelle**

**III.**   **Personelle Zusammensetzung der Einigungsstelle**
    1.  Vorsitzender
    2.  Beisitzer
    3.  Pflichten der Einigungsstellenmitglieder

**IV.**   **Das Einigungsstellenverfahren**
    1.  Verfahrensgrundsätze
    2.  Beschlussfassung
    3.  Rechtswirkungen des Einigungsstellenspruchs

**V.    Kosten der Einigungsstelle**
1. Allgemeine Verfahrenskosten
2. Vergütung der Mitglieder und des Vorsitzenden

**VI.   Überprüfung des Einigungsstellenspruchs**
1. Rechtsfehler
2. Ermessensfehler

## I. Begriff und Aufgabenbereich

Eine Einigungsstelle ist eine Institution der Dienststellenverfassung und ist somit eingegliedert in die interne Behördenorganisation. Die Einigungsstelle dient dazu, in Mitbestimmungsverfahren, in denen eine Einigung zwischen der Dienststelle und der bei ihr gebildeten Personalvertretung (Personalrat, Stufenvertretung [Bezirks- und Hauptpersonalrat] oder Gesamtpersonalrat) nicht zustande gekommen ist, eine bindende Entscheidung zu treffen (die vollumfänglich der gerichtlichen Rechtskontrolle unterliegt, siehe unten VI.) oder eine bloße Empfehlung zu geben (über die sich die oberste Dienstbehörde hinwegsetzen kann und die deshalb nicht gerichtlich überprüft werden kann, siehe unten IV. 3. und VI.). Ihre Aufgabe ist es folglich, mit den Mitteln des Personalvertretungsrechts und unter Berücksichtigung der gegensätzlichen Interessen, jedoch auf der Grundlage des das Personalvertretungsrecht beherrschenden Partnerschaftsprinzips regelnd oder feststellend auf einen Interessenausgleich hinzuwirken oder die Rechtslage aus objektiver Sicht dort zu verdeutlichen, wo ein solcher Ausgleich rechtlich nicht möglich ist (BVerwG v. 10.3.1987, 6 P 17.85; VG Aachen v. 27.4.2012, 16 K 118/11.PVL). Die Einigungsstelle kann als ständige Einrichtung oder nur von Fall zu Fall zur Konfliktlösung gebildet werden.

Die Einigungsstelle ist zuständig in all denjenigen Angelegenheiten, in denen dem Personalrat durch das BPersVG bzw. jeweilige LPersVG ein zwingendes Mitbestimmungsrecht eingeräumt ist (vgl. § 72 BPersVG). Nach dem Bundespersonalvertretungsgesetz, das in den §§ 78 ff. BPersVG die zwingenden Mitbestimmungsfälle des Personalrats erschöpfend aufzählt, entscheidet die Einigungsstelle u. a. über:

► Einstellungen;

► Übertragung einer höher oder niedriger zu bewertenden Tätigkeit, Höher- oder Rückgruppierung, Eingruppierung (vgl. zum Begriff der Eingruppierung BVerwG v. 8.11.2011, 6 P 23.10, ZTR 2012, 123 und VGH Mannheim v. 12.9.2012, PB 15 S 3324/11, VGH München v. 3.12.2019, 17 P 18.2017; BAG v. 15.5.2019, 7 ABR 46/17, ZTR 2019, 692);

► Versetzung zu einer anderen Dienststelle, Umsetzung innerhalb der Dienststelle, wenn sie mit einem Wechsel des Dienstortes verbunden ist (das Einzugsgebiet im Sinne des Umzugskostenrechts gehört zum Dienstort);

► Abordnung für eine Dauer von mehr als drei Monaten;

► Zuweisung entsprechend § 29 des Bundesbeamtengesetzes für eine Dauer von mehr als drei Monaten;

► Weiterbeschäftigung über die Altersgrenzen hinaus;

► Anordnungen, welche die Freiheit in der Wahl der Wohnung beschränken;

► Versagung oder Widerruf der Genehmigung einer Nebentätigkeit;

► Gewährung von Unterstützungen, Vorschüssen, Darlehen und entsprechenden sozialen Zuwendungen;

► Zuweisung und Kündigung von Wohnungen, über die die Dienststelle verfügt, sowie der allgemeinen Festsetzung der Nutzungsbedingungen;

► Zuweisung von Dienst- und Pachtland und Festsetzung der Nutzungsbedingungen;

► Fragen der Lohngestaltung innerhalb der Dienststelle;

► Aufstellung von Sozialplänen einschließlich Plänen für Umschulungen zum Ausgleich oder zur Milderung von wirtschaftlichen Nachteilen, die dem Beschäftigten infolge von Rationalisierungsmaßnahmen entstehen (vgl. zum Begriff der Rationalisierungsmaßnahme BVerwG v. 28.11.2012, 6 P 11.11, ZTR 2013, 404 und OVG Bautzen v. 2.10.2012, PL 9 A 170/11).

Die Mitbestimmungstatbestände wurden im Rahmen der Novellierung des BPersVG 2021 neu strukturiert. Hierzu wurden die Regelungsgegenstände der §§ 75 bis 77 BPersVG a. F. neu geordnet. Die bisherige Differenzierung zwischen Arbeitnehmerinnen bzw. Arbeitnehmern und Beamtinnen bzw. Beamten wurde weitgehend aufgehoben. Die neue Systematik trennt nunmehr strikt nach Personalangelegenheiten, sozialen Angelegenheiten und organisatorischen Angelegenheiten. Der Katalog ist abschließend und kann weder durch Tarifvertrag oder Dienstvereinbarung noch durch Selbstbindung der Behörde erweitert werden.

In Fällen, in denen zwischen dem Dienststellenleiter und der Personalvertretung streitig ist, ob überhaupt ein Mitbestimmungsrecht besteht, ist das – tatbestandlich an das Vorliegen eines Mitbestimmungsrechts geknüpfte – Einigungsstellenverfahren nicht durchzuführen. Stattdessen sind die Verwaltungsgerichte zur Entscheidung über die Mitbestimmungspflichtigkeit berufen (BVerwG v. 28.8.2008, 6 PB 19.08, ZTR 2008, 696). Entsprechendes gilt, wenn im Streit steht, ob in einer bestimmten Konstellation überhaupt ein Informationsanspruch des Personalrats besteht (BVerwG v. 19.12.2018, 5 P 6.17, ZTR 2019, 462).

Nicht zuständig ist die Einigungsstelle für die Lösung von Konflikten zwischen der Dienststelle und der Jugend- und Auszubildendenvertretung. Ebenso wenig dient sie der Schlichtung von Streitigkeiten zwischen der Dienststelle oder dem Personalrat auf der einen Seite und den Beschäftigten auf der anderen Seite.

Darüber hinaus ist im BPersVG ein (freiwilliges) Einigungsstellenverfahren in Angelegenheiten, in denen das Gesetz im Streitfall keine verbindliche Entscheidung der Einigungsstelle anordnet, anders als im Betriebsverfassungsrecht (§ 76 Abs. 6 BetrVG), nicht vorgesehen.

Obgleich die Personalvertretungsgesetze der Länder aufgrund der (nur noch nachwirkenden) Rahmengesetzgebung des Bundes den §§ 72 ff. BPersVG vergleichbare Regelungen zur Einigungsstelle enthalten, sehen einige Länder in Anlehnung an das BetrVG vor, dass die Einigungsstelle auch in nicht erzwingbaren Mitbestimmungsangelegenheiten entscheidet. Ihre Anrufung ist insoweit zur Beilegung von Meinungsverschiedenheiten zwischen Dienststelle und Personalrat u. a. möglich über die

► Festlegung von Zeit und Ort von Sprechstunden des Personalrats (§ 46 HmbPersVG; § 42 LPersVG RPf; § 42 SaarPersVG);

► Freistellung von Personalratsmitgliedern von der Arbeit (§ 39 BremPersVG; §§ 49 f. HmbPersVG), wobei in Niedersachsen das für den Fall der Nichteinigung in Mitbestimmungsfällen vorgesehene Einigungsverfahren durchzuführen ist (§ 39 NdsPersVG);

- Übernahme von Kosten der Tätigkeit des Personalrats und die Bereitstellung von Räumen, Geschäftsbedarf, Büropersonal und Sachbearbeitern (§ 43 LPersVG RPf);

- Unterrichtung der Personalvertretung, die Beteiligung eines Personalratsmitglieds an Vorstellungs-, Auswahl- und Beurteilungsgesprächen, die Einsichtnahme in Personalakten (§ 69 LPersVG RPf);

- Einholung von Gutachten oder Stellungnahmen von Sachverständigen oder Auskunftspersonen durch die Personalvertretung (§ 69 LPersVG RPf).

 **WICHTIG!**

Aufgrund von Öffnungsklauseln im TVöD/TV-L können Dienstvereinbarungen getroffen werden. Die Dienstvereinbarung ist neben dem Tarifvertrag die wichtigste Rechtsquelle im Bereich von TVöD/TV-L, besonders bei der Arbeitszeitgestaltung (§ 6 TVöD/TV-L) und beim Leistungsentgelt (§ 18 TVöD (Bund)/(VKA)). Eine einvernehmliche Dienstvereinbarung liegt nur ohne Entscheidung der Einigungsstelle vor (§ 38 Abs. 3 TVöD/TV-L).

## II. Voraussetzung der Errichtung einer Einigungsstelle

Die Errichtung der Einigungsstelle setzt im Gleichklang zum Betriebsverfassungsrecht voraus, dass die Dienststellenleitung und der bei ihr gebildete Personalrat in vorangegangenen Verhandlungen über eine mitbestimmungspflichtige Angelegenheit keine Einigung erzielt haben (vgl. LAG München, v. 13.12.2021, 3 TaBV 59/21; LAG München v. 25.3.2021, 3 TaBV 3/21). Der Nichteinigung steht es gleich, wenn eine Seite innerdienstliche Verhandlungen von vornherein ablehnt oder sich (weiteren) Verhandlungen über Monate verschließt. Dies ist ebenso der Fall, wenn eine Seite nach den Umständen, insbesondere aufgrund eines schlechten Verhandlungsklimas davon ausgehen kann, dass die Beteiligten aus eigener Kraft nicht mehr in der Lage sind, eine einvernehmliche Regelung zu finden. In derartigen Fällen stehen kurzfristige weitere Verhandlungsangebote oder inhaltliche Gegenvorschläge der Errichtung einer Einigungsstelle nicht entgegen, denn sonst könnte eine verhandlungsunwillige Partei durch geschickte Verzögerungstaktiken die Errichtung der Einigungsstelle über längere Zeit verhindern.

Im Anwendungsbereich des BPersVG setzt eine Entscheidung der Einigungsstelle nach § 69 Abs. 4 S. 1 BPersVG a. F. (§ 72 BPersVG n. F.) i. V. m. § 71 Abs. 3 BPersVG a. F. (§ 74 Abs. 3, 4 BPersVG n. F.) stets die ordnungsgemäße Durchführung des in § 69 Abs. 2 (und 3) BPersVG a. F. (§§ 70 ff BPersVG n. F.) vorgesehenen Mitbestimmungsverfahrens voraus (VGH Mannheim v. 12.9.2012, PB 15 S 3324/11). Es besteht vor der Anrufung der Einigungsstelle insbesondere das Erfordernis der Durchführung des sog. Stufenverfahrens i. S. d. § 71 BPersVG, wenn der Dienststelle eine andere Dienststelle übergeordnet ist, bei der eine Stufenvertretung (Bezirks- oder Hauptpersonalrat) besteht. Der Dienststellenleiter oder der Personalrat können die Angelegenheit bei der übergeordneten Dienststelle vorlegen. Es obliegt dann der übergeordneten Dienststelle, die Zustimmung der Personalvertretung zu erreichen. Kommt auch hier keine Einigung zustande und handelt es sich bei der übergeordneten Dienststelle um eine Behörde der Mittelstufe im dreigliedrigen Verwaltungsaufbau, kann die Angelegenheit der obersten Dienstbehörde vorgelegt werden, bei der eine Stufenvertretung (Hauptpersonalrat) gebildet ist. Dort wiederholt sich das Verfahren. Erst wenn der obersten Dienstbehörde keine Einigung mit

der bei ihr gebildeten Stufenvertretung (Hauptpersonalrat) gelingt, kommt die Anrufung der Einigungsstelle in Betracht. Einigungsstellen werden stets nur bei den obersten Dienstbehörden gebildet (zum Sonderfall des § 44c Abs. 3 SGB II, nach dem in Streitfragen zwischen Personalvertretung und Geschäftsführer einer Agentur für Arbeit die sog. Trägerversammlung die Aufgaben einer obersten Dienstbehörde nach den §§ 69 bis 72 des BPersVGa. F. wahrnimmt, vgl. BVerwG v. 24.9.2013, 6 P 4/13).

Ist die oberste Dienstbehörde in einer mitbestimmungspflichtigen Angelegenheit selbst zur Entscheidung befugt, kommt im Falle einer Streitigkeit zwischen ihr und dem bei ihr gebildeten Personalrat die Errichtung einer weiteren Einigungsstelle in Betracht. Bei einem mehrstufigen Aufbau der Verwaltung ist also die Errichtung mehrerer Einigungsstellen möglich.

Auch die landesrechtlichen Vorschriften sehen mit einigen wenigen Ausnahmen die Durchführung eines Stufenverfahrens vor (besteht dennoch ausnahmsweise kein Raum für ein Stufenverfahren, können Besonderheiten gelten, vgl. für den Fall eines als selbstständige Dienststelle im Sinne von § 6 SächsPersVG eingerichteten Eigenbetriebs und des bei ihm gebildeten (örtlichen) Personalrats BVerwG v. 20.9.2013, 6 P 3/13). In Bremen und Hamburg ist der Einigungsstelle statt eines Stufenverfahrens die Anrufung einer Schlichtungsstelle vorgeschaltet (§ 59 BremPersVG; § 81 HmbPersVG).

Die Errichtung der Einigungsstelle erfolgt grundsätzlich nur zur Beilegung einer konkreten Meinungsverschiedenheit. Durch eine Dienstvereinbarung kann auf bundesrechtlicher Ebene zwar auch eine ständige Einigungsstelle errichtet werden, doch empfiehlt sich dies nur ausnahmsweise, z. B., wenn häufiger dem Mitbestimmungsrecht des Personalrats unterliegende Angelegenheiten zu entscheiden sind. In der Praxis finden sich ständige Einigungsstellen nur selten.

Während einige der Landespersonalvertretungsgesetze die Errichtung der Einigungsstelle als Dauereinrichtung ausdrücklich ausschließen (Art. 71 BayPVG; § 60 BremPersVG), sehen andere eine solche für eine bestimmte Zeit ausdrücklich vor (§ 82 PersVG Berl.; § 63 PersVGMV).

Soweit bei der obersten Dienstbehörde keine ständige Einigungsstelle eingerichtet ist, bedeutet die Anrufung der Einigungsstelle die Aufforderung an die Gegenseite, sich an der Errichtung der Einigungsstelle zu beteiligen. Die Errichtung erfolgt zumindest teilweise im „Zusammenwirken", da sich beide Seiten auf die Person des Vorsitzenden einigen müssen. Die Bestellung der Beisitzer erfolgt hingegen durch die jeweilige Seite. Kommt eine Seite der Aufforderung nicht nach, so kann die betreibende Seite ihre Beisitzer bestellen und den Präsidenten des Bundesverwaltungsgerichts (bzw. auf Landesebene des Oberverwaltungsgerichts bzw. Verwaltungsgerichtshofs) um Einsetzung eines Vorsitzenden ersuchen.

Bestellungsgegenstand bei der Bildung einer Einigungsstelle ist auch die Festlegung des von ihr zu verhandelnden Regelungsgegenstands. Es muss hinreichend klar sein, über welchen Gegenstand die Einigungsstelle verhandeln und ggf. durch Spruch befinden soll. Das ist unerlässlich, weil mit dem Regelungsgegenstand der Zuständigkeitsrahmen der Einigungsstelle begrenzt wird, damit diese der gesetzgeberischen Konzeption genügen kann, eine regelungsbedürftige Angelegenheit im Rahmen der gestellten Anträge vollständig zu lösen. Da ein Spruch der Einigungsstelle auch dann unwirksam ist, wenn diese ihrem Regelungsauftrag nicht ausreichend nachgekommen ist und keine abschließende Regelung getroffen hat, muss sowohl für das Einigungsstellenverfahren als auch für die gerichtliche Überprüfung der Zuständigkeit der Einigungsstelle oder ihres Spruchs erkennbar sein, für welche konkreten Regelungsfragen sie errichtet worden ist. Ein nicht ausreichend bestimmter Regelungsauftrag ist nicht geeignet, der Einigungsstelle die erforderliche Spruchkompetenz zu vermitteln. Ein solcher Mangel hat die Unwirksamkeit des gesamten Spruchs zur Folge (BAG v. 7.12.2021, 1 ABR 25/20; BAG v. 19.11.2019, 1 ABR 22/18, ZTR 2020, 247).

Es ist jederzeit möglich (d. h. parallel oder im Nachgang zu einem Einigungsverfahren) in einem gesonderten Beschlussverfahren verwaltungsgerichtlich klären zu lassen, ob die Einigungsstelle tatsächlich zuständig ist (BVerwG v. 2.2.1990, 6 PB 13/89). Eine umfassende und abschließende Prüfung hinsichtlich der Zuständigkeit der Einigungsstelle erfolgt allein in diesem Verfahren. Eine bereits eingerichtete Einigungsstelle kann das Einigungsstellenverfahren trotz der Pflicht zur Verfahrensbeschleunigung bis zu der gerichtlichen Entscheidung aussetzen.

## III. Personelle Zusammensetzung der Einigungsstelle

Die Einigungsstelle setzt sich auf Bundesebene regelmäßig aus sieben Mitgliedern zusammen, dem Vorsitzenden und sechs Beisitzern, die je zur Hälfte von beiden Seiten bestellt werden (§ 73 Abs. 1, 2 BPersVG). In den Personalvertretungsgesetzen der Länder finden sich zum Teil abweichende Vorgaben.

### 1. Vorsitzender

Die Unparteilichkeit des Vorsitzenden der Einigungsstelle ist zwingend. Von der Unparteilichkeit des Vorsitzenden ist regelmäßig dann auszugehen, wenn sich die oberste Dienstbehörde und die zuständige Personalvertretung auf einen Vorsitzenden geeinigt haben. Zwar ist es zulässig, einen Beschäftigten aus dem Geschäftsbereich der obersten Dienstbehörde als Vorsitzenden einvernehmlich zu wählen. Jedoch ist es in der Regel sinnvoller, einen außerhalb der Dienstbehörde stehenden Dritten zu wählen. Für die persönliche Eignung der Person des Einigungsstellenvorsitzenden ist von erheblicher Bedeutung, dass sie das Vertrauen beider Parteien genießt. Lehnt eine Partei den von der Gegenseite vorgeschlagenen Einigungsstellenvorsitzenden wegen fehlenden Vertrauens ab, bedarf es für diesen Ablehnungsgrund bis zur Grenze rechtsmissbräuchlichen Verhaltens keiner näheren und damit grundsätzlich auch keiner nachvollziehbaren Begründung (LAG Düsseldorf v. 9.6.2020, 3 TaBV 31/20, ZTR 2020, 604). Es empfiehlt sich die Benennung eines Arbeitsrichters oder eines Verwaltungsrichters, der einer Fachkammer oder einem Fachsenat für Personalvertretungssachen vorsitzt. Für die Person, die von den Parteien zum Vorsitzende/r gewählt wird, besteht keine Pflicht, das Amt des Einigungsstellenvorsitzenden anzunehmen. Ebenso kann der Vorsitzende sein Amt jederzeit niederlegen.

 **WICHTIG!**

Dem Vorsitzenden kommt wegen der ungeraden Mitgliederzahl der Einigungsstelle eine Schlüsselrolle zu. Daher sollte die Auswahl des Vorsitzenden besonders sorgfältig und gegebenenfalls in Abstimmung mit beratenden Rechtsanwälten erfolgen. Insbesondere das Verhandlungsgeschick des Vorsitzenden ist neben der Unparteilichkeit sowie den Fach- und Rechtskenntnissen von herausragender Bedeutung.

Kommt über die Person des Vorsitzenden keine Einigung zustande, wird er auf Antrag einer Seite durch den Präsidenten des Bundesverwaltungsgerichts bestellt (§ 73 Abs. 2 S. 3 BPersVG). Die Bestellung eines Vorsitzenden kann durch den Präsidenten des Bundesverwaltungsgerichts in entsprechender Anwendung des § 98 Abs. 1 ArbGG nur dann verweigert werden, wenn die Einigungsstelle offensichtlich unzuständig ist. Dies ist dann anzunehmen, wenn der beteiligte Personalrat bei fachkundiger Beurteilung schon auf den ersten Blick zur Regelung der streitigen Angelegenheit funktionell unzuständig ist, insbesondere sofort erkennbar ist, dass ein Mitbestimmungsrecht des Personalrats „unter keinen denkbaren rechtlichen Gesichtspunkt in Frage kommt", wobei bloße Zweifel nicht ausreichen. Die zur Unzuständigkeit einer Einigungsstelle im Betriebsverfassungsrecht entwickelte Rechtsprechung kann insoweit herangezogen werden (vgl. beispielsweise LAG Düsseldorf v. 24.8.2021, 3 TaBV 29/21; LAG Rheinland-Pfalz v. 18.9.2019, 7 TaBV 20/19; LAG Köln v. 16.1.2017, 9 TaBV 77/16; LAG Hamm v. 14.5.2014, 7 TaBV 21/14, 31.1.2014, 13 TaBV 114/13; 20.9.2012, 10 TaBV 65/12; LAG Niedersachsen v. 19.12.2012, 1 TaBV 112/12; ArbG Berlin v. 17.10.2012, 28 BV 14611/12).

### Beispiele

Offensichtlich unzuständig ist die Einigungsstelle bei der Beschwerde eines Beschäftigten gegen eine Abmahnung sowie bei bereits rechtskräftiger Entscheidung, dass das geltend gemachte Mitbestimmungsrecht nicht besteht. Die Frage nach der offensichtlichen Unzuständigkeit der Einigungsstelle im Zusammenhang mit der Neuregelung einer Materie, die durch eine ungekündigt fortbestehende Betriebsvereinbarung bereits abschließend geregelt ist, wird kontrovers diskutiert (in diesem Sinne eine offensichtliche Unzuständigkeit bejahend: ArbG Essen v. 1.7.2021, 1 BV 27/21; LAG Köln v. 5.3.2009, 13 TaBV 97/08; LAG Niedersachsen v. 29.07.2008, 1 TaBV 47/08; LAG Baden-Württemberg v. 18.11.2008, 9 TaBV 6/08; diese verneinend: LAG Köln v. 3.12.2014, 11 Ta BV 64/14; LAG Köln v. 23.01.2007, 9 TaBV 66/06; LAG Köln. v. 06.09.2005, 4 TaBV 41/05).

Keine offensichtliche Unzuständigkeit ist dagegen anzunehmen, wenn etwa eine Arbeitszeit-Betriebsvereinbarung besteht, in der aber nur Beginn und Ende der Arbeitszeit, Pausen und die Verteilung der Arbeitszeit auf die einzelnen Wochentage geregelt ist und der Arbeitgeber nun eine weitere Flexibilisierung der Arbeitszeit erreichen will; er etwa geregelt haben will, ob Mehrarbeit in ein Arbeitszeitkonto eingestellt werden kann. Mangels abschließender Regelung kann der Arbeitgeber hier die Einsetzung einer Einigungsstelle beantragen (vgl. LAG Hamm v. 10.9.2007, 10 TaBV 85/07).

Eine Einigungsstelle ist offensichtlich unzuständig, wenn für den angestrebten Regelungsgegenstand bereits eine andere Einigungsstelle zumindest teilweise zuständig ist. Denn Einigungsstellen beschließen innerdienstliche Rechtsnormen, die unmittelbar und zwingend gelten. Aus der Verbindlichkeit des Einigungsstellenspruchs folgt, dass in jedem Fall widersprüchliche Regelungen zum gleichen Regelungsgegenstand zu vermeiden sind. Gleichermaßen führt auch die anderweitige Rechtshängigkeit zur Unzulässigkeit einer den gleichen Streitgegenstand betreffenden Klage (LAG Hamburg v. 12.1.2015, 8 TaBV 14/14).

Hingegen liegt keine offensichtliche Unzuständigkeit vor, wenn eine strittige Mitbestimmungsfrage noch nicht höchstrichterlich entschieden wurde (BAG v. 19.9.2006, 1 ABR 53/05, ZTR 2007, 468, LAG Niedersachsen v. 11.11.1993, 1 TaBV 59/93). Dementsprechend soll auch eine Einigungsstelle zum Thema „Mobbing" nicht offensichtlich unzuständig sein, soweit die Streitigkeit keine Rechtsansprüche, sondern rein tatsächliche Beeinträchtigungen wie etwa die Nichteinhaltung von Zusagen durch Vorgesetzte zum Gegenstand hat (LAG Hamm v. 5.10.2009, 10 TaBV 63/09; LAG München v. 20.10.2005, 4 TaBV 61/05; LAG Düsseldorf v. 27.7.2004, 5 TaBV 38/04; jeweils zu §§ 84, 85 BetrVG, eine vergleichbare Regelung gibt es in § 62 Nr. 3 BPersVG).

Liegt *keine* offensichtliche Unzuständigkeit vor, hat der Präsident des Bundesverwaltungsgerichts einen Vorsitzenden zu bestellen. Bei dessen Auswahl ist er völlig frei, d. h. nicht an Vorschläge der Beteiligten gebunden (LAG München, v. 13.12.2021, 3 TaBV 59/21; LAG Hamm v. 10.8.2015, 7 TaBV 43/15; LAG Mecklenburg-Vorpommern v. 22.4.2015, 3 TaBV 1/15, wobei das Urteil hinsichtlich der Anzahl der Beisitzer nicht auf das BPersVG übertragbar ist, siehe unten III.2.). Einseitige subjektive Bedenken des Präsidenten des Bundesverwaltungsgerichts gegen einen vorgeschlagenen Vorsitzenden reichen aus, um eine andere Person zu bestellen, die Gewähr dafür bietet, dass das Einigungsstellenverfahren zeitnah, zügig und unabhängig durchgeführt wird. Da die Entscheidung als Teil des Einigungsverfahrens keine Außenwirkung hat, ist sie mangels Verwaltungsaktqualität nicht anfechtbar. Ihr kommt als bloße Verwaltungsmaßnahme auch keine präjudizielle Wirkung für einen Verwaltungsrechtsstreit über die Kompetenz der Einigungsstelle zu.

**TIPP!**

Ist eine Auseinandersetzung um die Person des Einigungsstellenvorsitzenden zu erwarten, sollte nicht bereits im Vorfeld oder in der Antragsschrift derjenige vorgeschlagen werden, den man gern als Einigungsstellenvorsitzenden sehen würde. Der Erstgenannte ist in der Regel „verbrannt". Taktisch geschickter ist es, den gewünschten Vorsitzenden erst dann – möglichst überraschend – zu präsentieren, wenn ein erster „Schlagabtausch" mit gegenseitiger Ablehnung des jeweils Vorgeschlagenen stattgefunden hat.

In Ergänzung dazu sehen einige Landespersonalvertretungsgesetze bestimmte Anforderungen an die Person des Vorsitzenden vor. So muss der Vorsitzende etwa nach § 74 a LPVG BW und Art. 71 BayPVG die Befähigung zum Richteramt oder gemäß § 53 MBG Schl.-H. zum höheren Verwaltungsdienst besitzen. Ferner gibt es abweichende Regelungen sowohl bezüglich der zur Bestellung des Vorsitzenden befugten Person für den Fall, dass sich die Beteiligten hierüber nicht einigen (z. B. § 60 BremPersVG: Präsident der Bremischen Bürgerschaft), als auch bezüglich der Konkretisierung des Bestellvorgangs selbst (§ 53 Abs. 3 MBG Schl.-H.).

## 2. Beisitzer

Die im BPersVG vorgesehenen sechs Beisitzer werden je zur Hälfte von der obersten Dienstbehörde und der zuständigen Personalvertretung, die zuletzt am Mitbestimmungsverfahren beteiligt ist, benannt. Ihre Anzahl ist anders als im Betriebsverfassungsrecht durch das BPersVG zwingend festgelegt. Eine abweichende Besetzung ist lediglich in Verschlusssachen gem. § 125 Abs. 1 BPersVG vorgesehen. In diesen Fällen ist von jeder Seite nur ein Beisitzer zu bestellen (§ 125 Abs. 3 BPersVG).

Die Dienstbehörde und die Personalvertretung sind jeweils frei in der Entscheidung, wen sie auf ihrer Seite als Beisitzer in die Einigungsstelle entsenden möchten. Besondere persönliche oder sachliche Voraussetzungen müssen die Beisitzer nicht erfüllen. Als Beisitzer können sowohl dienststelleninterne als auch dienststellenfremde Beschäftigte bestimmt werden. Eine Beschäftigung im öffentlichen Dienst ist kein Erfordernis, sodass auch hauptamtliche Gewerkschaftsfunktionäre oder Rechtsanwälte als Beisitzer entsandt werden können.

Unter den Beisitzern, die von der Personalvertretung bestellt werden, müssen sich allerdings je ein Beamter und ein Arbeitnehmer befinden, soweit die Angelegenheit nicht lediglich die Beamten oder die im Arbeitsverhältnis stehenden Beschäftigten betrifft (§ 73 Abs. 2 S. 2 BPersVG). Demgegenüber hat die oberste Dienstbehörde bei der Benennung ihrer Beisitzer die Regelungen des Bundesgremienbesetzungsgesetzes (BGremBG) zu beachten, insbesondere das Gebot der Doppelbenennung und das Ziel der gleichberechtigten Teilhabe von Männern und Frauen (§§ 4 Abs. 2, 5 BGremBG). Auch Personalratsmitglieder oder der Dienststellenleiter selbst dürfen Beisitzer sein.

Die Beisitzer üben ihr Amt höchstpersönlich aus und können daher für ihre Tätigkeit in der Einigungsstelle Dritten keine Verfahrensvollmacht erteilen. Sie können jedoch von den Parteien kurzfristig abberufen und ersetzt werden. Benennt eine Seite überhaupt keine Mitglieder, entscheidet die Einigungsstelle allein mit den Mitgliedern der anderen Seite und dem Vorsitzenden.

**WICHTIG!**

Keine Partei kann die von der anderen Seite benannten Beisitzer ablehnen. Dies gilt auch dann, wenn mit der Benennung einer bestimmten Person durch den Personalrat Kosten entstehen.

In den Landespersonalvertretungsgesetzen finden sich einige abweichende Regelungen. So besteht die Einigungsstelle in Schleswig-Holstein beispielsweise nur aus je zwei Beisitzern (§ 53 Abs. 3 MBG Schl.-H.). Das hamburgische Landespersonalvertretungsgesetz sieht demgegenüber – wie das BPersVG – je drei Beisitzer vor (§ 81 Abs. 2 S. 2 HmbPersVG).

### 3. Pflichten der Einigungsstellenmitglieder

Der Vorsitzende und die Beisitzer sind verpflichtet, nur nach bestem Wissen und Gewissen zu entscheiden, ohne an Weisungen oder Aufträge gebunden zu sein. Sie sind in dieser Funktion keine Vertreter der sie bestellenden Seite. Da die Mitglieder der Einigungsstelle eine personalvertretungsrechtliche Aufgabe ausführen, dürfen sie in der Ausübung ihrer Tätigkeit nicht behindert und wegen ihrer Tätigkeit nicht benachteiligt oder begünstigt werden (§ 10 BPersVG).

Alle Mitglieder der Einigungsstelle unterliegen derselben Verschwiegenheitspflicht (§ 11 BPersVG).

## IV. Das Einigungsstellenverfahren

Das Bundespersonalvertretungsgesetz (§§ 72 ff. BPersVG) und die Landespersonalvertretungsgesetze enthalten nur wenige Vorschriften zur Regelung des Verfahrens vor der Einigungsstelle. Daher regelt die Einigungsstelle das von ihr einzuhaltende Verfahren weitestgehend nach eigenem Ermessen.

### 1. Verfahrensgrundsätze

Gesetzlich geregelt ist das Verfahren der Einigungsstelle dahingehend, dass die Verhandlung der Einigungsstelle nicht öffentlich ist (§ 74 Abs. 2 S. 1 BPersVG) und dass den Beteiligten Gelegenheit zur mündlichen Äußerung zu geben ist (§ 74 Abs. 2 S. 2 BPersVG), d. h. beide Seiten müssen die Möglichkeit erhalten, ihre Ansicht vorzutragen und Vorschläge zur Beilegung der Streitigkeit zu machen. Dies kann – im Einvernehmen mit den Beteiligten – auch schriftlich erfolgen (§ 74 Abs. 2 S. 3 BPersVG).

Die Einigungsstelle kann ihre Verfahrensregeln darüber hinaus in einer von ihr zu beschließenden Geschäftsordnung niederlegen.

Bei der Gestaltung des Verfahrensablaufs ist die Einigungsstelle jedoch nicht völlig frei. So muss sie die grundlegenden rechtsstaatlichen Regeln einhalten. Sind Ort und Zeit einer Sitzung ausnahmsweise nicht zwischen allen Mitgliedern abgesprochen, hat der Vorsitzende zunächst für die rechtzeitige Einladung der Beisitzer zu sorgen. Fehlt es an einer ordnungsgemäßen Einladung und haben daher nicht alle Beisitzer an der Sitzung teilgenommen, ist ein beschlossener Spruch der Einigungsstelle unwirksam.

Im ersten Sitzungstermin hat die Einigungsstelle die Frage ihrer Zuständigkeit zu prüfen. Verneint sie diese, ist die Einstellung des Verfahrens zu beschließen. Bejaht sie hingegen ihre Zuständigkeit, wird der Streitfall umfassend erörtert. Die Einigungsstelle ist dabei nicht an die Anträge der Beteiligten gebunden, sondern verpflichtet, den Streitfall umfassend zu prüfen und den Konflikt vollständig zu lösen.

Sowohl die oberste Dienstbehörde als auch die zuständige Personalvertretung können sich im Einigungsstellenverfahren durch Gewerkschaftsbeauftragte oder Rechtsanwälte vertreten lassen.

 **WICHTIG!**

Beauftragt der Personalrat einen Rechtsanwalt, durch den er sich vor der Einigungsstelle vertreten lässt, muss die Dienststelle die dadurch entstehenden Kosten tragen (§ 46 BPersVG). Die Beauftragung eines Rechtsanwalts kommt insbesondere bei schwierigen Fragen rechtlicher oder tatsächlicher Natur in Betracht, wenn die Personalratsmitglieder oder die vom Personalrat bestellten Beisitzer mit den Fragen nicht vertraut sind bzw. über die zur sachgerechten Interessenwahrnehmung notwendigen juristischen Kenntnisse nicht verfügen.

Grundsätzlich dürfen an den Sitzungen der Einigungsstelle nur die Mitglieder der Einigungsstelle teilnehmen. Da der obersten Dienstbehörde und der zuständigen Personalvertretung Gelegenheit zur Stellungnahme zu geben ist, kommt auch deren Vertretern zeitweise ein Teilnahmerecht zu. Nach einigen landesrechtlichen Regelungen können auch sonstige Personen im Einzelfall zugelassen werden (z. B. § 83 Abs. 1 S. 2 PersVG Berl. „andere Personen, die ein berechtigtes Interesse nachweisen"; § 67 Abs. 4 LPVG NW „sachverständige Personen").

Die Einigungsstelle kann Beweise erheben und insbesondere Zeugen und Sachverständige anhören. Zwangsmittel zur Aufklärung des Sachverhalts stehen ihr jedoch mangels hoheitlicher Befugnisse weder gegen die Beteiligten, noch gegenüber anderen Personen zur Verfügung. Keiner der Befragten ist zur Aussage verpflichtet; eine eidliche Vernehmung ist ausgeschlossen. Wird ein Beschäftigter als Zeuge vernommen, muss ihn der jeweilige Dienststellenleiter bei voller Lohnfortzahlung für diese Zeit freistellen.

## 2. Beschlussfassung

Die Einigungsstelle entscheidet – innerhalb von zwei Monaten (§ 74 Abs. 1 BPersVG) – durch Beschluss (§ 74 Abs. 3 BPersVG) nach mündlicher Beratung. Sowohl die Beratung als auch die Beschlussfassung müssen stets in Abwesenheit der Beteiligten bzw. ihrer Vertreter erfolgen. Ihre Anwesenheit hat die Unwirksamkeit des Spruchs der Einigungsstelle zur Folge.

Die Beschlussfassung erfolgt mit Stimmenmehrheit. Die Mehrheit der Mitglieder der Einigungsstelle muss der Entscheidung folglich zustimmen. Etwas Anderes gilt, wenn eine Seite gar keine Beisitzer bestellt hat oder die von einer Seite benannten Beisitzer trotz rechtzeitiger Einladung der Sitzung fernbleiben. In einem solchen Fall entscheiden die erschienenen Beisitzer und der Vorsitzende alleine.

Es empfiehlt sich, dass sich der Vorsitzende in der ersten Abstimmung der Stimme enthält (ausdrücklich angeordnet ist dieses Vorgehen für die Betriebsverfassung in § 76 Abs. 3 S. 3 BetrVG). Kommt eine Stimmenmehrheit – und damit eine Einigung unter den Parteien – nicht zustande, folgt eine weitere Beratung, die noch in der gleichen Sitzung stattfinden kann. An dieser zweiten Abstimmung nimmt nunmehr auch der Vorsitzende teil. Bei Stimmengleichheit entscheidet somit die Stimme des Vorsitzenden. Stimmenthaltungen der Beisitzer sind nicht möglich. Erfolgen trotzdem Stimmenthaltungen, sind diese Stimmen nicht etwa als Nein-Stimmen zu werten, sondern zählen vielmehr als nicht abgegebene Stimmen bei der Berechnung der Stimmenmehrheit nicht mit.

Der Beschluss der Einigungsstelle bedarf der Schriftform, da ansonsten der gesetzlichen Verpflichtung, diesen den Beteiligten zuzustellen (§ 74 Abs. 4 S. 3 BPersVG), nicht genügt werden könnte. Die Schriftform ist gewahrt, wenn die Beschlussformel schriftlich niedergelegt und von allen Mitgliedern der Einigungsstelle unterzeichnet wird (BVerwG v. 10.3.1987, 6 P 17/85; BVerwG v. 20.12.1988, 6 P 34/85, ZTR 1989, 123).

Etwas anderes soll nach Auffassung des BVerwG jedoch gelten, wenn das anwendbare Landespersonalvertretungsgesetz einen gesetzlichen Begründungszwang enthält; in diesem Fall müsse nicht nur die Beschlussformel, sondern auch die Begründung des Einigungsstellenspruches von allen Mitgliedern der Einigungsstelle unterzeichnet werden (so BVerwG v. 20.12.1988, 6 P 34/85, ZTR 1989, 123; vgl. aber BAG v. 26.9.2013, 2 AZR 843/12, ZTR 2014, 295, dort entschied das BAG, dass der Arbeitgeber die Zuleitung eines schriftlich begründeten und von allen Mitgliedern der Einigungsstelle unterschriebenen Beschlusses nicht abwarten müsse, bevor er die mitbestimmungspflichtige Kündigung ausspreche, da die Beteiligung des Personalrates bereits mit Beschlussfassung der Einigungsstelle abgeschlossen sei).

Das BAG hat für die Beschlussfassung im Sinne des § 76 Abs. 3 S. 3 BetrVG entschieden, dass die gesetzliche Schriftform nicht durch die elektronische Form (§ 126a BGB) oder Textform (§ 126b BGB) ersetzt werden und demzufolge eine formwirksame Zuleitung des Spruchs der Einigungsstelle nicht durch E-Mail erfolgen kann. Eine nachträgliche, rückwirkende Heilung der Verletzung der Formvorschriften sei aus Gründen der Rechtssicherheit und Rechtsklarheit nicht möglich (BAG v. 10.12.2013, 1 ABR 45/12; BAG v. 5.10.2010, 1 ABR 31/09). Die Einhaltung der gesetzlichen Schriftform ist daher eine zwingende Wirksamkeitsvoraussetzung des Einigungsstellenspruchs (vgl. BAG v. 13.8.2019, 1 ABR 6/18, ZTR 2020, 59). Dies dürfte mangels entgegenstehender Rechtsprechung des Bundesverwaltungsgerichts auch auf die Beschlussfassung im Sinne des § 74 Abs. 3, 4 BPersVG zu übertragen sein.

Einige Landespersonalvertretungsgesetze sehen für die Sachentscheidung der Einigungsstelle Fristen vor, so z. B. in Schleswig-Holstein gemäß § 54 Abs. 3 S. 4 MBG Schl.-H. („zwanzig Tage nach Anrufung der Einigungsstelle") und in Sachsen-Anhalt gemäß § 64 Abs. 2 S. 2 SAPersVG („vier Wochen nach der Bestellung des Vorsitzenden") (hierzu OVG Magdeburg v. 11.12.2013, 5 L 2/13). Liegt nach Ablauf dieser Fristen in den Fällen der eingeschränkten Mitbestimmung der Beschluss der Einigungsstelle nicht vor und gibt es für diese Verzögerung keinen anzuerkennenden Grund, so ist die oberste Dienstbehörde berechtigt, die endgültige Entscheidung zu treffen (BVerwG v. 29.2.2012, 6 P 2/11, BVerwG v. 19.8.2009, 6 PB 20/09).

### 3. Rechtswirkungen des Einigungsstellenspruchs

Der Beschluss der Einigungsstelle bindet die Beteiligten mit Ausnahme der in § 75 Abs. 2 und 3 BPersVG geregelten Fälle (§ 75 Abs. 1 BPersVG). Die oberste Dienstbehörde kann einen Beschluss der Einigungsstelle in Angelegenheiten, die im Einzelfall wegen ihrer Auswirkungen auf das Gemeinwesen wesentlicher Bestandteil der Regierungsgewalt sind, innerhalb von vier Wochen nach dessen Zustellung ganz oder teilweise aufheben und in der Angelegenheit endgültig entscheiden. Die Aufhebung und deren Gründe sind der Vorsitzenden oder dem Vorsitzenden der Einigungsstelle sowie den beteiligten Dienststellen und Personalvertretungen unverzüglich schriftlich oder elektronisch mitzuteilen (§ 75 Abs. 2 BPersVG).

In Fällen der eingeschränkten Mitbestimmung beschließt die Einigungsstelle, wenn sie sich der Auffassung der obersten Dienstbehörde nicht anschließt, jedoch nur eine Empfehlung an die oberste Dienstbehörde (vgl. OVG Bremen v. 10.11.2021, 6 LP 443/20; VGH Mannheim v. 12.9.2012, PB 15 S 3324/11); vgl. BVerwG v. 24.4.2002, 6 P 3/01, ZTR 2002, 447; 24.4.2002, 6 P 4/01, ZTR 2003, 47; 18.6.2002, 6 P 12/01, ZTR 2003, 43; 30.6.2005, 6 P 9/04, ZTR 2005, 545; 4.6.2010, 6 PB 4/10, ZTR 2010, 433; BVerfG v. 24.5.1995, 2 BvF 1/92, ZTR 1995, 566; 20.7.2001, 2 BvL 8/00; vgl. hierzu auch OVG Saarlouis v. 5.12.2016, 5 A 16/16).

Das Bundesverwaltungsgericht hat mit Beschluss vom 15.7.2019 bezüglich der Frage, welche Wirkung dem Einigungsstellenspruch über die personelle Maßnahme der Einstellung zukommt, wenn der einzustellende Arbeitnehmer keine hoheitlichen Befugnisse ausübt, klargestellt, dass auch hier der Beschluss der Einigungsstelle lediglich eine empfehlende Wirkung für die oberste Dienstbehörde haben kann – unabhängig davon, „ob und in welchem Umfang der Arbeitnehmer bei seiner konkreten Tätigkeit hoheitliche Befugnisse ausübt" (BVerwG v. 15.7.2019, 5 P 1/18, ZTR 2020, 48 ff).

Die endgültige Entscheidung obliegt in diesen Fällen somit der obersten Dienstbehörde. Diese muss vor ihrer Entscheidung die Empfehlung jedoch sorgfältig prüfen und sich inhaltlich mit ihr auseinandersetzen. Zudem darf die zuständige Dienststelle in Personalangelegenheiten der Arbeitnehmer von ihrem Letztentscheidungsrecht auch dann Gebrauch machen und die beabsichtigte Maßnahme durchführen, wenn die Einigungsstelle die für ihre Sachentscheidung vorgesehene Frist hat verstreichen lassen (BVerwG v. 19.8.2009, 6 PB 20/09, zu §§ 62, 64 SA-PersVG, ZfPR 2010, 40; BVerwG v. 29.2.2012, 6 P 2/11).

Das VG Frankfurt a.M. hat in einem Verfahren zum HPVG entschieden, dass die Empfehlung der Einigungsstelle nicht ohne vorherigen Beschluss der obersten Dienstbehörde umgesetzt werden darf (VG Frankfurt a.M. v. 27.8.2018, 23 K 2725/18.F.PV). Erst wenn die oberste Dienstbehörde sich mit der Empfehlung der Einigungsstelle sachlich auseinandergesetzt hat und einen Beschluss getroffen hat, ob sie die Empfehlung umsetzen will, sei das Mitbestimmungsverfahren im weiteren Sinne abgeschlossen. Denn aus § 71 Abs. 4 S. 2 HPVG ergibt sich, dass die Bindungswirkung des Beschlusses der Einigungsstelle in diesen Fällen erst durch die Entscheidung der obersten Dienstbehörde erfolgt.

 **WICHTIG!**

Das Letztentscheidungsrecht der obersten Dienstbehörde setzt die ordnungsgemäße Durchführung des Mitbestimmungsverfahrens voraus. Das bedeutet, dass die oberste Dienstbehörde die Ausübung des Letztentscheidungsrechts zurückstellen muss, wenn sie erkennt, dass im bisherigen Mitbestimmungsverfahren – einschließlich des Verfahrens vor der Einigungsstelle – eine vollständige Unterrichtung über die mitbestimmungspflichtige Maßnahme nicht stattgefunden hat (BVerwG v. 10.2.2009, 6 PB 25/08, ZTR 2009, 275).

In allen übrigen Fällen bindet der Beschluss der Einigungsstelle die Beteiligten (§ 75 Abs. 1 BPersVG). Der Spruch der Einigungsstelle ersetzt somit die fehlende Einigung zwischen der obersten Dienstbehörde und der zuständigen Personalvertretung. Die oberste Dienstbehörde ist verpflichtet, den Spruch der Einigungsstelle so durchzuführen oder eine entsprechende Weisung an die zuständige nachgeordnete Dienststelle zu erteilen.

Wenn Gegenstand des Einigungsstellenverfahrens ein Regelungsstreit über soziale Angelegenheiten im Sinne des § 75 Abs. 3 BPersVG a. F. gewesen ist (z. B. der Lage der Arbeitszeit) und in dem Einigungsstellenspruch eine generelle Regelung getroffen wurde, hat der Spruch der Einigungsstelle die Bedeutung einer Dienstvereinbarung (BVerwG v. 17.12.2003, 6 P 7.03, ZTR 2004, 215). Etwaige Rechtsansprüche, die sich aus diesem Einigungsstellenspruch zugunsten einzelner Beschäftigten ergeben, können sodann gerichtlich eingeklagt werden.

Wie das BVerwG mit Beschluss vom 27.6.2019, 5 P 2.18, ZTR 2020, 51 (dort ausdrücklich in Bezug auf § 86 Abs. 1 SächsPersVG) dargelegt hat, hat die Personalvertretung das Recht, von der Dienststellenleitung die Durchführung einer mit dieser geschlossenen Dienstvereinbarung zu verlangen. Im Hinblick auf den insoweit nahezu wortgleichen § 74 Abs. 1 BPersVG a. F. (§ 64 Abs. 1 BPersVG n. F.) sowie den § 77 Abs. 1 BetrVG dürfte Entsprechendes gelten. Nach der ausdrücklichen Klarstellung durch das Bundesverwaltungsgericht ist dies nunmehr auch dann anzunehmen, wenn das jeweilige Landespersonalvertretungsrecht eine dem § 86 Absatz. 1 S. 1 SächsPersVG oder § 74 Absatz 1 BPersVG a. F. vergleichbare ausdrückliche Regelung nicht enthält und sich gleichwohl die jeweilige Zuständigkeit des Dienststellenleiters für den Vollzug von Entscheidungen „aus anderen Grundsätzen der Dienststellenverfassung" ergibt (BVerwG a.a.O.).

## V. Kosten der Einigungsstelle

Die Kosten der Einigungsstelle trägt die oberste Dienstbehörde. Das Bundespersonalvertretungsgesetz enthält im Gegensatz zum Betriebsverfassungsgesetz keine Regelungen bezüglich der Vergütung der Mitglieder der Einigungsstelle, die Kostentragungspflicht der obersten Dienstbehörde wird jedoch entsprechend aus § 46 Abs. 1 BPersVG abgeleitet. Es handelt sich insoweit um Kosten, die durch die Tätigkeit der Personalvertretung entstanden sind.

### 1. Allgemeine Verfahrenskosten

Zu den Kosten der Einigungsstelle gehören zunächst die sog. allgemeinen Verfahrenskosten, d. h. der Aufwand, der infolge der Durchführung des Einigungsstellenverfahrens entsteht. Hierzu zählen insbesondere die Kosten für Räume, Geschäftsbedarf (etwa Schreibmaterial) und Büropersonal. Darüber hinaus umfassen die von der Dienststelle zu tragenden Kosten auch sämtliche Aufwendungen und Auslagen der Mitglieder der Einigungsstelle, die für deren Tätigkeit erforderlich sind. Hierzu zählen beispielsweise Reisekosten, Übernachtungs- und Verpflegungskosten sowie Telefon- und Portokosten.

Auch etwaige Sachverständigenkosten sind von der Dienststelle in angemessener Höhe zu tragen, wenn die Einigungsstelle eine

Sachverständigenanhörung zur sachgerechten und vernünftigen Erledigung des Verfahrens für erforderlich erachtet. Die Hinzuziehung eines Sachverständigen ist stets dann erforderlich, wenn die Mitglieder der Einigungsstelle nicht über das nötige Fachwissen verfügen. Auch ein Rechtsanwalt kann als Sachverständiger beauftragt werden. Die Kosten sind freizugeben, wenn dieser tatsächlich in dieser Funktion und nicht als Verfahrensbevollmächtigter im Einigungsstellenverfahren tätig wird (BVerwG v. 25.10.2016, 5 P 7.15). Dienststellen sollten daher vor einer Erstattung der Rechtsanwaltskosten prüfen, in welcher Eigenschaft ein Rechtsanwalt im Einigungsstellenverfahren auftritt.

Der Personalrat ist ferner berechtigt, auf Kosten der obersten Dienstbehörde einen Rechtsanwalt mit der Wahrnehmung seiner Interessen vor der Einigungsstelle zu beauftragen. Voraussetzung ist jedoch, dass der Streitfall schwierige Rechtsfragen aufweist und weder ein Mitglied des Personalrats noch einer der vom Personalrat bestellten Beisitzer über das notwendige Fachwissen verfügt.

## 2. Vergütung der Mitglieder und des Vorsitzenden

Bezüglich der Vergütung der Mitglieder der Einigungsstelle ist grundsätzlich zu unterscheiden zwischen der Vergütung der dienststelleninternen Beisitzer einerseits und der Vergütung der dienststellenfremden Beisitzer sowie des Vorsitzenden andererseits.

Die dienststelleninternen Beisitzer werden für ihre Tätigkeit nicht gesondert vergütet. Vielmehr üben sie ein unentgeltliches Ehrenamt aus und haben einen Anspruch darauf, für die Zeit der Mitwirkung in der Einigungsstelle von ihrer beruflichen Tätigkeit ohne jegliche Lohnkürzungen freigestellt zu werden.

Hingegen haben dienststellenfremde Beisitzer sowie der Einigungsstellenvorsitzende einen Anspruch auf Vergütung. Der Vergütungsanspruch ergibt sich häufig aus Honorarvereinbarungen. Bei den dienststellenfremden Beisitzern ist ein Vergütungsanspruch allerdings nicht die Regel (BVerwG v. 9.10.1991, 6 P 1.90, ZTR 1992, 128). Ein solcher Anspruch kann insbesondere nicht durch eine Abrede zwischen dem Beisitzer und der ihn bestellenden Personalvertretung begründet werden. Vielmehr bedarf er grundsätzlich einer Honorarvereinbarung zwischen Beisitzer und oberster Dienstbehörde (vgl. BVerwG v. 24.2.2016, 5 P 2.15, ZTR 2016, 419). Fehlt es an einer Honorarvereinbarung, besteht in entsprechender Anwendung des § 46 Abs. 1 BPersVG i. V. m. § 73 BPersVG ein Anspruch auf Aufwendungsersatz in Höhe des üblichen Entgelts. Der Aufwendungsersatzanspruch besteht, wenn die Beisitzertätigkeit ihrer Art nach in das weitere berufliche Tätigkeitsfeld des Beisitzers fällt und der Kostenaufwand angemessen und erforderlich ist. Letzteres ist aus der Sicht der Personalvertretung zu beurteilen. Erforderlich ist der Kostenaufwand nur, wenn die Personalvertretung auf andere zumutbare Weise keine qualifizierten Personen gewinnen kann, die ihr Vertrauen genießen; insoweit steht der Personalvertretung ein Beurteilungsspielraum zu. Sie trifft aber auch eine dahingehende Nachweispflicht; erforderlich ist eine der Bestellung vorausgehende Abwägungsentscheidung, die auch die Höhe der damit verbundenen Honorarforderungen des Beisitzers mit einbezieht (BVerwG v. 9.10.1991, 6 P 1.90, ZTR 1992, 128; BVerwG v. 24.2.2016, 5 P 2.15, ZTR 2016, 419). Die Abwägungsentscheidung kann vom Gericht nur überprüft, nicht aber ersetzt werden (BVerwG v. 24.2.2016, 5 P 2.15, ZTR 2016, 419). Das Bundesverwaltungsgericht hat darüber hinaus entschieden, dass ein Beisitzer, der den Beruf des Rechtsanwalts ausübt und keine Honorarabrede getroffen hat, im Falle des Fehlens einer solchen Abwägungsent-

scheidung von der Dienststelle allenfalls die dort üblicherweise gewährte Entschädigung, nicht aber die für seine Berufsgruppe übliche anwaltliche Vergütung verlangen kann (BVerwG v. 24.2.2016, 5 P 2/15, ZTR 2016, 419).

 **WICHTIG !**

Der Personalrat kann auch mehrere dienststellenfremde Beisitzer bestellen. Die oberste Dienstbehörde muss die Benennung externer Beisitzer durch den Personalrat akzeptieren. Ein Vergütungsanspruch steht bei entsprechender Benennung durch den Personalrat auch hauptamtlichen Gewerkschaftsfunktionären zu.

Dem Vorsitzenden der Einigungsstelle steht stets ein gesetzlicher Vergütungsanspruch gegenüber der obersten Dienstbehörde zu, d. h. auch wenn eine Honorarvereinbarung unterbleibt. Denn durch die Bestellung zum Einigungsstellenvorsitzenden entsteht ein öffentlich-rechtliches Dienstverhältnis, bei dem für den Vergütungsanspruch auf § 612 BGB zurückzugreifen ist. Die Höhe der Vergütung ist im Einzelfall nach billigem Ermessen festzulegen. Dabei hat der Vorsitzende den erforderlichen Zeitaufwand (einschließlich der Vorbereitungs- und Nachbearbeitungszeiten für Protokollanfertigung, Spruchbegründung usw.), die Schwierigkeit der Streitigkeit sowie einen etwaigen Verdienstausfall zu berücksichtigen.

Der in § 76a Abs. 4 BetrVG enthaltene Gedanke, dass die Vergütung der betriebsfremden Beisitzer grundsätzlich niedriger bemessen sein muss als die des Vorsitzenden, ist auf den Bereich des öffentlichen Dienstes übertragbar. Im Betriebsverfassungsrecht wird regelmäßig eine Vergütung in Höhe von $7/10$ des Vorsitzendenhonorars als angemessen erachtet. Dieser Maßstab gilt auch für die der Einigungsstelle angehörenden Rechtsanwälte.

Anders als das BPersVG enthalten einige Landespersonalvertretungsgesetze Regelungen über die Kostentragungspflicht im Zusammenhang mit der Errichtung einer Einigungsstelle (vgl. etwa § 71 Abs. 8 PersVG Bbg; § 67 Abs. 2 S. 3 LPVG NRW; § 63 Abs. 5 PersVG MV; § 71 Abs. 7 NPersVG).

## VI. Überprüfung des Einigungsstellenspruchs

Die oberste Dienstbehörde und der Personalrat können den Einigungsstellenspruch überprüfen lassen. Die Beschlüsse der Einigungsstelle unterliegen – sofern es sich nicht nur um Empfehlungen handelt, die keine Verbindlichkeit beanspruchen und daher generell nicht überprüfbar sind (BVerwG v. 24.1.2001, 6 PB 15.00, ZTR 2001, 239; 24.5.2006, 6 PB 16.05) – der Rechtmäßigkeitskontrolle durch die Verwaltungsgerichte (BVerwG v. 19.12.1990, 6 P 24.88; 24.5.2006, 6 PB 16.05). Das Gericht kann die Rechtswidrigkeit feststellen (OVG Bautzen v. 2.10.2012, PL 9 A 170/11) oder den Beschluss aufheben (BVerwG v. 28.11.2012, 6 P 11.11, ZTR 2013, 404). Es kann die fehlende Zustimmung zu einer Maßnahme aber weder ersetzen noch die Verpflichtung der Einigungsstelle aussprechen (OVG Münster v. 20.1.1982, CL 33/80).

Eine gerichtliche Geltendmachung etwaiger Mängel des Einigungsstellenspruchs erfolgt in analoger Anwendung des § 108 Abs. 1 Nr. 4 BPersVG. Den Antrag auf Nachprüfung können nur die Beteiligten stellen, nicht aber einzelne Beschäftigte, die von dem Einigungsstellenspruch mittelbar betroffen sind. Voraussetzung ist, dass der Antragsteller ein berechtigtes Interesse an der gerichtlichen Feststellung der Unwirksamkeit des Spruchs der Einigungsstelle hat (§ 256 Abs. 1 ZPO). Dieses ist nur dann nicht gegeben, wenn der Spruch ausschließlich einen in der Vergangenheit liegenden Vorgang regelt und keinerlei Rechtswirkungen für die Zukunft hat (BVerwG v. 29.1.2003, 6 P 15.01, ZTR 2003, 201; vgl. auch BAG v. 28.4.2009, 1 ABR 7/08).

 **ACHTUNG!**

Das BPersVG sieht, anders als das BetrVG, für die Geltendmachung der Rechtswidrigkeit des Einigungsstellenbeschlusses keine Frist vor.

## 1. Rechtsfehler

Das Verwaltungsgericht kann den Beschluss der Einigungsstelle zunächst auf einen etwaigen Rechtsverstoß (z. B. Formfehler, Überschreitung der Zuständigkeit, Fehler bei der Rechtsanwendung) hin überprüfen.

### Beispiele für Rechtsfehler

▶ Die Einigungsstelle räumt der obersten Dienstbehörde die Möglichkeit ein, einen mitbestimmungspflichtigen Tatbestand im Wesentlichen einseitig – ohne Beteiligung des Personalrats – zu gestalten.

▶ Die Einigungsstelle überschreitet ihre Regelungsbefugnis. Sie kann den Träger der Dienststelle wegen der bestehenden Bindungen an das Haushaltsgesetz bzw. den Haushaltsplan nicht dazu zwingen, für Personalausgaben, die nicht auf Gesetz oder Tarifvertrag beruhen, finanzielle Mittel zur Verfügung zu stellen.

▶ Der Vorsitzende einer Einigungsstelle missachtet die Pflicht zur Entscheidungsfassung durch Stimmmehrheit und entscheidet allein über einen Vertagungsantrag. Rechtsfehlerhaft ist ferner die Fortführung der Sitzung der Einigungsstelle nach Ablehnung der Vertagung mit Schlussberatung und Abstimmung über den zunächst vereinbarten Endzeitpunkt hinaus, obwohl für einen Beisitzer die weitere Teilnahme an der Sitzung nicht zumutbar ist und kein Ersatzbeisitzer geladen wurde (LAG Köln v. 26.7.2005, 9 TaBV 5/05).

Wird ein Rechtsverstoß festgestellt, erklärt das Verwaltungsgericht den Spruch der Einigungsstelle für rechtsunwirksam, sodass die Beteiligten ggf. einen neuen Einigungsversuch unternehmen müssen.

## 2. Ermessensfehler

Das Verwaltungsgericht kann eine sog. Ermessenskontrolle vornehmen, wenn der Einigungsstelle bei ihrer Entscheidung ein Ermessens- oder Beurteilungsspielraum eingeräumt war. Die richterliche Kontrolle beschränkt sich jedoch auf die Einhaltung der Grenzen des jeweiligen Ermessens- oder Beurteilungsspielraums, d. h. darauf ob die Einigungsstelle ihre Beschlüsse unter angemessener Berücksichtigung der Belange der Beteiligten und der Allgemeinheit gefasst hat.

### Beispiel für einen Ermessensfehler

Die angerufene Einigungsstelle will ein neu einzuführendes leistungsbezogenes Entgelt von der Dauer der Dienstzugehörigkeit abhängig machen. Sachfremd erscheint diese Regelung schon deshalb, weil die Dauer der Dienstzugehörigkeit keinen Leistungsbezug aufweist.

Die Unwirksamkeit eines Einigungsstellenspruchs kann auch in einem individualrechtlichen Verfahren eines Beschäftigten inzident überprüft werden, z. B. wenn ein Beschäftigter unter Berufung auf den Spruch der Einigungsstelle bestimmte Ansprüche geltend macht. In diesem Fall ist die Frage, ob sich der Beschluss der Einigungsstelle im Rahmen der geltenden Rechtsvorschriften bewegt, als Vorfrage zu klären.

# Einstellungsverfahren

 **Wegweiser:**

Bei dem Einstellungsverfahren von Beamten und Arbeitnehmern im öffentlichen Dienst müssen verschiedene Stationen durchlaufen und dabei eine Reihe von Besonderheiten berücksichtigt werden. Dies hängt maßgeblich damit zusammen, dass das Einstellungsverfahren bei öffentlichen Arbeitgebern nach dem Grundsatz der Bestenauslese gem. Art. 33 Abs. 2 GG erfolgen muss. Ferner sind im Hinblick auf schwerbehinderte Bewerber diverse Besonderheiten nach dem SGB IX zu beachten, die im direkten Zusammenhang zu mitbestimmungsrechtlichen Fragen stehen. Außerdem muss der Arbeitgeber stets beachten, dass er kein Indiz für eine Diskriminierung nach dem AGG setzt, da ihm sonst eine Schadensersatz- bzw. Entschädigungspflicht drohen kann (vgl. § 15 Abs. 1 und Abs. 2 AGG). Weitergehende Anforderungen beim Einstellungsverfahren ergeben sich zudem im Anwendungsbereich des Bundesgleichstellungsgesetzes (BGleiG) und der Gleichstellungsgesetze der Länder. Im Folgenden wird insoweit die Rechtslage nach dem BGleiG dargestellt. Die Gleichstellungsgesetze der Länder enthalten zwar vergleichbare Regelungen, die im Einzelnen jedoch unterschiedlich ausgestaltet sein können.

**I. Erstellung eines Anforderungsprofils**

**II. Pflichten im Vorfeld einer Stellenausschreibung nach dem SGB IX**
   1. Prüfung der zu besetzenden Stelle
   2. Beteiligung der Schwerbehindertenvertretung und des Personalrats
   3. Kontaktaufnahme mit der Arbeitsagentur
   4. Folgen einer Pflichtverletzung

**III. Stellenausschreibung**
   1. Interne und externe Stellenausschreibung
      1.1 Mitbestimmung des Personalrats
      1.2 Landespersonalvertretungsgesetze
      1.3 Mitbestimmung des Betriebsrats
   2. Gestuftes Ausschreibungsverfahren
   3. Konkrete Anforderungen an die Stellenausschreibung

**IV. Sichtung und Vorauswahl**

**V. Vorstellungsgespräche**
   1. Einladung schwerbehinderter und gleichgestellter Bewerber
   2. Einladung von Frauen
   3. Eingeschränktes Fragerecht
   4. Dokumentation

**VI. Auswahlentscheidung**
   1. Grundsatz der Bestenauslese
   2. Berücksichtigung der Grundsätze des AGG
   3. Schwerbehinderte Bewerber
   4. Besetzung der Auswahlkommission
   5. Dokumentation der Auswahlentscheidung
   6. Mitteilung gegenüber den Bewerbern

**VII. Absageschreiben**
   1. Anforderungen an das Absageschreiben
   2. Formulierungsvorschlag

**VIII. Einstellung**

**IX. Beteiligungsrechte der Gleichstellungsbeauftragten**

# I. Erstellung eines Anforderungsprofils

Der Arbeitgeber ist im öffentlichen Dienst verpflichtet, vor der Stellenausschreibung ein Anforderungsprofil zu bestimmen. Hierbei ist Art. 33 Abs. 2 GG zu beachten, der festlegt, dass jeder Deutsche nach seiner Eignung, Befähigung und fachlichen Leistung gleichen Zugang zu jedem öffentlichen Amt hat. Art. 33 Abs. 2 GG legt somit fest, dass der öffentliche Arbeitgeber bei der Erstellung eines Anforderungsprofils ausschließlich auf die Kriterien der Eignung, Befähigung und fachlichen Leistung abstellen darf (sog. Prinzip der Bestenauslese).

Das Anforderungsprofil muss klar und eindeutig formuliert sein. Das Bundesverwaltungsgericht hat entschieden, dass sich aus der Stellenausschreibung ergeben muss, welche Anforderungen von allen Bewerbern zwingend erwartet werden und welche Kriterien zwar nicht notwendig für eine Einbeziehung in das Auswahlverfahren sind, bei im Wesentlichen gleicher Eignung der Bewerber aber maßgeblich berücksichtigt werden (BVerwG v. 20.6.2013, 2 VR 1/13). Es ist daher empfehlenswert in dem Anforderungsprofil eine Gewichtung festzulegen, welche konkreten Anforderungen der Bewerber zwingend zu erfüllen hat und welche Anforderungen wünschenswert sind.

Nach der Rechtsprechung des Bundesarbeitsgerichts ist es zwar sinnvoll, aber nicht zwingend erforderlich, das Anforderungsprofil mit der Stellenausschreibung zu verbinden. Es reicht aus, wenn das Anforderungsprofil vor der getroffenen Auswahlentscheidung festgelegt und ausreichend dokumentiert wird (BAG v. 21.1.2003, 9 AZR 72/02, ZTR 2003, 463).

Im Zusammenhang mit der Festlegung des Anforderungsprofils ist auf eine Divergenz zwischen der Rechtsprechung des Bundesarbeitsgerichts sowie des Bundesverwaltungsgerichts hinzuweisen. Für die unterschiedlichen Ansichten wird auf die Ausführungen unter → *„Bewerberauswahl/Arbeitsrechtliche Konkurrentenklage"* I.6.1 verwiesen.

Stets ist zu berücksichtigen, dass das Anforderungsprofil frei von jeglicher Diskriminierung sein muss. Es darf keine mittelbare oder unmittelbare, nicht gerechtfertigte Anknüpfung an eines der in § 1 AGG genannten Kriterien, nämlich Alter, Geschlecht, sexuelle Identität, Behinderung, Religion, Weltanschauung oder ethnische Herkunft erfolgen.

(Für weitere Ausführungen zum Anforderungsprofil vergleichen Sie die Darstellung unter → *„Bewerberauswahl/Arbeitsrechtliche Konkurrentenklage" unter I.6.1.)*

# II. Pflichten im Vorfeld einer Stellenausschreibung nach dem SGB IX

Das SGB IX, das die Regelungen zur Rehabilitation sowie zur Teilhabe von Menschen mit Behinderung regelt, sieht bereits im Vorfeld einer Stellenausschreibung Handlungspflichten im Umgang mit schwerbehinderten Menschen vor.

## 1. Prüfung der zu besetzenden Stelle

Nach § 164 Abs. 1 S. 1 SGB IX muss der Arbeitgeber prüfen, ob die Stelle mit einem schwerbehinderten oder einem diesem gleichgestellten Arbeitnehmer besetzt werden kann. Für den Arbeitgeber ist es ratsam diese Prüfung zu dokumentieren, um im Zweifelsfall die Durchführung einer solchen Prüfung beweisen zu können.

## 2. Beteiligung der Schwerbehindertenvertretung und des Personalrats

Bei der Prüfung, ob die Stelle mit einem schwerbehinderten oder ihm gleichgestellten Arbeitnehmer besetzt werden kann, ist zwingend gem. § 164 Abs. 1 S. 6 SGB IX die Schwerbehindertenvertretung zu beteiligen sowie der Betriebs- oder Personalrat (vgl. § 176 SGB IX) anzuhören.

## 3. Kontaktaufnahme mit der Arbeitsagentur

Der Arbeitgeber muss sich mit der Agentur für Arbeit in Verbindung setzen, um die Frage zu klären, ob die zu besetzende Stelle mit arbeitslos oder arbeitsuchend gemeldeten schwerbehinderten Menschen besetzt werden kann, vgl. § 164 Abs. 1 S. 2 SGB IX. Die Bundesagentur für Arbeit kann gem. § 164 Abs. 1 S. 3 SGB IX geeignete schwerbehinderte Menschen vorschlagen.

 **WICHTIG!**

Die bloße Einstellung einer Stelle in die Online-Jobbörse der Agentur für Arbeit genügt weder dem Zweck noch den Anforderungen der Norm. Vielmehr muss der Arbeitgeber unmittelbar den Kontakt zur Agentur für Arbeit suchen. Ob der Arbeitgeber explizit Stellen für schwerbehinderte Menschen ausschreiben muss, ist bislang in der Rechtsprechung nicht geklärt. In der Praxis genügt bisher die Einschaltung der Agentur für Arbeit, also insbesondere die Meldung einer freien Stelle. Bei bloß internen Stellenausschreibungen muss der Arbeitgeber die Agentur für Arbeit nicht kontaktieren (LAG Köln v. 8.2.2010, 5 TABV 73/09, ZTR 2010, 488).

## 4. Folgen einer Pflichtverletzung

Die Verletzung einer Vorschrift des SGB IX setzt in aller Regel ein Indiz für eine Benachteiligung wegen Behinderung (vgl. § 22 AGG) und kann den Diskriminierungstatbestand des § 7 Abs. 1 AGG i. V. m. § 1 AGG erfüllen. Der Arbeitgeber kann sich schadensersatzpflichtig gegenüber abgelehnten schwerbehinderten oder ihnen gleichgestellten Bewerbern machen.

# III. Stellenausschreibung

## 1. Interne und externe Stellenausschreibung

Es besteht keine allgemeine Pflicht des Arbeitgebers zur externen Ausschreibung einer zu besetzenden Stelle. Die Frage, ob eine Pflicht zur internen Stellenausschreibung besteht, hängt mit der Frage zusammen, inwiefern Mitbestimmungsrechte der Arbeitnehmervertretungen bezüglich der Ausschreibung von Stellen bestehen.

## 1.1 Mitbestimmung des Personalrats

Nach § 78 Abs. 1 Nr. 12 BPersVG bestimmt der Personalrat in Personalangelegenheiten mit bei Absehen von der Ausschreibung von Dienstposten, die besetzt werden sollen. Die Vorschrift setzt eine Verpflichtung der Dienststelle voraus, die zu besetzende Stelle auszuschreiben. § 78 Abs. 1 Nr. 12 BPersVG selbst begründet jedoch keine Verpflichtung zur internen Stellenausschreibung, wie das Bundesverwaltungsgericht 2010 entschieden hat (BVerwG v. 14.1.2010, 6 P 10.09; BVerwG v. 13.7.2015, 1 WB 12.15; BVerwG v. 19.12.2023, 5 P 6.22, ZTR 2024, 231). Eine solche Verpflichtung muss sich vielmehr aus anderen Rechts- oder Verwaltungsvorschriften ergeben, z. B. aus § 8 Abs. 1 BBG oder § 6 Abs. 2 BGleiG, damit § 78 Abs. 1 Nr. 12 BPersVG Anwendung findet.

Gem. § 8 Abs. 1 BBG sind die zu besetzenden Stellen auszuschreiben. Bei der Einstellung von Bewerberinnen und Bewerbern muss die Ausschreibung öffentlich sein. Ausnahmen hiervon kann die Bundesregierung durch Rechtsverordnung regeln. Die Regelung des § 8 BBG gilt ausschließlich für Bundesbeamte gem. § 1 BBG.

Das BGleiG gilt nach dessen § 3 Abs. 1 Nr. 5 b) für alle Beschäftigten in der unmittelbaren und mittelbaren Bundesverwaltung unabhängig von ihrer Rechtsform. Nach § 6 Abs. 2 BGleiG soll, wenn Frauen in einzelnen Bereichen unterrepräsentiert sind, die Besetzung eines freien Arbeitsplatzes ausgeschrieben werden, um die Zahl der Bewerberinnen zu erhöhen. Die Ausschreibung soll öffentlich erfolgen, wenn dieses Ziel mit einer hausinternen oder dienststellenübergreifenden Ausschreibung nicht erreicht werden kann. Die Sollregelung besagt, dass für den Regelfall die Ausschreibung unter den in § 6 Abs. 2 BGleiG normierten Voraussetzungen vorzunehmen ist und nur in atypischen Ausnahmefällen davon abgesehen werden darf (BVerwG v. 14.1.2010, 6 P 10.09; BVerwG v. 19.12.2023, 5 P 6.22, ZTR 2024, 231).

Nach der Rechtsprechung des BVerwG kann sich eine Pflicht zur Ausschreibung auch aus einer ständigen Übung in der Dienststelle ergeben, wonach regelmäßig ausgeschrieben wird (BVerwG v. 9.1.2007, 6 P 6.06; BVerwG v. 19.12.2023, 5 P 6.22, ZTR 2024, 231). Besteht eine solche regelmäßige Ausschreibungspraxis, kann sich hieraus die grundsätzliche Pflicht zur Ausschreibung und damit der rechtliche Anknüpfungspunkt für das Mitbestimmungsrecht des Personalrates nach § 78 Abs. 1 Nr. 12 BPersVG beim Absehen von der Ausschreibung ergeben.

### 1.2  Landespersonalvertretungsgesetze

Findet das Landespersonalvertretungsrecht Anwendung, gelten je nach Bundesland unterschiedliche Regelungen hinsichtlich der Mitbestimmung bei Stellenausschreibungen. In einigen Bundesländern (beispielsweise in Hamburg) gelten mit § 78 Abs. 1 Nr. 12 BPersVG vergleichbare Regelungen, vgl. § 88 Abs. 6 Nr. 1 HmbPersVG. Andere Landespersonalvertretungsgesetze sehen ein positiv formuliertes Mitbestimmungsrecht vor. Wieder andere Landespersonalvertretungsgesetze beschränken die Mitbestimmung auf ein Empfehlungsrecht der Einigungsstelle. Soweit die Einigungsstelle ein unbeschränktes Letztentscheidungsrecht hat, kann sie im Einzelfall in verfassungskonformer Auslegung auf ein Empfehlungsrecht beschränkt werden. In manchen Bundesländern fehlen Beteiligungsrechte bei Stellenausschreibungen gänzlich.

### 1.3  Mitbestimmung des Betriebsrats

§ 93 BetrVG schreibt vor, dass der Betriebsrat verlangen kann, dass Arbeitsplätze, die besetzt werden sollen, allgemein oder für bestimmte Arten von Tätigkeiten vor ihrer Besetzung innerhalb des Betriebs ausgeschrieben werden.

Solange eine nach § 93 BetrVG erforderliche innerbetriebliche Ausschreibung des zu besetzenden Arbeitsplatzes unterblieben oder lückenhaft ist, kann der Betriebsrat nach § 99 Abs. 2 Nr. 5 BetrVG die Zustimmung zu einer Einstellung oder Versetzung verweigern.

### 2.  Gestuftes Ausschreibungsverfahren

Der Arbeitgeber des öffentlichen Dienstes darf eine Stelle gleichzeitig extern und intern ausschreiben. Dabei kann die externe Ausschreibung unter den Vorbehalt gestellt werden, dass externe Bewerber nur zum Zuge kommen sollen, wenn sich nicht genug interne Bewerber finden (gestuftes Ausschreibungsverfahren) (LAG Schleswig-Holstein v.18.12.2018, 1 Sa 26 öD/18, ZTR 2019, 293).

### 3.  Konkrete Anforderungen an die Stellenausschreibung

Nach § 11 AGG darf ein Arbeitsplatz nicht unter Verstoß gegen die Diskriminierungsverbote der §§ 1, 7 AGG ausgeschrieben werden. Dies bedeutet, dass Stellenausschreibungen geschlechtsneutral zu erfolgen haben, d.h. sich an Menschen jedweden Geschlechts richten müssen (BAG v. 23.11.2023, 8 AZR 164/22, ZTR 2024, 148). Auch die anderen in § 1 AGG genannten Merkmale (Rasse oder ethnische Herkunft, Religion oder Weltanschauung, Behinderung, Alter oder sexuelle Identität) dürfen weder bei den Anforderungen an den Bewerber noch bei der Beschreibung der Stelle oder des Unternehmens („junges dynamisches Team") eine Erwähnung finden, es sei denn, dass hierfür ein Rechtfertigungsgrund nach §§ 8 bis 10 AGG vorliegt.

Nach § 7 Abs. 1 TzBfG hat der Arbeitgeber einen Arbeitsplatz, den er öffentlich oder innerhalb des Betriebes ausschreibt, auch als Teilzeitarbeitsplatz auszuschreiben, wenn sich der Arbeitsplatz hierfür eignet.

Im Anwendungsbereich des BGleiG sind zudem die Anforderungen des § 6 Abs. 1 BGleiG zu beachten. Danach müssen Ausschreibungen – wie sich bereits aus dem AGG ergibt – geschlechterneutral erfolgen. Es ist insbesondere unzulässig, Arbeitsplätze nur für Männer oder nur für Frauen auszuschreiben. Der Ausschreibungstext muss so formuliert sein, dass er alle Geschlechter in gleicher Weise anspricht. Sind Frauen in dem jeweiligen Bereich unterrepräsentiert, so sind sie verstärkt zur Bewerbung aufzufordern. Außerdem hat jede Ausschreibung, insbesondere die Ausschreibungen für die Besetzung von Führungspositionen ungeachtet der Hierarchieebene, den Hinweis zu enthalten, dass der ausgeschriebene Arbeitsplatz in Teilzeit besetzt werden kann. Der Hinweis ist nur dann nicht erforderlich, wenn einer Besetzung in Teilzeit zwingende dienstliche Belange entgegenstehen.

Die Stellenausschreibung kann, muss aber nicht, das Anforderungsprofil enthalten. Insofern gilt nach der Rechtsprechung des BAG, dass es zwar sinnvoll, aber nicht zwingend erforderlich ist das Anforderungsprofil mit der Stellenausschreibung zu verbinden (BAG v. 21.1.2003, 9 AZR 72/02, ZTR 2003, 463). Im Anwendungsbereich des BGleiG ist jedoch § 6 Abs. 3 BGleiG zu beachten. Danach müssen die Stellenausschreibungen die Anforderungen des zu besetzenden Arbeitsplatzes festlegen und im Hinblick auf mögliche künftige Funktionen der Bewerberinnen und Bewerber auch das vorausgesetzte Anforderungs- und Qualifikationsprofil der Laufbahn oder des Funktionsbereichs enthalten (§ 6 Abs. 3 BGleiG).

## IV.  Sichtung und Vorauswahl

Da häufig bereits eine Vorauswahl hinsichtlich der eingegangenen Bewerbungen zum Beispiel in Fachabteilungen stattfindet, müssen die zuständigen Personen darauf hingewiesen werden, dass Bewerbungen von schwerbehinderten und ihnen gleichgestellten Bewerbern nicht eigenmächtig aussortiert werden dürfen. Sofern sich aus dem Anschreiben oder dem Lebenslauf des Bewerbers seine Schwerbehinderteneigenschaft ergibt oder sich die Tatsache ergibt, dass der Bewerber einem Schwerbehinderten gleichgestellt ist, sind Arbeitgeber des öffentlichen Dienstes verpflichtet, dies zur Kenntnis zu nehmen.

Das BAG geht davon aus, dass eine Information des Arbeitgebers über die Schwerbehinderung bzw. Gleichstellung im Bewerbungsschreiben oder an gut erkennbarer Stelle im Lebenslauf regelmäßig ausreichend ist. Zur Mitteilung der Schwerbehinderung kann auch die Vorlage des Schwerbehindertenausweises ausreichend sein. Allerdings genügt es nicht, wenn eine Kopie des Schwerbehindertenausweises lediglich den Anlagen beigefügt wird, ohne dass im Bewerbungsschreiben oder Lebenslauf hierauf ausreichend hingewiesen wird (BAG v. 17.12.2020, 8 AZR 171/20, ZTR 2021, 414).

In zeitlicher Hinsicht geht das BAG (Urt. v. 17.12.2020, 8 AZR 171/20, ZTR 2021, 414) davon aus, dass der Bewerber den Arbeitgeber „rechtzeitig" über die bestehende Schwerbehinderung informieren muss. Um rechtzeitig zu sein, muss die Information regelmäßig in der Bewerbung, sofern eine Bewerbungsfrist gesetzt ist, jedenfalls bis zum Ablauf dieser Frist gegeben werden. Ausnahmsweise kann eine spätere Mitteilung ausreichend sein. Dies setzt aber voraus, dass es dem Arbeitgeber im Einzelfall unter Berücksichtigung seines Interesses an einer ordnungsgemäßen Durchführung des Auswahl-/Stellebesetzungsverfahrens und an einer zügigen Entscheidung über die Besetzung der Stelle noch zumutbar ist, den zugunsten der Schwerbehinderten und Gleichgestellten bestehenden Verfahrens- und/oder Förderpflichten nachzukommen.

Über Vermittlungsvorschläge der Agentur für Arbeit oder des Integrationsfachdienstes und über vorliegende Bewerbungen von schwerbehinderten bzw. diesen gleichgestellten Menschen hat der Arbeitgeber nach § 164 Abs. 1 S. 4 SGB IX die Schwerbehindertenvertretung sowie den Personal- oder den Betriebsrat zu unterrichten. Das LAG Berlin-Brandenburg hat entschieden, dass es für eine Unterrichtung nach § 164 Abs. 1 S. 4 SGB IX nicht ausreicht, dass der Arbeitgeber alle Bewerbungsunterlagen auch der Schwerbehindertenvertretung elektronisch zugänglich macht. Es muss vielmehr unverzüglich ein Hinweis ergehen, ob und welcher der Bewerber schwerbehindert ist (LAG Berlin-Brandenburg v. 27.11.2019, 5 Sa 949/19).

Der Arbeitgeber ist verpflichtet, eine Dokumentation über die Bewerber zu erstellen, wobei Folgendes dokumentiert werden muss:

- Name des Bewerbers,
- Bewerbungseingang,
- Schwerbehinderung/Gleichstellung sowie der
- Ablehnungsgrund, also die Nichterfüllung eines der zwingenden Kriterien des Anforderungsprofils.

## V. Vorstellungsgespräche

### 1. Einladung schwerbehinderter und gleichgestellter Bewerber

 **WICHTIG!**

Öffentliche Arbeitgeber sind verpflichtet, schwerbehinderte und gleichgestellte Bewerber zum Vorstellungsgespräch einzuladen (vgl. § 165 S. 3 SGB IX). Die Verletzung der Verpflichtung eines öffentlichen Arbeitgebers, einen schwerbehinderten Bewerber zu einem Vorstellungsgespräch einzuladen, begründet regelmäßig die Vermutung einer Benachteiligung wegen der Behinderung im Sinne von § 22 AGG und begründet eine Entschädigungs- und Schadensersatzverpflichtung

des Arbeitgebers gemäß § 15 AGG (LAG Mecklenburg-Vorpommern v. 7.1.2020, 5 Sa 128/19).

Die Pflicht des öffentlichen Arbeitgebers zur Einladung sich bewerbender schwerbehinderter Menschen zu einem Vorstellungsgespräch nach § 165 S. 3 SGB IX ist nicht mit dem Anbieten eines einzigen Vorstellungstermins erfüllt, wenn der schwerbehinderte Mensch seine Verhinderung vor dem Termin unter Angabe eines hinreichend gewichtigen Grundes mitteilt und dem Arbeitgeber das Anbieten eines Ersatztermins zumutbar ist (BAG v. 23.11.2023, 8 AZR 164/22, ZTR 2024, 148).

Ausnahmsweise kann ein schwerbehinderter oder ihm gleichgestellter Bewerber nicht eingeladen werden, wenn der Bewerber offensichtlich fachlich nicht geeignet ist. Um einen Bewerber ablehnen zu können, muss dieser ein zwingendes Kriterium aus dem Anforderungsschreiben nicht erfüllen. Immer wenn der schwerbehinderte Bewerber die Kriterien des Anforderungsprofils erfüllt, ist er zum Bewerbungsgespräch einzuladen. Dies gilt auch, wenn der öffentliche Arbeitgeber andere Bewerber für wesentlich geeigneter hält (BAG v. 16.9.2008, 9 AZR 791/07, ZTR 2009, 217; LAG Schleswig-Holstein v. 29.8.2019, 5 Sa 375 öD/18, ZTR 2020, 37).

Dass dem schwerbehinderten Bewerber die fachliche Eignung offensichtlich fehlt, kann anzunehmen sein, wenn der Bewerber eine in einem nach Art. 33 Abs. 2 GG zulässigen Anforderungsprofil als zwingendes Auswahlkriterium bestimmte Mindestnote des geforderten Ausbildungsabschlusses nicht erreicht hat. Allein die offensichtliche fachliche Ungeeignetheit eines Bewerbers steht einem Entschädigungsanspruch nach § 15 AGG wegen Nichteinladung zum Vorstellungsgespräch allerdings nicht zwingend entgegen. Vielmehr muss der Arbeitgeber zusätzlich darlegen und im Bestreitensfall beweisen, dass er andere Bewerber, die ebenso insoweit das Anforderungsprofil nicht erfüllt haben, weder zu einem Vorstellungsgespräch eingeladen noch letztlich eingestellt hat (BAG v. 29.4.2021, 8 AZR 279/20, ZTR 2021, 652).

Bloße Zweifel an der fachlichen Eignung rechtfertigen es nicht, von einer Einladung abzusehen, weil sich Zweifel im Vorstellungsgespräch ausräumen lassen können. Der schwerbehinderte Mensch soll nach § 165 S. 3 SGB IX die Chance haben, sich in einem Vorstellungsgespräch zu präsentieren und den öffentlichen Arbeitgeber von seiner Eignung zu überzeugen (LAG Mecklenburg-Vorpommern v. 7.1.2020, 5 Sa 128/19). Die Pflicht zur Einladung eines schwerbehinderten oder gleichgestellten Bewerbers entfällt nach Ansicht des Landesarbeitsgerichts Baden-Württemberg, wenn die Stellenausschreibung ausschließlich intern erfolgt (LAG Baden-Württemberg v. 3.6.2019, 1 Sa 12/18). Liegt die Bewerbung eines schwerbehinderten Menschen vor, hat die Schwerbehindertenvertretung ein Recht zur Teilnahme an allen Vorstellungsgesprächen inklusive der Gespräche mit nicht schwerbehinderten Bewerbern (BAG v. 19.12.2018, 7 ABR 80/16). Die Schwerbehindertenvertretung kann außerdem in alle Bewerbungsunterlagen Einsicht nehmen.

Bewirbt sich bei einem gestuften Ausschreibungsverfahren ein schwerbehinderter Mensch als externer Bewerber auf eine Ausschreibung und können die freien Stellen alle mit internen Bewerbern besetzt werden, ist der öffentliche Arbeitgeber nicht gemäß § 165 S. 3 SGB IX zur Einladung des externen schwerbehinderten Bewerbers zu einem Vorstellungsgespräch verpflichtet. Die Nichteinladung zum Vorstellungsgespräch ist daher auch nicht als Indiz für eine Diskriminierung schwerbehinderter Menschen durch den Arbeitgeber geeignet (vgl. § 22 AGG). Die mangelnde Transparenz der Entscheidung, eine Stelle vorrangig an interne Bewerber zu vergeben, begründet ebenfalls kein Indiz für eine Diskriminierung (LAG Schleswig-Holstein v.18.12.2018, 1 Sa 26 öD/18, ZTR 2019, 293).

### 2. Einladung von Frauen

Im Anwendungsbereich des BGleiG ist bezüglich der Einladung von Frauen § 7 Abs. 1 BGleiG zu beachten. Liegen in ausreichender Zahl Bewerbungen von Frauen vor, die das in der Ausschreibung vorgegebene Anforderungs- und Qualifikationsprofil aufweisen, müssen nach § 7 Abs. 1 BGleiG bei der Besetzung von Arbeitsplätzen in einem Bereich, in dem Frauen unterrepräsentiert sind, mindestens ebenso viele Frauen wie Männer zu Vorstellungsgesprächen oder besonderen Auswahlverfahren eingeladen werden.

### 3. Eingeschränktes Fragerecht

In Bewerbungsgesprächen muss der Arbeitgeber stets die Vorgaben des AGG beachten. Danach darf er Fragen, die unmittelbar oder mittelbar an ein von § 1 AGG geschütztes Merkmal (Rasse, ethnische Herkunft, Geschlecht, Religion, Weltanschauung, Behinderung, Alter oder sexuelle Identität) anknüpfen, nicht stellen.

Verboten sind zum Beispiel Fragen nach:

- Religionszugehörigkeit (sofern keine Rechtfertigung nach § 9 AGG vorliegt),
- Schwerbehinderung oder dem Gesundheitszustand, ohne dass ein Zusammenhang zu der jeweiligen Tätigkeit gegeben ist,
- Schwangerschaft, Familienstand und Familienplanung,
- Kindern und/oder Regelung der Betreuung.

Im Anwendungsbereich des BGleiG findet sich mit § 7 Abs. 2 BGleiG eine explizite Regelung zum Fragerecht, die jedoch nicht über die nach dem AGG ohnehin bestehenden Frageverbote hinausgeht. Danach sind in Vorstellungsgesprächen und besonderen Auswahlverfahren insbesondere Fragen nach dem Familienstand, einer bestehenden oder geplanten Schwangerschaft sowie nach bestehenden oder geplanten Familien- oder Pflegeaufgaben unzulässig.

Stellt der Arbeitgeber dennoch eine ihm verbotene Frage, so steht dem Bewerber nach ständiger Rechtsprechung des Bundesarbeitsgerichts ein Recht zur Lüge zu (vgl. BAG v. 19.5.1983, 2 AZR 171/81; BAG v. 7.6.1984, 2 AZR 270/83).

### 4. Dokumentation

Der Arbeitgeber muss den Inhalt und den Verlauf der Bewerbungsgespräche dokumentieren.

## VI. Auswahlentscheidung

### 1. Grundsatz der Bestenauslese

Die Auswahlentscheidung muss der öffentliche Arbeitgeber anhand des von ihm erstellten Anforderungsprofils und unter Beachtung des Grundsatzes der Bestenauslese (Art. 33 Abs. 2 GG) treffen.

Im Anwendungsbereich des BGleiG enthält § 9 BGleiG eine besondere Vorschrift für die Ermittlung der Qualifikation der Bewerber und die vergleichende Bewertung. Darüber hinaus bestimmt § 8 BGleiG, dass bei gleicher Qualifikation wie ihre Mitbewerber Frauen bevorzugt zu berücksichtigen sind, sofern die Einstellung in einem Bereich erfolgt, in dem Frauen unterrepräsentiert sind.

### 2. Berücksichtigung der Grundsätze des AGG

Erneut sind auch die Grundsätze des AGG zu berücksichtigen. In die Entscheidung darf daher nicht an die Kriterien Alter, Geschlecht, sexuelle Identität, Behinderung, Religion, Weltanschauung oder ethnische Herkunft angeknüpft werden. Ausnahmsweise kann eine Anknüpfung an diese Kriterien gerechtfertigt sein, vgl. § 5 AGG sowie § 8 bis 10 AGG.

### 3. Schwerbehinderte Bewerber

Bei der Bewerbung Schwerbehinderter oder ihnen Gleichgestellter oder auch nur wenn Schwerbehinderte oder ihnen Gleichgestellte betroffen sind, ist die Schwerbehindertenvertretung zur beabsichtigten Entscheidung anzuhören gem. § 178 Abs. 2 S. 1 SGB IX.

Erfüllt der öffentliche Arbeitgeber nicht die Beschäftigungsquote nach SGB IX und fehlt zudem das Einverständnis der Schwerbehindertenvertretung oder des Personalrates, erfolgt eine Erörterung der Entscheidung mit der Schwerbehindertenvertretung und dem Personalrat unter Darlegung der Gründe (vgl. § 164 Abs. 1 S. 7 SGB IX). Ferner erfolgt eine Anhörung des schwerbehinderten Bewerbers (vgl. § 164 Abs. 1 S. 8 SGB IX).

 **WICHTIG!**

Eine Pflicht zur Einstellung schwerbehinderter Arbeitnehmer besteht nicht.

### 4. Besetzung der Auswahlkommission

Im Anwendungsbereich des BGleiG bestimmt § 7 Abs. 3 BGleiG, dass Auswahlkommissionen geschlechterparitätisch besetzt sein sollen. Ist eine paritätische Besetzung aus triftigen Gründen nicht möglich, sind die jeweiligen Gründe aktenkundig zu machen.

### 5. Dokumentation der Auswahlentscheidung

Den öffentlichen Arbeitgeber trifft die Verpflichtung, die Auswahlentscheidung zu dokumentieren.

### 6. Mitteilung gegenüber den Bewerbern

Abschließend muss der ausgewählte Kandidat über den Erfolg seiner Bewerbung informiert werden.

Außerdem sind die unterlegenen Bewerber zu unterrichten. Dabei ist eine angemessene Frist (in der Regel zwei Wochen) abzuwarten, um diesen die Möglichkeit des einstweiligen Rechtsschutzes gegen die beabsichtigte Stellenbesetzung zu geben.

Da die Dokumentation der Auswahlentscheidung den Zweck hat, dem abgelehnten Bewerber die für ein eventuelles Klageverfahren notwendigen Informationen zu geben, muss sie dem abgelehnten Bewerber zugänglich gemacht werden (LAG Nürnberg v. 6.12.2005, 7 Sa 192/05, ZTR 2006, 208).

## VII. Absageschreiben

### 1. Anforderungen an das Absageschreiben

Grundsätzlich gilt, dass die Absageschreiben an die unterlegenen Bewerber keinen Grund enthalten müssen und auch nicht sollten, um jeglichen Anknüpfungspunkt für eine vermeintliche Diskriminierung zu vermeiden.

### 2. Formulierungsvorschlag

 **Formulierungsbeispiel:**

„Sehr geehrte(r) Frau/Herr .......,

wir bedauern Ihnen mitteilen zu müssen, dass wir uns anderweitig entschieden haben. Wir bedanken uns für Ihr Interesse."

Bei schwerbehinderten oder ihnen gleichgestellten Bewerbern müssen Absagen dagegen begründet werden, sofern der Arbeitgeber die Beschäftigungsquote nicht erfüllt und die Schwerbehindertenvertretung oder der Betriebs- bzw. Personalrat mit der beabsichtigten Einstellungsentscheidung des Arbeitgebers nicht einverstanden ist (§ 164 Abs. 1 S. 9 SGB IX; vgl. BAG v. 28.9.2017, 8 AZR 492/16).

**Formulierungsbeispiel:**

„Sehr geehrte(r) Frau/Herr ......,

wir bedauern Ihnen mitteilen zu müssen, dass wir uns mit Beteiligung der Schwerbehindertenvertretung und dem Personalrat anderweitig entschieden haben, da die ausgewählte Person dem Anforderungsprofil der ausgeschriebenen Stelle eher entspricht. Wie in der Stellenausschreibung verlangt, verfügt die Person über ...... .Wir bedanken uns für Ihr Interesse.“

## VIII. Einstellung

Bei der Einstellung des ausgewählten Bewerbers sind die Mitbestimmungsrechte des Betriebs- bzw. Personalrats zu beachten. Das Mitbestimmungsrecht des Betriebsrats bei der Einstellung ist in § 99 BetrVG geregelt. Das Mitbestimmungsrecht des Personalrats ergibt sich aus § 78 Abs. 1 Nr. 1 BPersVG.

Einstellung im Sinne dieser Mitbestimmungstatbestände ist die Eingliederung des Beschäftigten in den Betrieb bzw. die Dienststelle. Diese wird zwar nicht bereits durch den Abschluss des Arbeitsvertrages, sondern erst durch die spätere tatsächliche Aufnahme der Tätigkeit bewirkt wird. Dennoch empfiehlt es sich in der Regel, den Betriebs- bzw. Personalrat bereits vor Abschluss des Arbeitsvertrages zu beteiligen, da ansonsten die Gefahr bestehen kann, dass der Arbeitnehmer trotz abgeschlossenen Arbeitsvertrages nicht beschäftigt werden kann.

## IX. Beteiligungsrechte der Gleichstellungsbeauftragten

Im Geltungsbereich des Bundesgleichstellungsgesetzes (BGleiG) sind zudem die Beteiligungsrechte der Gleichstellungsbeauftragten beim Einstellungsverfahren zu beachten.

Die Gleichstellungsbeauftragte muss gem. § 27 Abs. 1 Nr. 1 lit. b Var. 1 BGleiG frühzeitig bei der Vorbereitung und Entscheidung über die Einstellung von Arbeitnehmern beteiligt werden. Eine frühzeitige Beteiligung liegt gem. § 27 Abs. 2 BGleiG vor, wenn die Gleichstellungsbeauftragte mit Beginn des Entscheidungsprozesses auf Seiten der Dienststelle beteiligt wird und die jeweilige Entscheidung oder Maßnahme noch gestaltungsfähig ist.

Das Beteiligungsrecht gem. § 27 BGleiG wird um das Recht der Gleichstellungsbeauftragten aus § 30 Abs. 2 S. 3 BGleiG zur aktiven Teilnahme an allen Entscheidungsprozessen zu personellen, organisatorischen und sozialen Angelegenheiten verstärkt und konkretisiert. Hieraus leitet die herrschende Meinung das Recht der Gleichstellungsbeauftragten ab, an Bewerbungsgesprächen teilzunehmen.

Das Beteiligungsrecht gemäß § 27 BGleiG ist zu unterscheiden von dem Mitwirkungsrecht der Gleichstellungsbeauftragten gemäß § 32 Abs. 2 BGleiG. Beteiligung und Mitwirkung sind nicht dasselbe und dürfen deshalb nicht miteinander verwechselt werden. Vielmehr bildet die Mitwirkung im System des BGleiG den Abschluss einer sich gegebenenfalls über einen längeren Zeitraum erstreckenden Beteiligung. Die Mitwirkung setzt nach § 32 Abs. 2 S. 2 BGleiG den Zugang der Mitteilung über eine beabsichtigte Entscheidung oder Maßnahme durch die Dienststelle, hier also die Mitteilung über die beabsichtigte Einstellung, voraus. Die Gleichstellungsbeauftragte hat dann Zeit, innerhalb von zehn Arbeitstagen ab Zugang der Mitteilung ein Votum in Textform abzugeben.

Die Gleichstellungsgesetze der Länder orientieren sich zwar am BGleiG, weichen hiervon aber teilweise auch ab. So ist beispielsweise das Teilnahmerecht der Gleichstellungsbeauftragten an Bewerbungsgesprächen in vielen Gleichstellungsgesetzen der Länder ausdrücklich geregelt.

# Elternzeit

**Wegweiser:**
Es gilt das allgemeine Arbeitsrecht. Im öffentlichen Dienst bestehen keine Besonderheiten.

Durch das am 1.9.2021 in Kraft getretene „Zweite Gesetz zur Änderung des Bundeselterngeld- und Elternzeitgesetzes" haben sich sowohl beim Elterngeld als auch bei der Elternzeit verschiedene Änderungen ergeben. Dabei sind die bedeutendsten Änderungen die Anpassung der Grenzen für Teilzeitarbeit an den üblichen 8-Stunden-Arbeitstag, die größere Flexibilität beim Partnerschaftsbonus, die Einführung sog. „Frühchenmonate" und die Herabsenkung der Einkommensgrenze für den Elterngeldbezug.

Gemäß § 28 Abs. 1 BEEG richtet sich die jeweils geltende Fassung des Gesetzes nach dem Geburtstag des Kindes. Für vor dem 1.9.2021 geborene Kinder gilt das BEEG in der bis zum 31.8.2021 geltenden Fassung. Eine Unterscheidung für Kinder vor bzw. nach dem 1.7.2015 geborene Kinder ist entfallen.

**I.**     **Begriff**

**II.**     **Anspruch auf Elternzeit**

**III.**     **Verlangen des Arbeitnehmers**

**IV.**     **Dauer**
1. Verteilung der Elternzeit
2. Verlängerung
3. Ende
4. Geburt eines weiteren Kindes
5. Tod des Kindes

**V.**     **Auswirkungen der Elternzeit auf das Arbeitsverhältnis**
1. Allgemeine Rechte und Pflichten
2. Sonderfall: Erholungsurlaub
3. Sonderfall: Teilzeitbeschäftigung
   3.1 Tätigkeit beim bisherigen Arbeitgeber
   3.2 Tätigkeit bei anderem Arbeitgeber
   3.3 Selbstständige Tätigkeit

**VI.**     **Sonderkündigungsschutz**
1. Voraussetzungen und Wirkungen
2. Ausnahmegenehmigungen

**VII.**     **Befristungen von Vertretungen**

**VIII.**     **Exkurs: Elterngeld**
1. Anspruchsberechtigung
2. Höhe des Elterngeldes
3. Bezugsdauer des Elterngeldes
4. Elterngeld Plus und Partnerschaftsbonus
5. Berechnung des Elterngeldes

## I. Begriff

Mit Wirkung zum 1.1.2007 ist das Gesetz zum Elterngeld und zur Elternzeit (BEEG) in Kraft getreten. Zweck des Gesetzes ist es unter anderem, die Betreuung und Erziehung von Kindern in den ersten Lebensjahren dadurch zu fördern, dass den Eltern die Möglichkeit eingeräumt wird, sich unbezahlt von der Arbeit freistellen zu lassen. Dies gilt unabhängig davon, ob die Eltern verheiratet sind oder in einer nichtehelichen Lebensgemeinschaft leben oder ob der jeweilige Elternteil alleinerziehend ist. Der Anspruch auf Elternzeit kann nicht im Arbeitsvertrag ausgeschlossen oder beschränkt werden.

Das BEEG regelt neben der Elternzeit auch einen Anspruch auf Elterngeld als staatliche Leistung. Zur Berechnung des Elterngeldes hat der Arbeitgeber der zuständigen Behörde auf Verlangen eine Bescheinigung auszustellen, die folgende Angaben enthält (vgl. § 9 BEEG):

- ▶ die Höhe des Arbeitsentgelts,
- ▶ die Höhe der abgeführten Lohnsteuer,
- ▶ die Höhe des Arbeitnehmeranteils der Sozialversicherungsbeiträge und
- ▶ die Arbeitszeit.

Die ersten drei Punkte ergeben sich problemlos aus der Entgeltabrechnung. Die Arbeitszeit ist nur dann zu bescheinigen, wenn der Arbeitnehmer während des Bezuges von Elterngeld arbeitet. Während der Erwerbstätigkeit ist der Bezug von Elterngeld nämlich nur dann möglich, wenn der Arbeitnehmer seine Arbeitszeit im Durchschnitt eines Lebensmonats des Kindes auf höchstens 30 Wochenstunden bzw. bei ab dem 1.9.2021 geborenen Kindern auf höchstens 32 Stunden reduziert.

 **WICHTIG!**

Der ehemalige Arbeitgeber muss die Lohnunterlagen aufbewahren, um auch bei späteren Anfragen Auskünfte erteilen zu können (vgl. § 9 Abs. 1 S. 1 2. Hs. BEEG).

## II. Anspruch auf Elternzeit

Anspruchsberechtigt sind:

- ▶ Arbeitnehmerinnen und Arbeitnehmer,
- ▶ Auszubildende,
- ▶ in Heimarbeit Beschäftigte und Gleichgestellte, soweit sie am Stück arbeiten,

**wenn sie,**

- ▶ ihren Wohnsitz oder gewöhnlichen Aufenthalt in Deutschland haben,
- ▶ mit ihrem Kind in einem Haushalt leben oder
- ▶ mit einem Kind in einem Haushalt leben, das mit dem Ziel der Annahme als Kind aufgenommen wurde oder
- ▶ ein Kind des Ehegatten oder Lebenspartners im Haushalt aufgenommen haben oder
- ▶ mit einem Kind in einem Haushalt leben und die von ihm erklärte Anerkennung der Vaterschaft noch nicht wirksam ist oder über die von ihm beantragte Vaterschaftsfeststellung noch nicht entschieden ist oder
- ▶ mit einem Kind in einem Haushalt leben, das sie in Vollzeitpflege aufgenommen haben oder

- ▶ mit einem Kind in einem Haushalt leben, für das sie, ohne ein Sorgerecht zu haben, in einem Härtefall Elterngeld gemäß § 1 Abs. 4 BEEG beziehen können

**und** dieses Kind selbst betreuen und erziehen.

Für den Anspruch auf Elternzeit ist es unerheblich, ob der Arbeitnehmer auch einen Anspruch auf Elterngeld hat.

Daneben haben auch Großeltern einen eigenen Anspruch auf Großelternzeit, um die jungen Eltern bei der Betreuung des Enkelkindes zu unterstützen (§ 15 Abs. 1a BEEG). Voraussetzung ist, dass die Großeltern mit ihrem Enkelkind in einem Haushalt leben und dieses Kind selbst betreuen und erziehen und

- ▶ ein Elternteil des Kindes minderjährig ist oder
- ▶ ein Elternteil des Kindes sich in einer Ausbildung befindet, die vor Vollendung des 18. Lebensjahres begonnen wurde und die Arbeitskraft des Elternteils im Allgemeinen voll in Anspruch nimmt.

Der Anspruch besteht nur für Zeiten, in denen keiner der Elternteile des Kindes selbst Elternzeit beansprucht.

## III. Verlangen des Arbeitnehmers

Die Elternzeit wird nur auf Verlangen des Arbeitnehmers gewährt. Der Arbeitgeber kann nicht anordnen, dass ein Arbeitnehmer Elternzeit nimmt.

Das Verlangen muss spätestens sieben Wochen vor dem beabsichtigten Beginn der Elternzeit beim Arbeitgeber eingehen.

Für Elternzeit, die ab dem dritten Geburtstag bis zum achten Lebensjahr des Kindes in Anspruch genommen wird, erhöht sich die Ankündigungsfrist auf 13 Wochen. Hierdurch soll dem Arbeitgeber mehr Planungssicherheit und mehr Zeit für die Suche nach einer Ersatzkraft gegeben werden, nachdem die Inanspruchnahme der Elternzeit zwischen dem dritten und dem achten Geburtstag des Kindes nicht mehr der Zustimmung des Arbeitgebers bedarf.

Die Nichteinhaltung der Frist von sieben bzw. 13 Wochen führt nicht zur Unwirksamkeit des Elternzeitverlangens, sondern lediglich dazu, dass sich der gewünschte Zeitpunkt des Beginns entsprechend verschiebt. Bei dringenden Gründen ist ausnahmsweise auch eine angemessene kürzere Frist möglich (§ 16 Abs. 1 S. 3 BEEG). Kann ein Arbeitnehmer aus einem von ihm nicht zu vertretenden Grund eine sich unmittelbar an die Mutterschutzfrist des § 3 Abs. 2 MuSchG anschließende Elternzeit nicht rechtzeitig verlangen, kann er dies innerhalb einer Woche nach Wegfall des Grundes nachholen (§ 16 Abs. 2 BEEG).

Das Elternzeitverlangen erfordert die strenge Schriftform i. S. v. § 126 Abs. 1 BGB. Es muss deshalb von dem Arbeitnehmer eigenhändig durch Namensunterschrift unterzeichnet werden. Ein Telefax oder eine E-Mail wahrt die Schriftform nicht und führt zur Nichtigkeit der Erklärung. Allerdings kann sich ein Arbeitgeber aufgrund der Besonderheiten des konkreten Falls treuwidrig verhalten, wenn er sich auf die fehlende Schriftform beruft (BAG v. 10.5.2016, 9 AZR 145/15, ZTR 2016, 582).

 **ACHTUNG!**

Bei einem Elternzeitverlangen für die Zeit bis zum vollendeten dritten Lebensjahr des Kindes muss gleichzeitig angegeben werden, für welche Zeiten innerhalb von zwei Jahren die Elternzeit beansprucht wird (§ 16 Abs. 1 S. 2 BEEG). Dies bedeutet, dass der Elternzeitberechtigte nicht zunächst Elternzeit für ein Jahr beantragen und diese dann ohne Zustimmung des Arbeitgebers verlängern kann. Vielmehr muss sich der Arbeitnehmer für die ersten zwei Jahre verbindlich festlegen. Hierdurch soll dem Arbeitgeber für diesen Zeitraum Planungssicherheit gegeben werden.

Eltern sind nicht daran gehindert, die Elternzeit bereits von vornherein bis zum vollendeten dritten Lebensjahr des Kindes zu nehmen. Sie sind dann allerdings an diese Erklärung gebunden.

Hat der Arbeitnehmer Elternzeit verlangt, kann er das Elternzeitverlangen nicht mehr widerrufen. Dies liegt daran, dass der Arbeitgeber die Elternzeit nicht genehmigen muss und auch nicht ablehnen kann, wenn die gesetzlichen Voraussetzungen vorliegen. Sie tritt ohne weiteres Dazutun des Arbeitgebers ein.

**Beispiel**

Eine Arbeitnehmerin verlangt mit Schreiben vom 1.4.2022 Elternzeit für ein Jahr ab dem 1.8.2022. Der Arbeitgeber äußert sich hierzu nicht. Am 1.8.2022 erscheint die Arbeitnehmerin zur Arbeit und erklärt, dass sie es sich anders überlegt habe, zumal der Arbeitgeber der Elternzeit auch gar nicht zugestimmt hat. Hier ist das Arbeitsverhältnis durch die Elternzeit suspendiert, der Arbeitgeber kann die Arbeitnehmerin nach Hause schicken. Umgekehrt könnte er ihr trotz seiner fehlenden Zustimmung nicht etwa eine Abmahnung erteilen, wenn sie ab dem 1.8.2022 nicht mehr zur Arbeit erscheint.

## IV. Dauer

### 1. Verteilung der Elternzeit

Der Anspruch auf Elternzeit besteht grundsätzlich bis zur Vollendung des dritten Lebensjahres eines Kindes (§ 15 Abs. 2 S. 1 BEEG). Die Gesamtdauer der Elternzeit beträgt demnach längstens drei Jahre.

Nach der alten Regelung, die für alle vor dem 1.7.2015 geborenen Kinder weiter galt, war ein Anteil der Elternzeit von bis zu zwölf Monaten mit Zustimmung des Arbeitgebers auf die Zeit bis zur Vollendung des achten Lebensjahres übertragbar. Diese Regelung ist inzwischen nicht mehr relevant, da Kinder, die vor dem 1.7.2015 geboren wurden, ihr achtes Lebensjahr am 30.6.2023 vollendet haben und damit nicht mehr rechtzeitig Elternzeit genommen werden kann.

Daher gilt nunmehr für alle Kinder unabhängig vom Zeitpunkt der Geburt einheitlich, dass ein Anteil von bis zu 24 Monaten zwischen dem dritten Geburtstag und dem vollendeten achten Lebensjahr des Kindes in Anspruch genommen werden kann (§ 15 Abs. 2 S. 2 BEEG). Dadurch hat sich der Anteil der Elternzeit, der zwischen dem dritten und dem achten Geburtstag des Kindes in Anspruch genommen werden kann, von zwölf auf 24 Monate erhöht. Die Zustimmung des Arbeitgebers ist hierzu nicht mehr erforderlich. Die Anmeldefrist hierfür liegt bei 13 Wochen unter III). Da die Übertragung der Elternzeit nicht mehr von der Zustimmung des Arbeitgebers abhängt, bleibt die übertragene Elternzeit auch im Falle eines Arbeitgeberwechsels erhalten.

Nimmt die Mutter die Elternzeit im Anschluss an die Mutterschutzfrist, wird die Zeit der Mutterschutzfrist nach § 3 Abs. 2 MuSchG auf die Elternzeit angerechnet (§ 15 Abs. 2 S. 3 BEEG). Das Ende der Elternzeit wird für die Mutter aufgrund der Mutterschutzfrist also nicht nach hinten verschoben. Die Verkürzung ist insbesondere auch bei der Inanspruchnahme der Elternzeit zwischen dem dritten und dem vollendeten achten Lebensjahr zu berücksichtigen. Die Verkürzung gilt allerdings nicht für die Elternzeit des Vaters.

Beide Elternteile können die dreijährige Elternzeit pro Kind ganz oder anteilig in Anspruch nehmen.

**Beispiel**

Vater und Mutter wollen die Elternzeit in vollem Umfang gemeinsam nehmen. Beide können gleichzeitig für dasselbe Kind für drei Jahre Elternzeit nehmen.

Bei mehreren Kindern besteht der Anspruch für jedes Kind. Dies gilt auch dann, wenn sich die Drei- bzw. Achtjahreszeiträume überschneiden (§ 15 Abs. 2 S. 4 BEEG).

Die Elternzeit muss nicht in einem einheitlichen Zeitraum genommen werden. In der Vergangenheit galt, dass die Elternzeit auf jeweils zwei Zeiträume pro Elternzeitberechtigten aufgeteilt werden kann. Eine weitere Aufteilung war nur mit Zustimmung des Arbeitgebers zulässig. Inzwischen kann jeder Elternteil seine Elternzeit auf drei Zeitabschnitte verteilen. Eine Verteilung auf weitere Zeitabschnitte ist nur mit der Zustimmung des Arbeitgebers möglich. Der Arbeitgeber kann die Inanspruchnahme eines dritten Abschnitts einer Elternzeit innerhalb von acht Wochen nach Zugang des Antrags aus dringenden betrieblichen Gründen ablehnen, wenn dieser Abschnitt im Zeitraum zwischen dem dritten Geburtstag und dem vollendeten achten Lebensjahr des Kindes liegen soll (§ 16 Abs. 1 S. 6 und 7 BEEG).

### 2. Verlängerung

Der Arbeitnehmer ist an sein Elternzeitverlangen gebunden, so dass eine einseitige Verlängerung nicht möglich ist. Hierzu bedarf es grundsätzlich der Zustimmung des Arbeitgebers (§ 16 Abs. 3 S. 1 BEEG). Dies bedeutet jedoch nicht, dass der Arbeitgeber seine Zustimmung ohne Weiteres verweigern kann. Vielmehr muss der Arbeitgeber nach billigem Ermessen entsprechend § 315 Abs. 3 BGB darüber entscheiden, ob er der Verlängerung der Elternzeit zustimmt (BAG v. 18.10.2011, 9 AZR 315/10, ZTR 2012, 188). Der Arbeitnehmer hat die Möglichkeit, die Entscheidung des Arbeitgebers gerichtlich überprüfen zu lassen. Entspricht sie nicht der Billigkeit, trifft das Arbeitsgericht die Bestimmung durch Urteil. Das Gleiche gilt, wenn der Arbeitgeber die Bestimmung verzögert (§ 315 Abs. 3 S. 2 BGB).

Außerdem hat der Arbeitnehmer einen Anspruch auf Verlängerung der Elternzeit, wenn der vorgesehene Wechsel unter den berechtigten Elternteilen aus wichtigem Grund nicht erfolgen kann (§ 16 Abs. 3 S. 4 BEEG). Dabei reicht es aber nicht aus, wenn der Partner unerwartet eine besser dotierte Stelle angeboten bekommt und mit Rücksicht darauf nun doch keine Elternzeit nehmen möchte. Es müssen gravierende Gründe sein, die das Interesse des Arbeitgebers an einer Planungssicherheit in den Hintergrund treten lassen.

**Beispiel**

Die berufstätigen Eltern haben ursprünglich geplant, dass die Ehefrau in den ersten beiden Jahren und der Ehemann im dritten Jahr die Erziehung und Betreuung des Kindes übernimmt und entsprechend Elternzeit beantragt. Kurz vor Ablauf der ersten beiden Jahre erkrankt der Ehemann schwer und ist dadurch an der Betreuung des Kindes gehindert. Hier kann die Ehefrau eine Verlängerung der Elternzeit verlangen. Sie braucht dabei nicht die Ankündigungsfrist von sieben Wochen einzuhalten, muss aber dem Arbeitgeber unverzüglich die Änderung mitteilen. Der Arbeitgeber kann ihr nicht entgegenhalten, dass eine Betreuung des Kindes z. B. bei den Großeltern möglich sei. Auch bei der Verlängerung der Elternzeit muss der Arbeitgeber nicht sein Einverständnis erklären, sondern sie tritt schon durch das (begründete) Verlangen ein.

Liegt kein wichtiger Grund für eine Verlängerung vor, endet die Elternzeit zu dem ursprünglich vorgesehenen Termin. Der Arbeitnehmer bleibt dann unberechtigt der Arbeit fern. Der Arbeitgeber kann in diesem Fall eine Abmahnung erteilen. Kommt der Arbeitnehmer daraufhin immer noch nicht zur Arbeit, kann verhaltensbedingt gekündigt werden.

 **WICHTIG!**

Verlangt eine Arbeitnehmerin, die zunächst nach der Geburt ihres Kindes Elternzeit von zwei Jahren beansprucht hat, spätestens sieben Wochen vor Ablauf der zwei Jahre schriftlich die weitere Elternzeit bis zur Vollendung des dritten Lebensjahres des Kindes, stellt dies keine zustimmungspflichtige Verlängerung der Elternzeit dar. Allein das fristgemäß und formgerecht erklärte Verlangen bewirkt, dass sich die Arbeitnehmerin auch für diesen Zeitraum in Elternzeit befindet (vgl. LAG Berlin-Brandenburg v. 20.9.2018, 21 Sa 390/18, ZTR 2019, 112; LAG Düsseldorf v. 24.1.2011, 14 Sa 1399/10; LAG Rheinland-Pfalz v. 4.11.2004, 4 Sa 606/04; LAG Niedersachsen v. 13.11.2006, 5 Sa 402/06, streitig!).

### 3. Ende

Die Elternzeit endet spätestens mit dem Ablauf des Tages, der dem dritten Geburtstag des Kindes vorangeht, wenn der Arbeitnehmer die Anspruchsdauer voll ausschöpft und von der Möglichkeit, einen Teil der Elternzeit bis zur Vollendung des achten Lebensjahres des Kindes zu nehmen, keinen Gebrauch macht.

**Beispiel**

Das Kind wird am 11.4.2023 geboren. Die Elternzeit kann höchstens bis zum 10.4.2026 genommen werden. Die Höchstdauer muss aber nicht ausgeschöpft werden.

Bei angenommenen Kindern und Kindern in Vollzeit- oder Adoptionspflege beträgt die Höchstdauer der Elternzeit ebenfalls drei Jahre gerechnet ab der Aufnahme des Kindes und kann längstens bis zur Vollendung des achten Lebensjahres des Kindes genommen werden (§ 15 Abs. 2 S. 5 BEEG). Um die Höchstfrist auszunutzen, muss die Elternzeit also spätestens am fünften Geburtstag angetreten werden.

Grundsätzlich ist der Arbeitnehmer an die von ihm abgegebene Erklärung zur Dauer der Elternzeit gebunden und eine vorzeitige Beendigung ist nur mit Zustimmung des Arbeitgebers möglich. Es gibt aber Ausnahmen davon: Wenn der Arbeitnehmer die Elternzeit vorzeitig beenden möchte (er muss dies beim Arbeitgeber beantragen, wobei die mündliche Beantragung ausreicht) und eine besondere Härte vorliegt, kann der Arbeitgeber die vorzeitige Beendigung nur innerhalb von vier Wochen ab Antragstellung schriftlich (!) ablehnen. Für die Ablehnung muss ein dringender betrieblicher Grund vorliegen (§ 16 Abs. 3 S. 2 BEEG). Lehnt der Arbeitgeber die vorzeitige Beendigung der Elternzeit nicht form- und fristgerecht oder aus dringenden betrieblichen Gründen ab, wird die Elternzeit aufgrund der Gestaltungserklärung des Arbeitnehmers beendet. Eine Zustimmung des Arbeitgebers zur vorzeitigen Beendigung ist nicht erforderlich (BAG v. 21.4.2009, 9 AZR 391/08, ZTR 2009, 305). Das Gleiche gilt, wenn eine Arbeitnehmerin wegen der Geburt eines weiteren Kindes die Elternzeit vorzeitig beenden möchte (§ 16 Abs. 3 S. 2 BEEG).

**Beispiel**

Eine Arbeitnehmerin hat für zwei Jahre Elternzeit genommen. Nach einem Jahr stirbt ihr Ehemann, sodass sie in erhebliche wirtschaftliche Schwierigkeiten gerät. Deshalb beantragt sie beim Arbeitgeber, die Elternzeit abzubrechen und ihre Arbeit möglichst bald wieder aufnehmen zu können. Der Arbeitgeber

muss innerhalb von vier Wochen schriftlich widersprechen, wenn er das verhindern will und es muss ein dringender betrieblicher Grund vorliegen.

Eine besondere Härte kann insbesondere bei Eintritt einer schweren Krankheit, Schwerbehinderung oder Tod eines Elternteils oder eines Kindes oder bei erheblich gefährdeter wirtschaftlicher Existenz der Eltern nach Inanspruchnahme der Elternzeit vorliegen (§ 16 Abs. 3 S. 2 BEEG). Nach der Rechtsprechung des VGH Mannheim werde durch das der Aufzählung in Satz 2 vorangestellte Wort „insbesondere" deutlich gemacht, dass die Norm insoweit nicht abschließend sei. Erfasst seien somit vielmehr alle Fallgestaltungen, in denen eine unerwartete Zweckverfehlung eingetreten sei (VGH Mannheim v. 19.12.2019, 4 S 1105/19). Auch wenn die zitierte Rechtsprechung des VGH Mannheim zu § 44 Abs. 1 S. 2 AzUVO ergangen ist, dürfte sich diese Ausführungen durchaus auf den insoweit nahezu wortgleichen § 16 Abs. 3 S. 2 BEEG übertragen lassen.

### 4. Geburt eines weiteren Kindes

Die Elternzeit wird jeweils in Bezug auf ein Kind gewährt. Die Geburt eines weiteren Kindes während der Elternzeit hat keinen Einfluss auf deren Dauer. Für das weitere Kind kann aber naturgemäß ebenfalls Elternzeit verlangt werden.

**Beispiel**

Eine Arbeitnehmerin bekommt am 1.8.2020 ein Kind und verlangt Elternzeit für den Höchstzeitraum von drei Jahren. Diese Elternzeit würde also am 31.7.2023 enden. Am 1.6.2022 bekommt sie ein weiteres Kind. Hier kann sie für das zweite Kind wieder Elternzeit verlangen, bis dieses das dritte Lebensjahr vollendet hat, also bis zum 31.5.2025.

Es läuft also keineswegs immer eine Dreijahresfrist ab dem Ende der ersten Elternzeit. Vielmehr ist maßgeblich, wann das weitere Kind das dritte Lebensjahr vollendet.

Im vorgenannten Beispiel überschneidet sich in der Zeit vom 1.6.2022 bis 31.7.2023 die Elternzeit für das erste und zweite Kind. Um dies zu verhindern, kann die in Anspruch genommene Elternzeit für das erste Kind durch die Arbeitnehmerin wegen der Geburt des zweiten Kindes vorzeitig beendet werden. Die Beendigung setzt die Entbindung des weiteren Kindes voraus. Eine erneute Schwangerschaft ist nicht ausreichend (BAG v. 8.5.2018, 9 AZR 8/18, ZTR 2018, 603). Der Arbeitgeber kann eine solche Beendigung nur innerhalb von vier Wochen aus dringenden betrieblichen Gründen schriftlich ablehnen (§ 16 Abs. 3 S. 2 BEEG). Lehnt der Arbeitgeber die vorzeitige Beendigung der Elternzeit nicht form- oder fristgerecht ab, wird die Elternzeit aufgrund der Gestaltungserklärung des Arbeitnehmers beendet. Eine Zustimmung des Arbeitgebers zur vorzeitigen Beendigung ist nicht erforderlich. Eine den Anforderungen des § 16 Abs. 3 S. 2 BEEG nicht entsprechende Ablehnung des Arbeitgebers ist unbeachtlich.

Nach § 16 Abs. 3 S. 3 BEEG kann die schwangere Arbeitnehmerin die Elternzeit ohne Zustimmung des Arbeitgebers vorzeitig beenden, um die Mutterschutzfristen des § 3 Abs. 1 und Abs. 2 MuSchG und das damit verbundene Mutterschaftsgeld sowie den Arbeitgeberzuschuss zum Mutterschaftsgeld nach § 20 MuSchG in Anspruch zu nehmen. In diesen Fällen soll die Arbeitnehmerin dem Arbeitgeber die Beendigung der Elternzeit rechtzeitig mitteilen.

Den durch die vorzeitige Beendigung verbleibenden Anteil von bis zu 24 Monaten kann die Arbeitnehmerin ohne die Zustimmung des Arbeitgebers bis zur Vollendung des achten Lebensjahres des Kindes in Anspruch nehmen. Bei seiner Entscheidung über die Zustimmung ist der Arbeitgeber an billiges Ermessen gemäß § 315 BGB gebunden (BAG v. 21.4.2009, 9 AZR 391/08, ZTR 2009, 305).

### 5. Tod des Kindes

Stirbt das Kind während der Elternzeit, endet diese spätestens drei Wochen nach dem Sterbefall (§ 16 Abs. 4 BEEG). Liegt der Tag, an dem das Kind sein drittes Lebensjahr vollendet hätte, noch vor dem Ablauf der Dreiwochenfrist, endet die Elternzeit schon zu diesem Zeitpunkt. Der Sterbefall muss dem Arbeitgeber unverzüglich mitgeteilt werden. Stirbt das Kind bereits vor Antritt der Elternzeit, tritt diese nicht ein. Das gilt auch dann, wenn der Arbeitnehmer schon ein entsprechendes Verlangen gestellt hatte.

## V. Auswirkungen der Elternzeit auf das Arbeitsverhältnis

### 1. Allgemeine Rechte und Pflichten

Während der Elternzeit besteht das Arbeitsverhältnis fort, die Rechte und Pflichten hieraus ruhen aber grundsätzlich. Im Einzelnen gilt Folgendes:

▸ **Arbeitsentgelt:**

Es ist nicht zu zahlen. Dies gilt für sämtliche laufende Bezüge, auch für Sachbezüge.

▸ **Arbeitsunfähigkeit:**

Sie führt nicht zum Anspruch auf Entgeltfortzahlung und verändert die Lage der Elternzeit nicht, auch nicht, wenn sie bereits vor Antritt der Elternzeit begonnen hat (z. B.: Der Arbeitnehmer hat Elternzeit ab dem 1.7. beantragt. Am 10.6. erkrankt er arbeitsunfähig bis zum 3.8. Er hat nur bis zum 30.6. Anspruch auf → *Entgeltfortzahlung*.).

▸ **Auszubildende:**

Nach § 20 Abs. 1 S. 2 BEEG wird die Elternzeit auf Berufsbildungszeiten nicht angerechnet. Das bedeutet, dass sich das Ausbildungsverhältnis um die Zeitdauer der Elternzeit verlängert. Gemäß der seit 1.9.2021 geltenden Fassung gilt dies jedoch nicht, wenn die Ausbildung gem. § 7a BBiG oder gem. § 27b HwO in Teilzeit durchgeführt wird.

▸ **Befristetes Arbeitsverhältnis:**

Befristete Arbeitsverhältnisse verlängern sich durch die Elternzeit grundsätzlich nicht. Eine Ausnahme besteht nach § 2 Abs. 5 S. 1 Nr. 3 WissZeitVG bei Verträgen wissenschaftlicher Mitarbeiter nach dem Wissenschaftszeitvertragsgesetz. Für diese Arbeitnehmer verlängert sich bei deren Einverständnis die Dauer des befristeten Arbeitsvertrages um die Zeiten der Inanspruchnahme von Elternzeit. Zudem verlängert sich gem. § 2 Abs. 1 S. 4 WissZeitVG bei Betreuung eines oder mehrerer Kinder unter 18 Jahren die nach § 2 Abs. 1 WissZeitVG insgesamt zulässige Befristungsdauer um zwei Jahre je Kind (vgl. auch BAG v. 21.8.2019, 7 AZR 21/18). Die Verlängerung erfolgt von Gesetzes wegen „automatisch" und es bedarf weder einer Vereinbarung der Parteien noch der Kenntnis des Arbeitgebers von der Betreuungssituation. Nicht für die Verlängerung vorausgesetzt ist, dass das Kind mit dem Beschäftigten in einem gemeinsamen Haushalt lebt. Der Verlängerungstatbestand ist auch erfüllt, wenn ein sorgeberechtigter Elternteil das im Haushalt des anderen Elternteils lebende Kind im Rahmen üblicher Umgangsregeln regelmäßig betreut (BAG v. 15.12.2021, 7 AZR 453/20, ZTR 2022, 388).

▸ **Bewährungszeiten:**

Sie werden unterbrochen, wenn sie dem Zweck dienen, dass der durch die Tätigkeit erzielte Qualifikationszuwachs berücksichtigt werden soll (BAG v. 21.5.2008, 5 AZR 187/07, ZTR 2008, 559). Unwirksam war dagegen die Regelung des § 23 a S. 2 Nr. 4 S. 2 lit. d BAT, soweit danach die Zeit der Bewährung im aktiven Arbeitsverhältnis verloren geht, wenn dieses durch Elternzeit länger als fünf Jahre unterbrochen war (BAG v. 12.4.2016, 6 AZR 731/13, ZTR 2016, 442).

▸ **Entlassungsentschädigung:**

Nach dem Urteil des EuGH v. 22.10.2009, C-116/08 (vgl. auch EuGH v. 8.5.2019, C-486/18 (RE/Praxair MRC)), ist eine Entlassungsentschädigung für Arbeitnehmer, die vor Ausspruch der Kündigung einer Teilzeitbeschäftigung während der Elternzeit nachgegangen sind, nicht nach der Teilzeitvergütung, sondern nach der vorher bezogenen Vollzeitvergütung zu bemessen. Entsprechend hat das BAG entschieden (BAG v. 15.5.2018, 1 AZR 20/17, ZTR 2018, 677). Dies gilt jedoch nicht für Fälle, in denen die Teilzeitbeschäftigung auch nach Beendigung der Elternzeit fortgesetzt wird (BAG v. 22.9.2009, 1 AZR 316/08).

▸ **Kündigungsschutzgesetz:**

Der Kündigungsschutz des Kündigungsschutzgesetzes greift erst, wenn das Arbeitsverhältnis länger als sechs Monate bestanden hat (§ 1 Abs. 1 KSchG). Die Wartezeit von sechs Monaten läuft auch während der Elternzeit. Weitere Voraussetzung für die Anwendbarkeit des Kündigungsschutzgesetzes ist, dass in dem Betrieb in der Regel mehr als zehn Arbeitnehmer beschäftigt sind (§ 23 Abs. 1 KSchG). Hierbei sind die sich in Elternzeit befindenden Arbeitnehmer nicht mitzuzählen, sofern für sie befristet für die Dauer der Elternzeit eine Vertretung eingestellt ist (§ 21 Abs. 7 BEEG).

▸ **Massenentlassung:**

Nach § 17 KSchG ist der Arbeitgeber verpflichtet, den Betriebsrat zu konsultieren und bei der Agentur für Arbeit eine Massenentlassungsanzeige zu erstatten, sofern er innerhalb von 30 Kalendertagen eine bestimmte Anzahl von Arbeitnehmern entlässt. Dabei gilt als Entlassung grundsätzlich der Zugang der Kündigungserklärung (vgl. BAG v. 13.6.2019, 6 AZR 459/18). Abweichend hiervon ist bei Arbeitnehmern in Elternzeit Entlassung i. S. d. § 17 KSchG bereits der Eingang des Antrags auf Zustimmung zur Kündigung bei der zuständigen Behörde. Die Regeln des Massenentlassungsschutzes gelten demnach ausnahmsweise auch dann, wenn die Kündigung zwar außerhalb des 30-Tage-Zeitraums zugeht, für die Kündigung aufgrund des Sonderkündigungsschutzes jedoch eine vorherige behördliche Zustimmung nach § 18 BEEG erforderlich ist und diese innerhalb des 30-Tage-Zeitraums beantragt wurde (BVerfG v. 8.6.2016, 1 BvR 3634/13; BAG v. 26.1.2017, 6 AZR 442/16). Die Bedeutung der Massenentlassungsanzeige ist im Bereich des öffentlichen Dienstes eingeschränkt, da § 17 KSchG nur für solche Betriebe der öffentlichen Verwaltung gilt, die wirtschaftliche Zwecke verfolgen (§ 23 Abs. 2 KSchG).

▸ **Sonderzuwendungen:**

Sonderzuwendungen sind alle Leistungen, die nicht regelmäßig mit dem Arbeitsentgelt ausgezahlt werden, sondern aus bestimmten Anlässen oder zu bestimmten Terminen (z. B: Weihnachtsgeld, Urlaubsgeld, Jubiläumszuwendungen, 13. Monatsgehalt).

Für die Mitarbeiter des öffentlichen Dienstes regelt § 20 TVöD (Bund)/(VKA)/TV-L den Anspruch der Beschäftigten auf eine Jahressonderzahlung. Voraussetzung dieses Anspruchs ist, dass der Mitarbeiter am 1. Dezember in einem in den Geltungsbereich des Tarifvertrags fallenden Arbeitsverhältnis steht. Der Anspruch vermindert sich um ein Zwölftel für jeden Kalendermonat, in dem der Arbeitnehmer wegen der Inanspruchnahme von Elternzeit keinen Anspruch auf Entgelt hat. Die Verminderung unterbleibt jedoch für Kalendermonate der Inanspruchnahme der Elternzeit bis zum Ende des Kalenderjahres, in dem das Kind geboren ist, wenn am Tag vor Antritt der Elternzeit ein Entgeltanspruch oder ein Anspruch auf Zuschuss zum Mutterschaftsgeld bestanden hat (§ 20 Abs. 4 S. 2 Nr. 1 lit. c) TVöD (Bund)/(VKA), § 20 Abs. 4 S. 2 lit. c) TV-L).

Sofern die vertragliche bzw. tarifvertragliche Regelung über die Sonderzuwendung keine ausdrückliche Bestimmung darüber enthält, ob der Anspruch auch während der Elternzeit besteht, muss die Regelung ausgelegt werden. Entscheidend ist die Zweckbestimmung der Sonderzahlung. Ergibt die Auslegung, dass die Sonderzahlung nur für tatsächlich erbrachte Arbeitsleistung gewährt wird, entfällt sie – ggf. anteilig – für Zeiten des Jahres, in denen der Arbeitnehmer Elternzeit in Anspruch nimmt. Wird die Sonderzahlung nach ihrem Zweck unabhängig von der tatsächlichen Arbeitsleistung gewährt, z. B. weil die zukünftige oder erbrachte Betriebstreue belohnt werden soll, besteht der Anspruch auch während der Elternzeit.

▶ **Stufenlaufzeit nach TVöD/TV-L:**

Die Vergütung nach TVöD/TV-L bestimmt sich nach der Entgeltgruppe, in die der Arbeitnehmer eingruppiert ist, und nach der für ihn geltenden Stufe. Der Stufenaufstieg bestimmt sich nach den Zeiten der ununterbrochenen Tätigkeit innerhalb derselben Entgeltgruppe (Stufenlaufzeit). Den Zeiten der ununterbrochenen Tätigkeit stehen die Schutzfristen nach dem MuSchG gleich, aber nicht die Elternzeit. Elternzeit bis zu fünf Jahren wird gemäß § 17 Abs. 3 TVöD/TV-L nicht auf die Stufenlaufzeit angerechnet. Bei einer Elternzeit von mehr als fünf Jahren erfolgt eine Herabstufung um eine Stufe. Das BAG (Urt. v. 27.1.2011, 6 AZR 526/09) hat entschieden, dass diese Regelung mit dem Recht der Europäischen Union und dem Grundgesetz vereinbar ist. Es liege weder eine unmittelbare noch eine mittelbare Diskriminierung von Frauen wegen ihres Geschlechts vor. Der Stufenaufstieg solle die durch größere Erfahrung eintretende Verbesserung der Arbeitsleistung honorieren. Damit stelle der TVöD/TV-L auf ein objektives Kriterium ab. Während der Elternzeit werde jedoch keine Berufserfahrung gewonnen.

▶ **Werkwohnung:**

Sie muss vom Arbeitnehmer nicht geräumt werden. Ist sie im Hinblick auf das Arbeitsverhältnis verbilligt überlassen worden, kann der Arbeitgeber für die Dauer der Elternzeit den ortsüblichen Mietzins verlangen.

▶ **Zeugnis:**

Die Elternzeit darf in einem Zeugnis nur erwähnt werden, wenn sie eine wesentliche Unterbrechung der Tätigkeit darstellt. Das ist dann gegeben, wenn bei einem möglichen späteren Arbeitgeber der falsche Eindruck entstünde, die Beurteilung beruhe auf der gesamten Dauer des rechtlichen Bestandes des Arbeitsverhältnisses, während der Beurteilungszeitraum in Wahrheit durch die Elternzeit erheblich verkürzt worden ist (BAG v. 10.5.2005, 9 AZR 261/04, ZTR 2006, 152).

## 2. Sonderfall: Erholungsurlaub

Urlaubsansprüche des Arbeitnehmers entstehen auch während eines wegen Elternzeit ruhenden Arbeitsverhältnisses (BAG v. 17.5.2011, 9 AZR 197/10, ZTR 2011, 352). Allerdings kann der Arbeitgeber den Erholungsurlaub des Arbeitnehmers für jeden vollen Kalendermonat der Elternzeit um ein Zwölftel kürzen (vgl. § 17 Abs. 1 BEEG). Die Möglichkeit der Kürzung des Urlaubsanspruchs ist europarechtskonform (EuGH v. 4.10.2018, C-12/17, ZTR 2019, 229; BAG v. 19.3.2019, 9 AZR 362/18, ZTR 2019, 529; BAG v. 19.3.2019, 9 AZR 495/17, ZTR 2019, 525). Für angebrochene Kalendermonate gibt es keine Kürzungsmöglichkeit, auch nicht anteilmäßig.

**Beispiel**

> Beginnt die Elternzeit am 3.5.2022, kann der Erholungsurlaub für das Kalenderjahr 2022 um $7/12$ gekürzt werden. Eine anteilige Kürzung für den Monat Mai 2022 ist nicht zulässig.

In welchem Umfang die Kürzung zulässig ist, muss für jedes Kalenderjahr gesondert berechnet werden.

Die Kürzung des Erholungsurlaubs tritt nicht automatisch ein, der Arbeitgeber muss dem Arbeitnehmer eine entsprechende Mitteilung machen. Nach der Rechtsprechung des Bundesarbeitsgerichts erfordere dies eine hierauf gerichtete rechtsgeschäftliche Erklärung des Arbeitgebers. Diese müsse dem Arbeitnehmer zugehen. Sowohl für die Abgabe als auch für den Zugang der Kürzungserklärung beim Arbeitnehmer trägt der Arbeitgeber die Darlegungs- und Beweislast (BAG v. 5.7.2022, 9 AZR 341/21, ZTR 2022, 729). Die Kürzungserklärung könne damit ausdrücklich, jedoch auch stillschweigend abgegeben werden. Für eine stillschweigende Erklärung im Sinne des § 17 Abs. 1 BEEG reiche es aus, dass dem Arbeitnehmer – insoweit abweichend von seinem Urlaubsverlangen – nur der gekürzte Urlaub gewährt werde oder für ihn aufgrund sonstiger Umstände erkennbar sei, dass der Arbeitgeber sein Kürzungsrecht ausüben wolle (BAG v. 19.3.2019, 9 AZR 362/18, ZTR 2019, 529).

Der Arbeitgeber kann die Absicht, den Erholungsurlaub in dieser Weise zu kürzen, vor, während und nach dem Ende der Elternzeit kundtun; nicht jedoch vor der Erklärung des Arbeitnehmers, Elternzeit in Anspruch zu nehmen (so BAG v. 19.3.2019, 9 AZR 362/18, ZTR 2019, 529). Eine Kürzung gilt auch dann als erfolgt, wenn der Arbeitnehmer von vornherein nur den kürzeren Urlaub beantragt und der Arbeitgeber ihm diesen bewilligt. Hat der Arbeitgeber ihm jedoch auf seinen Antrag hin gleich den vollen Urlaub gewährt, kann er die Kürzung später nicht mehr vornehmen.

Nach Beendigung des Arbeitsverhältnisses kann der Arbeitgeber den Erholungsurlaub nicht mehr kürzen. Die Kürzungsmöglichkeit setzt voraus, dass der Urlaubsanspruch noch besteht. Dies ist nicht mehr der Fall, wenn das Arbeitsverhältnis beendet ist und der Arbeitnehmer Anspruch auf Urlaubsabgeltung hat. In diesem Fall ist der ungekürzte Urlaub abzugelten (BAG v. 19.3.2019, 9 AZR 495/17, ZTR 2019, 525; BAG v. 19.5.2015, 9 AZR 725/13, ZTR 2015, 587).

 **ACHTUNG!**

**Diese Kürzungsmöglichkeit besteht nicht, wenn der Arbeitnehmer während der Dauer der Elternzeit Teilzeitarbeit bei seinem Arbeitgeber leistet (§ 17 Abs. 1 BEEG). Wird die Teilzeitarbeit jedoch bei einem anderen Arbeitgeber geleistet, kann gekürzt werden.**

Hat der Arbeitnehmer den ihm zustehenden Urlaub vor dem Beginn der Elternzeit nicht oder nicht vollständig erhalten, muss dieser Resturlaub nach Ende der Elternzeit entweder im laufenden oder im folgenden Jahr gewährt werden, vgl. (§ 17 Abs. 2 BEEG). Nimmt der Arbeitnehmer den Resturlaub nicht im laufenden oder im Folgejahr, verfällt der Anspruch ersatzlos.

Ein Verfall des Urlaubsanspruchs tritt jedoch nicht ein, wenn der Arbeitnehmer den Resturlaub im Folgejahr krankheitsbedingt nicht in Anspruch nehmen konnte (BAG v. 15.12.2015, 9 AZR 52/15, ZTR 2016, 401). Nach Ansicht des LAG Düsseldorf als Vorinstanz verfallen die nach § 17 Abs. 2 BEEG übertragenen Urlaubsansprüche sogar erst 15 Monate nach dem Ende des Folgejahres, in dem der Arbeitnehmer aus der Elternzeit zurückkehrt, wenn der Arbeitnehmer nach dem Ende der Elternzeit bis zum Ende des Folgejahres arbeitsunfähig erkrankt ist. Dies folge aus einer unionsrechtskonformen Auslegung des § 17 Abs. 2 BEEG und unter Berücksichtigung des allgemeinen Gleichheitssatzes (Art. 3 Abs. 1 GG), da auch der originäre Urlaubsanspruch bei fortdauernder Arbeitsunfähigkeit erst 15 Monaten nach Ende des Urlaubsjahres verfalle (LAG Düsseldorf v. 26.11.2014, 12 Sa 982/14, ZTR 2015, 215). Nach der Rechtsprechung des EuGH (EuGH v. 22.9.2022 – C-518/20, C-727/20, ZTR 2022, 670) kann der bereits erworbene Urlaubsanspruch auch nur dann verfallen bzw. verjähren, wenn der Arbeitgeber den Arbeitnehmer rechtzeitig in die Lage versetzt hat, den Anspruch auszuüben.

Schließt sich an die erste Elternzeit wegen der Geburt eines weiteren Kindes eine zweite Elternzeit nahtlos und konnte der vor der ersten Elternzeit entstandene Urlaub deshalb nicht genommen werden, überträgt sich dieser auf das Jahr, in dem die zweite Elternzeit endet und das darauffolgende Jahr (BAG v. 20.5.2008, 9 AZR 219/07, ZTR 2008, 621).

Dies gilt auch dann, wenn die zweite Elternzeit nicht unmittelbar an die erste Elternzeit anschließt (BAG v. 23.1.2018, 9 AZR 200/17, ZTR 2018, 344). In dem zu entscheidenden Fall lag zwischen den beiden Elternzeiten ein Zeitraum von zehn Monaten.

Endet das Arbeitsverhältnis während der Elternzeit oder wird es im Anschluss an die Elternzeit nicht fortgesetzt, so hat der Arbeitgeber den noch nicht gewährten Urlaub abzugelten (§ 17 Abs. 3 BEEG).

Wenn der Arbeitnehmer bei Beginn der Elternzeit bereits mehr Erholungsurlaub erhalten hat, als ihm nach der Kürzung zustünde, kann der Arbeitgeber den Erholungsurlaub nach dem Ende der Elternzeit entsprechend kürzen (§ 17 Abs. 4 BEEG). Wird das Arbeitsverhältnis zum Ende der Elternzeit beendet, gibt es aber keine Möglichkeit, das zu viel gezahlte Urlaubsentgelt zurückzufordern.

## 3. Sonderfall: Teilzeitbeschäftigung

Jeder Elternteil kann während der Elternzeit einer Teilzeitbeschäftigung nachgehen, die nicht mehr als 32 Stunden pro Woche umfasst (§ 15 Abs. 4 S. 1 BEEG). Für Eltern von Kindern, die bis einschließlich zum 31.8.2021 geboren wurden, gilt weiterhin die Grenze von maximal 30 Stunden pro Woche. Für das Verlangen gelten dieselben Regelungen wie für die Mitteilung der Inanspruchnahme der Elternzeit. D. h. auch hierbei muss die Schriftform und eine Ankündigungsfrist von sieben bzw. 13 Wochen eingehalten werden (BAG v. 27.4.2004, 9 AZR 21/04, ZTR 2005, 52).

 **WICHTIG!**

Die Höchstgrenze von 32 Stunden je Elternteil gilt auch dann, wenn der andere Elternteil seine Höchstgrenze nicht voll ausschöpft. Es kann also nicht ein Elternteil 37 Stunden arbeiten

und der andere Elternteil 27, sondern beide jeweils maximal 32 Stunden. Dies gilt für die Höchstgrenze von 30 Stunden entsprechend.

Besteht bereits ein Teilzeitarbeitsverhältnis, kann dieses mit bis zu 32 Wochenstunden durch einseitige Erklärung des Arbeitnehmers auch während der Elternzeit fortgesetzt werden (§ 15 Abs. 5 S. 5 BEEG).

 **ACHTUNG!**

Der Arbeitnehmer kann auch verlangen, während der Elternzeit zunächst vollständig freigestellt zu werden und anschließend für den restlichen Teil der Elternzeit in Teilzeit zu arbeiten. Dabei muss das Teilzeitverlangen nicht gleichzeitig mit der Inanspruchnahme der Elternzeit erfolgen, sondern kann auch noch während der Elternzeit gestellt werden (BAG v. 19.4.2005, 9 AZR 233/04, ZTR 2006, 146).

Eine Teilzeitbeschäftigung während der Elternzeit kommt sowohl beim bisherigen Arbeitgeber als auch bei einem anderen Arbeitgeber in Betracht.

### 3.1 Tätigkeit beim bisherigen Arbeitgeber

Sie führt nicht zur Begründung eines neuen Arbeitsverhältnisses, sondern das bisherige wird modifiziert. Dabei kann auch vereinbart werden, dass der Arbeitnehmer eine andere Tätigkeit ausübt. Die Teilzeitbeschäftigung führt dazu, dass der Arbeitnehmer Anspruch auf Urlaubsgewährung und Entgeltfortzahlung im Krankheitsfall hat, jedoch nur auf der Basis der geringeren Vergütung.

§ 15 BEEG unterscheidet zwischen dem Konsensverfahren (§ 15 Abs. 5 BEEG) und dem Anspruchsverfahren (§ 15 Abs. 6 i. V. m. Abs. 7 BEEG). Beide Verfahren bauen aufeinander auf.

Das Konsensverfahren wird dadurch eingeleitet, dass der Arbeitnehmer eine Verringerung der Arbeitszeit während der Elternzeit beim Arbeitgeber beantragt. Hierfür reicht es aus, dass der Arbeitgeber um eine Einigung über die Arbeitszeitverringerung ersucht wird. Über die Arbeitszeitverringerung und ihre Ausgestaltung sollen sich Arbeitgeber und Arbeitnehmer innerhalb von vier Wochen einigen. Mit der Geltung des § 15 BEEG ab 24.12.2022 hat der Arbeitgeber die Ablehnung des Antrags ebenfalls im Rahmen des Konsensverfahrens innerhalb von vier Wochen mit einer Begründung mitzuteilen. Zuvor war die Ablehnung und deren Begründung innerhalb der Frist nur im Anspruchsverfahren nach § 15 Abs. 7 BEEG vorgeschrieben. Anders als im Anspruchsverfahren sieht das Konsensverfahren keine Folgen für den Verstoß gegen die Ablehnung durch den Arbeitgeber vor. Soweit diese im Konsensverfahren unterbleibt, führt dies also nicht dazu, dass die Zustimmung entsprechend des Antrags als erteilt gilt. Entsprechend dürfte ein solcher Verstoß im Rahmen des Konsensverfahrens folgenlos bleiben.

Ist eine Einigung im Konsensverfahren nicht möglich, besteht die Möglichkeit des Arbeitnehmers, einseitig gegen den Willen des Arbeitgebers die Zustimmung zur Teilzeitbeschäftigung zu beanspruchen (Anspruchsverfahren). Zur Einleitung des Anspruchsverfahrens muss der Arbeitnehmer dem Arbeitgeber ein annahmefähiges Angebot auf Verringerung und gegebenenfalls auf Verteilung der verringerten Arbeitszeit unterbreiten und dem Arbeitgeber deutlich machen, dass er damit die Verringerung der Arbeitszeit beansprucht.

Der Anspruch auf Verringerung der Arbeitszeit besteht unter folgenden Voraussetzungen (vgl. § 15 Abs. 7 BEEG):

▸ Der Arbeitgeber beschäftigt in der Regel mehr als 15 Arbeitnehmer (Auszubildende zählen nicht mit).

▸ Das Arbeitsverhältnis des Arbeitnehmers besteht ohne Unterbrechung bereits länger als sechs Monate.

▸ Die bisherige Arbeitszeit soll für mindestens zwei Monate auf einen Umfang zwischen 15 und 32 Wochenstunden verringert werden.

▸ Es stehen keine dringenden betrieblichen Gründe entgegen.

▸ Der Anspruch wurde dem Arbeitgeber sieben bzw. 13 Wochen vor Beginn der Tätigkeit schriftlich mitgeteilt.

Die Frist von sieben Wochen gilt, wenn die Elternteilzeit für die Zeit bis zur Vollendung des dritten Lebensjahres beansprucht wird. Ist dagegen der Zeitraum vom dritten bis zum achten Lebensjahr des Kindes betroffen, beträgt die Frist gemäß § 15 Abs. 7 Nr. 5 b) BEEG 13 Wochen.

Nur „dringende betriebliche Gründe" stehen dem Anspruch auf Teilzeitbeschäftigung während der Elternzeit entgegen. Damit besteht eine gegenüber § 8 TzBfG eingeschränkte Ablehnungsmöglichkeit, da nach dieser Vorschrift bereits entgegenstehende „betriebliche Gründe" zur Ablehnung des Teilzeitverlangens ausreichen. Hierdurch trägt der Gesetzgeber dem Umstand Rechnung, dass der Schutz der Familie Verfassungsrang hat und die Elternzeit daher einen besonders starken Schutz erfordert.

Als Grundlage können dennoch die betrieblichen Gründe des § 8 Abs. 4 TzBfG herangezogen werden (insbesondere eine wesentliche Beeinträchtigung der Organisation, des Arbeitsablaufs oder der Sicherheit im Betrieb oder unverhältnismäßige Kosten, siehe hierzu → *Teilzeit*). Zusätzlich muss dann jedoch noch eine umfassende Interessenabwägung zwischen Arbeitgeber und Arbeitnehmer stattfinden. Das Teilzeitbegehren kann nur dann zurückgewiesen werden, wenn das Interesse des Arbeitgebers deutlich stärker zu gewichten ist als das des Arbeitnehmers an der Reduzierung der Arbeitszeit. In diesem Zusammenhang ist zu beachten, dass der Arbeitgeber gegen die völlige Freistellung des Arbeitnehmers während der Elternzeit gar nichts einwenden kann. Von daher ist der Einwand, keine Ersatzkraft finden zu können nur dann erheblich, wenn der Arbeitgeber vorträgt, dass eine solche nur für eine Vollzeitstelle zu finden sei.

Dass der Arbeitnehmer auf der Namensliste zu einem Interessenausgleich und Sozialplan steht, ist kein dringender betrieblicher Grund. § 1 Abs. 5 S. 1 KSchG kann nicht analog herangezogen werden (BAG v. 5.9.2023, 9 AZR 329/22, ZTR 2024, 221).

Die fehlende Beschäftigungsmöglichkeit während der Elternzeit ist ein dringender betrieblicher Grund, der einem Anspruch auf Teilzeitbeschäftigung während der Elternzeit entgegenstehen kann. Dies gilt für den Fall, dass der Arbeitnehmer zunächst nur Elternzeit in Anspruch genommen hat und sich erst zu einem späteren Zeitpunkt entschließt, eine Teilzeitbeschäftigung während der Elternzeit aufzunehmen. Hat der Arbeitgeber für die Dauer der Elternzeit eine Vollzeitvertretung eingestellt, die nicht bereit ist, ihre Arbeitszeit zu verringern, und sind keine anderen Beschäftigungsmöglichkeiten vorhanden, so kann sich der Arbeitgeber auf dringende betriebliche Gründe berufen, die dem Anspruch auf Teilzeitbeschäftigung während der Elternzeit entgegenstehen (BAG v. 19.4.2005, 9 AZR 233/04, ZTR 2006, 146). Dies gilt aber genauso für den Fall der gleichzeitigen Inanspruchnahme von Elternzeit und Beantragung von Teilzeitarbeit während der Elternzeit. Auch in diesem Fall kann der Arbeitgeber dem Arbeitnehmer die fehlende Beschäftigungs-

möglichkeit als dringenden betrieblichen Grund entgegenhalten (BAG v. 15.4.2008, 9 AZR 380/07, ZTR 2008, 618).

 **WICHTIG!**

Konkurriert der Arbeitnehmer während der Elternzeit mit anderen sich nicht in Elternzeit befindenden Arbeitnehmern um einen freien Arbeitsplatz, ist zwischen den Arbeitnehmern keine Sozialauswahl vorzunehmen. Der Arbeitgeber hat gegenüber dem sich nicht in Elternzeit befindenden Arbeitnehmer seine Beschäftigungspflicht zu erfüllen, was zur Folge hat, dass für den Arbeitnehmer in Elternzeit eine Beschäftigungsmöglichkeit fehlt (BAG v. 15.4.2008, 9 AZR 380/07, ZTR 2008, 618).

Als weiterer dringender betrieblicher Grund, der einem Anspruch auf Teilzeitbeschäftigung während der Elternzeit entgegenstehen kann, kommt die Unteilbarkeit des Arbeitsplatzes auf Grundlage eines arbeitgeberseitig vorgegebenen Organisationskonzeptes in Betracht.

Das Bundesarbeitsgericht (BAG v. 24.9.2019, 9 AZR 435/18, ZTR 2020, 169; BAG v. 15.12.2009, 9 AZR 72/09, ZTR 2010, 261) nimmt hier ebenso wie bei § 8 TzBfG (siehe unter → *Teilzeitarbeit, dort III.3.*) eine dreistufige Prüfung vor: Zunächst ist festzustellen, ob der vom Arbeitgeber als erforderlich angesehenen Arbeitszeitregelung überhaupt ein bestimmtes Organisationskonzept zugrunde liegt (erste Stufe). In der Folge ist zu untersuchen, inwieweit die Arbeitszeitregelung dem Teilzeitverlangen tatsächlich entgegensteht (zweite Stufe). Schließlich ist in einer dritten Stufe das Gewicht der entgegenstehenden betrieblichen Gründe zu prüfen. Dabei ist die Frage zu klären, ob das betriebliche Organisationskonzept oder die zugrundeliegende unternehmerische Aufgabenstellung durch die vom Arbeitnehmer gewünschte Abweichung wesentlich beeinträchtigt wird. Das BAG stellt an das Gewicht der Ablehnungsgründe erhebliche Anforderungen (vgl. BAG v. 24.9.2019, 9 AZR 435/18, ZTR 2020, 169). Insbesondere darf es sich nicht um Schwierigkeiten handeln, die mit der Elternzeit regelmäßig verbunden sind (BAG v. 15.12.2009, 9 AZR 72/09, ZTR 2010, 261).

Das Teilzeitverlangen muss dem Arbeitgeber spätestens sieben bzw. dreizehn Wochen vor dem beabsichtigten Beginn der Teilzeitarbeit schriftlich mitgeteilt werden. Mündliche Anträge sind unwirksam. Auch die Textform ist nicht ausreichend, es bedarf der persönlichen Unterschrift auf dem Original-Dokument. Auch Telefax und elektronische Mitteilung reichen grundsätzlich nicht aus.

Hält der Arbeitnehmer bei seinem Teilzeitverlangen die gesetzliche Frist von sieben bzw. dreizehn Wochen nicht ein und verlangt die Verringerung der Arbeitszeit zu einem früheren Zeitpunkt, so führt dies nicht zur Unwirksamkeit des Antrags insgesamt. Vielmehr braucht sich der Arbeitgeber erst zum gesetzlich vorgesehenen Zeitpunkt mit der Reduzierung der Arbeitspflicht einverstanden zu erklären (LAG Rheinland-Pfalz v. 13.9.2007, 11 Sa 244/07).

Der Antrag auf Teilzeit kann frühestens zu dem Zeitpunkt gestellt werden, in dem der Arbeitnehmer erklärt, dass er Elternzeit in Anspruch nimmt (BAG v. 5.6.2007, 9 AZR 82/07, ZTR 2008, 102). Er muss jedoch nicht bereits mit dem Verlangen auf Elternzeit gestellt werden. Vielmehr kann auch der Arbeitnehmer den Antrag stellen, der sich bereits in der Elternzeit befindet und eine gewisse Zeit nicht gearbeitet hat (BAG v. 19.4.2005, 9 AZR 233/04, ZTR 2006, 146). Dem kann der Arbeitgeber jedoch dringende betriebliche Gründe entgegenhalten, wenn er für diese Zeit bereits eine Vollzeitvertretung eingestellt hat, die nicht bereit ist, ihre Arbeitszeit zu reduzieren und auch sonst keine Beschäftigungsmöglichkeiten vorhanden sind (BAG v. 19.4.2005, 9 AZR 233/04, ZTR 2006, 146).

Der Arbeitnehmer kann die Inanspruchnahme von Elternzeit davon abhängig machen, dass der Arbeitgeber seinem Antrag auf Verringerung der Arbeitszeit während der Elternzeit zustimmt. Diese Vorgehensweise wird der Arbeitnehmer insbesondere dann wählen, wenn für ihn Elternzeit nur bei gleichzeitiger Teilerwerbstätigkeit in Betracht kommt. Lehnt der Arbeitgeber in diesem Fall den Teilzeitantrag des Arbeitnehmers ab, tritt die Bedingung für die Elternzeit nicht ein und es verbleibt bei dem aktiven Arbeitsverhältnis (BAG v. 5.6.2007, 9 AZR 82/07, ZTR 2008, 102).

Der Antrag auf Verringerung der Arbeitszeit muss den Beginn und den Umfang der verringerten Arbeitszeit enthalten (vgl. § 15 Abs. 7 S. 2 BEEG). Er muss den Bestimmtheitsanforderungen entsprechen, wie sie allgemein an Vertragsanträge (§ 145 BGB) gestellt werden. Der Verringerungsantrag muss daher so formuliert und so konkret gefasst sein, dass der Arbeitgeber ihn mit einen schlichten „Ja" annehmen kann. Ist dies nicht der Fall, liegt kein wirksames Teilzeitverlangen vor (BAG v. 16.4.2013, 9 AZR 535/11). Gleichwohl ist eine Einigung über die Höhe der Vergütung nicht erforderlich, wenn klar ist, dass der Arbeitnehmer seine Arbeitsleistung nur gegen Vergütung erbringen soll. Treffen die Vertragsparteien keine Vereinbarung über die Höhe der Vergütung, so ist gem. § 612 Abs. 2 BGB die übliche Vergütung als vereinbart anzusehen (vgl. BAG v. 24.9.2019, 9 AZR 435/18, ZTR 2020, 169).

Die gewünschte Verteilung der Arbeitszeit soll im Antrag angegeben werden (§ 15 Abs. 7 S. 3 BEEG).

Die Verteilung der Arbeitszeit obliegt grundsätzlich dem Arbeitgeber im Rahmen seines Direktionsrechts. Allerdings muss der Arbeitgeber sein Direktionsrecht nach billigem Ermessen ausüben (§ 106 GewO, → *Direktionsrecht*). Bezogen auf die Elternzeit bedeutet dies, dass er versuchen muss, die Arbeitszeit so zu legen, dass der mit der Reduzierung verfolgte Zweck auch eintreten kann.

**Beispiel**

Der Arbeitnehmer beantragt eine Reduzierung der Arbeitszeit auf 32 Wochenstunden und wünscht die Verteilung auf vier Arbeitstage in der Woche, um die Kinderbetreuung besser organisieren zu können. Hier ist der Arbeitgeber grundsätzlich auch verpflichtet, dies so einzurichten, wenn es ihm irgend möglich ist. Bei dringenden betrieblichen Erfordernissen hat der Arbeitnehmer jedoch keinen Anspruch auf diese Verteilung der Arbeitszeit.

Das BAG (Urt. v. 19.2.2013, 9 AZR 461/11, ZTR 2013, 560) hat entschieden, dass sich der Anspruch des Arbeitnehmers auch auf die Verteilung der verringerten Arbeitszeit erstreckt, wenn der Arbeitgeber die gewünschte Verteilung der Arbeitszeit im Antrag angibt. Bietet der Arbeitnehmer die Verringerung und Verteilung der Arbeitszeit einheitlich an, besteht kein Anspruch auf Verringerung, wenn der beanspruchten Verteilung der Arbeitszeit dringende betriebliche Gründe entgegenstehen.

Falls der Arbeitgeber die beantragte Verringerung der Arbeitszeit ablehnt, muss er dies innerhalb von vier Wochen mit schriftlicher Begründung tun (§ 15 Abs. 7 S. 4 BEEG).

In § 15 BEEG ist eine Zustimmungsfiktion für den Fall der nicht frist- oder formgerechten Ablehnung des Teilzeitverlangens vorgesehen. Diese erfasst sowohl die vom Arbeitnehmer begehrte Verringerung als auch die vom Arbeitnehmer begehrte Verteilung der Arbeitszeit. Hat ein Arbeitgeber die Verringerung der Arbeitszeit

▶ in einer Elternzeit zwischen der Geburt und dem vollendeten dritten Lebensjahr des Kindes nicht spätestens vier Wochen nach Zugang des Antrags oder

▶ in einer Elternzeit zwischen dem dritten Geburtstag und dem vollendeten achten Lebensjahr des Kindes nicht spätestens acht Wochen nach Zugang des Antrags

schriftlich abgelehnt, gilt die Zustimmung als erteilt und die Verringerung der Arbeitszeit entsprechend den Wünschen des Arbeitnehmers als festgelegt (§ 15 Abs. 7 S. 5 BEEG). Auch die Verteilung der Arbeitszeit gilt entsprechend den Wünschen des Arbeitnehmers als festgelegt, wenn hierüber kein Einvernehmen erzielt wurde und der Arbeitgeber die gewünschte Verteilung der Arbeitszeit nicht innerhalb der vorgenannten Fristen schriftlich abgelehnt hat (§ 15 Abs. 7 S. 6 BEEG).

Gegen die Ablehnung kann der Arbeitnehmer Klage vor den Arbeitsgerichten erheben. Dabei besteht auch die Möglichkeit, den Anspruch auf Teilzeit während der Elternzeit durch einstweilige Verfügung zu sichern, wobei als Verfügungsgrund nur ein konkretes ideelles Interesse des Arbeitnehmers auf vertragsgemäße Beschäftigung und der aus dem Persönlichkeitsschutz ergebenden arbeitsvertraglichen Förderungspflicht in Betracht kommt (LAG Köln v. 4.6.2021, 5 Ta 71/21). Auch wurde das ideelle Interesse, den Kontakt zum Arbeitgeber nicht zu verlieren und im Betrieb weiter „Fuß zu fassen" als Verfügungsgrund anerkannt (LAG Hessen v. 17.7.2019, 10 SaGa 738/19).

Klagt der Arbeitnehmer auf Zustimmung zu einer zuvor abgelehnten Elternteilzeit, war lange umstritten, ob der Arbeitgeber im Prozess nur solche dringenden betrieblichen Gründe einwenden kann, die er bereits in der Vier- bzw. Achtwochenfrist geltend gemacht hat. Nunmehr hat das Bundesarbeitsgericht in zwei Urteilen (Urt. v. 24.9.2019, 9 AZR 435/18, ZTR 2020, 169; Urt. v. 11.12.2018, 9 AZR 298/18, ZTR 2019, 336) entschieden, dass der Arbeitgeber sich nur auf solche Gründe stützen darf, die er zuvor bereits in einem form- und fristgerechten Ablehnungsschreiben genannt hat. Der Arbeitgeber ist mit der Berufung auf entgegenstehende dringende betriebliche Gründe, soweit er diese nicht bereits in seinem Ablehnungsschreiben genannt hat, präkludiert (BAG v. 24.9.2019 a.a.O.). Im Rahmen dieses Ablehnungsschreibens hat der Arbeitgeber somit frühzeitig zu prüfen, „ob und gegebenenfalls welche Gründe der begehrten Elternteilzeit entgegenstehen und ob diese zwingende Hindernisse im Sinne eines dringenden betrieblichen Grundes […] darstellen" (vgl. BAG v. 11.12.2018 a.a.O.). Dabei hat der Arbeitgeber nach der gesetzgeberischen Konzeption das Risiko zu tragen, dass sich die betriebliche Entwicklung zum Zeitpunkt der Antragstellung nicht sicher prognostizieren lässt. Das Prognoserisiko des Arbeitgebers wird jedoch in zeitlicher Hinsicht dadurch begrenzt, dass der Antrag, die Arbeitszeit während der Elternzeit zu verringern, frühestens mit der Erklärung, Elternzeit in Anspruch zu nehmen, gestellt werden kann (vgl. BAG v. 11.12.2018 a.a.O.).

Darüber hinaus wird das Interesse des Arbeitgebers an einer kontinuierlichen Personalplanung dahingehend geschützt, dass der Arbeitnehmer gem. § 15 Abs. 6 BEEG während der Gesamtdauer der Elternzeit nur zweimal eine Verringerung seiner Arbeitszeit nach Maßgabe der in § 15 Abs. 7 BEEG genannten Voraussetzungen verlangen kann, soweit zuvor eine Einigung nach § 15 Abs. 5 BEEG nicht möglich war (BAG v. 24.9.2019 a.a.O.). Der § 15 Abs. 6 BEEG wahrt damit das Recht des Arbeitgebers, gegen seinen Willen die Arbeitszeit während der Gesamtdauer der Elternzeit mehr als zweimal verringern zu müssen (BAG

v. 24.9.2019 a.a.O.). Lehnt der Arbeitgeber das Angebot des Arbeitnehmers auf Verringerung und Verteilung der Arbeitszeit gem. § 15 Abs. 7 S. 4 BEEG ab, kann der Arbeitnehmer seinen Verteilungswunsch daher nach der Rechtsprechung des Bundesarbeitsgerichts ab diesem Zeitpunkt auch nicht mehr ändern. Das Änderungsverlangen des Arbeitnehmers ist damit seinem Inhalt nach für das gerichtliche Verfahren insoweit bindend; eine einseitige Veränderung des Streitgegenstandes durch den Arbeitnehmer ist nicht möglich, ohne dass in § 15 Abs. 5 ff. BEEG vorgeschriebene Verfahren erneut zu durchlaufen (BAG v. 24.9.2019 a.a.O.).

 **ACHTUNG!**

Auch wenn die vorgenannten Entscheidungen des Bundesarbeitsgerichts noch zur alten Rechtslage ergangen sind, lassen sich die Erwägungen des Bundesarbeitsgerichts ohne weiteres auch auf den § 15 BEEG in seiner aktuellen übertragen. Daher sollten die dem Teilzeitverlangen entgegenstehenden dringenden betrieblichen Gründe von dem Arbeitgeber in dem Ablehnungsschreiben in jedem Fall so konkret wie möglich benannt werden.

Nach der Rechtsprechung des Bundesarbeitsgerichts sind einvernehmliche Arbeitszeitverringerungen im Rahmen der Möglichkeit des Arbeitnehmers, nach Maßgabe des § 15 Abs. 6 BEEG gegenüber dem Arbeitgeber während der Gesamtdauer der Elternzeit höchstens zweimal eine Verringerung der Arbeitszeit zu beanspruchen, nicht zu berücksichtigen (BAG v. 19.2.2013, 9 AZR 461/11, ZTR 2013, 560; anders noch die Vorinstanz LAG Hamburg v. 18.5.2011, 5 Sa 93/10).

Eine Verringerung der Arbeitszeit liegt ferner auch dann vor, wenn das erneute Teilzeitverlangen gegenüber der bisherigen Teilzeit vom Umfang her gleichbleibt oder gar mehr Stunden betrifft, da es auf den Vergleich mit der regulären Arbeitszeit vor der Elternzeit ankommt. Verschiedene Teilzeitverlangen zählen auch dann gesondert, wenn sie in einem einheitlichen Antrag gestellt werden (LAG Hamburg v. 18.5.2011, 5 Sa 93/10).

**Beispiel**

Der Arbeitnehmer beantragt zunächst Elternzeit für zwei Jahre vom 1.6.2021 bis zum 31.5.2023. Außerdem stellt er einen Antrag auf Teilzeit während der Elternzeit vom 1.1.2022 bis zum 31.5.2022 mit 15 Wochenstunden und für die Zeit vom 1.6.2022 bis zum 31.5.2023 mit 20 Wochenstunden. Der Arbeitgeber stimmt dem Teilzeitbegehren zu. Rechtzeitig sieben Wochen vor dem Ende der Elternzeit beantragt der Arbeitnehmer die Verlängerung der Elternzeit um ein Jahr bis zum 31.5.2024 und gleichzeitig die Beibehaltung einer Teilzeit von 20 Stunden. Der Arbeitgeber kann das Teilzeitbegehren nach Ansicht des Bundesarbeitsgerichts nicht ablehnen, weil die beiden einvernehmlichen Elternteilzeitregelungen nicht auf den Anspruch auf zweimalige Verringerung der Arbeitszeit anzurechnen sind.

### 3.2 Tätigkeit bei anderem Arbeitgeber

Der Arbeitnehmer kann auch eine Teilzeitbeschäftigung bei einem anderen Arbeitgeber aufnehmen. Damit der Arbeitgeber vor einer Arbeitsaufnahme z. B. bei der Konkurrenz geschützt wird, muss er dieser Tätigkeit zustimmen. Dazu muss der Arbeitnehmer zunächst die Zustimmung beantragen und genau darlegen, bei welchem anderen Arbeitgeber er welche Tätigkeit ausüben will. Will der Arbeitgeber die Aufnahme der Tätigkeit verhindern, muss er vier Wochen nach Eingang des Antrags schriftlich widersprechen. Dieses Schreiben muss eine Darlegung der dringenden betrieblichen Interessen enthalten, die zu der Verweigerung geführt haben (§ 15 Abs. 4 S. 4, 5 BEEG). Neben Wettbewerbsgründen kann der Arbeitgeber seine Wei-

gerung auch damit begründen, dass er selbst die Arbeitskraft des Arbeitnehmers benötige. Zu berücksichtigen ist im öffentlichen Dienst auch die Regelung des § 3 Abs. 3 TVöD, welche die Aufnahme von Nebentätigkeiten betrifft. Nimmt der Arbeitnehmer eine Tätigkeit bei einem anderen Arbeitgeber auf, ohne vorher die Zustimmung eingeholt zu haben, stellt dies eine arbeitsvertragliche Pflichtverletzung dar und rechtfertigt eine Abmahnung. Diese gilt als Verweigerung der Zustimmung (LAG Köln v. 28.2.2020, 4 Sa 326/19).

Wenn der Arbeitgeber die Verweigerungserklärung nicht innerhalb der Frist nicht oder nicht schriftlich erklärt oder keine Begründung abgibt, kann der Arbeitnehmer die Tätigkeit nach vier Wochen aufnehmen. Unterlässt er das nur deshalb, weil der Arbeitgeber nicht wie geschildert ordnungsgemäß reagiert hat, hat er keine Schadensersatzansprüche gegen den Arbeitgeber.

Weigert sich der Arbeitgeber jedoch mit einer unzutreffenden Begründung, die Zustimmung zu erteilen, so kommen Schadensersatzansprüche des Arbeitnehmers in Betracht, wenn er nicht erkennen konnte, dass die Verweigerungsgründe in Wahrheit nicht bestanden. Die Versagung der Zustimmung sollte deshalb immer gründlich geprüft werden.

Übt der Arbeitnehmer eine Konkurrenztätigkeit aus, kann der Arbeitgeber ihn mittels einer einstweiligen Verfügung daran hindern. Er kann außerdem versuchen, eine Zustimmung der Aufsichtsbehörde zur außerordentlichen Kündigung zu erwirken (s. u. VI.2.) und Schadensersatzansprüche geltend machen.

### 3.3 Selbstständige Tätigkeit

Der Arbeitnehmer kann im zulässigen Zeitrahmen von 32 bzw. 30 Wochenstunden statt einer abhängigen Beschäftigung auch eine selbstständige Tätigkeit ausüben. Sie richtet sich nach denselben Regeln wie die Beschäftigung bei einem anderen Arbeitgeber.

## VI. Sonderkündigungsschutz

### 1. Voraussetzungen und Wirkungen

Der Arbeitnehmer hat einen besonderen Kündigungsschutz. Es besteht ein Kündigungsverbot ab dem Zeitpunkt, von dem an Elternzeit verlangt worden ist. Dieses Kündigungsverbot setzt jedoch frühestens acht Wochen vor dem Beginn der Elternzeit ein (sog. Vorfrist, § 18 Abs. 1 S. 1 BEEG). Diese Vorfrist richtet sich nach dem Zeitraum für den die Elternzeit in Anspruch genommen werden soll. Der Kündigungsschutz beginnt

- ▶ frühestens acht Wochen vor Beginn einer Elternzeit bis zum vollendeten dritten Lebensjahr des Kindes und

- ▶ frühestens 14 Wochen vor Beginn einer Elternzeit zwischen dem dritten Geburtstag und dem vollendeten achten Lebensjahr des Kindes.

Wird die Elternzeit auf mehrere Abschnitte verteilt, besteht der vorwirkende Sonderkündigungsschutz für jeden dieser Zeitabschnitte (LAG Mecklenburg-Vorpommern v. 13.4.2021, 2 Sa 300/20).

Durch eine frühere Geltendmachung der Elternzeit kann der Arbeitnehmer also den Beginn des besonderen Kündigungsschutzes nicht nach vorne verlagern. Allerdings darf der Arbeitgeber auch in diesen Fällen nicht deswegen kündigen, weil der Arbeitnehmer Elternzeit beantragt hat (§ 612a BGB).

Macht der Arbeitnehmer Elternzeit ab der Geburt seines Kindes geltend, ist der Tag der prognostizierten Geburt der Endtermin der achtwöchigen Vorfrist, auch wenn das Kind tatsächlich erst später geboren wird (vgl. BAG v. 12.5.2011, 2 AZR 384/10).

**Beispiel**

Der Arbeitnehmer verlangt am 14.3.2023 Elternzeit ab dem 10.5.2023, nachdem dieses Datum als voraussichtlicher Geburtstermin errechnet worden war. Tatsächlich kam das Kind jedoch erst am 24.5.2023 zur Welt. Mit Schreiben vom 16.3.2023 kündigte die Arbeitgeberin das Arbeitsverhältnis. Die achtwöchige Vorfrist endet am 10.5.2023 (Tag der prognostizierten Geburt), sodass seit dem 15.3.2023 und damit zum Zeitpunkt der Kündigung Sonderkündigungsschutz bestand. Würde man dagegen für das Ende der achtwöchigen Vorfrist auf den tatsächlichen Geburtstermin abstellen, hätte zum Zeitpunkt der Kündigung noch kein Sonderkündigungsschutz bestanden.

§ 18 BEEG beinhaltet keinen nachwirkenden Sonderkündigungsschutz. Bereits an dem auf das Ende der Elternzeit folgenden Tag kann daher eine Kündigung erklärt werden (vgl. VGH München v. 5.11.2019, 12 ZB 19.1222).

Der Sonderkündigungsschutz endet daher mit dem Ende der Elternzeit und zwar unabhängig davon, ob das Ende regulär erfolgt oder vorzeitig, z. B. beim Tod des Kindes. Auch wenn eine der materiellen Voraussetzungen der Elternzeit nachträglich wegfällt (z. B. wegen Wechsels der Betreuungsperson), endet der besondere Kündigungsschutz (LAG Baden-Württemberg v. 17.9.2021, 12 Sa 23/21).

 **WICHTIG!**

Das Kündigungsverbot besteht nur, wenn der Anspruch auf Elternzeit besteht und der Arbeitnehmer ihn geltend gemacht hat. Entscheidend hierfür ist die objektive Rechtslage. Wenn die Voraussetzungen für die Elternzeit gar nicht vorliegen, weil der Arbeitnehmer z. B. nicht in einem Haushalt mit dem zu betreuenden Kind lebt, greift der besondere Kündigungsschutz nicht ein.

Hat der Arbeitnehmer jedoch nur die Ankündigungsfrist nicht eingehalten oder keine Angaben zur Gesamtdauer der Elternzeit gemacht, steht er unter dem besonderen Kündigungsschutz. Auch kann es im Einzelfall rechtsmissbräuchlich sein, wenn der Arbeitgeber sich im Kündigungsschutzprozess auf die fehlende Schriftform des Elternzeitverlangens beruft, obwohl er es zuvor hingenommen hat, dass der Arbeitnehmer seine Elternzeit nimmt (BAG v. 26.6.2008, 2 AZR 23/07, ZTR 2009, 98).

Das Kündigungsverbot gilt auch für die Arbeitnehmer, die während der Elternzeit von der Möglichkeit der Teilzeitbeschäftigung bei ihrem bisherigen oder einem anderen Arbeitgeber Gebrauch machen (§ 18 Abs. 2 Nr. 1 BEEG).

In diesem Zusammenhang kann sich jedoch eine Schutzlücke beim Sonderkündigungsschutz ergeben, wenn der Arbeitnehmer die Elternzeit nur unter der Bedingung beansprucht, dass der Arbeitgeber dem Teilzeitverlangen des Arbeitnehmers stattgibt. Lehnt der Arbeitgeber das Teilzeitverlangen wirksam ab, so sind die Voraussetzungen des Sonderkündigungsschutzes nicht gegeben. § 18 Abs. 1 BEEG setzt voraus, dass Elternzeit verlangt wird. Auch für den Schwebezeitraum zwischen Stellung und Ablehnung des bedingten Antrages besteht nach BAG v. 12.5.2011, 2 AZR 384/10, ZTR 2011, 746, kein Sonderkündigungsschutz.

**Beispiel**

Der Arbeitnehmer verlangt am 14.3.2023 Elternzeit ab dem 10.5.2023, macht sein Verlangen aber von der Gewährung von Elternteilzeit abhängig. Mit Schreiben vom 16.3.2023 kündigt die

Arbeitgeberin das Arbeitsverhältnis. Mit Schreiben vom 30.3.2023 kündigt die Arbeitgeberin das Arbeitsverhältnis erneut und lehnt zugleich den Antrag auf Elternteilzeit wegen entgegenstehender dringender betrieblicher Gründe ab. Der Arbeitnehmer genießt weder im Hinblick auf die Kündigung vom 16.3.2023 noch bezüglich der Kündigung vom 30.3.2023 Sonderkündigungsschutz, weil die Bedingung für das Elternzeitverlangen nicht eingetreten ist und deshalb kein Elternzeitverlangen des Arbeitnehmers vorliegt.

Das Kündigungsverbot gilt auch für Teilzeitbeschäftigte mit nicht mehr als 32 Wochenstunden, die Anspruch auf Elternzeit hätten, sie aber nicht nehmen, weil sie ohnehin im bisherigen Umfang weiterarbeiten wollen. Der Kündigungsschutz gilt in diesem Fall aber nur für die Höchstbezugsdauer des Elterngeldes von 14 Monaten (§ 18 Abs. 2 Nr. 2 i. V. m. § 4 Abs. 1 S. 1 BEEG).

 **WICHTIG!**

Der besondere Kündigungsschutz gilt nur für das bisherige Arbeitsverhältnis. Nimmt der Arbeitnehmer während der Elternzeit eine Teilzeitbeschäftigung bei einem anderen Arbeitgeber auf, ist er dort nicht vor einer Kündigung geschützt (BAG v. 2.2.2006, 2 AZR 596/04, ZTR 2006, 435).

Vom Sonderkündigungsschutz erfasst und damit unwirksam sind sämtliche Kündigungen, also

▶ Beendigungskündigungen, egal ob fristlos oder fristgemäß,

▶ Änderungskündigungen,

▶ vorsorgliche Kündigungen, auch zum Ablauf der Schutzfrist.

Maßgeblich ist der Zeitpunkt, zu dem die Kündigung zugeht. Somit ist auch eine Kündigung unwirksam, die zum Ende der Elternzeit erklärt wird.

Vom Sonderkündigungsschutz **nicht** erfasst sind folgende Beendigungen:

▶ Ablauf der Befristung des Arbeitsvertrags bei einem befristeten Arbeitsverhältnis,

▶ Anfechtung des Arbeitsvertrags wegen arglistiger Täuschung oder Irrtums,

▶ Berufung auf die Nichtigkeit des Arbeitsvertrags,

▶ Aufhebungsvertrag,

▶ Eigenkündigung des Arbeitnehmers, die zum Ende der Elternzeit allerdings nur mit einer Frist von drei Monaten möglich ist (§ 19 BEEG),

▶ Kündigung, die dem Arbeitnehmer vor seinem Verlangen nach Elternzeit oder mehr als acht bzw. 14 Wochen vor deren Beginn zugeht, selbst wenn der Beendigungszeitpunkt während der Elternzeit liegt. Allerdings kann in diesem Fall eine nach § 612a BGB unzulässige Maßregelung des Arbeitnehmers vorliegen, die ebenfalls zur Unwirksamkeit der Kündigung führt, wenn die Kündigung vor dem Hintergrund der beabsichtigten Elternzeit ausgesprochen wird.

## 2. Ausnahmegenehmigungen

Die für den Arbeitsschutz zuständige oberste Arbeitsbehörde oder eine von ihr bestimmte Stelle kann in besonderen Fällen die Kündigung ausnahmsweise für zulässig erklären (§ 18 Abs. 1 BEEG). Die Zuständigkeit ist in den einzelnen Bundesländern unterschiedlich geregelt.

 **TIPP!**

Eine Liste mit den aktuellen Zuständigkeiten in den jeweiligen Bundesländern sowie die Adressen und Kontaktdaten befindet sich auf der Homepage des Bundesministeriums für Familie,

Senioren, Frauen und Jugend unter https://www.bmfsfj.de/bmfsfj/themen/familie/familienleistungen/aufsichtsbehoerden-fuer-elternzeit-und-kuendigungsschutz-informationen-der-laender-122304

Nach § 18 Abs. 1 S. 6 BEEG kann die Bundesregierung mit Zustimmung des Bundesrates allgemeine Verwaltungsvorschriften zur Durchführung der Zulässigkeitserklärung erlassen. Auf dieser Grundlage wurde die allgemeine Verwaltungsvorschrift zum Kündigungsschutz bei Elternzeit vom 3.1.2007 (BAnz. Nr. 5 S. 247) erlassen.

Die zuständigen Behörden orientieren sich an dieser norminterpretierenden Verwaltungsvorschrift. Für das Gericht ist sie zwar nicht bindend, ist jedoch als vom Gesetzgeber ausdrücklich vorgesehenes Indiz für einen besonderen Ausnahmefall von besonderem Gewicht.

Nach dieser Verwaltungsvorschrift ist die Zulässigkeitserklärung zu erteilen, wenn das nach § 18 BEEG als vorrangig angesehene Interesse des Arbeitnehmers am Fortbestand des Arbeitsverhältnisses wegen außergewöhnlicher Umstände hinter das Interesse des Arbeitgebers zurücktreten muss (Ziffer 1 der Verwaltungsvorschrift). Ein solcher Fall ist insbesondere gegeben bei der Schließung oder Verlagerung eines Betriebes oder einer Betriebsabteilung, in der der Arbeitnehmer beschäftigt ist, wenn der Arbeitnehmer nicht in einem anderen Betrieb oder einer anderen Betriebsabteilung des Unternehmens weiterbeschäftigt werden kann oder eine ihm vom Arbeitgeber angebotene zumutbare Weiterbeschäftigung auf einem anderen Arbeitsplatz ablehnt (Ziffer 2.1.1 bis 2.1.4 der Verwaltungsvorschrift; vgl. auch BVerwG v. 30.9.2009, 5 C 32/08; VGH München v. 5.11.2019, 12 ZB 19.1222; vgl. auch VGH München v. 5.11.2019 a.a.O.). Ein solcher Fall ist auch gegeben, wenn besonders schwere Verstöße des Arbeitnehmers gegen arbeitsvertragliche Pflichten oder vorsätzliche strafbare Handlungen des Arbeitnehmers dem Arbeitgeber die Aufrechterhaltung des Arbeitsverhältnisses unzumutbar machen (Ziffer 2.1.6 der Verwaltungsvorschrift; vgl. VGH München v. 5.11.2019 a.a.O.). Insoweit kommen beispielsweise eine unerlaubte Konkurrenztätigkeit während der Elternzeit oder den Ruf des Arbeitgebers schädigende Äußerungen des Arbeitnehmers in Betracht.

Nach der Rechtsprechung des VGH München ist dabei jedoch zu beachten, dass die Annahme eines besonderen Falles im Sinne des § 18 Abs. 1 S. 4 BEEG höheren Anforderungen unterliege als die Annahme eines wichtigen Grundes im Sinne des § 626 Abs. 1 BGB. Die beiden Begriffe seien insoweit nicht deckungsgleich. Vielmehr müssten im Rahmen des § 18 Abs. 1 S. 4 BEEG im konkreten Fall außergewöhnliche Umstände hinzukommen, die der vom Gesetz getroffenen Wertung ihre Grundlage entziehe: Hierzu bedürfe es einer umfassenden Interessenabwägung, bei der die Bedeutung der sofortigen Beendigung des Arbeitsverhältnisses noch während der laufenden Elternzeit für den Arbeitgeber mit dem Schutzzweck des Kündigungsverbots nach § 18 Abs. 1 S. 2 BEEG und den Interessen des hierdurch geschützten Arbeitnehmers gegenüberzustellen sei. Begründet wird dies von dem VGH München insbesondere mit dem Argument, dass der weitere Bestand des Arbeitsverhältnisses während der Elternzeit den Arbeitgeber regelmäßig in wirtschaftlicher Hinsicht nur unbedeutend belaste, so dass ihm ein Zuwarten mit der Kündigung bis zum Ende der Elternzeit im Grundsatz durchaus zumutbar sei (VGH München v. 5.11.2019 a.a.O.).

Die Zulässigkeitserklärung der Behörde muss zum Zeitpunkt der Kündigung vorliegen, aber noch nicht bestandskräftig sein (LAG Hamm v. 4.3.2005, 10 Sa 1832/04). Die Kündigung kann daher ausgesprochen werden, sobald die Zulässigkeitserklärung der Behörde vorliegt. Umgekehrt ist eine Kündigung unwirksam, wenn der Zustimmungsbescheid bereits im Widerspruchsverfahren aufgehoben wurde (LAG Mecklenburg-Vorpommern v. 11.5.2021, 5 Sa 263/20). Ratsam ist es daher, eine Kündigung schnellstmöglich nach Erhalt des Zustimmungsbescheids zu erklären. Andernfalls laufen Arbeitgeber Gefahr, erst nach Abschluss eines verwaltungsgerichtlichen Verfahrens wirksam kündigen zu können.

Im Fall einer fristlosen Kündigung muss der Antrag innerhalb der Zwei-Wochen-Frist des § 626 Abs. 2 BGB gestellt und die Kündigung analog § 174 Abs. 5 SGB IX unverzüglich nach Vorliegen der Zulässigkeitserklärung ausgesprochen werden. Dagegen gilt für den Ausspruch einer ordentlichen Kündigung keine Frist. Insbesondere ist die Monatsfrist des § 171 Abs. 3 SGB IX für die Kündigung schwerbehinderter Arbeitnehmer nicht entsprechend anzuwenden (BAG v. 22.6.2011, 8 AZR 107/10).

> **ACHTUNG!**
>
> Wird die Kündigung ausgesprochen, bevor die behördliche Zulässigkeitserklärung vorliegt, ist die Kündigung unwirksam. Eine spätere Zulässigkeitserklärung heilt nicht rückwirkend die Unwirksamkeit der Kündigung.

In den Fällen, in denen eine Arbeitnehmerin, die sich in Elternzeit befindet, erneut schwanger wird, muss der Arbeitgeber sowohl die Zustimmung nach § 17 Abs. 2 MuSchG als auch die nach § 18 Abs. 1 BEEG einholen.

Das Arbeitsgericht ist an einen bestandskräftigen Bescheid der Behörde gebunden. Dies führt zu einer Zweigleisigkeit des Verfahrens vor den Arbeits- und den Verwaltungsgerichten, da der Arbeitnehmer in der Praxis gegen den Bescheid der Behörde Widerspruch einlegen und anschließend gegebenenfalls Anfechtungsklage beim Verwaltungsgericht erheben wird, um dessen Bestandskraft zu verhindern, und parallel vor dem Arbeitsgericht mit einer Kündigungsschutzklage gegen die Kündigung vorgehen muss.

Die Zulässigkeitserklärung der Behörde führt lediglich zu einer Befreiung von dem gesetzlichen Kündigungsverbot. Ob die Kündigung gegebenenfalls aus anderen Gründen unwirksam ist, ist damit noch nicht entschieden und wird vom Arbeitsgericht im Rahmen der Kündigungsschutzklage geprüft.

## VII. Befristungen von Vertretungen

Für die Dauer der Elternzeit oder eines Beschäftigungsverbots während des Mutterschutzes ist es zulässig, ein befristetes Arbeitsverhältnis mit einer Vertretungskraft einzugehen (§ 14 Abs. 1 S. 2 Nr. 3 TzBfG, § 21 Abs. 1 BEEG). Dies gilt auch für notwendige Zeiten einer Einarbeitung (§ 21 Abs. 2 BEEG).

Eine Zweckbefristung zur Elternzeitvertretung kann bereits vereinbart werden, wenn die Stammkraft noch nicht Elternzeit gemäß § 16 Abs. 1 S. 1 BEEG verlangt, sondern die Inanspruchnahme von Elternzeit nur angekündigt hat (BAG v. 9.9.2015, 7 AZR 148/14, ZTR 2016, 157).

Gerade im öffentlichen Dienst kommt es vor, dass mit einem Arbeitnehmer eine größere Anzahl von befristeten Arbeitsverträgen hintereinander abgeschlossen wird, weil sich ständig neuer Vertretungsbedarf für Arbeitnehmer ergibt, die sich in Elternzeit befinden. Nach der bisherigen Rechtsprechung des BAG ist dies zulässig, sofern der Vertretungsbedarf tatsächlich besteht, wobei das BAG jeweils nur die Wirksamkeit der letzten Befristung prüft (vgl. etwa BAG v. 21.8.2019, 7 AZR 572/17). Im Anschluss an die Entscheidung des EuGH v. 26.1.2012, C-586/10 (ZTR 2012, 183 – Kücük) hat das BAG (Urt. v. 18.7.2012, 7 AZR 443/09, ZTR 2013, 41) seine bisherige Rechtsprechung bestätigt und um eine institutionelle Missbrauchskontrolle (§ 242 BGB) ergänzt. Im konkreten Fall hatte sich eine Arbeitnehmerin gegen die Befristung ihres Arbeitsverhältnisses gewehrt, nachdem sie aufgrund von insgesamt 13 befristeten Arbeitsverträgen von Juli 1996 bis Dezember 2007 als Justizangestellte im Geschäftsstellenbereich des Amtsgerichts Köln beschäftigt war. Den Befristungen lagen jeweils Vertretungen für Arbeitnehmer zugrunde, die sich in Elternzeit oder Sonderurlaub befanden. Das BAG hat entschieden, dass sich die Gerichte bei der Befristungskontrolle nicht auf die Prüfung des geltend gemachten Sachgrundes der Vertretung beschränken dürfen. Sie sind vielmehr verpflichtet, alle Umstände des Einzelfalls und dabei namentlich die Gesamtdauer und die Zahl der mit derselben Person zur Verrichtung der gleichen Arbeit geschlossenen aufeinanderfolgenden befristeten Verträge zu berücksichtigen, um auszuschließen, dass Arbeitgeber missbräuchlich auf befristete Arbeitsverträge zurückgreifen. An dem Grundsatz, dass ein ständiger Vertretungsbedarf dem Vorliegen eines Sachgrundes nach § 14 Abs. 1 S. 2 Nr. 3 TzBfG nicht entgegensteht und dieser insbesondere nicht durch eine Personalreserve aus unbefristet beschäftigten Arbeitnehmern ausgeglichen werden muss, hat sich jedoch nichts geändert (vgl. LAG Rheinland-Pfalz v. 25.9.2019, 7 Sa 88/19).

Bei einer Gesamtdauer des Arbeitsverhältnisses von fast 15 Jahren und einer Anzahl von zehn befristeten Verträgen geht das BAG (Urt. v. 29.4.2015, 7 AZR 310/13, ZTR 2016, 102) davon aus, dass die missbräuchliche Ausnutzung einer Sachgrundbefristung indiziert ist. Es ermöglicht dem Arbeitgeber jedoch, einen Gestaltungsmissbrauch zu widerlegen. Dies gelang dem Arbeitgeber im konkreten Fall, indem er darlegte, dass der Arbeitnehmer jeweils unmittelbar die stellvertretende Küchenleiterin des städtischen Alten- und Pflegeheims vertrat, die infolge Geburt von drei Kindern wegen schwangerschaftsbedingter Erkrankung, Mutterschutz, Erziehungsurlaub bzw. Elternzeit sowie Sonderurlaub über den gesamten Zeitraum ausfiel.

In einem weiteren Urteil ging das BAG davon aus, dass bei Vorliegen eines die Befristung an sich rechtfertigenden Sachgrundes dann grundsätzlich kein gesteigerter Anlass für eine Missbrauchskontrolle bestehe, wenn die in § 14 Abs. 2 S. 1 TzBfG genannten Grenzen nicht um „ein Mehrfaches" überschritten seien (BAG v. 26.10.2016, 7 AZR 135/15). Von einem derartigen Überschreiten um „ein Mehrfaches" sei dann auszugehen, wenn „nicht mindestens das Vierfache eines der in § 14 Abs. 2 S. 1 TzBfG bestimmten Werte oder das Dreifache beider Werte" überschritten sei (vgl. auch BAG v. 17.4.2019, 7 AZR 410/17, ZTR 2019, 519). Bei Vorliegen eines Sachgrundes könne also dann von der Befristung des Arbeitsverhältnisses Gebrauch gemacht werden, „solange das Arbeitsverhältnis nicht die Gesamtdauer von sechs Jahren überschreitet und zudem nicht mehr als neun Vertragsverlängerungen vereinbart wurden, es sei denn, die Gesamtdauer übersteigt bereits acht Jahre oder es wurden mehr als zwölf Vertragsverlängerungen vereinbart" (BAG v. 26.10.2016, 7 AZR 135/15). Soweit die genannten Grenzen alternativ oder kumulativ überschritten würden, sei sodann eine umfassende Missbrauchskontrolle geboten (BAG v. 26.10.2016 a.a.O.). Eine missbräuchliche Ausnutzung der Befristung mit Sachgrund könne dann indiziert sein, wenn die

Zahl oder Dauer der befristeten Verträge einen der Werte des § 14 Abs. 2 S. 1 TzBfG um mehr als das Fünffache überschreite oder beide Werte mehr als das jeweils Vierfache betrügen. Ein Rechtsmissbrauch sei also indiziert, „wenn die Gesamtdauer des Arbeitsverhältnisses zehn Jahre überschreitet oder mehr als 15 Vertragsverlängerungen vereinbart wurden oder wenn mehr als zwölf Vertragsverlängerungen bei einer Gesamtdauer von mehr als acht Jahren vorliegen" (BAG v. 26.10.2016 a.a.O.).

## VIII. Exkurs: Elterngeld

Elterngeld ist eine Leistung des Staates, die grundsätzlich von dem Bestehen eines Arbeitsverhältnisses und der Inanspruchnahme von Elternzeit unabhängig ist. Auch Selbstständige oder Erwerbslose können Elterngeld beziehen. Rein tatsächlich wird Elterngeld jedoch in den meisten Fällen von Arbeitnehmern in Anspruch genommen, die sich in Elternzeit befinden und dadurch einen Teil des Verdienstausfalls während der Elternzeit kompensieren. Daher sollen an dieser Stelle die Grundzüge des Elterngeldes kurz dargestellt werden.

Gesetzliche Grundlage sind die §§ 1 bis 14 BEEG.

### 1. Anspruchsberechtigung

Das Elterngeld wird für Lebensmonate des Kindes gewährt, wobei die Anspruchsvoraussetzungen in jedem beantragten Monat von Anfang an vorliegen müssen. Der Lebensmonat beginnt mit dem Tag der Geburt und endet im folgenden Monat am Vortag des Geburtstages.

Elterngeldberechtigt ist, wer

▸ einen Wohnsitz oder seinen gewöhnlichen Aufenthalt in Deutschland hat,

▸ mit seinem Kind in einem Haushalt lebt,

▸ dieses Kind selbst betreut und erzieht und

▸ keine oder keine volle Erwerbstätigkeit ausübt.

Nicht voll erwerbstätig ist, wer im Monatsdurchschnitt nicht mehr als 32 bzw. 30 Wochenstunden arbeitet oder in einem Berufsausbildungsverhältnis steht. Damit ist eine Teilzeiterwerbstätigkeit, die 32 bzw. 30 Wochenstunden im Durchschnitt eines Bezugsmonats nicht übersteigt, während des Elterngeldbezugs möglich. Wer mehr als 32 bzw. 30 Stunden arbeitet, gilt als vollerwerbstätig und damit nicht elterngeldberechtigt. In Zeiten, in denen ein Erwerbseinkommen ohne Arbeitsleistung bezogen wird, z. B. bei Lohnfortzahlung im Krankheitsfall, gilt als anspruchsbestimmende Arbeitszeit die vertraglich vereinbarte Arbeitszeit.

Auszubildende und Studierende erhalten ebenfalls Elterngeld, ohne dass eine Unterbrechung der Ausbildung erforderlich ist. Auf die geleisteten Arbeitsstunden im Rahmen der Ausbildung kommt es nicht an.

Unter denselben Voraussetzungen haben Ehe- oder Lebenspartner Anspruch auf Elterngeld, auch wenn es nicht ihr eigenes Kind ist. Anspruchsberechtigt sind auch diejenigen, die ein Kind angenommen haben oder die ein Kind mit dem Ziel der Annahme als Kind aufgenommen haben (Adoptiveltern). Pflegeeltern haben keinen Anspruch auf Elterngeld.

Keinen Anspruch auf Elterngeld haben gemäß § 1 Abs. 8 BEEG Elternpaare, die im Kalenderjahr vor der Geburt ihres Kindes gemeinsam ein zu versteuerndes Einkommen von mehr als € 300.000,00 hatten. Für Alleinerziehende entfällt der Elterngeldanspruch ab einem zu versteuernden Einkommen von mehr als € 250.000,00 im Kalenderjahr vor der Geburt.

Staatsangehörige von Mitgliedstaaten der EU, des EWR und der Schweiz haben unter den gleichen Voraussetzungen wie Deutsche einen Anspruch auf Elterngeld, wenn sie in Deutschland wohnen oder erwerbstätig sind. Leben und arbeiten die Eltern in unterschiedlichen Ländern innerhalb der EU, des EWR und der Schweiz ist für die Familienleistungen vorrangig das Beschäftigungsland zuständig.

Der Anspruch auf Elterngeld für nicht freizügigkeitsberechtigte Ausländer/-innen richtet sich nach den Voraussetzungen des § 1 Abs. 7 BEEG.

Zu weiteren Anspruchsberechtigten vgl. § 1 BEEG.

## 2. Höhe des Elterngeldes

Die Höhe des Elterngeldes richtet sich nach dem in den zwölf Kalendermonaten vor dem Monat der Geburt des Kindes durchschnittlich erzielten Nettoeinkommens, das in Deutschland, in einem anderen Mitgliedstaat der EU oder des EWR oder in der Schweiz versteuert wird. Kalendermonate, während derer die Mutter schwangerschaftsbedingte Einkommensnachteile erfahren hat, führen nicht zu einer Verschiebung des Bemessungszeitraumes (BSG v. 9.3.2023, B 10 EG 1/22 R).

Das Elterngeld beträgt nach § 2 Abs. 4 BEEG mindestens 300 Euro und nach Abs. 2 höchstens 1.800 Euro. Für je 2 Euro, die das Einkommen unter 1.000 Euro lag, erhöht sich die Ersatzrate um 0,1 % von 67 % auf bis zu 100 %. Für je 2 Euro, die das Einkommen über 1.200 Euro lag, verringert sich die Ersatzrate um 0,1 % von 67 % auf bis zu 65 %.

Arbeitet das betreuende Elternteil während des Elterngeldbezugs noch in Teilzeit, wird das Einkommen aus der Teilzeitarbeit in die Berechnung des Elterngeldes mit einbezogen. Das Elterngeld ersetzt dann das durch die Betreuung des Kindes entfallende Teileinkommen. Die Aufnahme einer Teilzeitbeschäftigung während des Elterngeldbezugs ist der Elterngeldstelle umgehend mitzuteilen, damit das Elterngeld neu berechnet werden kann.

Bei Mehrlingsgeburten erhöht sich das zustehende Elterngeld um je 300 Euro für das zweite und jedes weitere Mehrlingskind. Familien mit mehr als einem Kind können einen Geschwisterbonus beantragen, der das Elterngeld um 10 %, mindestens aber um 75 Euro im Monat erhöht. Bei zwei Kindern besteht der Erhöhungsanspruch bis das ältere Kind drei Jahre alt ist. Bei drei und mehr Kindern genügt es, wenn mindestens zwei der älteren Geschwisterkinder das sechste Lebensjahr noch nicht vollendet haben.

## 3. Bezugsdauer des Elterngeldes

Elterngeld kann als sogenanntes Basiselterngeld in den ersten 14 Lebensmonaten des Kindes in Anspruch genommen werden. Der Elterngeldanspruch besteht für mindestens zwei Monate und höchstens für zwölf Monate. Beide Eltern haben grundsätzlich gemeinsam Anspruch auf insgesamt zwölf Monatsbeträge, die jeweils für die Lebensmonate des Kindes bestehen.

Die Bezugsdauer verlängert sich von zwölf Monaten um zwei Monate auf 14 Monate, wenn beide Eltern vom Angebot des Elterngelds Gebrauch machen wollen und sich für die beiden Bezugsmonate das Erwerbseinkommen eines Elternteils mindert (Partnermonate). Die Elterngeldmonate müssen nicht am Stück genommen werden, sondern können auch zeitlich ge-

trennt liegen. Lebensmonate des Kindes, in denen der Mutter mindestens für einen Tag Mutterschaftsleistungen (insbesondere Mutterschaftsgeld in der gesetzlichen Krankenversicherung, der Arbeitgeberzuschuss zum Mutterschaftsgeld oder Dienstbezüge für Beamtinnen während der Mutterschutzfrist) zustehen, gelten als Monate, für die die Mutter Elterngeld bezieht. Da die Mutterschaftsleistungen dem gleichen Zweck wie das Elterngeld dienen, können beide Leistungen nicht nebeneinander gewährt werden. Der Vater kann während dieser Zeit aber Elterngeld in Anspruch nehmen. Ist bei einem Elternteil die Betreuung des Kindes objektiv unmöglich, z. B. wegen Schwerbehinderung, erhält der andere Elternteil bis zu 14 Monate Elterngeld.

Alleinerziehende können auch bis zu 14 Monate Elterngeld erhalten, wenn eine Minderung des Einkommens aus Erwerbstätigkeit erfolgt, das Kind bei diesem Elternteil in der Wohnung lebt und bei dem Elternteil die Voraussetzungen des Entlastungsbetrages nach § 24b Abs. 1 und 2 EStG erfüllt sind. Bei gemeinsamer Wohnung der Eltern sind die Voraussetzungen nicht erfüllt, wobei für die Beurteilung die tatsächliche Lebenssituation entscheidend ist.

## 4. Elterngeld Plus und Partnerschaftsbonus

Anstelle von Elterngeld (Basiselterngeld) können sich Eltern für den Bezug von Elterngeld Plus entscheiden. Jeder Elternteil kann statt eines Elterngeldmonats Basiselterngeld zwei Elterngeld Plus Monate in Anspruch nehmen. Somit können Eltern zukünftig doppelt so lange Elterngeld Plus wie bisher das Basiselterngeld beziehen, maximal also 28 statt bisher 14 Monate. Das Elterngeld Plus berechnet sich wie das Basiselterngeld, beträgt aber maximal die Hälfte des monatlichen Elterngeldbetrags, der Eltern ohne Teilzeiteinkommen zustünde.

Wenn beide Elternteile in vier aufeinander folgenden Monaten gleichzeitig zwischen 24 und 32 Wochenstunden in Teilzeit arbeiten, hat jeder Elternteil Anspruch auf vier weitere Monatsbeträge Elterngeld Plus (Partnerschaftsbonus). Auch Alleinerziehende erhalten vier zusätzliche Elterngeld Plus Monate, wenn sie für mindestens vier Monate in Teilzeit zwischen 24 und 32 Wochenstunden arbeiten.

## 5. Berechnung des Elterngeldes

Zum zu berücksichtigenden Einkommen zählen alle fortlaufenden Gehaltsansprüche der letzten zwölf Kalendermonate vor der Geburt des Kindes. Unberücksichtigt bleiben dagegen Einmalzahlungen wie z. B. 13. Monatsgehalt oder Leistungsprämien. Das Durchschnittseinkommen vor der Geburt wird dadurch bestimmt, dass das maßgebliche Erwerbseinkommen in den zu berücksichtigenden zwölf Monaten addiert und durch zwölf geteilt wird.

Zur Berechnung des bereinigten Nettoeinkommens, das der Elterngeldberechnung zu Grunde liegt, werden bei Arbeitnehmern vom Bruttoeinkommen die Lohnsteuer und die gesetzlichen Sozialabgaben abgezogen. Außerdem wird ein pauschaler Abzug von Werbungskosten in Höhe eines Zwölftels des steuerlichen Arbeitnehmerpauschbetrages vorgenommen.

Entgeltersatzleistungen, z. B. Kurzarbeitergeld, Krankengeld und Renten, die während des Elterngeldbezugs als Ersatz für das Einkommen vor der Geburt gezahlt werden, mindern den Elterngeldanspruch. Gleiches gilt für Mutterschaftsleistungen nach Geburt eines weiteren Kindes, wenn die Kinder in kurzen Abständen geboren werden.

Das Elterngeld selbst ist zwar steuerfrei, es wird aber dem übrigen zu versteuernden Einkommen hinzugerechnet, sodass für das übrige Einkommen ein höherer Steuersatz greift.

In der gesetzlichen Krankenversicherung besteht die Pflichtmitgliedschaft fort, solange Elterngeld bezogen oder Elternzeit in Anspruch genommen wird. Die Mitgliedschaft freiwillig Versicherter besteht ebenfalls auch während des Bezugs von Elterngeld oder während der Elternzeit. Aus dem Elterngeld sind weder Beiträge zu leisten noch wirkt sich das Elterngeld erhöhend auf eine aus anderen Gründen bestehende Beitragspflicht aus. Privat Krankenversicherte bleiben für die Dauer der Mutterschutzfristen sowie der Elternzeit weiterhin privat versichert und können nicht in die beitragsfreie Familienversicherung des Ehegatten aufgenommen werden.

# Entgeltfortzahlung bei Arbeitsunfähigkeit

 **Wegweiser:**

Im Gegensatz zum allgemeinen Arbeitsrecht, wo die Entgeltfortzahlung maßgeblich im Entgeltfortzahlungsgesetz geregelt wird, sieht der TVöD bzw. der TV-L für die Beschäftigten des öffentlichen Dienstes in § 22 TVöD bzw. § 22 TV-L ergänzende Bestimmungen zur Entgeltfortzahlung im Krankheitsfall vor. An dieser Stelle wird auf die Kommentierung in Breier/Dassau Komm. TVöD, Erl. 1 ff. zu § 22 TVöD sowie Breier/Dassau Komm. TV-L, Erl. 1 ff. zu § 22 TV-L verwiesen.

**I. Entgeltfortzahlung bei Arbeitsunfähigkeit**

1. Anspruchsvoraussetzungen
   1.1 Keine Wartefrist
   1.2 Ursächlichkeit
   1.3 Kein Verschulden des Beschäftigten
2. Höhe der Entgeltfortzahlung
   2.1 Grundsatz
   2.2 Fortzahlung des Tabellenentgelts und der in Monatsbeträgen festgelegten Entgeltbestandteile
   2.3 Berechnung der nicht in Monatsbeträgen festgelegten Entgeltbestandteile
      2.3.1 Berechnungszeitraum
      2.3.2 Fälligkeit der nicht in Monatsbeträgen festgelegten Entgelte im Zusammenhang mit der Entgeltfortzahlung
      2.3.3 Unständige Entgeltbestandteile, die für den Berechnungszeitraum zugestanden haben
      2.3.4 Allgemeine Entgelterhöhungen
3. Dauer der Entgeltfortzahlung
   3.1 Beginn der Bezugsfrist
   3.2 Neue Erkrankung, längere Bezugsfristen
   3.3 Entgeltfortzahlung bei Beendigung des Arbeitsverhältnisses
4. Höhe des Krankengeldzuschusses
   4.1 Berechnung des Nettoentgelts
   4.2 Berechnung des Krankengeldes
   4.3 Berechnung des Krankengeldzuschusses
5. Dauer des Krankengeldzuschusses
6. Wiederholungserkrankungen
   6.1 Aufeinanderfolge verschiedener Krankheiten
   6.2 Wiederholte Erkrankung an derselben Krankheit (aufgrund desselben Grundleidens) – Fortsetzungserkrankung
   6.3 Fortsetzungserkrankung und Entgeltfortzahlung
   6.4 Beweislast
7. Verweigerung der Entgeltfortzahlung
8. Entgeltfortzahlung über das Ende des Arbeitsverhältnisses hinaus

**II. Besondere Regelungen für einzelne Sparten**
**III. Checkliste Entgeltfortzahlung bei Arbeitsunfähigkeit**

## I. Entgeltfortzahlung bei Arbeitsunfähigkeit

Mit dem Eintritt der Arbeitsunfähigkeit wird der Beschäftigte von seiner Verpflichtung, die Arbeitsleistung zu erbringen, frei (§ 275 Abs. 1 BGB). Nach dem allgemeinen Vertragsrecht (§ 326 Abs. 1 BGB) hätte dies allerdings auch zur Folge, dass er für die Zeit der Arbeitsunfähigkeit seinen Vergütungsanspruch verlöre, wenn nicht andere gesetzliche Vorschriften und die tarifliche Regelung eine Fortzahlung des Arbeitsentgelts für bestimmte Zeiten vorsähen. Aus rechtlicher Sicht stellt also die gesetzliche und die tarifliche Fortzahlungsregelung eine Durchbrechung des sich aus § 326 Abs. 1 BGB ergebenden Grundsatzes dar, dass der nicht arbeitende Beschäftigte grundsätzlich auch keinen Entgeltanspruch hat („ohne Arbeit kein Lohn").

Der Entgeltfortzahlungsanspruch für die ersten sechs Wochen einer Arbeitsunfähigkeit ergibt sich aus § 3 Abs. 1 S. 1 EFZG. Hierbei handelt es sich um eine Vorschrift, die selbst Tarifvertragsparteien nicht abbedingen können. Damit hat § 22 Abs. 1 S. 1 TVöD bzw. § 22 Abs. 1 S. 1 TV-L grundsätzlich keine eigene konstitutive Bedeutung, sondern wiederholt lediglich den Anspruch, der sich bereits aus § 3 Abs. 1 S. 1 EFZG ergibt. Allerdings ist im TVöD bzw. TV-L eine mit § 3 Abs. 3 EFZG vergleichbare Wartezeit nicht vorgesehen, sodass der Anspruch auf Entgeltfortzahlung dem Beschäftigten ab Beginn des Arbeitsverhältnisses und nicht erst nach vier Wochen der Beschäftigung zusteht. Insoweit treffen der TVöD und der TV-L eine begünstigende Regelung, die vor der gesetzlichen Regelung Vorrang hat. Dies trifft nicht auf den – über die gesetzliche Verpflichtung hinausgehenden – Anspruch auf Krankengeldzuschuss zu. Dieser besteht ausschließlich auf der Grundlage des Tarifvertrages und kann deshalb auch durch Tarifvertrag jederzeit eingeschränkt oder von zusätzlichen Bedingungen abhängig gemacht werden.

Wenn der Beschäftigte aufgrund einer Erkrankung, welche zur Arbeitsunfähigkeit führt, schuldlos an der Erbringung der Arbeitsleistung gehindert ist, steht ihm ein Anspruch auf Fortzahlung seines Arbeitsentgelts zu. Die Parteien können diesen Anspruch auf arbeitsvertraglicher Ebene nicht ausschließen. Ebenso wenig können Regelungen vereinbart werden, nach denen entsprechende Abzüge der geleisteten Stunden auf einem Arbeitszeitkonto erfolgen. Ferner ist es den Parteien verwehrt, eine Verpflichtung des Beschäftigten zur Nacharbeit zu vereinbaren.

Der Entgeltfortzahlungsanspruch kann allerdings trotz seiner Unabdingbarkeit grundsätzlich einer tariflichen Ausschlussfrist unterworfen werden, da diese nach der Rechtsprechung lediglich den zeitlichen Bestand des Anspruchs einschränkt. Auf eine entsprechende Klausel kann sich der Arbeitgeber berufen (BAG v. 20.6.2018, 5 AZR 377/17).

Die Beweislast für das Vorliegen der Arbeitsunfähigkeit liegt beim Beschäftigten und umfasst neben der Tatsache der Arbeitsunfähigkeit als solcher auch deren Beginn und Ende. Für Darlegung und Nachweis von Beginn und Ende einer auf einer bestimmten Krankheit beruhenden Arbeitsunfähigkeit kann sich der Arbeitnehmer zunächst regelmäßig auf die ärztliche Arbeitsunfähigkeitsbescheinigung als Beweismittel stützen (BAG v. 25.5.2016, 5 AZR 318/15, ZTR 2016, 534).

Die Grundsätze über Entgeltfortzahlungen gelten auch bei Heilverfahren oder Kuren. Der Anspruch auf Entgeltfortzahlung während einer Kur setzt voraus, dass die Behandlung in einer Einrichtung der medizinischen Vorsorge oder Rehabilitation i. S. d. § 107 Abs. 2 SGB V erfolgt. Der Beschäftigte muss in der Einrichtung jedoch nicht auch untergebracht und verpflegt werden (BAG v. 25.5.2016, 5 AZR 298/15).

## 1. Anspruchsvoraussetzungen

### 1.1 Keine Wartefrist

Im Gegensatz zu der Regelung in § 3 Abs. 3 EFZG sieht § 22 TVöD bzw. § 22 TV-L eine Wartezeit nicht vor. Der Anspruch auf Entgeltfortzahlung steht dem Beschäftigten ab Beginn des Arbeitsverhältnisses und nicht erst nach vier Wochen der Beschäftigung zu.

### 1.2 Ursächlichkeit

Der Ausfall der Arbeitsleistung muss allein auf die krankheitsbedingte Arbeitsunfähigkeit des Beschäftigten zurückzuführen sein. Andernfalls hat der Beschäftigte keinen Anspruch gemäß § 3 EFZG bzw. § 22 TVöD bzw. § 22 TV-L.

Ausnahmsweise besteht ein Anspruch auf Entschädigung in Geld gemäß § 56 IfSG, wenn die Krankheit für sich allein noch keine Arbeitsunfähigkeit, sondern lediglich das Verbot der Ausübung der Erwerbstätigkeit bzw. eine Quarantänepflicht zur Folge hat. Die Entschädigung hat der Arbeitgeber nach § 56 Abs. 5 IfSG längstens für sechs Wochen für die zuständige Behörde auszuzahlen. Auf Antrag werden dem Arbeitgeber die ausgezahlten Beträge jedoch von der zuständigen Behörde erstattet.

**Beispiel**

Der Beschäftigte wird aufgrund der Infizierung mit Salmonellen nach dem Bundesseuchengesetz mit einem Verbot der Ausübung seiner Erwerbstätigkeit belegt. In diesem Fall hat der Beschäftigte einen Anspruch auf Zahlung einer Entschädigung in Geld nach § 56 Abs. 1 IfSG.

Gleiches gilt, wenn gegen einen Beschäftigten Quarantäne wegen einer infektiösen Krankheit, wie Covid19, angeordnet wird.

Im Falle anderer Krankheiten, die für sich allein den Beschäftigten noch nicht an seiner Arbeitsleistung hindern, besteht dagegen kein Entgeltfortzahlungsanspruch nach dem § 22 TVöD bzw. dem § 22 TV-L. Dem Beschäftigten kann in einem derartigen Fall jedoch gegebenenfalls ein Anspruch wegen persönlicher Arbeitsverhinderung nach § 29 Abs. 1 S. 1 f) TVöD bzw. § 29 Abs. 1 S. 1 f) TV-L zustehen (vgl. → *Arbeitsunfähigkeit bei persönlicher Arbeitsverhinderung*).

Ein Anspruch ist ausgeschlossen, wenn

► der Beschäftigte bereits vor dem Beginn der Erkrankung seiner Verpflichtung zur Leistung von Arbeit in ungerechtfertigter Weise nicht nachgekommen ist und davon ausgegangen werden muss, dass er weiterhin auch dann nicht gearbeitet hätte, wenn er nicht erkrankt wäre. Der Beschäftigte muss also in derartigen Fällen vortragen und ggf. beweisen, dass er während der Zeit der krankheitsbedingten Arbeitsunfähigkeit grundsätzlich dazu bereit gewesen wäre, zu arbeiten. Mit Erfolg hat sich etwa ein Außendienstmitarbeiter, der während seiner Arbeitsunfähigkeit wegen des Entzugs seiner Fahrerlaubnis sein Dienstfahrzeug nicht führen durfte, vor dem LAG Rheinland-Pfalz darauf berufen, dass ihm ein von ihm engagierter privater Fahrer zur Verfügung steht (LAG Rheinland-Pfalz v. 29.3.2018, 4 Sa 291/17);

► die gegenseitigen Pflichten der Vertragsparteien aus dem Arbeitsverhältnis ruhen. Dies ist z. B. während der Elternzeit der Fall;

► der Beschäftigte während der Teilnahme an einem Streik arbeitsunfähig erkrankt; in diesem Fall hätte er nämlich auch dann nicht gearbeitet, wenn er gesund gewesen wäre. Anders sieht es jedoch aus, wenn er bereits zu Beginn des Streiks erkrankt gewesen ist, in diesem Fall behält er grundsätzlich seinen Anspruch auf Entgeltfortzahlung (etwas anderes würde sich nur dann ergeben, wenn der Beschäftigte ausdrücklich erklärt, sich auch vom Krankenlager aus am Streik beteiligen zu wollen, was praktisch nicht vorkommt). Voraussetzung ist jedoch, dass dem Arbeitgeber die Beschäftigung während des Streiks möglich und zumutbar ist. Dies ist z. B. nicht der Fall, wenn der Arbeitgeber aufgrund des Streiks den Betrieb zeitweise ruhen lässt und auch ansonsten keine weiteren Beschäftigungsmöglichkeiten für den erkrankten Beschäftigten bestehen (vgl. LAG Nürnberg v. 20.7.2010, 5 Sa 666/09);

► dem Beschäftigten unbezahlter Sonderurlaub gewährt wird (vgl. § 28 TVöD bzw. § 28 TV-L);

► ein Beschäftigungsverbot nach dem Mutterschutzgesetz besteht. Die Beschäftigte erhält aber in einem derartigen Fall eine Vergütung nach § 18 MuSchG;

► ein gekündigter Arbeitnehmer nach Ablauf der Kündigungsfrist zur Abwendung der Zwangsvollstreckung aus einem titulierten allgemeinen Weiterbeschäftigungsanspruch vorläufig weiterbeschäftigt wird und sich die Kündigung nachträglich als wirksam erweist (BAG v. 27.5.2020, 5 AZR 247/19, ZTR 2020, 541);

► zwischen den Parteien bezahlte Freischichten vereinbart werden und ein Beschäftigter innerhalb dieses Zeitraums (z. B. zwischen Weihnachten und Neujahr) arbeitsunfähig erkrankt oder bei für arbeitsfrei erklärten Tagen die maßgebliche Arbeitszeit vor- oder nachgearbeitet wird.

**Beispiel**

Vereinbaren die Betriebsparteien, die für Weiberfastnacht vorgesehene Arbeit vorzuziehen, hat der Beschäftigte, der während des Zeitraums der frei gestellten Tage arbeitsunfähig erkrankt oder eine Kur durchführt, keinen Anspruch auf Entgeltfortzahlung. Denn die Ursache des Arbeitsausfalls ist nicht die Krankheit des Beschäftigten, sondern die zwischen den Betriebsparteien vereinbarte anderweitige Verteilung der Arbeitszeit. Allerdings hat der Beschäftigte für die Zeiträume, in denen er die vorgezogene Arbeit im Vorfeld der frei gestellten Tage leistet, im Fall einer zur Arbeitsunfähigkeit führenden Erkrankung oder Kur Anspruch auf Entgelt bzw. Entgeltfortzahlung im Krankheitsfall.

Gleiches gilt für Freischichttage nach sog. Freischichtmodellen.

**Beispiel**

Wird die regelmäßige Wochenarbeitszeit auf die Tage Montag bis Donnerstag unter Freistellung des Freitags verteilt, scheidet für den Freitag ein Anspruch auf Entgeltfortzahlung aus.

Bei der Verlegung von Arbeitszeit, die keinen Einfluss auf die Gehaltszahlung hat, geht der Anspruch auf Entgeltfortzahlung nicht verloren. Dies gilt z. B. für Überstunden, die nicht bezahlt, sondern durch Freizeitausgleich abgegolten werden. Der arbeitsunfähige Beschäftigte erhält also auch während der Zeit des Freizeitausgleichs seine Vergütung weiter.

Erkrankt der Beschäftigte während seines Erholungsurlaubs, wird dieser für den Zeitraum der Erkrankung unterbrochen (§ 9 BUrlG). Hierzu muss der Beschäftigte seine Arbeitsunfähigkeit für jeden einzelnen Tag durch Vorlage eines ärztlichen Attests nachweisen. Der Arbeitgeber hat anstelle der Urlaubsvergütung für die Tage der Arbeitsunfähigkeit Entgeltfortzahlung zu leisten. Ebenso verhält es sich beim Bildungsurlaub.

Erkrankt der Arbeitnehmer in einem Zeitraum, für den Kurzarbeit „null" eingeführt worden ist, ändert sich an der durch die Kurzarbeit geänderten Verteilung der Arbeitszeit nichts. Das heißt: Der Urlaubsanspruch eines während der Kurzarbeit arbeitsunfähig erkrankten Arbeitnehmers muss nicht basierend auf den normalen Arbeitszeiten außerhalb der Kurzarbeit berechnet werden (BAG v. 5.12.2023, 9 AZR 364/22, ZTR 2024, 217).

### 1.3 Kein Verschulden des Beschäftigten

Der Beschäftigte kann nur dann die Leistung von Entgeltfortzahlung vom Arbeitgeber beanspruchen, wenn ihn an seiner Arbeitsunfähigkeit kein Verschulden trifft, d. h. dass er diese weder vorsätzlich noch grob fahrlässig oder besonders leichtfertig herbeigeführt hat (vgl. § 3 Abs. 1 EFZG sowie § 22 Abs. 1 S. 1 TVöD bzw. § 22 Abs. 1 S. 1 TV-L einschließlich der Protokollerklärung). Den Beschäftigten treffen jedoch keine besonderen Verhaltensanforderungen zur Vermeidung von Gesundheitsstörungen. Nicht jede Unvernunft, welche sich der Beschäftigte in eigenen Angelegenheiten leistet, ist daher als Verschulden zu werten.

Verschulden liegt nur dann vor, wenn der Beschäftigte in besonders grober Weise gegen die von einem verständigen Menschen im eigenen Interesse zu erwartende Verhaltensweise verstößt. Der Arbeitgeber muss im Streitfall das Verschulden des Beschäftigten beweisen, wenn er Entgeltfortzahlung aus diesem Grund nicht leisten will.

Ein Mitverschulden Dritter an der Arbeitsunfähigkeit steht der Annahme eines den Entgeltfortzahlungsanspruch ausschließenden Eigenverschuldens grundsätzlich nicht entgegen. Hat ein Dritter an der Entstehung der Arbeitsunfähigkeit mitgewirkt, ist zu prüfen, inwieweit den Arbeitnehmer ein Mitverschulden trifft. Hat der Arbeitnehmer die Arbeitsunfähigkeit überwiegend verschuldet, entfällt der Vergütungsanspruch. Eine Quotierung des Entgeltfortzahlungsanspruchs gemäß § 254 BGB kommt nicht in Betracht.

**Einzelfälle:**

▶ **Infektion:**

Der Beschäftigte trägt grundsätzlich keine Schuld an seiner Erkrankung, wenn diese auf eine Erkältungs- oder Infektionskrankheit zurückzuführen ist. Dies gilt in der Regel auch bei einer Aids-Infektion oder einer Geschlechtskrankheit. Etwas anderes gilt nur dann, wenn die Infektion durch ungeschützten Verkehr mit einer Person entstanden ist, von der der Beschäftigte wuss-

te, dass sie infiziert ist oder dies annehmen musste. In der Praxis dürfte es für den Arbeitgeber jedoch unmöglich sein, dies dem Beschäftigten nachzuweisen. Krankheitsbedingte Arbeitsunfähigkeit liegt auch dann vor, sofern die (symptomlose) Infektion zu einer behördlichen oder gesetzlich angeordneten Quarantäne führt und Home-Office nicht möglich ist (LAG Schleswig-Holstein v. 6.7.2023, 4 Sa 39 öD/23).

▶ **Unfall während der Arbeitszeit:**

Grobe Fahrlässigkeit liegt in der Regel vor, wenn der Beschäftigte sich nicht an Anordnungen des Arbeitgebers oder Unfallverhütungsvorschriften der Berufsgenossenschaften hält.

▶ **Der Heilung entgegenstehendes Verhalten:**

Verhält sich der Beschäftigte in einer Art und Weise, welche seinen Genesungsprozess verzögert oder eine Verschlimmerung des Krankheitszustands herbeiführt, liegt in der Regel Verschulden vor, soweit ärztliche Anweisungen grob missachtet werden. Dies ist z. B. der Fall, wenn ein Beschäftigter mit Rückenleiden mit einem Bungeeseil von einer 216 Meter hohen Brücke springt und sich hierbei am Rücken verletzt.

▶ **Künstliche Befruchtung:**

Ein Verschulden des Beschäftigten liegt vor, wenn durch künstliche Befruchtung willentlich und vorhersehbar eine Arbeitsunfähigkeit bedingende Erkrankung herbeigeführt wird. Denn die Erfüllung eines Kinderwunsches betrifft die individuelle Lebensgestaltung des Beschäftigten und nicht das nach § 3 Abs. 1 S. 1 EFZG vom Arbeitgeber zeitlich begrenzt zu tragende allgemeine Krankheitsrisiko. Es ist in diesem Fall von einem vorsätzlichen Verstoß gegen das Eigeninteresse eines verständigen Menschen, Gesundheit zu erhalten und zur Arbeitsunfähigkeit führende Erkrankungen zu vermeiden, auszugehen. Ein Verschulden ist nur dann nicht gegeben, wenn im Rahmen einer künstlichen Befruchtung, die nach allgemein anerkannten medizinischen Standards vom Arzt oder auf ärztliche Anordnung vorgenommen wird, eine zur Arbeitsunfähigkeit führende Erkrankung auftritt, mit deren Eintritt nicht gerechnet werden musste (BAG v. 26.10.2016, 5 AZR 167/16, ZTR 2017, 103).

▶ **Nebentätigkeit:**

Kommt es im Zuge der Ausübung einer Nebentätigkeit zur Arbeitsunfähigkeit des Beschäftigten, liegt in der Regel kein Verschulden vor. Etwas anderes gilt nur dann, wenn der Beschäftigte dabei gegen gesetzliche Vorschriften, z. B. das Arbeitszeitgesetz verstoßen hat.

▶ **Organ-/Blutspenden:**

§ 3a EFZG bestimmt, dass ein Arbeitnehmer, der durch Arbeitsunfähigkeit infolge der Spende von Organen oder Geweben, die nach den §§ 8 und 8a des Transplantationsgesetz erfolgt, oder einer Blutspende zur Separation von Blutstammzellen oder anderen Blutbestandteilen im Sinne von § 9 des Transfusionsgesetzes an seiner Arbeitsleistung verhindert ist, einen Anspruch auf Entgeltfortzahlung hat. Ob mittels der Spende einem anderen Menschen geholfen werden kann, soll nicht maßgeblich sein.

Im Gegensatz zu § 3 EFZG hat § 3a EFZG die Besonderheit, dass dem Arbeitgeber gemäß des Abs. 2 die Kosten der Entgeltfortzahlung von Trägern, die die Kosten für die Krankenbehandlung des Empfängers von Organen, Geweben oder Blut zur Separation von Blutstammzellen oder anderen Blutbestandteilen tragen, auf Antrag zu erstatten sind. Zu diesen Trägern zählen die gesetzlichen Krankenkassen und die privaten Krankenversicherungsunternehmen, die Beihilfestellen bzw. -träger und die sonstigen öffentlich-rechtlichen Träger von Kosten in Krankheitsfällen auf Bundesebene. Wenn der Empfänger ausschließlich bei einem privaten Krankenversicherungsunternehmen versichert ist, wird das vollständig fortgezahlte Arbeitsentgelt i. S. d. § 3a Abs. 2 S. 1 EFZG in Höhe des tariflichen Erstattungssatzes von dem Unternehmen erstattet. Bei einem beihilfeberechtigten Empfänger, wird die Erstattung des fortgezahlten Arbeitsentgelts entsprechend des Prozentsatzes vorgenommen, der im Versicherungsvertrag als Erstattungssatz vereinbart ist; der restliche Anteil wird in diesem Fall von der zuständigen Beihilfestelle erstattet (vgl. BT-Drucksache 17/9773).

▶ **Schlägereien:**

Hierbei müssen die konkreten Umstände des jeweiligen Einzelfalls beachtet werden. Für ein Verschulden des Beschäftigten ist nicht ausreichend, dass er sich etwa in einen berüchtigten Stadtteil begeben hat und von einer Straßengang überfallen worden ist. Der Beschäftigte muss im Wesentlichen selbst dafür verantwortlich sein, dass er in die Schlägerei hineingeraten ist. Die „berühmte Frage", wer bei einer Schlägerei angefangen hat, wird meist vom Arbeitgeber, der hier die Beweislast trägt, nicht zu klären sein. Wenn gegen den Beschäftigten ein Strafverfahren eingeleitet wurde, kann der Arbeitgeber versuchen, durch Akteneinsicht nähere Informationen über den Hergang der Schlägerei zu erhalten.

▶ **Schwangerschaftsabbruch:**

Ist der Schwangerschaftsabbruch nicht rechtswidrig, führt er zur Entgeltfortzahlung aufgrund der gesetzlichen Fiktion in § 3 Abs. 2 EFZG.

▶ **Selbsttötungsversuch:**

Die durch einen Selbsttötungsversuch verursachte Arbeitsunfähigkeit ist in der Regel unverschuldet.

▶ **Sportunfälle:**

Sie sind grundsätzlich nicht verschuldet. Etwas anderes gilt nur, wenn es sich um eine besonders gefährliche Sportart handelt. Eine solche liegt vor, wenn das Verletzungsrisiko so groß ist, dass auch ein gut ausgebildeter Sportler bei sorgfältiger Beachtung aller Regeln dieses Risiko nicht vermeiden kann. Die Rechtsprechung legt den Begriff sehr eng aus. Das Bundesarbeitsgericht hat bisher noch keine Sportart als besonders gefährlich bezeichnet, selbst Sportarten wie Kickboxen, Fußballspielen, Amateurboxen, Drachenfliegen und Motorradfahren gelten nicht als besonders gefährlich. Auch eine beim Fingerhakeln verursachte Arbeitsunfähigkeit führt nicht zum Ausschluss des Anspruchs.

Unabhängig davon ist die Arbeitsunfähigkeit jedoch dann verschuldet, wenn sich der Beschäftigte in einer seine Kräfte und Fähigkeiten deutlich übersteigenden Weise betätigt oder wenn er in erheblicher Weise gegen anerkannte Regeln oder Sicherheitsvorkehrungen verstoßen hat (vgl. BAG v. 7.10.1981, NJW 1981, 1014). Dies gilt auch für einen Skiunfall, der während der Dauer einer Arbeitsunfähigkeit wegen Hirnhautentzündung mit Konzentrationsstörungen passiert (BAG v. 2.3.2006, 2 AZR 53/05, ZTR 2007, 105, auch zu der möglichen fristlosen Kündigung in diesem Fall).

▶ **Sterilisation:**

Ist sie nicht rechtswidrig, führt sie zur Entgeltfortzahlung aufgrund der gesetzlichen Fiktion in § 3 Abs. 2 EFZG.

▶ **Suchterkrankungen:**

Suchterkrankungen (Alkohol, Drogen, Medikamente, Nikotin) stellen Krankheiten im medizinischen Sinne dar und gelten im Allgemeinen als nicht verschuldet. Im Hinblick auf eine Abstinenzrate von 40 bis 50 % je nach Studie und Art der Behandlung kann nach einer durchgeführten Rehabilitationsmaßnahme jedoch ein Verschulden des Arbeitnehmers an einem Rückfall nicht generell ausgeschlossen werden (vgl. BAG v. 18.3.2015, 10 AZR 99/14, ZTR 2015, 456). Der Arbeitgeber kann deshalb in diesem Fall das fehlende Verschulden bestreiten. Das Arbeitsgericht hat dann ein medizinisches Sachverständigengutachten zu der Frage einzuholen, ob der Arbeitnehmer den Rückfall schuldhaft herbeigeführt hat. Lässt sich dies nicht eindeutig feststellen, weil ein Ursachenbündel hierfür vorliegt, geht dies zu Lasten des Arbeitgebers. Den Beschäftigten trifft jedoch eine Mitwirkungspflicht. Er muss auf Verlangen nach bestem Wissen die zur Erkrankung führenden Umstände offenbaren und erforderlichenfalls Untersuchungen durch Sachverständige dulden oder die behandelnden Ärzte insoweit von der Schweigepflicht entbinden (strittig). Maßgeblicher Zeitpunkt für das Verschulden ist der Beginn der Suchterkrankung, nicht der Beginn der Arbeitsunfähigkeit, denn zum Zeitpunkt des Beginns der Arbeitsunfähigkeit kann der Beschäftigte aufgrund seiner Suchterkrankung die Einnahme des Rauschmittels nicht mehr kontrollieren.

▶ **Unfälle:**

Sie gelten als verschuldet, wenn der Beschäftigte grob fahrlässig gehandelt hat, der Unfall also z. B. auf erhebliche Alkoholisierung des Beschäftigten zurückzuführen ist (z. B.: Der Beschäftigte betrinkt sich während der Silvesternacht in dem Bewusstsein, dass er zu späterer Stunde Knallkörper entzünden wird, welche unkontrolliert in seiner Hand explodieren.).

▶ **Verkehrsunfälle:**

Ein Ausschluss der Entgeltfortzahlung kommt nur dann in Betracht, wenn der Beschäftigte einen Verkehrsunfall verursacht, welcher auf ein grobes Verschulden des Beschäftigten zurückzuführen ist. Er muss in besonders eindeutiger Weise gegen Verkehrsregeln verstoßen haben. Ein solches Verschulden liegt z. B. vor, wenn sich der Beschäftigte bei einer Autobahnfahrt eine Zigarette anzündet, diese in den Fußraum fallen lässt und sich für einige Sekunden weit hinunter beugt, um die Zigarette wieder aufzuheben. Auch eine erhebliche Überschreitung der zulässigen Höchstgeschwindigkeit kann darunter fallen, ebenso das Telefonieren während der Fahrt.

Bei Trunkenheit im Straßenverkehr liegt ein Verschulden vor, wenn Alkohol die alleinige Ursache z. B. für einen Verkehrsunfall darstellt. Handelt es sich um einen alkoholkranken Beschäftigten, kann dieser schuldhaft handeln, wenn er in einem noch steuerungsfähigen Zustand sein Auto für den Weg zur Arbeitsstelle benutzt, während der Arbeitszeit in erheblichem Maße Alkohol zu sich nimmt und bald nach Dienstende im Zustand der Trunkenheit einen Verkehrsunfall verursacht, bei dem er derartig schwer verletzt wird, dass er arbeitsunfähig ist.

▶ **Erkrankung an Covid19:**

Geht der Arbeitnehmer leichtfertig ein besonderes Infektionsrisiko ein, etwa indem er ein Gebiet bereist, für welches das Auswärtige Amt eine Reisewarnung herausgegeben hat, oder grob gegen vom Arbeitgeber angeordnete Maßnahmen zum Schutz vor Infektionen verstößt, so kann nach den allgemeinen Maßstäben ein Verschulden des Arbeitnehmers angenommen werden.

Noch nicht geklärt ist die Frage, ob einem Arbeitnehmer, der eine empfohlene Impfung gegen eine Krankheit ablehnt, bei einer darauffolgenden Infektion mit genau dieser Erkrankung ein Verschulden angelastet werden kann. Problematisch ist in diesem Zusammenhang schon, dass insbesondere bei einer Covid-19-Impfung kein vollständiger Schutz gegeben ist und eine Ansteckung auch mit Impfung nicht ausgeschlossen werden kann. Zu beachten wäre in jedem Fall auch, dass die Verweigerung nicht aus religiösen Motiven oder aufgrund einer Weltanschauung erfolgt ist, da ansonsten eine Diskriminierung des betroffenen Arbeitnehmers anzunehmen wäre (§§ 7, 1 AGG), die auch einen Schadensersatzanspruch nach § 15 Abs. 2 S. 1 AGG auslösen könnte.

## 2. Höhe der Entgeltfortzahlung

### 2.1 Grundsatz

Grundsätzlich gilt das Entgeltausfallprinzip, wonach der Beschäftigte in der Regel die volle Vergütung einschließlich etwaiger Zuschläge erhalten soll. Die Höhe der Entgeltfortzahlung ergibt sich aus § 21 TVöD bzw. § 21 TV-L. Im Rahmen der Entgeltfortzahlung werden das Tabellenentgelt und die sonstigen in Monatsbeträgen festgelegten Entgeltbestandteile weitergezahlt. Die nicht in Monatsbeträgen festgelegten Entgeltbestandteile werden hingegen auf Durchschnittsbasis der vorhergehenden letzten drei Kalendermonate gezahlt. Eine über- oder außertarifliche Vergütung kann durch eine tarifliche Regelung nach § 4 Abs. 4 S. 1 EFZG nicht von der Entgeltfortzahlung im Krankheitsfall ausgenommen werden (BAG v. 27.4.2016, 5 AZR 229/15). Bei der Berechnung des Entgeltfortzahlungsanspruches ist ferner zwingend der Mindestlohn nach § 1 Abs. 2 S. 1 MiLoG zu berücksichtigen, soweit nicht ohnehin aus anderen Rechtsgründen ein höherer Vergütungsanspruch besteht (BAG v. 20.6.2018, 5 AZR 377/17).

Die Bemessungsgrundlage für die Krankenbezüge wird im Vergleich zum bisherigen Tarifrecht insofern abgesenkt, als Überstunden nicht mehr miteinbezogen werden. Als Ausgleich wird ein Krankengeldzuschuss im neuen Tarifrecht bei einer Beschäftigungszeit von mehr als einem Jahr bis zum Ende der 13. Woche und von mehr als drei Jahren längstens bis zum Ende der 39. Woche seit dem Beginn der Arbeitsunfähigkeit infolge derselben Krankheit weitergezahlt.

### 2.2 Fortzahlung des Tabellenentgelts und der in Monatsbeträgen festgelegten Entgeltbestandteile

§ 21 TVöD bzw. § 21 TV-L regelt, dass das Tabellenentgelt und die in Monatsbeträgen festgelegten Entgeltbestandteile während des Fortzahlungszeitraumes weiterzuzahlen sind. Weiterzahlung in diesem Zusammenhang bedeutet aber nicht, dass das Tabellenentgelt und die in Monatsbeträgen festgelegten Entgeltbestandteile in jedem Fall unverändert weiterzuzahlen sind. Beginnt z. B. der Krankheitszeitraum vor Erreichen der höheren Stufe und dauert er in dem Monat noch an, in dem nach § 17 TVöD bzw. § 17 TV-L vom Beginn das Entgelt nach der höheren Stufe zusteht, ist für den Krankheitszeitraum in diesem Monat das höhere Tabellenentgelt zu zahlen. Umgekehrt ist z. B. der Wegfall einer Zulage nach § 14 TVöD bzw. § 14 TV-L mit Ablauf des Kalendermonats zu berücksichtigen, in dem der Anspruch endet und der Krankheitszeitraum noch andauert. Weiterzahlung bedeutet also hier, dass das Tabellenentgelt und die in Monatsbeträgen festgelegten Zulagen in der Höhe zu zahlen sind, in der sie ohne das die Fortzahlung auslösende Ereignis zugestanden hätten.

### 2.3 Berechnung der nicht in Monatsbeträgen festgelegten Entgeltbestandteile

Die nicht in Monatsbeträgen festgelegten Entgeltbestandteile, sogenannte unständige Entgeltbestandteile, gehen als Tagesdurchschnitt der letzten drei vollen Kalendermonate in die Bemessungsgrundlage des fortzuzahlenden Entgelts ein (vgl. § 21 S. 2 TVöD bzw. § 21 S. 2 TV-L). Es sind alle unständigen Entgeltbestandteile einzubeziehen, die in dem Berechnungszeitraum zugestanden haben (hierzu zählt nicht die Vergütung von Überstunden, Leistungsentgelte, Jahressonderzahlungen sowie besondere Zahlungen nach § 23 TVöD bzw. § 23 TV-L, vgl. § 21 S. 3 TVöD bzw. § 21 S. 3 TV-L; dazu gehört im Rahmen des § 22 S. 2 TV-Ärzte/VKA aber das Entgelt für die tatsächliche Inanspruchnahme während der Rufbereitschaft, vgl. BAG v. 6.9.2017, 5 AZR 429/16, ZTR 2018, 19). Bei der Berechnung des Durchschnittswerts wird auf die Anzahl der tatsächlich geleisteten Arbeitstage innerhalb des Berechnungszeitraums abgestellt. Dabei bleiben nicht nur die für frühere Ausfalltage gezahlten Durchschnittsbeträge, sondern auch die Ausfalltage selbst unberücksichtigt (vgl. BAG v. 1.9.2010, 5 AZR 557/09, ZTR 2011, 32).

#### 2.3.1 Berechnungszeitraum

Berechnungszeitraum für die Einbeziehung der nicht in Monatsbeträgen festgelegten Entgeltbestandteile in die Bemessungsgrundlage für die Entgeltfortzahlung sind die letzten drei vollen Kalendermonate, die dem maßgebenden Ereignis, also dem Beginn der Arbeitsunfähigkeit, vorhergehen. Wird die Entgeltfortzahlung für einen längeren Zeitraum (mehr als ein Monat) gewährt, wird keine Neuberechnung des Tagesdurchschnitts der unständigen Entgeltbestandteile durchgeführt. In den Berechnungszeitraum sind nur volle Kalendermonate einzubeziehen, d. h. Kalendermonate, in denen an allen Kalendertagen das Arbeitsverhältnis bestanden hat. Hat das Arbeitsverhältnis weniger als drei volle Kalendermonate bestanden, sind nur die Kalendermonate zugrunde zu legen, in denen das Arbeitsverhältnis bestanden hat (vgl. Protokollerklärung Nr. 1 zu den Sätzen 2 und 3 des § 21 TVöD bzw. Protokollerklärung Nr. 1 zu den Sätzen 2 und 3 des § 21 TV-L).

Bei Änderungen der individuellen Arbeitszeit werden als Berechnungszeitraum nur die vollen Kalendermonate der Arbeitszeitänderung zugrunde gelegt (vgl. Protokollerklärung Nr. 1 zu den Sätzen 2 und 3 des § 21 TVöD bzw. Protokollerklärung Nr. 1 zu den Sätzen 2 und 3 des § 21 TV-L).

 **WICHTIG!**

Gemäß Nr. 1 Satz 3 der Protokollerklärung zu den Sätzen 2 und 3 des § 21 TVöD werden bei Änderungen der individuellen Arbeitszeit die nach der Arbeitszeitänderung liegenden vollen Kalendermonate zugrunde gelegt. Dies bedeutet, dass für den Fall der Entgeltfortzahlung im Krankheitsfall nach Änderung der Arbeitszeit von dem gesetzlich angeordneten Entgeltausfallprinzip nur dann abgewichen wird, wenn zwischen der Arbeitszeitänderung und dem Beginn der Arbeitsunfähigkeit mindestens ein voller Kalendermonat liegt. Andernfalls verbleibt es beim Entgeltausfallprinzip des Entgeltfortzahlungsgesetzes (vgl. BAG v. 20.1.2010, 5 AZR 53/09, ZTR 2010, 308).

#### 2.3.2 Fälligkeit der nicht in Monatsbeträgen festgelegten Entgelte im Zusammenhang mit der Entgeltfortzahlung

Der nach § 21 TVöD bzw. § 21 TV-L zum fortzuzahlenden Entgelt gehörende Tagesdurchschnitt der nicht in Monatsbeträgen festgelegten Entgeltbestandteile wird erst am Zahltag des zweiten Kalendermonats, der auf seine Entstehung folgt, fällig (§ 24 Abs. 1 S. 4 TVöD bzw. § 24 Abs. 1 S. 4 TV-L). Der Monat der Entstehung ist der jeweilige Monat, in dem das die Entgeltfortzahlung auslösende Ereignis liegt.

Der Tarifvertrag enthält keine Regelung darüber, wie zu verfahren ist, wenn das Arbeitsverhältnis unmittelbar bzw. einen Monat nach dem die Entgeltfortzahlung auslösenden Ereignis endet. Grundsätzlich gilt die allgemeine Fälligkeitsregelung, wonach dieser Teil des fortzuzahlenden Entgelts erst am Zahltag des zweiten Kalendermonats, der auf seine Entstehung folgt, fällig wird.

### 2.3.3 Unständige Entgeltbestandteile, die für den Berechnungszeitraum zugestanden haben

Der Tagesdurchschnitt errechnet sich aus den unständigen Entgeltbestandteilen der vorhergehenden letzten drei Kalendermonate (s. o.). Hierbei könnte es sich um die Zulagen handeln, die tatsächlich in den letzten drei Monaten gezahlt worden sind. Es könnten aber auch die Zulagen sein, die im Berechnungszeitraum erarbeitet worden sind. Nach Auffassung des Bundesinnenministeriums präzisiert die Protokollerklärung Nr. 2 zu den Sätzen 2 und 3 des § 21 TVöD bzw. die Protokollerklärung Nr. 2 zu den Sätzen 2 und 3 des § 21 TV-L die Tarifvorschrift dahin, dass die Zulagen maßgebend sind, die für die letzten drei Kalendermonate „zugestanden haben". Es komme nicht darauf an, welche unständigen Entgeltbestandteile im Berechnungszeitraum fällig waren, sondern darauf, welche unständigen Entgeltbestandteile im Berechnungszeitraum erzielt worden sind und deshalb „für den Berechnungszeitraum zugestanden haben". Danach sind in die Bemessungsgrundlage diejenigen unständigen Entgeltbestandteile einzubeziehen, die entsprechend dem sozialversicherungsrechtlichen Entstehungsprinzip nach § 23 Abs. 1 S. 2 SGB IV dem übrigen Entgelt der innerhalb des Berechnungszeitraums liegenden vollen Kalendermonate, in denen die Arbeitsleistung erbracht wurde, rückwirkend hinzugerechnet werden. Im Gegensatz dazu geht die VKA in ihrem Rundschreiben Nr. 6/2006 vom 5.1.2006 davon aus, dass die Protokollerklärung Nr. 2 zu den Sätzen 2 und 3 des § 21 TVöD dahingehend auszulegen sei, dass als die unständigen Entgeltbestandteile, die „zugestanden haben", die Entgeltbestandteile zu verstehen sind, die im Berechnungszeitraum tatsächlich zugestanden haben (d. h. fällig gewesen sind) und eben nicht diejenigen, die erarbeitet worden sind und erst später zustehen.

### 2.3.4 Allgemeine Entgelterhöhungen

Änderungen in der Entgelthöhe, z. B. durch Tarifanhebungen zwischen dem Monat, in dem die Entgeltfortzahlung ausgelöst worden ist und dem Monat, in dem der Durchschnitt bei der Auszahlung des fortzuzahlenden Entgelts zu berücksichtigen ist, können sich hinsichtlich des Entgeltes nicht auswirken. Denn der zum fortzuzahlenden Entgelt gehörende Durchschnitt der unständigen Entgeltbestandteile wird aus den unständigen Entgeltbestandteilen der dem die Entgeltfortzahlung auslösende Ereignis vorhergehenden letzten drei Kalendermonate errechnet (s. o.). Zugrunde gelegt werden dabei die Verhältnisse in dem Monat, in dem der Entgeltfortzahlungsanspruch begründet wird. Der sich aus der Durchschnittsberechnung ergebende Teil des fortzuzahlenden Entgelts steht also vertragsmäßig fest, auch wenn dieser erst später zur Auszahlung kommt. Tritt allerdings die allgemeine Entgeltanpassung vor oder während des Ereignisses der Entgeltfortzahlung ein, wird der Beschäftigte so gestellt, als wäre die Entgeltanpassung bereits mit Beginn des Berechnungszeitraums eingetreten (vgl. Protokollerklärung Nr. 4

zu den Sätzen 2 und 3 des § 21 TVöD bzw. Protokollerklärung Nr. 4 zu den Sätzen 2 und 3 des § 21 TV-L).

**Beispiel**

1. Der Beschäftigte wird im Februar krank. Vom 1. März an werden die Entgelte allgemein erhöht. Im April ist der Durchschnitt der unständigen Entgeltbestandteile aus den Monaten November, Dezember und Januar in der für Februar maßgebenden Höhe bei der Bemessung des Entgelts zu berücksichtigen. Die Entgelterhöhung vom März bleibt außen vor.

2. Der Beschäftigte wird im April krank. Vom 1. März an wurden die Entgelte allgemein erhöht. Im Juni ist der Durchschnitt der unständigen Entgeltbestandteile aus den Monaten Januar, Februar und März in der für April maßgebenden Höhe – also unter Berücksichtigung der Entgelterhöhung – auszuzahlen.

## 3. Dauer der Entgeltfortzahlung

Nach § 22 Abs. 1 S. 1 TVöD bzw. § 22 Abs. 1 S. 1 TV-L entsteht ohne Rücksicht auf die Beschäftigungszeit (§ 34 Abs. 3 TVöD bzw. § 34 Abs. 3 TV-L) des Beschäftigten oder auf die Ursache der Arbeitsunfähigkeit der Anspruch auf Entgeltfortzahlung in jedem Fall mindestens bis zur Dauer von sechs Wochen. Die Regelung legt im Unterschied zu § 22 Abs. 3 S. 2 TVöD bzw. § 22 Abs. 3 S. 2 TV-L für die Berechnung der Frist zur Zahlung des Krankengeldzuschusses nicht den Beginn der Arbeitsunfähigkeit, sondern ihre Dauer zugrunde. Dies ist unter Berücksichtigung der entsprechenden unabdingbaren Vorschrift des § 3 Abs. 1 S. 1 EFZG geschehen. Danach soll der Beschäftigte im Fall der Arbeitsunfähigkeit den Anspruch auf Arbeitsentgelt für die Zeit der Arbeitsunfähigkeit bis zur Dauer von sechs Wochen nicht verlieren. Das kann auch bedeuten, dass bei einer wesentlich längeren Krankheit und damit verbundener Arbeitsunfähigkeit die sechs Wochen nicht vom ersten Tag der Krankheit an rechnen, sondern auch im Zeitverlauf einsetzen können. Von Bedeutung ist die Regelung insbesondere für die Fälle, in denen der Beschäftigte noch vor Beginn des Arbeitsverhältnisses oder während eines Zeitraumes erkrankt ist, in dem die beiderseitigen Hauptleistungspflichten aus dem Arbeitsverhältnis ruhen.

 **ACHTUNG!**

Für die Berechnung der Dauer der Entgeltfortzahlung für Beschäftigte, die unter die Übergangsregelung des § 71 BAT fielen, ergeben sich Besonderheiten (vgl. für den TVöD § 13 TVÜ und für den TV-L § 13 TVÜ-L).

### 3.1 Beginn der Bezugsfrist

Der Anspruch auf Entgeltfortzahlung entsteht in jedem rechtlich neuen Arbeitsverhältnis für die Dauer von sechs Wochen neu, ohne Rücksicht darauf, ob für dieselbe Krankheit in einem vorangegangenen Arbeitsverhältnis bei einem anderen Arbeitgeber bereits Arbeitsleistungen erbracht worden sind. Das Bundesarbeitsgericht hat nicht den Beginn der Arbeitsunfähigkeit als Beginn der Sechswochenfrist gesehen, sondern den Beginn des Arbeitsverhältnisses (vgl. BAG v. 6.9.1989, 5 AZR 621/88, ZTR 1990, 82).

Auch in den Fällen, in denen die beiderseitigen Pflichten aus dem Arbeitsverhältnis ruhen (z. B. unbezahlter Urlaub, Elternzeit), ist nicht der Beginn der Arbeitsunfähigkeit für den Beginn der Bezugsfristen von Bedeutung, sondern der Tag der geplanten Wiederaufnahme der Beschäftigung (s. o.).

Wird der Beschäftigte im Laufe eines Arbeitstages während der Arbeitszeit arbeitsunfähig, zählt nach § 187 Abs. 1 BGB dieser Tag bei der Berechnung der Dauer der Entgeltfortzahlung nicht mit. Erscheint jedoch der Beschäftigte wegen vorher eingetretener Arbeitsunfähigkeit nicht zur Arbeit, zählt der Tag des erstmaligen Nichterscheinens, gem. § 187 Abs. 2 BGB, bereits zur Frist.

### 3.2 Neue Erkrankung, längere Bezugsfristen

Liegt bereits Arbeitsunfähigkeit vor und tritt zu der dafür maßgeblichen Erkrankung eine neue Erkrankung während der Entgeltfortzahlungsfrist hinzu, löst dies weder einen neuen Anspruch auf Entgeltfortzahlung aus, noch wird die laufende Entgeltfortzahlungsfrist verlängert (Grundsatz des einheitlichen Verhinderungsfalls, s. u. 6.1). Es verbleibt bei der Frist seit Beginn der Ersterkrankung. Anders verhält es sich, wenn der Beschäftigte zwar „gesundgeschrieben" war, aber vor Aufnahme der Tätigkeit an einer anderen Krankheit erkrankt. Mit Beginn der neuen Erkrankung beginnt auch die Entgeltfortzahlungsfrist von Neuem.

### 3.3 Entgeltfortzahlung bei Beendigung des Arbeitsverhältnisses

Grundsätzlich schuldet der Arbeitgeber die Entgeltfortzahlung nicht über das Ende des Arbeitsverhältnisses hinaus (vgl. § 22 Abs. 4 S. 1 TVöD bzw. § 22 Abs. 4 S. 1 TV-L). § 22 Abs. 4 S. 1 TVöD bzw. § 22 Abs. 4 S. 1 TV-L nehmen ausdrücklich die Ausnahme des § 8 EFZG in Bezug. Danach wird der bestehende Anspruch auf Entgeltfortzahlung durch die Beendigung des Arbeitsverhältnisses nicht berührt, wenn der Arbeitgeber das Arbeitsverhältnis aus Anlass der Arbeitsunfähigkeit gekündigt hat. Diese Regelung ist nicht abdingbar und insoweit im Geltungsbereich des TVöD bzw. des TV-L von Bedeutung. Eine Kündigung aus Anlass der Arbeitsunfähigkeit setzt voraus, dass der Arbeitgeber im Zeitpunkt der Kündigung weiß, dass eine Arbeitsunfähigkeit besteht. Die Kündigung wird aus Anlass der Arbeitsunfähigkeit ausgesprochen, wenn sich die Arbeitsunfähigkeit als eine die Kündigung wesentlich bestimmende Bedingung darstellt (vgl. BAG v. 26.4.1978, 5 AZR 7/77).

### 4. Höhe des Krankengeldzuschusses

Der Krankengeldzuschuss wird gemäß § 22 Abs. 2 S. 1 TVöD bzw. § 22 Abs. 2 S. 1 TV-L grundsätzlich in Höhe des Differenzbetrages zwischen dem Nettoentgelt und den tatsächlichen Barleistungen des Sozialversicherungsträgers („Bruttokrankengeld") zzgl. vermögenswirksame Leistungen gezahlt. Der Begriff Barleistungen wird im Unterschied zu den Sachleistungen (z. B. ärztliche Versorgung, Arzneimittel) gebraucht, die von den Leistungsträgern gewährt werden. Er umfasst den tatsächlich auszuzahlenden Betrag des Krankengeldes zzgl. der vom Krankengeld zuvor abzuführenden Beitragsanteile zur Sozialversicherung. Im Ergebnis führt die Zahlung von Krankengeldzuschuss also nicht dazu, dass der bezugsberechtigte Beschäftigte auf 100 Prozent seines Nettogehaltes kommt. Vielmehr handelt es sich um 100 Prozent des Nettogehaltes, abzüglich des Beschäftigtenanteils der auf das Krankengeld zu zahlenden Sozialversicherungsbeiträge.

 **ACHTUNG!**

Für die Berechnung der Höhe des Krankengeldzuschusses für Beschäftigte, die unter die Übergangsregelung des § 71 BAT fielen, ergeben sich Besonderheiten (vgl. für den TVöD § 13 TVÜ und für den TV-L § 13 TVÜ-L).

### 4.1 Berechnung des Nettoentgelts

Das für die Berechnung des Krankengeldzuschusses maßgebende Bruttoentgelt berechnet sich nach § 21 TVöD bzw. § 21 TV-L. Das nach dieser Vorschrift ermittelte Bruttoentgelt ist um die gesetzlichen Abzüge, also Lohn- und gegebenenfalls Kirchensteuer, Solidaritätszuschlag, Beschäftigtenanteile zur

Renten-, Kranken-, Pflege- und Arbeitslosenversicherung für die Herleitung des Nettobetrages zu vermindern. Haben von der Versicherungspflicht in der gesetzlichen Rentenversicherung befreite Beschäftigte auf gesetzlicher Grundlage Versicherungsbeiträge zu einer privaten Rentenversicherung aufzubringen, handelt es sich ebenfalls um gesetzliche Abzüge im Sinne des § 22 Abs. 2 S. 2 TVöD (vgl. BAG v. 5.11.2003, 5 AZR 682/02).

### 4.2 Berechnung des Krankengeldes

Die Höhe des Krankengeldes bestimmt sich nach § 47 SGB V. Das Krankengeld beträgt 70 v. H. des kalendertäglichen Regelentgelts. Regelentgelt ist das regelmäßig erzielte Arbeitsentgelt und Arbeitseinkommen, soweit es der Beitragsberechnung der Krankenversicherung unterliegt. Das Regelentgelt wird im ersten Schritt ohne Berücksichtigung von Einmalzahlungen ermittelt. Es wird bei Beschäftigten, die eine Monatsvergütung erhalten, in der Weise berechnet, dass das Entgelt, das in dem Monat vor der Arbeitsunfähigkeit gezahlt wurde, durch 30 geteilt wird. Das so ermittelte Regelentgelt wird im zweiten Schritt um den 360. Teil der in den letzten 12 Kalendermonaten vor Beginn der Arbeitsunfähigkeit gezahlten Einmalzahlungen erhöht. Das Krankengeld darf aber 90 v. H. des aus dem oben genannten Regelentgelt ermittelten Nettoarbeitsentgelts nicht übersteigen. Damit Krankengeldbezieher gegenüber arbeitsfähigen Beschäftigten keinen Vorteil erlangen, darf das Krankengeld außerdem nicht höher sein als das laufende kalendertägliche Nettoarbeitsentgelt (ohne Einmalzahlungen). Das Nettoarbeitsentgelt ist vom Arbeitgeber zu ermitteln und den Krankenkassen auf der von den Spitzenverbänden der Sozialversicherungsträger veröffentlichten bundeseinheitlichen Entgeltbescheinigung mitzuteilen.

### 4.3 Berechnung des Krankengeldzuschusses

Bei der Berechnung des Krankengeldzuschusses ist zu beachten, dass diese generell auf kalendertäglicher Basis erfolgt. Während das gesetzliche Krankengeld aber stets pauschaliert auf Basis von 30 Kalendertagen ermittelt wird, wird das um die gesetzlichen Abzüge geminderte Entgelt i. S. des § 21 TVöD bzw. des § 21 TV-L (Nettoentgelt) nach der tatsächlichen Anzahl der Kalendertage des jeweiligen Kalendermonats berechnet.

 **Hinweis:**

Hinsichtlich der Besonderheiten bei der Berechnung des Krankengeldzuschusses bei nicht pflichtversicherten Beschäftigten vgl. die Kommentierung in Breier/Dassau Komm. TVöD, Erl. 13.6 zu § 22 TVöD sowie Breier/Dassau Komm. TV-L, Erl. 13.6 zu § 22 TV-L.

### 5. Dauer des Krankengeldzuschusses

Die Dauer der Zahlung des Krankengeldzuschusses richtet sich nach der zurückgelegten Beschäftigungszeit des Beschäftigten. Bei einer Beschäftigungszeit (definiert in § 34 Abs. 3 TVöD bzw. § 34 Abs. 3 TV-L) bis zu einem Jahr wird kein Krankengeldzuschuss gezahlt. Der Beschäftigte ist in diesen Fällen nach Ablauf der sechs Wochen allein auf das Krankengeld der Krankenkassen angewiesen.

Bei einer Beschäftigungszeit von mehr als einem Jahr (bis zu drei Jahren) wird der Krankengeldzuschuss längstens bis zum Ende der 13. Woche und bei einer Beschäftigungszeit von mehr als drei Jahren längstens bis zum Ende der 39. Woche seit dem Beginn der Arbeitsunfähigkeit gezahlt.

Für die Zahlung des Krankengeldzuschusses ist der Grundsatz der Einheit des Verhinderungsfalls von erheblicher Bedeutung. Tritt zu einer die Arbeitsverhinderung herbeiführenden Krankheit während der bestehenden Arbeitsunfähigkeit eine andere Krankheit hinzu, die zu einer längeren Arbeitsunfähigkeit führt, dann wird für diese neue Erkrankung, wenn sechs Wochen abgelaufen sind, nur Krankengeldzuschuss und nicht erneut Entgeltfortzahlung gewährt.

### Beispiel

> Ein Beschäftigter mit einer Beschäftigungszeit von sechs Jahren ist seit dem 1.3. auf Grund einer Viruserkrankung arbeitsunfähig. Nach der ärztlichen Bescheinigung dauert diese Erkrankung bis zum 28.3. Während dieser Arbeitsunfähigkeit stolpert er am 23.3. auf der Treppe seines Einfamilienhauses und erleidet einen komplizierten Bänderriss. Die auf diesem Unfall beruhende Arbeitsunfähigkeit dauert bis zum 25.4. Der Beschäftigte hat Anspruch gegenüber seinem Arbeitgeber auf folgende Leistungen: In der Zeit vom 1.3. bis zum 11.4. (sechs Wochen) erhält er sein Entgelt fortgezahlt. Nach dem Grundsatz der Einheit des Verhinderungsfalls löst der neue Unfall am 23.3. keine neue Entgeltfortzahlungsfrist von sechs Wochen aus. Ab dem 12.4. erhält er bis zum Ende dieser Arbeitsunfähigkeit den Krankengeldzuschuss.

 **ACHTUNG!**

Für Beschäftigte, die bisher unter die Regelung des § 71 BAT fielen, gelten Besonderheiten (vgl. § 13 TVÜ bzw. § 13 TVÜ-L).

## 6. Wiederholungserkrankungen

§ 22 TVöD bzw. § 22 TV-L trifft zur Entgeltfortzahlung bei einer Wiederholungserkrankung keine eigenständige Regelung, verweist aber in Abs. 1 S. 2 ausdrücklich auf die nach dem Entgeltfortzahlungsgesetz geltenden Grundsätze. Allgemein gilt bei mehrmaligen, zeitlich aufeinander folgenden Fällen der Arbeitsunfähigkeit, dass die zeitlich begrenzte Entgeltfortzahlung für jeden Krankheitsfall nur einmal zu leisten ist. Für die Beurteilung der Frage, ob Entgeltfortzahlung bei erneuter Erkrankung zu leisten ist, kommt es darauf an, ob ein neuer Krankheitsfall, d. h. eine von der ersten verschiedene Krankheit, oder eine wiederholte Erkrankung an derselben Krankheit (Fortsetzungserkrankung) vorliegt.

### 6.1 Aufeinanderfolge verschiedener Krankheiten

Die zeitlich begrenzte Entgeltfortzahlung ist für jeden Krankheitsfall grundsätzlich nur einmal zu leisten. Ein erneuter Anspruch auf Entgeltfortzahlung für eine Dauer von bis zu sechs Wochen entsteht also (nur), wenn der Beschäftigte im Anschluss an eine Erkrankung an einer neuen, von der ersten verschiedenen Krankheit erkrankt, die erneut eine Arbeitsunfähigkeit auslöst. Die neue Krankheit muss dabei kein von der ersten verschiedenes Krankheitsbild aufweisen. Ein erneuter grippaler Infekt kann eine neue, verschiedene Krankheit sein, wenn es sich zwar um die „gleiche", aber nicht um „dieselbe" Krankheit handelt. Ob es sich bei der Anschlusserkrankung um eine solche neue Krankheit handelt oder um die Fortsetzung eines früheren akuten Krankheitszustandes, ist dabei eine Tatfrage, die aus medizinischer Sicht zu klären ist. Von einer neuen Erkrankung ist deshalb – vorbehaltlich anderer Anhaltspunkte – grundsätzlich erst einmal auszugehen, wenn die Arbeitsunfähigkeitsbescheinigung als „Erstbescheinigung" und nicht als „Folgebescheinigung" bezeichnet wird (s. u. zur Beweislast 6.4).

Auch bei Auftreten einer neuen, anderen Erkrankung entsteht ein erneuter Entgeltfortzahlungsanspruch allerdings nur dann, wenn der Beschäftigte zwischen der vorherigen und der neuen Erkrankung genesen und arbeitsfähig war. Der Eintritt einer zweiten Erkrankung während einer bestehenden Arbeitsunfähigkeit löst kei-

nen neuen Anspruch auf Entgeltfortzahlung aus, die Dauer des Anspruchs auf Entgeltfortzahlung bleibt unverändert (s. o.). Praktisch werden die überschneidenden Krankheiten also wie eine einheitliche Erkrankung behandelt. In diesem Zusammenhang wurde von der Rechtsprechung der Grundsatz der „Einheit des Verhinderungsfalles" geprägt (vgl. BAG v. 12.9.1967, 1 AZR 367/66; bestätigt durch BAG v. 11.12.2019, 5 AZR 505/18). Nach der Rechtsprechung ist von einer die Zäsur bildenden Arbeitsfähigkeit dabei nicht nur dann auszugehen, wenn der Beschäftigte zwischen der ersten und der neuen Krankheit gearbeitet hat. Es ist vielmehr ausreichend, aber auch erforderlich, dass die vorherige Krankheit im Zeitpunkt des Eintritts der neuen Erkrankung beendet war und der Beschäftigte die Arbeit wieder hätte aufnehmen können (LAG Baden-Württemberg v. 28.2.2024, 4 Sa 32/23; LAG Mecklenburg-Vorpommern v. 13.6.2023, 2 Sa 20/23). Nach zutreffender Auffassung des Bundesarbeitsgerichts kann es bei natürlicher Betrachtungsweise keinen wesentlichen Unterschied machen, ob den Beschäftigten das neue Ereignis unmittelbar vor der vorgesehenen Arbeitsaufnahme nach Wegfall der früheren Arbeitsverhinderung getroffen hat oder ob es ihn unmittelbar nach dieser Arbeitsaufnahme trifft (z. B. Autounfall auf dem Weg zur Dienststelle). Für Beginn und Ende und damit die Dauer der Arbeitsunfähigkeit ist wiederum die Entscheidung des Arztes maßgeblich. Von einer Beendigung der ersten Erkrankung ist dabei grundsätzlich nicht nur im Falle der ausdrücklichen „Gesundschreibung" auszugehen, die in der Praxis die Ausnahme ist. Ein erneuter Anspruch auf Entgeltfortzahlung kann sich vielmehr auch dann ergeben, wenn z. B. die ärztliche Bescheinigung eine Arbeitsunfähigkeit bis einschließlich Freitag bescheinigt, samstags allgemein in der Dienststelle arbeitsfrei ist und an diesem Samstag oder am folgenden Sonntag eine medizinisch andere Ursache zu einer erneuten Arbeitsunfähigkeit führt (s. u. zur Beweislast).

 **WICHTIG!**

Auch bei dem Anspruch auf Krankengeldzuschuss sind die hier dargestellten Grundsätze der Wiederholungserkrankung zu beachten. Dem Beschäftigten steht der Krankengeldzuschuss deshalb bei einer Fortsetzungserkrankung nur einmal für bis zu 39 Wochen zu.

### 6.2 Wiederholte Erkrankung an derselben Krankheit (aufgrund desselben Grundleidens) – Fortsetzungserkrankung

Eine Fortsetzungserkrankung liegt dann vor, wenn eine Krankheit, auf der die frühere Arbeitsunfähigkeit beruhte, in der Zeit zwischen dem Ende der vorangegangenen und dem Beginn der neuen Arbeitsunfähigkeit medizinisch nicht vollständig ausgeheilt war, sondern das Grundleiden latent weiter bestanden hat, sodass die neuerliche Erkrankung, die zur Arbeitsunfähigkeit führt, nur eine Fortsetzung der früheren Erkrankung darstellt. Die wiederholte Arbeitsunfähigkeit muss zwar auf denselben nicht behobenen Grundleiden beruhen. Dieses kann sich aber in verschiedenen Krankheitserscheinungen manifestieren (LAG Rheinland-Pfalz v. 22.1.2014, 4 Sa 553/12).

### Beispiel

> Ein Epileptiker verletzt sich bei verschiedenen Anfällen. Hierbei kommt es zu Hautabschürfungen, einem Armbruch, sowie einem Beinbruch. Es handelt sich auch in diesen Fällen um eine Fortsetzungserkrankung, die auf dem medizinisch selben Grundleiden beruht (vgl. BAG v. 4.12.1985, 5 AZR 656/84).

Dagegen kann eine Vorerkrankung dann nicht als Teil einer Fortsetzungserkrankung angesehen werden, wenn sie lediglich zu einer bereits bestehenden, ihrerseits zur Arbeitsunfähigkeit führenden Krankheit hinzugetreten ist, ohne einen eigenen Anspruch auf Entgeltfortzahlung auszulösen.

**Beispiel**

In einem vom Bundesarbeitsgericht entschiedenen Fall (BAG v. 19.6.1991, 5 AZR 304/90, ZTR 1991, 471) war ein Beschäftigter vom 25.5. bis zum 30.6. wegen eines Zwölffingerdarmgeschwürs arbeitsunfähig krank. Ab dem 20. bis zum 30.6. trat eine Erkrankung wegen Lumbalgie, HWS/LWS-Syndroms hinzu. Die Arbeitgeberin gewährte dem Beschäftigten für die Zeit vom 25.5. bis zum 30.6. (das heißt für 37 Tage) Lohnfortzahlung im Krankheitsfall. Ab 1.7. war der Beschäftigte wieder arbeitsfähig. Er erkrankte am 7.9. erneut an Lumbalgie, HWS/LWS-Syndrom und wurde deswegen bis zum 18.10. krankgeschrieben. Die Arbeitgeberin zahlte ihm den Lohn jedoch nur für die Zeit vom 7.9. bis zum 7.10. (das heißt für 31 Tage) fort. Dabei rechnete sie zur Erreichung des sechswöchigen Lohnfortzahlungszeitraums (42 Tage) die 11 Tage der Vorerkrankung vom 20. bis zum 30.6. an. Das Bundesarbeitsgericht hat hierzu ausgeführt, der Anspruch eines Beschäftigten auf Lohnfortzahlung sei auch dann auf sechs Wochen seit Beginn der Arbeitsunfähigkeit begrenzt, wenn während bestehender Arbeitsunfähigkeit eine neue Krankheit hinzutrete, die ebenfalls zur Arbeitsunfähigkeit führe. In diesem Fall könne der Beschäftigte bei entsprechender Dauer der durch beide Erkrankungen verursachten Arbeitsverhinderung die Sechswochenfrist nur einmal in Anspruch nehmen (Grundsatz der Einheit des Verhinderungsfalles). In dem ersten Krankheitszeitraum (25.5. bis 30.6.) sei der Beschäftigte wegen eines Zwölffingerdarmgeschwürs arbeitsunfähig krank gewesen. Für die Zeit vom 20. bis 30.6. sei eine weitere Erkrankung hinzugetreten. Diese Erkrankung habe jedenfalls keine Lohnfortzahlungspflicht bedingt. Die Vorerkrankung des Beschäftigten könne deshalb nicht als Beginn einer Fortsetzungskrankheit gewertet werden, weil sie lediglich zu einer bereits bestehenden, ihrerseits zur Arbeitsunfähigkeit führenden Krankheit hinzugetreten sei und für die Arbeitgeberin nicht zu einer Lohnfortzahlungspflicht geführt habe. Im Ergebnis hätte die Arbeitgeberin in dem zweiten Krankheitszeitraum vom 7.9. bis zum 18.10. die 11 Tage „Vorerkrankung" vom 20. bis zum 30.6. nicht anrechnen dürfen. Stattdessen hätte die Arbeitgeberin ab dem 7.9. erneut für volle sechs Wochen Entgeltfortzahlung leisten müssen.

 **WICHTIG!**

Wird ein Beschäftigter unverschuldet arbeitsunfähig krank und tritt dann eine ebenfalls zur Arbeitsunfähigkeit führende Erkrankung hinzu, die sich später als Teil einer Fortsetzungserkrankung herausstellt, dann bleibt dieser Teil der Fortsetzungserkrankung jedenfalls dann außer Betracht, wenn beide Erkrankungen (die zunächst eingetretene und die dann hinzugetretene Fortsetzungserkrankung) zeitgleich enden. Anders ist die Rechtslage jedoch zu beurteilen, wenn eine Fortsetzungserkrankung zu einer bereits bestehenden Krankheit hinzutritt und über deren Ende andauert. Bei dieser Fallgestaltung liegt ein einheitlicher Verhinderungtatbestand mit dem Ende der ursprünglichen Krankheit nicht mehr vor. Vielmehr ist die Fortsetzungskrankheit ab diesem Zeitpunkt die alleinige Ursache für die Arbeitsunfähigkeit des Beschäftigten. Hier schuldet der Arbeitgeber die Entgeltfortzahlung bis zum Ablauf der Sechswochenfrist, die die äußerste zeitliche Grenze auch für Mehrfacherkrankungen bei einem einheitlichen Verhinderungsfall bedeutet. Die Sechswochenfrist fängt also mit Beginn der hinzugetretenen und ebenfalls zur Arbeitsunfähigkeit führenden Erkrankung nicht aufs Neue an zu laufen.

Anders ist die Frage der Fortsetzungserkrankung dann zu beurteilen, wenn zwei Krankheiten vorliegen, die für sich genommen nicht zur Arbeitsunfähigkeit führen und erst ihr Zusammentreffen die Arbeitsunfähigkeit verursacht. In diesen Fällen liegt eine Fortsetzungserkrankung auch dann vor, wenn später eine der

beiden Krankheiten auftritt und zur Arbeitsunfähigkeit führt (vgl. BAG v. 13.7.2005, 5 AZR 389/04, ZTR 2006, 34).

## 6.3 Fortsetzungserkrankung und Entgeltfortzahlung

Im Falle einer Fortsetzungserkrankung hat der Beschäftigte nur dann Anspruch auf Entgeltfortzahlung, wenn (und soweit) die Entgeltfortzahlungsfrist durch die erste Krankheitsphase noch nicht verbraucht ist (§ 3 Abs. 1 S. 2 EFZG). Gemäß § 3 Abs. 1 S. 2 EFZG verliert der Beschäftigte den Anspruch auf Arbeitsentgelt für einen weiteren Zeitraum von sechs Wochen nicht, wenn er vor der erneuten Arbeitsunfähigkeit mindestens sechs Monate nicht infolge derselben Krankheit arbeitsunfähig war oder seit Beginn der ersten Arbeitsunfähigkeit infolge derselben Krankheit eine Frist von zwölf Monaten abgelaufen ist.

 **ACHTUNG!**

Ist der Beschäftigte länger als 12 Monate ununterbrochen arbeitsunfähig krank, so entsteht zu Beginn des 13. Monats kein Anspruch auf Entgeltfortzahlung, weil er dann nicht erneut, sondern nur einmal fortlaufend arbeitsunfähig geworden (und geblieben) ist.

Aus der Feststellung, dass der Beschäftigte den Anspruch für weitere sechs Wochen nicht verliert, wird im Rückschluss deutlich, dass auch dann, wenn der Beschäftigte vor Ablauf von sechs Wochen an derselben Krankheit wieder erkrankt, ein Anspruch mindestens für den Zeitraum besteht, der zusammen mit dem Zeitraum der ersten Erkrankung insgesamt sechs Wochen nicht überschreitet.

Ohne die Vorschrift des § 3 Abs. 1 S. 2 EFZG würden die vollen Entgeltfortzahlungsfristen des § 3 Abs. 1 S. 1 EFZG in jedem Fall erneut beginnen, wenn der Beschäftigte nach Arbeitsaufnahme aufgrund derselben Ursache erneut arbeitsunfähig wird. Bei einer Fortsetzungserkrankung entsteht also ein Anspruch für neuerliche sechs Wochen Entgeltfortzahlung einerseits frühestens dann, wenn nach dem Ende einer Krankheitsperiode ein Zeitraum von mindestens sechs Monaten verstrichen ist, währenddessen der Beschäftigte nicht infolge derselben Krankheitsursache arbeitsunfähig gewesen ist. Andererseits entsteht ein neuer Anspruch auf sechs Wochen Entgeltfortzahlung in den Fällen, in denen eine erneute Krankheitsperiode zwar innerhalb des Sechsmonatszeitraumes nach der letzten Arbeitsunfähigkeit eintritt, seit dem Beginn der ersten Periode jedoch eine Frist von zwölf Monaten abgelaufen ist.

**Beispiel**

Der Beschäftigte D erkrankte aufgrund eines Bandscheibenleidens am 16. August und ist für fünf Wochen arbeitsunfähig. Er nahm seine Arbeit am 20. September wieder auf. Am 8. März des folgenden Jahres wird er erneut arbeitsunfähig, dieses Mal für vier Wochen. Er erhält für die erste Woche Entgeltfortzahlung, für die weiteren drei Wochen Krankengeldzuschuss. Nachdem er am 5. April seine Arbeit wieder aufgenommen hat, wird er am 28. August zum dritten Mal arbeitsunfähig. Die Perioden der Arbeitsfähigkeit sind jeweils kürzer als sechs Monate. Gleichwohl hat er für die am 28. August beginnende Krankheitsperiode wieder Anspruch auf volle 6 Wochen Entgeltfortzahlung, da seit dem Beginn der ersten Arbeitsunfähigkeit mehr als ein Jahr vergangen ist. Wäre die dritte Periode der Erkrankung vor dem 16. August, im Extremfall am 15. August zum Ausbruch gekommen, hätte D für diese dritte Periode nur Anspruch auf Krankengeldzuschuss.

## 6.4 Beweislast

Die Beweislast für das Vorliegen der Voraussetzungen des Entgeltfortzahlungsanspruchs liegt grundsätzlich beim Beschäftigten. Um den Entgeltfortzahlungsanspruch im Falle einer erneuten arbeitsbedingten Arbeitsunfähigkeit zu erhalten, muss er im Streitfall dementsprechend geltend machen, dass es sich um eine neue Krankheit handelt und er zwischendurch arbeitsfähig war. Es gilt insoweit allerdings eine abgestufte Darlegungs- und Beweislast (vgl. BAG v. 25.5.2016, 5 AZR 318/15, ZTR 2016, 534).

 **ACHTUNG!**

Aufgrund der normativen Vorgaben im Entgeltfortzahlungsgesetz kommt einer ordnungsgemäß ausgestellten Arbeitsunfähigkeitsbescheinigung ein hoher Beweiswert zu. Der Arbeitgeber kann diesen nicht durch einfaches Bestreiten mit Nichtwissen erschüttern, sondern nur indem er Umstände vorträgt und im Bestreitensfall beweist, die ernsthafte Zweifel an der Erkrankung des Arbeitnehmers begründen.

Der Beweiswert einer Arbeitsunfähigkeitsbescheinigung kann nach der Rechtsprechung aus verschiedenen Gründen erschüttert sein. Das ist etwa dann der Fall, wenn ein Beschäftigter, der sein Arbeitsverhältnis kündigt (Eigenkündigung), am Tag der Kündigung arbeitsunfähig krankgeschrieben wird und die bescheinigte Arbeitsunfähigkeit passgenau die Dauer der Kündigungsfrist umfasst. Ist der Beweiswert in dieser Form erschüttert, trifft den Beschäftigten (wieder) die volle Darlegungs- und Beweislast für das Bestehen krankheitsbedingter Arbeitsunfähigkeit als Voraussetzung eines Entgeltfortzahlungsanspruchs (BAG v. 8.9.2021, 5 AZR 149/21, ZTR 2022, 116).

Der Beschäftigte kann das Vorliegen einer krankheitsbedingten Arbeitsunfähigkeit und deren Dauer ebenso wie den Umstand, dass es sich gegenüber einer vorherigen Erkrankung um eine neue Krankheit handelt, demnach grundsätzlich durch Vorlage einer Arbeitsunfähigkeitsbescheinigung des Arztes beweisen. Dies tut er, wenn die neue Arbeitsunfähigkeitsbescheinigung als „Erstbescheinigung" bezeichnet ist und einen Beginn der neuen Erkrankung ausweist, der nach dem Ende der vorherigen Krankheit liegt. Besteht allerdings aus Sicht des Arbeitgebers die begründete Annahme, dass gleichwohl eine Fortsetzungserkrankung oder ein Fall der Einheit des Verhinderungsfalles vorliegt, kann er das Vorliegen der Voraussetzungen bestreiten und den Beweiswert der Arbeitsbescheinigung dadurch erschüttern. Es liegt dann wiederum am Arbeitnehmer die Zweifel zu widerlegen. Dafür steht ihm insbesondere das Zeugnis des ihn behandelnden Arztes zur Verfügung indem er diesen von der Schweigepflicht entbindet.

Um diese sekundäre Beweislast des Beschäftigten auszulösen, muss der Arbeitgeber seine Zweifel allerdings begründet darlegen. Das heißt der Arbeitgeber muss gewichtige Indizien vorbringen, wenn er etwa geltend machen will, dass die erneute Arbeitsunfähigkeit auf einer Krankheit beruht, die bereits vor dem attestierten Beginn der Arbeitsunfähigkeit bestanden hat. Nicht ausreichen soll der Vortrag, dass eine bestimmte Krankheit typischerweise nicht plötzlich auftrete und daher bereits am Vortag vorgelegen haben muss (LAG Berlin-Brandenburg v. 27.9.2018, 26 Sa 513/18). Auf der anderen Seite soll ein enger zeitlicher Zusammenhang zwischen zwei Erkrankungen regelmäßig wohl ausreichend sein, um Zweifel dahingehend zu begründen, dass die vorangegangene Arbeitsunfähigkeit im Zeitpunkt des Eintritts der weiteren Arbeitsverhinderung tatsächlich schon beendet war (vgl. BAG v. 11.12.2019, 5 AZR 505/18). Ein „enger zeitlicher Zusammenhang" ist nach dem Bundesarbeitsgericht anzunehmen, wenn die bescheinigten Arbeitsverhinderungen entweder unmittelbar aufeinanderfolgen oder zwi-

schen ihnen lediglich ein für den erkrankten Arbeitnehmer arbeitsfreier Tag oder ein arbeitsfreies Wochenende liegt. In dem der Entscheidung des Bundesarbeitsgerichts v. 11.12.2019 zugrundeliegenden Fall war die Klägerin infolge eines psychischen Leidens längerfristig zuletzt bis zum 18. Mai 2017 arbeitsunfähig attestiert worden. Am 19. Mai 2017 unterzog sich die Klägerin einer längerfristig geplanten Operation und wurde mit Erstbescheinigung vom 18. Mai 2017 ab dem 19. Mai 2017 krankgeschrieben. Nach der Entscheidung des Bundesarbeitsgerichts war es Aufgabe der Klägerin, das Vorliegen eines einheitlichen Verhinderungsfalls zu widerlegen, was ihr auch nach umfassender Vernehmung der sie behandelnden Ärzte nicht gelungen sei. Demnach gehen Zweifel in solchen Fällen zu Lasten des Arbeitnehmers, mit der Folge, dass ein Anspruch nicht gerichtlich durchgesetzt werden kann.

Hat die Krankenkasse dem Arbeitgeber gemäß § 69 Abs. 4 SGB X mitgeteilt, dass keine Fortsetzungserkrankung vorliegt, ist ein nicht durch Tatsachen begründetes anlassloses Bestreiten einer Neuerkrankung durch den Arbeitgeber nicht geeignet, den Arbeitnehmer im Rahmen dessen sekundärer Darlegungslast zu einer Offenbarung seiner Krankheitsdiagnosen zu veranlassen. Der Arbeitgeber muss vielmehr durch Tatsachen begründete Zweifel an der Richtigkeit der Mitteilung der Krankenkasse vortragen. Erst dann ist der Arbeitnehmer gehalten, zu seinen Diagnosen vorzutragen (LAG Baden-Württemberg v. 8.6.2016, 4 Sa 70/15).

 **ACHTUNG!**

Der Beschäftigte ist lediglich dazu verpflichtet, seine behandelnden Ärzte von ihrer Schweigepflicht insoweit zu entbinden, als es um die Frage des Vorliegens einer Fortsetzungserkrankung geht. Dagegen ist der Beschäftigte nicht dazu verpflichtet, seine behandelnden Ärzte von ihrer Schweigepflicht hinsichtlich des Krankheitsbefundes zu entbinden.

Die objektive Beweislast für das Vorliegen einer Fortsetzungserkrankung liegt stets beim Arbeitgeber (BAG v. 10.9.2014, 10 AZR 651/12, ZTR 2014, 668; BAG v. 13.7.2005, 5 AZR 389/04). Das bedeutet, dass der Arbeitgeber z. B. einen Prozess verliert, wenn sich letztlich nicht klären lässt, ob beim Beschäftigten tatsächlich eine Fortsetzungserkrankung vorgelegen hat (LAG Rheinland-Pfalz v. 22.1.2014, 4 Sa 553/12).

## 7. Verweigerung der Entgeltfortzahlung

Gemäß § 7 Abs. 1 EFZG kann der Arbeitgeber die Fortzahlung des Arbeitsentgelts verweigern, solange der Beschäftigte die Arbeitsunfähigkeitsbescheinigung nicht vorlegt oder bei Krankheit im Ausland dem Arbeitgeber nicht schnellstmöglich die voraussichtliche Dauer sowie seine Adresse im Ausland mitteilt (Arbeitsunfähigkeit).

Hat ein Dritter die Arbeitsunfähigkeit verschuldet, und hat der Beschäftigte gegen diesen einen Schadensersatzanspruch, geht der Anspruch auf den Arbeitgeber über. Dies gilt nicht nur für den entgangenen Verdienst, sondern grundsätzlich auch für den auf den Zeitraum der Arbeitsunfähigkeit entfallenden Anteil des Urlaubsentgeltes (vgl. BGH v. 13.8.2013, VI ZR 389/12). Der Arbeitgeber kann die Entgeltfortzahlung verweigern, solange der Beschäftigte diesen Übergang verhindert (§§ 6 und 7 EFZG).

**Beispiel**

Der Beschäftigte war schuldlos an einem Verkehrsunfall beteiligt. Der Arbeitgeber ist zwar zur Entgeltfortzahlung verpflichtet. Der Schadensersatzanspruch des Beschäftigten gegen den Schädiger geht jedoch auf ihn über. Um diesen geltend machen zu können, bedarf es präziser Angaben über den Schädiger und den Unfallhergang. Er kann die Entgeltfortzahlung so lange verweigern, bis der Beschäftigte ihm die entsprechenden Auskünfte erteilt.

Der Arbeitgeber kann die Entgeltfortzahlung darüber hinaus verweigern, wenn der Beschäftigte den Anspruch nicht rechtzeitig innerhalb einer geltenden tariflichen Ausschlussfrist geltend gemacht hat. Dabei ist zu beachten, dass der Anspruch sowohl vom berechtigten Arbeitnehmer selbst als auch von einem bevollmächtigten Vertreter (etwa der gesetzlichen Krankenkasse) geltend gemacht werden kann. In letzterem Fall muss für den Arbeitgeber allerdings erkennbar sein, dass der Dritte die Zahlung an den Beschäftigten in dessen Namen fordert. Handelt es sich aus Sicht des Arbeitgebers um ein bloßes Informationsschreiben hinsichtlich der Rechtslage, liegt keine ordnungsgemäße Geltendmachung entsprechend dem Zweck einer Ausschlussfrist vor (LAG Baden-Württemberg v. 15.11.2019, 9 Sa 99/18).

### 8. Entgeltfortzahlung über das Ende des Arbeitsverhältnisses hinaus

Gemäß § 8 EFZG kann der Beschäftigte einen Anspruch auf Entgeltfortzahlung über das Ende des Arbeitsverhältnisses hinaus haben. Dies ist dann der Fall, wenn der Arbeitgeber dem Beschäftigten wegen der Arbeitsunfähigkeit kündigt oder mit dem Beschäftigten die einvernehmliche Beendigung des Arbeitsverhältnisses vereinbart. Dies gilt jedoch nicht, wenn der Arbeitgeber während der ersten vier Wochen wegen der Erkrankung kündigt und die Arbeitsunfähigkeit nicht über diese ersten vier Wochen hinaus andauert.

Die Fortdauer des Entgeltfortzahlungsanspruchs setzt jedoch voraus, dass der Arbeitgeber die Kündigung aus Anlass der krankheitsbedingten Arbeitsunfähigkeit ausgesprochen hat (sog. Anlasskündigung). Dies ist jedoch nicht der Fall, wenn die Kündigung **vor** Eintritt der krankheitsbedingten Arbeitsunfähigkeit ausgesprochen worden ist oder der Arbeitgeber von einer bereits bestehenden Arbeitsunfähigkeit keine Kenntnis hatte, es sei denn, der Arbeitgeber musste mit einer bevorstehenden Arbeitsunfähigkeit sicher rechnen. Zum Beispiel, wenn der Arbeitgeber weiß, dass der Arbeitnehmer aufgrund einer angekündigten Operation arbeitsunfähig sein wird. Darüber hinaus muss sich der Arbeitgeber die gemäß § 5 Abs. 1 S. 2 EFZG normierte Nachweispflicht von drei Kalendertagen anrechnen lassen (BAG v. 26.4.1978, 5 AZR 5/77). Nicht ausreichend ist, dass die Arbeitsunfähigkeit nur einer von mehreren Kündigungsgründen ist. Auf der anderen Seite muss sie nicht alleiniger Grund für die Kündigung sein. Es ist vielmehr ausreichend, aber auch erforderlich, dass die Arbeitsunfähigkeit den Kündigungsentschluss wesentlich beeinflusst hat. Der Beschäftigte trägt die Beweislast dafür, dass der Arbeitgeber die Kündigung aus Anlass der Arbeitsunfähigkeit ausgesprochen hat.

Die Rechtsprechung geht dabei von einer Beweiserleichterung für den Beschäftigten aus: Wenn der Arbeitgeber im zeitlichen Zusammenhang mit der Krankmeldung eines Beschäftigten kündigt, geht man zunächst davon aus, dass die Arbeitsunfähigkeit der Grund hierfür war (sog. Beweis des ersten Anscheins; LAG Berlin-Brandenburg v. 1.3.2018, 10 Sa 1507/17). Gleiches gilt für die Mitteilung des Beschäftigten, dass eine bekannte Arbeitsunfähigkeit fortdauert. In der Praxis ist es für den Arbeitgeber regelmäßig sehr schwierig, die Gerichte vom Gegenteil zu überzeugen. Insbesondere wird der Arbeitgeber häufig nicht mit dem Einwand gehört, er habe nicht wegen der Krankheit, sondern wegen der Verletzung der Anzeige- oder Nachweispflicht gekündigt. Abgesehen davon soll es nicht auf das Motiv der Kündigung, sondern auf ihre objektive Ursache ankommen. So hat das LAG Nürnberg einen Arbeitgeber nicht mit dem Einwand gehört, er habe eine Probezeitkündigung nach krankheitsbedingtem Fernbleiben von einer Schulung wegen „Desinteresses" ausgesprochen (LAG Nürnberg v. 4.7.2019, 5 Sa 115/19).

**Beispiel**

Der Beschäftigte ist seit dem 1.6. beschäftigt. Innerhalb der Probezeit wird er am 1.9. arbeitsunfähig krank. Der Arbeitgeber kündigt ihm eine Woche danach mit einer Frist von zwei Wochen. Die Arbeitsunfähigkeit dauert insgesamt sechs Wochen. Der erste Anschein spricht dafür, dass der Arbeitgeber hier aus Anlass der Arbeitsunfähigkeit gekündigt hat. Er muss daher das Entgelt auch über das Ende des Arbeitsverhältnisses hinaus bis zum Ablauf der Sechs-Wochen-Frist zahlen. Dieser Pflicht kann er nur entgehen, wenn er ganz präzise darlegen und auch beweisen kann, dass er aus anderen Gründen gekündigt hat.

 **TIPP!**

Soll eine Kündigung bei Vorliegen einer Krankheit aus anderen Gründen ausgesprochen werden, so ist dem Arbeitgeber wegen des aufgezeigten Anscheinsbeweises anzuraten, die tatsächlichen Gründe ordentlich zu dokumentieren, d. h. insbesondere im Rahmen einer ggf. erforderlichen Betriebs- oder Personalratsanhörung detailliert mitzuteilen.

## II. Besondere Regelungen für einzelne Sparten

Gemäß § 45 Nr. 9 Abs. 1 TVöD-BT-V wird den Beschäftigten, die zu Auslandsdienststellen des Bundes entsandt worden sind, bei einer durch Krankheit oder Arbeitsunfall verursachten Arbeitsunfähigkeit das Tabellenentgelt und die Auslandsbezüge ohne Rücksicht auf die Beschäftigungszeit bis zum Tage vor der Rückreise vom Auslandsdienstort in das Inland gewährt.

## III. Checkliste Entgeltfortzahlung bei Arbeitsunfähigkeit

1. **Anspruchsvoraussetzungen**
   - ❑ Ist die Erkrankung wirklich die alleinige Ursache für die Arbeitsunfähigkeit – hätte also der Beschäftigte gearbeitet, wenn er nicht krank gewesen wäre?
   - ❑ Hat der Beschäftigte durch grobes Verschulden die krankheitsbedingte Arbeitsunfähigkeit herbeigeführt?

2. **Höhe der Entgeltfortzahlung**
   - ❑ Was hätte der Beschäftigte beanspruchen können, wenn er gearbeitet hätte?
   - ❑ Welche Entgeltbestandteile sind bestimmt, konkrete Aufwendungen auszugleichen und müssen daher nicht fortgezahlt werden?
   - ❑ Sind die tarifvertraglichen Regelungen in § 21 TVöD bzw. § 21 TV-L eingehalten worden?

3. **Dauer der Entgeltfortzahlung**
   - ❑ Grundsätzlich für die Dauer von sechs Wochen (= 42 Kalendertage), danach Krankengeldzuschuss nach § 22 Abs. 2 und 3 TVöD bzw. § 22 Abs. 2 und 3 TV-L
   - ❑ Unterbrechung, wenn das Arbeitsverhältnis zwischenzeitlich ruht, z. B. Elternzeit

❑ Bei neuer Erkrankung grundsätzlich Anspruch auf weitere sechs Wochen Entgeltfortzahlung, jedoch nicht, wenn neue Krankheit zur alten hinzutritt

❑ Bei Vorliegen einer Fortsetzungskrankheit hat der Beschäftigte nur einmal Anspruch auf sechs Wochen Fortzahlung; neuer Anspruch nur dann, wenn der Beschäftigte sechs Monate lang nicht wegen der Fortsetzungserkrankung gefehlt hat; nach zwölf Monaten jedoch unabhängig von solchen Fehlzeiten neuer Anspruch, es sei denn, die Arbeitsunfähigkeit bestand durchgängig

4. Verweigerung der Entgeltfortzahlung möglich, wenn

❑ der Beschäftigte die Arbeitsunfähigkeitsbescheinigung nicht beibringt,

❑ der Sozialversicherungsausweis trotz entsprechender Verpflichtung nicht hinterlegt wird oder

❑ der Beschäftigte über einen Schadensersatzanspruch, der auf den Arbeitgeber übergegangen ist, keine ausreichenden Angaben macht

5. Entgeltfortzahlung über das Ende des Arbeitsverhältnisses hinaus

❑ Nur im Fall einer Kündigung aus Anlass der Arbeitsunfähigkeit, wenn diese über das Ende des Arbeitsverhältnisses hinaus andauert

❑ Anscheinsbeweis zugunsten des Beschäftigten bei engem zeitlichem Zusammenhang zwischen Krankheit und Kündigung

❑ Der Arbeitgeber muss dann sehr substantiiert vortragen, aus welchen anderen Gründen gekündigt wurde

# Entgeltfortzahlung bei persönlicher Arbeitsverhinderung

 **Wegweiser:**

§ 29 Abs. 1 TVöD bzw. § 29 Abs. 1 TV-L bestimmt insbesondere aus Gründen der Rechtsklarheit in einem Ausschließlichkeitskatalog „als Fälle nach § 616 BGB" Anlässe und Ausmaß kurzfristiger Arbeitsbefreiungen unter Fortzahlung des Entgelts. Alle anderen denkbaren Fälle einer Arbeitsbefreiung nach § 616 BGB und ein etwaiges höheres Ausmaß sind damit ausgeschlossen. Gemäß § 2 Abs. 1 PflegeZG haben zwar die Beschäftigten das Recht, bis zu 10 Arbeitstage der Arbeit fernzubleiben, um für einen pflegebedürftigen nahen Angehörigen in einer akut aufgetretenen Pflegesituation eine bedarfsgerechte Pflege zu organisieren oder eine pflegerische Versorgung in dieser Zeit sicherzustellen. Gemäß § 2 Abs. 3 PflegeZG ist der Arbeitgeber zur Fortzahlung der Vergütung jedoch nur verpflichtet, soweit sich dies aus anderen gesetzlichen Vorschriften oder aufgrund einer Vereinbarung ergibt. Die Tarifverträge des öffentlichen Dienstes enthalten also eine abschließende Regelung zum Anspruch auf bezahlte Freistellung bei Verhinderung aus persönlichen Gründen.

An dieser Stelle wird auf die Kommentierung in Breier/Dassau Komm. TVöD, Erl. 1 ff. zu § 29 TVöD sowie Breier/Dassau Komm. TV-L, Erl. 1 ff. zu § 29 TV-L verwiesen.

Noch nicht höchstrichterlich geklärt ist die zum Teil umstrittene Frage, ob neben § 29 Abs. 1 TVöD bzw. § 29 Abs. 1 TV-L eine Arbeitsbefreiung nach anderen Gesetzen möglich ist. Dies hat etwa das Arbeitsgericht Solingen für den Fall der Ausübung

einer Mandatstätigkeit nach § 44 GO NRW bejaht, mit der Begründung, dass Gesetze Tarifverträgen vorgehen, sofern sich aus ihnen keine Tarifdispositivität ergibt (ArbG Solingen v. 4.10.2018, 3 Ca 935/18).

**I. Anspruchsvoraussetzungen**

1. Freistellungstage

2. Freistellung wegen Niederkunft der Ehefrau/der Lebenspartnerin im Sinne des Lebenspartnerschaftsgesetzes § 29 Abs. 1 S. 1a) TVöD bzw. § 29 Abs. 1 S. 1a) TV-L – ein Arbeitstag

3. Freistellung wegen Tod der Ehegattin/des Ehegatten, der Lebenspartnerin/des Lebenspartners im Sinne des Lebenspartnerschaftsgesetzes, eines Kindes oder Elternteils § 29 Abs. 1 S. 1b) TVöD bzw. § 29 Abs. 1 S. 1b) TV-L – zwei Arbeitstage

4. Freistellung wegen Umzugs aus dienstlichem oder betrieblichem Grund an einen anderen Ort § 29 Abs. 1 S. 1c) TVöD bzw. § 29 Abs. 1 S. 1c) TV-L – ein Arbeitstag

5. Freistellung wegen 25- und 40-jährigen Arbeitsjubiläums § 29 Abs. 1 S. 1d) TVöD bzw. § 29 Abs. 1 S. 1d) TV-L – ein Arbeitstag

6. Freistellung wegen schwerer Erkrankung eines Angehörigen, eines Kindes oder einer Betreuungsperson § 29 Abs. 1 S. 1e) TVöD bzw. § 29 Abs. 1 S. 1e) TV-L

7. Freistellung wegen ärztlicher Behandlung des Beschäftigten, wenn diese während der Arbeitszeit erfolgen muss § 29 Abs. 1 S. 1f) TVöD bzw. § 29 Abs. 1 S. 1f) TV-L

8. Freistellungserfüllung allgemeiner staatsbürgerlicher Pflichten (§ 29 Abs. 2 TVöD bzw. § 29 Abs. 2 TV-L)

**II. Höhe der Entgeltfortzahlung**

**III. Checkliste Entgeltfortzahlung bei persönlicher Arbeitsverhinderung nach § 29 TVöD bzw. § 29 TV-L**

# I. Anspruchsvoraussetzungen

Der Beschäftigte behält seinen Vergütungsanspruch, wenn er für eine nur unerhebliche Zeit unverschuldet aus persönlichen Gründen nicht arbeiten kann (§ 29 TVöD bzw. § 29 TV-L i. V. m. § 616 BGB). Dazu zählt nicht die Erkrankung, denn diese ist in § 22 TVöD bzw. § 22 TV-L geregelt.

## 1. Freistellungstage

Die Freistellung von der Arbeitsleistung kann nur für volle Arbeitstage erfolgen. Eine Aufteilung in Bruchteile von Tagen ist nicht vorgesehen. Bricht der Beschäftigte wegen eines Freistellungsanlasses die Arbeit ab, ist der betreffende Arbeitstag bereits ein Freistellungstag.

## 2. Freistellung wegen Niederkunft der Ehefrau/ der Lebenspartnerin im Sinne des Lebenspartnerschaftsgesetzes § 29 Abs. 1 S. 1a) TVöD bzw. § 29 Abs. 1 S. 1a) TV-L – ein Arbeitstag

Der Tatbestand ist auf die Niederkunft der Ehefrau/der Lebenspartnerin im Sinne des Lebenspartnerschaftsgesetzes beschränkt. Die Niederkunft einer mit dem Beschäftigten in sonstiger nichtehelicher Gemeinschaft lebenden Frau wird von der Regelung nicht erfasst. Niederkunft ist auch die Totgeburt, nicht jedoch die Fehlgeburt. Die Mehrlingsgeburt löst den Anspruch nur einmal aus, auch wenn die Niederkunft auf zwei Kalendertage fallen sollte.

### 3. Freistellung wegen Tod der Ehegattin/ des Ehegatten, der Lebenspartnerin/ des Lebenspartners im Sinne des Lebenspartnerschaftsgesetzes, eines Kindes oder Elternteils § 29 Abs. 1 S. 1b) TVöD bzw. § 29 Abs. 1 S. 1b) TV-L – zwei Arbeitstage

Auszugehen ist von den bestehenden familienrechtlichen Beziehungen. Eine häusliche Gemeinschaft ist nicht erforderlich. Ehegatte/Lebenspartner ist nur derjenige, der bis zum Todeszeitpunkt in der rechtsgültigen Ehe/Lebenspartnerschaft gelebt hat. Kind im Sinne der Tarifnorm ist das vom Beschäftigten abstammende Kind sowie das Adoptivkind, weil es nach § 1754 BGB die rechtliche Stellung eines gemeinschaftlichen ehelichen Kindes der Adoptiveltern erlangt. Für die ehemaligen leiblichen Eltern besteht kein Freistellungsanspruch mehr, da das familienrechtliche Verhältnis zu den leiblichen Eltern mit der Adoption erloschen ist. Ebenso gelten Pflegekinder nicht als Kinder im Sinne der Norm.

### 4. Freistellung wegen Umzugs aus dienstlichem oder betrieblichem Grund an einen anderen Ort § 29 Abs. 1 S. 1c) TVöD bzw. § 29 Abs. 1 S. 1c) TV-L – ein Arbeitstag

Ein eigener Hausstand des Beschäftigten wird nicht vorausgesetzt, da heute in der Regel von einem solchen ausgegangen werden kann. Im Ausnahmefall kann nach der jetzigen Fassung der Vorschrift aber auch ein Umzug vom möblierten Zimmer zum möblierten Zimmer an einen anderen Ort als dem bisherigen Wohnort den Anspruch auf die Freistellung im Umfang eines Arbeitstages begründen. Auch ein Umzug unter Beibehaltung der bisherigen Wohnung dürfte erfasst sein. Unter Umzug ist grundsätzlich die räumliche Verlegung der Wohnung des Beschäftigten zu verstehen. Hinzukommen muss, dass die Verlegung der Wohnung an einen anderen Ort aus dienstlichen oder betrieblichen Gründen erfolgt. Anderer Ort in diesem Sinne ist jeder Ort außerhalb der bisherigen Wohnsitzgemeinde. Erfolgt der Umzug innerhalb der Wohnsitzgemeinde, steht keine Arbeitsbefreiung zu, auch wenn der Umzug aus dienstlichen oder betrieblichen Gründen erfolgt. In aller Regel wird dem Beschäftigten bei einem Umzug aus dienstlichen oder betrieblichen Gründen eine Umzugskostenvergütung zustehen. Erforderlich ist dies jedoch nicht. Die Freistellung ist für den Umzugstag oder für einen Tag, der im zeitlichen Zusammenhang mit dem Umzug steht, zu gewähren. Die Freistellung kann mehrfach in einem Kalenderjahr beansprucht werden, wenn die Voraussetzungen mehrfach erfüllt werden.

### 5. Freistellung wegen 25- und 40-jährigen Arbeitsjubiläums § 29 Abs. 1 S. 1d) TVöD bzw. § 29 Abs. 1 S. 1d) TV-L – ein Arbeitstag

Anlass der Freistellung für einen Arbeitstag sind die Arbeitsjubiläen des § 23 Abs. 2 TVöD bzw. § 23 Abs. 2 TV-L. Die dort geforderten Voraussetzungen müssen somit vorliegen. Der Anspruch auf Freistellung besteht auch dann, wenn der Tag des Jubiläums auf einen arbeitsfreien Tag fällt.

### 6. Freistellung wegen schwerer Erkrankung eines Angehörigen, eines Kindes oder einer Betreuungsperson § 29 Abs. 1 S. 1e) TVöD bzw. § 29 Abs. 1 S. 1e) TV-L

Das Tatbestandsmerkmal „schwere Erkrankung" hat keine selbstständige rechtliche Bedeutung. Eine Erkrankung im Sinne der Tarifvorschrift ist immer dann „schwer", wenn die Pflege des erkrankten Angehörigen oder Kindes unerlässlich ist.

Voraussetzung der Arbeitsbefreiung bei gleichzeitiger Lohnfortzahlung ist, dass es sich um eine schwere Erkrankung eines Angehörigen handelt. Nicht zu den Angehörigen zählen Lebensgefährten, wohl aber Lebenspartner gem. § 11 Abs. 1 des Lebenspartnerschaftsgesetzes. Der Angehörige muss in demselben Haushalt leben wie der Beschäftigte. § 29 Abs. 1 TVöD bzw. § 29 Abs. 1 TV-L verwendet den Begriff Haushalt mangels eigener Definition im allgemeinen Wortsinn. Danach ist Haushalt die häusliche Wirtschaft einer Familie oder Lebensgemeinschaft, im engeren Sinne eine Wohn- und Verbrauchsgemeinschaft. Bei der Pflege eines nicht im Haushalt lebenden, wenn auch nahen Angehörigen, z. B. eines Elternteils, besteht kein Anspruch auf Arbeitsbefreiung. Anspruch auf Arbeitsbefreiung wegen Pflege eines Kindes besteht nur für die Zeiten, während derer das Kind das zwölfte Lebensjahr noch nicht vollendet hat. Der gesetzliche Anspruch gemäß § 45 SGB V ist gegenüber dem tariflichen Freistellungsanspruch vorrangig. Bei schwer erkrankten Kindern bis zu einem Alter von zwölf Jahren haben gesetzlich krankenversicherte Beschäftigte einen Krankengeldanspruch gemäß § 45 Abs. 1 SGB V, wenn die Beaufsichtigung, Betreuung oder Pflege ihres erkrankten und versicherten Kindes ein Fernbleiben von der Arbeit erforderlich macht und eine andere im Haushalt lebende Person das Kind nicht beaufsichtigen, betreuen oder pflegen kann. Steht dem Beschäftigten während der Erkrankung des Kindes ein Anspruch auf Krankengeld gemäß § 45 SGB V zu, erhält er in dieser Zeit vom Arbeitgeber kein Entgelt. Der tarifliche Freistellungsanspruch kommt daher lediglich für Beschäftigte als Auffangtatbestand in Betracht, die nicht gesetzlich, sondern privat krankenversichert sind. § 29 Abs. 1 S. 1 Buchst. e Doppelbuchst. bb TVöD begrenzt den Anspruch nicht gesetzlich krankenversicherter Beschäftigter auf bezahlte Freistellung bei schwerer Erkrankung mehrerer Kinder unter zwölf Jahren im selben Kalenderjahr nicht auf höchstens vier Arbeitstage. Es gilt lediglich die Gesamtbelastungsobergrenze von fünf Arbeitstagen im Kalenderjahr gemäß § 29 Abs. 1 S. 3 TVöD (BAG v. 5.8.2014, 9 AZR 878/12, ZTR 2014, 715).

Ein Freistellungsanspruch besteht auch dann, wenn eine das Kind des Beschäftigten betreuende Person wegen Krankheit ausfällt. Es genügt, wenn die erkrankte Person das Kind betreut hat. Eine Zugehörigkeit zum Haushalt des Beschäftigten ist nicht erforderlich. Die Betreuungsperson kann auch der in eingetragener Lebenspartnerschaft lebende Lebenspartner sein.

### 7. Freistellung wegen ärztlicher Behandlung des Beschäftigten, wenn diese während der Arbeitszeit erfolgen muss § 29 Abs. 1 S. 1f) TVöD bzw. § 29 Abs. 1 S. 1f) TV-L

Ärztliche Behandlung des Beschäftigten ist jede ärztliche Versorgung durch einen Arzt oder Zahnarzt. Zur ärztlichen Behandlung gehört nicht nur die Therapie durch den Arzt selbst, sondern auch bereits die Untersuchung (Diagnose) sowie – aufgrund ärztlicher Verordnung – die Behandlung durch einen Dritten (z. B. durch einen Angehörigen der Heilhilfsberufe). Nicht umfasst sind hingegen Maßnahmen der medizinischen Vorsorge oder Rehabilitation wie beispielsweise Erholungskuren. Diese führen nicht zu einem Anspruch auf Freistellung gemäß § 29 Abs. 1 S. 1f TVöD (BAG v. 25.5.2016, 5 AZR 298/15). Grundsätzlich gilt, dass der Beschäftigte sich bemühen muss, den Arzttermin außerhalb seiner Arbeitszeit zu erhalten, sofern nicht ein sofortiger Arztbesuch aus medizinischen Gründen angezeigt ist. Er muss hierzu gegebenenfalls auch alle Möglichkeiten seiner Gleitzeitgestaltung nutzen. Nur wenn dies nicht zum Erfolg führt, hat er Anspruch auf Freistellung für die erforderliche nachgewiesene Abwesenheitszeit. Dies kann der Fall sein, wenn der Arzt keine Sprechstunden außerhalb der Arbeitszeit des Arbeitnehmers abhält oder auch wenn der Arzt den Arbeitnehmer zu einer Behandlung in seine Praxis einbestellt und auf terminliche Wünsche des Arbeitnehmers keine Rücksicht nehmen will oder kann (vgl. LAG Niedersachsen v. 8.2.2018, 7 Sa 256/17). Der Nachweis ist durch eine schriftliche Bescheinigung des Arztes oder in sonst glaubhafter Weise zu führen.

### Beispiel

Der Beschäftigte arbeitet in einer Verwaltung, in der eine Gleitzeitregelung gilt, wonach die Kernarbeitszeit auf die Zeit von 9:00 Uhr bis 15:00 Uhr beschränkt ist. Der Beschäftigte hat um 14:30 Uhr einen dringenden und nicht aufschiebbaren Zahnarzttermin. Er verlässt hierzu um 14:00 Uhr seine Dienststelle und kehrt nach Beendigung des Arzttermins an seinen Arbeitsplatz zurück, wo er um 16:00 Uhr eintrifft. Dem Beschäftigten ist Arbeitsbefreiung unter Fortzahlung der Vergütung und der in Monatsbeträgen festgelegten Zulagen für die Zeit von 14:00 bis 15:00 Uhr (Ende der Kernarbeitszeit) zu erteilen.

### 8. Freistellungserfüllung allgemeiner staatsbürgerlicher Pflichten (§ 29 Abs. 2 TVöD bzw. § 29 Abs. 2 TV-L)

§ 29 Abs. 2 TVöD bzw. § 29 Abs. 2 TV-L ist kein Arbeitsbefreiungstatbestand. Er setzt vielmehr eine gesetzlich vorgeschriebene Arbeitsbefreiung voraus, für die er lediglich die Bezahlung regelt. Die Fortzahlung der Vergütung wird daran geknüpft, dass die gesetzlich vorgeschriebene Arbeitsbefreiung für die Erfüllung allgemeiner staatsbürgerlicher Pflichten nach deutschem Recht erfolgt. Öffentliche Ehrenämter, deren Ausübung nicht zu den allgemeinen staatsbürgerlichen Pflichten gehört, scheiden somit von vornherein aus ebenso wie die Erfüllung allgemeiner staatsbürgerlicher Pflichten nach dem Recht eines anderen Staates. Zu den allgemeinen staatsbürgerlichen Pflichten gehören zum Beispiel die Ausübung des Wahl- und Stimmrechts bei Parlamentswahlen, die Tätigkeit als ehrenamtlicher Richter, die Wahrnehmung amtlicher Termine, wie z. B. gerichtliche oder polizeiliche Termine, die Heranziehung zum Dienst in Notfällen, die Heranziehung zur Bestattung von Verstorbenen.

Sind die polizeilichen oder gerichtlichen Termine durch eigene Angelegenheiten des Arbeitnehmers veranlasst, besteht kein Anspruch auf Freistellung unter Entgeltfortzahlung. Das gilt selbst dann, wenn das Gericht das persönliche Erscheinen des Arbeitnehmers angeordnet hat (BAG v. 4.9.1985, 7 AZR 249/83).

Die Entgeltfortzahlung setzt voraus, dass die allgemeinen staatsbürgerlichen Pflichten nicht außerhalb der Arbeitszeit, gegebenenfalls nach ihrer Verlegung, wahrgenommen werden können. Der Beschäftigte muss die Angelegenheit, soweit es möglich ist, außerhalb der Arbeitszeit erledigen.

Er hat sich notfalls zu bemühen, den Termin in eine arbeitsfreie Zeit zu verlegen. Letztlich bleibt zu prüfen, ob sich durch eine Verlegung der individuellen Arbeitszeit eine Freistellung erübrigt.

### WICHTIG!

Nach einem Urteil des BAG verlangt § 29 Abs. 2 S. 1 TVöD von den Beschäftigten im öffentlichen Dienst, ihre allgemeinen staatsbürgerlichen Pflichten soweit wie möglich außerhalb der Arbeitszeit zu erfüllen. Soweit als ehrenamtliche Richter tätige Beschäftigte des öffentlichen Dienstes im Rahmen einer flexi-

blen Arbeitszeitregelung selbst auf die Gestaltung ihrer Arbeitszeit Einfluss nehmen können, verpflichtet sie § 29 Abs. 2 S. 1 TVöD dazu, von dieser Möglichkeit Gebrauch zu machen und für ihr Ehrenamt Gleitzeit in Anspruch zu nehmen. Die Arbeitgeber des öffentlichen Dienstes müssen deshalb Beschäftigten, die ihr Amt als ehrenamtlicher Richter zu einer Zeit ausüben, in der sie nach einem für das Arbeitsverhältnis geltenden flexiblen Arbeitszeitmodell Gleitzeit in Anspruch nehmen können, keine Zeitgutschrift gewähren. Eine solche Zeitgutschrift hat nur für die in die Kernarbeitszeit fallende Tätigkeit als ehrenamtlicher Richter zu erfolgen (BAG v. 22.1.2009, 6 AZR 78/08, ZTR 2009, 371).

## II. Höhe der Entgeltfortzahlung

Die Fortzahlung des Arbeitsentgelts bestimmt § 21 TVöD bzw. § 21 TV-L. Auf diese Vorschrift und die Erläuterungen zur → *Entgeltfortzahlung bei Arbeitsunfähigkeit* wird verwiesen.

### III. Checkliste Entgeltfortzahlung bei persönlicher Arbeitsverhinderung nach § 29 TVöD bzw. § 29 TV-L

- ❏ Nur Verhinderung aus Gründen, die im persönlichen Bereich des Beschäftigten liegen, führen zum Anspruch
- ❏ Den Beschäftigten darf kein Verschulden treffen
- ❏ Dauer ergibt sich aus § 29 Abs. 1 S. 1 Buchst. a) bis e) TVöD bzw. aus § 29 Abs. 1 S. 1 Buchst. a) bis e) TV-L
- ❏ Sonderregelung für die Betreuung kranker Kinder
- ❏ Anzeigepflichten des Beschäftigten wie bei Arbeitsunfähigkeit
- ❏ Höhe der Entgeltfortzahlung wie bei Arbeitsunfähigkeit (§ 21 TVöD bzw. § 21 TV-L)

# Entgeltsystem

### Wegweiser:

Das Stichwort „Entgeltsystem" dient zur Orientierung und allgemeinen Darstellung des Gesamtzusammenhangs im Bereich der Vergütung der Beschäftigten. Durch den TVöD/TV-L ist das alte Vergütungssystem des BAT grundlegend verändert worden. Neben einer monatlichen Grundvergütung durch das sogenannte Tabellenentgelt ist in kleinerem Umfang eine leistungsorientierte Bezahlung eingeführt worden, welche allerdings im Bereich des TV-L durch die Tarifeinigung der Länder vom 1.3.2009 mit Wirkung zum 1.1.2009 teilweise wieder aufgehoben worden ist. Darüber hinaus sind im Entgeltsystem Ansprüche auf Zulagen und Zuschüsse als Kompensation für besondere Belastungen oder Umstände vorgesehen (aktuell ist hier beispielsweise der TV Corona-Sonderzahlung 2020 zu nennen, siehe Breier/Dassau TVöD Kommentar Teil C 3.5). Regelungen zur Zusatzversorgung runden das Entgeltsystem ab. Wegen der Einzelheiten wird auf die jeweiligen Stichwörter → *Leistungsorientierte Bezahlung*, → *Zulagen und Zuschläge* sowie → *Zusatzversorgung* verwiesen. Die für die Anwendbarkeit der Entgelttabelle maßgebenden Regelungen sind umfassend unter dem

Stichwort Eingruppierung dargestellt. Ergänzende und vertiefende Hinweise zur Struktur der Entgelttabelle finden sich in Breier/Dassau, TVöD Erl. 2 Rn. 18–59 zu § 15 sowie Breier/Dassau, TV-L, § 15 Erl. 2 Rn. 17–43.

**I. Einleitung**

**II. Bestandteile des Entgelts im TVöD/TV-L**
1. Tabellenentgelt
2. Zulagen und Zuschläge
3. Leistungsorientierte Bezahlung
4. Zusatzversorgung

**III. System der Entgelttabelle**
1. Allgemeines zur Struktur der Entgelttabelle
2. Eingruppierung
3. Entgeltgruppen
4. Entgeltstufen
5. Besonderheiten im Bereich einfacher Tätigkeiten
6. Zahlreiche weitere Sonderregelungen

**IV. Berechnung und Auszahlung des Entgelts**

## I. Einleitung

Mit der Einführung des TVöD/TV-L wurde das Entgeltsystem grundlegend reformiert. Ziel der Reform war es insbesondere, die Regelungen über die Vergütung zu straffen und mehr leistungsbezogene Elemente in das Vergütungssystem zu integrieren. Die Bezahlung der Beschäftigten sollte sich grundsätzlich nur noch nach der Art ihrer Tätigkeit richten, mit einem leistungsbezogenen Stufenaufstieg innerhalb der jeweiligen Entgeltgruppe und unter Wegfall von Bewährungs-, Zeit- und Tätigkeitsaufstiegen zwischen den verschiedenen Entgeltgruppen. Bisherige Bewertungskriterien wie Senioritätsprinzip, Familienstand und Anzahl der Kinder wurden durch eine neue, leistungsbezogene Tarifstruktur ersetzt. Durch die Streichung der tätigkeits- und leistungsfremden Elemente der familienbezogenen Orts- und Sozialzuschläge, der Zusammenführung der unterschiedlichen Tabellen des Arbeiter- und Angestelltenbereichs in eine einheitliche Entgelttabelle, der Loslösung der Bezahlung vom Beamtenrecht, der Straffung der Zuschläge, Schaffung neuer Flexibilität sowie durch Elemente einer leistungsbezogenen Vergütung sollte der öffentliche Dienst gerade für jüngere Arbeitnehmerinnen und Arbeitnehmer wieder an Attraktivität gewinnen. Für zum Zeitpunkt des Inkrafttretens des TVöD/TV-L vorhandene Beschäftigte wurden umfangreiche Überleitungs-, Übergangs- und Besitzstandswahrungsregelungen getroffen. Aufgrund des Grundsatzes der Kostenneutralität war man sich darüber einig, dass es durch die Reform bei den Beschäftigten Gewinner und Verlierer geben würde. Einzelheiten zu der Neuausrichtung des Bezahlungssystems finden sich in Breier/Dassau, TVöD § 15 Rn. 79–10. Eine Darstellung der Besonderheiten des Tarifgebiets Ost findet sich in Breier/Dassau, TVöD § 15 Rn. 110–118.

Ein weiteres Ziel der Reform war eine Anpassung des Entgeltsystems für niedrig qualifizierte un- und angelernte Beschäftigte an die Marktverhältnisse. Da diese Gruppen von Beschäftigten nach dem bisherigen Vergütungsrecht im Vergleich zur Privatwirtschaft wesentlich höher bezahlt wurden, waren sie verstärkt von Fremdvergaben und Ausgründungen in Servicegesellschaften betroffen, sodass durch die Privatisierungen der Wegfall dieser Beschäftigten aus dem Tarifsystem des öffentlichen Dienstes drohte bzw. teilweise bereits eingetreten war. In diesem Bereich wurden deshalb flexible Regelungen getroffen, um die Wettbewerbsfähigkeit wiederherzustellen.

## II. Bestandteile des Entgelts im TVöD/TV-L

Das Entgelt der Beschäftigten setzt sich aus dem in § 15 TVöD und Anlage A (Bund/VKA) beziehungsweise § 15 TV-L und den Anlagen B und C enthaltenen Tabellenentgelt sowie aus sonstigen Entgeltbestandteilen und den Regelungen über die Zusatzversorgung zusammen.

### 1. Tabellenentgelt

Zentraler Bestandteil der tariflichen Bezahlung der Beschäftigten ist das monatliche Tabellenentgelt, welches die Basis des Entgelts für die Beschäftigten ausmacht, also eine Art Grundgehalt darstellt. Dem Grundsatz nach richtet sich die Höhe des individuellen Tabellenentgelts nach der ausgeübten Tätigkeit und der Berufserfahrung des Beschäftigten. Die individuelle Höhe des Tabellenentgelts ergibt sich aus der Entgeltgruppe, in welcher der Beschäftigte aufgrund seiner Tätigkeit eingruppiert ist sowie der für ihn innerhalb dieser Entgeltgruppe geltenden Stufe. Neben § 15 TVöD/TV-L finden sich insbesondere in § 16 TVöD (VKA), § 16 TVöD (Bund), § 16 TV-L, § 17 TVöD/TV-L sowie § 24 TVöD/TV-L Regelungen zum Tabellenentgelt.

 **WICHTIG!**

Der Tarifabschluss für die Beschäftigten der Länder vom 9.12.2023 sieht eine Erhöhung der Tabellenentgelte (einschließlich der Beträge aus einer individuellen Zwischen- oder Endstufe sowie der Tabellenwerte für die Entgeltgruppen 2 Ü, 13 Ü und 15 Ü) in zwei Stufen vor. Zum 1.11.2024 werden die Tabellenentgelte um € 200 angehoben, zum 1.2.2025 erfolgt dann eine weitere Anhebung um 5,5 Prozent.

Für die Auszubildenden erhöhen sich die Entgelte zum 1.11.2024 um € 100 und zum 1.2.2025 um weitere € 50. Diese Erhöhung greift nicht nur für die Auszubildenden nach dem TVA-L BBiG, nach dem TVA-L Pflege und nach dem TVA-L Gesundheit, sondern auch für dual Studierende nach dem TVdS-L sowie Praktikanten nach dem TV Prakt-L.

Mit dem Tarifabschluss vom 9.12.2023 haben die Tarifvertragsparteien zudem einen Tarifvertrag über Sonderzahlungen zur Abmilderung der gestiegenen Verbraucherpreise (TV Inflationsausgleich) abgeschlossen. Dieser Tarifvertrag sieht eine steuer- und abgabenfreie Inflationsausgleichsprämie in Höhe von insgesamt € 3.000 vor, die in mehreren Raten (€ 1.800 zu Beginn, danach in zehn Raten bis Oktober 2024 jeweils € 120) gezahlt wird.

Für Beschäftigte, die unter den Geltungsbereich des TVA-L BBiG, TVA-L Pflege, TVA-L Gesundheit, TVdS-L oder TV Prakt-L fallen, beträgt die Inflationsausgleichs-Einmalzahlung € 1.000 und die folgenden monatlichen Zahlungen betragen € 50.

 **WICHTIG!**

Im Rahmen der Tarifverhandlungen TVöD-Bund/VKA 2023 haben die Tarifparteien für die Beschäftigten des Bundes und der Kommunen mit dem Tarifabschluss vom 22.4.2023 die Auszahlung eines steuer- und abgabenfreien Inflationsausgleichsgeldes in Höhe von insgesamt € 3.000,00 vereinbart. Dieses wird in folgenden Teilzahlungen geleistet: Einmalig erhalten die Beschäftigten im Juni 2023 € 1.240,00, anschließend monatlich € 220,00 im Zeitraum Juli 2023 bis Februar 2024. Der Tarifabschluss sieht darüber hinaus vor, dass die Tabellenentgelte aller Beschäftigten ab 1. März 2024 um € 200,00 (sogenannter Sockelbetrag) erhöht werden. Diese um € 200,00 erhöhten Entgelte werden zusätzlich um 5,5 Prozent erhöht. Soweit dabei keine Erhöhung um € 340,00 erreicht wird, wird der betreffende Erhöhungsbetrag auf diese Summe festgesetzt.

Auszubildende und Praktikanten erhalten das vereinbarte Inflationsausgleichsgeld hälftig. Weiterhin werden die Entgelte ab 1. März 2024 um € 150,00 erhöht.

Der Tarifabschluss ist rückwirkend zum 1. Januar 2023 in Kraft getreten und hat eine Laufzeit bis zum 31. Dezember 2024.

## 2. Zulagen und Zuschläge

Bei Erfüllung jeweils gesondert geregelter Voraussetzungen haben Beschäftigte Ansprüche auf Zulagen und Zuschläge. Damit sollen besondere Belastungen kompensiert und das Vorliegen von besonderen Umständen honoriert werden. Obwohl die Anzahl an Zulagen und Zuschlägen mit Inkrafttreten von TVöD/TV-L merklich zurückgegangen ist, finden sich entsprechende Regelungen weiterhin an zahlreichen Stellen im TVöD/TV-L, etwa in § 8 TVöD/TV-L (Zeitzuschläge, Wechselschicht- und Schichtzulagen, Bereitschaftsdienstentgelt, Rufbereitschaftsentgelt), § 14 TVöD/TV-L (Zulagen bei vorübergehender Übertragung höherwertiger Tätigkeiten), § 19 TVöD/TV-L (Erschwerniszuschläge) sowie §§ 31, 32 TVöD/TV-L (Zulagen bei Übertragung von Führungspositionen auf Probe oder auf Zeit).

Neben diesen Regelungen ist insbesondere auf § 20 TVöD (Bund)/(VKA)/TV-L (Jahressonderzahlung) und § 22 TVöD/TV-L (Krankengeldzuschuss) hinzuweisen. Nach § 20 TVöD (Bund)/(VKA)/TV-L haben Beschäftigte, die am 1. Dezember im Arbeitsverhältnis stehen, Anspruch auf eine Jahressonderzahlung, welche je nach Entgeltgruppe des Beschäftigten den Großteil eines Monatsgehalts ausmachen kann. Die Regelung in § 20 TVöD (Bund)/(VKA)/TV-L stellt eine Zusammenfassung des bisherigen Urlaubs- und Weihnachtsgeldes dar. Für bankspezifisch Beschäftigte gilt die Sonderregelung des § 44 TVöD-BT-S, wonach sie in jedem Kalenderjahr Anspruch auf eine Sparkassensonderzahlung haben (vgl. zu den Einzelheiten die ausführliche Darstellung unter → *Sparkasse*). Hinsichtlich der Voraussetzungen und der Höhe des Krankengeldzuschusses wird auf die umfassende Darstellung unter → *Entgeltfortzahlung bei Arbeitsunfähigkeit* verwiesen.

Für die Einzelheiten der Zulagen und Zuschläge wird auf → *Zulagen und Zuschläge* verwiesen. Dort finden sich auch Hinweise auf die Sonderregelungen in den Spartentarifverträgen, darunter die Ausnahmeregelungen für Beschäftigte des Bundes, die zu Auslandseinsätzen geschickt werden.

 **ACHTUNG!**

Mit der Tarifeinigung vom 25.10.2020 wurde der Tarifvertrag über eine einmalige Corona-Sonderzahlung (TV Corona-Sonderzahlung 2020) für Bund und VKA abgeschlossen. Danach ergeben sich für die unter den TVöD fallenden Beschäftigten Einmalzahlungen (EntgGr. 1 bis 8: € 600,00, EntgGr. 9a bis 12: € 400,00, EntgGr. 13 bis 15: € 300,00). Ausweislich der Protokollerklärung Nr. 1 TV Corona-Sonderzahlung 2020 handelt es sich hierbei um eine einmalige, zusätzlich zum ohnehin geschuldeten Entgelt gewährte Sonderzahlung, welche die zusätzlichen Belastungen der Corona-Krise abmildern soll.

Auch für die Beschäftigten der Länder ist im Rahmen der Tarifeinigung vom 29.11.2021 ein Tarifvertrag über eine einmalige Corona-Sonderzahlung (TV Corona-Sonderzahlung) geschlossen worden.

## 3. Leistungsorientierte Bezahlung

Im Zuge der Reform des Entgeltsystems durch die Einführung des TVöD/TV-L wurde auch in kleinerem Umfang die Möglich-

keit einer leistungsorientierten Bezahlung eingeführt. Neben einem Stufenaufstieg mit Leistungselementen (§ 17 TVöD/TV-L) wurde insbesondere die Möglichkeit eines Leistungsentgelts geschaffen (§ 18 TVöD [Bund] und § 18 TVöD [VKA]), welches einzelnen Beschäftigten aufgrund ihrer überdurchschnittlichen Arbeitsleistung zusätzlich zum Tabellenentgelt gewährt werden kann. Dabei unterscheiden sich im Bereich des Leistungsentgelts die einzelnen Regelungen für die Länder, den Bund und die kommunalen Arbeitgeber, wozu die insgesamt noch nicht abgeschlossene Entwicklung des Leistungsentgelts beiträgt. So ist etwa in der Tarifeinigung der Tarifverhandlungen für die Beschäftigten der Länder vom 1.3.2009 § 18 TV-L, welcher das Leistungsentgelt regelte, mit Wirkung zum 1.1.2009 ersatzlos gestrichen worden. Im Bereich TVöD (VKA) dagegen wurde in der Tarifeinigung vom 27.2.2010 für die Beschäftigten kommunaler Arbeitgeber die schrittweise Erhöhung des auszuzahlenden Gesamtvolumens des Leistungsentgelts von 1 % auf 2 % der ständigen Monatsentgelte des Vorjahres aller unter den Geltungsbereich des TVöD fallenden Beschäftigten eines Arbeitgebers bis zum Jahr 2013 beschlossen. Im Bereich TVöD (Bund) ist mit Wirkung vom 1.1.2014 die in § 18 TVöD (Bund) geregelte Leistungsbezahlung neu gefasst worden. Danach ist die Zahlung eines Leistungsentgelts gemäß § 18 (Bund) TVöD in Verbindung mit dem LeistungsTV-Bund nicht länger obligatorisch. Gleichzeitig ist als Alternative zum tarifvertraglichen Leistungsentgelt gemäß § 18 (Bund) TVöD die Option geschaffen worden, entsprechend der leistungsbezogenen Besoldungsinstrumente für Beamte ein Leistungsentgelt in der Gestalt von Prämien und Zulagen zur Honorierung besonderer Leistungen zu zahlen. Für die Einzelheiten der leistungsorientierten Vergütung wird auf → *Leistungsorientierte Bezahlung* verwiesen.

## 4. Zusatzversorgung

Das Entgeltsystem wird durch Zusatzversorgungen abgerundet. Neben Regelungen zu vermögenswirksamen Leistungen, Jubiläums- und Sterbegeld (§ 23 TVöD/TV-L) ist in § 25 TVöD/TV-L ein Anspruch der Beschäftigten auf Versicherung unter eigener Beteiligung zum Zwecke einer zusätzlichen Alters- und Hinterbliebenenversorgung nach Maßgabe des Tarifvertrages über die betriebliche Altersversorgung der Beschäftigten des öffentlichen Dienstes (Tarifvertrag Altersversorgung – ATV) beziehungsweise des Tarifvertrags über die zusätzliche Altersvorsorge der Beschäftigten des öffentlichen Dienstes – Altersvorsorge-TV-Kommunal (ATV-K) enthalten. Für die Einzelheiten wird auf → *Zusatzversorgung* verwiesen.

## III. System der Entgelttabelle

### 1. Allgemeines zur Struktur der Entgelttabelle

Nach § 15 Abs. 1 TVöD/TV-L erhält jeder Beschäftigte monatlich ein Tabellenentgelt. Für den jeweiligen Mitarbeiter ist der für ihn geltende Betrag zu ermitteln. Die bestehenden Entgelttabellen, deren Anwendbarkeit auf den jeweiligen Beschäftigten sich vorbehaltlich von Ausnahmeregelungen grundsätzlich nach § 15 Abs. 2 TVöD/TV-L beurteilt, sind in fünfzehn Entgeltgruppen unterteilt, welche wiederum in der Regel fünf oder sechs Entgeltstufen enthalten. Die konkrete Höhe des Entgelts für den einzelnen Mitarbeiter bestimmt sich nach der Entgeltgruppe, in welcher der Mitarbeiter aufgrund der von ihm ausgeübten Tätigkeit eingruppiert ist und der für ihn geltenden Stufe dieser Entgeltgruppe. Die Stufen werden grundsätzlich durch Ablauf einer bestimmten Beschäftigungszeit erklommen, wobei die individuelle Leistung des Beschäftigten den Aufstieg hemmen oder beschleunigen kann, § 16 TVöD (Bund)/(VKA), § 17 TVöD, §§ 16, 17 TV-L.

## 2. Eingruppierung

Grundsätzlich soll sich das Entgelt des einzelnen Beschäftigten nach der Art seiner Tätigkeit bestimmen. Zu diesem Zweck wird der Beschäftigte im Rahmen einer „Eingruppierung" aufgrund seiner gesamten nicht nur vorübergehenden Tätigkeit einer Entgeltgruppe zugeteilt (Tarifautomatik). Die Tätigkeit entspricht den Tätigkeitsmerkmalen einer Entgeltgruppe, wenn zeitlich mindestens zur Hälfte Arbeitsvorgänge anfallen, die für sich genommen die Anforderungen eines Tätigkeitsmerkmals oder mehrerer Tätigkeitsmerkmale dieser Entgeltgruppe erfüllen. Innerhalb dieser Entgeltgruppe ist dann noch zu ermitteln, welcher Stufe er zugehörig ist. Die Entgeltgruppe ist im Arbeitsvertrag des Beschäftigten anzugeben.

Die zentralen Eingruppierungsgrundsätze werden in den §§ 12, 13 TVöD (Bund/VKA) bzw. §§ 12, 13 TV-L geregelt. Diese entsprechen weitestgehend den früheren Regelungen der §§ 22, 23 BAT, weshalb bei Eingruppierungen grundsätzlich die bisherigen Auslegungs- und Rechtsprechungsgrundsätze herangezogen werden können.

Hinsichtlich der Einzelheiten der komplexen Materie, insbesondere auch hinsichtlich der Besonderheiten in einigen Spartentarifverträgen, wird auf die umfassende Darstellung der Eingruppierungsregelungen unter → *Eingruppierung* verwiesen.

## 3. Entgeltgruppen

Die Entgelttabelle des TVöD/TV-L besteht aus den Entgeltgruppen E 1 bis E 15, wobei die EntgGr. 9 sich auf die EntgGr. 9a, 9b und 9c (im TV-L: 9a und 9b) aufteilt. Die Entgeltgruppen lassen sich grob in vier hierarchische Qualifikationsebenen unterteilen, wobei die Entgeltgruppen eins, fünf, neun und dreizehn jeweils die Einstiegsgruppe für die nächsthöhere Qualifikationsebene sind. Die dann jeweils folgenden Entgeltgruppen bis zur nächsten Qualifikationsebene (also EntGr. 2, 3, 4, EntGr. 6, 7, 8, EntGr. 10, 11, 12 und EntGr. 14, 15) stellen innerhalb ihrer Qualifikationsebene höhere inhaltliche Voraussetzungen an die Beschäftigten.

Die Entgeltgruppen eins bis vier beziehen sich auf Beschäftigte mit Tätigkeiten, die keine oder eine unter drei Jahre dauernde Ausbildung in einem nach dem Berufsbildungsgesetz anerkannten Ausbildungsberuf voraussetzen.

Die Entgeltgruppen fünf bis acht umfassen Beschäftigte mit Tätigkeiten, die eine abgeschlossene Ausbildung in Ausbildungsberufen mit einer Ausbildungsdauer von mindestens drei Jahren voraussetzen, wobei die Ausbildung nach dem Berufsbildungsgesetz anerkannt sein muss, sowie Beschäftigte, die ohne diese Ausbildung aufgrund entsprechender Fähigkeiten diese oder gleichwertige Tätigkeiten ausüben.

Beschäftigte mit Tätigkeiten, die einen abgeschlossenen Fachhochschulabschluss voraussetzen, werden von den EntgGr. 9 bis 12 umfasst. Die EntgGr. 13 bis 15 beziehen sich auf Tätigkeiten, die einen Abschluss an einer wissenschaftlichen Hochschule voraussetzen.

Die vier Qualifikationsebenen lassen sich also wie folgt unterteilen:

▶ Ebene 1: EntgGr.1 bis 4: Tätigkeiten für ungelernte und angelernte Beschäftigte sowie Beschäftigte mit einer Ausbildung von weniger als drei Jahren Dauer.

▶ Ebene 2: EntgGr. 5 bis 8: Tätigkeiten für Beschäftigte mit einer mindestens dreijährigen Ausbildung.

▶ Ebene 3: EntgGr. 9 bis 12: Tätigkeiten für Beschäftigte mit Fachhochschulabschluss.

▶ Ebene 4: EntgGr. 13 bis 15: Tätigkeiten für Beschäftigte mit Universitätsabschluss.

## 4. Entgeltstufen

Innerhalb der Entgeltgruppen gibt es verschiedene Stufen. Außer der Entgeltgruppe 1, welche fünf Stufen hat, gibt es sowohl im Bereich des § 16 TVöD (VKA) als auch im Bereich des § 16 TVöD (Bund) für die Entgeltgruppen jeweils sechs Stufen. Dies gilt auch für § 16 TV-L. Bei sechs vorhandenen Stufen wird im Grundsatz zwischen zwei Grundentgeltstufen und den Entwicklungsstufen unterschieden. Je nach Berufserfahrung und Umständen und je nach Entgeltgruppe ist bei Neueinstellungen nicht immer zwingend die Zuteilung der Stufe 1 vorgesehen. Hinsichtlich der Einzelheiten kann auch hier auf das Stichwort → *Eingruppierung* verwiesen werden.

Die Stufenlaufzeit, das heißt die Verweildauer eines Beschäftigten in der jeweiligen Entgeltstufe, richtet sich nach § 16 TVöD (VKA) und § 16 (Bund), sowie § 16 TV-L. Der Aufstieg in die nächste Stufe erfolgt grundsätzlich nach Ablauf von dort definierten Beschäftigungszeiten beim selben Arbeitgeber innerhalb derselben Entgeltgruppe. Vorausgesetzt wird grundsätzlich eine ununterbrochene Tätigkeit. Beispielhaft erfolgt der Aufstieg von Stufe 2 auf Stufe 3 nach § 16 Abs. 4 TVöD (Bund) nach zwei Jahren Tätigkeit. Während nach § 17 Abs. 3 S. 1a) TVöD die Schutzfristen des Mutterschutzgesetzes den Zeiten ununterbrochener Tätigkeit gleichstehen, regelt § 17 Abs. 3 S. 2 TVöD, dass der Stufenaufstieg im Entgeltsystem des TVöD für die Dauer der Elternzeit (bis zu fünf Jahren) gehemmt wird. Vorbeschäftigungszeiten werden bei der erstmaligen Zuordnung zu einer Entgeltstufe berücksichtigt und sind somit bei weiteren Stufenaufstiegen nicht relevant (BAG v. 13.8.2009, 6 AZR 177/08, ZTR 2009, 633).

Wurde eine einschlägige Berufserfahrung bei einem anderen Arbeitgeber im Inland erworben, kann im Anwendungsbereich des TV-L eine Zuordnung höchstens in die Entgeltstufe 2 bzw. 3 erfolgen, ohne dass dies zu einem Verstoß gegen das Recht auf Freizügigkeit in der Europäischen Union führt (BAG v. 23.2.2017, 6 AZR 843/15, ZTR 2017,404). Anders verhält es sich bei einschlägiger Berufserfahrung, die bei einem Arbeitgeber im Ausland erworben worden ist (vgl. dazu BAG v. 29.4.2021 – 6 AZR 232/17; ausführlicher dazu unter dem Stichwort Eingruppierung).

Die in einem früheren Arbeitsverhältnis gewonnene Berufserfahrung ist nicht allein deshalb einschlägig i. S. d. § 16 Abs. 2 S. 2 TV-L, weil sie mit der Tätigkeit in einer höheren Entgeltgruppe erworben wurde (BAG v. 17.12.2015, 6 AZR 432/14, ZTR 2016, 193).

Bei den Entwicklungsstufen kann die individuelle Beurteilung der Leistung des Beschäftigten nach § 17 Abs. 2 TVöD/TV-L den Stufenaufstieg auf die Stufen 4, 5 und 6 verzögern oder beschleunigen, wenn sie erheblich über oder unter dem Durchschnitt liegt. Zu Einzelheiten und Besonderheiten des leistungsbezogenen Stufenaufstiegs wird auf → *Leistungsbezogene Bezahlung* und → *Eingruppierung* verwiesen.

### 5. Besonderheiten im Bereich einfacher Tätigkeiten

Im Bereich der einfachen Tätigkeiten gibt es einige Besonderheiten zu beachten. Da diese Beschäftigten im Vergleich zur Privatwirtschaft überbezahlt waren, kam es in diesem Bereich verstärkt zu Privatisierungen und Ausgliederungen aus dem Tarifrecht des öffentlichen Dienstes. Um diesen Trend zu stoppen, einigten sich die Tarifpartner auf die Einführung von flexiblen Regelungen in diesem Sektor. Neben einer Entgeltgruppe 1 für ungelernte Kräfte, welche eine Grundentgeltstufe (Stufe 2) und vier weitere Stufen mit einer jeweils vierjährigen Verweildauer vorsieht, gibt es für die Entgeltgruppen 1 bis 4 nach § 15 Abs. 3 TVöD/TV-L die Möglichkeit, durch landesbezirkliche Tarifverträge im Bereich der VKA, landesbezirkliche Regelungen im Bereich der Länder und für den Bund in landesweiten tariflichen Regelungen die Entgeltgruppen abweichend von den Grundregelungen zu strukturieren, etwa durch eine Reduzierung der Stufenzahl. Die einzige Grenze bildet der Wert der Grundentgeltstufe (Stufe 2) der Entgeltgruppe 1, der nicht unterschritten werden darf. Mit dieser flexiblen Möglichkeit soll bei ansonsten drohendem „Outsourcing" von gefährdeten Bereichen eine Rettungsmöglichkeit geschaffen werden. Nähere Einzelheiten zu den Entgeltgruppen 1 bis 4 finden sich in Breier/Dassau, TVöD, § 15 Rn. 119–122.

Die Entgeltgruppe 1 betrifft „einfachste Tätigkeiten". Regelmäßig bedarf die Tätigkeit selbst nur einer sehr kurzen Einweisung, sie erfordert keine Vor- oder Ausbildung, es besteht eine klare Aufgabenzuweisung, es handelt sich um im Wesentlichen gleichförmige und gleichartige („mechanische") Arbeiten, die nur geringster Überlegung bedürfen und die Tätigkeit ist nicht mit einem im Rahmen der Aufgaben eigenständigen Verantwortungsbereich verbunden (BAG v. 20.5.2009, 4 AZR 315/08; BAG v. 28.1.2009, 4 ABR 92/07, ZTR 2009, 474). In Anlage 3 TVÜ-VKA beziehungsweise Anlage 4 TVÜ-Bund/TVÜ-L sind nicht abschließende Beispiele für einfachste Tätigkeiten aufgeführt.

### 6. Zahlreiche weitere Sonderregelungen

Bei dem tariflichen Entgeltsystem des öffentlichen Dienstes gibt es zahlreiche Sonderregelungen. In Hessen ist etwa zu beachten, dass dort aufgrund des Austritts Hessens aus der Tarifgemeinschaft deutscher Länder ein eigenständiger Tarifvertrag für den öffentlichen Dienst der Landesbeschäftigten besteht (TV-H). Weitere Besonderheiten bestehen beispielsweise für Ärztinnen und Ärzte an Universitätskliniken (TV-Ärzte) oder für Ärztinnen und Ärzte an kommunalen Krankenhäusern (TV-Ärzte/VKA) oder für Arbeitnehmer im Pflegebereich (Anlage C zum TV-L). Für diese Beschäftigten gelten die sogenannten KR-Entgeltgruppen. Im Bereich des TVöD-VKA enthält die Entgeltordnung in Teil B.XI. Regelungen für Beschäftigte in Gesundheitsberufen mit den sogenannten P-Gruppen. Besonderheiten gibt es auch für Beschäftigte im Sozial- und Erziehungsdienst. Einzelheiten zu den Arbeitnehmern in Krankenhäusern sowie Pflege- und Betreuungseinrichtungen finden sich in Breier/Dassau, TVöD § 15 Rn. 49-52. Zu den nur noch in einigen Teilbereichen bestehenden Besonderheiten des Tarifgebiets Ost vergleiche etwa Breier/Dassau, TVöD § 15 Rn. 110–118, sowie Breier/Dassau, TV-L § 15 Rn. 93–101.

Die hier erwähnten Sonderregelungen sind ausgewählte Beispiele und nicht abschließend. Weitere in den Besonderen Teilen des TVöD geregelte Sondervorschriften zum § 15 TVöD finden sich etwa unter Breier/Dassau, TVöD, § 15 Rn. 1.

## IV. Berechnung und Auszahlung des Entgelts

Die Berechnung und Auszahlung des Entgelts ist in § 24 TVöD/§ 24 TV-L geregelt. Danach ist der Bemessungszeitraum für das Entgelt in der Regel der Kalendermonat, wobei die Zahlung regelmäßig am Ende des Kalendermonats erfolgt. § 24 TVöD/§ 24 TV-L enthält auch die Regelungen für die anteilige Bemessung des Entgelts für Teilzeitbeschäftigte. Nähere Einzelheiten zur Berechnung und Auszahlung finden sich in Breier/Dassau, TVöD § 24 Rn. 1 ff mit Anlagen sowie Breier/Dassau, TV-L, § 24 Rn. 1 ff mit Anlagen.

# Erwerbsminderung

**Wegweiser:**

*Der Begriff der Erwerbsminderung stammt aus dem Sozialrecht und betrifft gleichermaßen Arbeitnehmer in der Privatwirtschaft wie auch im öffentlichen Dienst.*

*Wesentliche Regelungen zur Erwerbsminderung finden sich für das Rentenrecht in § 43 SGB VI und in § 240 SGB VI. Die früheren Renten wegen Berufs- oder Erwerbsunfähigkeit sind ersetzt worden durch die Rente wegen teilweiser Erwerbsminderung (§ 43 Abs. 1 SGB VI) und die Rente wegen voller Erwerbsminderung (§ 43 Abs. 2 SGB VI). Versicherte, die eine Rente wegen Berufs- oder Erwerbsunfähigkeit nach altem Recht beziehen, behalten diese Renten. Außerdem haben Versicherte, die vor dem 2.1.1961 geboren und berufsunfähig sind, Anspruch auf Rente wegen teilweiser Erwerbsminderung bei Berufsunfähigkeit (§ 240 SGB VI).*

*Mit Wirkung zum 1.1.2023 wurden die Hinzuverdienstgrenzen für Erwerbsminderungsrentner (§ 96a SGB VI) neu geregelt. Dies hat einen starken Anstieg der Hinzuverdienstgrenzen sowohl bei voller Erwerbsminderungsrente als auch bei teilweiser Erwerbsminderungsrente zur Folge.*

*Für das Arbeitsrecht finden sich Regelungen zur Erwerbsminderung in § 33 TVöD bzw. § 33 TV-L (siehe dazu auch das Stichwort → Beendigung des Arbeitsverhältnisses ohne Kündigung). Ausführliche Erläuterungen zu § 33 TVöD/TV-L finden sich bei Breier/Dassau § 33 TVöD Erl. 4, § 33 TV-L Erl. 4 sowie Steinherr in: Sponer/Steinherr, TVöD Komm. Rn. 81 ff. zu § 33.*

**I. Erwerbsminderung**
   1. Volle Erwerbsminderung
   2. Teilweise Erwerbsminderung
   3. Feststellung der Erwerbsminderung

**II. Erwerbsminderungsrente**
   1. Allgemeine Voraussetzungen
   2. Volle Erwerbsminderung
   3. Teilweise Erwerbsminderung
   4. Regelaltersgrenze
   5. Allgemeine Wartezeit
   6. Pflichtbeiträge

**III. Rentenzahlung**
**IV. Folgen für das Arbeitsverhältnis**
**V. Hinzuverdienst**
   1. Hinzuverdienstgrenze
   2. Hinzuverdienstdeckel

**VI. Wegfall der Rente**
**VII. Vorrang von Rehabilitationsmaßnahmen**
**VIII. Antragstellung**
**IX. Übergangsregelungen**

# I. Erwerbsminderung

Erwerbsminderung im Sinne des SGB VI bezeichnet den teilweisen oder vollständigen Verlust der Erwerbsmöglichkeit durch Arbeit aus gesundheitlichen Gründen. Der Begriff der sozialrechtlichen Erwerbsminderung ist eigenständig definiert und abzugrenzen von krankheitsbedingter Arbeitsunfähigkeit sowie von Gesundheitsschäden im Rahmen der gesetzlichen Unfallversicherung (SGB VII).

Für das Vorliegen einer Erwerbsminderung ist es unerheblich, ob die Einschränkung der persönlichen Arbeitskraft auf physischen oder psychischen Ursachen beruht, es muss jedoch ein Bezug zur eigenen Gesundheit bestehen. Äußere Umstände, wie etwa die Notwendigkeit von Kindererziehung oder Pflege eines pflegebedürftigen Angehörigen, begründen keine Erwerbsminderung. Auch das Erreichen eines bestimmten Alters führt an sich nicht zur Erwerbsminderung.

## 1. Volle Erwerbsminderung

Volle Erwerbsminderung liegt gemäß § 43 Abs. 2 S. 2 SGB VI dann vor, wenn der Versicherte wegen Krankheit oder Behinderung auf nicht absehbare Zeit nicht in der Lage ist, unter den üblichen Bedingungen des allgemeinen Arbeitsmarktes mindestens 3 Stunden täglich erwerbstätig zu sein.

Nicht absehbar ist die Zeit der Einschränkung dann, wenn sie für länger als 6 Monate vorliegt.

Die üblichen Bedingungen des allgemeinen Arbeitsmarktes sind nicht auf die bisherige Tätigkeit oder den bisherigen Arbeitsplatz bezogen. Maßstab ist vielmehr jede nur denkbare Tätigkeit, die es auf dem Arbeitsmarkt üblicherweise gibt. Die subjektive Zumutbarkeit der Tätigkeit vor dem Hintergrund der Ausbildung und der bisherigen beruflichen Tätigkeit ist dabei ohne Bedeutung.

## 2. Teilweise Erwerbsminderung

Teilweise Erwerbsminderung liegt demgegenüber nach § 43 Abs. 1 S. 2 SGB VI vor, wenn der Versicherte nur noch in der Lage ist, unter den üblichen Bedingungen des allgemeinen Arbeitsmarktes täglich zwischen 3 und 6 Stunden erwerbstätig zu sein. Kann der Arbeitnehmer unter den üblichen Bedingungen des allgemeinen Arbeitsmarktes mehr als 6 Stunden arbeiten, so fällt er nicht unter den Schutz der Erwerbsminderungsrente (§ 43 Abs. 3 SGB VI).

## 3. Feststellung der Erwerbsminderung

Ob bzw. in welchem Umfang der Arbeitnehmer erwerbsgemindert ist, bestimmt sich nach einem Gutachten des Rentenversicherungsträgers und dem daraufhin erlassenen Rentenbescheid. Die getroffenen Feststellungen sind maßgeblich dafür, wie viele Stunden ein Arbeitnehmer noch eingesetzt und mit welchen Tätigkeiten er in dieser Zeit betraut werden kann. Insbesondere wird geklärt, welche zusätzlichen Einschränkungen in Bezug auf die Leistungsfähigkeit vorliegen (Probleme bei langem Sitzen oder Stehen, Heben, Nachtarbeit etc.). Dabei genügt jedoch nicht allein die Feststellung von Krankheiten und Behinderungen; entscheidend sind nach aktueller Rechtsprechung des Bundessozialgerichts vielmehr die daraus für den Arbeitnehmer resultierenden Leistungseinschränkungen. Zu prüfen ist daher die negative Beeinflussung des Leistungsvermögens durch dauerhafte Gesundheitsstörungen (vgl. BSG v. 18.9.2019, B 5 R 308/18 B).

# II. Erwerbsminderungsrente

## 1. Allgemeine Voraussetzungen

Eine Erwerbsminderungsrente wird nur dann gezahlt, wenn der Arbeitnehmer

▸ voll oder teilweise erwerbsgemindert ist,

▸ die Regelaltersgrenze noch nicht erreicht hat (vgl. § 235 SGB VI),

▸ die allgemeine Wartezeit erfüllt hat (§ 50 SGB VI),

▸ in den letzten 5 Jahren vor Eintritt der Erwerbsminderung 3 Jahre Pflichtbeiträge für eine versicherte Beschäftigung erbracht hat.

## 2. Volle Erwerbsminderung

Eine Rente wegen voller Erwerbsminderung wird gezahlt, wenn der Arbeitnehmer wegen Krankheit oder Behinderung

▸ täglich weniger als drei Stunden arbeiten kann oder

▸ täglich zwischen drei und sechs Stunden arbeiten kann und innerhalb eines Jahres auf dem Arbeitsmarkt nicht vermittelt werden kann (s. u. 3.) oder

▸ als Behinderter in einer Behindertenwerkstatt arbeitet oder

▸ als Behinderter an einer nicht erfolgreichen Eingliederung teilnimmt oder

▸ nicht in der Lage ist, den üblichen Weg zur Arbeitsstätte zurückzulegen.

## 3. Teilweise Erwerbsminderung

Eine Rente wegen teilweiser Erwerbsminderung wird gezahlt, wenn ein Arbeitnehmer oder versicherungspflichtiger Selbstständiger wegen Krankheit oder Behinderung nur noch täglich zwischen drei und sechs Stunden arbeiten kann.

Obwohl der Versicherte nur teilweise erwerbsgemindert ist, hat er unter Umständen Anspruch auf volle Erwerbsminderungsrente. Dies ist dann der Fall, wenn für ihn, trotz seiner verbliebenen Leistungsfähigkeit, der Arbeitsmarkt „verschlossen ist", sich also kein Arbeitsplatz finden lässt, auf dem er arbeiten könnte um sein Restleistungsvermögen in Erwerbseinkommen umzusetzen. Es erfolgt insoweit eine konkrete Betrachtungsweise (vgl. LSG Hessen v. 23.8.2019, L 5 R 226/18).

Dafür ist zunächst zu prüfen, ob es überhaupt Teilzeitarbeitsplätze gibt, die der Versicherte mit seiner verbliebenen Arbeitskraft ausfüllen kann. Ist dies bereits nicht der Fall, so hat der Versicherte Anspruch auf eine Rente wegen voller Erwerbsminderung.

Sofern grundsätzlich leidensgerechte Teilzeitarbeitsplätze denkbar sind, gilt der Arbeitsmarkt trotzdem als verschlossen, wenn weder die zuständige Agentur für Arbeit noch der Rentenversicherungsträger innerhalb eines Jahres seit Stellung des Rentenantrags dem Versicherten einen geeigneten, täglich von seiner Wohnung aus erreichbaren Arbeitsplatz anbieten können (vgl. LSG Hessen v. 23.8.2019, L 5 R 226/18). Dabei sind alle Tätigkeiten mit in die Beurteilung einzubeziehen, die auf dem Arbeitsmarkt vorhanden sind. Einen etwaigen beruflichen oder auch sozialen Abstieg hat der Versicherte hierfür in Kauf zu nehmen. Lediglich Arbeitsplätze, die sozial äußerst gering bewertet werden, muss der ausgebildete Versicherte nicht akzeptieren.

In der Regel ist der Arbeitsmarkt dann für Versicherte verschlossen, wenn sie aufgrund ihrer Qualifizierung und/oder ihres Leidens nur für sog. „Schonarbeitsplätze", wie etwa als Pförtner oder für leichte Hausmeistertätigkeiten, in Betracht kommen. Derartige Schonarbeitsplätze werden typischerweise nur durch langjährige Betriebsangehörige besetzt und nicht auf dem freien Arbeitsmarkt angeboten.

Dagegen ist der Teilzeitarbeitsmarkt regelmäßig dann nicht verschlossen, wenn der Versicherte einen geeigneten Arbeitsplatz tatsächlich und nicht nur vorübergehend innehat und mehr als nur geringfügige Einkünfte erzielt (LSG Hessen v. 23.8.2019, L 5 R 226/18; BSG v. 11.12.1969, GS 2/68). Ebenso, wenn der Arbeitnehmer einen seiner körperlichen und geistigen Leistungsfähigkeit entsprechenden Arbeitsplatz ohne triftigen Grund ablehnt (LSG Hessen v. 23.8.2019, L 5 R 226/18; BSG v. 11.12.1969, GS 2/68).

Der Rechtsprechung des Landessozialgerichts Hessen (LSG Hessen v. 23.8.2019, L 5 R 226/18) lässt sich entnehmen, dass es der Verschlossenheit des Teilzeitarbeitsmarktes nicht entgegensteht, dass der Versicherte etwaige Ansprüche aus § 8 TzBfG sowie aus § 164 Abs. 5 S. 3 Hs. 1 SGB IX gegenüber seinem Arbeitgeber geltend machen kann. In diesem Zusammenhang trifft den Arbeitnehmer nach den Ausführungen des Landessozialgerichts auch keine Mitwirkungspflicht, zur Vermeidung der Verschlossenheit des Teilzeitarbeitsmarktes einen Antrag auf Teilzeitbeschäftigung oder Verringerung der Arbeitszeit zu stellen (LSG Hessen v. 23.8.2019, L 5 R 226/18).

### 4. Regelaltersgrenze

Der Anspruch auf eine Erwerbsminderungsrente besteht nur bis zum Erreichen der jeweils maßgeblichen Regelaltersgrenze. Die Regelaltersgrenze wird derzeit stufenweise auf das 67. Lebensjahr angehoben (§ 235 SGB VI). Nach Erreichen der Regelaltersgrenze geht die Erwerbsminderungsrente automatisch in die Regelaltersrente über, § 115 Abs. 3 SGB VI.

### 5. Allgemeine Wartezeit

Die Wartezeit ist die Zeitspanne, in der der Berechtigte mindestens versichert gewesen sein muss. Diese Mindestversicherungszeit wird im Rentenrecht als Wartezeit bezeichnet. Die allgemeine Wartezeit für den Rentenanspruch beträgt 5 Jahre (§ 50 SGB VI). Für die Erfüllung der allgemeinen Wartezeit werden alle Pflichtbeitragszeiten und Zeiten mit freiwilligen Beiträgen sowie Ersatzzeiten angerechnet. Es genügt, dass der Arbeitnehmer diese Wartezeit einmal erfüllt. Die 5 Jahre müssen dabei weder unmittelbar vor dem Renteneintritt vorliegen noch müssen sie zusammenhängend erbracht werden.

 **TIPP!**

Die Wartezeit kann auch zusammen oder allein mit Zeiten aus einem durchgeführten Versorgungsausgleich erfüllt werden.

In Ausnahmefällen kann, auch wenn die allgemeine Wartezeit von fünf Jahren nicht erfüllt ist, eine Rente wegen Erwerbsminderung gezahlt werden. Dies betrifft beispielsweise die Fälle, in denen der Arbeitnehmer wegen eines Arbeitsunfalls oder einer Berufskrankheit erwerbsgemindert ist oder innerhalb von sechs Jahren nach Beendigung seiner Ausbildung voll erwerbsgemindert geworden ist und in den letzten zwei Jahren vorher mindestens für ein Jahr Pflichtbeiträge in seinem Versicherungskonto vorhanden sind (vgl. § 53 SGB VI).

### 6. Pflichtbeiträge

Es müssen in den letzten 5 Jahren vor Eintritt der Erwerbsminderung 3 Jahre Pflichtbeiträge für eine versicherte Tätigkeit gezahlt worden sein.

Zu den über einen Zeitraum von drei Jahren geleisteten Pflichtbeiträgen für eine versicherte Beschäftigung oder selbstständige Tätigkeit in den letzten fünf Jahren vor Eintritt der Erwerbsunfähigkeit zählen auch Pflichtbeiträge aus

▶ Kindererziehungszeiten,

▶ Zeiten mit Pflichtbeiträgen auf Grund der nicht erwerbsmäßigen Pflege eines Pflegebedürftigen,

▶ Zeiten mit Pflichtbeiträgen auf Grund des Bezugs von Krankengeld, Arbeitslosengeld oder Arbeitslosenhilfe.

 **ACHTUNG!**

Zeiten aus einem durchgeführten Versorgungsausgleich werden hierbei nicht berücksichtigt.

Der Zeitraum der letzten fünf Jahre verlängert sich, wenn in dieser Zeit Anrechnungszeiten wie z. B. der Besuch einer Schule, Fach- oder Hochschule nach dem vollendeten 17. Lebensjahr, Berücksichtigungszeiten wie z. B. bei der Kindererziehung oder Ersatzzeiten vorliegen (§ 55 SGB VI).

### III. Rentenzahlung

Die Rente wegen Erwerbsminderung wird zunächst befristet gezahlt (§ 102 Abs. 2 SGB VI). Die Befristung erfolgt für längstens drei Jahre und kann bis zu einer Gesamtdauer von neun Jahren wiederholt werden. Besteht die Erwerbsminderung danach fort, wird die Rente unbefristet gezahlt. Es verbleibt allerdings auch nach diesen neun Jahren bei einer befristeten Rente, wenn nur wegen der bestehenden Arbeitslosigkeit eine Rente wegen voller Erwerbsminderung gezahlt wird. Die tatsächliche Rentenzahlung beginnt mit Ablauf von sieben Kalendermonaten nach dem Eintritt der Erwerbsminderung (§ 101 Abs. 1 SGB VI). Dies ist nicht immer gleichbedeutend mit einer zuvor eingetretenen Arbeitsunfähigkeit, bei der grundsätzlich eine Verbesserung des Gesundheitszustandes erwartet werden kann.

 **WICHTIG!**

Wird eine Rente wegen Erwerbsminderung vor der Vollendung des 63. Lebensjahres gezahlt, kommt es zu Abschlägen bei der Rente. Für jeden Kalendermonat, für den die Rente wegen Erwerbsminderung vor der Vollendung des 63. Lebensjahres gezahlt wird, beträgt der Rentenabschlag 0,3 %. Beginnt die Rente vor der Vollendung des 60. Lebensjahres, wird der Rentenabschlag auf insgesamt 10,8 % begrenzt. Bis 2024 werden die vorgenannten Altersgrenzen auf das 65. und das 62. Lebensjahr schrittweise angehoben (§ 264d SGB VI).

### IV. Folgen für das Arbeitsverhältnis

Für den Fall der Erwerbsminderung enthalten § 33 TVöD und § 33 TV-L Besonderheiten. Nach § 33 Abs. 2 TVöD/§ 33 Abs. 2 TV-L endet das Arbeitsverhältnis mit Ablauf des Monats, in dem der Bescheid eines Rentenversicherungsträgers (Rentenbescheid) zugestellt wird, wonach der Beschäftigte voll oder teilweise erwerbsgemindert ist. Im Falle der teilweisen Erwerbsminderung besteht für den Arbeitnehmer allerdings die Möglichkeit, innerhalb von zwei Wochen die Weiterbeschäftigung auf dem bisherigen oder auf einem anderen geeigneten Arbeitsplatz schriftlich zu verlangen (§ 33 Abs. 3 TVöD/§ 33 Abs. 3 TV-L). Soweit nicht dringende dienstliche oder betriebliche Gründe entgegenstehen, hat der Arbeitnehmer einen Anspruch auf Weiterbeschäftigung auf einem leistungsgerechten freien Arbeitsplatz, unter Umständen jedoch zu geänderten Arbeitsbedingungen. Wird bei einem Schwerbehinderten das Arbeitsverhältnis aufgrund einer teilweisen Erwerbsminderung beendet, bedarf dies gemäß § 175 SGB IX der vorherigen Zustimmung des Integrationsamtes.

Im Falle der Beendigung des Arbeitsverhältnisses ohne Kündigung wegen des Eintritts der vollen Erwerbsminderung auf Dauer kommt der § 175 SGB IX weder unmittelbar noch entsprechend zur Anwendung (vgl. LAG Rheinland-Pfalz v. 6.10.2023, 2 Sa 27/23; LAG Rheinland-Pfalz v. 6.6.2019, 5 Sa 14/19; BAG v. 20.6.2018, 7 AZR 737/16, ZTR 2019, 100).

 **ACHTUNG!**

Im Lichte der aktuellen Rechtsprechung des LAG Berlin Brandenburg bestehen verfassungsrechtliche Bedenken im Hinblick auf die Vereinbarkeit von §§ 33 Abs. 2 TVöD/TV-L – insbesondere in Verbindung mit § 33 Abs. 4 TVöD/TV-L – mit der aus Art. 12 Abs. 1 GG folgenden rentenrechtlichen Dispositionsbefugnis des Arbeitnehmers. Das Recht des Art. 12 Abs. 1 GG umfasse neben der Entscheidung für eine konkrete Beschäftigung gerade auch den Willen des Einzelnen, diese beizubehalten oder aufzugeben (LAG Berlin Brandenburg v. 24.10.2019, 10 Sa 633/19, ZTR 2020, 150, B; vgl. auch BVerfG, v. 24.4.1991, 1 BvR 1341/90). Insbesondere in dem Fall, in dem der Arbeitnehmer nur Rente wegen verminderter Erwerbsfähigkeit erhalte, könne der Arbeitgeber – soweit der Arbeitnehmer seinen Rentenantrag im Sinne des § 33 Abs. 4 TVöD/TV-L schuldhaft verzögert – durch ein ärztliches Gutachten, das eine Erwerbsminderung feststellt, unter den Voraussetzungen des § 33 Abs. 4 TV-L den Rentenbescheid ersetzen. Der erwerbsgeminderte Arbeitnehmer werde durch § 33 Abs. 4 TV-L angehalten, einen Rentenantrag zu stellen, wenn er nicht riskieren wolle, ohne Arbeitsentgelt und ohne Versorgung dazustehen, möglicherweise nach einer Kündigung aus wichtigem Grund. Auch mit Blick auf zwei Entscheidungen des Bundesarbeitsgerichts aus den Jahren 2014 und 2015 (vgl. BAG v. 23.7.2014, 7 AZR 771/12, ZTR 2014, 706; BAG v. 14.1.2015, 7 AZR 880/13) führt das LAG Berlin Brandenburg daher aus, seien die §§ 33 Abs. 2 TVöD/TV-L i. V. m. 33 Abs. 4 TVöD/TV-L verfassungswidrig (LAG Berlin Brandenburg v. 24.10.2019, 10 Sa 633/19, ZTR 2020, 150). Es bleibt insoweit abzuwarten, wie das Bundesarbeitsgericht die Vereinbarkeit des § 33 Abs. 2 i. V. m. Abs. 4 TVöD/TV-L bewerten wird.

 **ACHTUNG!**

Das Arbeitsverhältnis endet gemäß §§ 21, 15 Abs. 2 TzBfG frühestens zwei Wochen nach der schriftlichen Unterrichtung des Arbeitnehmers durch den Arbeitgeber über den Zeitpunkt der Beendigung, da in § 33 Abs. 2 TVöD bzw. TV-L eine auflösende Bedingung zu sehen ist (vgl. Steinherr in: Sponer/Steinherr, TVöD Komm. Rn. 106 ff. zu § 33).

Wird die Erwerbsminderungsrente nur befristet gewährt, ruht das Arbeitsverhältnis (§ 33 Abs. 2 S. 5 TVöD/§ 33 Abs. 2 S. 5 TV-L). Das bedeutet, dass die gegenseitigen Hauptleistungspflichten suspendiert sind. Allerdings erwirbt der Arbeitnehmer auch während des ruhenden Arbeitsverhältnisses die gesetzlichen Urlaubsansprüche (§§ 1, 3 BUrlG) und bei schwerbehinderten Menschen den Anspruch auf Zusatzurlaub nach § 208 Abs. 1 SGB IX, denn diese setzen keine Arbeitsleistung des Arbeitnehmers im Urlaubsjahr voraus (BAG v. 19.3.2019, 9 AZR 406/17, ZTR 2019, 553; BAG v. 24.9.2019, 9 AZR 481/18; BAG v. 7.8.2012, 9 AZR 353/10, ZTR 2012, 642; BAG v. 18.9.2012, 9 AZR 623/10). Eine Kürzung dieser Ansprüche nach § 26 Abs. 2c) TVöD/TV-L hält das BAG für unwirksam. Die Vorschrift hat daher lediglich Bedeutung für den tariflichen Mehrurlaub.

 **ACHTUNG!**

Da Erwerbsminderungsrenten zunächst nur befristet gewährt werden, ergibt sich hieraus eine wirtschaftliche Belastung für

den Arbeitgeber. Wird nach mehreren Jahren die befristete in eine unbefristete Erwerbsminderungsrente geändert, endet das Arbeitsverhältnis, sodass etwaiger Resturlaub abzugelten ist. Die wirtschaftliche Belastung wird jedoch dadurch eingegrenzt, dass der Urlaubsanspruch auch bei fortbestehender Arbeitsunfähigkeit nach Ablauf eines Übertragungszeitraums von 15 Monaten nach dem Ende des Urlaubsjahres verfällt (BAG v. 7.8.2012, 9 AZR 353/10, ZTR 2012, 642).

## V. Hinzuverdienst

Anders als bei der Regelaltersrente (§ 35 SGB VI) darf neben einer Erwerbsminderungsrente nur in einem begrenzten Umfang hinzuverdient werden, ohne dass die Rente ganz oder teilweise verloren geht. Dabei zählen zum maßgeblichen Hinzuverdienst alle Einkünfte aus selbstständiger und unselbstständiger Arbeit und vergleichbares Einkommen (z. B. Vorruhestandsgeld) sowie die in § 96a Abs. 3 SGB VI genannten Sozialleistungen. Eine nach Rentenbeginn gezahlte Urlaubsabgeltung kann rentenschädlicher Hinzuverdienst sein (BSG v. 26.4.2018, B 5 R 26/16 R; BSG v. 12.3.2019, B 13 R 35/17 R).

Bei der Rente wegen voller Erwerbsminderung gilt gemäß § 96a Abs. 3 S. 2 SGB VI als Hinzuverdienst auch der Bezug von folgenden Sozialleistungen:

▶ Verletztengeld aus der gesetzlichen Unfallversicherung,

▶ Übergangsgeld aus der gesetzlichen Unfallversicherung.

Wird eine Rente wegen teilweiser Erwerbsminderung gezahlt, werden folgende Sozialleistungen als Hinzuverdienst gewertet (vgl. § 96a Abs. 3 S. 1 SGB VI):

▶ Krankengeld oder Versorgungskrankengeld, das auf Grund einer Arbeitsunfähigkeit gezahlt wird, die nach dem Beginn der Rente eingetreten ist;

▶ Krankengeld, das auf Grund einer stationären Behandlung gezahlt wird, die nach dem Beginn der Rente begonnen hat;

▶ Versorgungskrankengeld, das während einer stationären Behandlung gezahlt wird, wenn diesem ein nach Beginn der Rente erzieltes Arbeitsentgelt oder Arbeitseinkommen zugrunde liegt;

▶ Übergangsgeld, dem ein nach dem Beginn der Rente erzieltes Arbeitsentgelt oder Arbeitseinkommen zugrunde liegt; Übergangsgeld aus der gesetzlichen Unfallversicherung in jedem Fall;

▶ die weiteren in § 18a Abs. 3 S. 1 Nr. 1 SGB IV genannten Sozialleistungen.

Als Hinzuverdienst gilt das monatliche Arbeitseinkommen, nach dem sich die Sozialleistung berechnet (§ 96a Abs. 3 S. 3 SGB VI). Auch der Bezug von Sozialleistungen von einer Stelle mit Sitz im Ausland gilt als Hinzuverdienst, wenn diese den oben genannten Leistungen gleicht.

 **ACHTUNG!**

Ungeachtet der Höhe des Hinzuverdienstes darf eine Beschäftigung oder selbstständige Tätigkeit im Hinblick auf den zeitlichen Umfang nur im Rahmen des festgestellten Leistungsvermögens ausgeübt werden, welches Grundlage für die Erwerbsminderungsrente ist. Andernfalls kann der Anspruch auf die Erwerbsminderungsrente trotz Einhaltung der Hinzuverdienstgrenzen entfallen.

## 1. Hinzuverdienstgrenze

Die Erwerbsminderungsrente wird nur in voller Höhe geleistet, wenn die in § 96a Abs. 1c SGB VI geregelte Hinzuverdienstgrenze nicht überschritten wird.

Bis zum 31.12.2022 betrug die jährliche Hinzuverdienstgrenze bei einer Rente wegen voller Erwerbsminderung € 6.300,00. Diese wurde mit Wirkung zum 1.1.2023 deutlich erhöht und dynamisiert, indem sich die Hinzuverdienstgrenze zukünftig an die sich jährlich ändernde Bezugsgröße anpasst. Unter Bezugsgröße versteht man das Durchschnittsentgelt der gesetzlichen Rentenversicherung im vorvergangenen Kalenderjahr (§ 18 SGB IV).

Die jährliche Hinzuverdienstgrenze bei einer Rente wegen voller Erwerbsminderung beträgt seit dem 1.1.2023 drei Achtel der 14fachen monatlichen Bezugsgröße. Hieraus errechnet sich für das Jahr 2024 eine jährliche Hinzuverdienstgrenze bei einer Rente wegen voller Erwerbsminderung in Höhe von € 18.558,75.

Bei der Rente wegen teilweiser Erwerbsminderung beträgt die jährliche Hinzuverdienstgrenze seit dem 1.1.2023 mindestens sechs Achtel der 14fachen monatlichen Bezugsgröße, d. h. für das Jahr 2024 mindestens € 37.117,50. Die jährliche Hinzuverdienstgrenze bei einer Rente wegen teilweiser Erwerbsminderung kann jedoch höher als dieser Mindestbetrag sein, wenn das vorherige Erwerbseinkommen entsprechend hoch war. Die individuelle Hinzuverdienstgrenze beträgt dann das 9,72fache der monatlichen Bezugsgröße, vervielfältigt mit den Entgeltpunkten des Kalenderjahres mit den höchsten Entgeltpunkten aus den letzten 15 Kalenderjahren vor Eintritt der Erwerbsminderung.

Übersteigt der jährliche Hinzuverdienst die jährliche Hinzuverdienstgrenze, so wird die Rente nur teilweise ausgezahlt. Nach § 96a Abs. 1a SGB VI wird der übersteigende Betrag durch zwölf geteilt. Davon werden 40% von der monatlichen Rente abgezogen.

## 2. Hinzuverdienstdeckel

Bis zum 31.12.2022 gab es neben der Hinzuverdienstgrenze noch einen Hinzuverdienstdeckel, der dazu führte, dass bei einem Überschreiten des Hinzuverdienstdeckels eine vollständige Anrechnung auf die Erwerbsminderungsrente erfolgte. Diese Regelung ist mit Wirkung zum 1.1.2023 entfallen. Einen Hinzuverdienstdeckel gibt es seit dem nicht mehr.

## VI. Wegfall der Rente

Die Rente wird nicht mehr gezahlt, wenn sich der Gesundheitszustand des Rentners soweit bessert, dass er mehr als sechs Stunden täglich arbeiten kann. Bei der Aufnahme einer abhängigen Beschäftigung oder einer selbstständigen Tätigkeit prüft der Rentenversicherungsträger, ob und ggf. in welcher Höhe eine Rente wegen verminderter Erwerbsfähigkeit auch zukünftig zu zahlen ist.

### WICHTIG!
Die Aufnahme einer abhängigen Beschäftigung oder einer selbstständigen Tätigkeit sollte dem Rentenversicherungsträger sofort mitgeteilt werden. Unterbleibt die Meldung, kann die Rentenzahlung auch nachträglich vom Rentner zurückverlangt werden.

## VII. Vorrang von Rehabilitationsmaßnahmen

Die Rentenversicherungsträger prüfen bei jedem Rentenantrag wegen Erwerbsminderung, ob die Erwerbsminderung durch eine Rehabilitationsmaßnahme, z. B. im Rahmen eines stationären Heilverfahrens oder einer Maßnahme zur Teilnahme am Arbeitsleben (u. a. Umschulung), abgewendet oder behoben werden kann.

## VIII. Antragstellung

Eine Erwerbsminderungsrente ist bei den Rentenversicherungsträgern zu beantragen.

## IX. Übergangsregelungen

▶ Für Rentner, die bereits vor dem 1.1.2001 eine Rente wegen Berufs- oder Erwerbsunfähigkeit bezogen haben, wird bis zur Vollendung des 65. Lebensjahres weiterhin das bis zum 31.12.2000 gültige Recht angewandt. Dies gilt auch für befristete Renten wegen Erwerbs- oder Berufsunfähigkeit.

▶ Ist ein Arbeitnehmer vor dem 2.1.1961 geboren und berufsunfähig, erhält er eine teilweise Erwerbsminderungsrente wegen Berufsunfähigkeit, wenn er die oben unter II.5. und 6. genannten Voraussetzungen erfüllt. Berufsunfähigkeit liegt vor, wenn ein Arbeitnehmer wegen Krankheit oder Behinderung im Vergleich zu anderen Arbeitnehmern mit ähnlicher Ausbildung und ähnlichen Fähigkeiten nicht mehr als sechs Stunden täglich arbeiten kann. Die Feststellung, ob Berufsunfähigkeit vorliegt, wird durch die Ärzte der Rentenversicherungsträger vorgenommen. Für diese Renten gelten die sonstigen Regelungen für die Rente wegen teilweiser Erwerbsminderung.

▶ Die Altersgrenze für eine Rente wegen Schwerbehinderung wird seit dem 1.1.2001 stufenweise von 60 Jahren auf 63 Jahre angehoben. Diese Altersrente kann jedoch auch weiterhin ab dem 60. Lebensjahr gezahlt werden, allerdings nur mit Rentenabschlägen. Versicherte, die vor dem 16.11.1950 geboren sind und bei denen bis zum 16.11.2000 Schwerbehinderung, Berufs- oder Erwerbsunfähigkeit nach dem am 31.12.2000 geltenden Recht vorlag, sind von der Anhebung der Altersgrenze nicht betroffen, wenn die Leistungseinschränkung auch bei Rentenbeginn noch vorliegt. Dies gilt auch für Versicherte, die vor dem 1.1.1942 geboren sind und 45 Jahre Pflichtbeiträge für eine versicherte Beschäftigung oder selbstständige Tätigkeit erbracht haben.

# Familienpflegezeit

 **Wegweiser:**
Derzeit sind rund 3,4 Millionen Menschen in Deutschland pflegebedürftig, ein großer Teil von ihnen wird von Angehörigen zu Hause gepflegt. Neben dem im PflegeZG geregelten Anspruch auf Pflegezeit soll die Familienpflegezeit daher einen weiteren Beitrag dazu leisten, die Vereinbarkeit von Familie und Beruf zu verbessern. Seit dem 1.1.2015 gewährt das FPfZG auch einen Rechtsanspruch auf die Gewährung der Familienpflegezeit. Das Recht auf Familienpflegezeit tritt im öffentlichen Dienst neben die tariflichen Instrumente zur Förderung der Vereinbarkeit von

Familie und Beruf, wie etwa den Anspruch auf Teilzeitarbeit nach § 11 TVöD/TV-L, den Sonderurlaub nach § 28 TVöD/TV-L oder die Regelungen zur Arbeitsbefreiung in § 29 TVöD/TV-L.

Vergleiche auch Breier/Dassau TVöD Komm Teil K 7, TV-L Komm. Teil K 8.

**I. Allgemeines**
1. Entwicklung und Inhalt
2. Persönlicher Anwendungsbereich

**II. Familienpflegezeit nach § 2 Abs. 1 S. 1 FPfZG**
1. Pflegebedürftiger naher Angehöriger
2. Tatsächliche Pflege/Pflegeabsicht im Zeitpunkt der Antragstellung
3. Pflege in häuslicher Umgebung
4. Mindestarbeitszeit
5. Verfahren
6. Nachweispflichten
7. Rechtsfolgen

**III. Freistellung zur Betreuung minderjähriger naher Angehöriger nach § 2 Abs. 5 FPfZG**

**IV. Sonderkündigungsschutz**

**V. Befristung und Sonderkündigungsrecht**

**VI. Sozialversicherungsrecht**

**VII. Finanzielle Förderung**
1. Antrag auf Förderung
2. Berechnung der Darlehensraten
3. Mitwirkungspflicht des Arbeitgebers
4. Ende der Förderfähigkeit
5. Rückzahlung des Darlehens

**VIII. Unabdingbarkeit**

## I. Allgemeines

### 1. Entwicklung und Inhalt

Die erstmals zum 1.1.2012 eingeführte Familienpflegezeit wurde zum 1.1.2015 weiterentwickelt und für die Beschäftigten attraktiver gemacht. Nachdem die Familienpflegezeit nach den ursprünglichen Regelungen kaum genutzt wurde, erfolgte zum 1.1.2015 eine Neufassung des FPfZG. Seitdem haben Beschäftige gegenüber Ihren Arbeitgebern einen echten Rechtsanspruch auf Gewährung der Familienpflegezeit.

Nach der Neufassung haben Beschäftigte nach § 2 Abs. 1 S. 1 FPfZG Anspruch darauf, für bis zu 24 Monate teilweise von der Arbeitsleistung freigestellt zu werden, wenn sie einen pflegebedürftigen nahen Angehörigen in häuslicher Umgebung pflegen. Daneben besteht nach § 2 Abs. 5 S. 1 FPfZG auch ein Anspruch darauf, für die Betreuung eines pflegebedürftigen minderjährigen Angehörigen in häuslicher oder außerhäuslicher Umgebung teilweise freigestellt zu werden. Der Anspruch auf Familienpflegezeit nach § 2 Abs. 1 S. 1 FPfZG, auf Freistellung nach § 2 Abs. 5 S. 1 FPfZG und auf Pflegezeit nach § 3 Abs. 1 S. 1, Abs. 5 S. 1 PflegeZG ist auf eine Gesamtdauer von 24 Monaten beschränkt.

Hierin liegt ein wesentlicher Unterschied zur Pflegezeit nach dem Pflegezeitgesetz. Eine solche kann maximal sechs Monate dauern, möglich ist dafür aber, anders als bei der Familienpflegezeit, auch die vollständige Freistellung von der Arbeitsleistung. Hinsichtlich der weiteren Unterschiede wird auf die Ausführungen unter Pflegezeit verwiesen.

Auf Antrag erhalten Beschäftigte, die Familienpflegezeit in Anspruch nehmen, eine finanzielle Förderung in Form eines zinslosen Darlehens. § 15 FPfZG enthält eine Übergangsvorschrift für Fälle, in denen die Voraussetzungen für die Gewährung eines Darlehens nach § 3 Abs. 1 FPfZG schon vor dem 1.1.2015 vorlagen. Vergleiche hinsichtlich der alten Rechtslage Breier/Dassau TVöD Komm. Teil K 7.2 Rn. 2 ff.

Hinsichtlich des Sonderkündigungsschutzes, der Verbindung zum Befristungsrecht und der Regelung zur Unabdingbarkeit verweist das Gesetz auf die Regelung im PflegeZG.

### 2. Persönlicher Anwendungsbereich

Die Regeln des FPfZG gelten für „Beschäftigte". Dies sind nach § 2 Abs. 3 FPfZG i. V. m. § 7 Abs. 1 PflegeZG, Arbeitnehmerinnen und Arbeitnehmer, Auszubildende, arbeitnehmerähnliche Personen sowie in Heimarbeit Beschäftigte und die ihnen Gleichgestellten.

▷ **ACHTUNG!**

Das Gesetz sieht keine Wartezeit für das Entstehen des Anspruchs auf Familienpflegezeit vor, sodass auch Arbeitnehmer in der „Probezeit" bereits in den Anwendungsbereich des Gesetzes fallen.

Arbeitgeber im Sinne des FPfZG sind nach § 2 Abs. 3 FPfZG i. V. m. § 7 Abs. 2 PflegeZG natürliche und juristische Personen sowie rechtsfähige Personengesellschaften, die Beschäftigte im Sinne des § 7 Abs. 1 PflegeZG beschäftigen. Für arbeitnehmerähnliche Personen tritt an die Stelle des Arbeitgebers der Auftraggeber.

Der Anspruch auf Familienpflegezeit besteht nicht gegenüber Arbeitgebern mit in der Regel 25 oder weniger Beschäftigten ausschließlich der Auszubildenden, § 2 Abs. 1 S. 4 FPfZG. Bei der Berechnung der regelmäßig Beschäftigten sind Teilzeitkräfte voll zu berücksichtigen, da eine Regelung wie die in § 23 Abs. 1 KSchG nicht besteht. In kleineren Unternehmen kann die Familienpflegezeit freiwillig gewährt werden. Gemäß des am 24.12.2022 neu eingeführten § 2a Abs. 5a FPfZG können Beschäftigte in kleineren Unternehmen den Abschluss einer Vereinbarung über Familienpflegezeit beantragen. Diesen muss der Arbeitgeber innerhalb von vier Wochen nach Zugang beantworten. Eine Ablehnung ist zu begründen.

## II. Familienpflegezeit nach § 2 Abs. 1 S. 1 FPfZG

§ 2 Abs. 1 S. 1 FPfZG begründet einen Anspruch auf Familienpflegezeit für den Fall, dass ein Beschäftigter einen pflegebedürftigen nahen Angehörigen in häuslicher Umgebung pflegt. Das Gesetz formuliert im Einzelnen die folgenden Anspruchsvoraussetzungen:

### 1. Pflegebedürftiger naher Angehöriger

Nahe Angehörige sind nach § 2 Abs. 3 FPfZG i. V. m. § 7 Abs. 3 PflegeZG:

- Großeltern, Eltern, Schwiegereltern, Stiefeltern,

- Ehegatten, Lebenspartner, Partner einer ehe- oder lebenspartnerschaftsähnlichen Lebensgemeinschaft, Geschwister, Ehegatten der Geschwister und Geschwister der Ehegatten, Lebenspartner der Geschwister und Geschwister der Lebenspartner,

- Kinder, Adoptiv- oder Pflegekinder, die Kinder, Adoptiv- oder Pflegekinder des Ehegatten oder Lebenspartners, Schwiegerkinder und Enkelkinder.

Pflegebedürftig sind gemäß § 2 Abs. 3 FPfZG i. V. m. § 7 Abs. 4 S. 1 PflegeZG Personen, die die Voraussetzungen nach den §§ 14 und 15 SGB XI erfüllen. Dies sind Personen, die wegen einer körperlichen, geistigen oder seelischen Krankheit oder Behinderung für die gewöhnlichen und regelmäßig wiederkehrenden Verrichtungen im Ablauf des täglichen Lebens auf Dauer, voraussichtlich für mindestens sechs Monate, in erheblichem oder höherem Maße der Hilfe bedürfen. Bei der pflegebedürftigen Person muss mindestens der Pflegegrad 1 im Sinne von § 15 SGB XI vorliegen.

### 2. Tatsächliche Pflege/Pflegeabsicht im Zeitpunkt der Antragstellung

Der Anspruch auf Familienpflegezeit setzt voraus, dass der Beschäftigte seinen Angehörigen tatsächlich pflegt. Allerdings wird richtigerweise davon ausgegangen, dass es ausreicht, wenn er die Pflegetätigkeit mit dem Beginn der Familienpflegezeit aufnimmt und im Zeitpunkt der Antragstellung lediglich die ernsthafte Absicht hat, die tatsächliche Pflege zu diesem Zeitpunkt aufzunehmen. Hierfür spricht der Sinn und Zweck des Gesetzes, dem Beschäftigten die Pflege naher Angehöriger durch die Familienpflegezeit zu ermöglichen.

Mit Beginn der Familienpflegezeit ist dann die tatsächliche Pflege aber zwingende Voraussetzung. Das bedeutet, dass der Beschäftigte insbesondere objektiv in der Lage und subjektiv gewillt sein muss, die Pflege zu übernehmen.

### 3. Pflege in häuslicher Umgebung

Darüber hinaus muss die tatsächliche Pflege in „häuslicher Umgebung" stattfinden, wobei dieser Begriff im Sinne des Pflegeversicherungsrechts auszulegen ist. Danach ist es nicht zwingend erforderlich, dass der Beschäftigte den Pflegebedürftigen in seinen eigenen Haushalt aufnimmt. Erforderlich, aber auch ausreichend ist, dass der Pflegebedürftige „in vertrauter Umgebung" gepflegt wird, sodass beispielsweise auch der Haushalt der Pflegeperson in Betracht kommen kann. In jedem Fall muss es sich aber um eine „häusliche" Umgebung, also in einem eingerichteten Haushalt handeln. Dies kann auch ein Wohnheim oder eine Seniorenwohnanlage sein. Ist der Angehörige dagegen in einer stationären Einrichtung aufgenommen, lebt er also nicht in einem Wohn-, sondern in einem Pflegeheim, fehlt es an der Voraussetzung der „häuslichen Umgebung".

### 4. Mindestarbeitszeit

Das FPfZG gewährt keinen Anspruch auf vollständige Freistellung von der Arbeit, sondern lediglich einen Anspruch auf Verringerung der Arbeitszeit. Die verbleibende Arbeitszeit muss mindestens 15 Wochenstunden betragen (§ 2 Abs. 1 S. 2 FPfZG). Bei variablen Wochenarbeitszeiten muss diese Mindestarbeitszeit im Durchschnitt eines Zeitraums von bis zu einem Jahr erreicht werden. Es besteht kein Anspruch auf Gewährung der Familienpflegezeit im Blockmodell wie bei Altersteilzeit. Der Arbeitnehmer kann sich also keine vollständige Freistellung „ansparen" (ArbG Bonn v. 27.4.2022, 4 Ca 2119/21).

### 5. Verfahren

Der Beschäftigte, der Familienpflegezeit nehmen will, muss dies dem Arbeitgeber innerhalb der gesetzlichen Frist schriftlich ankündigen. Dabei muss der Beschäftigte auch erklären, für welchen konkreten Zeitraum und in welchem Umfang die Freistellung von der Arbeitsleistung erfolgen soll, § 2a Abs. 1 S. 1 FPfZG. Auch die gewünschte Verteilung der Arbeitszeit ist anzugeben, § 2a Abs. 1 S. 2 FPfZG.

Da es sich bei dem Recht auf Inanspruchnahme der Familienpflegezeit um ein einmaliges Gestaltungsrecht handelt, ist der Anspruch mit der einmaligen Geltendmachung ausgeschöpft, unabhängig davon, ob der Beschäftigte die Höchstdauer von 24 Monaten ausschöpft oder nicht (vgl. zur Pflegezeit BAG v. 15.11.2011, 9 AZR 348/10, ZTR 2012, 231). Der Beschäftigte kann für denselben Angehörigen nicht später noch einmal Familienpflegezeit (im Umfang der verbliebenen „Restzeit") beanspruchen. Lediglich mit Zustimmung des Arbeitgebers kann eine begonnene Familienpflegezeit im Rahmen der Höchstdauer verlängert werden, § 2a Abs. 3 S. 1 FPfZG. Nur dann, wenn ein vorgesehener Wechsel in der Person des Pflegenden aus einem wichtigen Grund nicht erfolgen kann, hat der Beschäftigte einen Anspruch auf Verlängerung der Familienpflegezeit, § 2a Abs. 3 S. 2 FPfZG.

Ist aus der Ankündigung nicht zweifelsfrei erkennbar, ob der Beschäftigte Familienpflegezeit oder Pflegezeit beanspruchen möchte, liegen aber die Voraussetzungen beider Freistellungsansprüche vor, so gilt die Erklärung im Zweifel als Ankündigung von Pflegezeit, § 2a Abs. 1 S. 3 FPfZG.

Hinsichtlich der Form sieht das Gesetz die Schriftform vor, § 2a Abs. 1 S. 1 FPfZG. Dies bedeutet nach § 126 Abs. 1 BGB, dass die Ankündigung als Originalurkunde von dem Beschäftigten eigenhändig durch Namensunterschrift unterzeichnet sein muss. Allerdings kann die Schriftform gemäß § 126 Abs. 3 BGB durch die elektronische Form ersetzt werden. Dies bedeutet nach § 126a Abs. 1 BGB, dass die Ankündigung als elektronisches Dokument mit dem Namen des Beschäftigten und einer qualifizierten elektronischen Signatur versehen sein muss. Eine solche unterliegt jedoch strengen europarechtlich vorgegebenen Voraussetzungen und wird in der Praxis in dem Zusammenhang kaum vorliegen.

 **WICHTIG!**

> Eine einfache E-Mail reicht für die Ankündigung nicht aus. Der Arbeitgeber kann aber im Rahmen seiner Fürsorgepflicht verpflichtet sein, Beschäftigte vor Ablauf der Ankündigungsfrist auf das Formversäumnis hinzuweisen. Tut er dies nicht, kann es ihm nach § 242 BGB verwehrt sein, sich auf die fehlende Schriftform zu berufen.

Die Ankündigungsfrist hängt davon ab, ob die Familienpflegezeit im unmittelbaren Anschluss an eine Pflegezeit für denselben Angehörigen nach § 3 Abs. 1 S. 1 PflegeZG genommen wird oder nicht. Die allgemeine Ankündigungsfrist nach § 2a Abs. 1 S. 1 FPfZG beträgt acht Wochen. Wird die Familienpflegezeit im Anschluss an eine Pflegezeit nach § 3 Abs. 1 oder Abs. 5 PflegeZG genommen, muss sie sich unmittelbar an die Pflegezeit anschließen. Der Beschäftigte muss die Familienpflegezeit in diesem Fall möglichst frühzeitig, spätestens aber drei Monate vor Beginn der Familienpflegezeit ankündigen, § 2a Abs. 1 S. 5 FPfZG.

Keine Ankündigungsfrist ist einzuhalten, wenn ein Beschäftigter zwischen einer Familienpflegezeit nach § 2 Abs. 1 S. 1 FPfZG und einer Freistellung nach § 2 Abs. 5 S. 1 FPfZG wechseln möchte. Nach § 2 Abs. 5 S. 2 FPfZG ist ein solcher Wechsel jederzeit möglich.

Über die Verringerung und die Verteilung der Arbeitszeit haben Arbeitgeber und der Beschäftigte gemäß § 2a Abs. 2 S. 1 FPfZG eine schriftliche Vereinbarung zu treffen. Dabei muss jedoch der Arbeitgeber sowohl hinsichtlich des Umfangs der Verringerung als auch hinsichtlich der Verteilung der Arbeitszeit den Wünschen des Beschäftigten entsprechen. Eine Ausnahme besteht nur, wenn dringende betriebliche Gründe entgegenstehen, § 2a Abs. 2 S. 2 FPfZG. Der Begriff der dringenden betrieblichen Gründe entspricht jenem in § 15 Abs. 7 Nr. 4 BEEG, sodass auf die Ausführungen unter → *Elternzeit* verwiesen werden kann.

 **ACHTUNG!**

Die entgegenstehenden betrieblichen Gründe sind im Streitfall vom Arbeitgeber darzulegen und zu beweisen.

Kommt eine Vereinbarung nicht zustande, obwohl der Arbeitnehmer seinen Anspruch rechtzeitig und ordnungsgemäß angekündigt hat, die Pflegebedürftigkeit des Angehörigen ordnungsgemäß nachgewiesen wurde und auch die weiteren Voraussetzungen der Familienpflegezeit vorliegen, ist denkbar, dass der Arbeitnehmer die Pflegezeit im Rahmen eines einstweiligen Verfügungsverfahrens durchsetzt (vgl. LAG Hamm v. 28.12.2016, 6 SaGa 17/16; LAG Berlin-Brandenburg v. 20.9.2017, 15 SaGa 823/17). Wie bei jeder einstweiligen Verfügung erfordert dies eine besondere Dringlichkeit der kurzfristigen Durchsetzung der Familienpflegezeit.

## 6. Nachweispflichten

Die Pflegebedürftigkeit des nahen Angehörigen hat der Beschäftigte durch Vorlage einer Bescheinigung der Pflegekasse oder des Medizinischen Dienstes der Krankenkassen gegenüber dem Arbeitgeber nachzuweisen, § 2a Abs. 4 S. 1 FPfZG. Bei privat Pflege-Pflichtversicherten ist ein gleichwertiger Nachweis zu erbringen, § 2a Abs. 4 S. 2 FPfZG.

 **ACHTUNG!**

Eine Angabe darüber, wann die Bescheinigung vorzulegen ist, enthält das Gesetz nicht. Laut Begründung des Gesetzesentwurfs der Bundesregierung zu der wortlautgleichen Regelung in PflegeZG ist diese allerdings weder bei Ankündigung noch bei Beginn der Pflegezeit notwendigerweise vorzulegen. Es wird dort lediglich darauf verwiesen, dass nach Ankündigung der Pflegezeit spätestens innerhalb von zwei Wochen nach Eingang des Antrags auf Festellung der Pflegebedürftigkeit eine Begutachtung nach § 18 Abs. 3 S. 5 SGB XI durch den Medizinischen Dienst durchzuführen ist (BT-Drucks. 16/7439, S. 92). Entsprechendes dürfte für die Familienpflegezeit gelten. In aller Regel sollte die Bescheinigung aber spätestens bei Beginn der Familienpflegezeit vorliegen.

## 7. Rechtsfolgen

Die Familienpflegezeit beginnt, sofern die jeweils einschlägige Ankündigungsfrist eingehalten wurde, zu dem vom Beschäftigten gewünschten Termin. Erfolgte die Ankündigung zu spät und besteht der Arbeitgeber auf die Einhaltung der Frist, beginnt die Familienpflegezeit frühestens nach Ablauf der Ankündigungsfrist.

Wird die Familienpflegezeit im Anschluss an eine Pflegezeit nach § 3 Abs. 1 oder Abs. 5 PflegeZG in Anspruch genommen, muss sie sich unmittelbar hieran anschließen, § 2a Abs. 1 S. 4 FPfZG, § 3 Abs. 3 S. 4, 5 PflegeZG.

Die Familienpflegezeit dauert insgesamt höchstens 24 Monate. Wechselt der Beschäftigte zwischen der Familienpflegezeit nach § 2 Abs. 1 S. 1 FPfZG und einer Freistellung nach § 2 Abs. 5 FPfZG oder kombiniert er eine Pflegezeit nach § 3 PflegeZG und eine Familienpflegezeit nach § 2 Abs. 1 S. 1 FPfZG oder eine Freistellung nach § 2 Abs. 5 FPfZG, so gilt die Höchstdauer von 24 Monaten für beide Zeiten zusammen, vgl. § 2 Abs. 2 FPfZG.

Eine für einen kürzeren Zeitraum angekündigte Freistellung kann mit Zustimmung des Arbeitgebers bis zur Höchstdauer verlängert werden. Ohne Zustimmung des Arbeitgebers kann der Beschäftigte die Verlängerung nur verlangen, wenn ein vorgesehener Wechsel in der Person des Pflegenden aus einem wichtigen Grund nicht erfolgen kann, § 2a Abs. 3 FPfZG.

Die Familienpflegezeit endet grundsätzlich mit Ablauf des Zeitraums, für den der Beschäftigte sie beansprucht hat, spätestens aber mit Ablauf der gesetzlichen Höchstdauer von 24 Monaten, in die auch Freistellungen nach dem PflegeZG einzubeziehen sind.

Die Pflegezeit endet darüber hinaus vorzeitig, wenn der nahe Angehörige nicht mehr pflegebedürftig oder die häusliche Pflege unmöglich oder unzumutbar geworden ist. Die Familienpflegezeit endet in diesem Fall vier Wochen nach Eintritt der geänderten Umstände, § 2a Abs. 5 S. 1 FPfZG. Über die geänderten Umstände hat der Beschäftigte den Arbeitgeber unverzüglich zu unterrichten, § 2a Abs. 5 S. 2 FPfZG.

Im Übrigen ist eine vorzeitige Beendigung der Familienpflegezeit jederzeit einvernehmlich möglich, vgl. § 2a Abs. 5 S. 3 FPfZG.

Während der Familienpflegezeit reduzieren sich das Tabellenentgelt sowie alle sonstigen Entgeltbestandteile in dem Umfang, der dem Anteil der neu vereinbarten an der bisherigen durchschnittlichen Arbeitszeit entspricht.

Kommt es zu einer Reduzierung der durchschnittlichen wöchentlichen Arbeitszeit, stellt sich immer auch die Frage, wie sich diese Arbeitszeitreduzierung auf den noch bestehenden sowie zukünftig entstehende Urlaubsansprüche auswirkt. Hierzu kann auf die ausführlichen Ausführungen unter → *Urlaub* verwiesen werden.

Nimmt ein Auszubildender Familienpflegezeit, so wird diese nicht auf die Berufsbildungszeiten angerechnet, § 2 Abs. 4 FPfZG. Der Auszubildende hat vielmehr Anspruch auf Verlängerung der ursprünglich vereinbarten Ausbildungszeit.

## III. Freistellung zur Betreuung minderjähriger naher Angehöriger nach § 2 Abs. 5 FPfZG

Neben der teilweisen Freistellung zur Pflege eines nahen Angehörigen räumt das FPfZG auch einen Freistellungsanspruch zur Betreuung minderjähriger, pflegebedürftiger naher Angehöriger ein.

Für den Begriff des nahen Angehörigen sowie für die tatsächliche Pflegebedürftigkeit gilt das oben Gesagte. Auch die Regelungen zur Mindestbeschäftigtenzahl und zu der Mindestarbeitszeit gelten in gleicher Weise.

Statt der tatsächlichen Pflege in häuslicher Umgebung setzt die Freistellung nach § 2 Abs. 5 FPfZG jedoch voraus, dass der Beschäftigte einen minderjährigen nahen Angehörigen in häuslicher oder außerhäuslicher Umgebung spätestens mit dem Beginn der Freistellung tatsächlich betreut. Weder setzt dieser Anspruch also voraus, dass der Beschäftigte selbst die Pflege übernimmt, noch ist er beschränkt auf Fälle der Pflege in häuslicher Umgebung. Dieser Freistellungsanspruch soll insbesondere Eltern ermöglichen, ihr Kind während eines längeren Krankenhausaufenthaltes oder der stationären Aufnahme in einer anderen Einrichtung zu betreuen und ihm so in einer schwierigen Lebens- oder Behandlungsphase in größerem zeitlichen Umfang zur Seite zu stehen.

Hinsichtlich der erforderlichen schriftlichen Vereinbarung zwischen Arbeitgeber und Beschäftigtem, den einzuhaltenden Ankündigungsfristen, den Nachweispflichten sowie in Bezug auf Beginn, Verlängerung und Ende der Freistellung gilt das Gleiche wie für die Familienpflegezeit nach § 2 Abs. 1 FPfZG.

## IV. Sonderkündigungsschutz

Beschäftigte genießen ab dem Zeitpunkt der (ordnungsgemäßen) Ankündigung der Familienpflegezeit nach § 2 Abs. 1 S. 1 FPfZG oder der Freistellung nach § 2 Abs. 5 FPfZG, frühestens allerdings zwölf Wochen vor dem angekündigten Beginn, bis zur Beendigung der Freistellung, Sonderkündigungsschutz. § 2 Abs. 3 FPfZG verweist insoweit auf § 5 Abs. 1 PflegeZG.

Das bedeutet, dass dem Beschäftigten während dieser Zeit grundsätzlich nicht gekündigt werden kann. Maßgeblicher Zeitpunkt ist dabei der Zugang der Kündigungserklärung. Da eine Nachwirkung des Kündigungsschutzes nicht geregelt ist, endet dieser unmittelbar mit dem Ende der Freistellung, sodass eine bereits am ersten Tag nach Ende der Freistellung zugegangene Kündigung wirksam sein kann. Eine gerade wegen der Inanspruchnahme der Familienpflegezeit ausgesprochene Kündigung dürfte allerdings eine Maßregelung im Sinne des § 612a BGB darstellen und daher unwirksam sein.

Nur in besonderen Ausnahmefällen kann nach Zustimmung durch die für den Arbeitsschutz jeweils zuständige oberste Landesbehörde das Arbeits- oder Berufsausbildungsverhältnis gekündigt werden, § 5 Abs. 2 S. 1 PflegeZG. Eine ohne die erforderliche Zustimmung ausgesprochene Kündigung ist unwirksam. Besondere Umstände, die eine Kündigung während der Dauer der Freistellung rechtfertigen könnten, sind etwa die Stilllegung des Betriebs oder schwerwiegende Pflichtverletzungen des Beschäftigten gegenüber dem Arbeitgeber.

## V. Befristung und Sonderkündigungsrecht

Für die Dauer der Familienpflegezeit nach § 2 Abs. 1 S. 1 FPfZG oder der Freistellung nach § 2 Abs. 5 FPfZG zuzüglich einer notwendigen Einarbeitungszeit kann der Arbeitgeber eine Ersatzkraft befristet einstellen. Nach § 2 Abs. 3 FPfZG i. V. m. § 6 Abs. 1 S. 1 PflegeZG liegt in diesen Fällen ein sachlicher Grund für die Befristung vor. Die Dauer der Befristung des Arbeitsvertrages muss kalendermäßig bestimmt oder bestimmbar sein oder dem oben genannten Zweck zu entnehmen sein. Die Ersatzeinstellung kann in diesen Fällen auch für einen Zeitraum von weniger als sechs Monaten erfolgen. Da es sich um einen Fall der Sachgrundbefristung handelt, steht § 30 Abs. 3 S. 1 TVöD/TV-L dem nicht entgegen.

 **ACHTUNG!**
Das übrige Befristungsrecht ist zu beachten, insbesondere das Schriftformerfordernis des § 14 Abs. 4 TzBfG.

Kehrt der Beschäftigte vorzeitig aus der Familienpflegezeit oder Freistellung zurück, weil der Angehörige nicht mehr pflegebedürftig ist, die Pflege unmöglich oder unzumutbar geworden ist, so kann der Arbeitgeber das befristete Arbeitsverhältnis unter Einhaltung einer Frist von zwei Wochen kündigen, sofern das Kündigungsrecht nicht vertraglich oder tarifvertraglich ausgeschlossen ist. Die Anwendbarkeit des Kündigungsschutzgesetzes ist für diese Fälle ausgeschlossen.

Stellt der Arbeitgeber zur Vertretung des Pflegenden eine Vertretungskraft ein, so stellt § 2 Abs. 3 FPfZG i. V. m. § 6 Abs. 4 PflegeZG sicher, dass bei der Ermittlung von Schwellenwerten in anderen arbeitsrechtlichen Gesetzen oder Verordnungen der Vertretene nicht mitgerechnet wird. Auf diesem Weg soll eine Doppelberücksichtigung vermieden werden.

## VI. Sozialversicherungsrecht

Während einer teilweisen Freistellung besteht das sozialversicherungsrechtliche Beschäftigungsverhältnis fort. Sofern das Entgelt des Versicherten durch die teilweise Freistellung in die Gleitzone zwischen € 450,01 und € 850,00 fällt, ist die „Gleitzonenregelung" bei der Beitragsberechnung zu berücksichtigen. Dass der Beschäftigte unter die Geringfügigkeitsgrenze von € 450,00 fällt, ist aufgrund der Mindestarbeitszeit von 15 Wochenstunden bei Beachtung des gesetzlichen Mindestlohns nicht möglich. Sollte eine Ausnahme vom Mindestlohngesetz vorliegen, läge bei einem Verdienst von bis zu € 450,00 eine versicherungsfreie Beschäftigung vor und der Beschäftigte wäre in der Minijob-Zentrale zu melden.

Außerdem ist denkbar, dass ein Beschäftigter aufgrund der Reduzierung des Arbeitsentgelts während der teilweisen Freistellung die Jahresarbeitsentgeltgrenze in der gesetzlichen Krankenversicherung wieder unterschreitet und so wieder krankenversicherungspflichtig wird. In diesen Fällen besteht die Möglichkeit, einen Antrag auf Befreiung von der Krankenversicherungspflicht nach § 8 Abs. 1 Nr. 2a SGB V bei der zuständigen Krankenkasse zu stellen.

## VII. Finanzielle Förderung

Wesentlicher Bestandteil der (Neu-)Regelungen zur Pflegezeit und Familienpflegezeit, durch die den Beschäftigten die Vereinbarung von Beruf und familiärer Pflege oder Betreuung erleichtert werden soll, ist die finanzielle Förderung der Pflegezeit und Familienpflegezeit durch die Gewährung eines zinslosen, staatlichen Darlehens. Die Regelungen in §§ 3 ff. FPfZG gelten gleichermaßen für die Familienpflegezeit nach § 2 Abs. 1 S. 1 FPfZG, die Freistellung nach § 2 Abs. 5 FPfZG sowie die Pflegezeit nach § 3 Abs. 1, Abs. 5 oder Abs. 6 PflegeZG.

 **ACHTUNG!**
Darüber hinaus stellt das Gesetz sicher, dass eine Förderung auch dann erfolgt, wenn Arbeitgeber und Arbeitnehmer in kleineren Betrieben, in denen kein Rechtsanspruch auf eine Pflegezeit oder Familienpflegezeit besteht, sich freiwillig auf eine entsprechende Freistellung einigen, soweit im Übrigen die gesetzlichen Voraussetzungen vorliegen, § 3 Abs. 1 S. 2 FPfZG.

### 1. Antrag auf Förderung

Das Darlehen wird auf schriftlichen Antrag des Beschäftigten durch das Bundesamt für Familien und zivilgesellschaftliche Aufgaben (BAFzA) für die Dauer der Freistellung gewährt. Der Antrag muss den Anforderungen des genügen und alle in § 8 Abs. 3 FPfZG aufgeführten Angaben enthalten, also

- Name und Anschrift des Beschäftigten,

- Name und Anschrift sowie Angehörigenstatus der gepflegten Person,

- eine Bescheinigung über die Pflegebedürftigkeit,

- die Dauer der Freistellung sowie, eine Mitteilung, ob und ggf. in welchem Umfang bereits zuvor eine Freistellung in Anspruch genommen wurde sowie

- Höhe, Dauer und Angabe der Zeitabschnitte des beantragten Darlehens.

Außerdem sind dem Antrag gemäß § 8 Abs. 4 FPfZG beizufügen

- die Entgeltabrechnungen der letzten zwölf Monate vor Beginn der Freistellung mit einer Angabe der arbeitsvertraglichen Wochenarbeitszeit sowie

- in den Fällen der vollständigen Freistellung nach § 3 PflegeZG eine Bescheinigung des Arbeitgebers über die Freistellung, in den Fällen der teilweisen Freistellung die hierüber getroffene schriftliche Vereinbarung zwischen Arbeitgeber und Beschäftigtem.

Über den Antrag entscheidet das BAFzA durch Bescheid (§§ 8 Abs. 1, 9 Abs. 1 FPfZG). In dem Bescheid werden die Höhe des Darlehens und die monatliche Darlehensrate festgesetzt.

 **ACHTUNG!**

Ungeklärt ist bislang, ob eine Leistungsgewährung für Beschäftigte mit Wohnsitz im Ausland generell ausgeschlossen ist oder der Anspruch zumindest an eine inländische Sozialversicherungspflicht oder inländische Steuerpflicht zu knüpfen ist, da der Beschäftigte andernfalls Leistungen erhielte, zu deren Aufbringung er nichts beitrüge (VG Köln v. 23.7.2019, 7 K 13358/17). Die Gesetzesbegründung deutet darauf hin, dass der Gesetzgeber von inländischen Beschäftigungsverhältnissen ausgeht. Dort wird darauf hingewiesen, dass es durch die Änderungen des FPfZG und des PflegeZG zu Beitragsmindereinnahmen in der Sozialversicherung kommen könne, wenn pflegende Angehörige ihre Arbeitszeit reduzieren und Leistungen nach diesen Gesetzen in Anspruch nähmen (BT-Drs. 18/3124, S. 2).

## 2. Berechnung der Darlehensraten

Die monatlichen Darlehensraten werden in Höhe der Hälfte der Differenz zwischen den pauschalierten monatlichen Nettoentgelten vor und während der Freistellung berechnet, wobei die Darlehensrate in den Fällen einer Freistellung nach § 3 PflegeZG auf den Betrag begrenzt ist, der bei einer durchschnittlichen wöchentlichen Arbeitszeit von 15 Stunden zu gewähren wäre (§ 3 Abs. 2 und Abs. 4 FPfZG).

Die Berechnung erfolgt dabei in drei Schritten: Zunächst wird im ersten Schritt das pauschalierte Nettoentgelt im Durchschnitt der vergangenen zwölf Monate unter Zugrundelegung der Tabellenwerte der für das jeweilige Kalenderjahr geltenden Verordnung über die pauschalierten Nettoentgelte für das Kurzarbeitergeld ermittelt. In einem zweiten Schritt wird das während der Freistellung zu erwartende pauschalierte Nettoentgelt berechnet, indem die für die Freistellungszeit vereinbarte Zahl an durchschnittlichen monatlichen Arbeitsstunden mit dem durchschnittlichen Bruttoarbeitsentgelt je Stunde der letzten zwölf Monate multipliziert wird. Ist – wie meistens – eine Wochenstundenzahl vereinbart, wird diese zur Ermittlung der vereinbarten monatlichen Arbeitsstunden mit $^{52}/_{12} = {}^{13}/_{3}$ multipliziert. Dem so ermittelten Bruttomonatsentgelt während der Freistellung wird anhand der Tabelle zur Verordnung über die pauschalierten Nettoentgelte für das Kurzarbeitergeld das zutreffende pauschalierte Nettoentgelt zugeordnet. In einem dritten Schritt wird zur Ermittlung der monatlichen Darlehensrate die Differenz zwischen den beiden pauschalierten Nettoentgelten gebildet und durch zwei geteilt.

Da die Tabelle zur Verordnung über die pauschalierten Nettoentgelte für das Kurzarbeitergeld Bruttoarbeitsentgelte nur bis zur Beitragsbemessungsgrenze erfasst und das pauschalierte Nettoentgelt entsprechend oberhalb dieser Grenze nicht mehr steigt, sinkt oberhalb der Beitragsbemessungsgrenze dieser Dif-

ferenzbetrag. Aus der Beitragsbemessungsgrenze folgt damit eine Obergrenze für die monatlichen Darlehensraten.

Bei einem weniger als zwölf Monate vor Beginn der Freistellung bestehenden Beschäftigungsverhältnis verkürzt sich der Zeitraum, welcher der Berechnung zugrunde zu legen ist, entsprechend (§ 3 Abs. 3 S. 5 FPfZG).

 **ACHTUNG!**

Bestimmte Zeiten bleiben bei der Berechnung des durchschnittlichen Entgelts je Arbeitsstunde außer Betracht. Dies sind

- Mutterschutzfristen,

- kurzzeitige Arbeitsverhinderungen nach § 2 PflegeZG,

- Freistellungen nach § 3 PflegeZG.

Ebenfalls außer Betracht bleibt die Einbringung von Arbeitsentgelt in und die Entnahme von Arbeitsentgelt aus Wertguthaben nach § 7b SGB IV (§ 3 Abs. 3 S. 6 FPfZG)

Die auf diese Weise berechnete monatliche Darlehensrate stellt die gesetzliche Obergrenze für die Förderung dar. Selbstverständlich kann der Beschäftigte auch eine geringere Förderung beantragen.

## 3. Mitwirkungspflicht des Arbeitgebers

Nach § 4 FPfZG treffen den Arbeitgeber des Beschäftigten gewisse Mitwirkungspflichten. So hat der Arbeitgeber dem BAFzA für die bei ihm Beschäftigten den Arbeitsumfang sowie das Arbeitsentgelt vor der begehrten Freistellung zu bescheinigen, soweit dies zum Nachweis des Einkommens oder der Arbeitszeit erforderlich ist. Ein Verstoß gegen diese Mitwirkungspflichten stellt eine Ordnungswidrigkeit dar.

## 4. Ende der Förderfähigkeit

Die Förderfähigkeit endet mit dem Ende der Freistellung (§ 5 Abs. 1 S. 1 FPfZG). Sie endet außerdem, wenn der Beschäftigte während der Freistellung den gesetzlichen Mindestumfang der wöchentlichen Arbeitszeit aufgrund gesetzlicher oder kollektivvertraglicher Bestimmungen unterschreitet (§ 5 Abs. 1 S. 2 FPfZG). Unbeachtlich sind dagegen Unterschreitungen aufgrund von Kurzarbeit oder eines Beschäftigungsverbots (§ 5 Abs. 1 S. 3 FPfZG).

Änderungen der Verhältnisse, die für den Darlehensanspruch erheblich sind, hat der Darlehensnehmer unverzüglich mitzuteilen.

## 5. Rückzahlung des Darlehens

Das erhaltene Darlehen hat der Beschäftigte nach Ende der Freistellung innerhalb von 48 Monaten zurückzuzahlen (§ 6 Abs. 1 S. 1 FPfZG). Die Rückzahlung erfolgt in monatlichen Raten, die bereits in dem Bescheid festgesetzt werden, mit dem der Antrag auf Förderung beschieden wird (§ 6 Abs. 1 S. 2 FPfZG). Die Rückzahlung beginnt regelmäßig in dem Monat, der auf das Ende der Förderung der Freistellung folgt (§ 6 Abs. 2 S. 1 FPfZG). Allerdings eröffnet das Gesetz auch die Möglichkeit, die Rückzahlung zu verschieben oder zu stunden. In Härtefällen ist auch ein Erlass oder Teilerlass möglich.

## VIII. Unabdingbarkeit

Von den Vorschriften des FPfZG kann nicht zu Ungunsten der Beschäftigten abgewichen werden. Die Regelungen gelten zwingend und können weder durch Tarifverträge, Dienst- oder Betriebsvereinbarungen noch durch arbeitsvertragliche Vereinbarungen zu Ungunsten des Beschäftigten verändert werden.

Günstigere Regelungen sind demgegenüber grundsätzlich möglich, wobei die Frage, ob eine Regelung günstiger oder ungünstiger ist, im Rahmen eines Sachgruppenvergleichs durchzuführen ist.

# Fehlzeiten/ Abwesenheitszeiten

 **Wegweiser:**

Grundsätzlich sind Arbeitnehmer während des bestehenden Arbeitsverhältnisses zur Erbringung ihrer Arbeitsleistung gegenüber dem Arbeitgeber verpflichtet. Fehlen Arbeitnehmer, kann dies verschiede Ursachen haben. Fehl- oder Abwesenheitszeiten können von der Teilnahme an Aus- und Fortbildungen über Pausen bis hin zu Freistellungszeiten (siehe hierzu → *Freistellung*) reichen. Besondere Relevanz spielen in der Praxis oftmals solche Abwesenheitszeiten, die aus einer Arbeitsunfähigkeit/Arbeitsverhinderung oder der Übernahme eines Mandats resultieren. Auf diese beiden Bereiche soll im Folgenden näher eingegangen werden.

**I. Arbeitsunfähigkeit/Arbeitsverhinderung**
  1. Entschuldigte Fehlzeit des Arbeitnehmers
  2. Missbrauch der Entgeltfortzahlung durch „Krankfeiern"

**II. Mandatsträger**
  1. Betriebsrat/Personalrat
      a. Sitzungen, Versammlungen, Sprechstunden
      b. Schulungs- und Bildungsveranstaltungen
  2. Schwerbehindertenvertretung
  3. Gleichstellungsbeauftragte
  4. Sicherheitsbeauftragter
  5. Betrieblicher Datenschutzbeauftragter

## I. Arbeitsunfähigkeit/Arbeitsverhinderung

Im Arbeitsrecht gilt der Grundsatz „Ohne Arbeit kein Lohn". Bei der Dienstleistungsverpflichtung des Arbeitnehmers handelt es sich um eine Fixschuld. Erbringt der Arbeitnehmer seine Arbeitsleistung zeitweise nicht, verliert er daher grundsätzlich auch seinen Vergütungsanspruch für diesen Zeitraum. Dies ergibt sich auch aus § 614 S. 1 BGB, der die Fälligkeit des Vergütungsanspruchs regelt. Erscheint ein Arbeitnehmer folglich unentschuldigt nicht zur Arbeit, muss der Arbeitgeber ihn auch nicht vergüten. Zudem verletzt der Arbeitnehmer durch sein unentschuldigtes Fehlen seine arbeitsvertraglichen Pflichten. Dies berechtigt den Arbeitgeber zur Abmahnung und als letztes Mittel zur Kündigung.

Anders sind Fehlzeiten zu beurteilen, in denen der Arbeitnehmer entschuldigt abwesend ist. Der wohl praxisrelevanteste Fall ist die unverschuldete Arbeitsunfähigkeit infolge Krankheit. Sie berechtigt den Arbeitgeber weder zur Abmahnung noch grundsätzlich zur Kündigung. Zudem hat der arbeitsunfähig erkrankte Arbeitnehmer Anspruch auf Entgeltfortzahlung durch den Arbeitgeber für die Zeit der Arbeitsunfähigkeit bis zur Dauer von sechs Wochen, § 3 Abs. 1 S. 1 EFZG (zum Begriff der Krankheit siehe → *Personenbedingte Kündigung III.1.*). Kommt es krankheitsbedingt aber zu signifikanten Fehlzeiten, kann im Einzelfall eine krankheitsbedingte Kündigung erfolgen (siehe hierzu → *Personenbedingte Kündigung III.*). Das betriebliche Einglie-

derungsmanagement (BEM) dient der Vorbeugung von krankheitsbedingten Kündigungen von Arbeitnehmern (siehe hierzu → *Betriebliches Eingliederungsmanagement (BEM)*).

### 1. Entschuldigte Fehlzeit des Arbeitnehmers

Die Entgeltfortzahlung dient der Existenzsicherung des Arbeitnehmers und der Entlastung der Sozialkassen. Im Streitfall muss der Arbeitnehmer beweisen, dass er tatsächlich arbeitsunfähig erkrankt war. Dafür ist die ärztliche Arbeitsunfähigkeitsbescheinigung das gesetzlich vorgesehene Nachweismitteln (§ 5 Abs. 1 EFZG), mit dem der Arbeitnehmer seinem Arbeitgeber die Arbeitsunfähigkeit und deren Dauer nachweist (BAG v. 1.10.1997, 5 AZR 726/96).

Grundsätzlich ist die Arbeitsunfähigkeitsbescheinigung bei einer Krankheitsdauer von länger als drei Kalendertagen vorzulegen; der Arbeitgeber darf diese allerdings schon vorzeitig verlangen. (§ 5 Abs. 1 S. 2, 3 EFZG). Für gesetzlich krankenversicherte Arbeitnehmer ist die Pflicht zur Vorlage einer Arbeitsunfähigkeitsbescheinigung in Papierform („gelber Schein") durch den zum 1.1.2023 in Kraft getretenen § 5 Abs. 1a EFZG entfallen. § 5 Abs. 1a S. 2 EFZG sieht für Arbeitnehmer, die Versicherte einer gesetzlichen Krankenkasse sind, eine Feststellungspflicht vor. Die an der vertragsärztlichen Versorgung teilnehmenden Ärzte und Einrichtungen sind verpflichtet, die von ihnen festgestellten Arbeitsunfähigkeitsdaten aufzuzeichnen und der Krankenkasse zu übermitteln. Nach § 109 Abs. 1 SGB IV hat die Krankenkasse nach Eingang der Arbeitsunfähigkeitsdaten eine Meldung zum Abruf für den Arbeitgeber zu erstellen, die insbesondere den Namen des Beschäftigten, den Beginn und das Ende der Arbeitsunfähigkeit, das Datum der ärztlichen Feststellung der Arbeitsunfähigkeit, die Kennzeichnung als Erst- oder Folgemeldung und die Angabe, ob Anhaltspunkte dafür vorliegen, dass die Arbeitsunfähigkeit auf einem Arbeitsunfall oder sonstigen Unfall oder auf den Folgen eines Arbeitsunfalls oder sonstigen Unfalls beruht, enthält. Keine Anwendung findet die neue Regelung auf Personen, die eine geringfügige Beschäftigung in Privathaushalten ausüben und in Fällen der Feststellung der Arbeitsunfähigkeit durch einen Arzt, der nicht an der vertragsärztlichen Versorgung teilnimmt (§ 5 Abs. 1a S. 3 EFZG).

Daneben sind weitere Fälle einer „entschuldigten" Arbeitsverhinderung denkbar, bei denen der Arbeitnehmer seinen Vergütungsanspruch behält. So bestimmt § 616 S. 1 BGB, dass ein Arbeitnehmer, der durch einen in seiner Person liegenden Grund für eine verhältnismäßig nicht lange Zeit ohne sein Verschulden an der Arbeitsleistung verhindert ist, seinen Vergütungsanspruch nicht verliert. Es handelt sich dabei um eine Auffangregelung, auf die etwa bei krankheitsbedingter Arbeitsunfähigkeit aufgrund der spezielleren Regelung im EFZG nicht zurückgegriffen werden muss.

### 2. Missbrauch der Entgeltfortzahlung durch „Krankfeiern"

Ein in der Praxis relevantes Problem ist der Verdacht des Missbrauchs der Entgeltfortzahlung durch Arbeitnehmer, die „krankfeiern". Dass dieses Vorgehen in Teilen gesellschaftlich akzeptiert wird, zeigt sich bereits durch ein ausladendes Angebot an Hinweisen zur Simulierung von Krankheiten im Internet. Insbesondere Krankheitsbilder wie Kopf-, Bauch- oder Rückenschmerzen sind oft vom Arzt schwer diagnostizierbar, weshalb die Diagnose überwiegend auf den Angaben des Arbeitnehmers beruht. Dass dies den Arbeitgeber schädigt und möglicherweise eine Straftat darstellt (Betrug, BAG v. 19.2.1997, 5 AZR 747/93), wird häufig verkannt.

Eine ordnungsgemäß ausgestellte ärztliche Arbeitsunfähigkeitsbescheinigung im Sinne des § 5 Abs. 1 Satz 2 EFZG hat zwar einen hohen Beweiswert. Im Einzelfall kann der Arbeitgeber den Beweiswert jedoch erschüttern, wenn er tatsächliche Umstände darlegt und beweist, die Anlass zu ernsthaften Zweifeln an der Richtigkeit der Arbeitsunfähigkeit geben. Gelingt ihm dies, hat wiederrum der Arbeitnehmer das tatsächliche Bestehen der Arbeitsunfähigkeit substantiiert dazulegen und zu beweisen (bereits BAG v. 11.10.2006, 5 AZR 755/05; BAG v. 8.9.2021, 5 AZR 149/21). Als einen solchen Umstand hat das Bundesarbeitsgericht Erklärungen des Arbeitnehmers angesehen, mit denen er vor der Erkrankung ein „Krankfeiern" ankündigte. Eine solche Erklärung weckt erhebliche Zweifel, ob die angekündigte Krankheit auch wirklich vorlag (bereits BAG v. 4.10.1978, 5 AZR 326/77; LAG Rheinland-Pfalz v. 6.2.2020, 5 SA 123/19). Ebenso ist das Bundesarbeitsgericht von dem Vorliegen ernsthafter Zweifel in seiner Entscheidung ausgegangen, welcher eine vom Arbeitnehmer nach Eigenkündigung vorgelegte Arbeitsunfähigkeitsbescheinigung zugrunde lag, die einen mit der Restlaufzeit des Arbeitsverhältnisses deckungsgleichen Zeitraum aufwies (BAG v. 8.9.2021, 5 AZR 149/21; sowie für die Restlaufzeit des Arbeitsverhältnisses nach Zugang der Kündigung durch den Arbeitgeber BAG v. 13.12.2023, 5 AZR 137/23). Der Beweiswert wird auch erschüttert, wenn der Arbeitnehmer in der Zeit der krankheitsbedingten Arbeitsunfähigkeit anderweitig Arbeitsleistungen erbringt, die er auch bei dem eigenen Arbeitgeber ausführen könnte (LAG Mecklenburg-Vorpommern v. 15.8.2023, 5 Sa 12/23).

Zweifelt der Arbeitgeber an dem Vorliegen einer eine Arbeitsunfähigkeit begründenden Krankheit, hat er nur wenige Überprüfungsmöglichkeiten. Beispielhaft zu nennen ist die Befragung des verdächtigen Arbeitnehmers, der jedoch nicht verpflichtet ist, sich zur Krankheit zu äußern. Darüber hinaus ist ein Krankenbesuch – möglicherweise durchgeführt vom Betriebs- bzw. Personalrat – denkbar. Ein solcher kann sogar durch die Fürsorgepflicht des Arbeitgebers begründet sein, wenn eine Befragung Aufschluss über eine etwaige betriebliche Ursache der Krankheit bietet (*Eckert* in Maschmann/Sieg/Göpfert 2. Aufl. 2016, 320/65). Auch hier gilt, dass der Arbeitnehmer nicht verpflichtet ist, mit seinen Besuchern zu sprechen oder gar seine Krankheit zu offenbaren. Sollte sich herausstellen, dass der Arbeitnehmer tatsächlich „krankfeiert", ist dies wie ein unentschuldigtes Fehlen zu beurteilen und berechtigt zur Abmahnung oder zur (ggf. außerordentlichen) Kündigung. Der Arbeitgeber ist insoweit jedoch voll beweisbelastet. In der Praxis wird es dem Arbeitgeber nur im Ausnahmefall gelingen, diesen Beweis zu führen.

Bisher haben die Gerichte vermieden, die Frage zu klären, ob Informationen, die Arbeitgeber durch Internetrecherchen, insbesondere in den Social-Media Accounts, über Freizeitaktivitäten der Arbeitnehmer während der krankheitsbedingten Arbeitsunfähigkeit erlangt haben, vor Gericht verwertet werden können. Das LAG Rheinland-Pfalz (v. 11.7.2013, 10 SaGa 3/13) hat ein Beweisverwertungsverbot in einem Fall, in dem der Arbeitnehmer während seiner krankheitsbedingten Arbeitsunfähigkeit von einem Arbeitskollegen heimlich beim Arbeiten in der Waschanlage fotografiert wurde, trotz der heimlichen und unfreiwilligen Natur der Bildaufnahmen abgelehnt. Es lässt sich daher gut argumentieren, dass Bildaufnahmen, die von Einzelpersonen dann aktiv selbst und freiwillig veröffentlicht werden, vor Gericht

verwendet werden dürfen (vgl. Eufinger, ArbRAktuell 2023, 113; a. A. Byers/Fischer, ArbRAktuell 2022, 90 mit Verweis auf das allgemeine Persönlichkeitsrecht).

## II. Mandatsträger

Mandatsträger wie Betriebs- bzw. Personalratsmitglieder nehmen gesetzlich vorgesehene Aufgaben im Betrieb bzw. in der Dienststelle wahr. Mandate werden meist auf ehrenamtlicher Basis von Arbeitnehmern ausgefüllt. Es kommt vor, dass die Mandatsträger aufgrund ihrer „Doppelbelastung" ihren arbeitsvertraglichen Leistungspflichten nicht mehr vollends nachkommen können. Wie mit den darauf beruhenden Fehlzeiten umzugehen ist, ist gesetzlich geregelt.

### 1. Betriebsrat/Personalrat

Die Mitglieder des Betriebsrats führen ihr Amt unentgeltlich als Ehrenamt, § 37 Abs. 1 BetrVG. Gleiches gilt für die Mitglieder des Personalrats, § 50 BPersVG (entsprechende Regelungen gibt es in den Personalvertretungsgesetzen der Länder). Betriebs- und Personalratsmitglieder sind von ihrer beruflichen Tätigkeit ohne Minderung des Arbeitsentgelts zu befreien, wenn und soweit es nach Umfang und Art des Betriebs zur ordnungsgemäßen Durchführung ihrer Aufgaben erforderlich ist (§ 37 Abs. 2 BetrVG, § 51 S. 1 BPersVG). Zur Erfüllung dieser Aufgaben werden Sitzungen, Betriebsversammlung und Sprechstunden durchgeführt. Daneben ist eine Teilnahme an Schulungs- und Bildungsveranstaltungen möglich.

Falls ausnahmsweise Betriebsratstätigkeit außerhalb der Arbeitszeit anfallen sollte, ist dem Betriebsratsmitglied grundsätzlich Freizeitausgleich in dem Umfang zu gewähren, in dem es die Betriebsratstätigkeit außerhalb der Arbeitszeit wahrgenommen hat (§ 37 BetrVG; BAG v. 26.9.2018, 7 AZR 829/16, ZTR 2019, 186). § 38 BetrVG sieht eine Freistellungsstaffel vor, wonach Betriebsratsmitglieder ab Erreichen einer gewissen Anzahl von regelmäßig beschäftigten Arbeitnehmern im Betrieb dauerhaft für die Betriebsratsarbeit freizustellen sind. Der Umfang der Freistellung orientiert sich an der Arbeitszeit eines vollbeschäftigten Arbeitnehmers. Teilfreistellungen sind ebenfalls möglich. Entsprechendes gilt für Personalratsmitglieder (siehe § 52 BPersVG).

### a. Sitzungen, Versammlungen, Sprechstunden

Betriebsratssitzungen finden in der Regel während der Arbeitszeit als Präsenzsitzungen statt, wobei der Betriebsrat auf die betrieblichen Notwendigkeiten Rücksicht zu nehmen hat und den Arbeitgeber vorher über den Zeitpunkt der Sitzung unterrichten muss (§ 30 Abs. 1 BetrVG). Abweichend kann unter den Voraussetzungen des § 30 Abs. 2 BetrVG eine Teilnahme mittels Video- und Telefonkonferenz erfolgen. Erfolgt die Sitzung mit dieser zusätzlichen Möglichkeit, gilt auch eine Teilnahme vor Ort als erforderlich (§ 30 Abs. 3 BetrVG). Entsprechendes gilt für die Sitzungen des Personalrats (§ 38 BPersVG).

Einmal alle drei Monate soll eine Betriebsversammlung stattfinden. Sie finden während der Arbeitszeit statt. Dort soll der Betriebsrat einen Tätigkeitsbericht erstatten (§ 43 BetrVG). Personalversammlungen finden ebenfalls während der Arbeitszeit statt, soweit nicht die dienstlichen Verhältnisse eine andere Regelung erfordern, § 60 Abs. 1 S. 1 BPersVG.

Der Betriebsrat kann nach § 39 BetrVG Sprechstunden einrichten, wozu er jedoch nicht verpflichtet ist. Versäumnisse von Arbeitszeit, die zum Besuch der Sprechstunden oder durch sonstige Inanspruchnahme des Betriebsrats erforderlich ist, berechtigt den Arbeitgeber nicht zur Minderung des Arbeitsentgelts des Arbeitnehmers. Auch der Personalrat kann Sprechstunden einrichten (§ 45 BPersVG).

### b. Schulungs- und Bildungsveranstaltungen

Betriebsratsmitglieder haben nach § 37 Abs. 6 BetrVG einen Anspruch auf Teilnahme an Schulungs- und Bildungsveranstaltungen, soweit diese Kenntnisse vermitteln, die für die Arbeit des Betriebsrats erforderlich sind. Der Betriebsrat hat bei der Festlegung der zeitlichen Lage der Teilnahme die betrieblichen Notwendigkeiten zu berücksichtigen. Neben dem allgemeinen Schulungsanspruch nach § 37 Abs. 6 BetrVG haben Betriebsratsmitglieder auch einen Anspruch auf bezahlte Freistellung für drei Wochen (bzw. vier Wochen für die erstmalige Amtsübernahme) zur Teilnahme an Schulungs- und Bildungsveranstaltungen, die von der zuständigen obersten Arbeitsbehörde des Landes als geeignet anerkannt sind. Gleiches gilt für Personalratsmitglieder, § 54 BPersVG.

### 2. Schwerbehindertenvertretung

In Betrieben und Dienststellen, in denen wenigstens fünf schwerbehinderte Menschen nicht nur vorübergehend beschäftigt sind, werden eine Vertrauensperson und wenigstens ein stellvertretendes Mitglied gewählt, das die Vertrauensperson im Falle der Verhinderung vertritt, § 177 Abs. 1 S. 1 SGB IX. Die Vertrauenspersonen führen ihr Amt unentgeltlich als Ehrenamt, § 179 Abs. 1 SGB IX. Sie werden von ihrer beruflichen Tätigkeit ohne Minderung des Arbeitsentgelts oder der Dienstbezüge befreit, wenn und soweit es zur Durchführung ihrer Aufgaben erforderlich ist. Sind in den Betrieben und Dienststellen wenigstens 100 schwerbehinderte Menschen beschäftigt, wird die Vertrauensperson auf ihren Wunsch freigestellt (§ 179 Abs. 4 SGB IX). Zum Ausgleich für ihre Tätigkeit, die aus betriebsbedingten oder dienstlichen Gründen außerhalb der Arbeitszeit durchzuführen ist, haben sie gemäß § 179 Abs. 6 SGB IX Anspruch auf entsprechende Arbeits- oder Dienstbefreiung unter Fortzahlung des Arbeitsentgelts oder der Dienstbezüge.

Mitglieder der Schwerbehindertenvertretung haben gemäß § 178 Abs. 4 S. 1 SGB IX das Recht, an allen Sitzungen des Betriebs- bzw. Personalrats beratend teilzunehmen. Sie haben zudem das Recht, mindestens einmal im Kalenderjahr eine Versammlung schwerbehinderter Menschen im Betrieb oder in der Dienststelle durchzuführen, § 178 Abs. 6 S. 1 SGB IX. Auch an Betriebs-/ bzw. Personalversammlungen dürfen sie teilnehmen (§ 178 Abs. 8 SGB IX).

### 3. Gleichstellungsbeauftragte

Die Gleichstellungsbeauftragte ist gemäß § 24 Abs. 1 S. 1, 2 BGleiG Teil der Personalverwaltung und gehört in Dienststellen der Dienststellenleitung an. § 28 Abs. 2 S. 1 BGleiG sieht für das Amt der Gleichstellungsbeauftragten einen Anspruch auf Entlastung von anderweitigen Tätigkeiten vor, wie dies zur ordnungsgemäßen Wahrnehmung ihrer Aufgaben erforderlich ist. In Dienststellen mit in der Regel weniger als 600 Beschäftigten beträgt die Entlastung mindestens die Hälfte der regelmäßigen Arbeitszeit einer Vollzeitkraft. Bei einer Anzahl von mindestens 600 Beschäftigten wird die Gleichstellungsbeauftragte im Umfang der Regelarbeitszeit einer Vollzeitkraft entlastet.

### 4. Sicherheitsbeauftragter

§ 22 Abs. 1 S. 1 SGB VII sieht vor, dass in Betrieben von regelmäßig mehr als 20 Beschäftigten ein Sicherheitsbeauftragter zu bestellen ist. In Unternehmen mit besonderen Gefahren für Leben und Gesundheit kann der Unfallversicherungsträger anordnen, dass Sicherheitsbeauftragte auch dann zu bestellen sind, wenn die Mindestbeschäftigtenzahl nicht erreicht wird. Für Unternehmen mit geringen Gefahren für Leben und Gesundheit kann der Unfallversicherungsträger demgegenüber die Mindestbeschäftigtenzahl von 20 in seiner Unfallverhütungsvorschrift erhöhen. Der Sicherheitsbeauftragte hat seine Aufgaben zusätzlich zur vertraglich geschuldeten Arbeitsleistung zu erbringen.

### 5. Betrieblicher Datenschutzbeauftragter

Art. 37 DS-GVO regelt die Benennung des Datenschutzbeauftragten. Dieser kann entweder aus den Reihen der bereits bestehenden Arbeitnehmer sein, aber auch als externer Datenschutzbeauftragter auf der Grundlage eines Dienstleistungsvertrags tätig sein. Im letzteren Fall handelt es sich also nicht um einen klassischen Mandatsträger, der für seine Tätigkeiten freigestellt werden muss. Dem Datenschutzbeauftragten sind die für die Erfüllung seiner Aufgaben erforderlichen Ressourcen zur Verfügung zu stellen, Art. 38 Abs. 2 DS-GVO. Die Aufgaben des Datenschutzbeauftragten regelt Art. 39 DS-GVO.

# Freistellung

 **Wegweiser:**

Während der Laufzeit des Arbeitsverhältnisses verpflichtet sich der Arbeitnehmer zur Erbringung von Arbeitsleistungen gegenüber seinem Arbeitgeber. Insbesondere bei unbefristeten Arbeitsverhältnissen können zahlreiche Situationen auftreten, in denen für einen vorübergehenden Zeitraum keine Arbeit erbracht werden soll. Je nach Situation und Vereinbarung kann der Arbeitnehmer seinen Anspruch auf Fortzahlung der geschuldeten Vergütung verlieren oder behalten. Gerade im Zusammenhang mit der Beendigung des Arbeitsverhältnisses können daneben auch Konstellationen eintreten, in denen der Arbeitgeber den Arbeitnehmer einseitig nicht mehr länger beschäftigen will. Die verschiedenen Freistellungsmöglichkeiten und ihre Auswirkungen auf den Entgeltanspruch des Arbeitnehmers sollen nachfolgend dargestellt werden. Im Bereich des öffentlichen Dienstes bestehen keine wesentlichen Unterschiede gegenüber der Rechtslage in der Privatwirtschaft. Soweit in den Tarifverträgen des öffentlichen Dienstes besondere Freistellungstatbestände in den §§ 26–29 TVöD/TV-L enthalten sind, wird deren systematische Bedeutung nachstehend erläutert. Vgl. zu diesen tarifvertraglichen Regelungen Sponer/Steinherr TVöD Komm. §§ 26–29; Breier/Dassau TVöD Komm. §§ 26–29; Sponer/Steinherr TV-L Komm. §§ 26–29; Breier/Dassau TV-L Komm. §§ 26–29.

**I. Begriff**

**II. Freistellung unter Fortzahlung der Vergütung**
1. Erholungsurlaub
2. Bildungsurlaub
3. Vorübergehende Verhinderung des Arbeitnehmers
4. Weitere gesetzliche Freistellungen mit Vergütungsfortzahlung

**III. Freistellung ohne Fortzahlung der Vergütung**
1. Unentgeltliche Freistellung aus Gesetz
2. Unentgeltliche Freistellung aus Tarifvertrag
3. Unentgeltliche Freistellung aus Arbeitsvertrag

**IV. Einseitige Freistellung**

    1. Unbezahlte Freistellung durch den Arbeitgeber

    2. Bezahlte Freistellung durch den Arbeitgeber

**V. Rechtsfolgen**

## I. Begriff

Nach der Begründung eines Arbeitsverhältnisses stellen die Arbeitspflicht des Arbeitnehmers und die Vergütungspflicht des Arbeitgebers die vertraglichen Hauptpflichten dar. Auch während des laufenden Arbeitsverhältnisses können aber vielfältige Situationen auftreten, in denen die Pflicht des Arbeitnehmers zur Erbringung seiner Arbeitsleistung suspendiert ist. Man spricht in diesem Fall von der Freistellung des Arbeitnehmers. Innerhalb des Komplexes „Freistellung" kann danach unterschieden werden, ob der Arbeitnehmer während dieser Freistellung seine Vergütung weiterhin erhält oder nicht. Darüber hinaus bietet sich zur sicheren rechtlichen Handhabung der Freistellung eine Unterscheidung danach an, ob die Freistellung einvernehmlich vereinbart wurde oder ob sie einseitig herbeigeführt wird.

## II. Freistellung unter Fortzahlung der Vergütung

Eine Freistellung des Arbeitnehmers von der Arbeitspflicht unter Fortzahlung seiner Vergütung kann sich aus verschiedenen Rechtsquellen ergeben. Am relevantesten sind bezahlte Freistellungsansprüche des Arbeitnehmers aus dem Gesetz beziehungsweise aus einem Tarifvertrag.

### 1. Erholungsurlaub

Bedeutendster Fall der bezahlten Freistellung eines Arbeitnehmers ist die Inanspruchnahme des Erholungsurlaubs. Ein Mindesturlaubsanspruch von 24 Werktagen bezogen auf eine Sechstagewoche (20 Werktage bei einer Fünftagewoche) ergibt sich unmittelbar aus § 3 BUrlG. Während der Inanspruchnahme des Erholungsurlaubs ist dem Arbeitnehmer ein Urlaubsentgelt zu zahlen, das sich im Grundsatz nach dem durchschnittlichen Arbeitsverdienst in den letzten 13 Wochen vor Beginn des Urlaubs richtet (§ 11 Abs. 1 BUrlG). Über diesen Mindesturlaubsanspruch hinausgehend haben die Tarifvertragsparteien in § 26 TVöD/TV-L einen zusätzlichen tariflichen Urlaubsanspruch geschaffen (Breier/Dassau TVöD Komm. § 26 Rn. 152; Sponer/Steinherr TV-L Komm. § 26 Rn. 136). Der Gesamturlaubsanspruch beträgt danach bei einer vom Arbeitnehmer zu leistenden Fünftagewoche 30 Arbeitstage (§ 26 TVöD/TV-L) (siehe → *Urlaub*). Daneben enthält § 27 TVöD/TV-L einen Anspruch auf tarifvertraglichen Zusatzurlaub unter Fortzahlung der Vergütung für Arbeitnehmer, die Wechselschichtarbeit oder Schichtarbeit leisten (Breier/Dassau TVöD Komm. § 27 Rn. 21; Sponer/Steinherr TV-L Komm. § 27 Rn. 38).

### 2. Bildungsurlaub

Ein weiterer Anspruch des Arbeitnehmers auf bezahlte Freistellung ergibt sich aus den Bildungsurlaubsgesetzen der Bundesländer. In allen Bundesländern mit Ausnahme von Bayern, Sachsen und Thüringen besteht ein gesetzlicher Anspruch auf bezahlte Freistellung zur Teilnahme an einer politischen oder beruflichen Weiterbildungsmaßnahme. Welche Maßnahmen darunterfallen, wird in den Landesgesetzen zum Teil unterschiedlich definiert.

 **ACHTUNG!**

Inhalt dieses Anspruchs ist die bezahlte Freistellung von der Arbeitspflicht. Hat der Arbeitnehmer zum Beispiel aufgrund einer Teilzeitbeschäftigung an einzelnen Tagen der Bildungsveranstaltung ohnehin keine Arbeitsleistung zu erbringen, hat er für diese Tage keinen Anspruch gegen den Arbeitgeber auf Fortzahlung der Vergütung (BAG v. 21.9.1999, 9 AZR 765/98, ZTR 2000, 323).

### 3. Vorübergehende Verhinderung des Arbeitnehmers

Nach § 616 BGB behält der Arbeitnehmer seinen Anspruch auf die Vergütung, wenn er für eine verhältnismäßig nicht erhebliche Zeit durch einen in seiner Person liegenden Grund ohne Verschulden an der Erbringung seiner Arbeitsleistung verhindert ist.

**Beispiele**

Heirat, Geburt eines Kindes, Tod oder schwere Erkrankung eines nahen Angehörigen, Arztbesuche, Vorladungen zu Behörden und Gerichten oder kollidierende staatsbürgerliche Pflichten.

 **Hinweis:**

Voraussetzung eines Anspruchs auf Fortzahlung der Vergütung nach § 616 BGB ist ein den einzelnen Arbeitnehmer treffendes persönliches Leistungshindernis. Objektive Leistungshindernisse (z. B. die Corona-Pandemie; nicht aber einzelne Quarantäneanordnungen, vgl. OLG Hamm v. 29.10.2021, 11 U 60/21), die eine Vielzahl von Arbeitnehmern betreffen, gehören nicht zu den vom Arbeitgeber zu tragenden und einzukalkulierenden Risiken, die von § 616 BGB erfasst sein sollen (ErfK/Preis, 20. Aufl., BGB, § 616 Rn. 3; HWK/Krause, 8. Aufl., BGB, § 616 Rn. 35, 17).

In einem Tarifvertrag, einer Dienstvereinbarung oder dem Arbeitsvertrag kann eine Konkretisierung der Fälle erfolgen, in denen eine Freistellung des Arbeitnehmers wegen vorübergehender Verhinderung unter Fortzahlung der Vergütung erfolgen soll. Ebenso kann in Abweichung von § 616 BGB auch vereinbart werden, dass Arbeitnehmer nur für tatsächlich geleistete Arbeit eine Vergütung erhalten sollen (BAG v. 25.8.1982, 4 AZR 1064/79 für eine tarifvertragliche Abweichung, BAG v. 7.2.2007, 5 AZR 270/06, ZTR 2007, 391 für eine einzelvertragliche Abweichung).

Ob eine solche Abweichung auch in einem Formulararbeitsvertrag erfolgen kann, der einer Inhaltskontrolle der Arbeitsgerichte nach den §§ 305 ff. BGB unterworfen ist, ist bislang nicht abschließend entschieden worden (offen gelassen von BAG v. 7.2.2007, 5 AZR 270/06, ZTR 2007, 391; dagegen ErfK/*Preis*, §§ 305–310 BGB, Rn. 82).

 **ACHTUNG!**

Ist für das jeweilige Arbeitsverhältnis keine Beschränkung der Fallgestaltungen in einem Tarifvertrag, einer Dienstvereinbarung oder dem Arbeitsvertrag getroffen worden, in denen eine Fortzahlung der Vergütung wegen vorübergehender Verhinderung des Arbeitnehmers erfolgen soll, besteht eine Pflicht zur Fortzahlung der Vergütung grundsätzlich bei jeder zeitlich geringfügigen Verhinderung des Arbeitnehmers.

Soweit in einem Tarifvertrag, einer Dienstvereinbarung oder dem Arbeitsvertrag in Abweichung von § 616 BGB eine Bestimmung darüber getroffen wurde, auf welche Fälle sich die Vergütungsfortzahlung bei vorübergehender Verhinderung des Arbeitnehmers beschränken soll, muss ausgelegt werden, ob diese Bestimmung abschließenden Charakter besitzen soll oder lediglich einige Beispielsfälle benennt, in denen auf jeden Fall eine Vergütungsfortzahlung erfolgen soll (BAG v. 17.10.1985, 6 AZR

571/82 zu abschließender Regelung; BAG v. 27.6.1990, 5 AZR 365/89, ZTR 1990, 480 für bloße Konkretisierung des § 616 BGB). Bei Aufnahme einer Formulierung in den Arbeitsvertrag empfiehlt sich hier eine sorgfältige Vorgehensweise, damit der Wille der Vertragsparteien hinreichend deutlich wird.

 **Formulierungsbeispiel:**

„Der Arbeitnehmer wird unter Fortzahlung seiner Vergütung und ohne Anrechnung auf seinen Urlaubsanspruch ausschließlich in folgenden Fällen freigestellt:

- ► Eheschließung (2 Tage),

- ► Tod des Ehegatten, Partners, der Eltern oder eines Kindes (2 Tage),

- ► Geburt eines Kindes (1 Tag),

- ► Erkrankung eines Kindes, sofern die Erforderlichkeit der Anwesenheit durch ärztliches Attest bescheinigt wird (1 Tag),

- ► vom Arbeitgeber veranlasster Wohnungswechsel (2 Tage)."

Im Anwendungsbereich des TVöD/TV-L gilt Folgendes: In § 29 TVöD/TV-L haben die Tarifvertragsparteien für den öffentlichen Dienst abschließend geregelt, in welchen Fällen eine Fortzahlung der Vergütung bei vorübergehender Verhinderung des Arbeitnehmers erfolgen soll (Breier/Dassau TVöD Komm. § 29 Rn. 15; Sponer/Steinherr TV-L Komm. § 29 Rn. 15).

 **ACHTUNG!**

Ist der Arbeitnehmer nicht gesetzlich krankenversichert, steht ihm nach § 29 Abs. 1 Buchst. e, Doppelbuchst. bb TVöD/TV-L ein Anspruch auf bezahlte Freistellung für bis zu vier Arbeitstage pro Kalenderjahr zu, wenn ein Kind bis zur Vollendung des 12. Lebensjahrs schwer erkrankt ist, nicht anderweitig betreut werden kann und wenn vom behandelnden Arzt die Notwendigkeit des Pflegebedarfs bescheinigt wurde. Dieser Freistellungsanspruch besteht für jedes Kind unter den genannten Voraussetzungen gesondert (BAG v. 5.8.2014, 9 AZR 878/12). Allerdings sieht § 29 Abs. 1 S. 3 TVöD/TV-L eine Gesamtbelastungsobergrenze von fünf Arbeitstagen pro Kalenderjahr vor, die auch bei mehreren Kindern oder pflegebedürftigen Angehörigen nicht überschritten werden darf.

Sofern eine Mitgliedschaft in der gesetzlichen Krankenversicherung besteht, sehen der TVöD und der TV-L für Kinder vor Vollendung des 12. Lebensjahrs dagegen keinen Anspruch auf bezahlte Freistellung vor. Allerdings kann nach § 45 Abs. 2 S. 1 SGB V für jedes erkrankte Kind für eine Dauer von bis zu 10 Arbeitstagen Krankengeld während einer unbezahlten Freistellung beantragt werden, maximal für 25 Arbeitstage pro Kalenderjahr für sämtliche Kinder.

## 4. Weitere gesetzliche Freistellungen mit Vergütungsfortzahlung

Ein Anspruch auf bezahlte Freistellung von der Arbeit besteht auch für Personalratsmitglieder, die nicht nach § 52 Abs. 2 BPersVG oder einer entsprechenden Regelung aus den Personalvertretungsgesetzen der Länder generell freigestellt sind, sofern das Versäumnis von Arbeitszeit zur ordnungsgemäßen Wahrnehmung der Aufgaben im Personalrat erforderlich ist. Für die Vertrauenspersonen der schwerbehinderten Menschen ergibt sich ein vergleichbarer Anspruch aus § 179 SGB IX (BAG v. 8.6.2016, 7 ABR 39/14). Eine Schulung im allgemeinen Kündigungsschutzrecht ist beispielsweise nicht erforderlich, sofern der örtliche Personalrat nur für Probezeitkündigungen zuständig ist (OVG Berlin-Brandenburg v. 14.8.2015, OVG 62 PV 16.14). Ein entsprechender Anspruch ergibt sich aus § 51 S. 1 BPersVG

sowie den Personalvertretungsgesetzen der Länder. Nach § 51 S. 2 BPersVG besteht zum Ausgleich für Personalratstätigkeit, die zur ordnungsgemäßen Aufgabenerfüllung außerhalb der persönlichen Arbeitszeit durchzuführen ist, Anspruch auf entsprechende Arbeitsbefreiung unter Fortzahlung des Arbeitsentgelts. Bei der zeitlichen Festlegung dieser Arbeitsbefreiung hat der Dienstherr die Wünsche des Personalratsmitglieds aber nicht entsprechend den Grundsätzen der Urlaubsgewährung nach § 7 Abs. 1 S. 1 BUrlG zu berücksichtigen. Die Freistellung muss lediglich billigem Ermessen gemäß § 315 Abs. 3 BGB entsprechen (BAG v. 15.2.2012, 7 AZR 774/10, ZTR 2012, 471). Für privatisierte Unternehmen, in denen das Betriebsverfassungsgesetz Anwendung findet, ergibt sich ein Freistellungsanspruch der Betriebsratsmitglieder aus § 37 Abs. 2 BetrVG. Für die Dauer der Freistellung besteht insoweit keine Verpflichtung zur Arbeitsleistung. Anstelle der Arbeitspflicht tritt jedoch die Verpflichtung des Personalrats- oder Betriebsratsmitglieds, während seiner arbeitsvertraglichen Arbeitszeit im Betrieb anwesend zu sein und sich dort für anfallende Betriebsratsarbeit bereitzuhalten. Soweit ein Gremiumsmitglied nicht in diesem Sinne im Umfange seiner Arbeitszeit Personalrats- oder Betriebsratstätigkeit erbringt, kann dies zu Abzügen vom Arbeitsentgelt führen, weil die Freistellung nicht für die vorgesehene Tätigkeit genutzt wurde und deshalb der Anspruch auf Leistung von Arbeitsentgelt ohne berufliche Arbeitsleistung entfällt (BAG v. 10.7.2013, 7 ABR 22/12, ZTR 2013, 644).

Der Anspruch auf Freistellung besteht auch, wenn das Betriebsratsmitglied an einer zwar außerhalb seiner persönlichen Arbeitszeit liegenden Betriebsratssitzung teilnimmt, er zur Einhaltung der gesetzlich vorgeschriebenen Ruhezeit von elf Stunden jedoch seine davor oder danach liegende Arbeitszeit verkürzen muss (BAG v. 18.1.2017, 7 AZR 224/15). Für Betriebsratssitzungen, die außerhalb der persönlichen Arbeitszeit liegen, besteht der Freistellungsanspruch nur in dem zeitlichen Umfang, in dem das Betriebsratsmitglied auch tatsächlich Betriebsratstätigkeiten außerhalb der Arbeitszeit wahrgenommen hat (BAG v. 26.9.2018, 7 AZR 829/16, ZTR 2019, 186). Dies gilt auch für die Teilnahme an Schulungs- und Bildungsveranstaltungen, soweit diese Kenntnisse vermitteln, die für die Arbeit des Betriebsrats erforderlich sind (LAG Sachsen v. 21.3.2022, 2 Sa 77/21).

Für Auszubildende besteht ein gesonderter Anspruch auf Freistellung von der Arbeitspflicht für die Teilnahme am Berufsschulunterricht und an Prüfungen sowie für die Teilnahme an außerhalb der Ausbildungsstätte stattfindenden Ausbildungsmaßnahmen (§ 15 BBiG). Während dieser Zeiten ist den Auszubildenden die Ausbildungsvergütung fortzugewähren (§ 19 Abs. 1 Nr. 1 BBiG).

Werden ärztlicherseits Beschäftigungsverbote für schwangere Frauen oder Frauen nach der Entbindung ausgesprochen, sind die betroffenen Frauen in Befolgung der Beschäftigungsverbote nach § 16 Abs. 1 und 2 MuSchG von der Arbeit freizustellen. Während dieser Freistellung ist ihnen aufgrund § 18 MuSchG Mutterschutzlohn in Höhe des durchschnittlichen Arbeitsentgeltes der letzten drei abgerechneten Kalendermonate vor Eintritt der Schwangerschaft zu zahlen.

## III. Freistellung ohne Fortzahlung der Vergütung

Das Arbeitsverhältnis beinhaltet keinen allgemeinen Anspruch des Arbeitnehmers, auf Verlangen hin von der Arbeitsleistung freigestellt zu werden. Da dem Arbeitgeber durch eine Freistellung die vertragliche Hauptleistung des Arbeitnehmers entgeht, bedarf auch die unbezahlte Freistellung des Arbeitnehmers von der Arbeitspflicht einer Rechtsgrundlage.

## 1. Unentgeltliche Freistellung aus Gesetz

Ein Anspruch des Arbeitnehmers auf Freistellung unter Verlust seines Vergütungsanspruchs gegen den Arbeitgeber kann sich aufgrund einer gesetzlichen Grundlage ergeben. Wichtigster Grund für eine derartige Freistellung ist die Inanspruchnahme von Elternzeit. Nach § 15 Abs. 1 BEEG besteht der Anspruch auf Elternzeit, wenn ein Arbeitnehmer mit seinem Kind in einem Haushalt lebt und das Kind selbst betreut und erzieht. Der Anspruch kann nach § 15 Abs. 1a BEEG auch von Großeltern in Anspruch genommen werden, wenn kein Elternteil im selben Zeitraum Elternzeit beansprucht. Unter den näheren Voraussetzungen des § 15 Abs. 5–7 BEEG kann statt der vollständigen auch eine teilweise Freistellung von der Arbeitspflicht verlangt werden. Elternzeit kann gemäß § 15 Abs. 2 BEEG bis zu einer Höchstdauer von drei Jahren in Anspruch genommen werden. Die Inanspruchnahme von Elternzeit ist nur auf Initiative des Arbeitnehmers möglich und kann nicht einseitig vom Arbeitgeber beschlossen werden (§ 16 BEEG). Für nähere Einzelheiten zur Elternzeit vgl. → *Elternzeit*. Finanzielle Ansprüche gegen den Arbeitgeber können aber nach § 20 Abs. 1 MuSchG während der Beschäftigungsverbote in den letzten sechs Wochen vor und den ersten acht (in Sonderfällen zwölf) Wochen nach der Entbindung auf den Unterschiedsbetrag zwischen dem Mutterschaftsgeld und dem bisherigen Einkommen entstehen. Das Elterngeld (§§ 1–14 BEEG) ist dagegen eine sozialrechtliche Entgeltersatzleistung des Staates, die keine Leistungspflichten des Arbeitgebers begründet.

Seit dem 1. Juli 2008 besteht ein vollständiger oder teilweiser Freistellungsanspruch des Arbeitnehmers während der Inanspruchnahme einer Pflegezeit (vgl. → *Pflegezeit*). Unter den Voraussetzungen der §§ 3, 4 PflegeZG ist der Arbeitnehmer auf Verlangen bis zu einer Dauer von sechs Monaten von der Arbeitsleistung freizustellen, wenn er in häuslicher Umgebung einen pflegebedürftigen nahen Angehörigen zu pflegen beabsichtigt. Die Pflegebedürftigkeit ist durch Vorlage einer Bescheinigung der Pflegekasse oder des Medizinischen Dienstes der Krankenversicherung gegenüber dem Arbeitgeber nachzuweisen. Ein Vergütungsanspruch des Arbeitnehmers besteht während der Inanspruchnahme der Pflegezeit nicht. Darüber hinaus besteht nach § 2 Abs. 1 PflegeZG ein Freistellungsanspruch für bis zu zehn Arbeitstage, wenn dies zur Organisation der bedarfsgerechten Pflege in einer akut auftretenden Pflegesituation eines nahen Angehörigen oder zur Sicherstellung einer pflegerischen Versorgung in dieser Zeit erforderlich ist. Ob der Arbeitnehmer während eines solchen kurzzeitigen Freistellungszeitraums einen Anspruch auf Fortzahlung seiner Vergütung besitzt, bestimmt sich nach den auf das Arbeitsverhältnis anwendbaren Bestimmungen über vorübergehende Verhinderungen des Arbeitnehmers (vgl. Punkt II.3.). Das zum 1.1.2012 in Kraft getretene Familienpflegezeitgesetz sieht dagegen keinen Freistellungsanspruch des Arbeitnehmers vor. Arbeitnehmer und Arbeitgeber können danach lediglich einvernehmlich vereinbaren, die regelmäßige Arbeitszeit des Arbeitnehmers zur Versorgung eines in häuslicher Umgebung zu pflegenden nahen Angehörigen für die Dauer von längstens 24 Monaten auf mindestens 15 Stunden pro Woche zu reduzieren. Neben der Vergütung für die verbleibende Arbeitsleistung erhält der Arbeitnehmer in diesem Fall die Hälfte des aufgrund der Arbeitszeitverringerung entstehenden Entgeltausfalls vom Arbeitgeber vorfinanziert, der dafür ein zinsloses Darlehen des Bundesamtes für Familie und zivilgesellschaftliche Aufgaben beantra-

gen kann. Nach Beendigung der Familienpflegezeit erhält der Arbeitnehmer sodann bei voller Arbeitsleistung nur eine anteilige Vergütung, bis die Vorleistung des Arbeitgebers wieder ausgeglichen ist.

Weitere Freistellungsansprüche der Arbeitnehmer ergeben sich während der Dauer des Wehrdienstes nach § 1 ArbPlSchG sowie während der Dauer des Zivildienstes nach § 78 Abs. 1 Nr. 1 ZDG i. V. m. § 1 ArbPlSchG. Wird ein Arbeitnehmer im öffentlichen Dienst zu einer Wehrübung herangezogen, besitzt er nach § 1 Abs. 2 ArbPlSchG sogar einen Vergütungsanspruch in Höhe des Urlaubsentgelts (vgl. → *Wehr- und Bundesfreiwilligendienst*). Soweit im Einzelfall nicht bereits ein Anspruch auf bezahlte Freistellung gegen den Arbeitgeber besteht (vgl. Punkt II.3.), hat ein gesetzlich krankenversicherter Arbeitnehmer Anspruch auf unbezahlte Freistellung nach § 45 Abs. 3 Satz 1 SGB V, wenn dies nach ärztlichem Zeugnis zur Beaufsichtigung, Betreuung oder Pflege eines erkrankten und versicherten Kindes erforderlich ist.

## 2. Unentgeltliche Freistellung aus Tarifvertrag

In Tarifverträgen werden teilweise Regelungen getroffen, wonach die diesen Verträgen unterfallenden Arbeitnehmer eine unentgeltliche Freistellung von der Arbeitspflicht beanspruchen können. Für den Bereich des öffentlichen Dienstes ist in diesem Zusammenhang insbesondere die Regelung des § 28 TVöD/TV-L relevant (Breier/Dassau TVöD Komm. § 28 Rn. 1; Sponer/Steinherr TV-L Komm. § 28 Rn. 13). Danach können Beschäftigte bei Vorliegen eines wichtigen Grundes Sonderurlaub beantragen, verlieren während dieser Zeit jedoch den Anspruch auf Fortzahlung ihres Entgelts (vgl. → *Urlaub*).

In Tarifverträgen und in Dienstvereinbarungen können zudem Regelungen getroffen werden, wonach Arbeitnehmer für einen gewissen Zeitraum zur Ermöglichung zeitintensiver privater Vorhaben von der Arbeitspflicht freigestellt werden können (vgl. auch Punkt III.3.).

Zu Freistellungen wegen Inanspruchnahme von tarifvertraglicher Altersteilzeit vgl. → *Altersteilzeit*. Auch während der Freistellungsphase der Altersteilzeit im Blockmodell besteht ein Anspruch auf Zahlung einer tarifvertraglichen Corona-Sonderzahlung, denn die Sonderzahlung steht nach Auslegung der Tarifverträge nicht in Abhängigkeit von tatsächlich erbrachten Arbeitsleistungen (BAG v. 28.3.2023, 9 AZR 107/22; anders noch die Vorinstanz LAG Hamm v. 26.1.2022, 9 Sa 1023/21). Mit gleicher Argumentation lässt sich auch ein Anspruch auf eine Inflationsausgleichsprämie und ähnliche Sonderzahlungen bejahen.

## 3. Unentgeltliche Freistellung aus Arbeitsvertrag

Ebenso kann eine Freistellung des Arbeitnehmers ohne Fortzahlung der Vergütung auch im Arbeitsvertrag oder einer ergänzenden individuellen Vereinbarung zwischen Arbeitgeber und Arbeitnehmer vereinbart werden. Eine solche Freistellung kann etwa dergestalt vereinbart werden, dass ein Arbeitnehmer für einen bestimmten Zeitraum von der Arbeit freigestellt wird und diese Zeit für selbst gewählte Fortbildungen oder Studien oder für längere Auslandsaufenthalte nutzen kann. Da die Hauptleistungspflichten aus dem Arbeitsverhältnis während einer Freistellung vorübergehend ausgesetzt sind, entstehen während dieser Zeit keine Urlaubsansprüche. Bei einer Freistellung im gesamten Urlaubsjahr entstehen gar keine Urlaubsansprüche, bei teilweiser Freistellung im Urlaubsjahr wird der Urlaubsanspruch für die unterschiedlichen Zeiträume gesondert berechnet (BAG v. 19.3.2019, 9 AZR 315/17, ZTR 2019, 557).

**Formulierungsbeispiel für unentgeltliche Freistellung:**

„1. Der Arbeitnehmer wird auf eigenen Wunsch für den Zeitraum vom ... bis zum ... von seinen arbeitsvertraglichen Pflichten als ... freigestellt.

2. Während der Freistellungsphase erhält der Arbeitnehmer keine Vergütung. Urlaubsansprüche werden während der Freistellungsphase nicht begründet.

3. Nach Beendigung der Freistellungsphase wird der Arbeitnehmer wieder in seinem bisherigen Arbeitsbereich eingesetzt. Ein Anspruch auf einen konkreten Arbeitsplatz besteht nicht.

4. Der Bestand des Arbeitsvertrags bleibt von der Freistellung unberührt. Die Freistellungsphase wird bei der Berechnung der Betriebszugehörigkeit berücksichtigt."

Die Freistellung kann aber auch als sogenanntes Sabbatical derart ausgestaltet werden, dass ein Arbeitnehmer zunächst Mehrarbeit leistet und sich diese im Anschluss in einem zusammenhängenden Zeitraum ausgleichen lässt (ggf. unter Beteiligung der Personalvertretung). Denkbar ist ebenso, mit dem Arbeitnehmer für einen bestimmten Zeitraum die volle Arbeitsleistung bei reduzierter Vergütung zu vereinbaren und den Arbeitnehmer im Anschluss für den entsprechenden Zeitraum von der Arbeitspflicht freizustellen, ihm dann aber ebenfalls die Vergütung teilweise fortzuzahlen. Dieses Modell wird in der Praxis etwa während der Anfertigung von Dissertationen oder als Altersteilzeit gewählt.

 **Formulierungsbeispiel für Sabbatical-Vereinbarung:**

„Präambel

Diese Vereinbarung wird auf ausdrücklichen Wunsch des Arbeitnehmers abgeschlossen, um ihm zu einem späteren Zeitpunkt eine bezahlte Freistellung von der Arbeitspflicht zu ermöglichen.

1. Ansparphase

Der Arbeitnehmer verzichtet im Zeitraum vom ... bis zum ... auf die Auszahlung von ... % seines monatlichen Gehalts, um ein Guthaben für die spätere Freistellung aufbauen zu können.

2. Sabbatical-Konto

Das nach Ziffer 1 aufgebaute Guthaben wird auf einem gesonderten Sabbatical-Konto gutgeschrieben. Das Wertguthaben ist vom Arbeitgeber anzulegen und gegen Insolvenz zu sichern. Der Arbeitnehmer wird vierteljährlich über den Kontostand und die Arbeitszeit informiert, die aufgrund der individuellen Bruttovergütung des Arbeitnehmers mit diesem Guthaben finanziert werden kann.

3. Freistellungsphase

Nach Abschluss der Ansparphase wird der Arbeitnehmer für den Zeitraum vom ... bis zum ... von der Pflicht zur Arbeitsleistung freigestellt. Die Nebenpflichten aus dem Arbeitsverhältnis bleiben während der Freistellung unberührt. Während der Freistellung erhält der Arbeitnehmer ein Bruttomonatsgehalt von ... €, das von dem Guthaben des Sabbatical-Kontos abgezogen wird. Das Restguthaben wird mit Ablauf des letzten Freistellungsmonats an den Arbeitnehmer ausgezahlt.

4. Rückkehrrecht

Nach Beendigung der Freistellungsphase wird das Arbeitsverhältnis nach den vor Abschluss dieser Vereinbarung maßgeblichen Regelungen fortgeführt. Der Arbeitnehmer wird im Rahmen des Direktionsrechts des Arbeitgebers auf einem geeigneten Arbeitsplatz weiterbeschäftigt. Die Freistellungsphase wird auf die Dauer der Betriebszugehörigkeit angerechnet."

## IV. Einseitige Freistellung

Einseitige Suspendierungen der arbeitsvertraglichen Hauptleistungspflichten sind im laufenden Arbeitsverhältnis grundsätzlich unzulässig. Der Arbeitnehmer verstößt gegen arbeitsvertragliche Pflichten, wenn er sich eigenmächtig beurlaubt und der Arbeit fernbleibt. Ein solches Verhalten kann zu einer Abmahnung oder gar außerordentlichen Kündigung durch den Arbeitgeber führen (BAG v. 12.3.2009, 2 AZR 251/07, ZTR 2009, 445). Eine Kündigung kann sogar dann gerechtfertigt sein, wenn dem sich selbst beurlaubenden Arbeitnehmer möglicherweise ein Anspruch auf Freistellung zugestanden hätte (LAG Mecklenburg-Vorpommern v. 23.11.2021, 5 Sa 88/21, ZTR 2022, 184). Hat sich der Arbeitnehmer im Arbeitsverhältnis einer angemessenen Vertragsstrafe unterworfen, kann diese infolge der Selbstbeurlaubung ebenfalls verwirkt sein (BAG v. 4.3.2004, 8 AZR 344/03).

Auch der Arbeitgeber darf den Arbeitnehmer im laufenden Arbeitsverhältnis nicht ohne weiteres von der Arbeit ausschließen und die Annahme der geschuldeten Arbeitsleistung verweigern. Der Arbeitnehmer besitzt einen grundrechtlich durch das aus Art. 2 Abs. 1 i. V. m. Art. 1 Abs. 1 GG folgende Persönlichkeitsrecht geschützten Beschäftigungsanspruch im laufenden Arbeitsverhältnis (BAG v. 22.1.2009, 8 AZR 808/07). Will er diesen Anspruch beenden, muss der Arbeitgeber vorrangig auf das Mittel der Beendigungs- oder der Änderungskündigung zurückgreifen. Der Ausspruch einer rechtmäßigen Freistellung verlangt ein überwiegendes schutzwürdiges Interesse des Arbeitgebers an der Nichtbeschäftigung des Arbeitnehmers (BAG v. 27.2.1985, GS 1/84).

### 1. Unbezahlte Freistellung durch den Arbeitgeber

Der Arbeitgeber ist grundsätzlich nicht dazu befugt, den Arbeitnehmer aus wirtschaftlichen Gründen im laufenden Arbeitsverhältnis freizustellen (BAG v. 18.5.1999, 9 AZR 13/98, ZTR 1999, 515). Nach § 615 S. 3 BGB trägt der Arbeitgeber das Betriebs- und Wirtschaftsrisiko und muss daher auch in beiderseits unverschuldeten Situationen die Vergütung des Arbeitnehmers fortbezahlen.

**Beispiel**

Stromausfall verhindert die Arbeitsleistung. Kein vergleichbarer betriebstechnischer Umstand liegt dagegen vor, wenn der Arbeitnehmer wegen eines vom Kunden verhängten Hausverbots seine Arbeitsleistung nicht erbringen kann (vgl. BAG v. 28.9.2016, 5 AZR 224/16, ZTR 2017, 104).

Hat der Arbeitnehmer eine vorsätzliche unerlaubte Handlung zum Nachteil des Arbeitgebers begangen, kommt eine Aufrechnung des entstandenen Schadens mit dem Entgeltanspruch des Arbeitnehmers ohne Beachtung von Pfändungsfreigrenzen in Betracht (BAG v. 18.3.1997, 3 AZR 756/95). Stellt der Arbeitgeber den Arbeitnehmer wegen dieser Handlung von der Arbeitspflicht frei, entspricht die Situation wirtschaftlich einer unentgeltlichen Suspendierung des Arbeitnehmers.

**Beispiel**

Aus einer Dienststelle werden mehrere Computer entwendet. Der Verdacht fällt auf Arbeitnehmer A. Die Dienststellenleitung hört A vor dem Ausspruch einer beabsichtigten außerordentlichen Kündigung zu den Vorfällen an und stellt ihn gleichzeitig ohne weitere Bezahlung von der Arbeitspflicht frei. Gegenüber der nachfolgenden Klage des A auf Fortzahlung der Vergütung rechnet die Dienststelle mit dem Schadensersatzanspruch wegen der entwendeten Computer auf.

In Sonderfällen kann der Arbeitgeber auch nach dem Ausspruch einer unwirksamen Kündigung mit gleichzeitiger Freistellung von der Fortzahlung der Vergütung befreit sein, wenn ihm die weitere Beschäftigung und Entlohnung des Arbeitnehmers nicht zumutbar ist. Voraussetzung dazu ist aber ein besonders grober Vertragsverstoß des Arbeitnehmers und die Gefährdung von Rechtsgütern des Arbeitgebers, seiner Familienangehörigen oder anderer Arbeitnehmer, deren Schutz Vorrang vor dem Interesse des Arbeitnehmers an der Erhaltung seines Verdienstes hat. Zur Beurteilung dessen ist auf die objektive Rechtswidrigkeit des Verhaltens des Arbeitnehmers abzustellen (BAG v. 16.4.2014, 5 AZR 739/11, ZTR 2014, 496).

Während der Dauer eines Arbeitskampfs kann der Arbeitgeber die Arbeitnehmer unter den Voraussetzungen einer rechtmäßigen Aussperrung oder Betriebsstilllegung von der Arbeitsleistung ausschließen, ohne zur Fortzahlung der Vergütung verpflichtet zu sein (vgl. → *Arbeitskampf*).

### 2. Bezahlte Freistellung durch den Arbeitgeber

Auch eine einseitige Freistellung seitens des Arbeitgebers unter Fortzahlung der vertraglichen Vergütung ist wegen des bestehenden Beschäftigungsanspruchs des Arbeitnehmers im laufenden Arbeitsverhältnis ausgeschlossen. Der Arbeitnehmer läuft anderenfalls Gefahr, seine beruflichen Fähigkeiten und Kenntnisse durch die Nichtbeschäftigung zu verlieren. Selbst eine Freistellungsklausel im Arbeitsvertrag, wonach der Arbeitgeber ohne nähere Einschränkungen berechtigt sein soll, die Arbeit des Arbeitnehmers zurückzuweisen, stellt nach überwiegender Auffassung eine unangemessene Benachteiligung des Arbeitnehmers im Sinne des § 307 BGB dar (LAG München v. 7.5.2003, 5 Sa 297/03; LAG Baden-Württemberg v. 5.1.2007, 7 Sa 93/06).

#### Beispiel einer unwirksamen Freistellungsklausel

„Der Arbeitgeber ist berechtigt, den Arbeitnehmer unter Fortzahlung seiner Vergütung von der Arbeitspflicht freizustellen."

Anders sieht die Rechtslage dagegen nach dem Ausspruch einer Kündigung aus. Nach der Rechtsprechung des BAG ist zur Rechtfertigung einer Freistellung stets zu prüfen, ob das Interesse des Arbeitgebers an der Freistellung gegenüber dem Interesse des Arbeitnehmers an der Weiterbeschäftigung überwiegt (BAG v. 11.6.2020, 2 AZR 660/19, ZTR 2020, 552). Bis zum Ablauf der Kündigungsfrist wird im Regelfall das Beschäftigungsinteresse des Arbeitnehmers überwiegen (BAG v. 19.12.1985, 2 AZR 190/85). Ab dem Zeitpunkt, zu dem das Arbeitsverhältnis aufgrund der Kündigung des Arbeitgebers enden würde, besteht dagegen nach mehrheitlich vertretener Auffassung ein überwiegendes Interesse des Arbeitgebers an der Freistellung des Arbeitnehmers (LAG Hamm v. 20.11.2009, 10 Sa 875/09; LAG Rheinland-Pfalz v. 14.7.2009, 3 Sa 250/09). Das Interesse des Arbeitnehmers an der Weiterbeschäftigung überwiegt lediglich bei offensichtlich unwirksamer Kündigung. Gewinnt der Arbeitnehmer im Kündigungsschutzprozess in der 1. Instanz, besteht ab diesem Zeitpunkt ebenfalls ein Weiterbeschäftigungsanspruch (LAG Berlin-Brandenburg v. 30.10.2008, 14 Sa 582/08). Verpflichtet zur Wiederaufnahme seiner Arbeit nach Obsiegen im Prozess ist der Arbeitnehmer aber erst nach einer ausdrücklichen Arbeitsaufforderung durch den Arbeitgeber (BAG v. 19.1.2016, 2 AZR 449/15, ZTR 2016, 591).

#### Beispiel

1. Das Arbeitsverhältnis mit dem Arbeitnehmer wird vom Arbeitgeber durch ordentliche Kündigung vom 12.6.2011 aus verhaltensbedingten Gründen zum 31.7.2011 beendet. Der Arbeitnehmer hat bis zum 31.7.2011 ein überwiegendes Interesse an der Beschäftigung, wenn keine weiteren Gesichtspunkte zugunsten des Arbeitgebers hinzutreten.

2. Das Arbeitsgericht setzt die mündliche Verhandlung über die Kündigungsschutzklage auf den 12.1.2012 an. Bis zu diesem Zeitpunkt besteht grundsätzlich ein überwiegendes Interesse an der Nichtbeschäftigung des Arbeitnehmers, wenn die Kündigung nicht offensichtlich unwirksam ist (z. B. mündliche Kündigung).

3. Am 12.1.2012 verkündet das Arbeitsgericht ein Urteil, in dem der Kündigungsschutzklage stattgegeben wird. Der Arbeitgeber will Berufung gegen das Urteil vor dem Landesarbeitsgericht einlegen. Ab Ergehen des stattgebenden erstinstanzlichen Urteils besteht ein Weiterbeschäftigungsanspruch des Arbeitnehmers, sofern keine weiteren Umstände zugunsten des Arbeitgebers hinzutreten (z. B. Gefährdung von Betriebsgeheimnissen). Voraussetzung einer Durchsetzung dieses Weiterbeschäftigungsanspruchs ist jedoch ein vom Arbeitnehmer rechtzeitig gestellter Weiterbeschäftigungsantrag im Rechtsstreit.

## V. Rechtsfolgen

Durch einseitige Freistellung des Arbeitnehmers gerät der Arbeitgeber in Annahmeverzug und ist nach § 615 Satz 1 BGB zur Fortzahlung der Vergütung verpflichtet (zu den Ausnahmen siehe Punkt IV.1.). Der Anspruch auf Fortzahlung der Vergütung entfällt indessen nach § 297 BGB, wenn der Arbeitnehmer außerstande ist, im fraglichen Zeitraum seine Arbeitsleistung überhaupt zu erbringen, sog. Unvermögen (vgl. BAG v. 21.10.2015, 5 AZR 843/14, zu einem behördlichen Beschäftigungsverbot). Erzielt der Arbeitnehmer während dieser Zeit anderweitiges Einkommen, muss er sich dieses nach § 615 Satz 2 BGB auf seinen Vergütungsanspruch anrechnen lassen. Erfolgt die Freistellung aufgrund einer Vereinbarung zwischen den Parteien, entscheidet sich das Fortbestehen des Vergütungsanspruchs nach der jeweiligen Abrede. Anderweitigen Verdienst muss sich der Arbeitnehmer in diesem Fall nur dann anrechnen lassen, wenn dies gesondert vereinbart wurde. § 615 Satz 2 BGB findet keine Anwendung (BAG v. 19.3.2002, 9 AZR 16/01, ZTR 2003, 98). Das während der Dauer des Arbeitsverhältnisses bestehende Wettbewerbsverbot endet durch die einseitige Freistellung des Arbeitnehmers, sodass der Arbeitnehmer grundsätzlich zur Konkurrenztätigkeit berechtigt ist (BAG v. 6.9.2006, 5 AZR 703/05, ZTR 2007, 103). Im Falle einer einvernehmlichen Freistellung – etwa nach Unterzeichnung eines Aufhebungsvertrags – besteht dagegen grundsätzlich das Wettbewerbsverbot bis zum vereinbarten Beendigungszeitpunkt des Arbeitsvertrags weiter. Die unter Verstoß gegen ein Wettbewerbsverbot erzielte Vergütung ist allerdings nur dann auf den Vergütungsanspruch aus der Freistellungsvereinbarung anzurechnen, wenn die Anrechnung anderweitigen Verdienstes vertraglich vorgesehen ist (BAG v. 17.10.2012, 10 AZR 809/11). Im Einzelfall kann sich eine Anrechnungsvereinbarung auch konkludent aus ergänzender Vertragsauslegung ergeben (für den Fall der Aufnahme einer sog. Sprinterklausel in einen Aufhebungsvertrag vgl. BAG v. 23.2.2021, 5 AZR 314/20, ZTR 2021, 400 unter Verweis auf deren Zweck, bei Aufnahme einer anderen Tätigkeit von der Möglichkeit der vorzeitigen Beendigung des Arbeitsverhältnisses Gebrauch zu machen und die hieran geknüpfte Abfindung – anstelle einer doppelten Vergütung – zu erhalten).

Erkrankt der Arbeitnehmer im Freistellungszeitraum, stehen ihm lediglich bei einer bezahlten Freistellung Entgeltfortzahlungsansprüche gegen den Arbeitgeber zu. Bei unentgeltlicher Freistellung stellt im Regelfall nicht die Erkrankung, sondern die Freistellung den Grund für den Wegfall des Vergütungsanspruchs dar. Krankheitstage während einer bezahlten (tariflichen) Freistellung sind nachzugewähren (BAG v. 23.2.2022, 10 AZR 99/21).

Urlaubsansprüche können während eines Freistellungszeitraums nur dann erfüllt werden, wenn die Freistellung unwiderruflich erfolgt (BAG v. 19.5.2009, 9 AZR 433/08, ZTR 2010, 162). Der mit der Urlaubsgewährung beabsichtigte Erholungszweck kann nur dann eintreten, wenn der Arbeitnehmer nicht mit dem Widerruf seiner Freistellung und der womöglich kurzfristig erneut eintretenden Arbeitspflicht rechnen muss. Die Anrechnung von Freizeitausgleichsansprüchen kann dagegen auch bei einer widerruflichen Freistellung erfolgen, da die Gewährung von Freizeitausgleich dem Direktionsrecht aus § 106 S. 1 GewO unterliegt (BAG v. 19.5.2009, 9 AZR 433/08).

 **ACHTUNG!**
Die Sicherstellung der Urlaubsanrechnung auf den Freistellungszeitraum setzt keine konkrete Vorgabe des Arbeitgebers voraus, an welchen Tagen oder in welchen Zeiträumen der Urlaub tatsächlich gewährt werden soll. Sofern der Arbeitgeber hier keine nähere Bestimmung trifft, ist der Arbeitnehmer zur Festlegung des Urlaubs während des Freistellungszeitraums berechtigt (BAG v. 16.7.2013, 9 AZR 50/12).

Zugunsten des Arbeitnehmers geht das BAG indessen davon aus, dass jede nicht ausdrücklich als widerruflich bezeichnete Freistellung unwiderruflich erfolgt. Der Arbeitgeber muss die Anrechnung des Urlaubsanspruchs auf die Freistellung jedoch ausdrücklich im Vorfeld erklären, wenn er sich auf eine Anspruchserfüllung berufen will (BAG v. 14.3.2006, 9 AZR 11/05, ZTR 2007, 329; BAG v. 14.8.2007, 9 AZR 934/06). Es empfiehlt sich daher, die Anrechnung des Urlaubsanspruchs ausdrücklich bei Ausspruch der Freistellung mitzuteilen. Soll bei einer Freistellung des Arbeitnehmers während der Kündigungsfrist eine Verrechnung mit dem Guthabensaldo aus dem Arbeitszeitkonto erfolgen, muss der Arbeitgeber auch dies ausdrücklich erklären. Die bloße Anrechnung ausstehender Urlaubsansprüche genügt für eine Erfüllung auch des Guthabens auf dem Arbeitszeitkonto nicht (vgl. BAG v. 20.11.2019, 5 AZR 578/18, ZTR 2020, 298). Dasselbe wird für andere Freizeitausgleichsansprüche (z. B. ausstehende Überstunden) gelten müssen.

Soll sich der Arbeitnehmer während der unwiderruflichen Freistellung unter Urlaubsanrechnung anderweitigen Verdienst auf das vom Arbeitgeber fortzuzahlende Entgelt nach § 615 Satz 2 BGB anrechnen lassen müssen, sollte dies bei Ausspruch der Freistellung ausdrücklich vorbehalten werden (BAG v. 19.3.2002, 9 AZR 16/01, ZTR 2003, 98; BAG v. 6.9.2006, 5 AZR 703/05, ZTR 2007, 103).

 **Formulierungsbeispiel für eine Freistellung nach Ausspruch einer Kündigung:**
„Bis zum Ablauf der Kündigungsfrist werden Sie unter Anrechnung noch bestehender Urlaubs- sowie Mehrarbeitsausgleichsansprüche von Ihrer Arbeitspflicht unwiderruflich freigestellt. Während der Freistellung müssen Sie sich den Wert dessen anrechnen lassen, was Sie durch anderweitige Verwertung Ihrer Arbeitskraft erwerben oder zu erwerben böswillig unterlassen."

Ein verhaltensbedingt fristlos gekündigter Arbeitnehmer unterlässt grundsätzlich nicht böswillig anderweitigen Verdienst, wenn die Aufnahme einer Prozessbeschäftigung bei dem bisherigen Arbeitgeber abgelehnt wird. Solange die Vorwürfe im laufenden Kündigungsschutzprozess nicht mindestens erstinstanzlich geklärt sind, ist die Aufnahme einer Prozessbeschäftigung für den Arbeitnehmer nicht zumutbar (BAG v. 29.3.2023, 5 AZR 255/22).

 **ACHTUNG!**
Bei einer jahresübergreifenden Kündigungsfrist erstreckt sich die Freistellungserklärung des Arbeitgebers regelmäßig auch auf den erst im Folgejahr entstehenden Urlaubsanspruch (Beispiel: Kündigung mit sofortiger Freistellung vom 13.11.2011 zum 31.3.2012 ermöglicht auch die Anrechnung des erst im ersten Quartal 2012 entstehenden Teilurlaubsanspruchs).

Will der Arbeitgeber aber für den Fall eines Unterliegens im Kündigungsschutzprozess den kompletten Jahresurlaub des Folgejahres abgelten, der überhaupt nur dann entsteht, wenn das Arbeitsverhältnis nicht durch die Kündigung beendet wurde, muss er dies ausdrücklich erklären (vgl. BAG v. 17.5.2011, 9 AZR 189/10).

Eine Freistellung gegen Fortzahlung der geschuldeten Vergütung ändert nichts an der fortbestehenden Sozialversicherungspflicht. Das beitragsrechtliche sozialversicherungsrechtliche Beschäftigungsverhältnis wird nicht beendet, solange der Arbeitgeber zur Fortzahlung des Arbeitsentgelts verpflichtet ist (BSG v. 16.2.2005, B 1 KR 19/03). Dasselbe gilt bei einer einvernehmlichen Freistellung zwischen den Vertragsparteien. Auch wenn der Arbeitnehmer tatsächlich keine Arbeitsleistung mehr erbringt, besteht die Sozialversicherungspflicht weiter, solange das zugrundeliegende Arbeitsverhältnis noch vollzogen wird. Dieser Vollzug kann auch durch die bloße Fortzahlung der Vergütung dokumentiert werden (BSG v. 24.9.2008, B 12 KR 22/07 R). Umgekehrt hat der freigestellte Arbeitnehmer grundsätzlich einen Anspruch auf Arbeitslosengeld, sobald der Arbeitgeber nach einer Freistellung die Fortzahlung der Vergütung einstellt.

 **WICHTIG!**
Entgegen der langjährigen Interpretation der sozialgerichtlichen Rechtsprechung endet das sozialversicherungsrechtliche Beschäftigungsverhältnis auch in beitragsrechtlicher Hinsicht nicht durch eine einvernehmliche unwiderrufliche Freistellung des Arbeitnehmers (so etwa Schreiben der Spitzenverbände der Sozialversicherungsträger v. 5./6.7.2005, NZA 2006, 88). Der Arbeitgeber bleibt zur Zahlung der Sozialversicherungsbeiträge verpflichtet, solange das zugrunde liegende Rechtsverhältnis fortbesteht (BSG v. 24.9.2008, B 12 KR 22/07 R). Die Frage der Widerruflichkeit der Freistellung hat daher keine Auswirkung auf die Beitragspflicht des Arbeitgebers.

Umgekehrt hat der Arbeitnehmer in leistungsrechtlicher Hinsicht ab dem Zeitpunkt der unwiderruflichen Freistellung grundsätzlich einen Anspruch auf Arbeitslosengeld, da Arbeitslosigkeit durch das Ende der tatsächlichen Beschäftigung und nicht durch das formale Ende des Arbeitsverhältnisses eintritt. Dies berechtigt etwa zum Leistungsbezug im Falle einer vorzeitigen Einstellung der Entgeltzahlung durch den Arbeitgeber (sog. Gleichwohlgewährung nach § 157 Abs. 3 SGB III). Zahlt der Arbeitgeber hingegen das Entgelt während der Freistellung fort, ruht der Anspruch auf Arbeitslosengeld trotz grundsätzlicher Anspruchsberechtigung des Arbeitnehmers (§ 157 Abs. 1 SGB III). Die in Zeiten einer unwiderruflichen Freistellung gezahlte Vergütung ist in voller Höhe für die Bemessung des späteren Arbeitslosengeldanspruchs zu berücksichtigen (BSG v. 30.8.2018, B 11 AL 15/17 R).

 **Hinweis:**
Soweit angesichts einer Mitwirkung des Arbeitnehmers an der Vertragsbeendigung (z. B. wegen Vereinbarung eines Aufhebungsvertrags) mit der Verhängung einer Sperrzeit durch die Agentur für Arbeit nach § 159 Abs. 1 Nr. 1 SGB III zu rechnen ist, kann sich die Stellung eines Arbeitslosengeldantrags bereits während der vereinbarten Freistellungsphase anbieten. Die Sperrzeit kann in diesem Fall bereits in den letzten 12 Wochen der Freistellungsphase verbraucht werden, sodass

der Arbeitnehmer unmittelbar nach Beendigung des Arbeitsverhältnisses arbeitslosengeldberechtigt ist (vgl. BSG v. 25.4.2002, B 11 AL 65/01 R). An der Minderung der Gesamtanspruchsdauer auf Bezug von Arbeitslosengeld um ein Viertel nach § 148 Abs. 1 Nr. 4 SGB III ändert sich hierdurch freilich nichts.

Die Wirksamkeit einer Freistellung hängt nicht von der vorherigen Beteiligung der Personalvertretung ab. Bei einer Freistellung handelt es sich insbesondere um keine Versetzung nach § 78 Abs. 1 Nr. 5 BPersVG, da dem Arbeitnehmer Aufgaben entzogen, nicht jedoch neue Aufgaben übertragen werden (so zur Versetzung nach § 99 Abs. 1 BetrVG vgl. BAG v. 28.3.2000, 1 ABR 17/99, ZTR 2001, 91).

# Fürsorgepflicht

**Wegweiser:**

Für den Bereich der Fürsorgepflicht gilt im Grundsatz das allgemeine Arbeitsrecht. Einzelne Bestandteile der Fürsorgepflicht finden sich im Tarifvertrag für den öffentlichen Dienst (TVöD) und im Tarifvertrag für den öffentlichen Dienst der Länder (TV-L). Ergänzende Hinweise finden sich in Breier/Dassau TVöD Komm. Erl. 1.5.5.1 und 1.6.4 zu § 2 TVöD und in Breier/Dassau TV-L Komm. Erl. 1.6.4 zu § 2 TV-L.

I. **Begriff**

II. **Inhalt**

   1. Schutz von Gesundheit und Leben
   2. Schutz des Eigentums und Vermögens
   3. Schutz des Persönlichkeitsrechts
   4. Aufklärungs- und Unterrichtungspflichten

III. **Inhaltliche Grenzen**

IV. **Zeitliche Grenzen**

V. **Rechtsfolgen**

## I. Begriff

Der Begriff der Fürsorgepflicht umschreibt als Oberbegriff traditionell die Gesamtheit der dem Arbeitgeber obliegenden Rücksichtnahme- und Schutzpflichten und geht auf die Lehre vom „personenrechtlichen Gemeinschaftsverhältnis" zurück. Die Fürsorgepflicht kann arbeitsvertraglich nicht ausgeschlossen werden, sie ist zwingender Bestandteil des Arbeitsverhältnisses. Als Pendant zur Fürsorgepflicht des Arbeitgebers können die sog. Treuepflichten des Arbeitnehmers angesehen werden. Die traditionellen Begrifflichkeiten sind jedoch seit der Schuldrechtsmodernisierung und der damit verbundenen Einführung des § 241 Abs. 2 BGB überholt. Nunmehr ist auch im Arbeitsrecht dogmatisch zu differenzieren zwischen den nebenvertraglichen Schutz- und Rücksichtnahmepflichten nach § 241 Abs. 2 BGB einerseits und den mit der Hauptleistungspflicht eng verknüpften Nebenleistungspflichten (z. B. zur korrekten Lohnabrechnung und Abführung von Sozialversicherungsbeiträgen) nach § 242 BGB andererseits. Gesetzliche Nebenpflichten werden dabei insbesondere durch Schutzgesetze zugunsten des Arbeitnehmers erzeugt. Hierzu gehören z. B. das BUrlG, das EFZG, das ArbSchG, das ArbZG, das AGG und das MuSchG.

**Hinweis:**

Nebenpflichten des Arbeitgebers können sich auch aus dem TVöD/TV-L ergeben. So enthält etwa § 28 TVöD/TV-L die Verpflichtung des Arbeitgebers, über einen Antrag des Beschäftigten auf unbezahlten Sonderurlaub nach billigem Ermessen zu entscheiden. § 5 TVöD enthält eine Förderungspflicht des Arbeitgebers zur Weiterbildung und Qualifizierung des Beschäftigten.

Die Fürsorgepflicht umfasst nach neuerem Verständnis somit die spezialgesetzlich nicht geregelte Pflicht des Arbeitgebers, den Arbeitnehmer vor Gefährdungen, die ihm aufgrund der Eingliederung in die vom Arbeitgeber gesteuerte Organisation und den Betriebs- bzw. Dienststellenablauf drohen, zu schützen. Dies gilt auch im Bereich der Arbeitnehmerüberlassung oder Personalgestellung. Der Verleiher ist aufgrund der Fürsorgepflicht verpflichtet, sich über die Einhaltung des Arbeitsschutzes durch den Entleiher zu informieren und diesen – jedenfalls stichprobenartig – zu kontrollieren.

Die Schutz- und Rücksichtnahmepflichten des Arbeitgebers beschränken sich nicht nur auf die Person des Arbeitnehmers und seine Gesundheit, sondern sie umfassen grundsätzlich auch die persönlichen Gegenstände des Arbeitnehmers, die dieser in die Dienststelle eingebracht hat. Grundsätzlich lassen sich Rücksichtnahme- und Schutzpflichten des Arbeitgebers in folgende Kategorien einteilen:

- Schutz von Gesundheit und Leben,
- Schutz des Eigentums und Vermögens,
- Schutz des Persönlichkeitsrechts.

## II. Inhalt

Die Schutz- und Rücksichtnahmepflichten des Arbeitgebers zum Schutz der Gesundheit und körperlichen Integrität des Arbeitnehmers sind weitgehend gesetzlich konkretisiert. Relevant sind insbesondere die Regelungen des ArbZG, des ArbSchG, des ASiG, des § 618 Abs. 1 BGB sowie spezialgesetzliche Schutzvorschriften zugunsten bestimmter Arbeitnehmergruppen wie das JArbSchG und das MuSchG.

### 1. Schutz von Gesundheit und Leben

Grundsätzlich muss der Arbeitgeber die Arbeitsbedingungen so gestalten, dass der Arbeitnehmer vor Gefahren für Gesundheit und Leben geschützt ist (vgl. beispielsweise zur Haftung des Arbeitgebers für Gesundheitsschäden durch Asbestbelastung BAG v. 20.6.2013, 8 AZR 471/12, ZTR 2013, 614). Der Arbeitgeber muss dem Arbeitnehmer daher – sofern erforderlich – geeignete Schutzkleidung, wie etwa auch Hygienekleidung (BAG v. 14.6.2016, 9 AZR 181/15) zur Verfügung stellen. Der Arbeitgeber kann sich hinsichtlich seiner Verpflichtung, für den notwendigen Arbeitsschutz zu sorgen, von ausgebildeten Sicherheitsbeauftragten unterstützen lassen. Diese sind jedoch weder weisungsbefugt, noch sind sie für die getroffenen Arbeitsschutzmaßnahmen rechtlich verantwortlich.

Wie weit die Verpflichtung des Arbeitgebers reicht, einen wirksamen Nichtraucherschutz zu gewährleisten, ist im Einzelnen umstritten (vgl. BAG v. 19.5.2009, 9 AZR 241/08, ZTR 2009, 504). In diesem Zusammenhang muss eine Abwägung zwischen der unternehmerischen Betätigungsfreiheit und den Schutzpflichten des Arbeitgebers vorgenommen werden (BAG v. 10.5.2016, 9 AZR 347/15, ZTR 2016, 578). Aus der Fürsorgepflicht folgt, dass der Arbeitgeber den Beschäftigten, die sich vor einem Hund fürchten, einen angstfreien Arbeitsplatz zur Verfügung zu stellen hat. Der Arbeitgeber ist dann auf Grundlage des Direktionsrechtes berechtigt, einem Beschäftigten die Mitnahme eines Hundes in den Betrieb zu untersagen, auch wenn andere Beschäftigte einen Hund mit in den Betrieb bringen dürfen (vgl. LAG Düsseldorf v. 24.3.2014, 9 Sa 1207/13, ZTR 2014, 424). Der Arbeitgeber muss den Arbeitnehmer zwar generell vor Belästigungen, insbesondere auch vor sexuellen Belästigungen, sowie vor Erniedrigungen und Beleidigungen etc. schützen. Allerdings ist der Arbeitgeber nicht verpflichtet, einem Arbeitnehmer die Person namentlich zu benennen, die bei der Personalverwaltung einen Sachverhalt mitgeteilt hat, aus dem sich eine Dienstpflichtverletzung ableiten lässt (LAG Berlin-Brandenburg v. 28.1.2016, 18 Sa 1738/15).

Im Zusammenhang mit Covid-19 treffen den Arbeitgeber gesteigerte Fürsorge- und Schutzpflichten. Zu beachten ist insbesondere der „SARS-CoV-2-Arbeitsschutzstandard" des Bundesministeriums für Arbeit und Soziales. Dieser enthält technische, organisatorische und personenbezogene Schutzmaßnahmen, die umgesetzt und kontrolliert werden sollen. So ist der Arbeitgeber gemäß § 3 Abs. 1 ArbSchG gehalten, einen möglichst umfassenden Pandemie- und Maßnahmenplan aufzustellen, der stets aufgrund der Dynamik anzupassen ist (LAG München v. 6.10.2021, 9 Sa 332/21 Rn. 106). Hierbei ist zu beachten, dass sich auch die Gesetzgebung zur Covid-19-Pandemie fortwährend ändert (siehe → *Corona-Pandemie*).

## 2. Schutz des Eigentums und Vermögens

Daneben treffen den Arbeitgeber Obhuts- und Verwahrungspflichten zugunsten des vom Arbeitnehmer in den Betrieb oder die Dienststelle eingebrachten Eigentums. Der Arbeitgeber hat, soweit der Arbeitnehmer für seine mitgenommenen Sachen selbst nicht Vorsorge treffen kann, entsprechende Verwahrungsmöglichkeiten bereitzustellen. Dies gilt primär für arbeitsdienliche Sachen. Für Sachen, deren Verwendung im Zusammenhang mit dem Arbeitsverhältnis lediglich zweckmäßig ist, besteht nicht per se eine Verpflichtung des Arbeitgebers, diese vor Verlust oder Beschädigung zu schützen. Eine solche kann lediglich im Einzelfall unter Rückgriff auf § 242 BGB begründet werden.

### Beispiel

So besteht keine generelle Pflicht des Arbeitgebers zur Bereitstellung eines Parkplatzes. Stellt der Arbeitgeber seinen Arbeitnehmern einen Firmenparkplatz zur Verfügung, muss er allerdings die Verkehrssicherungspflichten beachten. Die Fürsorgepflicht des Arbeitgebers umfasst aber nicht die Verpflichtung zu einer besonderen Absicherung des Parkplatzes vor Diebstählen, sofern das genutzte Kraftfahrzeug auf dem Firmenparkplatz keinen anderen Risiken ausgesetzt ist als solchen, die den Arbeitnehmer als Halter auch beim sonstigen Gebrauch treffen (Hessisches LAG v. 11.4.2003, 12 Sa 243/02).

Der Schutz der Vermögensinteressen des Arbeitnehmers durch allgemeine Anmelde- oder Beratungspflichten (z. B. bezüglich eines Beitritts zu einer Zusatzversorgungskasse BAG v. 10.3.1992, 3 AZR 81/91, ZTR 1992, 472; LAG Hamm v. 13.7.1999, 6 Sa 2407/98, ZTR 1999, 567; vgl. auch BAG v. 21.11.2000, 3 AZR 13/00, ZTR 2001, 526 zur Haftung des Arbeitgebers bei fehlerhafter Modellberechnung voraussichtlicher Versorgungsansprüche), geht aber nicht so weit, den Arbeitnehmer allgemein vor Vermögensnachteilen zu bewahren. Insbesondere besteht keine Pflicht zur Rechtsberatung (BAG v. 6.3.2003, 2 AZR 50/02, ZTR 2004, 107; BAG v. 26.8.1993, 2 AZR 376/93, ZTR 1994, 125; LAG Köln v. 28.12.2007, 8 Ta 355/07). Der

Arbeitgeber muss den Arbeitnehmer beispielsweise nicht auf die drohende Verjährung seiner Ansprüche hinweisen, da auch im Bereich des öffentlichen Dienstes jeder Vertragspartner für die Wahrnehmung seiner Vermögensinteressen grundsätzlich selbst zu sorgen hat und eine Aufklärungspflicht des Arbeitgebers nur bei einem besonderen, dem Arbeitgeber erkennbaren Aufklärungsbedarf des Arbeitnehmers besteht (LAG Hessen v. 9.4.2013, 8 Sa 1389/12; LAG Rheinland-Pfalz v. 17.4.2014, 2 Sa 537/13; vgl. hierzu auch BAG v. 7.11.2007, 5 AZR 910/06, ZTR 2008, 226).

Aus der arbeitgeberseitigen Fürsorgepflicht folgt keine Verpflichtung, den Arbeitnehmer darauf hinzuweisen, in welcher Weise er den Arbeitgeber in Annahmeverzug versetzen kann (vgl. LAG Hamm v. 19.11.2014, 4 Sa 1108/14). Auch muss der Arbeitgeber den Arbeitnehmer nicht darauf hinweisen, dass er grundsätzlich allein der Schuldner der Steuerforderung ist. Dem Arbeitgeber obliegt es grundsätzlich nicht, den Arbeitnehmer bei geringfügiger Beschäftigung darauf hinzuweisen, dass nicht von der Möglichkeit im Rahmen des § 40a Abs. 2 EStG Gebrauch gemacht werden soll, statt der individuellen Besteuerung nach Lohnsteuerkarte die Pauschalbesteuerung zu wählen. Eine nicht gewählte und daher nicht zur Anwendung kommende Abweichung von der Regelbesteuerungsart bedarf keines Hinweises (vgl. BAG v. 13.11.2014, 8 AZR 817/13, ZTR 2015, 155). Ferner ist der Arbeitgeber weder nach § 1a BetrAVG noch aus seiner Fürsorgepflicht dazu verpflichtet, den Arbeitnehmer von sich aus auf seinen Anspruch auf Entgeltumwandlung für seine betriebliche Altersversorgung hinzuweisen (vgl. BAG v. 21.1.2014, 3 AZR 807/11). Dies gilt auch im Hinblick auf die Auswirkungen einer Beendigung des Arbeitsverhältnisses für die betriebliche Altersversorgung (LAG Köln v. 9.4.2014, 5 Sa 934/13).

 **Hinweis:**

Gemäß der Rechtsprechung des EuGH und des BAG ist der Arbeitgeber wegen des zwingenden Charakters des Rechts auf bezahlten Jahresurlaub dazu verpflichtet, den Arbeitnehmer konkret und in völliger Transparenz tatsächlich in die Lage zu versetzen, seinen bezahlten Jahresurlaub zu nehmen. Dies bedeutet, dass er ihn zumindest auffordern muss ausstehenden Urlaub zu nehmen und ihn insbesondere rechtzeitig darauf hinzuweisen hat, dass nicht genommener Urlaub am Ende des Bezugs- oder jedenfalls des Übertragungszeitraums oder aber am Ende des Arbeitsverhältnisses, wenn dieses in einen solchen Zeitraum fällt, verfallen wird (EuGH v. 6.11.2018, C-684/16, ZTR 2018, 719; BAG v. 19.2.2019, 9 AZR 541/15, ZTR 2019, 426). Den Arbeitgeber trifft insoweit die Beweislast dafür, dass der Arbeitnehmer aus freien Stücken und in voller Kenntnis der Sachlage darauf verzichtet hat, seinen Urlaub zu nehmen.

Aufgrund seiner Sachnähe und Kompetenz ist der Arbeitgeber jedoch aufgrund seiner Fürsorgepflicht verpflichtet, die Eingruppierung des Arbeitnehmers sorgfältig und korrekt vorzunehmen (LAG Köln v. 28.3.2013, 6 Sa 577/12; vgl. auch BAG v. 16.2.2000, 4 AZR 62/99, DB 2001, 596). Aus der Fürsorgepflicht des Arbeitgebers kann sich deshalb der Anspruch des Arbeitnehmers ergeben, dass die Beschäftigungsdienststelle eine korrigierte Tätigkeitsdarstellung zwecks zutreffender tariflicher Bewertung und förmlicher Übertragung der aktuellen Aufgaben und Funktionen der für die Personalführung zuständigen Stelle vorlegt (LAG Köln v. 28.3.2013, 6 Sa 577/12). Unabhängig davon, ob eine konkrete Aufklärungspflicht besteht oder nicht, müssen solche Auskünfte, die der Arbeitgeber dem Arbeitnehmer erteilt, richtig, eindeutig und vollständig sein. Anderenfalls ist der Arbeitgeber dem Arbeitnehmer zum Schadensersatz verpflichtet, wenn er die Auskunft schuldhaft unrichtig erteilt und diese ursächlich für den Schaden des Arbeitnehmers ist (BAG v. 21.5.2015, 6 AZR 349/14).

Ein weiterer Ausfluss der Fürsorgepflicht des Arbeitgebers kann mangels spezialgesetzlicher Regelung die Pflicht des Dienstherrn zur Bereitstellung der erforderlichen Arbeitsmittel darstellen. Kommt der Dienstherr dieser Verpflichtung nicht nach, so kann der Bedienstete einen Erstattungsanspruch gegenüber dem Dienstherrn haben (vgl. BVerwG v. 4.10.2006, 4 B 41.06; OVG NRW v. 25.10.2006, 6 B 1880/06, DVBl 2006, 1608; OVG Rheinland-Pfalz v. 26.2.2008, 2 A 11288/07, DVBl 2008, 735).

### 3. Schutz des Persönlichkeitsrechts

Die Rücksichtnahme- und Schutzpflichten des Arbeitgebers können konkrete Handlungs- und Unterlassungspflichten des Arbeitgebers begründen. Der Arbeitgeber hat Maßnahmen zu unterlassen, die das allgemeine Persönlichkeitsrecht des Arbeitnehmers verletzen (hierzu kann z. B. die Beschattung eines Arbeitnehmers durch einen Privatdetektiv gehören, vgl. BAG v. 19.2.2015, 8 AZR 1007/13), hierunter fällt insbesondere der Schutz vor „Mobbing", d. h. der Schutz des Arbeitnehmers vor schikanösen, systematisch anfeindenden oder diskriminierenden Verhaltens des Arbeitgebers, von Vorgesetzten oder anderer Arbeitnehmer (vgl. hierzu ausführlich → Mobbing). Ob das Persönlichkeitsrecht im Einzelfall verletzt ist, lässt sich aber immer nur aufgrund einer umfassenden Güter- und Interessenabwägung unter sorgsamer Würdigung aller Umstände beurteilen. Im Arbeitsleben übliche Konfliktsituationen führen regelmäßig nicht zu einer rechtswidrigen Verletzung des Persönlichkeitsrechts, selbst wenn sich diese über einen längeren Zeitraum erstrecken (LAG Mecklenburg-Vorpommern v. 10.6.2020, 3 Sa 219/19). Maßgebend ist eine objektive Betrachtungsweise, nicht das subjektive Empfinden des Arbeitnehmers. Dies gilt auch im Verhältnis von Vorgesetzten zu Untergebenen.

Das allgemeine Persönlichkeitsrecht schützt darüber hinaus auch vor einer technischen Überwachung des Arbeitsverhaltens durch den Arbeitgeber. Nach der Auffassung des BAG, stellt es einen schwerwiegenden Eingriff in das allgemeine Persönlichkeitsrecht der betroffenen Arbeitnehmer dar, wenn für eine „Belastungsstatistik" ohne zeitliche Begrenzung sämtliche Arbeitsschritte der wesentlichen Arbeitsleistung durch eine technische Überwachungseinrichtung erfasst, gespeichert und einer Auswertung nach quantitativen Kennzahlen zugeführt werden (BAG v. 25.4.2017, 1 ABR 46/15, ZTR 2017, 626). Auch die Aufzeichnung und Speicherung der Tastatureingaben an einem dienstlichen Computer und das Fertigen von Screenshots verletzt das allgemeine Persönlichkeitsrecht der Arbeitnehmer (BAG v. 27.7.2017, 2 AZR 681/16, ZTR 2017, 682).

Auch der Europäische Gerichtshof für Menschenrechte hat sich kürzlich mit dieser Thematik befasst und die grundsätzliche Zulässigkeit von Überwachungsmaßnahmen am Arbeitsplatz zwar nicht in Frage gestellt, jedoch verdeutlicht, dass eine Überwachung der Beschäftigten gerechtfertigt und verhältnismäßig sein müsse. Im vorliegenden Fall sei die Überwachung unrechtmäßig gewesen, weil nicht festgestellt worden sei, ob der Arbeitnehmer von seinem Arbeitgeber zuvor überhaupt über die Möglichkeit einer Überwachung informiert worden war. Eine Rechtfertigung der Überwachung sei ebenso wenig geprüft worden wie die Frage, ob dem Arbeitgeber andere Maßnahmen zur Verfügung standen, die mit einem weniger einschneidenden Eingriff in das Privatleben verbunden gewesen wären (EGMR v. 5.9.2017, 61496/08; siehe dazu ausführlich → Datenschutz).

**Hinweis:**

Das Problem des Beschäftigtendatenschutzes hat auch die neue Bundesregierung erkannt und kündigt in ihrem Koalitionsvertrag an, die Schaffung eines eigenständigen Gesetzes zum Beschäftigtendatenschutz zu prüfen, welches das Persönlichkeitsrecht der Beschäftigten am Arbeitsplatz schützen und Rechtssicherheit für den Arbeitgeber schaffen soll.

Ferner trifft den Arbeitgeber eine Pflicht zur Gleichbehandlung aller Arbeitnehmer. Der Arbeitgeber darf einzelne Arbeitnehmer nicht willkürlich schlechter stellen als andere Arbeitnehmer in vergleichbarer Lage. Die willkürliche Herausnahme einzelner Arbeitnehmer aus einer bestimmten Ordnung, die durch keine sachlichen Kriterien gerechtfertigt ist, verstößt gegen den allgemeinen Gleichbehandlungsgrundsatz (BAG v. 3.12.2008, 5 AZR 74/08, BB 2009, 1703). Daneben können die Handlungspflichten des Arbeitgebers aus § 12 AGG treten, wonach der Arbeitgeber verpflichtet ist, Maßnahmen zum Schutz vor Benachteiligungen wegen eines in § 1 AGG genannten Grundes zu treffen.

**Hinweis:**

Der Gleichbehandlungsgrundsatz kann im öffentlichen Dienst dienststellenübergreifend bei demselben Arbeitgeber (BAG v. 17.12.1992, 10 AZR 306/91, ZTR 1993, 249), in der Privatwirtschaft betriebsübergreifend und unternehmensweit gelten (BAG v. 17.11.1998, 1 AZR 147/98, ZTR 1999, 232; BAG v. 3.12.2008, 5 AZR 74/08, BB 2009, 1703; LAG Hessen v. 15.8.2001, 8 Sa 1098/00). Gemäß § 67 Abs. 1 BPersVG haben Dienststelle und Personalvertretung über die Einhaltung des Gleichbehandlungsgrundsatzes zu wachen.

Eine weitere Ausprägung des Persönlichkeitsschutzes sind umfangreiche Anhörungs-, Erörterungs- und Einsichtsrechte des Arbeitnehmers. Darüber hinaus führen das Persönlichkeitsrecht des Arbeitnehmers und die Fürsorgepflicht des Arbeitgebers zu einem Beschäftigungsanspruch des Arbeitnehmers während der Dauer des Arbeitsverhältnisses (st. Rspr. seit BAG v. 10.11.1955, 2 AZR 591/54, AP Nr. 2 zu § 611 BGB Beschäftigungspflicht; ergänzt durch BAG v. 19.8.1976, 3 AZR 173/75, AP Nr. 4 zu § 611 BGB Beschäftigungspflicht; vgl. etwa BAG v. 22.1.2009, 8 AZR 808/07, DB 2009, 1248). Der Arbeitgeber darf ihn also nicht ohne besonderen Grund von der Arbeitsleistung suspendieren, selbst wenn er ihm für diese Zeit das Entgelt weiterzahlt. Gründe für eine sofortige Suspendierung können z. B. sein: Wegfall der Vertrauensgrundlage, Geheimnisverrat, der Verstoß gegen ein Wettbewerbsverbot oder der Verdacht strafbarer Handlungen. Für die Einzelheiten siehe → Freistellung. Auch hat der Arbeitnehmer gegen seinen Arbeitgeber aus § 241 Abs. 2 BGB i. V. m. § 167 SGB IX als Konkretisierung der allgemeinen Fürsorgepflicht des Arbeitgebers einen Individualanspruch auf Durchführung eines betrieblichen Eingliederungsmanagements (vgl. BAG v. 13.5.2015, 2 AZR 565/14; LAG Hamm v. 13.11.2014, 15 Sa 979/14, ZTR 2015, 287).

Eine weitere Ausprägung der Fürsorgepflicht ist die Pflicht des Arbeitgebers, dem krankheitsbedingten Leistungsausfall eines Arbeitnehmers mit der Zuweisung eines freien, leidensgerechten Arbeitsplatzes zu begegnen (vgl. BAG v. 13.8.2009, 6 AZR 330/08, ZTR 2010, 87). Ein Anspruch des Arbeitnehmers auf Beschäftigung auf einem bestimmten, selbst gewählten Arbeitsplatz besteht hingegen nicht. Auch schuldet der Arbeitgeber die Zuweisung eines anderen Arbeitsplatzes nur insoweit, wie sie über die Neuausübung seines Direktionsrechts aus § 106 GewO möglich ist. Zur Zuweisung eines Arbeitsplatzes, die die Änderung des Arbeitsvertrages erfordert, ist er dagegen nicht verpflichtet (LAG Nürnberg v. 18.4.2018, 2 Sa 408/17, ZTR 2018,

484). Für schwerbehinderte Menschen ist dieser Anspruch spezialgesetzlich in § 164 SGB IX geregelt. Für die Einzelheiten siehe → *Betriebliches Eingliederungsmanagement*. Aus der in § 241 Abs. 2 BGB normierten Rücksichtnahmepflicht erwächst auch unter Berücksichtigung des grundrechtlichen Schutzes von Ehe und Familie bzw. Pflege und Erziehung der Kinder (Art. 6 Abs. 1, 2 GG) kein Anspruch auf einen befristeten Halbtagsarbeitsplatz an einem anderen Arbeitsort oder in einem Home Office (vgl. LAG Rheinland-Pfalz v. 18.12.2014, 5 Sa 378/14).

Darüber hinaus umfasst die Fürsorgepflicht – soweit die dienstspezifischen Umstände dies erfordern – die Einrichtung von nach Geschlechtern getrennten Umkleidekabinen und zum Schutze der Privatsphäre dienender Vorrichtungen, die das seperate Wegschließen persönlicher Kleidung und Gegenstände, beispielsweise in einem Spind, ermöglichen (LAG Berlin-Brandenburg v. 21.8.2019, 15 Sa 575/19, ZTR 2020, 99).

### 4. Aufklärungs- und Unterrichtungspflichten

Daneben treten zahlreiche Auskunfts-, Aufklärungs- und Unterrichtungspflichten des Arbeitgebers bezüglich solcher Tatsachen und Umstände, die der Arbeitnehmer zu einer ordnungsgemäßen Wahrnehmung seiner Aufgaben benötigt oder die für seinen Rechtskreis relevant sind → *Aufklärungspflichten*.

## III. Inhaltliche Grenzen

Die Fürsorgepflicht des Arbeitgebers besteht nicht uneingeschränkt. Grundsätzlich sind nur solche Interessen des Arbeitnehmers schutzwürdig, die einen Bezug zum Arbeitsverhältnis haben. So besteht beispielsweise für lediglich mittelbar arbeitsdienliche Sachen des Arbeitnehmers nur eine eingeschränkte Verwahrungs- und Obhutspflicht des Arbeitgebers.

Eine weitere Einschränkung der Schutz- und Rücksichtnahmepflichten ergibt sich aus dem allgemeinen Verhältnismäßigkeitsgrundsatz. Danach kann der Arbeitnehmer nur solche Maßnahmen des Arbeitgebers fordern, die zum Schutz seiner Interessen erforderlich und aus Sicht eines unbeteiligten Dritten angemessen erscheinen. Die Erfüllung der Schutz- und Rücksichtnahmepflichten des Arbeitgebers kann dann unverhältnismäßig sein, wenn sie einen unverhältnismäßigen Aufwand desselben erfordert – wobei die Unzumutbarkeit sich auch aus wirtschaftlichen oder betriebstechnischen Gesichtspunkten ergeben kann (BAG v. 10.7.1991, 5 AZR 383/90, ZTR 1991, 518). Grundsätzlich kann der Arbeitgeber frei wählen, durch welche Maßnahme er seiner Fürsorgepflicht nachkommt. Ein Anspruch des Arbeitnehmers auf das Ergreifen einer bestimmten Maßnahme kommt erst in Betracht, wenn die vom Arbeitnehmer forcierte Maßnahme die Einzige ist, welche der Arbeitgeber ermessensfehlerfrei wählen kann (BAG v. 25.10.2007, 8 AZR 593/06, ZTR 2008, 215). Eine Obergrenze dessen, was der Arbeitnehmer vom Arbeitgeber verlangen kann, bilden dabei die Normen des technischen Arbeitsschutzes (z. B. öffentlich-rechtliche Arbeitsschutzvorschriften betreffend Räume, Vorrichtungen, Gerätschaften und Organisation, wie etwa die Bildschirmarbeitsverordnung, die Arbeitsstättenverordnung oder die Lastenhandhabungsverordnung).

## IV. Zeitliche Grenzen

Ein Schuldverhältnis mit Pflichten nach § 241 Abs. 2 BGB besteht nicht erst mit Abschluss des Arbeitsvertrages, sondern

nach § 311 Abs. 2 BGB bereits durch Aufnahme von Vertragsverhandlungen, sowie Anbahnung eines Vertrages oder ähnlicher Kontakte. Dies bedeutet, dass den Arbeitgeber bereits gegenüber einem Bewerber bestimmte Schutz- und Rücksichtnahmepflichten treffen. So ist der Arbeitgeber zur Aufklärung eines Bewerbers über einen möglichen Stellenabbau verpflichtet (BAG v. 14.7.2005, 8 AZR 300/04, ZTR 2006, 146). Der Arbeitgeber ist verpflichtet, die persönlichen Bewerbungsunterlagen des künftigen Arbeitnehmers sorgfältig zu verwahren. Er muss ihn auch darauf hinweisen, dass in dem beabsichtigten Arbeitsverhältnis z. B. besondere Risiken oder Leistungsanforderungen bestehen. Ebenso muss der Arbeitnehmer über das Regelungswerk, das die Arbeitsbedingungen abschließend bestimmt, hinreichend informiert werden (LAG Bremen v. 16.6.2004, 2 Sa 21/04, n. v.).

Die Nebenpflichten enden grundsätzlich mit Beendigung des Arbeitsverhältnisses. Ruht ein Arbeitsverhältnis lediglich, z. B. während einer befristeten Erwerbsminderung, so bestehen die nebenvertraglichen Pflichten fort. Auch nach Beendigung des Arbeitsverhältnisses können einzelne Nebenpflichten des Arbeitgebers nachwirken, wie z. B. die Verpflichtung zur Erteilung eines Zeugnisses und zur Erteilung von Auskünften. Danach ist der Arbeitgeber u. a. verpflichtet, Auskünfte z. B. an Unternehmen, bei denen sich der ehemalige Arbeitnehmer beworben hat, wahrheitsgemäß zu erteilen. Daneben treten Hinweispflichten aus Anlass der Beendigung: der Arbeitgeber ist verpflichtet, den Arbeitnehmer über die Folgen einer möglichen (einvernehmlichen) Beendigung im Hinblick auf eine eventuelle Sperrzeit nach § 159 SGB III oder auf bestehende Versorgungsanwartschaften hinzuweisen (BAG v. 17.10.2000, 3 AZR 69/99, ZTR 2001, 276). Die Pflicht des Arbeitgebers auf die Rechte, Rechtsgüter und Interessen des Arbeitnehmers Rücksicht zu nehmen, kann im Einzelfall zu der Verpflichtung des Arbeitgebers führen, bei der Wahrung oder Entstehung von Ansprüchen seiner Arbeitnehmer mitzuwirken, die diese gegenüber Dritten erwerben können. Dabei kommen insbesondere öffentlich-rechtliche, aber auch private Versicherungsträger in Betracht (vgl. BAG v. 24.9.2009, 8 AZR 444/08, BB 2009, 2197). Die vertraglichen Schutz- und Fürsorgepflichten des Arbeitgebers dürfen dabei aber nicht überspannt werden. Grundsätzlich gilt, dass jeder Vertragspartner selbst für die Wahrnehmung seiner Interessen zu sorgen hat. Der Arbeitgeber ist nicht in jedem Fall verpflichtet, den Arbeitnehmer unaufgefordert über alle denkbaren Auswirkungen einer Beendigung des Arbeitsverhältnisses aufzuklären (BAG v. 23.9.2003, 3 AZR 658/02, ZTR 2004, 493). Schlägt der Arbeitgeber aber eine bestimmte Form der Beendigung des Arbeitsverhältnisses vor, und macht er dabei Angaben über die Folgen der konkreten Vorgehensweise, so müssen diese Angaben zutreffend sein. So liegt beispielsweise in dem Angebot des Arbeitgebers auf Abschluss eines Altersteilzeitarbeitsverhältnisses die Erklärung, der Arbeitnehmer könne bei Annahme dieses Angebots einen Anspruch auf vorzeitige Altersrente wegen Altersteilzeit erwerben. Ist ein solcher Anspruch des Arbeitnehmers aber tatsächlich ausgeschlossen, so kann sich der Arbeitgeber wegen Verletzung seiner Fürsorgepflicht schadensersatzpflichtig machen (BAG v. 10.2.2004, 9 AZR 401/02, ZTR 2005, 54).

Aus der nachvertraglichen Fürsorgepflicht kann auch ein Wiedereinstellungsanspruch des z. B. im Rahmen einer Verdachtskündigung entlassenen Arbeitnehmers resultieren, wenn sich später im Strafverfahren seine Unschuld herausstellt (siehe → *Kündigungsschutz*).

Die Fürsorgepflicht besteht auch, wenn der gekündigte Arbeitnehmer seine vorläufige Weiterbeschäftigung erzwungen hat.

**Beispiel**

Der Arbeitnehmer gewinnt den Kündigungsschutzprozess in erster Instanz. Das Arbeitsgericht verurteilt den Arbeitgeber auch, den Arbeitnehmer bis zum rechtskräftigen Abschluss des Verfahrens weiterzubeschäftigen. Dem kommt der Arbeitgeber nach, um die Verhängung eines Zwangsgelds zu vermeiden. In der nächsten Instanz, dem Landesarbeitsgericht, wird die Klage endgültig abgewiesen. Den Arbeitgeber trifft in der Zwischenzeit der Beschäftigung die Fürsorgepflicht in demselben Umfang wie bei einem ungekündigten Arbeitsverhältnis.

## V. Rechtsfolgen

Bei einer Verletzung der Fürsorgepflicht können den Arbeitgeber weitreichende Rechtsfolgen treffen. So kann bei einer Verletzung der Fürsorgepflichten dem Arbeitnehmer ein Leistungsverweigerungsrecht nach § 273 BGB zustehen. Der Arbeitnehmer kann die Arbeitsleistung verweigern, ohne dass hiervon die Entgeltzahlungspflicht des Arbeitgebers beeinträchtigt wird. Ein solches Zurückbehaltungsrecht kommt allerdings nur bei einer schwerwiegenden Verletzung der Fürsorgepflichten, die zu einer erheblichen Gefährdung oder Beeinträchtigung der Gesundheit oder des Persönlichkeitsrechts des Arbeitnehmers führt, in Betracht (BAG v. 13.3.2008, 2 AZR 88/07, ZTR 2008, 569; vgl. auch BAG v. 2.2.1994, 5 AZR 273/93, ZTR 1994, 299 und BAG v. 19.2.1997, 5 AZR 982/94, ZTR 1997, 426). Der Arbeitnehmer muss vor Ausübung seines Zurückbehaltungsrechts den Arbeitgeber klar und eindeutig über die beabsichtigte Rechtsausübung informieren. Gleichzeitig muss der Arbeitnehmer die Umstände, die ihn seiner Meinung nach zur Ausübung des Zurückbehaltungsrechts berechtigen, erklären. Der Arbeitnehmer muss seine Forderung hinsichtlich der durch den Arbeitgeber zu ergreifenden Maßnahmen genau formulieren (BAG v. 13.3.2008, 2 AZR 88/07, ZTR 2008, 569). Nur so wird dem Arbeitgeber die Möglichkeit eröffnet, den möglichen Anspruch des Arbeitnehmers zu prüfen und zu erfüllen und damit die Ausübung des Leistungsverweigerungsrechts durch den Arbeitnehmer zu verhindern. Erfüllt der Arbeitnehmer diese Voraussetzungen nicht, so ist die Geltendmachung des Leistungsverweigerungsrechts unwirksam. Der Arbeitnehmer gerät in Schuldnerverzug. Dieser kann den Arbeitgeber nach erfolgloser Aufforderung des Arbeitnehmers zu einer Kündigung wegen unzulässiger Leistungsverweigerung berechtigen. Im Übrigen wird der Arbeitgeber von seiner Entgeltzahlungspflicht frei.

Darüber hinaus könnte der Arbeitnehmer bei einer Verletzung der Fürsorgepflicht einen Unterlassungsanspruch nach § 1004 Abs. 1 S. 2 BGB gegenüber dem Arbeitgeber geltend machen.

Führt die Verletzung der Fürsorgepflicht des Arbeitgebers zu einem Schaden des Arbeitnehmers, kann dem Arbeitnehmer ein Schadensersatzanspruch zustehen. Erforderlich hierfür ist aber zum einen, dass der Arbeitnehmer geltend macht, bei ordnungsgemäßem Verhalten des Arbeitgebers wäre der Schaden nicht eingetreten. Dies bedeutet, dass die Verletzung der Fürsorgepflicht ursächlich für den Schaden gewesen ist. Hierbei kann dem Arbeitnehmer nach der Rechtsprechung des BAG bei einer Verletzung der Informations- und Aufklärungspflichten durch den Arbeitgeber im Zweifel eine Vermutung dahingehend, dass eine richtig informierte Person sich interessengerecht verhält, zu Gute kommen (BAG v. 10.2.2004, 9 AZR 401/02, ZTR 2005, 54). Folge dieser Vermutung ist, dass der Arbeitgeber bei der Verletzung von Aufklärungs- und Informationspflichten

regelmäßig – sofern ihm nicht die Widerlegung der Vermutung gelingt – mit einem Schadensersatzanspruch des Arbeitnehmers rechnen muss.

Zum anderen ist für einen Schadensersatz das Verschulden des Arbeitgebers oder seiner Erfüllungsgehilfen (§ 278 BGB) erforderlich. Im Rahmen eines deliktischen Schadensersatzanspruchs nach § 823 BGB trägt der Arbeitnehmer hierfür die Darlegungs- und Beweislast.

 **Hinweis:**

Das allgemeine Persönlichkeitsrecht ist als sonstiges Rechtsgut nach § 823 Abs. 1 BGB anerkannt. Allerdings stellt dieses ein sog. Rahmenrecht dar, bei welchem die Rechtswidrigkeit der Rechtsgutsverletzung positiv festgestellt und vom Arbeitnehmer nachgewiesen werden muss. Dies gilt insbesondere in → *Mobbing*fällen. Insoweit wird auf die Darstellung unter dem gleichnamigen Stichwort verwiesen. Die Rechtswidrigkeit der Fürsorgepflichtverletzung scheidet dann zugunsten des Arbeitgebers aus, wenn der Arbeitgeber berechtigte Interessen wahrgenommen hat. Als ein solches berechtigtes Interesse kann z. B. bei einer öffentlichen Distanzierung von einem Arbeitnehmer nach einer Straftat das Interesse des Arbeitgebers an einer Rehabilitation gesehen werden (vgl. BAG v. 26.8.1997, 9 AZR 61/96, BB 1998, 904). Auch kann der Schutz des Eigentums des Arbeitgebers, von Kunden, Lieferanten und anderen Beschäftigten ein berechtigtes Interesse des Arbeitgebers darstellen, das zum Ausschluss der Rechtswidrigkeit der Persönlichkeitsrechtsverletzung führt (BAG v. 26.8.2008, 1 ABR 16/07, ZTR 2008, 632). Der Arbeitnehmer muss ferner nachweisen, dass die Persönlichkeitsrechtsverletzung nachteilige Folgen hatte. Eine allgemeine Güter- und Interessenabwägung muss ergeben, dass Anlass und Beweggrund des Handelns des Arbeitgebers Genugtuung erfordern und die Persönlichkeitsverletzung in keiner anderen Weise ausgeglichen werden kann. Nur wenn der Arbeitnehmer diese Darlegungspflichten erfüllt, kommt ein Schadensersatzanspruch wegen Persönlichkeitsrechtsverletzung in Betracht.

Neben diese Rechtsfolgen können weitere spezialgesetzlich angeordnete Rechtsfolgen, wie z. B. nach § 15 AGG, treten.

# Gerichtsverfahren

 **Wegweiser:**

Das Gerichtsverfahren bei arbeitsrechtlichen Streitigkeiten im öffentlichen Dienst richtet sich nach dem Arbeitsgerichtsgesetz (ArbGG) und dem Bundespersonalvertretungsgesetz (BPersVG).

Im Arbeitsrecht des öffentlichen Dienstes besteht die Besonderheit, dass für Streitigkeiten aus dem Bundes- bzw. Landespersonalvertretungsrecht nicht nur die Arbeits-, sondern auch die Verwaltungsgerichtsbarkeit zuständig ist, §§ 83, 84, 106 BPersVG (vgl. Lorenzen/Etzel/Gerhold/Schlatmann/Rehak/Faber, BPersVG, Kommentar, Verlag R. v. Decker).

I. **Verfahrensarten/Zuständige Gerichte**

II. **Urteilsverfahren**
 1. Grundsatz
 2. Gütetermin
 3. Schriftsätze
 4. Kammertermin
 5. Gerichts- und Anwaltskosten
 6. Rechtsmittel

III. **Beschlussverfahren**

## I. Verfahrensarten/Zuständige Gerichte

Das Arbeitsgerichtsverfahren gliedert sich in zwei Verfahrensarten, für die unterschiedliche Gerichte zuständig sind und verschiedene Verfahrensregeln gelten.

Im Urteilsverfahren geht es um individualrechtliche Ansprüche im Rechtsverhältnis zwischen öffentlichem Arbeitgeber und Beschäftigtem, also um Ansprüche, die aus dem Dienstverhältnis herrühren. Beispielsfälle sind ein Streit über die Auszahlung einer Zulage oder über die Wirksamkeit einer Kündigung. Zuständig sind die Gerichte der Arbeitsgerichtsbarkeit (Arbeitsgericht, Landesarbeitsgericht, Bundesarbeitsgericht).

Die Arbeitsgerichte sind mit Berufsrichtern und zwei ehrenamtlichen Richtern, wobei nach § 16 Abs. 1 S. 2 ArbGG je ein Vertreter der Arbeitgeber- und der Arbeitnehmerseite entstammt, besetzt.

Vor dem Arbeitsgericht können die Parteien in der ersten Instanz den Rechtsstreit nach § 11 Abs. 1 ArbGG selbst führen, benötigen also keinen Rechtsanwalt. Zu empfehlen ist dies trotzdem, weil das Verfahren hierdurch effektiver geführt und die Auseinandersetzung womöglich zügiger beendet wird. Die Vertretung durch einen Rechtsanwalt ist erst ab der zweiten Instanz, dem Landesarbeitsgericht, vorgeschrieben, § 11 Abs. 4 S. 1 ArbGG. In der ersten Instanz können sich Behörden und juristische Personen des öffentlichen Rechts einschließlich der von ihnen zur Erfüllung ihrer öffentlichen Aufgaben gebildeten Zusammenschlüsse auch durch Beschäftigte anderer Behörden oder anderer juristischer Personen des öffentlichen Rechts einschließlich der von ihnen zur Erfüllung ihrer öffentlichen Aufgaben gebildeten Zusammenschlüsse vertreten lassen. Ferner sind vertretungsberechtigt: Beschäftigte der Partei oder eines mit ihr verbundenen Unternehmens, Vereinigungen von Arbeitgebern sowie Zusammenschlüsse solcher Verbände und von diesen zur Rechtsberatung gebildeten Organisationen. Dazu ist eine schriftliche Vollmachtserklärung notwendig.

Dagegen wird im Beschlussverfahren über kollektivrechtliche Auseinandersetzungen zwischen dem öffentlichen Arbeitgeber und der Personalvertretung entschieden, also z. B., inwieweit dem Personalrat ein Mitbestimmungsrecht zusteht. Für personalvertretungsrechtliche Streitigkeiten ist der Rechtsweg zu den Verwaltungsgerichten gegeben (Verwaltungsgericht, Oberverwaltungsgericht bzw. Verwaltungsgerichtshof, Bundesverwaltungsgericht). Die Vorschriften des Arbeitsgerichtsgesetzes über das Beschlussverfahren der §§ 80 ff. ArbGG gelten entsprechend, § 108 Abs. 2 BPersVG.

Für personalvertretungsrechtliche Angelegenheiten sind bei den Verwaltungsgerichten Fachkammern und bei den Oberverwaltungsgerichten Fachsenate gebildet, § 109 BPersVG. Diese setzen sich aus dem Vorsitzenden und vier ehrenamtlichen Richtern zusammen, die Beschäftigte im öffentlichen Dienst des Bundes sein müssen. Sie werden je zur Hälfte auf Vorschlag der unter den Beschäftigten vertretenen Gewerkschaften einerseits und der öffentlichen Verwaltungen und Gerichte (§ 1 BPersVG) andererseits durch die Landesregierungen berufen. Unter den Beisitzern auf Beschäftigtenseite müssen sich je ein Beamter und ein Arbeitnehmer befinden.

Vor dem Verwaltungsgericht ist eine anwaltliche Vertretung in allen Instanzen nicht erforderlich, gleichwohl aber zu empfehlen.

 **WICHTIG!**

Der Dienststellenleiter und der Beschäftigte sind im Urteilsverfahren vor dem Arbeitsgericht partei- und prozessfähig. Der Personalratsvorsitzende ist im Beschlussverfahren vor dem Verwaltungsgericht partei- und prozessfähig; erforderlich ist aber ein ordnungsgemäßer Beschluss des Personalrates.

Das Gericht kann das persönliche Erscheinen einer Partei anordnen, § 51 ArbGG. Es genügt dann nicht, wenn (nur) ein Prozessbevollmächtigter erscheint. Allerdings kann sich eine Partei im Fall der persönlichen Verhinderung von dieser Verpflichtung entbinden lassen. Auch wenn ein Vertreter den Sachverhalt genau wie die Partei selbst kennt und zu allen Verfahrenshandlungen (also auch zum Abschluss eines Vergleichs) ermächtigt ist, ist dies möglich. Ob alternativ eine Verlegung des Termins sinnvoll ist, muss von Fall zu Fall beurteilt werden, weil es damit zu einer Verzögerung des Rechtsstreits kommen kann.

Die Verfahrensdauer ist sehr stark von der tatsächlichen und rechtlichen Komplexität des Falles abhängig. Ein Arbeitsgerichtsverfahren ist aber in der Regel deutlich kürzer als ein Verfahren vor dem Verwaltungsgericht. Ist eine eilige, wenn auch nur vorläufige Regelung notwendig, weil bis zur Rechts- bzw. Bestandskraft einer Entscheidung im regulären Urteils- bzw. Beschlussverfahren nicht gewartet werden kann, ist auch ein einstweiliges Verfügungsverfahren denkbar. Ein solches Eilverfahren kann sowohl im Urteilsverfahren vor den Arbeitsgerichten (§ 62 Abs. 2 ArbGG) als auch im Beschlussverfahren vor den Verwaltungsgerichten (§ 108 Abs. 2 BPersVG, § 85 Abs. 2 ArbGG) geführt werden; es verschafft aber nur eine vorläufige Regelung bis zu einer Entscheidung im zusätzlich zu führenden Hauptsacheverfahren.

**Beispiel**

> Die persönlichen und sachlichen Voraussetzungen für die Freistellung eines Personalratsmitgliedes zu einer Schulungsteilnahme im Sinne des § 54 Abs. 1 BPersVG liegen vor (vgl. hierzu auch → *Personalvertretung*). Die Schulungsmaßnahme steht unmittelbar bevor, der Dienststellenleiter verweigert aber die Freistellung. Wenn das Personalratsmitglied hier den Erlass einer einstweiligen Verfügung beantragt, kann eine vorläufige Entscheidung noch rechtzeitig zur Schulung ergehen, was bei einem ordentlichen Verfahren zeitlich ausgeschlossen wäre.

## II. Urteilsverfahren

### 1. Grundsatz

Das Urteilsverfahren vor dem Arbeitsgericht ist geprägt vom Grundsatz der Verhandlungsmaxime. Im Urteilsverfahren muss danach der Sachverhalt, über den entschieden werden soll, von den Parteien in den Prozess eingeführt und erforderlichenfalls bewiesen werden. Das Gericht entscheidet nur auf Basis des vorgebrachten Sachverhalts und muss im Zweifelsfall durch eine Beweisaufnahme klären, von welcher der (häufig gegenteiligen) Darstellungen es überzeugt ist. Es ermittelt nicht von sich aus, wie der Sachverhalt tatsächlich liegt.

Das Verfahren wird durch die Klageerhebung eingeleitet. In der Klageschrift muss der Beschäftigte oder der öffentliche Arbeitgeber sein Anliegen darlegen. In der überwiegenden Zahl der Fälle ist es der Beschäftigte, der sich gegen eine Handlung des öffentlichen Arbeitgebers, etwa eine Versetzung oder eine Eingruppierung, wehrt oder die Wirksamkeit einer Kündigung überprüfen lässt. Fallentscheidend ist häufig der Sachverhalt, wie er sich nach der Darlegungs- und Beweislast der Parteien für das Gericht darstellt. Besonders wichtig ist hierfür ein „substantiierter", also mit Substanz versehener, detaillierter und konkreter Vortrag.

**Beispiel**

> Der Beschäftigte verklagt den öffentlichen Arbeitgeber auf Zahlung von Überstundenzuschlägen und trägt dazu substantiiert, insbesondere unter Vorlage von Stundenaufstellungen und der Behauptung von erfolgten Anordnungen zu jeder geleisteten Überstunde, vor. Hierauf behauptet der öffentliche Arbeitgeber pauschal, dass der Beschäftigte keine Überstunden geleistet habe. Zum Beweis bezieht er sich auf die Zeugenaussage der Personalsachbearbeiterin. Das Gericht wird diese Mitarbeiterin nicht als Zeugin in Bezug darauf vernehmen, an welchem Tag und in welchem Zeitraum der Arbeitnehmer Überstunden geleistet und ob hierzu eine Anordnung vorgelegen hat. Es ist vielmehr Sache des Arbeitgebers, seine Sicht der Tatsachen so substantiiert vorzutragen, dass die Behauptungen des Beschäftigten hinreichend bestritten sind; ansonsten gelten sie als zugestanden. Er muss also genau angeben, an welchen Tagen der Beschäftigte Überstunden ohne vorherige Anordnung geleistet oder in welchem Umfang Überstunden bereits ausgeglichen wurden oder, dass es jeweils an einer entsprechenden Anordnung von Überstunden gefehlt hat. Erst dann kann die Personalsachbearbeiterin diese Tatsachen im Rahmen einer hierdurch erforderlichen Vernehmung bezeugen.

## 2. Gütetermin

Im arbeitsgerichtlichen Verfahren findet immer zunächst und meist schon kurze Zeit nach Klageerhebung ein Gütetermin statt. Die Durchführung des Gütetermins ist mit Ausnahme des einstweiligen Rechtsschutzes obligatorisch. Zweck des Gütetermins ist der Versuch einer gütlichen Einigung, § 54 Abs. 1 S. 1 ArbGG. Oft wird mit der Ladung zum Gütetermin darum gebeten, bereits vorab zur Klage schriftlich Stellung zu nehmen. Dies ist keine Verpflichtung, kann aber – je nach konkretem Einzelfall – sinnvoll sein, um im Gütetermin eine aus Sicht der Behörde oder des öffentlichen Unternehmens „günstige" Einigung zu erzielen.

Nur ganz ausnahmsweise wird das Gericht anordnen, dass sich die Kammerverhandlung unmittelbar an die Güteverhandlung anschließt und zugleich weitere Auflagen erteilen. In aller Regel liegen zwischen Güte- und (im Falle des Scheiterns des Güteversuchs) Kammertermin dagegen mehrere Monate.

 **WICHTIG!**

**Dennoch muss die Beklagte (also meist die Dienststelle) bei Erhalt der Klageschrift nebst Ladung zum Gütetermin prüfen, ob Schriftsatzauflagen erteilt worden sind bzw. ob es sinnvoll ist, vor dem Gütetermin schon zur Klage vorzutragen.**

In der Güteverhandlung wird unter freier Würdigung aller Umstände, § 54 Abs. 1 S. 2 ArbGG, die Sach- und Rechtslage erörtert. Steht z. B. die Richtigkeit einer Eingruppierung in Streit, wird der öffentliche Arbeitgeber in der Regel zunächst gebeten, die Gründe für die vorgenommene Eingruppierung zu nennen. Das Gericht wird hierbei versuchen, nach diesen Erwägungen durch Vergleichsvorschläge eine gütliche Einigung herbeizuführen. Zumindest wird das Gericht den Parteien aber die Möglichkeit geben, eine solche zu erörtern. Eine Verpflichtung ausführlich vorzutragen, besteht ebenso wenig wie eine solche, im Gütetermin auch tatsächlich Vergleichsverhandlungen zu führen. Der öffentliche Arbeitgeber kann sich auch darauf zurückziehen, schriftlich Stellung zu nehmen, später eine Einigung zu suchen oder das Verfahren durch Urteil entscheiden zu lassen.

Die Güteverhandlung endet vielfach mit einem Vergleich. Mit dem feststellenden Beschluss eines Vergleichs ist das Verfahren beendet. Ein solcher Vergleich muss nicht unbedingt in der Güteverhandlung geschlossen werden, sondern kann jederzeit

auch außerhalb des Gerichts verhandelt und anschließend nur vom Gericht protokolliert werden, § 278 Abs. 6 ZPO; dann muss keine der Parteien persönlich bei Gericht erscheinen. Denkbar ist auch, dass ein Vergleich widerruflich zustande kommt, also beide Seiten oder nur eine Partei das Recht erhält, diesen innerhalb einer bestimmten Frist zu widerrufen. Im Falle des Widerrufs wird das Verfahren fortgesetzt, sonst wird der Vergleichsbeschluss bestandskräftig und beendet das Verfahren.

Scheitert der Güteversuch, wird in aller Regel ein Termin zur Kammerverhandlung anberaumt.

 **WICHTIG!**

**Denkbar ist auch die Beantragung eines weiteren sog. zweiten Gütetermins, um doch noch eine Einigung zu finden (vgl. § 54 Abs. 1 S. 5 ArbGG). Dies kann nur bei entsprechendem Einverständnis beider Parteien erfolgen. Ein sog. zweiter Gütetermin führt allerdings regelmäßig eher zur Verzögerung des Rechtsstreits, erhöht das Annahmeverzugslohnrisiko bei einem Unterliegen im Kündigungsrechtsstreit und liegt damit bis auf wenige Ausnahmen nicht im Interesse der verklagten Behörde bzw. des verklagten Unternehmens. Da eine Einigung ohnehin in jeder Phase des Verfahrens möglich bleibt, ist es in der Regel effektiver, das Verfahren weiterzubetreiben und ggf. parallel dazu Einigungsgespräche zu führen.**

Nur sehr selten tritt die Situation ein, dass eine Partei im Gütetermin nicht erscheint und auch kein Vertreter für sie anwesend ist. Dann ergeht ein Versäumnisurteil, gegen das nach § 59 S. 1 ArbGG innerhalb einer Woche Einspruch eingelegt werden kann; dann läuft das Verfahren weiter. Erscheinen beide Parteien nicht, wird in der Güteverhandlung das Ruhen des Verfahrens angeordnet; das können die Parteien auch beantragen, § 54 Abs. 5 ArbGG. Ein Vorteil liegt hierin aber in der Regel nicht, da der Ausgang des Verfahrens in der Schwebe bleibt.

## 3. Schriftsätze

Das Urteilsverfahren ist geprägt von den in den Schriftsätzen beider Parteien dargelegten unterschiedlichen Auffassungen zu den tatsächlichen Geschehnissen (Tatsachenvortrag) und/oder der damit verbundenen unterschiedlichen Rechtsauffassung (rechtliche Würdigung). Das Gericht setzt zunächst der Beklagtenseite, also meist dem öffentlichen Arbeitgeber, eine Frist zur schriftlichen Erwiderung auf die Klage von mindestens zwei Wochen, § 61a Abs. 3 ArbGG, die aber in der Praxis deutlich länger ist. Sollte das Gericht Auflagen zum Inhalt des Klageerwiderungsschriftsatzes machen, sind Ausführungen zu diesem Punkt meist ohnehin selbstverständlich, jedenfalls aber zu machen.

**Beispiel**

> Soll der öffentliche Arbeitgeber „unter Beweisantritt die ordnungsgemäße Beteiligung des Personalrats bei der Versetzung darlegen", muss vorgetragen und Beweis für die Tatsache angeboten werden, welche Person den Personalrat angehört hat, ob dies mündlich oder schriftlich und an welchem Tag dies erfolgt ist. Vor allem aber müssen der Inhalt der Anhörung sowie der Zugang eines Anhörungsschreibens beim Personalrat vorgetragen und vorsorglich unter Beweis gestellt werden. Da entweder in der Klageschrift enthalten oder zumindest noch zu erwarten ist, dass der Beschäftigte sich auf die vom Personalrat bereits erhobenen Einwendungen stützt, kann der Arbeitgeber hierzu bereits vorab Stellung nehmen.

Im Klageerwiderungsschriftsatz muss die Beklagte ihre tatsächlichen und rechtlichen Einwände gegen die Behauptungen in der Klageschrift vorbringen.

Handelt es sich um ein Kündigungsschutzverfahren, ist der öffentliche Arbeitgeber für das Vorliegen der Kündigungsgründe bei Anwendbarkeit des Kündigungsschutzgesetzes darlegungs- und beweispflichtig, § 1 Abs. 2 S. 4 KSchG. Er muss daher die personen-, verhaltens- oder betriebsbedingten Kündigungsgründe im Schriftsatz präzise vortragen und unter Beweis stellen. Es ist ein so substantiierter Sachvortrag erforderlich, dass der Beschäftigte die Möglichkeit hat, ihm konkret entgegenzutreten.

### Beispiel

> Bei einer Kündigung wegen wiederholt verspätet aufgenommener Tätigkeit muss konkret vorgetragen und Beweis für die Tatsache angeboten werden, an welchem Tag und zu welcher Zeit der Beschäftigte zur Arbeit hätte erscheinen müssen und wann er an welchem Tag stattdessen erschienen ist. Aus den vorzulegenden schriftlichen Abmahnungen, oder bei mündlichen Abmahnungen aus dem Vortrag im Schriftsatz, muss sich ergeben, wer den Arbeitnehmer wann und mit welchem Wortlaut abgemahnt hat.

Es schließt sich nach § 61a Abs. 4 ArbGG eine Frist für die Stellungnahme zur Klageerwiderung für die Klägerseite an, also in der Regel für den Beschäftigten. Diese ist regelmäßig ebenso lang, wie die Frist für die Beklagte, d. h. also mindestens zwei Wochen. Zwar können bis zum Schluss der mündlichen Verhandlung beide Parteien zum Sachverhalt weiter vortragen. Im Kündigungsschutzprozess gelten aber besondere Verpflichtungen zur Prozessförderung. Insbesondere wird das Arbeitsgericht Vortrag aus Schriftsätzen, der erst nach Ablauf gesetzter Fristen erfolgt (maßgeblich ist der Zugang bei Gericht, nicht das Datum der Versendung oder der Eingang bei der Gegenseite) nur zulassen, wenn dies genügend entschuldigt wird oder es den Rechtsstreit nicht verzögert, § 61a Abs. 5 ArbGG. Eine Verzögerung liegt insbesondere vor, wenn die Zulassung verspäteten Vorbringens die Anberaumung eines neuen Termins erforderlich macht. Wird verspäteter Vortrag genügend entschuldigt, ist er zuzulassen. Darüber, ob eine eingetretene Verzögerung hinreichend entschuldigt worden ist, entscheidet das Gericht nach pflichtgemäßem Ermessen.

Als Beweismittel kommen in Betracht: Urkundenbeweis, also die Vorlage schriftlicher Unterlagen in Kopie, und die Zeugenvernehmung, wobei schriftsätzlich angeboten wird, eine bestimmte namentlich bezeichnete Person unter Angabe einer ladungsfähigen Anschrift zu einer bestimmten Tatsache zu vernehmen. Handelt es sich um einen Beschäftigten, genügt die Angabe der ladungsfähigen Anschrift unter der Dienststelle. Nur selten wird ein Sachverständigengutachten ein geeignetes Beweismittel sein, die Parteivernehmung kommt praktisch nur bei Vieraugengesprächen als Beweismittel in Betracht, auch eine Inaugenscheinnahme ist als Beweismittel selten.

### Beispiel

> Der öffentliche Arbeitgeber behauptet, der Beschäftigte sei an einem bestimmten Tag vom Leiter der Personalabteilung mündlich ohne Beisein von Dritten wegen Zuspätkommens abgemahnt worden. Da keine schriftliche Abmahnung vorliegt, kann als Beweismittel ein Gesprächsvermerk gemeinsam mit dem Zeugen (Leiter der Personalabteilung) angeboten werden. Bestreitet der Arbeitnehmer den Inhalt dieses Gesprächs, kann er als Beweismittel zu seinen Gunsten nur einen Antrag auf seine Vernehmung als Partei stellen, da er als Partei nicht Zeuge sein kann.

## 4. Kammertermin

Der dem Gütetermin nachfolgende Kammertermin, auch als Kammerverhandlung bezeichnet, findet, anders als der Gütetermin, vor der Kammer, also dem Vorsitzenden Richter mit den beiden ehrenamtlichen Richtern statt. In der Kammerverhandlung führt das Gericht zunächst in den Rechtsstreit ein und schildert den von den Parteien vorgetragenen Sachvortrag. Nicht selten wird auch schon eine vorläufige Rechtsauffassung der Kammer zu einzelnen in Streit stehenden Aspekten geäußert oder angekündigt, dass womöglich eine Beweisaufnahme stattfinden könnte. Auch im Kammertermin soll vom Gericht eine gütliche Einigung angestrebt werden, § 57 Abs. 2 ArbGG.

Aufgrund der Verweisung in § 46 Abs. 2 ArbGG auf § 128a ZPO kann das Gericht den Parteien und ihren Bevollmächtigten gestatten, sich während der mündlichen Verhandlung an einem anderen Ort aufzuhalten und von dort aus Verfahrenshandlungen vorzunehmen (sog. Videoverhandlung). Die Durchführung einer Videoverhandlung findet auf Antrag statt oder wird von Amts wegen angeordnet. Auch eine Güteverhandlung kann im Wege einer Videoverhandlung durchgeführt werden.

Kann ein gerichtlicher Vergleich nicht geschlossen werden, hat die Kammerverhandlung folgende mögliche Ergebnisse: Entweder erfolgt – am Ende des Sitzungstages – die Verkündigung des Urteils, bei dem beide Parteien nicht anwesend sein müssen oder es wird zur Verkündigung des Urteils ein so genannter Verkündungstermin (auch hier müssen die Parteien nicht anwesend sein) bestimmt, § 60 Abs. 1 S. 1 ArbGG. Dazu kommt es insbesondere, wenn die Beratung innerhalb der Kammer, also unter den gleichberechtigten ehrenamtlichen Richtern und dem Vorsitzenden Richter, nicht mehr am Tag des Kammertermins abgeschlossen werden kann. Hält das Gericht eine Beweisaufnahme für erforderlich und konnte sie nicht bereits im Kammertermin erfolgen, wird ein weiterer Kammertermin mit Beweisaufnahme bestimmt; hierzu werden die Zeugen und/oder Sachverständigen geladen.

## 5. Gerichts- und Anwaltskosten

Die Höhe der Gerichtskosten richten sich nach dem Wert des Streitgegenstandes, wobei sich die Gebühren aus dem Kostenverzeichnis ergeben, § 3 GKG. Die Gebühren vor den Arbeitsgerichten sind zum einen niedriger als vor den ordentlichen Gerichten (also den Amts- und Landgerichten) in zivilrechtlichen Streitigkeiten; zum anderen muss nach § 11 GKG kein Gerichtskostenvorschuss gezahlt werden.

Im Falle eines durch gerichtlichen Beschluss festgestellten Vergleichs der Parteien fallen keine Gerichtskosten an, ansonsten hat die unterliegende Partei die Gerichtskosten zu tragen. Unterliegt eine Seite nur zum Teil, werden die Gerichtskosten entsprechend dem Verhältnis des Unterliegens zwischen den Parteien geteilt.

### Beispiel

> Der Beschäftigte hat auf tarifliche Zuschläge in Höhe von brutto € 400,00 geklagt. Der Arbeitgeber wird verurteilt, brutto € 100,00 nachzuzahlen. Die Kosten werden im Urteil zu 75 % dem Kläger auferlegt, weil der Kläger in diesem Verhältnis zur Klageforderung „verloren" hat.

Im arbeitsrechtlichen Urteilsverfahren gilt die Besonderheit, dass zu den von der unterliegenden Partei zu übernehmenden Kosten des Rechtsstreits in I. Instanz (also vor dem Arbeitsgericht) nicht die zur Rechtsverteidigung der Gegenseite entstandenen Kosten gehören. Jede Seite hat also vor dem Arbeitsgericht seinen Rechtsanwalt auch bei Obsiegen in vollem Umfang selbst zu bezahlen. Aus diesem Grund haben viele Beschäftigte eine Rechtsschutzversicherung geschlossen, die gesetzliche Gebühren des Rechtsanwalts erstattet.

## 6. Rechtsmittel

Gegen das Urteil I. Instanz kann Berufung zum Landesarbeitsgericht eingelegt werden. Es handelt sich – anders als im allgemeinen Zivilrecht – um eine weitere Tatsacheninstanz, weshalb dort auch noch neuer Sachvortrag in den Grenzen des § 67 ArbGG erfolgen kann. Die Berufung ist nach § 64 Abs. 2 ArbGG vor allem zulässig, wenn

▸ diese im Urteil zugelassen worden ist,

▸ die Partei mit mehr als dem in § 64 Abs. 2b ArbGG genannten Betrag (€ 600,00) unterlegen ist oder

▸ der Rechtsstreit das Bestehen, Nichtbestehen oder die Kündigung des Dienstverhältnisses betrifft.

In Kündigungsschutzverfahren ist damit die Berufung für die unterliegende Partei immer zulässig. Anders als in I. Instanz kann die Partei das Berufungsverfahren vor dem Landesarbeitsgericht nicht selbst führen; sie muss sich von einem Rechtsanwalt (alternativ von einer Gewerkschaft bzw. einem Arbeitgeberverband) vertreten lassen. Auch das Kostenrisiko steigt: im Berufungsverfahren gehören die notwendigen Kosten des Gegners zur Rechtsverteidigung zu den Gerichtskosten, sind also – anders als in der I. Instanz – vom Unterliegenden zu tragen. Auch hier gilt: im Falle eines Vergleichs entstehen keine Gerichtskosten, für die außergerichtlichen (Anwalts-)kosten wird dann eine vergleichsweise Regelung getroffen. Meist werden diese Kosten „gegeneinander aufgehoben".

Die Berufung muss innerhalb einer nicht zu verlängernden Notfrist von einem Monat nach Zustellung des vollständig abgefassten, also mit Entscheidungsgründen versehenen, Urteils, spätestens aber (auch wenn noch keine Entscheidungsgründe vorliegen) fünf Monate nach Verkündung des Urteils eingelegt werden, § 66 Abs. 1 ArbGG. Die Begründung muss innerhalb eines weiteren Monats erfolgen, wobei diese Frist unter Umständen einmalig verlängert werden kann, § 66 Abs. 1 S. 5 ArbGG.

Gegen ein Urteil des Landesarbeitsgerichts ist die Revision zum Bundesarbeitsgericht möglich, wenn sie vom Landesarbeitsgericht im Urteil zugelassen worden ist, § 72 Abs. 1 S. 1 ArbGG. Anders als in der Berufungsinstanz ist das Bundesarbeitsgericht im Rahmen der Revision aber an die Tatsachen gebunden, wie sie das Landesarbeitsgericht festgestellt hat. In der Revisionsinstanz wird nur geprüft, ob das Urteil des Landesarbeitsgerichts auf der Verletzung einer Rechtsnorm beruht (vgl. § 73 ArbGG).

### Beispiel

Ein Arzt an einem kirchlichen Krankenhaus wird wegen Wiederheirat entlassen. Das Bundesarbeitsgericht prüft nur, ob der festgestellte Sachverhalt eine Kündigung grundsätzlich rechtfertigen kann, nicht aber, ob das Landesarbeitsgericht zu Unrecht festgestellt hat, dass tatsächlich andere Ärzte ebenfalls wiederverheiratet sind, denen aber nicht gekündigt worden ist (und deswegen die Kündigung sozialwidrig ist).

Wird die Revision nicht zugelassen, kann hiergegen nur unter sehr strengen Voraussetzungen eine Nichtzulassungsbeschwerde erhoben werden, § 72a ArbGG.

## III. Beschlussverfahren

Über Streitigkeiten zwischen Arbeitgeber und Personalvertretung entscheidet das Verwaltungsgericht im Beschlussverfahren. Eine § 2a Nr. 1 ArbGG entsprechende, allgemeine Zuständigkeit der Gerichte für Streitigkeiten aus dem Personalvertretungsgesetz ist zwar in § 108 Abs. 1 BPersVG nicht enthalten; die dort genannten

personalvertretungsrechtlichen Streitigkeiten erfassen aber alle innerhalb einer Dienststelle auftretenden Auseinandersetzungen und sind entsprechend weit auszulegen. Allerdings sind Leistungs- und Verpflichtungsanträge, mit denen Ansprüche auf ein Tun oder Unterlassen geltend gemacht werden, nur dann zulässig, wenn und soweit das Personalvertretungsrecht dem jeweiligen Antragsteller eine durchsetzungsfähige Rechtsposition einräumt (BVerwG v. 11.5.2011, 6 P 4.10, ZTR 2011, 453). Dazu gehören generell alle im Personalvertretungsrecht speziell normierten materiell- und verfahrensrechtlichen Ansprüche, die der Ausübung und Durchsetzung der Rechte der Personalvertretungen auf Teilhabe am verwaltungsinternen Entscheidungsverfahren dienen (BVerwG v. 29.6.2004, 6 PB 3.04). Eine Verpflichtung der Dienststelle, eine bestimmte Maßnahme durchzuführen oder zu unterlassen, kann vom Personalrat im Beschlussverfahren aber nicht begehrt werden. Das Bundespersonalvertretungsgesetz räumt den Personalvertretungen kein im Beschlussverfahren verfolgbares Recht ein, den Dienststellen die Durchführung bestimmter, der Mitbestimmung unterliegender Maßnahmen aufzugeben bzw. zu untersagen (st. Rspr., vgl. BVerwG v. 15.12.1978, 6 P 13/78; BVerwG v. 15.3.1995, 6 P 28/93; BVerwG v. 3.7.2013, 6 PB 10/13).

### Beispiel

Der Personalrat beruft sich darauf, eine Dienstvereinbarung (vgl. hierzu → *Dienstvereinbarung*) habe trotz erfolgter Kündigung weiter Gültigkeit. Der Arbeitgeber kann ein Beschlussverfahren vor dem Verwaltungsgericht zur Klärung des Bestehens oder Nichtbestehens der Geltung der Dienstvereinbarung einleiten.

Die Parteien treten nicht als Kläger gegen den Beklagten auf, sondern als zwei „Beteiligte" in einem Verfahren; das ist der besonderen Situation geschuldet, dass der öffentliche Arbeitgeber und die Personalvertretung auch künftig vertrauensvoll zusammenwirken. Das Gericht fällt kein Urteil, sondern entscheidet durch Beschluss.

Auch wenn die Anberaumung eines Gütetermins gesetzlich nicht zwingend vorgesehen wird, erfolgt dies in der Praxis fast ausnahmslos, um eine gütliche Einigung der Beteiligten zu erreichen.

Entscheidender Unterschied zwischen Beschluss- und Urteilsverfahren ist, dass das Verwaltungsgericht den Sachverhalt von sich aus ermittelt, so genannte Offizialmaxime, § 108 Abs. 2 BPersVG, § 83 Abs. 1 ArbGG. Allerdings müssen auch hier die Beteiligten dem Verwaltungsgericht den Sachverhalt soweit vortragen, dass eine solche Ermittlung durch das Gericht auch möglich ist. Ggf. wird das Gericht entsprechende Auflagen machen, dass die Parteien sich zu bestimmten Fragen äußern. Aus Sicht des öffentlichen Arbeitgebers sollte daher auch hier sorgfältig vorgetragen werden.

### Beispiel

Der Personalrat beantragt, dem Arbeitgeber zu untersagen, eine Zeiterfassung ohne seine vorherige Mitbestimmung (vgl. hierzu → *Personalvertretung*) (weiter) zu verwenden. Das Verwaltungsgericht prüft von Amts wegen, ob die Zeiterfassung tatsächlich genutzt wird, darf aber nicht etwa prüfen, ob dem Personalrat auch in anderen Fragen ein Mitbestimmungsrecht zusteht.

Im Unterschied zum Urteilsverfahren bezeichnet man den Kammertermin im Beschlussverfahren als Anhörungstermin der Beteiligten. Er findet vor gesondert gebildeten personalvertretungsrechtlichen Fachkammern der Verwaltungsgerichte statt.

Gegen eine Entscheidung des Verwaltungsgerichts kann das Rechtsmittel der Beschwerde zum Oberverwaltungsgericht (in

Baden-Württemberg, Bayern und Hessen zum Verwaltungsgerichtshof; Berlin und Brandenburg haben ein gemeinsames OVG) eingelegt werden. Gegen die Beschwerde kann die Rechtsbeschwerde zum Bundesverwaltungsgericht zugelassen werden.

Beim Beschlussverfahren zwischen öffentlichem Arbeitgeber und Personalrat werden keine Gerichtskosten von der öffentlichen Hand erhoben. Jedoch hat der öffentliche Arbeitgeber seine eigenen Kosten und im Rahmen des § 46 BPersVG die notwendigen Kosten des Personalrats zu tragen, wozu auch regelmäßig diejenigen der anwaltlichen Vertretung vor Gericht gehören.

### Beispiel

Der Personalrat leitet ein Beschlussverfahren vor dem Verwaltungsgericht ein, in dem festgestellt werden soll, dass er in einer bestimmten Frage ein Mitwirkungsrecht hat. Der Antrag wird in zwei Instanzen zurückgewiesen. Der Arbeitgeber muss hier neben seinen eigenen Anwaltskosten auch die des Personalrats tragen.

Eine Ausnahme von der Pflicht der Dienststelle, die Anwaltskosten des Personalrats zu tragen, gilt dann, wenn die Anrufung des Verwaltungsgerichts von vornherein aussichtslos oder mutwillig betrieben worden ist (OVG Bautzen v. 1.4.2009, 9 A 78/08) oder die Beauftragung eines Rechtsanwaltes gegen die Grundsätze der Sparsamkeit und Wirtschaftlichkeit verstößt (vgl. VG Meiningen v. 13.7.2021, 3 P 419/20 – zum Thüringer PersVG; dessen Grundsätze jedoch auf die Regelung in § 46 BPersVG bzw. die entsprechenden PersVG der Länder angewendet werden können). Umstritten ist, ob die Dienststelle in einem Beschlussverfahren mit einem Wiederantrag die Feststellung beantragen kann, dass sie nicht zur Kostentragung verpflichtet ist (bejahend LAG Baden-Württemberg v. 24.6.2016, 17 TaBV 6/15; a. A. LAG Schleswig-Holstein v. 12.1.2010, 5 TaBV 32/09). Maßgeblich ist, ob eine derartige Feststellung auf eine im Beschlussverfahren unzulässige Kostenentscheidung hinauslaufen würde oder nicht.

Die Besonderheiten des Beschlussverfahrens zur Einrichtung einer Einigungsstelle sind zu beachten (vgl. hierzu → *Einigungsstelle unter II.*).

# Geringfügige Beschäftigung

 **Wegweiser:**

Der Begriff der geringfügigen Beschäftigung stammt aus dem Sozialversicherungsrecht und ist in § 8 SGB IV definiert. Danach ist zwischen der Entgeltgeringfügigkeit nach § 8 Abs. 1 Nr. 1 SGB IV (sogenannte geringfügig entlohnte Beschäftigung) und der Zeitgeringfügigkeit nach § 8 Abs. 1 Nr. 2 SGB IV (sogenannte kurzzeitige Beschäftigung) zu unterscheiden. Die Geringfügigkeitsgrenze liegt seit dem 1.1.2024 bei € 538,00 und ist rentenversicherungspflichtig (vgl. dazu III. und V.).

Die Geringfügigkeitsgrenze ist dynamisch gestaltet und orientiert sich an einer Wochenarbeitszeit von zehn Stunden sowie den geltenden Mindestlohnbedingungen. Soweit also der Mindestlohn steigt, soll die Geringfügigkeitsgrenze entsprechend angehoben werden.

Die Besonderheiten der geringfügigen Beschäftigung liegen ausschließlich im Sozialversicherungsrecht und im Steuerrecht.

Das Arbeitsrecht unterscheidet dagegen nicht zwischen geringfügiger und nicht geringfügiger Beschäftigung, weil geringfügig Beschäftigte und Vollzeitarbeitnehmer im Arbeitsrecht die gleichen Rechte und Pflichten haben. Das Arbeitsverhältnis eines geringfügig Beschäftigten ist ein vollwertiges Arbeitsverhältnis.

 **ACHTUNG!**

Eine arbeitsrechtliche Besonderheit ist jedoch § 1 Abs. 2 lit. m TVöD und § 1 Abs. 2 lit. i TV-L. Danach gelten TVöD und TV-L nicht für geringfügig Beschäftigte im Sinne von § 8 Abs. 1 Nr. 2 SGB IV, d. h. für sogenannte kurzzeitig Beschäftigte (vgl. auch Breier/Dassau TVöD Komm. Erl. 5.12 zu § 1 Rn. 95 ff., TV-L Komm. Erl. 5.9 zu § 1 Rn. 70 ff.).

**I.   Begriff der geringfügigen Beschäftigung**
1. Entgeltgeringfügigkeit
2. Zeitgeringfügigkeit

**II.   Arbeitsrecht**
1. Befristete Arbeitsverhältnisse
2. Vergütung
3. Urlaubsansprüche
4. Entgeltfortzahlung im Krankheitsfall und an Feiertagen
5. Kündigungsschutz
6. Kollektivrechtlicher Status

**III.   Sozialversicherungs- und Steuerrecht**
1. Entgeltgeringfügigkeit
   1.1   Krankenversicherung
   1.2   Rentenversicherung
   1.3   Arbeitslosenversicherung
   1.4   Pflegeversicherung
   1.5   Steuerrecht
   1.6   Abführung der Pauschalbeiträge und Pauschalsteuer
2. Zeitgeringfügigkeit
   2.1   Sozialversicherungsrecht
   2.2   Steuerrecht

**IV.   Zusammenrechnung mehrerer Beschäftigungen**
1. Zusammenrechnung geringfügiger Beschäftigungsverhältnisse
2. Zusammenrechnung von Haupt- und Nebenbeschäftigung

**V.   Midijob-Regelung**

## I.  Begriff der geringfügigen Beschäftigung

Es sind zwei Formen der geringfügigen Beschäftigung zu unterscheiden:

### 1.  Entgeltgeringfügigkeit

Eine geringfügige Beschäftigung liegt vor, wenn das Arbeitsentgelt aus dieser Beschäftigung regelmäßig im Monat € 538,00 nicht übersteigt (vgl. § 8 Abs. 1 Nr. 1 SGB IV). In diesen Fällen spricht man von sogenannter Entgeltgeringfügigkeit bzw. von einer geringfügig entlohnten Beschäftigung.

Die wöchentliche Arbeitszeit und die Anzahl der monatlichen Arbeitseinsätze sind für das Vorliegen einer geringfügig entlohnten Beschäftigung ohne Bedeutung. Allerdings begrenzt der Mindestlohn bereits die Anzahl der Arbeitsstunden, die ein Arbeitnehmer im Rahmen einer Beschäftigung in der Form der Entgeltgeringfügigkeit eingesetzt werden darf.

Durch die Dynamisierung der Entgeltgrenze können laufende geringfügige Beschäftigungen nach Erhöhung des Mindestlohns unverändert fortgeführt werden, ohne dass die Grenze der Entgeltgeringfügigkeit bei gleichbleibender Arbeitszeit überschritten wird. Berechnet wird die Geringfügigkeitsgrenze, indem der aktuelle Mindestlohn mit 130 multipliziert wird und durch drei geteilt wird. Der sich ergebende Betrag wird gegebenenfalls auf den vollen Euro aufgerundet (§ 8 Abs. 1a Satz 2 SGB IV).

## 2. Zeitgeringfügigkeit

Eine geringfügige Beschäftigung liegt auch vor, wenn die Beschäftigung innerhalb eines Kalenderjahres auf längstens drei Monate oder 70 Arbeitstage nach ihrer Eigenart begrenzt zu sein pflegt oder im Voraus vertraglich begrenzt ist, es sei denn, dass die Beschäftigung berufsmäßig ausgeübt wird und die Geringfügigkeitsgrenze übersteigt (§ 8 Abs. 1 Nr. 2 SGB IV). In diesen Fällen spricht man von sogenannter kurzzeitiger Beschäftigung.

Die beiden Alternativen der nach Monaten oder nach Arbeitstagen berechneten zeitlichen Begrenzung stehen ohne weitere Einschränkung gleichwertig nebeneinander. Aufgrund der Verknüpfung durch das Wort „oder" liegt Zeitgeringfügigkeit immer dann vor, wenn eine der beiden Optionen erfüllt ist (BSG v. 24.11.2020, B 12 KR 34/19 R).

**Beispiel**

> Ein Student der Kunstgeschichte wird während der Semesterferien von einem Museum auf drei Monate befristet eingestellt, um gemeinsam mit anderen Mitarbeitern des Museums in dieser Zeit einen Ausstellungskatalog für eine bevorstehende Ausstellung zu erarbeiten. Bei dem Beschäftigungsverhältnis des Studenten handelt es sich um eine geringfügige Beschäftigung in der Form der Zeitgeringfügigkeit.

Ein geringfügiges Beschäftigungsverhältnis in Form der Zeitgeringfügigkeit setzt voraus, dass die Beschäftigung nicht regelmäßig ausgeübt wird. Regelmäßigkeit liegt dann vor, wenn die Beschäftigung von vorneherein auf ständige Wiederholung gerichtet ist und über mehrere Jahre hinweg ausgeübt werden soll.

**Beispiel**

> Würde im vorgenannten Beispiel eine Rahmenvereinbarung geschlossen, wonach der Student auch in den folgenden Jahren jeweils befristet für drei Monate an der Erarbeitung eines Kataloges für eine jährlich stattfindende Ausstellung mitwirken soll, läge keine geringfügige Beschäftigung in Form der Zeitgeringfügigkeit mehr vor.

Die geringfügige Beschäftigung in Form der Zeitgeringfügigkeit darf nicht berufsmäßig ausgeübt werden. Berufsmäßigkeit liegt vor, wenn die Tätigkeit für den Beschäftigten nicht nur von untergeordneter wirtschaftlicher Bedeutung ist und der Beschäftigte damit seinen Lebensunterhalt überwiegend oder doch in einem solchen Umfang bestreitet, dass seine wirtschaftliche Stellung zu einem erheblichen Teil auf dieser Beschäftigung beruht. Keine Berufsmäßigkeit liegt beispielsweise vor bei Schülern, Studenten oder Arbeitnehmern, die in einem Vollzeitarbeitsverhältnis stehen und nur zusätzlich ein kurzzeitiges Beschäftigungsverhältnis eingegangen sind.

 **WICHTIG!**

> Bei Abschluss eines geringfügigen Beschäftigungsverhältnisses in Form der Zeitgeringfügigkeit ist zu beachten, dass es sich hierbei um ein befristetes Arbeitsverhältnis handelt, dass nach § 14 Abs. 4 TzBfG der Schriftform bedarf. Ein auf eine befristete Beschäftigung gerichtetes Arbeitsverhältnis, das nicht schriftlich vereinbart worden ist, gilt als unbefristet (§ 16 TzBfG) und kann daher nicht geringfügig im Sinne von § 8 Abs. 1 Nr. 2 SGB IV

sein. Daher muss bei Abschluss eines geringfügigen Beschäftigungsverhältnisses in Form der Zeitgeringfügigkeit unbedingt die Schriftform beachtet werden.

## II. Arbeitsrecht

Der geringfügig Beschäftigte hat arbeitsrechtlich die gleichen Rechte und Pflichten wie jeder andere Arbeitnehmer auch. Sein Arbeitsverhältnis ist arbeitsrechtlich ein vollwertiges Arbeitsverhältnis.

Geringfügig Beschäftigte sind Teilzeitbeschäftigte. Ein teilzeitbeschäftigter Arbeitnehmer darf wegen der Teilzeitarbeit nicht schlechter behandelt werden als ein vergleichbarer vollzeitbeschäftigter Arbeitnehmer, es sei denn, dass sachliche Gründe eine unterschiedliche Behandlung rechtfertigen. Einem Teilzeitbeschäftigten ist Arbeitsentgelt oder eine andere teilbare geldwerte Leistung mindestens in dem Umfang zu gewähren, der dem Anteil seiner Arbeitszeit an der Arbeitszeit eines vergleichbaren vollzeitbeschäftigten Arbeitnehmers entspricht (§ 4 Abs. 1 TzBfG). Damit ist zunächst jegliche Diskriminierung von Teilzeitbeschäftigten verboten. Das Bundesarbeitsgericht hat in diesem Zusammenhang jedoch entschieden, dass § 4 Abs. 1 TzBfG gleichwohl kein absolutes Benachteiligungsverbot normiere. Nach der Rechtsprechung des Bundesarbeitsgerichts verbiete § 4 Abs. 1 TzBfG eine Abweichung vom Pro-rata-temporis-Grundsatz zum Nachteil des teilzeitbeschäftigten Arbeitnehmers nur dann, wenn für eine solche Abweichung kein sachlicher Grund bestehe. Eine Rechtfertigung der Schlechterstellung von Teilzeitbeschäftigten könne sachlich dann gerechtfertigt sein, „wenn sich ihr Grund aus dem Verhältnis von Leistungszweck und Umfang der Teilzeitarbeit herleiten lässt". Die Prüfung der sachlichen Rechtfertigung der unterschiedlichen Behandlung habe sich dabei am Zweck der Leistung zu orientieren (BAG v. 23.7.2019, 9 AZR 372/18, ZTR 2019, 667).

Eine unterschiedliche Behandlung von geringfügig Beschäftigten in Form einer geringeren Stundenvergütung gegenüber Vollzeitkräften ist bei gleicher Qualifikation für die identische Tätigkeit nicht gerechtfertigt. Eine unterschiedliche Vergütung lässt sich auch nicht damit begründen, dass Vollzeitkräfte sich auf Weisung des Arbeitgebers zu bestimmten Dienstzeiten einfinden müssen und Teilzeitkräfte frei darin sind, Dienste anzunehmen oder abzulehnen (BAG v. 18.1.2023, 5 AZR 108/22, ZTR 2023, 91).

### 1. Befristete Arbeitsverhältnisse

Die Befristung eines Arbeitsverhältnisses ist nur wirksam, wenn sie durch einen sachlichen Grund gerechtfertigt ist (§ 14 Abs. 1 TzBfG, § 30 TVöD/TVL) oder die Voraussetzungen für eine kalendermäßige Befristung vorliegen (§ 14 Abs. 2 TzBfG, § 30 TVöD/TVL). Zu diesen Voraussetzungen gehört unter anderem das Verbot der Vorbeschäftigung des § 14 Abs. 2 S. 2 TzBfG, wonach eine kalendermäßige Befristung nicht zulässig ist, wenn mit demselben Arbeitgeber bereits zuvor ein befristetes oder unbefristetes Arbeitsverhältnis bestanden hat. Außerdem bedarf die Befristung zu ihrer Wirksamkeit der Schriftform (§ 14 Abs. 4 TzBfG).

Dies gilt auch für die Befristung eines Arbeitsverhältnisses eines geringfügig Beschäftigten. Zu beachten ist jedoch, dass nach der Rechtsprechung des Bundesarbeitsgerichts sowie des Bundesverfassungsgerichts das Verbot der Vorbeschäftigung im Wege der verfassungskonformen Auslegung einzuschränken sei, soweit das Verbot für die Parteien unzumutbar wäre. Eine aus dem Verbot des § 14 Abs. 2 S. 2 TzBfG folgende Unzumutbarkeit könne insbesondere dann anzunehmen sein, wenn eine

Vorbeschäftigung „sehr lang zurückliegt, ganz anders geartet war oder von sehr kurzer Dauer gewesen ist." Dies könne etwa bei geringfügigen Nebenbeschäftigungen während der Schul-, Studien- oder Ausbildungszeit, bei studentischen Mitarbeitern im Rahmen ihrer Berufsqualifizierung oder auch bei Werkstudenten anzunehmen sein. Ferner gelte dies auch im Falle einer erzwungenen oder freiwilligen Unterbrechung der Erwerbsbiographie, die mit einer beruflichen Neuorientierung oder einer Aus- und Weiterbildung des Arbeitnehmers einhergeht (vgl. BAG v. 21.8.2019, 7 AZR 452/17, ZTR 2020, 105).

### 2. Vergütung

Soweit tarifvertraglich nicht ausdrücklich etwas anderes vereinbart ist, erhalten Teilzeitbeschäftigte das Tabellenentgelt und alle sonstigen Entgeltbestandteile in dem Umfang, der dem Anteil ihrer individuell vereinbarten durchschnittlichen Arbeitszeit an der regelmäßigen Arbeitszeit vergleichbarer Vollzeitbeschäftigter entspricht, § 24 Abs. 2 TVöD/TV-L.

Im Übrigen können sich geringfügig Beschäftigte auf den Gleichbehandlungsgrundsatz berufen. Sie dürfen ohne sachlich gerechtfertigten Grund nicht schlechter bezahlt oder von sonstigen Vergütungsbestandteilen (Sonderzuwendungen, Gratifikationen, Urlaubsgeld etc.) ausgeschlossen werden.

### 3. Urlaubsansprüche

Geringfügig Beschäftigte haben ebenso Urlaubsansprüche wie Vollzeitbeschäftigte. Arbeitet ein geringfügig Beschäftigter nicht an allen fünf Arbeitstagen in der Woche, vermindert sich der Urlaubsanspruch entsprechend (vgl. § 26 Abs. 1 S. 4 TVöD/§ 26 Abs. 1 S. 5 TV-L). Dadurch bleibt die tatsächliche Dauer des Urlaubs unberührt.

#### Beispiel

Ein Arbeitnehmer im Anwendungsbereich des TVöD, der das 55. Lebensjahr vollendet hat, hat nach § 26 Abs. 1 TVöD bei Verteilung der wöchentlichen Arbeitszeit auf fünf Tage in der Kalenderwoche einen jährlichen Anspruch auf 30 Arbeitstage Erholungsurlaub. Dies entspricht 6 Wochen. Arbeitet der geringfügig Beschäftigte nur an einem Kalendertag in der Woche, hat er einen Jahresurlaubsanspruch von 6 Arbeitstagen. Auch dies entspricht 6 Wochen Urlaub.

### 4. Entgeltfortzahlung im Krankheitsfall und an Feiertagen

Der Anspruch auf Entgeltfortzahlung im Krankheitsfall und an Feiertagen besteht für geringfügig Beschäftigte ebenso wie für Vollzeitbeschäftigte.

### 5. Kündigungsschutz

Geringfügig Beschäftigte genießen wie Vollzeitbeschäftigte den allgemeinen Kündigungsschutz nach den Bestimmungen des KSchG. Findet der allgemeine Kündigungsschutz nach dem KSchG Anwendung, ist die Kündigung eines geringfügig Beschäftigten ebenso wie die eines Vollzeitbeschäftigten nur wirksam, wenn ein verhaltens-, personen- oder betriebsbedingter Kündigungsgrund vorliegt.

Ist bei einer betriebsbedingten Kündigung eine Sozialauswahl vorzunehmen, sind grundsätzlich alle Arbeitnehmer mit vergleichbaren Arbeitsaufgaben unabhängig von ihrem Arbeitszeitvolumen einzubeziehen. Vollzeit- und Teilzeitbeschäftigte sind also grundsätzlich miteinander vergleichbar. Etwas anderes gilt nur, wenn der Arbeitgeber eine Organisationsentscheidung getroffen hat, auf Grund derer für bestimmte Arbeiten nur Vollzeit-

kräfte vorgesehen sind. Liegt eine solche Unternehmerentscheidung vor, sind bei der Kündigung einer Teilzeitkraft die Vollzeitkräfte nicht in die Sozialauswahl einzubeziehen (BAG v. 7.12.2006, 2 AZR 748/05, ZTR 2007, 83).

Geringfügig Beschäftigte können daneben ebenso wie Vollzeitbeschäftigte Sonderkündigungsschutz als Schwerbehinderte, Schwangere etc. in Anspruch nehmen.

### 6. Kollektivrechtlicher Status

Geringfügig Beschäftigte sind auch kollektivrechtlich wie alle anderen Arbeitnehmer zu behandeln. Sie sind unter den gleichen Voraussetzungen wie alle übrigen Arbeitnehmer bei den Wahlen zur Personalvertretung bzw. bei den Betriebsratswahlen wahlberechtigt und wählbar. Für Sie gelten die gleichen Beteiligungsrechte des Personalrats bzw. des Betriebsrats. Dies betrifft insbesondere die Beteiligungsrechte in sozialen und personellen Angelegenheiten. So müssen beispielsweise auch geringfügig beschäftigte Arbeitnehmer unter Beachtung von § 78 Abs. 1 Nr. 4 BPersVG bzw. § 99 BetrVG eingruppiert werden. Bei einer Kündigung müssen die Mitwirkungsrechte des Personalrats nach § 85, 86 BPersVG bzw. die Mitbestimmungsrechte des Betriebsrats nach § 102 BetrVG beachtet werden etc.

## III. Sozialversicherungs- und Steuerrecht

Geringfügig Beschäftigte sind in der gesetzlichen Kranken-, Pflege- und Arbeitslosenversicherung versicherungsfrei (§ 7 Abs. 1 SGB V, § 27 Abs. 2 SGB III). Kurzzeitig Beschäftigte im Sinne des § 8 Abs. 1 Nr. 2 SGB IV sind hinsichtlich der Rentenversicherung ebenfalls versicherungsfrei gemäß § 5 Abs. 2 SGB VI. Nur im Fall der Entgeltgeringfügigkeit sind geringfügig Beschäftigte grundsätzlich rentenversicherungspflichtig, können sich aber nach § 6 Abs. 1b SGB VI von der Rentenversicherungspflicht befreien lassen.

Daneben ist das Entgelt aus der geringfügigen Beschäftigung steuerpflichtig, wobei die Möglichkeit zur pauschalen Besteuerung besteht.

Wegen der unterschiedlichen Rechtsfolgen ist hierbei zwischen der Entgeltgeringfügigkeit nach § 8 Abs. 1 Nr. 1 SGB IV und der Zeitgeringfügigkeit nach § 8 Abs. 1 Nr. 2 SGB IV zu unterscheiden.

### 1. Entgeltgeringfügigkeit

Für die geringfügig entlohnte Beschäftigung ergeben sich die nachfolgend dargestellten Rechtsfolgen im Sozialversicherungs- und Steuerrecht:

### 1.1 Krankenversicherung

Hinsichtlich der Krankenversicherung besteht für geringfügig Beschäftigte Versicherungsfreiheit (§ 7 Abs. 1 SGB V).

Aufgrund der Versicherungsfreiheit erwerben geringfügig Beschäftigte aus ihrer geringfügigen Beschäftigung keine Mitgliedschaftsrechte bei einer Krankenkasse und auch keine Leistungsansprüche aus der Krankenversicherung. Grundsätzlich sind sie daher auch nicht verpflichtet, Beiträge zur Krankenversicherung zu entrichten.

Etwas anderes gilt gemäß § 249b SGB V für Entgeltgeringfügige, die aus anderen Gründen (z. B. wegen einer versicherungspflichtigen Hauptbeschäftigung oder als Familienangehöriger) versichert sind. Für diese Personen hat der Arbeitgeber einen Pauschalbeitrag in Höhe von 13 % des Arbeitsentgelts zur gesetzlichen Krankenversicherung zu entrichten. Ein zusätzlicher

Leistungsanspruch wird durch den Pauschalbeitrag nicht begründet. Die Abwälzung des Pauschalbeitrags auf den Arbeitnehmer ist unzulässig.

## 1.2 Rentenversicherung

Für geringfügig Beschäftigte besteht grundsätzlich Rentenversicherungspflicht (§ 5 Abs. 2 SGB VI), sie können sich aber von der Versicherungspflicht befreien lassen (§ 6 Abs. 1b SGB VI). Im Gegensatz zur früher grundsätzlich geltenden Rentenversicherungsfreiheit soll die nur optionale Befreiung die soziale Absicherung der geringfügig Beschäftigten steigern. In diesem Zusammenhang ist zu beachten, dass der Arbeitnehmer, der sich zuvor durch schriftlichen Befreiungsantrag an den Arbeitgeber gem. § 6 Abs. 1b SGB VI von der gesetzlichen Rentenversicherungspflicht hat befreien lassen, diesen Antrag nach dem insoweit eindeutigen Wortlaut in § 6 Abs. 1b Satz 4 SGB VI grundsätzlich nicht mehr zurücknehmen oder widerrufen kann (so auch LSG Baden-Württemberg v. 12.12.2019, L 10 R 1323/19).

Der Arbeitgeber hat für Entgeltgeringfügige stets einen Beitrag in Höhe von 15 % des Arbeitsentgelts zu entrichten und zwar unabhängig davon, ob der Arbeitnehmer die Befreiung beantragt hat (§ 168 Abs. 1 Nr. 1b SGB VI, § 172 Abs. 3 SGB VI).

Da der Arbeitgeber bereits einen Beitrag in Höhe von 15 % entrichtet, muss der Arbeitnehmer lediglich die Differenz zum regulären Beitragssatz von 18,6 % tragen, das heißt 3,6 % (§ 168 Abs. 1 Nr. 1b SGB VI). Er wird hierdurch jedoch leistungsrechtlich den gewöhnlichen Versicherten gleichgestellt. Die Beschäftigungszeiten zählen für die Erfüllung von Wartezeiten und für die Erlangung eines Anspruchs auf medizinische oder berufliche Rehabilitation und das Arbeitsentgelt wird in voller Höhe für die spätere Rentenberechnung berücksichtigt.

Entgeltgeringfügige können sich aber jederzeit mit Wirkung für die Zukunft von der Rentenversicherungspflicht befreien lassen, indem sie dies gegenüber dem Arbeitgeber schriftlich erklären (§ 6 Abs. 1b SGB VI). Der Antrag kann bei mehreren geringfügigen Beschäftigungen nur einheitlich gestellt werden und ist für die Dauer der Beschäftigungen bindend (vgl. LSG Baden-Württemberg v. 12.12.2019, L 10 R 1323/19). Der Arbeitgeber muss die Einzugsstelle, das heißt die Minijob-Zentrale, über die Antragstellung und dessen Datum informieren. Der Antrag selbst muss vom Arbeitgeber mit seinem Eingangsdatum versehen werden und verbleibt in den Lohnunterlagen des Arbeitgebers. Widerspricht die Einzugsstelle dem Befreiungsantrag nicht innerhalb eines Monats nach ihrer Informierung durch den Arbeitgeber, gilt die Befreiung von der Rentenversicherungspflicht als erteilt (§ 6 Abs. 3 SGB VI). Im Fall der Befreiung von der Rentenversicherungspflicht wird nur der Pauschalbeitrag des Arbeitgebers in Höhe von 15 % fällig, der Arbeitnehmerbeitrag in Höhe von 3,6 % entfällt (§ 172 Abs. 3 SGB VI). Hieraus erwirbt der Arbeitnehmer zwar Zuschläge zu den Entgeltpunkten, die seine Rentenanwartschaft steigern. Ansprüche auf Rente wegen verminderter Erwerbsfähigkeit oder Rehabilitationsleistungen werden durch den Pauschalbeitrag jedoch nicht erworben.

## 1.3 Arbeitslosenversicherung

Für geringfügig Beschäftigte besteht Versicherungsfreiheit in der gesetzlichen Arbeitslosenversicherung (§ 27 Abs. 2 SGB III). Beiträge sind nicht zu entrichten.

## 1.4 Pflegeversicherung

Für geringfügig Beschäftigte besteht auch in der gesetzlichen Pflegeversicherung Versicherungsfreiheit. Beiträge sind nicht zu entrichten.

## 1.5 Steuerrecht

Bei einer geringfügigen Beschäftigung nach § 8 Abs. 1 Nr. 1 SGB IV kann der Arbeitgeber die Lohnsteuer einschließlich Solidaritätszuschlag und Kirchensteuer mit einem einheitlichen Pauschalsteuersatz in Höhe von insgesamt 2 % des Arbeitsentgelts erheben (§ 40a Abs. 2 EStG).

## 1.6 Abführung der Pauschalbeiträge und Pauschalsteuer

Der regelmäßig anfallende pauschale Beitrag zur Krankenversicherung (13 %), der pauschale Beitrag zur Rentenversicherung (15 %) und die Pauschalsteuer (2 %), insgesamt 30 % des Arbeitsentgelts, sind vom Arbeitgeber an die Deutsche Rentenversicherung Knappschaft-Bahn-See zu entrichten. Dies gilt unabhängig davon, bei welcher Krankenkasse der geringfügig Beschäftigte versichert ist. Einzelheiten hierzu finden sich auf der Internetseite der Deutschen Rentenversicherung Knappschaft-Bahn-See: www.minijob-zentrale.de.

## 2. Zeitgeringfügigkeit

Für kurzzeitig Beschäftigte ergeben sich die nachfolgend dargestellten Rechtsfolgen im Sozialversicherungs- und Steuerrecht:

## 2.1 Sozialversicherungsrecht

Für kurzzeitig Beschäftigte besteht in allen Zweigen der Sozialversicherung Versicherungsfreiheit. Beiträge sind nicht zu entrichten.

## 2.2 Steuerrecht

Der Arbeitgeber kann unter Verzicht auf die Vorlage einer Lohnsteuerkarte bei Arbeitnehmern, die nur kurzfristig beschäftigt werden, die Lohnsteuer mit einem Pauschalsteuersatz von 25 % des Arbeitslohns erheben (§ 40a Abs. 1 S. 1 EStG). Eine kurzfristige Beschäftigung im Sinne des § 40a EStG ist nicht identisch mit der kurzzeitigen Beschäftigung nach § 8 Abs. 1 Nr. 2 SGB IV. Eine kurzfristige Beschäftigung nach § 40a EStG liegt vor, wenn der Arbeitnehmer bei dem Arbeitgeber gelegentlich, nicht regelmäßig wiederkehrend beschäftigt wird, die Dauer der Beschäftigung 18 zusammenhängende Arbeitstage nicht übersteigt und (1.) der Arbeitslohn während der Beschäftigungsdauer € 150,00 durchschnittlich je Arbeitstag nicht übersteigt oder (2.) die Beschäftigung zu einem unvorhersehbaren Zeitpunkt sofort erforderlich wird. Weiterhin ist zu beachten, dass die Pauschalierung der Lohnsteuer unzulässig ist bei Arbeitnehmern, deren Arbeitslohn während der Beschäftigungsdauer durchschnittlich je Arbeitsstunde € 19,00 übersteigt (§ 40a Abs. 4 Nr. 1 EStG).

Werden vom Arbeitnehmer keine oder kaum andere Einkünfte erzielt, empfiehlt sich der gewöhnliche Lohnsteuerabzug, da das Einkommen bis zum Grundfreibetrag (im Jahr 2024: € 11.604,00) steuerfrei ist und der Eingangssteuersatz lediglich 14 % beträgt.

## IV. Zusammenrechnung mehrerer Beschäftigungen

Werden mehrere Beschäftigungsverhältnisse nebeneinander ausgeübt, kann eine Zusammenrechnung dazu führen, dass insgesamt keine geringfügige Beschäftigung mehr vorliegt. Maßgebliche Vorschrift in diesem Zusammenhang ist § 8 Abs. 2 SGB IV.

### 1. Zusammenrechnung geringfügiger Beschäftigungsverhältnisse

Danach sind gleichartige geringfügige Beschäftigungsverhältnisse zusammenzurechnen, ungleichartige dagegen nicht. Dies bedeutet: Mehrere entgeltgeringfügige Beschäftigungsverhältnisse werden zusammengerechnet. Mehrere zeitgeringfügige Beschäftigungsverhältnisse werden zusammengerechnet. Entgeltgeringfügige und zeitgeringfügige Beschäftigungsverhältnisse werden dagegen nicht zusammengerechnet.

Übersteigt die Summe des Arbeitsentgelts aus mehreren entgeltgeringfügigen Beschäftigungsverhältnissen die Grenze von € 538,00, entfällt für alle Beschäftigungsverhältnisse die Geringfügigkeit mit der Folge, dass Versicherungs- und Beitragspflicht in der Sozialversicherung eintritt. Die Beiträge sind dann grundsätzlich in der Höhe der allgemeinen Beitragssätze von Arbeitgeber und Arbeitnehmer hälftig zu zahlen. Eine Ausnahme besteht im Übergangsbereich zwischen € 538,01 und € 2.000,00 (vgl. dazu V.)

**TIPP!**

Da sich wegen der Zusammenrechnung das Bestehen weiterer geringfügiger Beschäftigungsverhältnisse auf die Beitragspflicht auswirkt, sollte der Arbeitgeber von dem geringfügig Beschäftigten eine Erklärung hierzu im Arbeitsvertrag verlangen und ihn außerdem dazu verpflichten, die Aufnahme weiterer Beschäftigungen unverzüglich anzuzeigen.

**Formulierungsbeispiel:**

Das Bestehen weiterer Beschäftigungsverhältnisse kann zur umfassenden Sozialversicherungspflicht auch dieses Beschäftigungsverhältnisses führen. Der Arbeitnehmer ... erklärt, dass er keine weiteren Beschäftigungsverhältnisse eingegangen ist und verpflichtet sich, dem Arbeitgeber die Aufnahme weiterer Beschäftigungsverhältnisse unverzüglich anzuzeigen.

### 2. Zusammenrechnung von Haupt- und Nebenbeschäftigung

Nach § 8 Abs. 2 SGB IV sind entgeltgeringfügige Beschäftigungen und weitere geringfügige Beschäftigungen zusammenzurechnen. Eine Zusammenrechnung einer entgeltgeringfügigen Beschäftigung und einer nicht geringfügigen Beschäftigung, also der Hauptbeschäftigung, findet dagegen nicht statt.

Hat ein Arbeitnehmer jedoch neben seiner Hauptbeschäftigung zwei (oder mehr) entgeltgeringfügige Beschäftigungen, besteht ein Auslegungsproblem, da nicht klar ist, ob dann insgesamt eine Zusammenrechnung stattfindet oder eine geringfügige Beschäftigung zusammenrechnungsfrei bleibt. Letzteres entspricht der Auffassung der Spitzenverbände der Sozialversicherungsträger, wobei die zeitlich zuerst aufgenommene Beschäftigung versicherungsfrei bleiben soll.

**Beispiel**

Ein Arbeitnehmer hat eine Hauptbeschäftigung bei Arbeitgeber A. Daneben besteht eine entgeltgeringfügige Beschäftigung bei Arbeitgeber B. Später nimmt er eine weitere entgeltgeringfügige Beschäftigung bei Arbeitgeber C auf. Nach Auffassung der Spitzenverbände bleibt die erste entgeltgeringfügige Beschäftigung bei Arbeitgeber B versicherungsfrei. Dagegen ist das später

eingegangene Beschäftigungsverhältnis bei Arbeitgeber C mit der Hauptbeschäftigung zusammenzurechnen.

Ausnahmen von der Zusammenrechnungsregel des § 8 Abs. 2 SGB IV sind in einzelnen Büchern des SGB (§ 27 Abs. 2 S. 1 SGB III, § 7 Abs. 1 S. 2 SGB V, § 5 Abs. 2 S. 3 SGB VI) geregelt.

## V. Midijob-Regelung

Unter einem Midijob versteht man ein Beschäftigungsverhältnis, bei dem das daraus erzielte Arbeitsentgelt zwischen € 538,01 und € 2.000,00 im Monat liegt und die Grenze von € 2.000,00 im Monat regelmäßig nicht überschritten wird. Bei mehreren Beschäftigungsverhältnissen ist das insgesamt erzielte Arbeitsentgelt maßgeblich (§ 20 Abs. 2 SGB IV).

Die Erzielung eines Arbeitsentgelts innerhalb dieses Übergangsbereichs ist stets sozialversicherungspflichtig. Allerdings wird nur ein ermäßigter Arbeitnehmerbeitrag zur Sozialversicherung erhoben. Dieser wird bei einem Arbeitsentgelt von € 538,01 aus rund 4 % des Arbeitsentgelts berechnet und steigt dann an, bis er bei einem Arbeitsentgelt von € 2.000,00 den vollen Arbeitnehmerbeitrag erreicht. Zur Ermittlung des jeweils fälligen Arbeitnehmerbeitrags wird das tatsächlich erzielte Arbeitsentgelt durch Verwendung einer Berechnungsformel verändert und so die Beitragsbemessungsgrundlage auf Seite des Arbeitnehmers modifiziert. Die in § 20 Abs. 2a SGB IV geregelte Berechnungsformel lautet: „F × Geringfügigkeitsgrenze (G = 538) + ([2.000 / (2.000 − G)] − [G / (2.000 − G)] × F) × (Arbeitsentgelt − G)". Der Faktor F wird hierbei jedes Jahr durch das Bundesministerium für Gesundheit und das Bundesministerium für Arbeit und Soziales neu angepasst und liegt für 2024 bei 0,6846.

Der Arbeitgeber hat im Gegensatz zum Arbeitnehmer dagegen auch in Übergangsbereich den vollen Arbeitgeberbeitrag zur Sozialversicherung zu entrichten.

**TIPP!**

Auf der Internetseite www.deutsche-rentenversicherung.de findet sich der Übergangsbereichsrechner der Deutschen Rentenversicherung, mit dem sich die von Arbeitgeber und Arbeitnehmer zu tragenden Beitragsanteile innerhalb des Übergangsbereichs leicht errechnen lassen.

# Geschäftsführer und Vorstände

**Wegweiser:**

Die Bezeichnung als Geschäftsführer erfolgt im Arbeitsleben teilweise untechnisch in dem Sinne, dass damit Angestellte gemeint sind, die eine Leitungsfunktion im Unternehmen wahrnehmen, z. B. im kaufmännischen, organisatorischen, personellen oder technischen Bereich. Diese leitenden Angestellten sind Arbeitnehmer und unterfallen demgemäß auch dem allgemeinen Kündigungsschutz nach dem KSchG. Sofern sie jedoch zur selbstständigen Einstellung oder Entlassung von Arbeitnehmern berechtigt sind, sind sie gegebenenfalls als leitende Angestellte im Sinne von § 14 Abs. 2 KSchG zu qualifizieren, mit der Folge, dass im Kündigungsschutzprozess der Antrag des Arbeitgebers auf Auflösung des Arbeitsverhältnisses gegen Zahlung einer Abfindung keiner Begründung bedarf.

Im Nachfolgenden soll es nicht um diesen Personenkreis gehen, sondern um Geschäftsführer im Sinn von § 6 GmbHG. Diese Geschäftsführer sowie Vorstände sind Organe bzw. Organmitglieder einer juristischen Person (z. B. einer GmbH, einer

AG oder einer Körperschaft, Anstalt oder Stiftung des öffentlichen Rechts), die die juristische Person gerichtlich und außergerichtlich vertreten. Sie handeln insoweit für die juristische Person. Ihnen ist die Aufgabe zugewiesen, die Geschäfte der juristischen Person zu führen.

Geschäftsführer und Vorstände üben im Verhältnis zu den Arbeitnehmern der juristischen Person Arbeitgeberfunktion aus. Sie sind in der Regel selbst keine Arbeitnehmer, sondern Dienstnehmer. Geschäftsführer und Vorstände werden regelmäßig nicht auf Grundlage eines Arbeitsvertrages (§ 611a BGB), sondern auf Grundlage eines Dienstvertrages (§ 611 BGB) für die juristische Person tätig.

Die arbeitsrechtlichen Schutzvorschriften, insbesondere der allgemeine Kündigungsschutz nach dem ersten Abschnitt des Kündigungsschutzgesetzes (KSchG) finden auf sie keine Anwendung.

Ausnahmen können sich bei arbeitsrechtlichen Vorschriften ergeben, die auf einer europarechtlichen Grundlage beruhen. Den europarechtlichen Vorschriften liegt ein vom nationalen Verständnis des Arbeitnehmerbegriffs abweichender europarechtlicher Arbeitnehmerbegriff zugrunde. Nach dem europarechtlichen Arbeitnehmerbegriff sind beispielsweise auch Fremdgeschäftsführer (d. h. Geschäftsführer, die an der GmbH nicht kapitalmäßig beteiligt sind) als Arbeitnehmer zu qualifizieren. Dies gilt nach der „Danosa"-Entscheidung des EuGHs beispielsweise für das Kündigungsverbot gegenüber einer Frau während der Schwangerschaft. Daher kann sich auch eine schwangere Geschäftsführerin auf das Kündigungsverbot des § 17 MuSchG berufen.

**I. Erscheinungsformen**

**II. Trennungsprinzip**

**III. Begründung und Beendigung der Organstellung**
    1. GmbH
    2. Aktiengesellschaft
    3. Körperschaften, Anstalten und Stiftungen des öffentlichen Rechts

**IV. Rechtsnatur des Anstellungsvertrages**
    1. GmbH-Geschäftsführer
    2. Vorstand einer Aktiengesellschaft
    3. Vorstand der Körperschaft, Anstalt oder Stiftung des öffentlichen Rechts

**V. Begründung und Beendigung des Anstellungsvertrages**
    1. Zuständigkeit
    2. Beschlussfassung
    3. Höchstdauer des Anstellungsvertrages beim Vorstand

**VI. Kündigungsschutz**
    1. Ausschluss des allgemeinen Kündigungsschutzes
    2. Sonderfälle
        2.1 Beförderungsfälle
        2.2 Drittanstellungsfälle

**VII. Rechtsweg**

## I. Erscheinungsformen

Geschäftsführer und Vorstände kommen in der öffentlichen Verwaltung in unterschiedlichen Bereichen vor.

Einer dieser Bereiche ist die mittelbare Staatsverwaltung. Im Bereich der mittelbaren Staatsverwaltung erfüllt der Staat Aufgaben öffentlicher Verwaltung nicht durch eigene Behörden,

sondern durch rechtlich selbstständige Verwaltungsträger, namentlich durch Körperschaften, Anstalten und Stiftungen öffentlichen Rechts. Beispielhaft kann hier die Bundesagentur für Arbeit genannt werden. Die Bundesagentur ist eine Körperschaft des öffentlichen Rechts (§ 367 Abs. 1 SGB III). Sie hat einen Vorstand, der die Bundesagentur leitet und deren Geschäfte führt. Er vertritt die Bundesagentur gerichtlich und außergerichtlich (§ 381 Abs. 1 SGB III). Als weiteres Beispiel können die gesetzlichen Krankenkassen genannt werden. Auch sie sind rechtsfähige Körperschaften des öffentlichen Rechts (§ 29 Abs. 1 SGB IV) und haben einen Vorstand, der den Versicherungsträger verwaltet und ihn gerichtlich und außergerichtlich vertritt (§ 35 Abs. 1 SGB IV). Weiterhin können hier öffentlich-rechtlichen Sparkassen genannt werden, die als Anstalt des öffentlichen Rechts organisiert sind und ebenfalls von einem Vorstand geleitet werden, der die Sparkasse gerichtlich und außergerichtlich vertritt. Die Einzelheiten regeln die Sparkassengesetze der Länder (mit Ausnahme der Hamburger Sparkasse, die als Aktiengesellschaft organisiert ist).

Darüber hinaus kommen Geschäftsführer und Vorstände in Bereichen vor, in denen der Staat sich zur Erfüllung seiner Aufgaben privatrechtlich organisierter Gesellschaftsformen bedient. Ein Beispiel sind Stadtwerke, die als kommunale Unternehmen im öffentlichen Auftrag Versorgungsleistungen im Bereich der Grundversorgung (Energieversorgung, Wasserversorgung) erbringen. Sie werden häufig als Gesellschaft mit beschränkter Haftung (GmbH) oder Aktiengesellschaft (AG) betrieben. Auf diese Gesellschaften finden das GmbHG bzw. das AktG Anwendung. Nach § 35 Abs. 1 GmbHG wird die GmbH durch die Geschäftsführer gerichtlich und außergerichtlich vertreten. Bei der Aktiengesellschaft regelt § 76 Abs. 1 AktG, dass der Vorstand die Aktiengesellschaft unter eigener Verantwortung leitet, und § 78 Abs. 1 AktG bestimmt, dass der Vorstand die Gesellschaft gerichtlich und außergerichtlich vertritt.

## II. Trennungsprinzip

Die Rechtsstellung der Organe juristischer Personen beruht auf zwei selbstständigen Grundlagen, die rechtlich voneinander zu trennen sind.

Zum einen haben die Geschäftsführer und Vorstände auf gesellschaftsrechtlicher Ebene eine Organstellung inne. Mit der Begründung der Organstellung (der sog. Bestellung) wird ihnen die Stellung als gesetzliches Organ und Vertreter der Gesellschaft übertragen. Die Beendigung der Organstellung erfolgt durch ihren Widerruf (der sog. Abberufung).

Zum anderen stehen Geschäftsführer und Vorstände auf schuldrechtlicher Ebene in einem Anstellungsverhältnis zu der von ihnen geleiteten juristischen Person. Hierzu schließen Geschäftsführer bzw. Vorstand und die juristische Person einen Anstellungsvertrag, der die vertraglichen Rechte und Pflichten regelt.

Die Organstellung und das Anstellungsverhältnis stehen rechtlich selbstständig nebeneinander und sind in ihrem Bestand voneinander unabhängig. Die Abberufung als Geschäftsführer oder Vorstand hat demnach keine Auswirkungen auf das Anstellungsverhältnis (sog. Trennungsprinzip).

Allerdings können die Anstellungsverträge von Geschäftsführern und Vorständen sog. Koppelungsklauseln vorsehen. Koppelungsklauseln sind vertragliche Regelungen, durch die der Anstellungsvertrag vom Fortbestand der Organstellung abhängig gemacht wird.

**Formulierungsbeispiel:**

„Die Abberufung gilt als Kündigung dieses Vertrages zum nächstmöglichen Zeitpunkt. Der Dienstvertrag endet demnach im Fall der Abberufung bei Vorliegen eines wichtigen Grundes gemäß § 626 BGB mit Zugang der Abberufungserklärung, ansonsten mit Ablauf der gesetzlichen Kündigungsfrist gemäß § 622 BGB, gerechnet ab Zugang der Abberufungserklärung."

Handelt es sich bei dem Anstellungsvertrag, wie dies üblicherweise der Fall ist, um Allgemeine Geschäftsbedingungen, richtet sich die Wirksamkeit der Koppelungsklausel nach AGB-Recht (§§ 305 ff. BGB). Die Klausel darf nicht überraschend sein. Sie muss klar und verständlich sein und darf den Geschäftsführer bzw. Vorstand nicht unangemessen benachteiligen. Dies könnte beispielsweise der Fall sein, wenn mit dem Organmitglied ein befristeter Vertrag abgeschlossen wird, der von diesem ordentlich nicht gekündigt werden kann, der Gesellschaft über die Koppelungsklausel jedoch einseitig die Möglichkeit eröffnet wird, das Anstellungsverhältnis durch eine Abberufung vorzeitig zu beenden.

## III. Begründung und Beendigung der Organstellung

Die Begründung der Organstellung und deren Beendigung richtet sich nach den jeweiligen gesetzlichen Regelungen sowie im Übrigen nach den Regelungen des Gesellschaftsvertrages bzw. der Satzung der jeweiligen juristischen Person.

### 1. GmbH

Bei der GmbH ist grundsätzlich die Gesellschafterversammlung für die Bestellung und Abberufung des Geschäftsführers zuständig (§ 46 Nr. 5 GmbHG). Abweichend hiervon kann die Bestellungs- und Abberufungskompetenz in der Satzung der Gesellschaft auch einem anderen Gesellschaftsorgan, z. B. einem fakultativen Aufsichtsrat oder einem Beirat zugewiesen werden (vgl. § 45 Abs. 2 GmbHG). Auch bei Gesellschaften, die mehr als 500 Arbeitnehmer beschäftigen und für die daher nach Maßgabe des DrittelbG die Bildung eines Aufsichtsrats mit entsprechender Drittelbeteiligung der Arbeitnehmer vorgeschrieben ist, bleibt die Gesellschafterversammlung für die Bestellung und Abberufung des Geschäftsführers zuständig. Dagegen liegt für Gesellschaften, die mehr als 2000 Arbeitnehmer beschäftigen und die daher nach dem MitbestG über einen paritätisch besetzen Aufsichtsrat verfügen, die Abberufungs- und Bestellungskompetenz für den Geschäftsführer beim Aufsichtsrat der GmbH (§ 31 MitbestG).

Die Bestellung zum Geschäftsführer erfolgt durch einen entsprechenden Beschluss des hierfür zuständigen Organs (in der Regel also der Gesellschafterversammlung), der Bekanntgabe des Beschlusses gegenüber dem Geschäftsführer und der Annahme der Bestellung durch den Geschäftsführer, wobei die Annahme der Bestellung durch den Geschäftsführer auch konkludent erfolgen kann.

Für die Abberufung ist ebenfalls ein entsprechender Beschluss und dessen Bekanntgabe gegenüber dem Geschäftsführer erforderlich. Der Bestellung als Geschäftsführer kann gemäß § 38 Abs. 1 GmbHG jederzeit frei widerrufen werden. Eine Ausnahme vom Grundsatz der freien Abberufbarkeit des Geschäftsführers gilt in dem Fall, dass die Satzung der Gesellschaft den Widerruf der Bestellung ausnahmsweise vom Vorliegen wichtiger Gründe abhängig macht (vgl. § 38 Abs. 2 GmbHG). Eine weitere Ausnahme gilt im Fall der mitbestimmten Gesellschaft, da § 31

Abs. 1 MitbestG auf § 84 AktG verweist. Nach § 84 Abs. 4 AktG kann die Bestellung zum Vorstandsmitglied nur widerrufen werden, wenn ein wichtiger Grund im Sinne dieser Vorschrift vorliegt (dazu sogleich).

### 2. Aktiengesellschaft

Für die Bestellung von Vorstandsmitgliedern einer Aktiengesellschaft ist der Aufsichtsrat zuständig. Die Vorstandsmitglieder dürfen auf höchstens fünf Jahre bestellt werden. Eine wiederholte Bestellung oder Verlängerung der Amtszeit, jeweils für höchstens fünf Jahre, ist zulässig. Sie bedarf eines erneuten Aufsichtsratsbeschlusses, der frühestens ein Jahr vor Ablauf der bisherigen Amtszeit gefasst werden kann (§ 84 Abs. 1 AktG).

Im Hinblick auf die Abberufung regelt § 84 Abs. 4 AktG, dass die Bestellung zum Vorstandsmitglied und die Ernennung zum Vorsitzenden des Vorstands einer Aktiengesellschaft widerrufen werden kann, wenn ein wichtiger Grund vorliegt. Ein solcher Grund ist namentlich grobe Pflichtverletzung, Unfähigkeit zur ordnungsgemäßen Geschäftsführung oder Vertrauensentzug durch die Hauptversammlung, es sei denn, dass das Vertrauen aus offenbar unsachlichen Gründen entzogen worden ist. Der Widerruf ist wirksam, bis seine Unwirksamkeit rechtskräftig festgestellt ist.

 **ACHTUNG!**

Ein wichtiger Grund, der nach § 84 Abs. 4 AktG zum Widerruf der Organstellung genügt, ist jedoch nicht unbedingt zugleich ein wichtiger Grund im Sinne des § 626 Abs. 1 BGB, der die Gesellschaft zur fristlosen Kündigung des Anstellungsvertrages berechtigt. So genügt zum Widerruf der Organstellung zwar der Vertrauensentzug durch die Hauptversammlung. Für die fristlose Kündigung des Anstellungsvertrages kommt es dagegen darauf an, ob die Gründe, die zum Vertrauensentzug geführt haben, so gewichtig sind, dass der Gesellschaft ein Festhalten am Anstellungsvertrag unter Berücksichtigung aller Umstände des Einzelfalls und unter Abwägung der Interessen beider Vertragsteile nicht zugemutet werden kann.

### 3. Körperschaften, Anstalten und Stiftungen des öffentlichen Rechts

Die Begründung der Organstellung und deren Beendigung richten sich bei den Körperschaften, Anstalten und Stiftungen des öffentlichen Rechts nach den jeweiligen gesetzlichen Regelungen sowie den Regelungen der Satzung der jeweiligen Körperschaft, Anstalt oder Stiftung des öffentlichen Rechts. So bestimmt beispielsweise § 35a Abs. 5 S. 1 SGB IV für die Ort-, Betriebs- und Innungskrankenkassen sowie die Ersatzkassen, dass der Vorstand der Krankenkasse vom Verwaltungsrat gewählt wird. Für die Mitglieder des Vorstands der Bundesagentur bestimmt § 382 Abs. 1 SGB III, dass diese auf Vorschlag des Verwaltungsrats von der Bundesregierung benannt werden.

## IV. Rechtsnatur des Anstellungsvertrages

### 1. GmbH-Geschäftsführer

Geschäftsführer und Gesellschaft können im Rahmen der Vertragsfreiheit vereinbaren, dass der Geschäftsführer auf Grundlage eines Arbeitsvertrages für die Gesellschaft tätig wird. Dies ist in der Praxis jedoch der Ausnahmefall. In aller Regel wird der Geschäftsführer auf Grundlage eines Dienstvertrages tätig.

Nach Auffassung des Bundesgerichtshofs ist das schuldrechtliche Vertragsverhältnis, das einer Geschäftsführertätigkeit zugrunde liegt, regelmäßig als freier Dienstvertrag im Sinne des

§ 611 BGB und nicht als Arbeitsvertrag zu qualifizieren. Der Bundesgerichtshof geht in ständiger Rechtsprechung davon aus, dass der Geschäftsführer einer GmbH kein Arbeitnehmer ist. Er begründet dies damit, dass derjenige, der Arbeitgeberbefugnisse für die Gesellschaft ausübt, nicht gleichzeitig Arbeitnehmer der Gesellschaft sein kann.

Das Bundesarbeitsgericht geht ebenfalls davon aus, dass durch den Anstellungsvertrag des Geschäftsführers in der Regel ein freies Dienstverhältnis begründet wird. Das Bundesarbeitsgericht prüft zwar im Einzelfall, ob die Kriterien des Arbeitnehmerbegriffs erfüllt sind und schließt nicht aus, dass ein Geschäftsführer auch Arbeitnehmer sein kann. Hierfür reicht das gesellschaftsrechtliche Weisungsrecht der Gesellschafter gegenüber dem GmbH-Geschäftsführer jedoch nicht aus. Vielmehr soll eine zur arbeitsrechtlichen Fremdbestimmtheit führende Weisungsabhängigkeit nur gegeben sein, wenn die Gesellschaft dem Geschäftsführer auch arbeitsbegleitende und verfahrensorientierte Weisungen erteilen und auf diese Weise die konkreten Modalitäten der Leistungserbringung bestimmen kann. Eine Arbeitnehmereigenschaft kommt für das Bundesarbeitsgericht daher allenfalls in extremen Ausnahmefällen in Betracht (BAG v. 26.5.1999, 5 AZR 664/98; BAG v. 11.6.2020, 2 AZR 374/19, ZTR 2020, 553).

### 2. Vorstand einer Aktiengesellschaft

Der Vorstand einer Aktiengesellschaft nimmt aufgrund seiner Organstellung nicht nur selbst die Arbeitgeberbefugnisse war. Vielmehr hat der Vorstand die Gesellschaft gemäß § 76 Abs. 1 AktG unter eigener Verantwortung zu leiten. Dies schließt die Annahme einer weisungsgebundenen, fremdbestimmten Tätigkeit aus. Das Anstellungsverhältnis des Vorstands ist daher kein Arbeitsverhältnis. Vielmehr wird der Vorstand auf Grundlage eines freien Dienstvertrages gemäß § 611 BGB für die Aktiengesellschaft tätig.

### 3. Vorstand der Körperschaft, Anstalt oder Stiftung des öffentlichen Rechts

Die Mitglieder der Vorstände von Körperschaften, Anstalten und Stiftungen des öffentlichen Rechts werden ebenfalls auf Grundlage eines freien Dienstvertrages gemäß § 611 BGB für die jeweilige juristische Person tätig.

## V. Begründung und Beendigung des Anstellungsvertrages

### 1. Zuständigkeit

Die Zuständigkeit für die Begründung und Beendigung des Anstellungsvertrages richtet sich in der Regel nach der Zuständigkeit für die Begründung und Beendigung der Organstellung (sog. Annexkompetenz). Demgemäß ist für den Abschluss des Dienstvertrages mit dem Geschäftsführer einer GmbH die Gesellschafterversammlung zuständig, der gemäß § 46 Nr. 5 GmbHG auch die Kompetenz zur Bestellung und Abberufung zugewiesen ist. Entsprechendes gilt für den Anstellungsvertrag des Vorstands der Aktiengesellschaft, für dessen Abschluss und Beendigung ebenfalls der Aufsichtsrat zuständig ist.

### 2. Beschlussfassung

Sowohl für die Begründung als auch für die Beendigung des Anstellungsvertrages ist ein Beschluss des zuständigen Organs erforderlich. Dieser ist Wirksamkeitsvoraussetzung.

Fehlt es an einem Beschluss des zuständigen Organs über die Begründung des Anstellungsverhältnisses, ist der Anstellungs-

vertrag nicht wirksam zustande gekommen. Es finden die Grundsätze zum fehlerhaften Arbeitsverhältnis sinngemäße Anwendung, mit der Folge, dass das Anstellungsverhältnis für die Vergangenheit, soweit es vollzogen worden ist, als wirksam behandelt wird, für die Zukunft jedoch auch ohne Vorliegen eines wichtigen Grundes mit sofortiger Wirkung beendet werden kann (BGH v. 20.8.2019 – II ZR 121/16).

Fehlt es an einem Beschluss des zuständigen Organs über die Kündigung des Anstellungsverhältnisses, ist die Kündigung aus diesem Grund unwirksam.

### 3. Höchstdauer des Anstellungsvertrages beim Vorstand

Wie oben bereits dargestellt, gilt für den Vorstand der AG gemäß § 84 Abs. 1 AktG eine Bestellungshöchstdauer von fünf Jahren, wobei die wiederholte Bestellung oder Verlängerung der Amtszeit, jeweils für höchstens fünf Jahre, zulässig ist. Sie bedarf eines erneuten Aufsichtsratsbeschlusses, der frühestens ein Jahr vor Ablauf der bisherigen Amtszeit gefasst werden kann. § 84 Abs. 1 Satz 5 AktG bestimmt, dass dies sinngemäß für den Anstellungsvertrag gilt; er kann jedoch vorsehen, dass er für den Fall einer Verlängerung der Amtszeit bis zu deren Ablauf weiter gilt.

## VI. Kündigungsschutz

### 1. Ausschluss des allgemeinen Kündigungsschutzes

Der allgemeine Kündigungsschutz nach dem ersten Abschnitt des Kündigungsschutzgesetzes findet gemäß § 14 Abs. 1 Nr. 1 KSchG auf das Anstellungsverhältnis von Organmitgliedern keine Anwendung. Der Ausschluss des allgemeinen Kündigungsschutzes gilt auch und gerade dann, wenn das der Organstellung zugrunde liegende Anstellungsverhältnis als Arbeitsverhältnis zu qualifizieren ist.

Dies gilt uneingeschränkt jedenfalls dann, wenn die organschaftliche Stellung als Geschäftsführer zum Zeitpunkt des Zugangs der Kündigung noch besteht (so zuletzt ausdrücklich: BAG v. 20.7.2023, 6 AZR 228/22, ZTR 2023, 698). D. h. eine nachträgliche Abberufung oder Amtsniederlegung kann dem Geschäftsführer keinen Kündigungsschutz verschaffen.

Die negative Fiktion in § 14 Abs. 1 Nr. 1 KSchG greift nach bislang herrschender Meinung dagegen nicht ein, wenn die Organstellung bereits vor Zugang der Kündigung geendet hat. Widerrufen die Gesellschafter die Bestellung mit sofortiger Wirkung, ermöglicht dies dem abberufenen Geschäftsführer, im Hinblick auf eine danach erfolgte Kündigung Kündigungsschutzklage mit der Begründung zu erheben, das schuldrechtliche Grundverhältnis sei ein Arbeitsverhältnis, dessen Kündigung nach § 1 KSchG sozial ungerechtfertigt sei. Das BAG (Urt. v. 21.9.2017, 2 AZR 865/16) hat diese Frage zuletzt jedoch ausdrücklich offen gelassen. Es hat ausgeführt, es bedürfe im Streitfall keiner Entscheidung, ob die negative Fiktion des § 14 Abs. 1 Nr. 1 KSchG auch dann eingreife, wenn die Organstellung bereits vor Zugang der Kündigung geendet habe. Nach dem Gesetzeswortlaut erscheine es jedenfalls nicht ausgeschlossen, dass sich die Fiktion uneingeschränkt auf dasjenige Anstellungsverhältnis beziehe, das schuldrechtliche Grundlage für die Organstellung sei oder gegebenenfalls auch gewesen sei, solange es um die Kündigung allein dieses Vertragsverhältnisses gehe. Danach wäre es für den Kündigungsschutz ohne Einfluss, wenn das Organmitglied sein Amt selbst durch Niederlegung aufgegeben hat oder wenn ihm die Kündigung erst nach dem Widerruf seiner Bestellung durch die Gesellschaft zugeht.

## 2. Sonderfälle

Der Ausschluss des allgemeinen Kündigungsschutzes gemäß § 14 Abs. 1 Nr. 1 KSchG gilt nur für das der Organstellung zugrunde liegende Anstellungsverhältnis. Besteht neben dem Geschäftsführeranstellungsverhältnis ein (ruhendes) Arbeitsverhältnis, gilt hierfür der allgemeine Kündigungsschutz.

### 2.1 Beförderungsfälle

Wird ein Arbeitnehmer zum Geschäftsführer befördert und schließen die Parteien in diesem Zusammenhang einen schriftlichen Geschäftsführeranstellungsvertrag, so wir damit das zuvor bestehende Arbeitsverhältnis zumindest konkludent aufgehoben. Zur Begründung beruft sich das BAG auf die objektive Interessenlage, nach der einem Arbeitnehmer bewusst sein müsse, dass er seine arbeitsrechtlichen Schutzrechte mit Abschluss des Geschäftsführerdienstvertrages ausdrücklich aufgebe und verliere. Dies gelte unabhängig davon, ob der neue Vertrag die Aufhebung des alten Arbeitsverhältnisses ausdrücklich vorsehe (BAG v. 15.3.2011, 10 AZB 32/10).

Schließen die Parteien im Zusammenhang mit der Beförderung des Arbeitnehmers zum Geschäftsführer keinen schriftlichen Geschäftsführervertrag, stellt sich die Frage, ob zumindest konkludent ein Geschäftsführerdienstvertrag geschlossen wurde. Dann besteht neben dem konkludent geschlossenen Geschäftsführerdienstvertrag ein ruhendes Arbeitsverhältnis, da dieses mangels Schriftform (§ 623 BGB) nicht wirksam aufgehoben wurde. In diesem Arbeitsverhältnis besteht Kündigungsschutz, da es sich nicht um das der Organstellung zugrunde liegende Vertragsverhältnis handelt. Für die Annahme eines konkludent geschlossenen Geschäftsführerdienstvertrages sind jedoch tatsächliche Anhaltspunkte erforderlich. Ansonsten ist davon auszugehen, dass der Arbeitsvertrag schuldrechtliche Grundlage der Organstellung ist.

### 2.2 Drittanstellungsfälle

Die für die Aufhebung des alten Arbeitsvertrags erforderliche Schriftform (§ 623 BGB) wird nicht gewahrt, wenn eine vom Arbeitgeber verschiedene Gesellschaft den Geschäftsführervertrag schließt. Steht der Arbeitnehmer beispielsweise in einem Arbeitsverhältnis zur Muttergesellschaft und wird er zum Geschäftsführer der Tochtergesellschaft bestellt, mit der er einen schriftlichen Geschäftsführerdienstvertrag schließt, wird hierdurch das Arbeitsverhältnis zur Muttergesellschaft nicht aufgehoben (BAG v. 24.10.2013, 2 AZR 1078/12).

Steht der Arbeitnehmer in einem Arbeitsverhältnis zur Muttergesellschaft und wird er zum Geschäftsführer der Tochtergesellschaft bestellt, mit der er keinen schriftlichen Vertrag schließt, ist davon auszugehen, dass die Geschäftsführertätigkeit bei der Tochtergesellschaft im Rahmen des Arbeitsverhältnisses mit der Muttergesellschaft ausgeübt wird.

In diesen Konstellationen verliert der Arbeitnehmer durch die Geschäftsführerbestellung nicht seinen allgemeinen Kündigungsschutz in dem zur Muttergesellschaft bestehenden Arbeitsverhältnis, weil § 14 Abs. 1 Nr. 1 KSchG nur unmittelbar im Verhältnis der juristischen Person zu ihrem Organvertreter gilt.

## VII. Rechtsweg

Nach § 5 Abs. 1 Satz 3 ArbGG gelten Personen, die kraft Gesetzes, Satzung oder Gesellschaftsvertrags zur Vertretung der juristischen Person berufen sind, nicht als Arbeitnehmer. Deshalb sind für Klagen eines Geschäftsführers nicht die Arbeitsgerichte zuständig, sondern die ordentlichen Gerichte, namentlich das Landgericht (Kammer für Handelssachen).

Dies gilt aufgrund der gesetzlichen Fiktion des § 5 Abs. 1 Satz 3 ArbGG selbst dann, wenn unstreitig feststeht, dass es sich bei dem der Organstellung zugrunde liegenden Rechtsverhältnis um ein Arbeitsverhältnis handelt.

§ 5 Abs. 1 Satz 3 ArbGG erfasst jedoch nur das der Organstellung zugrunde liegende Rechtsverhältnis. Daher ist der Rechtsweg zu den Arbeitsgerichten eröffnet, wenn der Streit ein daneben bestehendes Rechtsverhältnis betrifft, bei dem es sich um ein Arbeitsverhältnis handelt. Dies ist beispielsweise der Fall, wenn neben dem Geschäftsführeranstellungsverhältnis ein (z. B. ruhender) Arbeitsvertrag besteht.

Die Fiktion des § 5 Abs. 1 Satz 3 ArbGG gilt außerdem nur so lange, wie die Organstellung besteht. Daher kann die Zuständigkeit des Arbeitsgerichts durch eine Beendigung der Organstellung (infolge Abberufung oder Amtsniederlegung) herbeigeführt werden, sofern der Geschäftsführer behauptet, er sei auf Grundlage des Arbeitsvertrages für die Gesellschaft tätig geworden. Dies gilt so lange, wie über die Zulässigkeit des Rechtswegs noch nicht rechtskräftig entschieden ist.

# Gesetzlicher Mindestlohn

Siehe → *Mindestlohn*.

# Gleichstellung

**Wegweiser:**

Unter Gleichstellung im arbeitsrechtlichen Sinn versteht man die Angleichung der Repräsentanz der Geschlechter im Berufsleben. Der Begriff der Gleichstellung beschreibt also einen über die formale Gleichberechtigung hinausgehenden Zustand, in dem Männer und Frauen gleiche Arbeitsmarktchancen und gleichen Zugang zu Beförderungsstellen haben. Die tatsächliche Durchsetzung der Gleichberechtigung von Frauen und Männern bildet somit das Ziel, das auf dem Wege der Beseitigung bzw. Verhinderung von Diskriminierung einerseits und der Förderung des jeweils unterrepräsentierten Geschlechts andererseits erreicht werden soll.

Für das Arbeitsrecht im öffentlichen Dienst bilden das Bundesgleichstellungsgesetz und die Gleichstellungsgesetze der Länder die zentralen Rechtsgrundlagen, da diese - anders als bspw. das AGG - konkrete und detaillierte Pflichtenkataloge und Rechtsansprüche zur gezielten Frauen- und zunehmend auch Männerförderung und zur Verbesserung der Vereinbarkeit von Erwerbstätigkeit und Familie enthalten.

Bundesgleichstellungsgesetz und Gleichstellungsgesetze der Länder verpflichten die öffentlichen Arbeitgeber, Arbeitszeiten und sonstige Rahmenbedingungen anzubieten, die Frauen und Männern die Vereinbarkeit von Familie und Erwerbstätigkeit erleichtern. Die Gleichstellungsgesetze gelten - vorbehaltlich der jeweiligen gesetzlichen Definitionen des räumlichen Geltungsbereichs - nur in den Dienststellen des Bundes, der

Länder und der Kommunen, nicht aber in Betrieben und Unternehmen der Privatwirtschaft.

Zur Gleichstellung vergl. die Kommentierung bei Breier/Dassau TVöD/TV-L Komm. Teil K 6; v. Roetteken, ZTR 2017, 63.

**I. Grundlagen im Verfassungs- und Europarecht**

**II. Einfachgesetzliche Grundlagen**

**III. Gleichstellungsauftrag an den öffentlichen Arbeitgeber**

1. Geschlechtsneutrale Arbeitsplatzausschreibung
2. Hinweis auf Teilzeitmöglichkeit
3. Weitergehende Pflichten bei „Unterrepräsentanz"
   3.1 Sollvorschrift
   3.2 Aufforderung zur Bewerbung
   3.3 Prüfung Unterrepräsentanz
4. Einladung zu Bewerbungsgesprächen
   4.1 § 7 BGleiG
   4.2 Einladung schwerbehinderter Bewerber
5. Einschränkung des Fragerechts bei Bewerbungsgesprächen
6. Bevorzugung von Frauen (bzw. Männern) bei gleicher Qualifikation
   6.1 Quoten
   6.2 Bevorzugte Berücksichtigung
   6.3 Qualifikation
   6.4 Öffnungsklausel
   6.5 Anwendungsprobleme
7. Gleichstellungsplan
   7.1 Inhalt
   7.2 Zielvorgaben Maßnahmenkatalog
   7.3 Verfehlung der Zielvorgaben
8. Vereinbarkeit von Familie und Erwerbstätigkeit für Frauen und Männer
   8.1 Anspruch auf Teilzeitarbeit und Beurlaubung
       8.1.1 Teilzeitanspruch
       8.1.2 Anforderungen an den Ablehnungsgrund
   8.2 Wechsel von Teilzeit in Vollzeit
   8.3 Angebot von Telearbeitsplätzen und besonderen Arbeitszeitmodellen
   8.4 Benachteiligungsverbot bei Teilzeit, Telearbeit und familienbedingter Beurlaubung
9. Bestellung einer Gleichstellungsbeauftragten
   9.1 Teilnahme der Gleichstellungsbeauftragten an Vorstellungsgesprächen
   9.2 Beteiligung der Gleichstellungsbeauftragten bei Kündigungen
   9.3 Sonstige Beteiligung der Gleichstellungsbeauftragten

## I. Grundlagen im Verfassungs- und Europarecht

Grundlage der einfachgesetzlichen Gleichstellungsgebote sind sowohl das Grundgesetz als auch europäische Richtlinien.

a) Das Grundgesetz enthält in Art. 3 Abs. 2 ein allgemeines Gleichstellungsgebot. Danach fördert der Staat die tatsächliche Gleichberechtigung von Frauen und Männern und wirkt auf die Beseitigung bestehender Nachteile hin. Art. 3 Abs. 2 GG enthält neben einem Individualrecht auf Abwehr von Diskriminierung einen objektiven Wertmaßstab, mit dessen Hilfe für die Zukunft Gleichberechtigung der Geschlechter durchgesetzt werden soll.

Danach dürfen faktische Nachteile, die typischerweise Frauen treffen, durch begünstigende Regelungen ausgeglichen werden (BVerfG v. 28.1.1992 – 1 BvR 1025/82).

b) Daneben stellen verschiedene europäische Richtlinien fest, dass der Gleichbehandlungsgrundsatz die Mitgliedstaaten nicht hindere, zur Gewährleistung einer völligen Gleichstellung Maßnahmen beizubehalten oder einzuführen, mit denen Benachteiligungen wegen des Geschlechts verhindert oder ausgeglichen werden. Hier ist insbesondere die sog. „Gleichbehandlungsrahmenrichtlinie" (Richtlinie 2000/78/EG), aber auch die „Gender-Richtlinie" (Richtlinie 2002/73/EG) zu nennen. Spätestens seit dem am 1.5.1999 in Kraft getretenen Amsterdamer Vertrag (dort insbesondere Art. 141 Abs. 4 EG-Vertrag i.d.F. vom 2.10.1997) steht fest, dass frauenfördernde, insbesondere frauenbevorzugende Maßnahmen grundsätzlich im Einklang mit europäischem Recht stehen.

## II. Einfachgesetzliche Grundlagen

Auf einfachgesetzlicher Ebene werden diese Vorgaben insbesondere durch § 68 Abs. 1 Nr. 5a BPersVG, § 5 AGG und das BGleiG sowie die Gleichstellungsgesetze der Länder umgesetzt.

a) Das AGG gilt sowohl für private als auch für öffentliche Arbeitgeber. Gemäß § 5 AGG ist eine unterschiedliche Behandlung wegen des Geschlechts ausnahmsweise zulässig, wenn durch geeignete und angemessene Maßnahmen Nachteile wegen des Geschlechts verhindert oder ausgeglichen werden sollen (sog. „positive Maßnahmen"). § 5 AGG enthält also einen Rechtfertigungsgrund für Ungleichbehandlungen wegen des Geschlechts und zugleich eine Ermächtigungsgrundlage für positive Maßnahmen zum Ausgleich bestehender Nachteile. Anders als das BGleiG und die Gleichstellungsgesetze der Länder fehlt im AGG jedoch ein konkreter Katalog fördernder Maßnahmen. Als fördernde Maßnahmen kommen bspw. frauenfördernde Auswahl- und Einstellungsbedingungen, Privilegierungen bei der Verschonung von betriebsbedingten Kündigungen, freiwillige Über- und außertarifliche Leistungen, Arbeitszeitregelungen, Regelungen zur Urlaubsplanung und -gewährung, geschlechtsspezifische Aus- und Weiterbildungsmaßnahmen oder Privilegierungen beim Aufstieg in der Unternehmenshierarchie in Betracht.

b) Die berufliche Förderung von Frauen im öffentlichen Dienst erfolgte zunächst durch sog. „Frauenförderungs-Richtlinien". Im Jahr 1994 trat dann das „Gesetz zur Förderung von Frauen und der Vereinbarkeit von Familie und Beruf in der Bundesverwaltung und den Gerichten des Bundes" vom 24.6.1994 (Frauenfördergesetz – FFG) in Kraft. Damit war die Frauenförderung im Bundesbereich erstmals auf eine gesetzliche Grundlage gestellt worden. Das Frauenfördergesetz ist im Jahr 2001 durch das „Gesetz zur Gleichstellung von Frauen und Männern in der Bundesverwaltung und in den Gerichten des Bundes" vom 30.11.2001 (Bundesgleichstellungsgesetz – BGleiG) abgelöst worden. Zum 1.5.2015 ist das neue BGleiG vom 24.4.2015 in Kraft getreten. Ausweislich des § 1 des BGleiG sind die wesentlichen Ziele des BGleiG:

- Beseitigung bestehender und Verhinderung zukünftiger Diskriminierungen wegen des Geschlechts,
- Förderung von Frauen (aber auch Männern), um bestehende Benachteiligung abzubauen,
- Verbesserung der Vereinbarkeit von Familie und Erwerbstätigkeit für Frauen und Männer.

**ACHTUNG!**

Seit einer Novellierung im Jahr 2021 gibt § 1 BGleiG erstmals einen Zeitpunkt vor, zu dem die gleichberechtigte Teilhabe von Frauen und Männern an Führungspositionen im Geltungsbereich des BGleiG erreicht werden soll. Dieses Ziel soll bis zum 31.12.2025 erreicht werden. Dabei bedeutet „gleichberechtigte Teilhabe", dass eine über die verschiedenen Führungsebenen hinweg betrachtete Besetzung von Führungspositionen im öffentlichen Dienst des Bundes mit annähernd numerischer Gleichheit angestrebt wird. Zugleich gilt wie bisher, dass in jeder Dienststelle auf allen Ebenen eine Beseitigung der Unterrepräsentanz von Frauen anzustreben ist.

Ein ausdrücklicher Hinweis auf das Verhältnis von positiven Gleichstellungsmaßnahmen und dem in Art. 33 Abs. 2 GG verankerten Leistungsprinzip fehlt. Ungeachtet dessen ist weiter davon auszugehen, dass dem Leistungsprinzip nach Art. 33 Abs. 2 GG unbedingter Vorrang einzuräumen ist. Eine Einschränkung des Leistungsprinzips unter Hinweis auf das in Art. 3 Abs. 2 GG formulierte Gleichstellungsziel kommt nicht in Betracht, da Art. 3 Abs. 2 GG nicht in dem Sinne verstanden werden kann, dass Frauen trotz schwächerer Leistungen gegenüber Männern bevorzugt werden dürfen. Dieser Grundsatz kommt – etwas versteckt – in § 8 S. 1 BGleiG zum Ausdruck, wo eine Bevorzugung bei Einstellungen und Beförderungen nur „bei Vorliegen von gleicher Eignung, Befähigung und fachlicher Leistung (Qualifikation)" gestattet wird.

Das BGleiG gilt für Beamte, Angestellte und Auszubildende, die in der unmittelbaren Bundesverwaltung, bei Körperschaften, Anstalten und Stiftungen des öffentlichen Rechts unter Bundesaufsicht sowie bei Gerichten des Bundes beschäftigt sind. In der mittelbaren Bundesverwaltung sowie in Unternehmen, die aus bundeseigener Verwaltung zukünftig privatisiert werden, soll auf eine entsprechende Geltung des Gesetzes hingewirkt werden (zu den Einzelheiten v. Tiling, öAT 2015, 177). Keine Anwendung findet das BGleiG auf die Landesverwaltung, die Kommunalverwaltung sowie Dienststellen und Einrichtungen der Kirchen. Problematisch kann die Einbeziehung privatrechtlicher Organisationseinheiten sein. So wurde in der Vergangenheit die unmittelbare Geltung des BGleiG für die Deutsche Flugsicherungs GmbH oder die DB Netz AG bejaht, für die DB Regio AG und andere ausgegründete Bahn-Aktiengesellschaften, die Deutsche Telekom AG, die Deutsche Post AG und die Deutsche Postbank AG jedoch verneint (vgl. v. Tiling, öAT 2015, 177). Mangels Gesetzgebungskompetenz konnte der Bundesgesetzgeber nicht unmittelbar für die Länder tätig werden. Vielmehr haben die Länder selbst eigene Gleichstellungsgesetze für die Dienststellen der Landesverwaltung und Kommunalverwaltung erlassen (vgl. den Überblick zu den Neuregelungen auf Länderebene bei v. Roetteken, ZTR 2017, 63). Die Gleichstellungsgesetze der Länder orientieren sich deutlich am Bundesgesetz, weichen aber in vielen Details auch davon ab. Die folgende Darstellung beschränkt sich daher auf die Erläuterung des BGleiG.

## III. Gleichstellungsauftrag an den öffentlichen Arbeitgeber

Das BGleiG statuiert einerseits ein Gleichstellungsprogramm, das den öffentlichen Arbeitgeber abstrakt verpflichtet, und andererseits konkrete Rechtsansprüche zugunsten der Beschäftigten. Dieses System hat in der Praxis erhebliche Bedeutung.

## 1. Geschlechtsneutrale Arbeitsplatzausschreibung

Gemäß § 6 BGleiG müssen Arbeitsplätze – sowohl öffentlich als auch innerhalb der Dienststelle – geschlechtsneutral ausgeschrieben werden. Es ist somit grundsätzlich unzulässig, Arbeitsplätze nur für Männer oder nur für Frauen auszuschreiben. Die Verpflichtung gilt unabhängig davon, wie hoch der Frauen- oder Männeranteil bislang gewesen ist. Von einer geschlechtsneutralen Ausschreibung kann gemäß § 5 Abs. 1 BGleiG nur ausnahmsweise abgesehen werden, wenn die Zugehörigkeit zu einem bestimmten Geschlecht „unverzichtbare Voraussetzung für die auszuübende Tätigkeit" ist (vgl. den Fall bei VG Münster v. 23.1.2009, 11 K 1383/07).

Für Stellenausschreibungen gilt seit der Novelle von 2021, dass der Ausschreibungstext so formuliert sein muss, dass er alle Geschlechter in gleicher Weise anspricht (§ 6 Abs. 1 S. 3). Nach einem Rundschreiben des Bundesministeriums für Familien, Senioren, Frauen und Jugend an die obersten Bundesbehörden vom 16.9.2021 kann dies entweder durch eine geschlechtsneutrale Tätigkeitsbezeichnung erfolgen (etwa „Assistenz") oder durch eine Beidnennung der weiblichen und männlichen Berufsbezeichnung, sofern die Beidnennung durch die Abkürzung „(m/w/d)" ergänzt wird („Assistent oder Assistentin (m/w/d)".

Schließlich müssen Arbeitsplatzausschreibungen die Anforderungen des zu besetzenden Arbeitsplatzes festlegen und im Hinblick auf mögliche Fluktuationen in der Zukunft auch das Anforderungs- und Qualifikationsprofil der Laufbahn oder des Funktionsbereichs enthalten.

 **WICHTIG!**

Auch wenn das zum 1.1.2019 in Kraft getretene Personenstandsrecht noch keinen Eingang in das BGleiG gefunden hat, sollte im Ausschreibungstext auf das dritte Geschlecht hingewiesen werden („m/w/d" oder „m/w/x"), um den Vorwurf einer Diskriminierung zu vermeiden.

## 2. Hinweis auf Teilzeitmöglichkeit

Die Ausschreibung eines jeden Arbeitsplatzes – auch auf Vorgesetzten- und Leitungsebenen – muss den Hinweis enthalten, dass der Arbeitsplatz auch in Teilzeit besetzt werden kann, es sei denn, „zwingende dienstliche Belange" stehen entgegen. Die Anforderungen daran dürften noch strenger als an die „betrieblichen Gründe" i. S. v. § 8 Abs. 4 TzBfG sein. Die Funktionsfähigkeit der Verwaltung müsste im Fall einer hypothetischen Teilzeittätigkeit nachweislich konkret schwerwiegend gefährdet sein (BVerwG v. 31.1.2008, 2 C 31/06).

## 3. Weitergehende Pflichten bei „Unterrepräsentanz"

### 3.1 Sollvorschrift

Im Fall der Unterrepräsentanz „soll" ein freier Arbeitsplatz ausgeschrieben werden. Dieses Gebot ist vor dem Hintergrund zu sehen, dass nach herrschender Meinung aus Art. 33 Abs. 2 GG keine generelle Verpflichtung zur Ausschreibung freier Arbeitsplätze folgt. Nach der Rechtsprechung des BAG ist der öffentliche Arbeitgeber nicht verpflichtet, offene Stellen ausschließlich aufgrund von Ausschreibungen und Auswahlverfahren zu besetzen (BAG, NZA 2007, 1450). Dieses Ergebnis folgt auch aus einem Umkehrschluss aus § 6 Abs. 2 BGleiG. Wenn nämlich nur im Falle der Unterrepräsentanz eine Ausschreibung erfolgen soll, bedeutet dies, dass sonst eine Ausschreibung auch unterbleiben kann. Gemäß § 6 Abs. 2 S. 2 BGleiG soll der öffentliche

Arbeitgeber den Arbeitsplatz nicht nur intern, sondern auch extern ausschreiben, wenn eine Beseitigung der Unterrepräsentanz mit einer hausinternen oder dienststellenübergreifenden Ausschreibung nicht zu erwarten ist.

### 3.2 Aufforderung zur Bewerbung

Im Fall der Unterrepräsentanz muss der Ausschreibungstext die Angehörigen des unterrepräsentierten Geschlechts verstärkt zur Bewerbung auffordern. In der Literatur wird darauf hingewiesen, dass dies – entgegen dem Wortlaut des § 6 Abs. 1 BGleiG – nicht bei bloßer Unterrepräsentanz von Männern gelten soll, „männerfördernde" Hinweise in Ausschreibungstexten also stets unzulässig sind (v. Roetteken, ZTR 2017, 63). Dieser Auffassung hat sich das Bundesministerium für Familien, Senioren, Frauen und Jugend in einem Rundschreiben vom 16.9.2021 angeschlossen: „Eine verstärkte Aufforderung von Männern zur Bewerbung bei Unterrepräsentanz von Männern ist nicht zulässig. Fördermaßnahmen gemäß Artikel 3 Absatz 2 Satz 2 des Grundgesetzes (GG) zugunsten eines Geschlechts, die die Angehörigen der anderen Geschlechter benachteiligen, sind nur zum Abbau bestehender Nachteile zulässig. Es ist keine strukturelle Benachteiligung von Männern im Anwendungsbereich des Gesetzes bekannt." Die Bewertung durch die Rechtsprechung bleibt abzuwarten.

 **Formulierungsbeispiel:**

Dieser neuen Anforderung kann der öffentliche Arbeitgeber bspw. durch folgenden Hinweis nachkommen: „Bewerbungen von Frauen sind ausdrücklich erwünscht und werden bei gleicher Qualifikation bevorzugt berücksichtigt, sofern nicht rechtlich schützenswerte Gründe in der Person eines Mitbewerbers überwiegen."

Noch nicht abschließend geklärt ist die Frage, ob solche frauenfördernden Hinweise in Stellenausschreibungen mit dem AGG vereinbar sind. Nach einer Entscheidung des LAG Düsseldorf stellt es keinen Verstoß gegen das AGG dar, wenn in Stellenausschreibungen für Arbeitsbereiche, in denen Frauen unterrepräsentiert sind, ein besonderes Interesse an Bewerbungen von Frauen zum Ausdruck gebracht wird. Nach Auffassung des LAG Düsseldorf ergibt sich weder aus einem frauenfördernden Hinweis in der Stellenausschreibung noch aus der zugrunde liegenden Vorschrift des Landesgleichstellungsgesetzes NRW eine Diskriminierung. Der Hinweis bezwecke Frauenförderung im Rahmen des gesetzlich Gebotenen und Zulässigen. Das Prinzip der Bestenauslese werde hierdurch nicht in Frage gestellt. Für die Praxis bedeutet diese Entscheidung, dass öffentliche Arbeitgeber, die lediglich einer landesgesetzlichen Verpflichtung nachkommen und in Stellenausschreibungen ihr Interesse an Bewerbungen von Frauen kundtun, nicht deswegen auf Entschädigung nach § 15 AGG in Anspruch genommen werden können (LAG Düsseldorf v. 12.11.2008, 12 Sa 1102/08).

### 3.3 Prüfung Unterrepräsentanz

Die unter 3.1 und 3.2 erläuterten Anforderungen gelten nur im Fall einer Unterrepräsentanz. Der räumlich-funktionale Anknüpfungspunkt für die Prüfung einer Unterrepräsentanz ist der Bereich. Die Bereiche werden in § 3 Nr. 2 BGleiG definiert als „Besoldungs- und Entgeltgruppen oder Laufbahngruppen, Laufbahnen und Fachrichtungen, Berufsausbildungen (…) sowie Ebenen mit Vorgesetzten oder Leistungsaufgaben". Das Gesetz lässt offen, in welchem Verhältnis die vorgegebenen Gliederungsmerkmale zueinander stehen. Bezogen auf die Arbeitnehmer soll offenbar jede tarifliche Entgeltgruppe einen eigenen Bereich darstellen, wobei die so gewonnenen Bereiche weiter

aufzuspalten sind, falls innerhalb einer bestimmten Entgeltgruppe Arbeitsplätze aus verschiedenen Fachrichtungen angesiedelt sind. Was unter Fachrichtungen zu verstehen ist, bleibt unklar, zumal das Laufbahnrecht der VBL für Arbeitnehmer nicht gilt.

Arbeitnehmer und Beamte dürfen wohl zu einem Bereich zusammengefasst werden (vgl. die Beispiele in der Gesetzesbegründung zum Hamb.GleiG: „A13/E13 der Laufbahn allgemeine Dienste", „A7/E7 der Laufbahn technische Dienste"). Aus einem nach Zugehörigkeit zu einer bestimmten Entgelt-/Besoldungsgruppe und Fachrichtung/Laufbahn gebildeten Bereich sind dann offenbar die Auszubildenden abzusondern und einem eigenen Bereich zuzuordnen. Ebenso sind die Arbeitnehmer mit Vorgesetzten- und Leitungsaufgaben (z. B. Abteilungsleiter-, Referatsleiter-, Teamleiterebene usw.) abzusondern und einem eigenen Bereich zuzuordnen. Klare Vorgaben für die Bereichsbildung existieren in der höchstrichterlichen Rechtsprechung – soweit ersichtlich – nicht. Dem öffentlichen Arbeitgeber ist daher ein Beurteilungsspielraum bei der Bereichsbildung zuzubilligen.

Hat der Arbeitgeber einen Bereich identifiziert, ist das Verhältnis von männlichen und weiblichen Beschäftigten in den Blick zu nehmen. Eine Unterrepräsentanz liegt vor, wenn der Frauenanteil in einem Bereich unter 50 % liegt; bei einer ungeraden Gesamtzahl der weiblichen und männlichen Beschäftigten sind Frauen unterrepräsentiert, wenn das Ungleichgewicht mindestens zwei Personen beträgt. Dabei kommt es auf die Zahl der Beschäftigten an, nicht auf Vollzeitstellen bzw. eine Addierung von Teilzeitstellen. Die Landesgleichstellungsgesetze sprechen teilweise erst dann von einer Unterrepräsentanz, wenn der Anteil eines bestimmten Geschlechts in einem Bereich unter 40 % liegt.

 **WICHTIG!**

Bei der Berechnung, ob Frauen in einem Bereich unterrepräsentiert sind, ist zu beachten, dass sich das Ziel der gleichberechtigten Teilhabe von Frauen und Männern auf das Zahlenverhältnis der Gruppe der Frauen zu der Gruppe der Männer bezieht. Eine Unterrepräsentanz von Männern ist nicht mehr definiert, da die Regelungen, die an eine solche Bestimmung anknüpfen würden, entfallen sind. Die Einschränkung der Berechnungsgrundlage auf die „weiblichen und männlichen" Beschäftigten berücksichtigt zudem, dass es in einer Dienststelle neben den beiden Gruppen der Frauen und Männer auch Beschäftigte mit dem Geschlechtseintrag „divers" oder „keine Angabe" geben kann.

### 4. Einladung zu Bewerbungsgesprächen

#### 4.1 § 7 BGleiG

Gemäß § 7 BGleiG sind bei der Besetzung von Arbeitsplätzen in Bereichen, in denen Frauen unterrepräsentiert sind, zu Vorstellungsgesprächen oder Auswahlverfahren mindestens ebenso viele geeignete Frauen wie Männer einzuladen, sofern Bewerbungen von Frauen in ausreichender Zahl vorliegen. In § 7 Abs. 1 S. 3 BGleiG stellt der Gesetzgeber jetzt klar, dass die eben genannte Anforderung spiegelbildlich auch zugunsten männlicher Bewerber gilt – aber nur, wenn Männer „aufgrund struktureller Benachteiligung" in einem Bereich unterrepräsentiert sind. Der Bundesgesetzgeber geht hier einen anderen Weg als einige Landesgesetzgeber, die im Falle einer Unterrepräsentanz des einen oder des anderen Geschlechts vorbehaltlos die Gleichstellung fördern. Der Bundesgesetzgeber betreibt im Falle einer Unterrepräsentanz des männlichen Geschlechts eine Förderung der männlichen Bewerber jedoch nur dann, wenn die Unterrepräsentanz auf einer strukturellen Benachteiligung der männlichen Beschäftigten beruht. Dies stellt den öffentlichen Arbeitgeber vor die schwierige Frage, ob die Unterrepräsentanz des männlichen Geschlechts in einem Bereich zufälliger Natur oder das Ergebnis struktureller Benachteiligung ist. Abgesehen davon, dass der Vorbehalt der strukturellen Benachteiligung rechtspolitisch und verfassungsrechtlich fragwürdig ist, stellt er den öffentlichen Arbeitgeber vor kaum lösbare Probleme bei der Rechtsanwendung. Bis auf Weiteres ist dem öffentlichen Arbeitgeber ein größtmöglicher Beurteilungsspielraum zuzubilligen.

### 4.2 Einladung schwerbehinderter Bewerber

Die Verpflichtung des öffentlichen Arbeitgebers, schwerbehinderte Bewerber in jedem Fall zum Vorstellungsgespräch einzuladen, sofern die fachliche Eignung nicht offensichtlich fehlt, bleibt hiervon unberührt.

 **WICHTIG!**

Es sind also zunächst alle schwerbehinderten Bewerber einzuplanen; dann sind die interessanten übrigen Bewerber zu identifizieren; ergibt sich ein Überschuss an männlichen Bewerbern, muss der Bewerberpool mit weiblichen Bewerbern – soweit eben möglich – aufgefüllt werden.

### 5. Einschränkung des Fragerechts bei Bewerbungsgesprächen

Die Vorschrift des § 7 Abs. 2 BGleiG enthält einen Katalog unzulässiger Fragen. Danach sind Fragen nach

- Familienstand,

- bestehenden oder geplanten Schwangerschaften,

- bestehenden oder geplanten Familien- oder Pflegeaufgaben,

unzulässig. Der Bewerber darf zu solchen Fragen schweigen, alternativ darf er sie wissentlich falsch beantworten („Recht zur Lüge"). Das Schweigen des Bewerbers auf eine unzulässige Frage erregt nämlich den Verdacht, der Bewerber habe etwas zu verbergen, und kann daher den erfolgreichen Vertragsabschluss gefährden. Deshalb hat der Bewerber nicht nur die Möglichkeit zu schweigen, sondern darf sogar die Unwahrheit sagen. Selbst in diesem Fall der bewussten Falschbeantwortung besteht für den öffentlichen Arbeitgeber kein Recht zur Anfechtung des Arbeitsvertragsschlusses wegen arglistiger Täuschung (§ 123 BGB) oder zur Kündigung aus wichtigem Grund (§ 626 BGB). Die Unzulässigkeit der Frage nach der Schwangerschaft wird ausführlich unter → *Anfechtung* behandelt.

Gemäß § 25 Abs. 2 Nr. 2 BGleiG steht der Gleichstellungsbeauftragten das Recht zu, an Bewerbungsgesprächen teilzunehmen. Der Gleichstellungsbeauftragten sind darüber hinaus die erforderlichen Unterlagen einschließlich der Bewerbungsunterlagen und (etwa vorhandener) vergleichender Übersichten zu den Bewerbern frühestmöglich vorzulegen. Ziel des Gesetzes ist eine „aktive Teilnahme" der Gleichstellungsbeauftragten an allen Entscheidungsprozessen zu personellen, organisatorischen und sozialen Angelegenheiten.

### 6. Bevorzugung von Frauen (bzw. Männern) bei gleicher Qualifikation

Kernstück des BGleiG ist die sog. „einzelfallbezogene Quotenregelung" in § 8. Ziel dieser Quotenregelung ist die Beseitigung der Unterrepräsentanz von Frauen in den verschiedenen Bereichen.

### 6.1 Quoten

Vor Inkrafttreten des BGleiG waren sog. „Frauenquoten" in verschiedenen Frauenfördergesetzen und Gleichstellungsgesetzen der Länder durch den Europäischen Gerichtshof beanstandet worden. Es handelte sich um sog. „starre" Quoten, d. h. Quoten, die für die Besetzung einer Stelle die Bevorzugung eines Geschlechts so lange vorsahen, bis ein bestimmter Geschlechteranteil erreicht war. Diese starren Quoten wurden für europarechts- und verfassungswidrig gehalten. Der EuGH hat einen Verstoß gegen die positive Maßnahmen zur Frauenförderung zulassende Richtlinie 76/207/EWG vom 9.2.1976 bereits darin gesehen, dass bei gleicher Qualifikation ein Angehöriger der unterrepräsentierten Gruppe „absolut und unbedingt" Vorrang erhalten sollte. Eine richtlinienkonforme Quotenregelung für Einstellungen und Beförderungen müsse in jedem Einzelfall etwa in Form einer Öffnungsklausel garantieren, dass der den weiblichen Bewerbern grundsätzlich eingeräumte Vorrang entfällt, wenn im Einzelfall Gründe für die Einstellung eines männlichen Bewerbers überwiegen (EuGH v. 11.11.1997, C-409/95, DVBl. 1998, 183). Bei der Vergabe von Ausbildungsplätzen in Ausbildungsberufen, in denen Frauen unterrepräsentiert sind und in denen die Ausbildungsstelle über kein Ausbildungsmonopol verfügt, sind starre Quoten weiterhin zulässig, d. h. Quoten, nach denen bei einer ausreichenden Bewerberzahl ein bestimmter Mindestprozentsatz weiblichen Auszubildenden vorbehalten ist (EuGH v. 28.3.2000, C-158/97, NZA 2000, 473). Gleiches gilt für befristete Qualifizierungsstellen, die der weiteren Ausbildung dienen (z. B. im Hochschulbereich bei wissenschaftlichen Assistenten, Doktoranden- und Habilitationsstellen).

### 6.2 Bevorzugte Berücksichtigung

Den Vorgaben des EuGH hat der Bundesgesetzgeber Rechnung getragen, indem er im BGleiG auf eine ausnahmslose Bevorzugung von Frauen bewusst verzichtet hat. In § 8 BGleiG ist nun geregelt, dass der öffentliche Arbeitgeber bei der Vergabe von Ausbildungsplätzen, Einstellungen, Beförderungen und vergleichbaren Maßnahmen (vgl. § 8 BGleiG) weibliche Bewerber bei gleicher Eignung, Befähigung und fachlicher Leistung bevorzugt zu berücksichtigen hat, sofern Frauen in dem jeweiligen Bereich unterrepräsentiert sind und nicht in der Person eines Mitbewerbers liegende Gründe überwiegen. Diese differenzierte Formulierung verstößt nicht gegen den Grundsatz der Bestenauslese (vgl. zum Beamtenrecht OVG Münster v. 21.2.2017, 6 B 1109/16). Die bevorzugte Berücksichtigung von weiblichen Bewerbern ist also an drei Voraussetzungen geknüpft:

- Unterrepräsentanz der Frauen, d. h. Frauenanteil an den Beschäftigten in einem bestimmten Bereich von weniger als 50 %,

- gleiche Qualifikation, d. h. gleiche Eignung, Befähigung und fachliche Leistung des weiblichen Bewerbers im Verhältnis zu (männlichen) Mitbewerbern,

- keine rechtlich schützenswerten Gründe in der Person eines (männlichen) Mitbewerbers, die ausnahmsweise die Berücksichtigung dieses Mitbewerbers erfordern („Öffnungsklausel").

### 6.3 Qualifikation

Für die Ermittlung der Qualifikation enthält § 9 BGleiG umfangreiche Vorgaben, die ganz überwiegend schon in der bisherigen Gesetzesfassung enthalten waren. Diese Vorgaben sind sehr ernst zu nehmen. Beispielsweise dürfen nicht einfach nur – wie aber in dem seit dem 1.7.2016 geltenden § 19 Abs. 6 des

Landesbeamtengesetzes NRW vorgesehen – die aktuellen dienstlichen Beurteilungen herangezogen werden. Ein so reduzierter Qualifikationsvergleich verstößt gegen das im Grundgesetz verankerte Gebot der Bestenauslese (OVG Münster v. 21.2.2017 a.a.O.). Wichtig ist, dass bei der vergleichenden Bewertung der jeweiligen Qualifikationen bestimmte Umstände nicht berücksichtigt werden dürfen. Dies sind

- „Lücken" im Lebenslauf, geringere Anzahl von Beschäftigungsjahren, vorausgegangene Teilzeittätigkeit, verzögerter Erwerb von Qualifikationen und zeitliche Belastungen aufgrund der Wahrnehmung von Familien- oder Pflegeaufgaben,

- die Einkommenssituation des Lebenspartners,

- die Absicht, Elternzeit, Teilzeit oder Pflegezeit in Anspruch zu nehmen und schließlich

- „organisatorische und personalwirtschaftliche Erwägungen".

Demgegenüber sind spezifische, durch Familien- oder Pflegeaufgaben erworbene Erfahrungen und Fähigkeiten zu berücksichtigen, soweit sie für die Ausübung der jeweiligen Tätigkeit von Bedeutung sind. Diese in der Praxis schwer greifbare Regelung führt zu erheblicher Rechtsunsicherheit und kann sogar zu einer missbräuchlichen Rechtsanwendung verleiten. Die Gesetzesbegründung zur gleichlautenden Regelung in § 9 des Hamburgischen Gleichstellungsgesetzes nennt als Beispiele Organisationsvermögen und soziale Kompetenz, Fähigkeit zur Kooperation, Delegation und Teamarbeit sowie Integrations- und Einfühlungsvermögen. Auf dieser Grundlage können jedem weiblichen (und männlichen!) Bewerber nahezu beliebig zusätzliche Fähigkeiten zugeschrieben werden, die den objektiven Qualifikationsvergleich verzerren.

## 6.4 Öffnungsklausel

Die – sprachlich etwas verschärfte – Öffnungsklausel soll unter Wahrung der Einzelfallgerechtigkeit die Berücksichtigung schützenswerter Belange eines gleich qualifizierten männlichen Bewerbers ermöglichen. Diese Belange sollen dann überwiegen, wenn bei vergleichender Bewertung deutliche Unterschiede zugunsten dieses Bewerbers bestehen oder ein sozialer Härtefall vorliegt (OVG Münster v. 22.2.1999, 6 B 439/98, NVwZ-RR 2000, 176). Die Berücksichtigung schützenswerter Belange eines männlichen Bewerbers darf aber nicht ihrerseits zu einer mittelbaren Diskriminierung des gleich qualifizierten weiblichen Bewerbers führen. Aus traditionellen Familienstrukturen resultierende Gründe („Ernährereigenschaft") sind daher regelmäßig nicht zugunsten des männlichen Bewerbers zu berücksichtigen. Gleiches gilt bspw. für ein höheres Beförderungsdienstalter.

### Beispiel

Nach Auffassung des VG Wiesbaden sind auch eine frühere Inanspruchnahme von Erziehungsurlaub/Elternzeit und Teilzeit durch einen männlichen Bewerber nicht geeignet, im Wettbewerb um eine Beförderungsstelle einen gleich qualifizierten weiblichen Mitbewerber zu verdrängen. Der männliche Bewerber habe zwar erkennbar durch Inanspruchnahme von Elternzeit und Teilzeit seinen Anteil an der Kindererziehung geleistet. Dies könne jedoch nicht als ein in der Person des Mitbewerbers liegender überwiegender Grund i. S. v. § 8 BGleiG anerkannt werden, da seine berufliche Biographie dadurch allenfalls gleichwertig zu der typischen Biographie einer Frau sei (VG Wiesbaden v. 10.5.2006, 8 E 505/05). Allerdings können solche Umstände im Rahmen der Qualifikationsermittlung nach § 9 BGleiG derart berücksichtigt werden, dass schon kein Qualifikationsgleichstand vorliegt, sondern der männliche Bewerber

von vornherein aufgrund der Elternzeit und der Teilzeit über ein höheres Maß an sozialer Kompetenz und Organisationsvermögen verfügt und damit besser qualifiziert ist!

Der durch die Novelle im Jahr 2021 sprachlich neu gefasste Begriff der „rechtlich schutzwürdigen Interessen", die in der Person eines Mitbewerbers liegen und zum Ausschluss der Bevorzugung von Frauen bei Unterrepräsentanz führen (§ 8 Abs. 1 S. 2), umfasst nach einem Rundschreiben des Bundesministeriums für Familie, Senioren, Frauen und Jugend vom 26.9.2021 bspw. die Inklusion bei Vorliegen einer Schwerbehinderung, die Abwendung einer besonderen persönlichen Härte sowie, bei internen Auswahlverfahren, das Vermeiden einer aufgrund bevorstehender Überschreitung einer Altersgrenze endgültigen Nichtberücksichtigung. Die Vorgabe soll aber nicht zu einer Umkehrung des Regel-Ausnahme-Verhältnisses führen. Vielmehr sei im Einzelfall zu prüfen, ob das rechtlich schutzwürdige Interesse der Inklusion eines schwerbehinderten gleichqualifizierten Mitbewerbers gegenüber dem regelmäßig geschützten Interesse der Mitbewerberin an einem Ausgleich für die geschlechtsbezogene strukturelle Benachteiligung von Frauen im Berufsleben überwiegt.

Als überwiegende Belange i. S. d. Öffnungsklausel des § 8 Abs. 1 S. 4 BGleiG in Betracht kommen, sind in Gesetzesbegründungen zu Landesgleichstellungsgesetzen beispielhaft genannt worden:

- Eigenschaft als Alleinerziehender,

- vorangegangene Arbeitslosigkeit,

- Vorliegen einer Behinderung.

Als weitere entgegenstehende Gründe im Sinne des Gleichstellungsrechts sind in der Vergangenheit in Rechtsprechung und Gesetzesbegründungen u. a. diskutiert worden:

- Bewährung auf einem höherwertigen Dienstposten (Hessischer VGH v. 2.7.1996, 1 TG 1445/96, ZTR 1997, 47).

- Höhere Verwendungsbreite.

- Überschreitung einer Altersgrenze im Falle der Nicht-Einstellung/Beförderung.

- Deutliche Verbesserung der bisherigen Arbeitsbedingungen, etwa das Erreichen körperlich oder psychisch weniger belastender Arbeitsaufgaben (OVG NW v. 8.11.2000, 6 B 865/00, DöD 2001, 261, 262).

## 6.5 Anwendungsprobleme

Wichtig ist, dass das gesamte vorstehende Verfahren auch zum Ausgleich einer Unterrepräsentanz von Männern zur Anwendung gelangen kann. Nach dem Gesetzeswortlaut gilt dies aber nur, sofern Männer „strukturell benachteiligt" sind. Auf die mangelnde Trennschärfe dieses Begriffs und die daraus folgende gravierende Rechtsunsicherheit ist bereits hingewiesen worden. Die Gesetzesbegründung zu § 8 BGleiG äußert sich mit keinem Wort zu diesen Anwendungsproblemen.

## 7. Gleichstellungsplan

Als „wesentliches Instrument der Personalplanung" beschreibt § 11 BGleiG den sog. Gleichstellungsplan, den jede Dienststelle alle vier Jahre unter maßgeblicher Beteiligung der Gleichstellungsbeauftragten zu erarbeiten hat.

## 7.1 Inhalt

Der Gleichstellungsplan muss den gesamten Geschäftsbereich der Dienststelle erfassen. Er enthält konkrete Zielvorgaben zum

Abbau von Unterrepräsentanz. Ausweislich des § 13 BGleiG muss der Gleichstellungsplan mindestens folgende Elemente enthalten:

- Beschreibung der Situation der weiblichen Beschäftigten in der Dienststelle im Vergleich zu den männlichen Beschäftigten,

- Auswertung der bisherigen Fördermaßnahmen,

- Entwicklung zukünftiger positiver Maßnahmen zur Gleichstellung (Maßnahmenkatalog).

### 7.2 Zielvorgaben Maßnahmenkatalog

Der Maßnahmenkatalog muss Zielvorgaben für die Erhöhung des Frauenanteils bei Unterrepräsentanzen sowie für Verbesserungen organisatorischer Art enthalten. Diese Zielvorgaben werden überwiegend als Handlungsleitlinien eingestuft und insoweit als verbindlich angesehen, als Gleichstellungsbeauftragte und Personalrat die Einhaltung verlangen können. Dem Personalrat wird ein klagbarer Anspruch auf Umsetzung des Gleichstellungsplans zugebilligt – unabhängig davon, ob der Plan in Form einer Dienstvereinbarung zustande gekommen ist. Ob auch die Gleichstellungsbeauftragte einen solchen Anspruch hat, war unter der Geltung des FFG umstritten. Das BGleiG hat insoweit für Klarstellung gesorgt und ausdrücklich ein Einspruchs- und Klagerecht zugunsten der Gleichstellungsbeauftragten geregelt. Gemäß § 33 BGleiG kann die Gleichstellungsbeauftragte bei Verstößen gegen den Gleichstellungsplan – ebenso wie bei Verstößen gegen das BGleiG selbst – zunächst Einspruch bei der Dienststellenleitung einlegen. Aus dem Einspruchsrecht ergibt sich nicht auch ein Klagerecht aus den „Rechten der Gleichstellungsbeauftragten" im Sinne von § 34 Abs. 2 Nr. 1 BGleiG (BVerwG v. 11.8.2022, 5 A 2.21). Der Einspruch hat aufschiebende Wirkung. Bleibt der Einspruch erfolglos, ist – unter bestimmten Voraussetzungen – der Klageweg zum Verwaltungsgericht eröffnet.

### 7.3 Verfehlung der Zielvorgaben

Eine echte Sanktionierung bei Verfehlung der Zielvorgaben ist im BGleiG nicht vorgesehen. Allerdings sind gemäß § 13 Abs. 1 S. 3 BGleiG die Ursachen für die Zielverfehlung im nächsten Gleichstellungsplan zu thematisieren. Zudem sind die Ursachen für die Zielverfehlung im nächsten Gleichstellungsplan zu thematisieren. Maßnahmen der Dienstaufsicht sollen nur insoweit zulässig sein, als unmittelbar im Gleichstellungsplan verankerte konkrete Handlungsanleitungen in Bezug auf Fördermaßnahmen missachtet worden sind.

 **WICHTIG!**

Die Aufstellung des Gleichstellungsplans unterliegt der eingeschränkten Mitbestimmung nach § 76 Abs. 2 Nr. 10 BPersVG.

Der Personalrat stimmt auf dieser Grundlage auch bei sämtlichen Personalmaßnahmen mit, die der Durchsetzung der tatsächlichen Gleichberechtigung dienen.

### 8. Vereinbarkeit von Familie und Erwerbstätigkeit für Frauen und Männer

Die §§ 15 bis 18 BGleiG beinhalten Vorgaben zur Erleichterung der Vereinbarkeit von Familie und Erwerbstätigkeit für Frauen und Männer.

### 8.1 Anspruch auf Teilzeitarbeit und Beurlaubung

Hervorzuheben sind hier insbesondere die Möglichkeit der vorübergehenden Beurlaubung und der Teilzeitanspruch nach § 16 Abs. 1 BGleiG. Danach ist Teilzeit- und Beurlaubungsanträgen von „Beschäftigten mit Familien- oder Pflegeaufgaben" auch bei Stellen im Vorgesetzten- und Leitungsbereich zu entsprechen, soweit nicht „zwingende dienstliche Belange entgegenstehen". Dieser Teilzeitanspruch tritt im öffentlichen Dienst neben den allgemeinen Teilzeitanspruch nach § 8 TzBfG und den tarifvertraglichen Teilzeitanspruch nach § 11 Abs. 1 TVöD. Ebenso wie nach § 11 TVöD kann auch auf der Grundlage des § 16 Abs. 1 BGleiG eine befristete Verringerung der Arbeitszeit erreicht werden.

### 8.1.1 Teilzeitanspruch

Nicht anders als im sonstigen Teilzeitrecht unterliegt der Teilzeitanspruch gewissen Einschränkungen. Der öffentliche Arbeitgeber darf einen Teilzeitwunsch ablehnen, wenn zwingende dienstliche Belange entgegenstehen. Dieser Ablehnungsgrund ist eng auszulegen. Nach der Rechtsprechung des Bundesverwaltungsgerichts kommt durch die Beschreibung der gegen die Teilzeitbeschäftigung sprechenden dienstlichen Gründe als „zwingend" zum Ausdruck, dass die Bedeutung der zu erwartenden Nachteile über das Normalmaß hinausgeht. Dabei sollen die Anforderungen bei der Verwendung des Begriffs „dringend" niedriger liegen als beim Begriff „zwingend". Die regelmäßig und generell mit einer Teilzeitbeschäftigung verbundenen Erschwernisse, wie etwa die Einstellung einer Ersatzkraft oder die Notwendigkeit einer gewissen Umorganisation stellten bereits keine dringenden dienstlichen Gründe dar. Davon ausgehend kennzeichne der Begriff „zwingend" die höchste Prioritätsstufe. Nach dem Wortsinn müssten die mit *zwingend* bezeichneten dienstlichen Gründe von einem solchen Gewicht sein, dass eine weitere Vollzeitbeschäftigung unerlässlich ist, um die sachgerechte Wahrnehmung der dienstlichen Aufgaben sicherstellen zu können (BVerwG v. 31.1.2008, 2 C 31.06, ZTR 2009, 47). Das Bundesverwaltungsgericht fasst seinen Standpunkt mit den Worten zusammen, dass Anträgen auf Teilzeit oder Beurlaubung „in aller Regel" zu entsprechen sei (BVerwG v. 31.1.2008, 2 C 31.06, ZTR 2009, 47).

### 8.1.2 Anforderungen an den Ablehnungsgrund

Damit dürften im Ergebnis ähnlich strenge Anforderungen zu stellen sein, wie bei den „dringenden dienstlichen Belangen" im Sinne von § 11 Abs. 1 TVöD. Hierzu hat das BAG entschieden, dass die entgegenstehenden Belange von erheblichem Gewicht sein müssen. Sie müssen sich gleichsam als zwingende Hindernisse für die beantragte Verkürzung der Arbeitszeit darstellen (BAG v. 16.10.2007, 9 AZR 321/06, ZTR 2008, 166). Solche Belange können beispielsweise vorliegen, wenn die konkrete Stelle ausnahmsweise die Besetzung mit einer Vollzeitkraft verlangt oder der Angestellte für eine begrenzte Übergangszeit absolut unverzichtbar ist. Das vom BAG zu § 8 TzBfG entwickelte dreistufige Prüfungsschema (siehe → *Teilzeitarbeit*) dürfte auch im Rahmen des Teilzeitanspruchs nach § 16 Abs. 1 BGleiG anzuwenden sein. Allerdings sind an die dienstlichen Ablehnungsgründe – wie erläutert – noch strengere Anforderungen zu stellen.

### 8.2 Wechsel von Teilzeit in Vollzeit

§ 17 BGleiG enthält einen Maßnahmenkatalog, um Teilzeitbeschäftigten mit Familien- oder Pflegeaufgaben die Rückkehr zur Vollzeitbeschäftigung zu erleichtern und beurlaubten mit Familienpflichten, die (vorzeitige) Rückkehr aus der Beurlaubung zu erleichtern.

### 8.3 Angebot von Telearbeitsplätzen und besonderen Arbeitszeitmodellen

Gemäß § 16 Abs. 1 S. 2 BGleiG sind „im Rahmen der dienstlichen Möglichkeiten" Beschäftigten mit Familienpflichten Telearbeitsplätze oder besondere Arbeitszeitmodelle wie z. B. Sabbatjahr oder Arbeitszeitkonto anzubieten. Hierbei handelt es sich um eine weniger strikte Regelung als beim Teilzeit- bzw. Beurlaubungsantrag, dem nach § 16 Abs. 1 S. 1 BGleiG in aller Regel zu entsprechen ist. An die Stelle des engen Versagungsgrundes „entgegenstehende zwingende dienstliche Belange" tritt die weichere Begrenzung auf ein Angebot „im Rahmen der dienstlichen Möglichkeiten". Auf das Angebot von Telearbeitsplätzen und besondere Arbeitszeitmodelle besteht also kein strikter Rechtsanspruch (BVerwG v. 31.1.2008, 2 C 31.06, ZTR 2009, 47).

**Beispiel**

> In einem vom BVerwG entschiedenen Fall hatte eine im Polizeivollzugsdienst der Bundespolizei tätige Beamtin gemäß § 13 Abs. 1 S. 2 BGleiG die Zuweisung eines Telearbeitsplatzes beantragt. Die Beamtin war als Fachlehrerin an einem Ausbildungs- und Fortbildungszentrums für Polizeianwärter in Teilzeit mit 30 Wochenstunden tätig. Ihre Aufgabe bestand in der Lehrtätigkeit und in der Anleitung ihr unterstellter Lehrerkollegen. Unter Hinweis auf die Betreuung ihrer beiden minderjährigen Kinder beantragte sie eine Erhöhung ihrer Wochenarbeitszeit auf die Regelarbeitszeit von 40 Wochenstunden unter der Bedingung, die hinzukommenden 10 Stunden als Telearbeit zu Hause verrichten zu dürfen. Das BVerwG bestätigte die Auffassung der Dienstherren, dass der Betreuungs- und Erziehungsauftrag gegenüber jugendlichen Polizeianwärtern die ganztägige Anwesenheit der Beamtin in der Dienststelle erfordere. Die Zuweisung eines Telearbeitsplatzes sei daher im Rahmen der dienstlichen Möglichkeiten nicht realisierbar (BVerwG v. 31.1.2008, 2 C 31.06, ZTR 2009, 47).

### 8.4 Benachteiligungsverbot bei Teilzeit, Telearbeit und familienbedingter Beurlaubung

§ 18 BGleiG enthält schließlich ein allgemeines Diskriminierungsverbot. Danach darf ein Arbeitnehmer wegen Teilzeitarbeit, Telearbeit, Schwangerschaft, Beurlaubungen wegen Familien- oder Pflegeaufgaben mutterschutzrechtlicher Beschäftigungsverbote nicht schlechter behandelt werden als ein vergleichbarer vollzeitbeschäftigter Arbeitnehmer, es sei denn, dass zwingende sachliche Gründe eine unterschiedliche Behandlung rechtfertigen.

 **WICHTIG!**

Will der Arbeitgeber den Antrag eines Arbeitnehmers mit Familien- oder Pflegeaufgaben auf Teilzeit, Beurlaubung, Telearbeit, Mobilarbeit oder ein besonderes Arbeitszeitmodell ablehnen, muss er dies im Einzelnen schriftlich begründen. Hierzu wird die Auffassung vertreten, dass der Arbeitgeber sich an diesen Gründen festhalten lassen muss und später (bspw. in einem arbeitsgerichtlichen Verfahren) keine anderen oder neuen Gründe nachschieben kann (v. Roetteken, ZTR 2017, 63.

### 9. Bestellung einer Gleichstellungsbeauftragten

Gemäß §§ 19 ff. BGleiG ist in Dienststellen mit regelmäßig mindestens 100 (weiblichen, männlichen und diversen) Beschäftigten sowie für alle obersten Bundesbehördeneine Gleichstellungsbeauftragte zu bestellen. Neben Frauen können auch Personen des dritten Geschlechts, also solche, die weder dem weiblichen noch dem männlichen Geschlecht zugeordnet sind, Gleichstellungsbeauftragte sein (LAG Schleswig-Holstein v. 14.6.2023, 4 Sa 123 öD/22; a. A. LAG Niedersachsen v. 24.2.2023, 16 Sa 671/22, das es für zumindest einen Teil der Tätigkeiten als unver-

zichtbar betrachtet, dass die Gleichstellungsbeauftragte dem weiblichen Geschlecht angehört). Die Gleichstellungsbeauftragte kann Beamtin oder Arbeitnehmerin sein. Sie darf keiner Personalvertretung angehören. Die Gleichstellungsbeauftragte wird von anderweitiger dienstlicher Tätigkeit so weit entlastet, wie es zur ordnungsgemäßen Durchführung ihrer Aufgaben erforderlich ist. Vor Kündigung, Versetzung und Abordnung ist die Gleichstellungsbeauftragte wie ein Mitglied der Personalvertretung geschützt. In Hessen gilt dies auch für die Stellvertreterin. In Bremen ist die Stellvertreterin wie ein stellvertretendes Personalratsmitglied vor der Kündigung geschützt. In Schleswig-Holstein ist auch die ehemalige Gleichstellungsbeauftragte innerhalb von zwei Jahren nach Abbestellung aus dem Amt geschützt. Dies bedeutet z. B., dass für eine außerordentliche Kündigung einer Gleichstellungsbeauftragten die Zustimmung des Personalrats erforderlich wäre. Gleichermaßen dürfen Gleichstellungsbeauftragte und ihre Vertreterinnen ebenso wie Personalratsmitglieder auch nicht begünstigt werden.

Je nach Anzahl der Beschäftigten sind eine bis drei Stellvertreterinnen für die Gleichstellungsbeauftragte zu bestellen. In Dienststellen, in denen es regulär eine Stellvertreterin gibt, ist für die Fälle der gleichzeitigen Abwesenheit der Gleichstellungsbeauftragen und ihrer Stellvertreterin eine zweite Stellvertreterin zu bestellen.

In allen Dienststellen ohne eigene Gleichstellungsbeauftragte ist gemäß § 20 Abs. 4 BGleiG eine Vertrauensfrau zu bestellen. Dies gilt ebenso für Nebenstellen und Teile einer Dienststelle, die räumlich weit entfernt liegen, nicht aber wenn sie im Ausland gelegen sind. Bei Nebenstellen und Teilen einer Dienststelle, die nicht räumlich weit entfernt liegen, liegt die Bestellung der Vertrauensfrau im pflichtgemäßen Ermessen der Dienststelle.

Bei einer Klage einer zur Gleichstellungsbeauftragten bestellten Arbeitnehmerin auf Beschäftigung als Gleichstellungsbeauftrage ist der Verwaltungsrechtsweg eröffnet. Denn ob die Frau als Gleichstellungsbeauftragte zu beschäftigen ist, richtet sich nicht nach dem Arbeitsvertrag, sondern nach den öffentlich-rechtlichen Bestimmungen der Landesgleichstellungsgesetze (LAG Köln v. 7.7.2022, 9 Ta 69/22).

### 9.1 Teilnahme der Gleichstellungsbeauftragten an Vorstellungsgesprächen

Entgegen einer verbreiteten Auffassung hat die Gleichstellungsbeauftragte kein generelles Teilnahmerecht an allen Vorstellungsgesprächen. Es ist genau der Wortlaut des jeweils anwendbaren Gleichstellungsgesetzes zu prüfen. Nach dem BGleiG besteht bspw. kein Teilnahmerecht. Der Bundesgesetzgeber hat im Zuge der Novellierung im Jahr 2015 davon abgesehen, ein solches Recht ausdrücklich zu verankern. Da andere Detailfragen im Zusammenhang mit dem Bewerbungsprozess gesetzlich geregelt sind, muss das Schweigen des Gesetzgebers als bewusste Entscheidung gegen ein Teilnahmerecht verstanden werden. Eine höchstrichterliche Klärung steht – soweit ersichtlich – noch aus. In einigen Gleichstellungsgesetzen der Länder ist das Teilnahmerecht ausdrücklich verankert.

 **WICHTIG!**

Hat sich die Gleichstellungsbeauftragte selbst um eine Stelle beworben, darf sie an dem Stellenbesetzungsverfahren nicht mitwirken. Es liegt eine Interessenkollision vor. So hat es das VG Berlin v. 30.3.2022, VG 5 K 81/21 zutreffend für den Fall entschieden, dass sich die Gleichstellungsbeauftragte selbst auf eine ausgeschriebene Stelle als Sachbearbeiter/in bewirbt. Die Gleichstellungsbeauftragte wirkt in Erfüllung öffentlicher

Aufgaben mit und ist Teil der Personalverwaltung. Gemäß dem Gebot der Unbefangenheit im Gleichstellungsrecht ist sie daher für das gesamte Beteiligungs- und Mitwirkungsverfahren in Bezug auf die beworbene Stelle auszuschließen. Sie darf also auch nicht an den Vorstellungsgesprächen der anderen Stellenbewerber teilnehmen oder die Bewerbungsunterlagen und Personalakten der Mitbewerber einsehen. In den Fällen der Interessenkollision liegt ein Vertretungsfall vor. Zwar definiert das BGleiG nicht, wann ein Vertretungsfall vorliegt, das VG Berlin bejaht dies in seinem Urteil nun zutreffend auch für den Fall der Interessenkollision. Nach § 26 Abs. 1 BGleiG wird im Vertretungsfall die Stellvertreterin tätig.

### 9.2 Beteiligung der Gleichstellungsbeauftragten bei Kündigungen

Die Gleichstellungsbeauftragte muss gem. § 27 Abs. 1 Nr. 1 lit. e Var. 1 BGleiG „frühzeitig" bei personellen Angelegenheiten, insbesondere der Vorbereitung und Entscheidung über Kündigungen, beteiligt werden. Eine frühzeitige Beteiligung liegt gem. § 27 Abs. 2 BGleiG vor, wenn die Gleichstellungsbeauftragte mit Beginn des Entscheidungsprozesses auf Seiten der Dienststelle beteiligt wird und die jeweilige Entscheidung oder Maßnahme noch gestaltungsfähig ist. Gem. § 27 Abs. 3 S. 1 BGleiG muss die Beteiligung der Gleichstellungsbeauftragten grundsätzlich vor der Beteiligung des Personalrats und der Schwerbehindertenvertretung erfolgen. Dies geht daraus hervor, dass die Beteiligung der Gleichstellungsbeauftragten als Bestandteil der Dienststellenleitung noch im Rahmen der verwaltungsinternen Willensbildung erfolgen soll. Das Verfahren muss abgeschlossen sein (ArbG Berlin v. 15.3.2022, 22 BV 232/22). Die Beteiligung ist von einer Mitbestimmung des Personalrats insoweit zu unterscheiden, dass sie auf eine fortlaufende Einbeziehung in den jeweiligen Entscheidungsprozess gerichtet ist (v. Roetteken, BGleiG § 27 Rn. 46).

 **WICHTIG!**

In der Literatur wird die Auffassung vertreten, dass eine entgegen diesem Beteiligungsgebot ausgesprochene Kündigung gemäß § 134 BGB nichtig ist (v. Roetteken, BGleiG § 27 Rn. 39; Brecht-Heitzmann, PersR 2013, 385). Anderer Auffassung nach soll die Nichtigkeit dann jedoch nicht eintreten, wenn die fehlende Beteiligung der Gleichstellungsbeauftragten die Entscheidung in der Sache offensichtlich nicht beeinflusst hat oder haben konnte, bspw. bei Personalentscheidungen ohne Ermessensspielraum (Schütz/Schachel/*Hoffmann*, Beamtenrecht des Bundes und der Länder – Gesamtausgabe, § 14 2.3, Gleichstellungsbeauftragte). Das LAG Hamm hat wiederum entschieden, dass ein Verstoß gegen das Beteiligungsgebot aus § 18 des Landesgleichstellungsgesetzes (LGG NW) in Nordrhein-Westfalen nicht die Unwirksamkeit der Kündigung zur Folge hat (LAG Hamm v. 11.4.2019, 11 Sa 1037/18). § 18 Abs. 3 des LGG NW sehe bei unzureichender Beteiligung der Gleichstellungsbeauftragten zwar die Rechtswidrigkeit der Maßnahme vor, dies führe jedoch nach Wortlaut, Systematik, Telos und Gesetzesbegründung nicht zur Unwirksamkeit der Kündigung. Die Entscheidung des LAG Hamm bezieht sich jedoch nur auf das LGG in Nordrhein-Westfalen und ist nicht ohne Weiteres auf die höchst unterschiedlich ausgestalteten gesetzlichen Regelungen zur Beteiligung der Gleichstellungsbeauftragten der anderen Länder übertragbar. Eine höchstrichterliche Entscheidung steht zudem immer noch aus. Es sollte daher vor jeder Kündigung das Beteiligungs- und Mitwirkungsverfahren penibel eingehalten werden.

Die Wahrnehmung des Beteiligungsrechts geht gem. § 32 Abs. 2 S. 2 BGleiG in das Stadium der „Mitwirkung" über (Beteiligung und Mitwirkung sind nicht dasselbe, BVerwG

v. 8.10.2010, 6 C 3.09). Gewissermaßen erfolgt die „Mitwirkung" als Abschluss des Beteiligungsverfahrens durch ein Votum, welches von der Dienststelle zu den Akten (gemeint ist die Sachakte, nicht die Personalakte des Betroffenen, v. Roetteken, BGleiG § 32 Rn. 88) zu nehmen ist (vgl. § 32 Abs. 2 S. 1 BGleiG). Das Votum gehört zu jenen Unterlagen, die dem Personalrat nach § 68 Abs. 2 S. 2 BPersVG oder auch der Schwerbehindertenvertretung nach § 178 Abs. 2 SGB IX in einem Beteiligungsverfahren vorzulegen sind (v. Roetteken, BGleiG § 32 Rn. 89). Grundsätzlich hat die Gleichstellungsbeauftragte das Votum innerhalb von zehn Arbeitstagen ab Zugang der Mitteilung über die beabsichtigte Kündigung in Textform abzugeben, § 32 Abs. 2 S. 2 Hs. 1 BGleiG. Gibt die Gleichstellungsbeauftragte in dieser Frist kein Votum ab, so gilt die beabsichtigte Kündigung als gebilligt, § 32 Abs. 2 S. 4 BGleiG. Gibt die Gleichstellungsbeauftragte ein Votum ab und folgt die Dienststelle diesem Votum nicht, hat sie der Gleichstellungsbeauftragten die Gründe für die Nichtbefolgung mitzuteilen, wenn die Gleichstellungsbeauftragte dies bei der Abgabe des Votums verlangt hat, § 32 Abs. 3 S. 1 BGleiG.

 **WICHTIG!**

Die Bestellung der Gleichstellungsbeauftragten unterliegt für sich genommen nicht der Mitbestimmung nach § 76 Abs. 2 Nr. 10 BPersVG. Sie kann jedoch nach anderen Beteiligungstatbeständen mitbestimmungspflichtig sein. Bspw. ist gemäß § 74 Abs. 1 Nr. 3 HessPersVG die Bestellung der Gleichstellungsbeauftragten ausdrücklich der Mitbestimmung unterworfen. Aber auch dann, wenn die Bestellung nicht ausdrücklich für mitbestimmungspflichtig erklärt worden ist, bedeutet dies nicht zwangsläufig, dass eine Beteiligung des Personalrats unterbleiben kann. Das BVerwG hat den Tatbestand des § 72 Abs. 1 Nr. 5 NWPersVG (Umsetzung für mehr als drei Monate) in Form der Teilumsetzung in dem Fall bejaht, in dem mit der Bestellung zur Gleichstellungsbeauftragten eine Entlastung von sonstigen Aufgaben im Umfang von 50 % erfolgt war (BVerwG v. 22.7.2003, 6 P 3/03, ZTR 2003, 631).

Anders als auf Grundlage des FFG können nach dem eindeutigen Wortlaut des § 19 Abs. 1 S. 5 BGleiG nur weibliche Beschäftigte durch geheime Wahl der (weiblichen!) Beschäftigten gewählt und anschließend von der Dienststelle zur Gleichstellungsbeauftragten bestellt werden. Die Beschränkung auf Frauen begründet der Gesetzgeber damit, dass für das Amt der Gleichstellungsbeauftragten entscheidend sei, die Verhältnisse aus der Sicht des benachteiligten Geschlechts beurteilen zu können. Typischerweise sei zu erwarten, dass die weiblichen Beschäftigten sich mit ihren Problemen bei einer Person des gleichen Geschlechts besser aufgehoben und vertreten fühlen. Diese Beschränkung des aktiven und passiven Wahlrechts auf weibliche Beschäftigte ist teilweise heftig kritisiert worden. Tatsächlich entsteht hierdurch der Eindruck, die Gleichstellungsbeauftragte nehme als institutionalisierte Speerspitze im Kampf der Geschlechter einseitig die Interessen der weiblichen Beschäftigten wahr. Tatsächlich erfüllt die Gleichstellungsbeauftragte ihre Aufgaben jedoch im Interesse beider Geschlechter und sollte daher das Vertrauen sämtlicher Beschäftigter genießen.

Zweifelhaft ist darüber hinaus, ob die damit verbundene unmittelbare Benachteiligung wegen des Geschlechts mit europäischem Antidiskriminierungsrecht vereinbar ist. Dies gilt insbesondere für die Beschränkung des passiven Wahlrechts. Setzt die Art der auszuübenden Tätigkeit im konkreten Einzelfall ein bestimmtes Geschlecht voraus, kann eine Benachteiligung gerechtfertigt sein. Die Bedeutung des Geschlechts muss sich aber aus der geschuldeten Tätigkeit selbst begründen lassen. Teilweise wird der Ausschluss der männlichen Beschäftigten vom Amt der Gleichstellungsbeauftragten auch als mit Art. 3 Abs. 2 GG unvereinbar angesehen.

Das BAG hatte bereits im Jahr 1998 entschieden, dass das weibliche Geschlecht keine unverzichtbare Voraussetzung für die Besetzung der Stelle einer kommunalen Gleichstellungsbeauftragten sei (BAG v. 12.11.1998, 8 AZR 365/97, ZTR 1999, 233). Mit Urteil vom 18.3.2010 hat das BAG allerdings die Fokussierung der Gleichstellungsgesetze auf weibliche Gleichstellungsbeauftragte im Grundsatz bestätigt: Danach darf eine Gemeinde bei der Besetzung der Stelle der kommunalen Gleichstellungsbeauftragten die Bewerberauswahl auf Frauen beschränken, wenn der Schwerpunkt der Tätigkeit in Projekt- und Beratungsangeboten liegt, deren Erfolg bei Besetzung der Stelle mit einem Mann gefährdet wäre. Unter dieser Voraussetzung stelle das weibliche Geschlecht eine wesentliche und entscheidende Anforderung i. S. d. § 8 Abs. 1 AGG dar, sodass eine Ungleichbehandlung wegen des Geschlechts gerechtfertigt sei (BAG v. 18.3.2010, 8 AZR 77/09).

### 9.3 Sonstige Beteiligung der Gleichstellungsbeauftragten

Bei dienstlichen Beurteilungen ist die Gleichstellungsbeauftragte bei der Abfassung von Beurteilungsrichtlinien und der Teilnahme an Besprechungen, die deren einheitliche Anwendung sicherstellen soll, zu beteiligen. Die Gelichstellungsbeauftragte hat dagegen kein Beteiligungsrecht an einzelnen dienstlichen Beurteilungen (BVerwG v. 9.9.2021, 2 A 3/20).

Die Gleichstellungsbeauftragte hat auch bei dem Abbruch eines Stellenbesetzungsverfahrens mitzuwirken, denn auch hierbei können potentiell gleichstellungsrelevante Fragestellungen zum Tragen kommen (OVG Münster v. 18.5.2022, 6 B 231/22 für § 17 Abs. 1 S. 1 LGG NRW. Gleiches muss allerdings auch für die Aufgaben der Gleichstellungsbeauftragten nach § 25 Abs. 2 Nr. 1 BGleiG gelten).

# Haftung des Arbeitgebers

 **Wegweiser:**

Die Haftung des Arbeitgebers gegenüber dem Arbeitnehmer ist im TVöD und im TV-L nicht gesondert geregelt. Dies hat zur Folge, dass ausschließlich das allgemeine Arbeits- und Sozialrecht anzuwenden ist.

Ergänzende und vertiefende Hinweise finden sich in Breier/Dassau TVöD Komm. Teil K 5 Rn. 210 ff. bzw. Breier/Dassau TV-L Komm. Teil K 5 Rn. 210 ff.

**I.    Grundlagen**

**II.   Schadensverursachung durch den Arbeitgeber**
 1. Sachschäden
 2. Personenschäden
 3. Verletzung absoluter Rechte

**III.  Schadensverursachung durch Arbeitskollegen**

**IV.   Verschuldensunabhängige Haftung**

**V.    Besondere Schadensfälle**
 1. Kraftfahrzeug
 2. Bußgelder, Geldstrafen, Prozesskosten
 3. Sonstiges

**VI.   Haftungsbegrenzungen**
 1. Mitverschulden des Arbeitnehmers
 2. Schadenspauschalen
 3. Haftungsausschlüsse

## I.  Grundlagen

Der Arbeitgeber haftet unter bestimmten Voraussetzungen für Aufwendungen, die ein Arbeitnehmer im Zusammenhang mit seiner beruflichen Tätigkeit macht, sowie für Sachschäden, die er hierbei erleidet.

Erleidet der Arbeitnehmer aufgrund eines Arbeitsunfalls einen Personenschaden, haftet der Arbeitgeber gemäß § 104 SGB VII hierfür grundsätzlich nicht. Der Arbeitnehmer hat gegen den Arbeitgeber in der Regel keinen Anspruch auf Ersatz der Heilbehandlungskosten sowie auf Zahlung eines Schmerzensgeldes. Dem Arbeitnehmer stehen grundsätzlich nur Ansprüche gegen die gesetzliche Unfallversicherung zu (vgl. z. B. LAG Rheinland-Pfalz v. 10.11.2016, 6 Sa 247/16; LAG Rheinland-Pfalz v. 2.8.2018, 5 Sa 298/17). Die von der gesetzlichen Unfallversicherung getroffenen Feststellungen sowohl in Bezug auf die Zuständigkeit des Unfallversicherungsträgers als auch auf das Vorliegen eines Versicherungsfalles sowie auf den Umfang der Leistungen sind bindend. Ebenso die Feststellung darüber, welchem Unternehmen der Unfall zuzurechnen ist (BGH v. 18.11.2014, VI ZR 141/13; LAG Hamm v. 17.3.2015, 7 Sa 1316/14). Der Haftungsausschluss des § 104 SGB VII gilt auch bei Leiharbeitnehmern, unabhängig davon, ob diese in den Bereich des Schädigers oder des Geschädigten eingebunden sind (BGH v. 18.11.2014, VI ZR 47/13).

Von dieser Haftungsablösung ausgenommen sind Personenschäden, die auf einer vorsätzlichen Herbeiführung durch den Arbeitgeber beruhen oder auf dem Weg zu oder von der Arbeitsstätte eintreten (sog. Wegeunfall). Sowohl im Fall der vorsätzlichen Verletzung als auch im Fall des Wegeunfalls haftet neben der gesetzlichen Unfallversicherung nach dem SGB VII auch der schädigende Arbeitgeber. Dabei verringern sich die Ansprüche gegen den Arbeitgeber gemäß § 104 Abs. 3 SGB VII um die Leistungen der gesetzlichen Unfallversicherung. Hat der Arbeitgeber den Versicherungsfall vorsätzlich oder grob fahrlässig verursacht, kann der Sozialversicherungsträger gemäß § 110 SGB VII bei dem Arbeitgeber Rückgriff nehmen. Der Unternehmer handelt vorsätzlich, wenn er den Eintritt des Versicherungsfalls und den Schaden zumindest als möglich voraussieht und dies billigend in Kauf nimmt. Dabei muss sich der Vorsatz nicht nur auf die schädigende Handlung als solche, sondern auch auf den Schadenseintritt und die damit verbundenen Schadensfolgen beziehen (BAG v. 28.4.2011, 8 AZR 769/09; LAG Sachsen-Anhalt v. 15.3.2012, 3 Sa 313/11; LAG Hamm v. 13.6.2008, 12 Sa 1851/07). Eine ggf. vorsätzliche Missachtung von Unfallverhütungsvorschriften rechtfertigt für sich allein nicht die Annahme eines solchen bedingten Vorsatzes. Zu berücksichtigen sind die Umstände des Einzelfalls. Von Bedeutung ist z. B., ob es sich bei den verletzten Unfallverhütungsvorschriften um solche handelt, die Sicherungspflichten gerade zum Schutz vor tödlichen Gefahren beinhalten oder ob z. B. nur unzureichende Vorkehrungen getroffen oder von vorgeschriebenen Vorkehrungen insgesamt abgesehen wurde (OLG Hamm v. 2.9.2016, I-9 U 75/15; LAG Rheinland-Pfalz v. 15.5.2014, 5 Sa 72/14).

Unerheblich für die Arbeitgeberhaftung ist, ob tatsächlich ein Arbeitsvertrag besteht. Entscheidend ist, dass die betroffene Person wie ein Arbeitnehmer in den Betrieb eingegliedert ist.

**Beispiel**

> Eine betriebsfremde Person hilft den Mitarbeitern eines Betriebes bei der Arbeit, ohne dass deren Arbeitgeber hiervon Kenntnis hat. Wenn diese Person bei einem Arbeitsunfall verletzt wird, kann sie kein Schmerzensgeld verlangen, sondern muss sich an die Berufsgenossenschaft wenden.

Dieses Haftungsprivileg greift jedoch dann nicht, wenn sich ein Arbeitnehmer zum Zeitpunkt des Schadenseintritts noch nicht im „Gefahrenbereich des Betriebs" bewegt hat. Verletzt ein Arbeitgeber in den Wintermonaten z. B. seine Pflicht auf öffentlichen Straßen vor seinem Betrieb zu räumen und zu streuen, haftet der Arbeitgeber ebenso wie jedem anderen Fußgänger gegenüber (OLG Koblenz v. 29.4.2015, 5 U 1479/14).

## II. Schadensverursachung durch den Arbeitgeber

### 1. Sachschäden

Der Arbeitgeber haftet für eine Verletzung des Eigentums eines Arbeitnehmers, wenn diese Verletzung rechtswidrig und schuldhaft verursacht wurde.

**Beispiel**

> Aufgrund einer defekten Arbeitsmaschine wird die Hose des Arbeitnehmers beschädigt.

Verstößt der Arbeitgeber gegen seine gesetzlichen Pflichten und erleidet der Arbeitnehmer hierdurch einen Schaden, haftet der Arbeitgeber auch für diesen.

**Beispiel**

> Gemäß Nr. 4.1 Absatz 3 Buchstabe b des Anhangs „Anforderungen an Arbeitsstätten nach § 3 Absatz 1 der Verordnung über Arbeitsstätten (Arbeitsstättenverordnung)" müssen Umkleideräume verschließbare Einrichtungen enthalten, in denen der Arbeitnehmer seine Kleidung aufbewahren kann. Stellt der Arbeitgeber derartige Einrichtungen nicht zur Verfügung und kommt dem Arbeitnehmer seine Bekleidung abhanden, haftet der Arbeitgeber. Jedoch muss sich der Arbeitnehmer ein Mitverschulden anrechnen lassen, wenn er z. B. wertvolle Kleidungsteile an seinen Arbeitsplatz mitnimmt, obwohl er weiß, dass er sie dort nicht sicher verwahren kann.

Aufgrund seiner Fürsorgepflicht gegenüber den Arbeitnehmern ist der Arbeitgeber verpflichtet, solche Gegenstände, die ein Arbeitnehmer typischerweise mit in den Betrieb nimmt, zu schützen. Beispielsweise muss der von ihm zur Verfügung gestellte Betriebsparkplatz so beschaffen sein, dass Schäden an den dort abgestellten PKW der Arbeitnehmer verhindert werden. Den Arbeitgeber trifft eine allgemeine Verkehrssicherungspflicht. Der Arbeitgeber haftet indes nicht für Gegenstände, die keinerlei Bezug zur Arbeit oder zum Arbeitsweg haben und von denen der Arbeitgeber auch keine Kenntnis haben konnte. Er kann nicht für Dinge haftbar gemacht werden, die außerhalb seines Einflussbereichs liegen und mit denen er nicht rechnen musste (LAG Hamm v. 21.1.2016, 18 Sa 1409/15).

### 2. Personenschäden

Für einen Personenschaden, den der Arbeitnehmer aufgrund eines Arbeitsunfalls erleidet, haftet der Arbeitgeber gemäß § 104 SGB VII grundsätzlich nicht. Der Arbeitgeber hat dem Arbeitnehmer weder seine Heilbehandlungskosten zu ersetzen

noch ihm ein Schmerzensgeld zu zahlen. Dem Arbeitnehmer stehen grundsätzlich nur Ansprüche gegen die gesetzliche Unfallversicherung zu. Der Arbeitgeber haftet jedoch dann, wenn er den Arbeitsunfall vorsätzlich herbeigeführt hat (BAG v. 28.4.2011, 8 AZR 769/09). Dies gilt auch, wenn der vom Arbeitgeber bestellte Vorgesetzte des Arbeitnehmers den Arbeitsunfall vorsätzlich herbeigeführt hat und das vorsätzliche Handeln des Vorgesetzten in einem engen sachlichen Zusammenhang mit den Aufgaben steht, die der Arbeitgeber dem Vorgesetzten als seinem Erfüllungsgehilfen zugewiesen hat. In diesem Fall muss sich der Arbeitgeber den Vorsatz des Vorgesetzten zurechnen lassen (BAG v. 28.4.2011, 8 AZR 769/09). Notwendig ist, dass der Vorsatz sich sowohl auf die Verletzungshandlung, als auch auf den Verletzungserfolg bezieht. Ein „doppelter Vorsatz" ergibt sich bereits aus dem Wortlaut des § 104 SGB VII. Der geforderte Versicherungsfall ist gemäß § 7 SGB VII ein Arbeitsunfall. Unfälle definieren sich als zeitlich begrenzte, von außen auf den Körper einwirkende Ereignisse, die zur Gesundheitsschädigung oder zum Tod führen (§ 8 Abs. 1 SGB VII), weshalb sich der Vorsatz auch auf den Verletzungserfolg – die Gesundheitsschädigung – erstrecken muss (BAG v. 28.11.2019, 8 AZR 35/19, ZTR 2020, 22). Bei der Beurteilung des Grades des Verschuldens kommt es stets auf die konkreten Umstände des Einzelfalls an. Es gibt keinen allgemeinen Erfahrungssatz, dass derjenige, der eine zugunsten des Arbeitnehmers bestehende Schutzpflicht missachtet, eine Schädigung oder eine Berufskrankheit des Arbeitnehmers billigend in Kauf nimmt (BAG v. 20.6.2013, 8 AZR 471/12, ZTR 2013, 614).

### 3. Verletzung absoluter Rechte

Anerkannt als absolutes Recht des Arbeitnehmers ist das allgemeine Persönlichkeitsrecht. Verletzt der Arbeitgeber das Persönlichkeitsrecht des Arbeitnehmers vorsätzlich, begründet dies Unterlassungsansprüche und in einigen Fällen sogar Schmerzensgeldansprüche gemäß § 823 Abs. 1 BGB i. V. m. Art. 2 Abs. 1, 1 Abs. 1 GG. Voraussetzung eines solchen Schmerzensgeldanspruches ist aber, dass der Arbeitgeber das allgemeine Persönlichkeitsrecht schwerwiegend verletzt hat oder dem Arbeitgeber ein schwerwiegender Verschuldensvorwurf zu machen ist. geringfügige Eingriffe lösen keine Entschädigungsansprüche aus (BAG v. 21.6.2012, 8 AZR 188/11, ZTR 2012, 724).

Ein schwerer Fall wurde zuletzt vom BVerwG in einem Fall angenommen, in welchem der Bürgermeister einer Beschäftigten ein unansehnliches sowie abgelegenes Büro zugewiesen und der Beschäftigten unterwertige sowie teilweise sinnlose Aufgaben zugewiesen hatte, um diese zu schikanieren und aus dem bestehenden Dienstverhältnis zu drängen (BVerwG v. 28.3.2023, 2 C 6.21, ZTR 2923, 431).

In der höchstrichterlichen Rechtsprechung hat die Verletzung des allgemeinen Persönlichkeitsrechts in der letzten Zeit deutlich an Bedeutung gewonnen (vgl. z. B. auch EGMR [Große Kammer] v. 5.9.2017, Nr. 61496/08 – „Barbulescu/Rumänien").

Einzelheiten sind jedoch umstritten und es ist in jedem Fall stets eine Einzelfallprüfung vorzunehmen.

(Vgl. hierzu → *Mobbing*)

**Beispiel**

> Ein Arbeitgeber bezeichnet einen Arbeitnehmer in einem Betriebsaushang am schwarzen Brett als „gemeinen Dieb", „hinterlistigen Ganoven" und „Verräter" und bezichtigt ihn wahrheitswidrig der Unterschlagung, Veruntreuung und des Diebstahls.

## III. Schadensverursachung durch Arbeitskollegen

Erleidet ein Arbeitnehmer durch Verschulden eines anderen Arbeitskollegen einen Sachschaden, haftet der Arbeitgeber unter bestimmten Voraussetzungen auch für diesen Schaden. Dies kann einerseits direkt aus § 831 BGB oder unter Zurechnung des § 278 BGB geschehen. Ein Schadensersatzanspruch gegen den Arbeitgeber setzt demnach entweder voraus, dass der Arbeitgeber den schädigenden Arbeitnehmer schuldhaft nicht richtig ausgewählt oder unzureichend beaufsichtigt hat oder aber, dass die schuldhafte Handlung des Mitarbeiters in einem engen sachlichen Zusammenhang mit den Aufgaben steht, die der Arbeitgeber ihm als Erfüllungsgehilfen zugewiesen hat (vgl. BAG v. 15.9.2016, 8 AZR 351/15; LAG Rheinland-Pfalz v. 4.4.2019, 5 Sa 105/18).

**Beispiel**

Obwohl dem Arbeitgeber bekannt ist, dass ein Arbeitnehmer während der Arbeitszeit häufig stark alkoholisiert ist, überträgt er diesem Arbeitnehmer dennoch ohne jegliche Überwachung und Aufsicht die Steuerung eines Raupenschleppers. Aufgrund der alkoholbedingten unachtsamen Führung des Raupenschleppers beschädigt der Arbeitnehmer den PKW eines Kollegen, der auf dem Betriebsparkplatz abgestellt ist. Der Arbeitgeber haftet, da er aufgrund seiner Kenntnisse betreffend die regelmäßige Trunkenheit des Arbeitnehmers diesem die Steuerung des Raupenschleppers nicht hätte überlassen dürfen oder ihn zumindest hätte überwachen müssen.

## IV. Verschuldensunabhängige Haftung

Eine generelle verschuldensunabhängige Haftung des Arbeitgebers für Schäden eines Arbeitnehmers, die dieser im Betrieb erleidet, besteht nicht (LAG Rheinland-Pfalz v. 27.6.2016, 3 Sa 88/16). Eine Haftung ohne Verschulden des Arbeitgebers für Schäden des Arbeitnehmers kommt aber in Betracht, wenn diese Schäden dem Arbeitnehmer bei der Erfüllung seiner Arbeitsleistung entstehen und sich in diesen Schäden das tätigkeitsspezifische Risiko verwirklicht, das mit der Ausübung dieser Arbeit verbunden ist. Erforderlich ist, dass es sich um einen außergewöhnlichen Schaden handelt, mit dem der Arbeitnehmer nicht rechnen musste und der im Zusammenhang mit der Arbeitsleistung entstanden ist. Weitere Voraussetzung ist, dass der Schaden nicht bereits durch den Arbeitslohn abgedeckt ist. Mitumfasst von der Vergütung sind solche Schäden, die mit der Arbeit regelmäßig einhergehen, mit denen der Arbeitnehmer rechnen musste, die also arbeitsadäquat sind. Solche arbeitsadäquaten Schäden, mit denen nach Art des Betriebs und der Arbeit zu rechnen ist, sind demnach nicht ersatzfähig (LAG Rheinland-Pfalz v. 27.6.2016, 3 Sa 88/16 a.a.O). (Zu besonderen Zulagen s. u. VI.2.)

**Beispiel**

Dem Pfleger in einer psychiatrischen Anstalt wird von einem Patienten die Brille heruntergerissen und zerstört. Dieser Schaden ist dem Risikobereich des Arbeitgebers zuzurechnen, da das Beschädigungsrisiko durch nervenkranke Patienten erhöht ist. Die Zahlung einer „Psychiatriezulage" an den Arbeitnehmer deckt dieses Risiko nicht ab. Zweck einer Psychiatriezulage ist es, die mit einer Betreuung von psychisch erkrankten Menschen verbundenen besonderen psychischen Belastungen abzugelten, nicht jedoch durch diese Patienten verursachte Schäden am Eigentum des Pflegepersonals.

Der Arbeitgeber haftet nicht für Schäden, bei denen sich nicht das tätigkeitsspezifische Risiko, sondern lediglich das allgemeine Lebensrisiko des Arbeitnehmers verwirklicht. Unter das allgemeine Lebensrisiko fallen z. B. die übliche Abnutzung von Kleidung sowie das allgemeine Diebstahlsrisiko während einer Dienstreise.

**Beispiel**

Auf einer Dienstreise wird dem Arbeitnehmer die Brieftasche gestohlen. In diesem Schaden realisiert sich allein das allgemeine Lebensrisiko des Arbeitnehmers, nicht jedoch ein besonderes tätigkeitsspezifisches Risiko.

## V. Besondere Schadensfälle

### 1. Kraftfahrzeug

Der Arbeitnehmer hat keinen Ersatzanspruch bei Beschädigungen seines PKW gegen den Arbeitgeber, wenn er seinen PKW zur Fahrt zwischen Wohnung und Arbeitsstelle benutzt oder den PKW auf dem Betriebsparkplatz abstellt. Setzt der Arbeitnehmer seinen privaten PKW nicht allein zur persönlichen Erleichterung, sondern auf Weisung des Arbeitgebers ein oder ist die Benutzung des PKW aufgrund betrieblicher Veranlassung unabweisbar, haftet der Arbeitgeber für Schäden, die bei diesem Einsatz ohne Verschulden des Arbeitnehmers entstehen. In diesem Fall haftet der Arbeitgeber auch für Schäden, die zwischen zwei Dienstfahrten während des Parkens entstehen, da auch das Vorhalten des Kraftfahrzeugs zum Einsatz im Betätigungsbereich des Arbeitgebers gehört. Die Benutzung des PKW ist dann aufgrund betrieblicher Veranlassung unabweisbar, wenn z. B. der Privat-PKW des Arbeitnehmers für betriebliche Transportleistungen eingesetzt wird, die mit öffentlichen Verkehrsmitteln nicht möglich sind, oder wenn der Arbeitgeber dem Arbeitnehmer ohne Einsatz des Privat-PKW einen Betriebs-PKW zur Verfügung stellen und damit dessen Unfallgefahr tragen müsste, weil anders die Arbeitsleistung nicht erbracht werden könnte (z. B. Außendienstmitarbeiter im Vertrieb).

**Beispiel**

Der Arbeitgeber muss für Schäden am PKW des Arbeitnehmers aufkommen, wenn er den Arbeitnehmer während dessen Rufbereitschaft auffordert, die Arbeit anzutreten und dieser die Benutzung seines Privatfahrzeuges für erforderlich halten durfte, um rechtzeitig am Arbeitsort zu erscheinen (BAG v. 22.6.2011, 8 AZR 102/10, ZTR 2011, 691; LAG Rheinland-Pfalz v. 23.4.2013, 6 Sa 559/12, ZTR 2013, 463).

Hat der Arbeitnehmer das Fahrzeug mit Billigung des Arbeitgebers in dessen Betätigungsbereich eingesetzt, haftet der Arbeitgeber für den entstandenen Unfallschaden jedoch nicht, wenn der Arbeitnehmer zur Abdeckung des Unfallschadensrisikos eine besondere Vergütung erhält (BAG v. 28.10.2010, 8 AZR 647/09, ZTR 2011, 316).

Nutzt der Arbeitnehmer seinen PKW in Ausübung einer betriebsverfassungsrechtlichen oder personalvertretungsrechtlichen Funktion, gelten diese Grundsätze entsprechend.

Der Arbeitgeber hat neben dem Sachschaden auch die Nutzungsausfallentschädigung zu tragen, sofern dies nicht ausdrücklich ausgeschlossen wurde. Er hat aber in der Regel nicht den Nachteil zu ersetzen, den der Arbeitnehmer infolge des Verlustes eines Schadensfreiheitsrabattes bzw. durch die Rückstufung in der Kraftfahrzeughaftpflichtversicherung erleidet. Hierbei handelt es sich nicht um einen Sachschaden infolge der etwaigen Beschädigung des eigenen Fahrzeugs des Arbeitnehmers. Vielmehr ist der allgemeine Vermögensnachteil in der Beschädigung eines anderen, fremden Fahrzeugs begründet. Das

Risiko einer zeitweise höheren Prämie wird überdies auch durch die Zahlung einer Kilometerpauschale an den Arbeitnehmer abgegolten (BAG v. 30.4.1992, 8 AZR 409/91, ZTR 1993, 36; vgl. BVerwG v. 27.1.1994, 2 C 6/93, ZTR 1994, 305, zur Haftung des Dienstherrn gegenüber einem Beamten). Soweit die Wegstreckenentschädigung auch die Kosten einer Fahrzeugvollversicherung mit abdeckt, kann der Arbeitnehmer im Schadenfall auf die Inanspruchnahme der Vollversicherung verwiesen werden. Dies kann insbesondere bei der Inbezugnahme von Landesreisekostengesetzen der Fall sein, vgl. z. B. § 23 Abs. 3.1 S. 1 TVöD-V i. V. m. § 5 Abs. 1 S. 3 LRKG-NRW (LAG Düsseldorf v. 22.10.2014, 12 Sa 617/14, ZTR 2015, 26).

## 2. Bußgelder, Geldstrafen, Prozesskosten

Für Bußen oder Strafen, die dem Arbeitnehmer bei Ausübung seiner Tätigkeit auferlegt werden, kann der Arbeitnehmer vom Arbeitgeber keinen Ersatz verlangen. Dies gilt unabhängig davon, ob ein Verhalten des Arbeitgebers mitursächlich für die Verhängung der Buße oder der Strafe war.

### Beispiel

> Ein Spediteur gestaltet die Terminvorgaben so, dass der Arbeitnehmer diese nur durch ständige Lenkzeitüberschreitungen und Geschwindigkeitsüberschreitungen einhalten kann.

In dem obigen Beispiel hat der Arbeitnehmer gegen den Arbeitgeber zwar einen Anspruch auf Schadensersatz wegen sittenwidrigen Verhaltens gemäß § 826 BGB. Zum ersatzfähigen Schaden gehört jedoch nicht die Erstattung von Bußgeldern. Der Zweck von Buße und Strafe darf nicht durch Verlagerung der Zahlungspflicht vereitelt werden. Aus diesem Grunde sind Zusagen des Arbeitgebers sittenwidrig und daher unwirksam, nach denen Geldbußen aufgrund von Verstößen des Arbeitnehmers gegen Lenk- und Ruhezeiten erstattet werden. Grundsätzlich hat es der Arbeitnehmer in der Hand, gesetzeswidriges und verkehrswidriges Verhalten zu vermeiden. Aus dem gleichen Grunde sind auch Kosten der Rechtsverteidigung nicht erstattungsfähig. Eine Erstattung kommt nur dann in Betracht, wenn es dem Arbeitnehmer nicht zumutbar war, sich gegen die gesetzeswidrige Anweisung zu widersetzen, was regelmäßig nicht angenommen werden kann.

Bei einem durch den Arbeitnehmer schuldlos verursachten schweren Verkehrsunfall muss der Arbeitgeber dem Arbeitnehmer die notwendigen Verteidigerkosten erstatten, wenn gegen diesen ein Ermittlungsverfahren eingeleitet wird.

Die zum Whistleblowing entwickelten Grundsätze (→ Compliance) sind im „umgekehrten Fall" (Arbeitgeber zeigt Arbeitnehmer an) eingeschränkt anzuwenden. Dem Arbeitgeber wird ein verfassungsrechtlich gebilligtes Anzeigerecht zugestanden, was zur Folge hat, dass bei einer unter Abwägung der Verfassungsmäßigkeit rechtmäßigen Anzeige trotz einer späteren gerichtlich festgestellten Straflosigkeit des Arbeitnehmers, der Arbeitgeber die dem Arbeitnehmer daraus entstanden Anwaltskosten nicht zu tragen hat (LAG Rheinland-Pfalz v. 15.4.2019, 3 Sa 411/18).

In Zivilprozessen kann der Arbeitgeber zur Erstattung von Verfahrenskosten des Arbeitnehmers verpflichtet sein.

## 3. Sonstiges

Aus dem Arbeitsverhältnis folgen in Verbindung mit den §§ 241 Abs. 2, 242 BGB Schutz- und Rücksichtnahmepflichten des Arbeitgebers, die sich auch auf Vermögensinteressen des Arbeitnehmers beziehen. Eine allgemeine Pflicht, die Vermögensinteressen des Arbeitnehmers wahrzunehmen, trifft den Arbeitgeber

jedoch nicht. Jede Vertragspartei ist für die Wahrnehmung ihrer Interessen regelmäßig selbst verantwortlich. Erteilt der Arbeitgeber allerdings Auskünfte, müssen diese richtig, eindeutig und vollständig sein, wobei sich die arbeitsrechtlichen Nebenpflichten hierauf nicht beschränken (BAG v. 15.12.2016, 6 AZR 578/15, ZTR 2017, 295). Aus den besonderen Umständen des Einzelfalls können sich als Ergebnis einer umfassenden Interessenabwägung Hinweis- und Aufklärungspflichten ergeben (BAG v. 13.11.2014, 8 AZR 817/13, ZTR 2015, 155; BAG v. 26.9.2012, 10 AZR 370/11). Erteilt der Arbeitgeber unzutreffende, missverständliche oder unvollständige Auskünfte oder verstößt er in anderer Weise gegen eine im konkreten Fall bestehende Aufklärungs- und Hinweispflicht, kann dem Arbeitnehmer gegen den Arbeitgeber ein Schadensersatzanspruch gemäß § 280 Abs. 1 in Verbindung mit § 241 Abs. 2 BGB zustehen (BAG v. 31.7.2014, 6 AZR 993/12, ZTR 2014, 720). Ein Schadensersatzanspruch aufgrund einer fehlerhaften Auskunft ist jedoch nur dann gegeben, wenn der Arbeitgeber den Arbeitnehmer entweder auf dessen ausdrückliches Verlangen nach Information falsch informiert oder wenn er im Rahmen von Vertragsverhandlungen, die der Arbeitgeber initiiert hat, den Arbeitnehmer falsch berät (BAG v. 15.12.2016 a.a.O.).

Die Rücksichtnahmepflicht des Arbeitgebers aus § 241 Abs. 2 BGB kann es im Einzelfall ebenfalls gebieten, eine dem Arbeitnehmer zugutekommende staatliche Zuwendung geltend zu machen (hier Pendlerzuschuss wegen Corona-Pandemie). Diese Pflicht ist jedoch nicht verletzt, wenn rechtlich zweifelhaft ist, ob alle Voraussetzungen für die Auszahlung der Zuwendung erfüllt sind. Der Arbeitgeber muss sich nicht dem Risiko einer Haftung gegenüber dem Zuwendungsgeber aussetzen (LAG Mecklenburg-Vorpommern v. 28.9.2021, 5 Sa 65/21).

### Beispiele

> Weist der Arbeitgeber den Arbeitnehmer entgegen § 2 Abs. 2 S. 2 Nr. 3 SGB III nicht darauf hin, dass dieser sich unverzüglich arbeitssuchend melden muss und ruht der Anspruch des Arbeitnehmers auf Arbeitslosengeld daher gemäß § 159 Abs. 1 S. 2 Nr. 9 SGB III aufgrund einer Sperrzeit, hat der Arbeitgeber dem Arbeitnehmer den dadurch entstehenden Schaden nicht zu ersetzen. § 2 SGB III bezweckt eine Verbesserung des Zusammenwirkens von Arbeitgeber, Arbeitnehmer und den Agenturen für Arbeit, dient aber nicht dem Schutz des Vermögens des Arbeitnehmers (BAG v. 29.9.2005, 8 AZR 571/04, ZTR 2006, 144). Ebenso haftet ein Arbeitgeber nicht, wenn er – ohne gefragt zu werden – selbst einen Hinweis auf die Möglichkeit der Pauschalbesteuerung eines geringfügig Beschäftigten gemäß § 40a Abs. 2 EStG und die Anwendung dieser Besteuerungsmöglichkeit unterlässt (BAG v. 13.11.2014, 8 AZR 817/13, ZTR 2015, 155). Anders verhält es sich aber, wenn dem Arbeitnehmer dadurch ein Schaden entsteht, dass er auf eine falsche Auskunft des Arbeitgebers betreffend die Steuerfreiheit bestimmter Zahlungen im Zusammenhang mit dem Abschluss eines Aufhebungsvertrages vertraut hat (LAG Mecklenburg-Vorpommern v. 27.2.2008, 1 Sa 170/07).

Aus § 241 Abs. 2 BGB resultiert ebenfalls die Pflicht des Arbeitgebers auf das Wohl und die berechtigten Interessen des Arbeitnehmers Rücksicht zu nehmen und ihn vor Gesundheitsgefahren zu schützen. Eine Verletzung einer aus § 241 Abs. 2 BGB resultierenden Pflicht liegt nach Auffassung des BAG jedoch dann nicht vor, wenn eine Arbeitnehmerin bei einer durch eine Betriebsärztin selbstständig organisierten und unter dem Freiwilligkeitsvorbehalt stehenden Grippeimpfung einen Impfschaden erleidet. Eine Verletzung von Pflichten aus dem Arbeitsvertrag oder dem Behandlungsvertrag kann dem Arbeitgeber in diesem Fall nicht angelastet werden (BAG v. 21.12.2017, 8 AZR 853/16).

Eine Schadensersatzhaftung kommt auch im Verhältnis eines Leiharbeitnehmers zu einem Entleiher in Betracht, obwohl dieser nicht der vertragliche Leiharbeitgeber des Beschäftigten ist. Wenn ein Entleiher zu Unrecht eine Auskunft gemäß § 13 AÜG unterlässt, unzutreffend oder unvollständig oder verspätet erteilt, kann dem Leiharbeitnehmer ein Schadensersatzanspruch gegen den Entleiher gemäß § 280 Abs. 1 BGB zustehen (BAG v. 24.4.2014, 8 AZR 1081/12, m.w.N.).

Wird gegen die Vorschriften des Mindestlohngesetzes verstoßen, so haftet nicht nur der unmittelbare Arbeitgeber. Unter Umständen hat nach § 13 MiLoG auch der Auftraggeber die Zahlung des Mindestlohns für weitere Nach- oder Subunternehmer zu verantworten.

Der Arbeitgeber kann ebenfalls unter dem Aspekt des arbeitsrechtlichen Gleichberechtigungsgrundsatzes haftbar gemacht werden. In Bezug auf die Auszahlung von Prämien, die auf einer unwirksamen Betriebsvereinbarung beruhen, ist jedoch darauf abzustellen, ob der Arbeitgeber lediglich den Normvollzug bezweckte und die Betriebsvereinbarung als verbindlich sah. Nur wenn der Arbeitgeber von der Unverbindlichkeit der Betriebsvereinbarung und der Rechtsgrundlosigkeit der Auszahlung weiß, ist die Prämie auch dem Arbeitnehmer zu zahlen, der diese bisher nicht erhielt (LAG Köln v. 9.5.2019, 7 Sa 27/19).

## VI. Haftungsbegrenzungen

### 1. Mitverschulden des Arbeitnehmers

Ist der Arbeitnehmer für den Schaden mitverantwortlich, kann die Haftung des Arbeitgebers gemäß § 254 BGB gemindert sein oder entfallen. Nach den Grundsätzen des innerbetrieblichen Schadensausgleiches entfällt bei leichtester Fahrlässigkeit eine Mithaftung des Arbeitnehmers. Im Falle mittlerer (normaler) Fahrlässigkeit ist der Schaden grundsätzlich anteilig unter Abwägung der Gesamtumstände des Einzelfalles nach Billigkeitsgrundsätzen und Zumutbarkeitsgesichtspunkten sowie unter Berücksichtigung des Anlasses und der Folgen des Schadens zu verteilen. Hierbei sind Schadenshöhe, das vom Arbeitgeber einkalkulierte Risiko sowie dessen Versicherbarkeit, die Stellung des Arbeitnehmers im Betrieb (Vorbildfunktion), die Vergütung einschließlich einer etwaigen Risikoprämie sowie die Dauer der Betriebszugehörigkeit und das bisherige Verhalten ebenso zu berücksichtigen wie die mögliche Gefahrgeneigtheit der Tätigkeit. Auch die persönlichen Lebensverhältnisse des Arbeitnehmers (Alter, Familienstand) können von Bedeutung sein. Bei vorsätzlicher oder grob fahrlässiger Schadensverursachung ist der Schadensersatzanspruch des Arbeitnehmers grundsätzlich ausgeschlossen. In diesen Fällen hat der Arbeitnehmer in aller Regel den gesamten Schaden selbst zu tragen (BAG v. 15.11.2012, 8 AZR 705/11, ZTR 2013, 271; BAG v. 27.9.1994, GS 1/89 (A)).

**Beispiel**

Ein Gabelstaplerfahrer rammt beim Rangieren auf dem Betriebsparkplatz das Auto eines Kollegen und beschädigt dieses. Zu diesem Unfall kommt es nur deswegen, weil der sehr kurzsichtige Baggerführer seine Fernbrille nicht aufgesetzt hat, da er diese in seinem Spind vergessen hat. Das Verschulden des Arbeitnehmers ist so groß, dass der Arbeitgeber für die Kosten nicht aufkommen muss.

Zu beachten ist jedoch, dass eine grobe Fahrlässigkeit des Arbeitnehmers nicht in jedem Fall zu einem vollständigen Haftungsausschluss des Arbeitgebers führt. Der Arbeitgeber kann sich dann nicht auf die grobe Fahrlässigkeit des Arbeitnehmers,

also auf dessen alleiniges Verschulden berufen, wenn er das Betriebsrisiko durch eigenes Verhalten erhöht hat.

**Beispiel**

Im obigen Fall hat der Arbeitgeber den Gabelstaplerfahrer dazu gedrängt, sofort und ohne Verzögerung auf dem Betriebsparkplatz stehende Paletten zu entfernen, ohne dem Arbeitnehmer die Gelegenheit zu geben, sich zunächst seine Fernbrille aus dem Spind zu holen.

### 2. Schadenspauschalen

Zum Ausgleich von besonderen Belastungen oder Risiken, die mit der Tätigkeit einhergehen, erhalten Arbeitnehmer häufig Schadenspauschalen, die auch als Zulagen bezeichnet werden. Erleidet der Arbeitnehmer einen Schaden, ist in diesen Fällen zu prüfen, ob mit der gewährten Zulage auch das Risiko abgegolten werden soll, das sich in diesem Schaden realisiert hat. Entscheidend ist hierbei der Zweck, der mit der Zulage verfolgt werden soll.

**Beispiel**

Wird eine Schmutzzulage gewährt, kann der Arbeitnehmer keinen Ersatz für Reinigungskosten verlangen, die ihm wegen der Verschmutzung seiner Arbeitskleidung entstanden sind. Die Zulage soll genau dieses Risiko abdecken. Erhält ein Arbeitnehmer eine Kilometerpauschale und wird sein Auto bei einem Verkehrsunfall beschädigt, kann er vom Arbeitgeber regelmäßig dennoch Ersatz des hierdurch entstandenen Schadens verlangen, da mit der Kilometerpauschale nur die allgemeine Abnutzung des Autos ausgeglichen werden soll. Ein Rückstufungsschaden in der Haftpflichtversicherung ist mit der Kilometerpauschale im Zweifel jedoch abgegolten.

### 3. Haftungsausschlüsse

Möchte der Arbeitgeber sich von seiner Haftung gegenüber dem Arbeitnehmer befreien oder diese einschränken, kann er dies nicht einseitig tun, sondern muss einen derartigen Haftungsausschluss oder eine Haftungseinschränkung mit dem Arbeitnehmer vereinbaren. Nicht generell befreien kann sich der Arbeitgeber von der Haftung für grobe Fahrlässigkeit und Vorsatz. Ebenso unzulässig ist eine Befreiung im Voraus von seiner Haftung im Fall der Verletzung von Leben und Gesundheit des Arbeitnehmers, § 619 BGB.

**Beispiel**

Möchte der Arbeitgeber nicht für Schäden haften, die bei Benutzung seines Betriebsparkplatzes entstehen, muss er dies mit den Arbeitnehmern vereinbaren. Eine solche Vereinbarung kann in der Weise erfolgen, dass der Arbeitgeber die Benutzung des Parkplatzes von der Unterzeichnung der folgenden Erklärung abhängig macht: „Der Arbeitnehmer ist damit einverstanden, dass der Arbeitgeber für Schäden, die bei der Benutzung des Betriebsparkplatzes entstehen, nicht haftet. Ausgenommen hiervon sind nur die Schäden, die durch Vorsatz oder grobe Fahrlässigkeit des Arbeitgebers entstanden sind."

Zu beachten ist, dass die Arbeitsgerichte genau prüfen, ob ein Haftungsausschluss im Einzelfall angemessen und interessengerecht ist und eine entsprechende Vereinbarungen im Zweifel zu Gunsten des Arbeitnehmers eng auslegen. Einzelvertraglich in Bezug genommene tarifvertragliche Haftungsausschlüsse sind gemäß § 134 BGB wegen Verstoßes gegen § 202 Abs. 1 BGB nichtig, soweit sie Ansprüche des Arbeitnehmers wegen vorsätzlicher Pflicht- und/oder Rechts(guts)verletzung erfassen (BAG v. 26.9.2013, 8 AZR 1013/12, ZTR 2014, 161).

# Haftung des Arbeitnehmers

**Wegweiser:**

Durch die Neuregelung des TVöD wurde auch die Haftung der Beschäftigten des Bundes und der kommunalen Arbeitgeber mit Wirkung zum 1.10.2005 neu geregelt. Während § 14 BAT anordnete, dass für die Schadenshaftung der Arbeitnehmer die für die Beamten des Arbeitgebers geltenden Vorschriften Anwendung finden, d. h. dass die Arbeitnehmer nur dann hafteten, wenn sie die ihnen obliegenden Pflichten vorsätzlich oder grob fahrlässig verletzt hatten, ordnete der TVöD an, dass allgemeines Arbeitsrecht Anwendung findet. Dies hatte zur Folge, dass eine Haftungsbeschränkung auf Vorsatz und grobe Fahrlässigkeit nicht mehr bestand und die Haftung der Arbeitnehmer bei Pflichtverletzungen aufgrund mittlerer und leichter Fahrlässigkeit nach den von der Rechtsprechung entwickelten zivilrechtlichen Haftungsregelungen mit ihren besonderen Ausprägungen im Arbeitsrecht zu beurteilen war (s. u. II.). Diese Neuregelung wurde von den Tarifvertragsparteien durch den Änderungstarifvertrag Nr. 2 vom 31.3.2008 zum TVöD mit Wirkung zum 1.7.2008 wieder rückgängig gemacht. Nunmehr bestimmt § 3 Abs. 6 TVöD ausdrücklich, dass sich die Schadenshaftung der Beschäftigten der kommunalen Arbeitgeber bei dienstlich oder betrieblich veranlassten Tätigkeiten auf Vorsatz und grobe Fahrlässigkeit beschränkt. Für die Beschäftigten des Bundes normiert § 3 Abs. 7 TVöD, wie in der Vergangenheit § 14 BAT, dass die für die Beamtinnen und Beamten geltenden Bestimmungen entsprechende Anwendung finden.

Für den Bereich der Länder ist zu beachten, dass durch die Neuregelung des TV-L keine Änderung der Rechtslage eingetreten ist. § 3 Abs. 7 TV-L enthält eine § 14 BAT entsprechende Regelung, sodass die Beschäftigten der Länder ausschließlich für Vorsatz und grobe Fahrlässigkeit haften.

Ergänzende und vertiefende Hinweise finden sich in Breier/Dassau TVöD Komm. Teil K 5 Rn. 7 ff. bzw. Breier/Dassau TV-L Komm. Teil K 5 Rn. 7 ff.

**I.    Grundsätze**

**II.   Haftung gegenüber dem Arbeitgeber**
  1. Pflichtverletzung
  2. Verschulden
      2.1  Leichteste Fahrlässigkeit
      2.2  Mittlere Fahrlässigkeit
      2.3  Grobe Fahrlässigkeit
      2.4  Vorsatz
  3. Kausalität zwischen Pflichtverletzung und Schaden
  4. Umfang des Schadensersatzanspruchs
  5. Darlegungs- und Beweislast
      5.1  Allgemein
      5.2  Sonderfall: Mankohaftung
          5.2.1  Haftung ohne Vereinbarung
          5.2.2  Haftung bei Mankovereinbarung
  6. Geltendmachung des Schadensersatzanspruchs

**III.  Haftung gegenüber im Betrieb beschäftigten Personen**
  1. Personenschäden
  2. Sachschäden

**IV.   Haftung gegenüber Dritten**
  1. Sachschäden
  2. Personenschäden

**V.    Sonderfall: Detektivkosten**

## I.  Grundsätze

Eine Haftung des Arbeitnehmers kann immer dann eintreten, wenn dieser bei seiner beruflichen Tätigkeit schuldhaft Pflichtverletzungen begeht, die zu Schäden führen. Zentraler Haftungstatbestand ist § 280 Abs. 1 BGB. Verletzt der Arbeitnehmer eine Pflicht aus dem Arbeitsvertrag, so kann der Arbeitgeber Ersatz des hierdurch entstandenen Schadens verlangen. Das Gleiche gilt bei der Verletzung von Neben- und Rücksichtnahmepflichten (§§ 280 Abs. 1, 241 Abs. 2 BGB bzw. bei Verstoß gegen eine Herausgabepflicht i. V. m. § 667 Alt. 2 BGB analog). Auszubildende haften ohne Rücksicht auf ihr Alter oder ihre Erfahrenheit im beruflichen Alltag nach den gleichen Regeln wie andere Arbeitnehmer, wenn sie durch ihr Verhalten bei einem anderen Beschäftigten desselben Betriebs einen Schaden verursachen (BAG v. 19.3.2015, 8 AZR 67/14). Auf arbeitnehmerähnliche Personen findet die zur Arbeitnehmerhaftung entwickelte Rechtsprechung des BAG nur dann Anwendung, wenn sie wie ein Arbeitnehmer über die wirtschaftliche Abhängigkeit hinaus in den Betrieb des Arbeitgebers eingegliedert sind (LAG Hessen v. 2.4.2013, 13 Sa 857/12). Die Haftung ist gemäß § 280 Abs. 1 S. 2 BGB ausgeschlossen, wenn der Arbeitnehmer die Pflichtverletzung nicht zu vertreten hat.

Im Arbeitsvertragsrecht ist von besonderer Bedeutung, welche Art von Schaden durch den Arbeitnehmer verursacht wurde. Im Einzelnen ist zwischen folgenden Schäden zu differenzieren:

- Sachschäden des Arbeitgebers,
- Personenschäden bei einer im Betrieb beschäftigten Person,
- Sachschäden Dritter (z. B. Lieferanten) sowie
- Personenschäden Dritter (z. B. Lieferanten).

## II.  Haftung gegenüber dem Arbeitgeber

Ein Schadensersatzanspruch des Arbeitgebers für Sachschäden setzt Folgendes voraus:

- eine Pflichtverletzung des Arbeitnehmers,
- ein Verschulden des Arbeitnehmers hieran, also Vorsatz oder Fahrlässigkeit (s. u.),
- den Eintritt eines Schadens beim Arbeitgeber und
- Kausalität zwischen der Pflichtverletzung und dem Eintritt des Schadens.

### 1.  Pflichtverletzung

Als Pflichtverletzungen kommen Verstöße gegen arbeitsvertragliche Haupt- und Nebenleistungs- sowie Rücksichtnahmepflichten in Betracht.

**Beispiele**

Der Arbeitnehmer stellt eine Butangasflasche entgegen den ausdrücklichen Bestimmungen der Arbeitssicherheitsrichtlinien in die Nähe eines offenen Feuers. Hier liegt ein klarer Verstoß gegen Vorschriften vor. Ein Pflichtverstoß ist aber auch dann gegeben, wenn der Arbeitnehmer sich während einer Autofahrt durch ein Telefonat derart ablenken lässt, dass er einen Verkehrsunfall verursacht.

### 2.  Verschulden

Gemäß § 276 Abs. 1 BGB handelt schuldhaft, wer vorsätzlich oder fahrlässig seine ihm aus einem Schuldverhältnis obliegenden Pflichten verletzt. Fahrlässig handelt, wer die im Verkehr erforderliche Sorgfalt außer Acht lässt. Eine Übertragung dieser

Grundsätze auf das Arbeitsrecht ist nicht sachgerecht. Der Arbeitnehmer kann den vorgegebenen Arbeitsbedingungen in der Regel weder tatsächlich noch rechtlich ausweichen. Beispielsweise muss der Arbeitnehmer häufig mit Gegenständen umgehen, deren Wert in keinem Verhältnis zu seinem Einkommen steht. Bei einer fahrlässigen Beschädigung eines solchen Gegenstandes könnte der Arbeitnehmer existenzbedrohenden Schadensersatzansprüchen ausgeliefert sein. Dabei ist ferner zu bedenken, dass den Arbeitgeber eine Mitschuld nach § 254 Abs. 1 BGB treffen kann, sollte er den Arbeitnehmer nicht ordnungsgemäß eingewiesen haben. Nur so kann der Arbeitnehmer seinen Pflichten ordnungsgemäß nachkommen, was wiederrum erst eine zumindest fahrlässige Pflichtverletzung ermöglicht (LAG Sachsen v. 9.4.2019, 7 Sa 259/18 bezogen auf die Ladungssicherung in einem Transporter).

**Beispiel**

> Bedient ein Arbeitnehmer mit einem Nettomonatsgehalt von € 1.200,00 eine Maschine im Wert von € 500.000,00 und kommt es infolge eines leichten Bedienungsfehlers zu Schäden in Höhe von € 100.000,00, würde der Arbeitnehmer – für den Fall einer Haftung entsprechend des allgemeinen Zivilrechts – für den Schaden voll haften und wäre unter normalen Umständen auf Jahre hinaus verschuldet. Dies ist unbillig.

Das BAG nimmt daher eine privilegierte Haftung des Arbeitnehmers gegenüber dem Arbeitgeber an. Der Arbeitgeber muss sich in analoger Anwendung des § 254 BGB den Umstand zurechnen lassen, dass er die Arbeitsbedingungen und damit zugleich das Umfeld für Schadensrisiken gestaltet.

Diese von der Rechtsprechung entwickelte Haftungserleichterung, wird als „innerbetrieblicher Schadensausgleich" bezeichnet. Die Haftungsprivilegierung setzt voraus, dass der Arbeitnehmer den Schaden bei einer betrieblich veranlassten Tätigkeit verursacht. Betrieblich veranlasst ist eine Tätigkeit, die dem Arbeitnehmer arbeitsvertraglich übertragen wird oder die er für den Betrieb im Interesse des Arbeitgebers ausführt (BAG v. 18.1.2007, 8 AZR 250/06). Der Arbeitsweg mit einem zur privaten Nutzung überlassenen Dienstwagen ist nicht betrieblich veranlasst (LAG Rheinland-Pfalz v. 9.10.2018, 6 Sa 75/18).

**Beispiel**

> Verursacht ein Bediensteter des Straßenbauamts auf dem Weg zu einem Einsatzort einen Unfall mit dem Firmenwagen, finden die Grundsätze des innerbetrieblichen Schadensausgleichs Anwendung. Unternimmt ein Arbeitnehmer mit dem Gabelstapler eine „Spaßfahrt" auf dem Betriebsgelände und beschädigt dabei Maschinen des Arbeitgebers, greift die Haftungserleichterung zugunsten des Arbeitnehmers nicht ein, da es sich bei der Fahrt nicht um eine betrieblich veranlasste Tätigkeit handelt.

Bei betrieblich veranlassten Tätigkeiten hängt der Umfang der Haftung maßgeblich vom Grad des Verschuldens ab, mit dem der Arbeitnehmer den Schaden angerichtet hat. Das BAG hat hierzu folgende Haftungstrias entwickelt:

▸ Bei leichtester Fahrlässigkeit haftet der Arbeitnehmer nicht,

▸ bei mittlerer (normaler) Fahrlässigkeit wird der Schaden gequotelt,

▸ bei grober Fahrlässigkeit sowie bei Vorsatz haftet der Arbeitnehmer grundsätzlich vollumfänglich (vgl. BAG v. 27.9.1994, GS 1/89 (A)).

## 2.1 Leichteste Fahrlässigkeit

Leichteste Fahrlässigkeit liegt dann vor, wenn es sich bei der Pflichtverletzung unter Berücksichtigung aller Einzelumstände um eine geringfügige, leicht entschuldbare Pflichtwidrigkeit han-

delt, die jedem Arbeitnehmer im Laufe der Zeit unterlaufen könnte. Der Arbeitnehmer haftet in diesem Fall nicht (BAG v. 13.12.2012, 8 AZR 432/11, ZTR 2013, 273).

**Beispiel**

> Drückt der Arbeitnehmer an einer Maschine einen falschen Knopf, der mit dem richtigen leicht verwechselt werden kann, haftet er für den daraus entstehenden Schaden nicht.

## 2.2 Mittlere Fahrlässigkeit

 **WICHTIG!**

Im Anwendungsbereich des TV-L sowie im Anwendungsbereich des TVöD ist eine Haftung der Beschäftigten nach § 3 Abs. 7 TV-L / § 3 Abs. 6 TVöD-VKA / § 3 Abs. 7 TVöD für „mittlere" Fahrlässigkeit ausgeschlossen. Dennoch soll der Vollständigkeit halber der Verschuldensmaßstab der mittleren Fahrlässigkeit kurz dargelegt werden.

Die mittlere (normale) Fahrlässigkeit betrifft den Bereich zwischen leichter und grober Fahrlässigkeit. Mittlere Fahrlässigkeit liegt vor, wenn der Arbeitnehmer die im Verkehr erforderliche Sorgfalt außer Acht gelassen hat und der rechtlich missbilligte Erfolg bei Anwendung der gebotenen Sorgfalt voraussehbar und vermeidbar gewesen wäre (§ 276 Abs. 1 S. 2 BGB). Bei der mittleren Fahrlässigkeit kommt es zu einer Aufteilung des Schadens zwischen Arbeitgeber und Arbeitnehmer, wobei hiermit nicht zwangsläufig eine hälftige Teilung gemeint ist. Es sind vielmehr eine Vielzahl von Faktoren zu berücksichtigen, die den Haftungsanteil des Arbeitnehmers beeinflussen. Hierzu gehören insbesondere die Umstände der Entstehung des Schadens, die Folgen des Schadens sowie zahlreiche Billigkeits- und Zumutbarkeitsgesichtspunkte. Zu letzteren Abwägungsaspekten gehören beispielsweise die Höhe des Schadens, ein vom Arbeitgeber einkalkuliertes oder durch Versicherung abdeckbares Risiko, die Stellung des Arbeitnehmers im Betrieb (Vorbildfunktion) sowie die Höhe des Arbeitsentgeltes, in dem möglicherweise eine Risikoprämie enthalten ist (BAG v. 13.12.2012, 8 AZR 432/11, ZTR 2013, 273). Von Bedeutung können auch die persönlichen Verhältnisse des Arbeitnehmers sein, wie die Dauer seiner Betriebszugehörigkeit und seine berufliche Erfahrung, sein Lebensalter, seine Familienverhältnisse sowie sein bisheriges Verhalten. Zu berücksichtigen ist auch die Gefahrgeneigtheit der Tätigkeit des Arbeitnehmers, d. h. ob die Tätigkeit, bei deren Ausübung der Schaden entstanden ist, typischerweise mit der Gefahr eines solchen Schadens behaftet ist (BAG v. 15.11.2012, 8 AZR 705/11, ZTR 2013, 271; BAG v. 13.12.2012, 8 AZR 432/11, ZTR 2013, 273).

Weist der Arbeitgeber den Arbeitnehmer nicht auf die Möglichkeit des Eintritts eines besonders hohen Schadens hin, muss er sich dies zurechnen lassen.

## 2.3 Grobe Fahrlässigkeit

Grobe Fahrlässigkeit liegt vor, wenn der Arbeitnehmer die erforderliche Sorgfalt nach den gesamten Umständen in einem ungewöhnlich hohen Grad verletzt und dasjenige unbeachtet gelassen hat, was im gegebenen Fall jedem hätte einleuchten müssen. Zusätzlich zum Vorliegen eines objektiv besonders schwerwiegenden Pflichtverstoßes muss den Arbeitnehmer subjektiv der Vorwurf treffen, in nicht entschuldbarer Weise gegen die ihm im gegebenen Fall zu stellenden Anforderungen verstoßen zu haben. Die Rechtsprechung hat z. B. folgende Fälle grober Fahrlässigkeit anerkannt:

▸ Autofahren im alkoholisierten Zustand,

▸ Unfallverursachung durch Telefonieren während der Fahrt,

- Nichtbeachtung des Rotsignals,

- Vertauschen von Blutkonserven durch eine Ärztin,

- Abstellen des Fahrzeugs auf abschüssiger Ebene ohne Anziehen der Handbremse,

- Diebstahl von Wertgegenständen aus einem in großstädtischer Umgebung abgestellten und unbeaufsichtigten Fahrzeug (LAG Berlin-Brandenburg v. 28.2.2017, 7 Sa 1010/16),

- Herausgabe eines KFZ samt Schlüsseln und Fahrzeugbrief durch eine Verkäuferin eines Autohauses an einen Unbekannten und Stellen einer Strafanzeige erst ein Jahr nach dem Vorfall (LAG Köln v. 28.4.2017, 4 Sa 793/17).

Eine grob fahrlässige Pflichtverletzung hingegen wurde in dem Fall abgelehnt, in dem eine neu eingestellte, nur im geringen Umfang beschäftigte Arbeitnehmerin entgegen einer im Betrieb aushängenden Betriebsanweisung Codes per Telefon herausgegeben hat (LAG Düsseldorf v. 29.8.2017, 14 Sa 334/17).

Bei grober Fahrlässigkeit haftet der Arbeitnehmer grundsätzlich vollumfänglich. Im Einzelfall ist aber auch bei grober Fahrlässigkeit eine Entlastung des Arbeitnehmers nicht ausgeschlossen. Maßgeblich ist eine Abwägung aller Gesamtumstände des Einzelfalles. Bei Unfällen im Straßenverkehr sind neben dem Alter des Arbeitnehmers beispielsweise auch die Dauer des Führerscheinbesitzes und die Fahrpraxis von Bedeutung (LAG Rheinland-Pfalz v. 4.11.2013, 5 Sa 222/13). In diese Abwägung mit einzubeziehen ist unter anderem, ob der eingetretene Schaden vom Arbeitgeber einkalkuliert oder durch Versicherungen abzudecken war. Wird die schädigende Handlung von einer gesetzlich vorgeschriebenen Haftpflichtversicherung erfasst, ist die Existenz eines Versicherungsschutzes zu berücksichtigen. Gleiches gilt, wenn die Vertragsparteien den Abschluss einer Berufshaftpflichtversicherung vertraglich vereinbart haben und der Arbeitnehmer dafür eine zusätzliche Vergütung erhält. Eine freiwillig abgeschlossene Haftpflichtversicherung für privates Handeln beeinflusst die Haftungshöhe hingegen regelmäßig nicht (BAG v. 28.10.2010, 8 AZR 418/09, ZTR 2011, 313).

Ebenfalls zu berücksichtigen ist ein etwaiges Mitverschulden des Arbeitgebers an der Entstehung des Schadens, wenn der Arbeitgeber z. B. Sorgfaltspflichten verletzt, indem er regelmäßige stichprobenartige Kontrollen unterlässt. So wurde einem Arbeitgeber z. B. auch aufgrund von Organisationsverschulden ein Mitverschulden eingeräumt, da er es unterließ, geeignete Schutzmaßnahmen gegen eine Betrugsmasche zu ergreifen und eine Arbeitnehmerin daher auf diese hineinfiel (LAG Sachsen v. 13.6.2017, 3 Sa 556/16. Ebenso wurde ein Organisationsverschulden in dem Fall angenommen, in dem eine Arbeitnehmerin in der Probezeit ein Medikament in falscher Stückzahl bestellt hat, ohne dass ein weiterer Abgleich mit dem Rezept vorgenommen wurde (LAG Rheinland-Pfalz v. 24.5.2018, 5 Sa 448/17). Dem Arbeitgeber ist auch ein pflichtwidriges Unterlassen von Hilfspersonen nach §§ 254 Abs. 2, 278 BGB analog zuzurechnen (BAG v. 21.5.2015, 8 AZR 116/14).

Das BAG schließt eine Haftungsbeschränkung bei grober Fahrlässigkeit auch dann nicht aus, wenn der Verdienst des Arbeitnehmers in einem deutlichen Missverhältnis zum Schadensrisiko seiner Tätigkeit steht. Es besteht jedoch auch bei einem deutlichen Missverhältnis zwischen Arbeitsentgelt und Schadensrisiko keine allgemeine starre Haftungsobergrenze von z. B. drei Bruttomonatsverdiensten des Arbeitnehmers (BAG v. 15.11.2012, 8 AZR 705/11, ZTR 2013, 271). Wenn der Schaden so hoch ist, dass der Arbeitnehmer nach der Lebenserfahrung nicht in der Lage sein wird, den eingetretenen Schaden jemals vollständig zu ersetzen, fordert die soziale Schutzbedürftigkeit des Arbeitnehmers in Verbindung mit dem Betriebsrisiko des Arbeitgebers eine Haftungsbegrenzung auf eine noch tragbare Summe.

**Beispiel**

> Verursacht ein Arbeitnehmer grob fahrlässig an einem LKW des Arbeitgebers einen Schaden von rund € 30.000,00 und beträgt seine monatliche Vergütung € 1.300,00 brutto oder ist er gar einkommenslos, so kann ein Schadensersatzanspruch des Arbeitgebers gegen den Arbeitnehmer unter Berücksichtigung aller relevanten Einzelfallumstände auf circa € 6.000,00 begrenzt sein, da der volle Schadensersatz dazu führen würde, dass der Arbeitnehmer möglicherweise Jahre oder jahrzehntelang wegen eines Fehlers Schadensersatzzahlungen aufbringen müsste (vgl. LAG Schleswig-Holstein v. 14.9.2011, 3 Sa 241/11).

Das BAG hat auch den Begriff der „gröbsten Fahrlässigkeit" (besonders groben Fahrlässigkeit) geprägt. Eine solche liegt z. B. dann vor, wenn der Arbeitnehmer gleich mehrfach und in einer auch subjektiv nicht zu entschuldigenden Weise gegen Sicherheitsvorschriften verstoßen hat, die tödlichen Gefahren entgegenwirken sollen. Hier haftet der Arbeitnehmer uneingeschränkt so, als hätte er vorsätzlich gehandelt. Eine Haftungsmilderung ist jedoch auch in diesem Fall nicht vollständig ausgeschlossen. Auch bei gröbster Fahrlässigkeit können Haftungserleichterungen in Betracht kommen (BAG v. 28.10.2010, 8 AZR 418/09, ZTR 2011, 313).

**Beispiel**

> Eine Ärztin, die gleich mehrere Sicherheitsvorschriften außer Acht gelassen und deshalb Blutkonserven vertauscht hatte, wurde wegen „gröbster Fahrlässigkeit" zu umgerechnet rund € 57.000,00 Schadensersatz nebst Zinsen verurteilt (BAG v. 25.9.1997, 8 AZR 288/96, ZTR 1998, 173).

## 2.4 Vorsatz

Bei Vorsatz ist eine Schadensteilung ausgeschlossen. Vorsätzlich handelt derjenige, der weiß, dass sein Handeln zur Verursachung des Schadens führt und der dies auch will. Ein Vorsatz des Arbeitnehmers liegt nicht bereits dann vor, wenn er pflichtwidrig handelt, z. B. indem er vorsätzlich gegen eine Anweisung verstößt. Der Arbeitnehmer muss neben der Pflichtverletzung auch den Schaden in seiner konkreten Höhe zumindest als möglich erachtet und für den Fall des Eintritts billigend in Kauf genommen haben. Es reicht nach der Rechtsprechung des BAG nicht aus, dass er den eingetretenen Schaden als möglich vorhergesehen, aber darauf vertraut hat, dieser werde nicht eintreten. Der Vorsatz muss sich sowohl auf die Pflichtverletzung als auch auf den Eintritt des Schadens beziehen (BAG v. 18.4.2002, 8 AZR 348/01, ZTR 2003, 149). In diesem Fall haftet der Arbeitnehmer ohne jede Einschränkung für den Schaden. Vertraut er darauf, dass der Schaden schon nicht eintreten werde, haftet der Arbeitnehmer nach den Grundsätzen der groben Fahrlässigkeit. Dies kann zwar auch zur vollen Haftung führen, ist jedoch nicht zwingend.

## 3. Kausalität zwischen Pflichtverletzung und Schaden

Die Pflichtverletzung muss für den eingetretenen Schaden des Arbeitgebers kausal sein. Dies ist dann der Fall, wenn das pflichtwidrige Verhalten des Arbeitnehmers nicht hinweggedacht werden kann, ohne dass der Schaden in seiner konkreten Gestalt entfiele.

## 4. Umfang des Schadensersatzanspruchs

Für die Bestimmung des Umfangs des Schadensersatzanspruchs muss ermittelt werden, inwieweit das Vermögen des Arbeitgebers durch die schädigende Handlung vermindert worden ist. Zu ersetzen ist/sind:

▶ der Substanzschaden, also z. B. die Kosten für die Reparatur einer Maschine,

▶ die Wertminderung, die der beschädigte Gegenstand trotz Reparatur erleidet,

▶ Sachverständigenkosten, die z. B. bei der Prüfung, ob andere Bereiche in Mitleidenschaft gezogen worden sind, anfallen,

▶ der durch Produktionsausfall entgangene Gewinn, wenn z. B. die Maschine in der Zeit Waren produziert hätte, deren Abnahme der Kunde nun wegen Verspätung verweigert,

▶ die sog. Vorhaltekosten, d. h. die anteiligen Kosten, die der Arbeitgeber dafür aufgewandt hat, dass Schäden dieser Art z. B. nicht zu einem Maschinenstillstand führen,

▶ Ansprüche der Kunden wegen verspäteter Lieferung, z. B. Konventionalstrafen,

▶ mittelbare Schäden, z. B. für die Auswechselung der gesamten Schließanlage bei Verlust eines Zentralschlüssels.

▶ notwendige und erforderliche Ermittlungskosten von z. B. Detektiven oder spezialisierten Rechtsanwälten, bei Verdacht einer konkreten erheblichen Verfehlung (BAG v. 29.4.2021, 8 AZR 276/20, ZTR 2021, 656 f.).

Verstößt ein Arbeitnehmer gegen die ihm gemäß § 667 BGB obliegende Herausgabepflicht, kommt ein Schadensersatzanspruch gemäß § 280 Abs. 1 in Verbindung mit § 667 Alt. 2 BGB analog in Betracht, wenn eine Herausgabe nicht mehr möglich ist. Auftragsrechtliche Bestimmungen enthalten nach ständiger Rechtsprechung allgemeine Grundsätze, die für Arbeitsverhältnisse entsprechend gelten. Da der beauftragte Arbeitnehmer regelmäßig neben der vereinbarten Arbeitsvergütung keine weiteren materiellen Vorteile aus der Geschäftsbesorgung ziehen soll, ist er verpflichtet, dem Arbeitgeber als Auftraggeber alles herauszugeben oder zu ersetzen, was der Arbeitnehmer aus der Geschäftsbesorgung erlangt hat. Hierzu gehört jeder Vorteil, den der beauftragte Arbeitnehmer auf Grund eines inneren Zusammenhangs mit dem geführten Geschäft erhalten hat (BAG v. 21.8.2014, 8 AZR 655/13, ZTR 2015, 103 m. w. N.).

### Beispiel

Ein Arbeitnehmer in einem Krematorium ist verpflichtet, Edelmetallrückstände (z. B. Zahngold) aus der Krematoriumsasche an den Arbeitgeber herauszugeben. Ist die Herausgabe des Edelmetallrückstands aufgrund eines schuldhaften Handels des Arbeitnehmers (z. B. Weitergabe zum Einschmelzen) unmöglich, handelt er pflichtwidrig und ist dem Arbeitgeber zum Schadensersatz wegen Unmöglichkeit verpflichtet (BAG v. 21.8.2014, 8 AZR 655/13, ZTR 2015, 103).

Nicht erfasst von der Schadensersatzpflicht ist der für die Nachbesserung der Arbeit angefallene Aufwand. Ist der Arbeitgeber zum Abzug der Vorsteuer berechtigt, muss er diese bei der Schadensberechnung außer Acht lassen. Er muss sich auch Steuervorteile anrechnen lassen, die aus Anlass des Schadens entstehen sowie etwaige Abzüge neu für alt, wenn ein gebrauchter Gegenstand durch einen neuen ersetzt oder der Wert eines gebrauchten Gegenstands durch den Einbau neuer Teile gesteigert wird.

## 5. Darlegungs- und Beweislast

### 5.1 Allgemein

Grundsätzlich trägt der Arbeitgeber nach § 619a BGB die Darlegungs- und Beweislast für alle Voraussetzungen des geltend gemachten Schadensersatzanspruchs. Dies gilt für die Pflichtverletzung des Arbeitnehmers und sein Verschulden (einschließlich des Verschuldensgrades) ebenso wie für den Schadenseintritt und den adäquaten Kausalzusammenhang zwischen Pflichtverletzung und Erfolg sowie die Höhe des Schadens (LAG Mecklenburg-Vorpommern v. 2.11.2023, 5 Sa 14/23; LAG Mecklenburg-Vorpommern v. 20.4.2021, 2 Sa 231/20 unter Bezug auf BAG v. 21.5.2015, 8 AZR 116/14; vgl. auch ArbG Berlin v. 27.7.2017, 42 Ca 1087/17; LAG Mecklenburg-Vorpommern v. 27.4.2016, 3 Sa 115/15 zur Schadensherbeiführung durch einen Computer-Virus). Auch ein pflichtwidriges Unterlassen von Hilfspersonen ist dem Arbeitgeber nach § 619a BGB zuzurechnen (BAG v. 21.5.2015, 8 AZR 116/14). § 619a BGB verdrängt insoweit die allgemeine Regelung der Beweiserleichterung gemäß § 280 Abs. 1 S. 2 BGB.

Auch wenn eine Beweiserleichterung nach § 280 Abs. 1 S. 2 BGB hinsichtlich des Verschuldens nicht stattfindet, stellt die Rechtsprechung keine allzu hohen Anforderungen an die Darlegungs- und Beweislast, wenn sich das schädigende Ereignis in der Sphäre des Arbeitnehmers zugetragen hat. Der Arbeitnehmer ist dann verpflichtet, sich im Sinne einer abgestuften Darlegungslast substantiiert zu äußern. Wenn der Arbeitgeber Umstände vorträgt, die den Schluss auf ein grob fahrlässiges Verhalten des Arbeitnehmers rechtfertigen, muss der Arbeitnehmer seinerseits entlastende Gesichtspunkte konkret vortragen.

Wurde der Arbeitnehmer für sein Verhalten strafrechtlich verurteilt, bewirkt dies allein noch keine Umkehr der Beweislast. Ein im Strafverfahren abgelegtes Geständnis kann jedoch auch im arbeitsgerichtlichen Verfahren zu Lasten des Arbeitnehmers gewertet werden (LAG Rheinland-Pfalz v. 15.5.2008, 10 Sa 70/08).

Der Arbeitgeber hat auch die Höhe des Schadens genau darzulegen und zu beweisen. Dabei ist größte Sorgfalt anzuwenden. Nur wenn es nicht möglich ist, den Schaden genau zu beziffern, kommt eine Schätzung der Schadenshöhe in Betracht (§ 287 ZPO).

### 5.2 Sonderfall: Mankohaftung

Ein besonderer Fall der Arbeitnehmerhaftung hinsichtlich der Beweislastverteilung ist die sog. Mankohaftung. Hierunter versteht man die Haftung des Arbeitnehmers für Fehlmengen und Fehlbeträge des ihm anvertrauten Waren- oder Kassenbestandes. Zu unterscheiden ist, ob die Arbeitsvertragsparteien eine besondere Vereinbarung (sog. Mankovereinbarung) hierüber getroffen haben oder nicht.

### 5.2.1 Haftung ohne Vereinbarung

Haben die Arbeitsvertragsparteien keine Mankovereinbarung getroffen, verbleibt es bei den allgemeinen Grundsätzen der Arbeitnehmerhaftung, insbesondere bei der Haftungserleichterung für den Arbeitnehmer. Der Arbeitgeber trägt die Beweislast für die Pflichtwidrigkeit und das Verschulden des Arbeitnehmers. Hinsichtlich des Verschuldens gilt eine abgestufte Darlegungs- und Beweislast. Zwar trägt der Arbeitgeber die Beweislast für das Vorliegen und den Grad des Verschuldens; der Arbeitnehmer aber muss seinerseits zu den Umständen des Schadenseintritts vortragen und damit zur Sachverhaltsaufklärung beitragen. In der Praxis ist eine Mankohaftung ohne Mankoabrede meist nur schwer durchsetzbar, da eine Verantwortlichkeit des Arbeitnehmers nicht festgestellt werden kann. Dies gilt z. B., wenn eine Kassenprüfung erst zwei Wochen nach dem Ausscheiden des Arbeitnehmers stattfindet und die danach liegenden Vorgänge für ihn nicht mehr beeinflussbar waren (LAG Rheinland-Pfalz v. 11.1.2008, 9 Sa 462/07). Dieselbe Folge tritt ein, wenn mehrere Arbeitnehmer Zugang zur Kasse hatten und keine dokumentierte Übergabe stattgefunden hat (LAG Rheinland-Pfalz v. 1.10.2007, 5 Sa 358/07).

Kann der Arbeitgeber ein Verschulden des Arbeitnehmers beweisen, führt dies in vielen Fällen nach den Grundsätzen der Arbeitnehmerhaftung dennoch nur zu einer anteiligen Haftung.

### 5.2.2 Haftung bei Mankovereinbarung

Aufgrund der oben geschilderten, durch die Haftungsprivilegierung bedingten Schwierigkeiten werden mit Arbeitnehmern, denen ein Waren- oder Kassenbestand anvertraut ist, sog. Mankovereinbarungen getroffen. Eine Mankovereinbarung sieht eine verschuldensunabhängige Haftung des Arbeitnehmers für Fehlbestände vor. Vertragliche Mankovereinbarungen werden von der Rechtsprechung grundsätzlich anerkannt. Ihre Wirksamkeit ist jedoch an strenge Voraussetzungen geknüpft:

▶ Der Arbeitnehmer erhält für das Haftungsrisiko einen angemessenen wirtschaftlichen Ausgleich (Mankogeld oder Fehlgeldentschädigung) und

▶ hat den alleinigen Zugang zum Kassenbestand.

Das Mankogeld muss so bemessen sein, dass der Arbeitnehmer eine Kassendifferenz notfalls voll aus diesem Geld abdecken kann. Der Arbeitnehmer darf nur bis zur Höhe der vereinbarten Mankovergütung verschuldensunabhängig haften, sodass er im Ergebnis die Möglichkeit einer zusätzlichen Vergütung bei einer erfolgreichen Verwaltung des Waren- oder Kassenbestands erhält (vgl. BAG v. 2.12.1999, 8 AZR 386/98).

Jeder Schaden, der das Mankogeld übersteigt, ist vom Arbeitnehmer nicht mehr verschuldensunabhängig, sondern nur noch nach den allgemeinen Regeln der Haftungserleichterung zu tragen. Der Arbeitgeber hat in diesem Fall ein Verschulden des Arbeitnehmers zu beweisen.

 **Formulierungsbeispiel:**

„Der Arbeitnehmer X übernimmt den Warenbestand Y und hat alleinigen Zugang hierzu. Kommt es in diesem Warenbestand zu einem Fehlbestand, haftet der Arbeitnehmer für diesen Fehlbestand verschuldensunabhängig. Der Arbeitnehmer erhält für diese Haftung ein monatliches Mankogeld in Höhe von € 225,00. Die Haftung ist begrenzt auf den Jahresbetrag der Mankohaftung."

Trotz der an sich verschuldensunabhängigen Mankohaftung kann der Arbeitnehmer nicht für Schäden verantwortlich gemacht werden, die sich seiner Einflussmöglichkeit entziehen.

**Beispiel**

Eine Kassiererin haftet trotz Mankoabrede nicht, wenn sie Opfer eines bewaffneten Raubüberfalls wird.

Haben die Arbeitsvertragsparteien eine Mankovereinbarung getroffen und kommt es zu einem Fehlbestand, haftet der Arbeitnehmer dem Arbeitgeber hierfür dann, wenn dieser im Prozess darlegt und beweist, dass

▶ eine wirksame Mankoabrede getroffen wurde,

▶ der Arbeitnehmer den alleinigen Zugang zum Kassen- oder Warenbestand hatte,

▶ tatsächlich ein realer und nicht bloß buchmäßiger Fehlbetrag vorliegt und

▶ der geltend gemachte Fehlbetrag das Mankogeld nicht übersteigt.

### 6. Geltendmachung des Schadensersatzanspruchs

Der Arbeitgeber kann den Ersatzanspruch gegen den Arbeitnehmer auf verschiedene Weise geltend machen. Die einfachste Art der Durchsetzung der Schadensersatzansprüche besteht darin, dass der Arbeitgeber mit einer fälligen Schadensersatzforderung gegen Gehaltsansprüche des Arbeitnehmers aufrechnet, d. h. den Ersatzanspruch von den laufenden Lohnzahlungen abzieht. Hierbei muss der Arbeitgeber jedoch gemäß § 394 BGB die gesetzlichen Pfändungsgrenzen nach § 850c ZPO beachten, sodass u. U. nur ein geringer Betrag jeden Monat einbehalten werden kann. Der Schadensersatzanspruch kann ferner durch Leistungsklage beziehungsweise durch die Beantragung eines Mahnbescheides geltend gemacht werden.

 **TIPP!**

Da der Ausgang eines derartigen Verfahrens häufig unsicher ist, sollte man möglichst unmittelbar nach dem Schadenseintritt versuchen, mit dem Arbeitnehmer eine Einigung über die Höhe des Schadensersatzes zu erzielen und ihm durch eine angemessene Ratenzahlungsregelung ermöglichen, den Schaden zu begleichen.

Nach § 78 Abs. 1 Nr. 15 BPersVG i. V. m. § 78 Abs. 2 BPersVG ist die Geltendmachung von Ersatzansprüchen gegen einen Beschäftigten auf dessen Antrag mitbestimmungspflichtig. Die meisten Landespersonalvertretungsgesetze enthalten ebenfalls einen entsprechenden Mitbestimmungstatbestand.

Zu beachten ist, dass Schadensersatzforderungen häufig tariflichen oder einzelvertraglichen Ausschlussfristen unterliegen. Droht die Frist abzulaufen, ohne dass der Schaden genau bezifferbar ist, sollte der Schadensersatzanspruch jedenfalls dem Grunde nach geltend gemacht werden, um einen Verfall des Anspruchs zu verhindern (vgl. BAG v. 13.3.2013, 5 AZR 954/11, ZTR 2013, 448). § 37 TVöD/TV-L enthält eine Ausschlussfrist von sechs Monaten nach Fälligkeit eines Anspruchs.

 **Formulierungsbeispiel:**

„Sie haben am … schuldhaft mit dem Schneepflug einen Verkehrsunfall verursacht, wodurch ein erheblicher Sachschaden an dem Schneepflug entstanden ist. Die Höhe des Schadens kann derzeit noch nicht genau beziffert werden. Bereits zum jetzigen Zeitpunkt machen wir aus dem Schadensereignis dem Grunde nach gegen Sie Ersatzansprüche geltend. Die Höhe der Ersatzansprüche werden wir Ihnen mitteilen, sobald die Schadenshöhe feststeht."

## III. Haftung gegenüber im Betrieb beschäftigten Personen

### 1. Personenschäden

Gemäß § 105 SGB VII haftet der Arbeitnehmer nicht für Personenschäden, die er durch einen Arbeitsunfall bei einem Kollegen verursacht.

Diese gesetzliche Haftungsablösung tritt jedoch nur dann ein, wenn eine Person geschädigt wurde, die im gleichen Betrieb arbeitet. Ein Arbeitsverhältnis beider Personen, also von Geschädigtem und Schädiger, zu demselben Arbeitgeber ist nicht erforderlich. Voraussetzung allein ist, dass der verletzte Arbeitnehmer in die Arbeitsabläufe des Betriebs eingegliedert worden ist. Dafür ist entscheidend, dass der Geschädigte Aufgaben des anderen Unternehmens wahrgenommen hat und die Förderung der Belange dieses Unternehmens seiner Tätigkeit auch im Übrigen das Gepräge gegeben hat, d. h. er muss „wie ein Beschäftigter dieses Unternehmens" tätig geworden sein (BAG v. 19.2.2009, 8 AZR 188/08). Es kommt also nicht auf die Betriebszugehörigkeit des Geschädigten an, sondern auf die betriebliche Tätigkeit.

Kein Personenschaden liegt vor, wenn ein Arbeitnehmer das allgemeine Persönlichkeitsrecht eines Arbeitskollegen dadurch verletzt, dass er unbefugt Nacktbilder seines Kollegen an eine Arbeitskollegin weiterleitet. Eine Haftungsprivilegierung des schädigenden Arbeitnehmers nach § 105 SGB VII kommt dann ebenso wenig in Betracht, wie die Grundsätze der privilegierten Arbeitnehmerhaftung (LAG Rheinland-Pfalz v. 8.8.2023, 8 Sa 332/22).

**Beispiel**

Ein LKW-Fahrer hilft den Arbeitnehmern eines Betriebes, den er beliefert hat, nach dem Entladen beim Verstauen der Ware im Lager. Aufgrund des fahrlässigen Verhaltens eines dieser Arbeitnehmer wird der LKW-Fahrer beim Verstauen der Ware verletzt. Der LKW-Fahrer hat gegen diesen Arbeitnehmer keinen Anspruch auf Schadensersatz und Schmerzensgeld.

Die Zugehörigkeit der schädigenden Person zum Betrieb und ein Handeln im Betrieb des Arbeitgebers allein genügt jedoch ebenso wenig für die Annahme einer Schadensverursachung aufgrund betrieblich veranlasster Tätigkeit wie die Benutzung eines Betriebsmittels. Nicht jede Tätigkeit im Betrieb des Arbeitgebers muss zwingend eine betriebsbezogene sein. Von Bedeutung ist allein mit welchem Zweck die zum Schadensereignis führende Handlung vorgenommen wurde. Ein Schaden, der bei einer neben der betrieblichen Tätigkeit verübten gefahrenträchtigen Spielerei, Neckerei oder Schlägerei eingetreten ist, ist daher z. B. nicht in Ausführung einer betriebsbezogenen Tätigkeit verursacht worden (BAG v. 19.3.2015, 8 AZR 67/14).

Bei einer vorsätzlichen Körperverletzung oder einem Wegeunfall, also einem Unfall, der auf dem Weg zu oder von der Arbeitsstätte geschieht, greift die gesetzliche Haftungsablösung nicht ein. In diesen beiden Fällen kommt neben der Haftung der gesetzlichen Unfallversicherung eine Verpflichtung des Schädigers zur Zahlung von Schadensersatz für die Heilkosten und von Schmerzensgeld in Betracht. Die Ersatzansprüche gegen den Schädiger verringern sich jedoch um die Leistungen der gesetzlichen Unfallversicherung (§§ 104 Abs. 3, 105 Abs. 1 S. 3 SGB VII). Hat der Schädiger den Versicherungsfall vorsätzlich oder grob fahrlässig herbeigeführt, können die Sozialversicherungsträger nach § 110 SGB VII bei diesem Regress nehmen.

**Beispiel**

Verletzt ein Arbeitnehmer während seiner Tätigkeit fahrlässig einen Kollegen indem er z. B. mit zu hoher Geschwindigkeit um einen Palettenstapel herumfährt und dabei den Kollegen erfasst, kann dieser weder Schadensersatz noch Schmerzensgeld verlangen, sondern muss sich mit seinen Ansprüchen an die Berufsgenossenschaft wenden. Nimmt der Arbeitnehmer hingegen einen Kollegen in seinem Auto mit zur Arbeit, haftet er bei einem von ihm verschuldeten Verkehrsunfall auch auf Schmerzensgeld.

Bei der Regelung des § 105 SGB VII handelt es sich nicht um einen Haftungsausschluss, sondern um eine Haftungsablösung. Anstelle der privaten Haftpflicht des schädigenden Arbeitnehmers erhält der Geschädigte Leistungen aus der gesetzlichen Unfallversicherung. Der wesentliche Unterschied besteht hier neben der Höhe der Leistung insbesondere darin, dass die gesetzliche Unfallversicherung kein Schmerzensgeld gewährt.

## 2. Sachschäden

Bei Sachschäden greifen die Vorschriften des SGB VII nicht ein. Hinsichtlich der Haftung für Sachschäden gegenüber Arbeitskollegen gelten die allgemeinen Haftungsregeln wie gegenüber betriebsfremden Dritten (siehe hierzu unten unter IV.1.). Dies bedeutet, dass der Arbeitnehmer grundsätzlich dem geschädigten Kollegen gegenüber zum vollen Schadensersatz verpflichtet ist. Die Grundsätze der Haftungsablösung finden keine Anwendung. Allerdings hat der Arbeitnehmer gegenüber dem Arbeitgeber einen Freistellungsanspruch in dem Umfang, in dem er im Rahmen eines innerbetrieblichen Schadensausgleiches nicht haften würde (BAG v. 23.6.1988, 8 AZR 300/85; BAG v. 25.9.1957, GS 4 und 5/56).

## IV. Haftung gegenüber Dritten

### 1. Sachschäden

Beschädigt der Arbeitnehmer das Eigentum eines Kunden, Lieferanten oder Leasinggebers, richtet sich die Haftung nach den gesetzlichen Vorschriften. Die Haftungsprivilegierung des Arbeitnehmers gilt nicht gegenüber Dritten (BGH v. 21.12.1993, VI ZR 103/93, ZTR 1994, 254). Der Arbeitnehmer ist in diesem Fall unabhängig vom Grad seines Verschuldens dem Geschädigten zu vollem Schadensersatz verpflichtet. Nach der Rechtsprechung erwirbt der Arbeitnehmer jedoch gegenüber dem Arbeitgeber einen Freistellungsanspruch. Voraussetzung ist, dass der Arbeitnehmer von dem Dritten für einen Schaden in Anspruch genommen wird, den er in Ausübung einer betrieblich veranlassten Tätigkeit verursacht hat, ohne vorsätzlich oder grob fahrlässig gehandelt zu haben. Diese Freistellung geht so weit, wie der Arbeitgeber den Schaden selbst tragen müsste, wenn er an seinem Eigentum eingetreten wäre. Die Risikoverteilung folgt insofern den für die Haftungserleichterung bei betrieblich veranlasster Tätigkeit entwickelten Grundsätzen. Es ist also zu fragen, in welchem Umfang der Arbeitnehmer haften würde, wenn der Schaden nicht bei dem Dritten, sondern beim Arbeitgeber eingetreten wäre. Hat der Arbeitnehmer dem Dritten den Schaden bereits ersetzt, hat er gegen den Arbeitgeber einen Rückgriffsanspruch in Höhe der auf den Arbeitgeber entfallenden Haftungsquote.

**Beispiel**

Verursacht der Arbeitnehmer mit mittlerer Fahrlässigkeit einen Schaden an einem vom Arbeitgeber geleasten PKW, der im Eigentum des Leasinggebers steht, könnte der Arbeitgeber, wäre er selbst Eigentümer des PKW, aufgrund der Umstände die Hälfte seines Schadens vom Arbeitnehmer ersetzt verlangen. Wird der den Schaden verursachende Arbeitnehmer vom Leasinggeber in Anspruch genommen, hat der Arbeitnehmer gegen den Arbeitgeber einen Anspruch darauf, zur Hälfte von der Haftung freigestellt zu werden.

Besonderheiten bestehen bei der Verletzung von Amtspflichten durch einen Arbeitnehmer des öffentlichen Dienstes. Bei entsprechenden Amtspflichtverletzungen können Dritte einen Anspruch gegen den Arbeitnehmer nach § 839 BGB innehaben, der nach Art. 34 S. 1 GG auf den Dienstherrn übergeleitet wird. Insoweit fallen auch Arbeitnehmer des öffentlichen Dienstes unter den haftungsrechtlichen Beamtenbegriff, soweit ihnen ein öffentliches Amt anvertraut ist und sie in Ausübung dieses öffentlichen Amtes durch eine Amtspflichtverletzung einen Dritten schädigen. Nach Art. 34 S. 2 GG kann der öffentliche Arbeitgeber sodann Rückgriff auf den Arbeitnehmer nehmen, soweit dieser vorsätzlich oder grob fahrlässig gehandelt hat.

## 2. Personenschäden

Die Grundsätze, die für die Haftung des Arbeitnehmers für Sachschäden Dritter gelten, finden auch auf die Haftung des Arbeitnehmers für Personenschäden Dritter Anwendung.

## V. Sonderfall: Detektivkosten

Kosten, die einem Arbeitgeber dadurch entstehen, dass er einen Detektiv mit der Beobachtung eines Arbeitnehmers beauftragt, hat der Arbeitgeber grundsätzlich selbst zu tragen. Etwas Anderes gilt, wenn der Arbeitnehmer den Arbeitgeber schuldhaft zu einer solchen Maßnahme veranlasst hat. In diesem Fall kann er dem Arbeitgeber zum Ersatz der durch den Detektiv anfallenden Kosten verpflichtet sein (BAG v. 17.9.1998, 8 AZR 5/97, ZTR 1999, 43; BAG v. 28.5.2009, 8 AZR 226/08, ZTR 2009, 663).

**Beispiel**

> Kündigt ein Arbeitnehmer in einem Streitgespräch mit dem Arbeitgeber an, „blau zu machen", und meldet er sich daraufhin krank, kann der Arbeitgeber eine Detektei mit der Beobachtung des Mitarbeiters beauftragen. Findet der Detektiv heraus, dass der Arbeitnehmer seine Frau in deren Ladengeschäft unterstützt, kann der Arbeitgeber die Kosten des Detektivs vom Arbeitnehmer ersetzt verlangen.

Eine Erstattungspflicht hinsichtlich dem Arbeitgeber entstandener Detektivkosten kommt grundsätzlich auch dann in Betracht, wenn die ermittelten Tatsachen zu einem so schwerwiegenden Verdacht einer vorsätzlichen Pflichtverletzung führen, dass eine deswegen ausgesprochene Kündigung im Sinne einer Verdachtskündigung als begründet angesehen werden muss (BAG v. 26.9.2013, 8 AZR 1026/12).

Der Arbeitgeber muss die Kosten aufgrund seiner Schadensminderungspflicht so gering wie möglich halten (vgl. BAG v. 28.5.2009, 8 AZR 226/08, ZTR 2009, 663). Hierzu gehört, dass der Arbeitgeber die preisgünstigste Detektei auswählt und der Einsatz eines Detektivs zur Aufklärung tatsächlich erforderlich ist. Der beim Diebstahl erwischte Arbeitnehmer ist auch zum Ersatz einer dem Hausdetektiv versprochenen Fangprämie verpflichtet, wenn die Höhe dieser Prämie zum Schaden des Arbeitgebers in einem angemessenen Verhältnis steht.

# Home-Office

 **Wegweiser:**

Für Arbeitgeber im öffentlichen Dienst kann es je nach Tätigkeit unter Umständen nicht (mehr) darauf ankommen, wo die Beschäftigten arbeiten. Beschäftigte äußern ferner auch im öffentlichen Dienst zunehmend den Wunsch, (auch) von zu Hause aus tätig zu werden, um beispielsweise Kinder besser betreuen oder das Privatleben flexibler gestalten zu können. Spätestens seit der Corona-Pandemie ist „Home-Office" für die meisten Arbeitgeber und Arbeitnehmer kein Fremdwort mehr.

Beim „Home-Office", erbringt der Beschäftigte des öffentlichen Dienstes seine arbeitsvertraglich geschuldete Tätigkeit nicht in der Dienststelle, sondern von zu Hause aus per unmittelbar mit der Dienststelle verbundenem Computer bzw. Laptop und/oder durch Übersendung der Arbeitsergebnisse, insbesondere per E-Mail. Die Arbeit wird entweder ständig von zu Hause oder alternierend (bei der sich ein Arbeitsplatz in der Dienststelle und ein weiterer zu Hause befinden) geleistet. Der im „Home-Office" Arbeitende bleibt in beiden Fällen Beschäftigter im Sinne des TVöD und im Sinne des Personalvertretungsgesetzes seiner Dienststelle zugeordnet. Auch bei privatrechtlicher Organisationsform gilt der Beschäftigte nach § 5 Abs. 1 S. 1 BetrVG als Arbeitnehmer (und ist damit z. B. für die Betriebsratswahl wahlberechtigt nach § 7 BetrVG).

Abgrenzungsschwierigkeiten ergeben sich insbesondere zu den auch weit verbreiteten Begriffen der Telearbeit und der mobilen Arbeit. Telearbeit setzt – jedenfalls laut Gesetz (vgl. § 2 Abs. 7 Arbeitsstättenverordnung) – einen vom Arbeitgeber fest eingerichtetem Bildschirmarbeitsplatz im Privatbereich des Beschäftigten voraus, für die der Arbeitgeber eine mit dem Beschäftigten vereinbarte wöchentliche Arbeitszeit und die Dauer der Einrichtung festgelegt hat. Mobiles Arbeiten ist durch wechselnde Arbeitsorte charakterisiert, die sich nicht zwangsläufig in der Dienststelle oder dem Wohnort des Beschäftigten befinden müssen.

Bereits im Koalitionsvertrag vom 12.3.2018 haben CDU/CSU und SPD sich das gemeinsame Ziel gesteckt die sogenannte mobile Arbeit zu stärken. Zu einer gesetzlichen Umsetzung ist es bisher nicht gekommen. Insbesondere zu der Frage, ob es über einen Auskunftsanspruch des Arbeitnehmers bezüglich einer Ablehnungsentscheidung des Arbeitgebers hinaus einen verbindlichen Rechtsanspruch auf mobile Arbeit geben sollte, bestand keine Einigkeit. Vor dem Hintergrund der Corona-Pandemie hat das Bundesministerium für Arbeit und Soziales jedoch Ende 2020 eine Gesetzesinitiative auf den Weg gebracht, die nunmehr geprüft und beraten wird. Es bleibt abzuwarten, welche Ausgestaltung der Gesetzgeber wählt und insbesondere, ob er dem Arbeitnehmer gegebenenfalls Rechtsbehelfe gegen eine für ihn negative Entscheidung einräumt. Auch was der Koalitionsvertrag konkret mit mobiler Arbeit meint, wird erst das zu erlassende Gesetz konkretisieren. Der seit dem 24.11.2021 vorliegende Koalitionsvertrag zwischen SPD, Bündnis 90/DIE GRÜNEN und FDP sieht nunmehr einen Erörterungsanspruch der Arbeitnehmer in geeigneten Tätigkeiten über mobiles Arbeiten und „Home-Office" gegenüber dem Arbeitgeber vor. Der Arbeitgeber soll nur dann widersprechen können, wenn betriebliche Belange entgegenstehen.

Weder im Arbeitsrecht des öffentlichen Dienstes, noch im TVöD und TV-L, gibt es speziellen gesetzlichen Regelungen zum „Home-Office". Lediglich zu dem Begriff der Telearbeit finden sich in § 2 Arbeitsstättenverordnung, in § 16 Bundesgleichstellungsgesetz (BGleiG) und § 18 BGleiG (Breier/Dassau TVöD Komm.) Regelungen. Allerdings lässt sich – insbesondere in Fällen, in denen der „Home-Office" Platz nicht fest eingerichtet ist – nicht eindeutig beurteilen, ob die Regelungen zur Telearbeit anwendbar sind (siehe hierzu unter II.2).

**I. Arten des „Home-Office"**

1. Ausschließlich
2. Alternierend

**II. Das Arbeitsverhältnis im „Home-Office"**

1. Beginn und Ende der Tätigkeit im „Home-Office"
2. Dienstort und Verteilung der Dienstzeit
3. Kosten
    3.1 Kosten des Arbeitsplatzes im „Home-Office"
    3.2 Kommunikationseinrichtungen
    3.3 „Bring your own device"
    3.4 Fahrtkosten

4. Datenschutz
5. Haftung
6. Zutrittsrecht
7. Benachteiligungsverbot
8. Anwendung des Heimarbeitsgesetzes

**III. Beteiligungsrechte des Personal- bzw. Betriebsrats**

## I. Arten des „Home-Office"

### 1. Ausschließlich

Beim „Home-Office" wird die Arbeit im Regelfall in der eigenen Wohnung des Beschäftigten erbracht. Grund hierfür kann der Wunsch des Beschäftigten und/oder der Dienststelle sein. Denkbar ist zudem, dass es sich bei Heimarbeit um eine im Rahmen des betrieblichen Eingliederungsmanagements (vgl. hierzu → *Betriebliches Eingliederungsmanagement*) leidensgerechte Beschäftigungsmöglichkeit handelt (vgl. LAG Niedersachsen v. 6.12.2010, 12 Sa 860/10). Es ist aber auch nicht ausgeschlossen, dass der Arbeitnehmer seine „Home-Office" Tätigkeit von einem anderen Ort als seiner Wohnung erbringt. Richtigerweise müsste man dann jedoch den Begriff der „mobilen Arbeit" verwenden.

### 2. Alternierend

„Home-Office" wird in den allermeisten Fällen alternierend erbracht. Der Arbeitsplatz ist dann „geteilt" und befindet sich sowohl (z. B. an einem Tag in der Woche) in der Dienststelle als auch zu Hause. Auf diese Weise kann der Arbeitsablauf trotz der Arbeit von Zuhause aus so gestaltet werden, dass Besprechungstermine in der Dienststelle wahrgenommen werden können und eine persönliche Abstimmung mit anderen Beschäftigten sowie mit dem Vorgesetzten erfolgen kann.

## II. Das Arbeitsverhältnis im „Home-Office"

Bei Vereinbarung von „Home-Office" im öffentlichen Dienst müssen die damit typisch einhergehenden Besonderheiten geregelt werden. Bei einer Neueinstellung (das dürfte eher die Ausnahme sein), kann der Dienstvertrag von vornhinein auf die damit verbundenen Besonderheiten abgestimmt werden; hierbei ist zu empfehlen, die zugeordnete Dienststelle ausdrücklich zu benennen. Im bestehenden Dienstverhältnis ist eine einvernehmliche Änderungs- und Ergänzungsvereinbarung zum Dienstvertrag erforderlich.

Im Vorhinein ist es sicherlich sinnvoll, die persönlichen Eigenschaften der betreffenden Mitarbeiter zu prüfen, um festzustellen, ob sie für „Home-Office" geeignet sind. Unter die sich auf „Home-Office" förderlich auswirkenden Eigenschaften fallen beispielsweise Selbstmotivation, Selbstdisziplin, geringes Bedürfnis nach sozialen Kontakten, Vertrauenswürdigkeit, Aufgabenorientierung, Flexibilität, gutes Zeit- und Arbeitsmanagement, geringer Bedarf an Aufsicht, gute Arbeitsleistung als Einzelner und technologische Kompetenz (Schaub, Arbeitsrechtshandbuch, § 164 Rn. 23).

### 1. Beginn und Ende der Tätigkeit im „Home-Office"

Soll für einen Beschäftigten „Home-Office" eingeführt werden, bedarf es einer entsprechenden arbeitsvertraglichen Verein-

barung. „Home-Office" kann dabei sowohl unbefristet als auch befristet vereinbart werden. Eine einseitige Einführung gegen den Willen des Beschäftigten durch die Dienststelle ist nicht möglich, weil der Beschäftigte keine Arbeitsleistung von zu Hause aus, sondern die Dienststelle die Bereitstellung eines Arbeitsplatzes schuldet. Dass der Arbeitgeber nicht allein aufgrund seines arbeitsvertraglichen Weisungsrechts berechtigt ist, den Arbeitnehmer ins „Home-Office" zu schicken, zumal sich die Umstände der Arbeit in der eigenen Wohnung erheblich von einer Tätigkeit in einer Betriebsstätte mit weiteren Mitarbeitern unterscheidet, hat das LAG Berlin-Brandenburg in einer Entscheidung ausdrücklich klargestellt (LAG Berlin-Brandenburg v. 14.11.2018, 17 Sa 562/18). Auch besteht für den Beschäftigten (gegenwärtig) kein Anspruch auf „Home-Office" per se. Dies folgt aus § 106 GewO, wonach der Arbeitgeber den Ort der Arbeit im Rahmen seines Direktionsrechts bestimmen kann. Ob ein Anspruch auf Zuweisung eines Arbeitsplatzes in der eigenen Wohnung über die erzwungene Ausübung des Direktionsrechts des Arbeitgebers oder über die Herbeiführung einer Vertragsänderung herbeigeführt werden kann, wurde vom LAG Köln in einer Entscheidung ausdrücklich offen gelassen (LAG Köln v. 24.5.2016, 12 Sa 677/13, ZTR 2016, 579). Für Schwerbehinderte oder ihnen gleichgleichgestellte Menschen kann sich ein Anspruch auf ein gestuftes Modell im Rahmen der Wiedereingliederung aus § 164 Abs. 4 SGB IX ergeben (LAG Köln v. 24.5.2016, 12 Sa 677/13, ZTR 2016, 579). Ein Anspruch auf „Home-Office" besteht auch dann nicht, wenn ein Arbeitnehmer aus gesundheitlichen Gründen keine Mund-Nasen-Bedeckung am Arbeitsplatz tragen kann und die Tätigkeit des Arbeitnehmers nicht vollständig im „Home-Office" erbracht werden kann (LAG Köln v. 12.4.2021, 2 SaGa 1/21, ZTR 2021, 411).

Lediglich aufgrund des bis zum 19.3.2022 geltenden § 28b Abs. 4 Infektionsschutzgesetz war der Arbeitgeber verpflichtet dem Arbeitnehmer „Home-Office" anzubieten, wenn betriebliche Gründe nicht entgegenstehen. Der Arbeitnehmer war wiederum verpflichtet, dieses auch anzunehmen, wenn seinerseits keine Gründe entgegenstehen. Diese „Home-Office" Pflicht ist allerdings zum 20.3.2022 wieder entfallen. Das Landesarbeitsgericht Düsseldorf hat entschieden, dass ein Arbeitgeber die Interessen seines Arbeitnehmers berücksichtigen müsse, wenn er eine Vereinbarung über (alternierende) Telearbeit aufheben wolle. Das soll auch dann gelten, wenn ausdrücklich vereinbart wurde, dass der Arbeitnehmer keinen Rechtsanspruch auf Telearbeit hat (LAG Düsseldorf v. 10.9.2014, 12 Sa 505/14). Eine solche Klausel im Arbeitsvertrag sei wegen unangemessener Benachteiligung unwirksam, § 307 Abs. 1 S. 1 BGB. i. V. m. § 307 Abs. 2 Nr. 1 BGB. Offen und vom Bundesarbeitsgericht zu klären, bleibt die Frage, ob es sich bei einer solchen Klausel um eine Widerspruchsklausel handelt, bei der die Angabe von Widerrufsgründen erforderlich wäre. Gemäß dem LAG Düsseldorf stelle die Aufhebung einer Telearbeitsvereinbarung zudem eine Versetzung im Sinne des Betriebsverfassungsgesetzes dar, weshalb der Betriebsrat zustimmen müsse. Die Verweigerung seiner Zustimmung kann der Betriebsrat dabei allerdings nicht darauf stützen, dass der Vertrag gegen AGB-Recht verstößt, denn wie das LAG München in einer Entscheidung festgehalten hat, ist das Mitbestimmungsrecht des Betriebsrats bei Versetzungen wie auch bei Einstellungen kein Instrument zur umfassenden Vertragsinhaltskontrolle (LAG München v. 31.7.2018, 7 TaBV 19/18). Dies dürfte insoweit auch auf „Home-Office" Regelungen übertragbar sein.

„Home-Office" kann auch durch den Ablauf der Befristung, für die sie vereinbart ist, enden oder durch eine erneute, einvernehmliche Vertragsänderung, wonach die Arbeit künftig (wieder) von der Dienststelle aus erbracht wird. Auch die Gewährung unter einer Bedingung oder auf Widerruf ist möglich. Entsprechende Regelungen müssen vertraglich festgehalten werden.

### 2. Dienstort und Verteilung der Dienstzeit

Im Regelfall des alternierenden „Home-Office" hat der Beschäftigte zwei Dienstorte. Daher muss vereinbart werden, an welchen Tagen in der Dienststelle und an welchen Tagen von zu Hause aus gearbeitet werden soll. Eine vertraglich abschließende Regelung ist hierbei nur dann zu empfehlen, wenn keine entsprechende Flexibilität benötigt wird; denkbar sind auch Regelungen, die eine bestimmte Anzahl von Arbeitstagen zu Hause vorsehen, bei der die Behörde aber im Übrigen den Dienstort nach Absprache mit dem Beschäftigten und mit einem gewissen zeitlichen Vorlauf im Rahmen des Direktionsrechts (vgl. hierzu → *Direktionsrecht*) festlegen kann.

Eine Besonderheit des „Home-Office" liegt darin, dass eine Kontrolle der Einhaltung der Arbeitszeit wie in der Dienststelle nahezu unmöglich ist (vgl. z. B. für Außendienstmitarbeiter einer Körperschaft öffentlichen Rechts: LAG Berlin-Brandenburg v. 17.2.2011, 25 Sa 2421/10). Muss der Beschäftigte Zugriff auf den Server der Dienststelle haben und sich beispielsweise einloggen, kann eine Kontrolle leichter fallen. Die Verteilung der Arbeitszeit kann zudem etwa durch bestehende Gleitzeitregelungen oder Vertrauensarbeitszeit gestaltet werden. Möglich ist in dem Fall ein Aufschreiben der → *Arbeitsstunden*. In jedem Fall sollte die Arbeitszeit in der Änderungs- und Ergänzungsvereinbarung so konkret wie möglich geregelt werden.

**WICHTIG!**

Der Arbeitgeber bleibt auch bei Beschäftigten im „Home-Office" zur Erfüllung von Arbeitsschutzvorschriften verpflichtet. Diese Pflichten ergeben sich aus § 618 Abs. 1 BGB sowie § 3 Abs. 1 und 2 ArbSchG. Der Arbeitgeber hat für den Gesundheitsschutz und die Sicherheit des Beschäftigten zu sorgen und muss Räume, Vorrichtungen und Gerätschaften so einrichten und unterhalten, dass der Beschäftigte keinen Gefahren für Leben und Gesundheit ausgesetzt ist (Schaub, Arbeitsrechtshandbuch, § 164 Rn. 44). Es müssen insbesondere auch die Vorschriften des Arbeitszeitgesetzes beachtet werden. Es sollte daher eine vertragliche Regelung erfolgen, wonach der Beschäftigte die entsprechenden Vorschriften zu beachten hat. § 16 Abs. 2 ArbZG bietet die Möglichkeit, die Aufzeichnungspflicht der Arbeitszeit zu übertragen. Es ist nicht nur technisch möglich, sondern arbeitsrechtlich auch empfehlenswert, eine Zugriffsmöglichkeit auf ein vorhandenes Zeiterfassungssystem zu schaffen; nur dann kann ein eventueller Arbeitszeitbetrug nachgewiesen werden.

Darüber hinaus könnten die für Telearbeitsplätze geltenden Vorschriften der ArbStättV zu berücksichtigen (vgl. § 1 Abs. 3 ArbStättV) sein. Dabei ist zu beachten, dass § 2 Abs. 7 ArbStättV den Telearbeitsplatz einschränkend definiert und die ArbStättV daher eigentlich nur begrenzt Anwendung findet. Allerdings ist fraglich, ob die einschränkende Definition mit der RL 90/270/EWF (Bildschirmarbeitsrichtlinie) vereinbar ist, weil nach dem Wortlaut der Vorschrift ein Telearbeitsplatz dann nicht vorliegt, wenn der Beschäftigte an einem von ihm selbst gestellten Schreibtisch arbeitet. Dies dürfte in den meisten Fällen des „Home-Office" gerade der Fall sein, sodass die ArbStättV nicht anwendbar wäre, wenn man den Begriff der Telearbeit auf die Beschreibung in § 2 Abs. 2 ArbStättV beschränkt.

### 3. Kosten

#### 3.1 Kosten des Arbeitsplatzes im „Home-Office"

Die Kosten für den Arbeitsplatz trägt der Arbeitgeber. Das gilt in der Regel auch beim „Home-Office". In der Praxis sieht das jedoch häufig anders aus. Hier empfiehlt sich aber dringend eine besondere vertragliche Regelung, um Auseinandersetzungen über die Erstattungspflicht und die Höhe der Kosten des Heimarbeitsplatzes zu vermeiden. Zu den Kosten gehören die Büroeinrichtung, die Anschaffung, Wartung und Pflege der Kommunikationseinrichtungen, die Raummiete, Beleuchtung und Heizung. Aus Praktikabilitätsgründen werden häufig Pauschalen wie etwa eine Beteiligung an (Heiz- und Strom-) Nebenkosten, die am häuslichen Arbeitsplatz entstehen, getroffen. Weiter sollte in der Änderungs- und Ergänzungsvereinbarung klargestellt werden, wer Eigentümer der gestellten Betriebsmittel ist, insbesondere dass entsprechende Rückforderungsansprüche am Eigentum der Dienststelle bei Beendigung des „Home-Office" bestehen.

#### 3.2 Kommunikationseinrichtungen

Die laufenden Kosten von Kommunikationsmitteln, insbesondere also des Dienst-PCs bzw. Laptops sowie die Einrichtung und Kosten von Telefon- und Internetverbindungen sind grundsätzlich vom Arbeitgeber zu tragen. Bei der Privatnutzung der Kommunikationseinrichtungen ist zu differenzieren. Ist der Beschäftigte Eigentümer der Einrichtungen, darf er sie auch privat benutzen. Wenn der Arbeitgeber Eigentümer ist, kann die private Internet- und Telefonnutzung ebenso wie in der Dienststelle verboten sein. Es kann in der Änderungs- und Ergänzungsvereinbarung geregelt werden, dass die private Nutzung der Kommunikationseinrichtungen eine Naturalvergütung darstellt oder dass der Beschäftigte dafür eine Pauschale bezahlt.

#### 3.3 „Bring your own device"

Mit „Bring your own device" („bring dein eigenes Gerät mit") wird die Nutzung von im Eigentum des Arbeitnehmers stehender privater IT-Geräte für dienstliche Zwecke bezeichnet. Gesetzliche oder tarifvertragliche Definitionen gibt es dazu nicht.

Gerade im „Home-Office" stellt sich die Frage, inwieweit der Arbeitnehmer eigene Mittel, wie bspw. Laptop oder Handy zur Erledigung seiner betrieblichen Tätigkeit nutzen muss. Grundsätzlich ist der Arbeitgeber verpflichtet, dem Arbeitnehmer die Arbeitsmittel zur Verfügung zu stellen, die dieser für die Durchführung seiner Tätigkeit benötigt. Auch die TöVD/TV-L regeln hierzu keine Ausnahmen. Dem Arbeitnehmer kann daher nicht einseitig durch den Arbeitgeber oder durch Betriebsvereinbarung die Nutzung eigener Mittel auferlegt werden. Der Einsatz eigener Geräte kann daher nur freiwillig oder im Wege einer individualvertraglichen Vereinbarung erfolgen. Im Rahmen des Direktionsrechts des Arbeitgebers nach § 106 S. 1 GewO kann die Nutzung privater Endgeräte nicht festgelegt werden.

Bei einer Vereinbarung bezüglich des Einsatzes privater Geräte sollte beachtet werden, dass der Arbeitgeber an den Arbeitnehmer eine Kompensation zahlt, die über das geschuldete Arbeitsentgelt hinausgeht. Ansonsten wäre eine vorformulierte Vereinbarung zur Nutzung eigener Mittel gem. § 307 Abs. 2 Nr. 1 BGB unangemessen benachteiligend und somit unwirksam. Mit einem solchen Fall hatte sich das Bundesarbeitsgericht jüngst beschäftigt. Im vorliegenden Fall mussten Fahrradkuriere für die Ausübung ihrer Tätigkeit eigene Fahrräder und das eigene Handy zur Entgegennahme der Aufträge nutzen. In seinem Urteil vom 10.11.2021, 5 AZR 334/21, entschied das Gericht, dass Betriebsmittel vom Arbeitgeber zu tragen seien und eine Abwälzung dieser Verpflichtung auf den Arbeitnehmer ohne entsprechende Kompensation in Allgemeinen Geschäftsbedingungen unwirksam sei. Der Aufwendungsersatz ergibt sich aus § 670 BGB analog. Hierfür eignet sich die Vereinbarung einer monatlichen Pauschale. Diese sollte die Kosten des Mobilfunkvertrages sowie sonstige durch die betriebliche Nutzung des privaten Endgeräts entstehende Entgelte für Telekommunikationsdienstleistungen und zu erwartenden Kosten für die Wartung und Reparatur des privaten Endgeräts abdecken.

Soll der Arbeitnehmer bei Beschädigung oder Verlust des Geräts selbst für Ersatz sorgen, muss sich dies in der Höhe des Aufwendungsersatzes niederschlagen.

 **ACHTUNG!**
Bei einer diesbezüglichen Regelung sollte aus der Vereinbarung ausdrücklich hervorgehen, dass der pauschalisierte Aufwendungsersatz, das Verlust- bzw. Beschädigungsrisiko mit abdeckt.

Große Probleme bei der Nutzung privater Geräte bereitet die Einhaltung datenschutzrechtlicher Vorgaben. Auch hier ist der Arbeitgeber Verantwortlicher der Datenverarbeitung nach Art. 4 Nr. 7 DSGVO. Hierbei sollten nicht nur die Daten voneinander getrennt werden, sondern auch die jeweiligen Apps. Der private Bereich darf keine Zugriffsrechte auf den geschäftlichen Bereich haben, mögliche Schadsoftware in diesem Bereich darf den geschäftlichen Bereich nicht beeinträchtigen. Der geschäftliche Bereich muss verschlüsselt sein. Auch diesbezüglich sollten klare Regelungen getroffen werden, um die private und dienstliche Nutzung zu trennen und die Einhaltung der datenschutzrechtlichen Vorgaben zu gewährleisten.

Insbesondere im Hinblick auf die datenschutzrechtliche Problematik ist es ratsam, den Einsatz privater IT-Geräte für dienstliche Zwecke weitestgehend zu vermeiden. Zwar erspart der Arbeitgeber sich die Kosten für die Anschaffung entsprechender eigener Geräte. Dafür erhöht sich jedoch der IT-Aufwand für die Administration der unterschiedlichen Geräte, Systeme und Zugänge. Zudem ist dem Arbeitgeber eine Kontrolle der privaten Geräte kaum bis gar nicht möglich.

### 3.4 Fahrtkosten

Zu differenzieren ist bei der Erstattung von Fahrtkosten. Ist Dienstsitz des Beschäftigten sein Wohnsitz, sind Fahrten zur Dienststelle erstattungsfähige Dienstreisen. Bei alternierendem „Home-Office" sind hingegen die Fahrten zur Dienststelle wie bei anderen Beschäftigten auch Privatfahrten; wer auch über einen häuslichen Telearbeitsplatz verfügt, dem stehen keine Reisekosten für Fahrten zwischen seiner Wohnung und der Dienststelle zu (VG Regensburg v. 1.4.2010, RN 8 K 10.346). Häufig werden für die Beschäftigten günstigere individuelle Regelungen getroffen oder hierzu Betriebs- bzw. Dienstvereinbarungen geschlossen. Der Unfallversicherungsschutz wurde durch die am 18.6.2021 in Kraft getretene gesetzliche Neuregelung in § 8 Abs. 1 S. 3 SGB VII auf Tätigkeiten im „Home-Office" und bei Mobilarbeit erweitert. Es besteht daher derselbe Versicherungsschutz wie bei einer Tätigkeit in der Dienststelle. Versichert ist nach § 8 Abs. 2 Nr. 2a SGB VII sogar der Hin- und Rückweg zur Kinderbetreuung für im Haushalt lebende Kinder aus dem „Home-Office".

### 4. Datenschutz

Abhängig vom Inhalt der Tätigkeit des Beschäftigten besteht ein Bedarf, Fragen des Datenschutzes detaillierter auszugestalten.

Ist der Beschäftigte im „Home-Office" mit der Verarbeitung von Daten befasst, so ist er zum Datenschutz verpflichtet und hat die in Art. 5 Abs. 1 DSGVO genannten Grundsätze wie jeder andere Beschäftigte zu beachten. Allerdings bestehen am Heimarbeitsplatz grundsätzlich erleichterte Zugriffsmöglichkeiten durch unberechtigte Dritte, wozu auch Familienangehörige und Gäste gehören, als in der Dienststelle. Es bedarf daher besonderer Verpflichtungen des Beschäftigten gegenüber dem öffentlichen Arbeitgeber, Dritte von solchen Daten fernzuhalten.

Auch der Beschäftigte fällt unter den Schutz der datenschutzrechtlichen Bestimmungen. Die kommunikationstechnische Verknüpfung mit der Dienststelle ermöglicht es dem Arbeitgeber, den Beschäftigten hinsichtlich der Arbeitszeit, Pausen und möglicherweise sogar etwaiger Fehler zu überwachen. Die Verarbeitung von Daten ist aber nur nach der Zweckrichtung des Vertrages zulässig. Darauf muss der Arbeitgeber bei der Datenverwertung achten (vgl. Zugriff des Arbeitgebers auf als „privat" markierte Einträge im elektronischen Kalender, LAG Rheinland-Pfalz v. 25.11.2014, 8 Sa 363/14).

### 5. Haftung

Grundsätzlich gelten für den Beschäftigten die allgemeinen arbeitsrechtlichen Grundsätze der Haftungsbegrenzung. Da nicht für alle etwaig auftretenden Haftungsfragen eine gesetzliche Regelung existiert, ist es sinnvoll, diese in einer vertraglichen Vereinbarung zu regeln. Dies betrifft beispielsweise die Fälle, in denen ein zur Verfügung gestelltes Arbeitsgerät durch einen Familienangehörigen zerstört wird oder bei der Arbeit am häuslichen Arbeitsplatz durch Verschulden eines Dritten wichtige Daten verloren gehen. Sinnvoll kann der Abschluss einer Versicherung der Arbeitsmittel und einer Hausratsversicherung sein.

Wenn eine betriebliche Störung vorliegt und die Arbeitsleistung daher nicht erbracht werden kann, liegt das Lohnrisiko beim Arbeitgeber.

### 6. Zutrittsrecht

Bei der häuslichen Arbeit sollte in der Änderungs- und Ergänzungsvereinbarung eine Regelung zum Zutrittsrecht des Arbeitgebers enthalten sein, nicht zuletzt wegen der Pflichten des Arbeitgebers im Zusammenhang mit der Anschaffung der Büroeinrichtung und der Kommunikationseinrichtungen und vor allem der Wahrung der Arbeitsschutzbestimmungen. Ein Betreten der Wohnung ohne Zustimmung des Beschäftigten ist aufgrund der Unverletzlichkeit der Wohnung (Art. 13 Abs. 1 GG) nicht gestattet. Auch bei der Vereinbarung eines Zutrittsrechts bedarf aber jedes Eintreten im Einzelfall noch einmal der Zustimmung des Beschäftigten. Das Zutrittsrecht darf nur in angemessenem Umfang und nicht zur Unzeit ausgeübt werden.

### 7. Benachteiligungsverbot

Ein ausdrückliches Benachteiligungsverbot für im „Home-Office" Beschäftigte gibt es nicht. Aus § 18 BGleiG ergibt sich aber ein Benachteiligungsverbot von in Telearbeit und mobil Beschäftigten. Dazu dürfte auch die Beschäftigung im „Home-Office" gehören. Die Beschäftigung im „Home-Office" darf die Einstellung sowie die berufliche Entwicklung einschließlich des beruflichen Aufstiegs nicht beeinträchtigen. Eine unterschiedliche Behandlung gegenüber anderen Beschäftigten ist nur zulässig, wenn zwingende sachliche Gründe dies rechtfertigen. Die häusliche Arbeit darf sich zudem nicht nachteilig auf die dienstliche Beurteilung auswirken.

Nach § 15 BGleiG hat die Dienststelle Arbeitszeiten und sonstige Rahmenbedingungen anzubieten, die Frauen und Männern die

Vereinbarkeit von Familie und Pflege und Berufstätigkeit erleichtern, soweit zwingende dienstliche dienstliche oder betriebliche Belange nicht entgegenstehen. Zu den sonstigen Rahmenbedingungen können Möglichkeiten zur Betreuung von Kindern oder pflegebedürftigen Personen einschließlich entsprechender Beratungs- und Vermittlungsleistungen gehören. Nach § 16 BGleiG sind dem Beschäftigten mit Familienpflichten ausdrücklich Telearbeitsplätze und mobiles Arbeiten im Rahmen der dienstlichen Möglichkeiten anzubieten. Die Dienststelle muss die Ablehnung eines solchen Antrags im Einzelnen schriftlich begründen (zu den Anforderungen BVerwG v. 28.10.2009, 1 WB 67/08 zur inhaltlich identischen Vorschrift des Soldatinnen- und Soldatengleichstellungsgesetzes).

### 8. Anwendung des Heimarbeitsgesetzes

Gemäß § 2 Abs. 1 S. 1 HAG ist Heimarbeiter, wer in selbstgewählter Arbeitsstätte (eigene Wohnung oder Betriebsstätte) im Auftrag von Gewerbetreibenden erwerbsmäßig arbeitet, jedoch die Verwertung der Arbeitsergebnisse dem auftraggebenden Gewerbebetreibenden überlässt. Soweit im „Home-Office" Beschäftigte diese Voraussetzungen erfüllen, sind sie zwar keine Arbeitnehmer, aber dafür in den Schutzbereich des HAG einbezogen. Dies gilt nicht nur für einfache Angestelltentätigkeiten, die in Heimarbeit ausgeführt werden, sondern auch für qualifizierte Tätigkeiten wie die Programmierung von EDV-Programmen (BAG v. 14.6.2016, 9 AZR 305/15, ZTR 2017, 43).

### III. Beteiligungsrechte des Personal- bzw. Betriebsrats

Personalvertretungsrechtlich bleibt der von Zuhause aus Arbeitende seiner Dienststelle zugehörig, wählt also seinen Personalrat weiter und ist auch weiter nach den allgemeinen Regeln wählbar. Der Personalrat vertritt daher auch die der Dienststelle im Sinne des BPersVG (bzw. des entsprechenden Landespersonalvertretungsgesetzes) zugehörigen im „Home-Office" Beschäftigten in vollem Umfang.

Bei der Einführung und Ausgestaltung von „Home-Office" bestehen verschiedene Beteiligungsrechte des Personalrats (vgl. hierzu Personalvertretungsrechtliche Beteiligung). Vielfach wird „Home-Office" durch eine Dienstvereinbarung ausgestaltet. Die Einführung von „Home-Office" berührt Fragen der Ordnung in der Dienststelle und Fragen zu Beginn, Ende und Verteilung der Arbeitszeit oder zur Gestaltung der Arbeitsplätze, § 80 BPersVG. Neu seit 2021 ist der § 80 Abs. 1 Nr. 5 BPersVG, welcher eine Mitbestimmung bei der Einführung, Änderung und Aufhebung von Arbeitsformen außerhalb der Dienststelle und damit auch für das „Home-Office" nunmehr ausdrücklich vorsieht. Die Einführung dieses Mitbestimmungstatbestand trägt laut Gesetzesbegründung der gestiegenen Bedeutung flexibler und mobiler Arbeitsformen außerhalb der Dienststelle Rechnung (BT-Dr. 19/26820, S. 123 f.). Auch § 87 Abs. 3 BPersVG (Anhörung) kann Anwendung finden. In einigen Ländern ist der Personalrat bei der Auslagerung von Arbeitsplätzen zwecks Heimarbeit an technischen Geräten zu beteiligen (§ 65 Nr. 4 PersVG Bbg, § 80 Abs. 1 Nr. 4 LPVG BW, § 72 Abs. 3 Nr. 6 LPVG NW, § 84 Nr. 4 SPersVG, § 69 Nr. 4 PersVG LSA). Zweck dieser Beteiligungsrechte ist der Schutz der Betroffenen bei der Einführung von häuslicher Telearbeit (Richardi/Dörner/Weber, Personalvertretungsrecht, BPersVG § 76 a. F. Rn. 187).

Der Mitbestimmungstatbestand bezieht sich auf alle Maßnahmen, die mit der technischen Auslagerung eines Arbeitsplatzes und der technischen Einrichtung des Heimarbeitsplatzes einhergehen, wie etwa die Bereitstellung, Nutzung und Kostentragung der Arbeitsmittel, die Arbeitszeit, die Haftungsfragen und den Datenschutz. Angesichts dieses Schutzzwecks greift der Beteiligungstatbestand auch dann, wenn durch die Auslagerung von Arbeit in der Behörde selbst kein Arbeitsplatz wegfällt (Richardi/Dörner/Weber, Personalvertretungsrecht, BPersVG § 76 a. F. Rn. 187).

In Rheinland-Pfalz bezieht sich die Beteiligung des Personalrats auf die Auslagerung von Arbeit aus der Dienststelle (§ 80 Abs. 2 Nr. 13 LPersVG RPf.).

Entsprechendes gilt für dem Betriebsverfassungsgesetz unterliegende Betriebe. Hier bestehen die Mitbestimmungsrechte uneingeschränkt, insbesondere Unterrichtungs- und Beratungsrechte sind bereits bei der Planung von „Home-Office" nach § 90 BetrVG sowie bei deren Einführung nach §§ 80, 87 Abs. 1 Nr. 2, 3, 6 und 7 BetrVG sowie insbesondere nach dem neu eingeführten Mitbestimmungstatbestand Nr. 14 (Ausgestaltung von mobiler Arbeit) zu berücksichtigen. Die Schaffung einer Betriebsvereinbarung ist üblich und kann im Einzelfall auch empfehlenswert sein. Die Zuordnung eines im „Home-Office" Beschäftigten zu einem anderen Stammbetrieb stellt selbst bei inhaltlich unveränderter Tätigkeit eine zustimmungsbedürftige Versetzung i. S. d. §§ 95, 99 BetrVG dar, wenn der neue Stammbetrieb örtlich weiter entfernt ist (LAG Köln v. 20.8.2010, 11 TaBV 78/09).

Der Personal- oder Betriebsrat kann eine betriebliche Regelung über mobiles Arbeiten aber nicht durch geltendes Recht erzwingen. Die Beteiligungsorgane haben lediglich das Recht, bei der Gestaltung und Umsetzung mobiler Arbeitsweisen mitzubestimmen (das „wie"), wobei die unternehmerische Entscheidung des Arbeitgebers darüber, ob solche Arbeitswesen überhaupt eingeführt werden sollen (das „ob") dem Mitbestimmungsprozess vorgelagert ist.

# Internet und E-Mail am Arbeitsplatz

 **Wegweiser:**

Fragestellungen, die im Zusammenhang mit der Internetnutzung auftreten, werden nach den allgemeinen Grundsätzen behandelt. Insbesondere das Personalvertretungs- bzw. Betriebsverfassungsrecht kann hierbei eine entscheidende Bedeutung erlangen. Vergleiche hierzu Lorenzen/*Rehak* BPersVG § 75 Rn. 195h.

### I. Problemaufriss
### II. Dienstliche Nutzung
    1. Begriff
    2. Regelungsmöglichkeiten
        2.1 Generelle Sicherheitsbestimmungen
        2.2 Versenden von E-Mails
        2.3 Umgang mit Ausdrucken
        2.4 Surfen im Internet

### III. Private Nutzung
    1. Begriff
        1.1 Versenden von E-Mails
        1.2 Surfen im Internet
    2. Widerruf einer Erlaubnis

**IV.** **Kontrolle durch den Arbeitgeber**

1. Möglichkeiten
2. Persönlichkeitsrechte des Beschäftigten
3. Datenschutz
4. Beteiligung des Personalrats
5. Wie weit darf der Arbeitgeber kontrollieren?

**V.** **Möglichkeiten des Arbeitgebers bei Zuwiderhandlungen des Beschäftigten (Beispiele aus der Rechtsprechung)**

**VI.** **Checkliste Internet am Arbeitsplatz**

A. Möglicher Inhalt einer betrieblichen Richtlinie zur Internet-Nutzung

B. Kontrollsystem des Arbeitgebers

## I. Problemaufriss

Mittlerweile ist eine Vielzahl von Arbeitsplätzen in den Dienststellen mit einem internetfähigen PC ausgestattet. Der Internetzugang führt für die einzelnen Beschäftigten zu einer Beschleunigung und Erleichterung der täglichen Arbeit und eröffnet neue Kommunikationswege. Das Surfen im Internet und das Versenden und Empfangen von E-Mails kann jedoch auch zu einer erheblichen Störung der arbeitsvertraglichen Beziehungen zwischen den Beschäftigten und dem Arbeitgeber führen. Arbeitsvertragswidriges Verhalten kommt insbesondere häufig in folgenden Fällen vor:

► Nutzen des Internets während der Arbeitszeit für private Zwecke;

► Inanspruchnahme kostenpflichtiger Internet-Angebote für private Zwecke;

► Installation von Programmen, welche aus dem Internet heruntergeladen werden und das Computernetzwerk des Arbeitgebers beeinträchtigen können;

► Laden von Computerviren und hierdurch bedingte Datenbeschädigung, Datenlöschung oder Sperrung von Daten;

► Einschleppen von sog. Spionageprogrammen (sog. Trojaner), die einen Zugriff auf den Datenbestand des internen Netzwerks ermöglichen;

► Beschädigung des Rufes des Arbeitgebers im Wege der Verbreitung von E-Mails rechtswidrigen Inhalts über den Mailserver des Arbeitgebers;

► absichtliche oder versehentliche (unverschlüsselte) Übermittlung von Betriebsgeheimnissen an unberechtigte Empfänger per E-Mail.

Dem potenziell arbeitsvertragswidrigen Verhalten kann mitunter durch Einsatz technischer Hilfsmittel (z. B. Virenschutzprogramme und sog. Firewalls) Einhalt geboten werden.

Bislang gibt es noch keine arbeitsrechtlichen Regelungen, die den Umgang mit dem Internet am Arbeitsplatz betreffen. Aufgrund der technisch bedingten Andersartigkeit kann auch nicht immer ohne Weiteres auf die einschlägige arbeitsgerichtliche Rechtsprechung zu den herkömmlichen Informations- und Kommunikationsmitteln (z. B. Telefon und Telefax) zurückgegriffen werden. Mittlerweile gibt es zahlreiche höchstrichterliche Urteile in Bezug auf die arbeitsvertragliche Pflichtverletzung durch private Nutzung des Internetzugangs. Vergleiche hierzu die nachstehenden Ausführungen unter V.

**TIPP!**

Der Arbeitgeber sollte die Nutzung von Internet und E-Mail-Kommunikation entweder im Wege von individualvertraglichen Vereinbarungen mit den Beschäftigten schriftlich regeln oder hierüber mit dem Personalrat eine Dienstvereinbarung schließen, wofür bereits die in § 80 Abs. 1 Nrn. 4 und 21 BPersVG geregelten Mitbestimmungstatbestände sprechen. Andernfalls wird den Beschäftigten im Fall eines Missbrauchs (exzessive Nutzung des Internets oder der E-Mail-Kommunikation) nur sehr schwer eine arbeitsvertragliche Pflichtverletzung nachzuweisen sein. Der Arbeitgeber könnte jedoch auch unter Ausübung seines Direktionsrechts die private Nutzung generell ausschließen. Für den Fall, dass die Beschäftigten bereits einen Anspruch darauf haben, das Internet bzw. die E-Mail-Kommunikation privat zu nutzen (zum Beispiel im Wege der betrieblichen Übung [vgl. das Stichwort → *Betriebliche Übung*]), könnte der Arbeitgeber mit dem Personalrat eine Dienstvereinbarung schließen, die die Nutzung des Internets bzw. der E-Mail-Kommunikation neu regelt („Dienstvereinbarungsoffenheit" von betrieblichen Übungen).

**Beispiel für die Einräumung der Nutzung zu rein dienstlichen Zwecken**

„Die Nutzung des betrieblichen Internetzugangs sowie die Nutzung des E-Mail-Systems sind ausschließlich für dienstliche Zwecke erlaubt. Eine private Nutzung durch den Beschäftigten ist nicht gestattet."

## II. Dienstliche Nutzung

### 1. Begriff

Eine dienstliche Nutzung liegt vor, wenn ein innerer Zusammenhang zur arbeitsvertraglich geschuldeten Arbeitsleistung besteht. Dabei ist es unerheblich, ob die Nutzung des Internets oder der E-Mail-Kommunikation sinnvoll ist.

 **ACHTUNG!**

Zu einer dienstlichen (nicht privaten) Nutzung der E-Mail-Kommunikation kommt es, wenn der Beschäftigte seinen Lebenspartner lediglich darüber informieren will, dass er – aus dienstlichen Gründen – später als erwartet nach Hause kommt.

### 2. Regelungsmöglichkeiten

Der Arbeitgeber kann den Rahmen der dienstlichen Nutzung

► kraft seines arbeitgeberseitigen Direktionsrechts vorgeben

► mit dem Personalrat eine Dienstvereinbarung schließen oder

► mit jedem Beschäftigten arbeitsvertraglich vereinbaren.

Folgende Punkte sollten geregelt werden:

### 2.1 Generelle Sicherheitsbestimmungen

Grundsätzlich sollten allgemeine Sicherheitsbestimmungen erlassen werden, welche die Sicherung des Datenbestandes des Arbeitgebers gegen Viren, Trojaner und den Verlust empfangener E-Mails gewährleisten. Außerdem muss sichergestellt sein, dass interne Informationen nicht an unberechtigte Adressaten weitergeleitet werden.

**Beispiel**

„Es ist verboten, betriebsfremde Programme/Dateien auf die Festplatte zu kopieren, über CD-ROM, DVD, USB-Stick oder ähnliche Datenträger oder über das Internet auf dem Rechner zu installieren und/oder zu benutzen. Auf strenge Virenkontrolle ist zu achten, wobei insbesondere Virenschutzprogramme zu nutzen sind."

Besonders wichtige Dokumente, die vertraulich zu behandeln sind (insbesondere Anlagen), sollten elektronisch verschlüsselt werden. Die Beschäftigten sollten außerdem verpflichtet werden, einheitliche E-Mail-Formulare (in denen ggf. Vertraulichkeitshinweise angebracht sind) zu verwenden. Von versandten und eingegangenen E-Mails sollten immer Sicherungskopien angefertigt werden, damit wichtige Informationen nicht versehentlich gelöscht werden.

Das Öffnen, Versenden oder Weiterleiten von sogenannten Kettenbriefen sollte generell verboten werden.

### 2.2 Versenden von E-Mails

E-Mails werden in aller Regel von den Beschäftigten selbst geschrieben. Da viele Beschäftigte nicht über Maschinenschreibkenntnisse verfügen, kann ein kurzer Text schon mal eine längere Bearbeitungszeit beanspruchen. In vielen Dienststellen ist es allgemein üblich, dass sich die Beschäftigten über wichtige oder weniger wichtige Themen per E-Mail austauschen. Dies ist – nach dem Empfinden vieler Beschäftigter – praktisch und verlangt nicht viel Zeit.

Tatsächlich kommt es regelmäßig dazu, dass sich die Beschäftigten innerhalb einer Dienststelle untereinander eine Flut von E-Mails schicken, die alle gelesen und beantwortet werden wollen. Vor diesem Hintergrund bietet es sich an, die Beschäftigten anzuweisen, den E-Mail-Kontakt untereinander auf die absolut erforderlichen dienstlichen Informationen zu begrenzen und sich so kurz wie möglich zu fassen („KISS" = keep it short and simple). Im Übrigen sollten E-Mails nur an diejenigen Empfänger übersandt werden, die direkt betroffen sind. Regelmäßig werden – neben dem Empfänger – eine Reihe anderer Beschäftigte „in cc genommen". Dies hat häufig zur Folge, dass die Beschäftigten angesichts der Fülle der E-Mails, welche sie „zur Kenntnis" erhalten, Schwierigkeiten bekommen, die wirklich wichtigen Nachrichten herauszufiltern. Dies kostet Mühe und mindert die Effektivität der Arbeitsleistung.

Im Umgang mit Empfängern außerhalb der Dienststelle sollte der Arbeitgeber darauf drängen, dass trotz des einfachen Übermittlungswegs keine voreiligen Erklärungen abgegeben werden. Die Mitarbeiter sollten deshalb wissen, dass rechtsgeschäftliche Äußerungen per E-Mail ebenso verbindlich sind wie eine schriftliche Erklärung per Brief oder Telefax. Ferner sollte sichergestellt sein, dass auch bei der Korrespondenz per E-Mail die Kompetenzzuordnungen eingehalten werden. Darüber hinaus empfiehlt es sich, die Beschäftigten darum zu bitten, dass – zumindest – bei der externen E-Mail-Korrespondenz in gleicher Weise auf korrekte Rechtschreibung und Grammatik geachtet wird, wie bei der postalischen Korrespondenz.

### 2.3 Umgang mit Ausdrucken

Der Ausdruck von E-Mails bereitet immer wieder Probleme. Häufig werden die ausgedruckten E-Mails falsch zugeordnet, oder sie werden vorschnell weggeworfen. Der Arbeitgeber sollte daher die Beschäftigten auffordern, die ausgedruckten E-Mails entweder in der betreffenden Akte abzuheften oder zu vernichten.

### 2.4 Surfen im Internet

Das Surfen im Internet ist inzwischen in vielen Arbeitsbereichen aus dienstlichen Gründen erforderlich. Damit die Beschäftigten bei der Fülle der im Internet zur Verfügung stehenden Informationen nicht Gefahr laufen, sich bei Internetrecherchen zu „verzetteln", empfiehlt es sich, die in Frage kommenden Seiten –

zumindest für bestimmte Gruppen von Beschäftigten – vorher auszuwählen und den Zugriff auf diese Websites zu begrenzen.

Um das Sicherheitsrisiko beim Downloaden von Daten möglichst gering zu halten, sollte ein Virenschutzprogramm bzw. eine Firewall zwischengeschaltet werden und das Herunterladen von ungescannten Programmen generell untersagt werden.

### III. Private Nutzung

### 1. Begriff

Eine private Nutzung des Internets ist immer dann gegeben, wenn diese nicht aus dienstlichen Gründen erfolgt. Grundsätzlich kann der Arbeitgeber bestimmen, ob und ggf. in welchem Umfang den Beschäftigten die private Nutzung des Internets während der Arbeitszeit erlaubt wird.

Die Erlaubnis zur privaten Internetnutzung kann der Arbeitgeber mit jedem Beschäftigten im Rahmen einer arbeitsvertraglichen (Ergänzungs-)Vereinbarung, einseitig durch Direktionsrecht oder Gesamtzusage oder im Wege einer Dienstvereinbarung mit dem Personalrat regeln. Möglich ist aber auch die Zustimmung des Arbeitgebers durch betriebliche Übung oder konkludentes Verhalten.

 **TIPP!**

Wenn der Arbeitgeber die private Internet-Nutzung gestatten will, sollte er dies auf jeden Fall so genau wie möglich regeln. Mit anderen Worten: die zulässigen Grenzen der privaten Internetnutzung müssen klar definiert sein, damit der Arbeitgeber im Falle einer Überschreitung die Pflichtverletzung des Beschäftigten nachweisen kann. Ebenso sollte der Arbeitgeber zu einem späteren Zeitpunkt beweisen können, dass den Beschäftigten seine Arbeitsanweisungen auch tatsächlich zugegangen sind.

### 1.1 Versenden von E-Mails

Wird den Beschäftigten die Verwendung des betrieblichen E-Mail-Systems zu privaten Zwecken erlaubt, sollte der Arbeitgeber unbedingt festlegen, ob während der Arbeitszeit eine private Nutzung des E-Mail-Accounts stattfinden darf und wenn ja, in welchem Umfang.

Der Arbeitgeber sollte den Beschäftigten zumindest verbieten, betriebsinterne Daten und Nachrichten zu privaten Zwecken an Externe weiterzuleiten. Gleiches gilt für E-Mail-Inhalte, die anstößig oder strafbar sind (z. B. fremdenfeindliche Parolen) oder die in irgendeiner Weise das Ansehen des Arbeitgebers beschädigen könnten.

### 1.2 Surfen im Internet

Dürfen die Beschäftigten zu privaten Zwecken im Internet surfen, muss auch hier wie bei der Benutzung des E-Mail-Systems zunächst festgelegt werden, ob und wenn ja, in welchem Ausmaß das während der Arbeitszeit passieren darf.

Generell empfiehlt es sich, aus Kosten- und Sicherheitsgründen

▶ das Herunterladen von Spielen und anderen gleichartigen Dateien,

▶ das Installieren privater oder fremder Software,

▶ den Aufruf kostenpflichtiger Websites und

▶ den Besuch von Websites mit anstößigem oder strafbarem Inhalt (egal, ob kostenpflichtig oder nicht)

generell zu verbieten.

**Beispiel für das Verbot, Internetseiten mit anstößigem oder strafbarem Inhalt aufzurufen**

„Das Abrufen, Anbieten oder Verbreiten von rechtswidrigen Inhalten, insbesondere rassistischer oder pornographischer Art, ist unter Androhung strafrechtlicher Konsequenzen streng verboten."

 **TIPP!**

Der Arbeitgeber sollte die Erlaubnis zur privaten Nutzung davon abhängig machen, dass sich die Beschäftigte mit einem vom Arbeitgeber eingeführten Kontrollsystem schriftlich einverstanden erklärt, vgl. Art. 6 Abs. 1 S. 1 lit. a) i. V. m. Art. 7 DSGVO, § 26 Abs. 2 BDSG. Allerdings ist in diesem Zusammenhang das Mitbestimmungsrecht des Personalrats nach § 80 Abs. 1 Nr. 21 BPersVG bzw. die entsprechenden Regelungen in den einschlägigen Landespersonalvertretungsgesetzen zu beachten.

 **WICHTIG!**

Grundsätzlich sollte die private Nutzung des Internets gänzlich verboten werden. Der Arbeitgeber erspart sich hiermit, umständliche und schwer zu kontrollierende Regelungen für die private Nutzung des Internets aufzustellen. Allerdings ist nicht in Abrede zu stellen, dass die private Nutzungsmöglichkeit des Internets in der digitalisierten Arbeitswelt inzwischen mehr oder weniger zum Standard geworden ist. Andererseits verfügen heutzutage so gut wie alle Beschäftigten über eigene Smartphones (mit privaten Sim-Karten), die ebenfalls für den Zugang zum Internet genutzt werden können.

## 2. Widerruf einer Erlaubnis

Wird die private Internetnutzung gestattet, liegt hierin grundsätzlich eine freiwillige Leistung des Arbeitgebers. Diese kann der Arbeitgeber jedoch nur dann zurücknehmen, wenn er gleichzeitig mit der Erlaubnis einen sog. Widerrufsvorbehalt verbunden hat. Der Arbeitgeber muss im Arbeitsvertrag, in der → Dienstvereinbarung, bei der Ausübung des Direktionsrechts oder in der Gesamtzusage ausdrücklich darauf hinweisen, dass die Erteilung der Erlaubnis unter bestimmten Voraussetzungen, die unbedingt beispielhaft konkret umrissen werden sollten, zurückgenommen werden kann.

 **Formulierungsbeispiel:**

„Dem Beschäftigten wird in widerruflicher Weise gestattet, die am Arbeitsplatz vorhandenen Kommunikationsmittel – nach Maßgabe weiterer Anordnungen des Arbeitgebers – außerhalb der Arbeitszeit privat zu nutzen. Ein Widerruf der privaten Nutzung kann insbesondere erfolgen, wenn … [Aufzählung von sachlich gerechtfertigten Widerrufsgründen, z. B. messbares Absinken der Arbeitsleistung und der Produktivität des Beschäftigten oder Nutzung der Kommunikationsmittel über ein bestimmtes (zeitliches) Maß hinaus]."

## IV. Kontrolle durch den Arbeitgeber

### 1. Möglichkeiten

In der Regel hat der Arbeitgeber nur wenige Möglichkeiten, um die geltenden Regelungen hinsichtlich der Nutzung des Internets zu überwachen. Die Mithilfe von Vorgesetzten und Kollegen kann hierbei regelmäßig nur eine untergeordnete Rolle spielen. Dies wird gerade im Zusammenhang mit dem Umgang mit vertraulichen und betriebsinternen Daten deutlich. Eine E-Mail mit einem entsprechenden Anhang lässt sich ohne weitere Umstände mit einem Tastendruck auf den Weg bringen. Der hiermit angerichtete Schaden lässt sich jedoch häufig nur schwer wieder beseitigen.

Das allgemeine Nutzungsverhalten lässt sich in der Regel mithilfe entsprechender Computerprogramme überwachen, die unmittelbar an die technischen Übertragungsvorgänge anknüpfen. So lässt sich beispielsweise protokollieren, wann welcher Beschäftigter welche E-Mail versandt oder erhalten hat. Es gibt in diesem Bereich eine Vielzahl technischer Möglichkeiten, deren Einsatz vom im Betrieb verwendeten EDV-System abhängt.

 **ACHTUNG!**

Solche Überwachungseinrichtungen können nicht uneingeschränkt eingesetzt werden! Bei ihrer Einführung und Nutzung müssen die Persönlichkeitsrechte des Beschäftigten beachtet werden. Kontrollen sind nur in engen Grenzen mit Art. 8 EMRK vereinbar. Der Beschäftigtendatenschutz ist geprägt durch das Verbot der „Totalüberwachung". So ist im Rahmen einer Verhältnismäßigkeitsprüfung insbesondere zu berücksichtigen, ob der Arbeitnehmer über die Möglichkeit der Überwachung informiert worden ist, in welcher Intensität eine Überwachung erfolgt, welche berechtigten Interessen der Arbeitgeber geltend machen kann sowie auch welche Folgen die Überwachung für den Arbeitnehmer hat und ob es mildere Überwachungsmöglichkeiten gibt (EGMR v. 5.9.2017, 61496/08, Barbulescu). Dieses schließt insbesondere die Erhebung, Speicherung und Auswertung der Nutzung des dienstlich genutzten PC durch ein heimlich installiertes Keylogger-Programm mit ein. Hiermit soll mittels regelmäßiger Anfertigung von Screenshots untersucht werden, ob der PC von dem Beschäftigten für private Zwecke verwendet wird. Das Bundesarbeitsgericht sieht in dieser Form der Überwachung einen Verstoß gegen das Recht auf informationelle Selbstbestimmung, welcher datenschutzrechtlich auch dann nicht gerechtfertigt ist, wenn der Verdacht besteht, dass der Beschäftigte einen Großteil seiner Arbeitszeit mit der Privatnutzung seines PCs verbringt (vgl. BAG v. 27.7.2017, 2 AZR 681/16, ZTR 2017, 682).

Außerdem ist bei der Nutzung von Überwachungseinrichtungen das Mitbestimmungsrecht des Personalrates gemäß § 80 Abs. 1 Nr. 21 BPersVG bzw. gemäß entsprechender Regelungen in den Landespersonalvertretungsgesetzen zu beachten.

## 2. Persönlichkeitsrechte des Beschäftigten

Die technische Überwachung der Internetnutzung und der Kommunikation via E-Mail kann zu einer Beeinträchtigung der freien Entfaltung des Persönlichkeitsrechts der Beschäftigten führen. Soweit der Arbeitgeber seinen Beschäftigten erlaubt, die zur Verfügung stehenden technischen Kommunikationsmittel für private Zwecke zu nutzen, muss er auch die Vertraulichkeit des (gesprochenen oder geschriebenen) Worts beachten.

Nur wenn – wie vorstehend empfohlen – der Arbeitgeber seinen Beschäftigten die private Nutzung gänzlich untersagt und der Arbeitgeber ein berechtigtes Interesse daran hat, die gesamte E-Mail-Korrespondenz zu kontrollieren (z. B. im Falle des ständigen Umgangs des Beschäftigten mit geheimen Daten), kann die inhaltliche Überprüfung sämtlicher E-Mails ausnahmsweise zulässig sein. Andernfalls ist dem Arbeitgeber eine generelle Überwachung der gesamten E-Mail-Kommunikation verwehrt. Für ein Telefonüberwachungssystem, mit dessen Hilfe der Arbeitgeber alle – dienstlichen und privaten – Telefongespräche seiner Beschäftigten aufzeichnen und abhören ließ, wurde dies vom Bundesverfassungsgericht ausdrücklich entschieden (BVerfG v. 19.12.1991, 1 BvR 382/85). Ob der Beschäftigte in solchen Fällen wirksam seine schriftliche Zustimmung erteilen kann, ist bis heute noch nicht richterlich geklärt worden. Dies dürfte vor dem Hintergrund des neuen Bundesdatenschutzgesetzes im Übrigen zweifelhaft sein (vgl. § 26 Abs. 2 BDSG). Dies gilt auch für den Fall, dass der Beschäftigte arbeitsunfähig erkrankt ist oder sich im Urlaub befindet und der Arbeitgeber dringend geschäftliche Korrespondenz, die per E-Mail geführt worden ist, einsehen muss. Sofern es hierzu keine legitimierende Dienstvereinbarung gibt, dient § 26 Abs. 1 BDSG selbst als Rechtsgrundlage. In diesem Fall muss der Arbeitgeber sein legitimes Interesse an der Datenverarbeitung gegen das Recht des Beschäftigten auf informationelle Selbstbestimmung abwägen und gleichzeitig den Verhältnismäßigkeitsgrundsatz wahren.

Wenn die Privatnutzung des betrieblichen E-Mail-Kontos vom Arbeitgeber erlaubt oder zumindest geduldet wird, ist eine inhaltliche Überprüfung sämtlicher E-Mails – sofern keine ausdrückliche schriftliche Zustimmung des Beschäftigten vorliegt – sehr problematisch. Gegenstand kontroverser Diskussionen bildet in diesem Zusammenhang die Fragestellung, ob es sich bei dem Arbeitgeber um einen Diensteanbieter im Sinne des § 88 Abs. 2 Telekommunikationsgesetz in der bis zum 30.11.2021 geltenden Fassung (TKG a. F.) handelt. Als solcher wäre der Arbeitgeber dem Fernmeldegeheimnis gemäß Art. 10 GG verpflichtet. Eine ausdrückliche Klärung dieser Problematik durch den Gesetzgeber kann dem mit Wirkung zum 1.12.2021 in Kraft getretenen Telekommunikation-Telemedien-Datenschutz-Gesetz (TTDSG), durch welches die Datenschutzbestimmungen des Telemediengesetzes und des Telekommunikationsgesetzes an die DSGVO und die Richtlinie 2002/58/EG angepasst und zusammengeführt werden sollen, nicht entnommen werden. Vielmehr ist die neue in § 3 Abs. 2 TTDSG enthaltene Regelung zum Adressaten des Fernmeldegeheimnisses, inhaltlich an die Regelung in § 88 TKG a. F. angelehnt. (BT-Drs. 19/27441, S. 34).

Teilweise wird die Auffassung vertreten, dass es sich bei dem Arbeitgeber um einen zur Wahrung des Fernmeldegeheimnisses Verpflichteten handelt. Ihm wäre es damit nach § 3 Abs. 3 TTDSG untersagt, sich oder anderen Kenntnis vom Inhalt oder den näheren Umständen der Telekommunikationsnutzung zu verschaffen. Bei der Verletzung kommt eine Strafbarkeit nach §§ 202a, 206 StGB in Betracht.

In jüngerer Zeit setzt sich jedoch zunehmend die Meinung durch, dass das Telekommunikationsgesetz auf das Rechtsverhältnis zwischen Arbeitgeber und Beschäftigten keine Anwendung findet, da der Arbeitgeber nicht als Telekommunikationsanbieter am öffentlichen Markt auftritt (vgl. LG Erfurt v. 28.1.2021, 1 HK O 43/20; LAG Niedersachsen v. 31.5.2010, 12 Sa 875/09, ZTR 2010, 542; LAG Berlin-Brandenburg v. 16.2.2011, 4 Sa 2132/10, ZTR 2011, 631).

Damit darf der Arbeitgeber auch ohne das schriftliche Einverständnis des Beschäftigten Einsicht in dessen (auch private) E-Mails nehmen, wenn konkrete Anhaltspunkte den objektiven Verdacht begründen, dass der betreffende Beschäftigte seine Pflichten in strafbarer Weise (z. B. durch die unberechtigte Weitergabe von Betriebsgeheimnissen) verletzt (hat), vgl. § 26 Abs. 1 S. 2 BDSG. Gleiches gilt für die Aufklärung konkreter Verdachtsmomente in Bezug auf nicht strafbare Pflichtverletzungen, wie z. B. ein Verstoß gegen das arbeitsvertragliche Wettbewerbsverbot. Zwar würde sich die hiermit im Zusammenhang stehende Verarbeitung von personenbezogenen Daten mangels fehlender strafrechtlicher Relevanz nicht nach § 26 Abs. 1 S. 2 BDSG richten. In Betracht käme jedoch eine Rechtfertigung gem. § 26 Abs. 1 S. 1 BDSG. Denn Maßnahmen zur Aufklärung einer Pflichtverletzung unterhalb der Strafbarkeitsschwelle, die etwaige disziplinarische Maßnahmen oder Ansprüche gegen Beschäftigte nach sich ziehen könnte, erfolgen stets auch „für Zwecke des Beschäftigungsverhältnisses" im Sinne des § 26 Abs. 1 S. 1 BDSG (vgl. BAG v. 29.6.2017, 2 AZR 597/16, ZTR 2017, 677).

 **ACHTUNG!**

Bloße Vermutungen des Arbeitgebers, der Beschäftigte habe sich einer Straftat schuldig gemacht, reichen für die Berechtigung zur Auswertung privater E-Mails nicht aus. Der Arbeitgeber muss vielmehr in der Lage sein, konkrete Indizien oder Beweise für eine strafbare Handlung vorzulegen. Beispiel: Es stellt eine unverhältnismäßige Kontrollmaßnahme nach § 32 Abs. 1 Nr. 1 BDSG a. F. dar, wenn der Arbeitgeber auf einen vagen Hinweis, der Beschäftigte hätte sich geschäftsschädigend über den Arbeitgeber geäußert, den privaten E-Mail-Verkehr eines Beschäftigten in einem Zeitraum von einem Jahr auswertet. Dieser Verstoß gegen Datenschutzrecht kann nach einer Abwägung zwischen Art. 103 Abs. 1 GG und dem Recht auf informationelle Selbstbestimmung nach Art. 1, 2 Abs. 1 GG zu einem „Sachvortragsverwertungsverbot" führen (vgl. LAG Hessen v. 21.9.2018, 10 Sa 601/18).

Darüber hinaus wird dem Arbeitgeber die Einsicht in private E-Mails nur dann gestattet sein, wenn gewährleistet ist, dass der Eingriff in die Privatsphäre des Beschäftigten so gering wie möglich gehalten wird. Zum Beispiel sollte der Arbeitgeber die E-Mails nur in Gegenwart des betrieblichen Datenschutzbeauftragten und/oder eines Personalrats öffnen. Soweit bereits anhand des Betreffs bzw. des Adressaten ersichtlich ist, dass die vorliegende E-Mail nichts mit dem mutmaßlich strafrechtlich relevanten Verhalten des Beschäftigten zu tun hat, sollte der Arbeitgeber von einer weiteren Inaugenscheinnahme absehen.

Eine Erfassung der vom Beschäftigten im Internet aufgerufenen Internetseiten oder verwendeten E-Mail-Adressen könnte ebenso eine Verletzung des Persönlichkeitsrechts darstellen, wie die ständige Registrierung der übermittelten Dateigröße und der Dauer der Verbindungen. Derartige Informationen lassen bereits konkrete Rückschlüsse auf das Nutzungsverhalten der Beschäftigten zu.

In jedem Fall sollte sichergestellt werden, dass der Zugriff auf nutzerspezifische Daten bei einem konkreten Verdacht nur durch besonders zur Verschwiegenheit verpflichtete Personen erfolgt.

Eine laufende Überwachung der Beschäftigten kann jedoch nur dann zulässig sein, wenn der Beschäftigte hierzu sein schriftliches Einverständnis erteilt hat (Verbot der Totalüberwachung).

 **TIPP!**

Wenn sich der Arbeitgeber entschließt, seinen Beschäftigten die private Nutzung des Internets und der E-Mail-Kommunikation zu erlauben, sollte er im Gegenzug die vorherige schriftliche Zustimmung jedes Einzelnen zu konkret definierten Überwachungsmaßnahmen einholen und die Berechtigung der privaten Nutzung von dem Fortbestand der Einwilligung abhängig machen. Dies gilt auch dann, wenn sich die Überwachung ausschließlich auf die Erfassung „äußerer" Daten (z. B. E-Mail-Adressen, Zeit und Dauer der Verbindungen oder Größe der übermittelten Dateien) beschränkt. Der Beschäftigte muss vor der Erteilung seiner Einwilligung über den genauen Umfang und den Zweck der Erhebung, Verarbeitung und Nutzung seiner persönlichen Daten informiert worden sein. Hierzu gehört, dass neben den verwendeten Daten und dem Verwendungszweck der Empfänger der persönlichen Daten des Beschäftigten benannt wird. Um sicherzustellen, dass das datenschutzrechtliche Transparenzgebot beachtet wird, muss die Einwilligungserklärung des Beschäftigten klar, verständlich und aussagekräftig sein (Bestimmtheitsgebot). Der Beschäftigte muss die Tragweite seines Einverständnisses erkennen können. Außerdem muss er freiwillig eingewilligt haben. Der Beschäftigte muss außerdem darüber informiert worden sein, dass er eine einmal erteilte Einwilligung jederzeit und ohne Begründung gegenüber dem Arbeitgeber widerrufen kann. In diesem Zusammenhang sollte sich der Arbeitgeber in der Einwilligungserklärung vorbehalten, auf ebenfalls einschlägige gesetzliche Erlaubnistatbestände zurückgreifen zu dürfen, sollte der Beschäftigte seine Einwilligung im Nachgang widerrufen.

Im Falle der Einholung des Einverständnisses durch den Beschäftigten sollte ein direkter Bezug zum beabsichtigten Überwachungssystem hergestellt werden. Am besten ist es, die Überwachungsbedingungen auf dem Blatt, das die Erklärung und Unterschrift des Beschäftigten enthält, detailliert zu beschreiben. Die Erklärung des Beschäftigten sollte darauf Bezug nehmen.

**Formulierungsbeispiel:**

„Mit den vorgenannten Bedingungen zur Überwachung der Internetnutzung – insbesondere mit der Erfassung und Verwertung meiner hierdurch veranlassten personenbezogenen Daten und der Einsichtnahme in die über mein E-Mail-Postfach laufenden Mitteilungen – erkläre ich mich einverstanden."

**ACHTUNG!**

Ob der Beschäftigte auf seine Datenschutzrechte in dem vorstehend bezeichneten Umfang auch nach Inkrafttreten des § 26 Abs. 2 BDSG verzichten kann, bleibt abzuwarten.

Wenn diese schriftliche Einverständniserklärung nicht vorliegt, könnte sich ein betriebliches Überwachungssystem auf die abstrakte Erfassung der „äußeren" Daten (wie z. B. E-Mail-Adressen, Zeit und Dauer der Verbindungen sowie Größe der übermittelten Dateien) beschränken, ohne die Inhalte der E-Mails zu überprüfen. Allerdings ist es denkbar, dass bereits die Erfassung von Daten in diesem Umfang gegen das allgemeine Persönlichkeitsrecht der Beschäftigten verstößt.

**TIPP!**

Sofern das Versenden und Empfangen von privaten E-Mails erlaubt wird, sollte der Beschäftigte dazu verpflichtet werden, im elektronischen Eingangs- und Ausgangsordner jeweils ein Ablagefach für private und ein Ablagefach für dienstliche E-Mails anzulegen. Gleichzeitig sollte der Beschäftigte darauf hingewiesen werden, dass der Arbeitgeber berechtigt ist, zu jedem Zeitpunkt Einsicht in die dienstlichen E-Mails zu nehmen, welche im entsprechenden Ablagefach abgespeichert sind.

Scheidet der Beschäftigte, beispielsweise im Rahmen einer Aufhebungsvereinbarung, aus dem Arbeitsverhältnis aus, sollte sich der Arbeitgeber stets schriftlich bestätigen lassen, dass der Beschäftigte sämtliche private Inhalte aus dem sowohl dienstlich als auch privat genutzten E-Mail-Account gelöscht hat. Auf diese Weise kann die Gefahr eines Verstoßes gegen das Datenschutzrecht minimiert werden.

## 3. Datenschutz

Am 25.5.2018 sind die europäische Datenschutzgrundverordnung (DSGVO) und das neue Bundesdatenschutz (BDSG) in Kraft getreten. Das BDSG geht weiterhin davon aus, dass „alles verboten" ist, es sei denn, es ist „ausdrücklich erlaubt". Für die Arbeitsverhältnisse steht der § 26 BDSG als zentrale Erlaubnisnorm im Mittelpunkt. Er ist der relevante Maßstab für die Personaldatenerhebung und baut auf der bisherigen Rechtsprechung auf. Gemäß § 26 Abs. 1 BDSG dürfen personenbezogene Daten von Beschäftigten verarbeitet werden, wenn dies für die Durchführung des Beschäftigungsverhältnisses erforderlich ist. Danach bleibt es dabei, dass dienstliche E-Mails grundsätzlich eingesehen werden dürfen. Dies gilt jedoch nicht uneingeschränkt für vom Arbeitgeber zugelassene private E-Mails des Beschäftigten (vgl. oben). Außerdem sind die Kennzeichnungs- und Informationspflichten nach dem Telemediengesetz (TMG) zu beachten.

Immer dann, wenn die Überwachung Rückschlüsse auf das Verhalten eines bestimmten Beschäftigten gestattet (also kein anonymer Internet- oder E-Mail-Zugang verwendet wird), werden personenbezogene Daten der Beschäftigten erfasst. Der Arbeitgeber darf jedoch nur dann personenbezogene Daten speichern, verändern, übermitteln, sperren, oder löschen, wenn dies in der DSGVO (dort insb. in Art. 88) bzw. im BDSG ausdrücklich erlaubt wird oder die betroffene Person hiermit einverstanden ist.

Im Übrigen ist der Zugriff auf die übermittelten Inhalte nach dem Bundesdatenschutzgesetz nur dann gestattet, wenn auf Seiten des Arbeitgebers ein begründeter Verdacht auf strafbare Handlungen, insbesondere den Verrat von Betriebs- oder Geschäftsgeheimnissen, besteht. Gleiches gilt für den Fall einer schwerwiegenden arbeitsvertraglichen Pflichtverletzung (vgl. oben).

## 4. Beteiligung des Personalrats

Der Arbeitgeber hat vor Einführung und Anwendung von technischen Einrichtungen, die dazu bestimmt sind, das Verhalten oder die Leistung des Beschäftigten zu überwachen, den Personalrat zu beteiligen (§ 80 Abs. 1 Nr. 21 BPersVG). Hierzu gehören auch technische Einrichtungen, die die Nutzung des Internets bzw. des E-Mail-Systems überwachen. Es kommt nicht darauf an, ob die Nutzung zu rein dienstlichen oder auch zu privaten Zwecken erfolgt, oder ob sich die Überwachung nur auf die Erfassung der „äußeren" Daten beschränkt. Denn in jedem Fall lässt die Nutzung Rückschlüsse auf das Verhalten am Arbeitsplatz zu.

Hat der Personalrat der Erfassung von Daten nicht zugestimmt, müssen diese umgehend wieder gelöscht werden. Außerdem kann eine Verwertung der Überwachungsergebnisse unzulässig sein (vgl. das Stichwort → *Datenschutz*).

## 5. Wie weit darf der Arbeitgeber kontrollieren?

▶ Der Arbeitgeber kann und sollte betriebliche Richtlinien für die Internet-Nutzung aufstellen und gemeinsam mit dem → *Personalrat* ein Kontrollsystem vereinbaren.

▶ Nach gegenwärtiger Rechtslage dürfen rein „äußere" Daten (z. B. angewählte Internet- und E-Mail-Adressen, Zeit und Dauer der Verbindungen) vom Arbeitgeber erhoben und gespeichert werden, wenn der Personalrat dem zugestimmt hat.

▶ Der Arbeitgeber darf Inhalte von E-Mails nur dann überwachen, wenn ein begründeter Verdacht auf strafbare Handlungen (hierzu gehören auch Ordnungswidrigkeiten), insbesondere den Verrat von Betriebs- oder Geschäftsgeheimnissen, besteht.

▶ Soweit der Arbeitgeber dies überhaupt zulassen will, sollte die Gestattung der privaten Nutzung des Internets davon abhängig gemacht werden, dass der Beschäftigte gegenüber dem Arbeitgeber schriftlich seine Einwilligung mit dem Kontrollsystem erteilt (vgl. oben).

▶ Alternativ könnte der Arbeitgeber die Beschäftigten anhalten, private E-Mails in einem separaten Ordner abzuspeichern oder nach deren Kenntnisnahme zu löschen. Allerdings müssen diese Vorgaben selbst dem aus Art. 1, 2 Abs. 1 GG abzuleitenden Verhältnismäßigkeitsgrundsatz entsprechen. Dies bedeutet, dass die Vorgaben transparent und erforderlich sein müssen, um die vom Arbeitgeber verfolgten Zwecke zu wahren (vgl. LAG Hessen v. 21.9.2018, 10 Sa 601/18).

**WICHTIG!**

Der Arbeitgeber darf den privaten E-Mail-Verkehr des Beschäftigten zur Wahrnehmung eigener Rechte in den Kündigungsschutzprozess nur dann einführen, wenn eine Interessenabwägung ergibt, dass die Interessen des Arbeitgebers den Vorrang verdienen. Die mit der im Prozess vorgenommenen Auswertung der E-Mails verbundene Persönlichkeitsverletzung muss der Beschäftigte mit Rücksicht auf die berechtigten Belange des Arbeitgebers hinnehmen, wenn er das Vertrauen des Arbeitgebers durch exzessive Nutzung des privaten E-Mail-Verkehrs massiv enttäuscht hat (vgl. LAG Niedersachsen v. 31.5.2010, 12 Sa 875/09, ZTR 2010, 542).

## V. Möglichkeiten des Arbeitgebers bei Zuwiderhandlungen des Beschäftigten (Beispiele aus der Rechtsprechung)

Hat der Arbeitgeber die private Nutzung weder ausdrücklich noch stillschweigend gestattet, darf der Beschäftigte das Internet ausschließlich dienstlich nutzen. Auch hierbei muss er die Vorgaben des Arbeitgebers beachten. Tut er dies nicht, verstößt er gegen seine arbeitsvertraglichen Pflichten. Dies gilt insbesondere für eine unerlaubte private Nutzung oder die Vergeudung von Arbeitszeit.

Die unerlaubte private Nutzung berechtigt den Arbeitgeber im Falle eines Verstoßes zu einer Abmahnung, es sei denn, der Beschäftigte hat einen Entschuldigungsgrund (z. B. private Notlage). Im Wiederholungsfall kann der Arbeitgeber eine verhaltensbedingte (ordentliche) Kündigung aussprechen.

Eine außerordentliche Kündigung kommt immer nur dann in Betracht, wenn ein schwerwiegender Verstoß gegen die arbeitsvertraglichen Pflichten vorliegt. Dies kann z. B. bei der Verbreitung von Betriebsgeheimnissen via Internet oder bei der Inanspruchnahme von unsittlichen oder strafbaren Internet-Programmen der Fall sein.

Grundsätzlich kann die private Nutzung des Internets am Arbeitsplatz jedoch nur dann zu einer außerordentlichen Kündigung führen, wenn die private Nutzung vom Arbeitgeber zuvor ausdrücklich verboten wurde. Nutzt der Beschäftigte jedoch während der Arbeitszeit das Internet in erheblichem zeitlichen Umfang („ausschweifend") zu privaten Zwecken, so kann er auch bei Fehlen eines ausdrücklichen Verbots grundsätzlich nicht darauf vertrauen, dass der Arbeitgeber dies tolerieren werde. In diesen Fällen kann sogar eine fristlose Kündigung ohne vorherige Abmahnung gerechtfertigt sein (BAG v. 7.7.2005, 2 AZR 581/04, ZTR 2006, 213 und v. 31.5.2007, 2 AZR 200/06, ZTR 2007, 626). Denn eine vorherige Abmahnung ist unter Berücksichtigung des Verhältnismäßigkeitsgrundsatzes ausnahmsweise entbehrlich, wenn eine Verhaltensänderung in Zukunft trotz Abmahnung nicht erwartet werden kann oder es sich um eine schwerwiegende Pflichtverletzung handelt, deren Rechtswidrigkeit dem Beschäftigten ohne Weiteres erkennbar und die Hinnahme des Verhaltens durch den Arbeitgeber offensichtlich ausgeschlossen ist (vgl. BAG v. 12.1.2006, 2 AZR 179/05, ZTR 2006, 559). Den Arbeitgeber treffen grundsätzlich die Darlegungs- und Beweislast einer arbeitsvertraglichen Pflichtverletzung, wie zum Beispiel die Verweildauer des Beschäftigten im Internet und die Schwere der behaupteten Pflichtverletzung (vgl. LAG Rheinland-Pfalz v. 26.2.2010, 6 Sa 682/09, MMR 2010, 430).

Selbst im Falle eines fehlenden ausdrücklichen Verbots der Internetnutzung für private Zwecke kann bei einem 21 Jahre dauernden und bislang störungsfrei verlaufenden Arbeitsverhältnis bei einer ausschweifend privaten Nutzung des Internets während der Arbeitszeit eine ordentliche Kündigung ohne vorherige Abmahnung sozial gerechtfertigt sein (LAG Schleswig-Holstein v. 6.5.2014, 1 Sa 421/13).

In einem vom Landesarbeitsgericht Niedersachsen zu entscheidenden Fall hatte der Beschäftigte über einen Zeitraum von mehr als sieben Wochen arbeitstäglich mehrere Stunden mit dem Schreiben und Beantworten privater E-Mails verbracht. An mehreren Tagen hat er sich sogar in einem derart zeitlichen Umfang damit beschäftigt, dass kein Raum mehr für die Erledigung von Dienstaufgaben übrig blieb. Nach dem Landesarbeitsgericht handelte es sich um einen Fall „exzessiver" Privatnutzung des Dienst-PC, welcher auch die außerordentliche Kündigung eines langjährigen Beschäftigten ohne vorangegangene Abmahnung rechtfertigte (vgl. LAG Niedersachsen v. 31.5.2010, 12 Sa 875/09, ZTR 2010, 542).

Einer außerordentlichen Kündigung soll es allerdings schon genügen, wenn der Arbeitnehmer über einen längeren Zeitraum hinweg regelmäßig URL-Aufrufe und E-Mails zu privaten Zwecken getätigt hat. Dies gilt umso mehr, wenn zwischen den einzelnen URL-Aufrufen ein Zeitraum von weniger als ein bis zwei Minuten liegt, denn dazwischen kann keine Arbeitsleistung erbracht werden (LAG Köln v. 7.2.2020, 4 Sa 329/19).

Im Fall eines Beschäftigten des öffentlichen Dienstes ist nach der Rechtsprechung des Bundesarbeitsgerichts zu berücksichtigen, dass dem Beschäftigten gegenüber einem normalen Angestellten in der Privatwirtschaft gesteigerte Verhaltenspflichten obliegen. Der Beschäftigte hat sich so zu verhalten, wie es von Angehörigen des öffentlichen Dienstes erwartet wird. Hierzu gehört, dass er sich nicht monatelang fast täglich zwischen circa einer Viertelstunde und knapp drei Stunden mit Pornographie im Internet beschäftigt, anstatt seine Dienstpflichten zu erfüllen. Werden solche Verfehlungen bekannt und schreitet der öffentliche Dienstherr hiergegen nicht ein, so fällt dies auf die Behörde und damit auf den gesamten öffentlichen Dienst zurück (vgl. BAG v. 27.4.2006, 2 AZR 386/05, ZTR 2006, 595).

Der Beschäftigte kann auch nicht damit rechnen, der Arbeitgeber sei, selbst wenn er prinzipiell eine private Nutzung des Internets duldet, damit einverstanden, dass er sich umfangreiche pornographische Dateien aus dem Internet herunterlädt. Der Arbeitgeber hat ein Interesse daran, von Dritten nicht mit solchen Aktivitäten seiner Mitarbeiter in Verbindung gebracht zu werden (vgl. BAG v. 6.11.2003, 2 AZR 631/02, AP BGB § 626 Verdacht strafbarer Handlung Nr. 39). Auch in einem derartigen Fall ist der Ausspruch einer Abmahnung vor Ausspruch der verhaltensbedingten Kündigung in der Regel nicht erforderlich.

Nutzt ein Beschäftigter während der Arbeitszeit den Internetzugang zum Einrichten einer Web-Page sexuellen Inhalts, rechtfertigt dies eine außerordentliche Kündigung (Leitsatz eines Urteils des ArbG Hannover v. 1.12.2000, 1 Ca 504/00 B). Installiert ein Beschäftigter verbotswidrig sog. Anonymisierungssoftware, die eine Kontrolle der technischen Betriebsmittel des Arbeitgebers erheblich erschwert oder vereitelt, kann eine außerordentliche Kündigung ohne vorherige Abmahnung gerechtfertigt sein (BAG v. 12.1.2006, 2 AZR 179/05, ZTR 2006, 559). Ebenso kann das Installieren und Nutzen von Software, die zur Nutzung der Entwicklungsumgebung vorbehalten ist, in der Produktivumgebung ohne entsprechende Genehmigung des Arbeitgebers wegen der damit verbundenen Gefährdung des Netzwerkes einen wichtigen Grund an sich für eine außerordentliche Kündigung darstellen (LAG Nürnberg v.3.11.2020, 7 Sa 99/20, ZTR 2021, 346).

Ein als Systemadministrator eingesetzter Beschäftigter gibt Anlass für den Ausspruch einer außerordentlichen Kündigung, wenn er im Intranet nach privaten E-Mail-Dokumenten seiner Kollegen recherchiert und sich Kenntnis von deren Inhalt verschafft. Gleiches gilt, wenn es sich um ein Postfach des Vorstands des Arbeitgebers handelt, in dem sich gespeicherte E-Mail-Dokumente befinden (vgl. LAG Köln v. 14.5.2010, 4 Sa 1257/09, NZA-RR 2010, 579).

Besteht kein Verbot der Privatnutzung, hat der Arbeitgeber in der Regel ein Problem mit der gesetzmäßigen Ermittlung des Kündigungssachverhalts und der entsprechenden Beweisführung im Prozess (vgl. ArbG Hannover v. 28.4.2005, 10 Ca 791/04). Insbesondere gestaltet es sich für den Arbeitgeber als problematisch, eine Beeinträchtigung der Arbeitsleistung nachzuweisen, wenn es sich bei den privat genutzten Internetzeiten nicht um Zeiten ohne Arbeitsleistung handelt. Dies gilt insbesondere für Aktivitäten wie das gleichzeitige Hören von Tonspuren während der Arbeit, sei es durch die Nutzung von Internetradio, das Anhören von Podcasts oder sogar das Schauen von Netflixserien (vgl. LAG Rheinland-Pfalz v. 19.12.2023, 8 Sa 48/23). Vor diesem Hintergrund sollte in jedem Fall die private Internetnutzung verboten werden (s. o.).

Nach der ständigen Rechtsprechung des Bundesarbeitsgerichts kommt als kündigungsrelevante Verletzung arbeitsvertraglicher Pflichten bei einer privaten Nutzung des Internets unter anderem in Betracht (vgl. BAG v. 27.4.2006, 2 AZR 386/05, ZTR 2006, 595):

▸ das Herunterladen einer erheblichen Menge von Daten aus dem Internet auf betriebliche Dateisysteme („unbefugter Download"), insbesondere wenn damit einerseits die Gefahr möglicher Vireninfizierungen oder anderer Störungen des betrieblichen Betriebssystems verbunden sein können oder andererseits von solchen Daten, bei deren Rückverfolgung es zu möglichen Rufschädigungen des Arbeitgebers kommen kann, beispielsweise weil strafbare oder pornographische Darstellungen heruntergeladen werden;

▸ die private Nutzung des vom Arbeitgeber zur Verfügung gestellten Internetanschlusses als solche, weil durch sie dem Arbeitgeber möglicherweise – zusätzliche – Kosten entstehen können und der Beschäftigte jedenfalls die Betriebsmittel – unberechtigterweise – in Anspruch genommen hat;

▸ die private Nutzung des vom Arbeitgeber zur Verfügung gestellten Internets während der Arbeitszeit, weil der Beschäftigte während des Surfens im Internet zu privaten Zwecken seine arbeitsvertragliche geschuldete Arbeitsleistung nicht erbringen kann und dadurch seine Arbeitspflicht verletzt.

Entsteht dem Arbeitgeber durch das unerlaubte Verhalten des Beschäftigten (z. B. Nichteinhaltung von Sicherheitsbestimmungen und hierdurch resultierenden Datenverlust oder Ansehensschädigung des Arbeitgebers) ein Schaden, kann er Schadensersatzanspruch nach den allgemeinen Regeln geltend machen (Haftung des Beschäftigten).

Das Bundesarbeitsgericht hat sich in seinem Urteil vom 19. April 2012 (vgl. BAG v. 19.4.2012, 2 AZR 186/11, ZTR 2013, 103) erstmals mit einer Kündigung wegen privater Nutzung des betrieblichen Internetanschlusses im Zusammenhang mit dem pflichtwidrigen „Surfen" eines leitenden Angestellten auseinandergesetzt. Diese Kündigung war ohne vorherige Abmahnung

ausgesprochen worden. Nach der Auffassung des Bundesarbeitsgerichts sei im Regelfall davon auszugehen, dass eine vorherige Abmahnung zu einer Verhaltenskorrektur führe und eine diesbezüglich positive Prognose vorläge, wenn ein leitender Angestellter den betrieblichen Internetzugang erstmalig trotz eines ausdrücklichen Verbots zu privaten Zwecken (z. B. mit pornografischen Inhalten) nutzt. Eine Kündigung sei in diesem Fall unverhältnismäßig. Denn aus der Arbeitszeitautonomie eines leitenden Angestellten folge regelmäßig eine „Milderung" der Schwere der erstmaligen Pflichtverletzung im Rahmen der stets erforderlichen Interessenabwägung, was die vorherige Erteilung einer Abmahnung erforderlich mache. Denn die freie Zeiteinteilungsmöglichkeit führe dazu, dass aus der bloßen zeitlichen Lage der unzulässigen Nutzung nicht die Vernachlässigung der Arbeitspflicht und ein Vortäuschen einer Arbeitstätigkeit abgeleitet werden könne. Der Arbeitgeber müsse vielmehr eigenständige konkrete Tatsachen unter Beweisantritt darlegen, aus denen sich die Verletzung der Arbeitspflicht ergebe. Die strengen Anforderungen an eine Kündigung wegen erstmaliger unzulässiger Internetnutzung relativieren sich bei einem leitenden Angestellten, wenn man berücksichtigt, dass sich der Arbeitgeber vom leitenden Angestellten über den Weg eines begründungsfreien Auflösungsantrags nach § 9 KSchG i. V. m. § 14 Abs. 2 KSchG durch Zahlung einer Abfindung trennen kann.

In einem jüngeren Urteil hat sich das Landesarbeitsgericht Berlin-Brandenburg zum Thema Verwertung von Verlaufsdaten in der Chronik eines Internetbrowsers zu Zwecken der Missbrauchskontrolle geäußert. In dem zu entscheidenden Fall hatte ein Arbeitnehmer in der Privatwirtschaft über einen Zeitraum von 30 Arbeitstagen während der Arbeitszeit den dienstlichen Internetanschlusses im Umfang von knapp 40 Stunden für private Zwecke genutzt. In einem derartigen Fall sei der Arbeitgeber wegen der darin liegenden Verletzung der Arbeitspflicht auch dann zur außerordentlichen Kündigung berechtigt, wenn dem Arbeitnehmer die Privatnutzung arbeitsvertraglich in Ausnahmefällen innerhalb der Arbeitspausen erlaubt ist. Im Kündigungsschutzprozess dürfe der Arbeitgeber die ohne Hinzuziehung des Arbeitnehmers ausgewerteten Einträge der aufgerufenen Internetseiten in der Chronik des auf dem Dienstrechner des Arbeitnehmers installierten Internet-Browsers zum Beweis einer exzessiven Internetnutzung verwerten. Obwohl es sich dabei um personenbezogene Daten handele und auch wenn eine wirksame Einwilligung in die Kontrolle dieser Daten nicht vorliege, bestehe kein Beweisverwertungsverbot, weil das Bundesdatenschutzgesetz auch ohne Einwilligung des Arbeitnehmers die Speicherung und Auswertung der Verlaufsdaten in der Chronik eines Internetbrowsers zu Zwecken der Missbrauchskontrolle erlaube. Unabhängig davon bestehe jedenfalls dann kein Beweisverwertungsverbot, wenn dem Arbeitgeber ein mit anderen Mitteln zu führender konkreter Nachweis des Umfangs des Missbrauchs des dienstlichen Internets nicht zur Verfügung stehe. Auch aus § 88 Abs. 3 TKG (a. F.) folge in diesem Fall kein Beweisverwertungsverbot, weil das TKG nicht anwendbar sei, wenn der Arbeitgeber den Arbeitnehmern eine private Nutzung des dienstlichen Internetanschlusses erlaube (vgl. LAG Berlin-Brandenburg v. 14.1.2016, 5 Sa 657/15).

Auch private Telefonate während der Arbeitszeit können eine außerordentliche Kündigung auch ohne vorherige Abmahnung rechtfertigen, wenn die Telefonate ein exzessives Ausmaß erreicht haben. Ein exzessives Ausmaß ist regelmäßig bei einem Zeitanteil von 15–20 % der Arbeitszeit anzunehmen. Liegt der Zeitanteil der privaten Telefonate weit darunter (z. B. 2,6 %), ist die Pflichtverletzung grundsätzlich nicht so schwerwiegend. In diesen Fällen bedarf es einer vorherigen Abmahnung. Dies gilt nur dann nicht, wenn der Beschäftigte seine Arbeitspflichten in sonstiger Weise erheblich vernachlässigt hat (vgl. LAG Mecklenburg-Vorpommern v. 17.1.2017, 5 TaBV 8/16).

## VI. Checkliste Internet am Arbeitsplatz

### A. Möglicher Inhalt einer betrieblichen Richtlinie zur Internet-Nutzung

Eine betriebsinterne Richtlinie zur Internet-Nutzung sollte folgende Punkte enthalten:

**I. Allgemeine Sicherheitsregeln**

❑ Vorschriften zur Anwendung von Virenschutzprogrammen

❑ Verbot der Installation von privater oder betriebsfremder Software und Anwendungen

❑ Verpflichtung der Beschäftigten zur Anfertigung von Sicherungskopien empfangener und versendeter E-Mails

❑ Pflicht zur Klassifizierung und Verschlüsselung vertraulicher Dokumente

❑ Pflicht zur Verwendung einheitlicher E-Mail-Formulare (ggf. mit Vertraulichkeitshinweisen)

❑ Verbot des Öffnens, Versendens oder Weiterleitens von Kettenbriefen

**II. Dienstliche Nutzung**

**1. E-Mails**

❑ Der Inhalt muss kurz gefasst werden („KISS" = keep it short and simple)

❑ Belehrung über die Verbindlichkeit rechtsgeschäftlicher Äußerungen per E-Mail

❑ Aufforderung zur Einhaltung der Erklärungskompetenzen

❑ Kopien dürfen nur an Personen übermittelt werden, die vom Inhalt betroffen sind

❑ Aufforderung zum sorgfältigen Umgang mit ausgedruckten E-Mails, entweder durch Zuordnung in die betreffende Akte oder durch Vernichtung per Shredder

**2. Surfen im Internet**

❑ Vorauswahl bestimmter Internetanbieter mit kostenpflichtigen Angeboten

❑ Anwendung eines Virenschutzprogramms

❑ Verbot des Herunterladens von ungescannten Programmen

**III. Private Nutzung (wenn möglich, vollständig verbieten)**

**1. E-Mails**

❑ Darf das E-Mail-Programm privat genutzt werden?

❑ Wenn die private Nutzung erlaubt wird:
  ▶ In welchem zeitlichen Ausmaß?
  ▶ Ist die Nutzung während der Arbeitszeit gestattet (wenn möglich, verbieten)?

❑ Verbot der privaten Übersendung betriebsinterner Daten und Androhung arbeitsrechtlicher Konsequenzen

❑ Kennzeichnungspflicht von privaten E-Mails und Ablage in gekennzeichnete elektronische Ordner

❑ Verbot der Weiterleitung von Nachrichten, die einen anstößigen oder strafbaren Inhalt haben oder die das Ansehen des Arbeitgebers schädigen können

**2. Surfen im Internet**

❑ Darf zu Privatzwecken gesurft werden?

❑ Wenn ja:
  ▶ In welchem Ausmaß?
  ▶ Darf während der Arbeitszeit gesurft werden (wenn möglich, verbieten)?

❑ Verbot des Herunterladens von Dateien zur privaten Nutzung

❑ Verbot der Inanspruchnahme kostenpflichtiger Internetanbieter

❑ Verbot des Besuchens von Internetseiten mit anstößigem (insb. pornografischem) oder strafbarem Inhalt

### B. Kontrollsystem des Arbeitgebers

Folgendes sollte der Arbeitgeber beachten, wenn er ein Kontrollsystem einführen will:

❑ Die Einführung ist mitbestimmungspflichtig

❑ Das Kontrollsystem sollte dienstliche und private Nutzung auseinanderhalten können und sich auf das Erfassen von „äußeren" Daten beschränken.

❑ Überwachen und Speichern von „äußeren" Daten mit dem Personalrat vereinbaren:
  ▶ Uhrzeit
  ▶ Verbindungsdauer
  ▶ übermittelte Dateigrößen

❑ Überwachen und Speichern des E-Mail-Inhalts mit dem Personalrat vereinbaren!

❑ Ausdrückliches Einverständnis jedes Beschäftigten mit dem Kontrollsystem einholen, nachdem der Beschäftigte detailliert über die genauen Umstände der Datenerhebung informiert worden ist!

# Jugend- und Auszubildendenvertretung

 **Wegweiser:**

Jugend- und Auszubildendenvertretungen sollen die Interessen der jugendlichen Mitarbeiter bis zur Vollendung des achtzehnten Lebensjahres sowie der Berufsausbildungsbeschäftigten bis zur Vollendung des 25. Lebensjahres wahrnehmen. Eine Jugend- und Auszubildendenvertretung kann es immer nur dann geben, wenn es im Betrieb einen Personalrat bzw. einen Betriebsrat gibt. Die Jugend- und Auszubildendenvertretung ist im Verhältnis zu diesem Gremium nicht gleichberechtigt. Sie hat vielmehr die Aufgabe, gegenüber der Mitarbeitervertretung dafür zu sorgen, dass die Interessen der Jugendlichen und Berufsausbildungsbeschäftigten von dieser angemessen berücksichtigt werden. Gegenüber dem Arbeitgeber beziehungsweise der Dienststelle bleibt der Personalrat bzw. Betriebsrat der allein zuständige Ansprechpartner.

Die Regelungen zur Jugend- und Auszubildendenvertretung befinden sich für privatrechtlich organisierte Unternehmen mit einem Betriebsrat systematisch geordnet in den §§ 60 bis 73b und 78a BetrVG. Im Anwendungsbereich der Personalvertretung des Bundes befinden sich Vorschriften zur Jugend- und Auszubildendenvertretung zum Teil in den §§ 99 bis 107 BPersVG, aber auch verstreut in den §§ 56, 36 Abs. 3, 42, 37 Abs. 1,

62 Nr. 8 BPersVG. In den einzelnen Landespersonalvertretungsgesetzen können Abweichungen zum Bundespersonalvertretungsgesetz bestehen (beispielsweise bei der Altersgrenze für die Wählbarkeit in die Jugend- und Auszubildendenvertretung). Das Stichwort orientiert sich am Bundespersonalvertretungsgesetz sowie dem Betriebsverfassungsgesetz und soll einen allgemeinen Überblick über die Jugend- und Auszubildendenvertretung verschaffen.

**I. Funktion der Jugend- und Auszubildendenvertretung**

**II. Mitgliederstruktur der Jugend- und Auszubildendenvertretung**
1. Anzahl der Mitglieder
2. Wählbarkeit und Wahlberechtigung
3. Schutz der Mitglieder

**III. Zusammenarbeit mit dem Personalrat**
1. Allgemeine Aufgaben
2. Sitzungen der Jugend- und Auszubildendenvertretung
3. Sitzungen des Personalrats
4. Besprechungen zwischen Personalrat und JAV
5. Einleitung der Wahl

**IV. Zusammenarbeit mit dem Betriebsrat**
1. Allgemeine Aufgaben
2. Sitzungen der Jugend- und Auszubildendenvertretung
3. Sitzungen des Betriebsrats
4. Besprechung zwischen Betriebsrat und Arbeitgeber
5. Einleitung der Wahl

**V. Kosten der Jugend- und Auszubildendenvertretung**
1. Sachmittel und Räumlichkeiten
2. Sprechstunden
3. Schulungen
4. Freistellung
5. Wahl

## I. Funktion der Jugend- und Auszubildendenvertretung

Eine Jugend- und Auszubildendenvertretung ist zwingend zu wählen, wenn ein Betriebsrat oder Personalrat besteht und dem Betrieb beziehungsweise der Dienststelle regelmäßig mindestens fünf Beschäftigte nach §§ 57, 4 BPersVG, §§ 60, 5 BetrVG angehören, die entweder das 18. Lebensjahr noch nicht vollendet haben oder zu ihrer Berufsausbildung beschäftigt sind. Es müssen also mindestens fünf Jugendliche oder Auszubildende beschäftigt werden, wobei es nicht darauf ankommt, ob diese Zahl zum Wahltag erreicht wird. Entscheidend ist, dass regelmäßig eine solche Anzahl im Betrieb tätig ist. Als zu ihrer Berufsausbildung Beschäftigte im Sinne der Vorschrift zählen im öffentlichen Dienst neben den nach dem Berufsbildungsgesetz auszubildenden Beschäftigten auch Beamtenanwärter und Beamte, die für den Wechsel zu einer anderen beamtenrechtlichen Laufbahn ausgebildet werden. Umfasst werden ferner auch Berufsausbildungsverhältnisse nach dem Krankenpflegegesetz und dem Hebammengesetz.

Die Organisation und Beschlussfassung der Jugend- und Auszubildendenvertretung entspricht im Wesentlichen der des Betriebsrats (siehe → *Betriebsrat*) bzw. Personalrats. Der Vorsitzende der Jugend- und Auszubildendenvertretung vertritt

diese im Rahmen der von ihr gefassten Beschlüsse. Zu beachten ist allerdings, dass sie kein selbstständiges oder gleichwertiges Organ der Personalvertretung ist. Vielmehr ist es alleinige Aufgabe des Betriebsrats bzw. Personalrats, gegenüber dem Arbeitgeber bzw. der Dienststelle auch die Interessen der Jugendlichen und Berufsausbildungsbeschäftigten zu vertreten. Die Jugend- und Auszubildendenvertretung hat wiederum im Verhältnis zur Personalvertretung verschiedenste Befugnisse, um auf deren Willensbildung einwirken zu können. Der Gesetzgeber möchte damit erreichen, dass die speziellen Interessen der jungen Leute erkannt und berücksichtigt werden.

Parallel zu den Belegschaftsvertretungen kann es im Bereich des BetrVG auch Gesamt-Jugend- und Auszubildendenvertretungen sowie Konzern-Jugend- und Auszubildendenvertretungen geben. Nach § 107 BPersVG kommen bei den Behörden Bezirks-Jugend- und Auszubildendenvertretungen sowie bei den obersten Dienstbehörden Haupt-Jugend- und Auszubildendenvertretungen in Betracht, sowie bei Nebenstellen und Teilen von Dienststellen eine Gesamt-Jugend- und Auszubildendenvertretung.

## II. Mitgliederstruktur der Jugend- und Auszubildendenvertretung

### 1. Anzahl der Mitglieder

Die Anzahl der Mitglieder der Jugend- und Auszubildendenvertretung ist in § 62 BetrVG bzw. in § 101 BPersVG geregelt. Sie unterscheidet sich leicht voneinander, wobei das BetrVG differenzierter ist.

| Regelmäßige Anzahl jugendlicher Arbeitnehmer (BetrVG)/Beschäftigter (BPersVG) bis maximal 17 Jahre und Berufsausbildungsbeschäftigte bis maximal 24 Jahre | Anzahl der Mitglieder der Jugend- und Auszubildendenvertretung |
|---|---|
| 5–20 (BetrVG und BPersVG) | 1 |
| 21–50 (BetrVG und BPersVG) | 3 |
| 51–150 (BetrVG) und 51–200 (BPersVG) | 5 |
| 151–300 (BetrVG) und 201–300 (BPersVG) | 7 |
| 301–500 (nur BetrVG) | 9 |
| 501–700 (BetrVG) und 301–1000 (BPersVG) | 11 |
| 701–1000 (nur BetrVG) | 13 |
| mehr als 1000 (BetrVG und BPersVG) | 15 |

Für die Berechnung der Anzahl der Mitglieder ist die Zahl der regelmäßig beschäftigten Jugendlichen und Auszubildenden bei Erlass des Wahlausschreibens maßgebend. Anders als beim Personalrat oder Betriebsrat ist es für den Bestand der Jugend- und Auszubildendenvertretung ohne Einfluss, wenn sich die Zahl der regelmäßig beschäftigten Jugendlichen oder Auszubildenden nach der Wahl verändert. Nur wenn die Anzahl der Jugendlichen und Auszubildenden dauerhaft, also nicht nur kurzfristig, unter fünf sinkt, endet das Amt der Jugend- und Auszubildendenvertretung.

Ein Fehler bei der Berücksichtigung der jugendlichen regelmäßig Beschäftigten im Sinne des § 99 BPersVG, der das Ergebnis der

Wahl beeinflusst, stellt einen Anfechtungsgrund der Wahl dar (VG Berlin v. 3.9.2014, 70 K 7.14 PVB; OVG Berlin-Brandenburg v. 18.6.2015, OVG 62 PV 15.14).

**Hinweis:**
Unabhängig von der regelmäßigen Anzahl der Jugendlichen und Auszubildenden im Betrieb besteht die Jugend- und Auszubildendenvertretung höchstens aus 15 Mitgliedern.

## 2. Wählbarkeit und Wahlberechtigung

Wählbar in das Amt der Jugend- und Auszubildendenvertretung sind nach § 61 Abs. 2 BetrVG alle Arbeitnehmer des Betriebs, die das 25. Lebensjahr noch nicht vollendet haben oder die zu ihrer Berufsausbildung beschäftigt sind. Nach § 100 Abs. 2 BPersVG wählbar sind Beschäftigte, die am Wahltag das 26. Lebensjahr noch nicht vollendet haben oder sich in einer beruflichen Ausbildung befinden.

Die Wählbarkeit von Personen in das Amt der Jugend- und Auszubildendenvertretung ist weiter gefasst als die Wahlberechtigung. Während sich die Wahlberechtigung nach der von der Jugend- und Auszubildendenvertretung nach § 60 BetrVG bzw. § 99 BPersVG vertretenen Gruppe der jugendlichen Arbeitnehmer bzw. Beschäftigten bis 17 Jahre und den Berufsausbildungsbeschäftigten richtet (§ 100 Abs. 1 BPersVG, § 61 Abs. 1 BetrVG), dürfen auch solche Arbeitnehmer gewählt werden, die am Wahltag noch nicht das 26. Lebensjahr vollendet haben oder sich in einer beruflichen Ausbildung befinden (§ 100 Abs. 2 BPersVG). Es kommt insbesondere nicht darauf an, ob sie ein Berufsausbildungsverhältnis bereits beendet haben. Die Wählbarkeit setzt die Dienststellenzugehörigkeit zwingend voraus (OVG Berlin-Brandenburg v. 1.12.2016, OVG 60 PV 5.16). In Betrieben liegt gemäß § 61 Abs. 2 BetrVG die Altersgrenze hingegen bei der Vollendung des 25. Lebensjahres. Maßgeblich ist der Tag des Beginns der Amtszeit.

Sofern ein Mitglied der Jugend- und Auszubildendenvertretung erst einmal gewählt worden ist, verliert es das Amt nicht, wenn es nach Beginn der Amtszeit 26 Jahre alt wird. Er oder sie bleibt grundsätzlich bis zum Ablauf der Wahlperiode im Amt. Dabei ist zu beachten, dass die Amtszeit von Jugend- und Auszubildendenvertretungen kürzer ist als die von Personalräten und Betriebsräten. Die regelmäßigen Wahlen finden alle zwei Jahre statt (§ 102 Abs. 2 BPersVG).

Die gleichzeitige Mitgliedschaft im Personalrat und in der Jugend- und Auszubildendenvertretung ist – anders als nach § 62 Abs. 2 BetrVG – zulässig. Ein Mitglied des Personalrats, das gleichzeitig Mitglied der Jugend- und Auszubildendenvertretung ist, darf bei Beschlussfassungen des Personalrats, bei denen die Vertreterinnen und Vertreter der Jugend- und Auszubildendenvertretung stimmberechtigt sind, nur eine Stimme abgeben (§ 100 Abs. 2 S. 3 und 4 BPersVG).

## 3. Schutz der Mitglieder

Mitglieder der Jugend- und Auszubildendenvertretung dürfen weder benachteiligt noch bevorzugt werden. Der Schutz der Mitglieder wird zum einen über die Gewährung von Sonderkündigungsschutz sichergestellt. Zum anderen ist es deutlich schwieriger, Auszubildende nach Beendigung ihres Berufsausbildungsverhältnisses nicht in ein Arbeitsverhältnis zu übernehmen (§§ 56, 105 BPersVG, § 78a BetrVG).

**WICHTIG!**
Dieser sog. Weiterbeschäftigungsschutz gilt nur für die in einem Berufsausbildungsverhältnis nach dem Berufsbildungsgesetz,

dem Krankenpflegegesetz oder dem Hebammengesetz stehenden Beschäftigten. So hat das BVerwG (mittlerweile durch das BVerfG bestätigt) für Jugendvertreter, die im Beamtenverhältnis auf Widerruf einen Vorbereitungsdienst für den gehobenen Dienst absolviert haben, klargestellt, dass diese nicht in den Schutzbereich des § 56 BPersVG fallen (BVerwG v. 30.5.2012, 6 PB 7.12, ZTR 2012, 533; BVerwG v. 21.3.2015, 1 BvR 2031/12, ZTR 2015, 718). Gleiches gilt für Jugendvertreter, die eine Ausbildung auf Hochschulniveau absolvieren (LAG Hamm v. 9.11.2018, 13 TaBV 82/17, ZTR 2019, 407).

Hingegen sind Ersatzmitglieder der Jugend- und Auszubildendenvertretung vom Weiterbeschäftigungsschutz umfasst, wenn sie im letzten Jahr vor ihrem Ausbildungsende für ein zeitweilig verhindertes Mitglied nachgerückt sind (BVerwG v. 1.10.2013, 6 P 6.13, ZTR 2014, 54). Ein nachwirkender Weiterbeschäftigungsschutz besteht allerdings nicht, wenn ein Ersatzmitglied in der abgelaufenen Vertretungszeit gar keine konkreten Aufgaben der Jugend- und Auszubildendenvertretung übernommen hat (LAG Hamm v. 4.4.2014, 13 Sa 40/14).

Ein solcher Weiterbeschäftigungsschutz kann im Einzelfall außerdem zu versagen sein, wenn das Ersatzmitglied nur durch kollusives Zusammenwirken der Jugend- und Auszubildendenvertretung vertretungsweise tätig wird, einzig um den Weiterbeschäftigungsschutz zu erhalten (OVG Bautzen v. 8.5.2014, PL 9 A 686/12).

Nach der aktuellen Rechtsprechung des BVerwG unterliegt es in diesen Fällen der freien Dispositionsbefugnis des Arbeitgebers, ob er einen Auflösungs- und/oder Feststellungsantrag stellt und in welchem Verhältnis diese als Haupt- und Hilfsantrag zueinander stehen sollen (BVerwG v. 1.10.2013, 6 P 6.13).

Nach § 103 BetrVG, §§ 55, 105 BPersVG, § 15 KSchG ist eine Kündigung von Mitgliedern der Jugend- und Auszubildendenvertretung nur außerordentlich aus wichtigem Grund und mit Zustimmung des Personalrats bzw. Betriebsrats möglich. Verweigert die Personalvertretung die Zustimmung zur außerordentlichen Kündigung, muss die Zustimmung vor dem Arbeitsgericht (BetrVG) beziehungsweise dem Verwaltungsgericht (BPersVG) ersetzt werden. Der Schutz erstreckt sich auch auf Versetzungen und Abordnungen.

Nach Beendigung der Mitgliedschaft in der Jugend- und Auszubildendenvertretung besteht für ein Jahr lang noch ein nachwirkender Sonderkündigungsschutz gegen ordentliche Kündigungen (§ 15 Abs. 1 S. 2 KSchG bei bestehendem Betriebsrat bzw. § 15 Abs. 2 S. 2 KSchG bei bestehendem Personalrat). Der Betriebsrat bzw. Personalrat muss einer außerordentlichen Kündigung aus wichtigem Grund beim nachfolgenden Kündigungsschutz anders als beim eben beschriebenen Sonderkündigungsschutz von aktiven Mitgliedern nicht mehr zwingend zustimmen, sodass eine fehlende Zustimmung nicht gerichtlich ersetzt werden muss.

Der Arbeitgeber muss einem Mitglied der Jugend- und Auszubildendenvertretung spätestens drei Monate vor Beendigung des Berufsausbildungsverhältnisses schriftlich mitteilen, dass nicht beabsichtigt ist, dieses zu übernehmen (§ 78a Abs. 1 BetrVG, §§ 56 Abs. 1, 105 BPersVG). Sofern der Arbeitgeber lediglich seiner Mitteilungspflicht nach § 78a Abs. 1 BetrVG, § 56 Abs. 1 BPersVG nicht nachgekommen ist, kommt zwar kein automatisches Arbeitsverhältnis zustande. Gegebenenfalls können aber Schadensersatzansprüche des Auszubildenden bestehen, wenn er sich darauf verlassen hat, dass er übernommen werde und er eine anderweitig angebotene Stelle abgelehnt hat (BAG v. 31.10.1985, 6 AZR 557/84, BB 1986, 1223).

Sofern ein Mitglied der Jugend- und Auszubildendenvertretung innerhalb der letzten drei Monate vor Beendigung des Berufsausbildungsverhältnisses seinerseits schriftlich vom Arbeitgeber die Weiterbeschäftigung verlangt, gilt ein unbefristetes Arbeitsverhältnis als zustande gekommen, § 78a Abs. 2 S. 1 BetrVG, §§ 56 Abs. 2, 105 BPersVG. Ein Weiterbeschäftigungsverlangen, das vor Beginn der Drei-Monats-Frist gestellt wird, ist unwirksam (VG München v. 10.10.2023, M 20 P 22.3387). Die Weiterbeschäftigung nach § 78a Abs. 2 S. 1 BetrVG, § 56 Abs. 2 BPersVG ist keine „Einstellung" im Sinne des § 99 Abs. 1 S. 1 BetrVG, § 78 Abs. 1 Nr. 1 BPersVG, sodass kein Mitbestimmungsrecht des Personalrats besteht (BVerwG v. 26.5.2015, 5 P 9.14). Das Recht eines Mitglieds der Jugend- und Auszubildendenvertretung, mit dem Verlangen auf Weiterbeschäftigung ein Arbeitsverhältnis zu begründen, soll sicherstellen, dass die weitere Amtsausübung auf gesicherter wirtschaftlicher Grundlage folgen kann. Damit genügt das schriftliche Verlangen auf Weiterbeschäftigung auch einer einstufigen tariflichen Ausschlussfrist hinsichtlich des Anspruchs auf Vergütung wegen Annahmeverzugs, sofern der Arbeitgeber den Beschäftigten rechtsunwirksam nicht weiterbeschäftigt (BAG v. 19.8.2015, 5 AZR 1000/13, ZTR 2016, 25). Ein frühzeitiges Weiterbeschäftigungsverlangen des Auszubildenden, also früher als drei Monate vor Beendigung des Berufsausbildungsverhältnisses, kann die Wirkung des § 78a Abs. 2 S. 1 BetrVG, § 56 Abs. 2 BPersVG nicht herbeiführen (BAG v. 5.12.2012, 7 ABR 38/11, ZTR 2013, 285).

Verlangt das Mitglied der Jugend- und Auszubildendenvertretung wirksam die Weiterbeschäftigung, kann der Arbeitgeber spätestens innerhalb von zwei Wochen nach Beendigung des Berufsausbildungsverhältnisses beim Arbeitsgericht (BetrVG) bzw. beim Verwaltungsgericht (BPersVG) die Auflösung eines bereits begründeten Arbeitsverhältnisses oder die Feststellung beantragen, dass ein Arbeitsverhältnis nicht begründet wird, §§ 56 Abs. 2, 105 BPersVG, § 78a Abs. 4 S. 1 BetrVG. Dabei ist zu beachten, dass die Ausschlussfrist nur gewahrt wird, wenn der Antrag beim zuständigen Gericht unter Vorlage einer wirksamen schriftlichen Vollmacht gestellt wird. Andernfalls kann kein rechtswirksames Auflösungsbegehren vorliegen. Dieses Erfordernis gilt sowohl für die Antragsstellung durch einen Mitarbeiter des Arbeitgebers, als auch durch einen zu diesem Zweck herangezogenen Rechtsanwalt. Der Auflösungsantrag hat eine Doppelnatur als Prozesshandlung und materielle Gestaltungserklärung. Im Rahmen letzterer soll die Vollmachtsurkunde mittelbar davon Zeugnis ablegen, dass das Arbeitsverhältnis mit dem Jugend- und Auszubildendenvertreter nach dem ausdrücklichen Willen des Arbeitgebers beendet werden soll (LAG Rheinland-Pfalz v. 20.3.2017, 3 TaBV 10/16; BVerwG v. 9.3.2017, 5 P 5.15).

Für die Begründetheit des Antrags nach § 56 Abs. 4 BPersVG, § 78a Abs. 4 S. 1 BetrVG müssen Tatsachen vorliegen, aufgrund derer dem Arbeitgeber unter Berücksichtigung aller Umstände die Weiterbeschäftigung nicht zugemutet werden kann, weil kein ausbildungsadäquater Dauerarbeitsplatz bereitgestellt werden kann; auf eine unbesetzte Planstelle kommt es nicht an (BVerwG v. 8.7.2013, 6 PB 11.13; BVerwG v. 1.11.2005, 6 P 3/05). Diese Grundsätze gelten auch dann, wenn das Berufsausbildungsverhältnis vor Ablauf eines Jahres nach Beendigung der Mitgliedschaft in der Jugend- und Auszubildendenvertretung endet. Grundsätzlich ist es zulässig, die Übernahme zu verweigern, wenn nach Beendigung des Berufsausbildungsverhältnisses kein freier, unbesetzter Arbeitsplatz zur Verfügung steht, auf

dem der Auszubildende mit seiner durch die Ausbildung erworbenen Qualifikation auf unbestimmte Zeit beschäftigt werden kann. Soweit der Arbeitgeber nur befristete Arbeitsplätze anbieten kann, bleiben diese für § 56 Abs. 1 BPersVG unberücksichtigt (OVG Berlin-Brandenburg v. 22.8.2007, 62 PV 9/06). Ein den Qualifikationen des Auszubildenden entsprechender Arbeitsplatz liegt auch dann vor, wenn dieser außer einer Ausbildung eine kurzfristig erreichbare Zusatzqualifikation, beispielsweise die Fahrerlaubnis der Bundeswehr, erfordert (BVerwG v. 24.5.2012, 6 PB 5/12). Hat der Arbeitgeber einen im Zeitraum von drei Monaten (vgl. Wertung aus § 78a BetrVG und § 56 Abs. 1 BPersVG) vor der Beendigung der Berufsausbildung freigewordenen Arbeitsplatz wieder besetzt, ist es ihm zumutbar und seine Verpflichtung, den Jugendvertreter auf Dauer in einem Arbeitsverhältnis zu beschäftigen, weil er innerhalb dieses Zeitraums mit einem Übernahmeverlangen rechnen muss (BAG v. 16.7.2008, 7 ABR 13/07; OVG Lüneburg v. 28.9.2015, 18 LP 2/15). Auch soll der Arbeitgeber die Übernahme im Regelfall nicht mit dem Argument verweigern dürfen, dass eine Beschäftigung nicht möglich sei, da er die entsprechende Tätigkeit von Leiharbeitnehmern ausführen lasse (BAG v. 17.2.2010, 7 ABR 89/08, ZTR 2010, 492).

**Hinweis:**

Gibt ein Mitglied der Jugend- und Auszubildendenvertretung seinem Arbeitgeber frühzeitig (gegebenenfalls hilfsweise, aber konkret beschrieben) zu erkennen, auch zu geänderten Arbeitsbedingungen zu einer Tätigkeit bei der Ausbildungsstelle bereit zu sein, kann der Schutzzweck von § 78a BetrVG bzw. § 56 BPersVG gebieten, dass der Arbeitgeber auf die Änderungswünsche eingeht und dadurch eine Weiterbeschäftigung ermöglicht (BVerwG v. 18.1.2012, 6 PB 21/11; OVG Lüneburg v. 28.9.2015, 18 LP 2/15). Insofern ist der Arbeitgeber auch verpflichtet, dem Jugend- und Auszubildendenvertreter, der rechtzeitig das Übernahmeverlangen gemäß § 78a Abs. 2 S. 1 BetrVG, § 56 Abs. 2 BPersVG gestellt hat, eine andere als die erlernte Beschäftigung anzubieten, wenn eine Übernahme im Ausbildungsberuf aus den Gründen des § 78a Abs. 4 BetrVG nicht möglich ist und für eine Tätigkeit außerhalb des Ausbildungsberufs ein Arbeitsplatz zur Verfügung steht (LAG Hamm v. 14.3.2017, 7 Sa 1191/16).

Wenn der Arbeitgeber durch seine arbeitstechnischen Vorgaben und seine Personalplanung keinen andauernden Bedarf für die Weiterbeschäftigung des Arbeitnehmers hat, ist er grundsätzlich nicht verpflichtet, durch die Änderung seiner Arbeitsorganisation eine zusätzliche Stelle zu schaffen (OVG Lüneburg v. 12.9.2014, 18 LP 1/14; VG München v. 16.10.2018, 20 P 18.3622). Insbesondere muss der Arbeitgeber nicht einem anderen Arbeitnehmer kündigen, um den Auszubildenden beschäftigen zu können. Die Weiterbeschäftigung ist auch dann unzumutbar, wenn ein ausbildungsadäquater Dauerarbeitsplatz, der einem rechtswirksamen Einstellungsstopp unterliegt, vor dem Hintergrund eines sozial verträglichen Stellenabbaus beim öffentlichen Arbeitgeber mit einem Arbeitnehmer aus dem Personalüberhang der unmittelbaren Landesverwaltung besetzt wird, der ansonsten bei einer anderen Dienststelle nicht mehr sinnvoll verwendet werden kann (BVerwG v. 6.9.2011, 6 PB 10.11, NZA-RR 2012, 108, für eine Anstalt des öffentlichen Rechts; beispielhaft auch OVG Berlin-Brandenburg v. 11.12.2014, OVG 60 PV 24.13 zu Einsatzmöglichkeiten nach dreijähriger Berufsausbildung zur Fachangestellten für Medien- und Informationsdienste – Fachrichtung Bibliotheken). Zu berücksichtigen ist zudem, dass die Verpflichtung zur Übernahme eines Jugendausschussvertreters ausschließlich den Vertragsarbeitgeber trifft, also die natürliche oder juristische Person, die mit dem Auszubildenden ein Berufsausbildungsverhältnis begründet hat (BAG v. 17.8.2005, 7 AZR 553/04). Auf etwaige dienststellenrechtlich aufgeteilte Arbeitgeberbefugnisse, z. B. im Rahmen einer Personalgestellung, kommt es nicht an (LAG Hamm v. 24.4.2015, 13 Sa 1794/14). Die Unzumutbarkeit der Weiterbeschäftigung kann neben der Arbeitsplatzsituation im Einzelfall auch mit der betroffenen Person begründet werden, nämlich dann, wenn in ausreichendem Umfang nachvollziehbare, in keinem Zusammenhang mit der Amtstätigkeit stehenden Gründe vorgetragen werden (vgl. hierzu LAG Hamm v. 24.4.2015, 13 Sa 1794/14).

Für die Frage, ob ein ausbildungsadäquater Dauerarbeitsplatz für den Vertreter vorhanden ist, kommt es somit allein auf die Verhältnisse im Bereich der Ausbildungsstelle an (vgl. OVG Bautzen v. 9.9.2021, 9 A 544/20.PL). Ob im öffentlichen Dienst ein geeigneter und besetzbarer Arbeitsplatz zur Verfügung steht, hat primär der Haushaltsgesetzgeber zu entscheiden (BVerwG v. 8.7.2013, 6 PB 11/13, ZTR 2013, 696 ff.). Liegt hiernach eine der Qualifikation des Arbeitnehmers entsprechende Zweckbestimmung des Haushaltsgesetzgebers nicht vor, so ist ein freier Arbeitsplatz nicht deshalb vorhanden, weil eine im maßgeblichen Zeitpunkt der Beendigung des Ausbildungsverhältnisses freie Stelle ohne Verstoß gegen das Haushaltsrecht mit dem Arbeitnehmer besetzt werden könnte (OVG Bautzen v. 9.9.2021, 9 A 544/20.PL).

Sofern der Arbeitgeber das Mitglied der Jugend- und Auszubildendenvertretung nicht in dem nach § 78a Abs. 2, § 56 Abs. 2 BPersVG begründeten Arbeitsverhältnis beschäftigt und seinen nach § 78a Abs. 4, § 56 Abs. 4 BPersVG gestellten Auflösungsantrag auf die Unzumutbarkeit einer Weiterbeschäftigung stützt, ist ein tatsächliches Angebot der Arbeitsleistung durch den Arbeitnehmer entbehrlich. Es genügt zur Begründung des Annahmeverzugs des Arbeitgebers, wenn das Mitglied der Jugend- und Auszubildendenvertretung gegen die Ablehnung seiner Arbeitsleistung protestiert (BAG v. 24.8.2016, 5 AZR 853/15).

 **WICHTIG!**

Der Arbeitgeber sollte sich rechtzeitig überlegen, ob er das Mitglied der Jugend- und Auszubildendenvertretung übernehmen möchte oder nicht. Falls er sich gegen eine Übernahme entscheidet, sollte er nicht nur die Hinweispflicht nach § 78a Abs. 1 BetrVG, §§ 56 Abs. 1, 105 BPersVG beachten, sondern auch sorgfältig prüfen, warum es nicht möglich ist, den Auszubildenden weiterzubeschäftigen. Ihm muss bewusst sein, dass er gegebenenfalls ein Gerichtsverfahren auszufechten haben wird. Regelmäßig empfiehlt es sich, die Angelegenheit langfristig durch die Rechtsabteilung oder einen externen Rechtsanwalt prüfen und vorbereiten zu lassen.

## III. Zusammenarbeit mit dem Personalrat

Soweit ihr Aufgabengebiet der Interessenwahrnehmung der Jugendlichen und Auszubildenden im Sinne der §§ 99 ff. BPersVG betroffen ist, kann die Jugend- und Auszubildendenvertretung auf die Willensbildung des Personalrats einwirken. Gleichzeitig hat der Personalrat verschiedenste Pflichten im Hinblick auf die Errichtung und den Umgang mit der Jugend- und Auszubildendenvertretung. Es bleibt aber alleinige Aufgabe des Personalrats, die Interessen der jugendlichen Beschäftigten und Auszubildenden wahrzunehmen. Die Jugend- und Auszubildendenvertretung soll nur sicherstellen, dass die Interessen dieser Gruppe nicht in den Hintergrund geraten und vom Personalrat sachgerecht behandelt werden. Die Zusammenarbeit mit dem Personalrat ist in den §§ 36 Abs. 3, 42, 37 Abs. 1, 62 Nr. 8 BPersVG geregelt. Die Einzelheiten der Zusammenarbeit bestimmen sich nach § 104

BPersVG. Ebenso erweitert § 102 Abs. 1 S. 1 BPersVG die Pflicht des Personalrates zur Unterstützung der Wahl zur Jugend- und Auszubildendenvertretung.

### 1. Allgemeine Aufgaben

§ 103 BPersVG enthält einen Aufgabenkatalog der Jugend- und Auszubildendenvertretung. Sie soll beim Personalrat Maßnahmen, die den Jugendlichen und Auszubildenden dienen, beantragen. Dies betrifft insbesondere Fragen der Berufsbildung. Sie hat darüber zu wachen, dass die zugunsten dieser Beschäftigten geltenden Gesetze, Verordnungen, Unfallverhütungsvorschriften, Tarifverträge, Dienstvereinbarungen und Verwaltungsanordnungen durchgeführt werden. Sie soll Anregungen und Beschwerden der Gruppe der Beschäftigten entgegen nehmen und bei Begründetheit beim Personalrat auf eine Erledigung dieser Beschwerden hinwirken.

Um ihre Aufgaben wahrnehmen zu können, ist die Jugend- und Auszubildendenvertretung durch den Personalrat rechtzeitig und umfassend zu unterrichten. Sie kann verlangen, dass der Personalrat ihr die zur Durchführung ihrer Aufgaben erforderlichen Unterlagen zur Verfügung stellt.

Einmal im Kalenderjahr hat die Jugend- und Auszubildendenvertretung eine Jugend- und Auszubildendenversammlung durchzuführen (§ 106 BPersVG). Der Personalratsvorsitzende oder ein vom Personalrat beauftragtes Mitglied soll daran teilnehmen. Neben dieser Versammlung kann eine weitere, nicht auf Wunsch des Dienststellenleiters einberufene Versammlung während der Arbeitszeit stattfinden (§ 106 S. 6 BPersVG).

### 2. Sitzungen der Jugend- und Auszubildendenvertretung

Der Vorsitzende der Jugend- und Auszubildendenvertretung vertritt diese im Rahmen der von ihr gefassten Beschlüsse (siehe → *Personalvertretung*). Die Jugend- und Auszubildendenvertretung kann nach Unterrichtung des Personalrats eigene Sitzungen abhalten. Organisation und Durchführung der Sitzungen der Jugend- und Auszubildendenvertretung und die Beschlussfassung entsprechen im Wesentlichen den Regelungen des Personalrats. Grundsätzlich haben die Sitzungen der Jugend- und Auszubildendenvertretung in Präsenz stattzufinden. Seit dem 1. März 2020 bis vorerst 31. Dezember 2020 – mit Aussicht auf Verlängerung durch den Gesetzgeber – können die Sitzungen von Jugend- und Auszubildendenvertretungen in privatwirtschaftlichen Betrieben jedoch mittels Video- und Telefonkonferenz erfolgen, wenn sichergestellt ist, dass Dritte vom Inhalt der Sitzung keine Kenntnis nehmen können (§ 129 Abs. 1 BetrVG). Im Anwendungsbereich des BPersVG gibt es keine entsprechende Regelung. Der Personalrat ist berechtigt, ein von ihm beauftragtes Personalratsmitglied zur Teilnahme der Sitzung der Jugend- und Auszubildendenvertretung zu entsenden (§ 104 Abs. 4 S. 2 BPersVG). Die Jugend- und Auszubildendenvertretung kann einen Beauftragten der Gewerkschaft einladen. Der Vorsitzende muss bei der Festlegung der Sitzungszeiten auf betriebliche Notwendigkeiten Rücksicht nehmen.

### 3. Sitzungen des Personalrats

Nach § 37 Abs. 1 S. 1 BPersVG hat ein Vertreter der Jugend- und Auszubildendenvertretung das Recht, an allen Sitzungen des Personalrats beratend teilzunehmen. Ein Stimmrecht hat er grundsätzlich nicht.

Soweit vom Personalrat Angelegenheiten behandelt werden, welche in besonderer Weise die Interessen der Beschäftigten betreffen, die das 18. Lebensjahr noch nicht vollendet haben oder die sich in einer beruflichen Ausbildung befinden, kann die gesamte Jugend- und Auszubildendenvertretung beratend, also ohne Stimmrecht, an der Sitzung teilnehmen. Mit „besonders" ist gemeint, dass neben bedeutsamen und schützenswerten Interessen dieser Gruppe auch noch ebenso bedeutsame oder bedeutsamere Interessen anderer Gruppen betroffen sind. Noch weitergehend ist das Recht, wenn die Angelegenheit überwiegend die Jugendlichen und Auszubildenden betrifft. „Überwiegend" bedeutet insoweit, dass die Interessen der Jugendlichen und Berufsausbildungsbeschäftigten nach Art und Umfang größeres Gewicht haben als die anderer Gruppen. In diesem Fall hat nicht nur die gesamte Jugend- und Auszubildendenvertretung ein Teilnahmerecht an der Sitzung des Personalrats, sondern auch jedes Mitglied ein Stimmrecht. Die Jugend- und Auszubildendenvertretung kann dann sogar mehr Stimmen zur Verfügung haben als der Personalrat. Für die Wirksamkeit des Beschlusses des Personalrats ist es allerdings immer erforderlich, dass die Sitzung des Personalrats beschlussfähig ist, also mindestens die Hälfte der Mitglieder des Personalrats an ihr teilnimmt. Die einzelnen Mitglieder der Jugend- und Auszubildendenvertretung sind jeweils einzeln stimmberechtigt und nicht verpflichtet, geschlossen abzustimmen.

**Hinweis:**

Bei Verschlusssachen ist nach § 125 Abs. 4 BPersVG eine Teilnahme der Jugend- und Auszubildendenvertretung beim zuständigen Ausschuss ausgeschlossen.

Soweit besondere oder überwiegende Interessen vorliegen, hat der Personalratsvorsitzende die Jugend- und Auszubildendenvertretung ordnungsgemäß nach § 36 Abs. 2 BPersVG zu laden.

Der Personalrat hat bei Angelegenheiten, welche die Jugendlichen und Auszubildenden besonders betreffen, auf Antrag der Mehrheit der Mitglieder der Jugend- und Auszubildendenvertretung zwingend eine Sitzung anzuberaumen und den Gegenstand, dessen Beratung beantragt ist, auf die Tagesordnung zu setzen (§ 36 Abs. 3 BPersVG).

Soweit ein Beschluss des Personalrats nach Meinung der Mehrheit der Jugend- und Auszubildendenvertretung eine erhebliche Beeinträchtigung wichtiger Interessen der durch sie vertretenen Beschäftigten darstellt, ist auf ihren Antrag hin der Beschluss für die Dauer von fünf Arbeitstagen auszusetzen (§ 42 Abs. 1 S. 1 BPersVG). In dieser Zeit soll gegebenenfalls mit vermittelnder Hilfe der Gewerkschaften eine Verständigung herbeigeführt werden. Gelingt dies nicht, ist nach Ablauf dieser Frist die Angelegenheit vom Personalrat neu zu beschließen. Bestätigt der Personalrat den ersten Beschluss, so kann er nicht erneut ausgesetzt werden. Nur wenn ein inhaltlich anderer Beschluss gefasst wird, kommt eine erneute Aussetzung in Betracht.

### 4. Besprechungen zwischen Personalrat und JAV

Bei Besprechungen zwischen dem Personalrat und dem Dienststellenleiter, welche Angelegenheiten der Beschäftigten, die das 18. Lebensjahr noch nicht vollendet haben oder sich in einer beruflichen Ausbildung befinden, besonders betreffen, hat der Personalrat die Jugend- und Auszubildendenvertretung beizuziehen (§ 104 Abs. 3 BPersVG). Unter Teilnahme im Sinne von § 104 Abs. 3 BPersVG ist gemeint, dass die gesamte Jugend- und Auszubildendenvertretung an solchen regelmäßigen Gesprächen zwischen Dienststellenleiter und Personalrat nach § 65 Abs. 1 BPersVG teilnehmen darf, welche besonders die Jugendlichen und Auszubildenden betreffen. Sie dürfen sich grundsätzlich aktiv mit Beiträgen beteiligen, wobei Verhandlun-

gen über strittige Fragen im Sinne des § 65 Abs. 1 S. 3 BPersVG nur vom Personalrat geführt werden dürfen. Darüber hinaus sollen die Leiterin oder der Leiter der Dienststelle und die Jugend- und Auszubildendenvertretung mindestens einmal im Halbjahr zu einer Besprechung zusammentreten (§ 104 Abs. 3 S. 2 BPersVG).

### 5. Einleitung der Wahl

Der Personalrat hat nach § 102 Abs. 1 S. 1 BPersVG die Aufgabe, im Einvernehmen mit der Jugend- und Auszubildendenvertretung den Wahlvorstand zur Wahl der Jugend- und Auszubildendenvertretung und seinen Vorsitzenden zu bestimmen. Diese Aufgabe ist zwingend, sofern die regelmäßige Zahl der jugendlichen Beschäftigten bis zur Vollendung des achtzehnten Lebensjahres und der Beschäftigten, die sich in einer beruflichen Ausbildung befinden, fünf oder mehr beträgt. Kommt ein Einvernehmen zwischen Personalrat und Jugend- und Auszubildendenvertretung nicht zustande, gelten die §§ 22 und 23 BPersVG entsprechend mit der Maßgabe, dass an die Stelle einer Personalversammlung eine Jugend- und Auszubildendenversammlung tritt (§ 102 Abs. 1 S. 3 BPersVG).

## IV. Zusammenarbeit mit dem Betriebsrat

Für den Betriebsrat gelten grundsätzlich die Ausführungen der Zusammenarbeit mit dem Personalrat entsprechend, wobei es Unterschiede im Detail gibt. Die Regelungen der Zusammenarbeit mit dem Betriebsrat sind systematisch einheitlicher als im Bundespersonalvertretungsgesetz in den §§ 60 ff. Betriebsverfassungsgesetz geregelt.

### 1. Allgemeine Aufgaben

In § 70 BetrVG sind in einem Aufzählungskatalog die allgemeinen Aufgaben geregelt. Dazu zählen insbesondere Maßnahmen, die den Jugendlichen und Berufsausbildungsbeschäftigten im Sinne des § 60 BetrVG dienen, etwa in Fragen der Berufsbildung. Es ist über die Einhaltung der zugunsten dieser Gruppe geltenden Gesetze, Tarifverträge, Verordnungen, Unfallverhütungsvorschriften und Betriebsvereinbarungen zu wachen. Sie soll Anregungen und Beschwerden der Gruppe nach § 60 BetrVG entgegen nehmen und bei Begründetheit beim Betriebsrat auf eine Erledigung dieser Beschwerden hinwirken. Die Integration ausländischer Jugendlicher und Auszubildender nach § 60 BetrVG soll gefördert werden.

Um ihre Aufgaben wahrnehmen zu können, ist die Jugend- und Auszubildendenvertretung durch den Betriebsrat rechtzeitig und umfassend zu unterrichten. Sie kann verlangen, dass der Betriebsrat ihr die zur Durchführung ihrer Aufgaben erforderlichen Unterlagen zur Verfügung stellt.

Im Einvernehmen mit dem Betriebsrat kann nach oder vor jeder Betriebsversammlung eine betriebliche Jugend- und Auszubildendenversammlung einberufen werden, mit Einverständnis des Arbeitgebers auch zu anderen Zeiten (§ 71 S. 2 BetrVG).

### 2. Sitzungen der Jugend- und Auszubildendenvertretung

Der Vorsitzende der Jugend- und Auszubildendenvertretung vertritt diese im Rahmen der von ihr gefassten Beschlüsse (siehe → Betriebsrat). Die Jugend- und Auszubildendenvertretung kann nach Unterrichtung des Betriebsrats eigene Sitzungen abhalten (§ 65 Abs. 2 S. 1 BetrVG). Organisation und Durchführung der Sitzungen der Jugend- und Auszubildendenvertretung und die Beschlussfassung entsprechen den Regelungen des Betriebsrats. Der Vorsitzende muss bei der Festlegung der Sitzungszeiten auf betriebliche Notwendigkeiten Rücksicht nehmen. Die Jugend- und Auszubildendenvertretung kann einen Beauftragten der Gewerkschaft einladen. Der Betriebsratsvorsitzende oder ein beauftragtes Betriebsratsmitglied ist zur Teilnahme berechtigt (§ 65 Abs. 2 S. 2 BetrVG).

### 3. Sitzungen des Betriebsrats

Nach § 67 Abs. 1 S. 1 BetrVG hat ein Vertreter der Jugend- und Auszubildendenvertretung das Recht, an allen Sitzungen des Betriebsrats beratend teilzunehmen. Ein Stimmrecht hat er grundsätzlich nicht.

Soweit vom Betriebsrat Angelegenheiten behandelt werden, welche in besonderer Weise die Interessen der Jugendlichen und Auszubildenden im Sinne des § 60 BetrVG betreffen, kann die gesamte Jugend- und Auszubildendenvertretung beratend an der Sitzung teilnehmen. Ein Stimmrecht besteht grundsätzlich nicht. Mit besonderer Betroffenheit ist eine schwerpunktmäßige Betroffenheit gemeint. Es geht um Angelegenheiten, die für diese Gruppe in dieser Eigenschaft von besonderer gesteigerter Bedeutung sind.

Wenn die Angelegenheit „überwiegend" die Jugendlichen bis siebzehn Jahre und Auszubildenden bis 24 Jahre betrifft, besteht nicht nur ein Teilnahmerecht der Jugend- und Auszubildendenvertretung, sondern auch ein Stimmrecht der einzelnen Mitglieder. Eine „überwiegende Betroffenheit" bedeutet, dass zahlenmäßig mehr Jugendliche und Berufsausbildungsbeschäftigte als andere Arbeitnehmer betroffen sind. Die Jugend- und Auszubildendenvertretung kann dann sogar mehr Stimmen zur Verfügung haben als der Betriebsrat. Für die Wirksamkeit des Beschlusses des Betriebsrats ist es allerdings immer erforderlich, dass die Sitzung des Betriebsrats beschlussfähig ist, also mindestens die Hälfte der Mitglieder des Betriebsrats an ihr teilnimmt. Die einzelnen Mitglieder der Jugend- und Auszubildendenvertretung sind jeweils einzeln stimmberechtigt und nicht verpflichtet, geschlossen abzustimmen.

 **WICHTIG!**

**Das Teilnahmerecht bezieht sich grundsätzlich auf Plenarsitzungen. Soweit Betriebsausschüsse betroffen sind, soll ein Anwesenheitsrecht von so vielen Mitgliedern bestehen, dass das zahlenmäßige Verhältnis des Betriebsrats zur Jugend- und Auszubildendenvertretung widergespiegelt wird.**

Soweit besondere oder überwiegende Interessen vorliegen, hat der Betriebsratsvorsitzende die Jugend- und Auszubildendenvertretung ordnungsgemäß zu laden.

Soweit ein Beschluss des Betriebsrats nach Meinung der Mehrheit der Jugend- und Auszubildendenvertretung eine erhebliche Beeinträchtigung wichtiger Interessen der durch sie vertretenen Beschäftigten darstellt, ist auf ihren Antrag hin der Beschluss für die Dauer von einer Woche auszusetzen (§ 66 Abs. 1 BetrVG). In dieser Zeit soll gegebenenfalls mit vermittelnder Hilfe der Gewerkschaften eine Verständigung herbeigeführt werden. Gelingt dies nicht, ist nach Ablauf dieser Frist die Angelegenheit vom Betriebsrat neu zu beschließen. Bestätigt er den ersten Beschluss, so kann er nicht erneut ausgesetzt werden. Nur wenn ein inhaltlich anderer Beschluss gefasst wird, kommt eine erneute Aussetzung in Betracht.

### 4. Besprechung zwischen Betriebsrat und Arbeitgeber

Bei Besprechungen zwischen dem Betriebsrat und dem Arbeitgeber, welche in besonderer Weise Angelegenheiten der Jugendlichen und Auszubildenden betreffen, hat der Betriebsrat die Jugend- und Auszubildendenvertretung beizuziehen (§ 68 BetrVG).

### 5. Einleitung der Wahl

Der Betriebsrat hat nach § 63 Abs. 2 BetrVG die Aufgabe, den Wahlvorstand zur Wahl der Jugend- und Auszubildendenvertretung und seinen Vorsitzenden zu bestimmen. Diese Aufgabe ist zwingend, sofern die regelmäßige Zahl der jugendlichen Arbeitnehmer bis zur Vollendung des achtzehnten Lebensjahres und Berufsausbildungsbeschäftigten bis zur Vollendung des 25. Lebensjahres fünf oder mehr beträgt.

## V. Kosten der Jugend- und Auszubildendenvertretung

### 1. Sachmittel und Räumlichkeiten

Der Arbeitgeber beziehungsweise die Dienststelle hat die allgemeinen, für die Tätigkeit der Jugend- und Auszubildendenvertretung entstehenden, Kosten zu tragen und die erforderlichen Sachmittel zur Verfügung zu stellen (§§ 65 Abs. 1, 40 BetrVG, §§ 105, 46 BPersVG). Dies beinhaltet etwa Räumlichkeiten und Schreibmaterial.

### 2. Sprechstunden

Das Recht, eigene Sprechstunden während der Arbeitszeit für die Jugendlichen und Auszubildenden abzuhalten, ist für Dienststellen mit Personalrat deutlich weiter gefasst als für Betriebe mit Betriebsrat. Nach §§ 45 Abs. 1, 105 BPersVG ist die Jugend- und Auszubildendenvertretung berechtigt, Sprechstunden unabhängig von der Anzahl der Jugendlichen und Auszubildenden im Betrieb abzuhalten. Führt die Jugend- und Auszubildendenvertretung keine eigenen Sprechstunden durch, so kann an den Sprechstunden des Personalrats ein Mitglied der Jugend- und Auszubildendenvertretung zur Beratung derjenigen Beschäftigten, die das 18. Lebensjahr noch nicht vollendet haben oder sich in einer beruflichen Ausbildung befinden, teilnehmen (§ 45 Abs. 2 BPersVG). Die Zeit und der Ort der Sprechstunden sind durch Personalrat und Dienststelle zu vereinbaren, gegebenenfalls durch die Einschaltung der nächsthöheren Dienststelle oder das Verwaltungsgericht. Der Personalratsvorsitzende oder ein anderes beauftragtes Personalratsmitglied dürfen beratend an den Sprechstunden teilnehmen.

Im Betriebsverfassungsgesetz ist in § 69 BetrVG die Abhaltung der Sprechstunden deutlich restriktiver geregelt. Danach besteht das Recht auf eigene Sprechstunden nur dann, wenn in der Regel mehr als 50 jugendliche Arbeitnehmer bis 17 Jahre und Auszubildende bis 24 Jahre im Betrieb beschäftigt sind. Allerdings kann an den Sprechstunden des Betriebsrats nach § 39 Abs. 2 BetrVG ein Mitglied der Jugend- und Auszubildendenvertretung zur Beratung der Jugendlichen und Auszubildenden teilnehmen. Dieses Teilnahmerecht besteht nur dann, wenn Jugendliche oder Auszubildende im Sinne des § 60 BetrVG beraten werden sollen, nicht bei anderen Arbeitnehmern. Wenn sowohl der Arbeitgeber als auch der Betriebsrat zustimmen, kann die Jugend- und Auszubildendenvertretung eigene Sprechstunden auch dann einrichten, wenn regelmäßig fünfzig oder weniger Jugendliche und Auszubildende im Betrieb beschäftigt werden.

Der Arbeitgeber bzw. die Dienststelle trägt die Kosten der Sprechstunden. Dies beinhaltet die Fortzahlung des Arbeitsentgelts der für die Abhaltung der Sprechstunden freigestellten Mitglieder der Jugend- und Auszubildendenvertretung und der Arbeitnehmer oder Berufsausbildungsbeschäftigten, welche die Sprechstunde aufsuchen. Daneben müssen die für die Sprechstunde erforderlichen Räume und andere sachliche Mittel zur Verfügung gestellt werden.

**Hinweis:**

Es liegt im Ermessen der Jugend- und Auszubildendenvertretung, ob sie eigene Sprechstunden durchführen möchte oder nicht. Sie ist nicht dazu verpflichtet. Ebenfalls ist der Jugendliche oder Auszubildende nicht verpflichtet, sich an die Jugend- und Auszubildendenvertretung zu wenden. Er darf sein Anliegen auch bei der Sprechstunde des Personalrats bzw. Betriebsrats anbringen.

### 3. Schulungen

Grundsätzlich gelten für die Mitglieder der Jugend- und Auszubildendenvertretung dieselben Grundsätze der Schulungsteilnahme wie bei Personalräten und Betriebsräten. Das bedeutet grundsätzlich, dass sie nach §§ 37 Abs. 6, 65 BetrVG, §§ 105, 54 Abs. 1 BPersVG ein Recht auf Teilnahme an erforderlichen Schulungen haben (vergleiche hierzu auch → *Betriebsrat* und → *Personalvertretung*). Voraussetzung ist neben der „Erforderlichkeit" der Schulung unter Beachtung des Grundsatzes der Kostenersparnis die rechtzeitige ordnungsgemäße Mitteilung und Beschlussfassung des Betriebsrats oder Personalrats, also nicht der Jugend- und Auszubildendenvertretung. Der Personalrat bzw. Betriebsrat hat die Jugend- und Auszubildendenvertretung bei seinen Entscheidungen nach §§ 67 Abs. 2 BetrVG, § 37 Abs. 1 S. 3 BPersVG allerdings mit vollem Stimmrecht zu beteiligen.

**WICHTIG!**

Da das Aufgabengebiet der Jugend- und Auszubildendenvertretung deutlich enger gefasst ist als das des Personalrats bzw. Betriebsrats, sind auch sehr viel weniger Schulungsinhalte „erforderlich". Allgemeine Schulungen zum Arbeitsrecht werden vom Grundsatz her nicht erforderlich sein, eine Schulung über die Aufgaben der Jugend- und Auszubildendenvertretung dagegen schon.

Daneben haben Mitglieder der Jugend- und Auszubildendenvertretung nach §§ 65 Abs. 1, 37 Abs. 7 BetrVG, §§ 105, 54 Abs. 2 BPersVG das Recht auf bezahlte Freistellung für drei beziehungsweise vier Wochen Bildungsurlaub, also der Teilnahme an Schulungs- und Bildungsveranstaltungen, welche von der obersten Arbeitsbehörde des Landes (BetrVG) oder der Bundeszentrale für politische Bildung (BPersVG) anerkannt sind.

### 4. Freistellung

Sobald Mitglieder im erforderlichen Umfang Tätigkeiten für die Jugend- und Auszubildendenvertretung wahrnehmen, sind sie unter Fortzahlung des Arbeitsentgelts von der Arbeitsleistung freizustellen. Sie haben sich lediglich beim Vorgesetzten ab- und wieder anzumelden. Bei ausnahmsweise erforderlicher Tätigkeit außerhalb der Arbeitszeit ist den Betroffenen grundsätzlich Freizeitausgleich zu gewähren. Anders als bei Personalräten oder Betriebsräten gibt es nicht die Möglichkeit, allein aufgrund einer bestimmten Beschäftigtenzahl im Betrieb dauerhaft von der Arbeit freigestellt zu werden.

### 5. Wahl

Der Arbeitgeber bzw. die Dienststelle trägt die erforderlichen Kosten der Wahl der Jugend- und Auszubildendenvertretung.

Dies kann einen erheblichen Kostenaufwand nach sich ziehen, da die Wahl der Jugend- und Auszubildendenvertretung anders als die des Personalrats bzw. Betriebsrats nicht nur alle vier, sondern alle zwei Jahre stattfindet.

# Kirchliches Arbeitsrecht

**Wegweiser:**

Auf die Arbeitsverhältnisse im kirchlichen Dienst findet grundsätzlich staatliches Arbeitsrecht Anwendung. Allerdings ergeben sich aufgrund der besonderen verfassungsrechtlichen Privilegien, die die beiden großen Kirchen und die ihnen zugeordneten Träger diakonischer und karitativer Einrichtungen genießen, vielfältige Ausnahmen und Modifikationen. Diese Besonderheiten ziehen sich durch sämtliche Bereiche des Individual- und Kollektivarbeitsrechts. Sie sind teilweise gesetzlich geregelt (so bspw. im BetrVG oder im AGG), teilweise in richterlicher Rechtsfortbildung durch BAG und BVerfG oder durch die Fachliteratur entwickelt worden.

**I. Geltungsbereich des kirchlichen Arbeitsrechts**

**II. Individualarbeitsrecht**

   1. Einstellungskriterien
      1.1 Rechtsgrundlagen im kirchlichen Recht
      1.2 Neujustierung nach dem EuGH-Urteil vom 17.4.2018
      1.3 Umgang mit Entschädigungsforderungen wegen Diskriminierung
   2. Abmahnung und Kündigung
      2.1 Allgemeine Grundsätze
      2.2 Vorgaben des Bundesverfassungsgerichts zur Kündigung wegen Loyalitätspflichtverletzung
      2.3 Loyalitätsanforderungen in der Praxis
      2.4 Vormalige spezifische Kündigungsgründe infolge von Loyalitätsverletzungen
      2.5 Neujustierung des Kirchenrechts nach der Entscheidung des BAG vom 20.2.2019
      2.6 Bedeutung für die Praxis
      2.7 Anfechtung des Arbeitsvertrages

**III. Betriebsverfassung**

   1. Vorgaben des Bundesverfassungsgerichts
   2. Das kircheneigene Mitarbeitervertretungsrecht
      2.1 Das Mitarbeitervertretungsrecht der evangelischen Kirche
      2.2 Das Mitarbeitervertretungsrecht der katholischen Kirche
   3. Vertrauensperson der Schwerbehinderten
   4. Fehlerquellen im Zustimmungs- und Zustimmungsersetzungsverfahren nach § 38 MVG.EKD
   5. Bedeutung des Mitarbeitervertretungsrechts im Kündigungsschutzprozess
   6. Betätigung von Gewerkschaften
   7. Drittbezogener Personaleinsatz

**IV. Kollektivarbeitsrecht**

   1. Allgemeines
   2. Einzelfragen zu den Regelungen des Dritten Weges
      2.1 Betriebsübergang
      2.2 Arbeitsgerichtliche Inhaltskontrolle
      2.3 Kirchenklauseln und Tariföffnungsklauseln

**V.    Kein Arbeitskampf im kirchlichen Dienst**

1. Religiös motivierte Begründung des Ausschlusses des Arbeitskampfes
2. Rechtsgrundlagen
3. Bestätigung des „Streikverbots" durch das BAG
   3.1  Kein „Grundrecht" auf Streik
   3.2  Keine Grundrechtsverletzung
   3.3  Übertragbarkeit auf evangelische und katholische Kirche
   3.4  Mindestanforderungen

**VI.   Rechtsschutz im kirchlichen Arbeitsrecht**

1. Individualarbeitsrecht
2. Mitarbeitervertretungsrecht
3. Arbeitsrechtsregelungsverfahren

## I. Geltungsbereich des kirchlichen Arbeitsrechts

Der Geltungsbereich des kirchlichen Arbeitsrechts wird bestimmt durch die Reichweite des Selbstbestimmungsrechts der Religionsgesellschaften aus Art. 140 GG i. V. m. Art. 137 Abs. 3 WRV. Dieses Selbstbestimmungsrecht garantiert die selbstständige Ordnung und Verwaltung der „eigenen Angelegenheiten" der Religionsgesellschaften. Zu den eigenen Angelegenheiten zählt auch die Gestaltung der Arbeitsbedingungen der Arbeitnehmer in kirchlichen Verwaltungen und sonstigen der Kirche zugeordneten Einrichtungen (vgl. den aktuellen Überblick bei Nebeling/Lankes, RdA 2020, 101). Trägerinnen des Selbstbestimmungsrechts sind in erster Linie die verfassten Kirchen und ihre körperschaftlichen Untergliederungen. In Ableitung von der verfassten Kirche partizipieren nach der ständigen Rechtsprechung des BVerfG auch privatrechtlich verselbstständigte Einrichtungen der Diakonie und Caritas an dieser verfassungsrechtlichen Gewährleistung.

Das BVerfG hat zuletzt im Jahr 2014 bekräftigt, dass der Abschluss privatrechtlicher Arbeitsverhältnisse keinesfalls die uneingeschränkte Geltung des staatlichen Arbeitsrechts nach sich zieht. Vielmehr macht der kirchliche Arbeitgeber auch beim Abschluss privatrechtlicher Arbeitsverträge von dem verfassungsrechtlich gewährleisteten Selbstbestimmungsrecht Gebrauch. Wörtlich heißt es hierzu: „Das schließt ein, dass die Kirchen der Gestaltung des kirchlichen Dienstes auch dann, wenn sie ihn auf der Grundlage von Arbeitsverträgen regeln, das besondere Leitbild einer christlichen Dienstgemeinschaft aller ihrer Mitarbeiter zugrunde legen können" (BVerfG v. 22.10.2014, 2 BvR 661/12, ZTR 2015, 34). Privatrechtlich verselbstständigte Einrichtungen der Diakonie und Caritas partizipieren an der Verfassungsgarantie des Art. 137 Abs. 3 WRV, sofern sie der verfassten Kirche zugeordnet sind. Über die Kriterien der Zuordnung zur verfassten Kirche entscheidet diese allein – ohne staatliche Einflussnahme. Zuletzt hat die Evangelische Kirche in Deutschland (EKD) mit dem Zuordnungsgesetz vom 12.11.2014 (Amtsblatt EKD 2014, 340) die aus ihrer Sicht maßgeblichen Kriterien

1. Erfüllung eines kirchlichen Auftrags
2. im Einklang mit dem Selbstverständnis der evangelischen Kirche
3. in kontinuierlicher Verbindung mit der evangelischen Kirche

für eine Zuordnung privatrechtlich organisierter diakonischer Einrichtungen zur verfassten Kirche benannt. Im Bereich der katholischen Kirche gelten ähnliche Zuordnungskriterien (vgl.

zuletzt Kirchlicher Arbeitsgerichtshof v. 27.2.2009, M 13/08, ZMV 2009, 153 ff.).

Das BAG behält sich jedoch vor, im Rahmen der Anwendung arbeitsrechtlicher Gesetze, insbesondere der §§ 118 Abs. 2, 130 BetrVG, die Zuordnung zur verfassten Kirche zu überprüfen. Die Rechtsprechung des BAG steht im Wesentlichen im Einklang mit den Zuordnungskriterien der beiden großen Kirchen, sodass divergierende Entscheidungen staatlicher und kirchlicher Gerichte bislang – soweit ersichtlich – vermieden werden konnten. Nach der Rechtsprechung des BAG setzt die Zuordnung nach § 118 Abs. 2 BetrVG eine institutionelle Verbindung der privatrechtlichen Einrichtung zur (evangelischen oder katholischen) Kirche voraus, aufgrund derer die Kirche über ein Mindestmaß an Einflussmöglichkeiten verfügt, um auf Dauer eine Übereinstimmung der religiösen Betätigung der Einrichtung mit kirchlichen Vorstellungen gewährleisten zu können.

## II. Individualarbeitsrecht

Im Individualarbeitsrecht sind folgende Besonderheiten praxisrelevant:

### 1. Einstellungskriterien

Vor Inkrafttreten des AGG galt es als gesicherte Erkenntnis, dass kirchliche Arbeitgeber im Bewerbungsgespräch nach Religions-/Konfessionszugehörigkeit und sexueller Identität fragen und sie die Einstellungsentscheidung hiervon abhängig machen durften. Den beiden großen Kirchen wurde also zugestanden, selbst und autonom festzulegen, ob die von ihnen zur Verfügung gestellten Arbeitsplätze nur mit Angehörigen der kirchlichen Gemeinschaft besetzt werden sollen. Dabei waren weder die staatlichen Gesetzgeber noch die Arbeitsgerichte zu der Prüfung berechtigt, ob die Übernahme einer bestimmten Position – bspw. in einem diakonischen Krankenhaus oder in einer Dienststelle einer kirchlichen Zusatzversorgungskasse – tatsächlich ein christliches Bekenntnis des Stelleninhabers erfordert. Vielmehr wurde es als Sache der jeweiligen Religionsgemeinschaft angesehen, festzulegen, für welche Positionen das Bekenntnis zur (evangelischen oder katholischen) Kirche erforderlich sein soll.

### 1.1 Rechtsgrundlagen im kirchlichen Recht

Im Bereich der evangelischen Kirche ist insbesondere die „Richtlinie des Rates des EKD über kirchliche Anforderungen der beruflichen Mitarbeit in der Evangelischen Kirche in Deutschland und ihrer Diakonie" vom 9.12.2016 (ABl. EKD 2017, S. 11, dazu v. Tiling, öAT 2023, 183, öAT 2017, 205) zu beachten. § 3 dieser Richtlinie regelt die einstellungsrelevanten Kriterien. Arbeitnehmer müssen demnach grundsätzlich Mitglied der evangelischen oder einer mit ihr verbundenen Kirche sein. Uneingeschränkt gilt dies für Mitarbeiter, denen Aufgaben der Verkündigung, Seelsorge und evangelischen Bildung übertragen sind. Für Aufgaben der Dienststellenleitung können auch Personen eingestellt werden, die einer in der Arbeitsgemeinschaft christlicher Kirchen oder in der Vereinigung Evangelischer Freikirchen vertretenen Kirche angehören. Für alle übrigen Aufgaben können auch Nichtchristen eingestellt werden, wenn es nach Art der Aufgabe „vertretbar" und mit der Erfüllung des kirchlichen Auftrags „vereinbar" ist. Ungeeignet ist nach § 3 Abs. 3 der Richtlinie jeder, der aus der evangelischen Kirche ausgetreten ist. Unmittelbare Geltung hat diese Richtlinie nur für den Bereich der EKD und des Evangelischen Werkes für Diakonie und Entwicklung. In § 1 der Richtlinie wird den Landeskirchen und deren

Diakonischen Werken empfohlen, entsprechende Regelungen in Kraft zu setzen. Daher ist das für die jeweilige Landeskirche bzw. für das jeweilige Diakonische Werk geltende Recht zu Rate zu ziehen.

 **WICHTIG!**

Die Vollversammlung des Verbandes der Diözesen Deutschlands (VDD) hat am 22.11.2022 eine Neufassung der Grundordnung des kirchlichen Dienstes (GrO) beschlossen. Die Neufassung der GrO bedarf der Übernahme in das diözesane Recht. Erst nachdem der Bischof die neue GrO für seine Diözese in Kraft gesetzt hat, entfaltet sie ihre Wirkung.

Die Grundordnung in der Fassung vom 27.4.2015 verpflichtete den katholischen Arbeitgeber vor jeder Stellenbesetzung die Erfüllung der in Art. 3 der GrO vom 27.4.2015 normierten Einstellungsvoraussetzungen zu prüfen. Diese lauteten im Wesentlichen: Eine kirchenfeindliche Betätigung und ein Kirchenaustritt gelten als absolutes Ausschlusskriterium für die Einstellung in den kirchlichen Dienst. Für alle Stellen existierte die Anforderung, dass die Bewerber „die Eigenart des kirchlichen Dienstes bejahen" und eine „Zustimmung zu den Zielen der Einrichtung" zeigen musste. Zur Erfüllung pastoraler und katechetischer Aufgaben durften nur Angehörige der katholischen Kirche eingestellt werden. Zur Erfüllung erzieherischer und leitender Aufgaben durften „in der Regel" nur Angehörige der katholischen Kirche eingestellt werden. Die Formulierung „in der Regel" signalisierte, dass in begründeten Ausnahmefällen auch evangelische Christen oder konfessionslose Personen eingestellt werden durften.

Die am 22.11.2022 verabschiedeten Änderungen bei den Einstellungsvoraussetzungen fallen eher geringfügig aus:

► Eine kirchenfeindliche Betätigung und ein Austritt aus der katholischen Kirche bilden weiterhin absolute Einstellungshindernisse, Art. 6 Abs. 5 GrO.

► Von allen Bewerbern wird die „Identifikation mit den Zielen und Werten der katholischen Einrichtung" (Art. 6 Abs. 2 GrO) sowie eine „positive Grundhaltung und Offenheit gegenüber der Botschaft des Evangeliums" (Art 3 Abs. 2 GrO).

► Pastorale und katechetische Tätigkeiten können nur Personen übertragen werden, die der katholischen Kirche angehören, § 6 Abs. 3 GrO.

► Personen, die das Profil der Einrichtung prägen, mitverantworten und nach außen repräsentieren, müssen ebenfalls katholisch sein, Art. 6 Abs. 4 GrO.

Die in Art. 6 Abs. 4 GrO geregelten Anforderungen an die Repräsentanten der Einrichtung sind insofern bemerkenswert, als darin keine Liberalisierung, sondern eine Verschärfung der bisherigen Rechtslage zum Ausdruck kommt. Bislang sollten leitende Mitarbeiter nur in der Regel katholisch sein; jetzt müssen leitende Mitarbeitende – sofern sie die Einrichtung repräsentieren, was bei leitenden Mitarbeitenden regelmäßig der Fall sein wird – sogar katholisch sein.

Stellen mit einem erzieherischen Aufgabenprofil werden nicht mehr ausdrücklich erwähnt. Es stellt sich die Frage, ob für diese Mitarbeiter keine spezifischen Anforderungen mehr gelten sollen. Das kann jedoch nicht gewollt sein. Vielmehr wird man Mitarbeitende mit erzieherischen Aufgaben im Zweifel dem Personenkreis zuordnen können und müssen, der das katholische Profil der Einrichtung prägt, mitverantwortet und nach außen repräsentiert.

 **ACHTUNG!**

Besondere Beachtung verdient der neue Programmsatz in Art. 3 Abs. 2: „Vielfalt in kirchlichen Einrichtungen ist eine Bereicherung." Die Benachteiligungsmerkmale des § 1 AGG werden ausdrücklich für irrelevant erklärt. Alle Menschen – unabhängig von sexueller Orientierung und Lebensform – werden zur Mitarbeit eingeladen. In den Erläuterungen wird noch weiter ausgeschmückt, dass man aufgrund des unaufhaltsamen gesellschaftlichen Wandels den kirchlichen Dienst keinesfalls mehr auf einen „Dienst von Katholiken für Katholiken" reduzieren wolle.

### 1.2 Neujustierung nach dem EuGH-Urteil vom 17.4.2018

Die Neufassung der GrO stellt offensichtlich nicht nur eine Reaktion auf den gesellschaftlichen Wandel, sondern trägt auch der zuletzt sehr kritischen Rechtsprechung des EuGH und BAG Rechnung.

Mit Beschluss vom 17.3.2016 (8 AZR 501/14 (A), ZTR 2019, 228) hatte das BAG dem EuGH mehrere Fragen zur Entscheidung vorgelegt, die sich damit beschäftigen, ob und unter welchen Voraussetzungen die Religionszugehörigkeit weiterhin zum Einstellungskriterium im kirchlichen Dienst erhoben werden darf (vgl. dazu LAG Berlin-Brandenburg v. 28.5.2014, 4 Sa 157/14 und 4 Sa 238/14; v. Tiling öAT 2015, 29). Der EuGH hat dazu am 17.4.2018 entschieden, dass es den staatlichen Gerichten in der Regel nicht zustehe, über das Ethos kirchlicher Arbeitgeber, mit dem das Erfordernis der Konfession begründet wird, zu befinden. Die Gerichte hätten aber festzustellen, ob die Voraussetzung einer bestimmten Konfession mit Blick auf dieses Ethos im Einzelfall „wesentlich", „rechtmäßig" und „gerechtfertigt" sei (EuGH v. 17.4.2018, C-414/16, ZTR 2018, 340). Welche konkreten Auswirkungen diese Entscheidung auf die Anwendbarkeit des § 9 Abs. 1 Alt. 1 AGG und der kirchenrechtlichen Grundlagen (Grundordnung und EKD-Loyalitätsrichtlinie) haben wird, ist auch nach dem am 25.10.2018 ergangenen Urteil des BAG, in dem erneut über diesen sog. „Egenberger"-Fall entschieden wurde, noch nicht absehbar. Das BAG sprach der klagenden Arbeitnehmerin eine Entschädigung von zwei Bruttomonatsgehältern zu, weil das Evangelische Werk für Diakonie und Entwicklung für die dort zu besetzende Referentenstelle nicht die Zugehörigkeit zu einer christlichen Kirche hätte verlangen dürfen. Bedauerlicherweise entwickelt das BAG über den Einzelfall hinaus keine greifbaren Leitlinien, für welche Kategorien von Beschäftigten oder für welche Berufsbilder zukünftig noch die Kirchenzugehörigkeit gefordert werden darf. Ob das BAG für Stellen im Bereich der Dienststellenleitung oder für Stellen im Bereich der erzieherischen oder sonstigen „verkündigungsnahen" Tätigkeit anders entschieden hätte, bleibt offen. Ebenso äußert sich das BAG mit keinem Wort dazu, ob die aktuellen Fassungen der katholischen Grundordnung und der der EKD-Loyalitätsrichtlinie weiterhin (teilweise) angewendet werden können oder ob diese grundlegend umgearbeitet werden müssen.

Wichtig ist, dass weder der EuGH noch das BAG die EKD-Loyalitätsrichtlinie ganz oder teilweise für rechtswidrig erklärt haben. Sie kann daher weiterhin als Richtschnur für die kirchliche Einstellungspraxis dienen, bedarf jedoch der Auslegung im Lichte der aktuellen Rechtsprechung (im Ergebnis ebenso Schneedorf, NJW 2019, 177; Junker, NJW 2018, 1850). Ausgeschlossen ist es lediglich, die Kirchenzugehörigkeit pauschal in jeder Stellenausschreibung zu fordern (Reichold/Beer, NZA 2018, 681). Dort, wo an dem Kriterium der Kirchenzugehörigkeit festgehalten werden soll, kann es hilfreich sein, bereits im Ausschreibungstext den Kirchenbezug der Stelle zu verdeutlichen, um das Klagerisiko wegen Diskriminierung zu verringern (ebenso Hammer, ZTR 2019, 127).

**WICHTIG!**

Die Einstellungsvoraussetzungen gemäß der Neufassung der GrO dürften im Einklang mit den Vorgaben des EuGH und des BAG stehen. Insbesondere sind die kirchlichen Arbeitgeber nach Einschätzung des Verfassers berechtigt, für leitende Funktionen und für Funktionen im Bereich der Verkündigung, Seelsorge und Unterweisung weiterhin die Kirchenzugehörigkeit zu fordern. Für solche Funktionen stellt die Kirchenzugehörigkeit weiterhin eine wesentliche, rechtmäßige und gerechtfertigte berufliche Anforderung dar (ebenso Hammer, ZTR 2019, 127).

### 1.3 Umgang mit Entschädigungsforderungen wegen Diskriminierung

Kirchliche Arbeitgeber müssen nun umso mehr damit rechnen, von abgelehnten Bewerbern mit Entschädigungsansprüchen (§ 15 Abs. 1, 2 AGG) konfrontiert zu werden, wenn Bewerbungen unter Hinweis auf religionsbezogene Elemente des Anforderungsprofils abgelehnt werden oder sonstige im Einzelfall nicht widerlegbare Indizien für eine Diskriminierung bestehen. Die Risiken für kirchliche Arbeitgeber sind allerdings überschaubar. Nach dem AGG kann kein abgelehnter Bewerber im Nachhinein seine Einstellung erzwingen oder eine Wiederholung des Auswahlverfahrens durchsetzen. Selbst bei gerichtlich festgestellter Diskriminierung droht nur eine Entschädigungszahlung, die gemäß § 15 Abs. 2 AGG auf drei Bruttomonatsgehälter begrenzt ist, sofern der Bewerber auch bei benachteiligungsfreier Auswahl nicht eingestellt worden wäre. Ein Anspruch auf weitergehenden Schadensersatz ist theoretisch denkbar, in der Praxis aber in aller Regel nicht durchsetzbar (anders im Fall des LAG Niedersachsen v. 14.12.2016, 17 Sa 288/16, wo die kirchliche Arbeitgeberin den Status der Klägerin als bestgeeignete Bewerberin im Entschädigungsprozess nicht bestritten hat). Wegen der unklaren Rechtslage und des Fehlens einer „bösen Absicht" kirchlicher Arbeitgeber schöpfen die Gerichte den Entschädigungsrahmen von drei Bruttomonatsvergütungen derzeit nicht aus. Überwiegend werden 0,5 bis 2,0 Bruttomonatsgehälter als Entschädigung zugesprochen.

Insbesondere bei Verdacht auf Rechtsmissbrauch kann eine Entschädigungsforderung zurückgewiesen werden. Dies hat das BAG jüngst klargestellt: Eine Landeskirche hatte die Stelle eines „Referenten Arbeitsrecht" ausgeschrieben und ausdrücklich die Zugehörigkeit zu einer „AcK-Kirche" gefordert. Ein zugelassener Rechtsanwalt bewarb sich mit dem schriftlichen Hinweis: „Derzeit gehöre ich aus finanziellen Gründen nicht der evangelischen Kirche an, jedoch kann ich mich mit den Glaubensgrundsätzen der evangelischen Kirche identifizieren, da ich lange Mitglied der evangelischen Kirche war" und wurde abgelehnt.

Seine Entschädigungsklage war beim BAG erfolglos. Das BAG hielt dem Kläger zurecht Rechtsmissbrauch entgegen: Der Kläger hat in seinem Bewerbungsschreiben in der Kenntnis, dass die kirchliche Arbeitgeberin die Kirchenzugehörigkeit zur Einstellungsvoraussetzung gemacht hatte, die Frage, ob er diese Voraussetzung erfüllt, nicht etwa unbeantwortet gelassen oder schlicht dahin beantwortet, dass er diese berufliche Anforderung nicht erfüllt, sondern ausdrücklich darauf hingewiesen, dass er nach langjähriger Mitgliedschaft aus finanziellen Gründen aus der evangelischen Kirche ausgetreten war. Damit hat er seine

Ablehnung provoziert. Er musste davon ausgehen, dass ein finanziell motivierter Kirchenaustritt als ein „Akt bewusster Abkehr von der evangelischen Kirche betrachtet werden würde und damit ein Umstand war, der aus der Sicht des Beklagten in ganz besonderer Weise gegen seine Einstellung sprach" (BAG v. 25.10.2018, 8 AZR 562/16, ZTR 2019, 292).

### 2. Abmahnung und Kündigung

Die Vorschriften des allgemeinen Kündigungsrechts (insbesondere KSchG und § 626 BGB) gelten auch für die Kündigung von Arbeitnehmern im kirchlichen Dienst. Es gelten jedoch wichtige Besonderheiten:

#### 2.1 Allgemeine Grundsätze

Für den Bereich der **betriebsbedingten Kündigung** bilden das KSchG und die hierzu ergangene Rechtsprechung des BAG den rechtlichen Maßstab. Insoweit gelten kaum Besonderheiten. Ein Beispiel für eine betriebsbedingte Kündigung findet sich in der Entscheidung des KGH.EKD vom 20.4.2009 (I-0124/P59/08). Der KGH.EKD hat die Zustimmung zur beabsichtigten ordentlichen Kündigung einer Kirchenmusikerin ersetzt, da er die unternehmerische Entscheidung der Kirchengemeinde, die Stelle der einzigen Kirchenmusikerin auf Dauer entfallen zu lassen und stattdessen Kirchenmusik von ehrenamtlich Tätigen spielen zu lassen, nicht beanstandet hat. Eine solche unternehmerische Entscheidung laufe nicht auf eine unzulässige Austauschkündigung hinaus. Vielmehr könne auch der kirchliche Arbeitgeber zur Erfüllung seiner Aufgaben unter allen rechtlich zulässigen Gestaltungsmöglichkeiten diejenige wählen, die ihm unter wirtschaftlichen Aspekten am zweckmäßigsten erscheint (KGH.EKD, Beschl. v. 20.4.2009, I-0124/P59/08). Ein anderes instruktives Beispiel für eine wirksame betriebsbedingte Kündigung (Schließung eines evangelischen Waisenhauses) und eine vorausgegangene ordnungsgemäße Beteiligung der Mitarbeitervertretung findet sich in der Entscheidung des BAG vom 25.4.2013, 2 AZR 299/12, NZA 2014, 105.

**ACHTUNG!**

§ 125 InsO ist jedoch wegen der ausdrücklichen Beschränkung der Norm auf Betriebsänderungen nach § 111 BetrVG in kirchlichen Einrichtungen gemäß § 118 Abs. 2 BetrVG unanwendbar. Schließt der Insolvenzverwalter mit der Mitarbeitervertretung (MAV) einer solchen Einrichtung einen Interessenausgleich mit Namensliste, wird § 1 KSchG nicht dahingehend modifiziert, dass vermutet wird, die Kündigung sei durch dringende betriebliche Erfordernisse bedingt (LAG Niedersachsen v. 9.12.2009, 17 Sa 850/09).

Für die **verhaltensbedingte Kündigung** gelten (abgesehen von der sog. Kündigung wegen Loyalitätspflichtverletzung) keine Besonderheiten gegenüber dem allgemeinen Kündigungsrecht. Die Pflichtverletzung eines Arbeitnehmers im kirchlichen Dienst erlangt nicht allein deshalb ein besonderes Gewicht, weil es sich um einen kirchlichen Arbeitgeber handelt. Im Rahmen der Interessenabwägung kann das kirchliche Umfeld durchaus zum Nachteil des Arbeitnehmers berücksichtigt werden. Ein instruktives Beispiel für eine verhaltensbedingte Kündigung im kirchlichen Dienst bietet der Fall des LAG Köln vom 2.11.2021 (Az. 4 Sa 290/21): Eine Gemeindemitarbeiterin hatte eine erhebliche Indiskretion gegenüber dem Pfarrer begangen. Sie hatte eine offensichtlich an die dienstliche E-Mail-Adresse des Pfarrers gerichtete E-Mail gelesen, kopiert und den E-Mail-Anhang (privater Chatverlauf) an Dritte weitergegeben. Dies kann eine außerordentliche fristlose Kündigung rechtfertigen, auch wenn eine Zugriffsberechtigung auf das E-Mail-Konto für dienstliche Tätigkeiten vorliegt.

Hinsichtlich der **personenbedingten Kündigung** ist zu berücksichtigen, dass der Entzug kirchlicher Ämter unmittelbare Auswirkungen auf den Bestand des Arbeitsverhältnisses haben kann. In der Entscheidung des BAG vom 10.4.2014 war der Gemeindereferentin eines Erzbistums die kanonische Beauftragung entzogen worden. Hintergrund waren schwere öffentliche Angriffe der Gemeindereferentin gegen das Bistum, den Bischof und Kollegen. Infolge des Verlustes der kanonischen Beauftragung wurde der Gemeindereferentin gekündigt. Das BAG bestätigte die Kündigung und stützte sich dabei insbesondere auf die Bedeutung des kirchlichen Selbstbestimmungsrechts bei der Ämtervergabe bzw. Amtsenthebung. Die Auffassung des Erzbistums, dass es sich bei der Tätigkeit als Gemeindereferentin um ein Kirchenamt handelt, das zwingend der kanonischen Beauftragung bedarf, steht nicht zur Disposition der Arbeitsgerichtsbarkeit. Auch der Entzug dieser Beauftragung bzw. die Bewertung der Gründe hierfür ist ein innerkirchlicher Akt, der „aufgrund des kirchlichen Selbstbestimmungsrechts einer arbeitsgerichtlichen Überprüfung nicht zugänglich ist". Die arbeitsgerichtliche Kontrolle setzt erst ein, wenn der innerkirchliche Akt in Widerspruch zu Grundprinzipien der Rechtsordnung steht.

 **ACHTUNG!**

Vor jeder Kündigung ist zu prüfen, ob die ordentliche Kündigung aufgrund der jeweils geltenden AVR ausgeschlossen ist. Bspw. sind nach § 15 AVR-Caritas Mitarbeiter, die das 40. Lebensjahr vollendet haben, nach einer Beschäftigungszeit von 15 Jahren bei demselben Arbeitgeber ordentlich unkündbar (vgl. dazu ausführlich v. Tiling, öAT 2022, 184; Seel, öAT 2021, 51). Gleiches folgt aus § 30 Abs. 1 AVR.DD. Dann kommt nur eine außerordentliche Kündigung mit notwendiger Auslauffrist in Betracht, wobei § 32 AVR.DD auch eine außerordentliche Kündigung mit Auslauffrist aus betrieblichen Gründen erlaubt (BAG v. 27.4.2021, 2 AZR 357/20). Die außerordentliche Kündigung mit (notwendiger) Auslauffrist wird hinsichtlich der Beteiligung der MAV so behandelt wie eine ordentliche Kündigung (BAG v. 27.4.2021, 2 AZR 357/20).

Einen Sonderfall im Kündigungsrecht der beiden großen Kirchen bildet die **Kündigung wegen Loyalitätspflichtverletzung**.

## 2.2 Vorgaben des Bundesverfassungsgerichts zur Kündigung wegen Loyalitätspflichtverletzung

In einem grundlegenden Beschluss des BVerfG vom 4. Juni 1985 heißt es wörtlich: „Auch im Wege des Vertragsschlusses können daher einem kirchlichen Arbeitnehmer besondere Obliegenheiten einer kirchlichen Lebensführung auferlegt werden. Werden solche Loyalitätspflichten in einem Arbeitsvertrag festgelegt, nimmt der kirchliche Arbeitgeber nicht nur die allgemeine Vertragsfreiheit für sich in Anspruch – er macht zugleich von seinem verfassungskräftigen Selbstbestimmungsrecht Gebrauch (BVerfG v. 4.6.1985, 2 BVR 1703/83, NJW 1986, 368)." Die Frage, welches die tragenden Grundsätze der Glaubens- und Sittenlehre sind, deren Missachtung arbeitsrechtliche Sanktionen auslösen kann, richtet sich allein nach den von der jeweiligen verfassten Kirche vorgegebenen Maßstäben. Ebenso ist es allein Sache der verfassten Kirche zu bestimmen, was als – ggf. schwerer – Verstoß gegen diese Grundsätze anzusehen ist. Auch die Entscheidung darüber, ob eine Abstufung der Loyalitätspflichten eingreifen soll, ist eine dem Selbstbestimmungsrecht unterliegende Angelegenheit. An diese Vorgaben der verfassten Kirchen, die in Zweifelsfällen durch Rückfrage bei den Kirchenbehörden aufgeklärt werden müssen, sind die Arbeitsgerichte bei der Bewertung vertraglicher Loyalitäts-

pflichten und deren Verletzung gebunden (so jetzt erneut BVerfG v. 22.10.2014, 2 BvR 661/12, ZTR 2015, 34, dazu v. Tiling, öAT 2015, 29).

## 2.3 Loyalitätsanforderungen in der Praxis

Die bereits erwähnte Loyalitätsrichtlinie der EKD vom 9.12.2016 (ABl. EKD 2017, S. 11) statuiert für jeden Arbeitnehmer im kirchlichen Dienst die Verantwortung für die glaubwürdige Erfüllung kirchlicher und diakonischer Aufgaben sowie die Verpflichtung, sich loyal gegenüber der evangelischen Kirche zu verhalten. Für Arbeitnehmer, die in der Verkündigung, Seelsorge, Unterweisung oder Leitung tätig sind, werden in der aktuellen Fassung der Loyalitätsrichtlinie keine weitergehenden Verhaltensobliegenheiten mehr festgelegt. Für alle Mitarbeiter gilt nun, dass sie sich „innerhalb und außerhalb" ihres Dienstes so zu verhalten haben, dass die glaubwürdige Ausübung ihres Dienstes nicht beeinträchtigt wird. Die arbeitsrechtlichen Konsequenzen von Loyalitätsverstößen sind in § 5 der Richtlinie geregelt. Gem. § 5 Abs. 1 soll bei Nichtbefolgung der Anforderungen zunächst durch Beratung und Gespräch versucht werden, den Mangel zu beseitigen. Als letzte Maßnahme wird die außerordentliche Kündigung für zulässig erklärt. Als mögliche Kündigungsgründe werden ausdrücklich der Austritt aus der evangelischen oder einer anderen Kirche, eine grobe Missachtung der evangelischen Kirche und ihrer Ordnung, oder eine sonstige Beeinträchtigung der Glaubwürdigkeit des kirchlichen Dienstes genannt.

Die am 27.4.2015 beschlossene „Grundordnung des katholischen Dienstes im Rahmen kirchlicher Arbeitsverhältnisse" (vgl. dazu Eder, ZTR 2015, 379; v. Tiling, öAT 2015, 227) sah eine je nach Funktion und persönlicher Nähe des Arbeitnehmers zur katholischen Kirche abgestufte Loyalitätsbindung vor: Werden ausnahmsweise nicht christliche Mitarbeiter beschäftigt, waren diese verpflichtet, kirchenfeindliches Verhalten zu unterlassen und mit ihrer persönlichen Lebensführung und ihrem dienstlichen Verhalten die Glaubwürdigkeit der Kirche und der konkreten Einrichtung nicht zu gefährden. Von nicht katholischen, aber christlichen Arbeitnehmern wurde zudem erwartet, dass sie die Wahrheiten und Werte des Evangeliums achten und dazu beitragen, sie in der jeweiligen Einrichtung zur Geltung zu bringen. Katholische Mitarbeiter hatten darüber hinaus die Grundsätze der katholischen Glaubens- und Sittenlehre anzuerkennen und zu beachten. Für katholische Mitarbeiter im pastoralen, katechetischen oder bischöflich beauftragten Dienst war zudem das „persönliche Lebenszeugnis im Sinne der Grundsätze der Glaubens- und Sittenlehre" erforderlich. Dies galt „in der Regel" auch für leitende Mitarbeiter und Mitarbeiter im erzieherischen Dienst.

Die Neufassung der GrO vom 22.11.2022 (vgl. dazu v. Tiling, öAT 2023, 183) gibt die Abstufung der Loyalitätspflichten gänzlich auf. Von katholischen Mitarbeitern wird nicht mehr und nicht weniger Loyalität erwartet als von allen anderen Mitarbeitern. Der vermeintlich verpönte Begriff der Loyalitätsobliegenheiten wird in der neuen Gro nicht mehr verwendet. Generell stehen nicht Pflichten und Forderungen an die Mitarbeiter im Vordergrund, sondern der Appell an die gemeinsame Verantwortung von Arbeitgeber und Mitarbeiter.

▶ So wird von allen Mitarbeitern (nur) die glaubwürdige Erfüllung des kirchlichen Auftrags erwartet.

▶ Hierfür ist in erster Linie das dienstliche Verhalten relevant. Das außerdienstliche Verhalten ist nur bedeutsam, wenn es öffentlich wahrnehmbar ist und grundlegende Werte der katholischen Kirche verletzt. Der Kernbereich privater Lebensgestaltung, insbesondere Beziehungsleben und Intimsphäre bleiben jeglichen rechtlichen Bewertungen entzogen.

▶ Sämtliche Mitarbeiter sind weiterhin gehalten, kirchenfeindliche Betätigungen zu unterlassen.

Hervorzuheben ist die unmissverständlich erklärte Bereitschaft, Beruf und Privatleben zukünftig zu trennen, die persönliche Lebensführung weitestgehend auszublenden und das Beziehungsleben als vollständig irrelevant für die Durchführung des Arbeitsverhältnisses anzusehen.

 **WICHTIG!**

Das abgestufte Verfahren, das sowohl in Art. 7 Abs. 5 der katholischen Grundordnung als auch in § 5 Abs. 1 der Loyalitätsrichtlinie zum Ausdruck kommt, ist unbedingt zu beachten. Aufgrund dieser *Selbstbindung* ist bspw. eine Kündigung wegen Loyalitätspflichtverletzung, die ohne vorausgegangenes „klärendes Gespräch" ausgesprochen worden ist, regelmäßig unverhältnismäßig und damit unwirksam (BAG v. 16.9.1999, 2 AZR 712/98, ZTR 2000, 139).

Um Auseinandersetzungen über die Frage, ob die Loyalitätsobliegenheiten Bestandteil des Arbeitsverhältnisses geworden sind, zu vermeiden, empfiehlt sich, die Obliegenheiten so konkret wie möglich im Arbeitsvertrag zu umschreiben. Es wurde bislang für ausreichend gehalten, wenn im Arbeitsvertrag auf die Regelungen des Dritten Weges Bezug genommen wird, sofern diese selbst Loyalitätsanforderungen enthalten oder ihrerseits auf die Geltung „allgemeiner Kirchengesetze" verweisen. Von einer solchen Verweisung ist bspw. die katholische Grundordnung als allgemeines Kirchengesetz erfasst (vgl. LAG Rheinland-Pfalz v. 2.7.2008, 7 Sa 250/08, PflR 2008, 588 ff.). Eine wirksame Kündigung setzt nach der neuen Rechtsprechung des BVerfG (Beschluss v. 22.10.2014, 2 BvR 661/12, ZTR 2015, 34) die „positive Feststellung" voraus, dass der Arbeitnehmer sich der Geltung der Loyalitätsanforderungen und der Möglichkeit arbeitsrechtlicher Sanktionen „bewusst war oder hätte bewusst sein müssen". Es bleibt abzuwarten, wie dieser Aspekt zukünftig in der Rechtsprechung verarbeitet wird. Das BVerfG will offenbar keine allzu strengen Anforderungen stellen, insbesondere keine positive Kenntnis des Arbeitnehmers von dem Katalog der Loyalitätsobliegenheiten erwarten. Allerdings weist das BVerfG deutlich auf das Spannungsverhältnis von unbestimmten Rechtsbegriffen und Abstrahierungen einerseits und Verständlichkeit und Vorhersehbarkeit für den „einfachen" Arbeitnehmer andererseits hin. Kirchliche Arbeitgeber werden erwägen müssen, die Loyalitätsobliegenheiten und die Sanktionen bei Missachtung in den Arbeitsverträgen vorsorglich noch transparenter zu verankern. Das Erfordernis der Transparenz hat zuletzt dadurch an Bedeutung gewonnen, dass das BAG die bloße arbeitsvertragliche Bezugnahme auf eine in einer Arbeitsrechtsregelung enthaltene Ausschlussfrist nicht als ausreichend im Sinne des Nachweisgesetzes angesehen hat. Folge war, dass ein Arbeitnehmer im Wege des Schadensersatzes verlangen konnte, so gestellt zu werden, als habe er die Ausschlussfrist nicht versäumt. Faktisch war die Ausschlussfrist damit „ausgehebelt" (BAG v. 30.10.2019, 6 AZR 465/18).

### 2.4 Vormalige spezifische Kündigungsgründe infolge von Loyalitätsverletzungen

Unter Berücksichtigung der Festlegungen in der katholischen Grundordnung und der EKD-Loyalitätsrichtlinie hatten sich in der Rechtsprechung insbesondere die folgenden Fallgruppen herausgebildet (dazu ausführlich: v. Tiling, öAT 2013, 227):

▶ Der Kirchenaustritt (LAG Hamm v. 24.9.2020, 18 Sa 210/20 (dazu ausführlich v. Tiling, ArbRB 2021, 376); BAG v. 25.4.2013, 2 AZR 579/12, ZTR 2013, 627; VGH Baden-Württemberg v. 26.5.2003, 9 S 1077/02, NZA-RR 2003, 623 ff.; BAG v. 4.3.1980, 1 AZR 1151/78, AP Nr. 4 zu Art. 140 GG; BAG v. 12.12.1984, 7 AZR 418/83, NJW 1985, 2781 f.; kritisch: LAG Baden-Württemberg v. 10.2.2021, 4 Sa 27/20, ZTR 2021, 291).

▶ Der Ehebruch (BAG v. 16.9.1999, 2 AZR 712/98, ZTR 2000, 139) und die kirchenrechtlich verbotene Eheschließung (BVerfG v. 22.10.2014, 2 BvR 661/12, BAG v. 8.9.2011, 2 AZR 543/10, ZTR 2012, 233; LAG Düsseldorf v. 12.6.2003, 5 Sa 1324/02, juris; BAG v. 16.9.2004, 2 AZR 447/03). In den Diözesen sind derzeit starke Liberalisierungstendenzen erkennbar! Möglicherweise wird dieser Kündigungsgrund wegfallen. Im evangelischen Bereich spielt dieser Kündigungsgrund ohnehin keine Rolle.

▶ Die kirchen- oder konfessionsfeindliche Betätigung (aktive Werbung einer Kindergärtnerin in einem evangelischen Kindergarten für eine andere Glaubensgemeinschaft, BAG v. 21.2.2001, 2 AZR 139/00, NZA 2001, 1136). Auch ein Arbeitnehmer eines dem Caritasverband angeschlossenen Arbeitgebers verletzt seine Loyalitätsobliegenheit, kirchenfeindliches Verhalten zu unterlassen, durch Veröffentlichung von Artikeln im Internet, in denen er Papst Benedikt XVI. in extremer Weise herabwürdigt (LSG Baden-Württemberg v. 21.10.2011, L 12 AL 2879/09).

▶ Das öffentliche Eintreten gegen kirchliche Glaubensgrundsätze, z. B. in Fragen des Schwangerschaftsabbruchs (BAG v. 15.1.1986, 7 AZR 545/85).

▶ Sexuelle Handlungen mit Minderjährigen (BAG v. 26.9.2013, 2 AZR 741/12); praktizierte Homosexualität (im außerdienstlichen Bereich ausgeübte homosexuelle Praxis eines im Dienst des Diakonischen Werkes einer evangelischen Landeskirche stehenden Konfliktberaters im Rahmen der Familienhilfe, BAG v. 30.6.1983, 2 AZR 524/81, NJW 1984, 1917; nicht ausreichend für eine Kündigung soll jedoch die latente, d. h. nicht praktizierte Homosexualität eines Arbeitnehmers im kirchlichen Dienst sein, vgl. LAG Baden-Württemberg v. 24.6.1993, 11 Sa 89/93, NZA 1994, 416). Die EKD hat sich mittlerweile ausdrücklich von diesen Kündigungsgründen distanziert. Sie sind daher nur noch im katholischen Bereich von Bedeutung.

Für den Bereich der katholischen Kirche kam das Eingehen einer eingetragenen Lebenspartnerschaft als schwerwiegender Loyalitätsverstoß hinzu, da das Rechtsinstitut der Lebenspartnerschaft – nach einer Erklärung des Ständigen Rates der Deutschen Bischofskonferenz vom 24.6.2002 – dem katholischen Verständnis von Ehe und Familie widerspricht (vgl. Eder, ZTR 2015, 379; v. Tiling, öAT 2015, 227).

### 2.5 Neujustierung des Kirchenrechts nach der Entscheidung des BAG vom 20.2.2019

Diese Rechtsprechung ist infolge des BAG-Urteils vom 20.2.2019 (2 AZR 746/14) weitgehend überholt. Die Kündigung wegen Loyalitätspflichtverletzung dürfte durch die neue Rechtsprechung massiv erschwert werden (exemplarisch: LAG Baden-Württemberg v. 10.2.2021, 4 Sa 27/20, ZTR 2021, 291).

Der aktuellen Rechtsprechung des BAG hat der kirchliche Gesetzgeber Rechnung getragen durch die neue GrO vom 22.11.2022 (vgl. dazu ausführlich v. Tiling, ArbRB 2023, 77). Diese hat den bisherigen umfangreichen Katalog kündigungsrelevanter Loyalitätsverstöße (bspw. öffentliche Eintreten gegen tragende Grundsätze der katholischen Kirche, schwerwiegende persönliche sittliche Verfehlungen, Abschluss einer kirchenrechtlich ungültigen Ehe, Eingehen einer eingetragenen Lebenspartnerschaft, kirchenfeindliche Handlungen (Gotteslästerung) und Kirchenaustritt) ersetzt durch eine eher allgemeine Beschreibung der wenigen noch verbliebenen Beendigungsgründe. Der Begriff *Kündigung* wird hierbei sorgsam vermieden. Als einziger Grund, der bei katholischen Mitarbeitern „in der Regel" zu einer Beendigung des Arbeitsverhältnisses führt, wird in Art. 7 Abs. 4 GrO der Austritt aus der katholischen Kirche genannt. Von der Beendigung darf ausnahmsweise abgesehen werden, wenn schwerwiegende Gründe des Einzelfalls diese als unangemessen erscheinen lassen. Weitere Kündigungsgründe werden nicht mehr (ausdrücklich) formuliert. Etwas kryptisch wird in Art. 7 Abs. 3 GrO erläutert, dass kirchenfeindliche Betätigungen „rechtlich geahndet" werden können. Als Beispiele werden – wie bisher – die Propagierung der Abtreibung oder von Fremdenhass, Herabwürdigung katholischer Glaubensinhalte und Werbung für andere Religionsgemeinschaften genannt. Auch wenn die kirchenfeindliche Betätigung – anders als der Kirchenaustritt – gerade nicht im unmittelbaren Kontext mit einer Beendigung des Arbeitsverhältnisses genannt wird, kann kein vernünftiger Zweifel daran bestehen, dass kirchenfeindliche Betätigungen auch zukünftig regelmäßig eine Kündigung rechtfertigen.

Die EKD-Loyalitätsrichtlinie belässt es auch in ihrer Neufassung vom 9.12.2016 bei sehr vagen Umschreibungen der kündigungsrelevanten Loyalitätspflichtverletzungen. Danach werden nur der Kirchenaustritt, die grobe Missachtung der evangelischen Kirche und ihrer Ordnungen sowie die Beeinträchtigung der Glaubwürdigkeit des kirchlichen Dienstes als mögliche Kündigungsgründe angesprochen. Ob es angesichts der zuletzt vom BVerfG angemahnten Transparenzerfordernisse (BVerfG v. 22.12.2014, NZA 2014, 1387, dazu v. Tiling, öAT 2015, 29) klug war, die kündigungsrelevanten Loyalitätsverstöße nicht näher zu definieren und auch keine Aufklärungspflichten des kirchlichen Arbeitgebers zu statuieren, bleibt abzuwarten.

## 2.6 Bedeutung für die Praxis

In der Praxis werden wohl nur zwei „absolut" kündigungsrelevante Fallgruppen übrig bleiben: Kirchenaustritt (a. A. Hammer, ZTR 2019, 127) und jegliche Formen von kirchenfeindlicher Betätigung. Nach der Überzeugung des Verfassers müssen die kirchlichen Arbeitgeber auch zukünftig den Kirchenaustritt als Akt der bewussten Abkehr von der Institution Kirche – und zwar bei allen Beschäftigtengruppen – mit einer Kündigung sanktionieren können (dazu ausführlich v. Tiling, ArbRB 2021, 376). Gleiches gilt für grobe Beleidigungen und Diffamierungen kirchlicher Institutionen und Repräsentanten.

Das LAG Hamm hat zuletzt im Urteil vom 24.9.2020 (Az. 18 Sa 210/20) die Wirksamkeit einer Kündigung wegen Kirchenaustritts bestätigt. Es hatte sich während der Probezeit herausgestellt, dass die in einem dem Caritasverband angeschlossenen Krankenhaus als Hebamme eingestellte Arbeitnehmerin fünf Jahre zuvor aus der katholischen Kirche ausgetreten war. Sie begründete diesen Schritt gegenüber Personalleitung und Krankenhauspfarrer damit, dass sie sich als Hebamme in besonderer Weise dem Kinderschutz verpflichtet fühle und ihre Lossagung von der katholischen Kirche mit der unterbliebenen strafrechtlichen Verfolgung der Missbrauchsfälle innerhalb der katholischen Kirche begründet. Sie werde sofort wieder in die Kirche eintreten, wenn „die Schuldigen bestraft" seien.

Nach Auffassung des LAG Hamm stellt die Kündigung keine ungerechtfertigte Benachteiligung wegen der Religion dar. Die Erwartung an eine Hebamme, nicht aus der katholischen Kirche auszutreten bzw. nicht aus der Kirche ausgetreten zu sei, stelle eine nach Art der Tätigkeit gerechtfertigte berufliche Anforderung dar. Der Kirchenaustritt gehöre nach kirchlichem Recht zu den schwersten Vergehen gegen den Glauben und die Einheit der Kirche. Als Hebamme wirke die Klägerin unmittelbar an der Verwirklichung des karitativen Ziels der Krankenbehandlung und -pflege mit. Damit sei zugleich die Mitwirkung der Klägerin am missionarischen Auftrag der Kirche verbunden.

Ihrer vertraglich übernommenen Verpflichtung könne die Hebamme nicht glaubwürdig nachkommen, da sie aus der katholischen Kirche ausgetreten ist und sich damit „klar und eindeutig von dieser Kirche distanziert und losgesagt" hat. Es bestehe die Gefahr, dass die Hebamme sich während ihrer Arbeit kirchenfeindlich äußert, zumal sie unmittelbaren Patientenkontakt hat. Billigenswerte Motive für den Kirchenaustritt berücksichtigt das LAG Hamm nicht zugunsten der gekündigten Arbeitnehmerin, sondern zu ihren Lasten: Da die Aufarbeitung der Missbrauchsskandale weiterhin den Gegenstand öffentlicher Diskussionen bildet, hätte die Gefahr kirchenkritischer Äußerungen durch die Arbeitnehmer auch zukünftig bestanden.

## 2.7 Anfechtung des Arbeitsvertrages

Daneben ist stets auch eine Anfechtung des Arbeitsvertrages wegen Irrtum oder arglistiger Täuschung zu denken. Dies gilt bspw. für den Fall, dass ein Mitarbeiter beim Einstellungsgespräch einen Kirchenaustritt verschweigt oder eine diesbezügliche Frage falsch beantwortet.

 **ACHTUNG!**

> Für Kündigung oder Anfechtung wegen jeglicher Loyalitätsverstöße gilt: Wenn der Arbeitgeber bei der Einstellung oder im Laufe des Arbeitsverhältnisses Kenntnis von einem Loyalitätsverstoß (bspw. Kirchenaustritt) erlangt und daraus keine Konsequenzen zieht, sondern erst viel später hierauf mit Kündigung oder Anfechtung reagiert, wird er damit regelmäßig keinen Erfolg haben. Das Verbot widersprüchlichen Verhaltens bindet auch den kirchlichen Arbeitgeber. Gleiches gilt für den arbeitsrechtlichen Gleichbehandlungsgrundsatz. Dieser verbietet es regelmäßig, bei einer Vielzahl von Arbeitnehmern Loyalitätsverstöße zu dulden und sodann einen einzelnen Arbeitnehmer „herauszugreifen" und diesem wegen desselben Loyalitätsverstoßes zu kündigen (vgl. zuletzt LAG Düsseldorf v. 1.7.2010, 5 Sa 996/09).

## III. Betriebsverfassung

Gemäß §§ 118 Abs. 2, 130 BetrVG und § 112 BPersVG findet das staatliche Betriebsverfassungs- und Personalvertretungsrecht auf die Dienststellen der verfassten Kirche und die kirchlichen Einrichtungen der Diakonie und Caritas keine Anwendung. Diese vollständige Freistellung kirchlicher Einrichtungen von der Geltung des BetrVG ergibt sich zwingend aus Art. 137 Abs. 3 WRV. Das kirchliche Selbstbestimmungsrecht umfasst mit den Worten des BVerfG die Entscheidung, „ob und in welcher Weise die Arbeitnehmer und ihre Vertretungsorgane in Angelegenheiten des Betriebes, die ihre eigenen Interessen berühren, mitwirken und mitbestimmen" (BVerfG v. 11.10.1977, 2 BvR 209/76, NJW 1978, 189).

## 1. Vorgaben des Bundesverfassungsgerichts

Im Jahr 1980 erklärte das BVerfG das Krankenhausgesetz Nordrhein-Westfalen u. a. deshalb für verfassungswidrig, weil dieses Anhörungs-, Vorschlags-, Mitsprache- und Mitbestimmungsrechte von Mitarbeitern unterschiedslos für staatliche, kommunale, private und kirchliche Krankenhäuser vorsah und damit eine Betriebsverfassung für kirchliche Krankenhäuser vorschrieb. Einen solchen Eingriff in ihre innerbetriebliche Organisationsfreiheit müssen die Träger kirchlicher Krankenhäuser nicht hinnehmen (BVerfG v. 25.3.1980, 2 BvR 208/76, NJW 1980, 1895). Vielmehr „können die kirchlichen Krankenhausträger beanspruchen, vom Staat in ihrer Eigenständigkeit respektiert zu werden, wenn sie nach eigenen Maßstäben in Erfüllung des kirchlichen Auftrags ihre Organisationsformen und Verfahrensregeln fortzuentwickeln trachten (…). Gegenüber der Absicht und Erwartung kirchlicher Krankenhausträger, aus sich selbst heraus und im Vertrauen auf die religiös verwurzelte Motivierung ihrer Mitarbeiter die heute erforderliche Leistungsfähigkeit erbringen und gewährleisten zu können (…), obliegt dem Staat größtmögliche Zurückhaltung (BVerfG v. 25.3.1980, 2 BvR 208/76, NJW 1980, 1895). Die einfachgesetzlichen Regelung in §§ 118 Abs. 2, 130 BetrVG und § 112 BPersVG entsprechen damit dem *„verfassungsrechtlich Gebotenen"* (BVerfG v. 11.10.1977, 2 BvR 209/76, NJW 1978, 189), da das *„streng dualistische System des Betriebsverfassungsgesetzes"* dem Wesensgehalt der christlichen Religionsgemeinschaften widerspricht (BVerfG v. 17.2.1981, 2 BvR 384/78, NJW 1981, 1829).

## 2. Das kircheneigene Mitarbeitervertretungsrecht

Vor dem Hintergrund der Freistellung vom Betriebsverfassungs- und Personalvertretungsrecht haben die beiden großen Kirchen jeweils ein eigenständiges Mitarbeitervertretungsrecht geschaffen. Anstelle von Personal- oder Betriebsräten werden Mitarbeitervertretungen (MAV) gewählt, die im Einzelnen geregelte Beteiligungsrechte zugunsten der von Ihnen repräsentierten Mitarbeiter wahrnehmen.

Das BAG hat – für das katholische Mitarbeitervertretungsrecht – ausdrücklich festgestellt, dass dieses „aufgrund des Selbstbestimmungsrecht der Kirchen nach Art. 140 GG, Art. 137 Abs. 3 WRV nicht nur in den Einrichtungen der verfassten Kirche (…), sondern auch in privatrechtlichen Einrichtungen sonstiger kirchlicher Rechtsträger" gilt (BAG v. 10.12.1992, 2 AZR 271/92, NZA 1993, 593).

Die dem Grunde nach anerkannte Rechtssetzungskompetenz des kirchlichen Gesetzgebers für privatrechtlich angestellte Arbeitnehmer wirft vielfältige Rechtsfragen auf. Nach wohl h.M. ist bspw. eine normative Wirkung kirchlicher Dienstvereinbarungen abzulehnen (Schliemann, NZA 2005, 662; Reichold, ZTR 2016, 295). Das BAG konnte die hoch umstrittene Frage, ob kirchlichen Dienstvereinbarungen eine normative Wirkung zukommt, in der Entscheidung vom 22.3.2018 (6 AZR 835/16; siehe dazu auch Laber, öAT 2018, 167) offen lassen. Die arbeitsvertragliche Verweisung auf kirchliche Arbeitsvertragsregelungen oder einen kirchlichen Tarifvertrag beinhalte regelmäßig die Vereinbarung der Geltung des kirchlichen Mitarbeitervertretungsrechts und der auf dessen Grundlage abgeschlossenen Dienstvereinbarungen, wenn das in Bezug genommene Regelwerk von der Anwendbarkeit des kollektiven kirchlichen Arbeitsrechts ausgeht. Das BAG hält es ausdrücklich für unschädlich, dass es sich um eine Kettenverweisung handelt. Wenn der Arbeitnehmer sich arbeitsvertraglich mit der Einbeziehung einer kirchlichen Arbeitsrechtsregelung oder eines kirchengemäßen Tarifvertrags einverstanden erklärt, muss ihm bewusst sein, dass damit auch das Mitarbeitervertretungsrecht mit all seinen Mechanismen gilt.

Die Bedeutung der Entscheidung reicht weit über die Kürzung der Jahressonderzahlung hinaus. In allen Fällen, in denen die arbeitsvertraglich in Bezug genommene Arbeitsrechtsregelung Öffnungsklauseln zugunsten der Betriebsparteien enthält (z. B. zur Gestaltung der Arbeitszeit), werden die durch solche Dienstvereinbarungen begründeten Rechte und Pflichten zu Bestandteilen des Arbeitsverhältnisses (vgl. dazu v. Tiling, öAT 2018, 183).

## 2.1 Das Mitarbeitervertretungsrecht der evangelischen Kirche

Für die evangelische Kirche maßgebend ist das *Kirchengesetz über die Mitarbeitervertretungen bei den Dienststellen der EKD* vom 6.11.1992 (MVG.EKD). Das MVG.EKD gilt unmittelbar nur für die Dienststellen der EKD.

Mit Wirkung zum 1.1.2024 wurde das MVG-EKD umfangreich geändert. Hauptsächlich handelt es sich um Detailänderungen. Für die Praxis relevant dürften insbesondere zwei neu eingeführte Mitbestimmungstatbestände sein. Einerseits die Mitbestimmung bei der Aufstellung von Grundsätzen für die Stellenausschreibung, § 39 lit. f) MVG-EKD und andererseits die Mitbestimmung bei der Einführung und Ausgestaltung mobiler Arbeit, die mittels Informations- und Kommunikationstechnik erbracht wird, § 40 lit. i) MVG-EKD. Zudem wurde eine für diakonische Unternehmen ab 500 Beschäftigten geltende Unternehmensmitbestimmung auf den Weg gebracht. Für deren verbindliche Ausgestaltung ist eine Umsetzungsfrist bis zum 31.12.2028 vorgesehen.

Das System der Beteiligungsrechte nach dem MVG.EKD lehnt sich an das Modell des BPersVG an. Nach § 38 MVG-EKD dürfen Maßnahmen, die der Mitbestimmung unterliegen, erst vollzogen werden, wenn die Zustimmung der MAV vorliegt oder durch die Schlichtungsstelle ersetzt worden ist. Für die Einzelheiten des einzuhaltenden Verfahrens ist unbedingt der aktuelle Text des jeweils geltenden MVG zu Rate zu ziehen. Ein Katalog von Maßnahmen, die der Mitbestimmung unterliegen, enthalten die §§ 39 und 40 MVG.EKD. Dabei handelt es sich um allgemeine organisatorische und soziale Angelegenheiten.

In den Fällen der eingeschränkten Mitbestimmung (§ 41 MVG.EKD) bedarf die Maßnahme ebenfalls der Mitbestimmung – genauer gesagt: der Zustimmung – der MAV. Die erforderliche Zustimmung darf jedoch nur aus bestimmten im Gesetz ausdrücklich geregelten Fällen verweigert werden, nämlich wenn die Maßnahme

- gegen Gesetze, Dienstvereinbarungen oder rechtskräftige gerichtliche Entscheidungen verstößt,

- die durch Tatsachen begründete Besorgnis besteht, dass der durch die Maßnahme betroffene Mitarbeiter oder andere Mitarbeiter ungerechtfertigt benachteiligt werden oder

- die durch Tatsachen begründete Besorgnis besteht, dass eine beabsichtigte Einstellung zur Störung des Friedens in der Dienststelle führt.

Fälle der eingeschränkten Mitbestimmung sind insbesondere Einstellung, ordentliche Kündigung nach Ablauf der Probezeit, Eingruppierung, Übertragung einer höher oder niedriger bewerteten Tätigkeit von mehr als drei Monaten Dauer, Umsetzung, Versetzung und Abordnung, vgl. im Einzelnen § 42 MVG.EKD. Der KGH stellt in der Entscheidung vom 25.8.2014 klar, dass jeder drittbezogene Personaleinsatz (Arbeitnehmerüberlassung, Dienstvertrag, Werkvertrag) den Begriff der *Einstellung* erfüllen kann, sofern eine tatsächliche Eingliederung in die Einrichtung vorliegt. Dies sei dann der Fall, wenn das Fremdpersonal von den Arbeitnehmern der Einrichtung Weisungen erhält oder das Fremdpersonal seine Tätigkeit nicht ohne „fortlaufende Koordination und Synchronisation" mit dem Stammpersonal erbringen kann. Eine Einstellung in diesem Sinne ist auch bei Arbeitnehmern von anderen Unternehmen möglich, die aufgrund eines Dienst- oder Werkvertrags Tätigkeiten im Betrieb verrichten. Dazu ist aber erforderlich, dass diese gemeinsam mit den im Betrieb schon beschäftigten Arbeitnehmern eine Aufgabe zu verrichten haben, die ihrer Art nach weisungsgebunden ist, der Verwirklichung des arbeitstechnischen Zwecks des Betriebs dient und daher vom Unternehmen organisiert werden muss. Die Beschäftigten müssen so in die betriebliche Arbeitsorganisation eingegliedert sein, dass die Arbeitgeberin das für ein Arbeitsverhältnis typische Weisungsrecht innehat. Selbst wenn die Dienststellenleitung keine ausdrückliche Anweisung für das Zusammenwirken zwischen Eigen- und Drittbeschäftigten getroffen haben sollte, ist auch dieses eine Entscheidung zur Regelung der Organisation. Die tägliche und sowohl räumlich als auch organisatorisch enge Zusammenarbeit führt bei natürlicher Betrachtung zu einer mitbestimmungsrelevanten Eingliederung (KGH.EKD v. 19.6.2018, I-0124/51-2017).

Im Falle der ordentlichen Kündigung nach Ablauf der Probezeit darf die MAV ihre Zustimmung nur verweigern, wenn die Kündigung gegen eine Rechtsvorschrift, eine Arbeitsrechtsregelung oder eine rechtskräftige gerichtliche Entscheidung verstößt, § 41 Abs. 2 MVG.EKD. Wenn nach Erteilung oder Ersetzung der Zustimmung die sodann ausgesprochene ordentliche Kündigung vor dem Arbeitsgericht angegriffen wird, wird dort erneut die soziale Rechtfertigung geprüft.

 **ACHTUNG!**

Diese Konstruktion führt dazu, dass das Kirchengericht oder der in zweiter Instanz zuständige Kirchengerichtshof eine „Vorprüfung" der sozialen Rechtfertigung gemäß § 1 KSchG vornehmen. In der Praxis orientieren sich die kirchlichen Gerichte an der kündigungsrechtlichen Rechtsprechung des BAG. Die kirchengerichtliche Feststellung, dass eine beabsichtigte Kündigung nicht gegen § 1 KSchG verstößt, hat keine Bindungswirkung für einen nachfolgenden Kündigungsschutzprozess vor dem staatlichen Arbeitsgericht. Das staatliche Arbeitsgericht ist daher nicht gehindert, eine Kündigung, für die der Kirchengerichtshof die Zustimmung der MAV ersetzt hat, wegen Verstoßes gegen § 1 KSchG für unwirksam zu erklären.

Als „Rechtsvorschrift" in diesem Sinne kommt insbesondere § 1 KSchG in Betracht. Mit „Arbeitsrechtsregelungen" sind bspw. die AVR.DD oder der BAT-KF gemeint.

**Beispiel**

Der KGH.EKD hat die Zustimmung zur beabsichtigten ordentlichen Kündigung einer Kirchenmusikerin ersetzt, da er die unternehmerische Entscheidung der Kirchengemeinde, die Stelle der einzigen Kirchenmusikerin auf Dauer entfallen zu lassen und stattdessen Kirchenmusik von ehrenamtlich Tätigen spielen zu lassen, nicht beanstandet hat. Eine solche unternehmerische Entscheidung laufe nicht auf eine unzulässige Austauschkündigung hinaus. Vielmehr könne auch der kirchliche Arbeitgeber zur Erfüllung seiner Aufgaben unter allen rechtlich zulässigen Gestaltungsmöglichkeiten diejenige wählen, die ihm unter wirtschaftlichen Aspekten am zweckmäßigsten erscheint (KGH.EKD v. 20.4.2009 – I-0124/P59/08, ZMV 2009, 208).

Vor rechtskräftiger Ersetzung der Zustimmung durch das Kirchengericht darf der Arbeitgeber die beabsichtigte Maßnahme regelmäßig nicht durchführen. In bestimmten Fällen ist der Arbeitgeber jedoch gemäß § 38 Abs. 5 MVG.EKD berechtigt, eine vorläufige Regelung zu treffen, sofern die Maßnahme keinen Aufschub duldet (vgl. hierzu instruktiv KGH.EKD v. 17.7.2009 – I-0124/R42-09, ZMV 2009, 320). Keinen Aufschub i. S. d. § 38 Abs. 5 MVG.EKD duldet eine Maßnahme, wenn die Gründe, die für eine vorläufige Durchführung sprechen, so starkes Gewicht haben, dass sie das grundsätzliche Interesse an der Durchführung des Mitbestimmungsverfahrens überwiegen. Eine Maßnahme duldet keinen Aufschub, wenn die derart eintretende zeitliche Verzögerung zu schweren Behinderungen der Funktionsfähigkeit der Dienststelle führte oder wenn bei einem derzeitigen Unterbleiben der Maßnahme einem Betroffenen eine Belastung, ein Schaden oder sonstiger Nachteil entstünde, der außer Verhältnis zu Ziel und Zweck der Mitbestimmung stünde. Die vorläufige Durchführung einer Maßnahme hat demgegenüber zu unterbleiben, wenn sie bereits auf den ersten Blick nicht mit dem Recht vereinbar ist und die MAV ihre Zustimmungsverweigerung hierauf gestützt hat (KGH.EKD v. 17.7.2009, I-0124/R42-09, ZMV 2009, 320).

Die Wirksamkeit einer Maßnahme, die der Mitberatung durch die MAV unterliegt, setzt deren Beteiligung gemäß § 45 MVG-EKD voraus. Bei den Fällen der Mitberatung geht es darum, der MAV eine qualifizierte Gelegenheit zu Stellungnahme und Erörterung mit der Dienststellenleitung zu geben. Für die Einzelheiten des einzuhaltenden Verfahrens ist unbedingt der aktuelle Text des jeweils geltenden MVG zu Rate zu ziehen. Das Recht auf Mitberatung besteht in den im Katalog des § 46 MVG-EKD abschließend genannten Fällen. Wichtige Fälle der Mitberatung sind die außerordentliche Kündigung und die ordentliche Kündigung während der Probezeit. Ebenfalls der Mitberatung unterliegt die Auflösung oder Verlegung einer Dienststelle sowie die Auslagerung von Arbeitsbereichen.

 **WICHTIG!**

Für Maßnahmen zum Ausgleich und zur Milderung von wirtschaftlichen Nachteilen, die den Arbeitnehmern durch Betriebsänderungen entstehen, besteht sogar ein Mitbestimmungsrecht, vgl. §§ 40 f. MVG.EKD. Dieses muss schon in die Planung von Betriebsänderungen einbezogen werden.

## 2.2 Das Mitarbeitervertretungsrecht der katholischen Kirche

Für die katholische Kirche hatte die Bischofskonferenz erstmals im Jahr 1971 eine *Rahmenordnung für eine Mitarbeitervertretungsordnung* (Rahmen-MAVO) beschlossen. Die Vollversammlung der Diözesen Deutschlands hat am 19.6.2017 die Einführung einer neuen Rahmen-MAVO beschlossen. Diese 7. Novellierung der Rahmen-MAVO bringt Änderungen insbesondere im Bereich des Einrichtungsbegriffs, im Umgang mit Leiharbeitnehmern sowie bei den Beteiligungsrechten der MAV (insbesondere Bildung eines Wirtschaftsausschusses). Aufgrund dieser aktuellen Änderung der Rechtslage ist besonders sorgfältig zu prüfen, ob die Novellierung der Rahmen-MAVO bereits in die jeweilige diözesane MAVO übernommen worden ist. Die Rahmenordnung beansprucht unmittelbare Geltung nur für die Mitarbeiter des Verbandes der Diözesen. Die Ortsbischöfe, die die Rechtssetzungsgewalt für ihre Teilkirche ausüben, haben die Rahmenordnung für das Gebiet der jeweiligen Diözese als Kirchengesetz in Kraft gesetzt. Die Rahmen-MAVO ist ein Muster für eine Mitarbeitervertretungsordnung in der jeweiligen

Diözese. Die 27 diözesanen Mitarbeitervertretungsordnungen stimmen im Wesentlichen mit der Rahmen-MAVO überein.

Praktische Bedeutung hat vor allem die Regelung in §§ 30 f. Rahmen-MAVO. Danach ist die MAV vor jeder ordentlichen Kündigung nach Ablauf der Probezeit schriftlich über die Gründe der beabsichtigten Kündigung zu informieren. Das Anhörungserfordernis erstreckt sich auch auf Änderungskündigungen (LAG Berlin-Brandenburg v. 15.9.2008, 10 Sa 818/08) und auf sog. „Probezeitkündigungen". Bei letzteren bedarf es allerdings keiner Darlegung der Kündigungsgründe. Erhebt die MAV innerhalb einer Wochenfrist Einwendungen und hält der Arbeitgeber an seinem Kündigungsentschluss fest, hat er einen sog. Mitberatungstermin anzusetzen. Wird bei der Mitberatung keine Verständigung erzielt, darf der Arbeitgeber die ordentliche Kündigung gleichwohl aussprechen. Eine entsprechende Anhörungspflicht enthält § 31 Abs. 1 Rahmen-MAVO für die außerordentliche Kündigung. Danach ist der MAV vor einer außerordentlichen Kündigung die Absicht der Kündigung mitzuteilen. Die MAV hat wiederum die Möglichkeit, Einwendungen vorzubringen – allerdings innerhalb einer kurzen Frist von drei Tagen. Diese Frist kann vom Arbeitgeber auf 48 Stunden abgekürzt werden. Teilweise fordern die diözesanen MAVOen eine Begründung hierfür. Aber auch dann, wenn kirchengesetzlich kein Begründungserfordernis gilt, wird eine dezidierte, aussagekräftige Begründung (Darlegung einer außergewöhnlichen Ausnahmesituation) gegenüber der MAV für erforderlich gehalten (vgl. nur LAG Köln v. 2.2.2001, 11 Sa 1292/00). Ein Mitberatungsverfahren ist – anders als bei der ordentlichen Kündigung – nicht vorgesehen. Eine ohne Einhaltung dieses Anhörungs- und ggf. Mitberatungsverfahrens ausgesprochene Kündigung ist unwirksam (§§ 30 Abs. 5, 31 Abs. 3 Rahmen-MAVO). Die Unwirksamkeit der Kündigung kann nicht durch nachträgliche Zustimmung der MAV geheilt werden.

Für Maßnahmen zum Ausgleich und zur Milderung von wirtschaftlichen Nachteilen, die den Arbeitnehmern durch Betriebsänderungen entstehen, ist das Mitbestimmungsrecht nach 36 Abs. 1 Nr. 11 Rahmen-MAVO zu berücksichtigen. Dieses muss schon in die Planung von Betriebsänderungen einbezogen werden. Im Zuge der 7. MAVO-Novellierung ist in § 27b Rahmen-MAVO erstmals die Möglichkeit verankert worden, einen Wirtschaftsausschuss zu bilden. Dessen Errichtung setzt voraus, dass

▶ es sich um eine Einrichtung handelt, deren Betrieb überwiegend drittmittelfinanziert ist und

▶ eine (erweiterte) Gesamtmitarbeitervertretung besteht, die mehr als 100 Mitarbeiter repräsentiert, oder

▶ eine einfache Mitarbeitervertretung besteht, die mindestens 200 Mitarbeiter repräsentiert.

Für größere drittmittelfinanzierte Einrichtungen wird damit neben dem Anspruch auf jährliche schriftliche Unterrichtung zu wirtschaftlichen Angelegenheiten gemäß § 27a Rahmen-MAVO ein weiteres Instrument geschaffen, um auf den wirtschaftlichen Kurs der Einrichtung Einfluss zu nehmen. Der Wirtschaftsausschuss hat die Aufgabe, wirtschaftliche Angelegenheiten mit dem Dienstgeber zu beraten und die Mitarbeitervertretung nach jeder Sitzung zu informieren. Ein Katalog wirtschaftlicher Angelegenheiten findet sich in § 27a Abs. 2 Rahmen-MAVO. Die Verfahrensregeln, die Rechte und die Zusammensetzung des Wirtschaftsausschusses werden in § 27b Rahmen-MAVO ausführlich dargestellt.

Im Bereich des MVG-EKD ist ein „Wirtschaftsausschuss" ebenfalls vorgesehen. Gemäß § 23a Abs. 2 MVG-EKD kann die Mitarbeitervertretung in rechtlich selbstständigen Einrichtungen der Diakonie mit mehr als 150 Mitarbeitern und Mitarbeiterinnen die Bildung eines sog. Ausschusses für Wirtschaftsfragen beschließen. Dieser hat die Aufgabe, die Mitarbeitervertretung über wirtschaftliche Angelegenheiten zu unterrichten. Die Dienststellenleitung hat den Ausschuss rechtzeitig und umfassend über die wirtschaftlichen Angelegenheiten der Einrichtung unter Aushändigung der erforderlichen Unterlagen zu unterrichten, soweit dadurch nicht die Betriebs- und Geschäftsgeheimnisse der Einrichtung gefährdet werden, sowie die sich daraus ergebenden Auswirkungen auf die Personalplanung darzustellen. Zu den wirtschaftlichen Angelegenheiten gehören insbesondere die wirtschaftliche Lage der Dienststelle, geplante Investitionen, Rationalisierungsvorhaben, die Einschränkung oder Stilllegung von wesentlichen Teilen der Dienststelle, wesentliche Änderungen der Organisation oder des Zwecks der Dienststelle und die Übernahme der Dienststelle oder Einrichtung durch Dritte, wenn hiermit der Erwerb der Kontrolle verbunden ist (vgl. § 34 Abs. 2 MVG-EKD).

### 3. Vertrauensperson der Schwerbehinderten

In § 52 Rahmen-MAVO sind Errichtung und Zuständigkeiten einer Schwerbehindertenvertretung in enger Anlehnung an das staatliche Recht (§§ 177 ff. SGB IX) geregelt.

§§ 51 f. MVG-EKD enthielten bislang eine recht eigenständige Regelung über die Vertrauensperson der Schwerbehinderten. Zum 1.1.2019 ist eine weitgehende Übernahme des staatlichen Rechts erfolgt. § 51 Abs. 1 MVG-EKD verweist jetzt für die Aufgaben und Befugnisse der Vertrauensperson generell auf die §§ 177 bis 179 SGB IX. Die weiteren Absätze des § 51 MVG-EKD sowie der § 52 MVG-EKD beschränken sich auf deklaratorische Wiederholungen und geringfügige Modifikationen gegenüber dem staatlichen Recht. Wesentlich ist, dass zukünftig bereits ab einer Beschäftigtenzahl von 101 die Möglichkeit besteht, einen gewählten Stellvertreter für die Vertrauensperson zu bestimmen. Die vollständige Freistellung der Vertrauensperson ist bei Beschäftigung von 100 oder mehr schwerbehinderten Mitarbeitern möglich. Hinsichtlich Freizeitausgleich, Verschwiegenheitsverpflichtung, Kostentragung und materieller Ausstattung durch den Arbeitgeber gelten uneingeschränkt die staatlichen Regelungen. Von größter praktischer Bedeutung ist das Beteiligungsrecht der Vertrauensperson vor Kündigungen und die Rechtsfolge der Unwirksamkeit der Kündigung bei unterbliebener oder nicht ordnungsgemäßer Beteiligung. Diese Rechtsfolge, die erst zum 30.12.2016 in das SGB IX implementiert worden war und eigentlich schon durch die Generalverweisung in das MVG-EKD transportiert wird, wird in § 51 Abs. 3 MVG-EKD eigens wiederholt: „Die Kündigung schwerbehinderter Mitarbeiter und Mitarbeiterinnen, die der Dienstgeber ohne eine Beteiligung der Vertrauensperson ausspricht, ist unwirksam."

Die Vertrauensperson der Schwerbehinderten ist vor Erteilung einer Abmahnung an einen schwerbehinderten Menschen nach § 51 Abs. 3 MVG-EKD zu unterrichten und vor einer Entscheidung zu hören (KGH.EKD v. 17.2.2020 I-0124/40-2019).

 **WICHTIG!**

Die Rechtsfolge der Unwirksamkeit der Kündigung gilt für alle Arten von Kündigungen, auch Änderungskündigungen und Kündigungen während der Probezeit, nicht jedoch für den Abschluss von Aufhebungsverträgen. Es kommt nicht darauf an, ob die Kündigung in Zusammenhang mit der Schwerbehinderung steht.

Inhalt und Umfang der Beteiligung der Schwerbehindertenvertretung im Vorfeld von Kündigungen richten sich nach zu § 102 BetrVG entwickelten Grundsätzen (BAG v. 13.12.2018, 2 AZR 378/18, ZTR 2019, 233; KGH.EKD v. 1.10.2007, I-0124/N45-07). Die im SGB IX nicht geregelte Stellungnahmefrist für die Schwerbehindertenvertretung soll sich nach § 102 Abs. 2 BetrVG analog richten. Danach müssen Bedenken gegen eine ordentliche Kündigung innerhalb einer Woche und solche gegen eine außerordentliche Kündigung innerhalb von drei Tagen mitgeteilt werden. Einer ausdrücklichen Fristsetzung durch den Arbeitgeber bedarf es nicht (BAG v. 13.12.2018 a.a.O.).

Insoweit wirft die Rechtsprechung des BAG allerdings die Frage auf, ob das Fristenregime des § 102 Abs. 2 BetrVG auch in einem solchen Bereich analog gelten soll, für den der staatliche Gesetzgeber nicht zuständig ist. Richtigerweise muss die durch das BAG befürwortete analoge Anwendung des § 102 Abs. 2 BetrVG auch im kirchlichen Bereich gelten, zumal der kirchliche Gesetzgeber sich bewusst für die vollständige Übernahme des weltlichen Rechts entschieden hat. Die die §§ 177 ff. SGB IX konkretisierende BAG-Rechtsprechung ist insoweit als Annex zum weltlichen Recht zu sehen (ebenso Joussen/Mestwerdt-Neuendorf, MVG-EKD, 2. Aufl. 2023, § 51 Rz. 24).

## 4. Fehlerquellen im Zustimmungs- und Zustimmungsersetzungsverfahren nach § 38 MVG.EKD

Im Zustimmungs- und Zustimmungsersetzungsverfahren nach § 38 MVG.EKD („eingeschränkte Mitbestimmung") besteht sowohl für den Arbeitgeber als auch für die MAV die Gefahr, dass formale Fehler unterlaufen. Folgende Grundsätze sind zu beachten:

► Die schriftlich zu begründende Zustimmungsverweigerung der MAV zu einer in Aussicht genommenen Kündigung nach Ablauf der Probezeit muss so gefasst sein, dass die Dienststellenleitung erkennen kann, worauf es der MAV ankommt. Bloße Stichwörter oder die Wiederholung von Gesetzestexten reichen nicht aus (KGH.EKD v. 3.4.2006, I-0124/M1-06, ZMV 2006, 245).

► Zustimmungsverweigerungsgründe, die die MAV nicht innerhalb der Äußerungsfrist vorgebracht hat, kann die MAV im Zustimmungsersetzungsverfahren vor der Schlichtungsstelle nicht mit Erfolg nachschieben (KGH.EKD v. 7.4.2008, I-0124/N80-07, ZMV 2008, 259).

► Hat die MAV die Zustimmung mit ausreichender Begründung fristgerecht verweigert, muss der Arbeitgeber die Zustimmung durch das Kirchengericht ersetzen lassen. Grundsätzlich ist der Inhalt des Zustimmungsantrags der Dienststellenleitung maßgeblich für die Frage, ob die MAV die Zustimmung zu Recht verweigert hat. Im späteren kirchengerichtlichen Zustimmungsersetzungsverfahren kann die Zustimmung nicht aufgrund von Umständen ersetzt werden, die der MAV zuvor nicht im Zustimmungsantrag mitgeteilt worden waren (KGH.EKD v. 16.8.2021, I-0124/23-2021; KGH.EKD v. 14.1.2008, II-0124/N52-07, ZMV 2008, 314).

**✎ WICHTIG!**

Gleichwohl hat der Arbeitgeber die Möglichkeit, neue Tatsachen in ein laufendes Zustimmungsersetzungsverfahren einzuführen. Dies gilt nicht nur für das Verfahren vor der Schlichtungsstelle, sondern auch für das Verfahren beim KGH.EKD. Allerdings ist erforderlich, dass der Arbeitgeber vor Einführung neuer Umstände der MAV Gelegenheit zur Stellungnahme gibt. Hierzu

muss der Arbeitgeber die MAV vollständig über die neu einzuführenden Tatsachen unterrichten und erneut deren Zustimmung beantragen. Erteilt die MAV ihre Zustimmung nicht, darf der Arbeitgeber diese neuen Umstände in das laufende Zustimmungsersetzungsverfahren einführen (KGH.EKD v. 29.6.2020, I-0124/11-2020; KGH.EKD v. 20.4.2009, I-0124/P59/08, ZMV 2009, 208).

## 5. Bedeutung des Mitarbeitervertretungsrechts im Kündigungsschutzprozess

Der einzelne Arbeitnehmer kann sich – insbesondere im Kündigungsschutzprozess vor dem staatlichen Arbeitsgericht – auf die Einhaltung der Bestimmungen des für ihn geltenden Mitarbeitervertretungsrechts berufen. Dies bedeutet im Einzelnen:

► Im Anwendungsbereich des MVG.EKD ist eine ohne Zustimmung der MAV ausgesprochene ordentliche Kündigung nach Ablauf der Probezeit gemäß § 134 BGB i. V. m. § 38 Abs. 1 MVG-EKD unwirksam. Etwas anderes gilt nur, wenn die fehlende Zustimmung vor Ausspruch der Kündigung kirchengerichtlich ersetzt worden ist (LAG Hamm v. 18.1.2007, 16 Sa 559/06).

► Im Anwendungsbereich des MVG.EKD ist die Kündigung auch dann unwirksam, wenn im Falle der ordentlichen Kündigung während der Probezeit oder im Falle der außerordentlichen Kündigung die vorgeschriebene Anhörung („Mitberatung") nach § 46 MVG.EKD unterblieben ist. Gleiches gilt, wenn die Mitberatung zwar eingeleitet, jedoch nicht ordnungsgemäß abgeschlossen worden ist (ArbG Bielefeld v. 14.12.2005, 3 Ca 2303/05).

► Die Rechtsfolge der Unwirksamkeit der Kündigung tritt nicht nur dann ein, wenn das maßgebliche Beteiligungsverfahren gänzlich unterblieben ist, sondern auch dann, wenn es mit Fehlern behaftet ist. Für die ordnungsgemäße Durchführung des Beteiligungsverfahrens vor Ausspruch der ordentlichen oder außerordentlichen Kündigung, insbesondere für die Anforderungen an die Substantiierung der Kündigungsgründe gegenüber der MAV, kann im Wesentlichen auf die Rechtsprechung des BAG zur Anhörung des Betriebsrats nach § 102 BetrVG zurückgegriffen werden (KGH.EKD v. 1.7.2007, I-0124/N45-07, ZMV 2008, 88).

► Reicht die Unterrichtung der Mitarbeitervertretung im vorgerichtlichen Beteiligungsverfahren zur Erteilung der Zustimmung zu einer außerordentlichen Kündigung eines Mitglieds der Mitarbeitervertretung nicht aus, um einen Kündigungsgrund darzulegen, kann der Tatsachenvortrag nicht erst im Verfahren vor den Kirchengerichten erfolgen. Die Dienststellenleitung muss vielmehr die Mitarbeitervertretung vollständig unterrichten. Nur auf der Basis dieser Unterrichtung kann geprüft werden, ob die Zustimmung der Mitarbeitervertretung kirchengerichtlich zu ersetzen ist (KGH-EKD v. 16.8.2021, I-0124/23-2021). Ebenso können Umstände, die nicht der Mitarbeitervertretung vorgetragen worden waren, im Kündigungsschutzprozess vor dem staatlichen Arbeitsgericht nicht berücksichtigt werden (LAG Düsseldorf v. 29.10.2007, 17 Sa 1274/07, ArbRB 2008, 76). Ein „Nachschieben von Kündigungsgründen" ist jedoch möglich, wenn der Arbeitgeber die MAV zu den weiteren Kündigungsgründen nachträglich anhört (LAG Hamm v. 29.3.2007, 16 Sa 435/06).

Umgekehrt muss der Arbeitnehmer es hinnehmen, wenn die MAV der beantragten Kündigung nach ordnungsgemäßem Verfahren zugestimmt hat oder die Zustimmung durch die Schlichtungsstelle ersetzt worden ist. Das staatliche Arbeitsgericht hat in diesem Fall kein Recht, die – verfahrensrechtlich ordnungsgemäß erteilte – Zustimmung oder deren rechtskräftige Ersetzung infrage zu stellen. Das Arbeitsgericht ist auf die Prüfung beschränkt, ob das Beteiligungsverfahren in verfahrensrechtlicher Hinsicht ordnungsgemäß erfolgt ist (BAG v. 10.12.1992, 2 AZR 271/92, NZA 1993, 593); siehe auch oben („Fehlerquellen im Zustimmungsverfahren").

## 6. Betätigung von Gewerkschaften

Im Jahr 1981 hat das BVerfG klargestellt, dass für kirchliche Einrichtungen kein Zutrittsrecht betriebsfremder Gewerkschaftsbeauftragter mit dem Ziel der Werbung, Informierung und Betreuung organisierter Belegschaftsmitglieder anzuerkennen ist. Ein solches Zutrittsrecht folge insbesondere nicht aus Art. 9 Abs. 3 GG. Daher lehnte das BVerfG einen gewerkschaftlichen Zutrittsanspruch mit der zutreffenden Begründung ab, dass die Zutrittsverweigerung durch Art. 137 Abs. 3 WRV gedeckt sei und ein schrankenziehendes Gesetz fehle (BVerfG v. 17.2.1981, 2 BvR 384/78, NJW 1981, 1829). Im Anschluss an die Entscheidung des BVerfG hat das BAG im Urteil vom 19. Januar 1982 klargestellt, dass die Gewerkschaften jedenfalls dann keinen Anspruch auf Duldung gewerkschaftlicher Werbe-, Informationsund Betreuungstätigkeit durch betriebsfremde Gewerkschaftsbeauftragte in kirchlichen Einrichtungen haben, wenn sie in diesen Einrichtungen bereits durch betriebsangehörige Mitglieder vertreten sind (BAG v. 19.1.1982, 1 AZR 465/80).

Obwohl sich die durch das BVerfG zu Art. 9 Abs. 3 GG entwickelte Dogmatik im Laufe der Jahre geändert hat, wird die Entscheidung vom 17. Februar 1981 von der herrschenden Meinung in der Fachliteratur nach wie vor für verbindlich gehalten. Zuletzt hat das LAG Baden-Württemberg bestätigt, dass Art. 9 Abs. 3 GG den Gewerkschaften nach wie vor keinen Anspruch auf Zutritt von betriebsfremden Gewerkschaftsbeauftragten zu kirchlichen Einrichtungen zum Zwecke der Mitgliederwerbung einräumt. Dies gelte jedenfalls dann, wenn die jeweilige Gewerkschaft bereits im Betrieb mit einem betriebsangehörigen Mitglied vertreten ist (LAG Baden-Württemberg v. 8.9.2010, 2 Sa 24/10). Das BAG hat die Frage der gewerkschaftlichen Mitgliederwerbung im Betrieb bislang nur für das weltliche Arbeitsrecht entschieden. Das BAG hat ein Zutritts- und Werberecht der tarifzuständigen Gewerkschaft mit der Begründung bejaht, dass die tarifzuständige Gewerkschaft – nicht zuletzt aufgrund der Bindungen aus dem TVG und BetrVG – in einem besonderen Rechtsverhältnis zum Arbeitgeber stehe (BAG v. 28.2.2006, 1 AZR 460/04, ZTR 2006, 600). Diese Begründung ist auf kirchliche Arbeitgeber, die den Dritten Weg gewählt haben und kirchliches Mitarbeitervertretungsrecht anwenden, nicht übertragbar, da in diesem Bereich die Bindungen des TVG und BetrVG gerade nicht bestehen (vgl. dazu ausführlich v. Tiling, ArbR Aktuell 2011, 426).

### ⚠ ACHTUNG!

Die GrO räumt auch betriebsfremden Gewerkschaftsbeauftragten ein Zugangsrecht zu katholischen Einrichtungen ein (vgl. v. Tiling, öAT 2015, 227). Das Zugangs- und Werberecht ist jedoch kein Freibrief für jegliche Aktivitäten. Streikaufrufe, Beleidigungen, Verunglimpfungen der Kirche oder kirchlicher Autoritäten usw. sind nicht gestattet und können notfalls vor Gericht mit Unterlassungsansprüchen geahndet werden. Auch sind Zahl und Größe gewerkschaftlicher Informationstafeln begrenzt (vgl. ArbG Bielefeld v. 7.3.2012, 4 Ca 3194/10, n. v.). Auch den Aufbau von Informationsständen dürfte die Gewerkschaft ebenso wenig beanspruchen können wie die Nutzung des Hauspost

systems oder die Herausgabe des E-Mail-Verteilers zwecks Verbreitung von Gewerkschaftswerbung.

## 7. Drittbezogener Personaleinsatz

Der sog. drittbezogene Personaleinsatz (Leiharbeit, Werkvertrag, Dienstvertrag) ist in Einrichtungen und Verwaltungen, die der evangelischen Kirche zugeordnet sind, nur unter bestimmten Voraussetzungen zulässig. Missachtet der kirchliche Arbeitgeber diese Voraussetzungen, läuft er Gefahr, dass die Mitarbeitervertretung (MAV) die erforderliche Zustimmung zur Einstellung des Leiharbeitnehmers zu Recht verweigert und die Beschäftigung des Leiharbeitnehmers unterbleiben muss. Der Kirchengerichtshof (KGH.EKD) knüpft in einer Grundsatzentscheidung vom 25.8.2014 an seine Rechtsprechung zur Leiharbeit im kirchlichen Dienst an, zieht nun aber eine andere Grenze zwischen zulässigem und unzulässigem Einsatz von Fremdpersonal. Nach der Entscheidung des KGH.EKD vom 9.10.2006 (II-0124/M35/06, NZA 2007, 761) ist die auf Dauer angelegte Beschäftigung von Leiharbeitnehmern, die der Substituierung von Stammarbeitnehmern dient, mit dem Leitbild der kirchlichen Dienstgemeinschaft unvereinbar. Danach sind Dauerarbeitsplätze mit Stammarbeitnehmern zu besetzen. Nur Urlaubs- oder Krankheitsvertretung, vorübergehender Mehrbedarf, Abbau aufgelaufener Überstunden oder bestimmte zeitlich befristete Projekte dürfen durch Arbeitnehmerüberlassung abgedeckt werden (vgl. auch KGH.EKD vom 2.4.2008, II-0124/N72-07). Anderenfalls drohe eine Spaltung der Dienstgemeinschaft in Stammbelegschaft und Leiharbeitnehmer sowie eine Verdoppelung der Dienststellenleitungen.

Anders als noch in der Entscheidung aus dem Jahr 2006 hält der KGH.EKD den drittbezogenen Personaleinsatz auf Dauerarbeitsplätzen nicht mehr für schlechthin unzulässig, sondern orientiert sich an Definition und Reichweite der Dienstgemeinschaft: Solche Daueraufgaben, die mit der Erfüllung des kirchlichen Auftrags in Verkündigung, Mission und Diakonie unmittelbar zusammenhängen und den Charakter der Einrichtung prägen, dürfen nur im Rahmen der Dienstgemeinschaft erbracht werden. Dies wiederum bedeutet, dass sie durch eigenes Personal erledigt werden müssen und nicht fremdvergeben werden dürfen. Lediglich die Vergabe von Handwerkerleistungen, der Betrieb einer Küche, die Reinigung eines Gebäudes usw. sind Aufgaben, die außerhalb der Dienstgemeinschaft angesiedelt sind und daher – auch dauerhaft – an Dritte vergeben werden können (KGH.EKD v. 25.8.2014, II-0124/W10-14).

Der Kirchliche Arbeitsgerichtshof (KAGH) hat sich dieser Auffassung im Wesentlichen angeschlossen (KAGH v. 7.6.2013, M 22/12, juris). Die Rahmen-MAVO macht sich diese Wertung in § 34 Abs. 2 Nr. 3 zu eigen: Danach darf die beabsichtigte Überlassung sechs Monate nicht überschreiten. Bei einem längeren Einsatz wird somit eine Unvereinbarkeit mit den Grundprinzipen der Dienstgemeinschaft unwiderlegbar vermutet. In einem gewissen Widerspruch dazu steht § 24 AVR-Caritas: Danach gilt eine Überlassungshöchstdauer von fünf Jahren (vgl. zu den Besonderheiten der Arbeitnehmerüberlassung im kirchlichen Dienst v. Tiling, öAT 2019, 183).

### Beispiel

Keine unzulässige Substituierung von Stammarbeitnehmern liegt vor, wenn zum Abbau aufgelaufener Überstunden in einer Station eines Krankenhauses für drei Monate ein Leiharbeitnehmer eingesetzt wird. In diesem Fall deckt der kirchliche Arbeitgeber lediglich einen vorübergehenden und kurzfristigen Arbeitskräfte bedarf. Die MAV hat demnach kein Zustimmungsverweigerungsrecht (KGH.EKD v. 2.4.2008 – II-0124/N72-07, ZMV 2009, 39).

## IV. Kollektivarbeitsrecht

Das weltliche Tarifvertragssystem auf der Grundlage des TVG findet im Bereich der beiden großen Kirchen und der ihnen zugeordneten privatrechtlich verselbstständigten Einrichtungen der Diakonie und Caritas keine Anwendung. Stattdessen wird seit Ende der 70er Jahre ganz überwiegend das Verfahren des sog. „Dritten Weges" praktiziert.

### 1. Allgemeines

Das Verfahren des Dritten Weges stellt ein besonderes Verfahren zur Gewinnung kollektiver Arbeitsbedingungen dar, in dem paritätisch mit Arbeitgeber- und Arbeitnehmervertretern besetzte *Arbeitsrechtliche Kommissionen* Entgelte und sonstige Arbeitsbedingungen – oftmals in Anlehnung an die Tarifverträge des öffentlichen Dienstes – festlegen. Die Besonderheit besteht darin, dass aufgrund des kirchlichen Selbstverständnisses Arbeitskämpfe ausgeschlossen sind. Kommt innerhalb der Arbeitsrechtlichen Kommission eine Einigung nicht zustande, entscheiden – im Bereich der evangelischen Kirchen – ein Schlichtungsgremium oder der kirchliche Gesetzgeber mit verbindlicher Wirkung. Im Bereich der katholischen Kirche obliegt die Letztentscheidung in Regelungskonflikten ebenfalls einem Schlichtungsgremium oder dem Diözesanbischof.

Bis vor kurzem wurde lediglich in der Evangelische Kirche in Berlin-Brandenburg und der Nordkirche ein kirchengemäß modifiziertes Tarifvertragssystem praktiziert. Am 19.9.2014 ist nun auch zwischen dem Diakonischen Dienstgeberverband Niedersachsen und ver.di ein Tarifvertrag abgeschlossen worden. Die kirchengesetzlichen Grundlagen sehen umfassende Schlichtungsmechanismen vor, sodass Tarifkonflikte in der Vergangenheit niemals durch Arbeitskämpfe gelöst worden sind. Aber auch ohne diese Schlichtungsvereinbarungen könnten Tarifverträge nicht durch Arbeitskampf erzwungen werden (vgl. dazu unter V.).

 **WICHTIG!**

Nach der Rechtsprechung des BAG wirken die Regelungen des Dritten Weges auch dann nicht normativ, wenn ein Kirchengesetz die normative Wirkung anordnet. Vielmehr ist stets eine arbeitsvertragliche Inbezugnahme der Regelungen des Dritten Weges erforderlich. Auch kann die Vorschrift des § 4 Abs. 1 TVG, die für Tarifverträge eine unmittelbare und zwingende Wirkung anordnet, nicht analog auf die Regelungen des Dritten Weges übertragen werden (BAG v. 8.6.2005, 4 AZR 412/04, ZTR 2006, 270). Unterläuft ein kirchlicher Arbeitgeber das Vergütungsniveau der Regelungen des Dritten Weges in seinen Einzelarbeitsverträgen, kann der Arbeitnehmer die Differenz nicht einklagen. Dies ist die Konsequenz der fehlenden normativen Wirkung (BAG v. 24.5.2018, 6 AZR 308/17). Die MAV hat jedoch ein Recht zur Verweigerung der Zustimmung zu einer Eingruppierung in eine Vergütungsordnung, die nicht auf dem zweiten oder dritten Weg zustande gekommen ist und deshalb kein kirchlich-diakonisches Arbeitsvertragsrecht ist (KGH.EKD v. 24.9.2018, II-0124/34-2018). Dasselbe muss bei nachteiligen Abweichungen von einer kirchlichen Vergütungsordnung gelten (vgl. dazu v. Tiling, öAT 2018, 183).

Nach der Rechtsprechung des BAG ist für die wirksame Inbezugnahme von Regelungen des Dritten Weges nicht erforderlich, dass der Mitarbeiter beim Abschluss des Arbeitsvertrags von ihrem Inhalt Kenntnis nehmen konnte (BAG v. 19.11.2009,

6 AZR 561/08, ZTR 2010, 151). Allerdings kann der kirchliche Arbeitgeber mit der vertraglichen Inbezugnahme nicht generell seine Verpflichtungen aus dem Nachweisgesetz (NachwG) erfüllen. Wesentliche Arbeitsbedingungen i. S. v. § 2 Abs. 1 NachwG (z. B. Klauseln zu Ausschlussfristen) muss der kirchliche Arbeitgeber seinen Arbeitnehmern im Volltext nachweisen. Weist der kirchliche Arbeitgeber den Arbeitnehmern bspw. die Ausschlussfrist nicht im Volltext nach, wird die Ausschlussfrist zwar gleichwohl Vertragsbestandteil. Versäumt jedoch ein Arbeitnehmer die (nicht im Volltext nachgewiesene) Ausschlussfrist, kann er grundsätzlich im Wege des Schadensersatzes verlangen, so gestellt zu werden, als ob er die Frist nicht versäumt hätte (BAG v. 30.10.2019, 6 AZR 465/18).

### 2. Einzelfragen zu den Regelungen des Dritten Weges

In verschiedenen Bereichen stellt sich die Frage, ob die Regelungen des Dritten Weges den weltlichen Tarifverträgen gleichzustellen sind.

#### 2.1 Betriebsübergang

Die Vorschrift des § 613a BGB findet auch auf Betriebsübergänge unter Beteiligung kirchlicher Rechtsträger Anwendung. Nicht abschließend geklärt ist die Frage, wie die Regelungen des Dritten Weges in das Rechtsfolgensystem des § 613a BGB zu integrieren sind. Der Wortlaut dieser Vorschrift gibt darauf keine Antwort. Dort ist nur geregelt, ob und in welcher Weise Tarifverträge und Betriebsvereinbarungen nach einem Betriebsübergang weitergelten oder aber durch andere Kollektivvereinbarungen abgelöst werden. Die Frage, ob die kirchlichen Regelungen der *individualarbeitsrechtlichen* Ebene des § 613a Abs. 1 S. 1 BGB oder der *kollektivrechtlichen* Ebene des § 613a Abs. 1 S. 2–4 BGB zuzurechnen ist, ist von erheblicher praktischer Relevanz (Weth/Wern, NZA 1998, 118; Weth/Thomae/Reichold, Arbeitsrecht im Krankenhaus, 2007, Teil 13 Rz. 77 ff.; Gaul, Das Arbeitsrecht der Betriebs- und Unternehmensspaltung, 2002, § 26 Rn. 30 ff.). Erwirbt ein kirchlicher Rechtsträger einen bislang weltlichen Betrieb, stellt sich für den kirchlichen Betriebserwerber die Frage, ob die bislang angewendeten Tarifverträge und Betriebsvereinbarungen gemäß § 613a Abs. 1 S. 2 BGB individualrechtlich weitergelten oder ob diese durch die beim Erwerber angewendeten Regelungen des Dritten Weges abgelöst werden (§ 613a Abs. 1 S. 3 BGB). Wenn kirchlichen Einrichtungen oder Teile davon im Wege des Outsourcings ihre Zuordnung zu kirchlichen Sphäre verlieren, stellt sich wiederum die Frage nach der Anwendung des § 613a BGB; entscheidend ist in dieser Konstellation, ob die Regelungen des Dritten Weges gemäß § 613a Abs. 1 S. 3 BGB durch weltliche Tarifverträge abgelöst werden können oder ob sie gemäß § 613a Abs. 1 S. 1 BGB als Bestandteil des Individualarbeitsverhältnisses weitergelten (dazu ausführlich v. Tiling, NZA 2007, 78).

In der Literatur wird eine analoge Anwendung des § 613a Abs. 1 S. 2–4 BGB auf die Regelungen des Dritten Weges befürwortet (Thüsing, Kirchliches Arbeitsrecht, 2002, Seite 52; Hanau/Thüsing KuR 2000, 165, 172; Richardi, in: Festschrift für Listl, 1999, Seite 481, 488; v. Tiling, NZA 2007, 78, 82). Das BAG ordnet die Regelungen des Dritten Weges aufgrund der fehlenden normativen Wirkung jedoch dem § 613a Abs. 1 S. 1 BGB zu (BAG v. 23.11.2017, 6 AZR 683/16, ZTR 2018, 144). Da die Regelungen des Dritten Weges kraft Bezugnahmeklausel Bestandteil des Einzelarbeitsvertrages werden, gelten sie nach Betriebsübergang in aller Regel dynamisch fort. Die dynamische Weitergeltung der Regelungen des Dritten Weges im Fall des Betriebs- oder Betriebsteilübergangs hat das BAG jüngst auch für den Fall ausdrücklich anerkannt, dass der Einrichtungsteil auf einen weltlichen Arbeitgeber übergeht (BAG v. 23.11.2017, 6 AZR 683/16, ZTR 2018, 144; vgl. dazu schon v. Tiling, ZTR 2017, 11). Der weltliche Betriebserwerber kann sich regelmäßig auch nicht durch Abschluss einer Betriebsvereinbarung von der dynamischen Weitergeltung der kirchlichen Arbeitsrechtsregelungen lösen. Denn ein ursprünglich mit einem kirchlichen Arbeitgeber abgeschlossener Arbeitsvertrag ist vorbehaltlich anderer Vereinbarungen nur offen für rechtmäßige Änderungen durch kirchliche Dienstvereinbarungen, nicht aber durch Betriebsvereinbarungen (BAG v. 11.7.2019, 6 AZR 40/17, ZTR 2019, 643).

Für den Fall der Übernahme eines bislang weltlichen Betriebs durch einen kirchlichen Rechtsträger im Wege des Betriebsübergangs ergeben sich somit folgende Rechtsfolgen (vgl. dazu ausführlich v. Tiling, ZAT 2018, 162): Eine Ablösung bislang normativ geltender Tarifverträge durch die einschlägigen AVR erfolgt nicht. Das bisherige Tarifrecht wirkt statisch fort. Enthalten die Arbeitsverträge der übernommenen Arbeitnehmer Bezugnahmeklauseln auf weltliche Tarifverträge, ist sehr sorgfältig zu prüfen, wie die Bezugnahmeklausel auszulegen ist und ob der Arbeitsvertrag vor dem 1.1.2002 geschlossen worden ist. Danach kann das weltliche Tarifrecht statisch oder sogar dynamisch weitergelten. Eine Umstellung auf AVR ist per Änderungsvertrag oder Änderungskündigung möglich, wobei die Anforderungen an die Wirksamkeit einer Änderungskündigung vollkommen ungeklärt sind. Unter der Geltung des BetrVG abgeschlossene Betriebsvereinbarungen können ebenfalls nicht einfach gemäß § 613a Abs. 1 S. 3 BGB durch kirchliche Dienstvereinbarungen abgelöst werden. Vielmehr wirken die Rechte und Pflichten aus Betriebsvereinbarungen statisch fort. Solange das BAG nicht die normative Wirkung kirchlicher Dienstvereinbarungen anerkennt, ist offen, auf welchem Wege und unter welchen Voraussetzungen der kirchliche Betriebserwerber eine Bindung an das Mitarbeitervertretungsrecht und die auf dessen Grundlage abgeschlossenen Dienstvereinbarungen herbeiführen kann. Die einzig vernünftige Lösung besteht darin, die Vorschrift des § 613a Abs. 1 S. 2–4 BGB auf kirchliche Dienstvereinbarungen analog anzuwenden – unabhängig von der Frage der normativen Wirkung.

## 2.2 Arbeitsgerichtliche Inhaltskontrolle

Gemäß § 310 Abs. 4 S. 1 BGB sind Tarifverträge sowie Betriebs- und Dienstvereinbarungen der AGB-Kontrolle entzogen. Die kirchlichen Arbeitsrechtsregelungen finden in dieser Bereichsausnahme keine Erwähnung.

Der 6. Senat des BAG hat entschieden, dass kirchliche Arbeitsrechtsregelungen grundsätzlich einer Überprüfung nach §§ 305 ff. BGB unterliegen (BAG v. 19.11.2009, 6 AZR 561/08, BB 2010, 243 [red. Leitsatz]; BAG v. 17.11.2005 – 6 AZR 160/05, ZTR 2006, 503). Der 6. Senat sieht sich gehindert, die für Tarifverträge geltende Bereichsausnahme des § 310 Abs. 4 S. 1 BGB auf die kirchlichen Kollektivregelungen zu erstrecken. Einen Konflikt mit dem verfassungsrechtlich garantierten Selbstbestimmungsrecht der Kirchen vermeidet der 6. Senat, indem er im Wege der Berücksichtigung der „Besonderheiten des Arbeitsrechts" gemäß § 310 Abs. 4 S. 2 BGB eine Möglichkeit eröffnet, das kirchliche Selbstbestimmungsrecht in die AGB-Kontrolle einfließen zu lassen (BAG v. 17.11.2005, 6 AZR 160/05, ZTR 2006, 503). Über diesen Umweg gelangt der 6. Senat schließlich doch zu einer weitgehenden Kontrollfreiheit der Regelungen des Dritten Weges. Der 6. Senat geht im Er-

gebnis davon aus, dass die Besonderheiten des (kirchlichen) Arbeitsrechts es rechtfertigen, kirchliches Kollektivrecht – ebenso wie Tarifverträge – lediglich einer bloßen Rechtskontrolle zu unterziehen. Dabei kommt es nicht darauf an, ob die Regelungen des Dritten Weges an die Tarifverträge des Öffentlichen Diensts angelehnt sind (so jetzt BAG v. 22.7.2010, 6 AZR 847/07, ZTR 2010, 658).

Der 4. Senat des BAG sieht die Arbeitsrechtsregelungen hingegen nicht als Allgemeine Geschäftsbedingungen i. S. v. § 305 Abs. 1 BGB an, sodass sich für ihn die Frage der Anwendbarkeit des § 310 Abs. 4 S. 1 BGB nicht stellt. Der 4. Senat geht von einer Kontrolle nach § 319 BGB auf „grobe Unbilligkeit" aus, da die Arbeitsrechtliche Kommission als „Dritter" i. S. v. § 317 BGB anzusehen sei (BAG v. 10.12.2008, 4 AZR 801/07, ZTR 2009, 375, 378 f.; vgl. auch v. Tiling, NZA 2007, 78, 79).

## 2.3 Kirchenklauseln und Tariföffnungsklauseln

Zahlreiche arbeitsrechtliche Gesetze enthalten sogenannte „Kirchenklauseln". Darin gestattet der Gesetzgeber den Kirchen, mit ihren auf dem Dritten Weg zustande gekommenen Arbeitsrechtsregelungen dispositives Gesetzesrecht auszufüllen. Öffnungsklauseln zugunsten der Kirchen finden sich heute beispielsweise in § 7 Abs. 4 ArbZG (vgl. dazu BAG v. 16.3.2004, 9 AZR 93/03, ZTR 2004, 541) und § 21a Abs. 3 JarbschG. In § 7 Abs. 4 ArbZG heißt es wörtlich: „Die Kirchen und die öffentlich-rechtlichen Religionsgesellschaften können die in Abs. 1, 2 oder 2a genannten Abweichungen in ihren Regelungen vorsehen." Die Kirchenklauseln bilden somit das Pendant zu den tariflichen Öffnungsklauseln. Bei einigen arbeitsrechtlichen Gesetzen hat der Gesetzgeber den Gleichlauf von Tarifverträgen und kirchlichen Regelungen durchbrochen, indem er lediglich den Tarifvertragsparteien abweichende Regelungen gestattet hat, nicht jedoch den Arbeitsrechtlichen Kommissionen. Es stellt sich daher die Frage, ob die Kirchen in diesen Fällen gleichwohl zur Ausfüllung des dem Wortlaut nach allein tarifdispositiven Gesetzesrechts berechtigt sind.

Im Teilzeit- und Befristungsgesetz (TzBfG) fehlt eine Kirchenklausel. Gemäß § 14 Abs. 2 S. 1 TzBfG ist die kalendermäßige Befristung eines Arbeitsvertrags ohne Vorliegen eines sachlichen Grundes bis zur Dauer von zwei Jahren zulässig. Nach §§ 14 Abs. 2 S. 3, 22 Abs. 1 TzBfG kann die Höchstdauer der Befristung durch Tarifvertrag abweichend von Satz 1 festgelegt werden. Zum Zwecke der Flexibilisierung von Arbeitsbedingungen können die Tarifvertragsparteien demnach bspw. einen Fünfjahreszeitraum für sachgrundlose Befristungen gestatten, sofern sie dies für sachgerecht halten. Das BAG hat entschieden, dass in kirchlichen Arbeitsrechtsregelungen nicht von der zweijährigen Höchstbefristungsdauer abgewichen werden kann (BAG v. 25.3.2009, 7 AZR 710/07, ZTR 2009, 498; ausführlich hierzu v. Tiling, ZTR 2009, 458).

Auch in anderen tarifdispositiv ausgestalteten Vorschriften, zum Beispiel § 1 Abs. 1 AÜG, § 622 Abs. 4 BGB, § 13 Abs. 1 S. 2 BUrlG, § 17 Abs. 3 S. 2 BetrAVG, § 4 Abs. 4 BfzG, ist die Öffnungsmöglichkeit auf Tarifverträge beschränkt. Zu § 622 Abs. 4 BGB hat das LAG Berlin-Brandenburg eine analoge Anwendung auf kirchliche Arbeitsrechtsregelungen bejaht (LAG Berlin-Brandenburg v. 23.2.2007, 6 Sa 1847/06, ZTR 2007, 465). Nach der Entscheidung des BAG vom 25.3.2009 ist damit zu rechnen, dass – ohne ausdrückliche Kirchenklausel – die Ausfüllung tarifdispositiven Gesetzesrechts durch kirchliche Regelungen des Dritten Weges generell nicht mehr zulässig ist.

## V. Kein Arbeitskampf im kirchlichen Dienst

### 1. Religiös motivierte Begründung des Ausschlusses des Arbeitskampfes

Der Ausschluss des Arbeitskampfrechts im kirchlichen Dienst hat folgenden Hintergrund: Ein Arbeitskampf – sei es Streik oder Aussperrung – innerhalb einer kirchlichen Einrichtung würde nicht nur das bewusst gewählte partnerschaftliche Verfahren des Dritten Weges untergraben und faktisch beseitigen, sondern wäre auch mit den Grundsätzen der christlichen Dienstgemeinschaft unvereinbar. Der biblische Auftrag zur tätigen Nächstenliebe richtet sich an alle Mitarbeiter im kirchlichen Dienst. Nach dem Verständnis der beiden großen Kirchen kann der Auftrag zur Verkündigung in Wort und Tat nicht zwecks Durchsetzung arbeitsvertragsbezogener Forderungen ausgesetzt werden. Hinzu kommt, dass die tätige Nächstenliebe in Krankenhäusern, in Pflegeeinrichtungen, in der Kinder-, Jugend- und Behindertenhilfe, in der Altenhilfe eine Form der unmittelbar durch Art. 4 GG geschützten Religionsausübung darstellt. Ein Streik in kirchlichen Einrichtungen wäre zudem mit dem Grundsatz der Arbeitskampfparität unvereinbar. Denn den kirchlichen Arbeitgebern steht das Kampfmittel der Aussperrung nicht zur Verfügung. Sie müssten also einem Streik ohne Möglichkeit der Gegenwehr tatenlos zusehen.

### 2. Rechtsgrundlagen

In der katholischen Kirche ist der Ausschluss des Streikrechts kirchengesetzlich in Art. 9 Abs. 3 der GrO niedergelegt.

Seit dem Jahr 2011 ist der Ausschluss von Streik und Aussperrung auch im Bereich der evangelischen Kirche kirchengesetzlich verankert. Das ARGG-Diakonie-EKD unterstreicht die Beibehaltung des Dritten Weges ohne Arbeitskampfmaßnahmen. Es bekräftigt die Kooperation beim Interessenausgleich, die Gleichwertigkeit und -berechtigung von Dienstgeber- und Dienstnehmervertretern, sowie eine friedliche Konfliktlösung statt Streik und Aussperrung.

Die Kirchen können diese Rechtsposition unmittelbar auf das kirchliche Selbstbestimmungsrecht aus Art. 140 GG i. V. m. Art. 137 Abs. 3 WRV stützen (vgl. nur Willemsen/Mehrens, NZA 2011, 1205 ff.; C. Schubert, RdA 2011, 270 (275); Rehm, NZA 2011, 1211 ff.; Manterfeld, KuR 2011, 86 ff.; Robbers, Streikrecht in der Kirche, 2010). Die Verfassung gibt den beiden großen Kirchen das Recht, „ihre Angelegenheiten" autonom zu regeln. Zu diesen eigenen Angelegenheiten gehört auch das kollektive Arbeitsrecht. In Ausübung dieses Selbstbestimmungsrechts haben die Kirchen das Arbeitsrechtsregelungsverfahren des Dritten Weges bzw. kirchengemäß modifizierte Tarifvertragssysteme entwickelt. Beiden Verfahren ist der absolute Ausschluss von Arbeitskämpfen immanent.

### 3. Bestätigung des „Streikverbots" durch das BAG

### 3.1 Kein „Grundrecht" auf Streik

Im Jahr 2012 hat auch das BAG entschieden, dass für Arbeitnehmer in Einrichtungen der Diakonie kein Streikrecht besteht. Dies gilt nach der Rechtsprechung des BAG jedenfalls dann, wenn sich der jeweilige kirchliche Arbeitgeber an einem kirchlich modifizierten Tarifvertragssystem oder dem sog. Dritten Weg beteiligt und die jeweilige Verfahrensordnung des Dritten Weges gewisse Mindestanforderungen erfüllt (BAG v. 20.11.2012, 1 AZR 179/11, ZTR 2013, 372; BAG v. 20.11.2012, 1 AZR 611/11, ZTR 2012, 692). Diese Mindestanforderungen sieht das BAG derzeit noch nicht als erfüllt an; die kirchlichen Gesetz-

geber arbeiten jedoch bereits an einer Anpassung der einschlägigen Rechtsgrundlagen. Nach entsprechender Anpassung der Rechtsgrundlagen soll das von Art. 137 Abs. 3 WRV geschützte Interesse des kirchlichen Arbeitgebers an einer friedlichen Konfliktlösung und einer Bewahrung der kirchlichen Dienstgemeinschaft höher zu bewerten sein als das von Art. 9 Abs. 3 GG geschützte gewerkschaftliche Interesse an der kampfweisen Durchsetzung von Arbeitsbedingungen. Im Rahmen der Güterabwägung hat das BAG insbesondere berücksichtigt, dass ein Arbeitskampf im kirchlichen Dienst zur Auflösung der Dienstgemeinschaft führen und in schwerwiegender Weise das diakonische Wirken sowie die Glaubwürdigkeit der Kirche beschädigen würde. Nach Auffassung des BAG steht der Ausschluss von Arbeitskämpfen im kirchlichen Dienst nicht in Widerspruch zum Grundrecht der Koalitionsfreiheit. Es kann also keinesfalls – wie von Gewerkschaftsseite immer wieder behauptet – pauschal von einem „Grundrecht oder Menschenrecht auf Streik" gesprochen werden.

### 3.2 Keine Grundrechtsverletzung

Die dagegen von ver.di erhobene Verfassungsbeschwerde ist erwartungsgemäß mit Beschluss des BVerfG vom 15.7.2015 (2 BvR 2292/13, ZTR 2015, 281) als unzulässig verworfen worden. Da ver.di im Revisionsverfahren vor dem Bundesarbeitsgericht formal obsiegt hatte, konnte das BVerfG schon aus diesem Grund keine Grundrechtsverletzung erkennen. Eine weitergehende materiellrechtliche Prüfung war daher nicht erforderlich.

### 3.3 Übertragbarkeit auf evangelische und katholische Kirche

Die Urteile des BAG sind auf die Dienststellen der verfassten evangelischen Kirche uneingeschränkt zu übertragen.

Ob die Urteile auch den Einrichtungen der Caritas und den Dienststellen der verfassten katholischen Kirche helfen, bleibt abzuwarten. Mit Blick auf die umfassende bischöfliche Gesetzgebungsgewalt könnten die Gerichte am Streikrecht festhalten. Da allerdings das in der Literatur vielfach diskutierte „bischöfliche Letztentscheidungsrecht" (vgl. nur ErfKom-Schmidt, Art. 4 GG Rn. 55) in der Praxis des Arbeitsrechtsregelungsverfahren keine Rolle spielt, ist eher unwahrscheinlich, dass dieser Umstand als paritätsrelevant angesehen wird und ein Streikrecht auslöst.

### 3.4 Mindestanforderungen

Folgt man dieser jetzt durch das BAG bestätigten h.M., gilt Folgendes: Gewerkschaftsfunktionären kann der Zutritt zur Einrichtung zum Zwecke der Organisation von Streikmaßnahmen, z. B. durch Verteilen von Streikaufrufen oder durch Ansprachen vor der Belegschaft, verweigert werden. Plakate mit Streikaufrufen dürfen in kirchlichen Einrichtungen nicht ausgehängt werden. Der kirchliche Arbeitgeber kann die Aushänge im Wege der Selbsthilfe entfernen, wenn der Anbringer nicht zu ermitteln ist oder eine Abnahme verweigert. Ebenso wenig dürfen nach dieser Auffassung Mitarbeiter – auch und erst recht nicht Mitglieder der Mitarbeitervertretungen – in kirchlichen Einrichtungen zum Streik aufrufen oder Streikaufrufe verteilen. Mitglieder von Mitarbeitervertretungen sind nicht berechtigt, während ihrer Arbeits- oder Freistellungszeit Unterschriften zu sammeln, Flugblätter oder Protestschreiben zu den Forderungen der Gewerkschaften zu verfassen oder zu verteilen.

**WICHTIG!**

Das BAG knüpft das Streikverbot daran, dass die jeweils geltende Verfahrensordnung des Dritten Weges bzw. sonstiges Kirchenrecht bestimmte Mindestanforderungen erfüllt. Ob dies derzeit schon der Fall ist, muss in jedem Einzelfall überprüft werden. Erst danach kann beurteilt werden, ob eine konkrete Streikmaßnahme rechtmäßig oder rechtswidrig ist.

Das BAG formuliert im Urteil vom 20.11.2012 sinngemäß folgende Anforderungen an den Dritten Weg:

- Die Anrufung der Schlichtung muss der Dienstnehmerseite „uneingeschränkt offen stehen".

- Die Unabhängigkeit und Neutralität des Vorsitzenden der Schlichtungskommission darf nicht in Frage stehen und muss auch durch das Bestellungsverfahren gewährleistet sein.

- Eine „organisatorische Einbindung" von Gewerkschaften in das Verfahren des Dritten Weges muss geregelt sein, wobei der Kirche hierbei ein Gestaltungsspielraum zur Verfügung steht. Der Gestaltungsspielraum findet dort seine Grenze, wo Gewerkschaften durch Verfahrensregeln zielgerichtet ausgeschlossen werden.

- Die Regelungen des Dritten Weges müssen „für die Arbeitsvertragsparteien verbindlich und einer einseitigen Abänderung durch den Dienstgeber entzogen" sein.

Die Vollversammlung des VDD hat am 24.11.2014 eine Änderung der Rahmen-KODA-Ordnung beschlossen, um die Vorgaben des BAG umzusetzen. Hierzu ist nun ein an der Organisationsstärke der jeweiligen Gewerkschaft orientiertes Beteiligungsrecht der einzelnen Gewerkschaft geschaffen worden. Eine Mindestzahl von Sitzen gesetzlich garantiert. Die Vertreter der Gewerkschaften in den Kommissionen werden von den Gewerkschaften benannt und entsandt; sie müssen nicht dem kirchlichen Dienst angehören. Ein neutrales und unabhängiges Schlichtungsverfahren stellt sicher, dass die Tarifverhandlungen auch im Falle einer Nichteinigung in der Kommission zu einem Ergebnis führen. Die erzielten Verhandlungsergebnisse sind für die kirchlichen Arbeitgeber verbindlich. Etwaige Verstöße gegen die Verpflichtung zur Einhaltung des Dritten Weges können kirchenarbeitsgerichtlich überprüft und geahndet werden. Damit hat der kirchliche Gesetzgeber die vom BAG formulierten Anforderungen (v. Tiling, öAT 2015, 227; vgl. auch Eder, ZTR 2015, 122) erfüllt. Die Rahmen-KODA-Ordnung dürfte daher „streikfest" sein.

Die Synode der EKD hat den Maßgaben des BAG in dem neuen Arbeitsrechtsregelungsgrundsätzegesetz vom 13.11.2013 Rechnung getragen. Die EKD ist über die Anforderungen aus dem BAG-Urteil noch hinausgegangen, hat also die Einbindung der Gewerkschaften und die Parität zwischen Dienstnehmer- und Dienstgeberseite noch mehr gestärkt, als es das BAG für erforderlich gehalten hat. Damit ist der Dritte Weg – auf Ebene der EKD – in jedem Fall „streikfest" (Joussen, ZevKR 2014, 50).

## VI. Rechtsschutz im kirchlichen Arbeitsrecht

Im Grundsatz gilt folgende Differenzierung: Für Streitigkeiten aus dem Individualarbeitsrecht sind die staatlichen Arbeitsgerichte zuständig. Für Streitigkeiten auf der Grundlage des Mitarbeitervertretungsrechts sind kirchliche Gerichte bzw. Schlichtungsausschüsse zuständig. Für Rechtsstreitigkeiten im Zusammenhang mit dem Verfahren des Dritten Weges sind die Rechtsschutzmöglichkeiten noch weitgehend ungeklärt.

## 1. Individualarbeitsrecht

Für bürgerliche Rechtsstreitigkeiten aus dem Arbeitsverhältnis ist die ausschließliche Zuständigkeit der Arbeitsgerichte gegeben (§ 2 Abs. 1 ArbGG). Soweit in einigen Landeskirchen zur gütlichen Beilegung von arbeitsrechtlichen Streitigkeiten Schlichtungsstellen eingerichtet sind, schließen diese die Zuständigkeit der Arbeitsgerichte nicht aus und haben auch keinen Einfluss auf die Einhaltung von gerichtlichen Anrufungsfristen. Nach herrschender Meinung ist eine individualvertragliche Verpflichtung des Arbeitnehmers, vor der Anrufung des Arbeitsgerichts die Schlichtungsstelle einzuschalten unwirksam und damit unverbindlich.

Nach der Rechtsprechung des BVerfG haben die Arbeitsgerichte die Besonderheiten des kirchlichen Arbeitsrechts bei der Rechtsfindung zu berücksichtigen. Dies bedeutet, dass die Arbeitsgerichte beispielsweise ordentliche und außerordentliche Kündigungen am Maßstab des § 1 KSchG bzw. § 626 BGB überprüfen dürfen, dabei jedoch die Vorgaben der verfassten Kirche zu den Loyalitätsobliegenheiten zu beachten haben. Für die Frage, ob ein bestimmtes Verhalten die tragenden Grundsätze der kirchlichen Glaubens- und Sittenlehre und ob eine etwaige Verletzung als schwerwiegend anzusehen ist, besteht kein eigener Beurteilungsspielraum (vgl. dazu ausführlich unter II 2.2). Demgegenüber dürfen die staatlichen Arbeitsgerichte überprüfen, ob eine Kündigung wegen Verletzung kirchlichen Rechts unwirksam ist (beispielsweise wegen fehlender oder nicht ordnungsgemäßer Beteiligung der MAV oder wegen anderer Mängel in einem von der Kirche autonom festgelegten Verfahren, vgl. dazu schon unter III 2.4).

**WICHTIG!**

Dem Individualarbeitsrecht und damit der Zuständigkeit der staatlichen Arbeitsgerichte zugeordnet ist auch der Anspruch eines MAV-Mitglieds auf bezahlten Freizeitausgleich für die Teilnahme an Tagungen und Lehrgängen. Der Umstand, dass dieser Anspruch seine Grundlage im Mitarbeitervertretungsrecht hat, ändert nichts daran, dass es sich um einen Anspruch aus dem Arbeitsverhältnis (§ 611 BGB i. V. m. § 19 Abs. 3 MVG.EKD) handelt. In einem solchen Fall ist das staatliche Arbeitsgericht auch zur Anwendung und Auslegung kirchlichen Mitarbeitervertretungsrechts berufen (BAG v. 11.11.2008, 1 AZR 646/07, ZMV 2009, 168).

## 2. Mitarbeitervertretungsrecht

Im Mitarbeitervertretungsrecht kann Rechtsschutz allein durch kirchliche Gerichte gewährt werden, da das kollektive kirchliche Arbeitsrecht Teil der „eigenen Angelegenheiten" ist, deren Regelung den Kirchen in eigener, nicht vom Staat abgeleiteter Verantwortung gemäß Art. 140 GG i. V. m. Art. 137 WRV zugewiesen ist. Als Annexkompetenz zur Gestaltung eines eigenständigen kollektiven Arbeitsrechts haben die Kirchen das Recht, selbst für einen angemessenen Rechtsschutz im kollektiven Arbeitsrecht zu sorgen. Dies ist seit der Entscheidung des BAG vom 25.4.1989 anerkannt. Damals hatte das BAG klargestellt, das die Kirchen nicht nur bei der Schaffung eines kircheneigenen Mitarbeitervertretungsrechts, sondern auch bei der Regelung von Rechtsschutzmöglichkeiten in Ausübung ihres verfassungsrechtlich gewährleisteten Selbstbestimmungsrechts handeln. Für eine (subsidiäre) Zuständigkeit staatlicher Gerichte bleibe kein Raum, sofern die Kirchen ein „Mindestmaß an Rechtsschutzmöglichkeiten" bereithalten (BAG v. 25.4.1989, 1 ABR 88/87, NJW 1989, 2284; vgl. jetzt auch BAG v. 11.11.2008, 1 AZR 646/07, ZMV 2009, 168).

Für die katholische Kirche bestimmt Art. 11 Abs. 2 GrO, dass für Rechtsstreitigkeiten auf dem Gebiet des Mitarbeitervertretungsrechts kirchliche Gerichte gebildet werden.

Für die evangelische Kirche gilt Folgendes:

Die Kirchengerichte erster Instanz entscheiden nach § 60 MVG.EKD über alle Streitigkeiten, die sich aus der Anwendung des MVG.EKD zwischen den Beteiligten ergeben. Ihre Zuständigkeit ist unterschiedlich geregelt, teilweise sind sie nur für Streitigkeiten aus dem Bereich einer Gliedkirche oder ihres gliedkirchlichen Diakonischen Werkes zuständig, teilweise aber auch für diese gemeinsam oder für mehrere Gliedkirchen oder gliedkirchliche Diakonische Werke. Gegen die Beschlüsse der Kirchengerichte erster Instanz findet gemäß § 63 MVG.EKD die Beschwerde an den Kirchengerichtshof der Evangelischen Kirche in Deutschland (KGH.EKD) statt. Die Beschwerde bedarf der Annahme. Näheres über seine Errichtung und Organisation findet sich im Kirchengerichtsgesetz der Evangelischen Kirche in Deutschland (KiGG.EKD). Das Verfahren vor dem Kirchengericht erster Instanz und dem KGH.EKD ist seiner Rechtsnatur nach ein Beschlussverfahren, ähnlich wie in §§ 2a, 80 ff. ArbGG vorgesehen.

### 3. Arbeitsrechtsregelungsverfahren

Die Rechtsschutzmöglichkeiten im Zusammenhang mit dem Verfahren des Dritten Weges sind noch weitgehend ungeklärt.

Für den Bereich der katholischen Kirche ist die Zuständigkeit des KAGH für Rechtsstreitigkeiten auf den Gebieten der kirchlichen Ordnungen für ein Arbeitsvertragsrecht (KODA-Ordnungen) begründet. Ob die Zuständigkeit des KAGH auf die Klärung von Verfahrensfragen innerhalb der KODA beschränkt ist oder sich auch auf die inhaltliche Überprüfung von Arbeitsrechtsregelungen auf Antrag betroffener Arbeitgeber oder Arbeitnehmer erstreckt, ist noch nicht abschließend geklärt.

Im Bereich der evangelischen Kirche ist eine Zuständigkeit des KGH.EKD oder anderer kirchlicher Gerichte für die unmittelbare Überprüfung von Beschlüssen der Arbeitsrechtlichen Kommission oder Schiedskommission – soweit ersichtlich – derzeit nicht vorgesehen. Der Rechtsweg zum staatlichen Arbeitsgericht ist ebenfalls nicht eröffnet (ArbG Herne v. 23.9.2008, 3 Ca 1900/08, juris; vgl. hierzu v. Tiling, NZA 2009, 590).

# Kündigung

 **Wegweiser:**

Im Rahmen der Neukonzeption des Tarifrechts des öffentlichen Dienstes wurden die Regelungen des BAT zur Beendigung des Arbeitsverhältnisses fast vollständig gestrichen. Der TVöD normiert nunmehr in § 34 lediglich Regelungen zu den Kündigungsfristen sowie zum Ausschluss der ordentlichen Kündigung. Bei der Kündigung eines Arbeitsverhältnisses sind daher vor allem die §§ 611 ff. BGB und die Bestimmungen des KSchG zu beachten.

Für den Bereich der Länder finden sich entsprechende Regelungen in § 34 TV-L; es gelten insoweit keine Besonderheiten zum TVöD.

Ergänzende und vertiefende Hinweise finden sich in Breier/Dassau, TVöD Komm. § 34, Teil K 2, Breier/Dassau TV-L Komm § 34 TV-L und Teil K 2.

Weitere Ausführungen, insbesondere zu einzelnen Kündigungsgründen, finden sich unter den Stichwörtern → *Außerordentliche Kündigung*, → *Verhaltensbedingte Kündigung*, → *Personenbedingte Kündigung*, → *Betriebsbedingte Kündigung*, → *Tarifliche Unkündbarkeit* und → *Besonderer Kündigungsschutz*.

**A. Grundlagen**

**B. Kündigungserklärung**

I. Form

II. Inhalt

III. Kündigungsberechtigung

IV. Zugang

**C. Beteiligung des Betriebsrates/Personalrates**

I. Anhörung des Betriebsrates

II. Anhörung des Personalrates

    1. Bundespersonalvertretungsgesetz

    2. Landespersonalvertretungsgesetz

**D. Beteiligung der Schwerbehindertenvertretung**

**E. Besondere Unwirksamkeitsgründe**

I. Formelle Unwirksamkeit

II. Unwirksamkeit wegen Treuwidrigkeit oder Maßregelung

**F. Kündigungsschutz**

I. Besonderer Kündigungsschutz

II. Allgemeiner Kündigungsschutz (Kündigungsschutzgesetz)

    1. Kündigungsschutzverfahren

    2. Anwendungsbereich

        2.1 Persönlicher Anwendungsbereich

        2.1.1 Arbeitnehmer

        2.1.2 Wartezeit

        2.2 Betrieblicher Anwendungsbereich

        2.2.1 Verwaltung

        2.2.2 Betriebe in Privatrechtsform

        2.2.3 Anzahl der beschäftigten Mitarbeiter

**G. Kündigungsfristen**

I. Gesetzliche Kündigungsfrist

II. Tarifvertragliche Kündigungsfrist

III. Arbeitsvertragliche Kündigungsfrist

IV. Rechtsfolgen einer falschen Fristberechnung

**H. Rücknahme der Kündigung**

**I. Weiteres Vorgehen**

I. Arbeitsgerichtliche Überprüfung

II. Abfindungsanspruch

III. Vergütungsanspruch

    1. Vergütungsanspruch bei außerordentlicher Kündigung

    2. Vergütungsanspruch bei ordentlicher Kündigung

    3. Umfang der Vergütung

    4. Weiterbeschäftigungsanspruch

        4.1 Kollektivrechtlicher Weiterbeschäftigungsanspruch

        4.2 Allgemeiner Weiterbeschäftigungsanspruch

**J. Checkliste**

I. Vorüberlegungen

II. Maßnahmen vor Ausspruch der Kündigung

III. Kündigungserklärung

IV. Übermittlung der Kündigungserklärung

**K. Muster: Kündigung**

I. Ordentliche Kündigung

II. Außerordentliche Kündigung

III. Anhörung des Betriebsrats/Personalrats/der Schwerbehindertenvertretung

## A. Grundlagen

Die Kündigung ist eine einseitige empfangsbedürftige Willenserklärung des Arbeitgebers oder des Arbeitnehmers, durch die ein bestehendes Arbeitsverhältnis beendet wird.

Von der Kündigung zu unterscheiden ist die Anfechtung, die den Arbeitsvertrag grundsätzlich von Anfang an nichtig werden lässt. Abzugrenzen ist die Kündigung ferner vom Aufhebungsvertrag, mit dem Arbeitgeber und Arbeitnehmer einvernehmlich die Beendigung des Arbeitsverhältnisses vereinbaren.

Wird ein Arbeitnehmer bei seinem Arbeitgeber in ein Beamtenverhältnis berufen (der Arbeitgeber ist dann gleichzeitig der Dienstherr), sehen die Beamtengesetze die Beendigung des Arbeitsverhältnisses kraft Gesetzes vor. In diesem Fall bedarf es zur Beendigung des Arbeitsverhältnisses weder einer Kündigungserklärung noch eines Aufhebungsvertrages.

Man unterscheidet die ordentliche von der außerordentlichen Kündigung. Mit der ordentlichen Kündigung wird das Beschäftigungsverhältnis fristgerecht aufgelöst. Der Arbeitnehmer benötigt keinen Grund, um das Arbeitsverhältnis zu beenden. Der Arbeitgeber hingegen kann das Arbeitsverhältnis in der Regel nicht uneingeschränkt beenden, sondern bedarf beispielsweise bei Anwendbarkeit des KSchG einer sozialen Rechtfertigung, damit die Kündigung wirksam ist.

Die außerordentliche Kündigung führt gemäß § 626 Abs. 1 BGB zu einer sofortigen Beendigung des Arbeitsverhältnisses und setzt zu ihrer Wirksamkeit das Vorliegen eines wichtigen Grundes voraus, siehe hierzu ausführlich unter Außerordentliche Kündigung.

## B. Kündigungserklärung

### I. Form

Eine Kündigung muss stets schriftlich erfolgen (§ 623 BGB). Dies bedeutet, dass die Kündigungserklärung von dem Kündigenden (oder seinem Vertreter, s. u. III.) eigenhändig unterschrieben sein muss. Stempel, Kopien, Faksimile oder digitale Unterschriften reichen hierzu ebenso wenig, wie die bloße Paraphierung mit einem Namenskürzel. Fehlt die eigenhändige Unterschrift, ist die Kündigung unwirksam. Auch wenn es auf die Lesbarkeit des Namenszuges nicht ankommt, so muss nach dem äußeren Erscheinungsbild erkennbar sein, dass der Unterzeichner seinen vollen Namen und nicht nur eine Abkürzung hat niederschreiben wollen.

Weitere Formerfordernisse können sich aus Tarifvertrag, Dienst- bzw. Betriebsvereinbarung oder dem Arbeitsvertrag ergeben. Die Vereinbarung geringerer als der gesetzlichen Formerfordernisse ist unzulässig. Auch wenn es anders vereinbart ist, muss eine Kündigung stets schriftlich erklärt werden. Eine per E-Mail, Fax oder eine mündlich ausgesprochene Kündigung erfüllt nicht das Schriftform-Erfordernis des § 623 BGB und ist daher unwirksam (LAG Berlin-Brandenburg v. 24.8.2018, 2 Sa 992/18).

 **WICHTIG!**

Dies gilt auch, wenn eine Kündigung in aller Deutlichkeit mündlich ausgesprochen wurde und der Arbeitnehmer daraufhin den Arbeitsplatz verlässt. Trotz des erklärten Willens, das Arbeitsverhältnis kündigen zu wollen, kann sich der Erklärende – im vorliegenden Fall der Arbeitnehmer – hinterher darauf berufen, dass das Schriftformerfordernis nicht eingehalten wurde und die Kündigung daher unwirksam ist (BAG v. 16.9.2004, 2 AZR 659/03, ZTR 2004, 574).

### II. Inhalt

Der Kündigungswille muss aus der Kündigungserklärung deutlich und zweifelsfrei hervorgehen. Zwar muss das Wort „Kündigung" nicht ausdrücklich verwendet werden (BAG v. 5.2.2009, 6 AZR 151/08, ZTR 2009, 445). Es muss sich jedoch aus dem Zusammenhang einwandfrei ergeben, dass eine Beendigung des Arbeitsverhältnisses gewollt ist. Der Kündigungsadressat muss auch erkennen können, zu welchem Zeitpunkt das Arbeitsverhältnis aus Sicht des Kündigenden beendet sein soll. Im Fall einer ordentlichen Kündigung genügt regelmäßig die Angabe des Kündigungstermins oder der Kündigungsfrist. Eine Kündigung „zum nächstzulässigen Termin" ist möglich, wenn dem Erklärungsempfänger die Dauer der Kündigungsfrist bekannt oder für ihn bestimmbar ist. Letzteres ist der Fall, wenn die rechtlich zutreffende Frist für den Kündigungsadressaten leicht feststellbar ist und nicht umfassende tatsächliche Ermittlungen oder die Beantwortung schwieriger Rechtsfragen erfordert (BAG v. 20.1.2016, 6 AZR 782/14, ZTR 2016, 47).

Die Mitteilung des Arbeitgebers, der Arbeitnehmer habe die Arbeit zu einem bestimmten Zeitpunkt eingestellt, weswegen der Arbeitgeber das Arbeitsverhältnis zu diesem Zeitpunkt als beendet ansehe, stellt keine Kündigung dar. Gleiches gilt, wenn dem Arbeitnehmer geraten wird, sich eine andere Arbeitsstelle zu suchen.

Unklarheiten der Kündigungserklärung gehen immer zulasten des Kündigenden.

 **ACHTUNG!**

Eine Kündigung darf nicht an Bedingungen geknüpft werden (BAG v. 15.3.2001, 2 AZR 705/99, ZTR 2002, 93).

**Beispiel**

Erklärt der Arbeitgeber im Kündigungsschreiben: „Sollten wir bis zum (Zeitpunkt X) einen Großauftrag von der Firma Y erhalten, beschäftigen wir Sie selbstverständlich weiter. An der Kündigung werden wir dann nicht festhalten.", ist die Kündigung unwirksam. Dies gilt auch dann, wenn eine Besserung der Auftragslage nicht eintritt (BAG v. 15.3.2001, 2 AZR 705/99, ZTR 2002, 93).

Die Angabe von Kündigungsgründen in der Kündigungserklärung ist grundsätzlich nicht erforderlich bzw. in den meisten Fällen auch nicht ratsam. Von diesem Grundsatz gibt es Ausnahmen. Gemäß § 22 Abs. 3 BBiG muss der Grund für die Kündigung eines Berufsausbildungsverhältnisses nach Ablauf der Probezeit im Kündigungsschreiben aufgeführt werden. Auch § 17 Abs. 2 S. 2 MuSchG verlangt die Angabe des Kündigungsgrundes. Gegebenenfalls ist darauf zu achten, ob aufgrund besonderer Vereinbarungen in Einzelarbeitsverträgen oder Dienst- sowie Betriebsvereinbarungen die Angabe des Kündigungsgrundes erforderlich ist. Mit Einführung des TVöD/TV-L ist die in § 57 S. 2 BAT enthaltene „Soll"-Vorschrift bezüglich der Angabe von Kündigungsgründen entfallen.

 **WICHTIG!**

Da der TVöD keine Verpflichtung zur Angabe von Kündigungsgründen enthält, sollte – solange keine der oben genannten Ausnahmen vorliegt – der Kündigungsgrund in der Kündigungserklärung nicht genannt werden.

Im Falle einer außerordentlichen Kündigung kann der Kündigungsempfänger verlangen, dass ihm der Kündigungsgrund unverzüglich schriftlich mitgeteilt wird (§ 626 Abs. 2 S. 3 BGB). Die Nichtangabe des Kündigungsgrundes macht die (außerordentliche) Kündigung aber nicht unwirksam, sondern kann höchstens Schadensersatzansprüche auslösen.

## III. Kündigungsberechtigung

Die Kündigung kann durch den Kündigenden selbst oder durch einen von ihm bevollmächtigten Vertreter erklärt werden. Wenn die Kündigung durch einen Bevollmächtigten des Arbeitgebers erklärt wird, ist eine schriftliche Vollmacht im Original beizufügen. Geschieht dies nicht, kann die Kündigung vom Kündigungsempfänger gemäß § 174 BGB zurückgewiesen werden. Diese Zurückweisung muss unverzüglich – unter Berücksichtigung einer gewissen Zeit zur Überlegung und zur Einholung eines Rechtsrats – erfolgen. Strittig ist hierbei, wann eine solche Zurückweisung *unverzüglich* erfolgt ist. In der Regel wird davon ausgegangen, dass eine Zurückweisung innerhalb von einer Woche nach Zugang der Kündigung noch als unverzüglich anzusehen ist.

 **ACHTUNG!**

Die Vollmacht muss im Original vorgelegt werden. Die Vorlage einer Fotokopie oder beglaubigten Abschrift der Vollmachtsurkunde genügt nicht.

Die Zurückweisung kommt nur in Betracht, wenn ausdrücklich das Fehlen der Originalvollmacht gerügt wird. Das allgemeine Bestreiten der Wirksamkeit der Kündigung und das Bestreiten der Vertretungsmacht des Kündigenden sind nicht ausreichend (LAG Köln v. 2.3.2018, 6 Sa 958/17). Die Möglichkeit der Zurückweisung der Kündigung gemäß § 174 S. 1 BGB besteht auch nicht, wenn die Vertretungsmacht auf gesetzlicher Grundlage bzw. auf organschaftlicher Vertretung beruht (z. B. beim Vorstand einer Aktiengesellschaft oder dem Geschäftsführer einer GmbH) (BAG v. 20.9.2006, 6 AZR 82/06, ZTR 2007, 326; BAG v. 29.1.2015, 2 AZR 280/14). In diesem Fall kann allenfalls die gesetzliche oder organschaftliche Vertretungsbefugnis des Kündigungserklärenden in Zweifel gezogen werden.

Gemäß § 174 S. 2 BGB ist die Zurückweisung der Kündigung ausgeschlossen, wenn der Arbeitgeber den Arbeitnehmer von der Bevollmächtigung in Kenntnis gesetzt hat. Dies ist beispielsweise der Fall, wenn der Arbeitgeber dem Arbeitnehmer mitgeteilt hat, ein bestimmter Vorgesetzter sei kündigungsberechtigt. Die Kündigungsberechtigung kann sich auch aus den Umständen des Einzelfalls ergeben. Beispielsweise braucht der Leiter der Personalabteilung keine Vollmachtsurkunde vorzulegen, da sich seine Kündigungsberechtigung bereits aus seiner Stellung im Unternehmen ergibt. Auch ein Prokurist wird in der Regel als kündigungsberechtigt angesehen. Der Erklärungsempfänger ist ebenfalls von der Bevollmächtigung in Kenntnis gesetzt, wenn eine früher vorgelegte, den Anforderungen des § 174 S. 1 BGB genügende Vollmacht sich auch auf das später vorgenommene einseitige Rechtsgeschäft erstreckt, etwa auf eine Folgekündigung, sofern dem Erklärungsempfänger nicht zwischenzeitlich vom Vollmachtgeber das Erlöschen der Vollmacht angezeigt worden ist (BAG v. 24.9.2015, 6 AZR 492/14, ZTR 2016, 42).

Kündigt ein vollmachtloser Vertreter oder ein Nichtberechtigter das Arbeitsverhältnis, liegt grundsätzlich keine Kündigung des Arbeitgebers vor. Der Arbeitgeber kann aber, sofern nicht eine unverzügliche Beanstandung der Kündigung durch den Arbeitnehmer nach § 180 BGB erfolgt ist, die Kündigung nachträglich genehmigen.

 **ACHTUNG!**

Wird eine Kündigung nachträglich durch den Arbeitgeber genehmigt, beginnt die dreiwöchige Klagefrist, innerhalb der ein Arbeitnehmer die Unwirksamkeit einer Kündigung gerichtlich geltend machen kann, erst mit dem Zugang der Genehmigung zu laufen (BAG v. 26.3.2009, 2 AZR 403/07; BAG v. 6.9.2012, 2 AZR 858/11).

## IV. Zugang

Wirksam wird die Kündigungserklärung erst in dem Zeitpunkt, in dem sie dem Kündigungsempfänger im Original zugeht.

 **WICHTIG!**

Der Zugang einer Kopie, einer Faxkopie oder einer E-Mail genügt dem gesetzlichen Schriftformerfordernis nicht (s. o.).

Hinsichtlich des *Zugangs* wird durch Gesetz unterschieden, ob die Kündigung gegenüber einem „Anwesenden" oder gegenüber einem „Abwesenden" erfolgt.

Der Zugang unter Anwesenden erfolgt, wenn der Kündigungsempfänger die (schriftliche) Kündigungserklärung direkt vom Kündigenden entgegennimmt.

 **TIPP!**

Den Zugang der Kündigungserklärung sollte sich der Arbeitgeber vom Arbeitnehmer stets schriftlich bestätigen lassen. Ist dies nicht möglich oder wird dies vom Arbeitnehmer verweigert, sollte die Übergabe in Anwesenheit von Zeugen erfolgen. Eine Kündigungserklärung geht jedoch nicht schon dann zu, wenn dem Arbeitnehmer die einzige Ausfertigung lediglich kurz zur Empfangsquittierung und anschließender Rückgabe an den Arbeitgeber angereicht wird (LAG Düsseldorf v. 3.7.2018, 8 Sa 175/18).

Weigert sich ein Arbeitnehmer im „Personalgespräch", ein für ihn vorbereitetes Kündigungsschreiben entgegenzunehmen und verlangt dessen postalische Zusendung, kann dies den Tatbestand der sog. Zugangsvereitelung mit der Folge erfüllen, dass sich der Arbeitnehmer rechtlich so behandeln lassen muss, als sei ihm besagtes Schriftstück bereits im Personalgespräch zugegangen (ArbG Berlin v. 30.10.2015, 28 Ca 10591/15).

In der Praxis ergeben sich häufiger Probleme, wenn die Kündigung gegenüber einem Abwesenden erklärt werden soll, die Kündigung also an den Kündigungsempfänger übermittelt werden muss (z. B. auf dem Postwege). Ein in den Hausbriefkasten geworfenes Kündigungsschreiben geht in dem Zeitpunkt zu, in dem der Briefkasten üblicherweise (nach der Verkehrsanschauung) geleert wird. Mit einer Leerung ist im Allgemeinen unmittelbar nach Abschluss der üblichen Postzustellzeiten zu rechnen, die allerdings stark variieren können (BAG v. 22.8.2019, 2 AZR 111/19). Dies kann zu (Beweis-)Problemen führen. Aus diesem Grund empfiehlt es sich, ein Kündigungsschreiben nicht auf dem normalen Postwege zu versenden. Stattdessen sollte die Übermittlung durch entsprechend instruierte Boten erfolgen (siehe hierzu ausführlich unten).

**Beispiel**

Die Kündigungsfrist beträgt gemäß § 34 Abs. 1 TVöD drei Monate zum Schluss eines Kalendervierteljahres. Wird die Kündigung am Nachmittag des 31.3. in den Briefkasten des Arbeitnehmers geworfen, könnte der Arbeitnehmer behaupten, das Kündigungsschreiben sei ihm erst am Vormittag des 1.4. zugegangen. Die Kündigung würde dann erst zum 30.9. wirken, wenn sich die Leerung des Briefkastens am 31.3. nicht nachweisen ließe.

Maßgeblich ist, wann der Kündigungsempfänger unter normalen Umständen das Kündigungsschreiben erhalten hätte. Dies gilt auch, wenn das Schreiben einem sogenannten Empfangsboten (z. B. einem Familienangehörigen, Ehegatten, Lebensgefährten, Haushaltsangehörigen) übergeben wird. Wird das Kündigungsschreiben vom Empfangsboten nicht oder nicht rechtzeitig weitergeleitet, so ist dies lediglich für den Erklärungsempfänger problematisch; die Kündigung gilt zu dem Zeitpunkt als zugegangen, in dem normalerweise mit einer Weitergabe durch den

Empfangsboten zu rechnen gewesen wäre. Leben Ehegatten in einer gemeinsamen Wohnung und sind sie deshalb nach der Verkehrsanschauung füreinander als Empfangsboten anzusehen, gelangt eine an einen der Ehegatten gerichtete Kündigung auch dann in dessen Macht- und Zugriffsbereich, wenn sie dem anderen Ehegatten außerhalb der Wohnung übermittelt wird (BAG v. 9.6.2011, 6 AZR 687/09).

Eine gegenüber einem Geschäftsunfähigen abgegebene Kündigungserklärung geht im Sinne von § 131 Abs. 1 BGB dem gesetzlichen Vertreter nur dann zu, wenn sie nicht lediglich faktisch in dessen Herrschaftsbereich gelangt ist, sondern auch an ihn gerichtet oder zumindest für ihn bestimmt ist (BAG v. 28.10.2010, 2 AZR 794/09). Die Zuleitung der Kündigungserklärung an den gesetzlichen Vertreter muss zielgerichtet geschehen und mit dem erkennbaren Willen abgegeben werden, den gesetzlichen Vertreter zu erreichen.

**WICHTIG!**

Der Zugang der Kündigungserklärung muss im Streitfall vom Erklärungsabsender bewiesen werden. Daher sollte immer auf die Beweisbarkeit des Zugangs der Kündigungserklärung geachtet werden. Eine Übermittlung durch einen (besser: zwei) Boten ist sinnvoll. Dieser Bote sollte nicht nur die Übergabe an den Kündigungsempfänger bezeugen können, sondern auch den Inhalt des Dokuments, d. h. er sollte bereits bei der Kuvertierung des Schreibens anwesend sein. Weiter sollte der Bote ein Protokoll über die Zustellung der Kündigungserklärung anfertigen.

**ACHTUNG!**

Von der Übermittlung der Kündigungserklärung durch ein Übergabeeinschreiben ist abzuraten. So geht ein solches Schreiben erst dann zu, wenn es dem (Kündigungs-)Empfänger vom Postboten ausgehändigt wird. Trifft der Postbote niemanden an, hinterlässt er einen Benachrichtigungsschein im Briefkasten. Die Zustellung erfolgt dann erst in dem Zeitpunkt, in dem das Einschreiben abgeholt wird. Dadurch können sich der Zugang des Kündigungsschreibens und damit auch das Wirksamwerden der Kündigung erheblich verzögern. Anders verhält es sich beim Einwurfeinschreiben, welches vom Postboten in den Briefkasten des Empfängers eingeworfen wird. Hierbei wird der Zeitpunkt des Einwurfs genau festgehalten. Es kommt dann grundsätzlich nicht mehr darauf an, wann der Empfänger das Schreiben aus dem Briefkasten geholt hat. Vielmehr wird auf den Zeitpunkt abgestellt, in dem üblicherweise mit der Entleerung zu rechnen ist. Allerdings kann damit noch nicht nachgewiesen werden, welches Dokument der Postbote zugestellt hat, also ob es sich bei dem Schreiben tatsächlich um eine Kündigungserklärung handelt. Die Zustellung per Bote ist daher die sicherste Lösung, insbesondere wenn es darum geht, die Kündigung noch innerhalb eines kurzen Zeitraumes zuzustellen.

Problematisch ist die Zustellung einer Kündigung auch dann, wenn sich der zu kündigende Arbeitnehmer (z. B. wegen Urlaub, Krankheit oder Kur) nicht an seinem gewöhnlichen Aufenthaltsort aufhält. Der Arbeitgeber kann – selbst wenn er von der Abwesenheit des Arbeitnehmers Kenntnis hat – das Kündigungsschreiben aber trotzdem an dessen Heimatanschrift schicken (BAG v. 16.3.1988, 7 AZR 587/87; BAG v. 22.3.2012, 2 AZR 224/11). Wie auch sonst gilt das Schreiben dann „regelmäßig" am nächsten Werktag als zugegangen, selbst wenn der Arbeitnehmer keinen Nachsendeantrag gestellt hat und erst Wochen später wieder heimkehrt. Der Arbeitnehmer hat dann allerdings die Möglichkeit, einen Antrag auf nachträgliche Zulassung der Kündigungsschutzklage gemäß § 5 KSchG zu stellen, wenn er mit einer Kündigung während seiner Abwesenheit nicht rechnen musste. Weiß der Arbeitnehmer von einer bevorstehenden Kün-

digung, muss er einen Nachsendeantrag stellen. Der Arbeitnehmer darf seine Abwesenheit nicht zur Vereitelung des Kündigungszugangs nutzen.

Im Falle einer Zugangsvereitelung gilt das Kündigungsschreiben in dem Zeitpunkt als zugegangen, in dem es unter normalen Umständen zugegangen wäre.

**Beispiel**

Nennt der Arbeitnehmer dem Arbeitgeber bewusst eine falsche Adresse, gilt die Kündigung des Arbeitsverhältnisses mit Zustellung an diese falsche Adresse als zugegangen. Der Arbeitnehmer kann sich auf den verspäteten Zugang an die tatsächliche Adresse nach Treu und Glauben nicht berufen, da er die Zugangsverzögerung selbst zu vertreten hat. Er muss sich so behandeln lassen, als seien die maßgebenden Fristen eingehalten worden. Das gilt jedoch nur, wenn der Kündigende seinerseits alles Erforderliche getan hat, damit seine Kündigung den Adressaten erreicht (BAG v. 22.9.2005, 2 AZR 366/04).

## C. Beteiligung des Betriebsrates/Personalrates

### I. Anhörung des Betriebsrates

Gemäß § 102 Abs. 1 BetrVG muss in einem Betrieb mit bestehendem Betriebsrat dieser vor jeder Kündigung angehört werden. Davon wird eine Ausnahme gemacht, wenn es sich bei dem zu kündigenden Mitarbeiter um einen leitenden Angestellten gemäß § 5 Abs. 3 BetrVG handelt.

**TIPP!**

Erfahrungsgemäß ergeben sich in der betrieblichen Praxis häufig Zweifel bzw. Unklarheiten darüber, ob die gesetzlichen Voraussetzungen eines leitenden Angestellten vorliegen, d. h. ob der zu kündigende Arbeitnehmer tatsächlich leitender Angestellter ist oder nicht. Daher sollte auch in diesen Fällen vorsichtshalber eine Anhörung des Betriebsrats erfolgen. Zudem muss gemäß § 31 Abs. 2 SprAuG eine Anhörung des Sprecherausschusses erfolgen, sofern ein solcher besteht. Diese beiden Anhörungsverfahren können parallel nebeneinander durchgeführt werden.

Die ordnungsgemäße Anhörung des Betriebsrates ist bei allen Arten von Kündigungen durchzuführen. Dies gilt sowohl für ordentliche und außerordentliche Kündigungen, als auch für Kündigungen während der Probezeit oder bei Änderungskündigungen.

Erfolgt die Kündigung ohne die ordnungsgemäße Betriebsratsanhörung, ist sie bereits aus diesem Grund unwirksam. Unerheblich ist in diesem Fall also, ob Kündigungsgründe vorliegen oder nicht.

**ACHTUNG!**

Eine fehlerhafte bzw. unterlassene Anhörung des Betriebsrats gemäß § 102 Abs. 1 BetrVG führt selbst dann zur Unwirksamkeit der Kündigung, wenn besonders schwerwiegende Kündigungsgründe vorliegen.

Im Rahmen der Anhörung des Betriebsrats muss der Arbeitgeber dem Betriebsrat die Gründe, die aus seiner Sicht zu der beabsichtigten Kündigung des Arbeitnehmers führen, mitteilen. Auch wenn die Anhörung keinen festen Formvorschriften unterliegt, sollte sie zu Beweiszwecken stets schriftlich erfolgen. Dabei ist das Anhörungsverfahren nur dann ordnungsgemäß eingeleitet, wenn der Arbeitgeber den Betriebsrat über die Person des zu kündigenden Arbeitnehmers, dessen Sozialdaten, die Kündigungsart (ordentliche oder außerordentliche Kündigung,

Beendigungs- oder Änderungskündigung, Tat- oder Verdachtskündigung) und die Kündigungsgründe unter näherer Umschreibung des zugrunde liegenden Sachverhalts informiert. Die Anhörung des Betriebsrates sollte daher mit größter Sorgfalt vorbereitet und durchgeführt werden.

Bei einer Kündigung innerhalb der ersten sechs Monate, d. h. innerhalb der sechsmonatigen Wartezeit, während der das Arbeitsverhältnis nicht in den Anwendungsbereich des Kündigungsschutzgesetzes fällt, ist die Mitteilung von subjektiven Wertungen, der Art der Kündigung und der Person des Arbeitnehmers ausreichend. Der Arbeitgeber ist nicht verpflichtet, dem Personal- bzw. Betriebsrat Sozialdaten, die bei vernünftiger Betrachtung weder aus seiner Sicht noch aus Sicht der Arbeitnehmervertretung für die Beurteilung eine Rolle spielen können, mitzuteilen. In der Regel werden bei einer Wartezeitkündigung insbesondere Unterhaltspflichten des Arbeitnehmers sowie dessen Lebensalter für die Wirksamkeit der Kündigung ohne Bedeutung sein. Es steht somit der Wirksamkeit der Kündigung nicht entgegen, dass diese Daten der Arbeitnehmervertretung bei ihrer Beteiligung nicht mitgeteilt wurden (BAG v. 23.4.2009, 6 AZR 516/08, ZTR 2009, 305).

 **WICHTIG!**

Es muss immer zu jeder beabsichtigten Kündigung ein eigenständiges Anhörungsverfahren durchgeführt werden. Soll z. B. außerordentlich und hilfsweise ordentlich gekündigt werden, muss der Betriebsrat sowohl zu der ordentlichen als auch zu der außerordentlichen Kündigung angehört werden. Nur wenn der Betriebsrat eine abschließende Stellungnahme zu beiden beabsichtigten Kündigungsarten abgegeben hat, kann der Arbeitgeber diese beiden Kündigungen gemeinsam aussprechen. Ansonsten muss er die Wochenfrist, die der Betriebsrat im Falle einer ordentlichen Kündigung hat, abwarten oder – will oder kann er diese Zeit nicht verstreichen lassen – die Kündigungen separat aussprechen.

Bildet eine mögliche Straftat des Arbeitnehmers den Grund für die Kündigungsabsicht des Arbeitgebers, so sollte der Betriebsrat rein vorsorglich sowohl bezüglich einer Tatkündigung (außerordentlich oder ordentlich) als auch bezüglich einer Verdachtskündigung angehört werden. Nur dann ist für den Arbeitgeber gewährleistet, dass er – sollte sich die Straftat nicht nachweisen lassen – auf die Verdachtskündigung zurückgreifen kann, denn die Anhörung zu einer Kündigung wegen einer Straftat umfasst nicht automatisch die Anhörung zu einer Verdachtskündigung.

Sind vorangegangene einschlägige Abmahnungen für die Kündigung erheblich, sollten diese dem Betriebsrat mitgeteilt bzw. zusammen mit dem Anhörungsschreiben vorgelegt werden. Der Betriebsrat muss außerdem über etwaige Gegendarstellungen des Beschäftigten unterrichtet werden.

Soll dem Arbeitnehmer im Zusammenhang mit einer Krankheit gekündigt werden, sollten im Rahmen der Anhörung zu einer krankheitsbedingten Kündigung die krankheitsbedingten Fehlzeiten sowie die hierdurch entstandenen und zukünftig zu erwartenden betrieblichen Auswirkungen dargelegt werden. Eine voraussichtliche Krankheitsprognose nach dem Kenntnisstand des Arbeitgebers ist ebenfalls mitzuteilen.

Soll die Kündigung auf betriebsbedingte Gründe gestützt werden, sind dem Betriebsrat die betrieblichen Gründe detailliert vorzutragen. Es ist insbesondere auszuführen, warum diese Gründe die Kündigung des betreffenden Arbeitnehmers erfordern. Dem Betriebsrat ist ferner die soziale Auswahl und deren konkrete Durchführung darzulegen.

 **WICHTIG!**

Werden im Rahmen einer Betriebsstilllegung alle Arbeitnehmer entlassen, ist keine Sozialauswahl vorzunehmen. In diesem Fall bedarf es auch nicht der Mitteilung sozialer Auswahlentscheidungen, insbesondere auch nicht des Familienstandes und der Unterhaltspflichten der zu kündigenden Arbeitnehmer, da diese für die Kündigung nicht relevant sind (BAG v. 13.5.2004, 2 AZR 329/03, ZTR 2005, 57).

Zu unterscheiden ist zwischen der Informationspflicht gegenüber dem Betriebsrat und der Darlegungspflicht im arbeitsgerichtlichen Verfahren. Das Informationsrecht des Betriebsrates ist geringer als die Darlegungspflicht des Arbeitgebers im arbeitsgerichtlichen Kündigungsschutzverfahren. Der Arbeitgeber ist im Rahmen der Erfüllung seiner Informationspflicht gegenüber dem Betriebsrat nicht verpflichtet, Unterlagen oder Beweismittel zur Verfügung zu stellen.

 **TIPP!**

Um eine ordnungsgemäße Durchführung der Betriebsratsanhörung zu gewährleisten, ist allerdings zu empfehlen, die Betriebsratsanhörung so ausführlich und sorgfältig wie möglich durchzuführen. Erfahrungsgemäß werden an die Erfüllung der gesetzlichen Voraussetzungen der Betriebsratsanhörung durch die Arbeitsgerichte oft sehr hohe Anforderungen gestellt. Daher sollten dem Betriebsrat auch die für den Kündigungssachverhalt maßgeblichen Unterlagen übermittelt werden. Dadurch kann vermieden werden, dass die Kündigung bereits durch eine fehlerhafte Betriebsratsbeteiligung unwirksam ist.

 **ACHTUNG!**

Macht der Arbeitgeber bewusst fehlerhafte oder irreführende Angaben über die maßgeblichen Kündigungsgründe, führt dies zu einer fehlerhaften und damit unwirksamen Anhörung.

Der Betriebsrat ist dann ordnungsgemäß angehört worden, wenn ihm der Arbeitgeber die aus seiner Sicht für den Kündigungsentschluss tragenden Gründe mitgeteilt hat. Der Arbeitgeber hat dabei die Kündigungsgründe unter Angabe von Tatsachen so detailliert zu beschreiben, dass der Betriebsrat ohne zusätzliche eigene Nachforschungen in der Lage ist, die Stichhaltigkeit der Gründe zu prüfen und sich ein eigenes Bild zu verschaffen. Dies wird als sog. Grundsatz der subjektiven Determination bezeichnet. Verschweigt der Arbeitgeber im Rahmen dieser Anhörung Kündigungsgründe, die ihm im Zeitpunkt der Unterrichtung des Betriebsrates bereits bekannt waren, kann er diese Kündigungsgründe im Prozess nicht nachschieben. Kündigungsgründe, die dem Kündigenden bei Ausspruch der Kündigung noch nicht bekannt waren, können dagegen uneingeschränkt – nach erneuter Anhörung des Betriebsrates – in den Kündigungsschutzprozess eingeführt werden, wenn sie bereits vor Ausspruch der Kündigung entstanden sind (vgl. BAG v. 4.6.1997, 2 AZR 362/96). § 626 Abs. 2 BGB bildet – vorbehaltlich eines völligen „Auswechselns" der Kündigungsgründe – weder in direkter noch in analoger Anwendung eine Schranke für das Nachschieben von Kündigungsgründen, die bei Ausspruch einer außerordentlichen Kündigung bereits objektiv vorlagen, dem Kündigungsberechtigten aber noch nicht bekannt waren (BAG v. 12.1.2021, 2 AZN 724/20, ZTR 2021, 221; BAG v. 4.6.1997, 2 AZR 362/96). Zulässig ist ferner, die dem Betriebsrat mitgeteilten Kündigungsgründe im Verfahren ausführlicher zu erläutern und zu konkretisieren, solange dies den Kündigungssachverhalt nicht wesentlich verändert (vgl. LAG Rheinland-Pfalz v. 4.7.2006, 2 Sa 144/06). Tritt eine Veränderung der Sachlage vor Zugang der Kündigung ein, muss der Arbeitgeber den Betriebsrat auf eine solche hinweisen. Dies gilt selbst dann, wenn das Anhörungsverfahren bereits abgeschlossen ist, es sich aber um eine wesentliche Änderung des bislang für den Kündigungsentschluss maßgeblich dargestellten Sachverhalts handelt (vgl. BAG v. 22.9.2016, 2 AZR 700/15, ZTR 2017, 186).

 **WICHTIG!**

Der Arbeitgeber hat dem Betriebsrat alle Hintergründe der Kündigung mitzuteilen. Dazu gehören auch solche, die den Arbeitnehmer entlasten oder für ihn sprechen.

 **ACHTUNG!**

Teilt der Arbeitgeber dem Betriebsrat im Anhörungsverfahren besondere Kündigungsbedingungen mit, z. B. dass eine Kündigung erst nach Abschluss von Interessenausgleich und Sozialplan ausgesprochen werde, führt die Nichteinhaltung dieser Bedingungen zur Unwirksamkeit der Kündigung (vgl. BAG v. 27.11.2003, 2 AZR 654/02).

Bedürfen Kündigungen der Zustimmung des Integrationsamtes oder der zuständigen Behörde im Bereich des Mutterschutzes, der Elternzeit oder der Pflegezeit (oberste Landesbehörde etc.), kann die Anhörung des Betriebsrates auch vor der Durchführung eines solchen Zustimmungsverfahrens erfolgen. Verfolgt der Arbeitgeber nach bereits abgeschlossener Anhörung seine ursprünglich gefasste Kündigungsabsicht weiter und hat sich der Sachverhalt nicht geändert, muss der Arbeitgeber nach der Erteilung der Zustimmung den Betriebsrat nicht erneut anhören (BAG v. 22.4.2010, 2 AZR 991/08). In dieser Konstellation hat die Zustimmung des Integrationsamts bzw. der zuständigen Behörde keinen inhaltlichen Einfluss auf die Kündigungsentscheidung des Arbeitgebers, sodass der Betriebsrat entsprechend des Schutzzweckes des § 102 Abs. 1 BetrVG auch ohne Kenntnis der Entscheidung des Integrationsamts bzw. der Behörde zur Kündigungsabsicht Stellung nehmen kann.

Der Betriebsrat hat gemäß § 102 Abs. 2 S. 1 BetrVG die Möglichkeit, wenn er gegen eine ordentliche Kündigung Bedenken hegt, diese unter Angabe der Gründe spätestens innerhalb einer Woche dem Arbeitgeber schriftlich mitzuteilen. Äußert er sich innerhalb dieser Wochenfrist nicht, gilt seine Zustimmung gemäß § 102 Abs. 2 S. 2 BetrVG als erteilt.

Hat der Betriebsrat gegen eine außerordentliche Kündigung Bedenken, muss er diese dem Arbeitgeber angesichts der Eilbedürftigkeit unverzüglich, spätestens innerhalb von drei Tagen gemäß § 102 Abs. 2 S. 3 BetrVG schriftlich mitteilen. § 102 Abs. 2 S. 4 BetrVG schreibt ferner vor, dass der Betriebsrat, soweit dies erforderlich erscheint, vor seiner Stellungnahme den betroffenen Arbeitnehmer hören soll.

Es steht dem Betriebsrat frei, dem Arbeitgeber jegliche Bedenken gegen die Kündigung des Arbeitnehmers mitzuteilen. Gemäß des zwischen den Betriebsparteien bestehenden Grundsatzes der vertrauensvollen Zusammenarbeit im Sinne des § 2 Abs. 1 BetrVG hat sich der Arbeitgeber mit den geäußerten Bedenken auch auseinanderzusetzen.

Ein tatsächliches Widerspruchsrecht gegen eine ordentliche Kündigung steht dem Betriebsrat allerdings nur in den in § 102 Abs. 3 BetrVG normierten Fällen zu:

▸ Der Arbeitgeber hat bei der Auswahl des zu kündigenden Arbeitnehmers soziale Gesichtspunkte nicht oder nicht ausreichend berücksichtigt;

▸ die Kündigung verstößt gegen eine mit Zustimmung des Betriebsrats aufgestellte Richtlinie (über Kündigungen);

▸ der zu kündigende Arbeitnehmer kann in demselben Betrieb oder in einem anderen Betrieb des Unternehmens weiterbeschäftigt werden;

▸ die Weiterbeschäftigung des Arbeitnehmers ist nach zumutbaren Umschulungs- oder Fortbildungsmaßnahmen möglich;

▸ eine Weiterbeschäftigung unter geänderten Vertragsbedingungen ist möglich und der Arbeitnehmer ist hiermit einverstanden.

Der Widerspruch des Betriebsrates hat für den Arbeitnehmer folgenden Vorteil: Hat der Betriebsrat einer ordentlichen Kündigung frist- und formgerecht widersprochen, kann der gekündigte Arbeitnehmer sich hierauf im Rahmen einer Kündigungsschutzklage berufen. Er kann gemäß § 102 Abs. 5 BetrVG bis zum rechtskräftigen Abschluss (ggf. nach der 3. Instanz) des Kündigungsschutzverfahrens, und zwar unabhängig von seinem Ausgang, seine Weiterbeschäftigung zu unveränderten Arbeitsbedingungen verlangen und durchsetzen (sog. betriebsverfassungsrechtlicher oder kollektivrechtlicher Weiterbeschäftigungsanspruch).

Gemäß § 102 Abs. 2 S. 1 bzw. S. 3 BetrVG hat der Betriebsrat seine Bedenken innerhalb von einer Woche bzw. innerhalb von drei Tagen zu erheben. Selbstverständlich kann er sich auch bereits vor Ablauf der gesetzlichen Anhörungsfristen zu der beabsichtigten Kündigung erklären. Soweit aus dieser Erklärung hervorgeht, dass es sich um eine abschließende Stellungnahme handelt, braucht die gesetzliche Anhörungsfrist nicht mehr abgewartet zu werden. Dies gilt sowohl im Falle einer ausdrücklichen Zustimmung zur Kündigung als auch im Falle einer abschließenden Kenntnisnahme. Es muss sich nur aus der Erklärung des Betriebsrats ergeben, dass eine weitere Stellungnahme zu der beabsichtigten Kündigung nicht mehr erfolgen wird. Damit ist das Anhörungsverfahren abgeschlossen. Der Arbeitgeber kann in diesem Fall bereits vor Ablauf der Anhörungsfrist die Kündigung ordnungsgemäß erklären.

 **ACHTUNG!**

Eine abschließende, das Anhörungsverfahren nach § 102 BetrVG vorzeitig beendende Stellungnahme des Betriebsrats liegt nur vor, wenn der Arbeitgeber sich aufgrund besonderer Anhaltspunkte darauf verlassen darf, der Betriebsrat werde sich bis zum Ablauf der Frist des § 102 Abs. 2 S. 1 und Abs. 3 BetrVG nicht mehr äußern (BAG v. 25.5.2016, 2 AZR 345/15, ZTR 2016, 657).

Eine Kündigung vor Ablauf der gesetzlichen Anhörungsfrist des Betriebsrates sollte daher nur erfolgen, wenn eindeutig feststeht, dass sich der Betriebsrat abschließend geäußert hat. Bestehen daran Zweifel, sollte in jedem Fall der Ablauf der Anhörungsfrist abgewartet werden. Ein Risiko, dass sich die Kündigung aus diesem Grund als unwirksam erweist, sollte nur eingegangen werden, wenn nur auf diese Weise Kündigungsfristen eingehalten werden können.

Verlangt hingegen der Betriebsrat nach § 104 BetrVG die Entlassung des betriebsstörenden Arbeitnehmers und entschließt sich der Arbeitgeber, dem Wunsch des Betriebsrats zu entsprechen, ist dessen weitere Beteiligung nach § 102 BetrVG nicht mehr erforderlich: das Entlassungsverlangen enthält bereits die Zustimmung des Betriebsrats zu der es umsetzenden Kündigung (BAG v. 28.3.2017, 2 AZR 551/16, ZTR 2017, 556).

## II. Anhörung des Personalrates

Das Beteiligungsverfahren bei Kündigungen von Arbeitnehmern ist in den Personalvertretungsgesetzen des Bundes und der Länder unterschiedlich ausgestaltet.

## 1. Bundespersonalvertretungsgesetz

Gemäß § 85 Abs. 3 BPersVG ist eine Kündigung entsprechend § 102 Abs. 1 S. 3 BetrVG unwirksam, wenn der Personalrat nicht beteiligt worden ist.

Im Geltungsbereich des BPersVG hat der Personalrat gem. § 85 Abs. 1, 2 BPersVG bei ordentlichen Kündigungen ein Mitwirkungsrecht. Bei der außerordentlichen Kündigung ist der Personalrat dagegen lediglich anzuhören, § 86 S. 1 BPersVG.

 **WICHTIG!**

Zu beachten ist, dass bei einer ordentlichen Kündigung von Arbeitnehmern, die auf Beamtenstellen ab der Besoldungsgruppe A 16 beschäftigt werden, ein Mitwirkungsrecht des Personalrates nicht besteht, § 78 Abs. 4 Nr. 2 BPersVG.

Die Dienststelle hat den Personalrat über die beabsichtigte Kündigung rechtzeitig zu unterrichten. Unterrichtungspflichtige Dienststellen i. S. d. §§ 81 – 83, 85f. BPersVG sind nach § 4 Abs. 1 Nr. 6 BPersVG die einzelnen Behörden, Verwaltungsstellen und Betriebe der in § 1 BPersVG genannten Verwaltungen. Für die Dienststelle handelt jeweils ihr Leiter (§ 8 BPersVG). Er leitet das Verfahren gegenüber dem Personalrat ein. § 8 BPersVG bestimmt, dass regelmäßig der Leiter der Dienststelle handelt und nur im Verhinderungsfall durch seinen ständigen Vertreter vertreten wird. Eine Verhinderung liegt vor, wenn der Dienststellenleiter objektiv nicht in der Lage ist, seine Aufgaben und Pflichten nach dem BPersVG wahrzunehmen.

 **ACHTUNG!**

Rügt der Personalrat im Laufe des Beteiligungsverfahrens nach § 85 BPersVG wegen einer vom öffentlichen Dienstherrn beabsichtigten Kündigung nicht, dass der sonstige Beauftragte ohne Verhinderung des Dienststellenleiters handelte, ist auch bei fehlender Verhinderung des Dienststellenleiters dieser Mangel im Verhältnis zum gekündigten Arbeitnehmer unbeachtlich (BAG v. 26.10.1995, 2 AZR 743/94). Der Schutzzweck der Norm des § 85 Abs. 3 BPersVG, wonach eine Kündigung unwirksam ist, wenn der Personalrat nicht beteiligt worden ist, erfordert es nicht, auch dann eine Unwirksamkeit der Kündigung anzunehmen, wenn der Personalrat – bei im Übrigen ordnungsgemäßer Information – das Vorliegen eines Verhinderungsfalles nicht in Zweifel gezogen hat. Dementsprechend ist eine Kündigung trotz des Verfahrensmangels wirksam.

Gemäß § 66 Abs. 1 S. 1 BPersVG muss die Unterrichtung umfassend erfolgen, d. h. die Dienststelle hat den Personalrat über die Person des zu kündigenden Arbeitnehmers, den Kündigungstermin und die Kündigungsgründe zu informieren einschließlich der personellen Daten, die für den Sonderkündigungsschutz und die Sozialauswahl maßgeblich sind. Hinsichtlich der Mitteilung der Kündigungsgründe gilt der Grundsatz der subjektiven Determination, d. h. der Dienststellenleiter muss dem Personalrat die Gründe mitteilen, die für seinen Kündigungsentschluss maßgeblich waren, wozu auch entlastende Tatsachen und Beweise gehören (s. o.). Nicht erforderlich ist, dass dem Personalrat all diejenigen Gründe mitgeteilt werden, auf die eine Kündigung objektiv gestützt werden könnte.

 **WICHTIG!**

Die Unterrichtung des Personalrats kann sowohl mündlich als auch schriftlich erfolgen. Zu Beweiszwecken empfiehlt es sich jedoch, die Unterrichtung schriftlich vorzunehmen (s. o.).

Im Ergebnis muss die Unterrichtung so erfolgen, dass der Personalrat die Möglichkeit besitzt, sich ein Bild über die Erfolgsaussichten der Kündigung und möglicher Einwendungen nach § 85 Abs. 1 S. 3 BPersVG zu machen. Gemäß § 81 Abs. 2 BPersVG stehen dem Personalrat hierzu zehn Arbeitstage zur Verfügung.

In Anlehnung an § 102 Abs. 3 BetrVG kann der Personalrat gemäß § 85 Abs. 1 S. 3 BPersVG gegen die Kündigung die dort genannten Einwendungen erheben. Hat der Personalrat Einwendungen gegen die ordentliche Kündigung, so muss er diese dem Dienststellenleiter rechtzeitig mitteilen, andernfalls gilt die Kündigung als gebilligt (§ 81 Abs. 2 S. 1, 2 BPersVG).

Die Beteiligungsrechte des Personalrates bei Kündigungen können durch Tarifvertrag oder Dienstvereinbarung nicht erweitert werden (§§ 3, 63 Abs. 1 BPersVG).

Abgesehen von der Erörterungspflicht (§ 81 Abs. 1 BPersVG), der evtl. erforderlichen Durchführung des Stufenverfahrens bei nachgeordneten Dienststellen (§ 82 Abs. 1 BPersVG) und der erforderlichen Aussetzung des Verfahrens während dieses Zeitraums (§ 82 Abs. 2 BPersVG) bestehen keine weiteren Besonderheiten im Verhältnis zum Betriebsverfassungsrecht. Es gelten die dargelegten Grundsätze entsprechend.

Bei außerordentlichen Kündigungen besteht – wie im BetrVG – nur ein Anhörungsrecht des Personalrats (§ 86 BPersVG). Bei einer außerordentlichen Kündigung mit Auslauffrist gegenüber einem tariflich unkündbaren Beschäftigten muss die Personalratsbeteiligung wie bei einer ordentlichen Kündigung erfolgen. Andernfalls könnte dem tariflich unkündbaren Beschäftigten insoweit leichter gekündigt werden, als dem nicht unkündbaren Beschäftigten. Dieser Wertungswiderspruch lässt sich nur durch entsprechende Anwendung der Vorschriften über die Mitwirkung des Personalrates bei ordentlichen Kündigungen vermeiden. Das bedeutet, dass die Zustimmung des Personalrates erforderlich ist, sofern diese bei der ordentlichen Kündigung einzuholen wäre.

 **TIPP!**

Soll neben der außerordentlichen Kündigung eine hilfsweise ordentliche Kündigung ausgesprochen werden, muss der Arbeitgeber neben der Anhörung nach § 86 S. 1 BPersVG gemäß § 85 Abs. 1 BPersVG auch ein Mitwirkungsverfahren nach § 81 BPersVG durchführen.

## 2. Landespersonalvertretungsgesetz

Besonderheiten bestehen allerdings nach den meisten Landespersonalvertretungsgesetzen. Der Personalrat hat nach einigen Landespersonalvertretungsgesetzen bei ordentlichen (Änderungs-)Kündigungen ein erweitertes Mitbestimmungsrecht (z. B. § 88 Abs. 1 Nr. 14 HmbPersVG, § 63 Abs. 1 Nr. 17 LPersVG Brandenburg). Die Kündigungen können dann nur mit Zustimmung des Personalrats getroffen werden (z. B. § 80 Abs. 4 HmbPersVG, § 61 Abs. 1 LPersVG Brandenburg). Kommt eine Einigung mit dem Personalrat nicht zustande, sind die übergeordnete Dienststelle und gegebenenfalls die oberste Dienstbehörde zu beteiligen. Kann auch auf diesen Ebenen keine Einigung erzielt werden, ist – nachdem unter Umständen eine Einigung bei der Schlichtungsstelle nicht erzielt werden konnte (§ 81 HmbPersVG) – die Einigungsstelle anzurufen (z. B. § 82 HmbPersVG, § 61 Abs. 7 LPersVG Brandenburg). Erfordert das eingeleitete Mitbestimmungsverfahren eine Befassung der Einigungsstelle, kann die Kündigung erst nach Abschluss des Einigungsstellenverfahrens ausgesprochen werden. Allerdings ist nicht erforderlich, dass der schriftlich begründete und unterschriebene Beschluss der Einigungsstelle dem Arbeitgeber zugegangen ist.

Bei außerordentlichen Kündigungen ist beispielsweise in Brandenburg ein Mitwirkungsverfahren durchzuführen. Das bedeutet, dass die Personalvertretung Bedenken gegen die außerordentliche Kündigung innerhalb von zehn Arbeitstagen dem

Leiter der Dienststelle mitteilen muss. Kommt eine Einigung mit der Dienststelle nicht zustande, hat die Personalvertretung die Möglichkeit, innerhalb von fünf Arbeitstagen den Vorgang der übergeordneten Dienststelle vorzulegen. Die übergeordnete Dienststelle entscheidet innerhalb von drei Arbeitstagen abschließend (vgl. § 67 Abs. 3 LPersVG Brandenburg). In Hamburg besteht hingegen nur ein Anhörungsrecht, bei dem der Personalrat Bedenken gegen die außerordentliche Kündigung innerhalb von drei Arbeitstagen schriftlich unter Angabe von Gründen der Dienststelle mitzuteilen hat (vgl. § 88 Abs. 4 HmbPersVG).

Nach § 128 BPersVG ist eine durch den Arbeitgeber ausgesprochene Kündigung des Arbeitsverhältnisses eines Beschäftigten unwirksam, wenn die Personalvertretung nicht oder nicht ordnungsgemäß beteiligt worden ist. Diese bundesrechtliche Regelung gilt für die Länder unmittelbar. Danach ist eine Kündigung wegen mangelnder Beteiligung der Personalvertretung in allen Fällen unwirksam, in denen das Landesrecht eine Beteiligung des Personalrats vorschreibt (BAG v. 28.1.2010, 2 AZR 50/09). Wirksamkeitsvoraussetzung einer jeden Kündigung ist die ordnungsgemäße Durchführung des jeweiligen vom Landesgesetzgeber vorgeschriebenen Beteiligungsverfahrens (BVerfG v. 27.3.1979, 2 BvL 2/77).

Eine ohne die gesetzlich geforderte Beteiligung ausgesprochene Kündigung ist unwirksam. Dies gilt auch dann, wenn ein unzuständiger Personalrat beteiligt worden ist (BAG v. 28.1.2010, 2 AZR 50/09).

 **ACHTUNG!**

Zu beachten ist, dass die Rechtsprechung des Bundesarbeitsgerichts, der zufolge der Arbeitgeber bereits vor Ablauf der Wochenfrist des § 102 Abs. 2 S. 1 BetrVG kündigen kann, wenn der Betriebsrat abschließend zur Kündigungsabsicht Stellung genommen hat, wegen der Unterschiedlichkeit der Beteiligungsrechte auf das Mitbestimmungsverfahren bei einer ordentlichen Kündigung keine Anwendung findet, wenn das Landesgesetz vorsieht, dass eine ordentliche Kündigung der vorherigen Zustimmung des Personalrats bedarf (BAG v. 28.1.2010, 2 AZR 50/09). Eine Zustimmungsfiktion vor Ablauf von zwei Wochen widerspräche dem dem Zustimmungserfordernis zugrunde liegenden positiven Konsensprinzip. Selbst bei ausdrücklicher und fristgemäßer Zustimmungsverweigerung gilt die Zustimmung erst nach Ablauf der zweiwöchigen Äußerungsfrist und nicht bereits mit Eingang der unbeachtlichen abschließenden Verweigerung als erteilt (BAG v. 28.1.2010, 2 AZR 50/09). Nichts anderes kann gelten, wenn der Personalrat innerhalb der Äußerungsfrist inhaltlich zur Kündigungsabsicht weder Stellung nimmt noch ihr widerspricht, sondern nur erklärt, er werde sich inhaltlich nicht äußern (BAG v. 28.1.2010, 2 AZR 50/09).

## D. Beteiligung der Schwerbehindertenvertretung

In Dienststellen und Betrieben, in denen wenigstens fünf schwerbehinderte bzw. ihnen gleichgestellte Menschen nicht nur vorübergehend beschäftigt sind, ist eine Schwerbehindertenvertretung zu wählen (§ 177 Abs. 1 S. 1 SGB IX). Gemäß § 178 Abs. 2 S. 1 SGB IX muss in einem Betrieb mit bestehender Schwerbehindertenvertretung diese vor jeder Kündigung angehört werden. Bis 2017 stand der Schwerbehindertenvertretung kein Mitbestimmungsrecht bei Kündigungen zu. Ein Verstoß gegen die Unterrichtungs- und Anhörungspflichten führte somit nicht zur Unwirksamkeit der Kündigung (BAG v. 28.6.2007, 6 AZR 750/06, ZTR 2007, 560). Die Schwerbehindertenvertretung

konnte lediglich verlangen, dass die Durchführung oder Vollziehung der unter Verletzung des Beteiligungsrechtes beschlossenen Maßnahme ausgesetzt und die Beteiligung innerhalb von sieben Tagen nachgeholt wurde. Mit Wirkung zum 1.1.2017 wurde der Kündigungsschutz für schwerbehinderte Arbeitnehmer insoweit verstärkt, als gemäß § 178 Abs. 2 S. 3 SGB IX Kündigungen schwerbehinderter Menschen, die der Arbeitgeber ohne vorherige Anhörung der Schwerbehindertenvertretung ausspricht, unwirksam sind. Dies gilt auch für Kündigungen in der Wartezeit i. S. d. § 1 Abs. 1 KSchG (BAG v. 13.12.2018, 2 AZR 378/18, ZTR 2019, 233).

 **ACHTUNG!**

Kündigungen von Schwerbehinderten, die der Arbeitgeber ohne vorherige, ordnungsgemäße Beteiligung der Schwerbehindertenvertretung ausspricht, sind seit dem 1.1.2017 bereits aus diesem Grund unwirksam. Unerheblich ist in diesem Fall, ob Kündigungsgründe vorliegen oder nicht. Dies gilt auch für besonders schwerwiegende Kündigungsgründe.

Im Rahmen der Unterrichtung hat der Arbeitgeber, bei dem die Schwerbehindertenvertretung eingerichtet ist, Einsicht in alle Unterlagen zu gewähren, die zur Erfüllung ihrer Aufgaben und der notwendigen Meinungsbildung erforderlich sind. Es ist insbesondere wichtig, dass die Beteiligung der Schwerbehindertenvertretung ordnungsgemäß erfolgt, denn auch eine nicht ordnungsgemäße Beteiligung kann zur Unwirksamkeit der Kündigung führen. Es kommt also nicht nur darauf an, dass überhaupt eine Anhörung erfolgt ist. Bezüglich der Unterrichtungspflichten des Arbeitgebers gelten die gleichen Grundsätze wie für die Unterrichtung des Betriebsrats nach § 102 Abs. 1 BetrVG (BAG v. 13.12.2018, 2 AZR 378/18, ZTR 2019, 233). Demnach ist das Anhörungsverfahren nur dann ordnungsgemäß eingeleitet, wenn der Arbeitgeber die Schwerbehindertenvertretung über die Person des zu kündigenden Arbeitnehmers, dessen Sozialdaten, die Kündigungsart (ordentliche oder außerordentliche Kündigung, Beendigungs- oder Änderungskündigung, Tat- oder Verdachtskündigung) und die Kündigungsgründe unter näherer Umschreibung des zugrunde liegenden Sachverhalts informiert (weitere Ausführungen finden sich im Abschnitt C.I. über die Beteiligung des Betriebsrates). Die Anhörung der Schwerbehindertenvertretung sollte daher mit größter Sorgfalt vorbereitet und durchgeführt werden.

 **ACHTUNG!**

Hieraus darf aber nicht geschlussfolgert werden, dass es ausreichend ist, der Schwerbehindertenvertretung lediglich den an den Personal- bzw. Betriebsrat gerichteten Anhörungsbogen zuzuleiten. Aus dem Anhörungsbogen an die Schwerbehindertenvertretung muss erkennbar hervorgehen, dass die Schwerbehindertenvertretung Gelegenheit zur Stellungnahme erhält und ein eigenständiges Anhörungsverfahren unter Beachtung der Regelungen des SGB IX eingeleitet wird (LAG Mecklenburg-Vorpommern v. 7.3.2023, 5 Sa 127/22).

Die Unterrichtung und Anhörung durch den Arbeitgeber muss jeweils so rechtzeitig erfolgen, dass die Schwerbehindertenvertretung genügend Zeit hat, den Sachverhalt zu prüfen und Bedenken oder Gegenvorstellungen zu äußern. Bezüglich der Stellungnahmefristen ist stets (auch im Geltungsbereich der Personalvertretungsgesetze) § 102 Abs. 2 BetrVG analog heranzuziehen (BAG v. 13.12.2018, 2 AZR 378/18, ZTR 2019, 233).

Es steht der Schwerbehindertenvertretung frei, dem Arbeitgeber jegliche Bedenken gegen die Kündigung des Arbeitnehmers mitzuteilen. Der Arbeitgeber hat die Stellungnahme entgegenzunehmen und zu würdigen. Allerdings braucht der Arbeitgeber der Stellungnahme der Schwerbehindertenvertretung nicht zu folgen. Mithin kann der Arbeitgeber auch entgegen den Bedenken der Schwerbehindertenvertretung eine wirksame Kündigung aussprechen.

## E. Besondere Unwirksamkeitsgründe

Neben dem allgemeinen Kündigungsschutz (siehe hierzu unter E.II.) und dem besonderen Kündigungsschutz (siehe hierzu unter E.I.) gibt es eine Reihe weiterer besonderer Unwirksamkeitsgründe. Hierzu zählen die Vorschriften des BGB über die Nichtigkeit von Rechtsgeschäften, wie § 125 BGB (Formverstoß), § 142 Abs. 1 BGB (Anfechtung), § 134 BGB (Gesetzesverstoß), § 138 Abs. 1 BGB (Sittenwidrigkeit) und § 242 BGB (Treuwidrigkeit).

### I. Formelle Unwirksamkeit

Eine Kündigung unterliegt als Willenserklärung neben den ausdrücklichen Kündigungsschutzgesetzen immer auch den Wirksamkeitsvoraussetzungen des allgemeinen Zivilrechts. So können bereits Rechtsmängel, die in der Kündigungserklärung selbst liegen, zu einer Unwirksamkeit führen. Zunächst muss eine Kündigung nach § 623 BGB schriftlich erfolgen, d. h. sie muss vom Kündigenden eigenhändig durch Namensunterschrift unterzeichnet werden. Eine mündliche oder per E-Mail oder Telefax erklärte Kündigung ist somit immer unwirksam.

Daneben müssen die Stellvertretungsregeln eingehalten werden. Die Vertretungsregelungen richten sich nach der Rechtsform des öffentlichen Arbeitgebers. Ist dieser privatrechtlich organisiert, finden die jeweiligen gesellschaftsrechtlichen Vertretungsregeln Anwendungen (z. B. nach dem GmbHG). Bei öffentlich-rechtlich organisierten Arbeitgebern sind die Satzungsregeln und ggf. landes- oder bundesrechtliche Vorschriften zu beachten.

Neben diesen gesetzlichen Vertretungsregeln besteht für den Arbeitgeber auch die Möglichkeit, eine andere Person zur Vornahme der Kündigung zu bevollmächtigen. Wenn der Bevollmächtigte die Kündigung ausspricht und dabei seine Vollmachtsurkunde nicht vorlegt, kann die Kündigung aus diesem Grunde zurückgewiesen werden und damit unwirksam sein § 174 BGB. Voraussetzung ist jedoch, dass dem Gekündigten die Bevollmächtigung nicht bekannt war und die Zurückweisung unverzüglich (innerhalb einer Woche) erfolgt.

**Beispiel**

Ein angestellter Lehrer erhält seine Kündigung von einem Landesbeamten. Eine gesetzliche Vertretungsbefugnis zur Aussprache privatrechtlicher Kündigungen besteht nicht. Die bestehende Bevollmächtigung des Beamten wurde nicht bekannt gemacht. Der Lehrer kann damit die Kündigung nach § 174 BGB zurückweisen (LAG Baden-Württemberg v. 6.7.2010, 22 Sa 74/09).

Liegt hingegen überhaupt keine Vertretungsmacht vor, ist die Kündigung nach § 180 S. 1 BGB unwirksam. Beanstandet der Empfänger der Kündigung dies jedoch nicht, kann der an sich zur Kündigung Berechtigte die Kündigung rückwirkend genehmigen.

### II. Unwirksamkeit wegen Treuwidrigkeit oder Maßregelung

Neben diesen förmlichen Gründen bestehen allgemeine Grundsätze, welche zur Unwirksamkeit einer Kündigung führen können. So kann ein Verstoß gegen den Grundsatz von Treu und Glauben zur Nichtigkeit der Kündigung führen. Die Hürden sind dafür jedoch sehr hoch. Insbesondere darf der Anwendungsbereich des Kündigungsschutzgesetzes hierdurch nicht unangemessen ausgeweitet werden. Dies ist nur in besonderen Ausnahmesituationen zulässig. Beispielsweise ist eine Kündigung eines langjährigen Mitarbeiters wegen einer Bagatelle in einem Kleinbetrieb treuwidrig und damit unwirksam (BAG v. 28.8.2003, 2 AZR 333/02). Des Weiteren kann die Art und Weise des Ausspruchs der Kündigung zu deren Unwirksamkeit führen. Enthält das Kündigungsschreiben Beleidigungen oder wird es vor versammelter Belegschaft überreicht, spricht dies für eine Treuwidrigkeit. Dagegen ist ein Zugang an Heiligabend oder während einer Erkrankung des Arbeitnehmers für sich genommen kein Unwirksamkeitsgrund.

Eine besondere Ausgestaltung des Gebots von Treu und Glauben stellt § 612a BGB dar. § 612a BGB verbietet die Maßregelung von Arbeitnehmern wegen zulässiger Rechtsausübung. Hierzu besteht eine breit gefächerte Rechtsprechung des Bundesarbeitsgerichts, das z. B. Kündigungen wegen des Verlangens zur Entfernung einer Abmahnung aus der Personalakte und wegen der Geltendmachung des Vorruhestands verworfen hat. Ein Verstoß gegen das Maßregelungsverbot des § 612a BGB liegt vor, wenn die zulässige Rechtsausübung der tragende Beweggrund, d. h. das wesentliche Motiv für die benachteiligende Maßnahme ist. Es reicht nicht aus, dass die Rechtsausübung nur den äußeren Anlass für die Maßnahme bietet (BAG v. 20.5.2021, 2 AZR 560/20; BAG v. 21.9.2011, 7 AZR 150/10). Handelt der Arbeitgeber aufgrund eines Motivbündels, so ist auf das wesentliche Motiv abzustellen (BAG v. 20.5.2021, 2 AZR 560/20).

## F. Kündigungsschutz

Der Schutz von Arbeitsverhältnissen vor Kündigungen wird durch vielfältige gesetzliche und tarifvertragliche Regelungen gewährleistet. Sie werden in den Allgemeinen Kündigungsschutz und den Besonderen Kündigungsschutz unterteilt. Zum Allgemeinen Schutz zählen die Wirksamkeitsanforderungen des Kündigungsschutzgesetzes. Diese Regeln gelten für alle Arten von Arbeitsverhältnissen. Der Besondere Kündigungsschutz knüpft hingegen an gruppenspezifische Merkmale von Arbeitnehmern und Arbeitsverhältnissen an.

### I. Besonderer Kündigungsschutz

Das Arbeitsverhältnis bildet für den Arbeitnehmer in aller Regel die Existenzgrundlage. Daher ist ein Arbeitnehmer in besonderer Weise von der Erhaltung seines Arbeitsplatzes und damit vom Arbeitgeber abhängig. Bestimmte Arbeitnehmer genießen einen besonderen Kündigungsschutz, der neben dem Individualinteresse insbesondere auch dem Interesse der Allgemeinheit dient. Der Fortbestand eines Arbeitsverhältnisses ist unter einen besonderen Kündigungsschutz gestellt. Siehe hierzu ausführlich unter → *Besonderer Kündigungsschutz.*

### II. Allgemeiner Kündigungsschutz (Kündigungsschutzgesetz)

#### 1. Kündigungsschutzverfahren

Der Bestand eines Arbeitsverhältnisses wird durch zahlreiche Einschränkungen der Kündigungsfreiheit geschützt. Für die Realisierung des Kündigungsschutzes bedarf es jedoch der Mitwirkung des gekündigten Arbeitnehmers. Die Unwirksamkeit einer Kündigung kann nur im Rahmen eines Kündigungsschutzverfahrens geltend gemacht werden.

Nach § 4 KSchG muss ein Arbeitnehmer innerhalb von drei Wochen nach Zugang der Kündigungserklärung vor dem Arbeitsgericht seine Feststellungsklage auf Unwirksamkeit der Kündigung erheben. Andernfalls gilt die Kündigung nach § 7 KSchG als wirksam. Diese sog. materielle Ausschlussfrist gilt für die Frage der Wirksamkeit sämtlicher Kündigungen und zwar unabhängig davon, ob das Kündigungsschutzgesetz Anwendung findet oder nicht.

**Beispiel**

> Ein Arbeitnehmer eines Kleinbetriebes erhält bereits zwei Monate nach Arbeitsbeginn eine Kündigung. Das Kündigungsschutzgesetz findet zwar keine Anwendung, die Kündigung ist jedoch aus einem anderen Grund unwirksam. Nach einem Monat entschließt sich der Gekündigte zu einer Kündigungsschutzklage. Sein Vorbringen ist verspätet. Die Kündigung gilt damit als von Anfang an rechtswirksam und beendet das Arbeitsverhältnis mit Ablauf der Kündigungsfrist.

In Ausnahmefällen kann jedoch auch eine Klage nach Ablauf der dreiwöchigen Frist zugelassen werden. § 5 KSchG verlangt hierfür, dass der Arbeitnehmer die Zulassung beantragt und trotz der ihm zuzumutenden Sorgfalt verhindert war, rechtzeitig seine Klage zu erheben. Die Erfüllung dieser Voraussetzung ist jeweils eine Frage des Einzelfalls. Beispielsweise kann die Verhinderung zur Klageerhebung durch schwere Krankheit oder infolge arglistiger Täuschung durch den Arbeitgeber zur Zulassung der verspäteten Klage führen. Nach Ablauf von sechs Monaten nach Ende der versäumten Frist ist ein Antrag endgültig unzulässig.

Im Kündigungsschutzverfahren kommt der Beweislastverteilung besondere Bedeutung zu. Grundsätzlich ist der Arbeitnehmer beweispflichtig für das Bestehen seines Arbeitsverhältnisses und der Arbeitgeber für die Wirksamkeit der Kündigung. Eine Ausnahme stellt jedoch § 1 Abs. 3 S. 3 KSchG dar, wonach der Arbeitnehmer beweispflichtig ist für Tatsachen, welche die Sozialauswahl bei der betriebsbedingten Kündigung als sozial ungerechtfertigt erscheinen lassen (Näheres → *Betriebsbedingte Kündigung*).

Arbeitsverhältnisse, die unter den Anwendungsbereich des Kündigungsschutzgesetzes fallen, bedürfen zu ihrer Wirksamkeit der sozialen Rechtfertigung. Gemäß § 1 Abs. 2 KSchG ist jede Kündigung sozial ungerechtfertigt, wenn sie nicht durch Gründe, die in der Person oder in dem Verhalten des Arbeitnehmers liegen, oder durch dringende betriebliche Erfordernisse, die einer Weiterbeschäftigung des Arbeitnehmers entgegenstehen, bedingt ist. Jede Kündigung muss auf einem Kündigungsgrund beruhen.

## 2. Anwendungsbereich

Der allgemeine Kündigungsschutz setzt nach § 23 Abs. 1 KSchG voraus, dass

▶ das Arbeitsverhältnis zum Kündigungszeitpunkt im Betrieb oder Unternehmen des Arbeitgebers ohne Unterbrechung länger als sechs Monate bestanden hat (persönlicher Anwendungsbereich) und

▶ im Betrieb in der Regel mehr als zehn Arbeitnehmer, ausschließlich der Auszubildenden, beschäftigt werden (betrieblicher Anwendungsbereich).

 **ACHTUNG!**

Der Schwellenwert von zehn Arbeitnehmern gilt nur für Neueinstellungen, die seit dem 1.1.2004 erfolgt sind. Für Arbeitnehmer, die bereits länger in einem Betrieb beschäftigt sind, kann der

allgemeine Kündigungsschutz unter bestimmten Voraussetzungen bereits dann Anwendung finden, wenn in dem Betrieb regelmäßig mehr als fünf Arbeitnehmer beschäftigt werden.

### 2.1 Persönlicher Anwendungsbereich

#### 2.1.1 Arbeitnehmer

Das allgemeine Kündigungsschutzrecht ist nicht unionsrechtlich determiniert, sodass es beim nationalen Arbeitnehmerbegriff des § 611a Abs. 1 BGB verbleibt (BAG v. 27.4.2021, 2 AZR 540/20). Das Kündigungsschutzgesetz gilt für alle Arbeitnehmer. Die Art des Arbeitsverhältnisses ist hierbei unerheblich, sodass auch Teilzeit-, Probe- und Aushilfsarbeitsverhältnisse davon umfasst sind. Auch Auszubildende zählen zu den Arbeitnehmern; für sie hat das Kündigungsschutzgesetz jedoch nur eingeschränkte Bedeutung, da sie nach Ablauf der höchstens auf drei Monate begrenzten Probezeit unter besonderen Kündigungsschutz gestellt sind. Leiharbeitnehmer zählen hingegen ausschließlich zu dem verleihenden Unternehmen, mit dem sie ein Arbeitsverhältnis eingegangen sind.

Auch leitende Angestellte sind vom Anwendungsbereich des Kündigungsschutzgesetzes umfasst. Für sie gilt jedoch die Besonderheit, dass der Betriebsrat bzw. Personalrat nicht zu der beabsichtigten Kündigung anzuhören ist und das Arbeitsverhältnis ohne Begründung auf Antrag des Arbeitgebers im Kündigungsschutzverfahren gegen Zahlung einer angemessenen Abfindung aufgelöst werden kann (§§ 14 Abs. 2, 9 KSchG).

Keine Arbeitnehmer sind:

▶ gesetzliche Vertreter oder Organmitglieder einer juristischen Person, wie Vorstandsmitglieder einer AG oder Geschäftsführer einer GmbH (§ 14 Abs. 1 Nr. 1 KSchG);

▶ zur Vertretung von Personengesamtheiten berufene Personen, wie die vertretungsberechtigten Gesellschafter einer OHG, KG oder einer Gesellschaft des bürgerlichen Rechts (§ 14 Abs. 1 Nr. 2 KSchG);

▶ Personen, die auf Grund gesellschaftsrechtlicher, vereinsrechtlicher oder genossenschaftlicher Verpflichtung tätig werden;

▶ selbstständige Berufs- oder Erwerbstätige, wie freie Mitarbeiter oder selbstständige Handelsvertreter;

▶ arbeitnehmerähnliche Personen, wie Heimarbeiter oder Firmenvertreter i. S. d. § 92a HGB;

▶ Personen, deren Beschäftigung nicht in erster Linie ihrem Erwerb, sondern vorwiegend ihrer Heilung, Wiedereingewöhnung, sittlichen Besserung oder Erziehung dient oder durch Beweggründe religiöser oder karitativer Art bestimmt ist (vgl. § 4 Abs. 5 BPersVG);

▶ Beamte, Richter, Soldaten, Wehr- und Zivildienstleistende, selbst wenn die Beamtenernennung zurückgenommen wird (BAG v. 24.4.1997, 2 AZR 241/96).

#### 2.1.2 Wartezeit

Der Kündigungsschutz greift nach § 1 Abs. 1 KSchG erst, wenn das Arbeitsverhältnis im Zeitpunkt des Zugangs der Kündigung länger als sechs Monate bestanden hat (Wartezeit).

 **ACHTUNG!**

Das Kündigungsschutzgesetz findet auch dann Anwendung, wenn eine Probezeit von mehr als sechs Monaten vereinbart wurde. Für den Kündigungsschutz ist die Dauer der Probezeit nicht maßgeblich. Es kommt allein auf die sechsmonatige Wartezeit an.

Innerhalb der sechsmonatigen Wartezeit kann der Arbeitgeber frei kündigen. Er muss bei der beabsichtigten Kündigung nicht die Maßstäbe des Kündigungsschutzgesetzes zugrunde legen.

Für die Wartezeit ist allein der rechtliche Bestand des Arbeitsverhältnisses maßgebend. Unabhängig von der Dauer und der Lage der Arbeitszeit, also auch bei Teilzeitarbeit, Abrufarbeit und Job-Sharing, tritt der allgemeine Kündigungsschutz nach Ablauf der Sechsmonatsfrist automatisch ein. Es kommt nicht darauf an, ob der Arbeitnehmer in dieser Zeit auch tatsächlich gearbeitet hat, sondern allein auf den Bestand eines Arbeitsverhältnisses. Deshalb verlängert sich die Wartezeit auch nicht durch tatsächliche Unterbrechungen, wie z. B. Urlaub, Erziehungsurlaub, Krankheit, Streik oder Freistellung. Auch wenn der Arbeitnehmer die Arbeit (z. B. wegen Krankheit) später als vereinbart antritt, läuft die Sechsmonatsfrist ab dem vereinbarten Arbeitsbeginn.

Eine Unterbrechung der Wartezeit erfolgt aber grundsätzlich dann, wenn eine rechtliche Unterbrechung des Arbeitsverhältnisses eingetreten ist. Dies kann z. B. der Fall sein bei einer vorangegangenen Beendigung und einer nachfolgenden Wiederaufnahme des Arbeitsverhältnisses. Trotz einer rechtlichen Unterbrechung des Arbeitsverhältnisses ist die Zeit eines vorangegangenen Arbeitsverhältnisses mit demselben Arbeitgeber aber ausnahmsweise dann anzurechnen, wenn die Unterbrechung verhältnismäßig kurz war und zwischen beiden Arbeitsverhältnissen ein enger sachlicher Zusammenhang besteht. Hiervon ist auszugehen, wenn die Wartezeit nicht mehr als drei Wochen unterbrochen wurde. Ob bei einer längeren Unterbrechung ein enger sachlicher Zusammenhang gegeben ist, ist vor allem danach zu beurteilen, ob der Arbeitnehmer oder der Arbeitgeber das Arbeitsverhältnis beendet hat, welche Gründe hierfür ausschlaggebend waren und inwieweit neue und frühere Beschäftigung übereinstimmen.

 **WICHTIG!**

Für die Wartezeit kommt es nicht auf die Konzern-, sondern auf die Unternehmenszugehörigkeit an, außer die Parteien haben Derartiges vereinbart.

Bei der Wartezeit sind ausschließlich Vorbeschäftigungen als Arbeitnehmer zu berücksichtigen, nicht aber anderweitige Tätigkeiten (wie z. B. die Dienstzeit als vertretungsberechtigtes Organmitglied oder freier Mitarbeiter).

Die vorherige Beschäftigungsdauer eines Leiharbeitnehmers zählt nicht zur Wartezeit, wenn dieser im Anschluss an die Verleihzeit mit dem Entleiher ein eigenständiges Arbeitsverhältnis begründet.

Auszubildende sind genauso zu behandeln wie sonstige Arbeitnehmer, sodass die im Betrieb oder Unternehmen zurückgelegte Ausbildungszeit voll auf die Wartezeit anzurechnen ist. Dies gilt jedoch nur dann, wenn zwischen der Beendigung des Ausbildungsverhältnisses und der Übernahme in das Arbeitsverhältnis keine rechtliche Unterbrechung (von mehr als drei Wochen) eingetreten ist.

Betriebsübergang oder Umwandlung des Unternehmens führen nicht zu einer rechtlichen Unterbrechung der Wartezeit, die Arbeitsverhältnisse werden fortgeführt.

## 2.2 Betrieblicher Anwendungsbereich

Das Kündigungsschutzgesetz gilt seit dem 1.1.2004 nur für Betriebe und Verwaltungen, in denen in der Regel mehr als zehn Arbeitnehmer (10,25) in Vollzeit beschäftigt sind (= Schwellenwert, § 23 Abs. 1 S. 2 KSchG). Bis zum 31.12.2003 betrug

dieser Schwellenwert fünf Arbeitnehmer. Um die vor Inkrafttreten der gesetzlichen Neuregelung bereits bei einem Betrieb beschäftigten Arbeitnehmer nicht zu benachteiligen, hat der Gesetzgeber festgelegt, dass für Arbeitsverhältnisse, die vor dem 1.1.2004 begonnen haben, der allgemeine Kündigungsschutz anwendbar bleibt, wenn in dem Betrieb zum Kündigungszeitpunkt regelmäßig mehr als fünf Arbeitnehmer beschäftigt wurden.

Bei der Feststellung des betrieblichen Anwendungsbereichs ist daher zwischen Neueinstellungen nach dem 31.12.2003 und älteren Arbeitsverhältnissen zu unterscheiden.

**Beispiel 1**

Ein Betrieb beschäftigt zum Kündigungszeitpunkt zehn Vollzeit-Arbeitnehmer. Hiervon waren am 31.12.2003 bereits fünf Arbeitnehmer beschäftigt. Die übrigen Arbeitnehmer wurden nach dem 31.12.2003 eingestellt. In diesem Fall gilt das KSchG nicht, da der Schwellenwert (von mehr als fünf bzw. zehn Arbeitnehmern) weder nach der alten noch nach der neuen Rechtslage überschritten wird.

**Beispiel 2**

Wie Beispiel 1; jedoch waren von den zehn Vollzeit-Arbeitnehmern am 31.12.2003 bereits sechs in dem Betrieb beschäftigt. In diesem Fall haben die (sechs) alten Arbeitnehmer allgemeinen Kündigungsschutz, da für sie der alte Schwellenwert (fünf) gilt. Die (vier) Neueinstellungen haben keinen Kündigungsschutz, da der für sie geltende Schwellenwert (zehn) nicht überschritten wird.

 **ACHTUNG!**

Bei der Ermittlung des Schwellenwerts ist es unerheblich, ob die „Alt-Arbeitnehmer" am 31.12.2003 bereits ihre Wartezeit von sechs Monaten (persönlicher Anwendungsbereich; s. o. 2.1) erfüllt haben.

**Beispiel 3**

Wird das Arbeitsverhältnis eines Arbeitnehmers von den im Beispiel 2 genannten (sechs) „Alt-Arbeitnehmern" nach dem 31.12.2003 beendet, so entfällt der allgemeine Kündigungsschutz aller übrigen (fünf) „Alt-Arbeitnehmer", da dann der (alte) Schwellenwert von fünf Arbeitnehmern nicht mehr überschritten wird.

Bei der Feststellung der Zahl der regelmäßig beschäftigten Arbeitnehmer sind teilzeitbeschäftigte Arbeitnehmer mit einer regelmäßigen Arbeitszeit von nicht mehr als 20 Wochenstunden mit 0,5 und Teilzeitbeschäftigte mit nicht mehr als 30 Stunden mit 0,75 zu berücksichtigen.

 **WICHTIG!**

Bei der Berechnung der Schwellenwerte ist die zu kündigende Person grundsätzlich mitzurechnen, und zwar auch dann, wenn der betreffende Arbeitsplatz aufgrund einer freien Unternehmerentscheidung nicht mehr besetzt werden soll (BAG v. 8.10.2009, 2 AZR 654/08).

Kleinbetriebe, in denen die Schwellenwerte nicht überschritten werden, fallen nicht unter die Beschränkungen des Kündigungsschutzgesetzes. In Kleinbetrieben kann demnach frei – also ohne Berücksichtigung der Maßstäbe des Kündigungsschutzgesetzes – gekündigt werden, soweit die Auswahl des zu kündigenden Arbeitnehmers nicht jegliche soziale Ausgewogenheit vermissen lässt oder die Kündigung selbst diskriminierend ist beziehungsweise gegen die Grundsätze von Treu und Glauben verstößt.

### 2.2.1 Verwaltung

Weder der Betriebs- noch der Verwaltungsbegriff sind gesetzlich definiert. Nach der Rechtsprechung des Bundesarbeitsgerichts handelt es sich bei der Verwaltung im Sinne von § 23 Abs. 1 KSchG um eine organisatorische Einheit der Exekutive. Der Verwaltungsbegriff ist allerdings nicht identisch mit der Dienststelle, sondern bei Mehrstufigkeit diejenige organisatorische Einheit, in der mehrere Dienststellen zu einer administrativen Hierarchie zusammengefasst werden (BAG v. 23.4.1998, 2 AZR 489/97). Eine Einheit mit eigener Rechtspersönlichkeit soll jedenfalls immer unter den Verwaltungsbegriff fallen (BAG v. 21.2.2001, 2 AZR 579/99). Ob mehrere rechtlich selbstständige Verwaltungsträger auch eine einheitliche Verwaltung bilden können, wurde dagegen bisher ausdrücklich offen gelassen (BAG v. 5.11.2009, 2 AZR 383/08).

### 2.2.2 Betriebe in Privatrechtsform

Bei privatrechtlich organisierten Arbeitgebern ist der Betriebsbegriff Anknüpfungspunkt für den Anwendungsbereich des Kündigungsschutzgesetzes. Nach der Rechtsprechung ist unter dem Betrieb eine organisatorische Einheit zu verstehen, innerhalb derer ein Unternehmer allein oder gemeinsam mit seinen Mitarbeitern mithilfe von sachlichen und immateriellen Mitteln bestimmte arbeitstechnische Zwecke dauernd verfolgt. Es muss also geprüft werden, ob der Betrieb für sich allein eine funktionsfähige organisatorische Einheit bildet. Dies ist z. B. dann nicht der Fall, wenn ein Arbeitgeber über mehrere einheitlich und zentral gelenkte Verkaufsstellen verfügt. Hier setzt sich der Betrieb aus den gesamten Verkaufsstellen und der entsprechenden Verwaltung zusammen. Betriebsteile im Sinne des § 4 BetrVG können nur dann einen eigenen Betrieb im Sinne des KSchG darstellen, wenn sie durch Aufgabenbereich und Organisation eigenständig sind. Allein die räumliche Entfernung zum Hauptbetrieb reicht nicht aus.

### 2.2.3 Anzahl der beschäftigten Mitarbeiter

Zur maßgeblichen Beschäftigtenzahl zählen ausschließlich Arbeitnehmer. Beschäftigte, die keine Arbeitnehmer (s. o. 2.1.1) sind, und Auszubildende werden bei der Ermittlung des Schwellenwerts nicht berücksichtigt. Insofern genießen Auszubildende zwar Kündigungsschutz, zählen aber bei dem Schwellenwert nicht mit. Auch sog. Ein-Euro-Jobber im Sinne des § 16d SGB II gelten nicht als Arbeitnehmer. „Crowdworker" werden bei der Bestimmung des Schwellenwertes nur dann berücksichtigt, wenn die kontinuierliche Durchführung von Kleinstaufträgen („Mikrojobs") durch Nutzer einer Online-Plattform („Crowdworker") auf Grundlage einer mit dem Betreiber („Crowdsourcer") getroffenen Rahmenvereinbarung im Rahmen einer nach § 611a Abs. 1 S. 5 BGB gebotenen Gesamtbetrachtung ausnahmsweise die Annahme eines Arbeitsverhältnisses rechtfertigt (dazu BAG v. 1.12.2020, 9 AZR 102/20, ZTR 2021, 519).

Teilzeitbeschäftigte werden abhängig von ihrer wöchentlichen Arbeitszeit berücksichtigt (§ 23 Abs. 1 S. 4 KSchG). Beträgt die wöchentliche Arbeitszeit 20 Stunden oder weniger, zählt ein Teilzeitbeschäftigter als 0,5 Arbeitnehmer, beträgt sie mehr als 21 und höchstens 30 Stunden, zählt er als 0,75 Arbeitnehmer. Bei mehr als 30 Stunden gilt er als vollzeitbeschäftigter Arbeitnehmer. Entscheidend ist die Belegschaftsstärke im Zeitpunkt des Zugangs der Kündigung, also nicht im Zeitpunkt der Beendigung des Arbeitsverhältnisses nach Ablauf der Kündigungsfrist. Ausschlaggebend ist nicht die konkrete Beschäftigungszahl bei Zugang der Kündigung. Es kommt vielmehr auf die regelmäßige

Anzahl der Beschäftigten an. Es ist hierbei nicht auf eine durchschnittliche jährliche Arbeitnehmerzahl, sondern auf die für den Betrieb oder die Verwaltung charakteristische Belegschaftsgröße abzustellen. Hierbei hat nach Auffassung des BAG auch eine Einschätzung der künftigen Entwicklung zu erfolgen (BAG v. 31.1.1991, 2 AZR 356/90, BAG v. 22.1.2004, 2 AZR 237/03). Leiharbeitnehmer sind bei der Bestimmung der Betriebsgröße im Entleiherbetrieb mitzuzählen, soweit mit ihnen ein regelmäßiger Beschäftigungsbedarf abgedeckt wird (vgl. BAG v. 24.1.2013, 2 AZR 140/12).

## G. Kündigungsfristen

Eine ordentliche Kündigung des Arbeitsverhältnisses hat – im Gegensatz zur außerordentlichen fristlosen Kündigung – unter Einhaltung der einschlägigen Kündigungsfrist zu erfolgen. Die Kündigungsfristen sind im öffentlichen Dienst grundsätzlich tarifvertraglich geregelt. Die gesetzlichen Kündigungsfristen greifen daher nur für den Fall, dass das Arbeitsverhältnis nicht den tarifvertraglichen Regelungen unterliegt. Das Gesetz schreibt Mindestkündigungsfristen vor, von denen nur in den nachfolgend ausgeführten Fällen abgewichen werden kann.

### I. Gesetzliche Kündigungsfrist

Das Gesetz sieht in § 622 Abs. 1 BGB eine Kündigungsfrist von vier Wochen zum 15. oder zum Ende eines Kalendermonats vor. Diese Kündigungsfrist gilt für den Arbeitgeber nur, wenn das Beschäftigungsverhältnis zum Zeitpunkt des Kündigungszugangs noch keine zwei Jahre bestanden hat.

Gemäß § 622 Abs. 2 BGB beträgt die gesetzliche Kündigungsfrist für den Arbeitgeber:

| Beschäftigungsdauer | Kündigungsfrist zum Monatsende |
|---|---|
| ab 2 Jahre | 1 Monat |
| ab 5 Jahre | 2 Monate |
| ab 8 Jahre | 3 Monate |
| ab 10 Jahre | 4 Monate |
| ab 12 Jahre | 5 Monate |
| ab 15 Jahre | 6 Monate |
| ab 20 Jahre | 7 Monate |

Die gesetzliche Kündigungsfrist des Arbeitgebers ist im Vergleich zur tarifvertraglich geregelten Kündigungsfrist erheblich kürzer. Anders als der Arbeitgeber ist der Arbeitnehmer nach den gesetzlichen Kündigungsfristen jederzeit berechtigt, das Arbeitsverhältnis innerhalb von vier Wochen zum 15. oder zum Ende eines Kalendermonats zu beenden. Dies gilt nur dann nicht, wenn die Parteien vereinbart haben, dass die für den Arbeitgeber geltenden verlängerten Kündigungsfristen des § 622 Abs. 2 BGB auch für den Arbeitnehmer gelten sollen.

Gemäß § 622 Abs. 3 BGB kann das Arbeitsverhältnis innerhalb der Probezeit, die nicht länger als sechs Monate beträgt, mit einer Frist von zwei Wochen gekündigt werden. Ein Kündigungstermin ist hierbei nicht einzuhalten. Um innerhalb der Probezeit kündigen zu können, ist es ausreichend, dass die Kündigung innerhalb der Probezeit dem Kündigungsempfänger zugeht. Dass das Ende des Arbeitsverhältnisses dann möglicherweise außerhalb der Probezeit liegt, ist unerheblich.

## II. Tarifvertragliche Kündigungsfrist

Von hoher praktischer Relevanz sind im Bereich des öffentlichen Dienstes tarifvertragliche Kündigungsfristen. Gemäß § 622 Abs. 4 BGB können die gesetzlichen Kündigungsfristen durch tarifvertragliche Fristen ersetzt werden.

Hiervon ist im TVöD und TV-L Gebrauch gemacht worden. § 34 Abs. 1 TVöD/TV-L bestimmen eine für Arbeitnehmer und Arbeitgeber einheitliche Kündigungsfrist: bis zum Ende des sechsten Kalendermonats ab Beginn des Arbeitsverhältnisses beträgt die Kündigungsfrist zwei Wochen zum Monatsende.

Im Übrigen gelten in Abhängigkeit von der Beschäftigungszeit folgende Kündigungsfristen:

| Beschäftigungszeit | Kündigungsfrist |
| --- | --- |
| von bis zu einem Jahr | 1 Monat zum Monatsende |
| von mehr als 1 Jahr | 6 Wochen zum Ende eines Kalendervierteljahres |
| von mindestens 5 Jahren | 3 Monate zum Ende eines Kalendervierteljahres |
| von mindestens 8 Jahren | 4 Monate zum Ende eines Kalendervierteljahres |
| von mindestens 10 Jahren | 5 Monate zum Ende eines Kalendervierteljahres |
| von mindestens 12 Jahren | 6 Monate zum Ende eines Kalendervierteljahres |

Identische Kündigungsfristen finden sich auch in den Sonder- bzw. Spartentarifverträgen: § 34 TV-Ärzte (Länder) (Tarifvertrag für Ärztinnen und Ärzte an Universitätskliniken), § 35 TV-Ärzte/VKA (Tarifvertrag für Ärztinnen und Ärzte an kommunalen Krankenhäusern im Bereich der Vereinigung der Kommunalen Arbeitgeberverbände).

 **WICHTIG!**

Anders als bei den in § 622 Abs. 2 BGB gesetzlich normierten Kündigungsfristen gelten die deutlich verlängerten Kündigungsfristen nach § 34 Abs. 1 TVöD/TV-L sowohl für den Arbeitgeber als auch für den Arbeitnehmer.

Bei der Berechnung der für die Kündigungsfrist nach dem Ausschluss einer ordentlichen Kündigung maßgeblichen Beschäftigungszeit nach § 34 Abs. 1 S. 2, § 34 Abs. 2 S. 1 TVöD werden vorherige Beschäftigungszeiten bei anderen, vom Geltungsbereich des TVöD erfassten Arbeitgebern nicht berücksichtigt (BAG v. 22.2.2018, 6 AZR 137/17, ZTR 2018, 321).

## III. Arbeitsvertragliche Kündigungsfrist

Durch arbeitsvertragliche Regelung kann von den gesetzlichen und tarifvertraglichen Mindestkündigungsfristen abgewichen werden. Eine Abweichung ist allerdings nur zugunsten des Arbeitnehmers möglich. So ist der vertragliche Ausschluss der ordentlichen Kündigung für einen längeren Zeitraum, ggf. bis zum Lebensende des Arbeitgebers (BAG v. 25.3.2004, 2 AZR 153/03) grundsätzlich zulässig.

Eine Abweichung von den in § 34 Abs. 1 TVöD festgelegten tarifvertraglichen Kündigungsfristen zulasten des Arbeitnehmers ist gemäß § 4 Abs. 3 TVG ausgeschlossen.

## IV. Rechtsfolgen einer falschen Fristberechnung

Bei der Berechnung der für den Arbeitnehmer einschlägigen Kündigungsfrist kann es zu Berechnungsfehlern kommen.

Streng genommen führt dies zur Unwirksamkeit der Kündigung. Als einseitige Willenserklärung ist der Kündigung jedoch der tatsächliche Wille des Erklärenden zugrunde zu legen. Daher besteht die Vermutung, dass der Kündigende das Arbeitsverhältnis in jedem Fall beenden will, wenn schon nicht mit der gewählten, dann doch wenigstens mit der tatsächlich möglichen Kündigungsfrist. Aus diesem Grund wird eine unwirksame Kündigung mit fehlerhafter Kündigungsfrist in eine wirksame Kündigung mit tatsächlicher Kündigungsfrist umgedeutet; sie wird dann zu diesem (späteren) Zeitpunkt wirksam.

 **WICHTIG!**

Für die Berechnung der Kündigungsfrist gelten die allgemeinen Regelungen des Bürgerlichen Gesetzbuchs. Der Fristbeginn ist nach § 187 Abs. 1 BGB, das Fristende nach § 188 Abs. 2 Alt. 1 und Abs. 3 BGB zu ermitteln.

## H. Rücknahme der Kündigung

Da es sich bei der Kündigung um eine einseitige Willenserklärung handelt, ist eine Mitwirkung des Kündigungsempfängers entbehrlich. Durch den Zugang der Kündigungserklärung wird das Arbeitsverhältnis daher auch automatisch nach Ablauf der Kündigungsfrist beendet (vorausgesetzt, dass ein etwaig angerufenes Arbeitsgericht nicht die Unwirksamkeit der Kündigung feststellt). Eine Rücknahme der Kündigung ist daher aus rein rechtlicher Sicht nicht möglich. Die Parteien können allerdings vereinbaren, dass die Kündigung als gegenstandslos erachtet wird und das Arbeitsverhältnis regulär fortgeführt wird. Eine solche Regelung bedarf keiner besonderen Form, zu Beweiszwecken ist eine schriftliche Vereinbarung ratsam. Ausreichend ist aber auch ein beiderseitig einvernehmliches Handeln, beispielsweise indem dem Verlangen des Arbeitnehmers auf Weiterbeschäftigung stattgegeben und der Arbeitsplatz auch nach Ablauf der Kündigungsfrist dem Arbeitnehmer zur Verfügung gestellt wird.

Wird die einvernehmliche Rücknahme der Kündigung vor Ablauf der Kündigungsfrist vereinbart, besteht das Arbeitsverhältnis unverändert zu den alten Bedingungen fort. Erfolgt die Rücknahme erst nach Ablauf der Kündigungsfrist, liegt in der Rücknahme der Kündigung grundsätzlich eine rückwirkend erfolgte Verlängerung des ursprünglichen Arbeitsverhältnisses mit der Folge, dass zwischen Beendigung und Fortsetzung des Arbeitsverhältnisses keine rechtliche Lücke besteht. Der Arbeitnehmer hat also für die Zeit, in der er nicht beschäftigt wurde, beispielsweise einen Anspruch auf Zahlung seines Gehalts.

## I. Weiteres Vorgehen

## I. Arbeitsgerichtliche Überprüfung

Die Wirksamkeit der Kündigung kann der Arbeitnehmer durch das Arbeitsgericht überprüfen lassen. Im Rahmen einer Kündigungsschutzklage muss er dafür die gerichtliche Feststellung beantragen, dass das Arbeitsverhältnis durch die Kündigung nicht aufgelöst worden ist. Hierbei muss er alle Unwirksamkeitsgründe geltend machen, die aus seiner Sicht zur Unwirksamkeit der Kündigung führen.

In den meisten Fällen wird zur Begründung der Kündigungsschutzklage vorgebracht, dass die Kündigung nicht sozial gerechtfertigt sei, also ein Kündigungsgrund nach dem Kündigungsschutzgesetz nicht vorgelegen habe.

Andere Unwirksamkeitsgründe können z. B. sein:

▶ Kündigung wegen Betriebsübergang;

▶ Verstoß gegen Kündigungsverbot;

▶ fehlende oder fehlerhafte Anhörung/Mitwirkung des Personalrats/Betriebsrats;

▶ fehlende Zustimmung einer Behörde (z. B. Integrationsamt);

▶ formelle Mängel (z. B. Kündigungsberechtigung, Schriftlichkeit);

▶ kein wichtiger Grund für eine außerordentliche Kündigung;

▶ Sittenwidrigkeit der Kündigung.

 **WICHTIG!**

Der Arbeitnehmer hat in allen Fällen, in denen er die Wirksamkeit der Kündigung gerichtlich angreifen möchte, die in § 4 KSchG normierte Ausschlussfrist von drei Wochen einzuhalten. Die Klage muss gemäß § 4 KSchG innerhalb einer Frist von drei Wochen nach Zugang der Kündigung bei Gericht eingereicht werden. Für die Einhaltung der Frist reicht auch eine Vorab-Übermittlung per Telefax. Versäumt der Arbeitnehmer diese Frist, wird die Klage also verspätet erhoben, ohne dass der Arbeitnehmer hierfür einen triftigen Grund ins Feld führen kann, ist die Kündigung gemäß § 7 KSchG auch dann wirksam, wenn der Kündigungsgrund eigentlich nicht ausreichend ist, die Kündigung nicht sozial gerechtfertigt oder aus anderen Gründen unwirksam ist.

## II. Abfindungsanspruch

Grundsätzlich hat ein Arbeitnehmer, der aufgrund einer Kündigung aus dem Arbeitsverhältnis ausscheidet, nicht automatisch einen Anspruch auf eine entgeltliche Abfindung für den Verlust seines Arbeitsplatzes. Es kann allerdings vorkommen, dass in einer Dienst- bzw. Betriebsvereinbarung, insbesondere in einem Sozialplan, eine Abfindung im Falle des Verlustes des Arbeitsplatzes geregelt wird. Ebenfalls besteht die Möglichkeit, dass dem Arbeitnehmer ein Abfindungsanspruch gem. § 36 Abs. 1 lit. b TVöD in Verbindung mit § 7 RatSchTV Ang (Tarifvertrag über den Rationalisierungsschutz für Angestellte vom 9. Januar 1987) zusteht.

Zur Zahlung einer Abfindung kommt es in der Praxis jedoch häufig erst dann, wenn sich der Arbeitnehmer im Rahmen eines Kündigungsschutzprozesses gegen die Wirksamkeit der Kündigung zur Wehr setzt und seine Weiterbeschäftigung begehrt. Da in der Regel die gerichtliche Auseinandersetzung für den Arbeitgeber zeit- und kostenaufwendig ist, führt dies sehr häufig dazu, dass Arbeitgeber sich von dem Risiko des Verlustes des Rechtsstreits im Einverständnis mit dem Arbeitnehmer durch Zahlung einer Abfindung „freikaufen".

Seit 1.1.2004 sieht § 1a KSchG einen Abfindungsanspruch im Falle einer betriebsbedingten Kündigung vor. Voraussetzung für einen solchen Abfindungsanspruch ist das Vorliegen einer betriebsbedingten Kündigung sowie der Hinweis des Arbeitgebers in der Kündigungserklärung auf das Bestehen des gesetzlichen Abfindungsanspruchs. Der Arbeitnehmer kann in diesem Falle wählen, ob er gegen die betriebsbedingte Kündigung gerichtlich vorgeht oder sich eine Abfindung gemäß § 1a KSchG auszahlen lässt. Liegen die Voraussetzungen des § 1a KSchG vor, entsteht der Abfindungsanspruch in Höhe eines halben Bruttomonatsverdienstes für jedes Beschäftigungsjahr mit Verstreichenlassen der Klagefrist des § 4 KSchG. Die Abfindung wird nach Ablauf der Kündigungsfrist zur Zahlung fällig.

 **WICHTIG!**

Das Angebot einer Abfindung nach § 1a KSchG ist für den Arbeitgeber nur dann empfehlenswert, wenn die Wirksamkeit der Kündigung zumindest zweifelhaft ist. Auf diese Weise kann

ein Arbeitnehmer von der Erhebung einer Kündigungsschutzklage abgehalten werden. Allerdings muss der Arbeitgeber die Einschätzung, ob das Abfindungsangebot in Höhe eines halben Bruttomonatsgehalts pro Beschäftigungsjahr wirtschaftlich sinnvoll ist, bereits bei Ausspruch der Kündigung treffen. Eine fundierte Einschätzung der Erfolgsaussichten in einem Kündigungsschutzverfahren lässt sich allerdings häufig erst im Verlaufe des Verfahrens treffen. Daher wird in der Praxis von der Möglichkeit des § 1a KSchG eher verhalten Gebrauch gemacht.

 **Formulierungsbeispiel:**

„Wir weisen darauf hin, dass die Kündigung aus dringenden betrieblichen Gründen erfolgt und Ihnen wegen der betriebsbedingten Beendigung ein gesetzlicher Anspruch auf Zahlung einer Abfindung gemäß § 1a KSchG zusteht, sofern Sie gegen die Kündigung innerhalb der gesetzlichen Klagefrist keine Klage erheben. Die Höhe der Abfindung beträgt gemäß § 1a KSchG 0,5 Monatsverdienste für jedes Jahr des Bestehens des Arbeitsverhältnisses. Als Monatsverdienst gilt gemäß § 10 Abs. 3 KSchG das, was Ihnen bei der für Sie maßgebenden regelmäßigen Arbeitszeit in dem Monat, in dem das Arbeitsverhältnis endet, an Geld und Sachbezügen zusteht. Bei der Ermittlung der Dauer des Arbeitsverhältnisses ist ein Zeitraum von mehr als sechs Monaten auf ein volles Jahr aufzurunden. Sollten Sie also gegen die Kündigung bis zum Ablauf der gesetzlichen Klagefrist keine Klage erheben, steht Ihnen nach Ablauf der Kündigungsfrist eine Abfindung in Höhe von € ........ zu."

Die Angabe der Höhe der nach § 1a KSchG zu zahlenden Abfindung ist gesetzlich nicht vorgeschrieben. Auch die für die Berechnung des Anspruchs maßgebliche Vorschrift des § 1a Abs. 2 KSchG muss nicht ausdrücklich genannt werden (vgl. BAG v. 13.12.2007, 2 AZR 807/06).

Enthält ein Kündigungsschreiben einen vollständigen Hinweis nach § 1a Abs. 1 S. 2 KSchG, spricht dies regelmäßig für einen Anspruch des Arbeitnehmers nach § 1a Abs. 2 KSchG. Ein etwaiger Wille des Arbeitgebers, ein von der gesetzlichen Vorgabe abweichendes Angebot unterbreiten zu wollen, muss sich aus dem Kündigungsschreiben selbst eindeutig und unmissverständlich ergeben (BAG v. 19.7.2016, 2 AZR 536/15).

 **ACHTUNG!**

Der Anspruch auf eine Abfindung besteht nur dann, wenn der Arbeitgeber in der Kündigungserklärung darauf hinweist, dass der Arbeitnehmer im Falle des Verzichts auf die Kündigungsschutzklage einen Anspruch auf die Zahlung einer Abfindung nach § 1a KSchG hat.

 **WICHTIG!**

Eine nach Ablauf der Dreiwochenfrist erhobene Kündigungsschutzklage hindert die Entstehung eines Abfindungsanspruchs nach § 1a KSchG ebenfalls. Es ist in diesem Zusammenhang unerheblich, ob mit der Klage ein Antrag auf nachträgliche Zulassung verbunden ist oder nicht (BAG v. 20.8.2009, 2 AZR 267/08).

## III. Vergütungsanspruch

Wird durch das Arbeitsgericht im Rahmen des Kündigungsschutzprozesses durch Urteil festgestellt, dass die Kündigung unwirksam und damit das Arbeitsverhältnis durch die Kündigung nicht beendet worden ist, besteht der Vergütungsanspruch des Arbeitnehmers fort. Dies gilt unabhängig davon, ob der Arbeitnehmer nach Ablauf der Kündigungsfrist (aber noch während des Kündigungsschutzprozesses) gearbeitet hat oder nicht. Stellt der Arbeitgeber mit Ablauf der Kündigungsfrist die Vergütungszahlungen an den Arbeitnehmer ein, muss er nach Abschluss des Prozesses u. U. die Vergütung nachzahlen.

Damit dieser Anspruch des Arbeitnehmers entsteht, muss der Arbeitgeber mit der Annahme der Arbeitsleistung des Arbeitnehmers in Verzug geraten. Man spricht in diesem Zusammenhang vom sog. Annahmeverzug. Im Regelfall kann ein Arbeitgeber immer nur dann in Annahmeverzug geraten, wenn der Arbeitnehmer leistungsfähig und -bereit ist und dem Arbeitgeber seine Arbeitsleistung anbietet.

Im Rahmen eines gekündigten Arbeitsverhältnisses wird die Erhebung der Kündigungsschutzklage als konkludentes Anbieten der Arbeitsleistung angesehen. Ein zusätzliches ausdrückliches Angebot des Arbeitnehmers ist nicht erforderlich. Um eine titulierte Forderung erhalten zu können, ist der Annahmeverzugslohn allerdings in seiner jeweiligen Höhe geltend zu machen. Ziel der Kündigungsschutzklage ist nach Auffassung des BAG in der Regel nicht nur der Erhalt des Arbeitsplatzes, sondern zugleich auch die Sicherung der Ansprüche, die durch den Verlust des Arbeitsplatzes möglicherweise verloren gehen könnten. Mit der Erhebung einer Kündigungsschutzklage ist der Arbeitgeber ausreichend vom Willen des Arbeitnehmers unterrichtet, die durch die Kündigung bedrohten Einzelansprüche aus dem Arbeitsverhältnis aufrechtzuerhalten (vgl. BAG v. 26.4.2006, 5 AZR 403/05, ZTR 2006, 662).

Ferner muss es dem Arbeitnehmer tatsächlich und rechtlich möglich sein, die Arbeitsleistung zu erbringen. Dies ist z. B. nicht der Fall, wenn er arbeitsunfähig erkrankt ist, eine Freiheitsstrafe verbüßt oder wegen eines gesetzlichen Verbots die Arbeitsleistung (z. B. Kraftfahrer wegen Entzug des Führerscheins) nicht erbringen kann.

## 1. Vergütungsanspruch bei außerordentlicher Kündigung

Im Falle einer außerordentlichen Kündigung reicht es für den Annahmeverzug aus, dass der Arbeitnehmer leistungsfähig und leistungsbereit ist. Ein ausdrückliches Anbieten der Arbeitsleistung ist nicht erforderlich. Um zu verhindern, dass der Arbeitgeber in einem solchen Fall in Annahmeverzug gerät, muss er den Arbeitnehmer nach Ausspruch der Kündigung von sich aus zur Wiederaufnahme der Arbeit auffordern.

Dazu wird es allerdings in den seltensten Fällen tatsächlich kommen, da der Arbeitgeber im Rahmen einer außerordentlichen Kündigung gerade nicht möchte, dass der Arbeitnehmer weiter arbeitet. Zudem besteht ein erhebliches Risiko für die Argumentation im Kündigungsschutzprozess: Es kann nicht auf der einen Seite die Unzumutbarkeit der Fortsetzung des Beschäftigungsverhältnisses durch den Arbeitgeber behauptet werden und andererseits der Arbeitnehmer – zur Vermeidung des Vergütungsrisikos – zur Wiederaufnahme seiner Tätigkeit aufgefordert werden. Bei Vorliegen einer verhaltensbedingten Kündigung braucht der Arbeitnehmer der Aufforderung ohnehin nicht Folge zu leisten, da er zur Wiederherstellung seines Ansehens zunächst den Ausgang des Kündigungsschutzrechtsstreits abwarten darf.

> **WICHTIG!**
>
> Von einer Aufforderung, die Tätigkeit wieder aufzunehmen, sollte aus den angeführten Gründen bei Vorliegen einer außerordentlichen Kündigung grundsätzlich Abstand genommen werden.

## 2. Vergütungsanspruch bei ordentlicher Kündigung

Auch bei einer ordentlichen Kündigung braucht der Arbeitnehmer seine Arbeitsleistung nicht ausdrücklich anzubieten. Ist der Arbeitnehmer nach Ablauf der Kündigungsfrist fähig und bereit, seine Arbeitsleistung zu erbringen, so gerät der Arbeitgeber in Annahmeverzug, wenn er den Arbeitnehmer nach Ablauf der Kündigungsfrist nicht beschäftigt.

Sollten nicht verhaltensbedingte Gründe zur Kündigung geführt haben, kann es zur Vermeidung des Annahmeverzugslohnrisikos sinnvoll sein, dem Arbeitnehmer bis zum rechtskräftigen Abschluss des Kündigungsrechtsstreits eine befristete Weiterbeschäftigung anzubieten.

> **ACHTUNG!**
>
> Bei einem solchen Angebot hat der Arbeitgeber immer zu prüfen, ob er sich damit nicht in Widerspruch zu den behaupteten Kündigungsgründen setzt. Wird im Rahmen einer betriebsbedingten Kündigung damit argumentiert, dass der Arbeitsplatz des Arbeitnehmers weggefallen ist, so kann ein solches Angebot die Argumentation in Frage stellen. Eine Weiterbeschäftigung sollte daher nur in Ausnahmefällen angeboten werden.

Der Annahmeverzug wird nicht allein durch die Aufforderung zur Wiederaufnahme der Arbeit unterbrochen, wenn die Kündigung als solche aufrechterhalten wird (BAG v. 7.11.2002, 2 AZR 650/00). Wird aber das Angebot des Arbeitgebers von einer bis zum Abschluss des Kündigungsrechtsstreits befristeten Weiterbeschäftigung (ggf. auf einem anderen Arbeitsplatz) vom Arbeitnehmer ausgeschlagen, so verwirkt er u. U. einen etwaigen Anspruch auf Vergütungsfortzahlung unter dem Gesichtspunkt des böswilligen Unterlassens anderweitigen Erwerbs (§ 615 S. 2 BGB). Dies ist immer dann der Fall, wenn ihm die Annahme des befristeten Weiterbeschäftigungsangebots zumutbar gewesen wäre (vgl. BAG v. 17.11.2011, 5 AZR 564/10).

> **ACHTUNG!**
>
> Die befristete Weiterbeschäftigung bis zum Abschluss des Kündigungsrechtsstreits ist als neues Arbeitsverhältnis zu bewerten, welches nur unter den gesetzlichen Voraussetzungen befristet werden darf. Daher ist in jedem Fall eine schriftliche Vereinbarung über die Weiterbeschäftigung während des Kündigungsschutzprozesses abzuschließen. Denn fehlt es an der Schriftform, ist die Befristung als unwirksam anzusehen, was zur Folge hat, dass das „neue" Arbeitsverhältnis selbst dann unbefristet fortbesteht, wenn die Wirksamkeit der streitigen Kündigung (des „alten" Arbeitsverhältnisses) rechtskräftig festgestellt wird (LAG Hamm v. 16.1.2003, 16 Sa 1126/02). Dies gilt selbstverständlich nicht, wenn der Arbeitnehmer wegen des Weiterbeschäftigungsanspruchs gemäß § 102 Abs. 5 BetrVG bis zum rechtskräftigen Abschluss des Kündigungsrechtsstreits weiterbeschäftigt werden muss. Erfolgt jedoch eine zweite Kündigung, so beendet diese das (erste) Weiterbeschäftigungsverhältnis zu dem darin genannten Kündigungstermin. In diesem Fall müssen für eine darüber hinausgehende (weitere) Beschäftigung wieder die vorbenannten Befristungsvoraussetzungen beachtet werden (BAG v. 22.10.2003, 7 AZR 113/03, ZTR 2004, 485).

## 3. Umfang der Vergütung

Der Arbeitnehmer muss gemäß § 615 S. 1 BGB für den Zeitraum des Annahmeverzugs hinsichtlich seiner Vergütung so gestellt werden, als ob er regulär gearbeitet hätte. Die nachzuzahlende Vergütung umfasst neben der Grundvergütung auch sonstige Leistungen mit Entgeltcharakter (z. B. Provisionen, Tantiemen, Jahresabschlussvergütungen, Sonderzahlungen).

Hingegen werden Leistungen, die für getätigte Aufwendungen vom Arbeitgeber gezahlt werden (z. B. Essens- und Fahrtkostenzuschüsse, Kleidergeld etc.), im Rahmen des Annahmeverzugslohns nicht berücksichtigt.

Der Arbeitnehmer muss sich auf die zu zahlende Vergütung das anrechnen lassen, was er während des Annahmeverzugs dadurch erspart hat, dass er seine Arbeitsleistung nicht erbracht hat. In Betracht kommen in diesem Zusammenhang insbesondere Fahrtkosten und sonstige berufsbezogene Aufwendungen.

Gemäß § 615 S. 2 BGB muss darüber hinaus der Verdienst aus einem anderweitigen Arbeitsverhältnis auf den Annahmeverzugslohnanspruch angerechnet werden. Dem Arbeitgeber steht insoweit auch ein Auskunftsanspruch gegenüber dem Arbeitnehmer zu. Dieser muss ihm die Höhe des anderweitigen Verdienstes mitteilen.

Hat der Arbeitnehmer während des Annahmeverzugs Einkünfte aus selbstständiger Tätigkeit erzielt, kann der Arbeitgeber sogar die Vorlage des Einkommensteuerbescheids verlangen. Der Arbeitgeber kann die Zahlung des Annahmeverzugslohns so lange verweigern wie der Arbeitnehmer die geschuldete Auskunft nicht erteilt hat.

Hat der Arbeitgeber Zweifel an der Richtigkeit der erteilten Auskünfte, kann er verlangen, dass der Arbeitnehmer die Vollständigkeit und Richtigkeit der Auskunft an Eides statt versichert.

Gemäß § 615 S. 2 BGB muss sich der Arbeitnehmer, wenn er böswillig die Annahme einer anderweitigen Arbeit unterlässt, das anrechnen lassen, was er durch die anderweitige Arbeit hätte verdienen können. Von einer böswilligen Nichtannahme kann immer dann ausgegangen werden, wenn ein Arbeitnehmer vorsätzlich untätig bleibt, obwohl er eine für ihn zumutbare Arbeitsmöglichkeit kennt.

Weigert sich der Arbeitnehmer, bei dem kündigenden Arbeitgeber nach Ablauf der Kündigungsfrist bzw. dem Zugang einer fristlosen Kündigung weiterzuarbeiten (sog. „Prozessbeschäftigung"), führt dies nicht zwingend zu einem fehlenden Leistungswillen nach § 297 BGB. Ein solcher Rückschluss sei nur zulässig, wenn trotz Aufrechterhaltung der Kündigung eine zumutbare Weiterbeschäftigung zu unveränderten Bedingungen ernsthaft angeboten wird (BAG v. 29.3.2023, 5 AZR 255/22, ZTR 2023, 534).

 **WICHTIG!**

Grundsätzlich kann von einem böswilligen Unterlassen des Arbeitnehmers im Sinne des § 615 S. 2 BGB nur ausgegangen werden, wenn der Arbeitnehmer vorsätzlich verhindert hat, dass ihm eine adäquate (d. h. zumutbare) Arbeit überhaupt angeboten wird oder er grundlos eine solche ablehnt. Darüber hinaus wurden nach der Rechtsprechung des BAG eigene Anstrengungen des Arbeitnehmers, sich eine Beschäftigung bei einem anderen Arbeitgeber zu suchen, lange Zeit nicht verlangt. So führte das BAG (v. 16.5.2000, 9 AZR 203/99, ZIP 2000, 2319) noch aus, dass auch eine unterlassene Arbeitssuchend-Meldung bei der Agentur für Arbeit allein kein böswilliges Unterlassen anderweitigen Verdienstes darstellt. Von dieser in der Rechtspraxis zu Recht stark kritisierten Auffassung ist das BAG abgerückt. Nunmehr wird ein böswilliges Unterlassen anderweitigen Verdienstes auch vermutet, wenn sich der Arbeitnehmer nicht bei der Agentur für Arbeit arbeitssuchend meldet. Der zwar rein sozialrechtlich ausgestaltete § 38 Abs. 1 SGB III wirke sich auch im Rahmen der Anrechnungsvorschriften beim Annahmeverzug aus, weil dem Arbeitnehmer arbeitsrechtlich das zugemutet werden müsse, was ihm vom Gesetz ohnehin abverlangt wird (BAG v. 12.10.2022, 5 AZR 30/22).

Erleichterung dürfte darüber hinaus auch ein Urteil vom LAG Berlin-Brandenburg (v. 30.9.2022, 6 Sa 280/22) geben. Demnach steht dem Arbeitgeber ein umfangreicher Auskunftsanspruch bezüglich der vom Arbeitnehmer unternommenen Bewerbungsanstrengungen zu. Gibt der Arbeitnehmer hierzu nicht vollständig Auskunft, wird ebenso ein böswilliges Unterlassen der Erzielung anderweitigen Verdienstes vermutet und kann zu einer vollständigen Kürzung des Annahmeverzugslohnes führen. Es empfiehlt sich daher für den Arbeitgeber, den Arbeitnehmer nach Ausspruch der Beendigungskündigung auf seine Schadensminimierungspflicht hinzuweisen und diesen zu Bewerbungen aufzufordern.

 **Formulierungsbeispiel:**

„Sehr geehrter [Name]

bekanntlich wird das Arbeitsverhältnis aufgrund der ordentlichen Kündigung vom [Datum] mit Wirkung zum [Datum] beendet.

Aufgrund der Beendigung des Arbeitsverhältnisses wird die Zahlung des Gehalts sowie die Abführung der Sozialversicherungsbeiträge spätestens zum [Datum] eingestellt. Wir gehen davon aus, dass Sie sich gemäß § 38 Abs. 1 SGB III bei der Agentur für Arbeit arbeitssuchend gemeldet haben. Zudem sind Sie gemäß § 2 Abs. 5 SGB III zur aktiven Mitarbeit bei der Beendigung der Arbeitslosigkeit verpflichtet. Sie müssen insbesondere eigenverantwortlich nach einer Beschäftigung suchen, eine zumutbare Beschäftigung aufnehmen und an beruflichen Eingliederungsmaßnahmen teilnehmen.

I. Unterstützung bei der Suche nach einer Beschäftigung

In diesem Zusammenhang möchten wir darauf hinweisen, dass es zahlreiche freie Arbeitsplatzangebote in Wohnortnähe gibt. [Gegebenenfalls:] Als Anlage finden Sie eine Liste freier geeigneter Stellen.

II. Auskunftsverlangen

Des Weiteren bitten wir um schriftliche Auskunft zu folgenden Punkten:

- Meldung als arbeitssuchend gemäß § 38 SGB III,

- Erwerbstätigkeit außerhalb des Arbeitsverhältnisses,

- Höhe eines anderweitigen Verdienstes,

- Ergriffene Maßnahmen zur Beendigung der Arbeitslosigkeit,

- Eigenverantwortliche Bemühungen um Beschäftigung und Informationsquellen zu offenen Stellen,

- Vermittlungsvorschläge der staatlichen Arbeitsvermittlungsstellen (Agentur für Arbeit, Jobcenter, etc.) unter Nennung der Tätigkeit, Arbeitszeit und des Arbeitsortes sowie der Vergütung in Euro,

- Bewerbungen auf offene Stellen und erhaltene Antworten,

- Teilnahme an beruflichen Wiedereingliederungsmaßnahmen.

Wir erwarten die Auskunftserteilung monatlich bis zum 10. des Folgemonats für den Zeitraum ab [Datum]. [Gegebenenfalls:] Bitte reichen Sie die ersten Auskünfte für die Monate [Monat] im [Monat] ein.

Wir weisen in diesem Zusammenhang darauf hin, dass Sie zur Erteilung der gewünschten Auskunft verpflichtet sind. Darüber hinaus sind Sie verpflichtet, sich ernsthaft um eine zumutbare Zwischenbeschäftigung zu bemühen. Wir verweisen insofern auf die einschlägige Rechtsprechung, insbesondere die Entscheidung des LAG Berlin-Brandenburg vom 30.9.2022, 6 Sa 280/22. Sollte wider Erwarten rechtskräftig festgestellt werden, dass das Arbeitsverhältnis nicht beendet wurde, wird im Falle der unzureichenden Auskunftserteilung oder bei einem unzureichenden

Bemühen zur Aufnahme einer zumutbaren Zwischenbeschäftigung die Zahlung eines etwaigen Annaverzugslohns verweigert."

Unzumutbar ist grundsätzlich die Übernahme einer erheblich geringwertigeren Arbeit. Andererseits darf der Arbeitnehmer ein Änderungsangebot mit verminderter Vergütung nicht kategorisch und vorbehaltlos ablehnen (vgl. BAG v. 16.6.2004, 5 AZR 508/03). Solange er jedoch berechtigte Aussicht auf eine angemessenere Beschäftigung hat, muss er eine deutliche Verschlechterung seiner Arbeitsbedingungen nicht akzeptieren. Je länger Arbeitsangebot und vorgesehene Arbeitsaufnahme auseinander liegen, desto weniger wird es dem Arbeitnehmer im Regelfall vorzuwerfen sein, wenn er das Angebot ablehnt und sich stattdessen um eine für ihn günstigere Arbeit bemüht. Im Streitfall wird durch das Arbeitsgericht überprüft, ob dem Arbeitnehmer nach Treu und Glauben gemäß § 242 BGB und unter Beachtung des Grundrechts auf freie Arbeitsplatzwahl gemäß Art. 12 GG die neue Tätigkeit zu den geänderten Bedingungen zumutbar ist. Die Unzumutbarkeit einer anderweitigen Beschäftigung kann demnach auch durch erhebliche Abweichungen in Dauer und Lage der Arbeitszeit, Arbeitsort, Art und Umfang der Sozialleistungen, Größe des Unternehmens, Gefährlichkeit der Arbeit, wirtschaftliche Lage des Arbeitgebers und eine erschwerte Rückkehr an den bisherigen Arbeitsplatz begründet sein.

Die Umstände, aus der sich die Böswilligkeit hinsichtlich der Annahmeverweigerung einer anderweitigen Beschäftigung ergibt, muss der Arbeitgeber darlegen und beweisen (vgl. LAG Köln v. 21.6.2005, 13 [5] Sa 179/05).

## 4. Weiterbeschäftigungsanspruch

Das Risiko, dem Arbeitnehmer während eines laufenden Kündigungsschutzprozesses im Rahmen des Annahmeverzuges die weitere Vergütung zahlen zu müssen, ohne die Gegenleistung dafür vom Arbeitnehmer zu erhalten, kann der Arbeitgeber dadurch zu verhindern suchen, dass er den Arbeitnehmer weiterbeschäftigt. Jedoch kann sich eine solche Weiterbeschäftigung für den Arbeitgeber negativ auswirken.

 **ACHTUNG!**

Ein Widerspruch zu der im Kündigungsschutzprozess geführten Argumentation, dass eine Weiterbeschäftigung des Arbeitnehmers im Unternehmen nicht möglich sei, muss sorgfältig geprüft und im Regelfall vermieden werden.

Lediglich wenn dem Arbeitnehmer ein kollektivrechtlicher oder ein allgemeiner arbeitsvertraglicher Weiterbeschäftigungsanspruch zur Seite steht, wird es ihm gelingen, die Weiterbeschäftigung im Rahmen des Kündigungsschutzverfahrens bis zu dessen Abschluss gegen den Willen des Arbeitgebers durchzusetzen.

 **ACHTUNG!**

Ein gekündigter Mitarbeiter, der seinen Weiterbeschäftigungsanspruch gerichtlich durchsetzen will, muss seine Tätigkeiten und Kompetenzen so konkret wie möglich beschreiben. Andernfalls ist selbst ein obsiegendes Urteil dann nicht vollstreckbar, wenn nicht hinreichend klar ist, welche Funktionen der betroffene Arbeitnehmer eines Unternehmens überhaupt hatte (LAG Rheinland-Pfalz v. 6.10.2005, 2 Ta 23/05). Notwendig aber auch hinreichend ist, wenn die Art der ausgeurteilten Beschäftigung des Arbeitnehmers aus dem Titel ersichtlich wird. Demgegenüber muss der Titel keine Einzelheiten hinsichtlich der Art der Beschäftigung oder sonstigen Arbeitsbedingungen enthalten. So reicht es aus, wenn sich das Berufsbild, entsprechend dem der Arbeitnehmer beschäftigt werden soll, aus dem Titel ergibt oder

in vergleichbarer Weise ersichtlich wird, worin die Tätigkeit bestehen soll (BAG v. 15.4.2009, 3 AZB 93/08, ZTR 2009, 551).

## 4.1 Kollektivrechtlicher Weiterbeschäftigungsanspruch

Besteht bei dem Arbeitgeber ein Personal- bzw. Betriebsrat, so ist dieser nach den gesetzlichen Voraussetzungen im Rahmen der Kündigung zu beteiligen. Erhebt der Personalrat gemäß § 85 Abs. 1 S. 3, 4 i. V. m. Abs. 2 BPersVG Bedenken gegen die Kündigung bzw. widerspricht der Betriebsrat gemäß § 102 Abs. 5 BetrVG form- und fristgerecht, so hat der Arbeitnehmer auf sein Verlangen nach Ablauf der Kündigungsfrist einen Weiterbeschäftigungsanspruch bis zur rechtskräftigen Entscheidung in der Sache. Dieser Anspruch wird als sog. kollektivrechtlicher Weiterbeschäftigungsanspruch bezeichnet.

Gegen diesen kollektivrechtlichen Weiterbeschäftigungsanspruch kann sich der Arbeitgeber im Rahmen des einstweiligen Rechtsschutzes mit einer einstweiligen Verfügung zur Wehr setzen, wenn

▶ die Kündigungsschutzklage keine hinreichenden Erfolgsaussichten hat oder mutwillig erscheint oder

▶ die Weiterbeschäftigung des Arbeitnehmers zu einer unzumutbaren wirtschaftlichen Belastung des Arbeitgebers führen würde oder

▶ die Bedenken des Personalrats bzw. der Widerspruch des Betriebsrats offensichtlich unbegründet sind.

 **ACHTUNG!**

Der Weiterbeschäftigungsanspruch gemäß § 85 Abs. 1 S. 3, 4 i. V. m. Abs. 2 BPersVG bzw. gemäß § 102 Abs. 5 BetrVG besteht immer nur im Zusammenhang mit der Kündigung, gegen die der Personalrat form- und fristgerecht Bedenken erhoben bzw. der der Betriebsrat form- und fristgerecht widersprochen hat. Erfolgt eine neue Kündigung, gegen die der Personalrat keine Bedenken erhebt bzw. der der Betriebsrat nicht widerspricht, so endet der Weiterbeschäftigungsanspruch mit dem in der weiteren Kündigung genannten Beendigungszeitpunkt. Wird das Arbeitsverhältnis darüber hinaus fortgesetzt, so droht hierdurch die Begründung eines neuen unbefristeten Arbeitsverhältnisses.

## 4.2 Allgemeiner Weiterbeschäftigungsanspruch

Der sog. allgemeine Weiterbeschäftigungsanspruch ist nicht gesetzlich geregelt. Er besteht immer dann, wenn die Kündigung unwirksam ist und überwiegende schutzwerte Interessen des Arbeitgebers einer solchen Weiterbeschäftigung des Arbeitnehmers nicht entgegenstehen.

Das Interesse des Arbeitgebers an der Nichtbeschäftigung des Arbeitnehmers überwiegt in der Kündigungssituation grundsätzlich dem Interesse des Arbeitnehmers an einer Weiterbeschäftigung. Dies gilt so lange, bis durch ein Urteil des Arbeitsgerichts oder des Landesarbeitsgerichts die Unwirksamkeit der Kündigung festgestellt wird. Bis zu diesem Zeitpunkt kann ein Arbeitnehmer nur dann den allgemeinen Weiterbeschäftigungsanspruch durchsetzen, wenn

▶ die Kündigung offensichtlich unwirksam ist oder

▶ schon die vorübergehende Unterbrechung der Beschäftigung für den Arbeitnehmer mit außergewöhnlichen und schwer wieder gutzumachenden Nachteilen verbunden wäre.

Ein solcher Ausnahmefall liegt nur selten vor und wird nur dann angenommen, wenn ohne die Weiterbeschäftigung die Erhaltung oder Erlangung einer beruflichen Qualifikation ernsthaft in Frage gestellt werden würde. Dies dürfte allerdings nur bei herausragenden Tätigkeiten der Fall sein, bei denen die Fähigkeiten des Arbeitnehmers im Falle einer Arbeitsunterbrechung zu „verkümmern" drohen. Insbesondere im Bereich der Forschung und Wissenschaft wird dies teilweise angenommen, wenn der Arbeitnehmer durch die Nichtbeschäftigung den Anschluss an den aktuellen Stand der Wissenschaft verlieren würde.

Anders stellt sich die Situation dar, wenn durch erstinstanzliches Urteil die Unwirksamkeit der Kündigung festgestellt wird. Dann sind die Beschäftigungsinteressen des Arbeitnehmers grundsätzlich höher zu bewerten als die gegenläufigen Belange des Arbeitgebers. Eine Weiterbeschäftigung des Arbeitnehmers wird der Arbeitgeber in solchen Fällen nur verhindern können, wenn schwerwiegende Pflichtverstöße des Arbeitnehmers und die Gefahr erheblicher Schädigung des Arbeitgebers (z. B. Untreue-/Eigentumsdelikte, Geheimnisverrat) drohen würden.

 **ACHTUNG!**

Nimmt ein Arbeitnehmer eine ausgesprochene Änderungskündigung unter Vorbehalt an, ist der Arbeitgeber grundsätzlich nicht aufgrund des allgemeinen Weiterbeschäftigungsanspruchs verpflichtet, den Arbeitnehmer vorläufig zu den bisherigen Bedingungen weiterzubeschäftigen. Durch die Vorbehaltsannahme gibt der Arbeitnehmer vielmehr zu erkennen, dass ihm zunächst eine Weiterbeschäftigung zu geänderten Bedingungen zumutbar erscheint (BAG v. 28.5.2009, 2 AZR 844/07, ZTR 2009, 548).

## J. Checkliste

### I. Vorüberlegungen

1. Existieren Kündigungsverbote oder -beschränkungen?
2. Besteht allgemeiner oder besonderer Kündigungsschutz?
3. Gibt es im Betrieb/Dienststelle eine Richtlinie zur Personalauswahl bei Entlassungen, die es zu beachten gilt?
4. Ist eine außerordentliche Kündigung möglich?

**Vorliegen eines wichtigen Grundes:**

1. Wurde der Arbeitnehmer wegen eines gleichartigen Sachverhalts bereits abgemahnt?
2. Wenn nein: Warum kann nicht damit gerechnet werden, dass der Arbeitnehmer nach einer Abmahnung sein Verhalten bessert?
3. Wann würde das Arbeitsverhältnis im Falle einer ordentlichen Kündigung – oder wenn diese ausgeschlossen ist – durch Zeitablauf enden?
4. Warum ist die Fortsetzung bis zu diesem Zeitpunkt unzumutbar?
5. Warum kann der Kündigungsgrund nicht durch mildere Maßnahmen (wie Umsetzung, Versetzung oder Änderungskündigung) beseitigt werden?

**Einhaltung der Zwei-Wochen-Frist gemäß § 626 BGB:**

❑ Wann hat der Kündigungsberechtigte von dem Kündigungsgrund erfahren?

❑ Sicherstellung, dass die außerordentliche Kündigung dem Arbeitnehmer innerhalb von zwei Wochen nach diesem Zeitpunkt zugeht!

❑ Berechnung der Kündigungsfrist

**Zu beachten sind:**

❑ Arbeitsvertrag
❑ Tarifvertrag
❑ Dienst-/Betriebsvereinbarung
❑ Gesetz

Bei unterschiedlichen Fristen ist im Regelfall die für den Arbeitnehmer günstigste Variante, also die längere Frist anzuwenden.

### II. Maßnahmen vor Ausspruch der Kündigung

Anhörung des Betriebsrats/Personalrates

**Mitzuteilende Umstände:**

▶ Personalien des Beschäftigten
▶ Art und Gründe der Kündigung
▶ Kündigungsfrist und Beendigungszeitpunkt

**Handlungsmöglichkeiten des Personal-/Betriebsrates:**

**Ende der Äußerungsfrist:**

▶ Zustimmung
▶ Abschließende Äußerung, dass keine Stellungnahme zur Kündigung abgegeben wird
▶ Keine Erklärung
▶ Äußerung von Bedenken bzw. Ablehnung gemäß § 85 Abs. 1 S. 3 BPersVG
▶ Widerspruch gemäß § 102 Abs. 3 BetrVG

**Anhörung der Schwerbehindertenvertretung**

▶ Unverzügliche und umfassende Unterrichtung über die Kündigungsumstände (vgl. Anhörung Betriebsrat/Personalrat)
▶ Der Schwerbehindertenvertretung muss eine angemessene Frist zur Stellungnahme gewährt werden, § 178 Abs. 2 SGB IX enthält keine ausdrückliche Äußerungsfrist, der Arbeitgeber kann sich aber an den Äußerungsfristen orientieren, die er gegenüber dem Betriebsrat einzuhalten hat.

**Handlungsmöglichkeiten der Schwerbehindertenvertretung:**

▶ Zustimmung
▶ Abschließende Äußerung, dass keine Stellungnahme zur Kündigung abgegeben wird
▶ Keine Erklärung
▶ Äußerung von Bedenken. Der Arbeitgeber muss diesen Bedenken allerdings nicht folgen und kann die Kündigung auch entgegen diesen aussprechen.

**Ende der Äußerungsfrist:**

Die Kündigung darf erst erklärt werden, wenn

❑ der Betriebsrat eine abschließende Erklärung zur Kündigung abgegeben hat, oder

    ❑ nach Ablauf von drei Tagen bei einer außerordentlichen Kündigung, bzw.

❏ nach Ablauf einer Woche bei einer ordentlichen Kündigung (auch wenn diese nur hilfsweise zur außerordentlichen Kündigung erklärt wurde).

❏ ggf. der Personalrat seine Zustimmung erteilt hat.

❏ die Schwerbehindertenvertretung eine abschließende Erklärung zur Kündigung abgegeben hat, oder

   ❏ nach Ablauf von einer angemessenen Frist zur Stellungnahme (etwa drei Tage bei einer außerordentlichen Kündigung bzw. nach Ablauf etwa einer Woche bei einer ordentlichen Kündigung [auch wenn diese nur hilfsweise zur außerordentlichen Kündigung erklärt wurde]).

❏ Einholung einer behördlichen Zustimmung

   ❏ bei Schwerbehinderten (§ 168 SGB IX)

   ❏ bei Schwangeren während Schwangerschaft, nach Entbindung oder nach einer Fehlgeburt nach der zwölften Schwangerschaftswoche (§ 17 Abs. 2 MuSchG)

   ❏ bei Elternzeit (§ 18 BEEG)

   ❏ bei Pflegezeit (§ 5 Abs. 2 PflegeZG)

❏ Anzeige bei Behörden

   ❏ bei Massenentlassungen (§ 17 Abs. 1 KSchG)

❏ Bei betriebsbedingter Kündigung ist zu prüfen, ob dem Arbeitnehmer ein Wahlrecht zur Beanspruchung der gesetzlichen Abfindung gemäß § 1a KSchG für den Fall des Klageverzichts eingeräumt werden soll.

## III. Kündigungserklärung

❏ Kündigung unbedingt schriftlich erklären (§ 623 BGB)

❏ Briefpapier des im Arbeitsvertrag genannten Vertragspartners verwenden, es sei denn, der Betrieb ist zwischenzeitlich auf eine andere Person übergegangen (Rechtsnachfolge)

❏ Inhalt: Kündigungserklärung und Kündigungsfrist bzw. Beendigungszeitpunkt

❏ **Optional bei betriebsbedingter Kündigung:** Hinweis auf betriebsbedingte Gründe und die Möglichkeit zur Inanspruchnahme einer Abfindung gemäß § 1a KSchG bei Verzicht auf Erhebung einer Kündigungsschutzklage

❏ Belehrung über Pflicht zur unverzüglichen Meldung bei der Agentur für Arbeit (§ 38 Abs. 1 SGB III)

❏ Angabe des Kündigungsgrundes nur in Berufsausbildungsverhältnissen und bei der Kündigung einer Schwangeren erforderlich!

❏ Eigenhändige Unterzeichnung der Kündigungserklärung durch Arbeitgeber selbst, oder

❏ Eigenhändige Unterzeichnung durch bevollmächtigten Vertreter unter Vorlage einer Originalvollmacht

## IV. Übermittlung der Kündigungserklärung

❏ Persönliche Aushändigung des Originals an Empfänger gegen Empfangsbestätigung

❏ Wenn Unterzeichnung verweigert wird: Zugang durch Zeugen sichern (Aktennotiz)

## K. Muster: Kündigung

### I. Ordentliche Kündigung

*Sehr geehrter Herr . . . . . . . . . . . . . . . . . . . . . . . . . /*
*Sehr geehrte Frau . . . . . . . . . . . . . . . . . . . . . . . ,*

*wir kündigen Ihr Arbeitsverhältnis unter Einhaltung der einschlägigen Kündigungsfrist von . . . . . . . . . . . . . . . . . . . . . . . . . . Wochen/Monaten ordentlich zum . . . . . . . . . . . . . . . . . . . . . . . . . , hilfsweise zum nächstmöglichen Kündigungstermin.*

*Wir weisen Sie darauf hin, dass Sie nach § 38 Abs. 1 SGB III verpflichtet sind, sich spätestens drei Monate vor Beendigung des Arbeitsverhältnisses persönlich bei der Agentur für Arbeit arbeitsuchend zu melden. (Liegen zwischen der Kenntnis des Beendigungszeitpunktes und der Beendigung des Arbeits- oder Ausbildungsverhältnisses weniger als drei Monate, hat die Meldung innerhalb von drei Tagen nach Kenntnis des Beendigungszeitpunktes zu erfolgen.) Andernfalls kann Ihr Anspruch auf Arbeitslosengeld gemindert werden. Sie sind in diesem Zusammenhang ferner dazu verpflichtet, selbst bei der Suche nach einem anderen Arbeitsplatz aktiv zu werden.*

*Bitte bestätigen Sie uns den Erhalt dieses Schreibens auf der als Anlage beigefügten Empfangsbestätigung. Für Rückfragen steht Ihnen Herr/Frau . . . . . . . . . . . . . . . . . . . . . . . . . gerne zur Verfügung.*

*Mit freundlichen Grüßen*

. . . . . . . . . . . . . . . . . . . . . . .          . . . . . . . . . . . . . . . . . . . . . . . . .

*Ort, Datum*                          *Kündigungsberechtigter*
                                     *oder*
                                     *bevollmächtigte Person*

*Anlagen:*

▶ *ggf. Kündigungsvollmacht (Original)*

▶ *Stellungnahme des Personal-/Betriebsrats vom . . . . . . . . . . . . . . . . . . . . . . . . . [Eine Stellungnahme des Betriebsrats ist dem Kündigungsschreiben nur im Falle des Widerspruchs zwingend beizufügen.]*

▶ *Auszufüllende Empfangsbestätigung*

*Wichtig: Weder das Fehlen der Hinweise zur Arbeitsuchend-Meldung noch eine fehlende Empfangsquittung machen eine Kündigung allein der Form halber unwirksam.*

### II. Außerordentliche Kündigung

*Sehr geehrter Herr . . . . . . . . . . . . . . . . . . . . . . . . . /*
*Sehr geehrte Frau . . . . . . . . . . . . . . . . . . . . . . . ,*

*wir kündigen Ihr seit . . . . . . . . . . . . . . . . . . . . . . . . . bestehendes Arbeitsverhältnis außerordentlich fristlos [oder: zum . . . . . . . . . . . . . . . . . . . . . . . . . ], hilfsweise ordentlich fristgerecht zum nächstmöglichen Zeitpunkt.*

*Wir weisen Sie darauf hin, dass Sie nach § 38 Abs. 1 SGB III verpflichtet sind, sich innerhalb von drei Tagen nach Kenntnis des Beendigungszeitpunktes persönlich bei der Agentur für Arbeit arbeitsuchend zu melden. Andernfalls kann Ihr Anspruch auf Arbeitslosengeld gemindert werden. Sie sind in diesem Zusammenhang ferner dazu verpflichtet, selbst bei der Suche nach einem anderen Arbeitsplatz aktiv zu werden.*

*Bitte bestätigen Sie uns den Erhalt dieses Schreibens auf der als Anlage beigefügten Empfangsbestätigung.*

*Mit freundlichen Grüßen*

. . . . . . . . . . . . . . . . . . . . . . .          . . . . . . . . . . . . . . . . . . . . . . . . .

*Ort, Datum*                          *Kündigungsberechtigter*
                                     *oder*
                                     *bevollmächtigte Person*

*Anlagen:*

▶ *ggf. Kündigungsvollmacht (Original)*

▶ *Auszufüllende Empfangsbestätigung*

▶ *Arbeitszeugnis*

### III. Anhörung des Betriebsrats/Personalrats/der Schwerbehindertenvertretung

*An den Personalrat/Betriebsrat*

*z. Hd. Frau/Herrn Personalratsvorsitzende/n/Betriebsratsvorsitzende/n/Vorsitzende/r Schwerbehindertenvertretung*

*Die Betriebsleitung beabsichtigt, den/die Arbeitnehmer/in*
*Name, Vorname ...................................................*
*Personalnummer ..................................................*
*geb. am .................... in ...............................*
*wohnhaft in der ........................................-Straße in*
*..........................................................*
*Familienstand ....................................................*
*unterhaltpflichtige Kinder ......................................*
*beschäftigt in unserem Unternehmen seit .......................*
*zuletzt als .......................................... in Abteilung*
*............................................ nach Abschluss des*
*Mitwirkungsverfahrens unter Einhaltung der Kündigungsfrist von*
*.................... Wochen/ .......................... Monaten*
*ordentlich zum ..........................*

*[oder: nach Abschluss des Anhörungsverfahrens außerordentlich mit sofortiger Wirkung und hilfsweise ordentlich zum ...................]*

*[oder: für den Fall der Nichtannahme der Vertragsänderung ordentlich zum ...................]*

*zu kündigen.*

*Der beabsichtigten Kündigung liegt im Einzelnen folgender Sachverhalt zugrunde:*

*[An dieser Stelle sind sämtliche Umstände anzugeben, die für die Kündigungsentscheidung des Arbeitgebers maßgeblich sind. Der Personalrat/ Betriebsrat muss durch diese Schilderung in die Lage versetzt werden, ohne eigene Nachforschungen die Stichhaltigkeit der Kündigungsgründe zu überprüfen. Die Angaben müssen vollständig und wahrheitsgemäß sein.]*

*Der Personalrat/Betriebsrat/die Schwerbehindertenvertretung wird gebeten, schnellstmöglich die unten bereits formularmäßig vorbereitete Stellungnahme abzugeben.*

........................... ...............................
*Ort, Datum* *Kündigungsberechtigter*

*Anlagen:*

▶ *Personalakte*

▶ *Abmahnungen vom ................................*

▶ *Stellungnahme des Arbeitnehmers vom*

**Stellungnahme des Personalrats/Betriebsrats/der Schwerbehindertenvertretung**

*Der/Die Personalrat/Betriebsrat/Schwerbehindertenvertretung hat dieses Anhörungsschreiben am .................................. erhalten und zur Kenntnis genommen.*

*Der/Die Personalrat/Betriebsrat/Schwerbehindertenvertretung stimmt der/den beabsichtigten Kündigung(en) zu.*

▶ *Der/Die Personalrat/Betriebsrat/Schwerbehindertenvertretung hat die auf einem gesonderten Beiblatt formulierten Bedenken.*

▶ *Der/Die Personalrat/Betriebsrat/Schwerbehindertenvertretung erhebt gegen die beabsichtigte(n) Kündigung(en) Widerspruch. Die Gründe sind auf einem gesonderten Beiblatt aufgeführt.*

*Der/Die Personalrat/Betriebsrat/Schwerbehindertenvertretung wird keine weiteren Erklärungen hierzu abgeben.*

........................... ...............................
*Ort, Datum* *Personalratsvorsitzende/ r/Betriebsratsvorsitzende/ r/Vorsitzende/r Schwerbehindertenvertretung*

# Leistungsorientierte Bezahlung

 **Wegweiser:**

Die Regelung der leistungsorientierten Bezahlung ist durch die Tarifvertragsparteien für die Bereiche des Bundes, der kommunalen Arbeitgeber und der Länder sehr unterschiedlich ausgestaltet worden. Der leistungsabhängige Stufenaufstieg in § 17 TVöD ist dagegen einheitlich geregelt worden.

Im Bereich der kommunalen Arbeitgeber sind die wesentlichen Einzelheiten der leistungsorientierten Bezahlung in § 18 TVöD (VKA) selbst geregelt. Mit dem Änderungstarifvertrag Nr. 18 zum TVöD vom 25. Oktober 2020 wurde die Regelung um § 18a TVöD (VKA) ergänzt, der die Verwendungsmöglichkeiten des in § 18 Abs. 3 TVöD (VKA) geregelten Gesamtvolumens erweitert. Im Bund ist zum 1. Januar 2014 ein wesentlich verändertes System eingeführt worden, das gesondert unter V. beschrieben wird.

Für die Beschäftigten der Länder wurden die Einzelheiten des Leistungsentgelts bis zum 31.12.2008 grundlegend in § 18 TV-L a. F. geregelt und gemäß § 18 Abs. 4 TV-L a. F. wurde im Übrigen angeordnet, dass eine weitere Konkretisierung in gesonderten landesbezirklichen Tarifverträgen erfolgen sollte. In der Tarifeinigung vom 1.3.2009 haben die Tarifvertragsparteien aber für die Zeit ab dem 1.1.2009 festgelegt, dass § 18 TV-L a. F. vollständig gestrichen wird. Dies hat zur Folge, dass die Beschäftigten der Länder ab dem 1.1.2009 kein Leistungsentgelt mehr beanspruchen können. Insoweit wird nachfolgend auf die Regelungen in § 18 TV-L a. F. nicht näher eingegangen.

Ergänzende und vertiefende Hinweise zum leistungsorientierten Stufenaufstieg finden sich in Breier/Dassau, TVöD, § 17 Rn. 1 ff. Hinweise zum Leistungsentgelt finden sich in Breier/Dassau, TVöD, Teil B 1 zu § 18 (VKA) Rn. 1 ff. Ergänzende und vertiefende Hinweise zum Alternativen Entgeltanreiz-System finden sich in Sponer/Steinherr TVöD, § 18a (VKA) Rn. 1 ff., Anhang Nr. 1 zu § 18a (VKA) sowie Breier/Dassau, TVöD, § 18a (VKA) Rn. 1 ff.

Ausführliche Erläuterungen finden sich in Leistungsorientierte Bezahlung im öffentlichen Dienst, Litschen/Kratz/Weiß/Rempel, Verlagsgruppe Hüthig Jehle Rehm.

**I. Überblick**

**II. Leistungsabhängiger Stufenaufstieg**
   1. Grundsätze
      1.1 Verkürzung
      1.2 Verlängerung
   2. Beteiligungsrechte des Betriebs- und Personalrates
   3. Betriebliche Kommission

**III. Leistungsentgelt für kommunale Beschäftigte**
1. Geltungsbereich
2. Umfang und Finanzierung des Leistungsentgeltes
3. Zeitpunkt der Einführung
4. Formen leistungs- beziehungsweise erfolgsorientierter Vergütung
   4.1 Leistungsprämie
   4.2 Leistungszulage
   4.3 Erfolgsprämie
5. Anforderungen an Betriebs- bzw. Dienstvereinbarung
   5.1 Allgemeines
   5.2 Mindestvoraussetzungen
6. Betriebliche Kommission

**IV. Alternatives Entgeltanreiz-System**
1. Verhältnis zu § 18 TVöD (VKA)
2. Geltungsbereich
3. Umsetzung
4. Ausschüttungspflicht
5. Mitbestimmung

**V. Leistungsentgelt für Beschäftigte des Bundes**
1. Inhalt der in § 18 TVöD (Bund) neu eingeführten Regelungen
2. Optionale Einführung des für Bundesbeamten geltenden Leistungsprämien- und Leistungszulagensystems

## I. Überblick

Mit der Neuregelung der leistungsorientierten Bezahlung ist tarifliches Neuland betreten worden. Mit Wirkung zum 1.10.2005 haben die Tarifvertragsparteien den Einstieg in eine leistungs- beziehungsweise erfolgsabhängige Vergütung und damit einen Paradigmenwechsel hin zu mehr Flexibilität, mehr Leistungs- und Erfolgsorientierung und somit auch zu mehr Effektivität und Effizienz und damit auch eine Annäherung an typische tarifliche Regelungen in anderen Branchen, wie etwa bei Banken und Versicherungen, vollzogen. Diesen richtigen Weg hat man aber im Bereich der Länder wieder verlassen und beim Bund eine (optionale) Angleichung an das System im Beamtenrecht vorgenommen.

Die frühere Vergütung nach dem BAT stellte ein starres Vergütungssystem dar, in dem leistungsabhängige Gesichtspunkte praktisch nicht berücksichtigt wurden. Gemäß § 26 Abs. 1 BAT bestand die Vergütung aus der Grundvergütung und dem Ortszuschlag. Die Grundvergütung berücksichtigte ausschließlich das Lebensalter des Arbeitnehmers und die Dauer seiner Beschäftigung im öffentlichen Dienst. Der Ortszuschlag berücksichtigte den familiären Status des Arbeitnehmers.

Dieses starre und unflexible Entlohnungssystem wurde fast vollständig aufgegeben (vgl. zur rechtlichen Unwirksamkeit von Lebensaltersstufen EuGH v. 8.9.2011, C-297/10, ZTR 2011, 664 und BAG v. 8.12.2011, 6 AZR 319/09, ZTR 2012, 153). Anstelle der bisherigen Lohn- und Vergütungstabellen, die zusätzlich durch die allgemeine Zulage, den Ortszuschlag und Sozialzuschläge ergänzt wurden, gibt es lediglich einheitliche Entgelttabellen mit bis zu neunzehn Entgeltgruppen. Die Vergütung der Arbeitnehmer berücksichtigt ausschließlich die Berufserfahrung und die individuelle Leistung. Lebensalter, Familienstand und Kinderzahl haben auf die Entgelthöhe keinen Einfluss mehr.

Die Bezahlung anhand der Leistung erfolgt in Form der Verkürzung oder Verlängerung der regulären Stufenlaufzeit sowie durch Zahlung eines Leistungsentgeltes in den Kommunen und – soweit dies noch vorgesehen ist – auch beim Bund.

 **WICHTIG!**

Leistung macht sich doppelt bezahlt. Überdurchschnittliche Leistungen können und sollten zu einem schnelleren Anstieg des „Grundgehaltes" sowie zu einem höheren Leistungsentgelt führen. Der öffentliche Arbeitgeber sollte beide Möglichkeiten differenziert nutzen, um Leistung zu belohnen.

## II. Leistungsabhängiger Stufenaufstieg

### 1. Grundsätze

Das Entgeltsystem ist derart ausgestaltet, dass Beschäftigte in ihrer Entgeltgruppe nach einer bestimmten Beschäftigungszeit (sogenannte Stufenlaufzeit) in die nächste Stufe aufrücken. Gemäß § 16 Abs. 3 TVöD (VKA), § 16 Abs. 4 TVöD (Bund) und § 16 Abs. 3 TV-L erreichen die Beschäftigten die jeweils nächste Stufe nach folgenden Zeiten einer ununterbrochenen Tätigkeit innerhalb derselben Entgeltgruppe:

- ▶ Stufe 2 nach einem Jahr in Stufe 1,
- ▶ Stufe 3 nach zwei Jahren in Stufe 2,
- ▶ Stufe 4 nach drei Jahren in Stufe 3,
- ▶ Stufe 5 nach vier Jahren in Stufe 4 und
- ▶ Stufe 6 nach fünf Jahren in Stufe 5.

Was die Frage der Stufenzuordnung im Falle einer Höhergruppierung betrifft, ist zwischen den Regelungen für die Beschäftigten des Bundes, der Kommunen und der Länder zu unterscheiden. Bei einer Eingruppierung in eine höhere Entgeltgruppe werden die Beschäftigten des Bundes und der Länder derjenigen Stufe zugeordnet, in der sie mindestens ihr bisheriges Tabellenentgelt erhalten, mindestens jedoch der Stufe 2 (vgl. § 17 Abs. 5 S. 1 TVöD bzw. § 17 Abs. 4 S. 1 TV-L). Für die Beschäftigten der Kommunen gilt, dass diese bei einer Eingruppierung in eine höhere Entgeltgruppe aus den Entgeltgruppen 2 bis 14 der Anlage A (VKA) der gleichen Stufe zugeordnet werden, die sie in der niedrigeren Entgeltgruppe erreicht haben, mindestens jedoch der Stufe 2 (vgl. § 17 Abs. 4 S. 1 TVöD); bei einer Eingruppierung in eine höhere Entgeltgruppe aus der Entgeltgruppe 1 gelten dagegen Besonderheiten (vgl. § 17 Abs. 4a TVöD). Was die Stufenzuordnung im Falle einer Eingruppierung in eine niedrigere Entgeltgruppe betrifft, so gilt für die Beschäftigten des Bundes, der Kommunen und der Länder gleichermaßen, dass diese der in der höheren Entgeltgruppe erreichten Stufe zuzuordnen sind (vgl. § 17 Abs. 5 S. 3 TVöD bzw. § 17 Abs. 4 S. 3 TVöD bzw. § 17 Abs. 4 S. 4 TV-L).

Die Anknüpfung an die innerhalb derselben Entgeltgruppe erworbene Berufserfahrung schließt die Berücksichtigung von Zeiten aus einer anderen Entgeltgruppe grundsätzlich aus. Soll die in einer anderen Entgeltgruppe erworbene Stufenlaufzeit nach einer Höher- oder Herabgruppierung „mitgenommen" (= angerechnet) werden, bedarf das einer eindeutigen Anordnung der Tarifvertragsparteien. Für Beschäftigte des Bundes gilt seit dem 1.3.2014 eine derartige Anordnung gemäß § 17 Abs. 5 S. 3 TVöD im Falle der Herabgruppierung. Im Tarifbereich der Kommunen (§ 17 Abs. 4 S. 3 TVöD) und der Länder (§ 17 Abs. 4 S. 4 TV-L) fehlt es an einer derartigen Regelung, sodass in diesem Tarifbereich die Stufenlaufzeit nach einer Herabgruppierung neu beginnt (vgl. BAG v. 1.6.2017, 6 AZR 741/15, ZTR 2017, 529).

Im Falle einer kurzen (d. h. keiner längeren als einer sechsmonatigen) rechtlichen Unterbrechung des Arbeitsverhältnisses zwischen dem Ende einer zeitlichen Befristung und der Neubegründung des (nunmehr unbefristeten) Arbeitsverhältnisses bei demselben Arbeitgeber beginnt die Stufenlaufzeit nicht neu zu laufen (BAG v. 6.9.2018, 6 AZR 836/16, ZTR 2019, 90, AP TVöD § 16 Nr. 7). Dies gilt jedenfalls dann, wenn der Beschäftigte bereits zuvor mit einer gleichartigen und gleichwertigen Tätigkeit beschäftigt war. In einem solchen Fall ist die Stufenlaufzeit aus dem befristeten Arbeitsverhältnis auf die neue Stufenlaufzeit anzurechnen. Es kommt nicht darauf an, ob die Einstellung erneut befristet erfolgt oder ein unbefristetes Arbeitsverhältnis begründet wird (BAG v. 27.4.2017, 6 AZR 459/16, ZTR 2017, 478).

Einschlägige Berufserfahrung aus einer Beschäftigung bei einer anderen Hochschule oder außeruniversitären Forschungseinrichtung wird bei der Stufenzuordnung nach § 16 Abs. 2 S. 4 TV-L so behandelt, als ob sie beim selben Arbeitgeber i. S. d. § 16 Abs. 2 S. 2 TV-L erworben worden wäre (BAG v. 23.11.2017, 6 AZR 33/17, ZTR 2018, 201).

 **ACHTUNG!**

In dem Bereich der Länder ist ein Erreichen der Stufe 6 nur bei den EntgGr. 1 bis 8 möglich.

Das System, wonach der Beschäftigte nach einer bestimmten Stufenlaufzeit in die nächsthöhere Stufe aufsteigt, wird durch den Faktor Leistung für bestimmte Stufen ergänzt. Gemäß § 17 Abs. 2 S. 1 TVöD / § 17 Abs. 2 S. 1 TV-L kann bei Leistungen des Beschäftigten, die erheblich über dem Durchschnitt liegen, die erforderliche Zeit für das Erreichen der Stufen 4 bis 6 jeweils verkürzt werden. Spiegelbildlich kann die Stufenlaufzeit gemäß § 17 Abs. 2 S. 2 TVöD / § 17 Abs. 2 S. 2 TV-L bei Leistungen des Beschäftigten, die erheblich unter dem Durchschnitt liegen, für die erforderliche Zeit für das Erreichen der Stufen 4 bis 6 jeweils verlängert werden.

 **ACHTUNG!**

Der leistungsbezogene Stufenaufstieg gilt nur für das Erreichen der Stufen 4 aufwärts. Das heißt, dass die Beschäftigten mindestens bereits in die Stufe 3 ihrer Entgeltgruppe eingeordnet sein müssen.

Maßstab für die Ausübung der durch den Arbeitgeber zu treffenden Entscheidung über den Stufenaufstieg ist gemäß § 315 BGB „billiges Ermessen". Die Tarifvertragsparteien haben insoweit keine Vorgaben geregelt.

### 1.1 Verkürzung

Der Arbeitgeber entscheidet letztendlich, ob Leistungen erbracht werden, die erheblich über dem Durchschnitt liegen. Kommt er zu diesem Ergebnis, liegt es auch in seiner Entscheidung, die Dauer der Verkürzung zu bestimmen. Er kann die Zeitdauer der Stufenlaufzeiten – auf den Einzelfall bezogen – zum Beispiel um 1 oder 2 gegebenenfalls auch 3 oder 4 Jahre, je nach benötigter Stufenlaufzeit zur Erreichung der Stufen 4 bis 6, verkürzen. Die Verkürzung kann jedoch nur von Stufe zu Stufe überprüft beziehungsweise festgesetzt werden. Das Überspringen von Stufen ist nicht möglich. Das erfordert eine entsprechende Überprüfung der Leistung jeweils nach Ablauf der verkürzten Stufenlaufzeit. Da es sich um eine Kann-Regelung handelt, besteht kein Anspruch der Beschäftigten auf Überprüfung der Leistung beziehungsweise Verkürzung der Stufenlaufzeit (Breier/Dassau, TVöD Komm. Teil B 1 § 17 Rz. 11; BAG v. 9.6.2016, 6 AZR 321/15, ZTR 2016, 504). Eine jährliche Leistungsbewertung und Überprüfung muss nicht erfolgen.

### 1.2 Verlängerung

Bei erheblich unterdurchschnittlichen Leistungen ist der Arbeitgeber berechtigt, die erforderliche Zeit für das Erreichen der Stufen 4 bis 6 zu verlängern beziehungsweise auszusetzen. Auch hier überlässt es die Tarifbestimmung dem Arbeitgeber, die individuell erbrachten Leistungen zu bewerten. Bei der Aufstellung von Beurteilungskriterien und der Leistungsbeurteilung hat er auch hier die Grundsätze billigen Ermessens (§ 315 BGB) zu beachten. Insbesondere bei der Verlängerung der Stufenlaufzeit kann es zu gerichtlichen Auseinandersetzungen kommen. Es empfiehlt sich daher, im Einzelfall auch aktenkundig zu machen, welche „Schlechtleistungen" der Beurteilung zugrunde lagen (Breier/Dassau, TVöD Komm. Teil B 1 § 17 Rz. 18, 19). Im Extremfall könnte die Stufenlaufzeit des Beschäftigten dauerhaft „eingefroren" werden. Zum Schutz der Beschäftigten legt § 17 Abs. 2 S. 3 TVöD fest, dass der Arbeitgeber bei einer Verlängerung der Stufenlaufzeit jährlich prüfen muss, ob die Voraussetzungen für die Verlängerung noch vorliegen.

 **WICHTIG!**

Die Vorschrift des § 17 Abs. 3 S. 2 Hs. 2 TVöD, durch die der Stufenaufstieg im Entgeltsystem des TVöD für die Dauer der Elternzeit gehemmt wird, diskriminiert weibliche Beschäftigte nicht unmittelbar wegen ihres Geschlechts. Da der Stufenaufstieg im TVöD in rechtlich zulässiger Weise an den Erfahrungsgewinn im aktiven Arbeitsverhältnis anknüpft, führt die Hemmung der Stufenlaufzeit für die Dauer der Elternzeit auch nicht zu einer mittelbaren Diskriminierung (vgl. BAG v. 27.1.2011, 6 AZR 526/09, ZTR 2011, 357).

### 2. Beteiligungsrechte des Betriebs- und Personalrates

Die Entscheidung des Arbeitgebers über eine Verkürzung oder Verlängerung der Stufenlaufzeit bedarf der Beteiligung des → Betriebs- beziehungsweise des → Personalrats.

 **ACHTUNG!**

Dem Personalrat steht ein Mitbestimmungsrecht im Rahmen der Ein- und Umgruppierung nicht nur bei der Zuordnung zu einer bestimmten Entgeltgruppe zu, sondern auch bei der Zuordnung zur Entgeltstufe. Denn auch die Stufenzuordnung regelt die Stellung des Beschäftigten innerhalb der Vergütungsordnung. Dieses Mitbestimmungsrecht ist nicht auf die erstmalige Stufenzuordnung beschränkt, sondern besteht bei jeder Veränderung der Stufenzuordnung, weil das Erreichen der jeweils nächsten Stufe nach § 16 TVöD (Bund)/(VKA) die Bewertung voraussetzt, ob die Beschäftigten die maßgeblichen Zeiten in einer ununterbrochenen Tätigkeit innerhalb derselben Entgeltgruppe bei ihrem Arbeitgeber zurückgelegt haben. Das Mitbestimmungsrecht besteht auch dann, wenn die Stufenzuordnung auf einer Leistungsbeurteilung des Arbeitgebers nach § 17 TVöD beruht. Auch hier hat die Personalvertretung Normenvollzug zu gewährleisten und sicherzustellen, dass die Beschäftigten nur nach ihrer Arbeitsleistung und der persönlichen Eignung für ihre beruflichen Entwicklungsmöglichkeiten im Betrieb beurteilt werden. Dabei geht es jedoch nicht darum, der Personalvertretung ein Recht zur Leistungsbeurteilung zuzusprechen. Vielmehr soll gewährleistet werden, dass die Leistungsbeurteilung einheitlich nach sachlichen Kriterien erfolgt (vgl. LAG Berlin-Brandenburg v. 15.9.2009, 12 TaBV 845/09, BB 2010, 116; vgl. auch BVerwG v. 27.8.2008, 6 P 11.07, ZTR 2008, 689 für den Fall der Eingruppierung eines neu eingestellten Beschäftigten, der wegen Zeiten vorheriger förderlicher Berufstätigkeit nach Maßgabe von § 16 Abs. 2 TVöD (Bund)/(VKA) in eine höhere Stufe seiner Entgeltgruppe eingruppiert werden soll).

Das BAG nimmt in seinem Urteil v. 6.4.2011 (7 ABR 136/09, ZTR 2011, 632) eine differenzierende Position ein und stellt darauf ab, ob es um die Beurteilung einer unterdurchschnittlichen Leistung des Beschäftigten geht (mitbestimmungspflichtig) oder ob es um die daraus resultierende Entscheidung über die Verlängerung der Stufenlaufzeit geht (nicht mitbestimmungspflichtig): „... Nach § 17 Abs. 2 S. 1 bis S. 3 TVöD kann der öffentliche Arbeitgeber bei erheblich überdurchschnittlicher Leistung des Beschäftigten die erforderliche Zeit für das Erreichen bestimmter Stufen verkürzen und bei erheblich unterdurchschnittlicher Leistung verlängern. Der Arbeitgeber trifft insoweit eine gestaltende Ermessensentscheidung. Soweit er sein Ermessen ausübt, indem er die Zeit für das Erreichen bestimmter Stufen verkürzt oder verlängert, unterliegt seine Entscheidung nicht der Mitbestimmung des Betriebsrats nach § 99 Abs. 1 BetrVG. Eine mitzubeurteilende Rechtsanwendung findet jedoch zum einen insoweit statt, als der Arbeitgeber bei § 17 Abs. 2 S. 1 bis S. 3 TVöD zu prüfen hat, ob die Voraussetzungen für seine gestaltende Befugnis überhaupt vorliegen. Zum anderen ist auch die aufgrund der Laufzeitverlängerung oder -verkürzung vorgenommene Stufenzuordnung Rechtsanwendung. Die Tarifvertragsparteien des TVöD (...) haben den ausfüllungsbedürftigen Gestaltungsspielraum davon abhängig gemacht, dass der Beschäftigte erheblich über oder unter dem Durchschnitt liegende Leistungen aufweist, und andererseits auf das Erreichen der Stufen 4 bis 6 beschränkt. Bei beiden Tatbestandsmerkmalen wertet die Arbeitgeberin im Sinne einer Rechtsanwendung, bevor sie ggf. die auf die Verkürzung oder Verlängerung der Stufenlaufzeit gerichtete gestaltende Entscheidung trifft. Der Mitbeurteilung des Betriebsrats nach § 99 Abs. 1 BetrVG unterfällt danach die Beurteilung des Arbeitgebers, ob der Arbeitnehmer erheblich über- oder unterdurchschnittliche Leistungen im Sinne von § 17 Abs. 2 S. 1 bis S. 3 TVöD erbracht hat. Die Entscheidung des Arbeitgebers, ob er eine über- oder unterdurchschnittliche Leistung des Arbeitnehmers zum Anlass einer Verkürzung oder Verlängerung der Stufenlaufzeit nimmt, ist dagegen nicht mitbestimmungspflichtig nach § 99 Abs. 1 BetrVG."

**TIPP!**

Falls der Arbeitgeber sich auf den Standpunkt stellen will, dass der Personalrat bei der Entscheidung über die Verlängerung der Stufenlaufzeit nicht mitzubestimmen hat, könnte er sich der Argumentation des Bundesverwaltungsgerichts (z. B. Beschluss vom 22.9.2011, 6 PB 15.11, ZTR 2012, 57) anschließen, wonach Ermessensentscheidungen bei Stufenzuordnungen (aus eingruppierungsrechtlicher Sicht) grundsätzlich nicht mitbestimmungspflichtig sind und sich die Mitbestimmung lediglich auf Entscheidungen „ohne Ermessen" bezieht, wozu insbesondere die Aufstellung von allgemeinen Beurteilungsgrundsätzen gehört.

Soweit die Bestimmung über die Verkürzung oder Verlängerung der Stufenlaufzeit auf Grundlage entsprechender Beurteilungskriterien erfolgen soll, ist der Arbeitgeber beziehungsweise die Dienststelle gemäß § 94 Abs. 2 BetrVG bzw. § 80 Abs. 1 Nr. 11 BPersVG verpflichtet, den Betriebs- beziehungsweise den Personalrat zu beteiligen. Darüber hinaus sind Mitbestimmungsrechte gemäß § 87 Abs. 1 Nr. 10 und Nr. 11 BetrVG und § 80 Abs. 1 Nr. 8 BPersVG denkbar. Der Arbeitgeber ist jedoch nicht verpflichtet, Beurteilungskriterien aufzustellen. Tut er dies nicht, kann er von der Personalvertretung hierzu nicht im Wege eines Verfahrens vor der Einigungsstelle gezwungen werden (vgl. § 77 BPersVG, welcher nicht auf § 80 Abs. 1 Nr. 11 BPersVG Bezug nimmt sowie § 94 Abs. 1 BetrVG, welcher insoweit nur von „Zustimmung" des Betriebsrats spricht).

### 3. Betriebliche Kommission

Gemäß § 17 Abs. 2 S. 4 TVöD / § 17 Abs. 2 S. 4 TV-L ist für die Behandlung von schriftlichen Beschwerden von Beschäftigten eine betriebliche Kommission zu bilden. Diese Kommission ist unabhängig und ersetzt in keiner Weise den nicht identischen

Betriebs- beziehungsweise Personalrat. Vielmehr bleiben dessen Rechte unberührt (z. B. § 84 BetrVG). Gemäß § 17 Abs. 2 S. 5 TVöD / § 17 Abs. 2 S. 5 TV-L müssen die Mitglieder der betrieblichen Kommission dem Betrieb/der Dienststelle angehören und werden je zur Hälfte vom Arbeitgeber und vom Betriebs- beziehungsweise Personalrat benannt. Die vom → Betriebs- beziehungsweise → Personalrat zu benennenden Mitglieder müssen dem Betriebs- beziehungsweise Personalrat nicht angehören.

Die Betriebliche Kommission entscheidet über Beschwerden der Beschäftigten und macht einen Vorschlag, wie mit der Beschwerde durch den Arbeitgeber umzugehen ist. Gemäß § 17 Abs. 2 S. 6 TVöD / § 17 Abs. 2 S. 6 TV-L entscheidet der Arbeitgeber anschließend auf Grundlage des Vorschlages der betrieblichen Kommission, ob und in welchem Umfang der Beschwerde abgeholfen wird.

**WICHTIG!**

Die Entscheidung der betrieblichen Kommission hat lediglich empfehlenden Charakter. Das Letztentscheidungsrecht verbleibt allein beim Arbeitgeber.

## III. Leistungsentgelt für kommunale Beschäftigte

Die Tarifvertragsparteien haben festgelegt, dass ab dem 1. Januar 2007 ein sogenanntes Leistungsentgelt eingeführt wird (§ 18 Abs. 2 S. 1 TVöD [VKA] in der bis zum 28. Februar 2017 geltenden Fassung). Das Leistungsentgelt ist ein zusätzlich zum Tabellenentgelt zu zahlender variabler und leistungsorientierter Vergütungsbestandteil (§ 18 Abs. 2 TVöD [VKA]).

Zunächst ist hervorzuheben, dass § 18 TVöD (VKA) lediglich die Mindestanforderungen formuliert, denen ein leistungs- und/oder erfolgsbezogenes Entgeltsystem in der Zukunft zu genügen hat. Im Sinne einer Öffnungsklausel haben die Tarifpartner die detaillierte Ausgestaltung des Entgeltsystems weitgehend den Betriebsparteien übertragen. In § 18 Abs. 6 Sätze 1 und 3 TVöD (VKA) wurde bestimmt, dass das jeweilige System der leistungsbezogenen Bezahlung betrieblich durch eine Betriebs- beziehungsweise einvernehmliche Dienstvereinbarung zu vereinbaren ist.

**WICHTIG!**

Die Einführung des Leistungsentgeltes hat zwingend zur Folge, dass die Betriebsparteien in Form einer Betriebs- beziehungsweise Dienstvereinbarung eine detaillierte Ausgestaltung regeln müssen. Kommt eine Betriebs- beziehungsweise Dienstvereinbarung nicht zu Stande, wird kein Leistungsentgelt in Form eines differenzierten Systems ausgezahlt. In diesem Fall greift ein sogenanntes Alternativszenario (s. u. III.3.).

### 1. Geltungsbereich

Die Bestimmungen über die leistungs- beziehungsweise erfolgsorientierte Vergütung gelten unabhängig von der persönlichen Entgeltgruppe für alle Beschäftigten im Geltungsbereich des TVöD. Demnach sind beispielsweise leitende Angestellte im Sinne des § 5 Abs. 3 BetrVG, wenn ihre Arbeitsbedingungen einzelvertraglich gesondert vereinbart sind, Chefärzte, Beschäftigte mit einem regelmäßigen Entgelt über der Entgeltgruppe 15, Auszubildende, Praktikanten, Volontäre, Leiharbeitnehmer in Personal-Service-Agenturen und geringfügig Beschäftigte im Sinne von § 8 Abs. 1 Nr. 2 SGB IV („Zeitgeringfügig Beschäftigte") nicht von den Bestimmungen über die variable Vergütung erfasst (vgl. im Einzelnen § 1 TVöD). Für einzelne Sparten, zum

Beispiel die Sparkassen sowie Nahverkehrsbetriebe, gelten gesonderte Tarifverträge (vgl. → *Sparkasse*).

## 2. Umfang und Finanzierung des Leistungsentgeltes

Die Tarifvertragsparteien haben sich ohne Festlegung einer zeitlichen Grenze zum Ziel gesetzt, dass die Beschäftigten zukünftig im Umfang von acht Prozent der ständigen Monatsentgelte des Vorjahres aller unter den Geltungsbereich des TVöD fallenden Beschäftigten des jeweiligen Arbeitgebers leistungs- beziehungsweise erfolgsorientiert entlohnt werden sollen (§ 18 Abs. 3 TVöD [VKA]).

**WICHTIG!**

**Wann dieses Ziel erreicht werden soll, wurde nicht festgelegt. Die Erreichung dieses Ziels bleibt den zukünftigen Tarifvertragsverhandlungen vorbehalten.**

Für das Jahr 2007 wurde bestimmt, dass zunächst ein Prozent der ständigen Monatsentgelte aller Beschäftigten eines Arbeitgebers bezogen auf das Vorjahr in ein Budget einzubringen und nach leistungs- beziehungsweise erfolgsorientierten Gesichtspunkten auszuzahlen sind. Im Bereich der kommunalen Arbeitgeber wurde in der Tarifeinigung vom 27.2.2010 bestimmt, dass das Volumen für das Leistungsentgelt gemäß § 18 Abs. 3 S. 1 TVöD (VKA) erhöht wird, für das Jahr 2010 von 1 Prozent auf 1,25 Prozent, für das Jahr 2011 von 1,25 Prozent auf 1,5 Prozent, für das Jahr 2012 von 1,5 Prozent auf 1,75 Prozent und für das Jahr 2013 von 1,75 Prozent auf 2,0 Prozent (vgl. Tarifeinigung in den Tarifverhandlungen für die Beschäftigten des öffentlichen Dienstes von Bund und kommunalen Arbeitgebern vom 27.2.2010, abrufbar unter der Internetadresse http://www.bmi.bund.de). Im Rahmen der Tarifeinigungen seit 2014 haben die Tarifvertragsparteien keine weiteren Regelungen getroffen, sodass es (einstweilen) auch für die Jahre 2014, 2015, 2016, 2017, 2018, 2019, 2020, 2021 und 2022 bei dem Leistungsentgelt in Höhe von 2,0 Prozent der ständigen Monatsentgelte des Vorjahres verbleiben wird.

Ständige Monatsentgelte sind insbesondere das Tabellenentgelt (ohne Sozialversicherungsbeiträge des Arbeitgebers und dessen Kosten für die betriebliche Altersvorsorge), die in Monatsbeträgen festgelegten Zulagen einschließlich Besitzstandszulagen, monatlich pauschaliert gezahlte Zuschläge (insbesondere Erschwerniszuschlagspauschalen, Überstundenpauschalen, pauschalierte Zeitzuschläge, Rufbereitschaft-/Bereitschaftsdienstpauschalen), Entgelt im Krankheitsfall (einschließlich Krankengeldzuschuss) sowie Entgelt bei Urlaub, soweit dieses Entgelt in dem betreffenden Kalenderjahr ausgezahlt worden ist und schließlich vermögenswirksame Leistungen (§ 23 Abs. 1 TVöD). Nicht einbezogen sind dagegen Abfindungen, Aufwandsentschädigungen, Einmalzahlungen, Jahressonderzahlungen, Leistungsentgelte, Strukturausgleiche, nach der tatsächlichen Arbeitsleistung („spitz") abgerechnete unständige Entgeltbestandteile und Entgelte der außertariflichen Beschäftigten. Gemäß Satz 2 der Protokollerklärung zu § 18 Abs. 3 S. 1 TVöD (VKA) ist es zulässig, unständige Entgeltbestandteile (zum Beispiel: Überstundenentgelt und Zeitzuschläge gemäß § 8 Abs. 1 TVöD sowie Erschwerniszuschläge gemäß § 19 TVöD) betrieblich einzubeziehen, was dann allerdings einer ausdrücklichen Regelung bedarf.

Für das Jahr 2007 haben die Tarifvertragsparteien vereinbart, dass das zu bildende Budget durch Umstrukturierung des Urlaubsgeldes und der Weihnachtszuwendung zu einer geminderten Jahressonderzahlung finanziert werden soll. Für die folgenden Jahre haben die Tarifvertragsparteien noch keine Regelung getroffen. Es ist jedoch beabsichtigt, das Vergütungsbudget durch auslaufende Besitzstände, Effizienzgewinne, Umwidmung von Vergütungsbestandteilen und Entgelterhöhungen zu finanzieren (Niederschriftserklärung zu § 18 Abs. 3 TVöD [VKA]). Dies bedeutet, dass die Umwandlung fester in variable Vergütungsbestandteile nicht durch Bereitstellung zusätzlicher finanzieller Mittel („on-top") durch die Arbeitgeber erfolgt, sondern vielmehr kostenneutral ist. Andererseits darf die neue Vergütungsform nicht zu einer Minderung des Vergütungsvolumens als solchem führen. Die Arbeitgeber sind daher gemäß § 18 Abs. 3 TVöD (VKA) verpflichtet, das zur leistungs- beziehungsweise erfolgsorientierten Vergütung gebildete Budget zwecksprechend zu verwenden und vollständig auszuzahlen („Auskehrzwang").

**ACHTUNG!**

**Der „Auskehrzwang" gemäß § 18 Abs. 3 S. 2 TVöD (VKA) kommt jedoch erst zum Tragen, nachdem die Betriebsparteien sich auf ein System der leistungsbezogenen Bezahlung gemäß § 18 Abs. 6 TVöD (VKA) geeinigt haben. Bis dahin findet die Protokollerklärung Nr. 1 zu Abs. 4 des § 18 TVöD (VKA) Anwendung, nach der den Beschäftigten ab dem Jahr 2008 nur ein Anspruch auf ein undifferenziertes Leistungsentgelt in Höhe von 6 Prozent des individuellen Tabellenentgelts zusteht. Der nicht ausgeschüttete Teil des für die Leistungsentgelte zur Verfügung stehenden Gesamtvolumens (vgl. § 18 Abs. 3 S. 1 TVöD (VKA)) wird jeweils auf das folgende Jahr übertragen, ohne zu einer Erhöhung des undifferenzierten Leistungsentgelts zu führen (vgl. BAG v. 16.5.2012, 10 AZR 202/11, ZTR 2012, 498). Weitere Einzelheiten vgl. unten.**

## 3. Zeitpunkt der Einführung

Die leistungs- beziehungsweise erfolgsorientierte Vergütung ist mit Wirkung zum 1. Januar 2007 eingeführt worden. In der Protokollerklärung Nr. 1 zu § 18 Abs. 4 TVöD (VKA) haben die Tarifvertragsparteien festgelegt, dass die zeitgerechte Einführung des Leistungsentgeltes sinnvoll, notwendig und deshalb beiderseits gewollt ist. Da die Arbeitgeber verpflichtet sind, dass Leistungsentgelt vollständig in der vereinbarten Höhe an die Beschäftigten auszuzahlen, haben die Tarifvertragsparteien für die Jahre 2007 und 2008 abschließend ein Alternativszenario für den Fall festgelegt, dass eine Umsetzung der Einführung des Leistungsentgeltes auf betrieblicher Ebene nicht rechtzeitig erfolgt.

Für das Jahr 2007 haben die Tarifvertragsparteien festgelegt, dass alle Beschäftigten mit dem Tabellenentgelt des Monats Dezember 2007 12 v. H. des ihnen für den Monat September jeweils zustehenden Tabellenentgelts erhalten, wenn bis zum 31. Juli 2007 keine betriebliche Regelung zustande gekommen ist. Das Auszahlungsvolumen darf das gemäß § 18 Abs. 3 TVöD (VKA) festgelegte Gesamtvolumen nicht überschreiten. Wurde bis zum 30. September 2007 keine betriebliche Vereinbarung geschlossen, erhielten die Beschäftigten mit dem Tabellenentgelt des Monats Dezember 2008 lediglich 6 v. H. des ihnen für den Monat September jeweils zustehenden Tabellenentgelts. In diesem Fall erhöhte sich im Folgejahr das Leistungsentgelt um den Restbetrag des Gesamtvolumens. Für die Zeit ab dem 1. Januar 2009 gilt die Regelung entsprechend (Nr. 1 S. 5 Protokollerklärung zu § 18 Abs. 4 TVöD [VKA]). Allerdings setzt die vollständige Verteilung des für das Leistungsentgelt zur Verfügung stehenden Gesamtvolumens die Existenz einer Dienst- oder Betriebsvereinbarung voraus. Solange eine solche Einigung in Betrieb oder Dienststelle nicht zustande kommt, besteht kein Anspruch auf eine höhere Leistung als 6 Prozent des Monats-Tabellenentgelts (vgl. BAG v. 16.5.2012, 10 AZR 202/11, ZTR 2012, 498). Auch ist die Regelung in einer gemäß § 18 Abs. 4 TVöD (VKA) geschlossenen Dienstvereinbarung, wonach alle Mitarbeiter undifferenziert 12 % des Tabellenentgeltes als sogenanntes Leistungsentgelt für das Jahr 2012 erhalten sollen, nicht von der Tariföffnungsklausel gedeckt und daher unwirksam (vgl. ArbG Brandenburg v. 29.10.2013, 2 Ca 565/13, NZA 2014, 327). Eine höchstrichterliche Entscheidung zur Rechtmäßigkeit einer derartigen Dienstvereinbarung steht aus.

 **ACHTUNG!**

Inzwischen ist in mehreren Urteilen klargestellt worden, dass ein einzelner Beschäftigter keinen individuellen Anspruch auf Auszahlung eines höheren Anteils am Gesamtvolumen geltend machen kann (BAG v. 16.5.2012, 10 AZR 202/11, ZTR 2012, 498 und LAG Düsseldorf v. 26.4.2011, 16 Sa 30/11, ZTR 2011, 552). Denn ein solcher entsteht aufgrund der Erhöhung des Gesamtvolumens nicht. Die Verteilung und Ausschüttung des angesparten Volumens kann ausschließlich auf Grundlage einer betrieblichen Regelung in Form einer Dienst- oder Betriebsvereinbarung erfolgen, in der die Kriterien für die Auszahlung und Verteilung des Leistungsentgelts festgelegt werden. Erst im Rahmen dieser Regelung kann ein individueller Auszahlungsanspruch – je nach Ausgestaltung der Verteilungskriterien – bei Erfüllung der entsprechenden Tatbestandsvoraussetzungen entstehen. Da der einzelne Beschäftigte also keine irgendwie geartete individuelle Anwartschaft erwirbt, sondern lediglich das Gesamtvolumen steigt, erwerben Beschäftigte, die zum Zeitpunkt der Schaffung bzw. des Inkrafttretens einer Dienst- oder Betriebsvereinbarung nicht mehr beschäftigt sind, auch keinen Anspruch (mehr). Dagegen kann ein später eingetretener Beschäftigter – wenn er die von den Betriebsparteien festgelegten Kriterien erfüllt – durchaus einen Anspruch erwerben. Erfüllt ein Beschäftigter, der während der Zeit der „Ansparung" im Arbeitsverhältnis stand, später die von den Betriebsparteien festgelegten Kriterien nicht, erwirbt dieser dagegen keinen Anspruch (vgl. Geißler/Meyer-Lang, öAT 2017, 227, 229).

## 4. Formen leistungs- beziehungsweise erfolgsorientierter Vergütung

Gemäß § 18 Abs. 4 S. 1 TVöD (VKA) kann das Leistungsentgelt in Form einer Leistungsprämie und/oder Leistungszulage und/oder Erfolgsprämie gewährt werden. Das Verbinden verschiedener Leistungsformen ist zulässig.

 **WICHTIG!**

Den Betriebsparteien wird durch den Tarifvertrag ein sehr weiter Gestaltungsspielraum eingeräumt.

### 4.1 Leistungsprämie

Leistungsprämien sind gemäß § 18 Abs. 4 S. 1 TVöD (VKA) regelmäßig Einmalzahlungen für Leistungen, die im Allgemeinen auf Grundlage einer Zielvereinbarung erfolgen. Sie können aber auch in zeitlicher Abfolge gezahlt werden. Eine Zielvereinbarung ist gemäß § 18 Abs. 5 S. 2 TVöD (VKA) eine freiwillige Abrede zwischen der Führungskraft und einzelnen Beschäftigten oder Beschäftigungsgruppen über objektivierbare Leistungsziele und die Bedingungen ihrer Erfüllung. Nach den Vorgaben des TVöD (VKA) ist es aber auch zulässig, eine Leistungsprämie auf Grundlage einer systematischen Leistungsbewertung zu gewähren.

 **ACHTUNG!**

Die Tarifvertragsparteien haben in der Niederschriftserklärung zu § 18 Abs. 5 S. 2 TVöD (VKA) ausdrücklich festgelegt, dass eine Zielvereinbarung zwischen Arbeitgeber und Beschäftigten nur freiwillig zustande kommen kann. Jegliche einseitige und

verbindliche Festlegung von Zielen durch den Arbeitgeber ist ausgeschlossen. Umgekehrt kann der Abschluss einer Zielvereinbarung auch durch den Beschäftigten nicht erzwungen werden.

### 4.2 Leistungszulage

Leistungszulagen sind zeitlich befristete, widerrufliche, in der Regel monatlich wiederkehrende Zahlungen (§ 18 Abs. 4 S. 4 TVöD [VKA]). Es ist aber ohne das Vorliegen besonderer Voraussetzungen zulässig, die Leistungszulage als einmalige Zahlung auszugestalten. Voraussetzung für die Zahlung einer Leistungszulage sollte sein, dass die Leistungen des Beschäftigten hinsichtlich der Arbeitsqualität oder Arbeitsquantität „erheblich" über dem Durchschnitt der Leistungen liegen, die normalerweise zu erwarten sind, und diese Leistungen zum wirtschaftlichen Erfolg des Betriebes beitragen.

Leistungszulagen werden vor allem auf Basis einer an konkreten Tatsachen und Verhaltensweisen der Beschäftigten anknüpfenden systematischen Leistungsbewertung gewährt (§ 18 Abs. 5 S. 1, 3 TVöD [VKA]). Gemäß § 18 Abs. 5 S. 3 TVöD (VKA) ist Leistungsbewertung die auf einem betrieblich vereinbarten System beruhende Feststellung der erbrachten Leistung nach möglichst messbaren oder anderweitig objektivierbaren Kriterien oder durch aufgabenbezogene Bewertung.

**Beispiele**

Mögliche Bewertungskriterien: Arbeitsquantität, Arbeitsqualität, Verbesserung der Wirtschaftlichkeit und/oder Dienstleistungsqualität, Kundenorientierung, Teamfähigkeit und Führungsverhalten der Beschäftigten.

Die systematische Leistungsbewertung entspricht nicht der Regelbeurteilung und hat daher gesondert zu erfolgen.

 **ACHTUNG!**

Auch Mischformen von systematischer Leistungsbewertung und von Zielvereinbarungen sind zulässig.

### 4.3 Erfolgsprämie

Die Erfolgsprämie ist ein Vergütungsbestandteil, der an einen bestimmten wirtschaftlichen Erfolg geknüpft ist (§ 18 [VKA] Abs. 4 S. 3 TVöD). Allerdings ist zu beachten, dass es allein dem Arbeitgeber obliegt, darüber zu entscheiden, ob und mit welchem Budget eine Erfolgsprämie gezahlt werden soll. Der Betriebs- bzw. Personalrat hat keine Möglichkeit, die Einführung einer Erfolgsprämie vom Arbeitgeber zu verlangen. Entscheidet sich der Arbeitgeber für die Einführung einer Erfolgsprämie, ist er verpflichtet, deren Ausgestaltung mit dem Betriebs- bzw. Personalrat in einer Betriebs- bzw. → Dienstvereinbarung zu regeln. In der Protokollerklärung zu § 18 (VKA) Abs. 4 S. 3 TVöD wurde festgelegt, dass die wirtschaftlichen Unternehmensziele durch die Verwaltungs-/Unternehmensführung zu Beginn des Wirtschaftsjahres festgelegt werden und dass der wirtschaftliche Erfolg auf der Gesamtebene der Verwaltung bzw. des Betriebes festzustellen ist.

 **WICHTIG!**

Die Erfolgsprämie wird gemäß § 18 (VKA) Abs. 4 S. 3 TVöD „neben" dem in § 18 (VKA) Abs. 3 TVöD bestimmten Startvolumen gezahlt. Entschließt sich daher ein Arbeitgeber, eine Erfolgsprämie einzuführen, darf dieser Vergütungsbestandteil nicht durch das für Leistungsprämien und/oder Leistungszulagen festgelegte Budget befriedigt werden.

### 5. Anforderungen an Betriebs- bzw. Dienstvereinbarung

Wie bereits ausgeführt wurde, sind die Betriebsparteien gemäß § 18 Abs. 6 TVöD (VKA) verpflichtet, die Einzelheiten des Entgeltsystems durch Betriebs- bzw. einvernehmliche Dienstvereinbarung nach Vorgabe der Tarifvertragsparteien auszugestalten. Dies hat zur Folge, dass die Einzelheiten der Ausgestaltung des Systems zur Bemessung und Auszahlung des Leistungsentgeltes fast vollständig der in der Dienststelle beziehungsweise im Betrieb geltenden Dienst- bzw. Betriebsvereinbarung zu entnehmen sind.

 **WICHTIG!**

Die Dienst- oder Betriebsvereinbarung muss zwingend eine nach der individuellen Leistung des Beschäftigten differenzierte Leistungsentgeltzahlung vorsehen. Eine Dienst- oder Betriebsvereinbarung, die lediglich eine pauschale Leistungsentgeltzahlung vorsieht, ist dagegen unwirksam (vgl. LAG Berlin-Brandenburg v. 9.4.2014, 15 Sa 2097/13, ZTR 2014, 421).

Den Betriebsparteien wurde durch die Tarifvertragsparteien ein erheblicher Regelungs- und Konkretisierungsspielraum zugewiesen. Soweit eine bestimmte Frage durch die Tarifvertragsparteien nicht abschließend geregelt wurde, sind die Betriebsparteien berechtigt, die tarifvertraglich gewährten Freiräume durch eigene Regelungen zu füllen. Zugleich haben die Tarifvertragsparteien jedoch Mindestanforderungen formuliert, denen jede Betriebs- bzw. Dienstvereinbarung genügen muss.

Die Bedeutung der den Parteien einer Betriebs- oder Dienstvereinbarung nach § 18 Abs. 6 TVöD (VKA) überlassenen näheren Ausgestaltung wurde vom BAG im Rahmen seiner Entscheidung v. 12.10.2022, 10 AZR 496/21, nochmals verdeutlicht. Das BAG hatte vor dem Hintergrund der Vereinbarung eines Teamziels im konkreten Fall unter anderem darüber zu befinden, ob eine Kürzung der Punktzahl eines Arbeitnehmers aufgrund der krankheitsbedingten, außerhalb des Entgeltfortzahlungszeitraums liegenden Fehlzeiten in der Zielvereinbarungsperiode nach § 18 TVöD (VKA) oder nach der im zu beurteilenden Fall abgeschlossenen Dienstvereinbarung in Betracht kommt. Ausgehend von der Feststellung, dass § 18 TVöD (VKA) nicht bestimmt, wie sich Arbeitsunfähigkeitszeiten, die über den Entgeltfortzahlungszeitraum nach § 22 Abs. 1 TVöD (VKA) hinausgehen, auf das Leistungsentgelt in seinen verschiedenen möglichen Ausprägungen als Leistungsprämie, Erfolgsprämie, Leistungszulage oder gemischtes Modell auswirken, führt das BAG aus, dass die Tarifnorm diese Frage vielmehr der betrieblichen Ausgestaltung nach § 18 Abs. 6 TVöD (VKA) überlasse. Unter Beachtung des Zwecks der Tarifnorm hätten die Parteien einer Betriebs- oder Dienstvereinbarung einen Regelungsspielraum auch hinsichtlich der Festlegung etwaiger Ausschluss- und Kürzungstatbestände. Ist in einer solchen Vereinbarung eine abschließende Regelung getroffen, in welchen Fällen eine Leistungsprämie zu kürzen ist, scheide ein Rückgriff auf den Grundsatz „ohne Arbeit kein Lohn" aus. Die Dienstvereinbarungsparteien hätten im zu beurteilenden Fall detailliert geregelt, in welchen Fällen der Anspruch zu kürzen ist. Von den Kürzungsregelungen werde der Fall der lang andauernden Erkrankung nicht erfasst, obwohl den Parteien der Dienstvereinbarung diese Problematik bekannt gewesen sei. Es erscheine deshalb fernliegend, dass die Dienstvereinbarungsparteien eine solche, in der betrieblichen Praxis nicht seltene Fallkonstellation nicht aufnehmen, wenn sie zur Anspruchskürzung führen soll. Aus dem Schweigen der Dienstvereinbarungsparteien könne daher nicht auf eine Kürzungsmöglichkeit geschlossen werden (BAG v. 12.10.2022, 10 AZR 496/21).

Der Arbeitgeber hat sich an die Vorgaben der Betriebs- bzw. Dienstvereinbarung zwingend zu halten. Ein auf der Grundlage des § 18 (VKA) TVöD in Verbindung mit einer Dienstvereinbarung zu zahlendes Leistungsentgelt (Leistungsprämie) kann ohne in der Betriebs- bzw. Dienstvereinbarung angelegte Befugnisse des Arbeitgebers nicht durch dessen einseitigen Eingriff in das Beurteilungsergebnis reduziert werden (vgl. LAG Hamm v. 19.3.2015, 8 Sa 1411/14, öAT 2015, 219).

### 5.1 Allgemeines

Gemäß § 18 Abs. 4 S. 6 TVöD (VKA) müssen Leistungsentgelte grundsätzlich allen Beschäftigten zugänglich sein. Kein Beschäftigter darf von vornherein von dem Entgeltsystem ausgeschlossen sein. Zulässig ist, dass Leistungsentgelte an Gruppen von Beschäftigten („Teamprämie") gewährt werden (§ 18 Abs. 4 S. 5 TVöD [VKA]). Der generelle Ausschluss freigestellter Personalräte von einer Leistungsprämie in einer Dienstvereinbarung ist unzulässig (LAG Berlin-Brandenburg v. 17.5.2018, 10 Sa 1687/17, ZTR 2018, 551). Ein freigestelltes Personalratsmitglied ist bei der Leistungsbesoldung zu berücksichtigen. Um seine gesetzliche Verpflichtung zu erfüllen, muss der Dienstherr eine Prognose darüber erstellen, wie der berufliche Werdegang ohne die Freistellung verlaufen wäre (fiktive Nachzeichnung der Laufbahn). Er hat dabei einen Einschätzungsspielraum hinsichtlich der Wahl der Methode und des Verfahrens zur Prognoseerstellung (OVG Saarlouis v. 5.6.2018, 1 A 727/16). Das Erfordernis einer Prognose wurde vom BAG im Rahmen der Revisionsentscheidung zum vorgenannten Urteil des Landesarbeitsgerichts Berlin-Brandenburg aufgegriffen (BAG v. 26.8.2020, 7 AZR 345/18, ZTR 2021, 167). So sei die Prognose, dass das Personalratsmitglied ohne Freistellung eine herausragende besondere Leistung erbracht hätte, bei einem vollständig vom Dienst freigestellten Personalratsmitglied nahezu ausgeschlossen. Sie könne jedoch ausnahmsweise dann gerechtfertigt sein, wenn das Personalratsmitglied in der Zeit vor seiner Freistellung wiederholt eine Form der Leistungsvergütung (persönlich oder als Teammitglied) für herausragende besondere Leistungen erhalten habe oder mehrmalig eine herausragende besondere Leistung erbracht habe (BAG v. 26.8.2020 s. o.).

Für die Vereinbarung von Zielen sowie die Vorgaben für die systematische Leistungsbeurteilung wurde klargestellt, dass die individuellen Leistungsziele von Beschäftigten beziehungsweise Beschäftigungsgruppen beeinflussbar und in der regelmäßigen Arbeitszeit erreichbar sein müssen (§ 18 Abs. 6 S. 2 TVöD [VKA]).

Fraglich ist indes, ob „Summen-Ziele", also solche, die in zusammenfassender Betrachtung von einer Mehrzahl von Beschäftigten erreicht werden können, ohne eine Beschäftigungsgruppe mit gemeinsamen Gruppenziel zu bilden, ein individuelles Leistungsziel im Sinne des § 18 Abs. 6 S. 2 TVöD (VKA) definieren können. In seiner Entscheidung vom 24.3.2017 ließ das LAG Berlin-Brandenburg (6 Sa 1848/16, ZTR 2017, 539) diese Frage offen. Jedenfalls müsste die Festlegung des Summen-Ziels gewährleisten, dass es dem individuellen Beschäftigten möglich ist, auf das Erreichen des „Summen-Ziels" über die bloße Möglichkeit der individuellen Leistung hinzuwirken, etwa durch motivierendes Einwirken auf die Kollegenschaft. Andernfalls fehle es an einer hinreichenden Möglichkeit der Beeinflussung der Zielerreichung. Das Gericht verkennt dabei allerdings, dass es in der Niederschriftserklärung Nr. 14 zu § 18 TVöD (VKA) heißt, dass auch derartige übergeordnete Ziele zulässig sind (Litschen, öAT 2017, 195). Bisher hat das BAG die Entscheidung des LAG nicht aufgehoben.

Bezüglich der Teilzeitbeschäftigten gilt der Grundsatz, dass diese an der Bezahlung entsprechend dem Umfang ihrer Arbeitszeit teilnehmen (§ 24 Abs. 2 TVöD). Den Betriebsparteien ist es aber gemäß § 18 Abs. 4 S. 7 TVöD (VKA) möglich, durch Betriebs- bzw. Dienstvereinbarung von diesem Grundsatz abzuweichen.

Selbstverständlich ist, dass den Beschäftigten durch die Nichterfüllung der Voraussetzungen für die Gewährung eines Leistungsentgeltes keine Nachteile entstehen dürfen. Zur Klarstellung haben die Tarifvertragsparteien ausdrücklich bestimmt, dass die Nichterfüllung der Anforderungen des variablen Vergütungssystems für sich genommen, keine arbeitsrechtlichen Maßnahmen auslösen darf (Protokollerklärung Nr. 1 zu § 18 TVöD [VKA]). Zugleich haben die Tarifvertragsparteien aber in der Protokollerklärung Nr. 1 S. 2 zu § 18 TVöD (VKA) geregelt, das arbeitsrechtliche Maßnahmen nicht durch die Teilnahme an einer Zielvereinbarung beziehungsweise durch Gewährung eines Leistungsentgelts ausgeschlossen sind.

Zum Schutz benachteiligter Mitarbeiter haben die Tarifpartner des Weiteren bestimmt, dass Leistungsgeminderte von Leistungsentgelten nicht grundsätzlich ausgeschlossen werden dürfen. Leistungsgeminderte Beschäftigte sind gemäß § 38 Abs. 4 TVöD Beschäftigte, die ausweislich einer Bescheinigung des nach § 3 Abs. 4 TVöD beauftragten Arztes nicht mehr in der Lage sind, auf Dauer die vertraglich geschuldete Arbeitsleistung in vollem Umfang zu erbringen, ohne deswegen zugleich teilweise oder in vollem Umfang erwerbsgemindert im Sinne des SGB VI zu sein. Deren Leistungsminderungen müssen bei der Festlegung der Anforderungen des Leistungsentgeltes angemessen berücksichtigt werden (Protokollerklärung Nr. 2 zu § 18 TVöD [VKA]).

Zu beachten ist auch, dass die Tarifvertragsparteien bei der Ausgestaltung des Leistungsentgeltes an die allgemeinen Grenzen der Betriebsautonomie gebunden sind. Sollten die Betriebsparteien Beschäftigte oder Beschäftigungsgruppen bei der Ausgestaltung des Entgeltsystems unterschiedlich berücksichtigen, sind sie insbesondere an die Vorgaben der §§ 75 BetrVG und 2 Abs. 4 BPersVG gebunden.

 **Hinweis!**

**Den Betriebsparteien ist es unbenommen, in der Dienst- oder Betriebsvereinbarung zu differenzieren zwischen den Verteilungsvoraussetzungen, die für die jährlich erfolgende regelmäßige Auszahlung des Leistungsentgelts gelten, und denjenigen Voraussetzungen, die in Bezug auf die Verteilung des in den Jahren bis zur Einführung des betrieblichen Systems angesparten Gesamtvolumens angelegt werden sollen (vgl. Geißler/Meyer-Lang, öAT 2017, 227, 230).**

### 5.2 Mindestvoraussetzungen

In der Betriebs- bzw. einvernehmlichen Dienstvereinbarung müssen insbesondere folgende Punkte geregelt sein:

- Verfahren der Einführung von leistungs- und/oder erfolgsorientierten Entgelten,

- zulässige Kriterien für Zielvereinbarungen sowie Festlegung der Ziele zur Sicherung und Verbesserung der Effektivität und Effizienz, insbesondere für Mehrwertsteigerungen (z. B. Verbesserung der Wirtschaftlichkeit, der Dienstleistungsqualität, der Kunden-/Bürgerorientierung),

- Auswahl der Formen von Leistungsentgelten, der Methoden sowie Kriterien der systematischen Leistungsbewertung und der aufgabenbezogenen Bewertung (messbar, zählbar oder

anderweitig objektivierbar), ggf. differenziert nach Arbeitsbereichen, u. U. Zielerreichungsgrade,

- Anpassung von Zielvereinbarungen bei wesentlichen Änderungen von Geschäftsgrundlagen,

- Vereinbarung von Verteilungsgrundsätzen,

- Überprüfung und Verteilung des zur Verfügung stehenden Finanzvolumens, ggf. Begrenzung individueller Leistungsentgelte aus umgewidmetem Entgelt und

- Dokumentation und Umgang mit Auswertungen über Leistungsbewertungen.

### 6. Betriebliche Kommission

Die Tarifvertragsparteien haben vorgegeben, dass begleitend zur Einführung des leistungs- und/oder erfolgsorientierten Entgeltssystems zusätzlich zu den Beteiligungsrechten der Betriebsräte und Personalräte ein Konfliktlösungsgremium zu installieren ist. Die insoweit zu bildende betriebliche Kommission ist identisch mit der Kommission, die gemäß § 17 Abs. 2 TVöD (Beschwerdeverfahren gegen Verlängerung des Stufenaufstieges) zu bilden ist. Es gelten die gleichen Grundsätze. Insbesondere obliegt auch in diesem Zusammenhang das Letztentscheidungsrecht dem Arbeitgeber (s. o.).

## IV. Alternatives Entgeltanreiz-System

Mit dem Änderungstarifvertrag Nr. 18 zum TVöD vom 25. Oktober 2020 wurde § 18a TVöD (VKA), der rückwirkend zum 1. September 2020 in Kraft getreten ist, in den TVöD eingefügt. Danach kann alternativ zum System von Leistungszulage und Leistungsprämie das in § 18 Abs. 3 TVöD (VKA) geregelte Gesamtvolumen durch Betriebs- oder einvernehmliche Dienstvereinbarung, in der insbesondere die Aufteilung des sich daraus ergebenden Budgets auf einzelne Maßnahmen geregelt wird, ganz oder teilweise für das in § 18a Abs. 2 TVöD (VKA) dargestellte alternative Entgeltanreiz-System verwendet werden. Arbeitgebern wird mit § 18a TVöD (VKA) ein zusätzliches Instrument bereitgestellt, das die Möglichkeit eröffnet, den Beschäftigten neben dem Tabellenentgelt eine von dem Leistungsentgelt nach § 18 TVöD (VKA) abweichende Leistung zu gewähren. Die Norm trägt dem Bedürfnis nach mehr Flexibilität Rechnung und ist das Produkt diverser tarifpolitscher Motive. Während Gewerkschaften das Instrument des Leistungsentgelts nach § 18 TVöD (VKA) dahingehend beanstanden, dass nicht alle Beschäftigten die gleiche Leistung erhalten würden, wird auf Seiten der Arbeitgeber teilweise der mit dem Vollzug des Leistungsentgelts nach § 18 TVöD (VKA) einhergehende Aufwand als kritisch gesehen. Gleichzeitig vernachlässigt das System des Leistungsentgelts nach § 18 TVöD (VKA), das sich auf Geldleistungen beschränkt, die in Form einer Leistungsprämie, einer Leistungszulage oder Erfolgsprämie ausgezahlt werden, das zunehmende Interesse der Beschäftigten an Extras in Gestalt von (steuerbegünstigten) Sachleistungen (sog. Incentives).

Eine mit dem § 18a TVöD (VKA) vergleichbare Regelung fehlt beim Bund sowie in den TV der Länder. Die Zahlung eines Leistungsentgelts ist im Bereich des Bundes gemäß § 18 TVöD (Bund) in Verbindung mit dem LeistungsTV-Bund nicht länger obligatorisch, sondern als freiwillige Arbeitgeberleistung ausgestaltet (Näheres zum Leistungsentgelt für Beschäftigte des Bundes, siehe unter V.).

# Leistungsorientierte Bezahlung

## 1. Verhältnis zu § 18 TVöD (VKA)

Die alternativen Entgeltanreize nach § 18a TVöD (VKA) und das Leistungsentgelt nach § 18 TVöD (VKA) weisen in zwei Aspekten Unterschiede auf. Während § 18 TVöD (VKA) eine leistungsdifferenzierte Verwendung des jährlich zur Verfügung stehenden Gesamtvolumens vorsieht, gestattet § 18a TVöD (VKA) die Gewährung von alternativen Entgeltanreizen ohne Differenzierung nach Leistungsgesichtspunkten. Die alternativen Entgeltanreize können dabei sowohl in Geldleistungen als auch in Sachleistungen bestehen.

## 2. Geltungsbereich

Das Alternative Entgeltanreiz-System gilt für alle Sparten, in denen auch bislang die leistungs- beziehungsweise erfolgsorientierte Bezahlung gemäß § 18 TVöD gilt. Für den Sparkassenbereich gilt dagegen das bisherige System der §§ 18.1 bis 18.4 TVöD-S.

Von den Maßnahmen nach § 18a Abs. 2 TVöD (VKA) profitieren können nur diejenigen Beschäftigten, die in den Geltungsbereich des TVöD fallen. Nicht anspruchsberechtigt sind somit Auszubildende, Praktikanten, dual Studierende, außertariflich Beschäftigte sowie Beamte.

## 3. Umsetzung

Die Umsetzung des Alternativen Entgeltanreiz-Systems erfolgt durch Betriebs- oder einvernehmliche Dienstvereinbarung. Besteht in einer Dienststelle bzw. in einem Betrieb kein Personal- oder Betriebsrat, hat der Dienststellenleiter bzw. der Arbeitgeber die Verwendung des Budgets gemäß § 18a Abs. 2 TVöD (VKA) sicherzustellen (Protokollerklärung Nr. 2 zu § 18a Abs. 2 TVöD (VKA)).

Arbeitgeber und Personal- oder Betriebsrat müssen das verfügbare Finanzvolumen für das Alternative Entgeltanreiz-System festlegen. Dabei bestimmt § 18a Abs. 1 TVöD (VKA), dass das Budget für das Leistungsentgelt nach § 18 TVöD (VKA) entweder ganz oder teilweise zugunsten alternativer Entgeltanreize umgewidmet werden kann. Das Budget für das Leistungsentgelt schließt einerseits das vom Arbeitgeber nach § 18 Abs. 3 TVöD (VKA) zur Verfügung zu stellende Gesamtvolumen sowie ggf. einen nicht verbrauchten Restbetrag aus dem Vorjahr (S. 4 und 5 der Protokollerklärung Nr. 1 zu § 18 Abs. 4 TVöD (VKA)) ein.

 **ACHTUNG!**

Gemäß § 18a Abs. 1 S. 2 TVöD (VKA) bleiben die Regelungen zur Erfolgsprämie nach § 18 Abs. 4 S. 1 und 3 TVöD (VKA) unberührt. Folglich bedarf es bei einer Umwidmung des für die leistungsorientierte Bezahlung vorgesehenen Gesamtvolumens einer vorausgehenden Prüfung, ob ggf. Mittel zur Finanzierung der Erfolgsprämie erforderlich sind und aus diesem Grund nicht umgewidmet werden können, soweit sich der Arbeitgeber nicht dazu entschließt, ein Leistungsbudget zur Verfügung zu stellen, das seine Verpflichtung aus § 18 Abs. 3 TVöD (VKA) übersteigt.

 **ACHTUNG!**

Sinnvoll ist eine teilweise Umwidmung nur, wenn in dem Betrieb bzw. in der Dienststelle eine Betriebs- oder Dienstvereinbarung zum Leistungsentgelt nach § 18 TVöD (VKA) existiert bzw. wenn eine solche abgeschlossen werden soll. Sonst droht mit Blick auf den nicht umgewidmeten Teil eine tarifliche Pauschalzahlung i. H. v. 6 % des für den Monat September jeweils zustehenden Tabellenentgelts (S. 3–5 der Protokollerklärung Nr. 1 zu § 18 Abs. 4 TVöD (VKA)).

Regeln müssen Arbeitgeber und Personal- bzw. Betriebsrat ferner die Aufteilung des zugunsten von alternativen Entgeltanreizen umgewidmeten Budgets auf einzelne Maßnahmen. Neben der Bestimmung eines Leistungs- bzw. Verteilungsrhythmus sowie der Festlegung von Verteilungsprinzipien, bedarf es auch der Festlegung der angebotenen Leistungen. Gemäß § 18a Abs. 2 TVöD (VKA) kann das Budget für Maßnahmen zur Verbesserung der Arbeitsplatzattraktivität, der Gesundheitsförderung oder der Nachhaltigkeit eingesetzt werden (z. B. für Zuschüsse für Fitnessstudios, Sonderzahlungen, Fahrtkostenzuschüsse für ÖPNV/Job-Ticket, Sachbezüge, Kita-Zuschüsse oder Wertgutscheine). Die Vorschrift ist nicht im Sinne einer abschließenden Benennung von zulässigen Maßnahmen, sondern vielmehr als eine beispielhafte Aufzählung zu verstehen. Nicht explizit aufgeführte Maßnahmen sind denkbar und möglich. Die Tarifvertragsparteien haben den Arbeitgebern sowie den Arbeitnehmervertretungen einen weiten Gestaltungsspielraum belassen, der vor dem Hintergrund der aufgeführten Leistungszwecke auszuüben ist.

Die Gestaltungsfreiheit räumt Arbeitgebern und Arbeitnehmervertretungen unter anderem die Möglichkeit ein zu entscheiden, ob sie Leistungen anbieten, die steuerbefreit, steuerprivilegiert oder zu versteuern sind. Die aus dem umgewidmeten Budget finanzierbaren Maßnahmen sind mithin nicht auf steuerprivilegierte Maßnahmen begrenzt. Der Arbeitgeber hat dafür Sorge zu tragen, dass steuer- und sozialversicherungsrechtliche Vorgaben beachtet werden. Zu beachten ist: Die nicht sachgemäße Einführung des § 18a TVöD (VKA) birgt das Risiko, dass im Falle einer rückwirkenden Feststellung der Steuer-/Sozialversicherungspflicht, die nicht abgeführte Lohnsteuer sowie die nicht entrichteten Sozialversicherungsbeiträge nachgezahlt werden müssen.

 **ACHTUNG!**

Für steuerrechtliche Aspekte bei Maßnahmen nach § 18a Abs. 2 TVöD (VKA) siehe Sponer/Steinherr TVöD, § 18a (VKA) Rn. 38 ff., 43 ff. sowie Breier/Dassau, TVöD § 18a (VKA) Rn. 27 ff.

Für sozialversicherungsrechtliche Aspekte bei Maßnahmen nach § 18a Abs. 2 TVöD (VKA) siehe Breier/Dassau, TVöD § 18a (VKA) Rn. 41 ff.

Gestaltungsfreiheit schließt die Möglichkeit ein, Leistungen anzubieten, die steuerbefreit, steuerprivilegiert oder zu versteuern sind.

Gemäß § 18a Abs. 3 TVöD (VKA) sind die aus dem alternativen Entgeltanreiz-System gewährten Leistungen zusatzversorgungspflichtig, soweit es sich dabei um steuerpflichtige Einnahmen der/des Beschäftigten handelt.

## 4. Ausschüttungspflicht

Für alternative Entgeltanreiz-Systeme nach § 18a TVöD (VKA) besteht keine Verpflichtung zur Ausschüttung; auch nicht im Wege eines tarifvertraglichen Verweises in der Protokollerklärung zu § 18a Abs. 2 TVöD (VKA). Dieser besagt lediglich, dass der nicht verbrauchte Rest des Gesamtvolumens (als zurückgestelltes Budget) das Gesamtvolumen des nächsten Jahres erhöht.

Interessant ist dies insbesondere für Arbeitgeber, die seit der Einführung der leistungsorientierten Bezahlung keine Betriebsvereinbarung zur leistungsorientierten Bezahlung oder seit 2020 auch keine Betriebsvereinbarung zu alternativen Entgelt-Anreiz-Systemen vereinbart haben. Hier sollte sich im Laufe der Jahre ein stetig wachsender Betrag als sogenanntes zurückgestelltes Budget gebildet haben. Den Arbeitgebern ist es mit der Neuregelung möglich, dieses zurückgestellte Budget durch Vereinbarungen von alternativen Entgelt-Anreiz-Systemen sukzessive, zum Beispiel über mehrere Jahre verteilt, auszuschütten.

Die Betriebsparteien sind in ihrer Entscheidung, über die Modalitäten und den „Schlüssel" der Aufteilung des Budgets frei. Dies gilt auch für das zurückgestellte Budget. Vor diesem Hintergrund muss das Budget nicht zwingend exklusiv den Beschäftigten zukommen, die vor dem Abschluss der Betriebsvereinbarung bei dem Arbeitgeber angestellt waren. Stattdessen können von der Ausschüttung auch die Beschäftigten profitieren, die erst danach eingestellt worden sind oder zukünftig erst eingestellt werden. Allein maßgeblich ist, ob ein Beschäftigter die von den Betriebsparteien festgelegten Kriterien erfüllt. Dagegen haben Beschäftigte, die während der Zeit des Aufbaus des zurückgestellten Budgets in einem Arbeitsverhältnis mit dem Arbeitgeber gestanden haben, jedoch zum Zeitpunkt des Inkrafttretens der Betriebsvereinbarung aus ihrem Arbeitsverhältnis ausgeschieden sind, per se keinen Anspruch auf Zahlung von Beträgen aus dem zurückgestellten Budget (vgl. BAG v. 16.5.2012, 10 AZR 202/11, ZTR 2012, 498; Geißler, öAT 2017, 227).

### 5. Mitbestimmung

Der Betriebsrat hat ein Mitwirkungsrecht, aber kein Mitbestimmungsrecht für die Vereinbarung einer Betriebsvereinbarung von alternativen Entgeltanreiz-Systemen. Insbesondere besteht kein Mitbestimmungsrecht nach § 87 Abs. 1 Nr. 11 BetrVG, da bei alternativen Entgeltanreiz-Systemen gerade keine Regelung über leistungsbezogene Entgelte vereinbart wird. Dies bedeutet, dass bei ausbleibender Einigung zwischen den Betriebsparteien keine Vereinbarung durch Entscheidung einer Einigungsstelle zustande kommt.

### V. Leistungsentgelt für Beschäftigte des Bundes

Mit Wirkung zum 1. Januar 2014 haben die Tarifvertragsparteien die in § 18 TVöD (Bund) geregelte Leistungsbezahlung neu gefasst. Danach ist die Zahlung eines Leistungsentgelts gemäß § 18 TVöD (Bund) in Verbindung mit dem LeistungsTV-Bund nicht länger obligatorisch. Die Verpflichtung zur Zahlung eines Leistungsentgelts gemäß § 18 TVöD (Bund) besteht also nicht mehr. Gleichzeitig ist als Alternative zum tarifvertraglichen Leistungsentgelt gemäß § 18 TVöD (Bund) die Option geschaffen worden, entsprechend der leistungsbezogenen Besoldungsinstrumente für Beamte ein Leistungsentgelt in der Gestalt von Prämien und Zulagen zur Honorierung besonderer Leistungen zu zahlen.

### 1. Inhalt der in § 18 TVöD (Bund) neu eingeführten Regelungen

Im Gegensatz zu der bis zum 31.12.2013 geltenden Fassung ordnet § 18 TVöD (Bund) nicht länger an, dass ein tarifvertragliches Leistungsentgelt gezahlt wird. Stattdessen „kann" gemäß § 18 Abs. 1 TVöD (Bund) zusätzlich zum Tabellenentgelt ein Leistungsentgelt gezahlt werden, welches gemäß § 18 Abs. 2 S. 1 TVöD (Bund) maximal ein Prozent der ständigen Monatsentgelte des Vorjahres aller unter den TVöD fallenden Beschäftigten der jeweiligen Dienststelle beträgt. Damit kann der Arbeitgeber frei von Mitbestimmungsrechten der Arbeitnehmervertretungen einerseits darüber entscheiden, ob ein tarifvertragliches Leistungsentgelt (weiterhin) gezahlt wird; andererseits steht ihm – unter Berück-

sichtigung der Ein-Prozent-Grenze – ein Ermessensspielraum hinsichtlich dessen Höhe zu.

Die Umsetzung eines tarifvertraglichen Leistungsentgelts richtet sich gemäß § 18 Abs. 2 S. 2 TVöD (Bund) weiterhin zwingend nach dem LeistungsTV-Bund, auf dessen Basis die Betriebsparteien die weitere Ausgestaltung durch einvernehmliche Dienstvereinbarungen bzw. Betriebsvereinbarungen regeln (vgl. § 2 S. 2 LeistungsTV-Bund). Eine bereits abgeschlossene Dienstvereinbarung bzw. Betriebsvereinbarung muss nicht neu gefasst werden.

> **WICHTIG!**
>
> Für die Umsetzung des tarifvertraglichen Leistungsentgelts hat das Bundesministerium des Innern unter dem Datum vom 20.2.2014 ein Rundschreiben (Bezeichnung: D 5 – 31002/12#10) mit aktualisierten Durchführungshinweisen bekannt gegeben (abrufbar auf der Internetseite des Bundesministeriums des Innern).

Letztlich bleibt es dabei, dass eine pauschale und undifferenzierte Auszahlung des tarifvertraglichen Leistungsentgelts weiterhin nicht möglich ist.

### 2. Optionale Einführung des für Bundesbeamten geltenden Leistungsprämien- und Leistungszulagensystems

In dem Rundschreiben vom 20.2.2014 (Bezeichnung: D 5 – 31002/12#10) hat das Bundesministerium des Innern für Dienststellen die Möglichkeit geschaffen, anstatt des tariflichen Systems der Leistungsbezahlung gemäß § 18 TVöD (Bund) i. V. m. dem LeistungsTV-Bund das für die Bundesbeamten geltende Leistungsprämien- und Leistungszulagensystem einzuführen. Nähere Ausführungen hierzu finden sich unter dem Gliederungspunkt 2 dieses Rundschreibens.

# Lohnpfändung

> **Wegweiser:**
>
> Gesetzliche Regelungen zur Lohnpfändung finden sich in erster Linie als Pfändungsschutzregelungen in den Vorschriften der §§ 850 ff. ZPO. Die Tarifverträge des öffentlichen Dienstes treffen keine Regelungen zu Lohnpfändungen und deren Folgen für das Arbeitsverhältnis im öffentlichen Dienst. Ergänzend wird auf die weitergehenden Ausführungen zur Lohnpfändung in der Kommentierung von Breier/Dassau TVöD-Komm zu § 24 TVöD verwiesen.

I. Begriff

II. Ablauf der Lohnpfändung

III. Pfändungsschutz von Arbeitseinkommen
   1. (Un)pfändbares Arbeitseinkommen
   2. Berechnung des pfändbaren Arbeitseinkommens

IV. Pflichten des Arbeitgebers
   1. Drittschuldnerauskunft
   2. Zahlungspflicht

V. Kosten der Lohnpfändung

VI. Lohnpfändung und Beendigung des Arbeitsverhältnisses
   1. Kündigung wegen Lohnpfändungen
   2. Lohnpfändung und Abfindung

## I. Begriff

Der Begriff der Lohnpfändung umfasst als eine besondere Art der Zwangsvollstreckung in Geldforderungen die Vollstreckung in das Arbeitseinkommen von Arbeitnehmern. Bei vielen Schuldnern ist das regelmäßige Arbeitseinkommen der einzig pfändbare Vermögensgegenstand mit wirtschaftlichem Wert. Entsprechend halten sich Gläubiger im Rahmen der Zwangsvollstreckung gegen Schuldner oftmals über die Lohnpfändung an den Arbeitgeber des Schuldners. Der Arbeitgeber wird dann als sog. Drittschuldner bezeichnet, da er an den Arbeitnehmer (= Schuldner) die Zahlung von Arbeitsentgelt schuldet und der Gläubiger diese Forderung im Rahmen der Zwangsvollstreckung (teilweise) pfändet. Folge der Lohnpfändung ist, dass der Arbeitgeber den Lohn als Drittschuldner nicht mehr vollständig an den Arbeitnehmer auszahlt, sondern einen Teil des Lohns an den Gläubiger zahlen muss. Den Arbeitgeber trifft im Falle der Lohnpfändung ein nicht unerheblicher Verwaltungsmehraufwand. Daher hat die Lohnpfändung auch für öffentliche Arbeitgeber eine hohe praktische Bedeutung.

Aufgrund der Bedeutung des Arbeitseinkommens für die Wahrung des Existenzminimums des Arbeitnehmers bestehen in den §§ 850 ff. ZPO Regelungen zum Pfändungsschutz von Arbeitseinkommen, die der Arbeitgeber bei der Auszahlung von Arbeitsentgelt zu beachten hat.

## II. Ablauf der Lohnpfändung

Die Lohnpfändung erfolgt in der Regel durch einen sogenannten Pfändungs- und Überweisungsbeschluss. Diesen Beschluss kann der Gläubiger gegen den Schuldner vor dem zuständigen Vollstreckungsgericht erwirken. Öffentlich-rechtliche Gläubiger (insbesondere die Finanzämter) benötigen hingegen für die Lohnpfändung regelmäßig keinen Pfändungs- und Überweisungsbeschluss. Sie können die Pfändung durch Bekanntgabe einer Pfändungs- und Einziehungsverfügung gegenüber dem Arbeitgeber bewirken. Die Pfändung wird durch die Zustellung des Pfändungs- und Überweisungsbeschlusses durch den Gerichtsvollzieher an den Drittschuldner (= Arbeitgeber) wirksam (§ 829 Abs. 3 ZPO).

 **ACHTUNG!**

Nach Zustellung des Pfändungs- und Überweisungsbeschlusses ist es dem Arbeitgeber als Drittschuldner gem. § 829 Abs. 1 ZPO verboten, an den Schuldner zu zahlen. Zahlt der Arbeitgeber trotz Zustellung des Pfändungs- und Überweisungsbeschlusses an den Arbeitnehmer, so hat dies gegenüber dem Gläubiger keine Wirkung. Der Arbeitgeber trägt dann das Risiko zweimal zahlen zu müssen. Einmal an den Arbeitnehmer und einmal in Höhe des gepfändeten Arbeitslohns an den Gläubiger des Arbeitnehmers. Kannte der Arbeitgeber bei Zahlung den Pfändungs- und Überweisungsbeschluss, so kann er auch den an den Arbeitnehmer überzahlten Arbeitslohn i. d. R. nicht von diesem zurückfordern (BAG v. 31.3.1960, 5 AZR 441/57).

## III. Pfändungsschutz von Arbeitseinkommen

Arbeitseinkommen sind nach den §§ 850 ff. ZPO einem besonderen Pfändungsschutz unterworfen. Ziel dieses Pfändungsschutzes ist es zum einen, dem betroffenen Arbeitnehmer auch nach Pfändung seines Arbeitseinkommens ein Existenzminimum zu belassen und eine Inanspruchnahme sozialer Sicherungssysteme zu vermeiden. Zum anderen soll dem Arbeitnehmer dadurch, dass nicht sein ganzes Arbeitseinkommen

gepfändet werden kann, weiterhin ein Anreiz zur Arbeitsleistung gegeben werden.

### 1. (Un)pfändbares Arbeitseinkommen

Bestimmte Bestandteile des Arbeitseinkommens sind nach § 850a ZPO nicht pfändbar. Dazu gehören z. B.

▶ nach § 850a Nr. 1 ZPO der Lohn für geleistete Überstunden (vgl. § 7 Abs. 7 und Abs. 8 TVöD/TV-L), der nur zur Hälfte pfändbar ist,

▶ nach § 850a Nr. 2 ZPO Urlaubsgeld sowie Zuwendungen aus Anlass von besonderen Betriebsereignissen und Treuegelder, soweit sie den Rahmen des Üblichen nicht übersteigen,

▶ Aufwandsentschädigungen

▶ Gefahrenzulagen sowie Erschwernis- und Schmutzzulagen

▶ Weihnachtsvergütungen bis zur Hälfte des monatlichen Arbeitseinkommens, höchstens aber bis zu einem Betrag von 500 Euro.

 **ACHTUNG!**

Nach der Rechtsprechung des Bundesarbeitsgerichts ist die Jahressonderzahlung nach § 20 TVöD/VKA keine „Weihnachtsvergütung" im Sinne von § 850a Nr. 4 ZPO. Sie ist deshalb nach dieser Vorschrift auch nicht teilweise pfändungsfrei (BAG v. 18.5.2016, 10 AZR 233/15, ZTR 2016, 390). Gleiches gilt auch für die Sparkassensonderzahlung nach § 18.4 TVöD-S. Auch diese ist nicht als Weihnachtsvergütung iSd. § 850a Nr. 4 ZPO einzustufen und daher der Pfändung unterworfen (BAG v. 14.3.2012, 10 AZR 778/10, ZTR 2012, 344).

 **ACHTUNG!**

Nachtarbeitszuschläge sind, soweit sie dem Schuldner von seinem Arbeitgeber steuerfrei im Sinne von § 3b EStG gewährt werden, als Erschwerniszulagen im Sinne von § 850a Nr. 3 ZPO unpfändbar (BGH v. 29.6.2016, VII ZB 4/15). Auch Sonntags- und Feiertagszuschläge sind als Erschwerniszuschläge unpfändbar, soweit sie steuerfrei nach § 3b EStG gewährt werden. Anderes gilt aber für Samstagszuschläge (z. B. nach § 8 Abs. 1 f) TVöD/TV-L) sowie Zuschläge für die Arbeit an Heiligabend bzw. Silvester (z. B. nach § 8 Abs. 1 e) TVöD/TV-L). Denn nach der Rechtsprechung des Bundesarbeitsgerichts seien Samstage sowie Heiligabend und Silvester nach der gesetzgeberischen Konzeption normale Werktage, weshalb die Arbeit an diesen Tagen mit keiner besonderen Erschwernis verbunden sei (BAG v. 23.8.2017, 10 AZR 859/16, ZTR 2017, 735). Auch Wechselschichtzuschläge (vgl. § 8 Abs. 5 TVöD/§ 8 Abs. 7 TV-L) sind nach dieser Rechtsprechung pfändbar.

Ob sog. Corona-Prämien unpfändbar sind, hängt vom jeweiligen Einzelfall ab. Eine generelle Aussage dazu, ob tarifvertragliche Corona-Prämien (z. B. nach dem TV Corona-Sonderzahlung), die steuer- und sozialbeitragsfrei sind, zudem auch unpfändbar sind, kann nicht getroffen werden. Mangels expliziter gesetzlicher Regelung kann dies vielmehr nur unter Rückgriff auf die allgemeinen Pfändungsvorschriften beurteilt werden. In Betracht kommt im Einzelfall insbesondere die Annahme einer Erschwerniszulage nach § 850a Nr. 3 ZPO. Das Bundesarbeitsgericht stellt insoweit darauf ab, ob durch die Corona-Prämie im Einzelfall eine tatsächlich vorliegende Erschwernis bei der Arbeitsleistung kompensiert worden ist. Dann ist die Corona-Prämie, soweit sie den Rahmen des Üblichen (max. € 1.500,00 vgl. § 3 Nr. 11a EStG) nicht übersteigt, als Erschwerniszulage unpfändbar (vgl. BAG v. 25.8.2022, 8 AZR 14/22). Die Energiepreispauschale gem. §§ 112 ff. EStG, die im September 2022 von den Arbeitgebern an ihre Arbeitnehmer in Höhe von 300,00 Euro auszuzahlen war, ist nach § 122 S. 2 EStG nunmehr unpfändbar. Für etwaig vom Arbeitgeber gewährte Inflationsausgleichsprämien gem. § 3 Nr. 11c EStG gibt es eine entsprechende Sonderregelung zur Unpfändbarkeit hingegen nicht. Da die Inflationsausgleichsprämie, anders als etwaige Corona-Prämien, auch keine besonderen Erschwernisse bei der Erbringung der Arbeitsleistung kompensieren, ist grundsätzlich von einer Pfändbarkeit der Inflationsausgleichsprämien nach den allgemeinen Regeln über die Pfändbarkeit von Arbeitseinkommen auszugehen (OLG Frankfurt a.M. v. 11.12.2023, 4 WF 118/23; AG Regensburg v. 25.10.2023, 2 IK 173/23; AG Norderstedt v. 26.7.2023, 65 IK 37/23; AG Köln v. 4.1.2023, 70k IK 226/20; a.A: AG Hannover v. 9.5.2023, 907 IK 966/22).

Die in der Praxis relevanteste Pfändungsschutzvorschrift findet sich in § 850c ZPO. In § 850c ZPO sind gesetzliche Pfändungsgrenzen für die Pfändung von Arbeitseinkommen geregelt. Nur der die gesetzlichen Pfändungsgrenzen übersteigende Betrag unterliegt gem. § 850c ZPO der Pfändung und darf vom Arbeitgeber an den Gläubiger ausgekehrt werden. Die Pfändungsgrenzen sind nach Unterhaltspflichten und Netto-Arbeitseinkommen des Arbeitnehmers gestaffelt. Die Pfändungsgrenzen sowie die jeweils pfändbaren Beträge können einer amtlichen Tabelle als Anhang zu § 850c ZPO entnommen werden, die jährlich aktualisiert wird.

## 2. Berechnung des pfändbaren Arbeitseinkommens

Im Falle einer Lohnpfändung muss der Arbeitgeber das pfändbare Arbeitseinkommen des betroffenen Arbeitnehmers für die Auszahlung des Lohns berechnen.

Dafür muss zunächst die Höhe des Arbeitseinkommens des Arbeitnehmers ermittelt werden. Was zum pfändungsrechtlichen Arbeitseinkommen gehört, wird in § 850 Abs. 2 Abs. 4 ZPO geregelt. Der Begriff ist grundsätzlich weit zu fassen. Zum Arbeitseinkommen zählt daher im Grundsatz alles, was dem Arbeitnehmer als Geldertrag aus Anlass des Arbeits- oder Dienstverhältnisses zufließt (BAG v. 13.7.1959, 2 AZR 398/58). Dies umfasst beispielsweise auch das Urlaubsentgelt, die Entgeltfortzahlung im Krankheitsfall, Entgelte aus einem Altersteilzeitarbeitsverhältnis sowie auch den Annahmeverzugslohn.

 **ACHTUNG!**

Bei einer Vereinbarung über eine Entgeltumwandlung zur betrieblichen Altersversorgung im Wege der Direktversicherung liegt in Höhe der Beiträge zu der Direktversicherung kein pfändbares Einkommen gem. § 850 Abs. 2 ZPO vor. Das gilt auch dann, wenn die Entgeltumwandlungsvereinbarung erst nach Zustellung eines Pfändungs- und Überweisungsbeschlusses getroffen worden ist, sofern der Arbeitnehmer von seinem Recht aus § 1a Abs. 1 S. 1 BetrAVG Gebrauch gemacht hat und der umgewandelte Entgeltbetrag den in § 1a Abs. 1 S. 1 BetrAVG vorgesehenen Betrag nicht überschreitet. In einem solchen Fall liegt in der Entgeltumwandlungsvereinbarung auch keine den Gläubiger benachteiligende Verfügung iSv § 829 Abs. 1 S. 2 ZPO (BAG v. 14.10.2021, 8 AZR 96/20).

Die Berechnung des pfändbaren Arbeitseinkommens hat sodann nach § 850e ZPO zu erfolgen. Hierfür sind in einem ersten Schritt vom ermittelten Brutto-Arbeitseinkommen des Arbeitnehmers die nach § 850a ZPO unpfändbaren Bruttobeträge (z. B. Nachtarbeitszuschläge) abzuziehen. Sodann sind die auf den verbleibenden Bruttobetrag abzuführenden Steuern und Sozialversicherungsbeiträge fiktiv zu berechnen und abzuziehen, sog. Nettomethode (BAG v. 17.4.2013, 10 AZR 59/12). Durch diese Art der Berechnung soll verhindert werden, dass

unpfändbare Beträge doppelt berücksichtigt werden und das pfändbare Einkommen zu stark mindern. Nachteil der vom Bundesarbeitsgericht geforderten Berechnungsmethode ist aber, dass der Arbeitgeber eine hypothetische Steuerberechnung durchführen muss, was einen im Einzelfall nicht unerheblichen Verwaltungsaufwand verursachen kann.

 **WICHTIG!**

Pflichtbeiträge des Arbeitnehmers zu der Versorgungsanstalt des Bundes und der Länder sind nach der Rechtsprechung des Bundesgerichtshofs denjenigen Beiträgen gleichzustellen, die unmittelbar auf Grund sozialrechtlicher Vorschriften zur Erfüllung gesetzlicher Verpflichtungen des Schuldners abzuführen sind. Sie sind deshalb bei der Berechnung des pfändbaren Einkommens nach § 850e Nr. 1 S. 1 ZPO ebenfalls nicht zu berücksichtigen und bei der Nettoberechnung abzuziehen (BGH v. 15.10.2009, VII ZB 1/09, ZTR 2010, 374).

In Fällen, in denen der Arbeitnehmer privat kranken- und pflegeversichert ist, muss der Arbeitgeber prüfen, in welchem Rahmen er diese Beiträge bei der Berechnung des pfändbaren Einkommens berücksichtigen muss. Denn gem. § 850e Nr. 1 S. 2 b) ZPO sind Beiträge an eine private Krankenversicherung nur im Rahmen des Üblichen berücksichtigungsfähig. Beiträge zur gesetzlichen Kranken- und Pflegeversicherung sind hingegen in jedem Fall nach § 850e Nr. 1 ZPO zu berücksichtigen.

Erhält der Arbeitnehmer neben seinem Arbeitslohn auch Naturalleistungen (z. B. einen Dienstwagen zur auch privaten Nutzung oder eine Dienstwohnung), so ist bei der Berechnung des pfändbaren Einkommens gem. § 850e Nr. 3 ZPO der Wert der Geldleistungen und der Naturalleistungen zusammenzurechnen. In diesem Fall ist dann auch der eigentlich nach § 850c ZPO unpfändbare Teil des Arbeitseinkommens insoweit pfändbar, als dieser durch den Wert der Naturalleistungen abgedeckt ist. Der Wert der Naturalleistungen wird somit voll berücksichtigt. Bei der privaten Nutzung von Dienstwägen ist dabei auf die lohnsteuerrechtliche 1%-Regelung abzustellen (BAG v. 31.5.2023, 5 AZR 273/22; LAG Hessen v. 15.10.2008, 6 Sa 1025/07).

Nach Feststellung des so ermittelten Arbeitseinkommens sind sodann die Pfändungsfreigrenzen des § 850c ZPO zu beachten. Nur der diese Pfändungsfreigrenzen übersteigende Betrag des zuvor ermittelten Arbeitseinkommens ist pfändbar und durch den Arbeitgeber an den Gläubiger zu überweisen.

 **ACHTUNG!**

In Fällen, in denen Unterhaltsgläubiger gegen den Arbeitnehmer vollstrecken, kann das Vollstreckungsgericht im Pfändungs- und Überweisungsbeschluss nach § 850d ZPO individuelle (niedrigere) Pfändungsfreibeträge festsetzen. Dann muss der Arbeitgeber womöglich größere Teile des Lohns einbehalten und an den Gläubiger ausbezahlen. Hier gilt es den Pfändungs- und Überweisungsbeschluss genau zu lesen!

Die Unterhaltspflichten können auf Antrag des Gläubigers nach billigem Ermessen des Vollstreckungsgerichts (zum Teil) unberücksichtigt bleiben, wenn die unterhaltsberechtigte Person eigene Einkünfte hat. Hiervon umfasst sind alle Arten von Einkünften. Das Gericht nimmt eine Gegenüberstellung des fiktiven Lebensbedarfes der unterhaltsberechtigten Person und seiner tatsächlich vorhandenen Einkünfte vor. Die Unterhaltspflichten bleiben dann in dem Umfang unberücksichtigt, wie die unterhaltsberechtigte Person ihren eigenen Lebensbedarf decken kann.

## IV. Pflichten des Arbeitgebers

Der Arbeitgeber sieht sich im Rahmen der Lohnpfändung mit einer Reihe gesetzlicher Pflichten konfrontiert, die er zu erfüllen hat.

### 1. Drittschuldnerauskunft

Als Drittschuldner der Pfändung muss der Arbeitgeber nach Zustellung des Pfändungs- und Überweisungsbeschlusses gem. § 840 ZPO den Gläubiger über wesentliche Umstände in Zusammenhang mit dem Lohnanspruch des Arbeitnehmers informieren. Diese Drittschuldnerauskunft verfolgt den Zweck, dem Gläubiger eine Risikoabschätzung für die weitere Verfolgung seiner Forderung im Zwangsvollstreckungsverfahren gegen den Arbeitnehmer zu ermöglichen. Der Arbeitgeber muss den Gläubiger gem. § 840 Abs. 1 Nr. 1–3 ZPO insbesondere darüber informieren, ob und inwieweit er die Forderung (= Lohnforderung des Arbeitnehmers) anerkennt und zur Zahlung bereit ist sowie ob andere Personen ebenfalls Ansprüche an der Forderung geltend machen oder die Forderung bereits anderweitig gepfändet ist.

Die Drittschuldnerauskunft muss der Arbeitgeber erteilen, wenn er im Pfändungs- und Überweisungsbeschluss dazu aufgefordert worden ist. Er hat hierfür nach § 840 Abs. 3 ZPO innerhalb von zwei Wochen nach Zustellung gegenüber dem Gerichtsvollzieher oder dem Gläubiger die entsprechende Auskunft zu erteilen. Von der Erteilung einer Drittschuldnerauskunft gegenüber dem Gerichtsvollzieher direkt bei Zustellung des Pfändungs- und Überweisungsbeschlusses ist dringend abzuraten. Denn die Erteilung einer falschen oder unvollständigen Drittschuldnerauskunft kann genauso wie die Nichterteilung einen Schadensersatzanspruch des Gläubigers gegen den Drittschuldner nach § 840 Abs. 2 S. 2 ZPO begründen. Der Gläubiger ist dann so zu stellen, wie er stünde, hätte der Arbeitgeber die Drittschuldnerauskunft richtig und vollständig erteilt (BAG v. 7.7.2015, 10 AZR 416/14). Als ersatzfähiger Schaden kommen in diesem Fall insbesondere die Kosten eines vom Gläubiger gegen den Arbeitgeber unnötig geführten Prozesses auf Zahlung des gepfändeten Betrages in Betracht (BAG v. 16.11.2005, 3 AZB 45/05).

### 2. Zahlungspflicht

Der Arbeitgeber ist als Drittschuldner mit Zustellung des Pfändungs- und Überweisungsbeschlusses dazu verpflichtet, den gepfändeten Betrag an den Gläubiger zu überweisen. Hierfür hat er zunächst den pfändbaren Betrag auszurechnen (s. o.) und diesen anschließend an den Gläubiger zu überweisen. Den unpfändbaren Betrag des Arbeitslohns hat der Arbeitgeber weiterhin an seinen Arbeitnehmer zu zahlen. Der Arbeitgeber darf dabei auf die Richtigkeit und Rechtmäßigkeit des zugestellten Pfändungs- und Überweisungsbeschlusses vertrauen. Nach § 836 Abs. 2 ZPO gilt der Pfändungs- und Überweisungsbeschluss gegenüber dem Arbeitgeber, auch wenn er zu Unrecht erlassen worden ist, so lange als rechtmäßig, bis er aufgehoben wird und der Arbeitgeber von dieser Aufhebung Kenntnis erlangt.

Nach § 853 ZPO kann der Arbeitgeber im Falle der mehrfachen Pfändung des Lohnanspruchs die von ihm an den Gläubiger zu zahlende Pfandsumme hinterlegen. Damit kann der Arbeitgeber die Gefahr umgehen, einen nachrangigen Gläubiger zu bedienen und dann nochmals zahlen zu müssen. Das Hinterlegungsrecht steht dem Arbeitgeber nach § 372 S. 2 BGB auch zu, wenn eine Lohnpfändung mit einer Abtretung der Lohnforderung konkurriert und der Arbeitgeber daher nicht sicher weiß, an wen er leisten muss.

Die Pflicht des Arbeitgebers zur Abführung der pfändbaren Teile des Arbeitseinkommens gilt auch im Falle der Insolvenz des Arbeitnehmers. Wie bei der Lohnpfändung darf der Arbeitgeber auch im Falle der Arbeitnehmerinsolvenz nur den pfändbaren Teil des Arbeitseinkommens an den Arbeitnehmer zahlen und muss den restlichen Betrag nach § 80 Abs. 1 InsO an den Insolvenzverwalter abführen. Überweist der Arbeitgeber auch nach Kenntnis der Insolvenz des Arbeitnehmers weiter das volle Arbeitseinkommen an den Arbeitnehmer, so läuft er Gefahr, den pfändbaren Betrag erneut an den Insolvenzverwalter zahlen zu müssen. Denn nach § 82 InsO wird der Arbeitgeber von seiner Schuld zur Zahlung des pfändbaren Betrags des Arbeitseinkommens durch die Leistung an den Arbeitnehmer nur dann befreit, wenn er keine Kenntnis von der Insolvenz seines Arbeitnehmers hatte (BAG v. 29.1.2014, 6 AZR 642/12).

## V. Kosten der Lohnpfändung

Die dem Arbeitgeber durch eine Lohnpfändung entstehenden – oft nicht unerheblichen – Kosten sind grundsätzlich vom Arbeitgeber zu tragen. Einen gesetzlichen oder vertraglichen Anspruch auf Ersatz der Kosten gegen den Arbeitnehmer gibt es – ohne ausdrückliche Regelung hierzu im Arbeitsvertrag – nicht. Dieser kann auch nicht durch eine (freiwillige) Betriebsvereinbarung begründet werden (BAG v. 18.7.2006, 1 AZR 578/05). Entsprechende Regelungen in Formulararbeitsverträgen sind unter anderem an der Inhaltskontrolle nach § 307 Abs. 1 BGB zu messen und nur eingeschränkt zulässig.

## VI. Lohnpfändung und Beendigung des Arbeitsverhältnisses

### 1. Kündigung wegen Lohnpfändungen

Auch eine Vielzahl von Lohnpfändungen und ein damit einhergehender Verwaltungs- und Kostenaufwand für den Arbeitgeber stellt regelmäßig keinen Grund für eine Kündigung dar (BAG v. 15.10.1992, 2 AZR 188/92). Etwas anderes soll nach einer älteren Rechtsprechung des Bundesarbeitsgerichts allein dann gelten, wenn im Einzelfall zahlreiche Lohnpfändungen oder -abtretungen einen derartigen Arbeitsaufwand des Arbeitgebers verursachen, dass dies nach objektiver Beurteilung zu wesentlichen Störungen im Arbeitsablauf (etwa in der Lohnbuchhaltung oder Rechtsabteilung oder in der betrieblichen Organisation) führt (BAG v. 4.11.1981, 7 AZR 264/79). Dies dürfte nur in absoluten Ausnahmefällen vorkommen.

### 2. Lohnpfändung und Abfindung

Abfindungen gehören grundsätzlich zum pfändbaren Arbeitseinkommen nach § 850 ZPO (BAG v. 12.9.1979, 4 AZR 420/77). Anders als bei wiederkehrenden Entgeltansprüchen gibt es bei Abfindungen einen Pfändungsschutz gem. § 850i ZPO aber nur auf Antrag des Arbeitnehmers. Damit der Arbeitnehmer Gelegenheit hat, einen entsprechenden Vollstreckungsschutzantrag beim Vollstreckungsgericht zu stellen, bestimmt § 835 Abs. 4 ZPO, dass eine Zahlung der Abfindung an den Gläubiger als Teil des gepfändeten Betrages erst einen Monat nach Zustellung des Überweisungsbeschlusses durch den Arbeitgeber erfolgen darf. Erlässt das Vollstreckungsgericht auf den Antrag des Arbeitnehmers eine Pfändungsschutzregelung, wird dieser Beschluss ebenfalls dem Arbeitgeber zugestellt. Nach der Rechtsprechung des Bundesarbeitsgerichts besteht keine Pflicht des Arbeitgebers den Arbeitnehmer auf die Möglichkeit eines Vollstreckungsschutzantrags für die Abfindung hinzuweisen (BAG v. 13.11.1991, 4 AZR 20/91).

# Mindestlohn

**Wegweiser:**

Mit Wirkung zum 1.1.2015 trat das Gesetz zur Regelung eines allgemeinen Mindestlohns (MiLoG) als Bestandteil des Tarifautonomiestärkungsgesetzes in Kraft. Seit dem 1.1.2015 hat damit jede Arbeitnehmerin und jeder Arbeitnehmer in Deutschland einen Anspruch auf einen Arbeitslohn in Höhe von damals € 8,50 brutto. Nach Empfehlung der unabhängigen Mindestlohn-Kommission im Juni 2018 wurde der Mindestlohn durch die Bundesregierung per Verordnung im Oktober 2018 zum 1.1.2019 auf mindestens € 9,19 brutto pro Stunde angehoben und ist zum 1.1.2020 auf € 9,35 gestiegen. Seitdem wird der gesetzliche Mindestlohn stetig angepasst. So wurde der Mindestlohn im Jahr 2022 in zwei weiteren Schritten angehoben. Zum 1.1.2022 betrug der gesetzliche Mindestlohn € 9,82. Zum 1.7.2022 ist dieser auf € 10,45 gestiegen. Mit Beschluss des Bundestags vom 3.6.2022 wurde der Mindestlohn, geltend ab dem 1.10.2022, auf € 12,00 brutto je Zeitstunde erhöht. Aktuell beträgt der gesetzliche Mindestlohn € 12,41 brutto. Zum 1.1.2025 erhöht sich der Mindestlohn auf € 12,82 brutto pro Stunde. In den Tarifverträgen des öffentlichen Dienstes finden sich keine speziellen Regelungen zum Mindestlohn. Erstmalig seit Einführung des Mindestlohns lag das reine Brutto-Tabellenentgelt der niedrigsten Entgeltgruppe und Entgeltstufe in den Tarifverträgen des öffentlichen Dienstes damit bis zum 29, Februar 2023 mit € 11,89 unter dem aktuellen Mindestlohn. Berücksichtigung im Hinblick auf den Mindestlohn finden jedoch auch weitere sonstige Entgeltbestandteile, die in Monatsbeträgen festgelegt sind und auf den Mindestlohn angerechnet werden. Besteht keine Tarifbindung, z. B. bei nicht tarifgebundenen Tochterunternehmen der öffentlichen Hand, wird der Anspruch auf den gesetzlichen Mindestlohn regelmäßig arbeitsvertraglich abgebildet.

**I.  Allgemeines**

**II.  Geltungsbereich**
1.  Zur Berufsausbildung Beschäftigte
2.  Ehrenamtlich Tätige
3.  Personen unter 18 Jahre ohne Berufsbildung
4.  Praktikanten
5.  Duale Studiengänge

**III.  Arbeitszeit**
1.  Begriff der Arbeitszeit
2.  Bereitschaftsdienst/Bereitschaftszeit
3.  Rufbereitschaft

**IV.  Fälligkeit**
1.  Grundsatz
2.  Arbeitszeitkonten

**V.  Unabdingbarkeit**

**VI.  Berechnung des Mindestlohns/Anrechnung**
1.  Berechnung
2.  Anrechnung

**VII.  Dokumentationspflichten**

## I. Allgemeines

Die Unterschreitung des Mindestlohns stellt eine Ordnungswidrigkeit dar, die bußgeldbewehrt ist, § 21 MiLoG. Das MiLoG bildet daher die Grenze des grds. zulässigen niedrigsten Arbeitslohnes in Deutschland. Eine im MiLoG näher beschriebene Min-

destlohnkommission beschließt grundsätzlich alle zwei Jahre über Anpassungen, die sowohl nach oben als auch nach unten vorgenommen werden können. In der Sitzung vom 28.6.2016 hat diese Mindestlohnkommission erstmals eine Erhöhung des Mindestlohns auf € 8,84 pro Zeitstunde ab dem 1.1.2017 beschlossen (s. dazu www.mindestlohn-kommission.de). Seitdem sind stetig weitere Anpassungen vorgenommen worden. Seit dem 1.1.2024 beträgt der Mindestlohn € 12,41 brutto.

Kündigungen, die aufgrund der Geltendmachung des Mindestlohns durch den Arbeitnehmer ausgesprochen werden, sind unwirksam (ArbG Berlin v. 17.4.2015, 28 Ca 2405/15).

Der Bundesfinanzhof hat unter dem Aktenzeichen VII R 12/19 dem EuGH u. a. die Frage vorgelegt, ob die Anwendung des Mindestlohngesetzes auf ein ausländisches Transportunternehmen mit dem Unionsrecht vereinbar ist. Dieses hat der EuGH bejaht. In seiner Entscheidung vom 8. Juli 2021 (C 428/19) hat der EuGH entschieden, dass der Verstoß eines in einem Mitgliedstaat ansässigen Arbeitgebers gegen die Mindestlohnvorschriften eines anderen Mitgliedstaats von entsandten Arbeitnehmern des erstgenannten Mitgliedstaats vor einem Gericht dieses Mitgliedstaats, sofern es zuständig ist, gegen den genannten Arbeitgeber geltend gemacht werden kann. Das MiLoG ist zudem auch Schutzgesetz im Sinne von § 823 Abs. 2 BGB. Durch die §§ 1, 20, 21 Abs. 1 Nr. 9 MiLoG sollen mindestens auch die einzelnen Arbeitnehmer vor Zahlung unangemessen niedriger Löhne geschützt sein. Dabei schützt das MiLoG allerdings nur vor Lohnunterschreitung, gebietet aber keinen Schutz vor Lohnausfall, auch wenn denklogisch das komplette Ausbleiben die extremste Form der Lohnunterschreitung darstellt. Der Arbeitgeber kann sich durch Verstoß gegen das MiLoG also nicht bloß einer OWiG schuldig machen, sondern auch deliktischen Haftungsansprüchen ausgesetzt sein (LAG Thüringen v. 9.2.2022, 4 Sa 223/19).

**TIPP!**

Im Gegensatz zu Lohnerhöhungen, die der Arbeitgeber freiwillig umsetzt, ist bei der gesetzlich normierten Anhebung des Mindestlohns kein gesonderter schriftlicher Nachweis nach dem Nachweisgesetz erforderlich, da nach § 3 NachwG Änderungen aufgrund gesetzlicher Vorschriften dem Arbeitnehmer nicht gesondert mitzuteilen sind.

## II. Geltungsbereich

Das MiLoG gilt grundsätzlich für alle Arbeitnehmerinnen und Arbeitnehmer in Deutschland, §§ 1 Abs. 1, 22 Abs. 1 S. 1 MiLoG. Hierbei ist der allgemeine Arbeitnehmerbegriff heranzuziehen, der sich nach gefestigter Rechtsprechung vor allem aus der persönlichen Abhängigkeit ergibt. Zu beachten ist, dass auch Arbeitgeber mit Sitz im Ausland verpflichtet sind, ihren im Inland beschäftigten Arbeitnehmern ein Arbeitsentgelt mindestens in Höhe des gesetzlichen Mindestlohns zu zahlen (BAG v. 24.6.2021, 5 AZR 505/20, ZTR 2021, Heft 11, 637 ff.). Die Anwendbarkeit des MiLoG wird auch nicht dadurch ausgeschlossen, dass der betreffende Arbeitnehmer stets einen höheren Lohn als den Mindestlohn erhält. Eine solche Einschränkung kann dem MiLoG nicht entnommen werden. Vielmehr ist das MiLoG immer bis zur Höhe des gesetzlich vorgeschriebenen Mindestlohnes anwendbar und somit auch für Arbeitgeber, die höhere Löhne zahlen, zu beachten. Das Mindestlohngesetz ist somit auch für den öffentlichen Dienst von Bedeutung und von den Arbeitgebern des öffentlichen Dienstes zu beachten.

## 1. Zur Berufsausbildung Beschäftigte

§ 22 Abs. 3 MiLoG schließt die Anwendbarkeit des MiLoG für Beschäftigte zur Berufsausbildung aus. Zum Begriff vgl. Stichwort → *Berufsausbildungsverhältnis*. § 22 Abs. 3 MiLoG hat insofern nur eine klarstellende Funktion, da ein Berufsausbildungsverhältnis schon kein Arbeitsverhältnis darstellt. Jedoch klammert § 22 Abs. 3 MiLoG über den Geltungsbereich des BBiG hinaus auch folgende Ausbildungsverhältnisse aus dem Geltungsbereich des MiLoG aus:

▶ Volontariat,

▶ Anlernverhältnisse,

▶ berufliche Fortbildung,

▶ berufliche Umschulung.

Für diese besonderen Ausbildungsverhältnisse ist das MiLoG daher nicht anwendbar.

Auszubildenden ist dennoch eine Mindestvergütung nach dem Berufsbildungsgesetz zu zahlen. Diese beträgt gemäß § 17 Abs. 2 Nr. 1 lit. d) BBiG bei Beginn der Berufsausbildung im Jahr 2024 für das erste Ausbildungsjahr € 620,00. Im zweiten Ausbildungsjahr muss die Mindestvergütung des ersten Ausbildungsjahres zuzüglich 18 Prozent (€ 731,60), im dritten Ausbildungsjahr zuzüglich 35 Prozent (€ 837,00) und im vierten Lehrjahr zuzüglich 40 Prozent (€ 868,00) gezahlt werden.

Anwärter im öffentlichen Dienst erhalten eine Besoldung nach der jeweils anwendbaren Besoldungstabelle des Bundes oder der Länder.

## 2. Ehrenamtlich Tätige

In § 22 Abs. 3 MiLoG wird die Anwendbarkeit des MiLoG zudem für ehrenamtlich Tätige ausgeschlossen. Zu den ehrenamtlichen Tätigkeiten gehören nach der Gesetzesbegründung auch Personen, die einen freiwilligen Dienst im Sinne des § 32 Abs. 4 S. 1 Nummer 2 Buchstabe d des Einkommensteuergesetzes leisten (BT-Drucks. 18/1558 S. 48). Dazu gehören insbesondere Personen, die

▶ ein freiwilliges soziales Jahr oder ein freiwilliges ökologisches Jahr im Sinne des Jugendfreiwilligendienstegesetzes,

▶ einen Freiwilligendienst im Sinne der Verordnung (EU) Nr. 1288/2013 des Europäischen Parlaments und des Rates vom 11.12.2013 zur Einrichtung von „Erasmus+" oder

▶ einen entwicklungspolitischen Freiwilligendienst „weltwärts" im Sinne der Richtlinie des Bundesministeriums für wirtschaftliche Zusammenarbeit und Entwicklung vom 1.8.2007 (BAnz. 2008 S. 1297)

verrichten.

## 3. Personen unter 18 Jahre ohne Berufsbildung

Gemäß § 22 Abs. 2 MiLoG sind Jugendliche im Sinne des § 2 JuArbSchG vom Geltungsbereich des MiLoG ausgenommen. Dies dient dem Zweck, Jugendlichen einen Anreiz für die Aufnahme einer Berufsausbildung zu schaffen und sie nicht aufgrund des Mindestlohnes, der über einer Ausbildungsvergütung liegt, von einer Berufsausbildung abzuhalten.

## 4. Praktikanten

→ *Praktikanten* sind gemäß § 22 Abs. 1 S. 2 MiLoG ausdrücklich in den Geltungsbereich des MiLoG einbezogen, obwohl ein Praktikumsverhältnis häufig kein Arbeitsverhältnis darstellt, Praktikanten somit keine Arbeitnehmer sind. Jedoch gibt es erhebliche

Einschränkungen. So fallen Personen, die ein Pflichtpraktikum absolvieren, gemäß § 22 Abs. 1 S. 2 Nr. 1 MiLoG nicht in den Anwendungsbereich des MiLoG (vgl. BAG v. 19.1.2022, 5 AZR 217/21, ZTR 2022, 303 ff.), wobei sich dies stark an § 26 BBiG orientiert. Praktika, die von einer Schul-, Ausbildungs- oder Hochschulordnung bzw. im Rahmen eines dualen Studiums oder einer Ausbildung an einer Berufsakademie abgeleistet werden, gelten nicht als Praktikum im Sinne des § 26 BBiG, vgl. § 3 Abs. 2 Nr. 1 BBiG und fallen daher auch aus dem Geltungsbereich des MiLoG. Dazu gehört beispielsweise die praktische Studienzeit in einer Verwaltungsbehörde als Zulassungsvoraussetzung für die erste juristische Staatsprüfung, die gemäß § 4 Abs. 1 Nr. 2 lit. b) NJAG i. V. m. § 14 Abs. 2 Nr. 2 NJAVO (für Niedersachsen) verpflichtend durchzuführen ist. Gleiches gilt für ein Pflichtpraktikum, welches nach einer hochschulrechtlichen Bestimmung Zulassungsvoraussetzung für die Aufnahme eines Studiums ist (BAG v. 19.1.2022, 5 AZR 217/21). Zu beachten ist, dass ein Abbruch des Studiums oder der Ausbildung während des laufenden Praktikums zum Wegfall der mindestlohnrechtlichen Privilegierung führt, wenn der Arbeitgeber Kenntnis von dem Abbruch erlangt. Eine Erkundigungspflicht besteht nicht.

Findet ein bis zu dreimonatiges Praktikum zur Orientierung für eine Berufsausbildung oder für die Aufnahme eines Studiums statt, so ist der Anwendungsbereich des MiLoG (vgl. BAG v. 19.1.2022, 5 AZR 217/21, ZTR 2022, 303 ff.) hierfür gemäß § 22 Abs. 1 S. 2 Nr. 2 MiLoG ausgeschlossen. Die Ausnahmevorschrift erfasst auch Praktika zur „Neu-Orientierung" nach einem Studienabbruch. Problematisch ist die Ableistung mehrerer Orientierungspraktika in ein und demselben Unternehmen. Solchen dürfte die Privilegierung des § 22 Abs. 1 S. 2 Nr. 2 MiLoG nur zugutekommen, wenn zwischen ihnen eine zeitliche Zäsur lag – vorgeschlagen wird hierfür eine Orientierung an der gesetzlichen Regelverjährungsfrist von drei Jahren – oder sich die Praktika im Fall der Neuorientierung inhaltlich ausreichend voneinander unterscheiden. Zwei Praktika dürften beispielsweise dann privilegiert sein, wenn ein Praktikant, der zur Vorbereitung auf ein rechtswissenschaftliches Studium ein Orientierungspraktikum in der Rechtsabteilung eines Versicherungsunternehmens absolviert hat und infolge der dort gewonnenen Einblicke in die Versicherungsmathematik seine Studienabsicht aufgibt und nun die Aufnahme eines Mathematikstudiums in Betracht zieht und dazu – auch ohne zeitliche Zäsur – in der entsprechenden Abteilung des Unternehmens ein erneutes Orientierungspraktikum von bis zu drei Monaten absolviert. Kein Anspruch auf Mindestlohn besteht ferner, wenn das Berufsorientierungspraktikum unterbrochen und fortgesetzt wird. Das Praktikum kann dabei aus Gründen in der Person des Praktikanten rechtlich oder tatsächlich unterbrochen und um die Dauer der Unterbrechungszeit verlängert werden, wenn zwischen den einzelnen Abschnitten ein sachlicher und zeitlicher Zusammenhang besteht und die Höchstdauer von drei Monaten insgesamt nicht überschritten wird (BAG v. 30.1.2019, 5 AZR 556/17, ZTR 2019, 353).

Dies gilt auch für freiwillige berufs- oder hochschulausbildungsbegleitende Praktika für die Dauer von bis zu drei Monaten, wenn nicht zuvor ein solches mit demselben Ausbildenden bestanden hat, § 22 Abs. 1 S. 2 Nr. 3 MiLoG. Darüber hinaus gilt der Anwendungsbereich nicht für Personen, die an einer Einstiegsqualifizierung nach § 54a SGB III oder an einer Berufsausbildungsvorbereitung nach §§ 68–70 BBiG teilnehmen, § 22 Abs. 1 S. 2 Nr. 4 MiLoG.

Hingegen enthält das MiLoG keine Ausnahme für Praktikanten, die ihre Promotion oder Abschlussarbeit in einem Unternehmen fertigen, wenn nicht ausnahmsweise eine Hochschulordnung dem Studierenden vorgeben würde, dass er etwa seine Abschlussarbeit verbindlich in einem Unternehmen anzufertigen habe.

Die Anwendbarkeit des MiLoG im Bereich Praktikanten beschränkt sich daher vornehmlich auf Personen, die nach ihrem Studium oder nach ihrer Berufsausbildung ein Praktikum absolvieren, sofern es sich im fachlichen Rahmen des Berufes bzw. Studiums bewegt, also nicht der Neuorientierung dient, sowie auf begleitende Praktika im Sinne des § 22 Abs. 1 S. 2 Nr. 3 MiLoG, die einen Zeitraum von drei Monaten überschreiten. Diese Praktika fallen nicht unter die TVPöD/TV Prakt-L, sodass sich hier die Einführung des MiLoG auswirkt.

### 5. Duale Studiengänge

Duale Studiengänge beschreiben die Zusammenfassung eines Studiums mit einer Ausbildung. Inwieweit der Vertrag mit dem Ausbildungsbetrieb sowie die Praxiszeiten innerhalb des Studiums von der Ausnahmevorschrift des § 22 MiLoG erfasst werden, hängt von der Ausgestaltung des dualen Studiums ab.

Unproblematisch ist die Konstellation, in der das Studium berufsbegleitend und berufsintegriert absolviert wird. Berufsbegleitend Studierende bleiben Arbeitnehmer im Sinne des § 22 Abs. 1 S. 1 MiLoG.

Im Übrigen lassen sich duale Studiengänge in ihrer Ausgestaltung in integrierende und begleitende duale Studiengänge unterteilen. Integrierende duale Studiengänge zeichnen sich dadurch aus, dass die Praxisanteile im ausbildenden Unternehmen als Studienleistungen gewertet werden, während es bei begleitenden dualen Studiengängen an einer solchen Verzahnung fehlt. Wird bei Letzteren für die Praxisphase ein Vertrag mit einem Unternehmen abgeschlossen, handelt es sich um ein nach § 22 Abs. 1 S. 2 Nr. 1 MiLoG privilegiertes Praktikum. Dies gilt für Angebote von staatlichen oder staatlich anerkannten Berufsakademien gleichermaßen, wie für an Universitäten und Fachhochschulen (Hochschulen) angebotenen dualen Studiengängen.

Die integrierenden Studiengänge lassen sich weiter in ausbildungs- und praxisintegrierende Studiengänge unterteilen. Bei den erstgenannten Studiengängen sind Berufsausbildung und Studium verzahnt. Beide sind getrennt zu betrachten, aber dennoch jeweils vom Geltungsbereich des MiLoG ausgeschlossen. Dies folgt für den auf die Berufsausbildung entfallenden praktischen Teil aus § 22 Abs. 3 MiLoG und für den auf das Studium entfallenden praktischen Teil aus § 22 Abs. 1 S. 2 Nr. 1 MiLoG. Zu beachten ist aber, dass der Berufsausbildungsabschluss und der Abschluss des Studiums auch zeitlich auseinanderfallen können. Wird der Teilnehmer bei Fortsetzung des Studiums zwischenzeitig in ein Anstellungsverhältnis übernommen, wird er Arbeitnehmer im Sinne des § 22 Abs. 1 S. 1 MiLoG. Bei den praxisintegrierenden Studiengängen schließt der Teilnehmer mit dem Unternehmen einen Ausbildungsvertrag für die Dauer des Studiums ab. Dieser Ausbildungsvertrag ist aber nicht auf die Ablegung einer Abschlussprüfung gerichtet, weshalb keine Berufsausbildung im Sinne des BBiG vorliegt. Es kann aber die Privilegierung gemäß § 22 Abs. 1 S. 2 Nr. 1 MiLoG eingreifen.

## III. Arbeitszeit

### 1. Begriff der Arbeitszeit

Der Mindestlohn wird je Zeitstunde Arbeit geschuldet. Im Geltungsbereich des TVöD/TV-L entstehen bei der Entlohnung regulärer → *Arbeitszeit* keine Probleme. Die Vergütungsregelungen der jeweiligen Entgeltgruppen sehen für die Regelarbeitszeit durchweg höhere Stundenlöhne vor, als sie nach dem MiLoG vorgeschrieben sind.

Bei Dienstreisen gilt grundsätzlich nur die Zeit der dienstlichen Inanspruchnahme am auswärtigen Geschäftsort als Arbeitszeit. Reisezeit und sonstige Aufenthaltszeiten sind keine Arbeitszeit. Es wird aber für jeden Tag der Dienstreise mindestens die für den jeweiligen Tag anfallende regelmäßige durchschnittliche Arbeitszeit berücksichtigt, sofern diese unter Nichtberücksichtigung der Reisezeiten nicht erreicht würde.

### 2. Bereitschaftsdienst/Bereitschaftszeit

Die Vergütungspflicht für abgeleistete Arbeitszeit im Rahmen eines Bereitschaftsdienstes richtet sich primär nach dem Arbeitsvertrag bzw. einschlägigen Tarifverträgen. Fehlt es an einer solchen Regelung, ist Bereitschaftsdienst grds. wie Arbeitszeit zu behandeln und ist daher mindestlohnrelevant (BAG v. 24.6.2021, 5 AZR 505/20, ZTR 2021, Heft 11, 637 ff.; BAG v. 11.10.2017, 5 AZR 591/17 sowie BAG v. 11.10.2017, 5 AZR 591/16, ZTR 2018, 29 und 5 AZR 592/16; BAG v. 29.6.2016, 5 AZR 716/15, ZTR 2016, 691). Das BAG stellte aber fest, dass nicht für jede Stunde geleisteten Bereitschaftsdienstes Mindestlohn gezahlt werden muss. Es sei vielmehr eine Durchschnittsbetrachtung vorzunehmen, mit der Folge, dass die monatliche Vergütung im Schnitt über dem Mindestlohn pro Arbeitsstunde liegen muss. Im öffentlichen Dienst stellt Bereitschaftsdienst nach den §§ 6 Abs. 5, 7 Abs. 3 TVöD/TV-L vergütungspflichtige Arbeitszeit dar, für die der gesetzliche Mindestlohn gilt. Für Bereitschaftsdienst, der in der Nachtzeit abgeleistet wird, stellt sich bei bestimmten Berufsgruppen die Frage, ob die hierfür tariflich festgesetzte Entlohnung insgesamt die Lohnuntergrenze des MiLoG unterschreitet. Denn in der Nachtzeit geleisteter Bereitschaftsdienst wird nicht zu 100 Prozent, sondern mit prozentualen Abschlägen vergütet, vgl. nur § 8.1 TVöD-K, der eine Anrechnung von 60, 75 und 90 Prozent nach der jeweiligen Belastungsstufe vorsieht. Nach den jetzigen Entgelttabellen des TVöD/TV-L besteht jedoch keine Gefahr der Unterschreitung des Mindestlohns bei nur teilweiser Anrechnung von Bereitschaftszeit, da im Rahmen einer monatlichen Betrachtung das Mindestentgelt erreicht wird.

Gleiches gilt grundsätzlich auch für Bereitschaftszeiten nach § 9 Abs. 1 TVöD. Bereitschaftszeiten sind Zeiten während der regelmäßigen Arbeitszeit, in denen sich der Arbeitnehmer bereithält, um seine Arbeit aufzunehmen (sog. Arbeitsbereitschaft; vgl. auch EuGH v. 9.3.2021, C-344/19). Auch diese sind grundsätzlich mit dem Mindestlohn zu vergüten. Das bedeutet jedoch nicht, dass solche Bereitschaftszeiten stets zusätzlich zum Grundlohn zu vergüten sind. Maßgeblich dafür ist, ob der Grundlohn nur Vollarbeit oder auch Bereitschaftszeiten umfasst. In der ersten Konstellation sind Bereitschaftszeiten zusätzlich zu vergüten. In der zweiten Konstellation müssen Bereitschaftszeiten nur dann ergänzend vergütet werden, wenn die gezahlte Vergütung unter Berücksichtigung der Bereitschaftszeiten unter den gesetzlichen Mindestlohn fällt (vgl. ArbG Aachen v. 21.4.2015, 1 Ca 448/15 h). Dieses entspricht der bisherigen Rechtsprechung des BAG zur Vergütung von Arbeitsbereitschaft (BAG v. 24.6.2021, 5 AZR 505/20, ZTR 2021, Heft 11, 637 ff.); BAG v. 29.6.2016, 5 AZR 716/15, ZTR 2016, 691; BAG v. 26.3.1998, 6 AZR 537/96, ZTR 1998, 460).

### 3. Rufbereitschaft

Rufbereitschaft stellt keine Arbeitszeit dar und ist daher im Rahmen des MiLoG nicht zu berücksichtigen. Stützen lässt sich dies auf eine Entscheidung des BAG (BAG v. 19.11.2014, 5 AZR 1101/12, ZTR 2015, 150) zum Mindestentgelt nach dem zwischenzeitig außer Kraft getretenen § 2 Pflegearbeitsbedingungenverordnung (PflegeArbbV). Die Rufbereitschaft sah das Gericht von der Verordnung nicht als erfasst an, da der Arbeitnehmer in den Zeiten der Rufbereitschaft seinen Aufenthaltsort frei wählen konnte und folglich in Abgrenzung zum Bereitschaftsdienst keine vergütungspflichtige Arbeitszeit vorlag. Wegen der hieran hängenden Vergütungspflicht nach dem MiLoG sollte sich jeder Arbeitgeber mit der Abgrenzung der Begrifflichkeiten vertraut machen. Dabei kommt es nach Ansicht des EuGH („Matzak" v. 9.9.2021, C-107/19) darauf an, ob der Arbeitnehmer die in Frage stehende Zeit frei gestalten kann. Maßgebliche Kriterien für die Annahme der Rufbereitschaft sind dabei:

▶ Keine allgemeine Tätigkeitspflicht. Der Arbeitnehmer muss erst nach Aufruf vom Arbeitgeber tätig werden;

▶ Zwischen Aufruf und Arbeitsantritt muss eine ausreichend lange Zeitspanne liegen. Der Arbeitnehmer darf sich aufgrund einer zu kurzen Einsatzfrist nicht in dauernder Alarmbereitschaft befinden und

▶ Keine Ortsgebundenheit des Arbeitnehmers. Der Arbeitnehmer muss die tatsächliche Möglichkeit zur Gestaltung der eigenen Freizeit haben.

Etwas anderes gilt allerdings, wenn der Beschäftigte tatsächlich zur Arbeit herangezogen wird.

### IV. Fälligkeit

#### 1. Grundsatz

Die Fälligkeit des Mindestlohns ist in § 2 Abs. 1 Nr. 2 MiLoG geregelt. Der Mindestlohn wird spätestens am letzten Bankarbeitstag des auf die Arbeitsleistung folgenden Kalendermonats fällig, wobei ein früherer Fälligkeitstermin vertraglich vereinbart werden kann, § 2 Abs. 1 Nr. 1 MiLoG. Im Bereich des TVöD/TV-L ergeben sich keine Probleme. Gemäß § 24 Abs. 1 S. 2 TVöD/TV-L erfolgt die Zahlung des monatlich bemessenen Entgelts am Ende des jeweiligen Kalendermonats, sodass die Fälligkeit einen Monat vor der gesetzlichen Vorgabe des § 2 Abs. 1 MiLoG liegt. Schwierigkeiten ergeben sich jedoch bei den Entgeltbestandteilen, die nicht monatlich bemessen, sondern je Zeitstunde abgerechnet werden, wie zum Beispiel Zeitzuschläge oder Erschwerniszuschläge. Gemäß § 24 Abs. 1 S. 3 TVöD sind Entgeltbestandteile, die nicht in Monatsbeträgen festgelegt sind, am Zahltag des zweiten Kalendermonats, der auf ihre Entstehung folgt, fällig. Hier kann ein Verstoß gegen § 2 Abs. 1 MiLoG vorliegen. Die Regelung steht allerdings nicht der Vereinbarung etwa eines 13. Monatsgehaltes entgegen.

 **TIPP!**
Um einen Verstoß gegen § 2 Abs. 1 MiLoG zu vermeiden, ist eine Abrechnung im nächsten Kalendermonat anzuraten.

#### 2. Arbeitszeitkonten

Eine privilegierte Regelung der Fälligkeit enthält § 2 Abs. 2 MiLoG, sofern Arbeitszeitkonten zulässigerweise genutzt werden. Hier muss Arbeitszeit, die über die vertraglich vereinbarte Arbeitszeit hinaus geleistet wurde, innerhalb eines Jahres nach Erfassung der jeweiligen Stunden durch Freizeit oder Entgelt ausgeglichen werden. Nach § 2 Abs. 2 S. 3 MiLoG dürfen die auf das Arbeitszeitkonto eingestellten Arbeitsstunden monatlich jeweils 50 Prozent der vertraglich vereinbarten Arbeitszeit nicht übersteigen. Wird diese Grenze überschritten, tritt hinsichtlich der zu viel eingestellten Arbeitsstunden Fälligkeit nach § 2 Abs. 1 MiLoG ein. Zudem stellt ein Verstoß eine bußgeldbewährte Ordnungswidrigkeit dar.

 **TIPP!**
Arbeitgeber sollten vor diesem Hintergrund die Übereinstimmung etwaiger Betriebs- oder Dienstvereinbarungen zu Arbeitszeitkonten auf ihre Konformität mit dem MiLoG überprüfen.

### V. Unabdingbarkeit

Die Regelungen des MiLoG sind unabdingbar. Gemäß § 3 S. 1 MiLoG sind alle Vereinbarungen, die den Anspruch auf Mindestlohn unterschreiten, insoweit unwirksam. Dies berührt gemäß § 3 S. 1 MiLoG nur die gegen das MiLoG verstoßende Lohnabrede, sodass der Arbeitsvertrag im Übrigen wirksam bleibt. Gleiches gilt für eine freiwillige Betriebsvereinbarung, mit der die Betriebsparteien eine den gesetzlichen Mindestlohn unterschreitende Höhe des Entgelts festgelegt haben (BAG v. 27.4.2021, 1 ABR 21/20, ZTR 2021, Heft 8, 486 ff.). An die Stelle der unwirksamen Lohnvereinbarung tritt gemäß § 612 Abs. 2 Alt. 2 BGB die übliche Vergütung, die die Mindestgrenze des MiLoG überschreiten kann.

Inwiefern dies auch für Ausschlussfristen Anwendung findet, lässt sich dem Wortlaut des § 3 MiLoG nicht direkt entnehmen, muss im Ergebnis jedoch bejaht werden (so BAG v. 13.7.2022, 5 AZR 498/21; BAG v. 18.9.2018, 9 AZR 162/18, ZTR 2019, 31; BAG v. 20.6.2018, 5 AZR 377/17; BAG v. 30.1.2019, 5 AZR 43/18; vgl. auch bereits LAG Hamburg v. 20.2.2018, 4 Sa 69/17, LAG Hessen v. 4.5.2017, 19 Sa 1172/16, ZTR 2017, 664 sowie zur Unwirksamkeit von Ausschlussfristen bei Mindestentgelten auf Basis des AEntG BAG v. 24.8.2016, 5 AZR 703/15, ZTR 2017, 44). Ausschlussfristen in Allgemeinen Geschäftsbedingungen sind gemäß § 307 Abs. 1 S. 2 BGB intransparent und damit insgesamt unwirksam, wenn diese nicht erkennen lassen, dass Ansprüche auf den gesetzlichen Mindestlohn nicht erfasst sind (BAG v. 18.9.2018, 9 AZR 162/18, ZTR 2019, 31). Für Verfallsklauseln, die vor Inkrafttreten des Mindestlohngesetzes (in sog. „Altverträgen") vereinbart wurden, gilt jedoch eine Ausnahme: Hier geht das Bundesarbeitsgericht von einer bloßen Teilunwirksamkeit der Verfallsklausel aus. Eine bei Vertragsschluss zunächst transparente Vertragsklausel könne nicht durch eine spätere Änderung der Rechtslage intransparent werden (BAG v. 30.1.2019, 5 AZR 43/18, ZTR 2019, 395 ff.). Ausschlussfristen beschränken die Geltendmachung eines Anspruches. Insofern muss im Rahmen des § 37 TVöD/TV-L, der eine Ausschlussfrist von 6 Monaten vorsieht, zwingend darauf geachtet werden, dass der Teil des Lohns, der dem MiLoG unterfällt, nicht durch Ausschlussfristen beschränkt werden kann, sondern der Regelverjährung von 3 Jahren gem. §§ 195, 199 BGB unterfällt. Einem vollständigen Verfall des Urlaubsabgeltungsanspruches i. S. d. § 7 Abs. 4 BurlG steht § 3 MiLoG jedoch nicht entgegen (BAG v. 24.5.2022, 9 AZR 461/21).

Ein Verstoß gegen § 3 MiLoG führt bei tariflichen Ausschlussklauseln wohl nur zur Teilunwirksamkeit der Klausel, da Tarifverträge nicht dem Transparenzgebot des § 307 Abs. 1 S. 2 BGB unterliegen. Im Übrigen dürfte die Klausel daher wirksam bleiben (so BAG v. 20.6.2018, 5 AZR 377/17, ZTR 2018, 456 ff.; so auch LAG Nürnberg v. 29.5.2019, 4 Sa 1/19, ZTR 2019, 686; aber nicht unstreitig).

Etwas anderes gilt dann, wenn das entsprechende Arbeitsverhältnis vor Bestehen des Anspruchs auf Mindestlohn beendet ist, da der den Schutz des Anspruchs auf Mindestlohn bezweckende § 3 S. 1 MiLoG eine zeitliche Parallelität von Entgeltsansprüchen einerseits und dem Mindestlohnanspruch andererseits voraussetzt. Ein solches zeitliches Nebeneinander war vor der Geltung des gesetzlichen Mindestlohns seit dem 1.1.2015 ausgeschlossen. Eine entsprechende Ausschlussklausel bleibt wirksam (BAG v. 17.10.2017, 9 AZR 80/17, ZTR 2018, 91).

 **TIPP!**

Es empfiehlt sich daher zukünftig in arbeitsvertraglichen Klauseln zur Regelung von Ausschlussfristen folgenden Satz einzufügen: „Die Ausschlussfristen gelten nicht für Ansprüche auf den gesetzlichen Mindestlohn." Andernfalls kann eine unzutreffende Berücksichtigung von Mindestlohnansprüchen in vertraglichen Ausschlussfristen dazu führen, dass die Ausschlussfrist aufgrund Intransparenz insgesamt unwirksam ist.

**Beispiel**

Ein Beschäftigter in der EntgGr. 1, Stufe 2 TV-L West 2023 (1. Dezember 2022 bis 31. Oktober 2024) erhält ein Tabellenentgelt von € 2.094,49/Monat. Bei tatsächlichen 20 Arbeitstagen im Juni 2024 zu 8 Stunden entspricht dies € 13,09 je tatsächlich geleisteter Arbeitsstunde im Juni 2024. Bleibt die Zahlung des Entgelts für den Monat Juni 2024 aus, kann der Arbeitnehmer auch nach Verstreichen der 6-monatigen Ausschlussfrist nach § 37 TVöD/TV-L im Rahmen der gesetzlichen Verjährungsvorschriften einen dem Mindestlohn entsprechenden Teilbetrag für seine Arbeitsleistung in Höhe von € 1.985,60 verlangen.

## VI. Berechnung des Mindestlohns/Anrechnung

### 1. Berechnung

Der Mindestlohn ist ein eigenständiger Entgeltanspruch, der neben den arbeits- oder tarifvertraglichen Anspruch tritt und entsteht mit jeder geleisteten Arbeitsstunde (BAG v. 20.9.2017, 10 AZR 171/16, ZTR 2018, 27). Er berechnet sich daher grundsätzlich aus dem gezahlten Lohn je Zeitstunde Arbeit. Bezugspunkt des Mindestlohns ist die Zeitstunde. Die Erfüllung des Anspruchs auf den gesetzlichen Mindestlohn setzt voraus, dass die für eine geleistete Arbeitsstunde vertraglich vereinbarte Grundvergütung niedriger ist als der gesetzliche Mindestlohn (vgl. BAG v. 11.10.2017, 5 AZR 621/16, ZTR 2018, 97). Andere Vergütungsformen (insbes. nach Zeitabschnitten berechnetes Entgelt) bleiben zulässig, soweit gewährleistet ist, dass der Mindestlohn für jede geleistete Arbeitsstunde erreicht wird (vgl. BT-Drs. 18/1558, B, S. 40). Wird das Entgelt in Form einer Monatsvergütung gezahlt, ist ein fiktiver Stundensatz hinsichtlich der tatsächlich geleisteten Zeitstunden Arbeit im jeweiligen Abrechnungsmonat zu ermitteln. Überstunden und Mehrarbeit müssen in diese Durchschnittsbetrachtung einbezogen werden, wobei Abweichungen im Rahmen von Arbeitszeitkonten, s. o., zulässig sind. Grundsätzlich wird das Tabellenentgelt ab dem 1. März 2023 für den TVöD und vermutlich ab dem 1. November 2024 für den TV-L auch in den untersten Entgeltgruppen die Anforderungen des MiLoG erfüllen.

**Beispiel**

Ein Beschäftigter in der EntgGr. 1, Stufe 2 TVöD Bund oder VKA (vom 1. Januar 2023 bis 31. Dezember 2024) erhält ab dem 1. März 2024 ein Tabellenentgelt von € 2.355,52/Monat. Bei tatsächlichen 20 Arbeitstagen im Juni 2024 zu 8 Stunden entspricht dies € 14,72 je tatsächlich geleisteter Arbeitsstunde im Juni 2024. Lässt man denselben Fall im Bereich der EG 1, Stufe 2 TV-L West 2022 (1. Dezember 2022 bis 31. Oktober 2024) spielen und legt ein monatliches Entgelt von € 2.094,49 zugrunde, ergäbe sich ein Stundenlohn von € 13,09. Leistet der Arbeitnehmer in dieser Konstellation hingegen noch zusätzlich 10 Überstunden pro Woche ab, verringert sich das Entgelt auf € 10,47 je Arbeitsstunde.

 **ACHTUNG!**

Bei monatlich schwankender Arbeitszeit ohne Freizeitausgleich besteht die Gefahr der Unterschreitung des Mindestlohns.

 **Hinweis:**

Nach der Ansicht des BAG sind bei der Anwendung von § 2 Abs. 1, § 3 i. V. m. § 4 Abs. 1 EFZG Mindestlohnregelungen zu beachten, auch dann, wenn sich die Höhe des Arbeitsentgelts nach einer Mindestlohnregelung richtet, die keine Bestimmungen zur Entgeltzahlung und zum Urlaubsentgelt enthalten. In dem Fall hätte der Arbeitgeber demnach auch für infolge eines Feiertages oder Arbeitsunfähigkeit ausgefallene Stunden sowie bei der Urlaubsabgeltung den Mindestlohn und nicht die geringere vertraglich vereinbarte Vergütung zugrunde legen müssen (BAG v. 13.5.2015, 10 AZR 191/14, ZTR 2015, 529).

 **Hinweis:**

Wird in vereinzelten Quellen kritisiert, dass im Rahmen tarifvertraglich geregelter Faktorisierung (nach § 8.1 Abs. 3 TVöD-B findet eine Bewertung von Bereitschaftszeit als Arbeitszeit nur zu 25 % statt) die Gefahr einer Mindestlohnunterschreitung besteht, so wird verkannt, dass auch diese Arbeitszeiten im Rahmen des letztendlich gezahlten Monatsentgelts betrachtet werden müssen und nicht für sich einzeln je konkreter Zeitstunde bewertet werden können.

### 2. Anrechnung

Die Einbeziehung sonstiger Vergütungsbestandteile in die Berechnung des Mindestlohns ist davon abhängig, in welchem Verhältnis die Zahlungen zu der Arbeitsleistung stehen.

Nach der Rechtsprechung des EuGH können Vergütungsbestandteile in den Mindestlohn einbezogen werden, wenn sie das Verhältnis zwischen Leistung des Arbeitnehmers auf der einen und der Gegenleistung, die er dafür erhält, auf der anderen Seite nicht verändern (EuGH v. 7.11.2013, C-522/12; EuGH v. 14.4.2005, C-341/02).

Da der Anspruch auf Mindestlohn nach der Rechtsprechung des BAG mit jeder geleisteten Arbeitsstunde entsteht, sind lediglich die im Synallagma stehenden Arbeitsleitungen des Arbeitgebers geeignet, den Anspruch auf Mindestlohn zu begründen. Somit können auch sonstige Vergütungsbestandteile auf den Mindestlohn angerechnet werden, wenn der Zweck der Leistung des Arbeitgebers mit dem Zweck des Mindestlohns funktionell gleichwertig ist, wenn also die Zahlung des Arbeitgebers die „Normalleistung des Arbeitnehmers" abgelten möchte (st. Rspr., zuletzt BAG v. 11.10.2017, 5 AZR 621/16, ZTR 2018, 97; BAG v. 20.9.2017, 10 AZR 171/16, ZTR 2018, 27; BAG v. 16.4.2014, 4 AZR 802/11, ZTR 2015, 152; BAG v. 18.4.2012, 4 AZR 139/10). Voraussetzung ist allerdings, dass die Zahlung endgültig beim Arbeitnehmer verbleibt (BAG v. 25.5.2016, 5 AZR 135/16, ZTR 2016, 647). Kein Anspruch auf Mindestlohn entsteht daher in den Fällen, in denen der Arbeitgeber Zahlungen veranlasst, die ohne Rücksicht auf die tatsächliche Arbeitsleistung des Arbeitnehmers geleistet werden oder die auf einer besonderen gesetzlichen Zweckbestimmung beruhen (BAG v. 20.9.2017, 10 AZR 171/16, ZTR 2018, 27).

**Beispiel**

Anrechenbar: Boni, Tantiemen, variable Vergütungen, Erfolgsbeteiligungen und Provisionen sowie monatlich anteilig gezahlte Sonderzahlungen sind für den Mindestlohn berücksichtigungsfähig, weil hier nur die eigentliche Arbeitsleistung honoriert werden soll (so BAG v. 25.5.2016, 5 AZR 135/16, ZTR 2016, 647; vgl. auch z. B. LAG Berlin-Brandenburg v. 12.1.2016, 19 Sa 1851/15 zu monatlich anteilig gezahlten Sonderzahlungen; ArbG Düsseldorf v. 20.4.2015, 5 Ca 1675/15 zu Leistungsboni). Ebenso anrechenbar sind Prämien, die die Arbeitsleistung honorieren, auch dann, wenn sie lediglich quartalsweise ausgezahlt werden. Solche Prämien sind jedenfalls im Auszahlungsmonat mindestlohnwirksam (BAG. v. 6.9.2017, 5 AZR 441/16). Gleiches gilt für Zuschläge für Überstunden, Sonntags- und Feiertagsarbeit (BAG v. 17.1.2018, 5 AZR 69/17, ZTR 2018, 478, BAG v. 24.5.2017, 5 AZR 431/16, ZTR 2017, 734; BAG v. 25.5.2016, 5 AZR 135/16, ZTR 2016, 647) und tarifliche Anwesenheitsprämien (LAG Mecklenburg-Vorpommern v. 22.11.2016, 5 Sa 298/15). Ebenso mindestlohnwirksam sind auch sonstige sog. „Immerda-Prämien", die Beschäftigte erhalten, die im Abrechnungsmonat durchgehend arbeitsfähig waren (BAG v. 8.11.2017, 5 AZR 692/16, ZTR 2018, 152). Solange einzelne Vergütungsbestandteile einen unmittelbaren Bezug zur Arbeitsleistung und damit Entgeltcharakter haben, sind diese also berücksichtigungsfähig. Anrechenbar sind auch im Synallagma stehende Schichtzulagen und Treueprämien (BAG v. 22.3.2017, 5 AZR 425/16).

Nicht anrechenbar: (str.) Erschwerniszuschläge, Nachtzuschläge wegen § 6 Abs. 5 ArbZG (so BAG v. 20.9.2017, 10 AZR 171/16, ZTR 2018, 27; BAG v. 25.5.2016, 5 AZR 135/16, ZTR 2016, 647; vgl. auch z. B. LAG Köln v. 25.10.2017, 3 Sa 254/17; ArbG Bautzen v. 25.6.2015, 1 Ca 1094/15; a. A. LAG Hamm v. 29.11.2017, 6 Sa 620/17), Wechselschichtzulagen sowie Akkordzuschläge (ArbG Herford v. 11.9.2015, 1 Ca 677/15). Ebenfalls nicht anrechenbar ist Urlaubsentgelt bzw. Urlaubsgeld (BAG v. 20.9.2017 a.a.O.).

Einmalzahlungen des Arbeitgebers, die im Rahmen des Entgelts berücksichtigt werden könnten, können nur insofern für die Berechnung des Mindestlohns berücksichtigt werden, als sie dem Fälligkeitserfordernis des § 2 MiLoG entsprechen. Bezugspunkt ist der jeweilige Auszahlungsmonat. Dies ist vor allem bei Urlaubs- und Weihnachtsgeld von Bedeutung, unabhängig davon, ob diese nun eine gesonderte Leistungsentlohnung oder einen Bonus für Betriebstreue darstellen. Im Ergebnis bedeutet dies, dass das im Dezember gezahlte Weihnachtsgeld nicht für die übrigen Monate herangezogen werden darf. Eine Änderungskündigung, mit der eine solche Anrechnung erfolgen soll, ist unwirksam (ArbG Berlin, 4.3.2015, 54 Ca 14420/14). Eine Anrechnung kann jedoch dann stattfinden, wenn das Urlaubs- oder Weihnachtsgeld monatlich anteilig und vorbehaltlos sowie unwiderruflich gezahlt wird, da es in diesem Fall an dem für den Mindestlohn maßgeblichem Fälligkeitsdatum tatsächlich zur Verfügung steht (BAG v. 28.9.2016, 5 AZR 188/16; BAG v. 25.5.2016, 5 AZR 135/16, ZTR 2016, 647).

**Hinweis:**

In dem Fall eines Arbeitnehmers mit einer Grundvergütung von € 6,44/Stunde sowie zusätzlichem Urlaubsgeld und einer Jahressonderzahlung entschied das ArbG Berlin, dass die Änderungskündigung des Arbeitgebers mit dem Ziel, die Grundvergütung unter Wegfall des Urlaubsgeldes und der Jahressonderzahlung auf € 8,50/Stunde zu erhöhen, für unwirksam (ArbG Berlin

v. 4.3.2015, 54 Ca 14420/14, bestätigt durch LAG Berlin-Brandenburg v. 25.9.2015, 8 Sa 677/15). Ist eine Anrechnung des Mindestlohns rechtmäßig, so ist auch eine Änderungskündigung wirksam (vgl. LAG Berlin-Brandenburg v. 11.8.2015, 19 Sa 819/15).

## VII. Dokumentationspflichten

Das Mindestlohngesetz normiert in § 17 MiLoG Dokumentationspflichten, die den Arbeitgeber treffen. Beschäftigt der Arbeitgeber geringfügige Beschäftigte oder ist der Arbeitgeber in Wirtschaftsbereichen nach § 2a SchwarzarbG tätig, so sind Beginn, Ende und Dauer der täglichen Arbeitszeit der betroffenen Arbeitnehmer spätestens sieben Tage nach Erbringung der Arbeitsleistung aufzuzeichnen und danach mindestens zwei Jahre lang aufzubewahren. Der Verstoß gegen die Dokumentationspflicht stellt eine Ordnungswidrigkeit nach § 21 Abs. 1 MiLoG dar und kann mit einem Bußgeld belegt werden. Zudem droht nach § 19 MiLoG der Ausschluss von der Vergabe öffentlicher Aufträge. Die Aufzeichnung ist formfrei und kann auf den Arbeitnehmer übertragen werden. Fehlerhafte Dokumentation fällt jedoch auch dann dem Arbeitgeber zur Last. Das BMAS hat eigens für die Aufzeichnung die für jeden nutzbare App „einfach erfasst" entwickelt. Durch die am 29.7.2015 in Kraft getretene Mindestlohndokumentationspflichtenverordnung (MiLoDokV) wurden die in § 17 MiLoG festgeschriebenen Pflichten in zwei Fällen wieder gelockert: Nicht mehr von den Pflichten des § 17 MiLoG erfasst sind nun Arbeitgeber, die ihren Mitarbeitern ein verstetigtes regelmäßiges Monatsentgelt von mindestens € 4.176,00 brutto zahlen. Nicht ausreichend ist ein nur durchschnittliches Monatsentgelt in dieser Höhe. Ferner greifen die Dokumentationspflichten des § 17 MiLoG nach der MiLoDokV für einen Arbeitgeber nicht mehr, wenn dieser seinen Mitarbeitern in den letzten zwölf Monaten nachweislich ein verstetigtes regelmäßiges monatliches Bruttoentgelt in Höhe von zumindest € 2.784,00 zahlt. Die Schwellenwerte für die Dokumentationspflicht werden entsprechend der Entwicklung der Mindestlohnhöhe angepasst.

**Beispiel**

Wird ein Arbeitnehmer neu eingestellt und mit ihm ein monatliches Bruttoentgelt von € 2.800,00 vereinbart, so ist der Arbeitgeber bis zum Ablauf der ersten zwölf Monate verpflichtet, die Arbeitszeiten nach § 17 MiLoG genau zu dokumentieren. Nach Ablauf der ersten zwölf Monate ist der Arbeitgeber nach der MiLoDokV aus dieser Pflicht entlassen, sofern das Entgelt stets bezahlt worden ist.

# Mitarbeitergespräche

 **Wegweiser:**

Eine Verpflichtung zum Führen von Mitarbeitergesprächen aus aktuellen Anlässen ergibt sich bereits aus der allgemeinen Fürsorgepflicht des Arbeitgebers gegenüber seinen Beschäftigten. Für Beschäftigte des öffentlichen Dienstes sieht § 5 Abs. 4 TVöD/TV-L darüber hinaus einen tarifvertraglich geregelten Anspruch auf regelmäßige Gespräche über einen etwaigen Qualifizierungsbedarf vor. Ergänzende und vertiefende Hinweise finden sich bei Breier/Dassau TVöD Komm. Erl. 7 ff. zu § 5 TVöD. sowie Breier/Dassau TV-L Komm. Erl. 7 ff. zu § 5 TV-L. Die Durchführung von Mitarbeitergesprächen mit Zielvereinbarungen unterliegt gemäß § 80 Abs. 1 Nr. 18 BPersVG der Mitbestimmung des Personalrates und gemäß § 81 Abs. 1 Nr. 1 BetrVG der Mitbestimmung des Betriebsrates.

**I. Begriff**

**II. Vorbereitung des Gesprächs**

**III. Teilnahmepflicht des Arbeitnehmers**

**IV. Gesprächsziel**

**V. Gesprächsinhalt**
1. Arbeitssituation
2. Zusammenarbeit
3. Arbeitsaufgabe
4. Perspektiven
5. Zielvereinbarungen

**VI. Mobbingvorwurf**

**VII. Beteiligung der Mitarbeitervertretung**
1. Mitbestimmung
2. Hinzuziehung Dritter

**VIII. Nachbereitung des Gespräches**

## I. Begriff

Mitarbeitergespräche zwischen Beschäftigten und Vorgesetzten sind Voraussetzung und Grundlage einer erfolgreichen und zufriedenstellenden Zusammenarbeit. In der Regel werden Führungskräfte täglich mit ihren Mitarbeitern kommunizieren und Gespräche aus zufälligen oder aktuellen Anlässen führen. Gespräche über die Qualität der Zusammenarbeit oder die gegenseitigen Erwartungen finden jedoch oftmals nicht im erforderlichen Maße statt. Als Folge solcher Kommunikationsdefizite treten häufig Missverständnisse und damit einhergehende Frustrationserlebnisse auf, die als Konsequenz zu nicht befriedigenden Arbeitsergebnissen bis hin zu einer inneren Kündigung führen können. Die wichtigste Vorbeugungsmaßnahme sind Mitarbeitergespräche.

Regelmäßige Mitarbeitergespräche sollen deshalb dazu dienen, die Anforderungen der Führungsebenen mit den Vorstellungen der Mitarbeiter zu kombinieren. Darüber hinaus unterstützen Mitarbeitergespräche die weitere Entwicklung der Mitarbeiter. Sie helfen, vorhandene Potentiale besser zu erkennen und mehr Zufriedenheit und Motivation in den Arbeitsalltag zu bringen. Ferner sollten diese Gespräche auch Informationen über mögliche Ärgernisse und Enttäuschungen der Mitarbeiter hervorbringen, die eine innere Kündigung auslösen können.

 **TIPP!**

**Aus aktuellen Anlässen auftretende Probleme sollten unmittelbar mit den betroffenen Mitarbeitern besprochen und geklärt werden. Gleiches gilt für gegenseitige konstruktive Kritik. Auch diese sollte zeitnah und sachbezogen erfolgen.**

## II. Vorbereitung des Gesprächs

Eine detaillierte Vorbereitung des Mitarbeitergesprächs ist für eine erfolgreiche Durchführung unabdingbar. Insbesondere vor dem Hintergrund der besonderen Gesprächssituation ist es essentiell, dass der Vorgesetzte im Vorfeld den Ablauf und den Gesprächsinhalt plant.

Ein Mitarbeitergespräch sollte mindestens einmal pro Jahr als „Vier-Augen-Gespräch" zwischen Vorgesetzten und Mitarbei-

tern geführt werden. Als zeitliche Begrenzung der Gesprächsdauer sollten ein bis zwei Stunden angesetzt werden.

Eine Einladungsfrist ist gesetzlich nicht vorgegeben. Es erscheint allerdings sinnvoll, die Mitarbeiter mindestens eine Woche vorher einzuladen. Denkbar ist auch eine Orientierung an § 12 Abs. 3 TzBfG, sodass eine Ankündigung von mindestens vier Tagen im Voraus erforderlich ist. Aufgrund seines Direktionsrechts kann der Arbeitgeber grundsätzlich auch verlangen, dass der Mitarbeiter seiner Aufforderung zur Teilnahme an einem Mitarbeitergespräch unverzüglich nachkommt, ohne hierzu vorher eingeladen zu haben. Dementsprechend muss der Mitarbeiter seine gerade ausgeübte Tätigkeit unterbrechen, wenn er vom Arbeitgeber aufgefordert wird, mit ihm über Themen, die vom arbeitsrechtlichen Direktionsrecht umfasst sind, zu sprechen.

Der Termin sollte so gewählt werden, dass das Gespräch in ruhiger und ungestörter Atmosphäre durchgeführt werden kann. Das Gespräch sollte ohne Störungen durch Dritte (z. B. eingehende Telefonanrufe) bzw. Unterbrechungen stattfinden.

 **ACHTUNG!**

**Grundsätzlich kann der Arbeitgeber Termine für ein Mitarbeitergespräch aufgrund seines Weisungsrechts nur innerhalb der vertraglichen Arbeitszeit ansetzen. Terminierungen außerhalb der vertraglichen Arbeitszeit sind nur in wenigen Ausnahmen möglich. Ein Beispiel hierfür wäre die Terminierung eines Mitarbeitergespräches während der Bürozeiten für einen Mitarbeiter, der vertraglich nur in Nachtschicht arbeitet.**

Sowohl der Vorgesetzte als auch der Mitarbeiter sollten sich inhaltlich auf das Mitarbeitergespräch vorbereiten.

Sämtliche Gesprächsinhalte (z. B. Zielvereinbarungen) sollten im Rahmen eines kurzen Protokolls dokumentiert werden, das bestenfalls von beiden Gesprächspartnern/-innen unterzeichnet wird. Die Gesprächsinhalte sind vertraulich zu behandeln. Die Schriftform soll lediglich als Gedächtnisstütze im Rahmen der vertrauensvollen Zusammenarbeit der Beteiligten dienen.

## III. Teilnahmepflicht des Arbeitnehmers

Der Arbeitgeber kann den Arbeitnehmer im Rahmen des Direktionsrechts gemäß § 106 GewO einseitig anweisen, während der Arbeitszeit an einem Mitarbeitergespräch teilzunehmen, um die bisherigen Leistungen, das Verhalten, berufliche Entwicklungen, Erwartungen usw. zu besprechen. Das Weisungsrecht des Arbeitgebers beschränkt sich jedoch nach § 106 GewO auf „Inhalt, Ort und Zeit der Arbeitsleistung" sowie auf „Ordnung und Verhalten im Betrieb". Anordnungen müssen zudem billigem Ermessen entsprechen, es muss daher einen sachlich begründeten Anlass (z. B. konkrete Leistungsdefizite) geben, die Maßnahme darf keinen schikanösen, maßregelnden Charakter (z. B. nach Ort, Termin und Dauer) haben und es dürfen keine überwiegenden persönlichen Interessen des Arbeitnehmers dem Mitarbeitergespräch an sich oder dessen Terminierung entgegenstehen. Sollte der Arbeitnehmer entgegen der sich im Rahmen des § 106 GewO bewegenden Anweisungen des Arbeitgebers nicht zum Gespräch erscheinen, kommt eine Abmahnung in Betracht. Bei wiederholter beharrlicher Weigerung kann eine verhaltensbedingte Kündigung sozial gerechtfertigt sein (LAG Hamm v. 28.1.2016, 18 Sa 1140/15). Ist der Arbeitnehmer arbeitsunfähig erkrankt, kann der Arbeitgeber den Arbeitnehmer nur dann anweisen, zu einem Personalgespräch in den Betrieb zu kommen, wenn hierfür ein dringender betrieblicher Anlass besteht, der einen Aufschub der Weisung auf einen

Zeitpunkt nach Beendigung der Arbeitsunfähigkeit nicht gestattet, die persönliche Anwesenheit des Arbeitnehmers im Betrieb dringend erforderlich ist und ihm dies zugemutet werden kann (BAG v. 2.11.2016, 10 AZR 596/15, ZTR 2017, 178).

 **WICHTIG!**

Die Teilnahme an Gesprächen, die mit den im Gesetz genannten Zielen nicht im Zusammenhang stehen – z. B. Gespräche mit dem Ziel einer vom Arbeitnehmer bereits abgelehnten Vertragsänderung – kann der Arbeitgeber dagegen nicht einseitig nach § 106 GewO anordnen (BAG v. 23.6.2009, 2 AZR 606/08, ZTR 2009, 600). In diesem Fall besteht für den Arbeitnehmer keine Teilnahmepflicht, sodass auch eine darauf gestützte Abmahnung nicht wirksam ergehen kann. Wird diese dennoch – zu Unrecht – ausgesprochen, hat der Arbeitnehmer einen Anspruch auf Entfernung aus der Personalakte (BAG v. 23.6.2009, 2 AZR 606/08, ZTR 2009, 600).

## IV. Gesprächsziel

Ein Mitarbeitergespräch setzt die beiderseitige Bereitschaft voraus, sich auf die Sichtweise des Gegenübers einzulassen. Dabei sollte es selbstverständlich sein, dass sich die Gesprächsteilnehmer gegenseitig ernst nehmen, dem anderen Teilnehmer aktiv zuhören und das Gespräch durch Fragen fördern. So kann ein Mitarbeitergespräch ein offenes, auf gegenseitigem Respekt basierendes Verhalten im partnerschaftlichen Dialog fördern.

Mitarbeitergespräche sollen die Arbeitszufriedenheit der Mitarbeiter nicht nur sichern, sondern vielmehr auch weiterentwickeln. Basis für die Zufriedenheit im Arbeitsalltag sind Engagement und Motivation, die im engen Zusammenhang mit Faktoren wie z. B. Bezahlung, Anerkennung von Leistung und Person sowie übertragener Verantwortung stehen.

Regelmäßig geführte Gespräche ermöglichen eine Bilanz der Schwerpunktaufgaben in der Vergangenheit. Mittels Zielvereinbarungen kann für Vorgesetzte und Mitarbeiter ein Handlungs- und Erwartungsrahmen festgelegt werden, der die weitere Entwicklung der Mitarbeiter unterstützt.

Darüber hinaus dienen Mitarbeitergespräche der persönlichen Entwicklung. Der gegenseitige Austausch von Zielvorstellungen kann als Basis für Vereinbarungen zur Förderung und Qualifizierung der Mitarbeiter dienen.

 **WICHTIG!**

Ziele eines jährlichen Mitarbeitergespräches sind

▶ für den Mitarbeiter insbesondere

  ▶ Rückmeldung des Vorgesetzten über die eigenen Leistungen und des Verhaltens

  ▶ Erörterung eigener Vorstellungen und Erwartungen

  ▶ Besprechung möglicher Unterstützung von Arbeitgeberseite zur Überwindung von Defiziten

  ▶ Forum zur Ansprache eigener Kritik

▶ für den Vorgesetzten insbesondere

  ▶ Führungsmittel zur Förderung und Motivation

  ▶ individuelle Zielvereinbarungen

  ▶ Signal der Selbstkritik und Lernfähigkeit sowie Bereitschaft zur offenen Kommunikation

  ▶ Erfahrung von etwaigen Entwicklungswünschen des Mitarbeiters sowie ggf. Diskussion über zu hohe oder zu niedrige Erwartungen

▶ Für den Arbeitgeber dient das jährliche Mitarbeitergespräch als

  ▶ Informationsgrundlage über die Leistungen des Mitarbeiters, dessen Potential und Erwartungen

  ▶ Planungsgrundlage für den weiteren Einsatz des Mitarbeiters, etwaige Versetzungsmöglichkeiten, Gehaltsfindung sowie eine mögliche Trennung

  ▶ effektives Frühwarnsystem in Problemfällen

## V. Gesprächsinhalt

In einem (jährlich stattfindenden) Mitarbeitergespräch sollten grundsätzlich die folgenden Themenschwerpunkte besprochen werden:

▶ Arbeitssituation

▶ Zusammenarbeit

▶ Arbeitsaufgabe

▶ Perspektiven

▶ Zielvereinbarungen

 **TIPP!**

Jedes Mitarbeitergespräch sollte grundsätzlich positiv eröffnet werden, um zunächst eine harmonische Gesprächsatmosphäre zu schaffen.

Weitere gesetzlich geregelte Personalgespräche bzw. sich aus der Rechtsprechung ergebende Pflichten in Bezug auf Mitarbeitergespräche sind insbesondere Anforderungsanpassungsgespräche auf Initiative des Arbeitgebers gemäß § 81 Abs. 4 S. 2 BetrVG, Leistungsbeurteilungs- bzw. Entwicklungsgespräche auf Initiative des Arbeitnehmers gemäß § 82 Abs. 2 S. 1 BetrVG und Anhörungen vor Ausspruch von Verdachtskündigungen (BAG v. 24.5.2012, 2 AZR 206/11; Näheres siehe unter → *Kündigung*). Bei Schwangeren hat der Arbeitgeber nach Mitteilung der Schwangerschaft unverzüglich ein Gespräch über die Anpassung von Arbeitsbedingungen anzubieten, § 10 Abs. 2 S. 2 MuSchG. Zudem kommen Mitarbeitergespräche im Rahmen der Gesundheitsprävention gemäß § 167 Abs. 2 SGB IX in Betracht. Danach ist mit Beteiligung des betreffenden Mitarbeiters ein betriebliches Eingliederungsmanagement durchzuführen, wenn dieser innerhalb eines Jahres länger als sechs Wochen arbeitsunfähig war (Näheres unter → *Betriebliches Eingliederungsmanagement*). Unabhängig von dieser gesetzlichen Pflicht sind sog. Krankenrückkehrgespräche typischerweise Inhalt eines betrieblichen Gesundheitsmanagements.

 **WICHTIG!**

Diese Rückkehrgespräche unterliegen bei einer generell abstrakten Vorgehensweise des Arbeitgebers aufgrund des kollektiven Bezuges zur betrieblichen Ordnung und zum Arbeitsverhalten der Mitbestimmung des Betriebsrats nach § 87 Abs. 1 Nr. 1 BetrVG (BAG v. 8.11.1994, 1 ABR 22/94; LAG Hamburg v. 10.7.1991, 8 TaBV 3/91, LAGE § 87 BetrVG 1972 Betriebliche Ordnung Nr. 8). Sofern jedoch der Arbeitgeber mit einzelnen Arbeitnehmern Fürsorgegespräche führt mit dem Ziel, Krankheitsursachen und damit zusammenhängende Arbeitsbedingungen zu klären und die Auswahl der Arbeitnehmer keinen abstrakten Kriterien folgt, ist dies mitbestimmungsfrei möglich (LAG Nürnberg v. 2.3.2021, 7 TaBV 5/20, ZTR 2021, 488).

Dienstliche Weisungen an die personalverwaltenden Stellen zum Verhalten gegenüber langzeiterkrankten und häufig kurzzeiterkrankten Beschäftigten unterliegen indes weder der Mitbestimmung nach § 80 Abs. 1 Nr. 18 BPersVG (Regelung der

Ordnung in der Dienststelle und des Verhaltens der Beschäftigten) noch der Mitwirkung aus § 84 Abs. 1 Nr. 1 BPersVG (Vorbereitungen von Verwaltungsanordnungen ... für die ... Angelegenheiten der Beschäftigten). Die entsprechenden Anordnungen werden im Rahmen des beamtenrechtlichen oder arbeitsrechtlichen Direktionsrechts veranlasst (VGH BW v. 20.4.1993, PB 15 S 879/92).

 **WICHTIG!**

Im Rahmen sog. echter Rückkehrgespräche, mit denen der Arbeitgeber das Ziel verfolgt, die Hintergründe für die Fehlzeiten bis hin zu den Krankheitsursachen zu erfahren, sind gegebenenfalls datenschutzrechtliche Aspekte zu beachten. Dies gilt jedenfalls dann, wenn der Arbeitgeber die ihm mitgeteilten Krankheitsgründe in die Personalakte aufnimmt und damit eine Auswertung personenbezogener Daten ermöglicht, insbesondere wenn die Personalakte nicht durch den Arbeitgeber selbst, sondern durch ein anderes Unternehmen im Konzernverbund geführt wird (MMR-Aktuell 2010, 297997). Aber auch schon das bloße Führen von Rückkehrgesprächen kann datenschutzrechtlich relevant sein. Bereits die Datenerhebung bedarf einer gesetzlichen Erlaubnis bzw. Anordnung oder der Einwilligung des Betroffenen. Eine Einwilligung ist nur wirksam, wenn der Betroffene eingangs datenschutzrechtlich belehrt wurde (§ 51 Abs. 4 BDSG). Grundsätzlich darf nach dem Grund der Erkrankung nur gefragt werden, wenn der Arbeitgeber diesen unbedingt kennen muss, (a) um zu beurteilen, ob von einem Mitarbeiter eine Ansteckungsgefahr ausgeht, (b) wenn es gilt, Gefahren zu beseitigen, die zur Erkrankung von Mitarbeitern geführt haben oder (c) um festzustellen, ob ein Arbeitnehmer noch den Anforderungen seines Arbeitsplatzes gewachsen ist bzw. um ihm eine leidensgerechte Arbeit zuweisen zu können oder um ihm gesundheitliche Wiedereingliederungsmaßnahmen anzubieten (MMR-Aktuell 2010, 297997).

Unproblematisch und datenschutzrechtlich nicht relevant sind sog. „Begrüßungsgespräche", die Arbeitgeber mit Mitarbeitern (eigentlich selbstverständlich) nach jeder Rückkehr aufgrund von Fehlzeiten, unabhängig von Urlaub oder Krankheit oder anderen Abwesenheitszeiten wie Mutterschutz oder Elternzeit, führen sollten. Solche Gespräche haben in der Regel zum Inhalt, den Mitarbeiter willkommen zu heißen und ihm die für eine möglichst schnelle Integration erforderlichen Informationen weiterzugeben.

Ein weiterer Anlass für Mitarbeitergespräche sind sogenannte Austrittsgespräche. Diese werden mit Mitarbeitern geführt, die das Unternehmen verlassen werden. In solchen Gesprächen können in der Regel wichtige Informationen über die Motive der Kündigung gewonnen werden. Ferner können so häufig Rückschlüsse auf Vorkommnisse und die Arbeitssituation im Unternehmen gezogen werden, die von den Mitarbeitern negativ wahrgenommen werden. In einem offenen Austrittsgespräch können Arbeitgeber vom austretenden Mitarbeiter beispielsweise Informationen über die Arbeitsbedingungen, das Betriebsklima und/oder das Führungsverhalten der Vorgesetzten erfragen, die für eine künftige Bessergestaltung erforderlich sind.

Das Austrittsgespräch wird in der Regel bei oder kurz vor dem Vertragsende mit dem unmittelbaren Vorgesetzten oder einem Mitarbeiter des Personalbereichs in einer entspannten Atmosphäre geführt. Der betroffene Mitarbeiter sollte rechtzeitig über den Gesprächstermin informiert werden, um ausreichend Gelegenheit zur Vorbereitung zu erhalten.

Damit ein offenes Gespräch geführt werden kann, sollte dem Mitarbeiter die Vertraulichkeit des Gesprächsinhaltes zugesichert und ferner mitgeteilt werden, dass das Endzeugnis durch das Austrittsgespräch nicht beeinflusst wird. Zur Auskunftsfreudigkeit des Mitarbeiters wird es in der Regel beitragen, wenn

sich der Gesprächsführende selbstkritisch gibt und auf seine Änderungsbereitschaft sowie Lernfähigkeit hinweist.

## 1. Arbeitssituation

Im Gesprächsteil über die Arbeitssituation sprechen die Gesprächspartner über die Arbeitsatmosphäre bzw. das Betriebsklima, organisatorische Abläufe (Informationsfluss, Zeitvorgaben, Vertretungsregelungen, Arbeitsstörungen u. Ä.) und den konkreten Arbeitsplatz des Mitarbeiters (räumliche Situation). Auch die Arbeitszufriedenheit des Mitarbeiters sollte thematisiert werden. Schließlich beinhaltet dieser Gesprächsteil die Frage, ob die konkreten Zielvorgaben mit den dafür zur Verfügung stehenden Arbeitsmitteln in der vorgegebenen Zeit tatsächlich realisiert werden können. In diesem Zusammenhang könnte es sinnvoll sein, Möglichkeiten zu erörtern, inwiefern Handlungs- und Entscheidungsspielräume des Mitarbeiters ausgeweitet werden können.

 **TIPP!**

Folgende Fragen können sich Vorgesetzte bei der inhaltlichen Vorbereitung des Mitarbeitergespräches stellen:

- ▶ In welcher Form trägt der Mitarbeiter zur Arbeitsatmosphäre bei? Bestehen Konfliktsituationen? Wenn ja, besteht Vermittlungsbedarf durch den Vorgesetzten? Welche Position hat der Mitarbeiter im Team? Wie ist sein/ihr Verhalten im Team?

- ▶ Gibt es Verbesserungsmöglichkeiten bei den organisatorischen Abläufen? Ist der Informationsfluss zwischen Vorgesetztem und Mitarbeiter für die Aufgabenerledigung ausreichend?

- ▶ Ist der konkrete Arbeitsplatz des Mitarbeiters ausreichend ausgestattet?

## 2. Zusammenarbeit

Ziel dieses Gesprächsteils ist primär, die Zusammenarbeit zwischen Vorgesetztem und Mitarbeiter zu verbessern. Vor diesem Hintergrund sollen die Rahmenbedingungen der Zusammenarbeit erörtert werden und aus dem gegenseitigen „Feedback" Rückschlüsse für das eigene Verhalten abgeleitet werden. Thematisiert werden insbesondere Probleme, die aus dem Führungsverhalten resultieren können.

 **TIPP!**

Folgende Fragen können sich Vorgesetzte bei der inhaltlichen Vorbereitung des Mitarbeitergespräches stellen:

- ▶ Kann die Zusammenarbeit mit dem Mitarbeiter als gut bezeichnet werden?

- ▶ Sollte die Führung des Mitarbeiters geändert werden? Wenn ja, wie?

- ▶ Wird Kritik in angemessener Form am Verhalten des Mitarbeiters ausgeübt?

- ▶ Verbleibt dem Mitarbeiter genügend Entscheidungsspielraum? Kann der Mitarbeiter selbstständig arbeiten? Wie wird mit Änderungs-/Verbesserungsvorschlägen umgegangen?

- ▶ Wird Kritik am Führungsverhalten akzeptiert?

- ▶ Wie wird in Konfliktsituationen vermittelt?

## 3. Arbeitsaufgabe

Im Rahmen dieses Gesprächsteils sprechen die Gesprächspartner über die in der Vergangenheit schwerpunktmäßig bearbeiteten Aufgaben und die konkrete Leistung bei der Aufgabenerfüllung. Der Mitarbeiter sollte an dieser Stelle eine Rückmeldung über seine geleistete Arbeit erhalten.

**TIPP!**

Folgende Fragen können sich Vorgesetzte bei der inhaltlichen Vorbereitung des Mitarbeitergespräches stellen:

▶ Welche Aufgaben hat der Mitarbeiter im vergangenen Jahr schwerpunktmäßig wahrgenommen?

▶ Wie wird die Arbeit des Mitarbeiters eingeschätzt? Gibt es Verbesserungsvorschläge?

▶ Sollte der Mitarbeiter andere und/oder weitere Aufgaben wahrnehmen? Wo liegen die Stärken des Mitarbeiters?

▶ Kann auf bestimmte Aufgaben verzichtet werden?

▶ Gibt es Verbesserungsvorschläge?

### 4. Perspektiven

In diesem Gesprächsteil geht es um die gemeinsame Erörterung von individuellen Entwicklungsperspektiven des Mitarbeiters. Die teilnehmenden Gesprächspartner sollten Qualifikationen und Neigungen des Mitarbeiters besprechen und auf dieser Basis über – neue – fachliche Herausforderungen diskutieren.

**WICHTIG!**

Mit § 5 TVöD/TV-L besteht erstmals eine tarifvertragliche Regelung zur Qualifizierung der Beschäftigten. Nach § 5 Abs. 4 TVöD/TV-L haben Beschäftigte Anspruch auf ein regelmäßiges Gespräch mit der Führungskraft, in dem festgestellt wird, ob und welcher Qualifizierungsbedarf besteht (ergänzende und vertiefende Hinweise finden sich bei Breier/Dassau TVöD Komm. Erl. 7 ff. zu § 5 TVöD sowie Breier/Dassau TV-L Komm. Erl. 7 ff. zu § 5 TV-L). Wird nichts anders geregelt, ist das Gespräch jährlich zu führen. Sofern gemeinsam festgestellt wird, dass und in welchem Bereich Qualifizierungsbedarf besteht, können die Parteien Qualifizierungsmaßnahmen nach § 5 Abs. 3 TVöD/TV-L (z. B. Fort- und Weiterbildungsmaßnahmen) vereinbaren.

**TIPP!**

Folgende Fragen können sich Vorgesetzte bei der inhaltlichen Vorbereitung des Mitarbeitergespräches stellen:

▶ Ist ein Stellenwechsel für den Mitarbeiter möglich?

▶ Sind die Erfahrungen bzw. Qualifikationen ausreichend?

▶ Welche Fortbildungsmöglichkeiten bestehen entsprechend den Leistungen und Fähigkeiten des Mitarbeiters?

**WICHTIG!**

Ab dem 1. Januar 2019 ist mit dem Qualifizierungschancengesetz eine umfassende Änderung des § 82 SGB III erfolgt. Unter den dort normierten Voraussetzungen kommt sowohl eine staatliche Förderung in Form anteiliger Kostenübernahme für Weiterbildungsmaßnahmen als auch einer Beteiligung an den Lohnkosten, die im Weiterbildungszeitraum dem Arbeitgeber entstehen, in Betracht. Ein Fokus liegt auf der Förderung von Arbeitnehmerinnen und Arbeitnehmern, die berufliche Tätigkeiten ausüben, die durch Technologien ersetzt werden können oder in sonstiger Weise vom Strukturwandel betroffen sind (§ 82 Abs. 1 S. 2 SGB III). Diese Förderungsmöglichkeiten sollten Arbeitnehmer und Arbeitgeber bei der Besprechung der beruflichen Perspektiven des Arbeitnehmers im Blick behalten.

### 5. Zielvereinbarungen

Schließlich sollen im Gespräch Ziele vereinbart werden. Die in diesen Vereinbarungen festgelegten Ziele bieten den Gesprächspartnern einen Orientierungsrahmen für das zukünftige Miteinander. Die Ziele können aus verschiedenen Themenfeldern festgelegt werden. Zielvereinbarungen können z. B. folgende Inhalte haben: Vereinbarung persönlicher Entwicklungsziele, Auftragserfüllung und Sozialverhalten. Die vereinbarten Ziele

sollten erreichbar und umsetzbar sein. Allerdings sollten sie immer noch Handlungsspielräume zulassen.

**TIPP!**

Folgende Fragen können sich Vorgesetzte bei der inhaltlichen Vorbereitung des Mitarbeitergespräches stellen:

▶ Welche konkreten Ziele sollen festgelegt werden?

▶ Wie können und sollen diese überprüft werden?

## VI. Mobbingvorwurf

Vorgesetzten, die unangenehme Themen in den Mitarbeitergesprächen ansprechen, wird in der Praxis nicht selten vorgeworfen, sie würden „mobben". Dieser Vorwurf entbehrt regelmäßig jeder Grundlage. Geäußerte Kritik an Leistung und Verhalten des Arbeitnehmers sowie daraus resultierende Maßnahmen stellen in der Regel kein Mobbing dar.

Stil, Höflichkeit und Rücksichtnahme werden vom Gesetz nicht verlangt, sodass auch derbe Kritik des Arbeitgebers keinen Schmerzensgeldanspruch wegen Persönlichkeitsverletzung oder Mobbing auslöst (LAG Nürnberg v. 5.9.2006, 6 Sa 537/04). Sogar fehlerhafte Weisungen und unbeherrschtes Verhalten des Vorgesetzten, dem elementare Fähigkeiten für die Führung von Menschen fehlen, stellen grundsätzlich kein Mobbing dar (LAG Chemnitz v. 17.2.2005, 2 Sa 751/03). Ein Arbeitgeber kann davon ausgehen, dass ein Arbeitnehmer ein gewisses Maß an – derber – Kritik verträgt.

## VII. Beteiligung der Mitarbeitervertretung

### 1. Mitbestimmung

Die Durchführung von Mitarbeitergesprächen mit Zielvereinbarung ist gemäß § 87 Abs. 1 Nr. 1 BetrVG mitbestimmungspflichtig, wenn die Gespräche in einer generalisierenden und formalisierten Art und Weise durchgeführt werden und über die durch das Direktionsrecht bestimmbare Arbeitspflicht hinausgehen (LAG Baden-Württemberg v. 12.6.1995, 16 TaBV 12/94). Bei der Einführung von Mitarbeiterjahresgesprächen, in denen anhand eines formalisierten Beurteilungskatalogs Leistung und Verhalten in einem offenen Dialog bewertet werden sollen, handelt es sich ebenfalls um eine mitbestimmungspflichtige Angelegenheit (vgl. LAG Hessen v. 6.2.2012, 16 Sa 1134/11).

Gleiches gilt im öffentlichen Dienst, wenn in den Gesprächen nicht nur die eigentliche Sacharbeit oder Diensterfüllung, sondern das allgemeine Verhalten der Beschäftigten erörtert werden soll (VGH Baden-Württemberg v. 9.5.2000, PL 15 S 2514/99). Bei der Durchführung von Mitarbeitergesprächen mit Zielvereinbarung geht es zwar auch um eine möglichst gute Erfüllung der geschuldeten Arbeit. Diese soll jedoch durch eine spezifische Art der Zusammenarbeit, durch eine Regelung des Umgangs von Vorgesetzten und ihm untergebenen Mitarbeitern, also durch eine soziale Ordnung, gefördert werden. Nach § 80 Abs. 1 Nr. 18 BPersVG unterliegt dies der Mitbestimmung des Personalrates. Die Erstellung eines individuellen Entwicklungsplans für einen Mitarbeiter infolge der Erkenntnisse aus einem Mitarbeitergespräch unterliegt aber nicht der Mitbestimmung, insbesondere nicht derjenigen aus § 78 Abs. 1 Nr. 13 BPersVG (OVG Münster v. 11.4.2019, 20 A 3550/18.PVB, ZTR 2019, 580).

**TIPP!**

Vor der Ein- und Durchführung von strukturierten Mitarbeitergesprächen sollte daher der → *Betriebs–* bzw. → *Personalrat* beteiligt werden.

## 2. Hinzuziehung Dritter

Mitarbeiter haben grundsätzlich keinen Anspruch darauf, dass bei Mitarbeitergesprächen die Anwesenheit eines Rechtsanwaltes zugelassen wird. Die Teilnahme an Mitarbeitergesprächen gehört zum selbstverständlichen Pflichtenkreis eines Arbeitnehmers, der aus der Kernpflicht, namentlich der Leistung von entgeltlicher Arbeit, resultiert. Da nun die vertragliche Dienstleistung des Arbeitnehmers höchstpersönlich wahrzunehmen ist, sind auch die vom Arbeitgeber angeordneten Mitarbeitergespräche grundsätzlich höchstpersönlich wahrzunehmen. Der Arbeitgeber kann also auch erwarten, dass sich der Arbeitnehmer einem Mitarbeitergespräch persönlich stellt und hierbei mitwirkt (LAG Hamm v. 23.5.2001, 14 Sa 497/01). Zieht der Arbeitgeber allerdings seinerseits betriebsfremde Personen (z. B. einen Rechtsanwalt) zum Mitarbeitergespräch hinzu, ist die Teilnahme eines Rechtsanwaltes des Arbeitnehmers zur Wahrung der „Waffen-" und Chancengleichheit zulässig (LAG Hamm v. 23.5.2001, 14 Sa 497/01).

**TIPP!**

Bei Arbeitnehmern, die der Sprache, in der das Gespräch geführt wird, nicht ausreichend mächtig sind, empfiehlt sich die Hinzuziehung eines Dolmetschers. Nur so kann gewährleistet werden, dass der Arbeitnehmer auch tatsächlich Kenntnis von der „Botschaft" des Gespräches erlangt. Ferner kann so einem etwaigen Vorwurf des Arbeitnehmers vorgebeugt und die Grundlage entzogen werden, er sei wegen seiner ethnischen Herkunft diskriminiert.

Ein Personalratsmitglied ist grundsätzlich befugt, auf Wunsch des Arbeitnehmers an einem Personalgespräch teilzunehmen (ArbG Marburg v. 15.11.1995, 1 Ca 270/95). Vereinzelt finden sich in Landespersonalvertretungsgesetzen auch gesetzliche Regelungen zur Hinzuziehung von Personalräten. So kann ein Mitglied des Personalrats gem. § 60 Abs. 3 S. 1 Nr. 3 NPersVG und § 65 Abs. 3 S. 3 LPVG NW auf Wunsch des betroffenen Beschäftigten an einem Personalgespräch teilnehmen. Darüber hinaus haben Beschäftigte gem. § 69 Abs. 7 LPersVG RP das Recht zur Hinzuziehung eines Mitglieds des Personalrats bei dienstlichen Gesprächen zur Überprüfung von Pflichtverletzungen, die zu arbeits- und disziplinarrechtlichen Maßnahmen führen können. Allerdings hat der Mitarbeiter keinen allgemeinen Anspruch darauf, dass zu einem Personalgespräch ein Betriebsratsmitglied hinzugezogen wird. Vielmehr regelt das Gesetz das Recht auf Hinzuziehung eines Betriebsratsmitgliedes jeweils bezogen auf bestimmte Gegenstände und Anlässe (vgl. §§ 81 Abs. 4 S. 3, 82 Abs. 2 S. 2, 83 Abs. 1 S. 2 und 84 Abs. 1 S. 2 BetrVG). Danach kann ein Arbeitnehmer die Teilnahme eines Betriebsratsmitgliedes beispielsweise verlangen, wenn in dem Gespräch das Arbeitsentgelt und die beruflichen Entwicklungsmöglichkeiten erläutert werden (§ 82 Abs. 2 S. 2 BetrVG) oder wenn er sich ungerecht behandelt oder in sonstiger Weise beeinträchtigt fühlt. Im Umkehrschluss folgt hieraus, dass der einzelne Arbeitnehmer keinen betriebsverfassungsrechtlichen Anspruch darauf hat, zu den von diesen Vorschriften nicht erfassten Personalgesprächen ein Mitglied des Betriebsrats hinzuzuziehen (BAG v. 16.11.2004, 1 ABR 53/03). Entsprechend kann es einen Grund für den Ausspruch einer ordentlichen Kündigung darstellen, wenn ein zuvor einschlägig abgemahnter Arbeitnehmer ein dienstliches Gespräch mit dem Vorgesetzten verweigert, weil der Arbeitnehmer derartige Gespräche nur in Anwesenheit eines Betriebsratsmitgliedes zu führen gewillt ist (LAG Hamm v. 28.1.2016, 18 Sa 1140/15).

Bei Personalgesprächen über den Abschluss eines Aufhebungsvertrages besteht ebenfalls kein betriebsverfassungs-

rechtlicher Anspruch des Arbeitnehmers auf Hinzuziehung eines Betriebsratsmitglieds. Allerdings ist zu beachten, dass solche Personalgespräche häufig auch Themen im Sinne von § 82 Abs. 2 S. 1 BetrVG (z. B. wie die bisherigen Leistungen des Arbeitnehmers beurteilt werden und warum es für ihn keine beruflichen Entwicklungsmöglichkeiten im Betrieb mehr geben soll) zum Gegenstand haben. Eine Beschränkung auf die Ausscheidensvereinbarung wird oft nicht möglich sein.

**TIPP!**

Da der Betriebsrat nur ein Teilnahmerecht an Gesprächen hat, die Arbeitsentgelt, Leistungsbeurteilung und berufliche Entwicklung betreffen, sollte der Arbeitgeber die Gespräche inhaltlich und zeitlich trennen. Abgesehen von den genannten Gesprächsinhalten können die sonstigen Themen unter vier Augen – ggf. in einem weiteren Termin – besprochen werden.

Aus der Befugnis des Mitarbeiters, je nach Gesprächsgegenstand ein Betriebsratsmitglied hinzuzuziehen, folgt indessen kein Anspruch des Betriebsrates auf Teilnahme an dem Gespräch, der vom Betriebsrat selbstständig geltend gemacht werden könnte (BAG v. 16.11.2004, 1 ABR 53/03; BAG v. 23.2.1984, 6 ABR 22/81).

**WICHTIG!**

Das SGB IX gewährt kein originäres Recht der Schwerbehindertenvertretung, an einem Mitarbeitergespräch mit einem Schwerbehinderten teilzunehmen. Anders als die §§ 81 ff. BetrVG sieht § 178 SGB IX nicht vor, dass der schwerbehinderte Arbeitnehmer ein Mitglied der Schwerbehindertenvertretung zu Mitarbeitergesprächen hinzuziehen darf.

Dem Arbeitnehmer ist weiterhin nicht gestattet, das Personalgespräch heimlich aufzunehmen. Dies würde eine erhebliche Verletzung der arbeitsvertraglichen Rücksichtnahmepflichten als auch eine Verletzung des allgemeinen Persönlichkeitsrechts begründen und damit eine verhaltensbedingte Kündigung rechtfertigen (LAG Rheinland-Pfalz v. 3.2.2016, 7 Sa 220/15).

## VIII. Nachbereitung des Gespräches

Über das geführte Gespräch informieren die Vorgesetzten im Nachhinein die Personalstelle. Es erfolgt die Mitteilung, mit welcher Person an welchem Tag das Mitarbeitergespräch geführt wurde.

**TIPP!**

Um die Inhalte der Zielvereinbarung sowie deren Umsetzung kontrollieren zu können, sollte die Zielvereinbarung in regelmäßigen Abständen „auf Wiedervorlage" gelegt werden.

# Mobbing

**Wegweiser:**

Aufgrund der streng hierarchischen Strukturen in einigen Teilbereichen des öffentlichen Dienstes sind diese Teilbereiche für das „Mobbing" von Beschäftigten besonders anfällig. Spezielle Sonderregelungen zum Thema „Mobbing" gibt es im TVöD/TV-L nicht. (vgl. zum Thema Mobbing insbesondere Kollmer: Mobbing im Arbeitsverhältnis, 4. Aufl., Verlagsgruppe Hüthig Jehle Rehm).

I.  **Definition und Erscheinungsformen**

II.  **Auswirkungen von Mobbing**

**III. Maßnahmen gegen Mobbing**

   1. Schutzpflicht des Arbeitgebers

   2. Vorbeugende Maßnahmen

   3. Maßnahmen gegenüber dem „Mobber"

**IV. Ansprüche des Mobbingopfers**

   1. Haftung des „Mobbers"

   2. Haftung des Arbeitgebers

   3. Darlegungs- und Beweislast

## I. Definition und Erscheinungsformen

Der Begriff „Mobbing" (auch Bullying, Bossing) stammt ursprünglich aus der Verhaltensforschung und leitet sich ab von dem englischen Wort „to mob" (lärmend herfallen über, anpöbeln, angreifen, attackieren). Pauschal wird der Begriff „Mobbing" in der Praxis als Bezeichnung für „den täglichen Kleinkrieg am Arbeitsplatz" verwendet. Zu beachten ist, dass es sich bei dem Begriff „Mobbing" nicht um einen Rechtsbegriff handelt und „Mobbing" somit keine einer Rechtsnorm vergleichbare, selbstständige Anspruchsgrundlage darstellt (vgl. BAG v. 28.10.2010, 8 AZR 546/09; OLG Brandenburg, Beschluss v. 8.9.2021, 1 U 19/21; LAG Rheinland-Pfalz v. 30.11.2015, 3 Sa 371/15; LAG Köln v. 6.7.2023, 6 Sa 94/23). Entscheidend ist vielmehr, ob die Handlungen und Verhaltensweisen der Arbeitskollegen, Vorgesetzten bzw. des Arbeitgebers zu einer Vertrags- oder Rechtsgutsverletzung führen (vgl. BAG v. 15.9.2016, 8 AZR 351/15). Macht ein Arbeitnehmer konkrete Ansprüche aufgrund von Mobbing geltend, muss jeweils geprüft werden, ob der in Anspruch Genommene in den vom Kläger genannten Einzelfällen arbeitsrechtliche Pflichten, ein absolutes Recht oder ein Schutzgesetz verletzt oder eine sittenwidrige Schädigung begangen hat (LAG Schleswig-Holstein v. 11.10.2023, 6 Sa 48/23).

Das BVerwG (v. 15.12.2005, 2 A 4/04) versteht in Übereinstimmung mit dem BAG (v. 16.5.2007, 8 AZR 706/06) unter Mobbing das

▶ systematische Anfeinden,

▶ Schikanieren oder Diskriminieren von

▶ Arbeitnehmern untereinander oder durch Vorgesetzte,

▶ wobei Mobbing durch Stresssituationen am Arbeitsplatz, deren Ursachen u. a. in einer Über- oder Unterforderung einzelner Arbeitnehmer oder Arbeitnehmergruppen liegen können, begünstigt wird.

Inzwischen greift das BAG auch auf die Vorschriften des AGG zurück. Mit dem in § 3 Abs. 3 AGG definierten Begriff der „Belästigung" habe der Gesetzgeber den Begriff des Mobbings umschrieben, soweit unangemessene Benachteiligung auf den in §§ 1 und 2 AGG genannten Merkmalen beruhe (BAG v. 22.7.2010, 8 AZR 1012/08). Eine Belästigung ist nach § 3 Abs. 3 AGG eine Benachteiligung im Sinne des AGG, „wenn unerwünschte Verhaltensweisen (...) bezwecken oder bewirken, dass die Würde der betreffenden Person verletzt und ein von Einschüchterungen, Anfeindungen, Erniedrigungen, Entwürdigungen oder Beleidigungen gekennzeichnetes Umfeld geschaffen wird". Nach der Rechtsprechung des BAG könne der in § 3 Abs. 3 AGG umschriebene Begriff des Mobbings, der sich lediglich auf Benachteiligungen aus einem der in § 1 AGG genannten Gründe bezieht, auf alle Fälle der Benachteiligung eines Arbeitnehmers – gleich aus welchen Gründen – übertragen werden. Notwendig ist, dass das Verhalten einer von der Rechts-

ordnung nicht gedeckten Zielsetzung folgt (OLG Brandenburg, Beschluss v. 8.9.2021, 1 U 19/21).

 **WICHTIG!**

Mobbing kann auch in den Fällen vorliegen, in denen die einzelnen vom Arbeitnehmer dargelegten Handlungen oder Verhaltensweisen seiner Arbeitskollegen, Vorgesetzten bzw. des Arbeitgebers für sich allein betrachtet noch keine Rechtsverletzung darstellen, sondern erst in der Gesamtschau zu einer Vertrags- oder Rechtsgutsverletzung führen (vgl. BAG v. 15.9.2016, 8 AZR 351/15).

 **WICHTIG!**

Eine bestimmte Mindestdauer oder Mindestfrequenz der Mobbing-Handlungen ist nach der Rechtsprechung nicht zwingend erforderlich (so z. B. LAG Thüringen v. 15.2.2001, 5 Sa 102/00; OVG NRW v. 12.12.2013, 1 A 71/11). Notwendig ist aber ein fortdauerndes Verhalten, aus dem sich die systematische Schaffung eines schädlichen Umfeldes ersehen lässt, um als Mobbing angesehen werden zu können. Anderenfalls ist eine Abgrenzung sanktionsfrei erlaubter Verhaltensweisen zu für sich genommen erlaubten Einzelhandlungen, die in ihrer Gesamtheit und Systematik als ein Mobbing von der Rechtsordnung nicht hingenommen werden können, bereits begrifflich nicht möglich. Insoweit setzt das Erfordernis einer systematischen Anfeindung, Schikane oder Diskriminierung eine gewisse Dauerhaftigkeit voraus (BAG v. 16.5.2007, 8 AZR 709/06; OLG Brandenburg v. 19.11.2021, 1 U 19/21; LAG Hamm v. 12.2.2021, 1 Sa 1220/20; LAG Rheinland-Pfalz v. 20.6.2006, 25 Sa 67/06). Die Zusammenschau mehrerer Einzelakte kann zur Annahme einer Fürsorgepflichtverletzung führen, auch wenn die jeweiligen Einzelmaßnahmen für sich betrachtet nicht zu beanstanden oder jedenfalls nicht von ausreichender Intensität sind (vgl. BVerwG v. 28.3.2023, 2 C 6.21).

Mobbing kommt sowohl zwischen Vorgesetzten und Untergebenen, als auch zwischen Kollegen untereinander vor. Ziel ist regelmäßig die Verdrängung der angegriffenen Person aus dem Arbeitsverhältnis. Zu berücksichtigen ist dabei, dass übliche Konfliktsituationen im Arbeitsalltag, auch wenn sie sich über einen längeren Zeitraum erstrecken, nicht zwingend von Bedeutung für die Feststellung einer rechtswidrigen Verletzung des Persönlichkeitsrechts sind. Alltägliche Konfliktsituationen können sozial- oder rechtsadäquate Verhaltensweisen darstellen und sind dann als Ansatzpunkt für die Feststellung einer Persönlichkeitsrechtsverletzung ungeeignet (LAG Mecklenburg-Vorpommern v. 10.6.2020, 3 Sa 219/19). Nicht jede Auseinandersetzung oder Meinungsverschiedenheit zwischen Kollegen oder zwischen Vorgesetzten und nachgeordneten Mitarbeitern erfüllt die Voraussetzungen einer Persönlichkeitsrechts-, Ehr- oder Gesundheitsverletzung. Insbesondere erfüllt nicht jede aus Sachgründen erfolgte, jedoch in einem unangemessenen Ton durch den Vorgesetzten vorgebrachte Kritik den Mobbingtatbestand (OVG Münster v. 8.9.2010, 1 B 541/10). Vielmehr ist es dem täglichen Zusammenarbeiten mit anderen Menschen immanent, dass sich Reibungen und Konflikte ergeben, ohne dass diese Ausdruck des Ziels sind, den anderen systematisch in seiner Wertigkeit gegenüber Dritten oder sich selbst herabzusetzen. Zugrunde zu legen ist bei der Beurteilung eine objektive Betrachtungsweise ohne Rücksicht auf das subjektive Empfinden des betroffenen Arbeitnehmers (BAG v. 22.10.2015, 2 AZR 569/14, ZTR 2016, 336 ff., BAG v. 16.5.2007, 8 AZR 709/06, ZTR 2008, 100 ff.; BAG v. 15.9.2016, 8 AZR 351/15; LAG Mecklenburg-Vorpommern v. 10.6.2020, 3 Sa 219/19).

Die rechtmäßige Ausübung des Direktionsrechts ist kein Mobbing, soweit sich aus ihr nicht eine eindeutig schikanöse Tendenz ergibt. Selbst fehlerhafte Weisungen hinsichtlich der Art und Weise der Erbringung der Arbeitsleistung und unbeherrschtes Verhalten eines Vorgesetzten stellen grundsätzlich noch kein Mobbing dar, da von Führungsfehlern nicht ohne weiteres auf eine feindliche Einstellung gegenüber den Beschäftigten geschlossen werden kann (LAG Mecklenburg-Vorpommern v. 10.6.2020, 3 Sa 219/19, LAG Rheinland-Pfalz v. 16.2.2018, 1 Sa 259/17).

 **ACHTUNG!**

Ständige – auch in unangemessenem Ton vorgebrachte – Kritik an der Arbeitsleistung verbunden mit Androhungen von Sanktionen seitens des Vorgesetzten oder auch eine Vielzahl erteilter Abmahnungen stellen für sich allein noch kein Mobbing dar (OVG Münster v. 8.9.2010, 1 B 541/10; LAG Hamm v. 16.7.2009, 17 Sa 619/09 und v. 15.3.2012, 15 Sa 1424/11; LAG Rheinland-Pfalz v. 2.8.2007, 11 Sa 302/07; LAG Köln v. 2.6.2016, 7 Sa 21/16). Abmahnungen enthalten selbst dann keinen Schikanecharakter, wenn der Arbeitnehmer mit Klagen gegen die Rechtswirksamkeit der Abmahnungen obsiegt hat oder die Abmahnungen aufgrund von Vergleichen zwischen Arbeitnehmer und Arbeitgeber aus der Personalakte genommen wurden. Entscheidend ist vielmehr, ob die Abmahnungen mit der Zielrichtung erfolgten, den Kläger zu schikanieren (LAG Köln v. 10.7.2020, 4 Sa 118/20). Gleichermaßen ist das Verhalten von Arbeitgeber oder Vorgesetzten nicht als Mobbing zu bewerten, wenn es sich lediglich als eine Reaktion auf Provokationen durch den vermeintlich gemobbten Arbeitnehmer darstellt (LAG Schleswig-Holstein v. 24.1.2017, 1 Sa 6/16).

Hintergrund von Mobbing-Attacken sind in der Regel soziale Konflikte. Anstatt der „normalen" Konfliktbewältigung steht jedoch die Auseinandersetzung mit der angefeindeten Person im Vordergrund, d. h. an die Stelle der konstruktiven Konfliktbeseitigung tritt auf Seiten des Mobbers ausschließlich das Ziel, das Mobbingopfer zu unterdrücken, zu schikanieren und auszugrenzen, um es auf diese Weise von seinem Arbeitsplatz zu verdrängen.

Zu den regelmäßigen Mobbing-Handlungen gehören die Unterbindung des Opfers sich mitzuteilen (z. B. durch das Behandeln wie Luft), die Beeinträchtigung der zwischenmenschlichen Beziehungen des Opfers (z. B. die Herbeiführung der sozialen Isolation des Mobbingopfers am Arbeitsplatz), das Angreifen der Ehre und des Ansehens des Opfers (z. B. durch ständige unberechtigte Kritik und Abwertung vor Kollegen, Beleidigungen, Spinnen von Intrigen) und die Beeinträchtigung der Qualität der Beschäftigung des Opfers (z. B. durch ständige Über- oder Unterforderung, durch sinnlose, nicht zu bewältigende Aufgabenstellungen).

Durch derartige Mobbing-Handlungen kann sich der jeweilige Mobber auch strafbar machen. In Betracht kommen u. a. folgende Straftatbestände:

- Beleidigung (§ 185 StGB),

- Üble Nachrede (§ 186 StGB),

- Verleumdung (§ 187 StGB),

- Nötigung (§ 240 StGB) und

- Vorsätzliche oder fahrlässige Körperverletzung (§§ 223 ff. StGB).

 **WICHTIG!**

Der Arbeitgeber kann ebenso wie der eigentliche Täter zur straf- und zivilrechtlichen Verantwortung gezogen werden, wenn er den Täter anstiftet (§ 26 StGB) oder ihm vorsätzlich Hilfe leistet (§ 27 StGB). Ferner kommt eine Strafbarkeit wegen unterlassener Hilfeleistung (§ 323c StGB) in Betracht.

## II. Auswirkungen von Mobbing

Auswirkungen von Mobbing treffen nicht nur das jeweilige Mobbingopfer, auch der jeweilige Betrieb bzw. die jeweilige Dienststelle und somit auch der Arbeitgeber werden durch Mobbing beeinträchtigt.

Bei Mobbingopfern kommt es regelmäßig zu psychischen und psychosomatischen Gesundheitsstörungen bis hin zu physischen Beschwerden. Eine lang anhaltende Arbeitsunfähigkeit ist häufig die Folge.

Die Belastungen durch Mobbing sind für den Arbeitgeber erheblich. Insbesondere kann Mobbing zu einer erheblichen Verschlechterung des Betriebsklimas führen, was häufig eine Minderung der Motivation und Leistungsbereitschaft der Beschäftigten zur Folge hat. Ferner sind die Steigerung von krankheitsbedingten Fehlzeiten, ggf. Betriebsunfällen, Personalfluktuation und auch Ansehens- und Rufschädigungen bei Geschäftspartnern regelmäßige Folgen. Darüber hinaus wird der Arbeitgeber auch durch die berechtigte Arbeitsverweigerung des Mobbingopfers sowie dessen Schadensersatzansprüche oder gar außerordentliche Kündigung belastet (siehe hierzu IV.).

Schätzungen der Bundesagentur für Arbeitsschutz und Arbeitsmedizin (BAuA) zufolge beläuft sich der Produktionsausfall durch Mobbing allein hierzulande auf über 13,4 Milliarden Euro pro Jahr (Stand: Oktober 2011).

## III. Maßnahmen gegen Mobbing

Der Arbeitgeber ist aufgrund seiner vertraglichen Fürsorgepflicht (§§ 241, 242 BGB) verpflichtet, die Beschäftigten vor Mobbing zu schützen und ist daher gehalten, Mobbing zu verhindern. Aus den hervorgebrachten Grundsätzen des Berufsbeamtentums wird darüber hinaus eine besondere Fürsorgepflicht des Dienstherrn abgeleitet.

### 1. Schutzpflicht des Arbeitgebers

Die Beschäftigten haben Anspruch darauf, dass auf ihr Wohl und ihre berechtigten Interessen Rücksicht genommen wird, dass sie vor Gesundheitsgefahren, auch psychischer Art, geschützt werden, und dass sie keinem Verhalten ausgesetzt werden, das bezweckt oder bewirkt, dass ihre Würde verletzt und ein von Einschüchterungen, Anfeindungen, Erniedrigungen, Entwürdigungen und Beleidigungen gekennzeichnetes Umfeld geschaffen wird. Der Arbeitgeber ist in diesem Zusammenhang insbesondere auch zum Schutz der Gesundheit und der Persönlichkeitsrechte der Beschäftigten verpflichtet (BAG v. 25.10.2007, 8 AZR 593/06, ZTR 2008, 215 ff.).

Die Verpflichtung des Arbeitgebers, zum Schutz des Persönlichkeitsrechts der Beschäftigten aktiv tätig zu werden, erfordert grundsätzlich kein Eingreifen bei Meinungsverschiedenheiten zwischen Beschäftigten und Vorgesetzten über Sachfragen wie Beurteilungen, Inhalt des Weisungsrechts, Bewertung von Arbeitsergebnissen. Dies gilt insbesondere dann, wenn keine Anhaltspunkte dafür vorliegen, dass die Meinungsverschiedenheit über das im Arbeitsleben sozial Übliche hinausgeht. Vor dem Hintergrund, dass der Umgang von Beschäftigten untereinander und mit Vorgesetzten im Arbeitsalltag zwangsläufig mit Konflikten verbunden ist, können keine überspannten Anforderungen an Inhalt und Reichweite der Schutzpflicht gestellt werden. Das gilt auch für mögliche Überschreitungen des Direktionsrechts, denen jedoch sachlich nachvollziehbare Erwägungen im Einzelfall zugrunde liegen. Des Weiteren fehlt es in der Regel bei einzelnen Handlungen verschiedener Vorgesetzter an der für das Mobbing typischen zusammenfassenden Systematik. Insbesondere kann es an der zusammenfassenden Systematik fehlen, wenn verschiedene Vorgesetzte handeln und nicht zusammenwirken oder wenn zwischen den einzelnen Teilakten lange zeitliche Zwischenräume liegen (LAG Köln v. 10.7.2020, 4 Sa 118/20; BAG v. 16.5.2007, 8 AZR 709/06, ZTR 2008, 100). Zudem können Verhaltensweisen von Arbeitgebern oder Vorgesetzten nicht in die Prüfung einbezogen werden, die lediglich eine Reaktion auf Provokationen durch den vermeintlich gemobbten Beschäftigten darstellen (LAG Schleswig-Holstein v. 24.1.2017, 1 Sa 6/16). Schließlich kann es an einer einheitlichen Rechtsverletzung fehlen, wenn zwischen den einzelnen Verletzungshandlungen lange zeitliche Zwischenräume liegen (BAG v. 16.5.2007, 8 AZR 709/06).

Im Allgemeinen Gleichbehandlungsgesetz werden ebenfalls Pflichten des Arbeitgebers zusammengefasst und etwa die sexuelle Belästigung am Arbeitsplatz ausdrücklich als Verletzung arbeitsvertraglicher Pflichten bezeichnet (§ 3 Abs. 4 AGG). Dem Arbeitgeber wird die Pflicht zu angemessenen arbeitsvertraglichen Maßnahmen wie Abmahnung, Umsetzung, Versetzung oder Kündigung auferlegt (§ 12 Abs. 3 AGG). Im öffentlichen Dienst kann auch an Reaktionen wie Verlängerung der Stufenlaufzeit oder Kürzung einer Leistungsprämie gedacht werden. Denkbar ist auch eine Supervision (LAG Rheinland-Pfalz v. 19.12.2013, 10 Sa 375/13, ZTR 2014, 358, wobei das Landesarbeitsgericht in der konkreten Entscheidung eine Mobbing-Situation verneint hat). Allerdings liegt es grundsätzlich im Ermessen des Arbeitgebers, mit welchen Maßnahmen er auf Konfliktsituationen reagiert (BAG v. 25.10.2007, 8 AZR 593/06; LAG Rheinland-Pfalz v. 3.7.2014, 5 Sa 120/14). Der Arbeitgeber muss nur solche Maßnahmen ergreifen, die er nach den Umständen des Einzelfalles als verhältnismäßig ansehen darf und die ihm zumutbar sind. Daran fehlt es z. B., wenn die beanspruchte Kündigung des Schädigers rechtsunwirksam wäre oder die vom geschädigten Arbeitnehmer verlangte andere Beschäftigung nicht möglich ist (BAG v. 25.10.2007, 8 AZR 593/06). Zu berücksichtigen ist jedoch, dass die Entscheidung des Arbeitgebers auf Ermessensfehler überprüft werden kann. Einen Anspruch auf die Durchführung einer bestimmten Maßnahme hat der Arbeitnehmer nur im Ausnahmefall. In einer Entscheidung des BAG vom 24.9.2009 (8 AZR 705/08, ZTR 2010, 253) wurde offengelassen, ob der Arbeitgeber verpflichtet ist, ausländerfeindliche Parolen auf den Beschäftigtentoiletten zu entfernen, wenn sich dadurch einzelne Beschäftigte in ihrer Würde verletzt fühlen.

 **ACHTUNG!**

Stellt der Arbeitnehmer in einem Kündigungsschutzprozess aufgrund des schikanösen Verhaltens anderer Mitarbeiter einen Auflösungsantrag gemäß § 13 Abs. 1 S. 3 i. V. m. § 9 Abs. 1 KSchG, so kann es dann an der Unzumutbarkeit der Fortsetzung des Arbeitsverhältnisses fehlen, wenn sich der Arbeitgeber schützend vor den in seinem Persönlichkeitsrecht beeinträchtigten Arbeitnehmer gestellt hat (LAG Rheinland-Pfalz v. 15.12.2015, 8 Sa 183/15).

### 2. Vorbeugende Maßnahmen

Zur Vermeidung von Mobbing und zur Förderung eines guten Arbeitsklimas, sollte der Arbeitgeber insbesondere auf eine offene Kommunikation der Beschäftigten und auf Information und Aufklärung bei bestehenden Konflikten hinwirken. Mögliche Maßnahmen zur Vorbeugung sind beispielsweise der Ausbau

von Teamarbeit und ein kooperativer Führungsstil. Sollten sich erste Anzeichen von Mobbing bemerkbar machen, so empfiehlt sich, frühzeitige Personalgespräche unter Einbeziehung aller Beteiligten zu führen und eine sorgfältige Sachverhaltsaufklärung zu betreiben. In diesem Zusammenhang sollte der Arbeitgeber seine Haltung klarstellen. Darüber hinaus ist es ratsam, gemeinsam mit dem Personalrat eine Anlaufstelle für die betroffenen Beschäftigten zu errichten.

In diesem Zusammenhang kommt auch die Einsetzung von sog. Mobbing-Beauftragten in Betracht. Die Rechte und Pflichten von Mobbing-Beauftragten sind klar zu formulieren. So sollte insbesondere ein Verfahren für Konfliktgespräche, ein Recht auf Information der Mobbing-Beauftragten auch durch Vorgesetzte, eine Berichtspflicht gegenüber dem Arbeitgeber sowie Verschwiegenheitspflichten der Beauftragten festgelegt werden. Die Mobbing-Beauftragten sollten in diesem Zusammenhang speziell geschult werden. Der Arbeitgeber ist zur Übernahme von Schulungskosten für Personalratsmitglieder auf der Grundlage von § 44 Abs. 1 S. 1 BPersVG a. F. (§ 46 Abs. 1 S. 1 BPersVG n. F.) und § 46 Abs. 6 BPersVG a. F. (§ 54 Abs. 1 BPersVG n. F. aber nur dann verpflichtet, wenn aufgrund eines aktuellen betriebsbezogenen Anlasses sich eine betriebliche Konfliktlage abzeichnet (BVerwG v. 14.6.2006, 6 P 13/05; OVG Niedersachsen v. 29.3.2007, 17 LP 4/05). Gleiches gilt für Schulungen für Betriebsratsmitglieder nach § 37 Abs. 6 BetrVG (BAG v. 14.1.2015, 7 ABR 95/12; BAG 15.1.1997, 7 ABR 14/96; ArbG Weiden v. 4.9.2007, 4 BV 14/07 A; LAG Hamm v. 15.11.2012, 13 TaBV 56/12; LAG Hamm v. 7.7.2006, 10 TaBV 114/05; LAG Rheinland-Pfalz v. 13.10.2004, 10 TaBV 19/04).

Darüber hinaus ist es auch möglich den Umgang mit Mobbing bzw. Maßnahmen zur Vermeidung von Mobbing durch den Abschluss einer Dienst- oder Betriebsvereinbarung (z. B. „Dienst-/ Betriebsvereinbarung zur Konfliktbewältigung am Arbeitsplatz" oder: „Dienst-/Betriebsvereinbarung für einen partnerschaftlichen Umgang am Arbeitsplatz") zu regeln (zur Erzwingbarkeit des Abschlusses einer solchen Betriebsvereinbarung LAG München v. 20.10.2005, 4 TaBV 61/05). Folgende Aspekte sollten in einer Dienst- oder Betriebsvereinbarung Berücksichtigung finden:

▸ Definition von Mobbing bzw. Verhaltensweisen, die am Arbeitsplatz nicht geduldet werden,

▸ Ausstattung, Aufgaben, Rechte und Pflichten von Mobbing-Beauftragten,

▸ Konflikterkennungs- und -lösungsverfahren und

▸ Durchführung regelmäßiger Informationsveranstaltungen.

### 3. Maßnahmen gegenüber dem „Mobber"

Maßnahmen seitens des Arbeitgebers kommen insbesondere gegenüber dem Mobber in Betracht. Die Beschäftigten sind aufgrund ihrer arbeitsvertraglichen Treuepflicht verpflichtet, alles zu unterlassen, was die betrieblichen Interessen beeinträchtigten könnte. Vor diesem Hintergrund sind auch jegliche Mobbing-Handlungen zu unterlassen, da diese nicht nur negative Auswirkungen auf das Mobbingopfer selbst haben, sondern auch auf den Arbeitgeber (siehe hierzu II.).

Bevor der Arbeitgeber Maßnahmen gegen „Mobber" vornimmt, muss er den Sachverhalt so weit wie möglich erforschen, Beweise für die Mobbing-Vorwürfe sichern und prüfen, ob nicht mildere Mittel als die von ihm angestrebte Maßnahme zur Verfügung stehen, um den Konflikt zu beseitigen. Stehen Ursachen und Täter fest, hat der Arbeitgeber grundsätzlich folgende Maßnahmen zu ergreifen:

- Ermahnung,

- Abmahnung,

- Versetzung (ggf. im Wege der Änderungskündigung),

- verhaltensbedingte ordentliche Kündigung und

- außerordentliche Kündigung.

 **WICHTIG!**

Erkennt der „Mobber" unzweifelhaft, dass seine Mobbing-Attacken zu einer Erkrankung des Opfers geführt haben und werden diese Handlungen dennoch mit uneingeschränkter Intensität fortgesetzt, so ist eine außerordentliche Kündigung durch den Arbeitgeber auch ohne vorherige Abmahnung gerechtfertigt (LAG Thüringen v. 15.2.2001, 5 Sa 102/2000).

## IV. Ansprüche des Mobbingopfers

Das Mobbingopfer kann sich aktiv gegen Mobbing wehren. In Betracht kommt beispielsweise die Zurückbehaltung der Arbeitsleistung (§ 273 BGB).

 **WICHTIG!**

Ein pauschales Berufen auf einen „Mobbingsachverhalt" reicht hier aber nach der Rechtsprechung des BAG nicht aus. Erforderlich ist vielmehr, dass die Gegenforderung des Arbeitnehmers konkret bezeichnet wird. Anderenfalls riskiert der „gemobbte" Arbeitnehmer eine Kündigung wegen beharrlicher Arbeitsverweigerung (BAG v. 13.3.2008, 2 AZR 88/07, wobei in diesem Fall die verhaltensbedingte Kündigung im Ergebnis wegen fehlender Interessenabwägung unwirksam war).

Darüber hinaus besteht auch die Möglichkeit der Eigenkündigung des Arbeitnehmers aus wichtigem Grund (§ 626 BGB).

Arbeitnehmer des öffentlichen Dienstes können sich, wenn sie Opfer von Mobbing werden an die zuständige Personalvertretung wenden und sich dort beschweren (§ 62 Nr. 3 BPersVG). Gleiches gilt in Betrieben, in denen nicht das BPersVG, sondern das BetrVG Anwendung findet. Nach § 84 BetrVG hat das Mobbingopfer die Möglichkeit, sich beim Betriebsrat zu beschweren.

Durch Mobbing-Handlungen können auch konkrete Schäden entstehen. Als Schadensposten sind z. B. bei feindseligen Handlungen, die sich körperverletzend auswirken, Arztkosten oder eine etwaige Verdienstminderung bei länger anhaltender Arbeitsunfähigkeit denkbar. Bei sexueller Belästigung entstehen regelmäßig Therapiekosten für das belästigte Opfer. Als Schadensposten fallen ferner u. U. Kosten für die Bewerbung bei einem neuen Arbeitgeber (Inseratkosten, Fahrtkosten, Verdienstausfall) an.

Mobbing ist jedoch kein Rechtsbegriff und damit auch keine mit einer Rechtsnorm vergleichbare selbstständige Anspruchsgrundlage. Es muss daher stets geprüft werden, ob durch Täter oder Arbeitgeber konkrete (zivilrechtliche/arbeitsvertragliche) Pflichten verletzt wurden, die zu einer Haftung und somit zu einem Anspruch des Mobbingopfers führen.

 **ACHTUNG!**

Mobbing am Arbeitsplatz und seine gesundheitlichen Folgen stellen weder eine Berufskrankheit noch einen Arbeits- bzw. Dienstunfall dar und sind demnach nicht von der gesetzlichen Unfallversicherung zu entschädigen. Dies entschieden jedenfalls das Hessische Landessozialgericht mit Urteil vom 18.12.2012, L 3 U 199/11 und der Bay VGH mit Beschluss vom 4.5.2011, 3 ZB 09.2463 sowie vom 2.12.2015, 14 ZB 15.2160.

### 1. Haftung des „Mobbers"

Dem Mobbingopfer können Schadensersatzansprüche wegen Verletzung des Persönlichkeitsrechts, der Ehre oder der Gesundheit zustehen. Führt ein schuldhaftes dienstliches Verhalten eines Vorgesetzten oder Kollegen dazu, dass ein ihm unterstellter Mitarbeiter psychisch erkrankt, so kann das Mobbingopfer nicht nur gegen seinen Arbeitgeber, sondern auch unmittelbar gegen den Täter selbst vorgehen. Zwar unterliegen Vorgesetzte oder Kollegen grundsätzlich keiner vertraglichen, regelmäßig jedoch einer deliktischen Haftung.

Zusammenfassend kann das Mobbingopfer gegen den Täter von Mobbing-Handlungen grundsätzlich folgende Ansprüche geltend machen:

- Schadensersatz (Heilungskosten, Therapie etc.) wegen unerlaubter Handlung (§ 823 BGB) (LAG Rheinland-Pfalz v. 4.4.2019, 5 Sa 105/18) oder sogar wegen vorsätzlicher sittenwidriger Schädigung (§ 826 BGB, LAG Rheinland-Pfalz v. 23.7.2014, 4 Sa 107/14),

- Schmerzensgeld, wobei sich die Höhe nicht nach dem Monatseinkommen richtet, sondern an dem Gewicht der Handlungen und Folgen orientiert (LAG Rheinland-Pfalz v. 16.8.2001, 6 Sa 415/01),

- Widerruf und Unterlassung der verletzenden Äußerungen (§§ 1004, 823 BGB) und

- Unterlassung von Mobbing-Handlungen in der Zukunft (§§ 1004, 823 BGB).

Zu beachten ist dabei, dass die Grundsätze der privilegierten Arbeitnehmerhaftung bei Mobbingfällen keine Anwendung finden. Ein Vorgesetzter, der im Rahmen seiner Weisungsbefugnis die übertragenen arbeitsvertraglichen Schutzpflichten gegenüber einem ihm unterstellten Arbeitnehmer verletzt, kann sich nicht auf eine Haftungsprivilegierung im Sinne des § 105 SGB VII berufen (BAG v. 25.10.2007, 8 AZR 593/06).

Die Rechtswidrigkeit der behaupteten Mobbinghandlung ist jeweils im Einzelfall unter sorgsamer Würdigung aller Umstände anhand einer umfassenden Güter- und Interessenabwägung zu prüfen (LAG Rheinland-Pfalz v. 23.7.2014, 4 Sa 107/14).

 **ACHTUNG!**

Bei der gerichtlichen Geltendmachung von Unterlassungsansprüchen sind die zu unterlassenden Mobbinghandlungen genau zu bezeichnen. Ein Unterlassungsantrag nach dem es der Antragsgegner zu unterlassen hat, „den Antragsteller systematisch anzufeinden, zu schikanieren und zu diskriminieren oder sonst zu mobben (Bossing)", ist wegen seiner Unbestimmtheit unzulässig. Denn dem Antrag ist nicht zu entnehmen welche konkreten Verhaltensweisen der Antragsgegner unterlassen soll, zumal die Begriffe „Mobbing" und „Bossing" keine Rechtsbegriffe mit feststehendem Inhalt sind (OVG Münster v. 28.8.2018, 6 B 1088/18, vgl. auch LAG Rheinland-Pfalz v. 4.6.2019, 8 Sa 365/18).

### 2. Haftung des Arbeitgebers

Das Mobbingopfer kann auch gegen den Arbeitgeber vorgehen.

Der Arbeitgeber unterliegt grundsätzlich sowohl einer vertraglichen als auch einer deliktischen Haftung. Das Mobbingopfer kann Schadensersatzansprüche (Behandlungskosten, Schmerzensgeld, etc.) wegen eigenen Fehlverhaltens des Arbeitgebers (Organisationsverschulden, Nichteinschreiten) geltend machen. Ein Mobbingopfer, das sein Arbeitsverhältnis wegen Beleidigungen oder Nötigungen durch einen Kollegen selbst kündigt, hat nach Ansicht des BAG zwar keinen Anspruch auf Schadensersatz wegen des Verdienstausfalls gegen diesen Kollegen (BAG v. 18.1.2007, 8 AZR 234/06). In Betracht kommt indes ein Schadensersatzanspruch bezüglich der Erwerbsminderung bzw. dem Verdienstausfall gegenüber dem Arbeitgeber, wenn dieser pflichtwidrig nicht eingeschritten ist (vgl. LAG Rheinland-Pfalz v. 30.10.2008, 10 Sa 340/08, i.E. wurde hier der Schadensersatzanspruch aber wegen Unwirksamkeit der Kündigung nicht gewährt).

Der auf Ersatz immaterieller Schäden gerichtete Entschädigungsanspruch setzt jedoch voraus, dass es sich um einen schwerwiegenden Eingriff in das allgemeine Persönlichkeitsrecht handelt und dass die Beeinträchtigung nicht in anderer Weise befriedigend abgefangen werden kann. Ob eine solche schwerwiegende Persönlichkeitsrechtsverletzung vorliegt, ist im Rahmen einer Einzelfallbeurteilung zu bestimmen, in die insbesondere die Bedeutung und Tragweite des Eingriffs, Anlass und Beweggrund des Handelnden sowie der Grad seines Verschuldens einzustellen sind (vgl. BAG v. 15.9.2016, 8 AZR 351/15; LAG Mecklenburg-Vorpommern v. 6.12.2016, 2 Sa 157/16; LAG Rheinland-Pfalz v. 4.4.2019, 5 Sa 105/18, v. 1.9.2020, 6 Sa 431/19).

Darüber hinaus kommt eine Haftung des Arbeitgebers wegen Zurechnung des Fehlverhaltens des Mobbers insbesondere nach § 278 BGB in Betracht. Erforderlich ist allerdings, dass das Fehlverhalten des Mobbers in einem inneren sachlichen Zusammenhang mit den ihm vom Arbeitgeber zugewiesenen Aufgaben steht. Dies ist regelmäßig dann der Fall, wenn der mobbende Erfüllungsgehilfe dem benachteiligten Arbeitnehmer gegenüber weisungsbefugt ist oder die Fürsorgepflicht des Arbeitgebers konkretisiert (vgl. BAG v. 15.9.2016, 8 AZR 351/15; LAG Mecklenburg-Vorpommern v. 6.12.2016, 2 Sa 157/16). Entsprechend scheidet eine Zurechnung bei Konfliktsituationen zwischen zwei gleichgestellten Kollegen am Arbeitsplatz grundsätzlich aus, sofern die schuldhafte Handlung ohne Kenntnis des Arbeitgebers bzw. Vorgesetzten erfolgt (BAG v. 16.5.2007, 8 AZR 709/06).

Aber auch bei Mobbing durch weisungsbefugte Vorgesetzte wird es die Schadensminderungspflicht des Mobbingopfers regelmäßig gebieten, sich beim Arbeitgeber direkt über diese Mobbing-Handlungen zu beschweren und Abhilfemaßnahmen zu fordern (LAG Rheinland-Pfalz v. 9.8.2012, 11 Sa 731/11). Unterlässt es das Mobbingopfer, sich zu beschweren oder Rechtsmittel zu gebrauchen, ist in Fällen der Geltendmachung von Amtshaftungsansprüchen wegen „Mobbing" nicht generell von einer Unanwendbarkeit des § 839 Abs. 3 BGB auszugehen (vgl. VGH München v. 29.3.2019, 3 ZB 16.1749; zu der generellen Möglichkeit der Geltendmachung von Amtshaftungsansprüchen wegen Mobbings durch Vorgesetzte vgl. auch: OLG Jena v. 13.9.2019, 4 U 846/18). Ob sich der Nichtgebrauch eines Rechtsmittels als vorwerfbar darstellt, ist ebenso wie die Erfolgsaussicht des Rechtsmittels eine Frage, die aufgrund der konkreten Umstände des jeweiligen Einzelfalls zu beurteilen ist (vgl. BGH v. 30.6.2016, III ZR 316/15).

Im Bereich des Mobbings kann sich der Arbeitgeber zudem auf den dezentralisierten Entlastungsbeweis berufen (BAG v. 16.5.2007, 8 AZR 709/06 im Anschluss an ArbG Gelsenkirchen v. 15.7.2005, 1 Ca 1602/02). Das Mobbingverhalten eines Vorgesetzten ist ihm demnach dann nicht zurechenbar, wenn ein ordentlich ausgewählter, überwachter und instruierter Vorgesetzter die Verletzungshandlungen begangen hat und dies dem Arbeitgeber nicht bekannt war und auch nicht hätte sein müssen. Den Arbeitgeber trifft in diesem Fall kein Organisations

verschulden, insbesondere hat das BAG offen gelassen, inwiefern den Arbeitgeber überhaupt eine Pflicht trifft, Entwicklungen von Strukturen, die Mobbing fördern, entgegenzuwirken (vgl. ausführlich dazu im Schrifttum Benecke Mobbing Rn. 238 f.; dies. NZA-RR 2003, 225; Rieble/Klumpp FA 2002, 307; Wickler AuR 2004, 87; ders. DB 2002, 477).

 **WICHTIG!**

Nach einer Entscheidung des Bundesarbeitsgerichts vom 16.5.2007 (8 AZR 709/06) gilt eine vertraglich vereinbarte Ausschlussfrist auch für Schadensersatz und Entschädigungsansprüche wegen Verletzung des allgemeinen Persönlichkeitsrechts und damit für Ansprüche aus mobbingbedingten Verletzungshandlungen. Ansprüche wegen vorsätzlicher oder grob fahrlässiger Handlungen von Erfüllungs- bzw. Verrichtungsgehilfen (z. B. wegen Mobbing von Vorgesetzten) sollen hingegen ohne explizite Erwähnung nicht von einer solchen allgemeinen Ausschlussfrist erfasst sein (BAG v. 20.6.2013, 8 AZR 280/12, ZTR 2013, 687). In Mobbing-Fällen beginnt die Ausschlussfrist wegen der systematischen, sich aus mehreren einzelnen Handlungen zusammensetzenden Verletzungshandlung regelmäßig erst mit der zeitlich letzten Mobbinghandlung. Im Anschluss an die Entscheidung des BAG aus dem Jahr 2007 hat das LAG Köln am 2.3.2011 (1 Ta 375/10), entschieden, dass die genannten Ansprüche auch der Ausschlussfrist des § 37 Abs. 1 S. 1 TVöD unterfallen. Zu beachten ist dabei, dass in der Erhebung einer Kündigungsschutzklage keine schriftliche Geltendmachung von Ansprüchen auf Schadensersatz oder Schmerzensgeld im Sinne von § 37 Abs. 1 S. 1 TVöD liegt (→ *Ausschlussfrist*).

Eine gesetzliche Ausschlussfrist für Ansprüche wegen „Mobbings" existiert nicht; insbesondere scheidet eine analoge Anwendung des § 15 Abs. 4 AGG aus (BAG v. 11.12.2014, 8 AZR 838/13).

Denkbar ist auch eine Verwirkung. Allerdings ist diese nur unter ganz besonderen Umständen zu bejahen. Das Bundesarbeitsgericht hat in seinem Urteil vom 11.12.2014 (8 AZR 838/13) entschieden, dass jedenfalls ein „bloßes Zuwarten" oder die Untätigkeit des Anspruchstellers nicht als „treuwidrig" angesehen werden könne. Ein Unterlassen begründe nur dann ein Umstandsmoment, wenn aufgrund zusätzlicher besonderer Umstände eine Pflicht zur zeitnahen Geltendmachung bestehe.

## 3. Darlegungs- und Beweislast

Da eine eindeutige Klassifizierung von Verhaltensweisen des Arbeitgebers, Vorgesetzten und Arbeitskollegen als Mobbing-Handlungen nicht möglich ist, treffen das Mobbingopfer erhöhte Darlegungs- und Beweislastanforderungen (vgl. BAG v. 11.12.2014, 8 AZR 838/13, ZTR 2015, 464). Der Arbeitnehmer darf sich im gerichtlichen Verfahren negativ über den Arbeitgeber, über Vorgesetzte oder auch Kollegen äußern, um die eigene Rechtsposition zu unterstreichen, sofern die Äußerungen nicht unwahr sind. Hierin liegt folglich keine Verletzung seiner Treuepflicht (BVerfG v. 8.11.2016, 1 BvR 988/15).

Nach der Rechtsprechung des BAG können nur zeitlich konkretisierte Vorfälle Grundlage für die rechtliche Bewertung sein (BAG v. 24.4.2008, 8 AZR 347/07). Allein die Behauptung einer Mobbingsituation reicht nicht aus (BAG v. 13.3.2008, 2 AZR 88/07, ZTR 2008, 589). Insofern trifft das Mobbingopfer eine weitreichende Dokumentationspflicht. Zwar ist nicht generell die Mitteilung eines genauen Datums in jedem Einzelfall erforderlich, zumindest aber sollte eine Darstellung der konkreten Situation mit ungefährer Zeitangabe erfolgen (BAG v. 20.3.2003, 8 AZN 27/03). Das Landesarbeitsgericht Hessen fordert indes sogar eine „datumsmäßig" genaue Bezeichnung (LAG Hessen v. 13.5.2011,

3 Sa 1514/10). Eine Beweislasterleichterung für den Arbeitnehmer nach den Grundsätzen des § 618 BGB lehnt das BAG ab (BAG v. 16.5.2007, 8 AZR 709/06). Eine Parteivernehmung von Amts wegen muss das Gericht nur durchführen, wenn eine gewisse Wahrscheinlichkeit für die hierdurch zu beweisenden Tatsachen spricht. Lehnt das Gericht die Parteivernehmung nach § 448 ZPO ab, müssen die diesbezüglichen Feststellungen in einer § 286 ZPO genügenden Weise dokumentiert werden (BAG v. 14.11.2013, 8 AZR 813/12, ZTR 2014, 244).

Das Mobbingopfer muss ferner beweisen, dass der eingetretene Schaden auf das verletzende Verhalten des Täters ursächlich zurückzuführen ist. Es kann sich dabei auch einer statistischen Beweiswürdigung bedienen, allerdings müssen nach Rechtsprechung des Bundesarbeitsgerichts diese Statistiken aussagekräftig im Hinblick auf ein diskriminierendes Verhalten des Arbeitgebers sein. Allein der Tatsache, dass in den oberen Hierarchieebenen des Arbeitgebers ein deutlich geringerer Frauenanteil vorliegt als im Gesamtunternehmen, kommt keine Indizwirkung für eine geschlechtsbezogene Diskriminierung von Frauen bei Beförderungsentscheidungen zu. Für die Annahme einer geschlechtsbezogenen Benachteiligung bedarf es über die bloßen Statistiken hinaus weiterer Anhaltspunkte (BAG v. 22.7.2010, 8 AZR 1012/08; anders noch in der Vorinstanz das LAG Berlin-Brandenburg v. 26.11.2008, 15 Sa 517/08, ZTR 2009, 98, das eine Diskriminierung der Klägerin bei einer Beförderungsentscheidung aufgrund der bloßen Tatsache annahm, dass die Führungsebene vollständig mit Männern besetzt war, obwohl Frauen ⅔ der Belegschaft stellten).

Attestieren aber medizinische Gutachten psychische Probleme des Arbeitnehmers, die auch auf belastenden Erlebnissen während der Kindheit beruhen oder bereits in der Persönlichkeit angelegt waren, kann nicht zweifelsfrei von einer arbeitgeberseitigen Kausalität ausgegangen werden (vgl. LAG Rheinland-Pfalz v. 18.8.2016, 5 Sa 61/16; LSG Baden-Württemberg v. 23.6.2016, L 6 V 1095/14).

# Mutterschutz

 **Wegweiser:**

Für den Mutterschutz gilt allgemeines Arbeitsrecht. Werdende und stillende Mütter sind in Deutschland durch zahlreiche Sondervorschriften geschützt. So wird Sorge getragen, dass Schwangere/Mütter und ihre Kinder nicht durch die Arbeit gefährdet werden und werdenden Müttern keine wirtschaftlichen Nachteile durch die Schwangerschaft entstehen. Schutz gewähren insbesondere die Beschäftigungsverbote nach §§ 3, 4, 6 und 8 MuSchG, die und nach der Schwangerschaft eingreifen, der Entgeltschutz von Schwangeren gem. §§ 18 ff. MuSchG und das Kündigungsverbot nach § 17 MuSchG. Zu beachten sind die Neuregelungen des MuSchG, die im Wesentlichen zum 1.1.2018, teils schon am Tag nach der Verkündung des Novellierungsgesetzes in Kraft getreten sind. Die Reform des MuSchG sollte berufsgruppenunabhängig ein für alle Frauen einheitliches Gesundheitsschutzniveau in der Schwangerschaft, nach der Entbindung und während der Stillzeit sicherstellen (Gesetzentwurf der Bundesregierung v. 28.6.2016, BT.-Drucks. 18/8963). Daher wird der geschützte Personenkreis durch die Neuregelungen erheblich ausgeweitet. So werden unter anderem Schülerinnen, Studentinnen und Praktikantinnen in den Anwendungsbereich des Gesetzes ein-

bezogen, soweit die jeweilige Ausbildungsstelle Ort, Zeit und Ablauf von Ausbildungsveranstaltungen verpflichtend vorgibt. Mit den Neuregelungen sind keine Arbeitsverbote mehr gegen den Willen schwangerer Frauen möglich. Stattdessen sollen ihre Arbeitsplätze umgestaltet werden, um Gesundheitsgefährdungen auszuschließen. Die Möglichkeiten für freiwillige Sonn- und Feiertagsarbeit wurden erweitert. Für Arbeitszeiten zwischen 20 Uhr und 22 Uhr gilt ein behördliches Genehmigungsverfahren. Die Verordnung zum Schutz der Mütter am Arbeitsplatz (MuSchArbV) ist in das MuSchG integriert worden. Zur besseren Umsetzung des Mutterschutzes sieht die Gesetzesnovelle die Einrichtung eines Ausschusses für Mutterschutz vor. Er soll Empfehlungen erarbeiten, die bei der praxisgerechten Umsetzung der mutterschutzrechtlichen Regelungen Orientierung bieten.

**I. Grundlagen**

**II. Mitteilungspflichten**

**III. Gesundheitsschutz**
   1. Anpassung des Arbeitsplatzes
   2. Beschäftigungsverbote/Arbeitszeitlicher Gesundheitsschutz
   3. Verbot bestimmter Entlohnungsformen

**IV. Entgeltschutz**

**V. Kündigungsschutz**

## I. Grundlagen

Das Mutterschutzgesetz gewährleistet für die Zeit der Schwangerschaft, einige Zeit nach der Entbindung sowie während der Stillzeit einen umfassenden arbeitsrechtlichen Schutz. Umfasst vom Mutterschutzgesetz sind der Gesundheitsschutz, der Entgeltschutz und der Kündigungsschutz. Die Einhaltung des Mutterschutzgesetzes wird durch die nach Landesrecht zuständigen Aufsichtsbehörden überwacht. Diesen Behörden ist umfassende Auskunft und Zutritt zum Betrieb zu erteilen (§§ 27, 29 MuSchG).

Das MuSchG findet in Betrieben und Verwaltungen aller Art Anwendung, unabhängig von deren Größe. Für die Eröffnung des persönlichen Anwendungsbereichs setzte das MuSchG bisher das Bestehen eines Arbeitsverhältnisses oder Heimarbeit voraus. Die Neufassung stellt nun auf das Bestehen eines Beschäftigungsverhältnisses ab (§ 1 Abs. 2 S. 2 MuSchG). Dadurch fallen, in Reaktion auf EuGH v. 11.11.2010, C-232/09, insbesondere auch Fremdgeschäftsführerinnen einer GmbH unter den Anwendungsbereich des MuSchG. Um ein berufsgruppenunabhängiges einheitliches Schutzniveau von schwangeren und stillenden Müttern und ihres Kindes zu schaffen, wurde der persönliche Anwendungsbereich zudem erheblich erweitert und erfasst nunmehr gemäß § 1 Abs. 2 S. 2 MuSchG auch Frauen, die nicht in einem Beschäftigungsverhältnis stehen:

1. Frauen in betrieblicher Berufsbildung und Praktikantinnen im Sinne von § 26 Berufsbildungsgesetz (BBiG),

2. Frauen mit Behinderung, die in einer Werkstatt für behinderte Menschen beschäftigt sind,

3. Frauen, die als Entwicklungshelferinnen im Sinne des Entwicklungshelfer-Gesetzes tätig sind, jedoch mit der Maßgabe, dass diese §§ 18 bis 22 MuSchG auf sie nicht anzuwenden sind,

4. Frauen, die als Freiwillige im Sinne des Jugendfreiwilligen-dienstegesetzes oder des Bundesfreiwilligendienstgesetzes tätig sind,

5. Frauen, die als Mitglieder einer geistlichen Genossenschaft, Diakonissen oder Angehörige einer ähnlichen Gemeinschaft auf einer Planstelle oder aufgrund eines Gestellungsvertrages für diese tätig werden, auch während der Zeit ihrer dortigen außerschulischen Ausbildung,

6. Frauen, die in Heimarbeit beschäftigt sind, und ihnen Gleichgestellte im Sinne von § 1 Absatz 1 und 2 des Heimarbeitsgesetzes, soweit sie am Stück mitarbeiten, jedoch mit der Maßgabe, dass die §§ 10 und 14 MuSchG auf sie nicht anzuwenden sind und § 9 Abs. 1 bis 5 MuSchG auf sie entsprechend anzuwenden ist,

7. Frauen, die wegen ihrer wirtschaftlichen Unselbstständigkeit als arbeitnehmerähnliche Person anzusehen sind, jedoch mit der Maßgabe, dass die §§ 18, 19 Abs. 2 und § 20 MuSchG auf sie nicht anzuwenden sind, und

8. Schülerinnen und Studentinnen, soweit die Ausbildungsstelle Ort, Zeit und Ablauf der Ausbildungsveranstaltung verpflichtend vorgibt oder die ein im Rahmen der schulischen oder hochschulischen Ausbildung verpflichtend vorgegebenes Praktikum ableisten. Für sie gelten jedoch §§ 17 bis 24 MuSchG nicht.

Beachte: Für Beamtinnen, Richterinnen und Soldatinnen gelten aufgrund Bundes- und Landesrechts Regelungen, die denen des Mutterschutzgesetzes entsprechen. Das Mutterschutzgesetz ist auf diese Berufsgruppen nicht anwendbar.

## II. Mitteilungspflichten

Die mutterschutzrechtlichen Vorschriften sind ab Kenntnis des Arbeitgebers von der Schwangerschaft einzuhalten. Gem. § 15 Abs. 1 S. 1 MuSchG sollen werdende Mütter dem Arbeitgeber daher ihre Schwangerschaft und den mutmaßlichen Tag der Entbindung mitteilen, sobald ihnen die Schwangerschaft bekannt ist. Hierbei handelt es sich aufgrund der Achtung der Intimsphäre nicht um eine zwingende, sanktionsbewehrte Rechtspflicht. Arbeitnehmerinnen ist jedoch aus gesundheitlichen Gründen die zügige Information des Arbeitgebers anzuraten. Ansonsten kann der Arbeitgeber seinen Pflichten nicht nachkommen. Muss der Arbeitgeber allerdings frühzeitig Dispositionen aufgrund der Schwangerschaft treffen (z. B. längerfristige Einarbeitung anderer Arbeitnehmer, Umorganisation) oder gibt es andere erhebliche berechtigte Arbeitgeberinteressen, so besteht ausnahmsweise aufgrund der arbeitsvertraglichen Rücksichtnahmepflicht eine Rechtspflicht zur Mitteilung der Schwangerschaft. Unterlässt die Schwangere in einem solchen Fall schuldhaft die Mitteilung oder erfolgt diese schuldhaft verspätet, kann sich die Schwangere schadensersatzpflichtig machen.

Die Mitteilung ist nicht formgebunden und muss nicht von der Schwangeren persönlich vorgenommen werden. Sie kann mündlich erfolgen. Ausreichend ist auch die Mitteilung über die Vermutung des Bestehens einer Schwangerschaft (LAG Berlin-Brandenburg v. 15.3.2018, 10 Sa 1509/17). Gemäß § 15 Abs. 2 MuSchG soll die Arbeitnehmerin auf Verlangen und auf Kosten des Arbeitgebers das Zeugnis eines Arztes oder einer Hebamme vorlegen.

Die Mitteilung muss entweder gegenüber dem Arbeitgeber persönlich – bei juristischen Personen gegenüber dem gesetzlichen Vertreter – erfolgen oder gegenüber einer Person, die für die Entgegennahme derartiger Erklärungen zuständig ist. In Betracht kommen der Personalleiter, der Personalsachbearbeiter, kündigungsberechtigte Vorgesetzte oder der Prokurist. Die Kenntnis von Kollegen oder des Betriebsarztes ist nicht ausreichend, weil sie dem Arbeitgeber nicht automatisch zuzurechnen ist.

**Beispiel**

Die Arbeitnehmerin erhält eine Kündigung. Zehn Tage später führt der Betriebsarzt bei ihr eine Routineuntersuchung durch. Dabei berichtet sie ihm von ihrer Schwangerschaft. Nach weiteren zehn Tagen erhebt sie Klage gegen die Kündigung, die dem Arbeitgeber eine Woche später zugestellt wird. Hier besteht kein Sonderkündigungsschutz, denn der Arzt ist nicht der Arbeitgeber oder sein Repräsentant.

Sobald der Arbeitgeber Kenntnis von der Schwangerschaft erlangt, hat er gemäß § 27 Abs. 1 S. 1 Nr. 1 MuSchG die zuständige Aufsichtsbehörde von der Mitteilung der Schwangeren zu unterrichten.

Endet die Schwangerschaft vorzeitig, so trifft die Arbeitnehmerin die Rechtspflicht, dies dem Arbeitgeber mitzuteilen.

 **ACHTUNG!**

Unmittelbare, geschlechtsbezogene Benachteiligung liegt vor, wenn eine Schwangerschaft als der hauptsächliche Grund für eine Entlassung anzusehen ist. Das ist der Fall, wenn einer Arbeitnehmerin aufgrund von Fehlzeiten gekündigt wird, die sich aus ihrer durch die Schwangerschaft bedingten Arbeitsunfähigkeit ergeben. Entsprechendes gilt für Ausfallzeiten infolge einer In-Vitro-Fertilisation (LAG Köln v. 3.6.2014, 12 Sa 911/13).

## III. Gesundheitsschutz

Das Mutterschutzgesetz dient dem Schutz von Mutter und Kind vor Gefahren und Risiken für Gesundheit und Leben.

### 1. Anpassung des Arbeitsplatzes

Eine wichtige Änderung des MuSchG ist die Einführung der §§ 9–15 MuSchG („Betrieblicher Gesundheitsschutz"). Hier wurden vor allem die bisher in der Mutterschutzarbeitsverordnung (MuSchArbV) enthaltenen Regelungen in das MuSchG überführt. Inhaltlich geändert hat sich dadurch insbesondere, dass keine gesonderte Gefährdungsbeurteilung für Schwangere mehr erforderlich ist. Vielmehr muss gemäß § 10 Abs. 1 MuSchG anlassunabhängig, also unabhängig von einer konkret bekannten Schwangerschaft oder ob der Arbeitsplatz mit einer Frau besetzt ist, eine Gefährdungsbeurteilung gemäß § 5 ArbSchG vorgenommen werden. Es gilt in diesem Rahmen für die jeweilige Tätigkeit zu ermitteln, ob und welche Gefährdungen für eine schwangere Frau oder stillende Mutter und/oder ihr Kind bestehen oder bestehen können sowie ob Schutzmaßnahmen, eine Umgestaltung des Arbeitsplatzes oder ein Beschäftigungsverbot erforderlich sind. Gemäß § 14 Abs. 1 MuSchG hat der Arbeitgeber die Beurteilung der Arbeitsbedingungen zu dokumentieren und gemäß § 14 Abs. 2 MuSchG alle bei ihm beschäftigten Personen über das Ergebnis der Gefährdungsbeurteilung zu informieren. Teilt eine Beschäftigte ihrem Arbeitgeber ihre Schwangerschaft mit, muss dieser dann die im Vorfeld ermittelten erforderlichen Schutzmaßnahmen gemäß § 10 Abs. 2 MuSchG festlegen. Dabei ist durch § 13 MuSchG eine gesetzliche Reihenfolge der denkbaren Schutzmaßnahmen festgelegt worden, die einzuhalten ist. Danach sind vorrangig die Arbeitsbedingungen umzugestalten. Falls so „unverantwortbare Gefährdungen" (§ 9 Abs. 2 Satz 2 MuSchG) nicht ausgeschlossen werden können, soll ein Arbeitsplatzwechsel – soweit geeignet und zumutbar – erfolgen. Wenn auch dies die Gefährdung nicht abwenden würde, kann ein Beschäftigungsverbot die Folge sein. Eine Gefährdung ist unverantwortbar, wenn die Eintrittswahrscheinlichkeit einer Gesundheitsbeeinträchtigung angesichts der zu erwartenden Schwere des möglichen Gesundheitsschadens nicht hinnehmbar ist. Eine unverantwortbare Gefährdung gilt als ausgeschlossen, wenn der Arbeitgeber alle Vorgaben einhält, die aller Wahrscheinlichkeit nach dazu führen, dass die Gesundheit einer schwangeren oder stillenden Frau oder ihres Kindes nicht beeinträchtigt wird.

## 2. Beschäftigungsverbote/Arbeitszeitlicher Gesundheitsschutz

In den §§ 3–9 MuSchG hat der Gesetzgeber unter der Überschrift „Arbeitszeitlicher Gesundheitsschutz" einige bereits bekannte Regelungen beibehalten und andere modifiziert. Zentrales Anliegen der Reform war es, aufgezwungene Beschäftigungsverbote zu vermeiden und der Beschäftigten mehr Mitspracherecht und Eigenverantwortung einzuräumen (Benkert, NJW-Spezial 2017, 562, 563). Beibehalten wurden insbesondere die vorgeburtliche sechswöchige und die nachgeburtliche achtwöchige Schutzfrist (bzw. zwölfwöchig bei Früh- und/oder Mehrlingsgeburten), § 3 Abs. 1, 2 MuSchG, während der ein grundsätzliches Beschäftigungsverbot besteht. Neu hinzugekommen ist § 3 Abs. 2 S. 2 Nr. 3 MuSchG, wonach sich die Schutzfrist ebenfalls auf zwölf Wochen auf Antrag verlängert, wenn vor Ablauf von acht Wochen nach der Geburt ärztlich festgestellt wird, dass das Kind behindert ist.

Die Verbote von Mehr-, Nacht,- Sonn- und Feiertagsarbeit wurden im Wesentlichen beibehalten (vgl. §§ 4–6 MuSchG). Das Verbot der Mehrarbeit findet sich jetzt in § 4 MuSchG wieder. Demnach darf der Arbeitgeber eine schwangere oder stillende Frau, die mindestens 18 Jahre ist, nicht mit einer Arbeit beschäftigen, die über achteinhalb Stunden täglich oder über 90 Stunden in der Doppelwoche hinausgeht. Eine schwangere oder stillende Frau unter 18 Jahren darf der Arbeitgeber nicht mit einer Arbeit beschäftigen, die über acht Stunden täglich oder über 80 Stunden in der Doppelwoche hinausgeht. In die Doppelwoche werden die Sonntage eingerechnet. Zudem darf der Arbeitgeber eine schwangere oder stillende Frau nicht in einem Umfang beschäftigen, der die vertraglich vereinbarte wöchentliche Arbeitszeit im Durchschnitt des Monats übersteigt. Bei mehreren Arbeitgebern sind die Arbeitszeiten zusammenzurechnen.

Das früher absolute Verbot der Nacharbeit hat mit § 5 MuSchG eine Lockerung erfahren. Eine schwangere oder stillende Frau kann nunmehr auf jederzeit widerruflichen, ausdrücklichen Wunsch Nachtarbeit bis 22 Uhr leisten, wenn nach ärztlichem Zeugnis nichts gegen die Beschäftigung der Frau bis 22 Uhr spricht und insbesondere eine unverantwortbare Gefährdung für die schwangere Frau oder ihr Kind durch Alleinarbeit ausgeschlossen ist. Die Nachtarbeit bedarf des Weiteren der Genehmigung durch die Aufsichtsbehörde, § 28 MuSchG. Hintergrund der Lockerung war, dass Ärztinnen im Krankenhausbetrieb und Arbeitnehmerinnen im Schichtbetrieb nach der alten Rechtslage trotz ausdrücklichen Wunsches keine Möglichkeit hatten, länger als bis 20 Uhr zu arbeiten (Karb, öAT 2018, 8).

Zur Förderung der Beschäftigung von Frauen und der Vereinbarkeit von Familie und Beruf wurden auch die Möglichkeiten der Sonn- und Feiertagsarbeit gelockert. Dies ist nunmehr auf ausdrücklichen Wunsch der Frau möglich, wenn eine Ausnahme vom allgemeinen Verbot der Arbeit an Sonn- und Feiertagen nach § 10 ArbZG zugelassen ist, der Frau in jeder Woche im Anschluss an eine ununterbrochene Nachtruhezeit von mindestens elf Stunden ein Ersatzruhetag gewährt wird und insbesondere eine unverantwortbare Gefährdung für die schwangere Frau oder ihr Kind durch Alleinarbeit ausgeschlossen ist, § 6 Abs. 1 S. 2 MuSchG. Hier bedarf es keiner behördlichen Genehmigung, sondern lediglich der Meldung an die zuständige Aufsichtsbehörde, § 27 Abs. 1 Nr. 2 lit. b) MuSchG.

### ⚠ ACHTUNG!

Die werdende und stillende Mutter hat ein Leistungsverweigerungsrecht, wenn der Arbeitgeber von ihr eine verbotene Beschäftigung verlangt. Beruft die Arbeitnehmerin sich auf das Beschäftigungsverbot, gerät der Arbeitgeber in Annahmeverzug gemäß § 615 BGB mit der Folge, dass die Arbeitnehmerin trotz Leistungsverweigerung ihre vertraglich vereinbarte Vergütung verlangen kann. Handelt der Arbeitgeber schuldhaft, können Ansprüche auf Schadensersatz aus unerlaubter Handlung und wegen Nebenpflichtverletzung bestehen. Außerdem kann ein Verstoß gegen das Beschäftigungsverbot gemäß §§ 32 f. MuSchG ordnungswidrig oder strafbar sein.

## 3. Verbot bestimmter Entlohnungsformen

Schwangere und stillende Mütter dürfen nicht mit Akkordarbeit oder anderen Arbeiten beschäftigt werden, bei denen durch ein gesteigertes Arbeitstempo ein höheres Entgelt erreicht werden kann (§ 11 Abs. 6 MuSchG). Ein Arbeitsvertrag, der eine solche Vergütungsweise enthält, ist jedoch während der Schwangerschaft und Stillzeit nicht außer Kraft gesetzt, die Arbeitnehmerin muss vielmehr während dieser Zeit entweder anders entlohnt oder auf einen anderen Arbeitsplatz umgesetzt werden. Soweit die Art der Arbeit und das Arbeitstempo keine unverantwortbare Gefährdung für die schwangere oder stillende Frau oder für ihr Kind darstellen, kann die Aufsichtsbehörde gem. § 29 Abs. 3 S. 2 Nr. 8 MuSchG auch Ausnahmen vom Verbot dieser Entlohnungsformen bewilligen.

## IV. Entgeltschutz

Der Entgeltschutz dient dem Schutz der Mutter vor finanziellen Einbußen während der Dauer von Beschäftigungsverboten.

Gem. § 19 Abs. 1 MuSchG erhalten Arbeitnehmerinnen für Zeiten mit Beschäftigungsverbot gem. den Vorschriften des SGB V Mutterschaftsgeld durch die Krankenkassen. Für Beschäftigungsverbotszeiten, in denen kein Mutterschaftsgeld gezahlt wird, erhalten Arbeitnehmerinnen Mutterschutzlohn gem. § 18 MuSchG vom Arbeitgeber. Der Mutterschutzlohn bemisst sich nach einem Mittelwert des Gehaltes der letzten drei abgerechneten Kalendermonate vor dem Eintritt der Schwangerschaft. Eine detaillierte Regelung zur Ermittlung dieses durchschnittlichen Arbeitsentgelts ist nun in § 21 MuSchG enthalten. Die Belastungen, die durch diese Zahlungen für den Arbeitgeber entstehen, werden fast komplett durch das Aufwendungsausgleichsgesetz abgefangen.

Entgeltschutz wird nach dem neuen MuSchG auch für die Zeit zur Durchführung der Untersuchungen gewährt, die im Rahmen der Leistungen der gesetzlichen Krankenversicherung bei Schwangerschaft und Mutterschaft erforderlich sind, § 7 Abs. 1 MuSchG. Entgeltschutz besteht weiterhin im Hinblick auf die Stillzeiten im Sinne des § 7 Abs. 2 MuSchG. Stillenden Müttern ist gemäß § 7 Abs. 2 S. 1 MuSchG auf ihr Verlangen die zum Stillen erforderliche Zeit, mindestens aber zweimal täglich eine halbe Stunde oder einmal täglich eine Stunde freizugeben. Dabei hat die Mutter auf die betrieblichen Belange Rücksicht zu nehmen. Die konkrete Dauer der Stillzeit orientiert sich am konkreten Einzelfall und hängt nicht von der vertraglichen Arbeitszeit ab. Durch die Gewährung der Stillzeit darf gemäß § 23 Abs. 1 MuSchG ein Verdienstausfall nicht eintreten. Die Stillzeit darf von stillenden Müttern nicht vor- oder nachgearbeitet und nicht auf die in dem Arbeitszeitgesetz oder in anderen Vorschriften festgesetzten Ruhepausen angerechnet werden. Anders als noch § 7 Abs. 1 MuSchG a. F. ist der Anspruch auf Stillzeit gemäß § 7 Abs. 2 MuSchG n. F. auf die ersten zwölf Monate nach der Entbindung beschränkt. In der Rechtsprechung gibt es die Tendenz, an einer Begrenzung auf die ersten 12 Monate im Falle des § 18 MuSchG nicht festzuhalten (SG Nürnberg v. 4.8.2020, S 7 KR 303/20). Zum einen enthalte § 18 MuSchG keine derartige ausdrückliche Regelung hinsichtlich einer Begrenzung auf die ersten 12 Monate, zum anderen scheide auch eine entsprechende Anwendung von § 7 Abs. 2 MuSchG aus.

## V. Kündigungsschutz

Näheres hierzu unter → *Besonderer Kündigungsschutz.*

# Nachweisgesetz

### Wegweiser:

Das Gesetz zur Umsetzung der Richtlinie (EU) 2019/1152 des Europäischen Parlaments und des Rates über transparente und vorhersehbare Arbeitsbedingungen ist zum 1. August 2022 in Kraft getreten. Ziel dieser Richtlinie ist es, insbesondere im Hinblick auf sich bildende neue Arbeitsformen, die sich zum Teil erheblich von herkömmlichen Arbeitsverhältnissen unterscheiden, zu reagieren. Es bestehe „eine größere Notwendigkeit für Arbeitnehmer, umfassend über ihre wesentlichen Arbeitsbedingungen unterrichtet zu sein, was zeitnah und schriftlich in einer für Arbeitnehmer leicht zugänglichen Form erfolgen sollte.“

Zur Umsetzung dieser Ziele wurde vor allem das Nachweisgesetz einer umfassenden Anpassung unterzogen. Der Katalog der schriftlich niederzulegenden wesentlichen Arbeitsbedingungen wurde erheblich erweitert. Diesen Vorgaben müssen Arbeitgeber bei Abschluss von neuen Arbeitsverträgen nachkommen und Arbeitnehmer entsprechend schriftlich informieren. Dabei steht es ihnen frei, ob der schriftliche Nachweis über den Arbeitsvertrag erfüllt wird oder zusätzlich zum Arbeitsvertrag ein Nachweisschreiben an Arbeitnehmer übergeben wird. Für bereits bestehende Arbeitsverhältnisse wurde eine Übergangsregelung geschaffen. Ebenfalls neu ist, dass etwaige Verstöße als Ordnungswidrigkeit behandelt werden und mit einer Geldbuße in Höhe von bis zu € 2.000,00 belegt sind.

### I.    Nachweispflichten

1.  Vertragsparteien
2.  Beginn des Arbeitsverhältnisses
3.  Befristungsdauer
4.  Arbeitsort
5.  Tätigkeitsbeschreibung
6.  Probezeitdauer
7.  Vergütung
8.  Arbeitszeit
9.  Arbeit auf Abruf

10. Überstunden
11. Urlaub
12. Fortbildung
13. Betriebliche Altersversorgung
14. Kündigung
15. Kollektive Regelungen

### II.    Form und Frist der Nachweispflichten

1.  Form bei Erbringung der Nachweispflicht
2.  Frist zur Erbringung des Nachweises bei Neuverträgen ab 1. August 2022
3.  Frist zur Erbringung des Nachweises für bestehende Arbeitsverträge

### III.    Besondere Nachweispflichten für Praktikanten

### IV.    Besondere Nachweispflichten bei Tätigkeiten im Ausland und Entsendung

### V.    Sanktionen bei Verletzung der Nachweispflicht

1.  Ordnungswidrigkeiten im Sinne von § 4 Abs. 1 NachwG
2.  Nicht sanktionierte Verstöße gegen Nachweispflichten
3.  Keine Ordnungswidrigkeit bei fahrlässigen Verstößen
4.  Höhe der Geldbuße

### VI.    Muster für das gesonderte Nachweisschreiben

## I. Nachweispflichten

§ 2 Abs. 1 NachwG führt einen Katalog der zu erbringenden Nachweise. Dieser Katalog ist allerdings nicht abschließend zu verstehen, sondern enthält laut S. 2 nur die Nachweise, die „mindestens aufzunehmen" sind. Darüber hinaus sind weitere Nachweise über solche Arbeitsbedingungen zu erteilen, die für das konkrete Arbeitsverhältnis wesentlich sind, das heißt für dessen Durchführung von Bedeutung. Soweit Arbeitnehmern gewisse Rechte und Pflichten zukommen, sind sie auch hierüber zu informieren, um diese sinnvoll durchsetzen bzw. erfüllen zu können. In Betracht kommen beispielsweise Rückzahlungsvereinbarungen über Fortbildungskosten, vertragliche Ausschlussfristen oder Haftungsbeschränkungen.

Die laut Nachweisegesetz zu erbringenden Nachweise zu den wesentlichen Arbeitsbedingungen sind im Folgenden dargestellt. Die Reihenfolge orientiert sich dabei an der des § 2 Abs. 1 NachwG.

Im Anwendungsbereich von TVöD/TV-L gilt dabei, dass einzelne der Arbeitsbedingungen durch einen Hinweis auf die jeweiligen tariflichen oder gesetzlichen Regelungen nachgewiesen werden können, ohne diese im Einzelnen wiedergeben zu müssen. Das Gesetz lässt jedoch offen, wie konkret entsprechende Hinweise ausgestaltet sein müssen. Zudem gilt dies nur für die Mindestangaben nach Ziffern 6 bis 8 sowie 10 bis 14.

### 1. Vertragsparteien

Die Vertragsparteien, das heißt jeweils Name bzw. genau Bezeichnung sowie die Anschrift, sind schriftlich festzuhalten. Dies beinhaltet auch die Rechtsform der Arbeitgeberin, allerdings nicht zwingend die gesetzliche Vertretung.

### 2. Beginn des Arbeitsverhältnisses

Der Zeitpunkt des Beginns des Arbeitsverhältnisses ist schriftlich niederzulegen. Gemeint ist der rechtliche Beginn des Arbeitsverhältnisses und nicht die tatsächliche Arbeitsaufnahme. Soweit sich der zunächst festgelegte Beginn des Arbeitsverhältnisses verschiebt, ist richtigerweise ein korrigierter Nachweis zu Erbringen.

### 3. Befristungsdauer

Das Enddatum oder die vorhersehbare Dauer des Arbeitsverhältnisses muss eindeutig niedergeschrieben sein, sofern es sich um ein befristetes Arbeitsverhältnis handelt. Ist im Arbeitsvertrag weder ein Enddatum noch eine bestimmte Dauer vereinbart, ist keine Befristung geregelt. In der Regel wird arbeitsvertraglich aber jedenfalls die Befristung zum Eintritt in das Regelrentenalter festgelegt.

Die Einhaltung des schriftlichen Nachweises ist insoweit nicht nur aufgrund der Regelungen des Nachweisgesetzes wichtig, sondern insoweit, als dass die Vereinbarung der Befristung ohne die Einhaltung der Schriftform gemäß § 14 Abs. 4 TzBfG sonst unwirksam ist und das Arbeitsverhältnis als unbefristet vereinbart gilt. Die schriftliche Festlegung ist auch dann erforderlich, wenn das Arbeitsverhältnis durch Eintritt einer auflösenden Bedingung beendet werden soll sowie bei der Zweckbefristung. In diesen Fällen sind auch die das Arbeitsverhältnis beendenden Umstände ausdrücklich schriftlich festzulegen (siehe hierzu unter → *Befristetes Arbeitsverhältnis*).

### 4. Arbeitsort

Der Arbeitsort ist schriftlich niederzulegen. Dies kann erfüllt werden durch die Angabe der Stadt oder der konkreten Betriebsadresse und ist abhängig von der gewünschten Konkretisierung der Parteien. Soweit eine Versetzungsmöglichkeit bestehen soll, ist auch diese schriftlich niederzulegen und dem Arbeitnehmer mitzuteilen.

Auf die Möglichkeit zur Inanspruchnahme von Home-Office (siehe hierzu unter → *Home-Office*) bzw. mobilem Arbeiten ist ebenfalls hinzuweisen. Soweit hierzu eine kollektive Regelung besteht, beispielsweise in Form der Betriebs- bzw. Dienstvereinbarung oder des Tarifvertrages, genügt nach § 2 Abs. 4 S. 1 NachwG auch der Hinweis auf die geltenden kollektiven Vereinbarungen.

### 5. Tätigkeitsbeschreibung

Neben der zu bekleidenden Position des Arbeitnehmers sind die zu leistenden Tätigkeiten sowie die Möglichkeit zur Zuweisung anderer Tätigkeiten festzuhalten. Die bloße Bezeichnung der Position genügt lediglich dann, wenn hieraus hinreichend deutlich wird, welche Tätigkeiten von dem Arbeitnehmer in dieser Position zu erwarten sind.

In den meisten Fällen empfiehlt es sich daher, einen groben Tätigkeitsrahmen zu definieren. Dies kann beispielsweise erfolgen, indem die „insbesondere" von dem Arbeitnehmer auszuführenden Tätigkeiten erfasst werden. Diese Aufzählung wird dann nicht abschließend zu verstehen sein und kann im Rahmen des vom Arbeitgeber auszuführenden Direktionsrechts nach § 106 GewO weiter konkretisiert werden.

Laut BAG (v. 8.6.2005, 4 AZR 406/04) verpflichtet dieser Nachweis den öffentlichen Arbeitgeber nicht, Angaben zur Eingruppierung oder Stufenzuordnung vorzunehmen. Ziel des Nachweises zur Tätigkeitsbeschreibung sei es, die vom Arbeitnehmer zu leistenden Tätigkeiten kurz zu charakterisieren oder zu beschreiben. Der Nachweis könne auch durch die Übergabe der Stellenbeschreibung erbracht werden.

### 6. Probezeitdauer

Sofern eine Probezeit vereinbart werden soll, ist diese Vereinbarung schriftlich niederzulegen und die Dauer zu benennen (siehe hierzu unter → *Probezeit*).

### 7. Vergütung

Die Zusammensetzung und die Höhe des Arbeitsentgelts, das der Arbeitnehmer beanspruchen kann, sowie dessen Voraussetzungen, die jeweilige Fälligkeit und Zahlungsweise sind schriftlich niederzulegen.

Ausdrücklich genannt werden die Vergütung von Überstunden, Zuschlägen, Zulagen, Prämien und Sonderzahlungen sowie anderer Bestandteile des Arbeitsentgelts, die jeweils getrennt anzugeben sind. Die Regelung erfordert die umfassende Darstellung aller entgeltwirksamen Bestandteile, soweit der Arbeitnehmer dieser beanspruchen kann. Zu erfassen sind damit auch die private Nutzungsmöglichkeit des Dienstwagens, ein Job-Ticket oder sonstige vergleichbare Leistungen. Freiwillige Leistungen müssen dagegen nicht geführt werden.

Insoweit ist nach § 2 Abs. 4 S. 1 NachwG der Verweis auf kollektive Regelungen wie Betriebs- oder Dienstvereinbarungen sowie einschlägige Tarifverträge oder kirchliche Arbeitsvertragsregelungen möglich und auch empfehlenswert, soweit diese die Vergütung etwaiger Bestandteile regeln. Es dürfte dabei nicht genügen, allgemein auf die geltenden Regelungen Bezug zu nehmen. Es bedarf der Nennung der konkreten Fundstellen im jeweiligen Regelwerk. Es ist nicht erforderlich, den konkreten Inhalt der in Bezug genommenen Regelung wiederzugeben.

### 8. Arbeitszeit

Die vereinbarte Dauer der Arbeitszeit ist schriftlich niederzulegen. Die Vorschrift verlangt weiter die Regelung der vereinbarten Ruhepausen und Ruhezeiten sowie bei vereinbarter Schichtarbeit das Schichtsystem, den Schichtrhythmus und Voraussetzungen für Schichtänderungen. Auch hier ist der Vereis auf kollektivrechtliche Regelungen nach § 2 Abs. 4 NachwG erlaubt.

Dieser Nachweis ist zu führen über vertragliche Vereinbarungen, soweit sie denn bestehen. In der Regel betrifft dies vor allem die geschuldete Arbeitszeit und gegebenenfalls auch deren Verteilung. Soweit eine Vereinbarung zu der Lage der Ruhepausen oder zur Regelung bezüglich des Schichtsystems nicht getroffen sind, ist der Nachweis insoweit auch nicht schriftlich zu führen. Es genügt dann der Hinweis auf die Festlegung im Wege des Weisungsrechts nach § 106 GewO.

 **Formulierungsbeispiel:**

Vorgaben für die Lage der Arbeitszeit sowie die Pausenzeiten existieren derzeit nicht. Wir sind berechtigt, die Lage der Arbeitszeit im Rahmen unseres Weisungsrechts nach § 106 GewO nach billigem Ermessen näher zu bestimmen. Im Falle von Änderungen erhalten Sie einen angepassten Nachweis.

### 9. Arbeit auf Abruf

Für den Fall, dass dem Arbeitgeber das Recht zum Abruf von Arbeit gemäß § 12 TzBfG eingeräumt ist, ist nach Nr. 9 der Nachweis zu erbringen über die Vereinbarung, dass der Arbeitnehmer seine Arbeitsleistung entsprechend dem Arbeitsanfall zu erbringen hat, die Zahl der mindestens zu vergütenden Stunden, der Zeitrahmen, bestimmt durch Referenztage und Referenzstunden, der für die Erbringung der Arbeitsleistung festgelegt ist und die Frist, innerhalb derer der Arbeitgeber die Lage der Arbeitszeit im Voraus mitzuteilen hat.

Der Nachweis zur Arbeit auf Abruf kann nicht durch den Verweis auf eine kollektivrechtliche Vereinbarung erbracht werden.

## 10. Überstunden

Die Möglichkeit der Anordnung von Überstunden sowie deren Voraussetzungen sind schriftlich zu erfassen. Mit diesem Nachweiserfordernis ist nicht die entsprechende Vergütungsregelung von Überstunden erfasst. Der Nachweis der Überstundenvergütung wird ausdrücklich in § 2 Abs. 1 S. 2 Nr. 7 NachwG gefordert. Hier ist der Nachweis über die vertraglichen Voraussetzungen und Grenzen zur Anordnung von Überstunden zu führen.

Soweit kollektivrechtliche Regelungen bestehen kann ein Verweis gemäß § 2 Abs. 4 S. NachwG erfolgen.

## 11. Urlaub

Die Dauer des jährlichen Erholungsurlaubs ist schriftlich niederzulegen. Festzuhalten ist der gesetzliche Urlaubsanspruch und soweit vereinbart der vertraglich darüber hinaus gewährte Urlaubsanspruch. Umfasst ist einzig der Erholungsurlaub, sodass etwaiger Zusatzurlaub nach § 208 SGB IX für schwerbehinderte Menschen ebenfalls nachzuweisen ist, nicht hingegen die Möglichkeit für Sabbaticals, Bildungsurlaub oder sonstige Arbeitsbefreiungen.

Soweit kollektivrechtliche Regelungen bestehen kann ein Verweis gemäß § 2 Abs. 4 S. NachwG erfolgen.

## 12. Fortbildung

Ein etwaiger Anspruch auf vom Arbeitgeber bereitgestellte Fortbildung ist schriftlich niederzulegen, soweit ein solcher denn überhaupt besteht. Der Arbeitgeber ist lediglich verpflichtet, auf den bestehenden Anspruch hinzuweisen.

Soweit kollektivrechtliche Regelungen bestehen kann ein Verweis gemäß § 2 Abs. 4 S. NachwG erfolgen.

## 13. Betriebliche Altersversorgung

Soweit der Arbeitgeber dem Arbeitnehmer eine betriebliche Altersversorgung über einen Versorgungsträger zusagt, ist der Name und die Anschrift dieses Versorgungsträgers schriftlich niederzulegen. Die Nachweispflicht entfällt, wenn der Versorgungsträger zu dieser Information verpflichtet ist.

Soweit kollektivrechtliche Regelungen bestehen kann ein Verweis gemäß § 2 Abs. 4 S. NachwG erfolgen.

## 14. Kündigung

Schriftlich niederzulegen ist das bei der Kündigung des Arbeitsverhältnisses von Arbeitgeber und Arbeitnehmer einzuhaltende Verfahren, mindestens das Schriftformerfordernis und die Fristen für die Kündigung des Arbeitsverhältnisses, sowie die Frist zur Erhebung einer Kündigungsschutzklage.

Die geltenden Kündigungsfristen werden in der Regel vertraglich erfasst oder sind kollektivrechtlich geregelt, soweit sie von den gesetzlich geltenden Fristen abweichen. Der Arbeitgeber ist nunmehr verpflichtet, den Arbeitnehmer über die maßgeblichen Eckpunkte der Form einer Kündigung sowie die Erfordernisse der Kündigungsschutzklage aufzuklären.

### Formulierungsvorschlag:

Jede Kündigung bedarf zu ihrer Wirksamkeit der Schriftform; die elektronische Form ist ausgeschlossen (§ 623 BGB). Das Recht zur Kündigung, die Kündigungsfrist sowie der Ausschluss der ordentlichen Arbeitgeberkündigung ergeben sich aus § 33 TVöD/TV-L.

Will der Arbeitnehmer geltend machen, dass eine Kündigung sozial ungerechtfertigt oder aus anderen Gründen rechtsunwirk-

sam ist, muss er innerhalb von drei Wochen nach Zugang der Kündigung Klage beim Arbeitsgericht auf Feststellung erheben, dass das Arbeitsverhältnis durch die Kündigung nicht aufgelöst wurde (§ 4 KSchG).

Im Übrigen richtet sich das bei der Kündigung geltende Verfahren nach den jeweils einschlägigen gesetzlichen Bestimmungen (Im Wesentlichen):

Eine Kündigung kann außerordentlich fristlos erfolgen, wenn ein wichtiger Grund (§ 626 Abs. 1 BGB) vorliegt, nach dem es dem Arbeitgeber oder dem Arbeitnehmer nicht mehr zuzumuten ist, das Arbeitsverhältnis bis zum Ablauf der ordentlichen Kündigungsfrist fortzusetzen. Eine außerordentliche fristlose Kündigung muss binnen zwei Wochen nach Bekanntwerden des wichtigen Grundes ausgesprochen werden (§ 626 Abs. 2 BGB).

Für die Kündigung durch den Arbeitgeber ist der Kündigungsschutz nach dem Kündigungsschutzgesetz (KSchG) zu beachten, der dann entsteht, wenn Ihr Arbeitsverhältnis mehr als sechs Monate bestanden hat. In diesem Falle muss eine Kündigung sozial gerechtfertigt sein, das heißt die Kündigung muss auf betriebsbedingten, verhaltensbedingten oder personenbedingten Gründen beruhen, § 1 Abs. 2 KSchG.

Darüber hinaus kann bei einer arbeitgeberseitigen Kündigung besonderer Kündigungsschutz des Arbeitnehmers bestehen, beispielsweise aufgrund Schwerbehinderung, Schwangerschaft, Elternzeit, Stellung als Datenschutzbeauftragter.

Vor Ausspruch einer Kündigung ist der in unserem Hause bestehende Betriebsrat nach den Regelungen des Betriebsverfassungsgesetzes zu beteiligen.

Der Hinweis, dass § 7 des Kündigungsschutzgesetzes auch bei einem nicht ordnungsgemäßen Nachweis der Frist zur Erhebung einer Kündigungsschutzklage anzuwenden ist, dient lediglich der Klarstellung. Die Wirksamkeitsfiktion der Kündigung nach Ablauf der dreiwöchigen Frist zur Erhebung der Kündigungsschutzklage wird durch einen fehlerhaften Nachweis nicht berührt.

Soweit kollektivrechtliche Regelungen insbesondere zu den geltenden Kündigungsfristen bestehen kann ein Verweis gemäß § 2 Abs. 4 S. NachwG erfolgen.

## 15. Kollektive Regelungen

Schriftlich festzuhalten ist ein in allgemeiner Form gehaltener Hinweis auf die auf das Arbeitsverhältnis anwendbaren Tarifverträge, Betriebs- oder Dienstvereinbarungen sowie Regelungen paritätisch besetzter Kommissionen, die auf der Grundlage kirchlichen Rechts Arbeitsbedingungen für den Bereich kirchlicher Arbeitgeber festlegen.

Der Wortlaut gibt vor, dass ein allgemeiner Hinweis auf die geltenden kollektivrechtlich geltenden Werke ausreichend ist und eine konkrete Aufzählung der einzelnen Vertragswerke nicht erforderlich sein dürfte. Von diesem Verständnis ging auch das BAG in seiner Rechtsprechung zu der bisherigen gesetzlichen Regelung in § 2 Abs. 1 S. 2 Nr. 10 a. F. aus (BAG v. 20.6.2018, 7 AZR 689/16). Dafür spricht auch, dass der Arbeitnehmer durch die zuvor genannten Nachweise bereits ausreichend über seine Rechte, Pflichten und Möglichkeiten aufgeklärt wurde und insoweit zu den konkreten Regelungen bereits Bezug genommen wurde.

## II. Form und Frist der Nachweispflichten

Der Nachweis hat gemäß § 2 Abs. 1 S. 1 NachwG derzeit noch schriftlich und fristgemäß zu erfolgen. Die Erbringung des Nachweises in elektronischer Form ist ausdrücklich ausgeschlossen, § 2 Abs. 1 S. 3 NachwG. Da die Nachweispflicht erst erfüllt ist, wenn der Arbeitgeber die Nachweise schriftlich niederlegt und dies dem Arbeitnehmer tatsächlich aushändigt, sollte die Aushändigung des Nachweisschreibens an den Arbeitnehmer dokumentiert werden, beispielsweise indem der Arbeitnehmer den Erhalt schriftlich durch Unterzeichnung einer Empfangsbestätigung bestätigt.

## 1. Form bei Erbringung der Nachweispflicht

Der Nachweis ist vom Arbeitgeber unter Einhaltung der Schriftform nach § 126 Abs. 1 BGB eigenhändig zu unterzeichnen. Dies kann zum einen über die Integration aller nachzuweisender Bedingungen in den Arbeitsvertrag erfolgen, der in den meisten Unternehmen ohnehin noch schriftlich geschlossen wird. Diese Möglichkeit wurde gesetzlich ausdrücklich in § 2 Abs. 5 NachwG festgelegt. Der Arbeitsvertrag ist dann nach § 126 Abs. 2 BGB von beiden Parteien zu unterzeichnen und genügt damit zugleich dem gesetzlichen Formerfordernis, das jedenfalls die Unterschrift des Arbeitgebers vorsieht.

Der Vorteil einer einheitlichen Erfüllung des Nachweises innerhalb des Arbeitsvertrages liegt darin, dass für den Arbeitnehmer nur ein Dokument erstellt werden muss. Ein aufwändiger Abgleich zwischen Arbeitsvertrag und den dort nicht erfassten wesentlichen Arbeitsbedingungen, über die dennoch ein Nachweis erbracht werden muss, bleibt aus. Sämtliche Regelungen des Arbeitsvertrages sind jedoch vertragliche Vereinbarungen, die als solche nicht einseitig durch den Arbeitgeber abbedungen oder geändert werden können. Die Änderungen bedürfen jedenfalls einer Einvernehmlichkeit der Arbeitsvertragsparteien.

Das Nachweisschreiben kann alternativ in Form eines gesonderten Nachweisschreibens erfolgen, dass dem Arbeitnehmer zusätzlich zum Arbeitsvertrag übergeben wird. Das gesonderte Nachweisschreiben enthält lediglich die wesentlichen Arbeitsbedingungen, die nicht bereits im Arbeitsvertrag enthalten sind, über die nach § 2 NachwG aber ein schriftlicher Nachweis an den Arbeitnehmer auszuhändigen ist. Als solcher Zusatz muss das Nachweisschreiben nicht die Unterschrift des Arbeitnehmers enthalten.

Der Vorteil dieser Lösung liegt darin, dass das gesonderte Nachweisschreiben keine vertragliche Vereinbarung darstellt, die nur einvernehmlich abbedungen werden kann, sondern eine bloße Wissenserklärung des Arbeitgebers. Der Arbeitgeber klärt damit den Arbeitnehmer über die für das Arbeitsverhältnis geltenden arbeitsvertraglichen Bedingungen auf. Die vertraglichen Regelungen werden durch die reine Wissenserklärung nicht geändert oder erweitert. Diese Klarstellung kann dem zu erbringenden gesonderten Nachweis auch ausdrücklich vorangestellt werden (siehe hierzu unter VI. in diesem Kapitel). Ein weiterer Vorteil liegt darin, dass der eigentliche Arbeitsvertrag nicht überfrachtet wird. Zudem besteht mit dem Nachweisschreiben bereits eine Vorlage um Anfragen von Bestandsmitarbeiterin unkompliziert zu beantworten.

Das Erfordernis der strengen Schriftform geht über die Anforderungen der EU-Richtlinie hinaus. Deutschland hatte diese als einziger Mitgliedstaat bei der Umsetzung gewählt. Daran wurde mit Blick auf die Verzögerung der Digitalisierung und Verfestigung aufwändiger Bürokratie vor allem arbeitgeberseitig erhebliche Kritik geäußert.

Laut einer Mitteilung des Bundesjustizministers vom 21. März 2024 soll sich dies nun doch ändern und im Nachweisgesetz künftig der Nachweis der wesentlichen Vertragsbedingungen in Textform ermöglicht werden. Voraussetzung soll

lediglich sein, dass das Dokument für die Arbeitnehmerinnen und Arbeitnehmer zugänglich ist, gespeichert und ausgedruckt werden kann und der Arbeitgeber einen Übermittlungs- oder Empfangsnachweis erhält. Schriftform soll jedoch weiterhin erforderlich sein, wenn die Arbeitnehmer dies verlangen oder in den Wirtschaftsbereichen oder Wirtschaftszweigen nach § 2a Abs. 1 des Schwarzarbeitsbekämpfungsgesetzes tätig sind, d. h. unter anderem im Bau-, Gaststätten- und Speditionsgewerbe. Die Änderung ist jedoch bisher nur angekündigt. Ihr konkreter Umfang und Ausgestaltung sowie Umsetzungszeitpunkt sind abzuwarten.

## 2. Frist zur Erbringung des Nachweises bei Neuverträgen ab 1. August 2022

Für Arbeitsverträge, die ab dem 1. August 2022 geschlossen werden, gelten differenzierte Nachweispflichten. Zum Teil sind die Nachweise am ersten Arbeitstag, weitere Nachweise am siebten Kalendertag bzw. einen Monat nach Beginn des Arbeitsverhältnisses zu erbringen. Eine solche Aufteilung der Nachweise ist nicht praktikabel. In der Praxis werden die Nachweise sinnvollerweise zusammen erbracht, entweder innerhalb des Arbeitsvertrages oder im Rahmen eines gesonderten Nachweisschreibens. Soweit nur ein Nachweisschreiben erbracht werden soll, muss dieser schriftliche Nachweis aber innerhalb der kürzesten vorgegebenen Frist erbracht werden und sollte dem Arbeitnehmer daher spätestens an seinem ersten tatsächlichen Arbeitstag ausgehändigt werden.

Gemäß § 2 Abs. 1 S. 4 NachwG sind die wesentlichen Arbeitsbedingungen nach § 2 Abs. 1 S. 2 Nr. 1, 7 und 8 NachwG spätestens am ersten Tag der Arbeitsleistung schriftlich niederzulegen und an den Arbeitnehmer auszuhändigen. Dies betrifft den Namen und die Anschrift der Parteien, die Zusammensetzung und Höhe des Arbeitsentgelts, deren Fälligkeit und Auszahlungsweise sowie die vereinbarte Arbeitszeit.

**Beispiel:**

> Vertraglicher Beginn des Arbeitsverhältnisses ist der 1. Mai 2023. Da es sich bei diesem Tag um einen gesetzlichen Feiertag handelt, ist der erste tatsächliche Arbeitstag des Arbeitnehmers erst der 2. Mai 2023. Spätestens an diesem Tag muss dem Arbeitnehmer der schriftliche Nachweis über den Namen und die Anschrift der Parteien, die Zusammensetzung und Höhe des Arbeitsentgelts, deren Fälligkeit und Auszahlungsweise sowie die vereinbarte Arbeitszeit ausgehändigt werden.

Die Nachweise nach § 2 Abs. 1 S. 2 Nr. 2 bis 6, 9 und 10 NachwG sind spätestens am siebten Kalendertag nach dem vereinbarten Beginn des Arbeitsverhältnisses an den Arbeitnehmer auszuhändigen. Davon umfasst sind also der Beginn des Arbeitsverhältnisses, die Befristung, der Arbeitsort, die kurze Beschreibung der Tätigkeiten, die Dauer der Probezeit, die Regelung zur Möglichkeit von Arbeit auf Abruf sowie deren Gestaltung und die Möglichkeit zur Anordnung von Überstunden.

**Beispiel:**

> Wie im vorgenannten Beispiel ist der vertragliche Beginn des Arbeitsverhältnisses festgelegt auf den 1. Mai 2023. Der Nachweis zum Beginn des Arbeitsverhältnisses, der Befristung, dem Arbeitsort, der kurzen Beschreibung der Tätigkeiten, die Dauer der Probezeit, die Regelung zur Möglichkeit von Arbeit auf Abruf sowie deren Gestaltung und die Möglichkeit zur Anordnung von Überstunden müssen spätestens am siebten Kalendertag schriftlich niedergelegt und dem Arbeitnehmer ausgehändigt werden. Dieser Verpflichtung kann der Arbeitgeber bis zum 7. Mai 2023 nachkommen.

Der Nachweis über wesentlichen Arbeitsbedingungen nach § 2 Abs. 1 S. 2 Nr. 11 bis 15 NachwG sind spätestens einen Monat nach dem vereinbarten Vertragsbeginn an den Arbeitnehmer schriftlich auszuhändigen. Dies betrifft also die Dauer des jährlichen Erholungsurlaubs, der Anspruch auf Fortbildung, die betriebliche Altersversorgung, die Aufklärung zum Kündigungsschutz sowie der Verweis auf anwendbare kollektivrechtliche Regelungen.

**Beispiel:**

Der Nachweis über die Dauer des jährlichen Erholungsurlaubs, der Anspruch auf Fortbildung, die betriebliche Altersversorgung, die Aufklärung zum Kündigungsschutz sowie der Verweis auf anwendbare kollektivrechtliche Regelungen muss dem Arbeitnehmer aus dem vorgenannten Beispiel spätestens am 1. Juni 2023 schriftlich ausgehändigt werden.

Etwaige Änderungen der wesentlichen Vertragsbedingungen sind dem Arbeitnehmer gemäß § 3 S. 1 NachwG spätestens an dem Tag, an dem sie wirksam werden, schriftlich mitzuteilen. Dabei genügt die isolierte Mitteilung ausschließlich über geänderte Vertragsbedingungen.

### 3. Frist zur Erbringung des Nachweises für bestehende Arbeitsverträge

Für Arbeitsverhältnisse, die bereits vor dem 1. August 2022 bestanden, gilt eine gesetzliche Übergangsregelung. Gemäß § 5 S. 1 NachwG muss der schriftliche Nachweis nur auf Verlangen des Arbeitnehmers an diesen ausgehändigt werden. Dieses Verlangen seitens des Arbeitnehmers ist nicht an eine Form gebunden und kann auch mündlich erfolgen.

Der Arbeitgeber ist nur dann zum schriftlichen Nachweis nach § 5 S. 1 NachwG verpflichtet, soweit der Arbeitsvertrag oder ein früheres Nachweisschreiben die nach § 2 NachwG zu erbringenden Nachweise über wesentliche Arbeitsbedingungen noch nicht vollständig erfüllt, § 5 S. 2 NachwG.

Der Nachweis muss auch in diesem Fall den vorgenannten Formvorschriften genügen, das heißt er muss schriftlich erfolgen und vom Arbeitgeber eigenhändig unterzeichnet sein. Der Empfang sollte durch den Arbeitnehmer aus Beweiszwecken dokumentiert werden.

Für diesen Fall sieht das Gesetz für die Arbeitsbedingungen nach § 2 Abs. 1 S. 2 Nr. 1 bis 10 NachwG eine sehr kurze Frist vor. Spätestens am siebten Tag nach Zugang der Aufforderung beim Arbeitgeber ist der Nachweis auszuhändigen.

**Beispiel:**

Das Arbeitsverhältnis besteht bereits seit dem 1. Januar 2022. Der Arbeitnehmer verlangt vom Arbeitgeber am 7. Juni 2023 den schriftlichen Nachweis über seine wesentlichen Arbeitsbedingungen. Der Arbeitgeber muss den schriftlichen Nachweis spätestens am 14. Juni 2023 an den Arbeitnehmer aushändigen.

Die übrigen Nachweise nach § 2 Abs. 1 S. 2 Nr. 11 bis 15 NachwG sind nach § 5 S. 1 NachwG spätestens einen Monat nach Zugang der Aufforderung auszuhändigen.

**Beispiel:**

Wie im vorgenannten Beispiel fordert der Arbeitnehmer am 7. Juni 2023 den Arbeitgeber zum Nachweis über wesentliche Arbeitsbedingungen auf. Hinsichtlich der Dauer des jährlichen Erholungsurlaubs, des Anspruchs auf Fortbildung, der betrieblichen Altersversorgung, der Aufklärung zum Kündigungsschutz sowie des Verweises auf anwendbare kollektivrechtliche Regelungen muss der schriftliche Nachweis spätestens am 7. Juli 2023 an den Arbeitnehmer ausgehändigt werden.

### III. Besondere Nachweispflichten für Praktikanten

Bei der Beschäftigung von Praktikanten gelten abweichende Anforderungen an den Nachweis der wesentlichen Vertragsbedingungen und auch andere Fristen zur Erfüllung dieser Pflichten.

Nach § 2 Abs. 1a NachwG ist eine Niederschrift an den Praktikanten auszuhändigen, die einen schriftlichen Nachweis jedenfalls über den Namen und die Anschrift der Vertragsparteien, die mit dem Praktikanten verfolgten Lern- und Ausbildungsziele, Beginn und Dauer des Praktikums, Dauer der regelmäßigen täglichen Praktikumszeit, Zahlung und Höhe der Vergütung, Dauer des Urlaubs und ein in allgemeiner Form gehaltener Hinweis auf die kollektivrechtlich auf das Praktikumsverhältnis anzuwendenden Regelungen beinhaltet.

Der Nachweis hat ebenso wie der Nachweis an übrige Arbeitnehmer schriftlich zu erfolgen und muss vom Arbeitgeber unterzeichnet werden. Der Nachweis ist aber abweichend nach Abschluss des Praktikumsvertrages, spätestens vor Aufnahme der Praktikantentätigkeit an den Praktikanten auszuhändigen.

### IV. Besondere Nachweispflichten bei Tätigkeiten im Ausland und Entsendung

Soweit Arbeitnehmer ihre Arbeitsleistung länger als vier aufeinanderfolgende Wochen außerhalb der Bundesrepublik Deutschland erbringen bzw. einen Auslandsaufenthalt absolvieren sollen, der in den Anwendungsbereich der Richtlinie 96/71/EG des Europäischen Parlaments und des Rates vom 16. Dezember 1996 über die Entsendung von Arbeitnehmern im Rahmen der Erbringung von Dienstleistungen fällt, gelten nach § 2 Abs. 2 und 3 NachwG weitere Pflichten zur Erbringung eines schriftlichen Nachweises.

### V. Sanktionen bei Verletzung der Nachweispflicht

Mit den seit 1. August 2022 geltenden Änderung des Nachweisgesetzes sind nunmehr Ordnungswidrigkeiten in § 4 NachwG definiert, die mit Geldbußen sanktioniert sind.

### 1. Ordnungswidrigkeiten im Sinne von § 4 Abs. 1 NachwG

Ordnungswidrig handelt, wer entgegen § 2 Abs. 1 S. 1 NachwG eine in § 2 Abs. 1 S. 2 NachwG genannte wesentliche Vertragsbedingung nicht, nicht richtig, nicht vollständig, nicht in der vorgeschriebenen Weise oder nicht rechtzeitig aushändigt, § 4 Abs. 1 Nr. 1 NachwG. Dies betrifft Verstöße gegen die allgemeinen Nachweispflichten. Gleiches gilt gemäß § 4 Abs. 1 Nr. 2 NachwG für Nachweispflichten für Arbeitnehmer mit Auslandseinsatz nach § 2 Abs. 2 und 3 NachwG sowie gemäß § 4 Abs. 1 Nr. 3 NachwG für Mitteilungen bei Änderungen einzelner Bedingungen nach § 3 NachwG.

Jeglicher Fehler bei der Erbringung dieser Nachweispflichten wird sanktioniert. Der Nachweis muss zunächst vollständig erfolgen. Etwaige Unvollständigkeiten oder Fehler stellen eine Ordnungswidrigkeit dar. Auch die Nichteinhaltung der Schriftform, die fehlende Unterschrift des Arbeitgebers oder die nicht fristgerechte Erfüllung der Nachweispflicht stellen jeweils eine Ordnungswidrigkeit dar. Erforderlich ist auch, dass der form- und fristgerechte vollständige Nachweis an den Arbeitnehmer ausgehändigt wird. Ein solcher Verstoß stellt eine Ordnungswidrigkeit dar und ist ebenso bußgeldbehaftet.

## 2. Nicht sanktionierte Verstöße gegen Nachweispflichten

Ausdrücklich nicht sanktioniert ist dagegen ein Verstoß etwaiger Nachweispflichten bei Praktikanten nach § 2 Abs. 1a NachwG. Der Gesetzgeber hat ausdrücklich die sanktionierten Ordnungswidrigkeiten in § 4 NachwG definiert und dabei davon abgesehen, diese Nachweise mitaufzunehmen.

Da Praktikanten, die gemäß § 22 Abs. 1 MiLoG Arbeitnehmer sind, auch nach § 1 S. 2 NachwG als Arbeitnehmer gelten, sind für sie Nachweise gemäß § 2 Abs. 1 NachwG zu erbringen. Etwaige Verstöße stellen insoweit wiederum sanktionierte Ordnungswidrigkeiten dar.

Ebenso wenig stellen Verstöße gegen zu erbringende Nachweise auf Aufforderung des Arbeitnehmers in Arbeitsverhältnissen, die bereits vor dem 1. August 2022 bestanden, eine Ordnungswidrigkeit dar. Auch insoweit hat der Gesetzgeber darauf verzichtet, solche Verstöße in den § 4 NachwG mitaufzunehmen.

## 3. Keine Ordnungswidrigkeit bei fahrlässigen Verstößen

Der bloß fahrlässige Verstoß gegen die nach dem NachwG zu erbringenden Nachweispflichten wurde vom Gesetzgeber auch nicht ausdrücklich als Ordnungswidrigkeit sanktioniert. Gemäß § 10 OWiG ist daher davon auszugehen, dass lediglich der vorsätzliche Verstoß gegen die Pflicht zur Erbringung der Nachweispflichten eine bußgeldbehaftete Ordnungswidrigkeit darstellt. Soweit auch das fahrlässige Handeln eine Ordnungswidrigkeit darstellen soll, muss der Gesetzgeber dies ausdrücklich sanktionieren.

Wird ein Verstoß gegen eine Nachweispflicht festgestellt, so muss nachgewiesen werden, dass der Arbeitgeber diesen Verstoß jedenfalls billigend in Kauf genommen hat.

## 4. Höhe der Geldbuße

Nach § 4 Abs. 2 NachwG kann die Ordnungswidrigkeit mit einer Geldbuße von bis zu € 2.000,00 je Verstoß geahndet werden. In der Praxis kommen Bußgeldverfahren entgegen der Befürchtungen jedoch bisher kaum vor.

## VI. Muster für das gesonderte Nachweisschreiben

*Soweit ein gesondertes Nachweisschreiben an Arbeitnehmer herausgegeben werden soll, können die einzelnen nach § 2 NachwG nachzuweisenden Vertragsbedingungen Punkt für Punkt vom Arbeitgeber „abgearbeitet" werden. Einleitend für ein solches Schreiben bietet sich folgende Formulierung an:*

*„Nachweis gemäß § 2 Nachweisgesetz (NachwG)*

*Ort, Datum*

*Sehr geehrte/r Frau/Herr . . . . . . . . ,*

*nach § 2 Abs. 1 NachwG ist der Arbeitgeber verpflichtet, die wesentlichen Arbeitsbedingungen schriftlich niederzulegen, die Niederschrift zu unterzeichnen und dem Arbeitnehmer auszuhändigen. Dieser Verpflichtung wollen wir mit diesem Schreiben nachkommen. Dabei weisen wir darauf hin, dass der Inhalt Ihres Arbeitsverhältnisses rechtlich bindend bestimmt wird durch den Arbeitsvertrag sowie die anwendbaren Gesetze, Tarifverträge und*

*Betriebsvereinbarungen. Dementsprechend handelt es sich bei diesem Schreiben lediglich um die Dokumentation entsprechend den Vorgaben des NachwG ohne darüber hinausgehende rechtsgeschäftliche Bindung.*

*Wir behalten uns vor, diesen Nachweis zu ändern, zu ergänzen oder zu ersetzen.*

*Zu den wesentlichen Arbeitsbedingungen erteilen wir Ihnen den folgenden Nachweis, bei dem wir uns an der Reihenfolge des § 2 Abs. 1 NachwG orientiert haben. Eine Kopie des § 2 NachwG fügen wir diesem Schreiben bei.*

*(...)"*

. . . . . . . . . . . . . . . . . .

*Originalunterschrift*

# Nebentätigkeit

 **Wegweiser:**

Für den Bereich der Nebentätigkeit gelten im Wesentlichen die allgemeinen arbeitsrechtlichen Grundsätze und Vorschriften. § 3 Abs. 3 TVöD und § 3 Abs. 4 TV-L enthalten hierzu ergänzende Sondervorschriften für Nebentätigkeiten gegen Entgelt. Wir verweisen auch auf die Kommentierung in Breier/Dassau, TVöD Komm., § 3 Rn. 45 ff. sowie Breier/Dassau, TV-L Komm., § 3 Rn. 79 ff.

I.   **Begriff**
II.  **Zulässigkeit**
   1.  Anzeigepflicht
   2.  Untersagung
      2.1  Beeinträchtigung arbeitsvertraglicher Pflichten
      2.2  Beeinträchtigung berechtigter Interessen des Arbeitgebers
   3.  Anordnung von Auflagen
   4.  Beteiligung des Personal- und Betriebsrates
III. **Folgen der unzulässigen Nebentätigkeit**
IV.  **Rechte im Nebentätigkeitsverhältnis**
V.   **Spartentarifverträge**

## I. Begriff

Unter den Begriff der Nebentätigkeit fällt grundsätzlich jede anderweitige Verwertung der Arbeitskraft durch den Arbeitnehmer außerhalb seines Hauptarbeitsverhältnisses, sofern diese Arbeit im Verhältnis zur Haupttätigkeit einen geringeren zeitlichen Aufwand erfordert. Nebentätigkeiten im Allgemeinen sind somit:

▶ Arbeitsverhältnisse bei demselben Arbeitgeber oder Dritten,

▶ selbstständige Erwerbstätigkeiten (z. B. im Rahmen eines Werk- oder Dienstvertrages),

▶ Ehrenämter,

▶ unentgeltliche Tätigkeiten für Dritte.

Kleinere Hilfeleistungen und Gefälligkeiten für Verwandte und Nachbarn stellen dagegen keine Nebentätigkeiten in diesem Sinne dar.

Von den tarifvertraglichen Regelungen in § 3 Abs. 3 TVöD bzw. § 3 Abs. 4 TV-L werden nur berufliche Nebentätigkeiten gegen Entgelt (Lohn, aber auch Sachbezüge wie beispielsweise freie Unterkunft oder Verpflegung) erfasst. Für unentgeltliche Nebentätigkeiten und die Übernahme von Ehrenämtern gelten dagegen nur die allgemeinen arbeitsrechtlichen Regeln. Eine Anzeige dieser Tätigkeiten gegenüber dem Arbeitgeber ist grundsätzlich nicht erforderlich (Ausnahmen siehe Abschnitt „V. Spartentarifverträge").

Wegen einer besonderen Bedeutung von Nebentätigkeiten im ärztlichen Bereich bestehen hier für Ärzte in Universitätskliniken und außerhalb von Universitätskliniken in §§ 41, 42 TV-L Sonderregelungen, die es zu beachten gilt.

## II. Zulässigkeit

Jeder Arbeitnehmer ist grundsätzlich berechtigt, neben seiner Haupttätigkeit eine oder mehrere Nebentätigkeiten auszuüben. Ein generelles Verbot jedweder Nebentätigkeit verstößt gegen Art. 2 Abs. 1 GG sowie Art. 12 Abs. 1 GG und ist daher unwirksam. Im Rahmen von Arbeits- oder Tarifverträgen kann allerdings vereinbart werden, dass für jede Nebentätigkeit die Zustimmung des Arbeitgebers erforderlich ist. Die Erteilung einer solchen Nebentätigkeitsgenehmigung darf dabei jedoch nicht einzig im Ermessen des Arbeitgebers stehen. Der Arbeitgeber muss sie vielmehr erteilen, wenn er kein berechtigtes Interesse an der Unterlassung hat. Er hat hierzu eine Prognose anzustellen, ob durch die Ausübung der Nebentätigkeit unter Berücksichtigung der erfahrungsgemäß entstehenden Entwicklung eine Beeinträchtigung betrieblicher Interessen zu erwarten ist.

 **Formulierungsbeispiel:**

„Die Aufnahme jeder weiteren entgeltlichen oder unentgeltlichen Nebentätigkeit ist nur nach vorheriger schriftlicher Zustimmung des Arbeitgebers zulässig. Der Arbeitnehmer hat dem Arbeitgeber die beabsichtigte Nebentätigkeit schriftlich unter Angabe von Art, Ort und Umfang sowie des Auftraggebers anzuzeigen. Der Arbeitgeber kann seine Zustimmung verweigern, wenn und soweit seine berechtigten Interessen beeinträchtigt werden. Trifft der Arbeitgeber binnen zwei Wochen nach Eingang der Anzeige keine Entscheidung, gilt die Genehmigung als erteilt. Maßgeblich ist der Zugang einer Entscheidung beim Arbeitnehmer.

Der Arbeitnehmer ist verpflichtet, Änderungen der Nebentätigkeiten anzuzeigen, die zu einem Interessenkonflikt mit dem Hauptarbeitsverhältnis führen könnten. Der Arbeitgeber ist berechtigt, die Nebentätigkeitsgenehmigung zu widerrufen, wenn ein solcher Konflikt vorliegt. Dabei ist dem Arbeitnehmer eine angemessene Auslauffrist zu gewähren."

Soweit auf das jeweilige Arbeitsverhältnis der TVöD/TV-L kraft Tarifbindung Anwendung findet, ist der Erlaubnisvorbehalt dahingehend anzupassen, dass er nur entgeltliche Nebentätigkeiten erfasst. Zum Nachteil des Arbeitnehmers kann insoweit nicht vom zwingenden Tarifrecht abgewichen werden. Der TVöD/TV-L sieht jedoch lediglich für entgeltliche Nebentätigkeiten eine Anzeigepflicht vor.

### 1. Anzeigepflicht

Nach den Vorschriften des TVöD/TV-L ist die Aufnahme einer Nebentätigkeit nicht von der vorherigen Zustimmung des Arbeitgebers abhängig. § 3 Abs. 3 TVöD bzw. § 3 Abs. 4 TV-L verpflichten den Arbeitnehmer aber, jede bereits geplante Nebentätigkeit gegen Entgelt dem Arbeitgeber anzuzeigen. Der Umfang der Beschäftigung spielt dabei keine Rolle. Die Anzeigepflicht gilt auch für Teilzeitbeschäftigte.

 **WICHTIG!**

Unentgeltliche Tätigkeiten sind nach TVöD/TV-L nicht anzeigepflichtig.

Die Anzeige muss schriftlich und rechtzeitig vor Aufnahme jeder Nebentätigkeit erfolgen. Hinsichtlich des Inhalts der Anzeige trifft der Tarifvertrag keine Bestimmungen. Jedenfalls hat der Arbeitnehmer genaue Angaben über den Auftraggeber sowie zu Art und Umfang der Nebentätigkeit und der Höhe der Vergütung zu machen. Bei Ausübung einer nicht angezeigten Nebentätigkeit kann die Erteilung einer Abmahnung berechtigt sein (BAG v. 22.2.2001, 6 AZR 398/99). Kommt es wiederholt zu Verstößen, kann auch eine ordentliche oder sogar fristlose Kündigung gerechtfertigt sein (BAG v. 19.4.2007, 2 AZR 180/06, ZTR 2008, 110). Für die disziplinarische Ahndung ungenehmigter Nebentätigkeiten von Beamten steht laut BVerwG wegen der Vielfalt der möglichen Pflichtverstöße grundsätzlich sogar der gesamte disziplinarrechtliche Maßnahmenkatalog zur Verfügung. Dabei komme es neben Dauer, Häufigkeit und Umfang der Nebentätigkeiten darauf an, ob die Tätigkeiten materiell rechtswidrig waren und ob sich das Verhalten des Beamten nachteilig auf die Erfüllung seiner dienstlichen Aufgaben ausgewirkt habe. Wenn der Beamte die ungenehmigten Nebentätigkeiten während einer Krankschreibung wahrnehme, wirke sich das erschwerend aus (BVerwG v. 17.7.2013, 2 B 27.12). Diese Kriterien müssen jedoch nicht notwendig kumulativ vorliegen. Eine disziplinarrechtliche Höchstmaßnahme kann etwa auch dann verhängt werden, wenn die Nebentätigkeit nicht während einer Krankschreibung ausgeübt wurde und sich auch nicht negativ auf die Erfüllung der Dienstpflichten des Beamten ausgewirkt hat (BVerwG v. 28.8.2018, 2 B 4.18).

### 2. Untersagung

Der Arbeitgeber ist bei Vorliegen der Voraussetzungen des § 3 Abs. 3 S. 2 TVöD bzw. § 3 Abs. 4 S. 2 TV-L nicht nur berechtigt, sondern auch verpflichtet, dem Arbeitnehmer die Aufnahme einer Nebentätigkeit zu untersagen bzw. die Aufgabe einer bereits ausgeübten Nebentätigkeit zu verlangen. Ein förmlicher Genehmigungsakt vor Aufnahme der Tätigkeit ist jedoch nicht erforderlich.

Die Untersagung durch den Arbeitgeber ist grundsätzlich formlos und fristlos und ohne nähere Begründung möglich. Aus Gründen der Rechtssicherheit ist jedoch dringend anzuraten, die Untersagung schriftlich vorzunehmen und sich deren Erhalt vom Arbeitnehmer schriftlich bestätigen zu lassen. Auch sollten dem Arbeitnehmer in diesem Rahmen die wesentlichen Entscheidungsgründe mitgeteilt werden.

Der Arbeitnehmer muss die Nebentätigkeit auf Verlangen des Arbeitgebers unterlassen, wenn diese geeignet ist, die Erfüllung arbeitsvertraglicher Pflichten des Beschäftigten oder berechtigte Interessen des Arbeitgebers zu beeinträchtigen. Für ein Verbot durch den Arbeitgeber reicht dabei aus, dass eine entsprechende Beeinträchtigung mit einiger Wahrscheinlichkeit nicht auszuschließen ist.

Auch wenn der Arbeitnehmer die Nebentätigkeit anzeigt und nach Ablauf der Frist davon ausgehen darf, dass gegen die Übernahme der Nebentätigkeit keine Bedenken bestehen, kann diese später aufgrund der Feststellung, dass durch die Nebentätigkeit die Beeinträchtigung dienstlicher Interessen zu besorgen ist, untersagt werden. Dies kann allenfalls dann Schadensersatzansprüche auslösen, wenn bereits Aufwendungen für die Tätigkeit angefallen sind (LAG Schleswig-Holstein v. 8.11.2016, 5 SaGa 5/16, ZTR 2017, 89).

## 2.1 Beeinträchtigung arbeitsvertraglicher Pflichten

Wenn die Nebentätigkeit während der Arbeitszeit des Hauptarbeitsverhältnisses ausgeübt werden soll, ist stets eine Beeinträchtigung arbeitsvertraglicher Pflichten des Arbeitnehmers anzunehmen, Nebentätigkeiten dürfen grundsätzlich nur außerhalb der Arbeitszeit ausgeübt werden.

**Beispiel**

> Ein Arbeitnehmer verkauft nebenher über das Internet antike Möbel. Während seiner Arbeitszeit ist dem Arbeitnehmer jedoch nicht gestattet, Verkäufe vorzunehmen beziehungsweise Verhandlungen mit möglichen Kaufinteressenten zu führen.

Eine Kollision mit der Erfüllung arbeitsvertraglicher Pflichten kann auch dann vorliegen, wenn die Nebentätigkeit zwar außerhalb der Arbeitszeit ausgeführt wird, der Arbeitnehmer dadurch aber etwa zeitlich oder physisch überfordert ist und sich dies auf seine Arbeitsleistung negativ auswirkt.

**Beispiel**

> Ein Arbeitnehmer arbeitet nach Dienstschluss regelmäßig als Servicekraft in einer Cocktailbar. Die verkürzte Nachtruhe belastet ihn so sehr, dass er am Folgetag häufig unter Konzentrationsschwächen leidet und seiner Arbeit nur unaufmerksam und fehlerhaft nachgeht.

Der Arbeitgeber kann die Unterlassung von Nebentätigkeiten verlangen, mit denen ihm der Arbeitnehmer Konkurrenz macht. Während des bestehenden Arbeitsverhältnisses ist es dem Arbeitnehmer auch ohne ausdrückliche vertragliche Vereinbarung untersagt, mit seinem Arbeitgeber in Wettbewerb zu treten (§ 60 Abs. 1 HGB, Wettbewerbsverbot). Der Arbeitnehmer darf keine Leistungen und Dienste im eigenen Namen und Interesse an Dritte im Marktbereich des Arbeitgebers anbieten. Diese Grundsätze gelten auch für Nebentätigkeiten, sofern diesen nicht jede unterstützende Tätigkeit für ein Konkurrenzunternehmen abgesprochen werden kann. In einer neueren Entscheidung hat das BAG allerdings erhebliche Zweifel daran geäußert, ob bei untergeordneten Tätigkeiten tatsächlich jede Unterstützung eines Konkurrenzunternehmens verboten ist und daher vom Hauptarbeitgeber untersagt werden kann. Es spreche viel dafür, dass bloße Hilfstätigkeiten ohne Wettbewerbsbezug nicht vom Wettbewerbsverbot erfasst würden (BAG v. 24.3.2010, 10 AZR 66/09, ZTR 2010, 422; LAG Düsseldorf v. 4.9.2013, 4 TaBV 15/13). Ein irgendwie gearteter dienstlicher Zusammenhang der Nebentätigkeit allein ist kein Versagungsgrund (VG Bremen v. 11.10.2022, 6 K 2198/19).

Ein Verstoß gegen das vertragliche Wettbewerbsverbot kann nicht nur die Untersagung einer Nebentätigkeit rechtfertigen, sondern auch einen wichtigen Grund im Sinne des § 626 Abs. 1 BGB darstellen und den Arbeitgeber somit zur fristlosen Kündigung des Arbeitsverhältnisses berechtigen. Eine Abmahnung ist insoweit regelmäßig entbehrlich.

Im Fall der Arbeitsunfähigkeit wegen einer Erkrankung ist der Arbeitnehmer verpflichtet, sich genesungsfördernd zu verhalten. Daraus folgt allerdings kein generelles Verbot der Ausübung von Nebentätigkeiten während der Dauer der Arbeitsunfähigkeit. Der Arbeitnehmer hat vielmehr nur all diejenigen Nebentätigkeiten zu unterlassen, die den Heilungsprozess verzögern könnten.

**Beispiel**

> Eine Arbeitnehmerin hat sich beim Handballspielen einen Bänderriss zugezogen und ist deshalb vier Wochen krankgeschrieben. Im Rahmen einer Nebentätigkeit gibt sie an zwei Nachmittagen in der Woche Gitarrenunterricht in ihrer Wohnung. Diese

Tätigkeit ist mit der Krankheit vereinbar. Durch den Musikunterricht wird die Genesung des Beins nicht beeinträchtigt. Anders könnte die Situation jedoch dann zu bewerten sein, wenn die Arbeitnehmerin das Bein nicht belasten dürfte und sie ihre Musikschüler jeweils in deren Wohnung aufsuchen müsste.

Während des Erholungsurlaubs (§ 26 TVöD/TV-L) darf der Arbeitnehmer keine Erwerbstätigkeit ausüben, die dem Erholungszweck zuwiderläuft (§ 8 BUrlG). Bloße Gefälligkeitshandlungen sind von § 8 BUrlG nicht erfasst. Gleiches gilt für mildtätige oder karitative Tätigkeiten sowie für Arbeiten, die aufgrund familienrechtlicher oder öffentlich-rechtlicher Verpflichtungen ausgeübt werden.

**Beispiel**

> Dem Arbeitnehmer ist es nicht erlaubt, während des Urlaubs gegen Entgelt schwere körperliche Arbeit auszuüben, etwa vollschichtig als Maurer auf dem Bau zu arbeiten. Arbeiten am eigenen Haus sind jedoch grundsätzlich zulässig. Auch die Verkaufstätigkeit einer Arbeitnehmerin auf einem Weihnachtsmarkt widerspricht nicht dem Urlaubszweck, wenn sie im Rahmen des Gewerbebetriebs ihres Ehemannes und ohne Vergütung erfolgt (LAG Köln v. 21.9.2009, 2 Sa 674/09).

## 2.2 Beeinträchtigung berechtigter Interessen des Arbeitgebers

Der Begriff „berechtigte Interessen des Dienstgebers" ist im weitesten Sinne zu verstehen. Davon werden alle Umstände erfasst, die für den Bestand und die Verwirklichung der Ziele des Dienstgebers von Bedeutung sein können. Hierzu gehören nicht nur die dienstlichen Belange, die innerbetrieblich für einen störungsfreien Ablauf der zu erledigenden Arbeitsaufgaben erforderlich sind. Berechtigte Interessen des Dienstgebers sind auch beeinträchtigt, wenn sich Nebentätigkeiten seiner Mitarbeiter negativ auf die Wahrnehmung des Dienstgebers in der Öffentlichkeit auswirken (BAG v. 28.2.2002, 6 AZR 357/01, ZTR 2002, 490). Dabei können berechtigte Interessen des Arbeitgebers schon dann beeinträchtigt sein und der Ausübung einer Nebentätigkeit entgegenstehen, wenn jedenfalls nicht auszuschließen ist, dass die Nebentätigkeit eine negative Wirkung unter anderem auf die Wirkung in der Öffentlichkeit hat (BAG v. 19.12.2019, 6 AZR 23/19). Demnach soll nach Ansicht des BAG die bloße Möglichkeit einer Beeinträchtigung bereits ausreichen – einer Wahrscheinlichkeitsprognose bedürfe es nicht.

**Beispiele**

> Der Arbeitgeber kann einem bei ihm beschäftigten Krankenpfleger die Nebentätigkeit als Leichenbestatter untersagen (BAG v. 28.2.2002, 6 AZR 357/01, ZTR 2002, 490). Besteht allerdings nur hinsichtlich eines räumlich oder sachlich abgrenzbaren Teils der Nebentätigkeit die Beeinträchtigung dienstlicher Interessen, kann die Tätigkeit nur für diesen Teil untersagt werden (OVG Münster v. 26.10.2022, 6 B 447/22). Eine nachhaltige Beeinträchtigung dienstlicher Interessen ist auch bei einem Jugendgerichtshelfer zu befürchten, der zum Nebenverdienst Horoskope erstellt und eine astrologische Beratertätigkeit ausübt (BAG v. 7.12.1989, 6 AZR 241/88, ZTR 1990, 379). Die Nebentätigkeit eines Arztes des Gesundheitsamtes als Gutachter für die private Pflegeversicherung kann ebenfalls die Besorgnis einer Beeinträchtigung dienstlicher Interessen begründen (OVG Rheinland-Pfalz v. 27.9.2011, 2 A 10781/11). Gleiches gilt für einen Sachbearbeiter im Bauamt, der für die Planung, Durchführung und Überwachung öffentlicher Bauten zuständig ist und als Nebentätigkeit in einem Ingenieurbüro Planungsunterlagen erstellt, die vom Bauamt geprüft werden müssen (BAG v. 18.9.2008, 2 AZR 827/06). Eine Nebentätigkeit eines dienstunfähig erkrankten Polizeivollzugsbeamten als Fußballscout kann das Ansehen

der Polizei und damit das Vertrauen der Öffentlichkeit in die Integrität des öffentlichen Dienstes beeinträchtigen (OVG Münster v. 4.4.2019, 6 A 2171/17).

Eine Beeinträchtigung kann auch vorliegen, wenn der Arbeitnehmer aus seiner Nebentätigkeit erhebliche Gelder erhält, für die keine Gegenleistung ersichtlich ist und die daher geeignet sind, das Vertrauen in seine unabhängige Arbeit und den Ruf des Arbeitgebers im Geschäftsverkehr zu gefährden (LAG Hessen v. 12.4.2007, 11 Sa 404/06). Dies gilt auch, wenn der Leiter eines städtischen Friedhofs nicht unerhebliche Trinkgelder für die Pflege eines privaten Grabes entgegennimmt (LAG Düsseldorf v. 23.2.2011, 12 Sa 1454/10) oder wenn ein Hörfunk-Sprecher bei einem anderen Anbieter von Fernsehprogrammen Nachrichtentexte aus dem „Off" sprechen soll (BAG v. 24.6.1999, 6 AZR 605/97).

Der Arbeitnehmer darf durch die Ausübung seiner Nebentätigkeit auch keine gesetzlichen Verbote verletzen. Insbesondere sind die zulässigen Höchstarbeitszeiten nach dem Arbeitszeitgesetz (ArbZG) einzuhalten. Danach darf die werktägliche Arbeitszeit eines Arbeitnehmers grundsätzlich acht Stunden nicht überschreiten (§ 3 S. 1 ArbZG). Zur Ermittlung dieser Höchstarbeitszeit sind die Beschäftigungszeiten aller Arbeitsverhältnisse des betroffenen Arbeitnehmers zusammenzurechnen. Sobald die Grenze von acht Stunden pro Tag erreicht ist, muss der Arbeitnehmer die Arbeit grundsätzlich einstellen.

 **ACHTUNG!**

Bei § 3 ArbZG handelt es sich um ein Verbotsgesetz i. S. d. § 134 BGB. Führt der Abschluss eines zweiten Arbeitsvertrags mit einem anderen Arbeitgeber dazu, dass der Arbeitnehmer bei einer Zusammenrechnung der Arbeitszeiten nach § 2 Abs. 1 S. 1 2. HS ArbZG die regelmäßige wöchentliche Arbeitszeit von 48 Stunden überschreitet, hat dies grundsätzlich die Nichtigkeit des zuletzt abgeschlossenen Arbeitsvertrags zur Folge. Der Fortbestand des Arbeitsvertrags unter Reduktion der vereinbarten Arbeitszeit auf das gesetzlich noch zulässige Maß kommt nur in Betracht, wenn sich insoweit eindeutig ein übereinstimmender hypothetischer Wille beider Vertragsparteien feststellen lässt (LAG Nürnberg v. 19.5.2020, 7 Sa 11/19, ZTR 2020, 479).

**Beispiel**

Ist der Arbeitnehmer vor seiner Hauptarbeit täglich zwei Stunden als angestellter Fitnesstrainer in einem Sportstudio tätig, dürfte er nur noch sechs Stunden in seinem Hauptarbeitsverhältnis arbeiten. Sieht sein Arbeitsvertrag eine regelmäßige Arbeitszeit von 39 Wochenstunden in einer Fünftagewoche, also 7,8 Stunden pro Arbeitstag vor, kann er seine Pflichten aus dem Hauptarbeitsverhältnis nicht mehr vollständig erfüllen. Der Arbeitgeber kann daher die Unterlassung der Nebenbeschäftigung verlangen.

Für einen Übergangszeitraum erlaubt das Arbeitszeitgesetz auch eine Erhöhung der Arbeitszeit auf bis zu zehn Stunden pro Tag. Voraussetzung hierfür ist allerdings, dass durch eine Gewährung von Freizeitausgleich sichergestellt wird, dass innerhalb von sechs Kalendermonaten oder 24 Wochen (Übertragungszeitraum) die werktägliche Arbeitszeit von im Durchschnitt acht Stunden nicht überschritten wird. Welcher Arbeitgeber den Ausgleich zu leisten hat, war noch nicht Gegenstand der Rechtsprechung des BAG. Es erscheint jedoch sachgerecht, wenn der Anspruch gegen beide Arbeitgeber entsprechend der Länge der jeweiligen Arbeitszeit besteht.

 **ACHTUNG!**

Verstöße gegen die Einhaltung der höchstzulässigen Arbeitszeit stellen nach § 22 Abs. 1 Nrn. 1 und 3 ArbZG eine Ordnungswidrigkeit dar und können mit einer Geldbuße von bis zu € 15.000,00 geahndet werden.

Bei der Ausübung einer Nebentätigkeit sind auch die Vorgaben des Mutterschutzgesetzes (MuSchG) und des Jugendarbeitsschutzgesetzes (JArbSchG) zu beachten. Eine Nebentätigkeit ist ferner zu untersagen, soweit es sich um verbotene Schwarzarbeit im Sinne des Gesetzes zur Bekämpfung der Schwarzarbeit und illegalen Beschäftigung (SchwarzArbG) handelt.

Außerdem dürfen Beschäftigte durch Nebentätigkeiten nicht in Widerstreit mit ihren dienstlichen Pflichten geraten, was insbesondere dann der Fall ist, wenn Nebentätigkeiten in Angelegenheiten ausgeübt werden, in denen die Behörde, der der Beschäftigte angehört, tätig wird oder werden kann (vgl. LAG Rheinland-Pfalz v. 4.5.2010, 3 Sa 688/09 zur Nebentätigkeit eines Sparkassenmitarbeiters als Testamentsvollstrecker).

### 3. Anordnung von Auflagen

Bei der Prüfung einer Untersagung hat der Arbeitgeber den Grundsatz der Verhältnismäßigkeit zu beachten. Der Arbeitgeber hat neben einer vollständigen Untersagung auch die Möglichkeit, die Nebentätigkeit mit Auflagen (z. B. einer zeitlichen Begrenzung der Nebentätigkeit) zu versehen. Voraussetzung ist, dass hierdurch eine Kollision mit arbeitsvertraglichen Pflichten oder die Beeinträchtigung berechtigter Interessen beseitigt werden kann.

**Beispiel**

Neben der tariflich geschuldeten wöchentlichen Arbeitszeit von 39 Stunden übt der Arbeitnehmer eine Nebentätigkeit mit 10 Stunden in der Woche aus. Die Arbeitszeit aus dem Hauptarbeitsverhältnis und der Nebentätigkeit liegt damit über der Höchstgrenze des Arbeitszeitgesetzes von 48 Stunden. Der Arbeitgeber beschränkt daher die Nebentätigkeit auf maximal 9 Stunden in der Woche.

Nach § 3 Abs. 4 S. 3 TV-L kann der Arbeitgeber auch eine Pflicht zur Ablieferung der Vergütung aus einer Nebentätigkeit zur Auflage machen, wenn diese bei demselben Arbeitgeber oder im übrigen öffentlichen Dienst erbracht wird. Dabei haben sich die Ablieferungspflichten für Beschäftigte des Bundes an den für Beamte geltenden Bestimmungen zu orientieren. Nach dem TV-L müssen sich die Ablieferungspflichten nach den beim jeweiligen Arbeitgeber geltenden Bestimmungen richten. Gesetzlich geregelt sind Ablieferungspflichten für den Bund in § 6 Abs. 3, 4 Bundesnebentätigkeitsverordnung (BNV). Für den Bereich der Länder finden sich entsprechende Vorschriften in den jeweiligen Beamtengesetzen und den hierzu erlassenen Nebentätigkeitsverordnungen. Das BVerwG hat in einer Entscheidung vom 22.8.2022, 2 B 47/21 auch dort geregelte pauschale Abführungspflichten für rechtmäßig erklärt. Hierbei stehe dem Gesetz- bzw. Verordnungsgeber ein weiter Gestaltungsspielraum zu. Bezüglich der Verjährung des Ablieferungsanspruches wird auf die allgemeinen Vorschriften zurückgegriffen. Der Anspruch verjährt somit nach drei Jahren (vgl. BVerwG v. 31.10.2001, 2 C 61/00).

### 4. Beteiligung des Personal- und Betriebsrates

Die Versagung und der Widerruf der Genehmigung einer Nebentätigkeit sowie die Untersagung der Nebentätigkeit selbst unterliegen der Mitbestimmung des Personalrats nach § 78 Abs. 1 Nr. 10 BPersVG. In den Ländern gelten entsprechende Vorschriften.

**ACHTUNG!**

Untersagt der Arbeitgeber eine Nebentätigkeit, die nach materiellem Recht unzulässig ist, ohne die vorgeschriebene Beteiligung des Personalrats, ist die Untersagung der Nebentätigkeit nach den Regelungen des jeweiligen Personalvertretungsgesetzes unwirksam. Die Beschäftigung ist gleichwohl zu unterlassen. Eine gerichtliche Feststellung der Zulässigkeit der Nebentätigkeit ist in diesem Fall nicht möglich (BAG v. 28.2.2002, 6 AZR 357/01, ZTR 2002, 490).

Ein Beteiligungsrecht des Betriebsrates besteht nicht. Insbesondere hat der Betriebsrat keinen Anspruch darauf, von dem Arbeitgeber darüber informiert zu werden, welchen Arbeitnehmern eine Nebentätigkeitsgenehmigung erteilt worden ist oder erteilt wird und auf welche Art und welchen Umfang der Arbeit sie sich erstreckt (LAG Köln v. 11.1.1995, 8 TaBV 55/94).

 **TIPP!**

Mitbestimmungsfrei ist ein Vordruck über die Angabe von Nebenbeschäftigungen, falls die in ihm enthaltenen Fragen nicht die für die dienstliche Verwendung erheblichen persönlichen Verhältnisse und Fähigkeiten des Arbeitnehmers betreffen, sondern sich lediglich auf eine außerhalb dieser Tätigkeiten ausgeübte Nebenbeschäftigung beziehen.

Bei schwerbehinderten oder ihnen gleichgestellten behinderten Menschen ist vor der Entscheidung des Arbeitgebers über die Untersagung einer Nebentätigkeit auch die Schwerbehindertenvertretung zu unterrichten und anzuhören (§ 178 Abs. 2 SGB IX).

## III. Folgen der unzulässigen Nebentätigkeit

Hält sich ein Arbeitnehmer nicht an die Regelung zu Nebentätigkeiten in § 3 Abs. 3 TVöD bzw. § 3 Abs. 4 TV-L, begeht er einen Verstoß gegen arbeitsvertragliche Nebenpflichten. Er verhält sich daher vertragswidrig, wenn er eine beabsichtigte Nebentätigkeit nicht rechtzeitig schriftlich anzeigt oder eine Nebentätigkeit trotz Untersagung durch den Arbeitgeber weiterhin ausübt. Je nach den Umständen des Einzelfalls kann der Arbeitgeber:

▶ Die Unterlassung der Nebentätigkeit verlangen, wobei er dem Arbeitnehmer in der Regel eine Auslauffrist gewähren sollte (Ausnahme: bei einer Konkurrenztätigkeit oder sonstigen schweren Interessenkollision kann grundsätzlich die sofortige Unterlassung der Nebentätigkeit verlangt werden).

▶ Den Ersatz des durch die Vertragsverletzung entstandenen Schadens geltend machen (z. B. Schäden aufgrund einer Schlechtleistung des Arbeitnehmers wegen einer Überlastung durch eine nicht angezeigte Nebentätigkeit) oder bei einem Verstoß gegen das Wettbewerbsverbot die Herausgabe der erzielten Vergütung bzw. die Abtretung erworbener Vergütungsansprüche verlangen (§ 61 Abs. 1 HGB).

▶ Das vertragswidrige Verhalten des Arbeitnehmers abmahnen. Hierbei ist es nicht entscheidend, ob der Verstoß dem Arbeitnehmer subjektiv vorwerfbar ist. Maßgeblich ist der objektive Verstoß des Arbeitnehmers gegen die arbeitsvertraglichen oder tarifvertraglichen Verpflichtungen (BAG v. 15.6.2021, 9 AZR 413/19).

▶ Den Beweiswert einer ärztlichen Arbeitsunfähigkeitsbescheinigung erschüttern, wenn der Arbeitnehmer während der attestierten Krankheitszeit einer Nebenbeschäftigung bei einem anderen Arbeitgeber nachgeht (BAG v. 26.8.1993, 2 AZR 154/93).

▶ Das Arbeitsverhältnis ordentlich kündigen, insbesondere dann, wenn der Arbeitnehmer trotz der Abmahnung die un-

tersagte Nebentätigkeit weiterhin ausübt und wiederholt gegen seine Verpflichtung zur Anzeige von Nebentätigkeiten verstößt.

▶ In besonderen Fällen das Arbeitsverhältnis außerordentlich und fristlos kündigen. Dies kommt insbesondere in Betracht, wenn der Arbeitnehmer mit seiner Nebentätigkeit zum Arbeitgeber in Konkurrenz tritt (Verstoß gegen das Wettbewerbsverbot), mit seiner Nebentätigkeit hartnäckig und schuldhaft gegen seine Pflicht zu einem genesungsfördernden Verhalten während seiner Arbeitsunfähigkeit verstößt (dies gilt insbesondere für einen Arzt des medizinischen Dienstes (BAG v. 2.3.2006, 2 AZR 53/05) oder er fortgesetzt und vorsätzlich offensichtlich nicht genehmigungsfähige Nebentätigkeiten in Unkenntnis des öffentlichen Arbeitgebers ausübt (BAG v. 18.9.2008, 2 AZR 827/06, ZTR 2009, 327). Eine fristlose Kündigung kam in der Entscheidung des LAG Düsseldorf vom 21.6.2017 (4 Sa 869/16) hingegen nicht in Betracht, obwohl eine Arbeitnehmerin bei der Ausübung einer erlaubten, offen und transparent ausgeführten Nebentätigkeit in zu großem Umfang auf die Ressourcen der Arbeitgeberin zurückgegriffen hat, da dieses Verhalten abmahnungsbedürftig war.

Bei einem Streit über die Zulässigkeit einer Nebenbeschäftigung muss der Arbeitgeber damit rechnen, dass der Arbeitnehmer beim Arbeitsgericht eine Feststellungsklage erhebt, um diese Frage verbindlich klären zu lassen. Ein Arbeitnehmer, der mit der Ausübung einer Nebentätigkeit, durch die betriebliche Interessen nicht beeinträchtigt werden, nicht bis zu einer gerichtlichen Entscheidung über ihre Zulässigkeit abwartet, handelt unter Berücksichtigung seiner Grundrechte aus Art. 12 Abs. 1 GG und Art. 2 Abs. 1 GG selbst dann nicht pflichtwidrig, wenn arbeitsvertraglich ein Erlaubnisvorbehalt vereinbart ist (BAG v. 13.5.2015, 2 ABR 38/14, ZTR 2016, 112).

## IV. Rechte im Nebentätigkeitsverhältnis

Geht der Arbeitnehmer neben seinem Hauptarbeitsverhältnis ein weiteres Arbeitsverhältnis ein, so gelten auch hierfür die allgemeinen arbeitsrechtlichen Bestimmungen sowie die einschlägigen Tarifverträge. Es handelt sich um ein vollwertiges Arbeitsverhältnis. Insbesondere finden bei Vorliegen der jeweiligen Tatbestandsvoraussetzungen auch nachfolgende Arbeitnehmerschutzvorschriften uneingeschränkt Anwendung:

▶ Allgemeiner Kündigungsschutz nach dem Kündigungsschutzgesetz (KSchG),

▶ Besonderer Kündigungsschutz, z. B. nach dem Mutterschutzgesetz (§ 17 MuSchG), während der Elternzeit (§ 18 BEEG) oder für schwerbehinderte oder ihnen gleichgestellte Menschen (§ 168 SGB IX),

▶ Urlaubsanspruch nach dem Bundesurlaubsgesetz (BUrlG),

▶ Anspruch auf Entgeltfortzahlung an Feiertagen und bei Arbeitsunfähigkeit nach dem Entgeltfortzahlungsgesetz (EFZG),

▶ Verbot der Benachteiligung wegen der Rasse, der ethnischen Herkunft, des Geschlechts, der Religion oder Weltanschauung, einer Behinderung, des Alters oder der sexuellen Identität nach dem Allgemeinen Gleichbehandlungsgesetz (AGG),

▶ Allgemeiner arbeitsrechtlicher Gleichbehandlungsgrundsatz.

## V. Spartentarifverträge

Nach § 42 Abs. 4 TVöD-BT-K kann der Arbeitgeber Ärzte zur Ausübung einer Nebentätigkeit verpflichten, soweit es sich um die Erteilung von Unterricht oder die Erstellung von Gutachten und wissenschaftlichen Äußerungen handelt und diese von einem Dritten angefordert und vergütet werden. Der angestellte Arzt ist nur in besonders begründeten Ausnahmefällen berechtigt, die Übernahme der Tätigkeit zu verweigern.

Auch § 43 TVöD-BT-B räumt dem Arbeitgeber die Möglichkeit ein, angestellte Ärzte zur Erteilung von Unterricht im Rahmen einer Nebentätigkeit zu verpflichten.

Sonderregelungen zu Nebentätigkeiten im Bereich des TV-L finden sich zum einen in § 40 Nr. 2 Ziff. 2 TV-L. Danach haben Beschäftigte an Hochschulen und Forschungseinrichtungen dem Arbeitgeber sämtliche Nebentätigkeiten anzuzeigen, also auch solche, die sie unentgeltlich ausüben. Auch diese Tätigkeiten kann der Arbeitgeber bei Vorliegen der zuvor unter II.2. geschilderten Voraussetzungen untersagen.

Für Ärzte an Universitätskliniken und Krankenhäusern finden hinsichtlich der Ausübung von Nebentätigkeiten weiterhin die beamtenrechtlichen Bestimmungen Anwendung (§§ 41 Nr. 2, 42 Nr. 2 TV-L). Danach bedarf die Aufnahme einer Nebentätigkeit stets der Genehmigung des Arbeitgebers. Dies gilt auch für die Ausübung einer unentgeltlichen Tätigkeit, soweit hierfür Räume, Einrichtungen oder Personal des Arbeitgebers in Anspruch genommen werden. Darüber hinaus können Ärzte vom Arbeitgeber auch zur Erteilung von Unterricht und der Erstellung von Gutachten und anderer wissenschaftlicher Äußerungen als Nebentätigkeit verpflichtet werden.

# Outsourcing

Siehe → *Betriebsübergang*.

# Personalakte

 **Wegweiser:**

Um eine adäquate Personalverwaltung, Personalführung und Personalplanung gewährleisten zu können, muss der Arbeitgeber des öffentlichen Dienstes die Personalakten in systematischer und formalisierter Weise anlegen und führen. Die Beschäftigten haben ihrerseits ein Interesse, dass Personalakten keine Unterlagen enthalten, die für sie ungünstig sind oder ihnen im Verlaufe ihres Beschäftigungsverhältnisses zum Nachteil gereichen. § 3 Abs. 5 TVöD bzw. § 3 Abs. 6 S. 1 TV-L regelt demgemäß das Recht des Beschäftigten, in die von seinem Arbeitgeber über ihn geführten Personalakten Einsicht zu nehmen. Es handelt sich hierbei um die Konkretisierung einer arbeitsvertraglichen Nebenpflicht des Arbeitgebers, welche sich aus seiner allgemeinen Fürsorgepflicht ergibt. Die Einrichtung und Führung der Personalakten liegt grundsätzlich in der Organisationsbefugnis des öffentlichen Arbeitgebers. Das Personalvertretungsrecht räumt den Personalvertretungen im Allgemeinen lediglich ein Beteiligungsrecht über den Inhalt der Personalfragebogen ein (z. B. § 80 Abs. 1 Nr. 15 BPersVG).

§ 3 Abs. 5 TVöD bzw. § 3 Abs. 6 S. 1 TV-L setzt die Existenz von Personalakten voraus. Der Tarifvertrag enthält selbst keine

Definition der Personalakten. Er regelt somit weder deren Inhalt noch deren Führung. Personalakten sind nach herkömmlicher Definition eine Sammlung von Schriftstücken, die sich auf die Person des Beschäftigten beziehen und von dienstlichem Interesse sind. Sie sollen umfassende, möglichst lückenlose Informationen über Herkunft, Ausbildung, beruflichen Bildungsgang, sonstige dienstliche relevante Daten (z. B. über Befähigung und Leistungen) sowie über das dienstliche und gegebenenfalls außerdienstliche Verhalten der Beschäftigten enthalten (vgl. BVerwG vom 23.1.2002, ZTR 2002, 196). Zur Personalakte gehören alle Unterlagen, einschließlich der Dateien, welche Informationen über den Beschäftigten enthalten, soweit sie mit seinem Dienstverhältnis in einem unmittelbaren Zusammenhang stehen. Personalakten können frühestens mit der Einstellung eines Beschäftigten angelegt werden. Dies schließt nicht aus, dass frühere Vorgänge (z. B. Bewerbungsunterlagen) in die Personalakten aufzunehmen sind. Vor der Einstellung handelt es sich bei Bewerbungsunterlagen nicht um Personalakten. An dieser Stelle wird auf die Kommentierung in Breier/Dassau Komm. TVöD, Erl. 6 ff. zu § 3 TVöD sowie in Breier/Dassau Komm. TV-L, Erl. 8 ff. zu § 3 TV-L verwiesen.

**I. Inhalt von Personalakten**
  1. Allgemeine Grundsätze
    1.1 Vollständigkeit
    1.2 Offenheit
    1.3 Vertraulichkeit
  2. In die Personalakte aufzunehmende Unterlagen
  3. In die Personalakte nicht aufzunehmende Unterlagen

**II. Einsichtsrecht des Beschäftigten**
  1. Einsichtsrecht des Beschäftigten während des Arbeitsverhältnisses (§ 3 Abs. 5 S. 1 TVöD bzw. § 3 Abs. 6 S. 1 TV-L)
  2. Einsichtsrecht des Beschäftigten nach seinem Ausscheiden aus dem Arbeitsverhältnis

**III. Beteiligung des Beschäftigten bei der Führung seiner Personalakte**
  1. Anhörung des Beschäftigten bei Beschwerden tatsächlicher Art
  2. Anspruch des Beschäftigten auf Nichtaufnahme von Vorgängen oder Änderungen der Personalakten
    2.1 Anspruch des Beschäftigten auf Entfernung von Strafurteilen
    2.2 Anspruch des Beschäftigten auf Entfernung von Beurteilungen
    2.3 Anspruch des Beschäftigten auf Entfernung von Abmahnungen

**IV. Personalakten und Datenschutz**
**V. Die elektronische Personalakte**

# I. Inhalt von Personalakten

## 1. Allgemeine Grundsätze

Was zum Inhalt der Personalakten zu zählen ist, ergibt sich aus materiellen, nicht aus formellen Kriterien. Anders formuliert: nur was nach sachlichem Zusammenhang in die Personalakten gehört, ist deren Bestandteil, nicht aber was aufgrund formaler Verfügung zum Bestandteil der Personalakten erklärt wird. Der Arbeitgeber ist verpflichtet, alle Schriftstücke auch zu den formellen Personalakten zu nehmen, die im materiellen Sinn Bestandteil der

Personalakte sind (vgl. BAG v. 7.5.1980, 4 AZR 214/78, ArbuR 1981, 124). Im Einzelnen gelten folgende Grundsätze:

## 1.1 Vollständigkeit

Der Arbeitgeber hat sämtliche Vorgänge in die Personalakten aufzunehmen, die den Beschäftigten betreffen und in einem inneren Zusammenhang mit seinem Arbeitsverhältnis stehen. Es steht also nicht im Ermessen des Arbeitgebers, ob ein Vorgang, der die persönlichen und dienstlichen Verhältnisse des Beschäftigten berührt, zu den Personalakten zu nehmen ist. Er hat bei dieser Entscheidung lediglich einen Beurteilungsspielraum. Letztlich hat der Arbeitgeber ein berechtigtes Interesse an der Vollständigkeit der von ihm geführten Personalakten. Das gilt insbesondere auch für sensible Daten über die Persönlichkeit und Gesundheit des Beschäftigten, wie zum Beispiel einer Sucht-/Alkoholerkrankung (vgl. BAG v. 12.9.2006, 9 AZR 271/06, ZTR 2007, 271). Der Beschäftigte hat keinen Anspruch darauf, dass der Arbeitgeber die zu den Personalakten genommenen Unterlagen paginiert (vgl. BAG v. 16.10.2007, 9 AZR 110/07, ZTR 2008, 312).

## 1.2 Offenheit

Der Arbeitgeber darf über den Beschäftigten außer den Personalakten keine weiteren Akten führen, die Vorgänge über seine persönlichen oder dienstlichen Verhältnisse enthalten. Es gibt also neben den Personalakten keine Geheim- oder Sonderakten. Sogenannte Beiakten dürfen nur über i. d. R. weniger wichtige bzw. besonders vertrauliche Angelegenheiten (z. B. Beihilfen, Unterstützung, Entgeltvorschüsse, Urlaub, Krankheit [insb. BEM-Verfahren]) geführt werden. Sie gehören aber ebenfalls zu den Personalakten. Beide zusammen bilden materiellrechtlich gesehen eine Einheit.

 **WICHTIG!**
Verwendet der Arbeitgeber Beiakten, muss er auf deren Existenz und deren Standort im Inhaltsverzeichnis der Hauptakte ausdrücklich hinweisen.

## 1.3 Vertraulichkeit

Die in den Personalakten enthaltenen Schriftstücke geben in der Regel Aufschluss über das Persönlichkeitsbild des Beschäftigten. Auf derartige Informationen muss der Arbeitgeber zugreifen können, um stets (auch bei einem Wechsel des Dienstvorgesetzten) eine treffende und klare Beurteilung über die Person des Beschäftigten abgeben zu können. Andererseits ist der Beschäftigte an der Wahrung der Vertraulichkeit seiner in der Personalakte enthaltenen Daten interessiert. Das Recht auf vertraulichen Umgang mit Personaldaten findet seine Grundlage in der Fürsorgepflicht des Arbeitgebers, dem Vertrauensschutz und dem Persönlichkeitsrecht des Beschäftigten.

Personalakten enthalten nicht nur Einträge und Schriftstücke dienstlicher, sondern auch außerdienstlicher und persönlicher Art. Aus dem zwischen den Arbeitsvertragsparteien bestehenden Treueverhältnis ergibt sich die Obliegenheit des Arbeitgebers, diese Informationen vor unbefugter Einsicht durch Dritte zu schützen. Hierzu sollte sich die Kenntnis des Inhalts auf den Dienstvorgesetzten und die Personalsachbearbeiter beschränken. Bei besonders sensiblen Daten (z. B. ärztliche Gutachten) ist darüber hinaus eine besondere Art der Verwahrung (z. B. verschlossene Umschläge) zu wählen (vgl. BAG v. 15.7.1987, 5 AZR 215/86, NZA 1988, 53). Um die unbefugte Entfernung von Vorgängen aus den Personalakten zu erschweren, sollten

die einzelnen Blätter nummeriert werden. Eine Verpflichtung hierzu besteht jedoch nicht (vgl. oben).

## 2. In die Personalakte aufzunehmende Unterlagen

In die Personalakten sind insbesondere alle Unterlagen aufzunehmen, die im Zusammenhang mit dem Arbeitsverhältnis stehen und an deren Aufnahme eine oder beide Vertragsparteien ein Interesse haben. Hierzu bedarf es im Einzelfall einer Güterabwägung (vgl. BAG v. 6.6.1984, 5 AZR 286/81, NZA 1984, 321). Dabei sollten in zeitlicher Reihenfolge von der Bewerbung bis zur Beendigung des Arbeitsverhältnisses sämtliche relevanten Schriftstücke aufgenommen werden, also die Dokumente über Bewerbung, Abschluss des Arbeitsvertrags/Einstellung, Durchführung, Änderung, Beendigung, Abwicklung und Nachwirkung des Arbeitsverhältnisses. Hierzu zählen im Einzelnen insbesondere

▶ Bewerbungsunterlagen und Bewerbungsschreiben,

▶ Lichtbild,

▶ Lebenslauf,

▶ Referenzen und Zeugnisse,

▶ Personalfragebogen,

▶ frühere Arbeitsverträge im öffentlichen Dienst (Probearbeitsvertrag, gegebenenfalls befristete Verträge),

▶ aktueller Arbeitsvertrag mit sämtlichen Änderungen und Ergänzungen,

▶ Dokumente über familiäre Veränderungen,

▶ dienstliche Beurteilungen,

▶ Zwischenzeugnisse,

▶ Bestätigungen über Fortbildungsmaßnahmen,

▶ Abmahnungen,

▶ Beurlaubungen (Dauer/Gründe),

▶ Teilzeitbeschäftigung (Dauer/Anteil),

▶ Krankheitsbescheinigungen,

▶ Urlaubseinträge und Urlaubsbewilligungen,

▶ Schwerbehinderteneigenschaft,

▶ krankheitsbedingte und sonstige Fehlzeiten,

▶ Kündigungsschreiben bzw. Aufhebungsvertrag,

▶ Schlusszeugnisse und

▶ Unterlagen über die betriebliche Altersversorgung.

Auch die private Telefon- und Telefaxnummer sowie die E-Mail-Adresse des Beschäftigten können Bestandteil der Personalakte sein.

 **ACHTUNG!**
Der Beschäftigte kann die Entfernung einer zu Recht erteilten Abmahnung – nach dem zeitlich bedingten Verlust ihrer Warnfunktion – aus seiner Personalakte nur dann verlangen, wenn das gerügte Verhalten für das Arbeitsverhältnis in jeder Hinsicht bedeutungslos geworden ist. Dies ist nicht der Fall, wenn die Abmahnung – wie z. B. im Falle einer nicht unerheblichen Pflichtverletzung im Vertrauensbereich – weiterhin für eine eventuell notwendig werdende spätere Interessenabwägung von Bedeutung sein kann (vgl. BAG 19.7.2012, 2 AZR 782/11, ZTR 2013, 94).

### 3. In die Personalakte nicht aufzunehmende Unterlagen

Dagegen sollten in die Personalakten insbesondere nicht aufgenommen werden:

► Akten über ein gerichtliches Verfahren (soweit eine gerichtliche Entscheidung für das Arbeitsverhältnis von Bedeutung ist, ist eine abgedruckte Entscheidung zu den Personalakten zu nehmen),

► Prüfungsakten mit Ausnahme der Prüfungszeugnisse,

► Vorgänge, die sachlichen, vom Arbeitsverhältnis zu trennenden Zwecken dienen (auch wenn in ihnen die persönlichen dienstlichen Verhältnisse des Beschäftigten berührt sind),

► Vorgänge, die zwar den Beschäftigten betreffen, aber in keinem Zusammenhang mit dem Arbeitsverhältnis stehen.

Die Informationen über die vorstehenden Vorgänge können jedoch zu den Personalakten genommen werden, sofern der Beschäftigte zustimmt. Zu den Vorgängen, die in keinem Zusammenhang zum Arbeitsverhältnis stehen, gehört z. B. die politische oder weltanschauliche Überzeugung des Beschäftigten, sofern nicht an den Angaben ein rechtliches Interesse besteht. Dies ist z. B. der Fall bei Vorgängen, die an der politischen Treuepflicht des Beschäftigten Zweifel aufkommen lassen könnten. Die Personalakten müssen jedoch schon aus steuerlichen Gründen Angaben über das religiöse Bekenntnis des Beschäftigten enthalten, damit ggf. eine Kirchensteuer abgeführt werden kann.

 **ACHTUNG!**

Der Arbeitgeber darf Eignung, Befähigung und fachliche Leistung der bei ihm tätigen Beschäftigten beurteilen und die Beurteilung in den Personalakten festhalten. Auf Verlangen des Beschäftigten muss er seine Beurteilung begründen. Dazu gehört die Angabe von Tatsachen, die eine ungünstige Beurteilung rechtfertigen sollen.

## II. Einsichtsrecht des Beschäftigten

### 1. Einsichtsrecht des Beschäftigten während des Arbeitsverhältnisses (§ 3 Abs. 5 S. 1 TVöD bzw. § 3 Abs. 6 S. 1 TV-L)

§ 3 Abs. 5 TVöD bzw. § 3 Abs. 6 S. 1 TV-L regelt das Recht des Beschäftigten auf Einsicht in seine vollständigen Personalakten. Der Arbeitgeber darf aus den Personalakten vor der Einsichtnahme durch den Beschäftigten nichts entfernen, da andernfalls der Anspruch auf Offenlegung der vollständigen Personalakten verletzt würde. Auch ein minderjähriger Beschäftigter hat das Recht auf Einsicht in die Personalakten. Gleiches gilt für seinen gesetzlichen Vertreter. Dieser kann sowohl gemeinsam mit dem Minderjährigen als auch alleine Einsicht nehmen.

Soweit über den Gesundheitszustand des Beschäftigten ärztliche Gutachten auf Veranlassung des Arbeitgebers angefertigt worden sind, hat der Arbeitgeber diese zu den Personalakten zu nehmen. Steht nach dem Inhalt des Gutachtens zu befürchten, dass der Beschäftigte durch eine Einsichtnahme Schaden erleiden könnte, so ist das Gutachten aus Gründen der arbeitgeberseitigen Fürsorge gesondert aufzubewahren. In Zweifelsfällen hat der Arbeitgeber zu dieser Frage den begutachtenden Arzt oder das zuständige Gesundheitsamt mit einzubinden.

Wenn der Beschäftigte seine Personalakte einsehen möchte, hat er zuvor einen entsprechenden Antrag an den Arbeitgeber zu richten. Dieser bestimmt Ort und Zeit für die Akteneinsicht. Der Beschäftigte muss keinen Grund für die von ihm gewünschte Akteneinsicht nennen. Er hat darüber hinaus kein berechtigtes Interesse darzulegen oder glaubhaft zu machen. Dass der Beschäftigte von seinem Recht nur zu einem bestimmten Zeitpunkt Gebrauch machen darf, schreibt § 3 Abs. 5 TVöD bzw. § 3 Abs. 6 S. 1 TV-L nicht vor. Er kann sein Recht auf Akteneinsicht auch wiederholt ausüben, es sei denn, dies nimmt rechtsmissbräuchlichen Umfang an. Die Einsicht wird aber regelmäßig nur während der Dienststunden begehrt werden können. Grundsätzlich kann auch angeordnet werden, dass die Personalakten in Gegenwart eines vom Arbeitgeber bestimmten Beschäftigten einzusehen sind. Anders könnte dies zu beurteilen sein, wenn der Beschäftigte vom ehemaligen Arbeitgeber Akteneinsicht in die Personalakte verlangt, um daraus Erkenntnisse für einen anderen zwischen den Parteien schwebenden Prozess zu gewinnen. Sofern er die Akteneinsicht zusammen mit seinem Prozessbevollmächtigten vornimmt und Inhalte der Personalakte mit ihm besprechen will, kann er dies in Abwesenheit des beklagten Arbeitgebers verlangen (vgl. LAG Thüringen v. 28.5.2014, 6 Sa 213/13, öAT 2014, 257). Das LAG geht in dem vorzitierten Urteil davon aus, dass ein vitales Interesse des Arbeitnehmers bestehe, die Akten gemeinsam mit seinem Prozessbevollmächtigten zu sichten. Er müsse sich hierbei zur Erfüllung des Zwecks der Akteneinsicht auch unbeobachtet mit seinem Rechtsanwalt beraten können. Dagegen sei überhaupt kein Interesse des Arbeitgebers ersichtlich, bei der Einsichtnahme anwesend zu sein. Es bestehe kein Anlass, eine Beschädigung oder Manipulation der Akten zu befürchten. Hiergegen könne sich der Arbeitgeber leicht durch Paginieren absichern.

Findet die Akteneinsicht außerhalb der Arbeitszeit des Beschäftigten statt, hat dieser insoweit keinen Anspruch auf Entgeltzahlung.

Durch die Akteneinsicht, die nicht aktenkundig gemacht werden darf, dürfen dem Arbeitgeber in der Regel keine Kosten (z. B. Reise-, Versendungskosten) erwachsen. Darüber hinaus darf sie auch nicht zu einer Beeinträchtigung des Dienstbetriebs führen.

Der Beschäftigte darf von der durch die Akteneinsicht erlangten Kenntnis nur insoweit Gebrauch machen, als es zur Wahrung seiner Interessen erforderlich ist. Hierzu gehört nicht das Recht auf Akteneinsicht in solche Prozessakten, die Rechtsstreitigkeiten des Beschäftigten mit der Dienststelle betreffen.

Das Recht auf Einsichtnahme in seine Personalakten ist nach der Natur der Sache zwar ein höchstpersönliches Recht des Beschäftigten. Es kann jedoch auch nach ausdrücklicher Bestimmung des § 3 Abs. 5 S. 2 TVöD bzw. § 3 Abs. 6 S. 2 TV-L durch einen Vertreter ausgeübt werden, wenn dieser vom Beschäftigten zur Einsichtnahme schriftlich bevollmächtigt worden ist.

Der Beschäftigte braucht die Einsicht nicht darauf zu beschränken, die Personalakte durchzulesen. Er kann darüber hinaus auch Auszüge oder Kopien aus seinen Personalakten erhalten (§ 3 Abs. 5 S. 3 TVöD bzw. § 3 Abs. 6 S. 3 TV-L). Aus dem Wortlaut der Bestimmung („kann erhalten") ergibt sich, dass der Arbeitgeber darüber entscheidet, in welchem Umfang der Akteninhalt zur Verfügung zu stellen ist. Der Beschäftigte hat Anspruch auf Auszüge und/oder Kopien, soweit dies zur Wahrnehmung seiner Rechte erforderlich ist. Einerseits sollte hier nicht kleinlich verfahren werden. Andererseits ist es nicht Sinn und Zweck der Akteneinsicht, dass sich der Beschäftigte eine eigene Personalakte anlegt.

**WICHTIG!**

Jedenfalls in den Fällen, in denen der Arbeitgeber dem Beschäftigten erlaubt, Kopien der in der Personalakte befindlichen Schriftstücke zu fertigen, hat dieser nicht das Recht, zur Einsichtnahme in die Personalakte einen Rechtsanwalt hinzuzuziehen (vgl. BAG v. 12.7.2016, 9 AZR 791/14, ZTR 2016, 709).

Der Arbeitgeber kann auch Abschriften oder Kopien verweigern, wenn andere Personen durch Verwendung des Materials Nachteile erleiden könnten. Insofern ist eine Interessenabwägung vorzunehmen.

## 2. Einsichtsrecht des Beschäftigten nach seinem Ausscheiden aus dem Arbeitsverhältnis

Als Ausfluss der Fürsorgepflicht des Arbeitgebers steht auch ausgeschiedenen Beschäftigten das Recht auf Einsicht in die Personalakten zu, wenn ein begründetes Interesse an der Einsichtnahme dargelegt und gegebenenfalls glaubhaft gemacht wird und dienstliche Gründe nicht entgegenstehen. Dies gilt auch für Auskünfte aus den Personalakten, die ein zukünftiger oder neuer Arbeitgeber im Einverständnis mit dem ausgeschiedenen Beschäftigten erbittet. Der ausgeschiedene Beschäftigte hat darüber hinaus einen Anspruch darauf, den Inhalt der nach Beendigung seines Arbeitsverhältnisses fortgeführten Personalakte auf seinen Wahrheitsgehalt hin zu überprüfen (vgl. BAG v. 16.11.2010, 9 AZR 573/09, ZTR 2011, 311). In diesem Verfahren ging es um eine Zeugnisauseinandersetzung nach Beendigung eines Arbeitsverhältnisses. Dem Kläger wurde von der beklagten Arbeitgeberin mitgeteilt, dass Gründe vorhanden seien, die auf eine mangelnde Loyalität hinweisen würden. Der Kläger verlangte daraufhin erfolglos Einsicht in seine Personalakten. Nach Auffassung des BAG ergebe sich der Anspruch auf Einsicht in die Personalakte aus der nachwirkenden arbeitgeberseitigen Schutz- und Rücksichtnahmepflicht gemäß § 241 Abs. 2 BGB i. V. m. Art. 2 Abs. 1 und Art. 1 Abs. 1 GG unter dem Gesichtspunkt des Grundrechts auf informationelle Selbstbestimmung. Im Rahmen dieser Pflichten habe der Arbeitgeber auf das Wohl und die berechtigten Interessen seiner Arbeitnehmer Rücksicht zu nehmen. Dabei sei das Persönlichkeitsrecht des Arbeitnehmers – und dabei insbesondere das Recht auf informationelle Selbstbestimmung – zu beachten. Unrichtige Daten über den Arbeitnehmer dürfe der Arbeitgeber nicht aufbewahren. Im Hinblick auf die Rechte des Arbeitnehmers auf Beseitigung und Korrektur unrichtiger Daten, die Art. 2 Abs. 1 i. V. m. Art. 1 Abs. 1 GG immanent sind, müsse es diesem möglich sein, durch Einsicht in die Akten Kenntnis von deren Inhalt zu nehmen, ohne im Einzelnen ein konkretes berechtigtes Interesse hieran darlegen zu müssen. Zum allgemeinen Recht zur Einsichtnahme Dritter vgl. Breier/Dassau TVöD § 3 Rn. 169 ff.

**WICHTIG!**

§ 3 Abs. 5 TVöD begründet zwar keinen Anspruch ehemals Beschäftigter darauf, dass der Arbeitgeber eine vollständige Kopie seiner Personalakte fertigt und zur Abholung bereithält (vgl. LAG Hessen v. 9.5.2014, 14 Sa 903/13, ZTR 2015, 445). Dieser Anspruch könnte sich jedoch nunmehr aus Art. 15 Abs. 3 S. 1 DSGVO ergeben (vgl. → *Datenschutz*).

**WICHTIG!**

Eine Verpflichtung, die Personalakten des Beschäftigten nach Beendigung des Arbeitsverhältnisses vollständig aufzubewahren, besteht nicht. Allerdings sind gegebenenfalls Aufbewahrungspflichten in Bezug auf einzelne Vorgänge zu beachten (zu Lohnkonten vgl. § 41 Abs. 1 S. 9 EStG, zu kaufmännischen Aufbewahrungsfristen vgl. § 257 HGB).

## III. Beteiligung des Beschäftigten bei der Führung seiner Personalakte

### 1. Anhörung des Beschäftigten bei Beschwerden tatsächlicher Art

Im Gegensatz zum BAT findet sich in § 3 Abs. 5 TVöD keine ausdrückliche Bestimmung darüber, dass der Beschäftigte über Beschwerden und Behauptungen tatsächlicher Art, die für ihn ungünstig sind oder ihm nachteilig werden können, vor Aufnahme in die Personalakten gehört werden muss. Gleiches gilt für die Verpflichtung, dass seine im Rahmen der Anhörung gemachten Äußerungen zu den Personalakten zu nehmen sind (so aber ausdrücklich geregelt in § 3 Abs. 6 S. 4 und 5 TV-L). Die früheren tariflichen Vorschriften hatten jedoch ohnehin lediglich deklaratorische Bedeutung. Denn auch im Arbeitsrecht des öffentlichen Dienstes gilt der Grundsatz der Offenheit zwischen Arbeitgeber und Beschäftigten, der sich seinerseits aus dem Arbeitsverhältnis als gegenseitigem Treueverhältnis ergibt. Daraus ergibt sich ein Anspruch des Beschäftigten auf rechtliches Gehör. Vor dem Hintergrund, dass das gegenseitige Verhältnis von Offenheit und Vertrauen beherrscht sein muss, darf der Arbeitgeber also aus einem Sachverhalt nur dann eine für den Beschäftigten ungünstige Folgerung ziehen, wenn er zuvor dem Beschäftigten Gelegenheit gegeben hat, zum Sachverhalt Stellung zu nehmen und Erklärungen hierzu abzugeben.

Der Beschäftigte hat somit zunächst einen Anspruch, über Beschwerden und Behauptungen tatsächlicher Art, die für ihn ungünstig sind, oder ihm nachteilig werden können, vor Aufnahme in die Personalakten gehört zu werden. Zu den Beschwerden tatsächlicher Art gehören insbesondere Rügen, Ermahnungen und Abmahnungen. Das Anhörungsrecht steht in einem unmittelbaren Zusammenhang mit dem Recht des Beschäftigten auf Einsicht in seine vollständigen Personalakten nach § 3 Abs. 5 S. 1 TVöD. Dabei kommt es nicht darauf an, ob die Beschwerden oder Behauptungen von der Behörde selbst oder von Außenstehenden gegen den Beschäftigten erhoben werden (vgl. BAG v. 16.11.1989, 6 AZR 64/88, ZTR 1990, 199).

Das Anhörungsrecht erstreckt sich auf solche Beschwerden und Behauptungen, die für den Beschäftigten derzeit ungünstig sind oder später einmal nachteilig werden können. Der damit umschriebene weite Bereich erfasst somit alle Behauptungen tatsächlicher Art, die für den Beschäftigten nicht von erkennbarem Vorteil sind, weil sie für ihn potentiell von Nachteil sind. Die vom Arbeitgeber gemachten Äußerungen sind zu den Akten zu nehmen. Eine Äußerung des Beschäftigten ist allerdings nicht zwingend erforderlich. Auch wenn der Beschäftigte sich nicht geäußert hat, ist dies in den Personalakten zu vermerken.

### 2. Anspruch des Beschäftigten auf Nichtaufnahme von Vorgängen oder Änderungen der Personalakten

Über das Anhörungsrecht des Beschäftigten hinaus stellt sich die Frage, ob und inwieweit der Arbeitgeber Vorgänge, die aus der Sicht des Beschäftigten nachteilig sein können, zu dessen Personalakten nehmen darf. Unter Beachtung des Grundsatzes der Vollständigkeit der Personalakten einerseits und unter Berücksichtigung der Fürsorgepflicht des Arbeitgebers andererseits muss der Arbeitgeber alle für den Beschäftigten nachteiligen Vorgänge aufnehmen. Dies gilt nur dann nicht, wenn die erhobenen Behauptungen falsch oder die dienstlichen Beurteilungen unrichtig sind. Gleiches gilt, wenn der Aufnahme bestimmter Vorgänge, insbesondere über außerdienstliches Fehlverhalten, ein weit überwiegendes Interesse des Beschäftigten entgegensteht.

## 2.1 Anspruch des Beschäftigten auf Entfernung von Strafurteilen

Nach § 12 Abs. 4 EGGVG trägt die übermittelnde Stelle (hier Gerichte und Staatsanwaltschaften) die Verantwortung für die Zulässigkeit von Übermittlungen personenbezogener Daten. Die Übermittlung an den Arbeitgeber ist z. B. zulässig, wenn die Kenntnis der Daten aus der Sicht der übermittelnden Stelle erforderlich ist für die Entscheidung über eine Kündigung oder für andere arbeitsrechtliche Maßnahmen, zum Beispiel für die Einstellung, die Beschäftigung, die Beaufsichtigung von Kindern und Jugendlichen oder für die Untersagung der Durchführung der Berufsausbildung (§ 14 Abs. 1 Nr. 5 EGGVG).

Die §§ 12 bis 22 EGGVG enthalten keine Vorschriften über die Aufnahme der Mitteilungen in die Personalakte sowie die Entfernung aus derselben. Hierzu hat das BAG entschieden, dass der Arbeitgeber des öffentlichen Dienstes ein gegen seinen Beschäftigten ergangenes Strafurteil, dass dem Arbeitgeber übersandt worden ist, nicht zu den Personalakten nehmen darf, wenn die Verurteilung ein strafbares Verhalten im außerdienstlichen Bereich betrifft, nicht in das vom Bundeszentralregister auszustellende Führungszeugnis aufzunehmen ist und der Beschäftigte den der Verurteilung zugrunde liegenden Sachverhalt auch nicht nach § 51 Abs. 2 BZRG zu offenbaren braucht. Gemäß § 32 BZRG nicht in ein polizeiliches Führungszeugnis aufzunehmen sind z. B. Verurteilungen, durch die auf Geldstrafe von nicht mehr als 90 Tagessätzen oder Freiheitsstrafe oder Strafarrest von nicht mehr als drei Monaten erkannt worden ist, wenn im Register keine weitere Strafe eingetragen ist (vgl. § 32 Abs. 2 Nr. 5 BZRG). Ist das Strafurteil trotzdem zu den Personalakten gelangt, so muss es aus ihnen entfernt und entweder vernichtet oder dem Beschäftigten ausgehändigt werden. Es darf nicht zu anderen Akten des Arbeitgebers genommen werden.

## 2.2 Anspruch des Beschäftigten auf Entfernung von Beurteilungen

Der TVöD und der TV-L enthalten keine Bestimmung über die Beurteilung der Beschäftigten. Jedoch gehen sowohl das Betriebsverfassungs- als auch das Personalvertretungsrecht davon aus, dass der Arbeitgeber ein Beurteilungsrecht hat. Die Personalvertretungsgesetze räumen im Allgemeinen der Personalvertretung ein Beteiligungsrecht beim Erlass von Beurteilungsrichtlinien für Beschäftigte ein (vgl. § 80 Abs. 1 Nr. 11 BPersVG). Bei der konkreten Einzelbeurteilung muss die Personalvertretung jedoch nicht beteiligt werden. Sofern der Beschäftigte dies wünscht, ist ihm aber die Beurteilung zur Kenntnis zu bringen.

Auch § 3 Abs. 5 TVöD bzw. § 3 Abs. 6 S. 1 TV-L, der dem Beschäftigten ein Recht auf Einsicht in seine vollständigen Personalakten einräumt, bestätigt mittelbar ein Beurteilungsrecht des Arbeitgebers. Der Arbeitgeber darf demnach Personalakten führen. Ferner sind dienstliche Beurteilungen schon immer Gegenstand von Personalakten gewesen. In größeren Verwaltungen und Betrieben, in denen Vorgesetzte wechseln, könnte ein sachlich richtiges Arbeitszeugnis (§ 35 TVöD bzw. § 35 TV-L) kaum erstellt werden, wenn nicht zwischenzeitlich der Leistungsstand in dienstlichen Beurteilungen festgehalten würde.

Eine dienstliche Beurteilung wird im Gegensatz zu einem Arbeitszeugnis nicht auf Verlangen des Beschäftigten bei Beendigung des Arbeitsverhältnisses erteilt, sondern während des laufenden Arbeitsverhältnisses. Dies geschieht gegebenenfalls sogar gegen den erklärten Willen des betroffenen Beschäftigten. Zudem kann der Beschäftigte, der die Erteilung eines Arbeitszeugnisses verlangt, selbst entscheiden, ob er lediglich ein einfaches Zeugnis begehrt oder eines, das sich auch auf die Beurteilung seiner Führung und Leistung erstreckt. Dagegen ist es Sache des Arbeitgebers, im Rahmen zulässiger dienstlicher Beurteilungen zu bestimmen, mit welcher Intensität der betroffene Beschäftigte beurteilt wird. Der Arbeitgeber hat die Beurteilung auf Verlangen des Beschäftigten näher zu begründen (vgl. BAG v. 19.8.1992, 7 AZR 262/91, ZTR 1993, 81).

Der Beschäftigte hat Anspruch auf Entfernung einer dienstlichen Beurteilung aus seiner Personalakte, wenn sich ein Fehler im Beurteilungsverfahren auf das Beurteilungsergebnis auswirken kann (vgl. BAG v. 18.11.2008, 9 AZR 865/07, NZA 2009, 206). Nicht ausreichend ist es, wenn der Beschäftigte lediglich eine für ihn günstigere Formulierung für angebracht hält (OVG Münster v. 11.5.2023, 1 A 2432/20). Soweit der Beschäftigte einen Anspruch auf Entfernung einer unzutreffenden oder verfahrensfehlerhaften dienstlichen Beurteilung aus den Personalakten hat, kann er dies gegenüber seinem Arbeitgeber außergerichtlich geltend machen. Hat er damit keinen Erfolg, kann er das Arbeitsgericht anrufen. Im Rechtsstreit kann dann vom Gericht nachgeprüft werden, ob die Tatsachen, die der Arbeitgeber der Bewertung zugrunde gelegt hat, zutreffen und ob die Bewertung unter Einräumung eines Beurteilungsspielraums auf der Grundlage der zur Begründung vorgetragenen Tatsachen zu rechtfertigen ist. In erster Linie muss der Arbeitgeber bzw. Dienstvorgesetzte seine Beurteilung durch Darlegung von Tatsachen begründen. Der Beschäftigte braucht dann nur noch die Tatsachen vorzutragen, die der Beurteilende nach seiner Ansicht fälschlicher Weise nicht berücksichtigt hat, obwohl sie eine bessere Beurteilung rechtfertigen könnten (vgl. BAG v. 28.3.1979, 5 AZR 80/77, AP Nr. 3 zu § 75 BPersVG).

## 2.3 Anspruch des Beschäftigten auf Entfernung von Abmahnungen

Die Abmahnung ist Ausdruck der Missbilligung eines Verhaltens unter Androhung der Kündigung des Arbeitsverhältnisses, falls der Beschäftigte sein Verhalten nicht ändert. Eine Abmahnung ist vor allem bei Störungen im Leistungsbereich erforderlich, aber auch bei Störungen im Vertrauensbereich, wenn es sich um ein steuerbares Verhalten des Beschäftigten handelt und erwartet werden kann, dass das Vertrauen wiederhergestellt wird.

Voraussetzung für eine formell ordnungsgemäße Abmahnung ist, dass der Arbeitgeber den Beschäftigten auffordert, ein genau bezeichnetes Fehlverhalten zu ändern oder aufzugeben. Die Abmahnung besteht aus drei Teilen. Anfangs ist der Sachverhalt so konkret wie möglich zu schildern, um dem Beschäftigten den begangenen Verstoß gegen arbeitsvertragliche Bestimmungen des Arbeitgebers präzise vor Augen zu führen. Hierzu gehört die genaue Angabe von Ort, Zeit und Datum usw. Pauschale Werturteile, Schlagworte oder Ähnliches reichen nicht aus und können gegebenenfalls sogar schädlich sein (Dokumentationsfunktion). Ferner ist dem Beschäftigten zu erklären, dass und warum hierin eine Verletzung der vertraglichen Pflichten liegt (Rügefunktion) und der Arbeitgeber dieses Verhalten des Beschäftigten keinesfalls dulden kann. Schließlich ist darauf hinzuweisen, dass eine Wiederholung dieses oder ähnlichen Verhaltens den Inhalt oder Bestand des Arbeitsverhältnisses gefährdet. Dem Beschäftigten muss klar sein, dass der Arbeitgeber das beanstandete Fehlverhalten zukünftig nicht mehr hinnehmen will (kündigungsrechtliche Warnfunktion). Siehe Näheres unter → *Abmahnung*.

Der Beschäftigte hat einen gerichtlich durchsetzbaren Anspruch auf Entfernung einer Abmahnung, die auf unrichtigen Tatsachen beruht. Dies folgt aus der allgemeinen Fürsorgepflicht des Arbeitgebers nach § 242 BGB in entsprechender Anwendung von § 1004 BGB (vgl. BAG v. 5.8.1992, 5 AZR 531/91, ZTR 1993, 120). Gleiches gilt für Abmahnungen, welche kritisierende bzw. missbilligende Äußerungen des Arbeitgebers enthalten, soweit diese geeignet sind, dem Beschäftigten in seinem beruflichen Fortkommen und seinem Persönlichkeitsrecht zu beeinträchtigen (vgl. LAG Berlin-Brandenburg v. 15.2.2010, 10 Sa 2113/09). Für den Beschäftigten besteht jedoch weder eine arbeitsvertragliche Nebenpflicht noch eine entsprechende Obliegenheit, gegen die Richtigkeit einer Abmahnung gerichtlich vorzugehen. Hat der Beschäftigte davon abgesehen, die Berechtigung einer Abmahnung gerichtlich überprüfen zu lassen, so ist er grundsätzlich nicht daran gehindert, die Richtigkeit der abgemahnten Pflichtwidrigkeiten in einem späteren Kündigungsschutzprozess zu bestreiten.

 **ACHTUNG!**

Werden in einem Abmahnungsschreiben mehrere Pflichtverletzungen gleichzeitig gerügt und treffen davon nur einige (aber nicht alle) zu, so muss das Abmahnschreiben auf Verlangen des Beschäftigten vollständig aus der Akte entfernt werden; es kann nicht teilweise aufrechterhalten werden. Daher ist dem Arbeitgeber zu raten, die Abmahnung generell auf nur einen abmahnungsbedürftigen Sachverhalt zu beschränken und ggf. mehrere Abmahnungen gleichzeitig auszusprechen.

Nimmt der Arbeitgeber eine Abmahnung zur Personalakte, ohne den Beschäftigten zuvor angehört zu haben, so hat der Beschäftigte wegen Verletzung einer Nebenpflicht einen schuldrechtlichen Anspruch auf Entfernung. Auch führt die nachträgliche Anhörung des Beschäftigten nicht zur Heilung des Mangels. Der Beschäftigte darf auch nicht auf sein Recht zur Gegendarstellung oder zur Überprüfung der inhaltlichen Unrichtigkeit der Abmahnung verwiesen werden. Jedoch erfüllt auch eine wegen Nichtanhörung des Beschäftigten formell unwirksame Abmahnung die regelmäßig vor einer verhaltensbedingten Kündigung erforderliche Warnfunktion (vgl. BAG v. 21.5.1992, 2 AZR 551/91, ZTR 1992, 473).

Der Arbeitnehmer kann die Entfernung einer zu Recht erteilten Abmahnung aus seiner Personalakte nur dann verlangen, wenn das gerügte Verhalten für das Arbeitsverhältnis in jeder Hinsicht bedeutungslos geworden ist. Dies setzt einerseits voraus, dass die Abmahnung ihre Warnfunktion verloren hat. Darüber hinaus darf der Arbeitgeber kein berechtigtes Interesse mehr an der Dokumentation der gerügten Pflichtverletzung haben (vgl. oben). Der Arbeitgeber hat so lange ein berechtigtes Interesse an der Dokumentation der gerügten Pflichtverletzung, wie die rechtmäßige Abmahnung etwa für eine zukünftige Entscheidung über eine Versetzung oder Beförderung und die entsprechende Eignung des Arbeitnehmers, für die spätere Beurteilung von Führung und Leistung in einem Zeugnis oder für die im Zusammenhang mit einer möglichen späteren Kündigung erforderlich werdende Interessenabwägung von Bedeutung sein kann. Andererseits kann ein hinreichend lange zurückliegender, nicht schwerwiegender und durch beanstandungsfreies Verhalten faktisch überholter Pflichtenverstoß seine Bedeutung auch für eine später – etwa im Rahmen eines Kündigungsschutzverfahrens – erforderlich werdende Interessenabwägung gänzlich verlieren (vgl. BAG v. 19.7.2012, 2 AZR 782/11, ZTR 2013, 94). Der Arbeitnehmer kann die Entfernung einer zu Recht erteilten Abmahnung nicht per se aufgrund bloßen Zeitablaufs verlangen. Andererseits besteht nicht automatisch ein berechtigtes Interesse des Arbeitgebers an der Dokumentation einer Pflichtverletzung für die gesamte Dauer des Arbeitsverhältnisses. Es kommt vielmehr auf eine genaue Betrachtung des Einzelfalls an.

Ob eine Abmahnung nach Ablauf einer bestimmten Frist wirkungslos geworden ist, lässt sich ebenfalls nur aufgrund der konkreten Umstände des Einzelfalles beurteilen. Der Anspruch des Beschäftigten auf Entfernung einer Abmahnung aus den Personalakten verfällt jedenfalls nicht durch Ablauf tarifvertraglicher Ausschlussfristen.

 **WICHTIG!**

Die Grundsätze über die Entfernung einer Abmahnung aus der Personalakte gelten gleichermaßen für Ermahnungen und andere Schreiben, die zu der Personalakte genommen werden und die weitere berufliche Entwicklung eines Arbeitnehmers nachteilig beeinflussen können (vgl. ArbG Ulm v. 14.3.2017, 5 Ca 328/15).

 **WICHTIG!**

Das LAG Hamm (v. 13.9.2022, 6 Sa 87/22) sowie das LAG Sachsen-Anhalt (v. 23.11.2018, 5 Sa 7/17) haben einen Anspruch auf Entfernung einer Abmahnung aus der in Papierform geführten Personalakte nach Beendigung des Arbeitsverhältnisses unter Berufung auf Art. 17 Abs. 1 DSGVO bejaht. Nach Artikel 17 Abs. 1 DSGVO hat die betroffene Person das Recht, von dem Verantwortlichen zu verlangen, dass die betreffenden personenbezogenen Daten unverzüglich gelöscht werden, wenn u. a. die personenbezogenen Daten für die Zwecke, für die sie erhoben oder auf sonstige Weise verarbeitet wurden, nicht mehr notwendig sind. Nach Beendigung des Arbeitsverhältnisses könne sich ein Interesse am Erhalt der Abmahnung für den Arbeitgeber mit Blick auf die Rüge- und Dokumentationsfunktion ergeben, soweit dies zur Abwehr von etwaigen Ansprüchen des Arbeitnehmers oder zur Begründung eigener Ansprüche gegen den Arbeitnehmer erforderlich erscheine (LAG Hamm v. 13.9.2022, 6 Sa 87/22; LAG Sachsen-Anhalt v. 23.11.2018, 5 Sa 7/17). Dagegen hat das LAG Niedersachsen (v. 4.5.2021, 11 Sa 1180/20) mit Hinweis darauf, dass datenschutzrechtliche Änderungen im Zusammenhang mit der DSGVO jedenfalls bei in Papierform geführten Personalakten zu keiner Änderung der Rechtslage führen würden, einen Löschungsanspruch unter datenschutzrechtlichen Gesichtspunkten abgelehnt. Die Revision ist beim BAG unter dem Az. 2 AZR 355/21 anhängig.

Eine höchstrichterliche Entscheidung, ob sich ein Anspruch auf Entfernung von Abmahnungen aus einer Personalakte aus datenschutzrechtlichen Bestimmungen, d. h. insbesondere Art. 17 Abs. 1 DSGVO, ergeben kann, vor allem wenn das Arbeitsverhältnis beendet ist, steht noch aus (dafür: LAG Baden-Württemberg v. 28.7.2023, 9 Sa 73/21, Revision anhängig beim BAG unter dem Az: 8 AZR 215/23; dagegen: LAG Thüringen v. 24.10.2023, 5 Sa 424/22).

Kein Anspruch auf Entfernung der Abmahnung besteht jedenfalls dann, wenn die Abmahnung Gegenstand eines rechtshängigen Verfahrens ist (LAG Thüringen v. 24.10.2023, 5 Sa 424/22).

## IV. Personalakten und Datenschutz

Das BDSG n. F., welches ebenso wie die europäische Datenschutzgrundverordnung (DSGVO) am 25.5.2018 in Kraft getreten ist, geht weiterhin davon aus. dass „alles verboten" ist, es sei denn, es ist „ausdrücklich erlaubt". Für die Arbeitsverhältnisse steht der § 26 BDSG n. F. als zentrale Erlaubnisnorm im Mittelpunkt. Er ist der relevante Maßstab für die Personaldatenerhebung. Wie sich aus den Gesetzesmaterialien ergibt, soll der § 26 BDSG n. F. die bisherige Regelung des § 32 BDSG fortführen und auf der bisherigen Rechtsprechung aufbauen. Gemäß § 26 Abs. 1 BDSG n. F. dürfen personenbezogene Daten von Beschäftigten verarbeitet werden, wenn dies für die Durchführung des Beschäftigungsverhältnisses erforderlich ist. Damit dürfte sich an den von der Rechtsprechung entwickelten datenschutzrechtlichen Grundsätzen im Zusammenhang mit dem Führen von Personalakten vorerst nichts ändern.

Darüber hinaus ist gemäß § 26 Abs. 3 BDSG n. F. die Verarbeitung „besonderer Kategorien personenbezogener Daten" im Sinne von Art. 9 Abs. 1 DSGVO für Zwecke des Beschäftigungsverhältnisses zulässig, wenn sie zur Ausübung von Rechten oder zur Erfüllung rechtlicher Pflichten aus dem Arbeitsrecht, dem Recht der sozialen Sicherheit und des sozialen Schutzes erforderlich ist und kein Grund zu der Annahme besteht, dass das schutzwürdige Interesse der betroffenen Person an dem Ausschluss der Verarbeitung überwiegt. Mit „besondere Kategorien personenbezogener Daten" i. S. d. Art. 9 Abs. 1 DSGVO sind Daten gemeint. aus denen die rassische und ethnische Herkunft, politische Meinungen, religiöse oder weltanschauliche Überzeugungen oder die Gewerkschaftszugehörigkeit des Beschäftigten hervorgehen. Hierzu gehört auch die Verarbeitung von genetischen Daten, biometrischen Daten zur eindeutigen Identifizierung einer natürlichen Person, Gesundheitsdaten oder Daten zum Sexualleben oder der sexuellen Orientierung einer natürlichen Person. Für die im Zuge der Corona-Pandemie in den Fokus gerückte Thematik der Abfrage des Datums „Impfstatus", das als Gesundheitsdatum gemäß Art. 4 Nr. 15 DSGVO eine besondere Kategorie personenbezogener Daten i. S. d. Art. 9 Abs. 1 DSGVO darstellt, gilt es den Grundsatz der „Datenminimierung" gemäß Art. 5 Abs. 1 Buchst. c DSGVO zu beachten. Im Beschluss der Konferenz der unabhängigen Datenschutzaufsichtsbehörden des Bundes und der Länder vom 19. Oktober 2021 heißt es unter anderem, dass – sofern der Impfstatus gespeichert werden soll – keine Kopien von Impfausweisen oder vergleichbaren Bescheinigungen (im Original oder als Kopie) in die Personalakte aufgenommen werden dürfen. Ein Vermerk, dass diese jeweils vorgelegt worden sind, wird als ausreichend erachtet.

Damit spielt das Datenschutzrecht für das Personalwesen im öffentlichen Dienst und für die dort geführten Personalakten eine große Rolle. Die von den Bundesländern jeweils erlassenen Datenschutzgesetze sind auch für den kommunalen Bereich vorrangig anwendbar. Die Datenschutzgesetze der Länder werden im Zuge der Einführung der DSGVO ebenfalls angepasst.

Personalakten fallen unter den Anwendungsbereich der DSGVO, des BDSG und der Datenschutzgesetze der Länder. Dies gilt unabhängig davon, ob es sich um automatisierte oder nicht automatisierte Datensammlungen handelt (vgl. Art. 4 Nr. 2 DSGVO). Zulässig ist die Datenverarbeitung nur, soweit eine Rechtsvorschrift dies erlaubt bzw. anordnet oder der Betroffene eingewilligt hat (vgl. Art. 5 u. 6 DSGVO sowie Erwägungsgrund 39). Das Datenschutzrecht beschränkt sich nicht auf Personalakten im formalen Sinn. Auch etwaige neben den Personalakten geführte Unterlagen mit personenbezogenen Daten (Beschäftigtendateien) wie etwa Personalfragebögen, Entgeltkonten, An- und Abwesenheitslisten, Arbeits- und Dienstzeugnissen und dergleichen sind nach den Kriterien der einschlägigen gesetzlichen Vorschriften zu beurteilen. Zu beachten ist, dass hierzu auch die Daten von Bewerbern um eine Einstellung gehören.

**WICHTIG!**
Der Beschäftigte hat das Recht, vom Arbeitgeber nach Maßgabe des Art. 15 DSGVO Auskunft über die ihn betreffenden personenbezogenen Daten, die der Arbeitgeber verarbeitet, sowie über die in Art. 15 Abs. 1 u. 2 DSGVO aufgeführten Informationen zu verlangen. Als Teil dieses Auskunftsanspruchs normiert Art. 15 Abs. 3 u. 4 DSGVO zudem das Recht auf Erhalt einer Kopie der personenbezogenen Daten, die Gegenstand der Verarbeitung sind. Damit kann der Beschäftigte neben den oben erläuterten Einsichtsrechten nach dem TVöD auch seinen Auskunftsanspruch nach der DSGVO geltend machen, um an Informationen aus seiner Personalakte zu gelangen.

Vgl. im Übrigen das Stichwort zum → *Datenschutz*.

## V. Die elektronische Personalakte

Führt der Arbeitgeber eine elektronische Personalaktenführung ein, kommen regelmäßig Mitbestimmungsrechte der Personalvertretung in Betracht. Unabhängig hiervon empfiehlt es sich, eine entsprechende Dienstvereinbarung zur Förderung der betrieblichen Akzeptanz über die Einführung und Anwendung der elektronischen Personalakte abzuschließen. Darin sollten insbesondere die Fragen der Zugriffsberechtigungen, der Zulässigkeit und Zweckbestimmung von Auswertungen und die Durchführung von Kontrollen eindeutig und klar geregelt werden.

Ein zentraler Gesichtspunkt bei der Ausgestaltung einer elektronischen Personalaktenführung ist die Festlegung eines klaren Berechtigungskonzeptes. In diesem Zusammenhang geht es um die Frage, welche Stellen und/oder Funktionsträger im Rahmen der ihnen übertragenen Aufgaben für welche Zwecke und in welcher Form (nur Berechtigung zur Kenntnisnahme oder darüber hinaus Berechtigung zur Bearbeitung) befugt sind, auf Daten zuzugreifen oder Auswertungen vorzunehmen.

Ferner sollten geeignete technisch-organisatorische Sicherungsmaßnahmen zum Schutz gespeicherter personenbezogener Daten implementiert werden. Für die Ausgestaltung der Datenschutz- und Datensicherungsmaßnahmen ist ein Sicherheitskonzept zu entwickeln, welches fortlaufend auf dem neuesten technischen Stand gehalten wird. Insbesondere ist zu gewährleisten, dass nachträglich überprüft und festgestellt werden kann, wer welche Beschäftigtendaten zu welcher Zeit eingegeben, verändert, übermittelt und/oder abgerufen hat.

Es empfiehlt sich, dass in einer Dienstvereinbarung zur elektronischen Aktenführung folgende Punkte geregelt werden (vgl. Kramer, IT-Arbeitsrecht, 1. Auflage 2017, Rn. 206):

► Örtlicher, sachlicher und persönlicher Anwendungsbereich;

► Regelungsgegenstand;

► Zweck der elektronischen Personalakte;

► Zweckbindung und Verwertungsverbote hinsichtlich Nutzung zu anderen Zwecken;

► Beschreibung des Personalaktensystems;

► Umgang mit Software-Updates;

► Inhalte der Personalakte;

► Erhebung und Verarbeitung personenbezogener Daten, Definition der gespeicherten und verarbeiteten Beschäftigtendaten;

► Umgang mit Gesundheitsdaten und sonstigen sensiblen Daten;

► Berechtigungskonzept;

► Datensicherheit, Datensicherungsnahmen, Sicherungskonzept;

► Aufbewahrungsfristen;

- Löschungspflichten;

- Zugriffsberechtigungen, Kreis der in gespeicherte Daten einsichtsberechtigten Personen;

- Allgemeine Pflichten im Umgang mit der Personalakte, insbesondere Verschwiegenheitspflicht, Datengeheimnis;

- Schulungsregeln hinsichtlich zugriffsberechtigter Personen;

- Einbeziehung des betrieblichen Datenschutzbeauftragten;

- Kontrollrechte des Personalrats;

- Unterrichtungspflichten gegenüber Beschäftigten, Rechte der Beschäftigten;

- Kündigungsfristen;

- Nachwirkung der Dienstvereinbarung;

- Schlussbestimmungen.

# Personalgestellung

 **Wegweiser:**

Die Personalgestellung ist eine Besonderheit der Tarifverträge des öffentlichen Dienstes.

Grundsätzlich regelt § 106 GewO das Direktionsrecht des Arbeitgebers. Danach kann der Arbeitgeber Inhalt, Ort und Zeit der Arbeitsleistung nach billigem Ermessen bestimmen, soweit diese Arbeitsbedingungen nicht durch Arbeitsvertrag, Bestimmungen einer Betriebs- oder Dienstvereinbarung, eines anwendbaren Tarifvertrages oder gesetzliche Vorschriften festgelegt sind. § 4 TVöD/TV-L erweitert und beschränkt dieses Direktionsrecht des öffentlichen Arbeitgebers durch die Instrumente der Abordnung, Versetzung, Zuweisung und Personalgestellung. Während es die anderen Instrumente bereits im BAT gab, ist die in § 4 Abs. 3 TVöD/TV-L geregelte Personalgestellung eine völlig neu geschaffene Möglichkeit (vgl. hierzu auch die Kommentierungen bei Sponer/Steinherr, TVöD Komm. Rn 127 ff. zu § 4 TVöD und Breier/Dassau, TVöD Komm. Erl. 9 zu § 4 TVöD bzw. Breier/Dassau, TV-L Komm. Erl. 9 zu § 4 TV-L). Die Regelungen über die Personalgestellung in TVöD, TV-L sowie dem TV Ärzte (§ 4 Abs. 3 TV-Ärzte [Länder] bzw. § 5 Abs. 3 TV-Ärzte [VKA]) sind inhaltsgleich, so dass im Folgenden ausschließlich auf den TVöD Bezug genommen werden kann.

I. **Begriff**
II. **Voraussetzungen**
III. **Rechtsfolgen**
IV. **Mitbestimmungsrechte**

## I. Begriff

§ 4 Abs. 3 TVöD definiert den Begriff der Personalgestellung wie folgt: Werden Aufgaben eines Beschäftigten zu einem Dritten verlagert, ist auf Verlangen des Arbeitgebers bei weiterbestehendem Arbeitsverhältnis die arbeitsvertraglich geschuldete Arbeitsleistung bei dem Dritten zu erbringen. Personalgestellung ist damit die – unter Fortsetzung des bestehenden Arbeitsverhältnisses – auf Dauer angelegte Beschäftigung bei einem Dritten. Der Unterschied zur Zuweisung nach § 4 Abs. 2 S. 1 TVöD besteht also darin, dass die Beschäftigung bei dem Dritten auf

Dauer angelegt ist. Auch von einer Abordnung unterscheidet sich die Personalgestellung dadurch, dass die Abordnung nur eine vorübergehende Maßnahme ist. Von Versetzung und Umsetzung unterscheidet sich die Personalgestellung hingegen dadurch, dass die beiden Erstgenannten nur bei demselben Arbeitgeber zulässig sind, während die Personalgestellung zu einer Beschäftigung bei einem anderen Arbeitgeber führt.

## II. Voraussetzungen

Voraussetzung für eine Personalgestellung ist, dass die Tätigkeiten des Arbeitnehmers auf einen anderen Arbeitgeber verlagert werden, so dass das Beschäftigungsbedürfnis beim bisherigen Arbeitgeber wegfällt. Eine Aufgabenverlagerung in diesem Sinne liegt vor, wenn bestimmte Aufgaben nicht mehr oder nicht mehr alleine von der Dienststelle beziehungsweise dem öffentlichen Unternehmen, sondern von einem Dritten erbracht werden sollen (Breier/Dassau TVöD Komm. Erl. 9 zu § 4). Ein solcher Fall liegt insbesondere bei einem Betriebsübergang vor; der Betriebsübergang ist aber nicht Voraussetzung der Personalgestellung. Bei der Frage, ob die Aufgaben eines Arbeitnehmers verlagert worden sind, dürfte es – entsprechend den Regelungen zur Eingruppierung – genügen, wenn die verlagerten Aufgaben wenigstens die Hälfte der Arbeitszeit des Beschäftigten in Anspruch genommen haben (vgl. Sponer/Steinherr, TVöD, § 4, Rn. 129).

 **ACHTUNG!**

Liegt ein Betriebsübergang vor, gehen die Arbeitsverhältnisse des Betriebsveräußerers auf den Betriebserwerber über. Diesen Arbeitgeberwechsel können die Parteien eines Personalgestellungsvertrages nicht dadurch verhindern, dass sie regeln, dass statt eines Arbeitgeberwechsels eine Personalgestellung erfolgen soll (BAG v. 20.3.2014, 8 AZR 1/13, ZTR 2014, 472). Eine Vereinbarung zwischen den Arbeitgebern, dass ein Arbeitgeberwechsel nicht stattfinden soll, ist wegen Verstoßes gegen § 613a BGB unwirksam (LAG Hessen v. 6.11.2012, 19 Sa 39/12).

Ferner muss der öffentliche Arbeitgeber verlangen, dass die arbeitsvertraglich geschuldete Arbeitsleistung auf Dauer bei einem Dritten erbracht wird. Eine Zustimmung des Arbeitnehmers ist – anders als bei der Zuweisung gemäß § 4 Abs. 2 S. 1 TVöD – nicht erforderlich (vgl. Breier/Dassau TVöD Komm. Erl. 9 zu § 4).

**Beispiel**

Ein öffentlicher Arbeitgeber wird umstrukturiert und gliedert dabei einen Teil seines Betriebes (beispielsweise die Reinigung) aus. Die Ausgliederung erfolgt im Wege eines Betriebsüberganges auf eine GmbH. Nach § 613a Abs. 6 BGB haben die betroffenen Arbeitnehmer A und B nun die Möglichkeit, dem Übergang ihrer Arbeitsverhältnisse auf den Betriebserwerber, eine privatrechtlich organisierte GmbH, zu widersprechen. Folge dieses Widerspruches ist, dass die Arbeitsverhältnisse nicht übergehen, der öffentliche Arbeitgeber also Arbeitgeber der Arbeitnehmer A und B bleibt. Da die Arbeitsplätze der Beschäftigten A und B aber zu der GmbH verlagert worden sind, besteht bei dem alten Arbeitgeber keine Weiterbeschäftigungsmöglichkeit, so dass eine betriebsbedingte Kündigung droht. Statt das Instrument der betriebsbedingten Kündigung zu wählen, kann sich der Arbeitgeber auf der Grundlage von § 4 Abs. 3 TVöD auch entschließen, von den Arbeitnehmern zu verlangen, dass diese ihre Arbeitsleistung nunmehr bei der GmbH im Rahmen einer Personalgestellung erbringen.

Soweit § 4 Abs. 3 TVöD/TV-L verlangt, dass die Aufgaben des Beschäftigten verlagert werden, ist hierfür Voraussetzung, dass die dem Beschäftigten oder seiner Organisationseinheit übertragenen Aufgaben bei dem Dritten tatsächlich anfallen und dort einen entsprechenden Personalbedarf auslösen (LAG Düsseldorf v. 23.9.2009, 12 Sa 357/09). Das bedeutet nicht, dass die bisherige Aufgabe gänzlich unverändert bleiben muss, sie muss aber im Wesentlichen auch bei dem Dritten anfallen. Dies ist nicht der Fall, wenn die verlagerten Aufgaben sich in den Arbeitsabläufen des Dritten nicht wiederfinden lassen, weil etwa die Aufgaben entfallen, durch die vorhandene Organisation absorbiert werden oder der Beschäftigte aus anderen Gründen nicht mit der Erledigung der Aufgabe befasst werden kann.

Für die Personalgestellung besteht tarifvertraglich kein Formerfordernis. Dennoch ist zu Beweiszwecken zur Schriftlichkeit zu raten.

 **ACHTUNG!**

Mit Wirkung zum 1. Dezember 2011 ist eine Änderung des Arbeitnehmerüberlassungsgesetzes (AÜG) in Kraft getreten, die eine Diskussion über die Zulässigkeit der auf Dauer angelegten Personalgestellung nach den Tarifverträgen des öffentlichen Dienstes sowie über deren mögliche Erlaubnispflicht ausgelöst hatte. Insbesondere regelt § 1 Abs. 1 S. 3 AÜG nunmehr, dass die Überlassung von Arbeitnehmern an einen Entleiher „vorübergehend" erfolgt. Zudem erfasst der Anwendungsbereich der Erlaubnispflicht nach dem AÜG anders als vorher nicht mehr lediglich die gewerbsmäßige Arbeitnehmerüberlassung, sondern jede Arbeitnehmerüberlassung im Rahmen einer „wirtschaftlichen Tätigkeit". Das LAG Baden-Württemberg (v. 11.2.2016, 3 TaBV 2/14; v. 17.4.2013, 4 TaBV 7/12, ZTR 2013, 618) hält die Gestellung von Arbeitnehmern an einen Dritten gemäß § 4 Abs. 3 TVöD zur dortigen dauerhaften Leistungserbringung als dann nicht nur vorübergehende Arbeitnehmerüberlassung aus diesem Grund für generell unzulässig (vom BAG offen gelassen: BAG v. 18.7.2017, 1 ABR 15/16). Entgegen der Entscheidungen des LAG Baden-Württemberg sprechen jedoch auch gute Argumente für eine Zulässigkeit des Instruments der Personalgestellung sowie zugleich gegen eine Erlaubnispflicht der Personalgestellung. Für eine Zulässigkeit spricht insbesondere, dass die Personalgestellung aufgrund ihrer Dauerhaftigkeit gar nicht mehr in den Anwendungsbereich des AÜG fällt (vgl. hierzu auch Ruge/von Tiling, ZTR 2012, 263; Fieberg, NZA 2014, 187; so im Ergebnis auch VGH Mannheim v. 4.3.2016, PL 15 S 408/15; OVG Münster v. 19.9.2014, 20 A 281/13.PVB; vgl. aber auch BAG v. 23.7.2014, 7 AZR 853/12, ZTR 2015, 92). Das BVerwG hat die zitierte Entscheidung des OVG Münster zwar im Ergebnis bestätigt, hat die Frage der Zulässigkeit der Personalgestellung dabei aber letztlich offen gelassen (BVerwG v. 22.9.2015, 5 P 12/14).

Hinsichtlich dieser viel diskutierten Frage der Vereinbarkeit der Personalgestellung mit dem AÜG hat mit Wirkung zum 1.4.2017 der Gesetzgeber eingegriffen und neben vielen anderen Änderungen (siehe dazu unter → *Arbeitnehmerüberlassung*) in § 1 Abs. 3 AÜG zwei neue Privilegierungstatbestände für den öffentlichen Dienst und für öffentlich-rechtliche Religionsgesellschaften geschaffen. In § 1 Abs. 3 AÜG ist nunmehr geregelt, dass das AÜG keine Anwendung findet auf die Arbeitnehmerüberlassung zwischen Arbeitgebern, wenn Aufgaben eines Arbeitnehmers von dem bisherigen zu dem anderen Arbeitgeber verlagert werden und auf Grund eines Tarifvertrages des öffentlichen Dienstes das Arbeitsverhältnis mit dem bisherigen Arbeitgeber weiter besteht und die Arbeitsleistung zukünftig bei dem anderen Arbeitgeber erbracht wird (§ 1 Abs. 3 Nr. 2b AÜG) sowie zwischen Arbeitgebern, wenn diese juristische Personen des öffentlichen Rechts sind und Tarifverträge des öffentlichen Dienstes oder Regelungen der öffentlich-rechtlichen Religionsgesellschaften anwenden (§ 1 Abs. 3 Nr. 2c AÜG). Die bisher bestehende Rechtsunsicherheit sollte hierdurch beseitigt wer-

den. Es wurde jedoch vertreten, dass die Privilegierung einen Verstoß gegen die Leiharbeitsrichtlinie darstelle (vgl. Lembke, NZA 2017, 1; Siebert, öAT 2017, 45; a. A. wohl Bredemeier, öAT 2017, 199). Europarechtliche Bedenken hatte auch das LAG Rheinland-Pfalz formuliert, im konkreten Verfahren dann aber dennoch von einer Vorlage an den EuGH abgesehen (LAG Rheinland-Pfalz v. 6.2.2019, 7 Sa 515/17, ZTR 2019, 275). Wesentliches Argument für die Vereinbarkeit mit europäischem Recht ist aus Sicht des LAG der Unterschied zwischen der Intention der Personalgestellung und derjenigen, die von der Leiharbeitsrichtlinie 2008/104/EG verfolgt werde.

Schließlich hat das BAG den EuGH um die Beantwortung der Frage ersucht, ob die Personalgestellung i. S. v. § 4 Abs. 3 TVöD vom Anwendungsbereich der Leiharbeitsrichtlinie 2008/104/EG erfasst wird und ob, sofern dies der Fall sein sollte, die Bereichsausnahme, die § 1 Abs. 3 Nr. 2b AÜG vorsieht, mit der Leiharbeitsrichtlinie vereinbar ist (BAG v. 16.6.2021, 6 AZR 390/20 (A), ZTR 2021, 443).

Der EuGH hat nunmehr entschieden, dass die Personalgestellung nicht in den Anwendungsbereich der Leiharbeitsrichtlinie fällt (EuGH v. 22.6.2023, C-427/21, ZTR 2023, 454). Das BAG hat dies im Anschluss noch einmal ausdrücklich bestätigt (BAG v. 25.1.2024, 6 AZR 390/20). Damit sollte die notwendige Rechtssicherheit für das Instrument der Personalgestellung nunmehr gegeben sein.

## III. Rechtsfolgen

Folge der Nutzung des Instrumentes der Personalgestellung ist, dass das Arbeitsverhältnis zum „alten" Arbeitgeber fortbesteht, der Arbeitnehmer seine Arbeitsleistung aber bei einem Dritten erbringt, zu dem seine Tätigkeiten verlagert worden sind. Das bisherige Arbeitsverhältnis bleibt also bestehen, bildet aber nur noch die rechtliche Hülle für die bei dem Dritten zu erbringende Arbeitsleistung. Bei der Personalgestellung liegt also eine „gespaltene Arbeitgeberstellung" vor (vgl. LAG Rheinland-Pfalz v. 19.11.2020, 5 Sa 347/19).

 **ACHTUNG!**

Aufgrund des fortbestehenden Arbeitsverhältnisses zum öffentlichen Arbeitgeber ist vor Ausspruch einer Kündigung gegenüber einem gestellten Arbeitnehmer nicht der bei dem privatrechtlich organisierten, aufnehmenden Arbeitgeber bestehende Betriebsrat anzuhören, sondern der beim öffentlichen Arbeitgeber bestehende Personalrat (BAG v. 9.6.2011, 6 AZR 132/10). Sofern über die bloße Anhörung hinaus Beteiligungsrechte des Personalrates bestehen (z. B. ein Mitbestimmungsrecht), sind diese entsprechend zu beachten.

Die Modalitäten der Personalgestellung (z. B. Entgeltregelungen, Rückkehroptionen, Inhaber des Direktionsrechts) werden zwischen dem Arbeitgeber und dem Dritten vertraglich geregelt, vgl. Protokollerklärung zu § 4 Abs. 3 TVöD.

 **ACHTUNG!**

Auf eine zielorientierte und exakte Abfassung des Personalgestellungsvertrages ist dabei besonderer Wert zu legen, da die Frage, wie zweckmäßig das Instrument der Personalgestellung für den gestellenden Arbeitgeber ist, sich auch aufgrund der Inhalte des Personalgestellungsvertrages beantworten wird. Hierfür ist zunächst genau zu bestimmen, welche Ziele der gestellende Arbeitgeber erreichen will. Geht es ihm beispielsweise darum, die gestellten Beschäftigten bei Bedarf jederzeit wieder zurückholen zu können, muss eine entsprechende Vereinbarung getroffen werden.

**ACHTUNG!**

Auch der nachträgliche Abschluss eines Personalgestellungsvertrages über eine bereits laufende Maßnahme erscheint rechtlich möglich, sollte aber in der Praxis tunlichst vermieden werden. Der Abschluss sollte vielmehr vor Beginn der Maßnahme erfolgen.

 **ACHTUNG!**

§ 4 Abs. 3 S. 2 TVöD bestimmt, dass die Kündigungsrechte durch die Regelung der Personalgestellung unberührt bleiben. Dadurch soll sichergestellt werden, dass ein Arbeitnehmer sich nicht im Rahmen der Prüfung einer Kündigung darauf berufen kann, der Arbeitgeber hätte statt des Ausspruches einer Kündigung das Instrument der Personalgestellung nutzen müssen. Zur Wirksamkeit dieser Einschränkung liegt bislang noch keine Rechtsprechung vor. Nach Auffassung des Verfassers ist nicht ausgeschlossen, dass Arbeitsgerichte im Rahmen der Anwendung des ultima-ratio-Grundsatzes, also der Prüfung, ob es sich bei der Kündigung um das letzte Mittel handelt, auch eine mögliche Personalgestellung für vorrangig halten. Insoweit stellt sich die Frage, ob die Tarifvertragsparteien diesen zwingenden Grundsatz des Kündigungsrechts modifizieren können (vgl. zu einer ähnlichen Fragestellung BAG v. 27.6.2019, 2 AZR 50/19, ZTR 2019, 571).

## IV. Mitbestimmungsrechte

In vielen Personalvertretungsgesetzen finden sich mittlerweile ausdrückliche Regelungen zu Beteiligungsrechten des Personalrates bei der Personalgestellung. So regelt etwa § 80 Abs. 1b Nr. 8 des Saarländischen Personalvertretungsgesetzes (SPersVG) ein Mitbestimmungsrecht des Personalrates bei der Personalgestellung. Auch das Bundespersonalvertretungsgesetz (BPersVG) sieht in § 78 Abs. 1 Nr. 7 ein Mitbestimmungsrecht des Personalrates bei einer Personalgestellung für mehr als drei Monate vor. Ähnliche Regelungen enthalten das Thüringische Personalvertretungsgesetz (§ 73 Abs. 1 Nr. 5 ThürPersVG: bei einer Dauer von mehr als sechs Monaten) sowie das Sächsische Personalvertretungsgesetz (§ 80 Abs. 1 S. 1 Nr. 6 SächsPersVG: bei einer Dauer von mehr als drei Monaten). Die Personalvertretungsgesetze der Länder Niedersachsen (§ 66 Abs. 1 Nr. 14), Nordrhein-Westfalen (§ 72 Abs. 4 S. 1 Nr. 20), Brandenburg (§ 66 Nr. 14) und Rheinland-Pfalz (§ 80 Abs. 2 Nr. 16) regeln ein Mitbestimmungsrecht bei Abschluss von Gestellungsverträgen. In § 87 Abs. 1 Nr. 8 PersVG Baden-Württemberg ist die Anhörung des Personalrates bei Abschluss von Arbeitnehmergestellungsverträgen geregelt. Dies regelt aber weder ein Mitbestimmungsrecht des Personalrates, noch betrifft es die individuelle Maßnahme gegenüber dem Arbeitnehmer, sondern lediglich den Abschluss des Personalgestellungsvertrages mit dem anderen Arbeitgeber (Sponer/Steinherr, TVöD, § 4, Rn. 144).

Im Unterschied zu den dargestellten Fällen findet sich in einigen Personalvertretungsgesetzen dagegen noch keine ausdrückliche Regelung der Mitbestimmung bei der Personalgestellung. Fraglich ist in diesen Fällen insbesondere, ob sich ein Mitbestimmungsrecht über eine analoge Anwendung der geregelten Mitbestimmung bei Versetzung, Umsetzung, Abordnung oder Zuweisung ergibt. Zwar ist nicht auszuschließen, dass die Rechtsprechung ein Mitbestimmungsrecht zumindest aus den Regelungen über eine Mitbestimmung bei der Zuweisung herleiten wird. Das BAG hat jedoch in mehreren Entscheidungen für den Bereich der alten Fassung des Landespersonalvertretungsgesetzes Nordrhein-Westfalen entschieden, dass die Personalgestellung keine Verset

zung im Sinne von § 72 Abs. 1 Nr. 5 LPVG NW ist und daher nicht der Mitbestimmung des abgebenden Personalrates unterliegt (BAG v. 14.7.2010, 10 AZR 21/09; BAG v. 25.8.2010, 10 AZR 146/09). Damit bestätigt das BAG mehrere unterinstanzliche Entscheidungen, die das Bestehen eines Mitbestimmungsrechtes aufgrund einer analogen Anwendung der anderen Mitbestimmungstatbestände ausdrücklich verneint hatten (LAG Hamm v. 19.3.2009, 17 Sa 1707/08; LAG Hamm v. 14.8.2008, 11 Sa 552/08; VG Köln v. 28.11.2007, 34 L 1580/07.PVL; VG Münster v. 18.12.2007, 22 L 667/07.PVL; offengelassen von LAG Köln v. 14.5.2008, 3 SaGa 3/08). Zu beachten ist dabei allerdings, dass die Entscheidungen auf die Besonderheit abstellen, dass das LPVG NW in einer früheren Fassung (§ 72 Abs. 4 Nr. 19 LPVG a. F.) die Mitbestimmung des Personalrates bei Personalgestellungsmaßnahmen ausdrücklich vorgesehen hatte, während dies in der der Entscheidung zugrunde liegenden Fassung nicht mehr der Fall war. Zudem stellt das BAG darauf ab, dass die Aufnahme eines Mitbestimmungstatbestandes für die Personalgestellung bei der Novellierung des LPVG NW im Jahre 2007 trotz entsprechender Bestrebungen im Gesetzgebungsverfahren unterblieben war. Wegen dieser Besonderheiten des nordrheinwestfälischen Personalvertretungsrechts kann daher nicht ausgeschlossen werden, dass andere Gerichte im Anwendungsbereich anderer Landespersonalvertretungsgesetze auch zu einem anderen Ergebnis kommen. Auch das BAG stellt ausdrücklich klar, dass im Falle einer Schaffung neuer, zum Zeitpunkt des Inkrafttretens des entsprechenden Personalvertretungsgesetzes noch nicht existierender Tarifbegriffe eine analoge Anwendung bestehender Normen in Betracht kommt. Hierfür könnte sprechen, dass, wenn der Personalrat bei der Zuweisung zu einem anderen Arbeitgeber mitzubestimmen hat, obwohl diese Maßnahme nur vorübergehender Natur ist, ein entsprechendes Mitbemungsrecht erst recht bei der dauerhaften Beschäftigung bei einem Dritten gegeben sein muss. Zudem ist zu beachten, dass bei der Personalgestellung – anders als bei der Zuweisung – kein Zustimmungserfordernis des Arbeitnehmers gegeben ist.

Im Anwendungsbereich des BetrVG dürfte dagegen ein Mitbestimmungsrecht des Betriebsrates des abgebenden Betriebes gegeben sein, auch wenn in § 99 BetrVG lediglich eine Mitbestimmung bei der Versetzung geregelt ist. Auch insoweit ist jedoch auf die bestehende rechtliche Unsicherheit und das damit einhergehende Risiko hinzuweisen. In der Literatur zu § 4 Abs. 3 TVöD wird vertreten, dass der weite Versetzungsbegriff des § 95 Abs. 3 BetrVG auch die Personalgestellung erfasst (vgl. Clemens/Scheuring/Steingen/Wiese, TVöD, § 4, Rn. 48). Eine Mitbestimmung aus § 99 BetrVG ergibt sich jedenfalls für den → *Betriebsrat* des aufnehmenden Betriebes, da es sich insoweit um eine Einstellung handelt.

Neben dem Mitbestimmungsrecht bei der Maßnahme der Personalgestellung als solcher kann sich auch die Frage nach der Zuständigkeit von Personal- oder Betriebsrat für Maßnahmen gegenüber gestellten Beschäftigten stellen. Hierzu führt etwa der VGH Mannheim aus, dass der Personalrat der Stammdienststelle nur dann für die Beteiligung an einer Maßnahme des Dritten (des Arbeitgebers, an den die Beschäftigten gestellt worden sind) zuständig ist, wenn der Stammdienststelle das Letztentscheidungsrecht über die Maßnahme zusteht (VGH Mannheim v. 4.3.2016, PL 15 S 408/15). Soweit die Stammdienststelle das arbeitgeberseitige Direktionsrecht auf den privaten Dritten übertragen hat (z. B. hinsichtlich der Gestaltung der Arbeitszeit) und dieses ausgeübt wird, ist der dort gebildete Betriebsrat, nicht aber der Personalrat der Stammdienststelle zu beteiligen (zu Mitbestimmungs rechten im Rahmen der Personalgestellung nach § 4 Abs. 3 TVöD/TV-L vgl. auch Pawlak/Prasetyo, öAT 2015, 161; zur Frage von Wahlberechtigung und Wählbarkeit vgl. VG Göttingen v. 3.1.2017, 7 B 3/16; OVG Berlin-Brandenburg v. 25.1.2018, OVG 60 PV 5.17).

Im Anwendungsbereich des BetrVG hat das BAG ebenfalls entschieden, dass im Rahmen der Personalgestellung die Zuständigkeit des beim Gestellungsträger bestehenden Betriebsrates auf die Mitwirkung an dessen Entscheidungen als Vertragsarbeitgeber begrenzt ist. Aufgrund der Eingliederung der gestellten Beschäftigten in einen anderen Betrieb ist für die Mitbestimmung nach § 87 Abs. 1 Nr. 2 BetrVG ein beim „aufnehmenden" Arbeitgeber gewählter Betriebsrat zuständig (BAG v. 18.7.2017, 1 ABR 15/16, ZTR 2017, 687). Die Betriebsparteien können hiervon – auch im Personalgestellungsvertrag – keine abweichenden Zuständigkeiten vereinbaren (BAG v. 18.7.2017, 1 ABR 15/16, ZTR 2017, 687).

# Personalvertretung

 **Wegweiser:**

Der Personalrat ist die Interessenvertretung der Beschäftigten im öffentlichen Dienst. Er repräsentiert die Beschäftigten und übt die Mitwirkungs- und Mitbestimmungsrechte gegenüber dem öffentlichen Arbeitgeber aus. Die Institution „Personalrat" sowie seine Rechte und Pflichten sind im Bundespersonalvertretungsgesetz (BPersVG) (vgl. Lorenzen/Etzel/Gerhold/Schlatmann/Rehak/Faber, BPersVG, Kommentar, Verlag R. v. Decker) bzw. in den jeweiligen Landespersonalvertretungsgesetzen geregelt. Das Bundespersonalvertretungsgesetz wurde umfassend novelliert. Die neue Fassung gilt seit dem 15.6.2021. Im Rahmen dessen wurde das Gesetz völlig neu strukturiert. Es findet sich kaum noch eine Regelung an der gewohnten Stelle. Mit der Novellierung gingen auch zahlreiche inhaltliche Änderungen einher.

Die Vorschriften der einzelnen Landespersonalvertretungsgesetze weichen zum Teil erheblich von denen des BPersVG ab.

Das Betriebsverfassungsgesetz (BetrVG) findet dagegen nach § 130 BetrVG keine Anwendung auf Verwaltungen und Betriebe des Bundes, der Länder, der Gemeinden und sonstiger Körperschaften, Anstalten und Stiftungen des öffentlichen Rechts. Nur ein privatwirtschaftlich organisierter Betrieb der öffentlichen Hand unterliegt den Vorschriften des Betriebsverfassungsgesetzes und der Mitbestimmung eines dort gebildeten Betriebsrats (vgl. hierzu → Betriebsrat).

Siehe auch: Vogelsang, die Rechtsprechung des BVerwG in Personalvertretungssachen im Jahr 2010, ZTR 2011, 472 ff.

**I. Personalvertretung und Verwaltungsaufbau**
1. Personalrat
2. Stufenvertretungen (Bezirkspersonalrat, Hauptpersonalrat)
3. Gesamtpersonalrat
4. Besondere Vertretungen neben der Personalvertretung

**II. Wahl der Personalvertretung**
1. Wahlberechtigung
2. Wählbarkeit
3. Zahl der Personalratsmitglieder
4. Amtszeit des Personalrates

5. Grundzüge der Personalratswahl
6. Anfechtung der Wahl

**III. Geschäftsführung des Personalrats**
1. Freistellung
2. Kosten

**IV. Schulung von Personalratsmitgliedern**
1. Erforderliche Schulungen
2. Geeignete Schulungen

**V. Allgemeine Aufgaben des Personalrates**
1. Aufgabenkatalog
2. Antragsrecht gegenüber der Dienststelle
3. Die weiteren allgemeinen Aufgaben
4. Informationsrecht des Personalrates

## I. Personalvertretung und Verwaltungsaufbau

Die Struktur der personalvertretungsrechtlichen Organe orientiert sich am jeweiligen Verwaltungsaufbau.

### 1. Personalrat

Personalräte werden in allen Dienststellen gebildet, in denen regelmäßig mindestens fünf Wahlberechtigte beschäftigt sind, von denen drei wählbar sein müssen. Zur Feststellung der „in der Regel" beschäftigten Arbeitnehmer ist ein Rückblick in die Vergangenheit, aber auch eine Einschätzung der kommenden Entwicklung erforderlich.

Unter den Begriff „Dienststelle" im Sinne des BPersVG fallen die einzelnen Behörden, Verwaltungsstellen und Betriebe der Verwaltungen, einschließlich der Betriebsverwaltungen, des Bundes und der bundesunmittelbaren juristischen Personen des öffentlichen Rechts (Körperschaften, Anstalten, Stiftungen) sowie die Gerichte des Bundes.

Die „Behörde" ist das organisatorisch selbstständige, mit konkreten Zuständigkeiten versehene, nach außen wirkende Organ der Verwaltung. Dagegen ist die „Verwaltungsstelle" in die Behörde eingegliedert und besitzt nicht die Fähigkeit, Rechtshandlungen mit Außenwirkung vorzunehmen. Unter „Betrieb" ist die organisatorisch unselbstständige und rechtlich selbstständige Einheit von personellen und sachlichen Mitteln zur Verfolgung eines arbeitstechnischen Zwecks zu verstehen.

### 2. Stufenvertretungen (Bezirkspersonalrat, Hauptpersonalrat)

Für den Geschäftsbereich mehrstufiger Verwaltungen werden bei den Behörden der Mittelstufe Bezirkspersonalräte und bei den obersten Dienstbehörden Hauptpersonalräte gebildet. Dabei werden die Mitglieder des Bezirkspersonalrates von den zum Geschäftsbereich der Behörde der Mittelstufe, die des Hauptpersonalrates von den zum Geschäftsbereich der obersten Dienstbehörde gehörenden Beschäftigten gewählt.

Diese Stufenvertretungen sind für die den gesamten Ausschnitt des Verwaltungsaufbaus betreffenden Angelegenheiten zuständig, einschließlich derjenigen der Dienststelle, bei der sie gebildet sind. Das gilt nicht bei Angelegenheiten, die nur die Beschäftigten der Behörde betreffen, bei der die Stufenvertretung gebildet ist; insofern entscheidet in mitbestimmungsrechtlichen Fragen der dortige Personalrat.

**Beispiel**

Für die Festlegung der Lage der regelmäßigen Arbeitszeit für den gesamten Bereich der Behörde der Mittelstufe ist der Bezirkspersonalrat zuständig. Dagegen ist der Personalrat der Behörde der Mittelstufe zuständig, wenn die Lage der Arbeitszeit nur für die dortigen Beschäftigten festgelegt werden soll.

### 3. Gesamtpersonalrat

Der Gesamtpersonalrat lässt sich nicht mit dem Gesamtbetriebsrat im Betriebsverfassungsrecht vergleichen. Während der Gesamtbetriebsrat aus Mitgliedern der einzelnen Betriebsräte besteht, wird ein Gesamtpersonalrat durch direkte Wahl der Beschäftigten gebildet, wenn neben der Hauptdienststelle Nebenstellen oder Teile einer Dienststelle existieren, die gemäß § 7 BPersVG als selbstständige Dienststellen gelten, § 93 BPersVG. Das ist der Fall, wenn sie räumlich weit von der Dienststelle entfernt liegen und die Mehrheit ihrer wahlberechtigten Beschäftigten die Selbstständigkeit der Stelle beschließt.

### 4. Besondere Vertretungen neben der Personalvertretung

Daneben bestehen folgende Vertretungen:

▶ **Jugend- und Auszubildendenvertretungen (§§ 99 bis 107 BPersVG):** Es handelt sich um kein selbstständiges Organ. Die Beteiligungsrechte werden vom Personalrat ausgeübt. Die Jugend- und Auszubildendenvertretung hat nur die zusätzliche Aufgabe, die besonderen Interessen der jugendlichen Beschäftigten und Auszubildenden einzubringen und sich für ihre Berücksichtigung einzusetzen. Ist kein Personalrat gebildet, kann keine Jugend- und Auszubildendenvertretung errichtet werden.

▶ **Schwerbehindertenvertretungen (§§ 177–183 SGB IX):** Diese fördern die Eingliederung schwerbehinderter Menschen in den Betrieb der öffentlichen Hand oder in die Dienststelle, vertreten deren Interessen in dem Betrieb oder der Dienststelle und stehen ihnen beratend und helfend zur Seite. Ist ein Bezirks- oder Hauptpersonalrat gebildet, sind Bezirks- oder Hauptschwerbehindertenvertretungen zu wählen, § 180 Abs. 3 SGB IX.

## II. Wahl der Personalvertretung

Ob ein Personalrat gebildet wird, hängt zwar im Wesentlichen von der Bereitschaft der Beschäftigten zur Wahl ab. Das BPersVG enthält jedoch verschiedene dieser Zielsetzung dienende Vorschriften. Hierzu gehört insbesondere die Verpflichtung des Dienststellenleiters, unter bestimmten Voraussetzungen an der Bestellung eines Wahlvorstands mitzuwirken (vgl. §§ 22, 23 BPersVG). Der Personalrat wird von den Beschäftigten nach den Vorschriften der §§ 13 bis 26 BPersVG und §§ 88 bis 91 und §§ 93, 94 BPersVG gewählt.

### 1. Wahlberechtigung

Wahlberechtigt sind grundsätzlich alle Beschäftigten, die am Wahltag das 16. Lebensjahr vollendet haben (§ 14 BPersVG). Beschäftigte, die am Wahltag seit mehr als zwölf Monaten unter Wegfall der Bezüge beurlaubt sind oder sich in der Freistellungsphase einer im Blockmodell ausgeübten Altersteilzeit befinden, sind dagegen nicht wahlberechtigt. Die Wahlberechtigung von Leiharbeitnehmern ist in den Landespersonalvertretungsgesetzen unterschiedlich geregelt (z. B. haben nach §§ 5 S. 1, 9 HPVG i. V. m. Art. 37 Abs. 1 HV Leiharbeitskräfte bei drei- bzw.

sechsmonatiger Eingliederung in die Dienststelle für den dort zu wählenden Personalrat ein aktives und ein passives Wahlrecht, Hessischer VGH v. 18.11.2010, 22 A 959/10.PV, ZTR 2011, 126).

Wer zu einer Dienststelle abgeordnet ist, wird in ihr wahlberechtigt, sobald die Abordnung länger als drei Monate dauert; im gleichen Zeitpunkt erlischt das Wahlrecht bei der alten Dienststelle. Das gilt nicht für Beschäftigte, die als Mitglieder einer Stufenvertretung oder des Gesamtpersonalrates freigestellt sind. Steht fest, dass der Beschäftigte binnen weiterer neun Monate in die alte Dienststelle zurückkehren wird, bleibt er dort wahlberechtigt. Diese Grundsätze gelten auch bei der Zuweisung nach § 123a des Beamtenrechtsrahmengesetzes (BRRG) oder auf Grund einer dienstvertraglichen Vereinbarung. Beamte im Vorbereitungsdienst und Beschäftigte in entsprechender Berufsausbildung sind nur bei ihrer Stammbehörde wahlberechtigt. Beamte und Arbeitnehmer des öffentlichen Dienstes, die in Betrieben privatrechtlich organisierter Unternehmen (z. B. aufgrund Beurlaubung) arbeiten, sind in diesen Betrieben wahlberechtigt, §§ 5 Abs. 1 S. 3, 7 S. 1 BetrVG.

Arbeitnehmer, die im Rahmen der Personalgestellung nach § 4 Abs. 3 TVöD ihre Arbeitsleistung in einer anderen Dienststelle erbringen, sind für die Wahl zum Personalrat bei der gestellenden Dienststelle nicht berechtigt und dort auch nicht in das Wählerverzeichnis einzutragen (BVerwG v. 22.9.2015, 5 P 12.14).

Zu den Stufenvertretungen wahlberechtigt sind die Beschäftigten, die dem Geschäftsbereich der Behörde der Mittelstufe (Bezirkspersonalrat) bzw. dem Geschäftsbereich der Behörde der obersten Dienstbehörde (Hauptpersonalrat) angehören und für den Personalrat wahlberechtigt sind (§ 89 Abs. 1 und 2 BPersVG).

Eine Wahlberechtigung ist nach überwiegender Auffassung gegeben für den Leiter der Dienststelle, seinen ständigen Vertreter sowie für Beschäftigte, die zu selbstständigen Entscheidungen in Personalangelegenheiten der Dienststelle befugt sind (vgl. dazu die zum Teil abweichenden Regelungen in den Landespersonalvertretungsgesetzen).

### 2. Wählbarkeit

Wählbar sind nach § 15 Abs. 1 BPersVG alle Wahlberechtigten, die am Wahltag

▶ das 18. Lebensjahr vollendet haben

▶ seit sechs Monaten Beschäftigte im öffentlichen Dienst des Bundes sind.

Nicht wählbar sind für die Personalvertretung ihrer Dienststelle der Leiter der Dienststelle, sein ständiger Vertreter sowie Beschäftigte, die zu selbstständigen Entscheidungen in Personalangelegenheiten der Dienststelle befugt sind (§ 15 Abs. 2 Nr. 4 BPersVG). Dagegen sind sie zu den Stufenvertretungen und zum Gesamtpersonalrat wählbar, außer sie sind Beschäftigte der Dienststelle, bei der die Stufenvertretung bzw. der Gesamtpersonalrat gebildet ist. Gleiches gilt für Beschäftigte, die am Wahltag noch länger als zwölf Monate beurlaubt sind (§ 15 Abs. 2 Nr. 2 BPersVG). Eine Dienstkraft ist für die Dauer eines unbezahlten Sonderurlaubs nach § 28 TV-L zum Zwecke der Aufnahme einer Beschäftigung bei einem Arbeitgeber außerhalb des öffentlichen Dienstes aus ihrer bisherigen Dienststelle ausgegliedert und somit nicht wählbar (so für die Haupt-Jugend- und Auszubildendenvertretung OVG Berlin-Brandenburg v. 1.12.2016, OVG 60 PV 5.16).

### 3. Zahl der Personalratsmitglieder

Die Zahl der Personalratsmitglieder richtet sich nach der Zahl der Beschäftigten der Dienststelle. Die Staffelung der Größe des Personalrates ist in § 16 BPersVG enthalten. Danach hat der Personalrat folgende Größe:

| Zahl | | Personalrats-mitglieder |
|---|---|---|
| 5 wahlberechtigte bis 20 wahlberechtigte Beschäftigte | | 1 |
| 21 Beschäftigte bis 50 Beschäftigte | | 3 |
| 51 Beschäftigte bis 150 Beschäftigte | | 5 |
| 151 Beschäftigte bis 300 Beschäftigte | | 7 |
| 301 Beschäftigte bis 600 Beschäftigte | | 9 |
| 601 Beschäftigte bis 1.000 Beschäftigte | | 11 |

Personalräte in Dienststellen mit mehr als 1.000 Beschäftigten haben bis 5.000 Beschäftigte für je weitere angefangene 1.000 Beschäftigte zwei weitere Personalratsmitglieder. Das Personalratsgremium in Dienststellen mit 5.001 und mehr Beschäftigten bestehen für je weitere angefangene 2.000 Beschäftigte aus zwei weiteren Mitgliedern. Allerdings ist die Höchstzahl der Mitglieder auf maximal 31 begrenzt.

 **WICHTIG!**

Sind weniger als 21 wahlberechtigte Beschäftigte vorhanden, besteht der Personalrat aus nur einem Mitglied, auch wenn mehr Beschäftigte vorhanden sind (Lorenzen/Schlatmann, BPersVG, § 16 Rdnr. 5).

Sind in einer Dienststelle Angehörige verschiedener Beschäftigungsgruppen im Sinne des § 5 BPersVG tätig, muss jede Gruppe entsprechend ihrer Stärke im Personalrat vertreten sein, wenn dieser aus mindestens zwei Mitgliedern besteht. Der Personalrat soll sich aus Vertretern der verschiedenen Beschäftigungsarten zusammensetzen. Die Geschlechter sollen im Personalrat entsprechend dem Zahlenverhältnis unter den Beschäftigten vertreten sein.

### 4. Amtszeit des Personalrates

Die Amtszeit des Personalrates beträgt nach § 27 Abs. 2 BPersVG vier Jahre. Die Amtszeit des Personalrats beginnt am 1. Juni des Jahres, in dem die regelmäßigen Personalratswahlen stattfinden. Sie endet demnach spätestens am 31. Mai des Jahres, in dem nach § 27 Abs. 1 BPersVG die regelmäßigen Personalratswahlen stattfinden. Ist am Tag des Ablaufs der Amtszeit ein neuer Personalrat nicht gewählt oder hat sich am Tag des Ablaufs der Amtszeit noch kein neuer Personalrat konstituiert, führt der Personalrat die Geschäfte weiter, bis sich der neu gewählte Personalrat konstituiert hat, längstens bis zum Ablauf des 31. Juli. Diese Regelung der vorübergehenden Fortführung der Geschäfte ist mit der Novellierung des Gesetzes mit Geltung ab 15.6.2021 neu hinzugetreten. Hintergrund ist, dass personalratslose Zeiten vermieden werden sollen. Zugleich ist durch die zeitliche Begrenzung auf den 31. Juli gewährleistet, dass ein bestehender Personalrat nicht eigenmächtig seine Amtszeit verlängert.

### 5. Grundzüge der Personalratswahl

Die regelmäßigen Personalratswahlen finden alle vier Jahre (2020, 2024 usw.) in der Zeit vom 1. März bis 31. Mai statt. Außerhalb dieser Zeit ist der Personalrat in den Fällen des § 28 Abs. 1 BPersVG zu wählen.

Auf Antrag eines Viertels der Wahlberechtigten oder einer in der Dienststelle vertretenen Gewerkschaft kann das Verwaltungsgericht den Ausschluss eines Mitgliedes aus dem Personalrat oder die Auflösung des Personalrates wegen grober Vernachlässigung seiner gesetzlichen Befugnisse oder wegen grober Verletzung seiner gesetzlichen Pflichten beschließen. Der Personalrat kann aus den gleichen Gründen den Ausschluss eines Mitgliedes beantragen. Auch der Leiter der Dienststelle kann den Ausschluss eines Mitgliedes aus dem Personalrat oder die Auflösung des Personalrates wegen grober Verletzung seiner gesetzlichen Pflichten betreiben. Kommt es zu einer solchen Auflösung des Personalrates, setzt der Vorsitzende der Fachkammer des Verwaltungsgerichtes einen Wahlvorstand ein. Dieser hat unverzüglich eine Neuwahl einzuleiten. Bis zur Neuwahl nimmt der Wahlvorstand die dem Personalrat nach diesem Gesetz zustehenden Befugnisse und Pflichten wahr.

Das eigentliche Wahlverfahren beginnt mit der Wahl des Wahlvorstandes, und zwar im Falle der Errichtung des Personalrates durch die Personalversammlung, sonst durch den Personalrat acht Wochen vor Ablauf der Amtszeit. Der Wahlvorstand leitet die Durchführung der Wahl. Er hat die Wahl unverzüglich einzuleiten; sie soll spätestens zwei Wochen vor dem Ende der Amtszeit des Personalrates stattfinden. Zur Wahl des Personalrates können die wahlberechtigten Beschäftigten und die in der Dienststelle vertretenen Gewerkschaften Wahlvorschläge machen. Jeder Wahlvorschlag der Beschäftigten muss von mindestens einem Zwanzigstel der wahlberechtigten Gruppenangehörigen, jedoch mindestens von drei Wahlberechtigten unterzeichnet sein. In jedem Fall genügt die Unterzeichnung durch 50 wahlberechtigte Gruppenangehörige. Jeder Beschäftigte kann nur auf einem Wahlvorschlag benannt werden.

Der Personalrat wird in geheimer und unmittelbarer Wahl gewählt. Wird nur ein Wahlvorschlag eingereicht, so findet eine Personenwahl statt. In Dienststellen, deren Personalrat aus einer Person besteht, wird dieser mit einfacher Stimmenmehrheit gewählt. Das Gleiche gilt für Gruppen, denen nur ein Vertreter im Personalrat zusteht. Die Wahl wird nach den Grundsätzen der Verhältniswahl durchgeführt.

Die Kosten der Wahl trägt die Dienststelle. Dabei hat die notwendige Versäumnis von Arbeitszeit infolge der Ausübung des Wahlrechts, der Teilnahme an Personalversammlungen oder der Betätigung im Wahlvorstand keine Minderung der Dienstbezüge oder des Arbeitsentgeltes zur Folge.

### 6. Anfechtung der Wahl

Nach § 26 BPersVG können mindestens drei Wahlberechtigte, jede in der Dienststelle vertretene Gewerkschaft oder der Leiter der Dienststelle binnen einer Frist von zwölf Arbeitstagen, vom Tage der Bekanntgabe des Wahlergebnisses an gerechnet, die Wahl beim Verwaltungsgericht anfechten. Voraussetzung ist, dass gegen wesentliche Vorschriften über das Wahlrecht, die Wählbarkeit oder das Wahlverfahren verstoßen worden und eine Berichtigung nicht erfolgt ist, es sei denn, dass durch den Verstoß das Wahlergebnis nicht geändert oder beeinflusst werden konnte. Die Wahlanfechtung kann zur Berichtigung des Wahlergebnisses führen, wenn sie gegen die Feststellung des Ergebnisses gerichtet ist. Zur Wiederholung der Wahl kann sie führen, sofern die Wahl für ungültig erklärt wird. Die Wiederholung der Wahl beruht auf den ursprünglichen Verhältnissen, auch bei etwaigen Änderungen im Personalbestand (OVG Berlin-Brandenburg v. 8.7.2016, OVG 62 PV 1.16).

**Beispiel**

Es liegt ein Verstoß gegen wesentliche Verfahrensvorschriften vor, welcher die Wahlanfechtung begründet sein lässt, wenn die Sitzung des Wahlvorstands, in der das Wahlergebnis ermittelt und festgestellt wurde, nicht über ihre gesamte Zeitdauer öffentlich zugänglich war und es nicht ausgeschlossen werden kann, dass durch diesen Verstoß gegen wesentliche Vorschriften über das Wahlverfahren das Wahlergebnis geändert oder beeinflusst werden konnte (VG Karlsruhe v. 30.7.2010, PL 12 K 837/10, ZfPR 2011, 43).

Ein weiterer Verstoß gegen wesentliche Verfahrensvorschriften liegt vor, wenn die Zahl der zu wählenden Personalratsmitglieder nach § 16 Abs. 1 BPersVG zu hoch angesetzt wurde, da auch hierdurch das Wahlergebnis beeinflusst werden kann (BVerwG v. 24.2.2015, 5 P 7.14). Gleiches gilt, wenn die Vorschlagsliste einen nicht wählbaren Kandidaten enthält (LAG Nürnberg v. 7.3.2022, 1 TaBV 23/21).

Auch die fehlende Verwendung von Wahlumschlägen bei der Personalratswahl begründet einen Anfechtungsgrund (VG Hannover v. 26.10.2016, 16 A 2520/16), selbst wenn das Wahlgeheimnis durch mehrfaches Falten der Stimmzettel gewährleistet wird (VG Ansbach v. 10.10.2016, AN 7 P 16.00773).

Werden bei der Wahl Briefwahlrückumschläge eingesetzt, die entgegen § 17 Abs. 1 Nr. 4 BPersVWO nicht freigemacht sind, nicht den Vermerk „schriftliche Stimmabgabe" tragen und nicht vom Wahlvorstand mit dem Absender beschriftet sind, liegt ebenso ein Verstoß gegen eine wesentliche Wahlverfahrensvorschrift vor (VG Düsseldorf v. 10.7.2017, 39 K 5778/16, VG Karlsruhe v. 1.3.2021, PL 15 K 6844/19).

Werden die Einsatzzeiten und -orte eines mobilen Wahlbüros im Wahlausschreiben nicht angegeben, stellt auch dies einen wesentlichen Mangel der Wahl dar (OVG Berlin-Brandenburg v. 19.12.2022, OVG 60 PV 8/22).

 **WICHTIG!**

Eine behördeninterne und kostenfreie Übermittlung des Wahlbriefs durch die sog. Hauspost genügt dem Erfordernis einer für die Beschäftigten kostenfreien Übermittlung nicht (VG Karlsruhe v. 1.3.2021, PL 15 K 6844/19).

Schließlich ist die Personalratswahl anfechtbar, wenn die Briefwahlumschläge getrennt von den Direktwahlstimmzetteln den Umschlägen entnommen und ausgezählt worden sind (VG Göttingen v. 20.9.2021, 7 A 2/20).

Ausnahmsweise kann sogar die Nichtigkeit der Wahl begehrt werden, falls die Dienststelle z. B. offensichtlich nicht personalratsfähig war.

## III. Geschäftsführung des Personalrats

Der Personalrat bildet aus seiner Mitte den Vorstand, § 34 Abs. 1 BPersVG. Diesem muss ein Mitglied jeder im Personalrat vertretenen Gruppe angehören. Die Vertreter jeder Gruppe wählen das auf sie entfallende Vorstandsmitglied des Personalrats. Der Vorstand führt die laufenden Geschäfte und vertritt den Personalrat grundsätzlich im Rahmen der von ihm gefassten Beschlüsse.

 **ACHTUNG!**

Laufende Geschäfte sind die Angelegenheiten, deren Erledigung eine Entscheidung der gesamten Personalvertretung nicht oder deshalb nicht mehr erfordert, weil sie bereits durch einen Beschluss der Personalvertretung inhaltlich vorbestimmt sind.

Dem Personalratsvorsitzenden obliegt die Einberufung der Personalratssitzungen. Er hat eine Sitzung u. a. dann anzuberaumen, wenn der Arbeitgeber dies beantragt. Dann nimmt der

Arbeitgeber ausnahmsweise an den Sitzungen teil, oder er ist zu einer sonstigen Sitzung ausdrücklich eingeladen. Die Personalratssitzungen finden in der Regel während der Arbeitszeit statt. Der Personalrat muss bei Festlegung des Zeitpunkts der Sitzung aber auf die dienstlichen bzw. betrieblichen Notwendigkeiten Rücksicht nehmen.

Während der Corona-Pandemie war die ordnungsgemäße Abhaltung von Personalratssitzungen kaum mehr möglich. Um dennoch die personalvertretungsrechtliche Beteiligung zu gewährleisten, haben der Bund und einige Länder reagiert, indem sie zunächst zeitlich begrenzte Regelungen, die eine Personalratssitzung der Video- oder Telefonkonferenz ermöglichen, in die jeweiligen Personalvertretungsgesetze aufgenommen haben. Gemäß § 38 Abs. 3 BPersVG sind derartige Sitzungen somit unter bestimmten Voraussetzungen zulässig (siehe dazu auch → *Corona-Pandemie*).

Mit der Novellierung des Personalvertretungsgesetzes ist die zeitliche Befristung zur Möglichkeit der Durchführung von Personalratssitzungen allerdings aufgehoben und besteht nun dauerhaft. Zwar soll in die Durchführung in der Regel in Präsenz stattfinden, allerdings ist sowohl die hybride Durchführung, also zum Teil in Präsenz und digital, als auch die vollständig digitale Durchführung erlaubt. Voraussetzung ist unter anderem, dass nicht mindestens ein Viertel der Mitglieder oder die Mehrheit der Vertreterinnen und Vertreter einer Gruppe des Personalrates zur digitalen oder hybriden Durchführung einer Sitzung gegenüber dem Vorsitzenden widersprechen. Hierzu bestimmt der Vorsitzende eine Frist.

Trotz der Möglichkeit der digitalen Durchführung bleibt das Recht eines Personalratsmitglieds auf Teilnahme an der Sitzung vor Ort durch die Durchführung der Sitzung mittels Video- oder Telefonkonferenz unberührt.

Der Personalrat trifft seine Entscheidungen ausschließlich durch Mehrheitsbeschlüsse. In Angelegenheiten, die lediglich die Angehörigen einer Beschäftigtengruppe betreffen, sind nach gemeinsamer Beratung im Personalrat nur die Vertreter dieser Gruppe zur Beschlussfassung berufen. Die Sitzungen sind nicht öffentlich.

Der Personalrat kann nach § 45 BPersVG Sprechstunden während der Arbeitszeit einrichten. Zeit (einschließlich der Dauer der einzelnen Sprechstunde) und Ort der Sprechstunden sind jedoch mit dem Leiter der Dienststelle ebenso zu vereinbaren wie deren Häufigkeit (z. B. an bestimmten Tagen in der Woche oder im Monat).

### 1. Freistellung

Nach § 50 BPersVG führen Personalräte ihr Amt unentgeltlich als Ehrenamt. Sie sind von der dienstlichen Tätigkeit unter Fortzahlung der Vergütung freizustellen, wenn und soweit es nach Umfang und Art der Dienststelle zur ordnungsgemäßen Durchführung ihrer Aufgaben erforderlich ist. Allerdings fallen Ansprüche auf Aufwendungsersatz, die nur bei tatsächlicher Arbeitsleistung angefallen wären, nicht unter das fortzuzahlende Arbeitsentgelt, wenn dem Personalratsmitglied diese Aufwendungen in Folge der Befreiung nicht mehr entstehen (BAG v. 16.11.2011, 7 AZR 458/10). Das BAG hat unter Anwendung der §§ 7 Abs. 1, 42 Abs. 3 S. 4 NWLPersVG zwar die Pflicht des Arbeitgebers, dem freigestellten Personalratsmitglied die berufliche Entwicklung zukommen zu lassen, die es ohne Bekleidung des Personalratsamtes genommen hätte, anerkannt. Jedoch wird ein Anspruch auf rückwirkende Beförderung grundsätzlich verneint (BAG v. 15.5.2019, 7 AZR 255/17, ZTR 2019, 695).

In größeren Dienststellen ist nach §§ 52 Abs. 1, 53 BPersVG eine bestimmte Anzahl von Personalratsmitgliedern von ihrer dienstlichen Tätigkeit ganz freizustellen. Von diesen Zahlenwerten kann im Einvernehmen zwischen Personalrat und Dienststellenleiter abgewichen werden.

| Beschäftigtenzahl | | | Freizustellende Personalratsmitglieder |
|---|---|---|---|
| 300 | bis | 600 | 1 |
| 601 | bis | 1.000 | 2 |
| 1.001 | bis | 2.000 | 3 |
| 2.001 | bis | 3.000 | 4 |
| 3.001 | bis | 4.000 | 5 |
| 4.001 | bis | 5.000 | 6 |
| 5.001 | bis | 6.000 | 7 |
| 6.001 | bis | 7.000 | 8 |
| 7.001 | bis | 8.000 | 9 |
| 8.001 | bis | 9.000 | 10 |
| 9.001 | bis | 10.000 | 11 |

Bei Personalräten in Dienststellen mit mehr als 10.000 Beschäftigten wird für je angefangene weitere 2.000 Beschäftigte ein weiteres Personalratsmitglied freigestellt.

Freistellungen können in Form von vollständigen Freistellungen, aber auch in Form von Teilfreistellungen vorgenommen werden. Beweggrund für eine solche Teilfreistellung kann neben organisatorischen Gegebenheiten insbesondere der häufige Wunsch einzelner Personalratsmitglieder sein, trotz der Personalratsarbeit ihre Tätigkeit nicht vollständig aufgeben zu wollen. Teilfreistellungen dürfen jedoch zusammengenommen nicht den Umfang der für die jeweilige Belegschaftsstärke vorgesehenen Freistellung überschreiten und müssen mindestens 20 % der regelmäßigen wöchentlichen Arbeitszeit betragen.

Werden Beschäftigte des öffentlichen Dienstes an private Unternehmen überlassen, so kann sich hierdurch die Zahl der in diesem Privatunternehmen freizustellenden Betriebsratsmitglieder erhöhen; denn diese sind jedenfalls bei den organisatorischen Bestimmungen des BetrVG zu berücksichtigen (BAG v. 15.12.2011, 7 ABR 65/10, ZTR 2012, 360).

## 2. Kosten

Die Dienststelle ist nach §§ 46 und 47 BPersVG verpflichtet, die durch die Tätigkeit des Personalrats entstehenden Kosten zu tragen. Zu den Kosten zählen sowohl die Aufwendungen, die aus der Tätigkeit des Personalrats entstehen, als auch die Kosten, die ein einzelnes Personalratsmitglied verursacht hat.

 **WICHTIG!**

§ 46 BPersVG gewährt dem Personalrat keine sog. Grund- oder Normalausstattung. In jedem einzelnen Fall muss geprüft werden, was erforderlich ist.

Die Kostentragungspflicht beschränkt sich grundsätzlich nur auf die erforderlichen und verhältnismäßigen Kosten. Erforderlich sind Kosten dann, wenn der Personalrat im Zeitpunkt ihrer Verursachung bei gewissenhafter Abwägung die betreffende Maßnahme für erforderlich halten durfte. Verhältnismäßig sind Aufwendungen nur dann, wenn kein ebenso effektiver, aber kostengünstigerer Weg bestanden hätte.

Anders als beispielsweise das PersVG Bln (§ 40 Abs. 3), das PersVG Bbg (§ 44 Abs. 1 S. 2 Nr. 5), das MBG SchlH (§ 34 Abs. 1 S. 2 Nr. 1) oder das BetrVG (§§ 40 Abs. 1, 80 Abs. 3) kennt das BPersVG keine ausdrückliche Regelung zur Hinzuziehung und Kostentragung von Sachverständigen oder Beratern. Jedoch erkennt die Rechtsprechung an, dass zu den durch die Tätigkeit des Personalrats entstehenden Kosten, auch die Kosten eines Sachverständigen gehören, soweit die Hinzuziehung unter dem Gesichtspunkt der Ausschöpfung eigener Informationsquellen und kostengünstigeren Alternativen notwendig erscheint (BVerwG v. 8.11.1989, 6 P 7/87, VG Dresden v. 31.8.2007, PB 8 K 931/07).

Mitglieder des Personalrates erhalten bei Reisen, die zur Erfüllung ihrer Aufgaben notwendig sind, Reisekostenvergütung nach dem Bundesreisekostengesetz. Für die Sitzungen, die Sprechstunden und die laufende Geschäftsführung hat die Dienststelle im erforderlichen Umfang Räume, den Geschäftsbedarf und ggf. Büropersonal zur Verfügung zu stellen.

Die dem Personalrat zu überlassenden Räume müssen sich regelmäßig in der Dienststelle selbst befinden. Die Zahl der Räume bestimmt sich nach dem Geschäftsumfang, wobei in Dienststellen mittlerer Größe die Bereitstellung eines Raums in der Regel ausreichend ist. In kleinen Dienststellen kann auch die zeitweise Überlassung eines anderweitig genutzten Raums ausreichen, wenn mindestens ein abschließbarer Schrank bereitgestellt wird. Der Raum muss so weit vor Einsicht und Mithören abgeschirmt sein, dass die Geheimhaltung gewahrt wird; schließlich sind die Sitzungen des Personalrates nicht öffentlich.

Zu dem einem Personalrat bereitzustellenden Geschäftsbedarf gehören die üblicherweise für einen Bürobetrieb benötigten Gegenstände (z. B. Aktenschrank, Schreibmaterialien, ggf. Fotokopierer usw.). Weiterhin ist dem Personalrat Informations- und Kommunikationstechnik zur Verfügung zu stellen, soweit dies für die Ausübung seiner Tätigkeit erforderlich ist. Hierzu gehört im Allgemeinen ein Computer mit entsprechender Software. Insbesondere in der Verwaltung kann dies bedeuten, dass jedem Personalratsmitglied ein Computer zur Verfügung gestellt werden muss (OVG Lüneburg v. 20.5.2015, 18 LP 7/14). Weiter kann auch der Zugang zu einem innerhalb oder zwischen Dienststellen genutzten E-Mail-System erforderlich sein. Der Personalrat hat auch Anspruch auf Zurverfügungstellung von geeignetem und qualifiziertem Büropersonal (LAG Berlin-Brandenburg v. 3.11.2022, 26 TaBV 751/22).

 **ACHTUNG!**

Zur Nutzung der Informations- und Kommunikationstechnik ist der Personalrat nur befugt, soweit der Dienstbetrieb dadurch nicht erheblich beeinträchtigt wird (VG München v. 10.6.2021, M 20 PE 21.2851).

Grundsätzlich sollte der Personalrat in gleichem Umfang über Informations- und Kommunikationstechnik verfügen, wie sie auch der Arbeitgeber/die Personalabteilung im dienstlichen Verkehr einsetzt (ausführlich hierzu Lorenzen/*Lorenzen* BPersVG, § 44 Rn. 40 ff.).

 **WICHTIG!**

Der Personalrat kann Kommunikations- und Informationstechnik nicht in weiterem Umfang beanspruchen als die Dienststelle diese selbst nutzt. Nutzt der öffentliche Arbeitgeber beispielsweise ein Smartphone nicht als übliches Kommunikationsmittel der Dienststelle, kann der Personalrat das auch nicht beanspruchen.

Ein Anspruch auf ein Mobiltelefon besteht im Allgemeinen nicht, sofern ein ausreichender Informationsaustausch für den Personalrat durch andere zur Verfügung stehende Kommunikationsmittel gesichert ist; ein erhöhter organisatorischer Aufwand ist dabei hinzunehmen. Ebenso wenig ist in der Regel die Erforderlichkeit eines Laptops zu bejahen.

**Beispiel**

> Die Ausstattung mit einem Mobiltelefon bzw. einem Laptop könnte z. B. zur sachgerechten Wahrnehmung der Mitbestimmungsrechte erforderlich sein, wenn die Dienststelle aus räumlich getrennten Dienstgebäuden besteht oder die Personalvertretungen häufig reisen müssen, wie dies z. B. bei der Stufenvertretung der Fall ist.

Zu den vom Arbeitgeber zu tragenden Kosten des Personalrats sind neben denen, die aus seiner laufenden Geschäftsführung entstehen, insbesondere die Kosten von Rechtsstreitigkeiten zu zählen, die der Personalrat in personalverfassungsrechtlichen Angelegenheiten auch gegen die Dienststelle führt. Grundsätzlich ist in einem gerichtlichen Verfahren aus Anlass der Durchsetzung, Klärung oder Wahrnehmung der dem Personalrat zustehenden personalvertretungsrechtlichen Befugnisse und Rechte die Hinzuziehung eines Rechtsanwalts geboten und hat die Dienststelle die entstandenen Kosten des Rechtsanwalts zu tragen (z. B. Sächsisches OVG v. 1.4.2009, PL 9 A 78/08, PersV 2010, 237). Etwas anderes gilt nur dann, wenn das personalvertretungsrechtliche Beschlussverfahren aus haltlosen Gründen oder mutwillig in Gang gesetzt worden ist (BVerwG v. 9.3.1992, 6 P 11.90, ZTR 1992, 433).

Die Dienststelle ist nicht verpflichtet, Rechtsanwaltskosten, die dem Personalrat im personalvertretungsrechtlichen Beschlussverfahren entstanden sind, auf der Grundlage einer Vergütungsvereinbarung zu übernehmen (BVerwG v. 29.4.2011, 6 PB 21.10).

 **WICHTIG!**

> Die Kostentragungspflicht besteht unabhängig vom Ausgang des Verfahrens, soweit der Personalrat die Beauftragung des Rechtsanwalts und deren Umfang bei vernünftiger, eingehender Überlegung und Würdigung aller Umstände für gerechtfertigt erachten durfte (OVG Greifswald v. 17.11.2021, 8 R 575/21 OVG). Selbst wenn der Personalrat in einem gegen die Dienststelle geführten Verfahren unterliegt, hat die Dienststelle die Kosten zu übernehmen. Nur dann, wenn die Rechtsverfolgung durch den Personalrat von vornherein offensichtlich aussichtslos war, hat er gegenüber dem öffentlichen Arbeitgeber keinen Anspruch auf Freistellung von den Rechtsanwaltskosten (BVerwG v. 20.2.2014, 6 PB 39.13).

## IV. Schulung von Personalratsmitgliedern

### 1. Erforderliche Schulungen

Die Mitglieder des Personalrates sind nach § 54 Abs. 1 BPersVG unter Fortzahlung der Bezüge für die Teilnahme an Schulungs- und Bildungsveranstaltungen vom Dienst freizustellen, soweit diese Kenntnisse vermitteln, die für die Tätigkeit im Personalrat erforderlich sind.

 **WICHTIG!**

> Erforderlich ist ein aktueller dienststellenspezifischer Bezug; die rein theoretische Möglichkeit, dass bestimmte Probleme in der Dienststelle relevant werden könnten, genügt nicht.

Der Personalrat hat bei der Frage der Erforderlichkeit einen Beurteilungsspielraum. Er muss sich auf den Standpunkt eines

vernünftigen Dritten stellen, der die Interessen der Dienststelle einerseits und andererseits die Interessen des Personalrates sowie der Beschäftigten gegeneinander abzuwägen hat.

Schulungsveranstaltungen zur Vermittlung von Grundkenntnissen – insbesondere im Personalvertretungsrecht, im Arbeitsrecht des öffentlichen Dienstes, im TVöD (OVG NW v. 16.4.2008, 1 A 4630/06.PVB, PersR 2009, 174) und im Arbeitsschutzrecht – sind in der Regel erforderlich. Da alle Mitglieder des Personalrates einen Anspruch auf die Vermittlung von Grundkenntnissen zur ordnungsgemäßen Ausübung ihres Personalratsmandates haben, kann der Personalrat auch für alle seine Mitglieder entsprechende Schulungen fordern.

 **WICHTIG!**

> Eine Grundschulung für neu gewählte Mitglieder des Personalrats muss prinzipiell spätestens bis Ende des auf die Personalratswahl folgenden Kalenderjahres stattfinden. Nach diesem Zeitpunkt kann sie ihren Zweck nicht mehr erfüllen, weil anzunehmen ist, dass sich das betreffende Mitglied das zur Bewältigung seiner Aufgaben erforderliche Grundwissen inzwischen auf andere Weise angeeignet hat (vgl. OVG Saarlouis v. 17.7.2014, 4 A 492/13, öAT 2014, 194). Dabei sind auch Vorkenntnisse des Personalratsmitglieds, z. B. durch eine jahrelange Tätigkeit als Frauenvertreterin, zu berücksichtigen (OVG Berlin-Brandenburg v. 19.11.2015, 60 PV 2.15).

Entscheidend für die Beurteilung der Erforderlichkeit der einzelnen Schulungsmaßnahme ist der individuelle Schulungsbedarf. Es bedarf im Grunde nur der einmaligen Schulung zu einem bestimmten Thema, selbst wenn diese schon einige Jahre zurückliegt.

Bei Schulungsveranstaltungen, die Spezialkenntnisse vermitteln, muss der öffentliche Arbeitgeber genau prüfen, ob der Personalrat im Einzelfall die Erforderlichkeit sowie die Teilnehmerzahl ausführlich und nachvollziehbar begründet hat. Allgemein gültige Kriterien, was noch und was nicht mehr erforderlich ist, lassen sich hinsichtlich einzelner Schulungsinhalte nicht ausmachen. Die Dienststelle sollte sich den Themen- und Zeitplan der Schulung vorlegen lassen und anschließend die Schulung nach erforderlichen Themen beurteilen. Die Teilnahme an einer Spezialschulung ist regelmäßig auf ein einzelnes Personalratsmitglied oder einzelne Personalratsmitglieder beschränkt (OVG Münster v. 9.11.2018, 20 A 2884/17.PVL, ZTR 2019, 191). Schulungs- und Bildungsveranstaltungen für Personalräte können erforderlich sein, wenn sie die praktische Anwendbarkeit des Lehrstoffes in den Vordergrund stellen und auf anwendungsorientierte Inhalte ausgerichtet sind. Ein Masterstudiengang an einer wissenschaftlichen Hochschule ist wegen seiner wissenschaftlichen Ausrichtung regelmäßig keine erforderliche Schulungs- und Bildungsveranstaltung (BVerwG v. 12.10.2023, 5 P 7.22, ZTR 2024, 158).

Der Personalrat hat die Dienststelle über die Teilnahme eines Personalratsmitglieds an einer Schulungsmaßnahme so frühzeitig zu unterrichten, dass diese noch die Möglichkeit hat, die Erforderlichkeit zu prüfen und die Festlegung der zeitlichen Lage der Schulungsmaßnahme zu beurteilen. Die Dienststelle sollte darauf achten, dass konkret die Teilnehmer sowie die Zeit, der Ort, die Dauer und der Themenplan genannt werden. Im Zweifel sollten Ausführungen zur Erforderlichkeit nachgefordert werden.

 **WICHTIG!**

> Einer ausdrücklichen Zustimmung der Dienststelle zu einer Schulungsmaßnahme bedarf es nicht.

> Nicht selten kann mit wenig Aufwand eine vergleichbare, ebenso geeignete und zeitnahe Alternative zur begehrten Schulung

gefunden werden, die mit weniger hohen (Reise- und Unterbringungs-)Kosten für den Arbeitgeber verbunden ist.

**WICHTIG!**

Der Personalrat ist nicht berechtigt, ein behördeninternes Fortbildungsangebot, welches sich nicht bereits im Vorhinein nach den dazu in Betracht zu ziehenden Umständen als nicht gleichwertig erweist, zugunsten einer wesentlich kostenaufwendigeren gewerkschaftlichen Schulung auszuschlagen. Im Anwendungsbereich des BetrVG ist der Betriebsrat zwar nicht gehalten, die kostengünstigste Schulungsveranstaltung auszuwählen, wenn er eine andere Schulung für qualitativ besser hält. Er muss jedoch bei erheblicher Preisdifferenz eine nachvollziehbare Begründung anführen. Diese Auffassung ist für den Bereich des Personalvertretungsrechts zu bestätigen, in welchem mit Rücksicht auf das Gebot der sparsamen Verwendung öffentlicher Mittel ohnehin partiell strengere Maßstäbe zugrunde zu legen sind (BVerwG v. 16.6.2011, 6 PB 5.11, ZTR 2012, 58). Der Entsendung eines Personalratsmitglieds zu einer Schulungsveranstaltung steht das Gebot der sparsamen Verwendung öffentlicher Mittel entgegen, wenn die Dienststelle den Personalrat auf die Entsendung zu einem gleichwertigen kostengünstigeren Schulungsangebot verweisen kann. Eine Gleichwertigkeit ist gewährleistet, wenn die alternative Schulung ihrerseits alle relevanten Themen behandelt und diese in einer Intensität darbietet, die über einen bloßen Überblick hinausgeht, ohne bereits die Vermittlung vertiefter Kenntnisse zum Gegenstand zu haben (OVG Saarlouis v. 6.3.2018, 5 A 414/17).

Vermittelt eine Schulungsveranstaltung nur teilweise für die Personalratstätigkeit erforderliche Inhalte, so sind die Kosten anteilig von der Dienststelle zu übernehmen (vgl. BVerwG v. 14.6.2006, 6 P 13.05).

Schulungen für Sachverhalte die nicht der Zuständigkeit des Personalrats unterfallen, können nicht als erforderlich eingestuft werden (OVG Berlin-Brandenburg v. 14.8.2015, 62 PV 16.14, welches zur Bewertung der Erforderlichkeit das Rundschreiben des Bundesministeriums des Innern über die Kostenerstattung für die Teilnahme an Schulungs- und Bildungsveranstaltungen sowie die hierfür notwendigen Freistellungen nach § 54 Abs. 1 BPersVG vom 28.4.2008, D I 3 – 212 154-1/1, heranzieht).

Können sich Arbeitgeber und Personalrat hinsichtlich der Freistellung zur Schulung nicht einigen, können beide Seiten bei Beamten das Verwaltungsgericht und bei den übrigen Beschäftigten das Arbeitsgericht anrufen, die jeweils im Urteilsverfahren hierüber entscheiden.

Erstattungsansprüche betreffen Aufwendungen, die einem Personalratsmitglied durch die Teilnahme an einer Schulungs- und Bildungsveranstaltung entstanden sind. Sie sind im Streitfall vor den Verwaltungsgerichten im Beschlussverfahren durchzusetzen (vgl. hierzu → *Gerichtsverfahren*).

**WICHTIG!**

Zur Vermeidung einer Verpflichtung, die für die Teilnahme eines Personalratsmitglieds an einer Bildungs- oder Schulungsveranstaltung entstehenden Kosten zu tragen, ist der Dienststellenleiter nicht gezwungen, die Rechtswidrigkeit des vom Personalrat gefassten Entsendungsbeschlusses im personalvertretungsrechtlichen Beschlussverfahren feststellen zu lassen (OVG Münster v. 7.11.2013, 20 A 2613/12.PVB, öAT 2014, 64).

## 2. Geeignete Schulungen

Unabhängig davon besteht nach § 54 Abs. 2 BPersVG während der regelmäßigen Amtszeit des Personalrates ein Anspruch auf Freistellung vom Dienst unter Fortzahlung der Bezüge für insgesamt drei, bei Neumitgliedern von vier Wochen zur Teilnahme an Schulungs- und Bildungsveranstaltungen, die von der Bun-

deszentrale für politische Bildung als geeignet anerkannt sind. Ob ein entsprechender Schulungsbedarf des jeweiligen Personalratsmitgliedes besteht, ist hierfür nicht entscheidend. Die Schulung muss auch nicht, wie bei § 54 Abs. 1 BPersVG erforderlich, sondern lediglich geeignet sein.

Der Arbeitgeber ist zur Entgeltfortzahlung während der Schulung verpflichtet, er muss jedoch grundsätzlich weder die Kosten der Schulungsmaßnahme, noch Reise- oder Übernachtungskosten tragen, sofern sie nicht (wie in den meisten Fällen) auch erforderlich sind (umstritten; hierzu: Lorenzen/*Lorenzen* BPersVG, § 46 Rn. 135; ders. § 44 Rn. 28a).

**WICHTIG!**

Ist ein Mitglied des Personalrates aufgrund des Entsendungsbeschlusses eine Verbindlichkeit eingegangen (z. B. Anmeldung zu einer Schulungsveranstaltung), hat es gegen den Arbeitgeber einen Freistellungsanspruch, der auch Stornokosten für eine abgesagte Schulungsveranstaltung umfassen kann (LAG Rheinland-Pfalz v. 5.2.2021, 2 Sa 191/20).

## V. Allgemeine Aufgaben des Personalrates

Dem Personalrat sind neben den Beteiligungsrechten (vgl. hierzu → *Personalvertretungsrechtliche Beteiligung*) nach § 62 BPersVG allgemeine Aufgaben zugewiesen. Hierbei handelt es sich um eine Konkretisierung der Generalklausel des § 2 Abs. 1 BPersVG, also des Gebotes der vertrauensvollen Zusammenarbeit. § 62 BPersVG gilt für den Personalrat, § 92 Abs. 3 BPersVG für die Stufenvertretungen und § 95 Abs. 2 BPersVG für den Gesamtpersonalrat. Für die Jugend- und Auszubildendenvertretung ist § 103 BPersVG die entsprechende Spezialvorschrift.

### 1. Aufgabenkatalog

§ 62 BPersVG gibt der Personalvertretung die Befugnis, in nahezu allen die Beschäftigten und ihre Belange betreffenden Fragen – sozialer, personeller und organisatorischer Art – gegenüber der Dienststelle tätig zu werden, ohne dass es sich um Beteiligungsfälle des § 78 bis 80 BPersVG handeln muss. Da die Aufzählung in § 62 BPersVG eine Reihe unbestimmter Rechtsbegriffe enthält, können fast alle Fälle der Praxis regelmäßig darunter gefasst werden. Eine enge Auslegung der Vorschrift ist nicht geboten (Lorenzen/*Lorenzen*, BPersVG § 68 Rn. 7).

„Allgemeine Aufgaben" sind nicht nur solche, die der Personalvertretung durch die Vorschriften der §§ 78 bis 80 und 84 bis 87 BPersVG zugewiesen sind, sondern auch solche, die insbesondere in den Aufzählungen der §§ 78 bis 80 BPersVG über die förmliche Mitbestimmung und die förmliche Mitwirkung nicht genannt sind. § 62 BPersVG erweitert also die Zuständigkeit der Personalvertretung um die dort genannten allgemeinen Aufgaben. Dieser Katalog wurde im Rahmen der Gesetzesnovellierung zum 15.6.2021 erweitert. Die Personalvertretung kann daher ihre allgemeinen Aufgaben auch neben den förmlichen Beteiligungsrechten wahrnehmen.

Während der Dienststellenleiter in Angelegenheiten der förmlichen Mitbestimmung und Mitwirkung die Personalvertretung von Amts wegen beteiligen muss, ist es dem pflichtgemäßen Ermessen der Personalvertretung überlassen, ob sie im Einzelfall ihr Antragsrecht aus § 62 BPersVG ausüben will. Die Initiative liegt in diesem Fall bei der Personalvertretung.

## 2. Antragsrecht gegenüber der Dienststelle

Gemäß § 62 Nr. 1 BPersVG kann der Personalrat Maßnahmen beantragen, die der Dienststelle und ihren Angehörigen dienen. Das Antragsrecht beinhaltet für die Personalvertretung aber nicht das Recht, vermeintliche Ansprüche eines einzelnen Beschäftigten auf dem Rechtsweg durchzusetzen. In Betracht kommen nur Anträge für Maßnahmen, die der Leiter der Dienststelle durchzuführen befugt ist. Liegt die Entscheidungsbefugnis bei einer anderen Dienststelle, kann der Personalrat bei der dort bestehenden Personalvertretung anregen, den Antrag zu stellen, z. B. bei der Stufenvertretung, wenn die übergeordnete Dienststelle zuständig ist. Die nach § 62 Nr. 1 BPersVG denkbaren Maßnahmen sind vielfältig und hängen von der Art der Aufgabenstellung der Dienststelle, den Arbeitsmethoden und -bedingungen, den angewandten Technologien, der Zahl und Zusammensetzung der Beschäftigten sowie den räumlichen, klimatischen und sonstigen Bedingungen ab.

### Beispiele

Personalratsausflüge, Veranstaltungen, Dienstsport, Aufstellung von Grundsätzen über die Anordnung von Überstunden oder ein Informationsstand für Dienststellenangehörige.

Ob die Dienststelle dem Antrag entspricht, obliegt ihrem pflichtgemäßen Ermessen. Können der Dienststellenleiter und der Personalrat kein Einvernehmen erzielen, hat der Personalrat, anders als bei einem Initiativbegehren, keine gesetzliche Handhabe, eine Befassung mit seinem Anliegen auf der übergeordneten Verwaltungsebene durchzusetzen.

## 3. Die weiteren allgemeinen Aufgaben

Der Personalrat hat nach § 62 Nr. 2 BPersVG darüber zu wachen, dass die zugunsten der Beschäftigten geltenden Gesetze, Verordnungen, Tarifverträge, Dienstvereinbarungen und Verwaltungsanordnungen durchgeführt werden. Dies gilt z. B. für Vorschriften über Arbeitszeit, Jugendschutz, Mutterschutz und den Schwerbehindertenschutz. Auch das Bundesdatenschutzgesetz (BDSG) ist ein zugunsten der Beschäftigten geltendes Gesetz, über dessen Durchführung die Personalvertretung zu wachen hat. Bei den mit dem Personalrat abgeschlossenen Dienstvereinbarungen erstreckt sich das Überwachungsrecht darüber hinaus darauf, ob die Dienststelle die Vereinbarung insgesamt einhält.

Die Beschäftigten und die Jugend- und Auszubildendenvertretung können dem Personalrat nach § 62 Nr. 3 BPersVG ohne Rücksicht auf den sonst üblichen Dienstweg Anregungen und Beschwerden vortragen. Dieser prüft zunächst, ob er sie weiterverfolgen muss und entscheidet darüber durch Beschluss. Hält er die Anregungen oder die Beschwerden für berechtigt, hat er in Verhandlungen mit dem Dienststellenleiter auf die Erledigung hinzuwirken. Verantwortlich für das Abstellen einer berechtigten Beschwerde ist der Dienststellenleiter; der Personalrat ist lediglich dazu verpflichtet, die betreffenden Beschäftigten über den Stand und das Ergebnis der Verhandlungen zu unterrichten. Ist die Zuständigkeit einer übergeordneten Stelle gegeben, ist die Beschwerde oder Anregung an die Stufenvertretung zu richten. Eine bei der Personalvertretung eingebrachte Beschwerde hat keine aufschiebende Wirkung. Sie berührt das Direktionsrecht des Dienststellenleiters nicht.

Eine besondere Pflicht des Personalrats ist es, der Benachteiligung von Menschen mit Behinderungen entgegenzuwirken sowie die Inklusion und Teilhabe behinderter Menschen zu fördern. Dies umfasst insbesondere, die Eingliederung und berufliche Entwicklung schwerbehinderter und ihnen gleichgestellter Beschäftigter und sonstiger besonders schutzbedürftiger, insbesondere älterer Beschäftigter zu fördern sowie Maßnahmen zur beruflichen Förderung schwerbehinderter und ihnen gleichgestellter Beschäftigter zu beantragen, § 62 Nr. 4 BPersVG. Eingliederung ist u. a. die Zuweisung einer Tätigkeit, die auf Art und Grad der Behinderung Rücksicht nimmt. Dabei sind insbesondere die insofern bestehenden gesetzlichen Vorschriften einzubeziehen. Die Förderung der beruflichen Entwicklung verpflichtet den Personalrat, für einen die Schutzbedürftigkeit berücksichtigenden beruflichen Werdegang einzutreten. Dies schließt die besondere Berücksichtigung z. B. bei Rationalisierungsmaßnahmen ein. Die Erfüllung dieser Aufgabe erfordert ein enges Zusammenwirken mit der Schwerbehindertenvertretung, §§ 178 ff. SGB IX.

Die Verantwortung des Personalrats bei der Durchsetzung der Gleichstellung von Männern, Frauen und Menschen, die sich keinem dieser Geschlechter zuordnen, wird in § 62 Nr. 5 BPersVG bestimmt. Dabei wird erstmals die Gleichstellung auch solcher Personen sichergestellt, die sich einem Geschlecht nicht zuordnen.

Seit dem 15.6.2021 ebenfalls unter § 62 Nr. 6 BPersVG in den Katalog aufgenommen wurde die Aufgabe des Personalrates, die Vereinbarkeit von Familie, Pflege und Beruf zu fördern. Nicht zuletzt aufgrund der Corona-Pandemie erhielt diese Thematik einen erhöhten gesellschaftlichen Fokus. Die Regelung trifft damit das Bedürfnis der Arbeitnehmer, ihr privates und berufliches Leben miteinander zu vereinen. Der Personalrat kann diese neu geregelte Aufgabe insbesondere mittels der ebenfalls seit der Novellierung des Gesetzes in § 80 Abs. 1 Nr. 3 und 5 BPersVG neu zugeteilten Mitbestimmungsrechte umsetzen. Hierin geregelt werden die Einführung, Änderung und Aufhebung von Arbeitszeitmodellen sowie die Einführung, Änderung und Aufhebung von Arbeitsformen außerhalb der Dienststelle.

Die Eingliederung ausländischer Beschäftigter in die Dienststelle wird in § 62 Nr. 7 BPersVG geregelt. Der Personalrat hat darauf zu achten, dass der Grundsatz der Gleichbehandlung nach § 2 Abs. 4 BPersVG, der im Lichte des auch im öffentlichen Dienst geltenden Allgemeinen Gleichbehandlungsgesetzes (vgl. hierzu AGG) anzuwenden ist, beachtet wird. Speziell in Bezug auf ausländische Beschäftigte hat der Personalrat das Verständnis zwischen ihnen und den deutschen Beschäftigten zu fördern. Seit dem 15.6.2021 neu geregelt ist darüber hinaus die Befugnis des Personalrats, Maßnahmen zur Bekämpfung gruppenbezogener Menschenfeindlichkeit in der Dienststelle zu beantragen.

Darüber hinaus hat der Personalrat gemäß § 62 Nr. 8 BPersVG mit der Jugend- und Auszubildendenvertretung zur Förderung der in § 99 BPersVG genannten Beschäftigten eng zusammenzuarbeiten. Die enge Zusammenarbeit ist insbesondere deshalb wichtig, weil diese Vertretungen kein selbstständiges Organ der Personalvertretung sind und daher dem Dienststellenleiter nicht als Verhandlungspartner gegenübertreten können.

Schließlich hat der Personalrat Maßnahmen des Arbeitsschutzes und des Gesundheitsschutzes in der Dienststelle zu fördern, § 62 Nr. 9 BPersVG. Diese Aufgabe korreliert mit den Beteiligungsrechten im Bereich Arbeitsschutz nach § 80 Abs. 1 Nr. 16 und 17 BPersVG.

## 4. Informationsrecht des Personalrates

§ 66 Abs. 1 BPersVG begründet für jede Art der Beteiligung der Personalvertretung im Rahmen des Gesetzes – also nicht nur für die Aufgaben nach § 62 BPersVG – ein umfassendes Informationsrecht der Personalvertretung, das ihr eine sinnvolle und effektive Tätigkeit ermöglicht. In § 66 Abs. 1 S. 2 BPersVG wird angeordnet, dass die erforderlichen Unterlagen und personenbezogenen Daten rechtzeitig unaufgefordert vorzulegen sind. Allerdings ist die Unterrichtungs- bzw. Informationspflicht der Dienststellenleitung strikt aufgabenbezogen. Das bedeutet etwa, dass die Verpflichtung zur Gewährung von Einsichtnahme in Unterlagen oder deren Vorlage nur in dem Umfang besteht, in welchem die Personalvertretung deren Kenntnis zur Durchführung einer ihrer Aufgaben benötigt (BVerwG v. 9.1.2024, 5 PB 5.23).

**Beispiel**

Um effektiv die einem Personalrat gesetzlich zustehenden Aufgaben ausüben zu können, ist es zwingend erforderlich, dass einem für die Lehrkräfte an Grundschulen gebildeter besonderer Personalrat jeweils fortgeschrieben zu Beginn eines Schuljahres anhand einer schulbezogenen Stellenübersicht bekannt ist, welche Lehrkräfte er zu vertreten hat, an welchen Schulen diese eingesetzt sind, welche Fächer diese unterrichten und in welchem Umfang diese tätig sind. Ohne diese Informationen ist eine sachgerechte Wahrnehmung der Interessen der Beschäftigten nicht möglich (vgl. OVG Nordrhein-Westfalen v. 1.7.2014, 20 B 400/14.PVL, öAT 2014, 217).

Bei beteiligungspflichtigen Maßnahmen ist nach § 66 Abs. 1 S. 1 BPersVG der Dienststellenleiter zu einer rechtzeitigen und umfassenden Unterrichtung der Personalvertretung verpflichtet. Diese Rechtspflicht tritt erst ein, wenn der Leiter der Dienststelle eine beteiligungspflichtige Maßnahme „beabsichtigt", jedoch nicht schon dann, wenn er noch prüft, ob eine bestimmte Absicht überhaupt verwirklicht werden soll.

**Beispiel**

Der Vorschlag einer vom Dienststellenleiter bestimmten Auswahlkommission zur Einstellung eines Beamten des gehobenen Dienstes ist noch keine der Mitbestimmung der Personalvertretung unterliegende Vorentscheidung.

Rechtzeitig ist die Unterrichtung der Personalvertretung, wenn die beabsichtigte Maßnahme noch gestaltungsfähig ist, d. h. zu einem Zeitpunkt, zu dem die Personalvertretung noch Einfluss auf die zu treffende Maßnahme ausüben kann. Das bedeutet, dass die für den Dienststellenleiter bestehende Informationspflicht dann einsetzt, wenn er die Zustimmung zu einer mitbestimmungspflichtigen Maßnahme bei der Personalvertretung beantragt. Grundsätzlich ist einer Personalvertretung so viel Zeit einzuräumen, dass sie bei sachgerechter Würdigung der ihr zugegangenen Informationen in der Lage ist, eine sachgemäße und sinnvolle Entscheidung zu treffen.

Umfassend ist die Unterrichtung der Personalvertretung im Rahmen von Beteiligungsangelegenheiten durch den Dienststellenleiter, wenn dieser das Entscheidungsmaterial in derselben Vollständigkeit zugänglich gemacht wird, in der es dem Dienststellenleiter bei seiner Meinungsbildung zur Verfügung gestanden hat, wobei sich die Unterlagen auf konkrete Aufgaben der Personalvertretung beziehen müssen. Nur wenn die Personalvertretung den wesentlichen Sachverhalt und die für den Dienststellenleiter maßgebenden Gründe kennt, ist sie in der Lage, die Angelegenheit vollumfänglich zu beraten. Daher muss die Unterrichtung so ausführlich erfolgen, dass die Personalvertretung alle entscheidenden Gesichtspunkte kennt, die für die Ausübung des Mitbestimmungsrechts von Bedeutung sein können. Sinn dieser umfassenden Unterrichtungspflicht ist es sicherzustellen, dass die Personalvertretung eine sachverständige und alle maßgeblichen Tatsachen berücksichtigende Entschei-

dung treffen kann (BVerwG v. 3.5.2022, 5 P 1/22). Außerdem soll die nächsthöhere Dienststelle nicht mit der Weiterführung des Verfahrens belastet werden, weil aufgrund unzureichender Kenntnisse der Sachlage die Zustimmung von der Personalvertretung verweigert wird. Die unvollständige Unterrichtung des Personalrats über die mitbestimmungspflichtige Maßnahme hat zur Folge, dass die gesetzliche Äußerungsfrist des Personalrats nicht zu laufen beginnt und eine etwaige Billigungsfiktion nicht eintreten kann (BVerwG v. 18.4.2023, 5 P 15.21).

# Personalvertretungsrechtliche Beteiligung

 **Wegweiser:**

Das Bundespersonalvertretungsgesetz (BPersVG) räumt dem Personalrat in zahlreichen betrieblichen Fragen ein Beteiligungsrecht ein und sichert den Beschäftigten damit eine Beteiligung an den Entscheidungen des Dienstherrn.

Der Begriff der „Beteiligung" umschließt als zusammenfassender Oberbegriff alle Befugnisse der Personalvertretung, die von der Mitbestimmung über die Mitwirkung im engeren Sinne bis zu Beratungs-, Anhörungs- und Informationsrechten reichen. Diese Beteiligungsrechte der Personalvertretung an der Gestaltung des Dienstes in der Dienststelle, sind in den §§ 62–87 BPersVG gesetzlich geregelt und werden auch als „Herzstück" des Gesetzes bezeichnet.

Die Beteiligung der Personalvertretung fällt zudem unter das Gebot der Generalklausel des § 2 Abs. 1 BPersVG, die eine vertrauensvolle Zusammenarbeit zwischen Dienststelle und Personalvertretung vorschreibt.

Durch das „Gesetz zur Novellierung des Bundespersonalvertretungsgesetzes" vom 15. Juni 2021 wurde das Bundespersonalvertretungsgesetz fast vollständig überarbeitet und neu verkündet. Die sich aus dem Gesetz ergebenden Beteiligungsrechte waren hiervon ebenso betroffen. Auch wenn die bisherigen Grundsätze erhalten worden sind, wurden die Beteiligungstatbestände von Grund auf neu geordnet, zusammengeführt und teilweise gestrichen.

 **WICHTIG!**

Die Beteiligungsrechte sind im BPersVG detailliert geregelt und unterscheiden sich von den jeweils in den Landespersonalvertretungsgesetzen enthaltenen Regelungen zum Teil erheblich.

Im Grundsatz (weiterführend vgl. *Lorenzen/Lorenzen* BPersVG, §§ 66 ff. a. F.) unterscheidet man folgende Arten der Beteiligung des Personalrates:

## 1. Mitbestimmung

Der Grundgedanke der Mitbestimmung nach dem Personalvertretungsrecht ist, den Beschäftigten bei den sie betreffenden innerdienstlichen Maßnahmen eine Mitsprachebefugnis einzuräumen, die verhindern soll, dass schutzwürdige Interessen durch Maßnahmen der Dienststelle beeinträchtigt werden. Die Mitbestimmung ist das stärkste Beteiligungsrecht der Personalvertretung.

Die Mitbestimmungstatbestände sind abschließend in §§ 78 ff. BPersVG geregelt. Liegt einer der aufgeführten Tatbestände vor und handelt es sich im Einzelfall nicht um eine Erfüllung der nach außen gerichteten Aufgaben der Dienststelle, bedarf diese nach § 70 Abs. 1 BPersVG der Zustimmung.

Die Zustimmung des Personalrats muss dabei vor der Durchführung der Maßnahme eingeholt werden.

Das Wesen der Mitbestimmung liegt darin, dass bei Nichteinigung zwischen der Dienststelle und der Personalvertretung in aller Regel die Einigungsstelle anzurufen ist (§ 72 BPersVG). Dabei ist die Entscheidungsbefugnis der Einigungsstelle in § 75 BPersVG als uneingeschränkte und eingeschränkte Beteiligung geregelt. In den Fällen des § 78 Abs. 1 BPersVG und des § 80 Abs. 1 Nr. 10 bis 13 und Nr. 19 bis 21 BPersVG schließt sich die Einigungsstelle der Auffassung der obersten Dienstbehörde an oder beschließt eine Empfehlung an die oberste Dienstbehörde, die sodann endgültig entscheidet (§ 75 Abs. 3 BPersVG). Darüber hinaus kann die oberste Dienstbehörde einen Beschluss der Einigungsstelle in Angelegenheiten, die im Einzelfall wegen ihrer Auswirkungen auf das Gemeinwesen wesentlicher Bestandteil der Regierungsgewalt sind, innerhalb von vier Wochen nach dessen Zustellung ganz oder teilweise aufheben und in der Angelegenheit endgültig entscheiden (§ 75 Abs. 2 BPersVG). In allen übrigen Fällen ist die Entscheidung der Einigungsstelle bindend (§ 75 Abs. 1 BPersVG).

Eine abgeschwächte Form dieser uneingeschränkten Mitbestimmung besteht allerdings in den Fällen des § 78 Abs. 1 BPersVG. Die Zustimmung kann in diesen Fällen nur aus den sogenannten Versagungsgründen des § 78 Abs. 5 BPersVG verweigert werden.

## 2. Mitwirkung

Im Gegensatz zu den Mitbestimmungsrechten bleibt bei den Mitwirkungsrechten des Personalrates stets die alleinige Entscheidung der Dienststelle erhalten. Der Personalrat kann eine mitwirkungspflichtige Maßnahme nur dadurch blockieren, dass er Einwendungen erhebt und diese im Instanzenzug weiter verfolgt. Nach Beendigung des Mitwirkungsverfahrens kommt jedoch das Letztentscheidungsrecht der Dienststelle zum Tragen. Bei der Mitwirkung scheidet die Anrufung der Einigungsstelle aus. Schon daraus ergibt sich, dass die Mitwirkungsrechte deutlich schwächer sind als die Mitbestimmungsrechte.

Die Mitwirkungsfälle sind in den §§ 84 und 85 BPersVG abschließend geregelt. Während § 84 BPersVG fast durchweg nur öffentlich-rechtliche Maßnahmen des Dienststellenleiters der Mitwirkung unterwirft, begründet § 85 BPersVG ein Mitwirkungsrecht der Personalvertretung bei der ordentlichen Kündigung durch den Arbeitgeber. Personalentscheidungen gegenüber Beschäftigten in besonders herausragenden Positionen sind allerdings in den Fällen der §§ 84 Abs. 1 Nr. 4 bis 6 und 85 BPersVG von der Mitwirkung ausgenommen (vgl. §§ 84 Abs. 2 S. 1, 85 Abs. 1 S. 2, 78 Abs. 3 BPersVG) In den Fällen des § 84 Abs. 1 Nr. 4 bis 6 BPersVG wird der Personalrat jedoch auf Antrag des Beschäftigten beteiligt.

Das Mitwirkungsverfahren richtet sich nach den Bestimmungen des §§ 81 ff. BPersVG. Es ist jedoch nicht in dem Maße formalisiert wie das Einigungsverfahren bei der Mitbestimmung. Die wesentliche Verpflichtung der Dienststelle im Rahmen des Mitwirkungsverfahrens besteht darin, die beabsichtigte Maßnahme mit dem Personalrat rechtzeitig und eingehend zu erörtern, und zwar „mit dem Ziel einer Verständigung".

Hinsichtlich der Rechtsfolgen der Verletzung eines Mitwirkungsrechtes des Personalrates enthält das Gesetz keine Regelungen. Zu beachten ist allerdings, dass sowohl die materiellen Mitwirkungstatbestände als auch die Verfahrensregelungen in §§ 81 ff. BPersVG nicht zur Disposition der Beteiligten stehen. Eine unterbliebene oder mit Verfahrensmängeln behaftete Mit-

wirkung verstößt gegen zwingende personalvertretungsrechtliche Vorschriften. Derartige Fehler führen bei einer gleichwohl getroffenen Maßnahme zwar nicht zu ihrer Unwirksamkeit. Die Personalvertretung kann jedoch nach § 108 Abs. 1 Nr. 3 BPersVG im Beschlussverfahren die Verletzung ihres Mitwirkungsrechts durch die Dienststelle feststellen lassen (vgl. Lorenzen/Gerhold BPersVG, § 72 a. F. Rn. 40).

Noch weitergehende Rechtsfolgen ergeben sich in Bezug auf die mitwirkungspflichtige ordentliche Kündigung. Hier ist eine ordnungsgemäße Beteiligung des Personalrates Wirksamkeitsvoraussetzung für die ordentliche Kündigung, § 79 Abs. 4 BPersVG.

**I.** **Begriff**
1. Anhörungsrechte, insbesondere § 86 BPersVG
2. Antragsrechte
3. Mitwirkungsrechte
4. Mitbestimmungsrechte

**II.** **Sonstige Beteiligungsrechte**

**III.** **Beteiligung in organisatorischen Angelegenheiten**
1. Die erzwingbare organisatorische Mitbestimmung
2. Vorrang von Gesetz und Tarifvertrag
3. Verfahren
4. Rechtsfolgen mangelnder Beteiligung

**IV.** **Beteiligung in personellen Angelegenheiten**
1. Die Mitwirkung des Personalrats bei ordentlichen Kündigungen
2. Weitere Mitbestimmungstatbestände in personellen Angelegenheiten
   2.1 Einstellung, § 78 Abs. 1 Nr. 1 BPersVG
   2.2 Beförderung, Verleihung eines anderen Amtes mit anderer Amtsbezeichnung beim Wechsel der Laufbahngruppe, Laufbahnwechsel, § 78 Abs. 1 Nr. 2 BPersVG
   2.3 Übertragung einer höher oder niedriger zu bewertenden Tätigkeit oder eines höher oder niedriger zu bewertenden Dienstpostens, § 78 Abs. 1 Nr. 3 BPersVG
   2.4 Eingruppierung, Höher- oder Rückgruppierung von Arbeitnehmerinnen oder Arbeitnehmern einschließlich der hiermit jeweils verbundenen Stufenzuordnung, § 78 Abs. 1 Nr. 4 BPersVG
   2.5 Versetzung, § 78 Abs. 1 Nr. 5 BPersVG
   2.6 Umsetzung für mehr als drei Monate, § 78 Abs. 1 Nr. 6 BPersVG
   2.7 Abordnung, Zuweisung oder Personalgestellung für eine Dauer von mehr als drei Monaten, § 78 Abs. 1 Nr. 7 BPersVG
   2.8 Hinausschieben des Eintritts von Beamtinnen oder Beamten in den Ruhestand oder Weiterbeschäftigung von Arbeitnehmerinnen oder Arbeitnehmern über die Altersgrenze hinaus, § 78 Abs. 1 Nr. 8 BPersVG
   2.9 Versagung oder Widerruf der Genehmigung einer Nebentätigkeit, § 78 Abs. 1 Nr. 10 BPersVG
   2.10 Ablehnung eines Antrags nach den §§ 91 bis 92b oder § 95 des Bundesbeamtengesetzes auf Teilzeitbeschäftigung, Ermäßigung der regelmäßigen Arbeitszeit oder Urlaub, § 78 Abs. 1 Nr. 11 BPersVG

2.11 Absehen von der Ausschreibung von Dienstposten, die besetzt werden sollen, § 78 Abs. 1 Nr. 12 BPersVG

2.12 Auswahl der Teilnehmerinnen und Teilnehmer an Fortbildungsveranstaltungen mit Ausnahme der Nachbesetzung freier Plätze von Fortbildungsveranstaltungen, die in weniger als drei Arbeitstagen beginnen, § 78 Abs. 1 Nr. 13 BPersVG

2.13 Bestellung von Vertrauens- oder Betriebsärzten als Beschäftigte, § 78 Abs. 1 Nr. 14 BPersVG

2.14 Geltendmachung von Ersatzansprüchen gegen eine Beschäftigte oder einen Beschäftigten, zu/>§ 78 Abs. 1 Nr. 15 BPersVG

**V. Beteiligung in sozialen Angelegenheiten**

1. Gewährung von Unterstützungen, Vorschüssen, Darlehen und entsprechenden sozialen Zuwendungen (vgl. § 79 Abs. 1 Nr. 1 BPersVG)

2. Zuweisung und Kündigung von Wohnungen, über die die Dienststelle verfügt, sowie die Festsetzung der allgemeinen Nutzungsbedingungen (vgl. § 79 Abs. 1 Nr. 2 BPersVG)

3. Zuweisung von Dienst- Pachtland und Festsetzung der Nutzungsbedingungen (vgl. § 79 Abs. 1 Nr. 3 BPersVG)

4. Errichtung, Verwaltung und Auflösung von Sozialeinrichtungen ohne Rücksicht auf ihre Rechtsform (vgl. § 79 Abs. 1 Nr. 4 BPersVG)

5. Aufstellung von Sozialplänen einschließlich Plänen für Umschulungen zum Ausgleich oder zur Milderung von wirtschaftlichen Nachteilen, die der oder dem Beschäftigten infolge von Rationalisierungsmaßnahmen entstehen (vgl. § 79 Abs. 1 Nr. 5 BPersVG)

## I. Begriff

Abhängig von der jeweiligen Angelegenheit ist die Intensität der Beteiligungsrechte höchst unterschiedlich ausgestaltet. So finden sich neben Anhörungs- und Antragsrechten die wesentlich stärkeren Mitwirkungs- und Mitbestimmungsrechte.

## 1. Anhörungsrechte, insbesondere § 86 BPersVG

Eine verhältnismäßig schwache Form der Beteiligung stellt das Recht der Personalvertretung auf Anhörung vor der Durchführung von Maßnahmen durch den Dienststellenleiter dar. Ein solches Recht steht dem Personalrat z. B. in dem Fall des § 86 BPersVG zu. Danach ist der Personalrat vor fristlosen Entlassungen und außerordentlichen Kündigungen anzuhören. Der Dienststellenleiter hat die beabsichtigte Maßnahme zu begründen. Hat der Personalrat Bedenken, so hat er sie unter Angabe der Gründe dem Dienststellenleiter unverzüglich, spätestens innerhalb von drei Arbeitstagen, schriftlich oder elektronisch mitzuteilen.

 **ACHTUNG!**

Gemäß §§ 86 S. 4, 85 Abs. 3 BPersVG ist eine Kündigung unwirksam, wenn der Personalrat nicht beteiligt worden ist.

Zur Einleitung des Anhörungsverfahrens gehört, dass der Dienststellenleiter einen Kündigungs- oder Entlassungsentschluss fasst, diesen gegenüber dem Personalrat eindeutig zu erkennen gibt und seine Mitteilungspflichten gegenüber dem Personalrat vollständig erfüllt. Ohne Mitteilung der Kündigungsabsicht und der sonstigen dem Personalrat mitzuteilenden Umstände ist das Anhörungsverfahren nicht wirksam eingeleitet.

Denn nur bei einer ordnungsgemäßen Erfüllung der Mitteilungspflichten des Dienststellenleiters ist der Personalrat in der Lage, zutreffend zu beurteilen, ob die Kündigung sachlich gerechtfertigt ist und auf welche Weise er Stellung nehmen soll. Das Anhörungsverfahren ist grundsätzlich vom Dienststellenleiter selbst einzuleiten.

Der Dienststellenleiter hat den Personalrat in gleichem Umfang zu unterrichten, wie bei einer ordentlichen → *Kündigung*. Insbesondere muss er dem Personalrat die Person des zu kündigenden Beschäftigten mitteilen, wozu gegebenenfalls auch die Angabe eines Sonderkündigungsschutzes (z. B. als Schwerbehinderter, als Schwangere oder als Mitglied des Personalrats) gehört. Außerdem muss er kundtun, ob er den Ausspruch einer außerordentlichen Kündigung (unter Einhaltung einer bestimmten Kündigungsfrist) oder einer fristlosen Entlassung beabsichtigt. Ferner hat er die Kündigungs- oder Entlassungsgründe zu benennen. Eine Begründung der beabsichtigten Maßnahme ist ausdrücklich vorgeschrieben (§ 86 S. 2 BPersVG). Eine pauschale, schlagwortartige oder stichwortartige Bezeichnung der Kündigungsgründe genügt hier in der Regel ebenso wenig wie die Mitteilung eines Werturteils ohne Angabe der für die Bewertung maßgebenden Tatsachen. Ebenso wie bei einer ordentlichen Kündigung kann der Dienststellenleiter den Personalrat mündlich oder schriftlich über die Umstände unterrichten, die für die Kündigung von Bedeutung sind.

 **ACHTUNG!**

Da mit der Unterrichtung die Äußerungsfrist für den Personalrat beginnt, empfiehlt sich aus Beweisgründen die Schriftform.

Anders als beim Mitwirkungsverfahren vor einer ordentlichen Kündigung ist eine Erörterung i. S. d. § 81 BPersVG zwischen Dienststellenleiter und Personalrat nicht vorgeschrieben. Allerdings entspricht es dem allgemeinen Gebot der vertrauensvollen Zusammenarbeit zwischen der Dienststelle und Personalvertretung (vgl. § 2 Abs. 1 BPersVG), dass der Dienststellenleiter dem Wunsch des Personalrats nach einer Erörterung der Angelegenheit nachkommt. Der Personalrat braucht keine Stellungnahme zu der beabsichtigten Kündigung oder fristlosen Entlassung abzugeben. Will er aber Bedenken erheben, hat er diese dem Dienststellenleiter unverzüglich, spätestens innerhalb von drei Arbeitstagen, schriftlich oder elektronisch mitzuteilen (vgl. § 86 S. 3 BPersVG).

**ACHTUNG!**

Für den Fall, dass das Arbeitsverhältnis eines tariflich unkündbaren Beschäftigten außerordentlich aus einem Grund gekündigt werden soll, der bei Fehlen des tariflichen Kündigungsschutzes lediglich den Ausspruch einer ordentlichen Kündigung rechtfertigen würde, hat sich die Personalratsbeteiligung weitgehend an den schärferen Regeln bei ordentlichen Kündigungen zu orientieren. Stellt das Gesetz für die Mitwirkung des Personalrats bei der ordentlichen Kündigung schärfere Anforderungen auf als bei der außerordentlichen Kündigung, so würde sich im Ergebnis der tarifliche Ausschluss der ordentlichen Kündigung gegen den betreffenden Beschäftigten auswirken, würde man die Mitwirkung des Personalrats nur an den erleichterten Voraussetzungen bei einer außerordentlichen Kündigung messen. Der darin liegende Wertungswiderspruch lässt sich nach der Auffassung des Bundesarbeitsgerichts nur durch eine entsprechende Anwendung der Vorschriften über die Mitwirkung des Betriebs- bzw. Personalrats bei ordentlichen Kündigungen vermeiden. Hinsichtlich der Personalratsbeteiligung ist daher bei diesen außerordentlichen Kündigungen § 85 Abs. 1 BPersVG entsprechend anwendbar (vgl. LAG Rheinland-Pfalz v. 6.1.1999, 10 (2) Sa 1093/98, ZTR 2000, 45).

## 2. Antragsrechte

Die Personalvertretung ist nicht darauf beschränkt zuzuwarten, bis der Dienststellenleiter, sofern er beteiligungspflichtige Maßnahmen beabsichtigt, die förmliche Beteiligung einleitet (sog. reaktive Beteiligung des Personalrats). Vielmehr kann der Personalrat auch von sich aus Aktivitäten entwickeln. Hierbei ist zu unterscheiden zwischen dem förmlichen Initiativrecht, die dem Personalrat in mitbestimmungspflichtigen Angelegenheiten gemäß § 77 BPersVG (Maßnahmen, die nach den §§ 78 bis 80 BPersVG der Mitbestimmung des Personalrats unterliegen) zustehen und dem allgemeinen Antragsrecht des § 62 Nr. 1 BPersVG (Maßnahmen, die der Dienststelle und ihren Angehörigen dienen).

## 3. Mitwirkungsrechte

Die Mitwirkung ist die schwächere Form der Beteiligung, die in den Fällen der §§ 84, 85 BPersVG zur Anwendung gelangt (vgl. zu § 78 Abs. 1 Nr. 1 BPersVG a. F. beispielsweise BVerwG v. 11.12.2012, 6 P 2.12, ZTR 2013, 278). Sie unterscheidet sich von der Mitbestimmung dadurch, dass sie auf die eigenverantwortliche Entscheidung des Dienstherrn nur Einfluss nehmen kann, nicht aber die alleinige Entscheidungsbefugnis des Dienstherrn beschränkt (s. o.). Im Beteiligungssystem hat sie ihren Platz dort, wo die Organisations- und Personalhoheit des Dienstherren einen mitbestimmenden Einfluss der → *Personalvertretung* nicht zulässt, aber gleichwohl sichergestellt werden soll, dass die Personalvertretung nicht nur formal angehört wird, sondern dass ihre Überlegungen in die Entscheidung darüber einbezogen werden, ob und wie bestimmte Regelungen oder Maßnahmen getroffen werden.

## 4. Mitbestimmungsrechte

Die stärkste Form der Beteiligung ist die Mitbestimmung, der die in den §§ 78 ff. BPersVG aufgeführten Tatbestände zugewiesen sind. Eine Maßnahme, die der Mitbestimmung des Personalrats unterliegt, kann nur mit seiner Zustimmung getroffen werden (vgl. § 70 Abs. 1 BPersVG). Es bedarf also einer Einigung zwischen dem Leiter der Dienststelle und dem Personalrat. Kommt die erforderliche Einigung zustande, richtet sich das weitere Verfahren nach den §§ 71 bis 75 BPersVG (→ *Einigungsstelle*).

## II. Sonstige Beteiligungsrechte

Neben den Fällen der Mitbestimmung, Mitwirkung und Anhörung sind dem Personalrat weitere Beteiligungsrechte zugewiesen. So hat der Personalrat Anregungen und Beschwerden von Beschäftigten oder der Jugend- und Auszubildendenvertretung entgegenzunehmen und nötigenfalls durch Verhandlungen mit dem Dienststellenleiter auf ihre Erledigung hinzuwirken (vgl. § 62 Abs. 1 Nr. 3 BPersVG). Der Personalrat hat der Benachteiligung von Menschen mit Behinderungen entgegenzuwirken sowie die Inklusion und Teilhabe behinderter Menschen zu fördern, (vgl. § 62 Abs. 1 Nr. 4 BPersVG). Ferner hat der Personalrat die Durchsetzung der tatsächlichen Gleichberechtigung von Frauen und Männern im Arbeitsleben zu fördern sowie Benachteiligungen von Menschen, die sich keinem dieser Geschlechter zuordnen, entgegenzuwirken (vgl. § 62 Abs. 1 Nr. 5 BPersVG). Er hat die Vereinbarkeit von Familie, Pflege und Beruf zu fördern (§ 62 Abs. 1 Nr. 6 BPersVG) und zugunsten der ausländischen Beschäftigten integrierend zu wirken (vgl. § 62 Abs. 1 Nr. 7 BPersVG). Des Weiteren kann der Personalrat an verwaltungsinternen Prüfungen von Beschäftigten beratend teilnehmen (vgl. § 67 BPersVG) und in Belangen der minderjährigen Beschäftig-

ten und der Auszubildenden mit der Jugend- und Auszubildendenvertretung zusammenarbeiten (§ 62 Abs. 1 Nr. 8 BPersVG). Im Rahmen des Arbeitsschutzes und der Unfallverhütung sowie bei Unfalluntersuchungen in der Dienststelle hat der Personalrat gemäß § 68 BPersVG mitzuarbeiten und Maßnahmen des Arbeitsschutzes und des Gesundheitsschutzes in der Dienststelle zu fördern (§ 62 Abs. 1 Nr. 9 BPersVG). Er hat darüber hinaus vierteljährlich Übersichten über die gewährten Unterstützungen und entsprechenden sozialen Zuwendungen zu verlangen (vgl. § 79 Abs. 2 S. 2 BPersVG).

Außerhalb des 4. Kapitels des BPersVG (§§ 62 ff. BPersVG) finden sich noch weitere Rechte der Personalvertretung, welche im Ergebnis den Rechtscharakter von Mitwirkung bzw. Mitbestimmung haben. Hierzu gehört das Einvernehmen zwischen Stufenvertretung und übergeordneter Dienststelle für die Zuteilung einer nicht personalratsfähigen Dienststelle zu einer benachbarten Dienststelle (§ 13 Abs. 2 BPersVG) sowie die Zustimmung des Personalrats zur außerordentlichen Kündigung, Versetzung, Zuweisung oder Abordnung eines Personalratsmitglieds (§ 55 Abs. 1 und Abs. 2 S. 3 BPersVG). Des Weiteren hat der Personalrat darüber zu wachen, dass alle Angehörigen der Dienststelle nach Recht und Billigkeit und entsprechend dem Grundgesetz behandelt werden (§ 2 Abs. 4 S. 1 BPersVG).

Auch außerhalb des BPersVG sind dem Personalrat Aufgaben zugewiesen. Hierzu gehört nach § 176 SGB IX, die Eingliederung Schwerbehinderter zu fördern. Der Personalrat hat insbesondere darauf zu achten, dass die dem Arbeitgeber nach den §§ 154, 155 und §§ 164 bis 167 SGB IX obliegenden Verpflichtungen erfüllt werden. Außerdem soll der Personalrat auf die Wahl einer Schwerbehindertenvertretung hinwirken (vgl. § 176 i. V. m. § 177 SGB IX). Nach § 193 Abs. 5 SGB VII ist eine Unfallanzeige an den Unfallversicherungsträger vom Personalrat mit zu unterzeichnen. Nach § 22 SGB VII hat die Bestellung der Sicherheitsbeauftragten des Unternehmens unter Beteiligung des Personalrates zu erfolgen.

Ein Unterlassen der Dienststelle stellt grundsätzlich keine Maßnahme im personalvertretungsrechtlichen Sinne dar, wenn das Gesetz nicht ausdrücklich die Versagung, Untersagung oder Ablehnung für mitbestimmungspflichtig erklärt. Eine – auch rechtlich obliegende – Verpflichtung der Dienststelle zu einem Handeln ist ohne Bedeutung für die Frage der personalvertretungsrechtlichen Mitbestimmung (OVG Münster v. 25.10.2022, 34 A 981/21.PVL für das Unterlassen der Organisation von Begehungen).

## III. Beteiligung in organisatorischen Angelegenheiten

Bei der Mitbestimmung des Personalrats in organisatorischen Angelegenheiten handelt es sich um den Kernbereich der Mitbestimmung. Der Begriff der organisatorischen Angelegenheiten umfasst sämtliche Arbeitsbedingungen. Gemeint sind nicht nur die betrieblichen Angelegenheiten wie Ordnungsvorschriften oder die Lage der Arbeitszeit, sondern auch alle materiellen Bedingungen wie Lohn und Gehalt, Urlaubsdauer und Länge der Arbeitszeit. Die bislang in § 75 Abs. 3 BPersVG a. F. und § 76 Abs. 2 BPersVG a. F. geregelten sozialen Angelegenheiten wurden in dem neuen § 80 BPersVG als organisatorische Angelegenheiten zusammengeführt und um weitere Tatbestände erweitert.

## 1. Die erzwingbare organisatorische Mitbestimmung

Die Gegenstände der erzwingbaren Mitbestimmung in organisatorischen Angelegenheiten sind nunmehr in § 80 Abs. 1 Nr. 1 bis 21 BPersVG umfassend beschrieben. Es handelt sich dabei um:

▸ Beginn und Ende der täglichen Arbeitszeit und der Pausen sowie die Verteilung der Arbeitszeit auf die einzelnen Wochentage (§ 80 Abs. 1 Nr. 1 BPersVG). Dieses Mitbestimmungsrecht erfasst die Entscheidung über die zeitliche Lage der durch Gesetz oder Tarifvertrag bestimmten regelmäßigen wöchentlichen Arbeitszeit auf die zur Verfügung stehenden Arbeitstage sowie die Entscheidung über die Dauer der täglichen, nicht aber die Dauer der wöchentlichen Arbeitszeit. Das Mitbestimmungsrecht des Personalrats erstreckte sich bisher auch auf die Entscheidung, ob und in welchem Umfang Mehrarbeit oder Überstunden angeordnet werden. Dies ist nunmehr von dem neuen § 80 Abs. 1 Nr. 2 BPersVG erfasst. Die Aufstellung eines Schichtplanes unterliegt ebenfalls dem Mitbestimmungsrecht des Personalrates (vgl. BAG v. 25.4.2013, 6 AZR 800/11, ZTR 2013, 437).

 **ACHTUNG!**

Die Festsetzung der regelmäßigen wöchentlichen Arbeitszeit unterliegt nicht der Mitbestimmung, da diese entweder tarifvertraglich oder individualvertraglich geregelt ist (vgl. § 6 TVöD, § 6 TV-L).

 **ACHTUNG!**

Das Mitbestimmungsrecht des Personalrats nach § 80 Abs. 1 Nr. 1 BPersVG erstreckt sich nicht auf die Einführung von Kurzarbeit (vgl. BAG v. 10.10.2006, 1 AZR 811/05, ZTR 2007, 407).

▸ Anordnung der Dienstbereitschaft, Bereitschaftsdienst, Rufbereitschaft, Mehrarbeit und Überstunden (§ 80 Abs. 1 Nr. 2 BPersVG). Dieser neu eingefügte Mitbestimmungstatbestand ist nach der Gesetzesbegründung lediglich ein Unterfall zu Nr. 1 und dient lediglich der Klarstellung.

Deklariert der Dienststellenleiter in der Überstundenanordnung die Ableistung der Überstunden als freiwillig, so wird damit der in § 80 Abs. 1 Nr. 2 BPersVG vorausgesetzte kollektive Tatbestand nicht in Frage gestellt (BVerwG v. 30.6.2005, 6 P 9.04, ZTR 2005, 545). Dabei ist die Anzahl der betroffenen Beschäftigten nicht erheblich. Es kommt allein darauf an, ob es sich bei der Mehrarbeitsanordnung um einen kollektiven Tatbestand handelt (OVG Berlin-Brandenburg v. 6.3.2018, 62 PV 4.17).

▸ Einführung, Änderung und Aufhebung von Arbeitszeitmodellen (§ 80 Abs. 1 Nr. 3 BPersVG). Auch dieser neu eingeführte Tatbestand wurde bisher unter Nr. 1 gefasst und dient daher nur der Klarstellung. Er trägt der wachsenden Bedeutung von flexiblen Arbeitszeitmodellen Rechnung.

▸ Gestaltung der Arbeitsplätze (§ 80 Abs. 1 Nr. 4 BPersVG). Das Beteiligungsrecht der Personalvertretung erstreckt sich grundsätzlich auf alle Fragen der Arbeitsplatzgestaltung, auch hinsichtlich neuer Arbeitsplätze. Damit ist dem Personalrat aber nicht das Recht eingeräumt, daran mitzubestimmen, ob ein bestimmter Arbeitsplatz eingerichtet wird und welche Arbeiten dort zu verrichten sind. Seine Mitbestimmung beschränkt sich vielmehr auf die Gestaltung des vorgesehenen Arbeitsplatzes, die räumliche Unterbrin-

gung, seine Ausstattung mit Geräten und Einrichtungsgegenständen, seine Beleuchtung, Belüftung und Ähnliches.

 **ACHTUNG!**

Die Mitbestimmung über die Gestaltung weiterer Arbeitsplätze entfällt nicht, wenn bereits gleichartige Büros mit Zustimmung des Personalrates verwirklicht worden sind und die neuen Büros nur geringfügige Varianten aufweisen (vgl. OVG Berlin-Brandenburg v. 31.7.2014, OVG 62 PV 3.13).

▸ Einführung, Änderung und Aufhebung von Arbeitsformen außerhalb der Dienststelle (§ 80 Abs. 1 Nr. 5 BPersVG). Dieser Mitbestimmungstatbestand gehörte bisher zu dem in § 75 Abs. 2 Nr. 7 geregelte Mitbestimmungstatbestand „Einführung grundlegender neuer Arbeitsmethoden". Auch er trägt der wachsenden Bedeutung flexibler Arbeitsformen (mobile Arbeit, „Home-Office") Rechnung.

▸ Aufstellung allgemeiner Urlaubsgrundsätze und des Urlaubsplans, Festsetzung der zeitlichen Lage des Erholungsurlaubs für einzelne Beschäftigte, wenn zwischen dem Dienststellenleiter und dem beteiligten Beschäftigten kein Einverständnis erzielt wird (§ 80 Abs. 1 Nr. 6 BPersVG). Während der Anspruch und Umfang des Urlaubs gesetzlich und tariflich geregelt sind, erfasst § 80 Abs. 1 Nr. 6 BPersVG Fragen der Ein- und Verteilung der Urlaubszeiten der einzelnen Beschäftigten. Die Beteiligung erstreckt sich nicht nur auf den allgemeinen Urlaubsplan. Die Personalvertretung ist auch dann einzuschalten, wenn im Einzelfall der Beschäftigte und die Dienststelle sich über die Lage des Erholungsurlaubs nicht verständigen können. Grundsätzlich ist es dem Beschäftigten jedoch nicht verwehrt, bereits vor Abschluss des Mitbestimmungsverfahrens Leistungsklage vor dem Arbeitsgericht zu erheben bzw. einen Antrag auf Erlass einer einstweiligen Verfügung zu stellen, gerichtet auf Gewährung des beantragten Urlaubs. Der neu eingefügte Tatbestand der „Aufstellung allgemeiner Urlaubsgrundsätze" hat lediglich klarstellenden Charakter. Die Aufstellung von allgemeinen Urlaubsgrundsätzen unterlag bereits vor ihrer Normierung als Grundlage für die Mitbestimmung bei der Aufstellung von Urlaubsplänen der Mitbestimmung des Personalrats.

 **ACHTUNG!**

Auch eine der Urlaubsplanung vorgeschaltete abstrakt-generelle Regelung der Dienststelle fällt unter den Mitbestimmungstatbestand des § 80 Abs. 1 Nr. 6 BPersVG. Durch solche Regelungen werden die Entscheidungselemente der Urlaubsverteilung verallgemeinert. Die Mitbestimmung ist daher mit Blick auf eine sachgerechte Harmonisierung der Urlaubszeiten und eine angemessene Gewichtung gegenläufiger Interessen erforderlich. Anderenfalls würde dem Arbeitgeber die Möglichkeit gegeben, sich durch vorgelagerte abstrakte Regelungen rechtlich zu binden und dem Personalrat bei der individuellen Urlaubsverteilung den tatsächlichen Handlungsspielraum zu entziehen (BVerwG v. 21.9.2022, 5 P 17.21). Damit ändert das BVerwG seine Rechtsprechungslinie. Der Urlaubsplanung vorgeschalteten abstrakt-generelle Regelungen unterlagen zuvor nicht der Mitbestimmung des Personalrates (vgl. BVerwG v. 19.1.1993, 6 P 19.90 zu anlassbezogenen Urlaubssperren). Hintergrund ist auch die Gesetzesnovellierung des BPersVG vom 1.7.2021. Während gemäß § 75 Abs. 3 Nr. 3 BPersVG a. F. lediglich die Aufstellung des Urlaubsplanes mitbestimmungspflichtig war, erstreckt sich die Mitbestimmungspflicht gemäß § 80 Abs. 1 Nr. 6 BPersVG n. F. nun auch auf die Aufstellung allgemeiner Urlaubsgrundsätze. Damit wurde das BPersVG an den Mitbestimmungstatbestand des § 87 Abs. 1 Nr. 5 BetrVG angepasst.

Allgemeine Urlaubsgrundsätze und damit mitbestimmungspflichtig sind müssen daher Regelungen über generelle Präsenztage (BVerwG v. 23.8.2007, 6 P 7/06), Dienststellenferien (OVG Berlin-Brandenburg v. 28.2.2022, OVG 4 B 13/19), die Einführung von Betriebsferien (BAG v. 28.7.1981, 1 ABR 79/79), Urlaubssperren (ArbG Bielefeld v. 21.6.2006, 6 Ga 16/06), das Auslegen von Urlaubslisten zur Eintragung von Urlaubswünschen (Richardi/*Richardi*/*Maschmann*, § 87 BetrVG Rn. 456) oder eine Regelung über die gegenseitige Urlaubsvertretung (BVerwG v. 21.9.2022, 5 P 17.21) sein.

Gleiches muss auch für den noch vom (VGH Kassel v. 9.7.2020, 22 B 347/20.PV als nicht mitbestimmungspflichtig entschiedenen Fall gelten, dass eine Dienstanweisung vorschreibt, dass Urlaub grundsätzlich in einem bestimmten Zeitraum genommen werden soll (Urlaub von Schulbediensteten während der Schulferien).

▶ Zeit, Ort und Art der Auszahlung der Dienstbezüge und Arbeitsentgelte (§ 80 Abs. 1 Nr. 7 BPersVG). Diese Vorschrift unterwirft die Regelung bestimmter Modalitäten der Auszahlung der Dienstbezüge und der Arbeitsentgelte der Mitbestimmung. Praktisch ist der Gestaltungsrahmen auf der Ebene der Personalvertretung allerdings nicht besonders groß, da die einschlägigen Fragen zumeist bereits gesetzlich oder tariflich geregelt sind oder aber ressortübergreifende Regelungen bestehen, sodass die Dienststelle keine Entscheidungsmöglichkeiten hat und von daher eine Beteiligung der Personalvertretung ausscheidet.

▶ Fragen der Lohngestaltung innerhalb der Dienststelle, insbesondere die Aufstellung von Entlohnungsgrundsätzen, die Einführung und Anwendung von neuen Entlohnungsmethoden und deren Änderung sowie die Festsetzung der Akkord- und Prämiensätze und vergleichbarer leistungsbezogener Entgelte, einschließlich der Geldfaktoren (§ 80 Abs. 1 Nr. 8 BPersVG). Diese Bestimmung enthält zwei Mitbestimmungstatbestände. Einerseits hat der Personalrat mitzubestimmen über Fragen der Lohngestaltung innerhalb der Dienststelle, insbesondere die Aufstellung von Entlohnungsgrundsätzen, die Einführung und Anwendung von neuen Entlohnungsmethoden und deren Änderung. Andererseits erstreckt sich sein Mitbestimmungsrecht auf Festsetzung der Akkord- und Prämiensätze vergleichbarer leistungsbezogener Entgelte einschließlich der Geldfaktoren.

 **ACHTUNG!**

Nach der ständigen Rechtsprechung des BAG zu der insoweit gleichlautenden Regelung des § 87 Abs. 1 Nr. 10 BetrVG hat der Betriebsrat bei der Anrechnung einer Tariferhöhung auf übertarifliche Zulagen mitzubestimmen, soweit eine generelle Maßnahme vorliegt, sich durch die Anrechnung die bisher bestehenden Verteilungsrelationen ändern und für eine Neuregelung innerhalb des vom Arbeitgeber mitbestimmungsfrei vorgegebenen Dotierungsrahmens ein Gestaltungsspielraum besteht. Nicht mitbestimmungspflichtig ist eine Anrechnung, wenn sie das Zulagenvolumen völlig aufzehrt oder die Tariferhöhung im Rahmen des rechtlich und tatsächlich Möglichen vollständig und gleichmäßig auf die übertariflichen Zulagen angerechnet wird. Die Anrechnung ist überdies dann mitbestimmungsfrei, wenn der Arbeitgeber die bisherigen Verteilungsgrundsätze beachtet und diese sich durch die Anrechnung nicht verändern. Diese Grundsätze gelten im Rahmen des § 80 Abs. 1 Nr. 8 BPersVG gleichermaßen (vgl. BAG v. 22.5.2012, 1 AZR 94/11, ZTR 2012, 599).

▶ Durchführung der Berufsausbildung bei Arbeitnehmerinnen und Arbeitnehmern (§ 80 Abs. 1 Nr. 9 BPersVG). Die Vorschrift bezieht sich auf die Berufsausbildung von Arbeitnehmerinnen und Arbeitnehmern. Das bedeutet, dass hierunter nur solche Personen fallen, die sich bereits im Arbeitsverhältnis befinden. Ausgeschlossen hiervon sind Personen, die erst später ein Arbeitsverhältnis begründen.

▶ Allgemeine Fragen der Fortbildung der Beschäftigten (§ 80 Abs. 1 Nr. 10 BPersVG). Dieser Mitbestimmungstatbestand bezieht sich in erster Linie auf die berufliche Fortbildung von Beamten und Arbeitnehmern, aber auch auf die politische und allgemeine Weiterbildung, soweit die Dienststelle oder der Arbeitgeber dies anbieten. Der Begriff der Fortbildung ist insoweit identisch mit dem Begriff der Weiterbildung.

▶ Beurteilungsrichtlinien (§ 80 Abs. 1 Nr. 11 BPersVG). Dem Begriff Beurteilungsrichtlinien unterfallen sämtliche allgemeine Regeln, die Beurteilungskriterien schaffen und die Bewertungsmethode im Einzelnen festlegen. Die Beteiligung erstreckt sich sowohl auf die Aufstellung wie auch auf eine spätere Änderung solcher Regelungen, schließlich auch auf die inhaltlichen Einzelheiten der Regelungen.

▶ Erlass von Richtlinien über die personelle Auswahl bei Einstellung, Versetzung, Umgruppierung und Kündigung (§ 80 Abs. 1 Nr. 12 BPersVG). Auswahlrichtlinien legen die persönlichen, fachlichen und sozialen Kriterien und das Verfahren fest, nach denen positive wie negative Personalentscheidungen in einer Dienststelle getroffen werden sollen, um eine möglichst große Einheitlichkeit und Transparenz in der Personalwirtschaft herzustellen (BVerwG 5.9.1990, 6 P 27.87). Mitbestimmungspflichtig ist nur der Erlass von Auswahlrichtlinien nicht deren Aufhebung. Die Mitbestimmung bezieht sich auf das Auswahlverfahren und die Auswahlkriterien. Forderungs- und Eignungsprofile, welche die Anforderungen an eine bestimmte Tätigkeit auf einem Arbeitsplatz festlegen, fallen nicht unter den Mitbestimmungstatbestand.

 **ACHTUNG!**

Kündigungsrichtlinien beziehen sich ausschließlich auf Beendigungen von Arbeitsverhältnissen, nicht auf die Beendigung von Beamtenverhältnissen. Diese kommen daher vor allem bei betriebsbedingten Kündigungen in Betracht, wenn soziale und persönliche Gesichtspunkte festgelegt werden sollen.

▶ Maßnahmen, die der Familienfreundlichkeit, der Vereinbarkeit von Familie, Pflege und Beruf, der Durchsetzung der tatsächlichen Gleichstellung von Frauen und Männern, der Vermeidung von Benachteiligungen von Menschen, die sich keinem dieser Geschlechter zuordnen, sowie der Vermeidung von Benachteiligungen von Menschen mit Behinderungen dienen, insbesondere bei der Einstellung, Beschäftigung, Aus-, Fort- und Weiterbildung und dem beruflichen Aufstieg (§ 80 Abs. 1 Nr. 13 BPersVG). Der Personalrat bestimmt bei der Durchsetzung der tatsächlichen Gleichberechtigung von Frauen und Männern mit. Dies gilt insbesondere bei der Einstellung, Beschäftigung, Aus-, Fort- und Weiterbildung sowie Maßnahmen, die dem beruflichen Aufstieg dienen. Unter den Mitbestimmungstatbestand fallen alle Maßnahmen, die der Gleichstellung dienen, nicht jedoch die Bestellung des Gleichstellungsbeauftragten oder Frauenbeauftragten. Neu eingefügt ist die Mitbestimmung bei Maßnahmen, die der Familienfreundlichkeit und der Vereinbarkeit von Familie, Pflege und Beruf dienen. Hierdurch sollen den

Herausforderungen der doppelten Erwerbstätigkeit bei gleichzeitiger Betreuung von Kindern und pflegebedürftigen Angehörigen stärker Rechnung getragen werden. Ebenso neu eingefügt sind die Maßnahmen zur Vermeidung von Benachteiligungen von Menschen, die sich nicht dem Geschlecht Mann oder Frau zuordnen sowie Maßnahmen zur Vermeidung von Benachteiligungen von Menschen mit Behinderungen.

▸ Grundsätze über die Bewertung von anerkannten Vorschlägen im Rahmen des behördlichen oder betrieblichen Vorschlagswesens (§ 80 Abs. 1 Nr. 14 BPersVG). Zum Vorschlagswesen rechnet man die Gesamtheit der Regelungen zur Behandlung von Verbesserungsvorschlägen aus dem Kreis der Beschäftigten. Hierzu gehören insbesondere das Verfahren und die Form der Abgabe von Vorschlägen, ihre Prüfung sowie die Frage der Höhe einer eventuellen Prämierung, nicht aber die Einführung und Einstellung eines behördlichen Vorschlagswesens (VGH München v. 4.7.2017, 18 P 16.2000).

▸ Inhalt von Personalfragebogen (§ 80 Abs. 1 Nr. 15 BPersVG). Anders als die für den Betriebsrat geltende Regelung in § 94 Abs. 1 BetrVG sieht § 80 Abs. 1 Nr. 15 BPersVG keine Beteiligung der Personalvertretung bei der Entscheidung darüber vor, ob Fragebögen überhaupt eingeführt werden. Der Mitbestimmung der Personalvertretung unterliegt lediglich der Inhalt von Fragebögen. Mitbestimmungspflichtig ist die Festlegung von Gegenstand und Art der gestellten Fragen.

 **WICHTIG!**

Die fehlende Zustimmung des Personalrats zu einem Personalfragebogen gibt dem Beschäftigten nicht das Recht, eine in dem Fragebogen individualrechtlich zulässigerweise gestellte Frage wahrheitswidrig zu beantworten (vgl. BAG v. 2.12.1999, 2 AZR 724/98, ZTR 2000, 323).

▸ Maßnahmen zur Verhütung von Dienst- und Arbeitsunfällen und sonstigen Gesundheitsbeschädigungen (§ 75 Abs. 3 Nr. 11 BPersVG). Die Beteiligung der Personalvertretung erstreckt sich auf alle Maßnahmen der Unfallverhütung und des Gesundheitsschutzes ohne Rücksicht darauf, ob es sich um allgemeine Regelungen handelt oder Einzelmaßnahmen (wie etwa Schutzvorkehrungen für einen konkreten Arbeitsplatz oder hinsichtlich eines einzelnen besonders gefährdeten Beschäftigten). Die Maßnahmen können sich auch auf Gefahren beziehen, die auch durch die persönliche Konstitution oder Situation der Beschäftigten beeinflusst werden können (vgl. BVerwG v. 14.2.2013, 6 PB 1.13). Die Maßnahmen können technischer Art sein oder in den Bereich des sogenannten sozialen Arbeitsschutzes gehören, d. h. Fragen der Arbeitszeit, des Arbeitsschutzes sowie des Mutterschutzes betreffen, soweit Sinn und Zweck der entsprechenden Regelungen auf Unfallverhütung und Gesundheitsschutz gerichtet sind. Unerheblich ist, ob die Bestimmung dem Gesundheitsschutz unmittelbar oder nur mittelbar dient (BAG v. 11.2.2014, 1 ABR 72/12). Nicht mitzubestimmen hat der Personalrat über Maßnahmen, die in erster Linie anderen Zwecken dienen und der Zweck des Arbeits- und Gesundheitsschutzes hinter andere Zwecke gänzlich zurücktritt (BVerwG v. 11.12.2020, 5 PB 25.19). Die Gefährdungsbeurteilung nach § 5 ArbSchG ist keine Maßnahme, die der Mitbestimmung nach § 80 Abs. 1 Nr. 16 BPersVG unterfällt (vgl. BVerwG v. 5.3.2012, 6 PB 25.11).

▸ Grundsätze des behördlichen oder betrieblichen Gesundheits- und Eingliederungsmanagements (§ 80 Abs. 1 Nr. 17 BPersVG). Dieser Tatbestand wurde vollständig neu aufgenommen und wurde laut Gesetzesbegründung angesichts der demographischen Entwicklung einer alternierenden Belegschaft und zunehmender Herausforderungen durch Arbeitsverdichtung, Rationalisierung und Digitalisierung der Arbeitsabläufe und der damit verbundenen gestiegenen Notwendigkeit von betrieblichem Gesundheits- und Eingliederungsmanagements als Mitbestimmungstatbestand ergänzt. Das Gesundheits- und Eingliederungsmanagement ist so zu verstehen, wie es im SGB IX gemeint ist. Noch unklar ist allerdings, was der Gesetzgeber mit „Grundsätze" gemeint hat.

▸ Regelung der Ordnung in der Dienststelle und des Verhaltens der Beschäftigten (§ 80 Abs. 1 Nr. 18 BPersVG). Bei dieser Regelung handelt es sich um einen einheitlichen Tatbestand, der die Gesamtheit der Regelungen umfasst, die einen störungsfreien, reibungslosen Ablauf des Lebens in der Dienststelle sicherstellen soll, ohne dass es sich um Anweisungen zur dienstlichen Tätigkeit im engeren fachbezogenen Sinne handelt. Da es sich um einen einheitlichen Tatbestand handelt, der nicht in zwei selbstständig voneinander getrennte Tatbestände auseinandergerissen werden kann, erfordert das Zusammenwirken und Zusammenleben in der Dienststelle Verhaltensregeln, die das Miteinander und den Gebrauch der zur Verfügung stehenden Sachen ordnen.

 **WICHTIG!**

Eine Arbeitsanordnung, die sich ausschließlich an die Mitarbeiter der Personalabteilung der Dienststelle richtet, regelt das Arbeitsverhältnis dieser Mitarbeiter, nicht aber das Ordnungsverhalten der Beschäftigten der Dienststelle. Ein Mitbestimmungsrecht nach § 80 Abs. 1 Nr. 18 BPersVG besteht bei dieser Arbeitsanordnung nicht (vgl. BVerwG v. 20.5.2010, 6 PB 3.10).

▸ Maßnahmen zur Hebung der Arbeitsleistung oder zur Erleichterung des Arbeitsablaufs (§ 80 Abs. 1 Nr. 19 BPersVG). Maßnahmen zur Hebung der Arbeitsleistung sind Maßnahmen, die darauf abzielen, die Effektivität der Arbeit quantitativ und/oder qualitativ zu steigern. Hierbei geht es um Maßnahmen, die auf die erhöhte Inanspruchnahme der Beschäftigten angelegt sind. Diese Maßnahmen können technischer oder organisatorischer Natur sein und aus allgemeinen Dienstanweisungen oder Einzelanordnungen bestehen. Mitbestimmungspflichtig sind daher zum Beispiel die Erhöhung der Zahl der von einem Ausbilder zu betreuenden Auszubildenden (BVerwG 2.10.1990, 6 P 29.87), Erhöhung der Pflichtstundenzahl für Lehrer (BVerwG 28.12.1998, 6 P 1.97), Zuweisung zusätzlicher Aufgaben an Beschäftigte zur Erledigung in der gleichen Zeit wie bislang (BVerwG 15.12.1978, 6 P 13.78) oder auch Verringerung der Besetzung von Dienstschichten bei gleichbleibenden Aufgaben. Nicht mitbestimmungspflichtig sind dagegen Maßnahmen, die eine Arbeitserleichterung bloß vorbereiten (VGH Baden-Württemberg v. 11.3.1980, XIII 402/79).

▸ Arbeitsablauf meint die funktionelle, räumliche und zeitliche Abfolge der verschiedenen unselbständigen Arbeitsvorgänge (Arbeitsschritte) und den äußeren Verlauf jedes einzelnen dieser Arbeitsvorgänge (BVerwG 30.8.1985, 6 P 20.83). Maßnahmen zur Erleichterung von Arbeitsabläufen sind mithin solche Maßnahmen, die darauf abzielen, das Maß der Beanspruchung eines oder mehrerer Beschäftigter zu mindern, um die zusätzliche Arbeitszeit durch Übertragung weiterer Aufgaben nutzen zu können. Dabei muss die geplante Maßnahme lediglich die Möglichkeit der Übertragung weiterer Aufgaben schaffen. Nach dem BVerwG muss die Maßnahme zur Erleichterung der Arbeitsabläufe „typischerweise" zu einer höheren Belastung der beteiligten Beschäftigten führen.

▶ Einführung grundlegend neuer Arbeitsmethoden (§ 80 Abs. 1 Nr. 20 BPersVG). Zweck der Mitbestimmung ist es die Beschäftigten vor einer Überforderung ihrer Leistungsfähigkeit zu schützen. Eine Arbeitsmethode legt fest, auf welchem Bearbeitungsweg und mit welchen Arbeitsmitteln durch welche Beschäftigte, die der jeweiligen Dienststelle gestellte Aufgabe erfüllt werden (BVerwG 30.8.1985, 6 P 20.83). Auch die Änderung eines Abschnitts eines Arbeitsablaufs kann unter den Mitbestimmungstatbestand fallen, wenn diese für den einzelnen Beschäftigten als körperliche oder geistige Belastung langfristig ins Gewicht fällt. Ebenso genügt für die Mitbestimmung, dass die Arbeitsmethode in dem Teil der Dienststelle neu ist, in dem sie eingeführt wird. Nicht erforderlich ist dagegen, dass sie in der Dienststelle insgesamt neu ist. Eine Verfeinerung, Verbesserung oder Erneuerung einer bestehenden Arbeitsmethode ist ebenfalls mitbestimmungspflichtig, wenn sie bei den Beschäftigten eine weitergehende Belastung auslöst.

▶ Einführung und Anwendung technischer Einrichtungen, die dazu bestimmt sind, das Verhalten oder die Leistung der Beschäftigten zu überwachen (§ 80 Abs. 1 Nr. 21 BPersVG). Als technische Einrichtung sind Anlagen oder Geräte anzusehen, die, unter Verwendung nicht menschlicher, sondern anderweit erzeugter Energie, mit den Mitteln der Technik, insbesondere der Elektronik, eine selbstständige Leistung erbringen. Beispiele für Überwachungseinrichtungen der hier gemeinten Art sind Geräte zur Arbeitszeiterfassung, Video- und Aufzeichnungssysteme mit Kontrollcharakter, sogenannte Produktografen, automatisierte Anwesenheitskontrollen, elektronische Schließanlagen, die personenbezogen Bewegungen registrieren, die automatische Erfassung von Telefondaten oder -gebühren, Personalabrechnungs- und Personalinformationssysteme, Telekommunikationssysteme mit zur Überwachung geeigneten Basismerkmalen, wie zum Beispiel Anrufumleitung, die in der zentrale Anlage gespeichert wird und Rückschlüsse über Abwesenheit vom Arbeitsplatz zulässt. Das Mitbestimmungsrecht nach § 80 Abs. 1 Nr. 21 BPersVG beschränkt sich nicht auf die Einführung und Anwendung solcher technischen Anlagen, die bestimmt sind, das Verhalten oder die Leistung von Beschäftigten umfassend zu überwachen, sondern erfasst auch Maßnahmen, die auf die Überwachung einzelner Aspekte des Verhaltens zielen. So ist auch die Einführung eines Konferenzsystems zur Aufzeichnung von Redebeiträgen in einer Gemeinderatssitzung durch die Geschäftsordnung mitbestimmungspflichtig (VG Sigmaringen v. 2.8.2017, PL 11 K 499/17).

 **ACHTUNG!**
Das Mitbestimmungsrecht der Betriebsvertretung nach § 80 Abs. 1 Nr. 21 BPersVG in Verbindung mit Art. 56 Abs. 9 ZA-NTS (juris NATOTrStatZAbk) bei der Einführung technischer Kontrolleinrichtungen besteht auch dann, wenn die Entscheidung hierzu nicht von einer Dienststelle in der Bundesrepublik, sondern von einer dem bundesdeutschen Hauptquartier übergeordneten ausländischen Dienststelle getroffen wird (vgl. BAG v. 11.12.2007, 1 ABR 67/06, ZTR 2008, 404).

 **WICHTIG!**
Nach Auffassung des BAG besteht im Falle einer gesetzeswidrig ohne vorherige Zustimmung des Betriebsrats durchgeführten Videoüberwachung im Kündigungsschutzprozess kein eigenständiges Beweisverwertungsverbot, wenn der Betriebsrat der Verwendung des Beweismittels und der darauf gestützten Kündigung (wegen einer schweren Verfehlung zu Lasten des Arbeitgebers) zustimmt und die Verwertung nach den allgemeinen Grundsätzen gerechtfertigt ist (vgl. BAG v. 27.3.2003, 2 AZR 51/02, ZTR 2004, 98).

## 2. Vorrang von Gesetz und Tarifvertrag

Eine Mitbestimmung in den genannten Bereichen kann nur insoweit erfolgen, als die Angelegenheit nicht bereits durch Gesetz (bzw. Verordnung) oder Tarifvertrag (insb. dem TVöD oder dem TV-L) erschöpfend geregelt ist. Lässt das Gesetz – oder eine auf ihm beruhende behördliche Anordnung – keinen Regelungsspielraum zu, ist eine Beteiligung des Personalrats ausgeschlossen. Ordnet das Gesetz oder die behördliche Anordnung dagegen nur eine bestimmte Maßnahme an, ohne auch die konkrete Durchführung festzulegen, ist ein Mitbestimmungsrecht gegeben.

**Beispiel**

Nach der Bildschirmarbeitsverordnung ist die Tätigkeit der Beschäftigten so zu organisieren, dass die tägliche Arbeit an Bildschirmgeräten regelmäßig durch andere Tätigkeiten oder durch Pausen unterbrochen wird. Wie diese Unterbrechung im Betrieb ausgestaltet wird, unterliegt der Mitbestimmung des Personalrats.

Ebenso wie Gesetze sperren auch einschlägige Tarifverträge die betriebliche Mitbestimmung. Soweit einschlägige Vorschriften im TVöD oder TV-L existieren, können die dort geregelten Fragen nicht mehr Gegenstand der betrieblichen Mitbestimmung sein (vgl. Einleitungssatz des § 80 Abs. 1 BPersVG). Nur dann, wenn der TVöD noch Spielräume für betriebliche Regelungen lässt, kann der Personalrat sein Mitbestimmungsrecht geltend machen.

**Beispiel**

Nach § 6 Abs. 1 S. 1 Buchst. a TVöD beträgt die regelmäßige Arbeitszeit ausschließlich der Pausen für die Beschäftigten des Bundes durchschnittlich 39 Stunden wöchentlich. Was die Dauer der regelmäßigen Arbeitszeit betrifft, so wird dem Personalrat also kein Mitbestimmungsrecht zuerkannt. Gleichwohl hat er gemäß § 80 Abs. 1 Nr. 1 BPersVG mitzubestimmen über Beginn und Ende der täglichen Arbeitszeit und der Pausen sowie die Verteilung der Arbeitszeit auf die einzelnen Wochentage (s. o.).

## 3. Verfahren

Soweit eine Maßnahme der Mitbestimmung des Personalrats unterliegt, kann sie nur mit seiner Zustimmung getroffen werden (vgl. § 70 Abs. 1 BPersVG). Nach § 70 Abs. 2 BPersVG hat der Leiter der Dienststelle den Personalrat von der beabsichtigten Maßnahme zu unterrichten und seine Zustimmung zu beantragen. Der Personalrat kann verlangen, dass der Leiter der Dienststelle die beabsichtigte Maßnahme begründet. Der Personalrat kann außer in Personalangelegenheiten auch eine schriftliche oder elektronische Begründung verlangen. Der Beschluss des Personalrats über die beantragte Zustimmung ist dem Leiter der Dienststelle innerhalb von zehn Arbeitstagen mitzuteilen. In dringenden Fällen kann der Leiter der Dienststelle diese Frist auf drei

Arbeitstage abkürzen. Die Maßnahme gilt als gebilligt, wenn nicht der Personalrat innerhalb der genannten Frist die Zustimmung unter Angabe der Gründe schriftlich oder elektronisch verweigert. Der § 70 BPersVG sieht in der Neuregelung nunmehr auch die elektronische Form vor. Dies hat aber lediglich klarstellenden Wirkung. Auch vor der Neuregelung genügte für die Einhaltung der Schriftform die Übersendung eines Scans der Zustimmungsverweigerung und der maßgeblichen Gründe als PDF-Datei (OVG Münster v. 1.9.2015, 20 A 1868/14.PVB). Das Schriftformerfordernis war sogar gewahrt, wenn die Zustimmungsverweigerung per E-Mail übermittelt wird, die selbst zwar die maschinenschriftliche Namenswiedergabe des Personalratsvorsitzenden vorweist, die beigefügte Begründung jedoch keinerlei Identitätsangaben enthält (BVerwG v. 15.5.2020, 5 P 9/19). Die Zulässigkeit dieses Vorgehens ist nunmehr auch gesetzlich verankert. Kommt eine Einigung nicht zustande, so kann der Leiter der Dienststelle oder der Personalrat die Angelegenheit binnen fünf Arbeitstagen auf dem Dienstweg den übergeordneten Dienststellen, bei denen Stufenvertretungen bestehen, vorlegen (vgl. § 71 Abs. 1 S. 1 BPersVG). Legt der Leiter der Dienststelle die Angelegenheit der übergeordneten Dienststelle vor, teilt er dies dem Personalrat unter Angabe der Gründe mit. Ergibt sich zwischen der obersten Dienstbehörde und der bei ihr bestehenden zuständigen Personalvertretung keine Einigung, so entscheidet die Einigungsstelle nach § 73 BPersVG (vgl. § 74 Abs. 1 BPersVG). Die Einigungsstelle soll binnen zwei Monaten nach der Erklärung eines Beteiligten, die Entscheidung der Einigungsstelle herbeiführen zu wollen, entscheiden. Bis auf die wenigen in § 75 Abs. 2 und 3 BPersVG genannten Ausnahmen entscheidet die Einigungsstelle endgültig und für die Beteiligten verbindlich (vgl. § 75 Abs. 1 BPersVG). Der Leiter der Dienststelle kann bei Maßnahmen, die der Natur der Sache nach keinen Aufschub dulden, bis zur endgültigen Entscheidung vorläufige Regelungen treffen. Er hat dem Personalrat die vorläufige Regelung mitzuteilen und zu begründen und unverzüglich das Verfahren der Mitbestimmung einzuleiten oder fortzusetzen (vgl. § 76 BPersVG).

## 4. Rechtsfolgen mangelnder Beteiligung

Maßnahmen, die der Arbeitgeber unter Missachtung des Mitbestimmungsrechts ergreift, sind grundsätzlich nach der Theorie der Wirksamkeitsvoraussetzungen unwirksam (vgl. BAG v. 25.4.2013, 6 AZR 800/11, ZTR 2013, 437). Auch durch eine spätere Zustimmung des Personalrats kann die Unwirksamkeit der Maßnahme nicht geheilt werden (vgl. Lorenzen/Etzel/Gerold BPersVG, § 69 a. F. Rn. 144, 149). Das Bundesarbeitsgericht hat jedoch in seinem Urteil vom 2. Juli 1980 (vgl. BAG v. 2.7.1980, 5 AZR 1241/79) im Rahmen des § 75 Abs. 1 Nr. 1 BPersVG a. F. festgestellt, dass ein ohne Zustimmung des Personalrats mit einem Bewerber abgeschlossener Arbeitsvertrag voll wirksam sei. Die Behörde dürfe den Bewerber allerdings nicht beschäftigen, solange die Zustimmung des Personalrates nicht vorliegt.

Die Verletzung von Mitbestimmungsrechten des Personalrats führt jedoch nicht zu individualrechtlichen, zuvor noch nicht bestehenden Ansprüchen der betroffenen Arbeitnehmer (vgl. BAG v. 25.4.2013, 6 AZR 800/11, ZTR 2013, 437 m. w. N.). Hat der Personalrat beispielsweise bei der Aufstellung eines Schichtplanes nicht mitbestimmt, folgt daraus kein Anspruch des Arbeitnehmers auf Vergütung der von ihm behaupteten Überstunden.

## IV. Beteiligung in personellen Angelegenheiten

### 1. Die Mitwirkung des Personalrats bei ordentlichen Kündigungen

Gemäß § 85 Abs. 1 S. 1 BPersVG wirkt der Personalrat bei ordentlichen Kündigungen durch den Arbeitgeber mit. Das Mitwirkungsverfahren wird dadurch eingeleitet, dass der Dienststellenleiter dem zuständigen Personalrat seine Kündigungsabsicht mitteilt, die auf einem aktuellen Kündigungsentschluss beruhen muss. Eine bestimmte Form schreibt das Gesetz nicht vor. Die Mitteilung kann also auch mündlich erfolgen.

 **Hinweis:**
Aus Gründen der Beweissicherung empfiehlt es sich, den Personalrat schriftlich anzuhören.

Der Dienststellenleiter hat den Personalrat mit der Mitteilung der Kündigungsabsicht über die personellen Daten des Beschäftigten (Alter, Familienstand, Beschäftigungsdauer, Unterhaltsverpflichtungen, gegebenenfalls die Umstände, die einen besonderen Kündigungsschutz begründen, z. B. Schwangerschaft, Schwerbehinderteneigenschaft) zu unterrichten. Ferner hat der Dienststellenleiter den Personalrat über die Art der Kündigung (z. B. Beendigungs- oder Änderungskündigung), grundsätzlich auch über die Kündigungsfrist und den Zeitpunkt, zu dem gekündigt werden soll, sowie über die Kündigungsgründe zu unterrichten.

 **ACHTUNG!**
Diese Unterrichtungspflicht ist im BPersVG zwar nicht ausdrücklich normiert, folgt aber daraus, dass die eingehende Erörterung der beabsichtigten Kündigung mit dem Personalrat vorgeschrieben ist (vgl. § 81 Abs. 1 BPersV, wonach die beabsichtigte Maßnahme vor der Durchführung mit dem Personalrat mit dem Ziele der Verständigung zu erörtern ist).

Darüber hinaus ist die Personalvertretung gemäß § 66 Abs. 1 BPersVG generell zur Durchführung ihrer Aufgaben rechtzeitig und umfassend zu unterrichten. Die eingehende Erörterung dient dem Ziel einer Verständigung mit dem Personalrat, soll diesem aber auch Gelegenheit zur Prüfung geben, ob er einer beabsichtigten Kündigung widersprechen soll. Beides ist nur möglich, wenn der Personalrat die Rechtmäßigkeit der beabsichtigten Kündigung beurteilen kann. Dazu bedarf es der Unterrichtung des Personalrats über alle Umstände, die für die Beurteilung der Rechtmäßigkeit der Kündigung von Bedeutung sind. Der Arbeitgeber muss dem Personalrat nur diejenigen Gründe mitteilen, die nach seiner subjektiven Sicht die Kündigung rechtfertigen und für seinen Kündigungsentschluss maßgebend sind. Diesen Kündigungssachverhalt muss er in der Regel unter Angabe von Tatsachen, aus denen der Kündigungsentschluss hergeleitet wird, so beschreiben, dass der Personalrat ohne zusätzliche eigene Nachforschungen die Stichhaltigkeit der Kündigungsgründe prüfen kann. Teilt der Arbeitgeber objektiv kündigungsrechtlich erhebliche Tatsachen dem Personalrat deshalb nicht mit, weil er darauf die Kündigung nicht oder zunächst nicht stützen will, dann ist die Anhörung ordnungsgemäß, weil eine nur bei objektiver Würdigung unvollständige Mitteilung der Kündigungsgründe nicht zur Unwirksamkeit der Kündigung führt.

 **WICHTIG!**
Eine in diesem Sinne objektiv unvollständige Anhörung verwehrt es dem Arbeitgeber allerdings, im Kündigungsschutzprozess Gründe nachzuschieben, die über die Erläuterung des mitgeteilten Sachverhalts hinausgehen (vgl. ArbG Hamburg v. 3.2.2009, 19 Ca 200/08).

Das Erfordernis der Mitteilung aller aus der subjektiven Sicht des Arbeitgebers maßgeblichen Gründe, welche die Kündigung rechtfertigen, gilt auch im Hinblick darauf, dass der Personalrat nach der Unterrichtung durch den Arbeitgeber darüber entscheiden können soll, ob er überhaupt eine Erörterung mit dem Dienststellenleiter verlangt oder auf eine Erörterung verzichtet. Der Dienststellenleiter kann den Personalrat mündlich oder schriftlich über die Umstände unterrichten, die für die Kündigung von Bedeutung sind. Eine bestimmte Form ist auch hier nicht vorgeschrieben. Aus dem Umstand, dass die Mitteilung an den Personalrat für diesen unter Umständen eine Äußerungsfrist in Gang setzt, folgt jedoch nicht, dass die Mitteilung schriftlich ergehen muss. Schriftform empfiehlt sich aber aus Beweisgründen (s. o.).

 **ACHTUNG!**

Da die Mitteilung der Dienststelle über die von ihr beabsichtigte Maßnahme eine Frist in Lauf setzt, sollte deren Eingang beim Personalratsvorsitzenden unbedingt aktenkundig gemacht werden. Am besten ist es, wenn der genaue Zeitpunkt des Eingangs vom Empfänger schriftlich bestätigt wird.

Zuständig für das Beteiligungsverfahren ist die Personalvertretung bei der Dienststelle, deren Leiter die Kündigung gegenüber dem Beschäftigten aussprechen kann. Die Mitteilung des Dienststellenleiters über die Kündigungsabsicht, die Kündigungsgründe sowie die sonstigen Umstände der Kündigung sind grundsätzlich an den zuständigen Personalratsvorsitzenden oder im Falle seiner Verhinderung an den nächsten Stellvertreter zu richten. Vor Ausspruch der Kündigung ist die beabsichtigte Kündigung zwischen Dienststellenleiter und Personalrat rechtzeitig eingehend zu erörtern. Da der Personalrat sich zu einer beabsichtigten Kündigung aber überhaupt nicht zu äußern braucht, liegt es in seiner Hand, ob eine Erörterung überhaupt stattfindet. Er kann im Einzelfall auf eine Erörterung verzichten. Der Personalrat hat nach der Unterrichtung durch den Dienststellenleiter Gelegenheit, sich zu der Kündigung innerhalb von zehn Arbeitstagen zu äußern. Der Personalrat kann gegen die Kündigung Einwendungen erheben, wenn

▶ nach seiner Ansicht bei der Auswahl des zu kündigenden Beschäftigten soziale Gesichtspunkte nicht oder nicht ausreichend berücksichtigt worden sind (vgl. § 85 Abs. 1 S. 3 Nr. 1 BPersVG),

▶ die Kündigung gegen eine Richtlinie im Sinne des § 80 Abs. 1 Nr. 12 BPersVG verstößt (vgl. § 85 Abs. 1 S. 3 Nr. 2 BPersVG),

▶ die zu kündigende Arbeitnehmerin oder der zu kündigende Arbeitnehmer an einem anderen Arbeitsplatz in derselben Dienststelle oder in einer anderen Dienststelle desselben Verwaltungszweiges an demselben Dienstort einschließlich seines Einzugsgebietes weiterbeschäftigt werden kann (vgl. § 85 Abs. 1 S. 3 Nr. 3 BPersVG),

▶ die Weiterbeschäftigung von Arbeitnehmerinnen und Arbeitnehmern nach zumutbaren Umschulungs- oder Fortbildungsmaßnahmen möglich ist (vgl. § 85 Abs. 1 S. 3 Nr. 4 BPersVG) oder

▶ die Weiterbeschäftigung der Arbeitnehmerin oder des Arbeitnehmers unter geänderten Vertragsbedingungen möglich ist und die Arbeitnehmerin oder der Arbeitnehmer sein Einverständnis hiermit erklärt (vgl. § 85 Abs. 1 S. 3 Nr. 5 BPersVG).

Wird der Arbeitnehmerin oder dem Arbeitnehmer gekündigt, obwohl der Personalrat die vorstehenden Einwendungen gegen die Kündigung erhoben hat, so ist dem Arbeitnehmer mit der Kündigung eine Abschrift der Stellungnahme des Personalrats zuzuleiten.

 **Hinweis:**

Zu dem Weiterbeschäftigungsanspruch des Beschäftigten während des Kündigungsschutzprozesses als mögliche Rechtsfolge einer ordnungsgemäßen Einwendung des Personalrates gegen die Kündigung vergleiche Lorenzen/Etzel BPersVG § 79 a. F. Rn. 160 ff.

## 2. Weitere Mitbestimmungstatbestände in personellen Angelegenheiten

Der Personalrat hat nach § 78 Abs. 1 Nr. 1 bis 15 BPersVG in folgenden personellen Angelegenheiten mitzubestimmen:

▶ Einstellung (vgl. § 78 Abs. 1 Nr. 1 BPersVG);

▶ Beförderung, Verleihung eines anderen Amtes mit anderer Amtsbezeichnung beim Wechsel der Laufbahngruppe, Laufbahnwechsel (vgl. § 78 Abs. 1 Nr. 2 BPersVG);

▶ Übertragung einer höher oder niedriger zu bewertenden Tätigkeit oder eines höher oder niedriger zu bewertenden Dienstpostens (vgl. § 78 Abs. 1 Nr. 3 BPersVG)

▶ Eingruppierung, Höher- oder Rückgruppierung von Arbeitnehmerinnen oder Arbeitnehmern einschließlich der hiermit jeweils verbundenen Stufenzuordnung, jedoch nicht bei in das Ermessen des Arbeitgebers gestellten Stufenzuordnung, es sei denn, es wurden allgemeine Grundsätze erlassen (vgl. § 78 Abs. 1 Nr. 4 BPersVG);

▶ Versetzung zu einer anderen Dienststelle (vgl. § 78 Abs. 1 Nr. 5 BPersVG);

▶ Umsetzung innerhalb der Dienststelle für mehr als drei Monate, wenn sie mit einem Wechsel des Dienstortes verbunden ist und der neue Dienstort sich außerhalb des Einzugsgebiets im Sinne des Umzugskostenrechts befindet (vgl. § 78 Abs. 1 Nr. 6 BPersVG);

▶ Abordnung, Zuweisung und Personalgestellung für mehr als drei Monate (vgl. § 78 Abs. 1 Nr. 7 BPersVG);

▶ Hinausschieben des Eintritts von Beamtinnen oder Beamten in den Ruhestand oder Weiterbeschäftigung von Arbeitnehmerinnen oder Arbeitnehmern über die Altersgrenze hinaus (vgl. § 78 Abs. 1 Nr. 8 BPersVG);

▶ Anordnungen zur Wahl der Wohnung (vgl. § 78 Abs. 1 Nr. 9 BPersVG);

▶ Versagung oder Widerruf der Genehmigung einer Nebentätigkeit (vgl. § 78 Abs. 1 Nr. 10 BPersVG);

▶ Ablehnung eines Antrags nach den §§ 91 bis 92b oder § 95 des Bundesbeamtengesetzes auf Teilzeitbeschäftigung, Ermäßigung der regelmäßigen Arbeitszeit oder Urlaub (vgl. § 78 Abs. 1 Nr. 11 BPersVG);

▶ Absehen von der Ausschreibung von Dienstposten, die besetzt werden sollen (vgl. § 78 Abs. 1 Nr. 12 BPersVG)

▶ Auswahl der Teilnehmerinnen und Teilnehmer an Fortbildungsveranstaltungen mit Ausnahme der Nachbesetzung freier Plätze von Fortbildungsveranstaltungen, die in weniger als drei Arbeitstagen beginnen (vgl. § 78 Abs. 1 Nr. 13 BPersVG);

▸ Bestellung von Vertrauens- oder Betriebsärztinnen und -ärzten als Beschäftigte (vgl. § 78 Abs. 1 Nr. 14 BPersVG);

▸ Geltendmachung von Ersatzansprüchen gegen eine Beschäftigte oder einen Beschäftigten (vgl. § 78 Abs. 1 Nr. 15 BPersVG).

 **ACHTUNG!**

Die Mitbestimmung des Personalrats erstreckt sich bei der Eingruppierung neu einzustellender Beschäftigter nicht nur auf die Entgeltgruppe, sondern auch auf die Stufenzuordnung nach § 16 Abs. 2 TV-L. Dies hat das Bundesverwaltungsgericht in seinem Beschluss vom 27. August 2008 (vgl. BVerwG v. 27.8.2008, 6 P 11.07, ZTR 2008, 689) für den Fall des § 65 Abs. 2 Nr. 2 Alt. 1 NdsPersVG entschieden. Nach dieser Vorschrift bestimmt der Personalrat bei der Eingruppierung mit. Das Bundesverwaltungsgericht vertritt im Zusammenhang mit der parallelen Vorschrift des § 78 Abs. 1 Nr. 4 BPersVG dieselbe Auffassung (s. u.). Durch die Neufassung des § 78 Abs. 1 Nr. 4 BPersVG hat der Gesetzgeber nunmehr die Stufenzuordnung auch ausdrücklich in den Mitbestimmungstatbestand aufgenommen und damit etwaige Unsicherheiten beseitigt.

## 2.1 Einstellung, § 78 Abs. 1 Nr. 1 BPersVG

Einstellung im Sinne dieser Vorschrift bedeutet die Eingliederung eines neuen Beschäftigten in die Dienststelle, die regelmäßig durch den Abschluss eines Arbeitsvertrages und die tatsächliche Aufnahme der vorgesehenen Tätigkeit bewirkt wird. Der Einsatz eines Leiharbeitnehmers in der Dienststelle begründet ein Mitbestimmungsrecht des Personalrats, auch wenn der er nur für kurze Dauer tätig sein soll (BVerwG v. 7.4.2010, 6 P 6.09). Eine Einstellung liegt auch dann vor, wenn der Arbeitsvertrag unwirksam ist oder ein Vertrag nicht abgeschlossen wird, sondern nur eine tatsächliche Eingliederung in die Dienststelle vorliegt (vgl. Lorenzen/Etzel/Gerold BPersVG, § 75 a. F. Rn. 16). Die Mitbestimmung des Personalrats erstreckt sich bei der Einstellung eines Beschäftigten jedoch nicht auf die Frage, ob der Arbeitsvertrag befristet oder unbefristet abzuschließen ist (vgl. BVerwG v. 17.8.1989, 6 P 11.87; zuletzt BVerwG, v. 8.8.2018, 5 PB 1.18).

 **Hinweis:**

In Baden-Württemberg hat der Personalrat nur in Personalangelegenheiten von Beschäftigten mitzubestimmen, die voraussichtlich länger als zwei Monate Beschäftigte sein werden (§ 75 Abs. 1 LPVG Baden-Württemberg). In der Gesetzesbegründung hieß es, dass „ganz kurzfristige Arbeitsverhältnisse" von der Mitbestimmung ausgenommen werden sollen (DRS 9/3110, S. 7). Die voraussichtliche Beschäftigungsdauer bemisst sich dabei nicht allein nach einer im Arbeitsvertrag geregelten Befristung. Entscheidend ist hierbei insbesondere auch die haushalterische Einordnung der Stelle (VGH Mannheim v. 13.12.2022, PL 11 K 3750/20).

 **ACHTUNG!**

Die Weiterbeschäftigung von Mitgliedern der Jugend- und Auszubildendenvertretung nach § 56 Abs. 2 BPersVG ist keine Einstellung i. S. d. § 78 Abs. 1 Nr. 1 BPersVG und unterliegt deshalb nicht der Mitbestimmung des Personalrats (vgl. BVerwG v. 26.5.2015, 5 P 9.14).

 **Hinweis:**

In Sachsen-Anhalt ist der Personalrat bei einer Einstellung oder Eingruppierung in wissenschaftlichen Einrichtungen nicht zu beteiligen, wenn die Stelle durch irgendeine Drittbeteiligung finanziert wird (OVG Magdeburg v. 24.8.2023, 5 L 1/23 zu § 99 PersVG LSA). Die Entscheidung lässt sich aufgrund unterschiedlicher Formulierungen jedoch nicht auf Regelungen der Landespersonalvertretungsgesetze in anderen Bundesländern übertragen.

## 2.2 Beförderung, Verleihung eines anderen Amtes mit anderer Amtsbezeichnung beim Wechsel der Laufbahngruppe, Laufbahnwechsel, § 78 Abs. 1 Nr. 2 BPersVG

Der Mitbestimmungstatbestand war bisher in § 76 Abs. 1 Nr. 2 BPersVG geregelt und ist nunmehr unter Streichung des Tatbestands „Übertragung eines anderen Amtes mit höherem Endgrundgehalt ohne Änderung der Amtsbezeichnung" in den neuen § 78 Abs. 1 Nr. 2 BPersVG übertragen worden. Nach der Gesetzesbegründung trägt die Streichung dem Umstand Rechnung, dass die Maßnahme nach der Änderung des beamtenrechtlichen Beförderungsbegriffes gegenstandslos geworden ist. Diese ist in der geltenden Fassung des § 2 Abs. 8 BLV nun eine Beförderung und keine beförderungsgleiche Maßnahme mehr ist.

## 2.3 Übertragung einer höher oder niedriger zu bewertenden Tätigkeit oder eines höher oder niedriger zu bewertenden Dienstpostens, § 78 Abs. 1 Nr. 3 BPersVG

Mit der Neufassung des BPersVG wurde der bisherige Mitbestimmungstatbestand des § 75 Abs. 1 Nr. 2 BPersVG a. F. in zwei Tatbestände aufgeteilt. Zudem gilt § 78 Abs. 1 Nr. 3 BPersVG im Gegensatz zu Nr. 4 nunmehr für Arbeitnehmer und Beamte gleichermaßen.

Die Übertragung einer höher zu bewertenden Tätigkeit erfolgt dann, wenn dem Beschäftigten neue Tätigkeiten in der Weise übertragen werden, dass die künftig auszuübende Tätigkeit um mindestens eine Lohn- bzw. eine Vergütungsgruppe höher zu bewerten ist als die bisherige Tätigkeit. Auch die vorübergehende Übertragung einer höherwertigen Tätigkeit ist nach § 78 Abs. 1 Nr. 3 BPersVG mitbestimmungspflichtig. Die Übertragung einer niedriger zu bewertenden Tätigkeit ist die Zuweisung eines anderen Arbeitsplatzes oder die Veränderung des Aufgabengebietes eines Beschäftigten in der Weise, dass die neue Tätigkeit einer niedrigeren tariflichen Gehalts- oder Lohngruppe entspricht. Liegt ein Wechsel der Lohngruppe nicht vor, ist das Mitbestimmungsrecht nach § 78 Abs. 1 Nr. 4 BPersVG nicht gegeben. Das Mitbestimmungsrecht besteht auch dann, wenn dem Beschäftigten eine Tätigkeit übertragen wird, die übertariflich vergütet wird.

Mit der Übertragung einer höher oder niedriger zu bewertenden Tätigkeit ist normalerweise zeitgleich die Höher- oder Rückgruppierung nach § 78 Abs. 1 Nr. 4 BPersVG verbunden (BVerwG v. 28.8.2008, 6 P 12/07). Bei einer Einstellung i. S. d. § 78 Abs. 1 Nr. 1 liegt ebenso eine Eingruppierung vor. Die Tarifautomatik führt dazu, dass die dauerhafte Übertragung einer höher zu bewertenden Tätigkeit an einen Arbeitnehmer stets mit einer Höhergruppierung des Arbeitnehmers verbunden ist. Die Mitbestimmung beim Übertragungsakt und diejenige bei der Höhergruppierung fallen dann typischerweise zeitlich zusammen (BVerwG v. 28.8.2008, 6 P 12/07). Daher wäre der Personalrat nach § 78 Abs. 1 Nr. 3 und 4 BPersVG zu beteiligen. Bei einer vom Normalfall abweichenden Konstellation, in welcher dem Arbeitnehmer eine höher zu bewertende Tätigkeit übertragen wird und er nicht oder verspätet höhergruppiert wird, richtet sich die Mitbestimmung daher zunächst nur nach § 78 Abs. 1 Nr. 3 BPersVG.

Ob ein Dienstposten höher oder niedriger zu bewerten ist, richtet sich nicht nach der durch den Beamten bisher ausgeübten Tätigkeit, sondern nach seinem Amt im statusrechtlichen Sinn. Für die Anwendung des Mitbestimmungstatbestands ist nicht erforderlich, dass dem Beamten ein anderer Aufgabenkreis zugeteilt wird. Das Mitbestimmungsrecht greift vielmehr auch dann ein, wenn seiner bisherigen Tätigkeit eine Planstelle zugeteilt wird, die einer höheren oder niedrigeren Besoldungsgruppe angehört als die, in der sich der betreffende Beamte befindet (BVerwG v. 26.11.1979, 6 P 6.79).

### 2.4 Eingruppierung, Höher- oder Rückgruppierung von Arbeitnehmerinnen oder Arbeitnehmern einschließlich der hiermit jeweils verbundenen Stufenzuordnung, § 78 Abs. 1 Nr. 4 BPersVG

Eingruppierung ist die Zuordnung eines Beschäftigten zu einer tariflichen Lohn- oder Gehaltsgruppe. Sie ist keine rechtsgestaltende Maßnahme der Dienststelle, sondern folgt im Wege der sogenannten Tarifautomatik unmittelbar aus der Übertragung tariflich geregelter Tätigkeiten. Um welche Tätigkeiten es sich konkreten Fall handelt, ergibt sich aus dem Arbeitsvertrag und eventuell ergänzenden Zuweisungen durch den Arbeitgeber, welche sich allerdings im Rahmen des Arbeitsvertrages bewegen müssen. Der von dem Mitbestimmungsrecht erfasste Höhergruppierungsvorgang setzt bereits mit der Übertragung der höherwertigen Tätigkeit ein. Die Höhergruppierung ist als zweiter Akt notwendigerweise an die Übertragung der anderen Tätigkeit gebunden. Die Rückgruppierung, d. h. die Zuordnung zu einer niedrigeren Gehalts- oder Lohngruppe, ist dabei die unmittelbare Konsequenz aus der Tätigkeitsänderung. Auch die sogenannte korrigierende Rückgruppierung ist mitbestimmungspflichtig. Das Mitbestimmungsrecht entfällt auch dann nicht, wenn die ursprüngliche Eingruppierung mit dem Vorbehalt der endgültigen Stellenbewertung erfolgt war und die Umgruppierung nunmehr auf der endgültigen Bewertung beruht.

Selbst wenn der Arbeitgeber bei Zuweisung eines neuen Arbeitsplatzes an den Arbeitnehmer davon ausgeht, dass die bisherige Eingruppierung sich dadurch nicht ändert, unterliegt die Zuweisung des neuen Arbeitsplatzes nach Auffassung des Bundesverwaltungsgerichts der Mitbestimmung des Personalrates bei Eingruppierung. Dies soll sogar dann gelten, wenn der neue Arbeitsplatz schon einmal unter Beteiligung des Personalrates bewertet worden ist (BVerwG v. 8.11.2011, 6 P 23.10, ZTR 2012, 123).

Die Bestätigung einer Eingruppierung durch den Dienststellenleiter ist jedenfalls dann mitbestimmungspflichtig, wenn sich die Eingruppierungssituation in relevanter Weise geändert hat, etwa durch Übertragung neuer Aufgaben, die zur Schaffung eines neuen, bisher noch nicht bewerteten Arbeitsplatzes geführt haben, bzw. durch eine wesentliche Veränderung des Aufgabenkreises. Ob auch ein Mitbestimmungstatbestand vorliegt, wenn sich die Eingruppierungssituation nicht wesentlich geändert hat, ist höchstrichterlich noch nicht abschließend geklärt (zuletzt vom BVerwG v. 20.3.2017, 5 PB 1.16, ZTR 2017, 494 ausdrücklich offen gelassen). Der VGH München verneint diese Fragestellung für das bayerische Personalvertretungsrecht (VGH München v. 3.12.2019, 17 P 18.2565). Wenn die Dienststellenleitung lediglich „subjektiv-deklaratorisch" feststellt, dass sich weder in tatsächlicher Hinsicht noch im Hinblick auf die jeweiligen rechtlichen Eingruppierungskriterien etwas ändert, sodass es aus ihrer Sicht bei der bisherigen Eingruppierung des Arbeitnehmers

bleibt, bestehe kein Mitbestimmungsrecht des Personalrats nach Art. 75 Abs. 1 BayPVG („bei Eingruppierung").

Der Eingruppierung vorgeschaltet und damit nicht mitbestimmungspflichtig ist die Stellenbewertung (auch Arbeitsplatzbewertung genannt), also die vom einzelnen Beschäftigten losgelöste Bewertung, ob eine Tätigkeit bestimmte Tätigkeitsmerkmale erfüllt, mit anderen Worten: die Prüfung und Bewertung der Arbeitsvorgänge (OVG Rheinland-Pfalz v. 25.11.2015, 5 A 10556/15

 **WICHTIG!**

Die Mitbestimmung bei der Eingruppierung erstreckte sich schon bisher auch auf die Stufenzuordnung nach § 16 (VKA) TVöD, § 16 (Bund) TVöD (vgl. BVerwG v. 7.3.2011, 6 P 15.10, ZTR 2011, 385). Nunmehr wurde die Stufenzuordnung ausdrücklich in den Tatbestand mit aufgenommen.

### 2.5 Versetzung, § 78 Abs. 1 Nr. 5 BPersVG

Die Protokollerklärung zu § 4 TVöD bzw. § 4 TV-L definiert die Versetzung als Zuweisung einer auf Dauer bestimmten Beschäftigung bei einer anderen Dienststelle oder einem anderen Betrieb desselben Arbeitgebers unter Fortsetzung des bestehenden Arbeitsverhältnisses. Für diesen Begriff kennzeichnend ist der dauerhafte Wechsel auf einen anderen Arbeitsplatz bei einer anderen Dienststelle desselben Arbeitgebers. Dabei ist nicht zu verlangen, dass sich der dem Beschäftigten in der neuen Dienststelle übertragene Aufgabenbereich wesentlich von demjenigen in der alten Dienststelle unterscheidet (vgl. BVerwG v. 30.3.2009, 6 PB 29.08, ZTR 2009, 339).

 **ACHTUNG!**

Das Mitbestimmungsrecht besteht auch dann, wenn der Beschäftigte der Versetzung zugestimmt hat. Die Einbeziehung der Personalvertretung dient nicht nur dem Schutz des betroffenen Beschäftigten, sondern auch dem der anderen in der Dienststelle tätigen Beschäftigten.

Die Frage, unter welchen Voraussetzungen eine Versetzung arbeitsrechtlich möglich ist, ist im Allgemeinen anhand des maßgeblichen Tarifvertrages zu beantworten bzw. in den Fällen, in denen ein Tarifvertrag nicht besteht oder die Versetzung nicht regelt, aufgrund des einzelnen Arbeitsvertrages. Nach § 4 TVöD bzw. § 4 TV-L kann ein Beschäftigter versetzt werden, wenn dienstliche oder betriebliche Gründe vorliegen. Unter diesen Voraussetzungen ist die Versetzung grundsätzlich vom sogenannten Direktionsrecht des Arbeitgebers gedeckt, so dass es keiner Änderung des Arbeitsvertrages bedarf.

 **ACHTUNG!**

Bei Versetzungen an eine Dienststelle außerhalb des bisherigen Dienstortes ist der Angestellte vorher zu hören (vgl. § 4 Abs. 1 S. 2 TVöD bzw. § 4 Abs. 1 S. 2 TV-L).

### 2.6 Umsetzung für mehr als drei Monate, § 78 Abs. 1 Nr. 6 BPersVG

Umsetzung ist im Gegensatz zur Versetzung, die durch den Dienststellenwechsel gekennzeichnet ist, ein Wechsel des Arbeitsplatzes im Sinne von Übertragung eines anderen Aufgabenbereiches innerhalb derselben Dienststelle (z. B. Referatswechsel, Abteilungswechsel). Das für die Abgrenzung zwischen Umsetzung und Versetzung maßgebliche Kriterium des Behördenwechsels knüpft allein an die organisationsrechtliche Situation an. Die Zuweisung eines neuen Dienstpostens/Arbeitsplatzes, die zwar mit einem Wechsel der Dienststelle im personalvertretungsrechtlichen Sinn, nicht aber mit einem Wechsel der Behörde im organisationsrechtlichen Sinn verbunden ist, ist keine Versetzung, sondern eine Umsetzung.

**Beispiel**

Bei einem Wechsel von einer Hochschule zu den medizinischen Einrichtungen derselben Hochschule handelt es sich lediglich um eine Umsetzung.

Eine mitbestimmungspflichtige Umsetzung liegt vor, wenn der entzogene Aufgabenteil prägend für den Dienstposten ist und der Dienstposten durch den neuen Arbeitsbereich eine neue, andere Prägung erhält. Insoweit findet ein Wechsel des Dienstpostens, also die Abberufung von dem bisherigen und die Zuweisung eines anderen Dienstpostens statt.

 **ACHTUNG!**

Bezweckt eine Änderungskündigung eine Umsetzung i. S. d. § 78 Abs. 1 Nr. 6 BPersVG, hat die Dienststelle hinsichtlich der Änderungskündigung das Mitwirkungsverfahren und hinsichtlich der Umsetzung das Mitbestimmungsverfahren einzuleiten (vgl. BAG v. 6.8.2002, 1 ABR 47/01).

Neu ist die zeitliche Untergrenze für die Mitbestimmungspflichtigkeit von mindestens drei Monaten. Ortsverändernde Umsetzungen unterliegen daher erst ab einer Dauer von drei Monaten der Mitbestimmungspflicht. Kurzfristige Umsetzungen können daher mitbestimmungsfrei erfolgen.

### 2.7 Abordnung, Zuweisung oder Personalgestellung für eine Dauer von mehr als drei Monaten, § 78 Abs. 1 Nr. 7 BPersVG

Begrifflich ist die Abordnung – im Gegensatz zu der auf Dauer angelegten Versetzung – die vorübergehende Zuweisung eines Beschäftigten zu einer anderen Dienststelle. Eine weitergehende Definition findet sich im BPersVG nicht. Gemäß der Protokollerklärung Nr. 1 zu § 4 Abs. 1 TVöD bzw. der Protokollerklärung Nr. 1 zu § 4 Abs. 1 TV-L ist die Abordnung die Zuweisung einer vorübergehenden Beschäftigung bei einer anderen Dienststelle oder einem anderen Betrieb desselben oder eines anderen Arbeitgebers (≠ Versetzung) unter Fortsetzung des bestehenden Arbeitsverhältnisses. Die Mitbestimmung ist nur vorgesehen für Abordnungen von mehr als drei Monaten. Auf den Zweck der Abordnung kommt es für die Frage, ob die Personalvertretung zu beteiligen ist, nicht an. Erfolgt eine Abordnung, wie es in der Praxis häufig der Fall ist, mit dem Ziel der späteren Versetzung, so ist die Personalvertretung sowohl bei der Abordnung als auch bei der Versetzung zu beteiligen. Der Personalrat der aufnehmenden Dienststelle hat mitzubestimmen bei einer als Abordnung bezeichneten, letztlich schon auf Dauer angelegten Maßnahme, in der eine Korrektur lediglich für den unwahrscheinlichen Fall vorbehalten wird, der abgeordnete Beschäftigte könnte sich nach seiner Leistungsfähigkeit nicht in die neue Behörde einpassen. Das Mitbestimmungsrecht des Personalrats greift auch dann ein, wenn die Abordnung zunächst nur für drei Monate erfolgt, sie grundsätzlich aber in eine Versetzung übergehen soll, also längerfristig angelegt ist. Materiellrechtlich ist die Abordnung i. d. R. Ausfluss des Direktionsrechts des Dienststellenleiters, sie unterliegt prinzipiell den gleichen Voraussetzungen wie die Versetzung.

 **ACHTUNG!**

Für die Beteiligung zuständig sind die Personalvertretungen der abordnenden wie auch der aufnehmenden Dienststelle.

Unter einer Zuweisung versteht man wie bisher die vorübergehende Beschäftigung bei einer Einrichtung im In- oder Ausland, bei der der allgemeine Teil des TVöD nicht zur Anwendung kommt.

Unter einer Personalgestellung versteht man nach der Protokollerklärung Nr. 1 zu § 4 Abs. 3 TV-L die auf Dauer angelegte

Beschäftigung bei einem Dritten unter Fortsetzung des bestehenden Arbeitsverhältnisses.

### 2.8 Hinausschieben des Eintritts von Beamtinnen oder Beamten in den Ruhestand oder Weiterbeschäftigung von Arbeitnehmerinnen oder Arbeitnehmern über die Altersgrenze hinaus, § 78 Abs. 1 Nr. 8 BPersVG

Beamte auf Lebenszeit treten gem. § 51 Abs. 1 BBG mit dem Ende des Monats in den Ruhestand ein, in dem sie die für sie jeweils geltenden Regelaltersgrenzen erreichen. Dieser Eintritt kann jedoch auf Antrag des Beamten nach § 53 Abs. 1 BBG um bis zu drei Jahre hinausgeschoben werden, wenn dies im dienstlichen Interesse liegt und die Arbeitszeit mindestens die Hälfte der regelmäßigen wöchentlichen Arbeitszeit beträgt. Dienstliche Interessen müssen personalwirtschaftlich oder amtsbezogen sein. Allgemeine finanzpolitische Erwägungen sind keine dienstlichen Interessen (OVG Bremen v. 25.1.2023, 2 B 6/23). Eine Verlängerung um drei Jahre ist ebenso nach § 53 Abs. 2 BBG möglich, wenn die Dienstgeschäfte nur durch diesen Beamten fortgeführt werden können und die Arbeitszeit mindestens die Hälfte der regelmäßigen wöchentlichen Arbeitszeit beträgt. Zudem kann nach § 53 Abs. 4 BBG die Dienstzeit auf Antrag um bis zu zwei Jahre verlängert werden, wenn in den vorherigen zwei Jahren vor Erreichen der Regelaltersgrenze Teilzeit mit der Hälfte der regelmäßigen Arbeitszeit bewilligt wurde. Bei einer solchen Hinausschiebung hat der Personalrat mitzubestimmen und insbesondere zu prüfen, ob die jeweiligen Voraussetzungen vorliegen sowie darauf achten, dass andere Beschäftigte nicht ungerechtfertigt benachteiligt werden.

Nach § 33 Abs. 1a TVöD endet ein Arbeitsverhältnis, ohne dass es einer Kündigung bedarf, mit Ablauf des Monats, in dem die/der Beschäftigte das gesetzlich festgelegte Alter zum Erreichen der Regelaltersrente vollendet hat. Für die Weiterbeschäftigung über diese Altersgrenze hinaus ist nach § 33 Abs. 5 TVöD ein neuer schriftlicher Arbeitsvertrag abzuschließen.

 **WICHTIG!**

Der Abschluss dieses Vertrages unterliegt der Mitbestimmung durch den Personalrat.

### 2.9 Versagung oder Widerruf der Genehmigung einer Nebentätigkeit, § 78 Abs. 1 Nr. 10 BPersVG

Die Beteiligung der Personalvertretung bei der Versagung und dem Widerruf der Genehmigung einer Nebentätigkeit dient dem zusätzlichen Schutz des betroffenen Beschäftigten. Nebentätigkeit bedeutet ein nicht zu einem Hauptamt gehörender Kreis von Aufgaben, der aufgrund eines öffentlich-rechtlichen Dienstverhältnisses wahrgenommen wird. Sinn und Zweck des Mitbestimmungstatbestandes ist es, dem betroffenen Beschäftigten zu seinem Schutz eine zusätzliche Kontrolle zu bieten, dass in Bezug auf die Anwendung der Versagungs- bzw. Widerrufsgründe für Nebentätigkeiten, bei deren Nichtvorliegen der Betroffene einen Anspruch auf Erteilung bzw. Fortbestand der Genehmigung hat, keine rechtsfehlerhafte und ungerechte Behandlung erfolgt.

 **ACHTUNG!**

Erfolgt die Aufgabenwahrnehmung dagegen ausschließlich im Interesse des Dienstherrn, so bedeutet die Übernahme der Nebentätigkeit nur eine Konkretisierung seiner dienstrechtlichen bzw. arbeitsvertraglichen Pflichten. Sie sind damit für den Mitbestimmungstatbestand ohne Belang.

### 2.10 Ablehnung eines Antrags nach den §§ 91 bis 92b oder § 95 des Bundesbeamtengesetzes auf Teilzeitbeschäftigung, Ermäßigung der regelmäßigen Arbeitszeit oder Urlaub, § 78 Abs. 1 Nr. 11 BPersVG

Dieser Mitbestimmungstatbestand bezieht sich auf jene Formen der Freistellung vom Dienst von Beamten, die in den genannten Paragrafen des BBG geregelt sind. Insoweit also die Teilzeit (vgl. § 91 BBG, die familienbedingte Teilzeit und Beurlaubung (vgl. § 92 BBG), die Familienpflegezeit mit Vorschuss (vgl. 92a BBG), Pflegezeit mit Vorschuss (vgl. § 92b) und die Beurlaubung ohne Besoldung (vgl. § 95 BBG).

Der Zweck dieses Mitbestimmungstatbestands liegt insbesondere darin, die Ablehnung entsprechender Anträge zu erschweren. Der Personalrat kann die Ablehnungsgründe des Dienststellenleiters in vollem Umfang überprüfen und sich auch dazu äußern, ob dem Antrag dienstliche Belange entgegenstehen. Die Mitbestimmung besteht auch, wenn ein Antrag nur teilweise abgelehnt wird, die beantragte Änderung einer bereits bewilligten Freistellung abgelehnt wird oder wenn ein Widerruf oder die Rücknahme einer bereits bewilligten Freistellung beabsichtigt ist.

Der Mitbestimmungstatbestand besteht nicht auch bei der Ablehnung familienbedingter Teilzeitbeschäftigung von Arbeitnehmern. Dieser ist vom Wortlaut nicht vorgesehen und kann mangels Änderung durch das BPersVG 2019 auch nicht hineingelesen werden (VG Hannover v. 29.6.2022, 16 A 3934/20).

### 2.11 Absehen von der Ausschreibung von Dienstposten, die besetzt werden sollen, zu/>§ 78 Abs. 1 Nr. 12 BPersVG

Aus der Gesetzessystematik ergibt sich die grundsätzliche Verpflichtung zur internen Stellenausschreibung für Beschäftigte aller Gruppen. Soll hierauf verzichtet werden, so ist der Personalrat zu beteiligen (vgl. beispielsweise für den Bereich der Bundesbeamten BVerwG v. 4.5.2012, 6 PB 1.12, ZTR 2012, 412). Die Mitbestimmung beim Absehen von der Ausschreibung von Dienstposten setzt allerdings voraus, dass zu besetzende Stellen üblicherweise ausgeschrieben werden (BVerwG v. 4.2.2014, 6 PB 36.13) und dass der Dienstherr sich für den Verzicht der Ausschreibung für zuständig hält (BVerwG v. 1.5.2015, 5 P 8.14). Liegen diese Voraussetzungen vor, so besteht ein Mitbestimmungsrecht auch dann, wenn die Besetzung der betreffenden Stellen im Wege des Tausches erfolgen soll (vgl. OVG Münster v. 27.4.2017, 20 A 2953/15.PVB).

### 2.12 Auswahl der Teilnehmerinnen und Teilnehmer an Fortbildungsveranstaltungen mit Ausnahme der Nachbesetzung freier Plätze von Fortbildungsveranstaltungen, die in weniger als drei Arbeitstagen beginnen, § 78 Abs. 1 Nr. 13 BPersVG

Fortbildungen sind alle Maßnahmen, die an den vorhandenen Wissensgrundstock anknüpfen, fachliche und berufliche Kenntnisse vertiefen und aktualisieren und ein Mehr an Kenntnissen vermitteln, als für die Befähigung zur Ausübung der übertragenen Tätigkeit erforderlich ist. Wesentlich ist, dass über die bloße Erhaltung und Vertiefung des bereits vorhandenen Wissens hinaus neue Kenntnisse erworben werden, die sich innerhalb des beruflichen Spektrums halten, aber über den Mindeststand hinausgehen (BVerwG v. 16.10.2013, 6 PB 20.13; OVG Berlin-Brandenburg v. 17.8.2017, OVG 60 PV 1.17). Die Personalvertretung hat

darauf zu achten, dass die Fortbildungswünsche der Beschäftigten gleichmäßig behandelt werden. Die Auswahl muss ausgewogen sein. Ein Mitbestimmungsrecht besteht auch bei der Benennung von Teilnehmern an Fortbildungsveranstaltungen anderer Einrichtungen (z. B. gewerkschaftliche Schulungen)

### 2.13 Bestellung von Vertrauens- oder Betriebsärzten als Beschäftigte, § 78 Abs. 1 Nr. 14 BPersVG

Bei der Bestellung von Vertrauens- und Betriebsärzten handelt es sich um einen Fall der eingeschränkten Mitbestimmung. Das bedeutet, dass der Einigungsstelle keine Letztentscheidung über diese Frage zukommt. Nach der Rechtsprechung des Bundesverfassungsgerichts ist hinsichtlich des Umfanges des Beteiligungsrechts lediglich darauf abzustellen, ob eine Maßnahme schwerpunktmäßig die Erledigung von Amtsaufgaben betrifft, sodass bei vordergründiger Betrachtungsweise lediglich die Bestellung verbeamteter Vertrauens- und Betriebsärzte dem Letztentscheidungsrecht der Einigungsstelle entzogen ist, nicht aber die Bestellung von Vertrauens- oder Betriebsärzten als Beschäftigter. Die Bestellung freiberuflicher Betriebsärzte unterliegt nicht der Mitbestimmung nach § 78 Abs. 1 Nr. 14 BPersVG, wohl aber dem Tatbestand nach § 80 Abs. 1 Nr. 16 BPersVG.

### 2.14 Geltendmachung von Ersatzansprüchen gegen eine Beschäftigte oder einen Beschäftigten, § 78 Abs. 1 Nr. 15 BPersVG

Ersatzansprüche sind Schadensersatzansprüche gegen einen Beschäftigten. Der Mitbestimmungstatbestand greift bereits im Stadium der Prüfung und Feststellung, ob der Ersatzanspruch überhaupt besteht (BVerwG v. 19.12.1990. 6 P 24/88) Jedoch dann nicht, wenn der Arbeitgeber von vornherein entschieden hat, dass der Ersatzanspruch gegen den Beschäftigten nicht geltend gemacht werden soll. Ebenso hat der Personalrat dabei mitzubestimmen, ob nach erfolgter Prüfung ein bestehender Ersatzanspruch gegen den Beschäftigten tatsächlich durchgesetzt werden soll.

Nach § 78 Abs. 2 BPersVG bestimmt der Personalrat nur auf Antrag des Beschäftigten mit. Dieser ist daher von der beabsichtigten Maßnahme rechtzeitig in Kenntnis zu setzen.

 **ACHTUNG!**

Für die Verfügung über Dienstwohnungen, d. h. Wohnungen, die aus dienstlichen oder betrieblichen Gründen konkreten Arbeitsplätzen zugeordnet worden sind, besteht grundsätzlich kein Mitbestimmungsrecht des Personalrates, weil insoweit keine sozialbestimmte Maßnahme vorliegt.

## V. Beteiligung in sozialen Angelegenheiten

### 1. Gewährung von Unterstützungen, Vorschüssen, Darlehen und entsprechenden sozialen Zuwendungen (vgl. § 79 Abs. 1 Nr. 1 BPersVG)

Bei Vorschüssen handelt es sich um Vorauszahlungen auf Dienstbezüge bzw. auf Lohn oder Gehalt. Darlehen sind finanzielle Leistungen der Dienststelle, die auf der Grundlage eines Darlehensvertrages (§§ 607 bis 610 BGB) dem Beschäftigten für einen bestimmten Zweck gewährt werden. Die Beteiligung der Personalvertretung an der Entscheidung über die Darlehensgewährung kommt jedoch nur in Betracht, wenn die Dienststelle auf die Darlehensgewährung auch einen bestimmenden Einfluss hat. Bei Darlehen im Rahmen der Wohnungsfürsorge ist dies nur dann der Fall, wenn die Dienststelle über die Vergabe der Mittel selbst entscheidet. Entsprechende soziale Zuwendungen sind Leistungen, die ihrer Zweckbestimmung nach den Unterstützungen, Vorschüssen und Darlehen vergleichbar sind. Sie werden ausschließlich aus individuellen sozialen Gründen gewährt, um eine besondere Notlage des Beschäftigten zu beheben.

### 2. Zuweisung und Kündigung von Wohnungen, über die die Dienststelle verfügt, sowie die Festsetzung der allgemeinen Nutzungsbedingungen (vgl. § 79 Abs. 1 Nr. 2 BPersVG)

Bei Wohnungen der Dienststelle handelt es sich um solche, die mit Mitteln des Dienstherrn errichtet oder wesentlich gefördert worden sind, um sie vornehmlich den eigenen Beschäftigten als Mietwohnungen zu Vorzugsmieten zur Verfügung zu stellen. Gegenstand der personalvertretungsrechtlichen Mitbestimmung sind die Wohnungsvergabe, die Fälle der Kündigung sowie die Festlegung der allgemeinen Nutzungsbedingungen. Das Mitbestimmungsrecht der Personalvertretung hängt dabei allein von der Verfügungsbefugnis der Dienststelle ab. Unerheblich ist, wer Eigentümer der Wohnung ist.

 **ACHTUNG!**

Für die Verfügung über Dienstwohnungen, d. h. Wohnungen, die aus dienstlichen oder betrieblichen Gründen konkreten Arbeitsplätzen zugeordnet worden sind, besteht grundsätzlich kein Mitbestimmungsrecht des Personalrates, weil insoweit keine sozialbestimmte Maßnahme vorliegt.

### 3. Zuweisung von Dienst- Pachtland und Festsetzung der Nutzungsbedingungen (vgl. § 79 Abs. 1 Nr. 3 BPersVG)

Die Mitbestimmung bezieht sich auf Grundstücke oder Teile von ihnen, über die die Dienststelle in der Weise verfügen kann, dass sie den Nutzungsberechtigten bestimmt, ohne dass es darauf ankommt, ob diese Verfügungsbefugnis auf Eigentum beruht. Zuweisung ist die Verschaffung des Nutzungsrechtes, welche durch Pachtvertrag oder auch andere Weise geschehen kann. Die Festlegung der Nutzungsbedingungen und deren Änderung ist auch in Einzelfällen mitbestimmungspflichtig.

### 4. Errichtung, Verwaltung und Auflösung von Sozialeinrichtungen ohne Rücksicht auf ihre Rechtsform (vgl. § 79 Abs. 1 Nr. 4 BPersVG)

Mitbestimmungspflichtig sind die Errichtung, die Verwaltung und die Auflösung einer sozialen Einrichtung, ohne dass es auf deren Wirkungsbereich ankommt. Unerheblich ist auch, welchen Zweck der Dienstherr oder der Arbeitgeber mit der sozialen Einrichtung verfolgt. Unter dem Begriff Sozialeinrichtungen ist eine Zusammenfassung persönlicher und sachlicher Mittel zu verstehen, die unterhalten werden, um sozialen Belangen der Beschäftigten oder von Gruppen der Beschäftigten zu dienen.

### 5. Aufstellung von Sozialplänen einschließlich Plänen für Umschulungen zum Ausgleich oder zur Milderung von wirtschaftlichen Nachteilen, die der oder dem Beschäftigten infolge von Rationalisierungsmaßnahmen entstehen (vgl. § 79 Abs. 1 Nr. 5 BPersVG)

Sinn und Zweck der Regelung ist die Stärkung der Einflussmöglichkeiten auf die personellen Auswirkungen von Rationalisierungsmaßnahmen.

 **WICHTIG!**

Die Schließung einer Betriebskrankenkasse durch das Bundesversicherungsamt (Aufsichtsbehörde) ist keine Rationalisierungsmaßnahme i. S. v. § 79 Abs. 1 Nr. 5 BPersVG. Nach § 159 Abs. 1 SGB V wird eine Betriebskrankenkasse von der Aufsichtsbehörde geschlossen, wenn ihre Leistungsfähigkeit nicht mehr auf Dauer gesichert ist. Dieser gesetzliche Schließungstatbestand ist nicht darauf angelegt, bei den übrigen Betriebskrankenkassen durch eine zweckmäßige Gestaltung der Arbeitsabläufe die Effizienz zu steigern. Vielmehr knüpft sie an die dauerhaft fehlende Leistungsfähigkeit der zu schließenden Kasse an und trägt damit zur Sicherung der Leistungsfähigkeit des Gesamtsystems der gesetzlichen Krankenversicherung bei (vgl. BVerwG v. 28.11.2012, 6 P 11.11, ZTR 2013, 404).

# Personenbedingte Kündigung

 **Wegweiser:**

Die personenbedingte Kündigung hat vor allem in Form der krankheitsbedingten Kündigung eine hohe Praxisrelevanz. Da spezielle tarifrechtliche Regelungen fehlen, ist insbesondere auf die Vorschriften des Kündigungsschutzgesetzes zurückzugreifen. Für allgemeine Grundsätze zur Kündigung siehe auch Breier/Dassau TVöD/TV-L, § 34.

**A. Allgemeines**

**B. Voraussetzungen der personenbedingten Kündigung**

    I. Allgemeine Voraussetzungen
        1. Fähigkeiten und Eignung
        2. Beeinträchtigung betrieblicher Interessen
        3. Interessenabwägung

    II. Einzelfälle
        1. Minderleistung
        2. Alkoholismus und Drogensucht
        3. Fehlende Arbeitserlaubnis
        4. Fehlende behördliche Erlaubnis
        5. Druckkündigung
        6. Sektenzugehörigkeit
        7. Tätigkeit für das MfS
        8. Freiheitsstrafen
        9. Glaubensgründe
        10. Aktives Eintreten für eine verfassungsfeindliche Partei
        11. Nichteinhaltung von Schutzmaßnahmen im Rahmen der Corona-Pandemie

    III. Krankheit
        1. Begriff und Abgrenzung
        2. Negative Gesundheitsprognose
        3. Beeinträchtigung von betrieblichen Interessen
        4. Interessenabwägung
        5. Lang andauernde Krankheit
        6. Häufige Kurzerkrankungen
        7. Krankheitsbedingte Eignungs- und Leistungsminderung
        8. Krankheitsbedingte dauernde Leistungsunfähigkeit

**C. Checkliste Personenbedingte Kündigung**

## A. Allgemeines

Arbeitsverhältnisse, die unter den Anwendungsbereich des Kündigungsschutzgesetzes fallen, bedürfen zu ihrer Wirksamkeit der sozialen Rechtfertigung. Eine Kündigung kann nach § 1 Abs. 2 S. 1 KSchG sozial gerechtfertigt sein, wenn sie durch Gründe bedingt ist, die in der Person des Arbeitnehmers liegen.

## B. Voraussetzungen der personenbedingten Kündigung

### I. Allgemeine Voraussetzungen

Voraussetzung für eine personenbedingte Kündigung ist, dass der Arbeitnehmer auf Grund seiner persönlichen Fähigkeiten und Eigenschaften nicht mehr in der Lage ist, künftig seine arbeitsvertraglichen Verpflichtungen zu erfüllen. Ein Verschulden des Arbeitnehmers ist nicht erforderlich. Vertragswidriges, vom Arbeitnehmer gesteuertes Verhalten ist kein personen-, sondern ein verhaltensbedingter Kündigungsgrund.

 **ACHTUNG!**

Ein personenbedingter Kündigungsgrund ist gegeben, wenn „der Arbeitnehmer will, aber nicht kann". Ein verhaltensbedingter Kündigungsgrund liegt immer dann vor, wenn „der Arbeitnehmer kann, aber nicht will."

### 1. Fähigkeiten und Eignung

Für eine personenbedingte Kündigung müssen die persönlichen Fähigkeiten und Eignungen des Arbeitnehmers fehlen oder gemindert sein. Die Eignung als solche bezieht sich nicht nur auf die Arbeitsleistung, ihren Umfang und die Qualität, sondern auch auf das im Arbeitsverhältnis nötige soziale Verhalten (wie z. B. Verhältnis zu Vorgesetzten, Arbeitskollegen, Kunden etc). Nur ausnahmsweise kann sich die private Lebensführung auf die Eignung des Arbeitnehmers auswirken (z. B. Kirchenaustritt bei kirchlichen Arbeitsverhältnissen).

### 2. Beeinträchtigung betrieblicher Interessen

Das Fehlen oder die Minderung von Fähigkeiten oder Eignung muss so gewichtig sein, dass durch sie betriebliche oder wirtschaftliche Interessen des Arbeitgebers in unzumutbarer Weise beeinträchtigt werden.

Die Beurteilung richtet sich nach den zukünftigen Verhältnissen (sog. Zukunftsprognose). Nur wenn davon auszugehen ist, dass die Mängel auch in Zukunft fortbestehen, kommt eine personenbedingte Kündigung in Betracht.

### 3. Interessenabwägung

Eine personenbedingte Kündigung kann nur dann ausgesprochen werden, wenn mildere Maßnahmen zur Behebung der betrieblichen Beeinträchtigungen nicht zur Verfügung stehen. Insbesondere ist zu prüfen, ob der Arbeitnehmer nicht an einem anderen freien Arbeitsplatz weiterbeschäftigt werden kann, an dem sich die Mängel voraussichtlich nicht oder nur in hinnehmbarem Maße auswirken.

Ferner ist stets zu prüfen, ob sich die Kündigung nicht durch Überbrückungsmaßnahmen vermeiden lässt oder zumutbare Umschulungs- oder Fortbildungsmaßnahmen in Betracht kommen.

Da die personenbedingte Kündigung kein Verschulden des Arbeitnehmers voraussetzt, wird an die Interessenabwägung ein strenger Maßstab angelegt. Auf Seiten des Arbeitnehmers sind zu berücksichtigen

- ► Lebensalter des Arbeitnehmers,
- ► Dauer der Betriebszugehörigkeit,
- ► Verlauf des Arbeitsverhältnisses,
- ► Ursache der fehlenden Eignung des Arbeitnehmers,
- ► erhöhtes soziales Schutzbedürfnis (Unterhaltspflichten, wirtschaftliche Verhältnisse, Gesundheitszustand).

Auf Seiten des Arbeitgebers sind alle vom Arbeitnehmer ausgehenden betrieblichen oder wirtschaftlichen Beeinträchtigungen zu berücksichtigen.

### II. Einzelfälle

#### 1. Minderleistung

Erbringt ein Arbeitnehmer über einen längeren Zeitraum nur zwei Drittel der Normalleistung, kann eine personenbedingte Kündigung gerechtfertigt sein. In seiner Entscheidung vom 26.9.2012 (BAG v. 26.9.2012, 2 AZR 132/91) hat das BAG festgestellt, dass ein Arbeitnehmer seiner Vertragspflicht nur dann genügt, wenn er unter angemessener Ausschöpfung seiner persönlichen Leistungsfähigkeit arbeitet. Maßgeblich ist das, was der einzelne Arbeitnehmer leisten kann. Ein bloßer Verweis darauf, was andere Arbeitnehmer leisten, reicht demnach nicht aus, um eine Leistungsschwäche zu begründen. Dementsprechend verstößt der Arbeitnehmer auch nicht allein deshalb gegen seine Arbeitspflicht, weil er die durchschnittliche Fehlerhäufigkeit aller Arbeitnehmer überschreitet. Allerdings hat das BAG in der vorgenannten Entscheidung auch festgestellt, dass die längerfristige deutliche Überschreitung der durchschnittlichen Fehlerquote ein Anhaltspunkt dafür sein kann, dass der Arbeitnehmer vorwerfbar seine vertraglichen Pflichten verletzt. Legt der Arbeitgeber dies im Prozess dar, so muss der Arbeitnehmer erläutern, warum er trotz erheblich unterdurchschnittlicher Leistungen seine Leistungsfähigkeit ausschöpft. Entsprechendes gilt, wenn der Arbeitgeber darlegen und beweisen kann, dass der Arbeitnehmer eine erheblich geringere Leistung erbringt als vergleichbare Arbeitnehmer oder im Vergleich zu seinen eigenen früheren Leistungen. Auch in diesem Fall muss der Arbeitnehmer die Indizwirkung entkräften und vortragen, dass er gemessen an seinem Leistungsvermögen 100 % erbringt. Voraussetzung für eine personenbedingte Kündigung ist demnach (vgl. BAG v. 11.12.2003, 2 AZR 667/02), dass

- ► auch für die Zukunft mit einer „schweren Störung des Vertragsgleichgewichts" (= Minderleistung in dem genannten Ausmaß) zu rechnen ist,
- ► ein milderes Mittel (z. B. Umsetzung) zur Wiederherstellung des Vertragsgleichgewichts nicht zur Verfügung steht und
- ► dem Schutz älterer, langjährig beschäftigter und erkrankter Arbeitnehmer ausreichend Rechnung getragen wird.

 **WICHTIG!**

Wird die Kündigung eines Arbeitnehmers in Betracht gezogen, bedarf es einer ausreichenden Vorbereitung des Arbeitgebers. Es wird eine umfangreiche Datenbasis benötigt, um die Minderleistung darlegen zu können. Außerdem sollte der Arbeitgeber bereits Maßnahmen ergriffen haben, um das Leistungsniveau des betroffenen Arbeitnehmers anzuheben. Schließlich sollte vorsorglich eine Abmahnung ausgesprochen werden, da sich häufig erst im Rahmen eines Kündigungsschutzprozesses herausstellen wird, ob der Arbeitnehmer nicht mehr leisten kann oder nicht mehr leisten will, also möglicherweise eher verhaltensbedingte Gründe vorliegen. Dies darf aber nicht dazu führen, dass der Arbeitgeber sich erst im Laufe des Prozesses überlegt, auf welche Kündigungsgründe er die Kündigung stützen möchte.

## 2. Alkoholismus und Drogensucht

Bei Alkoholismus und Drogensucht handelt es sich medizinisch gesehen um behandlungsbedürftige Krankheiten. Abzugrenzen hiervon ist der einfache – nicht krankheitsbedingte – Alkoholmissbrauch. Da eine verhaltensbedingte Kündigung willensgesteuerte Pflichtverstöße des Arbeitnehmers voraussetzt, die krankheitsbedingte Sucht aber durch einen weitgehenden Ausschluss der Selbstkontrolle gekennzeichnet ist, scheidet in derartigen Fällen eine verhaltensbedingte Kündigung aus. Für die personenbedingte Kündigung gelten die Grundsätze zur krankheitsbedingten Kündigung.

Es müssen also folgende Voraussetzungen gegeben sein:

▶ Im Zeitpunkt des Kündigungszugangs müssen Tatsachen vorliegen, die die Prognose eines fortdauernden Alkoholismus des Arbeitnehmers rechtfertigen (negative Gesundheitsprognose).

▶ Der prognostizierte anhaltende Alkoholismus des Arbeitnehmers muss zu einer erheblichen Beeinträchtigung der betrieblichen Interessen führen, die sich nicht durch geeignete mildere Mittel vermeiden lässt.

▶ Die Interessenabwägung muss ergeben, dass der Arbeitgeber die Beeinträchtigungen unter Berücksichtigung der Besonderheiten des Einzelfalls nicht mehr hinnehmen muss (unzumutbare Belastung des Betriebs).

Von wesentlicher Bedeutung ist die Therapiebereitschaft des Arbeitnehmers. Die bei einer krankheitsbedingten Kündigung anzustellende negative Gesundheitsprognose ist immer dann zu bejahen, wenn der Arbeitnehmer zum Zeitpunkt des Kündigungszugangs zu einer Entziehungsmaßnahme nicht bereit ist. Von einer fehlenden Therapiebereitschaft kann nur dann ausgegangen werden, wenn der Arbeitnehmer dies durch Äußerungen oder sein Verhalten unmissverständlich zum Ausdruck gebracht hat.

 **TIPP!**

Der Arbeitgeber sollte vor Ausspruch der personenbedingten Kündigung in einem Gespräch die Einsichtsfähigkeit und Therapiebereitschaft des Arbeitnehmers klären! Denn der Arbeitgeber ist verpflichtet, dem Arbeitnehmer zunächst die Durchführung einer Entziehungskur zu ermöglichen (BAG v. 17.6.1999, 2 AZR 639/98, BAG v. 7.11.2002, 2 AZR 599/01).

Bricht der Arbeitnehmer eine Therapie vorzeitig ab oder wird er nach ihrem Abschluss rückfällig, so spricht dies für eine negative Gesundheitsprognose (BAG v. 20.12.2012, 2 AZR 32/11, ZTR 2013, 342).

## 3. Fehlende Arbeitserlaubnis

Fehlt die nach § 284 SGB III erforderliche Arbeitsgenehmigung oder berechtigt der Aufenthaltstitel des Ausländers nach dem Aufenthaltsgesetz nicht zur Arbeitsaufnahme, besteht ein gesetzliches Beschäftigungsverbot. Der Arbeitsvertrag wird jedoch nicht automatisch beendet. Zur Auflösung des Arbeitsverhältnisses bedarf es einer personenbedingten Kündigung. Verschweigt der Arbeitnehmer den Wegfall einer Aufenthalts- bzw. Arbeitserlaubnis, stellt dies einen wichtigen Grund für eine außerordentliche Kündigung gemäß § 626 Abs. 1 BGB dar (LAG Nürnberg v. 21.9.1994, 3 Sa 1176/93).

Eine personenbedingte Kündigung ist gerechtfertigt, wenn die Behörde die erforderliche Erlaubnis rechtskräftig und damit endgültig verweigert hat. Stehen dem Arbeitnehmer noch Rechtsmittel gegen die ablehnende Entscheidung zu, ist eine personenbedingte Kündigung dann nicht gerechtfertigt, wenn dem Arbeitgeber zugemutet werden kann, den Ausgang des Verfahrens abzuwarten. Dies hängt insbesondere von den Erfolgsaussichten des Rechtsmittels und der voraussichtlichen Dauer des Verfahrens ab.

Auch die Entziehung der Fahrerlaubnis kann einen solchen Eignungsmangel hervorrufen, wenn das Führen von Kraftfahrzeugen im Straßenverkehr die hauptsächliche Arbeitsaufgabe ist (LAG Mecklenburg-Vorpommern v. 17.1.2023, 5 Sa 82/22).

 **WICHTIG!**

Wird ein Arbeitnehmer wegen des Beschäftigungsverbots nicht eingesetzt, so gerät der Arbeitgeber nicht in Annahmeverzug. Dem Arbeitnehmer steht nach § 615 BGB kein Vergütungsanspruch zu.

## 4. Fehlende behördliche Erlaubnis

Wie bei der Arbeitserlaubnis kann auch der Wegfall sonstiger für die Berufsausübung erforderlicher Erlaubnisse den Arbeitgeber zur personenbedingten Kündigung berechtigen, z. B.

▶ die Approbation eines Arztes,

▶ die Fluglizenz eines Piloten,

▶ die Fahrerlaubnis eines Kraftfahrers,

▶ die polizeiliche Befugnis für Wachpersonen,

▶ die schulaufsichtliche Genehmigung für Lehrer.

Wird dem Arbeitnehmer vom Arbeitgeber die Betriebsfahrberechtigung entzogen, steht dies einem Verlust der behördlich oder gesetzlich vorgeschriebenen Fahrerlaubnis nicht gleich (BAG v. 5.6.2008, 2 AZR 984/06).

 **ACHTUNG!**

Eine Beendigungskündigung ist auch in den genannten Fällen immer unzulässig, wenn der Arbeitnehmer an einem anderen freien (gleich- oder geringwertigeren) Arbeitsplatz ohne die behördliche Erlaubnis weiterbeschäftigt werden kann und dies dem Arbeitgeber auch zumutbar ist!

## 5. Druckkündigung

Wird von einem oder mehreren Dritten (Arbeitskollegen, Betriebsrat, Gewerkschaft, Kunden etc.) unter Androhung von Nachteilen für den Arbeitgeber die Entlassung eines bestimmten Arbeitnehmers verlangt, so kann eine Druckkündigung berechtigt sein. Vor Ausspruch der Kündigung muss der Arbeitgeber sich aber schützend vor den Arbeitnehmer stellen und versuchen, den Dritten von der Realisierung seiner Drohungen abzubringen (BAG v. 18.9.1975, 2 AZR 311/74; BAG v. 18.7.2013, 6 AZR 420/12; BAG v. 19.7.2016, 2 AZR 637/15; BAG v. 15.12.2016, 2 AZR 431/15, ZTR 2017, 323). Betreffen die Ursachen für das Kündigungsverlangen Konflikte hinsichtlich der betrieblichen Zusammenarbeit, sollte der Arbeitgeber zunächst versuchen, durch Ausübung seines Weisungsrechts auf die involvierten Arbeitnehmer einzuwirken (BAG v. 19.7.2016, 2 AZR 637/15, ZTR 2017, 51). Ist dies nicht möglich, hat der Arbeitgeber als Mittel zur Abwendung des Kündigungsausspruchs insbesondere auch ein Schlichtungsverfahren in Betracht zu ziehen. Das gilt erst recht, wenn das Verlangen des Dritten sachlich ungerechtfertigt ist. Allerdings hat beispielsweise aber das Unterlassen eines Angebots auf Durchführung einer Mediation jedenfalls dann keinen

Einfluss auf die Wirksamkeit einer Druckkündigung, wenn der Arbeitgeber aufgrund ihm im Kündigungszeitpunkt bekannter Umstände annehmen durfte, eine der Konfliktparteien werde sich der freiwilligen Teilnahme an einem Mediationsverfahren ohnehin verschließen (BAG v. 19.7.2016, 2 AZR 637/15, ZTR 2017, 51). Bleibt dem Arbeitgeber nur noch die Wahl, den Arbeitnehmer zu entlassen oder die angedrohten schweren wirtschaftlichen Nachteile hinzunehmen, ist eine Kündigung gerechtfertigt. Eine solche soziale Rechtfertigung liegt beispielsweise aber nicht vor, wenn der Arbeitgeber im Falle einer Arbeitsverweigerung der Beschäftigten zur Durchsetzung eines unberechtigten Kündigungsverlangens nicht zumindest versucht, den Druck und die dadurch drohenden wirtschaftlichen Nachteile abzuwehren, indem er die Beschäftigten auf die Rechtswidrigkeit der Arbeitsniederlegung hinweist und für weitere Zuwiderhandlungen arbeitsrechtliche Maßnahmen in Aussicht stellt (vgl. BAG v. 15.12.2016, 2 AZR 431/15, ZTR 2017, 323).

Hierbei ist zu unterscheiden:

Besteht in der Person des zu Kündigenden ein sachlicher Grund für das Kündigungsverlangen des Dritten (z. B. unangemessener Führungsstil, mangelnde Teamfähigkeit), so handelt es sich um eine personenbedingte Kündigung.

Besteht dieser sachliche Grund nicht, so kann – zur Vermeidung der angedrohten schweren wirtschaftlichen Nachteile für den Betrieb – betriebsbedingt gekündigt werden (BAG v. 18.7.2013, 6 AZR 421/12).

Stellt sich die Einhaltung der ordentlichen Kündigungsfrist – angesichts der drohenden Nachteile – für den Arbeitgeber als unzumutbar dar, muss er außerordentlich (fristlos) kündigen.

 **WICHTIG!**

Die Kündigung muss zur Abwendung der drohenden Nachteile das letzte Mittel des Arbeitgebers sein. Kommen andere Maßnahmen zur Beseitigung des Konflikts in Betracht (z. B. Abmahnung, Versetzung oder Änderungskündigung), muss der Arbeitgeber diese Mittel zunächst ausschöpfen.

## 6. Sektenzugehörigkeit

Auch die Zugehörigkeit zu einer Sekte (z. B. Scientology) kann die mangelnde Eignung im Sinne einer personenbedingten Kündigung begründen. Dies gilt insbesondere dann, wenn die Mitgliedschaft in der Sekte zu einer möglichen Gefährdung anderer Personen führen kann oder die Berufstätigkeit zur Beeinflussung (z. B. von Arbeitskollegen oder Kunden) genutzt wird.

## 7. Tätigkeit für das MfS

Eine frühere Tätigkeit für das Ministerium für Staatssicherheit („Stasi") kann zu einer personenbedingten Kündigung führen. Dabei löst die Tätigkeit alleine die Kündigung noch nicht aus. Es gilt das Prognoseprinzip. Somit ist maßgeblich, ob das Vertrauen der Bürger in die Gesetzmäßigkeit der Verwaltung bei Bekanntwerden der Tätigkeit für das MfS derart beeinträchtigt würde, dass das Festhalten am Arbeitsverhältnis dem entgegenstünde (BAG v. 27.4.2006, 2 AZR 426/05; LAG Berlin-Brandenburg v. 16.10.2017, 5 Sa 462/17, ZTR 2018, 165).

Je größer das Maß der Verstrickung war, desto unwahrscheinlicher ist die Annahme, dieser Beschäftigte sei als Angehöriger des öffentlichen Dienstes der Bevölkerung noch zumutbar. Insbesondere ist im Rahmen der Interessenabwägung die Art der Tätigkeit, die der Arbeitnehmer in dem in Frage stehenden Arbeitsverhältnis ausübt, zu beachten. Ob das Vertrauen in die Verwaltung durch die Weiterbeschäftigung eines Arbeitnehmers

erschüttert wird, hängt auch davon ab, welche Wirkungsmöglichkeiten und Befugnisse der Arbeitnehmer in seinem jetzigen Arbeitsverhältnis hat. Schließlich bedarf es einer Abwägung des Zeitablaufs mit dem Gewicht der Kündigungsgründe.

Auch die Falschbeantwortung einer im berechtigten Aufklärungsinteresse gestellten Frage des Arbeitgebers nach einer solchen Tätigkeit oder die Abgabe einer Verpflichtungserklärung sind an sich geeignet, einen in der Person des Arbeitnehmers liegenden Kündigungsgrund i. S. d. § 1 Abs. 2 S. 1 KSchG darzustellen. Ein berechtigtes Interesse ist jedoch nicht gegeben, wenn der Arbeitgeber die entsprechende Kenntnis bereits besitzt – die Frage bezweckt nicht einen Test oder eine Prüfung der Wahrhaftigkeit des Arbeitnehmers in dem Sinne, dem Arbeitgeber einen nicht vorhandenen Kündigungsgrund erst zu verschaffen (LAG Berlin-Brandenburg v. 16.10.2017 a.a.O).

## 8. Freiheitsstrafen

Verbüßt ein Arbeitnehmer eine mehrjährige Freiheitsstrafe und hat die Tat keinen Bezug zum Arbeitsverhältnis, kommt grundsätzlich eine personenbedingte außerordentliche Kündigung mit sozialer Auslauffrist in Betracht (vgl. BAG v. 22.10.2015, 2 AZR 381/14, ZTR 2016, 333). Nach der Rechtsprechung des BAG (BAG v. 23.5.2013, 2 AZR 120/12) ist bei den Anforderungen an den Kündigungsgrund als auch bei der einzelfallbezogenen Interessenabwägung zu berücksichtigen, dass der Arbeitnehmer seine Leistungsunmöglichkeit und die damit einhergehende Störung des Arbeitsverhältnisses selbst zu vertreten hat. Dem Arbeitgeber sind deshalb zur Überbrückung der Fehlzeit typischerweise geringere Anstrengungen und Belastungen zuzumuten als bei einer Verhinderung des Arbeitnehmers etwa wegen Krankheit. Wurde rechtskräftig eine Freiheitsstrafe von mehr als zwei Jahren verhängt, kann der Arbeitgeber nach Ansicht des BAG den Arbeitsplatz in der Regel dauerhaft neu besetzen (vgl. daneben auch LAG Rheinland-Pfalz v. 5.4.2017, 4 Sa 310/16; LAG Hessen v. 21.11.2017, 8 Sa 146/17). Auch bereits bei einer Untersuchungshaft kann eine personenbedingte Kündigung des Arbeitnehmers in Betracht kommen (BAG v. 23.5.2013, 2 AZR 120/12, ZTR 2013, 969). Voraussetzung einer Kündigung wegen haftbedingter Arbeitsverhinderung ist, dass der Arbeitnehmer aller Voraussicht nach für eine verhältnismäßig erhebliche Zeit nicht in der Lage sein wird, seine arbeitsvertragliche Verpflichtung zu erfüllen. Maßgebend für die dafür anzustellende Prognose sind die objektiven Verhältnisse im Zeitpunkt des Zugangs der Kündigungserklärung. Grundlage für die Prognose muss dabei nicht zwingend eine bereits erfolgte strafgerichtliche Verurteilung sein. Es kommt darauf an, ob die der vorläufigen Inhaftierung zugrunde liegenden Umstände bei objektiver Betrachtung mit hinreichender Sicherheit eine solche Prognose rechtfertigen.

## 9. Glaubensgründe

Verweigert ein Arbeitnehmer aus Glaubensgründen eine arbeitsvertraglich vereinbarte Arbeitsleistung zu erbringen, kann dies eine ordentliche personenbedingte Kündigung rechtfertigen, wenn eine naheliegende andere Beschäftigungsmöglichkeit nicht besteht (BAG v. 24.2.2011, 2 AZR 636/09). Wegen seines Glaubenskonfliktes ist der Arbeitnehmer aus persönlichen Gründen außerstande, einen Teil der vertraglich versprochenen Leistung zu erbringen, sodass aufgrund dieses Umstandes eine Kündigung des Arbeitsverhältnisses durch einen in seiner Person liegenden Grund nach § 1 Abs. 2 KSchG gerechtfertigt sein kann. Der Arbeitgeber ist jedoch dann nicht zur Kündigung berechtigt, wenn er den Arbeitnehmer entweder innerhalb des vertraglich vereinbarten Leistungsspektrums oder aber zu geänderten Vertragsbedingungen unter Vermeidung des Konflikts sinnvoll weiterbeschäftigen kann (BAG v. 24.2.2011, 2 AZR 636/09).

### 10. Aktives Eintreten für eine verfassungsfeindliche Partei

Bei politischer Betätigung eines Beschäftigten des öffentlichen Dienstes für eine verfassungsfeindliche Partei kommt insbesondere bei einem Eintreten für deren verfassungsfeindlichen Ziele eine Kündigung sowohl unter verhaltens- als auch personenbedingten Gründen in Betracht, und zwar unabhängig davon, ob die Verfassungswidrigkeit durch das BVerfG festgestellt wurde (vgl. BAG v.12.5.2011, 2 AZR 479/09). Die Mitgliedschaft in einer verfassungsfeindlichen Organisation oder ein Tätigwerden für diese sind zwar als Indizien für das Fehlen der Bereitschaft zur Verfassungstreue zu sehen, sie reichen für sich genommen nach Ansicht des LAG Köln (v. 23.7.2020, 8 Sa 57/20) als Eignungsmangel regelmäßig noch nicht aus. Nach dem LAG Berlin-Brandenburg rechtfertigt das Präsentieren eines Hakenkreuzes auf dem Einband der Originalausgabe von „Mein Kampf" die Kündigung eines Arbeitsverhältnisses auch ohne Abmahnung (LAG Berlin-Brandenburg v. 25.9.2017, 10 Sa 899/17, ZTR 2018, 163).

Die politische Aktivität im rechten „Flügel" der AfD verbunden mit öffentlichen rassistischen Äußerungen auf der Plattform X rechtfertigen die vorzeitige Versetzung in den Ruhestand eines Richters (vgl. BGH v. 5.10.2023, RzZ(R) 1/23, NVwZ 2023, 1932).

Das LAG München (v. 18.7.2023, 7 Sa 71/23) hat die Kündigung einer Beschäftigten als gerechtfertigt angesehen, die als Rednerin für die „Münchener Freiheitsversammlung" auf Anti-Corona-Demonstrationen auftrat und aktiv zum Widerstand gegen einen „reaktionären und faschistoiden Staat" aufrief.

### 11. Nichteinhaltung von Schutzmaßnahmen im Rahmen der Corona-Pandemie

#### Nichttragen eines Mund-Nasen-Schutzes

Auch die Verweigerung des Tragens eines angeordneten Mund-Nasen-Schutzes kann im Einzelfall eine personenbedingte Kündigung rechtfertigen. Unabhängig von einer wirksamen Befreiung von der Maskenpflicht, welche eine verhaltensbedingte Kündigung wegen Arbeitsverweigerung auszuschließen vermag, fehlt es an der erforderlichen Eignung des betroffenen Arbeitnehmers, sofern der Arbeitgeber jenen nicht mehr einsetzen kann (vgl. ArbG Cottbus v. 17.6.2021, 11 Ca 10390/20). Wenn der Arbeitnehmer ärztlich attestiert nicht zum Tragen der Maske in der Lage ist, liegt Arbeitsunfähigkeit vor. Da das deutsche Entgeltfortzahlungsgesetz keine Teilarbeitsunfähigkeit kennt, muss der Arbeitgeber sich auch nicht auf die Möglichkeit eines mobilen Arbeitens verweisen lassen, sofern diese die Arbeitsfähigkeit des Betroffenen nicht wiederherstellen kann. Nicht ausreichend ist somit, wenn lediglich ein Teil des Aufgabenbereichs im Home-Office wahrgenommen werden könnte (vgl. LAG Köln v. 12.4.2021, 2 SaGa 1/21; ArbG Siegburg v. 18.8.2021, 4 Ca 2301/20 i.R. eines Beschäftigungsanspruchs).

## III. Krankheit

### 1. Begriff und Abgrenzung

Immer dann, wenn die Krankheit eines Arbeitnehmers Anlass zu einer personenbedingten Kündigung gibt, spricht man von einer sog. krankheitsbedingten Kündigung. Hierbei sind vier Fallgruppen zu unterscheiden:

lang anhaltende Krankheit,

häufige Kurzerkrankungen,

dauernde Arbeitsunfähigkeit,

krankheitsbedingte Eignungs- oder Leistungsminderung.

 **ACHTUNG!**

Nicht die Krankheit als solche, sondern nur deren störende Auswirkungen auf den Betrieb des Arbeitgebers können eine krankheitsbedingte Kündigung rechtfertigen.

Ob eine krankheitsbedingte Kündigung sozial gerechtfertigt ist, muss in drei Stufen geprüft werden:

▸ Im Zeitpunkt des Kündigungszugangs müssen Tatsachen vorliegen, die die Prognose einer fortdauernden Krankheit des Arbeitnehmers rechtfertigen (negative Gesundheitsprognose).

▸ Der prognostizierte Gesundheitszustand des Arbeitnehmers muss zu einer erheblichen Beeinträchtigung der betrieblichen Interessen führen, die sich nicht durch geeignete mildere Mittel vermeiden lässt.

▸ Die Interessenabwägung muss ergeben, dass der Arbeitgeber die Beeinträchtigungen unter Berücksichtigung der Besonderheiten des Einzelfalls nicht mehr hinnehmen muss (unzumutbare Belastung des Betriebes).

 **ACHTUNG!**

Krankheit und Behinderung sind voneinander abzugrenzen – eine schlichte Gleichsetzung der Begriffe ist ausgeschlossen (EuGH v. 11.4.2013, C-335/11 – HK Danmark; EuGH v. 18.1.2018, C-270/16). Nach der Rechtsprechung des EuGH liegt eine Diskriminierung dann nicht vor, wenn die Kündigung eines schwerbehinderten Mitarbeiters ausschließlich wegen Krankheit erfolgt (EuGH v. 11.7.2006, C-13/05 – Chacon Navas). Werden die einzelnen Erkrankungen jedoch durch die Behinderung bedingt, sodass insbesondere sowohl die Häufigkeit als auch die negative Gesundheitsprognose auf die Behinderung zurückzuführen sind, ist in der Regel von einer diskriminierenden Kündigung auszugehen. Ein Gesundheitszustand fällt nach dem EuGH nur dann unter den Begriff der „Behinderung", wenn dieser Zustand eine Einschränkung der Fähigkeit nach sich zieht, die unter anderem auf langfristige physische, geistige oder psychische Beeinträchtigungen zurückzuführen ist, die den Betreffenden an der vollen und wirksamen Teilhabe am Berufsleben unter Gleichstellung mit den übrigen Arbeitnehmern hindern können. Eine Kündigung eines Arbeitnehmers mit Behinderung aus „sachlichen Gründen", weil dieser die vom Arbeitgeber gestellten Anforderungen nicht erfüllt, ist eine mittelbare Diskriminierung, es sei denn, der Arbeitgeber hat zuvor angemessene Vorkehrungen für diesen Arbeitnehmer getroffen (EuGH v. 11.9.2019, C-397/18 – Nobel Plastiques Ibérica).

### 2. Negative Gesundheitsprognose

Die Gesundheitsprognose muss auch in Zukunft negativ sein, d. h. der Arbeitgeber muss mit weiteren krankheitsbedingten Beeinträchtigungen des Arbeitsverhältnisses rechnen. Die negative Gesundheitsprognose ist anhand von objektiven Umständen festzustellen. Sollten nach Ausspruch der Kündigung neue Tatsachen hinzutreten, wird die vorher gestellte Prognose nicht beeinträchtigt. Eine nachträgliche Korrektur ist nicht möglich (vgl. BAG v. 29.4.1999, 2 AZR 431/98). Gleiches gilt für den Fall, dass sich nachträglich das Verhalten des Arbeitnehmers ändert – er eine Kur doch annimmt, sich behandeln lässt oder seine ehemals ungesunde Lebenseinstellung ändert (vgl. BAG v. 7.11.2002, 2 AZR 599/01). Das LAG Mecklenburg-Vorpommern entschied, dass einer negativen Prognose nicht entgegenstünde, dass die Arbeitsunfähigkeitszeit auf unterschiedlichen Erkrankungen beruht. Selbst wenn die Krankheitsursachen verschieden sind, können sie doch auf eine allgemeine Krankheitsanfälligkeit hinweisen, die prognostisch andauert. Dies gelte auch dann, wenn einzelne Erkrankungen ausgeheilt sind (LAG Mecklenburg-Vorpommern v. 28.11.2017, 5 Sa 54/17). Krankheitsbedingte Arbeitsunfähigkeitszeiten infolge eines Unfalls sind regelmäßig nicht prognosefähig und für die Frage der negativen Gesundheitsprognose grundsätzlich nicht relevant (LAG Köln v. 28.3.2023, 4 Sa 659/22).

Bei häufigen Kurzerkrankungen wird von einem regelmäßigen Referenzzeitraum von drei Jahren vor Ausspruch der Kündigung ausgegangen (BAG v. 23.1.2014, 2 AZR 582/13, ZTR 2014, 553). Ein Zeitraum von unter zwei Jahren hingegen wird nach Ansicht der Rechtsprechung zu sehr von Zufällen geprägt sein, als das eine fundierte Prognose ausreichend sei (LAG Düsseldorf v. 17.5.2022, 14 Sa 825/21). In Einzelfällen sind jedoch auch kürzere, hinreichend prognosefähige Fehlzeiträume zuzulassen (BAG v. 25.4.2018, 2 AZR 6/18), insbesondere wenn ein starker Anstieg an Fehlzeiten ab Übergang in ein unbefristetes Arbeitsverhältnis vorliegt (vgl. Richter, ArbRAktuell 2023, 255). Gleiches dürfte ebenfalls bei einem Anstieg nach Beendigung der Probezeit gelten.

Aus gesetzlichen Vorschriften, dem Arbeitsvertrag oder dem Tarifvertrag kann sich die Verpflichtung des Arbeitnehmers ergeben, sich auf Wunsch des Arbeitgebers untersuchen zu lassen. Nach § 3 Abs. 4 TVöD kann der Arbeitgeber bei begründeter Veranlassung auch eine betriebsärztliche Untersuchung in die Wege leiten (vgl. hierzu Breier/Dassau, TVöD Komm. Erl. 5.1 zu § 3 TVöD Rn. 82 ff.). Schmerzhafte und risikobeladene Untersuchungen können dem Arbeitnehmer aber nicht zugemutet werden. Der Arbeitnehmer kann den Arzt frei wählen, wenn das nach dem Untersuchungszweck möglich ist. Die Kosten der Untersuchung hat der Arbeitgeber zu tragen.

Verweigert der Arbeitnehmer die Mitwirkung, kommt nach vorheriger Abmahnung eine verhaltensbedingte Kündigung in Betracht.

### 3. Beeinträchtigung von betrieblichen Interessen

Krankheitsbedingte Ausfallzeiten können die betrieblichen Interessen des Arbeitgebers in zweifacher Hinsicht beeinträchtigen und deshalb eine krankheitsbedingte Kündigung rechtfertigen:

▸ Zum einen können durch die Ausfallzeiten schwerwiegende Störungen im Betriebsablauf (z. B. Produktionsausfall oder -minderung, erforderlicher Abzug von benötigten Arbeitnehmern aus anderen Arbeitsbereichen) entstehen.

▸ Zum anderen können sie zu erheblichen wirtschaftlichen Belastungen des Arbeitgebers führen. Eine solche Belastung kann z. B. in Mehraufwendungen für die Beschäftigung von Aushilfskräften oder in außergewöhnlich hohen Lohnfortzahlungskosten liegen.

Keine „kündigungsrelevante" wirtschaftliche Belastung vermögen Sondervergütungen im Sinne von § 4a EFZG zu begründen, die der Arbeitgeber zusätzlich zum laufenden Arbeitsentgelt erbringt. Dies gilt selbst in Jahren, in denen der Arbeitnehmer durchgehend arbeitsunfähig war (BAG v. 22.7.2021, 2 AZR 125/21, ZTR 2021, 706).

### 4. Interessenabwägung

Wenn die krankheitsbedingten Betriebsstörungen durch Überbrückungsmaßnahmen (wie z. B. Einstellung von Aushilfskräften, Anordnung von Überstunden oder Mehrarbeit, personelle Umstellungen, organisatorische Änderungen) gemildert bzw. aufgefangen werden können, kommt eine krankheitsbedingte Kündigung nicht in Betracht. Das Gleiche gilt, wenn ein Arbeitsausfall oder eine Arbeitsverzögerung mit den vorhandenen Mitteln ohne zusätzliche Kosten vermieden werden kann.

Ob und wieweit der Arbeitgeber verpflichtet ist, weitergehende Überbrückungsmaßnahmen einzuleiten, muss in jedem Einzelfall durch die Interessenabwägung geklärt werden. Hierbei sind die allgemeinen Grundsätze einer Interessenabwägung bei einer personenbedingten Kündigung entsprechend anzuwenden.

Auf Seiten des Arbeitnehmers sind zu berücksichtigen:

▸ Ursachen der Krankheit,

▸ Dauer der Betriebszugehörigkeit,

▸ Lebensalter,

▸ Tätigkeit und Stellung im Betrieb.

Die persönlichen Verhältnisse des Arbeitnehmers bleiben unberücksichtigt, soweit sie keinen konkreten Bezug zur Krankheit oder zum Arbeitsverhältnis haben.

Auf Seiten des Arbeitgebers sind zu berücksichtigen:

▸ Aktivitäten des Arbeitgebers zur Senkung des Krankenstandes (z. B. Vorsorge- und Rehabilitationsmaßnahmen, Verbesserung der Arbeitsplatzbedingungen, Krankengespräche),

▸ allgemeine organisatorische Maßnahmen zur Verhinderung oder Eindämmung fehlzeitenbedingter Betriebsstörungen (z. B. Schaffung einer Personalreserve).

Eine unbefristete Doppelbesetzung der Stelle zum Auffangen der Tätigkeiten kann dem Arbeitgeber nicht zugemutet werden. Nur in Einzelfällen kann der Arbeitgeber verpflichtet sein, eine befristete überbrückende Vertretung einzustellen (LAG Schleswig-Holstein v. 10.1.2024, 3 Sa 74/23).

 **WICHTIG!**

Vor dem Ausspruch einer krankheitsbedingten Kündigung sollte ein betriebliches Eingliederungsmanagement gemäß § 167 Abs. 2 S. 1 SGB IX durchgeführt werden. Dieses ist zwar nicht formelle Voraussetzung einer personenbedingten Kündigung, hat jedoch Bedeutung für die Verhältnismäßigkeit und wird regelmäßig von den Arbeitsgerichten als ungeschriebene Voraussetzung angesehen. Wird kein betriebliches Eingliederungsmanagement durchgeführt, muss der Arbeitgeber in einem Kündigungsschutzprozess darlegen und beweisen, dass es keine alternativen Einsatzmöglichkeiten des Arbeitnehmers gibt, die der Krankheit angemessen sind (BAG v. 12.7.2007, 2 AZR 716/06; BAG v. 20.11.2014, 2 AZR 755/13; BAG v. 13.5.2015, 2 AZR 565/14). Dieser Beweis ist in der Praxis schwer zu führen (vgl. hierzu LAG Berlin-Brandenburg v. 18.5.2017, 5 Sa 1303/16; LAG Rheinland-Pfalz v. 10.7.2017, 3 Sa 153/17).

Der Arbeitgeber erfüllt die ihm obliegende Initiativpflicht zur Durchführung eines betrieblichen Eingliederungsmanagements nur, wenn er den Arbeitnehmer zuvor nach § 167 Abs. 2 S. 4 SGB IX auf die Ziele des betrieblichen Eingliederungsmanagements sowie Art und Umfang der dabei erhobenen Daten hingewiesen hat (BAG v. 24.3.2011, 2 AZR 170/10; BAG v. 20.11.2014, 2 AZR 755/13, ZTR 2015, 343; LAG Hamburg v. 8.6.2017, 7 Sa 20/17).

## 5. Lang andauernde Krankheit

Eine Kündigung wegen lang andauernder Krankheit kommt immer nur dann in Betracht, wenn der Arbeitnehmer bei Kündigungszugang arbeitsunfähig erkrankt und das Ende der Arbeitsunfähigkeit nicht abzusehen ist.

 **WICHTIG!**

Die Kündigung wegen lang andauernder Krankheit setzt nicht voraus, dass der Arbeitnehmer bereits seit längerer Zeit arbeitsunfähig erkrankt ist. Auch hier gilt die Voraussetzung der negativen Zukunftsprognose.

Kündigungsgrund ist nicht die bisherige Krankheit, sondern die betriebliche Beeinträchtigung durch künftige lange Arbeitsunfähigkeit. Die Wiedergenesung muss entweder nicht absehbar sein oder voraussichtlich noch längere Zeit dauern. Das Bundesarbeitsgericht führt hierzu aus, dass die Ungewissheit der Wiederherstellung der Arbeitsfähigkeit einer krankheitsbedingten dauernden Leistungsunfähigkeit dann gleichsteht, wenn in den nächsten 24 Monaten mit einer anderen Prognose nicht gerechnet werden kann (BAG v. 29.4.1999, 2 AZR 431/98; BAG v. 30.9.2010, 2 AZR 88/09). Welche Dauer der Arbeitgeber hier hinzunehmen hat, hängt vom Ausmaß der Betriebsstörung und vom Umfang der wirtschaftlichen Belastungen des Arbeitgebers ab. Dabei kann der Umstand, dass der Arbeitnehmer infolge einer Erkrankung für unabsehbarere Zeit nicht in der Lage ist, seine vertraglich übernommene Arbeit zu verrichten, geeignet sein, eine außerordentliche Kündigung zu rechtfertigen (BAG v. 22.3.2018, 8 AZR 190/17). Dauert die Arbeitsunfähigkeit allerdings nicht länger als drei Monate, wird eine Kündigung nur in Ausnahmefällen möglich sein.

 **WICHTIG!**

Wegen lang andauernder Krankheit kann generell nicht gekündigt werden, wenn der Arbeitnehmer wahrscheinlich noch vor Ablauf der Kündigungsfrist wieder arbeitsfähig wird.

## 6. Häufige Kurzerkrankungen

Eine krankheitsbedingte Kündigung wegen häufiger Kurzerkrankungen kommt in Betracht, wenn objektive Tatsachen die Besorgnis begründen, dass in Zukunft mit überdurchschnittlich häufiger krankheitsbedingter Arbeitsunfähigkeit zu rechnen ist. Hohe Fehlzeiten in der Vergangenheit bieten dafür einen Anhaltspunkt. Aufschlussreich können hierbei vor allem Art, Dauer und Häufigkeit der bisherigen Erkrankungen sein. Insbesondere bei chronischen Erkrankungen kann aus den bisherigen Krankheitszeiten unmittelbar auf zukünftige Fehlzeiten geschlossen werden (im Sinne einer negativen Gesundheitsprognose). Zur Erstellung der Gesundheitsprognose ist – vorbehaltlich des Vorliegens besonderer Umstände – regelmäßig ein Referenzzeitraum von drei Jahren vor Zugang der Kündigung beziehungsweise vor Einleitung des Verfahrens zur Beteiligung einer bestehenden Arbeitnehmervertretung zugrunde zu legen (BAG v. 25.4.2018, 2 AZR 6/18, ZTR 2018, 594). Mit Hinweis darauf, dass der regelmäßig dreijährige Referenzzeitraum nicht starr sei, sondern aufgrund besonderer Umstände des Einzelfalls kürzere, hinreichend prognosefähige Fehlzeitenräume zuzulassen seien, hat das LAG Düsseldorf (v. 17.5.2022, 14 Sa 825/21) einen Referenzzeitraum von zwei Jahren vor Ausspruch einer personenbedingten Kündigung wegen häufiger (Kurz-)Erkrankungen unter den Umständen des zu beurteilenden Falles als hinreichende Basis der negativen Prognose zukünftiger Arbeitsunfähigkeiten erachtet. In der Regel wird ein Zeitraum von unter zwei Jahren zu sehr von Zufällen geprägt sein, als dass eine fundierte Prognose möglich wäre (LAG Düsseldorf v. 17.5.2022, 14 Sa 825/21).

Zu den Betriebsbeeinträchtigungen, die sich durch häufige Kurzerkrankungen ergeben können, zählen neben den Kosten für die Beschäftigung von Aushilfskräften in erster Linie die Lohnfortzahlungskosten, die jährlich für einen Zeitraum von mehr als sechs Wochen aufzuwenden sind. Ist zu erwarten, dass die Lohnfortzahlungskosten künftig für mehr als sechs Wochen jährlich anfallen werden, ist dies ein Grund für die krankheitsbedingte Kündigung.

Bei gleichzeitiger Störung des Betriebsablaufs können schon jährliche Ausfallzeiten von weniger als sechs Wochen kündigungsrelevant sein. Entscheidend sind dabei die Kosten des Arbeitsverhältnisses und nicht die Gesamtbelastung des Unternehmens mit Lohnfortzahlungskosten.

## 7. Krankheitsbedingte Eignungs- und Leistungsminderung

Führt die Krankheit zu einer erheblichen Leistungsminderung oder beeinträchtigt sie die Eignung des Arbeitnehmers, kommt eine krankheitsbedingte Kündigung auch dann in Betracht, wenn Ausfallzeiten hierdurch nicht begründet werden. Im Einzelnen müssen folgende Voraussetzungen gegeben sein:

▶ Die Leistungsfähigkeit oder Eignung des Arbeitnehmers muss voraussichtlich in Zukunft eingeschränkt sein (negative Gesundheitsprognose).

▶ Hierdurch muss eine erhebliche Beeinträchtigung betrieblicher Interessen entstehen. Hierfür genügt nicht jede geringfügige Minderleistung. Der Leistungsunterschied zu der arbeitsvertraglich geschuldeten Arbeitsleistung muss deutlich sein.

▶ Es muss eine Interessenabwägung vorgenommen werden.

In solchen Fällen ist genau zu prüfen, ob sich die Beeinträchtigungen betrieblicher Interessen ohne Kündigung durch anderweitige, zumutbare Mittel auf ein hinnehmbares Maß verringern lassen. In Betracht kommen insoweit organisatorische Maßnahmen oder eine anderweitige Beschäftigung des Arbeitnehmers. Der Arbeitgeber hat zur Vermeidung einer krankheitsbedingten Kündigung dem Arbeitnehmer auch geeignete freie Arbeitsplätze mit schlechteren Arbeitsbedingungen anzubieten. Dies muss im Wege der Änderungskündigung erfolgen.

## 8. Krankheitsbedingte dauernde Leistungsunfähigkeit

Steht fest, dass der Arbeitnehmer seine vertragliche Leistungspflicht überhaupt nicht mehr erfüllen kann, ergibt sich bereits daraus die auf das einzelne Arbeitsverhältnis bezogene betriebliche Beeinträchtigung, die zu einer krankheitsbedingten Kündigung berechtigt.

Verfügt jedoch der Arbeitnehmer noch über ausreichende Eignung und Leistungsfähigkeit für einen anderen freien Arbeitsplatz, so ist ihm dieser – auch wenn er mit schlechteren Arbeitsbedingungen verknüpft ist – anzubieten. In diesem Zusammenhang ist dem Arbeitgeber auch zuzumuten, angemessene Umschulungs- und Fortbildungsmaßnahmen zu veranlassen.

Sofern eine dauernde Leistungsunfähigkeit nicht medizinisch festgestellt ist, beispielsweise als Folge eines schweren Unfalls, bedarf es einer entsprechenden Negativprognose, die sich wiederum aus einer langanhaltenden Arbeitsunfähigkeit ergeben kann. Der Rückschluss von einer langanhaltenden Arbeitsunfähigkeit auf eine voraussichtlich dauernde Leistungsunfähigkeit ist im Regelfall erst dann möglich, wenn der Arbeitnehmer etwa

18 Monate ununterbrochen krank war (LAG Mecklenburg-Vorpommern v. 21.6.2022, 5 Sa 259/21). Hat der Arbeitgeber im Falle einer langanhaltenden Arbeitsunfähigkeit durchgängige Fehlzeiten im Umfang von etwa 18 Monaten dargelegt, die eine dauernde Leistungsunfähigkeit indizieren, kann der Arbeitnehmer demgegenüber einwenden, dass nach ärztlicher Einschätzung jedenfalls in den nächsten 24 Monaten mit einer Genesung zu rechnen sei. Ist hingegen in den nächsten 24 Monaten eine Wiederherstellung der Arbeitsfähigkeit nicht zu erwarten, kann von einer dauernden Leistungsunfähigkeit ausgegangen werden (LAG Mecklenburg-Vorpommern v. 21.6.2022, 5 Sa 259/21 m. w. N.).

 **WICHTIG!**

Der dauernden Leistungsunfähigkeit steht es gleich, wenn der Arbeitnehmer bereits seit längerer Zeit arbeitsunfähig erkrankt ist und die Wiederherstellung seiner Arbeitsfähigkeit völlig ungewiss ist. Dies ist dann der Fall, wenn in den nächsten 24 Monaten mit einer anderen Gesundheitsprognose nicht gerechnet werden kann.

---

### C. Checkliste Personenbedingte Kündigung

❏ Ist der Arbeitnehmer schon seit längerer Zeit arbeitsunfähig erkrankt und ist das Ende der Erkrankung nicht absehbar? **oder**

Ist der Arbeitnehmer auf Grund einer Erkrankung dauerhaft nicht in der Lage, seine vertraglich geschuldete Arbeitsleistung zu erbringen? **oder**

Ist der Arbeitnehmer in den letzten drei Jahren oftmals (mindestens 6 Wochen im Durchschnitt) arbeitsunfähig erkrankt (häufige Kurzerkrankungen) und ist auch in Zukunft mit entsprechenden Fehlzeiten zu rechnen?

▶ Wenn keiner der drei Fälle zutrifft, kann nicht krankheitsbedingt gekündigt werden.

❏ Führen die krankheitsbedingten Ausfälle zu erheblichen betrieblichen Beeinträchtigungen (z. B. Betriebsablaufstörungen oder erheblichen wirtschaftlichen Belastungen)?

▶ Wenn nein, kann nicht krankheitsbedingt gekündigt werden.

❏ Können diese erheblichen betrieblichen Beeinträchtigungen mit milderen Mitteln (z. B. Um- oder Versetzung, Änderungskündigung, Umschulung oder befristete Neueinstellung) beseitigt werden?

▶ Wenn ja, kann nicht krankheitsbedingt gekündigt werden.

❏ Sind zugunsten des Arbeitnehmers besondere Umstände (z. B. betrieblicher Anlass der Erkrankung, lange Betriebszugehörigkeit) zu berücksichtigen?

▶ Wenn ja, ist eine Interessenabwägung erforderlich.

❏ Besteht für den Arbeitnehmer Sonderkündigungsschutz?

▶ Wenn ja, kann nur unter engen Voraussetzungen gekündigt werden.

Weiter mit → *Checkliste Kündigung*!

---

# Pflegezeit

 **Wegweiser:**

Für die Mitarbeiter des öffentlichen Dienstes bieten im Falle der Pflegebedürftigkeit naher Angehöriger tarifvertragliche Regelungen beispielsweise über Sonderurlaub (§ 28 TVöD/TV-L) oder Arbeitsbefreiung (§ 29 TVöD/TV-L) sowie über den Anspruch auf Teilzeitbeschäftigung (§ 11 TVöD/TV-L) Möglichkeiten, Beruf und familiäre Pflege zu vereinbaren. Die Vorschriften des PflegeZG sowie des FPfZG und die tariflichen Regelungen stehen nun nebeneinander und ergänzen sich teilweise.

Vergleiche auch Breier/Dassau TVöD Komm. Teil K 7, TV-L Komm. Teil K 8.

**I. Begriff**

**II. Anwendungsbereich**
1. Persönlicher Anwendungsbereich
2. Nahe Angehörige
3. Pflegebedürftigkeit

**III. Kurzfristige Freistellung (§ 2 PflegeZG)**
1. Pflegebedürftigkeit eines nahen Angehörigen
2. Akut aufgetretene Pflegesituation
3. Erforderlichkeit der Freistellung
4. Anzeige- und Nachweispflicht

**IV. Pflegezeit und weitere Freistellungen nach §§ 3, 4 PflegeZG**
1. Pflegezeit nach § 3 Abs. 1 PflegeZG
    1.1 Pflegebedürftiger naher Angehöriger
    1.2 Pflege in häuslicher Umgebung
    1.3 Unternehmensgröße
    1.4 Dauer der Pflegezeit
    1.5 Beginn der Pflegezeit
    1.6 Ende der Pflegezeit
    1.7 Nachweispflicht
2. Freistellung nach § 3 Abs. 5 PflegeZG
3. Freistellung nach § 3 Abs. 6 PflegeZG

**V. Rechtsfolgen**

**VI. Sonderkündigungsschutz**

**VII. Ersatzeinstellung**

**VIII. Sozialversicherungsrecht**

**IX. Finanzielle Förderung**

**X. Unabdingbarkeit**

## I. Begriff

Ziel des zum 1.7.2008 in Kraft getretenen Pflegezeitgesetzes ist es, Beschäftigten die Möglichkeit zu eröffnen, pflegebedürftige nahe Angehörige in häuslicher Umgebung zu pflegen und damit die Vereinbarkeit von Beruf und familiärer Pflege zu verbessern (§ 1 PflegeZG). Hierfür sieht das PflegeZG zwei unterschiedliche Ansprüche des Beschäftigten vor: Zum einen das Recht kurzzeitig, d. h. bis zu zehn Arbeitstage, der Arbeit fernzubleiben, um die bedarfsgerechte Pflege eines nahen Angehörigen in einer akut aufgetretenen Pflegesituation zu organisieren bzw. eine pflegerische Versorgung sicherzustellen (§ 2 PflegeZG). Zum anderen die eigentliche Pflegezeit, d. h. eine vollständige oder teilweise Freistellung von der Arbeit bis zu einer Dauer von sechs Monaten (§§ 3, 4 PflegeZG).

Neben dem hier dargestellten Anspruch auf Pflegezeit nach dem PflegeZG eröffnet das zum 1.1.2012 in Kraft getretene Familienpflegezeitgesetz (FPflegeZG) weitere Möglichkeiten, die häusliche Pflege naher Angehöriger zu gestalten. Insbesondere ist hier eine Freistellung von bis zu 24 Monaten möglich. Es muss jedoch eine wöchentliche Mindestarbeitszeit von 15 Stunden verbleiben. Vgl. hierzu ausführlich unter → *Familienpflegezeit*.

Eine kurzzeitige Arbeitsbefreiung wegen der schweren Erkrankung eines Angehörigen können Mitarbeiter des öffentlichen Dienstes auch nach § 29 Abs. 1 S. 1 lit. e) TVöD/TV-L geltend machen. Diese beträgt je nachdem, wer erkrankt ist, allerdings nur zwischen einem und vier Tagen im Kalenderjahr. Diese tarifliche Arbeitsbefreiung erfolgt unter Fortzahlung des Entgelts.

Darüber hinaus stellen Pflege und Betreuung eines minderjährigen Kindes oder sonstiger pflegebedürftiger Angehöriger einen wichtigen Grund im Sinne des § 28 TVöD/TV-L dar und begründen daher einen Anspruch auf unbezahlten Sonderurlaub. Die Dauer dieses Urlaubs ist – anders als die Pflegezeit nach dem PflegeZG – zeitlich nicht befristet. Sie ist also Verhandlungssache und richtet sich nach der voraussichtlich benötigten Zeit. Bei Wegfall der Voraussetzungen kann allerdings weder der Arbeitgeber noch der Arbeitnehmer das Arbeitsverhältnis einseitig wieder in Vollzug setzen. Eine Änderung der ursprünglich vereinbarten Dauer bedarf des gegenseitigen Einvernehmens.

Schließlich begründet § 11 Abs. 1 TVöD/TV-L für Beschäftigte, die mindestens ein Kind unter 18 Jahren oder einen pflegebedürftigen sonstigen Angehörigen betreuen oder pflegen und dringende dienstliche bzw. betriebliche Belange nicht entgegenstehen, einen Anspruch auf Vereinbarung einer Teilzeitbeschäftigung. Anders als die Pflegeteilzeit nach PflegeZG kann diese auf bis zu fünf Jahre befristet werden. Eine Verlängerung ist möglich.

## II. Anwendungsbereich

### 1. Persönlicher Anwendungsbereich

Beschäftigte im Sinne des PflegeZG sind nach § 7 Abs. 1 PflegeZG:

- Arbeitnehmerinnen und Arbeitnehmer,
- die zu ihrer Berufsausbildung Beschäftigten,
- Personen, die wegen ihrer wirtschaftlichen Unselbstständigkeit als arbeitnehmerähnliche Personen anzusehen sind; zu diesen gehören auch die in Heimarbeit Beschäftigten und die ihnen Gleichgestellten.

**ACHTUNG!**
Bei zur Berufsausbildung Beschäftigten verlängert sich die Berufsausbildungszeit um die Pflegezeit (§ 4 Abs. 1 S. 4 PflegeZG).

**ACHTUNG!**
Das Gesetz sieht keine Wartezeit für das Entstehen des Anspruchs auf kurzzeitige Arbeitsbefreiung (§ 2 PflegeZG) oder Pflegezeit (§§ 3, 4 PflegeZG) vor, sodass auch Arbeitnehmer in der „Probezeit" diesen Anspruch haben.

### 2. Nahe Angehörige

Nahe Angehörige sind nach § 7 Abs. 3 PflegeZG:

- Großeltern, Eltern, Schwiegereltern, Stiefeltern
- Ehegatten, Lebenspartner, Partner einer ehe- oder lebenspartnerschaftsähnlichen Lebensgemeinschaft, Geschwister,

Ehegatten der Geschwister und Geschwister der Ehegatten, Lebenspartner der Geschwister und Geschwister der Lebenspartner

- Kinder, Adoptiv- oder Pflegekinder, die Kinder, Adoptiv- oder Pflegekinder des Ehegatten oder Lebenspartners, Schwiegerkinder und Enkelkinder.

### 3. Pflegebedürftigkeit

Pflegebedürftig sind gem. § 7 Abs. 4 S. 1 PflegeZG Personen, die die Voraussetzungen nach den §§ 14 und 15 SGB XI erfüllen. Dies sind Personen, die wegen einer körperlichen, geistigen oder seelischen Krankheit oder Behinderung für die gewöhnlichen und regelmäßig wiederkehrenden Verrichtungen im Ablauf des täglichen Lebens auf Dauer, voraussichtlich für mindestens sechs Monate, in erheblichem oder höherem Maße (§ 15) der Hilfe bedürfen. Pflegebedürftig im Sinne von § 2 PflegeZG (kurzzeitige Arbeitsverhinderung) sind gem. § 7 Abs. 4 S. 2 PflegeZG auch die Personen, welche die Voraussetzungen nach den §§ 14 und 15 SGB XI voraussichtlich erfüllen.

## III. Kurzfristige Freistellung (§ 2 PflegeZG)

§ 2 Abs. 1 PflegeZG erlaubt es Beschäftigten, „bis zu zehn Arbeitstage der Arbeit fernzubleiben, wenn dies erforderlich ist, um für einen pflegebedürftigen nahen Angehörigen in einer akut aufgetretenen Pflegesituation eine bedarfsgerechte Pflege zu organisieren oder eine pflegerische Versorgung in dieser Zeit sicherzustellen". Dieser Anspruch besteht unabhängig von einer bestimmten Betriebsgröße oder Dauer der Betriebszugehörigkeit des Beschäftigten.

Das Gesetz knüpft diesen Anspruch an das Vorliegen bestimmter Voraussetzungen:

### 1. Pflegebedürftigkeit eines nahen Angehörigen

Das Recht zum Fernbleiben setzt die Pflegebedürftigkeit eines nahen Angehörigen voraus. Hierzu müssen die Voraussetzungen der §§ 14, 15 SGB XI erfüllt bzw. voraussichtlich erfüllt sein. Nach §§ 14, 15 SGB XI ist derjenige pflegebedürftig, der wegen einer körperlichen, geistigen oder seelischen Krankheit oder Behinderung für die gewöhnlich oder regelmäßig wiederkehrenden Verrichtungen im Ablauf des täglichen Lebens auf Dauer, voraussichtlich für mindestens sechs Monate, in erheblichem oder höherem Maße Hilfe bedarf. Diese Voraussetzungen erfüllen die Personen, bei denen mindestens die Pflegestufe 1 festgestellt ist (§ 15 SGB XI).

**ACHTUNG!**
Zu den Pflegebedürftigen zählen im Rahmen des § 2 PflegeZG bereits die Personen, bei denen die Voraussetzungen der §§ 14, 15 SGB XI voraussichtlich erfüllt sind. Die bloße Möglichkeit einer Pflegebedürftigkeit dürfte hierfür jedoch nicht ausreichend sein; erforderlich sind zumindest Tatsachen, auf Grund derer der Eintritt der Pflegebedürftigkeit als (überwiegend) wahrscheinlich erscheint.

### 2. Akut aufgetretene Pflegesituation

Der Freistellungsanspruch setzt eine akut aufgetretene Pflegesituation voraus. Nicht ausreichend ist eine in absehbarer Zeit drohende Pflegebedürftigkeit oder eine bereits bestehende, bei der keine wesentlichen Änderungen eingetreten sind. Nur bei der akut aufgetretenen Pflegesituation besteht ein Bedürfnis des berufstätigen Angehörigen, der Arbeit mit sofortiger Wirkung fernzubleiben. Akut aufgetreten ist die Pflegesituation, wenn sie plötzlich, also unerwartet und unvermittelt auftritt. Dies ist beispielsweise auch dann der Fall, wenn die bisherige Pflegekraft unerwartet ausfällt.

### 3. Erforderlichkeit der Freistellung

Der Freistellungsanspruch des Beschäftigten setzt voraus, dass die Freistellung erforderlich ist, um eine Pflege zu organisieren bzw. eine pflegerische Versorgung sicherzustellen. Dies ist nicht der Fall, wenn bereits eine andere Person für den Pflegebedürftigen eine bedarfsgerechte Pflege organisiert bzw. die pflegerische Versorgung sicherstellt. Diese Erforderlichkeitsmaxime gilt nicht nur hinsichtlich der Frage des „ob" der Freistellung, sondern auch hinsichtlich der Frage des „wie lange", wobei § 2 PflegeZG eine Freistellung von bis zu zehn Arbeitstagen zulässt.

### 4. Anzeige- und Nachweispflicht

§ 2 Abs. 2 PflegeZG bestimmt, dass Beschäftigte verpflichtet sind, dem Arbeitgeber ihre Verhinderung an der Arbeitsleistung und deren voraussichtliche Dauer unverzüglich mitzuteilen. Dem Arbeitgeber ist auf sein Verlangen eine ärztliche Bescheinigung über die (voraussichtliche) Pflegebedürftigkeit des nahen Angehörigen und die Erforderlichkeit der zu treffenden Maßnahme vorzulegen. Es ist nicht erforderlich, dass dem Arbeitgeber Angaben zur Art und Ursache der Pflegebedürftigkeit gemacht werden. Die Anzeige muss allerdings den Hinweis auf die akut aufgetretene Pflegesituation einer konkret benannten Person enthalten, um dem Arbeitgeber zu ermöglichen, von seinem Recht, die Vorlage einer ärztlichen Bescheinigung zu verlangen, Gebrauch machen kann.

 **ACHTUNG!**

§ 2 Abs. 2 PflegeZG geht hinsichtlich der Anzeigepflicht davon aus, dass dem Arbeitgeber auch die voraussichtliche Dauer mitzuteilen ist. Dieses Erfordernis sieht das Gesetz hinsichtlich der Nachweispflicht nicht vor, so dass der Nachweis über die Pflegebedürftigkeit und die Erforderlichkeit der Maßnahme ausreichend ist.

Die Erfüllung der Anzeige- und Nachweispflicht ist jedoch keine Tatbestandsvoraussetzung, d. h. auch ohne Erfüllung dieser Verpflichtungen besteht das Leistungsverweigerungsrecht. Allerdings kann eine Pflichtverletzung in diesem Bereich Schadensersatzansprüche des Arbeitgebers und – das jedenfalls nach vorheriger Abmahnung – eine verhaltensbedingte Kündigung rechtfertigen. Zudem gewährt § 5 PflegeZG dem Beschäftigten einen Sonderkündigungsschutz (dazu unter VI.), welcher allerdings erst ab dem Zeitpunkt der Ankündigung greift.

## IV. Pflegezeit und weitere Freistellungen nach §§ 3, 4 PflegeZG

§ 3 PflegeZG räumt den Beschäftigten sowohl einen Anspruch auf Pflegezeit für die Pflege eines nahen Angehörigen (Abs. 1) als auch einen Freistellungsanspruch für die Betreuung minderjähriger pflegebedürftiger Angehöriger (Abs. 5) oder für die Begleitung eines nahen Angehörigen am Lebensende (Abs. 6) ein. Die letztgenannten Freistellungsansprüche sind mit dem Gesetz zur besseren Vereinbarkeit von Familie, Pflege und Beruf zum 1.1.2015 neu eingeführt worden. Im Detail unterscheiden sich die Freistellungsansprüche nach § 3 PflegeZG.

### 1. Pflegezeit nach § 3 Abs. 1 PflegeZG

Beschäftigte sind nach § 3 Abs. 1 S. 1 PflegeZG von der Arbeitsleistung vollständig oder teilweise freizustellen, wenn sie

einen pflegebedürftigen nahen Angehörigen in häuslicher Umgebung pflegen (Pflegezeit).

### 1.1 Pflegebedürftiger naher Angehöriger

Voraussetzung für die Inanspruchnahme der Pflegezeit durch einen Beschäftigten ist die Pflegebedürftigkeit eines nahen Angehörigen. Anders als die kurzzeitige Arbeitsverhinderung, für welche gemäß § 7 Abs. 4 S. 2 PflegeZG eine voraussichtliche Pflegebedürftigkeit ausreichend ist, setzt der Anspruch des Beschäftigten auf Pflegezeit nach § 3 PflegeZG die bereits bestehende Pflegebedürftigkeit voraus (§ 7 Abs. 4 S. 1 PflegeZG). Notwendig ist demnach, dass der Pflegebedürftige die Voraussetzungen der §§ 14, 15 SGB XI erfüllt.

### 1.2 Pflege in häuslicher Umgebung

Beschäftigte haben nur dann einen Anspruch auf Pflegezeit, wenn sie einen nahen Angehörigen in häuslicher Umgebung pflegen. Der Beschäftigte muss demnach subjektiv die Absicht haben, den nahen Angehörigen zu pflegen, und objektiv dazu in der Lage sein. Darüber hinaus muss die Pflege in „häuslicher Umgebung" im Sinne des § 37 SGB XI erfolgen, wobei unter „häuslicher Umgebung" nicht ausschließlich der Haushalt des Pflegebedürftigen zu verstehen ist. Ausreichend ist, dass der Pflegebedürftige durch nahe Angehörige „in vertrauter Umgebung" gepflegt wird, so dass beispielsweise auch der Haushalt der Pflegeperson in Betracht kommen kann.

### 1.3 Unternehmensgröße

Während der Anspruch auf kurzzeitige Freistellung nach § 2 PflegeZG unabhängig von einer konkreten Unternehmensgröße ist, besteht der Anspruch auf Pflegezeit nicht gegenüber Arbeitgebern mit in der Regel 15 oder weniger Beschäftigten (§ 3 Abs. 1 S. 2 PflegeZG). Maßgeblich ist die Beschäftigtenzahl, die im Allgemeinen für das Unternehmen kennzeichnend ist. § 3 Abs. 1 S. 2 PflegeZG stellt auf die „Beschäftigten" ab, sodass sämtliche unter § 7 Abs. 1 Nr. 1–3 PflegeZG aufgeführten Personen unter diese Vorschrift fallen. Auf den Umfang der Beschäftigung kommt es nicht an, da – anders als beispielsweise in § 23 Abs. 1 S. 4 KSchG – eine Beschränkung fehlt.

**Beispiel**

Beschäftigt ein Arbeitgeber zehn Vollzeitarbeitnehmer, drei Arbeitnehmer in Teilzeit und drei zu ihrer Berufsausbildung Beschäftigte, so sind die Anforderungen an die Unternehmensgröße erfüllt.

### 1.4 Dauer der Pflegezeit

Die Pflegezeit beträgt für jeden pflegebedürftigen nahen Angehörigen maximal sechs Monate (§ 4 Abs. 1 PflegeZG), d. h. bei mehreren Pflegebedürftigen kann der Anspruch auch mehrfach geltend gemacht werden.

Darüber hinaus lässt das Gesetz die Verlängerung der Pflegezeit bis zur Maximaldauer von sechs Monaten zu, wenn diese zunächst nur für einen kürzeren Zeitabschnitt genommen wurde und der Arbeitgeber dieser Verlängerung zustimmt. Die Zustimmung kann formfrei erklärt werden. Sie ist nicht fristgebunden. Ein Anspruch auf Verlängerung bis zur Höchstdauer von sechs Monaten besteht dann, wenn die Pflegezeit zunächst nur für einen verkürzten Zeitraum genommen wurde und ein vorgesehener Wechsel in der Person des Pflegenden aus einem wichtigen Grund nicht erfolgen kann.

Eine „Splittung" der Pflegezeit in mehrere Zeitabschnitte, beispielsweise um die urlaubsbedingte Abwesenheit der Pflegekraft zu überbrücken, ist im Gesetz nicht vorgesehen. Das Pflegezeitgesetz lässt nur eine einmalige Pflegezeitnahme mit unmittelbar anschließender Verlängerungsmöglichkeit, nicht aber die Aufteilung der Pflegezeit in mehrere Abschnitte zu (LAG Baden-Württemberg v. 31.3.2010, 20 Sa 87/09, ZTR 2010, 382). Dies gilt jedenfalls dann, wenn der Arbeitnehmer zunächst nur für eine bestimmte Zeit Pflegezeit nimmt, und einen zweiten Zeitabschnitt erst später erwägt (BAG v. 15.11.2011, 9 AZR 348/10, ZTR 2012, 231). Ob etwas anderes gilt, wenn der Arbeitnehmer bereits von Beginn an eine zweigeteilte, den Zeitraum von insgesamt sechs Monaten nicht überschreitende Pflegezeit beabsichtigt und dies auch mitteilt, hat das BAG bisher offen gelassen.

Die Höchstdauer der Pflegezeit gilt pro Arbeitnehmer. Es ist daher ohne Weiteres zulässig, dass mehrere Beschäftigte nacheinander für einen pflegebedürftigen Angehörigen jeweils sechs Monate Pflegezeit nehmen.

**Beispiel**

Ein Beschäftigter beantragt bei seinem Arbeitgeber Pflegezeit für den Zeitraum vom 1.1.2020 bis zum 30.6.2020. Sein Bruder hat – ungeachtet dessen, dass für den pflegebedürftigen Angehörigen bereits eine sechsmonatige Pflegezeit genommen wurde – nunmehr die Möglichkeit, eine weitere sechsmonatige Pflegezeit, beispielsweise ab dem 1.7.2020 zu beantragen.

### 1.5 Beginn der Pflegezeit

Wer Pflegezeit beanspruchen will, muss dies dem Arbeitgeber spätestens zehn Arbeitstage vor Beginn schriftlich ankündigen und gleichzeitig erklären, für welchen Zeitraum und in welchem Umfang die Freistellung von der Arbeitsleistung in Anspruch genommen werden soll (§ 3 Abs. 3 S. 1 PflegeZG). Grundvoraussetzung für den Anspruch ist, dass zu diesem Zeitpunkt ein naher Angehöriger pflegebedürftig ist. Die voraussichtliche Pflegebedürftigkeit ist nicht ausreichend.

Wird die Schriftform nicht eingehalten, so wurde die Pflegezeit nicht wirksam beansprucht. Die Rechtsfolge – die vollständige Freistellung von der Arbeit – tritt in diesem Fall nicht ein, so dass ein Fernbleiben des Beschäftigten als unberechtigt zu werten ist. Auch der Sonderkündigungsschutz des § 5 Abs. 1 PflegeZG wird in diesem Fall nicht ausgelöst.

 **WICHTIG!**

Eine einfache E-Mail reicht für die Ankündigung nicht aus. Der Arbeitgeber kann aber im Rahmen seiner Fürsorgepflicht verpflichtet sein, Beschäftigte vor Ablauf der Ankündigungsfrist auf das Formversäumnis hinzuweisen. Tut er dies nicht, kann es ihm nach § 242 BGB verwehrt sein, sich auf die fehlende Schriftform zu berufen.

Wird die Pflegezeit seitens des Beschäftigten mit einer zu kurz bemessenen Ankündigungsfrist angezeigt, so führt dies zu einer Verschiebung der Pflegezeit um den entsprechenden Zeitraum der Fristversäumnis.

Nach § 3 Abs. 3 S. 2 PflegeZG ist für den Fall, dass nur eine teilweise Freistellung (Pflegeteilzeit) in Anspruch genommen wird, vom Beschäftigten auch die gewünschte Verteilung der Arbeitszeit anzugeben. Arbeitgeber und Beschäftigter haben in diesem Fall eine schriftliche Vereinbarung über die Verringerung und die Verteilung der Arbeitszeit zu treffen, wobei der Arbeitgeber den Wünschen des Beschäftigten zu entsprechen hat, es sei denn, dass dringende betriebliche Gründe dem entgegenstehen (§ 3 Abs. 4 PflegeZG). Dringende betriebliche Gründe können sowohl der Arbeitszeitverringerung als auch der Verteilung der Arbeitszeit entgegenstehen.

 **ACHTUNG!**

Die entgegenstehenden betrieblichen Gründe sind im Streitfall vom Arbeitgeber darzulegen und zu beweisen.

### 1.6 Ende der Pflegezeit

Die Pflegezeit endet nach dem Zeitraum, für den der Beschäftigte Pflegezeit beansprucht hat, spätestens mit Ablauf der sechsmonatigen Höchstdauer. Für den Fall, dass der nahe Angehörige nicht mehr pflegebedürftig ist, oder die häusliche Pflege unmöglich oder unzumutbar geworden ist, endet die Pflegezeit vier Wochen nach dem Eintritt der veränderten Umstände (§ 4 Abs. 2 PflegeZG). Der Arbeitgeber ist über die veränderten Umstände unverzüglich zu unterrichten. Da eine bestimmte Form der Unterrichtung nicht vorgesehen ist, kann diese formfrei erfolgen. Liegen diese Umstände nicht vor, so kann die Pflegezeit nur mit Zustimmung des Arbeitgebers vorzeitig beendet werden.

### 1.7 Nachweispflicht

§ 3 Abs. 2 PflegeZG sieht vor, dass der Beschäftigte die Pflegebedürftigkeit des nahen Angehörigen durch Vorlage einer Bescheinigung der Pflegekasse oder des Medizinischen Dienstes der Krankenversicherung nachzuweisen hat. Bei in der privaten Pflegepflichtversicherung versicherten Pflegebedürftigen ist ein entsprechender Nachweis zu erbringen. Aufgrund des Wortlautes von § 3 Abs. 2 PflegeZG ist es ausreichend, wenn der Nachweis die Tatsache der Pflegebedürftigkeit und den Namen des Angehörigen enthält.

Schwierigkeiten ergeben sich hier in der Praxis bei der Frage, wie der Nachweis zu führen ist, wenn die zu pflegende Person im Ausland lebt und dort gepflegt werden soll. Sofern eine Pflegekasse oder eine dem Medizinischen Dienst vergleichbare Einrichtung in dem betreffenden Land nicht besteht, wird aber wohl auch eine einfache ärztliche Bescheinigung über die Pflegebedürftigkeit als ausreichend anzusehen sein.

 **ACHTUNG!**

Eine Angabe darüber, wann die Bescheinigung vorzulegen ist, enthält das Gesetz nicht. Laut Begründung des Gesetzesentwurfs durch die Bundesregierung ist diese allerdings weder bei Ankündigung noch bei Beginn der Pflegezeit notwendigerweise vorzulegen. Es wird lediglich darauf verwiesen, dass nach Ankündigung der Pflegezeit spätestens innerhalb von zwei Wochen nach Eingang des Antrags auf Feststellung der Pflegebedürftigkeit eine Begutachtung nach § 18 Abs. 3 S. 5 SGB XI durch den Medizinischen Dienst durchzuführen ist (BT-Drucks. 16/7439, S. 92).

### 2. Freistellung nach § 3 Abs. 5 PflegeZG

Seit dem 1.1.2015 stellt das PflegeZG auch einen Anspruch auf Freistellung zur Betreuung eines minderjährigen Pflegebedürftigen zur Verfügung. Für einen Anspruch auf diese Freistellung muss ein minderjähriger naher Angehöriger des Beschäftigten tatsächlich pflegebedürftig sein. Erforderlich ist dabei eine tatsächlich bestehende Pflegebedürftigkeit; die zu erwartende voraussichtliche Pflegebedürftigkeit reicht nicht aus. Das Gesetz ermöglicht die Freistellung für die Betreuung pflegebedürftiger Kinder bis zum 18. Lebensjahr. Für den Begriff des nahen Angehörigen sowie für die tatsächliche Pflegebedürftigkeit gilt das oben Gesagte. Auch für die Freistellung nach § 3 Abs. 5 PflegeZG gilt der Schwellenwert von mehr als 15 Beschäftigten. Die Freistellung nach § 3 Abs. 5 PflegeZG setzt voraus, dass der Beschäftigte einen minderjährigen nahen Angehörigen in häuslicher oder außerhäuslicher Umgebung spätestens mit dem Beginn der Freistellung tatsächlich betreut. Weder setzt dieser Anspruch also voraus, dass der Beschäftigte selbst die Pflege übernimmt, noch ist er beschränkt auf Fälle der Pflege in häuslicher Umgebung. Dieser Freistellungsanspruch soll insbesondere Eltern ermöglichen, ihr Kind während eines längeren Krankenhausaufenthaltes oder der stationären Aufnahme in einer anderen Einrichtung zu betreuen und ihm so in einer schwierigen Lebens- oder Behandlungsphase in größerem zeitlichen Umfang zur Seite zu stehen. Hinsichtlich der Ankündigung der Freistellung, der Nachweispflichten sowie der Möglichkeit einer nur teilweisen Freistellung verweist § 3 Abs. 5 PflegeZG auf die Regelungen zur Pflegezeit in § 3 Abs. 2 bis 4 PflegeZG. Auf die Ausführungen oben wird verwiesen. Für Beginn, Dauer und Ende der Freistellung verweist § 4 Abs. 3 S. 1 PflegeZG ebenfalls auf die Regelungen zur Pflegezeit in § 4 Abs. 1 und 2 PflegeZG.

### 3. Freistellung nach § 3 Abs. 6 PflegeZG

Ebenfalls seit dem 1.1.2015 haben Beschäftigte einen Anspruch auf teilweise oder vollständige Freistellung zur Begleitung eines nahen Angehörigen in der letzten Lebensphase. Dieser Anspruch besteht unabhängig davon, ob der nahe Angehörige in häuslicher Umgebung gepflegt wird oder sich beispielsweise in einer Pflegeeinrichtung oder einem Hospiz befindet. Der nahe Angehörige muss aber an einer Erkrankung leiden, die progredient verläuft und bereits ein weit fortgeschrittenes Stadium erreicht hat, bei der eine Heilung ausgeschlossen und eine palliativmedizinische Behandlung notwendig ist und die lediglich eine begrenzte Lebenserwartung von Wochen oder wenigen Monaten erwarten lässt. Voraussetzung für den Freistellungsanspruch ist außerdem, dass der Beschäftigte dem nahen Angehörigen in dessen letzter Lebensphase Beistand leistet und ihn begleitet. Auch für diesen Freistellungsanspruch verweist das Gesetz hinsichtlich der Mindestbeschäftigtenzahl, der Ankündigung, der Nachweispflichten sowie der Möglichkeit einer teilweisen Freistellung und die Beendigung der Freistellung auf die Regelung für die Pflegezeit. Auf die Ausführungen oben wird verwiesen. Allerdings ist die Dauer der Freistellung nach § 3 Abs. 6 PflegeZG begrenzt auf drei Monate.

### V. Rechtsfolgen

Bei der kurzzeitigen Arbeitsverhinderung nach § 2 PflegeZG steht dem Beschäftigten ein gesetzliches Leistungsverweigerungsrecht zu, das heißt, er kann ohne Zustimmung des Arbeitgebers bis zur Dauer von zehn Tagen der Arbeit fernbleiben (BAG v. 15.11.2011, 9 AZR 348/10, ZTR 2012, 231). Der Beschäftigte ist lediglich verpflichtet, dem Arbeitgeber unverzüglich die Verhinderung und deren voraussichtliche Dauer mitzuteilen.

Im Gegenzug entfällt sein Vergütungsanspruch, es sei denn ein solcher ergibt sich aus sonstigen gesetzlichen Vorschriften oder aus einer individual- oder kollektivrechtlichen Vereinbarung. § 2 PflegeZG sieht keinen eigenständigen Entgeltfortzahlungsanspruch des Beschäftigten während der kurzzeitigen Arbeitsverhinderung vor. Allerdings kann der pflegende Angehörige Pflegeunterstützungsgeld für die Dauer von bis zu 10 Tagen nach § 44a Abs. 3 SGB XI beantragen. Bei Erkrankung des Kindes besteht ein Anspruch auf Krankengeld für maximal 10 Tage pro Kind pro Jahr nach § 45 SGB V. Weiter kommt als gesetzlicher Anspruch insbesondere § 616 BGB in Betracht, der einen Vergütungsanspruch des Dienstverpflichteten für den Fall annimmt, dass dieser für eine verhältnismäßig nicht erhebliche

Zeit durch einen in seiner Person liegenden Grund ohne sein Verschulden an der Dienstleistung verhindert wird. Die Pflege naher Angehöriger ist als Verhinderungsgrund im Rahmen des § 616 BGB anerkannt, wobei der unbestimmte Rechtsbegriff „für eine nicht erhebliche Zeit" keine Festlegung auf einen bestimmten Zeitraum ermöglicht.

▷ **ACHTUNG!**

§ 616 BGB ist gegenüber § 45 SGB V vorrangig (BAG v. 31.7.2022, 10 AZR 578/01). Da § 616 BGB dispositives Recht ist, kann er durch Tarifverträge abbedungen werden. Für den öffentlichen Dienst regelt § 29 Abs. 1 S. 1 lit. e) TVöD/TV-L die Fälle des § 616 BGB, also der Arbeitsbefreiung mit Entgeltfortzahlung, abschließend. Bei der Pflege eines Kindes besteht Anspruch auf Entgeltfortzahlung für bis zu vier Arbeitstage. Wird ein anderer, im selben Haushalt lebender Angehöriger gepflegt, besteht Anspruch auf Entgeltfortzahlung für einen Arbeitstag.

Bei einer unberechtigten Leistungsverweigerung stehen dem Arbeitgeber neben Schadensersatzansprüchen die üblichen arbeitsrechtlichen Maßnahmen, d. h. Abmahnung bzw. im Wiederholungsfall Kündigung zur Verfügung.

Bei Inanspruchnahme der Pflegezeit oder einer sonstigen Freistellung nach §§ 3, 4 PflegeZG ist der Beschäftigte berechtigt, bis zur Dauer von sechs Monaten (bei der Freistellung nach § 3 Abs. 6 PflegeZG: drei Monaten) der Arbeit fernzubleiben. § 3 PflegeZG räumt dem Beschäftigten ein einseitiges Gestaltungsrecht ein. Durch die Erklärung, Pflegezeit bzw. eine sonstige Freistellung in Anspruch zu nehmen, treten unmittelbar die gesetzlichen Rechtsfolgen ein, ohne dass es noch eines weiteren Handelns des Arbeitgebers bedürfte (BAG v. 15.11.2011, 9 AZR 349/10, ZTR 2012, 231). Im Gegenzug entfällt auch hier der laufende Vergütungsanspruch, bei der vollständigen Freistellung ganz, bei der teilweisen Freistellung anteilig. Hinsichtlich der arbeitsrechtlichen Konsequenzen bei unberechtigter Inanspruchnahme der Pflegezeit oder Freistellung gilt das oben Gesagte.

Auf die Beschäftigungszeit im Sinne des TVöD/TV-L sind Freistellungen nach § 3 PflegeZG vollständig anzurechnen.

Dauert die Freistellung mehr als einen Monat, wird sie allerdings nicht auf die Stufenlaufzeit im Sinne der §§ 16 Abs. 3, 17 Abs. 3 TVöD/TV-L angerechnet. Sie ist aber, da kürzer als drei Jahre, unschädlich.

### VI. Sonderkündigungsschutz

Gemäß § 5 Abs. 1 PflegeZG darf der Arbeitgeber das Beschäftigungsverhältnis von der Ankündigung bis zur Beendigung der kurzzeitigen Arbeitsverhinderung nach § 2 PflegeZG oder der Pflegezeit/Freistellung nach § 5 PflegeZG nicht kündigen. Der Sonderkündigungsschutz beginnt allerdings frühestens zwölf Wochen vor dem beabsichtigten Beginn der Arbeitsverhinderung bzw. der Pflegezeit. Das Kündigungsverbot besteht nur, wenn im Zeitpunkt des Zugangs der Kündigung alle Voraussetzungen für die Pflegezeit erfüllt sind (zu § 18 BEEG BAG v. 10.5.2016, 9 AZR 145/15, ZTR 2017, 595).

Maßgeblicher Zeitpunkt ist der Zugang der Kündigungserklärung, nicht der Tag des Ablaufs der Kündigungsfrist. Eine Kündigung verstößt demnach nicht gegen § 5 PflegeZG, wenn sie dem Beschäftigten zugeht, bevor dieser die kurzzeitige Arbeitsbefreiung bzw. die Pflegezeit oder sonstige Freistellung angekündigt hat. Endet das Arbeitsverhältnis in diesem Fall innerhalb des geschützten Zeitraums des § 5 PflegeZG, so ist dies unbedenklich.

Der Sonderkündigungsschutz nach § 5 PflegeZG wirkt nicht nach und endet daher mit dem Ende der kurzzeitigen Arbeitsverhinderung oder der Pflege(teil)zeit/Freistellung. Eine Kündigung gerade aus Anlass der genommenen Pflegezeit oder sonstigen Freistellung wird aber regelmäßig wegen Verstoßes gegen das Maßregelungsverbot nach § 612a BGB unwirksam sein.

Der Sonderkündigungsschutz gilt für alle in § 7 Abs. 1 PflegeZG genannten Beschäftigten, also auch für solche Personen, die wegen ihrer wirtschaftlichen Unselbstständigkeit als arbeitnehmerähnliche Personen anzusehen sind, wie beispielsweise die in Heimarbeit Beschäftigten.

Nach § 5 Abs. 2 PflegeZG kann eine Kündigung von der für Arbeitsschutz zuständigen obersten Landesbehörde oder der von ihr bestimmten Stelle in besonderen Fällen ausnahmsweise für zulässig erklärt werden (§ 5 Abs. 2 PflegeZG). Von der nach § 5 Abs. 2 S. 2 PflegeZG bestehenden Möglichkeit, hierzu allgemeine Verwaltungsvorschriften zu erlassen, hat die Bundesregierung bisher noch keinen Gebrauch gemacht. Ein besonderer Fall im Sinne des Gesetzes liegt vor, wenn außergewöhnliche Umstände es verlangen, dass die grundsätzlich vom Gesetz für vorrangig erachteten Interessen des Arbeitnehmers in der Pflegesituation ausnahmsweise hinter die Belange des Arbeitgebers zurücktreten. Praktisch relevante Fälle sind hier schwere Vertragsverstöße des Arbeitnehmers oder eine beabsichtigte Betriebsstilllegung.

## VII. Ersatzeinstellung

Wenn zur Vertretung eines Beschäftigten für die Dauer der kurzfristigen Arbeitsverhinderung nach § 2 PflegeZG oder der Pflegezeit/Freistellung nach § 3 PflegeZG ein Arbeitnehmer eingestellt wird, liegt hierin ein Grund für die Befristung des Arbeitsverhältnisses (§ 6 PflegeZG). Über die sich aus § 6 Abs. 1 S. 1 PflegeZG ergebende Höchstdauer kann eine Befristung um die für die Einarbeitung notwendige Zeit verlängert werden (§ 6 Abs. 1 S. 2 PflegeZG). Da die kurzfristige Arbeitsverhinderung oder die Pflegezeit/Freistellung einen Sachgrund darstellen, steht § 30 Abs. 3 TVöD/TV-L einer Ersatzeinstellung für einen Zeitraum von weniger als sechs Monaten nicht entgegen. Die Dauer der Befristung des Arbeitsvertrages muss kalendermäßig bestimmt oder bestimmbar sein oder dem oben genannten Zweck zu entnehmen sein.

 **ACHTUNG!**

Das übrige Befristungsrecht ist zu beachten, insbesondere das Schriftformerfordernis des § 14 Abs. 4 TzBfG.

Kehrt der Pflegende nach § 4 Abs. 2 PflegeZG wegen Unmöglichkeit oder Unzumutbarkeit der weiteren Pflege oder wegen Wegfalls der Pflegebedürftigkeit vorzeitig in die Beschäftigung zurück, so steht dem Arbeitgeber gemäß § 6 Abs. 3 PflegeZG hinsichtlich des Vertreters ein Sonderkündigungsrecht mit einer Frist von zwei Wochen zu. Das Kündigungsschutzgesetz ist in diesen Fällen nicht anzuwenden.

Stellt der Arbeitgeber zur Vertretung des Pflegenden eine Vertretungskraft ein, so stellt § 6 Abs. 4 PflegeZG sicher, dass bei der Ermittlung von Schwellenwerten in anderen arbeitsrechtlichen Gesetzen oder Verordnungen der Vertretene nicht mitgerechnet wird. Auf diesem Weg soll eine Doppelberücksichtigung vermieden werden.

## VIII. Sozialversicherungsrecht

Die kurzzeitige Arbeitsverhinderung und die Pflegezeit unterscheiden sich sozialversicherungsrechtlich. Während der kurzzeitigen Arbeitsverhinderung wird das sozialversicherungspflichtige Beschäftigungsverhältnis nicht unterbrochen, sondern besteht nach § 7 Abs. 3 S. 1 SGB IV fort.

Mit dem Beginn einer Freistellung nach § 3 PflegeZG dagegen endet das Beschäftigungsverhältnis im sozialversicherungsrechtlichen Sinne, nach § 7 Abs. 3 S. 4 SGB IV selbst dann, wenn die Pflegezeit nicht länger als einen Monat dauert. Der Arbeitgeber muss den Pflegenden abmelden. Der Pflegende kann, sofern die Voraussetzungen vorliegen, nach § 44 SGB XI, § 3 S. 1 Nr. 1a SGB VI weiter in der Rentenversicherung versichert sein, deren Beiträge dann von der Pflegekasse übernommen werden. In der Kranken- und Pflegeversicherung muss der Pflegende sich, wenn keine anderweitige Absicherung, etwa durch eine Familienmitversicherung besteht, freiwillig oder privat versichern. Nach § 44a SGB XI zahlt die Pflegeversicherung aber auf Antrag einen Beitragszuschuss in Höhe des Mindestbeitrags. In der Arbeitslosenversicherung schließlich bleibt der Beschäftigte, der eine Pflegezeit nach § 3 Abs. 1 PflegeZG genommen hat, nach § 44a Abs. 2 SGB XI, § 26 Abs. 2 Nr. 2b SGB III versicherungspflichtig. Nach § 347 Nr. 10 SGB III übernimmt die Pflegekasse oder die Pflegeversicherung die Beiträge an die Arbeitslosenversicherung.

## IX. Finanzielle Förderung

Seit dem 1.1.2015 wird auch die Pflegezeit durch die Bereitstellung eines zinslosen Darlehens gefördert. § 3 Abs. 7 PflegeZG verweist hierzu lediglich auf die Regelung im FPfZG. Auf die Ausführungen unter → *Familienpflegezeit* kann daher verwiesen werden.

Insbesondere wird auch bei einer vollständigen Freistellung nach § 3 PflegeZG ein Darlehen gewährt. Die monatliche Darlehensrate ist in diesen Fällen allerdings auf den Betrag begrenzt, der bei einer durchschnittlichen Arbeitszeit von 15 Wochenstunden zu gewähren wäre, § 3 Abs. 4 FPfZG.

## X. Unabdingbarkeit

Nach § 8 PflegeZG kann von den Vorschriften dieses Gesetzes nicht zuungunsten der Beschäftigten abgewichen werden.

# Praktikanten

 **Wegweiser:**

Insbesondere jungen Menschen bieten Praktika die Chance, erste Erfahrungen auf dem Arbeitsmarkt zu sammeln. Häufig nutzen Jugendliche Praktikumsangebote für eine Ausforschung ihrer Interessen und zur Vorbereitung bei ihrer Studien- und Berufswahl. Darüber hinaus sind sog. Vorpraktika als Zulassungsvoraussetzung zur Studiumsaufnahme oder (Fach-)Hochschulpraktika während des Studiums zur Abschlusserlangung bereits in vielen Fächern Pflicht. Schließlich dienen Praktikumsverhältnisse Berufsanfängern als Einstieg bei potenziellen Arbeitgebern, die nicht selten ein vorheriges „Praktikum" für die Übernahme in eine reguläre Festanstellung voraussetzen („Generation Praktikum"). Allerdings bedarf es gerade in letzterem

Fall einer sorgfältigen Abgrenzung zum Arbeitsverhältnis, insbesondere im Hinblick auf die Vergütungspflicht und die Anwendung allgemeinen Arbeitnehmerschutzrechtes.

Kennzeichnend für Praktikanten ist, dass sie zeitlich befristet tätig sind und die Ausbildungsabsicht im Vordergrund steht. Allerdings unterliegen sie je nach Art des Praktikumsverhältnisses unterschiedlichen Regeln. Zu differenzieren sind insbesondere Praktika im Sinne von § 26 BBiG, Betriebspraktika von Schülern sowie studentische Praktika im Rahmen eines (Fach-)Hochschulstudiums.

Für den öffentlichen Dienst besteht ein eigenständiger Tarifvertrag für Praktikanten im Bereich des Bundes und im Bereich der Mitgliedsverbände der Vereinigung der kommunalen Arbeitgeberverbände (TVPöD). Dieser regelt die Arbeitsbedingungen für Praktika zu bestimmten Berufen. Eine ausführliche Kommentierung zum TVPöD findet sich in Breier/Dassau TVöD Komm. Teil D 4.

Darüber hinaus ist der TV Prakt-L zu beachten, der für all diejenigen Praktikanten Wirkung entfaltet, die in einem Vertragsverhältnis zu einem Arbeitgeber stehen, dessen Beschäftigte vom Geltungsbereich des TV-L erfasst sind.

Für Praktikanten, die nicht in den Geltungsbereich des TVPöD oder des TV Prakt-L fallen, gelten jeweils eigene Regelungsregime. Für die in der Bundesverwaltung tätigen Praktikanten gilt die Praktikantenrichtlinie Bund. Im Bereich der Länder findet die Praktika-Richtlinie der Tarifgemeinschaft deutscher Länder Anwendung.

**I. Begriffsdefinition**

**II. Gesetzliche Rahmenbedingungen, insbesondere Mindestlohngesetz**

**III. Tarifvertrag für Praktikanten des öffentlichen Dienstes (TVPöD)**
1. Anwendungsbereich des TVPöD
2. Abschluss und Kündigung des Praktikantenvertrags nach dem TVPöD
3. Vergütung nach dem TVPöD
4. Weitere Arbeitsbedingungen nach dem TVPöD

**IV. Muster für Verträge mit Praktikanten nach dem TVPöD**

**V. Tarifvertrag über die Arbeitsbedingungen der Praktikanten der Länder (TV Prakt-L)**

## I. Begriffsdefinition

Nach der Definition des Bundesarbeitsgerichts ist Praktikant, wer vorübergehend in einem Betrieb praktisch tätig ist, um sich die zur Vorbereitung auf einen Beruf notwendigen praktischen Kenntnisse, Fertigkeiten und Erfahrungen anzueignen, ohne dass dabei eine systematische Berufsausbildung stattfindet (BAG v. 12.2.2015, 6 AZR 831/13). In § 22 Abs. 1 S. 3 MiLoG ist folgende Legaldefinition verankert: „Praktikantin oder Praktikant ist unabhängig von der Bezeichnung des Rechtsverhältnisses, wer sich nach der tatsächlichen Ausgestaltung und Durchführung des Vertragsverhältnisses für eine begrenzte Dauer zum Erwerb praktischer Kenntnisse und Erfahrungen einer bestimmten betrieblichen Tätigkeit zur Vorbereitung auf eine berufliche Tätigkeit unterzieht, ohne dass es sich dabei um eine Berufsausbildung im Sinne des Berufsbildungsgesetzes oder um eine damit vergleichbare praktische Ausbildung handelt."

Demgegenüber ist Arbeitnehmer, wer aufgrund eines privatrechtlichen Vertrags im Dienst eines anderen zur Leistung weisungsgebundener, fremdbestimmter Arbeit in persönlicher Abhängigkeit verpflichtet ist (§ 611a Abs. 1 S. 1 BGB). Demnach steht bei einem Praktikantenverhältnis der Ausbildungszweck im Vordergrund. Dies bedeutet, dass bei einer Gegenüberstellung der Anteile „Ausbildungszweck" und „für den Betrieb erbrachte Leistungen und Arbeitsergebnisse" das Erlernen praktischer Kenntnisse und Erfahrungen deutlich überwiegen muss (LAG Baden-Württemberg v. 8.2.2008, 5 Sa 45/07). Nicht maßgeblich ist, wie die Parteien ihr Vertragsverhältnis bezeichnet haben. Selbst bei ausdrücklicher Vereinbarung eines Praktikums ohne Entgeltanspruch kann tatsächlich ein Arbeitsverhältnis mit einem Anspruch auf die übliche Vergütung (§ 612 Abs. 2 BGB) bestehen (BAG v. 29.4.2015, 9 AZR 78/14).

Von Auszubildenden unterscheiden sich Praktikanten dadurch, dass in einem Praktikantenverhältnis keine systematische Ausbildung im Rahmen eines geordneten Ausbildungsgangs in einem anerkannten Lehrberuf erfolgt (LAG München v. 19.11.2013, 6 Sa 334/13). Vielmehr wird eine darauf beruhende Tätigkeit häufig Teil einer Gesamtausbildung sein und beispielsweise für die Zulassung zu Studium oder Beruf benötigt. Hingegen steht bei Werkstudenten nicht die Ausbildung, sondern die entgeltliche Arbeitsleistung im Mittelpunkt.

Aufgrund der bestehenden Vertragsfreiheit steht es den Parteien jedoch frei, beispielsweise ein Hochschulpraktikum im Rahmen eines Arbeits- oder Berufsausübungsverhältnisses durchzuführen (LAG Hamm v. 2.9.2013, 2 Ta 18/13).

## II. Gesetzliche Rahmenbedingungen, insbesondere Mindestlohngesetz

Soweit nicht ein Arbeitsverhältnis vereinbart ist, gelten für Personen, die eingestellt werden, um berufliche Fertigkeiten, Kenntnisse, Fähigkeiten oder berufliche Erfahrungen zu erwerben, ohne dass es sich um eine Berufsausbildung handelt, gemäß § 26 BBiG grundsätzlich die Regelungen der §§ 10 bis 16, und 17 Abs. 1, 6 und 7 sowie die §§ 18 bis 23 und 25 BBiG mit der Maßgabe, dass die gesetzliche Probezeit (§ 20 BBiG) abgekürzt, auf eine schriftliche Vertragsniederlegung (§ 11 BBiG) verzichtet und abweichend von § 23 Abs. 1 S. 1 BBiG Schadensersatz bei vorzeitiger Beendigung nicht verlangt werden kann. Im Übrigen gelten gem. § 10 Abs. 2 BBiG die für den Arbeitsvertrag geltenden Rechtsvorschriften und Rechtsgrundsätze.

 **ACHTUNG!**

Auch wenn § 26 BBiG den Verzicht auf eine schriftliche Vertragsniederlegung regelt, sieht § 2 Abs. 1a NachwG eine Vertragsniederschrift für Praktikanten vor. Die Niederschrift hat unverzüglich nach Abschluss des Praktikumsvertrages, spätestens vor Aufnahme der Praktikantentätigkeit zu erfolgen. Sie muss die wesentlichen Vertragsbedingungen (insbesondere Name und Anschrift der Vertragsparteien, Lern- und Ausbildungsziele, Beginn und Dauer des Praktikums; siehe § 2 Abs. 1a NachwG für die Mindestanforderungen) enthalten.

Der am 1. August 2022 in Kraft getretene Bußgeldtatbestand in § 4 NachwG findet auf die in § 2 Abs. 1a NachwG geregelte Vertragsniederschrift jedoch keine Anwendung. Ein Verstoß gegen die Nachweispflicht kann also allenfalls Schadensersatzansprüche des Praktikanten auslösen, etwa wenn der Praktikant seinen Anspruch auf den gesetzlichen Mindestlohn (dazu sogleich) nicht geltend macht.

Generell nicht anwendbar ist die Verweisnorm des § 26 BBiG auf Studierende, die im Rahmen ihres (Fach-)Hochschulstudiums ein Praktikum absolvieren müssen (BAG v. 18.11.2008, 3 AZR 192/07). Ferner vom Anwendungsbereich nicht erfasst sind Schüler, die im Rahmen eines Betriebspraktikums im Betrieb tätig werden. Mit ihnen kommt weder ein Ausbildungs- noch ein Arbeitsverhältnis zustande, da ihr Einsatz nur zu einer kritischen Auseinandersetzung mit der Arbeits- und Berufswelt führen soll (BAG v. 8.5.1990, 1 ABR 7/89).

Praktikanten haben grundsätzlich einen Anspruch auf den gesetzlichen Mindestlohn, vgl. § 22 Abs. 1 MiLoG. Ausgenommen von dieser Vergütungspflicht sind sog. Pflichtpraktika, also insbesondere solche Praktika, die verpflichtend aufgrund einer schulrechtlichen Bestimmung, einer Ausbildungsordnung oder einer hochschulrechtlichen Bestimmung geleistet werden. Der Ausschluss von Ansprüchen auf den gesetzlichen Mindestlohn umfasst nach der Rechtsprechung nicht nur obligatorische Praktika während eines Studiums, sondern auch solche, die in Studienordnungen als Voraussetzung zur Aufnahme eines bestimmten Studiums verpflichtend vorgeschrieben sind (BAG v. 19.1.2022, 5 AZR 217/21).

Bei freiwilligen Praktika, die nicht länger als drei Monate dauern, besteht kein Anspruch auf den Mindestlohn, wenn sie der beruflichen Orientierung dienen oder ausbildungs- oder studienbegleitend geleistet werden. Der Mindestlohn gilt nicht bei Praktika im Rahmen der Einstiegsqualifizierung nach dem SGB III und Maßnahmen einer Berufsausbildungsvorbereitung nach dem BBiG.

 **ACHTUNG!**

Das Praktikum kann aus Gründen in der Person des Praktikanten rechtlich oder tatsächlich unterbrochen und um die Dauer der Unterbrechungszeit verlängert werden, wenn die einzelnen Abschnitte sachlich und zeitlich zusammenhängen und die Höchstdauer von drei Monaten insgesamt nicht überschritten wird (BAG v. 30.1.2019, 5 AZR 556/17, ZTR 2019, 353). Dauert ein solches Praktikum jedoch länger als drei Monate, ist es mit dem Mindestlohn zu vergüten – und zwar ab dem ersten Tag.

Praktika von bereits fertigen Absolventen eines einschlägigen Studiums, die lediglich dem Einstieg in den Arbeitsmarkt dienen, jedoch überwiegend mit üblichen Arbeitsaufgaben von Arbeitnehmern verbunden sind, sind bloße Scheinpraktika und damit Arbeitsverhältnisse. Enthält der Vertrag typische Arbeitnehmerpflichten, trifft den Vertragspartner die sekundäre Darlegungs- und Beweislast, dass ein Ausbildungszweck überwiegt und kein Berufsanfänger-Arbeitsverhältnis besteht (LAG Berlin-Brandenburg v. 20.5.2016, 6 Sa 1787/15). Überwiegt also der Zweck entgeltlicher Arbeitsleistung, handelt es sich trotz einer Bezeichnung als „Praktikantenverhältnis" um ein – vergütungspflichtiges – Arbeitsverhältnis. Es bedarf insofern stets einer Einzelfallprüfung, ob das Praktikum nicht im Rahmen eines Arbeitsverhältnisses abgeleistet wird (vgl. BAG v. 13.3.2003, 6 AZR 564/01).

 **WICHTIG!**

Wird bei einem Arbeitsverhältnis keine Vergütung oder lediglich eine geringe Vergütung (z. B. monatlich € 375,00 brutto in Vollzeit) gezahlt, kann ein Lohnwucher im Sinne des § 138 Abs. 2 BGB vorliegen, aus dem die Nichtigkeit der Vergütungsregelung folgt und an deren Stelle die übliche Arbeitsvergütung im Sinne des § 612 Abs. 2 BGB tritt (BAG v. 18.3.2014, 9 AZR 694/12; LAG Baden-Württemberg v. 8.2.2008, 5 Sa 45/07). Auch bei der Vereinbarung eines unentgeltlichen Praktikums kann eine Vergütungspflicht bestehen, wenn der Praktikant höherwertige Dienste verrichtet. Hierunter sind solche Dienste zu verstehen, die erheblich über das hinausgehen, was der Praktikant im

Rahmen der vorgeschriebenen Ausbildungsordnung an Tätigkeiten zum Zweck der Ausbildung zu erbringen hat (LAG Köln v. 25.5.2016, 11 Sa 936/15).

In personalvertretungsrechtlicher Hinsicht wird im Hinblick auf das Beteiligungsrecht des Personalrats bei der Einstellung (§ 78 Abs. 1 Nr. 1 BPersVG) wie folgt unterschieden: Neben der Einstellung von Arbeitnehmern hat der Personalrat auch bei der Eingliederung von Praktikanten im Sinne des § 26 BBiG sowie von Hochschulpraktikanten, nicht jedoch von Schülerpraktikanten mitzubestimmen (vgl. für das Mitbestimmungsrecht des Betriebsrats nach § 99 BetrVG BAG v. 8.5.1990, 1 ABR 7/89).

 **Hinweis:**

Nach der Rechtsprechung des Bundesarbeitsgerichts fallen Praktikanten im Sinne von § 26 BBiG unter den persönlichen Anwendungsbereich des Allgemeinen Gleichbehandlungsgesetzes (BAG v. 23.11.2023, 8 AZR 212/22, ZTR 2024, 145). Denn Beschäftigte im Sinne von § 6 Abs. 1 Nr. 2 AGG sind auch „die zu ihrer Berufsbildung Beschäftigten". Dem liege ein unionsrechtlich geprägter Beschäftigungsbegriff zugrunde, welcher weit auszulegen sei.

### III. Tarifvertrag für Praktikanten des öffentlichen Dienstes (TVPöD)

Mit dem Tarifvertrag für Praktikantinnen/Praktikanten des öffentlichen Dienstes (TVPöD) sind die Arbeitsbedingungen für Praktika für bestimmte Berufe neu geregelt worden. Der TVPöD orientiert sich weitgehend am Tarifvertrag für Auszubildende im Öffentlichen Dienst (TVAöD).

 **Hinweis:**

Ausführlich zum TVAöD siehe Breier/Dassau TVöD Komm. Teil D 1–3.

### 1. Anwendungsbereich des TVPöD

Der TVPöD findet nur auf Berufspraktika für bestimmte Berufe Anwendung. Der Geltungsbereich umfasst gem. § 1 Abs. 1 TVPöD Praktikanten während der praktischen Tätigkeit, die nach der Ausbildungsordnung der staatlichen Anerkennung bzw. der Erlaubnis vorauszugehen hat, in folgenden Berufen

▶ Sozialarbeiter, Sozial- oder Heilpädagoge,

▶ Pharmazeutisch-technischer Assistent,

▶ Erzieher,

▶ Kinderpfleger,

▶ Masseur und medizinischer Bademeister sowie

▶ Rettungsassistent.

Darüber hinaus muss das Praktikantenverhältnis zu einem Arbeitgeber bestehen, dessen Beschäftigte unter den Geltungsbereich des TVöD fallen (§ 1 Abs. 1 TVPöD).

 **WICHTIG!**

Ausdrücklich schließt § 1 Abs. 2 TVPöD Praktikanten vom TVPöD aus, deren praktische Tätigkeit in die Schul- oder Hochschulausbildung integriert ist.

Für Praktikanten des öffentlichen Dienstes, deren Rechtsverhältnisse nicht durch Tarifvertrag geregelt sind und die in die Verwaltung oder in den Betrieb eingegliedert sind, gelten die Praktikanten-Richtlinien der Vereinigung der kommunalen Arbeitgeberverbände (VKA) vom 21.11.2014. Sie beinhalten insbesondere Regelungen zur Zahlung angemessener Praktikumsvergütungen auch an nicht der Vorschrift des § 26 BBiG unterfallende Praktikanten (zur Vergütung nach dem TVPöD noch unter 3.).

**Hinweis:**

Zu den Praktikanten-Richtlinien der VKA sowie der Praktikantenrichtlinie Bund siehe Breier/Dassau TVöD Komm. Teil D 5.2 bzw. Teil D 6.2.

## 2. Abschluss und Kündigung des Praktikantenvertrags nach dem TVPöD

Nach § 2 Abs. 1 TVPöD ist vor Beginn des Praktikantenverhältnisses ein schriftlicher Praktikantenvertrag zu schließen. Über dessen Mindestinhalt findet sich jedoch im Unterschied zu § 2 Abs. 1 TVAöD keine Regelung (vgl. jedoch zu einem Mustervertrag unten IV.). Für Nebenabreden zum Praktikantenverhältnis gilt § 2 Abs. 2 TVPöD.

§ 3 Abs. 1 TVPöD sieht eine Probezeit von drei Monaten vor. Zulässig ist eine darüber hinausgehende Vereinbarung im Praktikantenvertrag, wonach sich die Probezeit bei einer Unterbrechung von mehr als einem Monat um den Zeitraum der Unterbrechung verlängert (BAG v. 15.1.1981, 2 AZR 943/78). Während der Probezeit kann das Praktikantenverhältnis von beiden Seiten gekündigt werden. Im Unterschied zur Probezeitkündigung eines Arbeitsverhältnisses, für die gem. § 622 Abs. 3 BGB eine Kündigungsfrist von zwei Wochen gilt, muss bei der Probezeitkündigung des Praktikantenverhältnisses keine Kündigungsfrist eingehalten werden.

Nach Ablauf der Probezeit ist der Praktikant ohne Angabe von Gründen zur Kündigung mit einer Frist von vier Wochen berechtigt (§ 15 Abs. 2 TVPöD). Hingegen kann das Praktikantenverhältnis seitens des Arbeitgebers nach Ablauf der Probezeit unbeschadet gesetzlicher Kündigungsgründe nur aus wichtigem Grund, dann allerdings ohne Einhaltung einer Kündigungsfrist, gekündigt werden (§ 15 Abs. 2 lit. a) TVPöD). Dessen ungeachtet endet das Praktikantenverhältnis, ohne dass es einer Kündigung bedarf, zu dem im Praktikantenvertrag vereinbarten Zeitpunkt (§ 15 Abs. 1 TVPöD).

Wird mit einer Person ein Berufsausbildungsverhältnis geschlossen, mit der zuvor bereits ein Praktikumsverhältnis bestand, darf die Zeit der Vorbeschäftigung im Rahmen des Praktikumsverhältnisses nicht auf die nach § 20 BBiG zwingende Probezeit im Berufsausbildungsverhältnis angerechnet werden (BAG v. 19.11.2015, 6 AZR 844/14, ZTR 2016, 161).

## 3. Vergütung nach dem TVPöD

Praktische Bedeutung kommt der Regelung über die Höhe des monatlichen Entgelts in § 8 Abs. 1 TVPöD zu. Danach bestehen drei Entgeltgruppen: 1. für Sozialarbeiter, Sozial- oder Heilpädagogen; 2. für pharmazeutisch-technische Assistenten und Erzieher; 3. für Kinderpfleger, Masseure, medizinische Bademeister und Rettungsassistenten. Durch die festgelegte Entgelthöhe unterscheidet sich das unter den TVPöD fallende Praktikumsverhältnis von dem des § 26 BBiG, wonach i. V. m. § 17 Abs. 1 S. 1 BBiG ein Anspruch lediglich auf eine „angemessene Vergütung" besteht.

Die in § 9 TVPöD genannte Zulagen stehen unter denselben Voraussetzungen, unter denen sie Beschäftigten des Arbeitgebers zu gewähren sind, auch Praktikanten grundsätzlich in voller Höhe zu (Ausnahme Wechselschicht- bzw. Schichtzulage: 75 Prozent). Zudem erhalten Praktikanten gemäß § 13 TVPöD nach Maßgabe des Vermögensbildungsgesetzes eine vermögenswirksame Leistung in Höhe von € 13,29 monatlich.

Parallel zum TVöD haben Praktikanten, die am 1. Dezember in einem Praktikantenverhältnis stehen, Anspruch auf eine Jahressonderzahlung (§ 14 Abs. 1 S. 1 TVPöD). Deren Höhe beträgt 82,14 Prozent des Novemberentgelts. Seit dem Jahr 2020 wird

insoweit nicht mehr zwischen dem Tarifgebiet West und dem Tarifgebiet Ost unterschieden. Bei einer unmittelbaren Übernahme des Praktikanten in ein Arbeitsverhältnis des öffentlichen Dienstes bleibt der Anspruch aus dem Praktikantenverhältnis nur dann anteilig erhalten, wenn der Praktikant von demselben Arbeitgeber übernommen wird und am 1. Dezember ein Arbeitsverhältnis besteht (§ 14 Abs. 4 TVPöD). Eine etwaige Regelung, wonach der Praktikant bei Ausscheiden bis zum 31. März des Folgejahres zur Rückzahlung verpflichtet wird, besteht nach dem TVPöD nicht.

**Hinweis:**

Hinsichtlich bei der Jahressonderzahlung zu beachtender Einzelheiten siehe Breier/Dassau TVöD Komm. Teil D.4.1 Rn. 17 ff.

## 4. Weitere Arbeitsbedingungen nach dem TVPöD

Bezüglich der Arbeitszeit (§ 7 TVPöD) und des Erholungsurlaubs unter Fortzahlung des monatlichen Entgelts (§ 10 TVPöD) gelten die Regelungen für die bei dem Arbeitgeber in dem künftigen Beruf des Praktikanten beschäftigten Mitarbeiter entsprechend, mit der Maßgabe, dass der Urlaubsanspruch bei Verteilung der wöchentlichen Arbeitszeit auf fünf Tage in der Kalenderwoche in jedem Kalenderjahr 30 Arbeitstage beträgt.

Nach § 11 Abs. 1 TVPöD erhalten Praktikanten bei Arbeitsunfähigkeit infolge unverschuldeter Krankheit für die Dauer von bis zu sechs Wochen das monatliche Praktikantenentgelt in entsprechender Anwendung der für die Beschäftigten des Arbeitgebers geltenden Regelungen fortgezahlt. Darüber hinaus sieht § 11 Abs. 3 TVPöD bei einer Berufskrankheit oder bei einem Arbeitsunfall unabhängig von der erreichten Praktikumsdauer einen bis zum Ende der 26. Woche seit Beginn der Arbeitsunfähigkeit befristeten Krankengeldzuschuss vor.

## ▌ IV. Muster für Verträge mit Praktikanten nach dem TVPöD

*Das nachfolgende Muster wird empfohlen in Breier/Dassau TVöD Komm. Teil E 1.2.4. Dieses Muster gilt nur für Praktika im Anwendungsbereich des TVPöD (dazu oben III.1.). Dies ist insbesondere dann nicht der Fall, wenn das Praktikum in die schulische Ausbildung oder in die Hochschulausbildung integriert ist. Weitere Erläuterungen finden sich in Breier/Dassau TVöD Komm. Teil. E 1 Vorbem. 2.8.*

*Zwischen*

...................................................................

*vertreten durch* .................................................

*(Arbeitgeber)*

*und*

*Frau/Herrn*

...................................................................

*wohnhaft* ..........................................................

*geboren am:* ......................................................

...................................................................

*(Praktikant/in)*

*wird unter Zustimmung ihrer/ihres/seiner/seines gesetzlichen Vertreter/s,*

**Hinweis:**

Nur erforderlich, wenn die/der Praktikant/in das 18. Lebensjahr noch nicht vollendet hat.

*Frau/Herrn*

..............................................................

*wohnhaft* ...................................................

*vorbehaltlich* ...............................................

**Hinweis:**

Nur auszufüllen, wenn die Wirksamkeit des Vertrags z. B. von dem Ergebnis einer Prüfung oder einer ärztlichen Untersuchung abhängig gemacht wird.

*Praktikantenvertrag*

geschlossen:

**§ 1**

*Die Praktikantin/der Praktikant wird während der praktischen Tätigkeit, die nach der Ausbildungsordnung der staatlichen Anerkennung bzw. der Erlaubnis als Sozialarbeiter/in, Sozialpädagogin/Sozialpädagoge, Heilpädagogin/Heilpädagoge, Pharmazeutisch-technische/r Assistentin/Assistent, Erzieher/in, Kinderpfleger/in, Masseur/in und medizinische/r Bademeister/in, Rettungsassistent/in vorauszugehen hat, beschäftigt.*

**Hinweis:**

Nichtzutreffendes bitte streichen.

**§ 2**

*Das Praktikantenverhältnis beginnt am .........................*

*und endet am ...............................................*

*Die ersten drei Monate des Praktikantenverhältnisses sind Probezeit. Wird die praktische Tätigkeit während der Probezeit um mehr als einen Monat unterbrochen, verlängert sich die Probezeit um den Zeitraum der Unterbrechung.*

**§ 3**

*Das Praktikantenverhältnis bestimmt sich nach dem Tarifvertrag für Praktikantinnen/Praktikanten des öffentlichen Dienstes (TVPöD) vom 27.10.2009 und den diesen ergänzenden, ändernden oder ersetzenden Tarifverträgen in der jeweils geltenden Fassung.*

**§ 4**

*Die Praktikantin/Der Praktikant erhält ein monatliches Entgelt gemäß § 8 Abs. 1 TVPöD. Es beträgt zurzeit Euro.*

**Hinweis:**

Einzusetzen ist das bei Abschluss des Praktikantenvertrages nach § 8 Abs. 1 TVPöD maßgebende Entgelt.

**§ 5**

**Hinweis:**

An dieser Stelle sind Regelungsinhalt zu ergänzen, die nach den einschlägigen Schulordnungen (z. B. Schulordnung für die Fachakademien für Sozialpädagogik bei Erzieher/innen) zwingend in den Praktikantenvertrag aufgenommen werden müssen. Vor Abschluss des Praktikantenvertrages sollte die für das jeweilige Berufspraktikum maßgebliche Rechtsgrundlage (z. B. Schulordnung) daraufhin überprüft werden, ob neben den hier im Muster vorgesehenen Regelungsgegenständen noch weitere Regelungen in den Praktikantenvertrag aufzunehmen sind (z. B. Arbeitszeit, Urlaub, Kündigung).

**§ 6**

*Nebenabreden sind nur wirksam, wenn sie schriftlich vereinbart werden.*

**Hinweis:**

Falls Nebenabreden vereinbart werden, ist auch zu regeln, dass sie gesondert kündbar sein sollen (§ 2 Abs. 2 S. 2 TVPöD). In diesen Fällen empfiehlt sich folgende Formulierung: „Die Nebenabrede kann unabhängig von diesem Praktikantenvertrag mit einer Frist von zwei Wochen zum Monatsschluss gesondert in Textform (§ 126b BGB) gekündigt werden."

.......................................................................

.......................................................................

*Ort, Datum*        *Arbeitgeber*        *Praktikantin/Praktikant*

## V. Tarifvertrag über die Arbeitsbedingungen der Praktikanten der Länder (TV Prakt-L)

Gemäß § 18 Abs. 4 TVPöD findet der oben ausführlich besprochene Tarifvertrag für Praktikanten des öffentlichen Dienstes nur Anwendung im Bereich des Bundes und im Bereich der Mitgliedsverbände der VKA.

Der TVPöD ist folglich gem. § 18 Abs. 4 TVPöD nicht anzuwenden auf diejenigen Praktikanten, die in einem Betrieb oder in einer Verwaltungsstelle beschäftigt sind, die ihrerseits unter den Geltungsbereich des TV-L fällt. In diesen Fällen ist der Tarifvertrag über die Regelung der Arbeitsbedingungen der Praktikanten der Länder (TV Prakt-L) anzuwenden.

Der TV Prakt-L ist weitestgehend mit dem Regelungsgehalt des TVPöD identisch. So ist neben einer unterschiedlichen Vergütung beispielsweise in § 5 Abs. 3 TV Prakt-L ausdrücklich geregelt, dass Praktikanten von Dritten grundsätzlich keine „Belohnungen, Geschenke, Provisionen oder Vergünstigungen mit Bezug auf ihre Tätigkeit […] annehmen" dürfen. Weiterhin ist im Hinblick auf die Personalakten den Praktikanten ein Anhörungsrecht eingeräumt worden. Gemäß § 6 S. 4 TV Prakt-L müssen Praktikanten „über Beschwerden und Behauptungen tatsächlicher Art, die für sie ungünstig sind oder ihnen nachteilig werden können, vor Aufnahme in die Personalakten gehört werden". Zudem ist „ihre Äußerung […] zu den Personalakten zu nehmen" (§ 6 S. 5 TV Prakt-L).

# Probezeit

**Wegweiser:**

Für die Probezeit gelten zunächst die allgemeinen arbeitsrechtlichen Grundsätze, wie sie insbesondere zu § 622 Abs. 3 BGB entwickelt worden sind. Für die Beschäftigten des öffentlichen Dienstes ist die Probezeit darüber hinaus in § 2 Abs. 4 TVöD/TV-L ausdrücklich geregelt.

Ergänzende und vertiefende Erläuterungen finden sich in Breier/Dassau TVöD Komm. Erl. 5 zu § 2 TVöD, Breier/Dassau TV-L Komm. Erl. 5 zu § 2 TV-L und Sponer/Steinherr TVöD Komm. Erl. zu § 2 TVöD Rn. 693 ff.

**I.    Begriff und Abgrenzung**

**II.   Inhalt der Probezeitvereinbarung**

    1.  Dauer von Probezeit und Kündigungsfrist

    2.  Berechnung der Probezeit

**III. Beendigung des Arbeitsverhältnisses während der Probezeit**

**IV. Betriebsverfassungs-/Personalvertretungsrecht**
1. Einstellung
2. Kündigung

## I. Begriff und Abgrenzung

Die Probezeit dient Arbeitgeber und Arbeitnehmer dazu, innerhalb eines angemessenen Zeitraums Klarheit darüber zu gewinnen, ob eine dauerhafte Zusammenarbeit möglich erscheint und gewünscht ist oder nicht. Dem Beschäftigten soll die Einführung und Einarbeitung in die besonderen Verhältnisse der Dienststelle oder des Betriebs ermöglicht werden. Der Arbeitgeber soll die Möglichkeit erhalten, die Kenntnisse, Fähigkeiten und Leistungen des Arbeitnehmers zu erproben und dessen Eignung für eine Tätigkeit auf der zu besetzenden Stelle festzustellen.

Die Probezeit ist insbesondere abzugrenzen von dem so genannten Einfühlungs- oder Anbahnungsverhältnis. Bei Letzterem wird einem Bewerber lediglich die Möglichkeit zum Kennenlernen eines bestimmten Arbeitsplatzes eingeräumt, ohne dass er bereits in die Pflichten eines Arbeitsverhältnisses eintritt. Das Einfühlungsverhältnis ist ein Rechtsverhältnis eigener Art. Es kann im Rahmen der Vertragsfreiheit vereinbart werden, ist aber nur in engen, insbesondere zeitlichen Grenzen zulässig. Anders als während der Probezeit unterliegt der Bewerber während eines Einfühlungsverhältnisses noch nicht dem Weisungsrecht des Arbeitgebers.

Häufig verwechselt wird die Probezeit mit der Wartezeit nach § 1 Abs. 1 KSchG. Diese Wartezeit ist entscheidend dafür, ab welchem Zeitpunkt ein Arbeitnehmer den allgemeinen Kündigungsschutz nach den Regeln des Kündigungsschutzgesetzes genießt. Die Vereinbarung einer Probezeit ist hiervon zunächst unabhängig und betrifft lediglich die Frage der Kündigungsfristen. Auch wenn eine Probezeit nicht vereinbart ist, erlangt der Arbeitnehmer Kündigungsschutz regelmäßig erst nach Ablauf der sechsmonatigen Wartezeit. So liegt auch in der arbeitsvertraglich vereinbarten Klausel „Es wird keine Probezeit vereinbart." nur ein Verzicht auf die Probezeit, nicht aber auf die Wartezeit (LAG Baden-Württemberg v. 18.6.2019, 15 Sa 4/19). Eine Abkürzung der Wartezeit bedarf vielmehr einer ausdrücklichen und unmissverständlichen Vereinbarung. Eine Verlängerung der Wartezeit durch entsprechende vertragliche Vereinbarung ist nicht möglich. Ist der Arbeitgeber bei Ablauf der Wartezeit nach § 1 Abs. 1 KSchG noch nicht sicher, ob er das Arbeitsverhältnis dauerhaft fortsetzen möchte, so muss er es beenden. Möglich ist dabei allerdings der Ausspruch einer Kündigung oder der Abschluss eines Aufhebungsvertrages mit einer längeren Frist, möglicherweise verbunden mit der Inaussichtstellung einer späteren Fortsetzung des Arbeitsverhältnisses bei Bewährung des Arbeitnehmers in dieser Frist. So kann das Arbeitsverhältnis unter Umständen mehrere Monate über die Wartezeit hinaus fortgesetzt werden, ohne dass der noch unentschlossene Arbeitgeber eine soziale Rechtfertigung für die Beendigung des Arbeitsverhältnisses braucht. Allerdings ist zu beachten, dass die Rechtsprechung ein solches Vorgehen nur dann für zulässig hält, wenn die gewählte Kündigungs- oder Auslauffrist „überschaubar" ist. Das Bundesarbeitsgericht orientiert sich hier an den gesetzlichen oder tariflichen Höchstfristen und hat im Einzelfall eine Frist von vier Monaten für zulässig erachtet (BAG v. 7.3.2002, 2 AZR 93/01, ZTR 2002, 546).

Alternativ zu der Vereinbarung einer Probezeit kann auch zunächst ein befristetes Arbeitsverhältnis zum Zweck der Erprobung abgeschlossen werden.

 **Formulierungsbeispiel:**
„Das Arbeitsverhältnis wird zur Erprobung auf die Dauer von sechs Monaten befristet. Das Arbeitsverhältnis endet mit Ablauf dieser Probezeit, also zum … [Datum], ohne dass es einer Kündigung bedarf."

Die Befristung eines Arbeitsverhältnisses zur Erprobung ist in § 14 Abs. 1 S. 2 Nr. 5 TzBfG ausdrücklich vorgesehen. Vgl. hierzu → *Befristetes Arbeitsverhältnis*, auch hinsichtlich der möglichen Dauer einer Erprobungsbefristung. Aber auch in Arbeitsverhältnissen, die aus anderen oder ohne Sachgründe befristet worden sind, kann grundsätzlich eine Probezeit vereinbart werden.

Die Probezeitvereinbarung muss gemäß § 15 Abs. 3 TzBfG im Verhältnis zu der erwarteten Befristungsdauer und der Art der Tätigkeit stehen. Grundsätzlich gilt eine Probezeit als angemessen, die die Hälfte der Befristungsdauer umfasst (LAG Schleswig-Holstein v. 18.10.2023, 3 Sa 81/23).

 **WICHTIG!**
Nicht zulässig ist nach der Rechtsprechung des Bundesarbeitsgerichts (BAG v. 16.4.2008, 7 AZR 132/07, ZTR 2008, 568) eine doppelte Befristung dergestalt, dass der Arbeitsvertrag sowohl eine kalendermäßige Befristung, beispielsweise für ein Jahr, vorsieht und gleichzeitig in den Regelungen zur Probezeit vereinbart wird, dass das Arbeitsverhältnis nach Ablauf der sechsmonatigen Probezeit automatisch endet. Eine solche Klausel ist nach Ansicht des Bundesarbeitsgerichts intransparent und wird als überraschende Klausel im Sinne des § 305c BGB nicht Vertragsbestandteil.

## II. Inhalt der Probezeitvereinbarung

Die Probezeit kann grundsätzlich von den Parteien des Arbeitsvertrages im gesetzlichen Rahmen ausgestaltet werden. Dabei ist bei der Gestaltung von Probezeitvereinbarungen insbesondere auf deren AGB-Wirksamkeit zu achten. Eine Probezeitvereinbarung, die in Allgemeinen Geschäftsbedingungen unter der Überschrift „Sonstiges" an anderer Stelle als die weiteren Beendigungsmodalitäten ohne drucktechnische Hervorhebung untergebracht ist, kann als überraschende Klausel unwirksam sein (LAG Niedersachsen v. 27.2.2018, 10 Sa 25/17). Für die Arbeitsverhältnisse, auf welche TVöD oder TV-L anwendbar sind, gelten tarifliche Regelungen.

### 1. Dauer von Probezeit und Kündigungsfrist

§ 622 Abs. 3 BGB ermöglicht die Vereinbarung einer Probezeit „längstens für die Dauer von sechs Monaten". Da auch der allgemeine Kündigungsschutz erst nach sechs Monaten Betriebszugehörigkeit greift, nutzt der Arbeitgeber in der Regel diese Zeitspanne voll aus.

Zu beachten ist allerdings, dass gemäß § 15 Abs. 3 TzBfG die Dauer der Probezeit bei einem befristeten Arbeitsverhältnis in einem angemessenen Verhältnis zu der erwarteten Dauer der Befristung und der Art der Tätigkeit stehen muss. Das angemessene Verhältnis ist immer eine Frage des Einzelfalles. Aus dem Erwägungsgrund 28 RL (EU) 2019/1152 ergibt sich jedoch, dass bei befristeten Arbeitsverhältnissen von weniger als einem Jahr nicht mehr pauschal eine sechsmonatige Probezeit vereinbart werden kann. Rechtsfolge einer unangemessen langen Probezeit ist die Unwirksamkeit der Probezeit. Die verkürzte Kündigungsfrist des § 622 Abs. 3 BGB würde nicht greifen. Die Auswirkungen sind allerdings überschaubar. Im schlimmsten Fall ist der Arbeitnehmer dann innerhalb der Regelkündigungsfrist von vier Wochen zum 15. oder zum Monatsende zu kündigen.

**Formulierungsbeispiel:**

„Die ersten sechs Monate gelten als Probezeit. Während dieser Zeit kann das Arbeitsverhältnis mit einer Frist von zwei Wochen gekündigt werden."

Für den Bereich des öffentlichen Dienstes sieht § 2 Abs. 4 TVöD/TV-L dies als Regelfall vor, „soweit nicht eine kürzere Zeit vereinbart ist". Sofern der Tarifvertrag auf das Arbeitsverhältnis Anwendung findet und nicht ausdrücklich etwas anderes vereinbart wurde, gilt daher eine sechsmonatige Probezeit, ohne dass dies vertraglich vereinbart sein müsste. Enthält der Arbeitsvertrag allerdings Regelungen zu den allgemein geltenden Kündigungsfristen, so sollte dort auch klargestellt werden, dass während der Probezeit die kürzere Kündigungsfrist des § 34 Abs. 1 S. 1 TVöD/TV-L gilt. Andernfalls könnte die Vertragsgestaltung als widersprüchlich gewertet werden (vgl. BAG v. 23.3.2017, 6 AZR 705/15, ZTR 2017, 547). Für sachgrundlos befristete Arbeitsverhältnisse der „ehemaligen Angestellten im Tarifgebiet West" gelten abweichend hiervon die ersten sechs Wochen als Probezeit, § 30 Abs. 1 S. 2 i. V. m. Abs. 4 TVöD/TV-L. Diese Probezeit kann durch einzelvertragliche Vereinbarung verkürzt, aufgrund des Günstigkeitsprinzips aber nicht verlängert werden. Dies folgt im Übrigen aus dem Wortlaut des § 2 Abs. 4 TVöD/TV-L, der lediglich die Vereinbarung einer kürzeren Probezeit zulässt.

**ACHTUNG!**

Nach § 30 Abs. 4 und 5 TVöD/TV-L können sachgrundlos befristete Arbeitsverträge der „ehemaligen Angestellten im Tarifgebiet West" mit einer Vertragslaufzeit von weniger als zwölf Monaten nur innerhalb der sechswöchigen Probezeit gekündigt werden. Nach Ablauf dieser kurzen Probezeit ist eine ordentliche Kündigung nicht mehr möglich.

Hat der Arbeitnehmer bereits in einem Arbeitsverhältnis zu dem Arbeitgeber gestanden und schließt sich ein zweites Arbeitsverhältnis ohne zeitliche Unterbrechung an dieses erste Arbeitsverhältnis beim gleichen Arbeitgeber an, so kommt es, sofern nicht etwas anderes ausdrücklich vereinbart wird, dann zu einer erneuten Probezeit, wenn das zweite Arbeitsverhältnis andersartige Arbeiten als das erste zum Gegenstand hat (BAG v. 12.2.1982, 2 AZR 1108/78, AP Nr. 1 zu § 5 BAT). Das Gleiche gilt auch für die in einem Berufsausbildungsverhältnis nach § 20 S. 1 BBiG vereinbarte Probezeit: Eine erneute Vereinbarung einer Probezeit ist bei Vereinbarung eines rechtlich neuen Berufsausbildungsverhältnisses unzulässig, wenn zu einem vorherigen Ausbildungsverhältnis derselben Parteien ein derart enger sachlicher Zusammenhang besteht, dass es sich sachlich um ein Berufsausbildungsverhältnis handelt. In einem solchen Fall ist kein Grund ersichtlich, die wechselseitige Prüfung der wesentlichen Umstände des Ausbildungsverhältnisses ein weiteres Mal vorzunehmen und dem Ausbildenden die Möglichkeit zur entfristeten ordentlichen Kündigung ohne Kündigungsgrund einzuräumen (BAG v. 12.2.2015, 6 AZR 831/13, NZA 2015, 737).

Während der Dauer der Probezeit beträgt die Kündigungsfrist grundsätzlich zwei Wochen (§ 622 Abs. 3 BGB), wenn nicht eine längere Frist im Arbeitsvertrag vereinbart oder durch Tarifvertrag festgelegt wurde. Im Geltungsbereich von TV-L und TVöD regelt § 34 Abs. 1 TVöD/TV-L ausdrücklich die zweiwöchige Kündigungsfrist zum Monatsschluss. Der Arbeitgeber sollte in der Probezeitvereinbarung hinreichend deutlich machen, dass in der

Probezeit nur die zweiwöchige Kündigungsfrist nach § 622 Abs. 3 BGB, § 34 Abs. 1 TVöD/TV-L gilt. Denn wird in einem vom Arbeitgeber vorformulierten Arbeitsvertrag in einer Klausel eine Probezeit und in einer anderen Klausel eine Kündigungsfrist festgelegt, ohne dass unmissverständlich deutlich wird, dass diese ausdrücklich genannte Frist erst nach dem Ende der Probezeit gelten soll, ist dies von einem durchschnittlichen Arbeitnehmer regelmäßig dahin zu verstehen, dass der Arbeitgeber schon von Beginn des Arbeitsverhältnisses an nur mit dieser Kündigungsfrist, nicht aber mit der zweiwöchigen Kündigungsfrist des § 622 Abs. 3 BGB kündigen kann (BAG v. 23.3.2017, 6 AZR 705/15, ZTR 2017, 221).

## 2. Berechnung der Probezeit

Nach § 2 Abs. 4 S. 1 TVöD/TV-L sollen als Probezeit die ersten sechs Monate der Beschäftigung gelten, ohne dass der Begriff der Beschäftigung näher definiert ist. Abzustellen ist hier auf das rechtliche Bestehen des Arbeitsverhältnisses, so dass die Probezeit auch während Zeiten ohne tatsächliche Beschäftigung wie Krankheitszeiten oder Urlaub läuft (Breier/Dassau TVöD Komm. Erl. zu § 2 Rn. 220).

**ACHTUNG!**

Kann sich der Arbeitgeber aufgrund von längeren Fehlzeiten innerhalb der Probezeit kein ausreichendes Bild von dem Arbeitnehmer machen, so muss er das Arbeitsverhältnis unter Umständen kündigen. Eine Verlängerung der Probezeit um die Zahl der Fehltage erfolgt, anders als im früheren Tarifrecht, nicht mehr. Die Verlängerung der Probezeit nach altem Recht war für den Arbeitgeber auch wenig hilfreich, da sie ohne Einfluss auf die Wartezeit nach § 1 Abs. 1 KSchG war und dem Arbeitgeber ein Hinausschieben der Entscheidung, ob er eine Kündigung aussprechen wollte oder nicht, daher ohnehin nicht ermöglichte.

Hat sich die ursprüngliche Erprobungszeit aufgrund ganz besonderer, in der Person des Arbeitnehmers liegender Umstände als nicht ausreichend erwiesen, so können die Arbeitsvertragsparteien nach Ansicht des Bundesarbeitsgerichts ausnahmsweise einen befristeten Arbeitsvertrag schließen, um eine längere Erprobung zu ermöglichen (BAG v. 2.6.2010, 7 AZR 85/09, ZTR 2010, 599). Hierfür müssen aber besondere Umstände vorliegen, die diese Erweiterung des Erprobungszeitraums rechtfertigen, wie beispielsweise die Feststellung einer Erkrankung während der Probezeit, die eine längere Erprobung unter Hinzuziehung einer Arbeitsassistenz erforderte.

Nicht angerechnet werden auf die Probezeit Zeiten einer Wehrübung sowie sonstige Wehrdienstzeiten (§ 6 Abs. 2 ArbPlSchG), Zeiten der Teilnahme an einer Eignungsübung (§ 8 S. 3 der Verordnung zum EignÜbG) sowie Zeiten einer Ausbildung als Soldat auf Zeit und Zeiten einer Fachausbildung (§ 8 Abs. 5 S. 2 SVG). Die Dauer eines vorausgegangenen Praktikums ist auf die Probezeit im Berufsausbildungsverhältnis nach Rechtsprechung des BAG ebenfalls nicht anzurechnen (BAG v. 19.11.2015, 6 AZR 844/14, ZTR 2016, 161).

Die sechsmonatige Frist beginnt an dem Tag, an welchem das Arbeitsverhältnis rechtlich beginnt, auch wenn die tatsächliche Arbeitsaufnahme erst später erfolgt, etwa weil der 1. des Monats, auf welchen der Vertragsbeginn datiert wurde, ein Sonntag oder gesetzlicher Feiertag ist. Die Frist endet im sechsten Monat mit dem Ablauf desjenigen Tages, der dem Tag vorhergeht, der durch seine Zahl dem Anfangstag der Frist entspricht, § 188 Abs. 2 BGB.

**Beispiel**

> Beginnt der Arbeitsvertrag am 1. Februar, so endet die Probezeit mit Ablauf des 31. Juli. Beginnt der Vertrag am 15. Juni, endet die Probezeit mit Ablauf des 14. Dezember.

## III. Beendigung des Arbeitsverhältnisses während der Probezeit

Während der Probezeit, also bis zum letzten Tag des 6-Monats-Zeitraums, kann das Arbeitsverhältnis mit einer Frist von zwei Wochen gekündigt werden. Im Anwendungsbereich von TVöD/TV-L ist eine Kündigung nur zum Monatsende möglich, § 34 Abs. 1 S. 1 TVöD/TV-L.

 **WICHTIG!**

Das bedeutet, dass die zweiwöchige Kündigungsfrist unter Umständen über die Probezeit „hinausragt", das Arbeitsverhältnis also gegebenenfalls erst nach sieben Monaten endet. Zudem muss die Kündigung auch nicht mit der kurzen Frist erfolgen, sondern kann auch mit einer moderat längeren Frist ausgesprochen werden. Die Probezeitkündigung muss also nicht zum Ende der Probezeit erfolgen. Die Kündigungserklärung muss lediglich innerhalb der Probezeit zugehen.

Die Möglichkeit der außerordentlichen Kündigung besteht auch während der Probezeit, wobei aufgrund der kurzen Frist für die ordentliche Kündigung in der Regel besonders schwerwiegende Pflichtverletzungen vorliegen müssen, damit dem Arbeitgeber die Weiterbeschäftigung bis zum Ablauf der Kündigungsfrist unzumutbar ist.

Während der Probezeit innerhalb der Wartezeit nach § 1 Abs. 1 KSchG bedarf die Kündigung keiner sozialen Rechtfertigung. Auch der besondere Kündigungsschutz und die Mindestkündigungsfrist schwerbehinderter Arbeitnehmer setzen grundsätzlich erst ein, wenn das Arbeitsverhältnis mindestens sechs Monate bestanden hat, § 173 Abs. 1 Nr. 1 SGB IX.

 **ACHTUNG!**

Der Europäische Gerichtshof hat entschieden, dass gleichwohl die Kündigung von Beschäftigten mit Schwerbehinderung auch in der Probezeit nur unter bestimmten Voraussetzungen zulässig ist (EuGH v. 10.2.2022, C-485/20 HR Rail). Demnach müssen Arbeitgeber im Falle schwerbehinderter Beschäftigter auch vor einer Probezeitkündigung prüfen, ob eine Beschäftigung auf einem anderen – freien – Arbeitsplatz möglich ist. Dies gilt jedoch nur, soweit die anderweitige Beschäftigung dem Arbeitgeber ohne übermäßige Belastung möglich ist.

Der Sonderkündigungsschutz der schwangeren Beschäftigten nach § 17 MuSchG besteht dagegen ab dem ersten Tag der Beschäftigung.

Auch die Probezeitkündigung innerhalb der Wartezeit kann aber ausnahmsweise unwirksam sein, wenn die Kündigung rechtsmissbräuchlich ist und gegen Treu und Glauben verstößt. Dies kann beispielsweise der Fall sein, wenn der Arbeitgeber die Kündigung allein aus Gründen erklärt, die im AGG als Unterscheidungsmerkmal verpönt sind, also etwa wegen der sexuellen Orientierung (vgl. BAG v. 23.6.1994, 2 AZR 617/93, AP Nr. 9 zu § 242 BGB Kündigung), einer Behinderung (vgl. BAG v. 19.12.2013, 6 AZR 190/12, ZTR 2014, 242), der Rasse oder religiösen Überzeugung des Beschäftigten. Unwirksam ist eine Kündigung auch dann, wenn der Arbeitnehmer im Zeitpunkt der Kündigung einen Anspruch auf Einstellung aus Art. 33 Abs. 2 GG hatte und daher unmittelbar im Anschluss an die Kündigung wieder hätte eingestellt werden müssen (BAG v. 12.3.1986, 7 AZR 20/83, AP Nr. 23 zu Art. 33 Abs. 2 GG). Ein solcher Ein-

stellungsanspruch besteht allerdings nur dann, wenn der Beschäftigte alle Voraussetzungen erfüllt, um die entsprechende Stelle auszufüllen, und jede andere Entscheidung als seine Einstellung ermessensfehlerhaft wäre. In der Regel hat der öffentliche Arbeitgeber einen Ermessensspielraum bei der Einstellung, den er nutzen darf. Der Bewerber kann aus Art. 33 Abs. 2 GG dann lediglich einen Anspruch auf ordnungsgemäße Durchführung des Auswahlverfahrens und ermessensfehlerfreie Auswahlentscheidung ableiten (vgl. hierzu → *Bewerberauswahl/Arbeitsrechtliche Konkurrentenklage*).

Grundsätzlich gilt, dass vor Ablauf der Wartezeit nach § 1 Abs. 1 KSchG eine Kündigung ohne besondere Voraussetzung ausgesprochen werden kann.

## IV. Betriebsverfassungs-/ Personalvertretungsrecht

Auch während der Probezeit sind die Voraussetzungen des betriebsverfassungsrechtlichen Arbeitnehmerbegriffs im Sinne des § 5 Abs. 1 BetrVG bzw. des personalvertretungsrechtlichen Beschäftigtenbegriffs nach § 4 BPersVG oder den entsprechenden landesrechtlichen Vorschriften erfüllt. Soweit betriebsverfassungsrechtliche oder personalvertretungsrechtliche Beteiligungsrechte bei Einstellungen oder Kündigungen bestehen, so sind diese auch hinsichtlich eines Probearbeitsverhältnisses zu beachten.

### 1. Einstellung

Bei der Einstellung eines Arbeitnehmers besteht, unabhängig davon, ob eine Probezeit vereinbart oder gar ein zur Erprobung befristetes Arbeitsverhältnis geschlossen wird, ein Mitbestimmungsrecht des Betriebsrats nach § 99 Abs. 1 S. 1 BetrVG bzw. des Personalrats nach § 78 Abs. 1 Nr. 1 BPersVG oder der entsprechenden landesrechtlichen Vorschrift. Aus dem Umstand, dass statt eines unbefristeten ein befristetes Probearbeitsverhältnis eingegangen werden soll, folgt keine Benachteiligung im Sinne des § 99 Abs. 2 Nr. 4 BetrVG. Die Befristung des Arbeits- oder Beschäftigungsverhältnisses selbst ist in den meisten Bundesländern nicht mitbestimmungspflichtig. Nur die Personalvertretungsgesetze von Brandenburg, Rheinland-Pfalz und Nordrhein-Westfalen begründen zusätzlich ein separates Mitbestimmungsrecht hinsichtlich der Befristung.

Auch wenn ein befristetes Arbeits- oder Beschäftigungsverhältnis in ein unbefristetes umgewandelt wird, besteht grundsätzlich ein Mitbestimmungsrecht. Etwas anderes gilt nur dann, wenn Betriebs- oder Personalrat bei Einstellung darüber informiert wurden, dass die Befristung zur Erprobung erfolgt und bei Bewährung eine unbefristete Weiterbeschäftigung erfolgen soll (BAG v. 7.8.1990, 1 ABR 68/89, ZTR 1991, 42).

### 2. Kündigung

Der Personalrat hat bei ordentlichen Kündigungen nach § 85 Abs. 1 S. 1 BPersVG mitzuwirken, bei außerordentlichen Kündigungen ist er nach § 86 BPersVG anzuhören. Der Betriebsrat ist vor jeder Kündigung nach § 102 Abs. 1 S. 1 BetrVG anzuhören. Dies gilt grundsätzlich auch für Kündigungen innerhalb der Probe- und Wartezeit (BAG v. 24.8.1989, 2 AZR 592/88, ZTR 1990, 34).

In den verschiedenen Landespersonalvertretungsgesetzen ist die Beteiligung des Personalrats bei Kündigungen unterschiedlich ausgestaltet. Sie reicht von einem Mitwirkungsrecht in Verbindung mit einem dem § 102 BetrVG ähnlichen Widerspruchsrecht bis zu dem Zustimmungsbedürfnis mit gegebenenfalls erforderlichem Einigungsstellenverfahren und Letztentscheidungsrecht der obersten Dienstbehörde. Siehe hierzu auch die Ausführungen unter → *Kündigung*.

**WICHTIG!**

Vor Ausspruch einer Kündigung ist daher stets zu prüfen, welches Personalvertretungsrecht Anwendung findet und welche Form der Beteiligung des Personalrats dieses vorsieht.

Nach der Rechtsprechung des Bundesarbeitsgerichts reicht es aus, wenn der Arbeitgeber, der keine auf bestimmte Tatsachen gestützten Kündigungsgründe hat, der Personalvertretung nur seine subjektiven Wertungen, die ihn zur Kündigung veranlassen, mitteilt (BAG v. 22.4.2010, 6 AZR 828/08, ZTR 2010, 430). Denn bei einer Kündigung in der Wartezeit ist die Substantiierungspflicht nicht an den objektiven Merkmalen der Kündigungsgründe des noch nicht anwendbaren § 1 KSchG, sondern allein an den Umständen zu messen, aus denen der Arbeitgeber subjektiv seinen Kündigungsentschluss herleitet. Stützt der Arbeitgeber die Kündigung in der Wartezeit lediglich auf ein subjektives Werturteil, reicht die Mitteilung allein dieses Werturteils für eine ordnungsgemäße Betriebsratsanhörung selbst dann aus, wenn dem subjektiven Werturteil konkretisierbare Tatsachenelemente zugrunde liegen. Der Arbeitgeber ist nicht verpflichtet, im Rahmen des Anhörungsverfahrens sein Werturteil gegenüber der Arbeitnehmervertretung zu substantiieren oder zu begründen (BAG v. 12.9.2013, 6 AZR 121/12, ZTR 2014, 50–52). Die Entscheidung darüber, ob sich ein Beschäftigter in der Probezeit bewährt hat, ist ausschließlich dem Arbeitgeber vorbehalten. Begründet der Personalrat seine Zustimmungsverweigerung bei einer Probezeitkündigung ausschließlich mit Zweifeln an der Eignungsprognose des Arbeitgebers, ist die Zustimmungsverweigerung daher unbeachtlich (LAG Schleswig-Holstein v. 10.1.2018, 1 Sa 447/17). Der Arbeitgeber ist bei einer Wartezeitkündigung nicht verpflichtet, dem Personalrat Sozialdaten, die bei vernünftiger Betrachtung weder aus seiner Sicht noch aus Sicht der Arbeitnehmervertretung für die Beurteilung der Wirksamkeit der Kündigung eine Rolle spielen können, mitzuteilen. Unbedeutend sind nach Auffassung der Rechtsprechung Unterhaltspflichten (BAG v. 23.4.2009, 6 AZR 516/08, AP Nr. 161 zu § 102 BetrVG 1972) und das Lebensalter (LAG Mecklenburg-Vorpommern v. 26.10.2022, 3 Sa 79/22). Den Anhörungserfordernissen ist auch dann genüge getan, wenn der Personalrat nur über das abschließende Werturteil und nicht über dessen Tatsachenkern informiert wurde (BAG v. 12.9.2013, 6 AZR 121/12, ZTR 2014, 50).

**WICHTIG!**

Auch wenn es nach dieser Rechtsprechung unschädlich sein mag, wenn der Arbeitgeber dem Betriebs- oder Personalrat bestimmte Daten nicht mitteilt, ist zu empfehlen, an die Beteiligung des Betriebs- oder Personalrats im Rahmen einer „Probezeitkündigung" vor Ablauf der Wartezeit nach § 1 Abs. 1 KSchG keine anderen Maßstäbe anzulegen als an eine spätere Kündigung. Denn insbesondere die Frage, wann Daten „bei vernünftiger Betrachtung weder aus Sicht des Arbeitgebers noch aus Sicht der Arbeitnehmervertretung für die Beurteilung der Wirksamkeit der Kündigung eine Rolle spielen können", wird im Einzelfall nicht immer eindeutig zu beantworten sein und daher stets ein Risiko eröffnen.

# Rationalisierungsschutz

**Wegweiser:**

Um bei Umstrukturierungsmaßnahmen soziale Härten für Beschäftigte des öffentlichen Dienstes zu vermeiden bzw. abzuschwächen, gelten neben dem KSchG zusätzliche tarifvertragliche Rationalisierungsschutzabkommen. Sie dienen der Arbeitsplatzerhaltung und der finanziellen Absicherung der betroffenen Arbeitnehmer. Während im Tarifgebiet West die Rationalisierungsschutzverträge für Angestellte (RatSchTVAng) und für Arbeiter (RatSchTVArb) gelten, gewährt in den neuen Bundesländern der Tarifvertrag zur sozialen Absicherung (TVsA) einen demgegenüber etwas schwächeren Rationalisierungsschutz. Für Ärzte an kommunalen Krankenhäusern enthält der „Tarifvertrag über den Rationalisierungsschutz für Ärztinnen und Ärzte" (TV RatSch-Ärzte/VKA) dem RatSchTVAng entsprechende Regelungen.

Ergänzende Hinweise in Breier/Dassau, TV-L Komm. Teil C Ergänzende Tarifverträge C 7 Rationalisierungsschutz; Breier/Dassau, TVöD Komm. Teil C 3.2 Tarifvertrag zur sozialen Absicherung (TVsA); Sponer/Steinherr, TVöD Komm. Ergänzende Tarifverträge, Tarifvertrag zur sozialen Absicherung (TVsA).

**I.    Tarifgebiet West**
1. Anwendbarkeit des RatSchTVAng und des RatSchTVArb
2. Weiterbeschäftigungspflicht und Vergütungssicherung
3. Besonderer Kündigungsschutz
4. Abfindungsanspruch
5. Informationspflichten

**II.   Tarifgebiet Ost**
1. Anwendbarkeit
2. Besondere Arbeitgeberpflichten
3. Abfindung

**III.  Mitbestimmung bei Rationalisierungsmaßnahmen**

## I. Tarifgebiet West

### 1. Anwendbarkeit des RatSchTVAng und des RatSchTVArb

Anwendung finden sowohl der RatSchTVAng als auch der RatSchTVArb nur auf das Tarifgebiet West, also nur für Arbeitsverhältnisse, die in den alten Bundesländern geschlossen wurden oder ausschließlichen Bezug zu den alten Bundesländern aufzeigen. In diesem Zusammenhang ist es ausreichend, wenn das Arbeitsverhältnis zwar im Tarifgebiet Ost begründet wurde, der Beschäftigte aber nunmehr nur noch für eine Dienststelle im Tarifgebiet West tätig ist.

Obwohl die Unterscheidung zwischen Angestellten und Arbeitern nicht mehr zeitgemäß ist, ist es bisher zu einer Vereinheitlichung der Tarifverträge noch nicht gekommen. Für den persönlichen Anwendungsbereich ist daher zu differenzieren: Überwiegend geistig tätige Arbeitnehmer können sich regelmäßig auf den RatSchTVAng berufen, während für eher körperlich tätige Beschäftigte der RatSchTVArb Anwendung findet. Beide Abkommen sind jedoch nahezu inhaltsgleich, sodass die Unterscheidung in der Praxis kaum eine Rolle spielt. § 8 RatSchTVAng enthält Sonderregelungen für erwerbsgeminderte Beschäftigte und Beschäftigte mit Anspruch auf vorgezogene Altersrente.

Voraussetzung der in RatSchTVAng und RatSchTVArb gewährten Rechte ist stets das Vorliegen einer Rationalisierungsmaßnahme. Unter einer solchen sind „vom Arbeitgeber veranlasste erhebliche Änderungen der Arbeitstechnik oder wesentliche Änderungen der Arbeitsorganisation mit dem Ziel einer rationelleren Arbeitsweise, wenn diese Maßnahmen für Angestellte (Arbeiter) zu einem Wechsel der Beschäftigung oder zur Beendigung des Arbeitsverhältnisses führen", zu verstehen. Erforderlich ist jedoch stets, dass die Maßnahme zu einer Verbesserung der Aufgabenerfüllung führen soll (eine Betriebsstilllegung ohne Fortführung der Betriebstätigkeit durch einen anderen Betrieb reicht somit nicht aus, vgl. LAG München v. 28.7.2005, 2 Sa 86/05). Rationalisierungsmaßnahmen sind demnach insbesondere:

▸ Betriebs- oder Verwaltungsauflösungen

▸ Verlegungen oder Ausgliederungen von Verwaltungen oder Betrieben

▸ Zusammenlegungen von Verwaltungen oder Betrieben

▸ Verlagerungen von Aufgaben zwischen einzelnen Betrieben oder Verwaltungen

▸ Einführung anderer Arbeitsmethoden und Fertigungsverfahren

 **ACHTUNG!**

Maßnahmen, die allein der Arbeitsentlastung dienen und bloße Anpassungen des Personalbestands an den bestehenden Bedarf sind, fallen regelmäßig nicht unter den Begriff der Rationalisierungsmaßnahme, § 1 Abs. 2 S. 1 RatSchTV (vgl. hierzu beispielsweise LAG Hamm v. 11.1.2007, 17 Sa 79/06: „Die Streichung eines Personalpostens ist keine Rationalisierungsmaßnahme."). Gleiches gilt für Betriebsübergänge im Sinne des § 613a BGB. Bezweckt werden muss immer auch eine Effizienzsteigerung oder rationellere Arbeitsorganisation. Bei dem Antrag auf Auflösung des gesetzlich fingierten Arbeitsverhältnisses von Jugend- und Auszubildendenvertretern nach § 9 Abs. 4 BPersVG handelt es sich nicht um eine Rationalisierungsmaßnahme (vgl. VG Magdeburg v. 15.7.2014, 10 A 1/13). Ebenfalls dürfte ein nur kurzfristiger Nachfragerückgang wie dies etwa bei rückläufigen Schüleranmeldungen der Fall sein kann, ebensowenig eine Rationalisierungsmaßnahme darstellen wie der Wegfall zweckgebundener Drittmittel. Im Hinblick auf die Wesentlichkeit der Änderung kommt es nicht primär auf die Zahl der betroffenen Beschäftigten an. Auch wenn mehrere Beschäftigte von der Maßnahme betroffen sind, führt dies nicht zwangsläufig zu einer wesentlichen Änderung. Eine wesentliche Änderung der Arbeitsorganisation kann aber etwa dann vorliegen, wenn aufgrund von Arbeitsverträgen geleistete Arbeiten künftig aufgrund Werkvertrages durchgeführt werden sollen (z. B. bei Privatisierung des Reinigungsdienstes).

## 2. Weiterbeschäftigungspflicht und Vergütungssicherung

Ist der Arbeitsplatz eines Beschäftigten im öffentlichen Dienst von einer solchen Rationalisierungsmaßnahme betroffen, so ist sein Arbeitgeber verpflichtet, ihm nach Möglichkeit einen mindestens vergleichbaren Arbeitsplatz zur Verfügung zu stellen, § 3 RatSchTV. Dabei hat er, sofern möglich, einen Arbeitsplatz in demselben Betrieb bzw. derselben Verwaltung und an demselben Ort zuzuweisen. Kommt ein vergleichbarer Arbeitsplatz nicht in Betracht, so hat der Arbeitnehmer einen Anspruch auf eine vom Arbeitgeber bezahlte Umschulung oder Fortbildung, falls diese eine Versetzung zu einem gleichwertigen Arbeitsplatz sicherstellen kann. Führt auch eine solche Maßnahme nicht zu der angestrebten Sicherung eines vergleichbaren Arbeitsplatzes, so ist dem Arbeitnehmer zumindest ein sonstiger Arbeitsplatz zu verschaffen. Zudem ist er bei zukünftigen Bewerbungen bevorzugt zu berücksichtigen. Ungeachtet dessen ist der Arbeitgeber verpflichtet, sich auch um einen Arbeitsplatz bei einem anderen Arbeitgeber des öffentlichen Dienstes am selben Ort zu bemühen.

Führt die arbeitsplatzsichernde Versetzung zu einer Vergütungseinbuße beim Betroffenen, so hat dieser einen Anspruch auf eine Vergütungssicherung nach § 6 RatSchTV. Der Anspruch auf eine Vergütungssicherung kann nur einmal geltend gemacht werden. Haben Beschäftigte einen Anspruch nach dem RatSchTV können zum gleichen Sachverhalt nicht auch noch Ansprüche auf Entgeltsicherung nach dem Digitalisierungstarifvertrag des Bundes (DigiTV) geltend gemacht werden.

 **ACHTUNG!**

Der Arbeitnehmer ist im Gegenzug verpflichtet, eine ihm angebotene Stelle anzunehmen, sofern ihm dies nach seinen Kenntnissen und Fähigkeiten zumutbar ist. Zudem darf der Arbeitnehmer nicht willkürlich die Zustimmung zu einer Fortbildungsmaßnahme verweigern. Kommt es dennoch zu einer Weigerung des Arbeitnehmers, so erlöschen sowohl der besondere Kündigungsschutz des RatSchTV als auch ein etwaiger Abfindungsanspruch nach einer Kündigung aus § 7 RatSchTV.

## 3. Besonderer Kündigungsschutz

Kommt es im Rahmen der Arbeitsplatzsicherung zu einer Beschäftigung des Arbeitnehmers an einem neuen Arbeitsplatz, ist eine Kündigung innerhalb der ersten neun Monate weder aus betriebsbedingten Gründen noch wegen des Vorwurfs mangelnder Einarbeitung zulässig, § 5 RatSchTV. Nur wenn die obligatorische Arbeitsplatzsicherung nach § 3 RatSchTV scheitern sollte oder vom Arbeitnehmer verweigert wird, ist eine betriebsbedingte Kündigung im Rahmen einer Rationalisierungsmaßnahme überhaupt zulässig. Jedoch schreibt § 5 Abs. 2 RatSchTV für diesen Fall eine verlängerte Mindestkündigungsfrist von 3 Monaten vor. Bei unkündbaren Arbeitnehmern mit über fünfzehnjähriger Beschäftigungszeit und einem Alter von mehr als 40 Jahren ist eine betriebsbedingte Kündigung nur dann zulässig, wenn diese einen vom Arbeitgeber vorgeschlagenen zumutbaren alternativen Arbeitsplatz verweigern. Für diese außerordentliche Kündigung beträgt die Kündigungsfrist sechs Monate zum Schluss eines Kalendervierteljahres, § 5 Abs. 2 RatSchTV.

## 4. Abfindungsanspruch

Wird das Arbeitsverhältnis eines Angestellten aufgrund einer Rationalisierungsmaßnahme im gegenseitigen Einvernehmen oder einseitig durch den Arbeitgeber beendet, so steht dem betroffenen Arbeitnehmer nach § 7 RatSchTV eine Entschädigung zu, für die Beschäftigungsdauer und Lebensalter maßgeblich sind. Die Entschädigung richtet sich nach der folgenden Tabelle:

| Alter | Arbeitnehmer | | | | |
| | jünger als 40 | älter als 40 | älter als 45 | älter als 50 | älter als 55 |
| Beschäftigungsdauer | Monatsbezüge | | | | |
| 3 Jahre | – | 2 | 2 | 3 | 3 |
| 5 Jahre | 2 | 3 | 3 | 4 | 5 |
| 7 Jahre | 3 | 4 | 5 | 6 | 7 |
| 9 Jahre | 4 | 5 | 6 | 7 | 9 |
| 11 Jahre | 5 | 6 | 7 | 9 | 11 |
| 13 Jahre | 6 | 7 | 8 | 10 | 12 |
| 15 Jahre | 7 | 8 | 9 | 11 | 13 |
| 17 Jahre | 8 | 9 | 10 | 12 | 14 |
| 19 Jahre | 9 | 10 | 11 | 13 | 15 |
| 21 Jahre | 10 | 11 | 12 | 14 | 16 |
| 23 Jahre | – | 12 | 13 | 15 | 17 |
| 25 Jahre | – | 13 | 14 | 16 | 18 |

Bei der Berechnung der Monatsbezüge gelten unterschiedliche Berechnungsgrundlagen, je nachdem, ob der RatSchTVArb oder der RatSchTVAng einschlägig ist. Während nach ersterem die Summe aus Monatstabellenlohn und dem Sozialzuschlag im letzten Monat vor Beendigung des Arbeitsverhältnisses maßgeblich ist, ergibt sich der Monatsbezug für Angestellte aus der Vergütung, der allgemeinen Zulage nach dem Tarifvertrag über Zulagen für Angestellte vom 17.5.1982 und dem Ortszuschlag.

Auf den Abfindungsanspruch sind nach § 10 Abs. 1 RatSchTV solche Leistungen anzurechnen, die der Arbeitnehmer nach anderen Bestimmungen, beispielsweise Sozialplänen oder dem Kündigungsschutzgesetz (etwa § 1a KSchG) erhält, um die Folgen von Rationalisierungsmaßnahmen zu mindern. Arbeitslosengeld dient jedoch nicht wie die Abfindung der Entschädigung für den Verlust des Arbeitsplatzes im öffentlichen Dienst, sondern vielmehr als Lohnersatz, sodass diesbezüglich keine Anrechnung erfolgt (BAG v. 20.2.1997, 6 AZR 760/95, ZTR 1997, 419; vgl. auch LAG Hamm v. 5.10.2000, 17 Sa 1093/00, ZTR 2001, 133).

Die Betriebsparteien sind nicht gehindert, bei einer Betriebsänderung im Interesse des Arbeitgebers an alsbaldiger Planungssicherheit zusätzlich zu einem Sozialplan in einer freiwilligen Betriebsvereinbarung Leistungen für den Fall vorzusehen, dass der Arbeitnehmer von der Möglichkeit zur Erhebung einer Kündigungsschutzklage keinen Gebrauch macht oder nach Abschluss der Betriebsvereinbarung einen Aufhebungsvertrag schließt (vgl. LAG München v. 9.12.2015, 5 Sa 591/15). Damit wird ein Anreiz dafür geschaffen, dass die von den Rationalisierungsmaßnahmen betroffenen Arbeitnehmer keine gerichtlichen Auseinandersetzungen über die Wirksamkeit von betriebsbedingten Kündigungen anstrengen oder freiwillig aus dem Arbeitsverhältnis ausscheiden. Beides verschafft Klarheit über die Umsetzung der Rationalisierungsmaßnahmen. Das Verbot, Sozialplanleistungen von einem Verzicht auf die Erhebung der Kündigungsschutzklage abhängig zu machen, darf dadurch aber nicht umgangen werden (vgl. BAG v. 9.12.2014, 1 AZR 146/13).

### 5. Informationspflichten

Ohne weitere Beteiligungsrechte von Personal- oder Betriebsrat zu beeinträchtigen, statuieren RatSchTVAng und RatSchTVArb in § 2 eine besondere Pflicht des Arbeitgebers, die Personal- oder Betriebsvertretungen rechtzeitig über geplante Rationalisierungsmaßnahmen zu unterrichten. Ferner sollen Arbeitnehmer rechtzeitig über diejenigen Maßnahmen informiert werden, die sie betreffen.

Im Falle eines Betriebsübergangs – auch öffentlich-rechtliche Einheiten können Betriebe im Sinne des § 613 a BGB sein – muss im Unterrichtungsschreiben nach § 613 a Abs. 5 BGB über einen etwaigen Wegfall der Anwendbarkeit eines Rationalisierungsschutztarifvertrags informiert werden, jedenfalls sofern dies für den betroffenen Arbeitnehmer eine wirtschaftliche Relevanz hat (BAG v. 26.3.2015, 2 AZR 783/13, ZTR 2015, 468).

## II. Tarifgebiet Ost

### 1. Anwendbarkeit

Der Tarifvertrag zur sozialen Absicherung (TVsA) und der inhaltsgleiche Tarifvertrag zur sozialen Absicherung für die Angestellten der Länder (TVSozAb-L) finden alleinige Anwendung auf Arbeitsverhältnisse, die in den neuen Bundesländern begründet worden sind und noch Bezug zu diesen aufweisen. Der TVsA ist am 31.12.2009, der TVSozAb-L am 31.12.2011 außer Kraft getre-

ten, sodass beide gem. § 4 Abs. 5 TVG weitergelten, bis eine neue Regelung getroffen worden ist (LAG Mecklenburg-Vorpommern v. 27.11.2012, 5 Sa 98/12). Dies gilt zudem nur für solche Arbeitsverhältnisse, die den Tarifverträgen zur sozialen Absicherung schon vor ihrem Außerkrafttreten unterfielen.

### 2. Besondere Arbeitgeberpflichten

Zum Zwecke der Arbeitsplatzsicherung verpflichtet auch der TVsA den Arbeitgeber gegebenenfalls zu Freistellung und Kostentragung für vom Arbeitnehmer genutzte Fortbildungen. Solche Fortbildungsmaßnahmen können bis zu zwölf Monaten dauern. Nur wenn der Arbeitnehmer aus einem von ihm zu vertretenen Grund das Arbeitsverhältnis nicht fortsetzt, kann sein Arbeitgeber von ihm den Ersatz der Fortbildungskosten verlangen.

### 3. Abfindung

Der TVsA sieht für Beschäftigte, deren Arbeitsverhältnisse aus Gründen des Personalabbaus entweder gekündigt oder durch Auflösungsvertrag beendet werden, eine Abfindung vor.

Diese beträgt für jedes volle Jahr der Beschäftigungszeit grundsätzlich ein Viertel des letzten Tabellenentgelts, mindestens aber die Hälfte und höchstens das Fünffache dieses Entgelts. Wenn das Arbeitsverhältnis vertraglich aufgelöst wird, kann die Abfindung sogar bis zum Siebenfachen des Tabellenentgelts festgelegt werden.

Bestimmt sich das Entgelt eines Arbeitnehmers nach dem TVöD, so ist seit dem Außerkrafttreten des TVsA allerdings nicht das laufende Gehalt maßgeblich, sondern vielmehr das Tabellenentgelt zum Zeitpunkt des Ablaufs des TVsA am 31.12.2009 (LAG Mecklenburg-Vorpommern v. 27.11.2012, 5 Sa 98/12). Denn die Nachwirkung nach § 4 Abs. 5 TVG führt dazu, dass Tarifverträge, auf die der nachwirkende Tarifvertrag Bezug nimmt, nur mit dem Regelungsgehalt weitergelten, den sie zu diesem Zeitpunkt hatten (BAG v. 10.3.2004, 4 AZR 140/03, ZTR 2004, 407).

Sofern die Kündigung auf einem vom Beschäftigten zu vertretenden Grund beruht, scheiden Abfindungsansprüche allerdings aus. Dies ist insbesondere dann zu bejahen, wenn der Arbeitnehmer einen ihm zumutbaren alternativen Arbeitsplatz abgelehnt hat, wobei nicht nur Beschäftigungsangebote zu geänderten Bedingungen beim bisherigen Arbeitgeber, sondern auch Beschäftigungsangebote zu gleichen und/oder geänderten Bedingungen bei einem Dritten als „anderer angebotener Arbeitsplatz" im Sinne des § 4 Abs. 5a TVsA gelten (BAG v. 21.4.2005, 6 AZR 361/04, ZTR 2006, 36; vgl. auch LAG Thüringen v. 15.2.2011, 1 Sa 353/10). Gleiches gilt, wenn der Beschäftigte von einem anderen Arbeitgeber im Geltungsbereich des TVöD oder des BAT-O/BAT-Ostdeutsche Sparkassen/BAT übernommen wird. Steht dem Arbeitnehmer innerhalb eines bestimmten Zeitraums nach der Beendigung des Arbeitsverhältnisses ein Anspruch auf Rente aus der gesetzlichen Rentenversicherung zu, verringert sich der Abfindungsanspruch, § 4 Abs. 7 TVsA.

## III. Mitbestimmung bei Rationalisierungsmaßnahmen

Gemäß § 75 Abs. 3 Nr. 13 BPersVG hat der Personalrat, soweit eine gesetzliche oder tarifliche Regelung nicht besteht, gegebenenfalls durch Abschluss von Dienstvereinbarungen mitzubestimmen über die „Aufstellung von Sozialplänen einschließlich Plänen für Umschulungen zum Ausgleich oder zur Milderung von wirtschaftlichen Nachteilen, die dem Beschäftigten infolge von Rationalisierungsmaßnahmen entstehen". Ein Beteiligungsrecht der Personalvertretung besteht demnach nur vorbehaltlich einer abschließenden tarifvertraglichen Regelung.

RatSchTVAng und RatSchTVArb beschränken sich allerdings darauf, ein Mindestmaß an Rationalisierungsschutz zu gewährleisten und lassen Beteiligungsrechte der Personal- und Betriebsvertretungen ausdrücklich unberührt. Die Möglichkeit zum Abschluss von Sozialplänen, um soziale Härten bei Rationalisierungsmaßnahmen abzumildern, bleibt durch sie also unberührt.

 **ACHTUNG!**

In Rationalisierungsschutzabkommen kann allerdings auch eine abschließende Regelung des Rationalisierungsschutzes vorgesehen sein. So wird das Mitbestimmungsrecht des Personalrats bei Rationalisierungsmaßnahmen aus § 74 Abs. 2 Nr. 7 des Thüringer PersVG durch den Tarifvorbehalt ausgeschlossen, soweit die Rationalisierungsmaßnahme zu einem Personalabbau im Sinne des § 4 Abs. 1 TVsA führt (BAG v. 19.6.2012, 1 AZR 137/11, ZTR 2012, 663).

Das Mitbestimmungsrecht des Personalrats aus § 75 Abs. 3 Nr. 13 BPersVG setzt eine Rationalisierungsmaßnahme voraus. Maßgeblich ist hier nicht die tarifvertragliche Definition, sondern vielmehr ein eigenständiger personalvertretungsrechtlicher Begriff.

Entscheidende Voraussetzung einer Rationalisierungsmaßnahme ist, dass „durch sie die Leistungen des Betriebs bzw. der Dienststelle durch eine zweckmäßige Gestaltung von Arbeitsabläufen verbessert werden sollen, indem der Aufwand an menschlicher Arbeit oder an Zeit, Energie, Material und Kapital herabgesetzt wird" (BVerwG v. 17.6.1992, 6 P 17/91, ZTR 1992, 477). Ferner erfordern nur solche Maßnahmen die zwingende Mitbestimmung des Personalrats, über die von der Beschäftigungsdienststelle oder von der dieser übergeordneten Dienststelle entschieden wird. § 75 Abs. 3 Nr. 13 PersVG kommt dagegen nicht zur Anwendung, wenn eine Selbstverwaltungskörperschaft durch die Aufsichtsbehörde aufgelöst wird, wie das BVerwG für die Schließung einer Betriebskrankenkasse durch das Bundesversicherungsamt ausdrücklich klargestellt hat (BVerwG v. 28.11.2012, 6 P 11.11, ZTR 2013, 404). Vgl. hierzu auch die Ausführungen unter dem Stichwort → *Dienststelle*.

# Recruiting

 **Wegweiser:**

Das Recruiting ist ein wichtiges proaktives Mittel der Stellenbesetzung. In den verschiedenen Stadien dieser Personalgewinnung haben Recruiter unterschiedliche arbeits- und wettbewerbsrechtliche Aspekte zu berücksichtigen.

**I.    Problemaufriss**

**II.   Abwerbung**

   1.  Abwerbung von Arbeitskollegen

   2.  Abwerbung durch Dritte

   3.  Ansprechen potenzieller Arbeitnehmer in sozialen Netzwerken

   4.  Abwerbeverbote

**III.  Stellenausschreibung**

**IV.   Bewerbungsprozess**

   1.  Bewerbermanagement-Software

   2.  Einstellungstests

   3.  Ärztliche Einstellungsuntersuchung

   4.  Einstellungsgespräch

   5.  Background Check

      5.1  Führungszeugnis

      5.2  Befragung früherer Arbeitgeber

      5.3  Bewerberscreening mittels sozialer Netzwerke

   6.  Bewerberauswahl

## I.  Problemaufriss

Der Begriff Recruiting bezeichnet die Suche nach beziehungsweise Vermittlung von qualifizierten Arbeitskräften. Der sich immer weiter verschärfende Mangel an qualifizierten Arbeitskräften zwingt Unternehmen und auch die Arbeitgeber im öffentlichen Dienst zur aktiven Suche nach geeigneten Bewerbern für unbesetzte Stellen. Auch die Personalbeschaffung hat sich in großen Teilen von der analogen in die digitale Welt verlagert. Das Internet eröffnet Recruitern eine Vielzahl von Möglichkeiten, um mit potenziellen Bewerbern in Kontakt zu treten und Beschäftigungsverhältnisse anzubahnen. Neben der Veröffentlichung von Stellenanzeigen auf der eigenen Firmenhomepage sowie eigener Karrierreportale spielen auch allgemeine (= unternehmensfremde) Karrierreplattformen (z. B. Stepstone, Monster, Legalhead) und soziale Netzwerke (XING und LinkedIn, aber auch Facebook) eine wachsende Rolle. Vom Erstkontakt bis zur Einstellung werden zahlreiche Verfahrensschritte durchlaufen. Dabei treten verschiedene rechtliche Fragestellungen auf, die eine Vielzahl von Rechtsgebieten betreffen. Neben dem Datenschutzrecht, dem Arbeitsrecht und Diskriminierungsverboten sind auch wettbewerbsrechtliche Grenzen zu beachten. Verstöße gegen diese Vorschriften können unter anderem zu Schadensersatzforderungen führen.

## II.  Abwerbung

Als Abwerbung wird die Einwirkung auf einen arbeitsvertraglich gebundenen Arbeitnehmer bezeichnet, die mit einer gewissen Ernsthaftigkeit und Beharrlichkeit sowie mit dem Ziel erfolgt, ihn zur Aufgabe des bestehenden Arbeitsverhältnisses zwecks Begründung eines neuen Arbeitsverhältnisses zu bewegen (Ascheid/Preis/Schmidt/Vossen, Kündigungsrecht, 6. Auflage 2021, BGB § 626 Rn. 293). Das Abwerben von Arbeitnehmern ist grundsätzlich zulässig. Unter gewissen Umständen können Abwerbeversuche jedoch gegen das Wettbewerbsrecht verstoßen.

### 1.  Abwerbung von Arbeitskollegen

Auf dem Gebiet des Individualarbeitsrechts ist die wettbewerbsrechtliche Zulässigkeit der Abwerbung von Arbeitskollegen stark eingeschränkt. Der Arbeitnehmer ist gegenüber seinem Arbeitgeber treuepflichtig. Diese Treuepflicht wird durch § 60 Abs. 1 HGB zu einem Wettbewerbsverbot konkretisiert. Aus diesem arbeitsvertraglichen Wettbewerbsverbot leitet sich auch das Verbot ab, andere Arbeitnehmer des Arbeitgebers aktiv abzuwerben, da hierdurch die geschäftlichen Interessen des Arbeitgebers gefährdet werden; zulässig sind allenfalls bloße Vorbereitungshandlungen, die nicht unmittelbar in die Interessen des Arbeitgebers eingreifen (BAG v. 19.12.2018, 10 AZR 233/18).

Zeitlich erstreckt sich das Verbot auf die gesamte Dauer des Arbeitsverhältnisses, also auch auf die Zeit nach der Kündigung und vor Ablauf der Kündigungsfrist oder die Dauer einer Freistellung. Ein Arbeitnehmer, der plant, sich selbstständig zu machen, darf diese Absicht zwar in den Geschäftsräumen seines Arbeitgebers kundtun und sich hierüber auch mit seinen Arbeitskollegen unterhalten. Eine Verletzung der arbeitsvertraglichen Pflichten liegt jedoch dann vor, wenn der Arbeitnehmer versucht, die anderen Arbeitnehmer zum Abschluss von Arbeitsverträgen mit ihm zu bewegen (LAG Rheinland-Pfalz v. 6.3.2012, 3 Sa 612/11).

Im Falle eines Verstoßes gegen die Treuepflicht kann der Arbeitgeber vom abwerbenden Arbeitnehmer die Unterlassung der Abwerbeversuche verlangen und dies auch ggf. im Wege des Eilrechtsschutzes gerichtlich durchsetzen. Darüber hinaus kommen Schadensersatzansprüche gemäß § 3 UWG sowie §§ 826, 823 BGB in Betracht. Unzulässige Abwerbeversuche eines Arbeitnehmers können in schwerwiegenden Fällen auch eine außerordentliche Kündigung des Arbeitsverhältnisses aus wichtigem Grund rechtfertigen (BAG v. 26.6.2008, 2 AZR 190/07).

## 2. Abwerbung durch Dritte

Die Abwerbung von Arbeitnehmern durch Konkurrenzunternehmen kann unter Umständen gegen das Verbot des unlauteren Wettbewerbs nach § 4 UWG verstoßen. Die planmäßige Abwerbung von Arbeitnehmern durch einen Mitbewerber ist allerdings auch dann zulässig, wenn die Arbeitnehmer zu einer ordentlichen Kündigung bei ihrem alten Arbeitgeber veranlasst werden sollen. Es ist auch nicht erheblich, in welcher Position die abgeworbenen Arbeitnehmer bei ihrem Arbeitgeber tätig sind oder wie viele abgeworben werden (OLG Brandenburg v. 6.3.2007, 6 U 34/06). Ein Abwerbeversuch ist erst dann wettbewerbswidrig, wenn hiermit ein unlauterer Zweck verfolgt wird oder er unter dem Einsatz unlauterer Mittel erfolgt. Dies ist etwa dann der Fall, wenn die Arbeitnehmer zum Vertragsbruch mit ihrem alten Arbeitgeber verleitet werden sollen, zum Beispiel zur fristlosen Kündigung des Arbeitsvertrags oder einem Verstoß gegen ein nachvertragliches Wettbewerbsverbot (OLG Brandenburg v. 6.3.2007, 6 U 34/06).

Die direkte Kontaktaufnahme am Arbeitsplatz durch einen Personalberater kann eine unzumutbare Belästigung im Sinne des § 7 Abs. 3 Nr. 4 UWG darstellen. Zwischen dem Personalberater und dem Arbeitgeber besteht eine Wettbewerbslage um Arbeitnehmer als Arbeitskraft (BGH v. 4.3.2004, I ZR 221/01).

 **ACHTUNG!**

Es ist wettbewerbswidrig, einen Arbeitnehmer persönlich an seinem Arbeitsplatz mit dem Ziel aufzusuchen, ihn abzuwerben (BGH v. 13.12.2007, I ZR 137/07).

Hinsichtlich der telefonischen Kontaktaufnahme am Arbeitsplatz hat der BGH in den letzten Jahren die Grenzen der wettbewerbsmäßigen Zulässigkeit klar festgelegt. Zulässig ist es, wenn ein Arbeitnehmer von einem Personalberater am Arbeitsplatz angerufen, die freie Stelle kurz beschrieben und eine Erkundigung darüber eingeholt wird, ob Interesse seitens des kontaktierten Arbeitnehmers besteht. Bringt der Arbeitnehmer sein fehlendes Interesse an einem Stellenwechsel zum Ausdruck und setzt sich der Personalberater hierüber hinweg oder dehnt die Stellenbeschreibung über eine knappe Beschreibung hinaus aus, liegt ein Verstoß gegen die guten Sitten im Wettbewerb vor (BGH v. 4.3.2004, I ZR 221/01).

 **Hinweis:**

Eine über wenige Minuten hinausgehende Gesprächsdauer ist ein Indiz für ein wettbewerbswidriges Handeln (BGH v. 22.11.2007, I ZR 183/04).

Für die wettbewerbsrechtliche Beurteilung ist es unerheblich, ob der Arbeitnehmer auf dem dienstlichen Mobil- oder Festnetztelefon angerufen wird (BGH v. 9.2.2006, I ZR 73/02; OLG Frankfurt a. M. v. 8.8.2019, 6 W 70/19).

Irrelevant sind allerdings Anrufe auf dem Privattelefon des Arbeitnehmers. In diesem Fall kommen allenfalls Abwehransprüche des Arbeitnehmers gegen den Personalberater in Betracht (vgl. Ernst, Headhunting per E-Mail, GRUR 2010, 963).

Wird der Arbeitnehmer per E-Mail über die betriebliche E-Mail-Adresse angeschrieben, dürfte hierin stets eine unzumutbare Belästigung im Sinne von § 7 Abs. 3 UWG liegen. Im Fall von E-Mail-Werbung ist eine unzumutbare Belästigung immer dann gegeben, wenn der Empfänger der Kontaktaufnahme nicht zuvor ausdrücklich zugestimmt hat.

Bei Verstößen kann der betroffene Arbeitgeber den Störer auf Unterlassung der Beschäftigung des in wettbewerbswidriger Weise abgeworbenen Arbeitnehmers gemäß § 8 Abs. 1 UWG und Schadensersatz in Anspruch nehmen. Der Arbeitgeber kann jedoch nicht verlangen, dass das neue Arbeitsverhältnis mit dem Arbeitnehmer wieder beendet wird (OLG Celle v. 17.2.1960, 3 W 112/59).

## 3. Ansprechen potenzieller Arbeitnehmer in sozialen Netzwerken

Grundsätzlich ist es einem Arbeitgeber nicht untersagt, potenzielle Arbeitnehmer in sozialen Netzwerken „anzusprechen". Es ist allerdings Vorsicht geboten, dass die Art und Weise der Durchführung nicht zu einem Verstoß gegen das Wettbewerbsverbot durch wettbewerbswidrige Herabsetzung eines Mitbewerbers (§ 4 Nr. 1 UWG) oder unlautere Behinderung des Mitbewerbers durch Abwerben (§ 4 Nr. 4 UWG) führt. Selbst wenn nicht der Arbeitgeber, sondern ein Mitarbeiter auf solch eine Weise wettbewerbswidrig handelt, richtet sich ein Unterlassungs- und Beseitigungsanspruch nach § 8 Abs. 2 UWG gegen den Arbeitgeber.

Möglich ist auch, dass ein Arbeitnehmer gegen das ihm obliegende Wettbewerbsverbot aus § 60 HGB verstößt, wenn er, obwohl er noch in einem Arbeitsverhältnis steht, in sozialen Netzwerken eine freiberufliche eigene Tätigkeit bewirbt oder Mandate des Arbeitgebers abwirbt. Nicht ausreichend für einen Wettbewerbsverstoß ist jedoch, dass der bereits gekündigte Arbeitnehmer auf seinem XING-Profil lediglich den Status von „Angestellter" zu „Freiberufler" ändert (LAG Köln v. 7.2.2017, 12 Sa 745/16).

## 4. Abwerbeverbote

Unter dem Begriff Abwerbeverbot ist eine Vereinbarung zwischen zwei Unternehmen zu verstehen, die es ihnen verbietet, sich gegenseitig Arbeitnehmer abzuwerben oder Arbeitskräfte des jeweils anderen Unternehmens einzustellen. Bei derartigen Vereinbarungen handelt es sich grundsätzlich um gerichtlich nicht durchsetzbare Sperrabreden im Sinne von § 75 ff. HGB. Derartige Abwerbeverbote fallen allerdings dann nicht in den Anwendungsbereich des § 75 ff. HGB, wenn sie nur Nebenbestimmungen einer Vereinbarung sind und einem besonderen Vertrauensverhältnis der Parteien oder einer besonderen Schutzbedürftigkeit einer der beiden Seiten Rechnung tragen.

Dies ist etwa dann der Fall, wenn das Abwerbeverbot im Hinblick auf einen gemeinsamen Vertrieb mit zweijähriger Laufzeit geschlossen wird (BGH v. 30.4.2014, I ZR 245/12).

## III. Stellenausschreibung

Hinsichtlich der internen und externen Stellenausschreibung im öffentlichen Dienst wird auf das Stichwort → *Stellenausschreibung* verwiesen.

## IV. Bewerbungsprozess

### 1. Bewerbermanagement-Software

Nicht selten bewirbt sich eine große Zahl von Bewerbern um eine freie Stelle. Der Umgang mit einer Vielzahl von Bewerbungen stellt einen erheblichen Aufwand dar. Daher werden von Arbeitgebern immer häufiger Softwarelösungen eingesetzt, um die Organisation und Dokumentation der Bewerbungen zu erleichtern. Hierbei müssen jedoch die rechtlichen Grenzen, insbesondere des AGG, des Datenschutzrechts und des Personalvertretungs- bzw. des Betriebsverfassungsrechts gewahrt bleiben. Bei einer Bewerbermanagement-Software handelt es sich um eine technische Einrichtung, mit der das Verhalten der Arbeitnehmer überwacht werden kann. Die Einführung einer solchen Software unterliegt daher der personalvertretungsrechtlichen Mitbestimmung gemäß § 80 Abs. 1 Nr. 21 BPersVG und der betrieblichen Mitbestimmung gemäß § 87 Abs. 1 Nr. 6 BetrVG – Eine „Üblichkeits- oder Erheblichkeitsschwelle" setzt das Mitbestimmungsrecht nicht voraus. Auch die Verwendung einer „alltäglichen Standardsoftware" für eine softwarebasierte Personalverwaltung ist mitbestimmungspflichtig (BAG v. 23.10.2018, 1 ABN 36/18, zur Verwendung einer Excel-Tabelle).

Einige Bewerbermanagement-Programme können auch eine automatische Vorauswahl unter den Bewerbern vornehmen. Das Programm trifft seine Auswahlentscheidung hierbei auf Grundlage von Algorithmen. Dabei handelt es sich rechtlich um Richtlinien über die personelle Auswahl bei Einstellungen, welche der personalvertretungsrechtlichen Mitbestimmung nach § 80 Abs. 1 Nr. 12 BPersVG und der betrieblichen Mitbestimmung gemäß § 95 Abs. 1 S. 1 BetrVG unterliegen. Der Betriebsrat kann in Betrieben mit mehr als 500 Mitarbeitern die Aufstellung von Richtlinien über die personelle Auswahl bei Einstellungen verlangen, § 95 Abs. 2 S. 1 BetrVG. Sollte der Arbeitgeber gegen die Auswahlrichtlinien verstoßen, kann der Personal- bzw. der Betriebsrat seine Zustimmung zur Einstellung des Bewerbers verweigern, § 78 Abs. 5 BPersVG bzw. § 99 Abs. 2 Nr. 2 BetrVG. Bei der automatischen Vorauswahl von Bewerbern muss darauf geachtet werden, dass diese nicht anhand von nach § 1 AGG verpönten Merkmalen vorgenommen wird. Die Auswahlprozesse sollten daher umfassend dokumentiert werden, um Forderungen nach § 15 AGG vorzubeugen. Eine solche „Bias" von Algorithmen kann vor allem aufgrund einer mangelhaften Datengrundlage auftreten. Diese entsteht, wenn der Algorithmus mit bereits diskriminierenden Ausgangsdaten gefüttert wird.

**Beispiel:**

> Hat das Tool zur Bewerberauswahl die vergangenen Auswahlprozesse eines Unternehmens analysiert, das bisher hauptsächlich Männer eingestellt hat, kann sich der Algorithmus diese Tendenz einprägen und auch zukünftig männliche Bewerber

bevorzugen. Gleiches gilt für Modellfehler des Algorithmus. Zu einer negativen Bewertung kann es demnach ebenfalls kommen, wenn der Algorithmus beispielsweise Dialekte oder individuelle Ausdrucksweisen nicht kennt und dementsprechend negativ einordnet (ausführlich hierzu: Stahl/Schroeder/Rodrigues, Ethics of Artificial Intelligence – Case Studies and Options for Adressing Ethical Challenges, 2023, S. 10 f.).

Darüber hinaus steht dem Personalrat auch ein Recht auf Einsichtnahme in die Bewerbungsunterlagen aller Bewerber zu, § 66 Abs. 1 BPersVG. Dies schließt auch jene Unterlagen mit ein, die der Arbeitgeber über die Bewerber anfertigt. Hierzu gehören auch Auswertungen und Protokolle, die vom Bewerbermanagement-Programm erstellt werden. Dem Personalrat sollten daher entsprechende Zugriffsrechte auf die von den Programmen erstellten Informationen gewährt werden. Bei leitenden Angestellten, Beamten auf Zeit und Beschäftigten mit überwiegend wissenschaftlicher oder künstlerischer Arbeit stehen dem Personalrat die oben genannten Beteiligungsrechte nur auf Antrag des Bewerbers zu, § 78 Abs. 3 BPersVG. Dem Betriebsrat steht ein Recht auf Einsichtnahme in die Bewerbungsunterlagen zu, wenn in dem Betrieb in der Regel mehr als 20 wahlberechtigte Mitarbeiter beschäftigt sind, § 99 Abs. 1 S. 1 BetrVG.

Die im Bewerbungsmanagementsystem angelegten Bewertungen und hinterlegten Kommentare sind ebenfalls nach § 99 Abs. 1 S. 1 BetrVG dem Betriebsrat vorzulegende Unterlagen (LAG Köln v. 15.5.2020, 9 TaBV 32/19).

Die Daten von Bewerbern dürfen insbesondere im Fall von erfolglosen Bewerbungen nur bis zum Zeitpunkt der Entscheidung über den Erfolg der Bewerbung verwendet werden. Anschließend muss eine Sperrung der Daten erfolgen. Sie dürfen dann solange gespeichert werden, bis etwaige Rechtsstreitigkeiten mit Bezug auf den Bewerbungsprozess ausgeschlossen werden können. Anschließend müssen die Daten wieder aus dem System gelöscht werden, es sei denn, der Bewerber erteilt hierzu wirksam seine Einwilligung (vgl. zum sog. „Talentpool" ErfK/Franzen, 22. Auflage 2022, BDSG § 26 Rn. 20). Der Arbeitgeber ist für den korrekten Umgang mit den Bewerberdaten verantwortlich. Auch bei webbasierten Softwarelösungen, die nicht auf den Rechnern des Arbeitgebers, sondern extern betrieben werden, bleibt der Arbeitgeber für die Einhaltung der Datenschutzvorschriften verantwortlich, Art. 29 DSGVO.

### 2. Einstellungstests

Einstellungstests sind zulässig, sofern sie dazu geeignet sind, die Eignung des Bewerbers für die offene Stelle zu ermitteln, und ihn nicht über die bloße Eignungsprüfung hinaus ausforschen (BVerwG v. 20.12.1963, VII C 103/62). Bewerberinnen und Bewerber gelten gemäß § 26 Abs. 8 S. 2 BDSG als Beschäftigte. Eine Einwilligung nach § 26 Abs. 2 BDSG sollte immer ausdrücklich und schriftlich erfolgen. Der Bewerber muss in jedem Fall im Vorfeld darüber aufgeklärt werden, welche Erkenntnisse mit Hilfe des Tests gewonnen werden sollen. Ausnahmsweise dürfte eine Einwilligung nach zutreffender Ansicht durch die Teilnahme an dem Test gegeben werden können. Die Aufklärung im Vorfeld muss auch in diesem Fall erfolgen. Zudem muss die Einwilligung aus Kontroll- und Dokumentationszwecken protokolliert und dem Bewerber mitgeteilt werden. Der Test muss wissenschaftlich fundiert sein und unter fachkundiger Aufsicht absolviert werden. Anerkannte Tests zur Eignungsprüfung sind etwa Arbeitsproben, Assessment Center und analytische Intelligenztests (Stück, ArbRAktuell 2020, 153). Grundsätzlich nicht erforderlich und damit unzulässig sind Persönlichkeits-

und Intelligenztests zur Erfassung der Gesamtpersönlichkeit (ErfK/Franzen, 22. Auflage 2022, § 26 BDSG Rn. 13).

**Hinweis:**

Der Arbeitgeber hat den Bewerber im Vorfeld der Einwilligung in Textform über den Zweck der Datenverarbeitung und das Recht gemäß Art. 7 Abs. 3 DSGVO, die Einwilligung jederzeit für die Zukunft widerrufen zu können, aufzuklären, § 26 Abs. 2 S. 4 BDSG. Vor einem Test sollte der Bewerber daher nachweisbar – mindestens in Textform – über das Testverfahren, die durch den Test zu gewinnenden Erkenntnisse und deren Verwendung sowie die Möglichkeit des Widerrufs der Einwilligung informiert werden.

### 3. Ärztliche Einstellungsuntersuchung

Hinsichtlich der ärztlichen Einstellungsuntersuchung wird auf das Stichwort → *Ärztliche Einstellungsuntersuchung* verwiesen.

### 4. Einstellungsgespräch

Vor der Einstellung eines Bewerbers wird mit diesem in der Regel ein Einstellungsgespräch geführt. Bewerber haben grundsätzlich keinen Anspruch darauf, zu einem Vorstellungsgespräch eingeladen zu werden. Eine Ausnahme regelt § 165 S. 3 und 4 SGB IX, der schwerbehinderten oder ihnen gleichgestellten Bewerbern einen Anspruch auf Einladung zu einem Einstellungsgespräch unabhängig von den Erfolgschancen einräumt, sofern sie fachlich nicht offensichtlich ungeeignet sind. Wegen der Einzelheiten zu § 165 SGB IX wird auf das Stichwort → *Schwerbehinderte Menschen* verwiesen.

Das Einstellungsgespräch dient dazu, Informationen über den Bewerber zu gewinnen. Dem Arbeitgeber steht gegenüber dem Bewerber jedoch kein umfassendes Fragerecht zu. Es beschränkt sich vielmehr auf Informationen, die für das Arbeitsverhältnis oder dessen Begründung von wesentlicher Bedeutung sind und einen unmittelbaren Sachzusammenhang zu der auszuübenden Tätigkeit aufweisen (BAG v. 6.9.2012, 2 AZR 270/11, ZTR 2013, 270; BAG v. 5.12.1957, 1 AZR 594/56). Das Interesse des Arbeitnehmers am Schutz seines allgemeinen Persönlichkeitsrechts und der Unverletzlichkeit seiner Privatsphäre muss hinter dem Informationsbedürfnis des Arbeitgebers hinsichtlich der Eignung des Bewerbers zurücktreten. Dies ist im Rahmen einer Interessenabwägung zu ermitteln (BAG v. 7.6.1984, 2 AZR 270/83). Bei der Abwägung zwischen den Interessen des Arbeitgebers und des Bewerbers sind bei Bewerbungen im öffentlichen Dienst die Vorgaben des Art. 33 Abs. 2 GG zu berücksichtigen. Geeignet im Sinne dieser Vorschrift ist nur, wer dem angestrebten Amt in körperlicher, psychischer und charakterlicher Hinsicht gewachsen ist (BAG v. 20.3.2014, 2 AZR 1071/12, ZTR 2014, 664).

Weder der TVöD noch der TV-L enthalten spezielle Regelungen zum Umfang des Fragerechts des Arbeitgebers. Unbedenklich sind jedenfalls Fragen nach dem beruflichen Werdegang des Bewerbers. Somit trifft den Bewerber auch die Pflicht, die Fragen nach früheren Arbeitgebern und der jeweiligen Dauer der Beschäftigungsverhältnisse wahrheitsgemäß zu beantworten (LAG Köln v. 13.11.1995, 3 Sa 832/95, ZTR 1996, 128). Fragen nach Vorstrafen oder laufenden Ermittlungsverfahren sind nur zulässig, soweit die Art des zu besetzenden Arbeitsplatzes dies erfordert, etwa im Fall einer Einstellung für den Polizeivollzugsdienst (BAG v. 20.5.1999, 2 AZR 320/98, ZTR 1999, 523). Die Frage muss inhaltlich so formuliert werden, dass sie sich auf jene Vorstrafen beschränkt, die für die Einstellung von Bedeutung sind. Zur Eignung für eine Beschäftigung im öffentlichen

Dienst gehören nach Ansicht des BAG die Fähigkeit und innere Bereitschaft, die dienstlichen Aufgaben nach den Grundsätzen der Verfassung wahrzunehmen, insbesondere die Freiheitsrechte der Bürger zu wahren und rechtsstaatliche Regeln einzuhalten (BAG v. 20.3.2014, 2 AZR 1071/12, ZTR 2014, 664). Insoweit steht dem öffentlichen Arbeitgeber gegenüber Bewerbern, die sich um ein Amt mit hoheitlichen Befugnissen bewerben, ein weitreichendes Fragerecht in Bezug auf Vorstrafen zu. Der Bewerber ist jedoch nicht verpflichtet, eine zu allgemein gehaltene Frage nach Vorstrafen wahrheitsgemäß zu beantworten (BAG v. 6.9.2012, 2 AZR 270/11, ZTR 2013, 270). Antworten auf unzulässig weit formulierte Fragen muss der öffentliche Arbeitgeber unberücksichtigt lassen, sofern hierdurch Informationen preisgegeben werden, nach denen er nicht hätte fragen dürfen (LAG Düsseldorf v. 24.4.2008, 11 Sa 2101/07). Der Bewerber darf sich gemäß § 53 Abs. 1 BZRG als unbestraft bezeichnen, wenn seine Verurteilungen nicht in das polizeiliche Führungszeugnis aufzunehmen (BAG v. 21.2.1991, 2 AZR 449/90) oder daraus getilgt sind (BAG v. 20.3.2014, 2 AZR 1071/12, ZTR 2014, 664). Grundsätzlich unzulässig sind Fragen nach dem Privatleben, also nach Freunden, Familie und der Freizeitgestaltung. In Bezug auf Diskriminierungsverbote beim Einstellungsgespräch wird auf die Ausführungen unter dem Stichwort → *Allgemeines Gleichbehandlungsgesetz (AGG)* in → *Abs. 7 Nr. 3* verwiesen.

**TIPP!**

Fragen nach Vorstrafen sollten sich bei Bewerbungen auf Positionen ohne hoheitliche Befugnisse stets auf für die freie Stelle relevante Deliktstypen beschränken. Zum Beispiel könnte die Frage an einen Bewerber für eine Stelle als Berufskraftfahrer lauten: „Sind sie wegen Straßenverkehrsdelikten vorbestraft?"

Der Bewerber sollte außerdem darüber aufgeklärt werden, unter welchen Umständen er sich gemäß § 53 Abs. 1 BZRG als unbestraft bezeichnen darf.

### 5. Background Check

Unter dem Begriff Background Check ist das Abrufen von Informationen über den Bewerber von Dritten zu verstehen. Die gängigsten Varianten sind das Verlangen nach der Vorlage des polizeilichen Führungszeugnisses, die Befragung von ehemaligen Arbeitgebern und das Screening in sozialen Netzwerken. Bei Background Checks werden in der Regel personenbezogene Daten des Bewerbers im datenschutzrechtlichen Sinne verarbeitet (Art. 4 Nr. 1 DSGVO). Wollen Arbeitgeber Background Checks durchführen, müssen sie sorgfältig auf die Einhaltung der datenschutzrechtlichen Vorgaben achten (vgl. hierzu Byers/Fischer, ArbRAktuell 2022, 90). Für die Zulässigkeit kommt es auch hier auf eine Abwägung der Interessen von Bewerber und Arbeitgeber sowie die Erforderlichkeit im datenschutzrechtlichen Sinne an.

### 5.1 Führungszeugnis

Im öffentlichen Dienst spielt die Aufforderung der Vorlage eines Führungszeugnisses durch den Bewerber eine wichtige Rolle. Gemäß § 30 Abs. 4 BZRG kann die Ausstellung des Führungszeugnisses nur von der betroffenen Person selbst beantragt werden. Nicht alle Verurteilungen einer Person werden auch in das Führungszeugnis aufgenommen. Sein Inhalt richtet sich nach § 32 BZRG. Nicht in das Führungszeugnis aufgenommen werden etwa Verwarnungen mit Strafvorbehalt gemäß § 59 StGB und Verurteilungen, durch die auf Geldstrafe von nicht mehr als 90 Tagessätzen oder Freiheitsstrafe von nicht mehr als drei Monaten erkannt worden ist, wenn im Register keine weitere Strafe eingetragen ist. Öffentliche Arbeitgeber können von den Bewerbern die Vorlage des Führungszeugnisses grundsätzlich im Rahmen ihres aufgrund von Art. 33 Abs. 2 GG weiten Fragerechts verlangen. Dies gilt insbesondere dann, wenn der Bewerber an seinem späteren Arbeitsplatz hoheitliche Aufgaben wahrnehmen soll.

Eine Besonderheit im öffentlichen Dienst stellt das sogenannte Führungszeugnis zur Vorlage bei einer Behörde dar. Gemäß § 32 Abs. 3 und 4 BZRG werden darin Verurteilungen deutlich umfangreicher dokumentiert als im klassischen Führungszeugnis zur Vorlage bei Privatpersonen.

Eine weitere Variante stellt das erweiterte Führungszeugnis gemäß § 30a BZRG dar. In das erweiterte Führungszeugnis werden auch geringfügige Verurteilungen und Verurteilungen, die wegen Fristablaufs aus dem normalen Führungszeugnis getilgt wurden, wegen der in § 30 Abs. 5 BZRG aufgezählten Straftatbestände aufgenommen. Hierzu zählen insbesondere Sexualstraftaten wie die sexuelle Belästigung gemäß § 184i StGB. Die Vorlage eines erweiterten Führungszeugnisses nach § 30a BZRG kann nur verlangt werden, wenn dies zum Schutz von Kindern und Jugendlichen gesetzlich ausdrücklich vorgesehen ist.

 **Hinweis:**

Gesetzlich vorgesehen ist die Vorlage des erweiterten Führungszeugnisses beispielsweise gemäß § 72a SGB VIII für Einstellungen bei Trägern der Kinder- und Jugendhilfe. Hierdurch wird der besonderen Schutzbedürftigkeit von Kindern und Jugendlichen Rechnung getragen.

### 5.2 Befragung früherer Arbeitgeber

Je nach Art der auszuübenden Tätigkeit kann es für die Einschätzung der Eignung auch erforderlich sein, dass der Arbeitgeber Informationen vom früheren Arbeitgeber des Bewerbers einholt. Ein Rechtfertigungsgrund kann etwa die Besorgnis sein, dass der Bewerber den Arbeitgeber zu täuschen versucht. Anhaltspunkte hierfür sind widersprüchliche Angaben im Einstellungsgespräch oder Lücken in den Bewerbungsunterlagen. Darüber hinaus ist die Einholung von Erkundigungen bei früheren Arbeitgebern zu Informationen gerechtfertigt, die der Bewerber selbst nicht liefern kann, wie etwa Angaben zu seinem Ruf. Die Herausgabe von Personalakten ist datenschutzrechtlich nur mit Einwilligung des Arbeitnehmers zulässig.

### 5.3 Bewerberscreening mittels sozialer Netzwerke

Immer beliebter wird es, Bewerber vor einer Neueinstellung mittels einer Google-Suche, aber auch mithilfe von Informationen aus sozialen Netzwerken zu „screenen", also zu überprüfen. Ergibt das „Screening", dass der Bewerber nicht in das Wunschbild des potenziellen Arbeitgebers passt, sind dessen Chancen, zu einem Bewerbungsgespräch eingeladen zu werden, selbst bei ansonsten positiven Bewerbungsunterlagen verschwindend gering.

Ein solches „Screening" ist in sozialen Netzwerken allerdings nicht grenzenlos gestattet. Zu unterscheiden sind soziale Netzwerke mit rein privatem Charakter (z. B. Facebook) und solche, die explizit auf die Erlangung und Pflege geschäftlicher Kontakte ausgelegt sind (z. B. Xing, LinkedIn). Allerdings können die Nutzer häufig auch in primär auf das Privatleben ausgerichteten Netzwerken Informationen zu ihrer Ausbildung und ihrem Beruf hinterlegen, sodass die Grenzen zwischen privaten und beruflichen Netzwerken zunehmend verschwimmen. Arbeitgeber unterhalten auch in Netzwerken mit privatem Charakter häufig ei-

gene Firmenprofile, die unter anderem Informationen über Karrieremöglichkeiten enthalten. Nicht selten besteht sogar die Möglichkeit, seine Bewerbung direkt über das soziale Netzwerk abzugeben.

Die personenbezogenen Daten eines Bewerbers dürfen zum Zweck des Beschäftigungsverhältnisses verarbeitet werden, wenn dies für die Entscheidung über die Begründung eines Beschäftigungsverhältnisses erforderlich ist, § 26 Abs. 1 S. 1 BDSG. Daten eines Bewerbers aus einem privaten Netzwerk gelten für die Entscheidung über eine mögliche Einstellung nicht als „erforderlich". Ihre Erhebung ist damit nach § 26 Abs. 1 S. 1 BDSG grundsätzlich nicht gestattet. Mit Wirksamwerden der Datenschutzgrundverordnung (DSGVO) und dem neuen § 26 BDSG wird auch die Erhebung und Verarbeitung von Daten, die durch den Nutzer selbst freigegeben wurden, sodass sie bei einer Google-Suche ohne Anmeldung im sozialen Netzwerk auffindbar sind, rechtlich problematischer. Neben der Voraussetzung der Erforderlichkeit muss der Arbeitgeber den Bewerber über die Quelle der erhobenen Daten informieren (Art. 14 Abs. 2 lit. f DSGVO). Die Informationsgewinnung darf nicht über eine allgemeine Recherche hinausgehen und auch nicht zum Erstellen eines umfangreichen Persönlichkeitsprofils genutzt werden (Forgó/Helfrich/Schneider/Schröder, Betrieblicher Datenschutz, 3. Auflage 2019, Kapitel 5. Social Communities und deren datenschutzrechtliche Auswirkungen auf die Unternehmenspraxis Rn. 45). Diese Grundsätze gelten für alle öffentlich zugänglichen Daten und daher auch für die Erhebung von Daten in Netzwerken mit geschäftlichem Charakter. Daten, die im Internet nur einem eingegrenzten Personenkreis zugänglich gemacht worden sind, dürfen vom Arbeitgeber nicht erhoben werden. Dies gilt auch für nicht öffentliche Daten, die von Dienstleistern oder anderen Dritten bezogen werden können.

 **Hinweis:**

Datenschutzrechtliche Verstöße bei Background Checks bergen für Arbeitgeber Risiken. Neben einem Bußgeld gemäß Art. 83 DSGVO kommt insbesondere ein Schadensersatzanspruch des betroffenen Bewerbers nach Art. 82 DSGVO in Betracht. Internet-Recherchen sollten sich daher auf allgemein bzw. frei zugängliche Quellen beziehen, verarbeitete Daten einen sachlichen Bezug zur Stelle haben und nicht von privater Natur sein. Letzteres kann ausnahmsweise im Einzelfall anders zu beurteilen sein, wenn die Daten Aufschluss über die persönliche Eignung des Bewerbers geben und Mitgliedern des jeweiligen Netzwerkes (Linkedin, Xing) frei zugänglich sind.

### 6. Bewerberauswahl

Der öffentliche Arbeitgeber ist bei der Entscheidung, welcher Bewerber eingestellt werden soll, in weit größerem Maße gebunden als der private Arbeitgeber. Durch Art. 33 Abs. 2 GG werden ihm Auswahlkriterien (Eignung, Befähigung und fachliche Leistung) vorgegeben. Die Einhaltung der vorgeschriebenen Auswahlkriterien, kann der Bewerber im Rahmen einer Konkurrentenklage gerichtlich nachprüfen lassen. Hierzu wird auf die Ausführungen unter dem Stichwort → *Bewerberauswahl/Arbeitsgerichtliche Konkurrentenklage* verwiesen. Er kann allerdings in der Regel nicht die vorläufige Fortführung des Stellenbesetzungsverfahrens im öffentlichen Dienst im Wege einer einstweiligen Verfügung beanspruchen, wenn er das Anforderungsprofil der Stellenausschreibung unzweifelhaft nicht erfüllt (LAG Mecklenburg-Vorpommern v. 3.9.2019, 5 SaGa 2/19).

# Rückzahlung von Aus- und Fortbildungskosten

**Wegweiser:**

Die Frage der Verpflichtung des Arbeitnehmers zur Rückzahlung von Ausbildungskosten hat mit dem Vorliegen eines Berufsausbildungsverhältnisses nichts zu tun. Die Frage stellt sich vielmehr allgemein im Arbeitsvertragsrecht. Die Vereinbarung einer Rückzahlungsklausel ist auch im öffentlichen Dienst weit verbreitet. Dabei ist zu beachten, dass eine entsprechende Nebenabrede nach § 2 Abs. 3 S. 1 TVöD stets der Schriftform bedarf. Regelmäßig unterliegen Rückzahlungsklauseln der gerichtlichen AGB-Kontrolle.

**I. Überblick**

**II. Wirksamkeitsanforderungen an Rückzahlungsklauseln**

    1. Transparenzgebot

    2. Keine unangemessene Benachteiligung

       2.1 Auslöser der Rückzahlungspflicht

       2.2 Angemessenheit der Rückzahlungsverpflichtung

       2.3 Angemessenheit der Bindungsdauer

       2.4 Einzelfallbezogene Abwägung

## I. Überblick

In der Praxis vereinbaren Arbeitgeber und Arbeitnehmer häufig, dass der Arbeitnehmer – unter Fortzahlung der Vergütung oder unter Freistellung von der Arbeit – eine „Ausbildung" oder „Fortbildung" durchführt und der Arbeitgeber dafür – zunächst – die Kosten übernimmt, vgl. auch § 5 Abs. 6 S. 1 TV-L. Fort- oder Ausbildung ist jede Maßnahme zur Entwicklung von Fähigkeiten und Kenntnissen, die generell für den Arbeitnehmer objektiv beruflich von Nutzen sind. Motiv des Arbeitgebers für eine derartige Kostenübernahme ist die Hoffnung, dass er künftig von den neuen Kenntnissen des Arbeitnehmers (lange Zeit) profitiert. Um dies sicherzustellen, vereinbart der Arbeitgeber mit dem Arbeitnehmer regelmäßig, dass dieser die Aus- oder Fortbildungskosten – ggf. anteilig – an den Arbeitgeber zurückzahlen muss, falls er die Maßnahme abbricht oder binnen bestimmter Fristen aus dem Arbeitsverhältnis ausscheidet, also die vom Arbeitgeber bezahlten neuen Kenntnisse mitnimmt. Explizit ist eine solche Vereinbarung auch in § 5 Abs. 7 S. 1 TV-L vorgesehen.

## II. Wirksamkeitsanforderungen an Rückzahlungsklauseln

Klauseln hinsichtlich der Rückzahlung aufgewandter Fortbildungskosten sind grundsätzlich zulässig, unterliegen aber der gerichtlichen Inhaltskontrolle. Die von der Rechtsprechung zur Wirksamkeit derartiger Rückzahlungsklauseln entwickelten Grundsätze gelten sowohl für den Fall, dass der Arbeitnehmer völlig neue Kenntnisse im Sinne einer grundlegenden Ausbildung erhält, ebenso aber auch für den Fall, dass lediglich die bereits bei dem Arbeitnehmer vorhandenen Kenntnisse und Fähigkeiten durch eine Fortbildung vertieft werden. Regelmäßig unterliegen derartige Rückzahlungsklauseln der AGB-Kontrolle nach §§ 305 ff. BGB.

**Hinweis**

Rückzahlungsfähig sind lediglich Aus- und Fortbildungskosten, die der Arbeitgeber investiert hat. Kosten, die der Arbeitgeber für das Zustandekommen des Arbeitsverhältnisses aufgewandt hat (z. B. für einen Personalvermittler) sind hingegen kein tauglicher Rückzahlungsgegenstand (BAG v. 20.6.2023, 1 AZR 265/22).

### 1. Transparenzgebot

Nach der Rechtsprechung des BAG muss die Rückzahlungsklausel dem Transparenz- und Bestimmtheitsgebot des § 307 Abs. 1 S. 2 BGB genügen (BAG v. 21.8.2012, 3 AZR 698/10, ZTR 2012, 728). Die Klausel muss daher so verständlich sein, dass der Arbeitnehmer erkennen kann, was „auf ihn zukommt". Daher muss sowohl der Grund als auch die Höhe soweit wie möglich angegeben werden. Nur so kann der Arbeitnehmer sein Rückzahlungsrisiko tatsächlich einschätzen.

Nach Auffassung des Gerichts muss eine Rückzahlungsklausel die tatbestandlichen Voraussetzungen und Rechtsfolgen so genau beschreiben, dass für den Arbeitgeber keine vermeidbaren Spielräume hinsichtlich der erstattungspflichtigen Kosten entstehen. Damit der Arbeitnehmer sein Rückzahlungsrisiko ausreichend abschätzen kann, muss die Klausel zumindest Art und Berechnungsgrundlagen der gegebenenfalls zu erstattenden Kosten angeben. Erforderlich ist deshalb die genaue und abschließende Bezeichnung der einzelnen Positionen (z. B. Lehrgangsgebühren, Fahrt-, Unterbringungs- und Verpflegungskosten), aus denen sich die Gesamtforderung zusammensetzen soll, und die Angabe, nach welchen Parametern die einzelnen Positionen berechnet werden (BAG v. 6.8.2013, 9 AZR 442/12, ZTR 2013, 685). Eine Klausel, die allein auf die tatsächlich entstandenen Aufwendungen abstellt, ist aufgrund des Transparenzgebots nach § 307 Abs. 1 BGB unwirksam, sofern sich eine ausreichende Bestimmtheit der Kosten nicht aus dem Zusammenhang der Klausel bzw. aus dem weiteren Fortbildungsvertrag an sich ergibt (so LAG Berlin-Brandenburg v. 11.2.2022, 12 Sa 805/21).

### 2. Keine unangemessene Benachteiligung

### 2.1 Auslöser der Rückzahlungspflicht

Zunächst hängt die Wirksamkeit einer Rückzahlungsklausel davon ab, aus wessen Sphäre der vereinbarte Grund für eine Rückzahlung stammt. Die Rückzahlungsverpflichtung muss bei verständiger Betrachtung einem billigenswerten Interesse des Arbeitgebers entsprechen. Kündigt der Arbeitgeber das Arbeitsverhältnis also beispielsweise betriebsbedingt, ist eine Klausel, welche die Rückzahlung von Aus- und Fortbildungskosten an dieses Ereignis knüpft, von vornherein unwirksam.

**ACHTUNG!**

Eine Vertragsklausel, die den Arbeitnehmer zur Rückzahlung der Kosten unabhängig davon verpflichtet, aus wessen Sphäre der Beendigungsgrund stammt, ist in jedem Fall unzulässig (vgl. z. B. BAG v. 28.5.2013, 3 AZR 103/12, ZTR 2013, 567; ebenso bereits BAG v. 13.12.2011, 3 AZR 791/09, ZTR 2012, 290). Die bloße Unterscheidung zwischen den zwei unterschiedlichen Beendigungstatbeständen (Eigenkündigung des Arbeitnehmers und Kündigung durch den Arbeitgeber) führt dabei noch nicht zur Zulässigkeit der Klausel, es muss vielmehr nach dem Grund des vorzeitigen Ausscheidens differenziert werden, da auch eine Eigenkündigung des Arbeitnehmers durch den Arbeitgeber veranlasst sein kann, beispielsweise wenn dieser sich vertragswidrig verhalten hat (BAG v. 28.5.2013, 3 AZR 103/12; BAG v. 18.3.2014, 9 AZR 545/12).

Eine Rückzahlungsklausel, die zwar eine Zahlungspflicht im Falle einer Eigenkündigung aufgrund einer Pflichtverletzung des Arbeitgebers entfallen lässt, stellt aber jedenfalls dann eine unangemessene Benachteiligung nach § 307 Abs. 1 S. 1 BGB dar, wenn sie nur an das Vorliegen eines wichtigen Grundes anknüpft. Eine solche Klausel verengt die Fälle, in denen sich ein Arbeitnehmer grundsätzlich zu einer rückzahlungsfreien Kündigung berechtigt sehen darf (so LAG Hamm v. 11.2.2022, 1 Sa 648/21). Gleiches gilt für Klauseln, die eine Rückzahlung von Fortbildungskosten bei Eigenkündigung aus „persönlichen" Gründen vorsehen (LAG Mecklenburg-Vorpommern v. 3.5.2022, 5 Sa 210/21). Grundsätzlich hat eine Rückzahlungsklausel Fälle auszuklammern, in denen der Arbeitgeber kein berechtigtes Interesse an der Fortsetzung des Arbeitsverhältnisses hat (BAG v. 1.3.2022, 9 AZR 260/21, ZTR 2022, 383 ff.). Selbst wenn die Vertragsklausel den Arbeitnehmer zur Rückzahlung für den Fall verpflichtet, dass er kündigt, weil er wegen eines ihm nicht im Sinne eines Verschuldens zuzurechnenden dauerhaften Wegfalls seiner medizinischen Tauglichkeit nicht mehr in der Lage ist, die geschuldete Arbeitsleistung zu erbringen, kann dies eine unangemessene Benachteiligung darstellen (BAG v. 11.12.2018, 9 AZR 383/18, ZTR 2019, 339). Gleiches gilt für Klauseln, die Eigenkündigungen wegen einer unverschuldeten, dauerhaften Leistungsunfähigkeit erfassen. Solche Klauseln verstoßen ebenfalls gegen § 307 Abs. 1 S. 1 BGB (BAG v. 1.3.2022, 9 AZR 260/21, ZTR 2022, 383 ff.). Eine unangemessene Benachteiligung des Arbeitnehmers wird ebenfalls angenommen, wenn die Rückzahlungsklausel nicht danach unterscheidet, ob die Gründe für die vom Auszubildenden ausgesprochene Kündigung aus der Verantwortungssphäre des kündigenden Auszubildenden oder des Arbeitgebers entstammen. Eine Rückzahlungsklausel stellt nur dann eine ausgewogene Gesamtregelung dar, wenn es der Arbeitnehmer selbst in der Hand hat, durch eigene Betriebstreue der Rückzahlungsverpflichtung zu entgehen. Das ist nicht der Fall, wenn die Gründe für die vorzeitige Beendigung in den Verantwortungs- und Risikobereich des Arbeitgebers fallen (LAG Rheinland-Pfalz v. 3.5.2023, 7 Sa 249/22, ZTR 2023, 700, wenn die Ausbildung durch den Arbeitgeber so vernachlässigt wird, dass das Ausbildungsziel ernsthaft gefährdet ist).

Die Rückzahlungsverpflichtung muss eine ausdrückliche Ausnahme für berechtigte und nicht vom Arbeitnehmer zu vertretende personenbedingte Eigenkündigungen enthalten. Dies bedeutet, dass solche Fälle von der Rückzahlungspflicht auszunehmen sind, in denen sich der Arbeitnehmer zu einer Eigenkündigung entschließt, weil er vor Ablauf der vereinbarten Bindungsdauer wegen unverschuldeter Leistungsunfähigkeit die durch die Fortbildung erworbene oder aufrechterhaltende Qualifikation in dem bestehenden Arbeitsverhältnis nicht (mehr) nutzen kann (so BAG v. 1.3.2022, 9 AZR 260/21, ZTR 2022, 383 ff.; vgl. auch schon LAG Hamm v. 29.1.2021, 1 Sa 954/20). Um eine unangemessene Benachteiligung des Arbeitnehmers und die daraus folgende Unwirksamkeit der Klausel gemäß § 307 Abs. 1 BGB zu vermeiden, sollte die Rückzahlungsklausel deshalb hinreichend klar zwischen allen denkbaren Fällen einer vorzeitigen Beendigung differenzieren und, soweit erforderlich, auch den übrigen Inhalt des Arbeitsvertrages berücksichtigen.

**Beispiel**

Eine in einem Formulararbeitsvertrag verwendete Klausel, wonach der Arbeitnehmer die Ausbildungskosten zu erstatten hat, wenn er vor Abschluss der Ausbildung auf eigenen Wunsch oder aus seinem Verschulden aus dem Arbeitsverhältnis ausscheidet, stellt keine unangemessene Benachteiligung im Sinne des § 307 Abs. 1 BGB dar (BAG v. 19.1.2011, 3 AZR 621/08).

Verpflichtet eine Rückzahlungsklausel den Arbeitnehmer auch dann die Fortbildungskosten zu erstatten, wenn er das Arbeits-

verhältnis vor Ablauf der Bindungsdauer kündigt, weil er wegen eines ihm nicht im Sinne eines Verschuldens zuzurechnenden dauerhaften Wegfalls seiner medizinischen Tauglichkeit die geschuldete Arbeitsleistung nicht mehr erbringen kann, verstößt dies gegen § 307 Abs. 1 Satz 1 BGB, wenn der Arbeitsvertrag bei einem dauerhaften Wegfall der medizinischen Tauglichkeit des Arbeitnehmers eine Suspendierung der beiderseitigen Hauptleistungspflichten vorsieht (BAG v. 11.12.2018, 9 AZR 383/18, ZTR 2019, 339).

Auch verstößt eine Rückzahlungsklausel dann gegen § 307 Abs. 1 S. 1 BGB, wenn diese Eigenkündigungen des Arbeitnehmers aufgrund unverschuldeter dauerhafter Leistungsunfähigkeit (z. B. dauerhafte, unverschuldete Arbeitsunfähigkeit) nicht aus dem Anwendungsbereich ausnimmt (BAG v. 1.3.2022, 9 AZR 260/21, ZTR 2022, 383 ff.). Unter diesen Voraussetzungen sei eine Rückzahlungsverpflichtung von Fortbildungskosten weder durch billigenswerte Interessen des Arbeitgebers noch durch gleichwertige Vorteile des Arbeitnehmers gerechtfertigt, so das BAG. Sofern ein Arbeitnehmer aufgrund dauerhafter unverschuldeter Leistungsunfähigkeit nicht mehr in der Lage sei, die vertraglich geschuldete Tätigkeit zu erbringen, sei der arbeitsvertraglich vorgesehene Leistungsaustausch nicht mehr möglich und der Arbeitgeber könne die Qualifikation bis zum Ablauf der Bindungsdauer auch ohne Eigenkündigung nicht mehr nutzen. Am Fortbestand eines solchen „sinnentleerten" Arbeitsverhältnisses bestehe in der Regel kein Interesse mehr. Der Arbeitnehmer auf der anderen Seite wäre bei Wirksamkeit einer solchen Rückzahlungsklausel verpflichtet, jedenfalls nach Ablauf des Entgeltfortzahlungszeitraumes ohne Gegenleistung des Arbeitgebers am Arbeitsverhältnis festzuhalten, um die Rückzahlungspflicht abzuwenden.

 **WICHTIG!**

Für die Beurteilung einer Rückzahlungsklausel ist es nach der Rechtsprechung unerheblich, ob der Arbeitnehmer im streitgegenständlichen Fall tatsächlich durch personenbedingte Grunde im oben benannten Sinne zur Eigenkündigung veranlasst wurde. Die Vorschriften der §§ 305 ff. BGB verbieten nämlich bereits das Stellen unwirksamer Klauseln, nicht erst deren unsachgemäßen Gebrauch im konkreten Fall (st. Rspr. zuletzt BAG v. 1.3.2022, 9 AZR 260/21, ZTR 2022, 383 ff.).

### 2.2 Angemessenheit der Rückzahlungsverpflichtung

Dem Arbeitnehmer muss die Erstattungspflicht zuzumuten sein, was vor allem voraussetzt, dass er eine angemessene Gegenleistung (Aus- oder Fortbildung) erhält. Außerdem darf der Arbeitgeber jedenfalls höchstens den tatsächlich für die Ausbildung aufgewandten Betrag von dem Arbeitnehmer zurückverlangen. Wird der Arbeitnehmer bereits durch eine Vergütungsreduzierung an den Ausbildungskosten beteiligt, darf eine Rückzahlungsvereinbarung nicht an die Ausbildungskosten in voller Höhe anknüpfen, sondern lediglich an den Teil, der nicht schon durch die reduzierte Vergütung abgegolten ist.

**Beispiel**

Eine in einem Formularausbildungsvertrag verwendete Klausel, welche eine Rückzahlungspflicht der (vollständigen) Ausbildungskosten bei Vertragsbeendigung für den Arbeitnehmer mit einer (teilweisen) Abgeltung der Ausbildungskosten durch eine in den ersten Beschäftigungsjahren verringerte Vergütung kombiniert, benachteiligt den Arbeitnehmer unangemessen im Sinne des § 307 Abs. 1 BGB (BAG v. 10.5.2016, 9 AZR 434/15).

## 2.3 Angemessenheit der Bindungsdauer

Die durch die Rückzahlungsverpflichtung für den Arbeitnehmer bewirkte Bindungsdauer muss angemessen sein. Die Angemessenheit der Bindungsdauer korrespondiert dabei regelmäßig mit der Dauer der Aus- oder Fortbildung, da diese zum einen wegen Vergütungsfortzahlung den Aufwand des Arbeitgebers mitbestimmt und zum anderen ein starkes Indiz für den Wert der erworbenen Qualifikation darstellt.

 **WICHTIG!**

Mit Urteil vom 6.9.1995 hat sich das BAG ausführlich mit der Rückzahlung von Fortbildungskosten auseinandergesetzt (BAG v. 6.9.1995, 5 AZR 241/94). Danach hängt die Zulässigkeit einzelvertraglicher Rückzahlungsklauseln auch von der Dauer der Bildungsmaßnahme ab. Besteht die Fortbildung aus mehreren Unterrichtsabschnitten, so sind die dazwischen liegenden Zeiten bei der Berechnung der Dauer nicht mit zu berücksichtigen. Bei einer Lehrgangsdauer von drei bis vier Monaten (hier Verwaltungslehrgang I der Bayer. Verwaltungsschule) sei eine Bindungsdauer von zwei Jahren jedenfalls nicht zu lang bemessen. Der Senat neigt dazu, dass eine längere Bindungsdauer in derartigen Fällen regelmäßig unzulässig ist. Ferner gäbe es keinen Grundsatz, dass die Bindungsdauer höchstens sechsmal so lang sein dürfe, wie die Dauer der Bildungsmaßnahme.

Zusätzlich zur Fortbildungsdauer kommt es allerdings auch stets auf den Inhalt und den prognostizierten geldwerten Vorteil der Fortbildung im Einzelfall an.

**Beispiele**

Bei einer Lehrgangsdauer von bis zu zwei Monaten ohne Verpflichtung zur Arbeitsleistung darf im Regelfall höchstens eine einjährige Bindung vereinbart werden (vgl. BAG v. 15.12.1993, 5 AZR 279/93).

Eine Lehrgangsdauer von sechs Monaten bis zu einem Jahr ohne Arbeitsverpflichtung rechtfertigt im Regelfall keine längere Bindung als drei Jahre (vgl. BAG v. 19.2.2004, 6 AZR 552/02).

Ein sechsmonatiger Sprachaufenthalt unter Mitarbeit in einem Unternehmen im Ausland kann eine Bindung des Arbeitnehmers an den Arbeitgeber für bis zu zwei Jahre rechtfertigen (BAG v. 30.11.1994, 5 AZR 715/93, ZTR 1995, 323).

Im Regelfall ist eine Orientierung an folgenden Werten möglich:

▶ Bei einer Fortbildungsdauer von bis zu einem Monat ohne Verpflichtung zur Arbeitsleistung unter Fortzahlung der Bezüge ist eine Bindungsdauer bis zu sechs Monaten zulässig;

▶ bei einer Fortbildungsdauer von bis zu zwei Monaten eine einjährige Bindung;

▶ bei einer Fortbildungsdauer von drei bis vier Monaten eine zweijährige Bindung;

▶ bei einer Fortbildungsdauer von sechs Monaten bis zu einem Jahr keine längere Bindung als drei Jahre und

▶ bei einer mehr als zweijährigen Dauer eine Bindung von fünf Jahren.

## 2.4 Einzelfallbezogene Abwägung

Die noch zulässige Bindung ist aufgrund einer umfassenden Güter- und Interessenabwägung nach Maßgabe des Verhältnismäßigkeitsgrundsatzes unter Heranziehung aller Umstände des Einzelfalles zu ermitteln. Im Rahmen der Interessenabwägung ist insbesondere zu berücksichtigen, ob und inwieweit der Arbeitnehmer durch die Aus- oder Fortbildung einen geld-

werten Vorteil erlangt. Je größer für ihn der mit der Aus- oder Fortbildung verbundene Vorteil ist, umso eher ist ihm eine Kostenbeteiligung und auch eine längere Bindung an den Arbeitgeber zuzumuten.

 **WICHTIG!**

Häufig liegt der geldwerte Vorteil darin, dass der Arbeitnehmer im Anschluss an die erfolgreiche Aus- oder Fortbildung vom Arbeitgeber in eine höhere tarifliche Vergütungsgruppe eingruppiert wird. Es kommt jedoch vor allem darauf an, ob der Arbeitnehmer die erworbenen Kenntnisse und Fähigkeiten auch außerhalb der Dienststelle des finanzierenden Arbeitgebers verwerten und eventuell sogar zum beruflichen Aufstieg nutzen kann.

Nach Auffassung des BAG ist es für die Annahme eines geldwerten Vorteils des Arbeitnehmers ausreichend, wenn der Arbeitgeber Umstände dargelegt hat, aus denen sich ergibt, dass im Zeitpunkt der Vereinbarung der Rückzahlungsklausel durch die Aus- oder Fortbildung ein beruflicher Vorteil für den Arbeitnehmer mit überwiegender Wahrscheinlichkeit erwartet werden konnte. Dem Arbeitnehmer obliegt es dann, dieses Wahrscheinlichkeitsurteil zu entkräften. Einen beruflichen Vorteil erreicht der Arbeitnehmer nicht, wenn keine allgemein anerkannte Qualifikation erreicht, sondern lediglich ein Zertifikat über die Lehrgangsteilnahme ausgestellt wird und der Arbeitnehmer ansonsten keine über das Normalmaß der beruflichen Fortbildung hinausgehende Qualifikation erlangt.

**Beispiel**

Durch den Erwerb der Urkunde, die dazu berechtigt die Bezeichnung als „Sparkassenbetriebswirt/in" zu tragen, entsteht dem Arbeitnehmer ein geldwerter Vorteil. Ein geldwerter Vorteil entsteht bereits, wenn durch die Fortbildung die Voraussetzungen für eine höhere Vergütung erfüllt werden oder die gewonnenen Kenntnisse auch außerhalb der aktuellen Tätigkeit einsetzbar sind. Der Erwerb des Titels „Sparkassenbetriebswirt/in" war generell eine notwendige Qualifikation für den gehobenen Sparkassendienst, sodass das Fortbildungsergebnis auch noch anderweitig für den Arbeitnehmer einsetzbar war (vgl. BAG v. 19.1.2011, 3 AZR 621/08, ZTR 2011, 149).

 **WICHTIG!**

Die Abwälzung von Fortbildungskosten auf den Arbeitnehmer ist auch dann unzulässig, wenn der Arbeitgeber nicht bereit oder nicht in der Lage ist, den Arbeitnehmern entsprechend seiner neu erworbenen Qualifikation entsprechend zu beschäftigen (LAG Mecklenburg-Vorpommern v. 3.5.2022, 5 Sa 210/21).

Nach der Rechtsprechung des BAG (BAG v. 14.1.2009, 3 AZR 900/07; BAG v. 15.9.2009, 3 AZR 173/08) ist im Falle der Unwirksamkeit der Rückzahlungsvereinbarung die Bindungsdauer nur ausnahmsweise auf das von der Rechtsprechung zulässige Maß zurückzuführen, da grundsätzlich das Verbot der geltungserhaltenden Reduktion gilt (vgl. zur Frage der geltungserhaltenden Reduktion bzw. ergänzenden Vertragsauslegung beispielsweise auch BAG v. 28.5.2013, 3 AZR 103/12 sowie LAG Hessen v. 29.10.2010, 19 Sa 329/10). Es soll allerdings dann eine ergänzende Vertragsauslegung möglich sein, wenn es für den Arbeitgeber objektiv schwierig war, die zulässige Bindungsdauer zu bestimmen. Verwirklicht sich dieses Prognoserisiko, sei es nach den Besonderheiten des Arbeitsrechts unbillig, dies allein dem Arbeitgeber aufzuerlegen (BAG v. 14.1.2009, 3 AZR 900/07).

# Schwerbehinderte Menschen

**Wegweiser:**

Es gelten die Bestimmungen des Sozialgesetzbuches IX. Teilweise werden dem öffentlichen Arbeitgeber dort besondere Verpflichtungen auferlegt. Es sind keine tarifvertraglichen Sonderregelungen zu beachten.

**I.** **Grundsätze**

**II.** **Geschützter Personenkreis**

**III.** **Beginn und Ende des Schutzes**

**IV.** **Die Schwerbehindertenvertretung**

**V.** **Inklusionsbeauftragter des Arbeitgebers**

**VI.** **Beschäftigungspflicht**

**VII.** **Ausgleichsabgabe**

**VIII.** **Pflichten bei der Stellenbesetzung**

**IX.** **Pflichten im Arbeitsverhältnis**

    1. Behindertengerechte Beschäftigung

    2. Anspruch auf Teilzeitarbeit

    3. Anzeige- und Mitwirkungspflichten

    4. Mehrarbeit

    5. Zusatzurlaub

**X.** **Sonderkündigungsschutz**

    1. Voraussetzungen

        1.1 Wartezeit

        1.2 Nachweis

    2. Erweiterter Beendigungsschutz

    3. Zustimmungsfreie Beendigung

    4. Verfahren vor dem Integrationsamt

        4.1 Antrag

        4.2 Verfahrensablauf

        4.3 Entscheidung

        4.4 Besonderheiten bei der außerordentlichen Kündigung

    5. Anhörung von Personalrat und Vertrauensperson

    6. Kündigungsfrist

    7. Kündigungsschutzverfahren

## I. Grundsätze

Der Schutz von schwerbehinderten Menschen ist umfassend im dritten Teil des Sozialgesetzbuch IX (SGB IX) geregelt. Neben die Schutzvorschriften des SGB IX treten das in Art. 3 Abs. 3 S. 2 des Grundgesetzes (GG) verankerte Verbot der Benachteiligung wegen einer Behinderung sowie die Regelungen des Allgemeinen Gleichbehandlungsgesetzes (AGG), die ebenfalls ein Verbot der Benachteiligung wegen einer Behinderung normieren. Auf europarechtlicher Ebene ist das Verbot der Diskriminierung wegen der Behinderung in Art. 6 Abs. 1 des Vertrages über die Europäische Union (EUV) in Verbindung mit Art. 21 Abs. 1 der Charta der Grundrechte der Europäischen Union statuiert.

Nach früherer Rechtsansicht durfte der Arbeitgeber einen Bewerber um einen Arbeitsplatz fragen, ob er schwerbehindert sei. Eine falsche Antwort hierauf berechtigte ihn regelmäßig zur Anfechtung des Arbeitsvertrages. Diese Auffassung ist in der juristischen Fachliteratur vielfach mit Blick auf die in § 164 Abs. 2 SGB IX und im AGG enthaltenen ausdrücklichen Diskriminierungsverbote in Zweifel gezogen worden. Auch die Rechtsprechung der Landesarbeitsgerichte geht von der Unzulässigkeit

der Frage aus, jedenfalls wenn die Behinderung für die Ausübung der vorgesehenen Tätigkeit ohne Bedeutung ist (Hessisches LAG v. 24.3.2010, 6/7 Sa 1373/09). Das BAG hat die Frage in der Revisionsentscheidung zum vorgenannten Urteil des Landesarbeitsgerichts Hessen ausdrücklich offen gelassen (BAG v. 7.7.2011, 2 AZR 396/10). Bis zu einer abschließenden Entscheidung sollte die Frage nach einer Schwerbehinderung nur dann gestellt werden, wenn es für die Tätigkeit von wesentlicher Bedeutung ist oder die Frage darauf abzielt, die Beschäftigung von behinderten Menschen zu fördern.

**WICHTIG!**

Zulässig ist die Frage nach einer Schwerbehinderung allerdings im laufenden Arbeitsverhältnis nach Ablauf der sechsmonatigen Wartezeit des § 173 Abs. 1 Nr. 1 SGB IX. Der Arbeitgeber hat ein berechtigtes Interesse, zu erfahren, ob vor der Kündigung die Zustimmung durch das Integrationsamt einzuholen ist. Dem Arbeitgeber muss ein rechtstreues Verhalten ermöglicht werden. Den konkreten Anlass seiner Frage muss der Arbeitgeber dem Arbeitnehmer dabei nicht mitteilen. Beantwortet der Arbeitnehmer in diesem Fall die Frage nach seiner Schwerbehinderung wahrheitswidrig, ist es ihm unter dem Gesichtspunkt widersprüchlichen Verhaltens verwehrt, sich im Kündigungsschutzverfahren auf seine Schwerbehinderteneigenschaft zu berufen (BAG v. 16.2.2012, 6 AZR 553/10, ZTR 2012, 295).

Ein wegen seiner Schwerbehinderung diskriminierter Bewerber, der auch bei benachteiligungsfreier Auswahl die Stelle nicht erhalten hätte, hat nach § 15 Abs. 1, Abs. 2 S. 2 AGG einen gesetzlichen Anspruch auf Entschädigung. Der Entschädigungsanspruch setzt voraus, dass keine Scheinbewerbung vorliegt. Somit ist eine Person, die nur den formalen Status als Bewerber erlangen möchte, um eine Entschädigung geltend zu machen, kein Bewerber i. S. v. Art. 3 Abs. 1 bzw. Art. 1 der Richtlinie 2000/78 bzw. 2006/54 (EuGH v. 28.7.2016, C-423/15, ZTR 2016, 586; BAG v. 18.6.2015, 8 AZR 848/13 (A), ZTR 2015, 387; LAG Baden-Württemberg v. 19.8.2016, 1 Ta 6/16, ZTR 2016, 652). Eine Diskriminierung wird etwa vermutet, wenn der Arbeitgeber die Schwerbehindertenvertretung entgegen seiner gesetzlichen Verpflichtung aus § 164 Abs. 1 S. 4 SGB IX nicht über die Bewerbung informiert hat (LAG Hessen v. 28.8.2009, 19/3 Sa 340/08). Gleiches gilt, wenn ein Schwerbehinderter von einem öffentlichen Arbeitgeber entgegen § 165 S. 3 SGB IX nicht zum Vorstellungsgespräch eingeladen wird (BAG v. 24.1.2013, 8 AZR 188/12, ZTR 2013, 451), allerdings nur dann, wenn dem Arbeitgeber die Schwerbehinderteneigenschaft oder die Gleichstellung des Bewerbers bekannt gewesen ist oder er sich aufgrund der Bewerbungsunterlagen diese Kenntnis hätte verschaffen können (BAG v. 13.10.2011, 8 AZR 608/10, ZTR 2011, 719). Nach § 165 S. 4 SGB IX ist eine Einladung entbehrlich, wenn dem Bewerber die fachliche Eignung offensichtlich fehlt. „Offensichtlich" fachlich nicht geeignet nach § 165 S. 4 SGB IX ist ein schwerbehinderter Mensch, wenn er insoweit „unzweifelhaft" nicht dem Anforderungsprofil der zu vergebenden Stelle entspricht. Zur Beurteilung der fachlichen Eignung ist allein auf das in der veröffentlichten Stellenanzeige enthaltene Anforderungsprofil abzustellen. Es geht zu Lasten des Bewerbers, wenn entscheidende Unterlagen fehlen. Bestehen lediglich Zweifel, sollte der Bewerber eingeladen werden (BAG v. 11.8.2016, 8 AZR 375/15; LAG Rheinland-Pfalz v. 6.10.2016, 5 Sa 181/16; LAG Mecklenburg-Vorpommern v. 7.1.2020, 5 Sa 128/19). Wird ein schwerbehinderter Bewerber trotz objektiver Eignung nicht zu einem Bewerbungsgespräch eingeladen, ist eine Benachteiligung indiziert. Dieses Indiz im Sinne des § 22 AGG muss der

Arbeitgeber plausibel mit einem sogenannten Vollbeweis widerlegen (BAG v. 20.1.2016, 8 AZR 194/14, ZTR 2016, 403; LAG Mecklenburg-Vorpommern v. 7.1.2020, 5 Sa 128/19). Hat der Arbeitgeber den grundsätzlich geeigneten schwerbehinderten Bewerber auch und vornehmlich aus personalwirtschaftlichen Gründen nicht zum Vorstellungsgespräch geladen, ist die von der Nichteinladung zum Vorstellungsgespräch ausgehende Kausalitätsvermutung nicht widerlegt (LAG Schleswig-Holstein v. 29.8.2019, 5 Sa 375öD/18, ZTR 2020, 37). Auch wenn sich der Schwerbehindertenvertreter selbst bewirbt, muss die Schwerbehindertenvertretung im Bewerbungsverfahren beteiligt werden (BAG v. 22.8.2013, 8 AZR 574/12, ZTR 2014, 175). Eine Indizwirkung im Sinne des § 22 AGG wird ferner angenommen, wenn der Arbeitgeber seine Prüf- und Meldepflichten nach § 164 Abs. 1 S. 1 und S. 2 SGB IX, insbesondere gegenüber der Agentur für Arbeit, verletzt hat (BAG v. 13.10.2011, 8 AZR 608/10). Das Nichtbestehen einer Schwerbehindertenvertretung allein stellt jedoch kein Indiz im Sinne des § 22 AGG dar, das eine Benachteiligung wegen der Schwerbehinderung vermuten lässt (LAG Sachsen-Anhalt v. 7.6.2017, 5 Sa 339/16). Auf Verstöße gegen die Vorgaben aus §§ 164, 165 SGB IX können sich einfach behinderte und nicht gleichgestellte Bewerber bzw. Arbeitnehmer allerdings nicht berufen (BAG v. 27.1.2011, 8 AZR 580/09). Die Verfahrensvorschriften der §§ 164, 165 SGB IX sind nur auf Stellen anwendbar, bei denen es sich um Arbeitsplätze im Sinne des § 156 Abs. 1 SGB IX handelt. Die Bewerbung als stellvertretender Vorstandsvorsitzender, also als Organmitglied des Arbeitgebers, stellt keinen solchen Arbeitsplatz dar (LG München I v. 25.5.2023, 11 O 14491/22).

Macht ein schwerbehinderter Arbeitnehmer entsprechende Tatsachen glaubhaft, die eine Benachteiligung wegen der Behinderung vermuten lassen, liegt es jeweils am Arbeitgeber diese Vermutung zu widerlegen. Der Arbeitgeber trägt nach § 22 AGG die Beweislast dafür, dass nicht auf die Behinderung bezogene, sachliche Gründe eine unterschiedliche Behandlung rechtfertigen oder eine bestimmte körperliche Funktion, geistige Fähigkeit oder seelische Gesundheit wesentliche und entscheidende berufliche Anforderung für die Tätigkeit ist (BAG v. 18.11.2008, 9 AZR 643/07, ZTR 2009, 381). Der Entschädigungsanspruch ist nicht nur bei erfolglosen Bewerbungen vorgesehen, sondern auch bei der ungerechtfertigten Verweigerung eines innerbetrieblichen Aufstiegs oder einer innerbetrieblichen Fortbildungsmaßnahme gegenüber einem schwerbehinderten Arbeitnehmer. Dabei muss der Arbeitnehmer jeweils keinen tatsächlich entstandenen, konkret bezifferbaren Schaden geltend machen. § 15 Abs. 2 AGG gewährt jedenfalls für den Fall der Nichteinstellung eine Art pauschalierten Entschädigungsanspruch bis zu einer Höhe von drei Monatsverdiensten.

 **WICHTIG!**

Wird ein Schwerbehinderter aufgrund seiner Schwerbehinderung benachteiligt, resultiert hieraus trotzdem kein Anspruch auf Abschluss eines Arbeitsverhältnisses. Einen solchen Anspruch sieht das Gesetz ausdrücklich nicht vor, § 15 Abs. 6 AGG.

Ein etwaiger Schadensersatzanspruch wegen einer Diskriminierung muss gemäß § 15 Abs. 4 AGG innerhalb von zwei Monaten nach dem Zugang der Ablehnung der Bewerbung bzw. nach Kenntniserlangung von der Benachteiligung (BAG v. 15.3.2012, 8 AZR 37/11, ZTR 2012, 590) schriftlich gegenüber dem Arbeitgeber geltend gemacht werden. Vom Zeitpunkt der Geltendmachung an ist schließlich innerhalb einer weiteren Frist von drei

Monaten eine entsprechende Klage auf Entschädigung beim zuständigen Arbeitsgericht zu erheben (§ 61b Abs. 1 ArbGG).

Die Regelung in einer Dienstvereinbarung und einem auf ihr beruhenden Auflösungsvertrag, wonach das Übergangsgeld, das einem freiwillig ausscheidenden Arbeitnehmer gezahlt wird, zum Zeitpunkt des frühestmöglichen Bezugs abschlagsfreier Altersrente endet und damit schwerbehinderten Arbeitnehmern kürzer gezahlt wird als nicht schwerbehinderten Arbeitnehmern, ist gem. §§ 7 Abs. 2, Abs. 1, 3 Abs. 1, 1 AGG unwirksam (LAG Hessen v. 4.9.2015, 14 Sa 1288/14).

Eine unmittelbar an das Merkmal der Behinderung knüpfende Bemessung einer Sozialplanabfindung ist unwirksam, wenn sie schwerbehinderte Arbeitnehmer gegenüber anderen Arbeitnehmern, die in gleicher Weise wie sie von einem sozialplanpflichtigen Arbeitsplatzverlust betroffen sind, schlechter stellt (BAG v. 17.11.2015, 1 AZR 938/13, ZTR 2016, 273). Zulässig ist hingegen ein zusätzlicher Abfindungsbetrag für schwerbehinderte Arbeitnehmer, da diese bei Verlust des Arbeitsplatzes im Allgemeinen besonderen Nachteilen ausgesetzt sind. Wird ein solch zusätzlicher Abfindungsbetrag vereinbart, verstößt es dann jedoch gegen den betriebsverfassungsrechtlichen Gleichbehandlungsgrundsatz, wenn die vollständige Auszahlung des zusätzlichen Abfindungsbeitrages aufgrund einer im Sozialplan vorgesehenen Höchstbetragsregelung unterbleibt (BAG v. 11.10.2022, 1 AZR 129/21). Auch mittelbare Diskriminierungen sind denkbar. So bewirkt die Regelung in einem Sozialplan, welche bei der Ermittlung eines als Abfindung zu zahlenden „fiktiven Differenzbetrags" in einem Faktor auf den „Frühestmöglichen Renteneintritt" des anspruchsberechtigten Arbeitnehmers abstellt, eine mittelbar auf dem Kriterium der Behinderung beruhende Benachteiligung (BAG v. 28.7.2020, 1 AZR 590/18). Die Unwirksamkeit einer solchen Regelung bewirkt, dass dem benachteiligten Arbeitnehmer ein Anspruch auf eine höhere Sozialplanabfindung zusteht (sog. „Anpassung nach oben") (BAG v. 28.7.2020, 1 AZR 590/18).

## II. Geschützter Personenkreis

§ 2 Abs. 1 S. 1 und S. 2 SGB IX definieren, dass Menschen mit Behinderungen solche Menschen sind, die körperliche, seelische, geistige oder Sinnesbeeinträchtigungen haben, die sie in Wechselwirkung mit einstellungs- und umweltbedingten Barrieren an der gleichberechtigten Teilhabe an der Gesellschaft mit hoher Wahrscheinlichkeit länger als sechs Monate hindern können. Eine Beeinträchtigung nach Satz 1 liegt dabei vor, wenn der Körper- und Gesundheitszustand von dem für das Lebensalter typischen Zustand abweicht. Die Schwere der Beeinträchtigung durch eine Behinderung wird dabei in der Maßeinheit „Grad der Behinderung" (GdB) bestimmt. Hierbei handelt es sich entgegen weitläufiger Verbreitung nicht um Prozentzahlen. Die Kriterien für die Ermittlung des GdB ergeben aus den sogenannten „Versorgungsmedizinischen Grundsätzen", die in der Anlage zu § 2 der Versorgungsmedizin-Verordnung (VersMedV) enthalten sind.

Ab einem GdB von mindestens 50 gelten Menschen als schwerbehindert im Sinne des SGB IX, wenn sie zugleich ihren Wohnsitz, ihren gewöhnlichen Aufenthalt oder ihren Arbeitsplatz rechtmäßig in Deutschland haben (§ 2 Abs. 2 SGB IX). Der Grad der Behinderung lässt jedoch keine Rückschlüsse auf eine Einschränkung der Leistungsfähigkeit zu.

**Beispiel**

> Eine Mitarbeiterin der Personalabteilung ist schwerbehindert, weil sie unter einer Hauterkrankung leidet. Die Schwerbehinderung hat grundsätzlich keinerlei Auswirkungen auf ihre berufliche Leistungsfähigkeit.

Entscheidend für den Status als Schwerbehinderter ist allein das objektive Vorliegen einer entsprechend beeinträchtigenden Behinderung. Die Schwerbehinderung tritt dann kraft Gesetzes ein, ohne dass es auf eine Anerkennung durch die zuständige Behörde (Versorgungsamt) oder eine andere Stelle ankommt.

Auf Antrag der betroffenen Person werden die Schwerbehinderteneigenschaft und der GdB von dem zuständigen Versorgungsamt in einem Verwaltungsverfahren festgestellt. Eine Feststellung erfolgt jedoch nur dann, wenn ein GdB von wenigstens 20 vorliegt (§ 152 Abs. 1 S. 6 SGB IX). Der schwerbehinderte Mensch erhält auf Antrag auch einen Ausweis, mit dem er seine Schwerbehinderung und seine Ansprüche auf Leistungen und sonstige Hilfen nach dem SGB IX nachweisen kann. Der Ausweis wird dabei grundsätzlich nur befristet ausgestellt. Ist eine wesentliche Änderung des GdB nicht mehr zu erwarten, können auch unbefristete Schwerbehindertenausweise ausgestellt werden.

 **WICHTIG!**

Antragsberechtigt ist allein der betroffene Arbeitnehmer. Eine Antragstellung durch den Arbeitgeber ist grundsätzlich nicht möglich.

Zuständig für die Feststellung der Schwerbehinderung und die Ausstellung des Ausweises ist das Versorgungsamt, in dessen Bezirk der Arbeitnehmer zum Zeitpunkt der Antragstellung seinen Wohnsitz oder gewöhnlichen Aufenthalt hat. Es hat nach pflichtgemäßen Ermessen zu entscheiden. Der Rechtsschutz des Arbeitnehmers gegen Entscheidungen des Versorgungsamtes richtet sich nach dem Sozialgerichtsgesetz (SGG).

Behinderte Menschen mit einem GdB von weniger als 50, jedoch mindestens 30, können auf Antrag bei der Bundesagentur für Arbeit den schwerbehinderten Menschen gleichgestellt werden. Voraussetzung hierfür ist eine besondere Schutzwürdigkeit: Sie müssen infolge der Behinderung ohne die Gleichstellung einen geeigneten Arbeitsplatz im Sinne des § 156 SGB IX nicht erlangen oder nicht behalten können (§ 2 Abs. 3 SGB IX). Der Arbeitgeber kann die festgestellte Gleichstellung (die auch nur befristet erteilt werden kann) nicht mit Rechtsmitteln angreifen. Gleichgestellte behinderte Menschen genießen den vollen Schutz des SGB IX mit Ausnahme der Regelungen zum Zusatzurlaub in § 208 SGB IX und zur unentgeltlichen Beförderung im öffentlichen Personennahverkehr.

Behinderte Jugendliche und junge Erwachsene können schwerbehinderten Menschen während der Zeit einer Berufsausbildung auch dann gleichgestellt werden, wenn ihr Grad der Behinderung weniger als 30 beträgt oder ein Grad der Behinderung gar nicht festgestellt ist. Der Nachweis der Behinderung wird durch eine Stellungnahme der Agentur für Arbeit oder durch einen Bescheid über Leistungen zur Teilhabe am Arbeitsleben erbracht (§ 151 Abs. 4 SGB IX).

## III. Beginn und Ende des Schutzes

Der Anwendungsbereich des SGB IX ist bereits mit dem objektiven Vorliegen einer Schwerbehinderung eröffnet. Es kommt für den Schutz des Arbeitnehmers somit nicht auf die behördliche

Anerkennung der Schwerbehinderung oder die Ausstellung eines Schwerbehindertenausweises an.

 **WICHTIG!**

Den besonderen Kündigungsschutz nach §§ 168 ff. SGB IX genießen schwerbehinderte Menschen allerdings erst, wenn das Arbeitsverhältnis länger als sechs Monate ununterbrochen bestanden hat (§ 173 Abs. 1 Nr. 1 SGB IX) und die Eigenschaft als schwerbehinderter Mensch zum Kündigungszeitpunkt nachgewiesen ist (§ 173 Abs. 3 SGB IX). Hierzu ist in der Regel ein entsprechender Feststellungsbescheid des zuständigen Versorgungsamtes erforderlich, der auf den Zeitpunkt der Antragstellung zurückwirkt.

Im Gegensatz dazu fallen gleichgestellte behinderte Menschen generell erst unter die Schutzvorschriften des SGB IX, wenn ihre Gleichstellung behördlich durch einen entsprechenden Bescheid festgestellt wurde. Auch hier wirkt die positive Entscheidung auf den Zeitpunkt der Antragstellung zurück.

**Beispiel**

> Der Arbeitnehmer hat einen GdB von 40 und beantragt am 1.3. seine Gleichstellung. Am 15.4. kündigt der Arbeitgeber das Arbeitsverhältnis. Mit Bescheid vom 1.7. stellt die Agentur für Arbeit die Gleichstellung des Arbeitnehmers mit einem schwerbehinderten Menschen fest. Die Kündigung ist in diesem Fall unwirksam. Da die Gleichstellung auf den 1.3. zurückwirkt, hätte das Integrationsamt der Kündigung zuvor nach § 168 SGB IX zustimmen müssen.

Der Schwerbehindertenschutz des SGB IX erlischt, wenn die Voraussetzungen des § 2 Abs. 2 SGB IX (GdB von wenigstens 50 und Wohnsitz, ständiger Aufenthalt oder Beschäftigung auf einem Arbeitsplatz in Deutschland) nicht mehr vorliegen. Für den Fall, dass der GdB auf weniger als 50 absinkt, gelten die Vorschriften des SGB IX jedoch für eine Schonfrist bis zum Ende des dritten Kalendermonats nach Eintritt der Unanfechtbarkeit des die Verringerung des GdB feststellenden Bescheids weiter (§ 199 Abs. 1 SGB IX). Wenn der GdB auf weniger als 50 absinkt, trifft den Arbeitnehmer die arbeitsvertragliche Nebenpflicht, den Arbeitgeber hierüber zu informieren (LAG Hessen v. 8.8.2018, 13 Sa 1237/17).

**Beispiel 1**

> Mit Bescheid vom 30.3. stellt das Versorgungsamt den Wegfall der Schwerbehinderteneigenschaft fest. Der Bescheid wird dem Arbeitnehmer am 10.4. zugestellt. Legt der Arbeitnehmer hiergegen nicht binnen eines Monats Widerspruch ein, wird der Bescheid mit Ablauf des 10.5. rechtswirksam. Der Schutz des SGB IX endet dann am 31.8. um 24.00 Uhr.

**Beispiel 2**

> Der Arbeitnehmer aus Beispiel 1 erhebt fristgerecht am 30.4. Widerspruch gegen die Entscheidung des Versorgungsamtes. Am 30.6. wird ihm ein ablehnender Widerspruchsbescheid zugestellt. Erhebt der Arbeitnehmer binnen eines Monats Klage vor dem Sozialgericht gegen den Bescheid, beginnt die Dreimonatsfrist aus § 199 SGB IX erst mit dem rechtskräftigen Abschluss des gerichtlichen Verfahrens.

Bei gleichgestellten behinderten Menschen entfällt der besondere Schutz des SGB IX entsprechend im Fall des Widerrufs oder der Rücknahme des Gleichstellungsbescheides durch die Bundesagentur für Arbeit mit dem Ende des dritten Kalendermonats nach Eintritt der Unanfechtbarkeit der behördlichen Entscheidung (§ 199 Abs. 2 SGB IX).

## IV. Die Schwerbehindertenvertretung

 **Hinweis:**
Eine ausführliche Darstellung der Rechtsstellung und Wahl der Schwerbehindertenvertretung sowie ihrer Aufgaben findet sich unter dem Stichwort *Schwerbehindertenvertretung*.

In Dienststellen und Betrieben, in denen wenigstens fünf schwerbehinderte (bzw. ihnen gleichgestellte behinderte) Menschen nicht nur vorübergehend beschäftigt sind, sind eine Vertrauensperson der schwerbehinderten Menschen und mindestens ein Stellvertreter zu wählen (§ 177 Abs. 1 S. 1 SGB IX). Der Arbeitgeber hat nach § 179 Abs. 8 SGB IX die Kosten für die Teilnahme der Vertrauensperson an Schulungsveranstaltungen gem. § 179 Abs. 4 S. 3 SGB IX zu tragen, wenn die dort vermittelten Kenntnisse für die Arbeit der Schwerbehindertenvertretung erforderlich sind. Diese Regelung entspricht § 37 Abs. 6 BetrVG für die Schulungsteilnahme von Betriebsratsmitgliedern, sodass die diesbezügliche Rechtsprechung zur Erforderlichkeit von Schulungsteilnahmen herangezogen werden kann. Schulungsmaßnahmen durch das Integrationsamt nach § 185 Abs. 2 S. 6 SGB IX sollten als kostengünstige Alternative in Betracht gezogen werden (BAG v. 8.6.2016, 7 ABR 39/14). Für öffentliche Arbeitgeber gelten die Kostenregelungen für die Personalvertretungen nach § 179 Abs. 4 S. 3 SGB IX entsprechend. Bezüglich der Kostentragung ist dann auf das jeweilige LPersVG bzw. das BPersVG abzustellen.

Die Schwerbehindertenvertretung hat die Eingliederung schwerbehinderter bzw. ihnen gleichgestellter behinderter Menschen in die Dienststelle oder in den Betrieb zu fördern sowie deren Interessen zu vertreten und ihnen beratend und helfend zur Seite zu stehen (§ 178 Abs. 1 SGB IX). Der Arbeitgeber muss die Schwerbehindertenvertretung in allen Angelegenheiten, die einen einzelnen oder die schwerbehinderten (bzw. ihnen gleichgestellten behinderten) Menschen als Gruppe betreffen, unverzüglich und umfassend unterrichten und vor einer Entscheidung anhören (§ 178 Abs. 2 SGB IX).

**Beispiele**

Einstellung, Umgruppierung, Beförderung, Versetzung, Abmahnung, Kündigung, Anordnung von Überstunden, Genehmigung von Nebentätigkeiten oder deren Versagung.

Allerdings steht der Schwerbehindertenvertretung grundsätzlich kein Mitbestimmungsrecht zu. Ein Verstoß gegen die Unterrichtungs- und Anhörungspflichten führt somit in der Regel nicht zur Unwirksamkeit der jeweiligen Maßnahme. Anders ist dies jedoch im praxisrelevanten Fall der Kündigung eines schwerbehinderten oder gleichgestellten Beschäftigten. Eine Kündigung ohne die vorherige Anhörung der Schwerbehindertenvertretung ist unwirksam gemäß § 178 Abs. 2 S. 3 SGB IX.

Die Schwerbehindertenvertretung hat zudem das Recht, am Verfahren der Stellenbesetzung nach § 164 Abs. 1 SGB IX beteiligt zu werden. Auch ist sie vom Arbeitgeber stets dann zu beteiligen, wenn das Arbeitsverhältnis eines schwerbehinderten oder diesem gleichgestellten behinderten Menschen gefährdet ist. Insoweit trifft den Arbeitgeber nach § 167 Abs. 1 SGB IX die Pflicht zur Durchführung eines Präventionsverfahrens. Bei Eintreten von personen-, verhaltens- oder betriebsbedingten Schwierigkeiten im Arbeitsverhältnis, die zur Gefährdung des Arbeitsverhältnisses führen können, hat der Arbeitgeber möglichst frühzeitig die Schwerbehindertenvertretung, den Personal- bzw. Betriebsrat sowie das Integrationsamt einzuschalten. Der Arbeitgeber soll dabei mit den Beteiligten alle Möglichkeiten und alle zur Verfügung stehenden Hilfen zur Beratung und mögliche finanzielle Leistungen erörtern, mit denen die Schwierigkeiten beseitigt werden können und das Arbeitsverhältnis möglichst dauerhaft fortgesetzt werden kann. Im Rahmen der ersten sechs Monate des Arbeitsverhältnisses muss der Arbeitgeber kein Präventionsverfahren nach § 167 Abs. 1 SGB IX durchführen. Unterlässt der Arbeitgeber das Präventionsverfahren, liegt hierin keine Diskriminierung wegen einer Schwerbehinderung (vgl. BAG v. 21.4.2016, 8 AZR 402/14, ZTR 2016, 584).

 **WICHTIG!**
Ein Verstoß gegen § 167 Abs. 1 SGB IX im Vorfeld einer Kündigung kann je nach Einzelfall die Unverhältnismäßigkeit der Kündigung nach sich ziehen (BAG v. 7.12.2006, 2 AZR 182/06, ZTR 2007, 510).

Grundsätzlich haben schwerbehinderte Menschen jedoch keine Beschäftigungsgarantie. Auch die Arbeitsplätze von Schwerbehinderten können durch Organisationsänderungen entfallen und eine betriebsbedingte Kündigung rechtfertigen. Arbeitgeber sind nicht verpflichtet, Arbeitsplätze zu schaffen oder zu erhalten, die durch eine Organisationsänderung nicht mehr benötigt werden (BAG v. 16.5.2019, 6 AZR 329/18, ZTR 2020, 24).

## V. Inklusionsbeauftragter des Arbeitgebers

Der Arbeitgeber muss einen Inklusionsbeauftragten bestellen, der ihn in allen Angelegenheiten schwerbehinderter oder ihnen gleichgestellter behinderter Menschen verantwortlich vertritt (§ 181 SGB IX). Diese Verpflichtung besteht grundsätzlich auch, wenn gar keine Schwerbehindertenvertretung existiert. Es genügt, dass der Arbeitgeber einen einzigen schwerbehinderten Menschen beschäftigt. An die Nichtbefolgung der Bestellungspflicht knüpft das SGB IX allerdings keine Sanktion für den Arbeitgeber.

Bei der Bestellung und Auswahl des Inklusionsbeauftragten ist der Arbeitgeber grundsätzlich völlig frei. Er hat insbesondere keinerlei Formvorschriften zu beachten. Es soll sich bei dem Inklusionsbeauftragten jedoch nach Möglichkeit um einen schwerbehinderten oder ihm gleichgestellten behinderten Menschen handeln (§ 181 S. 2 SGB IX). Der Arbeitgeber kann den Inklusionsbeauftragten jederzeit und ohne Angabe von Gründen wieder von seiner Aufgabe entbinden.

Der Inklusionsbeauftragte hat vornehmlich darauf zu achten, dass der Arbeitgeber die ihm obliegenden Verpflichtungen gegenüber schwerbehinderten Menschen insgesamt erfüllt (§ 181 S. 3 SGB IX). Zudem ist er zur engen Zusammenarbeit mit dem Arbeitgeber, der Schwerbehindertenvertretung und dem Personal- bzw. Betriebsrat verpflichtet und fungiert als Verbindungsperson zur Bundesagentur für Arbeit und zum Integrationsamt (§ 182 SGB IX).

## VI. Beschäftigungspflicht

Der Gesetzgeber hat den Arbeitgebern in § 154 Abs. 1 SGB IX eine Pflicht zur Beschäftigung einer bestimmten Mindestanzahl von schwerbehinderten oder ihnen gleichgestellten behinderten Menschen auferlegt. Danach müssen Arbeitgeber mit im Jahresdurchschnitt 20 oder mehr Arbeitsplätzen, grundsätzlich auf mindestens 5 % dieser Arbeitsplätze schwerbehinderte oder ihnen gleichgestellte behinderte Menschen beschäftigen. Dabei sind schwerbehinderte Frauen besonders zu berücksichtigen.

**WICHTIG!**

Für Arbeitgeber mit durchschnittlich weniger als 40 Arbeitsplätzen besteht die Beschäftigungspflicht generell für nur einen schwerbehinderten Menschen. Arbeitgeber mit weniger als 60 Arbeitsplätzen müssen mindestens zwei schwerbehinderte Menschen beschäftigen (§ 154 Abs. 1 S. 3 SGB IX).

Aus der Beschäftigungspflicht des Arbeitgebers folgt kein individueller Einstellungsanspruch eines schwerbehinderten Bewerbers, selbst dann nicht, wenn der Arbeitgeber die Beschäftigungsquote nicht erfüllt. Die Nichterfüllung der Beschäftigungspflicht kann mit einer Ausgleichsabgabe (siehe hierzu Ziffer VII.) sanktioniert werden. Bei der Verpflichtung nach § 154 Abs. 1 SGB IX handelt es sich nur um eine öffentlich-rechtliche Verpflichtung des Arbeitgebers gegenüber dem Staat mit dem Inhalt, im Rahmen der festgelegten Pflichtzahl Schwerbehinderte auf einem entsprechenden Arbeitsplatz einzustellen und zu beschäftigen. Diese Verpflichtung besteht hingegen nicht den einzelnen Schwerbehinderten gegenüber. Darüber hinaus kann das Nichterfüllen der Quote auf den unterschiedlichsten Gründen beruhen, darunter auch auf solchen, auf die der Arbeitgeber keinen Einfluss hatte und die daher keinen Rückschluss auf eine etwaige ablehnende Haltung des Arbeitgebers gegenüber der Beschäftigung schwerbehinderter Menschen zulassen. Die Nichterfüllung stellt daher nicht ohne Weiteres ein Indiz im Sinne von § 22 AGG für eine Benachteiligung des Bewerbers wegen seiner (Schwer)Behinderung dar (BAG v. 16.5.2019, 8 AZR 315/18, ZTR 2019, 622).

Im Rahmen der Erfüllung der Beschäftigungspflicht soll der Arbeitgeber auch besonders betroffene Schwerbehindertengruppen im angemessenen Umfang berücksichtigen (§ 155 SGB IX). Dabei besteht die Möglichkeit der Anrechnung eines eingesetzten Arbeitnehmers auf mehr als einen, höchstens jedoch drei Pflichtarbeitsplätze (§ 159 Abs. 1 SGB IX).

## VII. Ausgleichsabgabe

Sofern der Arbeitgeber nicht die vorgeschriebene Zahl schwerbehinderter Menschen beschäftigt, ist er für jeden unbesetzten Pflichtarbeitsplatz zur Zahlung einer Ausgleichsabgabe verpflichtet (§ 160 SGB IX). Die Ausgleichsabgabe ist dabei unabhängig davon zu entrichten, warum der Arbeitgeber seine Beschäftigungspflicht nicht erfüllt. Sie ist auch dann zu zahlen, wenn der Arbeitgeber aufgrund gesetzlicher Vorschriften oder besonderer behördlicher Anordnungen gar keine schwerbehinderten Menschen beschäftigen darf.

**WICHTIG!**

Die Ausgleichsabgabe wird auf der Grundlage einer jahresdurchschnittlichen Beschäftigungsquote ermittelt und zwar vom Arbeitgeber im Rahmen eines Selbstveranlagungsverfahrens. Der Arbeitgeber hat dabei die zur Berechnung der Beschäftigungspflicht erforderlichen Daten bis zum 31. März des Folgejahres auf dem dafür vorgesehenen Vordruck der Bundesagentur für Arbeit einzutragen und an die zuständige Agentur für Arbeit und das Integrationsamt sowie die Schwerbehindertenvertretung und den Personal- bzw. Betriebsrat zu übersenden.

Nach § 160 Abs. 2 SGB IX beträgt die Ausgleichsabgabe pro Monat und unbesetztem Pflichtplatz bei Arbeitgeber mit mindestens 60 Arbeitsplätzen grundsätzlich:

▶ EUR 125 [seit dem 1.1.2016] bei einer jahresdurchschnittlichen Beschäftigungsquote von 3 % bis weniger als 5 %,

▶ EUR 220 [seit dem 1.1.2016] bei einer jahresdurchschnittlichen Beschäftigungsquote von 2 % bis weniger als 3 %,

▶ EUR 320 [seit dem 1.1.2016] bei einer jahresdurchschnittlichen Beschäftigungsquote von 0 % bis weniger als 2 %.

Für mittelständische Dienststellen und Betriebe mit 20 bis 59 Arbeitsplätzen gelten besondere Regelungen. Hiernach beläuft sich die Ausgleichsabgabe bei Nichterfüllung der Beschäftigungsquote auf

▶ EUR 125 [seit dem 1.1.2016] für Arbeitgeber mit 20 bis 39 Arbeitsplätzen bei einer jahresdurchschnittlichen Beschäftigung von weniger als einem schwerbehinderten Menschen,

▶ EUR 125 [seit dem 1.1.2016] für Arbeitgeber mit 40 bis 59 Arbeitsplätzen bei einer jahresdurchschnittlichen Beschäftigung von weniger als zwei schwerbehinderten Menschen,

▶ EUR 220 [seit dem 1.1.2016] für Arbeitgeber mit 40 bis 59 Arbeitsplätzen bei einer jahresdurchschnittlichen Beschäftigung von weniger als einem schwerbehinderten Menschen.

Die zuvor genannten (Grund-)Beträge erhöhen sich entsprechend der Veränderung der Bezugsgröße für die Sozialversicherung gemäß § 18 Abs. 1 SGB IV (Durchschnittsentgelt der gesetzlichen Rentenversicherung) zuletzt mit Bekanntgabe zum 1.1.2021. Die Erhöhung wird jeweils vom Bundesministerium für Arbeit und Soziales im Bundesanzeiger bekannt gegeben.

**ACHTUNG!**

Die gesetzliche Ausgleichsabgabe in § 160 Abs. 2 SGB IX bleibt bis zu einer Gesetzesänderung gleich. Die höheren Beträge ergeben sich aus § 160 Abs. 3 SGB IX i. V. m. mit der Bekanntgabe des Bundesministeriums für Arbeit und Soziales. Zuletzt wurden die Sätze der Ausgleichsabgabe mit Wirkung zum 1. Januar 2021 erhöht auf € 140 statt € 125, € 245 statt € 220 und € 360 statt € 320.

Die Ausgleichsabgabe wird jeweils zum 31. März des Folgejahres zur Zahlung fällig. Es bedarf hierzu keines feststellenden behördlichen Bescheids.

Mit dem Gesetz zur Förderung eines inklusiven Arbeitsmarktes, welches im Mai 2023 mit Zustimmung des Bundesrates beschlossen worden ist, wurde zum 1. Januar 2024 eine erhöhte Ausgleichsabgabe für Betriebe eingeführt, die keinen schwerbehinderten Menschen beschäftigen. In diesem Fall beträgt die Ausgleichsabgabe pro Monat und unbesetztem Pflichtarbeitsplatz € 720,00. Für Betriebe in denen weniger als 40 bzw. weniger als 60 Arbeitnehmer beschäftigt werden, sind geringere Ausgleichsabgaben vorgesehen. Im Gegenzug zur Einführung der erhöhten Ausgleichsabgabe stellt die Unterschreitung der Beschäftigungsquote seit dem 1. Januar 2024 keine Ordnungswidrigkeit mehr dar. § 238 Abs. 1 Nr. 1 SGB IX wurde entsprechend gestrichen.

**WICHTIG!**

Ist der Arbeitgeber mehr als drei Monate mit der Zahlung der Ausgleichsabgabe in Rückstand, erlässt das Integrationsamt einen Feststellungsbescheid über die rückständigen Beträge und zieht diese ein. Zugleich erhebt es durch weiteren Bescheid Säumniszuschläge für die offenen Abgabenbeträge. Nur in begründeten Ausnahmefällen kann das Integrationsamt davon absehen, einen solchen Säumniszuschlag zu erheben (§ 160 Abs. 4 S. 4 SGB IX). Es besteht insbesondere kein Anspruch des Arbeitgebers auf einen entsprechenden Verzicht.

## VIII. Pflichten bei der Stellenbesetzung

Der Arbeitgeber muss prüfen, ob freie, frei werdende oder neue Arbeitsplätze mit schwerbehinderten oder ihnen gleichgestellten behinderten Menschen besetzt werden können, insbesondere solchen, die bei der Agentur für Arbeit arbeitslos oder arbeitsuchend gemeldet sind (§ 164 Abs. 1 S. 1 SGB IX). Bei dieser Prüfung hat der Arbeitgeber die Schwerbehindertenvertretung zu beteiligen und den Personal- bzw. Betriebsrat anzuhören. Zudem muss er sich zu diesem Zweck frühzeitig mit der Agentur für Arbeit in Verbindung setzen (§ 164 Abs. 1 S. 2 SGB IX).

Sofern eine Stelle lediglich intern neu besetzt werden soll und nach der Ausschreibung nur interne Versetzungs- oder Beförderungsbewerber in Betracht kommen können, beschränkt sich die vorgenannte Prüfungspflicht des Arbeitgebers auf interne, bereits beschäftigte Arbeitnehmer (LAG Köln v. 8.2.2010, 5 TaBV 73/09). Dagegen muss der Arbeitgeber die Prüfung uneingeschränkt vornehmen, wenn er die freie Stelle mit externen Leiharbeitnehmern besetzen will (BAG v. 23.6.2010, 7 ABR 3/09, ZTR 2010, 670).

 **WICHTIG!**

Ein Verstoß gegen die Prüfungspflicht berechtigt den Personal- bzw. Betriebsrat, seine Zustimmung zur Einstellung eines Arbeitnehmers gemäß § 78 Abs. 5 Nr. 1 BPersVG bzw. § 99 Abs. 2 Nr. 1 BetrVG zu verweigern (BAG v. 23.6.2010, 7 ABR 3/09, ZTR 2010, 670). Ein solches Zustimmungsverweigerungsrecht gilt allerdings nicht bei Versetzungen, weil sich im Falle einer (bloßen) Versetzung die Arbeitsmarktsituation für arbeitslose schwerbehinderte Arbeitnehmer nicht ändert (BAG v. 17.6.2008, 1 ABR 20/07, ZTR 2009, 104). Verweigert der Personal- bzw. Betriebsrat seine Zustimmung zur Einstellung eines schwerbehinderten Bewerbers grundlos, ist der Arbeitgeber verpflichtet, das Zustimmungsersetzungsverfahren durchzuführen (BAG v. 3.12.2002, 9 AZR 481/01). Die Verletzung der Prüfpflichten ist als Vermutungstatsache im Sinne des § 22 AGG für eine Benachteiligung eines erfolglosen Bewerbers wegen seiner Behinderung geeignet (BAG v. 13.10.2011, 8 AZR 608/10).

Öffentliche Arbeitgeber im Sinne des § 154 Abs. 2 SGB IX sind darüber hinaus gemäß § 165 S. 1 SGB IX verpflichtet, den Agenturen für Arbeit frühzeitig frei werdende und neu zu besetzende sowie neue Arbeitsplätze zu melden. Mit der Meldung gilt nach § 165 S. 1 SGB IX die Zustimmung zur Veröffentlichung der Stellenangebote als erteilt. Seit der Neuregelung des SGB IX durch das BTHG müssen öffentliche Arbeitgeber diese frei werdenden Arbeitsplätze aber erst nach einer erfolglosen Prüfung zur internen Besetzung der Agentur für Arbeit melden. Dieser Meldepflicht unterliegen jedoch nur Arbeitsplätze, die auch externen, d. h. nicht bereits bei dem öffentlichen Arbeitgeber beschäftigten Bewerbern offen stehen. Sie findet somit keine Anwendung, wenn der öffentliche Arbeitgeber den Arbeitsplatz nur intern ausschreiben will, weil er sich berechtigterweise gegen die Besetzung mit einem externen Bewerber entschieden hat (BVerwG v. 15.12.2011, 2 A 13.10). Eine Meldung ist nur ordnungsgemäß im Sinne von § 165 S. 1 SGB IX, wenn der nach § 187 Abs. 4 SGB IX bei der Agentur für Arbeit jeweils eingerichteten besonderen Stelle ein Vermittlungsauftrag unter Angabe der Daten erteilt wird, die für einen qualifizierten Vermittlungsvorschlag erforderlich sind. Eine bloße Veröffentlichung eines Stellenangebots über die Jobbörse der Agentur für Arbeit ist demgegenüber keine Meldung gem. § 165 S. 1 SGB IX, denn damit wird der Agentur für Arbeit nicht die Suche nach geeigneten schwerbehinderten Personen übertragen (BAG v. 25.11.2021, 8 AZR 313/20).

Die Agentur für Arbeit oder ein von dieser beauftragter Integrationsfachdienst kann dem Arbeitgeber geeignete schwerbehinderte (oder ihnen gleichgestellte behinderte) Menschen zur Besetzung der freien Stelle vorschlagen. Über solche Vermittlungsvorschläge und anderweitig eingehende Bewerbungen von schwerbehinderten Menschen muss der Arbeitgeber gemäß § 164 Abs. 1 SGB IX die Schwerbehindertenvertretung und den Personal- bzw. Betriebsrat unmittelbar nach Eingang unterrichten. Nach der Rechtsprechung des BAG bedeutet „unmittelbar nach Eingang" in diesem Zusammenhang, dass der Arbeitgeber die Schwerbehindertenvertretung und den Personal- bzw. Betriebsrat über die Bewerbung umgehend informieren muss, sobald er erkannt hat, dass es sich um die Bewerbung eines schwerbehinderten Menschen handelt. Nicht zulässig ist es, Bewerbungen zunächst zu sammeln und sodann weiterzuleiten. Eine Unterrichtung im Sinne der Vorschrift liegt zudem nur dann vor, wenn der Arbeitgeber gezielt auf die Bewerbungen von schwerbehinderten Menschen hinweist. Allein die Übermittlung aller Bewerbungsunterlagen mehrerer Bewerber reicht dafür nicht aus (BAG v. 25.11.2021, 8 AZR 313/20). Ein Verstoß gegen diese Unterrichtungspflicht stellt eine Ordnungswidrigkeit nach § 238 Abs. 1 Nr. 7 SGB IX dar und ist zudem regelmäßig Indiz für eine Benachteiligung aufgrund der Schwerbehinderung gem. § 22 AGG.

 **ACHTUNG!**

Sofern sich schwerbehinderte Menschen auf eine freie Stelle bei einem öffentlichen Arbeitgeber bewerben oder von der Agentur für Arbeit für eine solche Stelle vorgeschlagen werden, müssen sie zu einem Vorstellungsgespräch eingeladen werden (§ 165 S. 3 SGB IX). Dazu muss dem Arbeitgeber die Schwerbehinderung bekannt sein. Eine nach Abschluss des Bewerbungsverfahrens bekannt gewordene Schwerbehinderung begründet keine Einladungspflicht (BAG v. 25.11.2021, 8 AZR 313/20). Das Vorstellungsgespräch kann auch in Form eines Videointerviews durchgeführt werden. Dies gilt jedenfalls dann, wenn alle Vorstellungsgespräche in dieser Form durchgeführt werden, es nicht zu technischen Problemen kommt, der Schwerbehinderte einverstanden ist und keine besonderen, behinderungsbedingten Einschränkungen bestehen (LAG Hamm v. 21.7.2022, 18 Sa 21/22). Kein „öffentlicher Arbeitgeber" sind Landtagsfraktionen, wenn diese keine sonstigen Körperschaften des öffentlichen Rechts sind (BAG v. 16.5.2019, 8 AZR 315/18, ZTR 2019, 66). Kirchen sind nach der Rechtsprechung des BAG keine „öffentlichen Arbeitgeber" (BAG v. 25.1.2024, 8 AZR 318/22). Die Einladungspflicht besteht auch für interne Bewerber (BAG v. 25.6.2020, 8 AZR 75/19). Die Einladung zum Vorstellungsgespräch kann formlos erfolgen. Insbesondere bedarf sie keines Einschreibens und keiner förmlichen Zustellung. Dem Arbeitgeber ist dennoch aus Beweisgründen zu raten, die Einladung schriftlich zu versenden und die Versendung zu dokumentieren. Behauptet der Bewerber, er habe die Einladung nicht erhalten, muss der Arbeitgeber nachweisen, dass er alles ihm Mögliche und Zumutbare getan hat, um einen Zugang der Einladung beim Bewerber sicherzustellen (BAG v. 1.7.2021, 8 AZR 297/20). Die Pflicht des öffentlichen Arbeitgebers zur Einladung schwerbehinderter Menschen zu einem Vorstellungsgespräch nach § 165 S. 3 SGB IX beinhaltet dabei auch das Erfordernis, einen Ersatztermin anzubieten, wenn der sich bewerbende schwerbehinderte Mensch seine Verhinderung vor der Durchführung des vorgesehenen Termins unter Angabe eines hinreichend gewichtigen Grundes mitteilt und dem Arbeitgeber die Durchführung eines Ersatztermins zumutbar ist (BAG v. 23.11.2023, 8 AZR 164/22, ZTR 2024, 148).

Diese Einladungspflicht besteht nach § 165 S. 4 SGB IX nur dann nicht, wenn dem schwerbehinderten Bewerber die fachliche Eignung offensichtlich fehlt (BAG v. 22.10.2015, 8 AZR 384/14). Ob die Eignung fehlt, beurteilt sich grundsätzlich nach den Ausbildungs- und Prüfungsvoraussetzungen für die zu besetzende Stelle, die durch das Anforderungsprofil konkretisiert werden (BAG v. 21.7.2009, 9 AZR 431/08, ZTR 2009, 589). Allerdings können für die Feststellung der objektiven Eignung nur die Anforderungen herangezogen werden, die der Arbeitgeber an den Stellenbewerber auch tatsächlich stellen durfte, also nicht solche, die nach der im Arbeitsleben herrschenden Verkehrsanschauung durch die Erfordernisse der wahrzunehmenden Aufgaben unter keinem nachvollziehbaren Gesichtspunkt gedeckt sind (BAG v. 7.4.2011, 8 AZR 679/09).

Für die Frage, ob dem Bewerber die fachliche Eignung offensichtlich fehlt, ist im öffentlichen Dienst vornehmlich auf die veröffentlichte Stellenbeschreibung abzustellen. Denn mit dem darin festgelegten Anforderungsprofil bestimmt der öffentliche Arbeitgeber den Umfang seiner verfahrensrechtlichen Verpflichtung nach § 165 S. 3 und S. 4 SGB IX. Durch die Bestimmung eines Anforderungsprofils hat der Arbeitgeber/Dienstherr die Kriterien für die Auswahl der Bewerber verbindlich festgelegt. An ihm sind daher die Eigenschaften und Fähigkeiten der Bewerber zu messen. Zugleich bleibt der Arbeitgeber für die Dauer des Auswahlverfahrens an das in der Stellenausschreibung bekannt gegebene Anforderungsprofil gebunden (BAG v. 16.2.2012, 8 AZR 697/10, ZTR 2012, 394).

Nicht ausreichend für die Annahme einer fehlenden Eignung ist, dass sich der Arbeitgeber aufgrund der Bewerbungsunterlagen schon die Meinung gebildet hat, ein oder mehrere andere Bewerber seien besser geeignet. Der öffentliche Arbeitgeber ist nur dann berechtigt einen schwerbehinderten Bewerber nicht einzuladen, wenn andere Gründe als die Behinderung dafür erheblich sind, die nicht die fachliche Eignung betreffen, dass dieser für die Stelle nicht in Betracht kommt (BAG v. 24.1.2013, 8 AZR 188/12, ZTR 2013, 451; BVerwG v. 15.12.2011, 2 A 13.10, ZTR 2012, 227). Im Zweifel sollte daher jeder schwerbehinderte Bewerber eingeladen werden. Die Vermutungswirkung einer unterbliebenen Einladung zum Vorstellungsgespräch wird nicht durch deren Nachholung geheilt (BAG v. 22.8.2013, 8 AZR 563/12, ZTR 2014, 113).

Den öffentlichen Arbeitgeber trifft im Prozess die Darlegungs- und Beweislast dafür, dass der schwerbehinderte Bewerber offensichtlich fachlich ungeeignet ist. Der Arbeitgeber, der – gestützt auf § 165 S. 4 SGB IX – von einer Einladung eines schwerbehinderten oder diesem gleichgestellten behinderten Bewerber absehen will, muss zudem darlegen und beweisen, dass er andere Bewerber, die insoweit ebenso das Anforderungsprofil nicht erfüllten, weder zu einem Vorstellungsgespräch eingeladen noch letztlich eingestellt hat (BAG v. 29.4.2021, 8 AZR 279/20).

**Beispiel**

Der Arbeitgeber lädt einen im Grundsatz geeigneten schwerbehinderten Bewerber allein deshalb nicht zum Vorstellungsgespräch ein, weil er andere Bewerber für besser geeignet hält. Der Ausschluss aus dem weiteren Bewerbungsverfahren ist für den schwerbehinderten Menschen eine Benachteiligung, die grundsätzlich in einem ursächlichen Zusammenhang mit der Behinderung steht. Der abgelehnte Bewerber kann einen Entschädigungsanspruch gem. § 164 Abs. 2 SGB IX i. V. m. § 15 AGG geltend machen (vgl. BVerwG v. 3.3.2011, 5 C 15.10 u. 5 C 16.10 und BAG v. 24.1.2013, 8 AZR 188/12, ZTR 2013, 451).

Allerdings reicht es für eine Benachteiligungsvermutung nicht aus, wenn ein schwerbehinderter Bewerber in einem mehrstufigen Auswahlverfahren nach einem durchgeführten Vorstellungs-

gespräch bereits auf der ersten Stufe ausscheidet (LAG Düsseldorf v. 26.9.2018, 7 Sa 227/18, ZTR 2019, 168). Ein schwerbehinderter Bewerber hat keinen Anspruch, zu mehreren Bewerberrunden im selben Auswahlverfahren eingeladen zu werden. Wird eine Stelle nur unter der Bedingung extern ausgeschrieben, dass es nicht genug interne Bewerber gibt, muss der schwerbehinderte Bewerber bei Bedingungseintritt nicht einmal eingeladen werden (LAG Schleswig-Holstein v. 18.12.2018, 1 Sa 26 öD/18, ZTR 2019, 293).

Auch wenn der Arbeitgeber den Hinweis auf eine Schwerbehinderteneigenschaft in einem Bewerbungsschreiben nur versehentlich übersieht und er den Bewerber deshalb nicht zum Vorstellungsgespräch einlädt, verstößt er gegen seine Verpflichtung aus § 165 SGB IX. Auch insoweit wird eine Benachteiligung des Bewerbers wegen seiner Behinderung vermutet (BAG v. 16.9.2008, 9 AZR 791/07). Die für den Arbeitgeber handelnden Personen sind verpflichtet, das Bewerbungsschreiben vollständig zu lesen und zur Kenntnis zu nehmen. Ausnahmsweise kann die Information auch im Lebenslauf gegeben werden (BAG v. 22.10.2015, 8 AZR 384/14, ZTR 2016, 272). Die Information muss jedoch deutlich und an hervorgehobener Stelle geschehen und der Lebenslauf ausdrücklich zum Bestandteil des Bewerbungsschreibens erklärt worden sein (BAG v. 26.9.2013, 8 AZR 650/12). Übersieht der Arbeitgeber außerhalb des Anschreibens eingestreute oder indirekte Hinweise auf die Schwerbehinderung, führt ein Verstoß gegen Förderpflichten gem. §§ 164 ff. SGB IX nicht zur Vermutung des § 22 AGG (LAG Rheinland-Pfalz v. 25.8.2015, 2 Sa 27/15).

Im Hinblick auf § 165 S. 3 SGB IX reicht die Information über das Vorliegen einer „Schwerbehinderung" aus. Es ist nicht erforderlich, den Grad der Behinderung mitzuteilen (BAG v. 22.10.2015, 8 AZR 384/14, ZTR 2016, 272).

Der Arbeitnehmer kann auf die Pflicht des öffentlichen Arbeitgebers aus § 165 S. 3 SGB IX nicht wirksam im Rahmen seiner Bewerbung verzichten (BAG v. 26.11.2020, 8 AZR 59/20). Auch wenn der Arbeitnehmer in seiner Mitteilung mitteilt, nur zu einem Vorstellungsgespräch eingeladen werden zu wollen, wenn er in eine „engere Wahl" genommen werden würde, ist dem öffentlichen Arbeitgeber daher zu raten, den Bewerber einzuladen.

▷ **ACHTUNG!**

Bewirbt sich ein Arbeitnehmer mehrfach hintereinander bei demselben Arbeitgeber, muss er seine Schwerbehinderteneigenschaft in jeder Bewerbung offenlegen, sofern er diese im Bewerbungsverfahren berücksichtigt haben möchte (BAG v. 18.9.2014, 8 AZR 759/13, ZTR 2015, 216). Eine unterbliebene Einladung zu einem Vorstellungsgespräch führt aber bei einer wiederholten Bewerbung nicht zwangsläufig zu der Vermutungswirkung des § 22 AGG, wenn der Bewerber kurz zuvor an einem Vorstellungsgespräch teilgenommen hat (ArbG Karlsruhe v. 26.1.2016, 2 Ca 425/15). Auch muss der Arbeitnehmer nur einmal zu einem Vorstellungsgespräch eingeladen werden, wenn etwa zeitgleich mehrere Stellen mit einem identischen Anforderungsprofil in mehreren identisch ausgestalteten Auswahlverfahren nach identischen Kriterien durchgeführt werden. Eine Personenidentität der Auswahlkommission ist dabei nicht erforderlich (BAG v. 26.6.2020, 8 AZR 75/19).

Nach § 178 Abs. 2 SGB IX ist die in der Dienststelle bzw. im Betrieb tätige Schwerbehindertenvertretung dazu berechtigt, die Bewerbungsunterlagen eines schwerbehinderten Stellenbewerbers einzusehen und an Vorstellungsgesprächen teilzunehmen. Die über den Termin eines Vorstellungsgesprächs rechtzeitig in Kenntnis gesetzte Schwerbehindertenvertretung entscheidet autonom, ob und auf welche Art und Weise sie sich in das

Bewerbungsverfahren einschaltet. Der Arbeitgeber hat im Rahmen des § 178 Abs. 2 S. 4 SGB IX nicht eine Teilnahme der Schwerbehindertenvertretung an Vorstellungsgesprächen zu erwirken (LAG Hamm v. 26.11.2015, 15 Sa 803/15).

Erfüllt der Arbeitgeber seine Beschäftigungspflicht nach § 154 SGB IX nicht und ist die Schwerbehindertenvertretung und/oder der Personal- bzw. Betriebsrat mit der beabsichtigten Einstellungsentscheidung des Arbeitgebers nicht einverstanden, muss der Arbeitgeber diese mit den genannten Stellen erörtern (§ 164 Abs. 1 S. 7 SGB IX). Dabei sind die jeweiligen Entscheidungsgründe einschließlich der Motive für die Vorauswahl der Bewerbungen im Einzelnen darzulegen. Zudem ist der betroffene schwerbehinderte Mensch anzuhören.

 **WICHTIG!**

Trifft der Arbeitgeber eine abschließende Entscheidung über die Besetzung einer Stelle, ist er nach § 164 Abs. 1 S. 9 SGB IX verpflichtet, diese allen Beteiligten, also sowohl dem schwerbehinderten Bewerber als auch der Schwerbehindertenvertretung und dem Personal- bzw. Betriebsrat, unter Darlegung der Gründe unverzüglich mitzuteilen. Dem schwerbehinderten Bewerber soll dadurch ermöglicht werden, die Entscheidungsgründe des Arbeitgebers gerichtlich nachprüfen zu lassen. Die Pflicht zur Begründung der Absage gegenüber einem Schwerbehinderten besteht allerdings nur dann, wenn der Arbeitgeber seiner Beschäftigungspflicht nach § 154 SGB IX nicht ordnungsgemäß nachgekommen ist (BAG v. 21.2.2013, 8 AZR 180/12, ZTR 2013, 632).

Eine Verletzung der gesetzlichen Verpflichtungen des Arbeitgebers im Zusammenhang mit der Stellenbesetzung nach § 164 Abs. 1 bzw. § 165 SGB IX (z. B. eine unterbliebene Beteiligung der Schwerbehindertenvertretung) begründet regelmäßig die Vermutung einer Benachteiligung des jeweils betroffenen schwerbehinderten Bewerbers und kann somit einen gesetzlichen Entschädigungsanspruch nach sich ziehen (BAG v. 17.8.2010, 9 AZR 839/08). Die Widerlegung der aus einem Verstoß gegen § 165 S. 3 SGB IX folgenden Vermutung setzt den Nachweis voraus, dass die Einladung zu einem Vorstellungsgespräch aufgrund von Umständen unterblieben ist, die weder einen Bezug zur Behinderung aufweisen noch die fehlende fachliche Eignung des Bewerbers bzw. der Bewerberin berühren. Die Widerlegung der Vermutung kann beispielsweise dann möglich sein, wenn die Nichteinladung des schwerbehinderten Bewerbers allein aufgrund einer Verfristung der Bewerbung erfolgt (LAG Mecklenburg-Vorpommern v. 5.12.2023, 5 Sa 3/23). Wird ein öffentliches Stellenbesetzungsverfahren abgebrochen, weil die Stelle intern im Rahmen einer betrieblichen Eingliederungsmaßnahme besetzt werden soll, kann hieraus keine Diskriminierung eines schwerbehinderten externen Bewerbers abgeleitet werden (OVG Koblenz v. 25.3.2019, 2 B 10139/19.OVG). Allerdings muss ein öffentlicher Arbeitgeber, dem die Bewerbung einer fachlich nicht offensichtlich ungeeigneten schwerbehinderten oder dieser gleichgestellten Person zugeht, diese nach § 165 Satz 3 SGB IX zu einem Vorstellungsgespräch auch bei einer (ausschließlich) internen Stellenausschreibung einladen (BAG v. 25.6.2020, 8 AZR 75/19).

## IX. Pflichten im Arbeitsverhältnis

### 1. Behindertengerechte Beschäftigung

Der Arbeitgeber hat durch geeignete Maßnahmen sicherzustellen, dass in seinen Dienststellen bzw. Betrieben wenigstens die vorgeschriebene Zahl schwerbehinderter Menschen eine mög-

lichst dauerhafte behindertengerechte Beschäftigung finden kann (§ 164 Abs. 3 SGB IX). Hierzu hat der Arbeitgeber insbesondere eine entsprechende Regelung und Gestaltung der Arbeitsorganisation, des Arbeitsablaufs, der Arbeitsräume und der einzelnen Arbeitsplätze vorzunehmen. Der einzelne schwerbehinderte (oder ihm gleichgestellte behinderte) Mensch kann aus dieser Verpflichtung allerdings keine einklagbaren Ansprüche ableiten. Auch ist der Arbeitgeber nicht verpflichtet, neue Arbeitsplätze zu schaffen oder andere Arbeitnehmer zu entlassen, um sie für arbeitslose schwerbehinderte Menschen frei zu machen.

Allerdings gewährt § 164 Abs. 4 SGB IX schwerbehinderten (oder ihnen gleichgestellten behinderten) Menschen im Rahmen eines bestehenden Beschäftigungsverhältnisses individuell einklagbare Ansprüche gegenüber dem Arbeitgeber. Danach ist der Arbeitgeber verpflichtet, schwerbehinderte(n) Menschen

▶ eine Beschäftigung zu bieten, bei der sie ihre Fähigkeiten und Kenntnisse möglichst voll verwerten und weiterentwickeln können,

▶ bevorzugt bei innerbetrieblichen Maßnahmen der beruflichen Bildung zur Förderung ihres beruflichen Fortkommens zu berücksichtigen,

▶ Erleichterungen im zumutbaren Umfang zur Teilnahme an außerbetrieblichen Maßnahmen der beruflichen Bildung zu gewähren,

▶ eine behinderungsgerechte Einrichtung und Unterhaltung der Arbeitsstätten, einschließlich der Betriebsanlagen, Maschinen und Geräte sowie der Gestaltung der Arbeitsplätze, des Arbeitsumfelds, der Arbeitsorganisation und der Arbeitszeit bereitzustellen unter besonderer Berücksichtigung der Unfallgefahr,

▶ eine Ausstattung ihres Arbeitsplatzes mit den erforderlichen technischen Arbeitshilfen zu bieten.

Ist der schwerbehinderte Arbeitnehmer zur Erfüllung seiner vertraglich geschuldeten Tätigkeit wegen seiner Behinderung nicht mehr in der Lage, kann ihm ein Anspruch auf eine anderweitige behindertengerechte Beschäftigung und, soweit der bisherige Arbeitsvertrag diese Beschäftigungsmöglichkeit nicht abdeckt, auf eine entsprechende Vertragsänderung zustehen. Insoweit kann der Arbeitgeber auch verpflichtet sein, durch eine Umorganisation im Rahmen seines Weisungsrechtes einen behindertengerechten Arbeitsplatz zu schaffen oder frei zu machen (BAG v. 14.3.2006, 9 AZR 411/05, ZTR 2006, 671). Ein Anspruch auf Telearbeit besteht per se nicht. Die Anspruchsvoraussetzungen sind diesbezüglich anhand der Grenzen des Direktionsrechts des Arbeitgebers aus rechtlichen und tatsächlichen Erwägungen einzelfallbezogen zu prüfen und zu bewerten (LAG Köln v. 24.5.2016, 12 Sa 677/13, ZTR 2016, 574).

 **WICHTIG!**

Ein schwerbehinderter (oder ihm gleichgestellter behinderter) Arbeitnehmer hat allerdings keinen Anspruch auf die Schaffung eines völlig neuen, zusätzlichen Arbeitsplatzes oder darauf, dass der Arbeitgeber einen bereits bestehenden und besetzten Arbeitsplatz für ihn frei kündigt.

Der Arbeitnehmer muss zur Durchsetzung seines Anspruches detailliert darlegen, welche leidensgerechte Tätigkeit er noch ausüben und welchen konkreten Arbeitsplatz er ausfüllen kann. Dabei hat er seine persönlichen und fachlichen Qualifikationen darzulegen und diese in Bezug zu dem konkret ins Auge gefassten Arbeitsplatz zu bringen.

**WICHTIG!**

Der Anspruch auf eine behindertengerechte Beschäftigung des einzelnen Arbeitnehmers geht nur soweit, wie es dem Arbeitgeber zumutbar und nicht mit unverhältnismäßigen Aufwendungen verbunden ist und keine staatlichen oder berufsgenossenschaftlichen Arbeitsschutzvorschriften entgegenstehen. Für den jeweiligen Einzelfall ist eine Abwägung der gegenseitigen Interessen vorzunehmen. Unzumutbar ist eine behinderungsgerechte Einrichtung oder Umgestaltung des Arbeitsplatzes beispielsweise dann, wenn diese mit erheblichen Kosten verbunden wäre, gleichzeitig aber der schwerbehinderte Arbeitnehmer wegen Erreichen der Altersgrenze demnächst aus dem Arbeitsverhältnis ausscheidet.

Ein schuldhafter Verstoß des Arbeitgebers gegen die Verpflichtungen aus § 164 Abs. 4 SGB IX kann zu einem Schadensersatzanspruch des betroffenen schwerbehinderten Arbeitnehmers in Höhe der Vergütung führen, die ihm zugestanden hätte, wenn er mit einer behindertengerechten Tätigkeit beschäftigt worden wäre.

### 2. Anspruch auf Teilzeitarbeit

Schwerbehinderte Menschen haben einen individuellen Anspruch auf Teilzeitbeschäftigung, wenn die kürzere Arbeitszeit wegen Art oder Schwere der Behinderung notwendig ist (§ 164 Abs. 5 S. 3 SGB IX). Die Notwendigkeit der Reduzierung der Arbeitszeit muss sich gerade aus der Art oder Schwere der Behinderung ergeben. Es ist also ein ursächlicher Zusammenhang zwischen der Schwerbehinderung und der Notwendigkeit der Verringerung der Arbeitszeit nötig. Die Schwerbehinderung muss somit dazu führen, dass die an sich geschuldete Tätigkeit (entweder Vollzeit oder Teilzeit mit einer längeren als der gewünschten Arbeitszeit) nicht ausgeübt werden kann oder zu einer Verschlechterung des Gesundheitszustandes führen würde.

Die Ansprüche nach dem SGB IX und dem Teilzeit- und Befristungsgesetz (TzBfG) stehen unabhängig nebeneinander, so dass im Zweifelsfall die Geltendmachung eines schwerbehinderten Arbeitnehmers unter beiden Gesichtspunkten geprüft werden muss. Im Gegensatz zum allgemeinen Anspruch nach dem TzBfG ist bei der Teilzeit nach § 164 Abs. 5 SGB IX nicht erforderlich, dass das Arbeitsverhältnis länger als sechs Monate bestanden hat oder der Arbeitgeber mehr als 15 Arbeitnehmer beschäftigt.

### Beispiel

Ein Arbeitgeber beschäftigt in der Regel nur sieben Arbeitnehmer. Damit kommt für die dort tätigen Arbeitnehmer eine Arbeitszeitreduzierung nach dem TzBfG nicht in Betracht. Ein schwerbehinderter Arbeitnehmer kann dagegen nach dem SGB IX eine Verkürzung der Arbeitszeit verlangen, selbst wenn er erst seit vier Monaten dort tätig ist. Der Arbeitnehmer muss hierzu darlegen und beweisen, dass wegen der Art oder der Schwere seiner Behinderung eine Reduzierung der Arbeitszeit notwendig ist. Der Arbeitgeber kann dem wiederum entgegenhalten, dass eine Teilzeitbeschäftigung für ihn nicht zumutbar oder mit unverhältnismäßigen Aufwendungen verbunden wäre.

Der Anspruch auf Teilzeit nach dem SGB IX entsteht automatisch mit Vorliegen der gesetzlichen Voraussetzungen. Er wird durch einseitige Erklärung des schwerbehinderten Arbeitnehmers vollzogen, ohne dass es einer Zustimmung des Arbeitgebers bedarf. Anders als im TzBfG ist die Einhaltung bestimmter Formvorschriften oder Fristen nicht erforderlich.

Der Anspruch auf Teilzeitarbeit ist allerdings ausgeschlossen, wenn die Verringerung der Arbeitszeit dem Arbeitgeber nicht zumutbar oder mit unverhältnismäßigen Aufwendungen verbunden wäre. Bei der anzustellenden Interessenabwägung können auf Seiten des Arbeitgebers etwa „betrieblichen Gründe", die den Arbeitgeber nach § 8 Abs. 4 TzBfG (s. hierzu unter → *Teilzeit*) zur Ablehnung berechtigten würden, als Anhaltspunkte herangezogen werden. Sie bilden aber nicht den alleinigen Maßstab.

Kriterien der Unzumutbarkeit können sein:

▶ der Arbeitsplatz des schwerbehinderten Menschen ist aufgrund der Art der Tätigkeit nicht teilbar, weil z. B. den ganzen Tag ein Ansprechpartner vorhanden sein muss;

▶ auf dem Arbeitsmarkt ist kein Arbeitnehmer zu finden, der bereit wäre, die verbleibende Teilzeittätigkeit auszuführen;

▶ organisatorisch wäre die Teilung des Arbeitsplatzes mit schweren betrieblichen Ablaufstörungen verbunden.

Unverhältnismäßige Aufwendungen können vorliegen, wenn die Kosten für die Einrichtung des Teilzeitarbeitsplatzes in keinem vernünftigen Verhältnis zu den positiven Auswirkungen für den schwerbehinderten Menschen stehen. Allerdings ist dem Arbeitgeber zuzumuten, seine Arbeitsorganisation zu verändern und über entsprechende Schichteinteilungen auf die Belastbarkeit der Schwerbehinderten Rücksicht zu nehmen (LAG Berlin-Brandenburg v. 23.1.2019, 15 Sa 1021/18).

### 3. Anzeige- und Mitwirkungspflichten

Der Arbeitgeber hat gesondert für jede Dienststelle bzw. jeden Betrieb ein Verzeichnis über die bei ihm beschäftigten schwerbehinderten und ihnen gleichgestellten behinderten Menschen laufend zu führen und dieses Vertretern des Integrationsamtes und der Agentur für Arbeit auf Verlangen vorzeigen (§ 163 Abs. 1 SGB IX). Für das Verzeichnis ist ausschließlich der von der Bundesagentur für Arbeit mit der Bundesarbeitsgemeinschaft der Integrationsämter und Hauptfürsorgestellen abgestimmte Vordruck zu verwenden (§ 163 Abs. 6 S. 1 SGB IX). Dieser kann etwa auf den Internetseiten der Bundesagentur für Arbeit (www.arbeitsagentur.de) heruntergeladen werden.

**ACHTUNG!**

Ein Arbeitgeber, der das Verzeichnis vorsätzlich oder fahrlässig nicht, nicht richtig, nicht vollständig oder nicht in der vorgeschriebenen Weise führt oder nicht oder nicht rechtzeitig vorlegt, begeht eine Ordnungswidrigkeit und kann mit einem Bußgeld bis zu € 10.000,00 belegt werden (§ 238 Abs. 1 Nr. 2, Abs. 2 SGB IX).

Das Verzeichnis muss der Arbeitgeber jährlich bis zum 31.3. für das vorangegangene Jahr zusammen mit den Daten, die für die Berechnung des Umfangs der Beschäftigungspflicht, zur Überwachung ihrer Erfüllung und der Ausgleichsabgabe erforderlich sind, unaufgefordert bei der Agentur für Arbeit einreichen. Dabei ist eine Kopie für das Integrationsamt beizufügen. Weitere Kopien sind dem Betriebs- bzw. Personalrat, der Schwerbehindertenvertretung und dem Inklusionsbeauftragten auszuhändigen. Sofern der Arbeitgeber seinen Anzeigepflichten nicht bis zum 30.6. eines Kalenderjahres nachkommt, erlässt die Bundesagentur für Arbeit gem. § 163 Abs. 3 SGB IX einen Feststellungsbescheid u. a. über die Zahl der mit schwerbehinderten Menschen zu besetzenden Pflichtarbeitsplätze.

Der Arbeitgeber hat der Agentur für Arbeit und dem Integrationsamt die gewählte Vertrauensperson der schwerbehinderten Menschen sowie den Inklusionsbeauftragten für die Angelegenheiten der schwerbehinderten Menschen unverzüglich nach deren Wahl bzw. Bestellung unter Angabe von Namen, Anschrift und Stellung in der Dienststelle bzw. dem Betrieb anzuzeigen (§ 163 Abs. 8 SGB IX). Kündigt der Arbeitgeber einem schwerbehinderten Arbeitnehmer innerhalb der ersten sechs Monate des Arbeitsverhältnisses oder stellt er einen schwerbehinderten Arbeitnehmer zur Probe ein, muss er die Kündigung innerhalb von vier Tagen dem Integrationsamt mitteilen. Ein Verstoß gegen diese Pflicht hat jedoch nicht die Unwirksamkeit der Kündigung oder der Befristung zur Folge.

Auf entsprechendes Verlangen muss der Arbeitgeber zudem Vertretern der Agentur für Arbeit und/oder des Integrationsamtes Einblick in die Dienststelle bzw. den Betrieb gewähren, soweit dies im Interesse der schwerbehinderten Menschen erforderlich ist und Dienst- oder Betriebsgeheimnisse nicht gefährdet sind. Ferner muss er ihnen alle Auskünfte erteilen, die für die Durchführung des Gesetzes notwendig sind.

### 4. Mehrarbeit

Auf ihr ausdrückliches Verlangen müssen schwerbehinderte oder ihnen gleichgestellte behinderte Menschen von Mehrarbeit freigestellt werden (§ 207 SGB IX). Dabei sind unter dem Begriff der Mehrarbeit nicht die klassischen Überstunden zu verstehen, also die über die jeweilige individuelle Arbeitszeit hinausgehenden Stunden. Mehrarbeit im Sinne von § 207 SGB IX bezeichnet vielmehr nur die über die abstrakte Grenze von acht Stunden hinausgehende werktägliche Arbeitszeit.

Der schwerbehinderte Arbeitnehmer muss die Freistellung von der Mehrarbeit ausdrücklich vom Arbeitgeber verlangen, sonst darf er die angeordnete Mehrarbeit nicht ablehnen, insbesondere nicht einfach seinen Arbeitsplatz mit Beginn der Mehrarbeit verlassen. Für sein Verlangen existieren keine Form- oder Fristerfordernisse. Es bedarf insbesondere keiner Begründung.

### 5. Zusatzurlaub

Schwerbehinderte Menschen (nicht aber gleichgestellte behinderte Menschen), die im Rahmen einer Fünftagewoche beschäftigt werden, haben Anspruch auf einen bezahlten zusätzlichen Urlaub von fünf Arbeitstagen pro Kalenderjahr (§ 208 Abs. 1 SGB IX). Verteilt sich die regelmäßige Arbeitszeit des schwerbehinderten Menschen auf mehr oder weniger Arbeitstage, erhöht oder vermindert sich der Zusatzurlaub entsprechend, so dass der schwerbehinderte Arbeitnehmer im Ergebnis stets eine Arbeitswoche Zusatzurlaub beanspruchen kann.

Der gesetzliche Zusatzurlaub tritt zu dem jeweils bestehenden Grundurlaubsanspruch nach TVöD/TV-L hinzu und stockt diesen zu einem Gesamturlaub auf. Eine Anrechnung auf übergesetzlichen Mehrurlaub des TVöD/TV-L findet nicht statt.

#### Beispiel

Arbeitnehmerin B ist in einer Fünftagewoche beschäftigt und hat einen Urlaubsanspruch gemäß § 26 TV-L in Höhe von 30 Arbeitstagen. Durch ihre Schwerbehinderung hat sie zudem Anspruch auf Zusatzurlaub gemäß § 208 SGB IX in Höhe von weiteren fünf Tagen, so dass sich ihr Gesamturlaubsanspruch auf 35 Arbeitstage beläuft.

Der Anspruch auf Zusatzurlaub teilt das Schicksal des Grundurlaubs und unterliegt den gleichen Voraussetzungen und Grundsätzen wie der Urlaub nach dem Bundesurlaubsgesetz (BUrlG). Der Anspruch entsteht deshalb nach einem ununterbrochenen Bestand des Arbeitsverhältnisses von sechs Monaten (§ 4 BUrlG). Auch die Vorschriften hinsichtlich der Zwölftelung bei einer darunter liegenden Beschäftigungszeit, der Übertragbarkeit, der Geltendmachung, der Abgeltung u. a. sind anwendbar. Siehe hierzu → *Urlaub*.

 **ACHTUNG!**

Liegt die Schwerbehinderteneigenschaft nicht während des gesamten Kalenderjahres vor, hat der Arbeitnehmer nur Anspruch auf den anteiligen Sonderurlaub. Bruchteile, die einen halben Tag überschreiten, sind dabei aufzurunden. Darunter liegende Bruchteile sind nicht abzurunden, sondern in dem Umfang des Bruchteils zu gewähren. Wird die Schwerbehinderteneigenschaft rückwirkend festgestellt, kann kein Zusatzurlaub aus den vergangenen Jahren verlangt werden, da der Urlaub grundsätzlich im laufenden Kalenderjahr genommen werden muss (§ 208 Abs. 3 SGB IX).

Der Zusatzurlaub verfällt ebenso wie der Erholungsurlaub, wenn er nicht im Urlaubsjahr oder im Übertragungszeitraum genommen wird. Der Arbeitgeber hat allerdings die Pflicht, auch auf einen bevorstehenden Verfall des Zusatzurlaubs hinzuweisen. Die Befristung des Zusatzurlaubsanspruchs schwerbehinderter Menschen nach § 208 Abs. 1 S. 1 SGB IX ist aber dann nicht von der Erfüllung der Aufforderungs- und Hinweisobliegenheiten abhängig, wenn es dem Arbeitgeber unmöglich war, den Arbeitnehmer durch seine Mitwirkung in die Lage zu versetzen, den Zusatzurlaub zu realisieren. Dies ist unter anderem dann der Fall, wenn der Arbeitgeber keine Kenntnis von der Schwerbehinderteneigenschaft des Arbeitnehmers hatte und diese auch nicht offenkundig war. Der Arbeitgeber ist bezüglich der Unkenntnis von der Schwerbehinderteneigenschaft darlegungs- und beweisbelastet. Ihm kommen für den Nachweis der Unkenntnis von der Schwerbehinderteneigenschaft aber die Grundsätze der abgestuften Darlegungs- und Beweislast zu Gute. Der Arbeitnehmer hat unter Benennung der ihm zur Verfügung stehenden Beweismittel konkret vorzutragen, auf welche Weise er den Arbeitgeber in Kenntnis gesetzt hat, oder Umstände zu benennen, aus denen auf die Kenntnis des Arbeitgebers geschlossen werden kann (BAG v. 26.4.2022, 9 AZR 367/21; v. 30.11.2021, 9 AZR 143/21). Verfällt der Zusatzurlaub bei einer Informations- und Hinweispflichtverletzung, erhält der schwerbehinderte Arbeitnehmer als Schadensersatz entsprechenden Ersatzurlaub (LAG Niedersachsen v. 16.1.2019, 2 Sa 567/18, ZTR 2019, 294). Der Zusatzurlaub bleibt indes bestehen, wenn der Arbeitnehmer ihn allein wegen einer Erkrankung nicht in Anspruch nehmen konnte. Entsprechend der Rechtsprechung vom EuGH und dem BAG zum gesetzlichen Mindesturlaub nach dem BUrlG verfällt nämlich auch der Sonderurlaub nach § 208 SGB IX nicht, wenn er wegen der durchgängigen Arbeitsunfähigkeit des Arbeitnehmers bis zum Endes des Urlaubsjahres und/oder des Übertragungszeitraumes nicht gewährt werden konnte (BAG v. 23.3.2010, 9 AZR 128/09, ZTR 2010, 376).

Auch der gesetzliche Urlaubsanspruch des arbeitsunfähig erkrankten Arbeitnehmers bleibt nicht ohne zeitliche Grenze erhalten. Vielmehr ist in § 7 Abs. 3 BUrlG durch richtlinienkonforme Auslegung bzw. Rechtsfortbildung eine Verfallfrist von 15 Monaten hineinzulesen. Demnach gehen sämtliche Urlaubsansprüche bei durchgehender Arbeitsunfähigkeit spätestens 15 Monate nach dem Ende des jeweiligen Urlaubsjahres unter und müssen auch bei einer späteren Beendigung des Arbeitsverhältnisses nicht abgegolten werden (BAG v. 7.8.2012, 9 AZR 353/10, ZTR 2012, 642).

Für gleichgestellte behinderte Menschen findet § 208 SGB IX keine Anwendung, vgl. § 151 Abs. 3 SGB IX, sodass diese keinen Zusatzurlaub beanspruchen können (vgl. zur Auslegung von Tarifverträgen LAG Rheinland-Pfalz v. 12.9.2016, 3 Sa 137/16).

# X. Sonderkündigungsschutz

Die Kündigung des Arbeitsverhältnisses eines schwerbehinderten (oder ihnen gleichgestellten behinderten) Menschen durch den Arbeitgeber bedarf der vorherigen Zustimmung des Integrationsamtes (§ 168 SGB IX). Eine ohne diese Zustimmung des Integrationsamtes ausgesprochene Kündigung ist zwingend nach § 134 BGB unwirksam und kann auch nicht durch eine später erteilte Zustimmung geheilt werden. Eine Heilung ist sowohl für die ordentliche und fristgerechte als auch die außerordentliche und fristlose Kündigung ausgeschlossen. Zudem kann die unterbliebene Beteiligung des Integrationsamtes einen Entschädigungsanspruch des schwerbehinderten Menschen nach § 15 Abs. 2 AGG auslösen. Hat der Arbeitgeber vor Ausspruch einer Kündigung die nach § 168 SGB IX erforderliche vorherige Zustimmung des Integrationsamts nicht eingeholt, kann dieser Umstand die Vermutung i. S. v. § 22 AGG begründen, dass die Benachteiligung, die der schwerbehinderte Mensch durch die Kündigung erfahren hat, wegen der Schwerbehinderung erfolgte (BAG v. 2.6.2022, 8 AZR 191/21).

Auch unabhängig vom Sonderkündigungsschutz nach § 168 SGB IX sind bei der Kündigung eines schwerbehinderten Menschen unter Umständen weitere Voraussetzungen einzuhalten. So hat der Arbeitgeber beispielsweise gemäß Art. 5 RL 2000/78/EG für Menschen mit Behinderungen zunächst angemessene Vorkehrungen zu treffen und den Zugang zur Arbeit zu ermöglichen. Betriebsbedingte Kündigungen unterliegen hierdurch erhöhten Anforderungen. Den Menschen mit Behinderung, die aufgrund ihrer Behinderung für ungeeignet erklärt werden die wesentlichen Funktionen ihrer bisherigen Stelle zu erfüllen, sind auf einer anderen Stelle einzusetzen für die sie die notwendige Kompetenz, Fähigkeit und Verfügbarkeit aufweisen, sofern der Arbeitgeber durch diese Maßnahme nicht unverhältnismäßig belastet wird. Dies gilt auch, wenn sich der Mensch mit Behinderung noch in der Probezeit befindet (EuGH v. 10.2.2022, C 485/20 (HR Rail)).

## 1. Voraussetzungen

### 1.1 Wartezeit

Schwerbehinderte oder ihnen gleichgestellte behinderte Menschen können sich auf den Sonderkündigungsschutz nicht berufen, wenn ihr Arbeitsverhältnis zum Zeitpunkt des Zugangs der Kündigungserklärung ohne Unterbrechung noch nicht länger als sechs Monate bestanden hat (§ 173 Abs. 1 Nr. 1 SGB IX).

Der Lauf der Wartezeit beginnt mit dem rechtlichen Beginn des Arbeitsverhältnisses. Unerheblich ist, wann der Arbeitnehmer tatsächlich seine Tätigkeit aufgenommen hat. Maßgeblich für den Ablauf der Frist ist der Tag des Zugangs der Kündigungserklärung beim Arbeitnehmer. Während tatsächliche Unterbrechungen der Tätigkeit des Arbeitnehmers durch Urlaub oder Krankheit keine Rolle spielen, führt die rechtliche Unterbrechung des Arbeitsverhältnisses in der Regel zum Neubeginn der Wartefrist.

**Beispiel**

Ein am 1.1. im Krankenhaus als Aushilfe eingestellter Pfleger hat einen GdB von 50. Sein Arbeitsverhältnis ist zunächst bis zum 31.5. befristet. Nach Ablauf der Befristung wird der Pfleger zunächst nicht weiter beschäftigt, am 1.8. jedoch schließlich erneut eingestellt. Die sechsmonatige Wartefrist beginnt in diesem Fall mit der Neubegründung des Arbeitsverhältnisses auch neu zu laufen. Auf den Sonderkündigungsschutz kann sich der Pfleger erst ab dem 1.2. des folgenden Kalenderjahres berufen.

Die Kündigung eines schwerbehinderten oder ihm gleichgestellten behinderten Menschen während der Wartezeit ist dem Integrationsamt innerhalb von vier Tagen nach Zugang der Kündigungserklärung anzuzeigen (§ 173 Abs. 4 SGB IX). Ein Verstoß gegen diese Anzeigepflicht führt jedoch nicht zur Unwirksamkeit der Kündigung.

### 1.2 Nachweis

§ 173 Abs. 3 SGB IX setzt voraus, dass die Schwerbehinderteneigenschaft zum Zeitpunkt des Zugangs der Kündigung nachgewiesen ist. Hierzu muss die Schwerbehinderung entweder offenkundig (z. B. bei taubstummen Arbeitnehmer) oder durch einen behördlichen Bescheid nach § 152 Abs. 1 SGB IX festgestellt sein. Der Kündigungsschutz für gleichgestellte behinderte Menschen setzt die Existenz eines die Gleichstellung feststellenden behördlichen Bescheids voraus. Nicht notwendig ist, dass der jeweilige Bescheid dem Arbeitgeber tatsächlich vorgelegt wird (BAG v. 11.12.2008, 2 AZR 395/07).

 **ACHTUNG!**

An dem erforderlichen Nachweis der Schwerbehinderteneigenschaft fehlt es, wenn ein zeitlich befristeter Feststellungs- bzw. Gleichstellungsbescheid abgelaufen ist und vom Arbeitnehmer nicht rechtzeitig ein neuer Antrag gestellt wurde.

Daneben findet der Sonderkündigungsschutz auch in den Fällen Anwendung, in denen zum Kündigungszeitpunkt zwar noch kein Bescheid vorliegt, aber bereits ein Verfahren auf Feststellung der Eigenschaft als schwerbehinderter Mensch bzw. auf Gleichstellung bei der zuständigen Behörde anhängig ist und diese ohne ein Verschulden des beantragenden Arbeitnehmers noch keine Feststellung treffen konnte. Hierzu muss der Arbeitnehmer seinen Antrag auf Feststellung der Schwerbehinderung oder Gleichstellung jedoch spätestens drei Wochen vor Zugang der Kündigung bei der zuständigen Behörde mit allen Angaben, die für eine Entscheidung der Behörde erforderlich sind, eingereicht haben (BAG v. 9.6.2011, 2 AZR 703/09).

**Beispiel**

Die in einer Sparkasse angestellte Kassiererin stellt am 15.6. bei der zuständigen Behörde einen ordnungsgemäßen Antrag auf Feststellung einer Schwerbehinderung. Am 31.7. erhält sie vom Arbeitgeber eine ordentliche und fristgerechte Kündigung. Zehn Tage später erteilt die Behörde der Kassiererin einen Bescheid, in dem ein GdB von 70 festgestellt wird. Obwohl die Arbeitnehmerin ihre Schwerbehinderung damit erst nach Ausspruch der Kündigung nachgewiesen hat, hätte die Kündigung dennoch der vorherigen Zustimmung des Integrationsamtes bedurft und ist daher unwirksam.

Ein rechtzeitig vor Zugang einer Kündigung beim Versorgungsamt gestellter Antrag auf Feststellung einer Schwerbehinderung vermag den Sonderkündigungsschutz nach § 168 SGB IX nur zu begründen, wenn objektiv eine Schwerbehinderung vorliegt. Ist der Arbeitnehmer mit einem Grad von weniger als 50, mindestens aber 30 behindert, kann er besonderen Kündigungsschutz nur aufgrund einer Gleichstellung erlangen. Den entsprechenden Antrag kann er vorsorglich neben dem Antrag auf Feststellung einer Schwerbehinderung anbringen. Ohne entsprechende Erklärung wiederum kann in dem Antrag auf Anerkennung als schwerbehinderter Mensch nicht ein gleichzeitiger Antrag auf Gleichstellung erblickt werden (BAG v. 31.7.2014, 2 AZR 434/13).

 **ACHTUNG!**

Die kündigungsrechtlich unterschiedliche Behandlung von Arbeitnehmern mit einem GdB von mehr als 50 und nicht Gleichgestellten mit einem GdB von weniger als 50 stellt keine Diskriminierung der weniger stark behinderten Arbeitnehmer dar. Die weniger stark behinderten Arbeitnehmer erfahren nicht „wegen ihrer Behinderung" eine ungünstigere Behandlung. Sie werden nicht weniger günstig als nicht behinderte Arbeitnehmer behandelt, sondern weniger günstig als stärker behinderte (BAG v. 10.4.2014, 2 AZR 647/13, ZTR 2015, 101).

Nicht ausreichend ist, dass der Arbeitnehmer einen offensichtlich aussichtslosen Antrag stellt und das Verwaltungsverfahren durch seine fehlende Mitwirkung bewusst in die Länge zieht, um hieraus Vorteile im Kündigungsschutzprozess zu erlangen.

Für das Zustimmungserfordernis des Integrationsamtes spielt es grundsätzlich keine Rolle, ob der Arbeitgeber von der Schwerbehinderung bzw. der Gleichstellung des zu kündigenden Arbeitnehmers oder des anhängigen Feststellungsverfahrens nach § 152 SGB IX Kenntnis hat. Will der Arbeitnehmer sich auf den Sonderkündigungsschutz berufen, ist er allerdings verpflichtet, den Arbeitgeber binnen einer angemessenen Frist nach Zugang der Kündigung über seinen Antrag oder den bereits vorliegenden Feststellungsbescheid zu informieren.

 **ACHTUNG!**

Diese Mitteilungsfrist hat das BAG auf drei Wochen festgelegt (BAG v. 11.12.2008, 2 AZR 395/07). Sollte der Arbeitnehmer seine Schwerbehinderteneigenschaft bzw. den Umstand der Antragstellung nicht binnen dieser drei Wochen nach Zugang der Kündigung mitteilen, ist sein Sonderkündigungsschutz verwirkt. Nur bei Vorliegen besonderer Umstände kann die Frist durchbrochen werden.

Nach der Rechtsprechung des BAG ist die Berufung auf den Sonderkündigungsschutz des SGB IX auch dann nicht verwirkt, wenn die Schwerbehinderteneigenschaft bzw. die Gleichstellung innerhalb der dreiwöchigen Klagefrist des § 4 KSchG gerichtlich geltend gemacht wird. Es reicht unter Umständen auch aus, wenn die Zustellung der Klage beim Arbeitgeber erst nach Ablauf von drei Wochen seit dem Ausspruch der Kündigung erfolgt (BAG v. 23.2.2010, 2 AZR 659/08, ZTR 2010, 542; bestätigend BAG v. 22.9.2016, 2 AZR 700/15, ZTR 2017, 186).

Eine Verwirkung des Sonderkündigungsschutzes setzt zwingend voraus, dass der Arbeitgeber die Schwerbehinderung oder den Antrag tatsächlich nicht kennt und deshalb mit der Zustimmungspflicht nach § 168 SGB IX nicht rechnen kann (BAG v. 9.6.2011, 2 AZR 703/09). Im Fall des Betriebsübergangs muss sich der Betriebsübernehmer die Kenntnis des Veräußerers von der Schwerbehinderung zurechnen lassen (BAG v. 11.12.2008, 2 AZR 395/07).

 **ACHTUNG!**

Hat der Arbeitnehmer dem Arbeitgeber vor Zugang der Kündigung mitgeteilt, er habe bei einem bestimmten Versorgungsamt einen Antrag auf „Feststellung über das Vorliegen einer Behinderung" gestellt, muss der Arbeitgeber mit der Möglichkeit rechnen, dass die Kündigung der Zustimmung des Integrationsamts bedarf (BAG v. 9.6.2011, 2 AZR 703/09).

## 2. Erweiterter Beendigungsschutz

Nach § 175 SGB IX bedarf die Beendigung des Arbeitsverhältnisses eines schwerbehinderten oder diesem gleichgestellten behinderten Menschen in besonderen Fällen auch dann der Zustimmung des Integrationsamtes, wenn sie ohne eine Kündigung durch den Arbeitgeber erfolgt. Dies gilt für die Beendigung aufgrund des Eintritts

- einer teilweisen Erwerbsminderung,
- einer Erwerbsminderung auf Zeit,
- der Berufsunfähigkeit auf Zeit,
- der Erwerbsunfähigkeit auf Zeit.

Erfasst sind somit insbesondere die Beendigungstatbestände des § 33 Abs. 2 TVöD/TV-L. Liegt die Zustimmung des Integrationsamtes im Zeitpunkt der Beendigung des Arbeitsverhältnisses noch nicht vor, endet das Arbeitsverhältnis erst mit dem Ablauf des Tages der Zustellung des Zustimmungsbescheids (§ 33 Abs. 2 S. 4 TVöD/TV-L). Endet das Arbeitsverhältnis wegen einer teilweisen Erwerbsminderung, muss das Integrationsamt zustimmen, wenn bei Zugang der Unterrichtung über den Eintritt der auflösenden Bedingung nach §§ 21, 15 Abs. 2 TzBfG die Anerkennung der Schwerbehinderung erfolgt oder ein entsprechender Antrag mindestens drei Wochen zuvor gestellt worden ist (BAG v. 16.1.2018, 7 AZR 622/15, ZTR 2018, 473).

 **WICHTIG!**

Für die Zustimmungsentscheidung des Integrationsamtes nach § 175 SGB IX kommt es nicht darauf an, ob der schwerbehinderte Beschäftigte (form- und fristgerecht) einen tariflich vorgesehenen Weiterbeschäftigungsantrag bei seinem Arbeitgeber gestellt hat (OVG Berlin-Brandenburg v. 19.11.2014, 6 B 12.14, ZTR 2015, 90).

## 3. Zustimmungsfreie Beendigung

Einer Zustimmung des Integrationsamtes bedarf es nicht, wenn das Arbeitsverhältnis aus einem der folgenden Gründe enden soll:

- Ablauf der Befristung des Arbeitsvertrags (nicht bei Eintritt einer auflösenden Bedingung),
- Anfechtung des Arbeitsvertrags wegen arglistiger Täuschung oder Irrtums,
- Nichtigkeit des Arbeitsvertrags,
- Aufhebungsvertrag, wobei der schwerbehinderte Mensch kein Recht zur Anfechtung hat, wenn er bei Abschluss noch nichts von seiner Schwerbehinderung wusste;
- Eigenkündigung des schwerbehinderten (oder ihm gleichgestellten behinderten) Menschen,
- Kündigung durch den Arbeitgeber, sofern der Arbeitnehmer bereits das 58. Lebensjahr vollendet hat und Anspruch auf eine Abfindung aufgrund eines Sozialplans hat; der Arbeitgeber muss dem Arbeitnehmer in diesem Fall seine Kündigungsabsicht rechtzeitig mitteilen und dieser darf der Kündigung bis zu ihrem Ausspruch nicht widersprechen,
- Kündigung durch den Arbeitgeber aus witterungsbedingten Gründen, wenn die Wiedereinstellung des betroffenen schwerbehinderten (oder ihm gleichgestellten behinderten) Menschen bei der Wiederaufnahme der Arbeit gewährleistet ist.

## 4. Verfahren vor dem Integrationsamt

### 4.1 Antrag

Der Arbeitgeber muss gem. § 170 Abs. 1 SGB IX die Zustimmung des Integrationsamtes (in manchen Bundesländern: Inklusionsamt) schriftlich oder elektronisch beantragen. Personalbzw. Betriebsrat oder die Schwerbehindertenvertretung haben keine Antragsberechtigung. Zuständig für die Zustimmung ist das Integrationsamt, in deren Zuständigkeitsbereich die Dienststelle bzw. der Betrieb liegt, in dem der schwerbehinderte Mensch beschäftigt wird. Der Antrag ist zur Wahrung der Schriftform vom Arbeitgeber persönlich (durch das Vertretungsorgan) oder einem rechtsgeschäftlichen Vertreter zu unterzeichnen. Eine Übermittlung des Antrags an das Integrationsamt per Telefax genügt. Bei elektronischer Übermittlung des Antrags sind die Voraussetzungen des § 36a SGB I zu beachten.

 **WICHTIG!**

Die Verletzung des gesetzlichen Schriftformerfordernisses kann nach § 41 Abs. 1 Nr. 1 SGB X geheilt werden, wenn der für den Erlass des Verwaltungsaktes erforderliche Antrag nachträglich ordnungsgemäß gestellt wird. Eine Heilung des Schriftformmangels tritt jedoch nicht bereits dadurch ein, dass das Integrationsamt trotz des Formmangels positiv über den Antrag entscheidet.

Der Antrag sollte sorgfältig und ausführlich begründet werden und mindestens folgende Angaben enthalten:

- Name des zu Kündigenden, Anschrift, Geburtsdatum, Familienstand, Unterhaltspflichten,

- beabsichtigte Kündigungsart (außerordentlich und/oder ordentlich), geltende Kündigungsfrist, Beendigungstermin,

- genaue Schilderung der Kündigungsgründe,

- Beweismittel,

- Darlegungen, dass die Kündigung entweder nicht im Zusammenhang mit der Schwerbehinderung steht oder warum sie trotzdem unvermeidlich ist.

Die Integrationsämter halten zur Verfahrensvereinfachung Antragsformulare bereit, deren Verwendung jedoch nicht zwingend vorgeschrieben und keine Voraussetzung für die Zustimmungserteilung ist. Gleichwohl ist es zu empfehlen, sich nach diesen Antragsformularen zu richten, um den Ablauf zu erleichtern. Alle Kündigungsgründe müssen Gegenstand des Antrags sein. Ein Nachschieben von Kündigungsgründen im Kündigungsschutzprozess bei einem schwerbehinderten Arbeitnehmer scheitert an der insoweit regelmäßig fehlenden vorherigen Mitteilung dieser Kündigungsgründe an das Integrationsamt (LAG Köln, v. 15.7.2020, 3 Sa 736/19).

### 4.2 Verfahrensablauf

Das Zustimmungsverfahren ist ein Sozialverwaltungsverfahren und richtet sich nach den Regelungen des SGB X. Arbeitgeber und der schwerbehinderte Arbeitnehmer sind beide Verfahrensbeteiligte. Sie können sich durch Bevollmächtigte, insbesondere Rechtsanwälte, vertreten lassen.

Das Integrationsamt hat den Sachverhalt von Amts wegen selbst zu ermitteln und ist nicht an das Vorbringen der Beteiligten gebunden. Zur Aufklärung des Sachverhalts kann das Integrationsamt insbesondere Auskünfte vom Versorgungsamt und der zuständigen Agentur für Arbeit einholen und Zeugen und Sachverständige vernehmen. In jedem Fall hat es nach § 170 Abs. 2 SGB IX eine Stellungnahme des Personal- bzw. Betriebsrats und der Schwerbehindertenvertretung einzuholen sowie den schwerbehinderten Arbeitnehmer zu der beabsichtigten Kündigung anzuhören.

 **WICHTIG!**

Eine unter Verstoß gegen die Verpflichtungen aus § 170 Abs. 2 SGB IX getroffene Entscheidung des Integrationsamtes ist grundsätzlich durch Widerspruch und Klage anfechtbar. Allerdings ist der Fehler unbeachtlich, wenn auch bei Einhaltung der Pflichten keine andere Entscheidung in der Sache hätte ergehen können. Zudem kann der Verstoß durch Nachholung der unterlassenen Handlung im Widerspruchsverfahren geheilt werden.

### 4.3 Entscheidung

Das Integrationsamt trifft seine Entscheidung grundsätzlich nach pflichtgemäßem Ermessen, d. h. es nimmt eine Abwägung zwischen den Interessen des Arbeitgebers und denen des schwerbehinderten Arbeitnehmers vor, wobei die Zielsetzungen des SGB IX zu berücksichtigen sind. Die vom Integrationsamt bei der Entscheidung über die Zustimmung zur Kündigung vorzunehmende Abwägung geht bei einem fehlenden Zusammenhang zwischen der Behinderung und dem Kündigungsgrund dabei regelmäßig zugunsten des Arbeitgebers aus, es sei denn, die arbeitsrechtliche Unwirksamkeit der Kündigung tritt ohne jeden vernünftigen Zweifel in rechtlicher und tatsächlicher Hinsicht offen zu Tage und drängt sich jedem Kundigen geradezu auf (VGH München, v. 1.2.2023, 12 CS 23.8). Falls erforderlich, ist vor der Entscheidung eine mündliche Verhandlung mit den Verfahrensbeteiligten durchzuführen.

Die Entscheidung soll innerhalb eines Monats nach Eingang des Antrags erfolgen. An eine Überschreitung der Frist sind grundsätzlich keine Rechtsfolgen geknüpft. Insbesondere bleibt eine Entscheidung des Integrationsamtes auch nach Ablauf der Frist zulässig und rechtswirksam. Entscheidet das Integrationsamt nicht binnen vom drei Monaten nach Antragstellung kann der Arbeitgeber eine Untätigkeitsklage vor dem Verwaltungsgericht erheben (§§ 42, 75 VwGO).

In den Fällen des § 172 Abs. 1 SGB IX ist das Ermessen des Integrationsamt eingeschränkt. Es hat danach die Zustimmung zwingend bei Kündigungen in Betrieben zu erteilen, die

- nicht nur vorübergehend eingestellt oder aufgelöst werden,

- nicht nur vorübergehend wesentlich eingeschränkt werden, wenn die Gesamtzahl der verbleibenden schwerbehinderten Arbeitnehmer ausreicht, um die gesetzliche Mindestbeschäftigtenzahl zu erfüllen.

Weitere Voraussetzung ist, dass zwischen dem Tag der Kündigung und dem Tag, bis zu dem Arbeitsentgelt gezahlt wird, mindestens drei Monate liegen und keine Weiterbeschäftigung auf einem anderen Arbeitsplatz derselben Dienststelle bzw. desselben Betriebes oder einem freien Arbeitsplatz in einer anderen Dienststelle bzw. einem anderem Betrieb desselben Arbeitgebers möglich und für den Arbeitgeber zumutbar ist. Ferner ist im Fall der Eröffnung des Insolvenzverfahrens über das Vermögen des Arbeitgebers die Zustimmung zu Kündigungen unter den Voraussetzungen des § 172 Abs. 3 SGB IX zu erteilen.

 **ACHTUNG!**

Die Monatsfrist für Entscheidungen des Integrationsamtes ist in den vorgenannten Kündigungsfällen nach § 172 Abs. 1 SGB IX bei nicht nur vorübergehender Einstellung oder Auflösung des Betriebes sowie bei Insolvenz des Arbeitgebers (§ 172 Abs. 3 SGB IX) zwingend. Ergeht die Entscheidung nicht fristgemäß, wird die Zustimmung des Integrationsamtes fingiert. Der Arbeitgeber kann dann also ohne eine ausdrückliche Zustimmung kündigen.

Das Integrationsamt „soll" die Zustimmung erteilen, wenn dem schwerbehinderten Arbeitnehmer ein anderer angemessener und zumutbarer Arbeitsplatz gesichert ist (§ 172 Abs. 2 SGB IX). In diesem Fall ist das Integrationsamt zwar nicht generell zur Zustimmung verpflichtet, soll sie aber in der Regel erteilen, wenn nicht im Ausnahmefall entgegenstehende Gesichtspunkte überwiegen.

Die Entscheidung kann folgenden Inhalt haben:

▶ **Zustimmung:** Erteilt das Integrationsamt seine Zustimmung zur ordentlichen Kündigung, muss der Arbeitgeber die Kündigung innerhalb eines Monats nach Zustellung des Bescheids (nicht schon vorher) erklären. Wirksam ist die Zustimmung des Integrationsamtes zu einer ordentlichen Kündigung erst, wenn sie im Original und förmlich zugestellt ist (entweder mit Zustellungsurkunde oder mittels Einschreiben). Die vorab gefaxte oder telefonische Zustimmung genügt nicht.

Bei außerordentlichen Kündigungen muss die Kündigung dagegen unverzüglich nach Erteilung der Zustimmung erklärt werden. Hier berechtigt bereits die mündliche Übermittlung der Zustimmung des Integrationsamtes oder der gefaxte Bescheid zum Ausspruch einer Kündigung.

Gegen die Zustimmung kann der Arbeitnehmer Widerspruch einlegen. Hierüber befindet der Widerspruchsausschuss. Der Widerspruch hat keine aufschiebende Wirkung, d. h. die Zustimmung bleibt zunächst wirksam (§ 171 SGB IX) und der Arbeitgeber kann die Kündigung aussprechen. Weist der Widerspruchsausschuss den Widerspruch zurück, kann der Arbeitnehmer hiergegen Anfechtungsklage vor dem Verwaltungsgericht erheben. Wenn dieses die Klage abweist, ist die Kündigung jedenfalls nicht nach den Bestimmungen des SGB IX unwirksam.

Hebt der Widerspruchsausschuss die Zustimmung zur Kündigung auf, wird diese rückwirkend unwirksam. Der Arbeitgeber kann dann seinerseits gegen diesen Bescheid vor dem Verwaltungsgericht klagen. Hat er damit Erfolg, steht das SGB IX der Wirksamkeit der Kündigung nicht entgegen. Wird die Klage abgewiesen, bleibt die Kündigung unwirksam.

Die durch das Integrationsamt einmal erteilte Zustimmung zur Kündigung ist – vorbehaltlich ihrer Nichtigkeit – so lange wirksam, wie sie nicht rechtskräftig aufgehoben ist. Für die Berechtigung des Arbeitgebers, auf der Grundlage des Zustimmungsbescheids die Kündigung zunächst zu erklären, ist es daher zunächst irrelevant, ob die Zustimmung vom Widerspruchsausschuss oder einem Gericht aufgehoben wird, solange die betreffende Entscheidung nicht bestands- bzw. rechtskräftig ist (BAG v. 22.7.2021, 2 AZR 193/21, ZTR 2021, 523). Wird die Zustimmungsentscheidung erst nach rechtskräftiger Abweisung der Kündigungsschutzklage bestands- oder rechtskräftig aufgehoben, steht dem Arbeitnehmer ggf. die Restitutionsklage nach § 580 ZPO offen (BAG v. 22.7.2021, 2 AZR 193/21, ZTR 2021, 523).

▶ **Zurückweisung:** Weist das Integrationsamt den Antrag zurück, kann die Kündigung zunächst nicht ausgesprochen werden. Der Arbeitgeber kann gegen diesen Bescheid innerhalb eines Monats ab Zustellung der Entscheidung schriftlich beim Integrationsamt Widerspruch einlegen, über den der Widerspruchsausschuss befindet.

Erteilt dieser die Zustimmung, muss der Arbeitgeber innerhalb eines Monats die ordentliche Kündigung aussprechen. Die außerordentliche Kündigung muss unverzüglich ausgesprochen werden. Der Arbeitnehmer kann die Zustimmung vor dem Verwaltungsgericht angreifen. Wird der Widerspruch des Arbeitgebers zurückgewiesen, kann dieser Verpflichtungsklage vor dem Verwaltungsgericht erheben.

▶ **Negativattest:** Erteilt das Integrationsamt einen Negativattest (d. h. stellt es fest, dass der Arbeitnehmer gar nicht unter das SGB IX fällt), kann der Arbeitgeber die Kündigung aus-

sprechen. Der Arbeitnehmer kann gegen die Entscheidung Widerspruch einlegen, über den der Widerspruchsausschuss entscheidet. Gegen dessen Entscheidung kann die unterlegene Partei vor dem Verwaltungsgericht vorgehen.

### 4.4 Besonderheiten bei der außerordentlichen Kündigung

Der Antrag auf Zustimmung zu einer außerordentlichen Kündigung aus wichtigem Grund im Sinne des § 626 Abs. 1 BGB kann nur innerhalb von zwei Wochen ab dem Zeitpunkt gestellt werden, in dem der Kündigungsberechtigte von den maßgebenden Kündigungsgründen Kenntnis erlangt (§ 174 SGB IX). Die rechtzeitige Antragstellung beim Integrationsamt setzt auch einen ordnungsgemäßen Antrag, also entsprechend der Ausführungen in Ziffer 4.1 voraus. Die Arbeitsgerichte haben bei einer außerordentlichen Kündigung des Arbeitsverhältnisses eines schwerbehinderten Menschen zu prüfen, ob die Kündigung unverzüglich im Sinne des § 174 Abs. 5 SGB IX erklärt wurde, während die Einhaltung der zweiwöchigen Antragsfrist des § 174 Abs. 2 SGB IX allein vom Integrationsamt zu beurteilen ist (BAG v. 11.6.2020, 2 AZR 442/19, ZTR 2020, 661).

**Beispiel**

> **Ein als Kassierer beschäftigter schwerbehinderter Arbeitnehmer entnimmt der Kasse am 1.9. unbefugt Geld für eigene Zwecke. Er wird dabei von einem Kollegen beobachtet. Dieser teilt den Vorfall am 10.9. dem Personalleiter mit. Der Antrag auf Zustimmung zur außerordentlichen Kündigung muss bis zum 24.9. beim zuständigen Integrationsamt eingehen.**

Das Antragserfordernis gilt auch für außerordentliche Kündigungen mit einer Auslauffrist bei Arbeitnehmern, die nach § 34 Abs. 2 TVöD/TV-L ordentlich unkündbar sind. Ein verspäteter Antrag ist als unzulässig zurückzuweisen. Zudem ist in diesem Fall auch die Ausschlussfrist des § 626 Abs. 2 BGB nicht gewahrt.

Im Fall rechtzeitiger Antragstellung beim Integrationsamt kann die Kündigung auch nach Ablauf der Frist des § 626 Abs. 2 BGB erfolgen, wenn der Arbeitgeber sie unverzüglich nach Erteilung der Zustimmung erklärt. Soweit die Ausschlussfrist bei Erteilung der Zustimmung durch das Integrationsamt noch nicht verstrichen ist, darf der Arbeitgeber sie voll ausnutzen.

Das Integrationsamt hat seine Entscheidung innerhalb von zwei Wochen nach Antragseingang zu treffen (§ 174 Abs. 3 S. 1 SGB IX).

 **WICHTIG!**

**Wird innerhalb dieser Frist eine Entscheidung durch das Integrationsamt nicht getroffen, gilt die Zustimmung als erteilt (§ 174 Abs. 3 S. 2 SGB IX). Eine einvernehmliche Verlängerung der Frist ist nicht möglich. § 174 Abs. 3 S. 2 SGB IX gilt auch bei außerordentlichen Kündigungen mit Auslauffrist (BAG v. 22.10.2015, 2 AZR 381/14). Auch die Zustimmungsfiktion nach § 174 Abs. 3 S. 2 SGB IX entfaltet – es sei denn, sie ist nichtig – für den Kündigungsschutzprozess solange Wirksamkeit, wie sie nicht bestands- oder rechtskräftig aufgehoben worden ist (BAG v. 22.7.2021, 2 AZR 193/21, ZTR 2021, 523).**

Für die Wahrung der Entscheidungsfrist kommt es nicht auf den Zugang des Bescheids beim Arbeitgeber an, sondern nur darauf, ob überhaupt eine Entscheidung innerhalb der Frist ergangen ist und diese zur Post aufgegeben oder telefonisch bzw. mündlich dem Arbeitgeber mitgeteilt wurde. Für den Arbeitgeber besteht insoweit eine Obliegenheit, sich beim Integrationsamt zu erkundigen, ob innerhalb der Zweiwochenfrist eine Entscheidung getroffen wurde (BAG v. 19.4.2012, 2 AZR 118/11, ZTR

2012, 662). Der Arbeitgeber sollte daher unbedingt am letzten Tag der Frist telefonisch bei dem Integrationsamt erfragen, ob dieses eine Entscheidung getroffen hat. Liegt keine Entscheidung vor oder wurde dem Antrag ausdrücklich zugestimmt, muss der Arbeitgeber dann unverzüglich die Kündigung aussprechen (§ 174 Abs. 5 SGB IX). Wird die Zustimmung erst durch den Widerspruchsausschuss erteilt, muss die außerordentliche Kündigung unverzüglich ausgesprochen werden, nachdem der Arbeitgeber sichere Kenntnis von der Entscheidung bekommen hat. Auch hierfür reicht die mündliche Bekanntgabe aus, dass dem Widerspruch stattgegeben wird.

Das Integrationsamt „soll" seine Zustimmung zur außerordentlichen Kündigung erteilen, wenn die Kündigung aus einem Grund erfolgt, der nicht im Zusammenhang mit der Behinderung des betroffenen Arbeitnehmers steht. Ein solcher Zusammenhang ist regelmäßig dann anzunehmen, wenn sich das Verhalten des Arbeitnehmers aus seiner Beeinträchtigung selbst ergeben hat. Auch in einem solchen Fall darf das Integrationsamt seine Zustimmung zur Kündigung jedoch nicht generell verweigern, sondern hat nach pflichtgemäßen Ermessen zu entscheiden.

 **WICHTIG!**

Die Zustimmung zur außerordentlichen Kündigung enthält nicht zugleich auch die Zustimmung zur ordentlichen und fristgerechten Kündigung als milderem Mittel. Die Entscheidung des Integrationsamts über die Zustimmung zur außerordentlichen Kündigung ist nicht dahin auszulegen, dass mit ihr (auch) die Zustimmung zu einer ordentlichen Kündigung erteilt worden wäre. Ferner kann diese in der Regel nicht nach § 43 Abs. 1 SGB X in eine Zustimmung zur ordentlichen Kündigung umgedeutet werden (BAG v. 23.1.2014, 2 AZR 372/13). Will der Arbeitgeber etwa hilfsweise auch eine ordentliche Kündigung aussprechen, bedarf es insoweit einer gesonderten ausdrücklichen Zustimmung des Integrationsamtes.

### 5. Anhörung von Personalrat und Vertrauensperson

Auch vor der Kündigung eines schwerbehinderten (oder diesem gleichgestellten behinderten) Arbeitnehmers muss der Arbeitgeber den Personal- bzw. Betriebsrat zu der beabsichtigten Maßnahme anhören. Die Anhörung kann dabei sowohl vor dem Antrag beim Integrationsamt erfolgen, als auch während des Zustimmungsverfahrens oder erst, wenn die Zustimmung erteilt worden ist. Ist die Anhörung des Personal- bzw. Betriebsrats bereits vor der Einschaltung des Integrationsamtes erfolgt, bedarf es auch dann keiner erneuten Anhörung, wenn die Zustimmung erst nach einem jahrelangen verwaltungsgerichtlichen Verfahren erteilt wurde, soweit sich der Kündigungssachverhalt in der Zwischenzeit nicht wesentlich geändert hat.

Ist jedoch eine Kündigung wegen fehlender Zustimmung des Integrationsamtes unwirksam, muss der Arbeitgeber den Personal- bzw. Betriebsrat vor dem Ausspruch einer zweiten Kündigung erneut anhören.

**Beispiel**

Der Arbeitgeber hat nach Anhörung des Personalrats eine verhaltensbedingte Kündigung ausgesprochen. Im Anschluss erfährt er in der vom Arbeitnehmer fristgemäß erhobenen Kündigungsschutzklage, dass dieser bereits einen Monat vor Zugang der Kündigung einen Antrag auf Feststellung einer Schwerbehinderung gestellt hatte und diesem Antrag stattgegeben wurde. Da die Feststellung der Schwerbehinderung auf den Zeitpunkt der Antragstellung zurückwirkt, ist die ausgesprochene Kündigung wegen der fehlenden Zustimmung des Integrationsamtes unwirksam. Will der Arbeitgeber jetzt nochmals kündi-

gen, nachdem er die Zustimmung des Integrationsamtes eingeholt hat, muss er den Personalrat hierzu erneut anhören.

Gleiches gilt grundsätzlich für die erforderliche Unterrichtung und Anhörung der Schwerbehindertenvertretung (siehe hierzu auch die Ausführungen unter IV.). Insbesondere ist eine Kündigung ohne vorherige Anhörung der Schwerbehindertenvertretung nach § 178 Abs. 2 S. 3 SGB IX unwirksam.

Die Unterrichtung der Schwerbehindertenvertretung muss nach dem Gesetzeswortlaut von § 178 Abs. 2 S. 1 SGB IX unverzüglich und damit ohne schuldhaftes Zögern (§ 121 Abs. 1 S. 1 Hs. 1 BGB) erfolgen. Zur Abwendung der Unwirksamkeitsfolge genügt es nach § 178 Abs. 2 S. 1 und S. 2 SGB IX, wenn der Arbeitgeber die Schwerbehindertenvertretung vor Ausspruch der Kündigung ordnungsgemäß anhört. Die Anhörung muss nicht schon vor der Beteiligung des Betriebs- bzw. Personalrats oder vor dem Antrag auf Zustimmung an das Integrationsamt erfolgen (BAG v. 13.12.2018, 2 AZR 378/18, ZTR 2019, 233).

### 6. Kündigungsfrist

Bei Vorliegen der Voraussetzungen des Sonderkündigungsschutzes beträgt die Frist zur Kündigung des Arbeitsverhältnisses eines schwerbehinderten oder ihm gleichgestellten behinderten Menschen mindestens vier Wochen (§ 169 SGB IX). Diese Vorschrift hat im Anwendungsbereich des TVöD/TV-L praktisch keine Bedeutung, da die darin vorgeschriebene vierwöchige Frist hinter den tarifvertraglich vorgesehenen Kündigungsfristen in § 34 Abs. 1 TVöD/TV-L zurückbleibt.

### 7. Kündigungsschutzverfahren

In dem Verfahren zur Einholung der Zustimmung zur Kündigung vor dem Integrationsamt wird nur geklärt, ob der Kündigung die besonderen Schutzvorschriften des SGB IX entgegenstehen. Hiervon ist die Frage, ob die Kündigung auch sozial ungerechtfertigt und/oder oder aus anderen Gründen unwirksam ist, strikt zu trennen. Hierüber entscheidet allein das Arbeitsgericht im Rahmen eines Kündigungsschutzverfahrens. Dieses ist vom Arbeitnehmer innerhalb einer Frist von drei Wochen ab Zugang der Kündigung einzuleiten (§ 4 KSchG). Arbeitnehmer müssen dabei grundsätzlich auch die Unwirksamkeit der Kündigung wegen eines Verstoßes gegen das Zustimmungserfordernis des § 168 SGB IX innerhalb der dreiwöchigen Klagefrist geltend machen. Anderenfalls gilt die Kündigung trotz des Verstoßes als von Anfang an rechtswirksam (§ 7 KSchG). Soweit die Kündigung der Zustimmung einer Behörde bedarf, läuft die Frist zur Anrufung des Arbeitsgerichts allerdings erst von der Bekanntgabe der Entscheidung der Behörde an den Arbeitnehmer ab (§ 4 S. 4 KSchG).

 **WICHTIG!**

Kündigt der Arbeitgeber einem schwerbehinderten Arbeitnehmer in Kenntnis von dessen Schwerbehinderteneigenschaft, so kann dieser daher das Fehlen der erforderlichen Zustimmung bis zur Grenze der Verwirkung jederzeit geltend machen, wenn ihm eine entsprechende Entscheidung der zuständigen Behörde nicht bekannt gegeben worden ist (BAG v. 13.2.2008, 2 AZR 864/06).

Hat das Kündigungsschutzverfahren bereits begonnen, wenn das Widerspruchsverfahren oder das Verfahren vor dem Verwaltungsgericht wegen der angefochtenen Zustimmung des Integrationsamtes noch läuft, kann das Arbeitsgericht grundsätzlich den Arbeitsrechtsstreit aussetzen, bis über die Wirksamkeit der Zustimmung rechtskräftig entschieden worden ist. Das geschieht jedoch nur dann, wenn es hierauf ankommt, weil die

Kündigung ansonsten für wirksam angesehen wird. Aber auch wenn es auf die Wirksamkeit der Zustimmung ankommt, ist die Aussetzung des Kündigungsschutzprozesses für die Dauer des Verwaltungsrechtsstreits über die Wirksamkeit der Zustimmung in der Regel nicht angezeigt (BAG v. 23.5.2013, 2 AZR 991/11). Die Aussetzung des Kündigungsschutzverfahrens nach § 148 ZPO bis zum rechtskräftigen Abschluss des Widerspruchs- bzw. Klageverfahrens gegen die vom Integrationsamt erteilte Zustimmung ist regelmäßig ermessensfehlerhaft (LAG Mecklenburg-Vorpommern v. 17.3.2017, 5 Ta 8/17).

**Beispiel**

Auf Antrag des Arbeitgebers erteilt das Integrationsamt die Zustimmung zur beabsichtigten Kündigung eines schwerbehinderten Arbeitnehmers. Dieser legt gegen die Entscheidung Widerspruch ein und erhebt gegen die zwischenzeitlich ausgesprochene Kündigung Klage vor dem Arbeitsgericht. Kommt das Arbeitsgericht bei seiner Prüfung zu dem Ergebnis, dass die Kündigung sozialwidrig und/oder wegen der fehlerhaften Anhörung des Personal- bzw. Betriebsrates unwirksam ist, hat es der Kündigungsschutzklage ohne Rücksicht auf den Ausgang des Verwaltungsverfahrens stattzugeben. Ist die Kündigung nach Auffassung des Arbeitsgerichts dagegen wirksam, wird es das Verfahren aufgrund des Beschleunigungsgrundsatzes nach § 61a Abs. 1 ArbGG und der gesetzgeberischen Wertung des § 171 Abs. 4 SGB IX ebenfalls nur im Ausnahmefall bis zur rechtskräftigen Entscheidung über die Zustimmung des Integrationsamtes aussetzen.

Die soziale Rechtfertigung der Kündigung eines schwerbehinderten oder ihm gleichgestellten behinderten Menschen richtet sich wie bei sonstigen Kündigungen auch nach § 1 KSchG. Allerdings obliegen dem Arbeitgeber vor Ausspruch einer solchen Kündigung besondere Schutzpflichten gegenüber den betroffenen Arbeitnehmern.

 **WICHTIG!**

Der Arbeitgeber hat bei Eintreten von personen-, verhaltens- oder betriebsbedingten Schwierigkeiten, die zu einer Gefährdung des Arbeitsverhältnisses führen können, Präventionsmaßnahmen zu ergreifen. Er hat hierzu frühzeitig die Schwerbehindertenvertretung, den Personal- bzw. Betriebsrat sowie das Integrationsamt einzuschalten, um mit ihnen alle Möglichkeiten zu erörtern, mit denen die Kündigungsgründe beseitigt und das Arbeitsverhältnis dauerhaft fortgesetzt werden können (§ 167 Abs. 1 SGB IX).

Im Vorfeld der krankheitsbedingten Kündigung hat der Arbeitgeber zudem die Pflicht aus § 167 Abs. 2 SGB IX zu beachten. Ist ein Arbeitnehmer innerhalb eines Jahres länger als sechs Wochen ununterbrochen oder wiederholt arbeitsunfähig, hat danach der Arbeitgeber unter Beteiligung des betroffenen Arbeitnehmers, der Schwerbehindertenvertretung und des Personal- bzw. Betriebsrates zu klären, wie die Arbeitsunfähigkeit möglichst überwunden werden und mit welchen Leistungen oder Hilfen erneuter Arbeitsunfähigkeit vorgebeugt und der Arbeitsplatz erhalten werden kann (→ *Betriebliches Eingliederungsmanagement*).

Kündigt der Arbeitgeber einem Arbeitnehmer, ohne zuvor ein Präventionsverfahren nach § 167 Abs. 1 SGB IX oder – im Fall der krankheitsbedingten Kündigung – ein betriebliches Eingliederungsmanagement (BEM) durchgeführt zu haben, so ist die Kündigung nicht ohne Weiteres unwirksam. Die Durchführung eines Präventionsverfahrens ist keine formelle Wirksamkeitsvoraussetzung einer Kündigung. Die gesetzliche Regelung ist aber auch nicht nur ein bloßer Programmsatz, sondern Ausprägung des das Kündigungsrecht beherrschenden Verhältnismäßigkeitsgrundsatzes. Die in § 167 Abs. 1 und Abs. 2

SGB IX genannten Maßnahmen dienen letztlich der Vermeidung der Kündigung und der Verhinderung von Arbeitslosigkeit.

 **WICHTIG!**

Ohne Präventionsverfahren bzw. BEM kann eine Kündigung daher wegen Verstoßes gegen das Verhältnismäßigkeitsprinzip sozial ungerechtfertigt im Sinne des § 1 Abs. 2 KSchG sein, wenn bei Durchführung des Präventionsverfahrens bzw. BEM Möglichkeiten bestanden hätten, die Kündigung zu vermeiden.

Ein nicht ordnungsgemäßes BEM wirkt sich auf die Darlegungs- und Beweislast im Rahmen des Kündigungsschutzverfahrens aus. So kann sich etwa der Arbeitgeber bei einer krankheitsbedingten Kündigung ohne BEM nicht mehr pauschal darauf berufen, ihm seien keine alternativen, der Erkrankung angemessenen Einsatzmöglichkeiten bekannt. Es bedarf vielmehr einer umfassenden, konkreten Darlegung des Arbeitgebers, dass und warum der Einsatz des Arbeitnehmers auf dem bisher innegehabten Arbeitsplatz nicht mehr möglich ist und warum auch eine leidensgerechte Anpassung und Veränderung ausgeschlossen ist oder der Arbeitnehmer nicht auf einem anderen Arbeitsplatz bei geänderter Tätigkeit eingesetzt werden kann (BAG v. 10.12.2009, 2 AZR 198/09; siehe hierzu ausführlich auch → *Betriebliches Eingliederungsmanagement*).

Ein unterlassenes Präventionsverfahren bzw. ein BEM steht einer Kündigung aber dann nicht entgegen, wenn diese auch bei Durchführung entsprechender Maßnahmen nicht hätte verhindert werden können (BAG v. 23.4.2008, 2 AZR 1012/06). Auch darf der Arbeitnehmer die Bemühungen des Arbeitgebers nicht dadurch zunichtemachen, dass er über einen längeren Zeitraum hinweg die verschiedenartigsten Angebote des Arbeitgebers zur Weiterbeschäftigung an einem anderen Arbeitsplatz ablehnt.

# Schwerbehindertenvertretung

 **Wegweiser:**

Die Schwerbehindertenvertretung soll die Interessen schwerbehinderter Menschen vertreten und ihre Eingliederung in den jeweiligen Betrieb oder die jeweilige Dienststelle fördern. Zudem steht sie den schwerbehinderten Mitarbeitern beratend und helfend zur Seite.

Die Regelungen zur Schwerbehindertenvertretung finden sich in den §§ 177 ff. SGB IX. Tarifliche Besonderheiten bestehen nicht.

I.   **Funktion der Schwerbehindertenvertretung**

II.  **Wahl und Rechtsstellung**

III. **Aufgaben der Schwerbehindertenvertretung**

    1. Allgemeine Aufgaben

    2. Unterrichtungs- und Anhörungsrechte

    3. Beteiligung bei der Stellenbesetzung

    4. Inklusionsvereinbarung

    5. Prävention

## I. Funktion der Schwerbehindertenvertretung

Gem. § 178 Abs. 1 SGB IX ist es Aufgabe der Schwerbehindertenvertretung, die Eingliederung schwerbehinderter Menschen zu fördern, ihre Interessen zu vertreten und ihnen beratend und helfend zur Seite zu stehen. Auch bei Anträgen auf Feststellung einer Behinderung, ihres Grades und einer Schwerbehinderung sowie bei Anträgen auf Gleichstellung an die Agentur für Arbeit steht die Schwerbehindertenvertretung den Beschäftigten beratend zur Seite. Darüber hinaus überwacht sie, dass die zugunsten schwerbehinderter Menschen geltenden Gesetze, Verordnungen, Tarifverträge, Betriebs- oder Dienstvereinbarungen, Verwaltungsanordnungen sowie Inklusionsvereinbarungen (früher: Integrationsvereinbarungen) durchgeführt und eingehalten werden.

## II. Wahl und Rechtsstellung

In Dienststellen und Betrieben, in denen wenigstens fünf schwerbehinderte (bzw. ihnen gleichgestellte behinderte) Menschen nicht nur vorübergehend beschäftigt sind, werden eine Vertrauensperson der schwerbehinderten Menschen und mindestens ein Stellvertreter gewählt (§ 177 Abs. 1 S. 1 SGB IX). Der Personal- bzw. Betriebsrat hat dabei auf die Wahl der Schwerbehindertenvertretung hinzuwirken (§ 176 SGB IX).

Als Vertrauensperson sind „nicht nur vorübergehende Beschäftigte" wählbar, die das 18. Lebensjahr am Wahltag vollendet haben (§ 177 Abs. 3 S. 1 SGB IX) und der Dienststelle bzw. dem Betrieb seit mindestens sechs Monaten angehören. Dieser sechsmonatigen Zugehörigkeit bedarf es jedoch nicht, wenn der Betrieb oder die Dienststelle weniger als ein Jahr besteht (§ 177 Abs. 3 S. 1 Hs. 2 SGB IX). Wird versehentlich eine Person aus einer anderen Dienststelle gewählt, ist die Wahl anfechtbar (ArbG Berlin v. 6.11.2019, 60 BV 15435/18). Nicht wählbar sind die leitenden Angestellten (§ 177 Abs. 3 S. 2 SGB IX i. V. m. § 5 Abs. 3 S. 1 BetrVG). Arbeitnehmer des öffentlichen Dienstes, die im Wege einer Personalgestellung im Betrieb eines privatrechtlich organisierten Unternehmens nicht nur vorübergehend beschäftigt sind, sind in diesen Betrieben grundsätzlich nach § 177 Abs. 3 SGB IX wählbar. Nicht nur vorübergehend beschäftigt sind Mitarbeiter dabei jedenfalls dann, wenn die Beschäftigung voraussichtlich während der gesamten anstehenden Amtszeit andauern wird (BAG v. 25.10.2017, 7 ABR 2/16, ZTR 2018, 178). Die Vertrauensperson selbst muss nicht schwerbehindert sein. Beschäftigte müssen nicht zwingend in einem Arbeitsverhältnis zum Betriebsinhaber stehen, es genügt die tatsächliche Beschäftigung.

Hinsichtlich der Anzahl der schwerbehinderten Menschen in der Dienststelle bzw. im Betrieb sind grundsätzlich alle Beschäftigten zu berücksichtigen, also etwa auch Auszubildende, leitende Angestellte oder Mitarbeiter, deren Arbeitsverhältnis ruht (z. B. Elternzeit). Keine Berücksichtigung finden dagegen schwerbehinderte Mitarbeiter, die nur vorübergehend beschäftigt sind (z. B. Saisonarbeiter, Aushilfe) oder die sich im Rahmen der Altersteilzeit nach dem sog. Blockmodell in der Freistellungsphase befinden. Sofern Dienststellen bzw. Betriebe diese Voraussetzung nicht erfüllen, können sie für die Wahl mit gleichstufigen Dienststellen derselben Verwaltung oder räumlich nahe liegenden Betriebe des Arbeitgebers zusammengefasst werden (§ 177 Abs. 1 S. 4 SGB IX).

Die Amtszeit der gewählten Schwerbehindertenvertretung beträgt vier Jahre und beginnt grundsätzlich mit Bekanntgabe des Wahlergebnisses oder, wenn die Amtszeit der bisherigen Schwerbehindertenvertretung zu diesem Zeitpunkt noch nicht beendet ist, mit deren Ablauf (§ 177 Abs. 7 SGB IX). Die regelmäßigen Wahlen zur Schwerbehindertenvertretung finden alle vier Jahre in der Zeit vom 1. Oktober bis 30. November statt. Wenn eine Schwerbehindertenvertretung bis zum Beginn des für die regelmäßigen Wahlen festgelegten Zeitraums noch kein

Jahr bestanden hat, wird sie erst im darauffolgenden Zeitraum neu gewählt, § 177 Abs. 5 S. 4 SGB IX. Wahlberechtigt sind dabei alle in der Dienststelle bzw. in dem Betrieb beschäftigen schwerbehinderten und diesen gleichgestellten behinderten Menschen (§ 177 Abs. 2 SGB IX). Der Begriff der „Beschäftigten" setzt ein Arbeitsverhältnis nicht zwingend voraus. Er umfasst nicht bloß Arbeitnehmer im Sinne des BetrVG, sondern auch die in einem arbeitnehmerähnlichen Rechtsverhältnis stehenden behinderten Menschen im Arbeitsbereich anerkannter Werkstätten (sog. Rehabilitanden). Unerheblich ist dabei, ob die Rehabilitanden bereits durch einen Werkstattrat vertreten werden. Die Schwerbehindertenvertretung agiert als eigenständige Sondervertretung neben dem Werkstattrat, wobei sich beide Vertretungsorgane inhaltlich ergänzen (LAG Hessen v. 13.11.2023, 16 TaBV 72/23). Die Wahl ist geheim und unmittelbar.

Erscheint im Rahmen des vereinfachten Wahlverfahrens nur ein Schwerbehinderter zur Schwerbehindertenvertreterwahl, müssen trotzdem alle Schritte der Wahl durchgeführt werden, auch wenn sich der erschienene Schwerbehinderte zur Verfügung gestellt hat und andere Personen mangels Erfüllung der gesetzlichen Vorschriften nicht zur Wahl stehen. Ein bloßes „Ja ich mach's" ersetzt nicht die Übernahme der Wahlleitung, Klärung der Wahlbewerber und Durchführung der Wahl (vgl. LAG Baden-Württemberg v. 4.5.2016, 10 TaBV 2/16).

Hinsichtlich einer Wahlanfechtung gelten die entsprechenden Vorschriften für die Wahl des Personal- bzw. Betriebsrats sinngemäß nach § 177 Abs. 6 S. 2 SGB IX. Allerdings kann und muss die Wahl des stellvertretenden Mitglieds der Schwerbehindertenvertretung gesondert angefochten werden (BAG v. 23.7.2014, 7 ABR 23/12, ZTR 2014, 744). Bei der Wahl zu einer Schwerbehindertenvertretung im Geltungsbereich des BetrVG führte das Unterlassen eines Einspruchs gegen die Liste der Wahlberechtigten bisher nicht dazu, dass schwerbehinderte Arbeitnehmer ihre Berechtigung verlieren, wegen einer Verletzung des Wahlrechts ein Wahlanfechtungsverfahren nach § 177 Abs. 6 S. 2 SGB IX i. V. m. § 19 Abs. 1, 2 S. 1 BetrVG durchzuführen (LAG Hamm v. 2.9.2016, 13 TaBV 94/15). Dies hat sich mit der Schaffung des neuen § 19 Abs. 3 S. 1 BetrVG durch das Betriebsrätemodernisierungsgesetz, auf den § 177 Abs. 6 S. 2 SGB IX verweist, geändert. Eine § 19 Abs. 3 BetrVG entsprechende Regelung zur Einschränkung der Anfechtbarkeit enthält § 26 BPersVG hingegen nicht. Folglich bleibt es im Geltungsbereich des BPersVG dabei, dass ein Einspruch vor Anfechtung der Wahl nicht erforderlich ist. Zuständig für Anträge zur Feststellung der Nichtigkeit oder zur Anfechtung der Wahl sind ausschließlich die Gerichte für Arbeitssachen im Beschlussverfahren (§ 2a Abs. 1 Nr. 3a ArbGG). Auch der Streit über die Wirksamkeit einer Wahl zur Gesamtschwerbehindertenvertretung ist nach § 180 Abs. 7 i. V. m. § 177 Abs. 6 S. 2 SGB IX im arbeitsgerichtlichen Beschlussverfahren zu entscheiden (BAG v. 22.3.2012, 7 AZB 51/11, ZTR 2012, 414). So kann eine Wahl beispielsweise anfechtbar sein, wenn gegen den Grundsatz der Chancengleichheit verstoßen wird, indem einzelne Wahlbewerber unmittelbar vor der Wahl noch ihre Wahlwerbung an die privaten Postadressen der Wahlberechtigten versenden, obwohl der Arbeitgeber für die Wahlwerbung das Intranet zur Verfügung gestellt hat und dieses von den übrigen Wahlbewerbern genutzt wurde (LAG Hessen v. 15.6.2020, 16 TaBV 116/19). Die Wahl ist auch anfechtbar, wenn gegen wesentliche Vorschriften des Wahlverfahrens nach § 11 Abs. 1 Nr. 4 SchwbVWO verstoßen wurde. Ein solcher Verstoß wurde vom LAG Berlin-Brandenburg (v. 3.5.2022, 7 TaBV 1697/21) bei fehlenden Absenderangaben auf den Rückumschlägen bei der schriftlichen Stimmabgabe angenommen.

Das Amt der Schwerbehindertenvertretung endet vor Ablauf ihrer regulären Amtszeit, wenn die Vertrauensperson gemäß § 177 Abs. 7 S. 3 SGB IX ihr Amt verliert und kein gewähltes stellvertretende Mitglied vorhanden ist, das nachrücken kann. Das Amt der Vertrauensperson erlischt dabei nach § 177 Abs. 7 S. 3 SGB IX unter anderem dann vorzeitig, wenn die Vertrauensperson aufgrund ihres Ausscheidens aus der Dienststelle ihre Wählbarkeit verliert. Das ist auch dann der Fall, wenn die Dienststelle, in der die Vertrauensperson gewählt ist, ihre Dienststelleneigenschaft verliert und damit „als Dienststelle" aufhört zu existieren (BAG v. 14.9.2022, 7 ABR 17/21). Im Gegensatz zur Amtszeit des Betriebsrats endet die Amtszeit der Schwerbehindertenvertretung nicht dadurch, dass der Schwellenwert von fünf schwerbehinderten Beschäftigten nach § 177 Abs. 1 S. 1 SGB IX unterschritten wird (BAG v. 19.10.2022, 7 ABR 27/21).

Die Funktion der Vertrauensperson ist ein unentgeltliches Ehrenamt.

**WICHTIG!**

Für die Wahrnehmung ihres Amtes darf die Vertrauensperson keinerlei unmittelbare oder mittelbare wirtschaftliche Vorteile erhalten (z. B. zusätzliche Vergütung, Dienstwagen, günstige Konditionen beim Arbeitgeberdarlehen).

Die Vertrauensperson darf gemäß § 179 Abs. 2 SGB IX ebenso wenig wie ein Personal- oder Betriebsratsmitglied bei der Ausübung des Amts behindert, benachteiligt oder begünstigt werden. Sie genießt zudem den gleichen Kündigungs-, Versetzungs- und Abordnungsschutz wie Personal- bzw. Betriebsratsmitglieder, § 179 Abs. 3 SGB IX.

**WICHTIG!**

Die ordentliche Kündigung einer Vertrauensperson ist daher grundsätzlich ausgeschlossen. Für die Aussprache einer außerordentlichen Kündigung ist die vorherige Zustimmung des Personal- bzw. Betriebsrates entsprechend § 55 Abs. 1 BPersVG bzw. § 103 Abs. 1 BetrVG erforderlich. Einer Zustimmung der Schwerbehindertenvertretung zur Kündigung bedarf es dagegen nicht (BAG v. 19.7.2012, 2 AZR 989/11).

Im öffentlichen Dienst darf ein Personalratsmitglied und damit die Vertrauensperson – unabhängig vom Verlust ihrer Amtsstellung – gegen ihren Willen nur versetzt oder abgeordnet werden, wenn dies aus wichtigen dienstlichen Gründen unvermeidbar ist (§ 55 Abs. 2 BPersVG). Als Versetzung gilt dabei auch die mit einem Wechsel des Dienstortes verbundene Umsetzung in derselben Dienststelle. Eine Versetzung und auch eine Abordnung bedürfen der Zustimmung des Personalrates. In Betrieben ist das insofern strengere Zustimmungserfordernis des § 103 Abs. 3 BetrVG für die Versetzung ohne Einverständnis der Vertrauensperson ausdrücklich von dem Verlust der Amtsstellung abhängig.

Der Arbeitgeber ist gemäß § 179 Abs. 8 S. 1 SGB IX verpflichtet, die durch die Tätigkeit der Schwerbehindertenvertretung entstehenden Kosten zu tragen. Die Kostentragungspflicht betrifft auch Schulungsveranstaltungen gem. § 179 Abs. 4 S. 3 SGB IX, soweit die bei der Schulung vermittelten Kenntnisse für die Arbeit der Schwerbehindertenvertretung erforderlich sind (zur Kostentragung einer Rhetorikschulung vgl. BAG v. 8.6.2016, 7 ABR 39/14). Für öffentliche Arbeitgeber gelten dabei seit der Neuregelung des SGB IX durch das Bundesteilhabegesetz die Kostenregelungen für die Personalvertretungen nach § 179 Abs. 8 S. 1

SGB IX entsprechend. Bezüglich der Kostentragung ist dann auf das jeweilige Landespersonalvertretungsgesetz bzw. das BPersVG abzustellen. Daneben zu beachten ist die Regelung des § 179 Abs. 9 SGB IX, wonach der Schwerbehindertenvertretung Räume, die der Arbeitgeber dem Personalrat für Sitzungen, Sprechstunden und laufende Geschäftsführung zur Verfügung stellt, für die gleichen Zwecke ebenfalls zur Verfügung stehen. Daneben hat die Schwerbehindertenvertretung grundsätzlich keinen Anspruch auf eigene Räume und Sachmittel (LAG Schleswig-Holstein v. 26.4.2017, 6 TaBV 47/16). Nach § 179 Abs. 8 S. 3 SGB IX hat die Schwerbehindertenvertretung Anspruch auf eine Bürokraft in erforderlichem Umfang. Beteiligt der Arbeitgeber die Schwerbehindertenvertretung nur freiwillig, z. B. zu einer Betriebsvereinbarung „Kurzarbeit und Aufstockungsbetrag" sind in diesem Zusammenhang keine Kosten für Berater und Sachverständige der Schwerbehindertenvertretung vom Arbeitgeber zu tragen (LAG Hessen v. 25.8.2020, 16 TaBVGa 92/20). Unabhängig von dem zugrundeliegenden Beschäftigungsverhältnis sind Kosten der Schwerbehindertenvertretung immer bei den Arbeitsgerichten einzuklagen, also auch, wenn die Vertrauensperson der schwerbehinderten Menschen als Berufssoldat bei einer militärischen Dienststelle tätig war (BVerwG (1. Wehrdienstsenat) v. 13.10.2020, 1 WB 79.19). Der Dienststellenleiter darf die Erfüllung von Zahlungsverpflichtungen, welche die Schwerbehindertenvertretung durch die Wahrnehmung der ihr obliegenden Aufgaben verursacht hat, nicht ohne weiteres mit der Begründung verweigern, die dafür vorgesehenen Haushaltmittel seien erschöpft (LAG Berlin-Brandenburg v. 3.11.2022, 26 TaBV 751/22).

Nach Beendigung ihres Amtes genießt die Vertrauensperson für ein Jahr sogenannten nachwirkenden Kündigungsschutz, § 15 Abs. 1 S. 2 KSchG bzw. § 15 Abs. 2 S. 2 KSchG. Die ordentliche Kündigung ist auch in diesem Zeitraum ausgeschlossen, sodass wiederum nur eine Kündigung aus wichtigem Grund mit Zustimmung des Personal- oder Betriebsrates zulässig ist.

Die Vertrauensperson ist von ihrer beruflichen Tätigkeit ohne Minderung des Arbeitsentgelts freizustellen, wenn und soweit es zur Durchführung ihrer Aufgaben erforderlich ist (§ 179 Abs. 4 S. 1 SGB IX). Auf ihren Wunsch ist sie dauerhaft von ihrer beruflichen Tätigkeit freizustellen, wenn in der Dienststelle in der Regel wenigstens 100 (vormals 200) schwerbehinderte Menschen beschäftigt sind (§ 179 Abs. 4 S. 2 SGB IX). Damit hat der Gesetzgeber durch das Bundesteilhabegesetz die Mindestgröße des Betriebes für das Freistellungsverlangen einer Vertrauensperson halbiert. Das in § 179 Abs. 4 S. 2 SGB IX enthaltene Tatbestandsmerkmal „in der Regel wenigstens 100 schwerbehinderte Menschen" bedeutet, dass es nicht auf einen Stichtag, sondern auf einen Zeitraum ankommt. Insofern ist die unmittelbare Vergangenheit zu betrachten. Um zufällige Entwicklungen auszuschließen, sollte auf mehrere Monate abgestellt werden, wobei auch eine sich bereits konkret abzeichnende Entwicklungen nicht ausgeblendet werden darf (OVG Bautzen v. 30.6.2020, 2 B 332/19). Wenn rückwirkend eine Schwerbehinderung anerkannt wird, ist dieser Mitarbeiter bei der Berechnung der maßgeblichen Zahl zu berücksichtigen. Nicht mitzurechnen sind Mitarbeiter, die erst einen Antrag auf Anerkennung als Schwerbehinderte gestellt haben, der noch nicht beschieden wurde (OVG Bautzen v. 30.6.2020, 2 B 332/19).

Ein Freistellungsanspruch besteht auch für die Teilnahme an Schulungs- und Bildungsveranstaltungen, soweit diese Kenntnisse vermitteln, die für die Arbeit der Schwerbehindertenvertretung erforderlich sind (§ 179 Abs. 4 S. 3 SGB IX). Die Erforderlichkeit der Teilnahme an solchen Schulungs- und Bildungsveranstaltungen ist für die gesamte Schulung einheitlich zu bewerten. Die Aufteilung in einen erforderlichen und einen nicht erforderlichen Teil kommt nur dann in Betracht, wenn die einzelnen Themen so klar voneinander abgegrenzt sind, dass ein zeitweiser Besuch der Schulungsveranstaltung möglich und sinnvoll ist und wenn der erforderliche Teil gesondert gebucht werden kann. Ist eine solche Teilung praktisch nicht möglich, entscheidet über die Erforderlichkeit der Gesamtschulung, ob die erforderlichen Themen mit mehr als 50 % überwiegen (übertragbar zur Betriebsratsschulung vgl. BAG v. 28.9.2016, 7 AZR 699/14, ZTR 2017, 52).

§ 177 Abs. 8 SGB IX ordnet an, dass das in § 21a BetrVG geregelte Übergangsmandat des Betriebsrates auch entsprechend für Schwerbehindertenvertretungen gilt. Ausweislich der Gesetzesbegründung soll diese Regelung jedoch nur für Arbeitgeber gelten, die in den Anwendungsbereich des BetrVG fallen. Sie gelten nicht für Schwerbehindertenvertretungen im öffentlichen Dienst (BAG v. 14.9.2022, 7 ABR 17/21). Das BPersVG enthält keine vergleichbare Regelung für ein Übergangsmandat der Schwerbehindertenvertretung. Landesgesetze, wie beispielsweise Art. 27a BayPVG oder § 26a PersVG LSA, sehen ein Übergangsmandat bisweilen nur für Personalräte vor.

## III. Aufgaben der Schwerbehindertenvertretung

### 1. Allgemeine Aufgaben

Die Schwerbehindertenvertretung hat die Eingliederung schwerbehinderter bzw. ihnen gleichgestellter behinderter Menschen in die Dienststelle oder in den Betrieb zu fördern sowie deren Interessen zu vertreten und ihnen beratend und helfend zur Seite zu stehen (§ 178 Abs. 1 SGB IX). Sie hat hierzu insbesondere,

- über die Einhaltung der zugunsten schwerbehinderter Menschen geltenden Normen (z. B. in Gesetzen, Tarifverträgen oder Dienst- bzw. Betriebsvereinbarungen) zu wachen,

- Maßnahmen, die schwerbehinderten Menschen dienen, bei den zuständigen Stellen zu beantragen sowie

- Anregungen und Beschwerden von schwerbehinderten Menschen entgegenzunehmen und, falls diese berechtigt erscheinen, durch Verhandlung mit dem Arbeitgeber auf eine Erledigung hinzuwirken.

Zur Erfüllung ihrer Aufgaben hat die Schwerbehindertenvertretung das Recht, an allen Sitzungen des Personal- bzw. Betriebsrates und deren Ausschüsse, des Wirtschaftsausschusses sowie des Arbeitsschutzausschusses im Sinne des § 11 Arbeitssicherheitsgesetz (ASiG) beratend teilzunehmen (§ 178 Abs. 4 SGB IX). Das Teilnahmerecht bezieht sich dabei auch auf solche Sitzungen, in denen nicht spezifische Angelegenheiten schwerbehinderter Menschen erörtert werden (LAG Hessen v. 4.12.2001, 15 Sa 384/01). Der Schwerbehindertenvertretung steht insoweit zwar kein Stimmrecht zu. Sie kann allerdings ihren Standpunkt in die Beratung einfließen lassen und Anträge zur Tagesordnung stellen.

Die Schwerbehindertenvertretung hat darüber hinaus das Recht zu den Besprechungen zwischen Arbeitgeber und Personal- und Betriebsrat nach § 65 BPersVG bzw. § 74 Abs. 1 BetrVG hinzugezogen zu werden (§ 178 Abs. 5 SGB IX). Hierzu ist die Schwerbehindertenvertretung rechtzeitig und unter Mitteilung der Tagesordnung vom Arbeitgeber einzuladen.

### 2. Unterrichtungs- und Anhörungsrechte

Der Arbeitgeber muss die Schwerbehindertenvertretung in allen Angelegenheiten, die einen einzelnen oder die schwerbehinderten (bzw. ihnen gleichgestellten behinderten) Menschen als Gruppe betreffen, unverzüglich und umfassend unterrichten und vor einer Entscheidung anhören (§ 178 Abs. 2 S. 1 Hs. 1 SGB IX). Die Unterrichtungs- und Anhörungspflicht besteht noch nicht, wenn ein Arbeitnehmer mit einem GdB von 30 ein Gleichstellungsverfahren betreibt, welches noch nicht abgeschlossen ist (BAG v. 16.1.2024, 8 AZR 212/22; BAG v. 22.1.2020, 7 ABR 18/18). Erst ab der (positiven) Entscheidung über den Gleichstellungsantrag besteht die Beteiligungspflicht. Die Schwerbehindertenvertretung ist auch nicht „vorsorglich" zu beteiligen. Die Unterrichtung der Schwerbehindertenvertretung ist dabei unverzüglich, wenn sie ohne schuldhaftes Zögern (§ 121 Abs. 1 S. 1 Hs. 1 BGB) erfolgt.

**Beispiele**

> Einstellung, Umgruppierung, Beförderung, Versetzung, Abmahnung, Kündigung, Anordnung von Überstunden, Genehmigung von Nebentätigkeiten oder deren Versagung, Leistungsbeurteilungen.

Es muss jedoch ein Zusammenhang zu der Behinderung bestehen. So ist beispielsweise die Schwerbehindertenvertretung nicht vor Ausspruch einer Abmahnung zu beteiligen, wenn das vorgeworfene Verhalten nicht auf der Behinderung des Arbeitnehmers beruhen kann (LAG Baden-Württemberg v. 7.4.2017, 7 TaBV 1/17). Die Unterrichtungs- und Anhörungspflicht besteht deshalb grundsätzlich dann nicht, wenn die Angelegenheit oder die Entscheidung die Belange schwerbehinderter Menschen in keiner anderen Weise berührt als nicht schwerbehinderte Beschäftigte. Denn wenn sich eine Angelegenheit gleichmäßig und unabhängig von einer Schwerbehinderung oder Gleichstellung auf alle oder mehrere Beschäftigte auswirkt, benötigt der einzelne schwerbehinderte Mensch keine Beratung oder helfende Unterstützung durch die Schwerbehindertenvertretung (BAG v. 24.2.2021, 7 ABR 9/20, ZTR 2021, 533).

Der Abschluss eines Aufhebungsvertrags mit einem schwerbehinderten Menschen ist keine „Entscheidung" im Sinne von § 178 Abs. 2 S. 1 Hs. 1 SGB IX. Der Vertragsschluss ist kein einseitiger Willensakt des Arbeitgebers. Der Arbeitgeber ist daher nicht verpflichtet, die Schwerbehindertenvertretung vor dem Abschluss eines Aufhebungsvertrags mit einem schwerbehinderten Menschen anzuhören. Er muss sie nur unverzüglich – entweder vor oder unmittelbar danach – über den Abschluss des Aufhebungsvertrags, mit einem schwerbehinderten Menschen, unterrichten (BAG v. 14.3.2012, 7 ABR 67/10, ZTR 2012, 475). Wird eine Führungsposition besetzt, so ist die Schwerbehindertenvertretung auch ohne die Bewerbung schwerbehinderter Menschen auf die Stelle am Besetzungsverfahren zu beteiligen, wenn die Position besondere schwerbehindertenspezifische Führungsanforderungen stellt (BAG v. 17.8.2010, 9 ABR 83/09).

Eine Kündigung, die der Arbeitgeber gegenüber einem schwerbehinderten Menschen ausspricht, ist ohne die nach § 178 Abs. 2 S. 1 SGB IX vorgeschriebene Beteiligung der Schwerbehindertenvertretung unwirksam (§ 178 Abs. 2 S. 3 SGB IX). Das Bundesarbeitsgericht hat entschieden, dass es genügt, wenn der Arbeitgeber gem. § 178 Abs. 2 S. 1 Hs. 1 und S. 2 SGB IX die Schwerbehindertenvertretung vor Ausspruch der Kündigung ordnungsgemäß anhört (BAG v. 13.12.2018, 2 AZR 378/18, ZTR 2019, 233). Die Anhörung muss nicht schon vor der Beteiligung des Betriebs- bzw. Personalrats oder vor dem Antrag auf Zustimmung an das Integrationsamt erfolgen. Die „Entscheidung" im Sinne des § 178 Abs. 2 S. 1 SGB IX ist nicht der Zustimmungsantrag an das Integrationsamt oder die Anhörung des Personalrats. Es ist in dem Fall die Kündigungsentscheidung, die erst mit Ausspruch der Kündigung vollzogen wird. Die Unwirksamkeitsfolge greift auch dann nicht ein, wenn der Arbeitgeber lediglich die Mitteilungspflicht bezüglich der getroffenen Kündigungsentscheidung nach § 178 Abs. 2 S. 1 Hs. 2 SGB IX verletzt.

Generell muss die Unterrichtung und Anhörung durch den Arbeitgeber jeweils so rechtzeitig erfolgen, dass die Schwerbehindertenvertretung genügend Zeit hat, den Sachverhalt zu prüfen und Bedenken oder Gegenvorstellungen zu äußern (BAG v. 20.6.2018, 7 ABR 39/16). Hinsichtlich der Stellungnahmefristen findet § 102 Abs. 2 BetrVG analoge Anwendung. Eine entsprechende Anwendung der Fristenregelungen in den gegebenenfalls einschlägigen Personalvertretungsgesetzen scheidet demgegenüber aus (BAG v. 13.12.2018, 2 AZR 378/18, ZTR 2019, 233). Im Rahmen der Unterrichtung hat der Arbeitgeber der Schwerbehindertenvertretung Einsicht in alle Unterlagen zu gewähren, die zur Erfüllung ihrer Aufgaben und der notwendigen Meinungsbildung erforderlich sind. Der notwendige Unterrichtungsinhalt ist nicht auf schwerbehindertenspezifische Kündigungsbezüge reduziert (BAG v. 13.12.2018, a.a.O.). Nicht ausreichend für eine ordnungsgemäße Anhörung der Schwerbehindertenvertretung ist es regelmäßig, der Schwerbehindertenvertretung allein die Kopie eines an den Personalrat gerichteten Anhörungsschreibens im Vorfeld einer Kündigung zukommen zu lassen (LAG Mecklenburg-Vorpommern v. 7.3.2023, 5 Sa 127/22).

Der Schwerbehindertenvertretung steht allerdings kein Mitbestimmungsrecht zu. Bedenken oder Einwände der Vertrauensperson hindern den Arbeitgeber nicht daran, die von ihm geplante Maßnahme umzusetzen.

 **WICHTIG!**

Die Kündigung eines schwerbehinderten Menschen ist unwirksam, wenn sie ohne eine vorherige Beteiligung der Schwerbehindertenvertretung ausgesprochen wird, vgl. § 178 Abs. 2 S. 3 SGB IX. Der Unwirksamkeitsgrund des § 178 Abs. 2 S. 3 SGB IX sperrt zudem den arbeitgeberseitigen Auflösungsantrag nach § 9 Abs. 1 S. 2 KSchG (BAG v. 13.12.2018, 2 AZR 378/18). Eine bewusste Missachtung der Verpflichtung des Arbeitgebers aus § 178 Abs. 2 SGB IX kann außerdem als Ordnungswidrigkeit gemäß § 238 Abs. 1 Nr. 8 SGB IX verfolgt und mit einer Geldbuße von bis zu € 10.000,00 geahndet werden.

Unterlässt es der Arbeitgeber, nach der Bewerbung eines schwerbehinderten Arbeitnehmers die Schwerbehindertenvertretung zu informieren, kann der Betroffene einen Anspruch auf Schadensersatz wegen Benachteiligung geltend machen. Denn in einem solchen Fall kommt der Arbeitgeber seiner gesetzlich auferlegten Handlungspflicht gemäß § 164 Abs. 1 S. 4 SGB IX nicht nach, durch die im Sinne des § 5 AGG eine bisher in Beschäftigung und Beruf benachteiligte Gruppe gezielt gefördert werden soll. Die Benachteiligung liegt dabei in der Vorenthaltung des gesetzlich eingeräumten Vorteils einer Begleitung und Überwachung des Auswahl- und des Überprüfungsverfahrens durch die Schwerbehindertenvertretung zur Sicherung einer benachteiligungsfreien Stellenbesetzung. Dazu gehört vor allem das Recht, in die Bewerbungsunterlagen auch der nicht behinderten Bewerber Einblick zu nehmen und an den Vorstellungsgesprächen aller Bewerber teilzunehmen (VGH Mannheim v. 10.9.2013, 4 S 547/12). Es ist nicht ausreichend, dass die Schwerbehindertenvertretung auf alle Bewerberunterlagen zugreifen kann. Es muss vielmehr nach der Bewerbung eines schwerbehinderten Menschen ein unverzüglicher Hinweis durch

den Arbeitgeber dazu erfolgen, welcher Bewerber schwerbehindert ist (BAG v. 25.11.2021, 8 AZR 313/20).

Allerdings sind bei der Klärung der Frage, ob (genügend) Indizien vorliegen, um eine Benachteiligung i. S. d. AGG vermuten zu lassen, alle und nicht nur einzelne Umstände zu berücksichtigen. Für eine Verletzung von Verfahrens- und Förderpflichten des SGB IX gilt diesbezüglich keine Ausnahme im Sinne eines „Automatismus". Das schließt nicht aus, dass bei anders gelagerten Gesamtumständen deren Würdigung dazu führen kann, dass allein eine solche Verletzung der Verfahrens- und Förderpflichten zu Gunsten schwerbehinderter Menschen des SGB IX zu einem Entschädigungsanspruch i. S. v. § 15 Abs. 2 AGG führen kann (BAG v. 26.6.2014, 8 AZR 547/13, ZTR 2014, 731; vgl. auch LAG Mecklenburg-Vorpommern v. 30.7.2019, 5 Sa 82/18).

 **ACHTUNG!**

Das Unterrichtungs- und Anhörungsrecht der Schwerbehindertenvertretung umfasst die Teilnahme am Auswahlverfahren und Bewerbungsgespräch mit einem schwerbehinderten Bewerber auch dann, wenn dieser nach seiner Einstellung einem Dritten im Wege der Personalgestellung zugewiesen werden soll (BAG v. 15.10.2014, 7 ABR 71/12, ZTR 2015, 164).

Die Schwerbehindertenvertretung kann verlangen, dass die Durchführung oder Vollziehung der unter Verletzung des Beteiligungsrechtes beschlossenen Maßnahme ausgesetzt und die Beteiligung innerhalb von sieben Tagen nachgeholt wird (§ 178 Abs. 2 S. 2 SGB IX). Kommt der Arbeitgeber der Aufforderung zur Nachholung der Beteiligung nicht nach, kann die Aussetzung im Beschlussverfahren vor dem Arbeitsgericht durchgesetzt werden.

 **WICHTIG!**

Das Aussetzungsrecht geht seit der Novellierung des § 178 Abs. 2 S. 2 SGB IX bei Kündigungen nicht mehr ins Leere, selbst wenn der Arbeitgeber die beschlossene Maßnahme bereits vollzogen und das Kündigungsschreiben dem Arbeitnehmer schon übergeben hat. Denn eine unter Verstoß gegen die Aussetzung und erneute Entscheidungspflicht tatsächlich durchgeführte Kündigung ist zivilrechtlich unwirksam, vgl. § 178 Abs. 2 S. 3 SGB IX.

Unabhängig von der Durchführung oder Vollziehung ist es möglich, die Unterrichtung und Anhörung der Schwerbehindertenvertretung für die Entscheidung nachzuholen (VGH München v. 18.12.2019, 3 CE 19.1884).

### 3. Beteiligung bei der Stellenbesetzung

Die Schwerbehindertenvertretung hat das Recht, am Verfahren der Stellenbesetzung nach § 164 Abs. 1 SGB IX beteiligt zu werden (siehe hierzu → *Schwerbehinderte Menschen Ziffer VIII.*). Sie kann zudem bei Vorliegen von Vermittlungsvorschlägen der Bundesagentur für Arbeit oder bei Bewerbungen schwerbehinderter und diesen gleichgestellter Menschen Einsicht in die entscheidungsrelevanten Teile der Bewerbungsunterlagen nehmen und am Bewerbungsgespräch teilnehmen.

Allerdings entscheidet die über den Termin eines Vorstellungsgesprächs rechtzeitig in Kenntnis gesetzte Schwerbehindertenvertretung autonom, ob und auf welche Art und Weise sie sich in das Bewerbungsverfahren einschaltet. Der Arbeitgeber hat im Rahmen des § 178 Abs. 2 S. 3 SGB IX beispielsweise nicht die Teilnahme der Schwerbehindertenvertretung an Vorstellungsgesprächen zu erwirken (LAG Hamm v. 26.11.2015, 15 Sa 803/15).

 **ACHTUNG!**

Lehnt ein schwerbehinderter Mensch die Beteiligung der Schwerbehindertenvertretung ausdrücklich ab, kann diese aus § 164 SGB IX keine Rechte herleiten (§ 164 Abs. 1 S. 10 SGB IX).

## 4. Inklusionsvereinbarung

Der Arbeitgeber ist nach § 166 SGB IX verpflichtet, auf Verlangen mit der Schwerbehindertenvertretung und dem Personal- bzw. Betriebsrat sowie in Zusammenarbeit mit dem Beauftragten des Arbeitgebers (vgl. → *Schwerbehinderte Menschen Ziffer V.*) eine verbindliche Inklusionsvereinbarung (früher: Integrationsvereinbarung) zu treffen. Bereits bestehende Integrationsvereinbarungen gelten nach § 241 Abs. 6 SGB IX als Inklusionsvereinbarungen fort. Die Inklusionsvereinbarung soll Regelungen im Zusammenhang mit der Eingliederung schwerbehinderter und diesen gleichgestellten Menschen enthalten, insbesondere zur

- Personalplanung,
- Arbeitsplatzgestaltung,
- Gestaltung des Arbeitsumfelds,
- Arbeitsorganisation,
- Arbeitszeit sowie
- Durchführung in den Dienststellen und Betrieben.

Bei der Personalplanung sind besondere Regelungen zur Beschäftigung eines angemessenen Anteils von schwerbehinderten Frauen vorzusehen. Darüber hinaus können freiwillig weitere Regelungen in die Inklusionsvereinbarung aufgenommen werden, wie etwa

- zur angemessenen Berücksichtigung schwerbehinderter Menschen bei der Besetzung freier, frei werdender oder neuer Stellen;
- zu einer anzustrebenden Beschäftigungsquote, einschließlich eines angemessenen Anteils schwerbehinderter Frauen;
- zur Teilzeitarbeit;
- zur Ausbildung behinderter Jugendlicher;
- zur Durchführung der betrieblichen Prävention (betriebliches Eingliederungsmanagement) und zur Gesundheitsförderung sowie
- zur Hinzuziehung des Werks- oder Betriebsarztes auch für Beratungen über Leistungen zur Teilhabe sowie über besondere Hilfen im Arbeitsleben.

Die abgeschlossene Inklusionsvereinbarung ist der Agentur für Arbeit und dem Integrationsamt zu übermitteln (§ 166 Abs. 1 S. 6 SGB IX). Örtlich zuständig sind jeweils die Institutionen am Sitz des Arbeitgebers. Der Arbeitgeber hat in den Versammlungen schwerbehinderter und diesen gleichgestellter Arbeitnehmer über alle Angelegenheiten im Zusammenhang mit der Eingliederung schwerbehinderter Menschen zu berichten (§ 166 Abs. 4 SGB IX).

## 5. Prävention

Die Schwerbehindertenvertretung ist zudem vom Arbeitgeber stets zu beteiligen, wenn das Arbeitsverhältnis eines schwerbehinderten oder diesem gleichgestellten behinderten Menschen gefährdet ist. Insoweit trifft den Arbeitgeber nach § 167 Abs. 1 SGB IX die Pflicht, bei Eintreten von personen-, verhaltens- oder betriebsbedingten Schwierigkeiten im Arbeitsverhältnis, die zur Gefährdung des Arbeitsverhältnisses führen können, möglichst frühzeitig die Schwerbehindertenvertretung, den Personal- bzw. Betriebsrat sowie das Integrationsamt einzuschalten. Mit diesen Beteiligten soll der Arbeitgeber alle Möglichkeiten und alle zur Verfügung stehenden Hilfen zur Beratung und mögliche finanzielle Leistungen erörtern, mit denen die Schwierigkeiten beseitigt werden können und das Arbeitsverhältnis möglichst dauerhaft fortgesetzt werden kann. Die Einschaltung der Schwerbehindertenvertretung und der weiteren

Beteiligten hat dabei so rechtzeitig zu erfolgen, dass deren Vorschläge noch in die Überlegungen des Arbeitgebers einfließen können, bevor dieser seine endgültige Entscheidung zur Beendigung des Arbeitsverhältnisses getroffen hat. Der Arbeitgeber ist nicht verpflichtet, innerhalb der Wartezeit nach § 1 Abs. 1 KSchG ein Präventionsverfahren nach § 167 Abs. 1 SGB IX durchzuführen (BAG v. 21.4.2016, 8 AZR 402/14, ZTR 2016, 584).

 **WICHTIG!**

Ein Verstoß gegen § 167 Abs. 1 SGB IX im Vorfeld einer Kündigung führt nicht zwingend zu deren Unwirksamkeit. Die Durchführung des Präventionsverfahrens ist keine formelle Wirksamkeitsvoraussetzung für eine Kündigung gegenüber einem schwerbehinderten Menschen. Allerdings kann das Unterlassen von präventiven Maßnahmen je nach Einzelfall die Unverhältnismäßigkeit der Kündigung nach sich ziehen (BAG v. 7.12.2006, 2 AZR 182/06, ZTR 2007, 510). Hat der Arbeitgeber entgegen § 167 Abs. 1 SGB IX ein Präventionsverfahren nicht durchgeführt, trifft ihn eine erhöhte Darlegungslast im Hinblick auf denkbare, gegenüber einer Beendigungskündigung mildere Mittel, um die zum Anlass für die Kündigung genommene Vertragsstörung zukünftig zu beseitigen. Die erhöhte Darlegungslast entfällt auch jedenfalls bei einer fristlosen Kündigung nicht deshalb, weil das Integrationsamt der Kündigung nach § 167 Abs. 1 SGB IX zugestimmt hat (BAG v. 25.1.2018, 2 AZR 382/17).

Die Durchführung eines Präventionsverfahrens ist daneben auch keine Rechtmäßigkeitsvoraussetzung für die Zustimmungserklärung des Integrationsamtes zur Kündigung. Das Integrationsamt kann diesen Umstand aber bei seiner Ermessensentscheidung zulasten des Arbeitgebers berücksichtigen, wenn absehbar ist, dass bei Durchführung des Präventionsverfahrens eine Möglichkeit bestanden hätte, die Kündigung zu vermeiden (OVG Saarlouis v. 15.7.2021, 2 A 42/21).

# Social Media

 **Wegweiser:**

Weder im TVöD noch im TV-L gibt es keine besonderen Regelungen zur Social Media-Nutzung. Zu beachten sind neben den besonderen tarifvertraglichen Nebenpflichten (z. B. § 3 TVöD/ TV-L und § 41 TVöD-BT-V) insbesondere die allgemeinen arbeitsrechtlichen Regelungen. Relevant sind vor allem § 280 in Verbindung mit § 241 Abs. 2 BGB, § 823 BGB, die Vorschriften des Allgemeinen Gleichbehandlungsgesetzes (§§ 1 ff. AGG) sowie das Kündigungsrecht. Hierneben sind datenschutzrechtliche Vorschriften (z. B. § 26 BDSG und seit dem 25.5.2018 die Datenschutzgrundverordnung – DSGVO) sowie Regelungen des Wettbewerbsrechts (z. B. § 4 Nr. 1 und 4 UWG) zu berücksichtigen.

**I.    Problemaufriss**

**II.   Social Media-Nutzung bei der Vertragsanbahnung**

**III.  Social Media-Nutzung im laufenden Arbeitsverhältnis**

1.   Private Nutzung während der Arbeitszeit
2.   Grundsätze bei der privaten Social Media-Nutzung
   2.1   Pflichten betreffend eigene Äußerungen
   2.2   Pflichten betreffend Äußerungen Dritter
3.   Cybermobbing unter Kollegen: Handlungspflichten des Arbeitgebers?
4.   Social Media-Regeln

**IV. Social Media-Nutzung als Beendigungsgrund**
1. Verhaltensbedingte Kündigung
   1.1 Äußerung oder sog. Post oder Like als Kündigungsgrund
   1.2 Beiträge auf Bewertungsportalen
   1.3 Zwei-Wochen-Frist für den Ausspruch der fristlosen Kündigung, § 626 BGB
2. Personenbedingte Kündigung
3. Auflösungsantrag gem. § 9 Abs. 1 S. 2 KSchG

## I. Problemaufriss

Der Begriff Social Media bezeichnet digitale Medien und Technologien, mit deren Hilfe sich Nutzer im Internet austauschen und selbst Inhalte online stellen können. Insbesondere der hierin enthaltene Bereich der sozialen Netzwerke erfreut sich weltweit immer größer werdender Beliebtheit. Grundsätzlich können im Bereich Social Media zwei verschiedene Netzwerk-Arten unterschieden werden: Zum einen Netzwerke, die grundsätzlich für private Zwecke genutzt werden (z. B. Facebook), zum anderen Karriere-Netzwerke, die eine Plattform für geschäftliche Verbindungen bieten (z. B. Xing, LinkedIn).

Arbeitsrechtlich ist die Nutzung von Social Media nicht nur während des laufenden Arbeitsverhältnisses von Bedeutung. Auch bei der Anbahnung und der Beendigung von Arbeitsverhältnissen spielt die Nutzung von Social Media eine immer größer werdende Rolle. So werden über soziale Netzwerke Erkundigungen über Bewerber eingeholt, aber auch geeignete Bewerber gesucht und abgeworben. Die Verbreitung von Social Media bringt in arbeitsrechtlicher Hinsicht nicht nur Nutzen mit sich, sondern birgt auch Risiken. Nicht selten führen vor allem Äußerungen durch Arbeitnehmer in sozialen Netzwerken im Internet zu Problemen zwischen Arbeitnehmern oder zwischen Arbeitnehmern und Arbeitgebern. In einem schwerwiegenden Fall riskiert ein Arbeitnehmer aufgrund unangemessener Äußerungen im Netz sogar seinen Arbeitsplatz und läuft Gefahr, dass ihm fristlos gekündigt wird. Klare Regeln für eine Social Media-Nutzung am Arbeitsplatz sowie Handlungsempfehlungen für den außerdienstlichen Bereich können dazu beitragen, unangemessenem und vertragswidrigem Verhalten vorzubeugen.

## II. Social Media-Nutzung bei der Vertragsanbahnung

Hinsichtlich der Social Media-Nutzung bei der Vertragsanbahnung wird auf das Stichwort → *Recruiting* (Ansprechen potenzieller Arbeitnehmer in sozialen Medien, Ziffer II Nr. 3; Bewerberscreening mittels sozialer Netzwerke, Ziffer IV Nr. 5.3) verwiesen.

## III. Social Media-Nutzung im laufenden Arbeitsverhältnis

### 1. Private Nutzung während der Arbeitszeit

Wenn der Arbeitnehmer während der Arbeitszeit Social Media zu privaten Zwecken nutzt, kann hierin eine Pflichtverletzung in der Gestalt der unerlaubten privaten Internetnutzung liegen. Konkret bezogen auf die Nutzung von Social Media bestehen hier allerdings keine Besonderheiten im Vergleich zu sonstigem privaten Surfen am Arbeitsplatz, sodass auf das Stichwort → *Internet am Arbeitsplatz* verwiesen wird.

### 2. Grundsätze bei der privaten Social Media-Nutzung

Nicht nur die Nutzung von Social Media während der Arbeitszeit kann eine Pflichtverletzung im Rahmen des Arbeitsverhältnisses darstellen, sondern auch die Veröffentlichung bestimmter Inhalte mittels Social Media kann – sowohl während als auch außerhalb der Arbeitszeit – gegen arbeitsvertragliche Pflichten verstoßen.

### 2.1 Pflichten betreffend eigene Äußerungen

Die Meinungsfreiheit gemäß Art. 5 Abs. 1 S. 1 GG gestattet es Arbeitnehmern, ihre Meinung auch betreffend den Arbeitgeber oder Kollegen zu äußern. Die Äußerung von sachlicher Kritik ist dem Arbeitnehmer ebenfalls erlaubt. Zu beachten ist allerdings, dass der Arbeitnehmer durch die allgemeinen Rücksichtnahmepflichten des Arbeitsverhältnisses gemäß § 241 Abs. 2 BGB dazu verpflichtet ist, den Ruf des Arbeitgebers nicht herabzusetzen (Lützeler/Bissels, ArbRAktuell 2011, 499, 500) und sich loyal zu verhalten. Für Arbeitnehmer des öffentlichen Dienstes sind zudem die besonderen tarifvertraglichen Nebenpflichten von Relevanz. Wenngleich die zur Privatwirtschaft ergangenen Gerichtsentscheidungen grundsätzlich auch für den öffentlichen Dienst gelten, können im Einzelfall aus den besonderen tarifvertraglichen Nebenpflichten für Arbeitnehmer des öffentlichen Dienstes strengere Maßstäbe herzuleiten sein, als es die Gerichte bisher bei Arbeitnehmern der Privatwirtschaft getan haben.

Die Verbreitung bewusst unwahrer Tatsachen oder ehrverletzender Äußerungen mit dienstlichem Bezug ist dem Arbeitnehmer in keinem Fall gestattet. Handelt es sich bei den Äußerungen des Arbeitnehmers um Formalbeleidigungen oder Schmähkritik, sind diese noch nicht einmal von der Meinungsfreiheit gedeckt und in jedem Fall zu unterlassen.

Besondere Vorsicht ist beim Gebrauch von Social Media auch in Bezug auf die Geheimhaltung von Betriebs- und Geschäftsgeheimnissen geboten. Ist ein Arbeitnehmer hier nachlässig und veröffentlicht sensible Daten, verstößt er in aller Regel gegen Geheimhaltungs- und Verschwiegenheitspflichten aus dem Arbeitsverhältnis. Auf eine Schädigungsabsicht des Arbeitnehmers kommt es hierbei nicht an. Kundendaten, die auf einem Xing-Profil gespeichert werden, können Geschäftsgeheimnisse des Arbeitgebers sein. Dieser kann dem Arbeitnehmer ggf. die Nutzung der Kontaktdaten untersagen (ArbG Hamburg v. 24.1.2013, 29 Ga 2/13).

### 2.2 Pflichten betreffend Äußerungen Dritter

Im Rahmen der Nutzung von Social Media ist der Arbeitnehmer grundsätzlich nicht für Äußerungen Dritter verantwortlich. Die arbeitsvertragliche Loyalitätspflicht kann es aber im Einzelfall gebieten, auf Dritte einzuwirken. So entschied das ArbG Dessau-Roßlau, dass eine Arbeitnehmerin möglicherweise die Pflicht getroffen habe, auf ihren Ehemann einzuwirken, um eine Rücknahme schädigender Äußerungen zu erreichen. Ob die Arbeitnehmerin tatsächlich diese Pflicht traf, musste das ArbG nicht entscheiden, da die Äußerung zwischenzeitlich gelöscht worden war (ArbG Dessau-Roßlau v. 21.3.2012, 1 Ca 148/11). Eine eigenständige Pflicht des Arbeitnehmers kann auch darin bestehen, schädigende Aussagen Dritter, die auf einer Social Media-Seite des Arbeitnehmers veröffentlicht sind, zu löschen, soweit dem Arbeitnehmer dies möglich ist (Bauer/Günther, NZA 2013, 67, 71).

### 3. Cybermobbing unter Kollegen: Handlungspflichten des Arbeitgebers?

Kollegen-Mobbing findet heute nicht mehr nur im Büro, sondern auch im Netz statt. In diesem Zusammenhang ist hinsichtlich der Social Media-Nutzung auf folgende Aspekte besonders hinzuweisen. Den Arbeitgeber trifft nicht die Pflicht, sich selbst bei sozialen Netzwerken zu registrieren, um Äußerungen seiner Mitarbeiter generell zu kontrollieren oder einem konkreten Cybermobbing-Verdacht nachzugehen. Der Arbeitgeber muss erst tätig werden, wenn er durch Mitarbeiter oder auf andere Weise von einem Mobbing-Fall erfährt (Hey, BB 2013, 2805, 2807). Bei Feststellung eines Falls von Cybermobbing muss der Arbeitgeber den Arbeitnehmer – über die sonstigen Maßnahmen hinaus – dazu auffordern, seine Äußerung(en) zu löschen und eine Unterlassungserklärung betreffend zukünftige Äußerungen abzugeben (Hey, BB 2013, 2805, 2807). Für die Behandlung von Cybermobbing und die den Arbeitgeber in diesem Zusammenhang treffenden Pflichten wird im Übrigen auf das Stichwort → *Mobbing* verwiesen.

### 4. Social Media-Regeln

Um Problemen und unangemessenen Verhaltensweisen bei der Social Media-Nutzung durch Arbeitnehmer vorzubeugen, ist es ratsam, diesbezüglich klare schriftliche Regelungen zu treffen (z. B. Social Media-Richtlinien oder -Guidelines bzw. Behörden-Leitfäden Social Media). Hierin können Verhaltensregeln für den dienstlichen Gebrauch von Social Media und der Umfang privater Nutzung von Social Media am Arbeitsplatz festgelegt werden. Da das außerdienstliche, rein private Verhalten des Arbeitnehmers nicht vom Weisungsrecht des Arbeitgebers umfasst wird, ist es nicht möglich, für diesen Bereich verbindliche Regelungen aufzustellen. Social Media-Richtlinien können gleichwohl positive Auswirkungen auch auf die außerdienstliche Social Media-Nutzung haben, wenn Arbeitnehmer hierin auf Risiken bei der Nutzung hingewiesen, ihnen Verhaltensempfehlungen an die Hand gegeben und ihnen gezielt ihre bestehenden Pflichten vor Augen geführt werden (Loyalitäts- und Rücksichtnahmepflichten, Geheimhaltungs- und Verschwiegenheitspflichten) (Lützeler/Bissels, ArbRAktuell 2011, 499, 500). Für etwaiges Fehlverhalten können arbeitsrechtliche Konsequenzen angedroht werden. Im Ernstfall erleichtern solche Regelungen eine Sanktionierung. Dem Arbeitnehmer wird deutlich signalisiert, welches Verhalten der Arbeitgeber nicht akzeptiert, sodass der Arbeitnehmer sensibilisiert und „vorgewarnt" wird. Sinnvoll ist auch die Benennung eines speziellen Ansprechpartners für Fragen im Zusammenhang mit der Nutzung von Social Media.

Werden in einer Social Media-Regelung über die Rechtslage oder bestehende Tarifverträge hinausgehende Regelungen aufgestellt, besteht ein Mitbestimmungsrecht des Betriebsrats nach § 87 Abs. 1 Nr. 1 BetrVG und ggf. auch des Personalrats (z. B. für den Bund gemäß § 80 Abs. 1 Nr. 18 BPersVG).

Auch bei der Einrichtung eines eigenen Auftritts in den sozialen Medien (Linkedin, Xing, Instagram, Twitter, Facebook) kann der Betriebsrat ein Mitbestimmungsrecht haben. Die Auftritte stellen jedenfalls dann eine technische Einrichtung dar, die dazu bestimmt ist, das Verhalten oder die Leistung der Mitarbeiter zu überwachen, wenn Dritte dort Kommentare hinterlassen können. Denn dann können Dritte auch Kommentare abgeben, die sich auf das Verhalten oder die Leistung von Arbeitnehmern beziehen, anhand derer der Arbeitgeber das Verhalten der Arbeitnehmer überwachen kann (BAG v. 13.12.2016, 1 ABR 7/15, zum Facebook-Account; LAG Hamburg v. 13.9.2018, 2 TaBV 5/18, zum

Twitter-Account). Dies dürfte nach hier vertretener Ansicht auch entsprechend für die Personalratsbeteiligung nach § 80 Abs. 1 Nr. 21 BPersVG sowie nach den jeweils einschlägigen Landespersonalvertretungsgesetzen gelten, sofern in den dortigen Regelungen eine entsprechende Beteiligung vorgesehen ist (a. A. OVG Berlin-Brandenburg v. 4.8.2021, OVG 62 PV 5/20). Das OVG Berlin-Brandenburg sieht in einem eigenen Auftritt der Behörde in den sozialen Medien trotz der Möglichkeit für Bürger, Kommentare zu hinterlassen, keine mitbestimmungspflichtige technische Einrichtung im Sinne von § 80 Abs. 1 Nr. 21 BPersVG. Vielmehr handele es sich um ein technisches Hilfsmittel wie das „klassische" Telefon als Kommunikationsmittel, Taschenrechner und computergestützte Rechen- sowie Schreibprogramme als Arbeitshilfen und elektronische Akten als Archiveinrichtungen. Angesichts der grundsätzlichen Bedeutung dieser Rechtsfrage hat das OVG Berlin-Brandenburg die Rechtsbeschwerde zum Bundesverwaltungsgericht zugelassen. Eine höchstrichterliche Entscheidung steht aber nach wie vor aus.

## IV. Social Media-Nutzung als Beendigungsgrund

### 1. Verhaltensbedingte Kündigung

Ein Großteil der Kommunikation findet mittlerweile auf den Plattformen sozialer Netzwerke statt. Dass es hierbei auch unangemessene Äußerungen durch Arbeitnehmer über oder gegen Kollegen oder den Arbeitgeber gibt, ist keineswegs verwunderlich. In den letzten Jahren sind zahlreiche Gerichtsentscheidungen ergangen, die sich mit Kündigungen beschäftigen, die auf ein solches Verhalten zurückgehen. Eine Äußerung im Rahmen seiner Social Media-Nutzung kann einen Verstoß gegen die vertragliche Rücksichtnahmepflicht des Arbeitnehmers gemäß § 241 Abs. 2 BGB darstellen und arbeitsrechtliche Konsequenzen begründen. Dies sowie etwaige konkrete Maßnahmen (Abmahnung, ordentliche oder fristlose Kündigung) sind im Einzelfall unter Berücksichtigung des Grundrechts der Meinungsfreiheit gemäß Art. 5 Abs. 1 GG zu prüfen. Ein Arbeitnehmer kann sich allerdings nicht in jedem Fall auf die Meinungsfreiheit berufen. Anders als Werturteile oder Äußerungen, in denen sich Tatsachen und Meinungen vermengen, fallen bewusst wahrheitswidrige Tatsachenbehauptungen, Formalbeleidigungen und Schmähkritik ohne erkennbaren sachlichen Bezug nicht in den Schutzbereich der Meinungsfreiheit gemäß Art. 5 Abs. 1 GG (BAG v. 31.7.2014, 2 AZR 505/13, ZTR 2015, 235 zu Äußerungen in einer online-TV-Sendung über gewerkschaftsrelevante Themen bei „YouTube"). Eine Schmähung ist aus verfassungsrechtlichen Gründen jedoch nur unter engen Voraussetzungen anzunehmen, wenn die sachliche Auseinandersetzung nicht im Vordergrund steht, sondern die Diffamierung einer anderen Person oder Personen- oder Bevölkerungsgruppe (vgl. LAG Sachsen v. 27.2.2018, 1 Sa 515/17, ZTR 2018, 239, m. w. N., dass ein gepostetes Bild einer meckernden Ziege mit einer Sprechblase mit den Worten „Achmed, ich bin schwanger" nicht als Satire, sondern als von der Meinungsfreiheit nicht umfasste, menschenverachtende Schmähung und Geringschätzung einer ausländischen Bevölkerungsgruppe wertet). Unerheblich für den Grundrechtsschutz ist das vom Arbeitnehmer für die Äußerung gewählte Medium und ob seine Äußerung rational, emotional, begründet oder unbegründet ist. Das Recht zur freien Meinungsäußerung ist nicht schrankenlos. Es steht in Wechselwirkung insbesondere auch mit der es beschränkenden Rücksichtnahmepflicht gemäß § 241 Abs. 2 BGB. Ein Arbeitnehmer hat bspw. in seiner politischen Meinungsäußerung Zurückhaltung zu üben. Dies gilt nach Ansicht des Arbeitsgerichts Gelsenkirchen jedenfalls und ohne Einschränkung für die Äußerung rechts- und linksextremer Ansichten und entspricht der Loyalitätspflicht des Arbeitnehmers gegenüber seinem Arbeitgeber. Die Äußerungen extremer politischer Ansichten durch einen Angestellten des öffentlichen Dienstes sind geeignet, dem Ruf des Arbeitgebers abträglich zu sein, weshalb es nicht entscheidend darauf ankommt, ob eine Äußerung bei Facebook den Straftatbestand der Volksverhetzung gemäß § 130 StGB erfüllt (ArbG Gelsenkirchen v. 24.11.2015, 5 Ca 1444/15; ArbG Erfurt v. 25.8.2017, 8 Ca 739/17).

Ob es sich bei einer Äußerung um eine Tatsachenbehauptung oder um ein Werturteil handelt und ob sich eine vom Schutzbereich der Meinungsfreiheit grundsätzlich umfasste Äußerung auch im Einzelfall in den Grenzen der Meinungsfreiheit bewegt, hängt entscheidend vom Sinngehalt der fraglichen Erklärung ab. Für dessen Ermittlung ist zwar vom Wortlaut der Äußerung auszugehen. Der sprachliche Kontext, in dem sie steht, sowie die für den Empfänger erkennbaren Begleitumstände, unter denen sie gefallen ist, dürfen hierbei aber nicht unberücksichtigt bleiben (BAG v. 31.7.2014, 2 AZR 505/13, ZTR 2015, 235). Bei der Beurteilung, ob eine arbeitnehmerseitige Äußerung in sozialen Netzwerken im konkreten Einzelfall einen Verstoß gegen die Rücksichtnahmepflicht gemäß § 241 Abs. 2 BGB darstellt, der eine Kündigung zu rechtfertigen vermag, sind die Äußerungen im Wege einer umfassenden Gesamtanschauung des Einzelfalls unter Beachtung aller wesentlichen Umstände zu betrachten. Hierzu ist eine umfangreiche Abwägung der Interessen des Arbeitgebers und des Arbeitnehmers vorzunehmen (BAG v. 31.7.2014, 2 AZR 505/13, ZTR 2015, 235). Im Einzelfall ist auch zu unterscheiden, ob eine Äußerung als Privatperson oder als Arbeitnehmer getätigt wird. Ein Verstoß gegen das Rücksichtnahmegebot nach § 241 Abs. 2 BGB liegt aber (auch) dann vor, wenn ein Arbeitnehmer als Privatperson die berechtigten Interessen des Arbeitgebers in schwerwiegender Weise beeinträchtigt und das Verhalten des Arbeitnehmers einen Bezug zum Arbeitsverhältnis hat. Dies hat das LAG Sachsen bspw. im Fall eines Straßenbahnschaffners bejaht, der auf einer unter seinem Namen betriebenen Facebook-Seite öffentlich in seiner Uniform abgebildet war neben einem von ihm geposteten Bild einer meckernden Ziege mit einer Sprechblase mit den Worten „Achmed, ich bin schwanger" (vgl. oben).

### 1.1 Äußerung oder sog. Post oder Like als Kündigungsgrund

Eine unangemessene Äußerung oder ein sog. Post auf einer sozialen Plattform wird auf Dauer festgehalten und der Betroffene kann sich meist nicht (unmittelbar) verteidigen. Eine solche Äußerung wiegt daher grundsätzlich schwerer, als eine Äußerung „von Angesicht zu Angesicht" (LAG Hamm v. 10.10.2012, 3 Sa 644/12; ArbG Duisburg v. 26.9.2012, 5 Ca 949/12). Soweit ersichtlich, ist es für die Instanzrechtsprechung von Relevanz, welcher Personenkreis die Äußerung einsehen konnte. Es wird eine Differenzierung nach dem Öffentlichkeitsgrad/Vertraulichkeitsgrad der Äußerung vorgenommen (siehe hierzu ArbG Hagen v. 16.5.2012, 3 Ca 2597/11; VGH München v. 29.2.2012, 12 C 12.264). Eine unangemessene öffentliche Äußerung in der Facebook-Chronik, die damit – je nach Einstellung des Accounts – ggf. auch von Kollegen und Vorgesetzten eingesehen werden kann, ist unter Umständen bspw. gravierender als eine Äußerung im Rahmen einer reinen „privaten Unterhaltung", auf die lediglich

zwei Personen Zugriff haben; gleichermaßen dürfte dies für Kommentare – auch in beruflichen Netzwerken – gelten.

Es ist in der Rechtsprechung umstritten, ob soziale Medien wie Facebook überhaupt für vertrauliche Gespräche geeignet sind. So wird teilweise vertreten, dass der Arbeitnehmer grundsätzlich erwarten dürfe, dass eine vertrauliche Kommunikation vertraulich bleibt, auch wenn sie in sozialen Netzwerken stattfindet (VGH München v. 29.2.2012, 12 C 12.264). Nach anderer Ansicht wird dies abgelehnt. Das ArbG Dessau-Roßlau geht beispielsweise davon aus, dass Kommunikation auf einer sozialen Plattform im Internet nie vertraulich sei, da der Verfasser einer Äußerung immer mit der Veröffentlichung rechnen müsse (ArbG Dessau-Roßlau v. 21.3.2012, 1 Ca 148/11). Dieser generelle Ausschluss der Möglichkeit vertraulicher Kommunikation erscheint bedenklich angesichts dessen, dass in vielen Netzwerken auch Nachrichten verschickt werden (können), die lediglich einen Empfänger oder eine bestimmte Auswahl von Empfängern haben, für andere nicht sichtbar sind und somit stark einer E-Mail ähneln. Eine klärende höchstrichterliche Entscheidung steht diesbezüglich noch aus.

Ein wichtiger Grund für eine fristlose Kündigung kann allerdings auch gegeben sein, wenn ein Arbeitnehmer eine unzutreffende Behauptung, die geeignet ist, den Ruf eines Kollegen erheblich zu beeinträchtigen, über sog. Messenger an einen Kollegen verbreitet (LAG Baden-Württemberg v. 14.3.2019, 17 Sa 52/18, zur unzutreffenden Behauptung der Verurteilung wegen Vergewaltigung per WhatsApp).

Eine unangemessene Äußerung kann auch darin bestehen, dass der Arbeitnehmer im öffentlichen Kommentarbereich Vorgesetzte mittels sog. Emoticons beleidigt (LAG Baden-Württemberg v. 22.6.2016, 4 Sa 5/16) oder bewusst und gewollt geschäftsschädigende Tatsachenbehauptungen über den Arbeitgeber über digitale Medien verbreitet oder verbreiten lässt (LAG Rheinland-Pfalz v. 18.2.2019, 3 Sa 308/18, unter Hinweis auf BAG v. 31.7.2014, 2 AZR 505/13, ZTR 2015, 235).

In seinem Urteil vom 31.7.2014 (2 AZR 505/13, ZTR 2015, 235) hat das BAG ausgeführt, dass die Wahl des Mediums für eine Meinungsäußerung lediglich einer von mehreren Aspekten bei der Abwägung der wechselseitigen Interessen sei. Wenn das Medium zwar einem unbegrenzten Teilnehmerkreis zugänglich sei, sei auch zu berücksichtigen, ob davon ausgegangen werden konnte, dass es nur von einem thematisch interessierten und damit begrenzten Publikum aufgerufen würde.

Weitere Beurteilungskriterien bei der Abwägung der gegenläufigen Interessen sind Art und Umfang der Äußerung. So entschied das ArbG Duisburg in einem Fall, in dem ein Arbeitnehmer einen umfangreichen Beitrag auf Facebook „gepostet" hatte, in dem er seine Kollegen beschimpfte, dass seine Äußerungen als grobe Beleidigungen einzustufen seien und zu erheblichen Ehrverletzungen führten, die grundsätzlich eine fristlose Kündigung aus wichtigem Grund ohne Abmahnung rechtfertigten (ArbG Duisburg v. 26.9.2012, 5 Ca 949/12). Klickt ein Arbeitnehmer hingegen lediglich den „Gefällt mir"-Button (Like) an einem seinen Arbeitgeber herabsetzenden Beitrag, rechtfertigt dies aufgrund des eher niedrigen Bedeutungsgehalts regelmäßig keine Kündigung, sondern möglicherweise eine Abmahnung (ArbG Dessau-Roßlau v. 21.3.2012, 1 Ca 148/11). Weiter kann die Individualisierbarkeit der durch eine Äußerung herabgesetzten Person von Bedeutung sein (LAG Hamm v. 10.10.2012, 3 Sa 644/12; wohl auch BAG v. 31.7.2014, 2 AZR 505/13, ZTR 2015, 235).

Ferner soll zu berücksichtigen sein, ob der Arbeitnehmer eine Äußerung spontan abgibt oder gar im Affekt. Letzteres könne sich entlastend für ihn auswirken (ArbG Duisburg v. 26.9.2012, 5 Ca 949/12). Bei der Gewichtung dieses Umstands wird allerdings zu beachten sein, dass Äußerungen in sozialen Netzwerken typischerweise sehr häufig spontan sein dürften. Dies kann – auch insofern – kein Grund sein, der in jedem Fall dazu führt, einen Kündigungsgrund zu verneinen. Maßgeblich sind die jeweiligen Einzelfallumstände.

Im Rahmen der Abwägung ist schließlich zu berücksichtigen, ob eine Wiederholungsgefahr besteht, oder ob diese ausgeschlossen werden kann, z. B. wenn der Arbeitnehmer sein Verhalten bereut (VGH München v. 29.2.2012, 12 C 12.264) oder ganz besondere Umstände im Zeitpunkt der Äußerung vorgelegen haben (ArbG Duisburg v. 26.9.2012, 5 Ca 949/12). Es kann jedoch auch ein einmaliger Vorgang als wichtiger Grund für eine fristlose Kündigung genügen (BAG v. 31.7.2014, 2 AZR 505/13, ZTR 2015, 235). Eine zwischenzeitliche Löschung der Äußerung kann sich positiv für den Arbeitnehmer auswirken (ArbG Dessau-Roßlau v. 21.3.2012, 1 Ca 148/11). Die unerlaubte Veröffentlichung von Bildern eines Patienten durch eine im Krankenhaus im Pflegebereich tätige Person kann zwar grundsätzlich eine außerordentliche und fristlose Kündigung gem. § 626 BGB rechtfertigen. Die Interessenabwägung kann jedoch zu Gunsten des Arbeitnehmers ausgehen und die Kündigung im Ergebnis unwirksam sein. Bei der Interessenabwägung ist bspw. zu berücksichtigen, ob der Patient identifizierbar ist und ob er durch die Veröffentlichung bloßgestellt wird. Weiter ist zu prüfen, ob es einen Hinweis gibt, aus dem auf die Verbindung zum Arbeitgeber, bei dem der Patient behandelt wurde, geschlossen werden kann. Ein sofortiges Entfernen der Bilder kann für den Arbeitnehmer sprechen (LAG Berlin-Brandenburg v. 11.4.2014, 17 Sa 2200/13; die Entscheidung ist rechtskräftig; die Nichtzulassungsbeschwerde beim BAG, 2 AZN 490/14, wurde verworfen). Ebenso entschied das ArbG Mannheim hinsichtlich eines öffentlich zugänglichen Facebook-Postings von einem menschenverachtend „anmutenden" Bild, das der Arbeitnehmer nach einem Hinweis umgehend löschte und sich für das Posting entschuldigte. Im Rahmen der Interessenabwägung berücksichtigte die Kammer insbesondere noch die vierzehnjährige Betriebszugehörigkeit, die bestehenden Unterhaltsverpflichtungen und die Gedankenlosigkeit des Arbeitnehmers, sodass die Kündigung letztlich nicht zur Beendigung des Arbeitsverhältnisses führte (ArbG Mannheim v. 19.2.2016, 6 Ca 190/15). Hingegen hat das LAG Sachsen mit Urteil vom 27.2.2018, 1 Sa 515/17, ZTR 2018, 293, bei dem bereits erwähnten geposteten Bild einer meckernden Ziege mit den Worten „Achmed, ich bin schwanger" das Beendigungsinteresse des Arbeitgebers trotz einer 24-jährigen Dauer des Arbeitsverhältnisses höher eingestuft als das Interesse des Arbeitnehmers am Erhalt seines Arbeitsplatzes. Das LAG hat insbesondere darauf abgestellt, dass Angehörige der verunglimpften Bevölkerungsgruppe zahlreich den Straßenbahnbetrieb nutzten und eine nicht-ausländerfeindliche Haltung der Arbeitgeberin erwarten dürften. Weiter hat das LAG auf die Schwere der Vertragsverletzung abgestellt und sah auch eine Abmahnung nicht als geeignetes und erforderliches Mittel an. Das ArbG Hamburg hat in einem Einzelfall entschieden, dass das Fotografieren einer Dienstmütze der Polizei mit einem Totenkopf vor einer jüdischen Schule und das Hochladen des Bildes bei Facebook zwar einen Verstoß gegen die Loyalitätspflicht darstellen kann, der aber im konkreten Fall nicht so schwerwiegend gewesen sei, dass das Verhalten eine fristlose Kündigung rechtfertigt (ArbG Hamburg v. 18.9.2013, 27 Ca 207/13).

 **WICHTIG !**

Vor dem Ausspruch einer ordentlichen oder gar einer fristlosen Kündigung sollten immer zunächst die folgenden Fragen beantwortet und bei der Entscheidungsfindung berücksichtigt werden:

- Handelt es sich bei der Äußerung um eine grundrechtlich geschützte Meinungsäußerung?
- Welche Art von Äußerung wurde getätigt (z. B. „Chronikeintrag", „Gefällt mir", persönliche Nachricht etc.)?
- Welchen Vertraulichkeitsgrad hat die Äußerung? Ist die Äußerung für alle sichtbar oder nur für bestimmte Personen?
- Ist der Arbeitgeber oder die Person, um die es geht, individualisierbar?
- Handelt es sich um eine wohl überlegte oder eher um eine spontane Äußerung?
- Aus welchem (privaten oder dienstlichen) Anlass wurde die Äußerung getätigt?
- Bereut der Verfasser sein Verhalten? Wurde die Äußerung bereits gelöscht?

### 1.2 Beiträge auf Bewertungsportalen

Ein kürzlich erlassener Beschluss des OLG Hamburg (v. 8.2.2024, 7 W 11/24) bietet ein Einfallstor für zukünftige Beendigungstatbestände. In einem Eilverfahren hat das OLG Hamburg entschieden, dass das Bewertungsportal „kununu" die Namen der bewertenden Personen herausgeben muss, wenn die Echtheit der Bewertung angezweifelt wird. Kununu ist eine Online-Plattform, die sich auf Arbeitgeberbewertungen spezialisiert hat und auf dem Mitarbeiter ihre Erfahrungen und Meinungen über ihre Arbeitgeber teilen können. Die Plattform bietet Mitarbeitern die Möglichkeit, ihre Arbeitgeber anhand verschiedener Kriterien zu bewerten. Diese Bewertungen sind anonym. Dies gibt den Mitarbeitern einerseits die Möglichkeit, ehrlich und offen über ihre Erfahrungen zu schreiben, andererseits bietet die Anonymität Mitarbeitern aber auch Anlass, Frust und Dampf über ihre Arbeitgeber loszuwerden. Kununu hat angekündigt, gegen diesen Beschluss vorzugehen. Das Ergebnis des Hauptsacheverfahrens bleibt abzuwarten.

Sollten Bewertungsportale die Namen der bewertenden Personen zukünftig herausgeben müssen, gilt es zu prüfen, inwieweit die Bewertungen der Mitarbeiter von der Meinungsfreiheit nach Art. 5 Abs. 1 GG gedeckt sind. Auch das Aufdecken von Missständen kann von der Meinungsfreiheit gedeckt sein. Dennoch gilt das Recht auf Meinungsfreiheit nicht schrankenlos. Grundsätzlich gilt: Wer Missstände bei seinem Arbeitgeber öffentlich machen will, ist verpflichtet, die Tatsachen, die er öffentlich machen will, zunächst selbst einer sorgfältigen Prüfung zu unterziehen, bevor er damit an die Öffentlichkeit geht (LAG Thüringen v. 19.4.2023, 4 Sa 269/22).

### 1.3 Zwei-Wochen-Frist für den Ausspruch der fristlosen Kündigung, § 626 BGB

Auch bei einer fristlosen Kündigung aufgrund einer Äußerung in einem sozialen Netzwerk ist die Zwei-Wochen-Frist des § 626 Abs. 2 BGB einzuhalten. Zu berücksichtigen ist allerdings, dass eine dauerhaft sichtbare Äußerung einen Dauertatbestand darstellen und die Zwei-Wochen-Frist aus diesem Grund jeden Tag bis zu einer etwaigen Löschung neu zu laufen beginnen dürfte (ArbG Duisburg v. 26.9.2012, 5 Ca 949/12).

## 2. Personenbedingte Kündigung

Sowohl die Darstellung der eigenen Person im Internet als auch im Internet veröffentlichte private Aktivitäten und hochgeladene Bilder können im Rahmen einer Gesamtbetrachtung im Einzelfall eine personenbedingte Kündigung rechtfertigen. In einem vom LAG Baden-Württemberg entschiedenen Fall war die Kündigung eines Kindererziehers im öffentlichen Dienst aus personenbedingten Gründen wegen mangelnder Eignung gerechtfertigt, weil dieser laut seinem Facebook-Profil mit einem NPD-Stadtrat befreundet ist (LAG Baden-Württemberg v. 11.2.2016, 16 Sa 43/15). Hieraus ergebe sich eine mangelnde Distanzierung zur als verfassungsfeindlich einzustufenden politischen Partei NPD. Ausweislich der vom Arbeitnehmer betriebenen Facebook-Profile höre der Arbeitnehmer Radiosender, bei denen es sich unbestritten und erwiesenermaßen um rechtsradikale Internetpropagandasender der Neo-Nazi-Szene handle. Ebenso habe in dessen Facebook-Profil ein Titelbild Eingang gefunden, bei dem der Arbeitnehmer eine gewalttätige Szene zwischen „Demonstranten" und Polizisten mit Kinderspielzeug des Arbeitgebers nachgestellt hat, die blutüberströmt am Boden lagen. Aus all dem ergäben sich hohe Zweifel an der Eignung des Arbeitnehmers zur Erbringung der vertraglich geschuldeten Leistung. In der Vorinstanz hatte das ArbG Mannheim in diesem Fall noch eine fristlose Kündigung bestätigt. Das LAG Baden Württemberg erklärte diese jedoch für unwirksam, erhielt aber die hilfsweise erklärte ordentliche Kündigung aufrecht.

Weiter wies das ArbG Berlin die Kündigungsschutzklage eines Grundschullehrers zurück, der auf der Internetplattform YouTube einen eigenen Kanal unter dem Pseudonym „Der Volkslehrer" betrieb. In seinen Videos vertrat der Lehrer unter anderem Verschwörungstheorien und ließ eine geistige Nähe zur sogenannten Reichsbürgerbewegung erkennen. Das Land Berlin kündigte das Arbeitsverhältnis außerordentlich wegen fehlender persönlicher Eignung für die Tätigkeit als Lehrer im öffentlichen Dienst. Nach Ansicht des ArbG Berlin sei nicht anzunehmen, dass sich der Lehrer in Zukunft im erforderlichen Maße zur freiheitlich demokratischen Grundordnung im Sinne des Grundgesetzes bekennen werde (ArbG Berlin v. 16.1.2019, 60 Ca 7170/18).

Ebenso erfolglos blieb die Kündigungsschutzklage eines Lehrers, der als Administrator und Gründer einer Chatgruppe antisemitische Inhalte verbreitete (LAG Mecklenburg-Vorpommern v. 21.6.2022, 5 Sa 256/21).

## 3. Auflösungsantrag gem. § 9 Abs. 1 S. 2 KSchG

Auch während eines laufenden Kündigungsschutzprozesses können Äußerungen in sozialen Netzwerken noch zu nachteiligen Konsequenzen für den Arbeitnehmer führen. So hatte das LAG Rheinland-Pfalz einen Fall zu entscheiden, in dem ein Arbeitnehmer des öffentlichen Dienstes im Nachgang zu der ihm gegenüber ausgesprochenen Kündigung mittels eines „Facebook-Posts" Kritik an seinem Arbeitgeber geübt und dabei auch von „rausekeln" gesprochen hatte. Über eine „Facebook-Einladung" hatte er zudem zur Teilnahme an einer Stadtratssitzung aufgerufen und sich über die „Umgehung des Stadtrates" und „dubiose Kündigungskampagnen" beschwert. Das LAG urteilte, dass die Kündigung des Arbeitnehmers unwirksam sei. Aufgrund des späteren Verhaltens des Arbeitnehmers stimmte es jedoch dem Auflösungsantrag des Arbeitgebers nach § 9 Abs. 1 S. 2 KSchG zu (LAG Rheinland-Pfalz v. 21.10.2011, 9 Sa 110/11).

 **ACHTUNG!**

Auch nach erfolgter – zumindest hilfsweise erklärter – ordentlicher Kündigung kann eine unangemessene Äußerung mittels

Social Media noch zur Beendigung des Arbeitsverhältnisses gemäß § 9 Abs. 1 S. 2 KSchG führen.

# Sparkasse

 **Wegweiser:**

Eine Sonderstellung im Arbeitsrecht des öffentlichen Dienstes nehmen die Sparkassen ein. Hier ist neben dem TVöD – Allgemeiner Teil (AT) auch der hierzu bestehende Besondere Teil Sparkassen zum TVöD (BT-S) zu beachten. Der TVöD-S stellt die durchgeschriebene Fassung dieser beiden rechtlich selbstständigen Tarifwerke dar, in dem die Regelungen zusammengeführt sind (vgl. hierzu die Legende der entsprechenden Regelungen bei Sponer/Steinherr, TVöD Komm. Teil 140 am Ende). Für die Eingruppierung im Sparkassendienst gilt Teil B XXV der EntgO (VKA). Zu beachten ist ferner das jeweilige Sparkassengesetz der Länder.

Gemäß Teil C Ziffer 7 des Einigungspapiers der Tarifrunde 2018 vom 18.4.2018 (2:00 Uhr) haben sich die Tarifvertragsparteien zur Erhaltung der Wettbewerbsfähigkeit der Sparkassen gegenseitig zugesagt, Verhandlungen mit dem Ziel der Prüfung der tarifvertraglichen Möglichkeiten unter Einbeziehung einer möglichen Veränderung der Sparkassensonderzahlung (SSZ) zu führen. Diese Verhandlungen sollten im Mai 2018 aufgenommen und möglichst bis Ende des Jahres 2018 abgeschlossen werden. Eine erfolgreiche Umsetzung dieses Vorhabens blieb zunächst aus. Anlässlich der Tarifverhandlungen für den öffentlichen Dienst von Bund und Kommunen 2020 (Einigung vom 25. Oktober 2020) sind in Anbetracht der Corona-Pandemie für den Bereich der Sparkassen gleich mehrere kostenkompensierende Elemente vereinbart worden. Hierzu gehören eine Verschiebung der Erhöhung der Tabellenentgelte, die Absenkung des garantierten Anteils der Sparkassensonderzahlung sowie der Umstand, dass sich die ab dem 1. April 2021 wirksam werdenden allgemeinen Entgelterhöhungen nicht auf die Berechnung der Sparkassensonderzahlung auswirken (vgl. unten).

Vgl. hierzu insgesamt: Breier/Dassau TVöD Komm. Teil B 3.1.4 sowie Teil B 4.3 und Breier/Dassau/Faber TVöD-EntgO VKA Komm. Teil D 1.3.25.

**I.   Anwendungsbereich des TVöD-S**

**II.  Wichtige Regelung aus dem TVöD-AT**
1. Angaben zu Vorstrafen
2. Annahme von Vergünstigungen
3. Personalgestellung
4. Arbeitszeit

**III. Die Besonderheiten des TVöD-S**
1. Abweichung von den tarifvertraglichen Regelungen des TVöD-S
2. Leistungs- und erfolgsorientiertes variables Entgelt
  2.1 Grundsätze
  2.2 Zielvereinbarung
  2.3 Systematische Leistungsbewertung
3. Sparkassensonderzahlung (SSZ)
  3.1 Grundsätze
  3.2 Individuell-leistungsbezogener Anteil
  3.3 Unternehmenserfolgsbezogener Anteil
4. Vermögenswirksame Leistungen
5. Ausbildungsvergütung
6. Qualifizierung
7. Verschwiegenheitspflicht, Bankgeheimnis

**IV. Aufsichtsrechtliche Anforderungen**
1. Allgemeine Anforderungen
2. Besondere Anforderungen

**V. Handelsregistereintrag nach Sparkassenfusion**

## I. Anwendungsbereich des TVöD-S

Nach § 1 Abs. 1 TVöD-S gelten dessen Regelungen für Beschäftigte der Sparkassen, die einem Mitgliedsverband der Vereinigung der kommunalen Arbeitgeberverbände (VKA) angehören. Für Sparkassen als rechtsfähige Anstalten des öffentlichen Rechts ist der Anwendungsbereich ebenso eröffnet wie für verselbstständigte Tochterunternehmen, die Mitglied im VKA sind.

 **WICHTIG!**

In Bayern besteht die Besonderheit, dass der Arbeitgeber nicht die Sparkasse, sondern ihr Gewährsträger, z. B. der Landkreis, ist (BAG v. 29.8.1979, 4 AZR 840/77, AP Nr. 2 zu §§ 22, 23 BAT Sparkassenangestellte; Breier/Dassau TVöD Komm. Teil B 4.3 § 1 TVöD-S Rn. 15).

Zudem ergibt sich aus der Bayerischen Verfassung keine Verpflichtung des Gesetzgebers, für die als Anstalten des öffentlichen Rechts organisierten Sparkassen eine Unternehmensmitbestimmung gleich welcher Art einzuführen. Insofern ist Art. 9 Abs. 1 S. 1 Buchst. a des Gesetzes über die öffentlichen Sparkassen (SpkG), nachdem Beamte und Arbeitnehmer des Trägers oder der Sparkasse – vorbehaltlich des Art. 6 Abs. 2 – nicht Mitglieder des Verwaltungsrats sein dürfen, verfassungsrechtlich nicht zu beanstanden (Bay. VGH v. 14.2.2011, 2-VII-10, ZIP 2011, 664).

Zu den Beschäftigten der Sparkasse gehören alle ihre Arbeitnehmer, ob im Kunden-, Schalterdienst, der Verwaltung oder im Außendienst, also auch nicht sparkassenspezifisch Beschäftigte, wie Boten oder Reinigungskräfte. Nur noch bei der Sparkassensonderzahlung in § 18.4 Abs. 1 TVöD-S findet sich die Unterscheidung zwischen sparkassenspezifisch und nicht sparkassenspezifisch Beschäftigten. Letztere erhalten nur den garantierten Anteil der Sparkassensonderzahlung von einem Monatstabellenentgelt, jedoch nicht zusätzlich noch den variablen Anteil der Sparkassensonderzahlung.

Auf die Arbeitsverhältnisse der Beschäftigten findet der TVöD-S entweder kraft Tarifbindung aufgrund der Gewerkschaftszugehörigkeit des Beschäftigten, regelmäßig zumindest kraft dynamischer Bezugnahme im Arbeitsvertrag Anwendung.

Nach § 1 Abs. 2 TVöD-S erfolgt keine Anwendung des TVöD-S auf leitende Angestellte im Sinne des § 5 Abs. 3 BetrVG, wenn ihre Arbeitsbedingungen einzelvertraglich besonders vereinbart sind, und auf Beschäftigte, die ein über das Tabellenentgelt der Entgeltgruppe 15 hinausgehendes regelmäßiges Entgelt erhalten („AT-ler"). Aus dem Anwendungsbereich des TVöD-S ausgenommen sind unter anderem auch Auszubildende (vgl. hierzu → *Berufsausbildungsverhältnis [TVAöD]*), Praktikanten und wissenschaftliche Kräfte (der Sparkassenakademien). Nach § 1 Abs. 2 m) TVöD-S sind auch geringfügig Beschäftigte im Sinne des § 8 Abs. 1 Nr. 2 SGB IV aus dem Geltungsbereich des TVöD-S ausgenommen.

 **WICHTIG!**

Nach § 1 Abs. 4 TVöD-S können mit Beschäftigten der Entgeltgruppe 15 individualvertraglich vom Tarifvertrag abweichende Regelungen zum Entgelt und zur Arbeitszeit getroffen

werden. Es ist z. B. möglich, die Gewährung der Sparkassensonderzahlung nach § 18.4 TVöD-S auszuschließen und eine anderweitige variable Vergütung zu vereinbaren. Für Führungskräfte von Sparkassen können damit bereits unterhalb des außertariflichen Bereichs flexiblere Arbeitsbedingungen geschaffen werden.

## II. Wichtige Regelung aus dem TVöD-AT

Aus dem Allgemeinen Teil des TVöD sind folgende, deckungsgleich in den TVöD-S übernommene Regelungen (vgl. hierzu im Übrigen → *Tarifvertrag*) für Sparkassen besonders praxisrelevant.

### 1. Angaben zu Vorstrafen

Vor Abschluss des Arbeitsvertrages, § 2 TVöD-S, ist die Frage nach Vorstrafen zulässig, wenn und soweit die zu besetzende Stelle oder die zu leistende Arbeit dies erfordert. Liegt die Vorstrafe auf einem Gebiet, das mit der laut Arbeitsvertrag vom Beschäftigten zu verrichtenden Tätigkeit unmittelbar zusammenhängt (sog. „einschlägige Vorstrafe"), muss eine Frage nach einer derartigen Vorstrafe richtig beantwortet werden (LAG Düsseldorf v. 24.4.2008, 11 Sa 2101/07, PersR 2008, 465). Wenn Vorstrafen vorliegen, darf die Sparkasse diese zu Ungunsten des Bewerbers berücksichtigen und von einer Einstellung absehen.

**Beispiele**

Die Frage nach einer Vorstrafe wegen eines Vermögensdelikts ist, anders als aufgrund eines Verkehrsdelikts, bei einer Einstellung eines Beschäftigten im Kassenbereich zulässig. Bei der Einstellung eines auf den Führerschein angewiesenen Außendienstmitarbeiters darf auch nach Vorstrafen wegen eines Verkehrsdelikts, nicht aber wegen eines Umweltdelikts, gefragt werden.

Aus Sparkassensicht empfiehlt es sich, hierzu eine schriftliche Erklärung des Beschäftigten im Rahmen der Einstellung (z. B. im Personalbogen oder spätestens im Arbeitsvertrag) einzuholen. Ist der Beschäftigte entgegen dieser Versicherung doch wegen eines Vermögensdelikts vorbestraft, kann der Arbeitsvertrag erfolgreich angefochten und das Arbeitsverhältnis mit sofortiger Wirkung beendet werden.

 **WICHTIG!**

Verurteilungen, die im Bundeszentralregister getilgt sind, braucht ein Stellenbewerber auf die pauschale Frage nach dem Vorliegen von Vorstrafen nicht anzugeben (vgl. BAG v. 20.3.2014, 2 AZR 1071/12, ZTR 2014, 664). Dem öffentlichen Arbeitgeber steht es aber weiterhin frei, gezielt nach Vorstrafen – auch getilgten – zu fragen, die für das Arbeitsverhältnis von Bedeutung sind. In solchen Fällen kann der Arbeitgeber sich auf ein berechtigtes, billigenswertes und schützenswertes Interesse berufen. Ebenso gestaltet sich die Rechtslage für die Frage nach laufenden Ermittlungsverfahren. Der öffentliche Arbeitgeber sollte daher vermeiden, pauschal nach „Vorstrafen" zu fragen, sondern immer den konkreten Bezug zum Arbeitsverhältnis herstellen (vgl. Pawlak, öAT 2014, 229). Ungeklärt ist, ob der Bewerber auf eine zulässige Frage des Arbeitgebers wahrheitswidrig antworten darf, wenn die in Rede stehende Vorstrafe nicht in das Führungszeugnis aufzunehmen, aus diesem zu tilgen oder aus diesem bereits getilgt worden ist. In diesem Fall spricht die Wertentscheidung des Gesetzgebers, die im Bundeszentralregistergesetz in den §§ 51 bis 53 ihren Ausdruck gefunden hat, dafür, dem Bewerber ein „Recht zur Lüge" zuzugestehen.

## 2. Annahme von Vergünstigungen

Gemäß § 3 Abs. 2 TVöD-S dürfen Beschäftigte von Dritten Belohnungen, Geschenke, Provisionen oder sonstige Vergünstigungen in Bezug auf ihre Tätigkeit nicht annehmen. Ausnahmen sind zwar mit Zustimmung des Arbeitgebers möglich, jedenfalls ist es für Beschäftigte tarifvertraglich geboten, das Angebot einer derartigen Vergünstigung dem Arbeitgeber unverzüglich anzuzeigen.

 **WICHTIG!**

Empfehlenswert und unter compliance-Gesichtspunkten heute üblich ist, die Zulässigkeit der Annahme von Vergünstigungen den Beschäftigten gegenüber zu präzisieren, insbesondere die Festlegung einer bestimmten Wertgrenze oder eine Anzeigeverpflichtung vorzunehmen, um die Annahme dann im Einzelfall zu untersagen oder zu gestatten. Verstößt der Beschäftigte gegen eine so konkret gefasste Regelung, kann er sich dem Vorwurf eines Pflichtverstoßes im Rahmen einer verhaltensbedingten Kündigung schwerer entziehen.

Unerheblich ist, ob Belohnungen oder Geschenke im Sinne der Tarifvorschrift eine Amtspflichtverletzung bewirken oder entgelten sollen (Breier/Dassau, TVöD, § 3 TVöD-AT Rn. 29). Ein Verstoß gegen § 3 Abs. 2 TVöD-S ist regelmäßig geeignet, einen Grund für eine außerordentliche Kündigung zu bilden (BAG v. 10.3.2005, 2 AZR 245/04, ZTR 2006, 103); gleichwohl kommt es auch hier auf die Umstände des Einzelfalles an. Die Vergünstigung muss in Bezug auf die Tätigkeit zugeflossen sein. Es ist ein innerer Zusammenhang zwischen der Vorteilsgewährung und der von dem Beschäftigten auszuübenden Tätigkeit erforderlich; es bedarf aber dafür keines unmittelbaren Zusammenhangs mit einer konkreten pflichtgemäßen oder pflichtwidrigen dienstlichen Handlung (LAG Hamm v. 19.8.2010, 17 Sa 559/10, öAT 2010, 234). In der Praxis müssen Sparkassen wegen der Zwei-Wochen-Frist des § 626 Abs. 2 BGB (insbesondere bei tarifvertraglich unkündbaren Beschäftigten) unverzüglich reagieren.

## 3. Personalgestellung

Gerade im Bereich der Sparkassen gewinnt die Personalgestellung (vgl. hierzu → *Personalgestellung*) gemäß § 4 Abs. 3 S. 1 TVöD-S aufgrund von Privatisierungen, die keinen Betriebsübergang darstellen, zunehmend an Bedeutung.

Durch die Einführung dieser Erweiterung des Direktionsrechts (vgl. hierzu im Übrigen → *Direktionsrecht*) haben die Tarifvertragsparteien gerade der sparkassenspezifischen Bedarfslage Rechnung getragen (vgl. hierzu Breier/Dassau TVöD Komm. Teil B 1 § 4 TVöD Rn. 1 ff.). Im Wege der Personalgestellung kann die Sparkasse Aufgaben eines Beschäftigten auf ein Drittunternehmen verlagern und die Arbeitnehmer hierfür als Personal stellen. Dabei bleibt zwar das Arbeitsverhältnis mit der Sparkasse weiter bestehen, die Arbeit wird durch den Beschäftigten aber dauerhaft bei einem anderen Unternehmen erbracht (vgl. dazu im Einzelnen Ruge/von Tiling, Die tarifrechtliche Personalgestellung im öffentlichen Dienst nach der Reform des AÜG, ZTR 2012, 263).

 **WICHTIG!**

Kontrovers diskutiert wurde in der Vergangenheit die Frage, ob bei den drittbezogenen Personaleinsätzen der öffentlichen Hand (insb. der Personalgestellung) eine nach dem AÜG relevante Arbeitnehmerüberlassung vorliegt, die dann der Erlaubnis bedürfte und, wenn diese nicht vorliegt, als unzulässig erscheinen und zugleich die Fiktion des § 10 Abs. 1 AÜG auslösen würde. Um diese Unsicherheit zu beseitigen, hat der Gesetzgeber mit

Wirkung zum 1.4.2017 Personalgestellungen im öffentlichen Dienst (insbes. nach § 4 Abs. 3 TVöD bzw. § 4 Abs. 3 TV-L) aus dem Anwendungsbereich des AÜG herausgenommen (vgl. § 1 Abs. 3 Nr. 2b AÜG n. F.). Die Herausnahme aus dem Anwendungsbereich des AÜG trägt dem Umstand Rechnung, dass eine Personalgestellung funktional als eine besondere Form der Aufgabenverlagerung anzusehen ist und im Bestandsschutzinteresse der von der Aufgabenverlagerung betroffenen Beschäftigten erfolgt (vgl. BT-Drs. 18/9232, 22). Vgl. auch → *Personalgestellung*.

Im Rahmen aktueller Entwicklungen ist jedoch nicht auszuschließen, dass die Diskussion um die Anwendbarkeit des AÜG erneut an Bedeutung gewinnen wird. Im Zentrum steht die Frage, ob die in § 1 Abs. 3 Nr. 2b AÜG vorgesehene Bereichsausnahme unionsrechtlich zulässig ist. Mit Beschluss vom 16.6.2021 (6 AZR 390/20 (A)) hat das BAG dem EuGH zwei Fragen zur Personalgestellung im Zusammenhang mit dem § 4 Abs. 3 TVöD vorgelegt. Das EuGH wird sich zunächst damit auseinanderzusetzen haben, ob die Vorschriften der Leiharbeitsrichtlinie (Richtlinie 2008/104/EG v. 19.11.2008) nach Art. 1 Abs. 1 überhaupt auf eine Personalgestellung im Sinne des § 4 Abs. 3 TVöD anwendbar sind. Aufgrund der Besonderheiten der Personalgestellung, welche in der Regel auf Dauer angelegt ist und nicht zum Zwecke der Überlassung eingegangen wird, könnte es bereits an dem erforderlichen „vorübergehenden" Zweck zu Beginn des Arbeitsverhältnisses fehlen. Sollte eine Anwendbarkeit dennoch zu bejahen sein, möchte das BAG wissen, ob die Bereichsausnahme in § 1 Abs. 3 Nr. 2b AÜG mit dem Zweck der Leiharbeitsrichtlinie – dem Schutz der Leiharbeitnehmer – vereinbar ist.

Sollte das EuGH die Bereichsausnahme für europarechtswidrig erklären, bestünde erneut das Risiko, dass die Bestimmungen des Arbeitnehmerüberlassungsgesetzes – einschließlich der Fiktion nach § 10 Abs. 1 AÜG – uneingeschränkt zur Anwendung kommen.

## 4. Arbeitszeit

Die Regelungen in § 6 TVöD-S bringen für den Bereich der Sparkassen die erforderliche Flexibilisierung der Arbeitszeitgestaltung (Breier/Dassau TVöD Komm. Teil B 4.3 § 6 TVöD-S Rn. 1). Insbesondere durch

▶ die (nur) im Jahresdurchschnitt (§ 6 Abs. 2 S. 1 TVöD-S) einzuhaltende regelmäßige Arbeitszeit

und die Möglichkeit, aus dringenden betrieblichen/dienstlichen Gründen per Betriebs- bzw. Dienstvereinbarung von

▶ der Höchstarbeitszeit von täglich 10 Stunden (§ 3 S. 2 ArbZG),

▶ der Ruhenszeit von mindestens 11 Stunden (§ 5 Abs. 1 ArbZG) und von

▶ den Vorgaben zur Sonn- und Feiertagsarbeit (§ 11 ArbZG)

abweichen zu können, kann auf die Anforderungen im Sparkassendienst Rücksicht genommen werden. Außerdem bietet sich die Möglichkeit, per Betriebs- bzw. Dienstvereinbarung einen wöchentlichen Arbeitszeitkorridor von bis zu 45 Stunden (§ 6 Abs. 6 TVöD-S) oder eine tägliche Rahmenarbeitszeit von bis zu 12 Stunden (§ 6 Abs. 7 TVöD-S) einzuführen (vgl. hierzu im Übrigen → *Arbeitszeit*). Noch weiteren Flexibilisierungsspielraum bietet die Einrichtung eines Arbeitszeitkontos (§ 10 TVöD-S). Mit diesen Mitteln können den Erfordernissen verlängerter Öffnungszeiten, den Notwendigkeiten bei Monats- und Jahresabschlussarbeiten sowie den Bedürfnissen von Rund-um-die-Uhr-Diensten für EDV- und Bankautomatendiensten Rechnung getragen werden.

Seit der Einführung des TVöD-S ist nun auch für Beschäftigte der Sparkassen sowohl der 24. als auch der 31. Dezember arbeitsfrei, jedoch nur soweit es die betrieblichen/dienstlichen Verhältnisse zulassen, § 6 Abs. 3 TVöD-S; anderenfalls ist entsprechender Freizeitausgleich innerhalb von 3 Monaten zu gewähren.

### III. Die Besonderheiten des TVöD-S

Abweichend von den Regelungen des TVöD-AT sind aufgrund des TVöD (BT-S) für den Bereich der Sparkassen folgende Besonderheiten zu beachten.

#### 1. Abweichung von den tarifvertraglichen Regelungen des TVöD-S

Grundsätzlich hat sich die Vergütung der Beschäftigten stets nach dem Entgeltsystem des TVöD-S zu richten. Eine Ausnahme kommt in Betracht, wenn ein neues Entgeltsystem eingeführt wird, welches lediglich für Bereichsleiter gilt. Gemäß § 1 Abs. 2 TVöD-S ist das Tarifwerk auf leitende Angestellte i. S. d. § 5 Abs. 3 BetrVG nicht anzuwenden, wenn ihre Arbeitsbedingungen einzelvertraglich besonders vereinbart sind. Gleiches gilt für Beschäftigte, die ein über das Tabellenentgelt der Entgeltgruppe 15 hinausgehendes regelmäßiges Entgelt erhalten. Dabei ist der nach § 18.4 Abs. 1 TVöD-S garantierte Anteil der Sparkassensonderzahlung als regelmäßiges Entgelt zu berücksichtigen. Auch können gemäß § 1 Abs. 4 TVöD-S mit Beschäftigten der Entgeltgruppe 15 abweichende Regelungen zum Entgelt und zur Arbeitszeit getroffen werden (Maerker/Brüning, öAT 2016, 72).

#### 2. Leistungs- und erfolgsorientiertes variables Entgelt

Die allgemeinen Regelungen zum Leistungsentgelt der §§ 18 ff. TVöD-AT gelten nicht für Sparkassen, Protokollerklärung Nr. 4 zu § 18 TVöD-AT. Vielmehr ist das leistungs- und erfolgsorientierte variable Entgelt spartenspezifisch in §§ 18.1 bis 18.3 TVöD-S geregelt.

 **WICHTIG!**

Das leistungs- und erfolgsorientierte variable Entgelt im Sinne der §§ 18.1 bis 18.3 TVöD-S (hiermit steht auch die Sparkassensonderzahlung nach § 18.4 TVöD-S im Zusammenhang) ist vom leistungsabhängigen Stufenaufstieg nach § 17 Abs. 2 TVöD-S zu trennen (vgl. hierzu → *Leistungsorientierte Bezahlung*). Beide Instrumente sollten personalpolitisch genutzt werden.

#### 2.1 Grundsätze

Für das leistungs- und erfolgsorientierte variable Entgelt sind die in § 18.1 TVöD-S niedergelegten Grundsätze bedeutsam.

Nach § 18.1 Abs. 1 S. 1 TVöD-S handelt es sich um ein durch einvernehmliche Dienstvereinbarung (vgl. hierzu → *Dienstvereinbarung*) zu schaffendes betriebliches System. Wie § 38 Abs. 3 TVöD-S klarstellt, liegt eine einvernehmliche Dienstvereinbarung in diesem Sinne nur ohne Entscheidung der Einigungsstelle vor.

Die Einführung und Änderung eines leistungsbezogenen Entgeltsystems kann also von der Sparkasse nicht gegen den Willen des Personalrates erfolgen.

 **WICHTIG!**

Dienstvereinbarungen zum leistungs- und erfolgsorientierten variablen Entgelt müssen befristet, unter Ausschluss der Nachwirkung abgeschlossen werden, § 18.1 Abs. 1 S. 1 TVöD-S. Anderenfalls käme es zu einer kontraproduktiven Bindungswirkung (Breier/Dassau TVöD Komm. Teil B 4.3 § 18.1 TVöD-S Rn. 18). Die gewünschte Variabilität der Leistungsentgeltregelung würde nicht erreicht. Bei einer auf mehrere Jahre befristeten Dienstvereinbarung kann sich die Aufnahme einer vorzeitigen Kündigungsmöglichkeit empfehlen.

Das variable Entgelt soll in der Regel als einmalige (Leistungs-)Prämie pro Zielvereinbarungszeitraum basierend auf einer Zielvereinbarung (§ 18.2 TVöD-S) gewährt werden. Sie wird in der Regel am Ende eines Zielvereinbarungszeitraumes gezahlt. Sie kann in Abhängigkeit von unterschiedlichen Zielerreichungsgraden aber auch gestaffelt zur Auszahlung kommen (Breier/Dassau TVöD Komm. Teil B 4.3 § 18.1 TVöD-S Rn. 11). Alternativ ist die Gewährung in Form einer (Leistungs-)Zulage, also einer in der Regel monatlichen Zahlung, aufgrund einer systematischen Leistungsbewertung (§ 18.3 TVöD-S), denkbar (Breier/Dassau TVöD Komm. Teil B 4.3 § 18.1 TVöD-S Rn. 12).

Durch einvernehmliche Dienstvereinbarung können sowohl individuelle als auch teambezogene Ziele geregelt werden. Ob eine Bewertung der Leistung des einzelnen Beschäftigten möglich und zielführend ist oder ob eine solche Bemessung effektiv und sinnvoll nach dem Teamergebnis erfolgen sollte, richtet sich nach der Organisation und der Größe der Sparkasse beziehungsweise des Bereichs. Ein weiterer Handlungsspielraum ist dadurch gegeben, dass für unterschiedliche Bereiche differenzierte Regelungen geschaffen werden können.

**Beispiele**

Es kann für die Bereiche Kreditabteilung und Vertrieb sinnvoll sein, eine Teambewertung vorzunehmen, während die Bewertung der Teamleitung individuell erfolgt.

Für kundenspezifische Tätigkeiten wird eine leistungsbezogene Zulage, für Kontrolleinheiten eine leistungsbezogene Prämie vereinbart.

Im Sparkassenbereich wird die betriebliche Kommission als Gemeinsamer Ausschuss bezeichnet. Dieser wirkt nach § 18.1 Abs. 2 TVöD-S bei der Einführung sowie bei der Entwicklung und des Controllings der betrieblichen Systeme zum variablen Entgelt mit. In der Regel wird dieser Gemeinsame Ausschuss mit demjenigen des § 17 Abs. 2 S. 4 TVöD-S zur Entscheidung über Beschwerden gegen eine Festlegung von Leistungsstufen identisch sein. Die Mitwirkung des Gemeinsamen Ausschusses umfasst die Kriterien und Verfahren einschließlich deren Weiterentwicklung und Prüfung auf Plausibilität. Seine Mitglieder sind paritätisch aus den Reihen der Sparkasse und dem Personalrat zu entsenden. Eine bestimmte Größe des Gemeinsamen Ausschusses ist nicht vorgeschrieben. Ein zu großer gemeinsamer Ausschuss gefährdet aber womöglich die Funktionalität (Breier/Dassau TVöD Komm. Teil B 4.3 § 18.1 TVöD-S Rn. 20).

 **WICHTIG!**

Der Gemeinsame Ausschuss hat nicht die Kompetenz, über eine individuelle oder teambezogene Bewertung (und die daraus folgende Höhe des leistungsbezogenen Entgelts) eines Beschäftigten zu entscheiden. Er überwacht vielmehr die Einhaltung des Gesamtsystems.

Der Gemeinsame Ausschuss hat nach § 18.1 Abs. 3 TVöD-S die Zuständigkeit über schriftliche Beschwerden zu entscheiden, die Mängel des betrieblichen Systems des variablen Entgelts oder seiner Anwendung betreffen. Hierbei ist jedoch der Sparkasse letztlich die Entscheidungsbefugnis belassen, weshalb der Gemeinsame Ausschuss nur ein Vorschlagsrecht hat, ob und wie der Beschwerde des Beschäftigten durch die Sparkasse abgeholfen wird.

Das betriebliche System für das leistungs- und erfolgsorientierte variable Entgelt kann als Zielvereinbarung oder systematische Leistungsbeurteilung ausgestaltet werden. Beide Formen können auch als sog. Kombi-Modelle verknüpft werden.

## 2.2 Zielvereinbarung

Im Bereich der Sparkassen normiert § 18.2 Abs. 1 S. 1 TVöD-S, dass in einer Zielvereinbarung Arbeitgeber und Beschäftigte gemeinsam für einen bestimmten Zeitraum die anzustrebenden Ergebnisse festlegen, die insbesondere mit Leistungsprämien honoriert werden. Damit sind sowohl eine einseitige Zielfestsetzung als auch eine generelle Vorgabe ohne Bezug zum Leistungszeitraum ausgeschlossen.

 **WICHTIG!**

Die Tarifvertragsparteien haben in der Niederschriftserklärung zu § 18.2 TVöD-S festgelegt, dass aus Motivationsgründen die Vereinbarung von Zielen freiwillig geschieht.

Eine freiwillige Zielvereinbarung kann auch die Verständigung auf zum Teil vorgegebene oder übergeordnete Ziele sein, z. B. bei der Umsetzung gesetzlicher oder haushaltsrechtlicher Vorgaben oder Grundsatzentscheidungen der Unternehmensführung.

Konkret sollen in der Zielvereinbarung mehrere Ziele vereinbart werden, § 18.2 Abs. 1 S. 2 TVöD-S, die quantitativ und qualitativ sein, § 18.2 Abs. 1 S. 3 TVöD-S, und unterschiedlich gewichtet werden können, § 18.2 Abs. 1 S. 4 TVöD-S, wobei für einzelne Ziele unterschiedliche Zielerreichungsstufen hinterlegt werden dürfen, § 18.2 Abs. 1 S. 5 TVöD-S.

Neben diesen vorgeschlagenen Rahmenkriterien müssen sich die Ziele und Kriterien der Zielerreichung zwingend auf den Arbeitsplatz und/oder das Team und die damit verbundenen Arbeitsaufgaben beziehen, § 18.2 Abs. 1 S. 6 TVöD-S. Die Erfüllung der Ziele muss in der vertraglich geschuldeten Arbeitszeit möglich sein, § 18.2 Abs. 1 S. 7 TVöD-S.

### Beispiele

Damit diese Ziele formal und inhaltlich den tarifvertraglichen Vorgaben und zugleich den Anforderungen der Praxis entsprechen, bietet sich die Festlegung nach den „smart"-Kriterien an. Danach sollen Ziele spezifisch, messbar, akzeptiert, realistisch und terminiert sein.

Das Ziel „Verbesserung der Kundenorientierung" ist z. B. schwerer messbar als das Ziel „Einhaltung der Bearbeitungszeit von ... Tagen für ..." oder „Erhöhung des Marktanteils von ... im Gebiet ... bis zum ..." (vgl. zur Festlegung von Zielen die weiterführenden Hinweise bei Breier/Dassau TVöD Komm. Teil B 4.3 § 18.2 TVöD-S Rn. 5 ff.).

Eine Zielvereinbarung setzt eine Einigung zwischen Sparkasse und Beschäftigten voraus, wobei es dem Arbeitgeber vorbehalten sein muss, als Erster einen Vorschlag zur Zielvereinbarung zu unterbreiten. Wirkt der Beschäftigte nicht mit, kann sich auch kein Anspruch auf variables Entgelt ergeben (Breier/Dassau TVöD Komm. Teil B 4.3 § 18.2 TVöD-S Rn. 10).

 **WICHTIG!**

Nach der Rechtsprechung des Bundesarbeitsgerichts besteht aber bei unterlassener Zielvereinbarung ein Schadenersatzanspruch des Beschäftigten (BAG v. 10.12.2008, 10 AZR 889/07, NJW 2009, 1227). Bei der Höhe des Anspruchs wird nach § 254 BGB ein etwaiges Mitverschulden des Arbeitgebers, nicht von sich aus einen Vorschlag zur Zielvereinbarung unterbreitet zu haben, ebenso berücksichtigt, wie ein etwaiges Mitverschulden des Beschäftigten, an der Zielvereinbarung nicht mitgewirkt zu haben. Der Schadenersatzanspruch kann also je nach Einzelfall in voller Höhe gegeben sein oder ganz entfallen.

Nach § 18.2 Abs. 2 TVöD-S ist im Ausnahmefall eine Korrektur der Zielvereinbarung einvernehmlich dann möglich, wenn sich maßgebliche Rahmenbedingungen gravierend geändert haben. Die Rahmenbedingungen können sich in wirtschaftlicher, personeller oder technischer Hinsicht ändern, insbesondere durch Gesetzesänderungen, nicht vorhersehbare unternehmenspolitische Entscheidungen oder lange Krankheitsausfälle, die es dem Arbeitnehmer unmöglich machen, die Ziele zu erreichen. Die Vorschrift lässt offen, ob der Beschäftigte oder die Sparkasse einen Rechtsanspruch auf Korrektur der Zielvereinbarung hat.

 **WICHTIG!**

In der Praxis ist grundsätzlich zu empfehlen, in der Dienstvereinbarung nach § 18.1 TVöD-S Regelungen vorzusehen, wie im Falle der Nichterreichbarkeit der Ziele durch veränderte Rahmenbedingungen, z. B. durch Langzeiterkrankungen oder Schwangerschaft, verfahren werden soll.

Die Feststellung der Zielerreichung erfolgt einseitig durch die Sparkasse, § 18.2 Abs. 3 TVöD-S aufgrund eines Soll-Ist-Vergleichs. Nach dem Wortlaut des Tarifvertrages ist das Ergebnis dem Beschäftigten nur auf Wunsch zu erläutern. In der Praxis sollte aber immer ein Zielerreichungsgespräch geführt werden, um die mit diesem Personalinstrument gewünschte Steuerungsfunktion zu gewährleisten. Nach § 18.2 Abs. 3 S. 2 und S. 3 TVöD-S lässt eine fehlende Zielerreichung arbeitsrechtliche Maßnahmen unberührt; sie führt unmittelbar zur Verminderung bzw. Nichtgewährung des variablen Entgelts.

### Beispiel

Es ist grundsätzlich möglich, einen Beschäftigten wegen Schlechtleistung abzumahnen oder leistungsbedingt wegen Minderleistung zu kündigen (zu den Anforderungen BAG v. 17.1.2008, 2 AZR 536/06, NJW 2008, 3019). Allerdings reicht allein die Nichterreichung der vereinbarten Ziele hierfür nicht aus, wie § 18.2 Abs. 3 S. 2 TVöD-S klarstellt.

Bezüglich der Inhalte der einzelnen vereinbarten Ziele steht dem Personalrat kein Beteiligungsrecht zu. Der Personalrat kann auch nicht verlangen, an den Zielvereinbarungsgesprächen teilzunehmen.

## 2.3 Systematische Leistungsbewertung

Die Systematische Leistungsbewertung, § 18.3 TVöD-S, unterscheidet sich von der Zielvereinbarung nach § 18.2 TVöD-S dadurch, dass hier eine persönliche Bewertung der erbrachten Leistung und des gezeigten Verhaltens anhand festgelegter Kriterien erfolgt. Es bedarf daher keiner periodischen Zielvereinbarungen. Aufgrund der Leistungsbewertung wird eine Leistungszulage gewährt.

Anknüpfungspunkt der Leistungsbeurteilung sind konkrete Tatsachen und Verhaltensweisen, § 18.3 Abs. 1 TVöD-S. Die Bewertungskriterien werden nach § 18.3 Abs. 2 S. 1 TVöD-S in einer einvernehmlichen Dienstvereinbarung festgelegt, können also nach § 38 Abs. 3 TVöD-S nur ohne Entscheidung der Einigungsstelle einvernehmlich zwischen Sparkasse und Personalrat vereinbart werden. Bewertungskriterien können insbesondere sein:

► Arbeitsquantität und -qualität,

► Kundenorientierung,

► Teamfähigkeit und

► Führungsverfahren.

Diese Aufzählung ist nicht abschließend. Es können weitere für den Arbeitsplatz relevante und von den Beschäftigten beeinflussbare Kriterien festgelegt werden, § 18.3 Abs. 2 S. 2 TVöD-S. Die Bewertung kann zum Beispiel durch ein Benotungssystem erfolgen. Es ist zudem möglich, einzelne Bewertungskriterien unterschiedlich stark zu gewichten.

Die Leistungsbewertung erfolgt anhand eines Bewertungsentwurfs, der mit dem Beschäftigten besprochen und von der Führungskraft begründet wird. Anschließend entscheidet diese allein über die Leistungsbewertung. Ist ein Arbeitnehmer der Ansicht, dass die ihm für ein bestimmtes Jahr gezahlte Sparkassensonderzahlung zu niedrig sei, weil seine Leistung unrichtig bewertet worden sei, kann er eine konkret bezifferte Zahlungsklage um den individuell-leistungsbezogenen Teil der Sparkassensonderzahlung, den er meint, von der Sparkasse beanspruchen zu können, erheben. Der Arbeitnehmer hat dagegen keinen Anspruch auf eine isolierte Neuerteilung der Leistungsbewertungen (LAG Rheinland-Pfalz v. 18.8.2022, 5 Sa 17/22).

 **WICHTIG!**

Nach der Niederschriftserklärung zu § 18.3 TVöD-S entspricht die systematische Leistungsbewertung nicht der Regelbeurteilung. Denn bei der Regelbeurteilung werden die Eignung und das Leistungspotential für bestimmte Tätigkeiten eingeschätzt und vorhandene Leistungspotentiale gefördert. Solche Regelbeurteilungen sind für die Feststellung von Leistungszulagen ausgeschlossen.

## 3. Sparkassensonderzahlung (SSZ)

Die Sparkassensonderzahlung (SSZ) hat die Sonderzuwendungen und Überstundenpauschalvergütung abgelöst. Auf weitere Jahressonder- bzw. mantelrechtliche Einmalzahlungen besteht kein Anspruch, § 18.4 Abs. 7 TVöD-S. Einmalzahlungen bei Gehaltsrunden stehen den Beschäftigten jedoch selbstverständlich zu (Breier/Dassau TVöD Komm. Teil B 4.3 § 18.4 TVöD-S Rn. 42). Die SSZ dient im Verhältnis zu den alten tariflichen Regelungen nicht der Einsparung von Personalkosten. Es soll durch die SSZ auch nicht zu einer Verrechnung von bestehenden Hausregelungen kommen, Niederschriftserklärung zu § 18.4 TVöD-S. Die SSZ ist eine einheitliche Leistung, die aus verschiedenen Komponenten besteht:

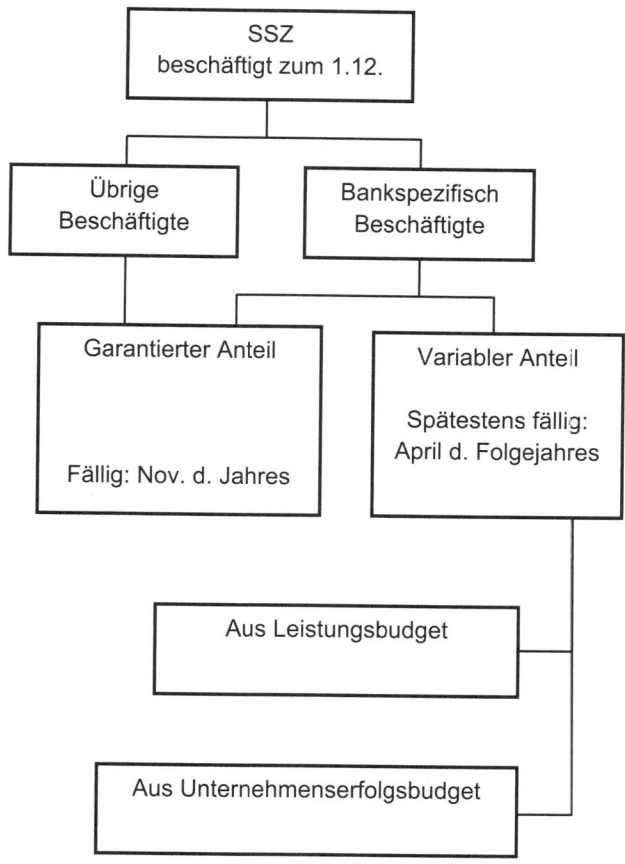

### 3.1 Grundsätze

Anspruch auf die Sparkassensonderzahlung haben nur Beschäftigte, die zum 1. Dezember des jeweiligen Kalenderjahres im Arbeitsverhältnis stehen, § 18.4 Abs. 1. S. 7 TVöD-S. Maßgeblich ist allein der rechtliche Bestand des Arbeitsverhältnisses zu diesem Stichtag.

 **WICHTIG!**

Ein Anspruch auf die volle bzw. anteilige (vgl. § 18.4 Abs. 1 S. 8 u. 9 TVöD-S) SSZ besteht also auch, wenn am 1. Dezember

► das Arbeitsverhältnis erst beginnt,

► ein befristetes Arbeitsverhältnis besteht,

► das Arbeitsverhältnis bereits gekündigt oder ein Aufhebungsvertrag geschlossen ist, es also demnächst endet.

**Endet das Arbeitsverhältnis dagegen vor dem 1. Dezember des Jahres, besteht kein (auch kein anteiliger!) Anspruch auf die SSZ.**

Bei der SSZ wird zwischen den bankspezifisch Beschäftigten und den übrigen Beschäftigten differenziert.

Wer nicht bankspezifisch Beschäftigter ist – das sind die Beschäftigten, die nicht Angestellte im Sinne des § 38 Abs. 5 S. 1 TVöD-S sind, also die ehemaligen Arbeiter – erhält nur den garantierten Anteil der SSZ in Höhe eines Monatstabellenentgelts, § 18.4 Abs. 1 S. 2 und 3 TVöD-S (vgl. PE zu § 18.4 Abs. 1 TVöD-S). Dieser ist mit dem Entgelt des Monats November fällig, § 18.4 Abs. 5 TVöD-S. Der garantierte Anteil der SSZ unterliegt dem Pfändungsschutz (BAG v. 14.3.2012, 10 AZR 778/10, ZTR 2012, 344).

**WICHTIG!**

Gemäß Teil C Ziffer 4. b) i. V. m. a) der Tarifeinigung für die Beschäftigten des öffentlichen Dienstes von Bund und kommunalen Arbeitgebern vom 29.4.2016 wird der garantierte Anteil der SSZ für die Jahre 2016, 2017 und 2018 auf dem materiellen Niveau des Jahres 2015 eingefroren. Darüber hinaus wird der garantierte Anteil der SSZ ab dem 1.1.2017 um vier Prozentpunkte gemindert. Ab dem Jahr 2019 wirksam werdende allgemeine Entgelterhöhungen finden dann wieder auf den garantierten Anteil der SSZ Anwendung. Grundlage der Dynamisierung ab dem Jahr 2019 ist somit der auf dem materiellen Niveau des Jahres 2015 eingefrorene garantierte Anteil der SSZ abzüglich 4 Prozentpunkte. Für weitere Einzelheiten vgl. die Kommentierung in Breier/Dassau TVöD Komm. Teil B 4.3 § 18.4 TVöD-S Rn. 1 ff.

Anlässlich der Tarifeinigung für die Beschäftigten des öffentlichen Dienstes von Bund und kommunalen Arbeitgebern vom 25.10.2020 haben die Tarifvertragsparteien in Teil C Ziffer 3. ab 2021 folgende Änderungen vereinbart: Der garantierte Anteil der SSZ wird zum 1. Januar 2021 um 7 Prozentpunkte auf 81,77 % und ab dem 1. Januar 2022 um weitere 7 Prozentpunkte auf 74,77 % eines Monatstabellen abgesenkt. Hierfür wird die Protokollerklärung zu § 44 (entspricht § 18.4 TVöD-S) Abs. 1 Nr. 4 BT-S um folgende Sätze 3 und 4 ergänzt:

„Im Kalenderjahr 2021 beträgt der garantierte Anteil der Sparkassensonderzahlung 81,77 Prozent; ab dem Kalenderjahr 2022 beträgt der garantierte Anteil 74,77 Prozent."

Zudem wirken sich ab dem 1. April 2021 wirksam werdende allgemeine Entgelterhöhungen nicht auf die Sparkassensonderzahlung aus. Hierfür haben die Tarifvertragsparteien regelungstechnisch das als Grundlage zur Berechnung der Teile der Sparkassensonderzahlung dienende Monatstabellenentgelt reduziert; § 44 (entspricht § 18.4 TVöD-S) Abs. 2 BT-S lautet nunmehr wie folgt:

„Das Monatstabellenentgelt gemäß Absatz 1 Satz 3 beträgt

▶ im Kalenderjahr 2021 98,62 Prozent und

▶ ab dem Kalenderjahr 2022 96,88 Prozent

des Entgelts des Beschäftigten für den Monat Oktober, das sich aufgrund der individuell für diesen Monat vereinbarten durchschnittlichen regelmäßigen Arbeitszeit ergibt. Diese Bemessungssätze gelten auch, soweit in diesem Paragrafen oder in Niederschriftserklärungen auf das Monatstabellenentgelt Bezug genommen wird."

Im Gegenzug der Reduzierung der Sparkassensonderzahlung erhöht sich für die betroffenen Beschäftigten der Urlaubsanspruch pro Kalenderjahr gemäß § 26 Abs. 1 S. 2 TVöD-S im Kalenderjahr 2021 auf 31 Tage und ab dem Kalenderjahr 2022 auf 32 Tage.

Außerdem besteht die Möglichkeit, durch einvernehmliche Dienstvereinbarung den Urlaubsanspruch pro Kalenderjahr auf bis zu 34 Arbeitstage zu erhöhen, wobei im Gegenzug der garantierte Anteil der Sparkassensonderzahlung pro Urlaubstag um 7 Prozentpunkte reduziert wird, sodass im Ergebnis der garantierte Anteil der Sparkassensonderzahlung auf 60,77 % eines Monatstabellenentgelts abgesenkt werden könnte (vgl. Teil C Ziffer 3 f) der Tarifeinigung vom 25.10.2020).

Die bankspezifisch Beschäftigten erhalten dagegen zusätzlich zum garantierten Anteil auch noch den variablen Anteil, also die gesamte SSZ, § 18.4 Abs. 1 S. 1 und 2 TVöD-S, wobei der variable Anteil spätestens mit dem Entgelt für den Monat April des Folgejahres fällig wird, § 18.4 Abs. 5 TVöD-S.

Bemessungsgrundlage der SSZ nach § 18.4 TVöD-S ist das Monatstabellenentgelt des Oktober im Sinne des § 15 TVöD-S (beachte jedoch § 18.4 Abs. 2 TVöD-S n. F.); Zulagen, auch im Besitzstandswege weitergezahlte Vergütungsgruppenzulagen, bleiben unberücksichtigt (BAG v. 11.2.2009, 10 AZR 264/08, ZTR 2009, 259).

 **WICHTIG!**

Auch für die Bemessungsgrundlage gilt ein Stichtagsprinzip. Maßgeblich ist allein die Höhe des Monatstabellenentgeltes im Oktober, unabhängig von einem etwaigen Wechsel von Vollzeit in Teilzeit bzw. umgekehrt oder einer Höher- oder Herabgruppierung während des laufenden Kalenderjahres (Breier/Dassau TVöD Komm. Teil B 4.3 § 18.4 TVöD-S Rn. 24.2).

Die SSZ vermindert sich nach § 18.4 Abs. 1 S. 8 TVöD-S um $1/_{12}$ für jeden Kalendermonat, in dem der Beschäftigte keinen Anspruch auf Entgelt, Entgeltfortzahlung im Krankheitsfall sowie auf Fortzahlung des Entgelts während des Erholungsurlaubes hat. Diese Verminderung nach der Zwölftelungsregelung wird unter den in § 18.4 Abs. 1 S. 9 TVöD-S genannten Voraussetzungen nicht für Beschäftigte vorgenommen, die wegen Beschäftigungsverboten des MuSchG, Inanspruchnahme von Elternzeit und wegen der Höhe des Krankengeldes kein Entgelt bzw. Krankengeldzuschuss erhalten haben. Die Zwölftelungsregelung bezieht sich auf die gesamte SSZ (Breier/Dassau TVöD Komm. Teil B 4.3 § 18.4 TVöD-S Rn. 26), also auch auf den garantierten Anteil.

Es handelt sich bei der tatsächlich ausgezahlten SSZ in vollem Umfang, also mit garantiertem und variablem Anteil, um zusatzversorgungspflichtiges Entgelt, § 18.4 Abs. 1 S. 6 TVöD-S. Da die beiden Teile der SSZ zu unterschiedlichen Zeitpunkten fällig werden, sind bei der zusatzversorgungsrechtlichen Behandlung Besonderheiten zu beachten (vgl. hierzu näher: Breier/Dassau TVöD Komm. Teil B 4.3 § 18.4 TVöD-S Rn. 9 bis 15).

Im Rahmen der Einführung der SSZ, insbesondere solange noch keine Dienstvereinbarung hierzu bestehen sollte, und im Hinblick auf Altersteilzeitverhältnisse, sind noch zahlreiche Sonderregelungen zu beachten (§ 18.4 Abs. 3 S. 9, Abs. 4 S. 10, Protokollerklärung Nr. 2 zu § 18.4 Abs. 1 TVöD-S, Niederschriftserklärungen zu § 18.4 TVöD-S).

Der variable Anteil der SSZ für die bankspezifisch Beschäftigten unterteilt sich in einen individuell-leistungsbezogenen und einen unternehmenserfolgsbezogenen Teil. Dieser variable Anteil nimmt an der künftigen Erhöhung des Leistungsentgelts nach den Regelungen § 18 TVöD-AT teil, mit anderen Worten: das Volumen der SSZ wird in der Zukunft weiter anwachsen (vgl. hierzu näher Breier/Dassau TVöD Komm. Teil B 4.3 § 18.4 TVöD-S Rn. 4 bis 8).

Zum variablen Anteil sind die Einzelheiten in einer einvernehmlichen (also nicht per Einigungsstelle erzwingbaren) Dienstvereinbarung zu regeln, etwa ein Katalog für die relevanten Ziele und Kriterien der Geschäftszielerreichung und die Fälligkeit des unternehmenserfolgsbezogenen Anteils, § 18.4 Abs. 4 S. 6 TVöD-S oder Teilzahlungen bei teilweiser Zielerreichung, § 18.4 Abs. 3 S. 8 TVöD-S bzw. § 18.4 Abs. 4 S. 8 TVöD-S. Dabei sind folgende tarifvertragliche Vorgaben zu beachten:

### 3.2 Individuell-leistungsbezogener Anteil

Für den individuell-leistungsbezogenen Anteil, § 18.4 Abs. 3 S. 2 TVöD-S, wird seit dem Jahr 2013 für jeden Beschäftigten jährlich ein Betrag von 64 Prozent eines Monatstabellenentgelts in ein Leistungsbudget eingestellt.

Der individuell-leistungsbezogene Anteil des Beschäftigten aus diesem Leistungsbudget bestimmt sich auf Grundlage der individuellen oder teambezogenen Leistungskriterien, die sich bei der Gewährung als Leistungsprämie nach der Zielvereinbarung gem. § 18.2 TVöD-S bzw. bei der Gewährung als Leistungszulage nach der systematischen Leistungsbewertung gem. § 18.3 TVöD-S bemessen. Wann immer praktizierbar und zweckmäßig, sind Zielvereinbarungen abzuschließen und nur hilfsweise systematische Leistungsbewertungen durchzuführen. Mischformen sind möglich, Niederschriftserklärung zu § 18.4 Abs. 3 TVöD-S.

 **WICHTIG!**

Die Zielvereinbarung nach § 18.2 TVöD-S und die systematische Leistungsbewertung nach § 18.3 TVöD-S sind also nicht nur Bemessungsmethoden für das leistungs- und erfolgsorientierte variable Entgelt nach § 18.1 TVöD-S; sie sind auch Bemessungsgrundlage für den individuell-leistungsbezogenen Anteil des variablen Anteils der SSZ nach § 18.4 TVöD-S.

Bei vollständiger Zielerreichung kommt ein Betrag in Höhe von 64 Prozent eines Monatstabellenentgelts zur Auszahlung. Teilzahlungen sind möglich, sofern die Zielvereinbarung das vorsieht. Insgesamt muss es aber zu einer vollständigen Ausschüttung des Gesamtbudgets kommen, § 18.4 Abs. 3 S. 7 TVöD-S.

### 3.3 Unternehmenserfolgsbezogener Anteil

Für den unternehmenserfolgsbezogenen Anteil, § 18.4 Abs. 4 S. 2 TVöD-S, wird für jeden Beschäftigten jährlich ein Betrag von einem halben Monatstabellenentgelt in ein Unternehmenserfolgsbudget eingestellt.

Der unternehmenserfolgsbezogene Anteil des Beschäftigten aus diesem Unternehmenserfolgsbudget bestimmt sich nach der Erreichung von institutsindividuellen Geschäftszielen der Sparkasse. Die Beschäftigten partizipieren also insofern vom Erfolg der Sparkasse. Die Geschäftsziele werden vor Beginn des Kalenderjahres von der Sparkasse einseitig – ohne Beteiligung des Personalrates (Breier/Dassau TVöD Komm. Teil B 4.3 § 18.4 TVöD-S Rn. 30) – im Rahmen der Unternehmensplanung festgesetzt. Die weiteren Einzelheiten, insbesondere der relevanten Ziele, die den von der Sparkasse festgelegten Geschäftszielen entsprechen müssen, werden in einer einvernehmlichen Dienstvereinbarung festgelegt. Sofern sich abzeichnet, dass keine Dienstvereinbarung zustande kommt, wird gemäß S. 1 der Niederschriftserklärung zu § 18.4 Abs. 4 TVöD-S auf Antrag einer Betriebspartei der Gemeinsame Ausschuss um jeweils einen Vertreter der Landesbezirkstarifvertragspartei ergänzt. Sollte bis zum Ende des zu bewertenden Jahres keine Einigung über die Dienstvereinbarung zustande kommen, besteht nur ein Anspruch auf ein Viertel eines Monatsentgelts, § 18.4 Abs. 4 S. 10 TVöD-S.

Bei vollständiger Zielerreichung kommt ein Betrag in Höhe von einem halben Monatstabellenentgelt zur Auszahlung. Nur bei voller Zielerreichung besteht ein entsprechender Anspruch. Teilzahlungen sind nur möglich, sofern die Dienstvereinbarung das vorsieht. Eine Zielübererfüllung kann bei entsprechender Vereinbarung zu einer höheren Ausschüttung führen, § 18.4 Abs. 4 S. 8, 9 TVöD-S.

### 4. Vermögenswirksame Leistungen

Wie schon nach altem Tarifrecht erhalten Sparkassenbeschäftigte höhere vermögenswirksame Leistungen als die sonstigen

Beschäftigten des öffentlichen Dienstes. Während § 23 Abs. 1 S. 2 TVöD-AT einen monatlichen Anspruch von € 6,65 vorsieht, können nach § 23 Abs. 1 S. 1, 2 TVöD-S vermögenswirksame Leistungen in Höhe von im Monat € 40,00 (Vollzeittätigkeit) beansprucht werden. Im Rahmen eines Teilzeitarbeitsverhältnisses besteht der Anspruch anteilig.

Auch Auszubildende haben nach § 23 Abs. 1 S. 7 TVöD-S Anspruch auf entsprechende vermögenswirksame Leistungen.

### 5. Ausbildungsvergütung

Für Auszubildende der Sparkassen gilt abweichend zum TVöD-AT, dass sie nach § 17.1 TVöD-S im ersten, zweiten und dritten Ausbildungsjahr das nach dem TVAöD maßgebende Ausbildungsentgelt für das zweite, dritte bzw. vierte Ausbildungsjahr erhalten. Die Auszubildenden der Sparkassen beziehen damit (wie nach altem Tarifrecht) weiterhin im Vergleich zu den sonstigen Auszubildenden des öffentlichen Dienstes die Ausbildungsvergütung des nächst höheren Ausbildungsjahres.

### 6. Qualifizierung

Der TVöD-S verschafft den Beschäftigten der Sparkasse keinen individuellen Anspruch auf Qualifizierung, § 5.1 Abs. 2 S. 1 TVöD-S. Es bleibt also letztlich der Entscheidung der Sparkasse überlassen, ob und in welchem Umfang der jeweilige Beschäftigte im Rahmen ihrer Personalentwicklung geschult wird. Das Angebot der Sparkasse auf Qualifizierung kann durch eine einvernehmliche, also insbesondere vom Personalrat nicht per Einigungsstelle erzwingbare, Dienstvereinbarung näher ausgestaltet werden, § 5.1 Abs. 2 S. 2 TVöD-S.

Die Beschäftigten können aber nach § 5.1 Abs. 4 TVöD-S verlangen, ein regelmäßiges, sofern nicht anders geregelt, jährliches Qualifizierungsgespräch mit der jeweiligen Führungskraft zu führen, in dem festgestellt wird, ob und welcher Qualifizierungsbedarf besteht.

**Beispiel**

Ergebnis des Qualifizierungsgesprächs, das Teil eines anderen ohnehin angesetzten Mitarbeitergesprächs (z. B. im Rahmen der Leistungsbewertung) sein kann, ist unter Umständen, dass eben kein Qualifizierungsbedarf besteht (Breier/Dassau TVöD Komm. Teil B 4.3 § 5.1 TVöD-S Rn. 9).

Neben den übrigen selbsterklärenden Regelungen des § 5.1 TVöD-S muss beachtet werden, dass vereinbarte Qualifizierungsmaßnahmen im Sinne des § 5.1 Abs. 3 TVöD-S gemäß § 5.1 Abs. 6 S. 1 TVöD-S grundsätzlich als Arbeitszeit gelten. Hier kann die Sparkasse aber vom Beschäftigten nach § 5.1 Abs. 5 S. 4 TVöD-S einen Eigenbeitrag in Geld und/oder Zeit verlangen.

Überdies schafft § 5.1 Abs. 5 S. 2 bis 4 TVöD-S die Möglichkeit, durch eine Qualifizierungsvereinbarung vom Grundsatz der Kostentragungspflicht der Qualifizierungsmaßnahme der Sparkasse zu Lasten des Beschäftigten abzuweichen:

Zum einen kann vereinbart werden, dass ein Eigenbetrag in Geld vom Beschäftigten zu tragen ist, wobei jedoch die Grundsätze einer fairen Kostenteilung unter Berücksichtigung des betrieblichen und individuellen Nutzens der Qualifizierungsmaßnahme zu beachten sind. Bestehen hierzu keine Regelungen in einer Dienstvereinbarung, sind diese Grundsätze unmittelbar von der Sparkasse und den Beschäftigten zu beachten (Breier/Dassau TVöD Komm. Teil B 4.3 § 5.1 TVöD-S Rn. 12).

Zum anderen kann eine Rückzahlungsverpflichtung vereinbart werden. Eine vertragliche Verpflichtung, die durch die Teilnahme an dem Studiengang „Sparkassenbetriebswirt/Sparkassen-betriebswirtin" entstandenen Kosten bei einem Ausscheiden aus dem Arbeitsverhältnis vor Beendigung des Lehrgangs aufgrund einer Eigenkündigung des Beschäftigten zurückzuzahlen, verstößt nicht gegen § 307 BGB; die Rückzahlungsverpflichtung steht nicht im Widerspruch zu § 5.1 Abs. 5 und 6 TVöD-S (BAG v. 19.1.2011, 3 AZR 621/08, ZTR 2011, 149).

 **WICHTIG!**

Insbesondere eine Rückzahlungsverpflichtung bei vorzeitigem Ausscheiden ist bei einer kostenintensiven und einer auch für die Tätigkeit bei anderen Arbeitgebern, insbesondere Banken, nützlichen Qualifizierungsmaßnahme unbedingt zu empfehlen. Um diese dann erfolgreich durchsetzen zu können, müssen dabei die von der Rechtsprechung entwickelten Grundsätze zur AGB-Kontrolle beachtet werden. Insbesondere sollten Rückzahlungsklauseln bereits vor Beginn der Qualifizierungsmaßnahme abgeschlossen und klar und unmissverständlich vereinbart werden.

## 7. Verschwiegenheitspflicht, Bankgeheimnis

Eine Verschwiegenheitspflicht zum Schutz des Arbeitgebers besteht nicht nur kraft arbeitsvertraglicher Nebenpflicht in jedem Arbeitsverhältnis, sondern auch ohne ausdrückliche vertragliche Vereinbarung. Gerade im Öffentlichen Dienst dient die Verschwiegenheitspflicht auch dem Schutz von Privatgeheimnissen der Bürger (Breier/Dassau TVöD Komm. Teil B 4.3 § 3 TVöD-S Rn. 5). In ganz besonderem Maße gilt diese Verpflichtung – bereits aufgrund des Zahlungsdienstrahmenvertrages im Sinne des § 675 f. BGB bzw. des entsprechenden Vertragsverhältnisses – gegenüber Kunden der Sparkasse. Dementsprechend verpflichtet ergänzend zum TVöD-AT die Vorschrift des § 3 Abs. 1 S. 2 TVöD-S die Beschäftigten, das Bankgeheimnis auch ohne ausdrückliche Anordnung der Sparkasse zu wahren.

 **WICHTIG!**

Die Sparkasse sollte unbedingt eine ausdrückliche Anordnung zur Verschwiegenheit bzw. zum Bankgeheimnis erteilten. Es muss im Streitfall nachweisbar sein, dass diese Anordnung dem Beschäftigten zugegangen ist, zum Beispiel durch eine Empfangsbestätigung auf der schriftlichen Anordnung. Je deutlicher dem Beschäftigten der Inhalt und der Umfang dieser Verpflichtung mitgeteilt worden ist, desto schwieriger wird es für ihn, sich im Falle eines Verstoßes gegen arbeitsrechtliche Sanktionen, bis hin zur außerordentlichen Kündigung, zu wehren.

Das Bankgeheimnis gilt umfassend für den gesamten Geschäftsverkehr und insbesondere auch in den gesetzlichen Grenzen gegenüber Behörden. Daher dürfen grundsätzlich weder hinterlegte Wertpapiere und bestehende Konten offengelegt noch Angaben zum Zahlungsverkehr (Kontobewegungen) gemacht werden. Zu beachten ist die bestehende Offenbarungspflicht gegenüber Steuerbehörden nach §§ 90, 92, 93 Abgabenordnung (AO).

## IV. Aufsichtsrechtliche Anforderungen

Auch Sparkassen unterliegen den aufsichtsrechtlichen Anforderungen, wie sie sich insbesondere aus § 25a Kreditwesengesetz (KWG) ergeben. Hierzu sind für den außertariflichen Bereich bei variablem Entgelt seit dem 27.7.2010 das Gesetz über die aufsichtsrechtlichen Anforderungen an die Vergütungssysteme von Instituten und Versicherungsunternehmen und seit dem 6.10.2010 die zugehörige Institutsvergütungsverordnung (IVV) zu beachten. Die Institutsvergütungsverordnung ist zuletzt durch die Vierte Verordnung zur Änderung der Institutsvergütungsverordnung vom 14.2.2023 geändert worden.

Die IVV regelt eine angemessene Ausgestaltung der Vergütungssysteme für Kredit- und Finanzdienstleistungsinstitute im Sinne von § 1 Abs. 1 und Abs. 1a KWG. Die variable Vergütung solcher Institute soll langfristige, solide Vergütungspraktiken in der Finanzbranche fördern. Es sollen keine Anreize zur Eingehung unverhältnismäßig hoher Risiken geschaffen werden sowie künftig keine signifikante Abhängigkeit von variabler Vergütung und keine unveränderten Ansprüche bei individuellem negativem Erfolgsbeitrag vorhanden sein. Hierdurch wird es zu einer dauerhaften Veränderung von Bonussystemen kommen, insbesondere dürften aufgeschobene und mit einer Verfügungsfrist versehene Bonuszahlungen im außertariflichen Bereich künftig eher die Regel als die Ausnahme sein.

Zu unterscheiden sind die „Allgemeinen Anforderungen" und die „Besonderen Anforderungen" an die Institute. Während die allgemeinen Anforderungen von sämtlichen, dem Anwendungsbereich der IVV unterfallenden Instituten beachtet werden müssen, gelten die besonderen Anforderungen gem. § 1 Abs. 3 S. 1 IVV grundsätzlich nur für „bedeutende Institute" im Sinne des § 1 Abs. 3c KWG. Die am 29.12.2020 in Kraft getretene Vorschrift ersetzt die ursprüngliche Definition im § 17 IVV, welcher im Rahmen der Novellierung der Institutsvergütungsverordnung 2019 aufgehoben wurde. Ein Institut ist demnach „bedeutend", wenn

▶ die Bilanzsumme im Durchschnitt zu den jeweiligen Stichtagen der letzten vier abgeschlossenen Geschäftsjahre insgesamt 15 Milliarden Euro überschritten hat,

▶ es von der Europäischen Zentralbank beaufsichtigt wird,

▶ es als potenziell systemrelevant im Sinne des § 12 KWG eingestuft wurde, oder

▶ es sich um ein Finanzhandelsinstitut im Sinne des § 25f Abs. 1 KWG handelt.

Eine Besonderheit gilt gem. § 2 Abs. 9i KWG für Kreditinstitute, die in Art. 2 Abs. 5 Nr. 5 der Richtlinie 2013/36/EU namentlich genannt werden. Diese sollen für die Zwecke des § 25a Absatz 5a und 5b KWG sowie der Institutsvergütungsverordnung erst ab einer 70 Milliarden Euro übersteigenden Bilanzsumme als bedeutende Institute im Sinne des § 1 Absatz 3c KWG eingestuft werden.

 **WICHTIG!**

Mit Einführung des § 1 Abs. 3 S. 2 IVV n. F. durch die Dritte Verordnung zur Änderung der Institutsvergütungsverordnung ist jedoch die Anwendung der „Besonderen Anforderungen" zum Jahr 2021 erweitert worden. So gelten die in §§ 18 – 22 IVV enthaltenen Anforderungen seit dem 25.9.2021 zu einem Großteil auch für die „nicht bedeutenden Institute", wenn

▶ sie übergeordnete Unternehmen sind, deren Bilanzsumme auf konsolidierter oder teilkonsolidierter Basis 30 Milliarden Euro erreicht oder überschreitet, oder

▶ ihre Bilanzsumme im Durchschnitt zu den jeweiligen Stichtagen der letzten vier abgeschlossenen Geschäftsjahre 5 Milliarden überschritten hat und sie entweder

   ▶ weder der Befreiung nach § 20 Abs. 1 SAG noch den vereinfachten Anforderungen gemäß §§ 19 und 41 des SAG unterfallen,

   ▶ ihre Handelsbuchtätigkeiten zum Abschluss des letzten Geschäftsjahres über den geringen Umfang im Sinne des Artikels 94 Absatz 1 der Verordnung (EU) Nr. 575/2013 hinausgehen, oder

- ihr Gesamtwert an Derivatepositionen, die mit Handelsabsicht gehalten werden, zum Abschluss des letzten Geschäftsjahres 2 Prozent der gesamten bilanziellen und außerbilanziellen Vermögenswerte und ihr Gesamtwert an allen Derivatepositionen 5 Prozent übersteigt.

Zuvor hatte die Institutsvergütungsverordnung bereits im Rahmen ihrer am 4.8.2017 in Kraft getretenen Novellierung maßgebliche Änderungen erfahren. Mit der Überarbeitung wurden im Wesentlichen die Leitlinien für eine solide Vergütungspolitik der Europäischen Bankenaufsichtsbehörde EBA in deutsches Recht umgesetzt. Dabei blieb die bisherige Systematik der Regelungen zu Vergütungssystemen erhalten. Neu ist vor allem die Pflicht für bedeutende Institute, befristet auch bereits an ihre Risikoträger ausbezahlte variable Vergütungsbestandteile wieder zurückzufordern (Clawback), wenn sie im Nachhinein gravierende Pflichtverletzungen der Betroffenen feststellen.

Gemäß § 14 IVV sind alle Institute aufgefordert, die Arbeitsverträge ihrer Beschäftigten an die Vorschriften der Institutsvergütungsverordnung, und somit auch an die neuen Anforderungen, anzupassen.

## 1. Allgemeine Anforderungen

Grundsätzlich müssen die Vergütungssysteme – einschließlich der Vergütungsstrategie – auf die Erreichung der Ziele ausgerichtet sein, die in den Geschäfts- und Risikostrategien niedergelegt sind. Hierzu gehört, dass sich die Vergütungsparameter, also die quantitativen und qualitativen Bestimmungsfaktoren, anhand derer die Leistung und der Erfolg eines Mitarbeiters gemessen wird (vgl. § 2 Abs. 9 IVV), an den Geschäfts- und Risikostrategien orientieren (vgl. § 4 IVV).

Darüber hinaus müssen Institute im Anwendungsbereich der IVV ihre Vergütungssysteme angemessen ausgestalten (vgl. § 3 Abs. 1 IVV). Das bedeutet, dass keine Anreize zur Eingehung unverhältnismäßig hoher Risiken geschaffen werden dürfen und das Vergütungssystem nicht der Überwachungsfunktion der Kontrolleinheit zuwiderlaufen darf (vgl. § 5 Abs. 1 IVV). Anreize, unverhältnismäßig hohe Risiken einzugehen, werden insbesondere dann geschaffen, wenn das Gehalt von Geschäftsleitern sowie deren Mitarbeitern signifikant von ihrer variablen Vergütung abhängt oder einzelvertraglich für den Fall der Beendigung der Tätigkeit Ansprüche auf Leistungen begründet werden und diese Ansprüche selbst bei negativen individuellen Erfolgsbeiträgen oder bei Fehlverhalten der Höhe nach unverändert bleiben (vgl. § 5 Abs. 3 IVV). Das Vergütungssystem läuft der Überwachungsfunktion der Kontrolleinheit zuwider, wenn sich die Höhe der variablen Vergütung von Mitarbeitern der Kontrolleinheiten und den Mitarbeitern der von ihnen kontrollierten Organisationseinheiten maßgeblich nach gleichlaufenden Vergütungsparametern bestimmt und die Gefahr eines Interessenkonflikts besteht (vgl. § 5 Abs. 4 IVV). Gemäß § 5 Abs. 1 Nr. 4 IVV darf die Vergütung auch weiterhin nicht an Absatzziele gekoppelt sein die sich auf Immobiliar-Verbraucherdarlehensverträge beziehen.

Zudem hat das Vergütungssystem nach dem neu eingefügten § 5 Abs. 1 Nr. 6 IVV mit Wirkung ab dem 25.9.2021 geschlechtsneutral zu sein. Bei gleicher oder gleichwertiger Arbeit muss eine geschlechtsbasierte Entgeltbenachteiligung ausgeschlossen sein. Ein vergleichbares Gebot findet sich ebenso in der seit dem 29.12.2020 geltenden Fassung des § 25d Abs. 5 S. 2 und 3 KWG. Mit der Neufassung sind nunmehr auch die Informationen zum geschlechtsspezifischen Lohngefälle in die die „bedeutenden Institute" gemäß § 24 Abs. 1a Nr. 5 KWG treffenden Anzeigepflicht aufgenommen worden.

Garantiert werden darf eine variable Vergütung nur für die ersten zwölf Monate nach Aufnahme des Arbeitsverhältnisses bei dem Institut, unter der Voraussetzung, dass die unmittelbar vorangegangene Tätigkeit des Mitarbeiters nicht in derselben Gruppe erfolgt und unter der Bedingung, dass zum Zeitpunkt der Auszahlung über eine angemessene Eigenmittel- und Liquiditätsausstattung sowie hinreichend Kapital zur Sicherung der Risikotragfähigkeit besteht (vgl. § 5 Abs. 5 IVV).

Die zentrale Vorschrift in Bezug auf die allgemeinen Anforderungen an Vergütungssysteme ist weiterhin § 6 IVV, der das Verhältnis zwischen variabler und fixer Vergütung beschreibt. Besteht die Vergütung aus einer variablen und einer fixen Vergütung, müssen diese in einem angemessenen Verhältnis zueinanderstehen. Das ist der Fall, wenn keine signifikante Abhängigkeit des jeweiligen Beschäftigten von der variablen Vergütung besteht und die variable Vergütung einen wirksamen Verhaltensanreiz setzen kann (vgl. § 6 Abs. 1 IVV). Gemäß § 6 Abs. 2 IVV ist eine angemessene Obergrenze für die variable Vergütung im Verhältnis zur fixen Vergütung festzulegen. Gemäß § 25a Abs. 5 S. 1 KWG darf (vorbehaltlich eines Beschlusses nach § 25a Abs. 5 S. 5 KWG) die variable Vergütung jeweils 100 % der fixen Vergütung für jeden einzelnen Mitarbeiter oder Geschäftsleiter nicht überschreiten.

Der Gesamtbetrag der variablen Vergütung muss in einem formalisierten, transparenten und nachvollziehbaren Prozess bestimmt werden. Die Festsetzung des Gesamtbetrags hat die Risikotragfähigkeit, die mehrjährige Kapitalplanung und die Ertragslage des Instituts zu berücksichtigen sowie sicherzustellen, dass die Fähigkeit des Instituts gegeben ist, eine angemessene Eigenmittel- und Liquiditätsausstattung, die kombinierten Kapitalpuffer-Anforderungen gemäß § 10i des Kreditwesengesetzes und sofern es sich um ein global systemrelevantes Institut handelt, die Anforderung an den Puffer der Verschuldungsquote gemäß § 10j des Kreditwesengesetzes dauerhaft aufrechtzuerhalten oder wieder herzustellen (vgl. § 7 IVV).

Im Falle von Änderungen der Geschäfts- und Risikostrategie sind die Vergütungsstrategie und die Ausgestaltung der Vergütungssysteme zu überprüfen und erforderlichenfalls anzupassen. Im Übrigen sind die Vergütungssysteme und die zugrunde gelegten Vergütungsparameter zumindest einmal jährlich auf ihre Angemessenheit, insbesondere auch hinsichtlich ihrer Vereinbarkeit mit den Strategien, zu überprüfen und erforderlichenfalls anzupassen (vgl. § 12 IVV).

§ 5 Abs. 6 S. 2 IVV gibt neue Regeln zur Berücksichtigung von Abfindungen vor. Institute müssen insbesondere Grundsätze über den Höchstbetrag sowie die Kriterien für die Bestimmung von Abfindungsbeträgen schriftlich oder elektronisch festlegen. Gemäß § 5 Abs. 6 S. 3 IVV sind Abfindungen im Einklang mit dem Rahmenkonzept gemäß § 11 Abs. 1 Nr. 3 IVV zu gewähren und angemessen zu dokumentieren. Unter den in § 5 Abs. 6 S. 5 IVV geregelten Voraussetzungen müssen Abfindungen bei der Berechnung des Verhältnisses der variablen zur fixen Vergütung (Abfindungen gelten gemäß § 5 Abs. 6 S. 1 IVV als variable Vergütung) nicht die Anforderungen des § 25a Abs. 5 des Kreditwesengesetzes erfüllen. Damit wird – insbesondere über den Weg eines gerichtlichen Vergleichs (vgl. § 5 Abs. 6 S. 5 Nr. 1c Alt. 2 IVV) – auch weiterhin ermöglicht, langjährigen Mitarbeitern Abfindungen zu gewähren, die die Höhe der fixen Vergütung im Jahr des Ausscheidens übersteigen. Mit der Neufassung des § 5 Abs. 6 S. 5 Nr. 1 b IVV ist die Möglichkeit der Nichtberücksichtigung zum 25.9.2021 noch erweitert worden. So können nun auch solche Abfindungen ausgenommen werden, die im Rahmen eines Sozialplanes nach § 75 Abs. 3 Nr. 13 BPersVG a. F. (§ 79 Abs. 1 Nr. 5 BPersVG n. F.) – und nicht lediglich aufgrund eines Sozialplans nach § 112 Abs. 1 BetrVG – oder gemäß den landesrechtlichen Regelungen geleistet werden.

In § 5 Abs. 7 IVV werden weiterhin Halteprämien zugelassen, sofern das Institut sein berechtigtes Interesse an der Gewährung begründen kann.

Gemäß § 3 Abs. 1 S. 2 IVV hat die Geschäftsleitung das Verwaltungs- oder Aufsichtsorgan mindestens einmal jährlich über die Ausgestaltung der Vergütungssysteme des Instituts zu informieren.

Schließlich sind Dokumentationspflichten gemäß § 11 IVV sowie die Offenlegungspflichten gemäß § 16 Abs. 1 IVV zu beachten.

### 2. Besondere Anforderungen

Bei „bedeutenden" Instituten müssen in Bezug auf die beschäftigten Risikoträger im Sinne von § 25a Abs. 5b S. 1 und 2 KWG die zusätzlichen Voraussetzungen der §§ 18–22 IVV beachtet werden. Mit Einführung des zum 25.9.2021 in Kraft getretenen § 1 Abs. 3 S. 2 IVV gilt dies unter Einschränkungen auch für die „nicht bedeutenden" Institute. Diese haben dann lediglich die Voraussetzungen der §§ 18, 19 Abs. 1 S. 1 und 2, Abs. 2 und 3, § 20 Abs. 1 und 3 bis 6 sowie die §§ 21 und 22 IVV zu berücksichtigen.

Diese Regelungen sehen vor, dass beispielsweise bei der Ermittlung der variablen Vergütung neben dem Gesamterfolg des Instituts auch der individuelle Erfolgsbeitrag angemessen berücksichtigt werden muss, § 19 Abs. 1 IVV. Dieser Beitrag muss wiederum anhand der Erreichung von vereinbarten Zielen bestimmt werden, die sowohl durch quantitative als auch qualitative Vergütungsparameter bestimmt sein müssen, § 19 Abs. 2 IVV. Dabei soll insbesondere ein sitten- oder pflichtwidriges Verhalten zwingend die Höhe der variablen Vergütung verringern, ganz gleich, wie viele positive Erfolgsbeiträge dem entgegenstehen. Außerdem muss die Auszahlung eines erheblichen Teils, mindestens aber von 40 Prozent, der variablen Vergütung über einen Zurückbehaltungszeitraum von mindestens vier Jahren gestreckt werden, § 20 Abs. 1 IVV. Für Geschäftsleiter sowie für Mitarbeiter der der Geschäftsleitung unmittelbar nachgelagerten Führungsebene gilt gemäß § 20 Abs. 2 IVV als Untergrenze für den Zurückbehaltungszeitraum 5 Jahre sowie 60 Prozent. Weiterhin müssen die Institute einen Schwellenwert für die jährliche variable Vergütung festlegen, der maximal € 500.000 betragen darf, § 20 Abs. 3 IVV.

In § 20 Abs. 6 IVV ist die mit der Gesetzesänderung von 2017 neu eingeführte Pflicht zur Schaffung von Rückforderungsmöglichkeiten für bereits ausgezahlte variable Vergütungen im Falle besonders schwerer persönlicher Verfehlungen im Bemessungszeitraum geregelt (Clawback).

Nicht anzuwenden sind die §§ 20 und 22 IVV lediglich dann, wenn die für ein Geschäftsjahr ermittelte variable Vergütung eines Risikoträgers nicht mehr als 50.000 Euro beträgt und darüber hinaus, nach der Neufassung des § 18 Abs. 1 S. 3 IVV mit der Gesetzesänderung von 2021, auch nicht mehr als ein Drittel der Gesamtjahresvergütung ausmacht.

### V. Handelsregistereintrag nach Sparkassenfusion

Grundsätzlich sehen die Sparkassengesetze der Länder keine Regelung zur Eintragung der Vereinigung von Sparkassen vor.

Hierin sieht der BGH eine planwidrige Regelungslücke, sodass eine nach landesrechtlichen Vorschriften erfolgte Vereinigung von Sparkassen gemäß §§ 33, 34 Abs. 1 HGB in das Handelsregister der aufgenommen und der aufnehmenden Sparkasse einzutragen ist. Zur Begründung führt der BGH aus, dass die gewerblich tätige öffentliche Hand grundsätzlich denselben Pflichten unterliegen soll wie jedes andere Rechtssubjekt auch. Die Pflicht zur Eintragung in das Handelsregister dient dem Bedürfnis des Rechtsverkehrs, sich über die Rechts- und Vertretungsverhältnisse in einfacher und deutlich erkennbarer Weise zu informieren (BGH v. 19.9.2023, II ZB 15/22).

# Stellenausschreibung

 **Wegweiser:**

Im Bereich der Stellenausschreibung gelten die allgemeinen arbeitsrechtlichen bzw. gesetzlichen Bestimmungen. Es sind keine tarifvertraglichen Sonderregelungen zu beachten. Es gibt grundsätzlich weder eine tarifvertragliche noch eine gesetzliche Pflicht, Stellen für Beschäftigte öffentlich auszuschreiben (Breier/Dassau TVöD Komm. Erl. 1.4.2.1 § 2 TVöD-AT). Ausnahmen hiervon finden sich für besondere Stellen etwa im Hochschulbereich (z. B. § 14 Abs. 1 S. 2 HmbHG, wonach Professuren und Juniorprofessuren international ausgeschrieben werden müssen). Aus § 78 Abs. 1 Nr. 12 BPersVG und vergleichbaren Regelungen einzelner Landespersonalvertretungsgesetze wird eine generelle Pflicht zur internen Ausschreibung freier Stellen im Anwendungsbereich dieser Normen hergeleitet.

Ergänzende Hinweise finden sich bei Breier/Dassau TVöD Komm. Erl. 1.5.1 zu § 2 TVöD-AT.

**I. Allgemeines**

**II. Anforderungen durch das Allgemeine Gleichbehandlungsgesetz**
   1. Gebot zur neutralen Stellenausschreibung
   2. Ausnahme
   3. Rechtsfolgen bei Verstoß

**III. Besonderheiten im Zusammenhang mit schwerbehinderten Menschen**

**IV. Beispiel einer Stellenanzeige/Formulierungshinweise**
   1. Grundsätzliche Formulierungshinweise
   2. Bezeichnung der vakanten Position
   3. Aufgabenbeschreibung
   4. Beschreibung des Bewerberprofils
   5. Bewerbungsfrist

**V. Absageschreiben**

**VI. Mitbestimmungsrechte des Personalrats/Betriebsrats**

### I. Allgemeines

Die Bewerbergewinnung wird von Arbeitgebern des öffentlichen Dienstes häufig durch die Ausschreibung des zu besetzenden Arbeitsplatzes, der sogenannten „Stellenausschreibung" eingeleitet. Eine Pflicht zur Ausschreibung eines freien Arbeitsplatzes gibt es indes grundsätzlich nicht. Der Arbeitgeber hat aufgrund seiner

Organisationsfreiheit das Recht, zwischen verschiedenen Möglichkeiten, eine Stelle zu besetzen, zu wählen. Er ist nicht verpflichtet, offene Stellen ausschließlich auf Grund von Ausschreibungen und Auswahlverfahren zu besetzen und hat das Recht, zwischen Umsetzungen, Versetzungen oder Beförderungen zu wählen (BAG v. 3.12.2019, 9 AZR 78/19, ZTR 2020, 363).

Die Stellenausschreibung kann intern und/oder extern erfolgen. Eine externe Stellenausschreibung, auf die sich auch die Beschäftigten der Dienststelle bewerben können, ist keine Maßnahme im personalvertretungsrechtlichen Sinn, sodass dem Personalrat insoweit kein Mitbestimmungsrecht zusteht. Denn eine externe Stellenbeschreibung ist – ebenso wie eine dienststelleninterne Stellenausschreibung – eine vorbereitende, der mitbestimmungspflichtigen Personalangelegenheit vorausgehende Handlung, der in Bezug auf das Beschäftigungsverhältnis grundsätzlich keine unmittelbare Gestaltungswirkung zukommt und daher nicht mitbestimmungspflichtig ist (BVerwG v. 8.6.2023, 5 P 3.22, ZTR 2023, 704).

Mit der Stellenausschreibung gibt der Arbeitgeber noch kein Angebot zum Abschluss eines Arbeitsvertrages ab. Es handelt sich insoweit nur um eine sogenannte „invitatio ad offerendum", also um eine Aufforderung an mögliche Bewerber, ihrerseits ein Angebot zum Abschluss eines Arbeitsvertrages abzugeben. Allerdings kann der Ausschreibungstext nach Abschluss des Arbeitsvertrages Auslegungshilfe für die Vertragsbedingungen sein. Im Übrigen kann hinsichtlich der Ausschreibung eine Bindungswirkung eintreten. Der Arbeitnehmer kann gegebenenfalls darauf vertrauen, dass die in der Ausschreibung in Aussicht gestellten Arbeitsbedingungen vertraglich eingeräumt werden. Ob die Arbeitsbedingungen tatsächlich zum Vertragsinhalt werden, ist jedoch stets eine Frage des konkreten Einzelfalls.

 **ACHTUNG!**

Im Fall der Ausschreibung durch einen Dritten (Arbeitsagentur oder privater Stellenvermittler) trifft den Arbeitgeber die Sorgfaltspflicht, die Ordnungsgemäßheit der Fremdausschreibung zu überwachen. Verstöße des Dritten können dem Arbeitgeber unter Umständen zugerechnet werden (BAG v. 5.2.2004, 8 AZR 112/03, ZTR 2004, 435).

Die Ablehnung eines Bewerbers ist nur in besonders engen Grenzen entbehrlich und zwar dann, wenn die Ablehnung eine „reine Förmelei" wäre, weil der Bewerber ohnehin sicher weiß, dass seine Bewerbung erfolglos war (BAG v. 29.6.2017, 8 AZR 402/15, ZTR 2018, 40). Ein abgelehnter Stellenbewerber hat keinen Anspruch auf Auskunft, ob der Arbeitgeber einen anderen Bewerber eingestellt hat und gegebenenfalls aufgrund welcher Kriterien. Da es keinen Anspruch auf Auskunft gibt, besteht für sich alleine genommen auch keine Vermutung für eine Benachteiligung, wenn der Arbeitgeber die Auskunft verweigert. Allerdings kann die Verweigerung im Zusammenspiel mit anderen Umständen wiederum eine Diskriminierung vermuten lassen (EuGH v. 19.4.2012, C-415/10, ZTR 2012, 350).

 **WICHTIG!**

Die Verweigerung von Informationen kann in zwei Fällen ausnahmsweise zu einer Beweislastumkehr nach § 22 AGG zu Lasten des Arbeitgebers führen: Die Auskunftsverweigerung (1) erschwert dem Arbeitnehmer unzumutbar die Darlegung von Indiztatsachen für eine unzulässige Benachteiligung oder (2) stellt selbst ein Indiz für eine unzulässige Benachteiligung dar (BAG v. 25.4.2013, 8 AZR 287/08, ZTR 2013, 307).

Nach § 7 Abs. 1 TzBfG hat der Arbeitgeber einen Arbeitsplatz, den er öffentlich oder innerhalb des Betriebes ausschreibt, auch als Teilzeitarbeitsplatz auszuschreiben, wenn der Arbeitsplatz

sich hierfür eignet. Ein Verstoß gegen § 7 Abs. 1 TzBfG begründet keine Schadensersatzansprüche des Arbeitnehmers. Nach herrschender, aber umstrittener Ansicht kann jedoch zumindest dann ein Zustimmungsverweigerungsrecht des Personal- bzw. Betriebsrats zur beabsichtigten Einstellung bestehen, wenn dieser zuvor eine innerbetriebliche Ausschreibung verlangt hat. Ein Schadensersatzanspruch kommt jedoch bei Verstößen gegen § 7 Abs. 3 TzBfG in Betracht. Danach muss der Arbeitgeber den Arbeitnehmer über entsprechende Arbeitsplätze informieren, wenn der Arbeitnehmer zuvor darum bittet, die Dauer und Lage seiner Arbeitszeit zu verändern. Zur Einhaltung der Ausschlussfristen der § 15 Abs. 4 AGG, § 61b Abs. 1 ArbGG muss der abgelehnte Bewerber spätestens zwei Monate nach Zugang der Ablehnung Auskunft verlangen und – soweit diese verweigert wird – bei den Zivilgerichten eine einstweilige Verfügung und das Hauptsacheverfahren auf Auskunftserteilung beantragen.

## II. Anforderungen durch das Allgemeine Gleichbehandlungsgesetz

### 1. Gebot zur neutralen Stellenausschreibung

Die Ausschreibung eines Arbeitsplatzes hat gemäß § 11 AGG neutral im Sinne des AGG zu erfolgen. Sie darf nicht gegen das Benachteiligungsverbot des § 7 Abs. 1 AGG verstoßen. Danach dürfen Beschäftigte nicht aus Gründen

- der Rasse oder ethnischen Herkunft,
- des Geschlechts,
- der Religion (vgl. → *Kirchliches Arbeitsrecht*) oder Weltanschauung,
- der Behinderung,
- des Alters oder
- der sexuellen Identität

benachteiligt werden (§ 1 AGG). Es ist daher darauf zu achten, dass in der Stellenausschreibung keine Anforderungen genannt werden, die einen Bezug zu den oben aufgeführten Benachteiligungsmerkmalen aufweisen. Mehrdeutige Formulierungen sind ebenso zu vermeiden wie Altersvorgaben.

**Beispiel**

Ungeeignet ist daher eine Formulierung wie: „Für unsere Dienststelle in Düsseldorf suchen wir ab sofort einen Verwaltungsfachwirt oder eine Verwaltungsfachwirtin im ersten Berufsjahr." Die Angabe des ersten Berufsjahres stellt ein Indiz für eine mittelbare Benachteiligung wegen des Alters im Sinne von §§ 3 Abs. 2, 7 AGG dar. Typischerweise werden hierdurch Arbeitnehmer mit einem höheren Alter von der Bewerbung ausgeschlossen (BAG v. 18.8.2009, 1 ABR 47/08, ZTR 2010, 208).

Ebenfalls ungeeignet ist eine Stellenausschreibung mit folgendem Wortlaut: „Zum sofortigen Eintritt suchen wir für unsere Rechtsabteilung eine(n) junge(n), engagierte(n) Volljuristin/Volljuristen". Mit der Einschränkung „jung" werden von vornherein Personen aus dem Kreis der potentiellen Arbeitnehmer allein wegen ihres Alters ausgeschlossen, weil sie nicht mehr „jung" sind (BAG v. 19.8.2010, 8 AZR 530/09). Ein Indiz für eine Benachteiligung älterer Bewerber aufgrund ihres Alters enthält auch eine Stellenanzeige für „Hochschulabsolventen/Young Professionals" (BAG v. 24.1.2013, 8 AZR 429/11, ZTR 2013, 334) oder für „Mitarbeiter (m/w) zwischen 25 und 35 Jahren" (BAG v. 23.8.2012, 8 AZR 285/11, ZTR 2012, 562).

Die Formulierung, wonach dem Bewerber eine Tätigkeit in einem professionellen Umfeld „mit einem jungen dynamischen Team" geboten wird, bewirkt eine unmittelbare Diskriminierung wegen des Alters i. S. v. § 3 Abs. 1 AGG und ist deshalb geeignet, die Vermutung i. S. v. § 22 AGG zu begründen, dass eine Benachteiligung wegen des Alters vorliegt (BAG v. 11.8.2016, 8 AZR 406/14, ZTR 2017, 181). An die Entscheidung des Bundesarbeitsgerichts schloss sich das Landesarbeitsgericht Hamm für eine Stellenanzeige an, in der ein „junges Team" ohne den Zusatz „dynamisch" gesucht wurde (LAG Hamm v. 13.6.2017, 14 Sa 1427/16). Die Arbeitgeberbeschreibung als „junges, dynamisches Unternehmen" ist indes kein Indiz für eine Altersdiskriminierung, weil damit nicht die Altersstruktur der potentiellen Kollegen beschrieben wird, sondern eine Eigenschaft des Unternehmens (BAG v. 23.11.2017, 8 AZR 604/16).

Das in einer Stellenbeschreibung geforderte Anforderungsprofil „Volljurist" stellt keine unzulässige Benachteiligung aufgrund der Staatsangehörigkeit dar (LAG Berlin-Brandenburg v. 26.4.2016, 7 Sa 2315/15). Durch Anforderungen an die Körpergröße als Einstellungsvoraussetzung werden Frauen gegenüber Männern mittelbar benachteiligt (LAG Baden-Württemberg v. 29.4.2016, 19 Sa 45/15).

 **TIPP!**

Die vielen Entscheidungen der Landesarbeitsgerichte und des Bundesarbeitsgerichts zeigen, wie wichtig eine präzise und vorsichtig formulierte Stellenausschreibung ist. Um potentielle Verstöße und langwierige Rechtsstreitigkeiten zu vermeiden, sollte soweit wie möglich von Formulierungen wie „jung", „frisch gebacken", „Hochschulabschluss, der nicht länger als 1 Jahr zurückliegt oder innerhalb der nächsten Monate erfolgt" abgesehen werden. Auch eine Übersetzung ins Englische wird nicht vor Ansprüchen aus dem AGG schützen (z. B. „Young Professionals", BAG v. 24.1.2013, 8 AZR 429/11, ZTR 2013, 334).

Enthält die Stellenausschreibung ein Merkmal nach § 1 AGG, wird eine Diskriminierung durch die spätere Ablehnungsentscheidung regelmäßig vermutet (BAG v. 19.8.2010, 8 AZR 315/09). Daher muss die Ausschreibung grundsätzlich insbesondere geschlechts- und altersneutral vorgenommen werden. Die Verpflichtung zur neutralen Ausschreibung betrifft auch den Bereich der beruflichen Aus- und Weiterbildung.

Um eine geschlechtsneutrale Ausschreibung zu gewährleisten, wird bei Stellenausschreibungen vermehrt auf das „Gendersternchen" („Sozialpädagog*in", „Pfleger*in" etc.) sowie den Zusatz „(m/w/d)" (Kurzform für „männlich/weiblich/divers") zurückgegriffen. Die Verwendung des Gendersternchens und des Zusatzes „(m/w/d)" in einer Stellenausschreibung diskriminiert nach einer Entscheidung des Landesarbeitsgerichts Schleswig-Holstein mehrgeschlechtlich geborene Menschen nicht (LAG Schleswig-Holstein v. 22.6.2021, 3 Sa 37 öd/21). Eine Ausschreibung ist geschlechtsneutral formuliert, wenn sie sich in ihrer gesamten Ausdrucksweise an alle Personen unabhängig vom Geschlecht richtet. Dem ist zumindest dann genüge getan, wenn die Berufsbezeichnung in geschlechtsneutraler Form verwendet wird. Das Gendersternchen dient nach Auffassung des Landesarbeitsgerichts einer geschlechtersensiblen und diskriminierungsfreien Sprache. Gleiches gilt für den Zusatz „(m/w/d)". Es sollen Menschen angesprochen werden, die sich nicht dauerhaft oder ausschließlich dem männlichen oder dem weiblichen Geschlecht zuordnen lassen.

Hinsichtlich der konkreten Anforderungen des AGG an eine Stellenausschreibung und der einzelnen Rechtsfolgen eines Verstoßes siehe auch das Stichwort → *Allgemeines Gleichbehandlungsgesetz.*

## 2. Ausnahme

Eine unterschiedliche Behandlung wegen eines in § 1 AGG genannten Grundes ist ausnahmsweise zulässig, wenn dieser Grund wegen der Art der auszuübenden Tätigkeit oder der Bedingungen ihrer Ausübung eine wesentliche und entscheidende berufliche Anforderung darstellt, sofern der Zweck rechtmäßig und die Anforderung angemessen ist, § 8 Abs. 1 AGG. Die Tätigkeit darf ohne das in § 1 AGG genannte Merkmal bzw. ohne Fehlen dieses Merkmals entweder gar nicht oder nicht ordnungsgemäß durchgeführt werden können. Ob das Merkmal für die Tätigkeit so zentral ist, muss anhand der auf dem zu besetzenden Arbeitsplatz konkret auszuübenden Tätigkeiten bestimmt werden. Dabei darf das Differenzierungsmerkmal nicht nur für unbedeutende, den Arbeitsplatz nicht charakterisierende Tätigkeiten erforderlich sein.

### Beispiel

Ein Mädcheninternat sucht eine „Erzieherin/Sportlehrerin". Für diese Tätigkeit, die auch mit Nachtdiensten verbunden ist, ist das weibliche Geschlecht eine entscheidende Anforderung (BAG v. 28.5.2009, 8 AZR 536/08, ZTR 2009, 592).

Die Rechtsprechung hat zwar offen gelassen, ob ein Entschädigungsanspruch nach § 15 AGG bereits dann entfällt, wenn in Stellenausschreibungen ein besonderes Interesse an Bewerbungen von Frauen zum Ausdruck gebracht wird, weil der Arbeitgeber zu einem entsprechenden Hinweis aufgrund des geltenden Landesgleichstellungsgesetzes verpflichtet ist (auf Bundesebene vgl. § 6 Abs. 1 S. 4 BGleiG). Eine solche Bevorzugung wegen des Geschlechts war in dem zu entscheidenden Fall jedenfalls als positive Maßnahme gemäß § 5 AGG zulässig, weil in den von der Stellenausschreibung betroffenen Bereichen Frauen unterrepräsentiert waren (LAG Düsseldorf v. 12.11.2008, 12 Sa 1102/08, ZTR 2009, 271). Nach dem Landesarbeitsgericht Köln kann ein Arbeitgeber eine Stellenausschreibung ausdrücklich an Frauen richten, wenn bisher ausschließlich Männer beschäftigt werden, § 8 Abs. 1 AGG (LAG Köln v. 18.5.2017, 7 Sa 913/16).

Auch ist regelmäßig keine Diskriminierung wegen des Geschlechts anzunehmen, wenn eine Gemeinde bei der Besetzung der Stelle einer kommunalen Gleichstellungsbeauftragten die Bewerberauswahl auf Frauen beschränkt. Männliche Bewerber werden durch eine nur an weibliche Bewerber gerichtete Stellenausschreibung nicht unzulässig benachteiligt, wenn sich die Beratungsangebote der ausschreibenden Gemeinde an Frauen in Problemlagen richten, in denen die Betroffenen typischerweise zu einer Frau leichter Kontakt aufnehmen als zu einem Mann (BAG v. 18.3.2010, 8 AZR 77/09, ZTR 2010, 237). Anders ist jedoch der Fall zu betrachten, in dem sich eine männliche Person auf eine Stellenausschreibung als „Fachlehrerin Sport" bewarb. Im dazugehörigen Rechtsstreit konnte die Beklagte – eine Schule – nicht darlegen, dass ein geschlechtsbezogenes Merkmal aufgrund der Art der Sportlehrtätigkeit eine entscheidende Anforderung sei (BAG v. 19.12.2019, 8 AZR 2/19, ZTR 2020, 423).

## 3. Rechtsfolgen bei Verstoß

Verstößt die Ausschreibung gegen das Gebot zur neutralen Stellenausschreibung, kann ein benachteiligte Bewerber Entschädigung und Schadensersatz verlangen. Der Anspruch aus § 15 Abs. 1, 2 AGG und die dazugehörige Entschädigung hat eine Doppelfunktion: Einerseits dient sie der Schadenskompensation, andererseits der Prävention, wobei der Grundsatz der Verhältnismäßigkeit zu wahren ist (BAG v. 28.5.2020, 8 AZR 170/19, ZTR 2020, 598). Der Bewerber muss im Streitfall Indizien beweisen, die eine Benachteiligung aus Gründen i. S. d. § 1 AGG vermuten lassen. Die Indizien muss der Bewerber auch im Verwaltungsprozess vortragen, in dem eigentlich das Gericht den Sachverhalt aufzuklären hat (VG Berlin v. 18.4.2018, VG 28 K 6.14). Dann trägt der Arbeitgeber die Beweislast dafür, dass kein Verstoß gegen die Bestimmungen zum Schutz vor Benachteiligungen nach dem AGG vorgelegen hat, § 22 AGG.

Die objektive Eignung des Bewerbers ist nicht Voraussetzung für einen Anspruch nach § 15 Abs. 1, 2 AGG wegen einer verbotenen Benachteiligung im Auswahlverfahren (BAG v. 23.11.2017, 8 AZR 372/16). Ein Bewerber, dem die objektive Eignung für eine ausgeschriebene Stelle fehlt, befindet sich trotzdem in einer „vergleichbaren Situation" bzw. „vergleichbaren Lage" i. S. v. § 3 Abs. 1, 2 AGG mit anderen Bewerbern. Die Annahme einer Benachteiligung durch Ablehnung im Bewerbungsverfahren setzt voraus, dass die Bewerbung ernst gemeint ist. Es darf nicht bloß ein formaler Bewerberstatus des § 6 Abs. 1 S. 2 Alt. 1 AGG mit dem alleinigen Ziel angestrebt werden, Schadensersatzansprüche geltend machen zu können (vgl. EuGH v. 28.7.2016, C-423/1; BAG v. 11.8.2016, 8 AZR 4/15). Der Arbeitgeber muss darlegen und beweisen, dass es sich um eine „Scheinbewerbung" handelt (LAG Hessen v. 18.6.2018, 7 Sa 851/17). Merkmal für fehlende Ernsthaftigkeit kann der Umstand sein, dass der Bewerber vielfache Bewerbungen, insbesondere auch auf Stellen, deren Qualifikationsprofil er nicht oder nicht vollständig erfüllt, absendet (LAG Baden-Württemberg v. 20.3.2009, 9 Sa 5/09).

Eine unmittelbare Benachteiligung eines Bewerbers scheitert allerdings nicht allein daran, dass der Arbeitgeber auf die ausgeschriebene Stelle letztlich niemanden eingestellt hat. Ein zum Schadensersatz verpflichtender Nachteil im Rahmen einer Auswahlentscheidung liegt bereits in der Versagung einer Chance des Bewerbers, wenn dieser nicht in die Auswahl einbezogen, sondern bereits vorab ausgeschieden wird. Daher ist es irrelevant, ob im Laufe des Verfahrens tatsächlich ein anderer Bewerber eingestellt wird oder nicht (BAG v. 23.8.2012, 8 AZR 285/11, ZTR 2013, 49).

## III. Besonderheiten im Zusammenhang mit schwerbehinderten Menschen

Alle Arbeitgeber sind unabhängig davon, ob sie gemäß §§ 154 ff. SGB IX beschäftigungspflichtig sind oder nicht, grundsätzlich verpflichtet, zu prüfen, ob freie Arbeitsplätze mit → schwerbehinderten Menschen besetzt werden können (§ 164 Abs. 1 SGB IX). Wenn diese Prüfung positiv ausgefallen ist, muss der Arbeitgeber die Agentur für Arbeit frühzeitig darüber informieren. Darüber hinaus trifft den öffentlichen Arbeitgeber nach § 165 S. 1 SGB IX die Pflicht, frühzeitig alle frei werdenden und neu zu besetzenden sowie neue Arbeitsplätze der Agentur für Arbeit mitzuteilen. Diese Meldepflicht greift jedoch aufgrund erst nach einer erfolglosen Prüfung zur internen Besetzung (vgl. BT-Drs. 18/10523).

 **WICHTIG!**

Der Verstoß des öffentlichen Arbeitgebers gegen § 165 S. 1 SGB IX begründet regelmäßig die Vermutung i. S. v. § 22 AGG, dass der erfolglose schwerbehinderte Bewerber im Auswahlverfahren wegen der Schwerbehinderung nicht berücksichtigt und damit wegen der Schwerbehinderung benachteiligt wurde. Um der Pflicht aus § 165 S. 1 SGB IX gerecht zu werden, reicht nach der Rechtsprechung des Bundesarbeitsgerichts allein die Veröffentlichung des Stellenangebots über die Jobbörse der Agentur für Arbeit nicht aus. Denn diese Veröffentlichung stellt

keine Meldung i. S. v. § 165 S. 1 SGB IX dar (BAG v. 25.11.2021, 8 AZR 313/20).

Die Agentur für Arbeit kann dem Arbeitgeber geeignete schwerbehinderte Bewerber vorschlagen. Der Arbeitgeber hat dann zu prüfen, ob die vorgeschlagenen Bewerber für die Besetzung des freien Arbeitsplatzes in Betracht kommen. Über Vermittlungsvorschläge und vorliegende Bewerbungen von schwerbehinderten Menschen hat der Arbeitgeber die Schwerbehindertenvertretung und die in § 176 S. 1 SGB IX genannten Vertretungen (Betriebsrat, Personalrat) unmittelbar nach deren Eingang zu unterrichten (§ 164 Abs. 1 S. 4 SGB IX). Bei seiner Prüfung muss der Arbeitgeber die Schwerbehindertenvertretung nach § 178 Abs. 2 SGB IX beteiligen und den Betriebs- bzw. Personalrat anhören (§ 164 Abs. 1 S. 6 SGB IX).

 **ACHTUNG!**

Die Schwerbehindertenvertretung ist nicht zu beteiligen, wenn der schwerbehinderte Bewerber dies ausdrücklich ablehnt (§ 164 Abs. 1 S. 10 SGB IX).

Nach § 178 Abs. 2 S. 4 SGB IX ist die in der Dienststelle tätige Schwerbehindertenvertretung dazu berechtigt, die entscheidungsrelevanten Teile der Bewerbungsunterlagen eines schwerbehinderten Stellenbewerbers einzusehen und an Vorstellungsgesprächen teilzunehmen. Die über den Termin eines Vorstellungsgesprächs rechtzeitig in Kenntnis gesetzte Schwerbehindertenvertretung entscheidet autonom, ob und auf welche Art und Weise sie sich in das Bewerbungsverfahren einschaltet. Der Arbeitgeber hat im Rahmen des § 178 Abs. 2 S. 4 SGB IX nicht eine Teilnahme der Schwerbehindertenvertretung an Vorstellungsgesprächen zu erwirken (LAG Hamm v. 26.11.2015, 15 Sa 803/15).

Erfüllt der Arbeitgeber die Beschäftigungsquote nach § 154 SGB IX nicht und ist die Schwerbehindertenvertretung oder ist der Betriebs- bzw. Personalrat mit der beabsichtigten Entscheidung des Arbeitgebers nicht einverstanden, muss er diese unter Darlegung der Gründe mit ihnen erörtern (§ 164 Abs. 1 S. 7 SGB IX). Dabei ist auch der betroffene schwerbehinderte Bewerber anzuhören (§ 164 Abs. 1 S. 8 SGB IX). Alle Beteiligten des Erörterungsverfahrens sind vom Arbeitgeber unter den gleichen Voraussetzungen wie bei § 164 Abs. 1 S. 7 SGB IX (Nichterfüllung der Beschäftigungsquote gemäß § 154 SGB IX und fehlendes Einverständnis der genannten Vertretungen) über die getroffene Entscheidung unter Darlegung der Gründe unverzüglich gemäß § 164 Abs. 1 S. 9 SGB IX zu unterrichten (BAG v. 28.9.2017, 8 AZR 492/16).

 **WICHTIG!**

Auch der schwerbehinderte Bewerber ist über die Gründe der Entscheidung des Arbeitgebers unverzüglich zu unterrichten. Steht fest, dass der Arbeitgeber die Unterrichtung versäumt und dem Bewerber insbesondere auch nicht im Absageschreiben Gründe für die Ablehnung mitgeteilt hat, so wird dessen Benachteiligung wegen der Schwerbehinderung vermutet. Die Indizwirkung besteht allerdings nur, wenn dem Arbeitgeber die Schwerbehinderung oder Gleichstellung bekannt gewesen ist oder er sie den Bewerbungsunterlagen hätte entnehmen können (BAG v. 13.10.2011, 8 AZR 608/10, ZTR 2012, 352). Für Letzteres ist eine Information im Bewerbungsanschreiben oder an gut erkennbarer Stelle im Lebenslauf regelmäßig ausreichend (BAG v. 22.10.2015, 8 AZR 384/14, ZTR 2016, 272). Die Pflicht zur Begründung der Ablehnung setzt voraus, dass der Arbeitgeber seiner Beschäftigungspflicht gemäß § 154 SGB IX nicht ausreichend nachgekommen ist und die Schwerbehindertenvertretung oder eine in § 176 SGB IX genannte Vertretung mit der beabsichtigten Einstellungsentscheidung des Arbeitgebers nicht einverstanden ist (BAG v. 28.9.2017, 8 AZR 492/16; BAG v. 21.2.2013, 8 AZR 180/12, ZTR 2013, 632).

 **ACHTUNG!**

Ein Verstoß gegen die Pflichten aus § 164 SGB IX und § 165 S. 1 SGB IX kann zu Entschädigungsansprüchen des schwerbehinderten Bewerbers nach § 15 Abs. 2 AGG führen (BAG v. 13.10.2011, 8 AZR 608/10, ZTR 2012, 352). Zudem kann der Personalrat bzw. der Betriebsrat sein Zustimmungsverweigerungsrecht zu der beabsichtigten Einstellung gemäß § 78 Abs. 5 Nr. 1 BPersVG bzw. § 99 Abs. 2 Nr. 1 BetrVG geltend machen (BAG v. 23.6.2010, 7 ABR 3/09, ZTR 2010, 670).

Unterrichtet etwa der Arbeitgeber entgegen der Vorgaben des § 164 Abs. 1 Satz 4 SGB IX den bei ihm eingerichteten Personalrat nicht über die Bewerbung eines schwerbehinderten Bewerbers, begründet dies die Vermutung, dass die Schwerbehinderung des Bewerbers kausal für dessen Benachteiligung (Absage) war (BAG v. 14.6.2023, 8 AZR 136/22, ZTR 2023, 657).

Aus der Verpflichtung des Arbeitgebers nach § 164 Abs. 1 SGB IX ergibt sich jedoch kein Einstellungsanspruch eines schwerbehinderten Arbeitnehmers.

Öffentliche Arbeitgeber (§ 154 Abs. 2 SGB IX: oberste Bundesbehörden, Landesbehörden, Gebietskörperschaften, Körperschaften, Anstalten oder Stiftungen des öffentlichen Rechts) trifft darüber hinaus die besondere Verpflichtung aus § 165 S. 3 SGB IX. Hiernach müssen schwerbehinderte Menschen, die sich entweder selbst auf die zu besetzenden Stellen beworben haben oder von der Bundesagentur für Arbeit bzw. einem Integrationsfachdienst vorgeschlagen wurden, zu einem Vorstellungsgespräch eingeladen werden. Diese Pflicht soll es dem schwerbehinderten Menschen ermöglichen, den Arbeitgeber im persönlichen Gespräch von sich zu überzeugen. Eine solche Einladung ist nur dann nicht zwingend erforderlich, wenn die fachliche Eignung des Bewerbers offensichtlich fehlt, § 165 S. 4 SGB IX). Der öffentliche Arbeitgeber muss darlegen und beweisen, dass die fachliche Eignung des Bewerbers offensichtlich fehlt (BAG v. 11.8.2016, 8 AZR 375/15).

 **ACHTUNG!**

Die Pflicht des öffentlichen Arbeitgebers zur Einladung sich bewerbender schwerbehinderter Menschen zu einem Vorstellungsgespräch nach § 165 S. 3 SGB IX ist nicht mit dem Anbieten eines einzigen Vorstellungstermins erfüllt, wenn der schwerbehinderte Mensch seine Verhinderung vor dem Termin unter Angabe eines hinreichend gewichtigen Grundes mitteilt und dem Arbeitgeber das Anbieten eines Ersatztermins in zeitlicher und organisatorischer Hinsicht zumutbar ist (BAG v. 23.11.2023, 8 AZR 164/22, ZTR 2024, 148).

Der öffentliche Arbeitgeber kann die Pflicht Einladungspflicht aus § 165 S. 3 SGB IX auch dadurch erfüllen, dass er den schwerbehinderten Bewerber zu einem Vorstellungsgespräch einlädt, das in Form eines Video-Interviews durchgeführt wird. Dies gilt jedenfalls dann, wenn alle Vorstellungsgespräche in dieser Form durchgeführt werden, der schwerbehinderte Bewerber mit der Durchführung in Form des Video-Interviews einverstanden ist und keine besonderen behinderungsbedingten Einschränkungen bestehen, die die Durchführung des Interviews erschweren könnten (LAG Hamm v. 21.7.2022, 18 Sa 21/22).

 **WICHTIG!**

Die Einladung des schwerbehinderten Bewerbers zum Vorstellungsgespräch kann postalisch per Brief erfolgen. Geht die Einladung dem Bewerber nicht entsprechend § 130 BGB zu, genügt dieser Umstand für sich genommen nicht für die Kausalitätsvermutung nach § 22 AGG. Etwas anderes gilt dann,

wenn der öffentliche Arbeitgeber nicht alles ihm Mögliche und Zumutbare unternommen hat, um einen ordnungsgemäßen und fristgerechten Zugang der Einladung bei dem schwerbehinderten Bewerber zu bewirken. Hierfür ist der erfolglose schwerbehinderte Bewerber im Hinblick auf die die Kausalitätsvermutung begründenden Indizien darlegungs- und beweispflichtig. Den Arbeitgeber trifft hierzu jedoch regelmäßig eine sekundäre Darlegungslast, also die Obliegenheit, die zur Einladung des Bewerbers unternommenen Schritte darzulegen. Denn es handelt sich bei den zur Einladung unternommenen Bemühungen um tatsächliche Verhältnisse aus der Sphäre des Arbeitgebers, über welche der Bewerber regelmäßig keine Kenntnisse haben kann (BAG v. 1.7.2021, 8 AZR 297/20, ZTR 2022, 44).

Ob der Bewerber hinreichend geeignet ist, beurteilt sich nach den Ausbildungs- und Prüfungsvoraussetzungen für die zu besetzende Stelle, die durch die in der Stellenausschreibung geforderten Qualifikationsmerkmale konkretisiert werden. Bloße Zweifel an der fachlichen Eignung des Bewerbers rechtfertigen eine unterbliebene Einladung zum Vorstellungsgespräch nicht (BVerwG v. 15.12.2011, 2 A 13.10; BAG v. 11.8.2016, 8 AZR 375/15). Die Pflicht zur Einladung besteht auch bei einer bloß internen Stellenbesetzung, wenn sich schwerbehinderte Mitarbeiter intern bewerben (BAG v. 25.6.2020, 8 AZR 75/19).

Bei Mehrfachbewerbungen schwerbehinderter Menschen auf Stellenausschreibungen mit identischem Anforderungsprofil ist eine Einladung zu einem Auswahlgespräch für jede der Stellen entbehrlich, wenn der Bewerber zu einem Vorstellungsgespräch für eine der zu besetzenden Stellen eingeladen wird, sofern dieselbe für die Durchführung des Auswahlverfahrens zuständige Dienststelle für die Stellen ein identisch ausgestaltetes Auswahlverfahren nach identischen Auswahlkriterien durchführt. Die Auswahlkommission muss hingegen nicht personenidentisch besetzt sein (BAG v. 25.6.2020, 8 AZR 75/19).

Wird ein schwerbehinderter Bewerber vom öffentlichen Arbeitgeber entgegen § 165 S. 3 SGB IX nicht zu einem Vorstellungsgespräch eingeladen, kann dies die – vom Arbeitgeber widerlegbare – Vermutung i. S. v. § 22 AGG begründen, dass der erfolglose Bewerber eine unmittelbare Benachteiligung i. S. v. § 3 Abs. 1 AGG wegen seiner (Schwer-)Behinderung erfahren hat (BAG v. 23.1.2020, 8 AZR 484/18).

 **TIPP!**

Legt der Arbeitgeber in der Stellenausschreibung klare und messbare Kriterien fest, kann er auch schwerbehinderte Bewerber nicht zum Vorstellungsgespräch einladen, wenn diese Kriterien nicht erfüllt sind. Wenn beispielsweise ein Diplom oder ein Masterabschluss vorausgesetzt werden, der schwerbehinderte Bewerber lediglich einen Bachelorabschluss vorweisen kann, besteht keine Einladungspflicht nach § 165 S. 3, 4 SGB IX (LAG Mecklenburg-Vorpommern v. 28.9.2017, 4 Sa 93/17). Das jeweilige Anforderungsprofil ist aber gerichtlich darauf überprüfbar, ob es auf sachfremden Erwägungen beruht und insbesondere die aus Art. 33 Abs. 2 GG resultierenden Vorgaben wahrt (LAG Rheinland-Pfalz v. 21.4.2023, 1 Sa 295/22, ZTR 2023, 594).

Allerdings darf der Arbeitgeber dann nicht andere Bewerber einladen, die ebenfalls die Kriterien nicht erfüllen. Wenn ein „sehr guter wissenschaftlicher Hochschulabschluss" verlangt wird, der schwerbehinderte Bewerber lediglich die Gesamtnote „gut" erreicht hat, aber gleichzeitig schon Bewerber eingeladen werden, die noch keine Endnote haben und denen man lediglich prognostiziert, die Gesamtnote „sehr gut" zu erreichen, ist hierin ein Indiz für eine Diskriminierung zu sehen (LAG Hessen v. 7.8.2017, 7 Sa 1471/16).

Es reicht nicht aus, dass sich der Arbeitgeber auf Grundlage der Bewerbungsunterlagen entschieden hat, andere Bewerber seien so gut geeignet, dass der schwerbehinderte Bewerber nicht mehr in die nähere Auswahl komme. Auch in diesem Fall muss er den schwerbehinderten Bewerber dennoch einladen (BAG v. 21.7.2009, 9 AZR 431/08, ZTR 2009, 589). Verstößt der Arbeitgeber gegen diese Verpflichtung, wird ebenfalls vermutet, dass der Bewerber wegen seiner Behinderung benachteiligt wurde (BVerwG v. 3.3.2011, 5 C 15.10).

 **TIPP!**

Der öffentliche Arbeitgeber sollte daher in diesem Fall stets ein Vorstellungsgespräch mit dem schwerbehinderten Bewerber führen, um eine etwaige Benachteiligung schwerbehinderter Menschen sicher auszuschließen.

Ein öffentlicher Arbeitgeber macht den gesetzlich intendierten Chancenvorteil des schwerbehinderten Bewerbers auch dann zunichte, wenn er diesem zwar die Einladung zu einem Vorstellungsgespräch in Aussicht stellt, gleichzeitig aber dem schwerbehinderten Bewerber mitteilt, dessen Bewerbung habe nach der „Papierform" nur eine geringe Erfolgsaussicht, weshalb der schwerbehinderte Bewerber mitteilen möge, ob er das Vorstellungsgespräch wahrnehmen wolle. Eine solch „abschreckende" Einladung begründet gemäß § 22 AGG die Vermutung der Benachteiligung wegen der Behinderung (LAG Baden-Württemberg v. 3.11.2014, 1 Sa 13/14).

Auf nicht gleichgestellte behinderte Menschen finden die §§ 164 ff. SGB IX weder unmittelbar noch entsprechend Anwendung. Deshalb können nicht schwerbehinderte und nicht gleichgestellte Bewerber die Vermutung einer Benachteiligung wegen ihrer Behinderung nicht auf einen Verstoß gegen die gesetzlichen Vorgaben in §§ 164, 165 SGB IX stützen (BAG v. 27.1.2011, 8 AZR 580/09, ZTR 2011, 506).

## IV. Beispiel einer Stellenanzeige/Formulierungshinweise

### 1. Grundsätzliche Formulierungshinweise

Inhalt, Form und Dauer einer Stellenausschreibung sind weder durch Gesetz noch den TVöD/TV-L näher bestimmt. Die konkrete Ausgestaltung obliegt daher grundsätzlich dem Arbeitgeber (BAG v. 6.10.2010, 7 ABR 18/09). Allerdings können Einzelheiten hierzu auch in einer Dienst- bzw. Betriebsvereinbarung geregelt werden.

Stellenausschreibungen sollten so ausführlich wie nötig und so kurz wie möglich formuliert werden. Die zu erfüllende Aufgabe sollte möglichst präzise und verständlich, aber auch attraktiv beschrieben werden. Die gestellten Anforderungen sollten realistisch und nachprüfbar dargestellt werden.

Um Verstöße gegen die Benachteiligungsverbote nach dem AGG zu vermeiden, ist es erforderlich

▸ geschlechtsneutral zu formulieren in Überschrift und Text. Praktisch bedeutet dies, dass die Stellenbezeichnung entweder sowohl in männlicher als auch in weiblicher Form genannt werden muss („Pflegerin/Pfleger"), oder eine geschlechtsneutrale Bezeichnung zu verwenden ist („Pflegekraft", „Pfleger*in", „Pfleger:in"). Zudem ist der Zusatz „(m/w/d)" (Kurzform für „männlich/weiblich/divers") empfehlenswert;

▸ keine Altersvorgabe zu machen, („ideales Alter zwischen 30 bis 40 Jahren"), da das AGG sowohl „junge" als auch „alte" Bewerber schützt;

▸ Attribute zu vermeiden, die Personen einer bestimmten Personengruppe zuordnen (z. B. „Verstärkung für junges Team", „Persönlichkeit mit Lebenserfahrung", „dynamischer Referent", „lockeres und junges 14-köpfiges Team");

▸ inhaltliche Anforderungen an den zu besetzenden Arbeitsplatz bezogen auf die auszuübende Tätigkeit darzustellen.

 **TIPP!**

Da selbst das Anfordern eines Bewerbungsfotos unter Umständen als ein Indiz für eine ungerechtfertigte Benachteiligung wegen des Alters oder der ethnischen Herkunft angesehen werden könnte, sollte hierauf verzichtet werden.

Darüber hinaus ergeben sich inhaltliche Vorgaben für die Ausschreibung von Stellen auch aus dem Bundesgleichstellungsgesetz und den Gleichstellungsgesetzen der Länder (siehe hierzu → *Gleichstellung*).

### 2. Bezeichnung der vakanten Position

Die auszuschreibende Stelle sollte möglichst präzise bezeichnet werden, z. B. „Verwaltungsfachangestellte/Verwaltungsfachangestellter für …", „Volljurist/Volljuristin mit Schwerpunkt …" etc. Vermieden werden sollten die verbreiteten Formulierungen „Mitarbeit in der Departmentgeschäftsstelle" und „Mitarbeit im Referat …". Denn diese Bezeichnungen enthalten keinerlei Aussagen über die inhaltlichen Aufgabenstellungen der Position, sondern lediglich über deren hierarchische Einordnung im Arbeitsteam. Diese Information kann wesentlich effektiver bei der Aufgabenbeschreibung eingefügt werden. Es ist zu beachten, dass viele potentielle Bewerber zunächst nur auf die Bezeichnung der Stelle achten und sich erst dann mit dem weiteren Inhalt der Ausschreibung befassen, wenn die ausgeschriebene Stellenbezeichnung ihr Interesse geweckt hat. Aus diesem Grund ist hier eine möglichst genaue und prägnante Bezeichnung besonders wichtig.

Die Stellenbezeichnung kann zum einen über eine erforderliche, spezielle berufliche Qualifizierung erfolgen (besondere Fachrichtung). Zum anderen kann eine knappe, allgemein verständliche Beschreibung der Funktion erforderlich sein, sofern für die jeweilige Stelle – wie häufig – verschiedene Bewerberqualifikationen denkbar sind. In diesem Fall ist es dann umso wichtiger, dass beim Bewerberprofil die zwingend notwendigen und die wünschenswerten Kenntnisse möglichst detailliert dargestellt werden. Hierzu zählen auch Berufsabschlüsse, die diese Fachkenntnisse vermitteln können. Es ist darauf zu achten, dass ein Besetzungszeitpunkt angegeben wird (entweder ein konkretes Datum oder „ab sofort"), damit Bewerber, die noch in einem laufenden Arbeitsverhältnis gebunden sind, diesen Zeitpunkt berücksichtigen können.

### 3. Aufgabenbeschreibung

Zunächst sollten die zu erfüllenden Aufgaben der ausgeschriebenen Stelle möglichst genau und verständlich beschrieben werden. Der Umfang der Aufgabenbeschreibung hängt im Wesentlichen davon ab, ob es sich bei der Stelle um eine allgemein übliche oder eine fachlich sehr stark differenzierte Stelle handelt, die eine bestimmte Spezialausbildung voraussetzt. Insbesondere bei Letzterem kann es genügen, nur wenige, fachlich einschlägige Stichpunkte anzugeben. Es ist zu beachten, dass die Aufgabenbeschreibung in der Stellenausschreibung auch der Motivation von potentiellen Bewerbern dienen soll. Je attraktiver die Position beschrieben wird, umso höher sind die Chancen, dass die richtigen und geeigneten Kandidaten angesprochen werden.

Nur wenn die Aufgabenbeschreibung den später tatsächlich übertragenen Tätigkeiten weitgehend entspricht, werden die Bewerber in der Regel auch nach der Einstellung noch zufrieden sein. Wenn also das Aufgabenprofil noch nicht klar definiert ist oder aber zu bestimmten Aufgaben weitere, noch nicht näher spezifizierte Zusatzaufgaben dazukommen, z. B. in einer Departmentgeschäftsstelle für Verwaltungsangestellte, sollten solche Umstände in der Ausschreibung angesprochen und die noch zu benennenden Tätigkeitsfelder zumindest ungefähr umschrieben werden. In diesem Fall gilt es also, eine gelungene Mischung aus einer einerseits möglichst präzisen Aufgabenbeschreibung und einer andererseits offenen Formulierung zu finden, die spätere Änderungen der zu bewältigenden Aufgaben im Rahmen einer gewissen Bandbreite zulässt. Hält der Arbeitgeber Stellenbeschreibungen vor, so ist darauf zu achten, dass sich Stellenbeschreibung und -ausschreibung inhaltlich decken.

**TIPP!**

Bei der Aufgabenbeschreibung sollte auch angegeben werden, ob es sich um eine Leitungsfunktion oder eine Mitarbeit in einem Team handelt. Dabei kann die Angabe der Teamgröße wesentlich sein.

**ACHTUNG!**

Soweit in einer innerbetrieblichen Ausschreibung nach § 93 BetrVG ein bestimmter Zeitpunkt für die Stellenbesetzung genannt ist, darf die tatsächliche Stellenbesetzung von diesem Zeitpunkt nicht so weit entfernt sein, dass die Arbeitnehmer annehmen müssen, eine Entscheidung über die Stellenbesetzung stehe nicht bevor. Regelmäßig ist ein zeitlicher Abstand von einem halben Jahr zwischen dem in der Ausschreibung genannten Zeitpunkt und der tatsächlichen Stellenbesetzung unschädlich, wobei auf den jeweiligen Einzelfall geschaut werden muss (BAG v. 30.4.2014, 7 ABR 51/12).

### 4. Beschreibung des Bewerberprofils

Der Arbeitgeber des öffentlichen Dienstes hat vor jeder Stellenbesetzung ein Anforderungsprofil festzulegen, damit eine leistungsbezogene Auswahl der Bewerber gewährleistet ist und gerichtlich überprüft werden kann (BAG v. 7.4.2011, 8 AZR 679/09). Die Pflicht, ein Anforderungsprofil zu erstellen, ergibt sich aus Art. 33 Abs. 2 GG, nach dem jeder Deutsche nach seiner Eignung, Befähigung und fachlichen Leistung gleichen Zugang zu jedem öffentlichen Amt hat. Bei dieser Verfassungsvorschrift handelt es sich um unmittelbar geltendes Recht, das auch auf Arbeitnehmer des öffentlichen Dienstes anzuwenden ist (BAG v. 24.1.2013, 8 AZR 188/12, ZTR 2013, 451). Durch die Bestimmung des Anforderungsprofils werden die Leistungskriterien für die Auswahl der Bewerber näher konkretisiert. Das Auswahlprofil stellt die Verbindung zwischen dem vom öffentlichen Arbeitgeber zu bestimmenden Charakter der Stelle und den von den Bewerbern zu erfüllenden Voraussetzungen her.

**WICHTIG!**

Hat ein öffentlicher Arbeitgeber für eine zu besetzende Stelle weder ein Anforderungsprofil erstellt noch seine Auswahlentscheidung dokumentiert, kann dies im Prozess eines unterlegenen Bewerbers zu einer Änderung der Darlegungs- und Beweislast führen. Es wird dann grundsätzlich vermutet, dass der Bewerber am besten geeignet war, ohne dass er dies beweisen muss. Reicht der Arbeitgeber das fehlende Anforderungsprofil

sodann nicht nach, kann ein Anspruch des Bewerbers auf Einstellung bestehen (LAG Hessen v. 23.4.2010, 19/3 Sa 47/09).

**ACHTUNG!**

Das Anforderungsprofil muss so dokumentiert sein, dass die spätere Auswahlentscheidung nach den Kriterien des Art. 33 Abs. 2 GG überprüft werden kann. Ein bloßer Hinweis auf die vorgesehene Vergütungsgruppe ist daher unzureichend, wenn sich die konkreten Anforderungen der zu besetzenden Stelle aus ihr nicht feststellen lassen (BAG v. 19.2.2008, 9 AZR 70/07, ZTR 2008, 562).

Das Anforderungsprofil der Bewerber sollte daher möglichst konkret benannt werden. Hierbei sind zunächst die Qualifikationen zu nennen, welche unbedingt erforderlich sind (z. B. aufgrund gesetzlicher Vorgaben). Von den Qualifikationen, die in der Stellenausschreibung als erforderlich bezeichnet werden, kann bei der Bewerberauswahl nicht abgewichen werden. Sollte also ein Bewerber über die erforderliche Qualifikation nicht verfügen, jedoch über viele andere als wünschenswert bezeichneten Voraussetzungen, könnte dennoch ein konkurrierender Bewerber die Auswahlentscheidung erfolgreich anfechten, wenn er über die erforderliche Qualifikation verfügt.

**ACHTUNG!**

Bei der konkreten Formulierung des Anforderungsprofils dürfen keine auch nur mittelbar diskriminierenden Anforderungen gestellt werden. So kann eine Stellenausschreibung mit der Anforderung „Deutsch als Muttersprache" eine mittelbare Diskriminierung wegen der ethnischen Herkunft sein (BAG v. 29.6.2017, 8 AZR 402/15, ZTR 2018, 40). Die Formulierung „Deutsch als Muttersprache" legt nahe, dass nur solche Bewerber gesucht werden, die im deutschen Sprachraum aufgewachsen sind. Es soll allerdings noch zulässig sein, wenn bei verschiedenen Auswahlmöglichkeiten in einer Onlinebewerbung auch die Stufe „Deutsch als Muttersprache" neben weiteren Abstufungen ausgewählt werden kann (BAG v. 15.12.2016, 8 AZR 418/15). Aus den Auswahlmöglichkeiten lasse sich nicht hinreichend herleiten, dass nicht auch geringere Sprachkenntnisse als „Muttersprache" ausreichen. Unkritisch kann mit einer Stellenausschreibung nach Bewerbern gesucht werden, die „perfekte" oder „sehr gute" Deutschkenntnisse fordert.

**TIPP!**

Daher sollten die als zwingend erforderlich eingestuften Voraussetzungen auf die wirklich notwendigen beschränkt und alle anderen als wünschenswert (oder ähnlich) bezeichnet werden. In diesem Fall können aufgrund eines nachvollziehbaren Bewertungsschemas die unterschiedlichen Ausprägungen bei den einzelnen Bewerbern gegeneinander gewichtet werden.

### 5. Bewerbungsfrist

In die Stellenausschreibung sollte stets eine feste Bewerbungsfrist aufgenommen werden, die vom Arbeitgeber grundsätzlich frei gewählt werden kann. Nach Ablauf der Frist sollte die Ausschreibung bei ausreichender Bewerberzahl beendet werden. Sofern auch eine Online-Ausschreibung erfolgt, ist darauf zu achten, sie nach Ablauf der Frist, jedenfalls aber nach erfolgter Besetzung der Stelle, aus dem Internet zu entfernen. Wird die Ausschreibung zeitlich begrenzt und die ausgeschriebene Stelle zeitnah besetzt, reduziert sich damit auch die Gefahr missbräuchlicher Bewerbungen („AGG-Hopping"). Selbst wenn eine Stellenausschreibung unter Verstoß gegen das AGG erfolgt ist, kann ein Bewerber grundsätzlich keinen Schadensersatzanspruch wegen einer Benachteiligung geltend machen, wenn es keine Bewerbungsfrist gab und die Stelle zum Zeitpunkt seiner Bewerbung bereits besetzt war (BAG v. 19.8.2010, 8 AZR

370/09, ZTR 2011, 249; LAG Berlin-Brandenburg v. 11.10.2018, 26 Sa 681/18). Anders ist es zu bewerten, wenn die Stelle vor Ablauf der Bewerbungsfrist besetzt wurde. Wird die Bewerbung eines Schwerbehinderten nämlich durch eine vor Ablauf der gesetzten Bewerbungsfrist erfolgte Stellenbesetzung vereitelt, so kann dem Bewerber nicht erfolgreich entgegengehalten werden, man habe die Stelle vorzeitig besetzt, wenn das konkrete Bewerbungsverfahren diskriminierend ausgestaltet war (BAG v. 17.8.2010, 9 AZR 839/08).

## V. Absageschreiben

Absageschreiben an abgelehnte Bewerber sollten vor dem Hintergrund des AGG keine Indizien für eine Diskriminierung liefern. Sie müssen daher neutral formuliert werden und sollten grundsätzlich keine oder nur sehr zurückhaltend formulierte Absagegründe enthalten. Ein möglicher Formulierungsvorschlag für ein Absageschreiben könnte wie folgt aussehen:

 **Formulierungsbeispiel:**

„Sehr geehrte/r Frau/Herr ..............................,

für Ihr Interesse an der ausgeschriebenen Stelle und an einer Tätigkeit in unserem Unternehmen danken wir Ihnen. Leider müssen wir Ihnen mitteilen, dass Ihre Bewerbung keinen Erfolg hatte. Für Ihren weiteren beruflichen Lebensweg wünschen wir Ihnen viel Erfolg."

Unterlegene Bewerber haben weder aus dem deutschen Arbeitsrecht noch dem Unionsrecht einen Auskunftsanspruch gegen den Arbeitgeber über die etwaige Einstellung eines anderen Bewerbers und der hierfür maßgeblichen Kriterien (BAG v. 25.4.2013, 8 AZR 287/08, ZTR 2013, 307). Die Verweigerung jedes Zugangs zu Informationen durch einen Arbeitgeber auf entsprechende ausdrückliche Nachfrage des unterlegenen Bewerbers kann jedoch unter Umständen einen Gesichtspunkt darstellen, der im Einzelfall das Vorliegen einer Diskriminierung indiziert (EuGH v. 19.4.2012, C-415/10, ZTR 2012, 350). Sofern daher also der unterlegene Bewerber im Nachgang zum Absageschreiben ausdrücklich Auskunft über die Auswahlgründe begehrt, ist stets für den jeweiligen Einzelfall zu prüfen, ob und wenn ja, welche Gründe dem Bewerber mitgeteilt werden.

 **WICHTIG!**

Etwas anderes gilt für Absageschreiben an schwerbehinderte Bewerber, wenn der Arbeitgeber seiner Beschäftigungspflicht nach § 154 SGB IX nicht ausreichend nachkommt und die Schwerbehindertenvertretung oder eine in § 176 SGB IX genannte Vertretung mit der beabsichtigten Einstellungsentscheidung des Arbeitgebers nicht einverstanden ist (BAG v. 28.9.2017, 8 AZR 492/16). Hier ist der Arbeitgeber gesetzlich verpflichtet, den schwerbehinderten Bewerber über die Gründe der Ablehnung unverzüglich zu unterrichten (siehe oben).

 **Formulierungsbeispiel:**

„Sehr geehrte/r Frau/Herr .............................,

vielen Dank für Ihre Bewerbung vom ...................... und das damit entgegengebrachte Interesse an einer Tätigkeit in unserem Hause. Leider müssen wir Ihnen mitteilen, dass Ihre Bewerbung keinen Erfolg hatte. Unsere Entscheidung basiert auf folgenden Gründen:

Wie in unserer Stellenausschreibung vom ...................... beschrieben, erfordert die Position, auf welche Sie sich beworben haben, neben dem Abschluss eines betriebswirtschaftlichen Studiums mit dem Schwerpunkt Personal auch einschlägige berufliche Erfahrungen in der Personalführung. Über einen entsprechenden universitären Abschluss und einschlägige Be-

rufserfahrungen verfügen Sie sowohl nach Ihren Bewerbungsunterlagen als auch Ihrer eigenen Aussage im Rahmen des Bewerbungsgesprächs leider nicht.

Diese Entscheidung ist unter Darlegung der vorgenannten Gründe mit dem Personalrat und der Schwerbehindertenvertretung in unserem Hause erörtert worden.

Für Ihren weiteren beruflichen Lebensweg wünschen wir Ihnen viel Erfolg."

Die Angabe von Gründen gegenüber dem unterlegenen Bewerber sollte in jedem Fall einheitlich und widerspruchsfrei erfolgen. Andernfalls kann es nach Auffassung des BAG ein Indiz für eine Benachteiligung darstellen, wenn der Arbeitgeber wechselnde Begründungen angibt oder solche, die im Widerspruch zu seinem sonstigen Verhalten stehen (BAG v. 21.6.2012, 8 AZR 364/11, ZTR 2012, 720).

## VI. Mitbestimmungsrechte des Personalrats/Betriebsrats

Die Stellenausschreibung kann intern oder extern erfolgen. Existiert im Betrieb ein Betriebsrat, kann dieser verlangen, dass die Stellenausschreibung auch betriebsintern erfolgt, § 93 BetrVG. Die Ausschreibungspflicht gilt auch für solche Arbeitsplätze, die mit einem Leiharbeitnehmer besetzt werden sollen (BAG v. 7.6.2016, 1 ABR 33/14, ZTR 2016, 664). Der Arbeitgeber kann in diesem Fall zugleich eine externe Ausschreibung durchführen. Diese muss jedoch die gleichen Anforderungen enthalten wie die interne Ausschreibung, damit sichergestellt ist, dass interne Bewerber die gleichen Chancen haben wie externe Bewerber. Das Bundespersonalvertretungsgesetz enthält keine § 93 BetrVG entsprechende Norm. Das BPersVG sieht zwar in § 78 Abs. 1 Nr. 12 BPersVG ein Mitbestimmungsrecht des Personalrates vor, wenn der Arbeitgeber von der Ausschreibung eines Dienstposten absehen will. Eine grundsätzliche Verpflichtung zur Ausschreibung ist hieraus nicht abzuleiten (BVerwG v. 14.1.2010, 6 P 10/09). Die Personalvertretungsgesetze der Länder enthalten zum Teil hiervon abweichende Regelungen zur Beteiligung des Personalrates im Zusammenhang mit der Ausschreibung von Stellen.

 **ACHTUNG!**

Der Betriebsrat kann die Zustimmung zur Einstellung gemäß § 99 Abs. 2 Nr. 5 BetrVG verweigern, soweit der Arbeitgeber trotz Verlangens des Betriebsrats die zu besetzende Stelle nicht oder nur unzureichend intern ausgeschrieben hat (BAG v. 6.10.2010, 7 ABR 18/09). Auch der Personalrat kann unter Umständen Versagungsgründe nach § 78 Abs. 5 Nr. 1, 2 BPersVG geltend machen, wenn im Einzelfall eine Ausschreibungspflicht bestand (z. B. Ausschreibungspflicht für die Bundesagentur für Arbeit aufgrund eines „Handbuchs für Dienstrecht", (OVG Berlin-Brandenburg v. 8.11.2012, OVG 62 PV 5.12).

Gemäß § 80 Abs. 1 Nr. 2a BetrVG bzw. § 62 Nr. 5 BPersVG besteht für den → Betriebsrat bzw. Personalrat ein Überwachungsrecht hinsichtlich der geschlechtsneutralen Stellenausschreibung nach dem AGG. Darüber hinaus haben die Dienststelle und der Personalrat nach § 2 Abs. 4 S. 1 BPersVG ein Überwachungsrecht bzw. eine Überwachungspflicht dahingehend, dass alle in der Dienststelle tätigen Personen nach den Grundsätzen von Recht und Billigkeit behandelt werden. Insbesondere haben Benachteiligungen von Personen aus Gründen ihrer Rasse oder wegen ihrer ethnischen Herkunft, ihrer Abstammung oder sonstigen Herkunft, ihrer Nationalität, ihrer Religion oder Weltanschauung, ihrer Behinderung, ihres Alters, ihrer politischen oder gewerkschaftlichen Betätigung oder Einstellung oder wegen ihres Geschlechts oder ihrer sexuellen

Identität zu unterbleiben. Für den Arbeitgeber und den Betriebsrat gilt dieser Grundsatz gemäß § 75 Abs. 1 BetrVG.

Der Personalrat ist zu beteiligen, soweit es um den Inhalt von Personalfragebögen (§ 80 Abs. 1 Nr. 15 BPersVG) oder den Erlass von Richtlinien über die personelle Auswahl bei Einstellungen (§ 80 Abs. 1 Nr. 12 BPersVG) geht. Auch dem Betriebsrat stehen entsprechende Beteiligungsrechte nach §§ 94, 95 BetrVG zu. Der Arbeitgeber kann mit dem Betriebs- bzw. Personalrat insoweit die Festlegung der fachlichen Voraussetzungen (Prüfungen, Abschlüsse, beruflicher Werdegang, besondere Qualifikationen) und persönlichen Voraussetzungen (Altersgrenzen, Gesundheitszustand, Geschlecht) der Bewerber sowie die Berücksichtigung sozialer Gesichtspunkte bei der Einstellungsentscheidung vereinbaren.

# Tarifliche Unkündbarkeit

**Wegweiser:**

Wesentliches Element des Kündigungsschutzes im öffentlichen Dienst ist die ordentliche Unkündbarkeit nach Erreichen eines bestimmten Alters und einer bestimmten Dienstzeit. Ordentliche Unkündbarkeit heißt jedoch nicht absoluter Kündigungsschutz. Vielmehr bleibt die außerordentliche fristlose Kündigung gemäß § 626 BGB ebenso möglich wie eine außerordentliche Kündigung mit sozialer Auslauffrist. Die tarifliche Unkündbarkeit ist in § 34 TVöD geregelt (hierzu Breier/Dassau, TVöD Komm. Erl. 3 zu § 34 TVöD).

**I.** **Tarifliche Unkündbarkeit nach § 34 Abs. 2 TVöD/TV-L**

**II.** **Außerordentliche fristlose Kündigung**

**III.** **Außerordentliche Kündigung mit sozialer Auslauffrist**

**IV.** **Außerordentliche Kündigung mit notwendiger Auslauffrist**

    1. Wichtiger Grund

        1.1 Personenbedingte Kündigung

        1.2 Betriebsbedingte Kündigung

        1.3 Verhaltensbedingte Kündigung

    2. Einhaltung der Kündigungserklärungsfrist

    3. Beteiligung von Betriebs-/Personalrat

## I. Tarifliche Unkündbarkeit nach § 34 Abs. 2 TVöD/TV-L

Ein besonderer Kündigungsschutz kann sich insbesondere aus dem einschlägigen Tarifvertrag ergeben. Nach § 34 Abs. 2 TVöD und der im Wesentlichen gleichlautenden Regelung des § 34 Abs. 2 TV-L ist die Kündigung von Beschäftigten, die das 40. Lebensjahr vollendet haben und für die die Regelungen des Tarifgebiets West Anwendung finden, nach einer Beschäftigungszeit von mehr als 15 Jahren nur noch aus wichtigem Grund möglich. Rechtsfolge ist, dass sowohl die ordentliche Beendigungskündigung als auch die ordentliche Änderungskündigung ausscheiden. Für Arbeitnehmer, die bereits nach den bis zum 30.9.2005 gültigen Tarifregelungen unkündbar waren, gilt nach § 34 Abs. 2 S. 2 TVöD Besitzstandsschutz (vgl. Breier/

Dassau, TVöD Komm. Erl. 3 zu § 34 TVöD). Der Besitzstandsschutz erfasst allerdings nicht Änderungskündigungen zum Zwecke der Herabgruppierung nach § 55 Abs. 2 Unterabs. 2 S. 1 BAT (BAG v. 28.10.2010, 2 AZR 688/09, ZTR 2011, 222). Ein entsprechender Kündigungsschutz kann auch einzelvertraglich vereinbart werden. Der Arbeitnehmer muss sich in einem Kündigungsschutzprozess ausdrücklich auf die tarifliche oder vertragliche Unkündbarkeit berufen (BAG v. 8.11.2007, 2 AZR 314/06, ZTR 2008, 331).

Vereinzelt wird die Auffassung vertreten, dass die Anknüpfung an das 40. Lebensjahr altersdiskriminierend sei und außer Acht gelassen werden müsse. Die Entscheidung des BAG vom 20.6.2013, 2 AZR 295/12 ist wohl so zu verstehen, dass das BAG eine „Ausblendung" der tariflichen Unkündbarkeit nur dann annimmt, wenn ihre Berücksichtigung im Fall der betriebsbedingten Kündigung zu einer grob fehlerhaften Sozialauswahl führen würde. Das BVerfG hat eine Verfassungsbeschwerde nicht zur Entscheidung angenommen und die Auslegung des BAG somit bestätigt (BVerfG v. 14.3.2019, 1 BvR 367/14).

 **WICHTIG!**

Die für den Ausschluss der ordentlichen Kündbarkeit notwendige Beschäftigungszeit von 15 Jahren bezieht sich nicht auf die Beschäftigung im öffentlichen Dienst insgesamt. Vielmehr ist nur die jeweilige Beschäftigungszeit beim aktuellen Arbeitgeber zu berücksichtigen (BAG v. 22.2.2018, 6 AZR 137/17, ZTR 2018, 321). Der Arbeitgeber ist immer die juristische Person, nicht hingegen die Dienststelle!

Die in § 33 Abs. 2 TVöD geregelte auflösende Bedingung, wonach ein Arbeitsverhältnis bei Gewährung einer Rente auf unbestimmte Dauer wegen voller Erwerbsminderung endet, findet auch auf nach § 34 Abs. 2 TVöD ordentlich unkündbare Arbeitnehmer Anwendung. Zur Wirksamkeit der Regelung ist auch kein tariflicher Wiedereinstellungsanspruch für den Fall erforderlich, dass die Rentenberechtigung nachträglich entfällt (BAG v. 10.12.2014, 7 AZR 1002/12, ZTR 2015, 329).

## II. Außerordentliche fristlose Kündigung

Geht es um die Kündigung eines tariflich unkündbaren Arbeitnehmers, kann also zunächst die „normale" außerordentliche fristlose Kündigung gemäß § 626 Abs. 1 BGB in Betracht gezogen werden, wie das folgende aktuelle Beispiel zeigt:

**Beispiel**

Die Arbeitnehmerin war als Verwaltungsfachangestellte in Gleitzeit tätig und nach § 34 Abs. 1 MDK-T (Manteltarifvertrag für die Beschäftigten des Medizinischen Dienstes der Krankenversicherung) ordentlich unkündbar. Ihr wurde ein vorsätzlicher Verstoß gegen die Pflicht, abgeleistete Arbeitszeit zu dokumentieren, vorgeworfen. Das BAG erklärte sogar die außerordentliche fristlose Kündigung für wirksam. Macht der Arbeitnehmer vorsätzlich falsche Angaben hinsichtlich der Arbeitszeit in einer elektronischen Zeiterfassung, stellt dies einen schweren Vertrauensmissbrauch dar. Eine Abmahnung ist entbehrlich, da die Vertrauensgrundlage auch nach Abmahnung nicht wieder herstellbar gewesen wäre. Sie hatte an sieben Tagen hintereinander „systematisch und vorsätzlich" insgesamt 135 Minuten falsche Arbeitszeiten angegeben und „damit in beträchtlichem Umfang über die erbrachte Arbeitszeit zu täuschen versucht". Dieses Fehlverhalten wiege besonders schwer (BAG v. 9.6.2011, 2 AZR 381/10, ZTR 2011, 628).

Denn ein wichtiger Grund i. S. d. § 626 Abs. 1 BGB liegt auch im Verhältnis zu einem Arbeitnehmer, dessen Arbeitsverhältnis ordentlich nicht gekündigt werden kann, dann vor, wenn es dem

Arbeitgeber unter Berücksichtigung aller Umstände des Einzelfalls – objektiv – nicht zuzumuten ist, den Arbeitnehmer auch nur bis zum Ablauf der (fiktiven) ordentlichen Kündigungsfrist weiter zu beschäftigen. In diesem Fall wäre eine außerordentliche Kündigung auch dann gerechtfertigt, wenn die ordentliche Kündigung nicht ausgeschlossen wäre (BAG v. 13.5.2015, 2 AZR 531/14, ZTR 2015, 706).

### III. Außerordentliche Kündigung mit sozialer Auslauffrist

Der Arbeitgeber ist bei Vorliegen eines wichtigen Grundes zur außerordentlichen Kündigung nach § 626 Abs. 1 BGB nicht gezwungen, fristlos zu kündigen. Er kann die Kündigung grundsätzlich auch – etwa aus sozialen Erwägungen oder weil eine Ersatzkraft fehlt – unter Gewährung einer Auslauffrist aussprechen. Ob die Gewährung einer Auslauffrist zu der Annahme berechtigt, dem Arbeitgeber sei die Weiterbeschäftigung des Arbeitnehmers zumindest bis zum Ablauf der Frist auch objektiv zumutbar, ist unabhängig davon und nach den Umständen des Einzelfalls zu beurteilen. Für sich genommen erlaubt die Gewährung einer Auslauffrist einen solchen Schluss nicht (BAG v. 13.5.2015, 2 AZR 531/14, ZTR 2015, 706). Keinesfalls aber kann die Erklärung einer außerordentlichen Kündigung mit Auslauffrist gegenüber einem ordentlich unkündbaren Arbeitnehmer so interpretiert werden, dass der Arbeitgeber damit auf sein außerordentliches Kündigungsrecht insgesamt verzichtet habe.

### IV. Außerordentliche Kündigung mit notwendiger Auslauffrist

Nach der ständigen Rechtsprechung des BAG kann bei einem Ausschluss der ordentlichen Kündigung aufgrund tarifvertraglicher Vorschriften auch eine außerordentliche Kündigung unter Gewährung einer der fiktiven ordentlichen Kündigungsfrist entsprechenden Auslauffrist in Betracht kommen. In diesem Fall erfolgt die Gewährung der Auslauffrist nicht freiwillig, sondern ist notwendig, um die Wirksamkeit der Kündigung zu rechtfertigen.

#### 1. Wichtiger Grund

Außerordentliche Kündigungen mit zwingender Auslauffrist sind vor allem als personenbedingte und betriebsbedingte, im Ausnahmefall aber auch als verhaltensbedingte Kündigungen denkbar.

#### 1.1 Personenbedingte Kündigung

Dies gilt namentlich für krankheitsbedingte Kündigungen. Eine Krankheit ist danach nicht als wichtiger Grund i. S. d. § 626 BGB ungeeignet (BAG v. 12.1.2006, 2 AZR 242/05, ZTR 2006, 338). Regelmäßig soll die Einhaltung einer Auslauffrist, die der einschlägigen tarifvertraglichen Kündigungsfrist entspricht, erforderlich sein. Allerdings sind auch Arbeitsunfähigkeitszeiten vorstellbar, die den Ausspruch einer außerordentlichen Kündigung ohne Einhaltung einer Auslauffrist oder mit einer sehr kurzen Auslauffrist rechtfertigen (so ausdrücklich BAG v. 18.10.2000, 2 AZR 627/99, ZTR 2001, 279). Die Kündigung kann sowohl auf eine Langzeiterkrankung als auch auf häufige Kurzerkrankungen gestützt werden.

 **WICHTIG!**

Bei einer außerordentlichen krankheitsbedingten Kündigung ist der schon bei ordentlicher Kündigung zu beachtende strenge Prüfungsmaßstab auf allen drei Prüfungsebenen erheblich verschärft, um den hohen Anforderungen Rechnung zu tragen, die

an eine außerordentliche Kündigung zu stellen sind (LAG Rheinland-Pfalz v. 26.5.2011, 7 Sa 506/09).

Bei einer außerordentlichen krankheitsbedingten Kündigung fallen die betrieblichen Belastungen durch Entgeltfortzahlungskosten bei der Prüfung, ob ein wichtiger Grund vorliegt, ein sinnentleertes Arbeitsverhältnis zu beenden, entscheidend ins Gewicht (BAG v. 12.1.2006, 2 AZR 242/05, ZTR 2006, 338). Gleiches gilt bspw. für den Fall, dass die Ausfallzeiten so häufig und so unvorhersehbar sind, dass der Arbeitnehmer *„in den für die Gewährleistung eines ordnungsgemäßen Krankenhausbetriebs erforderlichen Dienstplänen nicht mehr sinnvoll einplanbar war"* (BAG v. 18.1.2001, 2 AZR 616/99, DB 2002, 100). Ein wichtiger Grund zur außerordentlichen Kündigung mit notwendiger Auslauffrist eines ordentlich unkündbaren Arbeitsverhältnisses kann – vorbehaltlich einer umfassenden Interessenabwägung im Einzelfall – vorliegen, wenn aufgrund der Fehlzeiten in der Vergangenheit damit zu rechnen ist, der Arbeitgeber werde für mehr als ein Drittel der jährlichen Arbeitstage Entgeltfortzahlung im Krankheitsfall leisten müssen. In diesem Fall bedarf es insbesondere keiner weiteren Betriebsablaufstörungen (BAG v. 25.4.2018, 2 AZR 6/18).

Ein weiteres Beispiel für eine außerordentliche personenbedingte Kündigung mit Auslauffrist besteht darin, dass der Arbeitnehmer eine mehrjährige Freiheitsstrafe anzutreten hat. Denn es ist dem Arbeitgeber regelmäßig unzumutbar, die Stelle nicht dauerhaft neu zu besetzen. Aufgrund der langfristigen, selbstverschuldeten Abwesenheit des Arbeitnehmers sind typischerweise eine Entfremdung von Betrieb und Belegschaft und der Verlust des aus täglicher Routine resultierenden Erfahrungswissens zu erwarten, die einen hohen Wiedereinarbeitungsaufwand nach der Rückkehr erfordern würden (BAG v. 22.10.2015, 2 AZR 381/14, DB 2015, 2581).

#### 1.2 Betriebsbedingte Kündigung

Liegen eigentlich die Voraussetzungen einer ordentlichen betriebsbedingten Kündigung vor, besteht in Ausnahmefällen die Möglichkeit der außerordentlichen Kündigung mit Auslauffrist (BAG v. 26.3.2015, 2 AZR 783/13, ZTR 2015, 468; BAG v. 23.1.2014, 2 AZR 372/13, DB 2014, 1813). Ist es dem Arbeitgeber nicht zuzumuten, den Arbeitnehmer bis zum Ende seines Arbeitsverhältnisses weiterzubeschäftigen, soll ausnahmsweise eine außerordentliche Kündigung zulässig sein, deren Kündigungsfrist jedoch der ordentlichen entspricht.

**Beispiel**

> Wird durch den kommunalen Träger ein Krankenhaus geschlossen, sodass die dortigen Arbeitsplätze ersatzlos wegfallen, stellt dies grundsätzlich keinen Grund für eine außerordentliche Kündigung dar, da der Arbeitgeber insoweit das Betriebsrisiko trägt. Unter den Voraussetzungen des § 34 Abs. 2 TVöD besteht allerdings auch nicht das Recht zur betriebsbedingten ordentlichen Kündigung. In diesem Fall wäre das Arbeitsverhältnis jedoch sinnentleert, wenn keine andere Einsatzmöglichkeit für die einzelnen Arbeitnehmer vorhanden ist. Aus diesem Grund kann den geschützten Arbeitnehmern außerordentlich gekündigt werden, allerdings unter Beachtung der Frist der ordentlichen Kündigung.

Die betriebsbedingte außerordentliche Kündigung mit Auslauffrist ist somit grundsätzlich möglich – auch dann, wenn nicht die gesamte Dienststelle geschlossen wird; aber es gelten strenge Anforderungen, damit der tarifliche Sonderkündigungsschutz nicht unterlaufen wird. Insbesondere ist der Arbeitgeber wegen des Ausschlusses der ordentlichen Kündigung in einem besonderen Maß verpflichtet zu versuchen, die Kündigung durch geeignete andere Maßnahmen zu vermeiden. Die Darlegungs- und Beweislast im Kündigungsschutzprozess erstreckt sich nicht nur darauf, dass eine Weiterbeschäftigung des Arbeitnehmers am bisherigen Arbeitsplatz infolge seiner Organisationsentscheidung nicht mehr möglich ist. Er hat vielmehr außerdem und von sich aus darzulegen, dass überhaupt keine Möglichkeit besteht, das Arbeitsverhältnis sinnvoll fortzusetzen. Das Fehlen jeglicher Beschäftigungsmöglichkeit zählt bei der außerordentlichen betriebsbedingten Kündigung zum „wichtigen Grund" (BAG v. 26.3.2015, 2 AZR 783/13, ZTR 2015, 468; zusammenfassend BAG v. 18.3.2010, 2 AZR 337/08, ZTR 2010, 542). Vor Ausspruch einer derartigen betriebsbedingten Kündigung sollte der öffentliche Arbeitgeber sich daher folgende Anforderungen vor Augen halten:

▶ Vorliegen einer dauerhaften Äquivalenzstörung; ohne die Kündigung müsste dauerhaft ein „sinnentleertes Arbeitsverhältnis" bestehen.

▶ Der Arbeitgeber muss alle Möglichkeiten ausgeschöpft haben, um eine Beendigungskündigung zu vermeiden (BAG v. 26.11.2009, 2 AZR 272/08, ZTR 2010, 313);

▶ Notfalls muss auch ein Arbeitsplatz mit einer schlechteren Vergütung angeboten werden (BAG v. 13.6.2002, 2 AZR 391/01, ZTR 2003, 142).

▶ Der Arbeitgeber darf nicht kündigen, wenn in absehbarer Zeit ein Arbeitsplatz durch Fluktuation frei wird (BAG v. 17.9.1998, 2 AZR 419/97, ZTR 1999, 135).

▶ Der Arbeitgeber muss auch eine Umschulung des Beschäftigten und sogar eine Unterbringung bei einem anderen Arbeitgeber, notfalls gegen geringere Vergütung bei Zuzahlung des Differenzbetrages, in Betracht ziehen (BAG v. 27.6.2002, 2 AZR 367/01, ZTR 2003, 140).

▶ Unter bestimmten Umständen muss zunächst eine Personalgestellung versucht werden (BAG 6.10.2005, 2 AZR 362/04, ZTR 2006, 437; LAG Hamm 18.11.2010, 8 Sa 483/10, ZTR 2011, 300).

▶ Teilweise wird vertreten, dass Arbeitgeber auch eine Umorganisation durchführen muss, wenn dadurch eine Weiterbeschäftigung ermöglicht wird.

▶ Ob der Arbeitgeber auch verpflichtet ist, eine andere – nicht im Rahmen der Sozialauswahl zu berücksichtigende – besetzte Stelle für den tariflich ordentlich unkündbaren Beschäftigten frei zu kündigen, ist streitig (dafür: APS-Kiel BGB § 626 Rn 318i; Etzel, ZTR 2003, 210, 212). Gerade bei einem Schwerbehinderten könnte ein Gericht ein solches Erfordernis bejahen.

▶ Der Arbeitgeber hat die volle Darlegungs- und Beweislast dafür, dass und weshalb keine Möglichkeit einer Weiterbeschäftigung besteht (BAG v. 18.3.2010, 2 AZR 337/08, ZTR 2010, 542), auch ohne dass der Arbeitnehmer sich auf Weiterbeschäftigungsmöglichkeiten berufen hat (BAG v. 23.1.2014, 2 AZR 372/13, DB 2014, 1813).

Im Orientierungssatz der BAG-Entscheidung vom 26.11.2009 heißt es hierzu zusammenfassend: „Ist die ordentliche Kündigung des Arbeitnehmers ausgeschlossen, kommt der Verpflichtung des Arbeitgebers, eine Kündigung möglichst durch andere Maßnahmen abzuwenden, eine besondere Bedeutung zu. Der Arbeitgeber hat zur Vermeidung einer außerordentlichen Kündigung mit Auslauffrist alle in Betracht kommenden Beschäftigungs- und Einsatzmöglichkeiten von sich aus umfassend zu

prüfen und eingehend zu sondieren. In diese Prüfung sind im Fall eines öffentlichen Arbeitgebers nicht nur die in § 1 Abs. 2 S. 2 Nr. 2 lit. b KSchG genannten Arbeitsplätze in derselben Dienststelle oder einer anderen Dienststelle desselben Verwaltungszweigs an demselben Dienstort einschließlich seines Einzugsgebiets einzubeziehen. Die Prüf- und Sondierungspflichten gehen regelmäßig darüber hinaus. Sie erstrecken sich auf alle Geschäftsbereiche des öffentlichen Arbeitgebers im Rahmen seines gesamten territorialen Zuständigkeitsbereichs" (BAG v. 26.11.2009, 2 AZR 272/08, ZTR 2010, 313; BAG v. 23.1.2014, 2 AZR 372/13, DB 2014, 1813).

**Beispiel**

Das LAG Hamm hat den öffentlichen Arbeitgeber bei Wegfall eigener Beschäftigungsmöglichkeiten für verpflichtet gehalten, die Unterbringung bei einem anderen (privaten) Arbeitgeber im Wege der Personalgestellung zu prüfen. Denn der öffentliche Arbeitgeber habe dem Arbeitnehmer mit der tariflichen Unkündbarkeit eine vertragliche Beschäftigungsgarantie gegeben und müsse daher alles irgendwie Mögliche tun, um diese Garantie einzuhalten. Im Falle der Auslagerung der bislang vom unkündbaren Arbeitnehmer erledigten Tätigkeit soll den öffentlichen Arbeitgeber daher die Verpflichtung treffen, im Zuge der Auftragsvergabe an das Fremdunternehmen für eine Weiterbeschäftigung des unkündbaren Arbeitnehmers im Wege der Personalgestellung zu sorgen, d. h. auf eine entsprechende vertragliche Vereinbarung mit dem privaten Fremdunternehmen zu dringen. Dies soll auch dann gelten, wenn hiermit erhöhte Personalkosten verbunden sind. Das LAG Hamm hat die außerordentliche Kündigung mit Auslauffrist wegen dieses Versäumnisses des öffentlichen Arbeitgebers für unwirksam erklärt (LAG Hamm v. 18.11.2010, 8 Sa 483/10, ZTR 2011, 300).

In der Entscheidung des BAG v. 20.6.2013 (2 AZR 379/12, ZTR 2014, 109) widersprach eine tariflich unkündbare Reinigungskraft dem Betriebsteilübergang und wurde in der Folge durch den Veräußerer außerordentlich mit sozialer Auslauffrist gekündigt. Durch die Fremdvergabe der Reinigungsarbeiten entfiele der Arbeitsplatz dauerhaft. Der Arbeitgeber hätte alles Zumutbare unternommen, um das Beschäftigungsverhältnis aufrechtzuerhalten. Nichtsdestotrotz könne er die Arbeitskraft der Reinigungskraft nicht mehr anderweitig sinnvoll einsetzen, sodass ihm wegen der ordentlichen Unkündbarkeit ein sinnentleertes Arbeitsverhältnis über einen erheblichen Zeitraum drohe. Insofern sei er dazu berechtigt gewesen, eine außerordentliche Kündigung mit Auslauffrist auszusprechen.

## 1.3 Verhaltensbedingte Kündigung

Ob eine außerordentliche Kündigung mit Auslauffrist auch auf verhaltensbedingte Gründe gestützt werden kann, war bislang offen gelassen worden (BAG v. 21.6.2012, 2 AZR 343/11, ZTR 2013, 101). In der Entscheidung vom 13.5.2015 hat das BAG diese Frage nun im Grundsatz bejaht.

Hintergrund dieser Rechtsfigur ist die Überlegung, dass ein pflichtwidriges Verhalten, das bei einem Arbeitnehmer ohne Sonderkündigungsschutz nur eine ordentliche Kündigung rechtfertigen würde, gerade wegen der infolge des Ausschlusses der ordentlichen Kündigung langen Bindungsdauer einen wichtigen Grund zur außerordentlichen Kündigung für den Arbeitgeber i. S. d. § 626 Abs. 1 BGB darstellen kann. Zwar wirkt sich der Sonderkündigungsschutz insofern zum Nachteil für den Arbeitnehmer aus. Dies ist jedoch im Begriff des wichtigen Grundes gemäß § 626 Abs. 1 BGB angelegt. Dieser richtet sich nach der Zumutbarkeit einer Fortsetzung des Dienstverhältnisses bis zum Ablauf der Kündigungsfrist oder bis zu der vereinbarten Beendigung des Dienstverhältnisses. Zur Vermeidung eines Wertungswiderspruchs muss in einem solchen Fall allerdings zugunsten des Arbeitnehmers zwingend eine der fiktiven ordentlichen Kündigungsfrist entsprechende Auslauffrist eingehalten werden. Der Arbeitnehmer, dessen Arbeitsverhältnis vom Arbeitgeber ordentlich nicht gekündigt werden kann, darf im Ergebnis nicht schlechter gestellt sein, als wenn er dem Sonderkündigungsschutz nicht unterfiele (BAG v. 13.5.2015, 2 AZR 531/14, ZTR 2015, 706).

Das BAG stellt klar, dass bei Gründen im Verhalten des Arbeitnehmers eine außerordentliche Kündigung mit notwendiger Auslauffrist allerdings nur in Ausnahmefällen in Betracht kommt. Die Pflichtverletzung müsste einerseits so gravierend sein, dass sie im Grundsatz auch eine fristlose Kündigung rechtfertigen könnte. Andererseits müsste es dem Arbeitgeber aufgrund besonderer Umstände des Einzelfalls zumutbar sein, dennoch die (fiktive) ordentliche Kündigungsfrist einzuhalten. Wäre etwa die Gefahr einer Wiederholung des Pflichtverstoßes zwar für den Lauf der ordentlichen Kündigungsfrist auszuschließen, nicht aber darüber hinaus (zu einer solchen Konstellation vgl. BAG v. 9.6.2011, 2 AZR 284/10), könnte ausnahmsweise gerade der Ausschluss der ordentlichen Kündigung dazu führen, dass ein wichtiger Grund zur außerordentlichen Kündigung – mit notwendiger Auslauffrist – bestünde (BAG v. 13.5.2015, 2 AZR 531/14, ZTR 2015, 706).

Ist die Pflichtverletzung zwar nicht so schwerwiegend, dass sie „an sich" als wichtiger Grund i. S. d. § 626 Abs. 1 BGB in Betracht käme, könnte sie jedoch eine ordentliche Kündigung nach § 1 Abs. 2 KSchG sozial rechtfertigen, führte auch der Ausschluss der ordentlichen Kündigung regelmäßig nicht dazu, dass ein wichtiger Grund für eine außerordentliche Kündigung – mit notwendiger Auslauffrist – bestünde. Bei einem typischerweise nur eine ordentliche Kündigung rechtfertigenden Grund im Verhalten des Arbeitnehmers bedingen es vielmehr Sinn und Zweck des Sonderkündigungsschutzes, dass sich der Arbeitgeber von der freiwillig eingegangenen, gesteigerten Vertragsbindung nicht lösen kann (BAG v. 13.5.2015, 2 AZR 531/14, ZTR 2015, 706; BAG v. 21.6.2012, 2 AZR 343/11, ZTR 2013, 101).

## 2. Einhaltung der Kündigungserklärungsfrist

Auch bei außerordentlicher Kündigung mit Auslauffrist hat die Kündigung innerhalb der Ausschlussfrist des § 626 Abs. 2 BGB zu erfolgen (vgl. BAG v. 26.11.2009, 2 AZR 272/08, ZTR 2010, 313). Dies kann insbesondere bei einer auf häufige Kurzerkrankungen gestützten Kündigung von Bedeutung sein. Hier kommt man zu der schwierigen Abgrenzung, ob der sog. *Dauertatbestand* der besonderen Krankheitsanfälligkeit vorliegt oder ob der Arbeitgeber während einer Erkrankung oder innerhalb der beiden folgenden Wochen (bzw. innerhalb von zwei Wochen nach einem erfolglosen BEM oder Krankenrückkehrgespräch) kündigen muss. Das BAG hat zuletzt nicht nur bei einer dauerhaften Arbeitsunfähigkeit, sondern auch bei häufigen Kurzerkrankungen einen sog. Dauertatbestand bejaht (BAG v. 23.1.2014, 2 AZR 582/13).

 **WICHTIG!**

Wegen des hohen Risikos, dass aufgrund Fristversäumung das Kündigungsrecht unwiederbringlich verloren geht, sollte der Arbeitgeber in allen Fällen der außerordentlichen Kündigung mit Auslauffrist den Beginn der Zweiwochenfrist anwaltlich prüfen lassen!

## 3. Beteiligung von Betriebs-/Personalrat

Im Falle der außerordentlichen Kündigung mit sozialer Auslauffrist richtet sich die Beteiligung von Betriebsrat und Personalvertretung nach den Vorschriften der ordentlichen Kündigung, um die unkündbaren Arbeitnehmer nicht zu benachteiligen. Das bedeutet, dass der Betriebsrat eine Frist zur Äußerung von sieben Tagen und nicht von drei Tagen hat. Der Personalrat hat nicht bloß ein Anhörungsrecht nach § 79 Abs. 3 BPersVG, sondern ein Mitwirkungsrecht nach § 79 Abs. 1 BPersVG (vgl. Breier/Dassau, TVöD Komm. Erl. 3.4 zu § 34 TVöD). Wenn das personalvertretungsrechtliche Beteiligungsverfahren nicht innerhalb der zweiwöchigen Kündigungserklärungsfrist abgeschlossen werden kann, muss die Kündigung nach Abschluss des Verfahrens unverzüglich ausgesprochen werden. Eine Verzögerung von fünf Tagen kann schon zur Unwirksamkeit der außerordentlichen Kündigung führen (vgl. LAG Berlin-Brandenburg v. 24.5.2017, 17 Sa 71/17, ZTR 2017, 554).

# Tarifvertrag

 **Wegweiser:**

Tarifverträge haben im Arbeitsleben eine erhebliche Bedeutung. Dies gilt in besonderem Maße für den öffentlichen Dienst, dessen Arbeitsverhältnisse maßgeblich durch Tarifverträge ausgestaltet sind. Anders als in der Privatwirtschaft treten individualvertragliche Vereinbarungen dahinter weitestgehend zurück. Die Wirkungsweise der Tarifverträge richtet sich nach den gesetzlichen Vorgaben des Tarifvertragsgesetzes (TVG). Das Tarifleben des öffentlichen Dienstes wird vorrangig bestimmt durch den TVöD für Arbeitnehmer, die in einem Arbeitsverhältnis zum Bund oder einem Mitgliedsunternehmen der Vereinigung der kommunalen Arbeitgeberverbände (VKA) stehen, sowie durch den TV-L für Arbeitnehmer, die in einem Arbeitsverhältnis zu einem Mitglied der Tarifgemeinschaft deutscher Länder (TdL) stehen. TVöD und TV-L haben insbesondere den zuvor für Angestellte maßgeblichen BAT und den zuvor für Arbeiter relevanten MTArb abgelöst. Eine allgemeine Darstellung des Tarifrechts findet sich bei Steinherr in: Sponer/Steinherr, TVöD Komm. Rn. 57 ff. zu Vorbem. Abschnitt I.

**I.** **Bedeutung/geschichtlicher Hintergrund**

**II.** **Tarifvertragsparteien**

**III.** **Wirkungsweise der Tarifverträge**

 1. Normativer Teil

  1.1 Inhaltsnormen

  1.2 Abschluss- und Beendigungsnormen

  1.3 Betriebsnormen

  1.4 Betriebsverfassungsrechtliche Normen

  1.5 Gemeinsame Einrichtungen

  1.6 Wirkung der Tarifverträge

   1.6.1 Unmittelbarkeit

   1.6.2 Zwingende Wirkung/Günstigkeit

   1.6.3 Geltungsbereich

   1.6.4 Tarifbindung

 2. Schuldrechtlicher Teil

 3. Allgemeinverbindlichkeit

 4. Bezugnahmeklauseln

 5. Gleichbehandlung

 6. Außertarifliche Angestellte

 7. Besonderheiten bei der OT-Mitgliedschaft

**IV.     Arten von Tarifverträgen**

**V.      Auslegung der Tarifverträge**

**VI.     Mehrere Tarifverträge**

    1.   Tarifkonkurrenz

    2.   Tarifpluralität

**VII.    Beendigung**

    1.   Nachbindung

    2.   Nachwirkung

**VIII.   Betriebsübergang/Privatisierung**

**IX.     Arbeitskampf**

**X.      Besonderheiten im kirchlichen Bereich**

## I. Bedeutung/geschichtlicher Hintergrund

Auch wenn insbesondere in der Privatwirtschaft sowohl bei Arbeitnehmern als auch bei Arbeitgebern seit Jahren eine Flucht aus den tarifschließenden Verbänden zu verzeichnen ist, haben die Tarifverträge ihre überragende Bedeutung für das Arbeitsleben nicht verloren. Im Tarifregister sind derzeit etwa 70.000 Tarifverträge als gültig eingetragen, von denen jährlich zwischen 6.000 und 7.000 erneuert werden. Die Lohn- und Gehaltstarifverträge werden in der Regel alle ein bis zwei Jahre erneuert und an die aktuelle wirtschaftliche Entwicklung angepasst, Rahmen- und Manteltarifverträge haben demgegenüber eine wesentlich längere Laufzeit. Die in ihnen geregelten allgemeinen Arbeitsbedingungen sind in der Regel nicht den aktuellen wirtschaftlichen Entwicklungen unterworfen. Die für allgemeinverbindlich erklärten Tarifverträge machen demgegenüber zahlenmäßig nur einen Bruchteil aus. Nur ca. 200 Tarifverträge gelten derzeit mit allgemeinverbindlicher Wirkung. Die Allgemeinverbindlicherklärung hat insbesondere in den Bereichen Bedeutung, in denen durch Tarifverträge nur ein Teil der Arbeitsverhältnisse erfasst wird und wo bei den nicht erfassten Arbeitsverhältnissen gleichzeitig deutliche Unterschreitungen des Tarifniveaus zu beobachten sind.

Der rechtliche Rahmen für die Tarifverträge wird durch das Tarifvertragsgesetz (TVG) gebildet, ergänzt durch die Durchführungsverordnung. Anders als in der zu Zeiten der Weimarer Republik geltenden Tarifvertragsordnung (TVO) existiert im TVG keine Zwangsschlichtung, durch die Tarifvertragsparteien zum Abschluss eines Tarifvertrags gezwungen würden.

Zentrale Bedeutung kommt beim Abschluss und bei der Anwendung der Tarifverträge Art. 9 Abs. 3 GG zu. Durch Art. 9 Abs. 3 GG wird die Koalitionsfreiheit geschützt, die auch die Tarifautonomie umfasst. Die Selbstbestimmung der Tarifvertragsparteien ist sowohl vom Staat als auch von Arbeitgebern und Arbeitnehmern zu respektieren. Zur Verwirklichung dieses freien Regelungsspielraums schützt Art. 9 Abs. 3 GG nach ständiger Rechtsprechung des BAG auch die Arbeitskampffreiheit, das heißt die Freiheit mittels Arbeitskampfmaßnahmen einen Tarifvertragsabschluss zu erzwingen.

## II. Tarifvertragsparteien

Tarifverträge können nur von tariffähigen Parteien abgeschlossen werden. Wer diese sind, wird im Ausgangspunkt durch das TVG definiert. Nach § 2 TVG sind Parteien eines Tarifvertrags

▶   Gewerkschaften,

▶   einzelne Arbeitgeber,

▶   Vereinigungen von Arbeitgebern,

▶   Zusammenschlüsse von Gewerkschaften und von Vereinigungen von Arbeitgebern (Spitzenorganisationen).

Auf Arbeitgeberseite bereitet die Tariffähigkeit in der Regel keine Probleme, da zumindest jeder Arbeitgeber tariffähig ist. Auf Arbeitnehmerseite stellt sich hingegen die Frage, was unter einer Gewerkschaft zu verstehen ist. Diese Frage musste erst durch die Rechtsprechung geklärt werden. Die Rechtsprechung von BAG und BVerfG lässt sich im Wesentlichen wie folgt zusammenfassen, wobei auch hier das Verfassungsrecht eine zentrale Rolle spielt.

▶   **Vereinigung** im Sinne von Art. 9 Abs. 1 GG: freiwillige Zusammenschlüsse von natürlichen oder juristischen Personen zur Verfolgung eines gemeinsamen Zwecks, die eine gewisse organisatorische Festigkeit aufweisen. Hierzu gehören beispielsweise auch Bürgerinitiativen und Sportvereine.

▶   **Koalitionen** im Sinne von Art. 9 Abs. 3 GG: Vereinigungen von Arbeitnehmern oder Arbeitgebern, deren Zweck die Wahrung und Förderung der Arbeits- und Wirtschaftsbedingungen ist und die vom sozialen Gegenspieler sowie dem Staat unabhängig sind. Das bedeutet insbesondere, dass der Arbeitgeber keinen (wesentlichen) Einfluss auf die Willensbildung innerhalb der Koalition ausüben darf. Die Unabhängigkeit wäre beispielsweise dann verletzt, wenn der Arbeitgeber die Koalition mit finanziellen Zuwendungen unterstützt.

▶   **Gewerkschaften:** Koalitionen, die tariffähig sind. Tariffähig ist eine Koalition, wenn sie sozial mächtig sowie tarifwillig und arbeitskampffähig ist und das geltende Tarif-, Schlichtungs- und Arbeitskampfrecht anerkennt.

 **Hinweis:**

Gewerkschaften sind Teil der Koalitionen des Art. 9 Abs. 3 GG, die wiederum Teil der Vereinigungen sind.

 **WICHTIG!**

Die Rechtsprechung geht von einem einheitlichen Gewerkschaftsbegriff aus. Das bedeutet, dass immer dann, wenn in Gesetzen wie dem PersVG oder dem BetrVG von „Gewerkschaft" die Rede ist, hierunter eine tariffähige Koalition verstanden wird (BAG v. 19.9.2006, 1 ABR 53/05). Eine Ausnahme wird im PersVG nur hinsichtlich der Vereinigung von Beamten gemacht. Bei diesen ist die Tariffähigkeit kein Kriterium, da Beamten unter Hinweis auf die althergebrachten Grundsätze des Berufsbeamtentums nach Art. 33 Abs. 5 GG das Streikrecht versagt wird (BVerwG v. 25.7.2006, 6 P 17/05; vgl. aber auch BVerwG v. 27.2.2014, 2 C 1.13, wo der Verstoß des absoluten Streikverbots für Beamte gegen Art. 11 EMRK herausgearbeitet und dem Gesetzgeber der Auftrag zur Auflösung dieser Kollision erteilt wird).

Der Begriff der sozialen Mächtigkeit beinhaltet die Fähigkeit, durch organisatorische Stärke den Abschluss von Tarifverträgen durchzusetzen und deren Einhaltung zu überwachen. Dabei ist die soziale Mächtigkeit für den von der Arbeitnehmervereinigung in ihrer Satzung beanspruchten Zuständigkeitsbereich insgesamt zu ermitteln (BAG v. 26.6.2018, 1 ABR 37/16). Die Arbeitnehmervereinigung, die Tariffähigkeit beansprucht, muss hierzu Tatsachen darlegen und im Streitfall beweisen, die den Schluss rechtfertigen, die Arbeitgeberseite werde sie voraussichtlich nicht ignorieren und sich (Tarif-)Verhandlungen auf Dauer nicht entziehen können. Als hierzu geeignete Tatsachen kommen insbesondere die Organisationsstärke sowie ggf. die Fähigkeit in Betracht, durch Arbeitnehmer in Schlüsselpositionen Druck auszuüben

(BAG v. 28.3.2006, 1 ABR 58/04, ZTR 2006, 308). Ein Indiz für die soziale Mächtigkeit ist darin zu sehen, wenn die Arbeitnehmervereinigung auch in der Vergangenheit bereits in nennenswertem Umfang in dem jeweiligen Bereich Tarifverträge geschlossen hat. Insofern wird die Tariffähigkeit der DGB-Gewerkschaften allgemein anerkannt. Umstritten ist hingegen beispielsweise die Tariffähigkeit einzelner Christlicher Gewerkschaften, wobei das BAG mittlerweile die Tariffähigkeit der Christlichen Gewerkschaft Metall anerkannt hat (BAG v. 28.3.2006, 1 ABR 58/04, ZTR 2006, 308; ablehnend hinsichtlich der Tarifgemeinschaft Christlicher Gewerkschaften für Zeitarbeit und Personalserviceagenturen: BAG v. 22.5.2012, 1 ABN 27/12, der Gewerkschaft medsonet. Die Gesundheitsgewerkschaft e. V.: BAG v. 11.6.2013, 1 ABR 33/12, der „Neuen Assekuranz Gewerkschaft e.V.“: LAG Hessen v. 9.4.2015, 9 TaBV 225/14 sowie der DHV-Die Berufsgewerkschaft e. V.: BAG v. 22.6.2021, 1 ABR 28/20, ZTR 2021, 623). Schließen Spitzenorganisationen von Gewerkschaften oder Arbeitgeberverbänden Tarifverträge ab, können sie entweder als Vertreter ihrer Mitgliedsorganisationen (§ 2 Abs. 2 TVG) oder im eigenen Namen (§ 2 Abs. 3 TVG) handeln. Dabei muss der Zuständigkeitsbereich der Spitzenorganisation mit der Tarifzuständigkeit der Mitgliedsorganisationen übereinstimmen, darf also weder weiter noch enger gefasst sein (vgl. BAG v. 14.12.2010, 1 ABR 19/10, ZTR 2011, 84).

Mit dem Grundrecht der Koalitionsfreiheit ist es vereinbar, nur solche Koalitionen an der Tarifautonomie teilnehmen zu lassen, die in der Lage sind, den von der staatlichen Rechtsordnung freigelassenen Raum des Arbeitslebens durch Tarifverträge sinnvoll zu gestalten, um so die Gemeinschaft sozial zu befrieden. Die Anforderung der Tariffähigkeit stellt insoweit sicher, dass nicht jede Splittervereinigung Tarifverträge erkämpfen und abschließen kann, da nur diejenige Vereinigung als tariffähig anzusehen ist, die ein Mindestmaß an Verhandlungsgewicht und also eine gewisse Durchsetzungskraft gegenüber dem sozialen Gegenspieler aufweist (BVerfG v. 13.9.2019, 1 BvR 1/16, ZTR 2020, 22).

Die Tarifzuständigkeit einer Vereinigung richtet sich nach dem in der Satzung autonom festgelegten Organisationsbereich (BAG v. 11.6.2013, 1 ABR 32/12, ZTR 2013, 663). Dessen Reichweite muss für die handelnden Organe der Vereinigung selbst, für den sozialen Gegenspieler und für Dritte zuverlässig zu ermitteln sein, was eine hinreichende Transparenz voraussetzt. Die Zuständigkeit kann betriebs- oder unternehmensbezogen, branchen- oder berufsbezogen, regional- oder personenbezogen, ebenso gut aber auch durch Benennung konkret bezeichneter Unternehmen bestimmt werden (BAG v. 17.4.2012, 1 ABR 5/11, ZTR 2012, 625). Fehlt einer der Tarifvertragsparteien bei Abschluss des Tarifvertrags die Tarifzuständigkeit, ist der Tarifvertrag unwirksam.

## III. Wirkungsweise der Tarifverträge

Die Tarifverträge haben sowohl eine schuldrechtliche Wirkung zwischen den Tarifvertragsparteien, also den Parteien, die am Vertragsschluss unmittelbar beteiligt sind, als auch eine normative Wirkung gegenüber den tarifunterworfenen Arbeitnehmern und Arbeitgebern. Unzulässig ist die Gestaltung eines Tarifvertrags, der nur im Falle einer nachträglichen Einbeziehung durch die Arbeitsvertragsparteien im Rahmen einer Bezugnahmeklausel Wirksamkeit entfalten soll. Damit wird die von § 4 Abs. 1 TVG angeordnete unmittelbare Geltung von Tarifverträgen zwischen Mitgliedern der Tarifvertragsparteien unterlaufen (BAG v. 13.5.2020, 4 AZR 489/19, ZTR 2020, 580). Entsprechend unterscheidet § 1

Abs. 1 TVG zwischen den Rechten und Pflichten der Tarifvertragsparteien (schuldrechtlicher Teil) und den Rechtsnormen des Tarifvertrags (normativer Teil).

Auch die Protokollerklärungen sind Teil des Tarifvertrages, begründen in der Regel jedoch keine selbstständigen Rechte und Pflichten, sondern dienen als Annex zu den tariflichen Regelungen. In den Protokollerklärungen legen die Tarifvertragsparteien fest, wie sie bestimmte Regelungen verstehen und wie sie diese in der Praxis handhaben möchten.

Tarifverträge wirken dabei nicht nur zugunsten, sondern auch zulasten der tarifgebundenen Arbeitnehmer. Da den Tarifvertragsparteien durch Art. 9 Abs. 3 GG eine besondere Sachnähe für das Aushandeln von Arbeits- und Wirtschaftsbedingungen zugebilligt wird, besteht kein Schutz vor Tarifregelungen, deren Auswirkungen ungerecht oder nicht zwingend sachgerecht erscheinen (vgl. zur Berücksichtigung von Berufserfahrung bei der Eingruppierung BAG v. 5.10.2023, 6 AZR 333/22, ZTR 2024, 125).

### 1. Normativer Teil

Durch das TVG wird den Tarifvertragsparteien die Möglichkeit eröffnet, für ihre Mitglieder Recht zu setzen. Das bedeutet, dass die normativen Bestimmungen des Tarifvertrags wie Gesetze auf die Arbeitsverhältnisse einwirken, ohne jedoch Bestandteil der Arbeitsverhältnisse zu werden. Dementsprechend werden Tarifverträge rechtlich als privatrechtliche Normenverträge eingestuft. Die Arbeitsvertragsparteien können sich unmittelbar auf den Tarifvertrag berufen, um Ansprüche gegenüber der Gegenseite geltend zu machen. Nach § 1 Abs. 1 TVG gibt es Tarifnormen, die den Inhalt oder den Abschluss beziehungsweise die Beendigung der Arbeitsverhältnisse regeln. Weiterhin gibt es Tarifnormen, die betriebliche und betriebsverfassungsrechtliche Fragen betreffen (§ 3 Abs. 2 TVG). Die Tarifvertragsparteien sind berechtigt, das Inkrafttreten eines gesamten Tarifvertrags oder einzelner Bestimmungen desselben vom Eintritt einer aufschiebenden Bedingung im Sinne des § 158 BGB abhängig zu machen (BAG v. 22.2.2023, 4 AZR 68/22).

### 1.1 Inhaltsnormen

Über Inhaltsnormen wird der Inhalt der Arbeitsverhältnisse geregelt, also die Rechte und Pflichten der Arbeitsvertragsparteien. Dies betrifft beispielsweise die Eingruppierung, die Arbeitszeiten, den Zeugnisanspruch oder die Verpflichtung zur Vorlage einer Arbeitsunfähigkeitsbescheinigung im Krankheitsfall. Durch § 26 TVöD/TV-L wird der Anspruch der Arbeitnehmer auf Erholungsurlaub über den gesetzlichen Mindestanspruch aus § 3 BUrlG hinaus von 20 auf 30 Arbeitstage erweitert.

Sowohl im TVöD als auch im TV-L sind Protokollerklärungen enthalten. Hierbei handelt es sich um Bestandteile der Tarifverträge, die aus Gründen der Übersichtlichkeit nicht in den eigentlichen Text aufgenommen wurden. Insofern ist im Einzelfall zu ermitteln, ob aufgrund der Protokollerklärungen konkrete Rechte und Pflichten begründet werden sollen oder ob die Tarifvertragsparteien ihr Verständnis der jeweiligen Tarifnorm niederlegen wollten. Im Rahmen der authentischen Interpretation sind dann bei der Auslegung einer Tarifnorm die Protokollerklärungen heranzuziehen (vgl. Breier/Dassau, TVöD Komm. Erl. 6.8 zu Vorbem. vor § 1 Rn. 36).

**Beispiel**

§ 6 Abs. 4 TVöD sieht folgende Bestimmung vor:

„Aus dringenden betrieblichen/dienstlichen Gründen kann auf der Grundlage einer Betriebs-/Dienstvereinbarung im Rahmen des § 7 Abs. 1, 2 und des § 12 ArbZG von den Vorschriften des Arbeitszeitgesetzes abgewichen werden."

Zur näheren Interpretation dieser Regelung haben sich die Tarifvertragsparteien auf folgende Protokollerklärung zu § 6 Abs. 4 TVöD verständigt:

„In vollkontinuierlichen Schichtbetrieben kann an Sonn- und Feiertagen die tägliche Arbeitszeit auf bis zu zwölf Stunden verlängert werden, wenn dadurch zusätzliche freie Schichten an Sonn- und Feiertagen erreicht werden."

### 1.2 Abschluss- und Beendigungsnormen

Durch Abschlussnormen werden die Voraussetzungen für den Abschluss von Arbeitsverträgen geregelt. Beispielsweise kann durch Tarifverträge festgelegt werden, dass Auszubildende nach Abschluss ihres Ausbildungsverhältnisses in ein Arbeitsverhältnis übernommen werden müssen. Demgegenüber erfassen Beendigungsnormen die Voraussetzungen und Modalitäten, unter denen das Arbeitsverhältnis beendet werden kann. Entsprechend sind in § 34 Abs. 1 TVöD/TV-L Kündigungsfristen geregelt. In § 34 Abs. 2 TVöD/TV-L ist vorgesehen, dass Beschäftigte unter bestimmten Voraussetzungen nicht mehr ordentlich gekündigt werden können, sondern nur noch aus wichtigem Grund.

### 1.3 Betriebsnormen

Betriebsnormen sind Bestimmungen in Tarifverträgen, die für alle Arbeitnehmer des Betriebs einheitliche Regelungen vorgeben sollen. Beispiele hierfür sind etwa Regelungen zum Arbeitnehmerschutz, über die Organisationsstruktur des Betriebs oder auch Besetzungsregelungen für die Bestimmung der auf einem Arbeitsplatz einzusetzenden Arbeitnehmer.

### 1.4 Betriebsverfassungsrechtliche Normen

Die Tarifvertragsparteien haben die Möglichkeit, die Betriebsverfassung abweichend von den Regelungen des Betriebsverfassungsgesetzes zu gestalten. Zum Teil ist im Betriebsverfassungsgesetz ausdrücklich eine Regelungsbefugnis der Tarifvertragsparteien vorgesehen wie beispielsweise bei der Regelung abweichender Betriebsratsstrukturen aufgrund von Besonderheiten des Unternehmens oder Konzerns gemäß § 3 BetrVG. Bei anderen Mitbestimmungstatbeständen ist in der Regel eine Abweichung zugunsten der Arbeitnehmer möglich, eine Erweiterung der Mitbestimmungsrechte kann also durch betriebsverfassungsrechtliche Tarifnormen erfolgen. Dies gilt etwa bei den Mitbestimmungsrechten in sozialen Angelegenheiten nach § 87 BetrVG. Demgegenüber ist das Personalvertretungsrecht abschließend. Eine abweichende Regelung ist gemäß § 3 BPersVG nicht zulässig. Mit Inkrafttreten des neuen BPersVG zum 15. Juni 2021 erstreckt sich das Verbot nunmehr auch explizit auf eine Abweichung durch Dienstvereinbarungen.

### 1.5 Gemeinsame Einrichtungen

In Tarifverträgen können gemeinsame Einrichtungen der Tarifvertragsparteien geregelt werden. Gemeinsame Einrichtungen sind von den Tarifvertragsparteien geschaffene und von ihnen abhängige Organisationen, deren Zweck und Organisationsstruktur durch Tarifvertrag festgelegt werden. Während durch Inhaltsnormen die Rechtsbeziehungen der Arbeitsvertragsparteien geregelt werden, betreffen die Normen über gemeinsame Einrichtungen die Rechtsbeziehungen zwischen den Arbeitnehmern beziehungsweise dem Arbeitgeber und der gemeinsamen Einrichtung.

Zu den gemeinsamen Einrichtungen zählen beispielsweise die Urlaubskassen im Baugewerbe. Der Anspruch der Arbeitnehmer auf Urlaubsentgelt richtet sich nicht gegen den jeweiligen Arbeitgeber, sondern gegen die Urlaubskasse, in die die Arbeitgeber einzahlen. Da im Baugewerbe traditionell die Arbeitsverhältnisse häufig gewechselt werden, wird nicht der einzelne Arbeitgeber mit dem Urlaubsentgelt belastet, bei dem der Arbeitnehmer gerade seinen Urlaub nimmt. Für die Arbeitnehmer besteht der Vorteil darin, dass sie auch vor Ablauf von sechs Monaten seit Bestehen ihres jeweiligen Arbeitsverhältnisses einen vollen Urlaubsanspruch geltend machen können (anders § 4 BUrlG). Zur Allgemeinverbindlichkeit der Sozialkassen im Baugewerbe und deren Rechtmäßigkeit vgl. BAG v. 28.8.2019, 10 AZR 549/18).

### 1.6 Wirkung der Tarifverträge

Der normative Teil der Tarifverträge gilt unmittelbar und zwingend, wenn die Arbeitsvertragsparteien tarifgebunden sind und der Tarifvertrag sowohl sachlich als auch räumlich und persönlich anwendbar ist.

### 1.6.1 Unmittelbarkeit

Unmittelbare Geltung bedeutet, dass Tarifverträge wie Gesetze in die einzelnen Arbeitsverhältnisse hineinwirken. Sie sind jedoch nicht Bestandteil der Arbeitsverträge. Durch die Tarifverträge werden damit Rechte und Pflichten der Arbeitsvertragsparteien begründet, auf die sie sich berufen können und die sie auch einklagen können. Insofern richtet sich der Urlaubsanspruch (§ 26 TVöD/TV-L) der Arbeitnehmer unmittelbar gegen den Arbeitgeber; demgegenüber können Arbeitgeber aufgrund von § 3 Abs. 4 TVöD/§ 3 Abs. 5 TV-L die Arbeitnehmer verpflichten, an einer betriebsärztlichen Untersuchung teilzunehmen.

### 1.6.2 *Zwingende Wirkung/Günstigkeit*

Aufgrund der zwingenden Wirkung der Tarifverträge können die Arbeitsvertragsparteien grundsätzlich nicht von diesen abweichen. Ein Arbeitnehmer kann also beispielsweise nicht auf sein Gehalt oder auf Urlaubstage verzichten. Dasselbe gilt für die Betriebsparteien, die nach § 77 Abs. 3 BetrVG und § 87 Abs. 1 BetrVG daran gehindert sind, in Betriebsvereinbarungen vom Tarifinhalt abzuweichen (entsprechend für die Mitbestimmung der Personalräte, vgl. etwa § 63 Abs. 1 BPersVG). Etwas anderes gilt nur dann, wenn die Tarifvertragsparteien den Betriebsparteien oder den Arbeitsvertragsparteien ausdrücklich gestatten, abweichende Regelungen zu treffen (sog. Öffnungsklausel). Eine solche Abweichung kann von den Tarifvertragsparteien auch nachträglich gebilligt oder mit bestimmten Vorgaben versehen werden (BAG v. 13.8.2019, 1 AZR 213/18, ZTR 2020, 108).

Die zwingende Wirkung der Tarifverträge gilt jedoch nicht uneingeschränkt. Zugunsten der Arbeitnehmer kann nach dem sogenannten Günstigkeitsprinzip von Tarifverträgen abgewichen werden, § 4 Abs. 3 TVG (BAG v. 14.2.2017, 9 AZR 488/16; vgl. auch Steinherr in: Sponer/Steinherr, TVöD Komm. Rn. 49 ff., 109 ff. zu Vorbem. Abschnitt I). Demnach können die Arbeitsvertragsparteien durchaus vereinbaren, dass der Arbeitnehmer eine übertarifliche Bezahlung oder zusätzliche Urlaubstage erhalten soll. Zu beachten ist jedoch, dass haushaltsrechtliche Vorschriften der Vereinbarung übertariflicher Leistungen entgegenstehen können (vgl. § 51 BHO).

Ob eine arbeitsvertragliche Regelung für den Arbeitnehmer günstiger ist, ergibt sich aus einem Sachgruppenvergleich. Dazu sind sowohl die tariflichen als auch die arbeitsvertraglichen Regelungen zu Sachgruppen zusammenzufassen und miteinander zu vergleichen. So bilden die monatliche Vergütung, das Weihnachtsgeld und das Urlaubsgeld eine Sachgruppe. Zur selben

Sachgruppe ist auch die Arbeitszeit zu zählen, da sie in einem engen, inneren sachlichen Zusammenhang mit dem Entgelt steht (BAG v. 22.8.2018, 5 AZR 551/17).

 **ACHTUNG!**

Aufwendungsersatzleistungen wie etwa Verpflegungskostenzuschüsse sind kein Bestandteil des Arbeitsentgelts, da sie nicht als Gegenleistung für geleistete Arbeit, sondern im Hinblick auf besondere Aufwendungen oder Auslagen gewährt werden, die dem Arbeitnehmer im Rahmen der Erbringung seiner Tätigkeit entstanden sind (BAG v. 25.1.2023, 4 AZR 180/22).

Die Vorschriften zur Kündigung bilden eine andere Sachgruppe. Unzulässig ist es, dass ein Arbeitnehmer auf Entgelt verzichtet und im Gegenzug eine Arbeitsplatzgarantie unter Ausschluss der betriebsbedingten Kündigung erhält (sog. Bündnisse für Arbeit). Dementsprechend ist es ständige Rechtsprechung des BAG, dass eine Beschäftigungssicherung durch den Ausschluss betriebsbedingter Kündigungen nicht geeignet ist, Verschlechterungen bei der Arbeitszeit oder dem Arbeitsentgelt zu rechtfertigen (BAG v. 1.7.2009, 4 AZR 261/08, ZTR 2010, 19). Das BAG geht davon aus, dass die zu erbringende Arbeitsleistung und das dem Arbeitnehmer zustehende Entgelt zu einer einheitlichen Sachgruppe gehören, sodass im Rahmen des Günstigkeitsvergleichs nicht die kürzere Arbeitszeit und die höhere Vergütung kombiniert werden können (BAG v. 15.4.2015, 4 AZR 587/13). Sofern nicht zweifelsfrei festgestellt werden kann, dass die arbeitsvertragliche Regelung günstiger ist, bleibt die tarifvertragliche Regelung anwendbar.

### 1.6.3 Geltungsbereich

Der Tarifvertrag muss räumlich, betrieblich-fachlich und persönlich anwendbar sein. Dieser Geltungsbereich wird von den Tarifvertragsparteien festgelegt.

Die räumliche Anwendbarkeit bedeutet, dass der Tarifvertrag das geografische Gebiet bestimmen muss, in dem er gelten soll. Beispielsweise gilt der TVöD für das gesamte Bundesgebiet. Andere Tarifverträge sind auf Bundesländer oder einzelne Regionen beschränkt.

Durch die Festlegung des betrieblich-fachlichen Geltungsbereichs wird abgegrenzt, welche Wirtschaftsbereiche vom Tarifvertrag erfasst werden sollen. Beispielsweise erfassen die Tarifverträge der IG Metall die Metallbranche. In einzelnen Fällen kann die Abgrenzung schwierig werden, wenn in einem Betrieb unterschiedliche Tätigkeiten ausgeübt und unterschiedliche Produkte hergestellt werden. In diesem Fall findet der Tarifvertrag Anwendung, der die überwiegend vorgenommenen Tätigkeiten erfasst und die für den Betrieb bestimmend sind (BAG v. 25.11.1987, AP Nr. 18 zu § 1 TVG Tarifverträge Einzelhandel). Da die bisher in Deutschland vorherrschenden DGB-Gewerkschaften traditionell überwiegend nach dem Industrieverbandsprinzip und nicht nach Berufen gegliedert sind, findet eine Abgrenzung in der Praxis vielfach nach der Branchenzugehörigkeit statt. Dies bedeutet, dass beispielsweise Tarifverträge der IG Metall einheitlich für Unternehmen der Metallbranche gelten, auch wenn Arbeitnehmer im Personalbereich nichts mit der Metallverarbeitung zu tun haben. Entsprechend würden sie einem Tarifvertrag der IG BCE unterfallen, wenn sie in einem Unternehmen der Chemieindustrie arbeiten würden.

Schließlich muss der Tarifvertrag festlegen, für welche Arbeitnehmer er gelten soll (persönlicher Geltungsbereich). Hierzu zählen Art der Tätigkeit, Umfang der Beschäftigung (Teilzeit oder Vollzeit), Auszubildende, Arbeiter, Angestellte etc. Die Tarifverträge, die von DGB-Gewerkschaften abgeschlossen werden,

erfassen in der Regel alle Arbeitsverhältnisse einer bestimmten Branche. Insofern wird nicht nach der individuellen Tätigkeit unterschieden. Maßgeblich ist allein die Branchenzugehörigkeit. Demgegenüber schließt der Marburger Bund Tarifverträge ab, die ausschließlich für Ärzte gelten, das sonstige medizinische Personal also ausklammern. Für die Tarifverträge des öffentlichen Dienstes hat das BAG herausgearbeitet, dass von den Tarifvertragsparteien grundsätzlich sämtliche Arbeitnehmer erfasst sein sollen. Die Rechtsprechung hält sich dementsprechend bei der Bejahung und erst recht bei der Schließung einer Regelungslücke zurück (BAG v. 22.3.2017, 4 ABR 54/144). Eine Tariflücke kann daher nur dann angenommen werden, wenn die konkrete Tätigkeit eines Arbeitnehmers keinen unmittelbaren Bezug zu den eigentlichen Aufgaben der Verwaltung besitzt (BAG v. 18.3.2015, 4 AZR 702/12).

Die Bestimmung der Reichweite des Geltungsbereichs stellt eine originäre Entscheidung der Tarifvertragsparteien dar, die nur sehr begrenzt rechtlich überprüft werden darf. Von der Rechtsprechung wird insoweit nur überprüft, ob ein sachlicher Grund für die Herausnahme bestimmter Beschäftigter besteht, etwa einer besonderen Berufsgruppe oder eines räumlich getrennt gelegenen Betriebs (vgl. BAG v. 12.10.2004, 3 AZR 571/03). Aufgrund der Schutzpflichtfunktion der Grundrechte ist die Rechtsprechung dazu angehalten, gleichheitswidrige Differenzierungen und unangemessene Beschränkungen eines grundrechtlichen Freiheitsrechts zu verhindern (BAG v. 26.4.2017, 10 AZR 856/15). Zu beachten ist insoweit auch der Gleichheitssatz aus Art. 3 Abs. 1 GG. Einen Verstoß gegen den Gleichheitssatz stellt insoweit etwa die unterschiedliche Behandlung von Nachtschichtarbeitnehmer und Arbeitnehmer, die außerhalb von Schichtsystemen Nachtarbeit leisten, durch Zuschläge in unterschiedlicher Höhe dar, wenn für die Differenzierung kein aus dem Tarifvertrag erkennbarer sachlicher Grund gegeben ist. Der Verstoß gegen den Gleichheitssatz führt dann (ggfs. rückwirkend) zu einem Anspruch auf sog. Anpassung „nach oben", da nur so die Ungleichbehandlung beseitigt werden kann. Die benachteiligende Bestimmung des Tarifvertrags bleibt unangewendet, im Übrigen bleibt der Tarifvertrag wirksam (BAG v. 24.5.2023, 10 AZR 369/20).

Ebenso haben die Tarifvertragsparteien auch das Verbot zur Diskriminierung Teilzeitbeschäftigter aus § 4 Abs. 1 S. 2 TzBfG zu beachten und dürfen teilzeitbeschäftigte Arbeitnehmer nicht grundlos von tariflichen Leistungen ausnehmen. Hier gilt vielmehr die Pflicht, eine dem Verhältnis der vereinbarten Teilzeitarbeitszeit zu der geltenden Vollzeitarbeitszeit entsprechende Leistung für die Teilzeitbeschäftigten vorzusehen (BAG v. 23.7.2019, 9 AZR 372/18, ZTR 2019, 667).

Sofern aber gute Gründe für die Ausnahme oder abweichende Behandlung bestimmter Arbeitnehmer bestehen, können die Tarifvertragsparteien dies im Rahmen ihrer Gestaltungsmacht berücksichtigen (BAG v. 22.3.2018, 6 AZR 833/16: Gewährung eines Zeitzuschlags und von Ausgleichstagen für das Fahrpersonal als Ausgleich für die Arbeit an Wochenfeiertagen).

### 1.6.4 Tarifbindung

Voraussetzung für die zwingende Wirkung der Tarifverträge ist schließlich, dass die Arbeitsvertragsparteien tarifgebunden sind. Arbeitnehmer müssen daher Mitglied in der tarifschließenden Gewerkschaft sein. Der Arbeitgeber muss entweder selbst Tarifvertragspartei sein oder er muss Mitglied des tarifschließenden Arbeitgeberverbandes sein.

Inhaltsnormen, Abschluss- und Beendigungsnormen erfordern, dass nicht nur der Arbeitgeber an den Tarifvertrag gebunden ist. Auch der Arbeitnehmer muss Mitglied der Gewerkschaft sein, die den Tarifvertrag geschlossen hat. Bei Betriebs- und Betriebsverfassungsnormen ist nach § 3 Abs. 2 TVG allein die Mitgliedschaft des Arbeitgebers ausreichend. Dementsprechend haben Arbeitnehmer nur dann Anspruch auf das tarifliche Entgelt, wenn sie Mitglied der Gewerkschaft sind, die den Tarifvertrag geschlossen hat, und der Arbeitgeber entweder unmittelbar tarifgebunden oder Mitglied im Arbeitgeberverband ist. Werden hingegen durch einen Tarifvertrag die Rechte des Betriebsrats erweitert (betriebsverfassungsrechtliche Normen), reicht es aus, wenn der Arbeitgeber an den Tarifvertrag gebunden ist. Alle Arbeitnehmer eines Betriebs können sich dann hierauf berufen. Beispielsweise gilt der TV-L nur für die Arbeitgeber, die Mitglied der Tarifgemeinschaft der Länder (TdL) sind. Folglich fehlt es an einer Tarifbindung des Bundeslandes Hessen, das zwischenzeitlich einen eigenen Tarifvertrag (TV-H) geschlossen hat. Auch wenn der TV-L räumlich für das gesamte Bundesgebiet gilt, werden die Arbeitsverhältnisse nur dann erfasst, wenn das Land als Arbeitgeberin Mitglied der TdL ist.

Sollen von einem Tarifvertrag alle Arbeitnehmer eines Betriebs unabhängig von ihrer Mitgliedschaft in der Gewerkschaft erfasst werden, kann in den Arbeitsverträgen auf den Tarifvertrag verwiesen werden (sog. Bezugnahmeklausel, siehe hierzu unten 4.). Eine derartige Bezugnahmeklausel auf Tarifverträge kann indessen auch dann vereinbart werden, wenn der Arbeitgeber selbst überhaupt nicht tarifgebunden ist, also weder Mitglied eines Arbeitgeberverbands ist noch einen eigenen Tarifvertrag mit einer Gewerkschaft vereinbart hat.

## 2. Schuldrechtlicher Teil

Neben dem normativen Teil haben Tarifverträge grundsätzlich einen schuldrechtlichen Teil. Während im normativen Teil des Tarifvertrags insbesondere die Rechte und Pflichten der Arbeitnehmer und Arbeitgeber (Arbeitsvertragsparteien) geregelt werden, regelt der schuldrechtliche Teil Rechte und Pflichten zwischen den Tarifvertragsparteien. Die Wirkung entspricht insoweit einem normalen Vertrag. Zum schuldrechtlichen Teil des Tarifvertrages gehört beispielsweise die Vereinbarung, dass die Tarifvertragsparteien nach dem Ablauf des Tarifvertrags ein Schlichtungsverfahren durchführen, bevor sie zu Arbeitskampfmaßnahmen greifen. Weiterhin gibt es schuldrechtliche Regelungen, die jedem Tarifvertrag immanent sind, sodass es keiner ausdrücklichen Vereinbarung bedarf:

► Friedenspflicht: Die Friedenspflicht beinhaltet die Verpflichtung, während der Laufzeit keine Änderungen des Tarifvertrags anzustreben. Dieses Verbot gilt jedoch nur, soweit die tariflichen Regelungen reichen (sogenannte relative Friedenspflicht). Die Friedenspflicht hat über die Sicherung abgeschlossener Vereinbarungen hinaus insbesondere wegen der den Tarifvertragsparteien offenstehenden Möglichkeit zur Einleitung von Arbeitskampfmaßnahmen Bedeutung. Während der Laufzeit eines Entgelttarifvertrages darf beispielsweise keine Entgeltanpassung mit Arbeitskampfmitteln durchgesetzt werden. Für einen Urlaubstarifvertrag könnte hingegen gestreikt werden.

► Durchführungspflicht: Die Tarifvertragsparteien haben die Pflicht, den Tarifvertrag auch anzuwenden. Sie müssen insofern auf ihre Mitglieder einwirken, dass diese nicht unzulässig vom Tarifvertrag abweichen.

## 3. Allgemeinverbindlichkeit

Gemäß § 5 TVG besteht die Möglichkeit der Tarifvertragsparteien, einen Antrag auf Allgemeinverbindlicherklärung des Tarifvertrags zu stellen. Allgemeinverbindlichkeit bedeutet, dass ein Tarifvertrag alle Arbeitnehmer und Arbeitgeber eines bestimmten Bereichs unmittelbar und zwingend erfasst, unabhängig von ihrer Mitgliedschaft in der Tarifvertragspartei. In diesem Fall kommt es also nicht darauf an, ob der Arbeitnehmer Mitglied der tarifschließenden Gewerkschaft oder der Arbeitgeber Mitglied des Arbeitgeberverbandes ist. Im Übrigen bleiben die Regelungen des Tarifvertrags unberührt. Ungeachtet entsprechend geäußerter Vorbehalte steht nach ständiger Rechtsprechung fest, dass die Allgemeinverbindlicherklärung von Tarifverträgen weder gegen nationales Verfassungsrecht noch gegen Bestimmungen der EMRK verstößt (vgl. BAG v. 21.9.2016, 10 ABR 48/15). Das bedeutet, dass weiterhin der räumliche, persönliche und sachliche Anwendungsbereich des Tarifvertrags erfüllt sein muss, um aus dem Tarifvertrag Rechte und Pflichten herzuleiten. Es gelten auch weiterhin die allgemeinen Grundsätze des Tarifvertragsrechts, wonach ein spezieller Tarifvertrag einen allgemeinen verdrängt. Dementsprechend können einschlägige Firmentarifverträge durch Verbandstarifverträge auch dann nicht verdrängt werden, wenn Letztere für allgemeinverbindlich erklärt wurden.

Die Allgemeinverbindlichkeit wird vom Bundesministerium für Arbeit und Soziales ausgesprochen. Hierfür ist jedoch das Einvernehmen mit dem Tarifausschuss erforderlich. In diesem Tarifausschuss sind je drei Vertreter der Spitzenorganisationen der Arbeitgeber und der Arbeitnehmer vertreten. Die Allgemeinverbindlichkeit kann vom Bundesministerium auf gemeinsamen Antrag einer der Tarifvertragsparteien erklärt werden, wenn die Allgemeinverbindlicherklärung im öffentlichen Interesse geboten erscheint (Beispiel: Lohndumping in einer Branche). Dies wird in der Regel angenommen, wenn der Tarifvertrag in seinem Geltungsbereich für die Gestaltung der Arbeitsbedingungen überwiegende Bedeutung erlangt hat oder wenn die Absicherung der Wirksamkeit der tarifvertraglichen Normsetzung gegen die Folgen wirtschaftlicher Fehlentwicklung eine Allgemeinverbindlicherklärung verlangt (§ 5 Abs. 1 TVG). Angesichts der Regelvermutung müssen in diesen Fällen schon besondere Umstände oder gewichtige entgegenstehende Interessen vorliegen, damit ein öffentliches Interesse doch noch verneint werden kann (BAG v. 21.3.2018, 10 ABR 62/16, ZTR 2018, 517). Die Entscheidung des zuständigen Ministeriums, ein öffentliches Interesse für die Allgemeinverbindlicherklärung anzunehmen, ist nur in beschränktem Umfang gerichtlich nachprüfbar, da dem Ministerium ein weiter Beurteilungsspielraum zukommt (BAG v. 21.9.2016, 10 ABR 33/15, ZTR 2017, 22). Das zusätzliche Erfordernis einer Beschäftigung von mindestens 50 % der Arbeitnehmer im Geltungsbereich des Tarifvertrags bei tarifgebundenen Unternehmen wurde durch das Tarifautonomiestärkungsgesetz zum 1.1.2015 aufgehoben.

Daneben kann durch gemeinsamen Antrag der Tarifvertragsparteien ein Tarifvertrag vom Bundesministerium für Arbeit und Soziales als Rechtsverordnung nach § 7 AEntG für allgemeinverbindlich erklärt werden, wenn dies im öffentlichen Interesse geboten erscheint. Seit dem 1.1.2015 steht das AEntG nach § 4 Abs. 2 AEntG hierzu für sämtliche Branchen offen, wenn das öffentliche Interesse zur Schaffung und Durchsetzung angemessener Mindestarbeitsbedingungen und zur Gewährleistung fairer und funktionierender Wettbewerbsbedingungen die Allgemeinverbindlicherklärung erfordert. Auf diese Weise sollen zugleich sozialversicherungspflichtige Beschäftigung erhalten und die Ordnungs- und Befriedungsfunktion der Tarifautonomie gewahrt werden, insbesondere aber soll dem Verdrängungswettbewerb über die Lohnkosten entgegengewirkt werden. Der Rechtsschutz gegen Allgemeinverbindlichkeitserklärungen nach § 5 TVG wie gegen Rechtsverordnungen nach § 7 AEntG richtet sich nunmehr einheitlich nach den §§ 2a Abs. 1 Nr. 5, 98 ArbGG und wird damit vor den Arbeitsgerichten geführt (vgl. BAG v. 21.9.2016, 10 ABR 33/15, ZTR 2017, 22).

Schließlich wurde zum 1.1.2015 eine allgemeine Lohnuntergrenze durch den gesetzlichen Mindestlohn von € 8,50 pro Stunde eingeführt. Allgemeinverbindliche Tarifverträge konnten bis zum 31.12.2016 einen Mindestlohn unterhalb von € 8,50 pro Stunde als Übergangsregelung vorsehen (§ 24 MiLoG a. F.). Seit dem 1.1.2017 ist der gesetzliche Mindestlohn für sämtliche Branchen (Ausnahme Zeitungszusteller: dort erst zum 1.1.2018) verbindlich, ihn unterschreitende tarifvertragliche Regelungen sind unwirksam. Den Bedarf einer Anpassung des Mindestlohns überprüft die aus den Reihen der Spitzenverbände der Gewerkschaften und Arbeitgeberverbände gebildete Mindestlohnkommission alle zwei Jahre anhand der allgemeinen Tarifentwicklung, erstmals zum 1.1.2017. Zuletzt wurde der gesetzliche Mindestlohn mit Wirkung zum 1.1.2024 gemäß § 1 der Dritten Mindestlohnanpassungsverordnung (MiLoV3) auf € 12,41 pro Stunde erhöht. Näheres unter → *Mindestlohn*.

 **Hinweis:**
Ein Verzeichnis der für allgemeinverbindlich erklärten Tarifverträge kann auf der Internetseite des Bundesministeriums für Arbeit und Soziales eingesehen werden (https://www.bmas.de/DE/Arbeit/Arbeitsrecht/Tarifvertraege/tarifvertraege.html).

## 4. Bezugnahmeklauseln

In der Praxis sind sogenannte Bezugnahmeklauseln in Arbeitsverträgen gebräuchlich (zur Zulässigkeit von Bezugnahmeklauseln auch in Formulararbeitsverträgen, vgl. BAG v. 26.9.2018, 7 AZR 797/16). Durch solche Regelungen wird ein Tarifvertrag unabhängig davon für anwendbar erklärt, ob der Arbeitnehmer Mitglied der tarifschließenden Gewerkschaft ist. Die Motive, die hinter der Vereinbarung von Bezugnahmeklauseln stehen, sind vielfältig. Für den Arbeitgeber werden die Arbeitsbedingungen im Unternehmen vereinheitlicht. Für alle Arbeitnehmer gelten die tariflichen Regelungen, ohne dass der Arbeitgeber die Zugehörigkeit zur tarifschließenden Gewerkschaft erfragen muss (ob eine Frage nach der Gewerkschaftszugehörigkeit der Arbeitnehmer überhaupt gestellt werden darf, ist umstritten; vgl. BAG v. 18.11.2014, 1 AZR 257/13, wo es als ein legitimes Interesse der Gewerkschaften bezeichnet wird, ihre Mitgliederzahl in einem Unternehmen geheim zu halten). Zudem verhindert der Arbeitgeber, dass er Anreize zum Beitritt zur Gewerkschaft setzt, wenn diese bessere Bedingungen als im Unternehmen üblich vereinbart hat. Werden alle Arbeitnehmer gleich behandelt, besteht unter wirtschaftlichen Gesichtspunkten keine Veranlassung, in die tarifschließende Gewerkschaft einzutreten, um beispielsweise Anspruch auf den Tariflohn zu erhalten. Der Wille zur Vereinbarung einer derartigen Gleichstellungsabrede muss dem Arbeitsvertrag aber deutlich zu entnehmen sein (BAG v. 13.5.2015, 4 AZR 244/14).

Bezugnahmeklauseln können vielfältig gestaltet werden. So sind die Parteien des Arbeitsvertrags etwa nicht gehalten, einen vollständigen Tarifvertrag für anwendbar zu erklären, sondern können für einzelne Fragen durchaus auch eigenständige Regelungen treffen. Diese eigenständige Bestimmung hat dann Vorrang vor dem ansonsten in Bezug genommenen Tarifvertrag (BAG

v. 20.1.2015, 9 AZR 585/13 zu einer eigenständigen Regelung aus einem Formulararbeitsvertrag). Der Arbeitgeber als Verwender der in der Regel vorgegebenen Vertragsbedingungen muss dabei besondere Sorgfalt walten lassen, will er das beabsichtigte Ergebnis angesichts der Angemessenheitskontrolle nach den §§ 305 ff. BGB auch erreichen (BAG v. 14.12.2005, 4 AZR 536/04, ZTR 2006, 500).

▸ Die statische Bezugnahme auf einen Tarifvertrag führt dazu, dass ein Tarifvertrag in einer ganz bestimmten Fassung Anwendung findet. Etwaige Änderungen des Tarifvertrags finden damit keinen Eingang in das Arbeitsverhältnis. Das bedeutet beispielsweise, dass der Arbeitnehmer an einer Gehaltssteigerung in Folgetarifverträgen keinen Anteil hat.

 **Formulierungsbeispiel:**
„Auf das Arbeitsverhältnis findet der BAT in der Fassung des Änderungstarifvertrags vom 31.1.2003 Anwendung."

▸ Demgegenüber wird mit einer kleinen dynamischen Bezugnahmeklausel auf einen bestimmten Tarifvertrag in seiner jeweiligen Fassung verwiesen. Etwaige Änderungen dieses Tarifvertrages gelten dann auch für das Arbeitsverhältnis.

 **Formulierungsbeispiel:**
„Auf das Arbeitsverhältnis finden der TVöD Bund vom 13.9.2005 sowie die diesen ergänzenden Tarifverträge in ihrer jeweils aktuellen Fassung Anwendung."

▸ Die große dynamische Bezugnahmeklausel verweist nicht nur in zeitlicher Hinsicht auf die jeweils aktuelle Fassung eines Tarifvertrags. Darüber hinaus werden auch solche Tarifverträge erfasst, die den ursprünglich geltenden Tarifvertrag ersetzen. Maßgeblich ist in diesem Fall, welche Tarifverträge fachlich bzw. betrieblich gelten. In diesem Sinne wirken große dynamische Bezugnahmeklauseln auch als Tarifwechselklauseln. Wechselt der Arbeitgeber den Arbeitgeberverband oder gehört ein Betrieb nach einem Betriebsübergang einer anderen Branche an, finden die dortigen Tarifverträge dann kraft Bezugnahme Anwendung, wenn in den Arbeitsverträgen der Fall des Tarifwechsels klar und unmissverständlich geregelt ist (vgl. BAG v. 22.10.2008, 4 AZR 784/07, ZTR 2009, 139). Die Wirkung als Tarifwechselklausel scheidet nach Ansicht des BAG aus, wenn eine dynamische Bezugnahmeklausel auf zwei mit unterschiedlichen Gewerkschaften abgeschlossene inhaltsgleiche Tarifverträge verweist und später nur mit einem der Tarifpartner ein neuer und nicht mehr inhaltsgleicher Tarifvertrag abgeschlossen wird (vgl. BAG v. 28.4.2021, 4 AZR 229/20, ZTR 2021, 598). Denn mit dem Auseinanderfallen der zuvor übereinstimmenden Tarifwerke entfällt die erforderliche eindeutige Bestimmbarkeit der in Bezug genommenen Tarifnormen. Bezugsobjekt bleibt dann das zuletzt eindeutig bestimmbare (alte) Tarifwerk.

Sofern die arbeitsvertragliche Bezugnahmeregelung die jeweils geltenden Tarifverträge einer bestimmten Branche erfassen soll, meint dies regelmäßig nur die Flächentarifverträge und keine Haustarifverträge (BAG v. 11.7.2018, 4 AZR 533/17). Eine Bezugnahmeklausel, die auf konkret bezeichnete Flächentarifverträge in ihrer jeweiligen Fassung verweist, kann ohne besondere Anhaltspunkte nicht ergänzend dahin ausgelegt werden, dass sie auch später abgeschlossene Haustarifverträge erfassen soll (BAG v. 16.6.2021, 10 AZR 31/20, ZTR 2021, 633). Allerdings ist zu berücksichtigen, dass derartige Tarifwechselklauseln regelmäßig nur solche Tarifverträge erfassen sollen, an die der Arbeitgeber selbst nach § 3 Abs. 1 TVG unmittelbar und zwingend gebunden ist (vgl. BAG v. 13.5.2020, 4 AZR 528/19).

**Formulierungsbeispiel:**

„Auf das Arbeitsverhältnis finden die für das Unternehmen einschlägigen Tarifverträge in ihrer jeweils aktuellen Fassung Anwendung. Soweit das Unternehmen an mehrere miteinander konkurrierende Tarifverträge gebunden ist, findet der für das Unternehmen speziellste, im Zweifel der Tarifvertrag Anwendung, an den die relativ größte Zahl der Arbeitnehmer des Unternehmens gebunden ist."

Im öffentlichen Dienst ist es üblich, im Arbeitsvertrag auf den einschlägigen Tarifvertrag – beispielsweise den TVöD oder den TV-L – zu verweisen. Insofern wird nicht nach der Tarifbindung der Arbeitnehmer unterschieden. Zwischenzeitlich hat das BAG geklärt, unter welchen Voraussetzungen TV-L bzw. TVöD Anwendung finden, wenn in einem Arbeitsvertrag lediglich auf den BAT in seiner jeweils gültigen Fassung verwiesen wurde. Das BAG sieht hierbei eine Regelungslücke, die durch eine ergänzende Vertragsauslegung zu schließen ist (BAG v. 21.8.2013, 5 AZR 581/11, ZTR 2014, 168). Danach ist nach dem hypothetischen Parteiwillen zu ermitteln, auf welchen Tarifvertrag die Parteien bei Kenntnis vom Außerkrafttreten des BAT verwiesen hätten (in der Regel TVöD oder TV-L) (BAG v. 19.5.2010, 4 AZR 796/08, ZTR 2010, 481).

Wird in einem Arbeitsvertrag auf einen Tarifvertrag in seiner jeweiligen Fassung verwiesen, stellt sich die Frage, was im Falle des Betriebsübergangs oder einer Privatisierung eines öffentlichen Unternehmens gilt. Häufig ist es so, dass der neue Arbeitgeber Mitglied eines anderen Arbeitgeberverbandes als der frühere Arbeitgeber ist oder aber dass gar keine Tarifbindung auf Arbeitgeberseite besteht. Entsprechende Probleme entstehen, wenn Unternehmen privatisiert werden. Für Arbeitsverträge, die vor dem 1.1.2002 abgeschlossen wurden, geht das BAG davon aus, dass die Bezugnahmeklausel als Gleichstellungsabrede gelten soll. Das BAG versteht solche Klauseln dahin gehend, dass ein Arbeitgeber, der im Zeitpunkt des Abschlusses des Arbeitsvertrags selbst Mitglied des Arbeitgeberverbandes und damit tarifgebunden war, alle Arbeitnehmer unabhängig von ihrer Gewerkschaftsmitgliedschaft gleich stellen wollte; beide Arbeitnehmergruppen sollen gleichermaßen an den Änderungen des Tarifvertrags teilhaben und insbesondere von Gehaltserhöhungen profitieren. Mit dem Ende der Tarifbindung des Arbeitgebers soll dann auch die Dynamik enden, da in diesem Fall keine Gleichstellung mehr erforderlich ist.

Für die nach dem 1.1.2002 geschlossenen Arbeitsverträge geht das BAG dagegen wegen der seit diesem Zeitpunkt vorzunehmenden Inhaltskontrolle vorformulierter Arbeitsvertragsbedingungen davon aus, dass allein der Wortlaut maßgeblich ist (BAG v. 18.4.2007, 4 AZR 652/05, ZTR 2007, 555). Das bedeutet, dass ein Tarifvertrag wie der TV-L inklusive der zukünftigen Änderungen auch dann weiter Anwendung findet, wenn beispielsweise ein Landeskrankenhaus privatisiert wurde und in den Arbeitsverträgen auf den TV-L in seiner jeweiligen Fassung verwiesen wurde.

**WICHTIG!**

Auch ein wegen seines Abschlusszeitpunkts vor dem 1.1.2002 zustande gekommener Arbeitsvertrag kann der geänderten Rechtsprechung zu Neuverträgen unterworfen werden, wenn die Parteien zu einem späteren Zeitpunkt den Vertrag ändern und die Bezugnahmeregelung unverändert lassen. Dann kann der Wortlaut dafür sprechen, dass die Parteien den Vertrag

trotz zwischenzeitlicher Kenntnis von der geänderten Rechtsprechung zu den Gleichstellungsabreden bewusst nicht geändert haben (BAG v. 27.3.2018, 4 AZR 151/15, ZTR 2018, 660).

## 5. Gleichbehandlung

Fehlt es an einer Bezugnahmeklausel im Arbeitsvertrag, kann ein Anspruch der Arbeitnehmer auf tarifliche Leistungen auch aus dem Gleichbehandlungsgrundsatz beziehungsweise den Grundsätzen der betrieblichen Übung hergeleitet werden. Werden in einem Unternehmen alle Arbeitnehmer nach dem Tarifvertrag behandelt, können sich auch neu eintretende Arbeitnehmer auf den Tarifvertrag berufen, wenn es keinen sachlichen Grund gibt, diese Arbeitnehmer hiervon auszuschließen. Ein sachlicher Grund könnte in einer Stichtagsregelung zu sehen sein, wonach der Arbeitgeber ab einem bestimmten Einstellungsdatum die Anwendung des Tarifvertrags nur noch auf die tarifgebundenen Arbeitnehmer beschränkt. Ein Anspruch aus einer betrieblichen Übung kommt dann in Betracht, wenn der Arbeitgeber einem Arbeitnehmer über einen längeren Zeitraum tarifliche Leistungen wie beispielsweise das Weihnachtsgeld gewährt hat, ohne den Rechtsanspruch auszuschließen. In diesem Fall kann der Arbeitnehmer auch in Zukunft beanspruchen, die tariflichen Leistungen zu erhalten. Der Anspruch auf Weitergabe von Tariflohnerhöhungen aus betrieblicher Übung umfasst nicht die tariflichen Zusatzgelder jenseits der regelmäßigen Vergütung (BAG v. 27.4.2022, 4 AZR 262/21).

Vereinbaren die Tarifvertragsparteien bestimmte Leistungen exklusiv für Gewerkschaftsmitglieder, wird von sog. Differenzierungsklauseln gesprochen. Sofern die Anspruchsberechtigung auf eine bestimmte Leistung (etwa eine Sonderzahlung oder ein Zusatzurlaub) von der Mitgliedschaft in der vertragsschließenden Gewerkschaft abhängig gemacht wird, handelt es sich um eine einfache Differenzierungsklausel. Da der Arbeitgeber nicht daran gehindert ist, diese Leistung im Rahmen einer vertraglichen Vereinbarung auch an Nichtgewerkschaftsmitglieder weiterzugeben und somit wieder eine Gleichbehandlung herzustellen, wird die einfache Differenzierungsklausel als rechtmäßig angesehen, soweit sie im Einzelfall nicht unverhältnismäßig hoch ausfällt (BAG v. 22.9.2010, 4 AZR 117/09).

**Beispiel**

Zulässige Differenzierungsklauseln:

Eine jährliche Sonderzahlung von € 250,00 brutto sowie ein zusätzlicher Urlaubstag (BAG v. 22.9.2010, 4 AZR 117/09).

Eine jährliche Sonderzahlung von € 535,00 brutto (BAG v. 18.3.2009, 4 AZR 64/08).

Dagegen soll eine sogenannte qualifizierte Differenzierungsklausel (auch Spannensicherungs- oder Abstandsklausel) den Arbeitgeber daran hindern, die zusätzliche Leistung auch an Nichtgewerkschaftsmitglieder weiterzugeben. Gewährt der Arbeitgeber den Nichtgewerkschaftsmitgliedern den Unterschiedsbetrag dennoch, hat er eine Ausgleichszahlung an die Gewerkschaftsmitglieder zu erbringen und auf diese Weise den vorherigen Abstand wiederherzustellen. Wegen Überschreitung der Tarifmacht der Gewerkschaften wird die qualifizierte Differenzierungsklausel überwiegend als rechtswidrig erachtet (BAG v. 23.3.2011, 4 AZR 366/09).

Um keine Differenzierungsklausel handelt es sich dagegen bei einer Regelung, die lediglich den zu einem bestimmten Stichtag einer Gewerkschaft angehörigen Arbeitnehmern eine Sonderleistung zugesteht. Hier wird gerade nicht zwischen Gewerkschaftsmitgliedern und Nichtgewerkschaftsmitgliedern, sondern zwischen verschiedenen Gruppen von Gewerkschaftsmitgliedern unterschieden (BAG v. 15.4.2015, 4 AZR 796/13). Voraussetzung einer solchen Stichtagsregelung ist die Vermeidung willkürlicher Unterscheidungen, sodass ein sachlicher Grund für die Differenzierung vorliegen muss. Dieser kann etwa in der Gewerkschaftsmitgliedschaft zum Zeitpunkt des Abschlusses des Tarifvertrags gesehen werden (BAG v. 17.5.2017, 4 AZR 155/15).

### 6. Außertarifliche Angestellte

Durch die Tarifvertragsparteien wird der persönliche Geltungsbereich festgelegt, d. h. der Bereich, auf welche Arbeitnehmer der Tarifvertrag Anwendung finden soll. In der Regel werden dabei sogenannte außertarifliche Angestellte von der Anwendung des Tarifvertrags ausgenommen. Außertarifliche Angestellte sind solche Arbeitnehmer, die eine Vergütung erhalten, die oberhalb der höchsten tariflichen Vergütung liegt. Auf sie finden auch die sonstigen tariflichen Bestimmungen keine Anwendung. Dies gilt insbesondere für die Arbeitszeitregelung, da von außertariflichen Angestellten als Gegenleistung für ihr hohes Gehalt erwartet wird, dass sie einen Arbeitseinsatz zeigen, der über den der sonstigen Arbeitnehmer hinausgeht. Entsprechend sieht § 1 Abs. 2 lit. b TV-L/TVöD vor, dass der Tarifvertrag nicht für die Beschäftigten gilt, die ein über das Tabellenentgelt der Entgeltgruppe 15 hinausgehendes Entgelt erhalten. Die Arbeitsverhältnisse außertariflicher Angestellter werden dementsprechend durch den Arbeitsvertrag ausgestaltet, wobei die Verweisung auf einzelne Tarifklauseln – z. B. zum Urlaub oder zu den Kündigungsfristen – denkbar ist.

### 7. Besonderheiten bei der OT-Mitgliedschaft

Auf Arbeitgeberseite besteht seit einigen Jahren ein gesteigertes Interesse daran, einem Arbeitgeberverband anzugehören, ohne zugleich an die von diesem abgeschlossenen Tarifverträge gebunden zu sein. In der Rechtsprechung des BAG ist es anerkannt, dass Arbeitgeber in ihren Verbänden auch eine OT-Mitgliedschaft erwerben können, d. h. eine Mitgliedschaft „ohne Tarifbindung". In diesen Fällen finden etwaige Tarifverträge des Arbeitgeberverbands keine Anwendung auf das OT-Mitglied. Voraussetzung für die Zulässigkeit ist jedoch, dass das OT-Mitglied satzungsgemäß keinen Einfluss auf den jeweiligen Tarifabschluss erlangt (BAG v. 13.4.2016, 4 AZR 13/13). Anderenfalls wäre nicht sichergestellt, dass der verfassungsrechtlich gebotene Gleichlauf von Verantwortlichkeit und Betroffenheit gewährleistet ist (BAG v. 15.12.2010, 4 AZR 256/09, ZTR 2011, 83).

Der Vorteil der OT-Mitgliedschaft besteht darin, dass der Arbeitgeber die Vorzüge der Verbandsmitgliedschaft wie z. B. die allgemeine Interessenvertretung und die Rechtsberatung nutzen kann, ohne den Tarifverträgen mit zwingender Wirkung unterworfen zu sein. Auch kann er die Leistungen des Arbeitgeberverbandes bei der Verhandlung von Firmentarifverträgen in Anspruch nehmen. Den Arbeitgebern steht es frei, kraft individualvertraglicher Bezugnahme auf die jeweiligen Tarifverträge zu verweisen. Zu beachten ist allerdings, dass für OT-Mitglieder nicht die tarifvertragliche Friedenspflicht gilt. Dies ist insbesondere bei einem Wechsel in die OT-Mitgliedschaft während eines laufenden Tarifvertrags zu beachten. Dieser entfaltet zwar noch zwingende Wirkung gemäß § 3 Abs. 3 TVG bis zu seinem Ablauf. Die Friedenspflicht entfällt gleichwohl mit sofortiger Wirkung, da diese aus dem schuldrechtlichen Teil des Tarifvertrags resultiert, für den § 3 Abs. 3 TVG nicht gilt (LAG Hessen v. 17.9.2008, 9 SaGa 1442/08). Es stellt kein zulässiges Streikziel der Gewerkschaften dar, den Arbeitgeber zum Wechsel zur

Vollmitgliedschaft im Arbeitgeberverband zu zwingen. Allerdings kann die Gewerkschaft den Abschluss eines Tarifvertrags zur Anerkennung des Verbandstarifvertrags anstreben.

Wechselt ein Arbeitgeber während der Laufzeit eines Tarifvertrags in die OT-Mitgliedschaft, bleibt er gleichwohl bis zu dessen Ablauf an den Tarifvertrag gebunden. Insofern gelten die allgemeinen Grundsätze der Nachbindung gemäß § 3 Abs. 3 TVG (BAG v. 3.9.2014, 5 AZR 6/13). Nach Ablauf des Tarifvertrages tritt die Nachwirkung gemäß § 4 Abs. 5 TVG bis zum Abschluss einer anderen Abmachung ein. Hieran ändert die OT-Mitgliedschaft nichts (vgl. BAG v. 20.5.2009, 4 AZR 231/08).

Bei einem Wechsel des Arbeitgebers von der Mitgliedschaft mit Tarifbindung zur OT-Mitgliedschaft ist schließlich darauf zu achten, dass der Wechsel der Gewerkschaft mitgeteilt wird. Dies ist insbesondere bei einem Wechsel während laufender Tarifvertragsverhandlungen wichtig, da andernfalls die OT-Mitgliedschaft nicht die erwünschte Wirkung entfaltet. Insofern muss einer Gewerkschaft im Zeitpunkt des Tarifschlusses erkennbar sein, für welche Arbeitgeber der Tarifvertrag gelten wird (BAG v. 4.6.2008, 4 AZR 419/07, ZTR 2009, 133).

## IV. Arten von Tarifverträgen

Tarifverträge lassen sich nach ihrem Geltungsbereich und nach ihrem Inhalt unterscheiden.

Die Tarifverträge unterscheiden sich zunächst danach, von welchen Parteien sie abgeschlossen werden. Es gibt Tarifverträge auf Verbandsebene, die für alle Mitglieder des tarifvertragsschließenden Verbandes gelten, wobei in der Rechtsprechung die OT-Mitgliedschaft, also die Mitgliedschaft ohne Tarifbindung auf Arbeitgeberseite anerkannt wird (**Verbands- oder Flächentarifverträge**). **Unternehmensbezogene Verbandstarifverträge** werden vom Verband abgeschlossen, gelten jedoch nur für ein bestimmtes Unternehmen. Demgegenüber werden **Firmen- oder Haustarifverträge** von einem einzelnen Unternehmen oder Konzern mit einer Gewerkschaft abgeschlossen. Dementsprechend ist ihre Geltung auf das jeweilige Unternehmen beziehungsweise den Konzern beschränkt.

In **Entgelttarifverträgen** werden in der Regel sowohl die Grundsätze der Vergütung als auch die konkrete Vergütungshöhe der Mitarbeiter geregelt. Im öffentlichen Dienst gibt es hierzu keine gesonderten Tarifverträge. Vielmehr werden sowohl die Eingruppierung als auch das Tabellenentgelt im TV-L bzw. TVöD zusammen mit den sonstigen Arbeitsbedingungen ausgestaltet. Auch die Entgeltordnungen zur Eingruppierung der Mitarbeiter wurden durch die §§ 12, 13 TVöD (Bund)/§§ 12, 13 TVöD (VKA)/§§ 12, 13 TV-L in den TVöD bzw. den TV-L integriert.

Anders als die Entgelttarifverträge bestimmen die **Manteltarifverträge** die allgemeinen Arbeitsbedingungen der Mitarbeiter. Sie enthalten beispielsweise Regelungen zu den Kündigungsfristen, zu den allgemeinen Sorgfaltspflichten, zum Zeugnis etc. Anders als Entgelttarifverträge sind Manteltarifverträge in der Regel auf eine längere Laufzeit ausgelegt.

Daneben existieren spezielle Tarifverträge für einzelne Materien, etwa Altersteilzeitverhältnisse, Ausbildungsförderung oder die Errichtung einer gemeinsamen Einrichtung.

Wird durch eine große Gewerkschaft ein Tarifvertrag, insbesondere ein Firmentarifvertrag geschlossen, gilt dieser nicht für die Mitglieder anderer Gewerkschaften. Da es diesen bislang rechtlich verwehrt war, einen eigenen Tarifvertrag zugunsten ihrer

Mitglieder zur Anwendung zu bringen (siehe unten zur Tarifpluralität VI.2.) bzw. ihnen die Durchsetzungskraft für ein eigenes Tarifwerk fehlt, werden vielfach sogenannte Anerkennungs- oder **Anschlusstarifverträge** geschlossen. Die Anschlusstarifverträge enthalten in der Regel keine eigenen Bestimmungen zu Arbeitsbedingungen, Entgelt etc. Vielmehr wird durch sie dem Umstand Rechnung getragen, dass bereits durch eine andere Gewerkschaft ein Tarifvertrag ausgehandelt worden ist. Um den eigenen Mitgliedern den Schutz des Tarifvertrags zu verschaffen, beschränken sich Anschlusstarifverträge in der Regel darauf, einen fremden Tarifvertrag für die eigenen Mitglieder verbindlich zu machen. Insofern wird vereinbart, dass ein konkret benannter Tarifvertrag auch für die eigenen Gewerkschaftsmitglieder gelten soll.

Denkbar sind aber auch beliebige Zwischenstadien, die etwa lediglich teilweise auf einen anderen Tarifvertrag verweisen und im Übrigen eigenständige Regelungen treffen. Sofern ein Anerkennungstarifvertrag eine Nachwirkung vorsieht, kommt mit deren Eintritt der in Bezug genommene Tarifvertrag nur noch statisch zur Anwendung, also mit dem Stand, den er bei Beginn der Nachwirkung des Anerkennungstarifvertrags innehat (BAG v. 22.3.2017, 4 AZR 462/16).

**Beispiel**

Die „Gewerkschaft Öffentlicher Dienst und Dienstleistungen (GÖD)" und der „DHV – Deutscher Handels- und Industrieangestellten-Verband" haben am 26.2.2007 mit der TDL einen Anschlusstarifvertrag geschlossen, nach dem u. a. der TV-L auch für ihre Mitglieder gilt.

## V. Auslegung der Tarifverträge

Tarifverträge sind wie Gesetze allgemein gefasst, um eine Vielzahl von Fällen zu regeln, wobei sich Unklarheiten nicht vermeiden lassen. Um den Inhalt eines Tarifvertrags zu bestimmen, ist dieser auszulegen (vgl. Breier/Dassau, TVöD Komm. Erl. 6 zu Vorbem. vor § 1 Rn. 12 ff.; Steinherr in: Sponer/Steinherr, TVöD Komm. Rn. 125 ff. zu Vorbem. Abschnitt I). Dabei gelten aber andere Auslegungsgrundsätze als bei Arbeitsverträgen. Bei Arbeitsverträgen ist maßgeblich, was die Vertragsparteien wirklich gewollt haben. Lässt sich dieser Wille ermitteln, gilt das wirklich Gewollte als vereinbart, auch wenn im Wortlaut des Arbeitsvertrags der tatsächliche Wille nicht zum Ausdruck kommt. Demgegenüber sind Tarifverträge wie Gesetze auszulegen. Die äußerste Grenze der Auslegung bildet der Wortlaut des Tarifvertrags. Das bedeutet, dass auch dann, wenn ermittelt werden kann, was die Tarifvertragsparteien eigentlich regeln wollten, der Wortlaut der Tarifnorm beachtet werden muss (BAG v. 25.10.1995, AP Nr. 57 zu § 1 TVG Tarifverträge: Einzelhandel).

Lässt der Wortlaut mehrere Auslegungsvarianten zu, geht das BAG von dem Grundsatz aus, dass jener Auslegungsvariante der Vorzug zu geben ist, die zu einer „vernünftigen, gerechten, zweckorientierten und praktisch brauchbaren Regelung führt" (BAG v. 3.6.1987, 4 AZR 573/86). Das bedeutet zum einen, dass bei mehreren Auslegungsmöglichkeiten diejenige zu wählen ist, die nicht dem Gesetzesrecht und insbesondere dem Verfassungsrecht widerspricht. Zum anderen geht es um die Handhabung des Tarifvertrags in der Praxis. Es ist grundsätzlich davon auszugehen, dass die Tarifvertragsparteien eine Regelung treffen wollten, die auch tatsächlich durchführbar ist, ohne die Beteiligten im Betrieb vor unüberwindliche Hürden zu stellen (BAG v. 11.12.2014, 6 AZR 477/13). Sollten im Nachgang immer noch Zweifelsfragen verbleiben, kann ergänzend auch auf die Entstehungsgeschichte des Tarifvertrags zurückgegriffen werden (BAG v. 17.6.2015, 10 AZR 518/14, ZTR 2015, 658). Die allgemeinen Auslegungsgrundsätze gelten dabei im vollen Umfang auch bei der Auslegung von Anerkennungstarifverträgen, denn Verweisungen auf andere Tarifverträge sind nicht „im Zweifel eng auszulegen" (BAG v. 11.11.2020, 4 AZR 210/20 unter ausdrücklicher Aufgabe anderslautender Rechtsprechung).

Eine ergänzende Auslegung tarifvertraglicher Regelungen kommt grundsätzlich nur dann in Betracht, wenn damit kein Eingriff in die durch Art. 9 Abs. 3 GG geschützte Tarifautonomie verbunden ist. Sie scheidet daher aus, wenn die Tarifvertragsparteien eine regelungsbedürftige Frage bewusst ungeregelt lassen und diese Entscheidung höherrangigem Recht nicht widerspricht (BAG v. 20.7.2023, 6 AZR 256/22).

Eine Inhaltskontrolle der Tarifverträge findet hingegen nicht statt. Die Gerichte dürfen nicht die Angemessenheit einer tariflichen Regelung überprüfen. Es wird im Sinne einer Richtigkeitsgewähr davon ausgegangen, dass eine Regelung, die zwei Tarifparteien im Rahmen einer freien Vereinbarung – auch unter Zuhilfenahme von Arbeitskampfmaßnahmen – geschlossen haben, eine angemessene Regelung enthält. Insofern ergibt sich aus dem Schutz der Tarifautonomie in Art. 9 Abs. 3 GG ein Verbot der Tarifzensur. Anders als Arbeitsverträge sind Tarifverträge daher nach § 310 Abs. 4 BGB aus dem Kontrollbereich vorformulierter Vertragsbedingungen ausgenommen.

## VI. Mehrere Tarifverträge

In der Praxis kommt es regelmäßig dazu, dass der Arbeitgeber an mehrere Tarifverträge gebunden ist. Dies ist zunächst bei mehreren, sich ergänzenden Tarifverträgen einer Gewerkschaft der Fall. Problematischer wird die Situation, wenn ein Arbeitgeberverband mit unterschiedlichen Gewerkschaften Tarifverträge geschlossen hat oder wenn der Arbeitgeber den Arbeitgeberverband wechselt. Auch im Zusammenhang mit Tarifverträgen, die für allgemeinverbindlich erklärt wurden, kann es zur Geltung unterschiedlicher Tarifverträge kommen. Hierbei ist wie folgt zu unterscheiden:

### 1. Tarifkonkurrenz

Eine Tarifkonkurrenz liegt dann vor, wenn ein Arbeitsverhältnis von mehreren Tarifverträgen unterschiedlicher Tarifvertragsparteien erfasst wird (vgl. BAG v. 19.11.2014, 4 AZR 761/12, ZTR 2015, 264; Steinherr in: Sponer/Steinherr, TVöD Komm. Rn. 36 ff. zu § 1). Dies ist beispielsweise dann der Fall, wenn ein Verbandstarifvertrag für allgemeinverbindlich erklärt wird und der in der Region ansässige Arbeitgeber mit einer anderen Gewerkschaft, der der betroffene Arbeitnehmer angehört, einen Firmentarifvertrag abschließt. Das Arbeitsverhältnis des betroffenen Arbeitnehmers wird von beiden Tarifverträgen erfasst, ohne dass der Geltungsbereich der Tarifverträge aufeinander abgestimmt wäre. Nach dem Grundsatz der Tarifeinheit kann ein Arbeitsverhältnis nur durch einen Tarifvertrag geregelt werden. Das bedeutet, dass die Tarifkonkurrenz dergestalt aufzulösen ist, dass ein Tarifvertrag zurücktritt und der andere voll zur Geltung kommt. Welcher Tarifvertrag das ist, ist nach dem Grundsatz der Spezialität zu bestimmen. Es findet der Tarifvertrag Anwendung, der für den jeweiligen Betrieb der speziellere ist. Maßgeblich sind bei der Ermittlung der Spezialität die betriebliche, fachliche, persönliche und räumliche Nähe des Tarifvertrags. Insbesondere verdrängt dabei ein Firmentarifvertrag als speziellere Regelung einen

Verbandstarifvertrag (BAG v. 20.3.1991, 4 AZR 455/90, AP Nr. 20 zu § 4 TVG Tarifkonkurrenz).

Liegen hingegen mehrere aufeinander abgestimmte Tarifverträge desselben Verbandes vor, – z. B. Urlaubstarifvertrag und Entgelttarifvertrag – können diese nebeneinander gelten. Neuere Tarifverträge lösen grundsätzlich ältere Vereinbarungen derselben Tarifparteien ab, soweit nichts anderes bestimmt wurde. Ist die normative Regelung des Änderungstarifvertrags allerdings insgesamt unwirksam, erfasst die Unwirksamkeit im Zweifel auch eine schuldrechtliche Ablösungsvereinbarung. Ohne besondere Anhaltspunkte kann nicht davon ausgegangen werden, dass die Tarifvertragsparteien eine Ablösung auch für den Fall der Unwirksamkeit aller neu geregelten Rechtsnormen vereinbaren und damit im Ergebnis insoweit einen tarifrechtlich nicht geregelten Zustand herbeiführen wollten (BAG v. 24.2.2021, 7 AZR 99/19). Ebenso können die Tarifparteien bestimmte tarifliche Regelungen auch vorübergehend außer kraft setzen und später wieder zur Ausgangslage zurückkehren, z. B. in Krisensituationen (BAG v. 18.9.2019, 5 AZR 335/18, ZTR 2020, 80.

### 2. Tarifpluralität

Bei der Tarifpluralität finden dagegen in einem Betrieb mehrere Tarifverträge Anwendung, ohne dass das einzelne Arbeitsverhältnis von unterschiedlichen Tarifverträgen erfasst wird. Mittlerweile bestehen zahlreiche Berufsgruppengewerkschaften, die in Konkurrenz zu den etablierten Branchengewerkschaften getreten sind und die für ihre Mitglieder eigene Tarifverträge abschließen wollen. Dies ist beispielsweise bei den Ärzten, den Lokomotivführern oder den Piloten der Fall. In den Krankenhäusern konkurriert mittlerweile der TV-L für die Ärzte mit dem TV-Ärzte des Marburger Bundes. Hingegen fehlt es an einer Tarifpluralität, wenn in einem Betrieb mehrere selbstständige Betriebsteile existieren, für die jeweils eigenständige Regelungen gelten (BAG v. 26.9.2007, 10 AZR 415/06, NZA 2007, 1442).

Nach der früheren Rechtsprechung des BAG galt auch bei Tarifpluralität der Grundsatz der Tarifeinheit, nachdem in einem Betrieb nur ein Tarifvertrag Anwendung finden sollte (BAG v. 14.12.2004, 1 ABR 51/03, ZTR 2005, 317). Der speziellere Tarifvertrag sollte dabei den allgemeineren Tarifvertrag verdrängen. Zur Begründung führte das BAG stets die übergeordneten Prinzipien der Rechtssicherheit und Rechtsklarheit an, da anderenfalls praktische Schwierigkeiten für den Arbeitgeber entstünden. Die Arbeitnehmer, deren Tarifvertrag verdrängt wurde, sind als Konsequenz der Rechtsprechung quasi schutzlos. Der Tarifvertrag, den ihre Gewerkschaft abgeschlossen hatte, fand keine Anwendung, wohingegen sie sich nicht auf den Tarifvertrag der konkurrierenden Gewerkschaft berufen konnten, da sie dort nicht Mitglied waren. Nicht aufzulösen war eine gewollte Tarifpluralität (BAG v. 22.10.2008, 4 AZR 784/07, ZTR 2009, 139). War der Arbeitgeber an einen Firmentarifvertrag gebunden, vereinbarte jedoch mit einer anderen Gewerkschaft einen anderen Firmentarifvertrag, führte dies nicht zu einer aufzulösenden Tarifpluralität (BAG v. 11.2.2004, 4 AZR 94/03).

Zwischenzeitlich war das BAG von seiner viel kritisierten Rechtsprechung zur Tarifpluralität abgerückt (BAG v. 7.7.2010, 4 AZR 549/08, ZTR 2010, 519). In einem Betrieb konnten danach mehrere miteinander kollidierende Tarifverträge unterschiedlicher Gewerkschaften für ihre jeweiligen Mitglieder Anwendung finden.

Um der befürchteten Zersplitterung der Tariflandschaft, einer Überforderung der Arbeitgeber durch eine Vielzahl anwendbarer Tarifverträge und häufigen Arbeitskämpfen um bessere Tarifver-

träge zu begegnen, hat der Gesetzgeber zum 10.7.2015 das Tarifeinheitsgesetz verabschiedet und in Kraft gesetzt. Dieses schafft einen neuen § 4a TVG, der im Falle mehrerer sich nach dem Geltungsbereich überschneidender (kollidierender) Tarifverträge bestimmt, dass nur der Tarifvertrag derjenigen Gewerkschaft Anwendung findet, die die meisten Arbeitnehmer des Betriebs vertritt. Andere Gewerkschaften haben lediglich ein Recht zur Nachzeichnung des obsiegenden Tarifvertrags zugunsten ihrer Mitglieder. Mit dem Tarifeinheitsgesetz besteht nun – anders als zu Zeiten der früheren Rechtsprechung – erstmals eine rechtliche Grundlage für den Grundsatz der betrieblichen Tarifeinheit in Deutschland.

Die gegen die Wirksamkeit des Tarifeinheitsgesetzes erhobenen verfassungsrechtlichen Bedenken werden vom Bundesverfassungsgericht nicht geteilt. Das Tarifeinheitsgesetz verstößt auch nicht gegen die EMRK (EGMR (III. Sektion) v. 5.7.2022, 815/18). Zwar wird durch die Kollisionsregel in § 4a Abs. 2 eine Gewerkschaft in ihrem Recht auf koalitionsmäßige Betätigung aus Art. 9 Abs. 3 GG beeinträchtigt, da der von ihr ausgehandelte Tarifvertrag für die eigenen Mitglieder keine Geltung mehr entfaltet. Der Gesetzgeber hat jedoch im Rahmen seines weiten Einschätzungsspielraums vor dem Hintergrund eines bestehenden Wettbewerbs unter verschiedenen Gewerkschaften die Regelung fairer Arbeitsbedingungen in Tarifverträgen sicherstellen und die Ausnutzung überlegener Schlüsselstellungen durch einzelne Berufsgruppen ausschließen wollen, was ein legitimes Ziel ist und mit verhältnismäßigen Maßnahmen verfolgt wird (BVerfG v. 11.7.2017, 1 BvR 1571/15, ZTR 2015, 636 u. a.). Unverhältnismäßig war allein die Verdrängungswirkung des § 4a Abs. 2 TVG, soweit darin keine Schutzvorkehrungen gegen eine einseitige Vernachlässigung der Angehörigen einzelner Berufsgruppen oder Branchen durch die jeweilige Mehrheitsgewerkschaft vorgesehen waren. Insoweit hatte das Bundesverfassungsgericht dem Gesetzgeber eine Übergangsfrist zur Nachbesserung bis zum 31.12.2018 eingeräumt. Zum 1.1.2019 hat der Gesetzgeber daher einen weiteren Halbsatz zu § 4a Abs. 2 TVG hinzugefügt, der die Anwendbarkeit des Minderheitstarifvertrags für den Fall vorsieht, dass die Interessen der Mitglieder der mitgliederschwächeren Gewerkschaft nicht ernsthaft und wirksam im Mehrheitstarifvertrag berücksichtigt wurden.

Ist der Arbeitgeber dennoch an zwei verschiedene tarifliche Vergütungsordnungen gebunden, die zu einer Tarifpluralität führen, werden seine betriebsverfassungsrechtlichen Pflichten erweitert. Er ist dann grundsätzlich verpflichtet, die Arbeitnehmer unter Beteiligung des Betriebsrats den Entgeltgruppen der beiden betriebsverfassungsrechtlich geltenden Vergütungsordnungen zuzuordnen. Ob sie einen vertraglichen Anspruch auf die Anwendung dieser Tarifverträge haben oder unmittelbar tarifgebunden sind, hat auf die gegenüber dem Betriebsrat bestehende Pflicht des Arbeitgebers aus § 99 Abs. 1 Satz 1 BetrVG keinen Einfluss (BAG v. 23.8.2016, 1 ABR 15/14, ZTR 2017, 116).

### VII. Beendigung

Es gibt mehrere Möglichkeiten, um die Wirkung eines Tarifvertrags zu beenden. Die Tarifvertragsparteien haben es in der Hand, einen bestehenden Tarifvertrag aufzuheben oder ihn durch einen Nachfolgetarifvertrag zu ersetzen. In der Regel werden Tarifverträge für einen bestimmten Zeitraum vereinbart und enden nach deren Ablauf. Alternativ sehen die Tarifvertragsparteien Kündigungsfristen für eine Beendigung der Tarifverträge vor. Sofern die Tarifvertragsparteien dies nicht ausdrücklich anders vereinbart haben, muss ein Tarifvertrag nicht unter Einhaltung der Schriftform des § 126 BGB gekündigt werden (BAG v. 26.7.2016, 1 AZR 160/14, ZTR 2017, 16).

Nach der Beendigung eines Tarifvertrags kommt die sogenannte Nachwirkung zur Anwendung, wenn nicht unmittelbar im Anschluss ein Folgetarifvertrag vereinbart wird. Tritt entweder der Arbeitgeber aus dem Arbeitgeberverband oder der Arbeitnehmer aus der tarifschließenden Gewerkschaft aus, gilt dagegen bis zum Ende der Laufzeit des Tarifvertrags die Nachbindung.

## 1. Nachbindung

Nachbindung bedeutet, dass ein Tarifvertrag während seiner Laufzeit mit zwingender Wirkung für die Arbeitsvertragsparteien gilt, auch wenn der Arbeitnehmer oder der Arbeitgeber aus der Tarifvertragspartei ausgetreten ist (§ 3 Abs. 3 TVG). Die Nachbindung endet erst, wenn der Geltungszeitraum des Tarifvertrags abgelaufen ist oder wenn die durch den betreffenden Tarifvertrag normierte materielle Rechtslage durch Abschluss eines neuen Tarifvertrags geändert wird (BAG v. 1.7.2009, 4 AZR 261/08, ZTR 2010, 19). Das bedeutet, dass bis zum Ablauf des Zeitraums, für den der Tarifvertrag geschlossen wurde, die Arbeitsvertragsparteien an diesen gebunden sind. Der Verbandsaustritt ändert hieran nichts. Dies gilt auch dann, wenn ein Tarifvertrag auf unbestimmte Zeit geschlossen wird, wie dies bei Manteltarifverträgen üblich ist. Auch in diesem Fall besteht eine Nachbindung bis zu dem Zeitpunkt, zu dem der Tarifvertrag gekündigt oder durch einen neuen Tarifvertrag ersetzt wird. An diesen neuen Tarifvertrag sind Arbeitgeber und Arbeitnehmer nach ihrem Verbandsaustritt allerdings nicht gebunden. Durch die Nachbindung wird sichergestellt, dass Tarifverträge ihre ordnende Wirkung behalten und die Einhaltung der Regelungen bis zum Außerkrafttreten des Tarifvertrags sichergestellt wird.

## 2. Nachwirkung

Nach dem Ende der Tarifbindung, also nach dem Ablauf des Tarifvertrags, tritt gemäß § 4 Abs. 5 TVG die Nachwirkung ein. Auch während der Nachwirkung gilt der Tarifvertrag zwischen den Arbeitsvertragsparteien unmittelbar. Hintergrund ist, dass die Arbeitsverhältnisse nicht ungeregelt bleiben sollen, insbesondere im Zeitraum nach Auslaufen eines Tarifvertrages bis zum Abschluss eines neuen Tarifvertrags. Die Nachwirkung von Tarifnormen erfasst allerdings nur solche Arbeitsverhältnisse, für die der betreffende Tarifvertrag zuvor unmittelbar und zwingend nach § 4 Abs. 1 TVG galt. Keine Bedeutung hat die Nachwirkung daher für erst im Nachwirkungszeitraum begründete Arbeitsverhältnisse oder bei Gewerkschaftsbeitritt des Arbeitnehmers erst im Nachwirkungszeitraum (BAG v. 27.9.2017, 4 AZR 630/15).

Anders als die Nachbindung gelten die Tarifverträge während der Nachwirkung nicht zwingend. Sie können durch eine andere Abmachung ersetzt werden. Hierbei kann es sich sowohl um einen Tarifvertrag, eine Betriebsvereinbarung (wobei § 77 Abs. 3 BetrVG zu beachten ist) oder um eine individualvertragliche Vereinbarung handeln. Grundsätzlich muss die „andere Vereinbarung" jedoch getroffen werden, nachdem der Tarifvertrag seine zwingende Geltung verloren hat. Das bedeutet, dass ein Arbeitsvertrag, der früher geschlossen wurde und der durch den Tarifvertrag verdrängt wurde, nicht wieder auflebt. Etwas anderes kann allerdings dann gelten, wenn konkret und zeitnah vor dem bevorstehenden Ablauf des Tarifvertrages eine „andere Abmachung" getroffen wird, die die sich dann aufgrund der Nachwirkung ergebende Situation regelt (BAG v. 20.5.2009, 4 AZR 230/08).

Die Nachwirkung kann von den Tarifvertragsparteien ausgeschlossen werden. In diesem Fall entfaltet der Tarifvertrag keine Wirkung mehr, wenn er ausgelaufen ist oder gekündigt wurde (BAG v. 11.1.2011, 1 AZR 310/09). Grundsätzlich muss die Nachwirkung eindeutig ausgeschlossen werden. Das gilt auch, wenn die Tarifvertragsparteien bei einer Befristung oder Bedingung keine Nachwirkung wünschen (LAG München v. 16.3.2022, 5 Sa 712/21). Ein Ausschluss der Nachwirkung kann sich in besonderen Fällen auch konkludent nach näherer Auslegung des Tarifvertrags ergeben. Das BAG v. 16.5.2012, 4 AZR 366/10, ZTR 2012, 625 entschied dies bei einem an sich anzuwendenden Verbandstarifvertrag über eine zeitlich begrenzte Anhebung der Wochenarbeitszeit ohne Entgeltausgleich bei gleichzeitig vereinbarter Beschäftigungssicherung durch den zeitlich begrenzten Ausschluss betriebsbedingter Kündigungen. Der konkludente Ausschluss der Nachwirkung zeige sich hierbei aus den in der Vereinbarung miteinander in Ausgleich gebrachten wechselseitigen Interessen.

## VIII. Betriebsübergang/Privatisierung

Im Falle von Betriebsübergang und Privatisierung stellt sich die Frage der Weitergeltung der Tarifverträge. Ist auch der neue Arbeitgeber Mitglied des tarifschließenden Arbeitgeberverbands, ändert sich an der Tarifbindung nichts. In diesem Fall gelten die Tarifverträge weiterhin unmittelbar und zwingend. Andernfalls werden die Tarifverträge gemäß § 613a Abs. 1 S. 2 BGB Inhalt des Arbeitsvertrages und dürfen nicht vor Ablauf eines Jahres geändert werden. Etwas anders gilt dann, wenn bei dem neuen Arbeitgeber bereits eine tarifliche Regelung besteht, die auch auf das Arbeitsverhältnis Anwendung findet. Kommt es zu einer derartigen Ablösung der bisherigen durch eine neue tarifliche Regelung, spielt die Günstigkeit der Veränderungen für die betroffenen Arbeitnehmer für die Wirksamkeit keine Rolle (BAG v. 23.1.2019, 4 AZR 445/17, ZTR 2019, 367).

Enthält der Arbeitsvertrag des übergehenden Arbeitnehmers eine dynamische Verweisung auf einen Tarifvertrag, geht das BAG mittlerweile davon aus, dass auch der neue Arbeitgeber hierdurch an die zukünftige Tarifentwicklung gebunden wird (BAG v. 30.8.2017, 4 AZR 61/14; EuGH v. 27.4.2017 C-680/15, C-681/15). Das BAG hat insofern für Arbeitsverträge, die nach dem 1.1.2002 geschlossen wurden, seine Rechtsprechung aufgegeben, wonach derartige Klauseln nur den Zweck der Gleichbehandlung aller Arbeitnehmer haben. Nach der überkommenen Rechtsprechung sollte – unabhängig vom Wortlaut der Klausel – der Tarifvertrag Anwendung finden, an den der Arbeitgeber kraft seiner Verbandsmitgliedschaft gebunden war (vgl. hierzu → *Betriebsübergang*).

## IX. Arbeitskampf

Eng verknüpft mit dem Tarifvertrag ist der Arbeitskampf. Nach der ständigen Rechtsprechung des BAG dürfen Arbeitskämpfe nur mit dem Ziel geführt werden, einen Tarifvertrag abzuschließen. Insofern muss das Ziel der Arbeitskampfmaßnahmen tariflich überhaupt regelbar sein. Während eines bestehenden Tarifvertrags gilt hingegen die Friedenspflicht, so dass Arbeitskampfmaßnahmen während der Laufzeit eines Tarifvertrages unzulässig sind. Die Friedenspflicht gilt allerdings nur hinsichtlich solcher Regelungen, die Gegenstand eines bestehenden Tarifvertrags sind. Während der Laufzeit eines Manteltarifvertrags kann dementsprechend ein Gehaltstarifvertrag mit Arbeitskampfmitteln erzwungen werden (vgl. hierzu im Einzelnen → *Arbeitskampf*).

## X. Besonderheiten im kirchlichen Bereich

Im kirchlichen Bereich gelten zahlreiche Besonderheiten für das kollektive Arbeitsrecht. Maßgeblich ist, dass die Arbeitsbedingungen ganz überwiegend nicht durch Tarifverträge, sondern durch sonstige Arbeitsrechtsregelungen bestimmt werden, die im Verfahren des Dritten Weges ausgehandelt werden (vgl. hierzu → *Kirchliches Arbeitsrecht*). Diese werden vom BAG nicht den Tarifverträgen gleichgestellt (vgl. BAG v. 25.3.2009, 7 AZR 710/07, ZTR 2009, 498; vgl. hierzu v. Tiling, ZTR 2009, 458). Das bedeutet, dass mit kirchlichen Arbeitsrechtsregelungen von dispositivem Gesetzesrecht nur dann abgewichen werden darf, wenn dies ausdrücklich geregelt ist (so beispielsweise in § 2 Abs. 2 Nr. 1 AltersteilzeitG). Sieht das Gesetz demgegenüber nur eine Abweichung durch Tarifvertrag vor, wie beispielsweise in § 14 Abs. 2 TzBfG, sind kirchliche Arbeitsrechtsregelungen nach der Rechtsprechung des BAG unzulässig.

Dem kirchlichen Arbeitgeber ist gemäß Art. 7 Abs. 2 GrO (Grundordnung des kirchlichen Dienstes) wegen der Einheit des kirchlichen Dienstes untersagt, Tarifverträge mit Gewerkschaften abzuschließen. Auch eine Bezugnahme auf Tarifverträge in den Arbeitsverträgen verstoße gegen das Prinzip (KAG Bayern v. 29.6.2022, 2 MV 4/22). Ferner ist auch die Einwirkungspflicht der Tarifparteien auf ihre Verbandsmitglieder zur Einhaltung der tariflichen Vereinbarungen nicht auf das Beschlussorgan des Dritten Weges übertragbar (KAGH v. 9.12.2022, K 02/2022).

# Teilzeitarbeit

 **Wegweiser:**

Das Recht der Teilzeitarbeit ist im Teilzeit- und Befristungsgesetz (TzBfG) und ergänzend in § 11 TVöD/TV-L geregelt. Die Vorschrift des § 8 TzBfG räumt jedem Arbeitnehmer unter bestimmten Voraussetzungen einen Rechtsanspruch auf Teilzeitarbeit ein. Gemäß § 8 Abs. 4 TzBfG muss der Arbeitgeber einem Antrag des Arbeitnehmers auf Verringerung seiner Arbeitszeit stattgeben, sofern nicht betriebliche Gründe entgegenstehen. Dieser Regelungskomplex wird im öffentlichen Dienst insbesondere durch die Vorschrift des § 11 TVöD/TV-L ergänzt, welche einen weitergehenden tariflichen Rechtsanspruch auf Teilzeitarbeit zur Kindesbetreuung bzw. zur Pflege von Angehörigen regelt. Beide Vorschriften gelten nebeneinander. Daneben sind noch andere Rechtsgrundlagen für die Durchsetzung von Teilzeitwünschen zu beachten, z. B. § 16 Abs. 1 BGleiG.

Zum 1.1.2019 ist im TzBfG ein Anspruch auf zeitlich begrenzte Verringerung der Arbeitszeit (sog. „Brückenteilzeit") in Unternehmen mit mehr als 45 Arbeitnehmern geschaffen worden. Zudem bedarf die Geltendmachung einer begehrten Verringerung oder Verlängerung der Arbeitszeit nunmehr der Textform (§ 126b BGB). Am 1.8.2022 kam es zu einer teilweisen Änderung des TzBfG auf Grundlage der Arbeitsbedingungenrichtlinie der EU vom 20.6.2019.

Ergänzende Hinweise finden sich bei Breier/Dassau TVöD Komm. § 11 TVöD Rn. 13 ff. sowie Breier/Dassau TV-L Komm. § 11 TV-L Rn. 5 ff. Zum Thema „→ *Altersteilzeit*" sei auf das gesonderte Stichwort verwiesen.

I. Rechtsgrundlagen der Teilzeitarbeit
II. Der Teilzeitanspruch nach § 8 TzBfG
  1. Begriff des teilzeitbeschäftigten Arbeitnehmers
  2. Voraussetzungen des Anspruchs auf Verringerung der Arbeitszeit
    2.1 Anspruchsberechtigter Personenkreis
    2.2 Kleinunternehmensklausel
    2.3 Mindestbeschäftigungsdauer von sechs Monaten
    2.4 Keine Geltendmachung innerhalb der zweijährigen Sperrfrist
  3. Einwand entgegenstehender betrieblicher Gründe
    3.1 Konkretisierung der betrieblichen Gründe
    3.2 Übermäßige Kostenverursachung
    3.3 Wesentliche Beeinträchtigung der Organisation oder des Arbeitsablaufs
    3.4 Fehlen einer geeigneten Ersatzkraft
    3.5 Darlegungs- und Beweislast
  4. Verfahren
    4.1 Antrag des Arbeitnehmers
    4.2 Frist
    4.3 Form
    4.4 Inhalt
    4.5 Erörterungspflicht
  5. Entscheidung des Arbeitgebers
    5.1 Zustimmung
    5.2 Ablehnung des Verringerungs- und/oder Verteilungswunsches
    5.3 Zustimmung zur Arbeitszeitverringerung, Ablehnung des Verteilungswunsches
  6. Schadensersatzpflicht bei unberechtigter Ablehnung des Teilzeitverlangens
  7. Rechtsfolgen bei unterbliebener oder nicht rechtzeitiger Arbeitgeberentscheidung
    7.1 Geltung des Verringerungswunsches
    7.2 Geltung des Verteilungswunsches
  8. Gerichtliche Durchsetzung des Teilzeitanspruchs
III. Anspruch auf zeitlich begrenzte Verringerung der Arbeitszeit gemäß § 9a TzBfG („Brückenteilzeit")
  1. Voraussetzungen
  2. Überforderungsschutz
  3. Verfahren
IV. Anspruch auf Verlängerung der Arbeitszeit gemäß § 9 TzBfG
  1. Anwendungsbereich von § 9 TzBfG
  2. Berücksichtigungspflicht als Anspruch des Arbeitnehmers
  3. Mehrere Bewerber
V. Diskriminierungs-, Benachteiligungs- und Kündigungsverbot
  1. Diskriminierungsverbot, § 4 Abs. 1 TzBfG
    1.1 Inhalt des Diskriminierungsverbotes
    1.2 Bindung der Tarifvertragsparteien an das Diskriminierungsverbot
    1.3 Einzelfälle
  2. Benachteiligungsverbot, § 5 TzBfG
  3. Kündigungsverbot, § 11 TzBfG
  4. Aus- und Weiterbildung
  5. Verbot abweichender Vereinbarungen
  6. Erschwerniszulage

**VI. Anspruch auf Teilzeit nach § 11 TVöD/TV-L**

   1. Voraussetzungen des Teilzeitanspruchs nach § 11 TVöD/TV-L

     1.1 Persönlicher Geltungsbereich

     1.2 Betreuung eines Kindes unter 18 Jahren

     1.3 Betreuung pflegebedürftiger Angehöriger

   2. Entgegenstehende dringende dienstliche bzw. betriebliche Belange

   3. Rechtsfolge

   4. Verhältnis zu § 8 TzBfG und § 9a TzBfG

## I. Rechtsgrundlagen der Teilzeitarbeit

Der in § 8 Abs. 4 TzBfG geregelte Anspruch des Arbeitnehmers auf Verringerung der Arbeitszeit und ihre Verteilung ist zwingend und bindet auch die Tarifvertragsparteien. Tarifliche Regelungen sind daher nur wirksam, wenn sie eine günstigere Regelung darstellen. Hierzu gehört die Vorschrift des § 11 Abs. 1 TVöD, da sie dem Arbeitnehmer die Möglichkeit eröffnet, die Arbeitszeit befristet herabzusetzen. Ein Anspruch auf zeitlich begrenzte Verringerung der Arbeitszeit ist seit dem 1.1.2019 in § 9a Abs. 2 TzBfG geregelt.

Daneben sind auch folgende Rechtsgrundlagen zu beachten:

- Einen besonderen Teilzeitanspruch statuiert § 164 Abs. 5 SGB IX zugunsten von schwerbehinderten Menschen.

- Teilzeitarbeit während der Elternzeit regelt die Vorschrift des § 15 Abs. 4 bis 7 Bundeselterngeld- und Elternzeitgesetz (BEEG).

- Gemäß § 16 Bundesgleichstellungsgesetz (BGleiG) hat der öffentliche Arbeitgeber familien- oder pflegebedingten Teilzeitanträgen von „Beschäftigten mit Familien- oder Pflegeaufgaben" zu entsprechen, soweit nicht zwingende dienstliche Belange entgegenstehen. Die Gleichstellungsgesetze der Länder enthalten überwiegend ähnliche Regelungen zur Verbesserung der Vereinbarkeit von Familie und Berufstätigkeit, die aber teilweise deutlich weitergehend sind, vgl. z. B. § 13 LGG NRW.

- Das Pflegezeitgesetz (PflegeZG) normiert in § 3 einen Anspruch auf befristete Verringerung (bzw. vollständige Freistellung von) der Arbeitszeit zur Pflege bzw. häuslichen Betreuung nicht minderjähriger naher Angehöriger oder zur häuslichen oder außerhäuslichen Betreuung minderjähriger naher Angehöriger.

- Das Familienpflegezeitgesetz (FPfZG) enthält einen Rechtsanspruch auf Gewährung der Familienpflegezeit. Das FPfZG gewährt keinen Anspruch auf vollständige Freistellung von der Arbeit, sondern lediglich einen Anspruch auf Verringerung der Arbeitszeit. Die verbleibende Arbeitszeit muss mindestens 15 Wochenstunden betragen (mehr hierzu → *Familienpflegezeit*).

Es bleibt grundsätzlich dem Arbeitnehmer überlassen, auf welche Rechtsgrundlage er ein Teilzeitbegehren stützen will. Notfalls ist durch Auslegung zu ermitteln, welche Rechtsgrundlage der Arbeitnehmer im Einzelfall in Anspruch nehmen wollte. Der Arbeitgeber hat keine Verpflichtung, den Arbeitnehmer so zu beraten, dass er die für ihn günstigste Rechtsgrundlage wählt. Im Folgenden werden nur die in der Praxis bedeutsamen Regelungen des TzBfG und TVöD näher erläutert. Die besonderen gesetzlichen Teilzeitansprüche werden unter den jeweiligen Stichwörtern behandelt.

## II. Der Teilzeitanspruch nach § 8 TzBfG

### 1. Begriff des teilzeitbeschäftigten Arbeitnehmers

Wann ein Arbeitnehmer teilzeitbeschäftigt ist, definiert § 2 TzBfG. Nach § 2 Abs. 1 S. 1 TzBfG ist ein Arbeitnehmer teilzeitbeschäftigt, dessen regelmäßige Wochenarbeitszeit kürzer ist als die eines vergleichbaren vollzeitbeschäftigten Arbeitnehmers. Aufgrund der tariflichen Regelung der regelmäßigen wöchentlichen Arbeitszeit im öffentlichen Dienst (z. B. § 6 Abs. 1 TVöD/TV-L) bereitet die Abgrenzung zwischen Vollzeit und Teilzeit keine Probleme.

§ 2 Abs. 2 TzBfG enthält die Klarstellung, dass auch der Arbeitnehmer teilzeitbeschäftigt ist, der eine geringfügige Beschäftigung nach § 8 Abs. 1 Nr. 1 SGB IV ausübt.

Ein Teilzeitarbeitsverhältnis kann – muss aber nicht – neben einem Vollzeitarbeitsverhältnis ausgeübt werden. Es ist auch möglich, dass mehrere Teilzeitarbeitsverhältnisse nebeneinander bestehen. Dies darf jedoch nicht dazu führen, dass durch die insgesamt auftretende Arbeitsbelastung Arbeitnehmerschutzrechte, insbesondere die tägliche und die wöchentliche Höchstarbeitszeit bzw. die Ruhezeit nach dem Arbeitszeitgesetz (ArbZG), verletzt werden.

**Beispiel**

> Ein Arbeitnehmer arbeitet täglich sechs Stunden bei einem Arbeitgeber. Er geht ein weiteres Teilzeitarbeitsverhältnis bei einem anderen Arbeitgeber ein, bei dem er fünf Stunden am Tag arbeiten muss. Hier wird die gesetzliche Höchstarbeitszeit von zehn Stunden überschritten. Der Arbeitnehmer muss daher grundsätzlich nach zehn Stunden seine Arbeit einstellen, § 3 ArbZG. Werden die arbeitszeitrechtlichen Grenzen überschritten, wird der öffentliche Arbeitgeber die Nebentätigkeit i. d. R. nach § 3 Abs. 3 S. 2 TVöD bzw. § 3 Abs. 4 S. 2 TV-L untersagen müssen.

Bei der Einstellung hat der Arbeitgeber das Recht, nach bereits bestehenden Teilzeitarbeitsverhältnissen und deren genauen zeitlichem Umfang zu fragen. Bei der Anzeige einer Nebentätigkeit wird der Arbeitgeber i. d. R. nach dem genauen zeitlichen Umfang fragen müssen, um die Vereinbarkeit mit dem Arbeitszeitgesetz zu überprüfen.

 **WICHTIG!**

Es ist sinnvoll, im Arbeitsvertrag zu vereinbaren, dass der Arbeitnehmer verpflichtet ist, ohne Aufforderung Auskunft zu erteilen, in welchem zeitlichen Umfang er in einem weiteren Arbeitsverhältnis tätig ist.

### 2. Voraussetzungen des Anspruchs auf Verringerung der Arbeitszeit

Der Anspruch des Arbeitnehmers auf Verringerung seiner Arbeitszeit ist in § 8 TzBfG normiert. Danach kann ein Arbeitnehmer, dessen Arbeitsverhältnis in einem Betrieb mit mehr als 15 Arbeitnehmern länger als sechs Monate bestanden hat, die Verringerung seiner vertraglich vereinbarten Arbeitszeit verlangen. Greift der Anspruch des Arbeitnehmers durch, hat der Arbeitgeber der gewünschten Verringerung der Arbeitszeit zuzustimmen und den Umfang der Verringerung entsprechend den Wünschen des Arbeitnehmers festzulegen, soweit betriebliche Gründe nicht entgegenstehen. Der Anspruch besteht in beliebiger Höhe, also zum Beispiel auch bei einer Reduzierung um nur eine Stunde. § 8 TzBfG enthält keine Vorgaben hinsichtlich des Umfangs der Vertragsänderung und nennt insbesondere kein Mindestmaß der Verringerung der Arbeitszeit (vgl. BAG v. 11.6.2013, 9 AZR 786/11, ZTR 2013, 563). Die Vorschrift begründet nicht nur für die Verringerung der Arbeitszeit, sondern auch für ihre Verteilung bis zu den Grenzen des Rechtsmissbrauchs einen Anspruch auf Vertragsänderung. Der Arbeitnehmer kann deshalb nicht nur eine proportionale Verkürzung der Arbeitszeit an fünf Tagen von Montag bis Freitag verlangen, sondern alternativ auch bspw. eine Verteilung auf eine Viertagewoche statt – wie bisher – auf eine Fünftagewoche. Dies gilt selbst dann, wenn arbeitsvertraglich das Arbeitszeitverteilungsmodell „Fünftagewoche" vereinbart war (vgl. BAG v. 18.8.2009, 9 AZR 517/08, ZTR 2009, 651). Auch ein Arbeitnehmer, der nur eine verhältnismäßig geringfügige Verringerung seiner Arbeitszeit und eine bestimmte Verteilung der reduzierten Arbeitszeit verlangt (bspw. ein Pilot, der für die Schulferien seiner Kinder im Wege der Arbeitszeitverringerung eine einmonatige Freistellung durchzusetzen versucht, so LAG Berlin-Brandenburg v. 23.2.2017, 5 Sa 1745/16), handelt nicht per se rechtsmissbräuchlich. Liegen allerdings im Einzelfall besondere Umstände vor, die darauf schließen lassen, der Arbeitnehmer wolle die ihm gemäß § 8 TzBfG zustehenden Rechte zweckwidrig dazu nutzen, unter Inkaufnahme einer unwesentlichen Verringerung der Arbeitszeit und der Arbeitsvergütung eine blockweise Freistellung durchzusetzen, kann dies die Annahme eines Rechtsmissbrauchs rechtfertigen (so beispielsweise BAG v. 11.6.2013, 9 AZR 786/11, ZTR 2013, 563 bei einer Verringerung um 3,29 % und dem Verlangen des Arbeitnehmers, die reduzierte Arbeitszeit so zu verteilen, dass er jeweils vom 22. Dezember bis zum 2. Januar des Folgejahres nicht zu arbeiten habe). Einem Teilzeitbegehren kann der Einwand der unzulässigen Rechtsausübung auch dann entgegenstehen, wenn der Arbeitnehmer eine formale Rechtsposition nach § 8 TzBfG dazu ausnutzt, einen Freistellungsanspruch während der als Urlaubszeit besonders begehrten Schulsommerferien durchzusetzen, ohne sich mit den Urlaubswünschen anderer Arbeitnehmer abstimmen zu müssen (LAG Köln v. 18.1.2018, 7 Sa 365/17). Durch eine Dienstvereinbarung dürfen die Teilzeitstellen allerdings nicht kontingentiert werden. Es ist auch unzulässig, bestimmte Teilzeitmodelle von vornherein durch eine Dienstvereinbarung auszuschließen (BAG v. 20.1.2015, 9 AZR 735/13).

## 2.1 Anspruchsberechtigter Personenkreis

Das TzBfG enthält keine Einschränkung seines Geltungsbereichs. Es gilt für alle Arbeitsverhältnisse mit privaten wie Arbeitgebern des öffentlichen Dienstes, auch für Leiharbeitnehmer, nicht jedoch für Auszubildende und Beamte. Für Beamte gelten die beamtenrechtlichen Regelungen. Auf den Anspruch können sich auch leitende Angestellte und Führungskräfte berufen.

Denkbar ist auch, dass ein bereits Teilzeitbeschäftigter eine weitere Reduzierung seiner Arbeitszeit einfordert (BAG v. 13.11.2012, 9 AZR 259/11, ZTR 2013, 268; BAG v. 18.3.2003, 9 AZR 126/02, ZTR 2004, 143).

Nach herrschender Meinung können auch (länger als sechs Monate) befristet Beschäftigte den Teilzeitanspruch geltend machen. Auch wenn in diesem Fall das Dispositionsinteresse des Arbeitgebers in besonderem Maße tangiert ist und es eventuell wenig Sinn macht, nur für einen kurzen Zeitraum von vielleicht wenigen Monaten von Vollzeit auf Teilzeit umzustellen, ist der Gesetzeswortlaut einer einschränkenden Auslegung nicht zugänglich. Entsprechendes gilt für bereits gekündigte Arbeitnehmer. Auch deren Arbeitsverhältnisse werden weiterhin vom Geltungsbereich des Gesetzes erfasst. Nicht anspruchsberechtigt sind Arbeitnehmer, deren Arbeitsverhältnis ruht.

## 2.2 Kleinunternehmensklausel

Gemäß § 8 Abs. 7 TzBfG setzt der Anspruch auf Teilzeit nach § 8 Abs. 1 TzBfG voraus, dass der Arbeitgeber in der Regel mehr als 15 Arbeitnehmer beschäftigt. Nach dem Gesetzeswortlaut ist dieser Schwellenwert unternehmens-, nicht betriebsbezogen. Im öffentlichen Dienst wird man daher auf den Rechtsträger (z. B. Freie und Hansestadt Hamburg, jeweilige Anstalt des öffentlichen Rechts etc.) und nicht auf eine einzelne Dienststelle abzustellen haben. Beschäftigte in Berufsbildung werden nicht mitgezählt. Teilzeitbeschäftigte werden nicht nur anteilig berücksichtigt; es gilt vielmehr das Pro-Kopf-Prinzip.

**Beispiel**

> Der Arbeitgeber beschäftigt zehn Arbeitnehmer mit der vollen Arbeitszeit, drei Halbtagskräfte und drei weitere Arbeitnehmer mit einem Viertel der regelmäßigen Arbeitszeit. Jeder der 16 Arbeitnehmer hat einen Anspruch auf eine Verringerung der Arbeitszeit, sofern auch die übrigen gesetzlichen Voraussetzungen vorliegen.

Zur Feststellung der regelmäßigen Beschäftigtenzahl bedarf es eines Rückblicks auf die bisherige personelle Stärke und einer Einschätzung der zukünftigen Entwicklung.

## 2.3 Mindestbeschäftigungsdauer von sechs Monaten

Der Arbeitnehmer kann die Verringerung seiner Arbeitszeit gemäß § 8 Abs. 1 TzBfG erst nach einer Mindestbeschäftigungsdauer von sechs Monaten verlangen. Teilzeit kann also bereits von solchen Arbeitnehmern beansprucht werden, die gerade die sechsmonatige gesetzliche Wartezeit des § 1 Abs. 1 KSchG absolviert haben und damit vollen Kündigungsschutz genießen. Im Hinblick auf die Sechsmonatsfrist kommt es nur auf den rechtlichen Bestand des Arbeitsverhältnisses an und nicht darauf, ob der Arbeitnehmer tatsächlich gearbeitet hat. Zeiten eines früheren Arbeitsverhältnisses mit demselben Arbeitgeber sind entsprechend der ständigen Rechtsprechung des Bundesarbeitsgerichts zur Wartezeit nach § 1 Abs. 1 KSchG zu berücksichtigen, wenn trotz einer Unterbrechung ein enger sachlicher Zusammenhang zwischen den Arbeitsverhältnissen besteht (BAG v. 9.2.2000, 7 AZR 730/98, ZTR 2000, 326).

Nach herrschender Meinung ist wegen der dreimonatigen Ankündigungsfrist des § 8 Abs. 2 S. 1 TzBfG eine Verringerung erstmalig nach neun Monaten möglich.

**Beispiel**

> Der Arbeitnehmer tritt am 1.1. in ein Vollzeitarbeitsverhältnis ein. Unter Einhaltung der Wartezeit nach § 8 Abs. 1 TzBfG kann er frühestens am 1.7. beim Arbeitgeber den Antrag stellen, in Teilzeit arbeiten zu wollen. Wegen der dreimonatigen Ankündigungsfrist nach § 8 Abs. 2 S. 1 TzBfG kann die Teilzeit – bei Erfüllung der übrigen Voraussetzungen – frühestens zum 2.10. beginnen. Etwas anderes gilt nur dann, wenn der Arbeitgeber sich freiwillig bereit erklärt, der Teilzeittätigkeit schon zu einem früheren Termin zuzustimmen.

## 2.4 Keine Geltendmachung innerhalb der zweijährigen Sperrfrist

Weitere Voraussetzung für die Geltendmachung des Anspruchs auf erstmalige oder erneute Verringerung der Arbeitszeit ist gemäß § 8 Abs. 6 TzBfG, dass der Arbeitnehmer innerhalb der letzten zwei Jahre keinen Anspruch auf Teilzeitarbeit geltend gemacht hat, dem der Arbeitgeber zugestimmt oder den der Arbeitgeber berechtigt abgelehnt hat. Der Arbeitnehmer soll also innerhalb von zwei Jahren nur einmal den Anspruch geltend machen können. Diese Sperrfrist nach einer Entscheidung des Arbeitgebers soll dessen Planungssicherheit dienen und unnötigen Verwaltungsaufwand durch häufige Antragstellung vermeiden. Die Sperrfrist wird allerdings nur durch ein wirksames, d. h. formal ordnungsgemäßes Teilzeitverlangen ausgelöst (BAG v. 16.10.2007, 9 AZR 239/07, NZA 2008, 289).

**Beispiel**

> Der Arbeitnehmer hat am 1.3. einen Teilzeitwunsch geäußert. Dieser Teilzeitwunsch war darauf gerichtet, die bisherige Vollzeitarbeitszeit „um ca. 30 % bis 50 % zu reduzieren". Der Arbeitgeber lehnte den Antrag form- und fristgerecht ab. Am 1.12. desselben Jahres verlangte der Arbeitnehmer erneut eine Verringerung der Arbeitszeit.
>
> Diesem erneuten Teilzeitverlangen steht die Sperrfrist des § 8 Abs. 6 TzBfG nicht entgegen. Die Sperrfrist setzt ein wirksames Teilzeitverlangen voraus. Das Teilzeitverlangen vom 1.3. war unwirksam, weil es hinsichtlich des Umfangs der begehrten Verringerung unbestimmt war (LAG Hamm v. 8.7.2008, 14 SaGa 25/08; ähnlich: BAG v. 15.11.2011, 9 AZR 729/07, AP Nr. 30 zu § 8 TzBfG).

## 3. Einwand entgegenstehender betrieblicher Gründe

Gemäß § 8 Abs. 4 TzBfG besteht der Anspruch des Arbeitnehmers nur, soweit betriebliche Gründe nicht entgegenstehen. Es handelt sich um eine vom Arbeitgeber gegen den im Grundsatz bestehenden Anspruch des Arbeitnehmers geltend zu machende Einwendung. Für ihr Vorliegen trägt im Streitfall der Arbeitgeber die Darlegungs- und Beweislast (BAG v. 23.11.2004, 9 AZR 644/03, ZTR 2005, 652).

### 3.1 Konkretisierung der betrieblichen Gründe

Bei den „betrieblichen Gründen" handelt es sich um einen unbestimmten Rechtsbegriff, der konkretisiert werden muss. Für die Konkretisierung ist der in der Gesetzesbegründung zu Tage tretende Wille des Gesetzgebers zu beachten. „Rationale, nachvollziehbare Gründe" sind ausreichend. „Dringende" betriebliche Gründe sind nicht erforderlich; dies ergibt sich aus der Gesetzsystematik (BAG v. 18.2.2003, 9 AZR 164/02, ZTR 2004, 42). Der Gesetzgeber differenziert selbst, indem er in §§ 9, 10 TzBfG dringende betriebliche Gründe verlangt. Die Gesetzesbegründung stellt klar, dass unzumutbare Anforderungen an die Ablehnung durch den Arbeitgeber ausgeschlossen sind. Bei der Beurteilung des betrieblichen Grundes ist eine Einzelfallbetrachtung vorzunehmen, bei der die besonderen Bedingungen der Dienststelle bzw. des Betriebs zu berücksichtigen sind. Da der Arbeitnehmer seinen Teilzeitwunsch nicht auf vernünftige, nachvollziehbare Gründe stützen muss, hat eine Interessenabwägung nicht stattzufinden. Allerdings reicht nicht jegliche durch Arbeitszeitreduzierung eintretende Beeinträchtigung betrieblicher Belange: Eine wesentliche Beeinträchtigung liegt nicht schon dann vor, wenn – insbesondere – eines der Regelbeispiele des § 8 Abs. 4 S. 2 TzBfG von einer Beeinträchtigung betroffen ist, sondern erst dann, wenn die Beeinträchtigung selbst auch graduell wesentlich ausfällt. Die Beeinträchtigung muss einen nicht unerheblichen Schweregrad erreichen. Dies gilt nicht nur für die Regelbeispiele, sondern auch für jeden anderen Ablehnungsgrund. Schlagwortartige Bezeichnungen des Arbeitgebers genügen insoweit nicht. Unbeachtlich ist eine unwesentliche, kaum spürbare Beeinträchtigung. Übliche Belastungen, die mit der Einrichtung eines Teilzeitarbeitsplatzes verbunden sind, stellen regelmäßig keinen hinreichenden Grund zur Ablehnung eines Teilzeitbegehrens nach § 8 TzBfG dar.

Das BAG hat in seiner Rechtsprechung zu § 8 TzBfG eine dreistufige Prüfungsfolge aufgestellt, um gerichtlich feststellen zu können, ob betriebliche Gründe zur Ablehnung des Teilzeitanspruches berechtigen. Auf der ersten Stufe ist zu prüfen, ob überhaupt und wenn ja, welches betriebliche Organisationskonzept der vom Arbeitgeber als erforderlich angesehenen „richtigen" Arbeitszeitregelung zugrunde liegt. Wichtig ist dabei auch, ob der Arbeitgeber das Konzept tatsächlich umsetzt oder ob es lediglich vorgeschoben ist, um den Teilzeitanspruch abzulehnen. Kein zulässiges Organisationskonzept ist es, zur Erreichung der unternehmerischen Zielsetzung auf bestimmten Stellen lediglich Vollzeitarbeitnehmer zu beschäftigen. Das gilt auch für Leitungspositionen (LAG Mecklenburg-Vorpommern v. 26.9.2023, 2 Sa 29/23). Auf der zweiten Stufe ist zu prüfen, inwieweit die Arbeitszeitregelung dem konkreten Arbeitszeitverlangen entgegensteht. Ergibt die Prüfung, dass das Arbeitszeitverlangen des Arbeitnehmers nicht mit dem Organisationskonzept des Arbeitgebers vereinbar ist, so ist auf einer dritten Stufe das Gewicht der entgegenstehenden Gründe zu prüfen. Hierbei muss eine Wertentscheidung getroffen werden, ob das betriebliche Organisationskonzept durch die angestrebte Teilzeitregelung wesentlich beeinträchtigt wird.

**Checkliste**

> Um einen ersten Anhaltspunkt für die Berechtigung eines Teilzeitverlangens zu gewinnen, muss der Arbeitgeber sich stets mit den folgenden Fragen auseinandersetzen:
>
> ► Liegt ein plausibles arbeitszeitbezogenes Organisationskonzept vor?
>
> ► Steht das Organisationskonzept dem Teilzeitverlangen entgegen?
>
> ► Wird das Organisationskonzept durch das Teilzeitverlangen so gravierend beeinträchtigt, dass es gerechtfertigt ist, den Arbeitnehmer zur Beibehaltung seiner bisherigen Arbeitszeit zu veranlassen?

§ 8 Abs. 4 S. 2 TzBfG zählt beispielhaft mögliche betriebliche Gründe auf. Ein betrieblicher Grund liegt danach insbesondere vor, wenn die Verringerung der Arbeitszeit die Organisation, den Arbeitsablauf oder die Sicherheit im Betrieb wesentlich beeinträchtigt oder unverhältnismäßige Kosten verursacht. Aus dem Wortlaut („insbesondere") ergibt sich, dass es sich nur um Regelbeispiele handelt. Es sind demnach durchaus auch andere Fälle denkbar. Die Beispiele sind aber im Rahmen der systematischen Auslegung zu berücksichtigen.

Das BAG hat die Anforderungen an die entgegenstehenden betrieblichen Gründe verschärft. Danach sind die betrieblichen Gründe i. S. d. § 8 Abs. 4 S. 1 TzBfG nicht arbeitsplatz-, sondern betriebsbezogen zu bestimmen. Daher genügt es nicht mehr, dass der Arbeitgeber darauf verweist, der bisherige Arbeitsplatz lasse die von dem Arbeitnehmer gewünschte Verringerung seiner Arbeitszeit nicht zu. Vielmehr muss der Arbeitgeber nun darlegen und beweisen, dass im gesamten Betrieb kein Arbeitsplatz vorhanden ist, auf dem der Teilzeitwunsch realisiert werden kann. Der Arbeitgeber muss notfalls auch prüfen, ob durch die Umsetzung eines oder mehrerer Arbeitnehmer im Wege des Ringtauschs der Arbeitszeitwunsch des Arbeitnehmers erfüllt werden kann. Dabei hat der Arbeitgeber nicht nur freie, sondern auch Arbeitsplätze, die er anderen Arbeitnehmern zugewiesen hat, in seine Prüfung einzubeziehen (BAG v. 13.11.2012, 9 AZR 259/11, ZTR 2013, 268; ausführlich hierzu Salamon/Reuße, NZA 2013, 865, 865 ff.).

Nachfolgend sollen mögliche betriebliche Gründe, die dem Teilzeitverlangen entgegengehalten werden können, im Einzelnen erläutert werden:

### 3.2 Übermäßige Kostenverursachung

Das Gesetz nennt die übermäßige Kostenverursachung als einen möglichen betrieblichen Grund zur Ablehnung des Teilzeitantrages des Arbeitnehmers. Übliche Belastungen, die mit der Einrichtung eines Teilzeitarbeitsplatzes verbunden sind, sollen regelmäßig keinen hinreichenden Grund zur Ablehnung des Teilzeitbegehrens nach § 8 TzBfG darstellen.

Da das Ziel des TzBfG die zusätzliche Schaffung von Arbeitsplätzen ist, darf davon ausgegangen werden, dass ein betrieblicher Grund nicht erst dann angenommen werden kann, wenn durch die Teilzeitstelle andere Arbeitsplätze gefährdet würden. Es können vielmehr auch solche Kosten unverhältnismäßig sein, die durch die Einrichtung einer Teilzeitstelle entstehen. Ausweislich der Gesetzesbegründung zum Referentenentwurf soll das Gesetz für den Arbeitgeber kostenneutral sein.

**Beispiel**

> In einem vom BAG entschiedenen Fall hatte ein Mitarbeiter im Pharma-Außendienst ein Teilzeit-Verlangen gestellt (Reduzierung der wöchentlichen Arbeitszeit von 37,5 auf 30 Stunden). Das BAG folgte der Argumentation des Arbeitgebers, dass die Einstellung einer Teilzeit-Ersatzkraft für 7,5 Stunden pro Woche aufgrund der Einarbeitung, Ausstattung und laufenden Fortbildung unverhältnismäßige Kosten verursachen würde. Die Teilzeit-Ersatzkraft wäre jährlich bei 345 Arbeitsstunden für 142,5 Stunden auf Fortbildung gewesen. Die Teilzeit-Ersatzkraft hätte sich zu 40 % ihrer Arbeitszeit auf Fortbildung befunden, während die Fortbildungszeit einer Vollzeitkraft weniger als 9 % beträgt. Nach dem Vortrag des Arbeitgebers wären insgesamt Zusatzkosten von einmalig € 70.000,00 für Ausbildung, Einarbeitung und Beschaffung von Arbeitsmitteln sowie zusätzlich fortlaufend € 30.000,00 jährlich für Arbeitsmittel, Weiterbildungsmaßnahmen, Führung und Koordination angefallen (BAG v. 21.6.2005, 9 AZR 409/04, ZTR 2006, 275).

Der Arbeitgeber hat Ursache und Höhe der Kosten sowie die Umstände, aus denen sich die Unverhältnismäßigkeit ergibt, substantiiert vorgetragen. Eine nähere Darlegung ist notwendig, weil der Gesetzgeber nicht jegliche Kostensteigerung auf Grund der Teilzeitarbeit, sondern nur unverhältnismäßige Kosten als beachtlich ansieht.

### 3.3 Wesentliche Beeinträchtigung der Organisation oder des Arbeitsablaufs

Als weitere mögliche betriebliche Gründe zur Ablehnung des Teilzeitantrages des Arbeitnehmers nennt das Gesetz eine wesentliche Beeinträchtigung der Organisation oder des Arbeitsablaufs des Betriebes.

Derartige Gründe können, je nach Lage des Einzelfalls, in folgenden Konstellationen gegeben sein:

▸ Das Interesse des Arbeitgebers, die Kinder einer Kindergartengruppe durchgehend nur von einer Angestellten betreuen zu lassen: Die Arbeitnehmerin war im Geltungsbereich des BAT als Erzieherin mit einem Teilzeitvertrag beschäftigt. Sie begehrte eine weitere Reduzierung der Arbeitszeit. Das Bundesarbeitsgericht lehnte dies ab, da der Arbeitgeber ein pädagogisches Konzept vorlegte, das ein bestimmtes Arbeitszeitmodell zur Folge hatte (vgl. BAG v. 18.3.2003, 9 AZR 126/02, ZTR 2004, 143). Ebenso hat das BAG ein Erzieherbezugssystem in einem Jugendhilfeheim der Kirche, das eine möglichst geringe Anzahl an vollzeitbeschäftigten Betreu-

ern vorsieht, als betrieblichen Ablehnungsgrund anerkannt (BAG v. 16.10.2007, 9 AZR 321/06, ZTR 2008, 166 zu § 15b BAT-KF).

▸ Ein arbeitgeberseitiges Gesamtkonzept, aus dem sich objektiv nachvollziehbar ergibt, weshalb in bestimmten Bereichen keine Teilzeitkräfte beschäftigt werden können: Betriebliche Gründe liegen in diesem Zusammenhang vor, wenn das Teilzeitverlangen nicht in Übereinstimmung mit Organisationsentscheidungen des Arbeitgebers gebracht werden kann und das betriebliche Organisationskonzept sowie die zugrunde liegende unternehmerische Aufgabenstellung wesentlich beeinträchtigt. Dieses Konzept können die Gerichte für Arbeitssachen nicht auf seine Zweckmäßigkeit überprüfen, denn damit würden sie in den Kernbereich der unternehmerischen Organisationskompetenz eingreifen. Sofern das Konzept von plausiblen wirtschaftlichen bzw. unternehmenspolitischen Gründen getragen ist, muss es grundsätzlich der Entscheidungsfindung zugrunde gelegt werden. Es darf nicht offenkundig willkürlich sein. Die Gerichte können überprüfen, ob das Konzept tatsächlich die konkret begehrte Teilzeitbeschäftigung ausschließt. Sie können auch überprüfen, ob der Arbeitgeber das Konzept vollständig umsetzt. Wenn er sich in Teilbereichen seiner eigenen Organisationsentscheidung zuwider verhält, kann er diese nicht dem Teilzeitbegehren entgegenhalten. Kein Organisationskonzept liegt vor, wenn Aufgaben nach Vorstellung des AG nur von Vollzeitkräften erfüllt werden sollen (BAG v. 8.5.2007, 9 AZR 1112/06, ZTR 2008, 106).

 **WICHTIG !**

> Bereits im Arbeitsvertrag und/oder in der Stellenbeschreibung kann und sollte man Hinweise darauf aufnehmen, ob der Arbeitsplatz nur als Vollzeitarbeitsplatz bei Beschäftigung an allen Wochentagen und nicht teilzeitgeeignet ist. Eine solche Klarstellung des Arbeitgebers ist für das Arbeitsgericht zwar nicht verbindlich; sie stärkt jedoch die Position des Arbeitgebers in der Diskussion darüber, ob Ablehnungsgründe des Arbeitgebers nur vorgeschoben oder objektiv vorhanden sind.

▸ Konzept der ganztätigen Beratung aus einer Hand: Der Arbeitgeber kann sich im Grundsatz darauf berufen, dass in einem Betrieb oder einer Abteilung der Kunde einen Ansprechpartner über den ganzen Tag hinweg erwartet. Dies gilt auch in Bereichen, in denen sog. Anschlusswissen und Kontinuität in der Betreuung wichtig sind. Nach der Rechtsprechung des BAG liegt in dem Bestreben des Arbeitgebers, dass seine Kunden es möglichst immer mit einem Verkäufer zu tun haben, eine rational nachvollziehbare Zielvorstellung (BAG v. 30.9.2003, 9 AZR 665/02, ZTR 2004, 325; vgl. auch LAG München v. 1.12.2005, 3 Sa 759/05).

Das Prinzip „one face to the customer" (keine teilbare Kundenverantwortung) gilt nicht für Kassenkräfte, sondern nur für Kundenberater und Kundenbetreuer in bestimmten Kundensegmenten sowie für Spezialisten im Anlage- und Kreditbereich. Für Kassenkräfte stelle das Konzept lediglich einen nicht zwingenden Personalplanungsgrundsatz auf. Jedenfalls wird das Konzept durch das Teilzeitverlangen einer Kassenkraft nicht wesentlich beeinträchtigt, da nicht ersichtlich sei, dass es bzgl. erforderlicher Übergabezeiten zu einer unzumutbaren Kostenbelastung des Arbeitgebers komme (BAG v. 16.10 2007, 9 AZR 239/07, NZA 2008, 289).

Das BAG hat jedoch in einem Fall, in dem ein Teppichgeschäft 62 Stunden pro Woche geöffnet hatte, klargestellt, dass das Interesse des Arbeitgebers, dem Kunden jeweils einen Verkäufer als ständigen Ansprechpartner zu bieten, dann kein betrieblicher Ablehnungsgrund ist, wenn selbst bei Vollzeit (37,5 Std.) der jeweilige Verkaufsmitarbeiter nicht während der gesamten Öffnungszeit als Ansprechpartner zur Verfügung steht. Der Arbeitgeber müsse dann ohnehin für den Fall Vorkehrungen treffen, dass der Kunde den Verkäufer nicht antrifft, an den er sich ursprünglich gewandt hat. Ein praktisch nicht umsetzbares Konzept sei kein entgegenstehender Grund im Sinne von § 8 Abs. 4 S. 1 TzBfG.

Nach Ansicht des BAG ist es denkbar, dass durch eine Häufung von Teilzeitverlangen eine Überforderung des Arbeitgebers eintritt. So könnte dadurch das Verkaufs- und Beratungskonzept des Arbeitgebers in Gefahr geraten. Ein betrieblicher Grund zur Ablehnung liege aber erst vor, wenn das Teilzeitverlangen die Überforderungsgrenze überschreite. Das könne beim ersten Arbeitnehmer, der Teilzeit verlange, nicht der Fall sein (BAG v. 30.9.2003, 9 AZR 665/02, ZTR 2004, 325).

▶ Eine wesentliche Beeinträchtigung des betrieblichen Organisationskonzepts kann auch dann vorliegen, wenn der Arbeitgeber zur Kompensation der durch die Arbeitszeitverringerung eines Arbeitnehmers anfallenden Mehrarbeit eine Vollzeitkraft einstellen müsste, oder die anderen Arbeitnehmer den Arbeitszeitausfall durch die dauerhafte Erbringung von Überstunden ausgleichen müssten. Ein derartiges Verlangen ist für den Arbeitgeber unzumutbar und läuft im Übrigen dem gesetzgeberischen Ziel des TzBfG zuwider (BAG v. 9.12.2003, 9 AZR 16/03, ZTR 2004, 428). Unzumutbar ist angesichts der Zielsetzung sowie der Systematik des TzBfG ebenso der Verweis des Arbeitnehmers an den Arbeitgeber, zum Ausgleich des Arbeitszeitausfalls auf Leiharbeitnehmer zurückzugreifen, wenn Leiharbeit in dem Betrieb keine übliche Maßnahme ist.

▶ Die bloße Behauptung des Arbeitgebers, der Vollzeitarbeitsplatz sei unteilbar, genügt nicht. Vielmehr muss eine Unteilbarkeit des Arbeitsplatzes ausführlich und widerspruchsfrei begründet werden. Der Umstand, dass der Arbeitsplatz im kreativen Bereich einer Verlagsgruppe angesiedelt ist und die Sicherung eines einheitlichen Marktauftritts zu den wesentlichen Aufgaben des Stelleninhabers zählt, rechtfertigt jedenfalls dann nicht die Annahme der Unteilbarkeit, wenn der Arbeitsplatz in der Vergangenheit schon einmal geteilt war (BAG v. 13.10.2009, 9 AZR 910/08, ZTR 2010, 210).

▶ Nach Auffassung des LAG Düsseldorf kann einem Teilzeitverlangen als betrieblicher Grund auch entgegenstehen, dass aufgrund der notwendigen Refinanzierung der Personalkosten die bei einem Stellensplitting zusätzlich anfallende und zu vergütende Arbeitszeit (z. B. für Übergabe- und Austauschgespräche) durch den Kostenträger nicht übernommen würde (LAG Düsseldorf v. 19.1.2005, 12 Sa 1512/04). In dem entschiedenen Fall hatte sich das Bistum als Kostenträger eines kirchlichen Kindergartens geweigert, die Personalkostenzuschüsse so aufzustocken, dass die bei einem Stellensplitting anfallenden zusätzlichen Arbeitszeiten hätten finanziert werden können.

▶ Allein vertraglich fixierte Arbeitszeitvorgaben des Entleihers rechtfertigen es nicht, den Verringerungswunsch eines Leiharbeitnehmers abzulehnen (BAG v. 13.11.2012, 9 AZR 259/11, ZTR 2013, 268).

 **WICHTIG!**

Allein die Organisationsentscheidung des Arbeitgebers, Arbeitsaufgaben nicht durch Arbeitnehmer in Teilzeit wahrnehmen zu lassen, reicht zur Darlegung betrieblicher Gründe im Sinne von § 8 Abs. 4 TzBfG nicht aus, da ansonsten der gesetzliche Teilzeitanspruch vollständig entwertet würde. Entsprechend der Rechtsprechung zur Abgrenzung der freien Unternehmerentscheidung im Kündigungsrecht müsse der Arbeitgeber bei der alleinigen Berufung auf seine Organisationsentscheidung zusätzlich eine stimmige, plausible und damit nachvollziehbare Begründung für das seiner Organisationsentscheidung zugrunde liegende Konzept darlegen, wonach er in bestimmten Betriebsbereichen oder sogar im gesamten Betrieb ausschließlich Vollzeitarbeitsplätze einrichtet (vgl. LAG Köln v. 9.4.2003, 3 Sa 975/02).

An einer konkreten Darlegung eines Organisationskonzepts mangelt es, wenn der Arbeitgeber bloß pauschal erklärt, er wolle „bestmöglich" und „effektiv" arbeiten und dies sei nach seiner Erfahrung nur mit Vollzeitkräften möglich.

### 3.4 Fehlen einer geeigneten Ersatzkraft

Ein weiterer möglicher betrieblicher Grund i. S. v. § 8 Abs. 4 S. 1 TzBfG ist der Einwand des Arbeitgebers, keine geeignete zusätzliche Arbeitskraft finden zu können, die die durch den Teilzeitwunsch des Arbeitnehmers ausgefallene Arbeitszeit übernimmt. Nach der Gesetzesbegründung ist dieser Einwand nur beachtlich, wenn der Arbeitgeber nachweist, dass eine dem Berufsbild des Arbeitnehmers, der seine Arbeitszeit reduziert, entsprechende zusätzliche Arbeitskraft auf dem für ihn maßgeblichen Arbeitsmarkt nicht zur Verfügung steht.

Eine Ersatzkraft ist geeignet, wenn sie die für den Arbeitsplatz notwendigen Kenntnisse und Fähigkeiten hat oder dem Arbeitgeber zuzumuten ist, sie entsprechend zu schulen, wobei die Schulung keine unverhältnismäßigen Kosten verursachen darf. Der Arbeitgeber darf keine zu hohe fachliche Anforderung an die erforderlichen Qualifikationen der Ersatzkraft stellen.

Der bloße Hinweis auf Schwierigkeiten bei der früheren Suche nach einem geeigneten Mitarbeiter ist nicht ausreichend. Auch genügt der Hinweis auf die Dauer der Suche nach einem Nachfolger – z. B. vier Monate – nicht.

Um den betrieblichen Grund möglichst gerichtsfest darlegen und beweisen zu können, bietet sich folgende Vorgehensweise an:

Der Arbeitgeber sollte sich mit der zuständigen Arbeitsagentur in Verbindung setzen und nachfragen, ob ein Arbeitnehmer mit vergleichbaren Qualifikationen verfügbar ist. Die gesuchte Teilzeit-Ersatzkraft muss sämtliche Anforderungen an den Arbeitsplatz erfüllen. Die Ersatzkraft muss zudem bereit sein, die Arbeitsstelle in dem Umfang und mit der Verteilung anzunehmen, die der gewünschten Reduzierung und Verteilung des Teilzeitlers entsprechen. Die Stellenbeschreibung und das Anforderungsprofil sollten präzise gefasst sein, um nur über relevante Bewerber informiert zu werden. Der Arbeitgeber sollte sich die Auskunft der Arbeitsagentur als Beweismittel für spätere Prozesse schriftlich geben lassen. Hierfür können die „Meldezettel für Vermittlungsvorschläge" dienen, die der Arbeitgeber von der Arbeitsagentur erhält und auf denen er wahrheitsgemäß ausfüllen muss, ob sich der vorgeschlagene Bewerber gemeldet oder abgesagt hat oder warum er nicht genommen worden ist (keine Einigung über Vergütung oder Arbeitszeitverteilung, mangelnde Qualifikation usw.).

Der Arbeitgeber dürfte nicht verpflichtet sein, alle von der Arbeitsagentur benannten arbeitslosen Arbeitnehmer anzuschreiben. Vielmehr ist es zunächst ausreichend, dass der Arbeitgeber ein Stellengesuch bei der Arbeitsagentur aufgibt. Ist es üblich, dass der Arbeitgeber Stellenangebote im Internet oder einer Tageszeitung veröffentlicht, so sollte er auch hier ein Stellengesuch aufgeben. Die Initiative zu einem Bewerbungsgespräch muss weiterhin vom Arbeitnehmer ausgehen. Vom Arbeitgeber kann nicht verlangt werden, sich an andere private Arbeitsvermittlungsstellen zu wenden bzw. selbst Anzeigen in bisher unüblicher Weise aufzugeben. Es dürfte ausreichend sein, wenn der Arbeitgeber eine kurze Frist von zwei bis drei Wochen für das Einsenden von Bewerbungen setzt. Dies gilt umso mehr, als er nach § 8 Abs. 5 TzBfG einen Monat vor dem vom Arbeitnehmer gewünschten Beginn der Teilzeit diesem seine Entscheidung mitteilen muss. Ob ein Arbeitnehmer für die Tätigkeit qualifiziert ist, bleibt der Entscheidung des Arbeitgebers überlassen. Die Ablehnung eines Bewerbers kann vom Arbeitsgericht nur auf Willkür überprüft werden.

### 3.5 Darlegungs- und Beweislast

Die Darlegungs- und Beweislast trifft den Arbeitgeber, der sich gegenüber einem Teilzeitwunsch des Arbeitnehmers auf entgegenstehende betriebliche Gründe im Sinne von § 8 Abs. 4 TzBfG beruft (vgl. hierzu Salamon/Reuße, NZA 2013, 865, 865 ff.).

### 4. Verfahren

Zur Geltendmachung des Teilzeitwunsches muss der Arbeitnehmer dem Arbeitgeber seinen Wunsch spätestens drei Monate vor dem gewünschten Beginn mitteilen. Der Arbeitgeber muss daraufhin mit dem Arbeitnehmer über den Teilzeitwunsch verhandeln. Spätestens einen Monat vor dem gewünschten Beginn der Verringerung hat der Arbeitgeber dem Arbeitnehmer seine Entscheidung schriftlich mitzuteilen. Tut er dies nicht oder nicht rechtzeitig, gilt die vom Arbeitnehmer gewünschte Verringerung und Verteilung der Arbeitszeit zum gewünschten Beginn als festgelegt. Im Einzelnen:

### 4.1 Antrag des Arbeitnehmers

Der Arbeitnehmer muss gemäß § 8 Abs. 2 S. 1 TzBfG die Verringerung seiner Arbeitszeit und den Umfang der Verringerung spätestens drei Monate vor deren Beginn geltend machen. Er soll dabei gemäß § 8 Abs. 2 S. 2 TzBfG die gewünschte Verteilung der Arbeitszeit angeben. Der Arbeitnehmer kann also wählen, ob er ausschließlich die Verringerung der Arbeitszeit beantragt und die Verteilung dem Arbeitgeber überlässt oder ob er einen Verringerungs- und einen Verteilungswunsch äußert.

### 4.2 Frist

Durch die Mindestfrist soll dem Arbeitgeber die notwendige Zeit eingeräumt werden, die Anspruchsvoraussetzungen zu prüfen und arbeitsorganisatorische oder personelle Auffangmaßnahmen vorzubereiten.

Die Dreimonatsfrist ist nach den §§ 186 ff. BGB zu berechnen, wobei zu beachten ist, dass § 8 Abs. 2 S. 1 TzBfG durch die Formulierung „spätestens drei Monate vor deren Beginn" eine rückwirkende Fristberechnung erfordert. Der Beginn der Frist richtet sich nach § 187 Abs. 1 BGB. Der Tag des Ereignisses (Beginn der verkürzten Arbeitszeit) zählt nicht mit. Ist der vorgegebene Beginn der neuen Arbeitszeit der 1. August eines Jahres, wäre der Tag des Fristbeginns der 31. Juli. Das Fristende richtet sich nach § 188 Abs. 2 BGB. Danach endet die Frist mit dem Ablauf des zahlenmäßig entsprechenden Tages. Nun

muss rückwärts gerechnet und damit spiegelbildlich zu der gewohnten, in die Zukunft gerichteten Fristberechnung verfahren werden. Die Frist endet demnach nicht mit Ablauf (24.00 Uhr), sondern mit Beginn (0.00 Uhr) des Tages, der durch seine Zahl dem Tag des Ereignisses (Beginn der verkürzten Arbeitszeit) entspricht. Im Beispiel endet die Frist demnach am 1. Mai um 0.00 Uhr. Fristgemäß ist dann jede Zuleitung vor diesem Zeitpunkt. Die Frist ist also nur gewahrt, wenn der Antrag spätestens am 30. April beim Arbeitgeber gestellt wird.

Ein Arbeitszeitverlangen, das ein Datum nennt, welches die Geltendmachungsfrist des § 8 Abs. 2 TzBfG nicht einhält, hat nicht die Unwirksamkeit des Änderungsverlangens zur Folge. Es kann vielmehr so ausgelegt werden, dass es sich hilfsweise auf den Zeitpunkt richtet, zu dem der Arbeitnehmer frühestens die Verringerung verlangen kann (BAG v. 20.7.2004, 9 AZR 626/03, ZTR 2004, 598). Allerdings hat das BAG jüngst deutlich gemacht, dass sich die für einen Antrag auf Teilzeitbeschäftigung von unbestimmter Dauer geltenden Auslegungsgrundsätze aufgrund der strukturellen Unterschiede nicht ohne weiteres auf einen Antrag auf „Brückenteilzeit" übertragen lassen. Ein unter Verletzung der Mindestankündigungsfrist gestellter Antrag könne nur dann als Angebot auf eine zeitlich begrenzte Verringerung der Arbeitszeit zum frühestmöglichen Zeitpunkt verstanden werden, wenn der Arbeitgeber aufgrund greifbarer Anhaltspunkte erkennen könne, ob der Arbeitnehmer die „Brückenteilzeit" verkürzen oder verschieben möchte (BAG v. 7.9.2021, 9 AZR 595/20). Es muss feststellbar sein, ob es dem Arbeitnehmer auf die Dauer oder auf das Enddatum der Teilzeittätigkeit ankommt.

Davon unabhängig ist ein arbeitgeberseitiger Verzicht auf Einhaltung der Drei-Monats-Frist zu Gunsten des Arbeitnehmers möglich und nach § 22 Abs. 1 TzBfG auch zulässig. Dies ergibt sich aus dem zuvor genannten Zweck der Frist. Ein solcher Verzicht kann nach der Rechtsprechung des Bundesarbeitsgerichts dann angenommen werden, wenn der Arbeitgeber in Kenntnis der Fristversäumnis mit dem Arbeitnehmer vorbehaltlos erörtert, ob dem Teilzeitverlangen betriebliche Gründe nach § 8 Abs. 4 TzBfG entgegenstehen (BAG v. 14.10.2003, 9 AZR 636/02, ZTR 2004, 545).

### 4.3 Form

Schriftlichkeit ist für den Antrag nicht erforderlich; die Geltendmachung muss aber zumindest in Textform (§ 126b BGB) erfolgen, § 8 Abs. 2 S. 1 TzBfG n. F. Eine mündliche Geltendmachung ist seit der Novelle des TzBfG ab dem 1.1.2019 nicht mehr möglich. Der Arbeitgeber darf keine strengere Form, wie etwa Schriftform vorgeben (§ 22 TzBfG).

### 4.4 Inhalt

Der Arbeitnehmer muss die Verringerung und den Umfang der Verringerung (konkret) geltend machen. Der Antrag muss inhaltlich so bestimmt sein, dass er mit einem einfachen „Ja" angenommen werden kann. Der Arbeitnehmer muss also angeben, ab wann er mit welcher regelmäßigen Wochenstundenzahl arbeiten will (z. B. ab 1. Dezember statt bisher 38,5 nur noch 19,25 Stunden). Es ist insoweit nicht ausreichend bestimmt, wenn der Arbeitnehmer vom Arbeitgeber verlangt, die Arbeitszeit „im Rahmen von 19,25 bis 25 Stunden" zu vereinbaren oder eine „Teilzeitbeschäftigung mit einem Umfang von 30 % bis 40 % einer Vollzeittätigkeit" verlangt. Ein unbestimmtes Verringerungsverlangen ist weder ein Antrag i. S. v. § 145 BGB noch ein Verlangen i. S. d. § 8 Abs. 1 TzBfG. Nur bei einem eindeutigen Verlangen auf Verringerung der Arbeitszeit, d. h., wenn bei

Schweigen des Arbeitgebers der geänderte Vertragsinhalt ohne Weiteres feststeht, greift die Fiktion des § 8 Abs. 5 S. 3 TzBfG. Liegt lediglich ein unbestimmtes Verringerungsverlangen vor, kann dies auch die zweijährige Sperrfrist des § 8 Abs. 6 TzBfG nicht auslösen. Etwas anderes kann gelten, wenn der Arbeitnehmer in seinem Antrag dem Arbeitgeber ein einseitiges Recht zur Bestimmung des Umfanges der Verringerung einräumt.

Verlangt ein Arbeitnehmer vom Arbeitgeber die Zustimmung zur befristeten Verringerung seiner vertraglich vereinbarten Arbeitszeit, so lag bisher kein wirksames Verringerungsverlangen i. S. v. § 8 Abs. 1, 2 TzBfG vor. Nunmehr ermöglicht § 9a TzBfG Arbeitnehmerinnen und Arbeitnehmern ihre Arbeitszeit befristet für ein bis fünf Jahre zu reduzieren (dazu unter III.). Die Tarifvertragsparteien, Betriebsparteien und Arbeitsvertragsparteien können ebenfalls die Möglichkeit vorsehen, die Arbeitszeit für eine begrenzte Dauer zu reduzieren. Die arbeitsvertraglich vereinbarte Befristung einer Arbeitszeitverringerung benachteiligt den Arbeitnehmer jedoch unangemessen i. S. v. § 307 Abs. 1 BGB, wenn mit der Befristungsabrede der gesetzliche Anspruch nach § 8 TzBfG auf Verringerung und Neuverteilung der Arbeitszeit zeitlich beschränkt wird. Besteht ein solcher Anspruch nicht, weil z. B. ein betrieblicher Grund entgegensteht, bewirkt die Befristung der Arbeitszeitverringerung keine unangemessene Benachteiligung (BAG v. 10.12.2014, 7 AZR 1009/12).

 **WICHTIG!**

§ 11 TVöD erlaubt ausdrücklich die Geltendmachung eines zeitlich befristeten Teilzeitwunsches. § 9a TzBfG ist neben § 11 TVöD anwendbar.

Der Arbeitnehmer soll nach § 8 Abs. 2 S. 2 TzBfG die gewünschte Arbeitszeitverteilung angeben (z. B. montags bis mittwochs von 8.00 bis 14.00 Uhr). Wirksamkeitsvoraussetzung für das Teilzeitbegehren ist die Angabe auf Grund der „Soll"-Formulierung nicht. Gibt der Arbeitnehmer keinen Verteilungswunsch an, greift § 8 Abs. 3 S. 2 TzBfG ein, d. h. zwischen den Arbeitsvertragsparteien ist Einvernehmen zu erzielen. Der Arbeitgeber muss bei der Bestimmung der Lage der Arbeitszeit nach Möglichkeit Rücksicht auf Personensorgepflichten des Arbeitnehmers nehmen (LAG Mecklenburg-Vorpommern v. 13.7.2023, 5 Sa 139/22).

Bei einem auf Verringerung der Arbeitszeit gerichteten Verlangen des Arbeitnehmers nach § 8 Abs. 1 TzBfG aF handelt es sich um eine auf Änderung des Arbeitsvertrags gerichtete Willenserklärung, die nach ihrem Zugang gemäß § 130 Abs. 1 S. 2 BGB nicht mehr widerrufen werden kann (BAG v. 9.3.2021, 9 AZR 312/20). Macht ein Arbeitnehmer sowohl einen Verringerungs- als auch einen Verteilungswunsch geltend, hängen beide regelmäßig voneinander ab. Die Klage auf Zustimmung zum Verringerungsantrag ist in diesem Fall schon dann unbegründet, wenn der gewünschten Verteilung der Arbeitszeit betriebliche Gründe entgegenstehen. Hat der Arbeitgeber das Angebot auf Verringerung und Verteilung der Arbeitszeit abgelehnt, ist das vorgerichtliche Verfahren des § 8 TzBfG abgeschlossen. Der Arbeitnehmer kann jedenfalls ab diesem Zeitpunkt seinen Verteilungswunsch nicht mehr – ohne Zustimmung des Arbeitgebers – ändern (BAG v. 24.6.2008, 9 AZR 514/07, NZA 2008, 1289). Vielmehr muss der Arbeitnehmer in diesem Fall einen neuen Antrag auf Verringerung und Verteilung einreichen.

### 4.5 Erörterungspflicht

Der Arbeitgeber hat mit dem Arbeitnehmer gemäß § 8 Abs. 3 S. 1 TzBfG die gewünschte Verringerung der Arbeitszeit mit dem Ziel zu erörtern, zu einer Vereinbarung zu gelangen.

Der Arbeitgeber hat mit dem Arbeitnehmer sowohl die Verringerung der Arbeitszeit als auch die Verteilung der Arbeitszeit mit dem Ziel zu erörtern, zu einer Vereinbarung zu gelangen. Ist für den Arbeitgeber erkennbar, dass der Arbeitnehmer die Verringerung der Arbeitszeit von der gewünschten Verteilung der Arbeitszeit abhängig machen will, kann der Arbeitgeber nur einheitlich das Änderungsangebot annehmen oder ablehnen.

Das Recht zur Ablehnung des Teilzeitverlangens ist allerdings nicht deshalb ausgeschlossen, weil die Parteien nicht zuvor über die Verringerung der Arbeitszeit verhandelt haben. Der Arbeitgeber, der auf eine Erörterung des Wunsches des Arbeitnehmers nach einer bestimmten Verteilung der Arbeitszeit nicht eingeht, verstößt zwar gegen seine Verhandlungspflicht aus § 8 Abs. 3 S. 2 TzBfG, eine Verletzung dieser Obliegenheit hat aber weder die Fiktion einer Zustimmung noch die Verwirkung des Rechts, das Änderungsangebot des Arbeitnehmers abzulehnen, zur Folge (BAG v. 18.2.2003, 9 AZR 356/02, ZTR 2003, 574). Verhandelt der Arbeitgeber nicht, so kann er jedoch Einwendungen, die im Rahmen einer Verhandlung hätten ausgeräumt werden können, dem Arbeitnehmer später nicht entgegenhalten, insbesondere in einem etwaigen späteren Rechtsstreit.

## 5. Entscheidung des Arbeitgebers

Die Entscheidung über die Verringerung der Arbeitszeit und ihre Verteilung hat der Arbeitgeber dem Arbeitnehmer gemäß § 8 Abs. 5 S. 1 TzBfG spätestens einen Monat vor dem gewünschten Beginn der Verringerung schriftlich mitzuteilen. Lehnt der Arbeitgeber den Antrag nur mündlich ab, handelt der Arbeitnehmer nicht rechtsmissbräuchlich, wenn er sich auf den Formmangel beruft.

Die Berechnung der Frist erfolgt wie die Berechnung der Dreimonatsfrist des § 8 Abs. 2 S. 1 TzBfG (vgl. oben unter 4.2). Der Arbeitgeber hat darauf zu achten, dass dem Arbeitnehmer die Mitteilung innerhalb der Frist auch zugeht.

Der Arbeitgeber muss seine Entscheidung schriftlich mitteilen; ein Begründungszwang besteht nicht. Schriftlich ist im Sinne des § 126 BGB zu verstehen. Die Textform reicht nicht aus (BAG v. 27.6.2017, 9 AZR 368/16). § 126a BGB ermöglicht bei E-Mails die Einhaltung der Schriftform in Verbindung mit einer so genannten qualifizierten Signatur. Dabei bleibt jedoch für den Arbeitgeber das Problem des Zugangsbeweises, wenn der Arbeitnehmer bestreitet, die E-Mail bekommen zu haben. Angesichts des Eingreifens der Fiktionswirkung kann von der Möglichkeit des § 126a BGB nur abgeraten werden. Eine Ablehnung per E-Mail ohne entsprechende Signatur reicht nicht aus (vgl. LAG Berlin-Brandenburg v. 20.9.2018, 21 Sa 390/18, ZTR 2019, 112).

### 5.1 Zustimmung

Stimmt der Arbeitgeber dem Wunsch des Arbeitnehmers auf Verringerung der Arbeitszeit zu und wird auch hinsichtlich der Arbeitszeitverteilung Einvernehmen erzielt, gilt frühestens drei Monate nach Antragstellung durch den Arbeitnehmer (vgl. § 8 Abs. 2 TzBfG) die neue Arbeitszeit. Ab dem Zeitpunkt der Annahmeerklärung durch den Arbeitgeber ist der Arbeitnehmer an den von ihm gestellten Antrag, Teilzeit arbeiten zu wollen, gebunden. Selbstverständlich können sich die Parteien auf eine Verkürzung dieser dreimonatigen Vorlaufzeit verständigen; ein entsprechender Rechtsanspruch besteht aber nicht.

## 5.2 Ablehnung des Verringerungs- und/oder Verteilungswunsches

Der Arbeitgeber kann sowohl die Verringerung als auch die Verteilung der Arbeitszeit ablehnen. Der Mitteilung einer Begründung bedarf es nicht. Obwohl der Arbeitgeber der beantragten Arbeitszeitverkürzung nach dem Wortlaut des § 8 Abs. 4 S. 1 TzBfG „zuzustimmen hat", sofern keine betrieblichen Gründe vorliegen, kann er den Teilzeitanspruch zunächst ohne Angabe von Gründen blockieren. Es ist ausreichend und zu empfehlen, dass der Arbeitgeber die entgegenstehenden betrieblichen Gründe (erst) im Laufe eines etwaigen sich anschließenden Rechtsstreits darlegt.

Der Arbeitgeber könnte mit folgendem Schreiben den Antrag des Arbeitnehmers ablehnen:

 **Formulierungsbeispiel:**

„Sehr geehrte(r) Frau/Herr ....,

Ihren Wunsch zur Verringerung der Arbeitszeit haben wir am ..... erhalten. Danach wünschen Sie ab dem ..... eine Reduzierung Ihrer Arbeitszeit auf ..... (*zum Beispiel x Wochenstunden*) bei folgender Verteilung .....

Leider müssen wir Ihnen mitteilen, dass wir Ihrem Wunsch nach Verringerung Ihrer vertraglichen Arbeitszeit nicht zustimmen. Hilfsweise lehnen wir auch die von Ihnen gewünschte Verteilung der Arbeitszeit ab. Wir möchten Sie bitten, Ihren Arbeitspflichten im bisherigen Umfang nachzukommen. Wir weisen darauf hin, dass Sie nicht berechtigt sind, Ihre Arbeitszeit eigenmächtig zu reduzieren und/oder die Verteilung der Arbeitszeit eigenmächtig zu verändern und Sie im Fall der Nichtbeachtung mit arbeitsrechtlichen Konsequenzen bis hin zur fristlosen Kündigung zu rechnen haben."

## 5.3 Zustimmung zur Arbeitszeitverringerung, Ablehnung des Verteilungswunsches

Der Arbeitgeber kann, wenn er mit der Verringerung der Arbeitszeit einverstanden ist, auch nur die vom Arbeitnehmer gewünschte Verteilung der Arbeitszeit ablehnen. Um die Fiktionswirkung des § 8 Abs. 5 S. 3 TzBfG zu vermeiden, muss er den Verteilungswunsch des Arbeitnehmers schriftlich innerhalb der Monatsfrist des § 8 Abs. 5 S. 1 TzBfG ablehnen. Zu beachten ist hier aber die erleichterte Möglichkeit der Änderung der Verteilung nach § 8 Abs. 5 S. 4 TzBfG. Der Arbeitgeber muss in seiner Erklärung nach § 8 Abs. 5 S. 1 TzBfG a. F. eindeutig zum Ausdruck bringen, wenn er dem Teilzeitantrag des Arbeitnehmers nicht uneingeschränkt, sondern nur unter Erweiterungen, Einschränkungen oder sonstigen Änderungen im Sinne von § 150 Abs. 2 BGB zustimmen möchte. Andernfalls kommt eine Vertragsänderung nach Maßgabe des Teilzeitbegehrens des Arbeitnehmers zustande (BAG v. 9.3.2021, 9 AZR 312/20).

## 6. Schadensersatzpflicht bei unberechtigter Ablehnung des Teilzeitverlangens

Landesarbeitsgerichte haben in der Vergangenheit vereinzelt eine Schadensersatzpflicht des Arbeitgebers bei unberechtigter Antragsablehnung diskutiert. Nach Ansicht des LAG Düsseldorf ist die systematische Ablehnung einer Schadensersatzpflicht sehr bedenklich, da sie nicht nur die grundlose Ablehnung beantragter Arbeitszeitverringerung sanktionslos ließe, sondern auch den Gesetzeszweck, dem Arbeitnehmer die Verknüpfung persönlicher, insbesondere familiärer Interessen mit der Erhaltung des Arbeitsverhältnisses als Erwerbsgrundlage zu ermöglichen, weitgehend unberücksichtigt ließe. Zugleich gibt das Gericht aber auch zu erkennen, dass die Geltendmachung von

Schadensersatz infolge der grundlos rechtswidrigen Ablehnung regelmäßig in Ermangelung eines tatsächlichen Schadens scheitern dürfte (LAG Düsseldorf v. 2.7.2003, 12 Sa 407/03, NZA-RR 2004, 234, 236). Nach der Rechtsprechung des LAG Berlin-Brandenburg steht dem Arbeitnehmer auch kein Schadensersatzanspruch für entgangenen Gewinn zu, wenn die Verteilung der Arbeitszeit so erfolgte, dass keine andere Arbeit nebenher wirtschaftlich sinnvoll ausgeübt werden konnte und der Arbeitnehmer nicht auf diesen Umstand hinweist. Der Arbeitgeber muss bei Festlegung der täglichen Arbeitszeiten nicht auf lediglich abstrakt bestehende anderweitige Verdienst- und Beschäftigungsmöglichkeiten des Arbeitnehmers Rücksicht nehmen (LAG Berlin-Brandenburg v. 7.1.2016, 5 Sa 1276/15, ZTR 2016, 328).

## 7. Rechtsfolgen bei unterbliebener oder nicht rechtzeitiger Arbeitgeberentscheidung

Entscheidet der Arbeitgeber nicht oder nicht rechtzeitig über den Teilzeitwunsch eines Arbeitnehmers, so ordnet das TzBfG in § 8 Abs. 5 S. 2 und 3 hinsichtlich der Verringerung und der Verteilung der Arbeitszeit eine Geltung des Arbeitnehmerwunsches an.

### 7.1 Geltung des Verringerungswunsches

Haben sich Arbeitgeber und Arbeitnehmer nicht nach § 8 Abs. 3 S. 1 TzBfG über die Verringerung der Arbeitszeit geeinigt und hat der Arbeitgeber die Arbeitszeitverringerung nicht spätestens einen Monat vor deren gewünschtem Beginn schriftlich abgelehnt, verringert sich die Arbeitszeit in dem vom Arbeitnehmer gewünschten Umfang.

 **WICHTIG!**

Der Arbeitgeber muss also unbedingt reagieren, um das Eingreifen der „Zustimmungsfiktion" zu verhindern. Der Arbeitgeber muss den rechtzeitigen Zugang seiner Ablehnung beim Arbeitnehmer im Streitfall beweisen können. Daher ist der Zugang des Ablehnungsschreibens beim Arbeitnehmer mit derselben Sorgfalt zu dokumentieren wie bspw. bei einer Kündigung.

### 7.2 Geltung des Verteilungswunsches

Haben Arbeitgeber und Arbeitnehmer über die Verteilung der Arbeitszeit kein Einvernehmen nach § 8 Abs. 3 S. 2 TzBfG erzielt und hat der Arbeitgeber nicht spätestens einen Monat vor dem gewünschten Beginn der Arbeitszeitverringerung die gewünschte Verteilung der Arbeitszeit schriftlich abgelehnt, gilt die Verteilung der Arbeitszeit entsprechend den Wünschen des Arbeitnehmers als festgelegt, § 8 Abs. 5 S. 3 TzBfG. Die Fiktionswirkung tritt allerdings nur ein, wenn alle Anspruchsvoraussetzungen (Wartezeit, Anzahl der Arbeitnehmer, Antragsfrist und Nichtvorliegen der Sperrfrist) vorliegen.

## 8. Gerichtliche Durchsetzung des Teilzeitanspruchs

Lehnt der Arbeitgeber den Arbeitszeitwunsch des Arbeitnehmers fristgemäß einen Monat vor dem gewünschten Beginn ab, kann der Arbeitnehmer den Anspruch vor den Arbeitsgerichten verfolgen.

Bei (berechtigter oder unberechtigter) Ablehnung durch den Arbeitgeber darf der Arbeitnehmer die Realisierung seines Teilzeitwunsches nicht durch eigenmächtiges Fernbleiben von der Arbeit erzwingen. Ein solcher Selbstvollzug wäre als Arbeitsverweigerung zu bewerten und grundsätzlich geeignet, einen wichtigen Grund zur fristlosen Kündigung nach § 626 BGB darzustellen.

Diesbezüglich gelten die Grundsätze der Rechtsprechung zur Selbstbeurlaubung entsprechend.

In einem arbeitsgerichtlichen Verfahren erstrebt der Arbeitnehmer die Zustimmung des Arbeitgebers zur beantragten Verringerung der Arbeitszeit. Es geht damit um die Abgabe einer Willenserklärung durch den Arbeitgeber. Verweigert der Arbeitgeber die Zustimmung, muss der Arbeitnehmer die Zustimmung einklagen. Die Zustimmung gilt nach § 894 ZPO als erteilt, sobald das Urteil Rechtskraft erlangt hat. Zieht sich das Verfahren über mehrere Instanzen, können sich erhebliche Zeitverzögerungen zwischen der erstmaligen Geltendmachung des Anspruchs durch den Arbeitnehmer und dessen Realisierung ergeben. Ein erstinstanzlich obsiegendes Urteil nutzt dem Arbeitnehmer also wenig, wenn hiergegen Rechtsmittel eingelegt wird, weil das Urteil nicht – wie sonst im arbeitsgerichtlichen Verfahren – vorläufig vollstreckbar ist. Aus diesem Grund wird dem Arbeitnehmer das Recht zugestanden, den Teilzeitanspruch auch im Wege der einstweiligen Verfügung durchzusetzen. Teilweise stellen die Gerichte hohe Anforderungen an den Verfügungsgrund, sodass es in der Praxis für den Arbeitnehmer schwer ist, den Teilzeitwunsch kurzfristig durchzusetzen. Teilweise wird der Verfügungsgrund auch mit der knappen Begründung bejaht, dass sonst der Teilzeitanspruch durch Zeitablauf vereitelt würde.

## III. Anspruch auf zeitlich begrenzte Verringerung der Arbeitszeit gemäß § 9a TzBfG („Brückenteilzeit")

Gemäß § 9a TzBfG kann ein Arbeitnehmer unter bestimmten Voraussetzungen verlangen, dass seine vertraglich vereinbarte Arbeitszeit für einen im Voraus zu bestimmenden Zeitraum verringert wird. Nach Ablauf der Befristung haben die Betroffenen einen Anspruch, auf ihren Vollzeitjob zurückzukehren. § 9a TzBfG setzt eine Ermäßigung des bisherigen Volumens voraus. Eine „Null-Arbeitszeit" (Sonderurlaub bzw. Sabbatical) wird hingegen nicht ermöglicht (ArbG Stralsund v. 11.9.2019, 3 Ca 121/19). Der Arbeitnehmer kann jedoch eine im Block erfolgende wiederkehrende, vollständige Freistellung für mehrere Monate im Jahr beantragen (LAG Hamm v. 29.1.2020, 6 Sa 1081/19). Ein Blockmodell soll bei der Teilzeit im Rahmen der Pflegezeit hingegen nicht möglich sein (ArbG Bonn v. 27.4.2022, 4 Ca 2119/21).

Die Vorschrift verweist vielfach (etwa für das Verfahren der Geltendmachung) auf § 8 TzBfG, sodass im Folgenden lediglich auf die Besonderheiten des Anspruchs auf befristete Teilzeit eingegangen wird. Im Übrigen gelten die unter II. gemachten Ausführungen entsprechend.

### 1. Voraussetzungen

Besondere Gründe, wie z. B. Kindererziehung oder Pflege von Angehörigen, müssen die Beschäftigten für die Brückenteilzeit nicht geltend machen. Voraussetzung ist allerdings, dass ihr Arbeitsverhältnis länger als sechs Monate besteht, der Arbeitgeber in der Regel insgesamt mehr als 45 Arbeitnehmer (also mindestens 46 Arbeitnehmer) beschäftigt und keine betrieblichen Gründe gegen die Brückenteilzeit sprechen. Brückenteilzeit muss für mindestens ein Jahr und kann höchstens für fünf Jahre beantragt werden.

Die (schriftliche) Ablehnung einer Brückenteilzeit ist aus betrieblichen Gründen möglich, §§ 9a Abs. 2 S. 1, 8 Abs. 4 TzBfG. Insoweit ist die umfangreiche Rechtsprechung des BAG zu § 8 Abs. 4

TzBfG heranzuziehen. Ein betrieblicher Grund liegt z. B. vor, wenn die Verringerung der Arbeitszeit die Organisation, den Arbeitsablauf oder die Sicherheit im Betrieb wesentlich beeinträchtigt oder unverhältnismäßige Kosten verursacht. Wird ein Antrag wegen entgegenstehender betrieblicher Belange zurückgewiesen, ist ein erneuter Antrag gem. §§ 9a Abs. 5 S. 2, 8 Abs. 6 Alt. 2 TzBfG erst nach Ablauf von zwei Jahren möglich. Liegen mehrere konkurrierende Anträge vor, hat der Arbeitgeber unter diesen nach billigem Ermessen (§ 315 BGB) auszuwählen. Der Arbeitgeber muss den wesentlichen Kern der betrieblichen Hinderungsgründe benennen. In einem späteren Gerichtsprozess darf sich der Arbeitgeber nur auf die Gründe im form- und fristgerechten Ablehnungsschreiben stützen (BAG v. 11.12.2018, 9 AZR 298/18). Dringende betriebliche Erfordernisse ergeben sich nicht aus einer Vermutungswirkung nach § 1 Abs. 5 KSchG (LAG Berlin-Brandenburg v. 20.7.2022, 4 Sa 847/21).

Eine (weitere) Verringerung oder Verlängerung der Arbeitszeit nach dem TzBfG ist während der Dauer der Brückenteilzeit ausgeschlossen. Weiterhin möglich sind jedoch Änderungen aufgrund anderer Gesetze (BEEG, PflegeZG, FPfZG etc.) oder kraft Individualvereinbarung. Verschiedene Teilzeitregelungen können also miteinander kombiniert werden.

### 2. Überforderungsschutz

Um Arbeitgeber kleinerer Betriebe mit bis zu 45 Beschäftigten nicht zu überfordern, gilt der Anspruch dort nicht. Wie bei § 8 Abs. 7 TzBfG wird dabei jeder Kopf gezählt. Es kommt auf den regelmäßigen Beschäftigungsbedarf an. Stichtag für die Berechnung ist der geplante erste Tag der Brückenteilzeit.

Betriebe zwischen 46 und 200 Arbeitnehmern entlastet eine Zumutbarkeitsgrenze: Sie müssen gem. § 9a Abs. 2 S. 2 TzBfG nur jedem 15. Beschäftigten die befristete Teilzeit gewähren. Die „ersten" 45 Arbeitnehmer sind dabei mitzuzählen. Ist die Brückenteilzeit zum gewünschten Zeitpunkt unzumutbar, kann gem. § 9a Abs. 5 S. 3 TzBfG bereits nach einem Jahr ein erneuter Antrag gestellt werden.

### 3. Verfahren

§ 9a Abs. 3 TzBfG verweist für das Verfahren auf § 8 Abs. 2 bis Abs. 5 TzBfG. In Bezug auf den Befristungswunsch ist § 8 Abs. 2 S. 1, Abs. 3 S. 1, Abs. 4 und Abs. 5 S. 1 und S. 2 TzBfG entsprechend anzuwenden. Demnach ist der Antrag auf befristete Arbeitszeitreduzierung drei Monate vor beabsichtigtem Beginn der Brückenteilzeit in Textform zu stellen. Der Arbeitgeber kann auf die Einhaltung der dreimonatigen Mindestankündigungsfrist des § 9a Abs. 3 S. 1 i. V. m. § 8 Abs. 2 S. 1 TzBfG zur Geltendmachung der zeitlich begrenzten Verringerung der Arbeitszeit durch den Arbeitnehmer verzichten. Der Verzicht muss nicht ausdrücklich erklärt werden, sondern kann sich auch aus der Reaktion des Arbeitgebers ergeben, wenn dieser nach dem objektiven Empfängerhorizont mit hinreichender Deutlichkeit entnommen werden kann, der Arbeitgeber lege auf die Einhaltung der Frist keinen Wert und werde auch bei der weiteren Behandlung des Verringerungsantrags auf die Fristverletzung nicht zurückkommen. Allein in der Ablehnung des Antrages auf „Brückenteilzeit" unter Angabe betrieblicher Gründe, die der beantragten Arbeitszeitverringerung entgegenstehen, liegt kein Verzicht des Arbeitgebers auf die Einhaltung der Mindestankündigungsfrist (BAG v. 7.9.2021, 9 AZR 595/20).

Der Arbeitgeber ist verpflichtet, den Antrag mit dem Arbeitnehmer zu erörtern und kann den Antrag spätestens einen Monat vor Reduktionsbeginn schriftlich ablehnen, § 9a Abs. 3 i. V. m.

§ 8 Abs. 5 S. 3 TzBfG. Bleibt eine solche Ablehnung aus, gilt die Brückenteilzeit als genehmigt.

## IV. Anspruch auf Verlängerung der Arbeitszeit gemäß § 9 TzBfG

Gemäß § 9 S. 1 TzBfG n. F. hat der Arbeitgeber einen teilzeitbeschäftigten Arbeitnehmer, der ihm den Wunsch nach einer Verlängerung seiner vertraglich vereinbarten Arbeitszeit in Textform (§ 126b BGB) angezeigt hat, bei der Besetzung eines entsprechenden freien Arbeitsplatzes bei gleicher Eignung bevorzugt zu berücksichtigen, es sei denn, dass dringende betriebliche Gründe oder Arbeitszeitwünsche anderer teilzeitbeschäftigter Arbeitnehmer entgegenstehen. Daneben enthält § 17 BGleiG Sonderregelungen für den Wechsel von Teilzeit in Vollzeit für „Beschäftigte mit Familien- oder Pflegeaufgaben".

Es ist die konkrete gesetzliche Rechtsgrundlage im Bund bzw. im jeweiligen Bundesland zu beachten.

### 1. Anwendungsbereich von § 9 TzBfG

Einerseits können hiernach Vollzeitbeschäftigte, die ihre Arbeitszeit nach § 8 TzBfG verringert haben, zu ihrer ursprünglichen Arbeitszeit zurückkehren; andererseits erfasst die Vorschrift auch die bereits als Teilzeitbeschäftigte eingestellten Arbeitnehmer, die den Wunsch haben, ihre Arbeitszeit zu verlängern. Auch geringfügig Beschäftigte sind zu berücksichtigen. Den Arbeitgeber trifft überdies die Pflicht, einen Teilzeitbeschäftigten, der seine Arbeitszeit verlängern möchte, über freie Arbeitsplätze, die im Unternehmen oder Betrieb besetzt werden sollen und für die er nach seiner Ausbildung und Qualifikation geeignet ist, zu unterrichten.

### 2. Berücksichtigungspflicht als Anspruch des Arbeitnehmers

Im Ergebnis läuft diese Berücksichtigungspflicht darauf hinaus, dass der Arbeitnehmer einen einklagbaren Anspruch auf einen Wechsel zur Vollzeitbeschäftigung hat, sofern

▸ ein entsprechender Vollzeitarbeitsplatz vakant ist und

▸ sich keine besser geeigneten Konkurrenten beworben haben (BAG v. 16.1.2008, 7 AZR 603/06, ZTR 2008, 504) und

▸ keine gleich geeigneten Bewerber vorrangig (z. B. wegen § 17 BGleiG) zu berücksichtigen sind.

Der Arbeitgeber ist aber nicht verpflichtet, dem Arbeitnehmer bei Besetzung eines solchen freien Arbeitsplatzes einen Antrag auf Abschluss eines Arbeitsvertrags mit erhöhter Arbeitszeit zu unterbreiten. Vielmehr trifft den Arbeitgeber lediglich die Pflicht, den Arbeitnehmer über die zu besetzenden Arbeitsplätze zu informieren, vgl. § 7 Abs. 3 TzBfG (BAG v. 27.2.2018, 9 AZR 167/17, ZTR 2018, 410).

Um einen „entsprechenden" Arbeitsplatz handelt es sich regelmäßig nur dann, wenn die zu besetzende Stelle dieselben Anforderungen an die persönliche und fachliche Eignung des Arbeitnehmers stellt wie die bisher ausgeübte Tätigkeit. Ein Anspruch auf Verlängerung der Arbeitszeit in einer höherwertigen Funktion besteht lediglich im Ausnahmefall. Ein solcher Ausnahmefall ist zu bejahen, wenn die Personalorganisation des Arbeitgebers Teilzeitarbeit lediglich auf einer niedrigeren Hierarchieebene als der bisher eingenommenen zulässt. Das bewirkt eine Selbstbindung: die Grenze zwischen den beiden Hierarchieebenen wird für den späteren Verlängerungswunsch des teilzeitbeschäftigten Arbeitnehmers durchlässig. In diesem Fall

gilt auch der Arbeitsplatz mit der höherwertigen Tätigkeit als entsprechender Arbeitsplatz (BAG v. 16.9.2008, 9 AZR 781/07, ZTR 2009, 32).

Ein „entsprechender" freier Arbeitsplatz besteht auch, wenn der Arbeitgeber einen neuen Arbeitsplatz schafft, für dieses Arbeitsverhältnis aber – anders als für das Arbeitsverhältnis des bisher teilzeitbeschäftigten Anspruchsstellers – keine Bezugnahme auf Tarifverträge erfolgen soll (BAG v. 8.5.2007, 9 AZR 874/06, DB 2007, 2207).

Der Anspruch auf Wechsel von Teilzeit in Vollzeit setzt voraus, dass ein „entsprechender freier Arbeitsplatz" zu besetzen ist. Dazu muss zumindest ein freier und nach dem Willen des Arbeitgebers zu besetzender Arbeitsplatz vorhanden sein. Der Arbeitnehmer hat regelmäßig keinen gesetzlichen Anspruch darauf, dass der Arbeitgeber einzurichtende und zu besetzende Arbeitsplätze nach den Arbeitszeitwünschen des Arbeitnehmers schafft, zuschneidet oder ihm die für einen anderen (Teilzeit-)Arbeitsplatz vorgesehene Arbeitszeit ganz oder teilweise zuteilt. Ob und welche Arbeitsplätze der Arbeitgeber einrichtet, unterliegt allein seiner Organisationsentscheidung (BAG v. 17.10.2017, 9 AZR 192/17, ZTR 2018, 86). Der Arbeitgeber trägt seit dem 1.1.2019 gem. § 9 S. 1 TzBfG n. F. die Beweislast für das Fehlen eines „entsprechenden" freien Arbeitsplatzes sowie die vergleichsweise geringere Eignung des Teilzeitbeschäftigten.

Die Berücksichtigungspflicht entfällt nur bei entgegenstehenden dringenden betrieblichen Gründen. Insoweit sind die Anforderungen höher als bei § 8 Abs. 4 TzBfG oder § 9a Abs. 2 TzBfG. Der Wunsch des Arbeitgebers, den freien Arbeitsplatz aus Kostengründen mit einem Bewerber im zweiten Berufsjahr zu besetzen, der nach dem Tarifvertrag geringer zu vergüten wäre, stellt bspw. keinen derartigen Grund dar, der der Besetzung der Stelle mit einer an der Verlängerung ihrer Arbeitszeit interessierten Teilzeitkraft entgegensteht. Deshalb ist es unerheblich, ob infolge der Berücksichtigung eines Verlängerungswunsches wegen der tariflichen Vergütungsautomatik ein Personalkostenbudget überschritten wird (BAG v. 16.9.2008, 9 AZR 781/07, ZTR 2009, 32).

Ein freier zu besetzender Arbeitsplatz liegt gem. § 9 S. 2 TzBfG n. F. vor, wenn der Arbeitgeber die Organisationsentscheidung getroffen hat, diesen zu schaffen oder einen unbesetzten Arbeitsplatz neu zu besetzen. Erhöht sich also etwa lediglich das Arbeitsaufkommen entsteht damit nicht automatisch ein neuer Arbeitsplatz, solange der Arbeitgeber keine entsprechende Organisationsentscheidung getroffen hat.

Berücksichtigt ein Arbeitgeber einen teilzeitbeschäftigten Arbeitnehmer zu Unrecht nicht, geht der Anspruch des Arbeitnehmers auf Verlängerung seiner Arbeitszeit unter, sobald der Arbeitgeber den Arbeitsplatz mit einem anderen Arbeitnehmer besetzt. Der Arbeitnehmer hat dann keine Möglichkeit mehr, die Aufstockung zu erzwingen (BAG v. 18.7.2017, 9 AZR 259/16, ZTR 2017, 739).

Der Arbeitgeber riskiert aber, einem Schadensersatzanspruch in Geld ausgesetzt zu sein. Übergangene Arbeitnehmer werden auf der Grundlage des neuen BAG-Urteils versuchen, die Differenz zwischen Teilzeit- und Vollzeitentgelt für unbegrenzte Zeit geltend zu machen. Der Arbeitgeber sollte sich also sorgfältig absichern, bevor er eine Vollzeitstelle, für die sich Teilzeitkräfte im weitesten Sinne interessiert hatten, besetzt.

 **WICHTIG!**

Hierfür hat das BAG jüngst hohe Hürden errichtet. Die bloße Anzeige des Wunsches, die Arbeitszeit zu erhöhen, genügt nicht. Vielmehr muss der Arbeitnehmer trotz der Verletzung der

Hinweispflicht des Arbeitgebers ein annahmefähiges Angebot auf Aufstockung der Arbeitszeit eingereicht haben. Erst dann ist ein Schadensersatzanspruch denkbar (BAG v. 27.2.2018, 9 AZR 167/17).

### 3. Mehrere Bewerber

In dem Fall, dass mehrere teilzeitbeschäftigte Arbeitnehmer einen entsprechenden Änderungswunsch angezeigt haben, kann der Arbeitgeber nach billigem Ermessen (§ 315 Abs. 3 BGB) die Auswahl unter den konkurrierenden teilzeitbeschäftigten Arbeitnehmern treffen. Wenn es für einen freien oder freigewordenen Arbeitsplatz mehrere Bewerber gibt, darf der Arbeitgeber unter diesen nicht willkürlich auswählen, sondern hat anhand betrieblicher Belange und sozialer Gesichtspunkte eine den §§ 242, 315 BGB genügende Auswahlentscheidung zu treffen.

 **ACHTUNG!**

Übt der Arbeitgeber sein Organisationsermessen dergestalt aus, dass er ein freies Arbeitszeitvolumen für bestimmte Aufgaben arbeitsplatzunabhängig als Aufstockungsvolumen für bereits beschäftigte Teilzeitkräfte zur Verfügung stellt, ergibt sich daraus kein freier Arbeitsplatz i. S. v. § 9 TzBfG. Dies gilt selbst dann, wenn er unter mehreren an einer Arbeitszeiterhöhung interessierten Arbeitnehmern eine Auswahl trifft. In diesem Fall ist der Arbeitgeber bei der Auswahl, mit welcher Teilzeitkraft eine Arbeitszeiterhöhung vereinbart wird, weder an bestimmte Eignungsvoraussetzungen noch an die Grundsätze billigen Ermessens gebunden. Vielmehr ist er in der Auswahl frei, welchen Teilzeitbeschäftigten er eine Verlängerung der Arbeitszeit anbietet (BAG v. 17.10.2017, 9 AZR 192/17, ZTR 2018, 86)! Damit weist das BAG gewissermaßen selbst einen Weg, den Anspruch aus § 9 TzBfG zu umgehen.

## V. Diskriminierungs-, Benachteiligungs- und Kündigungsverbot

### 1. Diskriminierungsverbot, § 4 Abs. 1 TzBfG

Ein teilzeitbeschäftigter Arbeitnehmer darf wegen der Teilzeitarbeit nicht schlechter behandelt werden als ein vergleichbarer vollzeitbeschäftigter Arbeitnehmer, es sei denn, sachliche Gründe rechtfertigen eine unterschiedliche Behandlung (§ 4 Abs. 1 S. 1 TzBfG).

### 1.1 Inhalt des Diskriminierungsverbotes

Nach der Rechtsprechung des Bundesarbeitsgerichts enthält § 4 Abs. 1 TzBfG ein einheitliches Verbot der sachlich nicht gerechtfertigten Benachteiligung wegen der Teilzeitarbeit. § 4 Abs. 1 S. 2 TzBfG konkretisiert das allgemeine Benachteiligungsverbot des § 4 Abs. 1 S. 1 TzBfG. Der Arbeitgeber soll Teilzeitbeschäftigten bestimmte Vergütungsbestandteile nicht wegen der Teilzeit ohne sachlichen Grund versagen können. Das BAG arbeitet mit folgender „Kontrollüberlegung": Erhalten Teilzeitbeschäftigte für die gleiche Anzahl geleisteter Arbeitsstunden die gleiche Gesamtvergütung wie Vollzeitbeschäftigte, besteht keine Ungleichbehandlung im Sinne von § 4 Abs. 1 TzBfG (BAG v. 24.9.2008, 6 AZR 657/07, ZTR 2009, 66). Bei Zahlung einer Stundenvergütung darf der gleich qualifizierte Teilzeitbeschäftigte keine geringere Stundenvergütung erhalten wie der vollzeitbeschäftigte Arbeitnehmer (BAG v. 18.1.2023, 5 AZR 108/22). Die Zahlung einer zusätzlichen Vergütung für Teilzeit- und vergleichbare Vollzeitbeschäftigte nach Ableisten einer bestimmten Anzahl an Arbeitsstunden stellt eine Benachteiligung dar, wenn die Auslösegrenzen für die zusätzliche Vergütung bei Teilzeit- und Vollzeitbeschäftigten gleich sind (EuGH

v. 19.10.2023, C-660/20, ZTR 2023, 680). Ebenfalls keine Diskriminierung im Sinne des § 4 Abs. 1 TzBfG stellt eine Sozialplanregelung dar, die für die Berechnung von Sozialplanabfindungen an die zuletzt bezogene Bruttomonatsvergütung anknüpft. Es ist richtig, dass ein teilzeitbeschäftigter Arbeitnehmer eine Abfindung in dem Umfang erhält, der dem Anteil seiner Arbeitszeit an der Arbeitszeit eines vollzeitbeschäftigten Kollegen entspricht (BAG v. 22.9.2009, 1 AZR 316/08, ZTR 2010, 39). Eine Benachteiligung stellt es allerdings dar, wenn Teilzeitbeschäftigte grundsätzlich vollständig aus dem Anwendungsbereich eines Sozialplans ausgeschlossen werden (LAG Berlin-Brandenburg v. 20.9.2022, 8 Sa 425/22). Der vollständige Ausschluss befristeter Arbeitnehmer aus dem Sozialplan kann in Einzelfällen dennoch sachlich gerechtfertigt sein. Eine solche Rechtfertigung liegt vor, wenn der Arbeitnehmer zu einem Zeitpunkt eingestellt wurde, zu dem bereits feststand, dass der Arbeitgeber seinen Betrieb stilllegen würde. Der Arbeitnehmer konnte deshalb bereits vor Beginn seines Arbeitsverhältnisses nicht die Erwartung haben, dass sein Arbeitsverhältnis nicht nur vorübergehend bestehen würde und möglicherweise in ein unbefristetes Verhältnis übernommen werden würde (BAG v. 30.1.2024, 1 AZR 62/23). Auch stellt ein Ausschluss von Altersteilzeitmitarbeitern von Tariferhöhungen nicht per se eine rechtswidrige Diskriminierung wegen der Teilzeitarbeit dar oder verstößt zwingend gegen den Gleichbehandlungsgrundsatz, sofern nicht die Dauer der Arbeitszeit das maßgebliche Differenzierungskriterium darstellt, sondern an die Lage der Arbeitszeit angeknüpft wird (BAG v. 19.1.2016, 9 AZR 564/14, ZTR 2016, 391). Keine Verletzung von § 4 Abs. 1 TzBfG sieht das BAG v. 28.7.2022, 6 AZR 24/22 in § 7 Abs. 6 u. 7 TVöD/TV-L durch die Unterscheidung zwischen Mehrarbeit von Teilzeitbeschäftigten und Überstunden von Vollzeitbeschäftigten.

In § 24 Abs. 2 TVöD/TV-L ist ebenfalls klargestellt, dass Teilzeitbeschäftigte, soweit tarifvertraglich nicht ausdrücklich etwas anderes vorgesehen ist, das Tabellenentgelt und alle sonstigen Entgeltbestandteile in dem Umfang erhalten, der dem Anteil ihrer individuell vereinbarten durchschnittlichen Arbeitszeit an der regelmäßigen Arbeitszeit vergleichbarer Vollzeitbeschäftigter entspricht. Beide Vorschriften normieren das Gebot der anteiligen Zahlung von Arbeitsentgelt oder von anderen teilbaren geldwerten Leistungen (pro-rata-temporis-Grundsatz, hierzu beispielsweise BAG v. 25.9.2013, 10 AZR 4/12, ZTR 2014, 26 und BAG v. 28.5.2013, 3 AZR 266/11; BAG v. 17.6.2015, 10 AZR 187/14).

 **WICHTIG!**

Teilzeitarbeit unterscheidet sich von Vollzeitarbeit nur in quantitativer, nicht in qualitativer Hinsicht. Eine geringere Arbeitszeit darf daher grundsätzlich nur quantitativ, nicht aber qualitativ anders abgegolten werden als Vollzeitarbeit. Eine Ungleichbehandlung von Vollzeit- und Teilzeitkräften ist deshalb dann gegeben, wenn für jeweils die gleiche Stundenanzahl nicht die gleiche Gesamtvergütung gezahlt wird (vgl. BAG v. 25.9.2013, 10 AZR 4/12, ZTR 2014, 26). Gleiches gilt für tarifliches Urlaubsgeld. Dieses hat Vergütungscharakter und ist zusätzliches Entgelt, das an tatsächlich erbrachte Arbeitsleistungen anknüpft. Es ist deshalb als Gegenleistung zur Arbeitsleistung entsprechend der geringeren Arbeitszeit eines Teilzeitbeschäftigten proportional zu kürzen (BAG v. 21.1.2014, 9 AZR 134/12).

Verstößt eine vertragliche Vergütungsabrede gegen § 4 Abs. 1 TzBfG, ist sie deswegen gemäß § 134 BGB nichtig. Der Arbeitnehmer hat nach § 612 Abs. 2 BGB Anspruch auf Zahlung der üblichen Vergütung.

Allerdings hat das BAG auch festgestellt, dass eine Ungleichbehandlung wegen der Teilzeitarbeit nicht vorliegt, wenn die Lage der Arbeitszeit das Kriterium darstellt, an das die Differenzierung hinsichtlich der unterschiedlichen Arbeitsbedingungen anknüpft: Danach ist die Abkopplung des Altersteilzeitentgelts in der Freistellungsphase von der dynamischen tariflichen Entgeltentwicklung zulässig, weil sie nicht an die Dauer der Arbeitszeit, sondern ausschließlich an deren Lage anknüpft. Es liegt zwar eine unterschiedliche Behandlung von Vollzeit- und einem Teil der Teilzeitarbeitnehmer vor; jedoch ist nicht die Dauer der Arbeitszeit das Differenzierungskriterium ist, sondern allein deren Lage (BAG v. 19.1.2016, 9 AZR 564/14, ZTR 2016, 391).

### 1.2 Bindung der Tarifvertragsparteien an das Diskriminierungsverbot

Eine Ungleichbehandlung ist nicht dadurch ausgeschlossen, dass sie auf einer tarifvertraglichen Regelung beruht. Das Benachteiligungsverbot des § 4 Abs. 1 TzBfG gilt auch für tarifvertragliche Regelungen (BAG v. 12.5.2016, 6 AZR 300/15, ZTR 2016, 525). Teilzeitbeschäftigte, die ständig Schicht- und Wechselschichtarbeit i. S. v. § 7 TVöD leisten, haben keinen Anspruch auf die tarifliche Schicht- und Wechselschichtzulage in voller Höhe. Diese Zulagen stehen Teilzeitbeschäftigten nach § 24 Abs. 2 TVöD nur anteilig in Höhe der Quote zwischen vereinbarter und regelmäßiger tariflicher Arbeitszeit zu, und zwar selbst dann, wenn im Bemessungszeitraum dieselbe Anzahl von Nachtarbeitsstunden geleistet wird, wie für Vollzeitbeschäftigte gefordert (vgl. BAG v. 25.9.2013, 10 AZR 4/12, ZTR 2014, 26 für einen Fall, in dem die Teilzeitbeschäftigte im Bemessungszeitraum 40 Arbeitsstunden oder mehr in der Nachtschicht leistete). Eine Benachteiligung wegen der Teilzeitarbeit ist schon deshalb ausgeschlossen, weil dieser pro-rata-temporis-Grundsatz in § 4 Abs. 1 S. 2 TzBfG ausdrücklich normiert ist (BAG v. 24.9.2008, 10 AZR 634/07, ZTR 2009, 18; vgl. auch BAG v. 18.12.2008, 6 AZR 673/07, ZTR 2009, 18). Auch für sonstige tarifliche Zulagen gilt der Grundsatz, dass sie bei Teilzeitarbeit entsprechend gekürzt werden dürfen (BAG v. 23.3.2011, 5 AZR 112/10, ZTR 2011, 494).

Für Leistungen der betrieblichen Altersversorgung gilt, dass Teilzeitbeschäftigte nach dem pro-rata-temporis-Grundsatz Leistungen in mindestens der Höhe erhalten müssen, die dem Umfang ihrer Arbeitszeit an der Arbeitszeit eines vergleichbaren Vollzeitbeschäftigen entspricht. Vergleichbar sind dabei nur Teilzeit- und Vollzeitbeschäftigte mit einer gleich langen Betriebszugehörigkeit (BAG v. 19.4.2016, 3 AZR 526/14, ZTR 2016, 474). Eine Versorgungsregelung, die vorsieht, dass bei Teilzeitbeschäftigten für die Ermittlung ihrer Betriebsrente derjenige Anteil des ruhegeldfähigen Einkommens eines Vollzeitbeschäftigten zugrunde zu legen ist, der dem Verhältnis ihrer durchschnittlichen regelmäßigen Wochenarbeitszeit während des gesamten Arbeitsverhältnisses zur regelmäßigen Wochenarbeitszeit eines vergleichbaren Vollzeitbeschäftigten entspricht, verletzt den pro-rata-temporis-Grundsatz nicht (vgl. BAG v. 28.5.2013, 3 AZR 266/11).

Tarifvertragliche Bestimmungen, die eine zusätzliche Vergütung davon abhängig machen, dass dieselbe Zahl von Arbeitsstunden überschritten wird, ohne zwischen Voll- und Teilzeitbeschäftigten zu unterscheiden, werfen Fragen hinsichtlich der Auslegung von Unionsrecht auf. Das BAG hat daher dem EuGH die folgenden Fragen zur Vorabentscheidung vorgelegt: Ist für die Prüfung, ob Teilzeitbeschäftigte gegenüber Vollzeitbeschäftigten schlechter behandelt werden, weil eine zusätzliche Vergütung davon abhängt, dass eine einheitlich geltende Zahl von Arbeitsstunden überschritten wird, auf die Gesamtvergütung und nicht auf den Entgeltbestandteil der zusätzlichen Vergütung abzustellen? Kann eine mögliche schlechtere Behandlung von Teilzeitbeschäftigten gerechtfertigt werden, wenn mit der zusätzlichen Vergütung der Zweck verfolgt wird, eine besondere Arbeitsbelastung auszugleichen (BAG v. 11.11.2020, 10 AZR 185/20 (A))?

Der 8. Senat des BAG hat den EuGH um Vorabentscheidung über die Frage ersucht, ob eine nationale tarifvertragliche Regelung, nach der die Zahlung von Überstundenzuschlägen nur für Arbeitsstunden vorgesehen ist, die über die regelmäßige Arbeitszeit eines vollzeitbeschäftigten Arbeitnehmers hinaus gearbeitet werden, eine Ungleichbehandlung von Vollzeitbeschäftigten und Teilzeitbeschäftigten darstellt (BAG v. 28.10.2021, 8 AZR 370/20 (A)). Für den Fall, dass dies bejaht werden sollte, möchte das BAG unter anderem wissen, ob es ein sachlicher Grund sein kann, wenn Tarifvertragsparteien mit einer Regelung – wie der in der Frage zuvor aufgeführten – zwar auf der einen Seite das Ziel verfolgen, den Arbeitgeber von der Anordnung von Überstunden abzuhalten und eine Inanspruchnahme der Arbeitnehmer über das vereinbarte Maß hinaus mit einem Überstundenzuschlag zu honorieren, auf der anderen Seite allerdings auch das Ziel verfolgen, eine ungünstigere Behandlung von Vollzeitbeschäftigten gegenüber Teilzeitbeschäftigten zu verhindern und deshalb regeln, dass Zuschläge nur für Überstunden geschuldet sind, die über die kalendermonatliche Arbeitszeit eines vollzeitbeschäftigten Arbeitnehmers hinaus geleistet werden (BAG v. 28.10.2021, 8 AZR 370/20 (A)).

### 1.3 Einzelfälle

Auch benachteiligt eine Betriebsvereinbarung nicht unzulässig wegen der Teilzeit, wenn ein betriebliches Ruhegeld auf der Basis des Endgehalts in den letzten Jahren des Arbeitsverhältnisses – gekürzt nach dem durchschnittlichen Beschäftigungsgrad während des gesamten Arbeitsverhältnisses – berechnet wird. Vielmehr wird damit zulässig der Pro-rata-temporis Grundsatz der betrieblichen Altersversorgung berücksichtig (BAG v. 3.6.2020, 3 AZR 480/18, ZTR 2020, 555).

Auch der Jahresurlaub eines Teilzeitbeschäftigten richtet sich nach dem pro-rata-temporis-Grundsatz. Er ist vom Arbeitgeber anteilig in Höhe der Quote zwischen vereinbarter und regelmäßiger tariflicher Arbeitszeit zu gewähren (§ 26 Abs. 1 S. 4 TVöD/TV-L). Nach der Rechtsprechung des EuGH gilt dies jedoch nicht für einen Urlaubsanspruch, der bereits vor dem Wechsel in eine Teilzeitbeschäftigung, also noch in der Zeit der Vollbeschäftigung, erworben wurde, vorausgesetzt der Arbeitnehmer konnte den Urlaub vor der Verringerung der Arbeitszeit nicht in Anspruch nehmen (EuGH v. 13.6.2013, C-415/12, ZTR 2013 432; vgl. auch EuGH v. 22.4.2010, C-486/08, ZTR 2010, 374).

Das LAG Niedersachsen ist der Ansicht des EuGH gefolgt (LAG Niedersachsen v. 11.6.2014, 2 Sa 125/14, ZTR 2014, 659). Auch das BAG hat bezugnehmend auf die EuGH-Rechtsprechung klargestellt, dass es an seiner bisherigen Rechtsprechung, nach der die Urlaubstage grundsätzlich umzurechnen waren, wenn sich die Anzahl der mit Arbeitspflicht belegten Tage verringerte, nicht mehr festhält (Urteil vom 10.2.2015, 9 AZR 53/14, ZTR 2015, 130). Im konkreten Fall wechselte der Kläger ab dem 15.7.2010 in eine Teilzeittätigkeit und arbeitete nicht mehr an fünf, sondern nur noch an vier Tagen in der Woche. Auf das Arbeitsverhältnis der Parteien fand der TVöD Anwendung. Die Beklagte gewährte, angesichts des tariflichen Anspruchs von 30 Urlaubstagen bei einer Fünftagewoche, dem Kläger nach seinem Wechsel in die Teilzeittätigkeit im Jahr 2010 nur 24 Urlaubstage. Der Kläger hielt die verhältnismäßige Kürzung seines Urlaubsanspruchs für die Monate Januar bis Juni 2010 nicht für zulässig, sodass er im Jahr 2010 Anspruch auf 27 Urlaubstage habe (für das erste Halbjahr die Hälfte von 30 Urlaubstagen, mithin 15 Urlaubstage, zuzüglich der von ihm für das zweite Halbjahr verlangten zwölf Urlaubstage). Zwar regele § 26 Abs. 1 TVöD u. a., dass sich der für die Fünftagewoche festgelegte Erholungsurlaub nach einer Verteilung der wöchentlichen Arbeitszeit auf weniger als fünf Tage in der Woche vermindere. Die Tarifnorm sei jedoch, mit Blick auf die Rechtsprechung des EuGH, wegen Verstoßes gegen das Verbot der Diskriminierung von Teilzeitkräften unwirksam, soweit sie die Zahl der während der Vollzeittätigkeit erworbenen Urlaubstage mindere.

 **WICHTIG!**

Das BAG hat nunmehr entschieden, dass die entsprechenden Regelungen im TV-L (§ 26 Abs. 1 S. 1 und § 21 S. 1 TV-L) wegen mittelbarer Benachteiligung von Teilzeitkräften nichtig sind, soweit sie das Urlaubsentgelt eines Arbeitnehmers, der nach der Verringerung seiner wöchentlichen Regelarbeitszeit seinen Urlaub antritt, auch in den Fällen nach dem Entgeltausfallprinzip bemessen, in denen der Urlaub aus der Zeit vor der Arbeitszeitreduzierung stammt. Ein derartiger Urlaub ist vielmehr auf Basis des vormaligen Vollzeitgehalts abzurechnen (BAG v. 20.3.2018, 9 AZR 486/17, ZTR 2018, 398).

Unzulässig ist aber bspw. eine tarifvertragliche Regelung, die eine ab Vollendung des 57. Lebensjahres zu gewährende bezahlte tarifliche Altersfreizeit auf Arbeitnehmer beschränkt, deren wöchentliche Arbeitszeit mehr als 35 Stunden beträgt. Rechtsfolge eines solchen Verstoßes ist eine „Anpassung nach oben", also auch die mit 35 oder weniger Stunden beschäftigten Arbeitnehmer erhalten die bezahlte Altersfreizeit – natürlich nur in dem Umfang, der dem Anteil ihrer Arbeitszeit an der Arbeitszeit eines vergleichbaren vollzeitbeschäftigten Arbeitnehmers entspricht (BAG v. 23.7.2019, 9 AZR 372/18, ZTR 2019, 667).

## 2. Benachteiligungsverbot, § 5 TzBfG

Nach § 5 TzBfG darf der Arbeitgeber einen Arbeitnehmer wegen der Inanspruchnahme von Rechten nach dem TzBfG nicht benachteiligen. Dies ist eine Selbstverständlichkeit, die sich aus dem Maßregelungsverbot des § 612a BGB ergibt und für die Teilzeitarbeit im Kündigungsverbot des § 11 TzBfG eine weitere Ausprägung gefunden hat.

## 3. Kündigungsverbot, § 11 TzBfG

Gemäß § 11 S. 1 TzBfG ist die Kündigung eines Arbeitsverhältnisses wegen der Weigerung eines Arbeitnehmers, von einem Vollzeit- in ein Teilzeitarbeitsverhältnis oder umgekehrt zu wechseln, unwirksam. Das Kündigungsverbot ergibt sich bereits aus § 612a BGB, dessen primäre Rechtsfolge gleichfalls die Nichtigkeit des dagegen verstoßenden Rechtsgeschäfts ist; insoweit ist § 11 TzBfG eine Spezialregelung. § 11 TzBfG stellt ein besonderes Kündigungsverbot im Sinne des § 13 Abs. 3 KSchG dar und findet daher auch Anwendung, wenn das Arbeitsverhältnis noch keine sechs Monate bestanden hat.

Nach § 11 S. 2 TzBfG bleibt das Recht zur Kündigung aus anderen Gründen unberührt. Diesbezüglich kann die Rechtsprechung zum vergleichbar ausgestalteten § 613a Abs. 4 S. 2 BGB herangezogen werden: § 11 TzBfG schützt nicht vor Risiken, die sich jederzeit unabhängig von dem Teilzeitanspruch ergeben können. Eine Änderungskündigung von Vollzeitbeschäftigten zur Verringerung der Arbeitszeit bei verringertem Arbeitsanfall bleibt z. B. zulässig.

## 4. Aus- und Weiterbildung

Gemäß § 10 TzBfG hat der Arbeitgeber dafür Sorge zu tragen, dass auch teilzeitbeschäftigte Arbeitnehmer an Aus- und Weiterbildungsmaßnahmen zur Förderung der beruflichen Entwicklung und Mobilität teilnehmen können, es sei denn, dass dringende betriebliche Gründe oder Aus- und Weiterbildungswünsche anderer teilzeit- oder vollzeitbeschäftigter Arbeitnehmer entgegenstehen. Neben Maßnahmen, die die aktuelle Tätigkeit des Teilzeitbeschäftigten betreffen, gehören hierzu auch solche zur Verbesserung der beruflichen Qualifikation, die die berufliche Mobilität fördern.

Bei mehreren Aus- und Weiterbildungswünschen anderer Arbeitnehmer kann der Arbeitgeber unter diesen nach billigem Ermessen frei entscheiden.

§ 10 TzBfG hat vor allem Appellcharakter; ein konkreter Anspruch besteht nur bei Verstoß gegen den Gleichbehandlungsgrundsatz. An einem allgemeinen, für alle Arbeitnehmer geltenden Anspruch auf Aus- und Weiterbildung fehlt es bislang; § 96 Abs. 2 BetrVG enthält lediglich eine recht allgemein gehaltene Verpflichtung der Betriebsparteien zur Förderung der Berufsbildung.

## 5. Verbot abweichender Vereinbarungen

Nach § 22 Abs. 1 TzBfG kann zuungunsten des Arbeitnehmers von den Vorschriften des TzBfG nicht abgewichen werden. Unwirksam wäre daher eine arbeitsvertragliche Klausel, die einen antizipierten Verzicht des Arbeitnehmers auf den Teilzeitanspruch vorsieht. Eine Ausnahme vom Verbot abweichender Vereinbarungen besteht im Bereich der Teilzeitarbeit aber für die Fälle der §§ 12 Abs. 6, 13 Abs. 4, in denen das TzBfG sich selbst für tarifdispositiv erklärt bzw. die individualvertragliche Inbezugnahme eines solchen Tarifvertrages zulässt.

## 6. Erschwerniszulage

Gemäß § 17a EZulV erhalten Beamte und Soldaten eine monatliche Erschwerniszulage, wenn sie zu wechselnden Zeiten zum Dienst herangezogen werden und im Kalendermonat mindestens fünf Nachtdienststunden leisten. Das BVerwG v. 20.10.2022, 2 C 30.20 hat nun entschieden, dass auch Teilzeitbeschäftigte einen Anspruch auf die Zulage haben.

## VI. Anspruch auf Teilzeit nach § 11 TVöD/TV-L

Die tariflichen Regelungen des öffentlichen Dienstes sehen bereits seit 1994 einen Rechtsanspruch auf Teilzeitarbeit vor (vgl. § 11 TVöD, vorher: §§ 15b BAT und MTArb, 14 b BMT-G II). Gegenüber dem gesetzlichen Teilzeitanspruch hat der tarifliche Teilzeitanspruch vor allem im Fall der Kindesbetreuung praktische Bedeutung. Der Teilzeitanspruch aus § 11 TVöD ist insofern für den Arbeitnehmer günstiger, als dort keine Wartezeit vorgesehen ist, ein Anspruch auf eine befristete Verringerung der Arbeitszeit verankert ist und die Ablehnung nur aus dringenden dienstlichen bzw. betrieblichen Gründen erfolgen kann. § 11 Abs. 1 TVöD/TV-L wird daher nicht durch § 8 Abs. 4 TzBfG verdrängt (BAG v. 16.12.2014, 9 AZR 915/13, ZTR 2015, 327).

Daneben ist § 16 BGleiG zu beachten. Nach dieser Vorschrift hat der öffentliche Arbeitgeber familien- oder pflegebedingten Teilzeitanträgen von „Beschäftigten mit Familien- oder Pflegeaufgaben" zu entsprechen, soweit nicht „zwingende dienstliche Belange" entgegenstehen. Die Gleichstellungsgesetze der Länder enthalten teilweise ähnliche Regelungen zur Verbesserung der Vereinbarkeit von Familie und Berufstätigkeit und teilweise weitergehende Ansprüche auf Verringerung der Arbeitszeit. So enthält beispielsweise § 13 LGG NRW die Regelung, dass die Dienststelle über die individuelle Gestaltung der Arbeitszeit im Einzelfall hinaus familienfreundliche Arbeitszeiten im Rahmen der geltenden arbeitszeitrechtlichen Regelungen (TzBfG, TVöD, TV-L, TVöD-S) für die Beschäftigten mit Familienpflichten anbieten soll

## 1. Voraussetzungen des Teilzeitanspruchs nach § 11 TVöD/TV-L

Die tariflichen Voraussetzungen des Anspruchs auf Teilzeit unterscheiden sich von den Voraussetzungen des § 8 TzBfG. Insbesondere ist der Ablauf einer sechsmonatigen Wartezeit, vgl. § 8 Abs. 6 TzBfG, nicht erforderlich.

### 1.1 Persönlicher Geltungsbereich

Anders als die Vorgängerregelung des § 15b BAT gilt § 11 Abs. 1 TVöD sowohl für Vollzeit- als auch für Teilzeitbeschäftigte. Während nach dem Wortlaut der Vorgängerregelung nur „vollbeschäftigte" Arbeitnehmer einen Teilzeitanspruch geltend machen konnten, können nun auch Teilzeitbeschäftigte ihre bisherige Arbeitszeit reduzieren.

### 1.2 Betreuung eines Kindes unter 18 Jahren

Mit dem Arbeitnehmer soll auf Antrag eine geringere als die regelmäßige Arbeitszeit vereinbart werden, wenn er mindestens ein Kind unter 18 Jahren tatsächlich betreut oder pflegt. Den Begriff des „Kindes" definiert der TVöD nicht. Verfassungsrecht, Bürgerliches Recht, Strafrecht, Steuerrecht und Sozialrecht verwenden jeweils unterschiedliche Begriffsbestimmungen. Nach herrschender Meinung sollen die Begriffsbestimmungen des Steuerrechts bzw. des Kindergeldrechts übertragen werden. Als Kinder unter 18 Jahren kommen in Anknüpfung an das gesetzliche Kindergeldrecht (§§ 32, 63 EStG i. V. m. § 2 Abs. 1 BKGG) neben ehelichen Kindern für ehelich erklärte Kinder, an Kindes statt angenommene Kinder und nicht eheliche Kinder, unter bestimmten Voraussetzungen aber auch Stiefkinder, Pflegekinder, Enkel und Geschwister des Arbeitnehmers in Betracht.

### 1.3 Betreuung pflegebedürftiger Angehöriger

Mit dem Arbeitnehmer soll ferner auf Antrag eine geringere als die regelmäßige Arbeitszeit vereinbart werden, wenn er mindestens einen nach ärztlichen Gutachten pflegebedürftigen sonstigen Angehörigen tatsächlich betreut oder pflegt.

Als Angehörige kommen neben Kindern i. S. d. Kindergeldrechts, soweit sie das 18. Lebensjahr vollendet haben, der Ehegatte, die Eltern, die Großeltern, die Schwiegereltern, die Stiefeltern und Geschwister in Betracht. Gleiches gilt für die in einer eingetragenen Lebenspartnerschaft lebenden Partner. Lebensgefährten an sich sind keine Angehörigen im Sinne der Vorschrift.

Pflegebedürftig ist der Angehörige, wenn er infolge seiner körperlichen, seelischen oder geistigen Behinderung nicht in der Lage ist, die Angelegenheiten des täglichen Lebens selbst und ohne fremde Hilfe zu erledigen (vgl. auch § 14 SGB XI). Ein einfaches ärztliches Gutachten reicht zum Nachweis aus, ein amtsärztliches Gutachten ist i. d. R. nicht erforderlich. In begründeten Ausnahmefällen ist aber nicht ausgeschlossen, dass der Arbeitgeber ein amtsärztliches Gutachten verlangt, wenn er auch nach dem ärztlichen Gutachten begründete Zweifel an der Pflegebedürftigkeit des Angehörigen hat.

Der Arbeitnehmer muss eine der genannten Personen tatsächlich betreuen oder pflegen. Das die zu betreuende Person im Haushalt des Angestellten lebt, ist nicht erforderlich. Daher muss der Arbeitnehmer im Zweifel die Möglichkeit darlegen, regelmäßig die Betreuung und Pflege durchführen zu können. Zweifel

daran, die sich etwa aus großer räumlicher Entfernung des Aufenthaltsortes des Pflegebedürftigen vom Haushalt des Arbeitnehmers ergeben, muss dieser widerlegen. Er muss aber auch die regelmäßigen tatsächlichen Betreuungs- und Pflegeleistungen darlegen. Diese müssen während der allgemein üblichen Dienstzeit notwendig sein. Allerdings muss der Arbeitnehmer die damit verbundenen Aufgaben nicht allein erfüllen; er kann sich dabei durch sonstige Angehörige oder Dritte helfen lassen.

## 2. Entgegenstehende dringende dienstliche bzw. betriebliche Belange

Eine Ablehnung des tariflichen Anspruchs auf Teilzeit ist nur beim Vorliegen entgegenstehender dringender dienstlicher bzw. betrieblicher Belange möglich. Daran sind strenge Anforderungen zu stellen, die tendenziell eher in kleineren Verwaltungen/Betrieben erfüllt werden können. Dass in § 11 TVöD von dringenden dienstlichen oder betrieblichen Belangen die Rede ist, unterstreicht den Vorrang, den die Tarifvertragsparteien den Interessen des Arbeitnehmers eingeräumt haben. Die entgegenstehenden betrieblichen Belange müssen von erheblichem Gewicht sein. Sie müssen sich gleichsam als zwingende Hindernisse für die beantragte Verkürzung der Arbeitszeit darstellen (vgl. BAG v. 16.10.2007, 9 AZR 321/06, ZTR 2008, 166). Dringende betriebliche Belange liegen z. B. vor, wenn die konkrete Aufgabe ausnahmsweise die Besetzung mit einer Vollzeitkraft verlangt oder der Angestellte für eine begrenzte Übergangszeit unverzichtbar ist. Das Prinzip „one face to the customer" (keine teilbare Kundenverantwortung) gilt z. B. für Kundenberater und Kundenbetreuer in bestimmten Kundensegmenten sowie für Spezialisten im Anlage- und Kreditbereich (BAG v. 16.10.2007, 9 AZR 239/07, NZA 2008, 289). In gleicher Weise dürfte der Ablehnungsgrund des § 16 GleiG (Entgegenstehen „zwingender dienstlicher Belange") auszulegen sein. Kein dringender dienstlicher oder betrieblicher Belang im Sinne von § 11 TVöD/TV-L ist der Wunsch des Arbeitgebers, anlässlich des Wechsels in Teilzeit einen Tarifwechsel durchzusetzen. So hat das LAG München entschieden, dass der Arbeitgeber die Gewährung der Teilzeitarbeit nicht davon abhängig machen darf, dass der Arbeitnehmer sich arbeitsvertraglich der Geltung eines anderen Tarifvertrags unterwirft (LAG München v. 28.4.2009, 7 Sa 1093/08).

Der Arbeitgeber kann sich auch nicht auf die tarifvertragliche Arbeitszeit als solche berufen. Die tarifvertragliche Arbeitszeit als solche stellt kein Organisationskonzept im Sinne von dem Teilzeitverlangen entgegenstehender betrieblicher Belange dar (LAG Hamm v. 29.1.2020, 6 Sa 1081/19).

## 3. Rechtsfolge

§ 11 TVöD beinhaltet eine Soll-Regelung. Diese ist – wie andere tarifliche Soll-Regelungen – allerdings so auszulegen, dass bei Erfüllung der tariflichen Voraussetzungen ein Rechtsanspruch auf Teilzeitbeschäftigung besteht. Allerdings begründet § 11 TVöD keinen Anspruch gegen den Arbeitgeber, den *Arbeitsvertrag* hinsichtlich der Verteilung der Arbeitszeit zu ändern. Der Arbeitnehmer hat lediglich einen Anspruch darauf, dass der Arbeitgeber bei der Ausübung seines Direktionsrechts aus § 106 GewO hinsichtlich der Verteilung der reduzierten Arbeitszeit der besonderen persönlichen Situation des Arbeitnehmers Rechnung trägt, soweit dies dienstlich möglich ist (BAG v. 16.12.2014, 9 AZR 915/13, ZTR 2015, 327).

Der Arbeitnehmer hat, sofern er die Tatbestandsvoraussetzungen erfüllt, einen Anspruch auf Gewährung der Teilzeitbeschäftigung für die Dauer von bis zu fünf Jahren. Eine Verlängerung ist auf Antrag möglich. Dieser ist spätestens sechs Monate vor Ablauf der vereinbarten Teilzeitbeschäftigung gemäß § 11 Abs. 1 S. 3 TVöD zu stellen. Wird die Teilzeitbeschäftigung befristet zwischen den Arbeitsvertragsparteien vereinbart, gilt nach Ablauf der Befristung wieder der vor der Reduzierung maßgebende Arbeitszeitumfang, sofern keine anderen Vereinbarungen getroffen werden. Beantragt der Arbeitnehmer keine Befristung der Teilzeitbeschäftigung, so wird die Arbeitszeit dauerhaft reduziert. Er hat dann keinen Anspruch auf Wiederaufleben seines ursprünglichen Arbeitsvertrages.

Ist eine Befristung nach § 11 Abs. 1 TVöD vereinbart worden, bleibt diese auch bestehen, wenn die Voraussetzungen des Abs. 1 nachträglich entfallen, also z. B. das Kind im Internat untergebracht wird oder der pflegebedürftige Angehörige stirbt.

### 4. Verhältnis zu § 8 TzBfG und § 9a TzBfG

§ 11 Abs. 1 TVöD und § 8 Abs. 4 TzBfG sowie § 9a Abs. 2 TzBfG gelten nebeneinander. § 11 TVöD wird durch § 8 Abs. 4 TzBfG und § 9a Abs. 2 TzBfG nicht verdrängt.

Der in § 8 Abs. 4 TzBfG geregelte Anspruch des Arbeitnehmers auf Verringerung der Arbeitszeit und ihre Verteilung ist zwingend und bindet auch die Tarifvertragsparteien. Gleiches gilt für den Anspruch auf befristete Teilzeit aus § 9a Abs. 2 TzBfG. Tarifliche Regelungen sind daher nur wirksam, wenn sie eine günstigere Regelung darstellen. Hierzu gehört § 11 Abs. 1 TVöD, da sie dem Arbeitnehmer auch in Unternehmen mit weniger als 46 Beschäftigten die Möglichkeit eröffnet, die Arbeitszeit befristet herabzusetzen. In den Fällen, in denen Kinder unter 18 Jahren zu betreuen oder Angehörige zu pflegen sind, ist § 11 TVöD ebenfalls weitergehend als § 8 TzBfG und § 9a TzBfG. Der Arbeitgeber kann die gewünschte Teilzeit nur ablehnen, wenn dringende betriebliche Belange entgegenstehen, während § 8 Abs. 4 TzBfG und § 9a Abs. 2 TzBfG nur betriebliche Belange fordern, die nicht dringend sein müssen. Soweit der Regelungsbereich von § 11 TVöD reicht, ist die Rechtsposition des Arbeitnehmers also stärker.

Der Arbeitnehmer kann also selbst bestimmen, ob er ein Teilzeitverlangen auf § 8 TzBfG, § 9a TzBfG oder § 11 TVöD stützt. Wenn der Arbeitnehmer sich ausdrücklich auf eine Vorgehensweise nach § 8 TzBfG bzw. § 9a TzBfG einerseits oder § 11 TVöD andererseits festlegt, muss er sich hieran festhalten lassen. Ein ausdrücklich auf § 8 TzBfG oder § 9a TzBfG gestütztes Teilzeitverlangen kann in einem nachfolgenden arbeitsgerichtlichen Verfahren lediglich an den Voraussetzungen des TzBfG gemessen werden. Etwas anderes könnte gelten, wenn der Arbeitnehmer sein Verlangen hilfsweise auf § 11 TVöD stützt oder die Auslegung eines nicht näher charakterisierten Verlangens ergibt, dass der Arbeitnehmer sich auf die für ihn im Einzelfall günstigere Regelung beziehen wollte.

# Treuepflicht

 **Wegweiser:**

Die Treuepflicht verpflichtet Beschäftigte auch im öffentlichen Dienst zur Rücksichtnahme gegenüber dem Dienstherrn bzw. Arbeitgeber und entspricht grundsätzlich derjenigen, die auch in privatwirtschaftlichen Arbeitsverhältnissen zu beachten ist.

Für den öffentlichen Dienst findet sich zudem eine Vielzahl spezieller tarifvertraglicher Regelungen, in denen Umfang und Art der Treuepflichten der Beschäftigten konkretisiert werden. So ist die politische Treuepflicht für die Beschäftigten in der Ver-

waltung ausdrücklich in § 41 TVöD BT-V geregelt. Auch im TV-L ist in § 3 Abs. 1 bestimmt, dass die arbeitsvertraglich geschuldete Leistung gewissenhaft und ordnungsgemäß auszuführen ist und die Beschäftigten sich durch ihr gesamtes Verhalten zur freiheitlich-demokratischen Grundordnung bekennen müssen.

Konkrete Treuepflichten regelt auch § 3 TVöD/TV-L (Geheimhaltung, Unbestechlichkeit, Schmiergeld, Nebentätigkeit, ärztliche Untersuchung). Vgl. zu den einzelnen Treuepflichten im öffentlichen Dienst: Breier/Dassau TVöD Komm. Erl. 1 zu § 3 TVöD, Sponer/Steinherr, TV-L Komm. Rn. 1 zu § 3 TV-L.

Im Übrigen ergeben sich die allgemeinen Verhaltenspflichten eines Arbeitnehmers im öffentlichen Dienst aus den allgemeinen zivil- und arbeitsrechtlichen Vorschriften, etwa den §§ 241 Abs. 2, 242 BGB.

I. **Begriff**
II. **Die Treuepflichten im Einzelnen**
    1. Politische Treuepflicht
    2. Pflicht zur Verschwiegenheit/Geheimhaltung
    3. Pflicht zur Unbestechlichkeit
    4. Pflicht zur Unterlassung von Nebentätigkeit
    5. Pflicht zur Teilnahme an ärztlichen Untersuchungen
    6. Treuepflichten im kirchlichen Arbeitsrecht

## I. Begriff

Neben den arbeitsvertraglichen Hauptpflichten (Dienstleistungs- und Vergütungspflicht) existieren eine Vielzahl vertraglicher Nebenpflichten beider Vertragsparteien. Auch eine erhebliche Verletzung von vertraglichen Nebenpflichten kann eine Kündigung sozial rechtfertigen (BAG v. 26.3.2015, 2 AZR 517/14, ZTR 2015, 671). Zu den wichtigsten vertraglichen Nebenpflichten zählt die Treuepflicht. Sie besagt, dass Beschäftigte ihre Verpflichtungen aus dem Arbeitsverhältnis so wahrzunehmen haben, wie dies von ihnen nach Treu und Glauben billigerweise verlangt werden kann. Dabei haben Beschäftigte alles zu unterlassen, was die Position des Arbeitgebers beeinträchtigen kann. Entsprechendes gilt umgekehrt für den Arbeitgeber, der gegenüber seinen Arbeitnehmern zur Fürsorge verpflichtet ist. Erfüllt der Beschäftigte seine Nebenpflichten nicht, liegt häufig eine Schlechtleistung vor, die als Pflichtverletzung im Sinne des § 280 BGB zu Schadensersatz führen kann. Wegen des besonderen personellen Charakters des Arbeitsverhältnisses (§ 613 BGB) besteht eine gegenüber anderen Vertragsverhältnissen gesteigerte Treuepflicht. Die Verhaltenspflichten der Beschäftigten des öffentlichen Dienstes gehen jedoch grundsätzlich nicht über diejenigen der Beschäftigten in der Privatwirtschaft hinaus (vgl. hierzu Pawlak/Geissler öAT 2010, S. 150 ff.). Aufgrund ihrer Nähe zum Arbeitgeber und dem damit verbundenen besonderen Vertrauensverhältnis obliegen leitenden Angestellten erhöhte Treuepflichten. An eine auf der Verletzung der Loyalitätspflicht beruhenden personen- oder verhaltensbedingten Kündigung oder an den besonders wichtigen Grund einer außerordentlichen Kündigung werden daher geringere Anforderungen gestellt.

Besondere Regelungen über spartenspezifische allgemeine Pflichten ergeben sich jedoch aus den besonderen Teilen des TVöD. § 42 TVöD BT-K enthält beispielsweise Bestimmungen über die allgemeinen Pflichten der Ärzte. So regelt die Vorschrift u. a. die obligatorische Teilnahme an Rettungsdienstfahrten oder die Ausstellung ärztlicher Bescheinigungen.

**WICHTIG!**

Für Beschäftigte im öffentlichen Dienst gibt es eine Reihe besonderer tariflicher Nebenpflichten. Diese sind in den einschlägigen Tarifverträgen meist ausführlich geregelt.

Treuepflichten bestehen nicht nur während der Laufzeit des jeweiligen Vertrages, sondern bereits im Vertragsanbahnungsverhältnis und über das Vertragsende hinaus. Sogar im Ruhestandsverhältnis wirkt die Treuepflicht fort und ein gravierender Verstoß kann zur Verwirkung des Ruhegeldanspruchs führen.

## II. Die Treuepflichten im Einzelnen

Die Treuepflicht hat generalklauselartigen Charakter, der in einer Vielzahl von Einzelpflichten seine Ausgestaltung findet.

### 1. Politische Treuepflicht

Die Beschäftigten im öffentlichen Dienst unterliegen einer politischen Treuepflicht. Sie müssen sich durch ihr gesamtes Verhalten zur freiheitlich-demokratischen Grundordnung im Sinne des Grundgesetzes bekennen. Im BAT/BAT-O (§ 8 Abs. 1 Satz 2) war diese sogenannte politische Treuepflicht für Angestellte ausdrücklich festgeschrieben. Im Bereich des Beamtenrechts gehört die politische Treuepflicht zu den hergebrachten Grundsätzen des Berufsbeamtentums im Sinne des Art. 33 Abs. 5 GG (BVerfG v. 22.5.1975, 2 BvL 13/73), die eine einfachgesetzliche Regelung in den §§ 60 Abs. 1, 2 und 61 BBG gefunden hat. Ein Verstoß gegen die politische Treuepflicht im öffentlichen Dienst kann eine personen- oder verhaltensbedingte Kündigung rechtfertigen.

Eine ausdrückliche Regelung der politischen Treuepflicht im öffentlichen Dienst gibt es im TVöD-AT nicht mehr. Lediglich für die Beschäftigten in der Verwaltung ist in § 41 TVöD BT-V und für die Beschäftigten der Länder in § 3 Abs. 1 TV-L geregelt, dass die im Rahmen des Arbeitsvertrages geschuldete Leistung gewissenhaft und ordnungsgemäß auszuführen ist und dass Beschäftigte, die hoheitliche Tätigkeiten wahrnehmen, sich durch ihr gesamtes Verhalten zur freiheitlich-demokratischen Grundordnung im Sinne des Grundgesetzes bekennen müssen. Die Verpflichtung zu einem entsprechenden Gelöbnis ist weder im TVöD noch im TV-L enthalten.

Ein Arbeitnehmer des öffentlichen Dienstes unterliegt nicht in jedem Fall der einem Beamten vergleichbaren gesteigerten Treuepflicht (BAG v. 12.5.2011, 2 AZR 479/09, ZTR 2011, 739; BAG v. 6.9.2012, 2 AZR 372/11, ZTR 2013, 261). Nach der sogenannten Funktionstheorie ist das Maß der einem Beschäftigten des öffentlichen Dienstes abzuverlangenden Loyalität gegenüber der Verfassung nach der Stellung und dem Aufgabenkreis zu beurteilen, der dem Beschäftigten laut Arbeitsvertrag übertragen ist. Dieser schuldet also lediglich ein solches Maß an politischer Loyalität, das für die funktionsgerechte Verrichtung seiner Tätigkeit unverzichtbar ist (vgl. BAG v. 28.9.1989, 2 AZR 317/86; BAG v. 12.5.2011, 2 AZR 479/09, ZTR 2011, 739; LAG Köln v. 23.7.2020, 8 Sa 57/20). Abhängig von seiner Funktion kann ein Arbeitnehmer der ihm beispielsweise nach § 3 Abs. 1 S. 2 TV-L obliegenden Pflicht zur Verfassungstreue schon genügen, wenn er die freiheitliche demokratische Grundordnung nicht aktiv bekämpft, beschimpft oder verächtlich macht. Nach der Rechtsprechung des BAG zur sogenannten funktionsbezogenen Treuepflicht der Beschäftigten des öffentlichen Dienstes ist im Einzelfall entscheidend, „inwieweit die außerdienstlichen politischen Aktivitäten in die Dienststelle hineinwirken und entweder die allgemeine Aufgabenstellung des

öffentlichen Arbeitgebers oder das konkrete Aufgabengebiet des Arbeitnehmers berühren" (BAG v. 12.5.2011, 2 AZR 479/09, ZTR 2011, 739). Bei Lehrern und Erziehern sind in dieser Hinsicht hohe Maßstäbe anzusetzen. So kann ein zur außerordentlichen Kündigung berechtigender Loyalitätsverstoß vorliegen, wenn ein Erzieher im öffentlichen Dienst außerdienstlich für rechtsradikales Gedankengut und Gewaltverherrlichung einsteht. Hervorzuheben sind hierbei nicht bloß die verfassungsfeindlichen außerdienstlichen Aktivitäten, sondern insbesondere die Auswirkungen auf den Dienstbetrieb (ArbG Mainz v. 19.5.2015, 7 Ca 254/14; vgl. auch ArbG Berlin v. 16.1.2019, 60 Ca 7170/18). Auch derartiges heimliches Agieren kann eine Kündigung rechtfertigen, da dies bei Lehrern und Erziehern mit staatlichem Bildungs- und Erziehungsauftrag erst recht zur Gefahr werden kann (LAG Mecklenburg-Vorpommern v. 21.6.2022, 5 Sa 256/21). Einen Verstoß gegen die Verfassungstreuepflicht stellt auch eine über dem Hosenbund gestochene Tätowierung eines Lehrers im öffentlichen Dienst dar, welche den Straftatbestand der Verwendung von Kennzeichen verfassungswidriger Organisationen gem. § 86a StGB erfüllt. Das Landesarbeitsgericht erachtete die deswegen ausgesprochene außerordentliche Kündigung als wirksam (LAG Berlin-Brandenburg v. 11.5.2021, 8 Sa 1655/20).

Ist nach den vorgenannten Grundsätzen des BAG eine Treupflichtverletzung anzunehmen, kommt bei politischer Betätigung eines Beschäftigten des öffentlichen Dienstes für eine verfassungsfeindliche Partei oder Organisation, insbesondere bei einem Eintreten für deren verfassungsfeindliche Ziele, nach Ansicht des BAG sowohl eine verhaltensbedingte als auch eine personenbedingte Kündigung in Betracht. Das gilt unabhängig davon, ob die Verfassungswidrigkeit der Partei durch das Bundesverfassungsgericht nach Art. 21 Abs. 2 GG festgestellt wurde. Auch das politische Engagement für eine nicht verbotene, gleichwohl verfassungsfeindliche Organisation kann eine Kündigung rechtfertigen.

Die Mitgliedschaft in und Aktivitäten für die NPD oder ihre Jugendorganisation (JN) stehen allerdings regelmäßig nicht schon als solche einer Weiterbeschäftigung im öffentlichen Dienst entgegen. Dies stellte das BAG mit Urteil vom 6.9.2012 (2 AZR 372/11, ZTR 2013, 261) klar. Der Aufruf, den Staat, die Verfassung oder Verfassungsorgane zu beseitigen, sowie deren Beschimpfung und Verunglimpfung können allerdings auch dann einen Kündigungsgrund darstellen, wenn den verantwortlichen Beschäftigten des öffentlichen Dienstes lediglich eine „einfache" Treuepflicht trifft. In seiner Entscheidung hat das BAG noch einmal ausdrücklich hervorgehoben, dass sämtliche Arbeitnehmer des öffentlichen Dienstes ein bestimmtes Maß an Verfassungstreue aufbringen müssen, selbst wenn sie keiner gesteigerten, beamtenähnlichen Treuepflicht aufgrund ihrer Funktion oder Dienststelle unterliegen.

Der BGH (v. 5.10.2023, RzZ(R) 1/23) befand in jüngster Vergangenheit die vorzeitige Versetzung in den Ruhestand eines Mitglieds des „rechten Flügels", das öffentlich rassistische Äußerungen im Internet machte, als gerechtfertigt an. Das LAG München (v. 18.7.2023, 7 Sa 71/23) hat die Kündigung einer Beschäftigten als gerechtfertigt angesehen, die als Rednerin für die „Münchener Freiheitsversammlung" auf Anti-Corona Demonstrationen auftrat und aktiv zum Widerstand gegen einen „reaktionären und faschistoiden Staat" aufrief.

## 2. Pflicht zur Verschwiegenheit/Geheimhaltung

Die allgemeine arbeitsrechtliche Verschwiegenheitspflicht ergibt sich aus §§ 241 Abs. 2, 242 BGB und erstreckt sich grundsätzlich auf alle Angelegenheiten, deren Geheimhaltung gesetzliche oder durch Weisung des Arbeitgebers angeordnet ist. Gesetzliche Verschwiegenheitspflichten sind beispielsweise vorgesehen in §§ 45, 53 BDSG, § 35 SGB I, § 11 BPersVG, § 79 BetrVG, § 24 Abs. 2 ArbNErfG, §§ 30, 31 AO, § 13 Nr. 6 BBiG sowie in dem seit 2019 anstelle der §§ 17 bis 19 UWG geltenden Geschäftsgeheimnisgesetz.

Für den öffentlichen Dienst regelt § 3 Abs. 1 TVöD bzw. § 3 Abs. 2 TV-L die Verpflichtung der Beschäftigten zur Verschwiegenheit, wonach die Beschäftigten über Angelegenheiten, deren Geheimhaltung durch gesetzliche Vorschriften vorgesehen oder vom Arbeitgeber angeordnet ist, Verschwiegenheit zu wahren haben und zwar auch über die Beendigung des Arbeitsverhältnisses hinaus. Auch der Tarifvertrag für Auszubildende des öffentlichen Dienstes (TVAöD) verpflichtet in seinem § 5 Abs. 1 die Auszubildenden zur Verschwiegenheit „in demselben Umfang wie die Beschäftigten des Ausbildenden". Die Verschwiegenheitspflicht der Beschäftigten und Auszubildenden im öffentlichen Dienst ist somit weniger weitgehend als die der Beamten, denen in § 67 BBG auferlegt wird, grundsätzlich über alle im Rahmen der dienstlichen Tätigkeit bekannt gewordenen Angelegenheiten Stillschweigen zu bewahren. Zweck der Pflicht zur Verschwiegenheit ist neben der Wahrung der Interessen des Arbeitgebers speziell im öffentlichen Dienst auch der Schutz der Privatgeheimnisse des Bürgers. Die ehemals in § 9 Abs. 3 BAT/BAT-O geregelte Herausgabepflicht von dienstlichen Schriftstücken und Ähnlichem ist im Zusammenhang mit der Verschwiegenheitspflicht in § 3 TVöD nicht mehr geregelt. Eine solche Herausgabepflicht ergibt sich allerdings aus der allgemeinen arbeitsvertraglichen Treuepflicht der Beschäftigten, sodass der Arbeitgeber seine Ansprüche im Rahmen des bürgerlichen Rechts nach den §§ 858, 861, 985 BGB geltend machen kann.

Die Verschwiegenheits- bzw. Geheimhaltungspflicht besteht gegenüber jedermann, insbesondere auch gegenüber nahen Angehörigen und Mitarbeitern der gleichen Dienststelle, soweit sie nicht mit der Angelegenheit dienstlich befasst sind. Der Verstoß gegen die Verschwiegenheits- bzw. Geheimhaltungspflicht stellt eine Pflicht- bzw. Vertragsverletzung dar, die je nach Umständen des Einzelfalls mit einer Verwarnung, einer förmlichen Abmahnung und sogar mit einer ordentlichen bzw. außerordentlichen Kündigung sanktioniert werden kann. Auch die Geltendmachung eines Schadensersatzanspruches nach §§ 280 ff. BGB oder §§ 823 ff. BGB kommt in Betracht, beispielsweise, wenn gegen das AGG verstoßende Ablehnungsgründe innerhalb eines Bewerbungsverfahrens weitergegeben werden (OLG Frankfurt a.M. v. 8.5.2014, 16 U 175/13).

Verletzt ein Personalratsmitglied seine amtsbezogene Schweigepflicht, so kann dies zu einem Ausschluss aus dem Personalrat führen. Ein grober Verstoß gegen die Schweigepflicht ist gegeben, wenn ein Personalratsmitglied ohne nachvollziehbaren Grund eine Stellungnahme des Personalrats mit detaillierter Kritik an einem Tätigkeitsbericht der Gleichstellungsbeauftragten an die örtliche Presse weiterleitet und dadurch die von der Presse vertretene Öffentlichkeit über einen dienststelleninternen Konflikt informiert, ohne zuvor alle Möglichkeiten einer dienststelleninternen Konfliktlösung genutzt zu haben (VG Göttingen v. 6.8.2018, 7 A 2/17).

Die Verschwiegenheitspflicht genießt im öffentlichen Dienst einen ganz besonderen Stellenwert. Ihre Verletzung berechtigt den Arbeitgeber regelmäßig zur Abmahnung (LAG Düsseldorf v. 24.7.2009, 9 Sa 194/09). Deutlich wird die besondere Bedeutung auch dadurch, dass die Verletzung der Verschwiegenheitspflicht teilweise mit Strafe bedroht ist (vgl. §§ 203, 204, 206, 353b StGB). Täter dieser besonderen Straftatbestände können insbesondere Amtsträger, für den öffentlichen Dienst besonders Verpflichtete und Personen sein, die Aufgaben oder Befugnisse nach dem Personalvertretungsrecht wahrnehmen. Amtsträger ist nach § 11 Abs. 1 Nr. 2 StGB, wer nach deutschem Recht,

- ▶ Beamter oder Richter ist,

- ▶ in einem sonstigen öffentlich-rechtlichen Amtsverhältnis steht oder

- ▶ sonst dazu bestellt ist, bei einer Behörde oder bei einer sonstigen Stelle oder in deren Auftrag Aufgaben der öffentlichen Verwaltung wahrzunehmen.

Ein für den öffentlichen Dienst besonders Verpflichteter ist unter anderem, wer, ohne Amtsträger im Sinne von § 11 Abs. 1 Nr. 2 StGB zu sein, bei einer Behörde oder bei einer sonstigen Stelle, die Aufgaben der öffentlichen Verwaltung wahrnimmt, beschäftigt oder für sie tätig ist und auf die gewissenhafte Erfüllung seiner Obliegenheiten nach dem Verpflichtungsgesetz formell verpflichtet ist (vgl. § 11 Abs. 1 Nr. 4 StGB, § 1 Abs. 1 Nr. 1 VerPflG). Nehmen diese Beschäftigten aber selbst Aufgaben der öffentlichen Verwaltung wahr, so sind sie bereits Amtsträger im Sinne des § 11 Abs. 1 Nr. 2 StGB und einer Verpflichtung bedarf es in diesem Falle nicht. Für die förmliche Verpflichtung verbleibt damit ein Anwendungsbereich z. B. für Schreibkräfte, Bürokräfte, Boten, Putzfrauen etc., wenn sie bei den oben genannten Stellen beschäftigt oder für diese tätig sind.

 **TIPP!**

Da die Frage, wann ein Beschäftigter selbst öffentliche Aufgaben wahrnimmt, nur schwer zu beantworten ist, empfiehlt es sich für die oben genannten Stellen, Beschäftigte im Zweifel auf die gewissenhafte Erfüllung ihrer Obliegenheiten zu verpflichten.

Die Verpflichtung wird mündlich und unter Hinweis auf die strafrechtlichen Folgen einer Pflichtverletzung vorgenommen, § 1 Abs. 2 VerPflG. Über die Verpflichtung ist nach § 1 Abs. 3 VerPflG eine vom Verpflichteten unterzeichnete Niederschrift aufzunehmen.

Wenn die öffentliche Hand sich zur Erfüllung ihrer Verwaltungsaufgaben privatrechtlicher Organisationen (etwa in der Rechtsform der GmbH oder AG) bedient, sind die dort Beschäftigten jedenfalls dann Amtsträger im Sinne des StGB, wenn sie im Rahmen der Leistungsverwaltung Aufgaben der Daseinsvorsorge wahrnehmen (BGH v. 14.11.2003, 2 StR 164/03).

Die Pflicht zur Verschwiegenheit gilt während des Arbeitsverhältnisses uneingeschränkt. Auch nach dem Ende des Arbeitsverhältnisses können Geheimhaltungspflichten fortwirken. Durch Arbeitsvertrag oder Tarifvertrag kann eine besondere nachvertragliche Verschwiegenheitspflicht vereinbart werden. Hierbei ist jedoch immer zu bedenken, dass der Beschäftigte in seinem beruflichen Fortkommen nicht übermäßig beschränkt werden darf. In diesen Fällen kann die nachvertragliche Verschwiegenheitspflicht als nachvertragliches Wettbewerbsverbot gelten, sodass gegebenenfalls eine Karenzentschädigung nach §§ 74 ff. HGB gezahlt werden muss. In § 3 Abs. 1 letzter Halbsatz TVöD ist die Nachwirkung der Schweigepflicht ausdrücklich geregelt. Eine derartige Regelung ist nach der Rechtsprechung des Bundesarbeitsgerichts zulässig und hängt nicht von der Zusage einer Entschädigung ab. Aus der Nachwirkung der Verschwiegenheitspflicht folgt, dass auch während eines fortbestehenden Arbeitsverhältnisses die Verschwiegenheitspflicht andauert, wenn die jeweilige Angelegenheit nicht mehr zum direkten Aufgabenbereich des Beschäftigten gehört. Nach Beendigung des Arbeitsverhältnisses kann der begangene Verstoß gegen die Verschwiegenheitspflicht zwar nicht mehr mit Mitteln des Arbeitsrechts geahndet werden, aber in Betracht kommt weiterhin die Geltendmachung von Schadensersatzansprüchen oder die Erhebung einer allgemeinen Unterlassungsklage. Die oben genannten strafrechtlichen Rechtsfolgen wirken auch nach Beendigung des Arbeitsverhältnisses fort (vgl. Breier/Dassau TVöD Komm. Erl. 2.9. zu § 3 Rn. 18).

Wird ein Beschäftigter dazu aufgefordert, vor Gericht als Zeuge oder Sachverständiger über Angelegenheiten auszusagen, die von seiner Verschwiegenheitspflicht erfasst werden, so bedarf es einer Aussagegenehmigung seines Arbeitgebers. Dieses Erfordernis besteht auch nach Beendigung des Arbeitsverhältnisses, da auch die Schweigepflicht über die Beendigung des Arbeitsverhältnisses hinaus fortwirkt. In diesem Fall muss der Arbeitnehmer die Genehmigung des früheren Arbeitgebers einholen.

 **ACHTUNG!**

Die Weigerung des Arbeitgebers zur Entbindung des Beschäftigten von seiner Verschwiegenheitspflicht kann einen Verstoß gegen die Fürsorgepflicht darstellen. Dies ist beispielsweise dann der Fall, wenn der Beschäftigte sich ohne eine Entbindung von der Schweigepflicht in einem Rechtsstreit nicht sachgerecht verteidigen kann.

### 3. Pflicht zur Unbestechlichkeit

Die Annahme jeglicher Belohnungen, Geschenke, Provisionen oder sonstiger Vergünstigungen ist den Beschäftigten grundsätzlich untersagt, § 3 Abs. 2 TVöD/§ 3 Abs. 3 TV-L. Sinn und Zweck des Verbots der Annahme jeglicher Begünstigungen ist die Gewährleistung einer unbestechlichen Diensterfüllung der öffentlichen Verwaltung. Im Interesse der Allgemeinheit hat die Unbestechlichkeit der öffentlichen Verwaltung oberste Priorität.

Unter den Begriff Geschenk fällt jede freiwillige, unentgeltliche Zuwendung, die einen Vermögenswert besitzt, also den Empfänger bereichert, ohne dass von ihm eine Gegenleistung erwartet wird (Breier/Dassau TVöD Komm. Erl. 3.6 zu § 3 Rn. 26). Während das „Geschenk" eine endgültige, materielle Vermögensmehrung meint, werden von dem Begriff „Belohnung" auch vermögenswerte Vergünstigungen vorübergehender Art und immaterielle Vorteile erfasst (Sponer/Steiner, TV-L Komm., § 3 TV-L Rn. 122). Hierunter fallen beispielsweise auch Preisnachlässe, die Stundung einer Forderung oder Einladungen zu einem Essen. Neu eingeführt in die Vorschriften des TVöD/TV-L wurden die Begriffe „Provisionen" sowie der Oberbegriff „sonstige Vergünstigungen". Mit dem Begriff „sonstige Vergünstigungen" als Auffangtatbestand sollen alle Formen von Begünstigungen im Zusammenhang mit der dienstlichen Tätigkeit erfasst werden, die von den Begriffen Belohnung, Geschenk und Provision nicht erfasst werden. Das Verbot des § 3 Abs. 2 Satz 1 TVöD gilt auch für die Begünstigung durch Testament/letztwillige Verfügung (BAG v. 17.4.1984, 3 AZR 97/82). Die jeweilige Vergünstigung muss aber unabhängig von ihrem Wert einen Bezug zur dienstlichen Tätigkeit des Beschäftigten haben. Es genügt aber, wenn es einen Zusammenhang zwischen der auszuübenden Tätigkeit und

der Vergünstigung gibt. Ein Zusammenhang mit der konkreten dienstlichen Handlung ist nicht erforderlich.

Die Annahme von Begünstigungen ist nur ausnahmsweise mit Zustimmung des Arbeitgebers erlaubt. Die Zustimmung kann auch stillschweigend erteilt gelten. Davon ist vor allem dann auszugehen, wenn die Annahme bestimmter (geringwertiger) Zuwendungen vom Arbeitgeber geduldet wird. Dies wird beispielsweise zurzeit angenommen bei Trinkgeldern an Pflegepersonal im Krankenhausbereich. Gleiches gilt nach allgemeiner Auffassung im Hinblick auf nicht zu beanstandende geringfügige Aufmerksamkeiten (in Anlehnung an die Rechtsprechung des Bundesarbeitsgerichts zu einer mit § 10 BAT vergleichbaren Vorschrift: BAG v. 17.6.2003, 2 AZR 63/02, ZTR 2004, 25). Eine Annahme ohne Zustimmung kann – je nach Schwere – eine Ermahnung, Abmahnung, eine ordentliche Kündigung, im Einzelfall sogar eine außerordentliche Kündigung rechtfertigen (BAG v. 17.3.2005, 2 AZR 245/04, ZTR 2006, 103).

Erhält ein Beschäftigter eine Begünstigung für ein bestimmtes dienstliches Handeln macht er sich regelmäßig strafbar gemäß §§ 331 (Vorteilsannahme), 332 (Bestechlichkeit) StGB. Der Beschäftigte ist nicht nur verpflichtet, jegliche Art von finanziellen Vorteilen von Dritten abzulehnen, er muss den Arbeitgeber auch über das Angebot derartiger Vergünstigungen unverzüglich informieren, § 3 Abs. 2 S. 3 TVöD/§ 3 Abs. 3 S. 3 TV-L. Wer als Arbeitnehmer bei der Ausführung von vertraglichen Aufgaben Vorteile für sich fordert, sich versprechen lässt oder entgegennimmt, verletzt zugleich – unabhängig von einer möglichen Strafbarkeit – seine Pflicht, auf die berechtigten Interessen seines Arbeitgebers Rücksicht zu nehmen. Ein solches Verhalten ist „an sich" geeignet, eine fristlose Kündigung zu rechtfertigen. Dabei spielt es grundsätzlich keine Rolle, ob es zu einer den Arbeitgeber schädigenden Handlung gekommen ist (LAG Rheinland-Pfalz v. 27.9.2018, 2 Sa 57/18).

Die Pflicht zur Unbestechlichkeit endet – anders als die Verschwiegenheitspflicht – mit der Beendigung des Arbeitsverhältnisses, da dann ein Bezug zur dienstlichen Tätigkeit des Arbeitnehmers nicht mehr gegeben ist. Anders ist hingegen der Fall zu beurteilen, wenn dem Arbeitnehmer die betreffende Zuwendung erst nach Beendigung des Arbeitsverhältnisses erhalten soll, die Vorteile aber noch während des Arbeitsverhältnisses zugesagt werden.

### 4. Pflicht zur Unterlassung von Nebentätigkeit

Das Recht der Beschäftigten auf Ausübung einer Nebentätigkeit ist in Art. 2 Abs. 1 und 12 Abs. 1 GG garantiert. Daher ist ein generelles Nebentätigkeitsverbot stets unzulässig. Einschränkungen bezüglich der Nebentätigkeit können sich jedoch aus Gesetz, Vertrag und Tarifvertrag ergeben (z. B. Höchstgrenzen und Ruhezeiten des Arbeitszeitgesetzes). Das Tarifrecht orientiert sich an diesen allgemeinen Grundsätzen und regelt die entgeltliche Nebentätigkeit von Beschäftigten in § 3 Abs. 3 TVöD/§ 3 Abs. 4 TV-L neu. Der TVöD/TV-L löst sich von dem strengen Beamtenrecht. Nebentätigkeiten gegen Entgelt sind lediglich rechtzeitig vorher schriftlich anzuzeigen, bedürfen aber im Unterschied zum BAT keiner ausdrücklichen Genehmigung mehr. Der Arbeitgeber kann die angezeigte Nebentätigkeit jedoch untersagen oder mit Auflagen versehen, wenn sie geeignet ist, die Erfüllung der arbeitsvertraglichen Pflichten der Beschäftigten oder berechtigte Interessen des Arbeitgebers zu beeinträchtigen (§ 3 Abs. 3 Satz 2 TVöD/§ 3 Abs. 4 S. 2 TV-L). Entgegen dem Wortlaut hat der Arbeitgeber aber über die Untersagung der Nebentätigkeit nicht nach billigem Ermessen zu entscheiden. Stattdessen ist der

Arbeitgeber verpflichtet, die Nebentätigkeit zu untersagen, wenn die tariflichen Voraussetzungen vorliegen (vgl. Breier/Dassau TVöD Komm. Erl. 4.4.2.2 zu § 3 Rn. 49). Die Untersagung kommt insbesondere aus Gründen des Arbeitszeitrechts oder des Wettbewerbs (dazu LAG Rheinland-Pfalz v. 19.5.2010, 8 Sa 2/10) in Betracht oder wenn die Nebentätigkeit eines Angestellten diesen in Widerstreit mit seinen dienstlichen Pflichten bringt (BAG v. 13.3.2003, 6 AZR 585/01).

Berechtigte Interessen des Arbeitgebers können schon dann beeinträchtigt sein und der Ausübung einer Nebentätigkeit entgegenstehen, wenn nicht auszuschließen ist, dass die Nebentätigkeit eine negative Wirkung unter anderem auf die Öffentlichkeit hat (BAG v. 19.12.2019, 6 AZR 23/19, ZTR 2020, 404). Umgekehrt hat der Beschäftigte wegen des Grundrechts auf freie Berufswahl (Art. 12 Abs. 1 GG) einen Anspruch auf Erteilung der Genehmigung zur Ausübung der Nebentätigkeit, wenn durch sie die betrieblichen Interessen nicht beeinträchtigt werden. Übt der Beschäftigte eine Nebentätigkeit aus, durch die die betrieblichen Interessen nicht beeinträchtigt werden und hat der Arbeitgeber seine Zustimmung zur Ausübung dieser Nebentätigkeit (noch) nicht erteilt, so handelt es sich bei der Ausübung der Nebentätigkeit nicht um eine Pflichtverletzung im Hauptarbeitsverhältnis. Dies gilt auch dann, wenn arbeitsvertraglich ein Erlaubnisvorbehalt vereinbart worden ist (BAG v. 13.5.2015, 2 ABR 38/14). Eine Pflichtverletzung stellt es aber gleichwohl dar, wenn der Beschäftigte gar nicht erst um die Erlaubnis nachsucht (BAG v. 11.12.2001, 9 AZR 464/00).

Umgekehrt stellt die Ausübung einer Nebentätigkeit, die die betrieblichen Interessen beeinträchtigt, eine Verletzung der arbeitsvertraglichen Pflichten dar. Sie kann den Arbeitgeber zur Abmahnung und in besonders schweren Fällen auch zur Kündigung aus wichtigem Grund ohne vorherige Abmahnung berechtigen (BAG v. 18.9.2008, 2 AZR 827/06). Übt der Beschäftigte während einer ärztlich attestierten Arbeitsunfähigkeit eine Nebentätigkeit aus, kann auch dies im Einzelfall eine Kündigung ohne vorherige Abmahnung rechtfertigen (BAG v. 26.8.1993, 2 AZR 154/93, ZTR 1994, 122; LAG Schleswig-Holstein v. 19.12.2006, 5 Sa 288/06). Eine Pflichtverletzung liegt aber nur dann vor, wenn sich die Ausübung der Nebentätigkeit während der Arbeitsunfähigkeit genesungswidrig auswirkt, die Heilung also durch die Nebentätigkeit verzögert wird (BAG v. 26.8.1993, 2 AZR 154/93; LAG Köln v. 16.10.2013, 11 Sa 915/12).

Ebenso kann der Arbeitgeber einen Schadensersatzanspruch aus § 280 Abs. 1 BGB geltend machen, entweder wegen Schlechtleistung des Arbeitnehmers oder wegen Unterlassung der Anzeige einer Nebentätigkeit. Zudem ist an einen Unterlassungsanspruch zu denken, wenn der Arbeitnehmer gegen das gesetzliche Wettbewerbsverbot des § 60 HGB verstößt. In diesem Fall kann der Arbeitgeber auch einen Anspruch aus § 61 HGB auf Schadensersatz oder Herausgabe der Vergütung bzw. Abtretung des Vergütungsanspruchs geltend machen.

Die Verpflichtung von Beschäftigten zur Nebentätigkeit ist nach § 3 TVöD/TV-L nicht möglich. Der Arbeitgeber kann jedoch nach § 42 TVöD BT-K (Krankenhaus) Ärzte zur Unterrichtserteilung in Nebentätigkeit verpflichten.

 **ACHTUNG!**

§ 22 Abs. 3 TVÜ-VKA bestimmt, dass für übergeleitete Ärzte, die das Nebentätigkeitsrecht regelnde Nummer 5 SR 2c BAT/BAT-O bis zu einer arbeitsvertraglichen Neuregelung ihrer Nebentätigkeiten fort gilt. Die Neuregelung ist alsbald zwischen den jeweiligen Arbeitsvertragsparteien herbeizuführen. Sobald dies erfolgt ist, gelten die Vorschriften des § 42 TVöD BT-K

uneingeschränkt. Für nach dem 30. September 2005 neu eingestellte Ärzte gilt § 42 von vornherein ohne Einschränkung.

Nach § 24 TVÜ-Länder gelten für bis zum 31. Oktober 2006 genehmigte Nebentätigkeiten der übergeleiteten Beschäftigten die bisher anzuwendenden Bestimmungen fort. Eine arbeitsvertragliche Neuregelung bleibt hiervon unberührt.

Für Nebentätigkeiten im öffentlichen Dienst kann eine Pflicht zur Ablieferung der für die Nebentätigkeit erlangten Vergütung zur Auflage gemacht werden (§ 3 Abs. 3 S. 3 TVöD; § 3 Abs. 4 Satz 3 TV-L). Für den Bund sind derartige Ablieferungspflichten in der Bundesnebentätigkeitsverordnung und überwiegend in Beamtengesetzen der Länder enthalten.

Üben Beamte eine entgeltliche Nebentätigkeit aus, so bedarf diese gemäß § 99 BBG sowie den entsprechenden landesrechtlichen Regelungen grundsätzlich der vorherigen Genehmigung durch den Dienstherrn. Ausnahmen von diesem Grundsatz regelt § 100 BBG, nach dem beispielsweise schriftstellerische, wissenschaftliche, künstlerische oder Vortragstätigkeiten von der Genehmigungspflicht ausgenommen sind. Diese können jedoch untersagt werden, wenn der Beamte durch seine Tätigkeit dienstliche Pflichten verletzt.

Nach § 40 BeamtStG sind Nebentätigkeiten zudem grundsätzlich anzeigepflichtig und, soweit sie geeignet sind, dienstliche Interessen zu beeinträchtigen, unter Erlaubnis- oder Verbotsvorbehalt zu stellen.

Der Personalrat hat gemäß § 78 Abs. 1 Nr. 10 BPersVG bei der Versagung oder dem Widerruf der Genehmigung einer Nebentätigkeit mitzubestimmen. Über den Wortlaut der Vorschrift hinaus erstreckt sich das Beteiligungsrecht des Personalrats auch auf die Untersagung einer Nebentätigkeit, d. h. auf Maßnahmen, die der Arbeitgeber bzw. Dienststellenleiter nach § 3 Abs. 3 S. 2 TVöD trifft. Entsprechende oder ähnliche Regelungen bestehen in den Landespersonalvertretungsgesetzen, vgl. z. B. § 88 Abs. 1 Nr. 20 LPersVG Hamburg, § 51 Abs. 1 Mitbestimmungsgesetz Schleswig-Holstein, § 65 Abs. 2 Nr. 15 LPersVG Niedersachsen.

## 5. Pflicht zur Teilnahme an ärztlichen Untersuchungen

Der Beschäftigte muss sich auf Verlangen des Arbeitgebers ärztlichen Untersuchungen unterziehen, soweit dafür ein begründeter Anlass besteht. Im Anwendungsbereich des TVöD richtet sich die ärztliche Untersuchung grundsätzlich nach § 3 Abs. 4 TVöD, im Bereich des TV-L nach § 3 Abs. 5 TV-L. Eine einseitig angeordnete Einstellungsuntersuchung ist nicht vorgesehen. Nur in Fällen „begründeter Veranlassung" ist der Arbeitgeber berechtigt, den Beschäftigten zu verpflichten, seine Arbeitsfähigkeit durch ärztliche Bescheinigung nachzuweisen (§ 3 Abs. 4 TVöD). Hinsichtlich der Arztwahl sollen sich Personalrat und Arbeitgeber einigen. Ein einseitiges Wahlrecht des Arbeitgebers besteht nicht. Die Kosten der Untersuchung trägt in jedem Fall der Arbeitgeber (§ 3 Abs. 4 Satz 3 TVöD). Beamte sind nach § 44 Abs. 6 BBG bei Zweifeln über die Dienstunfähigkeit auf Weisung der Behörde verpflichtet, sich ärztlich untersuchen zu lassen.

**ACHTUNG!**

Abgesehen von der tariflichen Regelung in § 3 Abs. 4 TVöD gibt es eine Reihe von anderen gesetzlichen Vorschriften, die eine Pflicht zur Untersuchung normieren, vgl. z. B.

▶ das Arbeitssicherheitsgesetz,

▶ die Bildschirmarbeitsverordnung,

▶ die Gefahrstoffverordnung,

▶ das Infektionsschutzgesetz,

▶ das Jugendarbeitsschutzgesetz,

▶ die Strahlenschutzverordnung,

▶ die einschlägigen Unfallverhütungsvorschriften.

**WICHTIG!**

Beschäftigte des öffentlichen Dienstes sind verpflichtet, bei einer Untersuchung durch den Vertrauensarzt mitzuwirken. Die grundlose Weigerung kann eine außerordentliche Kündigung rechtfertigen (BAG v. 7.11.2002, 2 AZR 475/01; BAG v. 25.1.2018, 2 AZR 382/17; LAG Köln v. 11.6.2008, 3 Sa 1505/07). Die Mitwirkungspflicht besteht selbst dann, wenn der Beschäftigte zum Zeitpunkt der Untersuchung arbeitsunfähig erkrankt ist. Von dieser Pflicht kann er sich auch nicht durch Vorlage ärztlicher Atteste oder Zeugnisse befreien (LAG Nürnberg v. 19.5.2020, 7 Sa 304/19).

Die Pflicht zur Beteiligung des Personalrats bei Anordnungen des Arbeitgebers nach § 3 Abs. 4 TVöD richtet sich nach dem Bundespersonalvertretungsgesetz bzw. nach den Personalvertretungsgesetzen der Länder. Nach dem BPersVG ergibt sich grundsätzlich kein Beteiligungsrecht des Personalrats, auch nicht aus § 80 Abs. 3 Nr. 16 und 18 PersVG. Diese betreffen nur allgemeine Maßnahmen des Dienstherren bzw. des Arbeitgebers und nicht die Klärung der Arbeitsfähigkeit des einzelnen Beschäftigten (Breier/Dassau TVöD Komm. Erl. 5.6 zu § 3 Rn. 122 ff.). Das BVerwG hat aber für Beschäftigte des Landes Schleswig-Holstein festgestellt, dass der Personalrat in Schleswig-Holstein aufgrund seiner Allzuständigkeit nach § 2 Abs. 1, § 51 Abs. 1 Mitbestimmungsgesetz Schleswig-Holstein mitzubestimmen hat, wenn der Dienststellenleiter gegenüber Beschäftigten eine amtsärztliche Untersuchung anordnet (BVerwG v. 5.11.2010, 6 P 18.09, ZTR 2011, 186).

Gleiches gilt für das Land Bremen in dem gemäß § 52 Abs. 1 S. 1 PersVG HB die Anordnung der Untersuchung der Mitbestimmung des Personalrats unterfällt. Die Mitbestimmung des Personalrats ist dort aber von einer Einwilligung des Bediensteten abhängig (BVerwG v. 15.10.2018, 5 P 8.17). In Nordrhein-Westfalen ist die Anhörung des Personalrats bei der Anordnung von amts- und vertrauensärztlichen Untersuchungen in § 75 Abs. 1 Nr. 4 NRWPersVG ausdrücklich geregelt. Das an die Krankenkasse gerichtete Verlangen der Dienstelle nach § 275 Abs. 1a S. 3 SGB V, eine gutachtliche Stellungnahme des medizinischen Dienstes der Krankenversicherung zur Überprüfung der Arbeitsunfähigkeit eines Beschäftigten einzuholen, unterliegt jedoch nicht dem Anhörungsrecht des Personalrats nach § 75 Abs. 1 Nr. 4 NRWPersVG (OVG Münster v. 10.1.2018, 20 A 2492/16.PVL). In Rheinland-Pfalz unterfällt die Anordnung einer amtsärztlichen Untersuchung gem. § 3 Abs. 5 TV-L hingegen nicht der Mitbestimmung gem. § 73 Abs. 1 RhPPersVG (BVerwG v. 24.6.2014, 6 P 1/14).

Obwohl nach TVöD eine einseitig angeordnete Einstellungsuntersuchung nicht vorgesehen ist, kommt der Beschäftigte in der Praxis hieran jedoch kaum vorbei (Breier/Dassau TVöD Komm. Erl. 5.6 zu § 3 Rn. 86 ff.) Ausgangspunkt einer Bewerbung im öffentlichen Dienst ist Art. 33 Abs. 2 GG, wonach jeder Deutsche nach seiner Eignung gleichen Zugang zu jedem öffentlichen Amt hat. Zur Eignung gehört auch die gesundheitliche/körperliche Eignung. Im Übrigen wird davon ausgegangen, dass die Einstellung eine „begründete Veranlassung" im Sinne des § 3 Abs. 4 S. 1 TVöD darstellt.

## 6. Treuepflichten im kirchlichen Arbeitsrecht

Eine bedeutsame Rolle spielen Treuepflichten im kirchlichen Arbeitsrecht. Gestützt auf das in der Verfassung verankerte Selbstbestimmungsrecht der Religionen aus Art. 140 GG i. V. m. Art. 137 Abs. 4 WRV, haben insbesondere die großen Kirchen eigene arbeitsrechtliche Vorschriften entwickelt und erlassen. Die Loyalität zur Kirche bzw. die Identifikation mit dem kirchlichen Selbstverständnis wird Bestandteil und Nebenpflicht des Arbeitsverhältnisses. Doch gilt dieses nicht für jeden Arbeitnehmer gleichermaßen. Vielmehr verdeutlicht sich an der Grundordnung des kirchlichen Dienstes im Rahmen kirchlicher Arbeitnehmer (GrO), welche Anforderungen die katholische Kirche an die Loyalität und Treue ihrer Arbeitnehmer stellt. In Art. 4 GrO findet sich eine Abstufung, welche von Mitarbeitern im pastoralen oder katechetischem Dienst oder ähnlichen Positionen eine Lebensführung nach der katholischen Glaubens- und Sittenlehre verlangt (Art. 4 Abs. 1 S. 2 GrO). Von nichtkatholischen Christen wird erwartet, dass diese die Werte des Evangeliums achten (Art. 4 Abs. 2 GrO), während nichtchristliche Mitarbeiter/innen bereit sein müssen, die ihnen übertragenen Aufgaben im Sinne der Kirche zu erfüllen (Art. 4 Abs. 3 GrO). Art. 5 GrO regelt sodann, wie Verstöße gegen Loyalitätsobliegenheiten zu behandeln sind. Auch hier gilt die beschriebene Abstufung, am Kriterium der Verkündigungsnähe, wobei als „letzte Maßnahme" die Kündigung zu finden ist. Je repräsentativer der Arbeitnehmer das kirchliche Selbstverständnis in seinem Beruf verwirklicht – insofern spielt auch die Außenwirkung eine bedeutsame Rolle – desto eher erwartet die Kirche ein Bekenntnis in Form von erhöhten Treuepflichten. Der EuGH bestätigt die Verkündigungsnähe als ausschlaggebendes Maß für arbeitsrechtliche Konsequenzen und spricht die Überprüfung der Verhältnismäßigkeit den nationalen Gerichten zu (EuGH v. 17.4.2018, C-414/16 „Egenberger", ZTR 2018, 340; EuGH v. 11.9.2018, C-68/17, ZTR 2018, 733).

# Urlaub

**Wegweiser:**

Die gesetzlichen Grundlagen des Urlaubsanspruchs finden sich im Wesentlichen in den Regelungen des Bundesurlaubsgesetzes (BUrlG), dessen Mindestbedingungen in weiten Teilen nicht zum Nachteil des Arbeitnehmers abgeändert werden dürfen (§ 13 BUrlG). Für minderjährige Arbeitnehmer ist zudem das Jugendarbeitsschutzgesetz (JArbSchG) zu beachten. Die maßgeblichen Tarifvorschriften sind vielfach inhaltsgleich mit den gesetzlichen Regelungen. Insbesondere hinsichtlich der Urlaubsdauer, seiner Übertragung auf das nächste Kalenderjahr und einer möglichen Teilung des Urlaubsanspruchs finden sich aber abweichende Regelungsinhalte. Tariflich geregelt sind im TVöD/TV-L neben dem Anspruch auf Erholungsurlaub (§ 26 TVöD/TV-L) auch Zusatz- und Sonderurlaub (§§ 27 und 28 TVöD/TV-L).

Ergänzende und vertiefende Hinweise finden sich in Breier/Dassau, TVöD Komm., Erl. zu § 26, Breier/Dassau, TV-L Komm Erl. zu § 26 sowie Sponer/Steinherr, TV-L Komm., § 26 Rn. 1 ff.

### I. Begriff und Abgrenzung

1. Erholungsurlaub
2. Zusatzurlaub
3. Sonderurlaub
4. Bildungsurlaub
5. Sonstige Arbeitsbefreiungen

**II. Voraussetzungen und Berechnung des Urlaubsanspruchs**
1. Bestehen eines Arbeitsverhältnisses
2. Wartezeit
3. Urlaubsdauer
   3.1 Allgemeines
   3.2 Abweichende Verteilung der Arbeitszeit
   3.3 Teilzeitarbeitsverhältnisse
   3.4 Elternzeit
   3.5 Ruhen des Arbeitsverhältnisses
4. Besondere Arbeitnehmergruppen
   4.1 Jugendliche
   4.2 Schwerbehinderte Arbeitnehmer
5. Teilurlaub
6. Rückforderungsverbot bei zu viel gewährtem Urlaub
7. Urlaubsübertragung auf das nächste Kalenderjahr
   7.1 Übertragungsgründe
   7.2 Abweichende Regelungen im TVöD/TV-L
   7.3 Dauererkrankungen

**III. Urlaubsgewährung**
1. Urlaubsantrag
2. Genehmigung und Ablehnung des Urlaubs
3. Rechte des Arbeitnehmers bei abgelehntem Urlaubsantrag
   3.1 Beschwerde beim Personal- bzw. Betriebsrat
   3.2 Gerichtliche Durchsetzung
4. Selbstbeurlaubung

**IV. Betriebsferien**

**V. Urlaub und Freistellung in der Kündigungsfrist**

**VI. Beteiligung des Personal- und Betriebsrats**
1. Aufstellung allgemeiner Urlaubsgrundsätze
2. Aufstellung eines Urlaubsplans
3. Streit über die zeitliche Lage des Urlaubs

**VII. Urlaub und Krankheit**

**VIII. Urlaub und Kurzarbeit**

**IX. Erwerbstätigkeit während des Urlaubs**

**X. Wechsel des Arbeitsverhältnisses**
1. Teilurlaub beim alten Arbeitgeber
2. Urlaubserfüllung beim alten Arbeitgeber
3. Urlaub beim neuen Arbeitgeber

**XI. Zusatzurlaub**

**XII. Urlaubsentgelt**

**XIII. Urlaubsgeld**

**XIV. Urlaubsabgeltung**
1. Beendigung des Arbeitsverhältnisses
2. Arbeitsunfähigkeit
3. Altersteilzeit
4. Insolvenz
5. Höhe der Abgeltung
6. Ausschlussfristen und Verjährung
7. Sozialversicherungsrechtliche Folgen

**XV. Sonderurlaub**
1. Voraussetzungen und Auswirkungen des Sonderurlaubs
2. Vereinbarung des Sonderurlaubs

**XVI. Spartentarifverträge**
1. Sondervorschriften im TVöD
2. Sondervorschriften im TV-L

**XVII. Checkliste Urlaub**
1. Urlaubsanspruch
2. Erkrankung im Urlaub
3. Keine Selbstbeurlaubung
4. Urlaubsübertragung ins Folgejahr
5. Rechtzeitige Urlaubsgewährung
6. Betriebs- bzw. Personalrat
7. Urlaubsentgelt
8. Urlaubsabgeltung

**XVIII. Muster: Urlaubsantrag**

## I. Begriff und Abgrenzung

### 1. Erholungsurlaub

Umgangssprachlich werden unter dem Begriff „Urlaub" verschiedene Formen der Freistellung von der Arbeitspflicht verstanden. Urlaub im Sinne des Bundesurlaubsgesetzes und § 26 TVöD/TV-L bezeichnet den Anspruch des Arbeitnehmers, von der nach dem Arbeitsvertrag bestehenden Arbeitspflicht innerhalb eines bestimmten Zeitraums befreit zu werden und ihm Gelegenheit zur selbstbestimmten Freizeitnutzung zu geben, ohne dass dadurch die Vergütungspflicht des Arbeitgebers berührt wird (Erholungsurlaub).

 **WICHTIG!**

Für das Entstehen, den Bestand und die Erteilung des Urlaubs kommt es nicht auf ein konkretes Erholungsbedürfnis des Arbeitnehmers oder die Art der Gestaltung seiner Freizeit an. Auch ist im Vorfeld keine tatsächlich erbrachte Arbeitsleistung erforderlich. Der Urlaubsanspruch ist keine Gegenleistung des Arbeitgebers für erbrachte oder noch zu erbringende Arbeitsleistungen des Arbeitnehmers. Er entsteht daher zu Beginn des jeweiligen Kalenderjahres, ohne dass es auf die Erbringung einer konkreten Arbeitsleistung ankommt – vorausgesetzt die sechsmonatige Wartezeit ist im Arbeitsverhältnis einmal erfüllt (BAG v. 17.5.2011, 9 AZR 197/10, ZTR 2011, 605).

### 2. Zusatzurlaub

Auch der in § 27 TVöD/TV-L geregelte „Zusatzurlaub" ist Erholungsurlaub in diesem Sinne. Durch ihn soll Arbeitnehmern eine zusätzliche bezahlte Freistellung von der Arbeitspflicht für besondere Belastungen, insbesondere durch Wechselschicht oder Schichtarbeit, gewährt werden. Er tritt zum Grund-Erholungsurlaub nach § 26 TVöD/TV-L hinzu. Zu den Einzelheiten des Zusatzurlaubs siehe XI.

### 3. Sonderurlaub

Sonderurlaub (§ 28 TVöD/TV-L) ist wie der Erholungsurlaub eine längerfristige Freistellung von der Arbeitspflicht. Im Gegensatz zum Erholungsurlaub verzichtet der Arbeitnehmer jedoch auf die Fortzahlung des Entgelts. Der Zweck des Sonderurlaubs resultiert aus einem wichtigen Grund in der Person des Beschäftigten. Zu den Einzelheiten des Sonderurlaubs siehe XV.

**Beispiele**

Betreuung und Pflege eines minderjährigen Kindes oder sonstiger pflegebedürftiger Angehöriger, Umschulung, Wahl zum kommunalen Wahlbeamten auf Zeit.

### 4. Bildungsurlaub

Unter Bildungsurlaub wird die bezahlte Freistellung des Arbeitnehmers zur Teilnahme an einer Weiterbildungsmaßnahme verstanden. Zahlreiche Bundesländer haben mittlerweile Bildungs-urlaubsgesetze erlassen, die dem Arbeitnehmer nach Ablauf einer Wartezeit von sechs Monaten einen Anspruch auf bezahlte Freistellung in einem Umfang von in der Regel fünf Arbeitstagen im Kalenderjahr einräumen. Der Bildungsurlaub muss dabei in allen Bundesländern der politischen oder beruflichen Weiterbildung dienen. Hierzu kann auch schon zählen, Belastungsfaktoren besser bewältigen zu können (LAG Berlin-Brandenburg v. 11.4.2019, 10 Sa 2076/18). Der Anspruch auf Bildungsurlaub ist nach wie vor weitgehend unbekannt und überrascht häufig Arbeitnehmer und Arbeitgeber.

### 5. Sonstige Arbeitsbefreiungen

Neben dem Anspruch auf Erholungsurlaub und Sonderurlaub gibt es eine Fülle von weiteren Ansprüchen auf Arbeitsbefreiung, die teilweise im Gesetz (z. B. §§ 15, 16 BEEG, § 616 BGB oder § 628 BGB), darüber hinaus tariflich in § 29 TVöD/TV-L (siehe hierzu Breier/Dassau, TVöD Komm., § 29 Rn. 1 ff.) oder betrieblich in Dienst- bzw. Betriebsvereinbarungen geregelt sind.

**Beispiele**

> Bezahlte Arbeitsbefreiung bei Maßnahmen der medizinischen Vorsorge oder Rehabilitation (§ 10 BUrlG), Arbeitsbefreiung bei Niederkunft der Ehefrau/der eingetragenen Lebenspartnerin, Tod oder schwere Erkrankung naher Angehöriger wie des Ehepartners/des eingetragenen Lebenspartners oder eines Kindes, Eheschließung und Arbeitsjubiläen.

## II. Voraussetzungen und Berechnung des Urlaubsanspruchs

### 1. Bestehen eines Arbeitsverhältnisses

Die Tarifnorm des § 26 TVöD/TV-L über den Erholungsurlaub gilt für alle „Beschäftigten". Von diesem Begriff sind alle in den Geltungsbereich des § 1 Abs. 1 TVöD/TV-L fallenden Arbeitnehmer erfasst. Zwangsläufig setzt das Tatbestandsmerkmal „Beschäftigte" voraus, dass ein Arbeitsverhältnis besteht. Anspruchsberechtigte Arbeitnehmer sind dabei auch Aushilfs- und Teilzeitkräfte (auch geringfügig Beschäftigte) sowie die in Ferienarbeit (Schüler und Studenten) und im Rahmen einer Nebentätigkeit Beschäftigten. Es erfolgt zudem keine Differenzierung danach, ob das Arbeitsverhältnis unbefristet, befristet oder zeitlich bedingt besteht. In Fällen der Arbeitnehmerüberlassung besteht das Arbeitsverhältnis nur zum Verleiher, daher schuldet dieser den Urlaub. Kein Arbeitsverhältnis ist das Wiedereingliederungsverhältnis gemäß § 74 SGB V, in dem der Arbeitnehmer nach lang andauernder Erkrankung beschäftigt wird. Für Berufsauszubildende (siehe auch → *Berufsausbildungsverhältnis*) finden nach § 9 Abs. 1 des Tarifvertrages für Auszubildende im öffentlichen Dienst (TVAöD) die Grundsätze des § 26 TVöD/TV-L entsprechend Anwendung. Gleiches gilt auch für Praktikanten gemäß § 10 des Tarifvertrages für Praktikantinnen/Praktikanten des öffentlichen Dienstes (TVPöD). Arbeitnehmer, für die der TV-L oder spezielle Tarifregelungen nicht gelten, werden vom Geltungsbereich des BUrlG umfasst.

### 2. Wartezeit

Nach der Neueinstellung eines Arbeitnehmers entsteht der volle Urlaubsanspruch erst mit Ablauf einer sechsmonatigen Wartezeit (§ 4 BUrlG). Vor dem Ablauf der Wartezeit (berechnet nach §§ 187 Abs. 2, 188 Abs. 2 2. Alt. BGB) kann der Arbeitnehmer grundsätzlich keine Befreiung von der Arbeitspflicht verlangen, auch nicht für einen Teil des Jahresurlaubs.

Für den Beginn der Wartezeit ist der Tag maßgeblich, an dem das Arbeitsverhältnis nach dem Arbeitsvertrag beginnt.

 **ACHTUNG!**

> Es kommt nicht darauf an, dass der Arbeitnehmer seinen Dienst tatsächlich angetreten und gearbeitet hat. Die Frist läuft vielmehr ohne Unterbrechung auch dann, wenn der Arbeitnehmer der Arbeit unerlaubt fernbleibt, arbeitsunfähig erkrankt ist, streikt oder ausgesperrt wird oder das Arbeitsverhältnis ruht.

Die Wartezeit endet mit Ablauf desjenigen Tages des letzten Monats, welcher dem Tag vorhergeht, der durch seine Zahl dem Anfangstag der Frist entspricht. Fehlt in dem letzten Monat der für den Ablauf der Frist maßgebende Tag, endet die Frist mit Ablauf des letzten Tages dieses Monats.

**Beispiel**

> Ein Arbeitnehmer wird am 15.1. eingestellt. Die Wartefrist läuft am 14.7. aus, so dass der Urlaubsanspruch frühestens am 15.7. geltend gemacht werden kann. Wird er am 30.8. eingestellt, endet die Frist am 28.2. des folgenden Jahres.

Nach Ablauf der Wartezeit entsteht der volle Urlaubsanspruch für das gesamte jeweilige Kalenderjahr. Endet die Wartezeit erst im Laufe des auf die Einstellung folgenden Kalenderjahres, steht dem Arbeitnehmer ein Anspruch auf Teilurlaub aus dem abgelaufenen Urlaubsjahr zu (§ 5 Abs. 1 Buchst. a BUrlG). Auf Verlangen des Arbeitnehmers wird er auf das gesamte Kalenderjahr übertragen, § 7 Abs. 3 S. 4 BUrlG. Der Arbeitnehmer muss den Urlaub dann bis spätestens zum Ende des laufenden Urlaubsjahres nehmen.

**Beispiel**

> Eine Erzieherin wird am 1.11. eingestellt. Die Wartezeit läuft damit am 30.4. des folgenden Urlaubsjahres ab. Die Arbeitnehmerin kann den Urlaubsanspruch für das Jahr ihrer Einstellung, der gemäß § 5 Abs. 1 Buchst. a BUrlG $^{2}/_{12}$ beträgt, bereits im laufenden Jahr nehmen oder auf das Folgejahr übertragen.

Die Wartezeit muss nur im ersten Jahr des Arbeitsverhältnisses erfüllt sein. In den darauffolgenden Jahren entsteht der Urlaubsanspruch jeweils mit dem ersten Tage des Kalenderjahres in voller Höhe und ist zu diesem Zeitpunkt auch fällig. Die Erfüllung der Wartezeit wird für das bestehende Arbeitsverhältnis also nur einmal gefordert.

Auf die Wartezeit angerechnet werden Ausbildungszeiten, die unmittelbar vor Beginn des Arbeitsverhältnisses beim selben Arbeitgeber zurückgelegt wurden. Gleiches gilt im Fall der unmittelbaren Weiterbeschäftigung im Anschluss an ein vorhergehendes befristetes Arbeitsverhältnis beim selben Arbeitgeber. Eine eintägige Unterbrechung ist für die Erfüllung der Wartezeit gem. § 4 BUrlG unerheblich. Beide Arbeitsverhältnisse sind urlaubsrechtlich als Einheit zu betrachten (BAG v. 20.10.2015, 9 AZR 224/14, ZTR 2016, 150). Auch beim Betriebsübergang gemäß § 613a BGB werden beim Veräußerer zurückgelegte Wartezeiten angerechnet. Nicht berücksichtigt werden dagegen sonstige Vordienstzeiten beim selben Arbeitgeber. Die Anrechnung kann jedoch arbeitsvertraglich vereinbart werden.

Scheidet der Arbeitnehmer vor Erfüllung der Wartezeit aus dem Arbeitsverhältnis aus, ist ein Voll-Urlaubsanspruch nicht entstanden. Nach § 5 Abs. 1 Buchst. b BUrlG sowie § 26 Abs. 2 Buchst. b) TVöD/TV-L TVöD erwirbt er jedoch für jeden vollen Monat des Bestehens des Arbeitsverhältnisses einen Teilanspruch in Höhe von einem Zwölftel des Jahresurlaubs.

**Beispiel**

> Das Arbeitsverhältnis bestand vom 15.1. bis 30.6., also keine sechs Monate. Der Arbeitnehmer hat einen Anspruch auf $^5/_{12}$ des Jahresurlaubs.

Fallen Betriebsferien in die Wartezeit eines Arbeitnehmers, ist der Arbeitgeber grundsätzlich verpflichtet, einen nicht urlaubsberechtigten, aber arbeitsbereiten Arbeitnehmer während der Betriebsferien zu beschäftigen. Ansonsten gerät er in Annahmeverzug. Von diesem Grundsatz kann nach Abwägung der beiderseitigen Interessen durch Parteivereinbarung abgewichen werden. Eine solche Parteivereinbarung wird jedoch dann nicht zulässig sein, wenn der betroffene Arbeitnehmer im Rahmen etwaiger Not- und Aushilfsdienste beschäftigt werden kann. Dem Arbeitnehmer ist es zumutbar, während der Betriebsferien vorübergehend auch solche Arbeiten zu übernehmen, die vom Inhalt des Arbeitsverhältnisses eigentlich nicht umfasst sind (LAG Rheinland-Pfalz v. 27.4.2017, 5 Sa 497/16).

Der Teilurlaub muss erst gewährt werden, wenn feststeht, dass der volle Urlaubsanspruch nicht mehr entsteht. Ist das Arbeitsverhältnis von vornherein auf sechs oder weniger Monate befristet, kann der Arbeitnehmer den Teilurlaubsanspruch jederzeit und ohne Einhaltung einer Wartezeit geltend machen. Endet das Arbeitsverhältnis durch Kündigung oder Aufhebungsvertrag, ist eine Geltendmachung erst nach Zugang der Kündigung oder dem Abschluss des Aufhebungsvertrages möglich.

 **ACHTUNG!**

Wird ein Arbeitsverhältnis mit Wirkung zum 1. Juli eines Jahres begründet, kann der Arbeitnehmer in diesem Jahr nach § 4 BUrlG keinen Vollurlaubsanspruch erwerben (BAG v. 17.11.2015, 9 AZR 179/15, ZTR 2016, 309).

### 3. Urlaubsdauer

### 3.1 Allgemeines

§ 3 Abs. 1 BUrlG gewährt jedem Arbeitnehmer einen Mindesturlaubsanspruch von 24 Werktagen (einschließlich der Samstage) pro Kalenderjahr. Diese gesetzlich garantierte Urlaubsdauer kann weder durch Tarifvertrag noch eine einzelvertragliche Vereinbarung zu Ungunsten des Arbeitnehmers verändert werden (§ 13 Abs. 1 S. 1 BUrlG).

§ 26 Abs. 1 TVöD/TV-L sah bis zum 31.12.2012 eine Staffelung der Urlaubsdauer von 26 bis 30 Arbeitstage anhand des Lebensalters der Arbeitnehmer vor. Mit Urteil vom 20.3.2012 entschied das BAG jedoch, dass die Differenzierung der Urlaubsdauer nach Lebensalter Beschäftigte unmittelbar benachteiligt, die das 40. Lebensjahr noch nicht vollendet haben. Die Regelung verstieß damit gegen das Benachteiligungsverbot wegen des Alters gemäß § 7 Abs. 1, Abs. 2 AGG i. V. m. § 1 AGG und war unwirksam (BAG v. 20.3.2012, 9 AZR 529/10, ZTR 2012, 446; BAG v. 12.4.2016, 9 AZR 659/14, ZTR 2016, 450; bzgl. einer Tarifnorm, die zuungunsten von Arbeitnehmern, die das 50. Lebensjahr noch nicht vollendet haben, abweicht vgl. BAG v. 18.10.2016, 9 AZR 123/16, ZTR 2017, 164). Rechtsfolge war die Anpassung des Urlaubsanspruchs nach oben. Damit hatten alle Beschäftigten Anspruch auf Urlaub nach der höchsten Altersstufe, also auf 30 Arbeitstage im Jahr bei einer 5-Tage-Woche (Sponer/Steinherr, TVöD Komm. bzw. TV-L Komm. § 26 Rn. 142 ff. sowie Breier/Dassau TVöD Komm. und TV-L Komm. § 26 Rn. 155 ff.).

 **ACHTUNG!**

Bezogen auf die konkrete Situation im Unternehmen steht Arbeitgebern jedoch eine Einschätzungsprärogative zu, ob etwa

die anstrengende Arbeit es erforderlich mache, älteren Angestellten mehr Urlaubstage zu gewähren. Das BAG ist in seiner Entscheidung vom 20.3.2012 (9 AZR 529/10, ZTR 2012, 446) zwar nicht davon ausgegangen, dass mit zunehmendem Alter das Erholungsbedürfnis von Arbeitnehmern steige. Er hat allerdings ab einem bestimmten Alter – konkret: bei über 50- oder über 60-jährigen Beschäftigten – ein altersbedingt gesteigertes Erholungsbedürfnis für „eher nachvollziehbar" gehalten. Der Arbeitgeber muss darlegen, dass mit der Ungleichbehandlung ein legitimes Ziel i. S. v. § 10 S. 1 AGG angestrebt wird und dass die Mittel zur Erreichung dieses Ziels angemessen und erforderlich sind. Der Arbeitgeber genügt seiner Darlegungslast nicht, wenn er allgemein geltend macht, die Regelung diene dem Schutz älterer Arbeitnehmer. Vielmehr hat er substanziierten Sachvortrag zu leisten (BAG v. 12.4.2016, 9 AZR 659/14, ZTR 2016, 450). Demnach kann die unterschiedliche Behandlung wegen des Alters unter dem Gesichtspunkt des Schutzes älterer Beschäftigter nach § 10 S. 3 Nr. 1 AGG zulässig sein (BAG v. 21.10.2014, 9 AZR 956/12, ZTR 2015, 212).

Nach der Neuregelung des § 26 Abs. 1 S. 2 TVöD beträgt der Urlaubsanspruch für die Beschäftigten des Bundes und der kommunalen Arbeitgeber nunmehr bei einer Verteilung der wöchentlichen Arbeitszeit auf fünf Tage in der Kalenderwoche einheitlich 30 Arbeitstage.

Im Anwendungsbereich des TV-L haben gemäß § 26 Abs. 1 S. 2 TV-L seit dem 1.1.2013 alle Beschäftigten einheitlich in jedem Kalenderjahr 30 Arbeitstage Urlaub bei Verteilung der wöchentlichen Arbeitszeit auf fünf Tage in der Kalenderwoche.

Durch die Tarifeinigung 2020 liegt der Urlaubsanspruch seit dem Kalenderjahr 2022 bei 32 Arbeitstagen, wenn ein Anspruch auf eine Sparkassensonderzahlung nach § 18.4 TVöD-S besteht. Die Regelung ist ein Ausgleich für die Reduzierung der Sparkassensonderzahlung, weshalb der erhöhte Urlaubsanspruch mit der Sparkassensonderzahlung verknüpft ist.

 **WICHTIG!**

Für Auszubildende und Praktikanten wurde die Urlaubsdauer gemäß § 9 TVAöD BT-BBiG/BT-Pflege/TVA-L bzw. § 10 TVPöD in der Tarifeinigung 2018 auf 30 Ausbildungstage bei einer 5-Tage-Woche angehoben. Im Anwendungsbereich des TVAöD BT-Pflege bzw. TVA-L Pflege erhalten Auszubildende im zweiten und dritten Ausbildungsjahr, die im Schichtdienst eingesetzt werden, zudem pauschal einen Tag Zusatzurlaub.

Arbeitstage sind dabei alle Kalendertage, an denen der Arbeitnehmer dienstplanmäßig oder betriebsüblich zu arbeiten hat oder zu arbeiten hätte. Daher können auch Sonntage oder gesetzliche Feiertage Arbeitstage sein, wenn der Arbeitnehmer ohne die Gewährung von Urlaub arbeiten müsste (BAG v. 15.1.2013, 9 AZR 430/11, ZTR 2013, 312; siehe zu Besonderheiten bei Schichtdienst BAG v. 19.1.2016, 9 AZR 608/14, ZTR 2016, 455).

### 3.2 Abweichende Verteilung der Arbeitszeit

Soweit der Arbeitnehmer nach den Besonderheiten des Arbeitgebers und der arbeitsvertraglichen Regelungen an mehr oder weniger als fünf Tagen in der Woche arbeiten muss, verändert sich die Zahl der Urlaubstage entsprechend (§ 26 Abs. 1 S. 3 TVöD bzw. § 26 Abs. 1 S. 4 TV-L). Maßgebend ist dabei jeweils die durchschnittliche Anzahl der Arbeitstage je Woche (sog. Tagesprinzip).

Bei der Umrechnung ist die Gesamtdauer des Urlaubs durch fünf zu teilen und mit der für den Arbeitnehmer maßgeblichen Anzahl der Arbeitstage in der Woche zu multiplizieren. Verbleibt bei der Berechnung des Urlaubs ein Bruchteil, der mindestens einen halben Urlaubstag ergibt, wird er auf einen vollen Urlaubstag aufgerundet; Bruchteile von weniger als einem halben Urlaubstag bleiben unberücksichtigt (§ 26 Abs. 1 S. 5 TVöD bzw. § 26 Abs. 1 S. 5 TV-L).

### Beispiele

Der Haustechniker in einer Klinik arbeitet das ganze Jahr gleichbleibend in einer 6-Tage-Woche. Sein Jahresurlaubsanspruch besteht in Höhe von 30 : 5 × 6 = 36 Arbeitstagen. Die Erzieherin in einem städtischen Kindergarten arbeitet über das gesamte Jahr jeweils vier Tage in der Woche. Sie kann 30 : 5 × 4 = 24 Arbeitstage Erholungsurlaub beanspruchen.

Ist die Arbeitszeit eines Arbeitnehmers nicht regelmäßig auf eine bestimmte Anzahl von Wochentagen verteilt, sondern etwa im Rahmen eines flexiblen Arbeitszeitsystems mal auf fünf, mal auf vier oder weniger Tage in der Woche, ist die Urlaubsberechnung auf den Zeitraum des gesamten Kalenderjahres zu beziehen (vgl. BAG v. 19.3.2019, 9 AZR 406/17, ZTR 2019, 553 und BAG v. 19.3.2019, 9 AZR 315/17, ZTR 2019, 557). Es ist dann wie folgt zu rechnen:

Urlaubsdauer geteilt durch die Jahresarbeitstage multipliziert mit den Tagen, an denen der Arbeitnehmer zur Arbeit verpflichtet ist.

### Beispiel

Dem Arbeitnehmer steht ein Jahresurlaub von 30 Arbeitstagen zu. Seine wöchentlich geschuldete Arbeitszeit beträgt 30 Stunden, die er in Absprache mit seinem Vorgesetzten wöchentlich alternierend an vier bzw. fünf Arbeitstagen, jeweils in der Zeit von Montag bis Freitag, einbringen soll.

### Lösung

$$\frac{30 \text{ (Arbeitstage Jahresurlaub)}}{52 \text{ (Wochen)} \times 5 \text{ (regelm. Arbeitstage)}} \times 52 \text{ (Wochen)} \times 4{,}5 \text{ (individuelle Arbeitstage)} = 27 \text{ Urlaubstage}$$

wobei regelm. Arbeitstage = Anzahl der Arbeitstage einer Vollzeitkraft pro Woche

individuelle Arbeitstage = Anzahl der Tage, an denen der betroffene Arbeitnehmer zur Arbeit verpflichtet ist.

Ändert sich während des Urlaubsjahres die Verteilung der durchschnittlichen regelmäßigen wöchentlichen Arbeitszeit auf weniger oder mehr Arbeitstage in der Woche, war der Urlaubsanspruch nach der bisherigen Rechtsprechung des BAG neu zu berechnen. Dabei war für die Bemessung der Urlaubsdauer jeweils die Verteilung der wöchentlichen Arbeitszeit zu Grunde zu legen, die zum Zeitpunkt der Gewährung des Urlaubs tatsächlich für den Urlaubszeitraum zu prognostizieren ist. Ziel der Umrechnung ist dabei keine Kürzung, sondern die Sicherung einer gleichwertigen Urlaubsdauer.

Der EuGH hat in der Entscheidung *Brandes* klargestellt, dass ein Urlaubsanspruch, der in der Zeit einer Vollbeschäftigung nicht genommen werden konnte (z. B. wegen Krankheit oder Elternzeit), bei einem Wechsel von einer Voll- in eine Teilzeitbeschäftigung nicht entsprechend gekürzt werden darf (EuGH v. 13.6.2013, C-415/12, ZTR 2013, 432). Steht dem Arbeitnehmer aus dem Vorjahr damit bei einer (ursprünglichen) 6-Tage-Woche noch ein Resturlaubsanspruch in Höhe von 18 Arbeitstagen (= 3 Wochen) zu, bleibt die Höhe des Resturlaubs auch bei einem Wechsel in eine 4-Tage-Woche erhalten. Der Arbeitnehmer hat mithin einen Urlaubsanspruch im Umfang von 4 Wochen und 2 Arbeitstagen.

Eine Kürzung ist auch dann ausgeschlossen, wenn der Arbeitnehmer im laufenden Urlaubsjahr von einer Voll- in eine Teilzeitbeschäftigung wechselt (BAG v. 10.2.2015, 9 AZR 53/14 (F), ZTR 2015, 497). Grundsätzlich hat der EuGH sowohl in der Entscheidung *Brandes* als auch *Tirol* die anteilige Umrechnung des Urlaubsanspruchs für Teilzeitbeschäftigte anerkannt (EuGH v. 13.6.2013, C-415/12, ZTR 2013, 432; EuGH v. 22.4.2010, C-486/08, ZTR 2010, 374). Eine solche Anspruchskürzung hat der EuGH lediglich dann abgelehnt, wenn der Arbeitnehmer den Urlaub nicht vor dem Wechsel in die Teilzeitbeschäftigung nehmen konnte. Zur nationalen Regelung des § 26 Abs. 1 TVöD entschied das BAG, dass die Norm wegen Verstoßes gegen das Verbot der Diskriminierung von Teilzeitkräften unwirksam ist, soweit sie die Zahl der während der Vollzeittätigkeit erworbenen Urlaubstage mindert (BAG v. 10.2.2015, 9 AZR 53/14 (F), ZTR 2015, 497).

Das LAG Baden-Württemberg hat in seiner Entscheidung v. 3.8.2015 (11 Sa 15/15) entgegen der Rechtsprechung des Bundesarbeitsgerichts eine Aufteilung des Urlaubsanspruchs in Ansprüche, die vor und nach der Änderung der wöchentlichen Arbeitszeit entstanden sind, vorgenommen. Begründet wurde diese „Pro-rata-temporis-Berechnung" mit dem Tarifvertragswortlaut des § 26 Abs. 1 S. 4 TVöD und eines ansonsten sachlich nicht gerechtfertigten Nachteils. Das BAG hat der hiergegen eingelegten Revision noch stattgegeben (BAG v. 14.3.2017, 9 AZR 7/16, ZTR 2017, 362). Danach kann § 26 Abs. 1 S. 4 TVöD i.d.F. vom 31.3.2012 nicht dahingehend ausgelegt werden, dass im Falle eines unterjährigen Wechsels der Arbeitszeitverteilung der kalenderjährig bestimmte Urlaubsanspruch in Zeitabschnitte fragmentiert und damit als Summe mehrerer Teilurlaubsansprüche zu berechnen ist. Vielmehr sei unter Berücksichtigung der unterschiedlichen Anzahl der Wochenarbeitstage die Anzahl der Urlaubstage zu ermitteln, die zur gleichen Dauer eines zusammenhängenden gleichwertigen Urlaubs erforderlich ist. Der maßgebliche Zeitpunkt war dabei der, zu dem der Arbeitgeber dem Arbeitnehmer Urlaub gewährt hat.

Diese Rechtsprechung hat das BAG mittlerweile aufgegeben (vgl. BAG v. 19.3.2019, 9 AZR 406/17; ZTR 2019, 553). Wechselt die Anzahl der Arbeitstage unterjährig, ist der gesetzliche Urlaubsanspruch für das betreffende Kalenderjahr unter Berücksichtigung der einzelnen Zeiträume der Beschäftigung und der auf sie entfallenden Wochentage mit Arbeitspflicht umzurechnen. Unter Umständen muss daher die Urlaubsdauer im Kalenderjahr mehrfach berechnet werden. Bei der Berechnung ist grundsätzlich auf die für das gesamte Urlaubsjahr arbeitsvertraglich vorgesehene Verteilung der Arbeitszeit auf die Wochentage abzustellen und nicht auf die zum Zeitpunkt der Urlaubsgewährung geltende Arbeitszeitregelung (so noch BAG v. 14.3.2017, 9 AZR 7/16, ZTR 2017, 362). Der Urlaubsanspruch soll mithin nach Zeitabschnitten berechnet werden.

### Beispiel

Die Arbeitnehmerin erhöht zum 1.7. ihre Wochenarbeitstagzahl und arbeitet nicht mehr an vier (insgesamt 24 Urlaubstage pro Jahr), sondern an fünf Tagen in der Woche (insgesamt 30 Urlaubstage pro Jahr). Zum Zeitpunkt des Wechsels hat die Arbeitnehmerin ihren Jahresurlaub bereits fast vollständig genommen und hat nur noch einen Resturlaubsanspruch von einem Tag.

Nach der Berechnung des BAG hat die Arbeitnehmerin nach dem Wechsel einen neuen Resturlaubsanspruch von vier Tagen. Für die Zeit vom 1.1. bis 30.6. ist ein Anspruch in Höhe von 12 Tagen (24 × 6/12) entstanden. Für die Zeit vom 1.7. bis 31.12. ist ein Urlaubsanspruch von 15 Tagen (30 × 6/12) entstanden. Sie hat mithin insgesamt einen Urlaubsanspruch von 27 Tagen, wovon bereits 23 Tage genommen worden sind.

## 3.3 Teilzeitarbeitsverhältnisse

Der teilzeitbeschäftigte Arbeitnehmer hat – bezogen auf die Urlaubsdauer – den gleichen Urlaubsanspruch wie der Vollbeschäftigte. Bei Teilzeitarbeitsverhältnissen ergeben sich daher keine Schwierigkeiten, wenn an allen fünf Tagen der Woche gearbeitet wird. Auch hier beträgt der Urlaubsanspruch 30 Arbeitstage im Anwendungsbereich des TV-L/TVöD.

### Beispiel

Der Teilzeitbeschäftigte arbeitet in einer 5-Tage-Woche an allen Arbeitstagen jeweils drei Stunden weniger als ein Vollzeitbeschäftigter. Für ihn gilt dennoch uneingeschränkt die Regelung über die Dauer des Erholungsurlaubs. Ein Urlaubstag befreit ihn dafür aber auch für drei Arbeitsstunden weniger als einen Vollzeitbeschäftigten.

Soweit sich die regelmäßige Arbeitszeit der Teilzeitkraft auf weniger als fünf Arbeitstage in der Woche beschränkt, ist der Urlaubsanspruch nach den oben genannten Grundsätzen entsprechend umzurechnen.

## 3.4 Elternzeit

Auch für Zeiten des Ruhens des Arbeitsverhältnisses während der Elternzeit entsteht grundsätzlich der volle Urlaubsanspruch (BAG v. 17.5.2011, 9 AZR 197/10, ZTR 2011, 605). Dieser kann jedoch vom Arbeitgeber für jeden vollen Kalendermonat der Elternzeit um $1/12$ gekürzt werden (§ 17 Abs. 1 Bundeselterngeld- und Elternzeitgesetz – BEEG bzw. § 26 Abs. 2 Buchst. c TVöD/TV-L). Es kann sowohl der gesetzliche Mindesturlaub als auch ein vertraglicher Mehrurlaub nachträglich gekürzt werden. Die Kürzung des Erholungsurlaubs ist europarechtlich nicht zu beanstanden (BAG v. 19.3.2019, 9 AZR 361/18 im Anschluss an EuGH v. 4.10.2018, C-12/17, ZTR 2019, 229). Die Kürzungserklärung kann während oder nach der Elternzeit abgegeben werden, nicht aber nach Beendigung des Arbeitsverhältnisses (BAG v. 19.5.2015, 9 AZR 725/13, ZTR 2015, 587). Das Fristenregime des § 7 Abs. 3 BurlG findet während der Elternzeit keine Anwendung. Die gesetzlichen Sonderregelungen in § 17 Abs. 1 S. 1 und Abs. 2 BEEG gehen vor. Urlaubsansprüche, die vor der Elternzeit nicht gewährt werden konnten oder nach der Elternzeit neu entstehen, müssen nach der Elternzeit im laufenden oder nächsten Kalenderjahr gewährt werden. Sie verfallen nicht mit Ablauf des Kalenderjahres oder nach Ablauf eines zulässigen Übertragungszeitraums nach § 7 Abs. 3 BurlG (BAG v. 5.7.2022, 9 AZR 341/21, ZTR 2022, 729).

 **ACHTUNG!**

Anders als für die Berechnung des Teilurlaubs kommt es für die Kürzungsmöglichkeit bei Elternzeit auf den vollen Kalendermonat an.

Eine entsprechende Kürzungsmöglichkeit besteht nicht, wenn der Arbeitnehmer während der Elternzeit bei seinem Arbeitgeber Teilzeitarbeit leistet (§ 17 Abs. 1 S. 2 BEEG). Dabei kommt es auf den Umfang der Teilzeitarbeit nicht an, sodass im Extremfall bereits ein Tag Arbeit zur Aufrechterhaltung des Urlaubsanspruchs für den gesamten Monat führt. Hat der Arbeitnehmer den ihm zustehenden Urlaub vor dem Beginn der Elternzeit nicht oder nicht vollständig erhalten, hat der Arbeitgeber den Resturlaub nach der Elternzeit im laufenden oder im nächsten Urlaubsjahr zu gewähren (§ 17 Abs. 2 BEEG) beziehungsweise bei Beendigung des Arbeitsverhältnisses während oder mit Ende der Elternzeit abzugelten (§ 17 Abs. 3 BEEG). Die Inanspruch-

nahme von Elternzeit darf nicht zum Verfall des Erholungsurlaubs führen, der in der Zeit vor der Elternzeit entstanden ist.

 **WICHTIG!**

Auch bei mehreren unmittelbar nacheinander in Anspruch genommenen Elternzeiten können Urlaubsansprüche, die vor der ersten Elternzeit entstanden sind, nicht untergehen. Sie werden vielmehr auf die Zeit nach der letzten Elternzeit übertragen, die sich unmittelbar an die früheren Elternzeiten anschließt. Die Übertragung stellt keine bloße Verlängerung des Übertragungszeitraums gem. § 7 Abs. 3 S. 3 BUrlG dar, sondern verlängert das „Urlaubsjahr" selbst um die Dauer der Schutzzeiten (BAG v. 15.12.2015, 9 AZR 52/15, ZTR 2016, 401).

Wenn der Arbeitnehmer vor dem Beginn der Elternzeit mehr Urlaub erhalten hat, als ihm nach dem Zwölftelungsprinzip in dem Urlaubsjahr zustand, kann der Arbeitgeber den Urlaub nach dem Ende der Elternzeit um die zu viel gewährten Urlaubstage kürzen (§ 17 Abs. 4 BEEG).

Besteht für die schwangere Arbeitnehmerin infolge eines generellen tätigkeitsbezogenen Beschäftigungsverbots nach § 4 MuSchG und der Nichtzuweisung einer anderweitigen zumutbaren Tätigkeit keine Arbeitspflicht, kann auch bei vorheriger Festlegung des Urlaubszeitraums nicht der für die Erfüllung des Urlaubsanspruchs nach § 362 Abs. 1 BGB erforderliche Leistungserfolg eintreten (BAG v. 9.8.2016, 9 AZR 575/15).

Für weitere Einzelheiten siehe auch → *Elternzeit*.

## 3.5 Ruhen des Arbeitsverhältnisses

Auch außerhalb der Elternzeit sieht § 26 Abs. 2 Buchst. c TVöD/TV-L für Zeiten des Ruhens des Arbeitsverhältnisses grundsätzlich eine Kürzung des Urlaubsanspruches um ein Zwölftel für jeden vollen Kalendermonat vor.

 **WICHTIG!**

Zumindest wenn das Ruhen auf eine Arbeitsunfähigkeit bzw. den Gesundheitszustand des Arbeitnehmers zurückzuführen ist (z. B. Bezug einer Erwerbsminderungsrente auf Zeit gemäß § 33 Abs. 2 S. 6 TVöD/TV-L), beschränkt sich die Kürzung nach § 26 Abs. 2 Buchst. c TVöD/TV-L ausschließlich auf den tariflichen Mehrurlaub. Dagegen entsteht der gesetzliche Mindesturlaub nach dem BUrlG (einschließlich des Sonderurlaubs nach § 208 SGB IX) auch während des Ruhenszeitraumes in voller Höhe (BAG v. 18.9.2012, 9 AZR 623/10). Das BAG entschied zwischenzeitlich, dass auch während einer vereinbarten unbezahlten Freistellung und einer Pflegezeit der gesetzliche Urlaubsanspruch in voller Höhe entsteht und der Arbeitgeber nicht zur Kürzung berechtigt ist (BAG v. 6.5.2014, 9 AZR 678/12, ZTR 2014, 329). Diese Rechtsprechung hat das BAG mit Urteil vom 9 AZR 315/17, ZTR 2019, 557 ausdrücklich aufgegeben. Wenn ein Arbeitnehmer für ein gesamtes Kalenderjahr durchgängig Sonderurlaub nimmt, hat er mangels Arbeitspflicht gar keinen Anspruch auf Erholungsurlaub. Dasselbe soll gelten, wenn der Arbeitnehmer nur teilweise im unbezahlten Sonderurlaub ist (BAG v. 19.3.2012, 9 AZR 406/17, ZTR 2019, 553).

## 4. Besondere Arbeitnehmergruppen

## 4.1 Jugendliche

Für den Urlaub von Jugendlichen ist die Sondervorschrift des § 19 Jugendarbeitsschutzgesetz (JArbSchG) zu beachten. Diese findet auf alle Arbeitnehmer und zur Berufsausbildung Beschäftigten Anwendung, die zu Beginn des Urlaubsjahres noch keine 18 Jahre alt sind. § 19 Abs. 2 S. 1 JArbSchG schreibt eine vom Bundesurlaubsgesetz abweichende gesetzliche Mindestdauer des Erholungsurlaubs – ausgehend von einer

6-Tage-Woche – vor. Auf die üblicherweise geltende 5-Tage-Woche umgerechnet sieht die Urlaubsstaffel wie folgt aus:

| Alter am 1.1. des Kalenderjahres | Urlaub für dieses Kalenderjahr |
| --- | --- |
| 15 Jahre | 25 Arbeitstage |
| 16 Jahre | 23 Arbeitstage |
| 17 Jahre | 21 Arbeitstage. |

Der Vergleich mit dem Urlaubsanspruch nach dem TVöD/TV-L zeigt, dass allein dem unter Tage arbeitenden, am Jahresbeginn noch nicht 16 Jahre alten Jugendlichen nach dem Gesetz ein höherer Urlaubsanspruch zustehen kann, als sich dies aus dem TVöD/TV-L ergibt. Dies gilt selbst für den Fall der Zwölftelung des Urlaubsanspruches im Jahr des Ein- oder Austritts.

Der Urlaub soll für noch nicht volljährige Berufsschüler in die Zeit der Berufsschulferien gelegt werden, andernfalls ist für jeden Berufsschultag, an dem die Berufsschule während des Urlaubs besucht wird, ein weiterer Urlaubstag zu gewähren (§ 19 Abs. 3 JArbSchG).

### 4.2 Schwerbehinderte Arbeitnehmer

Schwerbehinderte Arbeitnehmer haben gemäß § 208 Abs. 1 S. 1 SGB IX Anspruch auf zusätzlichen Urlaub von fünf Arbeitstagen im Kalenderjahr. Arbeiten sie regelmäßig an mehr oder weniger als an fünf Arbeitstagen in der Kalenderwoche, erhöht oder vermindert sich der Anspruch entsprechend. Der Zusatzurlaub entsteht bereits bei Vorliegen der Schwerbehinderteneigenschaft. Es kommt nicht darauf an, ob sie auch behördlich festgestellt oder dem Arbeitgeber bekannt ist.

Der gesetzliche Zusatzurlaub nach § 208 SGB IX ergänzt den normalen Erholungsurlaubsanspruch, den der Arbeitnehmer nach den für ihn geltenden Arbeitsbedingungen ohnehin schon hat. Er folgt in seinem Entstehen und Erlöschen denselben Regeln wie der Urlaubsanspruch nach dem BUrlG (BAG v. 23.3.2010, 9 AZR 128/09, ZTR 2010, 376). Gemäß § 208 Abs. 2 S. 1 SGB IX entsteht der Anspruch nur anteilig, wenn die Schwerbehinderteneigenschaft erst während des laufenden Jahres eintritt.

 **WICHTIG!**

**Keinen Anspruch auf Zusatzurlaub nach § 208 SGB IX haben behinderte Arbeitnehmer, die schwerbehinderten Menschen lediglich nach § 2 Abs. 3 SGB IX gleichgestellt sind, § 151 Abs. 3 SGB IX (vgl. LAG Rheinland-Pfalz v. 12.9.2016, 3 Sa 137/16).**

Beim Wegfall der Schwerbehinderteneigenschaft geht auch der Anspruch auf Zusatzurlaub unter. Allerdings kann der Arbeitnehmer den Zusatzurlaubsanspruch gemäß § 199 Abs. 1 SGB IX noch bis zum Ende des dritten Kalendermonats nach Eintritt der Unanfechtbarkeit des den Wegfall der Schwerbehinderteneigenschaft betreffenden Feststellungsbescheides geltend machen.

**Beispiel**

Der in einer 5-Tage-Woche in Vollzeit arbeitende Beschäftigte A ist schwerbehindert mit einem anerkannten Grad der Behinderung von 70. Mit Änderungsbescheid vom 15.1. wird der Grad seiner Behinderung auf 20 herabgesetzt. Der hiergegen eingelegte Widerspruch bleibt ohne Erfolg und wird mit Bescheid vom 31.8. zurückgewiesen. Der Beschäftigte sieht von einer Anfechtung des Bescheides durch Erhebung einer Klage vor dem Verwaltungsgericht ab und lässt die einmonatige Klagefrist verstreichen. Die 3-Monatsfrist des § 199 Abs. 1 SGB IX beginnt demnach am 1.10. und endet am 31.12. Der Beschäftigte hat somit für das gesamte Urlaubsjahr einen Zusatzurlaubsanspruch von fünf Arbeitstagen.

### 5. Teilurlaub

Beginnt oder endet das Arbeitsverhältnis unterjährig, steht dem Arbeitnehmer nicht der volle Jahresurlaub, sondern lediglich ein Teilanspruch zu (§ 26 Abs. 2 Buchst. b TVöD/TV-L). Gleiches gilt, wenn der Arbeitnehmer mangels Erfüllung der Wartezeit den vollen Urlaubsanspruch nicht mehr erwerben kann (§ 5 Abs. 1 Buchst. a BUrlG).

Ein Teilurlaubsanspruch entsteht ebenso, wenn das Arbeitsverhältnis insgesamt weniger als sechs Monate dauert (§ 5 Abs. 1 Buchst. b BUrlG). Liegt in dieser Zeit ein Jahreswechsel, schließt der Anspruch aus § 5 Abs. 1 Buchst. b BUrlG den grundsätzlich ebenfalls entstehenden Teilurlaubsanspruch aus § 5 Abs. 1 Buchst. a BUrlG aus. Der Teilanspruch entsteht in einem solchen Fall nicht für jedes Kalenderjahr im Einzelnen sondern einheitlich auf das gesamte Arbeitsverhältnis bezogen (LAG Thüringen v. 9.3.2017, 6 Sa 242/15).

Der Teilurlaub beträgt $^{1}/_{12}$ des Jahresurlaubs für jeden vollen Monat des Bestehens des Arbeitsverhältnisses. Dabei sind nicht Kalendermonate, sondern die Beschäftigungsmonate maßgebend. Es muss sich um volle Monate handeln; angefangene Monate bleiben außer Betracht (BAG v. 13.10.2009, 9 AZR 763/08).

**Beispiele**

Das Arbeitsverhältnis bestand vom 15.12. bis 15.3. des Folgejahres → Anspruch auf $^{3}/_{12}$ des Jahresurlaubs.

Das Arbeitsverhältnis bestand vom 15.12. bis 13.4. des Folgejahres → Anspruch auf $^{3}/_{12}$ des Jahresurlaubs.

Ergeben sich Bruchteile von Urlaubstagen, die mindestens einen halben Tag ergeben, ist auf volle Urlaubstage aufzurunden (§ 5 Abs. 2 BUrlG); wenn die Bruchteile weniger als einen halben Tag ergeben, ist der Urlaub außerhalb des Anwendungsbereichs des § 26 Abs. 1 S. 5 TVöD stundenweise zu gewähren oder abzugelten (vgl. dazu auch BAG v. 23.1.2018, 9 AZR 200/17, ZTR 2018, 344).

Der Tarifvertrag sieht die Zwölftelung des Urlaubsanspruchs einschränkungslos für alle Fälle des Eintritts und Ausscheidens vor (§ 26 Abs. 2 Buchst. b TVöD/TV-L). Die entsprechende gesetzliche Regelung in § 5 Abs. 1 Buchst. c BUrlG sieht dagegen einen Teilurlaubsanspruch nur für den Arbeitnehmer vor, der in der ersten Hälfte des Kalenderjahres aus dem Arbeitsverhältnis ausscheidet. Endet das Arbeitsverhältnis nach erfüllter Wartezeit in der zweiten Hälfte des Urlaubsjahres, kann der gesetzliche Mindesturlaub nach § 3 BUrlG daher länger sein, als der, welcher dem Arbeitnehmer nach dem TVöD/TV-L zusteht. Ist dies der Fall, gelten die tariflichen Kürzungsregelungen nur für den übertariflichen Urlaubsanspruch, weil der gesetzliche Mindesturlaub des BUrlG gewahrt bleiben muss.

Die Zwölftelung des Urlaubsanspruchs nach § 26 Abs. 2 Buchst. b TVöD/TV-L findet auch bei einem Ausscheiden aus dem Arbeitsverhältnis nach erfüllter Wartezeit in der zweiten Hälfte des Kalenderjahres statt. Der Hinweis in § 26 Abs. 2 Buchst. b TVöD/TV-L, dass § 5 BUrlG unberührt bleibt, gewährleistet, dass die Zwölftelung nicht zu einer nach § 13 Abs. 1 i. V. m. § 3 Abs. 1 BUrlG unzulässigen Unterschreitung des gesetzlichen Mindesturlaubs führt (BAG v. 9.8.2016, 9 AZR 51/16, ZTR 2016, 695).

**Beispiel**

Eine Arbeitnehmerin ist seit dem 1.1. beschäftigt (5-Tage-Woche). Das Arbeitsverhältnis endet zum 31.7. Nach TVöD/TV-L besteht ein Jahresurlaubsanspruch von 30 Arbeitstagen. Der

Urlaubsanspruch bis zum 31.7. würde nach der tariflichen Quotenregelung maximal 17,5 Arbeitstage (30 : 12 × 7 = 17,5), aufgerundet also 18 Arbeitstage betragen. Da der gesetzliche Mindesturlaub vorliegend bei einer 5-Tage-Woche jedoch 20 Arbeitstage beträgt, besteht ein Urlaubsanspruch in Höhe von 20 Arbeitstagen, da die tarifliche Regelung ungünstiger ist.

### ACHTUNG!

Bei unterjährigem Ein- und Austritt des Arbeitnehmers ist daher stets eine Vergleichsberechnung anzustellen, um die Mindesturlaubsansprüche nach dem BUrlG nicht zu beeinträchtigen.

Auch für den Zeitraum des Ruhens des Arbeitsverhältnisses vermindert sich die Dauer des Erholungsurlaubs einschließlich eines etwaigen tariflichen Zusatzurlaubs für jeden vollen Kalendermonat um ¹/₁₂ (§ 26 Abs. 2 lit. c TVöD/TV-L). Die Minderung erfolgt allerdings nur für volle Kalendermonate des Ruhens. Das Ruhen muss also spätestens am Monatsersten um 0:00 Uhr einsetzen und am Monatsletzten um 24.00 Uhr noch bestehen.

### Beispiel

Der Jahresurlaub eines Arbeitnehmers, dessen Arbeitsverhältnis von Montag, dem 2.1. eines Jahres bis einschließlich 30.7. desselben Jahres ruht, vermindert sich nur um ⁵/₁₂, obwohl der Arbeitnehmer tatsächlich praktisch sieben Monate nicht zu arbeiten braucht (Breier/Dassau, TVöD Komm., Erl. 4.3 zu § 26 Rn. 170.3 ff.).

## 6. Rückforderungsverbot bei zu viel gewährtem Urlaub

Wurde einem Arbeitnehmer bereits mehr Urlaub gewährt als ihm zusteht, kann der Arbeitgeber das zu viel gezahlte Urlaubsentgelt nicht zurückverlangen bzw. auch nicht verlangen, dass der Arbeitnehmer den Zeitraum, der zu viel gewährten Freistellung, nacharbeitet. Dieses Rückforderungsverbot wird allgemein aus § 5 Abs. 3 BUrlG abgeleitet. Ebenfalls unzulässig ist, den in einem Jahr zu viel gewährten Urlaub auf das Folgejahr anzurechnen.

### WICHTIG!

Das Rückforderungsverbot nach § 5 Abs. 3 BUrlG setzt voraus, dass der Arbeitnehmer den Urlaub tatsächlich bereits erhalten hat. Durch die bloße Festlegung des Urlaubs ist der Arbeitgeber noch nicht gehindert, sich auf eine Verkürzung des Urlaubsanspruches zu berufen.

Gewährt der Arbeitgeber dem Arbeitnehmer im Übertragungszeitraum ausdrücklich Resturlaub aus dem Vorjahr und stellt er nach der Urlaubsgewährung fest, dass kein Übertragungsgrund vorlag, kann er den zu viel gewährten Urlaub des Vorjahres nicht auf den Urlaubsanspruch im laufenden Urlaubsjahr anrechnen (LAG Rheinland-Pfalz v. 12.2.2009, 10 Sa 657/08).

## 7. Urlaubsübertragung auf das nächste Kalenderjahr

### 7.1 Übertragungsgründe

Der Urlaubsanspruch ist grundsätzlich auf das laufende Kalenderjahr als Urlaubsjahr befristet. § 7 Abs. 3 S. 1 BUrlG bestimmt insoweit, dass der Urlaub im laufenden Kalenderjahr genommen werden muss. Urlaub, der nicht bis zum Jahresende (31.12.) gewährt und/oder genommen wurde, erlischt. Arbeitnehmer sollten ihren Urlaub daher stets so rechtzeitig geltend machen, dass er noch im Kalenderjahr verwirklicht werden kann. Eine Übertragung des Urlaubsanspruches auf das nächste Kalenderjahr ist nur unter engen Voraussetzungen möglich.

### WICHTIG!

Nach bisheriger Rechtsprechung war der Arbeitgeber nicht verpflichtet, von sich aus auf einen Urlaubsantritt hinzuwirken. Wenn der Arbeitnehmer seinen Urlaubsanspruch nicht innerhalb des Urlaubsjahres geltend machte und die gesetzlichen Voraussetzungen für eine Übertragung auf das nächste Kalenderjahr nicht vorlagen, galt der Urlaub als verfallen. Dem Arbeitnehmer sollen auch keine Ersatzansprüche zustehen.

Nunmehr gibt es eine erhebliche vorgelagerte Informationspflicht des Arbeitgebers. Der EuGH hat entschieden, dass der Urlaubsanspruch nur dann verfällt, wenn der Arbeitgeber nachweisen kann, dass er den Arbeitnehmer tatsächlich in die Lage versetzt hat, seinen Urlaub zu nehmen und dieser dennoch keinen Urlaubsantrag gestellt hat (EuGH v. 6.11.2018, C-684/16, ZTR 2018, 719). Einer anderen Auslegung des deutschen § 7 Abs. 3 BUrlG stünden europäische Vorgaben entgegen, namentlich Art. 7 der Richtlinie 2003/88/EG.

Der Arbeitgeber kann den Arbeitnehmer „in die Lage versetzen", indem er ihn auffordert, seinen Urlaub zu beantragen. Außerdem muss der Arbeitgeber rechtzeitig mitteilen, dass der Urlaub, wenn er ihn nicht nimmt, am Ende des Bezugszeitraums oder eines zulässigen Übertragungszeitraums verfallen wird. Diese Aufforderung sollte förmlich erfolgen, weil der Arbeitgeber im Streitfall die Darlegungs- und Beweislast trägt. Wenn der Arbeitnehmer dann trotz der Information keinen Urlaubsantrag stellt, verfällt der Anspruch wie bisher. Der Arbeitgeber muss seine Arbeitnehmer also nicht am Ende „pflichtfreistellen". Dieser EuGH-Rechtsprechung hat sich das BAG angeschlossen (BAG v. 19.2.2019, 9 AZR 541/15, ZTR 2019, 426).

Insofern sollten Arbeitgeber ihre Arbeitnehmer rechtzeitig und individuell über ihren konkreten Urlaubsanspruch und die Verfallfristen schriftlich belehren und auffordern, den Urlaub rechtzeitig für das laufende Urlaubsjahr zu beantragen. Erst dann können nicht beanspruchte Urlaubstage verfallen. Bei einem schwerbehinderten Arbeitnehmer verfällt der Zusatzurlaub auch dann, wenn der Arbeitgeber seiner Mitwirkungspflicht nicht nachgekommen ist, weil er keine Kenntnis von der Schwerbehinderung des Arbeitnehmers hatte. Er ist demnach nicht verpflichtet, jeden Arbeitnehmer vorsorglich auf den bestehenden Anspruch auf Zusatzurlaub hinzuweisen (BAG v. 30.11.2021, 9 AZR 143/21, ZTR 2022, 312). Wenn der Arbeitnehmer seinen Arbeitgeber über einen (noch nicht beschiedenen) Antrag auf Anerkennung der Schwerbehinderung unterrichtet hat, hängt Befristung und Verfall jedoch von den Mitwirkungspflichten des Arbeitgebers ab (BAG 26.4.2022, 9 AZR 367/21). Hat der Arbeitgeber seine Mitwirkungsobliegenheit nicht erfüllt, tritt der Urlaubsanspruch, wenn der Urlaub bis zum 31.12. nicht gewährt wurde, zu dem Urlaubsanspruch hinzu, der am 1.1. des Folgejahres entsteht. Für diesen Urlaub gelten dieselben Regelungen, wie für den neu entstandenen Urlaubsanspruch (BAG v. 29.9.2020, 9 AZR 266/20).

Dies gilt nach einer aktuellen Entscheidung des EuGH (v. 22.9.2022, C-120/21) nicht nur für den Verfall, sondern auch für die Verjährung des Urlaubsanspruchs. Vor diesem Hintergrund ist die Mitwirkung des Arbeitgebers umso relevanter. Nach dem EuGH ist es europarechtswidrig, wenn der Anspruch auf bezahlten Jahresurlaub, den ein Arbeitnehmer für einen Bezugszeitraum erworben hat, nach Ablauf einer Frist von drei Jahren verjährt, wenn der Arbeitgeber den Arbeitnehmer nicht tatsächlich in die Lage versetzt hat, diesen Anspruch wahrzunehmen. Diese Vorgaben hat das BAG in seinem Urteil vom 20.12.2022 (9 AZR 266/20) prompt umgesetzt. Die dreijährige Verjährungsfrist beginnt somit erst am Ende des Kalenderjahres, in dem der Arbeitgeber den Arbeitnehmer über seinen konkreten Urlaubsanspruch und die Verfallfristen belehrt und der Arbeitnehmer den Urlaub dennoch aus freien Stücken nicht genommen hat.

Die sich ergebenden Folgefragen werden Stück für Stück von der Rechtsprechung eingeordnet. So entschied das BAG, dass die Mitwirkungsobliegenheit auch für den tarifvertraglichen Mehrurlaub gilt, solange nicht ausdrücklich etwas anderes im Tarifvertrag geregelt ist (BAG v 26.5.2020, 9 AZR 259/19, ZTR 2020, 643). Außerdem urteilte das BAG, dass der Urlaub bei langzeiterkrankten Mitarbeitern 15 Monate nach Ablauf des Urlaubsjahres auch dann verfällt, wenn der Arbeitgeber im konkreten Urlaubsjahr seine Mitwirkungsobliegenheit nicht erfüllt hat und der Arbeitnehmer nur deshalb den Urlaub nicht (vollständig) nehmen konnte, weil er durchgehend, also vom 1.1. des Urlaubsjahres bis 31.3. des zweiten auf das Urlaubsjahr folgenden Kalenderjahres, krankheitsbedingt arbeitsunfähig war (BAG v. 22.12.2020, 9 AZR 401/19). Für diese Fälle kommt es nicht auf eine Mitwirkung des Arbeitgebers an, weil diese nicht zur Inanspruchnahme des Urlaubs hätte beitragen können.

Allein der Wunsch des Arbeitnehmers nach einer Urlaubsübertragung ist nicht geeignet, die Übertragung des Urlaubsanspruchs auf das nächste Kalenderjahr nach § 7 Abs. 3 S. 2 BUrlG zu rechtfertigen. Ansonsten stünde die Übertragung des Urlaubsanspruchs auf das nächste Kalenderjahr im Belieben des Arbeitnehmers.

Nur wenn der Arbeitnehmer im ersten Jahr der Beschäftigung wegen der nicht erfüllten Wartezeit noch keinen vollen Urlaubsanspruch erworben hat, kann er ohne besondere Voraussetzungen die Übertragung in das nächste Kalenderjahr verlangen (§ 7 Abs. 3 S. 4 BUrlG). Dieses Verlangen muss ausdrücklich und noch innerhalb des Kalenderjahres gestellt werden, in dem der Teilurlaubsanspruch entstanden ist. Der bloße Verzicht auf das Stellen eines Urlaubsantrags reicht hierzu nicht aus. In diesem Fall verfällt der Anspruch mit dem Ende des Urlaubsjahres, wenn nicht die generellen Voraussetzungen für eine Übertragung des Urlaubs vorliegen.

**Beispiel**

Der Arbeitnehmer fängt am 1.10. an. Bis zum Jahresende erwirbt er ³/₁₂ seines Urlaubsanspruchs. Wenn er bis zum 31.12. die Übertragung ausdrücklich vom Arbeitgeber verlangt, kann er den Urlaub im gesamten Folgejahr nehmen. Er ist also nicht an die ersten drei Monate gebunden. Verlangt der Arbeitnehmer keine Übertragung, kann er nur noch seinen neu entstehenden Urlaub für das Folgejahr beanspruchen.

 **WICHTIG!**

Bei einem bereits entstandenen Vollurlaub kommt eine Übertragung lediglich bei dringenden betrieblichen oder in der Person des Arbeitnehmers liegenden Gründen in Betracht (§ 26 Abs. 2 TVöD/TV-L in Verbindung mit § 7 Abs. 3 S. 2 BUrlG). Der Arbeitnehmer ist für das Vorliegen dieser Voraussetzungen darlegungs- und beweispflichtig.

Dringende betriebliche Gründe liegen vor, wenn die Sicherstellung oder Aufrechterhaltung eines ordnungsgemäßen Betriebsablaufs ursächlich für die Nichtgewährung des Urlaubs war. Das Interesse des Arbeitgebers an einer Gewährung von Urlaub im Übertragungszeitraum muss das Interesse des Arbeitnehmers an der Inanspruchnahme des Urlaubs noch innerhalb des Kalenderjahres überwiegen.

**Beispiele**

Besonders arbeitsintensive Zeit (z. B. reges Saisongeschäft, Inventur, Messe), sozial vorrangige Urlaubswünsche anderer Arbeitnehmer, personelle Engpässe aufgrund krankheitsbedingter oder kündigungsbedingter Ausfälle anderer Arbeitnehmer, kurzfristig erhöhter Arbeitskräftebedarf, rechtswirksam eingeführte Betriebsferien.

In der Person des Arbeitnehmers liegende Gründe können alle aus seinen persönlichen Verhältnissen sich ergebenden Umstände sein.

**Beispiele**

Krankheitsbedingte Arbeitsunfähigkeit bis zum Jahresende oder die plötzliche Erkrankung eines nahen Angehörigen, mit dem der Urlaub verbracht werden sollte.

Liegen die gesetzlichen Voraussetzungen für eine Übertragung vor, erfolgt diese automatisch. Es bedarf insbesondere keines vorherigen Antrags des Arbeitnehmers.

### 7.2 Abweichende Regelungen im TVöD/TV-L

Gemäß § 26 Abs. 2 TVöD, § 26 Abs. 2 TV-L verlängert sich diese Frist bis zum 31.5., wenn es dem Arbeitnehmer wegen Arbeitsunfähigkeit oder aus betrieblichen/dienstlichen Gründen nicht möglich ist, den Urlaub vorher anzutreten.

 **WICHTIG!**

Nach dem Bundesurlaubsgesetz muss der Urlaub im Fall der Übertragung in den ersten drei Monaten des folgenden Kalenderjahres gewährt und genommen werden. Das Befristungsende des Urlaubsanspruches wird damit auf den 31.3. des Folgejahres hinausgeschoben. Im Bereich des TVöD/TV-L reicht es dagegen aus, wenn der Beschäftigte den Urlaub am 31.3. des Folgejahres angetreten hat. Hierzu genügt, dass der Urlaub spätestens am letzten Arbeitstag im Monat März genommen wird, auch wenn er anschließend noch in den April hinein reicht.

Arbeitnehmer und Arbeitgeber können – auch mündlich – entgegen der tariflichen Regelung einen längeren Übertragungszeitraum vereinbaren. Es kann auch Gegenstand einer betrieblichen Übung sein, die Übertragung auf das gesamte Folgejahr zu ermöglichen. Dem Arbeitgeber steht es insoweit auch grundsätzlich frei, mit dem Arbeitnehmer eine Vereinbarung zu treffen, die ihn verpflichtet, Urlaub, der bereits verfallen ist, nachzugewähren. Gleiches gilt für eine Vereinbarung, die nicht die (Nach-)Gewährung verfallenen Urlaubs, sondern dessen Abgeltung vorsieht (BAG v. 18.10.2011, 9 AZR 303/10, ZTR 2012, 192).

Das Bundesministerium des Innern (BMI) hat mit Rundschreiben vom 20.3.2013 (D5-31001 /3#4) erklärt, dass für die Übertragung von Erholungsurlaub der Tarifbeschäftigten des Bundes in das Folgejahr die für die Beamtinnen und Beamten des Bundes gemäß § 7 Erholungsurlaubsverordnung jeweils geltende Regelung Anwendung findet. Danach verfällt Urlaub erst, wenn er nicht innerhalb von zwölf Monaten nach dem Ende des Urlaubsjahres genommen worden ist. Die außertarifliche Anwendung der beamtenrechtlichen Vorschriften ist jederzeit widerruflich. Dies wurde mit Rundschreiben vom 27.3.2015 erneut bestätigt.

 **ACHTUNG!**

Durch Tarifvertrag darf jedoch von der gesetzlichen Übertragbarkeit von Urlaub in das Folgejahr aus personenbedingten Gründen nicht zu Ungunsten der Arbeitnehmer abgewichen werden (BAG v. 5.8.2014, 9 AZR 77/13, ZTR 2015, 28).

### 7.3 Dauererkrankungen

Urlaub, der nicht innerhalb der Übertragungsfristen genommen oder wenigstens angetreten wurde, verfällt grundsätzlich ersatzlos. Nach der früheren deutschen Rechtspraxis verfiel der Urlaub grundsätzlich unabhängig davon, aus welchem Grund er nicht angetreten wurde.

 **WICHTIG!**

Der EuGH hat entschieden, dass es gegen den in Art. 7 der EU-Arbeitszeitrichtlinie (2003/88/EG) verankerten Anspruch auf bezahlten Jahresurlaub verstößt, wenn der Urlaub des Arbeitnehmers verfällt, weil dieser während des gesamten Bezugszeitraums oder eines Teils davon krankgeschrieben war und er deshalb seinen Urlaubsanspruch nicht ausüben konnte (EuGH 20.1.2009, C-350/06 u. C-520/06, ZTR 2009, 87).

Das BAG hat sich inhaltlich dem EuGH angeschlossen und bestätigt, dass Ansprüche auf den gesetzlichen Teil- oder Vollurlaub nicht erlöschen, wenn der Arbeitnehmer bis zum Ende des Urlaubsjahres und/oder des Übertragungszeitraums erkrankt und deshalb arbeitsunfähig ist (BAG v. 24.3.2009, 9 AZR 983/07, ZTR 2009, 330). Damit steht nunmehr fest, dass jedenfalls der gesetzliche Mindesturlaub mit Ablauf des Übertragungszeitraums nicht mehr verfallen kann, wenn er wegen einer Arbeitsunfähigkeit nicht gewährt und genommen werden konnte. Gleiches gilt auch für den gesetzlichen Sonderurlaub nach § 208 SGB IX, der das rechtliche Schicksal des gesetzlichen Mindesturlaubs teilt (BAG v. 23.3.2010, 9 AZR 128/09, ZTR 2010, 376).

**Beispiel**

Der Arbeitnehmer ist vom 10.3. bis 31.7. arbeitsunfähig erkrankt. Ihm steht aus dem letzten Jahr noch ein Urlaubsanspruch von 10 Tagen zu. Nach der neuen Rechtsprechung des BAG ist dieser Urlaubsanspruch mit Ablauf des 31.5. nicht untergegangen. Der Arbeitnehmer kann seinen „Resturlaub" aus dem vergangenen Jahr vielmehr auch nach der Wiederherstellung seiner Arbeitsfähigkeit geltend machen.

 **WICHTIG!**

Allerdings erlischt der Urlaubsanspruch trotz langwieriger krankheitsbedingter Arbeitsunfähigkeit dann, wenn der Arbeitnehmer den Urlaub nicht in Anspruch genommen hat, obwohl er im Kalenderjahr oder im Übertragungszeitraum so rechtzeitig gesund und arbeitsfähig geworden ist, dass er in der verbleibenden Zeit seinen Urlaub hätte nehmen können (BAG v. 9.8.2011, 9 AZR 425/10). Sobald die Arbeitsunfähigkeit als Erfüllungshindernis wegfällt, unterliegt der Urlaubsanspruch erneut dem gesetzlichen oder tariflichen Fristenregime (BAG v. 10.7.2012, 9 AZR 11/11). Allerdings muss der Arbeitgeber seine Mitwirkungspflicht erfüllen und den Arbeitnehmer auf den Urlaubsanspruch hinweisen.

**Beispiel**

Der Arbeitnehmer war vom 11.1.2022 bis 30.6.2023 arbeitsunfähig erkrankt. Er hat einen jährlichen Urlaubsanspruch von 30 Arbeitstagen. Im Jahr 2023 nahm der Arbeitnehmer nach seiner Genesung Urlaub im Umfang von insgesamt 30 Arbeitstagen in Anspruch. Weitere Urlaubsanträge werden vom Arbeitnehmer nicht gestellt. Sein verbleibender Resturlaub aus dem Jahr 2023 von 30 Arbeitstagen erlischt daher spätestens am 31.12.2023 soweit er nicht übertragen werden kann.

Nach der Rechtsprechung des BAG ist im Fall der Langzeiterkrankung allein der Verfall des gesetzlichen Mindesturlaubs nach dem BUrlG (20 Arbeitstage bei einer 5-Tage-Woche) ausgeschlossen. Hinsichtlich des tariflich oder einzelvertraglich vereinbarten Mehrurlaubs kann der Verfall und dessen konkrete Voraussetzungen dagegen grundsätzlich frei geregelt werden. Insoweit bleibt es bei der bisherigen Rechtspraxis. Allerdings muss den jeweiligen Bestimmungen über den Mehrurlaub klar zu entnehmen sein, dass zwischen gesetzlichem und übergesetzlichem Urlaub unterschieden und der übergesetzliche Urlaubsanspruch nach Ende des tariflichen Übertragungszeitraums untergehen soll (BAG v. 23.3.2010, 9 AZR 128/09, ZTR 2010, 376).

Eine solche Unterscheidung findet sich in den Urlaubsregelungen des TVöD/TV-L. Die Tarifvertragsparteien haben sich mit der Regelung in § 26 Abs. 2 TVöD hinreichend deutlich vom

gesetzlichen Fristenregime in § 7 Abs. 3 BUrlG gelöst, indem sie die Übertragung und den Verfall des Urlaubsanspruchs eigenständig geregelt haben (BAG v. 22.5.2012, 9 AZR 618/10; für tariflichen Mehrurlaub zuletzt bestätigt durch LAG Rheinland-Pfalz v. 24.10.2018, 2 Sa 87/18, ZTR 2019, 158). Dies führt dazu, dass der tarifliche Mehrurlaub spätestens mit Ablauf der Verfallfristen des § 26 Abs. 2 Buchst. a TVöD/TV-L zum 31.5. des Folgejahres erlischt, unabhängig davon, ob der Arbeitnehmer wegen Krankheit gehindert war, den Urlaub zu nehmen.

**Beispiel**

Ein im Anwendungsbereich des TV-L in Vollzeit beschäftigter Arbeitnehmer ist seit dem 1.2.2022 ununterbrochen bis zum 31.11.2023 arbeitsunfähig erkrankt. Er hat Anspruch auf einen tariflichen Erholungsurlaub von 30 Tagen im Jahr. Im Jahr 2022 hat er vor Beginn seiner Arbeitsunfähigkeit keinen Urlaub beantragt und genommen. Dem Arbeitnehmer ist für die Jahre 2022 und 2023 insgesamt ein Anspruch auf Erholungsurlaub von 60 Tagen entstanden. Der tarifliche Mehrurlaub von zehn Tagen für das Jahr 2022 ist allerdings nach der Regelung in § 26 Abs. 2 Buchst. a TVöD mit Ablauf des 31.5.2023 verfallen. Dem Arbeitnehmer steht somit bei seiner Rückkehr nur ein Resturlaub in Höhe des gesetzlichen Mindesturlaubs von insgesamt 20 Tagen für das Jahr 2022 sowie volle 30 Urlaubstage für das Jahr 2023 zu.

In Ergänzung seiner neuen Rechtsprechung hat das BAG nunmehr ausdrücklich festgestellt, dass auch der gesetzliche Urlaubsanspruch des arbeitsunfähig erkrankten Arbeitnehmers nicht ohne zeitliche Grenze erhalten bleibt. Vielmehr ist in § 7 Abs. 3 BUrlG durch richtlinienkonforme Auslegung bzw. Rechtsfortbildung eine Verfallfrist von 15 Monaten hineinzulesen. Demnach gehen sämtliche Urlaubsansprüche bei durchgehender Arbeitsunfähigkeit spätestens 15 Monate nach dem Ende des jeweiligen Urlaubsjahres unter und müssen auch bei einer späteren Beendigung des Arbeitsverhältnisses nicht abgegolten werden (BAG v. 7.8.2012, 9 AZR 353/10, ZTR 2012, 642).

**Beispiel**

Ein Arbeitnehmer hat Anspruch auf 20 Tage gesetzlichen Mindesturlaub im Jahr. Im Zeitraum von Januar 2020 bis Juni 2023 war er durchgängig arbeitsunfähig erkrankt. Nach seiner Genesung hat er lediglich noch Anspruch auf den gesetzlichen Mindesturlaub für die Kalenderjahre 2022 und 2023. Der Urlaub für 2020 ist mit Ablauf des 31. März 2022 und der Urlaub für 2021 mit Ablauf des 31. März 2023 verfallen.

Auch Beamte können sich bei der Frage des Verfalls von Erholungsurlaub wegen Erkrankung auf Art. 7 Abs. 1 der Richtlinie 2003/88/EG berufen (EuGH v. 3.5.2012, C-337/10, „Neidel", ZTR 2012, 365). Damit gelten auch für sie hinsichtlich der Urlaubsübertragung die vorstehenden Grundsätze entsprechend. Allerdings geht das BVerwG von einem Verfall des Mindesturlaubs erst nach Ablauf von 18 Monaten nach dem Ende des jeweiligen Urlaubsjahres aus (BVerwG v. 31.1.2013, 2 C 10.12, ZTR 2013, 349).

 **WICHTIG!**

Unabhängig von dem Erhalt des Urlaubsanspruchs im Fall der Arbeitsunfähigkeit kann der Urlaub auch dann nach Ablauf des Übertragungszeitraums noch verlangt werden, wenn der Arbeitgeber den rechtzeitigen Urlaubsantrag grundlos ablehnt und damit schuldhaft verhindert, dass der Arbeitnehmer seinen Erholungsurlaub wahrnehmen kann.

Zwar erlischt der originäre Urlaubsanspruch mit Ablauf des Urlaubsjahres bzw. des Übertragungszeitraumes, er wandelt sich aber in einen Schadensersatzanspruch um, der auf Gewährung von Ersatzurlaub als Naturalrestitution gerichtet ist (BAG

v. 10.7.2012, 9 AZR 11/11). Kann der Urlaub wegen der Beendigung des Arbeitsverhältnisses nicht mehr in Natura gewährt werden, ist er abzugelten, der Arbeitnehmer also in Geld zu entschädigen (siehe hierzu XIV.). Der Schadensersatzanspruch auf Ersatzurlaubsgewährung unterliegt der regelmäßigen dreijährigen Verjährungsfrist.

## III. Urlaubsgewährung

### 1. Urlaubsantrag

Der Arbeitgeber ist zur Gewährung von Erholungsurlaub nur verpflichtet, wenn der Arbeitnehmer ihn hierzu konkret auffordert. Er hat dem Arbeitgeber seine Urlaubswünsche mitzuteilen. Der Arbeitgeber muss den Arbeitnehmer auffordern, seinen Urlaub in Anspruch zu nehmen und ihn darüber informieren, dass die nicht genommenen Urlaubstage am Ende des Bezugszeitraums oder Übertragungszeitraums verfallen werden (BAG v. 19.2.2019, 9 AZR 541/15, ZTR 2019, 426).

 **WICHTIG!**
Der Arbeitnehmer muss seinen Urlaub so rechtzeitig geltend machen, dass dem Arbeitgeber die vollständige Urlaubsgewährung noch vor Ablauf des Urlaubsjahres oder des Übertragungszeitraumes möglich ist. Anderenfalls ist der Teil des Urlaubsanspruchs erloschen, der nicht mehr erfüllt werden kann, wenn der Arbeitgeber seinen Informationspflichten nachgekommen ist.

Weder das Bundesurlaubsgesetz noch der TVöD/TV-L schreiben eine bestimmte Form für die Äußerung eines Urlaubswunsches durch den Arbeitnehmer vor. Grundsätzlich kann der Arbeitnehmer daher sowohl schriftlich als auch mündlich oder per E-Mail beziehungsweise Telefon seinen Urlaubswunsch äußern. In aller Regel wird der Arbeitgeber zur Vereinheitlichung ein Formular zur schriftlichen Beantragung und Genehmigung von Erholungsurlaub verwenden (Muster s. u. XVIII.). Dem Urlaubsantrag des Arbeitnehmers sollten in jedem Fall eindeutig das Begehren nach der Inanspruchnahme von Erholungsurlaub (in Abgrenzung von anderen Freistellungsgründen) sowie der gewünschte Urlaubszeitraum (unter Angabe des ersten und des letzten Urlaubstags) zu entnehmen sein. Der Urlaubsantrag ist nach Bearbeitung zur Personalakte zu nehmen.

 **TIPP!**
Innerbetrieblich sollte für alle Arbeitnehmer eindeutig geregelt sein, wer der zuständige Ansprechpartner in Urlaubsfragen ist (z. B. Vorgesetzter oder ausdrücklich benannter Sachbearbeiter der Personalabteilung) und wie die Vertretung des Arbeitnehmers während des Urlaubs organisiert wird.

### 2. Genehmigung und Ablehnung des Urlaubs

Der Arbeitgeber hat den Urlaub durch Festlegung des Urlaubszeitpunkts zu gewähren. Dabei muss aus der Erklärung des Arbeitgebers klar erkennbar sein, dass er seine Verpflichtung zur Urlaubserteilung erfüllen will. Eine wirksame Urlaubsgewährung setzt zudem voraus, dass für den Arbeitnehmer im Vorhinein eindeutig und unmissverständlich klar ist, für welche konkreten Kalendertage er von seiner Arbeitspflicht befreit wird (LAG Köln v. 21.6.2010, 5 Sa 288/10). Die Urlaubsgewährung sollte schon zu Dokumentationszwecken schriftlich erfolgen.

 **Formulierungsbeispiel:**
„Sehr geehrte(r) Frau/Herr ................................... ,

entsprechend Ihres schriftlichen Antrags vom ....................
wird Ihnen für den Zeitraum von ...............................

bis ............................. Erholungsurlaub gewährt. Damit verbleibt Ihnen nach unseren Berechnungen noch ein Resturlaubsanspruch für das laufende Kalenderjahr in Höhe von ............. Tagen.

Vorsorglich weisen wir Sie darauf hin, dass Sie uns im Fall einer Erkrankung im Urlaubszeitraum dies unverzüglich anzeigen und uns eine entsprechende ärztliche Bescheinigung zukommen lassen müssen. Für die Dauer der Erkrankung wird Ihr Erholungsurlaub unterbrochen. Er wird jedoch nicht automatisch um den Zeitraum der Erkrankung verlängert.

Mit freundlichen Grüßen"

Schweigen des Arbeitgebers auf einen Urlaubsantrag des Arbeitnehmers stellt regelmäßig keine wirksame Urlaubsgewährung dar. Etwas anderes ist allenfalls dann anzunehmen, wenn der beantragte Urlaub im Betrieb üblicherweise als genehmigt gilt, wenn der Arbeitgeber nicht widerspricht.

Bei der zeitlichen Festlegung des Urlaubs muss der Arbeitgeber die geäußerten Urlaubswünsche des Arbeitnehmers berücksichtigen (§ 7 Abs. 1 S. 1 BUrlG). Er kann den Urlaubswunsch des Arbeitnehmers jedoch ablehnen, wenn diesem

▶ Urlaubswünsche anderer Arbeitnehmer, die unter sozialen Gesichtspunkten den Vorrang verdienen, entgegenstehen (z. B. bei schulpflichtigen Kindern; Urlaub des Partners, Urlaub im Anschluss an eine Maßnahme der medizinischen Vorsorge oder Rehabilitation gemäß § 7 Abs. 1 S. 2 BUrlG) oder

▶ dringende betriebliche Belange entgegenstehen, deren Nichtberücksichtigung zu Betriebsablaufstörungen führen würden, (z. B. nicht voraussehbare Personalengpässe, kurzfristig erhöhter Arbeitskräftebedarf). Diese entgegenstehenden Belange sind vom Arbeitgeber darzulegen (§ 7 Abs. 1 S. 1 BUrlG). Der Urlaub ist zwingend zu gewähren, wenn der Arbeitnehmer diesen im Anschluss an eine Maßnahme der medizinischen Vorsorge oder Rehabilitation verlangt (§ 7 Abs. 1 S. 2 BUrlG).

Wenn mehrere Arbeitnehmer für ihre zeitgleichen Urlaubswünsche soziale Gesichtspunkte geltend machen, ist insofern eine Auswahlentscheidung des Arbeitgebers nach billigem Ermessen (§ 315 BGB) erforderlich.

 **TIPP!**
Sofern für den Urlaubsantrag im Betrieb oder der Dienststelle ein einheitliches Formular verwendet wird, sollte darin bereits abgefragt werden, ob der Arbeitnehmer soziale Gesichtspunkte geltend machen will, unter denen sein Urlaubswunsch gegenüber anderen Arbeitnehmern vorrangig zu berücksichtigen ist.

Lehnt der Arbeitgeber die Gewährung eines vom Arbeitnehmer beantragten Urlaubsanspruches ohne hinreichende Gründe ab, kann er sich schadensersatzpflichtig machen. Hat der Arbeitgeber den rechtzeitig verlangten Urlaub nicht gewährt und verfällt in der Folge der Urlaubsanspruch, wandelt sich dieser in einen Schadensersatzanspruch um, der die Gewährung von Ersatzurlaub zum Gegenstand hat (§ 249 Abs. 1 BGB). Ein Schadensersatz in Geld (§ 251 Abs. 1 BGB) ist vor der rechtlichen Beendigung des Arbeitsverhältnisses nicht möglich, da dies der Unzulässigkeit der Abgeltung von Urlaubsansprüchen während des Bestands des Arbeitsverhältnisses zuwider liefe (BAG v. 16.5.2017, 9 AZR 572/16, ZTR 2017, 532). Schadensersatz in Geld ist gemäß § 7 Abs. 4 BUrlG nur zu leisten, wenn der (Ersatz-)Urlaubsanspruch wegen des Wegfalls der Leistungspflicht nicht mehr erfüllt werden kann (s. u. XIV.).

Eine Ablehnung, die sich auf eine Prognose zur Urlaubsjahresplanung aufgrund bestimmter Erfahrungswerte der Vergangenheit stützt, ist nicht ausreichend begründet (LAG Köln v. 8.7.2015, 11 SaGa 11/15).

Der Urlaub soll grundsätzlich zusammenhängend gewährt werden (§ 7 Abs. 2 S. 1 BUrlG). Allerdings ist nach § 26 Abs. 1 S. 6 2. Halbsatz TVöD auch eine Teilung des Urlaubsanspruches möglich, wobei jedoch angestrebt werden soll, dass zumindest ein Urlaubteil die Dauer von zwei Wochen erreicht. Die untere Grenze für den Teil-Urlaub ist ein Kalendertag. Weder im TVöD noch im BUrlG ist ein Anspruch auf stundenweise Urlaubsgewährung oder Bruchteile von Urlaubstagen vorgesehen (vgl. LAG Baden-Württemberg v. 28.9.2017, 11 Sa 39/17; LAG Köln v. 9.4.2019, 4 Sa 242/18). Dabei soll es aber nicht zur einer „Zerstückelung und Atomisierung des Urlaubs in Kleinstraten" kommen, weshalb Arbeitnehmer auch keinen Anspruch auf halbe Urlaubstage haben. Hiervon kann es wiederum eine Ausnahme für den tariflichen Mehrurlaub geben (LAG Baden-Württemberg v. 6.3.2019, 4 Sa 73/18).

**WICHTIG!**

Der Arbeitgeber ist nach der von ihm getroffenen Festlegung des Erholungsurlaubs an seine Entscheidung gebunden. Eine Verlegung des Urlaubs auf einen anderen Zeitpunkt oder gar ein Rückruf des Arbeitnehmers aus dem Urlaub sind grundsätzlich ausgeschlossen.

Eine ablehnende Entscheidung ist auch dann nicht mehr möglich, wenn der Arbeitgeber nachträglich feststellt, dass er den Urlaub tatsächlich wegen dringender betrieblicher Gründe hätte verweigern können. Eine Vereinbarung, die den Arbeitnehmer bei einem entsprechenden Verlangen des Arbeitgebers zum Abbruch des Urlaubs verpflichtet, verstößt gegen § 13 Abs. 1 BUrlG und ist deshalb rechtsunwirksam.

Ohne ausdrückliche oder konkludente Tilgungsbestimmung erfüllt der Arbeitgeber mit der Freistellung des Arbeitnehmers von der Verpflichtung zur Arbeitsleistung stets sowohl den gesetzlichen Mindesturlaubsanspruch nach dem BUrlG als auch den Urlaubsanspruch nach dem TVöD/TV-L. Die Auslegungsregel des § 366 Abs. 2 BGB, wonach der Arbeitgeber entweder zunächst nur den gesetzlichen Mindestanspruch oder aber erst ausschließlich den tariflichen Mehranspruch erfüllt, findet weder direkt noch analog Anwendung (BAG v. 17.11.2015, 9 AZR 275/14; bestätigend BAG v. 19.1.2016, 9 AZR 507/14, ZTR 2016, 259).

**Beispiel**

Eine Arbeitnehmerin arbeitet in einer 5-Tage-Woche und hat nach dem TVöD Anspruch auf 30 Tage Erholungsurlaub. Im Jahr 2022 hat sie hiervon 15 Urlaubstage in Anspruch genommen, bevor sie ab September 2022 durchgängig bis zum 30.6.2023 arbeitsunfähig erkrankt. Nach ihrer Genesung möchte sie den verbliebenen Resturlaub aus dem Jahr 2022 geltend machen. Richtigerweise gewährt ihr der Arbeitgeber nur noch 5 Tage Resturlaub. Mit der Urlaubsgewährung im Jahr 2012 hat der Arbeitgeber auch den gesetzlichen Mindesturlaub bereits im Umfang von 15 Tagen erfüllt. Lediglich der verbleibende Rest des Mindesturlaubs von 5 Urlaubstagen ist aufgrund der Arbeitsunfähigkeit der Arbeitnehmerin bis zu ihrer Genesung erhalten geblieben. Der darüberhinausgehende Tarifurlaub ist dagegen mit dem Ende des Übertragungszeitraumes am 31.5. untergegangen.

In Fällen, in denen der Arbeitnehmer aus von seinem Willen unabhängigen Gründen nicht in der Lage war, seine Ansprüche auf bezahlten Jahresurlaub in mehreren aufeinander folgenden Bezugsräumen vor dem Ende des Arbeitsverhältnisses auszuüben, sind nationale Regelungen oder Gepflogenheiten nicht mit europäischem Recht vereinbar, nach denen es ihm verwehrt ist, die Ansprüche bis zum Zeitpunkt der Beendigung seines Arbeitsverhältnisses zu übertragen oder gegebenenfalls anzusammeln (EuGH v. 29.11.2017, C-214/16). Dem Urteil lag ein Fall von Scheinselbstständigkeit zugrunde, aufgrund derer die tatsächlich als Arbeitgeber einzuordnende Vertragspartner dem Arbeitnehmer über Jahre keinen bezahlten Jahresurlaub gewähren wollte.

**WICHTIG!**

Übertragen auf das deutsche Recht bedeutet dies, dass derartige Ansprüche nicht nach den Regelungen des BGB verjähren, sondern wohl jedenfalls bis zur Beendigung des Arbeitsverhältnisses fortbestehen. Aus diesem Grund ist es in der Praxis entscheidend, angesichts der mit dieser Entscheidung gestiegenen finanziellen Risiken die ordnungsgemäße Unterscheidung nach abhängig Beschäftigten und Selbstständigen mit besonderer Sorgfalt vorzunehmen.

### 3. Rechte des Arbeitnehmers bei abgelehntem Urlaubsantrag

### 3.1 Beschwerde beim Personal- bzw. Betriebsrat

Ist der Arbeitnehmer der Auffassung, sein Urlaubsantrag sei zu Unrecht abgewiesen worden, kann er sich – sofern beim Arbeitgeber ein Personal- oder Betriebsrat besteht – an diesen im Rahmen seines Beschwerderechts gemäß § 62 Nr. 3 BPersVG bzw. § 85 Abs. 1 BetrVG wenden. Hält der Personal- bzw. Betriebsrat die Beschwerde für berechtigt, hat er beim Arbeitgeber auf eine Abhilfe hinzuwirken. Er kann eine Entscheidung zugunsten des Arbeitnehmers außerhalb seines Mitbestimmungsrechts gemäß § 80 Abs. 1 Nr. 6 BPersVG bzw. § 87 Abs. 1 Nr. 5 BetrVG (s. u. VI.) allerdings nicht erzwingen.

### 3.2 Gerichtliche Durchsetzung

Verweigert der Arbeitgeber die Erfüllung des Urlaubsanspruchs durch die ganz oder teilweise Ablehnung des Urlaubsantrags oder hält der Arbeitnehmer die vorgenommene Urlaubsfestlegung des Arbeitgebers für unbillig, kann er seinen Anspruch vor dem Arbeitsgericht geltend machen. Das Begehren künftiger Gewährung von Urlaub ist gemäß § 259 ZPO nur zulässig, wenn der Urlaubsanspruch bereits entstanden ist (BAG v. 27.6.2017, 9 AZR 120/16, ZTR 2017, 609).

In Anbetracht der Dauer der Arbeitsgerichtsverfahren erlangt dieses Vorgehen jedoch in der Mehrzahl der Fälle keine praktische Bedeutung, da bis zu einer rechtskräftigen gerichtlichen Entscheidung der Urlaubszeitpunkt in der Regel verstrichen sein wird. Regelmäßig wird der Arbeitnehmer daher seinen Urlaubsanspruch sinnvoll nur im Wege der einstweiligen Verfügung nach §§ 935, 940 ZPO durchsetzen können.

**TIPP!**

Ist eine einstweilige Verfügung eines Arbeitnehmers zu befürchten, kann es sinnvoll sein, vorbeugend eine Schutzschrift beim Arbeitsgericht einzureichen, in der dargelegt wird, warum der Urlaub nicht oder jedenfalls nicht so wie beantragt gewährt werden kann. Mit der Schutzschrift wird in der Regel erreicht, dass das Arbeitsgericht nicht ohne mündliche Verhandlung gegen den Arbeitgeber entscheidet.

Bei einer solchen Klage auf Abgabe einer Willenserklärung, die nach § 894 Satz 1 ZPO mit der Rechtskraft des Urteils als abgegeben gilt, erfordert das Bestimmtheitsgebot des § 253 Abs. 2 Nr. 2 ZPO, dass der beantragte Entscheidungsausspruch keine Zweifel darüber lässt, ob die gesetzliche Fiktion der gewünschten Willenserklärung tatsächlich eingetreten ist. An dieser Voraussetzung kann es insbesondere fehlen, wenn die begehrte konkrete Willenserklärung von mehreren abstrakten Bedingungen abhängig gemacht wird, die kumulativ erfüllt sein müssen und im Zeitpunkt der letzten mündlichen Verhandlung sämtlich in der Zukunft liegen (BAG v. 27.6.2017, 9 AZR 120/16, ZTR 2017, 609).

### 4. Selbstbeurlaubung

Der Arbeitnehmer hat in keinem Fall ein Recht zur Selbstbeurlaubung. Tritt er den Urlaub eigenmächtig an oder verlängert er einen erteilten Urlaub ohne Genehmigung des Arbeitgebers, begeht er eine Verletzung seiner arbeitsvertraglichen Pflichten, die den Arbeitgeber zu Disziplinarmaßnahmen berechtigt.

#### Beispiel

> Der Arbeitnehmer verlängert den Urlaub eigenmächtig um zwei Tage, weil er während des Urlaubs erkrankt ist. Hier kann eine Abmahnung erfolgen. Im Wiederholungsfall kommt eine ordentliche Kündigung in Betracht.

Verletzt der Arbeitnehmer seine arbeitsvertraglichen Pflichten in erheblicher Weise, weil er eigenmächtig einen zuvor nicht genehmigten Urlaub angetreten hat, kann dies unter Umständen auch eine fristlose Kündigung ohne vorherige Abmahnung rechtfertigen. Ein solches Verhalten ist nach der Rechtsprechung des BAG jedenfalls an sich geeignet, einen wichtigen Grund im Sinne des § 626 BGB darzustellen. Auch für die Dauer der Kündigungsfrist steht dem Arbeitnehmer kein Recht zu, sich selbst zu beurlauben. Für den Urlaubsantritt benötigt der Arbeitnehmer stets eine Erklärung des Arbeitgebers, mit der er von der Arbeit freigestellt wird. Bekommt er diese nicht, ist der Arbeitnehmer gezwungen, seinen Anspruch auf Urlaubsgewährung gerichtlich durchzusetzen.

## IV. Betriebsferien

Es ist für den Arbeitgeber grundsätzlich möglich, den Urlaub für alle Arbeitnehmer oder auch nur einzelne abgrenzbare Gruppen der Belegschaft einheitlich im Rahmen von „Betriebsferien" festzulegen. Die Betriebsferien werden üblicherweise in einen Zeitraum gelegt, in dem z. B. wegen Auftragsmangel kein oder nur ein geringer Arbeitskräftebedarf besteht. Voraussetzung für die Festlegung von Betriebsferien ist jedoch, dass hierfür auf Seiten des Arbeitgebers ein dringendes betriebliches Bedürfnis vorliegt. Auch müssen die Interessen der Arbeitnehmer angemessen berücksichtigt werden. Möglich ist grundsätzlich, Arbeitnehmer, die in den Schulferien nicht tätig werden können, wie etwa Lehrer, Hausmeister oder Erzieherinnen, zu verpflichten, ihren Urlaub während dieser Zeiten in Anspruch zu nehmen.

 **ACHTUNG!**

> Die Festlegung von Betriebsferien ist gemäß § 80 Abs. 1 Nr. 6 BPersVG bzw. § 87 Abs. 1 Nr. 5 BetrVG mitbestimmungspflichtig. Wird der Personalrat/Betriebsrat nicht ordnungsgemäß beteiligt, ist die Festlegung der Betriebsferien unwirksam.

## V. Urlaub und Freistellung in der Kündigungsfrist

Für den Fall der Kündigung des Arbeitsverhältnisses ist der Arbeitgeber grundsätzlich berechtigt, den bestehenden Resturlaub des betroffenen Arbeitnehmers einseitig in der Zeit der Kündigungsfrist festzulegen. Da im bestehenden Arbeitsverhältnis der sogenannte Vorrang der Freizeitgewährung gilt, kann der Arbeitnehmer nicht auf einer finanziellen Abgeltung seines Ur-

laubsanspruches bestehen. Die Erfüllung des Urlaubsanspruches wird auch durch eine Freistellung des Arbeitnehmers von seiner Arbeitspflicht während der Kündigungsfrist erreicht, wenn der Arbeitgeber eindeutig zum Ausdruck bringt, dass diese in Anrechnung auf den Urlaubsanspruch und unwiderruflich erfolgt (BAG v. 19.5.2009, 9 AZR 433/08, ZTR 2010, 162; LAG Mecklenburg-Vorpommern v. 21.6.2016, 2 Sa 31/16).

Bei einer jahresübergreifenden Kündigungsfrist kann der Arbeitgeber die Freistellung grundsätzlich auch im Vorgriff auf das kommende Urlaubsjahr erklären und dem Arbeitnehmer damit jahresübergreifend Erholungsurlaub gewähren. Allerdings muss der Arbeitnehmer aus der Erklärung hinreichend deutlich erkennen können, in welchem Umfang der Arbeitgeber seinen Urlaubsanspruch erfüllen will. Erklärt sich der Arbeitgeber nicht mit der erforderlichen Deutlichkeit, geht dies zu seinen Lasten (BAG v. 17.5.2011, 9 AZR 189/10, ZTR 2011, 690).

 **Formulierungsbeispiel:**

> „Sehr geehrte(r) Frau/Herr .................,
>
> hiermit stellen wir Sie mit sofortiger Wirkung von Ihrer Arbeitspflicht und unter Fortzahlung der Vergütung frei. Die Freistellung erfolgt zunächst vom .......... bis .......... [Dauer des Urlaubsanspruchs] unwiderruflich unter Anrechnung etwaigen Resturlaubs aus dem Jahr ...... sowie dem Urlaubsanspruch für das Gesamtjahr ......., Im Anschluss daran bleiben Sie bis zum Ablauf der Kündigungsfrist unter Anrechnung etwaiger Freizeitausgleichsansprüche (Überstundenguthaben) widerruflich freigestellt.
>
> Auf Ihre Vergütung müssen Sie sich jedoch den Wert desjenigen anrechnen lassen, was Sie anderweitig erwerben oder zu erwerben böswillig unterlassen.
>
> Das vertragliche Wettbewerbsverbot bleibt hiervon unberührt.
>
> Mit freundlichen Grüßen"

Im Fall einer außerordentlichen Kündigung kommt eine Freistellung grundsätzlich nicht in Betracht, da das Arbeitsverhältnis bereits mit ihrem Zugang beim Arbeitnehmer endet. Allerdings ist es ratsam und zulässig, den noch ausstehenden Erholungsurlaub vorsorglich für den Fall zu gewähren, dass die erklärte außerordentliche Kündigung das Arbeitsverhältnis nicht aufgelöst hat (BAG v. 10.2.2015, 9 AZR 455/13, ZTR 2015, 460). Nach § 1 BUrlG setzt die Erfüllung des Anspruchs auf Erholungsurlaub neben der Freistellung von der Verpflichtung zur Arbeitsleistung auch die Zahlung der Vergütung voraus. Deshalb gewährt der Arbeitgeber durch die Freistellungserklärung in einem Kündigungsschreiben nur dann wirksam Urlaub, wenn er dem Arbeitnehmer die Urlaubsvergütung vor Antritt des Urlaubs zahlt oder vorbehaltlos zusagt (BAG v. 19.1.2016, 2 AZR 449/15, ZTR 2016, 591; BAG v. 25.8.2020, 9 AZR 612/19, ZTR 2021, 35). Die ohne einen solchen Wunsch des Arbeitnehmers erfolgte zeitliche Festlegung des Urlaubs durch den Arbeitgeber ist rechtswirksam, wenn der Arbeitnehmer auf die Erklärung des Arbeitgebers hin keinen anderweitigen Urlaubswunsch äußert (BAG v. 24.3.2009, 9 AZR 983/07, ZTR 2009, 330).

 **Formulierungsbeispiel::**

> „Für den Fall der Wirksamkeit der fristlosen Kündigung gelte ich Ihren bis zum Kündigungszeitpunkt nicht genommenen Urlaub ab. Für den Fall der nicht anzunehmenden Unwirksamkeit der fristlosen Kündigung habe ich Ihnen hilfsweise ordentlich gekündigt. In diesem Fall gilt Folgendes:
>
> Sie werden Ihren sämtlichen noch nicht genommenen Urlaub direkt im Anschluss an den Zeitpunkt des Zugangs dieser Kündigung in der Zeit vom .................. bis .................. nehmen. Die gezahlte Abgeltung ist dann als Zahlung des Ur-

laubsentgelts für den betreffenden Zeitraum zu verstehen. In jedem Fall sage ich Ihnen für die Zeit Ihres Urlaubs die Urlaubsvergütung vorbehaltlos zu."

**ACHTUNG!**

Kündigt ein Arbeitgeber das Arbeitsverhältnis fristlos sowie hilfsweise ordentlich unter Wahrung der Kündigungsfrist und erklärt er im Kündigungsschreiben, dass der Arbeitnehmer für den Fall der Unwirksamkeit der außerordentlichen Kündigung unter Anrechnung der Urlaubsansprüche von der Verpflichtung zur Arbeitsleistung freigestellt wird, wird der Anspruch des Arbeitnehmers auf bezahlten Erholungsurlaub nicht erfüllt, wenn die außerordentliche Kündigung unwirksam ist. Es fehlt an einer Zahlung oder vorbehaltlosen Zusage der Urlaubsvergütung vor Antritt des Urlaubs. Der Arbeitnehmer kann anschließend die Abgeltung seiner ausstehenden Urlaubstage verlangen (BAG v. 10.2.2015, 9 AZR 455/13, ZTR 2015, 460).

Besteht bereits wegen Krankheit eine Befreiung von der Leistungspflicht, kann der Arbeitgeber keinen Urlaub durch Freistellung von der Arbeitsleistung gewähren. Dabei ist unerheblich, ob der Arbeitnehmer sich in dem fraglichen Zeitraum trotz der Unmöglichkeit der Arbeitsleistung erholen könnte (BAG 18.3.2014, 9 AZR 669/12, ZTR 2014, 549).

Im Fall einer betriebsbedingten Kündigung aufgrund der Stilllegung des Betriebs ist die Urlaubsgewährung im Wege der Freistellung nicht ausgeschlossen, da dem Arbeitnehmer die Erbringung der Arbeitsleistung grundsätzlich möglich bleibt. Auch in diesem Stadium kann er etwa mit Restarbeiten noch beschäftigt werden (LAG Rheinland-Pfalz v. 20.10.2016, 7 Sa 171/16).

## VI. Beteiligung des Personal- und Betriebsrats

In Urlaubsfragen steht dem Personalrat ein Mitbestimmungsrecht nach § 80 Abs. 1 Nr. 6 BPersVG zu. Ein entsprechendes Mitbestimmungsrecht des Betriebsrats folgt aus § 87 Abs. 1 Nr. 5 BetrVG. Mitbestimmungspflichtig ist grundsätzlich nur die Verteilung des Urlaubs auf das Urlaubsjahr und den Übertragungszeitraum. Dagegen hat der Personal- bzw. Betriebsrat nicht über die durch Gesetz und Tarifvertrag vorgegebene Urlaubsdauer oder Urlaubsentgeltfragen mitzubestimmen. Das Mitbestimmungsrecht ist auf folgende Bereiche beschränkt:

### 1. Aufstellung allgemeiner Urlaubsgrundsätze

Unter allgemeinen Urlaubsgrundsätzen sind generelle Richtlinien zu verstehen, die die Gewährung oder Versagung des Urlaubs durch den Arbeitgeber steuern (z. B. Verfahrensgrundsätze für den Urlaubsantrag und die Urlaubsbewilligung; Festlegung von Kriterien für die Berücksichtigung von Urlaubswünschen, Regelungen zur Urlaubsvertretung, Regelungen zur Betriebsschließung an einem Brückentag unter Anrechnung auf den Urlaub, Festlegung eines Betriebsurlaubs).

### 2. Aufstellung eines Urlaubsplans

Ein Urlaubsplan beinhaltet die verbindliche Festlegung des Urlaubs der einzelnen Arbeitnehmer für das gesamte Urlaubsjahr auf bestimmte Zeiten einschließlich etwaiger Vertretungsregelungen unter Berücksichtigung der allgemeinen Urlaubsgrundsätze. Die Erstellung eines Urlaubsplans bewirkt, dass der Arbeitnehmer seinen Urlaub zum festgelegten Zeitpunkt antreten kann, ohne dass ihm dieser noch einmal besonders erteilt oder genehmigt werden müsste. Von einem einmal aufgestellten Urlaubsplan darf der Arbeitgeber allerdings nur mit Zustimmung des Personal- bzw. Betriebsrates abweichen.

### 3. Streit über die zeitliche Lage des Urlaubs

Dem Personal- bzw. Betriebsrat steht ferner ein Mitbestimmungsrecht für den Fall zu, dass sich Arbeitgeber und Arbeitnehmer nicht darüber einigen können, wann der Arbeitnehmer seinen Urlaub nimmt. Das Mitbestimmungsrecht besteht dabei in jedem Einzelfall. Die Betriebsparteien müssen die widerstreitenden Interessen von Arbeitgeber und Arbeitnehmer nach den in § 7 Abs. 1 S. 1 BUrlG aufgestellten Grundsätzen und nach billigem Ermessen abwägen und sich auf eine Urlaubsfestlegung einigen. Kommt eine Einigung nicht zustande, entscheidet die angerufene Einigungsstelle.

**ACHTUNG!**

Der einzelne Arbeitnehmer braucht sich mit der Festlegung des Urlaubs durch Arbeitgeber und Personal- bzw. Betriebsrat oder die Einigungsstelle nicht zufrieden zu geben. Er kann vielmehr seinen Urlaubsanspruch unabhängig vom Beginn und Ausgang des Mitbestimmungsverfahrens gerichtlich geltend machen.

## VII. Urlaub und Krankheit

Erholungsurlaub kann nur gewährt werden, wenn der Arbeitnehmer in diesem Zeitraum verpflichtet und in der Lage ist, seine Arbeit zu leisten. Ist er ohnehin nicht zur Arbeit verpflichtet, etwa weil er arbeitsunfähig erkrankt ist, kann er keinen Urlaub geltend machen.

Erkrankt der Arbeitnehmer während des Urlaubs, werden die durch ärztliches Attest nachgewiesenen Tage der Arbeitsunfähigkeit nicht auf den Jahresurlaub angerechnet (§ 9 BUrlG). Zwingende gesetzliche Voraussetzung hierfür ist die Vorlage einer ärztlichen Arbeitsunfähigkeitsbescheinigung, aus der sich Zeitraum und Dauer der Arbeitsunfähigkeit ergeben. Erbringt der Arbeitnehmer den ärztlichen Nachweis nicht, ist der Arbeitgeber zur Nachgewährung der entsprechenden Urlaubstage nicht verpflichtet.

Die Pflicht zur Vorlage des ärztlichen Attestes ist grundsätzlich nicht fristgebunden. Der Arbeitgeber darf die Nachgewährung des Urlaubs jedoch so lange verweigern, bis der Arbeitnehmer das Attest im Original vorlegt. Versäumt es der Arbeitnehmer nach Wiedererlangung seiner Arbeitsfähigkeit, den ärztlichen Nachweis innerhalb der Fristen vorzulegen, in denen der Urlaubsanspruch besteht (31.12.; im Übertragungsfall 31.3. bzw. 31.5. des Folgejahres), erlischt der Anspruch auf Nachgewährung.

**Beispiel**

Der Arbeitnehmer hat die letzten zehn Urlaubstage im laufenden Kalenderjahr für den Zeitraum vom 1.11. bis 12.11. beantragt und vom Arbeitgeber bewilligt bekommen. Am ersten Tag seines Urlaubs erkrankt der Arbeitnehmer. Er erlangt seine Arbeitsfähigkeit pünktlich nach Ablauf des Urlaubszeitraumes am 13.11. zurück. Die von seinem Arzt ausgestellte Arbeitsunfähigkeitsbescheinigung reicht er aus Vergesslichkeit erst am 31.12. bei seinem Arbeitgeber ein.

Dem Arbeitnehmer steht in diesem Fall kein Anspruch auf Nachgewährung seiner zehn entgangenen Urlaubstage zu. Der Urlaubsanspruch ist vielmehr mit Ablauf des 31.12. erloschen, weil der Arbeitnehmer ihn nicht rechtzeitig geltend gemacht hat. Die Voraussetzungen für eine Übertragung des Urlaubs liegen nicht vor. Der Arbeitnehmer hätte den Resturlaub nach Wiedererlangung seiner Arbeitsfähigkeit noch im laufenden Kalenderjahr in Anspruch nehmen können.

Dagegen verliert der Arbeitnehmer seinen Anspruch auf bezahlten Jahresurlaub zumindest in Höhe des gesetzlichen Mindesturlaubs nicht, wenn die Erkrankung bis zum Ablauf des Übertragungszeitraumes oder bis zur Beendigung des Arbeitsverhältnisses andauert und er den Urlaub wegen der Erkrankung nicht antreten konnte (BAG v. 24.3.2009, 9 AZR 983/07, ZTR 2009, 330). Auch bei Fortdauer der Erkrankung erlischt der Anspruch auf den gesetzlichen Mindesturlaub allerdings spätestens mit dem Ablauf von 15 Monaten nach dem Ende des jeweiligen Urlaubsjahres (BAG v. 7.8.2012, 9 AZR 353/10, ZTR 2012, 642). Siehe hierzu ausführlich II.7.

Ein wegen der Pflege eines erkrankten Kindes nicht zweckentsprechend genutzter Urlaub rechtfertigt nicht die analoge Anwendung des § 9 BUrlG (LAG Berlin-Brandenburg v. 10.11.2010, 11 Sa 1475/10).

Einer behördlichen Quarantäneanordnung wegen der Infizierung mit einer gefährlichen Infektionskrankheit steht einem ärztlichen Attest nicht gleich. Eine Infizierung hat nicht automatisch auch eine Arbeitsunfähigkeit zur Folge. Die individuelle Nutzungsmöglichkeit des Urlaubs sei laut Landesarbeitsgericht Köln kein Kriterium für eine Nachgewährung (LAG Köln v. 13.12.2021, 2 Sa 488/21, ZTR 2022, 178, nicht rechtskräftig). Mithin bestünde laut Landesarbeitsgericht Köln kein Anspruch auf Nachgewährung, wenn der Arbeitnehmer nur eine behördliche Quarantäneanordnung vorlegt, nicht jedoch eine Bescheinigung seiner Arbeitsunfähigkeit. Auch sei § 9 BUrlG bei einer behördlichen angeordneten Quarantäne nicht entsprechend anwendbar (LAG Schleswig-Holstein v. 15.2.2022, 1 Sa 208/21, ZTR 2022, 316). Der EuGH hat hierzu ebenfalls jüngst entschieden, dass bei einer behördlich angeordneten Quarantäne kein Anspruch auf Nachgewährung bestehe. Auch wenn die Quarantäne die Qualität des Urlaubs erheblich mindern könne, gebe es gegenüber dem Arbeitgeber kein Recht darauf, dass der Urlaub tatsächlich für Entspannung sorge (EuGH v. 4.5.2023, C 206/22).

Allerdings können die EU-Länder abweichende – für den Arbeitnehmer – günstigere Regelungen treffen. Dies hat der deutsche Gesetzgeber im Jahr 2022 aus Anlass der Covid-19-Pandemie getan. Seit September 2022 gilt daher nach § 59 Abs. 1 Infektionsschutzgesetz, dass Tage der Quarantäne nicht auf den Jahresurlaub angerechnet werden. Beschäftigten ist mithin im Falle einer angeordneten Quarantäne der Urlaub nachzugewähren.

## VIII. Urlaub und Kurzarbeit

Die Vereinbarung von Kurzarbeit führt zu einer (teilweisen) Suspendierung der Hauptleistungspflichten aus dem Arbeitsverhältnis. Der Arbeitnehmer wird im Umfang der jeweiligen Arbeitszeitreduzierung von seiner Verpflichtung zur Arbeitsleistung befreit, verliert aber gleichzeitig im selben Umfang auch seinen Vergütungsanspruch. Eine Betriebs- oder Dienstvereinbarung über Kurzarbeit, welche die Arbeitszeit auf Null verringert, befreit den Arbeitnehmer vollständig von seiner Arbeitspflicht. Das gilt auch, wenn der Arbeitgeber bereits vor Einführung der Kurzarbeit für den Zeitraum der Kurzarbeitsphase Urlaub gewährt hat. In diesem Fall kann der mit der Festsetzung des Urlaubs bezweckte Leistungserfolg, die Befreiung des Arbeitnehmers von der Leistungspflicht für die Dauer des Urlaubs nicht mehr eintreten. Die Arbeitspflicht ist schon aufgrund betriebsverfassungs- beziehungsweise personalvertretungsrechtlicher Normen aufgehoben. Eine Urlaubsgewährung ist daher unmöglich. Dem Arbeitnehmer steht in diesem Fall ein Anspruch auf Ersatzurlaub nach §§ 283 S. 1, 280 Abs. 1, 275 Abs. 1, 249 Abs. 1 BGB zu (BAG v. 16.12.2008, 9 AZR 164/08, ZTR 2009, 440). Für eine wirksame

Urlaubsgewährung innerhalb der Kurzarbeitsphase ist der Arbeitnehmer von der Kurzarbeit auszunehmen.

**Beispiel**

> Der Arbeitnehmer beantragt im März seinen Sommerurlaub für die ersten beiden Augustwochen. Dieser wird ihm vom Arbeitgeber genehmigt und zeitlich festgelegt. Im Juni führt der Arbeitgeber für den gesamten Monat August Kurzarbeit „Null" ein. Eine urlaubsbedingte Freistellung des Arbeitnehmers während der ersten Augustwochen ist in diesem Fall unmöglich. Der Arbeitnehmer ist bereits durch die Kurzarbeit „Null" vollständig von der Arbeitspflicht befreit.

Während der Kurzarbeit entstehen weitere Urlaubsansprüche nur für Tage, an denen trotz Kurzarbeit gearbeitet wurde. Wenn die Arbeitszeit an einzelnen Tagen nur verkürzt wird, ändert sich am Urlaubsanspruch nichts. Bei Kurzarbeit „Null" entsteht für diese Zeit gar kein Urlaubsanspruch, weil der Arbeitnehmer nicht arbeitet (EuGH v. 13.12.2018, C-385/17, ZTR 2019, 160; LAG Düsseldorf v. 12.3.2021, 6 Sa 824/20, ZTR 2021, 341). Wird der Arbeitnehmer für weniger Arbeitstage eingeteilt, ist der Anspruch aufs Urlaubsjahr gesehen zu berechnen. Dabei ist der grundsätzliche Anspruch auf Urlaubstage zu multiplizieren mit dem Quotienten aus den jährlichen Arbeitstagen abzüglich der durch Kurzarbeit nicht gearbeiteten Tagen und den jährlichen Arbeitstagen. Eine Kürzung darf sich jedoch nicht nachträglich auf einen Urlaubsanspruch beziehen, der bereits in einer Zeit der Vollzeitbeschäftigung erworben worden ist (EuGH v. 8.11.2012, C-229/11, ZTR 2012, 716).

## IX. Erwerbstätigkeit während des Urlaubs

Der Arbeitnehmer ist in der Nutzung der Urlaubszeit grundsätzlich frei. Verboten ist ihm nach § 8 BUrlG jedoch, eine dem Urlaubszweck widersprechende Erwerbstätigkeit auszuüben. Das bedeutet aber nicht, dass der Arbeitnehmer verpflichtet ist, sich während des Urlaubs ausschließlich zu erholen. Er darf vielmehr auch anstrengenden Beschäftigungen nachgehen, wie z. B. einer Abenteuerreise.

 **ACHTUNG!**

Keine verbotenen Tätigkeiten sind auch Arbeiten zum eigenen Nutzen wie etwa die Arbeit im eigenen Garten oder im eigenen Haus. Auch bloße Gefälligkeitshandlungen sind von § 8 BUrlG nicht erfasst. Gleiches gilt für mildtätige oder karitative Tätigkeiten sowie für Arbeiten, die aufgrund familienrechtlicher oder öffentlich-rechtlicher Verpflichtungen ausgeübt werden. So stellt auch die Verkaufstätigkeit einer Arbeitnehmerin auf einem Weihnachtsmarkt keine dem Urlaubszweck widersprechende Erwerbstätigkeit dar, wenn sie im Rahmen des Gewerbebetriebs ihres Ehemannes und ohne Vergütung erfolgt (LAG Köln v. 21.9.2009, 2 Sa 674/09).

Untersagt ist aber jede selbstständige oder unselbstständige Tätigkeit zum Zweck der Entgelterzielung, wenn sie die Arbeitskraft überwiegend in Anspruch nimmt, es sei denn, die Tätigkeit wäre auch ohne Urlaub als Nebentätigkeit erlaubt.

Bei nachweisbaren Verstößen des Arbeitnehmers kann der Arbeitgeber von diesem Unterlassung verlangen und diesen Anspruch gerichtlich vor dem Arbeitsgericht geltend machen. Die verbotswidrige Tätigkeit kann für den Arbeitgeber je nach Schwere der Verfehlung auch einen verhaltensbedingten Grund für eine Kündigung, jedenfalls aber für eine Abmahnung darstellen. Allerdings entfallen durch verbotene Erwerbstätigkeiten weder der Urlaubsanspruch noch der Entgeltanspruch.

**Beispiel**

Der als Handwerker tätige Arbeitnehmer nimmt eine auf die Dauer seines Urlaubs befristete Vollzeittätigkeit als Maler an. Der Arbeitgeber kann vom Arbeitnehmer verlangen, die Tätigkeit als Maler zu unterlassen und das vertragswidrige Verhalten abmahnen. Verunglückt der Arbeitnehmer während seiner Tätigkeit mit der Folge einer langfristigen Arbeitsunfähigkeit und muss der Arbeitgeber deshalb eine teurere Ersatzkraft einstellen, kommt zudem die Geltendmachung des Lohndifferenzbetrags als Schadensersatz in Betracht.

Ist ein Arbeitnehmer in mehreren Teilzeitarbeitsverhältnissen beschäftigt und wird ihm in einem davon Urlaub erteilt, verletzt er seine Pflichten nicht, wenn er seiner Arbeitspflicht in den anderen Beschäftigungsverhältnissen während der Dauer des Erholungsurlaubs weiter nachgeht. Eine Pflichtverletzung kommt allenfalls in Betracht, wenn der Teilzeitbeschäftigte seinen Urlaub nutzt, um in dem anderen Arbeitsverhältnis länger zu arbeiten.

## X. Wechsel des Arbeitsverhältnisses

### 1. Teilurlaub beim alten Arbeitgeber

Wenn der Arbeitnehmer aus dem Arbeitsverhältnis

▶ vor Ablauf der sechsmonatigen Wartezeit ausscheidet (§ 5 Abs. 1 Buchst. b BUrlG) oder

▶ nach erfüllter Wartezeit, aber im Laufe des Kalenderjahres ausscheidet (§ 26 Abs. 2 Buchst. b TVöD/TV-L),

hat er Anspruch auf so viele Zwölftel des Jahresurlaubs, wie das Arbeitsverhältnis volle Monate im Jahr des Ausscheidens bestanden hat (zur Berechnung s. o. II.5.).

Zu viel gewährter Urlaub kann nicht zurückverlangt werden (s. o. II.6.).

### 2. Urlaubserfüllung beim alten Arbeitgeber

Noch bestehende Urlaubsansprüche werden nach herrschender Meinung nicht von einer Ausgleichsquittung anlässlich der Beendigung des Arbeitsverhältnisses erfasst. Deshalb ist eine Vereinbarung mit dem Arbeitnehmer hier ratsam.

 **TIPP!**

Sobald das Arbeitsverhältnis gekündigt worden ist, sollte mit dem Arbeitnehmer eine Vereinbarung über die Erfüllung der noch bestehenden Urlaubsansprüche getroffen werden.

Wenn der Arbeitnehmer sich nicht äußert, wie der noch bestehende Urlaub eingebracht werden soll, kommt eine Freistellung durch einseitige Erklärung des Arbeitgebers unter Anrechnung auf den Erholungsurlaub in Betracht.

 **Formulierungsbeispiel:**

„Hiermit stellen wir Sie unter Anrechnung auf den Erholungsurlaub und zur Erfüllung des Ihnen noch zustehenden Anspruchs von ..................... Arbeitstagen im Zeitraum vom ...................... bis .............................. von Ihrer Verpflichtung zur Arbeitsleistung unter Fortzahlung der Vergütung unwiderruflich frei."

Kann der Urlaub wegen Beendigung des Arbeitsverhältnisses nicht mehr gewährt und genommen werden, ist er gemäß § 7 Abs. 4 BUrlG abzugelten (Urlaubsabgeltung, siehe hierzu XIV.).

### 3. Urlaub beim neuen Arbeitgeber

Wird das Arbeitsverhältnis im Laufe eines Jahres beendet, besteht gemäß § 6 Abs. 1 BUrlG der Anspruch auf Urlaub gegen den neuen Arbeitgeber insofern nicht, als der alte Arbeitgeber den

Urlaub bereits gewährt hat. Damit soll verhindert werden, dass der Arbeitnehmer durch Wechsel des Arbeitsverhältnisses im Urlaubsjahr einen höheren Urlaubsanspruch erwirbt, als er nach TVöD/TV-L und dem Bundesurlaubsgesetz beanspruchen kann. Deshalb ist in § 6 Abs. 1 BUrlG eine Anrechnung vorgesehen.

§ 6 Abs. 1 BUrlG kommt nur zum Tragen, wenn der Arbeitnehmer im alten Arbeitsverhältnis bereits den vollen Urlaub erhalten hat oder er in den Fällen des Teilurlaubs mehr Urlaub erhalten hat, als ihm nach § 5 Abs. 1 BUrlG bzw. § 26 Abs. 2 Buchst. b, c TVöD/TV-L zusteht. Eine Anrechnung scheidet dagegen aus, wenn die Urlaubsansprüche nicht aus demselben Kalenderjahr stammen. In § 6 Abs. 1 BUrlG formuliert das Gesetz eine negative Anspruchsvoraussetzung, das heißt dem Arbeitnehmer als Gläubiger des Urlaubsanspruchs obliegt es, darzulegen und gegebenenfalls zu beweisen, dass die Voraussetzungen, unter denen § 6 Abs. 1 BUrlG eine Anrechnung bereits gewährten Urlaubs vorsieht, nicht vorliegen (BAG v. 16.12.2014, 9 AZR 295/13, ZTR 2015, 281).

Erfüllt sind die Urlaubsansprüche nicht nur, wenn der Arbeitnehmer von der Arbeitspflicht befreit worden ist, sondern auch, wenn der alte Arbeitgeber den Urlaub abgegolten hat. Wenn der Arbeitnehmer im alten Arbeitsverhältnis nicht den vollen Jahresurlaub erhalten hat, entsteht der Urlaubsanspruch im neuen Arbeitsverhältnis neu entsprechend den dafür geltenden Vorschriften.

 **WICHTIG!**

Hat der bisherige Arbeitgeber zu wenig Urlaub gewährt, ist der neue Arbeitgeber nicht verpflichtet, den fehlenden Urlaub nach zu gewähren. Der Arbeitnehmer muss sich in diesem Fall an den alten Arbeitgeber halten und von diesem die Abgeltung des noch ausstehenden Urlaubsanspruches verlangen.

Der bisherige Arbeitgeber ist verpflichtet, bei Beendigung des Arbeitsverhältnisses seinem Arbeitnehmer eine Bescheinigung darüber auszuhändigen, wie viel Urlaub der Arbeitnehmer erhalten hat und wie viele Tage gegebenenfalls abgegolten wurden (§ 6 Abs. 2 BUrlG). Der Arbeitnehmer kann seinen Anspruch auf Erteilung der Urlaubsbescheinigung vor dem Arbeitsgericht mit einer Leistungsklage durchsetzen.

 **WICHTIG!**

§ 6 Abs. 1 BUrlG erfasst nicht den Fall, dass der Arbeitnehmer nach einer Kündigung des Arbeitgebers ein anderweitiges Arbeitsverhältnis eingegangen ist, dort Urlaub erhält, jedoch im Rahmen des gerichtlichen Kündigungsschutzverfahrens festgestellt wird, dass das ursprüngliche Arbeitsverhältnis durch die Kündigung gar nicht aufgelöst worden ist. In einem solchen Fall liegt vielmehr ein Doppelarbeitsverhältnis vor (BAG v. 21.2.2012, 9 AZR 487/10, ZTR 2012, 463). Allerdings soll nach dem EuGH (v. 25.6.2020, Rs. C-762/18, ZTR 2020, 536) folgende Besonderheit gelten, wenn ein Arbeitnehmer erst eine Kündigung von Arbeitgeber A erhält, dann bei Arbeitgeber B arbeitet und letztlich nach gewonnenem Kündigungsschutzprozess zu Arbeitgeber A zurückkehrt: In dem Fall soll sich der Arbeitnehmer ausschließlich an Arbeitgeber B wenden, was den Urlaubsanspruch während der Tätigkeit für B anbelangt.

## XI. Zusatzurlaub

§ 27 Abs. 1 TVöD/TV-L erstreckt den in den jeweiligen beamtenrechtlichen Regelungen, insbesondere den Länder-Erholungs-/Urlaubsverordnungen, enthaltenen Zusatzurlaub auf alle Beschäftigten (z. B. für behinderte Menschen, § 8 HmbEUrlVO; bei gesundheitsgefährdender Tätigkeit, § 16 RhPf-UrlVO). Einen tariflich eigenständigen Zusatzurlaub gewährt § 27 Abs. 2 und

Abs. 3 TVöD/TV-L den Beschäftigten, die Wechselschicht- oder Schichtarbeit leisten. Die Dauer des Zusatzurlaubs ist nach dem Umfang der geleisteten Wechselschicht- und Schichtarbeit gestaffelt. Ein Anspruch auf Zusatzurlaub kann nur bestehen, wenn und soweit Anspruch auf Erholungsurlaub dem Grunde nach besteht. Für ihn gelten daher die Grundsätze des § 26 TVöD/TV-L mit Ausnahme des Zwölftelungsprinzips entsprechend.

Arbeitnehmer erhalten je einen Tag Zusatzurlaub, wenn sie entweder zwei zusammenhängende Monate Wechselschichtarbeit oder je vier zusammenhängende Monate Schichtarbeit leisten und ihnen eine Zulage nach § 8 Abs. 5 S. 1 oder Abs. 6 S. 1 TVöD bzw. § 8 Abs. 7 S. 1 oder Abs. 8 S. 1 TV-L zusteht. Voraussetzung ist in allen Fällen der ununterbrochene Einsatz des Beschäftigten nach einem entsprechenden Dienstplan für einen bestimmten Zeitraum.

Auch Beschäftigte, die nicht ständig Wechselschichtarbeit oder Schichtarbeit leisten, haben Anspruch auf Zusatzurlaub, wenn sie jedenfalls für mindestens drei bzw. fünf Monate im Jahr überwiegend dieser Arbeit nachgehen (mehr als die Hälfte der Arbeitszeit) und sie einen Anspruch auf Wechselschichtzulagen nach § 8 Abs. 5 S. 2 oder Abs. 6 S. 2 TVöD bzw. § 8 Abs. 7 S. 2 oder Abs. 8 S. 2 TV-L haben. Zu den Einzelheiten siehe „Zulagen und Zuschläge".

Die Anzahl der Zusatzurlaubstage (mit Ausnahme von § 208 SGB IX) ist auf maximal sechs Tage pro Kalenderjahr beschränkt (§ 27 Abs. 4 TVöD/TV-L). Zusammen mit dem Erholungsurlaub dürfen 35 Urlaubstage (ab dem vollendeten 50. Lebensjahr 36 Tage) nicht überschritten werden.

Vertiefende Hinweise finden sich hierzu in Breier/Dassau, TVöD Komm., § 27 Rn. 1 ff.

Ersatzzusatzurlaubsansprüche für den Anspruch auf Zusatzurlaub nach § 27 Abs. 1 TVöD/TV-L entstehen nur dann, wenn der Arbeitnehmer diesen Urlaub rechtzeitig vor seinem Untergang verlangt und dadurch den Arbeitgeber in Verzug setzt. Die Geltendmachung ist nicht entbehrlich, wenn der Arbeitgeber sich vor Entstehen des Zusatzurlaubsanspruchs endgültig und ernsthaft weigert, den Anspruch zu erfüllen. Schuldnerverzug setzt voraus, dass ein vollwirksamer und durchsetzbarer Anspruch besteht. § 286 Abs. 2 Nr. 3 BGB macht diese Voraussetzung nicht entbehrlich (BAG v. 23.11.2017, 6 AZR 43/16, ZTR 2018, 197).

## XII. Urlaubsentgelt

Nach § 26 Abs. 1 S. 1 TVöD/TV-L ist dem Beschäftigten sein Entgelt für die Dauer des Erholungsurlaubs weiterzuzahlen. Das Urlaubsentgelt stellt keine Gegenleistung für geleistete Arbeit des Arbeitnehmers dar, sondern wird für beschäftigungsfreie Zeiten gezahlt. Bei der Frage, ob die Arbeitsleistung zumindest in Höhe des gesetzlichen Mindestlohns (§ 1 Abs. 1 und 2 MiLoG) vergütet wird, bleibt das Urlaubsentgelt daher unberücksichtigt (BAG v. 20.9.2017, 10 AZR 171/16, ZTR 2018, 27).

Die Berechnung und der Zeitpunkt der Fälligkeit des Entgelts entsprechen dabei der Entgeltfortzahlung im Krankheitsfall gemäß § 21 bzw. § 24 TVöD/TV-L. Für Einzelheiten wird insoweit auf die Ausführungen zur → *Entgeltfortzahlung bei Arbeitsunfähigkeit* verwiesen. Das Urlaubsentgelt für in Vollzeit erworbenem Urlaub darf beim Wechsel in eine Teilzeittätigkeit nicht entsprechend gekürzt werden (BAG v. 20.3.2018, 9 AZR 486/17, ZTR 2018, 398; LAG Schleswig-Holstein v. 6.2.2018, 2 Sa 539/17).

Bei einer unwirksamen Ruhensvereinbarung für Schulferien, besteht ein Anspruch nach § 2 Abs. 1 EFZG, wenn ein gesetzlicher Feiertag in den Urlaubzeitraum fällt (BAG v. 26.10.2016, 5 AZR 456/15, ZTR 2017, 102).

Bei gesetzeskonformer Auslegung des § 22 TV-Ärzte/VKA sind die Zeiten der tatsächlichen Inanspruchnahme während einer Rufbereitschaft bei der Berechnung des Urlaubsentgelts zu berücksichtigen (BAG v. 20.9.2016, 9 AZR 429/15, ZTR 2017, 30).

Eine weitere Vorlagefrage des BAG gegenüber dem EuGH betrifft die wirtschaftlichen Aspekte des Urlaubs (BAG v. 17.6.2020, 10 AZR 210/19 (A)). Dabei geht es darum, ob Urlaubszeiten bei der Bemessung von Mehrarbeitszuschlägen zu berücksichtigen sind.

## XIII. Urlaubsgeld

Beim Urlaubsgeld handelt es sich um eine zusätzliche Leistung des Arbeitgebers, die dem Arbeitnehmer für den Urlaub bezahlt wird. Hierfür gibt es keinen gesetzlichen Anspruch. Ein Anspruch auf das zusätzliche Urlaubsgeld kann aber tarif- oder einzelvertraglich vereinbart werden. Da das Urlaubsgeld nicht in einem synallagmatischen Verhältnis zur Arbeitsleistung des Arbeitnehmers steht, kann mit der Zahlung von Urlaubsgeld nicht der Anspruch auf den gesetzlichen Mindestlohn (§ 1 Abs. 1 und 2 MiLoG) erfüllt werden (BAG v. 20.9.2017, 10 AZR 171/16, ZTR 2018, 27).

Ein Anspruch auf Urlaubsgeld kann auch aus dem allgemeinen Gleichbehandlungsgrundsatz resultieren: Zahlt der Arbeitgeber Urlaubsgeld an alle übrigen Arbeitnehmer, kann der Einzelne Gleichbehandlung verlangen, selbst wenn er keinen vertraglichen Anspruch hat. Wenn der Arbeitgeber mehrere Jahre lang ohne Vorbehalt Urlaubsgeld zahlt, kann sich der Anspruch auch aus einer sog. betrieblichen Übung ergeben. Daher ist es ratsam, solche Zahlungen immer mit einem Freiwilligkeitsvorbehalt zu versehen.

 **Formulierungsbeispiel:**

„Die Zahlung des Urlaubsgelds erfolgt als freiwillige Leistung und begründet keine Ansprüche auf künftige Zahlungen."

## XIV. Urlaubsabgeltung

### 1. Beendigung des Arbeitsverhältnisses

Der gesetzliche Urlaub dient der Erholung des Arbeitnehmers. Er muss ihm daher auch tatsächlich gewährt werden, und zwar durch bezahlte Freistellung von der Arbeit. Es ist grundsätzlich unzulässig, ihn in Geld abzugelten und ihn damit sozusagen abzukaufen (§ 7 Abs. 4 BUrlG).

**Beispiel**

Dem Arbeitnehmer stehen am Ende des Kalenderjahres noch zwei Wochen Urlaub zu. Er möchte diese aber nicht nehmen, sondern lieber weiterarbeiten und sich den Urlaub auszahlen lassen, um mit dem Geld seine Schulden zu vermindern. Dies ist unzulässig, selbst wenn Arbeitnehmer und Arbeitgeber sich darüber einig sind.

 **ACHTUNG!**

Ein Arbeitgeber, der sich dennoch auf derartige Abreden einlässt, läuft nicht nur Gefahr, den Urlaub durch Freistellung tatsächlich gewähren zu müssen, sondern auch das Urlaubsentgelt erneut zu zahlen.

Nur wenn der Urlaub nicht mehr ganz oder teilweise gewährt werden kann, weil das Arbeitsverhältnis beendet ist, kommt eine Urlaubsabgeltung in Betracht. Dabei ist völlig gleichgültig, warum das Arbeitsverhältnis geendet hat. Entscheidend ist nur, dass es beendet wurde und der Arbeitnehmer deshalb seinen Urlaub nicht mehr nehmen konnte. Bei einem Betriebsübergang besteht das Arbeitsverhältnis fort, nur mit einem anderen Arbeitgeber. Eine Urlaubsabgeltung ist daher nicht möglich. Wird eine zunächst ausgesprochene Kündigung von den Arbeitsgerichten für unwirksam erklärt, dann endet das Arbeitsverhältnis nicht. Der Urlaub kann nicht abgegolten werden. Im Rahmen des Annahmeverzugslohns steht dem Arbeitnehmer auch für eine etwaige Zeit zwischen Ablauf der Kündigungsfrist und rechtskräftigem Urteil der Urlaub zu (EuGH v. 25.6.2020, verbundene Rechtssachen C-762/18, C-37/19, ZTR 2020, 536; EuGH v. 12.10.2023, C-57/22).

**Beispiel 1**

Das Arbeitsverhältnis endet durch ordentliche Kündigung des Arbeitnehmers am 30.6. Der Arbeitnehmer hat noch einen Urlaubsanspruch von zehn Tagen. Dieser kann ihm wegen der Beendigung des Arbeitsverhältnisses nicht mehr gewährt werden. Daher muss er in Geld abgegolten werden.

**Beispiel 2**

Der Arbeitnehmer erhält wegen Diebstahls am 21.9. die fristlose Kündigung. Das Arbeitsgericht weist die Kündigungsschutzklage ab. Auch hier hat der Arbeitnehmer Anspruch auf Abgeltung aller Urlaubsansprüche, die er bis dahin erworben hat.

**Beispiel 3**

Der Arbeitnehmer geht in Rente. Wenn er noch Urlaub zu bekommen hat, muss dieser abgegolten werden. Es ist völlig gleichgültig, dass er nun keinen Urlaub mehr braucht, um sich zu erholen.

Der Urlaubsanspruch wandelt sich in diesen Fällen automatisch in einen Abgeltungsanspruch um. Irgendwelcher Handlungen des Arbeitnehmers oder des Arbeitgebers bedarf es nicht.

Verlangt der Arbeitnehmer, nicht genommenen Urlaub abzugelten, der aus mehreren Kalenderjahren stammt, bildet das Abgeltungsverlangen hinsichtlich eines jeden einzelnen Urlaubsjahres einen eigenen Streitgegenstand (BAG v. 23.1.2018, 9 AZR 200/17, ZTR 2018, 344).

Der Abgeltungsanspruch nach § 7 Abs. 4 BUrlG umfasst dabei nicht nur den gesetzlichen Mindesturlaub. Vielmehr ist grundsätzlich der gesamte Urlaubsanspruch des Arbeitnehmers abzugelten, der bei Beendigung des Arbeitsverhältnisses noch nicht erfüllt ist (BAG v. 22.10.2009, 8 AZR 865/08). Auch der Sonderurlaub für schwerbehinderte Arbeitnehmer muss abgegolten werden.

 **WICHTIG!**

Voraussetzung für die Urlaubsabgeltung ist das Bestehen eines Urlaubsanspruches im Augenblick der Beendigung des Arbeitsverhältnisses.

Ansprüche auf Bruchteile von Urlaubstagen sind weder auf volle Urlaubstage auf- noch abzurunden, sofern nicht gesetzliche, tarif- oder arbeitsvertragliche Bestimmungen Abweichendes regeln. Es verbleibt bei dem Anspruch auf den bruchteiligen Urlaubstag (BAG v. 23.1.2018, 9 AZR 200/17, ZTR 2018, 344).

Nach der neuen Rechtsprechung des BAG unterfällt der gesetzliche Urlaubsabgeltungsanspruch als reiner Geldanspruch nicht mehr dem Fristenregime des BUrlG. Entgegen früherer Ansicht ist er also nicht mehr entsprechend § 7 Abs. 3 BUrlG sowie § 26

Abs. 2 TVöD/TVL zeitlich befristet und erlischt daher grundsätzlich unabhängig von der Arbeitsfähigkeit oder Arbeitsunfähigkeit des Arbeitnehmers nicht mit Ablauf des Urlaubsjahres bzw. mit Ablauf des jeweiligen Übertragungszeitraumes (BAG v. 19.6.2012, 9 AZR 652/10, ZTR 2012, 648). Der Arbeitnehmer ist daher (zumindest) aus diesem Grund nicht mehr gehalten, seinen Abgeltungsanspruch innerhalb der vorgenannten Fristen geltend zu machen.

 **ACHTUNG!**

Der Urlaubsabgeltungsanspruch unterfällt als reiner Geldanspruch denselben Ausschlussfristen wie alle übrigen Zahlungsansprüche der Arbeitsvertragsparteien. Insofern kann der Abgeltungsanspruch im Rahmen von § 37 Abs. S. 1 TVöD verfallen, wenn er nicht rechtzeitig geltend gemacht wird (BAG v. 22.1.2019, 9 AZR 45/16, ZTR 2019, 377). Unerheblich ist dabei, ob der Arbeitnehmer zum Zeitpunkt der Beendigung des Arbeitsverhältnisses arbeitsunfähig krank oder arbeitsfähig ist. Der Anspruch eines Arbeitnehmers auf Abgeltung des ihm nicht gewährten Urlaubs entsteht gemäß § 7 Abs. 4 BUrlG mit der Beendigung des Arbeitsverhältnisses und wird grundsätzlich zu diesem Zeitpunkt fällig (BAG v. 6.5.2014, 9 AZR 758/12). Ein vom Arbeitnehmer eingeleitetes Kündigungsschutzverfahren und dessen Beendigung durch gerichtlichen Vergleich, in welchem sich die Parteien auf die Beendigung des Arbeitsverhältnisses zum Kündigungstermin verständigen, haben auf die Entstehung des Urlaubsabgeltungsanspruchs und dessen Fälligkeit keinen Einfluss. In der Erhebung der Kündigungsschutzklage liegt auch nicht die schriftliche Geltendmachung des Urlaubsabgeltungsanspruches im Sinne einer arbeitsvertraglichen Verfallsklausel (BAG v. 17.10.2017, 9 AZR 80/17, ZTR 2018, 91).

Der entstandene Urlaubsabgeltungsanspruch ist ein reiner Geldanspruch, der nicht mit dem Tod des Arbeitnehmers untergeht, sondern vererbbar ist (BAG v. 22.9.2015, 9 AZR 170/14, ZTR 2016, 89). Mit dieser Entscheidung hat das BAG seine bisherige Rechtsprechung zur Surrogatstheorie verworfen und steht damit im Einklang mit der Rechtsprechung des EuGH (vgl. EuGH v. 12.6.2014, C-118/13, ZTR 2014, 423, EuGH v. 20.1.2009, C-350/06, ZTR 2009, 87 und C-520/06; nunmehr auch EuGH v. 6.11.2018, C-569/16, ZTR 2018, 726 und C-570/16). Insofern können die Erben eines im laufenden Arbeitsverhältnis verstorbenen Arbeitnehmers die Urlaubsabgeltung beanspruchen, §§ 7 Abs. 4 BUrlG, 1922 Abs. 1 BGB, weil die Vergütungskomponente des Urlaubsanspruchs aufrecht erhalten bleibt (BAG v. 22.1.2019, 9 AZR 45/16, ZTR 2019, 377). Das gilt sowohl für den gesetzlichen Mindesturlaub als auch den gesetzlichen Zusatzurlaub für schwerbehinderte Menschen gemäß § 208 Abs. 1 S. 1 SGB IX (BAG v. 22.1.2019 a.a.O.). Für den tariflichen Mehrurlaub kann etwas anderes gelten, wenn es entsprechend geregelt ist (BAG v. 22.1.2019 a.a.O.). Allerdings enthalten § 26 TVöD und § 26 TV-L keine entsprechenden Verfallregelungen.

Möchte der Arbeitgeber den Urlaubsanspruch eines Arbeitnehmers in Elternzeit gem. § 17 Abs. 1 BEEG kürzen, muss er die Kürzungserklärung spätestens während der Kündigungsfrist (vgl. auch § 19 BEEG) oder vor Abschluss eines Aufhebungsvertrags abgeben. Mit der Beendigung des Arbeitsverhältnisses wandelt sich der Urlaubsanspruch in einen selbstständigen Urlaubsabgeltungsanspruch um, der gem. § 17 Abs. 1 BEEG nicht gekürzt werden kann (vgl. BAG v. 19.5.2015, 9 AZR 725/13, ZTR 2015, 587).

Das Arbeitsverhältnis verlängert sich durch die Urlaubsabgeltung nicht. Der Arbeitnehmer kann also sofort nach dem Ende des Arbeitsverhältnisses eine neue Stelle antreten, obwohl er für eine bestimmte Zeit Urlaubsabgeltung erhält.

**ACHTUNG!**

Hat der Arbeitnehmer bereits ein neues Arbeitsverhältnis, das unmittelbar an das jetzige anschließt, so kann ihn der bisherige Arbeitgeber nicht darauf verweisen, dass er ja dort einen neuen Urlaubsanspruch erwirbt. Er muss den im alten Arbeitsverhältnis entstandenen Urlaub abgelten.

## 2. Arbeitsunfähigkeit

Laut BAG (BAG v. 24.3.2009, 9 AZR 983/07, ZTR 2009, 330) ist die Urlaubsabgeltung – entgegen der früheren Rechtspraxis – auch dann nicht ausgeschlossen, wenn der Arbeitnehmer bis zum Ende des Arbeitsverhältnisses und über den Übertragungszeitraum hinaus arbeitsunfähig erkrankt ist. Vielmehr verlieren Arbeitnehmer ihren Anspruch auf den gesetzlichen Mindesturlaub nicht, wenn sie den Urlaub wegen Krankheit nicht antreten konnten. Jedenfalls der gesetzliche Urlaubsanspruch von vier Wochen pro Jahr ist daher auch dann abzugelten, wenn der Arbeitnehmer während des gesamten Urlaubsjahres und Übertragungszeitraumes krankgeschrieben war. Gleiches gilt auch für den Zusatzurlaub für schwerbehinderte Arbeitnehmer nach § 208 SGB IX (BAG v. 23.3.2010, 9 AZR 128/09, ZTR 2010, 376).

 **WICHTIG!**

Nach Auffassung des BAG kommt es für die Abgeltung des Urlaubsanspruches somit nicht darauf an, ob dieser bei Fortbestand des Arbeitsverhältnisses noch hätte erfüllt werden können. Maßgeblich ist allein, ob dem Arbeitnehmer im Zeitpunkt der Beendigung des Arbeitsverhältnisses rein rechtlich noch Urlaubstage zustehen, die er aufgrund der Krankheit nicht nehmen konnte (BAG v. 4.5.2010, 9 AZR 183/09, ZTR 2010, 597).

Wird das Arbeitsverhältnis durch Eintritt in den Ruhestand beendet und ist es dem Arbeitnehmer wegen Krankheit nicht mehr möglich, seinen verbliebenen Jahresurlaub tatsächlich zu nehmen, wandelt sich der Urlaubsanspruch nach Rechtsprechung des EuGH daher in einen Anspruch auf finanzielle Vergütung (EuGH v. 20.7.2016, C-341/15).

 **ACHTUNG!**

Allerdings ist allein der Verfall des gesetzlichen Mindesturlaubs nach dem BUrlG (auch § 208 SGB IX) bei krankheitsbedingter Arbeitsunfähigkeit des Arbeitnehmers ausgeschlossen. Hinsichtlich des tariflichen Mehrurlaubs gemäß TVöD/TV-L bleibt es bei der bisherigen Rechtspraxis, dass der Urlaub spätestens mit Ablauf des Übertragungszeitraums verfällt (BAG v. 22.5.2012, 9 AZR 575/10, ZTR 2012, 576).

Die Rechtsprechung des EuGHs und des BAGs zur Urlaubsabgeltung bei langzeiterkrankten Arbeitnehmern ist auch auf den Urlaubsanspruch von Beamten in ihren Grundzügen übertragbar. Das BVerwG hat entschieden, dass Beamte einen Abgeltungsanspruch haben, wenn sie ihren Urlaub krankheitsbedingt vor Beendigung des Beamtenverhältnisses nicht in Anspruch nehmen konnten (BVerwG v. 31.1.2013, 2 C 10.12, ZTR 2013, 349).

## 3. Altersteilzeit

Wenn die Altersteilzeitarbeit im Blockmodell gewährt wird, bewirkt der Übergang von der Arbeits- in die Freistellungsphase keine Beendigung des Arbeitsverhältnisses i. S. d. § 7 Abs. 4 BUrlG. Urlaubsansprüche, die zu diesem Zeitpunkt noch nicht erfüllt sind, müssen somit nur dann abgegolten werden, wenn sie zum Zeitpunkt der Beendigung des Arbeitsverhältnisses noch nicht verfallen sind und die in der Person des Arbeitnehmers liegenden Voraussetzungen für die Urlaubsgewährung erfüllt sind (BAG v. 16.10.2012, 9 AZR 234/11, ZTR 2013, 317).

Der Urlaubsanspruch entsteht im Jahr des Übergangs von der Arbeits- in die Freistellungsphase bereits zu Beginn des Urlaubsjahres in voller Höhe. Eine Kürzung des gesetzlichen Urlaubsanspruchs in diesem Jahr durch tarifvertragliche Regelung ist wegen des Verstoßes gegen § 13 Abs. 1 S. 1 BUrlG gemäß § 134 BGB unwirksam (LAG Niedersachsen v. 18.1.2017, 13 Sa 126/16, ZTR 2017, 301).

Nach einer Entscheidung des LAG Hessen können die Parteien im Rahmen des Altersteilzeitvertrages wirksam vereinbaren, dass die Urlaubsansprüche in der Freistellungsphase als erfüllt gelten. Dem Kläger wurde der in den Kalenderjahren der Freistellungsphase ihm zustehende bezahlte Erholungsurlaub im selben Kalenderjahr gewährt. Denn die Freistellung während der Freistellungsphase beruht nicht nur auf der in Vorleistung erbrachten Arbeitsleistung des Arbeitnehmers. Vielmehr geht auch der Arbeitgeber durch die Gewährung von (ganztägigem) Urlaub in der Arbeitsphase im Umfang der Hälfte der arbeitstäglichen Arbeitszeit in Vorleistung. Ein Abgeltungsanspruch wegen in der Freistellungsphase vermeintlich nicht gewährten Urlaubs besteht danach nicht (LAG Hessen v. 22.3.2017, 6 Sa 29/17, ZTR 2017, 534). Dieses Urteil wurde allerdings durch das (nicht veröffentlichte) Anerkenntnisurteil des BAG (v. 27.2.2018, 9 AZR 247/17) aufgehoben. Für die Zeit der Freistellungsphase entsteht kein eigener Urlaubsanspruch (LAG Düsseldorf v. 13.7.2018, 6 Sa 272/18).

## 4. Insolvenz

Sowohl Urlaubs- als auch Urlaubsabgeltungsansprüche sind Masseforderungen. Insofern sind auch Ansprüche auf tarifliches oder betriebliches Urlaubsgeld Masseforderungen, selbst wenn sie aus Kalenderjahren vor der Insolvenzeröffnung stammen, soweit sie vom Bestand des Urlaubsanspruchs abhängig sind. Die Anmeldung von Masseforderungen zur Insolvenztabelle wahrt eine tarifliche Ausschlussfrist, die eine schriftliche Geltendmachung verlangt BAG v. 15.2.2005, 9 AZR 78/04. Der Anspruch eines Arbeitnehmers auf Urlaubsentgelt und Urlaubsgeld, der vom Insolvenzverwalter unwiderruflich „unter Anrechnung auf offenen Urlaub" von jeder Arbeitsleistung freigestellt ist, begründet keine Neumasseverbindlichkeit im Sinne von § 209 Abs. 2 InsO.

## 5. Höhe der Abgeltung

Die Verpflichtung des Arbeitgebers besteht darin, dass Entgelt zu zahlen, dass er bei bestehendem Arbeitsverhältnis als Urlaubsvergütung für die Zeit der Freistellung nach § 21 TVöD an den Arbeitnehmer zu zahlen gehabt hätte. Die Höhe des Abgeltungsanspruchs pro Urlaubstag richtet sich daher nach der Vergütung, die der Arbeitnehmer bekommen hätte, wenn er den Urlaub tatsächlich in Anspruch genommen hätte. Sie entspricht also der Höhe nach dem Urlaubsentgelt (s. o. XII.).

## 6. Ausschlussfristen und Verjährung

Im Zuge der Rechtsprechung zur Urlaubsabgeltung bei langzeiterkrankten Arbeitnehmern hat das BAG (v. 9.8.2011, 9 AZR 352/10) entschieden, dass der Urlaubsabgeltungsanspruch der tarifvertraglichen Ausschlussfrist des § 37 TVöD/TV-L unterfällt. Er muss daher vom Arbeitnehmer innerhalb von sechs Monaten nach seiner Fälligkeit schriftlich geltend gemacht werden. Andernfalls verfällt er ersatzlos. Im Hinblick auf die Urlaubsabgeltung genügt zur Wahrung der tariflichen Ausschlussfrist nicht die Erhebung einer Kündigungsschutzklage (BAG v. 21.2.2012, 9 AZR 486/10, ZTR 2012, 408).

Der Abgeltungsanspruch ist nicht mehr Surrogat des Urlaubsanspruchs, sondern eine reine Geldforderung und unterliegt damit wie andere Ansprüche aus dem Arbeitsverhältnis auch einzel- und tarifvertraglichen Ausschlussfristen (BAG v. 19.6.2012, 9 AZR 652/10, ZTR 2012, 648; BAG v. 24.5.2022, 9 AZR 461/21; BAG v. 31.1.2023, 9 AZR 244/20). Das gilt auch für die Abgeltung des nach § 13 Abs. 1 S. 1 i. V. m. § 3 Abs. 1 BUrlG unabdingbaren gesetzlichen Mindesturlaubs (BAG v. 7.7.2020, 9 AZR 323/19, ZTR 2020, 692). Ebenso unterliegt der Abgeltungsanspruch den gesetzlichen Verjährungsfristen, auch dann, wenn der Arbeitgeber seine Mitwirkungspflichten nicht erfüllt hat (BAG v. 31.1.2023, 9 AZR 456/20).

Wegen der Aufgabe der sogenannten Surrogatstheorie ist nunmehr auch der Verzicht des Arbeitnehmers auf den Abgeltungsanspruch grundsätzlich zulässig und möglich. Dies gilt aber erst nach dem Entstehen des Anspruchs und damit nach Beendigung des Arbeitsverhältnisses (BAG v. 14.5.2013, 9 AZR 844/11, ZTR 2013, 574).

### 7. Sozialversicherungsrechtliche Folgen

Der Anspruch auf Arbeitslosengeld ruht gemäß § 157 Abs. 2 SGB III für die Zeit, in der ein Arbeitsloser Urlaubsabgeltung erhalten oder zu beanspruchen hat. Hat der Arbeitnehmer gleichwohl Arbeitslosengeld ausbezahlt bekommen, geht der Anspruch auf Urlaubsabgeltung in Höhe der erbrachten Sozialleistungen nach § 115 SGB X auf die Bundesagentur für Arbeit über.

## XV. Sonderurlaub

### 1. Voraussetzungen und Auswirkungen des Sonderurlaubs

Nach § 28 TVöD/TV-L können (Teilzeit-)Beschäftigte bei Vorliegen eines wichtigen Grundes unter Verzicht auf die Fortzahlung des Entgelts Sonderurlaub erhalten.

Voraussetzung für die Gewährung von Sonderurlaub ist das Vorliegen eines „wichtigen Grundes" aus der Sphäre des Beschäftigten. Dabei reicht nicht jedes persönliche Motiv aus, eine unbezahlte Freistellung zu rechtfertigen. Vielmehr muss das mit der Beurlaubung verfolgte Ziel auch bei objektiver Betrachtungsweise hinreichend gewichtig und schutzwürdig sein. Im Rahmen der Vorgängerregelung des § 50 BAT (§ 47a BMT-G, § 55 MTArb Bund) war als Hauptgrund für die Inanspruchnahme von unbezahltem Sonderurlaub die Erfüllung familiärer Pflichten (z. B. Kinderbetreuung oder Pflege von Angehörigen) anerkannt. Ein wichtiger Grund im Sinne des § 28 TVöD/TV-L kann darüber hinaus etwa vorliegen bei der:

▶ Erreichung eines berufsqualifizierenden Abschlusses,

▶ Teilnahme an einer Fortbildung oder Aufnahme eines Studiums,

▶ Teilnahme an einer Umschulung oder der

▶ Übernahme eines kommunalen Amtes.

 **WICHTIG!**

§ 28 TVöD/TV-L gewährt dem Arbeitnehmer keinen Anspruch auf unbezahlten Urlaub. Besteht ein wichtiger Grund liegt es im billigen Ermessen des Arbeitgebers, ob und wie lange er unbezahlten Urlaub gewährt (§ 315 BGB). Die Interessen des Beschäftigten sind mit den dienstlichen bzw. betrieblichen Interessen des Arbeitgebers abzuwägen. Aufgrund des Gleichbehandlungsgrundsatz oder besonderer Sachverhaltswertungen kann im Einzelfall ein Rechtsanspruch erwachsen. Die Ermessensentscheidung ist nach § 315 Abs. 3 BGB gerichtlich nachprüfbar.

Während des Sonderurlaubes besteht das Arbeitsverhältnis weiter. Es ruhen jedoch die beiderseitigen Hauptleistungspflichten.

Der Beschäftigte ist nicht zur Arbeitsleistung verpflichtet. Er hat aber auch keine Ansprüche auf Vergütung oder Entgeltfortzahlung für Zeiten, in denen er arbeitsunfähig erkrankt. Dagegen bleiben die vertraglichen Nebenpflichten wie etwa das Wettbewerbsverbot oder die gegenseitigen Rücksichtnahmepflichten in der Regel auch während der unbezahlten Freistellung bestehen. Die Jahressonderzahlung wird um ein Zwölftel für jeden Kalendermonat gekürzt, in dem der Beschäftigte keinen Anspruch auf Entgelt hat (§ 20 Abs. 4 S. 1 TVöD [Bund], § 20 Abs. 4 S. 1 TVöD [VKA], § 20 Abs. 4 S. 1 TV-L). Hingegen gilt die Zeit des Sonderurlaubs als Beschäftigungszeit insbesondere für Stufenaufstiege, wenn der Arbeitgeber vor Antritt schriftlich ein dienstliches bzw. betriebliches Interesse anerkennt (§§ 34 Abs. 3 S. 2, 17 Abs. 3 S. 1 d) TVöD/TV-L).

 **ACHTUNG!**

Der Arbeitnehmer hat keinen Anspruch auf Erholungsurlaub, wenn er sich das ganze Jahr im unbezahlten Sonderurlaub befindet (BAG v. 19.3.2019, 9 AZR 315/17, ZTR 2019, 557). Ist der Arbeitnehmer nur für einen Teil des Kalenderjahres im unbezahlten Sonderurlaub, muss der Urlaubsanspruch nach entsprechenden Zeitabschnitten berechnet werden (BAG v. 19.3.2019, 9 AZR 315/17, ZTR 2019, 557). Eine Kürzung des Erholungsurlaubs erfolgt demnach nicht nur nach § 26 Abs. 2 c) TVöD/TV-L für den tariflichen Mehrurlaub.

Wichtig ist, dass die Dauer des Sonderurlaubs entweder durch eine Zeit- oder Zweckbefristung hinreichend bestimmt ist. Eine vorzeitige Beendigung des Sonderurlaubs ist nur im Einvernehmen von Arbeitgeber und Arbeitnehmer möglich. Grundsätzlich haben weder der Arbeitnehmer noch der Arbeitgeber das Recht, den gewährten Sonderurlaub einseitig abzubrechen, es sei denn, der Vertrag enthält eine (wirksame) Beendigungsabrede. Ausnahmsweise kann der Arbeitgeber nach § 242 BGB gehalten sein, der Beendigung des Sonderurlaubs zuzustimmen, wenn stattdessen Erziehungsurlaub (bzw. Elternzeit) begehrt wird oder der Grund des Sonderurlaubs entfallen ist und schwerwiegende negative Veränderungen in den wirtschaftlichen Verhältnissen des Arbeitnehmers eingetreten sind.

 **WICHTIG!**

Die Bewilligung von unbezahltem Sonderurlaub kann für den Arbeitnehmer mit erheblichen Nachteilen in der gesetzlichen Sozialversicherung und der zusätzlichen Alters- und Hinterbliebenenversorgung verbunden sein. Einen Monat nach Unterbrechung des aktiven Arbeitsverhältnisses ohne Fortzahlung der Vergütung erlischt bei Pflichtversicherten die Mitgliedschaft in den Sozialversicherungen, insbesondere der gesetzlichen Krankenversicherung, vgl. § 19 Abs. 2 SGB V. Der Arbeitnehmer muss sich also selbst um Krankenversicherungsschutz bemühen.

Über die mit der Vereinbarung von unbezahltem Sonderurlaub eintretenden Nachteile sollte der Arbeitgeber den Arbeitnehmer unterrichten und sich dies zu Dokumentations- und Beweiszwecken vom Arbeitnehmer schriftlich bestätigen lassen.

**Formulierungsbeispiel:**

„Mir ist bewusst, dass mit der Inanspruchnahme von unbezahltem Sonderurlaub Nachteile im Zusammenhang mit der gesetzlichen Sozialversicherung und der betrieblichen Altersvorsorge verbunden sein können. Ich wurde darauf hingewiesen, dass spätestens mit Ablauf eines Monats nach Beginn des unbezahlten Sonderurlaubs mein sozialversicherungspflichtiges Beschäftigungsverhältnis und damit insbesondere meine Mitgliedschaft in der gesetzlichen Krankenversicherung endet. Ich werde selbst für die Sicherstellung eines entsprechenden Krankenversicherungsschutzes Sorge tragen."

## 2. Vereinbarung des Sonderurlaubs

Der Arbeitnehmer muss den unbezahlten Sonderurlaub – ohne dass es der Einhaltung einer bestimmten Form bedarf – beantragen. Dabei hat er das Vorliegen eines wichtigen Grundes darzulegen und auf Verlangen des Arbeitgebers glaubhaft zu machen. Die Gewährung des Sonderurlaubs setzt stets eine entsprechende Zustimmung des Arbeitgebers beziehungsweise eine gesonderte Vereinbarung zwischen den Arbeitsvertragsparteien voraus, die zweckmäßigerweise schriftlich erfolgen sollte.

> **Formulierungsbeispiel:**
>
> „Auf den schriftlichen Antrag vom ............... vereinbaren die Arbeitsvertragsparteien, dass dem Arbeitnehmer zur ............... (Bezeichnung des wichtigen Grundes) im Zeitraum vom ............... bis ............... Sonderurlaub nach § 28 TVöD gewährt und er von seiner Verpflichtung zur Arbeitsleistung unter Verzicht auf die Fortzahlung des Entgelts unwiderruflich freigestellt wird. Die Dauer des Erholungsurlaubs reduziert sich für jeden vollen Kalendermonat um ein Zwölftel."

Ausführlich in Sponer/Steinherr, TVöD Komm., § 28 Rz. 1 ff.

## XVI. Spartentarifverträge

### 1. Sondervorschriften im TVöD

In den besonderen Teilen des TVöD (Spartenregelungen) finden sich zum Urlaub folgende Sonderregelungen:

- § 45 Nr. 11 TVöD-BT-V: Für Beschäftigte, die zu Auslandsdienststellen des Bundes entsandt sind, gelten beim Erholungsurlaub neben den tariflichen Regelungen auch die jeweiligen Bestimmungen für im Ausland tätige Bundesbeamte entsprechend,

- § 46 Nr. 6 TVöD-BT-V: Für Beschäftigte des Bundesministeriums der Verteidigung sind bei der Berechnung des Urlaubsentgelts besondere leistungsabhängige Entgeltbestandteile zu berücksichtigen,

- § 46 Nr. 7 TVöD-BT-V: Im Bundesministerium für Verteidigung beschäftigtes Feuerwehr- und Wachpersonal erhält Zusatzurlaub für je vier Monate der Arbeitsleistung im Kalenderjahr,

- § 46 Nr. 15 TVöD-BT-V: Für die Besatzungen von Binnen- und Seefahrzeugen und von schwimmenden Geräten im Bereich des Bundesministeriums für Verteidigung finden die Regelungen über den Zusatzurlaub nach § 27 TVöD-AT keine Anwendung,

- § 47 Nr. 7 TVöD-BT-V: Bestimmte Beschäftigte des Bundesministeriums für Digitales und Verkehr haben bei Tätigkeiten in Wachdiensten keinen Anspruch auf Zusatzurlaub nach § 27 TVöD-AT,

- § 55 TVöD-BT-K: Beschäftigte haben Anspruch auf Zusatzurlaub bei der Leistung von Nachtarbeit (mindestens 150 Stunden pro Kalenderjahr),

- § 52 TVöD-BT-B: Beschäftigte an Heimschulen und Internaten haben ihren Urlaub in der Regel während der Schulferien zu nehmen,

- § 53 TVöD-BT-B: Beschäftigte haben Anspruch auf Zusatzurlaub bei der Leistung von Nachtarbeit (mindestens 150 Stunden pro Kalenderjahr).

Für den Bereich der VKA gelten folgende Sonderregelungen:

- § 51 Nr. 3 TVöD-BT-V (VKA): Beschäftigte als Lehrkräfte haben ihren Urlaub in den Schulferien zu nehmen,

- § 52 Nr. 3 TVöD-BT-V (VKA): Auch Beschäftigte als Lehrkräfte an Musikschulen sind verpflichtet, ihren Urlaub während der unterrichtsfreien Zeit zu nehmen,

- § 55 Nr. 6 TVöD-BT-V (VKA): Bei Beschäftigten an Theatern und Bühnen soll der Urlaub in der Regel während der Theaterferien gewährt und genommen werden.

### 2. Sondervorschriften im TV-L

Im Bereich des TV-L finden sich Sonderregelungen zum Erholungsurlaub in folgenden Vorschriften:

- § 40 Nr. 7 TV-L: Für Beschäftigte an Hochschulen und Forschungseinrichtungen wird die Zeitgrenze für die Inanspruchnahme des übertragenen Urlaubsanspruchs auf den 30.9. verschoben. Bis zu diesem Zeitpunkt muss der Urlaub allerdings nicht nur angetreten, sondern auch vollständig genommen sein, anderenfalls verfällt er,

- §§ 41 Nr. 17, 42 Nr. 8, 43 Nr. 7 TV-L: Ärzte und nichtärztliche Beschäftigte haben Anspruch auf Zusatzurlaub bei Leistung von Nachtarbeit,

- § 44 Nr. 3 TV-L: Beschäftigte als Lehrkräfte haben ihren Urlaub in den Schulferien zu nehmen,

- § 46 Nr. 7 TV-L: Beschäftigte auf Schiffen und schwimmenden Geräten haben für Tätigkeiten in Wachdiensten keinen Zusatzurlaub nach § 27 TV-L,

- § 50 Nr. 2 TV-L: Sonderregelung über Zusatzurlaub nach § 27 TV-L für Beschäftigte in Zentren für Psychiatrie Baden-Württemberg.

## XVII. Checkliste Urlaub

### 1. Urlaubsanspruch

- ❑ Ist die Wartefrist erfüllt?
- ❑ Ist der Anspruch schon durch Urlaubserteilung beim früheren Arbeitgeber erfüllt?
- ❑ Wie viel Urlaub steht dem Arbeitnehmer nach § 26 Abs. 1 TVöD/TV-L zu?
- ❑ Besteht Anspruch auf Zusatzurlaub, z. B. als schwerbehinderter Mensch oder aus § 27 TVöD/TV-L?
- ❑ Wurde der Arbeitnehmer aufgefordert, seinen Urlaubsanspruch zu nehmen und auf den ansonsten möglichen Verfall hingewiesen?
- ❑ Hat der Arbeitnehmer noch „Resturlaub" aus dem vorangegangenen Kalenderjahr?
- ❑ Liegen keine vorrangigen Urlaubswünsche anderer Arbeitnehmer oder vorrangige dringende betriebliche Belange vor?

### 2. Erkrankung im Urlaub

- ❑ Wurde eine ärztliche Arbeitsunfähigkeitsbescheinigung vorgelegt?

### 3. Keine Selbstbeurlaubung

- ❑ Wurde dem Arbeitnehmer der angetretene Urlaub ausdrücklich gewährt?

### 4. Urlaubsübertragung ins Folgejahr

Sind

- ❑ dringende betriebliche Gründe

oder

❑ in der Person des Arbeitnehmers liegende Gründe gegeben, die die Übertragung rechtfertigen?

### 5. Rechtzeitige Urlaubsgewährung

❑ Wurden jeder Mitarbeiter rechtzeitig und klar darauf hingewiesen, wie viele Urlaubstage er noch aus welchem Urlaubsjahr hat und, dass diese verfallen, wenn er sie nicht im laufenden Urlaubsjahr nimmt?

### 6. Betriebs- bzw. Personalrat

❑ Wurden die Mitbestimmungsrechte beachtet?

### 7. Urlaubsentgelt

❑ Gleich bleibendes Gehalt: muss weitergezahlt werden.

❑ Wechselndes Gehalt: Durchschnittsverdienst der letzten drei Monate ermitteln und auf die Wochenarbeitstage verteilen

### 8. Urlaubsabgeltung

❑ Nur bei Beendigung des Arbeitsverhältnisses möglich.

❑ Steht dem Arbeitnehmer ein (restlicher) Urlaubsanspruch zu?

❑ Kann der Urlaub wegen der Beendigung nicht mehr gewährt werden?

❑ Berechnung: wie Urlaubsentgelt

---

## XVIII. Muster: Urlaubsantrag

*Name, Vorname:* ................................................

*Personalnummer:* ................

*Datum:* ............................

***Antrag auf Erholungsurlaub***

*vom:* ............................................................

*bis:* ............................................................

*Dienstantritt am:* ............................................

*Vertretung:* ......................................................

*Resturlaub:* ....... *Tage*

*In Notfällen erreichbar:* ......................................

*Gründe für Urlaubsübertragung (bei Übertragung von Urlaub aus dem Vorjahr):*

...........................................................

*Besondere soziale Gesichtspunkte für die Urlaubsgewährung im beantragten Zeitraum:*

...........................................................

*Unterschrift des Mitarbeiters:*

*Stellungnahme der Personalabteilung/des Vorgesetzten:*

❑ *Genehmigt*

❑ *Abgelehnt*

*Gründe:* ..........................................................

...........................................................

*Datum*               *Unterschrift*

---

# Verhaltensbedingte Kündigung

**Wegweiser:**

Vorbereitung und Ausspruch einer verhaltensbedingten Kündigung folgen den allgemeinen Regeln. Siehe zu den Kündigungsgrundsätzen auch Breier/Dassau TVöD Komm Teil K 2 Erl. 5.1, TV-L Komm Teil K 2 Erl. 5.

**I. Allgemeines**

**II. Voraussetzungen der verhaltensbedingten Kündigung**

**III. Checkliste Verhaltensbedingte Kündigung**

## I. Allgemeines

Kündigungen von Arbeitsverhältnissen, die unter den Anwendungsbereich des Kündigungsschutzgesetzes fallen, bedürfen zu ihrer Wirksamkeit der sozialen Rechtfertigung. Eine Kündigung kann nach § 1 Abs. 2 S. 1 KSchG sozial gerechtfertigt sein, wenn sie durch das Verhalten des Arbeitnehmers begründet ist. Hierbei muss es sich um ein dem Arbeitnehmer vorwerfbares und von ihm steuerbares Verhalten handeln (BAG v. 3.11.2011, 2 AZR 748/10). Zu weiteren verhaltensbedingten Kündigungsgründen siehe → *Außerordentliche Kündigung*.

## II. Voraussetzungen der verhaltensbedingten Kündigung

Eine verhaltensbedingte Kündigung ist dann sozial gerechtfertigt, wenn

▶ das dem Arbeitnehmer vorgeworfene Verhalten eine Vertragspflichtverletzung darstellt,

▶ das Arbeitsverhältnis dadurch konkret beeinträchtigt wird und eine Wiederholungsgefahr besteht (negative Prognose),

▶ keine zumutbare anderweitige Beschäftigungsmöglichkeit besteht und

▶ die Lösung des Arbeitsverhältnisses bei Abwägung der beiderseitigen Interessen billigenswert und angemessen erscheint.

Das konkrete Verhalten des Arbeitnehmers muss im Einzelfall geeignet sein, einen ruhigen und verständig urteilenden Arbeitgeber zur Kündigung zu bestimmen.

Es gilt das Prognoseprinzip. Dies bedeutet, dass die Kündigung nicht in der Vergangenheit liegende Verhaltensweisen sanktionieren, sondern weitere Vertragspflichtverletzungen für die Zukunft vermeiden soll.

Verhaltensbedingte Kündigungsgründe können Vertragsverletzungen, dienstliches und außerdienstliches Verhalten, Umstände aus dem Verhältnis des Arbeitnehmers zu betrieblichen und überbetrieblichen Einrichtungen, Organisationen und Behörden sein.

In Betracht kommen insbesondere Vertragsverletzungen

▶ im Leistungsbereich: Hierzu gehören Pflichtverletzungen des Arbeitnehmers bei Schlecht- und Minderleistung, Arbeitsverweigerung und Arbeitsversäumnis;

**WICHTIG!**

Schlecht- oder Minderleistungen stellen den Arbeitgeber durch die vorhandene Rechtsprechung regelmäßig vor kaum mehr lösbare Darlegungs- und Beweisprobleme, wenn es zum Streit über eine solche Kündigung kommt. Vorzugswürdig ist hier, den Arbeitnehmer jeweils solche

Aufgaben zuzuweisen, deren Bewältigung am Ende als „erfolgt" oder „nicht erfolgt" beurteilt werden kann. Eine „teilweise" oder „schlechtere" oder „vorwerfbar unterdurchschnittliche" Leistung wird in aller Regel nicht für eine bestandskräftige Kündigung ausreichen.

▶ bei Einstellungsverhandlungen durch Verletzung von Auskunftspflichten oder Vorspiegelung nicht vorhandener Eigenschaften und Fähigkeiten;

▶ bei betrieblichen und außerbetrieblichen Verhaltenspflichten (betriebliche Ordnung), z. B. Beleidigung von Arbeitskollegen, Verstoß gegen das Rauchverbot;

▶ bei vertraglichen Nebenpflichten, z. B. Verletzung von Treue- und Rücksichtspflichten wie etwa eine verspätete Krankmeldung oder eine verspätete Anzeige der Fortdauer der Arbeitsunfähigkeit (BAG v. 7.5.2020, 2 AZR 619/19, ZTR 2020, 550);

▶ im persönlichen Vertrauensbereich, z. B. Annahme von Schmiergeldern oder Begehung von Straftaten.

 **WICHTIG!**

Zum Zwecke der Gewährleistung einer unbestechlichen öffentlichen Verwaltung sowie des Vertrauens der Bürger in den Rechtsstaat untersagen § 3 Abs. 2 TVöD und § 3 Abs. 3 TV-L die Annahme von Belohnungen, Geschenken, Provisionen und sonstigen Vergünstigungen (siehe → *Compliance*). Ein Verstoß hiergegen kann zu einer fristlosen Kündigung führen.

Eine verhaltensbedingte Kündigung ist nur dann gerechtfertigt, wenn das Verhalten des Arbeitnehmers für das betriebliche Geschehen von Bedeutung ist. Hat das Verhalten des Arbeitnehmers keine Auswirkung auf das Arbeitsverhältnis, wie z. B. in aller Regel sein außerdienstliches Verhalten, so kommt eine Kündigung deswegen nicht in Betracht.

So dürfte ein Arbeitnehmer, der ohne Alltagsmaske und Abstand an einer Coronaleugner- Demonstration außerhalb der Arbeitszeit teilnimmt in der Regel nicht gegen arbeitsvertragliche Pflichten verstoßen. Anders könnte dies zu bewerten sein, wenn der Arbeitnehmer im medizinischen Bereich tätig ist und durch sein außerdienstliches Verhalten eine erhöhte Ansteckungsgefahr für sein berufliches Umfeld, insbesondere für schützenswerte Risikogruppen, besteht.

Strafrechtliche Bewertungen sind für die Beurteilung der arbeitsvertraglichen Pflichtverletzung nicht maßgebend (BAG v. 3.11.2011, 2 AZR 748/10).

Auch eine fahrlässige Vertragsverletzung kann zu einer verhaltensbedingten Kündigung führen.

**Beispiel**

Ein im öffentlichen Dienst beschäftigter Straßenbauarbeiter wird wegen gemeinschaftlicher Zuhälterei und Körperverletzung zu einer mehrmonatigen Bewährungsstrafe verurteilt. Gegenüber der Presse gibt er als Tatmotiv an, dass er ein zusätzliches Einkommen zur Ernährung seiner Familie benötigt hätte. Durch diese Verbindung von Straftat und Arbeitsverhältnis hat er das Integritätsinteresse seines Arbeitgebers und damit seine Pflicht zur Rücksichtnahme verletzt. Die verhaltensbedingte Kündigung ist (ohne Abmahnung) wirksam (BAG v. 28.10.2010, 2 AZR 293/09, ZTR 2011, 110).

Anders kann es zum Beispiel auch sein, wenn der Arbeitnehmer in seinem „social-media-Profil" nicht nur inakzeptable Äußerungen tätigt, sondern anhand weiterer Eintragungen ein Rückschluss auf seine Tätigkeit und Dienststelle möglich ist.

Ferner ist ähnlich wie bei der betriebsbedingten Kündigung zu prüfen, ob eine zumutbare anderweitige Beschäftigungsmöglichkeit für den Arbeitnehmer besteht. Dies ist der Fall, wenn der Arbeitnehmer auf einem anderen freien Arbeitsplatz weiterbeschäftigt werden kann und dies dem Arbeitgeber zumutbar ist (BAG v. 22.7.1982, 2 AZR 30/81). Hiervon kann nur ausgegangen werden, wenn zu erwarten ist, dass das Fehlverhalten des Arbeitnehmers auf dem neuen Arbeitsplatz nicht mehr auftreten wird (BAG v. 6.10.2005, 2 AZR 280/04, ZTR 2006, 340). Das kann der Fall sein, wenn es sich bei der Pflichtverletzung um unangebrachtes Verhalten gegenüber Kunden handelt und eine Weiterbeschäftigung auf einem Arbeitsplatz ohne Kundenkontakt möglich wäre.

Auch bei der Kündigung aus verhaltensbedingten Gründen ist abschließend eine Abwägung der Interessen von Arbeitgeber und Arbeitnehmer im Einzelfall durchzuführen. Hierbei sind auf Seiten des Arbeitgebers u. a. zu berücksichtigen:

▶ Arbeits- und Betriebsdisziplin,

▶ Aufrechterhaltung der Funktionsfähigkeit des Betriebs oder Unternehmens,

▶ Eintritt eines Vermögensschadens,

▶ Wiederholungsgefahr,

▶ Schädigung des Ansehens des Arbeitgebers oder Unternehmens,

▶ Schutz der übrigen Belegschaft oder sonstiger Vertragspartner des Arbeitgebers.

Auf Seiten des Arbeitnehmers sind zu berücksichtigen:

▶ Art, Schwere und Dauer des Verstoßes,

▶ Dauer der Betriebszugehörigkeit,

▶ Lebensalter,

▶ Umfang der Unterhaltsverpflichtungen,

▶ Lage auf dem Arbeitsmarkt,

▶ Versetzungsmöglichkeit.

 **ACHTUNG!**

In aller Regel muss der verhaltensbedingten Kündigung eine erfolglose Abmahnung vorausgehen. Dies gilt grundsätzlich auch bei Verfehlungen im Vertrauensbereich (BAG v. 25.10.2012, 2 AZR 495/11, ZTR 2013, 277). Eine Abmahnung ist nur dann entbehrlich, wenn der Arbeitnehmer wusste oder hätte wissen müssen, dass sein Verhalten vom Arbeitgeber nicht geduldet wird, sondern zur Beendigung des Arbeitsverhältnisses führen würde.

An eine verhaltensbedingte ordentliche Kündigung sind weniger strenge Maßstäbe als an eine außerordentliche Kündigung zu stellen. Immer dann, wenn ein wichtiger Grund für eine außerordentliche Kündigung nicht ausreicht, kommt eine ordentliche Kündigung als mildere Reaktionsmöglichkeit des Arbeitgebers auf das pflichtwidrige Verhalten des Arbeitnehmers in Betracht.

Zudem gilt nicht der arbeitsrechtliche Gleichberechtigungsgrundsatz, d. h. dem Arbeitgeber bleibt es i. d. R. unbenommen, bei gleichgelagerten Fällen den einen Arbeitnehmer zu kündigen, den anderen nicht (BAG v. 29.6.2017, 2 AZR 302/16, ZTR 2017, 613).

 **WICHTIG!**

Will ein Arbeitgeber außerordentlich fristlos kündigen, sollte er stets hilfsweise auch eine ordentliche fristgerechte Kündigung aussprechen. Ist der Arbeitgeber nicht sicher, ob er lediglich

ordentlich fristgerecht oder auch außerordentlich fristlos kündigen soll, sollte der Umstand berücksichtigt werden, dass der Ausspruch auch einer außerordentlichen fristlosen Kündigung einem möglichen betriebsverfassungsrechtlichen Weiterbeschäftigungsanspruch bis zum rechtskräftigen Abschluss des Rechtsstreits entgegensteht.

 **WICHTIG!**

Eine außerordentliche, fristlose Kündigung geht immer mit erheblichen wirtschaftlichen Risiken einher. Der Arbeitnehmer kann der Logik der fristlosen Kündigung („unzumutbare Weiterbeschäftigung") bis zur Klärung des Falles nicht mehr beschäftigt werden. Daher greift das Risiko der Nachzahlung des Entgelts für die Dauer der Kündigungsschutzauseinandersetzung (Annahmeverzugsrisiko) sofort und wächst mit Zeitablauf immer weiter an. Arbeitgeber können dieses Risiko in Anwendung des § 615 S. 2 BGB eindämmen, indem sie den Arbeitnehmer vom Ausspruch der Kündigung an regelmäßige Hinweise auf im Arbeitsmarkt auffindbare freie Stellen zuleiten und zur Bewerbung auf diese freien Arbeitsplätze auffordern.

Zu den einzelnen Kündigungsgründen siehe → *Außerordentliche Kündigung.*

### III. Checkliste Verhaltensbedingte Kündigung

❑ Welches Verhalten (Pflichtverstoß) wird dem Arbeitnehmer vorgeworfen?

❑ Sind die betrieblichen Interessen hierdurch beeinträchtigt oder gefährdet?

▶ Wenn nein, kann nicht verhaltensbedingt gekündigt werden.

❑ Ist der Sachverhalt hinreichend aufgeklärt und sind die Beweise gesichert?

▶ Wenn nein: weitere Ermittlungen anstellen und Beweismittel sichern.

❑ Wurde wegen eines gleichartigen Verhaltens in der Vergangenheit eine wirksame Abmahnung ausgesprochen, die noch ihre Warnfunktion besitzt?

▶ Wenn nein: In der Regel Abmahnung statt Kündigung

❑ Ist die Fortführung des Arbeitsverhältnisses aufgrund des vorgeworfenen Verhaltens bis zum Ablauf der Kündigungsfrist für den Arbeitgeber unzumutbar?

▶ Wenn ja: außerordentliche Kündigung

❑ Kann eine Wiederholung des Verhaltens durch mildere Maßnahmen (z. B. Versetzung) ausgeschlossen werden?

▶ Wenn ja, haben diese Maßnahmen Vorrang vor einer Kündigung.

❑ Besteht für den Arbeitnehmer Sonderkündigungsschutz?

▶ Wenn ja, müssen die besonderen Voraussetzungen an den einschlägigen Sonderkündigungsschutz erfüllt sein, sonst kann nicht gekündigt werden.

Weiter mit Checkliste Kündigung!

# Versetzung/Abordnung/ Zuweisung

 **Wegweiser:**

Inhalt des Direktionsrechts ist das Recht des Arbeitgebers, Art, Zeit und Ort der Arbeitsleistung des Arbeitnehmers näher zu konkretisieren (vgl. → *Direktionsrecht*) (Breier/Dassau TVöD Komm. Erl. 1.2 zu § 4 Rn. 3; Breier/Dassau TV-L Komm. Erl. 1.2 zu § 4 Rn. 3). Mit den in § 4 TVöD/TV-L geregelten Instrumenten Versetzung, Abordnung und Zuweisung wird das Direktionsrecht des Arbeitgebers erweitert (Breier/Dassau TVöD Komm. Erl. 2.1 zu § 4 Rn. 5; Breier/Dassau TV-L Komm. Erl. 2.1 zu § 4 Rn. 5). Während Versetzung und Abordnung von § 4 Abs. 1 TVöD/TV-L erfasst werden, gilt für die Zuweisung § 4 Abs. 2 TVöD/TV-L. Ziel dieser Instrumente ist die Sicherstellung eines flexiblen und bedarfsgerechten Personaleinsatzes (Breier/Dassau TVöD Komm. Erl. 1.1 zu § 4 Rn. 1; Breier/Dassau TV-L Komm. Erl. 1.1 zu § 4 Rn. 1). Zu beachten ist allerdings eine mögliche Vorfestlegung des Umfangs des Direktionsrechts durch Bestimmungen im Arbeitsvertrag. Wird der Arbeitsplatz zu detailliert beschrieben, schränkt dies die Möglichkeit zur Beschäftigung des Arbeitnehmers auf anderen Arbeitsplätzen ein (Breier/Dassau TVöD Komm. Erl. 1.2 zu § 4 Rn. 3; Breier/Dassau TV-L Komm. Erl. 1.2 zu § 4 Rn. 3). Insbesondere bei nachträglichen Vertragsänderungen oder bei Vereinbarung gerichtlicher Vergleiche ist darauf zu achten, dass keine Einschränkung des Direktionsrechts durch eine zu präzise Tätigkeitsbeschreibung erfolgt (vgl. LAG Hamm v. 2.2.2012, 8 Sa 1345/11). Nach der Rechtsprechung des Bundesarbeitsgerichts kann ein Arbeitnehmer im öffentlichen Dienst aber etwa bei Aufnahme eines konkreten Einsatzortes in den Arbeitsvertrag nicht davon ausgehen, dass sein Arbeitgeber damit auf das erweiterte Direktionsrecht aus dem Tarifvertrag verzichten wollte (BAG v. 26.6.2002, 6 AZR 50/00; BAG v. 21.1.2004, 6 AZR 583/02).

**I.    Definitionen und Abgrenzung der Instrumente**

    1.   Versetzung
       1.1   Definition
       1.2   Voraussetzungen
       1.3   Einschränkung der Versetzung
    2.   Abordnung
       2.1   Definition
       2.2   Voraussetzungen
       2.3   Einschränkung der Abordnung
    3.   Zuweisung
       3.1   Definition
       3.2   Voraussetzungen
    4.   Abgrenzung der Instrumente

**II.   Auswirkungen des Arbeitnehmerüberlassungsgesetzes (AÜG)**

**III.  Mitbestimmung**

    1.   Personalrat
    2.   Betriebsrat

**IV.   Spartentarifverträge**

## I. Definitionen und Abgrenzung der Instrumente

### 1. Versetzung

#### 1.1 Definition

Als Versetzung bezeichnet die Protokollerklärung Nr. 2 der Tarifvertragsparteien zu § 4 Abs. 1 TVöD/TV-L die vom Arbeitgeber veranlasste, auf Dauer bestimmte Beschäftigung bei einer anderen Dienststelle oder einem anderen Betrieb desselben Arbeitgebers unter Fortsetzung des bestehenden Arbeitsverhältnisses (zur Abgrenzung von der Personalgestellung vgl. BAG v. 25.8.2010, 10 AZR 146/09; siehe auch → *Personalgestellung*). Der Arbeitnehmer scheidet dabei dauerhaft aus seiner bisherigen Dienststelle oder seinem bisherigen Betrieb aus und tritt in unmittelbare dienstliche Beziehungen zu einer neuen Dienststelle oder einem neuen Betrieb. Wird der Arbeitnehmer lediglich dienststellenintern mit anderen Tätigkeiten betraut, spricht man dagegen von einer Umsetzung (vgl. Sponer/Steinherr TV-L Komm. § 4 Rn. 11). Die Umsetzung ist tarifvertraglich nicht gesondert geregelt.

### 1.2 Voraussetzungen

Eine Versetzung im Tarifsinne liegt nur vor, wenn der Arbeitnehmer künftig einer anderen Dienststelle oder einem anderen Betrieb desselben Arbeitgebers angehört. Nach dem organisationsrechtlichen Dienststellenbegriff handelt es sich bei der Dienststelle um die organisatorische Einheit von Personen und sächlichen Mitteln eines Trägers öffentlicher Verwaltung, die, mit einer gewissen Selbstständigkeit ausgestattet, dazu berufen ist, unter öffentlicher Autorität für die Erreichung der Zwecke des Staates oder von ihm geförderter Zwecke tätig zu sein (BAG v. 22.1.2004, 1 AZR 495/01; BVerwG v. 11.11.2009, 6 PB 25/09). Entscheidend ist daher die organisatorische Ausgestaltung einer öffentlich-rechtlich wahrzunehmenden Aufgabe. Keine Bedeutung für die Bestimmung der Dienststelle haben dagegen die räumliche Zuordnung oder die Behördeneigenschaft (vgl. Sponer/Steinherr TV-L Komm. § 4 Rn. 16). Der Betrieb wird als organisatorische Einheit bezeichnet, innerhalb derer sich ein Unternehmer gemeinsam mit seinen Mitarbeitern durch Verwendung sächlicher und immaterieller Mittel zur Wahrnehmung arbeitstechnischer Zwecke betätigt (BAG v. 14.5.1997, 7 ABR 52/96). Für die Beantwortung der Frage, ob eine Versetzung vorliegt, ist die organisatorische Betrachtungsweise maßgeblich. Die bloße personalvertretungsrechtliche Zuordnung von Arbeitnehmern zu einer neuen Dienststelle stellt keine Versetzung im Sinne des § 78 Abs. 1 Nr. 5 BPersVG dar (LAG Rheinland-Pfalz v. 12.10.2012, 6 TaBV 2/12, ZTR 2013, 109).

 **ACHTUNG!**

Es handelt sich nicht um eine Versetzung, wenn die Dienststelle oder der Betrieb des Arbeitnehmers örtlich verlegt wird oder im Zuge einer Organisationsänderung in den Geschäftsbereich einer anderen Behörde wechselt. Ob der Arbeitnehmer in diesem Fall dem Ortswechsel Folge leisten muss, bestimmt sich nach der Zumutbarkeit der Maßnahme. Diese dürfte nicht mehr gegeben sein, wenn der Arbeitnehmer seinen bisherigen Lebenskreis verlassen muss (vgl. Sponer/Steinherr TV-L Komm. § 4 Rn. 19).

Nicht möglich ist dagegen die Versetzung eines Arbeitnehmers zu einer Dienststelle oder einem Betrieb eines anderen Arbeitgebers (LAG Niedersachsen v. 17.12.2010, 16 Sa 701/10 E). Die Versetzung erfordert immer den Fortbestand des Arbeitsverhältnisses mit dem bisherigen Arbeitgeber. Der dauerhafte Wechsel zu einem neuen Arbeitgeber setzt – abgesehen von der Personalgestellung – die Beendigung des bisherigen und die Begründung eines neuen Dienstverhältnisses voraus (vgl. Breier/Dassau TVöD Komm. Erl. 3 zu § 4 Rn. 37, TV-L Komm. Erl. 3 zu § 4 Rn. 37). Eine Versetzung ist unwirksam, wenn der neue Arbeitsplatz tariflich geringer bewertet ist und demzufolge eine geringere tarifliche Entlohnung vorsieht als der bisherige Arbeitsplatz. Dem Arbeitgeber ist es damit verwehrt, eine Reduzierung des Entgelts des Arbeitnehmers durch Versetzung auf

einen niedriger einzustufenden Arbeitsplatz zu erreichen. Hierfür müssen stets die Voraussetzungen einer Herabgruppierung erfüllt sein. Die Übertragung einer geringwertigeren Tätigkeit ist nach der Rechtsprechung auch dann unzulässig, wenn der Arbeitgeber des öffentlichen Dienstes das der bisherigen Tätigkeit entsprechende höhere Entgelt weiterzahlen würde (BAG v. 17.8.2011, 10 AZR 322/10).

Weitere Voraussetzung einer Versetzung ist das Vorliegen eines dienstlichen oder betrieblichen Grundes. Zur Sicherstellung der ordnungsgemäßen Aufgabenerledigung in der Verwaltung muss insoweit der Einsatz eines Arbeitnehmers bei einer anderen Dienststelle erforderlich sein (BAG v. 30.10.1985, 7 AZR 216/83). Inhaltlich sind als Grundlage für die Versetzung unterschiedlichste Anlässe denkbar. Oftmals wird ein veränderter Personalbedarf eine Versetzung erfordern. Einen dienstlichen Grund für eine Versetzung kann daher beispielsweise der zurückgehende tatsächliche Beschäftigungsbedarf in einer Dienststelle bei gleichzeitigem Bedarf in einer anderen Dienststelle darstellen (vgl. BAG v. 13.10.2009, 9 AZR 722/08, ZTR 2010, 208; LAG Rheinland-Pfalz v. 26.10.2021, 6 Sa 99/21). Denkbar sind aber auch personenbedingte Gründe, etwa das Vorhandensein besonderer Kenntnisse oder Qualifikationen, die an einem anderen Arbeitsplatz besser zur Geltung kommen. Ebenso kommt eine personenbedingte Untauglichkeit zur Fortsetzung der Tätigkeit am bisherigen Arbeitsplatz in Betracht (vgl. LAG Berlin-Brandenburg v. 23.4.2015, 14 Sa 2300/14, zur Versetzung eines früheren Stasi-Mitarbeiters wegen Ungeeignetheit für die Fortsetzung seiner bisherigen Arbeit in der Behörde des Beauftragten für die Unterlagen des Staatssicherheitsdienstes der ehemaligen DDR). Auch gesundheitliche Einschränkungen des Arbeitnehmers können die Versetzung an einen anderen Arbeitsplatz erforderlich machen.

Eine verhaltensbedingte Versetzung könnte etwa zur Trennung eines Arbeitnehmers von einem nicht mit ihm harmonierenden Vorgesetzten erforderlich sein. Dabei ist unerheblich, ob der zu Versetzende Verursacher der Spannungen ist, wenn die Versetzung die Störungen im Arbeitsumfeld beseitigt. Der Arbeitgeber ist nicht verpflichtet, zunächst die Ursachen und Verantwortlichkeiten für die entstandenen Konflikte im Einzelnen aufzuklären. Er kann entscheiden, wie er auf Konfliktlagen reagieren will, und zwar unbeschadet des Streits um ihre Ursachen (LAG Mecklenburg-Vorpommern v. 30.7.2019, 5 Sa 233/18). Liegt in einer Konfliktlage ein hinreichender Anlass vor und ist die Versetzung zu deren Abhilfe geeignet, besteht ein anerkennenswertes Interesse für die Maßnahme, solange sich der Arbeitgeber nicht von offensichtlich sachfremden Erwägungen leiten lässt (vgl. LAG Berlin-Brandenburg v. 2.10.2019, 20 Sa 264/19). Ebenso kann die räumliche Versetzung des Vorgesetzten erforderlich sein, wenn die ehemals untergeordneten Mitarbeiter dessen weitere Anwesenheit aufgrund von bestehenden Spannungen als erhebliche Belastung empfinden (vgl. BAG v. 28.6.2018, 2 AZR 436/17, ZTR 2018, 671). Einer derartigen Versetzung muss keine Abmahnung des Arbeitgebers vorausgehen, da die Versetzung keine Eskalationsstufe im Rahmen einer Beendigung des Arbeitsverhältnisses, sondern die Ausübung des arbeitgebereigenen Direktionsrechts ist (vgl. BAG v. 24.10.2018, 10 AZR 19/18, ZTR 2019, 107).

Die Versetzung darf nur nach einer umfassenden Abwägung der dienstlichen/betrieblichen und der persönlichen Interessen des Arbeitnehmers nach billigem Ermessen im Sinne des § 315 BGB erfolgen (BAG v. 28.8.2013, 10 AZR 537/12). Hierzu gehören insbesondere die Vorteile aus einer Regelung, die Risikoverteilung zwischen den Vertragsparteien, die beiderseitigen Bedürfnisse, außervertragliche Vor- und Nachteile, Vermögens- und Einkommensverhältnisse sowie soziale Lebensverhältnisse wie familiäre Pflichten und Unterhaltsverpflichtungen (LAG Schleswig-Holstein v. 17.9.2015, 5 Sa 26/15). Kommen mehrere Arbeitnehmer für die Versetzung in Betracht, erfordert die Auswahl regelmäßig eine Rücksichtnahme auf schutzwürdige Belange der einzubeziehenden Arbeitnehmer. Darunter kann aber nicht die Durchführung einer Sozialauswahl nach § 1 Abs. 3 KSchG verstanden werden, da diese ausschließlich für Kündigungen relevant ist (BAG v. 10.7.2013, 10 AZR 915/12, ZTR 2014, 104). Werden aber beispielsweise im Zuge einer Verwaltungsreform Arbeitsaufgaben verlagert, besteht regelmäßig ein berechtigtes Interesse des Arbeitgebers, diese Aufgaben am neuen Arbeitsort weiter von den dafür qualifizierten und eingearbeiteten Beschäftigten wahrnehmen zu lassen (vgl. BAG v. 17.8.2011, 10 AZR 202/10, ZTR 2012, 229). Dies gilt nach der Rechtsprechung des Bundesarbeitsgerichts insbesondere dann, wenn qualifizierte Tätigkeiten verlagert werden. Durch die Versetzung der Beschäftigten kann die kontinuierliche und sachgerechte Aufgabenerfüllung sichergestellt werden (BAG v. 17.8.2011, 10 AZR 202/10, ZTR 2012, 229).

Erfolgt die Versetzung aufgrund von Leistungsmängeln des Arbeitnehmers, kann im Rahmen der Abwägung des dienstlichen mit dem persönlichen Interesse des Arbeitnehmers an einem Fortbestand seiner Tätigkeit in der bisherigen Dienststelle eine vorherige Abmahnung erforderlich sein. Die Versetzung darf daher auch keine bloße Sanktion für ein vergangenes Verhalten des Arbeitnehmers darstellen (vgl. Breier/Dassau TVöD Komm. Erl. 6 zu § 4 Rn. 55; TV-L Komm. Erl. 6 zu § 4 Rn. 55). Neben der Versetzung aus betrieblichen Gründen kommt auch eine Versetzung auf Wunsch des Arbeitnehmers in Betracht, wenn dieser etwa aus familiären Gründen um Beschäftigung in einer anderen Dienststelle bittet (vgl. Sponer/Steinherr TV-L Komm. § 4 Rn. 39).

 **WICHTIG!**

Im Unterschied zum früheren § 12 Abs. 3 BAT können Beschäftigte nunmehr auch bereits während der Probezeit ohne ihre Zustimmung versetzt werden.

Soll die Versetzung zu einer Dienststelle oder einem Betrieb erfolgen, die bzw. der sich an einem anderen als dem bisherigen Arbeitsort befindet, ist der Arbeitnehmer vor Umsetzung der Maßnahme nach § 4 Abs. 1 S. 2 TVöD/TV-L anzuhören. Der Arbeitnehmer soll damit Gelegenheit erhalten, die gegen eine Versetzung sprechenden persönlichen Gründe rechtzeitig vorzutragen. Ein bestimmtes Verfahren ist bei der Anhörung nicht vorgeschrieben. Die unterlassene Anhörung führt nicht zur Nichtigkeit der Versetzung. Der Zweck des Anhörungsrechts verlangt es nämlich nicht, die Maßnahme nur deshalb als unwirksam anzusehen, weil die danach erforderliche Anhörung unterblieben ist (LAG Rheinland-Pfalz v. 26.10.2021, 6 Sa 99/21). Der Arbeitgeber kann sich jedoch schadensersatzpflichtig machen. Außerdem trägt der Arbeitgeber das Risiko, die im Rahmen der Interessenabwägung zu berücksichtigenden Interessen des Arbeitnehmers nicht ausreichend in Erfahrung gebracht zu haben (LAG Berlin-Brandenburg v. 2.10.2019, 20 Sa 264/19).

Nicht erforderlich ist dagegen grundsätzlich die Zustimmung des Arbeitnehmers zu der beabsichtigten Versetzung. Etwas anderes kann sich allerdings aus den Absprachen der Parteien im Einzelfall ergeben, wenn dem Arbeitnehmer etwa zugesichert wurde, er werde nur mit „seinem Einverständnis" versetzt (vgl. LAG Düsseldorf v. 5.4.2016, 8 Sa 1223/15).

### 1.3 Einschränkung der Versetzung

Nach § 55 Abs. 2 S. 1 BPersVG ist eine Versetzung von Personalratsmitgliedern nur möglich, wenn dies aus wichtigen dienstlichen Gründen unter Berücksichtigung der Mitgliedschaft des Arbeitnehmers im Personalrat unvermeidbar ist. Dieser Schutz erstreckt sich auch auf die interne Umsetzung innerhalb einer Dienststelle. Das Zustimmungserfordernis gilt auch bei Ersatzmitgliedern, solange diese als Stellvertreter eines zeitweilig verhinderten gewählten Mitglieds in den Personalrat eingetreten sind (BVerwG v. 29.4.2022, 5 P 10/20). Ohne Vorliegen wichtiger Gründe ist die Versetzung lediglich im Einverständnis mit dem Personalratsmitglied zulässig. Der besondere Schutz gilt auch nach den Landespersonalvertretungsgesetzen (vgl. zu den Besonderheiten in den einzelnen Ländern Sponer/Steinherr TV-L Komm. § 4 Rn. 64.1). Einschränkungen bestehen auch bei der Versetzung von Mitgliedern der Jugend- und Auszubildendenvertretung, des Betriebsrats oder der Schwerbehindertenvertretung (weiterführend Sponer/Steinherr TV-L Komm. § 4 Rn. 68 ff.).

## 2. Abordnung

### 2.1 Definition

Als Abordnung verstehen die Tarifvertragsparteien ausweislich der Protokollerklärung Nr. 1 zu § 4 Abs. 1 TVöD/TV-L die vom Arbeitgeber veranlasste vorübergehende Beschäftigung des Arbeitnehmers bei einer anderen Dienststelle oder einem anderen Betrieb desselben oder eines anderen Arbeitgebers unter Fortsetzung des bestehenden Arbeitsverhältnisses. Im Unterschied zu der Versetzung ist die Abordnung durch ihren vorübergehenden Charakter gekennzeichnet. Die Abordnung kann aber sehr wohl einer Versetzung vorgelagert sein, wenn deren Voraussetzungen anfänglich noch nicht vorliegen oder es zunächst zu einer Art „Erprobung" des Arbeitnehmers in der neuen Dienststelle kommen soll. Ein Mindest- oder Maximalzeitraum besteht nicht. Die Dauer der Abordnung muss auch nicht bereits im Vorfeld feststehen. Wird der Arbeitnehmer nur für Teile seiner Arbeitszeit (z. B. einzelne Tage oder in bestimmten Wochen) abgeordnet, spricht man von einer Teilabordnung.

**Beispiel**

Der Hausmeister der Schule A soll sich während der Schulferien neben der von ihm eigentlich betreuten Schule auch um die Schulen B und C kümmern, deren Hausmeister sich im Urlaub befinden.

Auch auf die Teilabordnung sind die Vorschriften über die Abordnung anzuwenden.

### 2.2 Voraussetzungen

Die Abordnung ist wie die Versetzung darauf gerichtet, dass ein Arbeitnehmer künftig Tätigkeiten in einer anderen Dienststelle oder einem anderen Betrieb ausübt. Anders als bei der Versetzung endet die Zugehörigkeit zu der bisherigen Dienststelle aber nicht (BAG v. 19.10.2000, 6 AZR 206/99). Üblicherweise wird der Arbeitnehmer aufgrund veränderten Personalbedarfs vorübergehend zu einer anderen Dienststelle seines Arbeitgebers abgeordnet. § 4 Abs. 1 TVöD/TV-L ermöglicht aber auch die Abordnung zu einem anderen Arbeitgeber. Voraussetzung ist allerdings, dass der neue Arbeitgeber ebenfalls den maßgeblichen Tarifvertrag (TVöD oder TV-L) anwendet (vgl. Breier/Dassau TVöD Komm. Erl. 5 zu § 4 Rn. 42; TV-L Komm. Erl. 5 zu § 4 Rn. 42). Zudem wird das Recht des Arbeitgebers aus § 4 Abs. 1 TVöD/TV-L durch den Inhalt des Arbeitsvertrags begrenzt. Die zugewiesene Tätigkeit muss also gleichwertig sein (BAG v. 17.8.2011, 10 AZR 322/10).

**WICHTIG!**

Mit der ausdrücklichen Regelung der Möglichkeit der Abordnung zu einem anderen Arbeitgeber hat sich der während der Geltung des § 12 Abs. 1 BAT bestehende Streit, ob eine Abordnung auch zu einem anderen Arbeitgeber des öffentlichen Dienstes möglich ist, erledigt. Das Bundesarbeitsgericht hatte die Möglichkeit einer Abordnung zu einem anderen Arbeitgeber schon in der Vergangenheit anerkannt (vgl. BAG v. 11.6.1992, 6 AZR 218/91).

Wie bei der Versetzung bleibt auch bei der Abordnung das Arbeitsverhältnis des abgeordneten Arbeitnehmers zu seinem bisherigen Arbeitgeber bestehen. Auch für die Abordnung gilt das Erfordernis, dass ein dienstlicher oder betrieblicher Grund des Arbeitgebers im Rahmen einer umfassenden Interessenabwägung mit den persönlichen und sozialen Belangen des Arbeitnehmers überwiegen muss (BAG v. 17.8.2011, 10 AZR 322/10). Das Vorliegen erheblicher innerdienstlicher Spannungen stellt regelmäßig einen solchen Grund zur Abordnung eines an diesem Spannungsverhältnis beteiligten Beschäftigten dar, um eine reibungslose Zusammenarbeit in der Verwaltung zu gewährleisten (vgl. für einen Beamten VGH München v. 30.9.2022, 3 CS 22.1607). Der Arbeitgeber ist insoweit berechtigt, den Personalumfang für die zu erfüllenden Aufgaben im Rahmen seiner Organisationshoheit festzulegen. Vom Arbeitsgericht darf in diesem Fall nur überprüft werden, ob der Arbeitgeber eine Prognose bezogen auf das erforderliche Personal aufgestellt und sich bei seiner Weisung auf den für die Beschäftigung in der anderen Dienststelle erforderlichen zeitlichen Umfang beschränkt hat (BAG v. 24.5.2018, 6 AZR 116/17, ZTR 2018, 518).

Da ohne einen Personalgestellungsvertrag i. S. d. § 4 Abs. 3 TVöD/TV-L ein dauerhafter Einsatz eines Beschäftigten bei einem Dritten ausgeschlossen ist, ist es jedenfalls nicht ermessensfehlerhaft, den Beschäftigten im Rahmen einer Abordnung bei dem Dritten einzusetzen (BAG v. 18.4.2012, 10 AZR 134/11, ZTR 2012, 444).

**WICHTIG!**

Im Unterschied zum früheren § 12 Abs. 3 BAT können Beschäftigte nunmehr auch bereits während der Probezeit ohne ihre Zustimmung abgeordnet werden.

Soll die Abordnung voraussichtlich länger als drei Monate dauern, ist der Arbeitnehmer gemäß § 4 Abs. 1 S. 2 TVöD/TV-L vorher anzuhören. Dasselbe muss auch für den zunächst nur für kürzere Zeit abgeordneten Arbeitnehmer gelten, wenn die Abordnung nachträglich über den Zeitraum von drei Monaten hinaus verlängert wird. Anderenfalls würde eine nicht zu rechtfertigende Ungleichbehandlung stattfinden (vgl. Breier/Dassau TVöD Komm. Erl. 5 zu § 4 Rn. 51; TV-L Komm. Erl. 5 zu § 4 Rn. 51; Sponer/Steinherr TV-L Komm. § 4 Rn. 80).

**TIPP!**

Die Abordnung eines Arbeitnehmers kann einen Sachgrund für die Befristung des Arbeitsvertrags mit einer Vertretungskraft nach § 14 Abs. 1 S. 2 Nr. 3 TzBfG für die Dauer der Abwesenheit darstellen (vgl. BAG v. 12.4.2017, 7 AZR 436/15, ZTR 2017, 610).

### 2.3 Einschränkung der Abordnung

Nach § 55 Abs. 2 S. 1 BPersVG unterliegt die Abordnung von Personalratsmitgliedern und anderen Arbeitnehmervertretern den gleichen Beschränkungen wie die Versetzung (siehe dort 1.3).

### 3. Zuweisung

### 3.1 Definition

Als Zuweisung beschreiben die Tarifvertragsparteien in der Protokollerklärung zu § 4 Abs. 2 TVöD/TV-L die unter Fortsetzung des bestehenden Arbeitsverhältnisses zum bisherigen Arbeitgeber erfolgende vorübergehende Beschäftigung eines Arbeitnehmers bei einem Dritten im In- und Ausland, bei dem der TVöD/TV-L nicht zur Anwendung kommt. Im Unterschied zur Abordnung muss der aufnehmende Arbeitgeber somit nicht an die Tarifverträge des öffentlichen Dienstes gebunden sein. Der Arbeitnehmer wird während der Dauer der Zuweisung dem Direktionsrecht des Dritten unterstellt. Er bleibt jedoch rechtlich weiterhin an seine bisherige Dienststelle angebunden. Von der Personalgestellung nach § 4 Abs. 3 TVöD/TV-L wird die Zuweisung durch die fehlende Dauerhaftigkeit abgegrenzt (vgl. → Personalgestellung).

### 3.2 Voraussetzungen

Ebenso wie die Abordnung stellt die Zuweisung eine vorübergehende Maßnahme dar. Bestimmte Zeiträume sind nicht einzuhalten und müssen auch nicht schon im Vorfeld feststehen. Die Zuweisung ist nicht nur bei bestehenden dienstlichen oder betrieblichen Gründen des Arbeitgebers, sondern auch im öffentlichen Interesse zulässig. Während zur Beschreibung des dienstlichen oder betrieblichen Interesses auf die Ausführungen zur Versetzung Bezug genommen werden kann, steht mit dem Merkmal des „öffentlichen Interesses" ein zusätzlicher Grund zur Vornahme einer Zuweisung bereit. Ein öffentliches Interesse liegt vor, wenn der Arbeitsplatzwechsel des Arbeitnehmers im Interesse der Allgemeinheit liegt, was in Krisen- und Katastrophensituationen oder zur Gefahrenabwehr denkbar sein könnte.

Die Zuweisung kann zu einem „Dritten" und damit zu einem anderen Arbeitgeber im In- oder Ausland erfolgen. Da eine Anwendung der Tarifverträge des öffentlichen Dienstes bei dem Dritten nicht erforderlich ist, kann eine Zuweisung auch zu privaten Arbeitgebern erfolgen (vgl. Breier/Dassau TVöD Komm. Erl. 8 zu § 4 Rn. 73; TV-L Komm. Erl. 8 zu § 4 Rn. 73). „Dritte" können daher auch juristische Personen des Privatrechts und des öffentlichen Rechts sein sowie Personengesellschaften.

**WICHTIG!**

Demgegenüber konnte ein Arbeitnehmer nach § 12 Abs. 2 BAT lediglich anderen öffentlichen Einrichtungen zugewiesen werden. Durch die Neuregelung wird das Zuweisungsrecht also erweitert.

Durch § 4 Abs. 2 S. 3 TVöD/TV-L wird explizit klargestellt, dass die Zuweisung die Rechtsstellung des Arbeitnehmers unberührt lässt. Die Zuweisung ändert nichts am Fortbestand der vertraglichen Beziehungen des Arbeitnehmers zu seinem bisherigen Arbeitgeber. Der Arbeitnehmer hat Anspruch auf eine gleichwertige Beschäftigung bei dem aufnehmenden Dritten, was sich bei Anwendung eines tariflichen Vergütungssystems in der Regel an der Zuordnung zu derselben Entgeltgruppe zeigt (BAG v. 21.3.2012, 4 AZR 286/10). Aus diesem Grund wählen der TVöD und der TV-L den Weg, dass dem Arbeitnehmer das bisherige Arbeitsentgelt weiterzugewähren ist. § 4 Abs. 2 S. 4 TVöD/TV-L ordnet aber eine Anrechnung von Bezügen an, die dem Arbeitnehmer durch den Dritten gewährt werden.

Die Zuweisung nach § 4 Abs. 2 TVöD/TV-L ermöglicht damit keine Übertragung geringwertiger Tätigkeiten, selbst wenn dem Arbeitnehmer die bisherige Vergütung fortgezahlt wird. Soweit im Arbeitsvertrag der Aufgabenbereich lediglich allgemein umschrieben ist, können dem Arbeitnehmer nur Tätigkeiten zugewiesen werden, die den Merkmalen der jeweiligen Entgeltgruppe entsprechen (BAG v. 17.8.2011, 10 AZR 322/10). Die Weisung an den Arbeitnehmer, seinen neu zugewiesenen Arbeitsplatz selbst einzurichten, stellt, wenn überhaupt, nur eine vorübergehende geringwertigere Nebentätigkeit dar und liegt noch im Rahmen des Ermessensspielraums des Arbeitgebers (vgl. BAG v. 28.6.2018, 2 AZR 436/17, ZTR 2018, 671).

Angesichts des weiten arbeitgeberseitigen Direktionsrechts kann vom Arbeitnehmer indessen nicht in jedem Fall eine Rückkehr in eine (bestimmte) Dienststelle des Arbeitgebers erwartet werden. Der lediglich vorübergehende Charakter der Zuweisung schränkt die weitergehenden Rechte des Arbeitgebers bis hin zu einer sich anschließenden dauerhaften Versetzung nach § 4 TVöD/TV-L nicht ein (vgl. LAG Hamburg v. 22.2.2012, 3 Sa 110/11).

Voraussetzung der Zuweisung ist die Zustimmung des Arbeitnehmers. Nach § 4 Abs. 2 Satz 2 TVöD/TV-L kann die Zustimmung aber nur aus wichtigem Grund verweigert werden.

**WICHTIG!**

Damit findet sich im TVöD/TV-L eine erhebliche Einschränkung gegenüber der früheren Rechtslage. In § 12 BAT fand sich keine Beschränkung des Zustimmungsverweigerungsrechts, der Arbeitnehmer konnte vielmehr aus einem beliebigen Grund die Zustimmung verweigern. Nur für Extremfälle hatte das Bundesarbeitsgericht angedeutet, eine Verweigerung der Zustimmung dürfe nicht rechtsmissbräuchlich erfolgen (vgl. BAG v. 23.3.1971, 2 AZR 216/71). Während bisher also nur in Sondersituationen eine Zustimmungsverweigerung unbeachtlich war, ist nunmehr nur noch bei Vorliegen eines wichtigen Grundes eine Verweigerung möglich.

Ein wichtiger Grund ist anzuerkennen, wenn dem Arbeitnehmer die Zuweisung nach Abwägung seiner persönlichen und der dienstlichen/betrieblichen oder öffentlichen Interessen unzumutbar ist. Hier kommen etwa die durch Ortsabwesenheit wesentlich erschwerte Kindererziehung oder Pflege eines Angehörigen in Betracht (vgl. Sponer/Steinherr TV-L Komm. § 4 Rn. 122; Breier/Dassau TVöD Komm. Erl. 8 zu § 4 Rn. 77; TV-L Komm. Erl. 8 zu § 4 Rn. 77). Nur geringfügige und kurzzeitige Verstöße gegen Arbeitsschutznormen, etwa wenn die Möblierung des neu zugewiesenen Büros nicht den ergonomischen Anforderungen genügt, stellen hingegen keinen wichtigen Grund dar, sofern diese keinen nachhaltigen Schaden verursachen können (vgl. BAG v. 28.6.2018, 2 AZR 436/17, ZTR 2018, 671).

**WICHTIG!**

Auch wenn der Arbeitnehmer die Zustimmung ohne Vorliegen eines wichtigen Grundes verweigert, ist die Zuweisung unzulässig. Der Arbeitgeber hat dann die Möglichkeit, den Arbeitnehmer für seine Pflichtverletzung abzumahnen oder das Arbeitsverhältnis im Wiederholungsfall zu kündigen.

### 4. Abgrenzung der Instrumente

Zur Verdeutlichung der Unterschiede lassen sich Abordnung, Versetzung und Zuweisung folgendermaßen abgrenzen: Eine Versetzung kann im Unterschied zu Abordnung und Zuweisung nur innerhalb des Geschäftsbereichs desselben Arbeitgebers erfolgen. Die Versetzung zu einem anderen Dienstherrn ist daher ausgeschlossen (BAG v. 18.4.2012, 10 AZR 134/11). Während Abordnung und Zuweisung auf einen vorübergehenden Zeitraum angelegt sind, gilt die Versetzung dauerhaft. Die Zuweisung kann auch an einen nicht tarifgebundenen privaten Arbeitgeber erfolgen, während die Abordnung stets eine Anwendung der Tarifverträge des öffentlichen Dienstes durch den neuen Arbeitgeber erfordert.

## II. Auswirkungen des Arbeitnehmerüberlassungsgesetzes (AÜG)

Mit dem Gesetz u. a. zur Änderung des Arbeitnehmerüberlassungsgesetzes (AÜG) vom 21.2.2017, BGBl. I S. 258, hat der Gesetzgeber die europäische Leiharbeitsrichtlinie 2008/104/EG umgesetzt und das AÜG dahingehend geändert, dass nunmehr grundsätzlich jede im Rahmen einer wirtschaftlichen Tätigkeit erfolgende Arbeitnehmerüberlassung erlaubnispflichtig ist.

Arbeitnehmerüberlassung im Sinne des AÜG meint die vorübergehende Zurverfügungstellung eines Arbeitnehmers zur Arbeitsleistung an einen Dritten und erfasst damit jedenfalls Abordnungen und Zuweisungen, sofern sie im Rahmen der „wirtschaftlichen Tätigkeit" des Arbeitgebers erfolgen. Eine Legaldefinition dieses Begriffs ist im AÜG nicht zu finden. In Anlehnung an die ständige Rechtsprechung des EuGH ist er aber weit auszulegen und erfasst im Sinne des § 1 Abs. 1 S. 1 AÜG jede Tätigkeit, die darin besteht Güter oder Dienstleistungen auf einem bestimmten Markt anzubieten. Danach wird nunmehr annähernd jede Arbeitnehmerüberlassung erlaubnispflichtig sein, sofern nicht einer der Ausnahmetatbestände des § 1 Abs. 3 AÜG greift (vgl. Breier/Dassau TVöD Komm. Erl. 2.4.2 zu § 4 Rn. 19/TV-L Komm. Erl. 2.4.2 zu § 4 Rn. 19).

Gemäß § 1 Abs. 3 Nr. 2c AÜG sind Arbeitnehmerüberlassungen erlaubnisfrei, wenn sowohl der abgebende, als auch der aufnehmende Betrieb juristische Personen des öffentlichen Rechts sind und Tarifverträge des öffentlichen Dienstes anwenden (vgl. Breier/Dassau TVöD Komm. Erl. 2.4.4 zu § 4 Rn. 23.5/TV-L Komm. Erl. 2.4.4 zu § 4 Rn. 23.5).

**Beispiel**

Arbeitnehmer X ist beim Arbeitgeber A beschäftigt, einer juristischen Person des öffentlichen Rechts. Nach § 4 Abs. 1 TVöD/TV-L wird er zum Arbeitgeber B abgeordnet, der ebenfalls eine juristische Person des öffentlichen Rechts ist. Beide Arbeitgeber unterliegen dem Anwendungsbereich des TVöD/TV-L.

Die in diesem Vorgang liegende Arbeitnehmerüberlassung ist daher gemäß § 1 Abs. 3 Nr. 2c AÜG erlaubnisfrei.

Zusätzlich sieht § 1 Abs. 3 Nr. 2b AÜG einen Ausnahmetatbestand für den Fall der Aufgabenverlagerung von einem Arbeitgeber zu einem anderen vor, wenn aufgrund eines Tarifvertrags des öffentlichen Dienstes das Arbeitsverhältnis mit dem bisherigen Arbeitgeber fortbesteht, die Aufgaben aber künftig für den neuen Arbeitgeber erbracht werden. Wegen der besonderen Form der Aufgabenverlagerung, im Bestandsschutzinteresse der betroffenen Arbeitnehmer und wegen der unterschiedlichen Zielsetzungen der europäischen Leiharbeitsrichtlinie und den personalrechtlichen Flexibilisierungsinstrumenten soll diese Ausnahmeregelung rechtmäßig sein (vgl. LAG Rheinland-Pfalz v. 6.2.2019, 7 Sa 515/17, ZTR 2019, 275275). Der EuGH hat zudem entschieden, dass die Personalgestellung nicht in den Anwendungsbereich der Leiharbeitsrichtlinie fällt (EuGH v. 22.6.2023, C-427/21, ZTR 2023, 454). Das BAG hat dies im Anschluss noch einmal ausdrücklich bestätigt (BAG v. 25.1.2024, 6 AZR 390/20; siehe auch → *Personalgestellung*).

Ist nach Prüfung dieser Ausnahmetatbestände eine personelle Maßnahme nach § 4 Abs. 1 und Abs. 2 TVöD/TV-L nicht erlaubnisfrei, z. B. weil einer der beteiligten Arbeitgeber keine juristische Person des öffentlichen, sondern des Privatrechts ist, oder eine Aufgabenverlagerung nicht vorliegt, ist ein formgerechter Antrag auf Erlaubnis der Überlassung bei der Bundesagentur für Arbeit zu stellen.

## III. Mitbestimmung

### 1. Personalrat

Der Personalrat der abgebenden Dienststelle hat ein Mitbestimmungsrecht vor der Durchführung einer Versetzung zu einer anderen Dienststelle (§ 78 Abs. 1 Nr. 5 BPersVG), vor der Abordnung für eine Dauer von mehr als drei Monaten (§ 78 Abs. 1 Nr. 7 BPersVG) sowie vor einer Zuweisung für mehr als drei Monate (§ 78 Abs. 1 Nr. 7 BPersVG). Maßgeblich für das Vorliegen eines Mitbestimmungsrechts ist der Dienststellenwechsel, der sich nach dem organisationsrechtlichen Dienststellenbegriff richtet (BVerwG v. 11.11.2009, 6 PB 25/09; vgl. oben unter I.1.). Wird eine zunächst für einen kürzeren Zeitraum vorgesehene Abordnung oder Zuweisung über die Grenze von drei Monaten hinaus verlängert, ist der Personalrat ebenfalls zu beteiligen. Für das Mitbestimmungsrecht bei der Versetzung ist es nicht erforderlich, dass dem betroffenen Arbeitnehmer in der anderen Dienststelle auch eine andere Tätigkeit zugewiesen werden soll (BVerwG v. 30.3.2009, 6 PB 29/08). In den Landespersonalvertretungsgesetzen finden sich zumeist vergleichbare Regelungen (weiterführend Sponer/Steinherr TV-L Komm. § 4 Rn. 94; anders etwa Art. 75 Abs. 1 Satz 1 Nr. 6 BayPVG: keine Mitbestimmung bei der Abordnung, wenn der Arbeitnehmer mit der Maßnahme einverstanden ist). Eine Zustimmungsverweigerung durch den Personalrat kommt nach § 78 Abs. 5 BPersVG aber nur dann in Betracht, wenn die jeweilige Maßnahme rechtswidrig ist, wenn sie den Arbeitnehmer unangemessen benachteiligt oder wenn die Gefahr besteht, dass der Arbeitnehmer in der neuen Dienststelle den Betriebsfrieden stören wird. Dies kann in den einzelnen Landespersonalvertretungsgesetzen anders geregelt sein.

**WICHTIG!**

Wird der Personalrat nicht ordnungsgemäß beteiligt, darf der Arbeitgeber die personelle Maßnahme nicht durchführen. Eine ohne Zustimmung des Personalrats vorgenommene Versetzung, Abordnung oder Zuweisung ist unwirksam. Eine bewusst und gewollt unrichtige oder unvollständige Mitteilung der für die personelle Maßnahme maßgeblichen Gründe an den Personalrat ist wie eine Nichtinformation des Personalrates zu behandeln (LAG Mecklenburg-Vorpommern v. 27.3.2012, 5 Sa 139/11).

Kommt eine Einigung zwischen abgebender Dienststelle und Personalrat nicht zustande, ist nach § 71 und § 72 BPersVG die Stufenvertretung bei der übergeordneten Dienststelle einzuschalten. Besteht keine Stufenvertretung oder ist eine Einigung weiterhin nicht möglich, entscheidet die Einigungsstelle (BAG v. 23.11.2006, 6 AZR 317/06). In dringenden Fällen kann der Dienststellenleiter die personelle Maßnahme nach § 76 BPersVG vorläufig treffen. Er hat jedoch den Personalrat unverzüglich von seiner Entscheidung zu informieren und diese zu begründen sowie das Mitbestimmungsverfahren einzuleiten.

Der bei der aufnehmenden Dienststelle bestehende Personalrat ist ebenfalls zu beteiligen, sofern keine abweichenden Regelungen im Einzelfall gelten (vgl. BVerwG v. 19.7.1994, 6 P 33/92). Die Versetzung, Abordnung oder Zuweisung wirkt in der aufnehmenden Dienststelle wie eine Einstellung im Sinne des § 78 Abs. 1 Nr. 1 BPersVG. In den Landespersonalvertretungsgesetzen wird die Mitbestimmung des Personalrats der aufnehmen-

den Dienststelle teilweise ausdrücklich angeordnet (siehe dazu Sponer/Steinherr TV-L Komm. § 4 Rn. 91).

### 2. Betriebsrat

In Betrieben, in denen statt der Personalvertretungsgesetze das Betriebsverfassungsgesetz zur Anwendung kommt, ist der Betriebsrat nach § 99 BetrVG zu beteiligen. In § 95 Abs. 3 BetrVG findet sich eine eigene betriebsverfassungsrechtliche Definition des Begriffs „Versetzung". Als Versetzung wird danach eine Maßnahme bezeichnet, die dem Arbeitnehmer entweder für voraussichtlich mehr als einen Monat einen anderen Arbeitsbereich zuweist oder die mit erheblich veränderten Arbeitsumständen verbunden ist (vgl. BAG v. 28.8.2007, 1 ABR 70/06; BAG v. 13.3.2007, 1 ABR 22/06). Der neue Arbeitsbereich kann auch in einem anderen Betrieb oder – sofern arbeitsvertraglich zulässig – in einem anderen Unternehmen liegen. Damit werden auch von § 4 TVöD/TV-L als Abordnungen oder Zuweisungen bezeichnete Maßnahmen erfasst und verlangen eine Beteiligung des Betriebsrats. Ebenso wie im Bundespersonalvertretungsrecht kommt aber auch eine Zustimmungsverweigerung des Betriebsrats nach § 99 Abs. 2 BetrVG nur bei Vorliegen bestimmter Gründe in Betracht (vgl. BAG v. 17.6.2008, 1 ABR 20/07). Jedoch können die Betriebsparteien durch freiwillige Betriebsvereinbarung die Beteiligungsrechte des Betriebsrats dergestalt erweitern, dass er bei einer Versetzung im Sinne des § 99 Abs. 1 BetrVG nicht auf die Zustimmungsverweigerungsgründe des § 99 Abs. 2 BetrVG beschränkt ist (BAG v. 23.8.2016, 1 ABR 22/14).

Wird der Betriebsrat nicht ordnungsgemäß beteiligt, kann er die personelle Maßnahme nach § 101 BetrVG durch das Arbeitsgericht aufheben lassen.

Verweigert der Betriebsrat die Zustimmung, kann der Arbeitgeber die fehlende Zustimmung durch das Arbeitsgericht ersetzen lassen (§ 99 Abs. 4 BetrVG). Der Arbeitgeber kann in dringenden Fällen die Versetzung auch vorläufig durchführen (§ 100 Abs. 1 BetrVG). Er hat den Betriebsrat dann aber unverzüglich über die vorläufige Maßnahme zu informieren. Bestreitet der Betriebsrat die Notwendigkeit der vorläufigen Durchführung der Versetzung und teilt er dies dem Arbeitgeber unverzüglich mit, muss der Arbeitgeber binnen drei Tagen die Zustimmung des Betriebsrats durch das Arbeitsgericht ersetzen lassen.

## IV. Spartentarifverträge

Die Regelungen zu Versetzung, Abordnung und Zuweisung in § 4 TVöD und § 4 TV-L decken sich inhaltlich wortwörtlich. Entsprechende Regelungen sehen auch § 4 TVöD-V für den Bereich der kommunalen Verwaltung, § 4 TVöD-K für den Bereich der kommunalen Krankenhäuser, § 4 TVöD-B für den Bereich der kommunalen Heil- und Pflegeeinrichtungen, § 4 TVöD-S für den Bereich der kommunalen Sparkassen und § 4 TVöD-F für den Bereich der kommunalen Verkehrsflughäfen vor. Die allgemeinen Regeln zu Versetzung, Abordnung und Zuweisung gelten auch für die an den kommunalen Krankenhäusern beschäftigten Ärzte nach § 5 TV-Ärzte (VKA). Für die Bediensteten der Länder existiert eine entsprechende Regelung in den forstwirtschaftlichen Verwaltungen und Betrieben nach § 4 TV-Forst.

Dagegen ist es nach § 4 TV-Ärzte (Länder) nicht möglich, den an den Universitätskliniken der Länder beschäftigten Ärzten andere Arbeitsstellen zuzuweisen. Versetzung und Abordnung folgen dagegen den allgemeinen Regeln. Für die zu Auslandsdienststellen des Bundes entsandten Beschäftigten sieht § 45 Nr. 4 TVöD BT-V vor, dass eine Versetzung oder Abordnung auch ohne vorherige Anhörung des Mitarbeiters möglich ist.

# Wehr- und Bundesfreiwilligendienst

**Wegweiser:**

Mit der Aussetzung der Wehrpflicht sowie der Pflicht zur Ableitung eines Zivildienstes mit Inkrafttreten des Wehrrechtsänderungsgesetzes am 1.7.2011 ist die Bedeutung der arbeitsrechtlichen Regelungen zum Wehrdienst beachtlich zurückgegangen. Gemäß §§ 1 und 2 WPflG besteht die Wehrpflicht und die Pflicht zur Ableitung von Zivildienst für alle deutschen Männer ab dem 18. Lebensjahr fortan nur noch im Spannungs- oder Verteidigungsfall.

Gleichzeitig mit der Aussetzung der Wehrpflicht wurde der freiwillige Wehrdienst eingeführt und an Stelle des Zivildienstes trat der Bundesfreiwilligendienst. Für diese nunmehr freiwilligen Dienste sind die arbeitsrechtlichen Schutzvorschriften weiterhin von Bedeutung.

**I.    Freiwilliger Wehrdienst**
    1.    Allgemeines
    2.    Anwendbarkeit der Regelungen zum Grundwehrdienst
       2.1    Geltungsbereich des ArbPlSchG
       2.2    Fortbestehen des Arbeitsverhältnisses
          2.2.1    Suspendierung der Hauptpflichten
          2.2.2    Fortbestehen der Nebenpflichten
             2.2.2.1    Sachbezüge
             2.2.2.2    Urlaub
             2.2.2.3    Alters- und
                  Hinterbliebenenversorgung
             2.2.2.4    Zuwendungen
       2.3    Erlöschen des Arbeitsverhältnisses
       2.4    Freistellung des Arbeitnehmers
    3.    Kündigungsschutz
       3.1    Ordentliche Kündigung
       3.2    Außerordentliche Kündigung
       3.3    Vor- und Nachwirkungen des Kündigungsschutzes
    4.    Schutzvorschriften nach Ende des Wehrdienstes
    5.    Personalvertretungs- und Betriebsverfassungsrecht

**II.   Bundesfreiwilligendienst**
    1.    Bundesfreiwilligendienstgesetz (BFDG)
    2.    Begriff und Geltungsbereich
    3.    Ausgestaltung des Rechtsverhältnisses
       3.1    Rechtsverhältnis
       3.2    Leistungen an den Freiwilligen
    4.    Jugendfreiwilligendienst

# I. Freiwilliger Wehrdienst

## 1. Allgemeines

Bis zum 30.6.2011 galt für alle deutschen Männer zwischen 18 und 45 Jahren eine allgemeine Wehrpflicht. Durch das Wehrrechtsänderungsgesetz 2011 ist die Wehrpflicht mit Geltung zum 1.7.2011 ausgesetzt worden. Gleichzeitig wurde der freiwillige Wehrdienst eingeführt.

Dieser ermöglicht es deutschen Frauen und Männern sich zu verpflichten, einen freiwilligen Wehrdienst von einer Dauer von bis zu 23 Monaten als besonderes staatsbürgerliches Engagement zu leisten (§ 58b Abs. 1 S. 1 SG). Die ersten sechs Monate des freiwilligen Wehrdienstes sind als Grundwehrdienst ausgestaltet (Probezeit), an welchen ein bis zu 17 Monate dauernder, anschließender freiwilliger Wehrdienst angeknüpft werden kann (§ 58b Abs. 1 S. 2 SG).

## 2. Anwendbarkeit der Regelungen zum Grundwehrdienst

Auf freiwillig Wehrdienstleistende sind gemäß § 58f SG die Regelungen in anderen Gesetzen oder Rechtsverordnungen, die an die Ableistung des Grundwehrdienstes oder des freiwilligen zusätzlichen Wehrdienstes im Anschluss an den Grundwehrdienst anknüpfen, entsprechend anzuwenden. In § 16 Abs. 7 Arbeitsplatzschutzgesetz (ArbPlSchG) wird die Vorgabe des § 58f SG umgesetzt und ausdrücklich klargestellt, dass das ArbPlSchG auch im Falle des freiwilligen Wehrdienstes nach § 58b SG mit der Maßnahme gilt, dass die Vorschriften über den Grundwehrdienst anzuwenden sind. Mithin findet das ArbPlSchG auch auf den freiwilligen Wehrdienst leistende Arbeitnehmer Anwendung.

## 2.1 Geltungsbereich des ArbPlSchG

Das ArbPlSchG schützt Arbeitnehmer, die einen freiwilligen Wehrdienst ableisten oder zu einer Wehrübung einberufen werden, vor dem Verlust ihres Arbeitsplatzes. Gleiches gilt für den Wehrdienst im Verteidigungsfall sowie für Soldaten auf Zeit. Für Zeitsoldaten gilt dieser Schutz allerdings nur für die zunächst auf sechs Monate bzw. für die endgültig auf insgesamt nicht mehr als zwei Jahre festgesetzte Dienstzeit (§ 16a ArbPlSchG).

Gemäß § 1 Abs. 1 ArbPlSchG erlischt das Arbeitsverhältnis eines Arbeitnehmers, welcher freiwilligen Wehrdienst ableistet, nicht, vielmehr ruht das Arbeitsverhältnis während dieses Zeitraumes. Befristete Arbeitsverhältnisse erlöschen mit Zeitablauf oder wenn das Arbeitsverhältnis aus anderen Gründen während des Wehrdienstes geendet hätte (§ 1 Abs. 4 ArbPlSchG). Eine vergleichbare Regelung für Eignungsübungen enthält das Eignungsübungsgesetz (§ 1 Abs. 1 EignÜbG).

**WICHTIG!**

Arbeitnehmer mit ausländischer Staatsangehörigkeit, die in ihrem Heimatland Wehrdienst leisten, werden grundsätzlich von den Schutzregelungen des ArbPlSchG nicht erfasst. Eine Ausnahme davon bilden allerdings Arbeitnehmer, die aus einem EU-Mitgliedstaat stammen und in ihrem Heimatland zur Ableistung ihrer staatsbürgerlichen Pflicht herangezogen werden. Die am 9.8.2008 in Kraft getretene Regelung des § 16 Abs. 6 ArbPlSchG sieht darüber hinaus vor, dass § 1 Abs. 1, 3, 4 ArbPlSchG sowie die §§ 2 bis 8 ArbPlSchG auch für in Deutschland beschäftigte Ausländer gelten, wenn diese in ihrem Heimatstaat zur Erfüllung ihrer dort bestehenden Wehrpflicht zum Wehrdienst herangezogen werden. Dies gilt nur für Ausländer, die Staatsangehörige der Vertragsparteien der Europäischen Sozialcharta (ESC) in ihrer Ursprungsfassung vom 18.10.1961 – nicht der revidierten Fassung vom 3.5.1996 – sind und ihren rechtmäßigen Aufenthalt in Deutschland haben. Dazu gehören z. B. die Türkei und Marokko.

**ACHTUNG!**

Das ArbPlSchG ist nicht auf den Bundesfreiwilligendienst anwendbar.

## 2.2 Fortbestehen des Arbeitsverhältnisses

Während des Wehrdienstes kommt es in der Regel zu einer Suspendierung der Hauptpflichten bei Fortbestehen der Nebenpflichten. Zudem kann es zum Erlöschen des Arbeitsverhältnisses oder zur Freistellung des Arbeitnehmers kommen.

### 2.2.1 Suspendierung der Hauptpflichten

Während des Wehrdienstes ruht das Arbeitsverhältnis, wodurch die wechselseitigen Hauptpflichten regelmäßig entfallen. Das bedeutet, dass der Arbeitgeber keinen Anspruch auf die vertraglich bestimmte Arbeitsleistung hat, während der Anspruch des Arbeitnehmers auf Vergütung entfällt.

 **ACHTUNG!**

Ausnahmen von der Befreiung des Arbeitgebers von der Vergütungspflicht bestehen allerdings für den öffentlichen Dienst (§ 1 Abs. 2 ArbPlSchG). Nach dieser Vorschrift hat der Arbeitgeber dem Arbeitnehmer im öffentlichen Dienst während einer Wehrübung Entgelt wie bei einem Erholungsurlaub zu zahlen. Zum Entgelt gehören dabei aber nicht besondere Zuwendungen, die mit Rücksicht auf den Erholungsurlaub gewährt werden (Urlaubsgeld). Rundfunkmoderatoren, die als freie Mitarbeiter von einer öffentlich-rechtlichen Rundfunkanstalt beschäftigt werden, sind beispielsweise keine Arbeitnehmer i. S. d. ArbPlSchG. Entsprechend steht Ihnen kein Anspruch nach § 1 Abs. 2 ArbPlSchG auf Entgeltfortzahlung, sondern ein Anspruch auf Unterhaltssicherung gegen den Bund zu (BVerwG v. 22.4.1998, 6 C 4/98).

Zum Ruhen kommt das Arbeitsverhältnis während

- des freiwilligen Wehrdienstes,
- der länger als drei Tage dauernden Wehrübung,
- der Dauer einer Eignungsübung zur Auswahl von Soldaten bis zur Dauer von vier Monaten,
- des unbefristeten Wehrdienstes im Verteidigungsfall,
- des Dienstes der oben erwähnten Zeitsoldaten.

Wird ein Arbeitnehmer aufgrund freiwilliger Verpflichtung zu einer Eignungsübung zur Auswahl von freiwilligen Soldaten einberufen, ruht das Arbeitsverhältnis während der Eignungsübung bis zur Dauer von vier Monaten (§ 1 Abs. 1 EÜG). Während, vor und nach der Eignungsübung besteht ein ähnlich gearteter Kündigungsschutz wie nach dem ArbPlSchG (§ 2 EÜG). Bleibt der Arbeitnehmer im Anschluss an die Eignungsübung als freiwilliger Soldat in den Streitkräften, endet das Arbeitsverhältnis mit Ablauf der Eignungsübung (§ 3 Abs. 1 EÜG). Siehe hierzu unter → *Besonderer Kündigungsschutz*.

 **ACHTUNG!**

Persönliche Beratungsgespräche der am Wehrdienst interessierten Arbeitnehmer durch die Wehrersatzbehörden sind keine Voraussetzung für die Durchführung des Wehrdienstes. Eine Freistellungspflicht für die Wahrnehmung solcher Gespräche besteht deshalb nicht.

### 2.2.2 Fortbestehen der Nebenpflichten

Während des Ruhens des Arbeitsverhältnisses bestehen etliche Nebenpflichten fort. Der Arbeitgeber muss daher insbesondere Folgendes beachten:

#### 2.2.2.1 Sachbezüge

Sachbezüge sind dem Arbeitnehmer während der Zeit des Ruhens grundsätzlich weiter zu gewähren (§ 3 ArbPlSchG). Infolgedessen ist eine Kündigung der Werkswohnung wegen der Abwesenheit infolge des Wehrdienstes bei Arbeitnehmern mit Familie unzulässig. Bei alleinstehenden Arbeitnehmern ist sie ebenfalls nicht möglich, wenn sie die Wohnung trotz ihrer Abwesenheit aus besonderen Gründen (z. B. Unterstellen der Möbel) benötigen.

 **WICHTIG!**

Der Arbeitgeber kann jedoch eine angemessene Entschädigung während der Zeit des Ruhens vom Arbeitnehmer verlangen, wenn die Gewährung von Sachbezügen einen Teil des Arbeitsentgelts darstellt (§ 3 Abs. 3 ArbPlSchG).

#### 2.2.2.2 Urlaub

Auch Urlaubsansprüche werden durch den Wehrdienst nicht ausgeschlossen. Allerdings ist der Arbeitgeber berechtigt, den Urlaubsanspruch des Arbeitnehmers für jeden vollen Monat, den der Arbeitnehmer Wehrdienst leistet, um ein Zwölftel zu kürzen. Der Arbeitnehmer kann verlangen, dass der ihm (unter Beachtung der Kürzung) zustehende Urlaub vor Beginn des Wehrdienstes gewährt wird (§ 4 Abs. 1 ArbPlSchG). Wird der Urlaub nicht oder nicht vollständig gewährt, so hat der Arbeitgeber ihn nach dem Wehrdienst im laufenden oder im nächsten Urlaubsjahr zu erteilen (§ 4 Abs. 2 ArbPlSchG). Wird das Arbeitsverhältnis während des Wehrdienstes beendet oder im Anschluss an den Wehrdienst nicht fortgesetzt, muss der Arbeitgeber noch nicht genommenen Urlaub abgelten (§ 4 Abs. 3 ArbPlSchG). Hat der Arbeitnehmer vor dem Wehrdienst mehr Urlaub erhalten als ihm zustand, so kann der Arbeitgeber diesen allerdings nach dem Wehrdienst um die zu viel gewährten Tage kürzen (§ 4 Abs. 4 ArbPlSchG). Darüber hinaus bleiben die Regelungen des Bundesurlaubsgesetzes unberührt.

#### 2.2.2.3 Alters- und Hinterbliebenenversorgung

Beiträge in eine bestehende Alters- und Hinterbliebenenversorgung muss der Arbeitgeber nach § 14a Abs. 2 S. 1 ArbPlSchG für Arbeitnehmer im öffentlichen Dienst weiterzahlen. Nach Ende des Wehrdienstes kann der Arbeitgeber gem. § 14a Abs. 2 S. 2 ArbPlSchG die auf die Zeit des Wehrdienstes entfallenen Beiträge beim Bundesministerium der Verteidigung oder der von ihm bestimmten Stelle zur Erstattung anmelden. Mit Wegfall des § 14a Abs. 5 ArbPlSchG zum 1. Januar 2020 ist die Frist von einem Jahr nach Beendigung des Wehrdienstes zur Stellung des Antrags auf Erstattung entfallen.

 **WICHTIG!**

Sofern für Arbeitnehmer im öffentlichen Dienst eine Versicherung in der zusätzlichen Alters- und Hinterbliebenenversorgung besteht, wird diese gem. § 14a Abs. 1 ArbPlSchG durch die Teilnahme am freiwilligen Wehrdienst oder bei Einberufung zu einer Wehrübung nicht berührt.

#### 2.2.2.4 Zuwendungen

Für die Mitarbeiter des öffentlichen Dienstes regelt § 20 TVöD (Bund)/(VKA)/TV-L den Anspruch der Beschäftigten auf eine Jahressonderzahlung. Voraussetzung dieses Anspruchs ist, dass der Mitarbeiter am 1. Dezember in einem in den Geltungsbereich des Tarifvertrags fallenden Arbeitsverhältnisses steht (vgl. auch BAG v. 10.12.2008, 10 AZR 15/08). Ein Ruhen des Arbeitsverhältnisses durch das Ableisten des Wehrdienstes führt nicht zum Wegfall dieser Jahressonderzahlung. Gem. § 20 Abs. 4 S. 2 Ziff. 1 lit. a) TVöD (Bund), § 20 Abs. 4 S. 2 Ziff. 1 lit. a) TVöD (VKA), § 20 Abs. 4 S. 2 Ziff. 1 lit. a) TV-L vermindert sich die Sonderzahlung bei Ableistung von freiwilligem Wehrdienst nicht, wenn dieser vor dem 1. Dezember beendet und das Beschäftigungsverhältnis unverzüglich aufgenommen wird (ergänzend Breier/Dassau TVöD Komm. Erl. 3.1.3.4 zu § 20 TVöD Rn. 42 ff.; Sponer in Sponer/Steinherr, TV-L Komm. Rn. 56 ff. zu § 20 TV-L).

 **ACHTUNG!**

Sofern der Arbeitnehmer im Jahr Wehrübungen ableistet, spielt die Kürzungsvorschrift des § 20 Abs. 4 TVöD (Bund), § 20 Abs. 4 TVöD (VKA), § 20 Abs. 4 TV-L keine Rolle, da der Arbeitnehmer während der Wehrübung gem. § 1 Abs. 2 ArbPlSchG Anspruch auf Fortzahlung der Bezüge hat.

### 2.3 Erlöschen des Arbeitsverhältnisses

Das Ruhen des Arbeitsverhältnisses führt nicht zur Verlängerung eines befristeten Arbeitsvertrages, sodass der Vertrag mit dem geplanten Ende erlischt.

**Beispiel**

Arbeitnehmer und Arbeitgeber haben vereinbart, dass das Arbeitsverhältnis nach der Fertigstellung eines bestimmten Projekts enden sollte. Sofern das Projekt während der Zeit des Wehrdienstes beendet wird, endet damit das Arbeitsverhältnis während des Wehrdienstes.

 **ACHTUNG!**

Der Arbeitgeber darf die Verlängerung eines befristeten Arbeitsverhältnisses oder die Übernahme eines Arbeitnehmers in ein unbefristetes Arbeitsverhältnis nicht „aus Anlass" des Wehrdienstes ablehnen (§ 2 Abs. 5 S. 3 ArbPlSchG). Gleiches gilt für die Übernahme von Auszubildenden in ein Arbeitsverhältnis auf unbestimmte Zeit nach Beendigung des Berufsausbildungsverhältnisses (§ 2 Abs. 5 S. 1 ArbPlSchG).

### 2.4 Freistellung des Arbeitnehmers

Wenn sich der Arbeitnehmer aufgrund der Wehrpflicht bei den Erfassungs- oder Wehrersatzbehörden nach Maßgabe des Wehrpflichtgesetzes persönlich melden oder vorstellen musste, war er nach § 14 Abs. 1 ArbPlSchG unter Fortzahlung seines Entgelts freizustellen. Da nunmehr die Verpflichtung zum freiwilligen Wehrdienst in den §§ 58b ff. SG ohne Melde- und Vorstellungspflichten in diesem Sinne geregelt ist, bestehen für diesen Bereich keine Sonderregelungen mehr.

Auch bei Wehrübungen kommt eine Freistellung in Betracht. Bezüglich der Entgeltfortzahlung bei Wehrübungen war in der Privatwirtschaft bisher zu unterscheiden zwischen Wehrübungen bis zu drei Tagen (mit Entgeltfortzahlung durch den Arbeitgeber) und Wehrübungen von mehr als drei Tagen (ohne Entgeltfortzahlung). Die Regelung in § 11 ArbPlSchG über kurze Wehrübungen wurde zum 30.4.2005 komplett gestrichen. Während einer Wehrübung muss ein privater Arbeitgeber nunmehr unabhängig von der Dauer der Wehrübung den Arbeitslohn nicht weiterzahlen. Für den öffentlichen Dienst gilt weiterhin die Sonderregelung des § 1 Abs. 2 S. 1 ArbPlSchG, wonach unabhängig von der Dauer der Wehrübung der Arbeitgeber das Arbeitsentgelt wie bei einem Erholungsurlaub zu zahlen hat.

### 3. Kündigungsschutz

### 3.1 Ordentliche Kündigung

Ist der Arbeitnehmer zur Ableistung des Grundwehrdienstes, des zivilen Ersatzdienstes oder einer Wehr- oder Eignungsübung verpflichtet, kann er allein aus diesem Grunde nicht gekündigt werden. § 2 ArbPlSchG. Nach § 2 Abs. 1 ArbPlSchG besteht von der Zustellung des Einberufungsbescheids bis zur Beendigung des freiwilligen Wehrdienstes sowie während einer Wehrübung ein absolutes Kündigungsverbot. Im Übrigen darf der Arbeitgeber das Arbeitsverhältnis gemäß § 2 Abs. 2 S. 1 ArbPlSchG nicht aus Anlass des Wehrdienstes kündigen.

Dies gilt nicht nur bei deutschem Wehrdienst, sondern innerhalb der gesamten EU. Gegenüber Arbeitnehmern aus Nicht-EU-Staaten, die den Wehrdienst in ihrer Heimat antreten, ist zu differenzieren: Kürzere Wehrdienstzeiten von zwei Monaten rechtfertigen die Kündigung nicht (BAG v. 22.12.1982, AP BGB § 123 Nr. 23); dem Arbeitnehmer steht ein Leistungsverweigerungsrecht zu, da er sich in einer unverschuldeten Pflichtenkollision befindet. Dagegen kann längerer Wehrdienst im Ausland die Kündigung rechtfertigen, wenn der Ausfall des Arbeitnehmers eine erhebliche Beeinträchtigung der betrieblichen Interessen zur Folge hat, die nicht durch zumutbare Maßnahmen, wie etwa die befristete Einstellung einer Ersatzkraft, überbrückt werden können (zu einem Einsatz von zwölf Monaten, vgl. BAG v. 20.5.1988, 2 AZR 682/87).

 **WICHTIG!**

Der besondere Kündigungsschutz gilt bei freiwilligen Wehrübungen nur, soweit diese insgesamt im Kalenderjahr nicht länger als sechs Wochen dauern.

### 3.2 Außerordentliche Kündigung

Eine außerordentliche Kündigung aus wichtigem Grund ist auch während des Wehrdienstes möglich, etwa wenn der Arbeitgeber erst während des bereits begonnenen Wehrdienstes von dem wichtigen Grund Kenntnis erlangt. Näheres siehe unter → *Besonderer Kündigungsschutz*.

### 3.3 Vor- und Nachwirkungen des Kündigungsschutzes

Auch außerhalb der Wehrdienstzeit sind Kündigungen nach § 2 S. 1 ArbPlSchG „aus Anlass des Wehrdienstes" unzulässig. Ebenso verbietet § 2 Abs. 5 ArbPlSchG die Verlängerung eines befristeten Arbeitsverhältnisses oder die Übernahme eines Auszubildenden „aus Anlass des Wehrdienstes" abzulehnen. „Aus Anlass" erfolgt eine Kündigung bzw. Nichtverlängerung/-übernahme, wenn der Wehrdienst direkt oder indirekt eines von mehreren Motiven hierfür ist.

Bei betriebsbedingten Kündigungen besteht ein weiterer Schutz: Der Wehrdienst darf bei einer etwaigen Sozialauswahl gemäß § 2 Abs. 2 S. 2 ArbPlSchG nicht zu Ungunsten des Arbeitnehmers berücksichtigt werden.

Im Streitfall trifft den Arbeitgeber gemäß § 2 Abs. 2 S. 3 ArbPlSchG die Beweislast dafür, dass eine Kündigung nicht aufgrund des Wehrdienstes erfolgt ist oder bei der Sozialauswahl der Wehrdienst nicht zu Ungunsten des Arbeitnehmers berücksichtigt worden ist. Dabei kann sich der Arbeitgeber nicht auf ein Bestreiten beschränken, sondern muss das Gericht durch substantiierten Sachvortrag davon überzeugen, dass der Arbeitgeber Gründe dartut, die unabhängig von der Einberufung bei einem verständig denkenden Arbeitgeber ein Motiv für die Auflösung des Arbeitsverhältnisses darstellen können. Die Kenntnis des Arbeitgebers von der Einberufung begründet zunächst die gesetzliche Vermutung des § 2 Abs. 2 S. 3 ArbPlSchG, dass die Kündigung aus Anlass des Wehrdienstes erfolgt ist (LAG Hessen v. 17.1.2014, 3 Sa 232/13).

 **WICHTIG!**

Geht dem Arbeitnehmer nach der Zustellung des Einberufungsbescheids oder während des Wehrdienstes eine Kündigung zu, beginnt die Klagefrist des § 4 S. 1 KSchG erst zwei Wochen nach Ende des Wehrdienstes (§ 2 Abs. 4 ArbPlSchG).

### 4. Schutzvorschriften nach Ende des Wehrdienstes

Dem Arbeitnehmer, der Wehrdienst leistet oder an einer Wehrübung teilnimmt, darf in beruflicher und betrieblicher Hinsicht kein Nachteil entstehen (§ 5 ArbPlSchG). Die Zeit des Wehrdienstes oder einer Wehrübung wird auf die Dauer der Betriebszugehörigkeit angerechnet. Sie gelten als Dienst- und Beschäftigungszeit im Sinne der Tarifordnungen und Tarifverträge des öffentlichen Dienstes (§ 6 Abs. 1 S. 2 ArbPlSchG). Bei Auszubildenden wird die Wehrdienstzeit gem. § 6 Abs. 1 S. 1 Hs. 2 ArbPlSchG erst nach Beendigung der Ausbildung auf die Betriebszugehörigkeit angerechnet. Anders als Betriebszugehörigkeitszeiten wird auf Probe- und Ausbildungszeiten die Zeit des freiwilligen Wehrdienstes oder einer Wehrübung gem. § 6 Abs. 2 ArbPlSchG bzw. i. V. m. § 58b SG nicht angerechnet.

Wehrdienstzeiten sind allerdings für die tarifliche Eingruppierung nicht zu berücksichtigen, wenn sich die tarifliche Eingruppierung nicht allein nach der Betriebszugehörigkeit, sondern nach der tatsächlichen Tätigkeit („Beschäftigungsjahre", „Tätigkeitsjahre") richtet. Gleichwohl kann der Arbeitnehmer gemäß § 6 Abs. 3 ArbPlSchG einen Anspruch auf Anpassung seiner Vergütung haben. Danach erhält der Arbeitnehmer eine Zulage in Höhe des Unterschiedsbetrages zwischen seinem Arbeitsentgelt und dem Entgelt, das ihm bei entsprechender Höherstufung zustünde, wenn sich durch den Wehrdienst die Höherstufung verzögert. Nach dem Wortlaut gilt die Vorschrift zwar nur für Bewährungszeiten, allerdings findet sie nach der Rechtsprechung des BAG entsprechende Anwendung auf Entgeltregelungen, die einen Zeitaufstieg vorsehen (BAG v. 28.6.1994, 3 AZR 988/93). Zu beachten ist jedoch, dass es nach dem TVöD bzw. dem TV-L grundsätzlich keine automatischen Zeitaufstiege mehr gibt (Näheres unter → *Entgeltsystem* und → *Eingruppierung*).

Nach § 11a ArbPlSchG i. V. m. § 58b SG haben Soldaten im öffentlichen Dienst bis zum Ablauf von sechs Monaten nach Beendigung des freiwilligen Wehrdienstes einen Einstellungsvorrang vor gesetzlich nicht bevorrechtigten Bewerbern gleicher Eignung. Gleiches gilt, wenn sich der Wehrpflichtige innerhalb von sechs Monaten nach Abschluss einer Ausbildung bewirbt, die er nach Beendigung des freiwilligen Wehrdienstes durchlaufen hat und die für den künftigen Beruf im öffentlichen Dienst vorgeschrieben ist.

### 5. Personalvertretungs- und Betriebsverfassungsrecht

Das aktive Wahlrecht besteht während des freiwilligen Wehrdienstes fort, wenn dieser weniger als zwölf Monate dauert, vgl. § 14 Abs. 1 Nr. 2 BPersVG. Ggf. erfolgt die Stimmabgabe schriftlich. Für die Dauer von Wehrübungen bleibt die Wahlberechtigung uneingeschränkt erhalten.

Ist der einberufene Arbeitnehmer Personalrats- oder Betriebsratsmitglied, kommt ein Erlöschen der Mitgliedschaft im Personal- bzw. Betriebsrat nicht in Betracht, da die Heranziehung zum Wehrdienst keine Beendigung des Dienst- bzw. Arbeitsverhältnisses bewirkt. Allerdings wird das Personalrats- bzw. Betriebsratsmitglied in diesen Fällen verhindert sein, sein Amt in dieser Zeit auszuüben, sodass er durch ein Ersatzmitglied vertreten wird.

Bei der Feststellung der Beschäftigtenzahl zur Klärung der Frage, ob ein Personalrat (§ 13 BPersVG) oder ein Betriebsrat (§ 1 BetrVG) erforderlich ist, zählen auch die Beschäftigten mit, die wegen Ableistung von Wehrdienst nicht tätig sind.

## II. Bundesfreiwilligendienst

Spiegelbildlich zur Abschaffung des Zivildienstes durch das WehrRÄndG 2011 führte die Regierung den Bundesfreiwilligendienst ein. Auf diesen findet das ArbPlSchG – im Gegensatz zum Zivildienst – keine Anwendung.

### 1. Bundesfreiwilligendienstgesetz (BFDG)

Mit dem Wegfall der Wehrpflicht ist seit dem 1.7.2011 auch die Wehrersatzpflicht entfallen. Zeitgleich mit dem Aussetzungsbeschluss hat die Bundesregierung deshalb am 31.12.2010 den Entwurf eines Gesetzes zur Einführung eines Bundesfreiwilligendienstes dem Bundesrat zugeleitet. Am 2.5.2011 ist das Gesetz verkündet worden und am 1.7.2011 in Kraft getreten.

Dieser Dienst ist offen für Frauen und Männer aller Generationen. Gem. § 13 BFDG sind (nur) die gesetzlich normierten Arbeitsschutzbestimmungen, das Jugendarbeitsschutzgesetz und das Bundesurlaubsgesetz auf das Rechtsverhältnis der Freiwilligen entsprechend anzuwenden.

Zuständig für Rechtsstreitigkeiten aus den Rechtsverhältnissen der Freiwilligen sind gem. § 2 Abs. 1 Nr. 8a ArbGG die Gerichte für Arbeitssachen. Auf den entwicklungspolitischen Freiwilligendienst („weltwärts") sind § 2 Abs. 1 Nr. 8 und Nr. 8a ArbGG hingegen nicht direkt oder analog anwendbar. Für den entwicklungspolitischen Freiwilligendienst ist damit die ordentliche Gerichtsbarkeit zuständig (BAG v. 9.4.2019, 9 AZB 2/19, ZTR 2019, 533).

### 2. Begriff und Geltungsbereich

Der Bundesfreiwilligendienst ist kein Arbeitsverhältnis. Es handelt sich vielmehr um einen „öffentlichen Dienst des Bundes eigener Art". Die Bewerbung um den Bundesfreiwilligendienst erfolgt bei einer anerkannten Ersatzstelle oder einem Träger.

Die Dauer des Bundesfreiwilligendienstes beläuft sich in der Regel auf zwölf zusammenhängende Monate, mindestens aber sechs und höchstens 18 Monate. Er kann ausnahmsweise auf 24 Monate verlängert werden, wenn dies im Rahmen eines besonderen pädagogischen Konzepts begründet ist. Im Rahmen eines pädagogischen Gesamtkonzepts ist auch eine Ableistung in zeitlich getrennten Abschnitten möglich, wenn ein Abschnitt mindestens drei Monate dauert. Die Gesamtdauer aller Abschnitte sowie mehrerer geleisteter Bundesfreiwilligendienste ist aber beschränkt (§ 3 Abs. 2 BFDG).

 **ACHTUNG!**

Die Einstellung eines Bundesfreiwilligendienstleistenden im Rahmen des Bundesfreiwilligendienstes stellt laut Beschluss des Arbeitsgerichts Ulm von 18.7.2012 (7 BV 10/11) eine personelle Maßnahme im Sinne des § 99 BetrVG dar und löst die entsprechenden Mitbestimmungsrechte des Betriebsrats aus.

### 3. Ausgestaltung des Rechtsverhältnisses

#### 3.1 Rechtsverhältnis

Obwohl das Verhältnis zwischen den Freiwilligen und der Einsatzstelle kein Arbeitsverhältnis ist, wird der freiwillige Dienst hinsichtlich der öffentlich-rechtlichen Schutzvorschriften weitgehend einem Arbeitsverhältnis gleichgestellt. Dementsprechend gelten die einschlägigen Arbeitsschutzbestimmungen wie z. B. das Arbeitsschutzgesetz, die Arbeitsstättenverordnung, das Jugendarbeitsschutzgesetz und das Mutterschutzgesetz. Da der Freiwillige in keinem Arbeitsverhältnis steht, hat er allerdings z. B. keinen Anspruch auf den Mindestlohn. Auch, wenn es den Freiwilligen an der Arbeitnehmereigenschaft fehlt, sollen nach der Informationsbroschüre des Bundesministeriums für Familie, Senioren, Frauen und Jugend „Der Bundesfreiwilligendienst von A bis Z" im Krankheitsfall in der Regel bis zur Dauer von sechs Wochen Taschengeld und Sachleistungen weitergezahlt werden. Dies dürfte seine Grundlage im Entgeltfortzahlungsgesetz finden, welches über die Verweisung in § 13 Abs. 1 BFDG ebenfalls Anwendung finden soll.

Der Freiwillige und die Einsatzstelle verpflichten sich auf eine vertraglich festgelegte Dienstdauer. Der Vertrag kann aber aus wichtigem Grund gekündigt werden. Beispielhaft kann hier als wichtiger Grund der Erhalt eines Studien- oder Ausbildungsplatzes genannt werden. § 8 Abs. 1 Satz 2 Nr. 3 BFDG sieht vor, dass in der Vereinbarung zur Ableistung eines freiwilligen Dienstes eine Vereinbarung zur vorzeitigen Beendigung aufgenommen werden kann. Dies ermächtigt die Vertragsparteien auch, ausdrücklich eine Probezeit von sechs Wochen zu vereinbaren, in der mit einer zweiwöchigen Frist gekündigt werden kann (LAG Sachsen v. 19.6.2013, 2 Sa 171/12). Für die Wirksamkeit der Kündigung gelten die normalen gesetzlichen Vorschriften zum Zugang einer Kündigungserklärung (vgl. LAG Berlin-Brandenburg v. 16.5.2019, 26 Sa 1847/18).

Für Kündigungsstreitigkeiten zwischen dem Bund und Freiwilligen nach dem BFDG sind die Arbeitsgerichte berufen. Zwar haben die Parteien eine Beschäftigung auf der Grundlage des Bundesfreiwilligendienstgesetzes vereinbart. Insoweit sieht § 8 BFDG den Abschluss einer privatrechtlichen Vereinbarung vor, die aber keinen Arbeitsvertrag, sondern ein freiwilliges soziales Engagement gegen Zahlung eines Taschengeldes begründet. Mithin greift nicht § 2 Abs. 1 Nr. 3 ArbGG. Doch ist insoweit über § 2 Abs. 1 Nr. 8a ArbGG eine Sonderzuständigkeit gegeben (vgl. LAG Thüringen v. 1.3.2016, 1 Sa 314/14).

Der Betriebsrat kann seine Zustimmung zur Einstellung im Rahmen des Bundesfreiwilligendienstes wegen mangelnder Arbeitsmarktneutralität der Maßnahme gem. §§ 99 Abs. 2 Nr. 1 BetrVG i. V. m. § 3 Abs. 1, 6 BFDG verweigern (zum Einsatz von Freiwilligen im Rettungsdienst siehe ArbG Ulm v. 7.3.2016, 4 BV 10/15).

### 3.2 Leistungen an den Freiwilligen

Der Bundesfreiwilligendienst ist als freiwilliges Engagement unentgeltlich. Der Freiwillige engagiert sich gemäß § 1 BFDG für das Allgemeinwohl. Allerdings erhält der Freiwillige ein monatliches Taschengeld in Höhe von max. 6 % der Beitragsbemessungsgrenze in der allgemeinen Rentenversicherung (§ 2 Nr. 4 lit. a BFDG). Dies sind im Jahre 2022 maximal € 423,00 (Stand: November 2022). Der Bundesfreiwilligendienst ist dabei als abhängige Tätigkeit sozialversicherungspflichtig (LSG Berlin-Brandenburg v. 30.3.2017, L 32 AS 2146/16 P PKH).

 **ACHTUNG!**

**Die Freiwilligen können aber neben einem Taschengeld auch Sachbezüge wie z. B. Verpflegung und Unterkunft, Arbeitskleidung und ggf. Fahrtkostenerstattung erhalten.**

Bei Beendigung des Dienstes erhält der Freiwillige von der Einsatzstelle ein schriftliches Zeugnis, das sich auf Art und Dauer des freiwilligen Dienstes sowie die Leistungen und die Führung während der Dienstzeit erstreckt (§ 11 Abs. 2 BFDG), sowie eine Bescheinigung über die Teilnahme am Dienst (§ 11 Abs. 1 BFDG).

### 4. Jugendfreiwilligendienst

Der Jugendfreiwilligendienst nach dem Jugendfreiwilligendienstegesetz (JFDG, früher FSJG und FÖJG) bleibt durch die Ein-

führung des Bundesfreiwilligendienstes unangetastet. Beide Instrumente bestehen nebeneinander.

# Wissenschaftszeitvertragsgesetz (WissZeitVG)

 **Wegweiser:**

Das WissZeitVG gilt für den Bereich des Hochschulrechts und ist am 18.4.2007 in Kraft getreten. Es hat die §§ 57a-f Hochschulrahmengesetz (HRG) abgelöst. Übergangsregelungen finden sich in § 7 WissZeitVG. Auf Initiative der Bundesregierung wurde das WissZeitVG mit Wirkung zum 17.3.2016 novelliert.

Vertiefende Hinweise zum WissZeitVG finden sich in Breier/Dassau TVöD Komm. § 30 Erl. 5.3.3 Rn. 162.1 ff. und Breier/Dassau TV-L Komm. § 30 Erl. 5.3.3 Rn. 162.1 ff.

I. **Einleitung**

II. **Geltungsbereich**
    1. Betrieblicher Geltungsbereich
    2. Persönlicher Geltungsbereich
       2.1 Wissenschaftliches Personal
       2.2 Künstlerisches Personal
    3. Sachlicher Geltungsbereich

III. **Sachgrundlose Befristung nach dem WissZeitVG**
    1. Förderung der eigenen wissenschaftlichen oder künstlerischen Qualifizierung
    2. Dauer der Befristung
    3. Verlängerung der Befristungsdauer
    4. Anrechenbarkeit von Vorbeschäftigungszeiten
    5. Ausblick

IV. **Sachgrundbefristung nach dem WissZeitVG**

V. **Zitiergebot, § 2 Abs. 4 S. 1 WissZeitVG**

VI. **Rechtsmissbrauchskontrolle**

## I. Einleitung

Das WissZeitVG beinhaltet – vorbehaltlich der eng begrenzten Tariföffnungsklausel gemäß § 1 Abs. 1 S. 3 WissZeitVG – unabdingbare Sonderregelungen zur befristeten Beschäftigung des wissenschaftlichen und künstlerischen Personals an Hochschulen und Forschungseinrichtungen. Ziel des Gesetzes ist es, durch die befristete Beschäftigung von wissenschaftlichem und künstlerischem Personal einen laufenden Zustrom neuer Ideen an Hochschul- und Forschungseinrichtungen zu ermöglichen und sicherzustellen, dass sich jede Generation von Wissenschaftlerinnen und Wissenschaftlern für Mittelbau-Stellen qualifizieren kann (BT-Drs. 18/6489, S. 7).

## II. Geltungsbereich

### 1. Betrieblicher Geltungsbereich

Die Anwendbarkeit des WissZeitVG hängt davon ab, ob der betreffende Arbeitnehmer an einer Einrichtung tätig werden soll, die nach Landesrecht eine staatliche oder staatlich anerkannte Hochschule ist (BAG v. 24.8.2011, 7 AZR 228/10, ZTR 2012,

106), § 1 Abs. 1, § 4 WissZeitVG. Entscheidend ist insoweit nicht die Person des Arbeitgebers, sondern der Ort der Arbeitsleistung. Das WissZeitVG gilt entsprechend für die Beschäftigung an den in § 5 WissZeitVG genannten staatlichen oder institutionellen oder überwiegend staatlich finanzierten Forschungseinrichtungen.

## 2. Persönlicher Geltungsbereich

In seinem persönlichen Geltungsbereich gilt das WissZeitVG gemäß § 1 Abs. 1 WissZeitVG nur für befristete Arbeitsverträge mit wissenschaftlichem oder künstlerischem Personal. Hochschullehrer an staatlichen Hochschulen sind vom Anwendungsbereich grundsätzlich ausgeschlossen. Auf Hochschullehrer an staatlich anerkannten Hochschulen ist das WissZeitVG hingegen nach § 4 WissZeitVG anzuwenden (BAG v. 23.10.2019, 7 AZR 7/18). Gleiches gilt für Juniorprofessoren (BAG v. 23.10.2019, 7 AZR 7/18). Gemäß § 1 Abs. 2 WissZeitVG bleibt es möglich, Befristungen mit dem in § 1 Abs. 1 WissZeitVG genannten Personal auch auf das TzBfG zu stützen.

Die Eröffnung des persönlichen Geltungsbereichs des WissZeitVG bestimmt sich allein nach dem WissZeitVG, das insoweit abschließend ist (grundlegend BAG v. 1.6.2011, 7 AZR 827/09, ZTR 2012, 43; vgl. BAG v. 19.12.2018, 7 AZR 79/17 m. w. N. der Senatsrechtsprechung). Auf die Begriffsbezeichnungen oder Zuordnungsdefinitionen nach den landeshochschulrechtlichen Regelungen kommt es nicht an (BAG v. 1.6.2011, 7 AZR 827/09, ZTR 2012, 43). Der Begriff des „wissenschaftlichen und künstlerischen Personals" bestimmt sich nach der Art der zu erbringenden Dienstleistung und ist damit inhaltlich-aufgabenbezogen.

### 2.1 Wissenschaftliches Personal

Ein Arbeitnehmer gehört zum wissenschaftlichen Personal, wenn er wissenschaftliche Dienstleistungen erbringt bzw. sein Arbeitsverhältnis bei Mischtätigkeiten durch wissenschaftliche Dienstleistungen geprägt ist (BAG v. 1.6.2011, 7 AZR 827/09, ZTR 2012, 43; BAG v. 19.12.2018, 7 AZR 79/17, zuletzt BAG v. 2.2.2022, 7 AZR 573/20). Es kommt mithin nicht auf die formelle Bezeichnung des Arbeitnehmers an, sondern auf den wissenschaftlichen Zuschnitt der von ihm auszuführenden Tätigkeit. Wissenschaftliche Tätigkeit ist alles, was nach Inhalt und Form als ernsthafter planmäßiger Versuch zur Ermittlung der Wahrheit anzusehen ist. Sie ist nach Aufgabenstellung und anzuwendender Arbeitsmethode darauf angelegt, neue Erkenntnisse zu gewinnen und zu verarbeiten, um den Erkenntnisstand der jeweiligen Disziplin zu sichern oder zu erweitern (BAG v. 9.12.2015, 7 AZR 117/14, ZTR 2016, 413). Für die Beurteilung, ob die Tätigkeit eines Arbeitnehmers insgesamt wissenschaftliches Gepräge hat, kommt es auf die Umstände bei Vertragsschluss an. Maßgeblich ist, was von dem Arbeitnehmer aufgrund des Arbeitsvertrags, einer Dienstaufgabenbeschreibung oder sonstiger Umstände bei Vertragsschluss erwartet wird. Die Parteien haben es nicht selbst in der Hand, durch eine Modifizierung der vertraglichen Aufgaben die Wissenschaftlichkeit nachträglich herbeizuführen oder zu beseitigen (BAG v. 30.8.2017, 7 AZR 524/15). Gleichwohl bleibt die Vertragsdurchführung nicht gänzlich unbeachtet. Wenn anhand der arbeitsvertraglichen Vereinbarungen nicht feststeht, ob wissenschaftliche oder künstlerische Dienstleistungen erwartet werden, können aus der Durchführung dieses oder vorheriger Arbeitsverhältnisse sowie sonstiger Umstände Rückschlüsse auf die vertraglich geschuldete Tätigkeit hergeleitet werden (BAG v. 19.12.2018, 7 AZR 79/17). Folglich empfiehlt sich eine eindeutige Regelung der geschuldeten Aufgaben, um Zweifel und Auslegungsrisiken zu vermeiden, jedenfalls aber zu reduzieren.

Zur wissenschaftlichen Dienstleistung kann auch Lehrtätigkeit gehören, d. h. die Vermittlung von Fachwissen und praktischen Fertigkeiten an Studierende und deren Unterweisung in der Anwendung wissenschaftlicher Methoden. Voraussetzung ist jedoch, dass – ohne dass hiervon vom Beschäftigten tatsächlich Gebrauch gemacht wird – die Möglichkeit zur eigenständigen Forschung und Reflexion besteht. Das bedeutet nicht, dass wissenschaftliche Lehre im Sinne von § 1 Abs. 1 S. 1 WissZeitVG das Hervorbringen eigener Forschungsergebnisse und deren Vermittlung an die Studierenden verlangt. Für eine wissenschaftliche Lehre ist es nicht erforderlich, dass sich der Lehrende um eigene, neue wissenschaftliche Erkenntnisse bemüht. Es kann vielmehr ausreichen, dass wissenschaftliche Erkenntnisse Dritter vermittelt werden. Entscheidend ist aber, dass der Lehrende Forschungs- und Erkenntnisentwicklungen auf seinem jeweiligen Wissenschaftsgebiet permanent verfolgen, reflektieren und kritisch hinterfragen muss, um diese für seine Lehre didaktisch und methodisch zu verarbeiten (BAG v. 30.8.2017, 7 AZR 524/15). Dies hat das BAG für die Sprachlehre durch eine Lehrkraft für besondere Aufgaben verneint (BAG v. 25.4.2018, 7 AZR 82/16). Ein Arbeitnehmer, dessen Tätigkeit auf rein repetierende Lehre beschränkt ist, gehört nicht zum wissenschaftlichen Personal (vgl. zu obigen Ausführungen und den seit 2011 entwickelten Erwägungen BAG v. 21.3.2018, 7 AZR 437/16 m. w. N.).

Die „Formel" des BAG zur Beurteilung, ob eine Lehrtätigkeit wissenschaftlich ist oder nicht, wird von der Instanzrechtsprechung unterschiedlich angewendet. Die Novellierung des WissZeitVG hat diese Rechtsunsicherheit für den Rechtsanwender nicht beseitigt. Maßgeblich ist eine konkrete Betrachtung der Umstände des Einzelfalls, um eine wissenschaftliche Lehrtätigkeit von einer rein unterrichtenden Tätigkeit abzugrenzen. Die Entscheidungen des BAG aus 2015 und 2016 (vgl. hierzu die Nachweise im Urteil des BAG v. 28.9.2016, 7 AZR 549/14, ZTR 2017, 108) konkretisieren die Ausführungen des Senats aus 2011 und bieten gute argumentative Ansätze, um im Einzelfall eine Abgrenzung vornehmen zu können, ob eine wissenschaftlich geprägte Lehrtätigkeit vorliegt, die dem Geltungsbereich des § 1 Abs. 1 S. 1 WissZeitVG unterfällt, oder lediglich eine rein repetierende Tätigkeit ohne (überwiegend) wissenschaftlichen Zuschnitt.

### 2.2 Künstlerisches Personal

Das BAG hat sich nunmehr auch ausdrücklich zum Begriff des künstlerischen Personals geäußert. Es leitet die Definition des künstlerischen Personals im Sinne des § 1 Abs. 1 S. 1 WissZeitVG unter Rückgriff auf die verfassungsrechtliche Bestimmung der künstlerischen Betätigung im Sinne des Art. 5 Abs. 3 GG her. Künstlerisch handelt, wer *„zur Erfüllung der ihm vertraglich obliegenden Aufgaben schöpferisch-gestaltend Eindrücke, Erfahrungen und Erlebnisse durch das Medium einer bestimmten Formensprache unmittelbar zur Anschauung zu bringen hat."* Die Tätigkeit muss selbst schöpferisch-gestaltend sein und ist von technischen sowie Verwaltungsaufgaben abzugrenzen. Lehrtätigkeit kann ebenfalls zur künstlerischen Dienstleistung gehören, wenn der interpretatorische Zugang zu Kunstwerken vermittelt wird, aber auch, wenn die Studierenden durch eine Lehrtätigkeit *„unmittelbar selbst zu schöpferisch-gestaltendem Wirken befähigt werden sollen",* z. B. durch *„die Vermittlung künstlerisch-praktischer Fertigkeiten oder das Unterrichten* *in der Anwendung künstlerischer Formen und Ausdrucksmittel"* (BAG v. 19.12.2018, 7 AZR 79/17, m. w. N.).

Die weiteren Erwägungen zum wissenschaftlichen Personal gelten – jedenfalls teilweise – entsprechend (z. B. zu Mischtätigkeiten, zur Maßgeblichkeit der vertraglich geschuldeten Leistung und eines etwaigen Rückgriffs auf die Vertragsdurchführung und sonstige Umstände). Hinsichtlich der Besonderheiten bleibt die Entwicklung der Rechtsprechung abzuwarten.

### 3. Sachlicher Geltungsbereich

Das WissZeitVG regelt den Abschluss von Arbeitsverträgen für eine bestimmte Zeit. Davon abweichend dürfen gemäß § 2 WissZeitVG in dem Bereich der Drittmittelforschung auch Zweckbefristungen vereinbart werden.

 **Hinweis:**

Die Möglichkeiten der Sachgrund-, sachgrundlosen und der Altersbefristung gemäß § 14 TzBfG bestehen grds. auch im Hochschul- und Forschungsbereich. Dies gilt bei Sachgrundbefristungen nach § 14 Abs. 1 TzBfG jedoch nur, soweit der Befristungsgrund, auf den die Befristung ausschließlich gestützt wird, nicht abschließend im WissZeitVG geregelt ist. Andernfalls ist der Rückgriff auf § 14 Abs. 1 TzBfG ausgeschlossen (BAG v. 18.5.2016, 7 AZR 533/14; BAG v. 28.9.2016, 7 AZR 549/14, ZTR 2017, 108). Nicht verdrängt ist insbesondere die Haushaltsbefristung nach § 14 Abs. 1 S. 2 Nr. 7 TzBfG, die allerdings europarechtlichen Bedenken begegnet (vgl. BAG v. 28.9.2016, 7 AZR 549/14, ZTR 2017, 108). Im Anwendungsbereich des WissZeitVG ist es bspw. jedoch nicht möglich, die Befristung mit der Begründung zu vereinbaren, sie basiere auf der Eigenart der Arbeitsleistung (§ 14 Abs. 1 S. 2 Nr. 4 TzBfG) oder auf in der Person des Arbeitnehmers liegenden Gründen (§ 14 Abs. 1 S. 2 Nr. 6 TzBfG).

## III. Sachgrundlose Befristung nach dem WissZeitVG

### 1. Förderung der eigenen wissenschaftlichen oder künstlerischen Qualifizierung

Die Befristung von Arbeitsverträgen ohne Sachgrund ist nach § 2 Abs. 1 S. 1 WissZeitVG zulässig, wenn die befristete Beschäftigung „zur Förderung der eigenen wissenschaftlichen oder künstlerischen Qualifizierung" erfolgt. Dies gilt sowohl vor (PreDoc-Phase) als auch nach einer Promotion (PostDoc-Phase). Es handelt sich hierbei ausweislich der Gesetzesbegründung trotz dieser Einschränkung nicht um eine Zweckbefristung, sondern weiterhin um eine Form der sachgrundlosen Befristung (BT-Drs. 18/6489, S. 10). Die Befristung zum Zwecke der Förderung der eigenen wissenschaftlichen oder künstlerischen Qualifizierung ist eine formale Anwendungsvoraussetzung des § 2 Abs. 1 WissZeitVG, die weder den Eintritt der Qualifizierung noch eine entsprechende Qualifizierungsabrede erfordert (*Maschmann/ Konertz*, NZA 2016, 257 (259)). Darüber hinaus gibt das WissZeitVG ein formales Qualifizierungsziel nicht vor, so dass nicht nur die gesetzlich genannte Promotion oder Habilitation, sondern beispielsweise auch Fachveröffentlichungen oder die Mitwirkung bei Forschungsprojekten als denkbare Qualifizierungsziele in Betracht kommen. Neben der Qualifizierung im engeren Sinne können ausweislich der Gesetzesbegründung auch Projektmanagementtätigkeiten im Bereich der Wissenschaft ausreichen, um dem Qualifizierungszweck zu genügen. Es kommt darauf an, wissenschaftliche Kompetenzen zu erwerben, die dem Arbeitnehmer sowohl in der Wissenschaft als auch außerhalb in anderen Lebens- und Arbeitsbereichen entsprechende Befähigungen verleihen (hierzu ausführlich BAG v. 2.2.2022, 7

AZR 573/20). Hiermit soll dem Umstand Rechnung getragen werden, dass nicht jeder Beschäftigte seinen beruflichen Weg im Wissenschaftsbereich fortsetzt. Unklar ist allerdings, wo die Grenze zur reinen Verwaltungstätigkeit zu ziehen ist. Dies muss durch die Rechtsprechung konturiert werden.

### 2. Dauer der Befristung

Die vereinbarte Befristungsdauer ist gemäß § 2 Abs. 1 S. 3 WissZeitVG jeweils so zu bemessen, dass sie der angestrebten Qualifizierung angemessen ist. Unklar ist, wie der Begriff der „Angemessenheit" zu verstehen ist. Sofern ein formales Qualifizierungsziel wie eine Promotion oder Habilitation verfolgt wird, ist ausweislich der Gesetzesbegründung die Befristung insoweit angemessen, als sich die Vertragslaufzeit an der üblichen Dauer solcher Qualifizierungsvorhaben orientiert (BT-Drs. 18/6489, S. 10). Die übliche Dauer kann – je nach Fachgebiet – allerdings höchst unterschiedlich sein. Wird ein formales Qualifizierungsziel nicht verfolgt, sollte sich die Befristungsdauer primär daran orientieren, welche Zeiträume im Hinblick auf die wissenschaftliche oder künstlerische Qualifizierung sinnvoll sind (BT-Drs. 18/6489, S. 10). Darüber hinaus darf die Befristungsdauer gemäß § 2 Abs. 1 S. 1, S. 2 1. Alt. WissZeitVG bei promoviertem und nicht promoviertem Personal einen Zeitraum von sechs Jahren nicht überschreiten. Im Bereich der Medizin gilt eine Höchstdauer der Befristung von neun Jahren, § 2 Abs. 1 S. 1, S. 2 2. Alt. WissZeitVG. Nach § 2 Abs. 1 S. 2 Hs. 2 WissZeitVG verlängert sich die zulässige Befristungsdauer für die PostDoc-Phase in dem Umfang, in dem Zeiten der Promotion mit und ohne Beschäftigung nach § 2 Abs. 1 S. 1 WissZeitVG weniger als sechs Jahre betragen haben. Maßgeblich für die Ermittlung des die PostDoc-Phase etwaig verlängernden Zeitraums ist die gesamte Promotionszeit, wobei es nicht darauf ankommt, ob sie innerhalb oder außerhalb eines Beschäftigungsverhältnisses nach § 2 Abs. 1 S. 1 WissZeitVG zurückgelegt wurde, ob sie im In- oder Ausland absolviert wurde oder ob sie vor oder nach Abschluss eines Studiums lag. Beträgt die Promotionszeit nicht weniger als sechs Jahre, verlängert sich die nach § 2 Abs. 1 S. 2 WissZeitVG zulässige Befristungsdauer von sechs Jahren in der Postdoc-Phase nach § 2 Abs. 1 S. 2 Halbs. 2 WissZeitVG daher unabhängig von der zeitlichen und inhaltlichen Ausgestaltung etwaiger in der Promotionsphase bestehender Beschäftigungsverhältnisse nicht (BAG v. 20.7.2022, 7 AZR 239/21). Für die zulässige Höchstdauer der Befristung von Arbeitsverträgen nach § 2 Abs. 1 WissZeitVG ist bei wissenschaftlichem Personal, das keine minderjährigen Kinder betreut, in der Promotionsphase ausschließlich § 2 Abs. 1 S. 1 WissZeitVG und in der Postdoc-Phase ausschließlich § 2 Abs. 1 S. 2 WissZeitVG maßgebend. Eine Addition der zulässigen Höchstbefristungsdauer für beide Qualifikationsphasen erfolgt nicht. § 2 Abs. 1 S. 1 und 2 WissZeitVG legt für die Befristungsmöglichkeiten in den beiden Phasen jeweils eine eigene und nur für die jeweilige Phase geltende Höchstbefristungsdauer fest und normiert damit zwei eigenständige Rechtsgrundlagen für kalendermäßige Befristungen (BAG v. 20.5.2020, 7 AZR 72/19, ZTR 2020, 658). Ob und inwieweit Verlängerungszeiten bestehen, muss der Arbeitgeber prüfen. Von sich aus muss der Arbeitnehmer nicht bei Abschluss des Arbeitsvertrags auf den Umfang seiner Promotionszeiten hinweisen; dem Arbeitgeber steht aber insoweit ein Fragerecht zu, so dass der Arbeitnehmer auf eine hierauf gerichtete Frage zutreffend antworten muss (BAG v. 21.8.2019, 7 AZR 563/17, ZTR 2020, 102). Im Rahmen der jeweils zulässigen Befristungsdauer sind Verlängerungen des Arbeitsvertrages ebenso möglich wie der Abschluss neuer Verträge (BAG v. 24.8.2011, 7 AZR 228/10, ZTR 2012, 106).

**Hinweis:**

Die insgesamt zulässige Befristungsdauer wurde aufgrund der COVID-19-Pandemie durch § 7 Abs. 3 Wissenschafts- und Studierendenunterstützungsgesetz (WissStudUG) bei Beschäftigungsverhältnissen, die zwischen dem 1.3.2020 und dem 30.9.2020 bestanden, um sechs Monate verlängert. Dies gilt rückwirkend zum 1.3.2020. Durch Rechtsverordnung auf Grundlage des § 7 Abs. 3 S. 2 WissStudUG erfolgte eine Verlängerung um weitere sechs Monate für Beschäftigungsverhältnisse, die zwischen dem 1.3.2020 und dem 30.9.2020 bestanden und die zwischen dem 1.10.2020 und dem 31.3.2021 neu begründet werden.

Ob die zulässige Höchstbefristungsdauer eingehalten wurde, ist nach § 2 Abs. 3 WissZeitVG zu ermitteln, der § 191 BGB vorgeht. Abweichend von § 191 BGB sind volle Beschäftigungsjahre als solche anzurechnen und lediglich unterjährige Teile eines Arbeitsverhältnisses nach Tagen (BAG v. 20.5.2020, 7 AZR 72/19, ZTR 2020, 658). Werden die zeitlichen Vorgaben (Angemessenheit und Höchstbefristungsdauer) nicht eingehalten, ist die Befristung unwirksam. Sie gilt allerdings – wie auch in anderen Fällen – als wirksam, wenn der Arbeitnehmer nicht spätestens innerhalb von drei Wochen ab dem geplanten Ende der Befristung Befristungskontrollklage erhebt (§ 17 TzBfG).

**Hinweis:**

Ausweislich der Gesetzesbegründung soll für die Beurteilung der Angemessenheit auf verschiedene Regelungen des Wissenschaftsbetriebs zurückgegriffen werden (z. B. Leitlinien, Codes of Conduct, Qualifizierungsgrundsätze für Nachwuchswissenschaftler) (BT-Drs. 18/6489, S. 10).

### 3. Verlängerung der Befristungsdauer

Gemäß § 2 Abs. 1 S. 4 WissZeitVG verlängert sich die insgesamt zulässige Befristungsdauer von sechs bzw. neun Jahren nach § 2 Abs. 1 S. 1 WissZeitVG bei der Betreuung eines oder mehrerer Kinder unter 18 Jahren um zwei weitere Jahre je Kind. Die Verlängerung der zulässigen Befristungsdauer tritt automatisch ein, ohne dass es einer gesonderten Parteivereinbarung bedarf (BAG v. 25.4.2018, 7 AZR 181/16). Sie setzt nicht voraus, dass das vom Beschäftigten betreuten Kind in seinem Haushalt lebt. Die Betreuung i. S. v. § 2 Abs. 1 S. 4 WissZeitVG kann (auch) beim Residenzmodell erfüllt sein, nämlich wenn ein sorgeberechtigter Elternteil das im Haushalt des anderen Elternteils lebende Kind betreut (BAG v. 15.12.2021, 7 AZR 453/20). Nicht erforderlich ist, dass das Kind während der Beschäftigungszeit geboren wird. Maßgeblich ist allein der Zeitpunkt der Betreuung (BAG v. 8.6.2016, 7 AZR 568/14, ZTR 2016, 721). Mit § 2 Abs. 1 S. 5 WissZeitVG stellt der Gesetzgeber klar, dass die Betreuungszeit i. S. d. § 2 Abs. 1 S. 4 WissZeitVG nicht nur für leibliche, sondern für alle Kinder gilt, zu denen eine rechtliche Familienbeziehung besteht und damit auch für Stief- und Pflegekinder. Sie gilt auch für die Betreuung von Kindern, die mit dem Ziel der Annahme als Kind zur sogenannten Adoptionspflege in den Haushalt aufgenommen wurden (BAG v. 25.4.2018, 7 AZR 181/16). Die Höchstbefristungszeit verlängert sich auch dann um volle zwei Jahre, wenn der Betreuungsbedarf innerhalb der letzten zwei Jahre vor Ablauf der Höchstbefristungsdauer eintritt (BAG v. 23.3.2016, 7 AZR 70/14, ZTR 2016, 536). Erfolgt die Kinderbetreuung ausschließlich nach der Promotion, verlängert sich dennoch nicht nur die zulässige Befristungsdauer in der PostDoc-Phase, sondern die Höchstbefristungsdauer der gesamten aus der Promotions- und PostDoc-Phase bestehenden Qualifizierungsphase (BAG v. 21.8.2019, 7 AZR 21/18).

Bei Vorliegen einer Behinderung oder schwerwiegenden chronischen Erkrankung verlängert sich die zulässige Rahmenbefris-

tungsdauer gemäß § 2 Abs. 1 S. 6 WissZeitVG ebenfalls um weitere zwei Jahre. Bei einer anerkannten Behinderung komme es nach einer Entscheidung des LAG Niedersachsen nicht darauf an, ob die Behinderung für die verzögerte Erreichung von Qualifizierungszielen kausal ist (LAG Niedersachsen v. 27.3.2019, 14 Sa 667/18). Die Entscheidung ist nicht rechtskräftig. Die gegen das Urteil gerichtete Nichtzulassungsbeschwerde hatte Erfolg. Das Revisionsverfahren ist unter dem Aktenzeichen 9 AZR 699/19 beim BAG anhängig, so dass abzuwarten bleibt, ob das BAG dies bestätigen wird.

Weiter verlängert sich die Befristungsdauer im Einverständnis mit dem Arbeitnehmer gemäß § 2 Abs. 5 Nr. 1 bis 6 WissZeitVG (z. B. Beurlaubung, Beschäftigungsverbote im Rahmen des Mutterschutzes, Elternzeit, krankheitsbedingte Arbeitsunfähigkeit ohne Entgeltfortzahlung). Hierbei steht der vertragsverlängernden Anwendung von § 2 Abs. 5 WissZeitVG nicht entgegen, dass der Verlängerungstatbestand in Zeiten des Arbeitsverhältnisses auftritt, deren rechtlicher Bestand bereits selbst auf § 2 Abs. 5 WissZeitVG basiert (LAG Mecklenburg-Vorpommern v. 16.10.2018, 5 Sa 70/18, ZTR 2019, 231). Liegt das Einverständnis des Arbeitnehmers vor, tritt die Verlängerung kraft Gesetzes („automatisch") ein. Ein gesonderter Vertragsschluss ist nicht erforderlich. Die Einverständniserklärung nach § 2 Abs. 5 S. 1 WissZeitVG ist eine einseitige rechtsgeschäftsähnliche Handlung, die nicht dem Schriftformerfordernis des § 14 Abs. 4 TzBfG unterliegt. Das Einverständnis kann daher auch durch schlüssiges Verhalten, insbesondere durch das Einplanen von Terminen und anderen Arbeiten für die Zeit nach dem vereinbarten Vertragsende in Kenntnis des Verlängerungstatbestandes sowie der Notwendigkeit des Einverständnisses, erklärt werden. Der Zugang der Einverständniserklärung ist entsprechend § 151 S. 1 BGB entbehrlich, wenn der Arbeitgeber auf ihn verzichtet hat. Der Arbeitnehmer muss das Einverständnis zur Verlängerung vor dem vereinbarten Vertragsende erklärt haben. Ansonsten kommt eine Verlängerung nicht in Betracht (BAG v. 30.8.2017, 7 AZR 524/15).

**Hinweis:**

Die Tarifparteien können für bestimmte Fachrichtungen und Forschungsbereiche von den Fristen nach § 2 Abs. 1 WissZeitVG abweichen und festlegen, welche Anzahl an Verlängerungen zulässig ist, § 1 Abs. 1 S. 3 WissZeitVG.

### 4. Anrechenbarkeit von Vorbeschäftigungszeiten

Nach § 6 WissZeitVG können Studierende, die an einer deutschen Hochschule für ein Studium eingeschrieben sind, das zu einem ersten oder einem weiteren berufsqualifizierenden Abschluss führt, insgesamt bis zu sechs Jahre befristet beschäftigt werden; auch Verlängerungen eines befristeten Arbeitsvertrags sind innerhalb der zulässigen Befristungsdauer zulässig. Voraussetzung für eine auf § 6 WissZeitVG gestützte Befristung ist, dass der studierende Arbeitnehmer wissenschaftliche oder künstlerische Hilfstätigkeiten erbringt. Eine solche wissenschaftliche Hilfstätigkeit erfordert, dass der Arbeitnehmer die wissenschaftliche Arbeit anderer in Forschung und Lehre unmittelbar unterstützt (BAG v. 30.6.2021, 7 AZR 245/20, ZTR 2021, 644). Gemäß § 2 Abs. 3 S. 3 WissZeitVG i. V. m. § 6 Abs. 1 WissZeitVG sind diese Beschäftigungszeiten auf die zulässige Höchstbefristungsdauer nach § 2 Abs. 1 WissZeitVG nicht anzurechnen. Damit sind studentische Hilfstätigkeiten nicht nur während eines Studiums, das zu einem ersten berufsqualifizierenden Abschluss führt (z. B. Bachelor) anrechnungsfrei, sondern auch Beschäftigungen während eines Studiums, das zu einem weiteren berufsqualifizierenden Abschluss führt (z. B. Master) (vgl. BT-Drs. 18/6489, S. 14).

Eine Nichtanrechnung ist deshalb gerechtfertigt, weil im Normalfall die wissenschaftliche Qualifizierung erst nach erfolgreichem Abschluss der Studienphase und damit in der Regel erst nach Erlangung eines Masterabschlusses einsetzt (vgl. BT-Drs. 18/6489, S. 14). Eine Hilfstätigkeit liegt vor, wenn die Arbeitszeit weniger als die Hälfte der regelmäßigen Arbeitszeit ausmacht und das Studium im Mittelpunkt steht (BT-Drs. 18/6489, S. 14).

Zu § 2 Abs. 3 S. 3 WissZeitVG a. F. hat das BAG entschieden, dass auch Beschäftigungszeiten, die im Rahmen eines während des Studiums begründeten befristeten Arbeitsverhältnisses als studentische Hilfskraft erbracht werden, ab dem Zeitpunkt des Studienabschlusses der Anrechnung auf die Höchstbefristungsdauer unterliegen. Auf den Zeitpunkt des Vertragsschlusses kommt es insofern nicht an. Die Anrechnung ist aber im Wege einer teleologischen Reduktion auf Zeiten solcher befristeter Beschäftigungsverhältnisse zu beschränken, die zur wissenschaftlichen Qualifikation genutzt werden können. Andere Beschäftigungen an Hochschulen wie etwa reine Verwaltungstätigkeiten unterliegen deshalb nicht der Anrechnung (BAG v. 27.9.2017, 7 AZR 629/15, ZTR 2018, 152).

 **Hinweis:**
Sieht das jeweilige Landespersonalvertretungsrecht ein Mitbestimmungsrecht des Personalrats zur Befristung vor, ist der Personalrat vollständig über die Vorbeschäftigungszeiten zu unterrichten. Dessen Nichtbeachtung führt zur Unwirksamkeit der Befristung (LAG Düsseldorf v. 7.11.2023, 4 Sa 526/23).

## 5. Ausblick

Am 6. Juni 2023 präsentierte das BMBF einen Referentenentwurf zur Reform des WissZeitVG. Der Referentenentwurf sieht Änderungen im Bereich der Befristungsregelungen vor. Unter anderem wird vorgeschlagen, die bisherige allgemeine Höchstbefristungsdauer von sechs Jahren gemäß § 2 Abs. 1 S. 1 WissZeitVG sowie die Höchstbefristungsdauer nach abgeschlossener Promotion im Bereich der Medizin gemäß § 2 Abs. 1 S. 2 WissZeitVG einheitlich auf vier Jahre ab. Darüber hinaus soll es möglich sein, nach Erreichen der Höchstbefristungsdauer eine weitere Befristung bis zu einer Dauer von zwei Jahren zu vereinbaren, sofern eine unmittelbar anschließende unbefristete Anstellung zugesichert wird (Anschlusszusage). Des Weiteren soll eine Mindestbefristungsdauer eingeführt werden: Für nicht promoviertes Personal beträgt diese drei Jahre und für promoviertes Personal zwei Jahre. In begründeten Ausnahmefällen soll von dieser Mindestbefristungsdauer abgewichen werden können. Zusätzlich soll ein Mindeststellenumfang von 25 % einer Vollzeitstelle eingeführt werden.

## IV. Sachgrundbefristung nach dem WissZeitVG

Eine weitere Möglichkeit der zulässigen Befristung des Arbeitsverhältnisses besteht nach § 2 Abs. 2 WissZeitVG. Danach ist die Befristung von Arbeitsverträgen des wissenschaftlichen oder künstlerischen Personals insoweit zulässig, als die Beschäftigung überwiegend aus Mitteln Dritter finanziert wird, die Finanzierung für eine bestimmte Aufgabe und Zeitdauer bewilligt ist und der Arbeitnehmer überwiegend der Zweckbestimmung dieser Mittel entsprechend beschäftigt wird (BAG v. 8.6.2016, 7 AZR 259/14, ZTR 2016, 715). Die Zweckbestimmung der Mittel für eine bestimmte Aufgabe und Zeit muss von Seiten des Dritt-

mittelgebers erfolgen und nicht lediglich durch einen Mitarbeiter der Hochschule (BAG v. 23.5.2018, 7 AZR 875/16). Damit besteht für wissenschaftliches oder künstlerisches Personal die Möglichkeit, an der Hochschule weiterzuarbeiten, auch wenn die Höchstbefristungsdauer des § 2 Abs. 1 WissZeitVG überschritten ist oder die Tätigkeit nicht der eigenen Qualifizierung dient (*Maschmann/Konertz*, NZA 2016, 257 (264)). Nach der Novellierung des WissZeitVG ist es aber nicht mehr möglich, nicht-wissenschaftliches und nicht-künstlerisches Personal, das in einem Drittmittelprojekt unterstützend tätig ist, nach § 2 Abs. 2 WissZeitVG befristet zu beschäftigen. Das sog. akzessorische Personal (z. B. Laboranten, Techniker, Schreibkräfte) muss im Fall einer beabsichtigten Befristung des Arbeitsvertrags nach den allgemeinen Regelungen (TzBfG) befristet beschäftigt werden.

Drittmittel sind finanzielle Zuwendungen, die der Hochschule über die ihr zur Verfügung stehenden laufenden Haushaltsmittel hinaus zufließen. Nach zutreffender Ansicht gehören zu den Drittmitteln auch Zuwendungen des Trägers einer Hochschule, die nicht zu den laufenden Haushaltsmitteln zählen (Hessisches LAG v. 5.8.2015, 2 Sa 1210/14). Trotz des Umstandes, dass der Mittelgeber der Haushaltsmittelgeber und kein „Dritter" ist, handelt es sich bei solchen Sonderzuwendungen nach der auch hier vertretenen Ansicht um Drittmittel (vgl. auch BAG v. 22.11.1995, 7 AZR 248/95, ZTR 1996, 476).

Gemäß § 2 Abs. 2 S. 2 WissZeitVG ist es erforderlich, dass die Befristungsdauer der Laufzeit der Mittelbewilligung entspricht. Maßgeblich ist insoweit der bewilligte Projektzeitraum, nicht die konkrete Mittelbereitstellung (BT-Drs. 18/6489, S. 11). Ausweislich der Gesetzesbegründung ist eine kürzere Befristung nur ausnahmsweise zulässig, beispielsweise, wenn der Vertragsschluss während einer bereits begonnenen Bewilligungsperiode erfolgt und sich die Befristungsdauer an der noch verbleibenden Projekt- bzw. Bewilligungsdauer orientiert (BT-Drs. 18/6489, S. 12). Auch bei längeren Bewilligungszeiträumen kann beispielsweise eine an bereits definierte Projektabschnitte anknüpfende Vereinbarung eine kürzere Befristung des Arbeitsverhältnisses rechtfertigen (BT-Drs. 18/6489, S. 12).

## V. Zitiergebot, § 2 Abs. 4 S. 1 WissZeitVG

Neben der Einhaltung der Schriftform für die Befristung gemäß § 14 Abs. 4 TzBfG ist es nach § 2 Abs. 4 S. 1 WissZeitVG zwingend erforderlich anzugeben, dass die Befristung auf Grundlage des WissZeitVG erfolgt. Diese weitere formale Anforderung wird bereits erfüllt, wenn auf das WissZeitVG abgestellt wird, ohne dass die Befristung auf eine bestimmte Vorschrift gestützt wird. Fehlt diese Angabe, kann der Arbeitgeber sich nicht auf eine Befristung nach dem WissZeitVG berufen.

## VI. Rechtsmissbrauchskontrolle

Bei der sachgrundlosen Befristung nach § 2 Abs. 1 WissZeitVG, die einer Befristungshöchstdauer unterliegt, ist bei Einhaltung der Voraussetzungen keine zusätzliche Prüfung der Wirksamkeit der Befristung nach den Grundsätzen des institutionellen Rechtsmissbrauchs geboten (BAG v. 9.12.2015, 7 AZR 117/14, ZTR 2016, 413).

Bei der Sachgrundbefristung nach § 2 Abs. 2 WissZeitVG (Drittmittelbefristung) ist hingegen eine zusätzliche Prüfung nach den Grundsätzen des institutionellen Rechtsmissbrauchs vorzunehmen. Unterschiedliche Gründe für die Befristungen sowie eine am wissenschaftlichen Qualifikationsziel ausgerichtete Tätigkeit des Arbeitnehmers können gegen einen Rechtsmissbrauch sprechen (BAG v. 8.6.2016, 7 AZR 259/14, ZTR 2016, 715 m. w. N. der Senatsrechtsprechung zur Prüfung des institutionellen Rechtsmissbrauchs). Die Prüfung, ob der Arbeitgeber missbräuchlich auf befristete Arbeitsverträge zurückgegriffen hat, verlangt eine Würdigung sämtlicher Umstände des Einzelfalls. Von besonderer Bedeutung sind die Gesamtdauer der befristeten Verträge sowie die Anzahl der Vertragsverlängerungen (LAG Thüringen v. 17.2.2022, 2 Sa 30/20).

In seinem Urteil vom 26.10.2016 (7 AZR 135/15) hat das BAG weiter zur Rechtsmissbrauchskontrolle Stellung genommen und erstmals nähere quantitative Angaben dazu gemacht, wo die zeitlichen und/oder zahlenmäßigen Grenzen für einen Missbrauch liegen. Eine umfassende Kontrolle nach den Grundsätzen eines institutionellen Rechtsmissbrauchs im Rahmen des § 242 BGB ist in der Regel geboten, wenn die Gesamtdauer des befristeten Arbeitsverhältnisses acht Jahre übersteigt oder mehr als zwölf Verlängerungsvereinbarungen getroffen wurden oder wenn die Gesamtdauer des befristeten Arbeitsverhältnisses sechs Jahre überschreitet und mehr als neun Verlängerungsvereinbarungen getroffen wurden. Liegen diese Voraussetzungen vor, muss zunächst der Arbeitnehmer Tatsachen vortragen, aus denen sich ein Missbrauch ergeben kann, bevor sodann der Arbeitgeber die Annahme eines indizierten Gestaltungsmissbrauchs durch Vortrag geeigneter Tatschen entkräften kann. Von einem indizierten Rechtsmissbrauch ist allerdings auszugehen, wenn die Gesamtdauer des Arbeitsverhältnisses zehn Jahre überschreitet oder mehr als 15 Vertragsverlängerungen vereinbart wurden oder wenn mehr als zwölf Vertragsverlängerungen bei einer Gesamtdauer von mehr als acht Jahren vorgenommen wurden. In diesem Fall muss der Arbeitgeber besondere Umstände vortragen, die die Annahme eines indizierten Gestaltungs- und Rechtsmissbrauchs entkräften (BAG v. 26.10.2016, 7 AZR 135/15). Die Entscheidung erging zu § 14 Abs. 1 TzBfG. Inwieweit diese quantitativen Grenzen für die Drittmittelbefristung nach § 2 Abs. 2 WissZeitVG gelten, ist offen (vgl. ausführlich Preis/Ulber, WissZeitVG, 2. Auflage (2017), § 1 WissZeitVG Rn. 158 ff.).

# Zeugnis

 **Wegweiser:**

Für Beschäftigte des öffentlichen Dienstes gilt hinsichtlich des Zeugnisrechts die Sonderregelung des § 35 TVöD bzw. des inhaltsgleichen § 35 TV-L. Ergänzend wird hierzu auf die Kommentierung zu § 35 TVöD/§ 35 TV-L in Breier/Dassau, TVöD Komm. bzw. Sponer/Steinherr, TVöD Komm. verwiesen.

Erläuterungen zur dienstlichen Beurteilung finden sich unter dem Stichwort → *Beurteilung*.

I. **Begriff und Abgrenzung**
II. **Zeugnisanspruch**
   1. Anlass und Zeitpunkt
     1.1 Endzeugnis
     1.2 Zwischenzeugnis
     1.3 Vorläufiges Zeugnis
     1.4 Zweitschrift/Ersatzzeugnis
   2. Pflichten des Arbeitgebers
   3. Erlöschen des Zeugnisanspruchs
   4. Rechtsmittel des Arbeitnehmers
     4.1 Erteilungsanspruch
     4.2 Berichtigungsanspruch
     4.3 Schadensersatzanspruch
   5. Haftung des Arbeitgebers gegenüber Dritten
   6. Widerruf eines Zeugnisses
III. **Form und Inhalt**
   1. Form
   2. Inhalt
     2.1 Einfaches Zeugnis
     2.2 Qualifiziertes Zeugnis
   3. Zeugnissprache
     3.1 Grundsatz
     3.2 Musterformulierungen
IV. **Checkliste Zeugnis**
   I. Für jedes Zeugnis
   II. Für das qualifizierte Zeugnis
V. **Muster: Zeugnis**
   1. Einfaches Zeugnis
   2. Qualifiziertes Zeugnis

## I. Begriff und Abgrenzung

Der Arbeitnehmer hat aus verschiedenen Anlässen Anspruch auf die Erteilung eines Zeugnisses. Hintergrund der Zeugnispflicht des Arbeitgebers ist dabei stets die Förderung des beruflichen Fortkommens des Arbeitnehmers. Dem Arbeitgeber sollen die von einem Bewerber vorgelegten Zeugnisse zur Einschätzung von dessen beruflicher Leistungsfähigkeit dienen.

Nach dem Inhalt ist zwischen einfachem und qualifiziertem Zeugnis zu unterscheiden. Das einfache Zeugnis erteilt nur Auskunft über Art und Dauer der Beschäftigung. Das qualifizierte Zeugnis äußert sich zusätzlich zu Führung und Leistung.

Bei der Arbeitsbescheinigung gemäß § 312 SGB III handelt es sich nicht um ein Zeugnis, da diese Erklärung ausschließlich zur Vorlage beim Arbeitsamt dient. Auch ein persönliches Empfehlungsschreiben eines Vorgesetzten (sog. Referenzschreiben), das dieser im eigenen Namen erstellt, ist kein Zeugnis im arbeitsrechtlichen Sinne.

Von der dienstlichen Beurteilung unterscheidet sich das Zeugnis vor allem dadurch, dass erstere im Innenbereich wirkt und nicht an Dritte gerichtet wird, während das Zeugnis seinem Sinn und Zweck nach vor allem der Information potentieller neuer Arbeitgeber dienen soll.

## II. Zeugnisanspruch

Jeder Arbeitnehmer hat einen unabdingbaren gesetzlichen Anspruch auf Erteilung eines Zeugnisses. Jedenfalls vor Beendigung des Arbeitsverhältnisses kann auf den Anspruch nicht verzichtet werden (LAG Köln v. 17.6.2010, 7 Ta 352/09). Soweit der Zeugnisanspruch nicht gesetzlich, tarifvertraglich oder einzelvertraglich geregelt ist, beruht er auf der Fürsorgepflicht des Arbeitgebers, stellt also eine arbeitsvertragliche Nebenpflicht dar. Dies gilt auch in Teilzeit-, Nebentätigkeits-, Probearbeits- und Praktikantenverhältnissen sowie in befristeten und geringfügigen Arbeitsverhältnissen. Leiharbeitnehmer haben einen Zeugnisanspruch ausschließlich gegenüber dem verleihenden Arbeitgeber.

Das Zeugnis dient vor allem als Unterlage bei Bewerbungen um einen neuen Arbeitsplatz und stellt deshalb einen wichtigen Faktor im Arbeitsleben dar (BAG v. 3.3.1993, 5 AZR 182/92, ZTR 1993, 385).

Der Anspruch auf Erteilung eines Zeugnisses folgt für Arbeitnehmer grundsätzlich aus § 109 GewO. Für Beschäftigte des öffentlichen Dienstes enthält § 35 TVöD/TV-L eine eigenständige Zeugnisregelung. Nach der Regelung des § 35 TVöD/TV-L wird zwischen drei Zeugnisformen unterschieden:

▶ dem Endzeugnis,

▶ dem Zwischenzeugnis und

▶ dem vorläufigen Zeugnis.

## 1. Anlass und Zeitpunkt

Je nach Anlass der Zeugniserteilung ergeben sich unterschiedliche Verpflichtungen des Arbeitgebers:

### 1.1 Endzeugnis

Anlässlich der Beendigung eines Arbeitsverhältnisses haben Arbeitnehmer Anspruch auf Erteilung eines Zeugnisses. Der Anspruch auf ein Endzeugnis entsteht spätestens mit Ablauf der Kündigungsfrist oder bei tatsächlichem Ausscheiden des Arbeitnehmers. Während der Arbeitnehmer im Allgemeinen die Ausstellung eines qualifizierten Zeugnisses nach § 109 Abs. 1 S. 3 GewO ausdrücklich verlangen muss, bestimmt § 35 Abs. 1 TVöD/TV-L, dass bei Beendigung des Arbeitsverhältnisses im öffentlichen Dienst automatisch ein Anspruch auf die Erteilung eines qualifizierten Endzeugnisses entsteht. Eines besonderen Antrags bedarf es nicht (vgl. Breier/Dassau, TVöD/TV-L Komm. Erl. 2.1 zu § 35 Rn. 11).

Auch bei außerordentlicher fristloser Kündigung ist der Anspruch auf Zeugniserteilung grundsätzlich sofort fällig. Dem Arbeitgeber ist allerdings ein angemessener Zeitraum einzuräumen, um das Zeugnis zu fertigen und gegebenenfalls intern abzustimmen. Nach § 35 Abs. 4 TVöD/TV-L ist das Zeugnis jedoch „unverzüglich" zu erteilen, was gemäß § 121 Abs. 1 S. 1 BGB „ohne schuldhaftes Zögern" bedeutet (vgl. Breier/Dassau, TVöD/TV-L Komm. Erl. 5 zu § 35 Rn. 28).

Auch wenn die Wirksamkeit einer Kündigung bestritten wird, besteht nach der Rechtsprechung des Bundesarbeitsgerichts spätestens mit Ablauf der Kündigungsfrist ein Zeugnisanspruch, obwohl sich der Arbeitnehmer damit zu seinem Verlangen nach Fortsetzung des Arbeitsverhältnisses eigentlich in Widerspruch setzt (BAG v. 27.2.1987, 5 AZR 710/85).

 **ACHTUNG!**

Einer Kündigung in der Probezeit, die darauf gestützt wird, dass der Arbeitnehmer den Anforderungen des Betriebs nicht gerecht wird, muss es nicht im Wege stehen, dass dieser später ein gutes Endzeugnis erhält. Die im Zeugnis aufgelisteten positiven Eigenschaften eines Arbeitnehmers müssen keineswegs das Anforderungsprofil widerspiegeln, das der Arbeitnehmer an seine Beschäftigte stellt (LAG Mecklenburg-Vorpommern v. 11.8.2020, 5 Sa 66/20).

Ob bei einer ordentlichen Kündigung vor Ablauf der Kündigungsfrist oder während eines laufenden Kündigungsschutzprozesses nur ein vorläufiges Zeugnis (dazu unter 1.3) oder bereits ein endgültiges Zeugnis auszustellen ist, haben die Arbeitsgerichte bisher nicht entschieden. Wird während einer laufenden Kündigungsfrist oder während eines fortdauernden Rechtsstreits allerdings weitergearbeitet, empfiehlt sich die Ausstellung

eines vorläufigen Zeugnisses, da eine abschließende Beurteilung erst mit tatsächlicher Einstellung der Arbeit möglich ist.

 **TIPP!**

Soweit der Arbeitgeber in diesen Fällen dennoch ein Endzeugnis ausstellt, sollte er sich in einem Begleitschreiben dessen Rückforderung vorbehalten, da die zeugnisrelevanten Umstände noch nicht abschließend beurteilt werden können.

Wird ein vorläufiges durch ein endgültiges Zeugnis ersetzt, kann der Arbeitgeber dessen Aushändigung von der Rückgabe des vorläufigen Zeugnisses abhängig machen.

### 1.2 Zwischenzeugnis

Ein Anspruch auf ein Zwischenzeugnis besteht grundsätzlich dann, wenn es dem beruflichen Fortkommen des Arbeitnehmers dient und ein besonderer Anlass vorliegt. Im öffentlichen Dienst ist der Anspruch auf Erteilung eines Zwischenzeugnisses in § 35 Abs. 2 TVöD/TV-L geregelt. Auch hier besteht ein Anspruch nur dann, wenn dafür „triftige Gründe" glaubhaft gemacht werden (vgl. Breier/Dassau, TVöD/TV-L Komm. Erl. 3 zu § 35 Rn. 26). Dies ist z. B. der Fall, wenn

▶ der Ablauf der Probezeit bevorsteht,

▶ eine Versetzung des Arbeitnehmers innerhalb des Unternehmens erfolgt,

▶ der Vorgesetzte des Arbeitnehmers wechselt,

▶ der Arbeitnehmer sich anderweitig bewerben will,

▶ das Zeugnis für eine Fortbildungsmaßnahme erforderlich ist oder

▶ dem Arbeitnehmer die Beendigung des Arbeitsverhältnisses in Aussicht gestellt wird.

 **WICHTIG!**

Auch wenn kurz zuvor ein Zwischenzeugnis erstellt worden ist, besteht im Falle der Beendigung des Arbeitsverhältnisses der Anspruch auf ein Endzeugnis. Der Inhalt des Endzeugnisses darf dann nicht ohne Grund von dem des Zwischenzeugnisses abweichen. Dies ist bereits bei der Abfassung des Zwischenzeugnisses zu bedenken!

Liegt ein nachvollziehbarer Grund für das Verlangen eines Zwischenzeugnisses vor, muss der Arbeitgeber es gem. § 35 Abs. 4 TVöD/TV-L unverzüglich erteilen.

 **TIPP!**

Der Arbeitgeber sollte mit dem Arbeitnehmer einen Termin für die Erstellung des Zwischenzeugnisses vereinbaren, um eine verspätete Bearbeitung und die hieraus möglicherweise resultierenden Haftungsfolgen (s. u. 4.3) zu vermeiden.

### 1.3 Vorläufiges Zeugnis

Nach § 35 Abs. 3 TVöD/TV-L können die Beschäftigten bei bevorstehender Beendigung des Arbeitsverhältnisses ein vorläufiges, einfaches Zeugnis über die Art und Dauer ihrer Tätigkeit verlangen (vgl. Breier/Dassau, TVöD/TV-L Komm. Erl. 2.2 zu § 35 Rn. 24). Da eine bevorstehende Beendigung des Arbeitsverhältnisses regelmäßig auch einen „triftigen Grund" im Sinne des § 35 Abs. 2 TVöD/TV-L darstellen wird, hat der Arbeitnehmer stets auch einen Anspruch auf ein qualifiziertes Zwischenzeugnis.

### 1.4 Zweitschrift/Ersatzzeugnis

Bei Verlust oder Beschädigung des Zeugnisses muss der Arbeitgeber ein weiteres Exemplar ausstellen und den ursprünglichen Inhalt rekonstruieren, falls er noch über Unterlagen oder sichere Erinnerung verfügt.

 **WICHTIG!**

Als Ersatz ist eine Kopie des alten Zeugnisses mit Beglaubigungsvermerk nicht ausreichend. Es muss ein neues Zeugnis im Original ausgestellt werden.

## 2. Pflichten des Arbeitgebers

Der Arbeitgeber muss das Zeugnis selbst ausstellen oder es von einem Vorgesetzten des Arbeitnehmers ausstellen lassen. Unzulässig wäre z. B. die Ausstellung durch einen vom Arbeitgeber beauftragten Rechtsanwalt. Zulässig ist dagegen die Ausstellung durch einen Personal- oder Abteilungsleiter.

Nach einem Betriebsübergang richtet sich der Zeugnisanspruch gegen den Betriebserwerber. Kann der Erwerber die Leistungen des Arbeitnehmers auf Grund lediglich kurzer Zeitdauer seit dem Betriebsübergang nicht selbst beurteilen, muss er beim Betriebsveräußerer Erkundigungen einholen.

Der Beschäftigte muss das Zeugnis grundsätzlich beim Arbeitgeber abholen (vgl. Breier/Dassau, TVöD/TV-L Komm. Erl. 7.13 zu § 35 Rn. 45). Bedeutet die Abholung für den Beschäftigten einen unverhältnismäßigen Aufwand, kann der Arbeitgeber verpflichtet sein, ihm das Arbeitszeugnis zu schicken (BAG v. 8.3.1995, 5 AZR 848/93, ZTR 1995, 416).

 **WICHTIG!**

Der Arbeitgeber darf die Herausgabe nicht verweigern, auch wenn er noch Ansprüche gegen den Arbeitnehmer hat.

## 3. Erlöschen des Zeugnisanspruchs

Entspricht das Zeugnis allen daran zu stellenden Anforderungen, erlischt der Anspruch mit der Ausstellung und Aushändigung.

Der Zeugnisanspruch verjährt nach drei Jahren (§ 195 BGB). Er kann jedoch schon vorher verwirken, wenn

- ihn der Arbeitnehmer eine gewisse Zeitdauer (fünf bis zehn Monate) nicht geltend gemacht hat, und

- der Arbeitgeber auf Grund des Verhaltens des Arbeitnehmers davon ausgehen konnte, dass die Ausstellung oder Korrektur des Zeugnisses nicht mehr gewünscht wird, und

- der Arbeitgeber sich darauf eingestellt hat, und

- ihm die Erfüllung des Zeugnisanspruchs nicht mehr zuzumuten ist (etwa weil ihm die Erinnerung an die dem Zeugnis zugrunde zu legenden Tatsachen fehlt).

Auf seinen Zeugnisanspruch kann der Arbeitnehmer vor und während des Arbeitsverhältnisses nicht verzichten. Ob nach Beendigung des Arbeitsverhältnisses etwas anderes gilt, ist in der höchstrichterlichen Rechtsprechung noch ungeklärt.

 **WICHTIG!**

Die Ansprüche auf Erteilung und Berichtigung eines Zeugnisses unterliegen – als Ansprüche aus dem Arbeitsverhältnis (BAG v. 4.10.2005, 9 AZR 507/04, ZTR 2006, 260) – der sechsmonatigen Ausschlussfrist des § 37 TVöD/TV-L. Die Frist beginnt ab dem Fälligkeitszeitpunkt, beim Endzeugnis also in der Regel am letzten Tag des Arbeitsverhältnisses. Beim Zwischenzeugnis und vorläufigen Zeugnis beginnt die Frist mit der Antragstellung. Für den Berichtigungsanspruch beginnt die Ausschlussfrist erst an dem Tag, an dem der Beschäftigte den Zeugnismangel erkennen konnte.

## 4. Rechtsmittel des Arbeitnehmers

### 4.1 Erteilungsanspruch

Seinen Anspruch auf Zeugniserteilung oder die Berichtigung eines nicht den formellen oder inhaltlichen Bestimmungen entsprechenden Zeugnisses kann der Arbeitnehmer beim Arbeitsgericht einklagen oder in eiligen Fällen mit einer einstweiligen Verfügung durchsetzen. Der titulierte Anspruch ist nach § 888 ZPO zu vollstrecken (BAG v. 23.6.2004, 10 AZR 495/03).

### 4.2 Berichtigungsanspruch

Enthält ein Arbeitszeugnis formale oder inhaltliche Fehler, hat der Arbeitnehmer einen Anspruch auf Berichtigung des Zeugnisses (vgl. Breier/Dassau, TVöD/TV-L Komm. Erl. 6 zu § 35 Rn. 30).

 **WICHTIG!**

Der Arbeitnehmer kann in diesen Fällen die Ausstellung eines neuen Zeugnisses verlangen. Das neue Zeugnis ist auf das Ausstellungsdatum des vorherigen zu datieren. In ihm darf nicht erwähnt werden, dass es nach Beanstandung durch den Arbeitnehmer oder auf Grund gerichtlichen Urteils neu formuliert wurde. Bei der Ausstellung des neuen Zeugnisses ist der Arbeitgeber an den nicht beanstandeten Text des ursprünglichen Zeugnisses gebunden. Diesen darf er nicht zum Nachteil des Arbeitnehmers verändern (BAG v. 21.6.2005, 9 AZR 352/04, ZTR 2006, 153). Die Selbstbindung erstreckt sich auch auf eine zuvor erteilte Dankes-, Bedauerns- und Wunschformel (LAG Niedersachsen v. 12.7.2022, 10 Sa 1217/21), obwohl hierauf kein eigener Anspruch besteht (BAG v. 25.1.2022, 9 AZR 146/21). Etwas anderes gilt nur, wenn dem Arbeitgeber nachträglich Umstände bekannt werden, die die Leistung oder das Verhalten des Arbeitnehmers in einem anderen Licht erscheinen lassen.

Auch den Berichtigungsanspruch kann der Arbeitnehmer beim Arbeitsgericht einklagen oder im Wege einer einstweiligen Verfügung geltend machen. Dann kommt es im Wesentlichen auf die Beweislast an (vgl. Breier/Dassau, TVöD/TV-L Komm. Erl. 6.2 zu § 35 Rn. 31).

Bei Änderung oder Ergänzung von Bewertungen hat der Arbeitgeber die Tatsachen nachzuweisen, die der Bewertung zugrunde liegen. Der Arbeitnehmer ist hingegen für Unrichtigkeiten im Zeugnis beweispflichtig. Es ist dann Sache des Arbeitgebers, die vom Arbeitnehmer vorgebrachten Tatsachen z. B. durch Zeugenbeweise zu erschüttern und darzulegen, dass sein Beurteilungsspielraum durch die erfolgte Bewertung nicht überschritten ist.

Soweit der Arbeitgeber keine durchschnittliche, sondern eine darunter liegende schlechte Leistungsbeurteilung in das Zeugnis aufnimmt, ist er für deren Voraussetzungen darlegungs- und beweispflichtig.

Will dagegen der Arbeitnehmer anstatt einer durchschnittlichen eine gute Bewertung, muss er die Tatsachen schlüssig darlegen und gegebenenfalls beweisen, die eine gute Bewertung rechtfertigen. Verlangt er statt einer überdurchschnittlichen Beurteilung eine Bestbenotung, muss sein Tatsachenvortrag so zwingend und eindeutig sein, dass aus Sicht des Gerichts der Arbeitgeber trotz seines Beurteilungsspielraums keine andere Wahl hatte, als die Bestnote zu erteilen.

Auch, wenn die weit überwiegende Zahl der Zeugnisse inzwischen die Bewertung „gut" oder „sehr gut" enthalten, ist unter einer durchschnittlichen Bewertung in diesem Sinne die Note „befriedigend" zu verstehen, die in der Regel mit der Bewertung „zur vollen Zufriedenheit" beschrieben wird. Eine hierüber hinausgehende Bewertung muss der Arbeitnehmer entsprechend recht-fertigen (BAG v. 18.11.2014, 9 AZR 584/13, ZTR 2015, 284).

Das Arbeitsgericht kann urteilen, eine beantragte Änderung ein-zufügen, eine beanstandete Formulierung zu streichen oder das Zeugnis insgesamt zu überprüfen und neu zu formulieren. Wird der Arbeitgeber zur Änderung des Zeugnisses verurteilt, bleibt ihm die Formulierung im Rahmen seines Beurteilungsspielraums jedoch selbst überlassen.

Auch der Zeugnisberichtigungsanspruch kann vom Arbeitneh-mer verwirkt werden (s. o. II.3.). Da der Arbeitgeber die seiner Bewertung zu Grunde liegenden Tatsachen im Streitfall zu be-weisen hat, kann ihm eine Berichtigung nach einem Zeitraum von mehr als einem Jahr (gerechnet ab Zeugniserteilung) grund-sätzlich nicht mehr zugemutet werden (vgl. LAG Hamm v. 3.7.2002, 3 Sa 248/02, NZA-RR 2003, 73).

### 4.3 Schadensersatzanspruch

Der Arbeitnehmer kann vom Arbeitgeber Schadensersatz ver-langen, wenn

▶ der Arbeitgeber die Erteilung eines Zeugnisses ablehnt oder

▶ der Arbeitgeber das Zeugnis verspätet erteilt oder

▶ der Zeugnisinhalt unrichtig ist oder

▶ die Berichtigung oder Ergänzung eines zu Recht beanstan-deten Zeugnisses abgelehnt wird

und dem Arbeitnehmer hierdurch ein Schaden entstanden ist (vgl. Breier/Dassau, TVöD/TV-L Komm. Erl. 7.16 zu § 35 Rn. 48).

Der Schaden liegt in der Regel im Verdienstausfall des Arbeit-nehmers, wenn er wegen des fehlenden oder unrichtigen Zeug-nisses keine neue Stelle gefunden hat oder zu schlechteren Bedingungen eingestellt wurde. Allerdings obliegt dem Arbeit-nehmer die Darlegungs- und Beweislast dafür, dass ihm dieser Schaden gerade aufgrund der verspäteten, fehlerhaften oder unterlassenen Zeugniserteilung entstanden ist.

### 5. Haftung des Arbeitgebers gegenüber Dritten

Dritte (in der Regel der neue Arbeitgeber) können im Ausnahme-fall Schadensersatzansprüche nach § 826 BGB gegen den Ar-beitgeber geltend machen, wenn er ihnen einen Schaden da-durch verursacht hat, dass er

▶ bewusst ein falsches Zeugnis ausgestellt hat, bei dem die Unrichtigkeit einen Punkt betrifft, der für die Gesamtbewer-tung von zentraler Bedeutung ist oder

▶ nach Erkennen der Unrichtigkeit eines unbewusst falsch ausgestellten Zeugnisses den neuen Arbeitgeber nicht un-terrichtet hat, obwohl ihm das zuzumuten war

und dieses Verhalten als Verstoß gegen die guten Sitten anzu-sehen ist. Das ist der Fall, wenn im Zeugnis für die Beurteilung wesentliche Gesichtspunkte (wie z. B. erhebliche Unterschla-gungen) vorsätzlich verschwiegen worden sind. Die Sittenwid-rigkeit ergibt sich in diesem Fall daraus, dass ein solches Ar-beitszeugnis (mit) dazu beiträgt, dem Bewerber die Möglichkeit zu eröffnen, Vermögen und/oder Eigentum des neuen Arbeit-gebers zu beschädigen (vgl. BGH v. 15.5.1979, IV ZR 230/76). Dagegen reicht es nicht aus, dass das Zeugnis nur inhaltlich von der üblichen Bewertung abweicht (vgl. Breier/Dassau, TVöD/TV-L Komm. Erl. 7.12 zu § 35 Rn. 44). Die Gefahr der Schädi-gung des neuen Arbeitgebers besteht nicht bereits dann, wenn die Leistung des Arbeitnehmers objektiv falsch bewertet wird, zumal gerade in diesem Bereich der neue Arbeitgeber selbst

beurteilen kann, ob der neue Arbeitnehmer seinen Anforderun-gen genügt (LAG Nürnberg v. 16.6.2009, 7 Sa 641/08).

### 6. Widerruf eines Zeugnisses

Der Arbeitgeber kann ein Zeugnis, das schwerwiegende Unrich-tigkeiten enthält, widerrufen, indem er das alte Zeugnis unter Erteilung eines neuen vom Arbeitnehmer zurückverlangt. So zum Beispiel wenn ihm nachträglich Tatsachen bekannt wer-den, die eine andere Beurteilung rechtfertigen würden und für einen zukünftigen Arbeitgeber von ausschlaggebender Bedeu-tung bei der Einstellungsentscheidung sein könnten. Die Kennt-nisse seines rechtlichen Vertreters muss sich der Arbeitgeber dabei zurechnen lassen. Hat der Arbeitnehmer allerdings gezielt die Unkenntnis eines organschaftlichen Vertreters über maßgeb-liche Umstände bei der Zeugniserteilung ausgenutzt, ist ein Wi-derruf durch den Arbeitgeber wiederum möglich (LAG Schles-wig-Holstein v. 17.10.2017, 1 Sa 228/17).

Der Arbeitgeber muss die Unrichtigkeiten ggf. beweisen (vgl. Breier/Dassau, TVöD/TV-L Komm. Erl. 7.19 zu § 35 Rn. 51).

 **ACHTUNG!**

**Dies gilt jedoch nicht für Zeugnisse, deren Inhalt gerichtlich festgelegt wurde oder die nach einem gerichtlichen Vergleich ausgestellt wurden. Solche Zeugnisse können nicht widerrufen werden.**

Ein Widerruf ist ratsam, wenn sich auf Grund nachträglich be-kannt gewordener Umstände die grobe Unrichtigkeit des Zeug-nisses herausstellt und der Arbeitgeber wegen seines Haftungs-risikos ein Interesse an der Berichtigung hat.

## III. Form und Inhalt

### 1. Form

Das Zeugnis ist maschinenschriftlich und in deutscher Sprache zu erteilen. Es muss vom Dienstvorgesetzten des Arbeitnehmers eigenhändig unterschrieben werden, wobei die Verwendung des Zusatzes „i. V." zulässig ist (LAG München v. 12.7.2021, 3 Ta 160/21). Unterstreichungen, Hervorhebungen durch An-führungszeichen, Ausrufungs- und Fragezeichen sind unzuläs-sig. Ebenso dürfen geheime Zeichen nicht verwendet werden. Die Unterschrift muss in der Weise erfolgen wie auch sonst betriebliche Dokumente unterzeichnet werden. Sie darf ins-besondere nicht quer zum Zeugnistext verlaufen (LAG Hamm v. 27.7.2016, 4 Ta 118/16).

 **ACHTUNG!**

**Rechtschreibfehler, Korrekturen, Radierungen, Einfügungen etc. berechtigen den Arbeitnehmer, eine Neufassung des Zeugnis-ses zu fordern.**

**Der Arbeitnehmer hat dagegen keinen Anspruch auf ein unge-knicktes und ungetackertes Zeugnis (LAG Rheinland-Pfalz v. 9.11.2017, 5 Sa 314/17). Gleiches gilt für gelochtes Papier (LAG Nürnberg v. 11.7.2019, 3 Sa 58/19).**

Das Zeugnis muss Ort und Datum der Ausstellung enthalten. Verlangt der Arbeitnehmer erst lange nach Beendigung des Ar-beitsverhältnisses ein Zeugnis, hat er grundsätzlich nur dann Anspruch auf Rückdatierung, wenn er die verspätete Ausstel-lung nicht selbst verschuldet hat (vgl. LAG Rheinland-Pfalz v. 11.1.2018, 2 Sa 332/17).

### 2. Inhalt

Jedes Zeugnis muss inhaltlich den nachfolgend aufgeführten Anforderungen an ein einfaches Zeugnis gerecht werden. Verlangt ein Arbeitnehmer zusätzlich eine Beurteilung von Führung und Leistung, ist ein sog. qualifiziertes Zeugnis auszustellen.

## 2.1 Einfaches Zeugnis

Jedes Arbeitszeugnis muss Angaben über die Personendaten des Arbeitnehmers sowie über Art und Dauer der Beschäftigung enthalten. Es sind Vor- und Nachnamen sowie akademische Grade des Arbeitnehmers aufzunehmen. Nicht abschließend geklärt ist, ob die Angabe des Berufs, der genauen Anschrift sowie des Geburtsdatums und -orts auch ohne Einverständnis des Arbeitnehmers erfolgen darf (vgl. ErfK/Müller-Glöge, § 109 GewO Rn. 13).

Tätigkeiten, die der Arbeitnehmer ausgeübt hat, müssen so vollständig und genau beschrieben werden, dass sich künftige Arbeitgeber ein klares Bild machen können.

Bei einem Hilfsarbeiter mit einfachen Aufgaben ist keine eingehende Beschreibung der Tätigkeit erforderlich. Bei Beschäftigung in einem Ausbildungsberuf oder bei einem Facharbeiter ist dagegen zumindest die Funktion, Fachrichtung und ggf. Abteilung zu bezeichnen, z. B. „als Schlosser in der Reparaturwerkstatt". Bei einem Angestellten in leitender Stellung ist z. B. im Einzelnen auszuführen, welche Abteilung er leitete, wie er in die Hierarchie einzuordnen war, welche grundsätzlichen Aufgaben ihm oblagen, welche Kompetenzen er hatte und was die wesentlichen Inhalte seines Arbeitsgebiets waren.

Hat der Arbeitnehmer zeitweilig höher qualifizierte Tätigkeiten ausgeübt, ist dies ins Zeugnis aufzunehmen. Bei wechselnden Tätigkeiten sind alle Tätigkeiten von einigem zeitlichen Gewicht nach Art und Dauer zu benennen, selbst wenn über eine frühere Tätigkeit bereits ein Zwischenzeugnis erteilt worden ist. Die Teilnahme an Fortbildungsmaßnahmen ist im Zeugnis ebenfalls zu vermerken.

Die Dauer des Beschäftigungsverhältnisses muss korrekt wiedergegeben werden. Dabei ist die im Arbeitsvertrag niedergelegte rechtliche Beschäftigungsdauer und nicht die tatsächliche entscheidend. Eine Ausnahme besteht im Fall der außerordentlichen Kündigung, wo das tatsächliche Ausscheiden anzugeben ist.

Tatsächliche Unterbrechungen, z. B. durch Krankheit oder Streiks, bleiben im Zeugnis grundsätzlich unberücksichtigt. Sie dürfen – jedoch ohne Angabe des Grundes – nur angegeben werden, wenn sie so erheblich sind, dass der neue Arbeitgeber ohne ihre Angabe ein falsches Bild von der Beschäftigungsdauer erhielte (z. B. wenn der Arbeitnehmer länger abwesend war, als er gearbeitet hat).

Grund und Umstände der Beendigung des Arbeitsverhältnisses sowie die Information, wer die Kündigung ausgesprochen hat, dürfen nur auf Wunsch des Arbeitnehmers ins Zeugnis aufgenommen werden.

**ACHTUNG!**

Die ausdrückliche Erwähnung einer fristlosen Kündigung durch den Arbeitgeber ist nicht zulässig, auch wenn sie sich bereits aus einem „ungeraden" Beendigungsdatum ergibt, das von den üblichen Kündigungsfristen abweicht.

## 2.2 Qualifiziertes Zeugnis

Verlangt der Arbeitnehmer ein qualifiziertes Zwischen- oder Endzeugnis, ist zusätzlich eine Bewertung seiner Führung und Leistung vorzunehmen.

Weil das Zeugnis ein Gesamtbild des Arbeitnehmers vermitteln soll, ist eine Beschränkung entweder auf die Beurteilung der

Leistung oder auf die Führung unzulässig. Es können auch nicht für verschiedene Funktionen gesonderte Zeugnisse erstellt oder ein Zeugnis auf einen bestimmten Zeitabschnitt der gesamten Beschäftigungsdauer beschränkt werden.

Die zur Erreichung des Zeugniszwecks erforderlichen individuellen Hervorhebungen und Differenzierungen in der Beurteilung lassen sich regelmäßig nur durch ein im Fließtext formuliertes Arbeitszeugnis angemessen herausstellen. Eine Leistungs- und Verhaltensbeurteilung in einer an ein Schulzeugnis angelehnten tabellarischen Darstellungsform scheidet damit aus (BAG v. 27.4.2021, 9 AZR 262/20).

Die Beurteilung muss vollständig sein (Grundsatz der Zeugniswahrheit). Es darf nichts ausgelassen werden, was für die Gesamtbewertung wichtig und für den zukünftigen Arbeitgeber von Interesse ist. Andernfalls entsteht die Wirkung des „beredten Schweigens", bei dem zum Nachteil des Arbeitnehmers das Nichtvorliegen der nicht erwähnten Eigenschaft gefolgert wird. Der weitere notwendige Zeugnisinhalt kann nach Branchen und Berufsgruppen unterschiedlich sein. Lässt ein erteiltes Zeugnis hiernach übliche Formulierungen ohne sachliche Rechtfertigung aus, hat der Arbeitnehmer Anspruch auf Ergänzung. Die Auslassung eines bestimmten Inhalts, der von einem einstellenden Arbeitgeber in einem Zeugnis erwartet wird, kann ein unzulässiges Geheimzeichen sein (BAG v. 14.10.2003, 9 AZR 12/03, ZTR 2004, 433).

Ein Anspruch des Arbeitnehmers auf eine bestimmte Beurteilung oder Gewichtung besteht nicht, sie ist Sache des Arbeitgebers.

**WICHTIG!**

Personal- oder Betriebsrat haben kein Mitbestimmungsrecht hinsichtlich des Inhalts des Zeugnisses. Dies gilt selbst dann, wenn sie auf eine Beschwerde des Arbeitnehmers hin tätig werden. Ein Mitbestimmungsrecht besteht dagegen bei der Aufstellung allgemeiner Bewertungsrichtlinien, wenn diese als Grundlage der Leistungsbeurteilung im Zeugnis dienen sollen (§ 80 Abs. 1 Nr. 11 PersVG bzw. § 94 Abs. 2, 2. Alt. BetrVG).

Das qualifizierte Zeugnis muss alle wesentlichen Tatsachen und Bewertungen enthalten, die für eine wahrheitsgemäße und sachliche Gesamtbeurteilung des Arbeitnehmers von Bedeutung sind. Es muss detaillierte und individuelle Informationen enthalten, auf nachweisbare Tatsachen gestützt und durch diese auch belegbar sein.

Die Beurteilung der Leistung muss sich an den spezifischen Anforderungen der Funktion des Arbeitnehmers orientieren. Maßstab ist die Leistung vergleichbarer Arbeitskräfte. In die Beurteilung einfließen müssen körperliches und geistiges Leistungsvermögen, Fachkenntnisse, besondere Fähigkeiten, Arbeitsqualität und -tempo, Arbeits- und Verantwortungsbereitschaft ebenso wie Verhandlungsgeschick, Ausdrucksvermögen, Durchsetzungsfähigkeit, Führungsverhalten und Entscheidungsbereitschaft. Üblich ist, dass die Ausführungen zu diesen einzelnen Leistungsbewertungen mit einer zusammenfassenden Leistungsbewertung abgeschlossen werden.

**Beispiel**

„Insgesamt hat Herr X die ihm übertragenen Aufgaben stets zu unserer vollen Zufriedenheit erledigt."

Angaben zur Führung beziehen sich auf das äußere Verhalten und Benehmen des Arbeitnehmers im Betrieb. Sie sollen ein Gesamtbild der für die Beschäftigung wesentlichen Charaktereigenschaften und Persönlichkeitszüge vermitteln. Hierher gehören Pünktlichkeit, Verhalten gegenüber Mitarbeitern und Vorgesetzten, Einfügen in dienstliche Arbeitsabläufe und der Umgang mit Kunden. Nur das dienstliche Verhalten ist zu berücksichtigen. Private Schwächen dürfen nur in das Zeugnis aufgenommen werden, wenn sie das dienstliche Verhalten wesentlich beeinflusst haben. Aussagen hierzu müssen gegebenenfalls entsprechend belegt werden.

Ebenso dürfen Aktivitäten außerhalb des Betriebs nur erwähnt werden, wenn sie die Führung des Arbeitnehmers während der Arbeitszeit beeinträchtigt haben.

**Beispiel**

> Hinweise auf parteipolitische Tätigkeit, Gewerkschaftszugehörigkeit usw. sind unzulässig.

Einmalige, für das Gesamtverhalten nicht typische Vorfälle vor- oder nachteiliger Natur dürfen nicht aufgenommen werden. Auch bei Erwähnung negativer Tatsachen muss eine insgesamt wohlwollende Beurteilung erfolgen.

Krankheitsbedingte Fehlzeiten sind in einem Zeugnis unter „Dauer des Arbeitsverhältnisses" (ohne Hinweis auf die Krankheit) nur zu erwähnen, wenn sie die Leistungen des Arbeitnehmers – inhaltlich oder zeitlich – erheblich beeinträchtigt haben. Eine zeitliche Beeinträchtigung liegt erst vor, wenn durch die Krankheit mehr als die Hälfte der Arbeitszeit ausgefallen ist (LAG Sachsen v. 30.1.1996, 5 Sa 996/95). Erfordert die Tätigkeit des Arbeitnehmers aktuelles Fachwissen und entsprechende Berufspraxis, sind die Fehlzeiten ebenso in das Zeugnis aufzunehmen, um eine Fehlvorstellung beim Adressaten zu vermeiden (LAG Hessen v. 2.2.2015, 16 Sa 1387/14).

Strafverfahren und Straftaten während der Arbeitszeit dürfen nur aufgenommen werden, wenn sie auf sicherer Beweisgrundlage beruhen und für die Gesamtbewertung zwingend relevant sind. Die Erwähnung von Vorstrafen ist selbst dann nicht zulässig, wenn sie im Ergebnis zur Entlassung geführt haben.

Als Grundlage für eine neue Bewerbung des Arbeitnehmers soll das Zeugnis insgesamt von „verständigem Wohlwollen" getragen sein. Da es gleichzeitig der Unterrichtung des neuen Arbeitgebers dient, ist als Grundsatz der Zeugniserteilung aber gleichzeitig die Wahrheitspflicht zu beachten. Daher gehören schwerwiegende Mängel bei Führung und Leistung in das Zeugnis. Dies gilt auch für ein Ermittlungsverfahren wegen des Verdachts einer strafbaren Handlung im Arbeitsverhältnis (LAG Baden-Württemberg v. 29.11.2007, 11 Sa 53/07, BAG v. 5.8.1976, 3 AZR 491/75).

Der Arbeitnehmer hat keinen Anspruch auf die sog. Schluss- oder Wunschformel, wie z. B. „Wir bedauern das Ausscheiden von Herrn X, bedanken uns für die geleistete Arbeit und wünschen ihm für den weiteren Berufsweg alles Gute" (BAG v. 11.12.2012, 9 AZR 227/11, ZTR 2013, 213; BAG v. 20.2.2001, 9 AZR 44/00, ZTR 2001, 531). Denn Aussagen über persönliche Empfindungen des Arbeitgebers gehören nicht zum erforderlichen Inhalt eines Zeugnisses. Jedoch kann sich durch das Weglassen der Formel eine negative Schlussfolgerung bezüglich der Beendigung des Arbeitsverhältnisses ergeben. Nimmt der Arbeitgeber hingegen eine Schlussformulierung auf, darf diese nicht im Widerspruch zum sonstigen Zeugnisinhalt stehen und diesen nicht relativieren (BAG v. 20.1.2001, 9 AZR 44/00, ZTR 2001, 531; LAG Köln v. 29.2.2008, 4 Sa 1315/07). Ist der Arbeitnehmer allerdings mit einer vom Arbeitgeber in das Zeugnis aufgenommenen Schlussformel nicht einverstanden, hat er keinen Anspruch auf Ergänzung oder Umformulierung der Schlussformel, sondern nur Anspruch auf die Erteilung eines Zeugnisses ohne Schlussformel (BAG

v. 11.12.2012, 9 AZR 227/11, ZTR 2013, 213). Nach Ansicht einzelner Instanzgerichte kann sich ein Anspruch auf eine Schlussformel auch ergeben, wenn sich der Arbeitgeber in einem gerichtlichen Vergleich zu der Erteilung eines wohlwollenden Zeugnisses verpflichtet hat, welches „dem beruflichen Fortkommen förderlich ist" (LAG Hamm v. 8.9.2011, 8 Sa 509/11). Wird im Rahmen eines Vergleiches vereinbart, dass das Zeugnis mit „der üblichen Dankes- und Bedauerungsformel" abschließt, dann ist dies eine hinreichend bestimmte Formulierung für die Durchsetzung einer Dankes- und Bedauernsformulierung im Zeugnis im Wege der Zwangsvollstreckung (LAG Berlin-Brandenburg v. 5.4.2018, 9 Ta 1625/17). Ist dem Arbeitnehmer im gerichtlichen Vergleich ein Vorschlagsrecht eingeräumt worden und weicht der Arbeitgeber von diesem Entwurf nach „oben" ab, ist der titulierte Zeugnisanspruch nicht erfüllt, wenn sich hierdurch ein ironischer Charakter und fehlende Ernstlichkeit ergibt (LAG Hamm v. 14.11.2016, 12 Ta 475/166).

Der Arbeitgeber ist beweispflichtig bezüglich aller Tatsachen, die der Bewertung zugrunde liegen.

 **TIPP!**

Es bietet sich an, bereits während des laufenden Arbeitsverhältnisses Zwischenbewertungen für den internen Gebrauch vorzunehmen und zu dokumentieren, etwa im Rahmen von Jahresgesprächen.

Werden die im Zeugnis dargelegten Wertungen bestritten, muss der Arbeitgeber (z. B. Vorgesetzte und Kollegen des Arbeitnehmers, Dokumente) diese Aussagen beweisen.

## 3. Zeugnissprache

### 3.1 Grundsatz

Nach dem Grundsatz der Zeugnisklarheit (§ 109 Abs. 2 GewO) müssen möglichst klare, unmissverständliche Ausdrücke und Begriffe verwendet werden. Insbesondere darf das Zeugnis keine Formulierungen enthalten, die den Zweck haben, eine andere als die aus der Wortwahl ersichtliche Aussage über den Arbeitnehmer zu treffen. Daher ist es unzulässig, ein Zeugnis mit unklaren Formulierungen zu versehen, durch die der Arbeitnehmer anders beurteilt werden soll, als dies aus dem Zeugniswortlaut ersichtlich ist. Die Verwendung eines solchen „Geheimcodes" ist unzulässig. Ob eine bestimmte Formulierung einen „Geheimcode" darstellt, ist nach dem objektiven Empfängerhorizont zu beurteilen. Dabei ist das Verständnis eines durchschnittlichen Beteiligten oder Angehörigen des vom Zeugnis angesprochenen Personenkreises zugrunde zu legen (BAG v. 15.11.2011, 9 AZR 386/10, DB 2012, 636). Nicht maßgeblich sind dabei vereinzelt geäußerte Rechtsauffassungen, selbst wenn diese teilweise in sogenannten „Übersetzungslisten" im Internet oder in Zeugnisratgebern wiedergegeben werden.

Da ein Zeugnis ein einheitliches Ganzes darstellt, können sich Mehrdeutigkeiten und Missverständnisse auch aus dem Gesamtzusammenhang ergeben (vgl. Breier/Dassau, TVöD/TV-L Komm. Erl. 2.1.3.4 zu § 35 Rn. 20). So können augenfällige Nachlässigkeiten den Eindruck erwecken, dass es die Absicht des Verfassers ist, sich für Dritte erkennbar von dem Inhalt des Zeugnisses zu distanzieren und die Ausführungen zu dem Leistungs- und Führungsverhalten zu entwerten. Ein solches Zeugnis ist nicht dazu geeignet, als eine auf dem Arbeitsmarkt übliche Bewerbungsunterlage herangezogen zu werden (LAG Hessen v. 10.8.2018, 8 Ta 246/18).

**WICHTIG!**

Das Arbeitsgericht kann das gesamte Zeugnis überprüfen und u. U. selbst neu formulieren. Die Verurteilung des Arbeitgebers zu einer bestimmten Formulierung verstößt nicht gegen das Grundrecht der Meinungsfreiheit aus Art. 5 Abs. 1 GG (LAG Hamburg v. 6.12.2007, 8 Sa 51/07).

Der Arbeitgeber ist zur wohlwollenden Formulierung verpflichtet (Grundsatz des Wohlwollens). Hat der Arbeitnehmer z. B. durch Nichteinhaltung der vereinbarten Kündigungsfrist einen Vertragsbruch begangen, wäre folgende Formulierung unzulässig: „Herr X hat seinen Arbeitsplatz vertragswidrig und vorzeitig zum 31.12.2000 verlassen." Zulässig wäre dagegen die Formulierung: „Herr X hat unsere Gesellschaft aus eigenem Entschluss am 31.12.2000 verlassen, um sofort eine neue Tätigkeit aufzunehmen."

Negativen Charakter kann auch die Hervorhebung von Selbstverständlichkeiten haben, wenn der Hinweis auf besondere Eigenschaften oder Fähigkeiten ansonsten fehlt.

**Beispiel**

„Herr X hat alle Arbeiten ordentlich erledigt." Diese Aussage bescheinigt einen Mangel an besonderen Leistungen und darüber hinaus fehlende Eigeninitiative.

Schließlich hat die Vermeidung von aktiven Verben für den verständigen Betrachter die Bedeutung einer Einschränkung.

**Beispiel**

„Herr X hatte Kreditverträge unserer Kunden zu bearbeiten" statt „Herr X bearbeitete Kreditverträge unserer Kunden."

Von Bedeutung sind auch Zeitpronomina. Mit den Worten „stets", „jederzeit" oder „immer" wird z. B. signalisiert, dass die abgegebene Beurteilung einheitlich für die gesamte Beschäftigungsdauer gelten soll. „Stets einwandfrei" entspricht dabei der Bewertung „gab zu keinem Zeitpunkt Anlass zu Beanstandungen" (LAG Köln v. 5.2.2015, 7 Sa 884/14). Fehlt eine Zeitangabe, so hat dies die Wirkung von „beredtem Schweigen", mit dem der Arbeitgeber eine zeitlich eingeschränkte Geltung der Beurteilung zum Ausdruck bringt.

Auch die Verwendung von Steigerungsformen und Superlativen („zu unserer vollsten Zufriedenheit") hat eindeutige Aussagekraft und weist auf sehr gute Leistungen hin. Weiter werden der Gebrauch bzw. das Fehlen von Ausdrücken wie „außerordentlich" oder „in jeder Hinsicht" positiv bzw. negativ interpretiert.

Schließlich wird eine Differenzierung der Beurteilung durch das Hinzufügen oder Weglassen näher bestimmender Adjektive („vollen", „vollsten") beim betreffenden Leistungsmerkmal („Zufriedenheit") erreicht.

### 3.2 Musterformulierungen

Negative Wertungen werden in der Praxis indirekt ausgedrückt:

Die Wendungen „hat sich Mühe gegeben" oder „seine Arbeitsweise war im Wesentlichen einwandfrei" bringen z. B. zum Ausdruck, dass die erwarteten Leistungen nicht erbracht worden sind. Die Beurteilung „Er führte die ihm übertragenen Aufgaben mit großem Fleiß und Interesse durch" sagt aus, der Arbeitnehmer habe sich bemüht, aber im Ergebnis nichts geleistet. Auch Beurteilungen wie „im Ganzen gut" oder „zufriedenstellend" haben trotz ihres wohlwollenden Klangs in der betrieblichen Praxis negativen Charakter und müssen, wenn sie verwendet werden, im Arbeitszeugnis begründet werden. Denselben negativen Charakter trägt eine ungewöhnlich knappe Beurteilung.

Herausgebildet hat sich ein allgemein gebräuchlicher „Zeugniscode", der Formulierungen bestimmte Bedeutungen beimisst.

▶ Sehr gute Leistungen (Note 1):

„... stets zu unserer vollsten Zufriedenheit erledigt", „Wir waren mit ihren Leistungen stets außerordentlich zufrieden", „Seine Leistungen haben in jeder Hinsicht unsere volle Anerkennung gefunden", „Sie hat unsere Erwartungen immer und in allerbester Weise erfüllt", „Seine Aufgaben erledigte er stets mit äußerster Sorgfalt und größter Genauigkeit" oder „Seine Leistungen waren stets sehr gut".

▶ Gute Leistungen (Note 2):

„... stets zu unserer vollen Zufriedenheit erledigt", „Seine Leistungen waren stets voll und ganz zufriedenstellend", „Sie hat unseren Erwartungen in jeder Hinsicht und bester Weise entsprochen", „Seine Aufgaben erledigte er stets mit großer Sorgfalt und Genauigkeit" oder „Ihre Leistungen waren gut".

▶ Befriedigende Leistungen (Note 3):

„... zu unserer vollen Zufriedenheit erledigt", „Seine Leistungen waren stets zufriedenstellend", „Seine Aufgaben erledigte er stets mit Sorgfalt und Genauigkeit" oder „Sie hat unseren Erwartungen in jeder Hinsicht entsprochen".

▶ Ausreichende Leistungen (Note 4):

„... zu unserer Zufriedenheit erledigt", „Seine Leistungen waren zufriedenstellend", „Er hat unseren Erwartungen entsprochen", „Mit seinen Leistungen waren wir zufrieden", „Wir waren mit ihr zufrieden", „Seine Aufgaben erledigte er mit Sorgfalt und Genauigkeit", „Er hat zufriedenstellend gearbeitet".

▶ Mangelhafte Leistungen (Note 5):

„... im Großen und Ganzen zu unserer Zufriedenheit erledigt", „Sie hat unsere Erwartungen größtenteils erfüllt", „Er führte die ihm übertragenen Aufgaben mit großem Fleiß und Interesse durch", „Sie hat sich stets bemüht, die ihr übertragenen Aufgaben zu unserer Zufriedenheit zu erledigen", „Er bemühte sich, seine Aufgaben mit Sorgfalt und Genauigkeit zu erledigen", „Er machte sich mit großem Eifer an die ihm übertragenen Aufgaben".

▶ Unzureichende Leistungen (Note 6):

„... zu unserer Zufriedenheit zu erledigen versucht", „Sie bemühte sich, die ihr übertragenen Aufgaben zufriedenstellend zu erledigen", „Er hatte Gelegenheit, die ihm übertragenen Aufgaben zu erledigen", „Sie erfasste das Wesentliche und bemühte sich um sinnvolle Lösungen", „Er zeigte für seine Arbeit Verständnis und Interesse", „Sie setzte sich im Rahmen ihrer Möglichkeiten ein" oder „Neue Aufgaben betrachtete er als Herausforderung". Diese Bewertung ist ebenfalls nur bei Belegbarkeit durch entsprechende Tatsachen zulässig.

**TIPP!**

Im Interesse von Eindeutigkeit und größtmöglicher Objektivität der Beurteilung sollten andere als die gebräuchlichen Formulierungen mit Bedacht gewählt oder ganz vermieden werden. Jede neue, vermeintlich individuelle und kreative Formulierung birgt immer auch die Gefahr unerwarteter neuer Deutungen.

## IV. Checkliste Zeugnis

### I. Für jedes Zeugnis

1. Form
   - ❏ Geschäftsbogen verwenden
   - ❏ Name und Anschrift des Arbeitgebers im Briefkopf
   - ❏ Maschinenschriftlich

2. Überschrift
   - ❏ „Zeugnis"
   - ❏ „Zwischenzeugnis"
   - ❏ „Vorläufiges Zeugnis"

3. Angaben zur Person des Arbeitnehmers
   - ❏ Name, Vorname, akademische Grade (ggf. Geburtsname und Titel)
   - ❏ Geburtsdatum und -ort bei Verwechslungsgefahr
   - ❏ Dauer des Arbeitsverhältnisses (Wichtig: Zeitpunkt der rechtlichen, nicht der tatsächlichen Beendigung, Ausnahme: außerordentliche Kündigung)

4. Beschreibung der ausgeführten Tätigkeiten
   - ❏ Kompetenzen, Aufgaben, Verantwortung möglichst genau beschreiben
   - ❏ Ggf. Werdegang in der Dienststelle
   - ❏ Sonderaufgaben und Stellvertretungen
   - ❏ Längere Unterbrechungen nur, wenn für die Beurteilungsgrundlage erheblich (Faustformel: mehr als die Hälfte der Beschäftigungsdauer)

5. Beendigung des Arbeitsverhältnisses
   - ❏ Austrittstermin
   - ❏ Art der Kündigung und Beendigungsmodalitäten nur auf Wunsch des Arbeitnehmers

6. Schlussformel (vom Arbeitnehmer nicht erzwingbar)
   - ❏ Dankes- und Bedauerns-Formel
   - ❏ Zukunftswünsche
   - ❏ Im Zwischenzeugnis: Grund der Erteilung

7. Ausstellungsdatum und Unterschrift
   - ❏ des Arbeitgebers
   - ❏ oder einer vertretungsberechtigten Person, die gegenüber dem Arbeitnehmer weisungsbefugt ist.

### II. Für das qualifizierte Zeugnis

**Zusätzlich zu den Punkten unter I. muss das qualifizierte Zeugnis enthalten:**

1. Beurteilung der Arbeitsleistung über die gesamte Beschäftigungsdauer nach den folgenden Kriterien (sofern jeweils tätigkeitsbedingt zutreffend)
   - ❏ Fachliches Können (ggf. Weiterbildungsmaßnahmen erwähnen)
   - ❏ Arbeitserfolg
   - ❏ Arbeitsweise
   - ❏ Leistungsvermögen und -willen
   - ❏ Arbeitsqualität
   - ❏ Arbeits- und Verantwortungsbereitschaft
   - ❏ Verhandlungsgeschick
   - ❏ Ausdrucksvermögen
   - ❏ Durchsetzungsfähigkeit
   - ❏ Entscheidungsbereitschaft
   - ❏ Führungsvermögen
   - ❏ Teamfähigkeit
   - ❏ Abschließende Gesamtbeurteilung der Arbeitsleistung

2. Beurteilung der dienstlichen Führung
   - ❏ Verhalten gegenüber Vorgesetzten, Mitarbeitern und Kunden
   - ❏ Pünktlichkeit
   - ❏ Einfügen in betriebliche Arbeitsabläufe
   - ❏ Ggf. Führungsverhalten
   - ❏ Teamfähigkeit
   - ❏ Sonstiges dienstliches Verhalten.

## V. Muster: Zeugnis

### 1. Einfaches Zeugnis

Dienststelle .......................................................

Zeugnis .......................................................

Herr/Frau war vom ............. bis zum ............. als ............. in unserer Dienststelle tätig.

Herr/Frau ............. arbeitete in der ............. Abteilung und hatte alle anfallenden Arbeiten bezüglich ............. auszuführen. Insbesondere zählten hierzu .............

Das Arbeitsverhältnis endete mit dem heutigen Tage in gegenseitigem Einvernehmen auf Grund ordentlicher Kündigung von Herrn/Frau .............

Wir bedauern das Ausscheiden von Herrn/Frau ............. und wünschen ihm/ihr für die Zukunft alles Gute.

.............................      ............................

Ort, Datum                        Unterschrift

### 2. Qualifiziertes Zeugnis

*[mit gehobener Beurteilung]*

Dienststelle.......................................................

Zeugnis .......................................................

Herr/Frau ............. war vom ............. bis zum ............. als ............. in unserer Dienststelle tätig.

Sein/Ihr Aufgabengebiet umfasste [ggf.: zunächst] in der Hauptsache ............. Daneben bearbeitete er/sie .............

Zu seinem/ihrem Tätigkeitsbereich zählte insbesondere die eigenverantwortliche Bearbeitung von .............

Im Vertretungsfall übernahm Herr/Frau ............. außerdem .............

[Ggf.:] Am ............. wurde Herr/Frau ............. in die Abteilung ............. versetzt. Dort umfasste sein/ihr Aufgabengebiet

............ *[nun ggf. wie anfangs Haupt- und Nebentätigkeiten sowie Vertretungen].*

*Herr/Frau ............. zeigte stets großes Interesse und hohe Motivation.*

*Bereits nach kurzer Einarbeitungszeit arbeitete er/sie vollkommen selbstständig und bewältigte neue Aufgaben auf Grund seines/ihres soliden Fachwissens erfolgreich. [Hier genaue und detaillierte Beschreibung der Eignung und Qualifikation in den verschiedenen Tätigkeitsbereichen]*

*Insgesamt hat Herr/Frau ............. die ihm/ihr übertragenen Aufgaben stets zu unserer vollsten Zufriedenheit erledigt.*

*Sein/Ihr Verhalten gegenüber Vorgesetzten und Mitarbeitern war stets einwandfrei. Von unseren Kunden wurde er/sie wegen seiner/ihrer Zuvorkommenheit sehr geschätzt.*

*Wir bedauern seinen/ihren Weggang sehr und danken ihm/ihr für die geleistete Arbeit. Für seine/ihre berufliche und private Zukunft wünschen wir ihm/ihr weiterhin viel Erfolg.*

..............................    ..............................
*Ort, Datum*                              *Unterschrift*

# Zulagen und Zuschläge

**Wegweiser:**

Für den öffentlichen Dienst finden sich im TVöD/TV-L beispielsweise in den §§ 8 (Zeitzuschläge, Wechselschicht- und Schichtzulagen), 19 (Erschwerniszuschläge), 14 (Zulagen bei Ausübung einer höherwertigen Tätigkeit) und 31, 32 (Zulagen bei Führung auf Probe oder auf Zeit) Regelungen zu Zulagen und Zuschlägen. Ergänzend wird auf die Kommentierung von Breier/Dassau TVöD Komm. zu §§ 8, 19, 14, 31 und 32 TVöD sowie Sponer und Fritz in Sponer/Steinherr, TV-L Komm. zu §§ 8, 14, 19, 31 und 32 hingewiesen. In den Spartentarifverträgen finden sich Sonderregelungen für Zulagen und Zuschläge.

**I.    Begriff**

**II.   Zeitzuschläge**
1. Einführung
2. Überstunden
3. Nachtarbeit
4. Sonntagsarbeit
5. Feiertag
6. Arbeit an Vorfesttagen
7. Samstagsarbeit
8. Zusammentreffen von Zeitzuschlägen

**III.  Wechselschicht- und Schichtzulagen**
1. Wechselschichtzulage
2. Schichtzulage
3. Teilzeitbeschäftigung

**IV.   Erschwerniszuschläge**
1. Einführung
2. Voraussetzungen
3. Höhe der Erschwerniszuschläge
4. Inkrafttreten einschlägiger Tarifverträge

**V.    Vorübergehende Übertragung einer höherwertigen Tätigkeit**

**VI.   Führung auf Probe/Zeit**
1. Führung auf Probe
2. Führung auf Zeit

## I.  Begriff

Im Geltungsbereich des TVöD/TV-L erhalten Beschäftigte als eine Art der monatlichen Regelvergütung das sogenannte Tabellenentgelt. Zusätzlich zu diesem Tabellenentgelt haben die Beschäftigten gegebenenfalls Anspruch auf Zulagen bzw. Zuschläge. Hierunter sind Sonderzahlungen zu verstehen, die bei Vorliegen bestimmter Voraussetzungen als Ausgleich besonderer Umstände oder Belastungen gewährt werden. Als Beispiele können Zeitzuschläge gemäß § 8 TVöD/TV-L, Erschwerniszuschläge gemäß § 19 TVöD/TV-L, Zulagen bei Ausübung einer höherwertigen Tätigkeit gemäß § 14 TVöD/TV-L und Zulagen bei Führung auf Probe oder auf Zeit gemäß §§ 31, 32 TVöD/TV-L genannt werden.

Außerdem haben Beschäftigte, die am 1. Dezember im Arbeitsverhältnis stehen, Anspruch auf eine Jahressonderzahlung nach § 20 TVöD (Bund)/§ 20 (VKA)/§ 20 TV-L. Auf Bundesebene wurden nach der Tarifeinigung in den Tarifverhandlungen 2016 für die Beschäftigten des öffentlichen Dienstes von Bund und kommunalen Arbeitgebern die Bemessungssätze der Jahressonderzahlung für Beschäftigte des Tarifgebietes Ost bis 2020 schrittweise an das Tarifgebiet West angepasst. Auch im kommunalen Bereich wurde in den Tarifverhandlungen 2018 eine Erhöhung der Jahressonderzahlung im Tarifgebiet Ost stufenweise bis 2022 auf 100 Prozent des West-Niveaus beschlossen (2020 auf 88 Prozent, 2021 auf 94 Prozent). Die Jahressonderzahlung gemäß § 20 Abs. 2 S. 1 TVöD (VKA) wurde nach der Tarifeinigung aus Oktober 2020 für die Entgeltgruppen 1 bis 8 im Tarifgebiet West zum Jahr 2022 auf 84,51 Prozent angehoben. Im Tarifgebiet Ost wurde für die Entgeltgruppen 1 bis 8 die Jahressonderzahlung für das Jahr 2022 auf 81,51 Prozent und ab dem Jahr 2023 auf 84,51 Prozent angehoben. Die Jahressonderzahlung nach § 20 TV-L für die Jahre 2019, 2020, 2021 und 2022 ist auf dem materiellen Niveau des Jahres 2018 eingefroren. Dies berührt nicht die Ost-West-Anpassung der Jahressonderzahlung im Jahr 2019. Nach dem Jahr 2022 wirksam werdende allgemeine Entgelterhöhungen finden auch auf die Jahressonderzahlung nach § 20 TV-L wieder Anwendung.

 **ACHTUNG!**

Die Jahressonderzahlung gemäß § 20 TVöD (Bund)/§ 20 (VKA)/§ 20 TV-L mindert sich jedoch für die Zeiträume, in denen der Beschäftigte zwar einen Entgelt- bzw. Entgeltfortzahlungsanspruch gegen einen anderen Arbeitgeber, nicht aber gegen den Anspruchsgegner herleiten kann (BAG v. 11.7.2012, 10 AZR 488/11, ZTR 2012, 582). Wenn der Beschäftigte beispielsweise erst seit Oktober beim Arbeitgeber beschäftigt ist, kann der Arbeitgeber den Anspruch auf die Jahressonderzahlung zu Recht um neun Zwölftel kürzen.

 **ACHTUNG!**

Bankspezifisch Beschäftigte haben in jedem Kalenderjahr Anspruch auf eine Sparkassensonderzahlung gemäß § 44 TVöD-BT-S. Bemessungsgrundlage der Sparkassensonderzahlung nach § 18.4 TVöD-S ist das Tabellenentgelt (§ 15 TVöD-S). Der garantierte Anteil der Sparkassensonderzahlung gemäß § 44 TVöD-BT-S (entspricht § 18.4 TVöD-S) beträgt seit dem 1. Januar 2022 74,77 Prozent. Seit dem 1. April 2021 wirksam werdende allgemeine Entgelterhöhungen finden auf die Sparkassensonderzahlung gemäß § 44 BT-S keine Anwendung.

Hierfür wurde eine entsprechende Protokollerklärung zu § 44 Abs. 2 TVöD-BT-S eingefügt. Zulagen, auch im Besitzstandswege weitergezahlte Vergütungsgruppenzulagen, bleiben weiterhin unberücksichtigt (BAG v. 11.2.2009, 10 AZR 264/08, ZTR 2009, 259).

Ferner können sich weitere Zahlungen aus § 23 TVöD/TV-L ergeben (vermögenswirksame Leistungen, Jubiläumsgeld, Sterbegeld). Mit Einführung des Leistungsentgeltes besteht gegebenenfalls ein zusätzlicher Anspruch auf eine variable, leistungsorientierte Bezahlung gemäß § 18 TVöD (Bund)/(VKA) (Näheres siehe unter → *Leistungsorientierte Bezahlung*).

 **ACHTUNG!**

Aufgrund der Tarifeinigung in den Tarifverhandlungen für die Beschäftigten des öffentlichen Dienstes von Bund und kommunalen Arbeitgebern vom Februar 2010 beträgt das Volumen für das Leistungsentgelt gem. § 18 Abs. 3 S. 1 TVöD (VKA) seit 2013 2,0 %. Im Bereich der Krankenhäuser beträgt das Volumen für Leistungsentgelt 1,0 % (Näheres siehe unter → *Leistungsorientierte Bezahlung*).

Beschäftigte, die zu Auslandsdienststellen des Bundes entsandt sind, erhalten gemäß § 45 Nr. 8 Abs. 3 S. 1 TVöD-BT-V keine Zulagen und Zuschläge mit Ausnahme eines Auslandszuschlages, eines Auslandskinderzuschlages und eines Mietzuschusses (§ 45 Nr. 8 Abs. 1 S. 1 TVöD-BT-V). Beschäftigte bei Auslandsvertretungen erhalten ferner einen Zuschlag für die mit dem Auswärtigen Dienst verbundenen Belastungen des Ehegatten (§ 45 Nr. 8 Abs. 1 S. 2 TVöD-BT-V).

 **ACHTUNG!**

Nach der aktuellen Tarifeinigung des öffentlichen Dienstes aus dem Mai 2023 erhielten die Beschäftigten von Bund und kommunalen Arbeitgebern zunächst ein steuer- und abgabenfreies Inflationsausgleichsgeld in Höhe von insgesamt € 3.000,00. Einmalig erhielten die Beschäftigten von Bund und Kommunen hierfür im Juni 2023 zunächst € 1.240,00, anschließend wurden im Zeitraum von Juli 2023 bis Februar 2024 monatlich jeweils weitere € 220,00 gezahlt. Zum 1. März 2024 wurden die Tabellenentgelte aller Beschäftigten um € 200,00 erhöht (sogenannter Sockelbetrag). Diese um € 200,00 erhöhten Entgelte wurden ebenfalls zum 1. März 2024 sodann zusätzlich um 5,5 Prozent erhöht. Soweit dabei keine Erhöhung um € 340,00 erreicht wurde, wurde der betreffende Erhöhungsbetrag auf diese Summe festgesetzt. Tarifliche Zulagen, für die die Dynamisierung über die allgemeine Entgeltanpassung vereinbart ist, wurden zum 1. März 2024 einheitlich um 11,5 Prozent erhöht. Der Tarifabschluss trat rückwirkend zum 1. Januar 2023 in Kraft und hat eine Laufzeit bis zum 31. Dezember 2024.

Für den Bereich der Krankenhäuser und Pflege- und Betreuungseinrichtungen wurden nach der Tarifeinigung Öffnungsklauseln in § 50 Abs. 3 TVöD-BT-K und § 49a Abs. 3 TVöD-BT-B eingeführt, auf deren Basis durch Betriebs- oder Dienstvereinbarung Zulagen bzw. Zuschläge zum Beispiel für Dienste zu ungünstigen Zeiten gewährt werden können.

Ebenso erhalten Beschäftigte in Krankenhäusern und Pflegeeinrichtungen (BT-K und BT-B) seit März 2021 eine monatliche „Pflegezulage", die im März 2022 auf € 120,00 gestiegen ist und seit Januar 2022 an der allgemeinen Entgelterhöhung teilnimmt. Die Intensivzulage für Arbeitnehmer im Geltungsbereich des BT-K wurde von € 46,02 auf € 100,00 erhöht. Die der EntgGr 15 zugeordneten (Zahn)ärzte/innen erhalten seit dem 1. März 2021 eine monatliche Zulage von € 300,00.

Die Beschäftigten der Länder erhalten nach der Tarifeinigung des öffentlichen Dienstes für die Beschäftigten der Länder vom Dezember 2023 ebenfalls zunächst ein steuer- und abgabenfreies Inflationsausgleichsgeld in Höhe von insgesamt € 3.000,00. Einmalig erhielten die Beschäftigten hierfür bereits im Dezem-

ber 2023 oder in den Monaten Januar bis März 2024 € 1.800,00, anschließend erfolgen für die Monate Januar bis Oktober 2024 Zahlungen in Höhe von jeweils € 120,00. Die Tabellenentgelte werden zum 1. November 2024 einheitlich um einen Sockelbetrag von € 200,00 erhöht. Zum 1. Februar 2025 erfolgt sodann eine weitere lineare Anhebung der Tabellenwerte der Entgelttabelle um 5,5 Prozent. Soweit die lineare Anhebung um 5.5 Prozent zusammen mit dem Sockelbetrag nicht mindestens eine Anhebung des Tabellenwertes um € 340,00 erreicht, wird das Tabellenentgelt um diesen Wert erhöht. Tarifliche Zulagen, für die die Dynamisierung über die allgemeine Entgeltanpassung vereinbart ist, werden ab dem 1. November 2024 um 4,76 Prozent und ab dem 1. Februar 2025 nochmals um weitere 5,5 Prozent erhöht.

Neu ist die Tarifierung der bereits seit dem 1. November 2020 gezahlten Hauptstadtzulage an die Beschäftigten des Landes Berlin in den Entgeltgruppen 1 bis 13, S 2 bis S 18 und KR 5 bis KR 17 in Höhe von € 150,00. Zudem dürfen die Stadtstaaten Bremen und Hamburg ab dem 1. Juli 2025 Gespräche mit den Gewerkschaften auf Landesebene aufnehmen, um landesbezirkliche Regelungen für eine Zulage für Beschäftigte, die insbesondere bürgernahe Dienste wahrnehmen, zu verhandeln.

Gemäß § 13 TV-Ärzte (Länder) erhalten Ärzte der Entgeltgruppe Ä 1 in der Weiterbildung zur Fachärztin bzw. zum Facharzt eine monatliche Zulage in Höhe der Differenz zur Stufe 1 der Entgeltgruppe Ä 2, sobald sie die Mindestweiterbildungszeit nach der Weiterbildungsordnung um mehr als ein Jahr überschritten haben, ohne dass sie dies zu vertreten haben.

Im Folgenden sollen die wichtigsten Zulagen und Zuschläge – zunächst in tabellarischer Form für einen ersten Überblick – im Einzelnen dargestellt werden.

| |
|---|
| Zeitzuschläge (§ 8 TVöD/TV-L):<br>• Überstunden<br>• Nachtarbeit<br>• Sonntagsarbeit<br>• Feiertage<br>• Arbeit an Vorfesttagen<br>• Samstagsarbeit |
| Wechselschicht- und Schichtzulage (§ 8 Abs. 5 TVöD/§ 8 Abs. 7 TV-L/TV-L und § 8 Abs. 6 TVöD/§ 8 Abs. 8 TV-L) |
| Erschwerniszuschläge (§ 19 TVöD/TVL) für Arbeiten<br>• mit besonderer Gefährdung<br>• mit extremer nicht klimabedingter Hitzeeinwirkung<br>• mit besonders starker Schmutz- und Staubbelastung<br>• mit besonders starker Strahlenexposition oder<br>• unter sonstigen vergleichbaren erschwerten Umständen |
| Vorübergehende Übertragung einer höherwertigen Tätigkeit (§ 14 TVöD/TV-L) |
| Führung auf Probe/Zeit (§§ 31, 32 TVöD/TV-L) |

## II. Zeitzuschläge

### 1. Einführung

§ 8 TVöD/TV-L regelt den Ausgleich für Sonderformen der Arbeit. Vor allem geht es bei dieser Regelung um die Gewährung von Zeitzuschlägen. Für Überstunden und für die zu ungünstiger Zeit geleistete Arbeit werden Zeitzuschläge gezahlt, die in Prozentsätzen des Stundenentgelts der Stufe 3 der jeweiligen Entgeltgruppe festgelegt sind. Sollten Beschäftigte bei Ausübung einer höherwertigeren Tätigkeit einen Anspruch auf eine Zulage nach § 14 TVöD/TV-L haben, ändert sich die Bemessungsgrundlage für die Zeitzuschläge nicht. Die höhere Entgeltgruppe bzw. diese Zulage bleiben unberücksichtigt.

Zeitzuschläge werden für Überstunden, Nachtarbeit, Sonntagsarbeit, Feiertagsarbeit, Arbeit an Vorfesttagen (Heiligabend und Silvester) und Samstagen geleistet. Die Zuschläge werden zusätzlich zu dem Entgelt für die tatsächliche Arbeitsleistung gewährt.

 **ACHTUNG!**

Arbeitnehmer haben auch dann Anspruch auf Zeitzuschläge für Nacht- und Sonntagsarbeit, wenn innerhalb ihrer regelmäßigen Arbeitszeit Bereitschaftszeiten liegen. Es ist nicht erforderlich, dass in der zuschlagspflichtigen Zeit Vollarbeit geleistet wird. Bereits mit der Ableistung von Bereitschaftszeiten erfüllt der Beschäftigte seine Hauptleistungspflicht und erhält Entgelt für tatsächliche Arbeitsleistung. Die innerhalb der regelmäßigen Arbeitszeit liegenden Bereitschaftszeiten werden vom Beschäftigten nicht unentgeltlich erbracht, sondern stehen zusammen mit der Vollarbeit in einem synallagmatischen Verhältnis zur Vergütung (BAG v. 28.7.2010, 5 AZR 342/09, ZTR 2011, 19).

 **ACHTUNG!**

Gemäß § 45 Nr. 6 TVöD-BT-V werden Beschäftigten, die zu Auslandsdienststellen des Bundes entsandt sind, Überstundenentgelt, Zeitzuschläge und Zulagen im Sinne von § 8 TVöD nicht gezahlt.

 **ACHTUNG!**

Für Beschäftigte auf Schiffen und schwimmenden Geräten werden gemäß § 46 Nr. 4 Abs. 1 TV-L bei angeordneter Anwesenheit an Bord Zeitzuschläge gemäß § 8 Abs. 1 S. 2 b) TVöD (Nachtarbeit) nicht gezahlt. Bei allen Formen des Wachdienstes wird der Zeitzuschlag nach § 8 Abs. 1 S. 2 b) und f) TVöD (Nachtarbeit/Arbeit an Samstagen von 13.00 bis 21.00 Uhr) nicht gezahlt (§ 46 Nr. 4 Abs. 2 TV-L).

 **ACHTUNG!**

Für Beschäftigte im Rampendienst an Flughäfen gilt nach § 7 Abs. 3 TVöD-F eine von § 8 Abs. 1 TVöD abweichende Regelung. Nach § 7 Abs. 3 TVöD werden die Zeitzuschläge nach § 8 Abs. 1 TVöD pauschal mit einem Zuschlag von 12 v. H. des auf eine Stunde entfallenden Anteils des monatlichen Entgelts der Stufe 3 der jeweiligen Entgeltgruppe nach Maßgabe der Entgelttabelle abgegolten. Dabei handelt es sich um eine leistungsunabhängige Pauschale, die unabhängig vom Umfang der tatsächlich geleisteten Arbeit zu vergüten ist (BAG v. 8.12.2022, 6 AZR 481/21).

## 2. Überstunden

Die Bemessungssätze der Zuschläge für Überstunden sind nach Entgeltgruppen gestaffelt. Zum Begriff der Überstunden siehe (→ *Arbeitszeit*). Pro Überstunde betragen die Zeitzuschläge in den

▸ Entgeltgruppen 1 bis 9 (Bund) bzw.
1 bis 9b (VKA)       30 v. H.,

▸ Entgeltgruppen 10 bis 15 (Bund) bzw.
9c bis 15 (VKA)       15 v. H.

des Entgelts der Stufe 3 der individuellen Entgeltgruppe (Breier/Dassau TVöD Komm. Erl. 2.2.3 zu § 8 TVöD Rn. 24; Sponer in: Sponer/Steinherr, TV-L Komm. Rn. 15 zu § 8 TV-L).

 **ACHTUNG!**

Ärzte erhalten gemäß § 8 Abs. 1 S. 2 a) TV-Ärzte (Länder) bzw. gemäß § 11 Abs. 1 S. 2 a) TV-Ärzte (VKA) für Überstunden einen Zeitzuschlag in Höhe von 15 v. H.

**Beispiel**

Ein Beschäftigter (EntgGr 8, Stufe 6, VKA-Bereich) leistet vier Überstunden. In diesem Fall beträgt der Überstundenzuschlag seit dem 1. März 2024 € 23,24. Die Bemessungsgrundlage des Zuschlages ist die Stufe 3 der EntgGr 8. Diesem Ergebnis liegt folgende Berechnung zugrunde:

| | | |
|---|---|---|
| Stundenentgelt der Stufe 3 | 21,68 € | (3.628,68 : 167,4 = 21,68) |
| 30 % | 6,50 € | (21,68 × 0,3 = 6,50) |
| vier Stunden | 26,00 € | (6,50 × 4 = 26,00) |

Hiervon zu unterscheiden ist das sogenannte Stundenentgelt, also die Bezahlung der Überstunde, sofern ein Ausgleich durch Freizeit nicht möglich ist. Dieses steht dem Beschäftigten neben dem Überstundenzuschlag zu. Die Bemessung für die Bezahlung der Überstunde (Stundenentgelt) ergibt sich aus der Protokollerklärung zu § 8 Abs. 1 S. 1 TVöD. Danach richtet sich bei Überstunden das Entgelt für die tatsächliche Arbeitsleistung nach der jeweiligen Entgeltgruppe und der individuellen Stufe, höchstens jedoch nach der Stufe 4.

**Beispiel**

Sofern im oben genannten Beispiel die geleisteten vier Überstunden nicht durch Freizeit ausgeglichen werden können, beträgt das Überstundenentgelt ab dem 1. April 2022 € 80,64. Dieses steht dem Beschäftigten neben dem Überstundenzuschlag zu. Diesem Ergebnis liegt folgende Berechnung zugrunde:

| | | |
|---|---|---|
| Stundenentgelt der Stufe 4 | 22,52 € | (3.770,54 : 167,4 = 22,52) |
| vier Stunden | 90,08 € | (22,52 × 4 = 90,08) |

Die Überstundenzuschläge unterliegen nicht dem Kumulierungsverbot.

 **ACHTUNG!**

Für die Abgeltung von Überstunden bei Führungskräften gelten gemäß § 43 Abs. 2 TVöD-BT-V besondere Regelungen. Für Beschäftigte der EntgGr 15 bei obersten Bundesbehörden sowie bei Leitern von Dienststellen und deren ständigen Vertretern sind Mehrarbeit und Überstunden durch das Tabellenentgelt abgegolten. Beschäftigte der EntgGr13 und 14 bei obersten Bundesbehörden erhalten nur dann ein Überstundenentgelt, wenn die Leistung der Mehrarbeit oder der Überstunden für sämtliche Beschäftigte der Behörde angeordnet ist. Fehlt diese Anordnung, ist über die regelmäßige Arbeitszeit hinaus geleistete Arbeit dieser Beschäftigten durch das Tabellenentgelt abgegolten.

 **ACHTUNG!**

Das BAG entschied am 30.10.2019, 6 AZR 581/18, ZTR 2020, 144, dass gemäß § 8 Abs. 5 S. 5 Alt. 1 TV-L Zeiten der tatsächlichen Inanspruchnahme innerhalb der Rufbereitschaft unabhängig davon, ob es sich um zusätzlich geleistete Arbeit oder Überstunden im Tarifsinn handelt, unter Berücksichtigung der tariflichen Rundungsregelung mit dem Entgelt für Überstunden zu bezahlen sind. Das umfasst das Überstundenentgelt i. S. d. Protokollerklärung zu § 8 Abs. 1 TV-L und den Überstundenzuschlag nach § 8 Abs. 1 S. 2 Buchst. a TV-L. Mit der Zahlung des regulären Tabellenentgelts erfüllt der Arbeitgeber nicht zugleich Ansprüche nach § 8 Abs. 5 S. 5 TV-L. Diese Tarifnorm ist eine Vergütungsregelung für Arbeitsleistung innerhalb der Rufbereitschaft und damit außerhalb der regelmäßigen Arbeitszeit des einzelnen Arbeitnehmers.

**ACHTUNG!**

Besonders umstritten ist die Frage, ob die Regelung des § 7 Abs. 7 TVöD/TV-L zu einer unzulässigen Diskriminierung oder ungerechtfertigten Ungleichbehandlung von Teilzeitbeschäftigten führt. Denn Teilzeitbeschäftigte erhalten nach der Konzeption des TVöD/TV-L Überstundenzuschläge nur dann, wenn sie auf Anordnung Arbeitsstunden leisten, die über die im Rahmen der regelmäßigen Arbeitszeit von Vollbeschäftigten für die Woche dienstplanmäßig bzw. betriebsüblich festgesetzten Arbeitsstunden hinausgehen (vgl. § 7 Abs. 7 TVöD/TV-L). Arbeitsstunden, die die Teilzeitbeschäftigte über ihre vereinbarte regelmäßige Arbeitszeit hinaus bis zur regelmäßigen wöchentlichen Arbeitszeit von Vollbeschäftigten leisten, werden hingegen gem. § 7 Abs. 6 TVöD/TV-L als Mehrarbeit qualifiziert und sind nach § 8 Abs. 2 TVöD/TV-L nicht überstundenzuschlagspflichtig. Das BAG hat entschieden, dass die Tarifvertragsparteien des TVöD-K in zulässiger Weise die Teilzeit- und Vollbeschäftigten als nicht vergleichbar angesehen und dem durch unterschiedliche Regelungssysteme für Mehrarbeit und Überstunden Rechnung getragen haben (BAG v. 15.10.2021, 6 AZR 253/19, ZTR 2022, 82). Damit besteht im Anwendungsbereich des TVöD/TV-L eine nationale höchstrichterliche Rechtsprechung, die zunächst Klarheit zu den Voraussetzungen für Überstundenzuschläge bei Teilzeitbeschäftigten geschaffen hat. Wie lange diese Rechtsprechung des BAG vor dem Hintergrund aktueller EuGH-Rechtsprechung noch haltbar ist, ist jedoch zweifelhaft. Ein unzulässiger Verstoß gegen das unionsrechtliche Benachteiligungsverbot von Teilzeitkräften liegt nach Ansicht des EuGH vor, wenn der Tarifvertrag nicht zwischen Teilzeit- und Vollzeitangestellten differenziert und den Teilzeitbeschäftigten einen Mehrarbeitszuschlag erst dann gewährt, wenn die Auslösegrenze für Vollzeitbeschäftigte überschritten wird (EuGH v. 19.10.2023, C-660/20, ZTR 2023, 680).

Ob bei Arbeitnehmern, die in Wechselschicht- oder Schichtarbeit beschäftigt sind, Überstunden vorliegen, ist nach der allgemeinen Regelung des § 7 Abs. 7 TVöD/TV-L zu beurteilen. Denn die von den Tarifvertragsparteien geschaffene Regelung des § 7 Abs. 8 c. TVöD-K ist wegen eines Verstoßes gegen das Gebot der Normenklarheit unwirksam (BAG v. 15.10.2021, 6 AZR 253/19, ZTR 2022, 82).

### 3. Nachtarbeit

Sofern Nachtarbeit, also Arbeit zwischen 21.00 Uhr und 6.00 Uhr des nächsten Tages, geleistet wird, gibt es für die Beschäftigten einen finanziellen Ausgleich. Dieser Zeitzuschlag besteht nach § 8 Abs. 1 S. 2 lit. b) TVöD je Stunde in Höhe von 20 v. H., errechnet aus dem Stundenentgelt der Stufe 3 der jeweiligen Entgeltgruppe.

Der Zuschlag für Nachtarbeit wird für alle Stunden gezahlt, die in der Zeit zwischen 21.00 Uhr und 6.00 Uhr geleistet werden. Eine Unterscheidung zwischen dienstplanmäßiger und nicht dienstplanmäßiger Nachtarbeit gibt es nicht (ergänzend Breier/Dassau TVöD Komm. Erl. 2.2.4 zu § 8 TVöD Rn. 12; Sponer in: Sponer/Steinherr, TV-L Komm. Rn. 23 zu § 8 TV-L).

**ACHTUNG!**

Ärzten wird ein Zeitzuschlag für Nachtarbeit in Höhe von 20 v. H. (§ 8 Abs. 1 S. 2 lit. b TV-Ärzte [Länder] bzw. 15 v. H. gezahlt (§ 11 Abs. 1 S. 2 lit. b TV-Ärzte [VKA]).

### 4. Sonntagsarbeit

Sonntagsarbeit, also die Arbeit an Sonntagen von 00.00 Uhr bis 24.00 Uhr (vgl. § 3b EStG sowie § 9 ArbZG), führt zur Gewährung eines Sonntagszuschlages. Dieser beträgt 25 v. H. des Stundenentgeltes der Stufe 3 der jeweiligen Entgeltgruppe. Dabei wird nicht differenziert, ob es sich um einen „normalen"

Sonntag oder z. B. Ostersonntag oder Pfingstsonntag handelt. Die beiden genannten Sonntage sind im Übrigen keine gesetzlichen Feiertage, für die es keine besonderen Zeitzuschläge – mehr – gibt (ergänzend Breier/Dassau TVöD Komm. Erl. 2.2.5 zu § 8 TVöD Rn. 13; Sponer in: Sponer/Steinherr, TV-L Komm. Rn. 26 zu § 8 TV-L).

**ACHTUNG!**

Wenn ein gesetzlicher Feiertag, der 24. Dezember oder der 31. Dezember auf einen Sonntag fällt, wird nur der höchste Zeitzuschlag gezahlt. Da die Feiertagszuschläge bzw. die Vorfestzuschläge höher sind, geht der Sonntagszuschlag aufgrund des sog. Kumulierungsverbotes unter.

### 5. Feiertag

Für Arbeit an gesetzlichen Feiertagen in der Zeit von 00.00 Uhr bis 24.00 Uhr (vgl. § 9 ArbZG) haben Beschäftigte einen Anspruch auf einen Feiertagszuschlag. Dieser Zeitzuschlag beträgt 35 v. H. mit Freizeitausgleich oder 135 v. H., wenn es nicht zum Freizeitausgleich kommt. Der Zuschlag wird aus dem Stundenentgelt der Stufe 3 der jeweiligen Entgeltgruppe errechnet.

Wird Freizeitausgleich gewährt, wird für jede geleistete Stunde am Feiertag der Zeitzuschlag in Höhe von 35 v. H. neben dem Entgelt ausbezahlt.

**ACHTUNG!**

Gemäß § 10 Abs. 1 S. 2e) TV-V beträgt der Zeitzuschlag je Stunde immer 135 v. H.

**ACHTUNG!**

Das BAG entschied mit Urteil vom 17.8.2011, 10 AZR 347/10, ZTR 2011, 727, dass sich die Frage, welcher Tag Feiertag im Sinne des § 10 Abs. 1 S. 2 lit. d) TV-V a. F. ist, regelmäßig nach Landesrecht richtet. In dem der Entscheidung zugrundeliegenden Sachverhalt lag der Beschäftigungsort in Sachsen-Anhalt, nach dessen Recht Oster- und Pfingstsonntag keine gesetzlichen Feiertage sind. Vor diesem Hintergrund wurde im Rahmen der Tarifrunde 2014 ein neuer Buchstabe d) in Absatz 1 Satz 2 eingefügt, demzufolge für Arbeiten am Oster- und Pfingstsonntag ein Zuschlag in Höhe von 35 v. H. zu zahlen ist.

**ACHTUNG!**

Aus der Protokollerklärung zu § 8 Abs. 1 S. 2 lit. d) TVöD folgt, dass der Freizeitausgleich im Dienstplan besonders ausgewiesen und bezeichnet werden muss. Hierdurch soll verhindert werden, dass für andere Leistungen vorgesehene Freizeitgewährung (z. B. Überstundenausgleich) verwendet werden kann. Diese Bestimmung dient der Klarstellung und dem Beweis, sie begründet keine Wirksamkeitsvoraussetzung für den Freizeitausgleich (BAG v. 9.7.2008, 5 AZR 902/07, ZTR 2008, 600, vgl. auch Hessisches LAG v. 17.5.2011, 19 Sa 1573/10, ZTR 2016, 20).

Ohne Freizeitausgleich wird für die geleisteten Feiertagsstunden der höhere Zeitzuschlag von 135 v. H. gezahlt. Zusätzlich wird für die Arbeitsleistung am Feiertag das Tabellenentgelt entsprechend der Entgeltgruppe und individuellen Stufe gewährt, sodass insgesamt maximal 235 v. H. gezahlt werden. Zu beachten ist allerdings, dass das Stundenentgelt für die Abgeltung der Arbeitsleistung je nach individueller Zuordnung des Beschäftigten zu einer Stufe errechnet wird. Dieses ist nicht zwangsläufig die Stufe 3, sie kann vielmehr auch eine höhere oder niedrigere Stufe sein (ergänzend Breier/Dassau TVöD Komm. Erl. 2.2.6 zu § 8 TVöD Rn. 14 f.).

**Beispiel**

Sofern ein Beschäftigter, der in der Entgeltgruppe 8, Stufe 6 eingruppiert ist, an einem gesetzlichen Feiertag arbeitet, entfallen auf den Feiertag 100 v. H. der Entgeltgruppe 8, Stufe 6 als Entgeltzahlung sowie 135 v. H. der Entgeltgruppe 8, Stufe 3 als Feiertagszuschlag für die Anzahl der gearbeiteten Stunden, wenn kein Freizeitausgleich für die Feiertagsarbeit gewährt werden kann bzw. wird.

Für Krankenhäuser und entsprechende Einrichtungen bestimmt § 49 Abs. 1 TVöD-BT-K, dass die Arbeitszeit an einem gesetzlichen Wochenfeiertag durch eine entsprechende Freistellung an einem anderen Werktag innerhalb bestimmter Frist ausgeglichen wird. Kann ein solcher Freizeitausgleich nicht gewährt werden, erhält der Beschäftigte das volle Entgelt oder eine Zeitgutschrift auf dem Arbeitszeitkonto. Hinzu kommen jeweils die Feiertagszuschläge in Höhe von 35 % bzw. 135 %. Diese Regelungen gelten allerdings gem. § 49 Abs. 2 TVöD-BT-K nicht für Beschäftigte, die regelmäßig nach einem Dienstplan eingesetzt werden, der Wechselschicht- oder Schichtarbeit an sieben Tagen in der Woche vorsieht. Hier vermindert sich die regelmäßige Wochenarbeitszeit des Beschäftigten um ein Fünftel der arbeitsvertraglich vereinbarten durchschnittlichen Wochenarbeitszeit sowohl dann, wenn er an einem Wochenfeiertag zu arbeiten hat, als auch dann, wenn er dienstplanmäßig nicht zur Arbeit eingeteilt ist. Die Zuschlagsregelung bei Feiertagsarbeit bleibt gem. § 49 Abs. 2 S. 3 TVöD-BT-K unberührt. Die Arbeitszeitreduzierung nach § 49 Abs. 2 TVöD-BT-K stellt einen Freizeitausgleich im Sinne von § 8 Abs. 1 S. 2 lit. d) TVöD dar. Der Freizeitausgleich muss nicht denselben Umfang wie die Feiertagsarbeit haben (BAG v. 9.7.2008, 5 AZR 902/07, ZTR 2008, 600).

Ferner ist zu beachten, dass § 6 Abs. 3 TVöD/TV-L die Gleichstellung feiertagsunabhängiger und feiertagsbedingter Freistellung an gesetzlichen Feiertagen erreichen soll, da ansonsten der Betroffene die am Feiertag dienstplanmäßig ausgefallenen Stunden an einem anderen Tag ableisten müsste. Um diese Schlechterstellung zu vermeiden, erhält jeder, der an einem Wochenfeiertag nicht zur Arbeit verpflichtet ist, für weniger Arbeit die gleiche Vergütung. Dies gilt auch, sofern der Betroffene dienstplanmäßig an einem Feiertag nur teilweise freigestellt ist (BAG v. 24.9.2015, 6 AZR 510/14).

### 6. Arbeit an Vorfesttagen

Für Arbeitsleistungen ab 6.00 Uhr an Vorfesttagen, also am 24. Dezember und 31. Dezember, wird zusätzlich zur Bezahlung der tatsächlichen Arbeitsleistung ein Zeitzuschlag gewährt. Dieser besteht in Höhe von 35 v. H. des Entgelts der Stufe 3 der jeweiligen Entgeltgruppe. Neben diesem Zeitzuschlag für die tatsächliche Arbeitsleistung wird ein Freizeitausgleich gemäß § 6 Abs. 3 S. 2 TVöD/TV-L gewährt (ergänzend Breier/Dassau TVöD Komm. Erl. 2.2.7 zu § 8 TVöD Rn. 16; Sponer in: Sponer/Steinherr, TV-L Komm. Rn. 35 zu § 8 TV-L).

 **ACHTUNG!**

Gemäß § 10 Abs. 1 S. 2 f) TV-V beträgt der Zeitzuschlag je Stunde 40 v. H.

### 7. Samstagsarbeit

Die Arbeit an Samstagen zwischen 13.00 Uhr und 21.00 Uhr wird mit einem Zeitzuschlag abgegolten. Dieser beträgt 20 v. H. des Stundenentgelts der Stufe 3 der jeweiligen Entgeltgruppe des Beschäftigten.

Sofern die Samstagsarbeit im Rahmen von Wechselschicht- oder Schichtarbeit anfällt, wird der Zeitzuschlag für Samstagsarbeit nicht gewährt (ergänzend Breier/Dassau TVöD Komm. Erl. 2.2.8 zu § 8 TVöD Rn. 17; Sponer in: Sponer/Steinherr, TV-L Komm. Rn. 40 zu § 8 TV-L). Abweichend wird in Krankenhäusern nach

§ 50 Abs. 1 TVöD-K auch für Samstagsarbeit im Rahmen von Wechselschicht- oder Schichtarbeit der Samstagszuschlag für Beschäftigte gewährt, deren Tätigkeit vor dem 1.1.2005 der Rentenversicherung der Angestellten unterlegen hätte.

 **ACHTUNG!**

Ärzte erhalten gemäß § 8 Abs. 1 S. 2 lit. f TV-Ärzte (Länder) einen Zeitzuschlag in Höhe von 20 v. H. bzw gemäß § 11 Abs. 1 S. 3 TV-Ärzte (VKA) einen Zeitzuschlag von € 0,64 pro Stunde. Nach dem TV-Ärzte (Länder) fällt der Samstagszuschlag auch dann an, wenn die Arbeit im Rahmen von Wechselschicht- oder Schichtarbeit erbracht wird.

### 8. Zusammentreffen von Zeitzuschlägen

Beim Zusammentreffen von Zeitzuschlägen darf gemäß § 8 Abs. 1 S. 3 TVöD/TV-L nur der höchste Zeitzuschlag gezahlt werden. Sollten Zuschläge für Sonntagsarbeit, Feiertagsarbeit, Arbeit an Vorfesttagen oder Samstagsarbeit anfallen, dürfen diese nicht nebeneinander gezahlt werden. Vielmehr unterdrückt der höhere Zeitzuschlag den niedrigeren (ergänzend Breier/Dassau TVöD Komm. Erl. 2.3 zu § 8 TVöD Rn. 19; Sponer in: Sponer/Steinherr, TV-L Komm. Rn. 47 zu § 8 TV-L).

**Beispiel**

Fällt ein gesetzlicher Feiertag auf einen Sonntag, wird der Zeitzuschlag nur für die Feiertagsarbeit gezahlt.

Zeitzuschläge für Überstunden und Nachtarbeit sind nicht von der Konkurrenzvorschrift erfasst, sodass diese Zuschläge zu allen anderen Zeitzuschlägen hinzugerechnet werden können.

## III. Wechselschicht- und Schichtzulagen

Ferner wird Wechselschicht- und Schichtarbeit (Näheres siehe unter → *Arbeitszeit*) durch Zulagen ausgeglichen.

### 1. Wechselschichtzulage

Belastungen durch Wechselschichtarbeit werden gemäß § 8 Abs. 5 TVöD/§ 8 Abs. 7 TV-L durch eine Zulage ausgeglichen, die als Monatspauschale oder pro Stunde zu zahlen ist. Gemäß § 7 Abs. 1 S. 2 TVöD/TV-L sind Wechselschichten wechselnde Arbeitsschichten, in denen ununterbrochen bei Tag und Nacht, werktags, sonntags und feiertags gearbeitet wird. Das setzt voraus, dass in dem Arbeitsbereich, in dem der Beschäftigte tätig ist, an allen Kalendertagen ununterbrochen 24 Stunden gearbeitet wird. Unerheblich ist hingegen, in wie viele Schichten der 24-Stunden-Tag aufgeteilt wird oder ob in allen Schichten der Arbeitsanfall gleich groß ist und deshalb in jeder Schicht die gleiche Anzahl von Arbeitnehmern arbeitet (BAG v. 24.5.2018, 6 AZR 191/17, ZTR 2018, 533). Wechselschichtarbeit nach § 7 Abs. 1 S. 1 TVöD/TV-L muss nach einem Schicht- oder Dienstplan erfolgen, der einen regelmäßigen Wechsel der täglichen Arbeitszeit in Wechselschichten im genannten Sinn vorsieht. Der Beschäftigte muss zur Arbeit in allen Schichtarten eingesetzt werden (BAG v. 24.5.2018, 6 AZR 191/17, ZTR 2018, 533).

Die Höhe der Wechselschichtzulage hängt davon ab, ob die Leistung „ständig" oder „nicht ständig" in Wechselschicht erbracht wird (ergänzend Breier/Dassau TVöD Komm. Erl. 6 zu § 8 TVöD Rn. 46 ff.). Beschäftigte leisten ständig Wechselschichtarbeit, wenn ihnen diese Tätigkeit dauerhaft vom Arbeitgeber zugewiesen ist und die Arbeitsleistung tatsächlich erbracht wird (BAG v. 24.5.2018, 6 AZR 191/17, ZTR 2018, 533). Beschäftigte, denen Wechselschichtarbeit (gleiches gilt für Schichtarbeit) lediglich vertretungsweise (z. B. als „Springer") oder gelegentlich zugewiesen wird, leisten „nicht ständig" Wechselschichtarbeit (BAG v. 13.6.2012, 10 AZR 351/11, ZTR 2012, 564; BAG v. 24.3.2010, 10 AZR 58/09, ZTR 2010, 405; BAG v. 24.3.2010, 10 AZR 570/09, ZTR 2010, 407). Auch wenn ein Beschäftigter regelmäßig, aber nur mit einem geringen Anteil seiner Arbeitszeit (25 %) Schichtarbeit leistet, ist er nicht ständig in Wechselschicht- bzw. Schichtarbeit tätig (LAG Mecklenburg-Vorpommern v. 29.10.2019, 5 Sa 234/18, ZTR 2020, 83).

Eine monatliche Wechselschichtzulage in Höhe von € 105,00 steht den Arbeitnehmern zu, die ständig Wechselschichtarbeit leisten (Breier/Dassau TVöD Komm. Erl. 6.2 zu § 8 TVöD Rn. 49; Sponer in: Sponer/Steinherr, TV-L Komm. Rn. 160 zu § 8 TV-L). Der tatsächlichen Erbringung der Arbeitsleistung steht es jedoch gleich, wenn die ständige Leistung von Wechselschichtarbeit nur deshalb nicht erfolgt, weil der Beschäftigte unter Fortzahlung der Bezüge gem. § 21 S. 1 TVöD/TV-L in den dort genannten Fällen von der Erbringung der Arbeitsleistung freigestellt ist. In diesen Fällen genügt es, wenn der Beschäftigte ohne die Freistellung von der Arbeitsleistung die erforderlichen Schichten geleistet hätte (BAG v. 24.3.2010, 10 AZR 152/09). Dies folgt aus § 21 S. 1 TVöD/TV-L. Die Zulage für ständige Wechselschichtarbeit gehört zu den „sonstigen in Monatsbeträgen festgelegten Entgeltbestandteilen", die gemäß dem in § 21 S. 1, § 22 Abs. 1 TVöD/TV-L normierten Entgeltausfallprinzip – wie das Tabellenentgelt – vom Arbeitgeber in voller Höhe weiterzuzahlen sind.

Gemäß § 24 Abs. 3 TVöD/TV-L ist die Wechselschichtzulage zu kürzen, wenn die Anspruchsvoraussetzungen nicht während des vollen Kalendermonats vorliegen. Beispiele hierfür sind die Begründung oder Beendigung eines Arbeitsverhältnisses, Beginn der ständigen Wechselschicht während des laufenden Monats oder der Wechsel in einen Arbeitsbereich ohne Wechselschichtarbeit.

Bei nicht ständiger Wechselschichtarbeit erhalten Arbeitnehmer eine Wechselschichtzulage von € 0,63 pro Stunde (Breier/Dassau TVöD Komm. Erl. 6.2 zu § 8 TVöD Rn. 49; Sponer in: Sponer/Steinherr, TV-L Komm. Rn. 160 zu § 8 TV-L).

Voraussetzung ist jedoch, dass der Arbeitnehmer in allen Schichten, die „rund um die Uhr" geleistet werden, eingesetzt werden muss, um eine Wechselschichtzulage zu erhalten. Erst der Einsatz zu allen Tageszeiten innerhalb eines Monatszeitraums und die damit einhergehende Belastung sollen die Wechselschichtzulage gemäß § 8 Abs. 5 TVöD auslösen (BAG v. 13.6.2012, 10 AZR 351/11, ZTR 2012, 564; BAG v. 24.9.2008, 10 AZR 140/08, ZTR 2009, 20). Ferner muss die Arbeit nach einem Dienst- oder Schichtplan erfolgen, der einem regelmäßigen Wechsel der täglichen Arbeitszeit in Wechselschichten vorsieht (ständige Rechtsprechung, zuletzt BAG v. 24.3.2010, 10 AZR 58/09, ZTR 2010, 405).

 **ACHTUNG!**

Keine Wechselschicht im Sinne des § 7 S. 1 TVöD leistet, wer in seinem Arbeitsbereich zum Bereitschaftsdienst während der Nachtschicht eingeteilt ist, ohne dass im betreffenden Arbeitsbereich des Beschäftigten „rund um die Uhr" an allen Kalendertagen gearbeitet wird. Eine Unterbrechung des vollkontinuierlichen Schichtbetriebes – und sei es auch nur in geringfügiger Form durch die Anordnung von Bereitschaftsdienstzeiten – steht der Annahme von Wechselschichtarbeit und somit den Anspruchsvoraussetzungen auf die Wechselschichtzulage gemäß § 8 Abs. 5 TVöD entgegen (LAG Rheinland-Pfalz v. 23.2.2010, 3 Sa 638/09). Demnach unterbrechen Bereitschaftsdienste von drei Stunden am Samstag sowie vier Stun-

den und 25 Minuten in der Nacht auf Sonn- und Feiertage die für die Wechselschichtarbeit erforderliche Arbeit „rund um die Uhr" an allen Tagen der Woche. Eine Wechselschichtzulage ist in diesem Fall nicht geschuldet (BAG v. 20.1.2010, 10 AZR 990/08, ZTR 2010, 240).

Das BAG hat am 18.5.2011 (10 AZR 255/10) die Entscheidung des LAG Rheinland-Pfalz (LAG Rheinland-Pfalz v. 23.2.2010, 3 Sa 638/09) bestätigt und entschieden, dass eine für den Anspruch auf die Zulage für ständige Wechselschichtarbeit nach § 8 Abs. 5 S. 1 TVöD schädliche Unterbrechung der Arbeit auch dann vorliegt, wenn der für alle Beschäftigten der Abteilung angeordnete Bereitschaftsdienst innerhalb einer Schicht liegt und vorher und nachher Vollarbeit geleistet wird. In dieser Entscheidung hat das BAG die Voraussetzungen für die Wechselschichtzulage präzisiert. Sofern innerhalb der regelmäßigen wöchentlichen Arbeitszeit Bereitschaftszeiten vom Arbeitgeber verlangt werden, liege keine Unterbrechung der Arbeit vor, die einer ununterbrochenen Wechselschichtarbeit entgegensteht. Wenn der Arbeitgeber allerdings über die Arbeitszeit hinaus Bereitschaftsdienst anordnet, der gesondert vergütet wird, so liege hierin auch eine Unterbrechung, unabhängig davon, ob sie innerhalb oder im Anschluss an eine Schicht zu leisten sei. Nicht in Wechselschichten arbeitet deshalb auch, wer aufgrund einer Betriebsvereinbarung zwischen 01:00 Uhr und 03:00 Uhr eines Tages nicht eingesetzt wird, selbst wenn im Betrieb grundsätzlich Wechselschichtarbeit durchgeführt wird. Denn dann liegt keine Arbeit des Arbeitnehmers „rund um die Uhr" vor, die für das Vorliegen von Wechselschichtarbeit erforderlich ist. Dies gilt auch im TVöD-F, dessen Regelungen insoweit dem TVöD-AT entsprechen (BAG v. 16.6.2021, 6 AZR 179/20).

 **ACHTUNG!**

Im Bereich kommunaler Krankenhäuser (TVöD-K) hat sich eine Änderung der Rechtslage gegenüber der früheren tariflichen Regelung im BAT ergeben. Ein Anspruch auf die Zulage für ständige Wechselschichtarbeit besteht grundsätzlich auch dann, wenn eine tariflich für den Zulagenanspruch geforderte Schicht nur deshalb ausfällt, weil der Beschäftigte wegen der Gewährung von Erholungsurlaub oder aus anderen in § 21 TVöD-K genannten Gründen (z. B. krankheitsbedingte Arbeitsunfähigkeit während des Entgeltfortzahlungszeitraums) von der Verpflichtung zur Erbringung der Arbeitsleistung frei ist. Entscheidend ist, ob der Beschäftigte ohne die Arbeitsbefreiung die geforderten Schichten geleistet hätte. Den tariflichen Regelungen lässt sich nicht deutlich entnehmen, dass sie von den Bestimmungen des BUrlG oder des EFZG zulasten der Beschäftigten abweichen (BAG v. 24.3.2010, 10 AZR 58/09, ZTR 2010, 405; so auch bezüglich des TVöD das BAG v. 26.5.2020, 9 AZR 129/19).

 **ACHTUNG!**

Die Zulage für Beschäftigte im Geltungsbereich des TVöD-BT-K und des TVöD-BT-B, die ständig Wechselschicht leisten, wurde zum 1. März 2021 von € 105 monatlich auf € 155 monatlich erhöht. Die Zulage für Beschäftigte im Geltungsbereich des BT-K und des BT-B, die nicht ständig Wechselschicht leisten, wurde zum 1. März 2021 von € 0,63 pro Stunde auf € 0,93 pro Stunde erhöht. Die Zulage für Beschäftigte, die ständig Wechselschichtarbeit leisten, wurde im Geltungsbereich des § 43 TV-L (nichtärztliche Beschäftigte in Universitätskliniken und Krankenhäusern) nach der Tarifeinigung für die Beschäftigten des öffentlichen Dienstes der Länder zum 1. Januar 2022 auf € 150,00 monatlich erhöht.

 **ACHTUNG!**

Im Bereich der Versorgungsbetriebe wird für ständige Wechselschicht seit dem 1. März 2024 eine Zulage in Höhe von € 232,68 monatlich (§ 10 Abs. 5 TV-V) gezahlt. Für die versorgungs- und entsorgungstypischen Tätigkeiten im Wechselschichtdienst wird gem. § 10 Abs. 7 TV-V eine erhöhte Wechselschichtzulage in Höhe von € 303,37 monatlich gezahlt. Die Wechselschichtzulage nach § 10 Abs. 5 TV-V wurde rückwirkend zum 1.1.2010 wie die Wechselschichtzulage gem. § 10 Abs. 7 TV-V dynamisiert.

## 2. Schichtzulage

Belastungen durch Schichtarbeit werden – wie die Wechselschichtarbeit – durch eine Monatspauschale oder einen Betrag pro Stunde ausgeglichen (§ 8 Abs. 6 TVöD/§ 8 Abs. 8 TV-L).

Eine monatliche Schichtzulage in Höhe von € 40,00 erhalten die Arbeitnehmer, die ständig in Schichtarbeit tätig sind (Breier/Dassau TVöD Komm. Erl. 6.2 zu § 8 TVöD Rn. 49; Sponer in: Sponer/Steinherr, TV-L Komm. Rn. 170 zu § 8 TV-L). Hinsichtlich der Kürzung der Monatspauschale kann auf die Ausführungen zur Wechselschichtzulage verwiesen werden.

 **ACHTUNG!**

Grundsätzlich ist Voraussetzung für den Anspruch auf die Zulage für ständige Schichtarbeit die tatsächliche Erbringung der Arbeitsleistung in dem tariflich geforderten Wechsel zwischen verschiedenen Schichtarten. Der tatsächlichen Erbringung der Arbeitsleistung steht es jedoch gleich, wenn die Leistung einer bestimmten Schichtart nur deshalb nicht erfolgt, weil der Beschäftigte unter Fortzahlung der Bezüge gemäß § 21 S. 1 TVöD von der Erbringung der Arbeitsleistung freigestellt ist (BAG v. 24.3.2010, 10 AZR 570/09, ZTR 2010, 407). Insofern hat das BAG an seiner Rechtsprechung zu § 33a BAT zur Zulagenschädlichkeit des Ausfalls der tariflich geforderten Nachtschichtstunden aufgrund von Urlaub oder Erkrankung (BAG v. 7.2.1996, 10 AZR 203/94, ZTR 1996, 314) nicht mehr festgehalten.

Bei nicht ständiger Schichtarbeit steht Arbeitnehmern eine Schichtzulage in Höhe von € 0,24 pro Stunde zu (Breier/Dassau TVöD Komm. Erl. 6.2 zu § 8 TVöD Rn. 49; Sponer in: Sponer/Steinherr, TV-L Komm. Rn. 170 zu § 8 TV-L). Hinsichtlich der „nicht ständigen" Schichtarbeit wird auf die Ausführungen zur Wechselschichtzulage verwiesen.

Voraussetzung für die Schichtzulage ist die Arbeit in einer geregelten zeitlichen Reihenfolge nach einem Schichtplan. Arbeit nach einem Schichtplan im Sinne des § 7 Abs. 2 TVöD liegt vor, wenn eine bestimmte Arbeitsaufgabe in einem erheblich längeren Zeitraum anfällt, als es der Arbeitszeit eines Arbeitnehmers entspricht, und die Arbeitsaufgabe deshalb von mehreren Arbeitnehmern oder Arbeitnehmergruppen in einer geregelten zeitlichen Reihenfolge, teilweise auch außerhalb der allgemein üblichen Arbeitszeit, erbracht werden muss. Bei der Schichtarbeit arbeiten nicht sämtliche Beschäftigte eines Betriebes zur selben Zeit, sondern ein Teil arbeitet, während der andere Teil arbeitsfreie Zeit hat. Es ist nicht erforderlich, dass der Schichtplan vom Arbeitgeber vorgegeben wird und die Verteilung der Arbeitszeiten in einem verkörperten Plan erfolgt. Entscheidend ist, ob nach der beim Arbeitgeber geltenden Organisation die Arbeit nur in einer die Arbeitszeit des Arbeitnehmers oder einer Arbeitnehmergruppe übersteigenden Zeit erfüllt werden kann und die Arbeitsaufgabe eine Regelung erforderlich macht, nach der die Arbeitnehmer in wechselnden Schichten eingesetzt werden. Demnach löst die Arbeit nach einem Arbeitsplan mit individuell unregelmäßigen Arbeitszeiten den Anspruch auf Zahlung der Schichtzulage nach § 8 Abs. 6 TVöD nicht aus (BAG v. 23.6.2010, 10 AZR 548/09, ZTR 2010, 523). Ferner ist die Arbeit in geteilten Diensten bei täglichem Arbeitsbeginn zur gleichen Uhrzeit keine Schichtarbeit i. S. von § 7 Abs. 2 TVöD (BAG v. 12.12.2012, 10 AZR 354/11, ZTR 2013, 248). Ein Schichtplan

soll aber auch dann vorliegen, wenn in einem Arbeitsbereich zwei einander ergänzende funktional und personell aufeinander abgestimmte Dienstpläne gelten, wonach an allen Kalendertagen ununterbrochen „rund um die Uhr" gearbeitet wird und keine Unterbrechung der Arbeit durch einen gleichzeitig für alle Beschäftigten angeordneten Bereitschaftsdienst vorgesehen ist (BAG v. 13.1.2016, 10 AZR 792/14, ZTR 2016, 306).

Der Begriff des Schichtplans nach § 8 Abs. 6 i. V. m. § 7 Abs. 2 TVöD-AT setzt nicht voraus, dass der Schichtplan vom Arbeitgeber vorgegeben wird. Maßgeblich ist allein, dass der Arbeitnehmer nach einem Schichtplan eingesetzt wird, der einen regelmäßigen Wechsel des Beginns der täglichen Arbeitszeit um mindestens zwei Stunden in Zeitabschnitten von längstens einem Monat vorsieht (BAG v. 12.12.2012, 10 AZR 354/11, ZTR 2013, 248; BAG v. 8.7.2009, 10 AZR 589/08, ZTR 2009, 576). Sofern sich die Arbeitszeit in geringerem Umfang und/oder in längeren Abständen verschiebt, liegt keine Schichtarbeit im Sinne des TVöD/TV-L vor, auch wenn es sich um Schichtarbeit im allgemeinen Sinne handeln mag.

Ferner setzt die Regelung in § 7 Abs. 2 TVöD-AT voraus, dass die Schichtarbeit innerhalb einer Zeitspanne von mindestens 13 Stunden geleistet wird. Für die Ermittlung der geforderten Zeitspanne ist nicht auf eine Durchschnittsberechnung abzustellen. Im Gegensatz zu den Tarifvertragsparteien zur Vorgängerregelung zu § 7 Abs. 2 TVöD-AT haben die Tarifvertragsparteien des TVöD gerade nicht ausdrücklich bestimmt, dass die geforderte Stundenzahl im Durchschnitt an den im Schichtplan vorgesehenen Arbeitstagen erreicht werden muss (BAG v. 21.10.2009, 10 AZR 807/08). Darüber hinaus stellt die Regelung in § 7 Abs. 2 TVöD-AT nicht darauf ab, dass die Mindestspanne von 13 Stunden zwischen dem Beginn der frühesten und dem Ende der spätesten Schicht an demselben Wochentag erreicht wird (BAG v. 21.10.2009, 10 AZR 70/09, ZTR 2010, 77). Es genügt vielmehr, wenn dies an unterschiedlichen Wochentagen der Fall ist.

Eine Betriebs-/Dienstvereinbarung zwischen Arbeitgeber und Personalrat über eine Rahmenzeit für bestimmte Arbeitnehmergruppen ist nur zulässig, wenn die in § 6 Abs. 7 TVöD-AT vorgeschriebenen Zeitgrenzen eingehalten werden. Eine solche Rahmenzeitvereinbarung ist ausgeschlossen, wenn Schichtarbeit geleistet wird (BAG a.a.O.).

 **ACHTUNG!**

Im Bereich der Versorgungsbetriebe wird für ständige Schichtarbeit mit Stand seit dem 1.3.2024 eine Zulage in Höhe von € 147,35 monatlich (§ 10 Abs. 6 TV-V) gezahlt. Für die versorgungs- und entsorgungstypischen Tätigkeiten im Schichtdienst wird gem. § 10 Abs. 8 TV-V eine erhöhte Schichtzulage in Höhe von € 197,15 monatlich gezahlt. Die Schichtzulage nach § 10 Abs. 6 TV-V wurde rückwirkend zum 1.1.2010 wie die Schichtzulage gem. § 10 Abs. 8 TV-V dynamisiert. Die Zulage für Beschäftigte, die ständig Schichtarbeit leisten, wurde im Geltungsbereich des § 43 TV-L (nichtärztliche Beschäftigte in Universitätskliniken und Krankenhäusern) nach der Tarifeinigung für die Beschäftigten des öffentlichen Dienstes der Länder zum 1. Januar 2022 auf € 60,00 monatlich erhöht.

## 3. Teilzeitbeschäftigung

Der Anspruch auf die volle Monatspauschale bei ständiger Schicht- und Wechselschichtarbeit (§ 8 Abs. 5 S. 1, Abs. 6 S. 1 TVöD bzw. § 8 Abs. 7 S. 1, Abs. 8 S. 1 TV-L) setzt nicht nur den ständigen Einsatz im Wechselschicht- oder Schichtdienst voraus. Vielmehr muss zusätzlich auch eine Vollbeschäftigung vorliegen. Bei einer Teilzeitbeschäftigung in den genannten Schichtdiensten besteht ein Anspruch auf die Zulagen in Höhe des Anteils der individuell vereinbarten durchschnittlichen Arbeitszeit zur regelmäßigen Arbeitszeit Vollzeitbeschäftigter (BAG v. 24.9.2008, 10 AZR 634/07, ZTR 2009, 18; vgl. auch BAG v. 19.3.2014, 10 AZR 744/13; an der früher vertretenen gegenläufigen Auffassung [BAG v. 23.6.1993, 10 AZR 127/92, ZTR 1993, 460] hat das BAG nicht mehr festgehalten; vgl. für eine Funktionszulage: BAG v. 18.3.2009, 10 AZR 338/08, ZTR 2009, 491; Breier/Dassau TVöD Komm. Erl. 6.4 zu § 8 TVöD Rn. 53 f.; Breier/Dassau TV-L Komm. Erl. 8.4 zu § 8 TV-L Rn. 72). Die anteilige Zahlung entspricht der Regelung in § 24 Abs. 2 TVöD, indem der in § 4 Abs. 1 S. 2 TzBfG normierte pro-rata-temporis-Grundsatz geregelt ist. Bei den stundenbezogenen Zulagen für nicht ständige Wechselschicht- und Schichtarbeit (§ 8 Abs. 5 S. 2, Abs. 6 S. 2 TVöD bzw. § 8 Abs. 7 S. 2, Abs. 8 S. 2 TV-L) kommt eine Kürzung hingegen nicht in Betracht, da diese Zulagen konkret belastungsbezogen für geleistete Stunden bezahlt werden. Für eine Kürzung nach dem Anteil der Arbeitszeit verbleibt kein Raum (BAG v. 24.9.2008, 10 AZR 634/07, ZTR 2009, 18).

 **ACHTUNG!**

In der Arbeitsphase der Block-Altersteilzeit (Näheres unter → *Altersteilzeit*) ist die tarifliche Wechselschichtzulage nicht wegen der Altersteilzeit zu vermindern, sondern steht entsprechend dem Umfang der tatsächlich geleisteten Arbeit zu. In der Freistellungsphase ist die Zulage mangels tatsächlich geleisteter Tätigkeit nicht zu zahlen (BAG v. 24.9.2008, 10 AZR 639/07, ZTR 2009, 20).

## IV. Erschwerniszuschläge

### 1. Einführung

Erschwerniszuschläge gemäß § 19 TVöD/TV-L werden für Arbeiten gezahlt, die außergewöhnliche Erschwernisse beinhalten, soweit diese nicht bereits bei der Eingruppierung und damit bei der Bewertung der Tätigkeit berücksichtigt sind (BAG v. 18.3.2009, 10 AZR 338/08, ZTR 2009, 491).

### 2. Voraussetzungen

Voraussetzung für diese Zulagen ist, dass die Arbeiten mit außergewöhnlichen Erschwernissen behaftet sind. Darunter sind nur solche Erschwernisse zu verstehen, die bei der auszuübenden Tätigkeit in der Regel nicht auftreten. Sofern es sich allerdings um berufsbedingte Erschwernisse handelt, besteht kein Anspruch auf Erschwerniszulagen. Bei Erschwernissen, die mit dem Berufs- oder Tätigkeitsbild verbunden sind, wird unterstellt, dass mit der Eingruppierung solche Erschwernisse abgegolten sind.

In § 19 Abs. 2 TVöD/TV-L sind abschließend die Arten von Tätigkeiten aufgeführt, die zuschlagspflichtig sein können. Grundsätzlich ergeben sich nur bei Arbeiten

▶ mit besonderer Gefährdung

▶ mit extremer nicht klimabedingter Hitzeeinwirkung

▶ mit besonderes starker Schmutz- oder Staubbelastung

▶ mit besonders starker Strahlenexposition oder

▶ unter sonstigen vergleichbar erschwerten Umständen

außergewöhnliche Erschwernisse, die einen Zuschlag auslösen (ausführlich Breier/Dassau TVöD Komm. Erl. 2.2.2. zu § 19

TVöD Rn. 10 f.; Sponer in: Sponer/Steinherr, TV-L Komm. Rn. 5 ff. zu § 19 TV-L).

Sofern allerdings außergewöhnlichen Erschwernissen durch geeignete Vorkehrungen Rechnung getragen wird, besteht kein Anspruch auf einen Erschwerniszuschlag (§ 19 Abs. 3 TVöD/TV-L). Hierzu zählen insbesondere Vorkehrungen zum Arbeitsschutz (ausführlich Breier/Dassau TVöD Komm. Erl. 2.2.3.1 zu § 19 TVöD Rn. 13 ff.; Sponer in: Sponer/Steinherr, TV-L Komm. Rn. 18 ff. zu § 19 TV-L).

 **ACHTUNG!**

Aufgrund des Arbeitsschutzgesetzes ist der Arbeitgeber zu Maßnahmen des Arbeitsschutzes zur Verbesserung der Sicherheit und des Gesundheitsschutzes der Beschäftigten sowie zur Einhaltung sonstiger Rechtsvorschriften (z. B. Unfallverhütungsvorschriften) ohnehin verpflichtet.

 **ACHTUNG!**

Das Bundesarbeitsgericht sieht es als hinreichend geklärt an, dass die Teilnahme an Schulfahrten (das sind u. a. Klassen- und Studienfahrten) zu den Tätigkeiten gehört, die üblicherweise zu den Aufgaben eines Lehrers einer allgemeinbildenden Schule zählen. Der damit verbundene zeitliche Aufwand eines vollzeitbeschäftigten Lehrers stellt keine besondere, bei der Bewertung der Tätigkeit nicht berücksichtigte Erschwernis dar, die nach der Erschwerniszulagenverordnung gesondert zu vergüten wäre (BAG v. 20.11.2018, 6 AZN 569/18, ZTR 2019, 45).

### 3. Höhe der Erschwerniszuschläge

Gemäß § 19 Abs. 5 TVöD/TV-L wird die Höhe der Erschwerniszuschläge in Tarifverträgen festgesetzt. Bei der Berechnung der Höhe der Erschwerniszuschläge spielt das individuelle Entgelt des einzelnen Beschäftigten keine Rolle. Vielmehr ist Bemessungsgrundlage für alle Entgeltgruppen das auf eine Stunde umgerechnete Entgelt der Stufe 2 der Entgeltgruppe 2. Im Regelfall sind die Zuschläge auf mindestens fünf und maximal fünfzehn v. H. des maßgeblichen Stundenentgelts festzusetzen (ausführlich Breier/Dassau TVöD Komm. Erl. 2.2.4 zu § 19 TVöD Rn. 27 ff.; Sponer in: Sponer/Steinherr, TV-L Komm. Rn. 23 f. zu § 19 TV-L).

 **ACHTUNG!**

Aufgrund der Tarifeinigung in den Tarifverhandlungen für die Beschäftigten der Länder vom März 2011 hat sich für die Beschäftigten im Außendienst der Straßenbauverwaltung und im Küstenschutz der Wasserbauverwaltung die Erschwerniszulage seit dem 1.1.2012 um monatlich € 25,00 erhöht.

 **ACHTUNG!**

Gemäß § 46 Nr. 6 Abs. 1 TV-L werden bei Bergungen und Hilfeleistungen sowie Havariearbeiten und mit diesen zusammenhängenden Arbeiten für Beschäftigte auf Schiffen und schwimmenden Geräten Zuschläge in Höhe von 25 v. H. des auf eine Stunde entfallenden Anteils des monatlichen Entgelts der Stufe 2 der Entgeltgruppe 2 gezahlt. Dies gilt auch bei Bergungen von Fahrzeugen und Gegenständen der eigenen Verwaltung sowie Hilfeleistungen für solche Fahrzeuge und Gegenstände, sofern die Leistungen besonders schwierig oder mit erheblicher Gefahr verbunden sind.

 **ACHTUNG!**

Auf Schadstoffunfallbekämpfungsschiffen und Laderaumsaugbaggern wird für besondere Einsätze gemäß § 46 Nr. 6 Abs. 2 TV-L je Einsatztag ein Zuschlag in Höhe von € 50,00 gezahlt und die Verpflegung vom Arbeitgeber unentgeltlich bereitgestellt. Das bloße Bereithalten zum Feuerschutz bzw. der Bekämpfung von Schadstoffen, Öl oder Chemikalien, ohne dass es zu solchen Einsätzen kommt, reicht nach der tariflichen Regelung nicht aus, um den Anspruch auf den Erschwerniszuschlag auszulösen (BAG 11.2.2009, 10 AZR 48/08, ZTR 2009, 323).

Besatzungsmitglieder auf Schadstoffunfallbekämpfungsschiffen und auf dem Laderaumsaugbagger erhalten gem. § 47 Nr. 9 Abs. 6 S. 1 TVöD-BT-V (Bund) pro Einsatztag einen Zuschlag i. H. v. € 25,00. Das BAG hat klargestellt (BAG v. 20.1.2010, 10 AZR 952/08, ZTR 2010, 250), dass sich ein „Einsatztag" auf eine Zeitspanne von 24 Stunden und nicht auf einen Kalendertag bezieht.

### 4. Inkrafttreten einschlägiger Tarifverträge

Die zuschlagspflichtigen Arbeiten und die Höhe der Zuschläge sind durch entsprechende Tarifverträge noch zu vereinbaren, § 19 Abs. 5 TVöD/TV-L. Nach dieser Vorschrift ist für den Bereich des Bundes auf Bundesebene ein neuer Tarifvertrag abzuschließen. Im Bereich der VKA sind landesbezirkliche Tarifverträge zu vereinbaren.

Im VKA-Bereich gelten gemäß § 23 Abs. 1 S. 1 TVÜ-VKA bis zum Inkrafttreten der noch zu vereinbarenden Tarifverträge über Erschwerniszuschläge bestimmte Tarifverträge weiter (dazu Sponer in: Sponer/Steinherr, TVöD Komm. Rn. 40 ff. zu § 19 TVöD). In dieser Übergangsregelung waren die landesbezirklichen Tarifvertragsparteien verpflichtet worden, Tarifverhandlungen bis zum Abschluss eines landesbezirklichen Tarifvertrags im Sinne von § 19 TVöD aufzunehmen und bis zum 31.12.2007 abzuschließen. Da ein solcher Abschluss nicht gelungen ist, gelten seit 1.1.2008 die bezirklichen Tarifverträge gem. § 23 Abs. 1 S. 2 TVÜ-VKA mit der Maßgabe fort, dass die Grenzen und Bemessungsgrundlagen des § 19 Abs. 4 TVöD zu beachten sind (Näheres bei Breier/Dassau TVöD Komm. Erl. 2.3 zu § 23 TVÜ-VKA).

Gemäß § 19 Abs. 5 S. 2 TVöD gelten im Bereich des Bundes bis zum Inkrafttreten eines neuen Tarifvertrages die bisherigen tarifvertraglichen Regelungen des Bundes fort. Im Gegensatz zum Bereich der VKA ist eine Fristsetzung auf den Zeitpunkt 31.12.2007 für den Bereich des Bundes nicht vereinbart worden, sodass das alte Recht unverändert bis zum Abschluss eines neuen Tarifvertrags fortgilt.

 **WICHTIG!**

Teilzeitbeschäftigte erhalten nach § 19 Abs. 4 S. 2 TVöD/TV-L Erschwerniszuschläge, die nach Stunden bemessen werden, in voller Höhe. Sofern sie pauschaliert gezahlt werden, gilt dagegen § 24 Abs. 2 TV-L (anteilige Zahlung).

### V. Vorübergehende Übertragung einer höherwertigen Tätigkeit

Beschäftigte, die vorübergehend eine höherwertigere Tätigkeit übertragen bekommen, erhalten gemäß § 14 TVöD/TV-L eine persönliche Zulage. Wenn eine solche Tätigkeit mindestens für die Dauer eines Monats ausgeübt wird, erhält der Beschäftigte für die Dauer der Ausübung eine Zulage rückwirkend ab dem ersten Tag der Übertragung der Tätigkeit (Breier/Dassau TVöD Komm. Erl. 1 zu § 14 TVöD Rn. 2; Sponer in: Sponer/Steinherr, TV-L Komm. Rn. 1 zu § 14 TV-L).

 **ACHTUNG!**

Gemäß § 45 Nr. 7 TVöD-BT-V wird die persönliche Zulage gemäß § 14 Abs. 3 TVöD Beschäftigten, die zu Auslandsdienststellen des Bundes entsandt sind, nicht gezahlt, wenn diese Beschäftigten andere Beschäftigte oder Beamte während deren Heimaturlaubs länger als einen Monat oder im Fall des § 14

Abs. 2 TVöD länger als drei Tage vertreten. In allen anderen Fällen bleibt § 14 TVöD jedoch unberührt.

Eine Übertragung einer höherwertigen Tätigkeit gem. § 14 Abs. 1 TVöD liegt grundsätzlich auch dann nicht vor, wenn ein Arbeitnehmer einen anderen Arbeitnehmer vertritt und arbeitsvertraglich zum ständigen Vertreter oder Abwesenheitsvertreter des Vertretenen bestellt ist. Dies gilt selbst dann, wenn die Abwesenheitsvertretung für einen vorübergehenden Zeitraum zeitlich überwiegt (BAG v. 16.4.2015, 6 AZR 242/14, ZTR 2015, 439).

Die persönliche Zulage richtet sich im Anwendungsbereich des TVöD nach dem Unterschiedsbetrag zwischen dem bisherigen Tabellenentgelt und dem Tabellenentgelt, das sich für den jeweiligen Beschäftigten bei einer dauerhaften Übertragung der Tätigkeit ergeben hätte. Die fiktive Höhergruppierung ersetzt die frühere Regelung, nach der eine einheitliche Bemessung vorgesehen war. Übergangsregelungen haben die Tarifvertragsparteien nicht vorgesehen. Im Anwendungsbereich des TV-L gilt diese Art der Berechnung nach § 14 Abs. 3 S. 1 TV-L nur für die Beschäftigten der Entgeltgruppen 9 bis 14. Die Höhe der persönlichen Zulage für Beschäftigte, die in eine der Entgeltgruppen 1 bis 8 eingruppiert sind, beträgt nach § 14 Abs. 3 S. 2 TV-L hingegen 4,5 % des individuellen Tabellenentgelts der/des Beschäftigten. Dies gilt wiederum nicht, wenn die höherwertige Tätigkeit mehr als eine Entgeltgruppe höher, als die bisher ausgeübte liegt. Dann gilt wiederum die Regelung des § 14 Abs. 3 S. 1 TV-L, wonach sich die Zulage nach dem Unterschiedsbetrag der Tabellenentgelte richtet.

 **ACHTUNG!**

Die persönliche Zulage für Ärztinnen und Ärzte, die in eine der Entgeltgruppen I bis IV eingruppiert sind, bemisst sich gemäß § 17 Abs. 2 TV-Ärzte (VKA) aus dem Unterschiedsbetrag zu dem Tabellenentgelt, das sich für die Ärztin/den Arzt bei dauerhafter Übertragung nach § 20 Abs. 4 TV-Ärzte (VKA) ergeben hätte.

Gemäß § 14 Abs. 2 TV-Ärzte (Länder) bemisst sich die persönliche Zulage bei Ärzten, die in eine der Entgeltgruppen Ä1 bis Ä3 eingruppiert sind, aus dem Unterschiedsbetrag zu dem Tabellenentgelt, das sich bei dauerhafter Übertragung ergeben hätte.

### VI. Führung auf Probe/Zeit

#### 1. Führung auf Probe

§ 31 TVöD/TV-L ermöglicht, dass Führungspositionen sowohl an externe als auch an interne Bewerber zunächst nur auf Probe vergeben werden (Näheres siehe unter → *Befristung*). Während externe Bewerber in die Entgeltgruppe der Führungsposition eingruppiert werden, erhalten interne Bewerber das Entgelt aus ihrer bisherigen Entgeltgruppe zuzüglich einer Zulage. Die Zulage wird in Höhe des Unterschiedsbetrages zwischen dem Tabellenentgelt der bisherigen Entgeltgruppe und dem sich bei der Höhergruppierung nach § 17 Abs. 4 S. 1 TVöD im Bereich der VKA und nach § 17 Abs. 5 S. 1 im Bereich des Bundes bzw. nach § 17 Abs. 4 S. 1 bis 3 TV-L ergebenden Tabellenentgelt gewährt (Breier/Dassau TVöD Komm. Erl. 5 zu § 31 TVöD Rn. 11 f.; Fritz in: Sponer/Steinherr, TV-L Komm. Rn. 15 zu § 31 TV-L).

 **ACHTUNG!**

Gemäß § 41 Nr. 20 TV-L wird Ärztinnen und Ärzten an Universitätskliniken für die Dauer der Übertragung eine Zulage in Höhe des Unterschiedsbetrages zu dem Tabellenentgelt, das sich bei dauerhafter Übertragung ergeben hätte, gewährt.

### 2. Führung auf Zeit

§ 32 TVöD/TV-L ermöglicht, dass Führungspositionen auf Zeit sowohl an externe als auch an interne Bewerber vergeben werden können (Näheres siehe unter → *Befristung*). Die in dieser Phase zu zahlende Zulage berechnet sich nach § 17 Abs. 4 S. 1 (VKA) und Abs. 5 S. 1 (Bund) TVöD, § 17 Abs. 4 S. 1 bis 3 TV-L. Insofern kann auf die Ausführungen unter 1. verwiesen werden. Zusätzlich wird ein Zuschlag in Höhe von 75 v. H. des Unterschiedsbetrages zwischen der Entgeltgruppe, die der Führungsposition entspricht, und der nächsthöheren Entgeltgruppe, wie er sich bei einer Höhergruppierung in dieser Entgeltgruppe darstellen würde, gezahlt (Breier/Dassau TVöD Komm. Erl. 5 zu § 32 TVöD Rn. 10; Fritz in: Sponer/Steinherr, TV-L Komm. Rn. 16 zu § 32 TV-L).

 **ACHTUNG!**

Gemäß § 41 Nr. 21 TV-L wird Ärztinnen und Ärzten an Universitätskliniken für die Dauer der Übertragung eine Zulage in Höhe des Unterschiedsbetrages zu dem Tabellenentgelt, das sich bei dauerhafter Übertragung ergeben hätte, gewährt.

# Zusatzversorgung

 **Wegweiser:**

§ 25 TVöD (bzw. § 25 TV-L) ist die zentrale Vorschrift für die betriebliche Altersversorgung (ergänzende und vertiefende Hinweise bei Sponer in: Sponer/Steinherr, TVöD Komm. zu § 25 TVöD). Nach dieser Vorschrift haben Beschäftigte einen Anspruch auf Versicherung unter eigener Beteiligung zum Zwecke einer zusätzlichen Alters- und Hinterbliebenenversorgung. Deren konkrete Ausgestaltung erfolgt nach Maßgabe des Tarifvertrages über die betriebliche Altersversorgung der Beschäftigten des öffentlichen Dienstes (Tarifvertrag Altersversorgung – ATV) bzw. des Tarifvertrages über die zusätzliche Altersvorsorge der Beschäftigten des öffentlichen Dienstes – Altersvorsorge-TV-Kommunal (ATV-K).

I. **Einleitung**

II. **Gesamtversorgung von 1967 bis 2000**

III. **Punktemodell**
- 1. Grundformel
  - 1.1 Ermittlung der Versorgungspunkte
  - 1.2 Referenzentgelt und Messbetrag
  - 1.3 Altersfaktor
  - 1.4 Soziale Komponente
  - 1.5 Bonuspunkte
- 2. Übergangsrecht
  - 2.1 Bestandsrenten
  - 2.2 Überleitung der aktiv Beschäftigten
- 3. Halbanrechnung
- 4. Zusatzversorgung und Versorgungsausgleich

IV. **Finanzierung**

V. **Nutzung der „Riester-Förderung"**

VI. **Eingetragene Lebenspartnerschaft**

VII. **Mutterschutz- und Elternzeiten**

VIII. **Flexi-Rente**

## I. Einleitung

Mit dem „Altersvorsorgeplan 2001" haben die Tarifvertragsparteien am 13.11.2001 eine Grundsatzentscheidung über die Neuorientierung der Zusatzversorgung getroffen. Das seit 1967 bestehende Gesamtversorgungssystem ist in Gestalt der Zusatzversorgung des öffentlichen Dienstes mit Wirkung vom 1.1.2001 grundlegend reformiert worden. Seitdem gibt es ein versicherungsmathematisches Punktemodell, das an die in der gewerblichen Wirtschaft verbreiteten Betriebsrentensysteme angelehnt ist. Die Einzelheiten – insbesondere des Leistungsrechts – sind in zwei gleich lautenden Tarifverträgen normiert worden: im Tarifvertrag Altersversorgung (ATV) vor allem für den Bund-/Länderbereich und für die kommunalen Zusatzversorgungseinrichtungen im Altersvorsorge-Tarifvertrag-Kommunal (ATV-K) (Sponer in: Sponer/Steinherr, TVöD Komm. Rn. 29 zu § 25 TVöD). Beide Verträge wurden am 1.3.2002 unterzeichnet und lösen die bisherigen Versorgungstarifverträge aus den Jahren 1966 und 1967 ab. Für Beschäftigte der Freien und Hansestadt Hamburg gilt das Hamburgische Zusatzversorgungsgesetz.

Maßgebend für die Neuordnung waren die Intransparenz des komplizierten Gesamtversorgungssystems, die Abhängigkeit von den Bezugssystemen „Beamtenversorgung" und „gesetzliche Rentenversicherung" sowie gravierende Eingriffe der Rechtsprechung in das System der Gesamtversorgung – ausgelöst durch die Rechtsprechung des Bundesverfassungsgerichtes aus den Jahren 1998 und 2000. Hierdurch stand die zusätzliche Altersversorgung der Beschäftigten des öffentlichen Dienstes – insbesondere bei der Versorgungsanstalt des Bundes und der Länder (VBL) – vor dem finanziellen Kollaps (dazu Sponer in: Sponer/Steinherr, TVöD Komm. Rn. 13 ff. zu § 25 TVöD).

Der zum 1.1.2022 in Kraft getretene Änderungstarifvertrag zum ATV regelt das elektronische Datenaustauschverfahren zwischen der gesetzlichen Rentenversicherung und der Zusatzversorgungskasse. Über die elektronische Datenübermittlung hat die Zusatzversorgungseinrichtung den Betriebsrentenberechtigten zu informieren.

 **ACHTUNG!**

Der Arbeitgeber kann zur Vermeidung von Nachteilen seiner versorgungsberechtigten Arbeitnehmer zu geeigneten Hinweisen verpflichtet sein (BAG 14.1.2009, 3 AZR 71/07, ZTR 2009, 507). Dies soll für den gesetzlich eingeräumten Anspruch auf Entgeltumwandlung (BAG 21.1.2014 – 3 AZR 807/11 – ZTR 2015,147) nicht gelten. Rückschlüsse auf die Rechtsprechung von 2009 zieht das BAG dabei nicht.

Dies gilt etwa, wenn der Arbeitgeber einen Beschäftigten im öffentlichen Dienst, der bei einer Zusatzversorgungskasse versichert ist, nicht darauf hinweist, dass er eine beantragte Rentenauskunft des Sozialversicherungsträgers innerhalb einer tariflich vorgesehenen Ausschlussfrist der Zusatzversorgungskasse vorlegen muss, um Rentennachteile zu vermeiden, und der Arbeitnehmer die Rentenauskunft nicht fristgerecht vorlegt (LAG Rheinland-Pfalz v. 4.9.2008, 2 Sa 78/08, ZTR 2009, 274; LAG Köln v. 29.10.2009, 13 Sa 534/09).

Auch bei fehlerhafter Unterstützung des Arbeitgebers beim Ausfüllen eines Auskunftsantrags des Arbeitnehmers an die VBL hat der Arbeitgeber für einen dem Beschäftigten entstehenden Versorgungsschaden gegebenenfalls aufzukommen. Denn wenn ein für Personalfragen zuständiger Mitarbeiter des Arbeitgebers einen Arbeitnehmer unterstützt, soll sich der Beschäftigte auf eine sachgerechte Hilfe verlassen dürfen. Der an die VBL gerichtete Auskunftsantrag darf daher weder unvollständige noch missverständliche Angaben enthalten. Insbesondere muss der vorgesehene Beendigungszeitpunkt des Arbeitsverhältnisses genannt werden (BAG v. 14.1.2009, 3 AZR 71/07, ZTR 2009, 507).

## II. Gesamtversorgung von 1967 bis 2000

In der Zeit von 1967 bis 2000 wurde die Altersversorgung nach beamtenähnlichen Grundsätzen gewährt (Sponer in: Sponer/Steinherr, TVöD Komm. Rn. 7 zu § 25 TVöD). Angestellte des öffentlichen Dienstes sollten eine der Beamtenversorgung möglichst angenäherte Rechtsposition erwerben. Da ein Eingriff in das gesetzliche Rentensystem durch die Tarifvertragsparteien nicht möglich war, ist eine zusätzliche Versorgung unter der Bezeichnung Gesamtversorgung gestaltet worden. Die Leistungen aus der Zusatzversorgung des öffentlichen Dienstes waren abhängig von der Anzahl der Versicherungsjahre und der Höhe der Verdienste in den letzten drei Jahren vor Rentenbeginn. Als Gesamtversorgungssystem wurde die gesetzliche Rente als Basisabsicherung durch die Zusatzversorgung zu einer beamtenähnlichen Gesamtversorgung aufgestockt.

## III. Punktemodell

Das bisherige Gesamtversorgungssystem wurde durch ein Betriebsrentensystem in Form eines Punktemodells ersetzt (Sponer in: Sponer/Steinherr, TVöD Komm. Rn. 21 ff. zu § 25 TVöD). Das neue Recht gilt seit dem 1.1.2002. Aus verwaltungstechnischen Gründen wurde das Jahr 2001 als Einführungsphase in das neue System ausgestaltet. Nach dem neuen Punktemodell werden die Leistungen unabhängig von dritten Bezugssystemen wie der gesetzlichen Rentenversicherung, der Beamtenversorgung und dem Steuerrecht definiert.

Der Altersvorsorgeplan 2001 vom 13.11.2001 regelt die Kernelemente der neuen Zusatzversorgung. Konkretisiert wird er durch die am 1.3.2002 unterzeichneten Tarifverträge „Tarifvertrag über die betriebliche Altersversorgung der Beschäftigten des öffentlichen Dienstes" (Tarifvertrag Altersversorgung – ATV) bzw. „Tarifvertrag über die zusätzliche Altersvorsorge der Beschäftigten des öffentlichen Dienstes" (Altersvorsorge-TV-Kommunal – ATV-K). § 25 TVöD (bzw. § 25 TV-L) begründet einen Anspruch der Arbeitnehmer gegen den Arbeitgeber auf Verschaffung einer Versorgung nach Maßgabe der genannten Tarifverträge (Sponer in: Sponer/Steinherr, TVöD Komm. Rn. 27 ff. zu § 25 TVöD).

### 1. Grundformel

Die Betriebsrente im Punktemodell ist leistungsorientiert ausgestaltet. Für die Leistungsbemessung wird unterstellt, dass für jeden Versicherten ein Beitrag von 4 % seines zusatzversorgungspflichtigen Entgelts entrichtet und am Kapitalmarkt angelegt worden wäre.

Für jedes Jahr werden – abhängig von der Höhe des Einkommens und dem Lebensalter, in dem dieses Einkommen erzielt wird – sog. Versorgungspunkte gemäß § 8 ATV/ATV-K errechnet und dem Versorgungskonto des Beschäftigten gutgeschrieben. Während der Anwartschaftsphase werden diese Versorgungspunkte mit mindestens 3,25 % verzinst.

 **ACHTUNG!**

Die Leistungen aus dem Punktemodell spiegeln den gesamten beruflichen Werdegang wieder. Sie orientieren sich nicht – wie im alten System der Gesamtversorgung – am durchschnittlichen Verdienst der letzten drei Jahre vor Rentenbeginn.

Ermittlungsgrundlage der Betriebsrente ist die Summe der Versorgungspunkte. Mittels eines definierten Messbetrages erfolgt die Umrechnung der Versorgungspunkte in Geld.

 **ACHTUNG!**

Die Grundformel für die Berechnung der Betriebsrente lautet wie folgt:

Betriebsrente = Versorgungspunkte × Messbetrag

### 1.1 Ermittlung der Versorgungspunkte

Zunächst wird bei der Umrechnung in Versorgungspunkte das Entgelt des Beschäftigten in Höhe von $^1/_{12}$ des Jahreseinkommens ins Verhältnis zu einem Referenzgehalt gesetzt. Dieses Referenzgehalt beträgt gemäß § 8 Abs. 2 ATV/ATV-K € 1.000,00. Der sich aus dem Verhältnis vom individuellen Einkommen zum Referenzgehalt ergebende Wert wird anschließend mit einem sog. Altersfaktor multipliziert. Als Alter gilt die Differenz zwischen dem jeweiligen Kalenderjahr und dem Geburtsjahr des Beschäftigten.

 **ACHTUNG!**

Die Formel für die Berechnung der Versorgungspunkte lautet wie folgt:

Versorgungspunkte = ($^1/_{12}$ des zusatzversorgungspflichtigen Jahresarbeitsentgelts : Referenzgehalt) × Altersfaktor

### 1.2 Referenzentgelt und Messbetrag

Wie gesehen ist das Referenzgehalt ein statischer Wert, der gemäß § 8 Abs. 2 ATV/ATV-K € 1.000,00 beträgt. Referenzgehalt und Messbetrag stehen in einem bindenden Zusammenhang zueinander: der Messbetrag beträgt immer 0,4 % des Referenzentgelts, sodass der Messbetrag € 4,00 beträgt. Der Messbetrag und das Referenzentgelt verändern sich nicht.

### 1.3 Altersfaktor

Zur Ermittlung der Versorgungspunkte ist auch der Altersfaktor maßgebend.

 **ACHTUNG!**

Je jünger der Beschäftigte zum Zeitpunkt der Beitragszahlung ist, desto höher werden die Beiträge bewertet. Grund hierfür ist, dass diese Beiträge für einen längeren Zeitraum verzinslich angelegt werden können.

Der Altersfaktor ist unter Beachtung versicherungsmathematischer Gesetzmäßigkeiten wie folgt in einer Punktetabelle in § 8 Abs. 3 ATV/ATV-K definiert:

| Alter des Versicherten | Altersfaktor | Alter des Versicherten | Altersfaktor |
|---|---|---|---|
| 17 | 3,1 | 41 | 1,5 |
| 18 | 3,0 | 42 | 1,4 |
| 19 | 2,9 | 43 | 1,4 |
| 20 | 2,8 | 44 | 1,3 |
| 21 | 2,7 | 45 | 1,3 |
| 22 | 2,6 | 46 | 1,3 |
| 23 | 2,5 | 47 | 1,2 |
| 24 | 2,4 | 48 | 1,2 |
| 25 | 2,4 | 49 | 1,2 |
| 26 | 2,3 | 50 | 1,1 |
| 27 | 2,2 | 51 | 1,1 |
| 28 | 2,2 | 52 | 1,1 |
| 29 | 2,1 | 53 | 1,0 |
| 30 | 2,0 | 54 | 1,0 |
| 31 | 2,0 | 55 | 1,0 |

| Alter des Versicherten | Altersfaktor | Alter des Versicherten | Altersfaktor |
|---|---|---|---|
| 32 | 1,9 | 56 | 1,0 |
| 33 | 1,9 | 57 | 0,9 |
| 34 | 1,8 | 58 | 0,9 |
| 35 | 1,7 | 59 | 0,9 |
| 36 | 1,7 | 60 | 0,9 |
| 37 | 1,6 | 61 | 0,9 |
| 38 | 1,6 | 62 | 0,8 |
| 39 | 1,6 | 63 | 0,8 |
| 40 | 1,5 | 64 u. älter | 0,8 |

**Beispiel 1**

Ein 32-jähriger Beschäftigter erhält ein Jahreseinkommen in Höhe von € 36.000,00. $\frac{1}{12}$ dieses Jahreseinkommens beträgt € 3.000,00. Der Altersfaktor in der Tabelle ist 1,9. Die Berechnung der Versorgungspunkte lautet:

Versorgungspunkte = (€ 3.000,00 : € 1.000,00) × 1,9 = 5,7

Bei einem Messbetrag von € 4,00 je Versorgungspunkt ergibt sich deshalb aus diesem Jahr ein Rentenanspruch von (5,7 × € 4,00 =) € 22,80 monatlich.

**Beispiel 2**

Ein 61-jähriger Beschäftigter erhält ein Jahreseinkommen in Höhe von € 60.000,00. $\frac{1}{12}$ dieses Jahreseinkommens beträgt € 5.000,00. Der Altersfaktor in der Tabelle ist 0,9. Die Berechnung der Versorgungspunkte lautet:

Versorgungspunkte = (€ 5.000,00 : € 1.000,00) × 0,9 = 4,5

Bei einem Messbetrag von € 4,00 je Versorgungspunkt ergibt sich aus diesem Jahr ein Rentenanspruch von (4,5 × € 4,00 =) € 18,00 monatlich.

### 1.4 Soziale Komponente

Ferner werden in das Punktemodell soziale Komponenten mit einbezogen. Diese werden über die tatsächlich erzielten oder fiktiv berechneten Überschüsse finanziert. Die sozialen Komponenten sind in § 9 ATV/ATV-K geregelt. Sie beziehen sich auf Zurechnungszeiten bei Kindererziehungszeiten, Erwerbsminderung sowie auf Versicherte mit einer Mindestversicherungszeit von 20 Jahren, deren monatlicher Verdienst unterhalb eines bestimmten Schwellenwertes liegt.

### 1.5 Bonuspunkte

Versorgungspunkte ergeben sich auch als sog. Bonuspunkte gemäß § 19 ATV/ATV-K. Diese Bonuspunkte dienen der Verteilung von Überschüssen. Im Ergebnis profitieren die Beschäftigten vom Kapitalanlageerfolg ihrer Zusatzversorgungseinrichtung. Die Bonuspunkte werden zu den Versorgungspunkten addiert. Sie bewirken eine Dynamik in der Anwartschaftsphase.

 **WICHTIG!**

Der BGH hat am 24.3.2010 entschieden, dass die Versicherten zwar keinen Anspruch auf eine Überschussbeteiligung in bestimmter Höhe haben, weil es weitgehend der unternehmerischen Entscheidung des Versicherers überlassen bleiben muss, in welcher Höhe er ermittelte Überschüsse in den jeweiligen Geschäftsjahren zuteilt. Dies ergibt sich auch vor dem Hintergrund, dass der Versicherer die spätere Erfüllbarkeit der Verbindlichkeiten aus der Überschussbeteiligung zu gewährleisten hat. Allerdings können die Versicherten verlangen, entsprechend den satzungsgemäßen Vorgaben an eventuellen Über-

schüssen beteiligt zu werden (BGH v. 24.3.2010, IV ZR 69/08, ZTR 2010, 534). Zur Überprüfung, ob die Entscheidung der Anstalt über die Zuteilung von Bonuspunkten der Satzung entspricht, kann der Versicherte Auskunft über die Ermittlung und Verteilung des Überschusses auf der Grundlage der fiktiven versicherungstechnischen Bilanz verlangen. Dieser Auskunftsanspruch umfasst jedoch nicht die Vorlage von oder die Einsicht in die Bilanzen und Geschäftsunterlagen (BGH v. 2.6.2010, IV ZR 310/07, ZTR 2010, 535).

### 2. Übergangsrecht

Das Gesamtversorgungssystem ist rückwirkend zum 31.12.2000 geschlossen worden. Vor diesem Hintergrund werden alle Versorgungsanwartschaften aus dem alten System (sog. Alt-Anwartschaften) und die Renten in das neue System überführt. Die Einzelheiten des Überganges regeln die §§ 30 bis 34 ATV/ATV-K.

Durch die rückwirkenden Übergangsregelungen kann für einen bisher von der Versicherungspflicht ausgenommenen Arbeitnehmer für den betroffenen Zeitraum doch eine solche Versicherungspflicht entstehen. Dadurch kann der Arbeitgeber verpflichtet sein, den Arbeitnehmer so zu stellen, wie er stehen würde, wenn er auch während dieser Zeit bei der VBL versichert gewesen wäre (LAG Rheinland-Pfalz v. 13.3.2014, 5 Sa 314/13).

### 2.1 Bestandsrenten

Die Höhe der laufenden Versorgungsrenten wurde zum 31.12.2001 festgestellt und in ihrer Höhe grundsätzlich unverändert als Besitzstandsrente weitergezahlt und jährlich – beginnend ab dem Jahr 2002 – jeweils zum 1. Juli um 1 % erhöht.

 **ACHTUNG!**

Die Anrechnung von Erhöhungen in der gesetzlichen Rentenversicherung sowie Anpassungen an die Entwicklung in der Beamtenversorgung entfallen.

### 2.2 Überleitung der aktiv Beschäftigten

Der Altersvorsorgeplan unterscheidet zwischen den sog. „rentennahen" und den „rentenfernen" Pflichtversicherten.

Beschäftigte (rentenferne Pflichtversicherte) erhalten Anwartschaften entsprechend den Berechnungsvorgaben des § 18 Abs. 2 BetrAVG. Diese im alten System erworbenen Versorgungsanwartschaften werden in das neue System transferiert, in Versorgungspunkte umgewandelt und dem sog. Versorgungspunktekonto gutgeschrieben (sog. Startgutschrift). Ist der Vomhundertsatz nach § 18 Abs. 2 BetrAVG um mehr als 7,5 Prozentpunkte niedriger als der Vomhundertsatz nach § 2 Abs. 1 BetrAVG, kommt es zu einer Nachbesserung bei der Startgutschrift.

 **WICHTIG!**

Mit dem Änderungstarifvertrag Nr. 10 vom 8.6.2017 zum ATV wurde eine Neuregelung zur Berechnung der Startgutschriften für rentenferne Versicherte getroffen. Die Neuregelung sieht eine Veränderung des Faktors vor, mit dem der Anteil des Versicherten an der Voll-Leistung ermittelt wird. Bisher betrug dieser Faktor 2,25 % pro Jahr der Pflichtversicherung. Nach der Neuregelung wird dieser Faktor in Abhängigkeit vom Beginn der Pflichtversicherung verändert. Zur Berechnung des neuen Faktors wird zunächst die Zeit vom erstmaligen Beginn der Pflichtversicherung bis zum Ende des Monats ermittelt, in dem das 65. Lebensjahr vollendet wird. Anschließend werden 100 Prozent durch diese Zeit in Jahren geteilt. So erhält man den neuen Faktor, der zur Ermittlung der anteiligen Voll-Leistung maßgebend ist. Der Faktor beträgt mindestens 2,25 % und höchstens 2,5 % pro Pflichtversicherungsjahr.

Der Bundesgerichtshof hat bestätigt (BGH v. 23.3.2009, IV ZR 324/06), dass hinsichtlich der Startgutschriften der rentennahen Versicherten, welche sich im Wesentlichen am bisherigen Gesamtversorgungssystem orientierten, nichts zu beanstanden sei.

### 3. Halbanrechnung

Die Halbanrechnung von Vordienstzeiten außerhalb des öffentlichen Dienstes auf die gesamtversorgungsfähige Zeit bei gleichzeitiger Anrechnung der vollen gesetzlichen Rente auf die Gesamtversorgungsbezüge hält sich nach der Rechtsprechung für die ältere Rentnergeneration (Eintritt des Versorgungsfalles bis zum 31.12.2000) noch im Rahmen einer zulässigen Typisierung und Generalisierung. Art. 3 Abs. 1 GG sei insoweit nicht verletzt. Gleiches gelte für die Renten, welche den Angehörigen der älteren Rentnergeneration für die Zeit ab dem 1.1.2001 zustehen (BAG v. 29.1.2008, 3 AZR 214/06, ZTR 2008, 377). Allerdings sei für die jüngere Rentnergeneration (Eintritt des Versorgungsfalles ab dem 1.1.2001) die für die Halbanrechnung maßgebliche, der Typisierung und Generalisierung zugrunde liegende Beurteilung der Tarifvertragsparteien wegen geänderter Verhältnisse verfassungsrechtlich nicht mehr hinnehmbar (BAG v. 29.1.2008, 3 AZR 214/06, ZTR 2008, 377).

### 4. Zusatzversorgung und Versorgungsausgleich

Es ist mit dem Grundgesetz zu vereinbaren, dass § 32 VersAusglG die Anrechte aus einer Zusatzversorgung des öffentlichen Dienstes von den Anpassungsregelungen der §§ 33–38 VersAusglG vom Versorgungsausgleich wegen Unterhalts oder Todes ausnimmt. Zwar sei eine Einbeziehung zulässig, aber weder aufgrund des Eigentumsgrundrechts aus Art. 14 GG noch wegen des Gleichheitssatzes aus Art. 3 Abs. 1 GG zwingend geboten (BVerfG v. 6.5.2014, 1 BvL 9/12, ZTR 2014, 540, 1 BvR 1145/13; BGH v. 11.2.2015, IV ZR 276/14).

## IV. Finanzierung

Fragen der Finanzierung sind in den §§ 15 ff., 37 ATV/ATV-K geregelt. Bei der Mehrzahl der Zusatzversorgungskassen wird die bisherige Umlagefinanzierung weitergeführt. Nur wenige Zusatzversorgungskassen sind bereits auf eine kapitalgedeckte Finanzierung umgestiegen. Für Kassen mit anerkanntem Finanzierungsbedarf wurde eine Arbeitnehmerbeteiligung von 0,4 % eingeführt. Die Erhöhung erfolgte in drei Schritten: 0,2 % ab 1.7.2016, 0,3 % ab 1.7.2017 und 0,4 % ab 1.7.2018.

 **WICHTIG!**

Beim Umlageverfahren werden die auf die Aktiven bezogenen Einnahmen periodengleich an leistungsempfangende Dritte ausgeschüttet. Im Gegensatz dazu werden im Kapitaldeckungsverfahren die Beiträge individualisiert und dienen der Finanzierung der künftigen individuellen Renten.

Bei der größten Zusatzversorgungseinrichtung in Deutschland, der Versorgungsanstalt des Bundes und der Länder (VBL), beruht die Finanzierung satzungsgemäß auf einem Umlageverfahren. Da dieses System die Lasten auf alle Beteiligten verteilt, werden vor allem Beteiligte mit schlechter Risikostruktur begünstigt. Bei diesen Beteiligten steht wenigen Arbeitnehmern eine hohe Zahl von Pensionären gegenüber. Die Rechtsprechung akzeptiert dennoch die Zulässigkeit des Umlagesystems und den dargestellten Effekt als systemimmanent (LG Karlsruhe v. 13.2.2009, 6 O 41/07; LG Karlsruhe v. 31.3.2008, 6 O 38/07).

 **ACHTUNG!**

Der dargestellte Stillstand führt dazu, dass immer mehr Beteiligte den Austritt aus der VBL in Erwägung ziehen. Arbeitgeber, die einen Wechsel aus dem umlagefinanzierten in ein kapitalgedecktes Finanzierungssystem erwägen, sollten prüfen, ob sie zu den sog. Nettozahlern gehören, deren Umlagen bei Weitem die an die eigenen Betriebsrentner ausgezahlten Renten übersteigen. Grundsätzlich wird sich vor allem für diese Nettozahler ein Ausstieg lohnen.

Bei Ausscheiden eines Arbeitgebers aus der VBL ist jedoch die sogenannte Gegenwertverpflichtung zu beachten. Der Gegenwert ist der versicherungsmathematische Barwert der dem ausgeschiedenen Arbeitgeber zuzurechnenden Renten und Anwartschaften und wird nach versicherungsmathematischen Grundsätzen durch einen Sachverständigen errechnet. Die Zahlung des Gegenwertes dient der Sicherung der Umlage- und Solidargemeinschaft, indem ein Ausgleich für die in der Umlagengemeinschaft verbleibenden Lasten geschaffen wird, § 23a Abs. 1 VBLS.

Anstelle der Zahlung des Gegenwertes ist ein ausgeschiedener Arbeitgeber berechtigt, die ihm zuzurechnenden Leistungsansprüche zuzüglich anteiliger Verwaltungskosten in Höhe von 2 % des jeweiligen Erstattungsbetrages fortlaufend zu erstatten (Erstattungsmodell), § 23c VBLS. Beim Erstattungsmodell kann zwischen folgenden drei Varianten gewählt werden:

1. Reine Erstattung

   Der Erstattungszeitraum endet mit der letzten Rentenzahlung.

2. Verkürzte Erstattung mit Deckungsstock

   Der Beteiligte legt das Ende des Erstattungszeitraums fest und baut bis dahin einen Deckungsstock in Abhängigkeit der dann noch vorhandenen Leistungsansprüche und Anwartschaften auf.

3. Verkürzte Erstattung mit verbleibendem Gegenwert.

   Der Beteiligte legt das Ende des Erstattungszeitraums fest. Er zahlt einen Gegenwert für die bei Ende des Erstattungszeitraum noch vorhandenen Leistungsansprüche und Anwartschaften.

Ab dem 1.1.2002 betrug bei der Versorgungsanstalt des Bundes und der Länder (VBL) Abrechnungsverband West die Arbeitgeberumlage unverändert 6,45 % des zusatzversorgungspflichtigen Entgelts. Der Arbeitgeber hatte diese Umlage bis zu einem Betrag von € 92,03 monatlich pauschal zu versteuern. Der vom Arbeitnehmer zu erbringende Beitrag zur Umlage betrug 1,41 %, sodass der Umlagesatz insgesamt 7,86 % des zusatzversorgungspflichtigen Entgelts betrug, § 64 Abs. 2 S. 1 Alt. 2 VBLS. In der Anlage 1 zur Tarifeinigung der Länder vom 28. März 2015 wurde eine Vereinbarung zur Zusatzversorgung getroffen. Diese sieht im Zusatztarifvertrag zum Tarifvertrag Altersversorgung (ATV) insbesondere einen erweiterten Arbeitnehmerbeitrag zur Umlage sowie eine Erhöhung des Arbeitnehmerbeitrags zur Kapitaldeckung vor sowie für Arbeitgeber einen Finanzierungsanteil entsprechend dem periodischen Bedarf.

Der VBL-Pflichtbeitrag des Arbeitnehmers ist bei der Berechnung des pfändbaren Arbeitseinkommens mindernd zu berücksichtigen (BGH v. 15.10.2009, VII ZB 1/09, ZTR 2010, 374).

 **WICHTIG!**

Von den Arbeitgebern sind bei der VBL zusätzlich zur Umlage seit dem 1.1.2002 steuerfreie Sanierungsgelder nach einem bestimmten Berechnungsmodus zu entrichten, § 65 VBLS. Der Gesamtbedarf liegt bei 2 % der Summe aller zusatzversorgungspflichtigen Entgelte. Die Summe der Entgelte ist jährlich entsprechend der Anpassung der Betriebsrenten zu erhöhen,

§ 65 Abs. 2 S. 3 VBLS. Bei den kommunalen Zusatzversorgungskassen gibt es abweichende Umlage- und Sanierungsgeldsätze.

## V. Nutzung der „Riester-Förderung"

Nach dem neuen Punktemodell haben Beschäftigte des öffentlichen Dienstes die Möglichkeit, im Wege der privaten Eigenvorsorge eine zusätzliche kapitalgedeckte Altersversorgung unter Inanspruchnahme der steuerlichen Förderung nach § 10a EStG (sog. Riester-Rente) aufzubauen.

Bislang waren Beschäftigte im öffentlichen Dienst von den im Altersvermögensgesetz (AVmG) vorgesehenen steuerlichen Fördermöglichkeiten gemäß § 10a Abs. 1 S. 4 EStG ausdrücklich ausgeschlossen. Hintergrund hierfür war die Überlegung des Gesetzgebers, dass für diese Personengruppe eine beamtenähnliche Gesamtversorgung gewährt wurde. Da die Gesamtversorgung zum 31.12.2000 beendet wurde, können seitdem auch von Beschäftigten des öffentlichen Dienstes die steuerlichen Fördermöglichkeiten des AVmG genutzt werden.

Zur Integration der steuerlichen Förderinstrumente des AVmG bedurfte es eines eigenständigen kapitalgedeckten Zweiges innerhalb der Zusatzversorgung. Dieses ist die sog. freiwillige Versicherung, die in § 26 ATV/ATV-K geregelt ist. Im Rahmen dieser freiwilligen Versicherung – also außerhalb der umlagefinanzierten Pflichtversicherung – wird den Versicherten die Möglichkeit eingeräumt, auf freiwilliger Basis eine zusätzliche kapitalgedeckte Altersversorgung unter Inanspruchnahme der § 10a EStG-Förderung auszubauen.

## VI. Eingetragene Lebenspartnerschaft

Erhält ein eingetragener Lebenspartner niedrigere Zusatzversorgungsbezüge als ein verheirateter Versorgungsempfänger, liegt eine unmittelbare Diskriminierung wegen seiner sexuellen Ausrichtung vor (EuGH v. 10.5.2011, C-147/08, ZTR 2011, 437). Praxishinweis: „Verpartnerte" Arbeitnehmer können ab dem Ablauf der Umsetzungsfrist für die Richtlinie 2000/78/EG, also ab dem 3.12.2003, Nachzahlungen verlangen. Dabei sind jedoch ggf. bestehende Ausschlussfristen und Verjährung zu beachten.

## VII. Mutterschutz- und Elternzeiten

Die VBL-Satzung sah bis zum 31.12.2000 vor, dass nur Arbeitnehmer die betriebliche Versorgungs- bzw. Versicherungsrente beanspruchen können, die eine Wartezeit von 60 sog. Umlagemonaten erfüllten. Gewährt der Arbeitgeber die betriebliche Zusatzversorgung erst nach einer bestimmten Wartezeit, dürfen Mutterschutzzeiten für die Erfüllung der Wartezeit und die Rentenberechnung nicht unberücksichtigt bleiben. Andernfalls liegt ein Verstoß gegen Art. 3 Abs. 3 GG vor. Elternzeiten werden dagegen bei der Berechnung der Wartezeit nach § 34 VBLS nicht berücksichtigt (OLG Karlsruhe v. 19.7.2011, 12 U 44/11). Mit dem Änderungstarifvertrag Nr. 5 vom 20.5.2011, der zum 1.1.2012 in Kraft getreten ist, werden auch Mutterschutzzeiten, die nach dem 17.5.1990 liegen wie Umlage-/Beitragsmonate mit zusatzversorgungspflichtigem Entgelt berücksichtigt. Die Berücksichtigung erfolgt nur auf schriftlichen Antrag des Beschäftigten. Durch den Änderungstarifvertrag Nr. 6 werden auf Antrag Mutterschutzzeiten, die vor dem 18.5.1990 liegen, ebenfalls in der Zusatzversorgung aufgewertet.

## VIII. Flexi-Rente

Mit Wirkung vom 1.7.2017 ist das Flexirentengesetz in Kraft getreten, das Arbeitnehmern den Übergang vom Berufsleben in den Ruhestand erleichtern soll. Dazu sind die Hinzuverdienstgrenzen bei gleichzeitigem Bezug der Altersrente flexibler gestaltet worden. Die Hinzuverdienstgrenzen sind aber nur beachtlich, wenn die gesetzliche Altersrente vorzeitig bezogen werden soll, also vor Erreichen der individuellen Regelaltersgrenze. Nach Erreichen der Regelaltersgrenze können Arbeitnehmer ohnehin einen Hinzuverdienst in unbegrenzter Höhe erzielen, ohne dass dieser auf die gesetzliche Altersrente angerechnet wird.

Die Hinzuverdienstgrenze bei vorzeitigem Bezug der gesetzlichen Altersrente lag bis zum 31.12.2022 zuletzt bei kalenderjährlich € 6.300,00, § 34 Abs. 2 SGB VI. Bis zu diesem Betrag war der Hinzuverdienst in der gesetzlichen Rentenversicherung anrechnungsfrei. Der Beschäftigte behielt den Anspruch auf die gesetzliche Altersrente in voller Höhe (Vollrente). Soweit im jeweiligen Kalenderjahr ein höherer Hinzuverdienst erzielt wurde, wurde der Betrag oberhalb von € 6.300,00 zu 40 % auf die gesetzliche Altersrente angerechnet. Bei einer Anrechnung aufgrund des Überschreitens der Hinzuverdienstgrenze erhält der Beschäftigte daher eine gesetzliche Teilrente.

Die Hinzuverdienstgrenze bei vorzeitigem Bezug ist jedoch ab dem 1.1.2023 aufgehoben worden, sodass vorgezogene Altersrente ab dem 1.1.2023 unabhängig von einem Hinzuverdienst in voller Höhe bezogen werden kann.

### Beispiel 3

Rechtslage bis zum 31.12.2022:

Ein Beschäftigter bezieht im Jahr 2022 vorzeitig gesetzliche Altersrente in Höhe von monatlich € 1.200,00 und erzielt einen Hinzuverdienst in Höhe von monatlich € 1.500,00 (€ 18.000,00 jährlich). Der € 6.300,00 übersteigende Betrag in Höhe von € 11.700,00 wird zu 40 % (€ 4.680,00) auf die gesetzliche Rente angerechnet. Der monatliche Abzug von der gesetzlichen Altersrente beträgt demnach € 390,00, sodass sich diese auf € 810,00 verringert.

Rechtslage ab dem 1.1.2023:

Ein Beschäftigter bezieht im Jahr 2023 vorzeitig gesetzliche Altersrente in Höhe von monatlich € 1.200,00 und erzielt einen Hinzuverdienst in Höhe von monatlich € 2.000,00 (€ 24.000,00 jährlich). Da die Hinzuverdienstgrenze zum 1.1.2023 abgeschafft wurde, erfolgt keine (auch keine anteilige) Anrechnung. Der monatliche Abzug von der gesetzlichen Altersrente erfolgt damit nicht mehr.

Insoweit hat die Höhe des Hinzuverdienstes keine Auswirkungen mehr auf die Zusatzversorgung des öffentlichen Dienstes. Nach § 5 S. 1 ATV tritt der Versicherungsfall am Ersten des Monats ein, ab dem ein Anspruch des Beschäftigten auf Bezug der gesetzlichen Vollrente bzw. wegen teilweiser oder voller Erwerbsminderung besteht. Der erstmalige Bezug der Vollrente ist die zentrale Anspruchsvoraussetzung für den Bezug von Leistungen aus der Zusatzversorgung.

Wurde vor dem 1.1.2023 die Hinzuverdienstgrenze von jährlich € 6.300,00 unmittelbar im Anschluss an das aktive Beschäftigungsverhältnis überschritten und bestand deswegen kein Anspruch auf Vollrente, so löste dies nicht den Versicherungsfall im Sinne des § 5 S. 1 ATV aus. Der Beschäftigte erhielt in diesem Fall daher nur die gesetzliche Teilrente, nicht aber die Leistungen aus der Zusatzversorgung. Da nunmehr unabhängig von dem Hinzuverdienst ein Anspruch auf die Vollrente besteht, erhält der Beschäftigte ebenfalls die Leistungen aus der Zusatzversorgung.

# Stichwortverzeichnis

## A

Abfindung .................................................. 214
Abmahnung
– Beschwerde ............................................. 8
– entgeltliche Nebentätigkeiten ........................... 5
– Frist ................................................... 3
– Kirche ............................................... 430
– politische Treuepflicht ................................. 6
– Stellungnahme .......................................... 8
– vorherige Anhörung ..................................... 3
Abordnung .......................................... 534, 668
– Definition ........................................... 668
– Mitbestimmung ....................................... 673
Absageschreiben ....................................... 609
Abwerbung durch Konkurrenzunternehmen ................ 560
– E-Mail .............................................. 560
– ein unlauterer Zweck ................................ 560
– Personalberater ..................................... 560
Abwerbung von Arbeitskollegen ......................... 559
Abwesenheitszeiten ................................... 362
– Arbeitsunfähigkeit .................................. 362
– Mandatsträger ...................................... 363
Abwicklungsvertrag ................................... 106
Änderungsangebot ...................................... 38
Änderungskündigung .............. 31-32, 34, 36-38
– Ablehnung ........................................... 37
– Änderungsangebot .................................... 33
– Änderungsschutz ..................................... 38
– Annahme unter Vorbehalt ............................. 36
– Anspruch auf Abfindung statt Klage .................. 39
– Anzeigepflicht ...................................... 32
– Arbeitszeit ......................................... 35
– Arten ............................................... 33
– Begriff ............................................. 31
– betriebsbedingte .................................... 33
– Bindung des Arbeitgebers an das Angebot ............. 38
– Entgeltreduzierung .................................. 34
– Form ................................................ 32
– Frist ............................................... 32
– Inhalt .............................................. 33
– Klage ............................................... 38
– konkludente Annahme ................................. 36
– Kündigungserklärung ................................. 32
– Kündigungsfrist ..................................... 33
– Kündigungsvoraussetzungen ........................... 32
– Muster .............................................. 39
– personenbedingte .................................... 36
– Reaktionsmöglichkeiten des Arbeitnehmers ............ 36
– Schriftformerfordernis .............................. 33
– schriftlich ......................................... 32
– Teilkündigung ....................................... 31
– Veränderung der Arbeitszeit ......................... 35
– verhaltensbedingte .................................. 36
– Vorbehalt ........................................... 36
– vorbehaltslose Annahme .............................. 36
– zweistufiges Prüfungsverfahren ...................... 32
Änderungsvorbehalte ................................... 77
– Gratifikationszahlungen ............................. 77
– Zulagen ............................................. 77
Ärztliche Einstellungsuntersuchung ................... 101
– Allgemeines Gleichbehandlungsgesetz ................. 105

– Jugendliche ........................................ 106
– Mitbestimmungsrechte ............................... 104
– vertragliche Gestaltung ............................ 105
Ärztliche Untersuchung ............................... 177
Alkoholismus ......................................... 538
Allgemeine Aufgaben des Personalrates ................ 520
Allgemeine Geschäftsbedingungen, Arbeitsvertrag ....... 76
Allgemeines Gleichbehandlungsgesetz (AGG) ............. 9
Allgemeines Persönlichkeitsrecht ................ 371, 373
Altersgrenze
– AGG ................................................. 21
– Beendigung des Arbeitsverhältnisses ................ 146
Altersteilzeit ........................................ 25
– Aufstockungsbetrag .................................. 26
– Betriebs- oder Personalrat .......................... 30
– Betriebsvereinbarungen .............................. 28
– Blockmodell ......................................... 26
– gesetzliche Rentenversicherung ...................... 27
– staatlich geförderte ................................ 25
– Tarifverträge ....................................... 28
– Teilzeitmodell ...................................... 26
– Voraussetzungen ..................................... 25
Altersteilzeitarbeitsverhältnisse ..................... 25
Altersteilzeitarbeitsvertrag .......................... 28
Anbahnungsverhältnis ................................. 553
Anfechtung ..................................... 39, 45, 567
– Anfechtung wegen Irrtums ............................ 40
– Anfechtungsfrist .................................... 44
– Eigenschaftsirrtum .................................. 40
– Erklärungsirrtum .................................... 40
– faktisches Arbeitsverhältnis ........................ 44
– Inhaltsirrtum ....................................... 40
Anforderungsprofil .............................. 316, 608
Anhörungsverpflichtung ................................. 3
Arbeitnehmerbegriff ................................... 47
– europäischer Arbeitnehmerbegriff .................... 48
Arbeitnehmerentsende-Richtlinie ...................... 123
Arbeitnehmerentsendegesetz ........................... 123
Arbeitnehmerüberlassung
– Abgrenzung .......................................... 51
– Fristberechnung ..................................... 54
– Schriftform ......................................... 53
Arbeitsbefreiung, Pflegezeit ......................... 543
Arbeitsbescheinigung ................................. 683
Arbeitskampf .................................... 56-57, 624
– Arbeitsverweigerung ................................. 62
– Aussperrung ......................................... 62
– Flash-Mob ........................................... 61
– kirchlicher Dienst ................................. 440
– Tarifvertrag ....................................... 618
Arbeitsrechtliche Konkurrentenklage .............. 241-242
– Schadensersatzansprüche des Bewerbers .............. 249
Arbeitsschutz ........................................ 68
– Arbeitsschutzausschuss .............................. 72
– Sicherheitsbeauftragte .............................. 72
– Unternehmerpflichten ................................ 71
Arbeitsschutzausschuss ............................... 71
Arbeitsverhältnis im „Home-Office" ................... 409
– Arbeitszeit ........................................ 410
– Dienstort .......................................... 410

# Stichwortverzeichnis

Arbeitsvertrag .................................................. 74
– Abschluss ................................................... 74
– Beendigung ................................................. 85
– Begriff ...................................................... 74
– Checkliste .................................................. 87
– Dauer ....................................................... 78
– Definition .................................................. 74
– Jahressonderzahlung ..................................... 81
– Muster ...................................................... 87
– Pflichten ................................................... 76
– Unwirksamkeit ............................................ 75
Arbeitszeit ............................................... 89, 594
– Abweichungsmöglichkeiten ............................. 98
– Arbeitszeitgesetz ......................................... 80
– Arbeitszeitkonto .......................................... 98
– Ausgleichszeitraum ...................................... 91
– Beginn und Ende ......................................... 90
– Begriff ...................................................... 89
– Bereitschaftsdienst ....................................... 94
– Betriebs- oder Dienstvereinbarungen .................. 80
– Dauer und Verteilung .................................... 91
– Dauer, Ausgleichszeitraum und Pausen ............... 91
– gesetzliche Arbeitsschutzvorschriften .................. 91
– gesetzliche Ruhezeiten ................................... 92
– Lage der Arbeitszeit ...................................... 99
– Mehrarbeit ................................................. 96
– Mitbestimmungsrecht .................................... 80
– Nachtarbeit ................................................ 96
– regelmäßige Arbeitszeit .................................. 89
– Rufbereitschaft ............................................ 95
– Ruhepausen ............................................... 91
– Schichtarbeit .............................................. 93
– Sonderformen der Arbeit ................................ 93
– Sonderregelung für den Pflegebereich .................. 93
– Sonderregelungen für Jugendliche ...................... 93
– tarifvertragliche Sonderregelungen für einzelne Sparten . 99
– Überstunden ............................................... 96
– Vereinbarung .............................................. 80
– Wechselschichtarbeit ..................................... 94
– Wege- und Reisezeiten, Umkleiden, Waschen .......... 90
Arbeitszeiterfassung ........................................ 100
– Arbeits- und Gesundheitsschutz ........................ 100
– Grundpflichten des Arbeitgebers ....................... 100
– Zeiterfassungssysteme ................................... 101
Arbeitszeitkonto ............................................. 98
– Arbeitszeitkorridor ....................................... 98
– Freistellung vor Ruhestand .............................. 98
– Gleitzeit .................................................... 98
– Langzeitkonto ............................................. 98
– Rahmenzeit ................................................ 98
– Sabbatjahr ................................................. 98
– Zeitguthaben .............................................. 98
Aufgaben .................................................... 585
Aufhebungsvertrag .......................................... 106
– Abfindung ................................................. 111
– Arbeitspapiere ............................................ 114
– Beendigungsart ........................................... 110
– Beendigungsgrund ....................................... 110
– Beendigungszeitpunkt ................................... 110
– Belehrung ................................................. 108
– Betriebsrat ................................................ 107
– Dienstwagen .............................................. 113
– Dienstwohnung ........................................... 113
– Erledigungsklausel ....................................... 115

– Firmeneigentum .......................................... 114
– Form ....................................................... 107
– Freistellung ............................................... 112
– Karenzentschädigung .................................... 114
– Kosten ..................................................... 116
– Ruhen des Anspruchs auf Arbeitslosengeld ........... 116
– Salvatorische Klausel .................................... 116
– Sozialversicherungsrecht ................................ 111
– Sperrzeit .................................................. 116
– Urlaubsabgeltung ........................................ 113
– Verschwiegenheitspflicht ................................ 114
– Wettbewerbsverbot ...................................... 114
– Widerrufsrecht ........................................... 109
– Zeugnis .................................................... 114
– Zustandekommen ........................................ 107
Aufklärungspflichten ............................ 118, 374-375
Ausbildungsentgelt ......................................... 177
Ausbildungsverhältnis ...................................... 569
Auslandsentsendung ........................................ 120
– Ausweichklausel .......................................... 123
– Eingriffsnormen .......................................... 123
– einstellende Niederlassung .............................. 121
– gewöhnlicher Arbeitsort ................................. 122
– Internationales Einkommensteuerrecht ................. 124
– Internationales Privatrecht .............................. 121
– Internationales Sozialrecht .............................. 123
– Internationales Zivilprozessrecht ....................... 120
– Ordre Public .............................................. 123
– Rechtswahl ............................................... 121
Ausschlussfrist
– Beginn ..................................................... 128
– einstufig .................................................. 125
– Geltendmachung erfasster Ansprüche .................. 129
– Schriftform ............................................... 125
– Verwirkung ............................................... 132
– zweistufig ................................................ 125
Außerordentliche Kündigung ............................... 31
Auszubildende, Kündigungsschutz ........................ 194

## B

Bankgeheimnis, Sparkasse ................................. 600
Beamte ....................................................... 50
Beendigung wegen Erreichens der tarifvertraglichen
    Altersgrenze ............................................ 146
Beendigung wegen verminderter Erwerbsfähigkeit ....... 147
Beförderung, AGG ........................................... 19
Befristeter Arbeitsvertrag
– Schriftformerfordernis ................................... 75
– Zeitbefristung ............................................ 78
– Zweckbefristung .......................................... 78
Befristetes Arbeitsverhältnis .............................. 153
– Altersbefristung .......................................... 160
– Angabe des Befristungsgrundes ............. 157, 162, 171
– Befristung einzelner Arbeitsbedingungen .............. 157
– Fortsetzung ............................................... 155
– Fünfjahreshöchstgrenze .................................. 170
– Kettenbefristungen ....................................... 156
– Kündigung ................................................ 155
– Kündigung befristeter Arbeitsverhältnisse ............. 155
– Kündigungsmöglichkeiten ............................... 171
– Mitbestimmungsrecht .................................... 173
– Personalrat ............................................... 173
– Sachgrundbefristungen .................................. 162
– sachgrundlose Befristungen ............................. 157

– Schriftform ................................................ 154
– Überprüfungszeitpunkt ................................. 157
– Vertretung ................................................. 164
– Weiterbeschäftigung .................................... 171
Befristung, Familienpflegezeit ........................... 360
Befristungsdauer ........................................... 680
Benachteiligungen .................................. 10, 603
– AGG ......................................................... 11
Benachteiligungsverbote
– Alter ......................................................... 11
– Behinderung ............................................... 11
– Geschlecht ................................................. 12
– sexuelle Belästigung .................................... 12
– Weltanschauung .......................................... 11
Bereitschaftsdienst ......................................... 94
Berufsausbildungsverhältnis ............................. 175
– Beendigung ............................................... 178
– Begriff ..................................................... 175
– Berufsausbildungsvertrag .............................. 176
– Kündigung ................................................. 178
– Pflichtverletzung ........................................ 179
– Rechte und Pflichten .................................... 176
– Schlichtungsausschuss ................................. 181
– Übernahme ............................................... 180
– Urlaub ..................................................... 178
Berufsausbildungsverzeichnis ........................... 176
Beschäftigungspflicht ..................................... 373
Beschäftigungszeit ........................................ 183
Beschlussverfahren, Anhörungstermin ................ 379
Beschwerde
– Rechtsbeschwerde ...................................... 379
– Sparkasse ................................................. 596
Besonderer Kündigungsschutz .......................... 186
– Elternzeit ................................................. 330
Beteiligung von Betriebs-/Personalrat ................ 613
Beteiligungsrechte
– Anhörungsrechte ........................................ 524
– Antragsrechte ............................................ 524
– Beteiligung in organisatorische Angelegenheiten ........ 525
– Beteiligung in personellen Angelegenheiten ............. 530
– Mitbestimmungsrechte ................................. 525
– Mitwirkungsrechte ...................................... 525
– sonstige Beteiligungsrechte ........................... 525
Betriebliche Übung .................................. 204, 277
Betriebliches Eingliederungsmanagement ............. 198
– Beteiligungsrechte ...................................... 201
– Datenschutz .............................................. 201
– Eingliederungsmaßnahmen ............................ 200
– Einholung der Zustimmung ............................ 199
– Verfahrensablauf ........................................ 200
– Voraussetzungen ........................................ 198
Betriebliches Wiedereingliederungsmanagement ......... 582
Betriebs- oder Dienstvereinbarung ..................... 32
Betriebsarzt ............................................. 71-72
Betriebsbedingte Änderungskündigung .......... 33, 39
– Veränderung des Arbeitsortes ......................... 35
Betriebsbedingte Kündigung, Sozialauswahl ......... 212
Betriebsbedingte, personen- oder verhaltensbedingte
    Kündigung ........................................... 31, 33
Betriebsferien ............................................. 657
Betriebsrat .......................................... 216, 609
– ärztliche Einstellungsuntersuchung .................. 104
– Anzahl der Mitglieder .................................. 218
– Aufgaben ................................................. 221

– Begriff ................................................... 216
– Freistellung .............................................. 223
– Gesamt- und Konzernbetriebsrat ..................... 216
– Geschäftsführung ....................................... 220
– Jugend- und Auszubildendenvertretung ............. 420
– Mitgliederstruktur ...................................... 218
– sachliche Mittel und Büropersonal .................... 222
– Sachverständige ......................................... 224
– Schulungen .............................................. 223
– Schutz der Mitglieder .................................. 219
– Sprechstunden ........................................... 222
– Wählbarkeit der Mitglieder ............................ 218
Betriebsratsmitglieder, Kündigungsschutz ............ 195
Betriebsübergang
– Altersversorgung ........................................ 233
– Beteiligungsrechte des Personalrats .................. 231
– betriebliche Altersversorgung ......................... 233
– Dienstvereinbarungen .................................. 231
– Haftung ................................................... 229
– Hoheitsakt ............................................... 226
– kirchlicher Rechtsträger ............................... 439
– Kündigungsschutz ....................................... 196
– Mitbestimmungsrechte ................................. 231
– Personalgestellung ...................................... 228
– Tarifvertrag ....................................... 229, 624
– Unterrichtung ............................................ 227
– Versorgungszusage ..................................... 234
– Verwaltungsreform ...................................... 226
– Widerspruchsrecht ...................................... 227
Betriebsvereinbarung ...................................... 467
– Abschluss ................................................. 235
– Arten ...................................................... 238
– Begriff ..................................................... 235
– Gegenstand von Betriebsvereinbarungen ............. 237
– Geltungsbereich ......................................... 236
– Gesamtzusage ............................................ 239
– Günstigkeitsvergleich ................................... 239
– Kündigung ................................................. 236
– Nachwirkung ............................................. 240
– Verhältnis zu Gesetz und Tarifvertrag ................ 239
– Verhältnis zum Arbeitsvertrag ......................... 239
Beurteilung
– Anlassbeurteilung ....................................... 241
– Beurteilungsrichtlinien ................................. 241
– Beurteilungsspielraum .................................. 241
– Personalakte ............................................. 241
– Regelbeurteilung ........................................ 241
– variable Vergütung ...................................... 241
Bewerberauswahl ................................... 241, 245
– Beurteilungsspielraum .................................. 245
– Einstellungsanspruch ................................... 244
– Grundsätze ............................................... 244
Bewerbermanagement-Programme ...................... 561
– Daten ...................................................... 561
– Mitbestimmung .......................................... 561
Bewerbung, AGG ............................................ 16
Bezeichnungs- bzw. Offenlegungspflicht ............... 53
Bezugnahmeklauseln, Tarifvertrag ...................... 619
Bildungsurlaub
– Begriff ..................................................... 646
– Wartezeit ................................................. 647
Bonuszahlungen, Sparkasse .............................. 600
„Bring your own device" .................................. 410

Bundesfreiwilligendienst .................................... 674
Bundesgleichstellungsgesetz ............................... 41

## C
Caritas ...................................................... 428
Compliance .................................................. 249
– Begriff .................................................... 249
– Compliance-Beauftragter ................................. 251
– Geschenke ................................................ 257
– Mitarbeitervertretung .................................... 257
– Mitbestimmung ........................................... 256
– relevante Vorschriften ................................... 250
– Richtlinien ............................................... 250
– Umsetzung ............................................... 250
– Whistleblowing .......................................... 252
Corona-Pandemie ........................................... 257

## D
Datenschutz ................................................ 264
– Beauftragte für den Datenschutz ........................ 270
– Datenerhebung .......................................... 265
– Datennutzung ........................................... 265
– Fürsorgepflichten ....................................... 272
– personenbezogene Daten ................................ 265
Diakonie .................................................... 428
Dienstkleidung ............................................. 90
Dienstliche Beurteilung .................................... 241
Dienstplangestaltung ...................................... 93
Dienstreise ................................................. 273
– Ausschlussfristen ....................................... 276
– Dienstgang .............................................. 273
– Direktionsrecht des Arbeitgebers ....................... 274
– Mitbestimmungsrechte .................................. 276
– Reisekostenersatz ...................................... 275
– Teilzeitbeschäftigte ..................................... 274
– Vergütung .............................................. 274
Dienstvereinbarung .................................. 273, 280
– Arbeitsentgelt ......................................... 284
– Datenschutz ........................................... 269
– Geltungsbereich ....................................... 281
– Günstigkeitsprinzip .................................... 283
– Kündigung ............................................. 284
– Nachwirkung ........................................... 284
– Öffnungsklausel ....................................... 281
– Rangprinzip ........................................... 283
Dienstwagen ............................................... 82
Direktionsrecht .......................... 31, 79, 284, 668
– Reaktionsmöglichkeiten des Arbeitgebers ............... 291
– Rechte des Beschäftigten ............................... 291
– Weisungen zum Arbeitsort .............................. 290
– Weisungen zum Verhalten ............................... 289
– Weisungen zur Arbeitszeit .............................. 289
– Weisungen zur Tätigkeit ................................ 287
Diskriminierung, Schwerbehinderung ...................... 567
Diskriminierungsmerkmale ................................. 603
Diskriminierungsverbot in Stellenausschreibung ........... 603
Drehtürklausel ............................................. 56
Dritter Weg ................................................ 439
Drogensucht ............................................... 538

## E
Einfühlungsverhältnis ...................................... 553
Eingruppierung ....................................... 293, 351
– Beteiligungsrechte ...................................... 303

– Betriebsrat .............................................. 303
– Eingruppierung nach neuem Tarifrecht .................. 304
– Eingruppierungsfeststellungsklage ...................... 302
– Eingruppierungssystem ................................. 293
– Entgeltgruppe 1 ........................................ 305
– Entgelttabelle .......................................... 294
– Folge der Höhergruppierung ............................ 300
– Herabgruppierung ...................................... 302
– Hineinwachsen ......................................... 300
– Höhergruppierung ................................. 299-300
– Letztentscheidungsrecht ............................... 299
– Personalrat ............................................ 304
– Stufenlaufzeit .......................................... 298
– Tarifautomatik ......................................... 295
– Vergütungsgruppe I .................................... 305
– Vorläufigkeit .......................................... 305
– vorübergehende Übertragung ........................... 303
Einigungsstelle ..................................... 280, 308
– Aufgabenbereich ....................................... 309
– Beschlussfassung ...................................... 313
– Einigungsstellenverfahren .............................. 312
– Errichtung ............................................. 310
– Kosten der Einigungsstelle ............................. 314
– Rechtsfehler .......................................... 316
– Rechtswirkungen des Einigungsstellenspruchs ......... 313
– Überprüfung des Einigungsstellenspruchs .............. 315
– Vergütung ............................................ 315
– Vorsitzender ..................................... 311-312
– Zusammensetzung ..................................... 311
Einstellung ............................................... 532
– AGG .................................................... 19
– Kirche ................................................. 428
Einstellungsgespräch ..................................... 562
– Ermittlungsverfahren .................................. 562
– Fragerecht ............................................ 562
– Vorstrafen ............................................ 562
Einstellungstests ......................................... 561
– Arbeitsproben, Assessment Center und analytische
  Intelligenztests ....................................... 561
– Persönlichkeits- und Intelligenztests .................. 562
Einstellungsuntersuchung ................................. 102
– befristetes Arbeitsverhältnis ........................... 168
Einstellungsverfahren ..................................... 316
– Auswahlentscheidung .................................. 320
– Bestenauslese ......................................... 320
Eintrittsaltersgrenzen, AGG ............................... 20
Elterngeld, ElterngeldPlus ................................ 334
Elternzeit ................................................. 321
– Anspruch .............................................. 322
– Aufteilung ............................................. 323
– Dauer ................................................. 323
– Erholungsurlaub ....................................... 326
– Geburt eines weiteren Kindes .......................... 324
– Kündigungsschutz ..................................... 192
– Sonderkündigungsschutz ............................... 330
– Teilzeitbeschäftigung .................................. 327
– Verlängerung .......................................... 323
– vorzeitige Beendigung ................................. 324
Entgeltfortzahlung
– bei Arbeitsunfähigkeit .................................. 335
– bei persönlicher Arbeitsverhinderung ................... 346
– Berechnung ........................................... 339
– Beweislast ............................................ 344
– Dauer ................................................. 340

– Dauer des Krankengeldzuschusses ..................... 341
– Krankengeldzuschuss ..................................... 341
– Wiederholungserkrankung ............................... 342
Entgeltfortzahlung im Krankheitsfall ...................... 178
Entgeltgruppen ............................................ 351
Entgeltreduzierung ......................................... 34
Entgeltregelung, AGG ...................................... 20
Entgeltstufen .............................................. 351
Entgeltsystem ............................................. 348
– Bestandteile ........................................... 349
– Sonderregelungen ....................................... 352
Entgelttabelle ............................................ 350
– Struktur ............................................... 350
Erholungsurlaub, Begriff .................................. 646
Erschwerniszuschläge ...................................... 698
– Bemessungsgrundlage .................................... 698
– Bergungen .............................................. 698
– Havariearbeiten ........................................ 698
– Hilfeleistungen ........................................ 698
– Laderaumsaugbagger ..................................... 698
– Schadstoffunfallbekämpfungsschiffe ..................... 698
Erwerbsminderung .......................................... 352
Erwerbsminderungsrente
– Antrag ................................................. 356
– Folgen für das Arbeitsverhältnis ....................... 354
– Rentenzahlung .......................................... 354
– Wartezeit .............................................. 354
– Wegfall der Rente ...................................... 356

**F**

Fachkräfte für Arbeitssicherheit ....................... 71-72
Faktisches Arbeitsverhältnis .............................. 75
Fallschirmlösung .......................................... 55
Familienpflegezeit ................................... 120, 356
– Ankündigungsfrist ...................................... 358
– Befristung ............................................. 360
– Betreuung minderjähriger, pflegebedürftiger naher
  Angehöriger ............................................ 359
– Darlehen ............................................... 360
– dringende betriebliche Gründe .......................... 359
– finanzielle Förderung .................................. 360
– Frist .................................................. 358
– Höchstdauer ............................................ 359
– in „häuslicher Umgebung" ............................... 358
– Mindestarbeitszeit ..................................... 358
– Mitwirkungspflichten ................................... 361
– Rückzahlung des Darlehens .............................. 361
– Schriftform ............................................ 358
– Sonderkündigungsschutz ................................. 360
– Sozialversicherungsrecht ............................... 360
– Tabellenentgelt ........................................ 359
– Übergangsvorschrift .................................... 357
– Verlängerung ........................................... 358
– vorzeitige Beendigung .................................. 359
Fehlzeiten ................................................ 362
– Arbeitsunfähigkeit ..................................... 362
– Arbeitsverhinderung .................................... 362
– Mandatsträger .......................................... 363
Feiertag, Zulagen und Zuschläge ........................... 694
Festhaltenserklärung ...................................... 55
Flexi-Rente ............................................... 704
Fragerecht des Arbeitgebers
– Frage nach der Schwangerschaft ......................... 41

– Frage nach der Zugehörigkeit zu Organisationen mit
  verfassungsfeindlichen Zielen ........................... 42
– Frage nach Krankheiten ................................. 42
– Frage nach Scientology-Mitgliedschaft .................. 42
– Frage nach Vorstrafen .................................. 42
Freistellung .................................... 346, 364-365
– Berufsausbildung ....................................... 366
– einseitig .......................................... 368-369
– Elternzeit ............................................. 367
– Mitbestimmung .......................................... 371
– Mutterschutz ........................................... 366
– Personalratsarbeit ..................................... 366
– Pflegezeit ........................................ 367, 544
– Sabbatical ............................................. 368
– Sozialversicherungspflicht ............................. 370
– Tarifvertrag ........................................... 367
– unentgeltlich .......................................... 367
– Urlaub ................................................. 365
– Urlaubsanspruch ........................................ 370
– Vergütungsanspruch ..................................... 369
– vorübergehende Verhinderung ............................ 365
Freistellungsanspruch ..................................... 584
Fremdgeschäftsführer ...................................... 49
Fremdpersonal ............................................. 50
Führung auf Probe ......................................... 171
Führung auf Zeit .......................................... 171
Führungszeugnis ........................................... 562
Fürsorgepflicht .................................. 76, 371-375
– Aufklärungspflicht ..................................... 118
– nachvertragliche ....................................... 374
– Verletzung der Fürsorgepflicht ......................... 375
– vermögensrechtliche Belange des Arbeitnehmers ......... 372
– vorvertragliche ........................................ 374

**G**

Garantierter Anteil SSZ, Sparkasse ........................ 597
Gefährdungsbeurteilung, Arbeitsschutz ..................... 70
Gehalt, Tarifgruppe ....................................... 76
Geltungsbereich ........................................... 678
Gemeinsamer Ausschuss, Sparkasse .......................... 595
Geringfügige Beschäftigung ................................ 380
– Befristung ............................................. 381
– Begriff ................................................ 380
– Entgeltfortzahlung ..................................... 382
– Kündigungsschutz ....................................... 382
– Midijob-Regelung ....................................... 384
– Pauschalbeitrag ........................................ 383
– Pauschalsteuer ......................................... 383
– Sozialversicherungs- und Steuerrecht ................... 382
– Urlaub ................................................. 382
– Vergütung .............................................. 382
– Zusammenrechnung ....................................... 384
Geschäftsführer ........................................... 49
Gesetzliche Ruhezeiten .................................... 92
Gleichbehandlung .......................................... 10
Gleichbehandlungspflicht .................................. 373
Gleichförmiges Verhalten, betriebliche Übung ............. 204
Gleichstellung ............................................ 388
– Ausschreibung .......................................... 390
– Beurlaubung ............................................ 394
– Bewerbung .............................................. 391
– Bewerbungsgespräche .................................... 391
– Fragerecht ............................................. 392
– Gleichstellungsbeauftragte ............................. 395

– Gleichstellungsplan .......................... 393
– Grundlagen ................................. 389
– Leistungsprinzip ............................ 390
– Teilzeitarbeit ............................... 394
Gratifikation ................................. 81
Großelternzeit ............................... 322

**H**

Haftung des Arbeitgebers ..................... 397
– Haftungsausschlüsse ........................ 401
– Schadensverursachung durch Arbeitskollegen ......... 398
– verschuldensunabhängige Haftung ............ 399
Haftung des Arbeitnehmers ................... 402
– Beweislast ................................. 405
– Detektivkosten ............................. 408
– Fahrlässigkeit .............................. 403
– Haftung gegenüber dem Arbeitgeber ......... 402
– Haftung gegenüber Dritten .................. 407
– Haftung gegenüber im Betrieb beschäftigten Personen 406
– Mankohaftung .............................. 405
– Vorsatz ................................... 404
Hinterbliebenenversorgung, AGG ............. 23
Höhergruppierung ............................ 300
Home-Office ................................. 408

**I**

Individuell-leistungsbezogener Anteil SSZ, Sparkasse ..... 598
Informationsrecht des Personalrates .......... 521
Inhaltskontrolle, Allgemeine Geschäftsbedingungen ........ 76
Inklusionsbeauftragter ........................ 570
Inklusionsvereinbarung ....................... 586
Integrationsamt .............................. 188
Internet ..................................... 412
– dienstliche Nutzung ........................ 413
– Kontrolle durch den Arbeitgeber ............. 415
– private Nutzung ........................... 414
Internetnutzung, Datenschutz ................. 268

**J**

Jugend- und Auszubildendenvertretung ........ 420
– Freistellung ................................ 427
– Mitgliederstruktur .......................... 421
– Sachmittel und Räumlichkeiten .............. 426
– Schulungen ................................ 427
– Schutz der Mitglieder ...................... 422
– Sprechstunden ............................. 426
– Wählbarkeit der Mitglieder ................. 422
– Zusammenarbeit mit dem Betriebsrat ........ 425
– Zusammenarbeit mit dem Personalrat ........ 424
Jugendliche ................................. 93

**K**

Kennzeichnungs- bzw. Konkretisierungspflicht ............. 53
Kirche ...................................... 428
Kirchenloyalität, Kündigung .................. 432
Kirchliches Mitarbeitervertretungsrecht, Kündigung ........ 437
Konkurrentenklage ........................... 247
Krankheit ................................... 540
– Kündigung ................................. 540
Krankheitsbedingte Arbeitsunfähigkeit ........ 83
– Entgeltfortzahlung .......................... 83
Krankheitsverlauf ............................ 201
Kündigung .................................. 443
– Anhörung des Betriebsrats .................. 446

– Anhörung des Personalrates ................. 448
– Annahmeverzug ............................ 457
– Ausschlussfrist ............................. 134
– außerordentliche .......................... 31, 132
– Begriff .................................... 444
– betriebsbedingte, personen- oder verhaltensbedingte ... 31
– Form ..................................... 444
– Inhalt .................................... 444
– Kirche .................................... 430
– Kündigungsberechtigung .................... 444
– Kündigungsfristen .......................... 454
– Kündigungsgründe ......................... 135
– ordentliche ................................ 31
– Rücknahme ............................... 455
– Umdeutung ............................... 135
– Weiterbeschäftigungsanspruch .............. 459
– Zugang ................................... 445
Kündigungsfrist ............................ 33, 85
Kündigungsgrund ............................ 32
Kündigungsschutz ........................... 584
– Abfindung ................................ 214
– Arbeitnehmer ............................. 452
– Auszubildende ............................ 194
– Betriebsarzt .............................. 197
– Betriebsratmitglieder ...................... 195
– Betriebsübergang .......................... 196
– Datenschutzbeauftragte .................... 197
– Elternzeit ................................. 192
– Immissionsschutzbeauftragter .............. 197
– Integrationsamt ........................... 188
– Krankheit ................................. 540
– Mitglieder der Personalvertretung .......... 195
– Mutterschutz .............................. 190
– personenbedingte Kündigung ............... 537
– Pflegezeit ................................. 194
– schwerbehinderte Menschen ................ 186
– tarifliche Unkündbarkeit .................... 610
– verhaltensbedingte Kündigung ............. 51, 666
– Wehr- und Zivildienst ..................... 196
Kündigungsschutzklage ...................... 37

**L**

Leiharbeit .................................. 50
– kirchlicher Arbeitgeber ..................... 438
Leiharbeitnehmer ........................... 49
Leistungsentgelt ............................ 465
– Betriebs-/Dienstvereinbarung ............... 468
– Erfolgsprämie ............................. 467
– Leistungsprämie ........................... 467
– Leistungszulage ........................... 467
– Sparkasse ................................ 595
– Umfang, Finanzierung ..................... 466
Leistungsorientierte Bezahlung ............. 350, 462
– Stufenaufstieg ............................ 463
– Verkürzung ............................... 464
– Verlängerung ............................. 464
Leistungsverweigerungsrecht, Pflegezeit ...... 547
Lohnpfändung .............................. 471
– (Un)pfändbares Arbeitseinkommen .......... 472
– Drittschuldnerauskunft ..................... 474
– Insolvenz des Arbeitnehmers ............... 474
Lohnwucher, Praktikant ...................... 550

**M**

Mehrarbeit ........................................................ 96
Minderjährige/r ............................................... 176
Minderleistung .............................................. 537
Mindestlohn ................................................... 475
– Anrechnung ................................................ 479
– Arbeitszeitkonten ........................................ 478
– Berechnung ................................................ 479
– Bereitschaftsdienst ...................................... 477
– Bereitschaftszeit ......................................... 477
– Dokumentationspflichten .............................. 480
– ehrenamtlich Tätige ..................................... 476
– Erschwerniszuschläge .................................. 478
– Fälligkeit .................................................... 478
– Geltungsbereich .......................................... 475
– Praktikanten ............................................... 476
– Rufbereitschaft ........................................... 477
– Zeitzuschläge ............................................. 478
Mindesturlaubsanspruch ........................... 648, 656
Mitarbeitergespräche ...................................... 481
– Begriff ....................................................... 481
– Krankenrückkehrgespräche ........................... 482
– Qualifizierung ............................................. 484
– Themenschwerpunkte ................................... 482
– Vorbereitung ............................................... 481
– Zielvereinbarungen ...................................... 484
Mitarbeitervertretung, Kirche ........................... 434
Mitbestimmung .............................................. 531
– kirchlicher Arbeitgeber ................................. 434
Mitbestimmungsrecht ...................................... 658
Mitteilungsfrist .............................................. 578
Mobbing ....................................... 373, 375, 485
– Ansprüche des Mobbingopfers ....................... 489
– Haftung des Arbeitgebers .............................. 489
– Haftung des „Mobbers" ................................. 489
– Kosten ....................................................... 487
– Schutzpflicht des Arbeitgebers ....................... 487
– vorbeugende Maßnahmen ............................. 488
Mutterschutz, Kündigungsschutz ...................... 190


**N**

Nachtarbeit ............................................. 96, 694
– Zulagen und Zuschläge ................................. 694
Nachweisgesetz ........................................ 75, 494
– Besondere Nachweispflichten bei Tätigkeiten
  im Ausland und Entsendung ............................ 498
– Besondere Nachweispflichten für Praktikanten .......... 498
– Form .......................................................... 497
– Frist ........................................................... 497
– Nachweispflichten ....................................... 494
– Sanktionen .................................................. 498
Nebenabreden, Schriftform ................................ 75
Nebentätigkeit ............................ 5, 84, 499, 534
– Anzeigepflicht ....................................... 84, 500
– Arbeitsunfähigkeit ....................................... 501
– Auflagen .................................................... 502
– Genehmigung ............................................. 504
– Höchstarbeitszeiten ...................................... 502
– Kündigung .................................................. 501
– Mitbestimmung ........................................... 502
– Untersagung ............................................... 502
– Zustimmung ............................................... 500
Nebentätigkeit als Leichenbestatter ................... 501
Nebentätigkeit eines Arztes .............................. 501

Neue Entgeltordnung ...................................... 307

**O**

Obhutspflicht ................................................ 372
Objektive Eignung des Bewerbers ...................... 605
Opt-Out-Regelung ............................................ 98
Ordentliche Kündigung ...................................... 31
– Mitwirkung des Personalrats .......................... 530
Ordnungswidrigkeit .......................................... 93
– Arbeitsschutz ............................................... 70
Organisationspflichten, AGG ............................... 13
Outsourcing .................................................. 225
– Ausgliederung ............................................. 225
– Ausgründung ............................................... 225
– Beteiligungsrechte des Personalrats ................. 231
– betriebliche Altersversorgung ........................ 233
– Dienstvereinbarungen ................................... 231
– Restmandat ................................................ 232
– Tarifverträge ............................................... 229
– Übergangsmandat ........................................ 232
– Umwandlung ............................................... 225
– Versorgungszusage ...................................... 234

**P**

Parkplätze .................................................... 372
Persönlichkeitsrecht .................................. 373, 375
Personalakte ................................................. 504
– Anhörung des Beschäftigten bei Beschwerden
  tatsächlicher Art ........................................... 507
– Einsichtsrecht des Beschäftigten ..................... 506
Personalauswahlentscheidung .......................... 242
Personalgestellung ........................... 52, 511, 594
– Begriff ....................................................... 511
– Mitbestimmungsrechte .................................. 513
– Rechtsfolgen ............................................... 512
– Voraussetzungen ......................................... 511
Personalplanung .............................................. 57
Personalrat ................................................... 609
– ärztliche Einstellungsuntersuchung ................. 104
– Arbeitsschutz ............................................... 73
– Jugend- und Auszubildendenvertretung ............ 420
Personalratsmitglieder, Kündigungsschutz ........... 195
Personalratswahl ............................................ 516
Personalvertretung ................................... 514, 522
– Beteiligungsrecht ......................................... 522
– Gesamtpersonalrat ....................................... 515
– Geschäftsführung des Personalrats .................. 517
– Jugend- und Auszubildendenvertretungen .......... 515
– Kosten ....................................................... 518
– Personalrat ................................................. 514
– Schulung von Personalratsmitgliedern .............. 519
– Schwerbehindertenvertretungen ..................... 515
– Stufenvertretungen, Bezirkspersonalrat,
  Hauptpersonalrat .......................................... 514
– Wählbarkeit ................................................ 515
– Wahl .......................................................... 515
– Wahlberechtigung ........................................ 515
Personenbedingte Änderungskündigung ............... 36
Personenbedingte Kündigung ........................... 537
– Einzelfälle .................................................. 537
– Krankheit ................................................... 540
Pflegebereich ................................................. 93
Pflegezeit .............................................. 356, 543
– ärztliche Bescheinigung ................................ 545

– Anwendungsbereich .................................... 544
– Beschäftigtenzahl .................................... 545
– Erforderlichkeitsmaxime ............................. 545
– Kündigungsschutz ................................... 194
– kurzzeitige Arbeitsverhinderung ..................... 544
– Leistungsverweigerungsrecht ........................ 547
– Nachweis ........................................... 546
– Schriftform ......................................... 546
– Sonderkündigungsschutz ............................ 547
– Splittung ........................................... 545
– teilweise Freistellung ............................... 546
– Verlängerung ....................................... 545
– Verteilung der Arbeitszeit ........................... 546
Pflegezeitgesetz ...................................... 543
Praktikant
– Anwendungsbereich des TVPöD ..................... 550
– Begriffsdefinition .................................... 549
– gesetzliche Regelungen ............................. 549
– TVPöD .............................................. 550
– TVPrakt ............................................ 552
– Vergütung nach dem TVPöD ......................... 551
– Vertragsabschluss und Kündigung ................... 551
– weitere Arbeitsbedingungen nach dem TVPöD ........ 551
Probezeit ........................................ 79, 552-553
– Begriff ............................................. 553
– Berechnung ......................................... 554
– Dauer .............................................. 553
– Kündigung .......................................... 555
– Kündigungsfrist ..................................... 554
– Probezeitkündigung ................................. 555
– und Wartezeit ...................................... 553

### Q
Qualifizierung Kosten, Sparkasse ..................... 599

### R
Rationalisierungsschutz .............................. 556
Rechtsschutz, kirchliches Arbeitsrecht ............... 442
Regelaltersgrenze .................................... 25
Regelbeurteilung, Sparkasse .......................... 597
Rückkehrgespräche ................................... 482
Rückzahlung von Aus- und Fortbildungskosten .......... 564
Rufbereitschaft ...................................... 95
Ruhepausen .......................................... 91

### S
Sachgrundbefristungen ........................... 162, 682
– Eigenart der Arbeitsleistung ........................ 166
– Erprobung .......................................... 167
– Erstanstellung ...................................... 163
– gerichtlicher Vergleich ............................. 171
– Gründe in der Person des Arbeitnehmers ............ 167
– haushaltsrechtliche Gründe ......................... 168
– Vertretung ......................................... 164
– vorübergehender Arbeitskräftebedarf ............... 162
– Wunsch des Arbeitnehmers ......................... 167
Sachgrundlose Befristungen ...................... 157, 680
– Angabe des Befristungsgrundes ..................... 162
– Befristungsdauer ................................... 162
– Kündigungsfrist ..................................... 162
– Neueinstellung ..................................... 159
– Probezeit .......................................... 162
– Weiterbeschäftigung ................................ 162
Schadensersatz, AGG ................................. 14

Schadensverursachung durch den Arbeitgeber .......... 398
Scheinselbstständigkeit .............................. 47-48
Schichtarbeit .................................... 93, 697
Schlichtungsverfahren, Tarifvertrag ................... 618
Schriftform .......................................... 176
Schriftformerfordernis ............................... 154
– doppelte Schriftformklausel ......................... 86
Schutz-, Sorgfalts- und Auskunftpflichten ............ 371
Schwellenwerten ..................................... 57
Schwerbehinderte Menschen ...................... 567, 605
– Anhörung von Personalrat und Vertrauensperson ....... 581
– Anzeige- und Mitwirkungspflichten .................. 575
– Ausgleichsabgabe ................................... 571
– Behinderung ........................................ 568
– Beschäftigungspflicht ............................... 570
– besonderer Kündigungsschutz ....................... 576
– fristlose Kündigung ................................. 580
– Gleichstellung ...................................... 569
– Integrationsvereinbarung ............................ 587
– Kündigung .......................................... 580
– Kündigungsfrist ..................................... 581
– Kündigungsschutz ................................... 186
– Kündigungsschutzverfahren ......................... 581
– leidensgerechte Tätigkeit ........................... 574
– Mehrarbeit ......................................... 576
– Pflichten ........................................... 574
– Prävention ..................................... 570, 587
– Schwerbehindertenvertretung ................... 570, 585
– Teilzeitarbeit ...................................... 575
– Verfahren vor dem Integrationsamt .................. 578
– Vertrauensperson ................................... 584
– Zusatzurlaub ....................................... 576
Schwerbehindertenvertretung ......................... 582
Screening ........................................... 563
– personenbezogene Daten ............................ 563
– soziale Netzwerke .................................. 563
Sechs-Tage-Woche, Haustechniker .................... 649
Sicherheitsbeauftragte ............................... 71
Social Media ........................................ 587
– Äußerungen Dritter ................................. 588
– Auflösungsantrag ................................... 592
– Cybermobbing ...................................... 588
– eigene Äußerungen ................................. 588
– Formalbeleidigungen ................................ 588
– fristlose Kündigung ................................. 591
– Geheimhaltung ..................................... 588
– Kündigung .......................................... 589
– Meinungsfreiheit .................................... 588
– Mitbestimmungsrecht ............................... 589
– Schmähkritik ....................................... 588
– Screening von Bewerbern ........................... 563
– Social Media-Regeln ................................ 589
– Vertragsanbahnung ................................. 588
Sonderurlaub ........................................ 664
– Begriff ............................................. 646
– Pflegezeit .......................................... 543
Sozialauswahl ....................................... 212
Soziale Netzwerke ................................... 560
Sozialer Arbeitsschutz ............................... 68
Sparkasse ........................................... 592
– (Leistungs-)Prämie ................................. 595
– (Leistungs-)Zulage ................................. 595
– aufsichtsrechtliche Anforderungen ................... 600
– Ausbildungsvergütung ............................... 599

– Gemeinsamer Ausschuss ............................... 595
– individuell-leistungsbezogener Anteil .................... 598
– leistungs- und erfolgsorientiertes variables Entgelt ..... 595
– Qualifizierung .......................................... 599
– unternehmenserfolgsbezogener Anteil .................. 599
– vermögenswirksame Leistungen ........................ 599
Sparkassensonderzahlung (SSZ) ..................... 597, 691
– bankspezifisch Beschäftigte ........................... 597
– Sparkasse .............................................. 597
– übrige Beschäftigte .................................... 597
Stellenausschreibung ............ 13, 317, 602-604, 608-609
– AGG ..................................................... 15
– Anforderungen ......................................... 318
– Aufgabenbeschreibung ................................. 607
– Benachteiligung ........................................ 603
– Bewerberprofil .......................................... 608
– Diskrimierungsmerkmale ............................... 603
– Diskriminierungsverbot in .............................. 603
– geschlechtsneutrale .................................... 607
– keine Altersvorgabe .................................... 607
– Mitbestimmung ......................................... 317
– neutrale ................................................ 603
Straftaten, Datenschutz ..................................... 266
Streik ....................................................... 60
Systematische Leistungsbewertung ......................... 596

**T**

Tarifliche Unkündbarkeit .................................... 610
Tarifvertrag ........................................... 32, 613
– Nachbindung ........................................... 624
– Nachwirkung ........................................... 624
– OT-Mitgliedschaft ...................................... 621
– Tarifkonkurrenz ........................................ 622
– Tarifpluralität .......................................... 623
– Wirkungsweise ......................................... 615
Tarifvertrag Altersversorgung .............................. 701
Technischer Arbeitsschutz, sozialer Arbeitsschutz ......... 68
Teilurlaub ........................................... 648, 651
Teilurlaubsanspruch ....................................... 648
Teilzeit ................................................... 176
– Brückenteilzeit ........................................ 634
Teilzeit-Brückenteilzeit .................................... 634
Teilzeitarbeit .............................................. 625
– Anspruch ............................................... 626
– Anspruch auf Teilzeit ................................... 638
– Anspruch auf Verlängerung ............................. 635
– betriebliche Gründe .................................... 628
– Diskriminierungsverbot ................................. 636
– gerichtliche Durchsetzung .............................. 633
– gesetzlicher Anspruch .................................. 626
– Höchstarbeitszeit ...................................... 626
– Kleinunternehmensklausel .............................. 627
– Kündigungsverbot ...................................... 638
– Mindestbeschäftigungsdauer ........................... 627
– Rechtsgrundlagen ...................................... 626
– Schadensersatzpflicht .................................. 633
– Teilzeitanspruch ....................................... 626
– Verfahren .............................................. 631
– Verlängerung der Arbeitszeit ........................... 635
Teilzeitarbeitsplatz ....................................... 603
Teilzeitbeschäftigung
– Elternzeit .............................................. 327
– Zulagen und Zuschläge ................................. 697
Telearbeit, Beginn und Ende der Telearbeit .............. 409

Telearbeitsverhältnis
– alternierende Telearbeit ................................ 409
– Datenschutz ........................................... 411
Treuepflicht .................................. 76, 371, 640
– ärztliche Untersuchungen .............................. 644
– Hauptpflichten ......................................... 640
– Nebenpflichten ........................................ 640
– Nebentätigkeit ......................................... 643
– politische Treuepflicht ................................. 641
– Unbestechlichkeit ...................................... 643
– Verschwiegenheitspflicht ............................... 641
TVöD-S .................................................... 593

**U**

Überlassungshöchstdauer ................................... 53
Überstunden ......................................... 96, 692
– Zuschläge ............................................. 693
Umsetzung ................................... 373, 533, 668
Unfallverhütungsvorschriften .............................. 69
Unkündbarkeit ........................................... 186
– AGG ..................................................... 21
Unternehmenserfolgsbezogener Anteil SSZ, Sparkasse ... 599
Unterrichtungspflicht ...................................... 57
Urlaub .................................................... 645
– AGG ..................................................... 20
– Arbeitgeberwechsel .................................... 660
– Begriff ................................................. 646
– Berechnung ............................................ 647
– Checkliste ............................................. 665
– Elternzeit .............................................. 650
– Erwerbstätigkeit ....................................... 659
– Freistellung ........................................... 660
– Jugendliche ............................................ 650
– Krankheit .............................................. 658
– Kündigung ............................................. 657
– Mitbestimmung ......................................... 658
– Muster ................................................. 666
– schwerbehinderte Arbeitnehmer ........................ 651
– Sonderurlaub .......................................... 664
– Teilzeitarbeit .......................................... 650
– Übertragung ........................................... 652
– Urlaubsabgeltung ...................................... 661
– Urlaubsantrag .......................................... 655
– Urlaubsdauer .......................................... 648
– Urlaubsentgelt ......................................... 661
– Urlaubsgeld ............................................ 661
– Wartezeit .............................................. 647
– Zusatzurlaub .......................................... 660
Urteilsverfahren .......................................... 376
– Berufung .............................................. 379
– Gerichts- und Anwaltskosten ........................... 378
– Gütetermin ............................................ 377
– Kammertermin ......................................... 378
– Kammerverhandlung .................................... 378
– Schriftsätze ........................................... 377
– Vergleich .............................................. 377

**V**

Variabler Anteil SSZ, Sparkasse .......................... 598
Veränderung der Arbeitszeit ............................... 35
Verdachtskündigung ....................................... 374
Verfahren des Dritten Weges .............................. 439
Verhältnismäßigkeit ....................................... 32
Verhaltensbedingte Änderungskündigung .................. 36

# Stichwortverzeichnis

Verhaltensbedingte Kündigung .......................... 51, 666
Verletzung absoluter Rechte ..................................... 398
Vermögen des Arbeitnehmers ................................... 372
Verpfändung und Abtretung, Ausschluss ................. 83
Verschwiegenheitspflicht ............................................ 84
– Bankgeheimnis ........................................................ 600
Versetzung ........................................................... 533, 668
– Anhörung ................................................................. 670
– Definition ................................................................ 668
– Mitbestimmung ....................................................... 673
– Personalrat ............................................................. 670
Vertrag, Praktikant ..................................................... 551
Vertragliche Nebenpflicht ........................................... 371
Vertragliches Wettbewerbsverbot, Verstoß ................ 501
Vertragsfreiheit, Arbeitsvertrag ................................... 76
Vertragsstrafen ............................................................ 78
Vorläufiger Rechtsschutz, Konkurrentenklage ........... 248
Vorstellungsgespräch ................................................. 319
– Fragerecht ............................................................... 320
– schwerbehinderte Bewerber .................................. 319
Vorstrafen .................................................................... 593

## W
Wahlanfechtung .......................................................... 583
Wartezeit ..................................................................... 577
– Verlängerung ........................................................... 553
Wechselschicht, Bereitschaftsdienst ......................... 696
Wechselschichtarbeit ........................................... 94, 695
Wehrdienst, Kündigungsschutz .................................. 196
Wettbewerbsverbot ...................................................... 84
Widerspruch des Betriebsrats ...................................... 38
Widerspruch des Personalrats ...................................... 38
Wiedereinstellungsanspruch ...................................... 374
Wissenschaftszeitvertragsgesetz ............................... 678
– Anrechenbarkeit von Vorbeschäftigungszeiten .......... 681
– Arbeitsunfähigkeit ................................................... 681
– Befristungsdauer ..................................................... 682
– Beurlaubung ............................................................ 681
– Drittmittel ................................................................ 682
– Elternzeit ................................................................. 681
– Laufzeit .................................................................... 682
– Mutterschutz ........................................................... 681
– Qualifizierung .......................................................... 680
– Qualifizierungsabrede ............................................. 680
– Qualifizierungsziele ................................................. 680
– Sonderzuwendungen ............................................... 682
– Stief- und Pflegekinder ........................................... 681
– Verlängerung ........................................................... 681
– wissenschaftliches oder künstlerisches Personal ....... 679
WissZeitVG .................................................................. 678

## Z
Zeugnis ....................................................................... 686
– Berichtigung ............................................................ 685
– Berichtigungsanspruch ........................................... 685
– Betriebsübergang .................................................... 685
– einfaches Zeugnis ............................................ 683, 687
– Endzeugnis .............................................................. 684
– Form ........................................................................ 686
– Fürsorgepflicht ........................................................ 683
– Geheimcode ............................................................ 688
– Haftung des Arbeitgebers ....................................... 686
– Inhalt ....................................................................... 686
– Krankheiten ............................................................. 688

– Mitbestimmungsrecht .............................................. 687
– qualifiziertes Zeugnis .............................................. 687
– Rückdatierung ......................................................... 686
– Schadensersatzanspruch ........................................ 686
– Schluss- oder Wunschformel .................................. 688
– Strafverfahren und Straftaten .................................. 688
– Verlust oder Beschädigung ..................................... 684
– Verwirkung .............................................................. 685
– vorläufiges Zeugnis ................................................. 684
– Widerruf .................................................................. 686
– Zeugnisanspruch ..................................................... 683
– Zeugnispflicht .......................................................... 683
– Zeugnissprache ....................................................... 688
– Zweitschrift/Ersatzzeugnis ...................................... 684
– Zwischenzeugnis ..................................................... 684
Zeugniswahrheit .......................................................... 687
Zielvereinbarungen ............................................... 482, 596
Zivildienst, Kündigungsschutz .................................... 196
Zulagen und Zuschläge ......................... 564, 691, 695
– Erschwerniszuschläge ............................................. 698
– gesetzliche Feiertage .............................................. 694
– höherwertigere Tätigkeit ......................................... 699
– Nachtarbeit .............................................................. 694
– Schichtarbeit ........................................................... 697
– Schichtzulage .......................................................... 697
– Sonntagsarbeit ........................................................ 694
– Überstunden ............................................................ 693
– Wechselschichtzulage ............................................. 695
– Zeitzuschläge .......................................................... 692
– Zusammentreffen von Zeitzuschlägen ................... 695
Zulagen und Zuschüsse .............................................. 350
Zusammenarbeit .......................................................... 483
Zusatzurlaub ............................................................... 651
– Begriff ..................................................................... 646
Zusatzversorgung ........................................................ 350
– Bonuspunkte ........................................................... 702
– Finanzierung ............................................................ 703
– Gesamtversorgungssystem ..................................... 700
– laufende Versorgungsrenten .................................... 702
– Punktemodell .......................................................... 700
– steuerliche Förderung ............................................. 704
– Tarifvertrag .............................................................. 700
– Versorgungspunkte .................................................. 701
Zuweisung ................................................................... 668
– Definition ................................................................ 668
– Mitbestimmung ....................................................... 673
Zweck .................................................................. 125, 556
Zweistufiger Ausschluss ............................................. 126